**KINDLERS
NEUES
LITERATUR
LEXIKON**

Herausgegeben von
Walter Jens

Verlegt bei Kindler

Studienausgabe

Ba-Bo

Band 2

Kindlers
Neues
Literatur
Lexikon

CHEFREDAKTION: RUDOLF RADLER

Redaktion:
Susanne Bacher, Eva Bachmann, Brigitte Hellmann, Marta Kijowska, Maria Koettnitz, Ulrich Neininger, Dr. Meinhard Prill, Wolfgang Rössig, Dr. Henning Thies, Lydia Weber

Redaktionelle Mitarbeit:
Elisabeth Graf-Riemann, Dr. Kristine Hecker, Kirsten Hölterhoff, Dr. Sabine Laußmann, Dr. Ulrich Prill, Dr. Helga Quadflieg, Dr. Kathrin Sitzler, Tamara Trautner, Dr. Brunhilde Wehinger, Dr. Gerhard Wild

Bearbeitung der Bibliographien:
Dr. Leopold Auburger, Prof. Dr. Peter Bartl, Walter Bohnacker, Evamaria Brockhoff, Dr. Uwe Englert, Dr. Susanne Ettl, Gisela Fichtl, Isaac Goldberg, Theo M. Gorissen, Elisabeth Graf-Riemann, Dr. Günter Grönbold, Karl Groß, Dr. Sven Hanuschek, Ingeborg Hauenschild, Sonja Hauser, Prof. Dr. Dieter Herms, Armin M. Huttenlocher, Dr. Jan Jiroušek, Barbara Kauper, Gregor Klant, Nina Kozlowski, Bernd Kuhne, Bruno Landthaler-Liss, Susanne Mattis, Carla Meyer, Dr. Holt Meyer, Wilhelm Miklenitsch, Christine M. Morawa, Paul Neubauer, Kathrin Neumann, Dr. Klaus Detlef Olof, Gabriele Otto, Uwe Petry, Claudia Rapp, Dr. Winfried Riesterer, Christa Schmuderer, Otto M. Schneider, Andreas Schubert, Dörte Schultze, Dr. Gerhard Seewann, Dr. Hubert Stadler, Werner Steinbeiß, Dr. Ulrike Strerath-Bolz, Charlotte Svendstrup-Lund, Martina Urban, Anne Vogt, Dr. Christine Walde, Dr. Eberhard Winkler, Birgit Woelfert, Markus Wolf, Dr. Ulrich Wolfart, Drs. Rein A. Zondergeld

Die Studienausgabe wurde auf Druck- und Satzfehler durchgesehen; im Text- und Datenbestand ist sie mit der Originalausgabe (1988–1992) identisch. Ein Nekrolog der seit 1988, dem Erscheinungsjahr von Band 1 der Originalausgabe, verstorbenen Autoren ist in Band 21 enthalten. Dort finden sich auch die Hinweise für die Benutzung des Werks und die Gesamtregister.

© Copyright 1988 by Kindler Verlag GmbH München
Das Werk einschließlich aller seiner Teile ist urheberrechtlich geschützt. Jede Verwertung außerhalb der engen Grenzen des Urheberrechtsgesetzes ist ohne Zustimmung des Verlags unzulässig und strafbar. Das gilt insbesondere für Vervielfältigungen, Übersetzungen, Mikroverfilmungen und die Einspeicherung und Verarbeitung in elektronischen Systemen.
Satz: Satz-Rechen-Zentrum, Berlin
Umschlaggestaltung: Heuser, Mayer + Partner, München
Druck und Verarbeitung: C.H. Beck'sche Verlagsdruckerei, Nördlingen
Printed in Germany
ISBN 3-463-43200-5

B

AMADOU HAMPÂTÉ BÂ

* 1901 Bandiagara / Mali

Literatur zum Autor:
A. I. Sow, *Inventaire du Fonds A. H. Bâ*, Paris 1970. – *A. H. Bâ: Mémoire vivante de l'Afrique* (in Calao, Juli/Aug. 1984). – *Littérature malienne* (in Notre Librairie, 75–76, 1984). – H. Heckmann, *Dossier: A. H. Bâ*, Paris 1985.

L'ÉTRANGE DESTIN DE WANGRIN

(frz.; *Ü: Das seltsame Schicksal des Wangrin*). Roman von Amadou Hampâté Bâ (Mali), erschienen 1973. – Der bisher einzige Roman des malischen Schriftstellers und Oralhistorikers ist die fiktive Biographie eines Dolmetschers mit Namen Wangrin, dessen Werdegang vom Schüler der französischen Kolonialschule für Notabelnsöhne über die Funktion des Dolmetschers und den Beruf eines Großkaufmanns bis zu seinem Bankrott und Tod als Alkoholiker erzählt wird. Die erzählte Zeit umfaßt die Jahre zwischen 1900 und 1940, und die Handlung spielt in der Kolonie *Haut-Niger*, dem heutigen Mali. Wangrin ist die Figur eines Erzschelms der Kolonialgesellschaft, der sich selbst zur »Rasse der Raubvögel« rechnet. Er unterläuft das Kolonialsystem durch maßlose Bereicherung und betrügt es durch Anwendung seiner eigenen Gesetze. Seine Opfer sind die Kolonialherren und ihre afrikanischen Helfer, die ihn immer wieder stellen wollen, aber nie fassen können. Bâ zeichnet in Wangrin das Porträt eines sympathischen und schlauen Halunken, der im Stil eines Aristokraten lebt und doch Helfer aller Armen und Benachteiligten ist. Sein Prinzip ist, daß man Halunken nur als Halunke schlagen kann.

Wangrin beginnt seine Laufbahn als Hilfslehrer. Er besitzt französische Bildung und ist den meisten afrikanischen Kolonialbeamten weit überlegen. Sein Ziel ist es, Dolmetscher eines Bezirkskommandanten zu werden. Die Stelle gilt im französischen Kolonialsystem als »goldener Steigbügel«. Die Dolmetscherstelle ist *de facto* die höchste und mächtigste Funktion, die ein Afrikaner im kolonialen Hinterland erreichen kann. Die dortigen Franzosen wickelten alle politischen und wirtschaftlichen Angelegenheiten über ihren jeweiligen Dolmetscher ab. Sein Urteil und die von ihm bereitgestellten Informationen waren zumeist die einzige Grundlage für die Entscheidungen der französischen Kommandanten. Wangrin will in seinem Bezirk den bisherigen Dolmetscher Raccoutié verdrängen. Er provoziert Raccoutié, der sich dazu hinreißen läßt, Wangrin öffentlich zu ohrfeigen. Wangrin hat sich vorher durch Geschenke und Beitritt zu einem Geheimbund genügend Verbündete geschaffen, die jetzt vor dem Kommandanten Wangrins Unschuld bezeugen. Raccoutié wird versetzt und Wangrin erhält die begehrte Stelle. Er beginnt sofort damit, systematisch einen eigenen Hofstaat aus Dorfchefs, Klienten, Zauberern, Marabouts und afrikanischen Kolonialbeamten aufzubauen. Das Netz der Verbindungen funktioniert nach dem System, wonach jede Gaunerei nur dann Erfolg hat, wenn man genügend wichtige Leute mit in die Sache verwickelt. Im Ersten Weltkrieg betreibt Wangrin unter Ausnutzung der kolonialen Maßnahmen zur Beschlagnahme von Lebensmitteln einen gewinnträchtigen Rinderhandel, in dem mehr Rinder als amtlich festgesetzt eingezogen und mit großem Gewinn in die englische Kolonie *Gold Coast* geschmuggelt werden. Wangrin benutzt zu dieser Aktion Vollmachten, die ihm der französische Beamte Jean-Jacques de Villermoz für andere Verwaltungsangelegenheiten ausgestellt hatte. Als es später zu einer gerichtlichen Untersuchung kommt, kann Wangrin die Papiere präsentieren und muß freigesprochen werden. Die Widersacher und Opfer seiner Intrigen verfolgen Wangrin überall hin, aber keinem gelingt es, ihn zu überführen. Wangrin wird zu einem der reichsten und angesehensten Männer der Region. Der Sturz Wangrins kommt nicht von außen, sondern von innen. Er verliert seinen Großmut, wird Jäger aus Leidenschaft wie die Weißen und frequentiert die weiße Kolonialgesellschaft auch in persönlicher Hinsicht. Die schöne Madame Terreau wird seine Geliebte. Wangrin aber verliert zunehmend jedes Interesse an seinem Besitz und seiner Karriere. Er wird Alkoholiker und muß Bankrott erklären, nachdem Madame Terreau ihn um die Hälfte seines Vermögens betrogen hat. Der unaufhaltsame soziale Abstieg endet damit, daß er eines Nachts in einem Straßengraben ertrinkt.

Die fiktive Biographie des Erzschelms Wangrin ist von der Kritik in und außerhalb Afrikas mit großer Zustimmung aufgenommen worden. Literarisch wird das Werk insbesondere wegen der vielschichtigen Dichte der Darstellungsform gewürdigt. Es enthält ein reiches Panorama von Figuren und Situationen, die einen neuen Zugang zum Verständnis der Kolonialgesellschaft erlauben. Der Held ist kein entrechtetes und geschundenes Opfer, sondern eine dem Kolonialherrn überlegene Figur, die das System besser handhabt als dieser selbst. Der mohammedanische Schriftsteller H. Bâ zeichnet Wangrin als den Helden einer animistisch gebliebenen Welt, die die Kraft aufbringt, den Kolonialherrn im Innern seines Systems zu bekämpfen, die aber auch mit ebenso starker Kraft vom Afrikaner den Preis dafür verlangt, daß er das Spiel dieses Systems mitgespielt hat. W.Gl.

Ausgabe: Paris 1973.

Übersetzungen: *Das seltsame Schicksal des Wangrin*, A. Witt, Bln. 1985. – *Wangrins seltsames Schicksal*, dies., Ffm. 1986 [Nachw. P. Schunck].

Literatur: S. Dieng, »*L'étrange destin de Wangrin*« ou les roueries d'un interprète africain (in Annales de la Faculté des Lettres et Sciences Humaines de Dakar, 15, 1985, S. 145-170). – N. Tidjani-Serpos, *Evolution de la narration romanesque africaine* (in Présence Africaine, 116, 1980, S. 173-88). – J.-P. Gourdeau, *Une lecture de ...* (in Présence Francophone, 11, 1975, S. 49-75). – Kouamé Kouamé, »*L'étrange destin ...*« (in Revue de littérature et d'esthétique nègre, 2, 1979, S. 67-80).

KAYDARA

(frz.; *Kaydara*). Initiationserzählung von Amadou Hampâté Bâ (Mali), erschienen 1978. – Die von Amadou Hampâté Bâ aufgezeichnete Version von *Kaydara* gehört zu den schönsten didaktischen Erzählungen der Sahelzone. Die Initiationserzählung ist ein symbolisches Märchen über den Weg zur Weisheit. Lebenserfahrungen der vergangenen Generationen sind in einer esoterischen Sprache verschlüsselt, in der dem Initiationshelden (und dem Zuhörer oder Leser) Zahlen- und Bilderrätsel aufgegeben werden. Am Ende der Erzählung werden die meisten Rätsel gelöst. Der Weg der Weisheit wird aber als endlos bezeichnet, und es wird darauf hingewiesen, daß sich nach der Auflösung eines Rätsels neue ungelöste Rätsel einstellen. *Kaydara* ist die erste und bekannteste Erzählung eines dreiteiligen Zyklus, zu dem *L'éclat de la grande étoile* und *Njeddo Dewal* gehören.

Kaydara ist der Name des geheimnisvollen Landes des Übersinnlichen sowie der Name des Gottes, der Herr dieses Landes ist. Drei Männer – Hammadi, Dambourou und Hamtoudo – treffen sich im Morgengrauen an einer Wegkreuzung und sind vom Naturschauspiel der aufgehenden Sonne wie verzaubert. Eine Stimme, die ihr geistiger Führer werden wird, fordert sie zur Opferung eines Tieres auf, und als sie den Ritus vollzogen haben, gibt ihnen die Stimme weitere Anweisungen zum Eintritt in das Land Kaydara. Über eine neunstufige Treppe, die ins Innere der Erde führt, betreten sie das wunderbare Land, wo bereits drei Ochsen mit Proviant auf sie warten, um sie auf ihrer Reise zum Gott Kaydara zu begleiten. Unterwegs treffen sie hintereinander auf die zwölf Symbole von Kaydara, ohne sie zu verstehen. Immer wieder sagt ihnen die Stimme, daß sie bisher nur die »Zeichen« kennen und nicht die »Bedeutung«. Es ist eine stete Mahnung, auf dem Wege der Weisheit weiterzugehen und sich nicht mit dem Erreichten zu begnügen. Beim Gott Kaydara erhalten alle drei Gefährten je einen Ochsen mit Gold. Auf dem Rückweg gibt ihnen ein Bote Anweisungen, wie sie nach Hause zurückkehren können. Nur Hammadi (der mythische Held vieler Initiationserzählungen der Ful) begnügt sich nicht mit dem erhaltenen Gold und sucht weiterhin nach der »Bedeutung« der Dinge. Ihm genügen die äußeren »Zeichen« nicht. Er tauscht unterwegs bereitwillig all sein Gold gegen drei Ratschläge ein, während seine beiden Begleiter es vor Gier nicht erwarten können, die Heimat zu erreichen, um sich mit dem Gold Güter und Macht zu verschaffen.

Die Befolgung der drei Ratschläge erweist sich aber als Voraussetzung für die Rückkehr. Während Hammadi alle Gefahren übersteht, mißachten seine Begleiter die Gebote und kommen unterwegs um. Hammadi hingegen erhält sein Gold mehrfach zurück und wird in der Heimat der neue König seines Volkes. Die Reise hat insgesamt 21 Jahre gedauert. Die Initiation ist damit nicht abgeschlossen, sondern sie wird nur dem zuteil, der sich unablässig darum bemüht.

Eines Tages kommt ein alter häßlicher Bettler an die Tür des Palastes und bittet darum, mit dem König essen zu dürfen. Während die Wache ihn verjagen will, kommt Hammadi hinzu. Er bleibt seinem Grundsatz treu, immer zu helfen, wenn es in seiner Macht steht, und lädt den schmutzigen alten Mann zu sich ein. An kleinen Zeichen erkennt Hammadi im Verlaufe des Abends, daß sich hinter dem Bettler ein Weiser verbirgt. Wie sich später herausstellt, ist es der Gott Kaydara selbst in einer seiner vielen Verkleidungen. Wieder bewahrheitet sich der Grundsatz, sich nicht mit den äußeren »Zeichen« zufrieden zu geben und beharrlich nach ihrer »Bedeutung« zu suchen. Hammadi ist auch jetzt noch bereit, all seine Macht und seinen Reichtum aufzugeben, um die Bedeutung der Symbole von Kaydara zu erfahren. Jetzt erst, als reifer Mann, wird ihm diese Bedeutung offenbart. Der Bettler erklärt ihm jedes einzelne Symbol, sowohl die Bilder als auch die Zahlen. Jedes Symbol hat eine »Tages-« und eine »Nachtseite«, eine Heil bringende und eine unheilvolle Bedeutung. Die »Bedeutungen« beziehen sich auf die drei Lebensbereiche »Reichtum«, »Macht« und »Wissen«. Reichtum und Macht sind nur über den Weg der Weisheit zu erreichen. Wer zu jenen direkt gelangen will wie Hammadis beide Gefährten im Lande Kaydara, geht vorzeitig unter. Die Reise selbst ist ein Symbol des Initiationswegs, auf dem jedes Hindernis oder jede Begegnung eine »Prüfung« darstellt. Der Begriff der «Prüfung« ist ein zentrales Denkmodell, das in der afrikanischen Gegenwartsliteratur als ein Paradigma zur Beschreibung individueller Werdegänge dient. Es gibt nur wenige zentrale »Prüfungen« im Leben, und das Resultat entscheidet über das gesamte Schicksal eines Menschen. Der Mensch hat nicht viele Möglichkeiten, sich nach einem Scheitern neuen Prüfungen zu stellen: »*Den Geist in Menschengestalt trifft man nur ein- bis zweimal im Leben, aber niemals mehr als dreimal*«.

Die Initiationserzählung *Kaydara* entstammt der oralen Literatur und hat H. Bâ Jahrzehnte lang beschäftigt. Eine erste Version erhielt 1944 den Literaturpreis der Kolonie »Afrique Occidentale Française«; 1969 publizierte Bâ zusammen mit L. Kesteloot eine Version in gebundener Sprache in französisch und ful, und 1978 folgte eine reich illustrierte Prosaversion, die zahlreiche Anmerkungen enthält, die einen Einblick in das esoterische Wissen der Gelehrten der Sahelzone erlauben. Die Besonderheit besteht in dem kunstvollen Synkretismus von animistischer und islamischer Tradition. Bâ ist gläubiger Mohammedaner, der ohne Rücksicht auf die orthodoxe Verbannung ›heidnischer‹ Sitten zahlreiche literarische Verarbeitungen beider Traditionen vorgelegt hat, die zu den besten Werken der afrikanischen Gegenwartsliteratur gehören. W.Gl.

AUSGABE: Paris 1969. – Dakar 1978.

LITERATUR: M. Kane, *De ›Kaydara‹ à ›L'héritage‹: Récit et conte initiatiques* (in Éthiopiques, 1, 1984, S. 35–60).

MARIAMA BÂ

**1929 Dakar
† 18.8.1981 Dakar

UNE SI LONGUE LETTRE

(frz.; Ü: *Ein so langer Brief*). Roman von Mariama Bâ (Senegal), erschienen 1979. – Das erste größere literarische Werk der senegalesischen Lehrerin und Pädagogin ist ein Briefroman. Ramatoulaye, Lehrerin, Mutter von 12 Kindern, nach 30jähriger Ehe verwitwet, schreibt ihn in der Zurückgezogenheit der 40tägigen Trauerzeit, die, wie es Sitte ist, auf den Tod eines Ehemannes folgt, an ihre Freundin Aïssatou. In 27 kurzen, nur wenige Seiten umfassenden Kapiteln, die als an aufeinanderfolgenden Tagen verfaßte Abschnitte eines über mehrere Wochen hinweg geschriebenen Briefes konzipiert sind, berichtet die Briefschreiberin vom Scheitern ihrer Ehe, vergleicht ihr Schicksal mit dem der Freundin. Aïssatou ließ sich von ihrem Mann scheiden, als dieser, dem Druck seiner Familie nachgebend, eine junge Cousine heiratete; so wollte der Chirurg und Nachkomme einer der alten Königsfamilien des Landes seine »Mésalliance« mit der sozial niedrig stehenden Schmiedetochter Aïssatou »wiedergutmachen«. Ramatoulaye dagegen fand sich mit einer wesentlich jüngeren Nebenfrau ab, der ehemaligen Schulfreundin einer ihrer Töchter. Ebenso wie in ihrem zweiten, erst postum erschienenen Roman *Un chant écarlate*, 1981 (*Der scharlachrote Gesang*), befaßt sich Mariama Bâ auch hier mit den Auswirkungen von Erziehung und kulturellem Milieu auf die Beziehungen zwischen den Geschlechtern und schildert die Probleme der Frauen in der modernen senegalesischen Gesellschaft.

In einem zeitlichen Schwenk, der in der gemeinsamen Kindheit der beiden Freundinnen beginnt, das Zustandekommen und die Weiterentwicklung beider Ehen im gesellschaftlichen Kontext beleuchtet, zuletzt die Gegenwart einholt, in der ein neues Verständnis der Geschlechterrollen – exemplifiziert an der Verbindung von Ramatoulayes ältester Tochter Daba mit ihrem Mann – der Hoffnung auf egalitäre, partnerschaftliche Beziehungen zwischen Männern und Frauen neuen Auftrieb gibt, zeichnet Bâ das Sittenbild einer sich rasch wandelnden Gesellschaft; im Zentrum steht dabei die Frau, die zunächst immer nur Objekt dieses Geschehens, alle ihre Kräfte aufbieten muß, um zu einer eigenverantwortlichen Person zu werden. Nach einer Evokation der gemeinsam verbrachten Kindheit beginnt der Brief mit der Schilderung der Umstände des Todes von Ramas (so lautet die Kurzform ihres Namens) Mann Modou, der durch einen Herzinfarkt abrupt aus dem Leben gerissen wurde. Schmerzlicher noch als der plötzliche Tod ist der Briefschreiberin der Umstand, daß die fünf Jahre Ehe ihrer Mitehefrau von den Trauergästen ebenso bewertet werden wie die fünfundzwanzig Jahre, die sie an der Seite dieses Mannes verbracht hat. Rama enthüllt ihrer Freundin, daß sie ihren Mann in Wirklichkeit durch dessen zweite Heirat verlor, seit der sie *de facto* getrennt lebten. Sie rekonstruiert ihre Entwicklung zur selbstbewußten alleinstehenden Frau, die nicht nur lernte, die Probleme des Verlassenseins zu meistern, sondern auch die angenehmen Seiten des Alleine-Lebens zu entdecken und zu genießen. Rückblickend wird ihr klar, daß ihre erfolgreiche Entwicklung zur Autonomie nicht selbstverständlich ist: Sie erinnert sich an Frauen, die ebenfalls von ihren Männern verlassen wurden und die der Mangel an Liebe und die Anfeindungen der Gesellschaft krank machte, sie scheitern ließen. Anhand der Verschiedenheit der dargestellten Fälle macht Bâ deutlich, daß es sich hierbei nicht um vereinzelte unglückliche Zufälle handelt, sondern um etwas Grundsätzliches: um das Scheitern der Frau an einer Gesellschaft, die für ihre Selbstverwirklichung keine Freiräume vorgesehen hat. Bâ beschränkt sich nicht darauf, Islam und Tradition anzuklagen und das Heil der Frau in der Annahme westlicher Lebensart zu suchen – ein Weg, den die Adressatin des Briefes gegangen ist. Für ihre Protagonistin Rama lag die Lösung ihrer Probleme darin, eine Synthese aus islamischer Religiosität, europäischer Kultur und einem Respekt gegenüber traditionellen Werten und Lebensweisen zu finden.

Kritiker deuteten diesen Roman oft als Autobiographie, was die Autorin jedoch bestritt. Mit dem »Noma-Preis« ausgezeichnet und in zahlreiche Sprachen übersetzt, wird er als klassische Anklageschrift gegen die Polygamie aus weiblicher Perspektive gelesen. Bâs Kritik wendet sich wohl auch gegen die Vielehe, in erster Linie aber geht es ihr um das Problem gesellschaftlicher Konventionen und ihren Einfluß auf das Entscheidungsvermögen des Menschen. Das revolutionäre Bewußtsein, das sowohl Ramas als auch Aïssatous Ehemann in deren Jugend auszeichnete, hat sich nach und nach im Laufe ihrer Karrieren abgenutzt, und sie folgten den gleichen Normen und Verhaltensweisen, die sie früher bekämpft hatten. Rama und Aïssatou dagegen gelang es, sich von Vorurteilen freizumachen und ihre Eigenverantwortung konsequent zu akzeptieren. C.P.L.

AUSGABEN: Dakar 1979. – Dakar 1981.

ÜBERSETZUNGEN: *Ein so langer Brief. Ein afrikanisches Frauenschicksal*, Unterägeri/Schweiz 1980 [Nachw. R. Italiaander]. – Dass., Bln. 1983.

LITERATUR: B. Arnhold, *The Long Road to Emancipation* (in Afrika, München 1980, H. 12, S. 198). – H. M. Zell, *The 1st Noma Award for Publishing in Africa* (in African Book Publishing Record, 1980, H. 3/4, S. 129–134). – M. Sow, *La femme chez M. B.* (in Waarango, 5, Dakar 1983, S. 19/20). – A. Seiler-Dietrich, *M. B.* (in KLFG, 1. Nlg., 1983). – A. M. Ka, *Ramatoulaye, Aissatou, Mireille ... M. B.* (in Notre Librairie, 81, 1985, S. 219–224). – A. Rouch u. G. Clavreuil, *Littératures nationales d'écriture française*, Paris 1987.

FRANZ XAVER VON BAADER

* 27.3.1765 München
† 23.5.1841 München

FERMENTA COGNITIONIS

Sammlung philosophischer Betrachtungen von Franz Xaver von BAADER, erschienen 1822–1825. – Das Hauptwerk Baaders über die »Wirkstoffe der Erkenntnis« besteht aus einer Folge von Artikeln, in denen er »*vereinzelte, aber gerade deshalb wirksamste Angriffe*« gegen zeitgenössische Systeme der Philosophie führt. Diese Artikel, die philosophische Fragen verschiedenster Herkunft behandeln, verbindet einzig die allen gemeinsame Auflehnung gegen mechanistisch-rationalistische Deutungen menschlicher, besonders religiöser Probleme. Indem er jene angreift, gewinnt Baader zugleich Klarheit über die Besonderheit seines eigenen Denkens und legt dessen Ergebnisse in Symbolen und ungewöhnlichen, oft verschlüsselten Analogien dar. Dem »*gemeinen Verstand*«, d. h. der reinen Ratio, die ohne Rücksicht auf Leben und Bewegung eines Dinges das gestellte Problem in starre und enge Definitionen zwinge, stellt Baader eine metalogische, mystische Erkenntnisweise gegenüber, die allein imstande sei, die Sinngehalte des Wirklichen zu erfassen. Damit führt er in die Philosophie seiner Zeit ein neues Element, eine individuell-schöpferische Methode ein, von der entscheidende Wirkungen auf die Romantiker, besonders auf NOVALIS und den späten SCHELLING ausgingen.
Baaders Philosophie gründet auf der These, daß Gott, als Urgrund allen Wissens, die menschliche Erkenntnis bewirkt, daß also alles menschliche Denken immer ein Nach- und Mitdenken der göttlichen Gedanken sei. Der Katholik Baader stützte sich hauptsächlich auf Jakob BÖHME, den kein Romantiker so tief wie er erfaßte und dessen Werke er in eine zeitgenössische, wenn auch mystisch gefärbte Sprache übertrug; ferner auf Louis-Claude de SAINT-MARTIN, den französischen Mystiker, und auf Joseph de MAISTRE. Auch Schelling übte einen starken Einfluß auf ihn aus. Als seine Hauptgegner betrachtete Baader die »*Statthalter der Vernunft*« LEIBNIZ, KANT, HEGEL, obwohl er sie als Denker hochschätzte. Immer geht es Baader darum, die Unangemessenheit einer rein erkenntniskritischen Methode gegenüber so spezifisch menschlichen Phänomenen wie etwa Glaube, Liebe, Opfer darzutun. Geburt, Leben und Tod sind ihm immer wieder Anlaß, das Geheimnis der Identität wie auch der Differenz von Geist und Leib sowie das Mysterium der Menschwerdung zum Gegenstand seines Denkens zu machen. Baaders Ringen um eine seiner mystischen Weltauffassung adäquate Sprache ist in den *Fermenta cognitionis* noch nicht abgeschlossen. Erst später kam er zu einer sprachlich eigenständigen, spekulativ-dogmatischen Formulierung seiner Gedanken. Da jedoch dieser Stil schwer zu entschlüsseln ist, dürften die *Fermenta cognitionis* den Zugang zum Denken des in seiner Zeit berühmten Münchner Philosophen erleichtern, den Novalis über alle anderen stellte und von dem Friedrich SCHLEGEL sagte: »*Könnte er schreiben, wie er zu sprechen versteht, so würde von Schelling und Fichte weniger mehr die Rede sein.*« D.Ka.

AUSGABEN: Bln. 1822–1824 [H. 1–5]. – Lpzg. 1825 (H. 6: *Proben religiöser Philosopheme älterer Zeit*). – Lpzg. 1851 (in *SW*, Hg. F. Hoffmann, 16 Bde., 1851–1860, Abt. 1, Bd. 2; Nachdr. Aalen 1963). – Lpzg. 1921 (in *Schriften*, Hg. M. Pulver).

LITERATUR: D. Baumgardt, *F. v. B. und die philosophische Romantik*, Halle 1927 (DVLG, Buchreihe, 10). – J. Sauter, *Der Symbolismus bei B.*, Jena 1928. – I. E. Erdmann, *Die Entwicklung der deutschen Spekulation seit Kant*, Hg. H. Glockner, Bd. 3, Stg. 1931, S. 287–341. – F. Imle, *B.s Erkenntnislehre* (in PhJb, 1933, 46, S. 464–478; 1934, 47, S. 65–84). – E. Susini, *F. v. B. et le romantisme mystique*, Bd. 2 u. 3, Paris 1942. – Th. Steinbüchel, *Romantisches Denken im Katholizismus mit besonderer Berücksichtigung F. v. B.s* (in *Romantik. Ein Zyklus Tübinger Vorlesungen*, Hg. Th. Steinbüchel, Stg./Tübingen 1948, S. 87 ff.). – L. Ziegler, *Menschwerdung*, Bd. 2, Olten 1948, S. 301 ff. – Ders., *Die neue Wissenschaft*, Mchn. 1951, S. 151 ff. – J. Siegl, *F. v. B.*, Mchn. 1957. – K. Hemmerle, *F. v. B.s philosphischer Gedanke der Schöpfung*, Freiburg i. B./Mchn. 1963. – F. Hartl, *F. v. b.*, Graz/Köln 1971. – S. Schmitz, *Sprache, Sozietät und Geschichte bei F. B.*, Bern/Ffm. 1975. – X. L. Procesi, *La dogmatica speculativa di F. v. B.*, Turin 1977. – Ders., *B. Rassegna storica degli studi (1786–1977)*, Bologna 1977. – H. Sauer, *Ferment der Vermittlung. Zum Theologiebegriff bei F. v. B.*, Göttingen 1977. – W. Lambert, *F. v. B.s Philosophie des Gebets. Ein Grundriß seines Denkens*, Innsbruck/Mchn. 1978. – H. J. Görtz, *F. v. B.s anthropologischer Standpunkt*, Freiburg i. Br./Mchn. 1977. – F. Hartl, *Der Begriff des Schöpferischen. Deutungsversuche der Dialektik durch Ernst Bloch und F. v. B.*, Ffm. 1979. – G. Wehr, *F. v. B. Zur*

Reintegration des Menschen in Religion, Natur und Erotik, Freiburg i. Br. 1980. – F. Schumacher, *Der Begriff der Zeit bei F. v. B.*, Mchn. 1983. – J. Sanchez, *Der Geist der dt. Romantik*, Mchn. 1986.

JINDŘICH ŠIMON BAAR

* 7.2.1869 Klenčí bei Čerchov
† 24.10.1925 Klenčí bei Čerchov

LITERATUR ZUM AUTOR:
F. Teplý, *J. Š. B.* (in Literární rozhledy, 1927). – J. Žáček, *J. Š. B. Strážný duch Chodska*, Prag 1948. – J. Beneš, *J. Š. B.* (in *Ač zemřeli, ještě mluví*, Prag 1964). – M. Řepková, *Dílo J. Š. B.* (in Český jazyk a literatura, 1968/69, Nr. 5). – *J. Š. B. Personální bibliografie* (in Zpravodaj západočeských knihovníků 1975 – příloha). – D. Holub, *J. Š. B.* (in Český jazyk a literatura, 1975/76). – *Čeští spisovatelé 19. a počátku 20. století. Slovníková příručka*, Prag 1982, S. 12–16.

PANÍ KOMISARKA

(tschech.; *Die Frau Kommissarin*). Roman von Jindřich Šimon BAAR, erschienen 1923. – Zusammen mit den Romanen *Osmačtyřicátníci*, 1924 *(Die Achtundvierziger)*, und *Lůsy*, 1925, *(Waldschicksale)*, bildet das Buch eine Trilogie über das Leben der Choden in der ersten Hälfte des 19. Jh.s. (Vom böhmischen König im Mittelalter als Hüter der westlichen Grenze mit besonderen Rechten ausgestattet, verteidigten die Choden, eine eigenartige ethnische Gruppe, ihre Privilegien auch nach dem Verlust der tschechischen Souveränität zu Beginn des 17. Jh.s).
Die Handlung des Romans spielt kurz vor der Revolution von 1848, als bereits neue Entwicklungstendenzen und geistige Strömungen in das traditionelle Gesellschaftsgefüge eingedrungen waren. Der Autor schildert das Erwachen des Nationalbewußtseins der chodischen Bauern, die daraus resultierenden Konflikte mit den deutschen Handwerkern und Feudalbeamten, den Kampf aufgeklärter Menschen gegen Aberglauben und geistige Lethargie und das Anwachsen der sozialen Kluft zwischen Bauern und Häuslern. Vor diesem gesellschaftlichen Hintergrund spielt der sich im Lauf der Ereignisse zuspitzende Streit um einige Waldgebiete, der schließlich zum zentralen Konflikt der Trilogie wird. In das soziale Panorama ist die Schilderung historischer Gestalten eingeflochten, die mit ihrer Aufklärungstätigkeit zum nationalen Bewußtwerdungsprozeß der Choden beitrugen. Dazu gehören vor allem die »Frau Kommissarin«, die Schriftstellerin Božena NĚMCOVÁ, deren Mann von 1845–1848 in dieser Gegend als Finanzkommissar arbeitete, der Pater Faster sowie der Lehrer Jindřich, der Vater des Komponisten J. Jindřich.
Auf einer zweiten Handlungsebene wird das vom Rhythmus der Jahreszeiten bestimmte bäuerliche Leben der Choden geschildert. Die traditionellen Bräuche, Lieder und Tänze spielen im Roman eine bedeutsame Rolle als organischer Bestandteil und Produkt des eigentümlichen Lebensstils. Aus der Beschreibung des Kollektivs ragen einige Gestalten heraus, anhand deren Baar die Choden liebevoll und kenntnisreich, doch nicht kritiklos charakterisiert. Der Charakter des Volks verkörpert sich ebenso in der Figur des arbeitsamen, nachdenklichen und dickköpfigen Bauern Král wie in den »Wilden« Klika, Smolík und Psutka oder dem weisen, erfahrenen Taračka, der von den Heldentagen Jan Kozinas während des chodischen Aufstands (Ende des 17. Jh.s) zu berichten weiß. – Ebenso wie der Autor aus eigener Kenntnis das Leben der chodischen Bauern beschreibt – Klenčí, der Schauplatz des Romans, ist zugleich sein Heimatort –, gibt er auch die Welt der Kinder mit viel Verständnis wieder. Die Erzählung über Hanýžka Král und Martínek Klika, die zu den künstlerisch gelungensten Partien des Werks gehört, erschien auch gesondert unter dem Titel *Hanýžka a Martínek* als Kinderbuch.   M.O.

AUSGABEN: Prag 1923; ²1924; ²¹1974 *(Paní komisarka)*. – Prag 1924; 1975 *(Osmačtyřicátníci)*. – Prag 1925; 1976 *(Lůsy)*.

LITERATUR: J. Vrba, *Paní komisarka* (in Pramen, 1923). – J. Krejčí, *Paní komisarka, Osmačtyřicátníci* (Naše doba, 1924). – H. Štěpánková (in *Spisy J. Š. Baara*, Bd. 29, Prag 1933). – A. Pražák (in J. Š. B., *Paní komisarka*, Prag 1946). – F. Teplý (in J. Š. Baar, *Lůsy*, Prag 1950). – K. Krejčí, *Historická trilogie J. Š. B.* (in J. Š. Baar, *Lůsy*, Prag 1965). – J. Janáčková (in J. Š. B., *Paní komisarka*, Prag 1974; *Osmačtyřicátníci*, Prag 1975; *Lůsy*, Prag 1976).

SEMËN PETROVIČ BABAEVSKIJ

* 6.6.1909 Kun'e / Gouvernement Char'kov

LITERATUR ZUM AUTOR:
V. Pomerancev, *Ob iskrennosti v literature* (in Novyi Mir, 29, 1953, 12). – I. Aleksandrov, *V preddverii novych sveršenij: K 70-letiju S. .P. B.*, Moskau 1979. – Vl. Krasil'ščikov, »*Vernost'*« (in Oktjabr', 1979, S. 207–214).

KAVALER ZOLOTOJ ZVEZDY

(russ.; *Ü: Der Ritter des Goldenen Sterns*). Roman von Semën P. BABAEVSKIJ, erschienen 1948. – Der junge Panzerkommandeur Sergej Tutarinov, im Krieg mit dem Orden des Goldenen Sterns ausgezeichnet, kehrt 1946 in sein Heimatdorf am Kuban zurück. Zunächst hat er lediglich die Absicht, sich dort zu erholen, um danach das unterbrochene Studium fortzusetzen. Doch bald erkennt er, daß er in der Heimat an einer neuen Front steht. Nicht mehr gegen den äußeren Feind gilt es zu kämpfen, sondern gegen die Schwierigkeiten, die sich dem friedlichen Wiederaufbau der vom Krieg schwer geschädigten Sowjetwirtschaft entgegenstellen. Tutarinov übernimmt die Führung dieses Kampfs in seinem Gebiet. Er arbeitet für die einzelnen Kolchosen seines Kreises individuelle Fünfjahrespläne aus, beschafft das nötige Baumaterial, setzt den Bau eines Kraftwerks durch, entlarvt als Leiter des Kreises die Feinde des sozialistischen Aufbaus, behauptet sich gegen die Uneinsichtigkeit der Bürokratie – kurz, er wird zur treibenden Kraft des »Friedenskampfes«. Vor keinem Hindernis schreckt er zurück, keine Aufgabe ist ihm zu schwer. Zweifler und Gegner vermag er mit seinem Elan mitzureißen. Das Finale des Romans rechtfertigt seine Bemühungen: »*Den Menschen erschien es, als erhellten die [vom neuen Kraftwerk gespeisten] Lichter die schöne Zukunft, die vor ihnen lag.*«

Babaevskijs mit dem Stalinpreis ausgezeichnetes Erzählwerk galt der sowjetischen Kritik lange Zeit als Musterbeispiel des gelungenen sozialistischen Erziehungsromans. In dem Helden Tutarinov sah man den Prototyp des »positiven Helden«, der die unentschiedenen und ungefestigten Menschen seiner Umgebung auf den Weg des gesellschaftlichen Fortschritts zu ziehen vermag. Erst die außergewöhnlich scharfe Verurteilung, die die Werke Babaevskijs in den unmittelbar nach Stalins Tod erschienenen, vielbeachteten Aufsätzen V. POMERANCEVS und F. ABRAMOVS erfuhren, hat zu einer objektiveren Sicht beigetragen. In der Tat erweist sich die – zu einem festen Terminus der Sowjetkritik gewordene – *lakirovka dejstvitel'nosti* (»Lackierung der Wirklichkeit«), die von einer unrealistischen Euphorie getragene Verzeichnung der durchaus problematischen Wirklichkeit, als das durchgehende Gestaltungsmittel des Romans. Der pathetisch-optimistische Grundton, der die Schwäche der Fabel nicht zu verdecken vermag, läßt die geringen Vorzüge des Erzählers – seinen zuweilen anklingenden Humor, sein Vermögen, dramatische Höhepunkte zu setzen, etc. – gänzlich in den Hintergrund treten. Auch die Fortsetzung des Romans, *Svet nad zemlej*, 1949 *(Licht auf Erden)*, hat nicht die Zustimmung der nachstalinistischen sowjetischen Kritik gefunden. M.Gru.

AUSGABEN: Moskau 1948. – Moskau 1959. – Moskau 1971 (in *Izbr. proizv. v dvuch tomach*, 1).

ÜBERSETZUNG: *Der Ritter des Goldenen Sterns*, A. Böltz, Bln. 1952; ³1954.

VERFILMUNG: UdSSR 1950 (Regie: J. Raisman).

LITERATUR: A. Makarov, *Romany B. »Kavaler zolotoj zvezdy« i »Svet nad zemlej«*, Moskau 1952. – F. Abramov, *Ljudi kolchoznoj derevni v poslevoennoj proze. Literaturnye zametki* (in Novyi mir, 30, 1954, S. 210–231). – A. C. Hughes, *B. and the »Imitation of Il'ič«* (in SEER, 1981, 59, S. 62–70).

IRVING BABBITT

* 2.8.1865 Dayton / Oh.
† 15.7.1933 Cambridge / Mass.

LITERATUR ZUM AUTOR:
F. E. Mc Mahon, *The Humanism of I. B.*, Washington 1931. – L. J. A. Mercier, *The Challenge of Humanism*, NY 1933. – *I. B. Man and Teacher*, Hg. O. Shepard u. F. A. Manchester, NY 1941. – G. Occhio, *Umanesimo americano antideweyano*, Turin 1955. – T. R. Nevin, *I. B. An Intellectual Study*, Chapel Hill 1984. – *I. B. in Our Time*, Hg. G. A. Panchias, Washington 1986.

DEMOCRACY AND LEADERSHIP

(amer.; *Demokratie und Staatsführung*). Staatsphilosophische Abhandlung von Irving BABBITT, erschienen 1924. – Das Werk ist entstanden aus Gastvorlesungen, die der Verfasser – er war Professor für englische und französische Literatur an der Harvard-Universität – in den Jahren 1920 bis 1923 in den USA und an der Sorbonne gehalten hat. Babbitt geht von der Überlegung aus, daß eine Regierung nur Bestand haben kann, wenn ihr ethisches Fundament dasselbe ist wie das der jeweils Regierten. Es gibt keine ideale Regierungsform, die für sämtliche politischen Gemeinwesen geeignet ist. Unter diesem Aspekt untersucht er zunächst kritisch die bisher in der allgemeinen Staatslehre herausgestellten Staatstheorien und wendet sich dabei scharf gegen ROUSSEAUS Lehre vom *Contrat social*. Die Annahme eines allgemeinen, absoluten und sich zugleich inhaltlich immer wieder wandelnden Volkswillens bedeute, daß die Grundlage der Regierung eine permanente Revolution sei. Rousseau überschätze die Bedeutung der menschlichen Freiheit. Auch für Babbitt bedeutet Demokratie Freiheit, aber eine Freiheit, der Schranken gesetzt sind, und zwar nicht so sehr in den Geboten, die die Religionen aufstellen, als vielmehr in denen, die sich aus dem menschlichen Zusammenleben selbst ergeben. Die Menschheit benötige gegenwärtig die Wiedererstehung eines »ethischen Willens« nicht auf religiöser, sondern auf weltlicher Ebene. Nur so sei ein gesunder Individualismus möglich.

Trotz der staatspolitischen Problemstellung ist die Abhandlung vornehmlich eine theoretische, mit vielen Zitaten befrachtete Auseinandersetzung mit dem Gedankengut früherer philosophischer Schulen, freilich ohne daß der Verfasser im gleichen Maß auf den Niederschlag dieser Theorien in der Staatenpraxis einginge. Die politischen Machtprobleme sieht und behandelt er in erster Linie unter psychologischen Aspekten.

In *Democracy and Leadership* legt Babbitt im wesentlichen die Thesen des von ihm und Paul Elmer MORE in den zwanziger Jahren begründeten »New Humanism« nieder. Diese Bewegung (der auch T. S. ELIOT nahestand) wandte sich, zunächst auf dem literarischen und später auch auf dem philosophischen Sektor, vor allem gegen die Lehren von Rousseau und sah auf der Grundlage orientalischen und griechischen Gedankenguts unter Hervorhebung ethischer Aspekte den Menschen aus weltlicher Sicht. Der »New Humanism« lehnte damit auch jede Identifizierung des Menschen mit der Natur ab. Auf politischem Gebiet neigte er mehr zu einer konservativen und aristokratischen als zu einer demokratischen und liberalen Richtung.   L.H.

AUSGABEN: Boston/NY 1924. – Boston 1952.

LITERATUR: E. Wilson, *Notes on B. and More* (in New Republic, 1930, Nr. 62, S. 115–120). – Ders., *Sophocles, B. and Freud* (ebd., 1930, Nr. 65, S. 68–70). – F. Leander, *Humanism and Naturalism. A Comparative Study of Ernest Seillière, I. B. and P. E. More*, Göteborg 1937. – R. Kirk, *The Conservative Humanism of I. B.* (in Prairie Schooner, 26, 1952, S. 245–255). – F. Leander, *I. B. and Benedetto Croce. The Philosophical Basis of the New Humanism in American Criticism* (in *Göteborgs Studier I: Litteraturhistoria*, Göteborg 1954).

ROUSSEAU AND ROMANTICISM

(amer.; *Rousseau und das Romantische*). Kulturkritische Streitschrift von Irving BABBITT, erschienen 1919. – Als Mensch leben heißt kritisch leben: Mit diesem Wahlspruch nahm sich Irving Babbitt – Literaturprofessor in Harvard seit 1894 und in den zwanziger Jahren Wortführer des amerikanischen »Neuhumanismus« – Sokrates zum Leitbild. Wie dieser umschreibt er die eigene Haltung durch Ironisierung der Gegenposition. Um der rapiden »Dehumanisierung« der abendländischen Kultur seit Ende des 18. Jh.s zu begegnen, fordert er – hierin ein Schüler von Matthew ARNOLD – ein Wiederanknüpfen an die klassische Tradition, die seit VOLTAIRE, Dr. JOHNSON, LESSING und GOETHE abgebrochen sei. Mit solch unzeitgemäßem Bekenntnis zum kulturellen Erbe der Vergangenheit ist Babbitt bereit, wie SAINTE-BEUVE, »*to be the last of our kind, before the great confusion*«. Unter Literatur versteht er in humanistischem Sinne nicht nur fiktives, sondern jedes Schrifttum, in dem sich Wissen und Weisheit der geschichtlichen Menschheit zu Nutz und Frommen einer selbstkritischen Nachwelt niedergeschlagen hat. Babbitt hatte schon in *Literature and the American College* (1908) eine Reaktivierung des antiken Humanitas-Begriffs postuliert und in *The New Laokoon* (1910) die romantische Vermischung der Künste sowie die Auflösung des klaren Gefüges der literarischen Gattungen kritisiert; aber erst die Kulturkrise nach dem Ersten Weltkrieg ermöglichte ihm einen breiten Einbruch in das zeitgenössische Bewußtsein mit der Kampfschrift *Rousseau and Romanticism*. Sie dient weniger der Differenzierung seiner programmatischen Ideen als der rhetorischen Steigerung seiner Polemik und ihrer Ausdehnung auf die ganze Breite der neueren Kultur, die er von ROUSSEAU und den Romantikern auf einen selbstzerstörerischen Abweg gebracht sieht. Romantik ist ihm gleichbedeutend mit Exzentrik, und die gab es zu allen Zeiten. »*Romanticism of action*« nennt er die Donquichotterien der mittelalterlichen Ritter, die CERVANTES zur Zielscheibe seines Spottes machte. Den barocken Manierismus bezeichnet er als »*intellektuelle Romantik*«, deren Exzesse den Purismus der Klassizisten im 18. Jh. herausforderte. Aus ihrer Formenstrenge ausbrechend, löste dann Rousseau die Springflut einer »*emotionalen Romantik*« aus. Da sich in ihr gleichzeitig alle Gefühle Luft machten, die durch das rationale Weltbild der neueren Naturwissenschaften exiliert worden waren, wurde die romantische Kunst zum Hort eines weltweiten Irrationalismus. Ihre Grundbegriffe werden von Babbitt der Reihe nach ikonoklastisch aufs Korn genommen und mit den entsprechenden Gegenbegriffen der Klassik konfrontiert. Hierbei stützt sich Babbitt mit Vorliebe auf den »*perfect critic*« ARISTOTELES: In dessen hierarchischem Weltsystem hatten die Naturwissenschaften volle Gleichberechtigung neben Ästhetik, Ethik und Metaphysik; wogegen der Objektivitätsbegriff der modernen Naturwissenschaften und der Subjektivismus der romantischen Kunsttheorie einander zwar genau entsprechen, sich aber gegenseitig ausschließen. Beide, die Nachfolger F. BACONS und die Schüler Rousseaus, sind »Naturalisten«, die die Natur – die objektive wie die subjektive – verabsolutieren. Damit gab der abendländische Mensch das lang angestrebte Ziel auf, durch Kultur zu sich selbst zu finden. Die klassische Tradition zivilisierte den ganzen Menschen, wohingegen die Naturwissenschaften lediglich eine intellektuelle Disziplin sind, unter Ausklammerung der Gefühle, die in die Anarchie entlassen werden. So ist die lange Reihe antithetischer Begriffspaare zu verstehen, die Babbitt abhandelt: Klassik – Romantik (vgl. die antithetische Stilstudie von Fritz STRICH *Klassik und Romantik*, 1922); Kultur – Anarchie (vgl. das Hauptwerk von Matthew ARNOLD *Culture and Anarchy*, 1869); Nachahmung – Originalität (Babbitts *On Being Creative*, 1932, sowie T. S. ELIOTS Essay *Tradition and the Individual Talent*, 1919); idealtypische Repräsentanz – persönliche Idiosynkrasie; *honnête homme* – *poète maudit* (Bürger wider Künstler); lateinisches Dekorum (vgl. T. S. Eliots Vergil-Vortrag *What is a Classic?*, 1945) – gotische Hysterie (vgl. Mario PRAZ, *La carne, la morte e il diavolo nella letteratura romantica*, 1930); *inner check* – Enthemmung; Seelendrama (Psychomachie) – Melodrama (Sensation) usw. Babbitts Mitstreiter waren: in den USA Paul Elmer MORE, mit dem er das Sanskrit-Studium sowie die Einbeziehung von BUDDHA und KONFUZIUS in den neuhumanistischen Bildungskosmos teilt; in Frankreich Julien BENDA; in England F. L. LUCAS (*Decline and Fall of the Romantic Ideal*, 1936). Zu Babbitts Erben gehören, außer den Südstaaten-Klassizisten Allen TATE u. a. und dem militanten Moralisten Yvor WINTERS (*In Defence of Reason*, 1960), vor allem sein bedeutendster Schüler in Harvard: T. S. Eliot. In dem im Jahr seiner Konversion entstandenen Essay *The Humanism of Irving Babbitt* (1928) distanzierte sich Eliot achtungsvoll von seinem Lehrer, der aus der Frontstellung gegen den orthodoxen »Naturalismus« nicht bis zur letzten Einsicht durchgestoßen sei (wie P. E. More, Jacques MARITAIN und Eliot selbst), daß die Verbindung des abendländischen Humanismus mit dem christlichen Supranaturalismus nicht nur historisch opportun, sondern wesentlich war. Während Religion ohne die Kritik eines urbanen Humanismus tibetanisch erstarre, bleibe humane Bildung ohne religiöse Überzeugung parasitär. In *Second Thoughts about Humanism* (1929) kritisiert Eliot den kulturellen Eklektizismus des Babbitt-Schülers Norman FOERSTER als liberalen Religions-Ersatz; den konsequenteren Wegbereiter eines religiös fundierten Neoklassizismus sah Eliot in T. E. HULME. Eliot entscheidend geprägt zu haben, bleibt dennoch Babbitts größter Lehrerfolg. R.S.

AUSGABEN: Boston/NY 1919. – Boston/NY 1935. – NY 1957 (Meridian Books).

LITERATUR: F. Leander, *Humanism and Naturalism. A Comparative Study of Ernest Seillière, I. B., and P. E. More*, Göteborg 1937. – H. Boeschenstein, *I. B., amerikanischer Humanist u. Kulturkritiker* (in *Kulturkritik u. Literaturbetrachtung in Amerika*, Hg. V. Lange u. H. B., Breslau 1938, S. 42–76). – T. S. Eliot, *The Humanism of I. B.* (in T. S. E., *Selected Essays*, Ldn. ³1951, S. 471–480; dt. in *Werke*, Bd. 2, Ffm. 1967, S. 189–199). – Ders., *Second Thoughts about Humanism* (ebd., S. 481–491; dt. ebd., S. 200–211). – E. Wilson, *Notes on B. and More* (in E. W., *The Shores of Light*, Ldn. 1952, S. 451–467). – Ders., *Sophocles, B. and Freud* (ebd., S. 468–475). – R. Kirk, *The Conservative Humanism of I. B.* (in Prairie Schooner, 26, 1952, S. 245–255). – F. Leander, *I. B. and Benedetto Croce. The Philosophical Basis of the New Humanism in American Criticism* (in Göteborgs Studier, I: Litteraturhistoria, 1954, S. 147–168). – N. J. Geier, *The Problem of Aesthetic Judgment and Moral Judgment of Literary Value in the Critical Theories of I. B., P. E. More, Yvor Winters, and T. S. Eliot*, Diss. Univ. of Wisconsin 1964 (vgl. Diss. Abstracts, 24, 1963/64, S. 4188). – R. Sühnel, *T. S. Eliots Stellung zum Humanismus* (in *Amerika: Vision und Wirklichkeit*, Hg. F. H. Link, Ffm. 1968, S. 387–399; ern. in R. S., *Make it New. Essays zur literarischen Tradition*, Bln. 1987, S. 246–258).

ISAAK ÉMMANUILOVIČ BABEL'

* 13.7.1894 Odessa
† 17.3.1941 in Haft

LITERATUR ZUM AUTOR:
N. Gorbačëv, *Novelly B.* (in *Dva goda lit. revoljucii*, Leningrad 1926). – Th. Rothschild, *Zur Form von I. B.'s Erzählungen* (in WSlJ, 1970, 16, S. 112–134). – J. Falen, *I. B. His Life and Art*, Diss. Univ. of Pennsylvania 1970 [ent. Bibliogr.]. – *I. B. Vospominanija sovremennikov*, Moskau 1972. – P. Carden, *The Art of I. B.*, Ithaca/Ldn. 1972. – F. M. Levin, *I. B. Očerk tvorčestva*, Moskau 1972. – R. Hallett, *I. B.*, NY 1973 [enth. Bibliogr.]. – J. Falen, *I. B. Russian Master of the Short Story*, Knoxville 1974 [enth. Bibliogr.]. – M. Cunningham, *I. B. The Identity Conflict*, Diss. Northwestern Univ. 1976 [enth. Bibliogr.]. – E. Wedel, *Zu Sprache und Stil bei I. B.* (in Symposium Slavicum, Mchn. 1976, S. 213–254).

KONARMIJA

(russ.; *Ü: Budjonnys Reiterarmee*). Dreißig Erzählungen von Isaak É. BABEL', erschienen 1926. – Nachdem GOR'KIJ 1916 in seiner Zeitschrift ›Letopis‹ einige Geschichten Babel's veröffentlicht hatte, gab er dem jungen Schriftsteller den Rat, vorerst im Leben gründlich umzusehen. Babel', der aus einer jüdischen Kaufmannsfamilie stammte, wurde Soldat, Rotarmist, nahm 1920 an dem Polenfeldzug des legendenumwobenen Generals Budënnyj teil und arbeitete schließlich in einer Drukkerei in seiner Heimatstadt Odessa. Schon 1923 brachte MAJAKOVSKIJ in seiner Zeitschrift ›LEF‹ mehrere Erzählungen von Babel' heraus, die später in den Band *Konarmija* bzw. in den ebenfalls 1926 erschienenen Erzählband *Odesskie rasskazy* (*Geschichten aus Odessa*) aufgenommen wurden. »*Auch Babel' war, wie Camus und Pavese, Hamsun und Vittorini ›Heimatkünstler‹ höchsten Rangs, ein Regionalist ...*« (W. Jens).
In den Erzählungen über seine Erlebnisse in der roten Reiterarmee gibt Babel' ein Bild der Geschehnisse, das nichts mit einer Heroisierung des Bürgerkriegs zu tun hat: Es sind knappe, in ihrer Pointierung an MAUPASSANT geschulte Skizzen voller Blut, willkürlichen und unnötigen Mordens, roher Gewalt und unerträglicher Grausamkeit. In einer der Erzählungen kommt Priščepa, einer von Budënnyjs Kosaken, in sein Heimatdorf, in dem seine Eltern ermordet und ihre Besitztümer von den Nachbarn verschleppt wurden: »*In jeder Hütte, in*

der der Kosak Sachen seiner Mutter oder eine Tabakspfeife seines Vaters fand, ließ er Greisinnen mit durchschnittener Kehle zurück, über dem Brunnen aufgehängte Hunde und mit Kot beschmutzte Ikonen.« Ein anderer Kosak sagt: *»Mit einer Kugel kannst du nicht dorthin dringen, wo der Mensch eine Seele hat, und du kannst nicht herausfinden, wie sie ist. Aber ich schone mich selber auch nicht, ich trete manchmal auf dem Feind eine Stunde und länger herum, weil ich wissen will, wie es da drinnen aussieht.«* Selbst die schrecklichsten Bilder sind für den Ich-Erzähler der Novellen – einen intellektuellen Juden unter Kosaken – von der Melancholie einer ihm fremden Welt erfüllt. Hinter den blutigen Szenen steht die entsetzliche Vermutung, daß dieses von jeder Moral losgelöste, mit Pferden und Maschinengewehren verbrachte und sich trotz alledem krampfhaft behauptende Leben hier sein wirkliches, kraftstrotzend-ekelhaftes Wesen enthüllt. Das Entsetzen geht aber Hand in Hand mit der Bejahung dieses Lebens und seiner trotz aller kaum zu ertragenden Schrecken geheimnisvollen Schönheit: *»Wir blikken in die Welt wie auf eine Wiese im Mai, eine Wiese voller Frauen und Pferde.«*
Babel' verleiht den einzelnen Gestalten Plastizität. Es überstürzen sich Bilder und Symbole *»im Gewand der expressionistischen Suada... auch die Typen scheinen bekannt: schwangere Frauen, wahnsinnige Taube, verstümmelte, sterbende Pferde, mäuseäugige Statuen ...«* (W. Jens); Babel' schafft abrupte Übergänge von Szene zu Szene und berichtet Grausiges mit nüchterner Sachlichkeit, weshalb ihn JENS wohl zu Recht mit KAFKA vergleicht. Die mit einer ungeheuren Spannung geladenen Novellen – eher Impressionen – des Erzählers zehren von der ihnen eigenen Antithetik: Babel' erfüllt das lyrische Naturbild mit dem Schrecken der gestörten Ordnung, stellt das abgründig Häßliche neben das unberührt Schöne, Verdorbenheit neben Naivität. Seine Vergleiche sind bizarr, überraschend expressionistisch. GOGOL' ähnlich wechselt er häufig vom Bereich des Organischen und Lebendigen zum Anorganisch-Toten über – die *»geborstenen Säulen und Mauerhaken«* sind *»in die Erde gewühlt wie die krampfigen Finger böser Greisinnen«*; *»bläuliche Wege«* sind *»wie Milchströme, die aus zahllosen Brüsten gequollen waren«*; *»der Duft der Lilien«* ist *»kräftig und rein wie Spiritus«*. – Der Wirklichkeit entnimmt Babel' Details, die in seinen kühnen Bildern zu Symbolen werden und doch lebensvoll wirken. Budënnyj wandte sich 1924 in der Zeitschrift ›Oktjabr'‹ gegen Babel's dichterische »Verzerrung« der wahren Geschehnisse des Polenfeldzugs. Doch unangefochten durch die Einwände eines gekränkten Kosakengenerals gehört *Konarmija* zu den genialsten literarischen Zeugnissen der russischen Revolution. *»Der Ästhet und die Barbarei, der Gedankenreiche und die Macht, der Schüchterne im Sog der Grausamkeit ... ein Grundthema dieses Jahrhunderts«* (W. Jens).   KLL

AUSGABEN: Moskau 1926; ³1928. – Moskau 1936 (in *Rasskazy*). – Moskau 1966 (in *Izbrannoe*, Hg. E. Krasnoščekova; Vorw. L. Poljak). – Ann Arbor 1983. – Minsk 1986 (in *Izbrannoe*).

ÜBERSETZUNGEN: *Budjonnys Reiterarmee*, D. Umanskij, Bln. 1926. – *Die Reiterarmee*, M. Dor u. R. Federmann (in *Zwei Welten. Die Geschichten d. I. B.*, Wien/Mchn./Basel 1960). – *Budjonnys Reiterarmee*, D. Umanskij (in *Budjonnys Reiterarmee u. anderes*, Olten 1960; Nachw. W. Jens). – *Die Reiterarmee*, F. Mierau, Lpzg. 1975. – Dass., D. Umanskij (in *Erste Hilfe. Sämtl. Erzählungen*, Hg. H. M. Enzensberger, Nördlingen 1987).

LITERATUR: A. Ležnev, *I. E. B. Zametki k vychodu »Konarmii«* (in *Pečat' i revoljucija*, Moskau 1926, S. 82ff.). – A. Lee, *Epiphany in B.'s »Red Cavalry«* (in Russian Literature Triquarterly, 1972, 2, S. 249–260). – G. Williams, *Two Leitmotifs in B.'s »Konarmija«* (in WdS, 1972, 17, S. 308–317). – M. Klotz, *Poetry of the Present: I. B.'s »Red Cavalry«* (in SEEJ, 1974, 18, S. 160–169). – B. Kolrus, *Die Darstellung des Krieges in B.'s »Konarmija«*, Phil. Diss. Graz 1979. – R. Grøngaard, *An Investigation of Composition and Theme in I. B.'s Literary Cycle »Konarmija«*, Aarhus 1979. – S. Povartsova, *Materials for a Creative Biography of I. B.: on the Verge of »Red Cavalry«* (in Soviet Review, 1980, S. 65–83). – M. Ehre, *B.'s »Red Cavalry«: Epic and Pathos, History and Culture* (in Slavic Review, 1981, 40, S. 228–240). – J. J. Van Baak, *The Place of Space in Narration: a Semiotic Approach to the Problem of Literary Space, with an Analysis of the Role of Space in I. E. B.'s »Konarmija«*, Amsterdam 1983.

MARIJA

(russ.; Ü: *Maria*). Drama in acht Bildern von Isaak È. BABEL', erschienen 1935; Uraufführung: Florenz 1964, Piccolo teatro. – Babel's letztes Drama behandelt das Schicksal des russischen Adels in den ersten Jahren nach der sozialistischen Oktoberrevolution. Alle Personen, die das eigenwillige Stück auf die Bühne bringt, sind Außenseiter der neuen Gesellschaft. Gleichermaßen an den Rand des politischen Geschehens verwiesen, stehen sich die Welt des entmachteten, funktionslos gewordenen Adels um den ehemaligen zaristischen General Mukovnin und das Milieu des emporgeschwemmten, kriminellen Spekulantentums um den jüdischen Geschäftemacher Dymšic gegenüber. Ohne sich wirklich von den Denk- und Lebensgewohnheiten der alten Gesellschaft befreit zu haben, sucht Mukovnin den Anschluß an die Gegenwart durch eine weniger aus Überzeugung als aus Nützlichkeitserwägungen begonnene Abrechnung mit dem eigenen gesellschaftlichen Stand: Er arbeitet an einem Geschichtswerk, das die unmenschliche Behandlung der russischen Soldaten durch die zaristischen Offiziere bloßstellt. Der alternde General zerbricht indes am Schicksal seiner Tochter Ljudmila, die, unfähig, im Wirbel der gesellschaftlichen Auseinandersetzungen eine sinnvolle Aufgabe zu erfüllen, das Opfer des glatten, gerissenen Dymšic wird. Von einem seiner betrunkenen Kumpane vergewaltigt, wird sie mitsamt dem asozialen Gelichter von der Polizei festgenommen. Die Nachricht von der Verhaftung der Tochter tötet Mukovnin. In seine mit kostbaren alten Möbeln ausgestattete Wohnung zieht – das Neue und die Zukunft verkörpernd – eine Proletarierfamilie mit einer schwangeren Frau ein.

Sorgfältig vermeidet es das Drama, die neue Wirklichkeit augenfällig mit den Relikten der absterbenden Gesellschaftsordnung zu konfrontieren. Sie bleibt die ferne Welt der Titelheldin Maria, der ältesten Tochter des Generals, die nirgends im Stück selbst auf der Bühne erscheint. Maria, deren Bild der Zuschauer lediglich aus den mosaikartigen Erzählungen der übrigen Figuren und aus einem Brief an den Vater zu gewinnen vermag, ist die einzige positive Gestalt des Dramas. Sie allein hat den entscheidenden Schritt an die Seite der fortschrittlichen gesellschaftlichen Kräfte ihres Landes getan: Als Mitarbeiterin der Politischen Abteilung begleitet sie die Rote Armee an die Front.

Die erste Fassung des Stücks vollendete Babel' 1933 in Sorrent im Haus seines väterlichen Freundes Maksim Gor'kij. Die Kritik des berühmten Dichters, der das Stück »*im ganzen kalt*«, die Absicht des Autors unverständlich genannt hatte, veranlaßte Babel' zu einer gründlichen Überarbeitung. Ursprünglich war das Werk als Einleitung einer dramatischen Trilogie geplant, welche die gesellschaftliche Entwicklung der Sowjetunion von 1920–1935 umfassen sollte. Doch sind die Entwürfe der folgenden Teile, in denen die Titelheldin des ersten Stücks selbst auftreten sollte, nicht erhalten. Ebenso wie sein Drama *Zakat*, 1928 (*Sonnenuntergang*), hat Babel' auch das Stück *Marija* vor der Publikation in öffentlichen Lesungen zur Diskussion gestellt. Die durchweg ablehnende Beurteilung, die das Drama durch die sowjetische Kritik erfuhr, verhinderte die bereits vorbereitete Aufführung; so kam es erst 1964 in Italien zur vielbeachteten Erstinszenierung. C.K.

AUSGABEN: Moskau 1935 (in Teatr i dramaturgija, Nr. 3, März). – Moskau 1935. – Moskau 1957 (in *Izbrannoe*, Hg. I. Ėrenburg). – Moskau 1966 (in *Izbrannoe*). – Letchworth 1976.

ÜBERSETZUNG: *Maria*, H. Pross-Weerth (in *Sonnenuntergang*, Olten/Freiburg i.B. 1962). – Dass. (in *Werke*, Hg. F. Mierau, Bln./DDR 1973).

LITERATUR: I. Ležnev, *Novaja p'esa I. B.* (in Teatr i dramaturgija, 1935, 3, S. 46–57). – W. Jens, Nachw. (in I. Ė. B., *Budjonnys Reiterarmee*, Olten/Freiburg i.B. 1960).

ODESSKIE RASSKAZY

(russ.; Ü: *Geschichten aus Odessa*). Erzählzyklus von Isaak Ė. BABEL', erschienen 1921–1924. – Der literarische Weg des Autors beginnt, nach einigen unsicheren Versuchen unter der Anleitung Maksim GOR'KIJS, in der ersten Hälfte der zwanziger Jahre, als – zunächst in den Lokalzeitungen Odessas, später vor allem in der futuristischen Literaturzeitschrift ›LEF‹ (Linke Front, ab 1923) und in A. VORONSKIJS Journal ›Krasnaja Nov'‹ (Rotes Neuland, ab 1921) – die Erzählungen seiner beiden bekanntesten Zyklen, der *Odesskie rasskazy* und der *Konarmija*, 1926 (*Budjonnys Reiterarmee*), zu erscheinen beginnen. Die *Geschichten aus Odessa* umfassen die vier Erzählungen *Korol'* (*Der König*), *Kak ėto delalos' v Odese* (*Wie es in Odessa dazu kam*), *Otec* (*Der Vater*) und *Ljubka Kazak* (*Ljubka Kazak*). In ihnen beschreibt der Autor, der selbst einer traditionsbewußten Familie des jüdischen Mittelstandes entstammt, das Leben der Moldavanka, des Judenviertels seiner Heimatstadt Odessa.

Der Held der ersten drei Erzählungen ist Benja Krik, ein romantischer, verwegen-kühner Räuberhauptmann, genannt der »König«. Der Leser trifft ihn beim rauschenden Hochzeitsfest seiner vierzigjährigen, an der Basedowschen Krankheit leidenden Schwester. Auf einem hohen Kissenturm thront die Braut neben ihrem gänzlich verschüchterten Ehegemahl, den Benja von dem Geld seines steinreichen Schwiegervaters Ėjchbaum gekauft hat, jenes Ėjchbaum, dessen hübsche Tochter Cilja dem Banditenkönig den Kopf verdrehte, als er gerade dem Vater eine hübsche Summe Geldes abgepreßt hatte. Kaum von der eigenen Hochzeitsreise zurückgekehrt, hat sich Benja ohne Umschweife an die Verheiratung der Schwester gemacht. Die Warnung eines Vertrauten vor einer Razzia des neueingesetzten Polizeikommissars scheint er nicht zu beachten. Die kostbarste Schmuggelware aus dem Odessaer Hafen hat Benja zur Ehre seines Hauses aufgeboten. Das Fest ist in vollem Gange, als sich unter den Duft der Speisen und des Weins Brandgeruch mischt. Erschrocken stürzen die Gehilfen Benjas herein und berichten, das Polizeiquartier habe, kaum daß die zur Ergreifung Benjas ausgesandten Polizisten das Haus verlassen hätten, Feuer gefangen und brenne lichterloh. Mit stoischer Miene befiehlt Benja die Fortsetzung des Festes. Wie beiläufig geht er selbst, sich das eigene Werk anzusehen. Freundlich grüßt er den neuen Polizeikommissar, dem es die Ereignisse nicht gestatten, das Hochzeitsfest des Banditen zu stören: »*Nun, was sagen Sie zu diesem Unglück? Es ist schon ein Kreuz ... Ei, ei, ei ...*«

Die zweite Erzählung trägt den »beruflichen« Werdegang der Hauptgestalt dieses der Brechtschen *Dreigroschenoper* vorgreifenden Banditenmahls nach. Der Ich-Erzähler gibt die Ereignisse wieder, wie sie ihm von dem selbstbewußten Reb Ar'e Lejb berichtet wurden. Beiläufig wird das »*schreckliche Ende*« des Banditen erwähnt, doch gilt das Interesse des Erzählenden dem kometenhaften Aufstieg Benjas in der jüdischen Halbwelt der Hafenstadt. Benja hat sich dem einäugigen Räuber Froim Grač als Gehilfe angeboten und von dem versammelten Räuberrat den Auftrag erhalten, zur Probe seiner

Fähigkeiten den reichen Geschäftsmann Tartakovskij zu »erleichtern«. Das Unglück will es, daß die Kugel eines betrunkenen Kompagnons einen der Angestellten Tartakovskijs niederstreckt. Benja richtet dem Ermordeten ein prunkvolles Begräbnis aus. In einem roten Automobil, dessen eingebaute Drehorgel *Lache Bajazzo* über den Friedhof schmettert, fährt er mit seiner Begleitung vor, um einen riesigen Kranz erlesener Rosen zum Sarg zu tragen. Die Bandenmitglieder selbst heben den Sarg. Benja hält eine ergreifende Leichenrede auf den *»ehrlichen Arbeiter, der um eines lumpigen Kupferpfennigs willen starb«*. Kaum hat er geendet, da trägt man einen zweiten Sarg zum Nachbargrab: Benja nötigt die Trauergemeinde, die eben zelebrierte Zeremonie am Grabe des Mörders zu wiederholen, dem er unmittelbar nach der Tat das Schicksal seines Opfers angekündigt hatte.

Die dritte Erzählung berichtet ebenfalls von einem Heiratskontrakt Benjas. Basja, die Tochter Froim Grač', ein unförmiges Monstrum von Weib mit einer weithin tönenden Baßstimme, hat ein Auge auf den Lebensmittelhändler Kaplun geworfen. Doch der Bittgang des Vaters ist vergeblich: Die Eltern des Händlers bestehen auf einer Schwiegertochter aus der gleichen Branche. Die Schankwirtin Ljubka Kazak macht den Vater auf Benja aufmerksam und vermittelt ein Gespräch. Stundenlang muß der Vater vor der Tür warten, hinter der sich Benja mit der hübschen Katjuša abgibt. Doch als er sich erhebt, wird man rasch handelseinig. Der Vater verspricht eine ansehnliche Mitgift. Den Rest wird sich Benja bei dem Lebensmittelhändler holen, der aus Familienstolz *»die erste Liebe Basjas nicht geachtet hat«*.

Die Heldin der letzten Erzählung ist die Kneipenwirtin Ljubka Kazak, die, Schmugglerin, Spekulantin und Kupplerin zugleich, den greisen Cudečkis zum Verwalter ihres Betriebs macht, weil er es verstanden hat, mit drastischen Methoden das vernachlässigte Kind der Wirtin von der trockenen Mutterbrust zu entwöhnen.

Aufgrund der vom Autor selbst gegebenen Datierung 1923/24 hat die Literaturgeschichte lange Zeit den Zyklus der Odessaer Erzählungen für jünger als die Novellen der *Konarmija* gehalten. Erst die in neuerer Zeit intensivierte Beschäftigung mit dem während der Stalinzeit verfolgten und ermordeten Dichter hat die tatsächliche Entstehungs- und Erscheinungszeit des Zyklus gesichert. – Ein Romantiker von Natur, sucht Babel' in seinen skizzenartigen Erzählungen durch naturalistische Überzeichnung dem Alltag des Odessaer Judenviertels seine exotische, fremdartige, oft groteske Seite abzugewinnen. Die scheinbar leichtfertige, lakonische, bald schroff realistische, bald expressionistisch aggressive, bald poetisch zurückhaltende Diktion der Erzählungen hat die sowjetische Kritik vielfach verleitet, dem Autor Ästhetizismus und Formalismus vorzuwerfen. Einen Verteidiger fand Babel' jedoch in Maksim Gor'kij, der hinter der eigenwilligen literarischen Gestaltung der Erzählung einen tiefen – wenn auch nicht gesellschaftlich kämpferischen – Humanismus erkannte. C.K.

AUSGABEN: Odessa 1921 (*Korol'*, in Morjak, 23. 6.). – Odessa 1923 (*Kak ėto delalos' v Odesse*, in Izvestija Odesskogo gubispolkoma, gubkoma KP(b)U i gubprofsoveta, 5. 5.). – Moskau 1924 (*Otec* und *Ljubka Kazak*, in Krasnaja nov', 1924, Nr. 5). – Moskau/Leningrad 1927 (in *Rasskazy*). – Moskau 1966 (in *Izbrannoe*). – Letchworth 1976. – Minsk 1986 (in *Izbrannoe*).

ÜBERSETZUNGEN: *Geschichten aus Odessa*, D. Umanskij, Bln. 1926. – Dass., M. Dor u. R. Federmann (in *Zwei Welten. Die Geschichten des I. B.*, Mchn. 1960). – Dass., D. Umanskij u. H. Pross-Weerth, Darmstadt 1962. – Dass., M. Dor (in *Exemplarische Erzählungen*, Wien/Mchn. 1985). – Dass., D. Umanskij (in *Erste Hilfe. Sämtl. Erzählungen*, Hg. H. M. Enzensberger, Nördlingen 1987).

VERFILMUNG: *Benja Krik*, Rußland 1927 (Regie: V. Vil'ner).

ZAKAT

(russ.; Ü: *Sonnenuntergang*). Drama in acht Bildern von Isaak Ė. BABEL', Uraufführung: Baku, 23. 10. 1927, Rabočij teatr. – Als Vorwurf seines ersten Dramas, dessen Sujet auf eine erst 1956 entdeckte gleichnamige Erzählung zurückgeht, dient Babel' das Milieu der Juden von Odessa, das auch den Hintergrund seiner 1927 erschienenen *Evrejskie rasskazy (Jüdische Erzählungen)* bildet. Das Thema des Sonnenuntergangs versinnbildlicht den Untergang einer Generation und mit ihr einer Welt historisch überholter Ordnungen. Der alte Mendel' Krik, Besitzer eines gutgehenden Fuhrunternehmens, der Geschäft und Familie mit eiserner Hand regiert, ohne seine erwachsenen Söhne Benja und Levka am Unternehmen zu beteiligen, ventiliert die Möglichkeit, seinen Besitz zu verkaufen, um sich mit seiner Mätresse Marusja nach Bessarabien abzusetzen. Er macht die Rechnung jedoch ohne seine Söhne, die ihn im eigenen Hof zusammenschlagen, um vor den Domestiken zu demonstrieren, wer fortan die Geschicke der Firma lenkt. Die Machtdemonstration findet ihren Höhepunkt in einem Festessen, das Benja zynisch zu Ehren der greisen Eltern gibt. Der alte Mendel', eingeschüchtert und demoralisiert, läßt Benjas Demütigungen widerspruchslos über sich ergehen. Aus dem vitalen, sanguinischen, autoritären Kraftmenschen ist ein hilfloser Greis geworden, dessen Situation mit jüdischer Altersweisheit nur der alte Rabbi Ben Zchar'ja erfaßt, der das Stück mit den Worten beschließt: *»Doch Gott hat auf jeder Straße seine Gendarmen, und Mendel' Krik hatte Söhne in seinem Haus. Die Gendarmen kommen und machen Ordnung. Tag ist Tag, und Abend ist Abend. Alles hat seine Ordnung, Juden. Trinken wir ein Gläschen!«* Babel's Drama erhält seinen Sinn allein im Kontext der *Evrejskie rasskazy* und vor allem der Prosafassung von 1924/25, in der das Motiv des (nicht realisierten) Vatermordes nicht an die drohende Hin-

tergehung der Erben, sondern allein an das Moment der Rache am brutalen, übermächtigen Vater gekoppelt ist. Benja Krik, im Drama ein kaltblütiger, skrupelloser Dandy, entpuppt sich in der Erzählung als der legendäre König der Unterwelt von Odessa. Die Übernahme des väterlichen Geschäfts ist so mit der Emanzipation des Romantisch-Kriminellen aus den Fesseln der jüdischen Patriarchalität verzahnt, die sich angesichts der gewitzten, religiösen Rechtfertigung durch Ben Zchar'ja ihr eigenes Grab schaufelt. Die Vermischung der Sphären und Motive, das Neben- und Ineinander von Kriminalität, sexueller Leidenschaft, Anarchie und auf Machtprinzipien gegründetem Wertbewußtsein demonstriert das Dubiose der nach außen hin scheinbar nahtlosen dynastischen Abfolge und der tradierten Ordnung selbst, die als Modell eines erstarrten Sozialgefüges zugrunde gegangen ist, bevor Benja und Levka das Szepter übernehmen.
Ein durchschlagender Theatererfolg blieb Babel's Drama versagt. Trotz des fesselnden, häufig an die expressionistische Dramentradition erinnernden Dialogs bleibt das Stück wegen seines Mangels an szenisch realisierbaren Höhepunkten ein lyrisches Genrebild, das wie ein dialogisiertes Komplement der »*ornamentalen Prosa*« des Autors wirkt. A.Gu.

AUSGABEN: Moskau 1928 (in Novyi mir, Nr. 2). – Moskau 1928. – Moskau 1957 (in *Izbrannoe*, Hg. I. Èrenburg). – Moskau 1966 (in *Izbrannoe*). – Letchworth 1976.

ÜBERSETZUNGEN: *Sonnenuntergang*, H. Pross-Weerth (in *Werke*, Bd. 2, Olten/Freiburg i.B. 1962). – Dass., H. Burck (in *Ein Abend bei der Kaiserin*, Bln. 1969). – Dass., H. Pross-Weerth (in *Sonnenuntergang: Geschichten und Dramen*, Olten/Freiburg i.B. 1972). – Dass. (in *Werke*, Hg. F. Mierau, Bln./DDR 1973).

LITERATUR: G. Gukovskij, »*Zakat*« (in *I. B. Stat'i i materialy*, Hg. B. V. Kazanskij u. Ju. N. Tynjanov, Moskau/Leningrad 1928; m. Bibliogr.)

MIHÁLY BABITS

* 26.11.1883 Szekszárd
† 4.8.1941 Budapest

LITERATUR ZUM AUTOR:
O. Sárkány, *B.-bibliográfia* (in *B. Emlékkönyv*, Hg. G. Illyés, Budapest 1941, S. 289–308). – K. J. Soltész, *B. M. költői nyelve*, Budapest 1965. – L. Pók, *B. M. alkotásai és vallomásai tükrében*, Budapest 1967; ²1970. – M. Benedek, *B. M.*, Budapest 1969. – T. Ungvári, *Adalékok B. M. pályaképéhez 1918–1919* (in T. U., *Ikarus fiai*, Budapest 1970, S. 247–283). – P. Kardos, *B. M.*, Budapest 1972. – L. Sipos, *B. M. és a forradalmak kora*, Budapest 1976. – G. Rába, *B. M. költészete 1903–1920*, Budapest 1981. – G. Rába, *B. M.*, Budapest 1983. – *B. M. száz esztendeje. Kritikák. Portrék*, Hg. L. Pók, Budapest 1983. – *Mint különös hírmondó. Tanulmányok, dokumentumok B. M. születésének 100. évfordulójára*, Hg. A. Kelevez, Budapest 1983. – G. Belia, *B. M. tanulóévei*, Budapest 1983. – B. Lengyel, *M. B. 1883–1941. A poet's place* (in The New Hungariany Quarterly, 24, 1983, No. 90, S. 64–76).

DAS LYRISCHE WERK (ung.) von Mihály BABITS.
Babits war eine der bestimmenden Persönlichkeiten der ungarischen Literatur des Jahrhundertanfangs und der Zwischenkriegszeit, ein Zeitgenosse von Endre ADY, Dezső KOSZTOLÁNYI, Gyula JUHÁSZ und Árpád TÓTH. Der humanistisch orientierte Lyriker mit ausgeprägt philosophischen Neigungen gehörte der ersten Generation der Zeitschrift ›Nyugat‹ (Westen) an. Er leistete auch als Übersetzer Bedeutendes: So übertrug er z. B. DANTES *Divina Commedia* und – zusammen mit Lőrinc SZABÓ und Árpád TÓTH – BAUDELAIRES *Fleurs du mal*. Sein lyrisches Werk spannt den Bogen vom Impressionismus und Symbolismus über expressive freie Rhythmen zu einer neoklassizistischen Luzidität.
Der junge Babits begann seine literarische Laufbahn als Teil jener die ungarische Lyrik revolutionierenden Bewegung, die sich mit dem Namen Endre Adys verbindet. Erstmals mit Gedichten in der 1908 in Nagyvárad herausgegebenen Anthologie *A Holnap (Morgen)* vertreten, erregte Babits sofort die Aufmerksamkeit von Ernő Osvát, dem Gründer der Zeitschrift ›Nyugat‹, der bald begann, Babits' Gedichte dort abzudrucken.
Babits' Dichtung kreist um den Gegensatz zwischen Welt und Individuum, artikuliert die Sehnsucht des Menschen nach Fülle und Vollkommenheit. Die Vergänglichkeit menschlichen Lebens, die Frage nach dem Tod sind häufige Themen. Seine entschiedene Antikriegs-Haltung ist im Liebes-Gebot des christlichen Kulturkreises begründet. Sein Katholizismus ist ihm moralische Richtschnur auch für die Dichtung, in der die Sendung des Propheten, die Sehnsucht nach Frieden und Humanismus zum Ausdruck kommen. Schon Babits' ersten Kritikern fiel die Ausgereiftheit seiner Anschauungen auf, ebenso seine virtuose Sprachbeherrschung und seine unvergleichliche Formkunst. Georg LUKÁCS bemerkte, für Babits' Lyrik gebe es keinerlei »fremde Dinge«, hinter seinen Bildern verberge sich ein tiefer menschlicher Schmerz. Dezső KOSZTOLÁNYI sah in Babits den »mannhaften Dichter«, den tragischen, für die »ewigen Dinge« hochempfänglichen Denker. Frühe Gedichte wie *In Horatium; Weit..., weit...; Anyám nevére (Auf den Namen meiner Mutter); A lírikus epilógja (Epilog des Dichters)* bestätigen diese Urteile. Das letzt-

genannte Gedicht kann auch als Babits' *ars poetica* gelten: »*Ich bin der Held in sämtlichen Gedichten, / der Anfang und das Ende aller Reihen. / Ich wünschte auf das All mich einzurichten / und kann und kann von Ich mich nicht befreien.*« Tragisches Empfinden und Symbolismus kennzeichnen das Gedicht *Fekete ország (Schwarzes Land)*, in dem das Wort »schwarz« fünfundvierzigmal verwendet wird. Der Schmerz, den Babits am Leben empfindet, wird auf die Gegenstände, auf die Umwelt übertragen: »*Die Dinge haben Tränen. So spür ich manchmal / wie sie in meinem Zimmer lautlos weinen, / im dunkelnden geheimnisvollen Dämmer / ausbreiten ihre traur'gen Seelen nackt und bloß*« *(Sunt lacrimae rerum)*.

Babits' erster eigenständiger Gedichtband erschien 1909 unter dem Titel *Levelek Iris koszorujából (Blätter aus dem Kranz der Iris)*. Der Band zeigt ein zum Klassizismus tendierenden, mit der antiken Dichtung zutiefst vertrauten Lyriker, in dessen Versen aber doch der Schmerz modernen Lebensgefühls, die Pein von Fremdheit und Unruhe, Einsamkeit und Unzufriedenheit pochen. Der Einfluß von Impressionismus und Symbolismus ist deutlich spürbar. Mythologische und biblische Themen verschmelzen mit den Empfindungen modernen Großstadtlebens. Es ertönt das wilde Lied der Soldaten, die neben der Richtstätte von Golgotha in der Schänke um Christi Mantel würfeln, und Babits erzählt von Hegeso und dem Mädchen aus Aliscum. Aus dem Inhalt ausgeleerter Schubladen erblühen Stilleben, die Möbel verlassener Zimmer beginnen zu sprechen, antiquierte Hotels und schmutzige Innenhöfe erhalten Stimmen, der Tod kommt als Autofahrer daher, eine fliegende Kirche und viele andere groteske Phantasien tauchen auf. Von kurioser Märchenhaftigkeit ist die tragische Kinogeschichte der Entführung eines amerikanischen Mädchens. Neben dem Hymnus auf die in tausend Farben schillernde Iris findet sich andererseits die düster glühende Elegie des »Schwarzen Landes«. Der Band wurde von der Kritik unterschiedlichster Provenienz im allgemeinen positiv aufgenommen. Neben anderen waren es Georg LUKÁCS, Aladár SCHÖPFLIN und IGNOTUS, die die Dichtung des jungen, noch am Anfang stehenden Babits analysierten. Obwohl es Rezensenten gab, die in Babits einen »traurigen Träumer« sahen, oder die seine »*erschreckende Vollkommenheit*«, seine Kälte und Kargheit monierten und seine Verse für »*abgezirkelt*« hielten, erkannten doch die bedeutenden Kritiker seiner Zeit sehr rasch seine Begabung. Schöpflin machte auf die Harmonie von »*Gedanken und Gefühl*« aufmerksam, Lukács auf die Ironie hinter der dekorativen Oberfläche, Ignotus auf den individuellen Ausdruckswillen des Dichters.

Diese Charakteristika kennzeichnen auch Babits zweiten Gedichtband, der 1911 unter dem Titel *Herceg, hátha megjönn a tél is! (Was Prinz, wenn es Winter wird)* erschien. Verschiedene Themen – *Protesilaos, Klasszikus álmok (Klassische Träume), Thamyris, A Danaidák (Die Danaiden)* –, die den Einfluß der antiken Klassiker auf Babits erkennen lassen, sind auch hier mit Motiven der Gegenwart verbunden. Unter dem Eindruck der Philosophie BERGSONS entstand das große skeptische Gedicht *Esti kérdés (Abendliche Frage)*; *Paysages intimes* ergeht sich in den Gefilden der Seele; *Haláltánc (Totentanz)* ist ein Gesang von Volksliedern und Beschwörungssprüchen, durchdrungen von modernen Ängsten. Auffallend sind die Gedichte der »objektiven Lyrik«, wie *O lyric love, Oda a szépségről (Ode an die Schönheit), Szonettek (Sonette)*. *Örök dolgok közé legyen híred beszőtt (In ewige Dinge eingewoben sei Dein Ruhm)* stellt gleichsam das dichterische Glaubensbekenntnis Babits' dar und symbolisiert für Dezső KOSZTOLÁNYI die Gesamthaltung des jungen Dichters. Ähnlich ist die Einschätzung Sándor SÍKS, der Babits für einen jener Dichter hält, die aus den Fragen des Lebens die »letzten Konsequenzen« ziehen.

Der Ausbruch des Ersten Weltkriegs bedeutet einen Wendepunkt im lyrischen Schaffen Babits', wenngleich Interesse an gesellschaftlichen Veränderungen auch früher in seiner Dichtung bereits zum Ausdruck gekommen war *(Május huszonharom Rákospalotán – Rákospalota, 23. Mai)*. Babits, der sich der Welt vom philosophischen Gedanken her annähert, bezieht in den Jahren des Kriegs offen Stellung, verkündet einen mutigen Pazifismus. Den 1916 erschienenen Band *Recitatív (Rezitativ)* würdigte neben Kosztolányi auch Aladár Schöpflin, der die universelle Bildung des Dichters, seine Kenntnis der »Weltkultur« hervorhob. Friedenssehnsucht spricht aus den Zeilen von *Fiatal katona (Junger Soldat), Prológus (Prolog), Miatyánk (Vaterunser), Alkalmi vers (Gelegenheitsgedicht)*, um im Gedicht *Húsvét előtt (Vor Ostern)* zum expressionistischen Aufschrei anzuschwellen: »*Frieden! Frieden! Frieden, endlich! Laßt's genug sein, endlich!*« Konservativen Kreisen galt es als ästhetisch-politischer Skandal, daß Babits sein Liebesgedicht *Játszottam a kezével (Ich spielte mit ihrer Hand)* mit dem Antikriegs-Motiv abschloß: »*Freudiger würd ich vergießen / das leise strömende Blut / für den kleinen Finger von ihr / als für Könige hunderter Kriegspanier.*«

Nach dem Weltkrieg und den Revolutionen wird in Babits' Dichtung immer stärker dessen Annäherung an den Katholizismus spürbar. Dies bedeutete eine Abgrenzung gegenüber der Politik der Epoche. Unterdessen suchte Babits die Kontinuität der Traditionen, die Möglichkeiten einer Begegnung von Vergangenheit und Gegenwart *(Petőfi koszurui – Petőfis Kränze)*. Der Band *A Nyugtalanság völgye*, 1920 *(Das Tal der Unruhe)*, stellt nach Kritik Lőrinc SZABÓS »*die verlorene Harmonie oder deren Beklagen*« dar. »*Der lyrische Gehalt des Bandes: Sehnsucht nach Einfachheit, Sehnsucht nach Güte, Sehnsucht nach Frieden.*« Obwohl die religiöse Lebensauffassung bei Babits schon früher eine große Rolle gespielt hätte, steigere sie sich hier zu jenem Glauben, der der Glaube an Gott des letzten Friedens ist, und dessen letzte, äußerste Form die Idee ist *(Egy filozófus halálára – Auf den Tod eines Philosophen)*. In seinen Versen des Katholizismus und der Friedenssehnsucht, wie *A jóság dala (Das Lied der Güte), Zsoltár gyermekhangra (Psalter für Kinderstimme), Zoltar férfihangra (Psalter für Männerstimme), Szaladva fájó talpakon (Auf schmerzenden Sohlen rennend), Isten fogai közt (In den Fängen Gottes), Fortissimo,* bittet Babits nicht nur um Liebe, klagt nicht nur, sondern klagt an, fordert Rechenschaft von der göttlichen Gerechtigkeit, streitet, tobt und schreit.

In den Gedichtsammlungen der zwanziger Jahre, *Sziget és tenger,* 1925 *(Eiland und Meer); Az istenek halnak, az ember él,* 1929 *(Die Götter sterben, der Mensch lebt),* nimmt Babits die ihn umgebende Welt als tragische wahr. Dieses Empfinden entstammt auch jetzt nicht nur dem Schmerz des Individuums, sondern der Sorge um das Schicksal seines Landes. Zu seinen kritischen Bewunderern zählen nun die Besten der jungen Generation: Gyula ILLYÉS, László NÉMETH, Attila JOZSEF. In den großen Dichtungen dieser Periode vermischt sich die klassizistische Konzeption mit expressionistischen Elementen, der sprachliche Ausdruck wird einfacher. Seine Lyrik besingt den Tod *(Régen elzengtek Sappho napjai – Lang sind verklungen die Tage der Sappho),* aber ebenso auch die Schutzwehr dagegen, das persönliche Handeln *(A gazda bekereti házát – Das umfriedete Haus).* Zu dieser Zeit schreibt der alternde Dichter seine schönsten Verse, z. B. das ergreifende Hohe Lied ehelicher Treue, *Engesztelő ajándék (Das Versöhnungsgeschenk),* oder die *ars poetica* einer ethischen Verpflichtung zu Streben nach künstlerischer Vollkommenheit, *Cigány a siralomházban (Zigeuner im Armsünderhaus).* Im Band *Versenyt az esztendőkkel,* 1933 *(Wettlauf mit den Jahren),* wird die humanistische Haltung, die den späten Babits kennzeichnet, bereits deutlich sichtbar. Die bewußte Übernahme der Rolle des Propheten, das dichterische Sendungsbewußtsein kommen von nun an verstärkt zum Ausdruck. Persönlichkeit, Individualität ist zu diesem Zeitpunkt bereits nicht mehr Ziel, sondern zum Mittel geworden. Babits' Lyrik wird zunehmend einfacher, als Motive dienen meist elementare Erscheinungen der Natur, wie Wasser, Luft, Himmel, Wind, Feuer usw. *Csak posta voltál (Du warst nur Bote)* behandelt den Zusammenhang von individueller und historischer Existenz und betont dabei das geschichtliche Element. Die Aufgabe individuellen Lebens sieht Babits in der Vermittlung von Kontinuität. Mit fortschreitender Krankheit des Dichters werden in seiner Lyrik die Themen Abschied und Vorbereitung auf den Tod vorherrschend *(Ősz és tavasz között – Zwischen Herbst und Frühjahr, Balázsolás – Blasiuszauber).*

Babits' letztes Werk, die Verserzählung *Jónás könyve (Das Buch Jona)* ist ein persönlich getöntes Bekenntnis zu Sendung und Auftrag der Dichter. Aus der biblischen Geschichte formt Babits hier die eigene Lebensgeschichte, verdeutlicht in der Parabel die moralische Verantwortung der Intelligenz im Zeitalter des Faschismus. Nach einer Phase der Flucht in die Individualität findet der Dichter mit der Hinwendung zur Gemeinschaft und deren Sorgen auch zu sich selbst. Erst als er sein Wort erhebt gegen den Verfall, mahnenden Einspruch anstimmt gegen das Vordringen des Bösen, der dunklen Mächte, erfüllt der Prophet seinen Auftrag: »*denn Mitschuld trägt, wer unter Sündern schweigt*«. Das beigebundene *Gebet Jonas* legt Zeugnis dafür ab, daß in Babits' lyrischem Spätwerk auch grotesker Humor und Selbstironie nicht fehlen.

Die Literaturwissenschaft betrachtet heute das lyrische Werk Babits' als den wichtigsten Teil seines Schaffens. Babits war ein *poeta doctus,* der seine Dichtungen stets unter philosophischem Anspruch schrieb, sei es als junger Formkünstler, sei es als Meister seines simplifizierten Stils, einer der ›Dichterfürsten‹ der ungarischen Literatur, dessen Nachwirkung bis über den Zweiten Weltkrieg hinaus, z. B. in der Lyrik der sogenannten »Ujhold« (Neumond)-Gruppe, zu spüren ist.   Z.F.

HALÁLFIAI

(ung.; *Die Todgeweihten*). Roman von Mihály BABITS, erschienen 1927. – Dieser Roman, an dem er sieben Jahre lang schrieb, ist das ehrgeizigste und anspruchsvollste Prosawerk des Lyrikers Babits. Die Handlung setzt in den achtziger Jahren des 19. Jh.s ein, in einer Zeit also, in der der ungarische Kleinadel zu verarmen begann. Frau Rácz, Besitzerin eines kleinen Weingartens, verliert ihren Mann und muß alles Selbstvertrauen und die ganze Zähigkeit der alten Generation aufbieten, um den finanziellen Ruin der Familie und die Demoralisierung ihrer Kinder wenigstens zu verzögern. Doch erweisen sich alle ihre Anstrengungen als vergeblich. Ihr Sohn Jozsó muß als kleiner Beamter in Budapest ein kümmerliches Dasein fristen. Die Tochter Jolán findet keinen Bewerber; sie verblüht und verkümmert als ältliches Fräulein im Hause ihrer strengen Mutter. Die Ehe der Tochter Nelli mit dem Richter Miska Sátordy zerbricht, als Nelli mit dem Hochstapler Gyula Hintáss, einem ehemaligen Studienfreund ihres Mannes, zusammentrifft. Nach einem Ausflug steigen die beiden aus Versehen in einen falschen Zug, und ohne sich große Skrupel zu machen, reisen sie nach Venedig, wo sie ein Jahr zusammenleben. Nach ihrer Rückkehr läßt Gyula seine Geliebte sitzen. Nelli, deren Mann psychisch zerbrach und nach der Scheidung von ihr an einer Lungenentzündung starb, sucht Zuflucht im Hause der Mutter, wo sie, noch jung, stirbt. Ihr und Miskas Sohn Imrus, letztes und jüngstes Glied der Familie, flüchtet sich in eine poetische Traumwelt und sucht in der Kunst den Sinn seines Lebens. Um Philosophie zu studieren, geht er nach Budapest und begegnet hier Gyula Hintáss, der jetzt mit einer angeblichen russischen Fürstin zusammenlebt, noch immer den Weltmann und Förderer der Musen spielt, aber finanziell vor dem Ruin steht. Großspurig verspricht er Imrus, ihm eine Zeitschrift zu finanzieren, deren Redaktion er übernehmen soll. Doch ist das Unternehmen, das dem »*Fortschritt der ungarischen Kultur*« dienen soll, für Hintáss nur ein Vorwand, den weltfremden Imrus und seine Familie um größere Summen zu prellen. Er verwickelt den jungen Mann in eine Wechselfälschungsaffäre, worauf Imrus, von der Welt zutiefst enttäuscht, einen Selbstmordversuch unternimmt. Nach seiner Genesung verläßt er Budapest und zieht sich in das ferne Siebenbürgen zurück, um dort als Lehrer sein Brot zu verdienen. Damit hat wenigstens er, wenn auch mit knapper Not, seine »Lehrjahre« des Lebens bestanden.

Babits schuf mit diesem Buch den ersten und bisher einzigen Entwicklungsroman der ungarischen Literatur, doch ist auch ihm kein künstlerisch überzeugendes Beispiel dieser Gattung gelungen. Seine Gestalten bleiben blaß und blutleer, und die mit Metaphern aus der antiken Mythologie überladene Sprache nimmt dem Romangeschehen jede Unmittelbarkeit. M.Sz.

AUSGABEN: Budapest 1927. – Budapest 1959 – Budapest 1972. – Budapest 1984 (in *Művei*, Bd. 7).

LITERATUR: G., Juhász, *B. M.*, Budapest 1928. – *Babits emlékkönyv*, Hg. G. Illyés, Budapest 1941. – I. Sőtér, *B. M.* (in Kortárs, 1959). – L. Basch, *A halál pitvarában* (in Jelenkor, 1962). – L. Sipos, *Adatok a Halálfiai geneziséhez* (in Literatura, 1979, 1, S. 54–72). – L. Rónay, *B. M. regénye, a Halálfiai* (in Új írás, 1980, 1, S. 18–32).

JONÁS KÖNYVE

(ung.; *Das Buch Jona*). Episches Gedicht von Mihály BABITS, entstanden 1937–1939, erschienen 1940. – Babits erzählt in seinem kleinen Epos die Geschichte des Propheten Jona (*Buch Jona*, 1–4), der von Gott berufen wird, in die Stadt Ninive zu gehen, um dort zu predigen, und der zunächst versucht, sich dieser Sendung zu entziehen, damit Schuld auf sich lädt und schließlich doch erkennen muß, daß er seinem Auftrag und der daraus erwachsenden Verantwortung nicht ausweichen kann. Durch die – sowohl inhaltlich als auch formal – enge Anlehnung an die alttestamentliche Vorlage wird deutlich, daß es Babits hierbei weniger um die dichterische Neugestaltung des Stoffs als um den Versuch geht, Situation und Aufgabe des Intellektuellen in einer gefährdeten Zeit aufzuzeigen: »*Schuldig wird, wer unter Schuldigen schweigt.*«

Darüber hinaus unternimmt Babits in seinem Gedicht jedoch auch eine Analyse der ungarischen Gesellschaft am Vorabend des Zweiten Weltkriegs, und – vor allem – eine ganz persönliche, unerbittliche Selbstanalyse. Die Identifikation des Dichters mit dem Propheten wird im Verlauf der Geschichte immer deutlicher, bis sie endlich im Epilog *(Das Gebet Jonas) expressis verbis* ausgesprochen wird. Damit kehrt Babits in diesem Spätwerk zum Ausgangspunkt seiner früheren Dichtung zurück: »*Nur ich vermag der Held meiner Lieder zu sein.*« Neu ist jedoch die Haltung des »Helden«, der die Verantwortung der Welt gegenüber auf sich nimmt und sich zu seinem Auftrag bekennt. Dieser Wandel im Bewußtsein des Dichters, seine Kritik an der eigenen früheren Haltung eines Dichters im Elfenbeinturm sowie seine Gesellschaftskritik lassen sich besonders gut an den beiden Stellen aufzeigen, wo Babits inhaltlich von der biblischen Vorlage abweicht. Während sich der Jona des *Alten Testaments* bereits auf dem in einen Sturm geratenen Schiff, mit dem er nach Tarsis entfliehen wollte, Gott stellt und den Seeleuten selbst anbietet, sie sollten ihn – der ihr Unglück durch seinen Ungehorsam gegen Gott verursacht habe – dem Meer übergeben, verbirgt sich Babits' Jona im Rumpf des Schiffes, versucht weiterhin vor Gott zu fliehen und lehnt die Verantwortung für das Unglück der Seeleute ab. »*Was hab ich mit der Schuld der Welt gemein, nach Ruhe hungert nur die Seele mein*«, steht kennzeichnend für Babits' frühere Haltung. Während die Seeleute der *Bibel* fromme Menschen sind, die Gott bitten, er möge sie vor der Strafe für unschuldig vergossenes Blut verschonen, schildert Babits sie als rohe, grausame Gesellen, die Jona ins Meer werfen. Das biblische Ninive wird von Jonas Predigt aufgerüttelt und unterzieht sich strengen Fasten- und Bußübungen; bei Babits lebt die Stadt ihr altes Leben unbekümmert weiter, und »*das Wort Jonas keimt nur in ein paar Herzen auf*«. Dieselbe Zeit- und Gesellschaftskritik übt der Dichter auch in seinen Essays, wo er vom »*Lärm beginnender Barbarei*« schreibt, und an anderer Stelle: »*Die Nation repräsentiert sich oft nur in ein bis zwei Menschen, während auf der Straße Tausende brüllen.*« – Daß Gott Ninive dennoch rettet, gibt Jona-Babits die Kraft, trotz der anfänglichen Enttäuschung über das Nichteintreffen der Prophezeiung im Epilog erneut um einen prophetischen Auftrag zu bitten. Aus der Verzweiflung über das eigene Unvermögen, die Welt zu ändern, wird Hoffnung und Zuversicht, denn Gott entläßt den Propheten mit der Mahnung: »*Dein ist das Wort, die Waffe ist mein; dein soll die Predigt, mein das Handeln sein.*« Im formalen Aufbau hält sich Babits eng an die *Bibel*. Er übernimmt die Einteilung in vier Kapitel und fügt später nur noch den Epilog hinzu. Die gehobene Sprache des *Alten Testaments* wird stellenweise beibehalten, jedoch mit moderner – oft derber – Umgangssprache durchsetzt. Mit diesem Stilmittel gewinnt Babits nicht nur die Möglichkeit, sich in Gestalt des Propheten selbst zu ironisieren, sondern er vermag auch die Zeitlosigkeit der Jona-Geschichte zu verdeutlichen. K.Si.

AUSGABEN: Budapest 1938 (in Nyugat, 31; Teilabdr.). – Budapest 1939 (in Tükör; Teilabdr.). – Budapest o. J. [1940]. – Budapest 1941 (in *Összes versei*). – Budapest 1959 (in *Válogatott művei*, Hg. T. Keresztury u. T. Ungvári, 2 Bde., 1; m. Vorw.). – Budapest 1961 [ill.; Nachw. T. Ungvári]. – Budapest 1963 (in *Összegyűjtött versei*, Hg. L. Basch u. a.). – Budapest 1977 (in *Művei*, Bd. 1).

LITERATUR: T. Rédey, Rez. (in Nyugat, 33, 1940, S. 1–4). – G. Lukács, *B. M. vallomásai* (in Írástudók felelőssége, 1945). – G. K., *Jónástol Jónásig* (in Uj Ember, 1953). – T. Ungvári, *B. M.: Jonás könyve* (in T. U., *Ikarus fiai*, Budapest 1970, S. 301–312). – A. Tamás, *A. Jónás könyvéről – teljességre törekvés nélkül* (in Studia litteraria, 16, 1978, S. 57–70). – I. Sőtér, *A Jonás könyve* (in I. S., *Gyűrűk*, Budapest 1980, S. 150–160). – J. Nagy, *Jónás könyve 1937–1938* (in Nyelvünk és Kulturánk, 1983, Nr. 52, S. 63–72). – J. Reisinger, *A. Jonás könyve – parafrázis?* (in Irodalomtörténet, 1983, S. 852–873).

ẒAHĪR AD-DĪN MUḤAMMAD BĀBUR

* 14.2.1483 Fergana
† 26.12.1530 Agra

LITERATUR ZUM AUTOR:
Bibliographien:
C. A. Storey, *Ẓahīr al-Dīn M. Bābur* (in C. A. Storey, *Persian literature*, Bd. 1, T. 1, Sektion 2, Fasc. 3: *History of India*, Ldn. 1939, Nr. 698, S. 529–535). – H. F. Hofman, *Zahīraddīn M. Bābur* (in H. F. H., *Turkish Literature*, Sektion 3, T. 1, Bd. 2, Utrecht 1969, S. 162–183).
Biographien:
S. Lane-Poole, *Babar*, Oxford 1899. – F. Grenard, *Baber*, Paris 1930. – Jo. Homil, *Zahiriddin Muhammad Bobir*, Taschkent 1949. – M. F. Köprülü, Art. *Ẓahīr al-Dīn Muḥammed b. 'Omar Şayḫ Bābur* (in *İslâm ansiklopedisi*, Bd. 2, Istanbul 1949, S. 180–187). – Art. *Ẓahīr al-Dīn Muḥammad Bābur* (in EoI, Bd. 1, 1960, S. 847–850). – H. Lamb, *Bābur the tiger*, Ldn. 1962. – Art. *Zahiriddin Muhammad Bobir* (in *Uzbek sovet enciklopediasi*, Bd. 2, Taschkent 1972, S. 287–293). – A. Kajumov, *Zahiriddin Muhammad Bobir* (in Šarḳ julduzi, 3, 1983, S. 139–150). – Ch. Muchammadchodžaev, *Zachiraddin Muchammad Babur*, Taschkent 1983. – A. Madraimov, *Žizn' Babura v miniatjurach*, Taschkent 1983.
Gesamtdarstellungen und Studien:
S. M. Edwardes, *Babur: diarist and despot*, London 1926. – H. Hasanov, *Zahiriddin Bobir sajjoch va olim*, Taschkent 1960. – J. Eckmann, *Das Zeitalter Bāburs und seiner Nachfolger in Indien* (in PhTF, Bd. 2, Wiesbaden 1964, S. 370–376). – Ch. Nazarova, *Babur i uzbekskij literaturnyj jazyk*, Taschkent 1971. – I. V. Stebleva, *Semantičeskoe edinstvo gazeli Babura* (in Tjurkologičeskij sbornik, 1974, S. 158–166). – G. F. Blagova, *O sootnošenijach prozaičeskogo i poetičeskogo variantov sredneaziatskotjurkskogo pis'menno-literaturnogo jazyka XV-načala XVI v. (Paležnoe sklonenie v jazyke proizvedenij Babura)* (in Tjurkologičeskij sbornik, 1975, S. 62–91). – I. V. Stebleva, *Preodolenie tradicionnoj tematičeskoj normy v gazeli Babura* (in Tjurkologičeskij sbornik, 1975, S. 226–233). – I. Haḳḳulov, *Bobir še'rijatida tanosib san'ati* (in Üzbek tili va adabijoti, 5, 1981, S. 22–27). – I. V. Stebleva, *Semantika gazelej Babura*, Moskau 1982. – L. V. Dmitrieva, *Literaturnoe nasledie Babura* (in Izvestija AN Turkmenskoj SSR, 4, 1982, S. 47–52). – Ch. Kudratullaev, *Literaturno-estetičeskie vzgljady Babura*, Taschkent 1983. – I. V. Stebleva, *Poetičeskoe tvorčestvo Babura* (in Sovetskaja Tjurkologija, 1, 1983, S. 24–33). – B. Bafoev, *Bobir še'rijati leksikasi* (in Üzbek tili va adabijoti, 2, 1983, S. 19–24). – Ch. Ch. Chasanov, *Babur – putešestvennik i naturalist*, Taschkent 1983. – S. Azimġonova, *»Mubajjin« haḳida* (in Üzbek tili va adabijoti, 2, 1983, S. 6–14). – A. Hajitmetov, *Bobur ruboijlarining ġojavijbadiij koncepcijasi* (in Üzbek tili va adabijoti, 6, 1983, S. 20–24). – B. Bajkabulov, *Romany ve stichach* (in B. Bajkabulov, *Lučezarnyj karavan*, Taschkent 1984). – A. Hajitmetov, *Navoj va Bobur* (in Šarḳ yuldizi, 2, 1984, S. 131–135).

BĀBUR-NĀME

(čag.-türk.; *Das Buch Bāburs*, ursprünglich *Veqā'i – Begebenheiten*). – Die Memoiren des osttürkischen Feldherrn, Herrschers und Dichters Ẓahīr ad-Dīn Muḥammad BĀBUR, des Begründers der Großmoguldynastie in Indien, geschrieben bis 1529; als Faksimile veröffentlicht 1905.
Das *Bābur-nāme* gilt als eines der inhaltsreichsten und schönsten Prosawerke, ja als *»das lebendigste der ganzen türkischen Literatur«* (A. Bombaci). Bābur behandelt darin die gesamten Ereignisse seiner Zeit in den Regionen, in denen er lebte und wirkte. Väterlicherseits ein Nachkomme von Timur dem Lahmen, mütterlicherseits von Dschingis Khan, trat er schon als Zwölfjähriger die Nachfolge seines Vaters 'Omar Šeyx in Fergana an. Seine relativ bescheidene Erbschaft verteidigte und erweiterte er in endlosen blutigen Fehden mit seinen timuridischen Verwandten und Emiren. Vom Usbekenführer Muḥammad Saybani schließlich aus Transoxanien vertrieben, gründete er ein Reich in Afghanistan: 1504 eroberte er Kabul, 1506 Kandahar. Verschiedentlich fiel er in Indien ein, wo er 1526 Ibrahim Lodi besiegte. So zum Oberherrn Nordindiens geworden, mußte er sich mit den kriegerischen Radschputen auseinandersetzen, die seine Position aber nicht mehr gefährden konnten. In der ihm verbleibenden Zeit erwies er sich als hervorragender Staatsmann und konnte seinem Sohn Humayun ein blühendes Reich hinterlassen.
Im *Bābur-nāme* sind all diese Ereignisse in der Form von Memoiren oder Tagebüchern zu einem auch den Laien fesselnden Prosawerk verflochten, das alle Qualitäten eines guten Abenteuerromans aufweist. Seine Sprache ist frei von jedem Schwulst oder falschen Pathos. In ihrer Einfachheit kontrastiert sie wohltuend zum überladenen Stil vieler zeitgenössischer Werke. Im Gegensatz zu diesen steht hier der Inhalt und nicht die Form im Vorder-

grund. Seine literarische Kompetenz beweist Bābur, der ja auch einen Diwan von Gedichten hinterlassen hat, durch gelegentliche, genau plazierte Anwendung von Parallelismen, Wortspielen und hie und da eingestreuten Sprichwörtern und Gedichten. Seine natürliche Begabung als Beobachter und Erzähler, sein Witz und seine Fähigkeit, auch das eigene Tun kritisch zu betrachten, machen den Reiz seiner Lebenserinnerungen aus.

Beginnend mit seiner Thronbesteigung führt Bābur den Leser über eine Beschreibung Ferganas in die geographischen und historischen Gegebenheiten seines Erblandes ein. In die Schilderung der unmittelbar auf seine Thronbesteigung folgenden Ereignisse flicht er Angaben über seine Herkunft und die Struktur seiner Familie – der Timuriden – ein. So wird der Erzählfluß immer wieder zur mehr oder weniger detaillierten Beschreibung von Schauplätzen oder Protagonisten der Handlung unterbrochen. Bāburs erzählerisches Talent bringt plastische geographische Schilderungen hervor, die oft einzigartige Informationen auch über wirtschaftliche oder ethnische Verhältnisse einzelner Regionen enthalten. Neben volkskundlichem Material bietet uns der Autor auch Einblicke in das Gemüt der Bewohner, die oftmals durch kleine Episoden illustriert sind. Als Angehöriger der herrschenden Schicht vermittelt Bābur uns intime Kenntnisse über das Leben, Denken und Fühlen der Machthaber dieser Zeit. So erfahren wir nicht nur etwas über Sitten und Gebräuche der Herrscher, ihre Laster, Leidenschaften und besonderen Fähigkeiten, über die Zusammensetzung ihres Harems und die Mitglieder ihres Hofes, ihre Kämpfe und Siege, auch ihr Gefolge und dessen Herkunft wird Gegenstand von Bāburs Lebenserinnerungen.

Bābur ist stets um eine sachliche Darstellung bemüht. Auch Verdienste oder bemerkenswerte Leistungen seiner Gegner werden gewürdigt. Dies hindert ihn aber nicht an einer emotional bewegten und bewegenden Darstellung, nie geht in seinem Werk die persönliche Note verloren, die es von inhaltlich nüchtern gehaltenen Chroniken unterscheidet. Bābur bezieht immer klar Stellung zu einem Thema oder einer Person. Als Ästhet kann er sich minutiösen architektonischen Beschreibungen hingeben, als Mann, der zu genießen versteht, unterbricht er die Schilderung eines Kriegszuges, um auf die Güte bestimmter Melonen der Gegend, in der man sich gerade befindet, hinzuweisen. Gerade dieses oft spontan zum Durchbruch kommende persönliche Moment macht – neben dem Überfluß an Informationen und dem spannungsgeladenen Handlungsablauf – den Reiz der Lektüre aus.

Von Bāburs Memoiren existieren etliche türkische Manuskripte, deren systematische Vergleichung und Chronologisierung wir Anette S. BEVERIDGE verdanken. In langjähriger minutiöser Arbeit scheint es ihr gelungen, die Beziehungen der einzelnen Handschriften zueinander zu klären und so die Handschrift, der der größte Anspruch auf Authentizität und Vollständigkeit zukommt, ausfindig zu machen – den *Haidarabad-Kodex*. Im Verlaufe dieser Arbeiten gelangte sie zu der Überzeugung, daß das *Bābur-nāme*-Manuskript von KEHR – die sogenannte *Bukhara-Handschrift* – eine späte Kompilation darstellt. Auf dieser Handschrift basiert die Kasaner Ausgabe ILMINSKIJS von 1857, die wiederum PAVET DE COURTEILLES *Les Mémoires de Baber* von 1871 zugrunde liegt.

Bāburs Lebenserinnerungen haben schon früh eine starke Faszination ausgeübt und Übersetzungen angeregt – zunächst ins Persische, dann in zahlreiche orientalische und europäische Sprachen.   C.S.

AUSGABEN: Ldn./Leiden 1905, Hg. A. S. Beveridge [Faks.; ern. Hertford 1971]. – Ankara 1943–1946 (*Vekayi: Babur'un hâtırat*, Hg. R. R. Arat, 2 Bde.; ntürk.). – Taschkent 1948/49 (*Bobirnoma*, Hg. P. Šamsiev u. S. Mirzaev; 2 Bde.; ern. 1960). – Taschkent 1966 (*Bobirnoma*, in *Asalar*, Bd. 3, Hg. P. Šamsiev). – Ankara/Istanbul 1970 (*Baburnâme: Babur'un hâtırat*, Hg. R. R. Arat, 3 Bde.; ntürk.).

ÜBERSETZUNGEN: *Memoirs of Zahir ad Din Baber Emperor of Hindustan*, J. Leyden u. W. Erskine, Ldn. 1826 [engl. Übers. aus d. Pers.] – *Denkwürdigkeiten des Zehir-Eddin Muhammed Baber, Kaisers von Hindustan*, A. Kaiser, Lpzg. 1828 [Übers. aus dem Engl.]. – *Mémoires de Baber*, M. Pavet de Courteille, Paris 1871 [frz. Übers. aus d. Russ.]. – *Memoirs of Babar, Emperor of India, First of the Great Moghuls*, Hg. F. G. Talbot, Ldn. 1909 [Teilausg., engl.; zul. Delhi 1974]. – *The Baburnama in English*, A. S. Beveridge, Ldn. 1922 [engl. Übers. aus d. Čag.-Türk.; zul. Lahore 1975]. – *Babur-name. Zapiski Babura*, M. Sal'e, Taschkent 1958 [russ.]. – *Le livre de Babur*, J.-L. Bacqué-Grammont, Paris 1980 [frz.]. – *Babur-name* (in *Izbrannoe*, Bd. 2, Taschkent 1982; russ.).

LITERATUR: N. D. Miklucho-Maklaj, *Chondamir i »Zapiski« Bābura* (in *Tjurkologičeskie issledovanija*, Moskau/Leningrad 1963, S. 237–249). – G. F. Blagova, *K istorii izičenija »Babur-name« v Rossii* (in *Tjurkologičeskij sbornik*, 1966, S. 168–176). – A. Bombaci, *La letteratura turca*, Mailand 1969, S. 163–183. – Art. *Bobirnoma* (in *Uzbek sovet ėnciklopedijasi*, Bd. 2, Taschkent 1972, S. 295–297). – G. F. Blagova, *Andižanskij govor po materialam »Babur-name« (rubež XV-XVI vekov) i sovremennym dialektologičeskim opisanijam* (in Sovetskaja Tjurkologija, 3, 1977, S. 67–76). – Ch. Nazarova, *»Bobirnoma« asari tilidagi pajt ėrgaš gapli kušma gaplarga doir* (in *Uzbek tili va adabijoti*, 2, 1977, S. 29–33). – K. Jena, *Baburnama and Babur*, Delhi 1978. – S. S. Gubaeva, *»Babur-name« kak istočnik dlja izučenija ėtnonimii Srednej Azii* (in *Onomastika Vostoka*, Moskau 1980, S. 227–234). – B. Mamedov, *»Bobirnoma« da hagvijot* (in *Uzbek tili va adabijoti*, 5, 1982, S. 47–50). – M. Cholbekov, *»Bobirnoma« ning jangi targimasi* (ebd., 2, 1983, S. 24–28). – T. I. Sultanov, *»Zapiski« Babura kak istočnik po istorii mogolov Vostočnogo Turkestana i Srednej Azii* (in *Turcologica 1986*, Leningrad 1986, S. 253–267).

RICCARDO BACCHELLI

* 19.4.1891 Bologna
† 8.10.1985 Monza

LITERATUR ZUM AUTOR:
E. De Michelis, *R. B.* (in E. De M., *Narratori antinarratori*, Florenz 1952, S. 125–189). – S. Guarnieri, *Cinquant' anni di narrativa in Italia*, Florenz 1955, S. 437–472. – G. Marzot, *R. B.* (in *Letteratura italiana. I contemporanei*, Bd. 2, Mailand 1963, S. 959–1002). – *Discorrendo di R. B.*, Mailand/Neapel 1966. – F. Forti, *B. e il rinascimento* (in *Critica e storia letteraria II, Fs. M. Fubini*, Padua 1970). – A. Dosi Barzizza, *Invito alla lettura di R. B.*, Mailand 1971. – M. Vitale, *Bibliografia degli scritti di R. B. 1909–1970*, Mailand/Neapel 1971. – C. Saggio, *R. B. e la parola*, Mailand/Neapel 1972. – M. Saccenti, *R. B.*, Mailand 1973 [m. Bibliogr.]. – A. Briganti, *R. B.*, Florenz 1980 [m. Bibliogr.]. – E. Caccia, Art. *R. B.* (in Branca, 1, S. 161–168).

IL DIAVOLO AL PONTELUNGO

(ital.; *Ü: Der Teufel auf dem Pontelungo*). Historischer Roman von Riccardo BACCHELLI, erschienen 1927. – Der Titel nimmt Bezug auf eine Legende, die man sich im Borgo Panigale bei Bologna erzählt: Hundert Jahre vor den hier berichteten Ereignissen aus der Zeit Viktor Emanuels II. soll auf dem Pontelungo der Teufel dem Pfarrer des Ortes erschienen sein, dessen Wachsamkeit und Demut Hab und Gut der Bauern vor der Vernichtungswut des Bösen gerettet habe, »... *weil er nicht blindlings glaubte, alles sei gut, schön und leicht*...« und »... *weil er nicht sich selbst vertraute, nicht glaubte, daß er allwissend sei und alles selbst tun könne und nicht Seiner Hilfe bedürfe, ohne dessen Beistand alles Werk auf Sand gebaut ist*«. Ebenso, meint der jetzige Pfarrer, sei das historische Geschehen zu verstehen, dessen die Bevölkerung nun Zeuge geworden ist: die Niederschlagung des von M. A. Bakunin (1814–1876) vorbereiteten Aufstands am Pontelungo.
Der inkognito in die Schweiz emigrierte Bakunin, ein bettelarmer, herzkranker, von der Polizei gehetzter Mann, denkt lebensmüde an sein bisheriges Schicksal zurück: die politischen Fehlspekulationen in der russischen Heimat, die Gefangenschaft in Sibirien, die Flucht kreuz und quer durch Europa, die bereits im Keim erstickten revolutionären Manipulationen in England. Da begegnet er dem jungen süditalienischen Fanatiker Cafiero: Eine neue Chance scheint sich zu bieten; denn der vermögende Linkssozialist ist bereit, für die Sache der Revolution Hab und Gut zur Verfügung zu stellen. Beinahe über Nacht tritt die Wende ein: In einer feudalen Villa am Lago Maggiore führt Bakunin das sorgenfreie Leben eines reichen Grundbesitzers; vom Klassenkämpfer wird er unversehens zum Kapitalisten. Als Cafiero erkennt, daß sein Idealismus keinesfalls die Revolution gefördert, sondern lediglich dem »großen« Bakunin eine Heimstatt geschaffen hat, die nun zum Treffpunkt expatriierter Anarchisten geworden ist, macht er ihm schwere Vorwürfe. Gekränkt reist Bakunin nach Italien weiter, wieder mittellos, ohne Asyl, erneut auf der Suche nach einem Weg: einem Weg, der an die Peripherie von Bologna, zum Pontelungo, führt, dort aber noch nicht endet. Nach dem Scheitern des Aufstands bricht Bakunin nach Amerika auf, um in der Neuen Welt vielleicht ans Ziel seiner fruchtlosen Bemühungen zu kommen.
Mit sicheren Strichen und nicht ohne leise Ironie skizziert Bacchelli seine Figuren: Wirrköpfe, Schwärmer, Habenichtse, fehlgeleitete Idealisten, saft- und kraftlose Romantiker. Ihre »Revolution« ist eine Illusion, die nicht zu vergleichen ist mit dem großen Umsturz in Rußland. Freilich: was seinem Vorbild MANZONI hundert Jahre zuvor in den *Promessi sposi (Die Verlobten)* überzeugend gelang, nämlich den politischen Hintergrund in suggestiven Bildern festzuhalten, daran scheitert Bacchelli, der sich leicht in Schilderungen von ermüdender Länge verliert. Die Dialoge und die naturalistisch-psychologische Beschreibung der Wandlung Bakunins vom Anarchisten zum »Kapitalisten« sind aber schon von der Überzeugungskraft, die Bacchellis große Trilogie *Il mulino del Po*, 1938–1940 *(Die Mühle am Po)*, eines Hauptwerks der neueren italienischen Literatur, kennzeichnet. M.St.C.

AUSGABEN: Mailand 1927. – Mailand 1957 [def. Ausg.]. – Mailand 1962 (in *Tutte le opere*, 25 Bde., 1958–1962, 3). – Mailand ⁶1983.

ÜBERSETZUNG: *Der Teufel auf dem Pontelungo*, H. Hinderberger, Zürich 1972.

LITERATUR: F. Flora, *R. B.* (in NAn, 387, 1936, S. 56–67). – T. G. Bergin, *R. B.* (in Italica, 17, 1940, S. 64–68).

IL MULINO DEL PO

(ital.; *Ü: Die Mühle am Po*). Romantrilogie von Riccardo BACCHELLI, bestehend aus den Teilen *Dio ti salvi*, 1938 *(Möge Gott dich behüten)*; *La miseria viene in barca*, 1939 *(Das Elend kommt im Boot)*; *Mondo vecchio sempre nuovo*, 1940 *(Alte Welt, ewig neu)*. – Bacchellis umfangreiche Familiensaga kann – in Abwandlung der von Thomas MANN auf die *Buddenbrooks* angewandten Definiton »*Seelengeschichte des deutschen Bürgertums*« – als eine »Seelengeschichte des italienischen Landvolks« bezeichnet werden. Auch in diesem Romanwerk schildert Bacchelli, profilierter Vertreter des traditionalistischen »Ronda«-Kreises, nach dem Vorbild von MANZONIS *Promessi sposi* Einzelschicksal und historisch-soziale Entwicklung in engem Zusammenhang. Die Trilogie umspannt den Zeitraum von 1812 bis 1918 und schildert Ereignisse aus drei Generationen einer in der Provinz Emilia in der Poebene lebenden Familie, bis weit ins 19. Jh. hinein Grenzbewohner zwischen dem unter österreichischer Herrschaft stehenden Gebiet und dem Kirchenstaat.

Mit Napoleons Heer ist der junge Lazzaro Scacerni nach Rußland gekommen. Während des winterlichen Rückzugs über den Vop retter er seinem Leutnant das Leben, der ihm zum Dank einen kostbaren, aus einem Kirchenraub stammenden und in Italien versteckten Juwelenschatz vermacht. Nach seiner Heimkehr verkauft Lazzaro die Kleinodien und läßt sich am Po, unweit der Stadt Ferrara, eine Mühle bauen. »*Sie geriet den Scacernis zum Heil, und kehrte ihr einer von ihnen den Rücken, so endete er im Verderben.*« Zwar beichtet Lazzaro, als er die arme, anmutige Dosalina heiratet, dem Priester, worauf sein Wohlstand gegründet ist, zwar wird ihm, da nicht er den Raub begangen hat, die Absolution erteilt, aber das Gewissen des rechtschaffenen, mit theologischen Spitzfindigkeiten nicht vertrauten Mannes läßt sich nicht beruhigen. Um so verbissener widmet er sich seiner Arbeit, und da er, im Gegensatz zu vielen andern, die am Grenzfluß leben, sich nicht in die dunklen Machenschaften von Schmugglern, Spionen und Flußräubern hineinziehen läßt, wird er von der Bevölkerung geachtet. Dosalina bringt, während Lazzaro bei einer Hochwasserkatastrophe um die Mühle und um das eigene Leben kämpft, ihren Sohn Giuseppe (Peppino) zur Welt. Dieser entwickelt sich zum völligen Gegenteil des Vaters, und schon bald hängt man dem verwachsenen Jungen den Spitznamen »Coniglio« (Angsthase) an. Doch Angst hat Peppino nur vor der redlichen Arbeit; ihn lockt das Leben in der Stadt, und er verachtet den Vater, weil dieser es ablehnt, durch unsaubere Geschäfte in kurzer Zeit mehr zu verdienen, als die Mühle in vielen Jahren einträgt. Er zieht es vor, als Grundstücksmakler zu Geld und noch größerem Besitz zu kommen. Da er bei den Mädchen der Gegend wenig beliebt ist, versucht er, durch eine vorgetäuschte Eheschließung die schöne, urwüchsige Cecilia an sich zu binden, ein Mädchen, das Lazzaro einst aus den Fluten des Po gerettet und in sein Haus aufgenommen hat (Teil 2). Cecilia, die Peppinos Werbung nur unter Zwang nachgibt, verachtet den habgierigen, willensschwachen Mann und widmet sich später ganz ihren Kindern: Sie will, daß die Mühle dereinst wieder in anständige Hände kommt. Erst nach einer großen Überschwemmung, bei der die Scacernis wieder einmal ums nackte Leben kämpfen müssen und alle Habe verlieren, überwindet Cecilia ihre Verbitterung. Selbstlos und mitleidend steht sie ihrem Mann, der durch die Katastrophe seinen Verstand verloren hat, zur Seite und drängt den eigenen Schmerz über den Verlust des ältesten Sohnes zurück, der in Garibaldis Heer gefallen ist. Auch dann noch harrt Cecilia hingebungsvoll bei dem Geisteskranken aus, als sie (Teil 3) kurz vor seinem Tod erfährt, wie ihre »Ehe«, die für sie ein einziger Leidensweg war, zustande kam. Mit der gleichen Demut, mit der die vordem so reiche Müllerin nach der großen Überschwemmung Brot für ihre Kinder erbettelt hat, hält sie zu ihrem Sohn Princivalle, als er um der Ehre seiner Schwester Berta willen zum Mörder wird. Für ihn bedeutet die Zuchthausstrafe nicht nur die gerechte Sühne, sondern auch, den Lehren seiner Mutter entsprechend, ein Leiden, das Gott ihm zu seiner Läuterung auferlegt hat. Cecilias dritter Sohn, der kinderlose Giovanni, adoptiert einen unehelichen Jungen, mit dessen Schicksal sich der Kreis schließt. Wie dem alten Lazzaro die Überquerung eines Flusses zum Schicksal wurde, so erfüllt sich auch das des jungen Lazzaro an einem Fluß: Im Ersten Weltkrieg wird der letzte Scacerni an der Piave von einer verirrten Kugel getroffen.

Bacchellis *poema molinaresco*, sein »Müller-Poem«, wie er selbst es nannte, wurde anfangs sehr zurückhaltend aufgenommen, konnte sich dann aber durchsetzen. (Bezeichnenderweise war es bei einer 1963 in den höheren Schulen und Universitäten Italiens veranstalteten repräsentativen Umfrage nach dem bedeutendsten Werk eines zeitgenössischen Autors unter den meistgenannten Büchern.) Heute gilt es in weiten Kreisen des Landes als der Schicksalsroman der noch jungen Nation. Obwohl Schüler Carduccis, der an die Neoklassizisten anknüpfte, gegen die Romantiker überhaupt und – aus religiösen Motiven – speziell gegen Manzoni polemisierte, orientiert sich Bacchelli am manzonianischen Erzählstil, findet aber einen unverkennbaren, zwischen Pathos und Melodramatik, zwischen Komik und Satire schwankenden Eigenton. Benedetto Croce, vor dem nur wenige Zeitgenossen Gnade fanden, bezeichnete Bacchelli als den »kraftvollsten« aller neueren italienischen Autoren, dessen Stil »*eigenständig ist und uns dennoch vertraut klingt, weil er der des echten Schriftstellers ist, ganz begrifflich, ohne jede Aufgeblasenheit, ohne Effekthascherei und ohne Vorspiegelungen*«. Im Sinn Leopardis entscheidet sich Bacchelli gegen die gewandte Sprache und für die Literatursprache; er schreibt einen ausgeklügelten, grammatikalisch bisweilen sehr eigenwilligen und oft etwas antiquiert wirkenden Stil, der »*den Eindruck einer wiederentdeckten alten Kadenz*« erweckt und Geschehnissen wie Figuren »*eine gewollte Patina*« verleiht (E. Falqui). Dem Programm der »Rondisten« entsprechend, unterwirft der Autor seine Protagonisten nicht, wie Manzoni es tat, allein der göttlichen Vorsehung. Ihr Schicksal – vor allem das der Cecilia, einer der großen Frauengestalten des italienischen Romans – wird entscheidend bestimmt von der Selbstbetrachtung humanistischer Prägung, dem befreienden Gespräch des Menschen mit sich selbst und der Anerkennung unumstößlicher moralischer Gesetze. M.St.C.

Ausgaben: Mailand 1938–1940, 3 Bde. – Mailand 1958 (in *Tutte le opere*, 25 Bde., 1958–1962, 8). – Mailand ³1979, Hg. E. Aroldi, 3 Bde.

Übersetzungen: *Alte Welt, ewig neu. Geschichtlicher Roman*, St. Andres, Lpzg. 1944 [Tl. 3]. – *Die*

Mühle am Po, ders., Mchn. 1952. – Dass., ders., Bln. 1956. – Dass., Stg. 1987.

VERFILMUNG: Italien 1948 (Regie: A. Lattuada).

LITERATUR: M. Appollonio, *B.*, Padua 1943. – E. De Michelis, *Il romanziere B.* (in Civiltà Moderna, 15, 1943, S. 119–144). – L. Menapace, *Saggio intorno al »Mulino del Po« con una bibliografia delle opere di R. B. a cura di M. Parenti*, Mailand 1947. – G. A. Brunelli, *Manzoni e B.*, Mailand 1951.

IL PIANTO DEL FIGLIO DI LAIS

(ital.; *Ü: Der Sohn des Lais*). Roman von Riccardo BACCHELLI, erschienen 1945. – In diesem Werk, das eines seiner erfolgreichsten wurde, greift der Autor eine Episode aus den alttestamentlichen *Samuel-Büchern* auf – drei kurze, über die beiden biblischen Bücher verstreute Sätze, deren intime Tragik untergeht in dem großen, dem Heilsplan Gottes genehmen Machtkampf zwischen Saul und David. Saul, der erste israelitische König, vermählt seine Tochter Micol (Michal) dem Hirten David, der den riesenhaften Goliath aus dem Heer der Philister schlug. Als David in Ungnade gefallen ist und fliehen muß, gibt Saul seine Tochter dem jungen Paltiel, dem Sohn des Lais, zur Frau. Nach Sauls Tod wird David, der inzwischen zwei weitere Ehefrauen genommen hat, zum König gesalbt; Herr über sein Volk, fordert er Micol zurück *»und ließ sie nehmen von dem Mann Paltiel, dem Sohn des Lais. Und ihr Mann ging mit ihr und weinte hinter ihr bis gen Bahurim«* (2. Samuel 3, 15 f).

Daß Bacchelli dieses in der *Bibel* gemeinhin überlesene, doch unzweifelhaft dankbare Sujet kannte, bürgt für das polyhistorische Wissen des Autors. Die Tragödie des kleinen Mannes Paltiel erkennend, der zum Spielball der Gewalten wird, stellt er diesen Komparsen aus dem alttestamentlichen Bericht in den Mittelpunkt eines farbigen, durch orientalische Szenerien belebten Dramas. In seiner typensicheren Vorstellung wird Paltiel der leidenschaftliche liebende junge Mann, der das unverhoffte Glück, die Tochter des Königs zur Frau zu bekommen, kaum begreifen kann, um dann fassungslos zusehen zu müssen, wie ihm Micol wieder genommen wird. Doch nicht nur die Stoffwahl ist charakteristisch für Bacchelli, den großen Reaktionär in der zeitgenössischen Literatur Italiens, sondern auch der Handlungsgegenstand; er kommt der archaischen, latinisierend gelehrten Diktion Bacchellis (vgl. *Il mulino del Po*) entgegen. Seine Fabulierkunst versteckt der Autor hier allerdings weitgehend hinter dem farbenfrohen Genrebild, das als eine der eindrucksvollsten Darstellungen des Orients in der italienischen Literatur gelten kann. Was indessen patriarchalische Weisheit vorstellen oder geistreich klingen soll, ist nicht selten reichlich gestelzt; so heißt es etwa von David: *»Ein heiliger Schlaukopf, wenn nicht ein schlauer Heiliger oder einer, der mehr schlau als heilig ist.«* M.S.

AUSGABEN: Mailand 1945. – Mailand 1960 (in *Tutte le opere*, 25 Bde., 1958–1962, 9).

ÜBERSETZUNG: *Der Sohn des Lais. Geschichte einer Liebe*, H. Ludwig, Stg. o. J. [1950].

GASTON BACHELARD

* 27.6.1884 Bar-sur-Aube
† 16.10.1962 Paris

LA FORMATION DE L'ESPRIT SCIENTIFIQUE. Contribution à une psychanalyse de la connaissance objective

(frz.; *Ü: Die Bildung des wissenschaftlichen Geistes. Beitrag zu einer Psychoanalyse der objektiven Erkenntnis*). Wissenschaftstheoretisches Werk von Gaston BACHELARD, erschienen 1938. – Bachelards 24 Bücher und zahlreiche Artikel sind zu fast gleichen Teilen wissenschaftstheoretisch-epistemologischen und literaturtheoretisch-phänomenologischen Themen gewidmet. Diese Zweiteilung deutet das Zusammenwirken von Kalkül und Phantasie, Mathematik und Poesie, deduktivem Denken und Intuition in Bachelards Werk an, in dem die Spannung zwischen objektiver, wissenschaftlicher Erkenntnis und subjektiver Literaturerfahrung zu den wichtigsten Leitmotiven zählt. *La formation de l'esprit scientifique* zeugt schon in seinem Titel durch die paradox anmutende Kombination von »objektivem Wissen« und »Psychoanalyse« von dem Vorhaben, technisch-wissenschaftliche Erklärungsstrategien und psychologisch-literarische Erkenntnismuster auf Kollisionskurs zu bringen. Das Buch erinnert über weite Strecken an eine wissenschaftliche Wunderkammer und bildet eine liebevoll angelegte Sammlung wissenschaftlicher Abstrusitäten, deren faszinierende Bilderflut Bachelard dazu benutzt, in einem negativen Verfahren seine Vorstellung der *»objektiven Erkenntnis«* mittels einer Strukturanalyse aus den gesammelten Irrtümern der Wissenschaftsgeschichte herauszufiltern.

Von einem fundamentalen Bruch zwischen subjektiv-sinnlicher und objektiv-wissenschaftlicher Erkenntnis ausgehend, dokumentiert Bachelard die vielfältige Unterwanderung wissenschaftlicher Konzeptualisierungen durch subjektive Projektionen und Vor-Urteile. *»Psycho-analytisch«* werden die Einwirkungen psychischer Erklärungsmuster auf die Behandlung wissenschaftlicher Phänomene (zum Beispiel anhand der Alchemie) freigelegt, um das wissenschaftliche Denken von genau diesen Einwirkungen zu reinigen. Die verschiedenen Subjektivierungstendenzen zeigen sich in einem naiven Sensualismus, im Substantialismus, der Substanzen mit speziellen (oft moralischen) »Werten« ausstattet, und im Animismus mit seiner »*Fetischisierung*« des Lebens und der Lebenskraft. Weitere Gefahren sieht Bachelard in der Sprache selbst, die wissenschaftlich unzulässigen Schlüssen aufgrund ihrer Metaphern- und Analogienfreude Vorschub leistet, sowie im Pragmatismus, der wissenschaftliche Phänomene in bezug auf spezifisch utilitaristische Komponenten hin verzerrt.

»Objektive Erkenntnis« ist im Gegenzug nur möglich innerhalb eines »*radikal entwerteten*« und von aller Subjektivität gereinigten, abstrakten, diskursiven und dynamischen Denkens, das offen ist gegenüber komplexen Begründungszusammenhängen. Aus der retrospektiven Darstellung der Etappen »*konstruktiver Irrtümer*« innerhalb der Wissenschaftsgeschichte entwickelt Bachelard auf diese Weise eine Wissenschaftstheorie, in der gerade »*erkenntnistheoretische Brüche*« dem »*objektiven Wissen*« den Weg ebnen, dadurch, daß sie einen Prozeß allmählicher Präzisierungen, Differenzierungen und Korrekturen in Gang setzen. Neue Erkenntnisse und Theorien werden so immer auf der Folie älterer »*wohlbegründeter Irrtümer*« entwickelt, die durch neue Erkenntnisse »*deformiert*« werden. Wissenschaftliche Phänomene werden als diskursive Knotenpunkte verstanden und aus ihren Zwischenräumen und Differenzen zu anderen Phänomenen definiert. Das wissenschaftliche Denken muß mathematisch werden. In *La philosophie du non*, 1940 *(Die Philosophie des Nein)* beschreibt Bachelard diese »*aufgeklärte*« post-Einstein'sche Wissenschaft als »*dialektischen Rationalismus*«.

Bachelard hat auf wissenschaftshistorisch/theoretischem Gebiet besonders das Werk von Michel FOUCAULT beeinflußt, der die Analyse von Diskontinuitäten in seinen Büchern *Les mots et les choses*, 1966 *(Die Ordnung der Dinge)* und *L'archéologie du savoir*, 1969 *(Die Archäologie des Wissens)* weiter ausgebaut hat. Auch T. S. KUHNS Theorie des »*Paradigmenwechsels*« und Umberto ECOS Analyse des Wechsels vom »*Wörterbuch zur Enzyklopädie*« in *Semiotics and the Philosophy of Language*, 1984 *(Semiotik und Philosophie der Sprache)* können in bezug auf Bachelard'sches Gedankengut gelesen werden. Der Analyse des objektiven, wissenschaftlichen Geistes steht bei Bachelard eine gleichermaßen genaue »*Psychoanalyse der subjektiven Anschauung*«, der dichterischen Seele, gegenüber. Die erneute Verwendung des Terminus »Psychoanalyse« ist nur auf den ersten Blick verwunderlich, denn während Bachelard in seinem wissenschaftstheoretischen Werk die psychoanalytische Untersuchung der Subjektivierungstendenzen innerhalb eines kritischen Projekts, in dem sie als Störfaktoren auftraten, durchgeführt hatte, untersucht er in seinem literaturtheoretischen Werk ihren positiven Charakter. In beiden Projekten jedoch grenzt er sich von der Psychoanalyse FREUDS explizit ab, für die das dichterische Bild immer einen subjektiv-psychischen Subtext hat. Seine Ersetzung der durch Triebdynamiken gesteuerten Freudschen Sublimierung durch eine »*Sublimierung, die nichts subli-* *miert*«, hat eine scharfe Trennung von Kunst und Künstler und eine bevorzugte Behandlung des Kunstwerks selbst zur Folge. Es ist die Sprache selbst, die träumt. Diese trans-subjektive, strukturalistisch vorgehende »*Psychoanalyse der Dinge*« bringt ihn in die Nähe der Archetypenlehre C. G. JUNGS. Wie dieser will er nicht Menschen, sondern Bilder und die allgemein-menschliche Einbildungskraft untersuchen: »*Für uns, die wir uns darauf beschränken, eine weniger tiefe, stärker intellektualisierte Seelenschicht psychoanalytisch zu untersuchen, tritt an die Stelle der Traumdeutung die Deutung der Träumerei.*«

In seinen literaturtheoretischen Büchern analysiert Bachelard die ursprünglichen, singulären und subjektiven Bilder und betritt den psychischen Raum, in dem »*Träumerei an die Stelle des Denkens tritt und Poeme die Theoreme überlagern.*« Hatte er in seinem wissenschaftstheoretischen Werk subjektive Wertungen und Bilder in ihrem »*Hindernischarakter*« anhand von Wissenschaftsliteratur untersucht, so demonstriert er in seinem phänomenologisch-literaturtheoretischen Werk ihre poetische Kraft und entwickelt eine spezifische Literaturwissenschaft und Theorie des Widerhalls, der durch dichterisch verarbeitete Bilder im Leser erzeugt wird, und der in Proustscher Manier die Erinnerung an eigene Lebenserfahrungen und -konstanten im Leser wachruft. In *La Psychoanalyse du Feu*, 1938 *(Die Psychoanalyse des Feuers)*, einer »*Chemie der Träumerei*«, untersucht er die verschiedenartigen »*Komplexe*« (Pyromene), die durch das Motiv des Feuers »*gebunden*« werden, und die in verschiedener Gewichtung und Ausprägung von Schriftstellern (NOVALIS, E.T.A. HOFFMANN) verarbeitet werden. In *La poétique de l'espace*, 1957 *(Poetik des Raumes)* analysiert er in ähnlicher Weise anhand zahlreicher literarischer Beispiele die Erfahrungen und subjektiven Verbindungen, die sich am Bild des »*geschlossenen Raums*« (Haus, Schublade, Nest, Muschel, Winkel) niederschlagen. Das generelle Ziel seiner diversen Analysen ist die Erstellung eines Korpus von Bildern, eine systematische Topo-Analyse der »*Örtlichkeiten unseres inneren Lebens*«.

Bachelard setzt so die Zentrifugalkraft des wissenschaftlichen Geistes gegen die Verdichtung des singulären, momentanen und bezugslosen Bildes, das keines Wissens bedarf und sowohl »*vor dem Denken*« als auch vor den Metaphern angesiedelt ist, die lediglich verschiedene Bilder in Beziehung zueinander setzen. Die daraus resultierende Literaturtheorie hatte sowohl in ihren strukturalistischen Tendenzen als auch in ihrem Stil einen großen Einfluß auf die »neue Kritik« von G. POULET, G. GENETTE und R. BARTHES, der sich in der programmatischen Schrift *Critique et verité*, 1966 *(Kritik und Wahrheit)* explizit auf Bachelard beruft. Besonders Bachelards dezidiert werkimmanente Analyse *Lautréamont* (1939) wäre hier als Paradebeispiel zu nennen. Bachelards Schlüsselstellung innerhalb der französischen Geistesgeschichte ist gerade in ihrer Zweigleisigkeit, der Verbindung von Wissenschaft und Literatur, von besonderer Bedeutung. J. HYPPOLITE sprach in diesem Zusammenhang von einer »*Romantik der Intelligenz*«. Was neben seinem Werk von Bachelard bleibt, ist das Bild einer »doppelten« Persönlichkeit, des engagierten Lehrers und des Büchernarren, der, im Universum seiner Bibliothek »*beim Schein einer Kerze*« (sein letztes, 1961 erschienenes Buch trägt den Titel *La flamme d'une chandelle – Die Flamme einer Kerze*) seinen Träumen nachhängt. H.Bm.

AUSGABEN: *La formation de l'esprit scientifique*, Paris 1938; ⁹1975. – *La psychanalyse du feu*, Paris 1938. – Paris 1971. – Paris 1985 (Folio).

ÜBERSETZUNGEN: *Die Bildung des wissenschaftlichen Geistes. Beitrag zu einer Psychoanalyse der objektiven Erkenntnis*, M. Bischoff, Ffm. 1978 (Einl. W. Lepenies; ern. 1987; stw). – *Psychoanalyse des Feuers*, S. Werle, Mchn. 1985. – *Die Flamme einer Kerze*, G. v. Wroblewski, Mchn. 1988 [Nachw. v. F. Rötzer].

LITERATUR: F. Dagognet, *G. B. Sa vie, son œuvre, avec un exposé de sa philosophie*, Paris 1965. – P. Ginestier, *La pensée de B.*, Paris 1968. – V. Therrien, *La révolution de G. B. en critique littéraire. Ses fondements, ses techniques, sa portée. Du nouvel esprit scientifique à un nouvel esprit littéraire*, Paris 1970 [m. Bibliogr.]. – *B. Colloque de Cérisy, juillet 1970*, Paris 1974. – D. Lecourt, *Kritik der Wissenschaftstheorie. Marxismus und Epistemologie (B., Canguilhem, Foucault)*, Bln. 1975. – E. Robertz, *Feuer und Traum. Studien zur Literaturkritik G. B.s*, Ffm. u.a. 1978. – M. Ercolas, *L'epistemologia di G. B.*, Palermo 1979 m. Bibliogr. – H. Brühmann, »*Der Begriff des Hundes bellt nicht*«. *Das Objekt der Geschichte der Wissenschaften bei B. und Althusser*, Wiesbaden 1980. – V. Ancarani, *Struttura e mutamenti nella scienze. L'epistemologia storica di G. B.*, Mailand 1981.

BACHJA IBN PAKUDA

auch Bechaje Ibn Bakuda oder Pakoda
2. Hälfte 11. Jh.

CHOWOT HA-LEWAWOT

(hebr.; *Herzenspflichten*). Das verbreitetste und einflußreichste Sittenbuch des Judentums; es wurde um 1080 von BACHJA IBN PAKUDA, verfaßt und erschien 1489 in Neapel. – Der Autor, der vermutlich Richter der jüdischen Gemeinde in Saragossa (Spanien) war, hatte es ursprünglich in arabischer Sprache geschrieben und ihm den Titel *Kitāb al-hidāya ila fara'īd al-qulūb (Buch der Anleitung zu den Herzenspflichten)* gegeben. Doch erst in der von JE-HUDA IBN TIBON angefertigten hebräischen Übersetzung (1161), deren voller, aber ungebräuchlicher Titel *Sefer torat chowot ha-lewawot (Buch der Lehre von den Herzenspflichten)* lautete, wurde es zum jüdischen Volksbuch, das über hundert Ausgaben erreichte.

Bachja, von dessen Leben kaum etwas bekannt ist, war offensichtlich auch in der kontemplativen Philosophie des Islam bewandert. Im Gegensatz zu dieser hebt er jedoch die menschliche Willensfreiheit hervor und betont deren Bedeutung für die jüdische Ethik. Sein Ziel ist die Erziehung des Menschen zur Vollkommenheit, wobei er dem erkennenden Verstand eine entscheidende Rolle zumißt. In zehn Kapiteln behandelt die teilweise sehr ausführliche Darstellung, in die auch Gebete eingeflochten sind, den Weg des wahrhaft Gläubigen. Im Mittelpunkt der Betrachtungen stehen folgende Hauptthemen: das Wesen Gottes; die Bereitwilligkeit, Gott zu dienen; Gottvertrauen; die Demut vor Gott; Buße und Sühne; Läuterung des Lebens. Der Geläuterte darf sich jedoch nicht von der Umwelt abschließen, sondern soll in ehrfürchtiger Gottesliebe leben und aus ihr heraus seine Aufgaben gegenüber seinen Mitmenschen erfüllen. In der Art, wie er in Erfüllung der ethisch-moralischen Gebote sein Leben führt, drückt sich der Grad der Vollkommenheit aus, den ein Mensch erreicht hat. Auf die jüdische Philosophie hat das Werk, da es keine Systematik enthält, kaum irgendwelchen Einfluß ausgeübt. Starke Wirkung hatte es hingegen auf die breiten Schichten des jüdischen Volkes, so daß zahlreiche, meist mit Kommentaren versehene Ausgaben, daneben aber auch viele Auszüge und Übersetzungen, u. a. in Ladino, ins Portugiesische und Jiddische, erschienen. Jahrhunderte hindurch galt es in der hebräischen Sittenliteratur als Vorbild. – Bei THOMAS A KEMPIS und in den *Dialoghi d'amore (Gespräche über die Liebe)* des LEONE EBREO finden sich später ähnliche Anschauungen wie bei Bachja Ibn Pakuda. Der Autor ist auch Verfasser philosophischer Hymnen, die in Handschriften, Gebetbüchern und Sammlungen erhalten sind.

P.N.

AUSGABEN: Neapel 1489. – Amsterdam 1768 [m. dt. Übers. v. S. v. Posen]. – Leiden 1912, Hg. A. S. Yahuda [arab.]. – Gerba 1919. – Bln. 1922. – Shanghai 1943. – Jerusalem 1960. – Brooklyn o. J. [1974; Nachdr. d. Ausg. Lemberg 1874].

ÜBERSETZUNGEN: *Chobot ha-l'baboth – Lehrbuch der Herzenspflichten*, M. E. Stern, Wien ²1856 [verb.; hebr.-dt.]. – *Das Buch der Pflichten des Herzens*, E. Baumgarten, Hbg. ²1922 [hebr.-dt.]. – *The Book of the Direction to the Duties of the Heart*, M. Mansoor, Ldn. 1973 [m. Einl. u. Anm.; engl.].

LITERATUR: D. Kaufmann, *Die Theologie des B.*, Budapest 1874. – A. Kahlberg, *Die Ethik des B.*, Halle 1914. – G. Golinski, *Das Wesen des Religionsgesetzes in der Philosophie des B.*, Diss. Würzburg/Bln. 1935. – G. Vajda, *La teología ascetica de B.*,

Madrid 1950. – Ders., Art. *B. I. P.* (in EJ², 4, Sp. 105–108).

INGEBORG BACHMANN

* 25.6.1926 Klagenfurt
† 17.10.1973 Rom

LITERATUR ZUR AUTORIN:
Bibliographien:
O. Bareiss u. F. Ohloff, *I. B.*, Mchn./Zürich 1976. – O. Bareiss, *I. B.-Bibliographie 1977/1978–1981/1982. Nachträge und Ergänzungen* (in Jb. der Grillparzer-Ges., 15, 1983, S. 173–217). – Ders., *I. B.-Bibliographie 1981/1982 – Sommer 1985. Nachträge und Ergänzungen* (ebd., 16, 1985, S. 201–275).
Forschungsbericht:
M. Jakubowicz-Pisarek, *Stand der Forschung zum Werk I. B.s*, Ffm. u. a. 1984.
Biographien:
H. Pausch, *I. B.*, Bln. 1975. – *I. B. Bilder aus ihrem Leben*, Hg. A. Hapkemeyer, Mchn./Zürich 1983; ern. 1987 [Tb.].
Gesamtdarstellungen und Studien:
B. Witte, *I. B.* (in KLG, 6. Nlg., 1981 bzw. 28. Nlg., 1988). – A. Hapkemeyer, *Die Sprachthematik in der Prosa I. B.s. Todesarten und Sprachformen*, Ffm./Bern 1982. – *Der dunkle Schatten, dem ich schon seit Anfang folge ... I. B. Vorschläge zu einer neuen Lektüre des Werks*, Hg. H. Höller u. a., Wien/Mchn. 1982. – Acta Neophilologica, 17, 1984 [Sonderbd. *I. B.*]. – *I. B.*, Hg. H. L. Arnold, Mchn. 1984 (Text + Kritik). – H. Weber, *An der Grenze der Sprache. Religiöse Dimension der Sprache und biblisch-christliche Metaphorik im Werk I. B.s*, Essen 1986. – H. Höller, *I. B. Das Werk. Von den frühesten Gedichten bis zum »Todesarten-Zyklus«*, Ffm. 1987. – K. Bartsch, *I. B.*, Stg. 1988. – P. Beicken, *I. B.*, Mchn. 1988.

DAS LYRISCHE WERK von Ingeborg BACHMANN.
Selbst der literarisch interessierten Öffentlichkeit war Ingeborg Bachmann weitgehend unbekannt, als ihr 1953 der Preis der Gruppe 47 verliehen wurde. Ihr noch im gleichen Jahr erschienener erster Gedichtband *Die gestundete Zeit* veranlaßte den Literaturkritiker G. BLÖCKER zu der Prophezeiung: »*Das lyrische Jahr 1953/1954 hat alle Aussicht, in die Literaturgeschichte einzugehen ... Es hat uns einen neuen Stern am deutschen Poetenhimmel beschert ...*«; und beim Erscheinen ihres zweiten und zugleich letzten Gedichtbandes *Anrufung des Großen Bären* (1956) war in den Rezensionen von »*Höhenzügen deutscher Lyrik, die sich da fortsetzen*« (J. KAISER) die Rede, von »*reiner, großer Poesie*« (S. UNSELD). H. E. HOLTHUSEN sah in den Gedichten der Bachmann gar »*das Klassische selbst, das hier sein ewiges Recht anmeldet*«. Verständlich wird die damalige Überhöhung der Lyrikerin, unterstützt im übrigen durch ihre auratische Erscheinung wie auch durch eine »Titelgeschichte« des Nachrichtenmagazins ›Der Spiegel‹ (1954), aus dem Kontext der deutschen Nachkriegsgeschichte. Wiederaufbau und Wirtschaftswunder ergänzten sich mit der Verdrängung der NS-Vergangenheit, im bundesdeutschen Feuilleton wurde die historisch erfahrene Existenzbedrohung im Zuge einer vom französischen Existentialismus angeregten HEIDEGGER-Renaissance umgedeutet in die ahistorische Grundbefindlichkeit des modernen Menschen schlechthin. Das »absurde« Theater begann seinen Siegeszug, und ein lyrisches Spektrum entfaltete sich, das, von Ausnahmeerscheinungen wie Paul CELAN, Günter EICH oder Nelly SACHS abgesehen, von der sog. »Kahlschlagliteratur« über eine idyllisch-panegyrische Naturlyrik bis zum apodiktischen Ästhetizismus eines Gottfried BENN reichte. Anzuknüpfen an Traditionen der klassischen europäischen Moderne, dies stand als Aufgabe vor den Nachkriegsautoren, die sich mit dem Diktum Theodor W. ADORNOS konfrontiert sahen, nach Auschwitz seien keine Gedichte mehr möglich. Es gehört zu den literaturgeschichtlichen Leistungen Ingeborg Bachmanns, daß sie so wie nur wenige dieser Herausforderung gestellt, das lyrische Ich als »Ich *in* der Geschichte« begriffen und »Geschichte *im* Ich« aufgezeigt hat. Als ihre Ausgangsposition kennzeichnete sie selbst in einem Interview eine »*Bewegung aus Leiderfahrung*«, eine tiefe persönliche und zugleich geschichtlich bedingte Verstörung: »*Es hat einen bestimmten Moment gegeben, der hat meine Kindheit zertrümmert. Der Einmarsch von Hitlers Truppen in Klagenfurt. Es war etwas so Entsetzliches, daß mit diesem Tag meine Erinnerung anfängt ... diese ungeheure Brutalität, die spürbar war, dieses Brüllen, Singen und Marschieren – das Aufkommen meiner ersten Todesangst*« (*Wir müssen wahre Sätze finden*). Schon in den frühen Gedichten, noch vor dem Band *Die gestundete Zeit*, war diese Angst als eine Art Grundstörung des lyrischen Ichs spürbar geworden: »*Versunkne Schiffe mit verkohltem Mast, / versunkne Schiffe mit zerschossner Brust, / mit halbzerfetztem Leib ... Wenn diese Schiffe bis ans Ufer kommen ... / Nein, nicht ans Ufer! / Wir werden sterben wie die Fischzüge, / die rund um sie auf breiten Wogen wiegen / zu abertausend Leichen!*« (*Vision*). Hier ist der prägende Grundzug der Bachmannschen Lyrik bereits erkennbar, die strukturelle Verschränkung von Natur und Geschichte, der Versuch, in Bildern und Metaphern der beschädigten Natur die von der jüngsten Vergangenheit den Menschen zugefügten Beschädigungen und Verletzungen auszudrücken, ohne damit ins Genre der Naturlyrik abzugleiten; gegen eine solche Charakterisierung protestierte Ingeborg Bachmann ebenso vehement wie gegen die Würdigungen, die ihre Lyrik als zeitlose und damit wirkungslose Poesie vereinnahmten.

Denn, und darauf hatte auch Adornos Verdikt gegen Lyrik nach Auschwitz gezielt, die Jahre der NS-Herrschaft hatten die tradierten Bilder von Schönheit und Natur entwertet, ihre ungebrochene Verwendung für die Autoren der Nachkriegszeit ausgeschlossen. Dieses Bewußtsein prägt den ersten Gedichtband Ingeborg Bachmanns, *Die gestundete Zeit* (1953), einen schmalen Band mit nur 23 Gedichten, denen *Ein Monolog des Fürsten Myschkin zu der Ballettpantomime »Der Idiot«* nachgestellt ist. Formal überwiegen freie, fließende Rhythmen; soweit überhaupt Reimschemata verwendet werden, imaginieren sie eine verlorene Welt, die eine Ahnung von Geborgenheit zu vermitteln imstande ist, nunmehr aber der Vergangenheit angehört. Die Anklänge an die Tradition der Romantik und des Volkslieds dienen lediglich dazu, das Ausmaß der Zerstörung und der Desorientierung sichtbar zu machen; was geblieben ist, sind die »Scherben«, unter denen der »Märchenvogel« verschüttet ist. Hinter der von Spannungen und Widersprüchen geprägten, dissonanten Struktur der Gedichte, die Einflüsse von Expressionismus und Surrealismus zeigen, gibt sich ein lyrisches Ich zu erkennen, das mit einer durchaus an BRECHT erinnernden Lakonie und analytischen Schärfe seine Situation in der Welt nach dem Faschismus reflektiert. Was bei vielen Lyrikern der Nachkriegszeit bloßer Eskapismus war – Natur, Märchenwelt und Mythos – wurde transformiert in Chiffren einer aus dem Erlebnis der politischen Katastrophen herrührenden Verletzung und Verängstigung.

Scheinbar idyllisch beginnt das Gedicht *Früher Mittag*: »*Still grünt die Linde im eröffneten Sommer, / weit aus den Städten gerückt, flirrt / der mattglänzende Tagmond. Schon ist Mittag, / schon regt sich im Brunnen der Strahl, /...«.* Aber bereits in den nächsten Zeilen dringt die vergangene, aber als noch anhaltend erlebte Apokalypse in die Bildwelt des Gedichts ein: »*Schon hebt sich unter den Scherben / des Märchenvogels geschundener Flügel, / und die vom Steinwurf entstellte Hand / sinkt ins erwachende Korn. / Wo Deutschlands Himmel die Erde schwärzt, / sucht sein enthaupteter Engel ein Grab für den Haß / und reicht dir die Schlüssel des Herzens.«* Der Neubeginn, der nach dem Ende des Krieges notwendig gewesen wäre, hat nicht stattgefunden; jene, die mitgeholfen haben, die Herrschaft der Nationalsozialisten zu festigen, werden in den Zeiten des kalten Krieges wieder gebraucht: »*Sieben Jahre später / fällt es dir wieder ein, / am Brunnen vor dem Tore, / blick nicht zu tief hinein, / die Augen gehen dir über / Sieben Jahre später, / in einem Totenhaus, / trinken die Henker von gestern / den goldenen Becher aus. / Die Augen täten dir sinken.«* Bei allem Pessimismus in der Diagnose ihrer Zeit *(»In der Nachgeburt der Schrecken / sucht das Geschmeiß nach neuer Nahrung.«)* verharrt das lyrische Ich nicht in einer fatalistischen Haltung, eine mitunter konstatierte »*Untergangssüchtigkeit*« (S. Bothner, 1986) liegt durchgängig sowenig vor wie die Flucht vor der Realität in ein Traumland. Die Metaphern der Natur, die Anspielungen auf die scheinbar unbeschädigte Tradition der deutschen Literatur tragen den Appell des Widerstands in sich, gemeinsam ist den Gedichten die eindringliche Mahnung, wieviel an kostbarer Zeit für eine Neugestaltung der Welt, die einen radikalen Bruch mit dem Vergangenen einzuschließen hätte, bereits verstrichen ist. Der Titel des Gedichts *Die gestundete Zeit*, das dem Gedichtband den Namen gab, bedeutet nichts als eine Warnung, daß die Zeit für einen Neubeginn nicht unbegrenzt zur Verfügung stehen wird: »*Es kommen härtere Tage. / Die auf Widerruf gestundete Zeit / wird sichtbar am Horizont. / Bald mußt du den Schuh schnüren / und die Hunde zurückjagen in die Marschhöfe.«*

Der Gegensatz zwischen der »verheerte(n) Welt« der Gegenwart und einer ersehnten Utopie, deren Unbestimmbarkeit und Unsagbarkeit zunehmend hervortritt, verstärkt sich in Ingeborg Bachmanns zweitem Gedichtband *Anrufung des Großen Bären* (1956). Der Band umfaßt vier Gedichtgruppen mit insgesamt 41 Gedichten, wobei *Von einem Land, einem Fluß und den Seen* mit 10 Gedichten ebenso einen eigenen Zyklus bildet wie *Lieder auf der Flucht* mit 15 Gedichten. Auffällig sind die eine fast überströmende Bilderflut ordnenden, häufig verwendeten Reimschemata und ein wesentlich strengerer Gedichtaufbau, ohne daß jedoch der freie Rhythmus aufgegeben wäre. Es hat den Anschein, als versuche das lyrische Ich mit einem neuen Sprachgestus und strengerem Formbewußtsein seine eigene Beschädigung und die der Zeit zu überwinden. Im ersten Gedicht der Gruppe, *Von einem Land, einem Fluß und den Seen*, das sich wohl auf ihre Heimat Kärnten bezieht, wird der schmerzlich erfahrene Hintergrund des ersten Gedichtbandes ausdrücklich revoziert und mit einer vermeintlich optimistischen Grundhaltung des lyrischen Sprechens verknüpft: »*Erinnere dich! Du weißt jetzt allerlanden: / wer treu ist, wird im Frühlicht heimgeführt. / O Zeit gestundet, Zeit uns überlassen! / Was ich vergaß, hat glänzend mich berührt.«* Diese Grundhaltung setzt sich fort im fünften Gedicht: »*Wir aber wollen über Grenzen sprechen, / und gehen auch Grenzen noch durch jedes Wort: / wir werden sie vor Heimweh überschreiten / und dann im Einklang stehn mit jedem Ort.«* Aber diese Orte bezeichnen weder das Land der Kindheit noch eine real auffindbare oder einholbare Utopie, wie sie noch in *Die gestundete Zeit* beschworen worden war. Die Wirklichkeit scheint verstellt. Anderswo scheint es Versöhnung und Erlösung zu geben: »*Wo ist Gesetz, wo Ordnung? Wo erscheinen / uns ganz begreiflich Blatt und Baum und Stein? / Zugegen sind sie in der schönen Sprache, / im reinen Sein...«.* Die Schlußzeilen zitieren fast wörtlich die Sprachphilosophie HEIDEGGERS (Thema der Dissertation I. Bachmanns, 1949): »*Das Sein von jeglichem, was ist, wohnt im Wort. Daher gilt der Satz ›Die Sprache ist das Haus des Seins‹. Gemeint ist besagte Erfahrung, die der Dichter zu machen habe: daß erst das Wort ein Ding als das Ding, das es ist, erscheinen und also anwesen läßt.«* In ähnliche Richtung, wenngleich von anderen Prämissen her, wies auch schon der berühmte Satz WITTGENSTEINS:

»*Die Grenzen meiner Sprache bedeuten die Grenzen meiner Welt.*« – ein Satz, den Ingeborg Bachmann in das poetologische Postulat umformulierte: »*Keine neue Welt ohne neue Sprache*« (*Das dreißigste Jahr*). Wenn im gleichnamigen Gedicht von »*Landnahme*« die Rede ist, so ist deshalb zunächst nur eine sprachlich-poetische Landschaft intendiert, denn »*allein die Phantasie kann, was draußen verlorenging, als Möglichkeit für den Menschen ins Innere hinüberretten*« (H. Höller). So wird gleich im Eingangsgedicht, *Das Spiel ist aus*, in Bildern kindlicher Phantasie, die sich aus der Erwachsenenwelt flüchtet, eine ferne, märchenhaft-mythische Utopie der Versöhnung imaginiert: »*Nur wer an der goldenen Brücke für die Karfunkelfee / das Wort noch weiß, hat gewonnen. / Ich muß dir sagen, es ist mit dem letzten Schnee / im Garten zerronnen. / / Von vielen, vielen Steinen sind unsere Füße so wund. / Einer heilt. Mit dem wollen wir springen, / bis der Kinderkönig, mit dem Schlüssel zu seinem Reich im Mund, / uns holt . . .*«.

Erschien in *Die gestundete Zeit* noch ein Aufbruch zu neuen Formen gesellschaftlicher Wirklichkeit möglich, so scheint in *Anrufung des Großen Bären* die Verdüsterung und Erstarrung der geschichtlichen Welt und die damit verbundene Bedrohung aller zwischenmenschlichen Beziehungen endgültig geworden zu sein: »*Kälte wie noch nie ist eingedrungen, / Fliegende Kommandos kamen über das Meer. / Mit allen Lichtern hat der Golf sich ergeben. / Die Stadt ist gefallen*« (*Lieder auf der Flucht*, IV). Immer wieder sinkt »Nacht« auf die mit magischem Realismus beschworene Geschichtslandschaft, die wie unter einem mythischen Bann erlebt wird, so im Titelgedicht, wo der Große Bär die Welt und ihre Menschen wie »*Zapfen jagt, die von den Tannen / gefallen sind, den großen, geflügelten, / die aus dem Paradiese stürzten*«.

All dies verleiht Ingeborg Bachmanns zweitem Gedichtband zwar einen höheren Grad an Bildhaftigkeit, läßt aber den Bezug zu den in völliger Entfremdung erstarrten Verhältnissen der Gegenwart nur noch negativ in deren Ablehnung aufscheinen. Was immer als Utopie ersehnt wird – ein elementares Dasein, dem Liebe und »*Klarheit*« zukommt, das Ende von Unterdrückung und Ausbeutung – wird zunehmend in die Innenwelt verlagert oder in eine mystisch-märchenhafte Bilderwelt transformiert. Letztlich versammeln die Gedichte dieses Bandes an »*utopischen Bildern und Zeichen das . . . , was die Menschen in ihrer bisherigen Geschichte gegen die entfremdete Welt aufgeboten haben: Natur, Kunst, Religion, Volksmärchen und utopische Volksfeste, Liebe, Spiel und Arbeit, sie bilden den Schatz an Vorstellungen, Klängen, Farben und Bewegungen zur Versinnbildlichung des augenblicklichen Aufbruchs einer erlösten Welt*« (H. Höller). Die Aufhebung der Entfremdung wird in einem Bereich gesucht, der jenseits rationaler, zweckgerichteter Verhaltensformen liegt, der daher nicht begrifflich konstruierbar ist, dessen Imagination allein dem dichterischen Wort möglich ist und der damit aber auch für politisches Handeln nicht mehr faßbar, konkretisierbar wird. Wiederholt konstatierten daher die Rezensenten einen Rückzug der Dichterin in die Innerlichkeit.

Während in *Die gestundete Zeit* die Naturlandschaften noch als geschichtliche Handlungsräume entworfen wurden, klammert sich das lyrische Ich im poetologischen Gedicht *Mein Vogel* schon mit der ersten Zeile aus dem realen Zeitgeschehen aus: »*Was auch geschieht: die verheerte Welt / sinkt in die Dämmerung zurück, / einen Schlaftrunk halten ihr die Wälder bereit, / und vom Turm, den der Wächter verließ, / blicken ruhig und stet die Augen der Eule herab.*« Der Flug der Eule der Minerva, für HEGEL noch Symbol der Vollendung einer teleologisch zu sich selbst gelangten und vernünftig gewordenen Welt, wird hier zur Metapher eines dichterischen Über-Ich, zur einzigen Instanz, der gegenüber sich das lyrische Ich seiner selbst vergewissert: »*Mein eisgrauer Schultergenoß, meine Waffe, / mit jener Feder besteckt, meiner einzigen Waffe! / Mein einziger Schmuck: Schleier und Feder von dir.*« Der Isolation und Angestrengtheit dieser existentiellen Haltung entspricht in vielen Gedichten eine Angestrengtheit der lyrischen Gebärde, die häufig ins Abstrakte, Deklamatorische, ja Litaneihafte abgleitet: »*O Aufgang der Wolken, der Worte, / dem Scherbenberg anvertraut!*« (*Scherbenhügel*); »*Wort, sei bei uns*«, »*Wort, sei von uns*«, »*Mein Wort, errette mich*« (*Rede und Gegenrede*); »*O hätt ich nicht Todesfurcht!* *Hätt ich das Wort*« (*Curriculum vitae*). Am Ende der *Lieder auf der Flucht* stehen die tief resignativen Zeilen: »*Die Liebe hat einen Triumph und der Tod hat einen, / die Zeit und die Zeit danach. / Wir haben keinen. / Nur Sinken um uns von Gestirnen. Abglanz und Schweigen. / Doch das Lied überm Staub danach / wird uns übersteigen.*« Was bleibt, scheint ein an Gottfried BENN erinnerndes artistisches Credo zu sein, das aber nicht in dessen nihilistischem Ästhetizismus, sondern in existentieller Verzweiflung wurzelt, denn der eigentliche Grundakkord ihrer beiden Gedichtbände ist und sich bereits als »*bevorstehende Sprachlosigkeit*« (Christa WOLF) ankündigte. In den wenigen Gedichten, die nach *Anrufung des Großen Bären* noch entstanden, wurden die Zweifel an der Berechtigung des lyrischen Sprechens offen thematisiert, so in *Ihr Worte*, das mit den Zeilen endet: »*Kein Sterbenswort, ihr Worte!*« Und neben ENZENSBERGERS Totsagung der Literatur im Kursbuch 15 (1968) veröffentlichte Bachmann ihr Gedicht *Keine Delikatessen*, mit dem sie ihr Verstummen als Lyrikerin dokumentierte: »*Mein Teil, es soll verloren gehen.*«

Ingeborg Bachmann suchte fortan in einer zunächst noch lyrisch eingefärbten Prosa *(Das dreißigste Jahr)*, zu einer Bestandsaufnahme der Situation der Frau und zu neuen Möglichkeiten weiblichen Schreibens zu gelangen. Im Bemühen, ihr auf diesem Weg zu folgen, verlor die Literaturkritik ihr »*literarisches Glückskind*« (H. Koopmann) allmählich aus den Augen. Man hatte sie als genuine Lyrikerin gepriesen und zeigte bis in die späten siebziger Jahre hinein wenig Neigung, ihren Prosatexten jene Aufmerksamkeit zukommen zu lassen wie einst ihren Gedichten. Mittlerweile hat sich dies umgekehrt in den Zeiten der »Neuen Subjektivität«. Während Ingeborg Bachmanns Prosatexte, auch vor dem Hintergrund der Frauenbewegung, in den achtziger Jahren auf neues Interesse stießen, auch in der wissenschaftlichen Aufarbeitung des Werks, gerät die Lyrik in den Hintergrund. Eine kritische Wiederentdeckung der Lyrik steht durchaus noch aus, sowohl hinsichtlich ihres gesellschaftskritischen Impetus als auch hinsichtlich der Verknüpfung mit der Biographie der Dichterin. Denn wie »*keine andere Autorin der jüngsten deutschen Literatur hat sie ihr eigenes Ich poetisiert; ihr Leben war eine rollenhafte Verwirklichung des dichterischen Werkes*« (M. Jurgensen). H.Ve.-KLL

AUSGABEN: *Die gestundete Zeit. Gedichte.*, Ffm. 1953. – *Anrufung des Großen Bären*, Mchn. 1956. – Mchn./Zürich 1978 (in *Werke*, Hg. Chr. Koschel u. a., 4 Bde., 1; ern. 1982).

LITERATUR: [K. Wagner], *B. Stenogramm der Zeit* (in Der Spiegel, 18. 8. 1954). – C. Heselhaus, *Suche nach einer neuen Dichtung* (in FAZ, 18. 9. 1954). – S. Unseld, *I. B.s neue Gedichte* (ebd., 27. 10. 1956). – H. Piontek, *Anrufung des Großen Bären. Neue Gedichte von I. B.* (in Stuttgarter Ztg., 17. 11. 1956). – H. Heißenbüttel, *Gegenbild der heillosen Zeit* (in Texte und Zeichen, 1957, H. 1, S. 92–94). – G. Blöcker, *Unter dem sapphischen Mond. Zum Thema Frauenlyrik* (in Der Tagesspiegel, 7. 7. 1957). – H. E. Holthusen, *Kämpfender Sprachgeist. Die Lyrik I. B.s* (in *Das Schöne und das Wahre. Neue Studien zur modernen Literatur*, Hg. ders., Mchn. 1958, S. 246–276). – A. Doppler, *Die Sprachauffassung I. B.s* (in Neoph, 47, 1963, S. 277–285). – W. Mauser, *I. B.s Landnahme. Zur Metaphernkunst der Dichterin* (in Sprachkunst, 1, 1970). – B. Angst-Hürlimann, *Im Widerspiel des Möglichen mit dem Unmöglichen. Zum Problem der Sprache bei I. B.*, Diss. Zürich 1971. – J. Görtz, *Zur Lyrik der I. B.* (in Text + Kritik, 6, 1971, S. 28–38). – U. Thiem, *Die Bildsprache der Lyrik I. B.s*, Diss. Köln 1972. – K. Krolow, *Nach zwei Jahrzehnten. Neuausgabe der Gedichte I. B.s* (in FAZ, 21. 3. 1974). – T. Mechtenberg, *Utopie als ästhetische Kategorie. Eine Untersuchung der Lyrik I. B.s*, Stg. 1978. – U.-M. Oelmann, *Deutsche poetologische Lyrik nach 1945. I. B., Günter Eich, Paul Celan*, Stg. 1980. – M. Jurgensen, *I. B. Die neue Sprache*, Bern u. a. 1981. – H. Höller, *»Die gestundete Zeit« und »Anrufung des Großen Bären«. Vorschläge zu einem neuen Verständnis* (in *»Der dunkle Schatten, dem ich schon seit Anfang folge.« I. B. – Vorschläge zu einer neuen Lektüre des Werks*, Hg. H. Höller, Wien/ Mchn. 1982, S. 125–172). – U. Baltz, *Literatur als Utopie. Zur Lyrik I. B.s* (in U. B., *Theologie und Poesie*, Ffm. u. a. 1983, S. 114–129). – R. Svandrlik, *Ästhetizismus und Ästhetikkritik in der Lyrik I. B.s* (in *I. B.*, Hg. H. L. Arnold, Mchn. 1984; Text + Kritik). – *I. B.*, *»Wir müssen wahre Sätze finden«. Gespräche und Interviews*, Hg. Chr. Koschel u. I. Weidenbaum, Mchn. 1985. –
S. Bothner, *I. B. Der janusköpfige Tod. Versuch der literaturpsychologischen Deutung eines Grenzgebiets der Lyrik, unter Einbeziehung des Nachlasses*, Ffm. u. a. 1986.

DAS DREISSIGSTE JAHR

Erzählungsband von Ingeborg BACHMANN, erschienen 1961. – Die in diesem Band enthaltenen sieben Erzählungen, die ersten Prosaarbeiten, die Ingeborg Bachmann publizierte, wurden nach Auskunft der Autorin »*in den Jahren 1956 und 1957 entworfen*«. Ebenso wie die in dieser Zeit entstandenen Gedichte des Bandes *Anrufung des Großen Bären* oder die Hörspiele thematisieren sie Versuche, den Bindungen einer Gesellschaft zu entkommen, die jeden Versuch individueller Entfaltung verhindert. Protest und Resignation kulminieren in diesen Texten zu Lebenskrisen, die als symptomatisch für die Befindlichkeit der Menschen in der Nachkriegszeit gesehen werden, die zugleich aber auch Spuren autobiographischer Bekenntnisse tragen, nicht allein aufgrund von Ingeborg Bachmanns Bestandsaufnahme ihrer Jugend in der Erzählung *Jugend in einer österreichischen Stadt*, die am Anfang des Bandes steht.

»*Wenn einer in sein dreißigstes Jahr geht ...*«, mit diesen Worten beginnt die umfangreichste Erzählung, die dem Band auch den Titel gab: *Das dreißigste Jahr*. Das Erreichen dieses Lebensjahrzehnts markiert, in diesem Text veranschaulicht am Beispiel eines Mannes, das endgültige Ende der Jugend (»*[er] hat so viele Möglichkeiten für sich gesehen und ... gedacht, daß er alles mögliche werden könne*«) und den Beginn dessen, was gemeinhin als Berufsleben umschrieben wird und dem Dreißigjährigen als eine einzige »*Falle*« erscheint. Noch versucht er, ähnlich Musils Held in *Der Mann ohne Eigenschaften* (1930–1952), jede Entscheidung zu vermeiden, er verbleibt in einem »*Schwebezustand*«, der sich zu einem Rückzug in sich selbst verdichtet. Die Begegnung mit den Menschen, die ihm als gesellschaftliche Charaktermasken erscheinen, erfährt er zunehmend als »*Kränkung*«, ohne doch über die radikale Ablehnung dieser Gesellschaft hinaus zur eigenen Identität zu gelangen: »*Zum Schweigen gebrachtes Ich aus Schweigen ...*«. Die Problematisierung der eigenen Individualität, die Existenzkrisen, die alle Erzählungen des Bandes behandeln, haben nicht nur gesellschaftliche, sondern auch geschichtliche Ursachen. Die als Trauma erfahrene Kinderzeit im nationalsozialistischen Österreich (*Jugend in einer österreichischen Stadt*) läßt sich weder individuell noch kollektiv überwinden (»»*Nach dem Krieg*« – dies ist die Zeitrechnung«, heißt es lapidar in der Erzählung *Unter Mördern und Irren*), und im Ansatz bereitet sich in diesen Erzählungen bereits jenes Geschichts- und Gesellschaftsbild vor, das schließlich in den Romanen des *Todesarten*-Zyklus dominieren wird. »*Die Kinder haben keine Zukunft*«, konstatiert die Autorin in *Jugend in einer österreichischen Stadt* und meint damit ihre Generation, die den Ausbruch aus der »*schlechtesten aller Welten*« nicht leistet und damit nicht nur ihre eigene Zukunft, sondern auch die ihrer eigenen Kinder zerstört. Die Erzählung *Alles* handelt von einem Mann, der vergebens seinen Sohn vor der »*Falle*« der Gesellschaft und jener »*Dressur*« schützen will, die mit dem Erwerb der Sprache dieser Gesellschaft verbunden ist: »*Alles ist eine Frage der Sprache.*« Die Hoffnung des Vaters jedoch, er könne sein Kind bewahren »*vor unserer Sprache, bis es eine neue begründet hatte und eine neue Zeit einleiten konnte*«, bleibt notwendig Illusion. Da der Vater erkennen muß, daß »*das Kind ja zu allem fähig (war), nur dazu nicht, auszutreten, den Teufelskreis zu durchbrechen*«, läßt er es schließlich aus seiner »*Liebe fallen*«. Als das Kind auf einem Schulausflug tödlich verunglückt, steigert sich die Erzählung zu einer Tragödie: Die Schuld des Vaters ist es, vom Sohn »*alles*« erwartet, ihn zum Instrument gemacht zu haben. Am Ende steht die Einsicht: »*Lern du die Schattensprache! Lern du selber.*«

In einer alles nivellierenden Gesellschaft bleiben auch die Randbereiche und Fluchtmöglichkeiten in Konventionen und Klischees befangen. Selbst dem am Rand der Gesetzeswelt Lebenden, dem Mann, der eine natürliche Lust am Blutvergießen in sich spürt *(Unter Mördern und Irren)*, ist es verwehrt, sein Schicksal auf eigene Weise zu leben; denn durch den Krieg ist auch das Töten banalisiert worden. Die Frau, die aus einer ihr beengend erscheinenden Ehe in ein lesbisches Verhältnis zu fliehen sucht *(Ein Schritt nach Gomorrha)* und gleichsam einen weiblichen Gegenentwurf zur bestehenden Welt der Männer aufbauen will, scheitert ebenso wie der Richter, der sich während des Prozesses gegen einen ihm zufällig namensgleichen Mörder der Unmöglichkeit bewußt wird, der Wahrheit mittels sprachlicher Verständigung auf die Spur zu kommen *(Ein Wildermuth)*. Die Befreiung, die in den Texten mit fast romantisch anmutender, emotionaler Radikalität gesucht wird, kann nicht gelingen; denn welcher Art könnte die neue Welt sein, die aus der totalen Zertrümmerung alles Bestehenden, aus Sprachlosigkeit und aus der Ekstase des Selbstvergessens hervorgeht? Der Held der Erzählung *Das dreißigste Jahr* erlebt diese Form anarchischer, unbedingter Liebe als »*Hölle*«, und in ihren Frankfurter Poetik-Vorlesungen 1959/1960 konstatiert die Autorin, daß »*Liebe als Verneinung, als Ausnahmezustand*« nicht dauern könne. Was bleibt, ist jedoch die Sehnsucht danach, die Suche nach einer Utopie, die diese Lebensform zum Ausdruck bringen könne, und nicht zufällig steht am Ende des Erzählbandes das Anti-Märchen *Undine geht*, oft als Selbstbekenntnis der Autorin mißverstanden. Undine, so Ingeborg Bachmann, steht für die Möglichkeiten der Kunst, die hier aus weiblicher Sicht Klage über die patriarchalische Gesellschaft führt, um schließlich »*sprachlos*« im Wasser zu versinken.

»*Das Neue*«, so hatte ADORNO einst das Dilemma literarischer Utopie beschrieben, »*ist die Sehnsucht nach dem Neuen, kaum es selbst, daran krankt alles Neue.*« Gerade dies war den Kritikern nach Erscheinen des Erzählbandes kaum bewußt; sie bemängelten, daß die Autorin über die bloße Negation des Bestehenden nicht hinausgelangt sei und vermißten fast übereinstimmend den Realitätsbezug der Texte, wie auch deren lyrischer Gestus, der Gegensatz von sachlicher Diktion und üppiger Metaphorik, von Ironie und Musikalität, irritierend wirkte. Wie im Fall der übrigen Prosatexte von Ingeborg Bachmann kam es in den späten siebziger Jahren zu einer neuen, positiven Einschätzung ihrer Erzählungen und Romane. Zunehmend erkannte man, daß in dem frühen Erzählband *Das dreißigste Jahr* »*die wesentlichen Momente der späteren Frauenbewegung vorweggenommen* (sind), *ihr anthropologischer Stachel, ihre tragische Paradoxie, ihr notwendiger gesellschaftlicher Affront*« (Horst Peter Neumann).

M.Pr.

AUSGABEN: Mchn. 1961. – Mchn./Zürich 1978 (in *Werke*, Hg. Chr. Koschel u. a., 4 Bde., 2; ern. 1982).

LITERATUR: H. Henze, Rez. (in FAZ, 5. 8. 1961). – W. Jens, Rez. (in Die Zeit, 8. 9. 1961). – G. Blökker, *Nur die Bilder bleiben* (in Merkur, 1961, H. 9, S. 882–886). – B. Schärer, *I. B.s Erzählung »Alles«* (in Muttersprache, 72, 1961, H. 11, S. 321–326). – H. P. Neumann, *Vier Gründe einer Befangenheit. Über I. B.* (in Merkur, 1978, H. 11, S. 1130–1136). – K. Bartsch, *»Die frühe Dunkelhaft«. Zu I. B.s Erzählung »Jugend in einer österreichischen Stadt«* (in Literatur und Kritik, 1979, H. 131, S. 33–43). – H. Seidel, *I. B. und L. Wittgenstein. Person und Werk L. Wittgensteins in den Erzählungen »Das dreißigste Jahr« und »Ein Wildermuth«* (in ZfdPh, 98, 1979, S. 267–282). – H. Brinkmann, *Worte ziehen Worte nach sich. Entwerfende Zeichen in »Undine geht« von I. B.* (in WW, 31, 1981, S. 225–240). – A. Hapkemeyer, *I. B.s früheste Prosa. Struktur und Thematik*, Bonn 1982. – R. Delphendahl, *Alienation and Self-Discovery in I. B.s »Undine geht«* (in Modern Austrian Literature, 18, 1985, Nr. 3/4, S. 195–210).

DER FALL FRANZA

Romanfragment von Ingeborg BACHMANN, erschienen 1979. – Der Text sollte ursprünglich den Titel *Todesarten* erhalten, mit dem Ingeborg Bachmann aber dann jenen geplanten Romanzyklus überschrieb, für den sie nur *Malina* vollenden konnte. *Der Fall Franza*, wie die Herausgeber das im Nachlaß erhaltene Fragment betitelten, wurde bereits in den sechziger Jahren begonnen und sollte ursprünglich am Anfang des Zyklus stehen, dessen leitende Fragestellung die Autorin in jener Vorrede umreißt, die dem Text vorangestellt ist: »*Es ist mir ... oft durch den Kopf gegangen, wohin das Virus Verbrechen gegangen ist – es kann doch nicht vor zwanzig Jahren plötzlich aus unserer Welt verschwunden sein, bloß weil kein Mord mehr ausgezeichnet, verlangt, mit Orden bedacht und unterstützt wurde.*« Gewalt und

Herrschaft sind mit dem Ende des Nationalsozialismus nicht aufgehoben, lediglich ihre Erscheinungsweisen haben sich verwandelt in jene Formen alltäglicher Gewalt, deren Opfer, zumindest in der heutigen Welt, vor allem die Frauen sind.

Die reale Handlungsebene des Textes wird in der Vorrede kurz skizziert. Ein junger Historiker, in Wien lebend, trifft seine schwerkranke Schwester. *»Diese ältere Schwester nun, ihr Sterben, ist in diesem Buch, und die Begleitung, die ihr Bruder ihr gibt, der am Ende aller Bindungen ledig wird. Das Buch ist aber nicht nur eine Reise durch eine Krankheit. Todesarten, unter die fallen auch Verbrechen. Das ist ein Buch über ein Verbrechen.«* Täter ist der Ehemann Franzas, der renommierte Wiener Psychiater Jordan, der seine Frau im Lauf der Ehe zu einem medizinischen *»Fall«* degradiert hat, zum Untersuchungsobjekt, wie er, so Franza, *»alle Menschen zerlegte, bis nichts mehr da war, nichts geblieben außer einem Befund«.* Diese *»Verwüstung«* Franzas findet ihren Höhepunkt im Akt der Abtreibung, zu der Jordan sie zwingt; wie in allen Texten, die zum *»Todesarten«*-Zyklus zu zählen sind, wird auch in *Der Fall Franza* eine Frau von einem Mann in den Tod getrieben, *»mit den Folterwerkzeugen der Intelligenz«* ihrer Lebens- und Ausdrucksfähigkeit beraubt, gleichsam durch männliche Denk- und Lebensformen kolonialisiert. Ingeborg Bachmann führt das Beispiel der Papuas, der Ureinwohner Neuguineas an, die nicht durch offene Gewaltanwendung in *»tödliche Verzweiflung«* gestürzt wurden, sondern durch die beiläufige Entwertung ihrer magischen Weltsicht durch die weißen Siedler. *»Ich bin eine Papua«*, bilanziert Franza ihre Stellung zu ihrem Ehemann: *»Er hat mir meine Güter genommen. Mein Lachen, meine Zärtlichkeit, mein Freuenkönnen, mein Mitleiden, Helfenkönnen, meine Animalität, mein Strahlen, er hat jedes einzelne Aufkommen von all dem ausgetreten...«*

Franza versucht dieser Deformierung zu entgehen, sie unternimmt mit ihrem Bruder eine Reise durch die ägyptische Wüste, die zu einer Reise *»durch eine Krankheit«* wird; am Ende steht der Tod. Anders als die Ich-Erzählerin in *Malina*, die ihre weibliche Identität auslöscht, damit aber zumindest überlebt, bleibt für Franza nur die bloße Negation der bestehenden Verhältnisse, die sie als *»faschistisch«* kennzeichnet und deren Gewaltformen von Männern repräsentiert werden, von ihrem Ehemann Jordan, von dem ehemaligen KZ-Arzt Körner in Kairo, vom *»Vater«*, der ihr im Traum als *»Mörder«* erscheint. Indem nicht nur Jordan, sondern überhaupt die männlichen Figuren im Roman angeklagt werden, wird deutlich, daß es Ingeborg Bachmann nicht um eine personalisierte Schuld geht, sondern um eine Struktur, die im Denken *»der Weißen«* gründet: dem *»Denken, das zum Verbrechen führt«*. Das Verhalten der Opfer, das Denken, *»das zum Sterben führt«*, wird in Franza selbst vorgeführt. Von ihrem Mann dazu gebracht, sich selbst *»von niedriger Rasse«* zu fühlen, identifiziert sie sich in einem Maße mit den Unterdrückten der NS-Zeit, daß sie von dem ehemaligen KZ-Arzt in Kairo die Euthanasie fordert. Was als Widerstand bleibt, im Augenblick des Todes, ist die Loslösung von Jordan und die Absage an die von Männern seines Schlages geprägte Welt: *»Er ist das Exemplar, das heute regiert, das von heutiger Grausamkeit* (ist), *das angreift und darum lebt...«.*

Das Motiv unterschwelliger, sublimer Gewalt beherrscht auch das Fragment *Requiem für Fanny Goldmann* (1979), in dem eine berühmte Schauspielerin für ihren Liebhaber nur das Mittel ist, gesellschaftlichen Erfolg zu erlangen. Der Text war als zweiter Teil des *Todesarten*-Zyklus vorgesehen und wurde zusammen mit *Der Fall Franza* veröffentlicht. H.Ve.–KLL

AUSGABEN: Mchn. 1979. – Mchn./Zürich ²1982 (in *Werke*, Hg. Chr. Koschel u. a., 4 Bde., 3). – Ffm. 1983 (zus. m. *Die Fähre*, BS):

LITERATUR: J. Kaiser, Rez. (in SZ, 14. 4. 1979). – K. Krolow, Rez. (in Stuttgarter Ztg., 21. 4. 1979). – Ch. Gürtler, »*Der Fall Franza«: Eine Reise durch eine Krankheit und ein Buch über ein Verbrechen* (in *Der dunkle Schatten, dem ich schon seit Anfang folge...*, Hg. H. Höller, Wien/Mchn. 1982, S. 71–84). – P. Brinkemper, *I. B.s »Der Fall Franza« als Paradigma weiblicher Ästhetik* (in Modern Austrian Literature, 18, 1985, Nr. 3/4). – M. Meister, *Der Fall Moosbrugger – Der Fall Franza* (in *Kunst, Wissenschaft und Politik bei R. Musil und I. B.*, Hg. J. Strutz, Mchn. 1986). – A. Opel, »*Der Fall Franza« – Wiederaufnahme eines Verfahrens* (in Literatur und Kritik, 1986, H. 207/208, S. 291–297). – B. Thau, *Gesellschaftsbild und Utopie im Spätwerk I. B.s*, Ffm. u. a. 1986.

DER GUTE GOTT VON MANHATTAN

Hörspiel von Ingeborg BACHMANN, Rundfunk-Uraufführung: 29. 5. 1958. – Das dritte und letzte Hörspiel Ingeborg Bachmanns, nach *Ein Geschäft mit Träumen* (1952) sowie *Die Zikaden* (1955), nimmt bereits Motive des späteren Romanwerks vorweg: die Beschwörung einer utopischen *»Gegenzeit«* durch die Liebe sowie die Kritik an einer von Männern getragenen, von Konkurrenz und Ausbeutung beherrschten Gesellschaft, die davon abweichende, von Frauen vorgetragene Lebensentwürfe nicht zuläßt.

Vor Gericht muß sich ein *»Angeklagter«*, der der *»gute Gott von Manhattan«* genannt wird, für ein Attentat verantworten, das er mit Hilfe seiner *»Agenten«*, der *»Eichhörnchen«*, auf das Paar Jennifer und Jan verübt hat. Zu seiner Rechtfertigung erklärt er, daß er diesen und viele vorangegangene Anschläge auf Liebende, die sich *»absentierten«*, begangen habe, weil ihre Liebe *»in den Senkrechten und Geraden der Stadt«* die Konvention sprenge, *»zuviel Trunkenheit und Selbstvergessen«* sei und ansteckend wirke wie eine gefährliche Krankheit. Zum Beweis beschwört (in Szenen, die in das Verhör eingeblendet sind) dieser gute Gott, gegen dessen Gesetz – Herrschaft des gesunden Menschenverstands und Anpassung an das allgemein Übliche – die Liebenden zu allen Zeiten am verheerendsten verstoßen haben, die Liebe von Jennifer und Jan. Sie durchläuft alle Stadien von einer flüchtigen Reisebekanntschaft über die »*Vereinbarung auf Distanz*« bis zum »*Grenzübertritt*«, bei dem die beiden, rettungslos aneinander verloren, ausbrechen aus allen Fesseln des Raums und der Zeit und allen Bindungen, in denen sie bisher lebten. Als mit den Worten des Mannes »*Ich bin mit dir und gegen alles*« die »*Gegenzeit*« beginnt, sieht der gute Gott den Augenblick gekommen, »*die Liebenden gerechterweise in die Luft fliegen*« zu lassen, in gutem Glauben, wie er versichert. Denn: »*Ich glaube an eine Ordnung für alle und für alle Tage, in der gelebt wird jeden Tag... Ich glaube, daß die Liebe auf der Nachtseite der Welt ist, verderblicher als jedes Verbrechen, als alle Ketzereien.*« Als er für einen annehmbaren Status in der Gesellschaft plädiert – »*alles im Gleichgewicht und alles in Ordnung*« –, muß der verwirrte Richter ihm zustimmen: »*Etwas anderes ist nicht möglich und gibt es nicht.*« Der Richter gewinnt seine Sicherheit erst wieder, als Jan zur Rückkehr in die Normalität bereit ist; während Jennifer den Tod findet, ist der Mann in Sicherheit: »*Er war gerettet. Die Erde hatte ihn wieder*«, so die ironische, auf GOETHES *Faust* anspielende Kommentierung. Der gute Gott, davon ist der Richter nun überzeugt, vertritt die Ordnung dieser Welt, er hält die Anklage aufrecht, läßt den Angeklagten aber gehen.

»*Schweigen*« ist das letzte Wort des Hörspiels, in Schweigen mündet der entrückte Überschwang der Liebenden, denen Ingeborg Bachmann eine fast hymnische Sprache leiht, und in Schweigen endet die »*große Konvention*«, für deren Denk- und Sprachschablonen der gute Gott von Manhattan nicht minder zwingenden Ausdruck findet. Gestaltlose Stimmen »*ohne Timbre, ohne Betonung, klar und gleichmäßig*«, Gedichte aus Floskeln und Slogans – Maßregeln und Normen des Wohlverhaltens in einem vernünftig geordneten Dasein – demonstrieren wie ein begleitender Chor die Kluft zwischen den beiden Welten. Die gesellschaftskritische Komponente des Hörspiels, vor allem aber der ihm immanente weibliche Diskurs wurden in den fünfziger Jahren kaum erkannt, und noch 1970 opponierte Wolf WONDRATSCHEK, Vertreter der sog. »Neuen Hörspiels« gegen angeblich reaktionäre, dem Rundfunkbetrieb gegenüber affirmative Tendenzen des Stücks, das 1958 mit dem Hörspielpreis der Kriegsblinden ausgezeichnet worden war. Jurek BECKER wies die Vorwürfe Wondratscheks als ahistorisch zurück, und auch die moderne Forschung ist sich darin einig, daß diese Angriffe »*eher den restaurationsbesessenen literarkritischen Mentoren der Dichterin hätten gelten müssen als ihrem Werk, das nur entstellt und bereits vorinterpretiert in den Blick geriet*« (H. Höller). W.F.S.-KLL

AUSGABEN: Mchn. 1958; 4·1962. – Mchn. 1964 (in *Gedichte, Erzählungen, Hörspiele, Essays*). – Mchn. 1976 (in *Die Hörspiele*). – Mchn./Zürich 1978 (in *Werke*, Hg. Chr. Koschel u. a., 4 Bde., 1; ern. 1982). – Stg. ²1979 (Nachw. O. F. Best; RUB).

LITERATUR: A. A. Scholl, *Unsichtbares betörendes Spiel. Über das dichterische Hörspiel G. Eichs und I. B.s* (in Jahresring, 1958/59, S. 353–360). – H.-G. Funke, *Zwei Hörspiele. »Die Zikaden«. »Der gute Gott von Manhattan«. Interpretation*, Mchn. 1969. – W. Wondratschek u. J. Becker, *War das Hörspiel der fünfziger Jahre reaktionär? Eine Kontroverse am Beispiel von I. B.s »Der gute Gott von Manhattan«* (in Merkur, 24, 1970, S. 190–194). – G. Bergsten, *Liebe als Grenzübertritt. Eine Studie über I. B.s Hörspiel »Der gute Gott von Manhattan«* (in Dt. Weltliteratur, Hg. K. W. Jonas, Tübingen 1972, S. 277–289). – C. Reinert, *Unzumutbare Wahrheiten? Einführung in I. B.s Hörspiel »Der gute Gott von Manhattan«*, Bonn 1983. – H. Haider-Pregler, *I. B.s Radioarbeit. Ein Beitrag zur Hörspielforschung* (in *I. B. L'œuvre et ses situations. Actes du colloque*, Nantes 1986, S. 24–81). – *Materialband zu I. B.s Hörspielen*, Hg. N. Bary u. E. Tunner, Paris 1986.

MALINA

Roman von Ingeborg BACHMANN, erschienen 1971. – Nach Publikation des Erzählungsbandes *Das dreißigste Jahr* (1961) und der Verleihung des Büchner-Preises 1964 konzentrierte sich Ingeborg Bachmann auf die Komposition dieses Romans, des einzigen, der noch zu Lebzeiten der Autorin erschien und der Teil ist einer ursprünglich als Trilogie unter dem Titel *Todesarten* konzipierten Romanfolge; lediglich als Fragmente liegen die beiden dazu gehörenden Werke, *Der Fall Franza* (1976) und *Requiem für Fanny Goldmann* (1979), vor.

Der Roman gibt sich den Anschein einer Autobiographie. Die Ich-Figur, wie die Autorin in Klagenfurt geboren und in Wien wohnend, reflektiert ihr Verhältnis zu zwei Männern: dem in der Nachbarschaft lebenden Ungarn Ivan, der sich mit seinen beiden Kindern seit zwei Jahren in Wien aufhält, sowie zu Malina, einem Militärhistoriker, mit dem die Erzählerin offensichtlich zusammenlebt. Wie bei einem Theaterstück werden Personen, Ort und Zeit (»*Heute*«) dem Roman vorangestellt, aber bereits dieses Verfahren verweist darauf, daß Schriftsteller-Ich und erzählendes Ich nicht ohne weiteres gleichgesetzt werden dürfen, sondern daß hier aus einer mitunter auch »*ironisch*« (H. Mayer) wirkenden Distanz heraus erzählt, eine Versuchsanordnung aufgebaut wird. Als dementsprechend doppelbödig erweist sich die reale Handlungsebene des Romans, zwischen »*Dreiecksgeschichte, Kriminalroman, Künstlerroman*« (Albrecht/Kollhoff) schwankend und durchsetzt mit literarischen und satirischen Anspielungen.

Glücklich mit Ivan ist das erste Kapitel überschrieben, aber dieses Glück bleibt imaginär. Ivan, der

Nachbar aus der Ungargasse, dem »*Ungargassenland*«, wie die Erzählerin diese Welt sehnsuchtsvoll benennt, ist der Mann, dem sie eine absolute Liebe entgegenbringt, die dieser aber in jener Ausschließlichkeit nicht erwidern kann. Der erträumten Welt mit Ivan steht die Realität mit Malina gegenüber; er schafft in seiner rationalen Haltung die Bedingungen des gemeinsamen Lebens, sichert die Existenz beider. Aber Malina, der die Werte und Normen der Außenwelt verkörpert, ein Repräsentant der Vernunft, ist weniger eine reale Figur als vielmehr jenes aus dem Bereich des Erzähler-Ichs ausgegrenzte Prinzip der Selbsterhaltung, gleichsam die männliche Komponente im Bewußtsein der Erzählerin, die sie in einem Maße internalisiert hat, daß alle Versuche, dagegen eine ›weibliche‹ Welt der Wünsche, Sehnsucht und Phantasie zu stellen, zum Scheitern verurteilt sind: »*Bin ich eine Frau oder etwas Dimorphes? Bin ich nicht ganz eine Frau, was bin ich überhaupt?*« Die Konflikte spielen sich im Innern der Ich-Erzählerin ab, dort, wie es im Vorwort zum »*Fall Franza*« heißen wird, wo »*alle Dramen stattfinden*«.

Der Versuch, sich einer weiblichen Identität in der Erinnerung an die eigene Herkunft zu vergewissern, führt in die Traumsequenzen des zweiten Kapitels: *Der Dritte Mann*. An dieser Person, als »*Vater*« ebenso gekennzeichnet wie als »*Mörder*«, personifiziert sich die Gewalttätigkeit einer Außenwelt, die gleichermaßen mit den Exzessen der nationalsozialistischen Vergangenheit wie mit den autoritären Ritualen der bürgerlichen Familie verbunden ist; Unterdrückung im privaten Bereich korrespondiert mit staatlicher Gewalt. Eine Verständigung mit dieser Welt männlicher Repression ist nicht möglich, weder für die vage aufscheinende »*Mutter*« noch für die Ich-Erzählerin selbst, deren Fazit über die Vergangenheit lautet: »*Hier wird man ermordet.*« Zunehmend reduzieren sich in der Folge die Kontakte zur Außenwelt, und auch die Beziehung zu Ivan zerbricht, womit die letzte Hoffnung verlorengeht, einen Gegenentwurf zum Bestehenden aufzubauen. Die Utopie des Glücks, im Märchen von der »*Prinzessin von Kagran*« im ersten Kapitel erzählt, bleibt für das Ich eine ferne Perspektive. Die Prinzessin von Kagran kann sich in einer feindlichen Welt behaupten aufgrund ihrer Liebe zu einem Prinzen, hinter dem die Außenseiterexistenz des Juden und Künstlers sichtbar wird; im »*Heute*« bleibt diese Möglichkeit versperrt. Der weibliche Gegenentwurf zur Welt der Männer ist vertagt, und auch der im dritten Kapitel *(Von letzten Dingen)* stattfindende Versuch, über das Schreiben einen Dialog mit Malina aufzubauen, verfällt der Resignation: »*Ich kann das schöne Buch nicht mehr schreiben, ich habe vor langem aufgehört, an das Buch zu denken, grundlos, mir fällt kein Satz mehr ein.*« Im Schreiben, im damit verbundenen Bewußtwerdungsprozeß ist die Doppelexistenz von Erzähler-Ich und Malina, von Phantasie und Ratio nicht mehr aufrechtzuerhalten: »*Ich habe in Ivan gelebt und sterbe in Malina.*« Jener Teil der Doppelexistenz, der für Emotionalität, für Spontaneität steht, gleichsam für den weiblichen Teil dieser Existenz, kann nicht überleben, siegreich bleiben die verdinglichten Ordnungsmuster einer letztlich von Männern beherrschten Welt. In diese Ordnung geht die Erzählerin ein: »*Es ist eine sehr alte, eine sehr starke Wand, aus der niemand fallen kann, die niemand aufbrechen kann, aus der nie mehr etwas laut werden kann. Es war Mord.*«

Die Kritik hatte unmittelbar nach Erscheinen des Romans vielfach von einem Scheitern der Autorin gesprochen, von einem »*preziösen Seelen-Exhibitionismus*« war die Rede, und auf viele wirkte das Werk in der politisierten Atmosphäre der Studentenbewegung geradezu anachronistisch. Dabei war sich Ingeborg Bachmann stets bewußt, daß Dichtung nicht außerhalb der historischen Situation stattfindet, in diesem Sinne hatte sie schon 1959/1960 in ihren Poetik-Vorlesungen in Frankfurt argumentiert. Aber die eigentliche Utopiemächtigkeit von Dichtung lag für sie in dem Bestreben begründet, die Welt der Tatsachen auf die Welt der Wünsche hin zu übersteigen: »*Denn bei allem, was wir tun, denken und fühlen, möchten wir manchmal bis zum Äußersten gehen.*« Diese Utopie korrespondiert mit der Hoffnung auf eine »*neue Sprache*«, und nur allmählich las man *Malina* als Psychogramm einer Schriftstellerin, die hinsichtlich dieser Zukunftserwartung in existenzgefährdender Weise desillusioniert ist. Erst in den späten siebziger Jahren, vor dem Hintergrund der aufkommenden Frauenbewegung, erkannte man den weiblichen Diskurs, der diesem Werk ebenso immanent ist wie den übrigen Teilen des *Todesarten*-Zyklus, dessen Frauengestalten auf verschiedene Weise in den Tod getrieben werden und die diesen Prozeß der Selbstzerstörung selbst forcieren. Christa Wolf stellt daher die Ich-Erzählerin dieses Romans mit ihrem »*Selbstvernichtungswunsch*« in eine Reihe mit jenen Frauenschicksalen, »*die sich in diesem Jahrhundert und in unserem Kulturkreis in die vom männlichen Selbstverständnis geprägten Institutionen gewagt*« haben und an der Internalisierung männlicher Normen und Spielregeln zerbrachen.

H.Ve.–KLL

Ausgaben: Ffm. 1971. – Mchn./Zürich 1978 (in *Werke*, Hg. Chr. Koschel u. a., 4 Bde., 3; ern. 1982). – Ffm. 1980 (st).

Literatur: G. Wohmann, Rez. (in Der Spiegel, 29. 3. 1971). – A. Mechtel, Rez. (in FAZ, 30. 3. 1971). – H. Mayer, Rez. (in Die Weltwoche, 30. 4. 1971). – R. Baumgart, *I. B.: »Malina«* (in NDH, 1971, H. 2, S. 536–542). – E. Summerfield, *I. B. Die Auflösung der Figur in ihrem Roman »Malina«*, Bonn 1976. – R. Steiger, *»Malina« – Versuch einer Interpretation des Romans von I. B.*, Heidelberg 1978. – I. Riedel, *Traum und Legende in I. B.s »Malina«* (in *Psychoanalytische und psychopathologische Literaturinterpretation*, Hg. B. Urban u. W. Kudszus, Darmstadt 1981, S. 178–201). – E. Atzler, *I. B.s Roman »Malina« im Spiegel der literarischen Kritik* (in Jb. der Grillparzer-Ges., 15, 1983,

S. 155–171). – Chr. Wolf, *Voraussetzungen einer Erzählung: »Kassandra«*, Darmstadt/Neuwied 1983, S. 126–155. – A. Klaubert, *Symbolische Strukturen bei I. B. »Malina« im Kontext der Kurzgeschichten*, Bern u. a. 1983. – G. Bail, *Weibliche Identität. I. B.s »Malina«*, Göttingen 1984. – E. Koch-Klenske, *Die vollkommene Vergeudung. Eine Lesart des Romans »Malina« von I. B.* (in *Die Sprache des Vaters im Körper der Mutter*, Hg. R. Haubl u. a., Gießen 1984, S. 115–131). – B. Kunze, *Ein Geheimnis der Prinzessin von Kagran: Die ungewöhnliche Quelle zu der ›Legende‹ in I. B.s »Malina«* (in Modern Austrian Literature, 18, 1985, Nr. 3/4, S. 105–119). – M. Albrecht u. J. Kallhoff, *Vorstellungen auf einer Gedankenbühne: Zu I. B.s »Todesarten«* (ebd., S. 91–104). – B. Thau, *Gesellschaftsbild und Utopie im Spätwerk I. B.s. Untersuchungen zum »Todesarten-Zyklus« und zu »Simultan«*, Ffm. u. a. 1986.

SIMULTAN

Erzählungsband von Ingeborg BACHMANN, erschienen 1972. – Die fünf Erzählungen des Bandes entstanden im Umkreis des *Todesarten*-Zyklus. Ursprünglich sollten zwei weitere Texte, *Gier* und *Rosamunde*, in die Sammlung aufgenommen werden, sie blieben jedoch Fragment und wurden erst 1982 in der Aufsatzsammlung *Der dunkle Schatten, dem ich schon seit Anfang folge* veröffentlicht.

Beherrschendes Thema der Texte sind die Versuche von Frauen, sich den Anforderungen und den Zwängen einer von Männern beherrschten Wettbewerbsgesellschaft zu entziehen. Die Frauengestalten der rahmenden Erzählungen, *Simultan* und *Drei Wege zum See*, haben den Weg der beruflichen Karriere gewählt, aber auch über den Erfolg lassen sich jene persönlichen Freiräume nicht erreichen, in denen Bedürfnisse befriedigt werden können, die jenseits von Leistung und Konkurrenz liegen. Nadja, die Heldin in der Erzählung *Simultan*, arbeitet als Simultandolmetscherin; sie besorgt die Kommunikation in der Gesellschaft und ist selbst davon ausgeschlossen. Auch Elisabeth Matrei, Protagonistin der Erzählung *Drei Wege zum See*, hat als Fotoreporterin Karriere gemacht in einem von Männern und deren Konkurrenzkämpfen dominierten Beruf, bis sie durch die Hochzeit ihres Bruders und die Rückkehr in die Heimat auf die Defizite und Kosten aufmerksam gemacht wird, die nicht mehr rückgängig zu machen, nicht zu kompensieren sind im Privatleben.

Denn letztlich laufen die Überlebensstrategien der Heldinnen auf eine Reduzierung der Wahrnehmung hinaus; was Nadja und Elisabeth in den rahmenden Erzählungen über die Flucht in die Karriere erstreben, versuchen die übrigen Frauenfiguren durch den völligen Rückzug auf das eigene Ich, durch die totale Verweigerung (Beatrix in *Probleme, Probleme*), durch die Flucht in die Krankheit (Miranda in *Ihr glücklichen Augen* kultiviert ihre Sehschwäche, die ihr als »Geschenk« erscheint) oder, wie die alte Frau Jordan in *Das Gebell*, durch die Flucht in eine gewollte, offensichtliche Lebenslüge. Anders als in den Romanen des *Todesarten*-Zyklus kommen die Frauen in diesen Erzählungen nicht zu Tode, aber die Lebensform, die ihnen das Überleben sichert, bleibt kümmerlich, entfremdet, reduziert. Die Maßstäbe, nach denen sie ihr Leben organisieren, sind von außen oktroyiert, durch die Werbeindustrie, durch Leistungsdenken, vor allem aber durch jene Männer, zu denen eine Beziehung aufzubauen nie gelingt. Die Verwüstungen der Außenwelt prägen auch die privaten Fluchten, den Bereich der Innenwelt; so existenznotwendig und ersehnt die Liebesbeziehungen sind, sie gelingen nicht, weil die Männer noch stärker als die Frauen sich der Konkurrenz im Beruf und ihren eigenen Leistungsansprüchen unterwerfen. Der *»neue Mann«*, mit dem andere Formen des Austausches und Zusammenlebens möglich wären, existiert noch nicht, so daß, wie Elisabeth Matrei in *Drei Wege zum See* lakonisch konstatiert, nur vorübergehende, flüchtige Beziehungen möglich sind: »*. . . solange es diesen neuen Mann nicht gab, konnte man nur freundlich sein und gut zueinander, eine Weile. Mehr war nicht daraus zu machen, und es sollten die Frauen und Männer am besten Abstand halten, nichts zu tun haben miteinander, bis beide herausgefunden hatten aus einer Verwirrung und der Verstörung, der Unstimmigkeit aller Beziehungen.*«

Der Erzählungsband, der zweite nach *Das dreißigste Jahr* (1961), fand wie die übrigen Prosatexte von Ingeborg Bachmann ursprünglich eine zwiespältige Aufnahme; Marcel REICH-RANICKI sprach in seiner Rezension von der *»gefallenen Lyrikerin«*. Mittlerweile hat diese negative Einschätzung der Erzählerin Ingeborg Bachmann sich gewandelt, vor allem die Frauenbewegung fand in den Prosatexten Bachmanns vieles von dem bereits vorgedacht, was seit den späten siebziger Jahren in die öffentliche Diskussion getragen wurde, und auch in der wissenschaftlichen Aufbereitung des Werkes stehen die Prosatexte in einem solchen Maß im Vordergrund, daß darüber die frühe Lyrik Ingeborg Bachmanns fast vergessen wird. H.Ve.–KLL

AUSGABEN: Mchn. 1972. – Mchn./Zürich 1978 (in *Werke*, Hg. Chr. Koschel u. a., 4 Bde., 2; ern. 1982).

LITERATUR: M. Reich-Ranicki, Rez. (in Die Zeit, 29. 2. 1972). – I. Drewitz, Rez. (in Der Tagesspiegel, 1. 10. 1972). – E. Henscheid, Rez. (in FRs, 1. 11. 1972). – J. Kaiser, Rez. (in SZ, 4./5. 11. 1972). – E. Summerfield, *Verzicht auf den Mann. Zu I. B.s Erzählungen «Simultan«* (in: *Die Frau als Heldin und Autorin* [10. Amherster Kolloquium], Hg. W. Paulsen, Bern/Mchn. 1979, S. 211–216). – G. B. Mauch, *I. B.s Erzählband »Simultan«* (in Modern Austrian Literature, 12, 1979, Nr. 3/4, S. 273 bis 304). – I. Holeschofsky, *Bewußtseinsdarstellung und Ironie in I. B.s Erzählung »Simultan«* (in Sprachkunst, 1980, H. 1, S.63–70). – S. Schmid-Bortenschlager, *Frauen als Opfer – Gesellschaftliche*

Realität und literarisches Modell. Zu I. B.s Erzählband »Simultan« (in *Der dunkle Schatten, dem ich schon seit Anfang folge. I. B. - Vorschläge zu einer neuen Lektüre des Werks*, Hg. H. Höller, Wien/Mchn. 1982, S. 85–95). – B. Thau, *Gesellschaftsbild und Utopie im Spätwerk I. B. s. Untersuchungen zum «Todesarten-Zyklus« und zu »Simultan«*, Ffm. u. a. 1986.

JOHANN JAKOB BACHOFEN

* 22.12.1815 Basel
† 25.11.1887 Basel

DAS MUTTERRECHT. Eine Untersuchung über die Gynaikokratie der alten Welt nach ihrer religiösen und rechtlichen Natur

Philosophisch-religionsgeschichtliches Werk von Johann Jakob BACHOFEN, erschienen 1861. – Der Autor stellt in dieser Untersuchung der vor- und frühgeschichtlichen Epoche der Antike seine intuitive Mytheninterpretation der philologisch-historischen Methode Theodor MOMMSENS entgegen. Er geht davon aus, daß das vorherrschende Geschichtsverständnis eine Folgeerscheinung der patriarchalischen Grundkonstitution der abendländischen Gesellschaft sei und daß diese Konstitution keineswegs eine primäre Form darstelle, sondern erst später die vorangehende matriarchalische Weltdeutung abgelöst habe. Die nachfolgende Geschichtserklärung und das neuzeitliche Entwicklungsdenken hätten sich vom Ursprung dermaßen entfernt, daß ein volles Verständnis der geschichtlichen Menschheitsgenese nur durch eine adäquate Interpretation der ältesten mythologischen Quellen möglich sei.

Bachofen ist aufgrund seiner Forschungen überzeugt, daß »*das Mutterrecht keinem bestimmten Volke, sondern einer Kulturstufe angehört«.* Zu den Strukturelementen dieser Mutterwelt zählt er in Weiterführung seines Werks *Versuch über die Gräbersymbolik der Alten* (1859) den Prinzipat der Nacht über den aus ihrem Schoß hervorgehenden Tag, die *»Auszeichnung des Mondes vor der Sonne, der empfangenden Erde vor dem befruchtenden Meere, der finsteren Todesseite des Naturlebens vor der lichten des Werdens«.* Hier offenbare sich eine durchgehend chthonische Religion, die dem gesamten Leben und damit auch dem matriarchalischen Recht ihre Prägung verleihe und im Gegensatz zu dem geistigen, rationalen und abstrakten männlichen Prinzip stehe. Bachofen hebt anhand von Zeugnissen aus der griechischen und römischen Mythologie den Übergang vom Matriarchat zum Patriarchat hervor: In den *Eumeniden* des AISCHYLOS siegt Apollo über die chthonische Schar der Erinnyen. *»Hat Dionysos das Vatertum nur über die Mutter erhoben, so befreit sich Apollo vollständig von jeder Verbindung mit dem Weib.«* Die dauernde Sicherstellung der Paternität sei dann endgültig durch die Staatsidee der Römer erfolgt.

Bachofen weist in der philosophischen Ausweitung seiner These darauf hin, daß die Ablösung des Weiblich-Stofflichen durch das Männlich-Geistige in jedem einzelnen Individuum und in jedem konkreten Geschlechtsverhältnis stattfinde. Die Ehe, wie sie in der patriarchalischen Ordnung Brauch wurde, sei ursprünglich der Verstoß gegen ein im Mutterrecht verankertes Religionsgebot gewesen. Deshalb habe die Ehe eines Mannes mit einer Frau *»eine Sühne jener Gottheit verlangt, deren Gesetz sie durch ihre Ausschließlichkeit verletzt. Nicht um in den Armen eines einzelnen zu verwelken, wird das Weib von der Natur mit allen Reizen, über welche es gebietet, ausgestattet.«* Allerdings ist die daran anknüpfende Theorie des Autors vom »Hetärismus«, dessen Reste er im Dirnenwesen noch erhalten sieht, längst als unhaltbar erwiesen.

Durchaus zutreffend sieht A. BAEUMLER in Bachofen den Mythologen der Romantik. Denn von SCHELLINGS Philosophie der Nacht führt eine direkte Linie zum *Mutterrecht*. Das darf jedoch nicht darüber hinwegtäuschen, daß der Verfasser durch den Ansatz dieses Werks bedeutende, bis in die Gegenwart hereinreichende Anregungen für die Mythologie, Ethnologie, Religionswissenschaft und Philosophie gegeben hat. So nannte etwa Leopold ZIEGLER Bachofens Satz *»Der Mythos ist die Exegese des Symbols«* das unauslotbare Motto einer Philosophie der Zukunft. D.Ka.

AUSGABEN: Stg. 1861. – Basel 1897. – Basel ³1948 (in *GW*, Hg. K. Meuli, 10 Bde., 1943 ff., Bd. 2/3). – Stg. 1954 (*Mutterrecht u. Urreligion*, Hg. R. Marx; Ausw.; KTA; ⁶1984; erw.). – Ffm. 1975, Hg. H. J. Heinrichs (stw; ²1978).

LITERATUR: C. A. Bernoulli, *J. J. B. als Religionsforscher*, Lpzg. 1924. – A. Baeumler, *B., der Mythologe der Romantik*, Mchn. 1926. – G. Schmidt, *B.s Geschichtsphilosophie*, Diss. Basel 1929. – E. Kornemann, Art. »Mutterrecht« (in RE, Suppl. 6, 1935, S. 557–571; m. Bibliogr.). – W. Philipp, *Weibwertung oder Mutterrecht? Eine grundsätzliche Arbeit über Rasse und Gesittung, B.s Geisteserbe und die Keltenfrage*, Königsberg 1942. – K. Kerényi, *B. und die Zukunft des Humanismus*, Zürich 1945. – J. Hackel, *Zum Problem des Mutterrechts* (in Paideuma, 5, 1951–1954, S. 298–322; 481–508). – W. Schmidt, *Das Mutterrecht*, Wien-Mödling 1955. – *Materialien zu B.s »Das Mutterrecht«*, Hg. H. J. Heinrichs, Ffm. 1975 (stw). – M. Janssen-Jurreit, *Sexismus*, Mchn. 1976, S. 97–111. – U. Wesel, *Der Mythos vom Matriarchat. Über B.s Mutterrecht und die Stellung von Frauen in frühen Gesellschaften*, Ffm. 1980 (stw). – A. Cesana, *J. J. B.s Geschichtsdeutung. Eine Untersuchung ihrer geschichtsphilosophischen Voraussetzungen*, Basel 1983. – *Das Mutterrecht von J. J. B. in der Diskussion*, Ffm. 1987.

TOTO SUDARTO BACHTIAR

* 12.10.1929 Palimanan / Java

SUARA

(indon.; *Stimme*). Gedichtsammlung von Toto Sudarto BACHTIAR, erschienen 1956. – Zentrales Thema der dreiundvierzig Gedichte dieser Sammlung, für die der auch als Essayist und Übersetzer hervorgetretene Autor mit dem Nationalen Literaturpreis des Jahres 1955/56 ausgezeichnet wurde, ist die existentielle Geworfenheit des Menschen in einer von Not, Unglück und Tod bedrohten Welt. Als unsteter Wanderer *(pengembara)* im Niemandsland der unaufhaltsamen Zeit durchbricht der Dichter die Fessel innerer Einsamkeit, indem er sich mit dem Schicksal seiner Mitmenschen, der Armen und Unterdrückten in den Slums der Städte identifiziert (vgl. das Gedicht *Ibukota Sendja – Abenddämmerung über der Hauptstadt*). Stets geht es Bachtiar um das Humane, offene Gesellschaftskritik oder gar sozialrevolutionäre Propaganda liegen ihm fern. Unbändig ist sein Drang nach Freiheit; sie ist ihm, wie es in dem Gedicht *Über die Freiheit (Tentang kemerdekaan)* heißt, »*das Land und das Meer aller Stimmen*«, »*das Land des Dichters und Wanderers*«. Seine die verborgenen Widersprüche des Lebens auslotende, an Chairil ANWAR (vgl. *Deru tjampur debu*) erinnernde schöpferische Phantasie, die auch bei der Wahl symbolträchtiger Worte das assoziative Gedankenspiel bewußt in der Schwebe läßt, verleiht der Dichtung dieses Autors den Hauch des Irrationalen, des nur schwer Faßbaren. Die Übersetzung des lyrischen Gesamtwerks Toto Sudarto Bachtiars, des bedeutendsten lebenden Dichters Indonesiens, in eine westliche Sprache ist nach wie vor ein Desiderat. O.K.

AUSGABE: Djakarta 1956.

ÜBERSETZUNG (Ausw.): in B. Raffel, *Anthology of Modern Indonesian Poetry*, Berkeley/L. A. 1964.

LITERATUR: Ajip Rosidi, *Ichtisar sedjarah sastra Indonesia*, Djakarta 1969, S. 156–159. – A. Teeuw, *Modern Indonesian Literature*, Den Haag 1967, S. 210–212. – B. Raffel, *The Development of Modern Indonesian Poetry*, NY 1967, S. 133–138.

MICHAIL MICHAILOVIČ BACHTIN

* 17.11.1895 Orel
† 7.3.1975 Moskau

LITERATUR ZUM AUTOR:
R. Grübel, *Die Ästhetik des Wortes bei M. M. B.* (in M. B., *Die Ästhetik des Wortes*, Ffm. 1979, S. 21–88). – Tz. Todorov, *M. B., Le Principe Dialogique*, Paris 1981. – A. Tamarčenko, *M. B.* (in M. B. u. V. Vološinov, *Frejdizm: Kritičeskij očerk*, NY 1983, S. 225–280). – K. Clark u. M. Holquist, *M. B.*, Harvard Univ. Press 1984.

PROBLEMY POËTIKI DOSTOEVSKOGO

(russ.; *Ü: Probleme der Poetik Dostoevskijs*). Literaturwissenschaftliche Arbeit von Michail M. BACHTIN, erschienen 1929. – Die Arbeit des in der Sowjetunion lange unterdrückten Wissenschaftlers geht in ihrer Bedeutung weit über eine Einzeluntersuchung zum Erzählwerk DOSTOEVSKIJS hinaus. Sie eröffnet mit der Sicht des Neuen bei Dostoevskij zugleich eine neue Sicht für die Literaturwissenschaft. Bachtin führt für die Romane Dostoevskijs den Begriff der »*Polyphonie*« ein und bezeichnet damit eine »*dialogische*« Konzeption des Romans, nach der die »*Stimmen und Bewußtseine*« (Perspektiven) verschiedener Figuren gleichberechtigt nebeneinander und neben die des Autors (Erzählers) gestellt sind. Die Überwindung des »*monologischen*« Romans, in dem alles dem Autorenbewußtsein untergeordnet ist, bezeichnet Bachtin als die »*prinzipielle Neuerung*« Dostoevskijs. Im Zusammenhang mit dieser Entwicklung führt er die Romane Dostoevskijs auf die Tradition »*karnevalisierter*« Literatur zurück, d. h. Literatur, die Bachtins Definition zufolge »*direkt und unmittelbar oder indirekt, über eine Reihe vermittelnder Glieder – dem Einfluß der (antiken oder mittelalterlichen) Folklore in der einen oder anderen Form unterlag*« und die die Dialogisierung des Romans begünstigt habe.

Beide Ansätze – die Gattungsproblematik vor dem Hintergrund der karnevalisierten Literatur sowie Begriff und Konzept des Dialogischen – sind erst nach Erscheinen der zweiten Auflage von Bachtins Buch aufgenommen und weitergeführt worden. Indem er von der Beobachtung der Polyphonie ausgeht, liefert Bachtin zunächst einen Forschungsüberblick und verdeutlicht die Schwierigkeiten, die Dostoevskijs Romane den vorwiegend ideologisch ausgerichteten Untersuchungen bereitet haben, aber auch, wie sich die Forschung dem Phänomen der Polyphonie schrittweise genähert hat. Bei der Exemplifizierung seines Polyphonie-Begriffs entwickelt Bachtin drei Aspekte ausführlich: die Rolle des »*Helden und seiner Stimme*«, die Bedeutung der Idee sowie Fragen der Gattung und der Komposition. Laut Bachtin zeichnet sich der Held durch eine besondere Selbständigkeit und Unabhängigkeit gegenüber der Perspektive des Autors (Erzählers) aus; er wird nicht dargestellt, sondern stellt sich selbst dar: »*Wir sehen nicht, wer er ist, sondern wie er sich selbst versteht; wir nehmen nicht die Wirklichkeit des Helden ästhetisch wahr, sondern die Art und Weise, wie er sich dieser Wirklichkeit bewußt wird.*« Entsprechend der Autonomie des Helden ist auch die von ihm ausgesprochene Idee autonom. Zugleich ist sie »*intersubjektiv und interindividuell*«, ein »*lebendiges Ereignis, das sich dort abspielt, wo zwei oder mehrere Bewußtseine dialogisch aufeinanderstoßen*«. Dostoevskijs Umgang mit Ideen sieht Bachtin durch den geistesgeschichtlichen Kontext bedingt: »*Dostoevskij besaß die geniale Gabe, den Dialog seiner Epoche zu hören oder genauer, seine Epoche als großen Dialog zu hören*«. Die Monologisierung der Ideologie hält Bachtin für einen Kardinalfehler früherer Dostoevskij-Arbeiten. Im Zusammenhang mit der Frage nach Gattung und Kompositionsprinzipien gibt er einen kurzen Überblick über das Eingehen von Elementen des Karnevals in die Literatur und die Tradition der karnevalisierten Literatur von den antiken Gattungen des sokratischen Dialogs und der menippeischen Satire bis hin zum Schelmenroman und darüber hinaus. Er zeigt, daß die Karnevalisierung häufig die Sprengung von Gattungsnormen gefördert hat. In Dostoevskijs Werk stellt er eine Vielzahl solcher karnevalesker Elemente fest, weist auf die unmittelbaren literarischen Vorbilder hin und konstatiert, daß erst die Karnevalisierung »*die offene Struktur des großen Dialogs ermöglicht*« habe.

Im letzten Teil des Buches stellt Bachtin Einzeluntersuchungen zum »*Wort bei Dostoevskij*« an, die er als metalinguistisch bezeichnet in dem Sinne, daß er die dialogischen Beziehungen des Wortes mit berücksichtigt. Seinen Begriff des »*zweistimmigen Wortes*« erläutert er zunächst theoretisch als Stilisierung, Parodie, versteckte Polemik, versteckter Dialog (dialogisierten Monolog) und analysiert dann die verschiedenen Erscheinungsformen der Dialogisierung bei Dostoevskij. Das methodische Verfahren, den Text nicht als statische Struktur, sondern im Lichte seiner Kontexte zu sehen, die »*Dynamisierung des Strukturalismus*« (Kristeva), die Bachtin damit vollzieht, gehört zu den wesentlichen Ausgangspunkten für die Betrachtung des literarischen Textes als Intertext. – Obwohl Bachtins Polyphonie-These nach wie vor umstritten und zu Recht auf den Vorwurf gewisser terminologischer Inkonsequenzen (W. Schmid) gestoßen ist, hat er mit seiner Arbeit einen Markstein in der Dostoevskij-Forschung und Romantheorie gesetzt sowie Linguistik und Semiotik in der UdSSR und in anderen Ländern nachhaltig beeinflußt. F.G.

AUSGABEN: Leningrad 1929 (u. d. T. *Problemy tvorčestva Dostoevskogo*); 2. überarb. Aufl., Moskau 1963; ³1972.

ÜBERSETZUNG: *Probleme der Poetik Dostoevskijs*, A. Schramm, Mchn. 1971.

LITERATUR: A. A. Hansen-Löve, *Karnevalisierung der Literatur* (in Wort und Wahrheit, 1972, 27, S. 522–531). – J. Kristeva, *B., das Wort, der Dialog und Roman* (in Literaturwissenschaft und Linguistik. Ergebnisse und Perspektiven, Ffm. 1972, Bd. 3, S. 345–361). – W. Schmid, *Der Textaufbau in den Erzählungen Dostoevskijs*, Mchn. 1973, S. 9–15.

TVORČESTVO FRANSUA RABLE I NARODNAJA KUL'TURA SREDNEVEKOV'JA I RENESANSA

(russ.; Ü: *Rabelais und seine Welt. Volkskultur als Gegenkultur*) Literaturwissenschaftliche Arbeit von Michail M. BACHTIN, erschienen 1965. – Die Arbeit über RABELAIS, neben dem DOSTOEVSKIJ-Buch Bachtins wichtigstes Werk, war bereits 1940 abgeschlossen und in Moskau als Dissertation eingereicht worden (die Promotion konnte jedoch erst 1946 durchgeführt werden) – eine Veröffentlichung war allerdings aufgrund der darin enthaltenen »*tiefen und innovatorischen Ideen*« (V. Vinogradov) während der Stalinzeit nicht möglich, sie erfolgte erst im Zusammenhang mit Bachtins wissenschaftlicher Rehabilitierung in den sechziger Jahren.

Ausgangspunkt der Arbeit ist eine Neuinterpretation des Grotesken in Rabelais' Hauptwerk *Gargantua et Pantagruel* (1532–1564). Bachtin setzt sich kritisch mit Wolfgang KAYSERS Begriffsbestimmung des Grotesken auseinander, die aufgrund der historisch begrenzten Sicht (Romantik) das Destruktive in einer Weise hervorhebt, wie es nach Bachtins Meinung für das Mittelalter und die Renaissance nicht gerechtfertigt ist. Er betrachtet das Groteske im Kontext der mittelalterlichen Karnevalskultur als einer schöpferischen Gegenwelt zur offiziellen Kultur von Staat und Kirche. In diesem Sinne verbindet sich das Groteske mit Humor und Kreativität, ist sein Wesen nicht die Negation, sondern Ambivalenz. In seiner Einordnung Rabelais' in eine »*Geschichte des Lachens*« erklärt Bachtin die Mißverständnisse, die *Gargantua et Pantagruel* aufgrund des historischen Wandels, des Niedergangs der Karnevalskultur seit dem 17. Jh. hervorgerufen hat.

Das mittelalterliche Lachen, mit dem Rabelais eng verbunden ist, charakterisiert Bachtin so: »*Man begriff, daß sich hinter dem Lachen niemals Gewalt verbirgt, daß das Lachen keine Scheiterhaufen aufrichtet, daß Heuchelei und Betrug niemals Lachen, sondern eine ernsthafte Maske anlegen, daß das Lachen keine Dogmen erzeugt und keine Autorität aufrichtet, daß das Lachen nicht von Furcht, sondern vom Bewußtsein der Kraft zeugt, daß das Lachen (...) mit der irdischen Unsterblichkeit des Volkes, endlich mit der Zukunft und dem Neuen zusammenhängt, daß es ihnen den Weg bahnt. Deshalb mißtraute man spontan dem Ernst, traute man dem festtäglichen Lachen.*« Bei Rabelais erreicht diese Form des Lachens ihren Höhepunkt. In der Aufklärung aber wird das Lachen individuell, erhält negative Konnotationen, seine philosophische Bedeutung geht verloren, das Komische wird in die niederen literarischen Gattungen verdrängt. Die Folge ist, daß man Rabelais nicht mehr versteht. Bereits das 17. Jh. stört sich an vulgärsprachlichen Elementen, die unmittelbar aus der »*Sprache des Marktplatzes*« stammen, an der groben Körperlichkeit, an der hyperbolischen Bildlichkeit der Freßgelage, an Spielen, Schlachten, Prügeleien, die allesamt in der karnevalistischen Volkskultur ihren Ursprung und dadurch ihren Sinn haben.

Von besonderer Bedeutung sind Bachtins Ausführungen zum »*grotesken Bild des Körpers*« mit der Gegenüberstellung von klassischem und groteskem Kanon, einer »*der größten Leistungen der semiotischen Analyse*« (A. Hansen-Löve). Der groteske Körper ist im Gegensatz zum klassischen Körper mit seiner Statik, Glätte und Isoliertheit der Körper im Proze des Sterbens und Werdens, des Verschlingens und Verschlungenwerdens, der Mensch in seiner Verbindung zum anderen Menschen – auch im sozialen Sinne –, entscheidend sind daher Extremitäten und Körperöffnungen. »*Die wesentlichen Ereignisse im Leben des grotesken Leibes, sozusagen die Akte des Körper-Dramas, Essen, Trinken, Ausscheidungen (...), Begattung, Schwangerschaft, Niederkunft, Körperwuchs, Altern, Krankheiten, Tod, Zersetzung, Zerteilung, Verschlingung durch den anderen Leib – alles das vollzieht sich an den Grenzen von Leib und Welt, an der Grenze des alten und des neuen Leibes.*«

Der oppositionelle Geist von »*Gargantua et Pantagruel*« besteht Bachtin zufolge nicht in der Satire auf Zeitgeschehen, sondern in solch elementarer, volkstümlicher Bildlichkeit, in dem Lachen, das den Menschen befreit »*nicht nur von der äußeren Zensur, sondern vor allem vor dem großen inneren Zensor, vor der (...) Furcht vor dem Geheiligten, dem autoritären Verbot, dem Vergangenen, vor der Macht*«. Das befreiende Lachen gehört zu jenen Elementen des Karnevals, die sich in dessen nunmehr rein literarischer Tradition bis in die Gegenwart verfolgen lassen.

Zwar ist hinsichtlich der Analyse des Rabelais-Textes und der Quellenverwendung zum mittelalterlichen Karneval auf Fehler und Mißdeutungen hingewiesen worden (Berrong, Pfrunder), die eigentliche Bedeutung von Bachtins Werk als fundamentaler Beitrag zu einer Semiotik der Kultur ist jedoch – wie die breite Rezeption in den achtziger Jahren zeigt – von diesen Mängeln unbeeinträchtigt geblieben. F.G.

AUSGABEN: Moskau 1965; Nachdr. Orange (USA)/Düsseldorf 1986.

ÜBERSETZUNG: *Rabelais und seine Welt. Volkskultur als Gegenkultur*, G. Leupold, Ffm. 1987.

LITERATUR: R. Ortali, *Rabelais par un Sovietique* (in Quinzaine littéraire 69, 1969, S. 13f.). – Y. Benot, Le »*Rabelais*« *de B. ou l'éloge du rire* (in Pensées, 162, 1972, S. 113–125). – R. M. Berrong, *Rabelais and B. Popular Culture in »Gargantua and Pantagruel«*, Univ. of Nebraska Press 1986. – R. Lachmann, *Vorwort* (in M. B., *Rabelais und seine Welt. Volkskultur als Gegenkultur*, Ffm. 1987, S. 7–46). – P. Pfrunder, *Karnevaleske Welterfahrung. M. B.s Studie zur mittelalterlichen Lachkultur* (in NZZ, 15. 4. 1988, S. 42). – H. Markgraf, *Heitere Körper, schwangerer Tod. M. B. über »Rabelais und seine Welt«* (in FAZ, 3. 6. 1988).

ERNST BACMEISTER

* 12.11.1874 Bielefeld
† 11.3.1971 Singen / Hohentwiel

ANDREAS UND DIE KÖNIGIN

Tragödie in fünf Akten von Ernst BACMEISTER, Uraufführung: Essen 1913, Rhein.-Westfälisches Volkstheater. – In diesem ersten Teil seines Zyklus *Innenmächte* (mit der Tragödie *Lazarus Schwendi*, der Tragödie aus dem deutschen Mittelalter *Die dunkle Stadt* und dem »Satyrspiel« *Barbara Stossin*) will Bacmeister den Gegensatz zwischen sittlicher und sinnlicher Weltauffassung darstellen. Der Tragödie – sie spielt im 14. Jh. in Neapel – liegt die historisch umstrittene Fabel von der schönen, ausschweifenden Königin Johanna zugrunde, die ihren ungarischen Prinzgemahl Andreas im Jahr 1345 ermorden ließ. Andreas versagt sich »*um des Geistes willen*« jede Sinnenlust und will kraft asketischer Selbsterziehung zu einer »*geistigen Liebe*« finden. Johanna, der Sinnenmensch, fühlt sich von dieser Liebe und von ihrem Gatten unbefriedigt, ja enttäuscht und sucht nunmehr die Lust bei anderen Männern. Die konkrete Spielhandlung der Tragödie entfaltet sich jedoch erst aus einer altitalienischen *facezia*: Auf Anstiften der scheelsüchtigen Königin-Tante und unter der »künstlerischen« Oberleitung eines verkrüppelten, ältlichen Griechen soll Johanna mit sechs Mädchen aus dem Volk nackt vor dem neapolitanischen Adel um den Rang der schönsten Frau »kämpfen«. Dies aber soll einer einflußreichen Partei den Anlaß sein, Johanna zu stürzen und den Sohn der Königin-Tante zu inthronisieren. Andreas, der nicht – wie vermutet – ins Kloster geht, sondern vom Papst als König eingesetzt wird, durchkreuzt den Plan der Verschwörer und erwirbt sich wieder Johannas Vertrauen. Da sich jedoch in seiner Haltung zu ihr nichts geändert hat, fühlt sich Johanna abermals und diesmal um so empfindlicher von Andreas betrogen. Sie verspricht einem häßlichen Vetter ihre Liebe und stiftet ihn an, den beim Volk beliebten, darum vom Adel gehaßten Andreas zu ermorden. Nach vollbrachter Tat verbirgt sie sich vor dem seinen Lohn fordernden Mörder und gibt sich selbst den Tod.

Andreas und die Königin stellt, wie Bacmeister es ausdrückt, den Versuch dar, an Stelle der »*ethischen Gemütstragödie*« (von AISCHYLOS bis HEBBEL) zu einer »*neuen Geistestragödie*« zu finden, in der der Held zur »*kämpferischen Selbstdarstellung ohne Schuld und Sühne*« gelangt. Mehr als diese an Paul ERNST und W. v. SCHOLZ erinnernde verschwommen-pathetische Zielsetzung des klassizistischen Dramatikers überzeugt die Form der psychologisch nach dem Brunhild-Motiv, dramaturgisch nach attischen Vorbildern *(Medea)* gearbeiteten Tragödie. Allerdings wird die glänzend exponierte, zwei Akte lang auch poetisch in Spannung gehaltene

Handlung durch die übertriebenen Komplikationen der »neuen Geistestragödie« ungebührlich überzogen. Andererseits lockert Bacmeister das schon von der Fabel gesprengte klassische Maß des Gefüges durch temperamentvolle Episoden auf, wie auch seine Sprache trotz der harten, trockenen fünffüßigen Jamben lebendig und leicht zu sprechen bleibt. W.P.

AUSGABEN: Mchn. 1922 (in *Innenmächte. Vier Schauspiele*). - Stg. 1947 (in *Das Gesamtwerk*).

LITERATUR: E. Bacmeister, *Die Tragödie ohne Schuld u. Sühne*, Wolfshagen/Scharbeutz 1940. - E. Kliemke, *Form u. Wesen d. Dichtung in bes. Hinblick a. d. geistige Gestalt E. B.s*, Bln. 1941. - E. Bidschof, *E. B., »Die dunkle Stadt«. Tragödie*, Diss. Innsbruck 1943. - H. Walchshöfer, *E. B.*, Diss. Erlangen 1959. - J. Bahle, *Die Entstehung der Tragödie »Andreas und die Königin«. In Zusammenarbeit mit E. B.*, Gaienhofen 1977. - D. Slark, ›*Der lichte Sieg*‹. *Briefgespräch mit dem Dichter E. B.* (in D. S., *Literarisches Kaleidoskop*, Darmstadt 1982).

FRANCIS BACON

* 22.1.1561 London
† 9.4.1626 Highgate bei London

LITERATUR ZUM AUTOR:
Biographien:
J. Spedding, *An Account of the Life and Times of F. B.*, 2 Bde., Ldn. 1879. - M. Sturt, *F. B., a Biography*, Ldn. 1932. - F. H. Anderson, *F. B., His Carrer and Thought*, Los Angeles 1962. - A. Quinton, *F. B.*, Oxford 1980.
Gesamtdarstellungen und Studien:
K. Fischer, *F. B. und seine Schule*, Heidelberg 1904. - E. Cassirer, *Das Erkenntnisproblem in der Philosophie und der Wissenschaft der neueren Zeit*, 2 Bde., Bln. 1906/07. - F. H. Anderson, *The Philosophy of F. B*, Chicago 1948; Nachdr. NY 1971; [2]1975. - B. Farrington, *F. B., Philosopher of Industrial Science*, NY 1948; Nachdr. NY 1979. - A. W. Green, *B., His Life and Works*, Denver 1952 [m. Bibliogr.]. - P. Rossi, *F. B. Dalla magica alla scienza*, Bari 1957; [2]1974 (engl.: *F. B.: From Magic to Science*, Chicago 1968). - J. G. Crowther, *F. B. The First Statesman of Science*, Ldn. 1960. - V. K. Whittaker, *F. B.'s Intellectual Milieu*, Los Angeles 1962. - *Essential Articles for the Study of F. B.*, Hg. B. W. Vickers, Hamden/Conn. 1968. - A. M. Paterson, *F. B. and Socialized Science*, Springfield/Ill. 1973. - W. Röd, *Die Philosophie der Neuzeit: Von F. B. bis Spinoza*, Mchn. 1978 (*Geschichte der Philosophie*, Hg. ders., Bd. 7). - W. Krohn, *F. B.*, Mchn. 1988. - Ch. Whitney, *F. B. Die Begründung der Moderne*, Ffm. 1988 (FiTb).

ESSAYS

(engl.; *Essays*). Essaysammlung von Francis BACON, erstmals 1597 unter dem Titel *Essayes* erschienen; die völlig überarbeitete Neuausgabe von 1612, *The Essaies of Sir Francis Bacon*, fügt den ursprünglich zehn Essays neunundzwanzig neue hinzu, und die Ausgabe letzter Hand, 1625 als *The Essayes or Counsels, Civill and Morall* veröffentlicht, stellt eine erneute Revision und Erweiterung der Sammlung auf achtundfünfzig Titel dar.

Von Bacon selbst nur als Produkte der wenigen Mußestunden erachtet, die ihm seine staatsmännische Tätigkeit und seine wissenschaftlichen Arbeiten erlaubten, waren es gerade die *Essays*, die ihm bei Zeitgenossen und Nachwelt den weitesten Leserkreis sicherten. Den häufig als Vorbild bezeichneten *Essais* von MONTAIGNE (erste Ausg. 1580, 1603 ins Englische übersetzt) verdanken sie kaum mehr als den Gattungsbegriff, denn Bacon knüpft - im Gegensatz zu frühen englischen Montaigne-Nachahmern wie Sir William CORNWALLIS und Robert JOHNSON, deren Essays 1600 bzw. 1601 erschienen - formal und thematisch an antike Muster an: »*The word is late but the thing is ancient; for Seneca's Epistles to Lucilius, if you mark them well, are but Essays; that is, dispersed meditations...*« (geplante Widmungsschrift an Henry, Prince of Wales, 1612). Ein Vergleich, der an Bacons Essays die Maßstäbe des Montaigneschen Werks anlegt, verkennt die unterschiedliche Intention und ist daher notwendigerweise ungerecht: Geht es Montaigne um differenzierte Introspektion, so zielt Bacon auf die didaktische Vermittlung sozialer Verhaltensnormen ab; relativiert Montaigne in perspektivischen Abschattungen seines Gegenstands herkömmliche Anschauungs- und Bewertungsschemata, ohne neue Normen setzen zu wollen, und wird er sich selbst immer wieder zum eigentlichen Gegenstand seiner essayistischen Reflexion, so entwirft Bacon in unpersönlicher Distanziertheit allgemeine Maximen weltklugen und »politischen« Verhaltens.

Gemeinsam ist diesen beiden großen Essayisten jedoch der Ausgangspunkt - das unvoreingenommene Beobachten menschlichen und zwischenmenschlichen Verhaltens. »*Observation*« ist damit in Bacons *Essays* wie in seinen wissenschaftstheoretischen Schriften, in denen er eine induktive Methode der Forschung propagiert, ein zentraler Begriff. Diese Einheit seines wissenschaftlichen und seines essayistischen Schaffens legt es nahe, die Essays vor allem der zweiten und dritten Auflage als Erweiterung und Konkretisierung dessen aufzufassen, was er in Buch II von *The Advancement of Learning*, das sich mit menschlichem Verhalten befaßt, nur skizzieren konnte. Wenn er dort zwischen einer normativ-idealistischen »*moral philosophy*« und einer moralisch wertfreien »*civil knowledge*« unterscheidet, ist damit auch der ideologische Rahmen der *Essays* abgesteckt. Steht er mit seinen Reflexionen zum moralphilosophischen Ideal einer »*internal goodness*« - etwa in *Of Revenge*, *Of Adver-*

sity und *Of Judicature* – in der orthodoxen Tradition christlich-stoischen Denkens, so entwickelt er für den Bereich der »*civil knowledge*« eine anti-idealistische, pragmatisch-utilitaristische Ethik der »*external goodness*«, die nicht davon ausgeht, wie der Mensch sein soll, sondern wie er wirklich ist. In dieser Haltung der »*policy*«, die Verstellung, Ausflüchte und Intrigen in Hinblick auf das angestrebte Ziel sanktioniert (vgl. *Of Truth, Of Simulation and Dissimulation, Of Cunning*), verbinden sich Bacons eigene staatsmännische Erfahrungen und die Einflüsse der Staatsphilosophie MACHIAVELLIS, und diese Haltung brachte ihm immer wieder die Kritik engagierter Moralisten wie William BLAKE ein, der den *Essays* den Untertitel *Good Advice for Satan's Kingdom* gab. Neben solchen, auf den öffentlich-politischen Bereich bezogenen Reflexionen stehen Essays über mehr private Themen, etwa *Of Marriage and Single Life, Of Love* und *Of Friendship*, die durch die gleiche antiemotionale, pragmatische Nüchternheit gekennzeichnet sind, und Essays über konkrete Aspekte der Lebenspraxis, wie Reisen, Gesundheit, Architektur und Gartenbau. Zusammenfassend läßt sich jedoch sagen, daß der thematische Schwerpunkt der *Essays* im öffentlich-politischen Bereich liegt, während private und innermenschliche Vorgänge einerseits und die religiösen Beziehungen zwischen Mensch und Gott andererseits im Hintergrund bleiben oder aus einer ebenfalls politisch-sozialen Perspektive beleuchtet werden.

Nicht nur in der Intention, sondern auch stilistisch und strukturell stellen die Essays Bacons ein Kontrastmodell zu denen Montaignes dar. Dominieren bei Montaigne eine kunstvoll kolloquiale Diktion und ein assoziatives Umkreisen des Gegenstands, so drängt Bacons Darstellungsweise zu sentenzhafter Pointierung und zu systematisch gegliedertem Aufbau. Hier ist freilich zwischen den frühen Essays von 1597 und den Überarbeitungen und Hinzufügungen der späteren Sammlungen zu differenzieren. Während die Essays von 1597 kaum mehr als eine Sammlung von thematisch gruppierten Aphorismen ähnlich den elisabethanischen *commonplace-books* waren, weiten sie sich in den späteren Auflagen durch gliedernde und verknüpfende Passagen, durch eingeschaltete gelehrte Zitate, Exempla und Anekdoten und durch die Einfügung illustrierender oder präzisierender Metaphern und Vergleiche zu umfangreicheren und kohärenteren Prosatexten. Aber auch hier gipfelt die Argumentation immer wieder in prägnant formulierten Aphorismen, die durch logische Antithesen und syntaktische Parallelismen gekennzeichnet sind: »*It is as natural to die as to be born; and to a little infant, perhaps, the one is as painful as the other*« *(Of Death)*. Besonders brillante Beispiele dieser aphoristischen Kunst finden sich in den Eingangssätzen der *Essays*, in denen Bacon – ähnlich wie die zeitgenössischen *metaphysical poets* – sein Thema oft in überraschender, dramatischer Direktheit angeht: »*What is truth? said jesting Pilate, and would not stay for an answer*« *(Of Truth)*. Diese und ähnliche Formulierungen sind in den lebendigen Zitatenschatz des englischen Volkes eingegangen. – Sämtlichen Essays sind eine Klarheit der Begriffe und der Diktion, eine Transparenz der Argumentation und des Aufbaus sowie eine logische Funktionalität der rhetorischen Kunstmittel gemeinsam, die auf das Stilideal der Restaurationszeit vorausweisen und in der Geschichte der englischen Kunstprosa einen bedeutenden Fortschritt gegenüber dem manieriert überladenen Prosastil des Euphuismus bedeuten. M.Pf.

AUSGABEN: Ldn. 1597 (*Essayes*; Faks. NY/Amsterdam 1968). – Ldn. 1612 (*The Essaies*; erw.). – Ldn. 1625 (*The Essayes or Counsels, Civill and Morall*; erw.). – Ldn. 1857–1874 (in *The Works*, Hg. J. Spedding, R. L. Ellis u. D. D. Heath, 14 Bde.; Nachdr. Stg. 1963; St. Clair Shores/Mich. 1969). – Ldn. 1902. – Toronto 1942, Hg. u. Einl. G. S. Haight [zus. m. *New Atlantis*]. – Ldn. 1975. – Brighton 1980. – Harmondsworth 1986 (Penguin).

ÜBERSETZUNGEN: *Unterhaltungen über verschiedene Gegenstände aus der Moral, Politik u. Oeconomie*, anon., Tübingen 1797. – *Die Essays*, J. Fürstenhagen (in *Kleinere Schriften*, Lpzg. 1884; Ausz.). – *Von irdischen Dingen. Eine Auswahl*, J. Stephan, Tübingen 1926. – *Essays*, G. Böcker, Mchn. 1927. – *Essays*, Hg. P. Melchers, Mchn./Bln. 1939 [Ausz.]. – Dass., E. Schücking, Hg. L. L. Schücking, Wiesbaden o. J. [1946]. – Dass., dies., Stg. 1970; ern. 1980 (RUB). – Dass., dies., Lpzg. 1979.

LITERATUR: R. S. Crane, *The Relation of B.'s »Essays« to His »Programme for the Advancement of Learning«* in Schelling Anniversary Papers, NY 1923, S. 87–105). – E. N. S. Thompson, *The Seventeenth-Century English Essay*, Iowa City 1926. – J. Zeitlin, *The Development of B.'s »Essays« with Special Reference to the Question of Montaigne's Influence upon Them* (in JEGPh, 27, 1928, S. 496–519). – M. Walters, *The Literary Background of F. B.'s Essay »Of Death«* (in MLR, 35, 1940, S. 1–7). – G. Griffiths, *The Form of B.'s »Essays«* (in English, 5, 1944, S. 188–193). – B. V. Vickers, *F. B. and Renaissance Prose*, Cambridge 1968. – R. Ahrens, *Die »Essays« von F. B. Literarische Form und moralistische Aussage*, Heidelberg 1975. – J. Rublack, *Widerspiegelung und Wirkung. Eine pragmatische Analyse der »Essays« von F. B.*, Heidelberg 1979. – J. W. Hall, *»Salomon Saith«: B.'s Use of Salomon in the 1625 Essayes* (in University of Dayton Review, 15, 1982, Nr. 3, S. 83–88). – K. J. H. Berland, *The Way of Caution: Elenchus in B.'s »Essays«* (in Renaissance and Reformation, 9, 1985, Nr. 1, S. 44–57).

INSTAURATIO MAGNA

(nlat.; *Die große Erneuerung* [der Wissenschaften]). Philosophisches Werk von Francis BACON, erschienen 1620–1658. – Von der umfassenden, auf sechs Teile geplanten Abhandlung hat Bacon lediglich den ersten und größere Abschnitte des zweiten und dritten Teils veröffentlicht. Die Anlage der restlichen Hälfte des Werks wird aus kurzen Bemerkungen zum Inhalt in grobem Umriß deutlich. – Unzufrieden mit der allgemeinen Lage der Wissenschaften, die nach seiner Auffassung bislang nur zufällig – *sine fundamento* – gewonnene Einzelkenntnisse akkumuliert hätten, will er den Nachweis führen, daß die ganze Fülle menschlichen Wissens mit Hilfe einer einheitlichen Methode ausgeweitet und geordnet werden könne.

Am Anfang des Werks steht die enzyklopädische Neuordnung des *globus intellectualis*, also des ganzen Wissensbereichs, samt Hinweisen auf neue, bisher unbeachtet gebliebene Aufgaben. Schon 1608 hatte Bacon in *Of Proficience and Advancement of Learning* eine neue Klassifizierung der verschiedenen Wissenschaftszweige vorgenommen. Auf diese Untersuchung greift er hier zurück, modifiziert und erweitert die frühere Darstellung und veröffentlicht sie in lateinischer Fassung als ersten Teil der *Instauratio* unter dem Titel *De dignitate et augmentis scientiarum libri IX*, 1623 *(Neun Bücher über die Würde und die Fortschritte der Wissenschaften)*. – Die Einreihung der einzelnen Disziplinen in das Gesamtsystem richtet sich prinzipiell nach der Eigenart des menschlichen Vorstellungsvermögens, unterteilt in Erinnerungsfähigkeit, Phantasie und Vernunft. Der ersteren ordnet Bacon die Geschichte der Natur *(historia naturalis)* und des Menschen *(historia civilis)*, einschließlich der Kirchen-, Philosophie- und Literaturgeschichte, zu. Aus der Phantasie werden im zweiten Buch drei Grundarten der Poesie abgeleitet: die erzählende, die dramatische und die parabolische. Die letztere, der er die Aufgabe zuteilt, alte Mythen und Fabeln lehrhaft zu erschließen, erscheint dem Autor am wichtigsten. Satiren, Elegien, Epigramme, Oden und andere Gattungen der Dichtkunst ordnet er jedoch der Rhetorik und damit der Philosophie zu, da in diesen Literaturformen der Ungebundenheit und Traumhaftigkeit der Phantasie durch reale Sachbezüge bereits Grenzen gesetzt seien.

Ins Zentrum des Baconschen Entwurfs tritt im folgenden die Philosophie, die ihrem Wesen nach zum dritten Bereich des menschlichen Geistes, der Vernunft, gehört. Diese »erste Philosophie« – von der noch zu entwickelnden »*zweiten Philosophie*« unterschieden – steht in der Form für Bacon kennzeichnenden Weise in sehr enger Verbindung mit der Erfahrung und soll u. a. die den Einzelwissenschaften gemeinsamen Axiome ermitteln. Sie ist zunächst aufgegliedert in die Lehre von der Natur, vom Menschen und von Gott. Die Theologie freilich darf nur insofern als Wissenschaft gelten, als sie aus der Naturbeobachtung die Existenz Gottes beweisen kann *(theologia naturalis)*, während die *theologia inspirata* als ausschließlich auf dem Glauben beruhend von Philosophie und Wissenschaft scharf zu trennen ist – eine Interpretation, die dazu geführt hat, daß Bacons Schrift bis heute auf dem *Index librorum prohibitorum* der katholischen Kirche steht. –

In der Lehre von der Natur unterscheidet der Autor zwischen der spekulativen, von der sinnlichen Wahrnehmung über die Erfahrung zu den Axiomen aufsteigenden Naturphilosophie (d. h. der auf die Finalursachen gerichteten Metaphysik und der die Zweckursachen erforschenden Physik) und der operativen, von den Axiomen zur praktischen Anwendung hinabsteigenden Wissenschaft (d. h. der Mechanik als angewandter Physik und der »*natürlichen Magie*« als angewandter Metaphysik). Bacon ist hier wie viele seiner Zeitgenossen der Ansicht, daß durch eine wissenschaftlich fundierte Magie den natürlichen Stoffen ganz neue Eigenschaften verliehen werden könnten. – In der Anthropologie ist der Mensch einerseits *(philosophia humana)* als Einzelwesen und andererseits *(philosophia civilis)* als Glied der Gesellschaft Forschungsobjekt. Die Lehre vom Menschen spaltet sich in Physiologie, Psychologie und in eine an die – erst von LAVATER entwickelte – Physiognomik erinnernde Zwischendisziplin. Der wichtigste Teil der eigentlichen Seelenlehre befaßt sich mit dem Verstand und der diesem zugeordneten Logik einerseits, mit dem Willen und der Ethik andererseits. Unter die Logik fällt z. B. die Lehre von der Induktion, die eingehend im zweiten Teil der *Instauratio* entwickelt wird, während die Ethik als Lehre vom Guten und von der Willensbildung bereits Berührungspunkte mit der *philosophia civilis* aufweist. Besondere Abschnitte der Gesellschaftsphilosophie handeln von der Kunst der privaten Lebensgestaltung und des Regierens. – In der abschließenden Rechtfertigung dieser oft bis ins Detail ausgearbeiteten Neuordnung der Wissenschaften prophezeit Bacon, daß die Menschheit erst nach Jahrhunderten für seine Idee, die Wissenschaften grundsätzlich auf den Boden der Erfahrung zu stellen, reif sein werde.

Das Kernstück der Baconschen Lehre, die Entwicklung der neuen Forschungsmethode, sollte der zweite Teil der *Instauratio* enthalten. Zwei Bücher dieses Teils waren schon 1620 vor dem ersten Teil mit dem Untertitel *Novum Organum, sive Indicia vera de interpretatione naturae (Neue Methode oder Wahre Angaben zur Erklärung der Natur)* erschienen. Der Autor hat an diesem mit Aphorismen beginnenden, gegen Schluß zu längeren Ausführungen übergehenden Band länger als zwölf Jahre gearbeitet, ihn jedoch nicht abschließen können. Der Titel ist im Hinblick auf die von alters her unter dem Gesamttitel *Organon* gesammelten logischen Schriften des ARISTOTELES gewählt, dessen vor allem innerhalb der Scholastik überbewertetes syllogistisches Verfahren Bacon durch seine induktive Methode endgültig aus der Wissenschaft verdrängen wollte. – Dem einleitenden »*destruktiven*« Abschnitt des ersten Buchs ist die grundsätzliche Bemerkung vorangestellt, der Mensch sei sowohl Diener der Natur, da er ihren festen Gesetzen zu gehorchen habe, als darüber hinaus auch ihr Interpret, da sich ihm die Dinge stets als sinnlich wahrnehmbare Phänomene und als innere Formen und Bewegungen zeigten, auf die die äußeren Erscheinungen letztlich immer zurückgingen. Die Natur interpretieren heiße deshalb, von den äußeren Gegebenheiten zu den inneren Gründen vordringen. Deshalb gelange man nur durch die Vereinigung der Sinnes- und der Verstandeskräfte zur wahren Erkenntnis der Natur; denn nur diese Vereinigung ermögliche es, daß das Erkennen kontinuierlich von der Sinneserfahrung über die vermittelnden zu den allgemeinsten Axiomen fortschreite. Bacon erörtert in diesem Zusammenhang die vier typischen Vorurteile und Irrtümer (»Idole«), die der wahren Erkenntnis gewöhnlich im Weg stehen: Die Neigung der Menschen, das Gegebene nicht nur zu analysieren, sondern es zugleich in abstrakten, teleologisch ausgerichteten und unbegründeten Systemen zu deuten *(idola tribus)*, täuscht Sinne und Vernunft ebenso, wie die aus subjektiven Wünschen entsprungenen Vorurteile *(idola specus)* es tun (mit diesem Begriff bezieht sich Bacon auf das Höhlengleichnis in PLATONS *Politeia*); andere Quellen des Irrtums ergeben sich aus dem Bestreben, die aus Erfahrung zu gewinnende Erkenntnis durch leere oder unklare Begriffe des alltäglichen Sprachgebrauchs zu ersetzen *(idola fori)* oder sich auf die Formalismen einer durch Traditionen sanktionierten rationalistischen oder spiritualistischen Philosophie zu berufen *(idola theatri)*.

Im Anschluß daran grenzt der Verfasser seinen Begriff der »Formen« gegen den der Peripatetiker ab. Er verwirft die Vorstellung, daß in den konkreten Dingen jeweils von diesen getrennte, für sich bestehende Formen sich offenbaren, und definiert die Grundeigenschaften der Dinge als deren Formen oder Naturen *(naturae)*. Diese zu entdecken ist das Ziel der Forschung, wobei Bacon eine begrenzte Zahl solcher Wesensformen voraussetzt. Könnte man, meint er, z. B. alle Formen erkennen, die als Gewicht, Dichte, Dehnbarkeit, die Farbe Gelb und andere, noch unbekannte Eigenschaften in einer speziellen Materie vorhanden sind, so könnte man alle diese Naturen zu dem bestimmten Stoff »Gold« künstlich vereinigen. – Zur Ermittlung dieser Grundformen schlägt Bacon ein besonderes induktives Verfahren vor, das von der Beobachtung und dem Experiment ausgeht. Will man beispielsweise die Grundeigenschaft »Wärme« isolieren, so untersucht man nicht nur die Fälle (Instanzen), die für einen Tatbestand, etwa die Verbindung von Licht und Wärme, sprechen, sondern ermittelt auch die jenen widersprechenden *»negativen Instanzen«*. Durch einen Vergleich aller Ergebnisse lassen sich nun diejenigen Eigenschaften eliminieren, die bei einem der beobachteten Dinge vorkommen, bei anderen, obgleich sich auch bei ihnen die zu ermittelnde Grundform findet, jedoch fehlen. Gegen die scholastische Spekulation polemisierend, entwirft Bacon hier eine Methode, die jedes imaginative Moment in der Forschung ausschalten möchte, und übersieht dabei die außerordentliche Wichtigkeit bestimmter Leitideen, die den Experimenten gewöhnlich vorhergehen und eben durch diese nachgeprüft werden sollen. Außerdem führt die Unterbewertung der Mathematik als eines bloßen Anhängsels der Physik dazu, daß der Autor die bahnbrechenden Entdeckungen von KOPERNIKUS und KEPLER in keiner Weise zu würdigen weiß.

Der Eindruck einer gewissen Einseitigkeit und Traditionsgebundenheit verstärkt sich im dritten Teil der *Instauratio*, in dem die Phänomene des Universums im einzelnen beschrieben werden sollten. 1622 veröffentlichte Bacon einen Band unter dem Sammeltitel *Historia naturalis et experimentalis ad condendam philosophiam sive phaenomena universi: quae est Instaurationis magnae pars tertia* (*Beschreibung der Natur und des Experiments zur Begründung der Philosophie oder der Phänomene des Universums. Dritter Teil der Instauratio magna*). Neben einer *Historia ventorum* (*Beschreibung der Winde*), die sich weitgehend auf die *Naturgeschichte* des älteren PLINIUS, die *Problemata* des ARISTOTELES, auf GILBERTS *Neue Physiologie* und ACOSTAS *Geschichte Amerikas* stützt, enthält diese Veröffentlichung die Ankündigung von fünf weiteren Monographien. Davon sind jedoch nur die *Historia vitae et mortis*, 1623 (*Beschreibung des Lebens und des Todes*), und postum die *Historia densi et rari*, 1658 (*Beschreibung des Dichten und Lockeren*), erschienen, von den übrigen angekündigten Abhandlungen – über das Schwere und Leichte, die Sympathie und Antipathie zwischen den Dingen, über den Schwefel, das Quecksilber und das Salz – sind Rohentwürfe erhalten.

Während in diesen Traktaten noch jedes Phänomen in allen seinen Besonderheiten untersucht und dargestellt wird, enthält das ebenfalls zum dritten Teil der *Instauratio* zählende, 1626 postum veröffentlichte Werk *Sylva sylvarum, or A Natural History in Ten Centuries* (*Stoffsammlung der Stoffsammlungen oder Eine Naturbeschreibung in zehn Hundertschaften*) in 1000 Paragraphen, die ohne festes Prinzip auf zehn Zenturien verteilt sind, ein Sammelsurium von Naturbeobachtungen verschiedenster Art (z. B. aus der Akustik, der Metallurgie usw.), die der Verfasser nicht selber gemacht, sondern aus älteren Werken, wie den *Problemata* und *Meteorologica* des Aristoteles, der Naturgeschichte des Plinius oder der *Magia Naturalis* DELLA PORTAS, fleißig kompiliert hat. Als eine bloße Aufreihung unzusammenhängender und oft legendärer Einzelheiten verstößt dieser Teil zwar durchaus nicht gegen den Zeitgeschmack – das beweist die rasche Auflagenfolge von Della Portas ähnlich angelegtem Werk –, wohl aber gegen Bacons eigene Prinzipien: Er verläßt sich hier auf die Autorität der Alten, was er an anderer Stelle bei seinen Zeitgenossen immer wieder beanstandet hat, und zieht aus unkontrollierten Angaben oft genug falsche Schlüsse.

Nachdem er im ersten Teil seines Werks die Notwendigkeit einer neuen Interpretation der Natur, im zweiten die neue Methode und im dritten die neue Ausgangsbasis dargestellt hatte, wollte Bacon sich in den folgenden Hauptabschnitten mit der Ermittlung der einzelnen Grundaxiome (Teil IV), der Bestandsaufnahme des Gefundenen (Teil V) und den aufgrund dieser Einsichten sich ergebenden neuen Erkenntnissen sowie mit der richtigen Anwendungsart des deduktiven Verfahrens befassen. Im abschließenden sechsten Teil sollte eine Darstellung der reformierten »*zweiten Philosophie*« als einer »*aktiven Wissenschaft*« das System abschließen. Die Möglichkeiten des Fortschritts, den sich Bacon von seiner Reform erhoffte, hat er in seiner *Nova Atlantis* ausgemalt.

Kennzeichnend für dieses an der Schwelle des neuen Zeitalters stehende Werk ist die Abkehr von der Kontemplation, die Orientierung der Wissenschaften an der durch die Vernunft systematisierten Praxis. Diese Ansätze entfalten sich erst in den folgenden Jahrhunderten zu voller Blüte. So nimmt BAYLE den Gedanken auf, die Wissenschaft auf den anthropologischen und physikalischen Erfahrungsbereich zu beschränken. DIDEROT und D'ALEMBERT legen Bacons Klassifizierung der Wissensgebiete – wenn auch mit beträchtlichen Modifikationen – der *Encyclopédie* programmatisch zugrunde. MARX würdigte ihn als den »*wahren Stammvater des englischen Materialismus und aller experimentierenden Wissenschaft*«. Bacon schuf in der Tat weitreichende Voraussetzungen für die Lehren von HOBBES, LOCKE und HUME, selbst wenn er nach den Worten seines Zeitgenossen HARVEY über naturwissenschaftliche Fragen »*nicht wie ein Naturforscher, sondern wie ein Lordkanzler*« (der er war) geschrieben hat. Nicht als Begründer einer neuen Philosophie, doch als Reformator der alten und Vorläufer einer neuen Wissenschaft nimmt er einen bedeutenden Platz in der Entwicklung des wissenschaftlichen Denkens ein. A.U.

AUSGABEN: Ldn. 1620 *(Instauratio Magna. Novum Organum, sive Indicia vera de interpretatione naturae)*. – Ldn. 1622 *(Historia naturalis et experimentalis ad condendam philosophiam sive phaenomena universi)*. – Ldn. 1623 *(De dignitate et augmentis scientiarum libros IX*, Hg. W. Rawley). – Ldn. 1623 *(Historia vitae et mortis)*. – Ldn. 1626 *(Sylva sylvarum, or A Natural History in Ten Centuries*, Hg. W. Rawley). – Ldn. 1658 *(Historia densi et rari*, in *Opuscula varia posthuma, philosophica, civilia, et theologica*, Hg. ders.). – Ldn. 1857–1874 *(Novum Organum*, in *The Works*, Hg. J. Spedding, R. L. Ellis u. D. D. Heath, 14 Bde.). – Oxford 1878, Hg. Th. Fowler, ²1889. – Ldn. 1905 (in *Works*, Hg. J. M. Robertson, 2 Bde. 1). – Garden City/N.Y. 1937 *(The Great Instauration: Prooemium, Preface, Plan of the Work, and Novum Organum*, Hg. G. Kennedy). – NY 1960, Hg. F. H. Anderson. – Indianapolis 1979, Hg. F. Anderson *(The New Organon and Related Writings)*.

ÜBERSETZUNGEN: *Neues Organon*, G.W. Bartoldy, Bln. 1793. – *Über die Lebensverlängerung*, D. Ch. A. Struve, Glogau 1799 [Übers. v. *Historia vitae et mortis*]. – *Neues Organon*, J. H. v. Kirchmann, Bln. 1870. – *Das neue Organon*, R. Hoffmann, Hg. M. Buhr, Bln./DDR 1962. – *Neues Organon der Wissenschaften*, Übers. u. Hg. A. Th. Brück, Darmstadt 1981 [Nachdr. d. Ausg. v. 1830].

LITERATUR: W. Frost, *B. u. die Naturphilosophie*, Mchn. 1927. – M. B. Hall, *In Denfense of B.'s Views on the Reform of Science* (in Person, 44, 1963, S. 437–453). – *F. B.*, Hg. A. Johnston, Ldn./NY 1965. – K. R. Wallace, *F. B. on the Nature of Man*, Urbana/Ill. 1968. – S. Dangelmayr, *Methode und System. Wissenschaftliche Klassifikation bei B., Hobbes und Locke*, Meisenheim a. G. 1974. – J. Stephens, *F. B. and the Style of Science*, Chicago 1975. – Ch. Webster, *The Great Instauration. Science, Medicine and Reform 1626–1660*, Ldn. 1975.

NOVA ATLANTIS

(nlat.; *Neu-Atlantis*). Fragment eines utopischen Romans von Francis BACON, englisch geschrieben wahrscheinlich um 1624, in lateinischer Übersetzung des Autors veröffentlicht 1627. – Wie William RAWLEY, der Sekretär und Herausgeber der Werke Bacons, berichtet, beabsichtigte dieser ursprünglich, das Bild und die Verfassung eines Idealstaats zu entwerfen, dessen Gesellschaft die Natur auf eindringlichste und umfassendste Weise zum Wohl der Menschheit studiert. Vollendet wurden nur die einleitende Rahmenerzählung und die Darstellung der Organisation des naturwissenschaftlichen Teils dieser Studien, da der Autor noch vor Abschluß des Werks seine Forschungen fortsetzte, deren Ergebnisse in dem zusammen mit der *Nova Atlantis* erschienenen Werk *Sylva sylvarum* (vgl. *Instauratio magna*) gesammelt sind.

Der Titel bezieht sich auf die sagenhafte, im Ozean versunkene Insel Atlantis, von der schon PLATON in den Dialogen *Timaios* und *Kritias* erzählt. Manche Hinweise, etwa die Lokalisierung, sprechen jedoch dafür, daß der Verfasser seinen Idealstaat auf eine der schon 1567 von den Spaniern entdeckten, in England freilich nur dem Gerücht nach bekannten Salomon-Inseln verlegt hat. Die Rahmenerzählung berichtet von einem Schiff, das auf der Fahrt von Peru nach Japan auf die Insel Bensalem (Neu-Atlantis) verschlagen wird. Das dortige Staatswesen charakterisiert der Autor in Anlehnung an die zeitgenössische englische Gesellschaftsordnung als hierarchisch gegliederte Monarchie mit beigeordnetem Senat, betont patriarchalischer Familienstruktur, einer besonders gearteten, christlich geprägten Religion und bemerkenswerter Sittenstrenge. Das geistige Zentrum der Insel ist das »Haus Salomons« oder das »Kollegium der Werke der sechs Tage«, eine straff organisierte Forschungsgemeinschaft. »*Der Zweck unserer Gründung*«, erläutert einer ihrer Vertreter, »*ist es, die Ursachen und Bewegungen sowie die verborgenen Kräfte der Natur zu erkennen und die menschliche Herrschaft bis an die Grenzen des überhaupt Möglichen zu erweitern.*« Diese Vereinigung bildet geradezu einen Staat im Staate. Sie kann völlig uneingeschränkt Untersuchungen anstellen, verfügt über einen phantastischen wissenschaftlichen Apparat auf allen Gebieten der Naturforschung und ist selbst dem Monarchen gegenüber nicht verpflichtet, die erzielten Resultate preiszugeben. Bacon erklärt hier, wie er sich die Umsetzung der Theorie, die er in seiner *Instauratio magna* zu entwerfen suchte, in die Praxis vorstellt. Ein Teil der zum »Hause Salomons« gehörenden Gelehrten hat den Auftrag, sich alle zwölf Jahre in geheimer Mission über neue Entdeckungen der übrigen Welt zu informieren, andere Mitglieder durchforschen die Literatur nach neuen, weiterführenden Hinweisen, wieder andere führen Experimente auf dem Gebiet der angewandten Wissenschaften durch, die von einem beigeordneten Gremium in Lehrsätzen und Tabellen systematisch festgehalten werden, während ein weiteres Dreierkollegium die einzelnen Maßnahmen und Experimente überwacht, die den Gang der Versuche bestimmenden Wirkursachen ermittelt und die Ergebnisse auf die praktische Nutzanwendung hin überprüft. Dem Stufengang der Baconschen Induktion genau entsprechend, nimmt eine andere Gruppe diese Ergebnisse zum Ausgangspunkt, »*tiefer in das Wesen der Natur dringende Versuche von höherer Bedeutung anzuregen und zu leiten*«, deren Resultate schließlich von den qualifiziertesten Forschern in der Feststellung der einzelnen Axiome zusammengefaßt werden. Wie kaum eine andere Schrift Bacons zeigt die *Nova Atlantis*, daß wissenschaftliche Forschung für ihn in erster Linie humanitäre Ziele hatte; sie bekundet den Glauben des Autors an den auf systematisch erarbeiteter Erfahrung basierenden Fortschritt und seine Überzeugung, daß die unzähligen Probleme nicht von einem einzelnen gelöst werden können. Er entwirft hier ein Muster wissenschaftlicher Zusammenarbeit, das erst heute – als *teamwork* – realisiert ist, und gibt Anregungen, die bei der Gründung wissenschaftlicher Akademien fruchtbar wurden. Der Übergang von der mittelalterlichen Wirtschaftsordnung zur industriellen Epoche zeichnet sich in dieser Schrift, die neben Morus' *Utopia* (1516) und Campanellas *Città del sole* (1623) zu den bekanntesten Utopien des 16. und 17. Jh.s zählt, vor allem darin ab, daß die Umgestaltung der Welt durch die Technik besonders betont wird und daß der Verfasser die antizipierten Erfindungen sehr häufig den im damaligen Elend gerade aufblühenden Branchen – etwa des Bergbaus und der Tuchindustrie – zuweist. A.Ü.

Ausgaben: Ldn. 1627, Hg. W. Rawley [als Anhang zu *Sylva sylvarum*]. – Ldn. 1859 (in *The Works*, Hg. J. Spedding, R. L. Ellis u. D. D. Heath, 14 Bde., 1857–1874, 3; engl.; Nachdr. Stg. 1963). – Oxford 1915, Hg., Einl. u. Anm. A. B. Gough [engl.]. – Ldn. 1960 (*The Advancement of Learning and New Atlantis*, Vorwort Th. Case; The World's Classics).

Übersetzungen: *Neu-Atlantis*, R. Walden, Bln. 1890 (Beitr. zur Vorgeschichte der Freimaurerei, H. 4). – Dass., G. Bugge, Lpzg. 1926 (RUB). – Dass., G. Gerber, Bln./DDR 1959 [Einl. u. Anm. F. A. Kogan-Bernstein]. – Dass., K. J. Heinisch (in *Der utopische Staat*, Hg. u. Einl. ders., Reinbek 1960; RKl).

Literatur: E. Gothein, *Platos Staatslehre in der Renaissance* (in SAWH, phil.-hist. Kl., 3, 1912, H. 5). – H. Minkowski, *Die geistesgeschichtliche u. literarische Nachfolge der »Nova Atlantis«* (in Neoph, 22, 1937, S. 120–139; 185–220). – V. Dupont, *L'»Utopie« et le roman utopique dans la littérature anglaise*, Toulouse/Paris 1941, S. 127–154. – R. P. Adams, *The Social Responsibilities of Science in »Utopia«, »New Atlantis« and After* (in Journal of the History of Ideas, 10, 1949, S. 374–398). – J. K. Fuz, *Welfare Economics in English Utopias from F. B. to Adam Smith*, Den Haag 1952. – F. White, *Famous Utopias of the Renaissance*, NY 1955, Kap. 21. – J. Bierman, *Science and Society in the »New Atlantis« and Other Renaissance Utopias* (in PMLA, 78, 1963, S. 492–500). – H. B. White, *Peace Among the Willows: the Political Philosophy of F. B.*, Den Haag 1968. – R. Ahrbeck, *Morus – Campanella – Bacon. Frühe Utopisten*, Köln 1977. – M. Winter, *Compendium Utopiarum. Typologie und Bibliographie literarischer Utopien*. Bd. 1: *Von der Antike bis zur deutschen Frühaufklärung*, Stg. 1978. – W. Biesterfeld, *Die literarische Utopie*, Stg. 1982 (Slg. Metzler). – F. A. Yates, *The Occult Philosophy in the Elizabethan Age*, Ldn. 1985, S. 174/175. – A. v. Kirchenheim, *Schlaraffia politica. Geschichte der Dichtungen vom besten Staate*, Sandhausen 1985.

ROGER BACON

* um 1214 bei Ilchester / Somerset
† um 1292 Oxford

OPUS MAIUS. – OPUS MINUS. – OPUS TERTIUM

(mlat.; *Größeres Werk. – Kleineres Werk. – Drittes Werk*). Wissenschaftskritische Abhandlungen von Roger Bacon, verfaßt zwischen 1266 und 1268. – Diese Untersuchungen entstanden auf Anregung des Papstes Clemens IV. (1265–1268), der um eine schriftliche Fixierung der Vorschläge Bacons zu einer Reform des theologisch-philosophischen und naturwissenschaftlichen Studiums gebeten hatte. Behindert durch die finanzielle Not und die Gegnerschaft seiner Ordensoberen lieferte der Franziskanermönch im *Opus maius* einen ersten Entwurf seiner Reformideen, dem er im *Opus minus* und im *Opus tertium* detailliertere Darstellungen folgen ließ.
Opus maius: Das in sieben Teile gegliederte Werk, dem ein Brief an den Papst vorangestellt ist, handelt von den Irrtümern, die eine echte Wissensermittlung verhindern (Tl. 1), dem Verhältnis zwischen Philosophie und Theologie (Tl. 2), der Not-

wendigkeit, die biblischen Sprachen zu studieren, um sich endlich von dem verstümmelten *Vulgata*-Text lösen zu können (Tl. 3), den mathematischen Wissenschaften, der Geographie, Astrologie, Astronomie und der Verbesserung des Kalenders (Tl. 4), der Optik (Tl. 5), den Experimentalwissenschaften (Tl. 6), der Ethik und Moralphilosophie (Tl. 7).

Opus minus: Von den ursprünglichen neun Teilen sind lediglich zwei erhalten. Der Verfasser geht darin auf die theoretische und praktische Alchimie sowie die »sieben Hauptsünden« der Theologie ein. So nennt er im besonderen: das Übergreifen der Theologen auf das Gebiet der reinen Philosophie; deren Unwissenheit in Sachen der Wissenschaft; die unverdiente Autorität zweier Koryphäen der Theologie, ALEXANDERS VON HALES und ALBERTS DES GROSSEN; den Vorrang, der dem *Sentenzenkommentar* des PETRUS LOMBARDUS noch vor der *Bibel* eingeräumt wird; die Verderbnis des *Vulgata*-Textes; die Irrtümer in der Exegese und die Ignoranz der Prediger. Hinter dieser Kritik steht die schon im *Opus maius* entwickelte Gesamtkonzeption: die allen Einzelwissenschaften übergeordnete Theologie durch die Mathematik und Experimentalwissenschaften zu stützen und zu ergänzen. Wenn sich die Theologen, meint Bacon, nur mit der lateinischen Grammatik, der Logik, einem Teil der Metaphysik und recht oberflächlich mit dem Bereich der Naturwissenschaften befassen, so ist das ein Sektor von »*minimaler Bedeutung*«, dem gegenüber die wichtigsten sprach- und naturwissenschaftlichen Zweige vernachlässigt werden.

Opus tertium: Papst Clemens IV. (†1268) hat das Werk, das die früheren Entwürfe weiter entfaltet, wohl nicht mehr gelesen. In den erhaltenen Fragmenten finden sich autobiographische Notizen und Stellungnahmen Bacons zu Problemen der Metaphysik, der Theologie, der Naturwissenschaften und der Moralphilosophie. Der Hauptakzent liegt jedoch auf den schon früher entwickelten Reformvorschlägen. Bacon verlangt nachdrücklich, die Verkündigung des Glaubens nicht nur auf Beredsamkeit zu gründen, sondern auf ein fundiertes Wissen, ohne das die Rhetorik nur »*eine geschärfte Klinge in den Händen eines Narren*« sei. Er fordert ein gründliches Studium der griechischen, hebräischen und arabischen Sprache zum besseren Verständnis der *Bibel*, bei deren Interpretation auch die Ergebnisse der Naturwissenschaften zu verwerten seien. Bacon wiederholt auch im Anschluß an seinen Lehrer PETRUS PEREGRINUS aus Maricourt (dem heutigen Méharicourt) die Forderung, durch geduldiges Experimentieren die den Naturvorgängen zugrunde liegenden mathematischen Gesetze zu ermitteln. Er schlägt vor, die biblische Chronologie und den Kalender auf astronomischer Grundlage zu revidieren. Vor allem verlangt er die Einberufung eines Gelehrtenkollegiums, das den *Vulgata*-Text unter Auswertung aller sprachlichen und historischen Gesichtspunkte kritisch überprüfen solle.

Der Autor unterscheidet in diesen Untersuchungen drei Mittel zur Erlangung des Wissens: Autorität, Vernunft und Erfahrung. Doch ist die Autorität gänzlich unzureichend, wenn sie sich nicht auf ein vernünftiges Urteil stützt, während die Vernunft wiederum nur dann zum sicheren Besitz der Wahrheit zu führen vermag, wenn ihre Schlüsse durch die Erfahrung bestätigt werden. Damit wird die Erfahrung zur eigentlichen Quelle eines sicheren Wissens. Bacon trennt in diesem Zusammenhang einen äußeren und einen inneren Aspekt: Die äußere Erfahrung muß durch Anwendung von Instrumenten die Sinnesdaten vervollständigen, die mathematisch gewonnenen Ergebnisse kontrollieren und zugleich auch eventuell verborgenen Einflüssen Rechnung tragen. Die innere Erfahrung ist die Frucht göttlicher Inspiration, unterteilt in sieben Grade, deren höchster die Ekstase ist. Die göttliche Erleuchtung – nach der Lehre des AUGUSTINUS, dessen Einfluß verschiedentlich durchbricht, zugleich jedoch mit Bacons empiristischer Grundtendenz eine charakteristische Verbindung eingeht – ist nötig, um die Geheimnisse der Natur aufzuspüren. Die Erfahrung der Alten wird für denjenigen kostbar, der mit Hilfe der Sprachkenntnisse den in Jahrhunderten angesammelten Schatz zu erschließen vermag. Diese Gedanken schöpfen ihre Überzeugungskraft nicht zuletzt aus der ungewöhnlich breiten Bildung des Autors. Er hatte sich gründlich mit der griechischen, arabischen und hebräischen Sprache befaßt, er betrieb mit aller Intensität Mathematik, Optik, Astronomie, Physik und sah bereits das Teleskop und Mikroskop voraus. Wenn sich Bacon auch darin noch als Kind seiner Zeit zeigte, daß er etwa alle anderen Wissenschaften in den Dienst der Theologie gestellt sehen wollte, daß ihm die Astrologie und Alchimie als höchste Ausformung der *scientia experimentalis* erschienen, so entwarf er für seinen päpstlichen Freund doch ein für die damaligen Verhältnisse geradezu umstürzendes Programm.

Der Autor spielt des öfteren auf eine umfassende Darstellung, das *Opus principale*, an, in dem seine Reformvorschläge systematisch dargelegt werden sollten. Diese nie abgeschlossene Enzyklopädie sollte in vier große Abteilungen gegliedert sein: 1. die Grammatik verschiedener Sprachen und die Logik; 2. die Mathematik, die Geometrie, die Astronomie und die Musik; 3. die Naturwissenschaften und die Naturphilosophie; 4. die Metaphysik und die Moral. Dieses Programm, zu dem vermutlich einige erhaltene Schriften Bacons gehören, bedeutete eine wesentliche Erweiterung der bis dahin im Rahmen des Triviums und Quadriviums gepflegten *artes liberales*. Es enthält die kühnste Wissenschaftssynthese, die aus dem Mittelalter überliefert ist und die vor allem von der franziskanischen Schule (DUNS SCOTUS, OCCAM u. a.) aufgegriffen wurde. Die entschiedene Hinwendung zum Profanbereich in der *instauratio imperii hominis* hat jedoch erst drei Jahrhunderte später der andere (Francis) BACON (1561–1626) vollzogen (vgl. *Instauratio magna*). G.Pl.–KLL

AUSGABEN: *Opus maius*: Ldn. 1733, Hg. S. Jebb; Nachdr. NY 1967. – Venedig 1750. – Ldn. 1897–1900, Hg. J. H. Bridges, 3 Bde. [m. Anm.]; Nachdr. Ffm. 1964.
Opus minus: Ldn. 1859 (in *Opera quaedam hactenus inedita*, Hg. J. S. Brewer; Nachdr. Nendeln 1965).
Opus tertium: Ldn. 1859 (in *Opera quaedam hactenus inedita*, Hg. J. S. Brewer; Nachdr. Nendeln 1965). – Florenz 1909 (*Un fragment inédit de l'Opus tertium*, Hg. P. Duhem; m. Einl.). – Aberdeen 1912 (*Part of the Opus tertium*, Hg. A. G. Little, in British Society of Franciscan Studies, 4; Nachdr. Farnborough 1966).

LITERATUR: S. Vogel, *Die Physik R. B.s*, Erlangen 1906. – P. Mandonnet, *R. B. et la composition des »Trois Opus«* (in Revue Néoscolastique de Philosophie, 1913, S. 53–68; 164–180). – *R. B. Essays on the Occasion of the Commemorations of the Seventh Centenary of His Birth*, Hg. A. G. Little, Oxford 1914. – R. Carton, *L'expérience physique chez R. B.*, Paris 1924. – R. Walz, *Das Verhältnis von Glaube und Wissen bei R. B.*, Freiburg i.B. 1928. – L. Thorndike, *A History of Magic and Experimental Science*, Bd. 2, NY 1929, S. 616–713. – C. B. Vandelwalle, *R. B. dans l'histoire de la philologie*, Paris 1929. – W. Frost, *B. u. die Naturphilosophie*, Mchn. 1935. – S. C. Easton, *R. B. and His Search for a Universal Science*, NY 1952. – E. Massa, *R. B., Etica e poetica della storia dell' »Opus maius«*, Rom 1956. – F. Alessio, *Mito e scienza in R. B.*, Mailand 1957. – E. Heck, *R. B. Ein mittelalterlicher Versuch einer historischen u. systematischen Religionswissenschaft*, Bonn 1957. – F. Alessio, *Un secolo di studi su R. B.* (in Rivista Critica di Storia della Filosofia, 14, 1959, S. 81–102; Bibliogr.). – A. C. Crombie, *Robert Grosseteste and the Origins of Experimental Science, 1100–1700*, Oxford ²1962. – K. Werner, *Die Psychologie, Erkenntnis- und Wissenschaftslehre des R. B.*, Ffm. 1966. – G. Wieland, *Ethik u. Metaphysik. Bemerkungen zur Moralphilosophie R. B.s* (in *Virtus politica*, Hg. J. Möller u. H. Kohlenberger, Stg. 1974). – C. Berubé, *De la philosophie à la sagesse chez Saint Bonaventure et R. B.*, Rom 1976. – M. Huber-Legnani, *R. B. – Lehrer der Anschaulichkeit: der franziskanische Gedanke u. die Philosophie des Einzelnen*, Freiburg i.B. 1984.

GEORGE BACOVIA

d.i. George Vasiliu
* 4.9.1881 Bacău
† 22.5.1957 Bukarest

LITERATUR ZUM AUTOR:
L. Chiscop, *G. B. 1881–1957. Bibliografie*, Bacău 1972. – M. Petroveanu, *G. B.*, Bukarest 1972. – G. Grigurcu, *B. – un antisentimental*, Bukarest 1974. – I. Caraion, *B. Sfîrşitul continuu*, Bukarest 1977. – D. Flămând, *Introducere în opera lui G. B.*, Bukarest 1979.

PLUMB

(rum.; *Blei*). Gedichtzyklus von George BACOVIA, erschienen 1916. – Mit diesem Gedichtzyklus erreicht der rumänische Symbolismus seinen Höhepunkt. Bacovias Lyrik spiegelt den Einfluß der Dichtung des französischen Symbolismus wider, die in Rumänien vor allem von Alexandru MACEDONSKI (1854–1921) und von dem Dichterkreis um die von Macedonski gegründete Zeitschrift ›Literatorul‹ bekanntgemacht und nachgeahmt wurde. Er stellt sich selbst als einen Vertreter der Dekadenzdichtung dar. Zu seinen Vorbildern zählen BAUDELAIRE, VERLAINE, Jules LAFORGUE, Georges RODENBACH und Maurice ROLLINAT. Mit *Plumb*, seinem ersten Gedichtzyklus, hat Bacovia seinen Stil gefunden und bereits seinen künstlerischen Höhepunkt erreicht. Seine späteren Zyklen (z. B. *Scîntei galbene* – *Gelbe Funken* und *Cu voi* – *Mit euch* von 1926 bzw. 1930) sind sehr uneinheitlich und interessieren nur insoweit, als sie Reminiszenzen an die Manier von *Plumb* enthalten.
Bacovias Zugehörigkeit zur Moderne zeigt sich vor allem darin, daß er in faszinierender Weise die naturfeindlichen, brutalen Züge der urbanen Umwelt zum Gegenstand seiner Dichtung gemacht hat. Die Natur ist in diesen Gedichten nur in deformierter und stilisierter Weise dargestellt. Alles Organische ist aus Bacovias dichterischem Universum verbannt. Die Elemente der Natur – Blumen, Bäume, etc. – haben ihre gewohnten Charakteristika verloren; sie bestehen entweder aus Metall oder befinden sich im Zustand der Zersetzung. Zerfall, Agonie, Tod – das sind die bestimmenden Gefühlswerte in *Plumb*. Bacovia ist, wie auch Baudelaire, ein Dichter absteigender Bewußtseinslagen. Dementsprechend spielen Herbst und Winter – die Jahreszeiten des Verfalls und des Todes in der Natur – eine besonders große Rolle. Der unaufhörlich fallende bleierne Regen verbreitet Monotonie und Bedrückung, die Welt erscheint als ein regenverhangenes »Gefängnis«, alle Farben sind auf wenige Nuancen reduziert, denen eine symbolische Bedeutung zukommt. Schwarz, Grau und Violett suggerieren Todesangst und *nervi* (Neurosen) – eine an Rollinat anknüpfende Variante des Baudelaireschen *spleen* –, während Weiß und Rosa dem Gegenpol einer unbestimmten Idealität zugeordnet sind. In der surrealistischen Vision des Gedichts *Panoramă* (*Panorama*) erscheint die Stadt als eine fluchbeladene Burg, deren Bewohner – starr vor sich hinblickende Wachspuppen – von Zeit zu Zeit mechanisch Seufzer ausstoßen. In anderen Gedichten (z. B. *Nervi de primăvară* – *Frühlingsneurosen* und *Plumb de iarnă* – *Winterliches Blei*) klingt zuweilen Mitgefühl mit dem Dasein der ärmsten

Großstadtbewohner mit. In dem Gedicht *Cuptor (Juli)*, in seiner schockierenden Wirkung Baudelaires *La charogne* vergleichbar, evoziert Bacovia den totalen Verfall der Menschheit. »*In der Stadt, Geliebte, gibt es ein paar Tote, / Um dir dies zu sagen, kam ich zu dir. / Auf einem Katafalk, in der Stadt, Geliebte, / Zerfallen unter der Hitze die Leichen allmählich.*« – Auch die Liebe bietet keinen Ausweg aus dem Leiden an der Wirklichkeit: In der öden unwirklichen Welt Bacovias ist die Liebe lange schon tot. »*Meine Liebe schlief abgewandt – aus Blei, / Auf bleiernen Blüten... mein Schrei widerhallt.../ Neben der Toten nur ich... und es war kalt.../ Ihre Flügel hingen schwer herab – wie Blei*« (*Plumb – Blei*). Der unpathetische Ton ist für Bacovias Technik ebenso charakteristisch wie gewisse formale Manierismen (z. B. obsessive Bildvorstellungen, Wiederholungen). Der strophische Bau der Gedichte ist sehr mannigfaltig. Neben dem aus Vierzeilerstrophen gebildeteten Grundtypus behaupten sich Sonette, Refraingedichte und freie Rhythmen. Die wohl ausgefallenste Strophenform besteht aus einer Verbindung von zwei Achtsilbern mit zwei Einsilbern nach dem Schema *abab* (in dem Gedicht *Monosilab de toamnă – Herbstlicher Einsilber*). Obwohl Bacovia gerade in der Vielfalt der Vers- und Strophenformen an Mihail EMINESCU (1850 bis 1889) anknüpft, gilt er als der erste bedeutende rumänische Dichter, der Eminescu und die romantische Geisteshaltung überwunden hat. A.Ga.

AUSGABEN: Bukarest 1916. – Rîmnicul-Sărat 1924. – Bukarest 1944 – Bukarest 1957. – Bukarest 1965. – Bukarest 1971. – Bukarest 1976. – Bukarest 1978 (in *Opere*). – Bukarest 1980 (in *Poezii*).

ÜBERSETZUNGEN: *Versuri – Gedichte*, W. Aichelburg, Bukarest 1972 [rum.-dt.]. – *Plumb – Lead*, P. Jay, Bukarest 1980 [rum.-engl.].

LITERATUR: N. Davidescu, *G. B.: »Plumb«* (in N. D., *Aspecte și direcții literare*, Bukarest 1975, S. 25/26, 231–236). – G. Radulescu, *G. B. în contextul simbolismului european*, Diss. Bukarest 1975.

KRZYSZTOF KAMIL BACZYŃSKI

* 22.1.1921 Warschau
† 4.8.1944 Warschau

DAS LYRISCHE WERK (poln.) von Krzysztof Kamil BACZYŃSKI.
Der polnische Dichter debütierte 1942 mit dem konspirativ gedruckten Band *Wiersze wybrane (Ausgewählte Gedichte)*; zwei Jahre später erschien, ebenfalls im Untergrund, sein zweiter Gedichtband *Arkusz poetycki nr. 1 (Lyrikbogen Nr. 1)*. Seine ersten, mit ungewöhnlicher Sorgfalt geordneten, nicht selten mit genauer Uhrzeit versehenen Gedichte entstanden aber bereits im Jahre 1936. Baczyńskis kurzer Lebenslauf war einerseits für das kriegsgeprägte Schicksal seiner Generation typisch – 1939 Abitur, anschließend Polonistik-Studium an der illegalen Warschauer Universität und gleichzeitig Teilnahme am aktiven Widerstand – andererseits fand er immerfort im Werk des jungen Dichters seine Widerspiegelung. Auch die Umstände seines literarischen Debüts hingen eng mit dem Okkupationsgeschehen zusammen: Obwohl die deutschen Besatzer die meisten kulturellen Institutionen aufgelöst und verboten hatten, gelang es ihnen nicht, das literarische Leben in Polen völlig lahmzulegen. Es erschienen im Untergrund etwa vierzig literarische Zeitschriften, die ein breites Spektrum an politischen Positionen vertraten. Die bedeutendsten unter ihnen waren ›Sztuka i Naród‹ (Kunst und Volk), mit der Tadeusz GAJCY, ein anderer herausragender Dichter jener Zeit, zusammenarbeitete, und ›Droga‹ (Weg), in der Gedichte von Baczyński erschienen.

Baczyński – aber auch andere Dichter seiner Generation – wandte sich der romantischen Tradition zu. In einer Zeit, in der es die Zukunft nicht gab bzw. nach dem Willen der Besatzer nicht mehr geben sollte, war dies nur eine Konsequenz der außerliterarischen Bedingungen. »*Die Folgen dieser Zuwendung waren von Dauer. Seine Vorbilder wurden* SŁOWACKI *und* NORWID. *Słowacki spornte die Phantasie an und löste die Neigung zur pathetischen Schwärmerei aus. Der Kontakt zu Norwid reichte noch tiefer. Er weckte Baczyńskis Interesse für moralische Einstellungen und trug dazu bei, daß er die Wirklichkeit in ethischen, aber auch geschichtsphilosophischen Kategorien zu sehen und zu werten begann*« (K. Wyka).

Baczyńskis Lyrik repräsentiert, was die angewandten poetischen Mittel und die Versbaustrukturen angeht, eine traditionalistische Poetik. Es dominiert die vierzeilige Strophe und der tonische Aufbau des Textes; die meisten Gedichte sind gereimt. Die Theorien der zwischen den beiden Weltkriegen vorherrschenden Strömungen (Expressionismus, Futurismus, Formalismus), wurden von Baczyński abgelehnt. Er versuchte vielmehr, das Stil- und Formen-Repertoire der Romantik mit der allgemeinen Lage seiner Zeit zu konfrontieren. Es war weniger eine unmittelbare Konfrontation zwischen der Kriegswirklichkeit und den romantischen, im Falle Polens mystischen Ideen als die Suche nach neuen, an diese Tradition anknüpfenden poetischen Möglichkeiten, die Schrecken des Krieges und der Besatzung zu beschreiben: »*Sie gingen. Nacht für Nacht. Die matte Kehle schreit,/doch Stille kommt nach ihnen, Schnee trägt sie hinab,/ aber es widersetzt sich dumm der Leib wie ein Scheit,/ wenn morgens jemand stolpert über mein rauchendes Grab*« (*Den Gefallenen*, 1944).

Erstaunlicherweise blieb Baczyńskis gesamtes Werk erhalten, obwohl es doch größtenteils während des Krieges entstand. Es umfaßt etwa 500 Gedichte (darunter einige Poeme), zwanzig Erzählungen und Fragmente und ein Gedicht-Drama. Eine besonders markante Eigenschaft seiner Lyrik ist der Zwiespalt zwischen einer alten Weltanschauung und einer völlig neuen politisch-gesellschaftlichen Wirklichkeit und die Dialektik von Wirklichkeit und Hoffnung. Die Wirklichkeit erscheint in symbolisch-visionären Motiven, die in ihrer Dichtheit und fast schon barocken Fülle an Bosch und Breughel erinnern. Im Grundton der Gedichte wird ein Katastrophismus hörbar, dessen Auswirkungen die gesamte menschliche Kultur und Zivilisation betreffen. Die überlieferten Werte und die Glaubensgrundsätze europäischer Kultur werden als fragwürdig und bedeutungslos gewordener Ballast dargestellt. Das andere Element der Opposition ist die Hoffnung, die sich thematisch in lyrischen Natur- und Liebesgedichten bzw. -motiven äußert und dann die Dynamik und die Dramatik des lyrischen Textes bildet. Die Liebes- und Naturthematik ist in fast naiven, zärtlichen und weichen Tönen gehalten und verdeutlicht auf diese Weise umso stärker den Zwiespalt zwischen Wirklichkeit und Hoffnung. Die Naivität des lyrischen Subjekts und die Überzeugung, eine globale kulturelle Katastrophe zu erleben, stehen sich gegenüber.

Baczyński, Dichter und Soldat, fiel dreiundzwanzigjährig am vierten Tag des Warschauer Aufstandes. »*Von den Zeitgenossen stand er dem Werk* CZECHOWICZ' *und der Schule der Katastrophisten nahe, deren Tendenzen er, meist in elegischen Formen, fortsetzte. Er hinterließ als Zeugnis seiner tragischen Unvollendung ein lyrisches Werk von fast 1000 Seiten, angefüllt mit menschlich-moralischen Meditationen aus einer Zeit der Unmenschlichkeit und der Unmoral*« (K. Dedecius). KLL

AUSGABEN: *Wiersze wybrane*, Warschau 1942 (unter dem Pseud. Jan Bugaj). – *Arkusz poetycki nr. 1*, Warschau 1944. – *Śpiew z pożogi*, Warschau 1947. – *Utwory zebrane*, Warschau 1961. – *Utwory wybrane*, Krakau 1973. – *Utwory zebrane*, 2 Bde., Krakau 1979. – *Spojrzenie*, Warschau 1985 [Ausw. A. Kmita-Piorunowa; m. Schallplatte]. – *Utwory wybrane*, Krakau 5 1986 [Nachw. K. Wyka].

ÜBERSETZUNGEN (in Anthologien): *Leuchtende Gräber*, K. Dedecius, Heidelberg 1959. – *Polnische Poesie des 20. Jahrhunderts*, ders., Mchn. 1964. – *Polonaise erotique. Thema mit Variationen für männliche und weibliche Stimmen*, ders., Ffm. 1968. – *Polnische Lyrik aus fünf Jahrzehnten*, Hg. H. Bereska u. H. Olschowsky, Bln./DDR 1975. – *Die Dichter Polens. Hundert Autoren vom Mittelalter bis heute. Ein Brevier*, K. Dedecius, Ffm. 1982.

LITERATUR: L. M. Bartelski, *Genealogia ocalonych*, Krakau 1963. – J. Kwiatkowski, *Potop i posąg* (in J. K., *Klucze do wyobraźni*, Krakau 1964). – *Żołnierz, poeta, człowiek czasu kurz. Wspomnienia o K. K. B.*, Krakau 1967. – J. Błoński, *Pamięci anioła* (in J. B., *Literatura wobec wojny i okupacji*, Breslau 1976).

BĀDARĀYAṆA

zwischen 2. Jh.v. und 2. Jh.n.Chr.

BRAHMA-SŪTRAS

auch *Vedānta-Sūtras* (skrt.; *Die Sūtras vom Absoluten*). Ein philosophischer Sanskrittext, der das System des *vedānta*, des indischen Idealismus, in komprimierten Aphorismen darstellt. Wegen ihrer außerordentlichen Kürze sind die 555 *Sūtras* des Textes ohne Erläuterungen eines *guru* (Lehrers) oder einen Kommentar nicht verständlich. Die *Sūtras* werden dem BĀDARĀYAṆA zugeschrieben und können in ihrer heutigen Gestalt nicht vor den ersten Jahrhunderten n. Chr. entstanden sein (sie kennen schon die Lehren spätbuddhistischer Systeme). Es gibt zahlreiche Kommentare, aber alle älteren sind verlorengegangen unter dem gewaltigen Einfluß der Erläuterungsschrift *(bhāṣya)* des SAŇKARA (um 800), der eine tiefgreifende Umbildung des Systems vollzogen hat. H.H.

AUSGABEN: Kalkutta 1818. – Paris o. J. [1835], Hg. L. Poley [m. frz. Übers.]. – Poona 1938 *(Brahmasūtra-pāṭha with Word-Index)*. – Bombay 1971–1978, 3 Bde.

ÜBERSETZUNGEN: *Die Sūtras des Vedānta*, P. Deussen, Lpzg. 1887; Nachdr. Hildesheim/NY 1966. – *The Vedānta-Sutras*, G. Thibaut, Oxford 1890–1925, 3 Bde.; ern. Delhi 1962 [engl.]. – Dass., S. C. Vasu, Allahabad ²1934 [engl.]. – *The Brahma Sutra*, S. Radhakrischnan, Ldn. 1960 [engl.].

LITERATUR: P. Deussen, *Das System des Vedānta*, Lpzg. 1883; ⁴1925. – P. M. Modi, *A Critique of the »Brahmasūtra«*, 2 Bde., Bhavnagar 1943–1956. – *The National Bibliography of Indian Literature 1901–1953*, Bd. 3, Neu Delhi 1970, S. 348–350 [nennt die Komm. nach Schulzugehörigkeit]. – B. N. K. Sharma, *The »Brahmasutras« and Their Principal Commentaries*, 2 Bde., Bombay 1971 bis 1974. – K. Rüping, *Studien zur Frühgeschichte der Vedānta-Philosophie*, Bd. 1, Wiesbaden 1977. – K. H. Potter, *Encyclopedia of Indian Philosophy: Bibliography*, Delhi 1983, S. 12–24.

SEYDOU BADIAN

* 10.4.1928 Bamako / Mali

LITERATUR ZUM AUTOR:
S. Battestini, *S. B.: Écrivain malien*, Paris 1968. –

H. M. Zell, *A New Reader's Guide to African Literature*, Ldn. 1983, S. 359–360. – A. Rouch, *Littératures nationales d'écriture française*, Paris 1987, S. 281–284.

LE SANG DES MASQUES

(frz.; *Das Blut der Masken*). Roman von Seydou BADIAN (Mali), erschienen 1976. – Badian schrieb den Roman – es ist sein zweiter – während seiner siebenjährigen Inhaftierung in einem abgelegenen Lager in Mali. Er war als ehemaliger Minister nach dem Sturz der Regierung von Präsident Modibo Keita verurteilt worden. Badian reflektiert in seinen Romanen keine tagespolitischen Fragen, sondern greift das umfassende Problem der gesellschaftlichen Veränderungen auf, die sich seit der Kolonialzeit ergeben haben. Der Autor interessiert sich für die Frage, welche Lebensformen der präkolonialen Gesellschaftsordnung heute noch Gültigkeit haben und welche im Gegenteil verderblich geworden sind.

Der Protagonist Bakari hat mehrere Jahre in der großen Stadt verbracht, um den Beruf des Automechanikers zu erlernen wie es ihm sein Vater Tiéfolo, ein alter Jäger, geraten hatte. Für diesen Mann, der noch fest in der dörflichen präkolonialen Welt verwurzelt war, hatten die überlieferten Kenntnisse und die Ethik der Vorfahren zwar ihre Gültigkeit behalten, aber dennoch erkannte er die Notwendigkeit, das neue Wissen zu erwerben, wie es in der Stadt gelehrt wurde. Tiéfolo stirbt jedoch noch vor der Rückkehr seines Sohnes Bakari. Dieser sieht sich nach seiner Heimkehr großen Schwierigkeiten gegenüber. Die Kameraden seiner Altersgruppe meiden ihn, und er selbst kann die Angst und Ehrfurcht nicht mehr teilen, die die Dorfbewohner den tyrannischen Priestern gegenüber empfinden. Sie, die über angeblich magische Kräfte verfügen, streben nach Ansicht des Helden nach der Vernichtung ihrer Gegner. Bakari stellt sich seinen Widersachern, einem nach dem anderen. Er besiegt zunächst Bantji, den gefürchteten Priester, und danach Namakoro, einen Dorfbewohner, der ebenso viel Schrecken einflößt wie der erste. Bakaris Sieg über seine Gegner verschafft ihm die Anerkennung der übrigen Dorfbewohner, die mit Freude sehen, daß er mit Nandi, einem Mädchen ihrer Gemeinschaft, verkehrt. Sie hatte Bakari nach seiner Heimkehr sofort willkommen geheißen. Bakari wird von den Dorfältesten zum »*ton-mousso*«, zum Auserwählten, von Nandi bestimmt und ist fortan als ihr Beschützer für ihr Schicksal verantwortlich, aber er darf sie nicht selbst heiraten. Als ihm weiterhin von Widersachern nachgestellt wird, kehrt er in die Stadt zurück, und Nandi folgt ihm, um Amadou, einen ehrgeizigen und gewalttätigen Büroangestellten, zu heiraten. Amadou schlägt wiederholt seine Frau und heiratet schließlich eine zweite. Die zweite Ehefrau ist der Typ der egoistischen und hochmütigen Stadtbewohnerin, die keine Verwandten aus dem Dorf in ihrer Wohnung duldet und auch ihren Ehemann dazu bringt, die dörflichen Sitten und Gebräuche zu verachten. Als der unredliche Händler Aly versucht, als neuer Freund des Hauses Nandi zu korrumpieren und Amadou wegen Schulden zu bedrohen, tötet Bakari ihn, um das Paar seinem Auftrag gemäß vor Gefahren zu schützen. Seine Tat versöhnt Nandi mit Amadou, der sich vom Einfluß seiner zweiten Frau löst und sich erneut den moralischen Grundsätzen der Demut und Zurückhaltung unterwirft.

Die Romanhandlung bewegt sich auf zwei Ebenen: der des afrikanischen Dorfs und der großen Stadt. Der Text überzeugt, weil beide Welten nicht in Schwarzweißmalerei gegenübergestellt werden. Das Problem besteht nicht darin, zwischen beiden zu wählen, sondern aus beiden zu einer Synthese zu gelangen, wobei beide Welten ihre jeweils verderbenbringenden Seiten haben. Die Kritik hat insbesondere die neue Sprache hervorgehoben, mit der Badian die dörfliche Welt und ihre Lebensphilosophie beschreibt. Die esoterischen Metaphern der oralen Kultur werden behutsam in die europäische Literatursprache übertragen in dem Bedürfnis, anstatt exotischer Beschreibung von Magie und Zauberei eine Darstellung der gewaltigen moralischen Kraft zu geben, die von dem noch immer lebendigen Ethos der präkolonialen Gesellschaft ausgeht.

P.S.D.

AUSGABE: Paris 1976.

LITERATUR: B. Dieng, *La conception du personnage collectif dans »Le sang des masques« de B.* (in Annales de la Faculté des Lettres, 14, Dakar 1984, S. 83–103). – Rez. (in Présence Africaine, 101–102, 1977, S. 293–295). – Rez. (in Revue de Littérature et d'Esthétique Négro-Africaine, 1, Abidjan 1977, S. 189–191). – R. Antoine, Rez. in A. Kom, *Dictionnaire des œuvres littéraires négro-africaines de langue française*, Sherbrooke 1983, S. 514–516).

SOUS L'ORAGE

(frz.; *Unter dem Gewitter*). Roman von Seydou BADIAN (Mali), erschienen 1957. – Der erste Roman Badians wurde seit den sechziger Jahren zu einem der Klassiker der schwarzafrikanischen Literatur und gehört heute in zahlreichen Staaten Afrikas zum festen Kanon des Literaturunterrichts. Der Roman behandelt ein zentrales Thema der frühen afrikanischen Literatur der fünfziger und sechziger Jahre: den Konflikt zwischen Tradition und zivilisatorischem Fortschritt.

Sous l'orage erzählt die Geschichte eines Mädchens namens Kany, das ihre Eltern verheiraten wollen. Kany liebt jedoch nicht Famagan, den ihre Eltern für sie ausgesucht haben und der weitaus älter als sie ist. Ihre Liebe gilt ihrem Schulkameraden Samou, den sie aber erst heiraten möchte, wenn sie die Schule erfolgreich absolviert und das Abitur bestanden hat. Benfa, der Vater von Kany, der im Roman als ein Verfechter afrikanischer Tradition dargestellt wird, lehnt ihren Wunsch ab, weil er denkt, daß die französische Schule zum Zerfall von Sitte und Moral führt. Deswegen müssen sich Samou und Kany heimlich treffen. Obwohl Benfa weiß, daß Famagan bereits zwei Frauen hat, wünscht er ihn sich als Schwiegersohn. Téné, die Mutter von Kany, ist mit dieser Entscheidung nicht einverstanden, wagt aber nicht, ihrem Mann zu widersprechen. Um die heimlichen Treffen zwischen Kany und Samou zu unterbinden, schickt Benfa seine Tochter zu seinem Bruder Djigui, der in einem weit entfernten Dorf wohnt. In diesem Dorf arbeitet ein ehemaliger Senegalschütze namens Tieman als Krankenwärter, der Kany verspricht, ihrem Onkel Djigui zu verdeutlichen, daß die Zeiten vorbei sind, in denen die Eltern den Bräutigam für ihre Tochter aussuchten. Kany kann nach seiner Fürsprache das Dorf verlassen und zu ihren Eltern zurückkehren. Ihr Vater duldet nunmehr zwar, daß sich Samou und Kany in seinem Hause treffen, aber erst der Ältestenrat des Dorfes kann ihn davon überzeugen, daß in der angebrochenen neuen Zeit die Kinder selbst über Heirat und Ehe entscheiden sollten. Benfa fügt sich widerstrebend der Entscheidung des Rates und ringt sich dazu durch, seiner Tochter und ihrem jungen Freund fortan ihre Entscheidungsfreiheit zu geben.

Badians Roman stellt weder eine blinde Verteidigung des zivilisatorischen Fortschritts noch eine Verdammung der Sitten und ethischen Vorstellungen der traditionellen afrikanischen Gesellschaft dar. Der Autor, der einer alten Familie von Jägern entstammt, ist mit dem Leben auf dem Land, das er mit realistischer Detailtreue beschreibt, seit der Kindheit vertraut. Zugleich übt Badian, der seine Schulausbildung großenteils in Europa absolvierte, den Beruf des Arztes aus und versuchte als Agrar- und Planungsminister in den Jahren 1962–1966 unter der Regierung Medobo Keïtas in der damaligen Republik Mali auch im politischen Bereich Modernisierungsbestrebungen in die Praxis umzusetzen.

Anders als viele andere Autoren seiner Generation – beispielsweise C. H. KANE in seinem epochalen Roman *L'Aventure ambique* (1960), der tragisch endet – beläßt Badian in *Sous l'orage* den Konflikt zwischen Tradition und Modernismus in der Balance und vertraut auf die Kompromiß- und Konsensbereitschaft der Betroffenen. Badians spätere Romane, vor allem das 1977 erschienene Werk *Noces Sacrées*, beziehen hingegen deutlicher Position: Sie betonen dezidierter als sein Erstlingswerk die Notwendigkeit, afrikanische Traditionen, Glaubensvorstellungen und Rituale in einer zunehmend von der westlichen Konsumgesellschaft geprägten Welt der afrikanischen Stadt entschieden zu verteidigen und soweit wie möglich zu erhalten.

P.S.D.

AUSGABEN: Avignon 1957. – Paris 1963. – Paris 1973.

LITERATUR: J.-P. Makouta-Mboukou, »*Sous l'orage*« (in *Dictionnaire des œuvres littéraires négro-africaines de langue française*, Hg. A. Kom, Sherbrooke/Canada 1983, S. 557–559).

M. BADO

16.Jh. Minden (?)

CLAUS BUR

(nd.; *Claus der Bauer*). Ein in verschiedenen anonymen Drucken des 16. Jh.s überliefertes Spiel der Reformationszeit, das Gedanken der Reformation verficht. – Aus dem lateinisch geschriebenen genealogisch-historischen Werk über Westfalen und Niedersachsen, das Hermann HAMELMANN im 16. Jh. verfaßt hat, stammen die einzigen überlieferten Angaben über den Dichter des Stücks. Demnach ist der Verfasser M. BADO aus Minden, ein Schüler des ERASMUS VON ROTTERDAM. Als Jahr der ersten Ausgabe des *Clawes Buer* wird an der gleichen Stelle 1523 genannt.

Das Stück ist als Fastnachtsspiel gedacht. Gegenfiguren zu dem – im Unterschied zum typischen Fastnachtspiel obsiegenden – Bauern sind vier Geistliche. Der erste ist ein Kaplan (De Hürpape, d. h. Mietpfaffe), der Claus vorhält, daß er wie ein Herr Wein trinke, aber mit Beichtpfennigen knausere. Claus weist aus der Bibel (nach *Matt.* 10) nach, daß die Apostel und ihre Nachfolger ihr Werk umsonst tun sollten und daß somit auch die »Miete«, die der Kaplan an seine Oberen zu zahlen habe, Unrecht sei. Als der Kaplan zur Zustimmung neigt, tritt der Fiskal hinzu, der sich jedoch auf kein Zwiegespräch einläßt, sondern nur immer wieder droht, Claus vor Gericht zu ziehen. Claus antwortet, sich immer auf die Bibel stützend, mit Angriffen auf den Bilderkult, auf die Heiligenverehrung, auf Ablaß und Wallfahrten, vor allem aber auf den gesetzgeberischen Anspruch von Papst und Konzil. Der Fiskal gerät durch diese Angriffe schließlich so sehr in Wut, packt er Claus anfällt, obgleich er ihm an Kraft unterlegen ist. Der Kaplan muß Frieden stiften. Als Claus sich nun gegen die Steuerfreiheit der wohlhabenden Geistlichkeit wendet, holt der Kaplan noch einen geistlichen Doktor der Rechte herbei, der dem Bauern Rede stehen soll. Wieder ist *Matthäus* 10 die Waffe des Bauern, das Kapitel, in dem Christus von den Aposteln Armut verlangt; außerdem weist er darauf hin, daß Christus selbst den Zinsgroschen gegeben habe, obgleich er arm gewesen sei. Immer wieder beruft Claus sich darauf, daß er keine neue Lehre vertrete, sondern die in der Bibel aufgezeichnete Wahrheit. Der Kaplan stellt sich endlich auf seine Seite. Dem Doktor und dem Fiskal sagt Claus zum Schluß, sie würden zu Paaren zum Teufel fahren, dem sie beide dienten.

»*Vom literarischen Standpunkt aus gehört der* Claus Bur *zu den bedeutsamsten dramatischen Spielen aus der Frühzeit der Reformation, und zwar auf gesamtdeutschem Boden*« (Schafferus). Eine besondere Leistung ist die Verbindung reformatorischen Ernstes mit der Bewegtheit des Fastnachtsspiels. In ihr liegt vor allem der Grund für den großen Erfolg dieser Dichtung, der dazu geführt hat, daß sie auch ins Hochdeutsche und ins Niederländische übersetzt wurde.   U.B.

AUSGABEN: Magdeburg ca. 1525. – Greifswald 1850, Hg. A. Höfer. – Gütersloh 1879 (*Der Bauer Claus*; nhd. v. A. Freybe). – Hbg. 1938 (in *Zwei nd. Dramen d. Reformationszeit*, Hg. E. Schafferus).

WOLFGANG BÄCHLER

* 22.3.1925 Augsburg

DAS LYRISCHE WERK von Wolfgang BÄCHLER.

Im gleichen Jahr wie seine ersten beiden Gedichtbände *Tangenten am Traumkreis* und *Die Zisterne* (Gedichte der Jahre 1943–1949) erschien 1950 der bislang einzige umfangreichere, abgeschlossene Prosatext Wolfgang Bächlers, *Der nächtliche Gast*. Nach dieser romanhaft angelegten Ödipusvariante aus inzestuöser Homosexualität und Vatermord schrieb Bächler vorwiegend Lyrik. Er gilt seither als anerkannter, wenn auch nicht unumstrittener Verfasser literarischer Miniaturen. Während, nach eigenen Angaben, acht Romane Fragment blieben, publizierte Bächler seit seinem fünfundzwanzigsten Lebensjahr neben mehreren Gedichtbänden auch Kurzprosa, darunter *Traumprotokolle*, die während einer Psychoanalyse entstanden und die er auf Anraten Martin WALSERS 1972 als »Nachtbuch« bzw. »Auskunftsbuch« veröffentlichte.
Für Bächler, der seit Anfang der fünfziger Jahre an wiederkehrenden, schweren Depressionen leidet, wurde Schreiben zur Selbsttherapie: »*Vielleicht ist es eine beschwörende Abwehr der Krankheit, sie in Worte zu bannen*« – trotzdem ist sein Werk, wie Heinrich BÖLL feststellte, persönlich, doch niemals privat. Auch sein Scheitern als Romancier begründete Bächler mit wiederkehrenden Phasen schwerer psychischer Zerrüttung, die ihn jedesmal zu völligem Neubeginn zwängen: »*Da ich an Zerstreuung, Gedankenflucht, Disharmonien leide, zu Formlosigkeiten, melancholischen und manischen Aus- und Abschweifungen neige, zwingt mich das Gedicht zur Sammlung und Konzentration, mich kurz zu fassen, mich und ein Stück Welt zu fassen*« (*Zwischen den Stühlen* aus *Stadtbesetzung. Prosa*, 1979).
Bis heute ist Bächlers Name mit der längst legendären »Gruppe 47« verbunden, deren jüngster Gast der damals Zweiundzwanzigjährige im September 1947 war. Zeittypisch und charakteristisch für den »*bildschwelgerischen und zuweilen metaphernwütigen Bächler*« (Karl Krolow), in dessen Frühwerk traditionelle Liebes- und Naturlyrik vorherrscht, war die Klage einer keineswegs nur physisch verwundeten Generation: »*Wir sind die Söhne gnadenloser Zeit./ Wir waren schon als Kind des Tods Gespielen./ Die Zauberwelt der Märchen war so weit,/ der kalte Strom des Grauens war so breit,/ auf dem gelenkt von unsrer Träume Hand/ die schmalen Boote unsrer Sehnsucht trieben . . .*«.
Der »*Träume Hand*« ist bis heute Wolfgang Bächlers zentrales Thema geblieben – von *Tangenten am Traumkreis* (1950) bis hin zu seinem vorerst letzten Buch, einer Fortschreibung der *Traumprotokolle*. Bezeichnenderweise wählte Bächler 1950 als Motto für seinen zweiten Gedichtband *Die Zisterne* unter anderem HÖLDERLINS Sentenz aus *Hyperion* »*Oh, ein Gott ist der Mensch, wenn er träumt, ein Bettler, wenn er nachdenkt . . .*«. Dies war weniger ein Bekenntnis zum Irrationalismus als vielmehr ein weiteres Zeugnis für Bächlers melancholische Hoffnung, jenseits der Zerstörungen und psychischen Verwundungen, die die Nachkriegszeit prägten, sich die Kraft zu einem neuen Anfang zu finden: »*auf den Hügeln, wo die Kreuze ragen, / wächst säfteschwer und herb der neue Wein*«. Obgleich Bächlers erste Lyrikbände die Anerkennung vor allem von Gottfried BENN fanden, kennzeichnete sie der Autor selbst im Rückblick als »*zu konventionell, zu romantisch, zu glatt klingend*«. Die Einflüsse GEORGES und RILKES sind unverkennbar, daneben steht das existentialistische Lebensgefühl der fünfziger Jahre, wie es auch in dem Gedicht *Baum am Meer* zum Ausdruck kommt: »*Die kühnsten Zweige greifen nach den Sternen/ Du bist nicht Erde, bist nicht Meer, bist Baum!/ So stehst du zwischen endlos weiten Fernen./ Du stehst allein, was um dich lebt ist Traum.*« Das einsame und von verschiedener Seite bedrohte Individuum erscheint auch in Wolfgang Bächlers *Lichtwechsel* (1955/1960, Gedichte der Jahre 1949–1955): »*Nach abgrundtiefem Drogenschlaf erwacht/ rief ich nach dir und tastete ins Leere./ Metallisch kalt umspannt mich nur die Nacht,/ spür ich nur ihre und die eigne Schwere.*« Für Michael KRÜGER ist *Lichtwechsel* ein »Zwischenbuch«, in dem das Ausmaß vorangegangener Destruktion erst deutlich wird.
In den folgenden Lyriksammlungen *Türklingel* (1962, Gedichte der Zeit zwischen 1955 und 1957) und *Türen aus Rauch* (1963, Gedichte der Jahre 1956–1962), treten zu Landschaftsgedichten und Impressionen aus Frankreich, wo diese Bände entstanden, erstmals auch Gedichte über die Arbeitswelt des Menschen. Auffallend in *Türklingel*, dessen Titelgedicht auf Ernst BLOCHS *Prinzip Hoffnung* Bezug nimmt: die, so scheint es zumindest auf den ersten Blick, beinahe vom bisherigen »*Riesenknie auf der Brust*« (Stiefdeutschland, Stiefvaterland) befreiten Verse aus *Zirkus* oder *Ornithologenkongreß*. Doch Träume bleiben bei Bächler zerrissen – nicht mehr nur der zurückliegende Krieg, sondern auch der Algerien-Krieg und der Ungarn-Aufstand stören in *Rattenpfiffe und Möwenschreie*

Wachsein und Schlaf. »*Die Rattenpfiffe vom Roten Meer, die Möwenschreie/ vom Schwarzen Meer dringen ins Mark unserer Träume.*«
Der Außenseiter, ein »*Fremder mit leichtem Gepäck*«, tritt dem Leser in *Bürger*, einem wortspielerischen Spottgedicht, entgegen: »*Steigert die Umsätze, Männer,/ erhöht die Absätze, Frauen,/ setzt eure Männer mit um!/ Setzt Frauen und Kinder mit ab,/ sichert euren Nachlaß, sichert euren Ablaß,/ sichert euch und versichert euch/ und zahlt die Reststeuer pünktlicher, / Bürger!*« Wie schon in der als »Balladen, Berichte, Romanzen« bezeichneten Lyrik aus *Türklingel*, dem sicherlich hoffnungsvollsten und provokantesten Buch Wolfgang Bächlers, so finden sich auch in den Gedichten von *Türen aus Rauch* Verse gegen die Monotonie saturierter, umfassend abgesicherter Existenz *(Stilleben mit Ehepaar)*. Während *Türen aus Rauch* einigen Kritikern zu plakativ erschien, störten sich andere an der Metaphernschwere und übertriebenen Bildfülle seiner Strophen. Wolfgang Bächler zog sich zurück. Als er nach langem Schweigen, das er lediglich mit seinen *Traumprotokollen* brach, 1976 unter dem Titel *Ausbrechen* eine um fünfzig neue Gedichte ergänzte Auswahl aus dreißig Jahren vorlegte, schloß diese Retrospektive mit der nachgelieferten Begründung seines Schweigens: »*Ausbrechen/ aus den Wortzäunen,/ den Satzketten,/ den Punktsystemen,/ den Einklammerungen,/ dem Rahmen der Selbstbespiegelungen,/ den Beistrichen, den Gedankenstrichen/ – um die ausweichenden, aufweichenden/ Gedankenlosigkeiten gesetzt –/ Ausbrechen/ in die Freiheit des Schweigens.*«
Nach lyrischen Selbstbespiegelungen war Bächler in die Freiheit des Schweigens »ausgebrochen«. Offensichtlich bestand also zumindest vorübergehend ein Zwang, sich schreibend gegen die eigene »Innenwelt« zur Wehr zu setzen. Mit *Nachtleben* (1982) entschied er sich ein weiteres und bislang letztes Mal dafür, eine Auswahl neuer Gedichte zu publizieren. Doch das darin Mitgeteilte waren überkommene Sentenzen, Prosa, meist willkürlich zu Verszeilen umbrochen. Die einstige Angst und Aggression des Dichters war zur Pose des leidenden, armen Poeten erstarrt: »*Ich habe nie etwas besessen./ Doch alles ist in mich eingedrungen.*«
Die Kritik tat sich in den letzten Jahren dementsprechend schwer mit diesem Autor, der sein Leiden an sich und an der Zeit offen eingestand, sich aller spektakulären Gesten dabei aber ebenso enthielt wie modischer Anbiederung; er hat, wie H. Bender feststellte, sich »*. . . den Strömungen, die andere Lyriker mitzogen, nicht ausgesetzt. Er hat seine Sprache, Form und Metaphorik kaum variiert und sich aller »Beweglichkeit«, wie Karl Krolow sie gern postuliert, enthalten. Bächler vertritt die Ruhe der Beharrlichkeit.*« M.B.

Ausgaben: *Tangenten am Traumkreis*, Ffm. 1950. – *Die Zisterne*, Esslingen 1950. – *Lichtwechsel. Neue Gedichte*, Esslingen 1955. – *Lichtwechsel II. Neue Gedichte*, Mchn./Esslingen 1960. – *Türklingel. Balladen, Berichte, Romanzen*, Mchn./Esslingen 1962. – *Türen aus Rauch*, Ffm. 1963. – *Ausbrechen. Gedichte aus 30 Jahren*, Ffm. 1976. – *Ausbrechen. Gedichte aus 20 Jahren*, Ffm. 1981 (FiTb). – *Die Erde bebt noch. Frühe Lyrik*, Esslingen 1982; ern. Ffm. 1988 (Nachw. M. Krüger; FiTb). – *Nachtleben*, Ffm. 1982; ern. 1985 (FiTb).

Literatur: H. Böll, *Verse gegen die Trostlosigkeit. W. B.s Gedichte aus 30 Jahren* (in SZ, 7. 4. 1976). – M. Krüger, *Zur Wehr gesetzt* (in FRs, 3. 7. 1976). – H. L. Arnold, *W. B.: »Ausbrechen«. Gedichte aus 30 Jahren* (in FH, 1977, Nr. 7, S. 67–70). – K. Krolow, *Ein Riesenknie auf der Brust. Alte und neue Gedichte W. B.s* (in FAZ, 6. 4. 1982). – H. Bender, *Die Ruhe der Beharrlichkeit. Zu W. B.s neuem Gedichtband »Nachtleben«* (in SZ, 15. 5. 1982). – P. v. Becker, *Mein langes Schweigen. Neueste und ältere Lyrik eines berühmt Unberüchtigten* (in Die Zeit, 1. 10. 1982). – U. Allemann, *Achtziger Jahre im Gedicht* (in Basler Zeitung, 18. 5. 1985). – W. Große, *W. B.* (in KLG, 22. Nlg., 1986).

LODE BAEKELMANS

* 26.1.1879 Antwerpen
† 11.5.1965 Antwerpen

TILLE

(fläm.; *Tille*). Roman von Lode Baekelmans, erschienen 1912. – Dieser Kurzroman, gemeinhin als das Meisterwerk seines Autors betrachtet, spielt im Hafenviertel von Antwerpen und schildert den Prozeß eines allmählichen seelischen und körperlichen Verfalls. Das Mädchen Tille wird in einer Klosterschule erzogen und soll später Nonne werden. Eines Tages jedoch muß Tille wegen des plötzlichen Todes der Mutter in das Milieu zurückkehren, dem sie sich schon entfremdet hat. So vegetiert sie nun in der tristen Matrosenkneipe ihres Vaters dahin. Nur in einer Ehe mit ihrem Jugendfreund Walt glaubt sie glücklich werden zu können; dazu kommt es indes nicht, denn Walt reist nach Amerika. Da stirbt schließlich auch ihr Vater, und fortan gibt sich Tille völlig einer dumpfen Verzweiflung hin. Sie wird zur Trinkerin und sucht sich dadurch zugrunde zu richten. Als Walt zurückkehrt, ist ihr Wille zum Leben und zum Glück bereits gebrochen, und erst in der Gewißheit, nur noch ein paar Tage zu leben, nimmt sie seinen Heiratsantrag an. Vier Tage nach der traurigen Hochzeit stirbt sie. Tille ist von Anfang an eine »Braut des Todes«. Zunächst für das Kloster bestimmt, weigert sie sich, halb bewußt, halb unbewußt, mit den Realitäten des Lebens fertig zu werden, und zieht sich mit Hilfe des Alkohols immer mehr in ihr eigenes Inneres zurück. Zwar träumt sie vom Glück, von einer Vereinigung mit Walt; als sie aber dann tatsächlich die Möglichkeit hat, ihn zu heiraten und in der wirklichen Welt glücklich zu werden, sucht sie erst recht Zuflucht beim Alkohol und gibt Walt erst das Jawort, als sie mit Sicherheit weiß, daß es zu spät ist. Fast lustvoll-pervers genießt sie dann ihre Hochzeit, die zugleich den Übertritt in das Reich des Todes bedeutet, den endgültigen Bruch mit dem verhaßten Leben. Tilles sadomasochistischer bewußter Akt der Selbstzerstörung ist zugleich eine Auflehnung gegen eine Gesellschaft, die ihr jede Möglichkeit zur Freiheit und zur Entfaltung der eigenen Persönlichkeit genommen hat.

Das Werk nimmt eine Sonderstellung im Schaffen Baekelmans' ein. Ist er in seinen früheren Erzählungen noch stark im Naturalismus Zolas verhaftet, löst er sich hier deutlich von dieser Stilrichtung, ohne sie jedoch völlig zu überwinden. Zugunsten einer gedämpft-lyrischen, impressionistischen und eher beschwörenden als konstatierenden Prosa verzichtet er hier auf exakte, bis ins kleinste Detail gehende Beschreibungen der Umwelt, erweist sich aber in den Dialogstellen noch immer als naturalistischer Beobachter, wodurch ein deutlicher Stilbruch entsteht. Doch ist wohl gerade auf diesen Kontrast zwischen naturalistischen und neuromantischen Elementen, deren Synthese der Autor gar nicht angestrebt hat, der merkwürdige Reiz dieses Werks zurückzuführen. Auch in seiner Thematik scheint der Verfasser nach außen hin noch immer an den Traditionen des Naturalismus festzuhalten, wie die vom Determinismus bestimmte Grundhaltung zeigt: »*Der Zufall ist unser Meister. Wir handeln manchmal anders, als wir möchten. Wenn wir uns unserem Ziel nähern, gehen wir unwillkürlich in eine andere Richtung.*« Dennoch ist das hervorstechendste Merkmal der Erzählung ihr zutiefst romantischer Charakter. R.A.Z.

AUSGABEN: Antwerpen 1912. – Amsterdam 1953 [Ill. E. Ivanovsky].

LITERATUR: L. Monteyne, *L. B. Een inleiding tot zijn werk*, Antwerpen 1914. – *L. B. In den ouden Spiegel*, Gent 1939. – *L. B. ter Eere*, Antwerpen 1945/46. – G. W. Huygens, *L. B.*, Brüssel 1960. – J. Florquin, *L. B.* (in J. F., *Ten huize van ... 3*, Brügge ²1974). – G. Schmook, *L. B.*, Gent 1974. – E. Willekens, *L. B. herdacht in het A. M. V. C.*, Antwerpen 1979.

JUAN ALFONSO DE BAENA

* 1406 (?) Baena
† 1454 Córdoba (?)

CANCIONERO DE BAENA

(span.; *Liederbuch von Baena*). Von Juan Alfonso de BAENA 1445 für König Johann II. von Kastilien und León (reg. 1406–1454) zusammengestellt, erstmals veröffentlicht 1851. – Die Sammlung enthält Gedichte des ausgehenden 14. und beginnenden 15. Jh.s, von der Regierungszeit Peters I. (1350–1369) bis zu den ersten Jahren der Herrschaft Johanns II. Sie ist wichtig als Dokument des Übergangs vom Galicischen zum Kastilisch-Spanischen, der sich damals in der Lyrik vollzog. Die älteren Dichter des *Cancionero* bevorzugen in ihren Versen die traditionelle Metrik der *arte menor*, wie etwa den Achtsilber, und entnehmen ihre meist oberflächlichen Themen – Liebeshandel oder anspruchslose Diskussionen, etwa über die Vorzüge des Winters und des Sommers – dem Bereich der provenzalischen Lyrik. Ihre Sprache ist in den meisten Fällen das Galicische oder ein stark galicisch gefärbtes Spanisch. Zu dieser Gruppe gehören MACÍAS, dessen von amourösen Legenden umwobenes Leben von Lope de VEGA in *Porfiar hasta morir* und von Mariano José de LARRA (1809–1837) in der Tragödie *Macias* dramatisiert wurde (er ist auch der Held von Larras Roman *El doncel de Don Enrique el Doliente*); außerdem Alfonso ÁLVAREZ DE VILLASANDINO, der in einigen seiner *cantigas* Töne von großer Zartheit anschlägt, ferner Pero FERRÚS und Ferrant SÁNCHEZ CALAVERA, dessen Einfluß sich in den *Coplas* von Jorge MANRIQUE nachweisen läßt.

Die Gruppe der jüngeren Dichter, aus der der gebürtige Genuese Micer Francisco IMPERIAL hervorragt, nimmt italienische, in geringerem Maß französische Einflüsse auf und bedient sich ausschließlich der spanischen Sprache, die zuweilen stark von Italianismen durchsetzt ist. Ihre Themen sind ernster, der Ton ist feierlicher; ein neues Gefühl für die Schönheit der Sinnenwelt verleiht der Sprache einen wärmeren Klang. Mit Imperials *Dezir a las siete virtudes*, einem schwachen Abglanz von DANTES *Divina Commedia*, finden die Allegorie und der elfsilbige Vers Eingang in die spanische Lyrik. Außerdem zeigt sich bei den jüngeren Dichtern des *Cancionero* erstmals eine konsequente Anwendung der *copla de arte mayor*, der aus acht daktylischen Zwölfsilbern bestehenden Strophe, die schon im 14. Jh. bei Pero LÓPEZ DE AYALA erscheint und zur klassischen Strophe der allegorischen Dichtung des 15. Jh.s wird. KLL

AUSGABEN: Madrid 1851, Hg. P. J. Pidal [m. Einl. u. Anm.]. – Buenos Aires 1949. – NY 1926, Hg. H. R. Lang [Faks. d. Hs.]. – Madrid 1966, Hg. u. Einl. J. M. Azúceta. – Valencia 1978, Hg. u. Einl. N. F. Marino.

LITERATUR: H. R. Lang, *Las formas estróficas y términos métricos del »Cancionero de Baena«* (in *Estudios eruditos in memoriam de A. Bonilla y San Martín*, Bd. 1, Madrid 1927, S. 485–523). – P. Le Gentil, *La poésie lyrique espagnole et portugaise à la fin du moyen âge*, Rennes 1949–1952. – W. Schmidt, *Der Wortschatz des »Cancionero de Baena«*, Bern 1951. – M. Garcia Viñó, *Los poetas sevillanos en el »Cancionero de Baena«* (in Archivo Hispalense, 1960, Nr. 99/100, S. 17–43). – J. G. Cummings, *Methods and Conventions in the 15th Century Poetic Debate* (in HR, 31, 1963, S. 307–323). – C. F. Fraker, *Doctrinal Poetry in the »Cancionero de Baena«*, Diss. Harvard Univ. 1962/1963. – J. L. Christina, *The Psychology of Love in the »Cancionero de Baena«*, Diss. Indiana Univ. 1971 (vgl. Diss. Abstracts, 32, 1972, S. 4557 A). – J. L. Labrador Herraiz, *Poesía dialogada medieval: La »pregunta« en el »Cancionero de Baena«*, Madrid 1974. – H. Flasche, *Geschichte der spanischen Literatur*, Mchn./Bern 1977, S. 270–286. – N. F. Marino, *Dezir que fizo J. A. de B.*, Valencia 1978. – K. Kohut, *La teoría de la poesía cortesana en el Prólogo de J. A. de B.* (in *Actas del Coloquio hispanoalemán*, Hg. W. Hempel u. a., Tübingen 1982, S. 120–137).

ROBERT BAGE

* 29.2.1728 Darley / Derby
† 1.9.1801 Tamworth / Stafford

HERMSPRONG, or Man as He Is Not

(engl.; *Hermsprong oder Der Mensch, wie er nicht ist*). Roman von Robert BAGE, erschienen 1796. – Der als Quäker erzogene Autor, der sich unter dem Einfluß ROUSSEAUS, DIDEROTS und VOLTAIRES zum Freidenker entwickelte, begann mit 53 Jahren Romane zu schreiben, in denen er anfangs für soziale Reformen eintrat und später – ähnlich wie seine Zeitgenossen William GODWIN und Thomas HOLCROFT, wenn auch nicht so kompromißlos wie der erstere – das bestehende Gesellschaftssystem angriff und seinen bedingungslosen Glauben an die rationalen Kräfte des Menschen dokumentierte. In *Hermsprong*, seinem interessantesten Werk, hat seine Bewunderung für Rousseau und die Ideale der Französischen Revolution ihren stärksten Niederschlag gefunden. Er entwirft darin das Charakterbild eines außergewöhnlichen jungen Mannes namens Charles Hermsprong, der – ähnlich wie Rousseaus Émile – fern der Stadt und ihrer korrupten Gesellschaft aufgewachsen ist. Hermsprong hat, wie René und Atala in CHATEAUBRIANDS gleichnamigen Romanen, jahrelang unter den Indianern Nordamerikas gelebt, deren primitive Lebensweise ihm zugesagt hat, und ist erst nach dem Tod seines Vaters nach Europa gekommen. Indem Bage seinen Helden mit dem Scharfblick des Naturkindes die Hohlheit und Heuchelei der dortigen Gesellschaft durchschauen läßt, bedient er sich des in der Satire des Zeitalters der Aufklärung so beliebten Kunstgriffs, einen fremden, unvoreingenommenen Besucher über die Auswüchse der europäischen Zivilisation teils amüsiert, teils schockiert berichten zu lassen (man vergleiche MONTES-QUIEUS *Lettres persanes*, Voltaires *L'ingénu* oder GOLDSMITHS *The Citizen of the World*). In England tritt Charles, der den Namen »Hermsprong« nur angenommen hat, Lord Grondale gegenüber. Dieser hat einst, von Eifersucht und Mißgunst verblendet, seinen Bruder – Hermsprongs Vater – in eine Falle gelockt und um sein Erbe gebracht. Er ist schuld daran, daß der Betrogene nach Frankreich fliehen mußte, von wo er nach Amerika auswanderte. Hermsprong, der sich seinem Oheim vorerst nicht zu erkennen gibt, verliebt sich in seine Kusine Caroline, ein edles, seiner würdiges Mädchen. In vielen langen Diskussionen mit Lord Grondale, einem tyrannischen Verfechter des feudalistischen Systems, und mit Miss Fluart, der schlagfertigen Freundin Carolines, attackiert Charles den Standesdünkel der Besitzenden und die Entrechtung der Armen. Enthusiastisch setzt er sich für die Sklavenbefreiung und die Gleichberechtigung der Frau ein. Lord Grondale, in jeder Beziehung der Antagonist des als Idealtyp, als »Mensch, wie er nicht ist« gezeichneten Hermsprong, bereut erst auf dem Totenbett seine Erbschleicherei und erkennt die Ansprüche des jungen Mannes an. Fünf Monate nach seinem Tod werden der legitime Lord Grondale und Caroline ein Paar. Im Vorwort zu seinem Ideenroman mit der dürftigen, konventionellen Handlung und den langatmigen Erörterungen der Menschenrechte beruft sich Bage auf die Ansicht seines Vorbildes Rousseau, daß dem didaktischen Zweck eines Romans der Vorrang vor der Handlung gebühre. Für eine Auflockerung sorgen allerdings blitzend ironische Formulierungen und treffende Charakterskizzen – Vorzüge, die Sir Walter SCOTT zu seiner hohen Einschätzung Bages bewogen haben dürften. R.B.

AUSGABEN: Dublin 1796. – Ldn. 1810 *(Man as He Is Not, or Hermsprong)*. – Ldn. 1821. – Ldn. 1824 (Vorw. Sir W. Scott). – Ldn. 1951. – Univ. Park (Pa.)/Ldn. 1982. – Oxford 1985 (OUP).

LITERATUR: K. H. Hartley, *Un roman philosophique anglais: »Hermsprong« de R. B.* (in RLC, 38, 1964, S. 558–563). – P. Faulkner, *R. B.*, Boston 1979 (TEAS). – M. G. Morgan, *R. B. (1728–1801): A Bibliography* (in Bull. of Bibliography, 38, 1981, H. 4, S. 173–178).

CARL BAGGER

* 11.5.1807 Kopenhagen
† 25.10.1846 Odense

MIN BRODERS LEVNET. Fortælling af Johannes Harring

(dän.; *Das Leben meines Bruders. Erzählung von Johannes Harring*). Roman von Carl BAGGER, erschienen 1835. – Die Hauptgestalten dieses Romans sind der Ich-Erzähler Johannes Harring und sein völlig gegensätzlich gearteter Bruder Arthur: ersterer ein biederer, fast selbstgerechter Theologe, der sein Examen mit »laudabilis« gemacht hat, während sein älterer, genialerer Bruder, ein aus dem Dienst ausgeschiedener Leutnant, ein richtiger Luftikus ist, ein Alkoholiker, der sich in den verrufensten Kneipen der Hauptstadt herumschlägt, ständig Schulden hat und gelegentlich Gedichte schreibt – des Dichters *alter ego*. Als Hauslehrer auf einem jüdischen Gutshof verliebt sich Johannes in die schöne Pfarrerstochter Mathilde, und diese gesteht ihm schließlich, daß sie vor Jahren Mutter eines inzwischen verstorbenen Kindes geworden ist, dessen Vater sein Bruder Arthur sei. Johannes veranlaßt seinen todkranken Bruder dazu, sich auf dem Sterbebett mit der früheren Geliebten trauen zu lassen. Inzwischen hat Mathilde ihren Vater verloren und auch erfahren, daß ihr vermeintlich toter Sohn lediglich in Pflege gegeben worden war, damit ihre Schande nicht ruchbar werde. Damit endet der Roman, und der Erzähler gibt zu erkennen, daß er während der Niederschrift seiner Aufzeichnungen bereits glücklicher Ehemann seiner geliebten Mathilde ist; so hat sich nicht nur sein Herzenswunsch erfüllt, sondern gleichzeitig hat er auch dem letzten Willen seines Bruders stattgegeben.

Der Roman, seiner fast kolportagehaft anmutenden Handlung nach – deutliche Vorbilder sind die deutschen Romantiker und BYRON – nicht sonderlich originell, erweckt vorwiegend aus zwei Gründen Interesse. Zum einen ist er stark autobiographisch und kann als Doppelporträt des Autors angesehen werden: wie er tatsächlich war (Arthur) und wie sein Leben hätte verlaufen können (Johannes). Außerdem sind die realistischen Schilderungen des Kopenhagener Kneipen- und Dirnenmilieus in der zeitgenössischen dänischen Literatur einzigartig; es dauerte noch Jahre, ehe der von Bagger kühn vorweggenommene Realismus sich in der dänischen Literatur durchsetzen konnte. Hinzu kommt Baggers spöttische Absage an die literarischen Favoriten seiner Zeit: OEHLENSCHLÄGER und INGEMANN.

Trotz allem Aufsehen, das der Roman erregte, fand er bei seinem Erscheinen nicht die gebührende Würdigung. Schuld daran trug vor allem das Urteil J. N. MADVIGS, der zwar Baggers dichterische Fähigkeiten anerkannte, den Roman jedoch vernichtend kritisierte. Erst viel später wurde der Autor als ein früher Vorläufer etwa PALUDAN-MÜLLERS, aber auch DRACHMANNS anerkannt. F.J.K.

AUSGABEN: Kopenhagen 1835. – Kopenhagen 1866/67 (in *Samlede Værker*, Hg. V. Møller, 2 Bde.). – Kopenhagen 1899, Hg. E. Rørdam. – Kopenhagen 1912 (in *Samlede Skrifter*; Vorw. O. Borchsenius). – Kopenhagen 1928 (in *Udvalgte Skrifter*, Hg. O. Schlichtkrull; Danmarks Nationallitteratur). – Kopenhagen 1942 [Einl. E. Frandsen]. – Kopenhagen 1968.

ÜBERSETZUNG: *Meines Bruders Leben. Eine Erzählung*, J. Reuscher, Bln. 1847.

LITERATUR: J. N. Madvig, Rez. (in Maanedsskrift for Litteratur, 13, 1835, S. 437–450). – K. Arentzen, *C. B.* (in Dansk Maanedsskrift, 1868, 1, S. 105–128). – E. Sloman, *C. B.* (in Tilskueren, 1899, S. 241–268). – A. Dolleris, *C. B.*, Kopenhagen 1907. – H. Schwanenflügel, *C. B.*, Kopenhagen 1909. – G. Nygaard, *C. B. Bidrag til en bibliografi med en biografisk indledning*, Kopenhagen 1918. – G. Brandes, *C. B.* (in G. B., *Samlede Skrifter*, Bd. 2, Kopenhagen ²1919, S. 140–151). – E. Rafin, *C. B.*, Kopenhagen 1959. – J. Gleerup, *Bag on dannelsesromanen. En analyse af C. B.s »Min broders levnet«* (in Kritik, 35, 1975, S. 5–33). – C. Kastholm Hansen, *Den kontrollerede virkelighed*, Kopenhagen 1976, S. 63–71. – *Dansk litteraturhistorie*, Bd. 3, Hg. O. Frijs u. U. Andreasen, Kopenhagen 1976, S. 295–303. – Dass., Bd. 5, Hg. T. Brostrøm u. J. Kistrup, Kopenhagen 1977, S. 482–495.

JENS IMMANUEL BAGGESEN

* 15.2.1764 Korsør
† 3.10.1826 Hamburg

LITERATUR ZUM AUTOR:
A. Baggesen, *J. B.s Biographie*, 4 Bde., Kopenhagen 1843–1856. – C. Dumreicher, *J. B.*, Kopenhagen 1964. – L. L. Albertsen, *Odins Mjød*, Aarhus 1969. – Baggesenia, 10 Bde., Kopenhagen 1970–1979. – H. Nägele, *Der dt. Idealismus in der existentiellen Kategorie des Humors*, Neumünster 1971, S. 11–53. – V. A. Schmitz, *Dänische Dichter in ihrer Begegnung mit dt. Klassik und Romantik*, Ffm. 1972. – *Dansk litteraturhistorie*, Hg. F. J. Billeskov Jansen, Bd. 2, Kopenhagen 1976/77, S. 375–391. – Dass., Hg. J. Fjord Jensen, Bd. 5, Kopenhagen 1984, S. 587–601. – *Dansk Biografisk Leksikon*, 16 Bde., Kopenhagen 1979–1984; 1, S. 367–373.

LABYRINTEN eller Reise giennem Tydskland, Schweitz og Frankerig

(dän.; *Das Labyrinth oder Reise durch Deutschland, die Schweiz und Frankreich*). Reisebeschreibung von Jens Immanuel BAGGESEN, erschienen 1792/93. – Ein Stipendium ermöglichte es dem Dichter, im europäischen Schicksalsjahr 1789 in Gesellschaft gebildeter Dänen und Holsteiner – unter ihnen Friederike BRUN, die schöngeistige Tochter von Balthasar MÜNTER, und C. F. CRAMER, ein Verehrer KLOPSTOCKS und Mitglied des Göttinger Hainbunds – seine erste große Auslandsreise zu unternehmen und so der ihn bedrückenden Kopenhagener Atmosphäre zu entrinnen. Über

Kiel und Hamburg führt die im Stil der Zeit durchgeführte Bildungsreise durch die Lüneburger Heide nach Celle, Hannover und Bad Pyrmont. Baggesen knüpft Kontakte mit den literarischen Berühmtheiten, die er in seinem Reisebuch treffend porträtiert: In Eutin trifft er mit Voss zusammen, in Hamburg mit KLOPSTOCK und GERSTENBERG, und in Tremsbüttel findet eine enthusiastische Begegnung mit dem Stolberg-Kreis statt. (Baggesen, gleichermaßen im dänischen wie im deutschen Geistesleben beheimatet, war es auch, der das Stipendium vermittelte, das SCHILLER für drei Jahre vom Herzog von Augustenburg erhielt.) Von Pyrmont aus setzt er die Reise mit den Freunden Graf A. G. D. MOLTKE (1765–1843) und dem Berliner J. G. K. SPAZIER (1761–1805) über Göttingen, das Hessische Bergland, Friedberg und Frankfurt an den Rhein fort. Nach Stationen in Mainz, Mannheim und Straßburg erreicht die Gruppe die Schweizer Grenze. Mit der Ankunft in Basel endet der Bericht; eine beabsichtigte Fortsetzung wurde nie vollendet.

Das Buch enthält hervorragende Charakteristiken von zeitgenössischen Persönlichkeiten und authentische Schilderungen der gesellschaftlichen und kulturellen Verhältnisse im Deutschland des ausgehenden 18. Jh.s. Sein Quellenwert besteht jedoch auch darin, daß sich hier Baggesens Reaktion auf die beginnende Französische Revolution verfolgen läßt: Der Weltbürger und Republikaner hatte – wie SCHILLER, HÖLDERLIN und, vor allem, J. G. A. FORSTER (mit dem er in Mainz zusammentraf und von dessen Weltläufigkeit er beeindruckt war) – zunächst die Umwälzungen in Frankreich begrüßt; die Schilderung des Frankfurter Ghettos etwa *(Jødegaden i Frankfurt)* gehört zu den Kapiteln, die deutlich das soziale Engagement des Autors verraten und seine kosmopolitisch-toleranten Überzeugungen dokumentieren. – Das Werk ist in einem meisterhaft ironisch-empfindsamen Stil verfaßt – besonders deutlich ausgeprägt im Eingangskapitel, *Passet (Der Paß)*, oder in der übermütig-sprudelnden Wiedergabe des Treibens auf dem Marktschiff zwischen Frankfurt und Mainz *(Torveskibet)*. Einen Höhepunkt bildet die ganz vom enthusiastischen Subjektivismus der Empfindsamkeit getragene Schilderung der Besteigung des Straßburger Münsters. Im Kapitel *Mannheim* manifestiert sich Baggesens geistiger Standort zwischen den Jahrhunderten: Zwar beherrscht auch ihn durchaus der aufklärerische Geist des 18. Jh.s, der die badische Residenzstadt geprägt hat, doch lehnt er das Mathematisch-Symmetrische in der Stadtanlage Mannheims ab. Daß er kein eigentlicher Vorromantiker ist, ergibt sich aus seinem abwertenden Urteil über das Innere des Straßburger Münsters, das für ihn bizarres Mittelalter bleibt – eine Ambivalenz des Urteils über den gotischen Stil, die an GOETHE erinnert.

Die lyrischen Passagen des Werks stehen in der geläufigen Tradition anakreontisch-galanter Dichtung und umspielen meist die unglückliche Liebe zu »Seline«, der Frau des dänischen Dichters

Ch. H. PRAM. Einige der muntersten Verse sind Nachdichtungen von volksliedhaften zeitgenössischen Strophen aus dem Deutschen. – *Labyrinten* ist neben Johannes EWALDS *Levnet og Meeninger* eines der bedeutendsten autobiographischen Werke der dänischen Literatur. Beide Bücher dokumentieren den großen Einfluß, der von STERNES humoristischem Subjektivismus ausging; daneben haben die *Confessions* von ROUSSEAU, den er den »menschlichsten Menschen unseres Jahrhunderts« nennt, stark auf Baggesen eingewirkt. – Unter den Zeitgenossen fand das Reisebuch nicht die gebührende Aufnahme (was mit dem Vorwurf von national-dänischer Seite, der Dichter habe sich zu sehr an den holsteinischen Adel gebunden, zusammenhängen mag), hat sich aber längst als klassisches Werk der dänischen Literatur durchgesetzt. I.H.

AUSGABEN: Kopenhagen 1792/93, 2 Bde. – Kopenhagen 1847 (in *Danske Værker*, Hg. A. Baggesen, 12 Bde., 1845–1847, 9–11). – Kopenhagen 1909, Hg. L. Bobé (*Mindesmærker af Danmarks National-Litteratur*, Hg. V. Andersen, Bd. 2). – Kopenhagen 1965 (Hg. u. Nachw. T. Brostrøm; Gyldendals Bibliotek; ³1980). – Kopenhagen 1968. – Kopenhagen 1976, Hg. u. Nachw. L. L. Albertsen.

ÜBERSETZUNGEN: *Baggesen oder Das Labyrinth*, 1793–1795 (in *Menschliches Leben*, Hg. C. F. Cramer, Bd. 10/11, 14–16). – *Humoristische Reisen durch Dänemark, Deutschland und die Schweiz*, 5 Bde., Hbg./Mainz 1801. – *Das Labyrinth oder Reise durch Deutschland in die Schweiz 1789*, G. Perlet, Lpzg. 1985.

LITERATUR: H. Brix, *Til J. B.: »Labyrinthen«* (in H. B., *Analyser og Problemer*, Bd. 3, Kopenhagen 1936, S. 204–232). – A. Groos, *Die Frankfurter Judengasse: Labyrinthische Reise des J. I. B.* (in DRs, 85, 1959, S. 626–635). – Aa. Henriksen, *Den Rejsende. Otte Kapitler om B. og hans Tid*, Kopenhagen 1961. – T. Brostrøm, *Labyrint og arabesk*, Kopenhagen 1967, S. 9–22. – F. Dahl, *Den guddommelige jomfru* (in Baggeseniana, 1, Kopenhagen 1970). – S. E. Larsen, *By og litteratur – rundt i landsbyrinten* (in Bidrag, 19/20, 1985).

ÉDUARD GEORGIEVIČ BAGRICKIJ

eig. Éduard G. Dzjubin

* 3.11.1895 Odessa
† 16.2.1934 Moskau

DAS LYRISCHE WERK (russ.) von Éduard Georgievič BAGRICKIJ.

Bagrickij – sein eigentlicher Familienname ist

Dzjubin – gilt zusammen mit Michail SVETLOV (1903–1964) und Nikolaj TICHONOV (1896 bis 1979) als einer der führenden romantischen Dichter der frühen Sowjetliteratur. Wie sein Zeitgenosse Isaak BABEL' (1894–1941), der Meister kurzer, dichter Prosa, dem er von 1920 bis zu seinem Tod 1934 freundschaftlich verbunden war, entstammte auch Bagrickij einer jüdischen Kaufmannsfamilie aus Odessa. Seine ersten Gedichte, deren heroisch-romantische Thematik und klare Sprache den Einfluß der Lyrik Nikolaj GUMILËVS (1896–1921) erkennen lassen, entstanden und erschienen 1915, der erste seiner drei Gedichtbände *(Jugo-zapad – Südwesten)* wurde jedoch erst 1928 veröffentlicht. In den Jahren 1918–1920 wandte sich Bagrickij den englischen Romantikern zu. Ihre Bedeutung für sein Schaffen zeigt sich unter anderem in seiner Vorliebe für die Form der Ballade und in Übersetzungen von Gedichten von Walter SCOTT und Robert BURNS in dem Band *Jugo-zapad*. Innerhalb der russischen Literatur seiner Zeit war Bagrickij vor allem von den unpolitischen, romantischen Abenteuergeschichten des um 15 Jahre älteren Aleksandr GRIN (1880–1932) begeistert. Einige seiner frühen Gedichte stehen unter dem Einfluß der futuristischen Dichtungen Vladimir MAJAKOVSKIJS (1893–1930), an den er 1915 eine Hymne richtete *(Gimn Majakovskomu – Hymne an Majakovskij)*. Bagrickijs Gedichte der Jahre 1918–1925 sind romantisch-optimistisch und zumeist unpolitisch. Soldaten und Revolutionäre, aber auch Schmuggler und Diebe sind seine typischen Charaktere. Immer wieder verwendet er das Motiv des Vagabunden. So schreibt er etwa von 1921 bis 1923 eine Reihe von Till-Eulenspiegel-Gedichten, in denen er sich mit der Figur des flämischen Till vergleicht: »*So mag ich denn wie dieser Vagabund durchs ganze Land ziehn.*« *(Til' Ulenspigel'*, 1922). Weitere Ausgestaltungen des Motivs finden sich z. B. in dem Gedicht *Pticelov*, 1918 *(Der Vogelsteller)* und in *Skazanie o more, matrosach i Letucem Gollandce*, 1922 *(Sage vom Meer, den Matrosen und dem Fliegenden Holländer)*. In den Gedichtband *Jugo-zapad* nimmt Bagrickij, der die Revolution begeistert begrüßte und im Bürgerkrieg als Angehöriger einer Propagandaeinheit Agitpropverse verfaßte, nur eine Revolutions-Verserzählung, *Duma pro Opanasa (Das Lied von Opanas)*, auf, die ihn 1926 berühmt macht. In der Form an das ukrainische historische Lied, die *duma*, und an Taras ŠEVČENKOS Poem *Hajdamaky*, 1841 *(Die Hajdamaken)*, angelehnt, beschreibt er den von der Roten Armee desertierten Bauern Opanas, der seinen ehemaligen Kommissar Kogan erschießt. Wie die meisten Gedichte Bagrickijs zeigt auch das *Lied von Opanas* einen episodenhaften Aufbau; auf seiner Grundlage verfaßte der Dichter 1933 ein gleichnamiges Opernlibretto.
Im Jahr 1925 übersiedelte Bagrickij von Odessa nach Moskau. Dort trat er 1926 zunächst der literarischen Vereinigung *Pereval* (Der Paß) bei, die sich zu einem sozialen Auftrag der Literatur unter Wahrung des Rechts auf freie Themenwahl bekannte.

Ein Jahr später wechselte er zur Gruppe der Konstruktivisten. Die Gedichte der Jahre 1925–1927 lassen eine gewisse Enttäuschung gegenüber der kommunistischen Wirklichkeit erkennen, ohne daß Bagrickij jedoch seine positive Einstellung zur Revolution aufgibt. Die Gedichte seines zweiten Gedichtbandes *Pobediteli*, 1932 *(Die Sieger)*, dessen Titel keinen konkreten Bezug besitzt, sind in ihrer Aussage persönlich. So thematisiert Bagrickij etwa in *Proischoždenie*, 1930 *(Herkunft)*, seine jüdische Abstammung. In *Vstreča*, 1928 *(Begegnung)*, findet sich erneut das Eulenspiegel-Motiv. Die drei Verserzählungen des letzten Gedichtbandes *Poslednjaja noč*, 1932 *(Die letzte Nacht)*, zeigen die innere Auseinandersetzung des Lyrikers mit den Idealen der Revolution. – Bagrickijs Werk ist von großer sprachlicher und metrischer Vielfalt. Daß es dennoch im positiven Sinn einheitlich wirkt, erklärt sich aus seiner Vitalität und der romantischen Kraft seiner Bilder. C.Hü.

AUSGABEN: *Jugo-zapad*, Moskau 1928. – *Pobediteli*, Moskau 1932. – *Poslednjaja noč*, Moskau 1932. – *Sobranie sočinenij*, Moskau 1938 (2 Bde., nur Bd. 1 erschienen). – *Stichotvorenija i poėmy*, Moskau 1964. – *Izbrannoe. Stichotvorenija i poėmy*, Petrozavodsk 1975.

LITERATUR: E. Ljubareva, *Ė. B.*, Moskau 1964. – I. Roždestvenskaja, *Poėzija Ė. B.*, Leningrad 1967. – *Ė. B. Vospominanija sovremennikov*, Hg. L. Bagrickaja, Moskau 1973. – W. Rosslyn, *The Path to Paradise: Recurrent Images in the Poetry of E. B.* (in MLR, 71, 1976, S. 97–105).

ELISAVETA BAGRJANA

eig. Elisaveta Ljubomirova Belčeva
* 16.4.1893 Sofia

LITERATUR ZUR AUTORIN:
I. Mešekov, *Grechovnata i svjata pesen na B.* (in I. M., *Očerci. Statii. Recenzii*, Sofia 1965). – P. Zarev, *E. B.* (in P. Z., *Preobrazena literatura*, Sofia 1969, S. 7–74). – M. Caneva, *E. B.* (in M. C., *Petima poeti*, Sofia 1974, S. 37–79). – Dies., *E. B.* (in *Istorija na bălg. literatura*, Sofia 1976, Bd. 4, S. 272–295). – P. Zarev, *E. B.* (in P. Z., *Panorama na bălgarskata literatura*, Sofia 1978, Bd. 3, S. 368–427). – P. Dinekov, *E. B. v bălgarskata poezija* (in Plamăk, 1978, 4, S. 47–56). – S. Chadžikosev, »*Nad moja prag večernicata sliza...*«. *E. B. na 85 g.* (in Septemvri, 31, 1978, 5, S. 226–234). – R. Likova, *E. B.* (in R. L., *Istorija na bălgarskata literatura – poeti na 20-te godini*, Sofia 1979, S. 210–267). – D. Koleva, *Za poetikata*

na B., Sofia 1983. – M. Caneva, *E. B. na devetdeset godini* (in Ezik i literatura, 38, 1983, 5, S. 13–22). – *E. B., Christo Radevski, Boris Krumov: Bio-bibliografski očerk*, Sofia 1984.

VEČNATA I SVJATATA

(bulg.; *Die Ewige und die Heilige*). Gedichtzyklus von Elisaveta BAGRJANA, erschienen 1927. – Die Autorin, die als bedeutendste bulgarische Schriftstellerin und eine der profiliertesten Vertreter der bulgarischen Lyrik des 20. Jh.s gilt, begann ihre literarische Arbeit unter dem Einfluß SLAVEJKOVS, überwand jedoch bald den bulgarischen Symbolismus und näherte sich der intimen Lyrik eines CHRISTOV und LILIEV, bis sich ihre strahlende Diktion endlich in einem eigenen, vitalistischen Stil manifestierte. Mehr als ein halbes Jahrhundert unermüdlichen, impulsiven Schaffens ließ ein umfangreiches dichterisches Œuvre entstehen. Zu einem der wegweisendsten Werke der modernen bulgarischen Lyrik wurden die Liebeslieder des Zyklus *Večnata i svjatata*, in denen die Stimme der Dichterin am authentischsten klingt. Das leidenschaftliche, aufrüttelnde Streben der Frau nach Liebe und irdischem Glück zieht sich als Leitmotiv durch die Gedichte: »*Ich bin jung, jung, jung / mit brennendem Herzen*« . . . »*Ich will nur lieben, will nur lieben.*« Alle Stufen der Liebe von stürmischer Begeisterung und blinder Faszination über berauschte Hingabe bis zur schmerzvollen Trennung werden durchlebt. In die lebensbejahende Grundhaltung mischt sich der Protest gegen herrschende Scheinmoral und Vorurteile gegen die Frau. Als »Ewige« und »Heilige« verkörpert sich die Frau in der Gestalt der Madonna und Mutter, die in ihrer Nachkommenschaft fortlebt: »*Dort fließt ihr unsterbliches Blut, / und ihre Seele ist auf dieser Welt zurückgeblieben.*« Bagrjana überwindet in ihrer Lyrik die überkommenen Gewohnheiten nicht allein inhaltlich. Sie verwendet freie Rhythmen und vermeidet den streng strophischen Aufbau der Gedichte. Die Kritik hat die Autorin häufig mit der russischen Dichterin Anna ACHMATOVA verglichen. Beider Lyrik ist durch Rhythmus, Bildhaftigkeit und unverkennbare Intonation der Volksdichtung befruchtet.
Bagrjana hat die bulgarische Literatur um eine bis dahin unbekannte Fülle tiefer Gedanken und aufrichtiger Gefühle bereichert, die sie mit sinnlicher Weiblichkeit, innerer Leidenschaft und glutvoller Liebe ausspricht. Ergebnis ihrer mehr als fünfzigjährigen Entwicklung sind vor allem sechs Gedichtbände, in denen die Lyrikerin über die einschneidenden gesellschaftspolitischen Veränderungen hinweg ihrem eigenen schöpferischen Wesen treu bleibt: *Večnata i svjatata*, 1927 *(Die Ewige und die Heilige); Zvezda na morjaka*, 1932 *(Stern des Matrosen); Pet zvezdi*, 1953 *(Fünf Sterne); Ot brjag do brjag*, 1963 *(Von Ufer zu Ufer); Kontrapunkti*, 1972 *(Kontrapunkte)*. Mit jedem Gedichtzyklus erweiterte Bagrjana ihre Thematik, vergrö-

ßert die Dimension und schreitet fort in der Befreiung der Frau, die sich nach der Ferne als dem Symbol der Freiheit sehnt, um in ihr die feste Bindung an die Heimat zu entdecken und zu spüren. »*Bagrjana brachte in die bulgarische Dichtung eine zärtliche, rebellierende, vorwärtsgerichtete Weiblichkeit und Offenheit ein. Das artete aber nicht in Sentimentalität und in qualvolle Pein aus. Sie erreichte in ihrer poetischen Welt Harmonie und innere Konzentration, die von einer großen Kunst zeugen*« (P. Dinekov).
D.Ku.

AUSGABEN: Sofia 1927. – Sofia 1969 (in *Stichotvorenija*). – Plovdiv 1980 [enth. Bibliogr.]. – Sofia 1983 (in *Izbrani proizvedenija*, Bd. 1).

LITERATUR: Ž. Avdžiev, *Tvorčeskoto razvitie na E. B.* (in Septemvri, 6, 1953, 12, S. 125–142). – R. Likova, *E. B.* (in *Njakoi osobenosti na bălg. poezija*, Sofia 1962, S. 126–143). – Ch. Nedjalkov, *E. B.* (in Ezik i literatura 20, 1965, 4, S. 84–89). – P. Dinekov, *E. B.* (in Septemvri 16, 1963, 4, S. 24–38). – M. Caneva, *Poetičnijat svjat na E. B.* (in *Problemi na săvremennata bălg. literatura*, Sofia 1964, S. 33–73). – V. Bojadžieva, *Večnata i svjatata B.* (in Literaturna misăl, 11, 1967, 6, S. 3–14). – P. Zarev, *Svetăt na E. B.* (in Literaturna misăl, 12, 1968, 4, S. 3–41). – S. Igov, *Večnata i svjatata* (in Plamăk, 1983, 5, S. 5–13).

MOḤAMMAD TAQI BAḤĀR

* 1885 Mašhad (Mesched)
† 22.4.1951 Teheran

LITERATUR ZUM AUTOR:
'Abd o' l-Hamid 'Erfāni, *Aḥwāl wa āṯār-e Malek o'š-šo' arā Taqi Baḥār*, Teheran 1956. – F. Machalski, *La littérature de l'Iran contemporain*, Breslau u. a. 1965–1980; Bd. 1, S. 89–105; Bd. 2, S. 39–55. – J. Rypka, *History of Iranian Literature*, Dordrecht 1968, S. 373 f. – B. Nikitine, Art. *B.* (in EI², 1, S. 918 f.).

DIWĀN-E BAḤĀR

(iran.-npers.; *Diwan des Bahar*). Die Sammlung der Gedichte des Moḥammad Taqi BAḤĀR, der mit dem Beinamen Malek o'š-šo'arā (Dichterkönig) geehrt wurde, besteht aus mehr als 35000 Versen, die in zwei Bänden zusammengefaßt wurden und 1956/57 erschienen.
Baḥārs Lyrik zeigt großen Formenreichtum: Qasiden (Zweckgedichte) stehen neben Ghaselen, Robā'is (Vierzeilern) und Mostazāds (Strophen, deren Verse eine kurze Ergänzung mit gleichen Reimen besitzen) und Qeṭ'as (Strophe mit gleichen

Reimen, und einem einheitlichen Gedanken, deren erster Halbvers reimlos ist). Das ereignisreiche Leben des Autors als Freiheitskämpfer, Parteiführer, Parlamentsabgeordneter, politischer Gefangener, Exilierter, Literaturwissenschaftler, Minister und Friedenskämpfer spiegelt sich in seiner Poesie, der er fünfzig Jahre seines Lebens widmete. Schon vor der bürgerlichen Revolution von 1905–1911 war er durch seinen Vater in die Kreise der Freiheitskämpfer eingeführt worden. Er veröffentlichte Gedichte in der Presse seiner Heimatprovinz Chorassan und konnte seine Mitbürger für die Ziele einer konstitutionellen Monarchie begeistern. Seine Gedichte gegen den absolutistischen Schah «*Mit dem Schah von Iran über Freiheit zu reden ist eine Sünde*» und über den Sieg der Aufständischen und die Eroberung Teherans durch die Konstitutionalisten, fanden allgemeine Zustimmung. Sie wurden in der von ihm herausgegebenen Zeitung veröffentlicht, worauf er auf Drängen des zaristischen Konsuls aus seiner Heimatstadt Meschhed ausgewiesen wurde. Als er 1913 wieder nach Meschhed zurückkehrte, war seine Zeitung zum Sprachrohr der Anhänger der Modernisierung geworden, die für die Emanzipation der Frau und gegen den Aberglauben und die Vielweiberei agitierte. Trotz seiner zweiten Wahl zum Abgeordneten war er vom Aufstieg Reza-Schahs und wegen dessen Thronbesteigung dermaßen enttäuscht und verzweifelt, daß er eine seiner schönsten Qasiden über den Berg Demawend und dessen 5600 Meter hohen schneebedeckten Gipfel, den er den weißen Riesen nannte, verfaßte, die zur bleibenden Literatur Irans gehört. Mit dem Doppelvers »*Oh Du, weißer Riese, mit gefesseltem Fuß, Du, Himmelsgewölbe Demawend*« beginnend, beschreibt ihn der Dichter, wie er mit einem silbernen Helm und einem Gurt aus Eisen sich in den Wolken verhüllt, damit die Menschen sein herzberötendes Antlitz nicht entheiligen. Als die Erde durch die Gewalt des Universums kalt, schwarz und schweigend wurde, hat sie voller Zorn dem Widersacher einen Faustschlag versetzt, und nun soll der Berg Rache üben an der Untat und nicht mehr schweigen. Sondern eine Mischung aus Feuer und Flamme, aus giftigem Gas und Schwefel, aus den feurigen Seufzern des unterdrückten Volkes und aus göttlicher Rache soll sich über Ragha (Teheran) ergießen mit einem Regen voll von Schrecken, Angst und Zwietracht, wie in Pompeji alles vernichten und dem rechtdenkenden Menschen Gerechtigkeit widerfahren lassen.

In den Jahren 1927–1941 zog sich Bahār völlig von der Politik zurück und widmete sich der Literaturforschung und seiner eigenen Poesie, teilweise im Gefängnis und teilweise im Exil. Um sich zu retten, mußte er in den Chor der Lobsinger einstimmen, und doch war es ihm nicht erlaubt, seinen *Diwan* herauszugeben. Bahār wird als der letzte große persische Klassiker gewürdigt, und manche Kritiker sind der Meinung, daß Iran seit Jahrhunderten keinen Dichter von seinem Range hervorgebracht habe. Seine Bedeutung liegt darin, daß er in der Sprache der alten Meister neuen Gedanken mit viel Geschick und Anmut und in neuen Gleichnissen und Metaphern Ausdruck verlieh, wobei er die Jahrhunderte alte Technik der Metrik und der Reime streng beachtet hat. Aus dem Wortschatz der traditionellen Dichtung schöpfend und neue Kombinationen bildend, gelingt es dem mit europäischer Literatur vertrauten Poeten, neue Formen zu gestalten, die seinen Qasiden und Ghazelen einen persönlichen und einheitlichen Ausdruck verleihen. Inhaltlich appelliert der Dichter an einen Leserkreis, denn auch dem weniger Gebildeten sind seine eleganten Verse verständlich. Lyrische Naturschilderungen, Gedanken über die Vergänglichkeit, Lieslieder und Sinngedichte vereinigen sich mit kritischen Gedichten zu Zeitereignissen und mit Belehrungen an, ohne daß die Texte je trocken und ermüdend wirkten. Sogar in Bahārs Ghazelen gibt es Bezüge auf Tagesprobleme. Selbst in seinen Appellen an den Schah wird die Notwendigkeit hervorgehoben, Reformen durchzuführen, ohne die Gedeihen und Fortschritt unmöglich seien. – Nach dem Zweiten Weltkrieg, als für eine kurze Zeit eine Atmosphäre der Offenheit und Demokratie im Lande aufkam, trat Bahār wiederum auf die politische Szene und avancierte bis zum Rang eines Ministers. Sein kritischer Geist und sein Sinn für eine humane Gesellschaftsordnung blieben stets wach und ausstrahlend. Tief beeindruckt von den Grausamkeiten des Krieges, dichtete er vor seinem Tod *Ǧoḡd-e ǧang (Die Kriegseule)*, womit er sich ein bleibendes Denkmal gesetzt hat. B.A.

AUSGABEN: *Dīwān-e aš'ār*, 2 Bde., Teheran 1956/57; ²1965/66.

LITERATUR: B. Alavi *Geschichte und Entwicklung der modernen persischen Literatur*, Bln. 1964, S. 204. – Yaḥyā Āryanpūr, *Az Ṣabā tā Nimā* [Von Ṣabā bis Nimā] Teheran 1971, Bd. 2, S. 123 und 332 ff.

KĀRNĀME-YE ZENDĀN

(iran.-npers.; *Das Tatenbuch aus dem Gefängnis*). Dichtung von Moḥammad Taqī BAHĀR, entstanden 1933/34, erschienen 1957. – Das Werk besteht aus neun Abschnitten, in denen Bilder aus dem Leben des Autors mit Darlegungen über die politische und kulturelle Situation und Beschreibungen der moralischen Fragwürdigkeit der Machthaber einander abwechseln. Eingestreut sind echte und erdachte Geschichten, die meist deutliche Anspielungen auf bekannte Persönlichkeiten des öffentlichen Lebens oder der Geschichte enthalten. Der Verfasser, der sich als Politiker, Journalist und Literarhistoriker hervortat, als bedeutendster Dichter Irans in der ersten Hälfte des 20. Jh.s gilt und durch den Hoftitel »Malek o'š-šo'arā« (Dichterkönig) geehrt wurde, erzählt in diesem teils im Gefängnis zu Teheran, teils nach der Ausweisung in Esfahan entstandenen Dichtwerk von seiner Verhaftung, die auf Geheiß Rezā-Šāhs (reg. 1926–1941) in der

Zeit von dessen unerbittlichster Gewaltherrschaft erfolgte, legt die Gründe seiner Gefangennahme dar, berichtet von den Menschen, denen er begegnete, und von den Gedanken, die das Alleinsein, Not und die erlittene Ungerechtigkeit in ihm hervorriefen. Geschichtliches und Persönliches wechseln in bunter Folge miteinander ab, und die manchmal inkonsequenten und widersprüchlichen Aussagen vermitteln zugleich einen Eindruck von der Unsicherheit, die den Dichter während seiner Haft befiel.

Obgleich in der einzigen bis jetzt veröffentlichten Ausgabe manche Sequenzen und Einzelverse zensiert sind – ein Zeichen dafür, daß die Provokationen Bahārs immer noch Wirkungen auslösen –, spürt man die zaudernde Haltung des Dichters, der sich nicht schlüssig wurde, ob er für das ihm zugefügte Leid und die im Land herrschende Willkür den autokratischen Herrscher oder dessen Mitarbeiter verantwortlich machen sollte. Nicht daß ihm die Ursachen des Übels verborgen geblieben wären – aber der Dichter schwankte je nach dem Grad seiner Hoffnung auf die Gnade des Diktators und seiner verzweifelten Furcht, vergessen und verloren zu sein, zwischen zwei Extremen: Entweder er prangerte das Übel an und riskierte dadurch, zeitlebens im Gefängnis zu bleiben, oder er erniedrigte sich, ein Loblied zu singen, um mit Hilfe einflußreicher Freunde die Freilassung zu erreichen. In eben dieser Unschlüssigkeit liegt die formale wie inhaltliche Besonderheit dieser Dichtung. Die flüssige Sprache, bisweilen gehoben und beflügelt, gelegentlich indes auch scherzhaft und nicht ganz frei von Vulgarismen, fördert noch die wohl nicht immer beabsichtigte gefühlsbetonte Darstellung der selbsterlebten Situationen. Daß oft langatmiges Moralisieren den Gang der Handlung stört – obgleich damit Ratschläge an künftige Herrscher erteilt werden wollen –, ist eine Erscheinung in der persischen Literatur, die auch die moderne Belletristik belastet. Die Atmosphäre der Tyrannei in den Jahren vor dem Zweiten Weltkrieg, die Angst vor polizeilicher Willkür und das Kriechertum der Arrivierten, kommt in dieser Dichtung allerdings deutlich genug zum Ausdruck. B.A.

AUSGABE: In *Diwān-e-asᵃ̌ār-e šādrawān Moḥammad Taqi Bahār Malek oʻš-šoʻarā*, Bd. 2, Teheran 1957; ²1965/66 [vgl. Vorw. zu Bd. 1].

SABK-ŠENĀSI

(iran.-npers.; *Stilkunde*). Literaturgeschichte von Moḥammad Taqi BAHĀR, erschienen 1942–1947. – Das dreibändige Werk ist eine Kulturgeschichte Irans, in der besonders ausführlich die Entwicklung der iranischen Prosa von ihren Anfängen bis zur Neuzeit dargestellt wird. Es soll besonders dem Studenten der persischen Literatur als Handbuch dienen, ihn mit der alten Geschichte und Kultur ebenso wie mit den Sprachen und Schriftdenkmälern Irans vertraut machen und ihm das Verständnis für die geschichtlichen Zusammenhänge erschließen. Der Autor skizziert zunächst die historische Situation der jeweils behandelten Periode und legt dar, auf welche Weise sich die geistigen Strömungen entfaltet haben, die in den verschiedenen Literaturwerken überliefert sind.

Der erste Band befaßt sich hauptsächlich mit der vor- und frühislamischen Zeit. In zehn Abschnitten wird über die ältesten iranischen Sprachen und Mundarten, über die frühesten schriftlichen Dokumente, von den altpersischen Keilinschriften bis zu den Inschriften auf Siegeln und Münzen, dann über die frühislamische Prosa, ihre lexikalischen Veränderungen und das nach der arabischen Invasion sich herausbildende Neupersisch berichtet. Die letzten zwei Abschnitte des ersten Bandes sind der Entwicklung der neupersischen Sprache gewidmet. – In den beiden andern Bänden behandelt der Autor unter Benutzung der üblichen Periodisierung nach den herrschenden Dynastien die bedeutendsten Prosawerke der iranisch-neupersischen Literatur aus einem Zeitraum von über tausend Jahren, wobei wiederum anhand von Auszügen aus den besprochenen Werken ihre stilistischen, grammatischen und lexikalischen Besonderheiten herausgearbeitet werden. Mit besonderer Sorgfalt ist die Entwicklung der sog. »Kunstprosa« dargestellt. Von nicht zu unterschätzender Bedeutung ist Bahārs Beurteilung vieler persischer Prosawerke. Der Verfasser, der nicht nur ein berühmter Literaturwissenschaftler, sondern auch ein bedeutender Dichter ist, hat durch seine Arbeit dazu beigetragen, daß manches vergessene Prosawerk aufgewertet oder wieder zutage gefördert wurde. Seine Darstellung ist längst zu einem unentbehrlichen Standardwerk geworden. B.A.

AUSGABE: Teheran 1942–1947, 3 Bde.; ²1958.

MAKSIM BAHDANOVIČ

* 9.12.1891 Minsk
† 25.5.1917 Jalta / Krim

DAS LYRISCHE WERK (wruth.) von Maksim BAHDANOVIČ.

Bahdanovič, einer der begabtesten weißruthenischen Lyriker und gleichzeitig ein hervorragender Prosaist, Kritiker und Übersetzer, war mit dem Werk von ANAKREON, DANTE, KONOPNICKA, MICKIEWICZ, MILTON, CERVANTES und SYROKOMLA schon als Schüler im Gymnasium vertraut. Neben vorzüglichen Kenntnissen der deutschen Sprache und Literatur – SCHILLER und HEINE las er im Original – beherrschte er Griechisch, Latein, Polnisch, Serbisch und Tschechisch. Die westeuropäische Literatur übte auf ihn eine besondere Faszination aus. Dies äußerte sich nicht nur in zahlreichen Übersetzungen (u.a. von VERLAINE) sondern auch in der Übernahme raffinierter literarischer Formen der Antike und Westeuropas. Bahdanovič begann als erster weißruthenischer Dichter Alexandriner, Asklepiadei, Hexameter, Oktaven, Pentameter, Rondells, Rondos, Scherzi, Sonette, die an Perfektion den italienischen nicht nachstanden, Terzinen und Triolette zu schreiben. Seine polyphone Poesie bezaubert durch feinen Wohllaut, die Kraft der dargestellten Gedanken und Gefühle (Majchrovič) und die graziösen Abschlüsse der Gedichte.

Bahdanovič hat viel von der nationalen Besessenheit eines SKARYNA. Seine Darstellung des in Unfreiheit lebenden weißruthenischen Volkes – Mutter-Heimat, Reiter auf weißem Roß und Sternschnuppe gehören zu den markantesten Symbolen seiner Dichtung – wurde zu einem klassischen Vorbild. Seine Gedichte, die in den Zeitungen ›Naša Niva‹, ›Vol'naja Belarus'‹ und ›Homan‹ erschienen, beschreiben die nationalen Charaktereigenschaften der Weißruthenen und ihr Streben nach Wiedererlangung der Autonomie. Bahdanovič betrachtete die weißruthenische Kultur als Teil der westeuropäischen und glaubte an die baldige Befreiung Weißrutheniens von zaristischer Herrschaft.

Am längsten lebte Bahdanovič in Rußland, wo er sich »*traurig und einsam*« fühlte, wie er im Gedicht *Na čužyne*, 1908 *(In der Fremde)* schrieb. In demselben Jahr wandte er sich dem Schicksal der weißruthenischen Bauern zu, indem er auf deren schwere Lebensbedingungen aufmerksam machte *(Mae pesni – Meine Lieder)*, aber auch die Hoffnung auf eine bessere Zukunft zum Ausdruck brachte *(Pryjdze vjasna,* 1909 – *Der Frühling wird kommen)*. 1911 besuchte Bahdanovič Weißruthenien; seither spielte die nationale Thematik eine noch größere Rolle in seinem Schaffen.

1913 erschien sein Gedichtband *Vjanok (Der Kranz)*, der mehrere Gedichtzyklen aus den Jahren 1909–1912 enthielt: Der Zyklus *U začarovanym carstve (Im verzauberten Reich)*, in dem mit großer lyrischer Ausdruckskaft die Schönheit der Natur beschrieben wird, ist gleichzeitig der erste in der weißruthenischen Poesie, der mythologische Motive aufgreift. Auf der Suche nach überzeugenden Heldenfiguren entdeckte Bahdanovič die weißruthenische Mythologie mit ihren Wassermännern u.ä., was die Bolschewisten allerdings als reaktionären Symbolismus bezeichneten. Auch der Zyklus *Staraja Belarus' (Altes Weißruthenien)*, in dem der Dichter aus der nationalen Vergangenheit neue Hoffnung auf die Wiedergeburt Weißrutheniens zu schöpfen sucht, entstand zu einem Zeitpunkt, als die russische Presse das Recht Weißrutheniens auf Unabhängigkeit negierte. Das Schicksal des Vaterlandes blieb trotzdem weiterhin im Vordergrund von Bahdanovičs Lyrik, wovon die beiden Zyklen *Dumy (Gedanken)* und *Vol'nyja dumy (Freie Gedanken)* zeugen. Der im erwähnten Gedichtband ebenfalls enthaltene Zyklus *Mesta (Die Stadt)* – der erste in der weißruthenischen Dichtung, in dem urbanistische Themen behandelt werden – stellt Wilna als Verkörperung der weißruthenischen Geschichte dar. Zwei weitere Zyklen, *Madonny (Madonnen)* und *Kachanne i smerc' (Liebe und Tod)*, bestehen aus wahren Hymnen auf Mutterschaft, Schönheit und Güte. Selten wurde die Vitalität weißruthenischer Kultur in derart rührender Weise versinnbildlicht wie im Gedicht *Sluckija tkačychi,* 1912 *(Die Weberinnen von Sluzk)*: Sie weben an einer Kornblume, die zum Symbol Weißrutheniens geworden ist. Starke patriotische Töne mischen sich auch in die Motive späterer Werke Bohdanovičs. Der Dichter beklagt die Unterjochung seines Volkes und ruft in oratorischem Ton zum Kampf gegen die Bedrücker auf (*Narod, Belaruski Narod!*, 1913 – *Volk, weißruthenisches Volk!*) oder er vergleicht Rußland mit dem Urwald, der die Weißruthenen erdrückt und deswegen in Brand gesteckt werden soll (*Našych dzedaŭ dušyli abšary ljasoŭ,* 1913 – *Waldflächen erdrückten unsere Großväter)*; an anderer Stelle erklärt er sich bereit, für das Vaterland zu sterben (*Pahonja,* 1916 – Bezeichnung des weißruthenischen Wappens). Im Gedicht *Zabyty šljach,* 1915 *(Der vergessene Weg)* setzt der Dichter der weißruthenischen Literatur ein Ziel: den Anschluß an die Weltkultur. Viele Gedichte Bahdanovičs, im besonderen die letzten, die rhythmischer im Klang und optimistischer in der Aussage waren, sind zu Volksliedern geworden.

Seit 1931 wurde Bahdanovič von den sowjetischen Kritikern immer wieder angegriffen. Sie sahen in ihm einen Formalisten, Ästhetiker, Mystiker, Pessimisten, Nationalisten und nicht zuletzt einen Wortführer der bürgerlichen, die Arbeiter fürchtenden Intelligenz. Ebensooft wiederholte sich der Vorwurf, Bahdanovič sei Autor dekadenter, reaktionärer Werke gewesen, in denen er das »Goldene Zeitalter« Weißrutheniens glorifiziert und die Wiedergeburtsideen und den »Kulaken-Nationalismus« sowie die Unierte Kirche als nationale Kirche der Weißruthenen propagiert habe. A.Gaj.

AUSGABEN: *Vjanok,* Wilna 1913. – *Tvory,* Hg. J. Zamocin, 2 Bde., Minsk 1927–28. – *Vybranyja tvory,* Minsk 1946. – *Vybranyja veršy,* Watenstedt 1947. – *Vybranyja tvory,* Minsk 1952. – *Tvory,* Minsk 1957. – *Vjanok paetyčnaj spadčyny,* Hg. A. Adamovič u. a., NY/Mchn. 1960. – *Veršy,* Minsk 1967. – *Zbor tvoraŭ,* 2 Bde., Minsk 1968. – *Poŭny zbor tvoraŭ,* 3 Bde., Minsk 1992–95.

ÜBERSETZUNG (einzelne Gedichte): In *Weißruthenische Heimat-Lyrik,* E. v. Engelhardt, Hildesheim 1949.

LITERATUR: H. B., *Pjasnjar čystaj krasy* (in Naša Niva, 1914, 8). – A. Navina, *Pucjavodnyja idei belaruskae literatury,* Wilna 1921, S. 30. – U. Dzjaržynski, *M. B., jak stylizatar belaruskaha veršu* (in Adradženne, 1922). – M. Harecki, *Historyja beloruskae litaratury,* Moskau/Leningrad 1924, S. 324 bis 328. – E. Karskij, *Geschichte der weißrussischen Volksdichtung und Literatur,* Bln./Lpzg. 1926, S. 183–187. – V. Lastoŭski, *Mae uspaminy ab M. B.* (in Kryvič, 1926, 1, S. 62–66). – A Vaznjasenski,

Poetyka B., Kaunas 1926. – M. Kaspjarovič, *Matyvy barac'by u tvorčasci B.*, Minsk 1927. – A. Luckevič, *Die weißruthenische Literatur in der Vergangenheit und Gegenwart* (in JbKGS, 1931, 7, S. 383–384). – S. Majchrovič, *M. B.*, Minsk 1958. – S. Stankevič, *M. B.* (in Bač'kaŭščyna, 1958, S. 21–23). – A. Adamovič, *Naš B.* (in Bač'kaŭščyna, 1959, S. 31–34). – U. Hlybinny, *Vierzig Jahre weißruthenischer Kultur unter den Sowjets*, Mchn. 1959, S. 123–124. – V. Rich, *M. B. in Byelorussian Literature* (in JBS, 1965, 1, S. 36–50). – S. Lojka, *M. B.*, Minsk 1966. – U. M. Stral'coŭ, *Zahadka B.*, Minsk 1969. – *Störche über den Sümpfen*, Hg. N. Randow, Bln./DDR 1971, S. 483–484. – N. Vatacy, *M. B*, Minsk 1976. – A. McMillin, *A History of Byelorussian Literature*, Gießen 1977, S. 149–160. – A. Kabakovič, *Paezija M. B.*, Minsk 1978. – Ch. Jl'jaševič, *Pjas'njar njaŭmiručae krasy* (in *Nedapetaja pes'nja ...*, Hg. J. Žyvica, Pirmasens 1981, S. 151–158). – J. Janiščyč, *Z M. B.* (in Polymja, 1986, 12, S. 190–193).

JULIUS BAHNSEN

* 30.3.1830 Tondern
† 7.12.1881 Lauenburg

DAS TRAGISCHE ALS WELTGESETZ UND DER HUMOR ALS AESTHETISCHE GESTALT DES METAPHYSISCHEN. Monographien aus dem Grenzgebiet der Realdialektik

Philosophische Abhandlung von Julius BAHNSEN, erschienen 1877. – Die Schrift ist nicht so sehr eine im strengen Sinne »ästhetische« Arbeit als vielmehr die Anwendung von Bahnsens System der pessimistisch-nihilistischen »*Realdialektik*« auf die Phänomene der Tragik und des Humors, die Bahnsen in einer tieferen als der gemeinhin »ästhetisch« genannten Weltschicht wurzeln sieht. Unter dem Einfluß Arthur SCHOPENHAUERS betrachtet er den Willen als das eigentliche Wesen der Welt, das seiner Natur nach widersprüchlich und dialektisch ist: Als »*die Vereinigung des Wollens mit einem widerspruchsvollen Nichtwollen*« hatte Bahnsen schon früher das Seiende definiert. Wie fast alle Denker, die eine eigene Konzeption des metaphysischen Welt-Sachverhalts entwickelt haben, behandelt er eigentlich nie »Gebiete«, sondern spricht im Grunde immer von einer einheitlichen Konzeption, unter wechselnden Aspekten; Ethik, Politik, Ästhetik usw. finden ihren Platz als Aspekte der von ihm entfalteten Zentralidee.
Tragik entspringt bei Bahnsen nicht etwa einem nur ethischen Konflikt, sondern ist purer, wertfreier, fundamentaler Welt-Sachverhalt, »*der physiognomische Ausdruck des sichtbar werdenden Weltwesens*«. Sie ist unmittelbare Manifestation der ewigen, jeder Erklärung unzugänglichen Selbst-Widersprüchlichkeit des Willens-Individuums und der ebenso schicksalhaften Widersprüchlichkeit in allem, was das Individuum in der Welt will, wählt und tut. »*Die eine Hälfte der Doppelpflicht*«, die der tragische Held zu erfüllen vermag, »*entbindet nicht von der anderen – und wer ein Gesetz übertritt, darf sich nicht darauf berufen, daß er das andere erfüllt habe*«. Negativ formuliert, läßt also die tragische Situation nur die Wahl zwischen Schuld und Schuld zu. Bahnsen zitiert in diesem Zusammenhang das auch von KIERKEGAARD wiederaufgegriffene Zitat KANTS: »*Was du auch tust, es wird dich immer gereuen.*«

Der Humor hat bei Bahnsen den gleichen Welt-Sachverhalt zum Thema. Er ist in keiner Weise von geringerer Tiefe als die Tragik und besteht als höchster Ausdruck des menschlichen Geistes »*in der Selbstbesinnung, welche über den logischen Antagonismus des Widerspruchs siegreich sich erhebend freien Geistes die Tatsache, daß jede Selbstverwirklichung ebensosehr eine Selbstvernichtung sei, attestiert und – belächelt*«; durch die »*Spiegelung im Intellekt*« kommt so in modifizierter Weise die Kantische »Interesselosigkeit« zur Wirkung, und so wird für Bahnsen schließlich »*das Humoristische zum Aesthetischen in des Wortes eminentester Bedeutung, denn es gibt die Wahrheit in der Form des Scheins, während das Einfach-Schöne den Schein in die Form der Wahrheit kleidet*«. – Dieses Verständnis des Humors steht SOLGERS Deutung der Ironie nahe. Bahnsens Theorie wurde jedoch von der zeitgenössischen Schulphilosophie kaum beachtet, die Wirkung des Werkes blieb verhältnismäßig gering.   H.L.

AUSGABEN: Lauenburg 1877. – Lpzg. 1931, Hg. u. Einl. A. Ruest.

LITERATUR: I. Talayrache, *J. B. L'homme et l'œuvre* (in RGerm, 1903, Nr. 3). – H. Leiste, *Die Charakterologie von J. B.* (in Jb. der Schopenhauer-Gesellschaft, 19, 1932, S. 165–204). – H.-J. Heydorn, *J. B. Eine Untersuchung zur Vorgeschichte der modernen Existenz*, Göttingen/Ffm. 1953 [m. Bibliogr.].

HERMANN BAHR

* 19.7.1863 Linz
† 15.1.1934 München

LITERATUR ZUM AUTOR:
W. Handl, *H. B.*, Bln. 1913. – E. Cordier, *H. B. als Lustspielautor*, Diss. Mchn. 1944. – K. Bogner, *H. B. und das Theaterwesen seiner Zeit*, Diss. Wien 1947. – E. Gottsmann, *H. B. als Theaterdichter*, Diss. Innsbruck 1950. – H. Kindermann, *H. B. Ein*

Leben für das europäische Theater, Graz/Köln 1954 [m. Bibliogr. v. K. Thomasberger]. – K. Nirschl, *In seinen Menschen ist Österreich. H. B.s innerer Weg*, Linz 1964. – E. Chastel, *H. B. Son œuvre et son temps*, 2 Bde., Paris 1977. – *H. B.*, Red. U. Fischbach, Mchn. 1981. – D. G. Daviau, *Der Mann von Übermorgen. H. B. 1863–1934*, Wien 1984.

DIE KINDER

Komödie von Hermann BAHR, Uraufführung: Leipzig, 23. 12. 1910, Schauspielhaus; erschienen 1911. – Das Leiden der Jugend an einer heuchlerischen Sexualmoral wird in der deutschen Literatur der Jahrhundertwende zu einem zentralen Motiv. Den tragisch zugespitzten Konflikt zwischen natürlicher Sinnlichkeit und bürgerlicher Moral in WEDEKINDS *Frühlings Erwachen* (1891) beispielsweise wandelt Bahr zwei Jahrzehnte später ironisch in einer Komödie ab, in der erwachende Neigung und anerzogene Verhaltensweisen einander in einem Spiel der Irrungen durchkreuzen.

Auf dem oberösterreichischen Schloß Freyn begegnen sich nach Jahren der Trennung die Kinder zweier vormals befreundeter Familien wieder. Von Herkunft und Erziehung her scheinen die siebzehnjährige Anna Scharizer und der vierundzwanzigjährige Konrad Graf Freyn Gegensätze zu sein. Anna mimt den »Bauernstolz und Bauerntrotz« ihres vitalen Vaters, eines berühmten Chirurgen, bezeichnet sich dem jungen Grafen gegenüber höhnisch als »Genossin« und mißt an den Schlagworten der Emanzipationsbewegung skeptisch des Jünglings aristokratisch förmliche Werbung. Immer wieder unterbrochen von den Auftritten eines alten, fossilartigen Kammerdieners überlassen sich die beiden dem ambivalenten Spiel von scheuer Zärtlichkeit, hilfloser Wut und geheimer Selbstbestätigung. Es wird jäh durchkreuzt, als Konrad bei dem von einer Reise zurückkehrenden Hofrat Scharizer kurz entschlossen um die Hand Annas anhält. Der Arzt weist den Bewerber schroff zurück und gesteht nach einigem Zögern, daß Konrad in Wahrheit einem Verhältnis zwischen ihm und der Frau des Grafen entstamme. Die beiden unversehens zu Geschwistern gewordenen Jugendlichen, die sich nun ihre Gefühle ausreden sollen, profitieren indes von der Enthüllung eines weiteren Geheimnisses: Als der alte, hochmütige und zeremonielle Graf Freyn auf den Plan tritt, um seinerseits die Verlobung zu verhindern, stellt sich heraus, daß er, nicht Scharizer, der wirkliche Vater Annas ist. Die Aufdeckung des doppelten Ehebruchs ergibt für die »Kinder« eine glückliche Perspektive: Annas wirkliche Herkunft ermöglicht ihr, hinfort auf betont antiaristokratische Parolen und Emanzipationsphrasen zu verzichten, und der junge, zum Sproß eines Bauerngeschlechts gewordene Graf ist nicht mehr zu aristokratischer Förmlichkeit verpflichtet. Die disharmonischen seelischen Regungen in sich gespaltener Personen können in einem neuen Selbstbewußtsein aufgehoben werden, jener »Einheit des Lebens mit dem Denken«, die Bahr bereits in seiner Novelle *Die Stimme des Bluts* (1909) als Problem dieser und seiner Jugend skizziert hatte. Beide Vorgänge, der Erkenntnisgewinn der »Kinder« und die Demaskierung der Eltern, relativieren einander ironisch im Schlußtableau des Stücks: Die mögliche Kehrseite der neuen unbedingten Liebe spiegelt sich in den Verfehlungen der Älteren, und deren Schuld erscheint unter dem ungestümen Drang der Jugend in einem milderen Licht. So stellt Bahr, kurz vor seiner Rekonversion zum Katholizismus, jene Haltungen in Frage, mit denen er früher selbst kokettiert hatte: die an IBSENS *Nora* geschulte literatenhafte Emanzipationsgebärde (Anna), den von NIETZSCHE übernommenen Selbstkult des Starken (Scharizer) und die formvollendete Arroganz des Dekadenten (Graf Freyn). W.F.S.

AUSGABE: Bln. 1911.

DAS KONZERT

Lustspiel in drei Akten von Hermann BAHR, Uraufführung: Berlin, 23. 12. 1909, Lessingtheater. – Mit einiger Mühe und der Koketterie des gutaussehenden, eitlen Künstlers wehrt der Pianist Gustav Heink den Schwarm seiner verliebten Schülerinnen ab, um – wie er beteuert – eine kurze Konzertreise anzutreten. Eva Gerndl, die listigste der Anbeterinnen, erkennt den wahren Grund für die plötzliche Abreise des »Meisters«: Er hat sich zu einem Tête-à-tête mit einer Schülerin, der jungverheirateten Delfine Jura, auf seine Jagdhütte zurückgezogen. Die eifersüchtige Eva alarmiert den betrogenen Gatten Franz Jura, und dieser wendet sich an die Gattin des Künstlers, Marie. Die beiden beschließen, die Flüchtlinge in der Hütte zu stellen, sich vor ihnen als Liebespaar aufzuspielen und sie damit zur Vernunft zu bringen. Die Rollen der Gatten scheinen plötzlich vertauscht: Franz erzwingt von seiner Frau das Geständnis, daß sie in Heink verliebt ist, und leitet daraus flugs für sich selbst eine neue Ungebundenheit ab, die er scheinbar zur Vermählung mit Marie benutzen will. Auf diese mit ironischer Schauspielkunst vorgeschlagene Umkehrung der Eheverhältnisse wollen sich im Ernst weder Heink noch Delfine einlassen: Das heikle Problem des Übernachtens wird dadurch gelöst, daß sich die Damen und Herren in getrennte Zimmer verfügen, und nach zwei listig geführten Unterredungen ist die ursprüngliche Konstellation wiederhergestellt. Der vor Komplikationen zurückschreckende Künstler kehrt mit guten Vorsätzen zu seiner nachsichtigen Ehehälfte zurück, und das muntere junge Paar »*flieht in den herrlichen Frühling hinein*«. In diesem Augenblick tritt die von Neugierde, Schuldgefühl und Leidenschaft getriebene Eva auf den Plan, und der Virtuose schmilzt abermals dahin – die Komödie kann von neuem beginnen.

Von den rund vierzig Salonstücken und Gesellschaftskomödien Hermann Bahrs wurde einzig das Richard Strauss gewidmete *Konzert* ein Welterfolg. Die charmant glossierende Charakterisierungskunst des vielseitigen Wiener Literaten und seine rasche, bewegliche Führung pointierter Dialoge kommen hier besonders wirkungsvoll zur Geltung. In die Mitte dieser *»von wohlgeschliffenen Aphorismen nur so funkelnden … typisch impressionistischen Diskussionskomödie«* sind *»die Freiheiten und Grenzen der Ehe«* gerückt (H. Kindermann). Eine zungenfertige, bisweilen glatte und selbstgefällige Ironie experimentiert spielerisch mit der These, daß Bindung sich stets von neuem am Rand des Ehebruchs, in einer nie abgeschlossenen Gefährdung, behaupten müsse. *Ringelspiel*, eine andere erfolgreiche Ehekomödie des gewandten Bühnenpraktikers Bahr, zeigt, mit wieviel frivoler Kunstfertigkeit er diese Unabgeschlossenheit und Kreisbewegung menschlicher Verhältnisse in Szene zu setzen verstand. W.F.S.

AUSGABEN: Bln. 1909; [13]1924. – Stg. 1961; zul. 1980 (RUB).

VERFILMUNGEN: *The Concert*, USA 1921 (Regie: V. L. Schertzinger). – Deutschland/Frankreich/USA 1931 (Regie: H. H. Zerlett). – Deutschland 1944 (Regie: P. Verhoeven). – *Nichts als Ärger mit der Liebe*, Österreich 1956 (Regie: Th. Engel).

DAS TSCHAPERL. Ein Wiener Stück

Komödie in vier Akten von Hermann BAHR, Uraufführung: Wien, 27. 2. 1897, Carltheater; erschienen 1898. – Nach dramatischen Versuchen im tragischen und komischen Fach gelang Bahr mit dieser Tragikomödie den Durchbruch zum Theatererfolg, der schließlich in *Konzert* (1909) seinen Höhepunkt fand. Die Thematik des »hohen Menschen«, die der Verfasser in seinen Stücken der achtziger und frühen neunziger Jahre (z. B. *Die neuen Menschen*, 1887) bereits mit leiser Skepsis umkreist hatte, wird hier ins Unverbindlich-Liebenswürdige aufgelöst. In den *»Bauernfeldton des ›Tschaperl‹«*, den Bahr später im *Selbstbildnis* (1923) kritisch und auf seine starke Beeinflussung durch Leseerlebnisse anspielend notiert, ging auch die Wirkung der Lektüre DAUDETS und vor allem IBSENS ein. Seine Lebensnähe verdankt das in seiner Handlung recht konstruiert wirkende Stück Bahrs Vertrautheit mit dem Wiener Theatermilieu wie auch seinen Erinnerungen an eigene Erlebnisse im Elternhaus.

Der Journalist Alois Lampl versucht, dem frischen Theaterruhm seiner Frau Fanny mit einer Kritik nachzuhelfen. Voller Freude darüber, daß Fanny als Komponistin der Oper »Schneewittchen« reüssiert hat und finanziellem Erfolg entgegensieht, erwarten beide Herrn Bininski und seine Frau, die als Sängerin Berühmtheit erlangt hat. Auch von anderer Seite empfängt Fanny Glückwünsche: Neben dem Redakteur spricht der Vater Lampls vor, der, Talent und Karriere seines Sohnes gegenüber von jeher mißtrauisch, von Alois einen triumphierenden Bericht über den plötzlichen Aufstieg zu hören bekommt. Voller Bosheit fragt ihn der Alte, ob er oder Fanny diesen Erfolg erfochten habe. – Mit der Einrichtung einer Luxuswohnung beschäftigt, empfängt Lampl seinen Chef, der ihm eine beträchtliche Honorarerhöhung verspricht, falls er seine Artikel künftig unter dem Namen seiner Frau veröffentliche. Empört schlägt Lampl dieses Ansinnen aus, und auch Fanny weist die Dienste des sich als Manager anbietenden Rosetti zurück. – Trotz seiner neuen Würde benimmt sich Lampl immer wieder daneben und brüskiert seine Umgebung. Der Ruhm Fannys und die ihr von allen Seiten entgegengebrachte Verehrung entfremden die Ehepartner einander immer mehr, so daß Fanny schon mit dem Gedanken spielt, den großzügigen Kontrakt Rosettis anzunehmen. Als sie ihrem Mann von einer soeben vollendeten neuen Opernkomposition erzählt, kommt es zu einer schweren Auseinandersetzung, da Lampl sich als Hausherr die Entscheidung über die Aufführung vorbehalten will. Von einem Vergnügungsausflug mit Bininski zurückgekehrt, der seine berühmte Frau gerade einem mazedonischen Exregenten abgetreten hat, findet Alois die Wohnung verlassen. Die Entscheidung Fannys trifft ihn tief, er bricht zusammen. Nach Meinung des alten Lampl ist schließlich Alois das »Tschaperl«.

Die pointenreiche, witzige Sprache und der zügige Dialog überdecken die dramaturgischen Schwächen des Stücks. Die belanglose Handlung, die manchen Leerlauf nur mühsam überbrücken kann und etwas forciert endet, sowie die lockere Szenenfolge dienen lediglich als Vehikel für Bahrs Fähigkeit, publikumswirksame Rollen zu schreiben. Wie der Titel bereits andeutet – »Tschaperl« bezeichnet im Wiener Dialekt eine naiv-ungeschickte Person – entzündet sich die Komik an der Frage, welcher der beiden Ehepartner heikle Situationen am geschicktesten zu meistern versteht. Der kaum allzu ernst gemeinte Gegensatz zwischen weiblicher Berühmtheit und männlicher Bedeutungslosigkeit vertieft sich, wenn Lampl im Gefühl der Unterlegenheit seine Eheherrenrechte zu sehr strapaziert und die Lage falsch einschätzt: Damit wird aus der selbstbewußt-komischen eine klägliche Gestalt.

Die ironische Darstellung der Umwertung bürgerlicher Ehevorstellungen durch die leichtlebige Theatermoral, die gemäßigt satirischen Streiflichter auf Presse- und Bühnenwesen verraten den kritischen Kenner der Zeit, wenn auch Karl KRAUS *»die Auffassung des Journalistenstandes«* als *»rührend schlicht«* empfand. Er, den die *»provinzielle Note«* des Stückes enttäuschte, äußerte sich recht abfällig über das *Tschaperl*; auch Alfred KERR attakkierte witzig die *»Mehlspeis-Nora«*. G.O.

AUSGABE: Bln. 1898.

LITERATUR: A. Kerr, *GS*, Bd. 3, Bln. 1917, S. 115 ff.

BĀHREY

zweite Hälfte 16. / Anfang 17. Jh.

ZĒNĀ GĀLLĀ

auch *Zēnāhu la-Gāllā* (äth.; *Geschichte der Galla*). – Schrift über die Geschichte und Stammesverfassung des kuschitischen Volkes der Galla oder Oromo, von dem äthiopischen Kleriker BĀHREY 1595 verfaßt. – Im 16. Jh. war das christliche Äthiopien aufs äußerste in seiner Existenz bedroht. Nach den Verwüstungen, die in der ersten Hälfte des 16. Jh.s die Glaubenskämpfe mit den Muslimen angerichtet hatten, nahmen in der zweiten Hälfte die kriegerischen Einfälle der Galla in die Gebiete der durch zahlreiche Niederlagen geschwächten Äthiopier immer mehr zu; die zunächst ziellosen Plünderungen dieser Viehzucht treibenden Halbnomaden wurden schließlich zu systematischen Eroberungsfeldzügen. Innerhalb der traditionellen einheimischen höfischen Geschichtsschreibung wird nicht viel über diese Ereignisse berichtet, und das Wenige ist mit Vorurteilen über die heidnischen Barbaren durchsetzt. So sieht sich denn der Verfasser der *Zēnā Gāllā* veranlaßt, zu Beginn seiner Schrift eine Rechtfertigung zu geben, warum er die Geschichte der Gottlosen ebenso sachlich darstellen will wie die der Gläubigen. Was dann folgt, ist ein wertvoller und aufschlußreicher Bericht über die wechselhaften Ereignisse der Geschichte Äthiopiens im 16. Jh., über die Stammesverhältnisse, Geschlechtsregister, Sitten und die politische Verfassung der Galla und zugleich eine Chronik ihrer Heerführer und Feldzüge zur Zeit der Invasion. Zum ersten Mal werden hier die gesetzgeberische und rechtsprechende Ordnung des *gada* sowie die periodische Wiederkehr der militärischen Unternehmungen des sich in achtjährigem Turnus ablösenden *luba* bezeugt und beschrieben. Auch über die damalige Sprache der Galla wird einiges mitgeteilt. Indem der Autor, der als Geistlicher am Hofe des äthiopischen Negus Sarṣa Dengel (reg. 1563–1597) lebte, die unterschiedlichen Systeme der Äthiopier und der Galla darstellt, scheut er sich am Schluß seines Werks auch nicht, nach den Ursachen der Überlegenheit der Invasoren und ihres Erfolges zu fragen und die wahren Gründe dafür aufzuzeigen. Während sich bei den Galla alle Stammesangehörigen auf das Kämpfen verstehen, bilden bei den Äthiopiern die Soldaten nur eine von zehn Bevölkerungsklassen. Die zahllosen Mönche, die Schrift- und Rechtsgelehrten, die Wächter der Frauen, die Grundbesitzer, Feldarbeiter, Händler, Handwerker und die vielen, die das Betteln zu ihrem Geschäft machen, meiden die Auseinandersetzung mit dem Feind, oder sie halten es für unter ihrer Würde, in den Krieg zu ziehen, und schämen sich nicht einmal ihrer Feigheit. Die Schrift *Zēnā Gāllā* ist nicht sehr umfangreich, aber dennoch kein Kompendium eines größeren Werks, wie früher vermutet wurde. Zwar ist sie im einfachen Stil der Chroniken abgefaßt, sprengt aber die herkömmlichen Grenzen dieser literarischen Gattung durch die vorurteilslose Betrachtung und die jedem Fatalismus abgeneigte Einstellung, mit der der Autor an sein Thema herangeht. A. BAUMSTARK, der dieses Büchlein als vielleicht im gesamten christlich-orientalischen Schrifttum einmalig dastehend bezeichnet, weist darauf hin, daß es in mehr als einer Hinsicht an die *Germania* des TACITUS erinnere. Darüber hinaus ist das *Zēnā Gāllā* das einzige Dokument über die Geschichte der Galla und überhaupt eines der seltenen älteren Zeugnisse eines zeitgenössischen Autors über ein afrikanisches Volk und seine Wanderungen. W.M.

AUSGABEN und ÜBERSETZUNGEN: Bln. 1893 (*Geschichte der Galla*. »*Zēnāhu la-Gāllā*«. Bericht eines abessinischen Mönches über die Invasion der Galla im 16. Jh.; Text u. Übers. hg. von A. W. Schleicher). – Paris 1907 (in K. Conti Rossini, *Historia regis Sarṣa Dengel (Malak Sagad)*, CSCO 20, Scriptores Aethiopici 3, S. 221–232, Hg. I. Guidi; CSCO 21, Scriptores Aethiopici 4, S. 193–208, Übers. [in das Franz.] I. Guidi).

ÜBERSETZUNG: C. F. Beckingham and G. W. B. Huntingford, *Some Records of Ethiopia 1593 to 1646, Being Extracts from the »History of High Ethiopia or Abassia« by Manoel de Almeida, Together with Bahrey's »History of the Galla«*, Ldn. 1954, S. 111–129.

LITERATUR: E. Littmann, *Zu A. W. Schleicher's »Geschichte der Galla«* (in ZA, 11, 1896, S. 389–400).

IVAN BAHRJANYJ

* 2.10.1907 Kuzemyn bei Charkow
† 25.8.1963 St. Blasius / BRD

LITERATUR ZUM AUTOR:
A. M. Lejtes, F. M. Jašek, *Desjat' rokiv ukrajins'koji literatury (1917–27)*, Bd. 1, Charkow 1928; Nachdr. Mchn. 1986, S. 19 u. 614. – B. Romanenčuk, *Azbukovnyk, Encyklopedija ukrajins'koji literatury*, Philadelphia 1969, Bd. 1, S. 200–204. – P. Volynjak, *Ljudyna, pys'mennyk i polityčnyj dijač. Z nahody 50-littja I. B.* (in Novi dni, 95, 1957, S. 19). – H. Kostjuk, *I. B. (U sviti idej i obraziv)*, NY 1983, S. 256–293.

SAD HETSYMANS'KYJ

(ukr.; *Der Garten Gethsemane*). Roman von Ivan BAHRJANYJ, erschienen 1950 in München. – Der

Verfasser, der in den zwanziger Jahren in Charkow seine literarische Laufbahn begann, geriet 1931 in sibirische Lagerhaft, aus der ihm die Flucht gelang, und wurde 1938 erneut Opfer der sowjetischen Strafjustiz. Am Beispiel eines Opfers des Stalin-Ježov-Terrors schildert er in eindrucksvollen Bildern das Inferno der Partei- und Kadersäuberungen der Jahre 1937–1939 in Charkow. Auf autobiographischem Material beruhend hat das Werk starke dokumentarische Züge.

Im Mittelpunkt der Ereignisse steht der Flugzeugingenieur Andrij Čumak, der 1931 wegen seiner freundschaftlichen Beziehungen zu ukrainischen Nationalkommunisten zum »Volksfeind« abgestempelt und nach Sibirien verbannt wird. Aus dem Lager entkommen, lebt er einige Jahre in der Illegalität. Schließlich kehrt er nach Hause zurück, und zwar am selben Tag, an dem seine drei älteren Brüder, hohe Offiziere der sowjetischen Streitkräfte, eintreffen, um den Tod des Vaters zu betrauern. Die »proletarische« Familie des alten Čumak hatte aktiv am Aufbau der neuen Gesellschaftsordnung mitgewirkt. Der sterbende Čumak, der auf seine Söhne gewartet hatte, um ihnen sein Vermächtnis zu überlassen – ehrliche Menschen zu bleiben und einander in Not beizustehen – erlebt die Heimkehr der Söhne nicht mehr. Ein Priester tröstet die vereinsamte Mutter, indem er ihr über das Leid des Erlösers im Garten Gethsemane vorliest. Beim Eintreffen der Söhne verläßt der Geistliche in aller Eile das Haus.

Anfangs löst Andrij bei den regimetreuen Brüdern eine gewisse Angst aus, doch die brüderliche Solidarität läßt sie die Gefahr, die aus der Zusammenkunft entstehen könnte, vergessen. Kurz darauf wird Andrij vom NKWD festgenommen und ins Charkower Gefängnis geworfen. Die schlimmsten Qualen bereitet ihm der Gedanke, daß einer seiner Brüder oder die Verlobte Kateryna ihn denunziert haben könnten. Dieses Rätsel löst der Verfasser jedoch erst am Ende des Romans, als Andrij hartnäckig auf eine Konfrontation mit seinem Denunzianten besteht. Als dies schließlich geschieht, erkennt er in dem Vorgeführten den Seelsorger seiner Mutter, den er in einem Anfall blinder Wut mit einem marmornen Briefbeschwerer erschlägt. Vor dem Tribunal trifft er seine Brüder wieder, die, der Zugehörigkeit zu einer angeblich von Andrij angeführten Partisanenorganisation bezichtigt, ebenfalls verhaftet wurden. Vor Kummer und Leid war inzwischen die Mutter gestorben; Opfer wurden auch seine kleine Schwester und seine Verlobte, die während der Folter wahnsinnig wird.

Das Todesurteil wird in zwanzig Jahre Zwangsarbeit umgewandelt, da Ježov inzwischen abgesetzt wurde und der Terror allmählich nachläßt. Obwohl Andrij nach zweijähriger Haft und Folter nur noch ein Schatten seiner selbst ist, kann er wieder aufatmen, weil sein Glaube an die Brüder sich bestätigt hat.

Den Hintergrund der Geschichte Andrij Čumaks bildet die sowjetische »Inquisitionswelle« der zweiten Hälfte der dreißiger Jahre. Die Opfer sind vorwiegend ehemalige Revolutionäre, Aktivisten des ersten Fünfjahresplanes, Theoretiker des Marxismus-Leninismus trotzkistischer Ausrichtung, Nationalkommunisten sowie ehemalige Anarchisten, Geistliche, Ärzte, angesehene Universitätsprofessoren. Die Vernehmungsmethoden und Scheinbeschuldigungen der karrieresüchtigen Ermittlungsrichter, die immer weitere Kreise der Bevölkerung ins Verderben stürzen, werden genauso bloßgestellt wie die Mechanismen, mit denen die Entpersönlichung des Menschen betrieben wird.

Dem Verfasser ist es gelungen, die Psychologie des Widerstands einzufangen, der sich im kondensierten Hohn und Sarkasmus der Opfer äußert, der einzigen Waffe, die ihnen geblieben ist. Ungeachtet der bestialischen Foltermethoden verweigert Andrij die Unterschrift unter das von NKWD-Ermittlungsrichtern verfaßte Schuldbekenntnis, wozu ihm seine Mithäftlinge raten, um seinen Qualen ein Ende zu setzen; in diesem Schritt sieht er nämlich ein Todesurteil gegen sein eigenes Ich, gegen sein Gewissen und seine Ehre. An den Rand des Wahnsinns gebracht, klammert er sich einzig und allein an den Gedanken, er dürfe den Forderungen seiner Peiniger nicht nachgeben und müsse seine Würde bewahren – äußerstenfalls auch um den Preis seines Lebens.

Überzeugungskraft und außergewöhnliche Spannung kennzeichnen diesen Roman. Die Gefängniszelle, in der unzählige, auf engstem Raum zusammengepferchte Menschen einander ertragen müssen, repräsentiert einen Querschnitt der gesamten sowjetukrainischen Gesellschaft jener Zeit. Der Roman hat starke naturalistische Züge. Die Absicht des Verfassers war, einen willensstarken ukrainischen Menschen zu zeigen, der imstande war, in der beschriebenen Hölle seine menschliche Würde zu bewahren und sich nicht zu »spalten«, wie das erzwungene Schuldbekenntnis umschrieben wurde. Gute Kenntnis des geschilderten Milieus bezeugen auch die von Bahranyj oft angewandten Gefängnisargotismen und damals üblichen Phrasen der offiziellen Parteisprache. A.H.H.

AUSGABE: Mchn. 1950.

ÜBERSETZUNG: *Le jardin de Gethsemani*, Paris 1961 [frz.].

LITERATUR: B. Podoljak, *Proba ljudyny (Sad Hetsymans'kyj)* (in Sučasna Ukrajina, 1951, 10). – I. Koszeliwec, *Roman i joho avtor* (in Sučasna Ukrajina, 1951, 9).

TYHROLOVY

(ukr.; *Ü: Das Gesetz der Taiga*). Roman von Ivan BAHRJANYJ, erschienen 1946/47. – Der Roman des Exilautors Bahrjanyj fußt wie sein späteres Werk *Sad hetsymans'kyj*, 1950 *(Der Garten Gethsemane)*, weitgehend auf eigenen Erlebnissen: Während der Stalinzeit war der Schriftsteller zu fünf Jahren

Zwangsarbeit verurteilt worden, der er quer durch die sibirische Taiga entfloh. »*Ich habe es mit eigenen Augen gesehen und mit meinem eigenen Finger betastet.*« Das Wagnis der Flucht aus dem sibirischen Arbeitslager geht auch sein Held Hryhorij Mnohohrišnyj ein: »*Besser auf der Flucht sterben als lebendig verfaulen!*« Zu seinem Glück stößt er auf die altukrainische Familie des Jägers Sirko, die den Fiebernden gesund pflegt und bald wie einen Sohn behandelt, nachdem Hryhorij Sirkos Tochter Natalka vor einem Bären gerettet hat. Eine Zeitlang lebt Hryhorij unerkannt bei den Taigasiedlern, teilt ihre Arbeit, fährt mit Sirkos gleichaltrigem Sohn Hryc'ko zum Einkauf nach Chabarowsk und nimmt sogar an einer Tigerjagd teil. Unverhofft stößt er dabei auf den NKWD-Offizier Medvin, der ihn einst ins Irrenhaus und später ins Arbeitslager gebracht hat, nur weil Mnohohrišnyj »*seine Heimat liebte*«. Er erschießt Medvin und flieht. Natalka begleitet ihn über die sowjetisch-mandjurische Grenze »*in jene ferne, jene unbekannte, jene erträumte Ukraine*«.

Mit außerordentlichem antisowjetischem Engagement geschrieben, hält der Roman mit bitteren Anklagen des stalinistischen Terrors und mit sarkastischer Verachtung des sowjetischen Sozialismus nicht zurück. Allegorische Schilderungen des »Drachen« Sowjetunion verdichten sich zuweilen zu wahrhaft apokalyptischen Visionen. Ein bizarrer Humor kennzeichnet dagegen Bahrjanyjs Darstellung der sowjetischen Pressekommentare zu der Ermordung des NKWD-Offiziers, die ein groteskes Mißverhältnis zwischen der offiziellen Berichterstattung und der sowjetischen Wirklichkeit aufzuzeigen sucht. Diese Wirklichkeit allerdings gerät dem Autor durch die fragwürdige Zusammenfügung des dokumentarischen mit dem abenteuerlichen Moment häufig melodramatisch und vom bloßen Zufall bestimmt. Die heterogenen Genres und Stilebenen der Erzählung sind durch keinen einheitlichen Formwillen in Einklang gebracht. Eigenständig bleibt nicht zuletzt das volkskundlich interessante Sujet der Jagd- und Lebensform der Taiga, dem breiter Raum zugestanden wird. Eine erste Fassung des Romans erschien 1944 in Lemberg unter dem Titel *Zvirolovy (Tierjagd)*. W.Sch.

AUSGABEN: Lemberg 1944 *(Zvirolovy*, in Večirnja hodyna, Nr. 2/3; gek.). – Mchn. 1946/47, 2 Bde. – Ulm 1955. – Detroit 1955.

ÜBERSETZUNG: *Das Gesetz der Taiga. Die Geschichte einer abenteuerlichen Flucht*, M. v. Kees, Köln/Graz 1961; ³1963.

LITERATUR: V. Svaroh, *Pro mertve j žyve* (in Novi dni, 1958, Nr. 5). – B. Romanenčuk, *I. B., Tyhrolovy*... (in Litavry, 4/5, 1947, 88). – Hr. Kostjuk, *Zvelyčnyk vidvažnych i česnych. I. B.* (in Sammelband *Slovo*, Toronto 1964, Bd. 2, S. 271–282). – V. Čaplenko, *Tyhrolovy*... (in Novi dni, 1964, Nr. 31).

FRANCIŠAK BAHUŠEVIČ

* 21.3.1840 Svirany / Wilnaer Kreis
† 28.4.1900 Kuschljany / Smorgoner Kreis

DAS LYRISCHE WERK (wruth.) von Francišak BAHUŠEVIČ.

Bahuševič, der erste weißruthenische nationale Führer (Harecki) und Vater der neueren weißruthenischen Literatur, war von 1884 bis zur Mitte der 1890er Jahre nicht nur Lyriker, er wirkte auch als Publizist und schrieb Prosatexte. Seine realistische Dichtung hat zur Vervollkommnung der Poetik des weißruthenischen Gedichts beigetragen. Er schrieb bilderreiche, rührselige, ulkige, satirische, syllabische und tonische Gedichte, Lieder und Märchen, in denen die epische Darstellung im Vordergrund stand. Die Stimmung seiner Werke wechselte allmählich von heiter zu trist. Bahuševič verdammte Renegaten aus den weißruthenischen Intelligenz-Kreisen und hartherzige Gutsherren, vor allem aber die russischen Bedrücker und deren Russifizierungsmethoden. In allen seinen Gedichten, die Skizzen der Lebensbedingungen der Weißruthenen zur Zeit des Wütens des russischen Nationalismus waren, bezog er eine antirussische Stellung. Dabei hob er die Unterdrückung der Bauern viel stärker hervor als dies in der russischen Literatur geschah (Hartny). In seiner Kritik des russischen Despotismus übertraf Bahuševič andere weißruthenische Dichter. Er entlarvte russische Gewalttaten und ließ das Zarenreich wie ein angsteinflößendes Gefängnis erscheinen. Er schuf groteske Typen russischer Beamten, die Furcht und Gram verbreiteten, und prangerte Rußland wegen der unter Knutenschlägen durchgeführten Zwangsbekehrung der Unierten zur Staatsreligion an. Gleichzeitig poetisierte Bahuševič die moralische Haltung der Weißruthenen. In seiner Lyrik klingen Motive nationaler Wiedergeburt, wachsenden Nationalbewußtseins und der Vaterlandsliebe an.

1891 veröffentlichte Bahuševič in Krakau unter dem Pseudonym Macej Buračok den Gedichtband *Dudka belaruskaja (Die weißruthenische Schalmei)* und 1894 in Posen unter dem Pseudonym Symon Reůka den Gedichtband *Smyk belaruski (Der weißruthenische Fiedelbogen)*. Beide Bände wurden von Bahuševič mit Vorworten versehen, in denen er die chauvinistische Theorie von BESSONOV kritisierte, der behauptete, daß die russische Literatur die weißruthenische verdrängen werde. Alle Gedichte dieser Bände sind dem Vaterland gewidmet. Das Gedicht *Durny mužyk, jak varona (Der strohdumme Bauer)* zeigt, wie ein Bauer sich bei der Mahd und beim Pflügen abrackern muß. Das Werk *Chmarki (Die Wölkchen)* verurteilt den Mangel an Nationalbewußtsein bei der Intelligenz, ebenso das schöne lyrische Lied *Kalychanka (Schlaflied)*. In dem polemischen Monolog *Ne curajsja (Sage dich nicht los)* ruft ein Bauer die Intelligenz auf, ihre Nationalität

nicht zu verleugnen. Das allegorische Gedicht *Maja chata (Meine Hütte)* lobt das Erstarken des nationalen Bewußtseins der Weißruthenen. Im Gedicht *Maja dudka (Meine Schalmei)* sucht der Poet nach der Quelle, die Freiheit spendet. Das Gedicht *Jak praŭdy šukajuc' (Wie sucht man nach der Wahrheit)* prangert die russischen Gerichte, Verwaltungen, Polizei, Kammer, Senat und Obrigkeit an, die das Leben der Weißruthenen vergällen. In der *Dumka* klagt ein Bauer, daß sein Sohn aus der russischen Armee nicht nach Hause zurückkehren kann. In *Balada (Ballade)* bedrängt der Steuereinnehmer die Bauern so, daß er sie in den Ruin treibt. Die Satire *U sudze (Im Gericht)* verspottet die russischen Beamten, die die Weißruthenen ausbeuten. Die Satire *Skacinnaja apeka (Die viehische Betreuung)* erzählt, wie ein Bauer beschließt, ein bissiger Hund zu werden, um sich gegen die Moskowiter zu verteidigen. Das Poem *U astroze (Im Gefängnis)* ist ein Pamphlet gegen die russische Staatsordnung, die den Weißruthenen auferlegt, die Obrigkeit hochzuachten und die Knute hinzunehmen.
Das größte Werk Bahuševičs, das Poem *Kepska budze! (Es wird schlecht werden!)* zeigt die Tragik der Weißruthenen unter den Zaren und die Willkür der russischen Beamten, die in Gefängnissen Unschuldige schmähen und mit Nagaikas peitschen. Das Gedicht *Chres'biny Macjuka (Die Taufe von Macjuk)* zeigt »den Gram Weißrutheniens« und wie »die moskowitische Obrigkeit« und »der wilde Barbar« Fürst Chovanskij Unierte und Katholiken zur Orthodoxie bekehrten (Harecki). Das Gedicht *Svaja zjamlja (Eigenes Land)*, das nur einmal unter den Sowjets veröffentlicht wurde (Mal'dzis), erzählt, wie die russischen Assessoren Weißruthenen wegen ihrer Zugehörigkeit zur Unierten Kirche quälen und in die orthodoxe Kirche, in den Wald und dahin, »wo es keine Sonne gibt«, treiben.
Die Werke Bahuševičs waren unter den Zaren zumeist verboten. Sie wurden insgeheim zuerst mündlich und seit 1903 durch die Weißruthenische Sozialistische Partei in Form von Flugblättern verbreitet. Die Gedichte stärkten das Nationalbewußtsein der Weißruthenen, zeigten der ganzen slawischen Welt, daß die weißruthenische Nation erwachte, und spornten mehrere Dichtergenerationen zur Arbeit für ihr Vaterland an. Bahuševič war für Weißruthenien von so eminenter Bedeutung wie Ševčenko für die Ukraine (Babareka). Der dritte Gedichtband von Bahuševič, *Skrypačka belaruskaja (Die weißruthenische Fiedel)*, den die russische Zensur 1900 verbot, ging unter den Sowjets verloren. In den 1930er Jahren wurde der Dichter von den Sowjets verleumdet. Sie nannten ihn den Herold der weißruthenischen Bourgeoisie, der die Klassendifferenzierung auf dem Lande nicht sehe, die litauische und polnische Herrschaft über Weißruthenien idealisiere und das Streben der Weißruthenen nach Unabhängigkeit widerspiegle. Während des Zweiten Weltkriegs durfte Bahuševič erwähnt werden. Aber schon 1948 wurde er erneut angeprangert als Nationalist, Klerikaler und Anhänger des Kapitalismus. Jetzt wird an ihm weiterhin getadelt, daß seine Weltanschauung nicht materialistisch gewesen sei und er »*das goldene Zeitalter*« Weißrutheniens idealisiert habe (Barysenka). Ein Teil seiner Gedichte darf nicht veröffentlicht werden.
A.Gaj.

AUSGABEN: *Dudka Belaruskaja Macieja Buraczka*, Krakau 1891; ²1896 u. Petersburg 1907; ²1914. – *Smyk Białaruski Symona Reuki z pad Barysawa*, Posen 1894, Petersburg 1908. – *Dudka belaruskaja*, Krakau 1896. – *Pes'ni*, Ldn. 1904. – *Dudka belaruskaja*, Petersburg 1907. – *Dudka belaruskaja* und *Smyk belaruski*, Petersburg 1908 [gleich eingezogen]. – *Dudka belaruskaja*, Petersburg 1914. – *Smyk Bielaruski*, Wilna 1917. – *Dudka belaruskaja* und *Smyk belaruski*, Wilna 1918. – *Vybranyja tvory*, Minsk 1952. – *Tvory*, Minsk 1967. – *Veršy*, Minsk 1976. – *Tvory*, Minsk 1991.

LITERATUR: A. Navina, *Pucjavodnyja idei belaruskae literatury*, Wilna 1921, S. 20–26. – K. Duš-Dušeŭski, *Autohraf F. B.* (in Kryvič, 1923, 5). – M. Harecki, *Historyja belaruskae litaratury*, Moskau/Leningrad 1924, S. 224–243. – M. Pijatuchovič, *F. B. jak ideolah bel. adradženja i mastak* (in Pracy, 1925, 6/7, S. 19–37). – E. Karskij, *Geschichte der weißrussischen Volksdichtung und Literatur*, Bln./Lpzg. 1926, S. 149–152. – *Zyccë i tvorčasc' F. B. ŭ uspaminach jahonych sučasnikaŭ*, Hg. A. Luckevič, Wilna 1938. – V. Barysenka, *F. B. i prablema realizma u belaruskaj litaratury XIX stahoddzja*, Minsk 1957. – S. Majchrovič, *Žizn' i tvorčestvo F. B.*, Minsk 1961. – A. Adamovič, *Da pytan'nja pra mesca F. B. u historyi belaruskaj litaratury* (in Zapisy, 1964, 3, S. 117–130). – A. Lojka, *Historyja belaruskaj litaratury*, Minsk 1977, T. 1, S. 232–265. – F. Neureiter, *Weißrussische Anthologie*, Mchn. 1983, S. 30–36 (Slavistische Beiträge, 162). – U. Lameka, *U plyni B. movy* (in Polymja, 1984, 7, S. 207–212).

HELMUT BAIERL

* 23.12.1926 Rumburg / ČSSR

FRAU FLINZ

Komödie in drei Akten, mit einem Prolog und einem Epilog von Helmut BAIERL, Uraufführung: Berlin, 8. 5. 1961, Theater am Schiffbauerdamm. – Das »*in Zusammenarbeit mit Manfred Wekwerth und dem Kollektiv des Berliner Ensembles*« entstandene Stück nach dem Vorbild von BRECHTS *Mutter Courage* hat die Veränderbarkeit des menschlichen Bewußtseins durch die revolutionäre Veränderung der gesellschaftlichen Verhältnisse in der ehemaligen sowjetischen Besatzungszone zum Thema. Die einzelnen Stadien dieses Prozesses sind jeweils an eine zeitlich genau fixierte Phase mitteldeutscher Nachkriegsgeschichte gebunden: 1945 – April 1946 *(Frau Flinz und die antifaschistisch-demokratische Ordnung)*, April 1946–1948 *(Frau Flinz und die revolutionär-demokratische Ordnung)*, 1948–1952 *(Frau Flinz und die Deutsche Demokratische Republik)*.

Als Umsiedlerin wird die Kriegerwitwe Martha Flinz, Mutter von fünf Söhnen, im Jahre 1945 in eine mitteldeutsche Kleinstadt verschlagen. Hier ergattert sie, schlau die Umstände nutzend, für sich und ihre Söhne ein von dem KP-Mann Weiler im Hause des Möbelfabrikanten Neumann requiriertes Zimmer. Zugleich jedoch läßt sie wissen, daß sie es nicht mit den neuen Machthabern halte, ja, daß ihr jegliche Politik verhaßt sei: »*Ich habe fünf Jungen, das reicht. Hätte ich mich um die Politik gekümmert wie ihr Vater, wir wären alle verhungert. Sie haben gestreikt auf dem Gut, und wir lagen auf der Straße ... Und als mein Johann in Frankreich gefallen war, habe ich mir geschworen, die Jungen kriegen sie nicht. Zwei Einberufungen habe ich verbrannt. Den Frantischek habe ich ihnen als taubstumm eingeredet. Und da können sie ›Siegheil‹ rufen oder ›Rotfront‹, wer nach ihnen den Arm ausstreckt, dem hack ich ihn ab. Wir wollen unsere Ruhe. Wir müssen an uns selbst denken.*«

Diese Mutter-Courage-Haltung des Wir-müssen-an-uns-selbst-Denkens läßt der Autor Frau Flinz hartnäckig demonstrieren, bis sie im vorletzten Bild des dritten Akts alle ihre Kinder verloren hat – nicht im Krieg, wie BRECHTS Mutter Courage, sondern zur Friedenszeit und an einen Staat, der eine neue Gesellschaftsordnung errichtet. Vorerst allerdings erweist sich die Devise der listig »vernünftigen« Frau Flinz, die Verhältnisse zu ihrem und ihrer Söhne Vorteil auszunutzen, als erfolgversprechend: Unterstützt von dem Kommunisten Weiler, mobilisiert »die Flinzen« alle arbeitslosen Umsiedler in der Stadt, die ausgebombte Montagehalle einer ehemaligen Bombenflugzeugfabrik wiederaufzubauen und darin Wohnungen für Umsiedler einzurichten. Nach Vollendung des Aufbauwerks allerdings weist Frau Flinz den Behörden gewitzt nach, daß die Montagehalle zu Wohnzwecken mißbraucht werde: in ihr könnten mehr als zweihundert Arbeitslose einen Arbeitsplatz finden, wenn man dem Holzunternehmer Neumann nur die Möglichkeit gäbe, dort einen neuen Produktionsbetrieb zu gründen. Angewiesen auf die Privatinitiative der kapitalistischen Unternehmer stimmt die Partei (jetzt vertreten von der »*jungen Genossin*« Raupach, die den alten SPD-Mann und Bürgermeister Elstermann und den Altkommunisten Weiler auf SED-Kurs bringt) diesem Vorschlag zu, und Neumann richtet – gezwungenermaßen zwar, da er freiwillig den neuen Staat nicht unterstützen will – in der Montagehalle einen Zweigbetrieb ein, in den die Flinz-Söhne bevorzugt mit Vorarbeiterlohn eingestellt werden. Einer von ihnen hat sich jedoch zuvor schon von der Mutter getrennt: damit er »*was schafft aus sich*«, meldete er sich freiwillig zum Wiederaufbau der Leunawerke. Die übrigen vier Flinz-Söhne läßt der Fabrikant Neumann unter Aufsicht der Mutter das Kommunistische Manifest auswendig lernen, um den Teufel mit Beelzebub auszutreiben und sie gegen eine politische Verführung zu immunisieren.

Die Folge dieser vorbeugenden Maßnahme ist, daß der in die FDJ eingetretene jüngste Sohn die Aufnahmeprüfung für die Arbeiter- und Bauern-Fakultät besteht und die Familie verläßt, um in Berlin zu studieren. Nach der Enteignung des Kapitalisten Neumann (zu der Frau Flinz unwissentlich den Anstoß gegeben hat, indem sie eine geheime Abstimmung der Arbeiter über die Frage forderte, ob der »gute« Herr Neumann tatsächlich der Typ des Ausbeuters sei, wie er im Kommunistischen Manifest beschrieben werde), und nachdem auch der dritte Sohn von der Mutter fortgegangen ist, weil er sich von dem nunmehr volkseigenen Betrieb nicht trennen kann, verläßt Frau Flinz die Stadt und wird – im Zuge der Bodenreform – Neubäuerin. Nach dem Grundsatz »Klein, aber mein!« schuftet sie von früh bis spät auf ihrem Acker und lehnt jede Einmischung des Staates in ihre Angelegenheiten ab. Auch als ihr vierter Sohn sie verläßt, um Traktorist in einer staatlichen Maschinen-Ausleih-Station (MAS) zu werden, und der fünfte Sohn in Leipzig eine Ausbildung als Bibliothekar beginnt, sperrt sie sich gegen jede staatliche Hilfe, bis sie, am Ende ihrer Kräfte, schwerkrank zusammenbricht. Daß sie nicht stirbt, ist vornehmlich dem Genossen Weiler zu danken, der sie besucht und ihr ein Lebenselixier in Gestalt einer Lenin-Broschüre über das »*Reichwerden in Genossenschaft*« hinterläßt.

So tritt im letzten Bild des dritten Akts eine veränderte, fröhliche und unternehmungslustige Frau Flinz auf, die weiß, wie die abgerackerten Kleinbauern aus ihrer wirtschaftlichen Misere herauskommen können: nämlich indem sie sich in Genossenschaftsbetrieben zusammenschließen. Dies geschieht, noch ehe die Partei die Kollektivierung der Landwirtschaft beschlossen hat (weshalb die verbürokrateten SED-Funktionäre im Stück auch ängstlich dagegen protestieren). Die II. Parteikonferenz der SED jedoch, auf der der Aufbau des Sozialismus verkündet wird (Epilog), gibt Frau Flinz nachträglich recht: als Vorsitzende einer der ersten Landwirtschaftlichen Produktionsgenossenschaften (LPG) ist sie Gastdelegierte der Konferenz und hält ihre erste Rede.

Wie bereits in seinem Lehrstück *Die Feststellung* (1958) versuchte Baierl auch in diesem Stück, Gegenwartsprobleme der DDR unter Anwendung der Methode von Brechts epischem Theater zur Diskussion zu stellen. Alle Figuren sind Modellcharaktere und verkörpern eine bestimmte Eigenschaft (Frau Flinz z. B. den individuellen Egoismus, ihre fünf Söhne Tatendrang, Wissensdurst, Verantwortungsbewußtsein, technische Begabung, literarisches Interesse), die so lange wertlos bleibt, als sie gesellschaftlich nicht nutzbar gemacht wird, d. h. der Gesellschaft nicht dienlich ist. Im Falle der fünf Flinz-Söhne führt diese Erkenntnis zur Anerkennung der neuen Gesellschaftsordnung, in der Gestalt der Frau Flinz dagegen wird die »Umfunktionierung des Bewußtseins« vorgeführt: ihr individueller Egoismus wird gleichsam vergesellschaftet und verschmilzt mit dem Egoismus der Klasse der Arbeiter und Bauern, die für sich alles verlangt, »*was die Erde so an Annehmlichkeiten zu bieten hat*«.

Die Sprache ist bewußt volkstümlich gehalten und teilweise mundartlich gefärbt; tritt der Schauspieler als rekapitulierender Berichterstatter aus seiner Rolle heraus, wird der von ihm gesprochene, protokollarisch knappe Text mit Musik unterlegt.

M.Gru.

AUSGABE: Bln. 1964.

LITERATUR: H. Hölzel, *Die Problematik der »providentiellen Bewußtheit des Genusses« im dramtischen Schaffen H. B.s. Studien über die Komödie »Frau Flinz« u. ihre exemplarische Bedeutung für die Entwicklung der sozialistischen Gegenwartsdramatik*, Diss. Jena 1968. – M. Buhl, *Zur Brecht-Rezeption des Dramatikers H. B.* (in Wiss. Zs. der W. Pieck Univ., Ges.- u. sprachwiss. Reihe, 29, 1980, H. 3/4, S. 27–30). – K. Kändler, *Interview mit H. B.* (in WB, 29, 1983, S. 913–926).

JEAN-ANTOINE DE BAÏF

* 19.2.1532 Venedig
† Oktober 1589 Paris

LITERATUR ZUM AUTOR:
H. Nagel, *Die Werke des J.-A. de B.* (in ASSL, 61, 1879, S. 53–124). – M. Augé-Chiquet, *La vie, les idées et l'œuvre de B.*, Paris 1909. – H. Chamard, *Histoire de la Pléiade*, 4 Bde., Paris 1939/40.

LE PREMIER LIVRE DES METEORES

(frz.; *Erstes Buch über die Meteoren*). Kosmisches Lehrgedicht von Jean-Antoine de Baïf, entstanden nach 1555, Erstdruck 1567. – Baïfs Lehrgedicht *Des meteores* muß im Zusammenhang mit den naturphilosophischen Interessen des Renaissancezeitalters gesehen werden. Schon PONTANO hatte eine *Urania et meteorum* (1505) verfaßt, die Baïf sicher kannte. Auch die Pléiade und ihr nahestehende Dichter wie Maurice SCÈVE und Jacques PELETIER DU MANS versuchten sich an der Bewältigung ähnlicher Themenkomplexe, so RONSARD in seiner Hymnendichtung (1555 und 1556), Peletier in *Amour des amours* (1555) und Scève in seinem *Microcosme* (1562).

Baïf greift weit aus: Er beginnt mit Schöpfung und Elementenlehre, geht über zur Architektur des Weltgebäudes, vom Aristotelischen »Primum mobile« über den Fixsternhimmel zu den Planetensphären, und befaßt sich dann ausführlich mit dem Einfluß der Gestirne auf die sublunare Welt. Als Musterbeispiel dient, wie später bei DU BARTAS, der mit dem Wechsel der Jahreszeiten verknüpfte Weg der Sonne durch die Tierkreiszeichen. Als Hauptteil des Werks folgt die Lehre von den Vorgängen in der Lufthülle der Erde. Sie wird in Anlehnung an die *Meteorologica* des ARISTOTELES vorgetragen, wobei allerdings dessen Theorie von den drei Schichten den Autor weniger zu faszinieren scheint als die aristotelische Unterscheidung von feuchten und trockenen Ausdünstungen *(exalezons)*. Den Abschluß bilden eine Abhandlung über die Kometen als Vorboten drohenden Unheils sowie Erörterungen über die Natur der Milchstraße. Dem lukrezischen Lehrgedicht entsprechend stehen deskriptive Elemente im Vordergrund. Existieren mehrere Theorien zur Entstehung eines Phänomens, so stellt sie Baïf nacheinander vor, um abschließend selbst Stellung zu beziehen; doch fehlen ihm das Engagement und die Leidenschaft seines großen Vorbilds LUKREZ. – Baïf sucht die fast geometrische Abstraktheit seiner Darstellung durch konkrete Details aufzulockern, wobei er als Stilfigur vor allem den epischen Vergleich verwendet. In dieselbe Richtung weist die Einschaltung mythologischer Entstehungssagen. – Baïf geriet im 17. Jh. mit der Pléiade-Lyrik in Vergessenheit. Seine Wiederentdeckung erfolgte durch SAINTE-BEUVE.

K.Rei.

AUSGABEN: Paris 1567. – Paris 1888 (in *Œuvres en rime*, Hg. Ch. Marty-Laveaux, 5 Bde., 1881–1890, 2; Neudr. Genf 1966).

LITERATUR: L. V. Simpson, *Some Unrecorded Sources of B.'s »Livre des meteores«* (in PMLA, 47, 1932, S. 1012–1027). – H. C. Lancaster, *B. and Pontano* (ebd., 48, 1933, S. 943). – H. Weber, *La poésie cosmique et philosophique* (in H. W., *La création poétique en France au XVIe siècle*, Paris 1956). – M. Raymond, *L'influence de Ronsard sur la poésie française*, Genf 1965. – A.-M. Schmidt, *La poésie scientifique en France au XVIe siècle*, Lausanne 1970.

QUATRE LIVRES DE L'AMOUR DE FRANCINE

(frz.; *Vier Bücher Liebesgedichte an Francine*). Lyrischer Zyklus in vier Büchern von Jean-Antoine de Baïf, Erstdruck 1555. – Baïf gehörte zusammen mit RONSARD zu den gelehrtesten unter den Dichtern der Pléiade, die um die Jahrhundertmitte eine Erneuerung der petrarkistischen Liebeslyrik anstrebten. Erste Resultate dieser Bemühungen waren DU BELLAYS *L'Olive* (1549), Pontus de TYARDS *Erreurs amoureuses* (1549), Ronsards *Amours de Cassandre* (1552) und Baïfs *Amours de Méline* (1552), denen er drei Jahre später die *Quatre livres de l'amour de Francine* folgen ließ. Die Gedichte dieser Sammlung sind nach formalen Gesichtspunkten angeordnet: Die Bücher 1 und 2 enthalten Sonette, 3 und 4 die Chansons. Ihre Thematik entspricht weitgehend petrarkistischer Tradition: panegyrischer Lobpreis der Geliebten, Erinnerung an einzelne Episoden, flüchtiges Liebesglück oder hochstilisierte Alltagsszenen, vor allem aber das nie erfüllte Verlangen des Liebenden und seine nicht enden wollende Seelenqual. Originalität strebt Baïf nicht an. Quellen seiner Inspiration sind die italienischen Petrarkisten sowie griechische, lateinische und neulateinische Dichter. Dabei spannt sich der Bogen von der *Anthologia Graeca* über CATULL, TIBULL und HORAZ bis zu SANNAZARO, BEMBO und MARULLUS.

Baïf schreibt anmutig gefühlvolle, leicht melancholische Verse, die im Tonfall an die müde Eleganz der römischen Elegiker erinnern. Pathos oder große Emotionen liegen ihm fern; die Antithesentechnik PETRARCAS verwendet er mit dezentem Raffinement.

Nachdem er im 17. Jh. in Vergessenheit geraten war, wurde er zu Beginn des 19. Jh.s mit Ronsard und den übrigen Pléiade-Lyrikern wiederentdeckt.

K. Rei.

AUSGABEN: Paris 1555. – Paris 1572/73. – Lyon 1573. – Paris 1881 (in *Œuvres*, Hg. Ch. Marty-Laveaux; Neudr. 1966). – Genf/Paris 1966/67, Hg. E. Caldarini (krit.; TLF). – Oxford 1970, Hg. M. Quainton [Ausw.].

LITERATUR: E. S. Ingraham, *The Sources of »Les Amours« de J.-A. de B.*, Columbus, Ohio 1905. – C. Cremonesi, *La poesia lirica francese tra Villon e Malherbe*, Mailand 1961. – Ph. Erlanger, *Les petits maîtres de la Pléiade* (in *Tableau de la littérature française*, Bd. 1, Paris 1962, S. 258–267). – M. McGowan, *The French Court and Its Poetry* (in *French Literature and Its Background. The Sixteenth Century*, Oxford 1968, S. 63–78). – G. Demerson, *Trois poètes français traducteurs d'une idylle de Moschos: J.-A. de B., A. Chénier, Leconte de Lisle* (in *Mélanges d'histoire littéraire offerts à R. Lebègue*, Paris 1969, S. 321–354). – T. Peach, *Autour des »Amours de Francine«* (in BdHumR, 44, 1982, S. 81–95). – J. Vignes, *Normes et contradictions d'un genre. Les églogues de B.* (ebd., 48, 1986, S. 701–721).

ABO'L-FAḌL MOḤAMMAD BAIHAQI

* 995
† August/September 1077

TĀRIḪ-E BAIHAQI

auch: *Tārīḫ-e Masʿudi* (iran.-npers.; *Die Geschichte Baihaqis*, auch: *Geschichte des [Sultans] Masʿud [von Gasna]*). Historisches Werk von Abo'l-Fadl Mohammad BAIHAQI. – Dieses Werk ist der erhalten gebliebene Teil einer dreißigbändigen Gesamtgeschichte, die von späteren Historikern auch unter Titeln wie *Tārīḫ-e Āl-e Mahmud (Geschichte der Nachkommen des [Sultans] Mahmud)* oder *Tārīḫ-e Āl-e Saboktakin (Geschichte der Nachkommen Saboktakins [des Vaters Mahmuds von Gasna])* erwähnt wird. Es behandelt die Geschichte der Begründer der Gasnawiden-Dynastie, die seit 977 in Iran und in Indien (Pandschab) herrschte. Der noch vorhandene Teil, bestehend aus Band 5–10, befaßt sich vorwiegend mit dem Leben und den Taten des Sultans Masʿud (reg. 1030–1041), des Sohnes von Sultan Mahmud (reg. 999–1030). – Der Autor, der anfangs in der Kanzlei des ersteren als Sekretär *(dabir)* tätig war, fiel eine Zeitlang in Ungnade, wurde aber später, während der Regierungszeit des Sultans ʿAbd o'r-Rašid (1049–1053) zum Leiter der königlichen Kanzlei berufen. Diese Tätigkeit war jedoch von kurzer Dauer; er wurde eines Vergehens bezichtigt und verhaftet. Erst nach der Krönung des Sultans Farrohzād (reg. 1053–1059) wurde er wieder Kanzleichef und blieb es bis zu seinem Tod. Während dieser Periode widmete er sich hauptsächlich der Abfassung seines großen Geschichtswerks, das auf der Grundlage der täglich angefertigten Notizen und unter Hinzuziehung zahlreicher Staatsakten in fast zwanzigjähriger Arbeit entstand.

Baihaqi hat den Aufstieg und die Größe, aber auch den Niedergang und das Elend der Gasnawiden selbst miterlebt. Aus seinen reichen Erfahrungen schöpfend und sich auf die umfassenden Kenntnisse stützend, die er aus dem Studium der offiziellen wie auch der geheimen Dokumente gewonnen hatte, ging es ihm nicht allein darum, in seinem Buch den Glanz des Hofs der Gasnawiden-Dynastie und die Siegeszüge ihrer Feldherren zu schildern, sondern er war auch bestrebt, die tieferen Ursachen der historischen Veränderungen darzustellen und der Nachwelt verständlich zu machen. Der Ablauf des historischen Geschehens sollte gleichsam als Lehre und Mahnung für künftige Geschlechter dienen. Hauptthema der Darstellung sind die Ereignisse während der Regierungszeit des Sultans Masʿud, aber es werden auch Begebenheiten aus der Periode der Saffariden (861–900) und der Samaniden (864–1005) erwähnt; wiederholt ist von Kämpfen gegen die Seldschuken (die der Herrschaft der Gasnawiden schließlich ein Ende bereiteten) die Rede. Neben geographischen Angaben finden sich auch viele wertvolle Mitteilungen über persische Autoren und das persische Schrifttum jener Zeit. Die Hauptbedeutung des Werks liegt aber in der pedantisch genauen Ausführlichkeit, mit der der Autor über die Geschehnisse, Personen und Situationen berichtet. Nach seiner Auffassung genügt es nicht, nur zu erzählen, welche Kriege die Fürsten geführt und welche Friedensverträge sie geschlossen haben. Er will das Verborgene enthüllen und die Hintergründe der Ereignisse aufdecken, um so ein Gesamtbild der Zeit zu entwerfen, wobei ihm

Wahrheitstreue das oberste Prinzip ist. Die Mitteilungen früherer Historiker betrachtet er kritisch; ihren Werken entnimmt er nur, was ihm glaubwürdig und überzeugend erscheint. Im übrigen schreibt er nur über das, was er selber als Zeuge beobachtet hat, oder was ihm vertrauenswürdige Personen erzählt haben.

Die Ereignisse, von denen er berichtet, werden genau datiert, oft wird sogar Tag und Stunde der Begebenheit erwähnt. Häufig nennt er den Gewährsmann, dem er die Nachricht verdankt, und schildert die Umstände, unter denen er in den Besitz der Information gekommen ist. Erstaunlich ist seine Objektivität bei der Charakterisierung der einzelnen Machthaber, selbst wenn diese ihm nicht wohlgesonnen waren. Berichte über Hofzeremonien, Feste, Glaubenskämpfe, über offizielle und geheime Staatsorgane, über Machtbefugnisse einzelner Beamter, ferner Beschreibungen der Städte, Paläste und Gärten sowie Schilderungen von Demonstrationen und Darlegungen über die Denkweise der einfachen Menschen tragen mit dazu bei, daß Baihaqis Geschichtswerk als ein treues Spiegelbild des 11. Jh.s in Iran gelten darf. – Einzigartig ist auch die literarische Bedeutung des Werks: Der Stil ist schlicht, reich an Nuancen und klar im Ausdruck, so daß die Sprache, abgesehen von einigen damals gebräuchlichen arabischen *termini technici*, noch heute von jedem gebildeten Iraner verstanden und geschätzt wird.   B.A.

AUSGABEN: Kalkutta 1862, Hg. W. Morley (Bibliotheca Indica). – Teheran 1889, Hg. Adib Pišāwari. – Teheran 1945, Hg. Fayyāḍ u. Gani. – Teheran 1953, Hg. S. Naficy.

ÜBERSETZUNG: H. M. Elliot, *The History of India*, Bd. 2, Ldn. 1869.

LITERATUR: S. Naficy, EI², Bd. 1, S. 1130/1131. – R. Šafaq, Maǧalle-ye (in Armaġān, 11/12, S. 859–865; 12/1, S. 70–78; 12/2, S. 84–96). – M. Bahār, *Sabkšenāsi*, Bd. 2, Teheran 1958, S. 66–95. – Eqbāl in Armaġān, 13/1, S. 25–35. – G. H. Yusefi, *Maǧalle-ye Daneškade-ye adabiyāt-e* (in Mašhad, 2/4, S. 211–261).

IBRĀHĪM IBN MUḤAMMAD AL-BAIHAQĪ

9./10. Jh. Bagdad (?)

AL-MAḤĀSIN WAL-MASĀWĪ

(arab.; *Die guten und die schlechten Seiten*). Adab-Werk von Ibrāhīm Ibn Muḥammad AL-BAIHAQĪ. – Zusammen mit dem AL-ǦĀḤIẒ (s. dort) zugeschriebenen Buch *Al-maḥāsin wal-aḍdād* (*Die schönen Dinge und deren Kehrseite*) bildet al-Baihaqīs *Maḥāsin*-Buch den Grundstock dieser Gattung innerhalb der arabischen Lehr- und Unterhaltungsliteratur, die abstrakte Begriffe und konkrete Dinge anhand von Gedichten und Zitaten, zumeist aus der profanen Literatur, aber auch aus dem *Qurʾān*, antithetisch darstellt. Beide Verfasser benutzen häufig dieselben Quellen, doch hat al-Baihaqī den vollständigeren Text. Die beiden Werke haben mehrere Passagen gemeinsam, beiden ist ein Kapitel über die Nützlichkeit der Bücher vorangestellt, hier wie dort teilweise Zitat aus dem *Kitāb al-ḥayawān* (›*Buch der Lebewesen*‹) von al-Ǧāḥiẓ.

Al-Baihaqī ordnet sein Material (Anekdoten, Gedichte, Zitate usw.) im großen und ganzen nach zwei Prinzipien: Bei Themen, die sowohl positiv als auch negativ beschrieben werden können, wie Armut, Sprache bzw. Sprechen, Dichtung, Männer, Mädchen usw., bringt er zunächst die Belege, die sich mit den *maḥāsin*, d. h. Vorzügen und guten Seiten, des betreffenden Sujets befassen, anschließend diejenigen, die deren *masāwī*, d. h. Nachteile und negative Seiten, beschreiben. Ist dieses Prinzip nicht anwendbar, so stellt al-Baihaqī inhaltliche Gegensatzpaare zusammen, z. B. Dank und Undank, Gottvertrauen und Zweifel, oder die *maḥāsin* des Propheten Muḥammad und die *masāwī* der falschen Propheten. Bisweilen auch beschränkt sich al-Baihaqī bei einem Thema auf lediglich *maḥāsin* bzw. *masāwī*.

Al-Baihaqī beginnt sein Buch mit Kapiteln zur islamischen Geschichte: Dem Kapitel über Muḥammad folgen Kapitel über die vier ersten Kalifen, über die frühen Kriegszüge und die Söhne ʿAlīs, Ḥasan und Ḥusain. Die Abschnitte über den Islam (Nachfolge und Widerstand) leiten über zum Hauptteil mit vielfältigen Themen in zwangloser Folge.   S.Gr.

AUSGABE: Giessen 1900–1902, Hg. F. Schwally, 3 Tle.; Nachdr. Kairo 1906.

ẒAHIR Oʾ D-DIN ABOʾ L-ḤASAN ʿALI EBN-E ZAID AL-BAIHAQI

genannt Ebn-e Fondoq
* 1100
† 1170

TĀRIḪ-E BAIHAQ

(iran.-npers.; *Geschichte von Baihaq*). Historisches Werk von Ẓahir oʾd-Din Aboʾl-Ḥasan ʿAli ebn-e Zaid AL-BAIHAQI (genannt Ebn-e Fondoq). – Der Autor, der in der Stadt Sabsawar, dem Verwaltungszentrum des Distrikts Baihaq (westlich von Nischapur), lebte und dort zu Ansehen und Würden gelangte, war ein Nachkomme alter arabischer Familien, die schon zur Zeit des Propheten Muhammad nach Iran übergesiedelt waren. Seine Schrift, die eine Fülle von interessanten Mitteilungen über Land und Leute Ostirans im 12. Jh. enthält und deshalb von Fachleuten hochgeschätzt wird, ist allerdings kein »Geschichtswerk« im eigentlichen Sinne und nach heutigem Verständnis. Sie ist vielmehr eine Sammlung historischer Skizzen, die der Verfasser – wie er selbst in den einleitenden Abschnitten mitteilt – aufgrund älterer historischer Werke aus den dort überlieferten Informationen zusammengestellt hat.

Er beklagt darin den Verfall der Wissenschaften und bedauert vor allem den Niedergang der Geschichtswissenschaft, die er sehr schätzt und als »*Schatzkammer der Geheimnisse der Dinge*« bezeichnet. Dann folgt eine Aufzählung der wichtigsten Länder der Welt sowie der bedeutendsten historischen Werke, die ihm als Grundlage für seine Ausführungen dienten. Er berichtet über die Eroberung von Baihaq durch die Araber, über das Klima der Gegend, über die Einteilung des Gebiets in zwölf Distrikte (*robʿ*, eig. »Viertel«) zur Zeit des Herrschergeschlechts der Taheriden (821–845). Er erwähnt auch mehrere bedeutende Ereignisse, die in der Stadt Sabsawar geschahen bzw. geschehen sollten: den Bau der Freitagsmoschee, die erwarteten Besuche der Kalifen Hārūn aʾr-Rašīd (786–809) und al-Maʾmūn (813–833) u. a.

In großer Ausführlichkeit schildert er die Gegebenheiten und die Geschichte seiner engeren Heimat, des Distrikts Baihaq. In dreizehn Abschnitten werden, beginnend mit dem Herrschergeschlecht der Taheriden (821–845), die zahlreichen Dynastien aufgeführt, die bis zum Jahr 1166 in Iran geherrscht haben, und manche interessante Begebenheiten aus der Zeit ihrer Herrschaft berichtet.

Den letzten Teil seines Werks widmet der Verfasser der Lebensbeschreibung namhafter Persönlichkeiten, die entweder in Baihaq gelebt oder irgendwelche Verbindungen zu diesem Gebiet gehabt haben. Es sind hauptsächlich Gestalten des geistigen und politischen Lebens – Literaten, Dichter, Kalligraphen und Kopisten, Minister, Philosophen und Mediziner –, deren Biographien dem Historiker wertvolles Tatsachenmaterial liefern. Manche Einzelheiten, die der Autor aus dem täglichen Leben der Bevölkerung zu berichten weiß, geben interessante Aufschlüsse über die gesellschaftliche Struktur Irans im 12. Jh. B.A.

AUSGABE: Teheran 1938/39 [m. Vorw.].

LITERATUR: D. M. Dunlop, Art. *al Bayhakī* (in EI², Bd. 1, S. 1131–1133). – E. Wiedemann, *Biographie von al-Baihaqī nach Jaqūt* (in E. W., *Aufsätze zur arabischen Wissenschaftsgeschichte*, Hg. W. Fischer, Hildesheim u. a. 1970, S. 816–820). – H. el-Saghir, *Abū lʾHasan al-Baihaqī u. seine Sprichwörtersammlung »Ġurar al-amtāl wa-durar al-aqwāl«*, Ffm. 1984 [zugl. Diss.; Werkverz. S. 26–48].

PHILIP JAMES BAILEY

* 22.4.1816 Nottingham
† 6.9.1902 Nottingham

FESTUS

(engl.; *Festus*). Dramatisches Gedicht von Philip James BAILEY, anonym erschienen 1839. – Wie der Verfasser in seinem Vorwort zur 15. Auflage von 1893 sagt, will das Gedicht ein Bild vom irdischen Dasein des Menschen entwerfen und zugleich von seinen sittlich-ethischen und physischen Bedingtheiten; Schöpfung, Erhaltung und Herrschaft der Welt sowie der Ursprung des sittlich Bösen sollen vom geistigen Standpunkt des Universalismus aus, in scharfem Gegensatz zu Skeptizismus und Pessimismus, gesehen und dichterisch gestaltet werden. Bailey, der in Glasgow Theologie studiert und in London eine juristische Ausbildung genossen hatte, wurde zu diesem Vorhaben durch die starken Eindrücke angeregt, die das *Buch Hiob* des *Alten Testaments*, die Dichtungen MILTONS und vor allem GOETHES *Faust* in seinem jungen, sensiblen Gemüt hinterlassen hatten. Um seine Vorstellungen von dem geplanten Werk zu realisieren, zog sich der Zwanzigjährige 1836 in die selbstgewählte Klausur des väterlichen Hauses zurück. Nach knapp drei Jahren konnte er 1839 seinen »Urfaust« veröffentlichen.

Das Werk umfaßte in dieser ersten Fassung einige Dutzend Abschnitte unterschiedlicher Länge, die Bailey als »Szenen« bezeichnete, wenngleich es sich überwiegend um lange Dialoge zwischen Festus und Luzifer handelt. Er lokalisierte diese »Szenen« im Himmel, in der Hölle, im Kosmos, irgendwo und nirgendwo, und an verschiedenen irdischen Örtlichkeiten. Das Werk ist in Blankversen abgefaßt, die durch gelegentliche Reimpaare und lyrische Gedichte aufgelockert sind. Inhaltlich lehnt es sich an Goethes *Faust* an: Luzifer erscheint vor Gott und erhält die Erlaubnis, Festus zu versuchen, es wird ihm jedoch keine Gewalt über dessen Seele gegeben (*»Upon his soul / Thou hast no power«*). Der Versucher verspricht Festus die Weltherrschaft. Zusammen durchziehen sie Erde und Kosmos, Himmel und Hölle. Das Versprechen Luzifers, zehnfache Liebeskraft zu verleihen, erfüllt sich: während seiner irdischen Existenz hat Festus mit Clara, Helena und Elissa eine Reihe gleichzeitiger und trotzdem echter, tiefer Liebeserlebnisse. Nachdem er alle Freuden und Genüsse der Erde ausgekostet hat, verlangt Festus (der alle Völker in brüderlicher Eintracht und Frieden vereinen will) von Luzifer die Weltherrschaft; sie wird ihm gewährt. Da bricht überraschend das Weltende herein. Die Menschheit, und mit ihr Festus, stirbt. Er bereut und wird unter die Erwählten Gottes aufgenommen.

Bailey hat sein Erstlingswerk in den folgenden Jahrzehnten immer wieder überarbeitet. Bereits die

2. Auflage von 1845 war erheblich erweitert. In der Folgezeit veröffentlichte er außerdem als getrennte Werke: *The Angel World*, 1850 *(Die Welt der Engel)*, *The Mystik*, 1855 *(Der Mystiker)*, und *The Universal Hymn*, 1867 *(Kosmischer Hymnus)*, aus denen er wiederum große Partien in die späteren Fassungen des *Festus* übernahm. Die Jubiläumsausgabe und endgülte Fassung des Gedichts (1889) enthielt schließlich mehr als fünfzig »Szenen« mit über 40 000 Versen. Inzwischen waren in England elf autorisierte Auflagen des Werkes und eine gleiche Anzahl Raubdrucke auf den Markt gekommen, in den USA war es dreißigmal unlizenziert nachgedruckt worden. Auch nach 1889 blieb das Buch Bestseller: bis 1893 erschienen vier weitere Editionen. - Die erstaunliche Popularität des Gedichts (zu seinen Bewunderern gehörten u. a. Ebenezer ELLIOT, William Harrison AINSWORTH, Lord TENNYSON, John W. MARSTON) läßt sich nicht mit literarischen Qualitäten erklären. Sein Erfolg beruhte vielmehr darauf, daß es der verbreiteten, aber unbeliebten materialistisch-rationalistischen Dichtungsauffassung, wie sie etwa von Sir Henry TAYLOR vertreten wurde, wieder Phantasie und Imagination als bestimmende Faktoren entgegensetzte. Dazu kam, daß die englische Öffentlichkeit seit 1819 mit Goethe bekannt gemacht worden war und daß dessen Werke sich seit der ersten englischen *Faust*-Übersetzung (1823) und vor allem nach Goethes Tod großer Beliebtheit erfreuten. Der philosophischen und der mit Phantasie gepaarten poetischen Begabung des jungen Bailey verdankt *Festus* nur gelegentlich Passagen, die mehr sind als gutes Mittelmaß. Der Autor hat bereits in den drei erwähnten, zunächst getrennt veröffentlichten Fortsetzungen der Urfassung des Gedichts die in ihn gesetzten Erwartungen nicht erfüllt: die Dialoge zwischen Festus und Luzifer sind zwar länger und formal korrekter, dafür aber phantasieloser, argumentierender geworden. So wurde denn auch William E. AYTOUN in seinem Verdikt bestätigt, das er in der burlesken Satire *Firmilian* (1854) über Bailey und andere »Spasmodiker« ausgesprochen hatte: Der *Festus*-Autor geriet nach seinem Tod ebenso schnell in berechtigte Vergessenheit, wie er zuvor zu unverdienter Popularität gelangt war.   M.W.

AUSGABEN: Ldn. 1839 [anon.]. - Ldn. 1845 [erw.]. - Ldn. 1864 [erw.]. - Ldn. 1884 (*The Beauties of Festus*; m. Index). - Ldn. 1889. - Ldn. 1893.

LITERATUR: A. D. McKillop, *A Victorian Faust* (in PMLA, 40, 1925, S. 743-768). - E. Goldschmidt, *Der Gedankengehalt von B.s »Festus«* (in Englische Studien, 67, 1932, S. 228-237). - G. A. Black, *P. J. B.s Debt to Goethe's »Faust« in His »Festus«* (in MLR, 28, 1933, S. 166-175). - M. Peckham, *American Editions of »Festus«* (in Princeton University Library Chronicle, 8, 1947, S. 177-184). - Ders., *English Editions of P. J. B.'s »Festus«* (in PBSA, 44, 1950, S. 55-58). - R. Birley, *Sunk without Trace, Some Forgotten Masterpieces Reconside-* red, Ldn./NY 1962. - J. O. Waller, *Tennyson and P. J. B.'s »Festus«* (in Bull. of Research in the Humanities, 82, 1979, S. 105-123).

GASTON BAISSETTE

* 14.5.1901 Paris

L'ÉTANG D'OR

(frz.; *Ü: Der Goldteich*). Roman von Gaston BAISSETTE, erschienen 1946. - Der Autor erzählt die Geschichte seiner mehr von der Natur als von Menschen behüteten, mehr geträumten als gelebten Kindheit in dem inmitten der Sumpflandschaft des Languedoc gelegenen Dorf Melgueil. Seine einzigen Gefährten sind die Fischer, die an den stillen Ufern der »Goldteich« genannten Lagune wohnen: liebenswerte Phantasten, die sich noch auf die Kunst des Müßiggangs verstehen. Für die Städter ist dieses Gebiet ebenso schwer zugänglich, ebenso geheimnisvoll und fremd, wie für den Jungen das Leben und Treiben in der Großstadt. Zu seinen Kameraden im Gymnasium von Montpellier findet er keinen Kontakt, und sein erstes, allzu schüchternes Liebeswerben bleibt erfolglos. Und doch bereitet sich in ihm unmerklich eine Wandlung vor. Die flüchtige, fast unwirkliche Begegnung mit einer unbekannten Frau weckt in ihm den Wunsch, seine Einsamkeit aufzugeben und das Reich seiner Kindheit mit der realen Welt in Einklang zu bringen. Baissette hat die Atmosphäre der provenzalischen Landschaft, ihre Weite und gleichzeitige Beengtheit, ihre Heiterkeit und Schwermut in einer zart poetischen, aber ganz und gar unsentimentalen Sprache eingefangen, wie man sie nach dem Ende des Zweiten Weltkriegs in Frankreich nicht mehr für möglich hielt. Ähnlich wie ALAIN-FOURNIER seinen berühmten, nahezu gleichgestimmten Roman *Le grand Meaulnes* (1913), siedelt Baissette die Geschichte seiner Jugend in einem Bereich zwischen Phantasie und Wirklichkeit an. Psychologisch einleuchtend, mit leiser Ironie, beschreibt er seine Scheu und Unbeholfenheit im Umgang mit Menschen und seinen Entwicklungsweg aus »*Sturm und Verwirrung zu Ordnung und Klarheit*«. Am Schluß erscheint der »Goldteich« als der ruhende Pol, an dem der Knabe die Kraft sammelt, »*sich mit heilen Flügeln aus dem Jugendland hinauszuschwingen*«.   M.Bo.

AUSGABEN: Lausanne 1946. - Monte Carlo/Paris 1959. - Paris 1966.

ÜBERSETZUNGEN: *Der Goldteich*, G. v. Helmstatt (in Lancelot, 1947, H. 6-11). - Dass., ders., Neuwied 1948. - *Das Goldhaff*, T. Bergner, Bln./DDR 1969.

LITERATUR: A. Villelaur, *Un lyrisme neuf,* »*L'étang d'or*« (in Les Lettres Françaises, 22. 10. 1959, S. 2). – A. Berchtold, *La Suisse romande au cap du XXe siècle*, Lausanne 1963.

BAI XIANYONG

* 1937 Guilin

LITERATUR ZUM AUTOR:
Xiao Li, *Bai Xianyong duanpian xiaoshuo de renshi jiazhi* (in *Bai Xianyong de duanpian xiaoshuo. Fujian renmin chubanshe*, Fuzhou 1982, S. 323-333). – Yan Yuanshu, *Bai Xianyong de yuyan* (in Ye Weilian (Hg.), *Zhongguo xiandai zuojia lun. Lianjing*, Taibei 1976, S. 367-377). – W. Baus, *Schicksal! Zum Fatalismus in Bai Xianyongs Erzählungen* (in Nachrichten der Gesellschaft für Natur- und Völkerkunde Ostasiens, Nr. 136, 1985).

TAIBEIREN

(chin.; *Menschen in Taibei*). Vierzehn Erzählungen von BAI XIANYONG, erschienen 1971. – Die Erzählungen dieses Sammelbands erschienen bis auf eine Ausnahme *(Qiu Si – Herbstliches Sehnen)* zwischen 1965 und 1971 zuerst in der ›Wenxue Zazhi‹ (Literaturzeitschrift) in Taibei (Taiwan). – Nach dem Sieg der chinesischen Revolution 1949 flohen zu Beginn der fünfziger Jahre viele Chinesen vom Festland nach Taiwan, um sich dort im Exil eine neue Existenz aufzubauen. Alle vierzehn Erzählungen spielen fünfzehn, zwanzig Jahre später in der Hauptstadt Taibei und ihre Protagonisten sind eben jene Festlandchinesen, die, fern ihrer Heimat, ein entwurzeltes Dasein führen und in der Mehrzahl dem neuen Leben nicht gewachsen sind. Das Thema ist stets das gleiche: Trauer über die verlorene Heimat, Sehnsucht nach der Vergangenheit, Unfähigkeit oder Unwille, sich der Realität der Gegenwart anzupassen, statt dessen Fremdheit und Einsamkeit als tägliches Lebensgefühl; am Ende stehen fast immer Resignation, Verzweiflung, Selbstmord oder geistige Umnachtung. Die *Menschen in Taibei* entstammen allen Schichten der städtischen Bevölkerung: die flatterhafte Gesellschaftsdame Yin Xueyan *(Yongyuan de Yin Xueyan – Yin Xueyan bleibt Yin Xueyan)*, die Luftwaffenoffizierswitwe Zhu Qing *(Yi ba qing – Eine Handvoll Grün)*, der Soldat Lai Mingsheng *(Suichu – Der letzte Abend im Jahr)*, der alte General Pu *(Liangfu yin – Die Elegie vom Liangfu-Berg)*; daneben treten auf: die alternde Wirtin des Tanzlokals Daban Jin *(Jin Daban zui hou yi ye – Daban Jins letzte Nacht)* und die Barmädchen Yunfang und Juanjuan *(Gulian hua – Blüten einsamer Liebe)*, der Dienstbote Wang Xiong *(Na pian xue yiban hong de dujuanhua – Die blutroten Azaleen)* und die pensionierte Dienerin Shun'en *(Si jiu fu – Alte Zeiten)*; nicht zuletzt der Grundschullehrer Lu *(Hua qiao rong ji – Rong an der Blumenbrücke)* und Professor Yu Qinlei *(Dongye – Winternacht)* als Vertreter der Intelligenz.

Sie alle kamen in jungen oder mittleren Jahren nach Taibei und ihnen allen gemeinsam ist auch nach zwanzig Jahren, unabhängig von Herkunft, Bildung oder Beruf, die unablässige Konfrontation mit der Vergangenheit. Nicht selten entstehen Parallelen zu Schlüsselerlebnissen aus früheren Zeiten, Vergangenheit und Gegenwart fließen ineinander und lassen Ereignisse für die Betroffenen schicksalhaft erscheinen, so daß sie widerstandslos hingenommen werden. So erkennt der Diener Wang Xiong in seinem Schützling die ihm ehemals angetraute Kinderbraut wieder und vergöttert das Kind zärtlich, bis er schließlich an der Realität, dem heranwachsenden und verwöhnten Mädchen, zerbricht und Selbstmord begeht *(Die blutroten Azaleen)*. Das Barmädchen Yunfang nimmt sich ihrer jungen Kollegin Juanjuan an, weil diese sie an ihre Freundin Wu Bao vom Festland erinnert, und tatsächlich scheint das junge Mädchen wie eine Wiedergeburt Wu Baos, deren Schicksal ebenso früh und tragisch enden muß. Die Erzählebene wechselt immer wieder zwischen Erinnerung und Wirklichkeit, so daß beide Figuren zu verschmelzen scheinen *(Blüten einsamer Liebe)*.

Der Autor selbst, Sohn eines berühmten Guomindang-Generals, kam in den fünfziger Jahren mit seiner Familie nach Taiwan. Aus seiner Kenntnis und Vertrautheit mit den Vorbildern der »Menschen in Taibei« entspringen sein Verständnis, seine Anteilnahme und sein Mitleid. Der Erzählstil ist ernst und ruhig, unsentimental und scheinbar distanziert, in Wahrheit voll Wärme und nie ironisch, mögen die Verhaltensweisen seiner Anti-Helden auch noch so seltsam anmuten. In den meisten Fällen wird aus der Sicht der betroffenen Umwelt oder einer Randfigur erzählt, so daß eine Beurteilung des Geschehens allenfalls durch die Beteiligten erfolgt, niemals durch den Autor direkt. Bai orientierte sich nach eignen Äußerungen an Schriftstellern wie ČECHOV und LU XUN und strebt danach, »*das dem Untergang Geweihte kühl und gelassen, objektiv und doch nicht ohne Sympathie und Verständnis darzustellen*«.

Schicksalsergebenheit und Einsamkeit, Fremdheit und der Widerspruch zwischen Realität und Illusion sind die eigentlichen Themen Bais. Sie bestimmen alle Erzählungen der *Menschen in Taibei* und finden sich ebenso schon in der 1976 in Taibei erschienenen Sammlung *Jimo de shiqi sui (Einsam mit siebzehn)*, in der die frühen Erzählungen Bais zusammengefaßt sind.   B.Cl.

AUSGABEN: *Taibeiren (Menschen in Taibei)*, Chenzhong, Taibei 1971. – *Jimo de shiqi sui (Einsam mit siebzehn)*, Yuanjing, Taibei 1976. – *Bai Xianyong xiaoshuo xuan, Fujian renmin chubanshe*, Fuzhou 1982.

ÜBERSETZUNGEN: *Einsam mit siebzehn. Erzählungen*, W. Baus u. S. Ettl, Köln 1986. - *Yin Xueyuan bleibt Yin Xueyuan*, C. Dunsing u. H. Link, *Der letzte Abend im Jahr*, W. Baus (beide in *Blick übers Meer. Chinesische Erzählungen aus Taiwan*, Hg. H. Martin u. a., Ffm. 1982). - *Eine Winternacht*, E. Junkers (in *Der ewige Fluß. Chinesische Erzählungen aus Taiwan*, Hg. Kuo Hengyü, Mchn. 1986). - *Die Elegie vom Liangfu-Berg*, W. Baus (in: Chinablätter, Nr. 13, Mchn. 1986).

LITERATUR: J. S. M. Lau, *Crowded Hours' Revisited: The Evocation of the Past in Taipei Jen* (in Journal of Asian Studies, 35/I, 1975, S. 31–47). - Ouyang Zi, *Wang Xie tang qian de yanzi. Taibeiren de yanxi yu suoyin*. Erya, Taibei 1976. - Dies., *Die Welt der Erzählung von Bai Xianyong* (in *Moderne chinesische Literatur*, Hg. W. Kubin, Ffm. 1985).

BA JIN

d.i. Li Yaotang oder Li Feigan

* 25.11.1904 Chengdu, Provinz Sichuan

LITERATUR ZUM AUTOR:
He Yubo, *Xiandai zhongguo zuojia lun*, 2 Bde., 1932. - O. Briere, *Un romancier chinois contemporain: Pa Chin* (in Bulletin de l'Université l'Aurore, 3, 1942, 3). - Zhen Danzhen, *Pa Chin the Novelist* (in Chinese Literature, 6, 1963, S. 84–92). - O. Lang, *Pa Chin and His Writings: Chinese Youth between Two Revolutions*, Cambridge/Mass. 1967. - C. T. Hsia, *Pa Chin* (in ders. *A History of Modern Chinese Fiction*, New Haven ²1971, S. 237–256, 375–388). - T. Lechowska, *In Search of a New Ideal: The Metamorphoses of Pa Chin's Model Heroes* (in Archiv Orientálni, 42, 1974, S. 310–322). - N. K. Mao, *Pa Chin's Journey in Sentiment: From Hope to Despair* (in Journal of the Chinese Language Teachers Association, 11, May 1976, S. 131–137). - L. A. Nikolskaja, *B. J.*, Moskau 1976. - N. K. Mao, *Pa Chin*, Boston 1978 (TWAS). - *B. J. zhuanji*, Bd. 1, Yangzhou 1981. - Zhen Danzhen, *B. J. pingzhuan*, Shijiazhuan 1981. - *Ba Jin zuopin pinglunji*, Hg. Jia Zhifang u. a., Peking 1985. - S. Weigelin-Schwiedrzik, *B. J.* (in KLFG, 11. Nlg., 1986).

HAN YE

(chin.; *Ü: Kalte Nächte*). Roman von BA JIN, erschienen 1947. - Begonnen im Winter 1944 zur Zeit des Chinesisch-Japanischen Kriegs, vollendet erst mehr als ein Jahr nach der japanischen Kapitulation, ist *Han ye* das letzte große Romanwerk, das Ba Jin vor Gründung der Volksrepublik China veröffentlichte. Schauplatz der Handlung ist Chongqing, die provisorische Hauptstadt der Nationalregierung, wo der Autor während der Endphase des Kriegs lebte und entscheidende Anregungen für die Gestaltung seines Werks erhielt.

Wang Wenxuan und seine Frau Shusheng, beide Hochschulabsolventen im Alter von Anfang dreißig, leben mit Wangs verwitweter Mutter in beengten Wohnverhältnissen in Chongqing. Der dreizehnjährige Sohn Xiao Xuan, eine Randfigur im Romangeschehen, besucht ein Internat und kehrt nur gelegentlich heim zu seiner Familie. Die Ereignisse des Kriegs haben die einstigen Hoffnungen Wangs und seiner Frau auf eine erzieherische Tätigkeit im Dienste gesellschaftlicher Reformen zunichte gemacht. Während er als Lektor in einem Verlag mühsam ein dürftiges Auskommen findet, gestattet ihr die Stellung in einer Bank immerhin, die Internatskosten des Sohnes zu tragen und gleichzeitig ihre eigene finanzielle Unabhängigkeit sicherzustellen. Mehr noch als von materiellen Nöten und den Auswirkungen des Kriegs ist das familiäre Leben belastet durch Spannungen, die im Konflikt zwischen Wangs Mutter und Shusheng begründet sind. Dem nachgiebig-schwachen Sohn überbesorgt zugetan, begegnet Frau Wang der selbstbewußten und lebenslustigen Shusheng mit kaum verhohlener Verachtung. Die junge Frau ist für die von traditionellen Vorstellungen geprägte Schwiegermutter nur die eigensüchtige »Mätresse« ihres Sohnes, mit dem sie – legt man die Vorschriften des konfuzianischen Rituals zugrunde – nicht einmal »ordentlich« verheiratet ist. Die Tatsache, daß Shusheng zum Lebensunterhalt der Familie einen wesentlichen Teil beisteuert, ist der Mutter kein Grund für besseres Einvernehmen; im Gegenteil betrachtet sie Shushengs berufliches Engagement und ihre gesellschaftlichen Kontakte mit unversöhnlichem Mißtrauen und Feindseligkeit.

Vor diesem Hintergrund entwickelt der Autor die Darstellung vornehmlich aus der Perspektive von Wang Wenxuan, der »wie ein Kind« zwischen den beiden Frauen steht und sich den schwelenden Auseinandersetzungen in keiner Weise gewachsen zeigt. Er liebt seine Frau, und fühlt sich zugleich als getreuer Sohn so verpflichtet, daß er sie vor den eifersüchtigen Anfeindungen der Mutter nicht wirkungsvoll schützen kann. Hilflos und von Selbstvorwürfen geplagt sieht er zu, wie Shusheng in unbelasteten Vergnügungen der bedrückenden häuslichen Atmosphäre zu entkommen versucht. Als Wang an Tuberkulose erkrankt und deshalb seine Arbeit aufgeben muß, schwinden auch Shushengs letzte Hoffnungen auf ein friedliches Zusammenleben. Vor dem drohenden Anmarsch der Japaner geht sie schließlich auf das Drängen eines jüngeren Vorgesetzten ein, sich mit ihm zur Gründung einer Bankfiliale in den Nordwesten des Landes versetzen zu lassen. Wang Wenxuan findet sich mit der – zunächst als vorübergehend geplanten – Trennung von seiner Frau ab, obwohl er weiß, daß sie einem Mann folgt, von dem sie lange heftig umworben wurde. Als später ein Brief eintrifft mit der Bitte Shushengs, sie um ihrer beider Wohl willen »freizugeben«, ist das Ende des Kranken bereits unausweichlich. Im Zeichen freundschaftlicher Verbundenheit kommt Shusheng zwar weiterhin für den Unterhalt der Familie auf, doch kann Wang sich ihr nur noch erkenntlich zeigen, indem er sie brieflich im Glauben seines Wohlergehens wiegt. Umsorgt von der Mutter stirbt er schließlich nach verzweifeltem Todeskampf an dem Tag, als man auf den Straßen den lange ersehnten Sieg über die japanischen Invasoren feiert. – Wochen später kehrt Shusheng an ihren einstigen Wohnort zurück, wo sie die Todesnachricht erhält und erfahren muß, daß die Schwiegermutter mit ihrem Sohn an einen unbekannten Ort verzogen ist. Am Ende bleibt offen, wohin Shusheng sich wendet, um für sich selbst nun einen Weg in ein glücklicheres Leben zu finden.

In der Volksrepublik China lange Zeit als »pessimistisch« kritisiert und geächtet, gehört *Han ye* zweifellos zu Ba Jins literarisch ausgereiftesten Werken. Die realistische Schilderung der desolaten Lebenssituation einer »modernen« chinesischen Familie ist hier verdichtet zu einer eindringlichen psychologischen Studie, die auch jenseits konkreter historischer Umstände eine überzeugende menschliche Dimension gewinnt. Die Auseinandersetzungen der Romangestalten erscheinen nicht nur als Generationskonflikt, sondern vor allem als das Resultat einer Mutter-Sohn-Beziehung, die sich für alle Beteiligten letztlich als zerstörerisch erweist. Daß dabei die düster-kalte Stimmung von Leiden und Sterben vorherrscht und nicht etwa der beherzte Kampf für ein besseres Leben, mag aus der Biographie des Autors ebenso wie aus den Zeitumständen der Entstehung des Romans zu erklären sein. Jedenfalls hat Ba Jin sich wohlweislich stets entschieden dem Ansinnen von Kritikern widersetzt, sein Werk im Sinne einer »optimistischen Weltsicht« zu verändern. S.v.M.

AUSGABEN: Shanghai 1947; [4]1949. – Shanghai 1955. – Shanghai 1980. – Peking 1983; [2]1986.

ÜBERSETZUNGEN: *Kalte Nächte*, S. Peschel u. B. Spielmann; m. einem Nachwort v. W. Kubin, Ffm. 1981. – *Nacht über der Stadt*, P. Kleinhempel, Bln./DDR 1985 [a. d. Engl.].

LITERATUR: N. K. Mao u. Liu Ts'un-yan (Übers.), *Cold Nights*, Hongkong u. Seattle 1978. – Tan Xingguo, *Ba Jin de shengping he chuangzuo*, Chengdu 1983.

JILIU

(chin.; *Reißender Strom*). Dreiteiliger Romanzyklus von BA JIN, bestehend aus den Werken *Jia*, 1931/32 *(Familie)*, *Chun*, 1938 *(Frühling)* und *Qiu*, 1940 *(Herbst)*. – Die Grundidee dieser stark autobiographisch gefärbten Trilogie formulierte der revolutionäre Autor schon in einem der Vorabveröffentlichung des ersten Bandes in der Zeitung ›Shibao‹ (1931) vorangestellten Vorwort: »*Ich möchte meinen Lesern ein Bild vor Augen führen, in dem mehr als zehn Jahre der jüngsten Vergangenheit nachgezeichnet sind. Es umfaßt natürlich nur einen begrenzten Lebensausschnitt, doch schon an diesem kann man erkennen, von welch heftiger Bewegung der reißende Strom des Lebens ist, in dem Liebe und Haß, Freuden und Leiden aufeinandertreffen.*«

Der erste Teil, *Jia (Familie)*, entstand unter dem Eindruck des Selbstmords von Ba Jins ältestem Bruder (1931), der sich kurz vorher in einem Brief als Opfer des Familiensystems bezeichnet hatte. Der Roman enthält jedoch nicht nur die leidenschaftliche Anklage des Autors gegen die chinesische Familienorganisation, sondern spiegelt auch die grundsätzliche, unter dem Einfluß russischer anarchistischer Schriftsteller gewonnene Ansicht wider, daß das »System« überhaupt die Wurzel alles Bösen sei. Die Darstellung wirkt dadurch bei aller Eindringlichkeit im einzelnen vielfach recht programmatisch-moralisierend, der Handlungsablauf etwas schematisch.

Im Mittelpunkt steht das Schicksal dreier Brüder aus der Großfamilie Gao, die in den Konflikt zwischen starrer Tradition und modernem freiheitlichem Lebensgefühl hineingeraten und sich dabei ganz unterschiedlich verhalten: Juexin, dem Charakter von Ba Jins ältestem Bruder nachgezeichnet, ist der Weiche, Passive, Kränklich-Melancholische, der sich zu keinem ernsthaften Widerstand aufraffen kann und aufgrund seiner Konzilianz gegenüber den ältesten Familienmitgliedern seine Geliebte verliert und sogar seine Frau von Quacksalbern zu Tode kurieren läßt. Sein Bruder Juemin stellt demgegenüber den einfach denkenden, gesunden Egoisten dar, der sich in seinen unmittelbaren Interessen gegenüber den Mächtigen der Familie durchzusetzen versteht, an grundsätzliche Veränderungen des Systems jedoch keine Gedanken verliert. Der jüngste Bruder Juehui schließlich, hinter dem sich der Autor selbst zu verbergen scheint, ist der eigensinnige, politisch wache und bewußte Verfechter neuer, freiheitlicher politischer Ideale. In den Frauengestalten, die mit diesen Hauptfiguren verknüpft sind – den Ehefrauen und den im gleichen Haus lebenden Kusinen und Dienerinnen –, wird eindrucksvoll die Tragik der jüngeren Frau in der chinesischen Familienorganisation geschildert.

Der Roman war für die Einstellung der meisten jungen chinesischen Intellektuellen jener Zeit symptomatisch und übte über das Literarische hinaus einen kaum abzuschätzenden Einfluß auf die soziale Entwicklung des modernen China aus.

Im zweiten Roman des Zyklus, *Chun*, 1938 *(Frühling)*, wird die Geschichte der Familie Gao fortgesetzt. Die zugrundeliegende Konfliktsituation – die tragischen Spannungen in einer traditionellen chinesischen Großfamilie angesichts einer sich verändernden Welt – ist dieselbe wie in *Jia*. In den Mittelpunkt der Handlung rückt hier jedoch die Auseinandersetzung zweier weiblicher Familienangehöriger mit den Konventionen des Klans. Die

Schilderung der diametral entgegengesetzten Entscheidungen dieser Frauen und der damit verbundenen Folgen läßt, wie schon in *Jia*, die lehrhafte Absicht des Autors erkennen: Hui, eine Kusine der jungen Brüder Gao, folgt auf Befehl ihrer Verwandten einem verabscheuten Mann in die Ehe, obgleich sie eigentlich in Juexin verliebt ist, der aber in seiner melancholischen Passivität sich gleichfalls zu keinerlei Widerstand aufraffen kann. Sie stirbt nach Jahren der Mißhandlung und Krankheit im Haus ihres Mannes. Shuying dagegen, eine andere Kusine, flieht aus der Familie, als ihr ein ähnliches Schicksal zugemutet wird. Ihr Mut entlockt einer Verwandten die programmatischen Worte: »*Der Frühling ist unser!*« Der Roman kann zugleich als ein literarisches Manifest der auch politisch wirksam gewordenen chinesischen Frauenbewegung gelten.

Der dritte Teil des Zyklus, *Qiu*, 1940 *(Herbst)*, ist zwar eine direkte Fortsetzung der beiden vorhergehenden Romane, zeigt aber eine wesentlich veränderte literarische Einstellung des Autors. Anstelle der starren Handlungsführung in den beiden ersten Romanen, die stellenweise wie Illustrationen zu politisch-sozialen Programmen wirken, tritt eine psychologisch vertiefte Analyse der Charaktere. Es wird der endgültige Zerfall der Großfamilie Gao geschildert, innerlich verursacht durch Degeneration und Erstarrung, äußerlich durch den Zusammenprall mit modernen, letztlich westlichen Ideen. Die Fronten zwischen Gut und Böse laufen indessen quer durch die Generationen hindurch, in einigen körperlich und seelisch morbiden Figuren, wie der des Junkers Mei, wird der unaufhaltsame Niedergang des Familiensystems symbolhaft dargestellt. In den Dialogen anderer Personen zeigt sich als ein neues Motiv – jenseits der Alternative von Unterwerfung oder Flucht vor der Familie – das Ringen um neue soziale Wertmaßstäbe.

Der Autor bezeichnet den Roman als das Ergebnis einer qualvollen inneren Auseinandersetzung mit seiner eigenen Vergangenheit: »*Ich erweckte die Toten zum Leben und sandte die Lebenden in die Gräber*«, schreibt er in seinem Vorwort. »*Ich schlitzte mein eigenes Herz auf mit dem Messer; meine Nächte waren fürchterlich, Abend für Abend saß ich über den Schreibtisch gebeugt bis 3 oder 4 Uhr und wankte dann ins Bett, die Augen noch angefüllt mit der Erscheinung toter Gespenster.*« Der Romanzyklus ist eines der eindrucksvollsten Beispiele der modernen chinesischen Prosaliteratur und spiegelt die tiefe geistige Zerrissenheit der chinesischen Intelligenz der dreißiger Jahre wider. W.Ba.

AUSGABEN: *Jia*: o. O. 1933. – *Chun*: o. O. 1938. – *Qiu*: o. O. 1940. – [Trilogie:] Peking 1958–1962 (in *Ba Jin wenji*, 14 Bde.; ²1980). – Chengdu 1982 (in *Ba Jin xuanji*, 10 Bde., Bd. 1–3).

ÜBERSETZUNGEN: *Chia: The Family*, anon., Shanghai 1941 [engl.]. – Dass., S. Shapiro, Peking 1958, ern. 1964. – Dass., ders., NY 1972. – *Die Familie*, F. Reisinger, Bln./DDR 1980; Ffm. 1985.

BÜHNENFASSUNG: *Jia: Cao Yu, d. i. Wan Jiapao, Jia*, Shanghai 1979.

VERFILMUNG: China 1956 (Regie: Chen Xihe, Ye Ming).

LITERATUR: O. Král, *Pa Chin's Novel »The Family«* (in *Studies in Modern Chinese Literature*, Hg. J. Průšek, Bln./DDR 1964, S. 98–112). – O. Lang, *Die chinesische Jugend zur Zeit der 4.-Mai-Bewegung. B. J.s Romantrilogie »Reißende Strömung«* (in *Moderne chinesische Literatur*, Hg. W. Kubin, Ffm. 1985, S. 328–346).

SHADING

(chin.; *Ü: Shading*). Erzählung von BA JIN, erschienen 1933. – Auf der Suche nach literarisch verwertbaren Stoffen außerhalb der ihm vertrauten bürgerlichen Welt, griff Ba Jin den Bericht eines Freundes über ein Bergwerk im Südwesten Chinas auf, um ihn, den Forderungen des revolutionären Geists der Zeit entsprechend, zu einer »proletarischen« Erzählung zu verarbeiten. Den Rahmen der Handlung bildet eine Liebesgeschichte, deren tragischer Verlauf die Unmenschlichkeit des hier angeprangerten »*todgeweihten Systems*« (*Vorwort*, 1932) noch unterstreicht.

Durch die Versprechungen hoher Entlohnung angelockt, läßt sich der Tischlerlehrling Shengyi als Arbeiter in einer Zinngrube verpflichten. Er hofft, mit dem innerhalb eines Jahres verdienten Geld seine Freundin aus den Diensten ihrer unbarmherzigen Herrschaft freizukaufen. Bald darauf muß er jedoch erkennen, daß er mit der Aussicht auf gute Bezahlung nicht nur heimtückisch betrogen wurde, sondern daß er sich an einem Ort befindet, aus dem es kein Entrinnen mehr gibt. »Shading« ist der – wörtlich unübersetzbare – Name, mit dem die »Zinnkumpel« spöttelnd belegt werden, die freiwillig in die »Tote Stadt« gekommen sind, um dort in einer Art Zwangslager zu enden. Von Aufsehern bewacht und buchstäblich angekettet, sind die Arbeiter den Gesetzen der Grubengesellschaft rettungslos ausgeliefert. Ihr trostloses Dasein ist bestimmt von harter Arbeit und ständig drohender Gewalt, die jeden Gedanken an Flucht oder Auflehnung brutal im Keim erstickt. Als bei einem Unwetter infolge mangelhafter Sicherheitsvorkehrungen ein Schacht verschüttet wird, zählt auch Shengyi zu den Opfern. Seine Freundin, die ein Jahr lang vergeblich auf Nachricht gehofft hatte, ist unterdessen an den Folgen der »*schweren Arbeit, des Wartens auf ihren Geliebten und der unerträglichen Einsamkeit*« gestorben.

Dieses erste dem Arbeitermilieu gewidmete Werk Ba Jins entstammt der frühen Phase seines Schaffens, für die ein gewisser Einfluß anarchistischen Gedankengutes kennzeichnend ist. In *Shading* wird dieser spürbar an der Darstellung der Lage der »geknechteten« Arbeiter, denen die »Herren« der Bergwerksgesellschaft und ihre Vertreter als übermächtige Sklavenhalter gegenüberstehen. Widerstand regt sich jedoch allenfalls in Form von ohnmächtiger Wut oder stiller Verzweiflung, die ihren Ausdruck in den Träumen der Arbeiter findet und Hoffnung nur auf das unerreichbare »Draußen« setzen kann.

Im vereinfachend gestalteten Kontrast zwischen Herren und Entrechteten erscheint die »Tote Stadt« denn auch eher als symbolisch geschlossener Ort menschlicher Ausbeutung, und die soziale Botschaft wird – charakteristisch für Ba Jin – zum romantisch-gefühlvoll stilisierten moralischen Appell. S.v.M.

AUSGABEN: Shanghai 1933. – Shanghai 1938; [2]1946. – Hongkong 1970 (in *Ba Jin wenji*, Bd. 2).

ÜBERSETZUNG: *Shading*, H. Forster-Latsch, zus. m. M.-L. Latsch u. Zhao Zhenquan, Ffm. 1985.

LITERATUR: Ba Jin, *Guanju »Shading«* (in *Ba Jin xuanji*, 10 Bde., Chengdu 1982, 10, S. 358–367).

JOZEF IGNÁC BAJZA

* 15.3.1754 Predmieri
† 1.12.1836 Preßburg

LITERATUR ZUM AUTOR:
S. H. Vajanský, *J. I. B.* (in Narodní noviny, 28, 25. 6., 26. 6. u. 28. 6. 1897). – J. Kotvan, *J. I. B. a Spolok milovníkov reči a literatúry slovenskej v Budíne* (in Slovenská literatúra, 1955, 2, S. 337–341). – M. Pišút, K. Rosenbaum u. V. Kochol, *Dejiny slovenskej literatúry II*, Preßburg 1960, S. 40–46. – M. Pišút u. a., *Dejiny slovenskej literatúry*, Preßburg 1962, S. 147–150. – V. Marčok, *Počiatky slovenskej novodobej prózy*, Preßburg 1968, S. 9–153. – J. Kotvan, *Literárne dielo J. I. B.*, Preßburg 1975. – P. Mazák u. a., *Dejiny slovenskej literatury 2*, Preßburg 1984, S. 30–32.

RENÉ MLÁD'ENCA PRÍHODI A SKUSENOSTI

(slovak.; *Abenteuer und Erfahrungen des jungen René*). Reise- und Sittenroman von Jozef Ignác BAJZA, erschienen 1783/85. – Dieses nach dem Vorbild von FÉNELONS *Télémaque* (1699) und WIELANDS *Agathon* (1773), doch ohne deren Bildungsideal geschriebene Prosawerk ist der erste Roman der slowakischen Literatur. Abgesehen von dieser nationalliterarischen Bedeutung stellen die beiden Teile des Werks in ihrer Unterschiedlichkeit ein einzigartiges Dokument für die realistisch-kritische Entwicklung des Autors wie auch des Schicksals der Josephinischen Aufklärung dar.

Zunächst hat das Sujet ein rein abenteuerliches Gepräge: Der reiche Kaufmannssohn René zieht aus, um seine von Piraten verschleppte Schwester zu suchen. Dabei besteht er in der Levante allerlei Gefahren, gerät in Tripolis in maurische Gefangenschaft, wird als Sklave verkauft, übersteht Stürme zu Land und zu Wasser und verliebt sich sogar in die Tochter eines Muftis, bis er schließlich die verlorene Schwester in Venedig wiederfindet.

Der zweite Teil des Romans (erschienen 1785) – von der kirchlichen Obrigkeit nach Drucklegung sofort aufgekauft – findet René in der Slovakei wieder, die er nun, zwar ohne festen Plan, dafür aber mit wachen Augen, bereist. Ähnlich wie in A. N. RADIŠČEVS *Putešestvie iz Peterburga v Moskvu*, 1790 *(Reise von Petersburg nach Moskau)*, oder J. T. HERMES *Sophiens Reise von Memel nach Sachsen* (1769–1773) führt der Held hier kritische Gespräche in Stadt und Land. Dabei erwirbt er sich und dem Leser ein realistisches Bild von der überaus trostlosen Lage der Bauern, die der grausamen Willkür des Landadels hilflos ausgeliefert sind. Da wird der eine von den Heiducken seines Grafen blutig gepeitscht, weil er nicht zur Fronarbeit erschienen ist. Einen anderen Bauern lassen die Herren in Ketten schmieden, weil er ein »herrschaftliches« Karnickel, das seinen Garten schädigte, gefangen und geschlachtet hat: »*Lerne, du Bauernvieh des Adelsherrn, die Befehle deines Grundherrn zu befolgen.*« Bei solch aggressivem Ton war die erwähnte Maßnahme der Kirchenbehörde, der Bajza als Pfarrer unterstand, nicht verwunderlich, ging er doch weit über die Grenzen des »aufgeklärten« Absolutismus Josephs II. hinaus.

Neben der sozialkritischen Konzeption hatte sich Bajza allerdings noch ein anderes Ziel gesetzt. Der Roman entstand während des ersten Sprachkampfes in der Slovakei, und der Autor unternahm den Versuch, durch sein Werk eine selbständige hochsprachliche Diktion des Slovakischen zu manifestieren. Mit seinem germanisierenden Stil stieß er jedoch auf heftigen Widerspruch von seiten des Aufklärers Juraj FÁNDLY und der Bernolák-Schule, die eine Sprachreform auf der Grundlage der lebendigen westslovakischen Volkssprache anstrebten. Dennoch hat Bajza zur grammatikalischen und lexikalischen Selbstbesinnung der Slovaken – wenn auch nur als Herausforderer von Gegenargumenten – beigetragen und die junge Literatursprache durch zahlreiche gemeineuropäische Topoi bereichert. W.Sch.

AUSGABEN: Preßburg 1783/85, 2 Bde. – Preßburg 1955, Hg. u. Einl. J. Tibenský. – Preßburg 1970 (u. d. T. *Príhody a skúsenosti mladíka Renéha*, Hg. J. Nižnánsky); [2]1976.

LITERATUR: A. Mráz, *Die Literatur der Slowaken*, Bln. 1943. – J. Kotvan, *B. román »René«* (in Slovanská Bratislava, 1, 1948, S. 218–229). – J. Tibenský, Nachw. (in J. I. B., *Príhody a skúsenosti mladíka Renéha*, Preßburg 1970; ern. 1976).

BAKCHYLIDES

* um 505 v.Chr. Keos
† um 450 v.Chr.

DIE CHORLIEDER (griech.) von BAKCHYLIDES

Der griechische Dichter von der Insel Keos gehört mit seinem Onkel SIMONIDES sowie PINDAR zu den jüngeren Vertretern der Chorlyrik am Ende des archaischen Zeitalters. Die Alexandriner nahmen ihn in den Kanon der großen neun Chorlyriker auf. Von seinem Werk waren nur Fragmente erhalten, bis 1896 Papyrusfunde zahlreiche, z. T. vollständig erhaltene Gedichte zutage brachten. Es waren Dithyramben, Kulthymnen zu einem Götterfest, sowie Epinikien, Siegeslieder auf die Sieger der Spiele von Olympia und der anderen berühmten Wettkampfstätten.

Im Gegensatz zu der individuellen Lyrik eines ARCHILOCHOS oder ALKAIOS hat die Chorlyrik öffentlichen und repräsentativen Charakter. Sie ist das Festlied einer Gemeinde und wird vom Dichter auf Bestellung verfaßt, einstudiert und von einem Gemeindechor vorgetragen. Da das Chorlied Wort, Musik und Tanz umfaßt, ist der Dichter zugleich Komponist und Choreograph. Er hat dem festlichen Ereignis – z. B. einem Götterfest oder dem feierlichen Empfang eines Siegers – eine eigene Wertung und Deutung zu geben, die es über den Tag hinaushebt, ihm Erinnerung verleiht und der Gemeinde daran Anteil gibt. Zugleich muß er mit dieser Deutung die religiös gebundene Ideen- und Wertewelt seiner Gesellschaft, des Adels und der Stadtgemeinde, widerspiegeln. Die Kunst des chorlyrischen Dichters besteht also darin, innerhalb dieses Rahmens einen möglichst großen Spielraum für die eigene Gestaltung zu finden und sein Werk aus dem Bereich der Auftrags- und Gelegenheitsdichtung in die Sphäre der Allgemeingültigkeit zu erheben. Er tut dies im Bewußtsein, daß es seit HOMERS Zeiten allein der Dichter ist, der großen Männern und großen Taten den Nachruhm sichert, indem er sie im Lied weiterleben läßt. Aus diesem Selbstgefühl heraus treten die chorlyrischen Dichter als Diener der Musen gleichberechtigt neben ihre adligen Auftraggeber. Als *Charis*, eine Liebes- und Freundschaftsgabe, die eine Gegengabe zu erwarten hat, bezeichnet Bakchylides sein Lied, das er an Hieron von Syrakus, den mächtigsten Fürsten seiner Zeit, schickt. Er nennt sich selbst »*die Nachtigall von Keos*« und verbindet so seinen eigenen Ruhm mit dem seines Auftraggebers.

Bakchylides verfaßte Epinikien zu Ehren von Siegern im Lauf, im Fünfkampf, im Ringkampf und Pankration sowie zu Siegen in Pferdesportwettbewerben. Der stolzeste Erfolg, den er feiern durfte, war der Sieg des Fürsten Hieron mit dem Viergespann in Olympia 468 v. Chr. (Ep. 3). Hierzu erging der Auftrag an ihn von dem kunstsinnigen Hieron persönlich, bei anderen Wettkämpfern war es meist die Familie, die das Siegeslied bestellte, das dann beim feierlichen Einzug des Siegers in seine Heimatstadt von einem Chor junger Leute vorgetragen wurde. Bakchylides besaß durch seinen Onkel Simonides Verbindungen zu den Adelshöfen seiner Zeit; er hatte dort aber auch mit dem bedeutendsten aller Chorlyriker, mit PINDAR, zu konkurrieren. Man hat schon in der Antike in den Werken beider jeweils kleine Seitenhiebe auf den Rivalen erkennen wollen, so wenn sich Pindar als einen von Natur aus kundigen Sänger bezeichnet, während andere, die sich das Dichten nur angelernt hätten, wie Raben krächzten (Ol. 2, 86 ff). Worauf Bakchylides souverän antwortet, der eine lerne die Dichtkunst so, der andere anders, das sei schon immer so gewesen, es komme eben darauf an, jeweils das Tor zu Neuem zu eröffnen (Fragm. 5). Auch in unserer Zeit wird Bakchylides noch vielfach einzig am Maßstab Pindars gemessen, wobei man dem Ernst und der Gedankentiefe Pindars die glatte und gefällige Gebrauchskunst des Bakchylides abwertend gegenüberstellt (WILAMOWITZ, FRÄNKEL). Gegenwärtig setzt sich jedoch die Ansicht durch, der Dichter sei vorurteilslos aus seinem eigenen Werk zu interpretieren (MAEHLER, BURNETT) und das Augenmerk auf die individuelle Handhabung der festen Elemente im Chorlied zu richten. Hierzu gehört der Mythos, ein Stück aus der Götter- und Heldensage, der im Epinikion zum Ruhm und zur Erhöhung des Siegers dient.

Im *Lied für Hieron* (Ep. 3) vergleicht Bakchylides den Herrscher nicht mit einem mythischen Helden, sondern mit einer historischen Persönlichkeit, dem lydischen König Kroisos, der seinerzeit der frömmste aller Könige war und die reichsten Weihegaben nach Delphi sandte, wie jetzt Hieron. Die Geschichte von Kroisos auf dem brennenden Scheiterhaufen, der im letzten Augenblick von Apollon in die Gefilde der Seligen entrückt wird, erhält über den rühmenden Vergleich hinaus eine besondere Bedeutung durch eine damals allgemein bekannte Tatsache, die uns durch Kommentatoren überliefert ist: Hieron war zum Zeitpunkt seines Sieges schwer krank; er starb im Jahr darauf. Bakchylides will den Herrscher, dem er sich verbunden fühlt, nicht nur preisen, sondern ihn zugleich auch trösten. Mit der Abfolge der festen Elemente des Chorlieds kreist der Dichter sein Thema immer enger ein. Kroisos' Beispiel zeigt, daß die Götter auch in scheinbar aussichtsloser Lage noch helfen können. Doch ist auf solch ein spektakuläres Wunder nicht zu bauen. So bringt Bakchylides nun die Gnomē, ein weiteres festes Element des Chorlieds, speziell des Epinikions: ethische Reflexionen, die bevorzugt auf die Vergänglichkeit des Menschenlebens verweisen und zur Selbsterkenntnis aufrufen – ein Gegengewicht zur Hochstimmung des Siegers. Apollon habe folgendes gesagt: »*Wer sterblich ist, muß zwiefache Gesinnung / hegen: daß du nur morgen noch einmal / das Licht der Sonne sehen wirst, / und daß du noch fünfzig Jahre lang / ein Leben in vollem Reichtum wirst vollenden können. / Handle fromm und erfreue so dein Herz, denn das / ist der höchste Gewinn.«* (Übers. Maehler). Doch auch dieses Götterwort scheint Bakchylides noch kein ausreichender Trost zu sein. Er gibt seine eigene Antwort im Schlußteil des Liedes und nutzt dazu die an dieser Stelle gegebene Freiheit eigener Meinungsäußerung und Namensnennung: *»Der Glanz wahrer Größe schwindet ja nicht zugleich mit dem Leib des Menschen dahin, sondern die Muse nährt ihn«.* Hieron hat von seinem glückhaften Reichtum den besten, ruhmvollsten Gebrauch gemacht: als Sieger in den Spielen, als frommer Verehrer der Götter, als freigebiger Förderer der Musenkünste. Und so wird er auch künftighin gepriesen werden, wie in den Versen *der holdsingenden Nachtigall von Keos* – Hieron wird leben im Lied.

Neben solch kunstvoller Verknüpfung der festen Elemente zu einem lebensvollen Ganzen ist bei Bakchylides die stilistische Meisterschaft hervorzuheben, mit der er seiner Darstellung Farbigkeit und Anschaulichkeit verleiht. Diese zeigt sich beispielsweise im *Dithyrambos 17,* einer dramatischen Chorballade mit einem Stück aus der Theseussage, die auf einem Schiff auf dem Meer spielt und den Helden mit göttlichem Glanz umgibt; im Kontrast dazu steht die in Düsternis gemalte Begegnung des Herakles mit dem frühverstorbenen Helden Meleager in der Unterwelt (Ep. 5), eine Szene, die einzig durch die mitleidsvolle Anteilnahme des Herakles aufgehellt wird. In der Ausmalung solcher Szenen des Mythos und dem dahinter spürbaren Wirken des Göttlichen steht Bakchylides der Tragödie nahe, während sein Stil mit den zahlreichen »Glanzworten« die lyrische Kunst in ihrer reifen Spätform zeigt. M.Gie.

AUSGABEN: *Anthologia Lyrica Graeca II,* Hg. E. Diehl, Lpzg. ²1936/42. – *Lyra Graeca,* Bd. 3, Hg. J. M. Edmonds, Ldn. 1927 (Loeb; griech.-engl.). – *Bacchylidis Carmina cum Fragmentis,* Hg. B. Snell, Lpzg. 1961; ern. Hg. H. Maehler, Bln. 1968. – *Simonides, B., Gedichte,* Hg. O. Werner, Mchn. 1969 (Tusculum; griech.-dt.). – *Die Lieder des B.* 1. Teil: Die *Siegslieder,* Hg. H. Maehler, Leiden 1982 [Text, Übers., Komm.].

LITERATUR: H. Jurenka, *Die neugefundenen Lieder des B.,* Wien 1898. – U. v. Wilamowitz, *B.,* Bln. 1898. – A. Severyns, *Bacchylide. Essay biographique,* Paris 1933. – B. Gentili, *Bacchilide. Studi,* Urbino 1958. – B. Snell, *Dichter u. Gesellschaft,* Hbg. 1965. – H. Kriegler, *Untersuchungen zu den optischen u. akustischen Daten der bacchylidischen Dichtung,* Wien 1969. – H. Fränkel, *Dichtung u. Philosophie des frühen Griechentums,* Mchn. ³1969, S. 501–537. – J. Stern, *Metrical and Verbal Patterns in the Poetry of B.,* Ann Arbor/Mich. 1969. – G. Worsnopp Pieper, *Unity and Technique in the Odes of B.,* Ann Arbar/Mich. 1970. – *Pindaros u. B.,* Hg. W. M. Calder u. J. Stern, Darmstadt 1970 (WdF). – P. Th. Brannan, *Hieron and B., Literary Studies of Odes 3, 4, 5 and fr. 20C,* Ann Arbor/Mich. 1972. – J. K. Finn, *A Study of the Elaboration and Function of Epinician Conventions in Selected Odes of B.,* Ann Arbor/Mich. 1980. – M. R. Lefkowitz, *The Victory Ode,* Park Ridge/N. J. 1976. – A. Pippin Burnett, *The Art of B.,* Cambridge (Mass.)/Ldn. 1985.

GRIGORIJ JAKOVLEVIČ BAKLANOV

* 11.9.1923 Voronež

LITERATUR ZUM AUTOR:
P. Toper, *Poiski voennoj prozy* (in *Žanrovo-stilevye iskanija sovremennoj sovetskoj prozy,* Moskau 1971, S. 43–92). – F. Kuznecov, *Avtor i geroj: druz'ja ili vragi?* (in *Literaturnoe Obozrenie,* 1975, S. 31–34). – B. Kodzis, *Powieści wojenne G. B.,* Breslau 1977. – P. Ul'jašov, *»Sposoba tol'ko pravda«: človek i obstojatel'stva v proizvedenijach G. B.* (in Oktjabr', 1982, 5, S. 190–194). – I. Dedkov, *O sud'be i česti pokolenija* (in Novyi Mir, 1983, 5, S. 218–230).

PJAD' ZEMLI

(russ.; *Ü: Ein Fußbreit Erde*). Erzählung von Grigorij J. BAKLANOV, erschienen 1959. – Held dieser in Ichform geschriebenen, romanartigen Erzählung ist der Artillerieleutnant Motovilov, dessen Regiment im Sommer 1944 einen schmalen Brückenkopf am Dnestr verteidigt. Der Höhepunkt des Kriegs ist bereits überschritten. Die russischen Truppen wissen, daß ihnen der endgültige Sieg nicht mehr zu nehmen ist. Im Südwesten steht die Rote Armee kurz vor der rumänischen Grenze. Hier aber, am Dnestr, liefern sich Russen und Deutsche schon seit Wochen einen erbitterten Stellungskampf, in dem die Deutschen, die sich jenseits des Flusses auf einem Höhenzug verschanzt haben, eine weitaus günstigere taktische Position einnehmen als die Russen, deren Regimenter nicht nur durch pausenlosen Artilleriebeschuß, sondern auch durch Malaria und andere vom mörderischen Klima der Flußniederung begünstigte Krankheiten auf die Hälfte ihrer ursprünglichen Stärke zusammengeschmolzen sind. Dennoch gelingt es den Russen, obschon unter schweren Verlusten, mehrere Offensiven des Gegners erfolgreich abzuschlagen und schließlich, aus einer praktisch hoffnungslosen Position heraus, die feindlichen Höhen im Sturm zu nehmen.

An eigentlicher Handlung ist Baklanovs Erzählung arm. Der Autor, der das Kriegsgeschehen als freiwilliger Frontoffizier aus eigener Anschauung kennengelernt hat, skizziert in knappen Zügen die Möglichkeiten menschlicher Bewährung und menschlichen Versagens im Krieg: Angst, Verzweiflung, Apathie auf der einen, Hoffnung und Enthusiasmus auf der anderen Seite. Deutlich ist bei Baklanov – im Vergleich zur früheren sowjetischen Kriegsliteratur – die übliche Tendenz zur Glorifizierung des »Großen Vaterländischen Krieges« zugunsten einer sachlichen, weitaus stärker am konkreten Detail orientierten Schilderung abgebaut. Nicht nur der individuelle psychologische Konflikt der bei jeder militärischen Operation von jedem Soldaten immer neu zu treffenden Gewissensentscheidung (keineswegs im Sinn eines intellektuellen Schwankens zwischen patriotischen und pazifistischen Neigungen, sondern konkret als Entscheidungszwang vor dem ständigen Ausgesetztsein an Angst und Trägheit einerseits und eiserner Pflichterfüllung andererseits), auch die Konflikte, die sich innerhalb der Militärbürokratie ergeben, die gruppenspezifischen Differenzen zwischen Etappen- und Frontsoldaten, zwischen Favoriten einflußreicher Offiziere und Pechvögeln, die seit Jahren vergeblich auf die längst fällige Auszeichnung warten, werden von Baklanov kritisch beleuchtet.

Trotz seines sichtbaren Bemühens um eine objektive und unpathetische Darstellung ist Baklanovs Erzählung nicht frei vom Lob unkomplizierter Männlichkeit. Besonders der Held Motovilov zeichnet sich durch eine instinktsichere Entschlußkraft aus, die im Ernstfall keine moralischen Bedenken kennt. Ein weiteres Relikt der älteren sowjetischen Kriegsliteratur stellt die Einblendung lyrischer Naturbetrachtungen und sentimentaler Reminiszenzen (an Kindheit, Heimat, Eltern, erste Liebe usw.) in das krude Kriegsgeschehen dar. Dennoch lassen sich in *Pjad' zemli* deutlich die Akzentverschiebungen registrieren, die die sowjetische Literaturdoktrin seit dem Beginn des ideologischen »Tauwetters« (1954–1956) kennzeichneten. Dazu gehören vor allem die Revision des stalinistischen Monumentalismus, das heißt der romantischen Reduktion des historischen Geschehens auf ein heldenhaft verklärtes Modell sowie die damit verbundene Abkehr vom typisierenden Darstellungsverfahren und die Hinwendung zur psychologisch individualisierenden Charakterzeichnung.   A.Gu.

AUSGABEN: Moskau 1959. – Moskau 1980 (in *Pjad' zemli. Povesti i Rasskazy.*) – Moskau 1983 (in *Sobr. soč.v 4-ch tomach*, 1).

ÜBERSETZUNG: *Ein Fußbreit Erde*, H. Pross-Weerth, Stg. 1960.

LITERATUR: A. Ninov, *Sud'ba čeloveka, sud'ba pokolenija* (in Sibirskie ogni, 4, 1960, S. 162–176). – A. Abramovič, *Idti vmeste s narodom. O filosofskom i političeskom krugozore pisatelja. Na materiale romane G. B. »Pjad' zemli«* (ebd., 5, 1961, S. 187–192). – P. Toper, *Čelovek na vojne. O romane... »Pjad' zemli« B.* (in Voprosy literatury, 4, S. 20–51). – A. Hiersche, *Zwei Redaktionen des Kurzromans »Pjad' zemli« von G. B.* (in W. Krauss u.a., *Slavisch-deutsche Wechselbeziehungen in Sprache, Literatur und Kultur*, Bln. 1969, S. 346–350).

NIKOS BAKOLAS

* 1927 Thessaloniki

MYTHOLOGIA, DODEKA ALILENDETA AFIGIMATA

(ngriech.; *Mythologie: zwölf miteinander verknüpfte Erzählungen*). Erzählungsband von Nikos BAKOLAS, das fünfte Buch des Autors, erschienen 1977. – Im Gegensatz zu seinen früheren Werken, bei denen der Einfluß meist nichtgriechischer Vorbilder, besonders das von FAULKNER, deutlich zu spüren war, hat Bakolas in diesem Buch nicht nur einen individuellen Erzählstil gestaltet, sondern auch eine Perspektive in seiner Thematik erwählt, die von Sachlichkeit und erstaunlicher Bildlichkeit charakterisiert ist.

Wie in *Kipos ton Prigipon (Garten des Prinzen)* so handelt es sich auch in *Mythologia* um eine Familiensage. Nikolas, ein fast mythisch gesehener Vorfahr, kommt vor der Jahrhundertwende im Alter von zehn Jahren aus seinem von Hunger gequälten Bergdorf nach Saloniki, ein blühendes Zentrum des ottomanischen Reichs. Vierzig Jahre später, kurz nach dem Ende des blutigen Kriegs in Kleinasien, ist Nikolas ein halbgelähmter, ans Bett gefesselter Mann: sein letzter Versuch, die finanzielle Katastrophe zu verhindern und seinen Nachkommen ein sicheres bürgerliches Leben zu ermöglichen, ist mißlungen. Die Ereignisse der Zwischenzeit, die sich nicht nur auf das Leben von Nikolas, sondern auch auf das seiner Kinder, seiner Eltern, seiner zwei Frauen, seiner Verwandten, Freunde und Kunden, auf die Menschentypen in Saloniki und auf den Krieg beziehen, liefern den Stoff für die zwölf Erzählungen. Die ersten drei Erzählungen knüpfen direkt an Nikolas an: die Begegnung des Dorfkinds mit der Großstadt Saloniki, die Übernahme des kleinen Ladens von dem alten Daniilos, die geheime Liebe des noch armen Nikolas für die schöne Spanierin Fernandes, die eines Nachts mit einem Liebhaber aus dem Haus ihrer Eltern ausreißt. Es folgt die Erzählung *Ta kapela (Die Hüte)*, eine nur dem Anschein nach lustige Zwischenepisode, ein Kommentar zu dem soziopolitischen Milieu in Saloniki während der ersten Jahrzehnte des zwanzigsten Jahrhunderts.

Mit der Erzählung *I aidona (Die Nachtigall)* wendet sich der Autor wieder dem persönlichen Leben des Nikolas zu: Seine erste Frau Evgenia, die er in Konstantinopel geheiratet hat, wird von den Nachbarn »die Nachtigall« genannt, weil sie den ganzen Tag singt. Ihr frühzeitiger Tod bedeutet auch das Ende der glücklichen Zeit für Nikolas, der aber inzwischen ein erfolgreicher Geschäftsmann und Vater mehrerer Kinder geworden ist. In dieselbe Periode gehören auch die Ereignisse der zwei weiteren Erzählungen *To foniko (Der Mord)* und *O kakos o dromos (Die schiefe Bahn)*. Im ersten wird vom Mord am Vater von Nikolas, im zweiten vom Mißgeschick seines Neffen, Jannis, und seiner Nichte, Matilde, erzählt. Der Übergang zu der letzten Periode des Lebens von Nikolas wird wieder durch eine »historische« Zwischenepisode eingeleitet. Die Erzählung *I simaxi (Die Alliierten)* skizziert das multinationale und unruhige Saloniki des Ersten Weltkriegs. Areti, die zweite Frau von Nikolas, ist die Hauptfigur der folgenden Erzählung. Im Gegensatz zu der romantischen und fröhlichen Zeit, die Evgenia repräsentierte, steht *Areti (Tugend)* für eine Ära von Kompromissen und Mißverständnissen: Sie wird den Mann, den sie liebt, nicht heiraten, statt dessen aber einen älteren Geschäftsmann, dessen Kinder sie bis zum Ende nicht mögen werden. Er, Nikolas, wird bald den größten Teil seine Vermögens verlieren: Für ihn ist es das Ende. Was danach passiert, gehört zur Zeit *»des Gartens der Prinzen«* und ist keine Mythologie mehr – wie der Autor erklärt. Und dies wird eine Zeit der materiellen und moralischen Dekadenz sein, wie die letzte Erzählung, *Erotiko (Liebesbild)* erkennen läßt.

Dieses weitverzweigte Familiendrama hat Bakolas auf schmalem Raum geschildert. Seine Fähigkeit, den einzelnen Charakteren präzise Konturen zu verleihen und sich eines lakonischen, aber gleichzeitig lebhaften Stils zu bedienen, machte es möglich, das reiche Material eines Romans in die Form in sich geschlossener Erzählungen zu gießen. Die Person von Nikolas wirkt immerhin als Zentralfigur des Buchs, und jede Erzählung wird von Elementen anderer Erzählungen bereichert und ergänzt. Bakolas, der durch ständiges Experimentieren die Ausdrucksmöglichkeiten der neugriechischen Prosa zu erweitern versucht, erreichte in *Mythologia* einen Erzählstil, der kunstvolle Naivität mit Realismus verbindet. E.Th.

AUSGABEN: Athen 1977. – o. O. 1987 [Selbstverlag].

LITERATUR: A. Ziras, *N. B. »Mythologia«* (in Chroniko, 8, 1977, S. 44/45). – G. D. Paganos, *I tipiki periptosi enos progonou mas* (in Diavazo, 9, Nov./Dez. 1977, S. 78/79). – A. Kotzias, *Apo to ego sto emis* (in A. K., *Metapolemikoi pezographoi*, Athen 1982, S. 95–98).

MICHAIL ALEKSANDROVIČ BAKUNIN

* 30.5.1814 Prjamuchino / Gouv. Tver'
† 1.7.1876 Bern / Schweiz

LITERATUR ZUM AUTOR:
M. Nettlau, *The Life of B.*, 3 Bde., Ldn. 1896–1900. – A. François, *M. B. et la philosophie de l'anarchie*, Brüssel 1900. – G. Steklow, *M. B.*, Stg. 1913. – E. Carr, *M. B.*, Ldn. 1937. – E. Pyziur, *The Doctrine of Anarchism of M. A. B.*, Milwaukee/Wis. 1955. – R. Huch, *M. B. und die Anarchie*, Ffm. 1972; ern. Ffm. 1988 (st). – H. Bienek, *B., eine Invention*, Mchn. 1973. – A. Masters, *B. The Father of Anarchism*, Ldn. 1974. – J. Pfitzner, *Bakuninstudien. Quellen und Forschungen aus dem Gebiete der Geschichte*, Bln. 1977 [enth. Bibliogr.]. – Vl. Džangirjan, *Kritika anglo-amerikanskoj buržuaznoj istoriografii M. A. B. i bakunizma*, Moskau 1978. – M. Cranston, *Ein Dialog über Sozialismus und Anarchismus*, Hg. J. Schmück, Bln. 1979. – *Unterhaltungen mit B.*, Hg. H. M. Enzensberger, Nördlingen 1988. – J. Fr. Wittkop, *M. A. B.*, Reinbek 1988 (rm).

FÉDÉRALISME, SOCIALISME ET ANTITHÉOLOGISME

(frz.; *Föderalismus, Sozialismus und Antitheologismus*). Von Michail A. BAKUNIN (Rußland), 1867 dem »Zentralkomitee der Liga für Frieden und Freiheit« vorgelegt; postum erschienen 1895. – Bakunin, in den Jahren 1867/68 Mitglied des Zentralkomitees dieser internationalen bürgerlich-liberalen und pazifistischen Vereinigung, die ihren Sitz in der Schweiz hatte, versuchte die Liga mit seinem Programm in ein Instrument der Revolution umzuwandeln.

Die Bedingung für Frieden und Freiheit sieht Bakunin in der Abschaffung des zentralisierten, bürokratischen Staates – gleichgültig, ob Monarchie oder Republik – und in der *»freien Föderation der Individuen in den Gemeinden, der Gemeinden in den Provinzen, der Provinzen in den Nationen, schließlich derselben in den Vereinigten Staaten zunächst von Europa und später der ganzen Welt ... von unten nach oben, gemäß den wirklichen Bedürfnissen und den natürlichen Tendenzen der Teile«*. Damit gibt Bakunin seinen revolutionären Nationalismus aus der Zeit der Revolution von 1848 zugunsten eines internationalen Anarchismus auf. Jeder Nationalismus gilt ihm von nun an als reaktionär. Die revolutionäre Befreiung der Menschheit kann allein durch die Emanzipation des Proletariats in Westeuropa und durch die Verteilung des Landes an die Bauern in Rußland erreicht werden. Damit jeder Mensch die gleichen Mittel zur Entfaltung seiner Fähigkeiten hat und eine *»Ausbeutung der Arbeit des anderen«* ausgeschaltet ist, fordert Bakunin als erste Maßnahme bei der Auflösung des Staates die Abschaffung des Erbrechts. – Fast drei Viertel der Schrift nimmt die in immer allgemeinere Fragen führende Auseinandersetzung mit der Religion ein, in der er *»das furchtbarste Hindernis für die Befreiung der Gesellschaft«* sieht, denn sie habe den Staat und damit die Unfreiheit überhaupt erst geschaffen.

Der damals in ganz Europa bekannte Revolutionär und flammende Redner, für den der Umsturz mehr eine Sache des Instinkts als der Theorie war, hat seine Gedanken nur selten in so systematischer Weise dargelegt wie in dieser Schrift. Der Entwurf faßt zugleich die wesentlichen Punkte zusammen, in denen sich Bakunin (der seine Anhänger vor allem in den romanischen Ländern fand) von MARX unterscheidet. Im Kampf mit ihm ist der Russe schließlich unterlegen: auf dem Haager Kongreß von 1872 wurde er aus der Ersten Internationale ausgeschlossen, was zu deren – von Marx beabsichtigtem – Zusammenbruch führte. – Bakunins Philosophie ist ein widersprüchliches, eklektisches Gebilde, das die Dialektik HEGELS und den Materialsmus FEUERBACHS, den Postivismus, den anarchistischen Sozialismus PROUDHONS und den Individualismus STIRNERS in sich vereinigt. Seine Revolutionstheorie mißt der spontanen Aktion der Massen und der Konspirationstaktik die gleiche Bedeutung zu. Den Marxismus greift er als autoritären, etatistischen Sozialismus an und prophezeit ihm die Korrumpierung durch die Macht. B.K.

AUSGABEN: Paris 1895 (in *Œuvres*, Hg. M. Nettlau, Bd. 1). – Petersburg 1919–1921 (in *Izbr. soč.*, 5 Bde., 3). – Moskau 1934/1935 (in *Sobr. soč. i pisem*, 4 Bde.).

ÜBERSETZUNG: Ausz. u. d. T. *Der Sozialismus* (in *GW*, 3 Bde., Bln. 1975, 3, S. 67–73).

GOSUDARSTVENNOST' I ANARCHIJA. Vvedenie. Čast' I

(russ.; *Ü: Staatlichkeit und Anarchie. Einführung. Teil I*). Politische Programmschrift von Michail A. BAKUNIN, erschienen 1873 in der Schweiz anonym und ohne Ortsangabe. – Den Anstoß zu Bakunins einziger Schrift, die er in russischer Sprache veröffentlichte (zugleich seine letzte Publikation zu Lebzeiten), gab die Absicht der von Bakunin 1872 gegründeten »Russischen Bruderschaft«, durch den Druck und die Verbreitung eigener russischer Propagandaschriften Einfluß auf die revolutionäre Bewegung in Rußland zu nehmen und vor allem die *Narodniki* (Volksfreunde) für Bakunins Anarchismus zu gewinnen. Anhang A der Schrift enthält eine programmatische Ausarbeitung dieser Zielsetzung. Vermutlich sind mehr als 1000 Exemplare des Buches nach Rußland gelangt und spielten dort eine nicht unerhebliche Rolle bei der Ausbreitung Bakuninscher Ideen, auch wenn die *Narodniki*-Bewegung frühzeitig scheiterte und es nicht zur Gründung bakunistischer Organisationen in Rußland gekommen ist.

Den weiteren politischen Hintergrund von *Gosudarstvennost' i anarchija* bilden die von Bakunin bekämpfte »staatskommunistische« Programmatik der Ersten Internationale (aus der Bakunin 1872 ausgeschlossen worden war) und die macht- und gesellschaftspolitische Situation in Europa nach der Niederwerfung der Pariser Kommune und dem Sieg Deutschlands im deutsch-französischen Krieg 1870/1871. In dem Waffenerfolg des militaristisch-feudalen Deutschen Reiches sah Bakunin europaweit die Gegenrevolution *par excellence* verwirklicht und die großen sozialen und politischen Ideen der Französischen Revolution auf unabsehbare Zeit an den Rand der geschichtlichen Entwicklung gedrängt. Die Gründung des preußisch-deutschen Kaiserreiches und das überall in Europa triumphierende Prinzip der »bösen Selbsterhaltung« waffenstarrender reaktionärer Nationalstaaten eröffneten – wie Bakunin hellsichtig vorausahnte – eine Periode verschärfter internationaler Konflikte und vor allem des imperialistischen Ausgreifens des »pangermanischen« deutschen Staates. Die europäische Arbeiterbewegung mußte in dieser historischen Konstellation dann in völlige Abhängigkeit von den herrschenden Klassen geraten und jegliche revolutionäre Perspektive verlieren, wenn sie der »staatskommunistischen« Orientierung der Ersten Internationale und den Sozialismus-Konzeptionen von MARX, LASSALLE und der deutschen Sozialdemokratie mit ihrer Verherrlichung der Rolle des Staates folgte. Die Signatur der Arbeiterbewegung in Europa sei, »*daß sich die doktrinären Revolutionäre unter Führung von Marx überall auf die Seite der Staatlichkeit und zu den Verfechtern der Staatlichkeit gegen eine Volksrevolution stellen*«. Gegen diese – vor allem zentral- und westeuropäische – Strömung in der sozialistischen Bewegung verknüpfte Bakunin die Verwirklichung seines eigenen anarchistischen Sozialismus-Konzepts – *das völlig freiheitliche und von unten nach oben organisierte, unabhängige brüderliche Bündnis der unabhängigen Produktivassoziationen, Gemeinden und regionalen Föderationen*« – insbesondere mit den libertär-antistaatlichen Sozialismus-Vorstellungen und -Traditionen in Spanien, Italien, dann vor allem im slawischen Osteuropa (Ungarn eingeschlossen) und ganz besonders in Rußland. In der russischen Dorfgemeinde *(mir)* sah Bakunin einen wichtigen Ansatzpunkt für sein Programm einer Volksrevolution in europäischem Maßstab, auch wenn er sich über die Schwierigkeit, das Zarenreich durch große Bauernaufstände in der Tradition eines Stenka Razin und Pugačëv zu zerschlagen, keine Illusionen machte.

Mehr noch als andere Schriften Bakunins ist *Gosudarstvennost' i anarchija* ein Konspekt unterschiedlichster philosophisch-gesellschaftstheoretischer Denkmodelle (HEGEL, FEUERBACH, STIRNER, PROUDHON u. a.). Trotz der »*monumentalen Wirkungslosigkeit des Anarchismus*« (Hobsbawm) ist Bakunins Entwurf eines antiautoritären genossenschaftlich-kollektiven Sozialismus angesichts des extremen Zentralismus und Superbürokratismus im etablierten sozialistischen Weltsystem der Gegenwart noch immer eine höchst aktuelle Forderung. P.He.

AUSGABEN: Zürich/Genf 1873. – Petersburg 1906 (in *Poln. sobr. soč.*, Bd. 2). – Ldn. 1915 (in *Izbr. soč.*, Bd. 1). – Petersburg 1919 (in *Izbr. soč.*, Bd. 1). – Leiden 1967 (in *Archives Bakounine*, Bd. 3).

ÜBERSETZUNG: *Staatlichkeit und Anarchie*, B. Conrad u. I. Wolf, Ffm./Bln. 1972.

AḤMAD IBN YAḤYĀ AL-BALĀḎURĪ

9.Jh. Bagdad (?)

KITĀB FUTŪḤ AL-BULDĀN

(arab.; *Das Buch von den Eroberungen der Länder*). Geschichtswerk von Aḥmad Ibn Yaḥyā AL-BALĀḎURĪ. – Zeitlich von der Auswanderung Muhammads nach Medina (622) bis in die Tage des Abbasidenkalifen al-Muʿtaṣim billāh (reg. 833–842), geographisch von Andalusien bis Indien spannt sich der Bogen der Ereignisse, über die al-Balāḏurī in seinem Buch *Futūḥ al-buldān* berichtet. In dem primär geographisch gegliederten Geschichtswerk berichtet al-Balāḏurī über die politischen Ereignisse in der jeweiligen Region anlässlich der Eroberung durch die islamischen Heere, daneben häufig auch über Probleme juristischer Art, Steuerfragen usw. im Zusammenhang mit der Islamisierung. Angaben zu Topographie, Klima, Vegetation, Zivilisation, Entwicklung verschiedener Städte usw. machen das Werk zu einer Fundgrube unterschiedlichster Informationen. Al-Balāḏurī schließt sein Geschichtswerk mit einem kulturhistorischen Anhang, bestehend aus fünf Abhandlungen über das Grundsteuerwesen, das frühislamische Pensionssystem, das Siegel, die arabische Schrift bzw. das Schreiben und – von besonderem Interesse – das Münzwesen mit Angaben zur Technik des Prägens, aber auch Berichten über theologische Streitigkeiten über die Münzumschriften.

Al-Balāḏurī hält sich in den *Futūḥ al-buldān* streng an die *Ḥadīṯ*-Form, die dem Autor allerdings keinerlei stilistische Freiheit läßt, da jeder als kanonisierte Überlieferung dargebotene Bericht *(ḥadīṯ)* zunächst die Kette der Überlieferer anführen und dann den Inhalt der Überlieferung getreu dem vom letzten Überlieferer festgelegten Wortlaut wiedergeben muß. Dem Autor ist so eine persönliche Meinungsäußerung und Beurteilung untersagt, weshalb man einander widersprechende Berichte kommentarlos nebeneinander gestellt findet.

Das *Kitāb futūḥ al-buldān* ist wahrscheinlich ein Auszug aus einem umfangreicheren, nicht mehr erhaltenen Geschichtswerk al-Balāḏurīs. S.Gr.

AUSGABEN: Leiden 1863–1866; ern. 1870 (*Kitāb futūḥ al-buldān. Liber expugnationis regionum*, Hg. M.J. de Goeje; Nachdr. Kairo 1901). – Kairo 1956–1958, Hg. Ṣ. al-Munağğid.

ÜBERSETZUNGEN: *The Origins of the Islamic State*, Ph. Kh. Hitti, NY 1916 [Tl. 1]; F. C. Murgotten, NY 1924 [Tl. 2; engl.; Nachdr. 1969]. – *El-Belādorī's »Kitāb futūḥ el-buldān« (Buch der Eroberung der Länder)*, O. Rescher, Lpzg. 1917 [Tl. 1] u. 1923 [Tl. 2].

LITERATUR: Ṣ. al-Munağğid, *Muʿǧam amākin al-futūḥ*, Kairo 1960.

VÍCTOR BALAGUER

* 11.12.1824 Barcelona
† 14.1.1901 Madrid

ELS PIRINEUS

(kat.; *Die Pyrenäen*). Historisches Drama in drei Teilen von Víctor BALAGUER, geschrieben um 1890; Uraufführung als Musikdrama (Musik: Felip Pedrell): Barcelona, 4. 1. 1902, Teatre del Liceu. – Im Prolog zu dieser aus drei »Bildern« – 1. *Der Graf von Foix*, 2. *Raig de Lluna*, 3. *Die Schlacht von Panissars* – bestehenden historischen Tragödie besingt ein Barde das Schicksal Kataloniens und kündigt das Drama an, das im Stück gezeigt wird. Der erste Teil spielt im Jahre 1218 in der okzitanischen, noch zu Katalonien-Aragón haltenden Grafschaft Foix. Im Bund mit dem König von Frankreich schickt die Kirche sich an, die Albigenser in Okzitanien auszurotten und damit die eigenständige okzitanisch-katalanische Kultur des Languedoc zu vernichten. Legaten des Papstes und Vertreter der Inquisition sprechen über den ketzerischen Grafen von Foix den Kirchenbann und erklären seine Güter zum Besitz der französischen Krone. Der zweite Teil spielt im Jahre 1245. Die Albigenserkriege sind blutig zu Ende gegangen. Der Graf von Foix lebt, verkleidet als Mönch, in der Abtei von Balbona. Die Dichterin Raig de Lluna (»Mondstrahl«), aus maurischem Geschlecht, versucht, ihn von neuem zum Widerstand zu bewegen. Doch da kommt die Nachricht vom Fall des letzten Bollwerks der Albigenser, Montsegur. Der Graf gibt sich freiwillig in die Hände der Inquisition. Im Mittelpunkt des dritten, 1285 spielenden Teils steht die Schlacht von Panissars. Angefeuert von Raig de Lluna leistet Peter II., der Große, von Katalonien-Aragón (reg. 1276–1285) Philipp dem Kühnen von Frankreich, der mit einer starken Heeresmacht auf dem »Kreuzzug« gegen ihn in Katalonien eingedrungen ist, heldenhaften Widerstand und treibt ihn über die Grenze zurück. Das Werk endet mit einem Siegeslied auf die Heldentaten der Katalanen.

Die historische Konstellation – das Streben der französischen Krone, ihre Herrschaft über die Provence und ganz Okzitanien bis an die Pyrenäen und darüber hinaus auszudehnen, die Machtpolitik der Kirche, deren Hauptziel die Ausrottung der Albigenser ist, und die Bemühungen des Königreichs Katalonien-Aragón, sich die ererbten Gebiete in Okzitanien zu erhalten – behandelt Balaguer als später Anhänger der Romantik und als liberaler, den Fanatismus der Inquisition leidenschaftlich bekämpfender Denker. Damit steht er Nikolaus LENAU (1802–1850) und dessen Versepos *Die Albigenser* (1842) nahe, ohne dessen Aggressivität und verbitterten Pessimismus zu teilen. Nicht immer gelingt Balaguer die dramatische Motivierung der Figuren, beispielsweise der reizvollen, doch nicht recht faßbaren Gestalt der Dichterin Raig de Lluna, die einmal in der Weise des griechischen Chors die Ereignisse deutet und kommentiert, dann wieder die Landschaft zu beiden Seiten der Pyrenäen und die okzitanisch-katalanische Kultur allegorisch verkörpert. Diese Kultur versucht Balaguer in vielen Szenen sichtbar zu machen, in denen gebildete Aristokraten, feinsinnige Minnesänger, elegante, der Dichtung und der Liebe ergebene Damen, tapfere Krieger und fromme Mönche auftreten.

Das Werk des Dichters wurde als Musikdrama uraufgeführt. In der Vertonung durch Felip Pedrell ist es das erste bedeutende Musikdrama Kataloniens und Spaniens überhaupt. Darin ist der Einfluß Wagners und der russischen Oper ebenso unverkennbar wie das Erwachen einer eigenen katalanischen Musiktradition. Die sehr komplexe, sehr sorgfältig ausgeführte Partitur enthält inmitten des zeitgemäßen europäischen Opernstils lyrische, volkstümlich liedhafte Passagen, in denen der Komponist die Melodik, Harmonik und Rhythmik des katalanischen Volkslieds mit modernen Stilelementen verbindet. A.F.R.-T.D.S.

AUSGABEN: Barcelona 1891 (in *Obras completas*, 37 Bde, 1882–1899, 29). – Barcelona 1911.

ÜBERSETZUNG: *Die Pyrenäen. Trilogie*, J. Fastenrath, Lpzg. 1892.

LITERATUR: F. Pedrell, *Por nuestra música. Algunas observaciones motivadas por la Trilogía »Los Pyrineus«*, Barcelona 1891. – *La trilogía »Los Pyrineus« y la crítica*, Barcelona 1901. – F. Curet, *El arte dramático en el resurgir de Cataluña*, Barcelona o. J. – C. Capdevila, *V. B.* (in Revista de Catalunya, 1, 1924, S. 576–592). – J. Subirá, *La ópera en los teatros de Barcelona*, Barcelona 1946. – MGG, Bd. 10, Sp. 989–991 (F. Pedrell; m. Bibliogr.). – F. Curet, *Història del teatre català*, Barcelona 1967, S. 197/98. – X. Fabregas, *Aproximació a la història del teatre català modern*, Barcelona 1972, S. 95–105. – O. Pi de Cabanyes, *Apunts d'història de la Renaixença*, Barcelona 1984, S. 151–210. – M. P. Queralt, *V. B. i Cirera*, Barcelona 1984. – J. Molas, *Història de la literatura catalana*, Bd. 7, Barcelona 1986, S. 181–186.

ABU ʿALI MOḤAMMAD EBN-E MOḤAMMAD BALʿAMI

† wahrscheinl. zwischen 27.2. und 27.3.974

TĀRIḪ-E ṬABARI

(iran.-npers.; *Geschichte des Tabari*). Geschichtswerk von Abu ʿAli Moḥammad ebn-e Moḥammad Balʿami, verfaßt ab 963. – Die Schrift ist eine Übersetzung und Neubearbeitung der arabischen Weltchronik *Tārīḫ arrusul wal-mulūk (Geschichte der Gottgesandten und der Könige)*, auch *Aḫbar ar-rusul wal-mulūk (Nachrichten über Propheten und Könige)* oder *Tārīḫ alumam wal-mulūk (Geschichte der Völker und Könige)* genannt, einer Universalgeschichte von der Urzeit an bis zum Jahr 915, verfaßt von dem in Persien (Tabaristan) geborenen und in Bagdad lebenden Abū Ǧaʿfar Muḥammad ibn Ǧarīr aṭ-Ṭabarī (839–923). Dieser hatte allerdings das ihm zur Verfügung stehende reiche Material nicht systematisch verarbeitet, sondern die aus verschiedenen Quellen geschöpften Nachrichten meist nur zusammengestellt und nebeneinander aufgeführt. Immerhin verdanken wir ihm die Erhaltung zahlreicher Dokumente, die anderweitig nicht überliefert sind. Auf Geheiß des Samanidenfürsten Manṣur ebn-e Nuḥ (961–976) übernahm Balʿami die Aufgabe, die Weltchronik von aṭ-Ṭabarī ins Persische zu übertragen. Sein Verdienst ist nicht allein die Übersetzung des riesigen Werks, sondern auch dessen Bearbeitung: Er beschränkt sich meist nur auf eine der zahlreichen Quellen, indem er aus der Vielfalt der sich oft widersprechenden Nachrichten jene auswählt, die er für richtig hält. Außerdem verwendet er Materialien, die seinem Vorgänger nicht zur Verfügung standen. Dadurch ist die persische Fassung der Weltchronik von aṭ-Ṭabarī im Vergleich zur Vorlage an manchen Stellen verkürzt und an anderen ergänzt worden.

Das Werk behandelt die biblische Urgeschichte und die vermeintlichen Synchronismen der iranischen Sagen, die trotz ihres legendären Inhalts für die orientalische Literaturforschung von nicht geringem Interesse sind. Besonderer Wert kommt dem Abschnitt über die Geschichte der Sasaniden-Dynastie (226–651) zu, für die dem Autor ältere persische Quellen zur Verfügung standen. Sehr ausführlich hatte bereits aṭ-Ṭabarī über die islamische Geschichte vom Auftreten des Propheten Moḥammad bis zum Jahr 914 berichtet, eine Periode, in die auch die Herrschaft der in Damaskus residierenden Kalifen aus der Familie der Omajjaden fällt. Balʿami ergänzt in seiner persischen Fassung diese Darstellung durch Berichte über die danach in Bagdad residierenden Kalifen aus dem Haus der Abbasiden bis zum Jahr 966.

Balʿamis Bearbeitung der Weltchronik von aṭ-Ṭabarī hat aber auch sehr große literarhistorische Bedeutung, denn sie ist – abgesehen von einem kurzen Vorwort zum *Šāh-nāme* und zwei anderen Werken aus der Samanidenzeit – das älteste neupersische Prosawerk, das der Nachwelt erhalten geblieben ist. Die Sprache ist schlicht und fast frei von rhetorischen Künsteleien, so daß auch einfache Menschen den Text lesen und verstehen können. Für die Popularität, deren sich das Werk – trotz seines beträchtlichen Umfangs – erfreute, zeugt die große Zahl der Handschriften, die sogar die Wirren eines Jahrtausends stürmischer Ereignisse überstanden haben. Das Werk ist zweimal ins Türkische und auch wieder zurück ins Arabische übersetzt worden. B.A.

AUSGABEN: Lucknow 1874. – Lucknow 1915. – Teheran 1958 [m. Vorw.]. – Teheran 1962 [m. Vorw.].

ÜBERSETZUNG: *Chronique de Abou Djafar-Mohammed-ben-Djarir-ben Yezid Tabari*, H. Zotenberg, 4 Bde., 1867–1874; ern. 1958 [frz.].

LITERATUR: D. Ṣafā, *Tārīḫ-e adabijat dar Irān*, Bd. 1, Teheran 1959, S. 611; 622/623. – D. M. Dunlop, Art. *Bal'ami* (in EI², Bd. 1, S. 984/985). – J. Rypka, *History of Iranian Literature*, Dordrecht 1968, S. 439 f.

BÁLINT BALASSI

* 20.10.1554 Zólyom (heute Zvolen)
† 30.5.1594 Esztergom

DAS LYRISCHE WERK (ung.) von Bálint Balassi.
Der erste ungarischsprachige Lyriker, der weltliterarisches Niveau erreichte, war ein typischer Renaissance-Mensch. Als aufgeklärter humanistischer Denker, tollkühner Soldat und Frauenheld, von hitzigem Temperament und ausschweifendem Lebenswandel, war er schon zu Lebzeiten berühmt und berüchtigt. Er stammte aus einer Magnatenfamilie. Thematisch Soldatenlieder, Liebeslyrik und religiöse Dichtung umfassend, verbindet Balassis Œuvre meisterhafte Formtechnik mit spontaner Lyrizität. Außerdem war Balassi auch für die Entwicklung der ungarischen Dramenliteratur von bahnbrechender Bedeutung: Er übersetzte die Tragödie *Jephta* von BUCHANAN und das Schäferspiel *Amarilli* von Cristofer CASTELETTI ins Ungarische. Balassis Lebenswerk kann als Zusammenfassung und Fortentwicklung alles dessen gelten, was die ungarische Literatur bis dahin geleistet hatte. Er hob die ungarische Lyrik, die sich auf der Ebene der Jokulatoren- und Scholarenlieder bewegt hatte, auf das Niveau der Kunstdichtung der Renaissance. Balassis Werke wurden zu seinen Lebzeiten nicht veröffentlicht. Seine Liebeslyrik blieb im sog. *Balassi-Kodex* erhalten, einer Abschrift der handschriftlichen Liedersammlung des Lyrikers aus dem 17. Jh. Das Kodex-Manuskript wurde erst im 19. Jh. entdeckt und erstmals 1879 publiziert. Gleichwohl war ein Gutteil seines Œuvres schon zu Balassis Lebzeiten bekannt: An den Höfen der Renaissance-Magnaten wurden seine Lieder in handschriftlichen Kopien verbreitet oder in vertonten Varianten vorgetragen. Dank seines Schülers und jüngeren Freundes János RIMAY hat die Nachwelt Balassis Kunst nach seinem Tod kennen und schätzen gelernt. Heute gilt sein Werk als Höhepunkt und Vollendung der ungarischen Renaissance-Literatur, und Balassi wird zu den größten Dichtern des Landes gezählt.

Die ersten bekannten Verse Balassis entstanden um 1577. Es sind Liebeslieder oder Huldigungsgedichte für adlige Damen und junge Mädchen aus bekannten Magnatenfamilien auf die Melodie italienischer, kroatischer, deutscher und polnischer Liebeslieder. *(Chak Borbála nevére – Auf den Namen Barbara Chaks; Morgai Kata nevére – Auf den Namen Kata Morgais; Aenigma – Aenigma)* In diesen Gedichten finden sich die üblichen Wendungen, Schablonen und Regeln der Renaissance-Poesie bzw. humanistischen Liebeslyrik, wie z. B. das von Balassi bevorzugt verwendete Akrostichon. Als Balassi 1578 Anna Losonczy, die Ehefrau eines reichen Aristokraten und kaiserlichen Offiziers kennenlernte, erreichte seine Kunst, insbesondere seine Liebeslyrik, ein Stadium früher Reife. Die spannungsgeladene Beziehung zu ihr sollte Balassi zeitlebens in Atem halten und seine gesamte Dichtung beeinflussen. Sie inspirierte ihn zu seinem ersten Gedichtzyklus, den *Anna*-Gedichten, in deren frühen Stücken Balassi mit ungeschminkter Ehrlichkeit, höchst freimütig und in Formulierungen voller Sinnlichkeit und Leidenschaft beschreibt, was ihn mit Anna verbindet. *(Anna nevére kiben szeretője ok nélkül való haragja és gyanúsága felől ir – Vers auf Annas Namen, in welchem er von seiner Geliebten grundlosem Groll und Verdacht berichtet; Losonczy Anna nevére – Auf Anna Losonczys Namen)* Daneben faßt er auch andere Liebesabenteuer in Verse, wie z. B. die Gedichte bezeugen: *Chrisztina nevére – Auf Christinas Namen* und *Kit egy szép leány nevével szerzett – Vers, den er auf eines schönen Mädchens Namen geschmiedet*. Besonders das erstgenannte Gedicht verdient wegen seiner spielerischen Leichtigkeit und formalen Bravour Beachtung.

»Mit feurig Funken viel hat Cupido im Herzen mein . . .«, lautet der Anfang jenes Gedichts, in dem Balassi erstmals die von ihm entwickelte und nach ihm genannte (*Balassi*-Strophe) Versform verwendet, die für einen großen Teil seiner späteren Lyrik kennzeichnend werden sollte: eine dreigliedrige, neunzeilige Strophe mit dem Rhythmus 6/6/7 – 6/6/7 – 6/6/7 Silben und dem Reimschema aad – bbd – ccd.

Eigenwüchsig und in ihrer Zeit ohnegleichen sind auch Balassis Soldatenlieder. Die Schönheit der Natur dient hier als Metapher für das freie, ungebundene Leben des Kriegers. Die Gedichte *Für Weintrinker* (*In laudem temporis: Boriveknak való*, um 1585) und *Lob der Grenzhüter* (*In laudem confiniorum. Egy katonaének*, 1589) besingen den Ruhm der Grenzburgen und ihrer Besatzungen und artikulieren in lyrischen Bildern die Lebensfreude und unmittelbare frische Empfindung des Soldatenseins in enger Verbundenheit zur Natur.

Nach einigen Jahren der Trennung suchte Balassi erneut die Beziehung zu seiner – inzwischen verwitweten – großen Liebe, Anna Losonczy. In der Hoffnung, mit seiner lyrischen Werbung die Hand der einstigen Geliebten zu gewinnen, beginnt er ab 1587 den *Julia*-Zyklus – nach dem Vorbild von PETRARCAS *Il canzioniere* und JANUS SECUNDUS' *Julia-Zyklus* – zu schreiben. Unter bewußter Verwendung aller bekannten Kunstgriffe der humanistischen Poesie nimmt er die Einfälle für seine bekümmert-leidenschaftlichen Verse aus den geistreichen lateinischen Epigrammen des barocken Neapolitaners ANGERIANUS, dem Schäferspiel CASTELETTIS und aus türkischen Liedern. In den besten Gedichten des Zyklus, deren Anfänge *»Worte, süßer als Honig«* (*»Méznél édesb szép szók«*) und *»Als er seiner Julia begegnet, grüßt er sie also«* (*»Hogy Juliára talála így köszöne néki«*) lauten, durchbricht die Empfindung alle Vorschriften der Regeln: aus dem Gefühlserlebnis entsteht ehrliche, persönlich getönte Lyrik, die in leuchtenden Farben ein inniges Bild der Angebeteten malt. Doch seine Werbung bleibt unerhört.

Nachdem Anna Losonczy Balassi abgewiesen hat, schließt der Dichter den *Julia-Zyklus* ab und wendet sich 1589 der neuen Gattung des idyllischen Schäferdramas zu. Seiner *Schöne(n) ungarische(n) Komödie* in fünf Aufzügen *(Szép magyar Comoedia)* – eigentlich eine Bearbeitung von CASTELETTIS *Amarilli* für das Ungarische – stellt Balassi einen Prolog voran, in dem er seine persönlichen Beweggründe – die Liebe zu Julia – und seine literarischen Ziele darlegt: die Schaffung einer Liebeslyrik von europäischem Kulturniveau in ungarischer Sprache und die Einführung der literarischen Gattung der Renaissance-Liebeskomödie in seiner Heimat. Neben Liebe und Heldentum durchzieht religiöse Thematik das gesamte Lebenswerk Balassis. Seine religiösen Gedichte *(Istenes énekek)* sind von der typischen Haltung des Renaissance-Menschen geprägt: keine Spur von Zugehörigkeit zur Kirche als der Gemeinschaft vom Glauben Bewegter, sondern der individuelle Seelenzustand als Raum für die Erscheinung Gottes. Leidenschaft, Zweifel, Zorn und Aufruhr erfüllen diese Verse, deren vorherrschendes Motiv andererseits das Flehen um Vergebung, deren charakteristischer Ton, der das Psalters ist *(Balassi Bálint nevére ebben is könyörög büne bocsánataért és hálákat is ad*, ca. 1584 – *Auf den Namen Bálint Balassis, in welchem Gedicht er um die Vergebung seiner Schuld fleht und Danksagung leistet)*. Wohlvertraut mit den religiösen (Text-)Sammlungen seiner Zeit verfaßte Balassi zahlreiche Psalmenübersetzungen und -paraphrasen. Hervorzuheben ist die impulsive, auto-suggestive Kraft seiner religiösen Dichtung, mit der er sich selbst über die bewegtesten, schwierigsten Perioden seines Lebens hinweghilft.

Die letzten fünf Jahre seines Lebens waren von Unruhe und Spannungen erfüllt. In denkbar schlechter materieller Lage, der Gunst des königlichen Hofes verlustig, ging Balassi außer Landes. In mehreren elegisch gestimmten Liedern beklagt er das Los der Emigration, so z. B. in *Az darvaknak szól,* 1589 *(An die Kraniche).* Gleichzeitig erlebt seine Liebeslyrik eine neue Blüte. Die an Anna Szarkándy Wesselényi gerichteten Gedichte seines dritten und letzten Zyklus, des *Coelia-Zyklus,* sind nicht mehr so gefühlvoll und leidenschaftlich werbend wie die Julia-Gedichte, dafür aber um so sinnlich bewegter: Preislieder auf die Schönheit und Wonnen spielerischer Erotik. Seine souveräne Verstechnik schöpft aus dem Liedgut verschiedener Völker, seine Inspiration auch aus einfacheren Liebschaften, wie etwa *Kit egy citarás lengyel leányról szerzett,* ca. 1592 *(Gedicht über eine polnische Zitherspielerin)* zeigt, daß die Verbindung von Lied, Tanz und vollendeter Form in Balassis Lyrik repräsentiert wird.

Bálint Balassi war der erste herausragende Vertreter der ungarischen Dichtkunst, der dank erstaunlicher Sprachkenntnisse – er beherrschte neun Sprachen vollkommen – und profunder Bildung erkannte, daß bei den Ungarn fehlte, was auf französischem, deutschem, italienischem und polnischem Boden schon längst bestand: eine Literatur in der Nationalsprache. Im Œuvre jedes bedeutenden ungarischen Lyrikers bis heute nachweisbar, machte sich Balassis Einfluß und Nachwirkung besonders bei Miklós ZRINYI, Mihály Vitéz CSOKONAI und Endre ADY geltend. A.P.

AUSGABEN: *Költeményei,* Budapest 1879. – *Gyarmati B. B. énekei,* Budapest 1886. – *Összes művei,* Bd. 1/2, Budapest 1951–1955. – *Összes versei,* Budapest 1954. – *Összes költemények,* Bukarest 1972. – *Összes versei és Szep magyar comoediája,* Budapest 1981. – *Gyarmati B. B. énekei,* Hg. P. Koszeghi u. G. Szabó, Budapest 1986.

ÜBERSETZUNG: *Gedichte,* A. Brostroem, Budapest 1984 [Ausw.].

VERTONUNGEN: von Z. Gárdonyi, A. Harmat, J. Kenessey, Z. Koldály, F. Ottó, I. Sárközy, R. Sugár, G. Dávid, M. Pászti, Zs. Durkó, R. Jakob, I. Vavrinecz, Gy. Kosá, E. Petrovics.

LITERATUR: A. Bán, *B. B. élete és költészete,* Budapest 1903. – E. Benedek, *Nagy magyarok élete,* Budapest 1906. – G. Trencsényi-Waldapfel, *Le fanti italiane della poesia di B.,* Rom 1938. – S. Eckhard, *B. B.,* Budapest 1941. – Ders., *Az ismeretlen B. B.,* Budapest 1943. – I. Bán, *La poésie humaniste hongroise au XVI*e *siècle: Valentin B.,* Budapest 1960. – T. Klaniczay, *A szerelem költője,* Budapest 1961. – H. Becker, *B.s weltweite Verknüpfungen,* Bln. 1962. – T. Komlovszki, *A B. vers jellegéhez* (in Irodalomtudományi Közlemények, 1968, S. 633–643). – S. Eckhard, *B.-tanulmányok,* Budapest 1972. – S. Csanda, *B. B. költészete és a középeurópai szláv reneszánsz stilus,* Bratislava/Budapest 1973. – I. Horváth, *B. poetikája,* Szeged 1973. – T. Komlovszki, *B. és a reneszánsz aranyszemlélet* (in Irodalomtudományi Közlemények, 1976, S. 567–583). – I. Tóth, *B. B. apácaszöktetése és a Fulvia-kérdés,* Budapest 1977. – G. Herczeg, *Modelli petrarcheschi del poeta ungharese Valentino B.,* Zagreb/Dubrovnik 1978. – I. Nemeskürty, *B. B.,* Budapest 1978. – A. di Francesco, *A pásztorjáték szerepe B. B. költői fejlődésében,*

Budapest 1979. – I. Horváth, *B. költészete történeti poétikai megközelitesbén*, Budapest 1982. – L. Bóta, *A B.-Rimay-versek első kiadásának keletkezéséhez*, Budapest 1983. – J. Slaski, *B. B. und die polnische Literatur seiner Zeit*, Budapest 1983.

CESARE BALBO

* 21.11.1789 Turin
† 3.6.1853 Turin

LE SPERANZE D'ITALIA

(ital.; *Die Hoffnungen Italiens*). Geschichtsphilosophisch-politische Abhandlung von Cesare BALBO, erschienen 1843. – Balbo, später erster Ministerpräsident Italiens und Urheber der ersten Verfassung (1848), gehörte neben dem Marchese Massimo Taparelli d'AZEGLIO (1798–1866), der mit patriotischen Romanen und durch seine Schrift *Degli ultimi casi di Romagna*, 1843 *(Über die letzten Fälle von Romagna)* bekannt wurde, und Vincenzo GIOBERTI (1801–1852) zu den wichtigsten Theoretikern im Zusammenhang mit der revolutionären Krise von 1848 und dem Risorgimento. In *Le speranze d'Italia*, Gioberti gewidmet und eine Entgegnung auf dessen Schrift *Del primato morale e civile degli Italiani*, 1842/43 *(Über den moralischen und kulturellen Vorrang der Italiener)*, entwirft Balbo ein reichlich utopisch gefärbtes Programm für die Zukunft Italiens. Im Gegensatz zu Gioberti setzt der Autor nicht auf eine Vormachtstellung Italiens, vielmehr hofft er auf ein Gleichgewicht im Konzert der europäischen Mächte. Die Unabhängigkeit Italiens von Österreich, von der Gioberti nicht spricht, ist ihm hierfür die wichtigste Bedingung. Wie Gioberti glaubt aber auch Balbo, daß politische Veränderungen ohne die Anwendung von Gewalt möglich sind. In einem zwei Jahre später erschienenen Anhang *(Appendice alle Speranze)* betonte Balbo allerdings, daß einige politische Situationen aktiven Widerstand erfordern könnten. Balbo hielt einen, wie er meinte, natürlichen Ablösungsprozeß Österreichs von Italien für möglich. Würde ein geeintes Italien das habsburgische Reich bei seiner Ausdehnung in Richtung Osten unterstützen, so könnten die neueroberten österreichischen Territorien die habsburgischen Gebiete in Italien ersetzen. Gioberti hatte eine vom Papst regierte Föderation der italienischen Staaten gefordert. Balbo kritisiert nun sowohl die Aufsplitterung Italiens in kleine Staaten als auch die von Gioberti vorgeschlagene Vormachtstellung des Papstes. Zwar basieren auch Balbos Staatsentwürfe auf der christlichen Ethik, dem Papst kommt in den *Speranze* aber allenfalls die Rolle zu, das öffentliche Bewußtsein und die Moral nach christlichen Leitsätzen zu formen. Die politische Führung der italienischen Bewegung will Balbo in den Händen eines starken Fürsten sehen und schlägt wie d'Azeglio einen Vertreter des Hauses Savoyen vor.
In seinen Überlegungen zum Verhältnis von Freiheit und politischer Unabhängigkeit sowie dem Glauben an eine Einheit Italiens unter Beibehaltung der Souveränität der Einzelstaaten nähert sich Balbo zwar durchaus den Auffassungen politischer Leitfiguren wie Camillo di Cavour, insgesamt haben die *Speranze* jedoch allzu utopischen Charakter, waren nicht auf tatsächliche politische Umsetzung hin angelegt. Deshalb wurde das Werk insgesamt eher zögernd aufgenommen. *Le speranze d'Italia* bleiben aber ein durchaus repräsentatives Zeugnis für die Hoffnungen des entstehenden jungen Italien. KLL

AUSGABEN: Paris 1843. – Capolago 1844. – Neapel 1848. – Florenz 1855, Hg. P. Balbo [erw.]. – Mailand o. J., Hg. L. Sassi.

LITERATUR: L. Salvatorelli, *Il pensiero politico italiano dal 1700 al 1870*, Turin ³1942. – M. Leuzzi Fubini, *Contributi e discussioni su alcuni aspetti del pensiero storiografico di C. B.* (in Rivista Storica Italiana, 90, 1978, Nr. 4, S. 834–854).

BERNARDO DE BALBUENA

* 1568 Valdepeñas
† 11.10.1627 Puerto Rico

LITERATUR ZUM AUTOR:
J. van Horne, *B. de B. Biografía y crítica*, Guadalajara 1940. – J. Rojas Garcideñas, *B. de B., la vida y la obra*, Mexiko 1958 [mit Bibliogr.]. – F. López Estrada, *Un libro pastoril mexicana: El siglo de Oro de B. de B.* (in Anuario de Estudios Americanos, 27, 1970, S. 787–813). – A. Rama, *Fundación del manierismo hispanoamericano por B. de B.* (in Univ. of Dayton Review, 16, 1983, S. 13–22).

EL BERNARDO O VICTORIA DE RONCESVALLES

(span.; *Bernardo oder Der Sieg von Roncevaux*). Heldenepos von Bernardo de BALBUENA, erschienen 1624, aber wohl viel früher geschrieben. Es besteht aus 40 Gesängen, die nicht weniger als 5000 achtzeilige Strophen (40 000 Verse) enthalten. Die Epiker des Goldenen Zeitalters, als deren bedeutendster Balbuena gilt, lösten die zur trivialen Unterhaltungsliteratur abgesunkene mittelalterliche Ritterbuch-Literatur ab. Die zumindest formal anspruchsvollere Literaturgattung des Epos hatte zudem die Aufgabe, vornehmlich die heroische Lebenseinstellung der Spanier, die sich in ihrer explosionsartigen Ausbreitung in Europa und in ihrem Auftreten als Eroberer der Neuen Welt zeigte, nunmehr auch literarisch zu verherrlichen.

Die von Nebenhandlungen und Exkursen mythologischer, geschichtlicher, geographischer Art unterbrochene Fabel hält sich an die mittelalterliche Legende von *Bernardo del Carpio*. Bei Balbuena soll der Held – von den Schicksalsmächten auserwählt – Karl den Großen und seine Pairs bestrafen, die die Welt terrorisieren. Bernardo ist das Kind der unerlaubten Liebe zwischen dem Grafen von Saldaña und der Schwester König Alfons' II. (reg. 791–842). Als man ihm das erzählt, begibt er sich auf die Suche nach seinen Eltern (der Vater wird gefangengehalten, die Mutter mußte ins Kloster gehen). Er wandert bis Persien, erlebt unzählige phantastische Abenteuer und kehrt in die Heimat zurück. Als er erfährt, daß Karl der Große in Spanien eingedrungen ist, eilt er mit einer kleinen Ritterschar zum Kampf, besiegt Karl und tötet den bis dahin unbesiegten Roland.

Balbuena selbst sagt über sein Werk, er habe es geschrieben »*im Elan der jungen Jahre, als die Milch der Rhetorik noch die Lippen benetzte*«. Nimmt man viele, durch Anhäufung von Nebenepisoden entstehende Ausschweifungen in Kauf, so fühlt man sich in eine wahre Fabellandschaft versetzt. Hier ist alles Zauber, Magie und Hexerei, eine Welt des schönen Scheins, in der die Feen der Menschen Geschicke lenken und bestimmen. Man hat die langwierige, mit tausenderlei Gefahren und Abenteuern erschwerte Geschichte Bernardos wegen der Buntheit und Turbulenz der Ereignisse oft mit einem gigantischen Karnevalszug verglichen.

Balbuenas unermüdlicher Sammeleifer brachte in diesem Riesenepos nahezu alles zusammen, was die Zeit an literarischer Bildung und Lesestoff zu bieten hatte: Mythen des Altertums, spätgriechische Romane, die *chansons de geste*, die Artusromane, die späteren Ritterbücher und Legenden. Andere unmittelbare Quellen und Vorbilder sind neben den lateinischen Epikern die Italiener, wie PULCI, ARIOSTO, BOIARDO, vor allem aber der Portugiese CAMÕES und die zeitgenössischen spanischen Epiker ERCILLA, ZAPATA und BARAHONA DE SOTO. Die Planlosigkeit in der Handlungsführung, die unerträglichen Längen sowie die wirre und maßlose Fülle des Stoffes erscheinen sicher nicht erst einem modernen Leser als Mängel. Doch hat die Sprache mit ihren flüssigen musikalischen Versen, haben die farbenprächtigen Beschreibungen und die originelle Gestaltung mancher Episoden und Szenen durchaus ihren Reiz. Im ganzen betrachtet, ist dieses Werk Balbuenas das typische Erzeugnis einer verschwenderisch-schöpferischen, zügellosen barocken Phantasie. MENÉNDEZ Y PELAYO hat dieses einzigartige Werk treffend charakterisiert: »*Seine Sprache ist ganz neu in der Geschichte des Kastilischen: farbenprächtig, reich an Ornamentik, anmutig und grazil, weich und für das Ohr schmeichlerisch, zuweilen auch kühn und kraftvoll, und immer tönt im Hintergrund eine geheimnisvolle Note von Originalität und Exotik.*« A.F.R.

AUSGABEN: Madrid 1624. – M. Kidder, *A Critical Edition of »El Bernardo« of B. de B.*, Diss. Univ. of Illinois 1937 [unveröff.]. – Madrid 1950 (BAE, 17; zuerst 1851).

LITERATUR: M. Heinermann, *Untersuchungen zur Entstehung der Saga von Bernardo del Carpio*, Halle 1927. – J. van Horne, »*El Bernardo« of B. de B., a Study of the Poem with Particular Attention to Its Relation to the Epics of Boiardo and Ariosto and Its Significance in the Spanish Renaissance*, Urbana 1927. – A. Cioranescu, *La première édition du »Bernardo«* (in BHi, 1935, S. 481–484). – F. Pierce, »*El Bernardo« of B., a Baroque Fantasy* (in HR, 13, 1945, S. 1–23). – F. Karlinger, *Anmerkungen zu »El Bernardo« von B. de B.* (in *Aureum Saeculum Hispanum: Beiträge zu Texten des Siglo de Oro*, Hg. K.-H. Körner, Wiesbaden 1983, S. 117–123).

GRANDEZA MEXICANA

(span.; *Mexikos Größe*). Epos von Bernardo de BALBUENA, erschienen 1604. – Das in neun Kapitel gegliederte Werk ist ein Preislied auf die Stadt Mexiko. Balbuena schildert zunächst ihre landschaftliche Lage und beschreibt sie dann im einzelnen: ihre prächtigen Gebäude, die Straßen, die Menschen, das wirtschaftliche und kulturelle Leben, Vergnügungen und Festlichkeiten, Kirche, Regierung und Verwaltung. Es folgt eine Aufzählung aller Ruhmestitel Mexikos. Das Werk schließt mit einer Apotheose des spanischen Mutterlandes, das Balbuena, der die Heimat schon als Kind verlassen hatte, mit dem Optimismus des Kolonialspaniers noch als weltbeherrschendes Machtzentrum sieht, während andere spanische Autoren jener Zeit – CERVANTES, Mateo ALEMÁN, Francisco de QUEVEDO, um nur einige Beispiele zu nennen – sich des Niedergangs seiner einstigen Größe schon schmerzlich bewußt sind.

Hernán CORTÉS, der Eroberer Mexikos, des alten Tenochtitlán, drückte seine Bewunderung für die Stadt, die zu zerstören er gezwungen war, in einem knappen Satz aus: »*Es ist das schönste Ding der Welt.*« Das gleiche Gefühl bestimmt rund ein Jahrhundert später Balbuenas Beschreibung des wiederaufgebauten Mexiko. Beim Vergleich mit den beiden anderen großen Amerika-Epen dieser Zeit, der *Araucana* von Alonso de ERCILLA Y ZÚÑIGA und dem *Arauco domado* von Pedro de OÑA fällt in seinem Werk die genauere Erfassung der amerikanischen Wirklichkeit auf. Sie gibt der *Grandeza mexicana* eine Bedeutung, die Marcelino MENÉNDEZ Y PELAYO leicht überspitzt so formuliert hat: »*Wenn es darum ginge, das Geburtsdatum der eigentlichen amerikanischen Literatur mit dem Erscheinen eines Buches zu verknüpfen, so müßte dieses Werk Balbuenas genannt werden.*« Ercilla und selbst der in Amerika geborene Pedro de Oña schreiben unter dem Eindruck, ja dem Zwang der europäischen Kultur, und das der Klassik zugewandte Denken der Renaissance verstellt ihnen den Blick auf diese neue Welt. Balbuena dagegen vermag deren Besonderheit ungetrübt zu erkennen. Ein Beispiel dafür ist seine Beschreibung vom Einzug des Frühlings in die Hochebene von Anahuac, die den eigentümlichen Zauber dieser Landschaft deutlich spürbar macht.

Formal steht auch Balbuenas Werk noch unter dem Einfluß der Renaissance; die Gliederung ist sehr übersichtlich, die Verse sind jambische Elfsilber, nach italienischem Vorbild zu Terzinen gefügt. Die Sprache weist allerdings eindeutig barocke Züge auf: eine Neigung zum hyperbolischen Ausdruck, gelegentliche Weitschweifigkeit und kunstvolle Sprachornamentik, die zuweilen die Aussage überwuchert. Barock ist auch die Vorliebe Balbuenas für Schilderungen äußerer Pracht, die in Bilderkaskaden und asyndetischen Reihungen von Haupt- und Eigenschaftswörtern Sinneseindrücke wiedergeben. Er betrachtet und beschreibt, besinnliches Ausdeuten ist ihm fremd. Der Reiz seines Werks liegt in der exotisch üppigen Farbigkeit der Darstellung und im bald weichen, bald kraftvollen Klang seiner Verse. Die Metaphorik Balbuenas zeigt Anklänge an die seines Zeitgenossen Luis de GÓNGORA, den er sehr schätzte, doch der Autor der *Grandeza mexicana* schöpfte aus einem anderen, mehr realistischen als ästhetisierenden Lebensgefühl. Auch in seinen subtilsten Metaphern und Vergleichen schwingt noch gegenständliche Fülle, sie sind mehr als leere Schmuckrahmen.   A.F.R.

AUSGABEN: Mexiko 1604. – Mexiko 1927 [Faks. d. Ausg. 1604]. – Urbana 1930, Hg. J. van Horne [m. Einl.]. – Mexiko 1965. – Mexiko 1975, Hg. u. Einl. L. A. Domínguez.

LITERATUR: G. Mireles Malpica, *La significación de B., Alarcón y Altamirano dentro de la evolución de la cultura literaria mejicana*, Mexiko 1954. – F. M. Zertuche, *B. de B. y la »Grandeza mexicana«* (in Armas y Letras, 11, 1954). – I. A. Leonard, *Baroque Times in Old Mexico*, Ann Arbor 1959. – J. I. Rubio Mañé, *B. de B. y su »Grandeza mexicana«* (in Boletin del Archivo General de la Nación, Ser. 2, 1, 1960, S. 87–100). – C. L. Christian, *Poetic and Prosaic Descriptions of Colonial Mexico City* (in Exploration, 9, 1981, S. 1–21).

NICOLAE BĂLCESCU

* 29.6.1819 Bukarest
† 29.11.1852 Palermo

LITERATUR ZUM AUTOR:
P. P. Panaitescu, *Contribuţiuni la o biografie a lui N. B.*, Bukarest 1923. – G. Zane, *Marx şi B.*, Jassy 1927. – C. I. Gulian, *Gîndirea social-politică a lui N. B.*, Bukarest 1954. – G. Georgescu-Buzău, *N. B.*, Bukarest 1956. – I. Z. Tóth, *B. Miklós élete*, Budapest 1958. – E. Biedrzycki, *M. B. rumuński pisarz i rewolucjonista*, Krakau 1961. – D. Berindei, *N. B.*, Bukarest 1966 [frz.; rum. Ausg. Bukarest 1969]. – W. Bahner, *N. B.*, Bln. 1970. – H. Nestorescu-Bălceşti, *N. B. Contribuţii biobibliografice*, Bukarest 1971. – M. Leporatti, *N. B. e il risorgimento nazionale in Romania*, Rom 1971. – B. C. Fryer, *N. B. Rumanian Liberal and Revolutionary*, Ann Arbor/Mich. 1974. – G. Zane, *N. B. Opera, omul, epoca*, Bukarest 1975; ²1977. – E. Kovács, *N. B.* (in E. K., *Történelmi arcképek*, Budapest 1976, S. 337–97). – F. N. Gheorghe, *Martirul B. – evocare romanţată*, Craiova 1978. – V. Stan, *N. B.*, Bukarest 1978. – D. Berindei, *Pe urmele N. B.*, Bukarest 1984.

ISTORIA ROMÂNILOR SUB MIHAI VODĂVITEAZUL

(rum.; *Die Geschichte der Rumänen unter Fürst Michael dem Tapferen*). Historische Monographie von Nicolae BĂLCESCU, erschienen 1877. – Das 1847 begonnene Werk, das den Anfang der modernen rumänischen Geschichtsschreibung bezeichnet, sollte sechs Bücher mit folgenden Titeln umfassen: *Die nationale Freiheit, Călugărenii, Die Knechtung der Bauern, Die nationale Einheit, Mirislău, Gorăslău*. Der frühe Tod des Historikers verhinderte jedoch die Fertigstellung; das Ende des fünften Buchs (ab Kap. 33) und das sechste Buch wurden nach Bălcescus Plänen von dem Herausgeber A. ODOBESCU verfaßt. Die auf umfassendem Quellenstudium fußende Arbeit ist vor allem eine apologetische Darstellung der Gestalt des rumänischen Fürsten Michael, der bereits die Ideale der Generation von 1848 verkörperte: das Streben nach nationaler Einigung und staatlicher Unabhängigkeit. Bălcescu schildert die Ereignisse zwischen 1593 und 1601 vor dem Hintergrund der internationalen Politik – der Verbindung des Papsttums mit den europäischen Dynastien angesichts der Türkengefahr – und unterzieht die sozialen und politischen Verhältnisse in der Walachei einer genauen Analyse. Besonderen Nachdruck legt er auf die Rolle des Volks im Geschehen dieser Jahre: Hatten die Hoffnungen der Rumänen auf nationale Unabhängigkeit dazu beigetragen, Michael auf den walachischen Thron zu heben, so sieht der Historiker in den unsozialen Maßnahmen des Fürsten nach seinem Sieg im Bund mit Siebenbürgen und der Moldau bei Călugărenii über die Türken (13. 8. 1595), besonders aber in der 1595 dekretierten Bindung der Leibeigenen an die Scholle, den Grund für die Abkehr des Volks von seinem Herrscher und damit letztlich auch für den Untergang Michaels. Die kurzfristige Vereinigung der drei rumänischen Provinzen unter seiner Herrschaft (1600) führt nicht zu einer wirklichen Einheit der Nation, da die ideellen Grundlagen für eine solche Entwicklung noch nicht vorhanden sind. In der Schlacht bei Mirisläu gegen den kaiserlichen Feldherrn Basta erleidet Michael eine schwere Niederlage; bei Goräsläu gelingt es ihm zusammen mit Basta, die aufständischen Ungarn niederzuwerfen, doch Basta läßt ihn von seinen Leuten umbringen.

Aber nicht Aufstieg und Fall eines großen, wenn auch zuweilen irregeleiteten Fürsten sind Bălcescus eigentliches Thema; an Michaels Gestalt demonstriert er vor allem das tragische Scheitern der Idee der nationalen Souveränität und Einheit. *Istoria Românilor* ist ein Appell an des Verfassers eigene Generation, diese Idee in die Tat umzusetzen. Davon zeugt die rhetorische Emphase des Werks, davon zeugen die zahlreichen Ausrufe, Fragen, die syntaktischen Inversionen, die Wiederholungen und Hyperbeln. Durch eingestreute Dialogpartien, erlebte Rede, den zeitweiligen Gebrauch des historischen Präsens und durch die Einfügung von Ansprachen der Helden vor dem Kampf verleiht der Autor dem dargestellten Geschehen dramatische Unmittelbarkeit. Sein Stil ist eine Synthese zwischen dem reformerischen Pathos der französischen Sozialutopisten des frühen 19. Jh.s (FOURIER, PROUDHON, Louis BLANC) und der Ausdrucksweise der rumänischen Chronisten des 17. Jh.s. Für die rumänische Literatur ist Bălcescu deshalb auch als Schöpfer eines neuen Prosastils von eminenter Bedeutung. A.Ga.

AUSGABEN: Bukarest 1877 [Vorw. A. Odobescu]; ⁵1942. – Bukarest 1901/02. – Bukarest 1940 (in *Opere complete*, Bd. 1). – Bukarest 1952. – Bukarest 1960 (*Romînii supt Mihai-Voievod Viteazul*, in *Opere alese*, 2 Bde., 2). – Bukarest 1967. – Bukarest 1975. – Bukarest 1986 (in *Opere*, Bd. 3).

ÜBERSETZUNGEN (Ausz.): In *AS*, R. Lichtendorf, Bukarest 1953 (vgl. dazu J. Dörner, in Neue Literatur, 4, 1953, 1, S. 107–112). – In *Válogatott munkái*, E. Balogh, Bukarest 1956.

LITERATUR: V. Maciu, *Activitatea istoriografică a lui N. B.* (in Studii și articole de istorie, 1, 1956, S. 188–223). – N. Liu, *N. B. și istoriografia romantică* (in Revista de filozofie, 16, 1969, Nr. 9, S. 1129–38). – L. Boicu, *Istoricul N. B.* (in Studii și articole de istorie, 14, 1969). – G. Zane, *N. B. Opera, omul, epoca*, Bukarest 1975, S. 23–64.

JACOB BALDE

* vor 5.1.1604 Ensisheim / Elsaß
† 9.8.1668 Neuburg an der Donau

LITERATUR ZUM AUTOR:
J. G. Herder, *Terpsichore*, Lübeck 1795/96. –
G. Westermayer, *J. B., sein Leben und seine Werke*, Mchn. 1868. – J. Bach, *J. B., ein religiös-patriotischer Dichter aus dem Elsaß*, Freiburg i. B. 1904. – W. Beitinger, *J. B. Eine Würdigung seines Gesamtwerks* (in *J. B. Fs.*, Neuburg a. d. D. 1968, S. 3–114). – R. Berger, *J. B., Die deutschen Dichtungen*, Bonn 1972. – G. Hess, *Fracta Cithara oder Die zerbrochene Laute. Zur Allegorisierung der Bekehrungsgeschichte J. B.s im 18. Jh.* (in *Form u. Funktion der Allegorie*, Hg. W. Haug, Stg. 1979, S. 605–631). – *J. B. und seine Zeit*, Hg. J.-M. Valentin, Bern u. a. 1986.

AGATHYRSUS TEUTSCH, Teutscher Poeten Eyferig- und lustiges nachsinnen über das Trostreiche ehren Lied, Agathyrs genannt, Vom Lob und Wolstandt Der Dürr- oder Mageren Gesellschafft

Lateinische Satire von Jakob BALDE, mit seinen und seiner Freunde Thomas KÖNIG (1592–1649), Joachim MEICHEL (ca. 1590–1637), Johann KHUEN (1606–1675) deutschen Paraphrasen, erschienen 1647. – Der aus Ensisheim im Oberelsaß gebürtige Jesuit Jakob Balde, Rhetorikprofessor, Hofprediger, Hofhistoriograph in München, Stadtprediger in Landshut und Amberg, zuletzt Prediger am pfalzgräflichen Hof in Neuburg a. d. Donau, galt und gilt als einer der bedeutendsten Vertreter der neulateinischen Dichtung des 17. Jh.s. Hochgeschätzt vor allem waren seine (bis heute immer wieder nachgedichteten) Oden, die ihm den Beinamen eines »deutschen Horaz« eintrugen.

Balde hat auch drei kleinere Werke erbaulichen, unterhaltenden und satirischen Charakters verfaßt, in denen er sich deutscher Strophen bedient: *Ode nova dictu Hecatombe* (1636; vgl. dort), *Ehrenpreiß Der Allerseligsten Jungfrawen und Mutter Gottes Mariae* (München 1638) und den *Agathyrs*. Der *Ehrenpreiß*, 36 deutsche Strophen nach dem Muster eines weitverbreiteten Kirchenlieds *(»Der grimme Todt mit seinem Pfeil...«)*, das bereits zu Anfang des Jahrhunderts vier jesuitische Autoren zu einem *Certamen poeticum* (2. Druck, Augsburg 1608) verlockt hatte, gab nun auch seinerseits Veranlassung zu einem Wettstreit in lateinischen Paraphrasen zwischen Baldes Ordensgenossen, die zusammen mit dem deutschen Text zehn Jahre später unter dem Titel *Olympia sacra in stadio Mariano* erschienen.

Der 1638 erschienenen *Ode dicta Agathyrsus* (85 lat. Achtzeiler) werden in der letzten Ausgabe sieben deutsche Paraphrasen (vier von Balde selber, darunter eine in lateinisch-deutschen Mischstrophen, und drei von seinen Dichterfreunden) beigegeben, ferner einige Stücke in deutscher Prosa. Der Gegenstand ist das Lob der Magerkeit und mit ihr der Askese. Den Titel erklärt Balde selber in seiner Vorrede mit einem Hinweis auf die Agathyrsen, ein (in keiner antiken Quelle nachweisbares) asiatisches Volk, die *»kein zur Cron kommen ließen, er wä-*

re dann Dürr und Mager«. Balde selber war zeitlebens schmächtig und hager; die erste Fassung des *Agathyrsus* schrieb er nach einer lebensgefährlichen Krankheit, als er zum Skelett abgemagert war. In witzigen, drastischen, bisweilen grobianischen Antithesen werden hier die gesunden, glücklichen, gelehrten, heiligmäßig lebenden, heiter sterbenden, leicht zu Grabe zu tragenden und schwerelos auferstehenden Dürren den wie die Schweine im Unflat mühselig einherkeuchenden, mit Gestank sterbenden und als Fraßsünder zur Hölle fahrenden Feisten entgegengestellt. Der Dichter meint es ernst, doch ist das Ganze zugleich als artistisches Spiel und gesellige Unterhaltung gedacht. Der *Agathyrsus* war das Ordenslied eines vermutlich von Balde gegründeten Mäßigkeitsvereins, und einige von dessen Mitgliedern hatten ihn, wie er berichtet, ersucht: *»zu fromb und nutzen deß Lateins unerfahrnen Dürren Brüdern den Agathyrs in unser allgemeine Mutter Sprach«* zu übersetzen.

Da Balde, wie die Mehrzahl der geistlichen Autoren des katholischen Südens, die Reform des OPITZ ablehnte, befleißigte er sich in seinen deutschen Versen, in Anlehnung an Kirchenlied und beliebte Flugblattstrophen, einer jedermann verständlichen volkstümlichen, mundartlichen Diktion, die ihm von Zeitgenossen und Nachwelt verdacht und als (kaum begreifliche) Unbeholfenheit angekreidet wurde. Tatsächlich handelt es sich, wie R. BERGER nachgewiesen hat, um eine bewußte Entscheidung und ein die Gattung durchaus erfüllendes Können im Dienste einer moralischen Didaktik, der allerdings alles Sauertöpfische ebenso fernlag wie eitelgehobene Bildungsbeflissenheit.   F.Ke.

AUSGABEN: Mchn. 1638 [lat.]. – Löwen 1645 [lat.]. – Mchn. 1647. – Köln 1660 (in *Poemata*, 4 Bde., 4). – Mchn. 1729 (in *Opera poetica omnia*, 8 Bde., 4). – Köln/Olten 1963 (in *J. B. Dichtungen*, Hg., Ausw. u. Übers. M. Wehrli; lat.-dt.).

LITERATUR: C. J. Claassen, *Barocke Zeitkritik in antikem Gewande* (in Daphnis, 5, 1976, S. 67–125). – H. Wiegmann, *Ingenium u. Urbanitas. Untersuchungen zur literaturgeschichtlichen Position J. B.s* (in GRM, 32, 1982, H. I, S. 22–28).

LYRICORUM LIBRI QUATUOR. EPODON LIBER UNUS

(nlat.; *Vier Bücher lyrischer Gedichte. Ein Buch Epoden*). Sammlung lyrischer Gedichte von Jacob BALDE, erschienen 1643. – Als Sammlung von vier Büchern lyrischer Gedichte (in äolischen Versmaßen) und einem Buch Epoden (in archilochischen Jamben) entspricht das Werk – wie die vergleichbaren früheren Textcorpora des Conrad CELTIS (postum 1513) und des polnischen Jesuiten Mathias C. SARBIEWSKI (1634) – genau dem überlieferten lyrischen Werk des römischen Klassikers HORAZ (*Carmina*, zuerst 23 v. Chr.), den Balde schon 1637 als seinen »Augenstern« (*ocellus meus*; *Opera omnia* 3, 104) verehrt, obwohl er ihm – gegen sein eigenes Asketen- und Schlankheitsideal – als Epikureer und *»Kürbisbauch«* (Agathyrsus, Str. 43) gilt.

Baldes eigene Lebensphilosophie, die er, analog zu Horaz, in vielen Oden der *Lyrica* darlegt, nähert sich oft der Stoa (*Lyr.* 1,6; 1,13; 1,26 usw.), die in München, wo Balde zur Zeit der Veröffentlichung als Hofhistoriograph wirkt, geradezu organisiert gewesen zu sein scheint: Balde imponiert das furchtlose Schicksalstrotzen an den prominentesten antiken Vertretern wie CATO und SENECA (*Lyr.* 3,16,7–10), aber er sagt sich von ihnen los, als er die Heuchelei der zeitgenössischen Stoiker zu durchschauen glaubt (*Lyr.* 3,12 und öfter im 3. Buch). Und trotz erneuter Zuwendung (*Lyr.* 4,29) will er das Ideal einer völligen Affektfreiheit nie akzeptieren (vgl. schon, 1631, den *Maximilianus I. Austriacus; Op. omnia*, 8, 403 ff.). Näher seinem Ideal leibfeindlicher Vergeistigung steht der Platonismus (vgl. *Lyr.* 1,22 u. a.), der aber auch komisch karikiert wird (*Lyr.* 3,9; vgl. 1,34 *Ad Maciem suam – An die eigene Magerkeit*); das Programmgedicht über das Ideal des »einfachen Lebens« (ein Stück Rollenlyrik, dem persischen Gemüsegärtner Abdolonymus in den Mund gelegt: *Lyr.* 1,1) ist überraschenderweise epikureisch gefärbt und kann – trotz vieler Übereinstimmungen mit anderen Oden – kaum als letztgültige Ansicht des Dichters gelten.

Von horazischen Themen fehlt naturgemäß das Sympotische und Erotische. Ersteres ist allenfalls durch eine (Horaz parodierende) Invektive gegen den bayerischen Bierkrug (*Lyr.* 1,12) vertreten – der Elsässer Balde trank Wein und hielt Bier für poesiefeindlich (*De van. mundi, Op. o.* 7,201); erotische Motive hat, wunderbar umgestaltet, in Baldes Marienlyrik wieder, die Johann G. HERDER mit leichter Retusche als profane Liebesdichtung übersetzen konnte! Mit Versen, die ursprünglich Diana, Venus und den vielen Geliebten des Horaz galten, wird nun die Gottesmutter besungen, Ausdruck eines jesuitischen Eroberungswillens, der die Schätze der heidnischen Antike eigener Glaubenspropaganda dienstbar zu machen weiß (vgl. bes. *Sylvae* 2, *Parth.* 6,17 f.; *Op. o.* 2,63). Balde war im November 1637 Vorsitzender der marianischen Kongregation in München geworden. In den – grob chronologisch angelegten – Büchern ist dies dadurch markiert, daß die Mariendichtung am Ende des ersten Buchs (*Lyr.* 1,42 f.) angekündigt, vom zweiten an dann durchgeführt wird: Die im heidnisch-horazischen Maß nicht mit Namen genannte, sondern scheu als *»Jungfrau«* oder *»Nymphe«* Verhüllte bleibt von da an zentrales Thema in Baldes Werk. Glanzstück ist hier die Ode auf die Einweihung der Münchener Mariensäule (*Lyr.* 2,26); noch origineller sind die z. T. im Ton geradezu neckischer Verliebtheit und Galanterie gehaltenen Oden des *Parthenia*-Zyklus (in Buch 2 der *Sylvae*, die zugleich mit den Lyrica ediert wurden, ebenfalls in vorwiegend horazischen Maßen: *Op. o.* 2, dort S. 56 ff.).

Viel Raum beanspruchen wie bei Horaz politische

Oden. Mehr als andere Dichter der Zeit geht Balde auf einzelne Ereignisse des Dreißigjährigen Krieges mit leidenschaftlicher Anteilnahme ein; oft spricht er, Horaz übersteigernd, als poetischer *vates* (Dichterprophet) zu seinem Volk, das heißt zu ganz Deutschland (*Lyr.* 1,25 und öfter). Gelegentlich gedenkt er in Nachrufen gefallener Helden (*Lyr.* 1,39–41) oder Unholde (wie Wallenstein, *Lyr.* 2,13), aber auch anderer großer Toten, wie seines Lehrers Jacob KELLER (*Lyr.* 2,50) und seines Vorgängers als Hofprediger Jeremias DREXEL (*Lyr.* 1,16). Die gelegentlichen Spannungen zwischen Balde und dem von ihm verehrten bayerischen Kurfürsten Maximilian I. (vgl. die *Interpretatio Somnii* von 1648, hg. v. J. Bach, Regensburg 1904) finden im lyrischen Werk – entgegen einer neueren Deutung von *Lyr.* 4,1 und *Sylv.* 5,4 – keinen Ausdruck.

Besonders fühlt Balde sich Horaz verwandt (vgl. *Sylv.* 5,4) durch die Begabung zum »Enthusiasmus«: Wie beim römischen Vorbild (besonders *Carm.* 3,25) wird in den so betitelten Oden die dichterische Entrücktheit *(furor poeticus)* als Motiv in das Gedicht selbst hineingenommen, so daß das lyrische Ich als ein explizit enthusiastisches spricht (*Lyr.* 1,25 und öfter): Das berühmteste Beispiel (*Lyr.* 2,39) hat GRYPHIUS in seinen »Kirchhofsverzückungen« nachgedichtet. Von Horaz abgeschaut ist auch die Technik, während des Gedichts eine äußere Handlung sich entwickeln zu lassen (*Lyr.* 1,20 und öfter); seinem Stilvorbild entspricht es, daß die Lyrik meist adressiert und appellativ ist und gelegentlich – bei Balde der Fiktion nach – als Gesangdichtung zur Leier erscheint (besonders deutlich *Lyr.* 1,36).

Balde überbietet Horaz durch Buntheit der Themen und der Sprache: Die klassische lyrische Diktion ist unbekümmert angereichert durch niederes, aus Epigramm und Satire stammendes Sprachmaterial. Auch in den »Epoden« legt sich Balde nicht völlig auf den horazischen Gattungscharakter einer durchgängigen Scheltdichtung fest. Wie in *Epod.* 2 dargetan, ist die Dichtung als Waffe der Vergeltung im Sinne des Archilochos dem christlichen Dichter eigentlich nicht angemessen; aber schon *Epod.* 1, ein flammendes Lied des Hasses gegen die Türken, zeigt, daß dieses Benefiz nicht allen Feinden gleichermaßen zugute kommen kann. Geradezu peinlich ist die antisemitische Epode 14. Auch hier finden sich, dem Gattungscharakter fremd, Mariengedichte (besonders auf Altötting, *Epod.* 5 bis 8). Das eindringliche Schlußgedicht prophezeit den nahen Weltuntergang (*Epod.* 20). Zur ›horazischen‹ Abrundung ist noch ein sapphisches *Carmen saeculare* (Jahrhundertlied) auf den Geburtstag des Jesuitenordens angeheftet.

Baldes Lyrik fand sofort weltweite Anerkennung, weil er, wie der niederländische Philologe BARLAEUS formulierte, seinen Zeitgenossen »*die horazische Leier wiedergeschenkt*« habe: Als Lyriker war Balde damals in der Tat ohne Konkurrenz, erst spätere wie AVANCINI oder RETTENBACHER versuchten, es ihm gleichzutun. Wenn aber heute sein Ruhm fast nur noch auf diesen von HERDER einseitig bevorzugten Werken beruht, ist dies wohl unberechtigt: Baldes dramatische, epische, satirische und elegische Werke sind an dichterischer Qualität den *Lyrica* des »Teutschen Horatius« (Sigmund von BIRKEN) nicht unterlegen.   W.Str.

AUSGABEN: Mchn. 1643. – Köln 1660 (in *Poemata*, 4 Bde., 1). – Köln 1706. – Mchn. 1729 (in *Opera poetica omnia*, 8 Bde., 1). – Regensburg ²1884 (in *J. B. Carmina lyrica*, Hg. B. Müller; m. Anm.; Nachdr. Hildesheim/NY 1977). – Köln/Olten 1963 (in *J. B. Dichtungen*, Hg., Ausw. u. Übers. M. Wehrli; lat.-dt.).

ÜBERSETZUNGEN: *Bavaria's Musen in J. B.s Oden*, J. B. Neubig, 4 Bde., Mchn. 1828–1843. – *J. B.s Oden und Epoden in fünf Büchern*, J. Aigner, Augsburg 1831. – *Die Mariengesänge aus den Büchern der Oden und dem der Epoden*, C. B. Schlüter, Paderborn 1857 [Ausz.]. – *Gesammelte Mariengedichte*, Hg. P. B. Zierler, Mchn. 1897 [Ausz.].

LITERATUR: A. Henrich, *Die lyrischen Dichtungen J. B.s*, Straßburg 1915. – M. H. Müller, »*Parodia Christiana*«. *Studien zu J. B.s Odendichtung*, Diss. Zürich 1964. – J. Galle, *Die lateinische Lyrik J. B.s u. die Geschichte ihrer Übertragung*, Münster 1973. – U. Herzog, *Divina poesis. Studien zu J. B.s geistlicher Odendichtung*, Tübingen 1976. – E. Schäfer, *Deutscher Horaz. C. Celtis – G. Fabricius – P. Melissus – J. B. Die Nachwirkung des Horaz in der neulateinischen Dichtung Deutschlands*, Wiesbaden 1976. – D. Breuer, *Oberdeutsche Literatur 1565–1650*, Mchn. 1979, S. 218–276. – W. Stroh, *Der Gemüsegärtner als König. Ein Gedicht des J. B. über das »einfache Leben«* (in Altsprachlicher Unterricht, 27, 1984, H. 6, S. 23–36). – E. Schäfer, »*Die Verwandlung« J. B.s Ovidische Metamorphose u. christliche Allegorie* (in *J. B. und seine Zeit*, Hg. J.-M. Valentin, Bern u. a. 1986, S. 127–156).

POEMA DE VANITATE MUNDI

(nlat.; *Gedicht von der Eitelkeit der Welt*). Dichtung von Jacob BALDE, erschienen 1636. – Das Werk *Von der Eitelkeit der Welt*, das dem jungen Ingolstädter Rhetorikprofessor Balde ersten großen Ruhm einbringen sollte, erschien zuerst – dem Gegenstand nicht ungemäß – ohne Nennung des Verfassers als *Hecatombe, seu ode nova de vanitate mundi*. Dem an Flugblattdrucke erinnernden *oda nova* (neues Lied) entspricht es, daß sich die deutschen Einzelstrophen auf die Melodie zu einem Lied Peter FRANKS singen lassen; die lateinische Version der achtzeiligen Strophen korrespondiert nach Silbenzahl und Akzentfall (doch handelt es sich trotzdem um streng metrische, nicht um eigentlich rhythmische Dichtung). Schon so wird wahrscheinlich, daß die deutsche Version, die auch in Syntax und Bildgebrauch eigenständig ist, nicht als Verständnishilfe dienen, sondern ein Publikum ansprechen soll, das mit nur lateinischer Dichtung nicht zu erreichen wäre.

Das Motto des Werks ist dem *Prediger Salomo* entnommen: *»Vanitas vanitatum et omnia vanitas«*: Die Eitelkeit, heißt es in der lateinischen Vorrede, solle wie ein Stier auf hundert Altären – daher *Hecatombe (Hundertopfer)* – geschlachtet werden. So sind es hundert Strophen, in denen der »Welt« ihre *vanitas* mit fast erschöpfender Gründlichkeit vorgehalten wird: Sie zeigt sich darin, daß alles vergeht (Strophe 1, dargestellt am Beispiel Troia) und alles unbeständig, der Glücksgöttin Fortuna unterworfen ist (Str. 2). Der erste Gesichtspunkt steht im Vordergrund. Balde demonstriert, Beispiele und Reflexionen oft assoziativ mengend, die Vergänglichkeit an Erscheinungen der Natur (3–9), an den Weltwundern (10–14), an Aufstieg und Niedergang des römischen Weltreichs (15–30). Es folgen die Prominenten aus Kunst und Wissenschaft (31): Von den bildenden Künstlern, deren einst berühmte Werke verloren sind (32–37), kommt man zu den Dichtern, die selber sterben mußten (38 f.) und – das Thema übersteigend – zur heruntergekommenen Poesie der Gegenwart (40–45); im weiteren Verlauf geht es über die Redner zu den Philosophen, Juristen, Medizinern und schließlich zu den Astronomen (46–56).

Den Leser hier zuerst anredend (57), mahnt Balde ihn, die eigene Vergänglichkeit zu bedenken und (vgl. Str. 2) nicht Fortuna zu trauen (58–66). Auch die Ereignisse des gegenwärtigen (Dreißigjährigen) Kriegs (67–78) sind Dokumente der *vanitas*, deren Gesetz (79–81) schließlich zum Untergang der ganzen Welt führen wird (82 f.). Der vergänglichen Welt tritt dann – ähnlich wie etwa in AUGUSTINS Werk *De civitate dei* – das himmlische Jerusalem in acht vor allem aus der Johannesapokalypse inspirierten Strophen (85–92) gegenüber: Dort gibt es weder Zeit noch Vergänglichkeit oder Wechsel. Diese ewige Stadt wird aber durchaus nicht eschatologisch gesehen – von Zukunftshoffnung oder Jüngstem Gericht ist keine Rede –, sie erscheint als eine Stätte des Friedens und der Gottesschau, zu der sich die des Irdischen überdrüssige Seele *(»mit Taubenflügeln«)* jederzeit aufschwingen kann (84). Dies erweist das Gedicht als Werk eines genuin platonischen Christentums (vgl. PLATON, *Phaidros*, bes. 249 C). Dem Aufschwung folgt ein Niedergang: Zur Welt und ihren Gefährdungen zurückkehrend (93–96), stellt Balde fest, daß die Mahnung seines Gedichts bei den Menschen umsonst ist (97–100). Fazit: *»Nach Vppigkeit und Eytelkeit/ Thut Gold und Silber lauffen:/ Die Ewigkeit und Seeligkeit/ O schand! will niemandt kauffen.«*

Das Werk wurde von Balde 1638, beträchtlich erweitert, als *Poema de vanitate mundi* unter seinem Namen neu herausgegeben. Den (kaum veränderten) lateinisch-deutschen Strophen folgen nun jeweils vier achtzeilige lateinische Paraphrasen in verschiedenen Versmaßen, die in der Einleitung als »Mitstreiter« des Dichters angesprochen werden und deren Formgesetze streng beachtet werden: Neben zwei eleganten »Amazonen«, den beiden Elegien, stehen »jugendlich-männliche« Hendecasyllaben (Phalaeceen) und ein zum Rüpelhaften neigender Scazon (Hinkjambus), der durch seine stereotype Interjektion »vah« die *vanitas* in seiner Art markiert. Es sind dies, wie nur noch der gewitzte Lateiner bemerken kann, die Metren des römischen Epigrammatikers MARTIAL, der in der Vorrede auch beiläufig erwähnt wird. So richtet sich das Werk nun offenbar vor allem an die humanistischen Kenner, die Baldes unerschöpflich virtuose Variationskunst und seinen Wortwitz in reichem Maße genießen können. Für sie bestimmt ist auch der Teil der Vorrede, in dem der Dichter die Kampfgenossen auf seine originellen (z. T. *De studio poetico*, 1658, vorwegnehmenden) poetologischen Grundsätze einschwört, ferner die über das Ganze des Werks verstreuten *»scenae intercalares«* (eingeschaltete Zwiegespräche mit dem Scazon, deren metrischer Charakter vom »prosaischen« Drucksatz absichtlich verdeckt wird) und schließlich auch das skurrile Nachspiel, in dem sich der Autor der Reihe nach von seinen Versmaßen verabschiedet. Gerade in dieser Fassung, die in späterer Auflage (1649) nur noch geringfügig verändert wird, ist aber auch das spezifisch Theologische sichtbarer. Schon in der Vorrede werden, neben dem *Prediger Salomo*, die Kirchenväter CHRYSOSTOMUS und EUCHERIUS VON LYON ausführlich zitiert; den Strophen ist je ein Motto aus der heiligen Schrift vorangestellt; in den Paraphrasen zu den *Jerusalem*-Strophen (85–92) erscheint erstmalig der Name Christi (87, scaz. 5; 88, eleg. II 4) sowie die Höllenstrafe (86, eleg. I 8; scaz. 8), und es wird versichert, daß die heilige Stadt den platonischen Ideenhimmel noch übertreffe (87, scaz. 8). Aus der Tradition der *contemptus-mundi*-Literatur heraus hat Balde hier ein Werk geschaffen, das ein Modethema des Jahrhunderts zugleich mit dem Ernst des christlichen Predigers und dem Humor eines »martialisch« spottenden Poeten vorträgt. Trotz der Aufforderung an den Leser, wie die Welt so auch dies Gedicht zu verachten (Vorrede 1636, vgl. Nachspiel 1638), erlebte es mit elf Auflagen zu Lebzeiten des Autors und postumen Nachdrucken bis 1747 einen außerordentlichen, auch buchhändlerischen Erfolg. W.Str.

AUSGABEN: Mchn. 1636 (*Ode nova dicta Hecatombe de vanitate mundi*; nicht mehr auffindbar). – Mchn. 1638. – Mchn. 1649. – Mchn. 1729 (in *Opera poetica omnia*, 8 Bde., 7). – Amsterdam 1983 (in J. B., *Deutsche Dichtungen*, Hg. R. Berger; krit.; Nachdr. e. 2. Ausg. v. 1637 von *Ode nova dicta Hetacombe de vanitate mundi*).

LITERATUR: W. Rehm, *Europäische Romdichtung*, Mchn. ²1960, S. 135–154. – G. Kirchner, *Fortuna in Dichtung u. Emblematik des Barock*, Stg. 1970, S. 33–36. – M. Israèl, *J. B. et le thème de la Vanitas* (in *J. B. und seine Zeit*, Hg. J.-M. Valentin, Bern. u. a. 1986, S. 185–201).

ANTONIO BALDINI

* 10.10.1889 Rom
† 6.11.1962 Rom

LITERATUR ZUM AUTOR:
FiL, 22. 10. 1950 [Sondernr. B.]. – G. Orioli, *Lettura di B.*, Rom 1965. – C. di Biase, *A. B.*, Mailand 1973. – U. Carpi, *Il primo B.* (in RLI, 83, 1979). – V. Branca, *B. da melafumo alle »tastiere«* (in NAn, 116, 1981, fasc. 2138). – M. Saccenti, *B. e l'Ottocento* (in Letteratura italiana contemporanea, 1982, Nr. 5). – G. Orioli, Art. *A. B.* (in Branca, 1, S. 168–171).

LA DOLCE CALAMITA OVVERO LA DONNA DI NESSUNO

(ital.; *Die süße Verlockung oder Die Frau, die keinem gehört*). Sammlung literarischer Frauenporträts von Antonio BALDINI, erschienen 1929; *»sehr erweitert, aber nicht auf den neuesten Stand gebracht«* unter dem Titel *Beato fra le donne (Glückselig unter den Frauen)*, neu aufgelegt 1940. Die bereits in der ersten Ausgabe enthaltenen Kapitel wurden vom Autor revidiert und außerdem durch zahlreiche weitere Porträts ergänzt, darunter das Einführungskapitel *Patrocinio di Angelica (Verteidigung der Angelica)*, eine Studie über ARIOSTS Angelica (aus dem *Orlando furioso*), ursprünglich als Vortrag in Ferrara gehalten und bereits in dem Sammelband *L'ottava d'oro*, 1933 *(Die goldene Oktave)*, abgedruckt.
»Eine Straße ohne Frauen ist das Melancholischste, was man sich vorstellen kann, sie ist wie ein Pianoforte, das nur schwarze Tasten hat.« Dieses Beispiel ist charakteristisch für den Reichtum der Assoziationen, die das Buch – eine literarische Liebeserklärung – ausschmücken. Im gewandten Plauderton reiht der Autor seine Impressionen und Studien über Frauen aneinander, die ihm im Leben oder irgendwann einmal in seiner Vorstellungswelt begegnet sind: in der Geschichte, Literatur, Malerei und in der Bildhauerkunst, aber auch auf einer herbstlichen römischen Straße. Er, der sich in der Titelversion seiner Neuausgabe – das Buch war schon vorher ein großer Erfolg geworden – als *»glückselig unter den Frauen«* bezeichnet, versteht es, an der Faszination, die alle Frauen auf ihn ausüben, auch den Leser teilhaben zu lassen. Baldini erweist sich als Liebhaber, der sich durch einen kultivierten Geschmack auszeichnet und das Abgleiten in den Kitsch geschickt vermeidet. In unaufdringlicher Form breitet er ein beachtliches Wissen aus (so vor allem in dem schon erwähnten Essay über die Angelica des Ariost), ohne dabei in einen dozierenden Ton zu verfallen. Vielmehr bleibt seine Sprache durchgehend geistvoll und nicht zuletzt »zärtlich«; er schreibt eine für die Epoche zwischen den beiden Kriegen außergewöhnlich poetische Prosa, deren weiche Farben bei Renoir entlehnt sein könnten.

KLL

AUSGABEN: Bologna 1929. – Mailand 1940 (*Beato fra le donne*; rev. Fassg.).

LITERATUR: A. Cajumi, Rez. (in Italia Letteraria, 29. 2. 1930). – A. Bocelli, Rez. (in NAn, 67, 16. 9. 1932 u. 72, 1. 5. 1937). – G. Ravegnani, *I contemporanei*, Ser. 2, Modena 1936, S. 189–197. – G. Ravegnani, *A. B. e le donne* (in G. R., *I contemporanei*, Bd. 2, Mailand 1960, S. 157ff.).

MICHELACCIO

(ital.; *Michelaccio*). Erzählung von Antonio BALDINI, erschienen 1924. – Dieses Werk gilt als die repräsentativste Veröffentlichung des »Ronda«-Kreises. (Um die 1919 von CARDARELLI und BACCHELLI gegründete und bis 1923 erschienene Monatsschrift ›La Ronda‹ scharten sich Autoren, die in Opposition zu D'ANNUNZIO und zu den Futuristen standen und die ihr klassizistisches Ideal in LEOPARDIS *Operette morali* fanden.) Es ist die Geschichte eines »Taugenichts«, der als aufgeschwemmtes, rot angelaufenes, über und über behaartes Elfmonatskind zur Welt kommt, dessen Eltern bald sterben und der dann von einem Onkel erzogen wird, dem es gleichgültig ist, daß Michelaccio sich zum Faulpelz, Genießer und Träumer entwickelt. Nach des Onkels Tod zieht der Jüngling, einen Papagei auf der Schulter, durch die Welt, wird Soldat und in seiner schmucken Uniform lieb Kind bei den Frauen. Als ein eifersüchtiger Leutnant ihm strengen Arrest verpaßt, ist dies Michelaccios Glück, da inzwischen die große Entscheidungsschlacht geschlagen wird, die er seelenruhig verschläft. Ihn, den einzig Überlebenden, feiert man als Helden. Im Suff läßt er sich einer ältlichen und so bigotten wie häßlichen Marquise antrauen und kann sich folglich wieder auf die faule Haut legen. Als ihn seine Frau eines Nachts mit Glockengeläute aus dem Schlaf schreckt und ihm mitteilt, in wenigen Minuten werde der Stammhalter geboren, schlägt er sie wütend zusammen (und buchstäblich in Stücke). Nun muß er wieder auf die Wanderschaft, begegnet auf der Straße der Göttin Fortuna, die ihn nach Rom zu gehen heißt, der Stadt der wunschlos Glücklichen. Auf dem Weg dorthin trifft er den Briganten Amorotto und den guten alten Ariost, der ihm seine schönste Strophe interpretiert. In Rom fühlt sich der Tunichtgut natürlich gleich zu Hause. Schon nach zehn Minuten wird er legitimer Römer und bleibt es bis in Ewigkeit.
Als liebenswerter »Taugenichts« – mit einem Schuß »Pallieter«, »Eulenspiegel« und »Fanfan« – wurde Baldinis Held bei den Römern über Nacht sprichwörtlich. Doch bedeutsamer noch als der originelle Einfall ist die brillante Verarbeitung des Motivs. Die geschickte Verknüpfung lyrischer und epischer

Stilelemente und die bizarre, dabei aber deftige Phantasie dieser Schelmengeschichte begründeten ihren großen Erfolg. Baldini gelang mit diesem Werk eine geistreiche Persiflage des klassizistischen Heldenepos und der romantischen Novelle.

M.St.C.

AUSGABEN: Rom 1924. – Mailand 1941. – Mailand 1958.

LITERATUR: F. Flora, »Michelaccio« e B. allo spiedo (in F. F., *Taverna del Parnaso*, Rom 1943, S. 71–85). – P. Pancrazi, *B. e »Michelaccio«* (in P. P., *Scrittori d'oggi*, Bd. 3, Bari 1946, S. 35–39). – E. Falqui, *Novecento letterario*, Bd. 1, Florenz 1959, S. 345–350. – L. Cattoretti, *A. B. stilista preziosa* (in Letture, 18, 1963, S. 163–176).

JAMES BALDWIN

* 2.8.1924 New York-Harlem
† 1.12.1987 Saint Paul de Vence / Frankreich

LITERATUR ZUM AUTOR:
Biographie:
C. W. Sylvander, *J. B.*, NY 1980.
Gesamtdarstellungen und Studien:
S. Macebuh, *J. B.: A Critical Study*, NY 1973. – *J. B.: A Collection of Critical Essays*, Hg. K. Kinnamon, Englewood Cliffs/N. J. 1974. – P. Bruck, *Von der »Store Front Church« zum »American Dream«. J. B. u. der amerikanische Rassenkonflikt*, Amsterdam 1975. – J. Mokken, *The Theme of Identity in the Essays of J. B.*, Philadelphia 1975. – *J. B.: A Critical Evaluation*, Hg. T. B. O'Daniel, Washington D. C. 1977; ²1981 [m. Bibliogr.]. – R. Franzbecker, *Der moderne Roman des amerikanischen Negers: R. Wright, R. Ellison, J. B.*, Darmstadt 1979 (EdF). – F. Standley u. N. Standley, *J. B.: A Reference Guide*, Boston 1980. – *Critical Essays on J. B.*, Hg. dies., NY 1981. – T. Harris, *Black Women in the Fiction of J. B.*, Knoxville 1985. – *J. B.*, Hg. H. Bloom, NY 1986.

ANOTHER COUNTRY

(amer.; *Ü: Eine andere Welt*). Roman von James BALDWIN, erschienen 1962. – Die »andere Welt« des Titels ist der selbst für bereitwillige, weiße Amerikaner immer unverstanden gebliebene Bereich afro-amerikanischer Kultur und Erfahrung. Zwischen den New Yorker Stadtteilen Harlem, dem schwarzen Ghetto, und Greenwich Village, dem Künstlerviertel, bewegen sich die Hauptpersonen des Romans. Der farbige, gut aussehende Jazzmusiker Rufus glaubt, nach mehreren oberflächlichen Liebschaften und einer engeren Bindung an einen Homosexuellen – den weißen Schauspieler Eric – in Leona, der weißen Frau eines Südstaatlers, Erfüllung und Geborgenheit gefunden zu haben. Die in beiden angestauten Erinnerungen an Geschehnisse aus dem Rassenkampf vergiften jedoch ihr Leben bis in die intimsten Bereiche hinein. Schließlich wird Leona völlig zerrüttet in eine Heilanstalt eingeliefert und dann von ihren herbeigeeilten Angehörigen zur Rückkehr in den Süden gezwungen. Rufus irrt verzweifelt durch New York und weiß schließlich keinen anderen Ausweg mehr, als Selbstmord zu begehen. Sein Tod belastet das Gewissen seiner Schwester Ida, seines Freundes Vivaldo – eines italienischstämmigen Bohemiens – und des mit ihnen befreundeten Ehepaares Silenski. Als in der Folgezeit Ida die Geliebte Vivaldos wird, wiederholt sich zwischen beiden die tragische Zerrüttung der engen menschlichen Beziehung, die auch Rufus und Leona erleiden mußten. Vivaldo, der kein Rassenvorurteil kennt, ist unfähig, die Bitterkeit Idas zu verstehen und die ständige seelische Gespanntheit nachzuempfinden, die ihr von einer Gesellschaft aufgezwungen wird, in der dunkle Hautfarbe eine Schuld bedeutet. – Der Fernsehmanager Ellis stellt Ida eine Laufbahn als Blues-Sängerin in Aussicht und gibt vor, sich für den Roman zu interessieren, an dem Vivaldo arbeitet. Ida macht Karriere und hofft, Vivaldo aus seiner finanziellen Misere heraushelfen zu können. – Die aus einer vornehmen Familie Neuenglands stammende Cass Silenski, bei der die Freunde immer wieder moralische Unterstützung fanden und die ihre konventionelle Ehe nur noch nach außen hin aufrechterhält, sucht in eben diesem Freundeskreis nach einem erotischen Abenteuer. Dabei schließt sie sich enger an Ida an und entdeckt, daß diese Vivaldo mit Ellis betrügt. Vivaldo sucht, von einer Haßliebe zu Ida getrieben, Trost und Rat bei dem inzwischen aus Europa zurückgekehrten Eric, dem früheren Freund von Rufus. Entgegen seiner Veranlagung wird Vivaldo von dem homosexuellen Schauspieler in eine intime Beziehung hineingezogen. Erst nach dieser Erfahrung gelingt es ihm, Idas seelische Verwirrung zu verstehen und die versöhnende Kraft echter Liebe zu erkennen.

Mit oft extremer Schärfe und in unverblümt-treffsicherer Sprache prangert Baldwin eine Gesellschaft an, die der Rassenwahn bis in die Intimsphäre hinein zerrüttet hat. Die Situation des Schwarzen wird dabei zu der des Homosexuellen in Beziehung gesetzt: beide sind hier nicht nur Außenseiter, sondern Ausgestoßene einer Gesellschaft, die erst nach dem Abbau derartiger Tabus fähig sein wird, zu wahrer Menschlichkeit zurückzufinden. – Baldwin hat also in *Another Country* die Themenkreise seiner ersten beiden Romane – *Go Tell It on the Mountain (Gehe hin und verkünde es vom Berge)* und *Giovanni's Room (Giovannis Zimmer)* – in einen psychologisch-soziologischen Zusammenhang gestellt.

J.H.J.

AUSGABEN: NY 1962. – Ldn. 1963; ern. 1980. – NY 1985.

ÜBERSETZUNG: *Eine andere Welt*, H. Wollschläger, Reinbek 1965; zul. 1984 (rororo). – Dass., Bln./DDR 1977; ³1984. – Dass., ders., Bln./Weimar 1985.

LITERATUR: C. L. Bardeen, *Love and Hate: Review of »Another Country«* (in Crisis, 69, Nov. 1962). – R. A. Bone, *The Novels of J. B.* (in TriQuarterly, 1965, Nr. 2). – B. Gross, *The ›Uninhabitable Darkness‹ of B.'s »Another Country«: Image and Theme* (in Negro American Literature Forum, 6, 1972). – L. H. Powers, *Henry James and J. B.: The Complexe Figure* (in MFS, 30, 1984). – E. S. Nelson, *The Novels of J. B.: Struggles of Self-Acceptance* (in Journal of American Culture, 8, 1985). – S. B. Fryer, *Retreat from Experience: Despair and Suicide in J. B.'s Novels* (in Journal of the Midwest Modern Language Association, 19, 1986).

THE FIRE NEXT TIME

(amer.; *Ü: Hundert Jahre Freiheit ohne Gleichberechtigung*). Essay von James BALDWIN, erschienen 1962. – Der Titel ist einem alten Spiritual entnommen. Das Bändchen umfaßt zwei zunächst einzeln in Zeitschriften erschienene Briefe zur Rassenfrage in den Vereinigten Staaten. Der erste, kürzere, ist an die Schwarzen selbst gerichtet und fordert sie auf, sich ihrer kulturellen Eigenständigkeit bewußt zu werden und mehr Selbstvertrauen zu entwickeln; im zweiten geht Baldwin von seinen Jugenderlebnissen aus und behandelt dann eingehend die Sekte der »Black Muslims«, die glaubt, daß einer Verheißung zufolge das Zeitalter der Herrschaft der Weißen abgelaufen sei, und die durch ihre extremistische Haltung das Ende dieser Herrschaft zu erzwingen sucht. – Die Beachtung, die diese Veröffentlichung in den USA fand, und die Bestürzung, die sie bei einem großen Teil der weißen Bevölkerung hervorrief, lassen sich nicht allein aus der Tatsache erklären, daß Baldwin zu den berühmtesten schwarzen Schriftstellern des Landes zählt. Das Erscheinungsdatum fiel genau in die Zeit, in der die Afro-Amerikaner selbst die Initiative zur Lösung des Rassenproblems ergriffen. Baldwin erklärt in illusionsloser Offenheit und Schärfe, daß es sich in Zukunft bei der Lösung des Rassenproblems nicht mehr darum handle, ob der Weiße den Schwarzen akzeptiert, sondern ob der Schwarze den Weißen noch akzeptieren kann. Am Beispiel der »Black Muslims« erbringt er den Beweis, daß der weißen Mehrheit die Kontrolle der weiteren Entwicklung bereits zu entgleiten droht. Daß Baldwin sich bei aller Schonungslosigkeit um Objektivität bemüht, erhöht die Überzeugungskraft der meisten seiner Argumente. Indem er die militante Haltung bestimmter Teile der afro-amerikanischen Bevölkerung als Folge einer von Anfang an falschen Rassenpolitik interpretiert, macht er unerbittlich klar, daß es sich dabei nicht um eine innenpolitische Randerscheinung handelt, sondern um *das* amerikanische Dilemma, um einen zwangsläufigen Prozeß, dessen Ende weder abzusehen noch aufzuhalten ist. *The Fire Next Time*, eine aufrüttelnde Warnung vor allem an die Weißen, aber auch an die farbigen Extremisten, gilt als eines der wichtigsten neueren Dokumente zur Bürgerrechtsfrage in den USA. U.F.

AUSGABEN: Ldn./NY 1963. – Harmondsworth 1964 (Penguin). – NY 1985.

ÜBERSETZUNG: *Hundert Jahre Freiheit ohne Gleichberechtigung*, H. G. Heepe, Reinbek 1964 (rororo).

LITERATUR: H. R. Isaacs, *Five Writers and Their African Ancestors* (in Phylon, 21, 1960, S. 243–265; 317–336). – P. Butcher, *The Younger Novelists and the Urban Negro* (in College Language Association Journal, 4, 1961, S. 196–203). – J.V. Hagopian, *J. B.: The Black and the Red-White-and-Blue* (ebd., 7, 1963, S. 133–140). – L. Hughes u. a., *Problems of the Negro Writer* (in Saturday Review, 46, 1963, S. 19–21; 40). – S. Spender, *J. B.: Voice of a Revolution* (in Partisan Review, 30, 1963, S. 256 bis 260). – M. Klein, *Black Man's Burden* (in TLS, 1964, H. 2, S. 16–21). – H. O. Patterson, *The Essays of J. B.* (in New Left Review, 26, 1964). – A. Gayle jr., *The Dialectic in »The Fire Next Time«* (in Negro History Bulletin, 30, April 1967). – E. W. Collier, *Thematic Patterns in B.'s Essays* (in Black World, Juni 1972). – M. Watkins, *The Fire Next Time This Time* (in NY Times Book Review, 28. 5. 1972). – K. Möller, *The Theme of Identity in the Essays of J. B.*, Göteborg 1975.

GIOVANNI'S ROOM

(amer.; *Ü: Giovannis Zimmer*). Roman von James BALDWIN, erschienen 1956. – Baldwins zweiter Roman spielt ausschließlich unter Weißen, aber die Situation des Ausgestoßenseins – in seinem Erstling *Go Tell It on the Mountain (Gehe hin und verkünde es vom Berge)* exemplifiziert an der Familie des schwarzen Kirchendieners Grimes – wird auch hier, wenngleich mit völlig anderen Vorzeichen, zum zentralen Thema.
Baldwin entwickelt es psychologisch einleuchtend aus einem Jugenderlebnis des Amerikaners David, seines blonden Helden. Eine Übernachtung bei seinem Freund Joey macht ihm klar, daß er homosexuell veranlagt ist. Seine Reaktion ist Flucht; um sich seinem »Makel« nicht stellen zu müssen, stürzt er sich zunächst in einen Wirbel schaler Vergnügungen, dann, als er der Leere dieses Lebens überdrüssig wird, unternimmt er eine Reise nach Frankreich. Hier aber, inmitten einer ihm bestürzend fremden Kultur, sieht er sich plötzlich auf sich selbst zurückgeworfen und klammert sich an jeden Menschen, der ihn ablenken könnte. In seiner extremen Ichbezogenheit ist er jedoch unfähig, für

andere mehr als nur ein vorübergehendes Interesse zu empfinden. Seine Liebe zu seiner Landsmännin Hella verblaßt in dem Moment, als er in einem obskuren Pariser Lokal den italienischen Barmixer Giovanni kennenlernt, und sobald die Leidenschaft verflogen ist, die ihn zu Giovanni hingezogen hat, packt ihn der Ekel vor dessen schmutzigem, trostlosem Zimmer, das ihm bald zum Symbol wird für die Befleckung, vor der er geflohen ist. In einer kurzen Affäre mit dem Mädchen Sue versucht er sich seiner Männlichkeit zu vergewissern, und als Hella von einer Spanienreise zurückkommt, bricht er mit Giovanni, immer noch unfähig, seine Veranlagung als eine Tatsache anzuerkennen und sich ihr zu stellen. Folgerichtig entwickelt sich aus seiner fortgesetzten Selbsttäuschung die Katastrophe: Giovanni, der sich von ihm mehr als körperliche Nähe erhofft hat, der in ihm die Rettung aus seiner Einsamkeit sah, verkommt zunehmend in seiner Verlassenheit, mordet und wird hingerichtet; Hella durchschaut David und wendet sich von ihm ab. In Selbstverachtung und Verzweiflung bleibt er allein zurück.

Der Roman wird in der Rückschau aus der Perspektive des Helden erzählt. Die ständige Durchbrechung der chronologischen Ordnung gibt den Ereignissen eine beklemmende, alptraumhafte Gleichzeitigkeit. David wird in einem Labyrinth gefangen, das er sich selbst gebaut hat, einem Labyrinth aus Feigheit und Herzenskälte gegenüber den Mitmenschen. Fanden in *Go Tell It on the Mountain* die schuldlos Ausgestoßenen noch Trost in der Gemeinschaft der Leidensgenossen – für David, der durch eigene Schuld einsam ist, gibt es diese Rettung nicht. Die Sprache Baldwins wird dem komplexen Thema des Romans nicht immer gerecht. In der Darstellung der klar erkannten seelischen Vorgänge beraubt der Autor sich oft selbst der Glaubwürdigkeit, indem er in sentimentales Pathos verfällt, das zuweilen dem Kitsch bedenklich nahekommt. Dagegen ist er immer dann überzeugend, wenn es gilt, Atmosphäre zu schaffen, Bilder und Szenen zu evozieren, Milieus zu schildern. Die lebendigsten Passagen des Buches sind die, in denen die lärmende Welt der Pariser Markthallen, die zwielichtigen Bars und ihr teils groteskes, teils gespenstisches Publikum beschrieben werden.

M.De.

AUSGABEN: NY 1956. – Ldn. 1957; ern. 1977. – NY 1964. – NY 1985.

ÜBERSETZUNG: *Giovannis Zimmer*, A. Kaun u. H.-H. Wellmann, Reinbek 1963; zul. 1987.

LITERATUR: J. W. Ivy, *The Fairy Queen: Review of »Giovanni's Room«* (in Crisis, 64, Februar 1957). – H. Bienek, Rez. (in FAZ, 7. 12. 1963). – G. Blökker, Rez. (in SZ, 26/27. 10. 1963). – G. E. Kent, *B. and the Problem of Being* (in CLA, 7, 1964). – G. E. Bell, *The Dilemma of Love in »Go Tell It on the Mountain« and »Giovanni's Room«* (ebd., 17, 1974).

GOING TO MEET THE MAN

(amer.; *Ü: Des Menschen nackte Haut*). Gesammelte Erzählungen von James BALDWIN, erschienen 1965. – *Going to Meet the Man* ist der einzige Band mit Kurzgeschichten des vor allem als Romancier und Essayist bekanntgewordenen Autors. Der ambivalente Titel, den die deutsche Übersetzung nur bedingt wiedergibt, ist der letzten der hier versammelten acht Erzählungen entliehen und bezieht sich auf das traumatische Kindheitserlebnis des Polizisten Jesse, der von seinen Eltern, offenbar um ihn mit den ungeschriebenen Gesetzen im Süden der USA vertraut zu machen (*»Well, I told you,« said his father, »you wasn't never going to forget t h i s picnic.«*), zum grausamen Lynching eines jungen Schwarzen mitgenommen wird. Der Vergewaltigung einer weißen Frau verdächtigt, war dieser kurz vor seinem qualvollen Ende auf dem Scheiterhaufen, unter ekstatischer Begeisterung der anwesenden Menschenmenge kastriert worden. Symbolisch läßt Baldwin den Wachtraum des Polizisten (es ist die Zeit der Bürgerrechtskämpfe und die Kleinstadt sieht sich von revoltierenden Schwarzen sowie aus dem Norden angereisten weißen Sympathisanten »bedroht«) nahtlos im hysterischen Sexualakt mit der Ehefrau enden (*»Come on, sugar, I'am going to do you like a nigger, just like a nigger, come on, sugar, and love me just like you'd love a nigger.«*) und spürt so der tiefenpsychologischen Dimension des Rassenwahns in Amerika, der häufig um Bilder von Männlichkeit bzw. Entmannung kreist (vgl. das *»man«* im Titel), auf eindringliche und äußerst effektvolle Weise nach.

Auch die übrigen Erzählungen des Bandes setzen sich in unterschiedlicher Weise mit der Problematik der Beziehungen von Weißen und Schwarzen auseinander oder beleuchten, psychologisch subtil, Grundfragen menschlicher Existenz (väterliche Despotie, Homosexualität, Fremdbestimmtheit). Während *The Rockpile (Der Felsblock)* ausschließlich den ungezügelten Haß des Stiefvaters auf den »fremden« Sohn in den Vordergrund stellt, wird der familiäre Konflikt in *The Outing (Der Ausflug)* durch die erwachende Homosexualität des ungeliebten Sohnes zusätzlich problematisiert und um eine interessante Dimension bereichert (beide Kurzgeschichten führen den Leser in das prüde Milieu einer freikirchlichen schwarzen Baptistengemeinde, das schon Baldwins bekanntem Roman *Go Tell It on the Mountain* als Ausgangspunkt gedient hat). Mit *The Manchild (Der Erbe)*, einer düster-mythologischen Dreiecksgeschichte um Landbesitz, Rivalität und die kaltblütige Rache an einem kleinen Jungen, wendet sich Baldwin dann – das einzige Mal – einem rein weißen Personenkreis zu. Anders in *Previous Condition (Die unveräußerlichen Rechte)*, *This Morning, This Evening, So Soon (Heute morgen, heute abend, so bald)* und *Come Out the Wilderness (Rückkehr aus der Wüste)*: Hier wird der häufig paranoide, angstbesetzte Kontakt von Menschen unterschiedlicher Hautfarbe in exemplarischen Lebenssituationen vorgeführt (Wohnungssuche, Mischehe, Exil) und facettenreich aus immer wieder wechselnder Perspektive diskutiert.

Die Erzählung *Sonny's Blues (Sonnys Blues)* schließlich, der von allen am meisten kritische Aufmerksamkeit zuteil wurde, ist erneut im Zentrum afroamerikanischer Kultur (Harlem, Jazzszene) angesiedelt. Die problematische, von gegenseitigem Mißtrauen gekennzeichnete Beziehung des drogenabhängigen Musikers Sonny zu seinem älteren Bruder, bei dem er nach einer längeren Haftstrafe Zuflucht gefunden hat, wird am Ende im gemeinsamen Erleben eines Jazzkonzerts aufgelöst und mündet so, zusammen mit dem Wissen um die Verbitterung ihres verstorbenen Vaters (er mußte in seiner Jugend mitansehen, wie ein Freund fahrlässig von Weißen getötet wurde), in die Kontinuität phylogenetisch erfahrener Unterdrückung und ihrer, zumindest psychischen, Abwehr im traditionellen Blues. Die feinfühlige und nuancierte Beschreibung dieses Vorgangs weist Baldwin zurecht als eindringlichen Interpreten schwarzer Kultur in den USA aus. K.Ben.

AUSGABEN: NY 1965. – Ldn. 1965. – Ldn. 1976. – NY 1986.

ÜBERSETZUNG: *Des Menschen nackte Haut. Gesammelte Erzählungen*, G. Stege, Reinbek 1974; zul. 1983 (rororo).

LITERATUR: J. V. Hagopian, *J. B.: The Black and the Red-White-and-Blue* (in CLA, 7, 1963). – O. Handlin, *»Going to Meet the Man«* (in Atlantic Monthly, November 1965). – S. Bluefarb, *J. B.'s ›Previous Condition‹: A Problem of Identification* (in Negro American Literature Forum, 3, März 1969). – J.M. Reilley, *»Sonny's Blues«: J. B.'s Image of Black Community* (ebd., 4, Juli 1970). – E. R. Ognibene, *Black Literature Revisited: »Sonny's Blues«* (in English Journal, 60, Januar 1971). – S. B. Goldstein, *J. B.s »Sonny's Blues«: A Message in Music* (in Negro American Literature Forum, 8, Herbst 1974). – M. Mosher, *J. B.'s Blues* (in CLA, 26, 1982). – R. N. Albert, *The Jazz-Blues Motif in J. B.'s »Sonny's Blues«* (in College Literature, 11, Frühjahr 1984).

GO TELL IT ON THE MOUNTAIN

(amer.; Ü: *Gehe hin und verkünde es vom Berge*). Roman von James BALDWIN, erschienen 1953. – Die psychologischen Folgen der Rassendiskriminierung in den Vereinigten Staaten werden am Beispiel einer schwarzen Familie dargelegt, die an einem Tag des Jahres 1935 im New Yorker Stadtteil Harlem einen Erweckungsgottesdienst besucht. Ein einleitendes Kapitel stellt die Hauptpersonen vor: den Laienprediger und Kirchendiener Gabriel Grimes, einen Mann von bigotter Frömmigkeit, dessen Strenge und Brutalität die ganze Familie fürchtet; seine fatalistisch duldende Ehefrau Elizabeth und ihren sich gegen den Stiefvater auflehnenden vierzehnjährigen Sohn John; die jüngeren, gemeinsamen Kinder des Paares – darunter der Gassenjunge Roy, der mißratende Liebling des Vaters – und schießlich Gabriels Schwester Florence, die dem Haustyrannen tapfer entgegentritt.

Nach der dramatischen Einleitungsszene besucht die Familie den Erweckungsgottesdienst mit seinem Predigerpathos, seinen ekstatischen Gesängen und Aufschreien. Nacheinander werden die »*Gebete der Heiligen*« ausführlich wiedergegeben, die Gebete der drei Erwachsenen Florence, Gabriel und Elizabeth, mit all ihren Wünschen und Erinnerungen, ihren Ängsten, Selbstvorwürfen und Gewissensnöten. Es sind drei in sich geschlossene, aber aufeinander bezogene Seelenanalysen in der Form von Lebensbeichten, erfüllt von Zerknirschung und Selbstbezichtigungen und zugleich die vom Rassendünkel zerrüttete Gesellschaft charakterisierend und anklagend, stilistisch miteinander verknüpft durch den Rhythmus der Erweckungsfeier, den der Autor gedanklich und sprachlich zum Motor der Darstellung macht. Erinnerungsbilder werden beschworen, Wiederholungen steigern die Spannung, der Rhythmus treibt die Betenden zu tieferer Selbsterforschung, zu höheren Aufschwüngen. Nirgendwo sonst ist es einem Autor besser gelungen, afroamerikanische Religiosität aus innerer Sicht nachzuzeichnen und ihre psychologische Reinigungsfunktion deutlich werden zu lassen.

Das abschließende, wieder recht kurze Kapitel zeigt die Wirkung der ekstatischen Religiosität: im Zustand der Trance erlebt der junge John nach tiefer Verzweiflung Erlösung und Verzückung in visionären Bildern, und auf dem Heimweg ist die Familie seelisch entspannt und hat wieder die Kraft gefunden, ihr gemeinsames Schicksal gemeinsam zu tragen. – Den intensiven Spiritual-Stil dieses Erstlingswerks, in dem Baldwin, selbst Sohn eines Predigers, das Harlem seiner Jugend beschwor und dem er die Anfangszeile eines bekannten *negro spiritual* als Titel gab, hat der Autor in seinen späteren Werken nicht fortgesetzt. In ihnen tritt ein militanterer psychologischer Realismus in den Vordergrund, von dem sich andere Schriftsteller stärker beeinflussen ließen als vom Stil dieses Romans, den viele Kritiker gleichwohl für Baldwins besten halten. J.H.J.

AUSGABEN: NY 1953. – Ldn. 1954; zul. 1980. – NY 1985.

ÜBERSETZUNG: *Gehe hin und verkünde es vom Berge*, J. Manthey, Hbg. 1966. – Dass., ders., Bln./DDR 1968. – Dass., ders., Reinbek 1971; zul. 1986 (rororo).

VERFILMUNG: USA 1984 (Regie: S. Lathan).

LITERATUR: W. Graves, *The Question of Moral Energy in J. B.'s »Go Tell It on the Mountain«* (in CLA, 7, 1964, S. 215-223). – Ch. A. Alexander,

B.'s »Go Tell It on the Mountain«, »Another Country« and Other works: A Critical Commentary, NY 1968. – M. Fabre, Père et fils dans »Go Tell It on the Mountain« de J. B. (in Études anglaises, 23, Jan. 1970). – Ch. Seruggs, »The Tale of Two Cities« in »Go Tell It on the Mountain« (in American Literature, 52, März 1980). – R. Lundén, The Progress of a Pilgrim: J. B.'s »Go Tell It on the Mountain« (in Studia Neophilologica, 1981).

NO NAME IN THE STREET

(amer.; Ü: Eine Straße und kein Name). Essays von James BALDWIN, erschienen 1972. – No Name in the Street, der letzte von insgesamt fünf Essaybänden des besonders in den sechziger Jahren international gehörten und einflußreichen Autors, ist Baldwins militanteste Stellungnahme zur Rassenfrage in den USA. Auch hier wie schon in Notes of a Native Son (1955) und The Fire Next Time (1963) ist die Tendenz erkennbar, persönliches Erleben unmittelbar in Gruppenerfahrung (aller Schwarzen) zu überführen und mit der scharfsinnigen, unerbittlichen Analyse des gesellschaftlichen Status Quo zu verbinden. Dieses Verfahren, eine Mischung aus Autobiographie und politischem Essay, das häufig bei afro-amerikanischen Autoren anzutreffen ist (vgl. etwa Here I Stand, 1958, von Paul ROBESON, 1898–1976), bezeugt nicht nur die anhaltende politische Sensibilität und Wachsamkeit vieler erfolgreicher schwarzer Künstler, sondern auch eine andere, von der Praxis weißer Kultur abweichende Vorstellung von Individuum und Gesellschaft.
Der erste Teil, Take Me to the Water (Führe mich zum Wasser), der in den Jahren 1967 bis 1971 entstandenen Aufsätze resümiert im wesentlichen Baldwins Erfahrungen im amerikanischen Süden (als Agitator der Bürgerrechtsbewegung), seine Eindrücke im selbstgewählten französischen Exil sowie die aufrichtig und offen beschriebene Entfremdung des inzwischen finanziell gutgestellten Autors von Teilen der schwarzen Bevölkerung. Parallel dazu, als Untermauerung und Fluchtpunkt der verschiedenen Argumentationsstränge, dokumentiert Baldwin seine – meist vergeblichen – Bemühungen um den Freund und ehemaligen Mitarbeiter Tony Maynard, der unter fadenscheinigem Mordverdacht mehrere Jahre unschuldig im Gefängnis zugebracht hat. Im zweiten Teil, To Be Baptized (Und taufe mich), ausgehend von der Ermordung von MALCOLM X und Martin Luther KING, stehen dann Fragen zur Geschichte und Psychologie des Rassismus, des militärischen Engagements der USA in Indochina, der Flower-Power-Bewegung, die Mitte der sechziger Jahre die nationale Moral offen in Frage zu stellen schien, sowie zur Strategie und den Perspektiven des politischen Widerstandes der Afro-Amerikaner im Vordergrund. Prägnant und unaufdringlich schildert Baldwin seine Begegnung mit Martin Luther King, der charismatischen Leitfigur der Bürgerrechtsbewegung, mit Malcom X, dem umstrittenen Black-Muslim-Führer und Huey P. NEWTON, Bobby SEALE und Eldrige CLEAVER, den Gründern der »Black Panther Party for Self Defense«, ohne dabei inhaltliche Differenzen oder persönliche Antipathien (z. B. von Seiten Cleavers) auszuklammern. Mit Gespür für die latenten Triebkräfte und Idiosynkrasien der Rassenproblematik gelingt ihm darüber hinaus ein differenziertes, aber schonungsloses Psychogramm des weißen Amerikas, das die politischen und sozio-ökonomischen Hindernisse für eine grundlegende Veränderung der amerikanischen Gesellschaft ebensowenig außer Acht läßt wie die »Double-Bind« Situation derjenigen, die sich öffentlich zur Sache der Schwarzen bekennen (sympathisierende weiße Studenten, Hippies u. a.).
Daneben aber rückt Baldwin immer wieder die Problematik der eigenen Identität, seine Doppelrolle als Angehöriger einer stigmatisierten Minderheit auf der einen und als vielgelesener, vom weißen Kulturbetrieb notwendig korrumpierter Schriftsteller auf der anderen Seite, ins Blickfeld. Die nüchterne und selbstkritische Haltung, die er angesichts dieses Dilemmas zu bewahren weiß, macht neben seiner gewohnten Eloquenz, dem breiten Spektrum der behandelten Themen und der sowohl politisch als auch psychologisch bestechenden Argumentationsführung den herausragenden Stellenwert des Buches aus. K.Ben.

AUSGABEN: NY 1972. – Ldn. 1972. – NY 1986.

ÜBERSETZUNG: Eine Straße und kein Name, I. Ohlendorf, Reinbek 1972; ern. 1978.

LITERATUR: H. O. Patterson, The Essays of J. B. (in New Left Review, 26, Sommer 1964). – D. Levin, J. B.'s Autobiographical Essays: The Problem of Negro Identy (in Massachusetts Review, 5, Winter 1964). – F. J. Raddatz, Schwarz ist die Farbe der Einsamkeit: Skizze zu einem Porträt J. B.s (in FH, 20, 1965). – G. Mowe u. S. Nobles, J. B.s Message for White America (in Quarterly Journal of Speech, 58, April 1972). – B. DeMott, J. B. on the Sixties: Acts and Revelations (in Saturday Review, 27, Mai 1972). – E. Brathwaite, Race and the Divided Self (in Black World, 21, Juli 1972). – E. W. Collier, Thematic Patterns in B.'s Essays (ebd.). – L. 5X, B. ›Baptized‹ in Fire This Time (in Muhammed Speaks, 23. 2. 1973).

TELL ME HOW LONG THE TRAIN'S BEEN GONE

(amer.; Ü: Sag mir, wie lange ist der Zug schon fort). Roman von James BALDWIN, erschienen 1968. – Im Gegensatz zu Another Country (1962), wo die gesellschaftliche Ächtung und Marginalisierung der Homosexualität zur Rassendiskriminierung in den USA unmittelbar in Beziehung gesetzt wird, spielt die bisexuelle Veranlagung Leo Proudhammers, des Protagonisten in Baldwins viertem Roman, eher eine untergeordnete Rolle. Hier steht die

Frage nach der Identität des zu Ruhm und Reichtum gelangten schwarzen Künstlers, nach seiner Stellung im politischen Widerstand der Schwarzen sowie seiner Bindung an Formen und Werte afroamerikanischer Kultur im Vordergrund. Da Baldwin sich in den sechziger Jahren selbst zunehmend in der Bürgerrechtsbewegung engagiert hatte und mit der Veröffentlichung des Essaybandes *The Fire Next Time* (1963) zu einem ihrer meistgelesenen Wortführer geworden war, ist *Tell Me How Long the Train's Been Gone* auch eine Auseinandersetzung des Autors mit der eigenen Erfahrung, seiner Doppelrolle als Schriftsteller und politischer Aktivist.

Leo Proudhammer, schwarzer Bühnenstar und Ich-Erzähler des Romans, wird nach einem Herzanfall ins Krankenhaus eingeliefert. Erschöpft und durch Medikamente ruhiggestellt findet er so Gelegenheit, die wichtigsten Stationen seines bisherigen Lebens zu rekapitulieren. Eine geschickt eingesetzte Flash-Back-Technik, die von Baldwin auch in anderen Romanen erfolgreich verwendet wird, macht den Leser zunächst mit der Kindheit und den Anfängen der Karriere Leo Proudhammers vertraut. Als Sohn eines desillusionierten, aber ungebrochen stolzen Westinders und einer hellhäutigen Mutter aus New Orleans wächst Leo zusammen mit seinem älteren Bruder Caleb in Harlem, dem schwarzen Getto New Yorks, auf. In der von ständiger Bedrohung, Armut und Rechtlosigkeit geprägten Atmosphäre lernt er schon früh die Bedeutung des »acting out«, einer Strategie der Verstellung und des Taktierens gegenüber der weißen Obrigkeit (hier der geldgierige Hausbesitzer und eine offen rassistische Polizeistreife), die im Überlebenskampf der Schwarzen seit jeher einen wichtigen Platz eingenommen hat. Doch sein Entschluß, den Schauspielerberuf zu ergreifen, der vor diesem Hintergrund auch zu einer symbolischen Handlung wird, entfremdet ihn zunehmend den Lebensgewohnheiten und eher pragmatisch orientierten Erwartungen seiner Umgebung. Er übersiedelt in das Künstlerviertel Greenwich Village, wo er mit der Weißen Barbara, die ihre wohlhabende Familie in Kentucky verlassen hat, um ebenfalls Schauspielerin zu werden, zusammentrifft. Eine zuerst vielversprechende Anstellung im Sommerlager des *Actors Means' Workshop*, die für das inzwischen intime Paar im Spießrutenlauf durch die Straßen einer neuenglischen Kleinstadt endet, entpuppt sich als wenig erfolgreich. Seine Hautfarbe und das gesellschaftliche Tabu der Mischehe erschweren aber nicht nur den ohnehin steinigen Weg zu einer Karriere im Showgeschäft, sondern werden ebenso zur permanenten Zerreißprobe ihrer Freundschaft, die zuletzt nur durch den beiderseitigen Verzicht auf familiäre Werte (*»a husband, a home ... kids«*) bestehen kann. Während sich Barbara über kleinere Rollen allmählich nach oben arbeitet, versucht Leo, als »singender« Kellner in einem westindischen Bohemerestaurant auf sich aufmerksam zu machen. Dort wird er von dem engagierten Regisseur »Conny« entdeckt, und nach erfolgreichem Debüt in einem sozialkritischen Stück gelingt ihm der künstlerische Durchbruch.

Am Ende aber, und hier demontiert der Roman den amerikanischen Mythos des »*From Rags to Riches*« der populären Horatio-Alger-Geschichten, sieht sich Leo, durch seine Bisexualität thematisch motiviert, in der Person Christophers erneut mit den Lebensbedingungen des Gettos und der anhaltenden Unterdrückung der schwarzen Bevölkerung konfrontiert. Aus dem Krankenhaus entlassen und zur Einsicht gelangt, daß weder künstlerischer Erfolg noch finanzielle Unabhängigkeit ihn vor der »Seuche« des Rassismus bewahren können (*»I had conquered the city: but the city was stricken with the plague«*), bejaht er, von dem militanten Christopher indirekt um Hilfe gebeten, die Notwendigkeit einer bewaffneten schwarzen Widerstandsbewegung. Und obwohl Baldwin den Leser über Art und Umfang seiner Unterstützung im Dunkeln läßt, erleben wir Leo Proudhammer – der Name ist ein Verweis auf den unbeugsamen afroamerikanischen Volkshelden John Henry und seine in *worksongs* und Balladen besungenen Taten mit dem »Hammer« – nicht als arrivierten, selbstzufriedenen Bohemien, sondern als einen zu kritischer Analyse und Bewertung der eigenen Situation fähigen Künstler, der sich seiner Herkunft und seiner Verpflichtung gegenüber der schwarzen Gemeinschaft bewußt bleibt. K.Ben.

AUSGABEN: NY 1968. – Ldn. 1968. – Ldn. 1980. – NY 1986.

ÜBERSETZUNG: *Sag mir, wie lange ist der Zug schon fort*, G. Stege, Reinbek 1969. – Dass., dies., Reinbek 1975; 41984 (rororo).

LITERATUR: D. Llorens, Rez. (in Black World, August 1968). – W. Sheed, *J. B.*: »*Tell Me How Long the Train's Been Gone*« (in *The Morning After: Selected Essays and Reviews*, NY 1971). – E. S. Nelson, *The Novels of J. B.: Struggles of Self-Acceptance* (in Journal of American Culture 8, Winter 1985). – J. Berben, *D'un frère à l'autre: la responsabilité chez J. B. et John Wideman* (in Cycnos, 2, 1985/86). – S. B. Fryer, *Retreat from Experience: Despair and Suicide in J. B.'s Novels* (in Journal of the Midwest Modern Language Association 19, Frühjahr 1986).

JOHN BALE

* 21.11.1495 Cove bei Dunwich / Suffolk
† November 1563 Canterbury

LITERATUR ZUM AUTOR:
H. C. McCusker, *J. B. Dramatist and Antiquary*, Bryn Mawr 1942. – T. B. Blatt, *The Plays of J. B.: A*

Study of Ideas, Technique and Style, Kopenhagen 1968. – K. Sperk, *Mittelalterliche Tradition und reformatorische Polemik in den Spielen J. B.'s*, Heidelberg 1974. – L. P. Fairfield, *J. P.: Mythmaker for the English Reformation*, West Lafayette 1976.

KYNGE JOHAN

(engl.; *König Johann*). Tragisches Bühnenstück von John BALE, Bischof von Ossory/Irland, zwischen 1533 und 1539 entstanden, um 1560 vom Autor überarbeitet; erstmals gedruckt 1838. – Die Datierung stützt sich darauf, daß Bale das Schauspiel, mit dreizehn anderen aus seiner Feder, in seinen 1536 entstandenen *Anglorum Heliades* verzeichnete und daß 1539 ein Stück gleichen Titels vor Thomas Cranmer, Erzbischof von Canterbury, aufgeführt wurde.

Autobiographischen Aufzeichnungen und historischen Dokumenten zufolge schrieb der zum Protestantismus konvertierte Autor seine polemischen Tendenzstücke für John Vere, den ersten protestantischen Earl of Oxford, und für den Schatzkanzler Thomas Cromwell, Earl of Essex. Dieser hatte mehrfach Gelegenheit, seinen Bühnenpropagandisten zu beschützen und zu begünstigen. Von den Schauspielen Bales sind außer *Kynge Johan* nur vier erhalten *(God's Promises, John the Baptist, The Temptation* und *The Three Laws)*. Die zweite Fassung des *Kynge Johan* dürfte der 1558/59 aus der Festlandemigration zurückgekehrte Autor für eine Aufführung vor Elisabeth I. hergestellt haben, wahrscheinlich für den Besuch der Königin in Ipswich im August 1561. – Die einzige Handschrift des Werks befindet sich in der Henry E. Huntington Library in San Marino/Kalifornien. Eine Untersuchung des Manuskripts zeigt, daß es von zwei Schreibern geschrieben wurde und daß Bale selbst die erste Niederschrift überprüfte und neu bearbeitete.

Das Werk besteht aus zwei Teilen von 1110 und 1535 Versen. Am Ende des ersten hat das Manuskript den Eintrag: »*Finit actus primus.*« Der Terminus »Akt« für die konstituierenden Teile eines Bühnenstücks dürfte hier erstmals in der englischen Literatur benutzt worden sein. Bales Diktion ist direkt, unverblümt, ohne artistische Ambitionen. Man merkt, wie sehr der Autor noch dem alten englischen Mysterienspiel verpflichtet ist, auch kann er seinen geistlichen Stand, seine theologische Schulung nicht verleugnen. Etwas anspruchsvoller ist die metrisch-rhythmische Gestaltung. Paarweise gereimte, holprige Verse ungleicher Hebungszahl herrschen vor. Für längere Reden wird die von CHAUCER *ballad metre* genannte siebenzeilige Strophe mit dem Reimschema ababbcc benutzt. Mehrere solcher Strophen – etwa im Eingangsmonolog Johanns – sind dadurch verknüpft, daß der erste Vers den letzten Reim der vorausgehenden Strophe aufnimmt.

Zu Beginn erklärt der König, das Wohlergehen seines Volks sei höchstes Ziel seines Herrscheramts. Die allegorische Person »Witwe England« fleht den König an, ihr gegen Feinde und Unterdrücker, besonders gegen die Geistlichkeit, beizustehen. »Sedition« (Aufruhr) tritt hinzu und erklärt, aller Unfriede im Land gehe auf den Papst und die ihm ergebene Geistlichkeit zurück. Die von »Aufruhr« herbeigerufenen Stände, »Adel«, »Geistlichkeit« und »Bürgertum«, sollen diese Feststellung bestätigen. Der König gewinnt die drei Stände für sich. Aber »Aufruhr« verbindet sich mit »Heuchelei«, »Reichtum« und »Angemaßter Macht« gegen ihn. Ein besonderer, für die Entwicklung des englischen Schauspiels wichtiger Effekt besteht darin, daß Bale diese vier allegorischen Personen auf der Bühne mit historischen Persönlichkeiten identifiziert. »Aufruhr« wird zum Erzbischof von Canterbury Stephan Langton, »Heuchelei« zu Raimund IV. von Toulouse, dem Schwager König Johanns, »Reichtum« zum päpstlichen Legaten Kardinal Pandolfo, die »Angemaßte Macht« zum Papst selbst. Dieser verhängt das Interdikt über Johann. Die drei Stände unterwerfen sich daraufhin Langton und Pandolfo. Auch dem »Gemeinwohl« wird so zugesetzt, daß es jeden Widerstand gegen das Papsttum aufgibt. Von allen Seiten bedrängt, muß Johann seine Krone in die Hände des Papstes legen und von ihm als Lehen zurückempfangen. Damit nicht zufrieden, beschließen die Papisten, den König zu beseitigen. »Heuchelei«, die jetzt als Mönch auftritt, trinkt ihm den Giftbecher zu. Seinen Feinden vergebend und von seinem geliebten England Abschied nehmend, stirbt Johann. In einer Art Epilog-Spiel tritt nun »Wahrheit« auf, die den König als mustergültigen, von falscher Geschichtsschreibung verleumdeten Herrscher preist. Die drei Stände unterwerfen sich erneut der »Fürstlichen Gewalt« (Panegyrikos auf Heinrich VIII.?), die das Land vom Papismus befreit und »Aufruhr« henken läßt.

Das kraftvolle, polemisch-ungeschminkte Stück verrät den seine Sache mit Eifer und Ernst vertretenden Protestanten. Der Autor will beim Zuschauer Mitgefühl erwecken, den verderblichen Einfluß einer fremden, papistischen Ideologie auf im falschen Glauben befangene Unwissende aufzeigen und zugleich die neue Lehre als Heilmittel empfehlen. Dazu hat er die historischen Realitäten seinen Zwecken entsprechend umgebogen und verändert. Wie später in SHAKESPEARES *King John* wird aus dem verschlagenen Intriganten und tyrannischen Schwächling John Lackland (reg. 1199–1216) ein unglücklicher, der Kirche verhaßter großer König. Bales Konzeption und die von ihm praktizierte Austauschbarkeit allegorischer und historischer Personen erinnern an Pierre GRINGORES *Vie monseigneur sainct Loys roy de France*, eines der von derbem Spott erfüllten Bühnenwerke, die der Schöpfer des politischen Schauspiels in Frankreich gegen Ludwigs XII. politische Widersacher verfaßte. Die Verwandlung von Allegorie in dargestellte Historie, und vice versa, bedingt freilich, daß eine im Ansatz vorhandene individuel-

le Zeichnung der historischen Charaktere verwischt wird. – Ideologisch verpflichtet ist Bale vor allem John WYCLIFFE. Formal und inhaltlich sind seine Werke nicht denkbar ohne die Kampfschriften der deutschen Humanisten und Reformatoren, ohne das Vorbild der polemischen antirömischen Bühnensatiren eines Nikolaus GERBELIUS, Pamphilus GENGENBACH, Niklas MANUEL und Thomas NAOGEORGIUS.
Bales *Kynge Johan* entstand in einer Übergangszeit, deren wichtigste Periode mit der Thronbesteigung Elisabeth I. (1558) einsetzte. In dieser Übergangszeit, in der Überkommenes und im Ansatz befindliches Neues nebeneinander existierten und in der sich das englische Schauspiel mit einer Vielfalt von Mischformen und Versuchen auf seine Blütezeit vorbereitete, nehmen Bales Stücke einen wichtigen Platz ein. Sie sind die ersten in englischer Sprache überlieferten, die ausschließlich polemisch konzipiert sind. *Kynge Johan* steht formal zwischen *miracle-mystery*, *morality* und *interlude*. Die besondere Stellung dieses Schauspiels beruht darauf, daß es gegenüber anderen Stücken der Übergangszeit, etwa dem anonymen *Appius and Virginia* und John PICKERYNGS *Horestes*, bei der Mischung allegorischer Personen und historischer Persönlichkeiten am weitesten zugunsten der letzteren gegangen ist. Es ist, wenn nicht das erste historische Bühnenstück Englands, so doch das entscheidende Zwischenstück zwischen den *interludes* und dem eigentlichen Historiendrama. Daß es sich nur kurze Zeit auf der englischen Bühne behaupten konnte, erklärt sich aus seiner noch zu stark mittelalterlichen Form und aus dem völligen Verzicht des Autors auf komische und unterhaltende Elemente.

M.W.

AUSGABEN: Ldn. 1838, Hg. J. P. Collier. – Ldn. 1907 (in *The Dramatic Writings*, Hg. J. S. Farmer). – Löwen 1909, Hg. W. Bang (Faks.; Materialien zur Kunde des älteren engl. Dramas, 25). – Oxford 1931, Hg. u. Einl. J. H. P. Pafford (The Malone Society Reprints, 71). – Diss. Univ. of North Carolina, 1965, Hg. u. Einl. B. B. Adams (vgl. Diss. Abstracts, 25, 1964/65, S. 4696). – San Marino/Calif. 1969.

LITERATUR: J. H. P. Pafford, *B.'s »King John«*, Ldn. 1931. – H. Barke, *B.s »Kynge Johan« u. sein Verhältnis zur zeitgenössischen Geschichtsschreibung*, Würzburg 1937. – J. W. Harris, *J. B. A Study in the Minor Literature of the Reformation*, Urbana 1940 (m. Bibliogr.; Illinois Studies in Language and Literature, 25, 4). – E. S. Miller, *The Roman Rite in B.'s »King John«* (in PMLA, 64, 1949, S. 802–822). – S. Carpenter, *J. B.'s »Kynge Johan«: The Dramatisation of Allegorical and Non-Allegorical Figures* (in *Le Théâtre au Moyen Age*, Hg. G. R. Muller, Quebec 1981, S. 263–269). – R. Duncan, *The Play as Tudor Propaganda: B.'s »King John« and the Authority of Kings* (in University of Dayton Review, 16 (3), Winter 1983–1984, S. 67–74).

STANISŁAW BALIŃSKI

* 2.7.1899 Warschau
† 11.11.1984 London

LITERATUR ZUM AUTOR:
M. Giergielewicz, *Twórczość poetycka* (in *Literatura polska na obczyźnie 1940–1960*, Hg. T. Terlecki, Ldn. 1964, Bd. 1, S. 23–131). – J. Stradecki, *W kręgu Skamandra*, Warschau 1977. – M. Danilewicz-Zielińska, *Szkice o literaturze emigracyjnej*, Paris 1978. – J. Piotrkowiak, *Literackie podróże. Międzywojenna twórczość St. B.* (in *Skamander*, Bd. 2, *Studia z zagadnień poetyki i socjologii form poetyckich*. Hg. I. Opacki, Kattowitz 1982). – *Studia o twórczości St. B.* (in *Skamander*, Bd. 4; Hg. I. Opacki und M. Pytasz, Kattowitz 1984). – Z. Broncell, *Na śmierć poety* (in Dziennik Polski, Ldn., 5. 12. 1984). – S. Kossowska, *Wajdelota emigracji* (in Puls, 1984/85, Nr. 24, S. 176–178).

TAMTEN BRZEG NOCY

(poln.; *Das andere Ufer der Nacht*). Gedichtband von Stanisław BALIŃSKI, erschienen 1943. – Das Werk enthält neben dem Titelzyklus zwei weitere Zyklen: *Ogrody podczas wojny (Gärten während des Krieges)* und *Pisane nocą (Geschrieben in der Nacht)*. In elegischem Ton und mit deutlichem Anklang an die Lyrik SŁOWACKIS und der Romantik wird hier aus der Perspektive leidvoller Emigrations- und Kriegszeit das Lob der heimatlichen Landschaft gesungen und das verlorene Paradies beklagt. Trauer und Sehnsucht nach einer metaphernreich beschworenen bukolischen Landschaft sind die Leitmotive dieser bewußt schlichten Bekenntnislyrik, die HERLING-GRUDZIŃSKI »*eines der größten Phänomene der polnischen Lyrik aus der Zeit des Zweiten Weltkriegs*« nannte. Mehr der traditionellen Poetik als dem modernen Formbewußtsein verpflichtet, lebt diese Lyrik von einer seltenen Musikalität und Aufrichtigkeit. Der überraschende Mangel an visuellen und plastischen Sprachelementen wird kompensiert durch eine sensible Melodiehaftigkeit, in die die Bilder und Themen transponiert werden. Diese Musikalität gründet in Balińskis Vorliebe für das Verb, womit er sich bewußt im Gegensatz zu der Praxis seiner Skamander-Kollegen befand, die dem Nomen und Adjektiv den Vorzug gaben. Obgleich Erinnerungen an Vergangenes und Zukunftsvisionen des neuen Vaterlandes dieser Lyrik näherliegen als die Probleme der Gegenwart, sie mehr dem romantischen Bürgertum zugewandt erscheint und einen »*lyrischen Historismus*« (Herling-Grudziński) kultiviert, blieb sie dennoch in allen ihren Phasen frei sowohl von nationalem Prophetentum und patriotischer Rhetorik als auch von romantischem Epigonentum, obwohl Baliński, »*gleichsam der letzte Mohikaner des Individualismus«* (Terlecki), von der polnischen Literaturkritik als *»Vollblutromantiker«* (Napierski) angesehen wird. E.J.K.

AUSGABEN: Ldn. 1943. – Ldn. 1948 (in *Wiersze zebrane 1927–1947*; ²1949).

LITERATUR: K. Wierzyński, *Poezja polska na emigracji* (in Wiadomości Polskie, 1943, Nr. 41). – K. Wierzyński, *Współczesna literatura polska na emigracji*, NY 1943. – W. Podwyszyński, *Poezja emigracji* (in Tygodnik Powszechny, 1945, Nr. 25). – G. Herling-Grudziński, *Liryka B.* (in Wiadomości, 1948, Nr. 19). – K. Zbyszewski, *Poetycki Canaletto Warszawy* (in Dziennik Polski, 22. 4. 1948).

HUGO BALL

* 22.2.1886 Pirmasens
† 14.9.1927 Sant' Abbondio / Tessin

LITERATUR ZUM AUTOR:
E. Egger, *H. B.*, Olten 1951. – E. Ball-Hennings, *Ruf und Echo. Mein Leben mit H. B.*, Einsiedeln 1953. – G. E. Steinke, *The Life and Work of H. B., Founder of Dadaism*, Den Haag 1967. – R. W. Last, *German Dadaist Literature. K. Schwitters, H. B., H. Arp*, NY 1973. – G. Stein, *Die Inflation der Sprache. Dadaistische Rebellion und mystische Versenkung bei H. B.*, Ffm. 1975. – *H. B.-Almanach*, Hg. E. Teubner, Pirmasens 1977ff. – H. J. Bähr, *Die Funktion des Theaters im Leben H. B.s*, Ffm./Bern 1982. – *H. B. (1886–1986). Leben und Werk*, Hg. E. Teubner, Bln. 1986 [Ausst. Kat.].

CABARET VOLTAIRE

Eine Sammlung künstlerischer und literarischer Beiträge. Zeitschriftenartige Publikation mit Beiträgen verschiedener Autoren, herausgegeben von Hugo BALL, erschienen im Mai 1916 in »Zürich, Spiegelgasse 1«. Die in einer Auflage von 500 Stück erschienene, erste und einzige Textsammlung des gleichnamigen Züricher Emigrantentreffpunktes und Kabaretts verdankt ihren Ruhm weniger der kaum originellen Zusammenstellung und Auswahl der Text- und Bild-Beiträge als vielmehr der Tatsache, daß hier erstmals das Wort »dada« im Zusammenhang mit der es propagierenden Künstlergruppe erscheint.
Geschichte der Avantgarde bedeutet über weite Strecken eine Geschichte von Publikationsorganen. Die am Schnittpunkt neuer Kriegs- und Medientechniken entstehenden Spielarten der radikalen Moderne suchen sich – bevor sie über Skandale Zugang zu den schneller operierenden Medien finden oder bevor sich ihre Vertreter in Erinnerungsbüchern als ehemalige Avantgardisten feiern – autonome Publikationsmöglichkeiten für ihren ästhetischen Terror. *Cabaret Voltaire* muß dabei als die Urzelle der vielen, stets kurzlebigen Avantgarde-Zeitschriften wie TZARAS *DADA*, PICABIAS *391* oder SCHWITTERS *Merz* angesehen werden. Gegenüber diesen sich ästhetisch betont avanciert gebenden Organen entstammt *Cabaret Voltaire* noch ganz dem konventionellen Kunstbetrieb der Moderne, aus dem heraus sich der Dadaismus entwickelt. Die Zeitschrift gibt sich als Dokumentation und Katalog von Ausstellungen und Lesungen des gleichnamigen Kabaretts. Sie enthält aber weder das erste dadaistische Manifest Hugo Balls noch Tristan TZARAS Manifest *Le Aventure céleste de M. Antipyrine*.
Die Textzusammenstellung dokumentiert so in erster Linie prä-dadaistische Veranstaltungen ohne explizit demagogische Absicht. In strenger Typographie, noch fern von collagistischen Verfremdungen listet das elegant gediegene Titelblatt neben den Kabarett-Mitarbeitern und zukünftigen Dadaisten, darunter H. ARP, R. HUELSENBECK, M. JANCO, T. TZARA, vor allem Künstler der klassischen Moderne auf, von denen Werke in die Sammlung Eingang fanden, ohne daß sie direkten Anteil an Dada gehabt hätten, wie MODIGLIANI, PICASSO, der Futurist MARINETTI oder KANDINSKY, von dem Ball aus Verehrung für sein Werk zwei Gedichte aufnimmt.
Die radikalste Inszenierung einer Kunstepoche, der Dadaismus als Manifestation poetischer Gewalt, nimmt einen höflichen Anfang: »*Als ich das Cabaret Voltaire gründete, war ich der Meinung, es möchten sich in der Schweiz einige junge Leute finden, denen gleich mir daran gelegen wäre, ihre Unabhängigkeit nicht nur zu genießen, sondern auch zu dokumentieren.*« Hier in seinem Urzustand ist der Dadaismus, der später zur Epoche verklärt wird, noch als Amalgam von Theoremen der Moderne kenntlich, deren konsequente Ausgestaltung freilich genuine Leistung Dadas bleibt. So findet sich das von Huelsenbeck, Janco und Tzara im Kabarett am 31. 3. 1916 rezitierte Simultangedicht *l'amiral cherche une maison à louer* ebenso abgedruckt wie sein Vorbild, Marinettis *Parole in libertà*. Daneben sind die eingestreuten Gedichte von Huelsenbeck *(Der Idiot)* oder Ball (Teile des Zyklus *Cabaret*) zwar engagiert modern, doch durchaus epigonal im Pathos zeitgenössischer, expressionistischer Diktion befangen. Einzig der – später von Ball in seinen Roman *Tenderenda der Phantast* aufgenommene – Text *Das Carousselpferd Johann* oder Huelsenbeck/Tzaras *DADA, Dialogue entre un cocher et une alouette* mögen der dadaistischen Attitude entsprechen. Bietet Balls Erzählung bereits eine verschlüsselte Allegorie auf die Avantgarde, so geht der französisch-deutsche Dialog von einer Anpreisung der alsbald erscheinenden Zeitschrift ›Dada‹ in eine der sich selbst beschwörenden, rituellen Litaneien über, die in ihrer zärtlich-verspielten Lust an der Sprache und der gleichzeitigen brachialen

Aggressivität gegen deren zwangsläufige Inhalte das Publikum so verstören sollten: »*Olulu Olulu Dada ist gross Dada ist schön.*«

Nichts als eine semantische Operation steht am Beginn der dadaistischen Revolution. »*Dada ist eine neue Kunstrichtung*«, »*Dada stammt aus dem Lexikon*« und »*Jede Sache hat ihr Wort; da ist das Wort selber zur Sache geworden*«, wird Hugo Ball am 14. Juli 1916 am »*1. Dada-Abend*« proklamieren. Ein Laut mit vager Assoziationskraft firmiert seit dem *Cabaret Voltaire* als Signet einer Geisteshaltung, die fortan in den Rang einer Kunstrichtung einrücken wird. Die Frage bleibt müßig, von wem und wie diese Bedeutungsübertragung des Wortes Dada stattgefunden hat. Auch in der ersten Drucklegung bleibt der Ursprung von Dada im Dunkeln, wenngleich schon das erste Auftauchen von dem Willen zur symbolischen Inszenierung zeugt, die fortan dem Unsinns-Wort seinen Weltruhm sichert: Unvermittelt bricht es an einer Stelle von Balls einleitendem Bericht über bisherige Aktivitäten des Kabaretts als Versprechen für die Zukunft hervor, um den Text, der schließlich nur noch das Datum festhält, zur Gänze zu überwuchern: »*Das nächste Ziel der hier vereinigten Künstler ist die Herausgabe einer Revue Internationale. La revue paraîtra a Zurich et portera le nom ›DADA‹. (»Dada«) Dada Dada Dada Dada. / Zürich, 15. Mai 1916*«.

A.Ar.

AUSGABEN: Zürich 1916; Nachdr. Nendeln 1977. – Paris 1981. – Hbg. 1984 (in *DADA Mappe*; Faks. dadaistischer Zss.).

LITERATUR: M. Prosenc, *Die Dadaisten in Zürich*, Bonn 1967. – K. Riha, *Dada Zürich* (in *Tendenzen der zwanziger Jahre*, Bln. 1977, S. 52–56; Ausst. Kat.). – R. Meyer, »*Dada ist gross, Dada ist schön*«. *Zur Geschichte von ›Dada Zürich*« (in *Dada in Zürich*, Zürich 1985, S. 6–79; Ausst. Kat.). – G. Magnaguano u. H. Bollinger, ›*Cabaret Voltaire*‹ (ebd., S. 208–210).

DIE FLUCHT AUS DER ZEIT

Tagebuchaufzeichnungen aus den Jahren 1914–1921 von Hugo BALL, erschienen 1927. – Das Tagebuch dokumentiert Balls »Flucht« aus der Avantgardebewegung des Züricher Dadaismus in den Katholizismus. Obwohl der authentische Charakter der Aufzeichnungen umstritten ist, da die Originaltagebücher Balls nicht zur Veröffentlichung freigegeben sind, gelten die Notizen neben Tristan TZARAS *Chronique Zurichoise* und R. HUELSENBECKS *En avant dada* als eine der genuinen Quellen für die Geschichte des Dadaismus. Die Notate aus der Zeit des Zürcher »Cabaret Voltaire« (1916/17) ermöglichen es, hinter der plakativ provokatorischen Geste Dadas die gedankliche Durchdringung und Sprengkraft dieser Epoche zu entdecken; der Vortrag der ersten Lautgedichte im »Cabaret Voltaire« am 23. 6. 1916 findet ebenso Erwähnung wie die Selbsteinschätzung über den Stellenwert der Avantgardebewegung: »*Ich weiß nicht, ob wir trotz aller unserer Anstrengungen ... nicht doch nur Romantiker bleiben.*« Daneben stehen poetische Bilder, die das Wesen des Dadaismus exakt umreißen: »*Es gibt eine gnostische Sekte, deren Adepten vom Bilde der Kindheit Jesu derart benommen waren, daß sie sich quäkend in eine Wiege legten und von den Frauen sich säugen und wickeln ließen. Die Dadaisten sind ähnliche Wickelkinder einer neuen Zeit*« (15. 6. 1916).

Schon die Überschriften der vier Kapitel (*Vorspiel – Die Kulisse / Romantizismen – Das Wort und das Bild / Von Gottes- und Menschenrechten / Die Flucht zum Grunde*) lassen erkennen, daß es Ball darum geht, seinen biographischen Weg, der vom Theater über die politische Aktion und die Avantgarde hin zu mystischer Versenkung und Askese führt, als exemplarischen Lebenslauf seiner Zeit zu beschreiben. Ist die Avantgarde die Diagnose der »*Zeitkrankheit*«, so existiert für Ball ab Sommer 1920 nur eine Möglichkeit ihrer Heilung: »*Es gibt nur eine Macht, die der auflösenden Tradition gewachsen ist: der Katholizismus*« (9. 8. 1920). Fortan stilisiert sich Ball zum Laienpriester und betreibt Hagiographie. »*Man wird fragen: wie gehen Negermusik und koptische Heilige zusammen? Ich glaube es gezeigt zu haben*« (17. 8. 1921). Der vormalige Anarchist und Avantgardist ist dabei von betulicher Frömmelei oder historischer Melancholie weit entfernt. So versteht Ball unter Katholizismus nur dessen dunkelste, aber kraftvollste Spielart: mittelalterlichen Mystizismus, den mit moderner Analytik verbunden zu haben als Balls größte Denkanstrengung betrachtet werden muß.

Der höchstwahrscheinlich fiktive Gestus einiger Passagen hat nur wenig mit der bekennerhaften Selbststilisierung der Autobiographien zu handeln, sondern muß als singulärer Versuch gewertet werden, ein exemplarisches Leben als Realität wie als Fiktion zu zeichnen. Biographie erscheint dementsprechend als etwas Geschriebenes, für das Buch Veranstaltetes. Wenn Ball an einem mittelalterlichen Mystiker bewundert, er habe »*das gewissenhafteste deutsche Buch geschrieben: sein Leben*«, muß dies als Spiegelung des Autors gelesen werden. Dabei ist das exemplarische Detail aus dem Leben nicht mehr als ein Mittel, die Relevanz des Geschriebenen zu garantieren. Schon früh finden sich in das Tagebuch aus Bemerkungen eingeschoben, die diesen imaginären Punkt der Vollendung der Kunst durch Entsagung von ihr umreißen. So faßt Ball bereits unter dem Datum des 10. 11. 1915 den mit dämonischer Konsequenz durchgehaltenen Vorsatz: »*auf Werke [...] verzichten und das eigene Dasein zum Gegenstande energischer Wiederbelebungsversuche [...] machen*«.

A.Ar.

AUSGABEN: Mchn./Lpzg. 1927. – Mchn. 1931 [Vorw. H. Hesse]. – Luzern 1946. – Hbg. 1987.

LITERATUR: H. J. Bähr, *Die Funktion des Theaters im Leben H. B.s*, Ffm./Bern 1982. – W. Hulsbusch,

H. B.s *Flucht zum Grunde* (in *H. B.-Almanach*, Hg. E. Teubner, 1982). – M. Steinbrenner, *»Flucht aus der Zeit?« Anarchismus, Kulturkritik und christliche Mystik – H. B.s ›Konversionen‹*, Diss. Ffm. 1983. – R. Meyer, »*Dada ist gross, Dada ist schön*«. *Zur Geschichte von »Dada Zürich«* (in *Dada in Zürich*, Zürich 1985, S. 6–79; Ausst. Kat.).

TENDERENDA DER PHANTAST

Roman von Hugo BALL, entstanden 1914–1920, erschienen 1967. – Weder Umfang noch Aufbau des Textes entsprechen der von Hugo Ball selbst im Untertitel vorgeschlagenen Gattungsbezeichnung, die dennoch als gestrenger Hinweis auf eine zusammenhängende Lektüre zu lesen ist. Der Text versammelt – laut einer frühen Tagebuchnotiz Hugo Balls – »*Kleine Abschnitte von je vier bis fünf Seiten, in denen ich auf meine Weise Sprachzucht treibe.*« Den Kapiteln scheint auf den ersten Blick zwar eine thematische Kohärenz zu fehlen, andererseits sind sie stilistisch zu geschlossen, als daß sie als bloße Collage aufzufassen wären.

Schon die Entstehungszeit des Textes, die die eigentlich dadaistische Phase Hugo Balls (1916/17) weit übergreift, zeigt, daß es sich weder um ein genuin avantgardistisches Werk, noch um eine Vor- oder Spätform eines solchen handeln kann. Gleichwohl bilden einige Abschnitte des Buches Bezugsmarken der Avantgarde. So ist der bereits in der ersten dadaistischen Veröffentlichung (*Cabaret Voltaire* 1916) erschienene Text *Das Carousselpferd Johann* mit nur geringfügigen Veränderungen ebenso in den Textkorpus übernommen wie einige dadaistische Rezitationstexte und zwei der epochemachenden Lautgedichte Balls, die er am 23. 6. 1916 im legendären Züricher »Cabaret Voltaire« vortrug (vgl. Balls Tagebuch *Die Flucht aus der Zeit*); in der Romanfassung aber sind die Lautgedichte ihres abstrakten und mystischen Charakters weitgehend beraubt. So apostrophiert Ball das Lautgedicht *Jolifanto Bambla ô Falli Bambla* in der Inhaltsangabe, die den Textabschnitten stets in barocker Weise vorausgeschickt ist, als Schilderung einer Elefantenkarawane und reduziert das erste reine Lautgedicht der Literaturgeschichte zu einer onomatopoetischen Arabeske.

Die von steter Erlösungsmetaphorik durchsetzte Sprache Balls bezieht ihre beschwörende und gleichzeitig verstörende Kraft aus Anklängen an theologische, insbesondere mittelalterliche Übersymbolisierungen. Anderenseits zehrt sie aber auch von so unterschiedlichen Quellen wie NIETZSCHES *Zarathustra* oder der zeitgenössischen Alltagssprache. Dieser collagistischen Gleichzeitigkeit des Ungleichzeitigen entspricht das archaisch apokalyptische Szenario des Textes, das von modernen Zeiterscheinungen durchsetzt ist. Ball demonstriert seine Allmacht über alle Sprachformen und -ebenen, er ist dabei mehr an den Lücken interessiert, die eine solche Sprachbehandlung hinterläßt, als an der möglichen Addition der Signifikanten. Sprachliche Logik herrscht nur auf der semantischen Mikroebene des Textes. So bedient sich der Roman zwar weitgehend traditioneller Syntax, die aber um so mehr ins Leere ausläuft, als sich zwischen den Sätzen kaum unmittelbare Sinnzusammenhänge oder direkte außertextliche Bezugspunkte oder Perspektiven erkennen lassen. Zudem ist die Handlung zu Gunsten der Konfrontation allegorischer und realer Bilder gänzlich zurückgenommen, scheint zwischen Apokalypse und Erlösung angehalten zu sein. Eine erzählerische Dynamik entwickelt sich nicht.

In der letztendlich eschatologischen Ausrichtung des Romans liegt Balls Textwille begründet. Bereits vor seiner nach Abschluß des Romans erfolgenden Konversion zum dogmatischen Katholizismus notiert er: »*Ich werde zurückkehren zu meinem ›Phantastischen Roman‹, in dem ich eine magisch-archaische Welt, eine grenzenlose und darum verzauberte Welt bis zur Absurdität zu entfalten suche. Die ›Natur‹ ringsum gemessen an der Übernatur und für grotesk erfunden*« (28. 2. 1917). Die Groteskerie führt Ball so weit, daß er jede mögliche Einheit eines Textes in die – letztlich absurde – Einheit des reinen Sprechens überführt. Nicht immanente Sprachkritik, sondern gewissermaßen eine Hypertrophie sprachlichen Vermögens ist Balls Ziel. Angeprangert wird die Korruption der Sprache durch ihre profane Anwendung. Die Mittel zu ihrer Dekomposition liefert die Gegenstandswelt der Moderne selbst: So ist der berühmte Satz »*Das ›Ding an sich‹ ist heute ein Schuhputzmittel*« – wie der Vergleich mit Hugo Balls Tagebuch zeigt (25. XI. 1914) – keine avantgardistische Überhöhung, sondern bloßes Notat der Beobachtung eines Werbeslogans. Der schonungslosen Mimesis ist paradoxerweise die als ätherisch verschrieene Avantgarde am nächsten.

Die Stillage aller Texte zeigt, daß Hugo Ball zwar um den illusionären Duktus der Symbolkraft jeder Sprache weiß, jedoch ebenso gewahr ist, daß keine Sprache – und sei sie auch noch so unkonkret – diesem wahrhaft entsagen kann. Die mit dem Dadaismus verknüpfte Heiterkeit ist einem bitteren »*Relativismus mit Vergleichgültigungstendenzen*« (E. Philipp) gewichen. So notiert der Roman konsequent ein Denken, das auf wenig mehr verweist als auf die Qual der eigenen Unhintergehbarkeit. Er verwendet dabei eine Sprache, die gleichzeitig von der Korruption der Kommunikation durch die Werbung weiß, aber der Rettung einer neuen, heiligen Sprache genausowenig vertraut. Ball benutzt eine symbolisch weit überhöhte Sprache, ohne sich – im Gegensatz zu den Werken seiner späteren katholizistischen Phase – der Illusion hinzugeben, daß mit der Versprachlichung symbolischer Erlösung diese irgendwie vorangetrieben sei.

Im Gegensatz zur Auffassung von der Avantgarde als einer sinnerlösten, aggressiv chaotischen Kunsterscheinung, deren Leistung in der Negation liegt, erlaubt *Tenderenda*, dem ein komplexes Gefüge von Symbolen und Querverweisen zugrunde liegt, durchaus inhaltliche Lesarten, die freilich hinter der Kulisse des Gesagten liegen. Die Avantgarde erweist sich auch hier als eine Epoche, die sich im beständigen Reden über sich selbst erst konstituiert, eine Vielzahl der Kapitel (*Das Carousselpferd Johann / Grand Hotel Metaphysik*) ergeht sich in immanenten Reflexionen über die Avantgarde. Besonders die den Kapiteln vorangestellten Paraphrasen derselben legen solche Lesemodelle oft nahe und lassen das *Carousselpferd Johann* als eine Allegorie der Avantgarde und die Figuren des Textes als Verschlüsselung des *»schwankende(n) Häuflein(s) dadaistischer Wanderpropheten«* (Ball) erscheinen. A.Ar.

AUSGABEN: Zürich 1967. – Ffm. 1984 (in *H. B., Der Künstler und die Zeitkrankheit. Ausgewählte Schriften*, Hg. H. B. Schlichting, S. 379–417).

LITERATUR: G. Stein, *Die Inflation der Sprache. Dadaistische Rebellion und mystische Versenkung bei H. B.*, Ffm. 1975. – V. Knüfermann, *H. B.: »Tenderenda der Phantast«* (in ZfdPh, 96, 1977, S. 521–534). – E. Philipp, *Dadaismus*, Mchn. 1980, S. 146–164.

ZUR KRITIK DER DEUTSCHEN INTELLIGENZ

Pamphlet von Hugo BALL, erschienen 1919. – In einem polemischen Aufriß der deutschen Geistesgeschichte seit der Reformation will der Autor Gesichtspunkte für eine *»Kritik der alldeutschen Ideologie«* finden. Für den Katholiken Ball ist der Protestantismus die Erbsünde der deutschen Intelligenz; die deutsche Misere beginnt mit Martin LUTHER. Dieser *»Knecht Gottes, der das frohmütige Kuschen einführte und die Pedanterie eines darüber keineswegs völlig beruhigten Gewissens«*, wird zur negativen Symbolgestalt katexochen. Das Verdienst, entscheidend zur Emanzipation von klerikalen Dogmen beigetragen zu haben, wird überschattet von Entpolitisierung und Untertanengeist, als deren Initiator Luther gesehen wird; statt die Revolution zum Siege zu führen, ergreift er gottesfürchtig die Partei der Obrigkeit: *»Er hat Gott verraten an die Gewalt. Er schuf eine Religion für den Heeresgebrauch.«*
Nicht nur der preußische Militarismus jedoch wird der Reformation angelastet, auch die deutsche Klassik steht für Ball in dieser Tradition. Ob es sich nun um LESSING, KANT, SCHILLER, HERDER, FICHTE, GOETHE oder HEGEL handelt, alle tragen sie das Stigma des protestantischen Geburtsfehlers, der sich in religiösem und moralischem Verfall äußert. So gesehen leistete die klassische Epoche *»Unsterbliches... nur in der Virtuosität, über den eigentlichen Jammer und Sachverhalt hinwegzutäuschen durch klassizistische Dekoration, vorzeitige und unvolkstümliche Harmonisierung, durch Optimismus und Flucht an die Höfe«*. Vom deutschen Idealismus und dem durch ihn sanktionierten Nationalismus führt der Weg allzu gerade zu den imperialistischen Plänen des deutschen Generalstabs von 1914. Unter dem Blickwinkel des passionierten Ketzers, den Hugo Ball verkörpert, treten MARX und LASSALLE mit BISMARCK zu einem konspirativen Dreigestirn zusammen, einem deutsch-jüdischen Kartell zur Zerstörung der Moral.
Um die Kette rationalistischer Hybris, die die deutsche Geschichte durchzieht, aufzubrechen, wird an die Stelle der offiziellen Heroen eine Ahnenreihe der großen Religiösen und Moralisten gesetzt. Dem zum Dämon stilisierten Luther tritt die Lichtgestalt Thomas MÜNTZERS entgegen. Nicht die Bibelexegese, sondern der Bauernkrieg, die verdrängte Revolution, wird zum Hauptereignis der Epoche erhoben. Franz von BAADERS *»Philosophie der Liebe«* sticht Hegels Vernunftreligion aus, und der Sozialismus à la Ball beruft sich nicht auf Marx, sondern auf BAKUNIN und Wilhelm WEITLING. Die Gegenwart als ein Zeitalter vollendeter Sündhaftigkeit erfordert *»die Revision unserer intellektuellen Geschichte«* und die Rückbesinnung auf eine Leidensfähigkeit, die ihr *»höchstes Glück im Opfer sieht«*.
Fehlt es der Kritik Balls an Luther, Marx oder den Erscheinungsformen machtgeschützter Innerlichkeit bei aller Einseitigkeit nicht durchweg an Überzeugungskraft, so fallen die angebotenen Alternativen dagegen deutlich ab. Zwar verdienen seine Wiederentdeckung Bakunins und vor allem Müntzers positiv hervorgehoben zu werden, nicht jedoch der damit verbundene geradezu kultische Irrationalismus, der von der *»trostlosen rationalistischen Verflachung eines Journalisten- und Diplomatenzeitalters«* spricht und dessen Hang zu Tiefe, Mystik und Unmittelbarkeit kurze Zeit später, freilich unter anderen Vorzeichen, ideologische Urständ feiern sollte. So begrüßenswert die Forderung nach konsequenter Demokratie ist, so naiv erscheinen die Vorstellungen, die Ball von deren Errichtung und Aussehen hat. Wie die historische Analyse ist auch die aktuelle Zielsetzung einer »moralischen Revolution« geprägt von der vollständigen Ausklammerung ökonomischer und gesellschaftlicher Faktoren. Das deutsche Unwesen, an dem die Welt Gefahr läuft zu verderben, soll nicht mit politischen Mitteln bekämpft werden, sondern mit den Kräften des Geistes und des Gewissens. Stellte der »Aktivismus« Kurt HILLERS den Versuch dar, Expressionismus in Politik umzusetzen, so wird hier Ähnliches mit einem religiös eingefärbten Dadaismus unternommen. Das Postulat einer *»demokratischen Kirche der Intelligenz«* findet während der Weimarer Republik in elitär-ohnmächtigen Vorstellungen von der Macht des Geistigen seine Fortsetzung und stempelt Hugo Balls Buch selbst zu einem Kapitel eben jener Geschichte, zu deren Kritik es einen nicht nur wesentlichen, sicher aber unvollständigen Beitrag leistet. U.E.

AUSGABEN: Bern 1919. – Mchn./Lpzg. 1924 (u. d. T. *Die Folgen der Reformation*; vom Verf. gekürzte Ausg.). – Mchn. 1970, Hg. u. Vorw. G.-K. Kaltenbrunner. – Ffm. 1980 (BS).

LITERATUR: P. U. Hohendahl (in *Expressionismus als Literatur. Gesammelte Studien*, Hg. W. Rothe, Bern/Mchn. 1969, S. 740–752). – G.-K. Kaltenbrunner, *Anarchie u. Gnade. Ein Hinweis auf H. B.* (in Schweizer Monatshefte, 50, 1970/71, S. 526 bis 535). – M. Steinbrenner, *Flucht aus der Zeit? Anarchismus, Kulturkritik und christliche Mystik – H. B.s Konversionen*, Ffm. 1985. – E. Kennedy, *Carl Schmitt und H. B.* (in Zs. für Politik, 1988, H. 2).

EMILIO BALLAGAS Y CUBEÑAS

* 7.11.1908 Camagüey
† 11.9.1954 Havanna

LITERATUR ZUM AUTOR:
A. P. Rice, *Júbilo y fuga de E. B.* (in RI, 32, 1966, S. 267–274). – Ders., *E. B. Poeta o poesía*, Mexiko 1967. – R. E. Valdés-Cruz, *La poesía negroide en América*, NY 1970, S. 77–82. – R. Pallás, *La poesía de E. B.*, Madrid 1973, – R. Herrera, *La poesía mulata de E. B.* (in Círculo, 10, 1981, S. 93–103). – L. Suardíaz, *E. B., de otro modo* (in Casa de las Américas, 24, 1983, Nr. 139, S. 27–37).

CUADERNO DE POESÍA NEGRA

(span.; *Heft schwarzer Poesie*). Gedichtsammlung von Emilio BALLAGAS Y CUBEÑAS (Kuba), erschienen 1934. – Die »schwarze Poesie« (afrokubanische Dichtung) begann in Kuba im Jahr 1928 mit den Gedichten von Ramón GUIRAO und erreichte ihren Höhepunkt in der Dichtung von Nicolás GUILLÉN. Im Gesamtwerk Ballagas' – der selbst kein Farbiger war – kommt der modischen »schwarzen Periode« nur eine beiläufige Bedeutung zu, denn die ursprüngliche dichterische Sensibilität dieses Lyrikers fand sowohl in den frühen als auch in den späten Versen immer wieder zu eigenständiger poetischer Aussage. – Schon das erste Buch von Ballagas, *Júbilo y fuga*, 1931 *(Jubel und Flucht)*, zeigt die dominierenden Motive seiner Lyrik, die unter folkloristischem Aspekt, auch im *Heft schwarzer Poesie* erscheinen. Dazu gehört z. B. der Zustand einer *»reinen Sinnlichkeit«*, die der Dichter auf zweierlei Weise verwirklicht sehen will: einmal durch eine ursprüngliche Sinnenfreude, die dem natürlichen und ausdrucksstarken Lebensgefühl des schwarzen Antillanen entspricht, und zum anderen durch die Preisgabe der Individualität, indem diese sich in eine Fülle von Empfindungen auflöst. Für die sprachliche Formung dieses Motivs wählt Ballagas häufig die Lautmalerei, durch die er beispielsweise dem Gedicht *La comparsa habanera* die *»reichste verbale Orchestrierung der kubanischen Dichtung überhaupt«* (C. Vitier) verleiht.

Wie in der übrigen afrokubanischen Lyrik (etwa in N. Guilléns *Sóngoro Cosóngo*) spielt auch in Ballagas' Versen das musikalische Element eine wichtige Rolle. Dies zeigt beispielsweise sein Versuch, die rhythmische Struktur des *son* und der *conga* (kubanische Tänze) auf die Gedichte zu übertragen. Im allgemeinen liegen Ballagas' Lyrik sozialkritische Absichten fern. Auch das scheinbar »engagierte« Gedicht *Actitud* zeigt, daß der Autor lediglich die Fähigkeit des Negers, in der völligen Hingabe an die Natur glücklich zu sein, bewundert und besingt.
F.P.R.

AUSGABEN: Havanna/Santa Clara 1934. – Havanna 1955 (in *Obra poética*, Hg. C. Vitier; m. Einl.). – Madrid 1962 (in *Lira negra*, Hg. J. Sanz y Díaz). – Havanna 1972 (in *E. B.*, Hg. R. Antuña). – Havanna 1973 (in *E. B. El autor y su obra*, Hg. E. de Armas).

LITERATUR: J. L. Varela, *Ensayos de poesía negra en Cuba*, Madrid 1951. – R. Fernández Retamar, *La poesía contemporánea de Cuba, 1927–1953*, Havanna 1954. – C. Vitier, *Lo cubano en la poesía*, Sta. Clara 1958. – M. Henríquez Ureña, *Historia de la literatura cubana*, Bd. 2, NY 1963.

BALLĀLA

16./17. Jh. Benares

BHOJAPRABANDHA

(skrt.; *Literarische Komposition über König Bhoja*). Ein aus Prosa und Versen gemischtes Werk, das BALLĀLA Ende des 16. Jh.s zu Ehren des indischen Königs BHOJA von Dhārā (in Mālwā, 11. Jh.) verfaßte. Auch heute noch erfreut es sich bei den Gebildeten Indiens großer Beliebtheit. – Bhoja gilt als eine Art Hindu-Idealkönig, der nicht nur selbst literarisch arbeitete (ihm wurden Werke über Astronomie, Architektur und Theorie der Kunstdichtung zugeschrieben), sondern auch die berühmtesten Dichter und Gelehrten an seinen Hof zog. Von diesen Literaten und Dichtern berichtet der *Bhojaprabandha* hauptsächlich, allerdings in völlig ahistorischer und anachronistischer Weise. So werden z. B. KĀLIDĀSA und MĀGHA, der Verfasser des *Śiśupālavadha*, zu Zeitgenossen des Königs Bhoja gestempelt und zahlreiche Anekdoten von ihnen berichtet. Bezeichnend ist z. B. das Gedicht, das angeblich von Bhoja begonnen und von den Dichtern BĀNA, MAHEŚVARA und Kālidāsa ergänzt wird (Ü: H. v. Glasenapp):
»Bhoja:
Es sinkt ins Meer die Sonne in abendlichem Schein,
Bāna:
Es sinkt die trunkene Biene in des Lotos Kelch hinein,

Maheśvara:
Es sinkt in Baumes Höhlung der Vogel in dem Hain,
Kālidāsa:
Und leise sinkt die Liebe ins Herz der Mägdelein.
Es gibt eine südindische und eine Bengali-Rezension des Textes, wobei letztere die ältere zu sein scheint. Leider ist sie erst ungenügend herausgegeben (Pavie; Oster teilw.). H.H.

AUSGABEN: Paris 1855, Hg. T. Pavie [Bengali-Rezension; unkrit.]. – Patna 1955 [m. engl. Übers.]. – Allahabad 1962.

ÜBERSETZUNG: *The Narrative of Bhoja*, L. H. Gray, New Haven 1950 [engl.].

LITERATUR: L. Oster, *Die Rezensionen des Bhojaprabandha*, Darmstadt 1911 [zugl. Diss. Heidelberg].

LADISLAV BALLEK

* 2.4.1941 Terany

LITERATUR ZUM AUTOR:
H'ladat' si svoje miesto. Rozhovor J. Kamenistého s L. B. (in Smena na nedeľu, 13. 3. 1975). – J. Števček u. A. Bagin, *Obrazy a myšlienky*, Preßburg 1979, S. 70–80. – I. Sulík, *Kapitoly o súčasnej próze*, Preßburg 1985. – L. Richter, *Vzťahy a súvislosti slovenskej literatúry 20. storočia*, Preßburg 1986. – J. Števček, *Intelektuálny román* (in Slovenská literatúra, 34, 1987, Nr. 2, S. 127–144). – V. Petrík, *Senzuálne a racionálne prvky Ballekovej prózy* (in Romboid, 23, 1988, Nr. 3, S. 70–74).

AGÁTY. Druhá Kniha o Palánku

(slovak.; *Ü: Akazien. Ein zweites Buch über Palánk*). Roman von Ladislav BALLEK, erschienen 1981. – In dem Roman *Agáty* kehrt der Autor, wie schon in seinem Erzählungsband *Južná pošta*, 1974 *(Südpost)* und in seinem Roman *Pomocník*, 1977 *(Der Geselle)*, in die Landschaft und die Zeit seiner Kindheit zurück, also in die Zeit zwischen Kriegsende und kommunistischer Machtergreifung im südlichen Grenzgebiet der Slowakei. Der Untertitel stellt den Roman in die direkte Nachfolge von *Pomocník*, weist ostentativ auf die Identität des Schauplatzes, des imaginären, aber doch so realen Städtchens Palánk in seiner konkreten und symbolhaften Dimension hin. – Im Gegensatz zu der »klassischen« Romanform des *Pomocník* gliedert sich der Roman *Agáty* in zwei Teile, die jeweils aus fünf bzw. vier Prosatexten unterschiedlichen Genres bestehen.
Der erste Teil umfaßt folgende Einzeltexte: 1) *Palánk – štvrť mačiek (Palánk – das Viertel der Katzen)*, eine Exposition in Form einer historisch-geographischen Skizze des Städtchens Palánk mit seinem südlichen Flair, seiner üppigen Fauna und Flora, die die Aufmerksamkeit des Lesers auf das vornehme Parkviertel lenkt, in dem an dem Wechsel der Bewohner der gesellschaftliche Umbruch besonders gut abzulesen ist. Mit der Erwähnung des unaufgeklärten Mordes an einem Polizisten mit einer deutschen Armeepistole wird hier eine die einzelnen Segmente dieses Buches verbindende Spannung angelegt, die erst im dritten Segment des zweiten Teils gelöst werden wird. – 2) *Agáva (Die Agave)*, eine umfangreiche Novelle, in der am Beispiel vor allem der beiden zentralen Personen, des siebzigjährigen, alteingesessenen Arztes Dr. Varga und der mit ihrem Mann, dem Architekten Tomáš Hampl, zugezogenen jungen, aber todkranken Nadja Hamplová geschildert wird, wie sich die Einheimischen und die Neubürger, die Alten und die Jüngeren, unter den veränderten Lebensumständen zurechtfinden oder auch aus der Bahn geworfen werden. – 3) *Palánk – mesto na hranici (Palánk – die Stadt an der Grenze)*, eine soziologische Skizze über die Veränderung des politischen, wirtschaftlichen und militärischen Lebens in der Stadt nach Kriegsende. – 4) *Jaro na l'ade (Frühling auf dem Eis)*, eine Erzählung über ein Winterfest auf dem Eise, das Peter Korim, der Enkel Dr. Vargas, als junger Einheimischer das zukunftsgerichtete Pendant zu dem der abtretenden, rückwärtsgewandten Generation angehörenden Großvater, veranstaltet, um seine Jugendliebe, Monika Totková, zurückzugewinnen. – 5) *Denník lekárnika Eugena Filadelfiho (Das Tagebuch des Apothekers Filadelfi)*, eine Tagebuchnovelle, in der die innere Perspektive des äußerlich heruntergekommenen Apothekers Filadelfi beleuchtet wird, eines Zugezogenen, der bei dem Versuch, sich durch Einheirat in ein vermeintlich vornehmes und wohlhabendes Haus in die Lebensgemeinschaft von Palánk zu integrieren, an der Erkenntnis der intriganten Korruptheit seiner neuen Familie zerbricht.
Der zweite Teil besteht aus: 1) *Palánk – námestie Republiky (Palánk – Platz der Republik)*, eine anekdotische Humoreske über ein in seinem Äußeren lächerlich ungleiches bäuerliches Paar, das sich nach einem Gerichtsverfahren gegen den Bauern wegen gefährlicher Körperverletzung an seiner ihn an Umfang und Körpergröße weit überragenden Frau ungeachtet des feixenden städtischen Publikums versöhnt und in ländlicher Einsamkeit liebt. – 2) *Koník z Orlanda (Das Pferd aus dem Zirkus Orlando)*, eine Novelle, die eine ebenso pralle wie poetische Schilderung des alltäglichen Lebens des Städtchens Palánk im Zirkusfieber bringt. – 3) *Anjel a dom mačiek (Der Engel und das Haus der Katzen)*, eine umfangreichere Novelle, in deren Mittelpunkt der Polizist Blaščák und seine Frau stehen, deren Ehe in eine schwere Krise gerät: Während Blaščák sich der schönen Nachbarin Töröková zuwendet, findet seine Frau bei dem »*Engel*« der Nachbarin Tischlerová Trost. Bei einer vorüberge-

henden Versöhnung berichtet die Frau ihrem Mann von der wirklichen Existenz des im Laufe des Werks immer wieder erwähnten ominösen Engels im Hause der Nachbarin, der sich angesichts seiner drohenden Entdeckung bei einer Hausdurchsuchung selbst erschießt. »*Die Waffe war eine deutsche Armeepistole der Marke P-08 Parabellum, mit der, wie sich später herausstellte, der Wachtmeister Patka getötet worden war.*« Damit ist der in der ersten Erzählung erwähnte Mord aufgeklärt und der »*Engel*« der Frau Tischlerová als deutscher Soldat, dem der Rückzug in seine Heimat nicht mehr gelungen ist, identifiziert. Damit ist außerdem der Spannungsbogen geschlossen, der die lose Komposition frappierend umspannt. – 4) *Palánk – listy kormoránom (Palánk – Briefe an die Kormorane)*, ein Epilog, bestehend aus Briefen des Jan Jurkovič, eines wiederholt auftauchenden kindlichen Augenzeugen, der starke autobiographische Züge trägt.

Im Gegensatz zu *Pomocník* entwickelt Ballek in *Agáty* ein sowohl formal als auch inhaltlich nicht chronologisches, sondern synthetisches Bild von Palánk aus der Perspektive der Nachkriegszeit, eine komplexe Gesamtaussage über diese Stadt, die aus einem scheinbar willkürlichen vielfältigen Nebeneinander voneinander unabhängiger und doch zusammenhängender Ereignisse und Personen erwächst. Dabei gilt das Hauptinteresse der Lebenssituation von Personen, die von ihrer Lebenshaltung her der vergangenen, versinkenden Zeit angehören, die sich aufgrund besonderer individueller Umstände nicht mehr neu zu orientieren und zu integrieren vermögen. Personen, die in einer reflektierten und aktiven Lebenshaltung in der neuen Zeit leben, in sie hineinwachsen, sind in diesem Buch eher Randfiguren. Exemplarische typisierende Ausschnitte aus dem Leben der unterschiedlichsten Menschen dieser Region fügen sich im Roman, der die reale Zeit von 1945 bis 1948 und die historische Zeit vom Beginn des Jahrhunderts bis in die sechziger Jahre umschließt, zu einer dichten epischen Gesamtschau des Lebens von Palánk im Kontext der Geschichte. – Mit diesem Buch, das von dem slowakischen Literaturkritiker Ivan SULÍK »*als herausragende epische Tat wie auch als philosophischer und künstlerischer Aufruf*« gewertet wird, hat Ballek einen bedeutenden Beitrag zum Genre des slowakischen Gesellschaftsromans geleistet. E.A.

AUSGABE: Preßburg 1981.

ÜBERSETZUNG: *Akazien. Ein zweites Buch über Palánk*, R. Fischer, Bln./Weimar 1986.

DRAMATISIERUNG: Ondrej Šulaj 1984.

LITERATUR: R. Chmel, Rez. (in Slovenské pohľady, 98, 1982, Nr. 4, S. 111–115). – V. Kochol, *Épopeja slovenského juhu* (in Slovenské pohľady, 98, 1982, Nr. 5, S. 107). – K. Krnová, *Polemické hodnoty súčasného románu* (in Slovenská literatúra, 29, 1982, Nr. 6, S. 517–528). – V. Marčok, *Román epickej zrelosti* (in Nové slovo, 24, 1982, Nr. 3, S. 16). – V. Mináč, *Všetko je v našich rukách* (in Pravda, 63, 1982, Nr. 168, S. 4). – I. Sulík, *Ivan Sulík číta L. B.* (in Romboid, 17, 1982, Nr. 3, S. 18). – S. Šmatlák, *Dielo epickej spravodlivosti* (in Pravda, 63, 1982, Nr. 12, S. 5). – M. Šútovec, *O žánrovej štruktúre Ballekových Agátov* (in Romboid, 17, 1982, Nr. 9, S. 41–47). – P. Zajac, *Koncepcia Ballekových Agátov* (in Slovenská literatúra, 29, 1982, Nr. 6, S. 501–516). – M. Tomčík, *Socialistický realizmus a individuálny štýl (štýlové aspekty Ballekových Agátov)* (in Romboid, 19, 1984, Nr. 6, S. 2–14). – J. Peterka, *Humanizujúci zmysel nostalgie* (in Romboid, 21, 1986, Nr. 2, S. 20–25).

POMOCNÍK. Kniha o Palánku

(slovak.; *Ü: Der Geselle. Ein Buch über Palánk*). Roman von Ladislav BALLEK, erschienen 1977. – Die Handlung von *Pomocník* spielt in der Zeit zwischen dem Kriegsende 1945 und der endgültigen Machtergreifung durch die Kommunisten im Jahre 1948 im Grenzland der südlichen Slovakei, genauer: in der imaginären südslowakischen Kleinstadt Palánk, in der das Städtchen Šahy, in dem der Autor seine Kindheit verlebte, wiederzuerkennen ist. Diese Stadt hatte in nur einer Generation fünf verschiedenen Staatsgebilden angehört und damit auch einen entsprechend häufigen Wechsel der Fahnen, Hymnen, Währungen und Amtssprachen erlebt. Wo vor dem Kriege ein buntes Völkergemisch aus Slovaken, Ungarn, Tschechen, Serben, Deutschen und Zigeunern gelebt hatte, ließen sich nun viele Slowaken nieder. Der Roman schildert in exemplarischen Ausschnitten die für die Alteingesessenen als auch für die Zugewanderten gleichermaßen neue Lebenssituation und die vielfältigen Probleme, die sich ihnen unter den veränderten politischen und auch persönlichen Verhältnissen nach dem Kriege stellen. Schon Titel und Untertitel beleuchten die spannungsreiche Eingebundenheit des Individuums in historische und gesellschaftliche Zusammenhänge, die reziproke Bedingtheit des Exemplarischen und des Ganzen: »*pomocník*«, was sowohl »Handwerksgeselle« als auch »Gehilfe« im Sinne von Handlanger bzw. Hilfsarbeiter bedeuten kann, und »*Palánk*«, wie die hölzernen Befestigungen in dieser Gegend hießen, von denen aus die Türken ihre Übergriffe auf das Umland ausführten, haben zusätzlichen interpretatorischen Hinweischarakter.

Auf der exemplarischen Ebene ist dieser Roman von zwei Hauptgestalten beherrscht: Štefan Riečan und Volent Lančarič, auf die der Titel des Romans in seiner ambivalenten Bedeutung gleichermaßen hinweist. Der Metzger Štefan Riečan, dessen kleiner Besitz im Krieg abgebrannt ist, kommt mit Frau und Tochter aus dem bergigen Oberland in die reiche Tiefebene, wo er hofft, durch die Übernahme einer großen Fleischerei, deren Besitzer nach dem Kriege geflohen ist, eine neue Existenz aufbauen zu können. Mit dieser Fleischerei

»übernimmt« er auch Volent Lančarič, den Gesellen des ehemaligen Meisters, obwohl er vor dessen Charakter gewarnt wird. Zunächst scheint alles gut zu gehen: Volent Lančarič tut für die neuen Besitzer und für seinen neuen Meister, was in seinen Kräften steht, und wird dankbar wie ein Mitglied der Familie behandelt. Allmählich beginnt sich jedoch das harmonische Miteinander zu verändern. Štefan Riečan, der Typ des ehrlichen, traditionsverhafteten, sittlich und moralisch integren Menschen, bleibt in dem vom Kleinbürgertum dominierten Milieu der Kleinstadt ein Außenseiter. Seine Frau dagegen, die alles daran setzt, sich anzupassen, verändert sich völlig, nicht nur in ihrem Äußeren sondern auch in ihrer Lebensart und beeinflußt zunächst auch die Tochter in dieser Weise, so daß Štefan Riečan in seiner Familie in eine immer größere Isolation gerät und schließlich total vereinsamt. Volent Lančarič, ein fleißiger, unternehmungslustiger und auch ehrgeiziger Mensch, will wie die Frau des neuen Meisters um jeden Preis nach oben kommen. Dabei ist beiden jedes Mittel recht. Schließlich wird Štefan Riečan, der Meister, von beiden zum Handlanger in seiner eigenen Fleischerei degradiert. Gedemütigt kehrt er in sein Dorf zurück. Die Integration des redlichen Menschen vom Lande in das korrupte kleinstädtische Milieu ist nicht geglückt. Scheinbar obsiegt haben zunächst seine opportunistische Frau Eva und Volent Lančarič, der sich der Mittel dieser korrupten Gesellschaft virtuos zu bedienen weiß und durch die Heirat mit Riečans Tochter auch dessen Frau aus Haus und Geschäft vertreibt. Erst einige Jahre später, nachdem die Kommunisten in der Stadt die Macht übernommen haben, erfährt Lančarič seine Niederlage; er wird zunächst enteignet und später wegen erneuter, unerlaubter Geschäfte zu Strafbeit verurteilt. Štefan Riečan dagegen lebt mit seiner Tochter und den Enkelkindern in seinem Heimatdorf ein bescheidenes und zufriedenes Leben. Der Roman geht jedoch über eine vordergründige einfache konfrontierende Darstellung der gegensätzlichen Typen Riečan – Lančarič und ihrer Schicksale hinaus. Durch die Einbettung dieses Charakterpaares in ein reflektiert komponiertes Mosaik von typisierten Personen und Begebenheiten, das in den zwölf Kapiteln des Romans Milieu, Zeit und Raum aus unterschiedlichster Perspektive zu einem Ganzen erstehen läßt, erreicht Ballek eine breite epische Darstellung, eine historisch dimensionierte Gesamtschau der Situation von Individuen und Gesellschaft in dem spezifischen Milieu der südlichen Slowakei der Nachkriegszeit. E.A.

AUSGABEN: Preßburg 1977. – Prag 1982 [tschech.]. – Preßburg 1986.

ÜBERSETZUNG: *Der Geselle. Ein Buch über Palánk*, R. Fischer, Bln. 1986.

LITERATUR: E. Jenčíková, *Emblematickosť románovej tvorby V. Šikulu, P. Jaroša a L. B.* (in Slovenská literatúra, 34, 1987, Nr. 5). – R. Chmel, *Produktívnosť románového príbehu* (in Slovenské pohľady, 94, 1978, Nr. 6, S. 112–118; Neuabdr. in R. Ch., *Sondy*, Preßburg 1983, S. 299–308).

JAIME BALMES

* 28.8.1810 Vich
† 9.7.1848 Vich

LITERATUR ZUM AUTOR:
J. Faurey, *La philosophie politique de B.*, Paris 1933. – I. Casanovas, *B. Su vida, sus obras y su tiempo*, Barcelona 1942. – J. M. Castro y Calvo, *B.*, Vich 1951. – H. Auhofer, *Die Soziologie J. B.'s*, Diss. Mchn. 1953. – J. de Dios Mendoza, *Bibliografía balmesiana*, Barcelona 1961. – J. Tusquets, *J. B. Son système philosophique*, Paris 1969. – *Estudios sobre B. Conferencias pronunciadas en Vich con motivo del centenario de la muerte de B.*, Vich 1972. – H. E. Davis, *J. B. Spanish Traditionalist: His Influence in Spanish America* (in The Americas, 35, 1979, S. 341–351).

EL PROTESTANTISMO COMPARADO CON EL CATOLICISMO EN SUS RELACIONES CON LA CIVILIZACIÓN EUROPEA

(span.; *Der Protestantismus verglichen mit dem Katholizismus in Beziehung zur europäischen Kultur*). Kulturgeschichtliche Untersuchung in vier Bänden von Jaime BALMES, erschienen 1842–1844. – Diese umfangreiche Schrift des bedeutendsten spanischen Repräsentanten der Scholastik und katholischen Staatslehre im 19. Jh., die als Widerlegung der von dem französischen Historiker Guillaume GUIZOT (1787–1874) in seiner *Histoire générale de la civilisation (Allgemeine Kulturgeschichte)* behaupteten kulturschöpferischen Rolle des Protestantismus gedacht war, ist kein wissenschaftliches, sondern ein apologetisches und polemisches Werk. Angesichts der bei seinen Zeitgenossen, z. B. bei LARRA (vgl. *Artículos*), beobachteten Neigung zu einer nachsichtigen, gerechten Beurteilung des Protestantismus, hält Balmes es für erforderlich, »zu beweisen, daß weder der einzelne noch die Gesellschaft dem Protestantismus irgend etwas zu verdanken hat, weder in religiöser, sozialer und politischer noch in literarischer Hinsicht«. Beseelt von dem blinden Eifer der Gegenreformation, die in Spanien ihr stärkstes Bollwerk besessen hat, und ausgehend von der Prämisse, daß der Katholizismus »*Licht vom Lichte*« und deshalb dem Protestantismus unendlich überlegen sei, kommt er, unter Außerachtlassung alles dessen, was in Deutschland, England und anderen protestantisch beeinflußten Ländern Europas in Wissenschaft, Philosophie, Literatur, Musik und

Kunst geschehen war und geschah, zu der Erkenntnis: »*Der Protestantismus hat den Lauf der Kultur zurückgewendet, er hat der Menschheit unermeßlichen Schaden zugefügt; nicht durch ihn, sondern ihm zum Trotz sind die Fortschritte gemacht worden, die nach seinem Auftreten noch zu beobachten sind.*« – Als erste große Auseinandersetzung mit dem Protestantismus stellt das Werk des jungen, frühverstorbenen katholischen Philosophen in dem wissenschaftsfeindlichen, empirischer Forschung abholden Spanien seiner Zeit eine beachtliche Leistung dar. Der Einfluß, den es ausübte, war groß, jedoch vorwiegend negativer Art. Es trug dazu bei, die alten Vorurteile tiefer zu verwurzeln und die Zeitgenossen in ihrem Glaubensstolz, in dem unkritischen Bewußtsein konfessioneller Überlegenheit zu bestätigen. In dem *Ensayo sobre el catolicismo, el liberalismo y el socialismo*, 1851 *(Versuch über den Katholizismus, den Liberalismus und den Sozialismus)*, von Juan Donoso Cortés ist dieser negative Einfluß deutlich erkennbar. Allerdings sind im Gegensatz zu der brillanten, oratorisch zugespitzten, von großem rhetorischem Pathos erfüllten Ausdrucksweise dieses Gesinnungsgenossen die literarischen Qualitäten von Balmes gering. »*Seine stark katalanisch gefärbte Prosa entbehrt des ästhetischen Wertes*« (J. Marías). »*Balmes ist ein armseliger Schriftsteller verglichen mit dem kraftvollen Stil Donosos*« (Menéndez y Pelayo). A.F.R.

Ausgaben: Barcelona 1842–1844, 4 Bde.; Nachdr. 1951. – Barcelona 1925 (in *Obras completas*, Hg. I. Casanovas, 33 Bde., 1925–1927, 5–8). – Madrid 1949 (in *Obras completas*, 1948–1950, 8 Bde., 4).

Übersetzungen: *Der Protestantismus verglichen mit dem Katholizismus, in seinen Beziehungen zu der europäischen Civilisation*, anon., 3 Bde., Regensburg 1844/45. – *Protestantismus und Katholizismus in ihren Beziehungen zur europäischen Civilisation*, Th. Haas, 2 Bde., Regensburg 1888.

Literatur: Revista Internacional de Sociología, 1948, Nr. 22/23 [Sondernr.: J. B.]. – I. Casanovas, *Apologética de B.*, Barcelona 1953.

KONSTANTIN DMITRIEVIČ BAL'MONT

* 15.6.1867 Gumnišči / Gouvernement Vladimir
† 24.12.1942 Noisy-le-Grand bei Paris

DAS LYRISCHE WERK (russ.) von Konstantin D. Bal'mont.
Das dichterische Schaffen Bal'monts umfaßt die Jahre 1885–1932, d. h. eine Zeit tiefgreifender politischer und geistesgeschichtlicher Umbrüche in Europa und damit auch in Rußland. Das breite literarische Leben Rußlands war in den achtziger und neunziger Jahren des 19. Jh.s von einem naiven Realismus und utilitaristischen Kunstbegriff geprägt, wogegen schon damals namhafte Schriftsteller der älteren Generation wie A. Čechov und L. Tolstoj Stellung bezogen. Vor diesem Hintergrund wurde Bal'mont bereits mit seinen frühen Publikationen *Sbornik stichotvorenij*, 1890 *(Gedichtsammlung)* und *Pod severnym nebom*, 1884 *(Unter nördlichem Himmel)* zu einem Vorreiter der »neuen« russischen Dichtkunst, des Symbolismus, jener literarischen Epoche, die bald »Silbernes Zeitalter« der russischen Literatur genannt wurde. Das Bewußtsein dessen, daß Formen und Inhalte des Realismus sich überlebt haben, war weit verbreitet und führte zwischen den literarischen Lagern zu leidenschaftlichen Diskussionen über Begriff und Wesen der Kunst. So schrieb z. B. D. Merežkovskij 1893 *O pričinach upadka i o novych tečenijach sovremennoj russkoj literatury (Über die Gründe des Verfalls und über die neuen Strömungen der zeitgenössischen russischen Literatur)*, und L. Tolstoj verfaßte 1897 seine Abhandlung *Čto takoe iskusstvo? (Was ist Kunst?)*.
Es sollte für das Schicksal der »neuen« Kunst in Rußland entscheidend werden, daß sie in Bal'mont ein dichterisches Talent fand, dem es – nach einer relativ kurzen Experimentierphase in den achtziger Jahren – bereits in seinen frühen Gedichten gelang, den neuen ästhetischen Geschmack vollendet zum Ausdruck zu bringen. Bal'mont entwickelte früh, bereits als Gymnasiast, ein intensives literarisches Interesse. Seine schon in jungen Jahren breiten Kenntnisse des Deutschen, Englischen und Französischen eröffneten ihm den direkten Zugang auch zu den neuesten literarischen Strömungen des Auslands. Dabei förderte ihn Fürst A. I. Urusov, einflußreicher Moskauer Advokat und hervorragender Kenner der französischen Literatur. Dieser machte Bal'mont Ende der achtziger Jahre mit den Werken Baudelaires, Verlaines und Mallarmés vertraut, wie Bal'mont selbst bekannte, etwa in der 1903 gehaltenen Gedenkrede für Urusov: »*Urusov machte mir selbst deutlich, was in mir lebte, aber was ich noch nicht mit voller Klarheit verstanden hatte: meine Liebe zur Poesie der Assonanzen, meine Neigung zu der harmonischen Musikalität, die mich faszinierte, von der ich mich aber zugleich unter dem Druck bestimmter literarischer Vorurteile fürchtete ...*« Urusov ist auch in dem Band *Unter nördlichem Himmel* das Gedicht *Čeln tomlenija (Kahn der Sehnsucht)* gewidmet, mit dem Bal'mont eine große Breitenwirkung erlangte. Das Gedicht mag als typisches Beispiel für die »Poesie der Assonanzen« gelten. Neben den sonst üblichen Reimen und Binnenreimen sind es hier vor allem die Alliterationen, die die Klangfülle steigern. Diese beziehen sich nicht nur auf die Wiederholung von Vokalen unter Betonung, sondern auch von Konsonanten – im besonderen von Labialen und Liquiden – der betonten Silben:

»*Večer. Vzmor'e. Vzdochi vetra.*
Veličavyj vozglas voln.
Blizko burja. V bereg b'etsja
Čuždyj čaram černyj čeln.«
(»*Abend. Strand. Windeshauch. / Erhabenes Rauschen der Wellen. / Nah ist der Sturm. An das Ufer stößt / ein jeglichem Zauber entfremdeter schwarzer Kahn.*«)
Mit dem Gedichtband *Unter nördlichem Himmel* wurde Bal'mont zur zentralen Figur der ersten Generation der russischen Symbolisten (etwa 1894–1904). Verse wie *Čuždyj čaram černyj čeln* drückten der »neuen« Kunst ihren Stempel auf; viele von ihnen wurden vertont. Die Gefahr der formalen Mittelmäßigkeit dieser Kunstgriffe wurde zwar sehr bald von anderen Dichtern, u. a. von A. BLOK, erkannt, zunächst aber fand Bal'mont begeisterten Zuspruch in den literarischen Kreisen (u. a. von V. BRJUSOV, A. Blok, A. BELYI und I. ANNENSKIJ).
Abgesehen von der erhöhten Klanglichkeit seiner Verse ist Bal'mont in seinen Gedichtformen traditionell: Es überwiegen Gedichte mit Vierzeilern, Sonette, Terzinen, Ringgedichte. In seinen weiteren Gedichtbänden, die in rascher Folge erschienen – *V bezbrežnosti*, 1895 *(In die Unendlichkeiten)* und *Tišina*, 1898 *(Stille)* – vervollkommnete Bal'mont seine Verstechnik im Sinn von A. Belyjs »*magija slov*« (»*Magie der Worte*«). Besondere Anerkennung fanden die Gedichte: *Podvodnye rastenija* (Unterwasserpflanzen), *Lebed'* (Schwan), *Veter* (Wind), *Lunnyj luč* (Mondstrahl).
Bal'monts Ruhm erreichte seinen Höhepunkt um die Jahrhundertwende mit dem Erscheinen der Gedichtbände *Gorjaščie zdanija*, 1900 *(Brennende Gebäude)*, *Budem kak solnce*, 1903 *(Laßt uns sein wie die Sonne)* und *Tol'ko ljubov'*, 1903 *(Nur Liebe)*. Themen und Motive dieser Bände spiegeln die »neuen« Inhalte der symbolistischen Dichtung wider und markieren gleichzeitig Bal'monts nächste Schaffensperiode. *Brennende Gebäude* trägt ein Motto, das NIETZSCHES *Also sprach Zarathustra* nachempfunden ist: »*Mir dolžen byt' opravdan ves', čtob možno bylo žit'.*« (»*Die ganze Welt muß gerechtfertigt werden, damit man leben kann.*«) Dominierten bisher als Motive – noch in der Tradition der Impressionisten – flüchtige, vergängliche Naturerscheinungen, so sind es jetzt der starke und geniale Mensch und seine Schöpfung, die Dichtung. Bal'mont veranschaulicht seine Motive und Themen durch Anwendung zahlreicher Bilder und Metaphern, die seine große Belesenheit in der Weltliteratur dokumentieren und dem Bereich der Elemente (Zephir, Wolke, Welle), der Tiere (Schwan, Schmetterling, Albatros, Schlange, Phönix) und der vernünftigen und geistigen Wesen (Hirte, Sänger, Uhrmacher, Prophet, Magier, Schmied, Rächer, Henker, Dämon) entliehen sind.
Für Rezeption und Verwendung der literarischen Traditionen in den eigenen Gedichten spielten die Übersetzungen SHELLEYS, POES, CALDERÓNS, KĀLIDĀSAS, in denen sich Bal'mont seit früher Jugend übte, eine wichtige Rolle. Er galt als gelehrter Dichter – davon zeugen auch seine zahlreichen literaturkritischen Artikel. »*Er bestreute seine Gabe mit Gelehrsamkeit, ... konnte ... mit Erfolg berechnen, was bei wem wievielmal gesagt ist: Shelley sagte über die Blume – das und das da ...*« (A. Belyi). Bal'mont schöpfte aus dem ganzen Reichtum der abendländischen Traditionen, nicht um deren intellektuelle Aussagen neu zu interpretieren, sondern um eine Konzeption der Dichtung zu realisieren, wie sie V. Brjusov formulierte: »*Das Ziel des Symbolismus ist es, durch eine Reihe von nebeneinander gestellten Bildern zu hypnotisieren ...*«
Die nächste Schaffensperiode, in der u. a. *Liturgija krasoty*, 1905 *(Liturgie der Schönheit)* entstand, zeigt deutliche Spuren des Verfalls. Kennzeichnend für diese Zeit sind Bal'monts wenig überzeugende Versuche, thematisch und formal dem veränderten literarischen Geschmack zu entsprechen. Schon seine Zeitgenossen konstatierten, daß er zu dieser Wandlung nicht fähig war. A. Blok schrieb: »*Es erschien die Verstandspoesie, die von kraftlosen Schreien durchbrochen wird.*« So wurde Bal'mont noch während seines Aufenthalts in Rußland in der Zeit der zweiten Symbolisten-Generation (etwa 1904–1910) zu einem Außenseiter. Er fuhr zwar fort zu publizieren – vor seiner Emigration erschienen z. B. die Gedichtbände *Fejnye skazki*, 1905 *(Feenmärchen)*, *Žar-Ptica*, 1907 *(Wundervogel)*, *Zelënyj vertograd*, 1908 *(Der grüne Weinberg)* und auch im Ausland konnte er seine Gedichte vereinzelt in literarischen Zeitschriften veröffentlichen –, doch für die Geschichte der russischen Dichtung blieb dieses späte Werk trotz seines Umfangs bedeutungslos. H.Sp.

AUSGABEN: *Sobranie stichov*, 2 Bde., Moskau 1904/1905. – *Polnoe sobranie stichov*, 10 Bde., Moskau 1908–1914. – *Sobranie liriki*, 6 Bde., Moskau 1917. – *Stichotvorenija*, Moskau 1969.

LITERATUR: V. Brjusov, *B.* (in Mir isskustva, 1903, 7/8; auch in V. B., *Dalëkie i blizkie*, Moskau 1912, S. 73–106). – A. Belyj, *K. D. B.* (in Vesy, 1904, 3, S. 9–12). – I. Annenskij, *B-lirik* (in I. A., *Kniga otraženij*, Petersburg 1906, Bd. 1, S. 172–213). – A. V. Amfiteatrov, *K. D. B.* (in A. V. A., *Sovremenniki*, Moskau 1908, S. 199–232). – K. Čukovskij, *B.* (in K. Č., *Ot Čechova do našich dnej*, Petersburg 1908). – A. Blok, *B.* (in Reč', 1909, Nr. 59). – A. Bartenev, *O B.* (in Žatva, 1912, 3, S. 237 bis 257). – Zapiski Neofilologičeskogo obščestva pri imperatorskom Peterburgskom universitete, 7, Petersburg 1914 [Sammelband über B.]. – B. Zajcev, *O B.* (in Sovremennye zapiski, 1936, 61). – R. Patterson, *The Early Poetry of K. D. B.*, Diss. Univ. of California/Los Angeles 1969 [enth. Bibl.]. – H. Schneider, *Der frühe B. Untersuchungen zu der Metaphorik*, Mchn. 1970. – L. Ellis, *Russkie simvolisty (K. B., Valerij Brjusov, Andrej Belyj)*, Letchworth 1972. – S. Althaus-Schönbucher, *K. D. B. Parallelen zu Afanasij A. Fet. Symbolismus und Impressionismus*, Bern 1975.

MARTINUS BALTICUS

eig. Martin Belle oder Belte
* um 1532 München
† 1601 Ulm

ADELPHOPOLAE. Drama comico-tragicum historiam Josephi Jacobi filii complectens

(nlat.; *Die Bruderverkäufer. Tragikomisches Drama, die Geschichte Josephs, des Sohnes Jakobs, enthaltend*). Drama von Martinus BALTICUS, »*der anziehendsten Erscheinung des Münchener Humanistenkreises*« (Trautmann), erschienen 1556. – Wohl auf Empfehlung seines Lehrers MELANCHTHON und seines Gönners MINERVIUS, des ersten deutschen Übersetzers der *Odyssee*, wurde Balticus vom kunstfreundlichen Bayernherzog Albrecht V. nach München berufen: 1553 als Schulmeister zu St. Peter und bald auch als Poet, der »*der Poetenshul trewlich vnnd mit vleiss vorsteen*« sollte. In diesem Amt, das er wegen seiner lutherischen Neigung 1559 vorzeitig aufgeben mußte, verfaßte er drei Bücher Gedichte, einen Band Epigramme und insbesondere einige Theaterstücke nach biblischen Themen. Diese brachte er, wie die Schulordnung es vorschrieb, auch selbst zur Aufführung – als erstes 1554 die *Adelphopolae*; die Josephsgeschichte war damals ein oft gewähltes Sujet.
Josephs Schicksal wird in fünf langen Akten dramatisiert: wie seine Brüder ihn in die Grube werfen wollen und schließlich verkaufen; wie die Frau des Pharao ihn zu verführen sucht; wie der Pharao ihn dann erhebt; wie seine Brüder, als sie nach Ägypten kommen, ihn nicht erkennen; wie er sie prüft und sich endlich offenbart. Den pädagogischen Absichten des Schuldramas entsprach es, möglichst viele Mitspieler zu beteiligen. So treten in dem Stück außer Jakob und seinen zwölf Söhnen fünfzehn weitere Personen auf. Die Handlung weicht kaum von der biblischen Vorlage ab; ihr Ton ist im allgemeinen reflektierend, auch lyrisch; nur in den ersten drei Akten vermochte der Autor seine Kenntnis des PLAUTUS und SENECA für die Bühne zu nutzen. Am überzeugendsten ist die Vaterrolle des Jakob, doch wird sie nicht gleichmäßig durchgeführt. »*Teilweise ist es Balticus gelungen, ihm naivrührende Züge zu geben, für die ergreifendsten Momente aber muß dem Alten die Sprache versagen, weil sie dem Dichter nicht mehr zu Gebote gestanden hat. Das Stammeln des Gefühles, das im achtzehnten Jahrhundert die deutsche Dichtung in unerfreulicher Weise durchzieht, findet hier seinen Vorläufer.*« (Weilen)   J.Sch.

AUSGABE: Augsburg 1556.

ÜBERSETZUNG: *Josephus. Oder Ein Comoedia die Heilig und fürtrefflich Historiam vom Joseph des Ertzvatters Jacobs Sohne ordenlich vnnd gantz begreiffend*, Martinus Balticus, Ulm 1579.

LITERATUR: K. Trautmann, *Ein Münchener Schulmann aus d. guten alten Zeit* (in Münchener Neueste Nachrichten, 1884, Nr. 86/87). – A. von Weilen, *Der Ägyptische Joseph im Drama des 16. Jh.s*, Wien 1887. – K. v. Reinhardstoettner, *M. B. Ein Humanistenleben aus d. 16. Jh.*, Bamberg 1890. – RL, 2, ²1963, S. 659–662.

JURGIS BALTRUŠAITIS

* 3.5.1873 Paantvardžiai
† 3.1.1944 Paris

DAS LYRISCHE WERK (lit.) von Jurgis BALTRUŠAITIS.
Bis zum Jahre 1927 ist J. Baltrušaitis, der in einem litauischen Dorf geboren und aufgewachsen ist, in Kaunas das Gymnasium besucht und anschließend in Moskau studiert hat, nur mit Gedichten in russischer Sprache hervorgetreten. 1900 gründete er zusammen mit S. A. POLJAKOV den für die Entwicklung des russischen Symbolismus überaus wichtigen Verlag »Skorpion« (1900–1916), in dem als erstes Buch seine russische Übersetzung von H. IBSENS Drama *Wenn wir Toten erwachen* (1899) erschien. Auch an den periodischen Publikationen des Verlages, dem Almanach *Severnye cvety* (1901) und der Zeitschrift ›Vesy‹ (1904–1909) war Baltrušaitis maßgeblich beteiligt. 1899 wurde sein erstes russisches Gedicht in einer Zeitschrift gedruckt, zahlreiche weitere werden in den folgenden Jahren veröffentlicht.
Aber erst 1911 und 1912 kamen eigene Gedichtbände heraus (*Zemnye stupeni – Irdische Stufen* und *Gornaja tropa – Der Bergpfad*), postum 1948 der Band *Lilija i serp (Lilie und Sichel)*, der Gedichte in russischer Sprache aus den Jahren 1912–1943 enthielt. 1927 publizierte Baltrušaitis in einer Zeitschrift ein erstes Gedicht in litauischer Sprache, obwohl er schon seit seiner Gymnasialzeit auch litauische Gedichte geschrieben hatte. Weitere vereinzelte Publikationen von Gedichten in litauischer Sprache folgten. Aber die Mehrzahl seiner litauischen Gedichte ist erst in den Jahren 1940–1943 entstanden, als der Dichter schon in Frankreich lebte. Zu seinen Lebzeiten erschien 1942 noch in Kaunas der erste Teil eines Bandes mit Gedichten in litauischer Sprache *(Ašarų vainikas – Tränenkranz)*, dessen zweiter Teil zusammen mit einem weiteren Band *(Aukuro dūmai – Altarrauch)* und einzelnen anderen Gedichten erst 1967 in einer umfassenden Ausgabe seines lyrischen Werks in litauischer Sprache herauskam. Baltrušaitis hat in beiden Sprachen – russisch und litauisch – insgesamt etwa 500 Gedichte verfaßt.
Trotz des sich über vier Jahrzehnte erstreckenden Zeitraums, in dem es entstanden ist, und trotz seiner Zweisprachigkeit bildet Baltrušaitis' lyrisches

Werk eine Einheit. Die Gedichte seines ersten Bandes in russischer Sprache *(Zemnye stupeni)* sind in vier Zyklen angeordnet (1 + 25 + 25 + 25 + 25), die auf die vier Jahreszeiten Bezug nehmen. Vor ihrem Hintergrund entfaltet Baltrušaitis seine durchweg düsteren und melancholischen Gedanken über die Vergänglichkeit alles Irdischen, die Einsamkeit, das durch Leid und Entbehrungen geprägte Schicksal des Menschen, aber auch über die Überwindung der Einsamkeit, des Leidens und der Vergänglichkeit durch ein Aufsteigen in höhere, strahlende Weiten und durch die Erkenntnis, daß alle Widersprüche und hierarchischen Unterschiede in der göttlichen Ordnung aufgelöst und ausgeglichen sind. Die Menschen erscheinen ihm als »*in Nebel gehüllte Stufen / Zu den hellen Höhen der Berge Gottes, / Die aus dem Schatten emporsteigen / In eine jubelnde Weite*« (1911). Der Landmann, »*der Sklave der Flur, der Kämpfer Gottes von Urzeiten*«, der Schmied, »*der Knecht des Hammers, der im Dolch die Rache schmiedet*«, und »*der Hirte, dessen Stab in Ewigkeit blühen wird*«, sind ihm Sinnbilder für die, Welt und Zeit erhaltenden und stark machenden, Kräfte. »*Sie werden mit den Tagelöhnern und Schnittern in das Licht des Hochzeitsmahl der Nachtherberge eingehen*« (1914).

Für den Dichter fließen Erscheinungen der verschiedenen Seinsebenen in eins zusammen, jede einzelne ist dann Zeichen für die andere und alle zusammen Symbol für die Harmonie des vom Göttlichen durchwehten Kosmos: Ein menschliches »*Lächeln, das Zauber ausstrahlt*«, »*das stumme Singen der Geige*«, »*die Harmonie des Weltalls*«, »*die schlanke Kiefer im hohen Norden*« und »*das Licht, das in der trüben Vergänglichkeit Wirklichkeit und Träume mit dem Faden des Märchens miteinander verspinnt*« (1923). Wichtig ist für Baltrušaitis das Musikalische in der Dichtung. Viele seiner Gedichte tragen Überschriften aus diesem Bereich: *Lied, Melodie, Akkorde.* Mit dem Volkslied haben sie, auch wenn sie *daina* betitelt sind, in ihrer Abstraktheit und Pathetik jedoch nichts gemein. Verschiedentlich begegnet die Figur der Weberin, die in ihrem äußerlich so dürftig erscheinenden Leben am Gewebe der Zeit mitwebt und deren harte Bank der Dichter als »*Thron mit vier Füßen*« sieht (1940). Die Vorliebe der Symbolisten für fremdsprachige Titel schlägt sich in einer Reihe lateinischer, französischer und italienischer Überschriften nieder, die im russischen Kontext exotisch wirken: *Ave crux; Ave, Stella maris; Valse triste; Villa la Tour; Marcia eroica; Pelegrinaggio alla Madonna dei Monti; Taedium vitae.*

Baltrušaitis' Bilder sind häufig schwer oder gar nicht realisierbar, da er gern Abstraktes mit Konkretem verbindet: »*Zu hören ist das Läuten der Befreiung / Im Schlagen der langsamen Uhr, / Und der Lauf des Augenblicks schiebt hinweg / Den Riegel, hinter dem sich das Nichtenträtselte verbirgt*« (1912). – »*Der Hirt mißt in seinem Leben die Fristen / Mit Hilfe der Menschenleere des Weges der Tiere*« (1914). – »*Seine* (d. h. des Opferpriesters) *geheimnisvollen Hände drücken das Leben an sich, / Und wieder wird der Tag den Herzen leichter*« (lit.; 1942). In den litauischen Gedichten ist eine deutliche Verminderung der abstrakten Bilder festzustellen. Sie wirken im Vergleich zur zeitgenössischen litauischen Lyrik altertümlich, da Baltrušaitis häufig auf die litauische Sprache seiner Jugendzeit und auf die Bibelsprache zurückgreift. Sie zeichnen sich durch einen großen Wortreichtum aus, der auch zahlreiche Realien des dörflichen Lebens in Litauen (Weber-Terminologie u. a.) umfaßt. Aber eine archaisierende Tendenz war auch seinen frühen russischen Gedichten schon eigen. In allen Perioden zeigen Baltrušaitis' Gedichte ein hohes Maß an Pathetik, die aus diesen archaischen Elementen und aus einer monumentalen Einfachheit der Diktion ihre ursprüngliche Kraft gewinnt und die durch eine euphonische Gestaltung der Lautinstrumentierung, die alle von den Symbolisten erarbeiteten Verfahren geschickt aufgreift, noch verstärkt wird. Traditionelle Metrik und Reimtechnik werden in der Regel beibehalten.

In der Geschichte des russischen Symbolismus lassen seine seit 1899 erscheinenden Gedichte und seine ersten beiden Gedichtbände aus den Jahren 1911/12 Baltrušaitis eine bedeutsame Stellung einnehmen, die in mancher Hinsicht derjenigen Fëdor Ivanovič TJUTČEVs (1803–1873) in der Geschichte der russischen Romantik zukommt. Wie Tjutčev auch in seinen letzten Lebensjahren, als die literarische Landschaft schon längst vom Realismus beherrscht wurde, fortfuhr, Gedichte im Stil der Romantik zu schreiben, so ist Baltrušaitis bis zu seinem Tode ein typischer symbolistischer Dichter geblieben, obwohl der Symbolismus in jenen Jahrzehnten längst von anderen Schulen abgelöst worden war. Seine litauischen Gedichte sind weniger zur Wirkung gekommen, da sie in ihrer Mehrzahl erst während des Zweiten Weltkriegs und sehr viel später postum erschienen sind. Doch ist der Einfluß seiner litauischen Gedichte der ausgehenden zwanziger und der dreißiger Jahre auf die Entwicklung der zeitgenössischen litauischen Dichtung nicht zu unterschätzen, verstärkten sie doch die hier zu dieser Zeit noch lebendige symbolistische Richtung (vgl. Balys SRUOGA, Jonas AISTIS) und verliehen ihr durch die Autorität, von einem Symbolisten der ersten Stunde geschaffen worden zu sein, größeres Gewicht. F.Scho.

AUSGABEN: *Zemnye stupeni*, Moskau 1911. – *Gornaja tropa*, Moskau 1912. – *Įkurtuvės*, Kaunas 1941. – *Ašarų vainikas*, I, Kaunas 1942. – *Lilija i serp*, Paris 1948. – *Poezija*, Wilna 1967. – *Derevo v ogne*, Wilna 1969.

LITERATUR: V. Kubilius, *J. Baltrušaičio kelias* (in J. B., *Poezija*, Wilna 1967, S. 6–54). – J. B., *Autobiografijos Žinios* (ebd., S. 313–319). – A. Turkov (in J. B., *Derevo v ogne*, Wilna 1969, S. 3–29). – *Istorija litovskoj literatury*, Wilna 1977, S. 274 bis 278.

JUOZAS BALTUŠIS

eig. Albertas Juozėmas
* 14.4.1909 Riga

LITERATUR ZUM AUTOR:
MA Lietuvių literatūros istorija, Bd. 3/2, Vilnius 1965; Bd. 4, Vilnius 1968. – *Istorija litovskoj literatury (Akad. Nauk)*, Vilnius 1977. – *Lietuvių rašytojai*, Bd. 1, Vilnius 1979 [Bibliogr.]. – *Lietuvių literatūros istorija (Tarybinė lietuvių literatūra)*, Bd. 2, Vilnius 1982. – K. Ambrasas, *Skaitau Baltušį*, Vilnius 1986.

PARDUOTOS VASAROS

(lit.; *Die verkauften Sommer*). Roman in zwei Bänden von Juozas BALTUŠIS, erschienen 1957–1969. – Während A. VIENUOLIS in *Puodžiunkiemis* und J. SIMONAITYTĖ in *Pikčiurnienė* die Bauern und Gutsbesitzer aus ihrer eigenen Sicht, mit all dem Schlechten und Guten, das in ihnen vorgeht, schilderten, stellt Baltušis sie dem Leser aus der Perspektive eines achtjährigen Hirtenjungen vor und vermittelt damit gleichzeitig einen Einblick in die menschlich reine und edle Psyche eines naiven Jungen, in seine Gefühle, Leiden und Träume. Dieser Junge, der jeden Sommer bei einem anderen Bauern Dienst tun muß, der Tränen des Schmerzes wie des Zorns vergießt, aber das Leben immer mehr kennenlernt, trägt autobiographische Züge des Verfassers, der seine Kindheitserinnerungen derart verarbeitet hat, daß sie dem Werk eine lyrische Stimmung verleihen – ein Vergleich zu der Selbstbiographie des Schweden Harry MARTINSON (vgl. *Nässlorna blomma*) ist naheliegend.
Als Siebenjähriger verläßt dieser Junge sein Zuhause, eine armselige Hütte, um als Hirtenbub sein Brot selbst zu verdienen. Die Geschichten, die der Junge bei seinen verschiedenen Dienstherren erlebt, bilden das eigentliche Thema des Werks, so z. B. die Erzählung von dem geizigen Großbauern Dirda, einem typischen alten Bauern, der seine Kinder wie ein Inventar seines Hofes behandelt und der manchmal rührselig wird und sich selber sagt: *»Allein lebe ich, allein nähere ich mich dem Tod.«* – Die Naturschilderungen und ihre Verbindung mit den Gefühlen der handelnden Personen gleichen denen des Russen M. ŠOLOCHOV. Das Gefühlsleben der einzelnen Personen steht in derart intimer Beziehung zu den vier Jahreszeiten; die Natur und das Geschehen in ihr dient nicht nur zur Untermalung, vielmehr ist sie Bestandteil der Handlung selbst. In seiner strengen, novellistischen Komposition ist Baltušis' Roman mit den Werken von J. BILIŪNAS und A. Vienuolis verwandt, und zusammen mit letzteren und J. Simonaitytė begründete er den Sozialistischen Realismus in Litauen. L.Ba.

AUSGABEN: Wilna 1957 [Bd. 1]. – Wilna 1959 (in *Raštai*, 5 Bde.; enth. Bd. 1). – Wilna 1966 [Bd. 1]. – Wilna 1969 [Bd. 2].

ÜBERSETZUNG: *L'enfance perdue* (in Œuvres et opinions, 1960, Nr. 10; frz.).

LITERATUR: J. Šimkus, *J. B. nauja knyga* (in Pergalė, 1957, Nr. 9). – V. Kubilius, *B. proza* (in *Mūsų rašytojai*, Wilna 1958). – R. Lankauskas, *Sunkiame bare* (in Literatūra ir menas, 11.4. 1959). – M. Sluckis, *Didelio talento vasara* (in *Sunkiausias menas*, Wilna 1960). – I. Kostkevičiūte, *J. B.* (in *Literatūros dienovidžiai*, Wilna 1964). – V. Galinis, *Tiesių kelių nera* (in Pergalė, 1965, Nr. 7). – *Lietuvių literatūros istorija*, Bd. 4, Wilna 1968. – A. Bucys, *Novelių romanas* (in *Romanas ir dabartis*, Wilna 1977). – K. Ambrasas, *»Parduotos vasaros« – neautobiografinis autobiografinis romanas* (in K. A., *Skaitau Baltušį*, Wilna 1986).

SAKMĖ APIE JUZĄ

(lit.; *Ü: Die Legende von Juza*). Roman von Juozas BALTUŠIS, erschienen 1979. – Die Handlung dieses eigenwilligen Werks – eine Verbindung von Idylle, Legende und Biographie (S. Gaižiūnas) – beginnt in den zwanziger Jahren dieses Jahrhunderts und umspannt vier Jahrzente. Juza, ein Bauernsohn, sagt seinem Bruder Adomas am Morgen nach der Hochzeit des Mädchens Vinciūnė, die er liebte und die einen anderen geheiratet hat: Wir müssen den Bauernhof teilen. Adomas und der Schwester Uršulė überläßt er den Hof und das gute Land, er selber siedelt sich im Moor Karabailė an, macht Stück für Stück das Land urbar und lebt dort das Leben eines Einsiedlers, fast ohne jegliche Verbindung mit der Außenwelt – ganz ähnlich einem gewissen Bukėnas Juozas, der in Medinai im Wald gelebt hatte, als der Dichter noch ein Kind war und der Juza genannt wurde, ein geheimnisvoller Mensch und Sonderling. Im Roman von Baltušis baut Juza, der Protagonist, seinen Hof mit Liebe, Hingabe und Fleiß auf, ohne sich selbst bewußt zu werden, daß er auf Vinciūnė wartet. Sie ist stets in seinen Gedanken gegenwärtig und geht ihm nicht aus dem Sinn. Daß die blutjunge Karusė ihn liebt, genauso leidenschaftlich wie er Vinciūnė, läßt ihn kalt. Als sie ihn eines Nachts aufsucht und ihm flehend zu Füßen fällt, wirft er sie hinaus, und Karusė ertränkt sich in seinem Moor. Er findet ihren Leichnam und begräbt die Tote im Hof, dort, wo er schon einen zaristischen und einen deutschen Soldaten, deren Leichen er eines Tages beim Brunnengraben entdeckt hat, begraben hatte, und pflanzt ein Kirschbäumchen auf Karusės Grab, damit die Vögel kommen und ihr ein Lied singen mögen. Er lebt weiter sein Leben, es bricht der Zweite Weltkrieg aus, die Regierungen in Litauen wechseln. Eines Tages erscheint Vinciūnės Sohn Adomėlis und

sucht Zuflucht; seine Eltern wurden verschleppt. Juza versteckt Adomėlis, ebenso wie er die jüdische Familie Konelis und den Sohn seines Bruders Adomas bei sich aufnimmt, um sie vor den Deutschen zu schützen. Aber Adomėlis, der Sohn Vinciūnės, der mit den Deutschen zusammenarbeitet, holt die Feinde und bedroht Juza. Schließlich bringt Juza seinen Neffen übers Moor, um ihn zu retten. Nur Juza kennt diesen gefährlichen Weg durch den Sumpf, sein Großvater hat ihn ihm gezeigt. Einige Jahre vergehen, der Zweite Weltkrieg ist zu Ende, Litauen wird eine Sowjetrepublik. Nun ist Adomėlis der Verfolgte. Mit vorgehaltenem Gewehr verlangt er von Juza, ihn übers Moor zu führen. Als er unterwegs droht, Juza zu erschießen, kommt er durch einen Fehltritt vom Weg ab und versinkt vor Juzas Augen im Moor.
Nach Jahren einsamen Lebens im Moor sieht Juza eines Tages, daß Vinciūnė sich seinem Hof nähert: Sie ist aus der Verbannung zurückgekehrt, ihr Mann ist tot, und nun will sie sich Gewißheit verschaffen, da Gerüchte besagen, Juza hätte ihren Sohn umgebracht. Auf ihre Frage antwortet Juza mit Schweigen. Sie stößt nur ein Wort hervor: »*Verräter!*« – doch dieses eine Wort wirft Juza nieder – sein Bruder Adomas findet ihn tot.
Wortkarg wie sein Held Juza, schildert Baltušis diese elementare Liebesgeschichte. Wie der Zauber der litauischen Volkslieder in dem nur Angedeuteten, Unausgesprochenen, Verschwiegenen liegt, so verhält es sich auch mit den Schilderungen von Juzas Liebe zu Vinciūnė und Karusės Liebe zu Juza. Vinciūnė erscheint nur am Ende des Romans, wir erfahren von ihr nur vom Hörensagen, aber im Leben Juzas ist sie stets gegenwärtig in all den Tagen und Jahren in seiner kleinen Welt von Karabailė. Baltušis' Naturschilderungen, sein Gespür für das Einssein des Menschen mit der Natur, die Verbundenheit mit der Erde, finden ihresgleichen nur in »*Anykščių šilelis*« von A. BARANAUSKAS. Die Griechen vergleichen »*Sakmė apie Juzą*« mit *Alexis Sorbas* von N. KAZANTZAKIS; bei aller Verschiedenheit kann man in der Tat von einer geistigen Verwandtschaft der beiden Hauptgestalten sprechen. Die Sprache des Romans ist lyrisch, stellenweise dramatisch, dabei von legendenhafter Schlichtheit und poetischer Kraft. L.Ba.

AUSGABEN: Wilna 1979. – Wilna 1983 (in *Raštai*, 8 Bde., 6). – Wilna 1987.

ÜBERSETZUNG: *Die Legende von Juza*, I. Brewing, Bln./Weimar 1984.

LITERATUR: E. Bukelienė, *Knyga apie liaudies išmintį* (in Pergalė, 1979, Nr. 9). – S. Gaižiūnas, *Žanras – prasmė ir estetinė fukcija* (in *Socialistinis realizmas ir šiuolaikiniai meniniai ieškojimai*, Wilna 1981). – P. Bražėnas, *Romano šiokiadieniai ir šventės*, Wilna 1983. – K. Ambrasas, »*Sakmė apie Juzą*« – *epochų kaitos, meilės ir kančios poetinis romanas* (in K. A., *Skaitau Beltušį*, Wilna 1986).

HONORÉ DE BALZAC

* 20.5.1799 Tours
† 18.8.1850 Paris

LITERATUR ZUM AUTOR:
Zeitschriften:
Courrier balzacien, Paris 1948–1951. – Les Études balzaciennes, Hg. J. A. Ducourneau, Paris 1951–1960. – L'Année balzacienne, Hg. J. Pommier, Paris 1960–1979. – L'Année balzacienne (nouvelle série), Hg. P.-G. Castex, Paris 1980ff.
Forschungsberichte:
B. Bellos, *B. Criticism in France 1850–1908*, Ldn. 1976. – F. Wolfzettel, *Balzacforschung 1967–1977* (in RZL, 2, 1978, S. 350–382). – R. Beilharz, *B.*, Darmstadt 1979 (EdF). – A. Michel, *État présent des études balzaciennes* (in Inf. litt., 38, 1986, S. 142–148, 205–214).
Biographien:
A. Billy, *Vie de B.*, Paris 1944. – St. Zweig, *B.*, Stockholm 1950; ern. Ffm. 1977; ⁴1986 (FiTb). – G. Picon, *B. par lui-même*, Paris 1956 (dt. *H. de B.*, Reinbek zul. 1984; rm). – *Album B.*, Hg. J. A. Ducourneau, Paris 1962 (Pléiade). – A. Maurois, *Prométhée ou la vie de B.*, Paris 1965; ern. 1985 (dt. *B.*, Mchn. 1976).
Gesamtdarstellungen und Studien
(vgl. auch die Bibliogr. zu »La comédie humaine«):
E. R. Curtius, *B.*, Bonn 1923; ern. Bern 1951; ern. Ffm. 1985 (FiTb). – Alain, *Avec B.*, Paris 1937. – P. Bertault, *B. l'homme et l'œuvre*, Paris 1947; ²1966. – B. Guyon, *La pensée politique et sociale de B.*, Paris 1947; ²1967. – G. Lukács, *B. und der frz. Realismus*, Bln. 1952. – F. Marceau, *B. et son monde*, Paris 1955; ern. 1986 [rev. u. erw.]. – J. Borel, *Personnages et destins balzaciens*, Paris 1958. – P. Laubriet, *L'intelligence de l'art chez B.*, Paris 1961. – A. Béguin, *B. lu et relu*, Neuchâtel 1965. – A. Allemand, *H. de B. Création et passion*, Paris 1965. – Ders., *Unité et structure de l'univers balzacien*, Paris 1965. – M. Bardèche, *B. romancier*, Genf 1967. – R. Bolster, *Stendhal, B. et le féminisme romantique*, Paris 1970. – R. Barthes, *S/Z*, Paris 1970 (dt. Ffm. 1976). – P. Barbéris, *B. et le mal du siècle*, Paris 1970, 2 Bde. – Ders., *Le monde de B.*, Paris 1971. – Ders., *B., une mythologie réaliste*, Paris 1971. – F. Bilodeau, *B. et le jeu des mots*, Montreal 1971. – J. Borel, *Médecine et psychiatrie balzaciennes*, Paris 1971. – B. Vannier, *L'inscription du corps*, Paris 1972. – M.-C. Amblard, *L'œuvre fantastique de B.*, Paris 1972. – D. F. McCormick, *Les nouvelles de B.*, Paris 1973. – J. Borel, *Proust et B.*, Paris 1975. – J. Triller, *Le langage philosophique dans les œuvres de B.*, Paris 1976. – A. Michel, *Le mariage et l'amour dans l'œuvre romanesque d'H. de B.*, 4 Bde., Paris 1976. – *Über B.*, Hg. C. Schmölders, Zürich 1977 (detebe). – J. Myrdal, *B. und der Realismus*, Bln. 1978. – P. Imbert, *Sémiotique et description balzacienne*, Ottawa 1978.

– D. Festa-Mc Cormick, *B.*, Boston 1979 (TWAS).
– J. Carl, *Untersuchungen zur immanenten Poetik B.s.*, Heidelberg 1979. – W. Eitel, *B. in Deutschland*, Ffm. u. a. 1979. – R. Fernandez, *B. ou l'envers de la création romanesque*, Paris 1980. –
P. Bertault, *B. et la réligion*, Paris 1980. – *Le roman de B.*, Hg. R. Le Huenen u. P. Perron, Montreal 1980. – T. Gauthier, *B.*, Paris 1980 [ges. Texte]. – *H. de B.*, Hg. H. U. Gumbrecht u. a., Mchn. 1980.
– *B., l'invention du roman*, Hg. C. Duchet u. J. Neefs, Paris 1982. – R. Chollet, *B. journaliste*, Paris 1983. – M. Andréoli, *Le système balzacien*, 2 Bde., Bern u. a. 1983. – W. Jung, *Theorie und Praxis des Typischen bei B.*, Tübingen 1983. –
J. Forest, *Des femmes de B.*, Montreal 1984. –
H. Gauthier, *L'image de l'homme intérieur chez B.*, Paris 1984. – J. Dargan, *B. and the Drama of Perspective. The Narrator in Selected Works of »La comédie humaine«*, Lexington 1985. – P. Citron, *Dans B.*, Paris 1986. – M. Descotes, *Le monde de l'enseignement dans l'œuvre romanesque de B.*, Paris 1986. – J. Guichardet, *B. ›archéologue de Paris‹*, Paris 1986. – J. Paris, *B.*, Paris 1986. – E. Köhler, *Vorlesungen zur Geschichte der frz. Literatur. Das 19. Jh. II*, Hg. H. Krauß u. D. Rieger, Stg. 1987.

ADIEU

(frz.; *Lebewohl*). Novelle von Honoré de BALZAC, erschienen 1830 in der Serie der *Souvenirs soldatesques;* eingereiht in den zweiten Teil der *Comédie humaine* und den *Études philosophiques* zugeordnet; wie *El Verdugo* oder *Le réquisitionnaire* eine phantastische Erzählung aus der Revolutions- und Kaiserzeit. – Aus russischer Gefangenschaft zurückgekehrt, findet der Oberst Philippe de Sucy die einst über die Beresina gerettete Geliebte auf einem verwahrlosten Besitz in Frankreich wieder, sie hat den Verstand verloren, führt ein Leben ohne Bewußtsein, anmutig und stumm wie ein Tier. Da alle Versuche, ihre Erinnerung zu wecken, vergeblich sind, läßt der Offizier nach schwierigsten Vorbereitungen den Augenblick der Rettung und Trennung an der Beresina vor ihren Augen in grausamster Realität wiedererstehen: Doch ihr Erwachen zu Bewußtheit und Liebe tötet sie auf der Stelle. Sucy wird das Lächeln der Toten nie vergessen können. Wohl ist er reich, von hohem Rang, von altem Adel, hat Talent und Zukunft; doch eines Tages schießt er sich eine Kugel durch den Kopf – ein Ereignis, das der vornehmen Gesellschaft reichen Gesprächsstoff bietet.
Eine derartig bewegte Geschichte, reich an dramatischer und pathetischer Intensität, ist um 1830 nicht außergewöhnlich. Balzac nahm lebhaften Anteil an den literarischen Strömungen der Zeit und versuchte, dem Publikum zu gefallen. In der Beresina-Szene indessen – sie wurde mit Recht berühmt – zeigt sich neben dem Vergnügen an schauerromantischen Reminiszenzen bereits die eigenwillig deutliche Zeichnung der Realität, hier eines ungeregelten Rückzugs mit allen Reaktionen der er-

schöpften, zügellos gewordenen Menschen. Eher rührend als grausig wirkt auf den Leser in Balzacs stark vereinfachender Darstellung der stumme Wahnsinn der Gräfin. Aber wenn etwa ihr Schrei dem eines »*aufgescheuchten Vogels*« gleicht, ihre Aufmerksamkeit »*einer neugierigen Nachtigall*«, ihr Blick einem »*mißtrauischen Eichhörnchen*«, wenn ihre Augen den »*verständnislosen Glanz*« haben, »*den wir in den schimmernden Augen der Vögel bewundern*«, und sie allerlei tierhafte Bewegungen und Gewohnheiten von fremdartiger Grazie angenommen hat, so zeigen diese Bilder deutlicher als jedes Wort, wie sehr ihre Existenz sich vom Menschlichen entfernt hat. I.P.-KLL

AUSGABEN: 1830 (in La Mode, 15. 5. u. 15. 6. 1830). – Paris 1835 (in *Études philosophiques*, 4). – Paris 1845 (in *La comédie humaine*, 17 Bde., 1842–1848, 15). – Paris 1949/50 (in *L'œuvre de B.; Études de moeurs au XIXe siècle*, 6 Bde., Hg. A. Béguin). – Paris 1968–1971 (in *Œuvres complètes*, Hg. M. Bardèche, 24 Bde., 15). – Paris 1974 (Folio). – Paris 1980 (in *La comédie humaine*, Hg. P.-G. Castex, 12 Bde., 1976–1981, 10; Pléiade).

ÜBERSETZUNGEN: *Leb'wohl*, F. P. Greve (in Menschliche Komödie, 16 Bde., 15: Phil. Erzähl., Lpzg. 1908). – Dass., ders., Lpzg. 1951. – *Adieu*, H. Kaatz (in *Honorine*, Hbg. 1956; ern. Zürich 1977; *Die menschliche Komödie*, 40 Bde., 7). – *Lebewohl*, G. Goyert (in *Mystische Geschichten*, Mchn. 1958; ern. 1969; GGT).

VERFILMUNG: *1812*, Deutschland 1923 (Regie: J. Berger).

LITERATUR: E. R. Curtius, *La mystique de B.* (in Philosophies, 2, 1924). – M. Bardèche, *Autour des »Études philosophiques«* (in L'Année balzacienne, 1960, S. 109–124). – A.-M. Meininger, *Sur »Adieu«* (ebd., 1973, S. 380/381). – Dies., *B. et Grandlieu* (ebd., 1976, S. 107–115). – P. Berthier, *»Adieu« au théâtre* (ebd., 1987, S. 41–57).

ALBERT SAVARUS

(frz.; *Albert Savarus*). Roman von Honoré de BALZAC, erschienen 1842; im ersten Band der *Comédie humaine* den *Scènes de la vie privée* zugeordnet. – Albert Savarus, der illegitime Sohn des brabantischen Grafen Savaron de Savarus, entbrennt in Liebe zu der italienischen Herzogin Francesca von Argaiolo, die unglücklicherweise einem ältlichen Gatten angetraut ist. Auf die Vorsehung und den Tod des Alten hoffend, läßt sich der ausdauernd liebende Albert als Advokat in Besançon nieder, wo der Ehrgeizige sich bald einen glänzenden Ruf erwirbt und eine politische Karriere vor sich hat, die er einst der Geliebten zu Füßen legen will. Indessen verliebt sich zu seinem Unglück eine gegen mütterliche Tyrannei revoltierende Siebzehnjährige in ihn: Rosalie de Watteville, die ihn als Autor einer pseudonym veröffentlichten Novelle entlarvt. Unter dem Titel »Der Ehrgeizige aus Liebe« – eine Parallelgeschichte zum ganzen Roman – hat Albert sich Liebeserlebnis, -kummer und -hoffnung von der Seele geschrieben. Rosalie errät die geheimnisvolle Wirklichkeit, präzisiert ihren Verdacht durch geschickte Überwachung seiner Korrespondenz, verhindert seinen sicheren Erfolg im Wahlkampf und vereitelt mittels einer infamen Brieffälschung Alberts Ehe mit der inzwischen verwitweten Herzogin von Argaiolo. Albert Savarus, dem Sinn und Ziel seines Lebens sich in nichts auflösen, entschwindet als »Bruder Albert« in ein Trappistenkloster; Rosalie, aus ihrer Bosheit keine guten Früchte erntend, zieht sich weltflüchtig auf ein Landgut zurück und überläßt ihrer Mutter den ihr zugedachten Salonlöwen Amadeus: Wenigstens diese Ehe kommt zustande, die eine alternde Frau verjüngt und einen jungen Mann altern läßt.

Generationen von Literarhistorikern und Balzac-Biographen haben in diesem für Madame Hanska entworfenen, mit allen Ornamenten der zeitgenössischen Literatur geschmückten Porträt des unverstandenen großen Mannes, der der Bosheit seiner Mitmenschen zum Opfer fällt, die Parallelen zu Balzacs eigenem Leben erforscht. Tatsächlich spricht er in keinem anderen Werk so bewußt von seiner eigenen Lebensproblematik. Was Savarus seinem Freund anvertraut: »*Dieser Kampf mit den Menschen und Dingen, in dem ich unaufhörlich meine Kraft und Energie erschöpft habe, in dem ich die Triebkraft des Willens verbrauchte, hat mich sozusagen innerlich ausgehöhlt*«, äußert Balzac auch in eigenem Namen: »*Indem man Herz und Geist ermüdet, kommt man so weit, daß man das, was anfangs das Ziel des ganzen Lebens war, nicht mehr will.*« In Passagen wie dieser: »*Sterbend am Ziel anlangen, wie jener Läufer der Antike! das Glück schauen und zugleich den kommenden Tod auf der Schwelle der Tür! die Geliebte erlangen in dem Augenblick, da die Liebe erlischt! Nicht mehr genießen können, wenn man das Recht gewonnen hat, glücklich zu leben!*« lebt das große Thema der *Menschlichen Komödie*: der Mensch, verzehrt und ausgebrannt von Willen, Begehren und Leidenschaft. Die Balzac-Kritik schätzt an diesem Roman insbesondere die autobiographische Transparenz. Es handelt sich um eine pathetische Botschaft an die geliebte »Fremde«, die – seit November 1841 Witwe – endlich Balzacs Leben verändern könnte: Aus der Ukraine kommt indes zunächst eine Absage. Auf die dadurch hervorgerufene Lebenskrise antwortete der Autor mit *Albert Savarus*. Doch auch sein Talent zu realistischer Darstellung fand in den eigenbrötlerischen Bewohnern der Provinzstadt Besançon und ihren kleinlichen Interessen und Konflikten einen dankbaren Stoff. Zu erwähnen ist auch, daß seine beachtliche Priestergalerie in dem mit Savarus befreundeten Abbé de Grancy einen verschlagenen und weltgewandten, dabei aber nicht unsympathischen weiteren Vertreter erhält. Schließlich nimmt die eifersüchtige und raffinierte, exzentrische und unheimliche Rosalie unter den ungezählten bösen Frauen der *Comédie humaine*, die sie zwar nicht an Erfahrung, wohl aber an angeborenem, ernstlich hartnäckigem Genie des Zerstörens überflügelt, einen hohen Rang ein. I.P.-KLL

AUSGABEN: Paris 1842 (in *La comédie humaine*, 1: *Scènes de la vie privée*). – Paris 1962 (in *L'œuvre*, Hg. A. Béguin, J. A. Ducourneau u. H. Evans, 16 Bde., 1962–1964, 8). – Paris 1968–1971 (in *Œuvres complètes*, Hg. M. Bardèche, 24 Bde., 2). – Paris 1976 (in *La comédie humaine*, Hg. P.-G. Castex, 12 Bde., 1976–1981, 1; Pléiade). – Paris 1978, Hg. C. Smethurst [krit.].

ÜBERSETZUNGEN: *Albert Savarus*, M. Krell (in *GW*, Bln. 1925). – Dass., L. Wechsler, Heilbronn 1928 – Dass., M. Krell, Hbg. 1953. – Dass., E. Sander, Mchn. 1965 (GGT). – Dass., M. Krell, Zürich 1977 (*Die menschliche Komödie*, 40 Bde., 4).

LITERATUR: C. Léger, *B. et Albert Savarus* (in Figaro, 6. 3. 1926). – S. de Korwin-Piotrowska, *B. et le monde slave. Madame Hanska et l'œuvre balzacienne*, Paris 1933. – A. Arrault, *Hanska, le dernier amour de B.*, Tours 1949. – F. Teillaud, *Les réalités bisontines dans »Albert Savarus«* (in L'Année balzacienne, 1974, S. 121–131). Dies., *De »Wann-Chlore« à »Albert Savarus«* (ebd., S. 329–330). – P.-G. Castex, *Réalisme balzacien et réalisme stendhalien* (in *Stendhal – B.*, Hg. V. Del Litto, Grenoble 1978, S. 20–27). – W. Conner, *»Albert Savarus« and »l'ambitieux par amour«* (in Symposium, 37, 1983, S. 251–260).

L'AUBERGE ROUGE

(frz.; *Die rote Herberge*). Erzählung von Honoré de BALZAC, erschienen 1831; als *étude philosphique* 1846 in die *Comédie humaine* aufgenommen. – Ein genußreiches Gastmahl mit vielen Geladenen ist der malerische Rahmen für eine jener schauerromantischen Erzählungen, wie Balzac sie zu jener Zeit bitterer Skepsis und Ironie – er entwirft sogar eine *Comédie du diable* und scheint Satan die Führung der Menschheit zuzuschreiben – recht häufig ersinnt. Diesmal lieferte ihm seine Beschäftigung mit Parapsychologie und Magnetismus die merkwürdigen Phänomene, über die er einer der Gäste anläßlich einer Pariser Abendgesellschaft im Jahre 1819 scheinbar realistisch berichten läßt: Ein junger Offizier, Prosper Magnan, kämpft verzweifelt, endlich aber siegreich gegen die minuziös ausgedachte Versuchung, einen reichen Fremden, mit dem er und sein französischer Gefährte das Zimmer in der »roten Herberge« von Andernach teilen, im Schlaf zu töten und zu berauben. Doch seine bloße Vorstellung dieser Tat geht in den Geist seines schlafenden Gefährten über, der dem Zwang unterliegt, das Verbrechen auszuführen, das Prosper nur gedacht hatte. Der wirkliche Mörder ent-

kommt, wird reich und angesehen; der Mann, der in Gedanken mordete, erleidet die sühnende Todesstrafe.
Doch Balzac beschränkt sich, in kunstvoll angeordneter, vielseitiger Komposition geübt, nicht auf das Problem des Gedanken-Verbrechens. Bei jenem Gastmahl geschieht das Unwahrscheinliche: Taillefer, einer der Gäste, wird an seiner Reaktion auf den lebhaften Bericht von einem mit erschreckender Menschenkenntnis und kriminalistischem Spürsinn begabten jungen Mann als der wahre Mörder erkannt. Doch niemand entlarvt ihn, niemand wagt es, die Illegitimität des Reichtums eines in der Restaurationsgesellschaft geachteten Bankiers zu thematisieren und Taillefer zur Rechenschaft zu ziehen. Das schafft weitere seelische Verwirrungen; denn unglücklicherweise ist der allzu neugierige junge Mann in die ahnungslose, unschuldige und reizvolle Tochter des Mörders verliebt. Ihm stellt sich die Gewissensfrage: Soll er es versuchen, sie und ihre zwar reiche, aber blutbefleckte Mitgift zu erringen? Die Antwort überläßt Balzac dem Leser, wünscht er doch, ihn nicht in erster Linie zu unterhalten, sondern zur Übung seiner geistigen und moralischen Kräfte anzuregen. Mit dieser Absicht und mit den zahlreichen angeschnittenen Problemen, denen man in Balzacs gesamtem Werk häufig wiederbegegnet – etwa die abgrundtiefe Zerrissenheit einer Gesellschaft, die Korruption und Verbrechen in restaurative Wohlanständigkeit hüllt –, ist *L'auberge rouge* eine typische Einzelgeschichte in der großen *Menschlichen Komödie*. I.P.-B.We.

AUSGABEN: Paris 1831 (in Revue de Paris). – Paris 1832 (in *Nouveaux contes philosophiques*). – Paris 1952 (in *L'œuvre de B.*, Bd. 12, Hg. A. Béguin; m. Vorw. v. G. Sigaux). – Paris 1961 (in *Œuvres complètes*, Hg. Société des Études Balzaciennes, Bd. 20). – Paris 1968–1971 (in *Œuvres complètes*, Hg. M. Bardèche, 24 Bde., 16). – Paris 1980 (in *La comédie humaine*, Hg. P.-G. Castex, 12 Bde., 1976–1981, 11; Pléiade).

ÜBERSETZUNGEN: *Der rote Gasthof*, A. v. Czibulka, Wien 1924 [zus. mit *Tobias Guarnerius*]. – *Das rote Wirtshaus*, P. Mayer, Hbg. 1958. – *Die rote Herberge*, W. Kabus, Ulm 1947 [zweispr.]. – *Die rote Schenke*, G. Goyert (in *Mystische Geschichten*, Mchn. 1958; GGT). – *Die rote Herberge*, ders. [bearb. E. Sander], Mchn. 1969 (GGT). – Dass., W. Rücker (in *Die menschliche Komödie*, 20 Bde., Bln./Weimar, ²1977, 19). – *Das rote Wirtshaus*, P. Mayer (in *Oberst Chabert*, Zürich 1977; *Die menschliche Komödie*, 40 Bde., 11).

VERFILMUNGEN: Frankreich 1922/23 (Regie: J. Epstein). – Frankreich 1951 (Regie C. Autant-Lara).

LITERATUR: M. Bardèche, *Autour des »Études philosophiques«* (in L'Année balzacienne, 1960, S.109 bis 124). – H. J. Lope, *»L'auberge rouge«* (in *Die frz.*

Novelle, Hg. W. Krömer, Düsseldorf 1976, S. 123–132, 356–358). – T. Vuong-Riddick, *La main blanche et »L'auberge rouge«* (in L'Année balzacienne, 1978, S. 123–135). – D. Kelly, *B.s »L'auberge rouge«* (in Symposium, 36, 1982, S. 30–44).

LE BAL DE SCEAUX

(frz.; *Der Ball von Sceaux*). Erzählung von Honoré de BALZAC, erschienen 1830 im ersten Band der *Scènes de la vie privée*, 1842 in den ersten Band der *Comédie humaine* aufgenommen. – Die Erzählung spielt im aristokratischen Milieu der beginnenden Restaurationszeit. Zu den unverbesserlichen Gestrigen, wie d'Esgrignon in *Le cabinet des antiques* oder Mortsauf in *Le lys dans la vallée*, für die die Zeit vor der Revolution stehengeblieben ist, gesellt sich in dem Grafen de Fontaine – einem treuen Royalisten und *Chouan*, der unter dem Beinamen »Grand Jacques« am Aufstand der Vendée teilgenommen hatte – ein neuer Typ des Aristokraten, der sich der verwandelten Zeit anpaßt und als Anhänger Ludwigs XVIII. seiner großen Familie eine neue Existenz schafft, seine vorrevolutionären Prinzipien aber insgeheim im Herzen bewahrt. Er gibt seiner Klasse ein in die Zukunft weisendes Beispiel und verheiratet seine Kinder an die Erben großer bürgerlicher Dynastien. Doch seine entzückende, verzogene jüngste Tochter, Émilie, die ebenso mit Schönheit und Klugheit wie mit Hochmut begabt ist, schlägt mehrere vorteilhafte Partien aus, da sie nur einen zukünftigen Pair von Frankreich zu ehelichen gedenkt. Auf dem ländlichen Ball von Sceaux entdeckt sie durch ihr impertinent gezücktes Lorgnon einen Mann, dessen edle Byron-Attitüde und Apollon-Schönheit sie gefangennimmt und dem die adlige Geburt fraglos auf der Stirn geschrieben steht. Doch Maximilien Longueville verkauft Stoffe bei Werbrust u. Cie. Émilie, ihrem Stolz verpflichtet, heiratet ihren alten Onkel, einen Admiral und Grafen von Kergarouet, muß aber zusehen, wie die Zeit und glückliche Umstände dem zurückgewiesenen Longueville alle Vorteile ihrer Klasse zuspielen, sogar die *»erblichen Federn des Pairshutes«*.

Diese Familie Fontaine ist fast schon modern zu nennen, gestattet sie doch ihrer eigensinnigen Jüngsten – man erinnere sich aller anderen jungen Mädchen der *Comédie humaine*, die Gefangene ihrer Erziehung und lästiger Traditionen sind – nahezu vollkommene Freiheit, die diese dann so hochmütig mißbraucht, daß sie dem Leser als eine nicht sehr sympathische, einem anachronistischen Standesdünkel verhaftete junge Frau in Erinnerung bleibt, die ohne einen Schimmer von Liebe, dafür um so koketter und egoistischer ihr Leben durchmißt. Neben Émilies phantastischer und besonders gegen Schluß recht forcierter Geschichte hat Balzac Gelegenheit, der gemäßigten Politik Ludwigs XVIII. (Politik der Einigung und Verschmelzung der herrschenden Klassen, der eine aristokratische Minderheit sich anschließt) seinen

Beifall zu bekunden. Er erhofft mit seinem Fontaine «*die allgemeine Versöhnung, aus der eine neue Zeit und glänzende Geschicke für Frankreich hervorgehen müssen*» – für die Balzac-Forschung eine interessante Stufe seiner politischen Entwicklung.
I.P.-KLL

AUSGABEN: Paris 1830 (in *Scènes de la vie privée*, Bd.1). – Paris 1951 (in *L'œuvre de B.*, Hg. A. Béguin, Bd. 2). – Paris 1968–1981 (in *Œuvres complètes*, Hg. M. Bardèche, 24 Bde., 1). – Paris 1976 (in *La comédie humaine*, Hg. P.-G. Castex, 12 Bde., 1976–1981, 1; Pléiade). – Paris 1983 (Folio). – Paris 1985 (GF).

ÜBERSETZUNGEN: *Der Ball von Sceaux*, anon., Lpzg. 1900 [zus. mit *Die Blutrache*]. – Dass., H. Kaatz, Hbg. 1958 (in *Oberst Chabert*; ern. Zürich 1977; *Die menschliche Komödie*, 40 Bde., 11). – *Der Ball zu Sceaux*, E. Sander, Mchn. 1965 (GGT).

LITERATUR: L. Frappier-Mazur, *Idéologie et modèles greimassiens. Le double drame du »Bal de Sceaux«* (in Incidences, 1–3, 1977, S. 50–60).

BÉATRIX OU LES AMOURS FORCÉS

(frz.; *Beatrix oder Die erzwungene Liebe*). Roman in drei Teilen von Honoré de BALZAC. Entstehung und Publikation (Teil 1 und 2: 1839, Teil 3 1844/45) erstreckten sich über eine Reihe von Jahren, was im Werk als Ganzem, das innerhalb der *Comédie humaine* den *Scènes de la vie privée* zugeordnet ist, seine Spuren hinterlassen hat; denn der Verfasser der ersten beiden Teile *(Les personnages* und *Le drame)* war eher Novellist, während er einige Jahre später das große System der *Comédie humaine* schon zu größter Perfektion ausgebaut hatte und folglich der dritte Teil *(Un adultère rétrospectif)* den großen Zyklen seiner »Welt im Roman« mit ihren wiederkehrenden Personen angehört.
Die Anregung zu diesem Werk erhielt Balzac von George SAND, die ihm sowohl ihre Version ihres Bruchs mit Jules SANDEAU (1832) als auch ihren Augenzeugenbericht über die Liaison zwischen Franz Liszt und der Gräfin d'Agoult mitteilte – worin Balzac Motive entdeckte, die er bald darauf zu einem kaum verhüllten Schlüsselroman kombinierte. Zwar beteuerte er in einem Brief an George Sand, die skandalfreudigen Interpretationen der Leser seien gemeine Verleumdungen, doch gestand er einige Wochen später Madame Hanska: »... *ja, Mademoiselle des Touches ist George Sand; ja, Béatrix ist ganz gewiß Madame d'Agoult ... Außer einigen Abweichungen ist die Geschichte wahr.*«
Eine erfundene Gestalt der »*wahren Geschichte*« ist indessen Calyste du Guénic, »*der Typ des jungen Mannes in all seinem Glanz, der zugleich Schönheit, Adel und reine Gefühle bietet*«, wie es im Vorwort heißt. All seine Ideale sieht der nach Höherem strebende junge Mann verkörpert in Félicité des Touches, die unter dem Pseudonym Camille Maupin literarische Berühmtheit erlangt hat. Balzac hat sie als eine Art idealisierte George Sand mit der äußeren Erscheinung der damals berühmten Schauspielerin Mademoiselle Georges gezeichnet. Ihr beigesellt wird der ebenso berühmte Literat Claude Vignon, mit dem sie eine anregende Freundschaft verbindet und der in der Rolle des Zynikers zu Calystens Erziehung zur Selbsterkenntnis und Weltreife beiträgt. Der zweite Teil, das »Drama«, beschert den dreien den Besuch der Marquise Béatrix de Rochefide und ihres Liebhabers, des Musikers Conti. Da Béatrix, zugleich provozierende Verführerin und ideale, letztlich unerreichbare Geliebte, diesen einst ihrer »Freundin« Félicité entrissen hatte, bietet sich dem Autor eine reichhaltige Konstellation verwirrender Rivalitäten. Calyste scheint mit Hilfe seiner auf Rache an Conti bedachten Beschützerin Félicité schon die blonde Marquise zu gewinnen, doch der argwöhnisch gewordene Musiker reist mit ihr ab. Um Calyste aus seiner tiefen Niedergeschlagenheit zu retten, führt ihn Félicité nach Paris und verheiratet ihn unter Überlassung eines beträchtlichen Vermögens an Sabine de Grandlieu. Diese, eine lebhafte und leidenschaftliche kleine Person, sieht indes nach verflossenem Honigmond ihren »*schönen Calyste*« hin- und hergerissen zwischen dem sicheren häuslichen Glück und der außerehelichen Leidenschaft zu Béatrix, die, inzwischen von Conti verlassen, wieder auftaucht und dem jungen Mann eine leichte Beute wird. Eine erfolgreiche Verschwörung führt den Verblendeten schließlich in die Arme seiner Gattin zurück.
Balzac erteilt den Literaten eine deutliche Lektion; wenig schmeichelhaft ist dabei für Gustave PLANCHE, den Gegner der Romantik, das Bild Claude Vignons; der »*verächtliche und stolze Schriftsteller*«, der sich in zerstörendem Kritizismus gefällt. Um so mehr wird Camille Maupin idealisiert, die sich – »*eine ungeheure Ausnahme*« – in olympischer Erhabenheit über die kleine Welt hinwegsetzt, während Béatrix nach unmittelbaren Erfolgen ihrer Verführungskünste strebt.
Die kompositorisch streng durchgeführte Bipolarität der »personnages« und des »drame« inszeniert die Konfrontation zweier Welten, in denen jeweils eigene Gesetzmäßigkeiten herrschen und die moralisch und topographisch voneinander getrennt sind: Der im Kontext der Julimonarchie rückwärtsgewandte Adel ist in der Provinz bzw. im Pariser Faubourg Saint-Germain angesiedelt und steht für Tradition, soziale Immobilität, Ehe und Familie; im Gegensatz dazu lockt die permissive Welt der Stadt Paris mit ihren Literaten, Künstlern und verführerischen Frauen. Hier dominiert das »Lustprinzip«, das Calyste darin bestärkt, die von der Familie vorgeschriebenen Pfade zu verlassen und mithin eine für den sich als Subjekt konstituierenden Helden folgenschwere Grenzüberschreitung zu vollziehen. Indem sich Calyste der von Béatrix verkörperten Versuchung hingibt und ob der Neigung die Pflicht vergißt, nimmt er den Verlust des Paradieses in Kauf. Am Ende des Romans akzentu-

iert Balzac im Scheitern derjenigen, die ihre ursprüngliche Sphäre verlassen, die unwiederbringliche Desillusionierung aller Beteiligten. Der Autor bemerkte in diesem Zusammenhang: »*Nein, ich war nicht glücklich, als ich Béatrix schrieb.*«
I.P.-B.We.

AUSGABEN: Paris 1839 (*Béatrix ou Les amours forcés. Scènes de la vie privée*, Tl. 1 u. 2. in Le Siècle). – Paris 1844/45 (*Un adultère rétrospectif*, T. 3, in Messager). – Paris 1912 (in *Œuvres complètes*, Hg. M. Bouteron u. H. Longnon, 40 Bde., 1912 bis 1940, 5: *Études de mœurs: Scènes de la vie privée, V*). – Paris 1953 (Vorw. J. Gracq; Coll. classiques, 37). – Paris 1962 (*Béatrix. Une chronique de la vie mondaine au XIXe siècle*, Hg., Einf., Anm. M. Regard; Class. Garn.). – Paris 1963 (in *L'œuvre*, Hg. A. Béguin, J. A. Ducourneau u. H. Evans, 16 Bde., 1962–1964, 9). – Paris 1968–1971 (in *Œuvres complètes*, Hg. M. Bardèche, 24 Bde., 3). – Paris 1976 (in *La comédie humaine*, Hg. P.-G. Castex, 12 Bde., 1976–1981, 2; Pléiade). – Paris 1979 (Folio). – 1979 (GF).

ÜBERSETZUNGEN: *Beatrix*, anon., 2 Bde., Wesel 1840. – Dass., V. v. Koczian, Hbg. 1961. – Dass., E. Sander, Mchn. 1966 (GGT). – Dass., V. von Koczian, Zürich 1977 (*Die menschliche Komödie*, 40 Bde., 8). – Dass., C. Hoeppener (in *Die menschliche Komödie*, 20 Bde, Bln./Weimar 1966; [2]1985, 3).

VERFILMUNG: *Beatrice*, Italien 1920 (Regie, H. Brenon).

LITERATUR: J. Merlant, *Le manuscrit de »Béatrix« de B.* (in RHLF, 20, 1913, S. 602–636). – B. Guyon, *»Adolphe«, »Béatrix« et »La muse du département«* (in L'Année balzacienne, 1963, S. 149 bis 175). – M. Le Yaouanc, *A propos d'une nouvelle édition de »Béatrix«* (in Annales de Bretagne, 70, 1963, S. 247–254). – A. Billy, *En marge de »Béatrix«* (in A. B., *Huysmans et Cie*, Paris 1963, S. 51–68). – M. Bardèche, *Un roman de B. »Béatrix«* (in Écrits de Paris, Jan. 1963, S. 101–108). – G. Lubin, *Edmond Cador n'est pas un mythe* (in L'Année balzacienne, 1968, S. 403–409). – C. A. Prendergast, *Towards a Re-Assessment of »Béatrix«* (in EFL, 9, 1972, S. 46–62). – Ders., *Fonction et personnage* (in L'Année balzacienne, 1973, S. 89–97). – M. Fargeaud, *Une lecture de »Béatrix«* (ebd., S. 145–156). – N. Mozet, *Féminité et pouvoir après 1830* (in RSH, 42, 1977, S. 553–560). – P. Mustière, *Guérande dans »Béatrix« ou l'extravagance du lieu balzacien* (in L'Année balzacienne, 1980, S. 99–109). – Ders., *La mise en fiction de l'histoire dans »Béatrix«* (ebd., 1981, S. 255–266).

LA BOURSE

(frz.; *Die Börse*). Erzählung von Honoré de BALZAC; erschienen 1832, innerhalb der *Comédie hu-* *maine* den *Scènes de la vie privée* zugeordnet. – Der Junge Maler Hippolyte Schinner, früh mit dem Kreuz der Ehrenlegion dekoriert, macht die Bekanntschaft verarmter adliger Nachbarinnen: einer Madame de Rouville und ihrer Tochter Adelaïde. Während er mit Adelaïde zärtliche Bande knüpft, verführen ihn seine Freunde dazu, an ihrer Ehrenhaftigkeit zu zweifeln. Als ihm eine bei ihr vergessene Börse nicht wieder ausgehändigt wird, bestätigen sich die Zweifel. Alles klärt sich jedoch auf: Das Mädchen tauscht ihm die alte Börse gegen eine neue, liebevoll bestickte aus. Adelaïde und ihre Mutter stellen ihren Seelenadel unter Beweis, und die adligen Protagonisten widerlegen insgesamt den Verdacht der Bestechlichkeit. Der Liebe, dem Glück, der Ehe steht nichts mehr im Weg. – Im Vergleich zum sonstigen Ausmaß Balzacscher Verwirrungen ist dies eine recht friedlich-problemlose Geschichte um einen »*sanften und geduldigen Künstler*«, der gern gute Ratschläge erteilt. Als sorgfältig gezeichnetes, gemäßigtes Sittenbild des gleichförmigen Alltags zweier Frauen, die in Gesellschaft einiger greisenhafter Besucher aristokratische Gepflogenheiten kultivieren, fügt sich diese – einer unmittelbar legitimistischen Position verpflichtete – Erzählung dem großen Entwurf der *Comédie humaine* ein. Theodor HARRIS brachte 1887 in Chicago eine nach Balzac verfaßte kleine Komödie *The Purse* auf die Bühne. I.P.-KLL

AUSGABEN: Paris 1832 (in *Scènes de la vie privée*). – Paris 1835 (in *Scènes de la vie parisienne des Études de mœurs*). – Paris 1839 (in *Œuvres complètes, Scènes de la vie privée de la Comédie humaine*; [2]1842). – Paris 1853. – Paris 1900 (in *Scènes de la vie privée*, 11 Bde., 1899–1901, 1). – Paris 1912 (in *Œuvres complètes, La comédie humaine*, Hg. M. Bouteron u. H. Longnon, 40 Bde., 1912–1940, 1). – Paris 1962 (in *L'œuvre*, Hg. A. Béguin, H. Evans u. J. A. Ducourneau, 16 Bde., 1962–1964, 2). – Paris 1968–1971 (in *Œuvres complètes*, Hg. M. Bardèche, 24 Bde., 1). – Paris 1976 (in *La comédie humaine*, Hg. P.-G. Castex, 12 Bde., 1976–1981, 1; Pléiade). – Paris 1983 (Folio). – Paris 1985 (GF).

ÜBERSETZUNGEN: *Die Börse*, H. Kaatz, Hbg. 1958 (in *Oberst Chabert*; ern. Zürich 1977; *Die menschliche Komödie*, 40 Bde., 11). – Dass., E. Sander, Mchn. 1965 (GGT).

LITERATUR: H. U. Gumbrecht u. J. E. Müller, *Sinnbildung als Sicherung der Lebenswelt* (in *H. de B.*, Hg. H. U. G. u. a., Mchn. 1980, S. 339–389). – J. E. Müller, *Face-to-face-Situation und narrativer Text – B., »La bourse«* (in *Methoden der Analyse von Face-to-face-Situationen*, Hg. P. Winkler, Stg. 1981, S. 168–199).

LE CABINET DES ANTIQUES

(frz.; *Das Antiquitätenkabinett*). Roman von Honoré de BALZAC, der zwei überarbeitete und erweiterte Fragmente aus den Jahren 1836 und 1838 vereinigt, 1839 erschien und innerhalb der *Comédie humaine* den *Scènes de la vie de province* zugeordnet ist. – Das traurige Schicksal eines jungen adeligen Mannes aus der Provinz scheint geeignet – so meint der Moralist Balzac – *»zu lehren, wie schädlich die reinsten Tugenden sein können, wenn es an Klugheit fehlt«*.

Untadelig sind die Tugenden, die der alte Marquis mit dem klingenden Namen Charles-Marie-Victor-Ange Carol d'Esgrignon in seinem seit hundert Jahren unveränderten, antiquierten Salon in Gesellschaft einer verbitterten, aber stolzen Schar ebenso antiquierter Adliger zur Schau trägt. Die sich darüber mokierende, längst den Errungenschaften der Revolution und anderen Fortschritten huldigende Stadt – sie wird nicht benannt, ist aber offenbar Alençon – hat diesem Schauspiel den grausam treffenden Namen »Antiquitätenkabinett« gegeben. In dieser musealen Umgebung wächst Victurnien auf, der von allen geliebte und verzogene junge Marquis d'Esgrignon, den Balzac mit der typischen Physiognomie seiner gefährdeten jugendlichen Helden ausstattet. Als ein Opfer der Tugend – freilich nicht seiner eigenen – gerät er in Paris auf die schiefe Bahn; er wird der Liebhaber der verführerischen Herzogin Diane de Maufrigneuse und eines Tages – auf Betreiben des neureichen Du Croisier, eines Feindes seiner Familie – wegen seiner enorm hohen Schulden verhaftet. Unter höchst romantischen Umständen rettet ihn seine als Mann verkleidete Geliebte vor einem schlimmen Schicksal. Nach dem Tod des alten Marquis, der über die Schande seines Sohnes nicht hinwegkommen kann, überläßt Diane den jungen Mann einer Mesalliance mit der reichen Nichte seines Widersachers Du Croisier. *»Ihr verdanke ich die Infamie meiner Heirat«*, wird Victurnien später in den ebenfalls 1839 erschienenen *Secrets de la Princesse de Cadignan* sagen: In diesen wenigen Worten liegt der ganze Zynismus, den er beiden Frauen gegenüber zur Schau trägt.

Balzac stellt den Niedergang des Hauses Esgrignon als die notwendige Folge der politischen und sozialen Halsstarrigkeit des alten Marquis dar, der mitten im Zeitalter der Restauration, mit *»culotte à la française«* und lilienverzierten Frackschößen, unbestechlich, ahnenstolz und pompös, jedoch ohne den durch die Revolution verlorenen Rückhalt an Besitz und Prestige eine glorreiche Vergangenheit zelebriert. Esgrignon ist eine der imposantesten Persönlichkeiten unter jenen Überlebenden einer anderen Epoche, wie Balzac sie ähnlich auch in den Gestalten des Du Guénic in *Béatrix* und des Mortsauf in *Le lys dans la vallée* gezeichnet hat. Angesichts der antiquierten Einstellung und geistigen Unbeweglichkeit des Provinzadels erfährt der ehrgeizige Sprößling Victurnien sein Dasein in der Provinz als ein Gefängnis, aus dem ihn sein Aufbruch nach Paris befreit. Die Anziehungskraft der Hauptstadt führt, wie Balzac im Vorwort von 1839 kritisch anmerkt, dazu, daß das Leben in der Kleinstadt im Zeichen der Mittelmäßigkeit steht und Paris zur Metropole des Außergewöhnlichen avanciert. Victurnien, der verwöhnte junge Adlige ist jedoch unfähig, den großstädtischen Versuchungen zu widerstehen und sich in der Gegenwart, auf die ihn seine provinzielle Erziehung nicht vorbereitet hat, zurechtzufinden. Als Versager kehrt er in die provinzielle Einöde zurück. – Gegenspieler der aristokratischen »Morgue« ist der neureiche Geldadel, verkörpert durch den tatkräftigen Du Croisier, der gegen die Festung der adelsstolzen Selbstgefälligkeit zu Felde zieht und die Gleichheit vor dem Gesetz an Victurnien vollzogen sehen will. Bezeichnend sowohl für die Stellung Balzacs zum Adel als auch für den Geist der Zeit ist der Verlauf des Prozesses (Balzac, der hier seine juristische Sachkenntnis unter Beweis stellt, widmet allein der Motivierung der Gerichtsbeschlüsse viele Seiten): Der König und seine Ratgeber halten es am Ende für unvereinbar mit ihrer Politik, einen jungen Adligen zum Galeerendienst zu verurteilen. – Innerhalb des als glatt und zynisch geschilderten Pariser Adels bereichert Victurniens Geliebte Diane den Reigen der gefährlichen großen Damen der *Comédie humaine*. – In den Milieuschilderungen entfaltet Balzac seine deskriptive Phantasie und läßt sogar die Randfiguren vor dem detailliert geschilderten Hintergrund ihrer Häuser und Wohnungen auftreten.

I.P.-B.We.

AUSGABEN: Paris 1836 (*Les provinciaux à Paris. Le cabinet des antiques*, in Chronique de Paris, 1836). – Paris 1838 (*Les rivalités en province*, in Le Constitutionnel, Sept./Okt.). – Paris 1839. – Paris 1844 (in *Scènes de la vie de province*, Bd. 3). – Paris 1913 (in *Œuvres complètes*, Hg. M. Bouteron u. H. Longnon, 40 Bde., 1912–1940, 11). – Paris 1959, Hg. P. G. Castex (krit.; Class. Garn.). – Paris 1962 (in *L'œuvre*, Hg. A. Béguin, H. Evans u. J. A. Ducourneau, 16 Bde., 1962–1964, 2). – Paris 1968–1971 (in *Œuvres complètes*, Hg. M. Bardèche, 24 Bde., 7). – Paris 1976 (in *La comédie humaine*, Hg. P.-G. Castex, 12 Bde., 1976–1981, 4; Pléiade).

ÜBERSETZUNGEN: *Das Antiquitätenkabinett*, F. P. Greve u. a. (in *Menschliche Komödie*, Einl. H. v. Hofmannsthal, Bd. 3, Lpzg. 1923). – Dass., H. P. Mayer (in *Nebenbuhler*, Hbg. 1954). – Dass., B. Wildenhahn (in *Die menschliche Komödie*, 20 Bde., Bln./Weimar 1965, 7). – Dass., E. Sander, Mchn. 1967 (GGT). – Dass., P. Mayer (in *Nebenbuhler*, Zürich 1977; *Die menschliche Komödie*, 40 Bde., 17).

LITERATUR: B. Guyon, *B. »invente« les scènes de la vie de province* (in MdF, 1958, H. 333, S. 465–493). – B. Citron, *»Le cabinet des antiques«* (in L'Année balzacienne, 1966, S. 370–373). – A.-M. Meininger, *Sur »Le cabinet des antiques«* (ebd., 1973, S. 384–385). – S. F. Davies, *Une source inédite d'un épisode du »Cabinet des antiques«* (ebd., 1974, S. 327–329). – F. N. de Martinoir, *B., »Le cabinet des antiques«* (in L'École des lettres, 15. 11. 1980, S. 19–24).

LES CENT CONTES DRÔLATIQUES COLLIGEZ ÈS ABBAÏES DE TOURAINE ET MIS EN LUMIÈRE PAR LE SIEUR DE BALZAC POUR L'ESBATTEMENT DES PANTAGRUELISTES ET NON AULTRES

(frz.; *Die hundert tolldreisten Geschichten gesammelt in den Abteien der Touraine und ans Licht gebracht von dem Herrn von Balzac zur Belustigung der Pantagruelisten und keiner anderen*). Erzählungen von Honoré de BALZAC, erschienen 1832–1853. – Etwa gleichzeitig mit der grandiosen Idee einer *Comédie humaine* und im Zusammenhang mit der nach 1789 in Frankreich neu eingesetzten, emphatischen Rabelais-Rezeption entstand Balzacs Plan, nach dem Vorbild der *Cent nouvelles nouvelles* hundert Novellen in zehn Gruppen zu je zehn Geschichten zu schreiben, von denen er 1832, 1833 und 1837 insgesamt dreißig veröffentlichte; zehn weitere erschienen postum. »*Es steckt tausendmal mehr Talent in einer Geschichte, die das Lachen fördert, als in all den Meditationen, Oden und leichenstrotzenden Trilogien, mit denen man unseren Geist zu nähren behauptet*«, schrieb der Rabelais-Verehrer Balzac 1830 zur Begründung seines Versuchs, die alten *contes grivois* (schlüpfrige Geschichten) neu zu beleben. Die geeigneten Stoffe fand er in den französischen und italienischen Kurzerzählungen des Mittelalters und der Renaissance (RABELAIS, BOCCACCIO, POGGIO DI BRACCIOLINI, BRANTÔME, MARGUERITE DE NAVARRE, NOËL DE FAIL und BÉROALDE DE VERVILLE). Kennzeichnend für Balzacs *Contes drôlatiques* ist die intensive sprachliche Gestaltung, die, teils von Rabelais' Stil geprägt, vor dem Hintergrund der zeitgenössischen Mittelalterdeutung tradierte Motive übernimmt, um in der literarischen Form des 16. Jh.s Erfahrungen des 19. Jh.s darzustellen. Dabei kopiert Balzac recht treffend das Vokabular und die typische Diktion des *Gargantua et Pantagruel* im Bewußtsein, daß solche Wortakrobatik nicht nur die komische Wirkung erhöht, sondern auch – durch Stilisierung – die Derbheit und Indezenz solcher Geschichten salonfähig macht.

Von der fröhlichen Vitalität der einstigen Bewohner seines Landes überzeugt und begeistert, läßt er sie allesamt – Ritter und Edelfrauen, Mönche und Nonnen, Bauern und Stallmägde – ihrer erotischen Vergnügungen nimmer müde werden. Immer ist es die Liebeslust, die die amüsantesten Intrigen heraufbeschwört. Naive und Eingeweihte, unzufriedene Ehefrauen, lebenshungrige Mönche, lustige Witwen und unternehmungsfreudige Galane begegnen sich zu munterem Zeitvertreib. Es gibt unter den *Contes drôlatiques* Geschichten wie z. B. *L'héritier du dyable, Les joyeulsetez du roy Loys le unziesme, La Pucelle Thilhouse*, in denen Brutalität, Grausamkeit und Obszönität als Selbstzweck überwiegen; meist aber wird die »Unanständigkeit« der Situation durch den zündenden Witz der Pointe an den Rand gespielt, z. B. in *L'apostrophe*, wo die ertappte Sünderin ihren Ehemann beschwört: »*Halt ein, du Unseliger, du bist im Begriff, den Vater deiner Kinder zu morden.*« Von naiv-sentimentalem Pathos ist die Erzählung *Le péché vesniel*, in der die junge Frau eines alten Kreuzritters sich im »Schlaf« von ihrem Pagen trösten läßt und dies später bitter büßen muß. Heroisch ist der Widerstand eines jungen Helden in *Le frère d'armes*, von reiner Tragik die Verwandlung der stolzen Kurtisane *Belle Imperia*, als die wahre Liebe sie erfaßt, bittersüß die Geschichte der untadeligen Frau *(La fausse maîtresse)*, die einem korrupten Fürsten zum Opfer fällt und vor Kummer stirbt; unheimlich sind schließlich – in *Le succube* – Prozeß und Tod des unwiderstehlichen Sarazenenmädchens, das als Dämon der Sinnlichkeit verbrannt wird.

Die *Contes drôlatiques* appellieren als Pastiche an die kreative Rezeption der Leser, die Balzacs produktives Spiel mit den literarischen Vorlagen genüßlich nachvollziehen. Die berühmteste Ausgabe mit Illustrationen von Doré erschien 1855.

I.P.-B.We.

AUSGABEN: Paris 1832 [10 Erz.]. – Paris 1833 [weitere 10 Erz.]. – Paris 1837 [weitere 10 Erz.]. – Paris 1837 *(Les contes drôlatiques...)*. – Paris 1855 [Ill. G. Doré]. – Paris 1925 (*Les cent contes...*; weitere 10 Erz. a. d. Nachl.). – Paris 1959, Hg. R. Pierrot [krit.]. – Paris 1964 (in *L'œuvre*, Hg. A. Béguin, H. Evans u. A. Ducourneau, 16 Bde., 1962–1964, 13). – Paris 1965, Hg. R. Pierrot (Pléiade). – Paris 1968–1971 (in *Œuvres complètes*, Hg. M. Bardèche, 24 Bde., 18).

ÜBERSETZUNGEN: *Die dreißig sehr drolligen und sehr kuriosen Geschichten...*, B. Rüttenauer, 2 Bde., Mchn. 1908; Lpzg, 31 1926; Mchn. 1959 (GGT). – *Ergötzliche Geschichten...*, P. Wiegler, Mchn. 1912; ern. 1952. – *Die drolligen Geschichten, die in den Abteien der Touraine sammelte und ans Licht zog der Herr B. zur bassen Lust allen Pantagruelskindern und niemandem sonst*, O. J. Bierbaum u. R. Bongs, Bln. 1912. – *Schnurrige, knurrige, affentheuerliche und pantagreullische, emphatische, exstatische, doch nit dogmatische, sondern trollatische Geschichten, auch Contes drolatiques genennet, und gesammelt in Touräbner abteyen, ans Licht gebracht durch Sieur de Balzac... zum ersten in eynen Urväter-modell vergossen... so Fischartlich travestiert*, W. Mehring, Bln. 1924, 2 Bde.; ern. Hbg. 1954. – *Die drolligen Geschichten*, W. Heichen, Bln. 1927. – *Tolldreiste Geschichten*, N. Erné, Mchn. 1968; ern. 1983 (Knaur Tb). – *Tolldrastische Geschichten*, W. Widmer, Mchn. 1975 (dtv). – Dass., ders. (in *GW*, 6 Bde., Mchn. 1981, 1). – *Tolldreiste Geschichten*, B. Rüttenauer, Ffm. 1986 (Insel Tb).

VERFILMUNG: *Die tolldreisten Geschichten*, BRD 1968 (Regie: J. Zachar).

LITERATUR: J. W. Conner, *The Vocabulary of B.'s »Contes drôlatiques«*, Diss. Princeton 1949. – Ders., *The Influence of »Tabourot des Accords« on B.'s »Contes drôlatiques«* (in RomR, 41, 1950, S. 194–205). – R. Massant, *A propos des »Contes* drôlatiques«. *Réalités et fictions dans »La Belle Imperia«* (in RSH, 57/58, 1950, S. 49–69). – M. Lecuyer, *B. et Rabelais*, Paris 1956. – R. Chollet, *Le second dixain des »Contes drôlatiques«* (in L'Année balzacienne, 1966, S. 85–126). – W.-D. Lange, *Poetik der Pastiche* (in *H. de B.*, Hg. H. U. Gumbrecht u. a., Mchn. 1980, S. 411–435). – C. Nesci, *Étude drolatique de femmes* (in L'Année balzacienne, 1985, S. 265–284). – E. Rizakowitz, *B.s »Contes drôlatiques«, der junge B. vor dem Entstehen der »Comédie humaine«*, Ffm. u. a. 1985.

LE CHEF-D'ŒUVRE INCONNU

(frz.; *Das unbekannte Meisterwerk*). Erzählung von Honoré de BALZAC, erschienen 1831. – Die ursprüngliche Fassung mit dem Untertitel *Conte fantastique* wurde wahrscheinlich im Jahr 1837 unter dem Einfluß von Théophile GAUTIER überarbeitet und innerhalb der *Comédie humaine* den *Études philosphiques* zugeordnet. Es entstand eine der besten Kurzgeschichten Balzacs, die in knappster Form Wesentliches über das Phänomen des Schöpferischen aussagt.

Die Erzählung spielt im Paris des frühen 17. Jh.s. Glänzend ist die Atmosphäre von Ort und Zeit wiedergegeben. Das Geschehen konzentriert sich auf den alten Maler Frenhofer, der, wie so viele Helden Balzacs, fanatisch nach dem Absoluten strebt, in diesem Fall nach dem Absoluten in der Kunst. Was er mit seinen Bildern zu erreichen sucht, ist die ideale, vollendete Illusion des Lebens, jenseits der bestimmten Form, Farbe und Perspektive. Zehn Jahre hat er an dem Porträt der Cathérine Lescault (genannt »La belle Noiseuse«) gearbeitet, und niemand hat jemals sein Werk zu Gesicht bekommen. Als er es endlich, im Zustand der Ekstase, vor dem Malerfreund Porbus und dem jungen Nicolas Poussin enthüllt, können die beiden, zutiefst erschüttert, nur ein Chaos übereinanderliegender Schichten von Linien und Farben erkennen. Und *»Frenhofer bedeckte seine Cathérine wieder mit einem grünen Sergetuch, mit der ernsten Ruhe eines Juweliers, der seine Schubladen schließt.«* Doch die Enttäuschung, die er auf den Gesichtern seiner beiden Besucher sieht, treibt ihn in Wahnsinn und Tod.

In *Le chef-d'œuvre inconnu* hat Balzac ein leidenschaftliches Plädoyer für den Künstler formuliert und in Frenhofer eine jener singulären Gestalten entworfen, die im inneren Kampf zwischen Liebe und Kunst der ästhetischen Faszination erliegen. Indem sich Frenhofer kompromißlos seiner Obsession verschreibt, stößt er auf die Verständislosigkeit seiner Umwelt. Die kunsttheoretischen Erörterungen geben die zeitgenössische Debatte wieder, die zwischen der akademischen, noch immer im Banne des Klassizismus stehenden Malerei und der insbesondere von Eugène Delacroix vertretenen romantischen Schule geführt wurde.

I.P.-B.We.

AUSGABEN: Paris 1831 (*»Conte fantastique«* in *Romans et contes philosophiques*, 3 Bde., 3). – Paris 1845 (in *Œuvres; La comédie humaine*, 14: *Études philosophiques*, Bd. 1). – Paris 1925 (in *Œuvres complètes*, Hg. M. Bouteron u. H. Longnon, 40 Bde., 1912–1940, 28: *Études philosophiques*). – Paris 1931 [Ill. P. Picasso]. – Paris 1946 [krit.]. – Paris 1951–1955 (in *L'œuvre de B.*, Hg. A. Béguin, Bd. 12; krit.). – Paris 1968–1971 (in *Œuvres complètes*, Hg. M. Bardèche, 24 Bde., 14). – Paris 1980 (in *La comédie humaine*, Hg. P.-G. Castex, 12 Bde., 1976–1981, 10; Pléiade). – Paris 1981 (GF).

ÜBERSETZUNGEN: *Das unbekannte Meisterwerk*, M. Gerbert, Stg. 1925; ern. Düsseldorf 1966 [m. Radierungen v. P. Picasso]. – Dass., H. Scholten, Iserlohn 1947. – Dass., H. E. Jacob, Hbg. 1955. – Dass., F. P. Greve u. B. Rüttenauer, Bln./Düsseldorf 1960. – Dass., E. Sander, Mchn. 1968 (GGT). – *Das unbekannte Meisterwerk*, T. Bergner (in *Die menschliche Komödie*, 20 Bde., Bln./Weimar 1969, 20). – Dass., H. E. Jacob, Zürich 1977 (*Die menschliche Komödie*, 40 Bde., 37). – *Das unbekannte Meisterwerk*, H. Goeppert-Frank, Ffm. 1987 (Ill. P. Picasso; IB).

LITERATUR: M. Gilman, *B. and Diderot: »Le chef-d'œuvre inconnu«* (in PMLA, 65, 1950, S. 644–648). – M. Eigeldinger, *La philosophie de l'art chez B.*, Genf 1957. – M. Bardèche, *Autour des »Études philosophiques«* (in L'Année balzacienne, 1960, S. 109–124). – P. Laubriet, *Un catéchisme esthétique: »Le chef-d'œuvre inconnu«*, Paris 1961. – A. R. Evans Jr., *The »Chef-d'œuvre inconnu«, B.'s Myth of Pygmalion and the Modern Painting* (in RomR, 53, 1962, S. 187–198). – C. Franceschetti, *Un quadro di Gérard fonte probabile dello »Chef d'œuvre inconnu«* (in StF, 11, 1967, S. 407–425). – Ders., *Ancora su »Le chef d'œuvre inconnu«* (ebd., 12, 1968, S. 419–433). – E. L. Gans, *Le chef d'œuvre inconnaissable de B.* (in E. L. G., *Essai d'esthétique paradoxale*, Paris 1977, S. 179–193). – D. Ashton, *A Fable of Modern Art*, NY 1980. – J.-L. Filoche, *»Le chef d'œuvre inconnu«* (in L'Année balzacienne, 1980, S. 47–59). – *Autour du »Chef d'œuvre inconnu« de B.*, Paris 1985.

LE COLONEL CHABERT

(frz.; *Oberst Chabert*). Erzählung von Honoré de BALZAC, erschienen 1832 unter dem Titel *La transaction*; nach verschiedenen Änderungen 1844 als eine der *Scènes de la vie parisienne* in die *Comédie humaine* aufgenommen, später dann den *Scènes de la vie privée* zugeordnet.

Verschiedene typische Balzac-Themen – die Enthüllung von Familiengeheimnissen vor der Justiz, die Charakterisierung einer skrupellosen, eitlen Frau, der Blick hinter die Kulissen des glorreichen Empire – tauchen auch in der Geschichte des Oberst Chabert auf. Dieser ist ein Überlebender des ersten Empires, der als napoleonischer Soldat militärische Einfachheit und Dynamik erfahren hatte. In der Schlacht bei Eylau wurde er schwer verwundet und von der napoleonischen Armee als tot zurückgelassen. Nach einer langen Odyssee erscheint er wieder in Paris und versucht verzweifelt, seine Identität zu beweisen und Frau und Vermögen zurückzugewinnen. Doch in der Restaurationsgesellschaft ist für ihn und seinesgleichen kein Platz. Seine Geschichte erinnert an das Schicksal etlicher vermißter Offiziere der *grande armée*, die später nur mit Mühe ihre Bürgerrechte wiedererlangen konnten. In der juristischen Entwicklung des Falls verrät sich die Sachkenntnis, die Balzac sich als Angestellter des Anwalts Guillonnet-Merville hatte erwerben können. Diesem Juristen ist die Gestalt des jungen Advokaten Derville nachgezeichnet, der sich des verzweifelten Chabert annimmt. (Übrigens tritt Derville auch in anderen Episoden der *Comédie humaine* als Anwalt auf.) Chaberts Frau, Rose, hat sich wieder verheiratet und sich als Gräfin Ferraud durch geschickte Spekulationen eine glänzende soziale Stellung verschafft, die durch die Rückkehr des Oberst bedroht ist. Sie ist deshalb darauf bedacht, ihn in dem Elend seiner Anonymität zu belassen, aus dem der tüchtige und wohlwollende Derville ihn vergeblich zu retten hofft.

In der Schilderung der Wiederbegegnung dieses Paares enthüllt Balzac zwei Charaktere, die trotz ähnlicher Herkunft völlig gegensätzliche Anlagen aufweisen: Rose, eine vulgäre und launische ehemalige Prostituierte, die, mit seiner Gefügigkeit rechnend, sich von ihrem Kunden Chabert heiraten ließ; der Oberst, ein Findelkind, der sich in kriegerischen Zeiten als Soldat bewährte, doch ohne seinen Beruf (»*Ich kann nicht mehr Soldat sein, das ist mein ganzes Unglück*«) sich in willenloser Gutmütigkeit und Schwäche verliert und eigentlich gegen seine Natur, nur durch den Zufall eines abenteuerlichen Schicksals, in eine gewisse passive Größe hineingedrängt wird. Seine Liebe zu ihr skrupellos ausnutzend und auf seine Schwäche bauend, treibt ihn die ehemalige Dirne allmählich zur endgültigen Selbstaufgabe. Hatte er zunächst gehofft, alles zurückerobern zu können, so beansprucht er bald nur noch »*ein wenig Tabak und den Constitutionnel*« und willigt schließlich ein, als Oberst Chabert totgesagt zu bleiben. Er verschwindet aus ihrem Leben und endet als obdach- und namenloser Vagabund, der mit seiner sozialen Identität auch seinen Namen verloren hat und nur noch eine Kennummer trägt, verwahrlost und geistesgestört, in einem Armenhospiz.

Unter den frühen Werken ist *Oberst Chabert* neben *Le curé de Tours* dasjenige, in dem Balzac die schärfste Kritik an Grausamkeit und Egoismus einer trivialen Gesellschaft übt. In der endgültigen Fassung von 1835 verschärfte sich der bittere sozialkritische Ton, in dem zwar deprimiertes Mitleid für die Opfer und Besiegten mitschwingt, sarkastischer Pessimismus aber letzten Endes dann doch überwiegt.

I.P.-B.We.

AUSGABEN: Paris 1832 (*La transaction*, in L'Artiste, Febr. bis März 1832). – Paris 1832 (*Le Comte Chabert*, in *Salmigondis*, 2 Bde., 1). – Paris 1835 (*La comtesse à deux maris*, in *Scènes de la vie parisienne*, 4). – Paris 1844 (in *La comédie humaine*, 17 Bde., 1842–1848; Bd. 10: *Scènes de la vie parisienne II*). – Paris 1886. – Paris 1913 (in *Œuvres complètes*, Hg. M. Bouteron u. H. Longnon, 40 Bde., 1912–1940, Bd. 7: *Études de mœurs. Scènes de la vie privée VII*). – Paris 1961, Hg. P. Citron. – Paris 1962 (in *L'œuvre*, Hg. A. Béguin, J. A. Ducourneau u. H. Evans, 16 Bde., 1962–1964, 1). – Paris 1963, Hg. M. Allem [krit.]. – Paris 1964 [Vorw. P. Morand]. – Paris 1968–1971 (in *Œuvres complètes*, Hg. M. Bardèche, 24 Bde., 4). – Paris 1974 (Folio). – Paris 1976 (in *La comédie humaine*, Hg. P.-G. Castex, 12 Bde., 1976–1981, 3; Pléiade). – Paris 1984 (Poche).

ÜBERSETZUNGEN: *Die Doppelehe*, anon. (in *SW*, Bd. 48, Quedlinburg/Lpzg. 1844). – *Der Oberst Chabert*, F. Philipp (in *Werke*, Bd. 1, Stg. 1884). – *Oberst Chabert*, F. P. Greve (in *Menschliche Komödie*, Bd. 6, Lpzg. 1924). – Dass., ders., Lpzg. 1925 (IB). – Dass., R. Schapire (in *AW*, Bd. 2, Lpzg. 1926). – Dass., E. Weiss, Köln 1946. – Dass., ders., Hbg. 1958. – Dass., A. Seiffert (in *Die menschliche Komödie*, 20 Bde., Bln./Weimar 1960; ³1984, 4). – Dass., E. Sander, Mchn. 1966 (GGT); ern. Mchn. 1986 (Goldm. Tb). – Dass., I. Täubert (in *Szenen aus dem Privatleben*, Mchn. 1976; dtv). – Dass., E. Weiss, Zürich 1977 (*Die menschliche Komödie*, 40 Bde., 11).

VERFILMUNGEN: Frankreich 1910 (Regie: A. Calmettes). – Deutschland 1920 (Regie: E. Burg). – Italien 1920 (Regie: C. Gallone). – *Mensch ohne Namen*, Deutschland 1932 (Regie: G. Ucicky). – Frankreich 1943 (Regie: R. Le Hénaff; m. Raimu u. M. Bell). – BRD 1956 (Regie: V. v. Collande). – BRD 1967 (TV; Regie: L. Cremer).

LITERATUR: A. Billy, *En marge du »Colonel Chabert«* (in A. B., *Huysmans et Cie*, Paris 1963, S. 69–76). – R. C. Dale, *»Le colonel Chabert« between Gothicism and Naturalism* (in EsCr, 7, 1967, S. 11–16). – A. Fischler, *Fortune in »Le colonel Chabert«* (in Studies in Romanticism, 8, 1968/69, S. 65–77). – G. Good, *»Le colonel Chabert«* (in FR, 42, 1968/69, S. 846–856). – M. Marini, *Chabert mort ou vif* (in Littérature, 4, Febr. 1974, S. 92–112). – K. Stierle, *Epische Naivität und bürgerliche Welt. Zur narrativen Struktur im Erzählwerk B. s.* (in *H. de B.*, Hg. H. U. Gumbrecht u. a., Mchn. 1980, S. 175–217). – P. Barbéris, *»Le colonel Chabert«*, Paris 1981. – P. Brooks, *Narrative Transaction and Transference in »Le colonel Chabert«* (in P. B., *Reading for the Plot*, Oxford 1984, S. 216–237). – J. Küpper, *B. und der Effet de réel. Eine Untersuchung anhand der Textstufen des »Colonel Chabert« und des »Curé de village«*, Amsterdam 1986 [zugl. Diss. Bochum 1980].

LA COMÉDIE HUMAINE

(frz.; *Die menschliche Komödie*). Titel des gesamten Romanwerks von Honoré de BALZAC. – Seit der Veröffentlichung der beiden Bände der *Scènes de la vie privée* (1830) reifte in Balzac die Idee, seine Romane und Erzählungen zu einem zusammenhängenden Komplex zu verbinden: am Beispiel der französischen Gesellschaft seiner Zeit, d. h. der ersten Hälfte des 19. Jh.s., wollte er ein großangelegtes, repräsentatives Bild der menschlichen Gesellschaft vorführen. Kennzeichnend für dieses gewaltige, in knapp zwanzig Jahren bewältigte Werk ist die perspektivische Wiederkehr der wichtigsten, großenteils miteinander verwandten, verschwägerten, durch Liebe, Freundschaft oder Geschäft verbundenen Personen innerhalb eines sorgfältigen chronologischen Aufbaus. Der Titel *Comédie humaine*, der auf DANTES *Divina Commedia* anspielt und von Balzac im *Avant-propos* (Vorwort) 1842 durch den Verweis auf die Universalität seines Unternehmens gerechtfertigt wird, taucht seit 1841 auf. Balzac verhandelte zu dieser Zeit mit einem Verlegerkonsortium über das Exklusivrecht zum Abdruck seiner sämtlichen bereits erschienenen und in Zukunft erscheinenden Werke. Sein berühmter Werkkatalog von 1845 enthält eine Aufstellung der Romane, die drei Sammeltiteln untergeordnet sind: *Études de mœurs*, *Études philosophiques* und *Études analytiques*. Die erste und umfangreichste Gruppe ist ihrerseits wiederum aufgeschlüsselt in *Scènes de la vie privée*, *Scènes de la vie de province*, *Scènes de la vie parisienne*, *Scènes de la vie politique*, *Scènes de la vie militaire* und *Scènes de la vie de campagne*. Jedem dieser Bücher liegt eine allgemeine Idee zugrunde: So sollten die *Scènes de la vie privée* zum Beispiel die »Kindheit, Jugend und ihre Fehler« zeigen, die *Scènes de la vie de province* die »Zeit der Leidenschaften, des Kalküls, der Interessen und des Ehrgeizes« darstellen usw. Der detaillierte Katalog von 1845 kündigt die Titel von 137 Romanen an. Doch trotz äußerstem Fleiß, großem Selbstvertrauen und der unbeirrbaren Überzeugung von seiner Genialität konnte Balzac das beinahe übermenschliche Vorhaben, aus Realität und Imagination eine eigene, neue Welt zu schaffen, nicht im geplanten Ausmaß bewältigen; seine *Comédie humaine* umfaßte am Schluß 91 Romane und Erzählungen, in denen rund 3000 Personen auftreten. Im Medium der Fiktion stellt Balzac die Dynamik der postrevolutionären Gesellschaft dar: Er zeigt Frankreich unter dem Empire, zur Zeit der Restauration und während der Julimonarchie. Als »Sekretär der Geschichte« beabsichtigt Balzac, der offiziellen Geschichtsschreibung ein entscheidendes Kapital hinzuzufügen – die Geschichte der Sitten. Er will in der *Comédie humaine* das Leben in seiner Totalität erfassen und die Geschichte im Blick auf ihre verborgenen Gesetzmäßigkeiten philosophisch durchdringen. Er beobachtet, kommentiert und kritisiert den Niedergang der Monarchie, den Aufbau und Mißbrauch der parlamentarischen Institutionen, die fortschreitende Verbürgerlichung und das Anwachsen des Individualismus. Der Schauplatz seiner Romane wechselt zwischen Paris und der Provinz und ist durch jeweils typische Züge charakterisiert. Die Personen des Geschehens gehören überwiegend den gehobenen und mittleren Klassen an. Unter den Adligen gibt es sowohl hoheitsvoll-steife Träger alter Namen, Titel und Orden als auch heroisch-komische Vertreter überlebter Vergangenheit, sowohl schwache und dekadente Jünglinge als auch zynische und elegante Dandys, sowohl Männer, die den Adel des Geistes zu repräsentieren suchen, als auch anpassungsfähige Opportunisten. Unter den adligen Frauengestalten sind zwar viele als Mütter, Gattinnen und Geliebte stark idealisiert, aber durch ihr verschiedenes Temperament doch jeweils individuell charakterisiert. Gleichermaßen differenziert erscheinen die bürgerlichen Gestalten: Beamte, Richter und Notare; Finanzmagnaten, Bankiers und Geschäftsleute; Fabrikanten, Händler und Wucherer; Ärzte, Priester und Gelehrte; Künstler und Kritiker, Journalisten, Bohemiens und Kurtisanen. Keiner gleicht dem anderen, und doch verkörpert jeder eine für seinen Beruf typische Lebensform. Indem Balzac mehrfach die Angehörigen des Adels und des Bürgertums in Familien zusammenschließt und sie über mehrere Generationen verfolgt, macht er die Rolle des einzelnen im übergreifenden Zusammenhang des gesellschaftlichen Auf- und Abstiegs deutlich. Balzacs Sicht der Bauern und ihrer Umwelt ist stark von politischen und sozialen Anschauungen geprägt, die diesen Bereich romantisieren. Die städtische Arbeiterklasse kommt nur sporadisch und relativ spät zur Sprache. Charakteristisch für Balzacs Erzählweise sind die zahlreichen ausführlichen Beschreibungen des historischen Hintergrunds und des Milieus. Sie dokumentieren die Grundvorstellung des Autors von der Wechselbeziehung zwischen Charakter und Umwelt und verleihen den Texten eine unvergleichliche Dichte an lebensweltlicher Referenz. Neben der Einwirkung des Milieus auf die Menschen thematisiert die *Comédie humaine* jene andere von Balzac als zeittypisch angesehene Triebkraft: den individualistischen Drang nach Bereicherung und sozialem Aufstieg. Durch diese Verbindung verschiedenartigster Elemente und Bestrebungen entsteht die verwirrende Mischung von Realistik und Romantik, die für die *Comédie humaine*, für Balzac und für seine Zeit bezeichnend und für ein Publikum bestimmt ist, das auch unterhalten werden will. Zeitgebunden ist auch Balzacs Theorie von der »fixen Idee«. Sie manifestiert sich in einer ganzen Reihe von Charakteren, die als Verkörperungen irgendeiner Besessenheit dargestellt werden. Zwar liegen diese Charaktere oft jenseits der Grenzen des Wahrscheinlichen, aber gerade als isolierte Personen von absoluter Homogenität, als konzentrierte Fiktionen, gehören sie zu Balzacs faszinierendsten Geschöpfen (etwa Goriot, Grandet oder Vautrin alias Jacques Collin).

Kaum ein anderer Romancier hat dem Geld einen so wichtigen Platz in seinem Werk zugeteilt wie

Balzac, für den es zur beinahe omnipotenten Triebkraft des Handelns wird. Geld ist nicht nur das Mittel zu Erfolg, Macht und Luxus; das Geld avanciert in der postrevolutionären Gesellschaft, in der formal alle gleich sind, zum Wert aller Werte: In der Abstraktion des Geldes beruht die Vergleichbarkeit aller Werte, die sich in der Sicht Balzacs von ihren traditionellen Bindungen (Familie, Monarchie, Religion) gelöst und eine neuartige gesellschaftliche Dynamik entfesselt haben.

Eine hervorragende Rolle teilt Balzac auch der Liebe – als der stärksten Erfahrung im menschlichen Leben – zu. Wo er sie als alles beherrschende Leidenschaft darstellt, idealisiert er sie zu einem Kult, den zu feiern nur wenige privilegierte Seelen berufen sind.

Nicht als bloße Synthese verschiedener Kräfte, sondern in wirklicher, freilich oft verwirrender Komplexität, bewegt von Ehrgeiz, Berechnung, Gefühl und Leidenschaft, so stellt Balzac das Wesen, das Denken und das Handeln des Menschen dar. Seine Psychologie geht vom Physischen aus, er schließt vor allem auf die Beobachtung: Kleidung, Gesicht, Haltung der Menschen enthüllen ihren Charakter. Die Personen seiner Romane sind anschauliche, ja beinahe »klassische« Typisierungen; dennoch zeigen sie immer wieder eine Fähigkeit zu unberechenbarem Handeln, die sie lebendig und menschlich erscheinen läßt, widersprüchlich, engagiert, oft mittelmäßig, nicht ganz gut, nicht ganz böse und selten ganz unsympathisch.

Balzacs romantische, der Illuminationstheorie nahestehende Metaphysik, wie sie insbesondere in Werken wie *La peau de chagrin*, *Louis Lambert* und *Séraphîta* deutlich wird, ist von seinen Kritikern als naiv bezeichnet worden. Doch darf man nicht übersehen, daß sie ihren Teil zu der dynamischen Kraft beitrug, die nötig war, um ein so riesenhaftes Werk zu vollenden. Balzacs Bereitschaft zu jeder Art von Erfahrung, sei sie geistiger, seelischer oder sinnlicher Natur, führte fast notwendig zu Sprunghaftigkeit und sogar Widersprüchlichkeit in seinen Äußerungen. Seine Art zu erzählen, zu kommentieren und zu moralisieren ist nebeneinander und abwechselnd optimistisch und pessimistisch, idealistisch und materialistisch, gefühlvoll und zynisch, erbauend und sarkastisch, fromm und antiklerikal: In solchen Gegensätzen äußert sich Balzacs ungewöhnliche und vielschichtige Persönlichkeit.

Die Welt, die Balzac in der *Comédie humaine* entwirft ist in jeder Hinsicht geschichtlich bedingt. Die Entfesselung der menschlichen Leidenschaften hat ihren historischen Ausgangspunkt im Beginn der bürgerlichen Gesellschaft (bzw. in der Französischen Revolution). Die problematisch gewordene Beziehung zwischen Individuum und Gesellschaft inszeniert Balzac unter dem Vorzeichen des Kampfes zwischen Subjekt und System. Die Romanfiguren präsentieren sich dem Leser, der selbst die moderne Welt als undurchdringlich erfährt, als Identifikationsfiguren.

Dem gigantischen Stoff entspricht eine Sprache, die zugleich rhetorisch, sentimental, ungemein sinnlich und konkret in der Beschreibung des Äußeren – der Landschaft, des Hauses, der Umgebung, der physischen Erscheinung des Menschen – ist. Balzac ist ein Meister der Überraschungseffekte: Lange und sorgfältig kann er eine Handlung vorbereiten, die in plötzlich sich überstürzenden Ereignissen ihren Höhepunkt oder Wendepunkt findet. Das gibt seinen mit Recht als »Szenen« bezeichneten Geschichten den dramatischen Charakter, wobei das Drama trotz aller hintergründigen Tragik letztlich doch weniger unter dem Vorzeichen des Tragischen als vielmehr unter dem des Komischen steht. Die *Comédie humaine* steht auch in der Tradition jener Texte, die sich auf eine Wirklichkeit beziehen, der – wie es bei Friedrich DÜRRENMATT heißt – nur die Komödie beikommen kann. I.P.

AUSGABEN: Paris 1842–1848, 17 Bde. – Paris 1912–1928 (in *Œuvres complètes*, Hg. M. Bouteron u. H. Longnon, 40 Bde., 1912–1940, 1–33). – Paris 1962–1964 (in *L'œuvre*, Hg. A. Béguin, J. A. Ducourneau u. H. Evans, 16 Bde., 1–12). – Paris 1968–1971 (in *Œuvres complètes*, Hg. M. Bardèche, 24 Bde., 1–17). – Paris 1970, Hg. P. Citron, 7 Bde. – Paris 1976–1981, Hg. P.-G. Castex, 12 Bde. (Pléiade).

ÜBERSETZUNGEN: s. die Bibliographien zu den Einzeltiteln.

LITERATUR: C. de Loevenjoul, *Histoire des œuvres de B.*, Paris 1879. – H. v. Hofmannsthal, *H. de B.* (in Der Tag, 1908; ern. in H. de B., *Menschliche Komödie*, Bd. 1, Lpzg. 1908; ern. in H. v. H., *Prosa II*, Ffm. 1959, S. 328–345). – E. R. Curtius, *B.*, Bonn 1923; Bern 1951; Ffm. 1985 (FiTb). – E. P. Dargan u. B. Weinberg, *The Evolution of B.'s »Comédie humaine«*, Chicago 1942; ern. NY 1973. G. Atkinson, *Les idées de B. d'après la »Comédie humaine«*, 5 Bde., Genf 1949/50. – M. Proust, *Le B. de Monsieur de Guermantes. Discours de l'auteur*, Hg. B. de Fallois, Neuchâtel/Paris 1950. – G. Lukács, *B. und der französische Realismus*. Bln. 1952. – F. Lotte, *Dictionnaire biographique des personnages fictifs de la »Comédie humaine«*, Vorw. M. Bouteron, Paris 1952 (Suppl. Paris 1956). – *B. Le livre du centenaire*, Hg. M. Bouteron u. J. Pommier, Paris 1952. – W. Dilthey, *B.* (in W. D., *Die große Phantasiedichtung und andere Studien zur vergleichenden Literaturgeschichte*, Göttingen 1954, S. 237–246). – F. Marceau, *B. et son monde*, Paris 1955; ern. 1970. – H. J. Hunt, *B.'s »Comédie humaine«*, Ldn. 1959. – J.-H. Donnard, *Les réalités économiques et sociales dans la »Comédie humaine«*, Paris 1961. – T. W. Adorno, *B.-Lektüre* (in T. W. A., *Noten zur Literatur II*, Ffm. 1961, S. 19–41). – J.-H. Donnard, *La vie économique et les classes sociales dans l'œuvre de B.*, Paris 1961. – P.-A. Perrod, *En marge de la »Comédie humaine«*, Paris/Lyon 1962. – F. Lotte, *Armorial de la »Comédie humaine«*, Paris 1963. – M. Bardèche, *Une lecture de B.*, Paris 1964. – A. Wurmser, *La comédie inhumaine*, Paris 1964. –

L.-F. Hoffmann, *Répertoire géographique de la »Comédie humaine«*, Paris 1965. – P. Nykrog, *La pensée de B. dans la »Comédie humaine«*, Kopenhagen 1965; ern. Paris 1973. – C. Lecour, *Les personnages de la »Comédie humaine«*, Paris 1966. – C. Affron, *Patterns of Failure in the »Comédie humaine«*, New Haven/Ldn. 1966. – F. W. J. Hemmings, *B. An Interpretation of »La comédie humaine«*, Ldn. 1967. – M.-H. Faillié, *La femme et le Code civil dans »La comédie humaine«*, Paris 1968. – F. Longaud, *Dictionnaire de B.*, Paris 1969. – G. R. Besser, *B.s Concept of Genius*, Genf 1969. – S. Trost, *Die Persönlichkeit im Umschwung der politischen Macht nach B.s »Comédie humaine«*, Bern 1969. – T. Yücel, *Figures et messages dans la »Comédie humaine«*, Tours 1972. – P. Barbéris, *Mythes balzaciens*, Paris 1972. – A. R. Pugh, *B.s Recurring Characters*, Toronto 1974. – R. Fortassier, *Les mondains de la »Comédie humaine«*, Paris 1974. – M. Kanes, *B.s Comedy of Words*, Ldn. 1975. – G. Jaques, *Paysage et structures dans la »Comédie humaine«*, Löwen 1975. – L. Frappier-Mazur, *L'expression métaphorique dans la »Comédie humaine«*, Paris 1976. – A. d'Esneval, *B. et la provinciale à Paris*, Paris 1976. – N. Cazauran, *Cathérine de Médicis et son temps dans la »Comédie humaine«*, Genf 1976. – F. Marceau, *Les personnages de la »Comédie humaine«*, Paris 1977. – *Über B.*, Hg. C. Schmölders, Zürich 1977 (mit einem Repertorium der wichtigsten Romanfiguren; detebe). – K. Wingard, *Les problèmes des couples mariés dans la »Comédie humaine«*, Uppsala 1978. – G. de Zélicourt, *Le monde de la »Comédie humaine«*, Paris 1979. – P. L. Rey, *La »Comédie humaine«*, Paris 1979. – Saint-Paulien, *Napoléon, B. et l'Empire de la »Comédie humaine«*, Paris 1980. – L. Dällenbach, *Das brüchige Ganze* (in *H. de B.*, Hg. H. U. Gumbrecht u. a., Mchn. 1980, S. 461–491). – R. Warning, *Chaos und Kosmos. Kontingenzbewältigung in der »Comédie humaine«* (ebd., S. 9–55). – J.W. Mileham, *The Conspiracy Novel*, Lexington 1982. – M. Mozet, *La ville de province dans l'œuvre de B.*, Paris 1982. – M. Ménard, *B. et le comique dans la »Comédie humaine«*, Paris 1983. – D. Vachey u. H. Mitterand, *B., La »Comédie humaine«*, Paris 1984. – J. Dargan, *B. and the Drama of Perspective. The Narrator in Selected Works of »La comédie humaine«*, Lexington 1985. – J. A. Nicholson, *B.'s »Comédie humaine«. Literary Discourse as Communication and Invention*, Diss. Univ. of Iowa 1985 (vgl. Diss. Abstracts, 46, 1986, S. 3025 A).

LES COMÉDIENS SANS LE SAVOIR

(frz.; *Die unfreiwilligen Komödianten*). Erzählung von Honoré de BALZAC. Das Werk entstand aus drei früher veröffentlichten Skizzen, die mit Hilfe von verbindenden Texten und notwendigen Streichungen zu einem den Geist des *Diable boiteux* (von LESAGE, 1707) beschwörenden Ganzen zusammengefügt wurden. Es erschien erstmals in ›Le Courrier Français‹ vom 14. bis 24. 4. 1846 und ging noch im selben Jahr als *Scène de la vie parisienne* in den zwölften Band des Zyklus *La comédie humaine* ein.

Zwei schon in früheren Werken Balzacs als abgebrühte Großstädter in Erscheinung tretende Freunde, der Maler Léon de Lora und der Karikaturist Bixiou, machen sich einen Spaß daraus, ein ahnungsloses, naives »Greenhorn«, Sylvestre Gazonal, ins Pariser Leben einzuführen. Balzac, der unermüdliche Erfinder von »Szenen« und »Physiognomien«, ist in seinem Element. In einer Serie von kurzen und pittoresken kleinen Sketches läßt er vor dem staunenden Provinzjüngling Tänzerinnen, Sängerinnen und deren ältliche Verehrer, Künstler, Kurtisanen, Aristokraten, Journalisten, Politiker, Fabrikanten und andere Großstädter verschiedenster Herkunft und sozialer Stellung Revue passieren. Glanznummern sind: der von der Einzigartigkeit seiner Kunst eloquentes Zeugnis ablegende Friseur oder jener fanatische Revolutionär, der nicht einmal während der Pediküre darauf verzichtet, die Vorzüge der Republik zu preisen; ferner die Wahrsagerin, die alles voraussagen kann außer den Glücksnummern der Lotterie, und die Kleiderhändlerin, die ihr Gewerbe mit Geldverleih und einem noch übler beleumundeten Nebengeschäft koppelt. So gastiert Gazonal innerhalb kurzer Zeit in sämtlichen Pariser Milieus, die Balzac in der Rolle des Historiographen des sozialen Lebens lebendig werden läßt, und blickt hinter manche Kulisse, die ihm und mithin den Lesern der kundige Autor zugänglich macht. I.P.-KLL

AUSGABEN: Paris 1846 (in Courrier Français, 14. bis 24. 4.; unvollst.). – Paris o. J. [1846; m. d. Widmung; Dédié à M. le Comte Jules de Castellane]. – Paris 1846 (in *La comédie humaine*, 17 Bde., 1842 bis 1848, 12: *Scènes de la vie parisienne et Scènes de la vie politique*). – Paris 1847 (*Le provincial à Paris*, 2 Bde.). – Paris 1914 (in *Œuvres complètes*, Hg. M. Bouteron, L. H. Longnon, 40 Bde., 1912 bis 1940, 19: *Études de mœurs. Scènes de la vie parisienne VII*). – Paris 1963 (in *L'œuvre*, Hg. A. Béguin, J. A. Ducourneau u. H. Evans, 16 Bde., 1962–1964, 10). – Paris 1968–1971 (in *Œuvres complètes*, Hg. M. Bardèche, 24 Bde., 11). – Paris 1977 (in *La comédie humaine*, Hg. P.-G. Castex, 12 Bde., 1976–1981, 7; Pléiade).

ÜBERSETZUNGEN: *Komödianten ohne es zu wissen*, O. Flake (in *Pariser Novellen*, Bln. 1923; ern. Hbg. 1953). – Dass., ders (in *Das Haus zur ballspielenden Katze*, Zürich 1977; *Die menschliche Komödie*, 40 Bde., 1). – *Die Komödianten wider ihr Wissen*, E. Sander, Mchn. 1967 (GGT).

LITERATUR: H. Gauthier, *L'usurière dans trois œuvres de B.* (in Études Balzaciennes, 5/6, Dez. 1958).

LE CONTRAT DE MARIAGE

(frz.; *Der Ehevertrag*). Roman von Honoré de BALZAC; entstanden 1834 und 1835 erstmals unter dem Titel *La fleur de pois* im zweiten Band der *Scènes de la vie privée* erschienen; 1842 mit dem endgültigen Titel in die *Comédie humaine* aufgenommen und dem Komponisten Gioacchino Rossini gewidmet.

Nachdem er sich in mehreren Werken mit dem Schicksal gequälter Frauen befaßt hatte, thematisierte Balzac schließlich auch die »Leiden der Ehemänner«. Hier tut er dies am Beispiel des jungen eleganten, liebenswert-harmlosen Paul de Manerville, der den Spitznamen »Fleur des pois« (etwa »König der Stutzer«) hat und dem das Leben übel mitspielt. Gutaussehend und vermögend, auf der Suche nach einer passenden Frau, fällt er Madame Évangélista (einem der giftigsten Scheusale der *Comédie humaine*) und deren heiratsfähiger Tochter Natalie zum Opfer. Den beiden gelingt es, sein Augenmerk statt auf die spärliche Mitgift, auf die unvergleichlichen Vorzüge Natalies zu lenken. Die vom Autor brillant vorbereitete zentrale Szene des Romans ist das in militärischen Metaphern beschriebene »Duell« der beiden Familienadvokaten zwecks Regelung des Ehevertrags. Manervilles Anwalt Mathias – ehrbar, altmodisch und unbestechlich – tritt an gegen den gewissenlosen, raffinierten Solonet, dessen Rechtsbegriffe außerordentlich flexibel sind.

Vertraut mit der Terminologie und den Kniffen von Rechtsgeschäften, beschreibt Balzac hier einen Modellfall von unverfrorener Übertölpelung. Madame Évangélista erreicht es, Verwalterin der Güter Manervilles zu werden und das junge Paar zu verliebter Zerstreuung nach Paris zu schicken, nicht ohne der Tochter detaillierte Ratschläge mitzugeben, wie sie den Gatten ausbeuten und beherrschen könne. Nach fünf Jahren ist der verblendete Ehemann finanziell ruiniert. Trotzdem hält er sich, als er schließlich hoffnungsvoll nach Indien aufbricht, um ein neues Vermögen zu erwerben, noch immer für den bestgeliebten Mann der Welt. Ein *coup de surprise* beendet den Roman: Zwei Briefe Natalies, die Manerville erst auf See öffnet und die ihm überschwengliche Zärtlichkeit, Dankbarkeit und ewige Treue vorheucheln, werden von seinem Freund de Marsey unbarmherzig zerpflückt und als Lügen entlarvt. Der Freund klärt ihn über Natalies Charakter und Lebenswandel auf und erzählt ihm von ihrer Liebschaft mit Félix de Vandenesse (dem sanften Liebenden aus *Le lys dans le vallée*). De Marsey, dieser böse Zauberer, der frivol und zynisch durch manches Kapitel der *Comédie humaine* geistert, hofft aber vergeblich auf die »Heilung« Pauls. Unfähig zu einer mannhaften Entscheidung, tröstet er sich weiterhin mit dem untätigen Glauben an die Fatalität der Dinge. Die resignierte Frage »*Was habe ich ihr getan?*« ist seine einzige Reaktion auf de Marseys Enthüllungen.

Daß diese Geschichte, in der geistreich-pessimistische Kritik an Zeit und Zeitgenossen nicht fehlt, gleichzeitig mit der rührend-sentimentalen Novelle *Le lys dans la vallée* entstand, ist kennzeichnend für Balzacs Arbeitsweise: hier Illusion – dort ihre Zerstörung. Ob die ironische Wirkung, die sich bei der Lektüre der *Comédie humaine* gelegentlich aus diesem Nebeneinander ergibt, beabsichtigt war, sei dahingestellt.

I.P.-KLL

AUSGABEN: Paris 1835 (in *Scènes de la vie privée*). – Paris 1842 (in *La comédie humaine*, 17 Bde., 1842–1848, 3). – Paris 1913 (in *Œuvres complètes*, Hg. M. Bouteron u. H. Longnon, 40 Bde., 1912–1940, 7: *Études de mœurs. Scènes de la vie privée VII*). – Paris 1961, Hg. P. Citron [krit.]. – Paris 1962 (in *L'œuvre*, Hg. A. Béguin, J. A. Ducourneau u. H. Evans, 16 Bde., 1962–1964, 3). – Paris 1966 (GF). – Paris 1968–1971 (in *Œuvres complètes*, Hg. M. Bardèche, 24 Bde., 4). – Paris 1973 (Folio). – Paris 1976 (in *La comédie humaine*, Hg. P.-G. Castex, 12 Bde., 1976–1981, 3; Pléiade). – Paris 1984 (Poche).

ÜBERSETZUNGEN: *Erbsenblüthe*, anon. (in *SW*, Bd. 81/82, Quedlinburg 1846). – *Der Ehevertrag*, G. Etzel (in *Menschliche Komödie*, Bd. 3, Lpzg. 1908). – *Der Ehekontrakt*, R. Schapire, Hbg. 1957 (ern. Zürich 1977; *Die menschliche Komödie*, 40 Bde., 12). – *Der Ehevertrag*, K. Heinrich (in *Die menschliche Komödie*, 20 Bde., Bln./Weimar 1961, 5). – *Der Ehekontrakt*, E. Sander, Mchn. 1966 (GGT).

LITERATUR: M.-H. Faillié, *La femme et le Code civil dans »La Comédie humaine« d'H. de B.*, Paris 1968.

LA COUSINE BETTE

(frz.; *Kusine Lisbeth*). Roman von Honoré de BALZAC, erschienen 1846, innerhalb der *Comédie humaine* den *Scènes de la vie parisienne* zugeordnet. – Durch leichtsinnigen Lebenswandel ist Baron Hulot, ein hoher Beamter des Kriegsministeriums und als Generalintendant der kaiserlichen Armee einst von Napoleon geadelt, in finanzielle Schwierigkeiten geraten. Der neureiche Seifen- und Parfümhändler Crevel, Hulots persönlicher und gesellschaftlicher Konkurrent, sieht nun die Gelegenheit gekommen, sich an seinem Rivalen zu rächen, der ihm eine besonders attraktive Kurtisane abspenstig gemacht hat. Mit der Plumpheit des Emporkömmlings schlägt er der Baronin vor, seine Geliebte zu werden; dafür will er ihre Tochter mit einer ansehnlichen Mitgift ausstatten. Entrüstet weist die tugendhafte Gattin ihn ab. Noch scheint alles gut zu gehen: Hulot gleicht seine kostspieligen sexuellen Ausschweifungen durch Charme aus, und die Eifersucht des Hausfaktotums Lisbeth auf die schöne Baronin, ihre Kusine, wird halb besänftigt durch eine besitzergreifende Zuneigung zu dem talentvollen, aber unglücklichen Bildhauer Steinbock, den sie vor Hunger und Selbstmord bewahrte. Als aber Steinbock sich in ihre Nichte Hortense verliebt und diese heiratet, macht Lisbeth sich zielstrebig und verbissen daran, die gesamte Familie zu ruinieren. Ein brauchbares Instrument für ihre Absicht findet sie in der neuen Mätresse des Barons,

Valérie Marneffe. Sie ermuntert diese zu immer höheren Forderungen und sieht mit Genugtuung, daß sich auch Steinbock mit Valérie einläßt. Damit ist die junge Ehe zerstört. Lisbeth triumphiert. Am Rande des Ruins, unterschlägt Hulot Staatsgelder, wird überführt und versteckt sich irgendwo in einem Pariser Vorort. Valérie heiratet den alten Crevel; ihr bisheriger Liebhaber, ein Brasilianer, vergiftet sie mit einer Droge, die sie bei lebendigem Leib verfaulen läßt. Die Familie Hulot dagegen scheint sich schließlich doch wieder zu erholen; der Baron kehrt sogar zu den Seinen zurück. Voller Enttäuschung über das wiederauflebende Familienglück stirbt Lisbeth, bald darauf aber auch die von ihr gehaßte Kusine, die ihren Mann kurz zuvor im Bett eines Küchenmädchens gefunden hat, das nach ihrem Tod Baronin Hulot wird.

»*Das Leben besteht aus Leidenschaften*«, schrieb Balzac 1829 – auch dieses Werk ist eine Monographie der Leidenschaft und Besessenheit. Hulot ist ein haltloser Erotomane, der sozial und ökonomisch versagt und den Verlust seiner den soldatesken Normen der napoleonischen Ära entstammenden Werte durch sexuelle Obsessionen kompensiert. Die Kusine Lisbeth erscheint als »*eine ins Dämonische transponierte alte Jungfer, die nicht genießt und nur beneidet, die kuppelt aus einer bösen und verborgenen Lust*« (S. Zweig). Angeblich geliebt von ihr verhaßten Gönnern, die von ihrer Bosheit und ihren Ressentiments nichts wissen wollen, bewerkstelligt die geniale Heuchlerin unwiderstehlich die Destruktion der Familie Hulot, die ihrerseits der »armen Verwandten« die sozialen Ansprüche verweigert. Balzac charakterisiert in diesem Roman die Gesellschaft der Juli-Monarchie, die durch ihr Streben nach Reichtum korrumpiert ist: Der vom Krämer zum Kapitalisten aufgestiegene Seifenhändler Crevel begnügt sich nicht länger mit seiner faktischen ökonomischen Macht, sondern verschafft sich skrupellos das symbolische Kapital in Form von sozialem Prestige und demonstrativem Konsum; neben ihm sein Schwiegersohn, der puritanische Advokat Victorin Hulot, scheinbar unbestechlich, der sich geschmeidig den jeweiligen Umständen anzupassen weiß; im Hintergrund die Silhouetten von Finanziers, Staatsbeamten, Wirtschaftsleuten, aber auch von Arbeitern und Dirnen; sich kreuzende Fäden zwischen Politik und Halbwelt, einige heroische Reminiszenzen aus der Kaiserära. Karl MARX sah in Balzac den »*Schöpfer jener Prototypen, noch im Zustand des Embryos, die in der Folge ihre Entwicklung unter Napoleon III. vollendet haben*«. Wie kaum ein anderes Werk Balzacs ist dieser Roman an den Schauplatz Paris gebunden. Diese »Einheit des Ortes« entspricht den Forderungen eines sorgfältig überlegten Konstruktionsprinzips, das Balzac schon seit *Eugénie Grandet* (1833) anwendet: In Analogie zur klassischen Tragödie werden in der Exposition die Personen durch ihr Milieu und die Urteile ihrer Mitmenschen eingeführt. Im Hauptteil kreuzen sich mehrere Schicksale und steigern die Handlung zu höchster dramatischer Intensität. Eine Reihe von Epilogen enthüllt das Ausmaß der totalen Katastrophe. Die Dialoge und die Beschreibungen von Gesten und Szenerien verraten ebenso wie effektvolle Auftritte und Abgänge der Personen Balzacs Sinn für das Theater. ZOLA, auf den *Cousine Bette* nachhaltigen Einfluß ausübte, betrachtete ihren Autor als den Vater des Naturalismus, der sich um eine objektive, unparteiische Darstellung bemühte, auch auf die Gefahr hin, daß sie amoralisch wirken könnte. I.P.-B.We.

AUSGABEN: Paris 1846 (in Le Constitutionnel, 8. 10.–3. 12. 1846). – Paris 1847 (in *Les parents pauvres*, 2 Bde.). – Paris 1848 (in *La comédie humaine*, 17 Bde., 1842–1848, 17: *Scènes de la vie parisienne*). – Paris 1914 (in *Œuvres complètes*, Hg. M. Bouteron u. H. Longnon, 40 Bde., 1912–1940, 17: *Études de mœurs. Scènes de la vie parisienne V*). – Paris 1959, Hg. M. Allem (krit; Class. Garn.). – Paris 1963 (in *L'œuvre*, Hg. A. Béguin, J. A. Ducourneau u. H. Evans, 16 Bde., 1962–1964, 9). – Paris 1968–1971 (in *Œuvres complètes*, Hg. M. Bardèche, 24 Bde., 10). – Paris 1972 (Folio). – Paris 1977 (GF). – Paris 1977 (in *La comédie humaine*, Hg. P.-G. Castex, 12 Bde., 1976–1981, 7; Pléiade). – Paris 1984 (Poche).

ÜBERSETZUNGEN: *Tante Lisbeth*, A. Schurig (in *Die menschliche Komödie*, Bd. 13/14, Lpzg. 1910; ern. in *Die menschliche Komödie*, 20 Bde., Bln./Weimar 1959; ³1973, 14). – Dass., P. Zech, Bln. 1923 (ern. Zürich 1977; *Die menschliche Komödie*, 40 Bde., 25). – Dass., W. Widmer, Mchn. 1958; ern. 1981 (in *GW*, 6 Bde., 5). – Dass., R. u. K. Haemmerling, Mchn. 1960 (GGT); ern. 1986 (Goldm. Tb).

VERFILMUNGEN: Frankreich 1928 (Regie: M. de Rieux). – Frankreich 1966 (TV, Regie: Y.-A. Hubert).

LITERATUR: C. Sulger, »La cousine Bette«. Essai sur H. de B., Diss. Zürich 1940. – J. Hytier, *Un chef-d'œuvre improvisé: »La cousine Bette«* (in RomR, 40, 1949, S. 81–92). – M. Butor, »*Les parents pauvres*« (in M. B., *Repertoire II*, Paris 1964, S. 193–198). – A. Lorant, »*Les parents pauvres*« de B., Paris 1968. – L. Pollmann, »*Tante Lisbeth*« (in L. P., *Aus der Werkstatt des Romans*, Stg. u. a. 1969, S. 37–48). – F. Jameson, »*La cousine Bette« and Allegorical Realism* (in PMLA, 86, 1971, S. 241–254). – C. A. Prendergast, *Antithesis and Moral Ambiguity in »La cousine Bette«* (in MLR, 68, 1973, S. 313–332). – M. Naumann, *B. und »Die armen Verwandten«* (in M. N., *Prosa in Frankreich*, Bln. 1978, S. 105–149). – W. Preisendanz, *Karnevalisierung der Erzählfunktion in B.s »Les parents pauvres«* (in *H. de B.*, Hg. H. U. Gumbrecht u. a., Mchn. 1980, S. 391–410). – N. Mozet, »*La cousine Bette*« de B., Paris 1980. – B. et »Les parents pauvres«, Hg. F. van Rossum-Guyon u. M. van Brederode, Paris 1980. – D. Bellos, *B., »La cousine Bette«*, Ldn. 1980.

LE COUSIN PONS OU LES DEUX MUSICIENS

(frz.; *Vetter Pons oder Die beiden Musiker*). Roman von Honoré de BALZAC, erschienen 1847. – Den zuerst unter den Titeln *Le vieux musicien (Der alte Musiker)*, dann *Le parasite (Der Parasit)* geplanten und den *Scènes de la vie parisienne* zugeordneten Roman, den Balzac selbst als *»eines jener Meisterwerke von notwendiger Einfachheit, die das ganze menschliche Herz enthalten«* bezeichnete, vollendete er in harter Nachtarbeit, denn: *»Der Augenblick fordert, daß ich zwei oder drei große Werke schaffe, welche die falschen Götter dieser Bastard-Literatur stürzen und beweisen, daß ich jünger, frischer und größer bin als je«*, schreibt er am 16. 6. 1846 an Madame Hanska.

Für Balzac typisch sind Ausgangspunkt und Thema des Romans: die leidenschaftliche Sammelwut des Musikers Pons, der mit seiner bescheidenen Rente kostbare Gemälde, Miniaturen und Gläser erwirbt. Er läßt sich die Demütigungen seiner reichen Verwandten, der Camusots de Marville, nur ungern gefallen, glaubt sich aber auf das allwöchentliche Mittagessen, das er bei ihnen erhält, angewiesen. Deshalb bemüht er sich um ihre Gunst und versucht, einen Freier für ihre Tochter Cécile zu finden. Als das Heiratsprojekt mißglückt, gibt man ihm die Schuld, und der Groll der Familie entlädt sich über ihn. Er wird gesellschaftlich diskriminiert und siecht einsam und verzweifelt dahin. Hilflos, wie er ist, gerät er unter die Obhut der habgierigen Concierge Madame Cibot, die zufällig erfährt, welchen Reichtum seine Sammlung von Bildern und Kunstgegenständen darstellt. Ohnmächtig muß er zusehen, wie die Intrigen sich immer enger um ihn zusammenziehen. Die erfinderische Cibot, die heuchlerische Verwandtschaft, beider Vermittler Fraisier, der spionierende Kunsthändler Rémonencq, der Wucherer Élie Magnus, sogar Doktor Poulain, der eine ehrenvolle Pfründe und reiche Kundschaft erhofft, machen sich mit unterschiedlichem Geschick den Anspruch auf den Nachlaß des Vetters Pons streitig, dessen Tod sie von Herzen wünschen und schließlich auch erreichen. Die habgierigen Erben sind auf Pons Kunstschätze um so versessener, als Kunst für sie längst zur Ware geworden ist. Vergeblich überträgt der Sterbende seine Schätze einem treuen Freund; der gutmütige deutsche Musiker Schmucke, auch er, wie Pons, ein naiver Sonderling, für den diese Gesellschaft keinen Platz hat, muß der Meute skrupelloser Erbschleicher zum Opfer fallen. Die Reichtümer schwinden ihm unter den Händen, und der Sanftmütige, mit einer kleinen Rente abgefunden, stirbt wenige Tage nach seinem Freund an einem Herzschlag.

Le Cousin Pons ist ein Sittenbild aus dem Marais, damals eines der Pariser Armenviertel mit düsteren alten Häusern, schwarzen Giebeln, schmutzigen Höfen, in dem Balzac selber während seiner Jugendjahre lebte, seinen Ruhm erträumte, seine ersten Werke schrieb, Elend und erste Liebe erfuhr. Es ist der minuziös geschilderte Schauplatz vieler seiner Romane (u. a. *La femme supérieure, Les employés, La peau de chagrin, Facino Cane, Honorine*). Als Fanatiker des Details verwendet Balzac hier besondere Sorgfalt auf die Ausarbeitung einer für die Personen typischen Sprache. Vor allem der an populären und komischen Ausdrücken reiche Großstadtjargon der Concierge und ihrer Komplizen verrät genaue eigene Kenntnisse. Karikiert, kaum verständlich, ist das Französisch Schmuckes, der überdies eine der deutlichsten Verkörperungen des *allemand* zu sein scheint, wie Balzac ihn sich vorstellte: ein seelenguter Trottel, der Musik macht, schlecht französisch spricht und nur platonisch liebt. – In *Cousin Pons* hat Balzac das Porträt des Sammlers entworfen, der als ein neuer sozialer Typus von seiner Leidenschaft besessen auf seinen Besitz stolz ist: Der Akzent liegt auf der Darstellung des »Besitzenden«. Als »Millionär« und nicht als Kunstliebhaber fällt Pons den Erbschleichern zum Opfer. Stefan ZWEIG bezeichnete diesen Roman als eine *»Durchleuchtung der Leidenschaften, wie die französische Literatur sie nie mehr übertroffen hat«*.

I.P.-B.We.

AUSGABEN: Paris 1847 (In Le Constitutionnel, 18. 3.–10. 5. 1847). – Paris 1847 (in *Les parents pauvres*, 2 Bde.). – Paris 1848 (*Le cousin Pons*, in *La comédie humaine*, 17 Bde., 1842–1848, 17: *Scènes de la vie parisienne*). – Paris 1914 (in *Œuvres complètes*, Hg. M. Bouteron u. H. Longnon, 40 Bde., 1912–1940; 18: *Études de mœurs. Scènes de la vie parisienne VI*). – Paris 1958. – Paris 1963 (in *L'œuvre*, Hg. A. Béguin, J. A. Ducourneau u. H. Evans, 16 Bde., 1962–1964, 10). – Paris 1968–1971 (in *Œuvres complètes*, Hg. M. Bardèche, 24 Bde., 11). – Paris 1973 (Poche). – Paris 1973 (Folio). – Paris 1974, Hg. A.-M. Meininger (Class. Garn.). – Paris 1977 (in *La comédie humaine*, Hg. P.-G. Castex, 12 Bde., 1976–1981, 7; Pléiade).

ÜBERSETZUNGEN: *Der Vetter Pons*, F. Neuberger, Lpzg. 1919. – *Vetter Pons*, O. Flake, Bln. 1924; ern. Hbg. 1952. – Dass., A. Schurig (in *Die menschliche Komödie*, Bd. 10, Lpzg. 1925). – Dass., H. Kauders, Mchn. 1960; ern. 1981 (in *GW*, 6 Bde., 4). – Dass., E. W. Junker [bearb. E. Sander], Mchn. 1967 (GGT); ern. 1986 (Goldm. Tb). – Dass., O. Flake, Zürich 1977 (*Die menschliche Komödie*, 40 Bde., 26). – Dass., B. Kempner (in *Die menschliche Komödie*, 20 Bde, Bln./Weimar 1960; ³1984, 15).

VERFILMUNG: Frankreich 1924 (Regie: J. Robert).

LITERATUR: P. Bourget, *B. et »Le cousin Pons«* (in RHeb, 6, 1922, S. 259–286). – M. Butor, *»Les parents pauvres«* (in M. B., *Repertoire II*, Paris 1964, S. 193–198). – D. Adamson, *The Genesis of »Le cousin Pons«*, Oxford 1966. – A. Lorant, *»Les parents pauvres« de B.*, Paris 1968. – M. Naumann, *B. und*

»Die armen Verwandten« (in M. N., *Prosa in Frankreich*, Bln./DDR 1978, S. 105–149). – W. Preisendanz, *Karnevalisierung der Erzählfunktion in B.s »Les parents pauvres«* (in *H. de B.*, Hg. H. U. Gumbrecht u. a., Mchn. 1980, S. 391–410). – G. R. Kaiser, *Das literarische Bild der Fremde* (in G. R. K., *Einführung in die vergleichende Literaturwissenschaft*, Darmstadt 1980, S. 63–68). – *B. et »Les parents pauvres«*, Hg. F. van Rossum-Guyon u. M. van Brederode, Paris 1980.

LE CURÉ DE TOURS

(frz.; *Der Pfarrer von Tours*). Erzählung von Honoré de BALZAC, entstanden April/Mai 1832; im selben Jahr unter dem Titel *Les célibataires* (*Die Junggesellen*, hier im Sinne von: die im Zölibat Lebenden) im dritten Band der *Scènes de la vie privée* erschienen; 1843 in vierter Edition endgültig als *Le curé de Tours* in den zweiten Band der *Comédie humaine* unter die *Scènes de la vie de province* aufgenommen.

Der Sozialhistoriker Balzac beschreibt hier eine der durch Egoismus und Grausamkeit verursachten kleinen Tragödien, die sich unter der ruhigen Oberfläche des Provinzlebens abspielen. Diesmal schaffen die einander zuwiderlaufenden Interessen zweier Kleriker einen Konflikt, den Balzac einfallsreich und kritisch, in der überlegen ironischen Sprache des Voltairianers darstellt. Mit den beiden Priestern von Kloster und Kathedrale Saint-Gatien zu Tours (Balzacs Geburtsort) gesellt der Autor den etwa vierzig geistlichen Herren der *Menschlichen Komödie* ein äußerst konträres Paar zu: auf der einen Seite den unbedarften und in den Tag hineinlebenden Abbé Birotteau, *»dessen Gutmütigkeit bis zur Dummheit ging«*, der seinen häuslichen Frieden und die Bequemlichkeit – seine Pantoffeln und abends ein gemütliches Whistspielchen – über alles liebt; auf der anderen Seite den zielstrebigen, ehrgeizigen Abbé Troubert, einen verhinderten Politiker, der es mit intelligenter Herrschsucht zum Bischof und *»ungenannten Prokonsul der Touraine«* bringt, ein Typ, den Balzac wie folgt kommentiert: *»Heute stellt die Kirche keine politische Macht mehr dar und schlägt nicht mehr die Kräfte des Einsamen in ihren Bann. In diesem Fall hat das Zölibat den großen Fehler, daß es alle Eigenschaften des Menschen auf eine einzige Leidenschaft, den Egoismus, lenkt.«* Mit Hilfe von Mademoiselle Gamard, einer der Kusine Lisbeth ähnlichen, bigotten alten Jungfer voll verbitterter Eigenliebe und Herrschsucht, vertreibt der listige Troubert den ahnungslosen Birotteau aus seinem mit viel Mühe als Erbe erkämpften Heim (dessen Interieur der Autor reizvoll zu schildern weiß); er entfremdet ihm alle Freunde und stößt ihn, der *»weint vor Kummer über solche Schlechtigkeit, von der seine reine Seele nichts geahnt hatte«*, schließlich in einsames Elend.

Typisch für die Darstellung der Religion und ihrer Diener in der *Menschlichen Komödie* ist, daß Balzac, der die Erhabenheit der Kirche im allgemeinen nicht bezweifelt, sich andererseits nicht scheut, ihr geheimes Machtstreben bloßzulegen und ihre Vertreter anschaulich mit allzu menschlichen Neigungen, Interessen und Lastern auszustatten.

I.P.-KLL

AUSGABEN: Paris 1832 (*Les célibataires*, in *Scènes de la vie privée*, Bd. 3). – Paris 1843 (in *La comédie humaine*, 17 Bde., 1842–1848, 6: *Scènes de la vie de province II*). – Paris 1913 (in *Œuvres complètes*, Hg. M. Bouteron u. H. Longnon, 40 Bde., 1912–1940, 9: *Études de mœurs. Scènes de la vie de province II*). – Paris 1922. – Paris 1953, Hg. M. Allem (Class. Garn). – Paris 1963 (in *L'œuvre*, Hg. A. Béguin, J. A. Ducourneau u. H. Evans, 16 Bde., 6). – Paris 1968 (GF). – Paris 1968–1971 (in *Œuvres complètes*, Hg. M. Bardèche, 24 Bde., 6). – Paris 1975 (Folio). – Paris 1976 (in *La comédie humaine*, Hg. P.-G. Castex, 12 Bde., 1976–1981, 4).

ÜBERSETZUNGEN: *Der Pfarrer von Tours*, R. Schapire (in *Pierrette*, Bln. 1924; ern. Hbg. 1959). – Dass., J. Schlaf, Lpzg. 1925. – *Der Vikar von Tours*, E. Rechel-Mertens (in *Meisternovellen*, Nachw. F. Stössinger, Zürich o. J.). – *Der Pfarrer von Tours*, E. Sander, Mchn. 1966 (GGT). – *Der Landpfarrer von Tours*, R. Schapire (in *Pierrette*, Zürich 1977; *Die menschliche Komödie*, 40 Bde., 15).

LITERATUR: D. Kuhn-Meierhans, *»Le curé de Tours«, Studie zur Macht u. Ohnmacht des Menschen im Werk von B.*, Zürich 1958. – Z. F. Hoffmann, *Eros en filigrane: »Le curé de Tours«* (in L'Année balzacienne, 1967, S. 89–105). – N. Mozet, *Le personnage de Troubert et la genèse du »Curé de Tours«* (ebd., 1970, S. 149–154). – R. Lemahieu, *Réalité et fiction dans »Le curé de Tours«* (in *Le réel et le texte*, Paris 1974, S. 175–182). – L. Corman, *Abbé Birotteau et chanoine Troubert dans »Le curé de Tours« de B.* (in L. C., *Types morphopsychologiques en littérature*, Paris 1978, S. 140–146). – T. Kashiwagi, *La trilogie des Célibataires d'H. de B.*, Paris 1983.

LE CURÉ DE VILLAGE. Scène de la vie de campagne

(frz.; *Der Landpfarrer. Szene aus dem Landleben*). Roman von Honoré de BALZAC, erschienen 1839 als Zeitungsroman in drei Teilen: 1. *Le curé de village*, 2. *Véronique*, 3. *Véronique au tombeau*; mit erheblichen Änderungen und Zusätzen (Austausch von Teil 1 und 2) im Mai 1841 als Buch erschienen, dritte revidierte Version in fünf Kapiteln 1845 in die *Comédie humaine* aufgenommen und den *Scènes de la vie de campagne* zugeordnet. – Über die Entstehung des Werks, das Balzac Ende 1838 begann, ist wenig bekannt. Sein Vorwort von 1841 betont, daß es dem Autor, wie in allen *Scènes de la vie de campagne*, weniger darum ging *»eine Geschichte zu erzählen, als neue Wahrheiten zu verbreiten«*. Er will daher den Abbé Bonnet als Zentralgestalt verstanden wissen, obwohl Véronique im Mittelpunkt des Geschehens steht. Sie wächst als Tochter einfacher, aber insgeheim reicher Eltern wohlbehütet und christlich erzogen in einem kleinen Ort nahe Limoges auf. Die heimliche Lektüre von *Paul et Virginie* hat in ihr schwärmerische Vorstellungen von der Liebe geweckt; ihre Ehe mit dem reichen, aber ältlichen Bankier Graslin wird daher eine Enttäuschung. Während sie ihr erstes Kind erwartet, erregt die Hinrichtung eines jungen Arbeiters, den man des Mordes überführt hat, die Gegend. Véronique scheint auf geheimnisvolle Weise von diesem Vorkommnis betroffen. Nach der Geburt ihres Sohnes und dem bald darauf eintretenden Tod ihres Gatten zieht sie sich auf ihr nahegelegenes Gut zurück, um sich dort – unter der geistlichen Führung des Abbé Bonnet – nur noch den Werken christlicher Nächstenliebe zu widmen, für die der ebenso gütige wie geschickt seine Chance wahrnehmende Priester ihr Vermögen sehr gut gebrauchen kann. Doch der Lebenswille Véroniques ist auf unerklärliche Art erschlafft, und auf dem Totenbett findet sie schließlich die Kraft zur befreienden Tat: Sie sühnt eine alte Schuld in Form eines öffentlichen Geständnisses: Jean Tascheron, der hingerichtete junge Arbeiter, ist der Vater ihres Kindes. Um mit ihr nach Amerika zu fliehen, hatte er einen Diebstahl und, als er dabei vom Hausbesitzer überrascht wurde, einen Mord begangen. – Wie Balzac im *Médecin de campagne* die Wohltaten der modernen Philanthropie verherrlicht hat, so entwickelt er hier mit dem Eifer eines Sozialreformers das Wohltätigkeitsprogramm des Curé. Darüber hinaus wollte er mit dem vorliegenden Roman »eine Darstellung der katholischen Reue« geben. In beiden Werken gelingt es ihm jedoch nur schlecht, seine religiösen und sozialen Ideen in lebendige Handlung umzusetzen. Die katholische Geistlichkeit, Sprachrohr langer Tiraden Balzacscher Christlichkeit, wird hier stark idealisiert und dadurch unglaubwürdig. Die Geschichte Véroniques ist die einer langwierigen und problematischen Konversion: Véronique widersetzt sich bis zum Schluß der von Abbé Bonnet verkündeten Botschaft der Gnade. Die Atmosphäre der kleinen Stadt und der Véronique umgebenden Gesellschaft ist meisterhaft eingefangen; mit diesen Schilderungen erreicht der Autor das Ziel der riesigen *Comédie humaine*, »ein Gemälde der Sitten seiner Zeit« zu geben, wobei es ihm hier insbesondere um die thematische Verschränkung der gesellschaftlichen Arbeit (Fruchtbarmachung des Bodens) und der religiösen Bemühung (Erlösung) geht. I.P.-B.We.

AUSGABEN: Paris 1839 (in Presse, Jan., Juni bis August). – Paris 1841 (*Le curé de village, scène de la vie de campagne*, 2 Bde.; rev. Edition). – Paris 1845 (in *La comédie humaine*, 17 Bde., 1842–1848, 13: *Scènes de la vie militaire et Scènes de la vie de campagne*). – Paris 1922 (in *Œuvres complètes*, Hg. M. Bouteron u. H. Longnon, 40 Bde., 1912–1940, 25: *Études de mœurs. Scènes de la vie de campagne III*). – Brüssel 1961, Hg. Ki Wist [nach den Vorabdrucken 1839]. – Paris 1963 (in *L'œuvre*, Hg. A. Béguin, J. A. Ducourneau u. H. Evans, 16 Bde., 1962–1964, 7). – Brüssel 1964, Hg. Ki Wist [nach dem Ms.]. – Paris 1967 (GF). – Paris 1968–1971 (in *Œuvres complètes*, Hg. M. Bardèche, 24 Bde., 13). – Paris 1975 (Folio). – Paris 1978 (in *La comédie humaine*, Hg. P.-G. Castex, 12 Bde., 1976–1981, 9; Pléiade).

ÜBERSETZUNGEN: *Der Landpfarrer*, anon. (in *SW*, Quedlinburg 1841–1846, Bd. 65). – Dass., E. Hirschberg, Bln. 1924; ern. Hbg. 1954. – Dass., E. Sander, Mchn. 1968 (GGT). – Dass., E. Hirschberg, Zürich 1977 (*Die menschliche Komödie*, 40 Bde., 33).

LITERATUR: F. Duviard, *Un prédécesseur de F. Fabre, B., romancier clérical dans »Le curé de village«*, Cahors 1930. – M. Blanchard, *La campagne et ses habitants dans l'œuvre de Balzac*, Paris 1931. – J. Pommier, *La pensée religieuse de B.* (in Revue d'Histoire de la Philosophie et d'Histoire Générale de la Civilisation, 1942, S. 373–385). – Ki Wist, *Notes sur l'œuvre de Balzac. La genèse et les remaniements de »Le curé de village«* (in Le Livre et L'Estampe, 1957, S. 345–363; 1958, S. 36–55, 167–183, 264–270; 1959, S. 11–23, 105–128). – R. A. Whelpton, *A la recherche d'un village perdu: Montegnec* (in L'Année balzacienne, 1963, S. 143–147). – B. Guyou, *Les conditions de la renaissance de la vie rurale d'après B.* (ebd., 1964, S. 239–250). – M. Regard, *Remarques sur »Le curé de village«* (in Inf. litt., 16, 1964, S. 55–67). – H. Weinrich, *Ein Roman aus der Provinz* (in H. W., Literatur für Leser, Stg. u. a. 1971, S. 77–84). – P. Barbéris, *Mythes balzaciens 2, »Le curé de village«* (in P. B., Barbéris, Lectures du réel, Paris 1973, S. 211–243). – H. Sussmann, *Une lecture du »Curée de village«* (in L'Année balzacienne, 1976, S. 231–241). – W. B. Berg, *«Le curé de village«, die Ironie des realistischen Sonntags* (in W. B. B., *Der literarische Sonntag*, Heidelberg 1976, S. 150–159). – F. van Rossum-Guyon, *Aspekte und Funktionen der Beschreibung bei B. Ein Beispiel: «Le curé de village«* (in *H. de B.*, Hg. H. U. Gumbrecht u. a., Mchn. 1980, S. 279–307). – J. R. Joseph, *A la recherche de l'unité perdue* (in RomR, 72, 1981, S. 442–459). – C. Massol-Bedoin, *Secret et énigme dans »Le curé de village«* (in L'Année balzacienne, 1985, S. 161–173). – J. Küpper, *B. und der Effet de réel. Eine Untersuchung anhand der Textstufen des »Colonel Chabert« und des »Curé de village«*, Amsterdam 1986 [zugl. Diss. Bochum 1980].

LE DERNIER CHOUAN OU LA BRETAGNE EN 1800

(frz.; *Der letzte Chouan oder Die Bretagne im Jahr 1800*). Roman von Honoré de BALZAC, erschienen 1829. – Nach den entmutigenden Mißerfolgen seiner ersten, pseudonym veröffentlichten Romane hatte sich Balzac, ebenfalls erfolglos, als Geschäftsmann und Druckereibesitzer versucht. Mit diesem Werk, das er 1845 unter dem Titel *Les Chouans ou la Bretagne en 1799* innerhalb der *Comédie humaine* den *Scènes de la vie militaire* zugeordnet hat, kehrte er endgültig zur Literatur zurück.

Von Freunden literarisch beraten, schrieb er, bereits eine Reihe historischer Romane planend, diesen Bericht über den Aufstand der königstreuen Bretagne gegen die revolutionäre Regierung im Jahr 1799. Trotz einiger wohlwollender Rezensionen fand der Roman nur zögernd Absatz. Vielfach abgewandelt – des Autors politische Ansichten hatten sich inzwischen wesentlich geändert –, erschien er 1834 unter dem Titel *Les Chouans ou La Bretagne en 1799* im dreizehnten Band der *Comédie humaine* und wurde in der Ausgabe von 1845 den *Scènes de la vie militaire* zugeordnet. Durch die Lektüre verschiedener Memoiren über die geschichtlichen Fakten der Chouannerie wohl informiert, aus eigener Anschauung Kenner der Bretagne, ihrer Landschaft und ihrer Bewohner, bemühte sich Balzac in Anlehnung an Walter SCOTT um eine wahrheitsgetreue Wiedergabe des historisch-geographischen Hintergrunds seines Romans, in dem sich der Bedeutungshorizont über die fiktionalisierten historischen Ereignisse konstituiert. Balzac geht es hier, im Unterschied zu anderen zeitgenössischen historischen Romanen, nicht mehr darum, das große Individuum als Motor der Geschichte darzustellen; er läßt sowohl teilweise stark typisierte einzelne als auch Gruppen agieren. Zu den Hauptpersonen gehören der Marquis de Montauran, Anführer der Chouans, politisch ein Mann von edelster und vornehmster Gesinnung, und die schöne Abenteurerin Mademoiselle de Verneuil, Spionin der Republik im Dienste Fouchés und zugleich romantische Heldin, die sich in den Widerspruch zwischen Liebe und Politik verstrickt; sie kommt in die Bretagne, um den Marquis de Montauran zu bespitzeln, verliebt sich in ihr Opfer und wird damit ihrem Auftrag untreu. Als komplexe Figur, die aus der Aristokratie kommt und sich den Republikanern anschließt, steht sie im Zentrum der Macht, ohne diese jedoch zu beherrschen. Ihr romantisches Liebesideal wird ihr zum Verhängnis, während für Montauran Politik und Liebe keinen unauflöslichen Widerspruch darstellen: Als Mann beherrscht er beide Sphären; als Typus gehört er der Vergangenheit an, während Mademoiselle de Verneuil bereits Züge des modernen, durch Zerrissenheit gekennzeichneten Subjekts trägt. Am Ende finden beide den Tod.

In diesem ersten bedeutenden Roman nach Balzacs melodramatischen Jugendwerken spielt die später (1842) im Vorwort der *Comédie humaine* formulierte Grundthese von der »*Leidenschaft*« als der allgewaltigen Triebkraft des Menschen thematisch bereits eine führende Rolle. Darin vor allem unterscheidet sich das Werk vom sonst bewußt kopierten Scott und dessen puritanischer Vorstellung von der nur passiven gesellschaftlichen Rolle der Frau. »*Die Frau bringt Unordnung in die Gesellschaft durch die Leidenschaft*«, läßt Balzac in *Les illusions perdues* (1837–1843) den weisen d'Arthez in seiner Scott-Kritik sagen. – Madame Hanska schätzte insbesondere diesen Roman ihres fernen Dichters. 1843 schrieb ihr Balzac: »*Das ist entschieden eine großartige Dichtung ... der ganze Cooper und der ganze Walter Scott sind darin, dazu eine Leidenschaft und ein Geist, der beiden abgeht ... Das Land und der Krieg sind mit einer Vollkommenheit und Accuratesse beschrieben, die mich (beim Wiederlesen) überrascht haben. Folglich bin ich zufrieden.*« I.P.-B.We.

AUSGABEN: Paris 1829. – Paris 1834 (*Les Chouans ou La Bretagne en 1799*, 2 Bde.). – Paris 1845 (in *La comédie humaine*, 17 Bde., 1842–1848; Bd. 13: *Scènes de la vie militaire et Scènes de la vie de campagne*). – Paris 1914 (in *Œuvres complètes*, Hg. M. Bouteron u. H. Longnon, 40 Bde., 1912–1940, Bd. 22: *Études de mœurs: Scènes de la vie militaire*). – Paris 1957, Hg. M. Regard (Class. Garn.). – Paris 1964 (in *L'œuvre*, Hg. A. Béguin, J. A. Ducourneau u. H. Evans, 16 Bde., 11). – Paris 1968–1971 (in *Œuvres complètes*, Hg. M. Bardèche, 24 Bde., 12). – Paris 1972 (Poche). – Paris 1972 (Folio). – Paris 1978 (in *La comédie humaine*, Hg. P.-G. Castex, 12 Bde., 1976–1981, 8; Pléiade).

ÜBERSETZUNGEN: *Die Chouans oder Die Bretagne im Jahre 1799*, anon. (in *SW*, Bd. 3/4, Quedlinburg 1841). – *Die Königstreuen*, M. Kahn, Bln. 1923; ern. Hbg. 1961. – *Die Chouans*, F. P. Greve (in *Menschliche Komödie*, Bd. 8, Lpzg. 1925). – Dass., J. Schlaf, Lpzg. 1925; ern. Lpzg./Weimar 1984. – Dass., C. Noch (in *Die menschliche Komödie*, 20 Bde., Bln./Weimar 1962; ²1979, 16). – *Die Königstreuen*, E. Sander, Mchn. 1967 (GGT). – Dass., M. Kahn, Zürich 1977 (*Die menschliche Komödie*, 40 Bde., 30).

DRAMATISIERUNGEN: Bougeois, Paris 1831. – Bérard, Paris 1837. – Potter, NY 1887. – Grivet, Paris 1923.

LITERATUR: R. Lebègue, *Esquisse d'une étude sur B. et la Bretagne* (in RHLF, 50, 1950, S. 234–240). – S. Bérard, *A propos des »Chouans«* (in RHLF, 56, 1956, S. 485–505). – D. R. Haggis, *Scott, B. and the Historical Novel as Social and Political Analysis* (in MLR, 68, 1973, S. 51–68). – R. J. B. Clark, *L'originalité du »Dernier chouan«* (in LR, 28, 1974, S. 244–256). – P. Barbéris, *Roman historique et roman d'amour* (in RHLF; 75, 1975, S. 289–307). – L. Derla, *»Les chouans«* (in StF, 20, 1976, S. 231–247). – G. Conesca, *»Les chouans« de B.*, Paris 1976. – V. Troubetzkoy, *»Les chouans« de B.* (in Pluriel, 10, 1977, S. 9–28). – J. Mehlman, *Revolution and Repetition*, Berkeley/Ldn. 1977. – R. Kuhn, *Collision of Codes* (in FR, 54, 1980/81, S. 248–256). – D. Y. Kadish, *Landscape, Ideology and Plot in B.s »Les chouans«* (in NCFSt, 12–13, 1984, S. 67–83). – D. Aynesworth, *The Making and the Unmaking of History in »Les Chouans«* (in

RomR, 76, 1985, S. 36–54). – R. Amossy u. D. Harouvi, *Éternel féminin et condition de la femme dans »Les Chouans« de B.* (in *Vendée, Chouannerie, littérature. Actes du colloque [...]*, Angers 1986, S. 331–343). – A. Camart-Nouvet, *Amour, masque et secret dans »Les Chouans«* (in L'Année balzacienne, 1987, S. 21–40).

UN DRAME AU BORD DE LA MER

(frz.; *Ein Drama am Meeresstrand*). Erzählung von Honoré de BALZAC, erschienen 1835; später (1845) als zweiter Band der *Études philosophiques* in die *Comédie humaine* aufgenommen. – Das »Drama« kann als ergänzendes Kapitel zu dem Roman *Louis Lambert* (1833) angesehen werden. Es spielt in Croisic, wo Balzac 1830 mit Madame de Berny Station gemacht hatte. – Dem jungen Louis Lambert und seiner Verlobten Pauline, zwei feinfühligen Menschen, die sich in aufgeschlossener Reisestimmung befinden, wird von ihrem Wegführer die Geschichte des bretonischen Fischers Cambremer erzählt: Um die Ehre seiner Familie und seinen unbescholtenen Namen zu retten, hat er seinen verbrecherischen Sohn wie eine Katze im Meer ertränkt. Die Mutter ist vor Kummer gestorben, er aber lebt als Einsiedler in einer Felsengrotte an der Küste, dem Meer zugewandt und gleichsam selbst zu Stein geworden. Seine abergläubischen Landsleute gehen ihm ängstlich aus dem Weg, damit sich nicht der starre Blick des »Mannes mit dem Gelübde« auf sie richte. Die düstere Schwermut dieser tragischen Geschichte, die Louis in seinem Brief an den Onkel auf die bretonische Landschaft überträgt, verändert die Wahrnehmung der zuvor noch von heiterer Stimmung erfüllten Reisenden.

Das Thema, der Konflikt zwischen Ehre und Vaterliebe, erinnert an Tragödien CORNEILLES. Das selbstgewollte Lebendigbegrabensein des alten Cambremer in der Felsengrotte mit dem Ausblick auf das unendliche Meer, Grab des Sohnes und Schauplatz des begangenen Verbrechens, ist kaum weniger konsequent als der heroische Tod klassischer Helden. Die düstere Landschaft mit Salzsümpfen, schroffen Felsenküsten und weiten Horizonten bildet ein echtes Balzac-Panorama. Ihre Bewohner geben dem Erzähler Gelegenheit, seine Sympathie für die Ärmsten der Armen unter ihnen kundzutun.   I.P.-B.We.

AUSGABEN: Paris 1835 (in *Études philosophiques*, Bd. 5). – Paris 1843 *(La justice paternelle)*. – Paris 1845 (in *La comédie humaine*, Bd. 15: *Études philosophiques*). – Paris 1926 (in *Œuvres complètes*, Hg. M. Bouteron u. H. Longnon, 40 Bde., 1912–1940, 29: *Études philosophiques III*). – Paris 1963 (in *L'œuvre*, Hg. A. Béguin, J. A. Ducourneau u. H. Evans, 16 Bde., 1962–1964, 5). – Paris 1968–1971 (in *Œuvres complètes*, Hg. M. Bardèche, 24 Bde., 15). – Paris 1980 (in *La comédie humaine*, Hg. P.-G. Castex, 12 Bde., 1976–1981, 10; Pléiade).

ÜBERSETZUNGEN: *Ein Drama am Meeresstrande*, G. Etzel (in *Menschliche Komödie*, Bd. 15, Lpzg. 1910). – Dass., H. Kaatz (in *Honorine*, Hbg. 1956; ern. Zürich 1977; *Die menschliche Komödie*, 40 Bde., 7). – Dass., G. Goyert (in *Mystische Geschichten*, Mchn. 1958; ern. 1969; GGT). – *Ein Drama am Ufer des Meeres*, T. Bergner (in *Die menschliche Komödie*, 20 Bde., Bln./Weimar 1969, 20).

VERFILMUNG: *L'homme du large*, Frankreich 1920 (Regie: M. L'Herbier).

LITERATUR: Vicomte de Spoelberch de Lovenjoul, *»Les études philosophiques«* (in RHLF, Juli-Sept. 1907). – M. Bardèche, *Autour des »Études philosophiques«* (in L'Année balzacienne, 1960, S. 109–124). – M. le Yaouanc, *Introduction à »Un drame au bord de la mer«* (ebd., 1966, S. 127–156).

L'ENFANT MAUDIT

(frz.; *Das verfluchte Kind*). Erzählung von Honoré de BALZAC, erschienen 1831–1836; 1846 in die *Comédie humaine*, Band 15 aufgenommen und den *Études philosophiques* zugeordnet. – *Das verfluchte Kind* gehörte ursprünglich nicht zur *Comédie humaine*, sondern stellte einen Teil eines früher geplanten Zyklus von Romanen nach der Art Walter SCOTTS dar. Balzac hatte sich besonders für die Epoche der Religionskriege interessiert, über die er aus zeitgenössischen Memoiren und anderen Werken informiert war.

So beschreibt der erste Teil der Erzählung mit historischer Präzision den Hintergrund eines Eifersuchtsdramas aus dem 16. Jh., während der zweite Teil psychologische Betrachtungen über Vaterschaft und Erziehungsmethoden sowie über die Persönlichkeitsentwicklung des »verfluchten Kindes« enthält. Der spartanische, brutale Graf von Hérouville, ein enragierter normannischer Royalist, verdächtigt seine sanfte, tugendhafte Gemahlin Jeanne de Saint-Savin, die ihn geheiratet hat, um einen Hugenotten, den sie liebte, zu retten, ihm den Sohn ihres Geliebten untergeschoben zu haben. Schon die Eingangsszene zeigt Balzacs Neigung und Begabung für die Darstellung düsterdramatischer Ereignisse. Der Knabe Étienne wird verbannt und schmählich um seine Erstgeburtsrechte betrogen. Doch als nach dem Tod seiner Frau und des zweiten Sohnes der Graf für den Fortbestand seines Namens und seiner Familie fürchten muß, erinnert er sich des Verhaßten und übergibt ihn dem Arzt Beauvaloir zur Pflege und Erziehung. In dessen Haus entwickelt sich alsbald eine idyllische und unschuldige, tiefe Liebe zwischen dem zarten, poetischen Étienne und Gabrielle, der Tochter des Arztes. (Dieses Kapitel erinnert stark an die lyrischen Passagen in *Le lys dans la vallée*). Doch die beiden Engel in Menschengestalt gehen an der rauhen Umwelt zugrunde: Hérouville hat für seinen Sohn eine konventionelle Ehe arran-

giert; als dieser sich tapfer zu Gabrielle bekennt, tötet des Vaters maßloser Wutausbruch die beiden Liebenden, noch ehe die gezückte Klinge sie trifft.
I.P.-KLL

AUSGABEN: Paris 1831 (in RDM, 15. 2. 1831; Tl. 1). - Paris 1831 (in *Romans et contes philosophiques*; Tl. 1). - Paris 1836 (in Chronique de Paris, 9. 10. 1836; Tl. 2: *La perle brisée*). - Paris 1837 (in *Études philosophiques*, Bd. 16; enth. beide Tle.; Tl. 1 u. d. T.: *Comment vécut la mère*). - Paris 1846 (in *Comédie humaine*, Bd. 15: *Études philosophiques*, 2). - Paris 1925 (in *Œuvres complètes*, Hg. M. Bouteron u. H. Longnon, 40 Bde., 1912-1940, 28). - Paris 1964 (in *L'œuvre*, Hg. A. Béguin, J. A. Ducourneau u. H. Evans, 16 Bde., 1962-1964, 11). - Paris 1965, Hg. F. Germain [krit.]. - Paris 1968-1971 (in *Œuvres complètes*, Hg. M. Bardèche, 24 Bde., 15). - Paris 1980 (in *La comédie humaine*, Hg. P.-G. Castex, 12 Bde., 1976-1981, 10; Pléiade).

ÜBERSETZUNGEN: *Das verfluchte Kind*, G. Kühn-Etzel (in *Dunkle Geschichten*, Bd. 2, Mchn. 1918). - Dass., E. Sander, Mchn. 1969 (GGT). - *Der verstoßene Sohn*, S. von Massenbach, Zürich 1977 (*Die menschliche Komödie*, 40 Bde., 39). - *Das verfluchte Kind*, K. Büschel, Lpzg. 1978.

LITERATUR: S. de Lovenjoul, *Les »Études philosophiques«* (in RHLF, 14, 1907, S. 393-441). - F. Germain, *»L'enfant maudit«. Esquisse d'une préhistoire* (in L'Année balzacienne, 1960, S. 21-36). - P. Citron, *La famille d'Hérouville* (ebd., 1967, S. 344-346). - H. Gauthier, *L'Homme intérieur dans la vision de B.*, Lille 1973.

L'ENVERS DE L'HISTOIRE CONTEMPORAINE

(frz.; *Die Kehrseite der Zeitgeschichte*). Roman in zwei Teilen von Honoré de BALZAC. Der erste Teil, *Madame de la Chanterie*, zunächst in drei selbständigen Teilen von 1842 bis 1844 veröffentlicht, erschien 1846, der zweite, *L'initié*, 1848. - Aus hinterlassenen Notizen geht hervor, daß Balzac dieses Werk innerhalb der *Comédie humaine* den *Scènes de la vie parisienne* zugeordnet wissen wollte. - Der Roman, sehr konzentriert geschrieben, ist eine Art Apologie der christlichen Karitas, die dazu verpflichtet, jedem Mühseligen und Beladenen ohne Ansehen seiner eventuellen Sünden oder gar Verbrechen zu helfen.
Eine Reihe leidgeprüfter Selbstverleugner hat sich zu einem religiösen Wohlfahrtsorden zusammengeschlossen, der sich »Frères de la consolation« nennt. Das Schicksal seiner Stifterin und Vorsteherin Madame de la Chanterie, einer frommen Frau, deren Tochter wegen Teilnahme an einer royalistischen Verschwörung guillotiniert wurde und die ihrerseits auf Betreiben des gestrengen napoleonischen Magistratsherrn Baron de Bourlac viele Jahre im Kerker verbringen mußte, wird im ersten Teil erzählt. Dieser bildet das Vorspiel zur eigentlichen Geschichte: Der junge Godefroid möchte dem Bund der Barmherzigen Brüder beitreten, um seiner eigenen Charakterschwäche und der Sinnlosigkeit des Lebens zu entgehen. Bevor er jedoch in den Orden aufgenommen wird, muß er eine Probe bestehen. Er soll einen unglücklichen alten Mann retten, der, Madame de la Chanterie weiß es wohl, kein anderer ist als ihr Peiniger Bourlac. Nach dem Sturz Napoleons ins Elend geraten, ergreift er nun die Gelegenheit, zu Füßen seiner Wohltäterin Verzeihung zu erlangen.
Balzacs Lob der *Imitatio Christi*, der die »Frères de la consolation« nachleben, mag auf Madame Hanskas hohe Meinung von diesem Werk des THOMAS A KEMPIS zurückgehen. Die Beschreibung der selbstlosen Tätigkeit der Bruderschaft beruht zum großen Teil auf der Kenntnis des Autors von ähnlichen Vereinigungen, der 1834 gegründeten »Confrérie de Saint-Vincent-de-Paul« und der seit 1844 bestehenden »Société d'économie charitable«. Balzac verteidigt die katholische Religion als Lehrerin und Gesetzgeberin einer zum Bösen neigenden Menschheit, eine Einstellung, die kombiniert mit Swedenborgscher Mystik die *Comédie humaine* durchzieht. Madame de la Chanterie, das weibliche Gegenstück zum Doktor Bénassis (in *Le médecin de compagne*) und zum Abbé Bonnet (in *Le curé de village*), ist die Wortführerin der Balzacschen Karitas-Auffassung, die so weit geht, daß sie die Bestrafung von Vergehen und Verbrechen durch staatliche Institutionen als anmaßend und grausam verwirft; denn es sei die Aufgabe der Barmherzigkeit, *»die Seelen wiederaufzurichten und die Verirrten auf den richtigen Weg zu bringen«*. Ungefähr zur selben Zeit also, da er in *Le député d'Arcis* die politische Verlogenheit und Korruption und den ehrgeizigen Eigennutz der sich mit Politik befassenden Männer brandmarkt, beschäftigt sich Balzac eingehend mit der zweiten seiner oft proklamierten »ewigen Wahrheiten« - Monarchie und Religion - und stellt die letztere als die *»andere Seite der Gegenwartsgeschichte«* dar.
I.P.

AUSGABEN: *Madame de la Chanterie*: Paris 1842 (*Les méchancetés d'un saint*, in Le Musée des Familles, Sept. 1842; enth. Kap. 28-39). - Paris 1843 (*Madame de la Chanterie*, ebd., Sept. 1843; enth. Kap. 1-13). - Paris 1844 (*Madame de la Chanterie*, ebd., Okt./Nov. 1844; enth. Kap. 42-54). - Paris 1846 (*L'envers de l'histoire contemporaine*, in *La comédie humaine*, Bd. 12: *Scènes de la vie parisienne et Scènes de la vie politique*). - Paris 1846 (*La femme de soixante ans*, 3 Bde.; erw. um Kap. 14-27; 40/41, 55).
L'initié: Paris 1848 (in Le Spectateur Républicain, 1. 8.-3. 9. 1848). - Paris 1854, 2 Bde. - Paris 1855 (*L'envers de l'histoire contemporaine, deuxième épisode*, in *La comédie humaine*, Bd. 18: *Scènes de la vie parisienne*).
L'envers...: Paris 1920 (in *Œuvres complètes*, Hg. M. Bouteron u. H. Longnon, 40 Bde., 1912-1940,

20: *Études de mœurs. Scènes de la vie parisienne VIII*). – Paris 1959, Hg. M. Regard (Class. Garn.). – Paris 1963 (in *L'œuvre*, Hg. A. Béguin, J. A. Ducourneau u. H. Evans, 16 Bde., 1962–1964, 8). – Paris 1968–1971 (in *Œuvres complètes*, Hg. M. Bardèche, 24 Bde., 11). – Paris 1978 (Folio). – Paris 1977 (in *La comédie humaine*, Hg. P.-G. Castex, 12 Bde., 1976–1981, 8; Pléiade).

ÜBERSETZUNGEN: *Die Kehrseite der Zeitgeschichte*, E. Sander, Mchn. 1967 (GGT). – *Kehrseite der Geschichte unserer Zeit*, H. Kaatz (in *Albert Savarus*, Zürich 1977; *Die menschliche Komödie*, 40 Bde., 4).

LITERATUR: S. de Korwin-Piotrowska, *B. et le monde slave*, Paris 1933. – Ph. Bertault, *B. et la religion*, Paris 1939. – F. Lotte, *L'histoire de Wanda de Mergi* (in Le Courrier Balzacien, Dez. 1949, 6). – A. Billy, *Dans l'île de la cité* (in A. B., *Huysmans et Cie*, Paris 1963, S. 77–86). – L. Derla, *Il »libro ascetico« di B.* (in StF, 18, 1974, S. 224–239). – B. Pingaud, *B. l'envers et l'endroit* (in B. P., *L'expérience romanesque*, Paris 1983, S. 66–75).

ÉTUDE DE FEMME

(frz.; *Frauenstudie*). Erzählung von Honoré de BALZAC, erschienen 1830 in der Zeitschrift ›La Mode‹, 1842 in die *Comédie humaine* aufgenommen und den *Scènes de la vie privée* zugeordnet. – In dieser ursprünglich für die Leserinnen einer Modezeitschrift bestimmten Kurzerzählung skizziert Balzac das Porträt einer jungen Frau, die, anmutig und tugendhaft, fromm und mondän zugleich, das ideale Frauenbild der Restaurationszeit zu verkörpern scheint: Die schöne Marquise de Listomère ist mit einem eher unbedeutenden Mann verheiratet, ganz ihrem Beichtvater ergeben und versteht es, im Zeichen der Wohlanständigkeit, ihre Gefühle zu zügeln. Auf einem Ball lernt sie eines Tages einen glänzenden jungen Mann kennen, der ihre Aufmerksamkeit auf sich zieht. Es ist der abenteuerlustige, in dieser Erzählung erstmals auftauchende Rastignac (vgl. *Père Goriot*), der die junge Frau in höchste Verwirrung stürzt und ihre Tugendhaftigkeit unbeabsichtigt auf die Probe stellt. Nach einer angeregten Unterhaltung schreibt ihr Rastignac einen ehrerbietigen Brief, steckt aber versehentlich in den an sie adressierten Umschlag eine für Madame de Nucingen gedachte Liebeserklärung. Nichtsahnend öffnet Madame de Listomère den Brief und ist über die anmaßende Taktlosigkeit empört; doch beim Wiedersehen mit Rastignac kann sie ihre Gefühlsverwirrung nicht ganz verbergen. Der junge Mann fühlt sich geschmeichelt und ist einen Augenblick lang versucht, von der Situation zu profitieren, klärt dann aber den Irrtum auf, woraufhin sich die Düpierte gekränkt zurückzieht.

Das Interesse des Erzählers gilt vor allem der psychologischen Charakterisierung der Frau, dem Objekt dieser »Studie«, die sich unvermittelt in der Lage befindet, auf einen nicht für sie bestimmten Liebesbrief zu reagieren: Madame de Listomère erlaubt sich eine, wenn auch nur kurze Träumerei, um dann blitzartig die Entzauberung ihrer noch kaum eingestandenen Liebe schmerzlich zu erfahren.
B.We.

AUSGABEN: Paris 1830 (in La Mode, 12. 3. 1830). – Paris 1831 (in *Romans et contes philosophiques*). – Paris 1835 (*Profil de marquise* in *Scènes de la vie parisienne*). – Paris 1842 (in *La comédie humaine*, Bd. 1). – Paris 1912 (in *Œuvres complètes*, Hg. M. Bouteron u. H. Longnon, 40 Bde., 1912–1940, 3). – Paris 1963 (in *L'œuvre*, Hg. A. Béguin, A. Ducourneau u. H. Evans, 16 Bde., 1962–1964, 6). – Paris 1968–1971 (in *Œuvres complètes*, Hg. M. Bardèche, 24 Bde., 2). – Paris 1976 (in *La comédie humaine*, Hg. P.-G. Castex, 12 Bde., 1976–1981; 2; Pléiade). – Paris 1981 (Folio).

ÜBERSETZUNGEN: In *SW*, 82 Bde., Quedlinburg 1841–1846. – *Porträt der Frau v. L.*, M. C. Wagner, Lpzg. 1926. – *Frauenstudie*, O. Flake, (in *Pariser Novellen*, Hbg. 1953). – Dass., ders. (in *Das Haus zur ballspielenden Katze*, Zürich 1977; *Die menschliche Komödie*, 40 Bde., 1). – *Eine Frauenstudie*, I. Schauber (in *Eine doppelte Familie*, Mchn. 1965; GGT).

LITERATUR: H. Gauthier, *Le projet du recueil »Études de femmes«* (in L'Année balzacienne, 1967, S. 115–146).

EUGÉNIE GRANDET

(frz.; *Eugenie Grandet*). Roman von Honoré de BALZAC, erschienen 1834, innerhalb der *Comédie humaine* den *Scènes de la vie de province* zugeordnet. – Schauplatz der Handlung ist die Provinzstadt Saumur, wo der Geizhals Grandet durch geschickte Manipulationen während der Revolution sich vom armen Faßbinder zum reichen Böttchermeister emporgearbeitet hat. Maßlos-monomanisch in seiner Wahrnehmung und Ausdrucksweise zwingt er seine Familie zu einem Leben in größter Einfachheit, tyrannisiert und erniedrigt seine Frau, die Bedienstete Nanon und seine einzige Tochter Eugénie. Dieses schöne und empfindsame Mädchen, das sich über die Intrigen zweier Bürgerfamilien, der Cruchot und Des Grassins, die sich das Vermögen der reichen Erbin durch Heirat zu sichern hoffen, hinwegsetzt, verliebt sich in ihren Cousin Charles, einen in Paris aufgewachsenen, verwöhnten jungen Mann. Als sich herausstellt, daß Charles Vater in Paris Bankrott gemacht und sich erschossen hat, steckt Eugénie dem Objekt ihrer Liebe heimlich sämtliche Ersparnisse zu, damit er sein Glück in Indien versuchen kann. Vor seiner Abreise schwören sich die beiden ewige Treue. Als der alte Grandet von Eugénies »Verschwendung« erfährt, bestraft er sie und sperrt sie bei Wasser und Brot in ihrem Zimmer ein. Am Krankenbett der Mutter versöhnt sich Grandet mit seiner Tochter, doch kaum ist die

Mutter tot, luchst der alte Geizhals seiner trauernden Tochter das mütterliche Erbteil ab. Bald darauf stirbt er selbst und hinterläßt Eugénie seinen Reichtum, nicht ohne ihr vorher noch einzuschärfen: *»Du wirst mir über alles Rechenschaft ablegen.«* Eugénie, die Erbin eines Millionenvermögens, wird nun von allen Seiten umworben. Sie bleibt jedoch ihrem Cousin treu und wartet weitere sieben Jahre, vollkommen der Wirklichkeit entfremdet, auf die Verwirklichung ihres Traums vom Glück. Als ihr ›Märchenprinz‹, von dem sie in seiner Abwesenheit in Form eines hinterlassenen Erinnerungsstücks ähnlich monomanisch wie ihr Vater von seinen Millionen Besitz ergriffen hat, endlich reich und voll ehrgeiziger Pläne zurückkommt, ist er nicht mehr willens, sich *»mit dem schlichten, harmlosen Glück zu begnügen«*, das ihm die ländliche Cousine *»mit rührenden Bildern angeboten hatte«*, wie es in seinem Brief heißt, in dem er seine Interessenheirat mit einer Adeligen mitteilt. Auf diese Weise um all ihre Hoffnungen betrogen, entschließt sich Eugénie, kaltblütig wie einst ihr Vater, den alten Präsidenten Cruchot unter der Bedingung zu ehelichen, daß ihre persönliche Freiheit nicht angetastet werde. Bald darauf Witwe, führt sie, eine Frau, *»die mitten in dieser Welt nicht von dieser Welt ist; die, dazu geschaffen, eine herrliche Mutter und Gattin zu sein, weder Gatten, noch Kinder, noch Familie besitzt«*, ein *»heiligmäßiges, sparsames«* Leben in ihrem düsteren Hause, *»außerstande, die Welt zu begreifen«*, und Trost suchend in karitativen Werken.

Die beiden Hauptpersonen: die bleiche, kühle Eugénie und ihr Vater, den einzig die Leidenschaft für Geld und Gold erfüllt, sind mit fast beklemmender Eindringlichkeit gestaltet. Balzacs Darstellungs- und Charakterisierungskunst erreicht schon in diesem ersten seiner großen Werke einen Höhepunkt, den die späteren kaum mehr übertreffen konnten. Von nun an wird seine These, daß der Mensch von Leidenschaften beherrscht ist, wie ein Leitmotiv immer wieder – aber nicht immer so stringent und ohne moralisierende Kommentare in Bild und Handlung umgesetzt wie hier – in der *Comédie humaine* auftauchen. In einer bei SCOTT entlehnten Kompositionstechnik fügt Balzac minuziöse Dekorbeschreibung sinnvoll in den Ablauf der Handlung ein; die leblosen Dinge charakterisieren die Atmosphäre, in der sich die Menschen bewegen. Die Balzac-Kritik hat diese *»gelungenste Darstellung des Geizes in der gesamten Literatur«* (Hunt) als eines der Meisterwerke des Autors gewürdigt. Grandet, in Sprache, Gesten, Grimassen, Reaktionen und listigen Tricks fast eine Figur des Theaters, wurde vielfach mit MOLIÈRES *L'avare* verglichen. Balzac selbst gab seiner Überzeugung Ausdruck: *»Molière schuf den Geizhals, ich aber schuf den Geiz.«*

I.P.-B.We.

AUSGABEN: Paris 1833 (in L'Europe Littéraire, 19. 9. 1833; Kap. 1). – Paris 1834 (in *Scènes de la vie de province*, 4 Bde., 1834–1837, 1). – Paris 1839. – Paris 1843 (in *La comédie humaine*, Bd. 5: *Scènes de la vie de province I*). – Paris 1913 (in *Œuvres complètes*, Hg. M. Bouteron u. H. Longnon, 40 Bde., 1912–1940, 8: *Études de mœurs. Scènes de la vie de province I*). – Paris 1959, Hg. C. Mauriac u. J. A. Ducourneau. – Paris 1962 (in *L'œuvre*, Hg. A. Béguin, A. Ducourneau u. H. Evans, 16 Bde., 1962–1964, 5). – Paris 1964 (GF). – Paris 1965, Hg. P.-G. Castex (Class. Garn.). – Paris 1968–1971 (in *Œuvres complètes*, Hg. M. Bardèche, 24 Bde., 5). – Paris 1972 (Poche). – Paris 1972 (Folio). – Paris 1976 (in *La comédie humaine*, Hg. P.-G. Castex, 12 Bde.; 1976–1981, 3; Pléiade).

ÜBERSETZUNGEN: *Eugenie. Ein Genre-Bild*, F. Tarnow, 2 Bde., Lpzg. 1835. – *Eugenie Grandet*, anon. (in *SW*, Bd. 58/59, Quedlinburg 1845). – Dass., G. Etzel (in *Menschliche Komödie*, Bd. 3, Lpzg. 1908). – Dass., M. Koffka, Bln. 1924. – Dass., R. Schapire (in *AW*, Bd. 4, Lpzg. 1926). – Dass., M. Koffka, Hbg. 1952. – Dass., A. u. H. Seiffert (in *Die menschliche Komödie*, 20 Bde., Bln./Weimar 1962; ³1980, 6). – Dass., E. Sander, Mchn. 1966 (GGT); ern. 1985 (Goldm. Tb). – Dass., F. v. Schlupp, Paderborn 1972. – Dass., M. Koffka, Zürich 1977 (*Die menschliche Komödie*, 40 Bde., 14).

VERFILMUNGEN: *The Conquering Power*, USA 1921 (Regie: R. Ingram). – Italien 1946 (Regie: M. Soldati). – Mexiko 1952 (Regie: E. Gómez Muriel). – *Unser liebes Fräulein Grandet*, BRD 1965 (TV; Regie: G. Fleckenstein).

LITERATUR: Ch.-A. de Sainte-Beuve, *H. de B.* (in RDM, 4, Dez. 1834). – R. De Cesare, *Lettura di »Eugénie Grandet«* (in Aevum, 28, 1954, S. 239–280). – A. Chancerel u. R. Pierrot, *La véritable Eugénie Grandet: Marie Du Fresnay* (in RSH, 1955, S. 437–458). – B. Guyon, *B. ›invente‹ les »Scènes de la vie de province«* (in MdF, 333, 1958, S. 465–493). – P.-G. Castex, *Aux sources de »Eugénie Grandet«, légende et réalité* (in RHLF, 64, 1964, S. 73–94). – Ders., *L'ascension de Monsieur Grandet* (in Europe, 1965, Nr. 429/430, S. 247–263; ern. in P.-G. C., *Horizons romantiques*, Paris 1983, S. 111–125). – R. Bolster, *Stendhal, B. et le féminisme romantique*, Paris 1970. – H. Riedel, *Struktur und Bedeutung des Zeitgerüsts im traditionellen französischen Roman*, Ffm. 1973. – R. Le Huenen u. P. Perron, *B. sémiotique du personnage romanesque. L'exemple d'»Eugénie Grandet«*, Paris/Montreal 1980. – Karl Maurer, *Das Schreckliche im Roman und die Tragödie* (in *H. de B.*, Hg. H. U. Gumbrecht u. a., Mchn. 1980, S. 219–278). – R. Amossy u. E. Rosen, *Le cliché et l'enjeu de la représentation balzacienne. »Eugénie Grandet«* (in E. R., *Les discours du cliché*, Paris 1982, S. 50–66). – A. Goldmann, *»Eugénie Grandet«* (in A. G., *Rêves d'amour perdus*, Paris 1984, S. 90–104). – D. Rayfield, *Dostoyevsky's »Eugénie Grandet«* (in FMLS, 20, 1984, S. 133–142). – A. Fischler, *The Temporal Scale and the Natural Background in B.s »Eugénie Grandet«* (in *L'Hénaurme siècle*, Hg. W. L. Lendon, Heidelberg 1984, S. 35–45). – N. Schor, *»Eugénie Gran-*

det«. *Mirrors and Melancholia* (in N. S., *Breaking the Chain*, Columbia 1985, S. 90–107).

FACINO CANE

(frz.; *Facino Cane*). Erzählung von Honoré de BALZAC, erschienen 1836 in der ›Chronique de Paris‹; innerhalb der *Comédie humaine* den *Scènes de la vie parisienne* zugeordnet. – Der Autor schildert hier das glanzvolle, gefährliche Leben im Venedig des 18. Jh.s. mit seinen undurchsichtigen Geheimnissen, Liebeshändeln, Gewalttätigkeiten und Verschwörungen, ein Thema, das er 1839 in der »philosophischen Studie« *Massimilla Doni* wieder aufgreift. – Die Rahmenhandlung spielt in Paris. Der Erzähler, ein junger Student, ist Gast und Beobachter einer Hochzeitsfeier, die in einem billigen Weinlokal des Arbeiterviertels, in dem er wohnt, stattfindet. Unter den drei blinden Musikanten, die zum Tanz aufspielen, fällt ihm der Klarinettist auf, dessen scharfgeschnittenes Gesicht ihn an Dante erinnert. Der alte Mann, der von seinen Begleitern »Doge« genannt wird, erzählt ihm seine atemberaubende Lebensgeschichte: Er, Facino Cane, Fürst von Varese, letzter Nachkomme des berühmten Condottiere gleichen Namens und einst ein reicher und schöner venezianischer Patrizier, wurde als Zwanzigjähriger in Venedig eingekerkert, weil er den Gatten seiner Geliebten schwer verletzt hatte. Von jeher von einer unbeherrschbaren Leidenschaft für das Gold – *»Je sens l'or«* – besessen, entdeckte er im Verlies einen Zugang zum geheimen Staatsschatz von Venedig, raubte Gold und Diamanten, soviel er tragen konnte, und floh. Unter falschem Namen lebte er glänzend in Paris, erblindete jedoch, wurde seinerseits von einer untreuen Geliebten seines Vermögens beraubt und so zum Betteln gezwungen. Er hofft jetzt, einen Begleiter zu finden, der ihn nach Venedig führt, wo er erneut den Schatz aufspüren will. Sein junger Zuhörer verspricht ihm, mit ihm zu gehen. Aber im selben Winter stirbt Facino Cane in einer Pariser Blindenanstalt an einer alltäglichen Erkältung.

Der Autor kehrt mit dieser dichten, gedrängten Studie zur Darstellung jener manischen Bereicherungssucht zurück, die schon Charakter und Leben mancher seiner Romangestalten, wie Félix Grandet, Meister Cornelius und Gobseck, zerstörte. Die Halluzinationen des Blinden – *»Ich habe eine unersättliche Sucht nach Gold ... ich muß das Gold fühlen, mit den Händen fühlen ... ich rieche das Gold. Wenn ich auch blind bin, bleibe ich doch vor den Läden der Juweliere stehen, ich bin nicht so blind wie ihr glaubt, ich sehe die Diamanten funkeln«* – sind so phantastisch, daß hier, trotz der durchaus realistischen Rahmenhandlung, das ständig wiederkehrende Motiv der *Comédie humaine*, die berauschende Macht von Gold und Geld, einen Zug ins Märchenhafte erhält. Die Erzählung des blinden Facino Cane führt in die rational nicht zu begreifende Dimension einer großartigen Behextheit, und es ist sicher kein Zufall, daß der Erzähler selbst sich gleich zu Beginn in einer Reflexion über seine Technik mit einem arabischen Märchenerzähler vergleicht: »*Bei mir war die Beobachtung schon intuitiv geworden ... sie gab mir die Fähigkeit, das Leben dessen zu erleben, mit dem sie sich befaßte; sie gestattete mir, mich an dessen Stelle zu setzen, wie der Derwisch in* ›*Tausendundeiner Nacht*‹ *Leib und Seele der Personen annahm, über die er bestimmte Worte sprach.*« I.P.

AUSGABEN: Paris 1836 (in La Chronique de Paris). – Paris 1837 (in *Études philosophiques*, Bd. 12). – Paris 1844 (in *La comédie humaine*, 17 Bde., 1842–1848, 10: *Scènes de la vie parisienne II*). – Paris 1913 (in *Œuvres complètes*, Hg. M. Bouteron u. H. Longnon, 40 Bde., 1912–1940, 16: *Études de mœurs: Scènes de la vie parisienne IV*). – Paris 1962 (in *L'œuvre*, Hg. A. Béguin, H. Evans u. J. A. Ducourneau, 16 Bde., 1962–1964, 2). – Paris 1968–1971 (in *Œuvres complètes*, Hg. M. Bardèche, 24 Bde., 9). – Paris 1977 (in *La comédie humaine*, Hg. P.-G. Castex, 12 Bde., 1976–1981, 6; Pléiade).

ÜBERSETZUNGEN: *Facino Cane*, H. Lachmann, Lpzg. 1912; ern. 1969. – Dass., G. Goyert (in *Mystische Geschichten*, Mchn. 1920). – Dass., ders. (in *Mystische Geschichten*, Mchn. 1958; ern. 1965 (GGT)). – Dass., M. Krell (in *Honorine*, Zürich 1977; *Die menschliche Komödie*, 40 Bde., 7).

LITERATUR: L. Rochon, *Quelques notes sur »Facino Cane«* (in Trente quatre/quarante quatre, 7, 1980, S. 99–103). – R. Cesare, *B. e i temi italiani di »Facino Cane«* (in *Mélanges F. Simone*, *3*, Genf 1984, S. 313–325).

LA FAUSSE MAÎTRESSE

(frz.; *Die falsche Geliebte*). Erzählung von Honoré de BALZAC, erschienen Dezember 1841 in ›Le Siècle‹, wenige Wochen später in den ersten Band der *Comédie humaine* aufgenommen und den *Scènes de la vie privée* zugeordnet. – Hauptmann Thaddée Paz, die männliche Hauptfigur der Erzählung, die an GOETHES *Wahlverwandtschaften* erinnert, ist der verkörperte Inbegriff des aus unwandelbarer Treue zu seinem Freund jeder Versuchung widerstehenden, platonisch Liebenden, dessen heroische Verklärung Balzac in einem der *Contes drôlatiques* – *Le Frère d'armes* – allerdings überzeugender gelungen war. Hintergrund der Erzählung ist Paris, wo Paz, ein verarmter Aristokrat, mit seinem polnischen Freund Adam Laginski, der ihm zweimal im Krieg das Leben gerettet hat, als dessen freiwilliger Vermögensverwalter im Exil lebt. Adams bezaubernde französische Frau, Clémentine du Rouvre, sucht ihn zu verführen. Paz widersteht jedoch ihrer Koketterie, obgleich er sie liebt, und täuscht eine Liaison mit der Zirkusreiterin Malaga vor, die er als seine Geliebte ausgibt, wodurch er sich Adams liebevollen Spott und Clémentines Verachtung zuzieht. Als er die Situation nicht mehr ertragen kann, löst er entschlossen den Konflikt zwischen Leidenschaft und Freundestreue, indem er auf Frau und Freund verzichtet. Er täuscht eine Reise nach Rußland vor und taucht unter Hinterlassung eines Briefes, in dem er Clémentine seine wahren Gefühle bekennt, in Paris unter.

Der unmittelbare Anlaß zur Niederschrift dieser Erzählung war Balzacs sympathisierendes Interesse für die seit dem mißglückten Unabhängigkeitskampf von 1830/31 im Pariser Exil lebenden Polen. Er schildert sie als glühende Patrioten mit starker Neigung zum Mystizismus. Ihr Repräsentant Laginski, der ein Leben in großem Stil führt, wird nur durch die Ehe und die eifrige Sorge des Freundes in Zaum gehalten. Balzac erzählt diese romantische Geschichte in der für ihn charakteristischen Weise: realistisch, unter Aufgebot einer Fülle bewundernswert genau beobachteter Details.

I.P.-KLL

AUSGABEN: Paris 1841 (in Le Siècle). – Paris 1842 (in *La comédie humaine*, 17 Bde., 1842–1848, 1: *Scènes de la vie privée I*). – Paris 1912 (in *Œuvres complètes*, Hg. M. Bouteron u. H. Longnon, 40 Bde., 1912–1940, 4: *Études de mœurs: Scènes de la vie privée IV*). – Paris 1963 (in *L'œuvre*, Hg. A. Béguin, H. Evans u. J. A. Ducourneau, 16 Bde., 1962–1964, 10). – Paris 1968–1971 (in *Œuvres complètes*, Hg. M. Bardèche, 24 Bde., 2). – Paris 1976 (in *La comédie humaine*, Hg. P.-G. Castex, 12 Bde., 1976–1981, 2; Pléiade). – Paris 1980 (Folio).

ÜBERSETZUNGEN: *Die falsche Geliebte*, anon. (in SW, Bd. 28, Quedlinburg 1844). – *Capitain Paz*, A. Scheibe, Mchn. 1873. – *Paz oder Freundschaft um Liebe*, L. v. Stetten u. M. Oswald, Mchn. 1923. – *La fausse maîtresse*, F. V. Oppeln-Bronikowski (in *Ehefrieden. Novellen*, Hbg. 1952). – *Die falsche Geliebte*, E. Sander, Mchn. 1965 (GGT). – Dass., F. von Oppeln-Bronikowski, Zürich 1977 (*Die menschliche Komödie*, 40 Bde., 5).

VERFILMUNG: Frankreich 1942 (Regie: A. Cayatte).

LITERATUR: H. Altszyler, *Les polonais dans l'œuvre de B*. (in RHLF, 25, 1918, S.262–289). – R. Guise, *B. et l'Italie. II. Autour de »La fausse maîtresse«* (in L'Année balzacienne 1962, S. 262–275). – J. Forest, *Des femmes de B.*, Montréal, 1984.

LA FEMME ABANDONNÉE

(frz.; *Die verlassene Frau*). Erzählung von Honoré de BALZAC, veröffentlicht im September 1832 in der ›Revue de Paris‹; 1842 als eine der *Scènes de la vie privée* in den zweiten Band der *Comédie humaine* aufgenommen. – Die Erzählung ist reich an Beziehungen und Parallelen zu eigenen Erlebnissen des Autors. Er entwirft darin das idealisierte Porträt einer Frau, der Madame de Castries, die er damals zu erobern hoffte. Dem Fehlschlag dieses Abenteuers – das er in *Le médecin de campagne* in größerem Zusammenhang verarbeitete – verdankt *Le femme abandonnée* eine Widmung von amüsanter Ironie: Der Enttäuschte eignete das Werk einer anderen Umworbenen, der Herzogin von Abrantès, zu. – Die Titelheldin, der die uneingeschränkte Sympathie ihres Autors gehört, ist Claire Beauséant, ein untadeliges, schönes, gütiges, rührendes Geschöpf, das nur für die Liebe lebt. Nach einer schweren Enttäuschung hat sie sich in die Einsamkeit des Landlebens zurückgezogen. (Die dramatische Vorgeschichte ihres Lebens erzählte Balzac zwei Jahre später in einer Randepisode des *Père Goriot*: Ajuda-Pinto, ein von ihr leidenschaftlich geliebter Portugiese, hat sie verlassen, um eine Vernunftehe einzugehen.) Doch der junge Gaston de Nueil setzt ihrer ruhigen Resignation mit der feurigen Verliebtheit seiner zwanzig Jahre ein Ende und schenkt ihr fast ein Jahrzehnt neuen Liebesglücks, bis auch er, seiner Mutter gehorchend, die ehrbarere Bindung einer konventionellen Ehe auf sich nimmt. Bald enttäuscht und reumütig zu ihr zurückkehrend – die Vorzüge wahrer, von bürgerlichen Interessen nicht berührter Liebe werden offenbar –, sieht er sich abgewiesen und macht seinem Leben ein Ende. In diesem Selbstmord will Balzac das Schicksal der verlassenen Frau, die als Typus in der *Comédie humaine* immer wiederkehrt, gerächt sehen.

Die sich zunächst auf eine minuziöse Beschreibung der Vorgänge beschränkende Sprache steigert sich zu stilisierter Erhabenheit, wenn Balzac gegen Ende der Erzählung die Liebe zu einer Art Religion verklärt und deren Priesterinnen mit dem Heiligenschein der Märtyrer umgibt. André MAUROIS veröffentlichte 1923 eine Kurzgeschichte – *Par la faute de M. de Balzac* –, in der er den verhängnisvollen Einfluß von Balzacs *Femme abandonnée* behandelt.

I.P.-KLL

AUSGABEN: Paris 1832 (in Revue de Paris). – Paris 1833 (in *Scènes de la vie de province*, Bd. 2). – Paris 1842 (in *La comédie humaine*, 17 Bde., 1842–1848, 2: *Scènes de la vie privée II*). – Paris 1912 (in *Œuvres complètes*, Hg. M. Bouteron u. H. Longnon, 40 Bde., 1912–1940, 4: *Études de mœurs. Scènes de la vie privée IV*). – Paris 1962 (in *L'œuvre*, Hg. A. Béguin, J. A. Ducourneau u. H. Evans, 16 Bde., 1962–1964, 3). – Paris 1968–1971 (in *Œuvres complètes*, Hg. M. Bardèche, 24 Bde., 3). – Paris 1976 (in *La comédie humaine*, Hg. P.-G. Castex, 12 Bde., 1976–1981, 2; Pléiade). – Paris 1981 (Folio).

ÜBERSETZUNGEN: *Die verlassene Frau*, anon. (in SW, Bd. 77, Quedlinburg 1846). – *La femme abandonnée*, anon., Lpzg. 1880 [frz.-dt.]. – *Die verlassene Frau*, R. Schickele (in *Menschliche Komödie*, Bd. 10, Lpzg. 1910; [2]1923 Bd. 1). – Dass., F. W. Schmidt, Bln. [3]1927. – *Die Verlassene*, E. Sander, Mchn. 1966 (GGT). – *Die verlassene Frau*, C. Hoeppener (in *Die menschliche Komödie*, 20 Bde., Bln./Weimar 1966; [2]1985, 3). – *Die Ver-

lassene, P. Mayer (in *Die Geheimnisse der Fürstin von Cadignan*, Zürich 1977; *Die menschliche Komödie*, 40 Bde., 24).

LITERATUR: M. Bardèche, *B., romancier*, Paris 1940, S. 410–428. – R. Nimier, *B. et les femmes abandonnées* (in NRF, 15, 1960, S. 884–894). – M. Fargeaud, *Sur la route des »Chouans« et de »La femme abandonnée«* (in L'Année balzacienne, 1962, S. 51–59). – A. M. Meininger, *»La femme abandonnée« ... et la duchesse d'Abrantès* (ebd., 1963, S. 65–81). – H. Walker, *Mythos in B.'s »La femme abandonnée«* (in Kentucky Foreign Language Quarterly, 10, 1963, S. 220–223). – W. Conner, *»Une pluie à Paris«* (in KRQ, 24, 1977, S. 75–82). – J. Glasgow, *Une esthétique de comparaison: B. et George Sand*, Paris 1977.

LA FEMME DE TRENTE ANS

(frz.; *Die Frau von dreißig Jahren*). Roman von Honoré de BALZAC, aus sechs Erzählungen zusammengefügt, die 1831–1834 in verschiedenen Zeitschriften erschienen waren, und 1834/35, noch mit wechselnden Personennamen, als *Même histoire* in die dritte Edition der *Scènes de la vie privée* aufgenommen. Für die *Comédie humaine* wurden die sechs Erzählungen *(Premières fautes; Souffrances inconnues; A trente ans; Le doigt de Dieu; Les deux rencontres; La vieillesse d'une mère coupable)* überarbeitet und mit einer Widmung an den Maler Louis Boulanger unter dem glücklich gewählten Titel *La femme de trente ans* zu einem Werk zusammengefaßt, das sich bis heute anhaltender Beliebtheit erfreut. – Diese Vorgeschichte des »Romans«, der sicher auch materiellen Erwägungen seine Entstehung verdankt, erklärt die zahlreichen Widersprüche und das unterschiedliche Niveau der einzelnen Kapitel. Immerhin scheint die Thematik der ursprünglichen Erzählungen für den Autor soviel Verbindendes (E. R. CURTIUS nennt den Zusammenhang der Erzählungen »vital« und nicht »logisch«) besessen zu haben, daß sie sich leicht zu entscheidenden Episoden aus dem Leben einer einzigen Frau umarbeiten ließen.

Julie d'Aiglemont, eine intelligente und schöne Frau, begeht zu Beginn des Romans den Fehler, einen mittelmäßigen und grobschlächtigen Offizier zu heiraten und findet – nach schrecklicher Ernüchterung in Schwermut dahinsiechend – einen Seelenfreund in dem sie seit langem liebenden englischen Arzt Lord Grenville. Dieser ist – ein Zugeständnis an die Anglomanie der Zeit – so edel, daß er stirbt, *»um ihr das zu erhalten, was die Gesellschaft die Ehre einer Frau nennt«*, verurteilt sie dadurch aber zu den »ungekannten Leiden«, von denen das zweite Kapitel berichtet. Diese Leiden werden (im dritten Kapitel, das von STENDHALS Essay *De l'amour* beeinflußt ist), beendet durch das Glück einer erwiderten Liebe der inzwischen Dreißigjährigen zu dem jungen Diplomaten Charles de Vandenesse, die Julies Gatte stillschweigend duldet. Kapitel vier läßt dem Ehebruch das Gottesurteil folgen: Die legitime Tochter Julies, Hélène, stößt den ihr vorgezogenen kleineren Bruder, ein dem Verhältnis mit Vandenesse entstammendes Kind, ins Wasser. In dem an bunten und rätselhaften Fügungen überreichen fünften Kapitel muß Julie miterleben, daß Hélène unter der seelischen Belastung dieses Brudermords mit einem Mann entflieht, der selbst einen Mord begangen hat. (Ihr Vater wird sie später als dessen Geliebte und als Mutter mehrerer Kinder unter dramatischen Umständen auf einem Korsarenschiff wiederfinden.) Das letzte Kapitel zeigt die alternde Julie im Konflikt mit ihrer jüngsten Vandenesse-Tochter Moïna, die in Unkenntnis der Zusammenhänge nicht von ihrer Liebe zu einem legitimen Sohn Vandenesses – also zu ihrem Halbbruder – lassen will und dadurch ihrer Mutter, die ihre Verfehlungen tief bereut, den Todesstoß versetzt.

Ein Grund für den außergewöhnlichen Erfolg des Werkes mag im Motiv liegen. Balzac entdeckte den Reiz der schon leidgeprüften, dreißigjährigen, immer noch anziehenden Frau *»auf diesem poetischen Gipfel des Frauenlebens«*, den er verallgemeinernd so beschreibt: *»Sie ... kennen dann jeden Preis der Liebe und freuen sich ihrer in der Furcht, sie zu verlieren: ihre Seele ist noch schön durch die eben entschwindende Jugend und ihre Leidenschaft erstarkt durch die Ahnung einer sie erschreckenden Zukunft.«* Die literarische Qualität dieser disparaten Szenenfolge, bei der sämtliche epischen Formen der Zeit, von den gefühlvoll-sentimentalen Liebesromanen in der Nachfolge von CHATEAUBRIANDS *René* (1802) über die Schauergeschichte in der Manier MATURINS (*Melmoth the Wanderer*, 1820) bis zum unfreiwillig komischen Trivialroman, Pate standen, ist bezweifelt worden, zuletzt von André GIDE: *»Hat Balzac je etwas Schlechteres geschrieben?«* Indessen hält ein so kritischer Zeitgenosse des Autors wie SAINTE-BEUVE den Roman für *»eine der realsten Schöpfungen Balzacs. Der Schlüssel zu Balzacs ungeheurem Erfolg liegt ganz und gar in diesem ersten kleinen Meisterwerk.«* I.P.-KLL

AUSGABEN: *Premières fautes* (in RDM, Sept./Okt. 1831). – *Souffrances inconnues* (in *Scènes de la vie privée des études de mœurs*, Bd. 4, Paris 1834/35). – *A trente ans* (in Revue de Paris, April 1832; u. d. T.: *La Femme de trente ans*). – *Le doigt de Dieu* (Tl. 1: in Revue de Paris, 25. 3. 1831; Tl. 2: *La vallée du torrent*, in *Scènes de la vie privée*, Bd. 4, Paris 1934/35). – *Les deux rencontres* (in Revue de Paris, 21. u. 28. 1. 1831; erw. in *Scènes de la vie privée*, Bd. 4, Paris 1832). – *La vieilleuse* (u. d. T.: *L'expiation*, in *Scènes de la vie privée*, Bd. 4, Paris 1832). – *Même histoire* (in *Scènes de la vie privée*, Bd. 4, Paris 1834/35). – *La femme de trente ans*: Paris 1842 (in *La comédie humaine*, 17 Bde., 1842–1848, 3: *Scènes de la vie privée III*). – Paris 1912 (in *Œuvres complètes*, Hg. M. Bouteron u. H. Longnon, 40 Bde., 1912–1940, 6: *Études de mœurs. Scènes de la vie privée VI*). – Paris 1952, Hg. M. Allem (Class. Garn.). – Paris 1963 (in *L'œuvre*, Hg. A. Béguin, J. A. Ducourneau u. H. Evans, 16 Bde., 1962–1964, 6). – Paris 1965 (GF). – Paris 1968–1971 (in *Œuvres complètes*, Hg. M. Bardèche, 24 Bde., 3). – Paris 1976 (in *La comédie humaine*, Hg. P.-G. Castex, 12 Bde., 1976–1981, 2; Pléiade). – Paris 1977 (Folio).

ÜBERSETZUNGEN: *Die Frau von dreißig Jahren*, anon. (in *SW*, Bd. 79, Quedlinburg 1845). – Dass., H. Meerholz [d. i. H. Denhardt], Lpzg. 1885. – Dass., O. Flake, Lpzg. 1905; ^{4}1920 [Einl. R. Schikkele]. – Dass., H. Lachmann (in *Menschliche Komödie*, Bd. 12, Lpzg. 1910; ^{2}1925). – Dass., E. Noether, Bln. 1924. – Dass., W. Heichen, Bln. 1925. – Dass., W. Widmer, Zürich 1946. – Dass., E. Noether, Hbg. 1956; ern. 1958. – Dass., H. Denhardt, Lpzg. 1964. – Dass., I. Täubert (in *Die menschliche Komödie*, 20 Bde., Bln./Weimar 1963, 2). – Dass., dies. (in *Szenen aus dem Privatleben*, Mchn. 1976; dtv). – Dass., dies. (in *GW*, 6 Bde., Mchn. 1981, 6). – Dass., E. Sander, Mchn. 1966 (GGT); ern. 1986 (Goldm. Tb). – Dass., E. Noether, Zürich 1977 (*Die menschliche Komödie*, 40 Bde., 9). – Dass., W. Blochwitz, Ffm. 1980 (Insel Tb). – Dass., G. u. A. Prugel, Hbg. 1981.

LITERATUR: M. Bardèche, *B., romancier*, Paris 1940, S. 410–428. – R. Winkler, »*La femme de trente ans*«. *Der Aufbau eines Romans bei H. de B.*, Zürich 1949. – F. Lotte, *La chronologie de la »Femme de trente ans«* (in Courrier Balzacien, 10, 1950, S. 220–228). – K. Wais, *Erlebnisnovelle und tragische Epik. B.s Arbeit an seiner »Frau von dreißig Jahren«* (in K. W., *Französische Marksteine*, Bln. 1958, S. 129–160). – K. Maurer, *Erlebnis und Dichtung in B.s »Frau von dreißig Jahren«* (in RJb, 10, 1959, S. 147–166). – R. L. Sullivant, *B.'s »La femme de trente ans«. A Literary and Historical Study*, Diss. Washington 1961/62 (vgl. Diss. Abstracts, 24, 1963/64, S. 4200). – Ders., »*La femme de trente ans*« (in L'Année balzacienne, 1967, S 107–114). – P. Pelckmans, *Névrose ou Sociose? Une lecture de »La femme de trente ans« de B.* (in RRo, 12, 1977, S. 96–122). – W. Gölter, *Zufall und Widerspruch in B.s »Femme de trente ans«* (in RZL, 2, 1978, S. 446–474). – M. Léonard, *Construction de »l'effet-personnage« dans la »Femme de trente ans«* (in *Le roman de B.*, Hg. R. Le Huenen u. P. Perron, Montreal 1980, S. 41–50).

LA FEMME SUPÉRIEURE

(frz.; *Die überlegene Frau*). Roman von Honoré de BALZAC, erschienen 1837. – Der Roman, zunächst als Porträt einer *femme supérieure* angelegt, von 1846 an aber unter dem Titel *Les employés (Die Beamten)* veröffentlicht und in der *Comédie humaine* den *Scènes de la vie parisienne* zugeordnet, spielt in der Welt der Verwaltung und ihrer Funktionäre. Die ursprüngliche Heldin wurde in der neuen Version zur Randfigur, und in den Mittelpunkt rückte der unbestechliche, tatkräftige und talentierte Ministerialbeamte Xavier Rabourdin. Er rivalisiert mit dem unfähigen Baudoyer, der wie er zum Chef seiner Abteilung befördert werden will. Insgeheim arbeitet er den Plan einer Verwaltungsreform aus. Hinter seinen Ideen und Vorschlägen verbirgt sich Balzacs eigenes Engagement. Rabourdin fordert eine Reduzierung der Ämter und Beamten, Steuerreformen und besseres Auswahlprinzip bei der Stellenbesetzung, in dem Persönlichkeit und Begabung entscheidender sein sollen als gesellschaftliche Beziehungen. Der junge Beamte hat alle Aussicht, zum neuen Chef seiner Ministerialabteilung ernannt zu werden. Seine liebenswerte, ehrgeizige Gattin Célestine sucht den Generalsekretär Des Lupeaulx unauffällig zu umgarnen. Doch auch sein Rivale Baudoyer hat eine Fürsprecherin, Madame Elisabeth Baudoyer, »*eine dieser Gestalten, die so vulgär sind, daß sie sich einer Darstellung entziehen, und die dennoch skizziert werden müssen, weil sie ein Ausdruck dieser kleinen Pariser Bourgeoisie sind*..., *deren Fähigkeiten beinahe Laster sind, deren Schwächen nichts Liebenswertes haben, aber deren Auftreten, so primitiv es auch sein mag, nicht der Originalität entbehrt*...«. Sie hat dem Generalsekretär mehr zu bieten als harmlose Schmeicheleien und unschuldigen Flirt. Madame Baudoyer weiß die Beziehungen ihrer weitverzweigten Familie und ihren guten Kontakt zur Geistlichkeit geschickt für die Protektion ihres Mannes zu nutzen. Mit der Aussicht auf Geld und eine gesellschaftliche Karriere kann sie einen Mann wie Des Lupeaulx – »*selbstsüchtig und eitel, geschickt und stolz*«, der den Typ des skrupellosen Intriganten in Regierungs- und Verwaltungskreisen vertritt und auch in anderen Romanen der *Comédie humaine* anzutreffen ist – ohne große Mühe für sich gewinnen. Rabourdin arbeitet zudem seinen Gegnern in die Hände, indem er seinem ausgezeichneten, aber an sich schon gefährlichen Reformplan ein lückenloses Register aller wichtigen Pariser Beamten mit Beurteilung ihres Charakters, ihrer Fähigkeiten und Schwächen beifügt. Dieses Register gelangt durch Intrigen zur Kenntnis seiner Kollegen und Vorgesetzten, woraufhin die erhoffte und verdiente Beförderung nicht ihm, sondern dem unfähigen, aber besser protegierten Baudoyer zuteil wird.

Der Roman ist, über die Karikatur bürokratischer Gesinnung hinaus, eine provozierende Diagnose der Mißstände im Verwaltungsapparat der Bourbonen. Die Schilderung der Beamtenwelt, ihrer Hierarchie und ihres »administrativen Stils« wird differenziert durch eine Reihe von Porträts eifriger, fauler, verbissener, jovialer, subalterner, naiver und schlauer Beamter. Heraus ragt die sorgfältig gezeichnete Gestalt des Bixiou, des geistreichen, zynischen und gelegentlich auch boshaften Beobachters, dessen Kommentare und Bonmots der Autor mit offensichtlichem Vergnügen aufzeichnet. Urbild dieser Gestalt ist Balzacs Freund Henri Monnier, früher Schreiber im Justizministerium, dann Zeichner und Schriftsteller, dessen Witz und Talent Balzac schätzte und pries und dessen Lithographien *Mœurs administratives* und *Scènes de la vie bu-*

reaucratique er wahrscheinlich den ersten Impuls zu diesem Roman verdankt. Wie Balzac selbst enttäuscht berichtet (Brief an Madame Hanska vom 8. Juli 1837), beschwerten sich die Leser der ›Presse‹ über einen so »*langweiligen*« Roman. Die Literaturgeschichtsschreibung indessen schätzt das Werk als ein gelungenes, typisch Balzacsches Zusammenspiel von Humor und Zynismus, in dem auch beschränkte und kleinliche Wesen nicht ohne Sympathie behandelt werden. I.P.-KLL

AUSGABEN: Paris 1837 (*La femme supérieure*, in La Presse, 1.–14. 7. 1837). – Paris 1838 (*La femme supérieure*, zus. m. *La maison Nucingen. La Torpille*). – Paris 1844 (*Les employés ou La femme supérieure*, in *La comédie humaine*, Bd. 11). – Paris 1914 (*Les employés*, in *Œuvres complètes*, Hg. M. Bouteron u. H. Longnon, 40 Bde., 1912–1940, 19; *Études de mœurs: Scènes de la vie parisienne VII*). – Paris 1962 (in *L'œuvre*, Hg. A. Béguin, J. A. Ducourneau u. H. Evans, 16 Bde., 1962–1964, 5). – Paris 1968–1971 (in *Œuvres complètes*, Hg. M. Bardèche, 24 Bde., 10). – Paris 1977 (in *La comédie humaine*, Hg. P.-G. Castex, 12 Bde., 1976–1981, 7; Pléiade). – Paris 1985 (Poche).

ÜBERSETZUNGEN: *Die ausgezeichnete Frau*, anon. (in *SW*, Bd. 18/19; Quedlinburg 1843). – *Die Beamten*, C. Stucke-Kornfeld (in *Volksvertreter*, Bd. 2, Bln. 1924). – Dass., dies. (in *Volksvertreter*, Hbg. 1954; ern. Zürich 1977; *Die menschliche Komödie*, 40 Bde., 27). – Dass., E. Sander, Mchn. 1967 (GGT). – Dass., T. Bergner (in *Die menschliche Komödie*, 20 Bde., Bln./Weimar 1980, 13).

LITERATUR: J. Paris, »*Les employés*«. *1837. Idées de B. sur les fonctionnaires de l'État* (in Revue Politique et Parlementaire, 1909, S. 555–562). – M. W. Scott, *Variations between the First and the Final Edition of B.'s* »*Les employés*« (in MPh, 23, 1926, S. 315). – A.-M. Meininger, *Qui est Des Lupeaulx?* (in L'Année balzacienne, 1961, S. 149–184). – Dies., »*Les employés*«, *réflexions sur la création balzacienne* (in RHLF, 67, 1967, S. 754–758). – A. G. Paradissis, *Una influencia balzaciana en España* (in BHi, 79, 1972, S. 444–452).

GAMBARA

(frz.; *Gambara*). Erzählung von Honoré de BALZAC, erschienen 1837 in der ›Revue et Gazette musicale de Paris‹, 1839 in Buchform; 1846 als zweiter Band der *Études philosophiques* in die *Comédie humaine* aufgenommen. – Die Anregung zur Gestalt Gambaras gab der Marquis de Belloy, den Balzac deshalb in der Widmung sogar als Mitverfasser anspricht: »*Sie haben Gambara geschaffen, ich habe ihn nur bekleidet.*« Die gleichzeitige Arbeit des Autors an *Massimilla Doni* erklärt das Auftreten derselben Personen in beiden Erzählungen.
Graf Andrea Marcosini ist in Marianna, die Frau des verwirrt genialischen Musikers Gambara verliebt. Er verabredet sich häufig mit ihr im Restaurant des neapolitanischen Meisterkochs Giardini und spielt für kurze Zeit den Mäzen ihres Mannes, indem er ihm die besten Weine Italiens vorsetzt; denn Gambaras Leidenschaft ist das Trinken, und nur die Trunkenheit versetzt ihn in jenen Zustand schöpferischer Produktivität, der ihn zum Entwurf einer »Musik der Zukunft« beflügelt. Nach sechs Jahren schickt Andrea die Geliebte wieder in das armselige Leben mit dem heruntergekommenen, vagabundierenden Genie zurück. Die Straßen entlang hört man das wunderliche Paar die sonderbaren Arien aus Gambaras nie aufgeführten Opern singen.
Hauptthema der Erzählung ist die Musik, und Balzac scheint in der damals aktuellen Kontroverse für und wider die Musik der Deutschen oder der Italiener die Partei der Deutschen bzw. Beethovens zu ergreifen. Sein Gambara, exzentrischer Komponist und Erfinder eines phantastischen Instruments, des Panharmonicon, ist ein Pendant zu dem besessenen Maler Frenhofer des *Chef-d'œuvre inconnu* (1831). Wie dieser auf der Suche nach einem absoluten Kunstideal, ordnet Gambara die Musik sowohl den exakten Wissenschaften (Mathematik, Physik, Akustik) als der Kunst zu. Er negiert die traditionellen Regeln der Harmonielehre und stellt über die Beziehungen zwischen Ton – Gedanke – Gefühl eine Theorie auf, deren Anwendung in seinem »magnum opus« ihn in den Verdacht bringt, wahnsinnig zu sein. Ein groteskes Gegengewicht zu seinem unglücklichen musikalischen Prophetentum bilden die verkannten kulinarischen Künste des neapolitanischen Meisterkochs.
Balzac verwendet besonders in den musiktheoretischen Erörterungen eine komplizierte technische und mit italienischen Ausdrücken durchsetzte Diktion. Die bizarre Erzählung, deren Synthese aus detailgetreuem Realismus und skurriler Phantastik an E. T. A. HOFFMANN erinnert – in seiner Widmung spricht Balzac von Gambara als einer »*Hoffmanns würdigen Gestalt*« –, ist Balzacs gelungenste Verwirklichung des »magischen Realismus«.
I.P.-KLL

AUSGABEN: Paris 1837 (in Revue et Gazette Musicale de Paris, 23. 7. bis 20. 8. 1837). – Paris 1839 (mit *Le cabinet des antiques*). – Paris 1845 (in *La comédie humaine*, 17 Bde., 1842–1848, 15: *Études philosophiques II*). – Paris 1925 (in *Œuvres complètes*, Hg. M. Bouteron u. H. Longnon, 40 Bde., 1912–1940, 28: *Études philosophiques II*). – Paris 1963 (in *L'œuvre*, Hg. A. Béguin, J. A. Ducourneau u. H. Evans, 16 Bde., 1962–1964, 7). – Paris 1964, Hg. M. Regard [m. Einf. u. Anm.]. – Paris 1968–1971 (in *Œuvres complètes*, Hg. M. Bardèche, 24 Bde., 15). – Paris 1980 (in *La comédie humaine*, Hg. P.-G. Castex, 12 Bde., 1976–1981, 10; Pléiade). – Paris 1981 (GF).

ÜBERSETZUNGEN: *Gambara*, anon. (in *SW*, Bd. 65, Quedlinburg 1845). – Dass., H. E. Jacob (in *Künstler und Narren*, Bln. o. J. [1926]). – Dass.,

E. Sander, Mchn. 1968 (GGT). – Dass., H. E. Jacob (in *Das ungekannte Meisterwerk*, Zürich 1977; *Die menschliche Komödie*, 40 Bde., 37).

LITERATUR: M. Eigeldinger, *La philosophie de l'art chez B.*, Genf 1957. – M. Bardèche, *Autour des »Études philosphiques«* (in L'Année balzacienne, 1960, S. 109–124). – M. Regard, *Histoire d'une collaboration. Le »Gambara« de B.* (in Revue de la Méditerranée, 20, 1960, S. 229–251). – R. Mortier, *Le destin de l'artiste dans la »Comédie« balzacienne* (in StF, 6, 1962, S. 488–494). – P. Citron, *Autour de »Gambara«* (in L'Année balzacienne, 1967, S. 157–170). – M. Brzoska, *»Mahomet« et »Robert le Diable«. L'esthétique musicale dans »Gambara«* (ebd., 1983, S. 51–78). – G. Delattre, *Andrea Marcosoni et les tribulations du romancier dans »Gambara«* (ebd., S. 79–91). – B. L. Knapp, *B.s »Gambara«. Music is a Science and an Art* (in NCFSt, 15, 1986/87, S. 62–69).

GOBSECK

(frz.; *Gobseck*). Erzählung von Honoré de BALZAC, erschienen 1830 im ersten Band der *Scènes de la vie privée* unter dem Titel *Les dangers de l'inconduite (Die Gefahren des schlechten Betragens)*; 1842 unter dem Titel *Gobseck* als eine der *Scènes de la vie privée* in den zweiten Band der *Comédie humaine* aufgenommen. – Eine Rahmenhandlung – Camille de Grandlieu liebt den armen Grafen Ernest de Restaud, dessen Mutter in einem zweifelhaften Ruf steht – leitet den Bericht des Advokaten Derville über Jean-Esther van Gobseck ein: Geboren in einer Vorstadt von Antwerpen als Sohn einer Jüdin und eines Holländers, hat er sich nach abenteuerlichen Weltreisen in Paris als Geldleiher niedergelassen, und fortan verläuft sein Dasein, *»ohne mehr Geräusch zu machen als eine Sanduhr«*. Obwohl er Millionen auf der Bank hat, lebt er in spartanischer Einfachheit, widmet sich ausschließlich seinen Geschäften und ist mit sich und der Welt zufrieden. – Eines Tages vertraut er seinem Nachbarn Derville an, was er von der Gräfin Restaud weiß. Diese Frau (sie ist die Tochter des Père Goriot) ist einem skrupellosen Liebhaber, Maxime de Trailles, verfallen und vergeudet ihr Vermögen mit ihm. Ihre heimlichen Besuche bei Gobseck führen dazu, daß auch ihr Mann, der von ihrer Untreue und Verschwendungssucht weiß, sie aber trotzdem noch liebt, die Bekanntschaft des Geldleihers macht und diesem vorsorglich seinen gesamten Besitz übereignet. Gobseck muß sich schriftlich verpflichten, das Geld für Restauds ältesten Sohn aufzubewahren und es ihm bei seiner Volljährigkeit auszuhändigen. Nach dem Tode des Grafen verbrennt jedoch seine Frau in der Meinung, er habe sie und ihre Kinder enterben wollen, seine sämtlichen Papiere, darunter auch das wertvolle Dokument. Auf diese Weise ist Gobseck im Besitz des gräflichen Vermögens ohne rechtliche Verpflichtung, es zurückzuerstatten. Er tut es dennoch und zeigt damit, daß er sich nicht völlig dem Dämon des Geldes verschrieben hat, sondern sein heikles Geschäft mit unbestechlicher Korrektheit betreibt. Geld ist für ihn nicht Selbstzweck, sondern ein Mittel zur Macht: *»Ich bin reich genug, um die Gewissen derjenigen zu kaufen, die Minister an ihren Drähten tanzen lassen, von ihren Büroschreibern bis zu ihren Geliebten: ist das nicht Macht?... Solcher Männer gibt es in Paris etwa zehn, und wir alle sind unbekannte, heimliche Könige, die euer Schicksal in der Hand haben.«*

Unter den großen Besessenen der *Comédie humaine* ist er am ehesten dem Geizhals Grandet vergleichbar, diesem jedoch durch seine Originalität und sein Ethos charakterlich überlegen: *»In ihm leben zwei Menschen: er ist geizig und philosophisch, klein und groß.«* Einige Personen des *Gobseck* läßt Balzac in späteren Romanen und Erzählungen wiederkehren (Derville in *Colonel Chabert*, die Restauds in *Père Goriot*). KLL

AUSGABEN: Paris 1830 (*Les dangers de l'inconduite*, in *Scènes de la vie privée*, 2 Bde., 1). – Paris 1835 (*Le Papa Gobseck*, in *Scènes de la vie parisienne*). – Paris 1842 (in *La comédie humaine*, 17 Bde., 1842–1848, 2: *Scènes de la vie privée II*). – Paris 1912 (in *Œuvres complètes*, Hg. M. Bouteron u. H. Longnon, 40 Bde., 1912–1940, 5: *Études de mœurs: Scènes de la vie privée II*). – Paris 1963 (in *L'œuvre*, Hg. A. Béguin, H. Evans u. J. A. Ducourneau, 16 Bde., 1962–1964, 6). – Paris 1968–1971 (in *Œuvres complètes*, Hg. M. Bardèche, 24 Bde., 3). – Paris 1976 (in *La comédie humaine*, Hg. P.-G. Castex, 12 Bde., 1976–1981, 2; Pléiade). – Paris 1984 (GF).

ÜBERSETZUNGEN: *Die Folgen des Leichtsinns*, anon. (in *SW*, Bd. 80–82, Quedlinburg 1846). – *Gobseck*, F. P. Greve (in *Menschliche Komödie*, Bd. 1, Lpzg. 1923). – Dass., E. v. Hollander (in *Heimliche Könige*, Bln. 1924; ern. Hbg. 1957). – Dass., A. u. H. Seiffert, Lpzg. 1952. – Dass., dies (in *Die menschliche Komödie*, 20 Bde., Bln./Weimar 1960; ³1984, 4). – Dass., E. Sander, Mchn. 1966 (GGT). – Dass., E. v. Hollander (in *Das Bankhaus Nucingen*, Zürich 1977; *Die menschliche Komödie*, 40 Bde., 21).

VERFILMUNGEN: Deutschland 1923 (Regie: P. Rist). – UdSSR 1936 (Regie: K. Eggert).

LITERATUR: J. Haas, *H. de B.s »Scènes de la vie privée« von 1830*, Halle 1912. – B. Lolande, *Les états successifs d'une nouvelle de B. »Gobseck«* (in RHLF, 46, 1939, S. 180). – J. Rousset, *Les rois silencieux. Note sur le pouvoir occulte chez B.* (in Trivium, 9, 1951, S. 92–102). – H. Gauthier, *L'usurier dans trois œuvres de B.* (in Études balzaciennes, Okt. 1959, Nr. 8/9). – J.-L. Seylaz, *Réflexions sur »Gobseck«* (in EL, 3, 1968, S. 295–310). – R. J. B. Clark, *»Gobseck«* (in Symposium, 31, 1977, S. 290–301). – M. Zito, *La metafora estetica di »Gobseck«* (in Studie ricerche di letteratura e linguistica francese, 1, Hg. G. C. Menichelli u. G. C. Ruscioni, Neapel 1980, S. 87–102). – A. H. Pasco, *Descriptive Nar-*

ration in B.s »Gobseck« (in The Virginia Quarterly Review, 56, Winter 1980, S. 99–108).

LA GRENADIÈRE

(frz.; *La Grenadière*). Erzählung von Honoré de BALZAC, erschienen 1832 in der ›Revue de Paris‹; in der *Comédie humaine* 1842 den *Scènes de la vie privée* zugeordnet. – Madame Willemsens – eigentlich Lady Brandon, wie geheimnisvoll angedeutet wird – ist eine Frau, die gesündigt und gelitten hat. Mit ihren beiden Kindern, dem frühreifen, lebenstüchtigen Louis-Gaston und dem zarten Marie-Gaston bezieht sie in der Nähe von Tours jenes Haus, das Balzac und Madame de Berny im Sommer 1830 so bezaubernd gefunden hatten: »*La Grenadière ist eine kleine Behausung am rechten Ufer der Loire ... niemand kann sich dort aufhalten, ohne die Atmosphäre von Glückseligkeit zu spüren und ein ruhiges Leben ohne Streben und Sorgen zu begreifen.*« In dieser malerischen Umgebung siecht Madame Willemsens an einer schleichenden Krankheit dahin, die Balzac auf seelische Störungen zurückführt. Sie weicht allen menschlichen Kontakten aus und widmet sich allein der Erziehung der beiden Söhne, die ihre Fürsorge mit inniger Liebe vergelten. Kurz vor ihrem Tode deutet sie dem fünfzehnjährigen Louis-Gaston das Drama ihres Lebens an und nimmt ihm das Versprechen ab, fortan für seinen jüngeren Bruder zu sorgen. Die bewegte Vergangenheit der Lady – von Leidenschaft getrieben hatte sie ihren Mann betrogen und alle Folgen dieses Ehebruchs tragen müssen – wird nur teilweise enthüllt, doch ihre Erscheinung mit den »*bleichen Lippen*«, den »*vorzeitigen Runzeln*«, dem »*melancholischen Gesichtsausdruck*« und den »*schwarzen Augen mit tiefen Schatten, ausgehöhlt und voll fieberhaften Feuers*« vergegenwärtigt »*ein ganzes Frauenleben*«, erfüllt von »*Gedanken der Reue und glücklicher Erinnerung*«.

Etwa zur gleichen Zeit entstanden wie *La femme abandonnée*, gehört auch *La Grenadière* zu jenen kürzeren Erzählungen, in denen Balzac sich als Meister einer einfühlsamen und zarten, elegischen Poesie erweist. Ihr verdankt diese Geschichte einen besonderen Platz im Werk des großen Realisten.

KLL

AUSGABEN: Paris 1832 (in La Revue de Paris, Okt.). – Paris 1834 (in *Scènes de la vie de province*, 4 Bde., 1834–1837, 2). – Paris 1842 (in *La comédie humaine*, 17 Bde., 1842–1848, 2: *Scènes de la vie privée II*). – Paris 1912 (in *Œuvres complètes*, Hg. M. Bouteron u. H. Longnon, 40 Bde., 1912 bis 1940, 4: *Études de mœurs: Scènes de la vie privée V*). – Paris 1962 (in *L'œuvre*, Hg. A. Béguin, H. Evans u. J. A. Ducourneau, 16 Bde., 1962–1964, 2). – Paris 1968 (GF). – Paris 1968–1971 (in *Œuvres complètes*, Hg. M. Bardèche, 24 Bde., 2). – Paris 1976 (in *La comédie humaine*, Hg. P.-G. Castex, 12 Bde., 1976–1981, 2; Pléiade). – Paris 1981 (Folio).

ÜBERSETZUNGEN: *Die Grenadiere*, anon. (in *SW*, Bd. 77, Quedlinburg 1845). – Dass., H. Kaatz (in *Sarrasine. Novellen*, Bln. 1925; ern. Hbg. 1961). – Dass., H. Kaatz, Zürich 1977 (*Die menschliche Komödie*, 40 Bde., 6). – Dass., E. Sander, Mchn. 1966 (GGT).

LITERATUR: G. Vicaire, *Avant-propos à »La Grenadière«*, Paris 1901. – M. Le Yaouanc, *Les variantes du texte de »La Grenadière«* (in L'Année balzacienne, 1961, S. 283–296). – M. H. Faillie, *La femme et le Code civil dans »La comédie humaine« de B.*, Paris 1968. – C. Ménage, *B. paysagiste, »La Grenadière«* (in L'Année balzacienne, 3, 1982, S. 257 bis 271).

HISTOIRE DE LA GRANDEUR ET DE LA DÉCADENCE DE CÉSAR BIROTTEAU, marchand parfumeur, adjoint au maire du deuxième arrondissement de Paris, chevalier de la légion d'honneur, etc.

(frz.; *Geschichte der Größe und des Verfalls von César Birotteau, Parfümeriehändler, Beigeordneter des zweiten Bezirks von Paris, Ritter der Ehrenlegion usw.*). Roman von Honoré de BALZAC, erschienen 1838; in der *Comédie humaine* den *Scènes de la vie parisienne* zugeordnet. – Der pathetische Haupttitel, der z. B. auf MONTESQUIEUS *Betrachtungen über die Ursachen von Größe und Untergang der Römer* anspielt, ist als ironischer Hinweis auf die Selbstüberschätzung des Helden zu verstehen, der auf seinen Vornamen Caesar stolz ist.

Der erste Akt des in Analogie zu einem dreiaktigen Theaterstück eingeteilten Romans schildert César Birotteau, den Besitzer des Parfümerieladens »Rosenkönigin«, »*auf dem Gipfel seines Glücks*«. Birotteau hat sich als Kaufmann durch die Herstellung neuer kosmetischer Mittel mit Zähigkeit und Geschick so weit hochgearbeitet, daß er nun mit Frau und Tochter ein zufriedenes Leben führen könnte. Die Auszeichnung zum Ritter der Ehrenlegion, die er seiner royalistischen Gesinnung verdankt, empfindet Birotteau als Krönung seines Lebens, doch die Freude darüber raubt dem biederen, aber ehrgeizigen und selbstgefälligen Kaufmann den Blick für die realen Möglichkeiten seines Geschäfts. Im Taumel des Erfolgs beschließt er, gegen den Rat seiner Frau, seinen Laden zu erweitern und durch die Veranstaltung eines aufwendigen Balles in der Rangordnung der Gesellschaft noch eine Stufe höher zu steigen. Der Notar Roguin, dessen Hinterlist der arglose Birotteau nicht durchschaut, überredet ihn zu einer gemeinsamen Grundstücksspekulation, bei der fast das gesamte Vermögen Birotteaus eingesetzt werden soll. Auf dem Ball, zu dem die Repräsentanten der Pariser Hautevolee geladen sind, erscheint auch Du Tillet, ein ehemals wegen Diebstahls entlassener Angestellter Birotteaus, der mit viel Geschick in den Kreisen der Hochfinanz Reichtum und Einfluß gewonnen hat. Birotteau ahnt nicht, daß Du Tillet, ein Meister der Intrige, die betrügerische Spekulation ersonnen hat, um ihn zu ruinieren.

Die äußerlich glanzvolle Ballnacht, *»gleichsam wie das letzte Auflodern eines Strohfeuers das Ende eines achtzehnjährigen, jetzt dem Verlöschen nahen Wohlstands«*, deutet schon die Peripetie des Dramas an, dessen zweiter Akt *César im Kampf mit seinem Unglück* zeigt. Mit der Nachricht, daß der Geschäftspartner Roguin Birotteaus Vermögen veruntreut hat und geflohen ist, bricht für den Parfümeriehändler, der an die Redlichkeit im Geschäftsleben geglaubt hat, eine Welt zusammen. Während seine Familie angesichts der Katastrophe die Fassung bewahrt, verfällt César, genarrt von den Bankiers, die ihm helfen könnten (Nucingen, Du Tillet), zurückgewiesen sogar von dem Wucherer Gobseck, in einen Zustand dumpfer Betäubung; der unvermeidliche Bankrott und das glatt ablaufende Konkursverfahren erscheinen dem erschöpften Birotteau am Ende fast wie eine Befreiung nach dem aussichtslosen Kampf um Kredite und Prolongation der Wechsel. – Den letzten Akt des »Dramas« nennt Balzac in Anspielung auf die Katharsis der griechischen Tragödie *Césars Triumph*. Besessen von der Idee der Rehabilitation, kann Birotteau nach drei Jahren äußerster Entbehrung und harter Arbeit nicht nur alle Schulden zurückzahlen, sondern auch noch kurz vor seinem Tode den geschäftlichen Erfolg seines ehemaligen Angestellten und künftigen Schwiegersohnes Popinot erleben, der den Parfümeriehandel weiterführt.

Trotz der novellistischen Dichte der Ereignisse, die fast alle auf den Bankrott Birotteaus bezogen sind, gelingt es Balzac in dem Roman, den er selbst zu Recht ein *»Hauptwerk«* nennt, den Hintergrund des Geschehens – die Verhältnisse im Paris der dreißiger Jahre – noch durch eine Fülle von Figuren zu beleben. Fast alle Gesellschaftskreise, nahezu alle Formen des Geschäftslebens, vom Kleinhandel auf den Märkten bis zur Hochfinanz, sind mit Sachkenntnis analysiert und in das Romangeschehen integriert. Selbst die Rezepte für die Parfümerien, die Birotteau mit Hilfe des Chemikers Vauquelin entwickelt, und das bis ins Detail beschriebene Konkursverfahren hat Balzac, dem es auf die Genauigkeit der »sozialen Studie« ankam, den Handbüchern seiner Zeit zum Teil wörtlich entnommen. Das Modell für Birotteau war Bully, ein Parfümeriehändler, der im Jahre 1830 bei den Unruhen der Julirevolution sein Geschäft aufgeben mußte. Auch das Schicksal Birotteaus erscheint als Folge der politischen und sozialen Unruhen der dreißiger Jahre, in denen viele Geschäftsleute das Opfer riskanter Spekulationen wurden (bekanntlich auch Balzac selbst). In seiner unglaublichen Ahnungslosigkeit, mit der er in das Unglück tappt, und seinem ungebrochenen Ehrgeiz nach der Katastrophe ist César Birotteau aber mehr als nur ein typischer Fall; ähnlich wie der alte Grandet, Goriot oder Balthasar Claes ist er ein vom Wahn Besessener, tragisch in seinem naiven Glauben an die Redlichkeit im Geschäftsleben, lächerlich in seiner Eitelkeit und Selbstgefälligkeit, solange er sich erfolgreich wähnt, und bemitleidenswert in seinem Mißgeschick – im Sinne Balzacs das Bild des Menschen in der Komödie des Lebens: *»Birotteaus Unglück ist für mich das Unglück aller Menschen.«* V.R.

AUSGABEN: Paris 1838, 2 Bde. – Paris 1844 (in *La comédie humaine*, 17 Bde., 1842–1848, 10: *Scènes de la vie parisienne II*). – Paris 1913 (in *Œuvres complètes*, Hg. M. Bouteron u. H. Longnon, 40 Bde., 1912–1940, 14: *Études de mœurs: Scènes de la vie parisienne II*). – Paris 1955 (*César Birotteau*, Hg. P. Laubriet; ern. 1964; Class. Garn.). – Paris 1962 (in *L'œuvre*, Hg. A. Béguin, J. A. Ducourneau u. H. Evans, 16 Bde., 1962–1964, 2). – Paris 1968–1971 (in *Œuvres complètes*, 24 Bde., 8). – Paris 1975 (Folio). – Paris 1977 (in *La comédie humaine*, Hg. P.-G. Castex, 12 Bde., 1976–1981, 6; Pléiade). – Paris 1984 (Poche).

ÜBERSETZUNGEN: *Geschichte der Größe u. des Verfalles des Cäsar Birotteau*, anon. (in *SW*, Bd. 8/9, Quedlinburg 1842). – *Cäsar Birotteau*, F. P. Greve (in *Menschliche Komödie*, Bd. 14, Lpzg. 1911). – *Cäsar Birotteaus Größe und Niedergang*, H. Kaatz, Bln. 1924; ern. Hbg. 1953. – Dass., A. Hoffmann, Tübingen 1949. – *Größe und Niedergang César Birotteaus*, Mchn. 1967 (GGT); ern. 1986 (Goldm. Tb). – *Cäsar Birotteaus Größe und Niedergang*, H. Kaatz, Zürich 1977 (*Die menschliche Komödie*, 40 Bde., 20). – *César Birotteau*, T. Bergner (in *Die menschliche Komödie*, 20 Bde., Bln./Weimar 1982; ²1985, 12).

DRAMATISIERUNG: É. Fabre, *César Birotteau* (Urauff.: Paris, 7. 10. 1910, Théâtre Antoine).

VERFILMUNGEN: *César Birotteau*, Frankreich 1911 (Regie: E. Chautard). – Dass., Italien 1921 (Regie: A. Fratelli).

LITERATUR: H. Egli, *»L'histoire de la grandeur et de la décadence de César Birotteau«. Ein stilkritischer Versuch*, Diss. Zürich 1954. – W. G. Moore, *Vers une édition critique de »César Birotteau«* (in RHLF, 1956, S. 506–515). – A. Maurois, *Lecture, mon doux plaisir*, Paris 1957, S. 182–195. – P. Laubriet, *L'élaboration des personnages dans »César Birotteau«* L'Année balzacienne, 1964, S. 271–281. – A. R. Pugh, *The Genesis of »César Birotteau«* (in FSt, 22, 1968, S. 9–25). – J. Schramke, *César Birotteau* (in Lendemains, 1. April 1975, S. 82–100). – W. B. Berg, *»César Birotteau«* (in W. B. B., *Der literarische Sonntag*, Heidelberg 1976, S. 161–167). – P. Michot, *B., Beethoven et Birotteau* (in Neohelicon, 5, 1977, S. 7–32). – A. Pugh, *The Ambiguity of »César Birotteau«* (in NCFSt, 8, 1979/80, S. 173–189). – U. Schulz-Buschhaus, *B.s »César Birotteau«* (in *Frz. Literatur in Einzeldarstellungen*, Bd. 2, Hg. P. Brockmeier u. H. H. Wetzel, Stg. 1982, S. 31–41). – Ders., *Die Normalität des Berufsbürgers und das heroisch-komische Register im realistischen Roman. Zu B.s »César Birotteau«* (in *Erzählforschung*, Hg. E. Lämmert, Stg. 1982).

HISTOIRE DES TREIZE

(frz.; *Geschichte der Dreizehn*). Unter diesem Titel vereinigte Honoré de BALZAC die drei Erzählungen *Ferragus, La duchesse de Langeais (Die Herzogin von Langeais)* und *La fille aux yeux d'or (Das Mädchen mit den Goldaugen)*; nach Einzelveröffentlichungen 1843 im neunten Band der *Comédie humaine* den *Scènes de la vie parisienne* zugeordnet. – Den Titel *Geschichte der Dreizehn* erläutert Balzac in einem Vorwort: Die Dreizehn sind die Mitglieder eines Geheimbundes, die nach dem Vorbild der Jesuiten und Freimaurer ein Zusammengehörigkeitsgefühl entwickeln, das sie zu den gefährlichsten Taten bereit macht und *»stark genug, sich über jedes Gesetz hinwegzusetzen, kühn genug, alles zu wagen«*. Balzac entnimmt die *»düstere Poesie des Geheimnisses«*, die er der *Geschichte der Dreizehn* geben wollte, der romantisierenden Trivialliteratur seiner Zeit; er will jedoch keine *»Schauergeschichten erzählen, sondern sanfteste Abenteuer ... drei Episoden, deren Pariser Hauch und deren groteske Gegensätze den Verfasser am meisten zu fesseln vermochten«*.

In der ersten Erzählung ist die Titelfigur Ferragus, das Haupt der »Zerstörer«, der geheime Mittelpunkt des Geschehens. Baron August de Maulincour liebt Clémence Desmarets, jedoch ohne Aussicht auf Erfolg, da Clémence ihrem Gatten Jules vorbildlich treu ist; Balzac entwirft das Bild einer glücklichen Ehe, die aber trotz der besten Absichten der Partner durch Verdächtigungen allmählich zerstört wird. Maulincour beobachtet nämlich, wie Clémence in einem verrufenen Viertel von Paris Besuche macht; der heimliche »Geliebte«, den Maulincour vermutet, ist indessen ihr Vater Gratien Bourignard, genannt Ferragus, der nach abenteuerlichem Leben, langer Haft und Flucht noch immer von der Polizei gesucht wird. Maulincour, der seine Entdeckung dem ahnungslosen und zunächst ungläubigen Jules mitteilt – Clémence hatte ihm aus Sorge um die Sicherheit ihres Vaters die Besuche verschwiegen –, sinkt in geistige Umnachtung, nachdem er drei Mordanschlägen der »Zerstörer« entronnen ist. Clémence stirbt, da sie den Verdacht ihres Gatten nicht ertragen kann. Eine düstere Beerdigung und die unheimliche Beschreibung des greisenhaften, innerlich zerbrochenen Ferragus bilden den Abschluß der melodramatischen Handlung.

Noch mehr als *Ferragus* zeigt *Die Herzogin von Langeais* (ursprünglicher Titel *Ne touchez pas à la hache*), daß Balzac den ursprünglichen Entwurf einer *Geschichte der Dreizehn* aufgegeben hat: Die phantastische Macht des Geheimbundes bleibt im wesentlichen auf die Rahmenhandlung beschränkt. Die Diskrepanz zwischen der glanzvollen Vergangenheit und den gegenwärtigen dekadenten Lebensformen der Adelsgesellschaft des Faubourg Saint-Germain ist für Balzac der eigentliche Anlaß zu der Erzählung, in der weitläufige politische und soziale Reflexionen die Handlung zeitweilig überlagern. Trotz scharfer Kritik zeigt Balzac Sympathien für die Aristokratie und Skepsis gegenüber einer uneingeschränkten Demokratie. Für die in den Salons von Saint-Germain beliebte Herzogin von Langeais ist die Liebe des Generals Armand de Montriveau, eines Mitglieds der Dreizehn, zunächst nur eine Kaprice, ein gesellschaftliches Spiel, das sie meisterhaft beherrscht. Das Spiel wird Ernst, als Armand, von einem Freund gewarnt, die Komödie der Herzogin durchschaut. Antoinette de Langeais, die erst wahrhaft zu lieben beginnt, als sich ihr Verehrer von ihr abzuwenden scheint, flieht in ein Kloster auf einer kleinen Insel im Mittelmeer. Der Versuch des verzweifelten Armand, nach jahrelanger Suche die Nonne Antoinette mit Hilfe der Dreizehn zu entführen, wird durch ihren Tod vereitelt.

Die dritte und kürzeste Erzählung, deren Titel *Das Mädchen mit den Goldaugen* (ursprünglich *La femme aux yeux rouges*) schon eine märchenhafte Atmosphäre schafft, ist dem Maler Eugène Delacroix gewidmet, dessen Einfluß die farbenprächtige Schilderung der exotischen Wohnung Paquitas, des Mädchens mit den Goldaugen, zugeschrieben wird. Henri de Marsay, der in vielen Romanen Balzacs als gesellschaftlich erfolgreicher junger Aristokrat und Dandy eine Rolle spielt, erlebt mit seiner Halbschwester Paquita ein ebenso gefährliches wie pikantes Liebesabenteuer, das Paquita, Opfer ihrer eifersüchtigen Bewacherin, der lesbischen Marchesa de San-Real, mit dem Leben bezahlt. Der im Stil der *Contes drôlatiques* pointiert erotisch gestalteten Erzählung, deren künstlerischer Wert umstritten ist, geht eine soziologische Studie voraus, die zu den Meisterstücken Balzacscher Prosa gehört: eine Darstellung des Pariser Lebens, dessen Dynamik und Brutalität in dem Kampf um *»Gold und Vergnügen«* als ein infernalisches Schauspiel beschrieben wird – Balzac vergleicht seinen scharf gegliederten Aufriß der Gesellschaft mit den Höllenkreisen in DANTES *Göttlicher Komödie*. Der entsprechende Entwurf einer *Comédie humaine*, der in diesen Passagen aufblitzt, wurde im Rahmen der *Geschichte der Dreizehn* noch nicht überzeugend verwirklicht. *»In dem Halbdunkel krimineller und geisterhafter Geschehnisse«* (H. Friedrich), die Balzac dem ursprünglichen Plan der geheimnisvollen Verschwörergeschichte schuldig zu sein glaubte, blieb es bei realistischen Ansätzen. V.R.

AUSGABEN: Paris 1833 (*Ferragus*, in Revue de Paris, März/April). – Paris 1833 (*Ne touchez pas à la hache*, in L'écho de la Jeune France, Nr. 1; nur Kap. 1). – Paris 1834/35 (in *Scènes de la vie parisienne*, Bd. 2–4; enth. *Ferragus, Ne touchez pas à la hache* u. *La femme aux yeux rouges*). – Paris 1843 (*Histoire des treize*, in *La comédie humaine*, 17 Bde., 1842–1848, 9: *Scènes de la vie parisienne I*). – Paris 1913 (in *Œuvres complètes*, Hg. M. Bouteron u. H. Longnon, 40 Bde., 1912–1940; 13: *Scènes de la vie parisienne I*). – Paris 1956; ern. 1978, Hg. P.-G. Castex (Class. Garn.). – Paris 1962 (in *L'œuvre*, Hg. A. Béguin, J. Ducourneau u. H. Evans, 16 Bde., 1962–1964, 1 u. 2). – Paris 1964 [Vorw. G. Sigaux]. – Paris 1968–1971 (in *Œuvres com-*

plètes, Hg. M. Bardèche, 24 Bde., 8). – Paris 1976 (Folio). – Paris 1977 (in *La comédie humaine*, Hg. P.-G. Castex, 12 Bde., 1976–1981, 5; Pléiade). – Paris 1983 (Poche).

ÜBERSETZUNGEN: *Ferragus*, anon. (in *SW*, Bd. 43, Quedlinburg 1844). – *Rührt das Beil nicht an*, anon. (ebd., Bd. 45/46). – *Das Mädchen mit den goldenen Augen*, anon. (ebd., Bd. 46/47). – *Die Geschichte der Dreizehn*, F. P. Greve (in *Menschliche Komödie*, Bd. 9, Lpzg. 1909). – Dass., H. Jacob (in *Der unbekannte B.*, Bd. 3, Bln. 1924). – Dass., V. v. Koczian, Bln. o. J. [1924]. – Dass., ders., Hbg. 1953. – *Geschichte der Dreizehn*, E. Sander, Mchn. 1967 (GGT). – Dass., V. von Koczian, Zürich 1977 (*Die menschliche Komödie*, 40 Bde., 19). – Dass., C. Gersch (in *Die menschliche Komödie*, 20 Bde., Bln./Weimar 1976, 11).

DRAMATISIERUNG: F. Dugué u. G. Peaucellier, *Les treize* (Urauff.: Paris, 28. 12. 1867, Théâtre de la Gaîté).

VERFILMUNGEN: *La duchesse de Langeais*, Frankreich 1910 (Regie: A. Calmettes). – *The Eternal Flame*, USA 1922 (Regie: F. Lloyd; *La duchesse* ...). – *Liebe*, Deutschland 1927 (Regie P. Czinner; *La duchesse* ...). – *La duchesse de Langeais*, Frankreich 1942 (Regie: I. de Baroncelli; Dialoge: J. Giraudoux). – *La fille aux yeux d'or*, Frankreich 1961 (Regie: I. G. Albicocco).

LITERATUR: J. Giraudoux, *Le film de »La duchesse de Langeais« d'après la nouvelle de H. de B.*, Paris 1942. – F. Le Grix, *L'erreur des adaptations: »La duchesse de Langeais«* (in Hier et Demain, 1942, Nr. 1). – A. Béguin, *»La fille aux yeux d'or«* (in Fontaine, 9, 1946, 52, S. 729–738). – W. Conner, *La composition de »La fille aux yeux d'or«* (in RHLF, 56, 1956, S. 535–547). – C. Pichois, *Deux hypothèses sur »Ferragus«* (ebd., S. 569–572). – P. Gaxotte, *»Les treize« dans B.* (in FL, 21. 12. 1957). – E. Henriot, *Qui était la duchesse de Langeais?* (in Historia, 24, 1958, S. 364–366). – E. Köhler, *B. und der Realismus* (in E. K., *Esprit und arkadische Freiheit*, Ffm./Bern 1966, S. 177–197). – F. Frangi, *Sur »La duchesse de Langeais«* (in L'Année balzacienne, 1971, S. 235–252). – N. Mozet, *Les prolétaires dans »La fille aux yeux d'or«* (ebd., 1974, S. 91–119). – M. Laugaa, *L'effet »Fille aux yeux d'or«* (in Littérature, 5, Dez. 1975, S. 62–80). – E. Caramaschi, *B. »L'histoire des treize«* (in E. C., *Voltaire, Mme. de Staël, B.*, Paris 1977, S. 235–242). – *La femme au 19e siècle*, Lyon 1978. – A. Henry u. H. Olrik, *Le texte alternatif* (in RSH, 175, 1979, S. 77–97). – H. Mitterand, *Le prologue de »La fille aux yeux d'or«* (in H. M., *Le discours du roman*, Paris 1980, S. 35–46). – Ders., *Le lieu et le sens, l'espace parisien dans »Ferragus«* (ebd., S. 189–212). – F. Roy, *Représentation et focalisation, lecture de »Histoire des treize«* (in *Le roman de B.*, Hg. R. Le Huenen u. P. Perron, Montreal 1980, S. 109–115). – S. Felman, *Rereading Femininity* (in YFSt, 62, 1981, S. 19–44). – M. Agati, *Il mito di Parigi del »Ferragus« di B.* (in Francofonia, 3, 1982, S. 45–61). – A. Michel, *»La duchesse de Langeais« et le romanesque balzacien* (in *Figures féminines et roman*, Hg. J. Bessière, Paris 1982, S. 89–108). – Ch. Massol-Bedoin, *L'enigme de »Ferragus«: du roman »noir« au roman réaliste* (in L'Année balzacienne, 1987).

ILLUSIONS PERDUES

(frz.; *Verlorene Illusionen*). Roman von Honoré de BALZAC, erschienen in drei Teilen: *Les deux poètes* (1837), *Un grand homme de province à Paris* (1839), *Ève et David* (1844); innerhalb der *Comédie humaine* den *Scènes de la vie de province* zugeordnet. – Die Handlung spielt zur Zeit der Restauration unter Ludwig XVIII., in den Jahren 1821/22. Hauptfigur ist Lucien Chardon, ein ehrgeiziger junger Dichter aus dem südfranzösischen Provinzstädtchen Angoulême. Er ist mit dem Buchdrucker David Séchard befreundet, der von seinem stets betrunkenen, aber geschäftstüchtigen Vater Nicolas eine kleine, altmodisch eingerichtete Druckerei zu äußerst ungünstigen Bedingungen übernommen hat und an einer Erfindung in der Papierherstellung arbeitet. Den ersten Zutritt zur großen Welt findet Lucien im Salon der Madame Anaïs de Bargeton, in den ihn Baron Sixtus du Châtelet einführt. Um den Vorurteilen des Landadels zu begegnen, nimmt er das ehemalige Adelsprädikat seiner Mutter an und nennt sich Lucien de Rubempré. Seine – im Grunde platonische – Liebe zu Anaïs de Bargeton ist Anlaß übler Nachreden und führt zu einem Duell zwischen Anaïs' Gatten und de Chandour, der, von du Châtelet manipuliert, die Gerüchte in Umlauf gesetzt hat; Madame de Bargeton geht nach Paris. Um sie begleiten zu können, leiht sich Lucien von seinem treuen Freund David, der nach Luciens Abreise dessen Schwester Ève heiratet, tausend Francs.

Doch in Paris fühlt sich Lucien, der *»große Mann aus der Provinz«*, bald völlig einsam und bedeutungslos: Madame de Bargeton läßt den Provinzler nach kurzer Zeit fallen und wendet sich wieder dem Baron du Châtelet zu. Lucien geht das Geld aus; vergeblich bietet er einem Verleger seinen Roman »Der Bogenschütze Karls IX.« und einen Band Sonette an. Bei Bibliotheksbesuchen lernt er den Dichter Daniel d'Arthez und dessen Kreis von fortschrittlich-liberalen Intellektuellen kennen und schließt sich ihnen begeistert an. Doch als er eines Tages dem Journalisten Lousteau begegnet, der ihm Glanz und Elend der Pariser Presse schildert und ihn in seine Kreise einführt, läßt er d'Arthez fallen und wendet sich ganz der Welt des Journalismus zu: *»Diese Mischung von Hoch und Nieder, von Kompromissen, Überlegenheiten und Feigheit, von Verrat und Vergnügen, von Größe und Knechtschaft war ein Schauspiel, dem Lucien atemlos beiwohnte.«* Lucien wird vom Ehrgeiz gepackt und fühlt sich veranlaßt, *»vor so bemerkenswerten Personen seine Probe abzulegen«*; er debütiert als Feuilletonist mit der Besprechung eines Theaterabends, in dem die Schauspielerin Coralie auftritt. Lucien verliebt sich in sie und schreibt ein – im Roman vollständig wiedergegebenes – Feuilleton, das »*entzückend in eins und abscheulich*« ist (Th. W. Adorno). Als erfolgreicher und einflußreicher Journalist wird er gut bezahlt, kann sich Coralie als Geliebte halten und gerät immer tiefer in die Intrigen, Spekulationen und Eifersüchteleien des Journalismus hinein. Er erlangt Zutritt zur gehobenen Pariser Gesellschaft, wechselt – in der Hoffnung auf Fürsprache bei der legalen Rückgewinnung seines Adelsprädikats de Rubempré – zur Parteipresse der Royalisten über, macht bedenkenlos Schulden, beginnt zu spielen und sieht sich schließlich gezwungen, das erste Buch seines ehemaligen Freundes d'Arthez in einer Besprechung herunterzumachen. Coralie, die ihn trotz ihrer Leichtlebigkeit aufrichtig liebt und »*einfach und großherzig*« ist, erliegt inzwischen den Machenschaften ihrer Konkurrentinnen beim Theater und stirbt. Mit ein paar geborgten Francs macht sich der gescheiterte Lucien zu Fuß nach Hause auf. In Angoulême wird er in die von ihm durch gefälschte Wechsel mitverschuldeten Schwierigkeiten von David und Ève verwickelt. David, der noch immer mit seiner Erfindung einer billigeren Papierherstellung beschäftigt ist, hat die Druckereigeschäfte Ève überlassen, die durch die Ränke der Brüder Cointet, der Besitzer der zweiten Druckerei von Angoulême, in Zahlungsschwierigkeiten gerät. Der geizige Nicolas Séchard weigert sich, ihnen zu helfen. Als David durch eine Ungeschicklichkeit Luciens in Schuldhaft genommen wird, muß er die Rechte an seiner Erfindung verkaufen. Lucien will Selbstmord begehen, wird jedoch auf der Landstraße von dem Abbé Carlos Herrera (alias Vautrin) angesprochen, der seinen Ehrgeiz wieder anstachelt und ihm Geld zur Auslösung von David schenkt. Obwohl das Geld zu spät kommt, um den Verkauf des Papierpatents zu verhindern, können David und Ève auch ohne diese beträchtliche Einnahmequelle den Rest ihres Lebens gesichert auf einem Landgut verbringen. Luciens weiteres Leben in Paris aber wird der Gegenstand der an die *Illusions perdues* anschließenden *Splendeurs et misères des courtisanes* (1838–1847).

Der Roman, den der Autor in einer Widmung an Victor Hugo »*eine mutige Handlung und zugleich eine Geschichte voller Wahrheit*« nennt, rechtfertigt wie kaum ein zweites Werk Balzacs titanische Prophezeiung: »*Ich werde eine vollständige Gesellschaft in meinem Kopfe getragen haben.*« Die Fülle der Gestalten, die Vielzahl der zeitgeschichtlich relevanten Details sowie die Verwicklungen, Intrigen und Spekulationen rauschen am Leser vorüber »*wie das gleichzeitig aufkommende große Orchester*« (Th. W. Adorno). Inbesondere der zweite Teil des Romans ist eine glänzende Satire auf die Presse zur Zeit der Restauration, deren skrupelloses Vorgehen Balzac aus eigener Erfahrung kannte. In kommentierenden Exkursen, die mit fast spezialistenhaft genauen Angaben untermauert sind, äußert sich der Autor über die Entwicklung ganzer Industriezweige und Gesellschaftsschichten. Dabei verliert er jedoch nie den Faden der Haupthandlung aus dem Auge, deren Peripetien mit der Gewalt eines Theatercoups abrollen. Neben dem Glanz des Pariser Lebens und der leidenschaftlichen Liebe Coralies und Luciens stehen die Enge der Provinz und die treue Verbundenheit von David und Ève. Besonders mit der Gestalt des alten Nicolas Séchard gelang dem psychologischen Ingenium Balzacs eine pralle, höchst eigenwillige Figur, und Lucien de Rubempré hat ein solches Eigenleben gewonnen, daß Balzac ihn in *Splendeurs et misères des courtisanes* wieder auftreten und erst dort sein Ende finden läßt. Der Roman, einer der bedeutendsten des französischen Realismus, gehört zu den Werken, die nach einem Wort Walter Benjamins »*wie ein nahrhaftes Gericht ... dazu da sind, verschlungen zu werden*«. J.Dr.-KLL

Ausgaben: Paris 1837 (*Les deux poètes* u. d. T. *Illusions perdues*, in *Scènes de la vie de province*, Bd. 4). – Paris 1839 (*Un grand homme de province à Paris*, 2 Bde.). – Paris 1843 (*David Séchard ou Les souffrances d'un inventeur*, in L'État, 9. 6.–19. 6.; 14. 7.–14. 8.). – Paris 1843 (*Illusions perdues*, in *La comédie humaine*, 17 Bde., 1842–1848, 8). – Paris 1844 (*Ève et David*, 2 Bde.). – Paris 1913 (in *Œuvres complètes*, Hg. M. Bouteron u. H. Longnon, 40 Bde., 1912–1940, 11/12: *Études de mœurs. Scènes de la vie de province IV/V*). – Paris 1962 (in *L'œuvre*, Hg. A. Béguin, J. A. Ducourneau u. H. Evans, 16 Bde., 1962–1964, 4). – Paris 1966 (GF). – Paris 1967, Hg. A. Adam (krit.; Class. Garn.). – Paris 1968–1971 (in *Œuvres complètes*, Hg. M. Bardèche, 24 Bde., 7). – Paris 1972 (Folio). – Paris 1977 (in *La comédie humaine*, Hg. P.-G. Castex, 12 Bde., 1976–1981, 5; Pléiade). – Paris 1983 (Poche).

Übersetzungen: *David Séchard*, anon. (in *SW*, Bd. 49/50, Quedlinburg/Lpzg. 1845). – *Entschwundene Täuschungen*, anon. (in *SW*, Bd. 74, Quedlinburg/Lpzg. 1846). – *Verlorene Illusionen*, F. P. Greve (in *Menschliche Komödie*, Bd. 4/5, Lpzg. 1909). – Dass., H. Lachmann, Lpzg. 1920. – Dass., O. Flake, Bln. 1924. – Dass., ders., Hbg. 1960. – Dass., H. Lachmann [bearb. E. Sander], Mchn. 1965 (GGT); ern. 1986 (Goldm. Tb). – Dass., U. Wolf, Mchn. 1976 (dtv); ern. Mchn. 1981 (in *GW*, 6 Bde., 2). – Dass., O. Flake, Zürich 1977 (*Die menschliche Komödie*, 40 Bde., 18). – Dass., ders., Zürich 1987 (detebe).

Literatur: B. Guyon, »*Illusions perdues*« (in Inf. litt., Jan./Febr. 1954). – M. Reboussin, *B. et la presse dans les* »*Illusions perdues*« (in FR, 32, 1958/59, S. 130–137). – G. Picon, »*Les illusions perdues*« *ou L'espérance retrouvée* (in Mercure, 332, 1958, S. 60–75). – S. Jean-Bérard, *La genèse d'»Illusions perdues*«, Paris 1959. – Th. W. Adorno, *Rede über ein imaginäres Feuilleton* (in Th. W. A., *Noten zur Literatur III*, Ffm. 1965, S. 46–56; BS). – E. Köhler, *B. und der Realismus* (in E. K., *Esprit und arkadische Freiheit*, Ffm./Bern 1966, S. 177–197). –

B. N. Schilling, *The Hero as Failure*, Chicago/Ldn. 1968. – G. Holoch, *A Reading of »Illusions perdues«* (in RomR, 69, 1978, S. 307–321). – A.-M. Meininger, *»Illusions perdues« et faits retrouvés* (in L'Année balzacienne, 1979, S. 47–75). – J. Neefs, *»Illusions perdues«* (in *Le roman de B.*, Hg. R. Le Huenen u. P. Perron, Montreal 1980, S. 119–130). – A. R. Pugh, *Unité et création dans »Illusions perdues«* (ebd., S. 99–107). – D. Adamson, *»Illusions perdues«*, Ldn. 1981. – L. R. Schehr, *Foll's Gold* (in Symposium, 36, 1982, S. 142–165). – L. Lévy-Delpla, *»Illusions perdues«, analyse critique*, Paris 1983. – A. Kleinert, *Die reale Entsprechung des »petit journal« in B.s »Illusions perdues«* (in Lendemains, 11, 1986, S. 70–90).

L'ILLUSTRE GAUDISSART

(frz.; *Der berühmte Gaudissart*). Erzählung von Honoré de BALZAC, erschienen 1833 im zweiten Band der *Scènes de la vie de province*; 1843 in die *Comédie humaine* aufgenommen. – In Félix Gaudissart zeichnet Balzac den unsterblichen Typ des selbstvertrauenden, liebenswürdig-geschmeidigen Handelsreisenden, der nichts unverkauft läßt. Sein Name, vom lateinischen *gaudere*, mit der jovialen Endung auf *-art* ist schon ein Omen, zu dem sich das wohlverdiente *illustre* als ruhmreiche Ergänzung gesellt.
Zu Beginn der Erzählung wird er als Prototyp einer Epoche großer Umwälzungen zwischen *»Zeiten geistiger Auswertung«* und *»Zeiten materieller Auswertung«* vorgestellt; es folgt ein minuziöses Porträt seiner äußeren Erscheinung, seiner Gewohnheiten und Begabungen. Er versteht es nicht nur, *»seine Wirbelsäule mit soviel Grazie zu falten, daß sie wie aus Gummi«* scheint, sondern kann auch *»mit der Beredsamkeit eines Warmwasserhahnes, den man nach Belieben dreht, gleichermaßen ohne Irrtum seine präparierte Kollektion von Phrasen, die unaufhörlich rinnen und auf das Opfer wie eine moralische Dusche wirken, unterbrechen und wiederaufnehmen«*. Nach einer einleitenden witzig-skeptischen Zeitkritik und düsteren Prophezeiungen für eine der Materie huldigende Zukunft schickt Balzac seinen Helden zu einem Abenteuer aus, das dessen professionelle Eigenliebe empfindlich verletzt und als Farce aus der Touraine sogar RABELAIS Ehre eintragen würde. Auf der Jagd nach Abonnenten für den saint-simonistischen »Globe«, die republikanische Zeitung »Mouvements« und sogar für eine Kinderzeitschrift und Lebensversicherungen gerät er in Vouvray in der Touraine an Monsieur Vernier persönlich, den angesehensten Mann, aber auch den berüchtigsten Schalk des Ortes. Dieser schickt ihn zu Margaritis, einem Verrückten, vor dem Gaudissart die ganze Kunst seiner vielseitigen Beredsamkeit entfaltet, dem er zwei Fässer Wein abkauft, die dieser gar nicht besitzt, und von dem er dann ohne Abonnement, aber hochbefriedigt von dannen zieht. Nachdem er von seinem Wirt die Wahrheit erfahren hat, fordert er *»kochend vor Zorn«* Vernier zum Duell. Eine groteske Schießerei mit langen Sattelpistolen, bei der nur eine Kuh in Lebensgefahr gerät, beendet Gaudissarts unrühmliches Abenteuer.
»In einer Nacht improvisiert«, ist *L'illustre Gaudissart* eine der gelungensten und amüsantesten Erzählungen Balzacs geworden. Selber auf der Seite der glücklichen Spötter, zieht der Autor eine Fülle komischer Effekte aus dem Gegensatz zwischen der konservativen Skepsis und gutgelaunten Schalkhaftigkeit der Tourainebewohner und der eitlen Geschäftigkeit des fortschrittsgläubigen Schwätzers Gaudissart. Dieser ist auch nach seiner schweren Niederlage von seiner Unschlagbarkeit ebenso fest überzeugt wie zuvor: *»Noch hat kein Mensch Gaudissart, den berühmten Gaudissart, übervorteilt. Ja, noch nie hat mich ein Mensch einschüchtern können, in welcher Branche es auch sei, politisch oder unpolitisch, hier oder irgendwo anders.«* I.P.

AUSGABEN: Paris 1833 (in *Scènes de la vie de province*, Bd. 2). – Paris 1843 (in *La comédie humaine*, 17 Bde., 1842–1848, 6). – Paris 1913 (in *Œuvres complètes*, Hg. M. Bouteron u. H. Longnon, 40 Bde., 1912–1940, 10: *Études de mœurs. Scènes de la vie de Province III*). – Paris 1963 (in *L'œuvre*, Hg. A. Béguin, J. A. Ducourneau u. H. Evans, 16 Bde., 1962–1964, 8). – Paris 1968 (GF). – Paris 1968–1971 (in *Œuvres complètes*, Hg. M. Bardèche, 24 Bde., 6). – Paris 1970, Hg. B. Guyon (Class. Garn.). – Paris 1976 (in *La comédie humaine*, Hg. P.-G. Castex, 12 Bde., 1976–1981, 4; Pléiade).

ÜBERSETZUNGEN: *Der berühmte Gaudissart*, anon. (in *SW*, Bd. 77, Quedlinburg/Lpzg. 1846). – Dass., E. v. Hollander, Bln. 1924. – Dass., ders. (in *Heimliche Könige*, Hbg. 1957). – Dass., B. Wildenhahn u. A. Wagenknecht (in *Die menschliche Komödie*, 20 Bde., Bln./Weimar 1965, 7). – Dass., E. Sander, Mchn. 1966 (GGT). – Dass., E. v. Hollander (in *Das Bankhaus Nucingen*, Zürich 1977; *Die menschliche Komödie*, 40 Bde., 21).

LITERATUR: J. Rousset, *Les rois silencieux. Notes sur le pouvoir occulte chez B.* (in Trivium, 9, 1951, S. 92–102). – B. Guyon, *Pages retrouvées de »L'illustre Gaudissart«* (in L'Année balzacienne, 1960, S. 65–72). – A. Prioult, *Du »Mémorial catholique« à »L'illustre Gaudissart«* (ebd., 1975, S. 263–278). – S. Felman, *La folie et la chose littéraire*, Paris 1978, S. 121–155.

LOUIS LAMBERT

(frz.; *Louis Lambert*). Roman von Honoré de BALZAC; eine erste Fassung erschien im Juli 1832 ohne große Resonanz als Teil der *Nouveaux contes philosophiques*. Die überarbeitete Fassung von 1833 enthält analog zur *Théorie de la volonté* in *La peau de chagrin*, 1831, den *Traité de la volonté*. Bis 1835 kamen ein Brief und die *Pensées* des Romanhelden

Lambert hinzu, die dem Werk einen verstärkten mystisch-magischen Sinn geben. Auf die abermals erweiterten Editionen von 1836–1842 folgte 1846 die Aufnahme in Band 16 der *Comédie humaine* unter den *Études philosophiques*.

Der Erzähler ist offensichtlich Balzac selbst. Lambert, ein von Mme de Staël geförderter Mitschüler am Collège de Vendôme, verkörpert des Autors eigene Angst, seine Lebenskraft könne seinem Genius nicht gewachsen sein. *»La pensée tuant le penseur«* (*»Der Gedanke, der den Denker tötet«*) – die Urfeindschaft zwischen Denken und Leben, zwischen Intellekt und Vitalität, ist ein Problem, das Balzac zeitlebens beschäftigt hat. Der *Traité de la volonté* – ein Werk Lamberts – baut nicht auf der geistig-physischen Doppelnatur des Menschen auf, sondern proklamiert, an MESMERS Theorien orientiert, einen Dualismus zwischen den Phänomenen Wille und Denken und spricht ihnen mit weitschweifiger Beredsamkeit den Charakter von *»ätherischen Substanzen«*, *»Fluiden«* zu, die, elektrischen Strömungen, Licht- oder Wärmewellen ähnlich, vom Gehirn ausstrahlen. Denken findet Ausdruck in Ideen, die die innere Tätigkeit des Menschen ausmachen; Wille führt zu konkreten Taten und bezieht sich auf die Außenwelt. Es wird unterschieden zwischen dem inneren Menschen (*»être actionnel«*) und dem äußeren Menschen (*»être réactionnel«*). Das *être actionnel* ist dem an die Gesetze des Lebens und der Außenwelt gebundenen *être réactionnel* überlegen und vermag, durch den Willen in die Außenwelt projiziert, übernatürliche Erscheinungen sichtbar zu machen. Auf diese Weise erklärt der Verfasser des *Traité* »wissenschaftlich« und »logisch«, doch nicht ohne lyrische Töne, mit verblüffendem und absurdem Absolutheitsanspruch okkultistische Fähigkeiten wie das zweite Gesicht und wird nicht müde, immer neue Beispiele dafür anzuführen.

Louis Lambert, überwiegend *être actionnel*, leidenschaftlicher Denker, der nur *»aus seinem Inneren«* lebt, handelt, sieht und empfindet – nach moderner Terminologie das Exempel eines introvertierten Menschen –, ist vom Standpunkt des *être réactionnel* zum Scheitern verurteilt. Schon der frühreife, hochintelligente, mit hervorragendem Gedächtnis und lebhafter Phantasie begabte Schüler bleibt von seinen Kameraden unverstanden und verachtet. Später vertieft er sich in die Schriften SWEDENBORGS und gibt sich mystischen Meditationen über Welt und Leben hin. Als er sich in Pauline de Villenoix, eine reiche junge Jüdin, verliebt, ist sein geistiges Gleichgewicht bereits gestört, und die Intensität seiner Leidenschaft vollendet das Werk der Auflösung: Am Vorabend seiner Hochzeit hat er für immer einen tranceartigen Zustand von höherem Wahnsinn erreicht, den seine Frau für eine Art Engelsexistenz ununterbrochener Meditation in schönster innerer Klarheit hält.

In Balzacs Suche nach einer philosophischen Weltschau ist während der Jahre 1831–1835 das Interesse am Mystizismus auffallend. *Louis Lambert* ist Ausdruck der zeitgenössischen Suche nach einer Religion, die an die Stelle des Christentums treten und Antworten auf Fragen des von Zweifeln gequälten Individuums bieten könnte. I.P.-KLL

AUSGABEN: Paris 1832 (*Notice biographique de Louis Lambert*, in *Nouveaux contes philosophiques*, Bd. 4). – Paris 1833 (*Histoire intellectuelle de Louis Lambert*; zus. m. *Traité de la volonté*). – Paris 1835 (*Louis Lambert*, in *Livre mystique*, 2 Bde.; enth. *La lettre à l'oncle* u. *Pensées*). – Paris 1842. – Paris 1846 (in *La comédie humaine*, 17 Bde., 1842–1848, 16: *Études philosphiques et études analytiques*). – Paris 1936 (in *Œuvres complètes*, Hg. M. Bouteron u. H. Longnon, 40 Bde., 1912–1940, 10/2: *Études philosphiques*). – Paris 1954, Hg. M. Bouteron u. J. Pommier [krit.]. – Paris 1962 (in *L'œuvre*, Hg. A. Béguin, J. A. Ducourneau u. H. Evans, 16 Bde., 1962–1964, 1). – Paris 1968–1971 (in *Œuvres complètes*, Hg. M. Bardèche, 24 Bde., 16). – Paris 1979 (Folio). – Paris 1980 (in *La comédie humaine*, Hg. P.-G. Castex, 12 Bde., 1976–1981, 11; Pléiade).

ÜBERSETZUNGEN: *Louis Lambert*, anon. (in *SW*, Bd. 64, Quedlinburg/Lpzg. 1845). – Dass., G. Etzel (in *Menschliche Komödie*, Lpzg. 1910). – Dass., E. Hirschberg (in *Buch der Mystik*, Bln. 1924). – Dass., dies. (in *Buch der Mystik*, Hbg. 1954). – Dass., G. Goyert (in *Buch der Mystik*, Mchn. 1958; ern. 1969; GGT). – Dass., E. Hirschberg (in *Buch der Mystik*, Zürich 1977; *Die menschliche Komödie*, 40 Bde., 36).

LITERATUR: H. Evans, *La pathologie de »Louis Lambert« – B., aliéniste* (in RHLF, 50, 1950, S. 247–255). – Ders., *»Louis Lambert« et la philosophie de B.*, Paris 1951. – C. Benson, *Yeats and B.'s »Louis Lambert«* (in MPh, Mai 1952, S. 242–247). – M. le Yaouanc, *Autour de »Louis Lambert«* (in RHLF, 56, 1956, S. 516–534). – J. Pommier, *Autour de la première édition de »Louis Lambert«* (in Études balzaciennes, N. S. 1959/60, S. 301–315). – Ders., *Deux moments dans la genèse de »Louis Lambert«* (in L'Année balzacienne, 1960, S. 87–107). – M. Lichtlé, *L'aventure de »Louis Lambert«* (ebd., 1971, S. 127–162). – J. Brigaud, *»Louis Lambert« et »André Walter«* (in RLMod, 374–379, 1973, S. 161–185). – P. W. Lock, *Origins, Desire and Writing. B.'s »Louis Lambert«* (in SFR, 1, 1977, S. 289–311). – B. L. Knapp, *B., »Louis Lambert«* (in B. L. K., *Dream and Image*, Troy/NY 1977, S. 183–201). – A. C. Holmber, *»Louis Lambert« and Maximiliano Rubin* (in HR, 46, 1978, S. 119–136). – M. Young, *Beginnings, Endings, and Textual Identities in B.'s »Louis Lambert«* (in RomR, 77, 1986, S. 343–358).

LE LYS DANS LA VALLÉE

(frz.; *Die Lilie im Tal*). Roman von Honoré de BALZAC, 1835 in Auszügen in der ›Revue de Paris‹, vollständig 1836 erschienen; geschrieben als eine der *Scènes de la vie de province*, endgültig aber auf Balzacs eigenen Wunsch den *Scènes de la vie de cam-*

pagne zugeordnet. – Nachweisbare Quelle ist SAINTE-BEUVES Roman *Volupté* (1834), den Balzac als »*schlecht geschrieben, schwach, fade, weitschweifig*« bezeichnet. Die *Lilie* verdankt ihre Entstehung daher hauptsächlich dem ehrgeizigen Anspruch des gekränkten Autors, jenes Werk Sainte-Beuves – der soeben Balzacs *Recherche de l'absolu*, 1834, kritisiert hatte – neu erstehen zu lassen. Darüber hinaus wollte er dem Vorwurf begegnen, er habe in seinen Romanen nur skrupellose Frauen dargestellt.

Félix de Vandenesse schreibt auf Wunsch der von ihm umworbenen Comtesse de Manerville ein Liebesabenteuer nieder, das in seiner Seele »*unauslöschliche Erinnerungen*« hinterlassen hat. – Nach einer einsamen Kindheit verliebt sich der Zwanzigjährige in die sanfte Madame de Mortsauf (die »Lilie im Tal«), die, wie beide voll gegenseitigen Mitgefühls feststellen, eine ebenso traurige Jugend verlebt hat. Für eine einzigartige, große Liebe scheint sie um so eher prädestiniert, als sie unverstanden und unerfüllt eine wenig glückliche Ehe mit dem royalistischen Grafen Mortsauf führt. Doch religiöse Überzeugung und eheliches Pflichtbewußtsein setzen der Seelenfreundschaft mit Félix die Grenzen der konventionellen Moral. Vandenesse, den seine beginnende politische Karriere häufig nach Paris ruft, entfremdet sich der Freundin mit der Zeit mehr und mehr. Als Madame de Mortsauf von seiner Liaison mit der mondänen Engländerin Arabelle Dudley erfährt, wird ihr plötzlich das Ausmaß ihrer unerfüllten Leidenschaft bewußt. Die Beteuerung, auf ewig sei nur sie die reine Geliebte seiner Seele, rettet sie nicht mehr: Sie geht an dem Konflikt zwischen ihrer Eifersucht und der Versuchung, sich dem Geliebten hinzugeben, zugrunde. In einem Abschiedsbrief klärt sie den Erschütterten über die geheimen Kämpfe auf, die ihre anspruchslose Zärtlichkeit verbarg. – Nach dieser Beichte weist die Comtesse de Manerville in einer klugen, ironischen Antwort die Liebe eines Mannes zurück, der so stark vom Andenken an eine Tote gezeichnet ist.

Eine wenig enthusiastische Kritik empfing diesen Roman über den vollkommensten aller Balzacschen Engel in Frauengestalt. Unter den zahlreichen Metaphern der Reinheit dominieren Hinweise auf Madame de Mortsaufs Kindlichkeit: »*Sie ist rein wie ein Kind ... von naiver, kindlicher Unwissenheit*«; im Gefühl der Mütterlichkeit glaubt sie diese seelische Reinheit mit ihrer Liebe versöhnen zu können. In einem Brief an Madame Hanska sagt Balzac – auch hier auf der »Suche nach dem Absoluten« – über das moralische Grundthema des Romans: »*Der Kampf der Materie und des Geistes ist das Wesen des Christentums.*« Madame de Mortsauf ist es, die er diesen Kampf ausfechten läßt. In ihrem Hang zu mystischer Religiosität (mit starken Anklängen an *Séraphîta*) versucht sie auch die Liebe zu einem von aller Sinnlichkeit freien, unirdischen Gefühl zu läutern. Echte künstlerische Spannung aber erwächst nicht aus dem Sieg der reinen Engelsliebe, sondern aus der moralischen Verstrickung des Mannes. Der zweite Teil des Romans, »*der den jungen Menschen in seinem Kampf mit der alten seraphischen Bindung und in seinem Verfallensein an die große Kokotte Lady Dudley zeigt*, ist mit der Balzacschen Klaue geschrieben, die um so kräftiger zupackt, je bösartiger das Geschehen ist, das sie bändigen muß. *Hier erst wächst der Roman zu seiner Größe, und seine Dämonie nimmt in dem Maße zu, wie der junge Mensch im Kampf zwischen den beiden Frauen aufgerieben wird*« (H. Friedrich).

Präzis bis ins Detail an die Zeitereignisse – die Hundert Tage etwa spielen eine Rolle – und bestimmte Schauplätze gebunden, ist die *Le lys dans la vallée* ein signifikanter Roman der *Comédie humaine*. Die Gestalten entstammen dem hohen legitimistischen Provinzadel; die Zeit der Handlung ist zwischen 1814 und 1820 fixiert. Alltägliche Ereignisse – Geldsorgen, wirtschaftliche Spekulationen, Krankheitsdiagnosen – nehmen einen wesentlichen Platz ein. Das Indretal in der Touraine mit seinen Hügeln und Wassern, seiner verschwenderischen Natur und seinem milden Klima, bildet den pastoralen Rahmen. Mit dem Hinweis auf einige Gestalten aus anderen Werken fügt sich *Le lys dans la vallée* in das Gesamtbild der *Comédie humaine* ein. Félix de Vandenesse, zum erfolgreichen Mann herangereift, wird in einem späteren Roman – *Une fille d'Ève* 1839 – wieder eine Rolle spielen. I.P.

AUSGABEN: Paris 1835 (in Revue de Paris; Ausz.). – Paris 1836, 2 Bde. – Paris 1839 [m. Vorw.]. – Paris 1844 (in *La comédie humaine*, 17 Bde., 1842–1848, 7: *Scènes de la vie de province*. Tl. 3: *Les rivalités*). – Paris 1936 (in *Œuvres complètes*, Hg. M. Bouteron u. H. Longnon, 40 Bde., 1912–1940, 8: *Scènes de la vie de campagne*). – Paris 1953 [Einl. M.-J. Durry: Anm. R. Lemaire; krit.]. – Paris 1955. – Paris 1962 (in *L'œuvre*, Hg. A. Béguin, J. A. Ducourneau u. H. Evans, 16 Bde., 1962–1964, 1). – Paris 1966, Hg. M. Le Yaouanc (Class. Garn.). – Paris 1968–1971 (in *Œuvres complètes*, Hg. M. Bardèche, 24 Bde., 5). – Paris 1972 (Folio). – Paris 1978 (in *La comédie humaine*, Hg. P.-G. Castex, 12 Bde., 1976–1981, 9; Pléiade). – Paris 1984 (GF).

ÜBERSETZUNGEN: *Die Lilie im Thale*, anon. (in SW, Bd. 53/54, Quedlinburg/Lpzg. 1845). – *Die Lilie im Tal*, F. P. Greve (in *Menschliche Komödie*, Bd. 10, Lpzg., 1910). – Dass., Ch. Braun-Wogau, Bln. 1924. – Dass., dies., Hbg. 1960. – Dass., R. Schickele, Lpzg. 1965; ern. Lpzg./Weimar 1982. – Dass., E. Sander, Mchn. 1968 (GGT); ern. 1986 (Goldm. Tb). – Dass., T. Fein, Zürich 1977 [Ill.]. – Dass., Ch. Braun-Wogau, Zürich 1977 (*Die menschliche Komödie*, 40 Bde., 34).

LITERATUR: J. Haas, *Um B.s »Lilie im Tal«*, Tübingen 1924. – J. Borel, »*Le lys dans la vallée« et les sources profondes de la création balzacienne*, Paris 1961. – M. Le Yaouanc, *De la Gervaisais au »Lys dans la vallée«. Deux princesses de Bourbon-Condé inspiratrices de B.* (in Annales de Bretagne, 69, 1962,

S. 203–232). – L. Bersani, *The Taming of Tigers* (in L. B., *B. to Beckett*, NY/Oxford 1970, S. 24–90). – G. Jaques, »*Le lys dans la vallée*« (in LR, 25, 1971, S. 358–389; 26, S. 3–43). – H. Guillemin, »*Le lys dans la vallée*« (in H. G., *Précisions*, Paris 1973, S. 165–187). – P. Brooks, *Virtue-Tripping* (in YFSt, 50, 1974, S. 150–162). – H. Weinmann, *Bachelard et l'analyse du roman* (in RSH, 40, 1975, S. 121–141). – A. Lascar, *Une lecture du »Lys dans la vallée«* (in L'Année balzacienne, 1977, S. 29–49). – G. Lachet, *Thématique et technique du »Lys dans la vallée« de B.*, Paris 1978. – L. Frappier-Mazur, *Le régime de l'aveu dans »Le lys dans la vallée«* (in RSH, 175, 1979, S. 7–16). – G. Mathieu-Castellani, *La 26e nouvelle de »L'Heptaméron« et »Le lys dans la vallée«* (in L'Année balzacienne, 1981, S. 285–296). – A. Lorant, *Pulsions oedipiennes dans »Le lys dans la vallée«* (ebd., 1982, S. 247–256). – M. Riffaterre, *Production du roman* (in Texte, 2, 1983, S. 23–33). – A. Goldmann, »*Le lys dans la vallée*« (in A. G., *Rêves d'amour perdus*, Paris 1984, S. 79–89). – D. Y. Kadish, »*Alissa dans la vallée*« (in FF, 10, 1985, S. 67–83). – M. Le Yaouanc, *En relisant »Le lys dans la vallée«* (in L'Année balzacienne, 1987, S. 227–253).

LA MAISON DU CHAT-QUI-PELOTE

(frz.; *Das Haus »Zur ballspielenden Katze«*). Erzählung von Honoré de BALZAC, erschienen 1830 unter dem ursprünglichen Titel *Gloire et malheur, La Maison du chat-qui-pelote* im zweiten Band der *Scènes de la vie privée*, 1842 in die *Comédie humaine* aufgenommen. – Diese frühe Erzählung beschreibt die mißglückte Ehe eines ungleichen Paares: Die in einfachen Verhältnissen aufgewachsene hübsche Kaufmannstochter Augustine Guillaume liebt und heiratet gegen den Willen ihrer Eltern den erfolgreichen jungen Maler Théodore de Sommervieux und erfährt durch diesen Aufstieg in eine ihr fremde Welt, deren mondäner Atmosphäre sie sich nicht anzupassen vermag, »Ruhm« und »Elend«. Der an einen großzügigen, freien Lebensstil gewöhnte Maler läßt seine Frau schon bald nach der Hochzeit deutlich spüren, daß er seine Wahl bedauert. So wird die Ehe für Augustine zu einer ununterbrochenen Folge von Enttäuschungen. Ein dramatischer Höhepunkt der Erzählung ist die Begegnung der allzu bürgerlichen, unerfahrenen und tiefunglücklichen Frau mit ihrer skeptischen, überlegenen Rivalin, der Herzogin von Carigliano, an deren Edelmut sie vergeblich appelliert. Die Herzogin behandelt sie mit mitleidiger Verachtung und belehrt sie sarkastisch, einen sich gleichgültig gebenden Ehemann halte man nicht durch beständige Liebe, sondern nur durch List und Heuchelei. Augustine ist solchen Demütigungen nicht gewachsen und stirbt nach einigen Jahren in Verzweiflung. Die beiden Hauptpersonen werden durch ausführliche Schilderung ihres gegensätzlichen sozialen Milieus eingeführt: auf der einen Seite die Aufgeschlossenheit des leichtlebigen Künstlers und Weltmanns, den Balzac der Gegenwart und der zerstörerischen Sphäre der Leidenschaft zuordnet, auf der anderen den engstirnige Händlergeist von Augustines Eltern, die die Vergangenheit, soziale Immobilität und Tradition verkörpern (»*Ist es eigentlich sehr amüsant, ein Bild zu sehen von Dingen, denen man jeden Tag auf der Straße begegnet?*«).
Die Erzählung, deren Titel auf das Firmenschild eines alten Pariser Handelshauses anspielt, eröffnet die *Comédie humaine* und ist in ihrem Aufbau beispielhaft für Balzacs Novellenstruktur, die minuziöse Beschreibung der Atmosphäre im Hause der Guillaumes in ihrer Realistik den großen Romanen aus der mittleren Schaffensperiode Balzacs ebenbürtig. I.P.-KLL

AUSGABEN: Paris 1830 (in *Scènes de la vie privée*, 2 Bde., 2). – Paris 1842 (*La maison du chat-qui-pelote*, in *La comédie humaine*, 17 Bde., 1842–1848, 1: *Scènes de la vie privée I*). – Paris 1912 (in *Œuvres complètes*, Hg. M. Bouteron u. H. Longnon, 40 Bde., 1912–1940, 1: *Études de mœurs: Scènes de la vie privée I*). – Paris 1959 (*La maison du chat qui pelote*, Hg. P.-G. Castex; Class. Garn.). – Paris 1962 (in *L'œuvre*, Hg. A. Béguin, H. Evans u. J. A. Ducourneau, 16 Bde., 1962–1964, 1). – Paris 1968–1971 (in *Œuvres complètes*, Hg. M. Bardèche, 24 Bde., 1). – Paris 1976 (in *La comédie humaine*, Hg. P.-G. Castex, 12 Bde., 1976–1981, 1; Pléiade). – Paris 1983 (Folio). – Paris 1985 (GF).

ÜBERSETZUNGEN: *Ruhm u. Elend*, anon. (in *SW*, Bd. 76, Quedlinburg 1845). – *Das Haus zur Ballspielenden Katze*, H. Meerholz [d. i. H. Denhardt], Lpzg. 1884. – *Das Haus zur ballspielenden Katze*, O. Flake (in *Pariser Novellen*, Bln. 1923; ern. Zürich 1977; *Die menschliche Komödie*, 40 Bde., 1). – Dass., E. Sander, Mchn. 1965. – Dass., T. Schücker u. T. Bergner, Bln./Weimar 1986.

LITERATUR: J. Haas, *H. de B.s »Scènes de la vie privée« von 1830*, Halle 1912. – J. Adhémar, *B. et la peinture* (in RSH, 1953, S. 149–162). – O. Bonard, *La peinture dans la création balzacienne*, Genf 1969. – W.-D. Stempel, *L'homme est lié à tout. Bemerkungen zur Beschreibung bei B. anhand von »La maison du Chat-qui-pelote«* (in *H. de B.*, Hg. H. U. Gumbrecht u. a., Mchn. 1980, S. 309–337). – P. Perron, *Système du portrait et topologie actantielle dans »La maison du Chat-qui-pelote«* (in *Le roman de B.*, Hg. R. Le Huenen u. ders., Montreal 1980, S. 29–40).

LA MAISON NUCINGEN

(frz.; *Das Haus Nucingen*). Erzählung von Honoré de BALZAC, erschienen 1838 (mit *La femme supérieure* und *La Torpille*); innerhalb der *Comédie humaine* den *Scènes de la vie parisienne* zugeordnet. – Das der Freundin Zulma Carraud gewidmete Werk, eine Dialogerzählung mit äußerst knapper Rahmenhandlung, bietet ein aspektreiches Zeitbild aus der Welt der Hochfinanz und des neureichen Großbürgertums. Als satirisches Pendant zu dem gleichzeitig entstandenen Kaufmannsroman *Histoire de la grandeur et de la décadence de César Birotteau* (1838) sollte es die »*Kehrseite der selben Münze*« darstellen. Dem tragischen Untergang des »Märtyrers der kaufmännischen Redlichkeit« wird der skandalöse, mit höchst anrüchigen Geschäftspraktiken verbundene Aufstieg des elsässisch-jüdischen Bankiers Nucingen, der deutlich die Züge Rothschilds trägt, gegenübergestellt.

Nucingen versteht es, gerade im richtigen Augenblick einen Bankrott vorzutäuschen. Damit zwingt er, ein »Elefant des Finanzwesens«, seine Gläubiger – nicht immer zu ihrem Schaden – zur Übernahme wertloser Aktienpakete. Mit solchen »Liquidationen à la Nucingen« vermehrt er nicht nur sein durch eine glückliche Spekulation auf die Schlacht von Waterloo erworbenes Kapital, sondern gewinnt auch das uneingeschränkte Vertrauen der Geschäftswelt, bei der er bald den Ruf eines »sehr ehrenhaften Mannes« genießt. Stillschweigend geduldeter Liebhaber von Nucingens Gattin Delphine, einer geborenen Goriot, und mitverantwortlicher Eingeweihter in die Finanzoperationen des Hauses ist der temperamentvolle Lebemann und ehrgeizige Karrierist Eugène de Rastignac (vgl. *Père Goriot*). Eines ihrer Opfer, der in eine Liebesaffäre mit einer Tänzerin verstrickte Dandy Godefroid de Beaudenord, wird von den beiden skrupellos um sein Vermögen geprellt und zuletzt mit einer Stelle im Finanzministerium bedacht. – Diese nicht immer ganz durchsichtigen und für den Laien schwer verständlichen Vorgänge werden im Verlauf einer angeregten Nachtisch-Unterhaltung zwischen vier Männern enthüllt, die der Erzähler durch die dünne Trennwand im Speisesaal eines Pariser Restaurants belauscht: Es handelt sich um den Emporkömmling und Zeitungsverleger Finot, den gerissenen Redakteur Blondet, den Spekulanten Couture und den bissigen, »misanthropischen Spaßmacher« Bixiou. Sein satirisches Talent prädestiniert ihn zum maliziösen Wortführer der Gruppe, und als scharfer Beobachter weiß er über die Intrigen und Affären der großen Gesellschaft bestens Bescheid.

Witzig, sarkastisch und frivol kommentieren und repräsentieren diese »*geistreichen Condottieri des modernen Industriezeitalters*« die allgemeine, von fieberhafter Gewinnsucht geprägte Korruptheit der Epoche. Es ist Ausdruck bitterster Ironie, wenn gerade von dieser Tischrunde der Unterschied hervorgehoben wird, der im Urteil der Gesellschaft zwischen den kleinen Betrügereien und den großen Gaunerstücken gemacht wird. »*Die Gesetze sind Spinnennetze, durch die die dicken Fliegen hindurchfliegen und in denen die kleinen hängenbleiben*«, stellt Blondet resignierend und befriedigt zugleich fest. – Balzac gibt mit dem kurzen Werk eine bewußt einseitige Skizze der fortschreitenden Demoralisierung des Geschäftsgeistes, die er als Folge des in der Restaurationszeit und im *juste milieu* jäh einsetzenden Kapitalismus begreift. Die feuilletonistische Form des Romans ermöglicht, jenseits der Darstellung von Individualschicksalen, die Gestaltung eines Zeitbildes, zu dem Nucingen und Rastignac – als negative Beispiele absichtlich blaß gehalten – die typischen Silhouetten abgeben. R.M.

AUSGABEN: Paris 1838 (zus. m. *La femme supérieure* und *La Torpille*, Hg. Werdet, 2 Bde.). – Paris 1844 (in *La comédie humaine*, 17 Bde., 1842–1848, 11: *Scènes de la vie parisienne*). – Paris 1935 (in *Œuvres complètes*, Hg. M. Bouteron u. H. Longnon, 40 Bde., 1912–1940; 5: *Scènes de la vie parisienne*). – Paris 1963 (in *L'œuvre*, Hg. A. Béguin, J. A. Ducourneau u. H. Evans, 16 Bde., 1962–1964, 6; krit.). – Paris 1968–1971 (in *Œuvres complètes*, Hg. M. Bardèche, 24 Bde., 8). – Paris 1977 (in *La comédie humaine*, Hg. P.-G. Castex, 12 Bde., 1976–1981, 6; Pléiade).

ÜBERSETZUNGEN: *Das Haus Nucingen*, anon. (in *SW*, Bd. 68, Quedlinburg/Lpzg. 1845). – Dass., F. P. Greve (in *Die Menschliche Komödie*, Bd. 8, Lpzg. 1909). – Dass., E. v. Hollander (in *Heimliche Könige*, Hbg. 1957). – Dass., E. Sander, Mchn. 1967 (GGT). – *Das Bankhaus Nucingen*, E. von Hollander, Zürich 1977 (*Die menschliche Komödie*, 40 Bde., 21). – *Das Haus Nucingen*, T. Schücker (in *Die menschliche Komödie*, 20 Bde., Bln./Weimar 1982; ²1985, 12).

LITERATUR: Ch.-A. Sainte-Beuve, *Premiers lundis*, Bd. 2, Paris 1874/75, S. 360–367. – G. Pradalié, *B., historien: la société de la Restauration*, Paris 1955. – J. H. Donnard, *Qui est Nucingen?* (in L'Année balzacienne, 1960). – M. Bouvier-Ajam, *Les opérations financières de la »Maison Nucingen«* (in Europe, 1965, Nr. 429/430, S. 28–53; 53–55). – R. J. B. Clark, *Vers une édition critique de »La maison Nucingen«* (in *B. and the Nineteenth Century*, Hg. D. G. Charlton u. a., Leicester 1972, S. 85–97). – J.-L. Bourget, *Ni du roman, ni du théâtre, »La maison Nucingen«* (in Poétique, 8, 1977, S. 459–467). – A. Kotin, *»La maison Nucingen« ou le récit financier* (in RomR, 69, 1978, S. 60–71). – P. Kinder, *B., Girardin et la publication de »La maison Nucingen«* (in L'Année balzacienne, 1979, S. 15–46). – R. Amossy u. E. Rosen, *Du banquet au roman ›réaliste‹. »La maison Nucingen«* (in *Le roman de B.*, Hg. R. Le Huenen u. P. Perron, Montreal 1980, S. 153–162).

LE MÉDECIN DE CAMPAGNE

(frz.; *Der Landarzt*). Roman von Honoré de BALZAC, erschienen 1833, 1846 als eine der *Scènes de la vie de campagne* in die *Comédie humaine* aufgenommen. – Der – weithin lehrhafte – Roman setzt sich größtenteils aus Dialogen und Schilderungen zusammen, in denen Balzac seine eigenen sozialen, politischen und religiösen Vorstellungen zum Ausdruck bringt. Eine sparsame, in einem idyllischen

Dorf in Savoyen angesiedelte Handlung liefert den Rahmen: Hier hat der menschenfreundliche und von einem missionarischen Bewußtsein getragene Doktor Benassis ein fortschrittliches Mustergemeinwesen aufgebaut. Er hat Wege und Straßen anlegen lassen, aufblühende Gewerbe- und Industriebetriebe herbeigezogen, eine funktionierende Verwaltung eingesetzt, die abergläubisch behüteten Kretins aus dem Dorf entfernt und durch die unentgeltliche Behandlung der Kranken selbst ein Beispiel menschlicher Solidarität gegeben. Der ehemals kaiserlich-napoleonische Offizier Genestas, der im Jahre 1829 dem Arzt einen Besuch abstattet, überzeugt sich, teils in den Gesprächen mit Benassis, teils durch eigene Anschauung, von den überragenden Leistungen dieses Mannes. Er gewinnt zuletzt dessen ganzes Vertrauen, so daß ihm der Arzt auch den Grund seines Rückzugs aus der großen Welt offenbart: In rastloser Tätigkeit sucht Benassis sein unerfülltes Herz zu betäuben, das einer unglücklichen Liebe nachtrauert. Nicht lange danach stirbt der Doktor; ein Brief von der einst geliebten Frau, dessen Inhalt aber dunkel bleibt, ist in geheimnisvoller Weise die Ursache seines plötzlichen Todes.

Anlaß zu dem lose gefügten Roman war ein gescheitertes politisches Abenteuer Balzacs: Er hatte bei den Wahlen von 1831 ohne Erfolg kandidiert. Sein politisches Programm einer konservativen Reform zur Lösung der sozialen Konflikte auf dem Land erhielt hier eine literarische Form. Als ein französischer GOLDSMITH hoffte er ein großes Publikum zu bewegen und für das Elend der Bauern zu interessieren. Im Gegensatz zu den schonungslosen Porträts in dem Spätwerk *Les paysans* wählt er deshalb hier vor allem in der Tradition der Bukolik stehende Darstellungen bäuerlich-ländlicher Güte, Herzenseinfachheit und Ehrbarkeit. Der »Apostel« Benassis erlöst als ein neuer »Christus« mit dem Opfer seines Lebens den mißachteten und in erbärmlicher Not lebenden Bauernstand. Er vertritt und verwirklicht Balzacs eigenen, an J. de MAISTRE und L. BONALD geschulten Konservativismus; streng legitimistisch in der Grundlage ficht er zugleich gegen das moderne allgemeine Wahlrecht und für eine – maßvoll erneuerte – soziale Hierarchie mit einer Elite an der Spitze.

Den erbaulich-didaktischen Teilen und der sentimentalen Liebesromanze – der Roman ist den »verwundeten Herzen« gewidmet – wird eine zunächst nicht für das Werk bestimmte Episode zugefügt, in der ein alter kriegsgezeichneter Haudegen panegyrisch seiner Napoleonverehrung Ausdruck gibt. Dieser willkürlich zwischen die trockenen politischen Diskussionen eingefügten Apotheose, in der der Napoleonkult der *Comédie humaine* einen Gipfel der Verklärung erreicht, verdankt der *Médecin de campagne* vermutlich seinen Ruhm und seine zahlreichen Auflagen. Für Balzac selbst nahm das Werk einen besonderen Rang ein: »Das Buch ist meiner Ansicht nach mehr wert als Gesetze und gewonnene Schlachten. Es ist das Evangelium in Aktion.« I.P.-KLL

AUSGABEN: Paris 1833, Hg. Mame, 2 Bde. – Paris 1842 (*L'histoire de l'empereur, racontée dans une grange par un vieux soldat*, Hg. Dubochet u. Hetzel). – Paris 1846 (in *La comédie humaine*, 17 Bde., 1842–1848, 13: *Scènes de la vie de campagne*). – Paris 1936 (in *Œuvres complètes*, Hg. M. Bouteron u. H. Longnon, 40 Bde., 1912–1940, 8: *Scènes de la vie de campagne*). – Paris 1963 (in *L'œuvre*, Hg. A. Béguin, J. A. Ducourneau u. H. Evans, 16 Bde., 1962–1964, 7; krit.). – Paris 1965, Hg. Einl. u. Anm. M. Allem (Class. Garn.). – Paris 1968–1971 (in *Œuvres complètes*, Hg. M. Bardèche, 24 Bde., 13). – Paris 1974 (Folio). – Paris 1978 (in *La comédie humaine*, Hg. P.-G. Castex, 12 Bde., 1976–1981, 9; Pléiade).

ÜBERSETZUNGEN: *Der Dorfarzt*, F. Seybold, Stg. 1835. – *Der Arzt auf dem Lande*, anon. (in *SW*, Bd. 20/21, Quedlinburg/Lpzg. 1843). – *Der Landarzt*, E. Hirschberg, Bln. 1923. – Dass., F. P. Greve (in *Die Menschliche Komödie*, Bd. 8, Lpzg. 1925). – *Napoleon, seine Lebensgeschichte, erzählt von einem alten Soldaten*, U. F. Müller, Ebenhausen 1960 [frz.-dt.]. – *Der Landarzt*, E. Hirschberg, Hbg. 1961. – Dass., E. Sander, Mchn. 1968 (GGT). – Dass., E. Hirschberg, Zürich 1977 (*Die menschliche Komödie*, 40 Bde., 32). – Dass., C. Gersch (in *Die menschliche Komödie*, 20 Bde., Bln./Weimar 1982, 18).

LITERATUR: M. Blanchard, *La campagne et ses habitants dans l'œuvre de B.*, Paris 1931. – H. Bordeaux, »Le médecin de campagne« (in Courrier Balzacien, Jan. 1949). – C. Blanchard, *B. en Dauphiné et le »Médecin de campagne«* (in RHLF, 56, 1956, S. 566–569). – F. Lotte, *Autour du »Médecin de campagne« ou Le dépit amoureux* (in RDM, März/April 1956, S. 458–473). – P. Citron, *De la scène de village au »Médecin de campagne«* (in RHLF, 59, 1959, S. 502–529). – P. A. Perrod, *Autour du »Médecin de campagne«; de Mercadet au Prix Montyon* (in Bulletin du Bibliophile et du Biliothécaire, 1962, S. 1–25). – F. Lotte, *Malades et médecins dans »La comédie humaine«* (in Médecine de France, 145, 1963, S. 10–16; 44–48). – F. Paqueteau, *Idéologies et formes dans »Le médecin de campagne«* (in L'Année balzacienne, 1970, S. 155–173). – A. R. Pugh, *La composition du »Médecin de campagne«* (ebd., 1974, S. 15–34). – Ders., *Les épreuves du »Médecin de campagne«* (ebd., 1976, S. 117–126). – P. Barbéris, *Balzacsche Mythen 1, »Le médecin de campagne«* (in *Der frz. Sozialroman des 19. Jh.s*, Hg. F. Wolfzettel, Darmstadt 1982, S. 137–157). – A. Michel, *Paysages balzaciens et géographie métaphysique dans »Le médecin de campagne«* (in Espaces romanesques, Hg. M. Crouzet, Paris 1982, S. 141–156). – G. R. Kaiser, *Wie die Deutschen lasen, was B. schrieb. »Le médecin de campagne« im Vormärz* (in G. R. K., *Literatur und Sprache im historischen Prozeß*, Tübingen 1983, Bd. 1, S. 250–268). – W. Paulson, *Preceptors, Fathers and Ideology* (in FF, 9, 1984, S. 19–32). – F. J. Formasiero, *B. et Ballanche, Autour du »Médecin de campagne«* (in L'Année balzacienne, 1985).

MÉMOIRES DE DEUX JEUNES MARIÉES

(frz.; *Memoiren zweier junger Frauen*). Briefroman von Honoré de BALZAC, erschienen 1841/42 in ›La Presse‹, innerhalb der *Comédie humaine* 1842 den *Scènes de la vie privée* zugeordnet. – In dem der Schriftstellerin George SAND zugeeigneten Werk stellt Balzac zwei gegensätzliche Frauencharaktere einander gegenüber, die leidenschaftliche und romantische Louise de Chaulieu und die resignierte, pflichtbewußte Renée de Maucombe. In ihrer zwölf Jahre (1823–1835) dauernden Korrespondenz (sie umfaßt, mit denjenigen einiger Nebenfiguren, 57 Briefe) tauschen die Freundinnen ihre Schicksale und Glücksvorstellungen aus.

Dem gleichen Pensionat »entronnen«, einem Karmeliterinnenkloster in Blois, in dem Louise nach dem Willen ihres Vaters auch noch den Schleier hätte nehmen sollen, kehren die gleichaltrigen Mädchen in ihre Familien zurück. Renée willigt in die ihr vorgezeichnete Lebensbahn ein und heiratet den schon älteren, gutmütig-biederen Landedelmann de l'Estorade, an dessen Seite ihr ein bescheidenes, aber beständiges Glück beschieden ist: *»Wenn mein Leben auch nicht groß gewesen sein wird, so wird es wenigstens friedvoll, gleichmäßig und ohne Erschütterungen gewesen sein.«* Ihre »fast glückliche« Ehe ist mit drei Kindern gesegnet, ihr Gatte bringt es in einer politischen Karriere zu Ansehen und Reichtum. – Louises Leben verläuft dagegen in unkonventionellen Bahnen. Sie verliebt sich in den emigrierten spanisch-sarazenischen Granden Don Felipe Hénarez, Baron de Macumer, der ihr Sprachunterricht erteilt hat, und geht mit ihm eine sinnlich-leidenschaftliche Verbindung ein. Nach einigen rauschhaft glücklichen Jahren stirbt Don Felipe überraschend: Louise bezichtigt sich, ihm mit der fordernden Eigensüchtigkeit ihrer Liebe den Tod gebracht zu haben. Bald darauf – sie hat sich inzwischen aus dem hektischen Getriebe der Hauptstadt aufs Land zurückgezogen – geht sie eine zweite, nicht weniger leidenschaftliche Verbindung mit dem jüngeren und mittellosen Dichter Marie Gaston, einem außerehelichen Sohn der Lady Brandon ein. Durch ihre maßlose Eifersucht zerstört sie auch dieses Glück: Ein vorschneller Verdacht treibt sie dazu, sich absichtlich der Gefahr einer Lungenentzündung auszusetzen, der sie an ihrem 29. Geburtstag erliegt.

Das tragische Ende Louises läßt auch diesen Roman als Ausdruck von Balzacs konservativer Weltanschauung begreifen. Die Vernunftehe der klugen, beständigen Renée erscheint als positiver Kontrast zu dem wechselvollen Geschick der unglücklichen Freundin. (*»Die Gesellschaft ... setzte dauerhafte Gefühle anstelle der flüchtigen Laune der Natur und schuf so das Größte, was Menschen schaffen konnten: die Familie!«*) Daß aus dem Roman dennoch mehr wurde als ein Ehebuch für junge Mädchen und Frauen, das nur die an BOSSUETS Geist und an BONALDS Ideen geschulten Gedanken des Autors in leicht faßliche Exempel umsetzt, ist dem künstlerischen Temperament Balzacs zu danken. Scheinbar von gleicher – kritischer – Sympathie für die unterschiedlichen Charaktere und Lebensformen der beiden Heldinnen erfüllt, bleibt die Alternative von Romantik und Bürgerlichkeit, von empfindsam-enthusiastischem Scheitern und nüchternem Mittelmaß, von »Liebe« und »Mutterschaft« doch in der Schwebe. Es macht den literarischen Rang dieses Meisterwerks aus, daß die beiden so konträren Frauengestalten mit der gleichen Einfühlungsgabe charakterisiert werden. – Die auf das 18. Jh. zurückweisende Form des Briefromans mit ihren Möglichkeiten der minuziösen Selbstdarstellung, des mehrdimensionalen Blickwinkels, der assoziativen Abschweifungen, des schnellen Wechsels der Stilhöhen liefert dazu in idealer Weise die formalen Voraussetzungen. R. M.

AUSGABEN: Paris 1841/42 (in La Presse, 1. 11. 1841–15. 1. 1842). – Paris 1842, 2 Bde. – Paris 1842 (in *La comédie humaine*, 17 Bde., 1842–1848, 2). – Paris 1935 (in *Œuvres complètes*, Hg. M. Bouteron u. H. Longnon, 40 Bde., 1912–1940, 1: *Études de mœurs: Scènes de la vie privée I*). – Paris 1963 (in *L'œuvre*, Hg. A. Béguin, J. A. Ducourneau u. H. Evans, 16 Bde., 1962–1964, 6). – Paris 1968–1971 (in *Œuvres complètes*, Hg. M. Bardèche, 24 Bde., 1). – Paris 1976 (in *La comédie humaine*, Hg. P.-G. Castex, 12 Bde., 1976–1981, 1; Pléiade). – Paris 1979 (GF). – Paris 1981 (Folio).

ÜBERSETZUNGEN: *Memoiren zweier junger Frauen*, anon. (in *SW*, Bd. 26/27, Quedlinburg/Lpzg. 1844). – *Zwei Frauen*, G. Betz, Bln. 1923. – Dass., dies., Hbg. 1952. – *Memoiren zweier Jungvermählter*, E. Sander, Mchn. 1965 (GGT). – Dass., ders. Ffm. u. a. 1984 (Ullst. Tb). – *Zwei Frauen*, G. Betz, Zürich 1977 (*Die menschliche Komödie*, 40 Bde., 2).

LITERATUR: H. James, *H. de B.: Critical Introduction to »The Two Young Brides«*, Ldn. 1902. – J. Rousset, *»Les mémoires de deux jeunes mariées«* (in J. R., *Forme et signification*, Paris 1962, S. 99–103). – A. Michel, *B. juge du féminisme* (in L'Année balzacienne, 1973, S. 183–200). – T. Bodin, *De »Sœur Marie des Anges« aux »Mémoires de deux jeunes mariées«* (ebd., 1974, S. 35–66). – C. Etcherelli, *»Mémoires de deux jeunes mariées«* (in *Elles, héroines de romans, miroir de leur temps*, Vorw. C. Claude, Paris 1975, S. 23–39). – G. Seybert, *Die unmögliche Emanzipation der Gefühle*, Ffm. 1982. – B. Pingaud, *B. pris à la lettre* (in B. P., *L'expérience romanesque*, Paris 1983, S. 76–96). – J. Forest, *Des femmes de B.*, Montreal 1984. – M. Andréoli, *Un roman épistolaire: Les »Mémoires de deux jeunes mariées«* (in L'Année balzacienne, 1987, S. 255–295).

MODESTE MIGNON ou les trois amoureux

(frz.; *Modeste Mignon oder Die drei Liebhaber*). Roman von Honoré de BALZAC, erschienen 1844 in ›Le Journal des Débats‹, in der *Comédie humaine* 1845 den *Scènes de la vie privée* zugeordnet. – Der

Roman – eines der Hauptwerke im Riesenœuvre Balzacs – ist der Gräfin Hanska, der späteren Gattin gewidmet, die mit einem Entwurf an der Entstehung mitbeteiligt gewesen ist, nachdem die gemeinsame Lektüre der Goethe-Briefe Bettina v. ARNIMS (*Goethes Briefwechsel mit einem Kinde*, 1835) eine Anregung dazu gegeben hatte.

Als der Kaufmann Charles Mignon, Comte de la Bastie, nach der Konsolidierung seiner Finanzen im Jahr 1829 aus Übersee nach Le Havre heimkehrt, findet er seine liebreizende Tochter Modeste, obwohl sie die Zeit seiner Abwesenheit mit der erblindeten Mutter zurückgezogen – und streng bewacht im Kreis verläßlicher Freunde – verbracht hat, in eine romantische Liebesaffäre verstrickt. Wohl ließ sie es nach den unglücklichen Erfahrungen der älteren Schwester, die an der Seite eines Verführers das Elternhaus verlassen hat und tragisch ums Leben gekommen ist, nicht an der gebotenen Vorsicht fehlen, doch das Erbteil der deutschen Mutter – neben der »himmlischen« Blondheit ist ihr ein schwärmerischer Idealismus eigen – erwies sich als stärker. Voller Begeisterung für seine seraphischen Verse hat sie sich in den Modedichter Baron de Canalis, in dem Balzac eines der *»Häupter der romantischen Schule«* darstellt, verliebt und mit ihm einen Briefwechsel begonnen. Canalis jedoch, verwöhnt von der Bewunderung, die ihm allenthalben entgegengebracht wird, hat ihre Briefe seinem Freund und Sekretär Ernest de la Brière zur Beantwortung übergeben. Ernest wird von dem mädchenhaften Enthusiasmus Modestes gerührt und bald von heftiger Liebe ergriffen. Der ebenso blasierte wie zynische Dichter interessiert sich für die schöne Verehrerin erst, als er von der Millionenmitgift erfährt. Über den wahren Verfasser der Briefe aufgeklärt, straft Modeste den »betrügerischen« Ernest zunächst mit Verachtung. Doch auf einem Jagdausflug fällt die Entscheidung: Modeste erkennt, daß allein Ernest von »*wahrer Liebe*« beseelt ist und weist sowohl Canalis als auch den Herzog von Hérouville, einen dritten Bewerber, zurück.

In dem lebensvollen Bildnis der »schönen Seele«, die Modeste Mignon verkörpert, zeichnet Balzac hier optimistisch das Ideal einer auf Gefühl und Konvention gleichermaßen gegründeten Liebesheirat. Die vorbildliche Entscheidung der Heldin für den schüchternen, aufrichtigen Ernest reift als Resultat einer langen Reihe korrigierter Vorurteile und Täuschungen, eines Kampfes zwischen *»Poesie und Wirklichkeit, Illusion und Gesellschaft«*, wie er vor allem im deutschen Bildungsroman dargestellt worden ist. Als ein weiblicher »Wilhelm Meister« erreicht Modeste »Mignon« zuletzt die in ihrem Wesen vorgebildete harmonische Synthese von Liebe und Ehe. In dem vorangegangenen Roman *Mémoires de deux mariées* (1842) hatte Balzac Liebe und Ehe noch als ausweglose Alternative einander gegenübergestellt. In Modestes Hochzeit versöhnen sich Poesie und Gesellschaft, Herz und Verstand, deutsche und französische Art *(»germanische Traumseligkeit«* und *»provençalische Lebhaftig-*

keit«), Adel und Bürgertum. – Die Entscheidung zwischen dem »Poeten« und dem »Sekretär« ist literarhistorisch bedeutsam und nicht ohne polemische Akzente: In der Gestalt des abgewiesenen, virtuos auf Wirkung bedachten Verseschmieds wird der klassizistischen Kunst der schönen Fassade, der rein ästhetischen Imagination zugunsten einer »kunstlosen«, schlichten und wahren Wirklichkeitsabbildung, der *poésie* zugunsten des *positif* der Abschied erteilt. Der lächerlich eitle, pseudogeniale Canalis erscheint als moralisch höchst fragwürdige Existenz. Halb »Tasso«, halb »Mephisto« schwankt er zwischen einem tragischen Mangel an Wirklichkeitssinn und einer teuflischen Skrupellosigkeit. Daß er, der meisterhafte Ökonom seines Ruhms, außerdem in einem korrupten konstitutionellen System politisch aktiv werden will, ist in den Augen des Autors, der es auch selbst – vergeblich – versucht hat, besonders suspekt. – Die überragenden Qualitäten des Romans beruhen vor allem auf der einprägsamen Plastizität seiner Charaktere. Nicht nur die »idealen« Hauptgestalten Modeste, Ernest und Vater Mignon erfahren eine genaue und milieunahe Zeichnung, auch eine Reihe von Nebenfiguren beweist eine – mitunter humoristisch getönte – Lebendigkeit. R.M.

AUSGABEN: Paris 1844 (in Le Journal des Débats, 4. 4.–21. 7.). – Paris 1845 (in *La comédie humaine*, 17 Bde., 1842–1848, 4: *Scènes de la vie privée IV*). – Paris 1935 (in *La comédie humaine*, Hg. M. Bouteron u. H. Longnon, 40 Bde., 1912–1940, 1: *Études de mœurs: Scènes de la vie privée II*). – Paris 1963 (in *L'œuvre*, Hg. A. Béguin, J. A. Ducourneau u. H. Evans, 16 Bde., 1962–1964, 7; krit.). – Paris 1968–1971 (in *Œuvres complètes*, Hg. M. Bardèche, 24 Bde., 1). – Paris 1976 (in *La comédie humaine*, Hg. P.-G. Castex, 12 Bde., 1976–1981, 1; Pléiade). – Paris 1982 (Folio).

ÜBERSETZUNGEN: *Modeste Mignon*, anon. (in *SW*, Bd. 62/63, Quedlinburg/Lpzg. 1841–1846). – Dass., H. Jacob, Bln. 1923. – Dass., F. Sieburg, Bln. 1924; ern. Hbg. 1953. – Dass., E. Sander, Mchn. 1965 (GGT). – Dass., A. Wagenknecht (in *Die menschliche Komödie*, 20 Bde., Bln./Weimar 1963, 2). – Dass., I. Täubert (in *Szenen aus dem Privatleben*, Mchn. 1976; dtv). – Dass., F. Sieburg, Zürich 1977 (*Die menschliche Komödie*, 40 Bde., 3).

LITERATUR: Anon., *Les musiciens et la romance de »Modeste Mignon«* (in L'Amateur d'Autographes, Juni 1912, S. 177/178). – J. A. Thierry, *La première édition française de »Modeste Mignon«* (in Bulletin du Bibliophile, 31–29, 1935, S. 112–115). – M. Regard, *Exemple de critique historique sur un roman de B.: »Modeste Mignon« (du manuscrit à l'édition)* (in Literary History and Literary Criticism, NY 1965, S. 319–321). – R. Whelpton, *L'atmosphère étrangère de »Modeste Mignon«* (in L'Année balzacienne, 1967, S. 373–375). – A. Vandegans, *Fascinations et nostalgies balzaciennes dans »Modeste Mignon«* (in Bulletin de l'Académie Royale de langue et de littérature françaises, Brüssel, 58, 1980, S. 20–55). – J. Forest, *Des femmes de B.*, Montreal 1984.

UNE PASSION DANS LE DÉSERT

(frz.; *Eine Leidenschaft in der Wüste*). Novelle von Honoré de BALZAC, erschienen 1830 in ›La Revue de Paris‹, in der *Comédie humaine* 1837 den *Études philosophiques*, 1846 den *Scènes de la vie militaire* zugeordnet. – In der Vorstellung des berühmten Tierbändigers Martin – er gastierte 1829 in Paris – wird ein napoleonischer Veteran veranlaßt, dem Erzähler von einem außergewöhnlichen Erlebnis, das er während des ägyptischen Feldzugs (1798/99) in der Wüste hatte, zu berichten. Ein in arabische Gefangenschaft geratener Provenzale wagt die Flucht und gelangt glücklich zu einer Oase; doch die Grotte, in der er Schutz sucht, erweist sich als der Unterschlupf eines Leopardenweibchens. Da er keine andere Möglichkeit sieht, gegen die furchtbare Feindin zu bestehen, beschließt der Provenzale, sie zu zähmen. Seine Liebkosungen behagen dem Raubtier so sehr, daß es, einer *»gebieterischen Kurtisane«* gleich, diese nur allzubald fordert. Ihre bald erwachende Eifersucht veranlaßt den Soldaten, die nunmehrige Gefährtin mit dem Namen der ersten Geliebten zu rufen. Bei einem unbeholfenen Ausbruchsversuch verfolgt ihn die Bestie und errettet ihn aus gefährlichem Treibsand. Als ihn das ergebene Tier liebkosend in den Schenkel beißt, tötet es der Soldat aus einem plötzlich erwachten falschen Mißtrauen heraus: »*Es war, als hätte ich einen Menschen ermordet.*«
Die Gewalt der Leidenschaft, Grundmotiv des Balzacschen Weltverständnisses, wird auch in dieser kurzen feuilletonistischen Novelle variiert, die zunächst keinen Zusammenhang mit den Ereignissen und Figuren der *Comédie humaine* aufweist, es sei denn im Blick auf analoge Beschreibungen des Leopardenweibchens und Paquita, die Protagonistin in *La fille aux yeux d'or*. Daneben tritt das Motiv der Gewaltlosigkeit, wobei es nicht einer gewissen Ironie entbehrt, daß gerade einem solchen »Haudegen« die Bezwingung des Feindes durch ängstliche Liebkosungen zugemutet wird. Balzac gestaltet den Stoff im Geiste jener Humanitätsidee, die GOETHE in seiner *Novelle* (1827), dem Bericht von der erstaunlichen Bändigung eines Löwen, gestaltete: »*Wie das Unbändige, Unüberwindliche oft besser durch Liebe und Frömmigkeit als durch Gewalt bezwungen werde, war die Aufgabe dieser ›Novelle‹.*« (zu Eckermann, 1827).   R.M.

AUSGABEN: Paris 1830 (in La Revue de Paris). – Paris 1837 (in *Études philosophiques*, Bd. 16). – Paris 1845 (in *Modeste Mignon*, Bd. 4). – Paris 1846 (in *La comédie humaine*, 17 Bde., 1842–1848, 13: *Scènes de la vie militaire*). – Paris 1936 (in *Œuvres complètes*, Hg. M. Bouteron u. H. Longnon, 40 Bde., 1912–1940, 7: *Scènes de la vie militaire*). – Paris 1964 (in *L'œuvre*, Hg. A. Béguin, J. A. Ducourneau u. H. Evans, 16 Bde., 1962–1964, 11; krit.). – Paris 1968–1971 (in *Œuvres complètes*, Hg. M. Bardèche, 24 Bde., 12). – Paris 1978 (in *La comédie humaine*, Hg. P.-G. Castex, 12 Bde., 1976–1981, 8; Pléiade).

ÜBERSETZUNGEN: *Eine Leidenschaft in der Wüste*, F. P. Greve, Lpzg. 1908. – Dass., H. M. Krell (in *Honorine*, Hbg. 1956; ern. Zürich 1977; *Die menschliche Komödie*, 40 Bde., 7). – Dass., F. P. Greve, Lpzg. 1962. – Dass., G. Goyert, Mchn. 1958 (in *Mystische Geschichten*; GGT). – Dass., ders. (bearb. E. Sander), Mchn. 1967 (GGT).

LITERATUR: H. Fleischmann, *Napoléon dans l'œuvre de B.* (in H. F., *Napoléon par Balzac*, Paris 1913, S. 3–60). – W. Höllerer, *Die Bestie und das Lächeln (Honorio und der Veteran; à propos d'»Une passion dans le désert«)* (in W. H., *Forschungsprobleme der vergleichenden Literaturgeschichte*, 2. Folge, Tübingen 1958). – P. Citron, *Le rêve asiatique de B.* (in L'Année balzacienne, 1968, S. 303–336). – L.-F. Hoffmann, *Eros camouflé* (in The Hebrew University Studies in Literature, Jerusalem, 5, Frühjahr 1977, S. 19–36).

LES PAYSANS

(frz.; *Die Bauern*). Roman in zwei Teilen von Honoré de BALZAC, entstanden von 1835 an, erschienen 1844 in ›La Presse‹ (erster Teil) und 1855 in ›La Revue de Paris‹ (zweiter Teil; in einer Redaktion der Witwe des Autors); im gleichen Jahr in die *Scènes de la vie de campagne* der *Comédie humaine* aufgenommen. – Thema und politischen Standort des Werks rechtfertigt Balzac in der Widmung an P.-S.-B. GAVAULT: »*Ziel dieser Studie ... ist es, die wichtigsten Vertreter einer Bevölkerungsklasse scharf herauszuarbeiten, die von so vielen Federn auf der Suche nach neuen Themen vergessen worden ist ... Sie werden den nimmermüden Pionier sehen, diesen Nager, der den Boden zerstückelt und aufteilt und einen Morgen Land in hundert Stücke schneidet; er wird zu diesem Festakt von einem Kleinbürgertum eingeladen, das aus ihm seinen Handlanger und sein Opfer macht. Dieses von der Gesellschaft ausgeschlossene Element, das die Revolution hervorgebracht hat, wird eines Tages die Bourgeoisie aufzehren, wie die Bourgeoisie den Adel verschluckt hat.*«
Im Mittelpunkt der Handlung steht das Gut Les Aigues in Burgund. Graf Montcornet, ein ehemaliger napoleonischer General, der mit dem Erwerb des Besitztums vergeblich versucht, auf dem Lande Fuß zu fassen, hat es im Sinne jahrhundertealter feudaler Kultur nach zwei Seiten hin zu verteidigen: gegen ein wucherisches kleinstädtisches Bürgertum und gegen die Landgier starrköpfiger, diebischer Bauern. Den Kampf und die Interessenansprüche der drei Lager beleuchtet der Erzähler von wechselnden Standpunkten aus. Er spart auch nicht mit Kritik an den Vertretern der Feudaristokratie, der jedoch seine Sympathie gehört. So

wird der Gräfin vorgeworfen, nur mit eitler, sporadischer Mildtätigkeit die Not der Bauern anzugehen, dem Grafen, daß er durch die Aufhebung üblich gewordener Rechte, wie der Nachlese und des Holzsammelns, die alte straffe Ordnung wiederaufrichten will und so seine Bauern in die Ungesetzlichkeit, ja Revolte drängt. Sie verschaffen sich das Ihre, indem sie die Verbote mit List umgehen. Zum Exponenten des aufstrebenden Kleinbürgertums entwickelt sich der von Montcornet entlassene betrügerische Gutsverwalter Gaubertin, der als Bürgermeister den Bezirk in seine Gewalt bringt. Durch Schiebungen und unlautere Machenschaften gelingt es ihm, den ansässigen Holzhandel zu beherrschen, durch Landversprechungen und erpresserische Kredite bekommt er die Bauern in die Hand. Am Ende steht die Versteigerung des Guts an eine zwielichtige Spekulationsgesellschaft. – Durch den Verkauf und die darauf erfolgende Parzellierung ist Jahre später (1837) an die Stelle der harmonischen Schönheit des kultivierten Herrensitzes und seiner gepflegten Parkanlagen die »Kleinwirtschaft« getreten, die kahl geschlagene Landschaft gleich der *»Musterkarte eines Schneiders«.* Der Journalist Émile Blondet kommentiert, als er an der Seite der inzwischen verwitweten und mit ihm wiederverheirateten Gräfin das Gut besucht, diese Veränderung mit Resignation und bitterer Ironie: *»Das ist nun der Fortschritt! Wie eine Seite aus Jean-Jacques' Contrat social!... Mein Gott, was wird in kurzem aus den Königen geworden sein! Aber was wird bei dem Stand der Dinge dann aus den Nationen selbst werden?«*
Im Vergleich zu den vorangegangenen Bauernromanen *Le médecin de campagne* (1833) und *Le curé de village* (1839), in denen Balzac sozialreformerische Helden utopisch-philanthropische Programme zur Rettung des Bauernstands entwickeln läßt, ist *Les paysans* sehr viel pessimistischer. Mit frappierendem Scharfblick werden hier soziologische und ökonomische Sachverhalte und Wandlungen analysiert. Balzac sieht jetzt klar die Gefahren der nicht mehr aufzuhaltenden Auflösung des Feudalismus: die neuerliche, noch härtere Unterdrückung und Ausbeutung der Bauern durch die kapitalistische Bourgeoisie, die Unwirtschaftlichkeit der Bodennutzung durch fortschreitende Zerstückelung des Landes, die Zerstörung der alten, auf dem feudalen System gegründeten Kultur. Das Schicksal des Landadels erscheint an das der Bauern gebunden: *»Die Tragödie des sterbenden aristokratischen Großgrundbesitzers schlägt so in die Tragödie der Parzelle um: wie die Befreiung der Bauern von feudaler Ausbeutung durch die kapitalistische Ausbeutung tragisch rückgängig gemacht wird«* (G. Lukács). Entscheidend aber ist für Balzac in erster Linie nicht das Schicksal der Bauern, sondern die Zukunft des Feudalismus. Vor allem dessen Erhaltung als der *»Grundlage jener breiten materiellen Möglichkeiten, jener ungestörten Muße, die die aristokratische Kultur Frankreichs vom Mittelalter bis zur großen Revolution hervorgebracht«* hat, ist ihm wichtig. Das Problem der in der Tat verzweifelten Lage der 1789 aus der Leibeigenschaft befreiten Bauern sowie ihrer gesellschaftlich-politischen Eingliederung und Festigung stellt sich für den konservativen Legitimisten Balzac dagegen kaum. Die sozialistische Lösung des Problems erscheint nur als apokalyptische Vision.

Der Roman, der als politisches Glaubensbekenntnis des Autors Gewicht hat, gehört auch wegen seiner realistischen Milieu- und Charakterzeichnung zu Balzacs stärksten Werken. Das ideologische Gerüst wird in kraftvolle, mitunter krasse und harte Situationen und Vorgänge aufgelöst und weder durch weitschweifige Nebenhandlungen noch durch traditionelle Idyllen verschleiert. In der schonungslosen Darstellung der Bauern und Grundherrn hebt er sich von der Sozialromantik eines LAMENNAIS, LEROUX oder der G. SAND ab und steht den düsteren bäuerlichen Bildern seines Zeitgenossen GOTTHELF, aber auch dem *»réalisme impassable«* FLAUBERTS sehr viel näher. R.M.

AUSGABEN: Paris 1844 (in La Presse, 3. 12. – Ende Dez.; 13 Kap. des 1. Tls.). – Paris 1855 (in Revue de Paris; 2. Tl.). – Paris 1855, Hg. Potter, 5 Bde. – Paris 1855 (in *Comédie humaine*, 5 Bde., 1853–1855, 5: *Scènes de la vie de campagne*). – Paris 1936 (in *Œuvres complètes*, Hg. M. Bouteron u. H. Longnon, 40 Bde., 1912–1940, 8: *Scènes de la vie de campagne*). – Paris 1962 (in *L'œuvre*, Hg. A. Béguin, J. A. Ducourneau u. H. Evans, 16 Bde., 1962–1964, 3). – Paris 1964, Hg. J. H. Donnard (krit.; Class. Garn.). – Paris 1968–1971 (in *Œuvres complètes*, Hg. M. Bardèche, 24 Bde., 13). – Paris 1970 (GF). – Paris 1976 (Folio). – Paris 1978 (in *La comédie humaine*, Hg. P.-G. Castex, 12 Bde., 1976–1981, 9; Pléiade).

ÜBERSETZUNGEN: *Die Bauern*, H. Kaatz, Bln. 1923. – Dass., P. Hansmann (in *Die Menschliche Komödie, Szenen aus dem Landleben*, Bd. 1, Mchn. 1925). – Dass., H. Kaatz, Hbg. 1961. – Dass., E. Sander, Mchn. 1968 (GGT). – Dass., H. Kaatz, Zürich 1977 (*Die menschliche Komödie*, 40 Bde., 31). – Dass., L. Bättig (in *Die menschliche Komödie*, 20 Bde., Bln./Weimar 1981, 18).

LITERATUR: E. u. J. de Goncourt, *Mémoires de la vie littéraire (1851–1895)* (in E. u. J. de G., *Journal des Goncourt*, Paris 1887–1896). – Ch. de Lovenjoul, *La genèse d'un roman de B.: »Les paysans«*, Paris 1901. – G. Lukács, *B. u. der französische Realismus* (in G. L., *Probleme des Realismus III*, Neuwied/Bln. 1965). – M. Lakebrink, *Anmerkungen zu Lukács Realismusauffassung* (in GRM, 23, 1973, S. 210–229). – J.-H. Donnard, *»Les paysans« et »La terre«* (in L'Année balzacienne, 1975, S. 125–142). – G. Schrammen, *Propaganda gegen die Bauern oder Parteinahme gegen das Proletariat?* (in Lendemains, 1, April 1975, S. 47–64). – P. Brockmeier, *Ein Tendenzroman des Realismus. B.s »Paysans«* (ebd., S. 65–82). – T. Bodin, *L'accueil aux »Paysans«* (in L'Année balzacienne, 1977, S. 241–266). – Ders., *Généalogie de la médiocrité dans »Les paysans«* (ebd.,

1978, S. 91–101). – P. Macherey, *Histoire et roman dans »Les paysans« de B.* (in *Sociocritique*, Hg. C. Duchet, Paris 1980, S. 137–146). – G. Goebel, *Textanalytischer Versuch zu einem Abschnitt aus B.s »Les paysans«* (in *H. de B.*, Hg. H. U. Gumbrecht u. a., Mchn. 1980, S. 437–460). – J. W. Mileham, *Groupnames in B.s »Les paysans«* (in RoNo, 23, 1982/83, S. 140–145). – W. Jung, *Das Bild des Bauern bei B.* (in *Der Bauer im Wandel der Zeit*, Hg. W. Hirdt, Bonn 1986, S. 169–185).

LA PEAU DE CHAGRIN

(frz.; *Das Chagrinleder*). Roman in drei Teilen von Honoré de BALZAC, erschienen 1831, in der *Comédie humaine* 1845 den *Études philosophiques* zugeordnet. – Balzac schrieb diesem Werk, mit dem er erstmals literarische Anerkennung errang, innerhalb der *Comédie humaine* eine privilegierte Position zu: im *Avant-propos* (1842) stellt er es als Verbindungsstück zwischen den *Études de mœurs* und den *Études philosophiques* vor.

Raphaël de Valentin, von adliger Geburt, aber verwaist und verarmt, mit einem Hang zur Melancholie und allen Attributen einer ebenso vielversprechenden wie gefährdeten Künstlernatur ausgestattet, erlebt im Herbst 1829 eine ihm unüberwindlich erscheinende Krise. Nachdem er wie sein Pendant Louis Lambert eine von Mesmers Magnetismus inspirierte »Theorie des Willens« verfaßt hat und das Opfer einer unglücklichen Liebe zu einer *»femme à la mode«*, der schönen, aber gefühlskalten Gräfin Feodora, geworden ist, in deren Salon ihn sein stets erfolgreich intrigierender und ehrgeiziger Freund Rastignac einführte, fühlt er sich *»vom Aussatz ihrer inneren Leere«* angesteckt. Er verspielt im Palais-Royal sein letztes Goldstück und will sich darauf in die Seine stürzen. Da fällt ihm im Kabinett eines greisen Antiquitätenhändlers ein Amulett zu, das hinfort sein Leben bestimmen wird. Ein Stück gegerbter »Eselshaut« soll den zerstörerischen Zwiespalt zwischen »Wollen« und »Können« in ihm aufheben. Doch mit jedem Wunsch, den er seinem Besitzer erfüllt, schrumpft dieser Talisman ein wenig zusammen, und sein völliges Schwinden bedeutet den Tod. Raphaël sieht sich plötzlich auf dem Gipfel seiner Möglichkeiten. Er findet sich auf dem Bankett des reichen Taillefer wieder – ein spöttisch karikierter Repräsentant des mit der Julimonarchie einsetzenden Wirtschaftsbooms –, wo im Überfluß die köstlichsten Gerichte und Weine gereicht werden und die schönsten Frauen tanzen. Berauscht erzählt Raphaël dem Freund Émile seine Lebensgeschichte, die sich über den ganzen Mittelteil *(La femme sans cœur)* des Romans erstreckt. Am Ende dieses eingeblendeten Berichts trifft die für Raphaël unfaßliche Nachricht ein, daß er von einem entfernten Verwandten zum Alleinerben eines Riesenvermögens eingesetzt wurde.

Der dritte Teil *(L'agonie)* zeichnet – in spiegelsymmetrischer Anlage zum ersten *(Le talisman)* – Raphaëls Kampf gegen das immer näherrückende Ende. Trotz Reichtum und Ruhm ist er ohne Glück, da er angstvoll jeden Wunsch in sich ersticken muß. Er sucht mehrere Heilbäder auf und wird schließlich in ein Duell verwickelt, aus dem er wieder auf Kosten seines Talismans als Sieger hervorgeht. Auch die selbstlose Liebe der engelhaften Pauline kann den von Lebensgier Verzehrten nicht retten. – In einem *Épilogue* wird Pauline als die *»Königin der Träume... das unerschaffene Wesen, das ganz Geist, ganz Liebe ist«* interpretiert, Feodora, »die Frau ohne Herz«, als die Vertreterin der »Gesellschaft«: *»Sie war gestern in der Komischen Oper, heute abend wird sie in die Große Oper gehen. Sie ist, wenn Sie so wollen, die Gesellschaft.«*

In seiner düster getönten Empfindsamkeit und seiner Vorliebe für das Wunderbare folgt *La peau de chagrin* einer um 1830 stark ausgeprägten weltschmerzlichen Strömung, die mit der Enttäuschung und Ernüchterung nach der fehlgeschlagenen Revolution einherging. Raphaël repräsentiert ähnlich wie CHATEAUBRIANDS René eine ganze Generation von jungen Menschen, die in einer vom Geld beherrschten Gesellschaft politisch und metaphysisch entwurzelt sind; Raphaël versucht sich aus der gesellschaftlichen Sphäre in die Einsamkeit des Denkens zurückzuziehen, gerät in Widerspruch zu seinem Bedürfnis, das Leben in seiner ganzen Fülle zu erfahren, den Gegensatz von Freiheit und Notwendigkeit auszutarieren. Die kühne Lebensallegorie, die dem »symbolischen Leder« unterlegt wird, die konträre Ausprägung des Todesmotivs in den Außenteilen (als Todessehnsucht und Todesangst) sowie eine an STERNE erinnernde Erzählweise, die fast frei ist von restaurativ-ideologischen Akzenten, verleihen dem freilich noch vom Frühstil gezeichneten Roman eine ungewöhnliche Durchschlagskraft. – Balzac selbst schätzte das Werk auch als *Étude des mœurs* hoch ein: »*›La peau de chagrin‹ ist ›Candid‹ mit Anmerkungen von Béranger – das Elend, der Luxus, der Glaube, die Spottsucht, die Brust ohne Herz, der Kopf ohne Hirn des 19. Jahrhunderts, dieses Jahrhunderts schimmernder Wahngebilde, von denen man in fünfzig Jahren nichts mehr wissen wird, außer durch ›La peau de chagrin‹*« (1832). Der alte GOETHE erkannte darin, trotz vieler *»Verstöße und Extravaganzen«*, einen *»mehr als alltäglichen, ganz vorzüglichen Geist«* (zu F. Soret). MAUPASSANT ließ sich unverkennbar vom zweiten Teil dieses Romans zu seinem – psychologisch fundierteren – Spätwerk *Notre cœur* (1890) inspirieren. I.P.-KLL

AUSGABEN: Paris 1830 (*Le dernier Napoléon*, in La Caricature, 1. 12.; Fragm.). – Paris 1831 (*Une débauche*, in RDM, Mai; Fragm.). – Paris 1831 (*Le suicide d'un poète*, in La Revue de Paris; Fragm.). – Paris 1831 (in *Romans et Contes philosophiques*, Hg. Gosselin, 3 Bde.). – Paris 1835 (in *Études philosophiques*, Bde. 1–4, Hg. Werdet). – Paris 1845 (in *La comédie humaine*, 17 Bde., 1842–1848, 1). – Paris 1936 (in *Œuvres complètes*, Hg. M. Bouteron u. H. Longnon, 40 Bde., 1912–1940, 9/1: *Études philosophiques*). – Paris 1952–1960, Hg. M. Allem (krit.; Class. Garn.). – Paris 1963 (in *L'œuvre*, Hg. A. Béguin, J. A. Ducourneau u. H. Evans, 16 Bde., 1962–1964, 7; krit.). – Paris 1968–1971 (in *Œuvres complètes*, Hg. M. Bardèche, 24 Bde., 14). – Paris 1971 (GF). – Paris 1974 (Folio). – Paris 1980 (in *La comédie humaine*, Hg. P.-G. Castex, 12 Bde., 1976–1981, 10; Pléiade). – Paris 1982, Hg. A.-M. Meininger.

ÜBERSETZUNGEN: *Der Chagrin*, anon. (in SW, Bde. 22/23, Quedlinburg/Lpzg. 1841–1846). – *Das Chagrinleder*, H. Denhardt, Lpzg. 1888. – *Das Chagrinleder*, F. P. Greve. (in *Menschliche Komödie*, Bd. 11, Lpzg. 1910). – *Die tödlichen Wünsche*, E. A. Rheinhardt, Bln. 1924. – *Das Chagrinleder*, H. W. Hoff, Ffm. 1952. – *Die tödlichen Wünsche*, E. A. Rheinhardt, Hbg. 1953. – *Das Chagrinleder*, A. F. Schmitt, Mchn. 1957 (GGT); ern. 1985 (Goldm. Tb). – *Die Schicksalshaut*, E. Rechel, Zürich 1971. – *Das Chagrinleder*, C. Gersch (in *Die menschliche Komödie*, 20 Bde., Bln./Weimar 1974; ²1977, 19). – *Die tödlichen Wünsche*, E. A. Rheinhardt, Zürich 1977 (*Die menschliche Komödie*, 40 Bde., 35).

VERFILMUNGEN: Frankreich 1909 oder 1911 (Regie: M. Carré). – *Slave of Desire*, USA 1923 (Regie: G. D. Baker). – *Die unheimlichen Wünsche*, Deutschland 1939 (Regie: H. Hilpert). – *La piel de Zapa*, Argentinien 1943 (Regie: B. Herr).

LITERATUR: *Goethe-Jahrbuch*, Hg. L. Geiger, Bd. 1, Ffm. 1880, S. 287–289. – H. Sattler, *H. de B.s Roman »La peau de chagrin«*, Diss. Tübingen 1912. – M. Bouteron. *L'inscription de »La peau de chagrin« et l'orientaliste J. de Hammer* (in RHLF, 50, 1950, S. 160–167). – B. Tolley, *H. Raisson juge de »La peau de chagrin«* (in L'Année balzacienne, 1965, S. 322–324). – A. Pieyre de Mandiargues, *Le supplice de la peau* (in NRF, 27, 1966, S. 930–937). – G. Falconer, *Le travail de style dans les révisions de »La peau de chagrin«* (in L'Année balzacienne, 1969, S. 71–106). – F. Bilodeau, *Espace et temps romanesque dans »La peau de chagrin«* (ebd., S. 47–70). – Ders., *B. et le jeu des mots*, Montreal 1971. – L. Rodich, *Une interprétation de »La peau de chagrin«* (in L'Année balzacienne, 1971, S. 205–233). – P. Bayard, *B. et le troc de l'imaginaire. Lecture de »La peau de chagrin«*, Paris 1978. – A. Guglielmetti, *Feu et lumière dans »La peau de chagrin« de B.*, Paris 1978. – *B. et »La peau de chagrin«*, Hg. C. Duchet, Paris 1979. – *Nouvelles lectures de »La peau de chagrin«*, Hg. P.-G. Castex, Clermont-Ferrand 1979. – S. Weber, *Unwrapping B. A Reading of »La peau de chagrin«*, Toronto 1979. – R. Le Huenen, *La sémiotique du corps dans »La peau de chagrin«* (in *Le roman de B.*, Hg. ders. u. P. Perron, Montreal 1980, S. 51–64). – F. Gaillard, *L'effet »Peau de chagrin«* (ebd., S. 213–230). – C. Bernard, *A propos de »La peau de chagrin«* (in NCFSt, 10, 1981/82, S. 244–267). – P. Laszlo, *Production d'énergie romanesque* (in MLN, 97, 1982, S. 862–871). – M. Hayward, *Supercherie et hallucination* (in RLC, 56, 1982, S. 437–456). – P. Danger, *La castration dans »La peau de chagrin«* (in L'Année balzacienne, 1982, S. 227–246). – A.-M. Garagnon, *B. et la ›métarhétorique‹ dans »La peau de chagrin«* (in *Mélanges P. Larthomas*, Paris 1985, S. 195–204). – N. Cazauran, *Le ›tableau‹ du magasin d'antiquités dans »La peau de chagrin«* (ebd., S. 87–98). – Y. Barges-Rollin, *Une ›danse macabre‹, du fantastique au grotesque dans »La peau de chagrin«* (in Romantisme, 48, 1985, S. 33–46).

LE PÈRE GORIOT

(frz.; *Vater Goriot*). Roman von Honoré de BALZAC, erschienen 1834/35 in ›La Revue de Paris‹; in der *Comédie humaine* 1843 den *Scènes de la vie parisienne*, später den *Scènes de la vie privée* zugeordnet. – Das in knapp sechs Wochen vollendete Werk spielt Ende 1819 in Paris. Die einzige erhaltene Werkstattnotiz lautet: »*Gegenstand des Vater Goriot – ein wackerer Mann – bürgerliche Pension – 600 Francs Rente – hat für seine Töchter sein Vermögen abgegeben, die alle beide 50 000 Francs Rente haben, und stirbt wie ein Hund.*« Auf die Möglichkeit, daß Balzac eine tatsächliche Begebenheit im Auge hatte, die er dann freilich abmilderte, läßt das Vorwort zum *Cabinet des antiques* (1839) schließen, in dem es heißt: »*Das Ereignis, das als Muster diente, bot grauenvolle Umstände, wie man deren nicht einmal bei den Menschenfressern findet; der arme Vater hat während zwanzig Stunden des Todeskampfes nach etwas Trinkbarem geschrien, ohne daß ihm irgend jemand zu Hilfe eilte.*«

Im kleinbürgerlichen Milieu einer schäbigen Pension, die Madame Vauquer in der Rue Neuve-Saint-Geneviève am linken Seineufer führt, treffen in der Gesellschaft verarmter und zwielichtiger Mieter und Kostgänger drei starke, grundverschiedene Charaktere aufeinander: der ehrgeizige Jurastudent Eugène de Rastignac, der undurchschaubare Zyniker Vautrin, der sich des mittellosen Studenten aus der Provinz annimmt und ihn die moralische Bedenkenlosigkeit als den einzig richtigen Weg zum sozialen Aufstieg in der korrupten Pariser Restaurationsgesellschaft lehrt, und schließlich »Vater« Goriot, ein ehemals tüchtiger Nudelfabrikant, der es durch Spekulationskäufe während der Revolution zu Reichtum und Ansehen gebracht hat. Aus blinder, abgöttischer Liebe zu seinen Töchtern, die beide – Anastasie, jetzt Gräfin de Restaud (vgl. *Gobseck*), und Delphine, jetzt Baronin und Gattin des Großbankiers Nucingen (vgl. *La maison Nucingen*) – in die vornehme Gesellschaft eingeheiratet haben, hat er nach und nach sein ganzes Vermögen für sie hingegeben. – Vautrins Bemühen, Rastignac den gesellschaftlichen Aufstieg zu ermöglichen, gipfelt in dem Plan, dieser solle sich die Liebe der Mademoiselle Taillefer – auch einer Mieterin der Pension Vauquer – zunutze machen, um nach der verbrecherischen Beseitigung ihres Bruders in den Besitz des väterlichen Riesenvermögens zu gelangen. Rastignac, der mit wachsendem Geschick sein Glück bei den Töchtern des armen Goriot versucht, deren eine (Delphine) ihn schließlich erhört, schreckt vor der teuflischen Intrige Vautrins zurück. Während dieser noch seine Pläne weiterverfolgt, wird er überraschend als der aus dem Gefängnis entwichene Verbrecher »Trompe-la-Mort« und Chef eines Gangstersyndikats der Pariser Unterwelt, entlarvt und verhaftet. Rastignac, der seine Liaison mit der Baronin Nucingen weiterpflegt, findet in den Salons der vornehmen Welt reichlich Gelegenheit, hinter die Kulissen der glänzenden und aufwendigen Fassade zu blicken: Er und sein Freund, der junge vorbildliche Arzt Bianchon (der in mehreren Texten der *Comédie humaine* auftritt, vgl. u. a. *Illusions perdues*) müssen zusehen, wie die herzlosen Töchter Goriots aus dem verarmten Vater, der inzwischen im schlechtesten Zimmer unter dem Dach haust, noch den letzten Sou für ihre Vergnügungen herauspressen. Auf dem Sterbebett – sein Tod gehört zu den ergreifendsten Partien der *Comédie humaine* – schreit er vergeblich nach »*seinen beiden Engeln*«, die er verzweifelt abwechselnd verflucht und segnet. Hinreichend ernüchtert fühlt sich der junge Mann nun der »Eroberung« von Paris gewachsen: »*Und er warf auf diesen brausenden Bienenstock einen Blick, der im voraus den Honig daraus zu saugen schien, und sagte die erhabenen Worte:* ›*Jetzt wir zwei!*‹« (Es sind die gleichen Worte – »*A nous deux maintenant*« –, die der zwanzigjährige Balzac bei seiner Ankunft in der Hauptstadt auf dem Friedhof von Montmartre ausrief.)

Mit den Hauptfiguren des Romans, von dem Balzac sagte, er sei »*noch schöner als Eugénie Grandet*«, werden zugleich die drei Hauptthemen entfaltet: die halb als Mysterium, halb als Laster gezeichnete ungelohnte Vaterliebe des Titelhelden, dieses »*Christ de la paternité*« (Abwandlung des King-Lear-Themas), das Debüt des ehrgeizigen Rastignac in der großen, vom Geld beherrschten Welt, die unerbittlich die Preisgabe seiner Skrupel verlangt, und Vautrins gehässige Revolte gegen eine Gesellschaft, in der »*Reichtum für Tugend*« gilt. (Für Vautrin hat der Abenteurer VIDOCQ Modell gestanden – vgl. *Mémoires*.) In bezeichnender Konstellation sind die Vertreter eines borniertden und habsüchtigen Kleinbürgertums (Goriot), einer moralisch zerrütteten Aristokratie und Großbourgeoisie (Goriots Töchter) und einer umstürzlerischen, atheistischen Intelligenz (Vautrin) in Gestalt eines Dreiecks um den aufstrebenden Rastignac gruppiert. – Ein Drittel des Romans ist der breiten Exposition mit genrehaften Milieuschilderungen und Porträts, zwei Drittel der dramatischen Entwicklung und dem von melodramatischen Akzenten nicht immer freien tragischen Ende vorbehalten. – In *Père Goriot* wendet Balzac erstmals seine Technik »der wiederkehrenden Figuren« an (Rastignac wurde bereits in *La peau de chagrin*, 1831, vorgestellt). Der Plan der *Comédie humaine* gewinnt allmählich Gestalt. Nach dem Darstellungsprinzip der Typisierung des Individuellen und der Individualisierung des Typischen und in Analogie zum biologischen System der Artentwicklung (der Roman ist nicht zufällig dem berühmten Naturhistoriker E. GEOFFROY SAINT-HILAIRE zugeeignet) versucht Balzac von nun an, mit der Gestaltung einer Modellwelt von nahezu 3000 fiktiven Personen, die jeweils als Produkt bestimmter Charaktereigenschaften und gesellschaftlicher Bedingungen entworfen werden, sein »*Jahrhundert auszudrücken*« (»*exprimer mon siècle*«). R.M.

AUSGABEN: Paris 1834/35 (in La Revue de Paris, 14.–28. 12. 1834; 28. 1.–11. 2. 1835). – Paris 1835, Hg. Werdet u. Spachmann, 2 Bde. – Paris 1843 (in *La comédie humaine*, 17 Bde., 1842–1848, 9: *Scènes de la vie parisienne*). – Paris 1935 (in *Œuvres complètes*, Hg. M. Bouteron u. H. Longnon, 40 Bde., 1912–1940, 2: *Scènes de la vie privée*). – Paris 1952, Hg. A. Sauret [Vorw. A. Maurois; Ill. P. Picasso]. – Paris 1960, Hg. P.-G. Castex (krit.; Class. Garn.). – Paris 1962 (in *L'œuvre*, Hg. A. Béguin, J. A. Ducourneau u. H. Evans, 16 Bde., 1962–1964, 4; krit.). – Paris 1968–1971 (in *Œuvres complètes*, Hg. M. Bardèche, 24 Bde., 4). – Paris 1972 (GF). – Paris 1976 (Folio). – Paris 1976 (in *La comédie humaine*, Hg. P.-G. Castex, 12 Bde., 1976–1981, 3; Pléiade). – Paris 1984 (Poche).

ÜBERSETZUNGEN: *Vater Goriot (Familiengemälde aus der höheren Pariser Welt)*, F. v. Rath, Stg. 1835. – Dass., anon. (in *Scenen aus dem Pariser Leben*, Bde. 41/42, Quedlinburg/Lpzg. 1844). – Dass., H. Denhardt (in *Pariser Lebensbilder*, Lpzg. 1887). – Dass., F. P. Greve (in *Menschliche Komödie*, Bd. 8, Lpzg. 1909). – Dass., R. Schapire, Bln. 1926 [Einl. E. R. Curtius]. – Dass., H. Furreg, Wien 1947. – Dass., anon., Reutlingen 1948 [m. Studie v. K. Wais]. – Dass., F. Hessel, Bln./Hbg. 1949. – Dass., E. Etzel, Ffm. 1949. – Dass., R. Schapire, Hbg. 1953. – Dass., F. Montfort u. W. Widmer, Mchn. 1960. – Dass., F. Hessel (in *Die menschliche Komödie*, 20 Bde., Bln./Weimar 1960; ³1984, 4). – Dass., ders., Mchn. 1971. – Dass., E. Sander, Mchn. 1962 (GGT); ern. 1986 (Goldm. Tb). – Dass., R. Schapire, Zürich 1977 (*Die menschliche Komödie*, 40 Bde., 10). – Dass., dies., Zürich 1987 (detebe).

VERFILMUNGEN: USA 1915. – Frankreich 1921/22 (Regie: J. de Baroncelli). – *Paris at Midnight*, USA 1926 (Regie: E. Mason Hopper). – Frankreich 1944 (Regie: R. Vernay). – *Karriere in Paris*, DDR 1951 (Regie: G. C. Klaren).

LITERATUR: H. v. Hofmannsthal, *Die Prosaischen Schriften*, Bd. 2, Bln. 1907, S. 163–187. – J. Bertaut, »*Le père Goriot*« *de B.*, Paris 1947. – M. Bouteron, *En marge du* »*Père Goriot*«, *B., Vidocq et Samson* (in La Revue, 1, Jan. 1948, S. 109–124). – H. Schrott, *Die Dinge in B.s Roman* »*Le père Goriot*«, Diss. Erlangen 1949. – D. Adamson, »*Le père Goriot*«. *Notes towards a Reassessment* (in Symposium, 19, 1965, S. 101–114). – P. W. Lock, *B.'s* »*Le père Goriot*«, Ldn. 1967. – R. Quinsat, »*Le père Goriot*« *de B.*, Paris 1972. – P. Barbéris, »*Le père Goriot*«

de B., Paris 1972. – N. Mozet, *La description de la Maison-Vauquer* (in L'Année balzacienne, 1972, S. 97–130). – G. Riegert, *B., »Le père Goriot«*, Paris 1973; ern. Paris/Ffm. 1984. – L. Pollmann, *»Le père Goriot«* (in *Der frz. Roman*, Hg. K. Heitmann, Düsseldorf 1975, Bd. 1, S. 293–311, 387–350). – M. Tournier, *»Le père Goriot, roman zoologique* (in M. T., *Le vol du vampire*, Paris 1981, S. 140–149). – H. Sanders, *Institution Literatur und Theorie des Romans* (in Erzählforschung, Hg. E. Lämmert, Stg. 1982, S. 233–242). – I. Little, *B., »Le père Goriot«*, Harlow 1984. – M. Crouzet, *»Le père Goriot«* et *»Lucien Leuwen, romans parallèles* (in L'Année balzacienne, 1986, S. 191–222). – R. Fortassier, *B. et le démon de double dans »Le père Goriot«* (ebd., S. 155–167). – J. Guichardet, *Un jeu de l'oie maléfique. L'espace parisien du »Père Goriot«* (ebd., S. 169–189). – G. Jacques, *La Belgique et »Le père Goriot«* (ebd., S. 247–259).

PETITES MISÈRES DE LA VIE CONJUGALE

(frz.; *Kleine Nöte des Ehelebens*). Didaktische Erzählung von Honoré de BALZAC, in Auszügen erschienen 1830 in ›La Caricature‹, in der *Comédie humaine* 1855 in erweiterter Fassung postum den *Études analytiques* zugeordnet. – Adolphe und Caroline sehen sich im Verlauf ihrer Ehe immer mehr in ihren anfänglichen Hoffnungen getäuscht. Ihre Desillusion erwächst aus der Einsicht, daß *»eine junge Person ihren wahren Charakter erst nach zwei oder drei Ehejahren [offenbart]«*. Carolines Eifersucht, ihre Vorwürfe, unüberlegten Ausgaben, ihre seltsam-»weibliche« Logik und nicht zuletzt der Einfluß der scheinheiligen Schwiegermutter öffnen Adolphe die Augen, so daß er in der Gattin bald nur noch ein *»dummes, borniertes, egoistisches und vulgäres Wesen«* zu sehen vermag. Bei den häufiger werdenden Auseinandersetzungen spielt Caroline anfangs die Rolle des Opfers: Sie nimmt eine verzichtende Haltung ein, setzt aber durch ihre hysterischen Launen und ein simuliertes Nervenleiden tyrannisch ihren Willen durch. Ihre beträchtliche Mitgift sichert ihr eine unheilvolle Vormachtstellung, die durch die geschäftlichen Fehlspekulationen Adolphes noch vergrößert wird. Durch die Belehrungen einer Freundin entdeckt sie erst spät die Bedeutung der »Duldsamkeit« für den ehelichen Frieden und erkennt darin das *»große Geheimnis des Glücks«*.

Petites misères de la vie conjugale war ursprünglich als illustrierender Teil der *Physiologie du mariage* konzipiert. Obwohl es sich zu dem anderen Werk zunächst nur wie *»die Geschichte zur Philosophie«* verhalten und gewissermaßen *»die Fakten zur Theorie«* liefern sollte, geht es darüber hinaus und versucht, die Eheproblematik auch aus der Sicht der Frau darzustellen. Die im Stil eines Traktats gehaltene Erzählung unterscheidet sich von der *Physiologie* auch durch eine lebendigere Zeichnung der Figuren und Situationen. R.M.

AUSGABEN: Paris 1830 (*Les voisins et Une consultation* in La Caricature, 4. u. 11. 11.; Ausz.). – Paris 1838–1840 (in La Caricature, Sept.–Juni; Ausz.). – Paris 1845 (in *Le diable à Paris*, Hg. Hetzel, 2 Bde., 1; Ausz.). – Paris 1845 (*Paris marié, Philosophie de la vie conjugale*, Hg. Hetzel; Ausz.). – Paris 1845 (in La Presse; Ausz.). – Paris 1846, Hg. Chlendowski [Ausz.]. – Paris 1846, Hg. Roux u. Cassanet, 3 Bde. (zus. m. *La physiologie du mariage*). – Paris 1855 (in *La comédie humaine*, 5 Bde., 1853–1855, 4: *Études analytiques*). – Paris 1936 (in *Œuvres complètes*, Hg. M. Bouteron u. H. Longnon, 40 Bde., 1912–1940, 10: *Études analytiques*). – Paris 1953 (in *Œuvres complètes*, Hg. A. Guillot). – Paris 1964 (in *L'œuvres complètes*, Hg. A. Béguin, J. A. Ducourneau u. H. Evans, 16 Bde., 1962–1964, 12; krit.). – Paris 1968–1971 (in *Œuvres complètes*, Hg. M. Bardèche, 24 Bde., 17). – Paris 1981 (in *La comédie humaine*, Hg. P.-G. Castex, 12 Bde., 1976–1981, 12; Pléiade).

ÜBERSETZUNGEN: *Kleine Leiden des Ehestandes*, A. F. Rudolph, Nordhausen 1847. – Dass., C. Hoffmann, Mchn. 1922. – *Kleine Leiden der Ehe*, C. Krauss, Karlsruhe 1969. – *Kleine Nöte des Ehelebens*, E. Sander, Mchn. 1970 (GGT).

LITERATUR: Th. Gautier, *Introduction à »Petites misères de la vie conjugale« d'H. de B.* (in La Presse, 2. 12. 1845). – F. Hebbel, *Sämtliche Werke*, Bd. 11, Bln. 1903, S. 305–309. – A. Michel, *Le mariage chez H. de B. Amour et féminisme*, Paris 1978. – T. Bodin, *Petites misères d'un préface* (in L'Année balzacienne, 1980, S. 163–168).

PHYSIOLOGIE DU MARIAGE ou Méditations de philosophie éclectique sur le bonheur et le malheur conjugal, publiées par un jeune célibataire

(frz.; *Physiologie der Ehe oder Philosophisch-eklektische Betrachtungen über Glück und Unglück der Ehe, veröffentlicht von einem jungen Junggesellen*). Abhandlung in drei Teilen von Honoré de BALZAC, entstanden von 1824 an, erschienen 1829, in der *Comédie humaine* 1846 den *Études analytiques* zugeordnet. – Von den ursprünglich geplanten vier Werken dieser Abteilung ist nur die *Physiologie* verwirklicht worden; später ist aus ihr noch die didaktische Erzählung *Petites misères de la vie conjugale* als selbständiges Werk hervorgegangen. Die Darstellung der Erscheinungsformen (*Études de mœurs*) und ursächlichen Zusammenhänge (in den *Études philosphiques*) des gesellschaftlichen Lebens sollte die der »Prinzipien« (in *Études analytiques*) krönen. Der Satz Napoleons (*»Die Ehe hat ihren Ursprung nicht in der Natur«*) gab nach einer Äußerung des Autors (vgl. *Introduction*) den Anlaß für die Entstehung des *»abscheulichsten aller Bücher«* (Balzac, 1834). In Form und Stil von BRILLAT-SAVARINS *Physiologie du goût* (1826) stark beeinflußt, entwickelte Balzac die Idee eines »Ehehandbuchs auf wis-

senschaftlicher« Basis, wo im ersten Teil von insgesamt dreißig *méditations* Voraussetzungen, Motive und Gefahren der Ehe untersucht werden. Im zweiten und dritten Teil freilich, dort mehr schon Leitfaden für Ehemänner, die sich von ihren Frauen nicht »*minotaurisieren*«, d. h. betrügen lassen wollen, beschäftigt sich das Werk mit den banalsten Problemen des Ehealltags, wie etwa den Wohn- und Schlafgebräuchen, den Eß- und Trinkgewohnheiten, dem richtigen Zeitpunkt der Schwangerschaften, der Lektüre und der Dienerschaft der Gattinnen. Für den »Ehekrieg« werden dem Mann konkrete »Waffen« an die Hand gegeben: die Religion, die Loyalität des Personals, die Kenntnis der »Krankheiten« der Frau, die Kontrolle des Besucherkreises und nicht zuletzt der dressierte Hund. Da erfährt der Ehemann, wie er die Gattin, von der angeblich allein die Bedrohung der Ehe ausgeht, mit ihrem Liebhaber ertappen kann und wie er diesem mit Haltung begegnet. Wiederum ein Wort Bonapartes schließt diese Betrachtungen ab: *»Wenn der Mann nicht alterte, würde ich ihm keine Frau wünschen.«*
Diese schockierend rationalistische, zynische (von der zeitgenössischen Kritik abgelehnte) Ehelehre geht davon aus, daß die Ehe als eine »Wissenschaft« erlernbar sei und – gegen allen Anschein – durch *»stufenweise Vervollkommnung«* zu einem entscheidenden Glücksfaktor im Leben des einzelnen und in der Gesellschaft wird. Obwohl das Buch *»weder für noch gegen die Ehe geschrieben«*, sondern lediglich *»ihre exakteste Beschreibung«* sein will, stellt sich Balzac damit in den Dienst der Erhaltung der bürgerlichen Institution. Der antiromantische Ansatz, wonach die Ehe als Geschlechts- und Wirtschaftsgemeinschaft gesehen wird, bedingt ein restauratives Bild der Frau, das als Reaktion auf ihre tatsächliche gesellschaftliche Vormachtstellung gedeutet werden muß. – Konzeption und Stil des mit viel Ironie teils essayistisch, teils aphoristisch, teils anekdotisch gehaltenen Werks entsprechen in der ausdrücklichen Nachahmung der Modeschriftsteller der Zeit und der bewußten Anwendung von Mischform und Mischstil dem populären Typus der Salonliteratur.   R.M.

AUSGABEN: Paris 1829, Hg. Ch. Gosselin u. U. Canel. – Paris 1834, Hg. Ollivier, 2 Bde. – Paris 1846 (in *La comédie humaine*, 17 Bde., 1842–1848, 16). – Paris 1936 (in *Œuvres complètes*, Hg. M. Bouteron u. H. Longnon, 40 Bde., 1912–1940, 10: *Études analytiques*). – Paris 1940, Hg. M. Bardèche. – Paris 1953 (in *Œuvres complètes*, Hg. A. Guillot). – Paris 1962, Hg. A. Lhéritier [krit.]. – Paris 1964 (in *L'œuvre*, Hg. A. Béguin, J. A. Ducourneau u. H. Evans, 16 Bde., 1962–1964, 12; krit.). 1968–1971 (in *Œuvres complètes*, Hg. M. Bardèche, 24 Bde., 17). – Paris 1968 (GF). – Paris 1980 (in *La comédie humaine*, Hg. P.-G. Castex, 12 Bde., 1976–1981, 11; Pléiade).

ÜBERSETZUNGEN: *Physiologie der Ehe*, anon. (in SW, Bde. 5–7, Quedlinburg/Lpzg. ²1863). – *Physiologie der Ehe (eklektisch-philosophische Betrachtungen über Glück und Unglück in der Ehe)*, H. Conrad, Lpzg. 1903. – *Physiologie der Ehe, oder eklektische Betrachtungen über eheliches Glück und Unglück*, J. Huppelsberg, Krefeld 1951. – *Physiologie der Ehe oder Betrachtungen einer eklektischen Philosophie über Glück und Unglück der Ehe*, F. Riederer, Lübeck 1959. – *Physiologie der Ehe*, H. Conrad [bearb. E. Sander], Mchn. 1970 (GGT).

LITERATUR: H. Cottez, *Le livre du jour: »La physiologie du mariage«* (in Mercure, Febr. 1950). – H. T. Garrett, *B.'s Theories on the Education of Girls for Marriage* (in Modern Language Forum, 36, 1951, S. 105–117). – C. Smethurst u. B. Tolley, *The Source of the Postscriptum of B.'s »Physiologie du mariage«* (in RLC, 39, 1965, S. 434–439). – P. Barbéris, *B., le baron Ch. Dupin et les statistiques* (in L'Année balzacienne, 1966, S. 67–83). – M. Le Yaouanc, *La ›Physiologie du plaisir‹ selon la »Physiologie du mariage«* (ebd., 1969, S. 165–182). – A. Prioult, *B. et le célibat d'après la »Physiologie du mariage«* (ebd., 1973, S. 169–182). – A. Michel, *La femme et le Code civil dans la »Physiologie du mariage« et les »Scènes de la vie privée« de 1830* (in Le réel et le texte, Vorw. C. Duchet, Paris 1974, S. 135–145). – M. Tilby, *»La Pandore« et la »Physiologie du mariage«* (in L'Année balzacienne, 1975, S. 312–316). – G. R. Kaiser, *Das Ende der Weisheit und der Beginn des Wissens. B.s »Physiologie du mariage«* (in Europäische Lehrdichtung, Fs. W. Naumann, Hg. H. G. Rötzer u. H. Walz, Darmstadt 1981, S. 235–268). – N. Basset, *La »Physiologie du mariage«. Est-elle une physiologie?* (in L'Année balzacienne, 1986, S. 101–114).

PIERRETTE

(frz.; *Pierrette*). Roman von Honoré de BALZAC, erschienen 1840 in ›Le Siècle‹, in der *Comédie humaine* 1843 der Gruppe *Les célibataires* innerhalb der *Scènes de la vie de province* zugeordnet. – Das der zwölfjährigen Anna von Hanska, der späteren Stieftochter Balzacs, zugeeignete Werk behandelt das Schicksal eines von seinen Pflegeeltern zu Tode mißhandelten Waisenkinds. – Die vierzehnjährige Pierrette Lorrain wohnt als Dienstmagd im Haus der mit ihr verwandten Geschwister Sylvie und Jérôme Rogron in der Provinzstadt Provins. Nachdem ihr Vater 1814, ein Jahr nach ihrer Geburt, in der Schlacht von Montereau gefallen und ihre Mutter, eine um fünfzig *(sic!)* Jahre jüngere Halbschwester der Mutter der Rogrons, 1819 in jungen Jahren gestorben war, wird sie nach einem Aufenthalt bei den Großeltern in der Bretagne und im Armenspital in Nantes 1824 von den Rogrons ins Haus geholt, die sich dadurch Pierrettes Anteil an dem Besitz des Hauses sichern wollen. Brigaut, ein Jugendfreund Pierrettes, der als Tischlergeselle in Provins arbeitet, begreift die unerträgliche Lage des geliebten Mädchens, das der altjüngferlichen Bosheit der Madame Rogron hilflos ausgeliefert ist. Er alarmiert die gutherzige Großmutter. Als diese – inzwischen wieder zu Vermögen gekommen – in der Stadt eintrifft, befreit sie mit seiner Hilfe die schwerkranke Enkelin. Der Notar Auffray, ein anderer Verwandter, übernimmt nach Einberufung des Familienrats die Vormundschaft und stellt den abgesetzten Vormund Rogron unter Anklage. Aber die Ärzte, auch der aus Paris herbeigeholte berühmte Chirurg Desplein, können das Leben Pierrettes nicht mehr retten. Sie stirbt an einem Aprilsonntag 1828 und vermacht ihr Erbteil Brigaut. Dieser verhindert die Autopsie der Leiche, die die Rogrons fordern, um ihre angebliche Unschuld an dem Tod des Kindes zu beweisen. – Als Vinet, der Verteidiger der Rogrons, 1830 als Deputierter der Liberalen in die Kammer einzieht, wird Rogron gleich zum Generalsteuerpächter ernannt. Nur Brigaut und der Arzt Martener, die »*als einzige die furchtbare Wahrheit*« kennen, können Pierrette und ihr Schicksal nicht vergessen. Um einer höheren Gerechtigkeit willen soll sie als Märtyrerin und als Opfer der menschlichen Bosheit im Gedächtnis der Leser weiterleben: »*Unter uns wollen wir zugeben, daß für die gesellschaftlichen Gaunereien die Legalität eine feine Sache wäre, wenn Gott nicht existierte.*«

Balzac zeichnet hier vielleicht die rührendste seiner engelgleichen Mädchengestalten. Eine solche Figur paßt freilich in diese »*Geschichte, voll Melancholie*«, die sich vornehmlich an die weibliche Leserschaft wendet. Dennoch vollzieht sich auch das Geschehen dieses – von R. WAGNER geliebten – Jungmädchenromans in einer realistisch geschilderten Umwelt; bei der politischen Einstellung Balzacs darf es dabei nicht überraschen, daß die unmenschlichen Rogrons und ihr Protektor Vinet ausgerechnet dem liberalen Lager angehören. R.M.

AUSGABEN: Paris 1840 (in Le Siècle, 14.–27. Jan.). – Paris 1840 (zus. m. *Pierre Grassou*, Hg. Souverain, 2 Bde.). – Paris 1843 (in *Les célibataires*, 1. Tl., in *La comédie humaine*, 17 Bde., 1842–1848, 1: *Scènes de la vie de province*). – Paris 1935 (in *Les célibataires*, in *Œuvres complètes*, Hg. M. Bouteron u. H. Longnon, 40 Bde., 1912–1940, 6/1: *Scènes de la vie de province*). – Paris 1953., Hg. M. Allem (Class. Garn.). – Paris 1963 (in *L'œuvre*, Hg. A. Béguin, J. A. Ducourneau u. H. Evans, 16 Bde., 1962–1964, 6; krit.). – Paris 1967 (GF). – Paris 1968–1971 (in *Œuvres complètes*, Hg. M. Bardèche, 24 Bde., 5). – Paris 1975 (Folio). – Paris 1976 (in *La comédie humaine*, Hg. P.-G. Castex, 12 Bde., 1976–1981, 4; Pléiade).

ÜBERSETZUNGEN: *Pierrette*, anon., Magdeburg 1840. – Dass., anon. (in *SW*, Bde. 38/39, Quedlinburg/Lpzg. 1841–1846). – Dass., R. Schapire, Bln. 1924. – Dass., dies., Hbg. 1959. – Dass., E. Sander, Mchn. 1966 (GGT). – Dass., R. Schapire, Zürich 1977 (*Die menschliche Komödie*, 40 Bde., 15).

VERFILMUNG: *Gli amori di Dafne*, Italien 1970 (Regie: O. Brazzi).

LITERATUR: E. u. J. Goncourt, *Mémoires de la vie littéraire (1851–1895)* (in *Journal des Goncourt*, Bd. 6, Paris 1887–1906). – P. Citron, *Une source possible de »Pierrette«* (in L'Année balzacienne, 1966, S. 373–378). – H. Godin. *De Pen-Hoël à Saint Jacques* (ebd., S. 379–385). – J.-L. Triller, *A propos des épreuves de »Pierrette«* (ebd., 1973, S. 19–29). – L. Chambard u. M. Rochette, *»Pierrette« de B.*, Paris 1976. – T. Kashiwagi, *La trilogie des célibataires d'H. de B.*, Paris 1983.

LES PROSCRITS

(frz.; *Die Geächteten*). Erzählung von Honoré de BALZAC, erschienen 1831 in ›La Revue de Paris‹, in der *Comédie humaine* 1846 den *Études philosophiques* zugeordnet. – Im mittelalterlichen Paris des Jahres 1308 finden zwei Unbekannte – hinter dem Greis und dem jungen Godefroid verbergen sich der im Exil lebende Dichter Dante und der nach der Unterwerfung Flanderns (1305) durch Frankreich heimatlos gewordene Graf von Gent – Aufnahme im Haus des Polizeipräfekten Tirechair (»Schinder«). Durch ihre außergewöhnliche Erscheinung und ihre zurückgezogene Lebensweise erregen sie den Verdacht der Gastgeber, die ihre wissenschaftlichen Studien für okkultistische Experimente halten. Eine Dienstbotin im Haus des Präfekten entpuppt sich als Comtesse Mahaut, die verschollene Mutter Godefroids. Nach dem Besuch einer Vorlesung des mystischen Theologen Sigier (Siger von Brabant, um 1250) hat Godefroid eine Vision, die ihn an den Rand des Selbstmords treibt; er wird durch Dantes Dazwischentreten gerettet. In der Anerkennung und Wiedereinsetzung als Graf von Gent und in der Begegnung mit der Mutter offenbart sich für Godefroid zuletzt der tiefere Sinn seiner mystischen Suche nach dem Paradies.

Zentrum der Erzählung – sie war zunächst als Auftakt des *Livre mystique* (1835) geplant, mit dem Balzac eine Lücke in der französischen Literatur schließen wollte (vgl. *Préface*) – ist der Vortrag des mittelalterlichen Mystikers über den inneren Zusammenhang der stufenweise und hierarchisch geordneten »Sphären« des Mineralischen, Belebten, Beseelten, Geistigen und Göttlichen. Er enthält *in nuce* Balzacs eigene religiöse Anschauungen, die, in Frontstellung zum herrschenden Pantheismus – er war für Balzac nur eine andere Form des Atheismus (vgl. auch *Avant-propos de la Comédie humaine*) –, den Versuch darstellen, die zeitgenössische Spannung von Spiritualismus und Materialismus zu überwinden. R.M.

AUSGABEN: Paris 1831 (in La Revue de Paris). – Paris 1831 (in *Les romans et contes philosophiques*). – Paris 1835 (in *Le livre mystique*, Hg. Werdet, 2 Bde.). – Paris 1846 (in *La comédie humaine*, 17 Bde., 1842–1848, 16: *Études philosophiques*). – Paris 1936 (in *Œuvres complètes*, Hg. M. Bouteron u. H. Longnon, 40 Bde., 1912–1940, 10/2: *Études philosophiques*). – Paris 1952 (in *Œuvres complètes*,

Hg. A. Guillot). – Paris 1963 (in *L'œuvre*, Hg. A. Béguin, J. A. Ducourneau u. H. Evans, 16 Bde., 1962–1964, 10; krit.). – Paris 1968–1971 (in *Œuvres complètes*, Hg. M. Bardèche, 24 Bde., 16). – Paris 1979 (Folio). – Paris 1980 (in *La comédie humaine*, Hg. P.-G. Castex, 12 Bde., 1976–1981, 11; Pléiade).

ÜBERSETZUNGEN: *Buch der Mystik, oder Seraphita und die Verbannten*, F. v. Rath, Stg. 1836. – *Die Geächteten*, anon., Quedlinburg/Lpzg. 1845. – *Die Verbannten*, H. Maass, Bln. 1925. – Dass., dies., Hbg. 1955. – Dass., E. Sander, Mchn. 1969 (GGT). – *Die Verbannten*, H. Maass (in *Das unbekannte Meisterwerk*, Zürich 1977; *Die menschliche Komödie*, 40 Bde., 37).

LITERATUR: G. Vicaire, *»Les proscrits« par H. de B.* (in Bulletin du Bibliophile, 1905, S. 476/477). – R. Guise, *B. et l'Italie (contribution à une étude de l'orientation italienne chez B.)* (in L'Année balzacienne, 1962, S. 245–275). – W. Conner, *En marge des »Proscrits«* (ebd., 1974, S. 322–323).

LA RABOUILLEUSE

(frz.; *Die Krebsfischerin*). Roman von Honoré de BALZAC, erschienen in zwei Teilen 1841/42 in ›La Presse‹ (Teil 1: *Les deux frères*; Teil 2: *Un ménage de garçon en province*), in der *Comédie humaine* 1843 den *Célibataires* innerhalb *Scènes de la vie de province* zugeordnet. – Das bereits auf den Gesamtplan der *Comédie humaine* zugeschnittene Werk handelt von einem ebenso verbissen wie zäh geführten Erbschaftsstreit. In Issoudun, einer Kleinstadt in der bäuerlich verschlafenen Provinz Berry, die dem Dichter durch wiederholte Aufenthalte selbst bekannt war, hinterläßt der alte Doktor Rouget sein gesamtes Vermögen seinem bejahrten, aber unverheirateten Sohn Jean-Jacques. Zur Hinterlassenschaft des Alten gehört auch die schöne Flore Brazier, eine siebzehnjährige Waise, die jener vor Jahren als »Käscherin« *(rabouilleuse)* beim Krebsefischen ertappt und ins Haus genommen hat. Der dümmliche, unselbständige Jean-Jacques behält sie als Mätresse bei sich, wird aber von ihr und ihrem jungen Liebhaber Maxence Gilet, die beide auf das Testament des Hagestolzes spekulieren, bald völlig beherrscht. – Jean-Jacques' Schwester Agathe, die der alte Rouget aufgrund eines unbegründeten Verdachts niemals als sein eigenes Kind betrachtet hat, lebt als Witwe des frühverstorbenen Ministerialbeamten Bridau mit ihren beiden herangewachsenen Söhnen in äußerst ärmlichen Verhältnissen in Paris. Diese Söhne könnten nicht konträrer veranlagt sein: Philippe, einem unter den Bourbonen verabschiedeten ehemaligen kaiserlichen Gardeoffizier – verwegen und rücksichtslos –, ist die Mutter, obwohl er bereits das gesamte Hab und Gut verspielt hat und kriminellen Neigungen nachgibt, in blinder Liebe zugetan; Joseph, ein fleißiger und schüchterner Künstler aus der Gros-Schule – die Delacroix-Züge sind unverkennbar –, opfert dem Wohl seiner Angehörigen alles. Als Philippe in einen Hochverratsprozeß verwickelt wird, begeben sich Mutter und Bruder nach Issoudun, um an das Herz des reichen Onkels zu appellieren. Aber Flore und Maxence wissen Mittel und Wege, das zu verhindern. Auf Joseph wird zudem von »Max«, der – auch ein ehemaliger Gardeoffizier wie Philippe – als Bandenchef der »Chevaliers de la Désœuvrance« (»Ritter des Müßiggangs«) in dem Provinznest sein nächtliches Unwesen treibt, hinterhältig ein Mordverdacht gelenkt, so daß er und Agathe zu einer überstürzten Abreise gezwungen sind. Erst in Philippe ersteht dem kecken, gerissenen Maxence ein gleichwertiger Gegner. Am Jahrestag von Napoleons Krönung kommt es zwischen den beiden zu einem Duell, bei dem Maxence fällt. Der Sieger zwingt hierauf Flore zur Ehe mit dem Onkel, heiratet sie nach dessen Tod selbst und gelangt so in den Besitz des Vermögens. Er kauft sich wieder in die Armee ein und bringt es als Oberst zu Reichtum und Ansehen, schließlich noch zu einem Grafentitel. Nach dem Tod der Mutter, der ihn vollkommen unberührt läßt, geht auch die verlassene Flore in äußerstem Elend zugrunde. Die Wirtschaftskrise der Juli-Revolution ruiniert jedoch den gewissenlosen Condottiere: 1839 findet er im Kampf gegen arabische Verbände ein grausiges Ende. Joseph dagegen wird endlich die ersehnte künstlerische Anerkennung zuteil: Er erbt Schloß und Adelsprädikat des unseligen Bruders und schließt eine glückliche Ehe.

Philippes diabolischer Charakter gilt dem eher konservativ eingestellten Autor einerseits als Beispiel der unheroischen, dumpfen Mittelmäßigkeit, die für ihn in der von allgemeiner Gewinnsucht geprägten Restaurationsepoche vorherrscht, andrerseits als besonders abschreckender Vertreter für die Gefahren einer nur mütterlichen Erziehung. Dieses »Ungeheuer« in Menschengestalt, das ohne moralische oder soziale Skrupel nur seine Pläne zu verwirklichen trachtet, stellt für Balzac das negative Resultat der Schwächung bzw. Ausschaltung der väterlichen Erziehungsgewalt dar. In einer Zeit, in der Religion und katholische Kirche nicht mehr ungebrochen Anerkennung finden, sieht er, in Analogie zum Königtum, im Patriarchat die Garantie für den Fortbestand von Moral und Anstand (vgl. die Widmung an Charles Nodier).

Die Haupt- wie Nebengestalten des Romans sind typisch Balzacsche Charaktere: Von Natur aus weder gut noch böse, stehen sie unter dem Zwang eines in ihnen angelegten Antriebs, der sich unter den Einflüssen von Gesellschaft und Milieu zur *»beherrschenden Eigenschaft«* (H. Taine), zum verderbenbringenden Laster auswächst. Ehrgeiz, Ruhmsucht, Besitzgier, Spielleidenschaft, abgöttische Kindesliebe, Hörigkeit und Haß durchziehen so als markante durchgängige Kraftlinien das im Handlungsaufbau nicht immer einheitliche Werk. R.M.

AUSGABEN: Paris 1842 (*Les deux frères* in La Presse, 24. 2.–4. 3.; 1. Tl.). – Paris 1842 (*Un ménage de garçon en province* in La Presse, 27. 10.–19. 11.; 2. Tl.). – Paris 1843 (*Les deux frères*, Hg. Souverain, 2 Bde., Tl. 1 u. 2). – Paris 1843 (*Un ménage de garçon en province*, Tl. 1 u. 2., in *La comédie humaine*, 17. Bde., 1842–1848, 6: *Scènes de la vie de province*). – Paris 1935 (in *Œuvres complètes*, Hg. M. Bouteron u. H. Longnon, 40 Bde., 1912 bis 1940, 4/1: *Scènes de la vie de province*). – Paris 1960, Hg. M. Allem [krit.]. – Paris 1962 (in *L'œuvre*, Hg. A. Béguin, J. A. Ducourneau u. H. Evans, 16 Bde., 1962–1964, 3). – Paris 1966, Hg. P. Citron (Class. Garn.). – Paris 1968–1971 (in *Œuvres complètes*, Hg. M. Bardèche, 24 Bde., 6). – Paris 1972 (Folio). – Paris 1972 (Poche). – Paris 1976 (in *La comédie humaine*, Hg. P.-G. Castex, 12 Bde., 1976–1981, 4; Pléiade).

ÜBERSETZUNGEN: *Die beiden Brüder und Claudinens Launen*, anon. (in *SW*, Bd. 24, Quedlinburg/Lpzg. 1841–1846). – *Die Junggesellenwirtschaft*, anon. (in *SW*, Bd. 69, Quedlinburg/Lpzg. 1841–1846). – *Ein Junggesellenheim*, F. P. Greve (in *Menschliche Komödie*, Bd. 1, Lpzg. 1908). – *Junggesellenwirtschaft*, F. Hessel, Bln. 1924. – Dass., A. Wagenknecht, Bln. 1955. – Dass., F. Hessel, Hbg. 1963. – Dass., ders. Zürich 1977 (*Die menschliche Komödie*, 40 Bde., 16). – *Ein Junggesellenheim*, F. Greve, Lpzg./Weimar 1983.

DRAMATISIERUNG: E. Fabre, *La rabouilleuse* (Urauff.: Paris, 11. 3. 1903 Théâtre de L'Odéon).

VERFILMUNGEN: Frankreich 1943 (Regie: F. Rivers). – *Les arrivistes*, Frankreich 1959/60 (Regie: L. Daquin). – *Trübe Wasser*, Deutschland 1960 (Regie: L. Daquin).

LITERATUR: H. A. Taine, *Nouveaux essais de critique et d'histoire*, Paris 1865. – H. Mayer, *Deutsche Literatur und Weltliteratur*, Bln. 1957, S. 452–464. – M. Bardèche, »*La rabouilleuse*« d'H. de B. (in Écrits de Paris, Febr. 1960, S. 101–109). – C. Mauriac, *B. respecté mais trahi* (in FL; 16. 5. 1960, 16; Rez. des Films). – G. Imbault, *Autour de* »*La rabouilleuse*« (in L'Année balzacienne, 1965, S. 217–232). – R. J. B. Clark, *Du nouveau sur Philippe Bridau* (ebd., 1968, S. 257–266). – F. Jameson, *Imagery and Symbolic in* »*La rabouilleuse*« (in Information sur les sciences sociales, 16, 1977, S. 59–81). – D. Magelle, *Trapping Crayfish* (in NCFSt, 12, 1983/84, S. 54–67). – T. Kashiwagi, *La trilogie des célibataires d'H. de B.*, Paris 1983.

LA RECHERCHE DE L'ABSOLU

(frz.; *Die Suche nach dem Absoluten*). Roman von Honoré de BALZAC, erschienen 1834; in der *Comédie humaine* 1846 den *Études philosophiques* zugeordnet. – Das Haus Claës, eines der ältesten und angesehensten Handelsgeschlechter im flämischen Douai, steuert dem Ruin entgegen, denn das Oberhaupt der Familie, Balthazar Claës, hat sich auf Anregung eines polnischen Offizieres mit Leib und Seele der Entdeckung des »Absoluten« verschrieben. Die kostspieligen und langwierigen Versuche, die er der Zerlegung des Stickstoffs widmet, lassen ihn seine zwar nicht besonders schöne, dafür mit engelhafter Geduld begabte Gattin Josephine und das prunkvolle Hauswesen immer mehr vernachlässigen. Auch der Tod Josephines und die schließliche Verarmung können den besessenen Forscher nicht von seinem Wahn heilen. Drückende Schulden erst zwingen Balthazar, eine Beamtenstelle in der fernen Bretagne anzunehmen und das Haus der Tochter Marguerite anzuvertrauen, die ihm mit umsichtiger Klugheit und der Hilfe einiger Freunde der Familie den alten Glanz wiederzugeben versteht. Als Balthazar nach siebenjähriger Abwesenheit zurückkehrt und die prächtige Hochzeit seiner drei Kinder miterlebt, flammt durch einen Diamantenfund in dem verwaisten Labor die unselige Leidenschaft von neuem auf. Als der Alchimist, von neuem verarmt, stirbt, ist das letzte, in Umnachtung gesprochene Wort des Greises: »*Heureka*«. In tragischer Ironie wird so die Vergeblichkeit seiner Forschermühen um die Entdeckung der »*una materia*« beleuchtet.

Balthazar Claës – das historische Vorbild der Figur ist der französische Keramiker und Chemiker Bernard PALISSY (1510 bis um 1590), mit dessen Gestalt und Schriften sich der Autor ausgiebig beschäftigt hat – gehört in die Reihe der großen, von einer Passion und einer Idee beherrschten Monomanen der *Comédie humaine*. Er ist als Naturforscher das, was Frenhofer als Maler (vgl. *Le chef d'œuvre inconnu*), Gambara als Musiker (vgl. *Gambara*), Louis Lambert als Mystiker (vgl. *Louis Lambert*) oder Goriot als Vater (vgl. *Père Goriot*) sind, und geht wie diese an der Vehemenz seiner Leidenschaft zugrunde. Mit seiner Haus und Familie gefährdenden Goldsuche befindet sich Balthazar in keinem bewußten Spannungsverhältnis zur Gesellschaft. Der Besessene, dem Balzac auch Züge von sich gegeben hat, wird kraftvollen Schöpfernaturen wie Michelangelo, Paganini oder Beethoven beigesellt, die, »*um der vom täglichen Leben fortgerissenen Masse aufzufallen, nur die eine Möglichkeit haben: über das Ziel hinauszugehen*«. – Balthazars »Sonderrechte« werden im Grunde sogar von der sanften Josephine anerkannt; ihre Selbstlosigkeit ist in Balzacs patriarchalischer Grundhaltung verankert.

Die Tatsache, daß der geniale Held dieses Romans kein Künstler, sondern Naturforscher ist, steht in engem Zusammenhang mit dem vom Autor nunmehr angestrebten Realismus. Die empirischen Wissenschaften werden vom Dichter als legitime Erkenntnismöglichkeit ernst genommen. Freilich darf nicht übersehen werden, daß Balzacs Begriff von Naturwissenschaft – ähnlich dem des von ihm bewunderten GOETHE – mehr von den mystisch-magischen Meditationen eines SWEDENBORG inspiriert ist als von den exakten Untersuchungsmethoden eines LAMARCK, BERTHOLLET, GAY-LUSSAC oder AMPÈRE. Der Naturforscher Claës, ein romantisch bizarrer Phantast, der einem wissenschaftlich längst widerlegten Phantom nachjagt, ist geprägt von den okkultischen, illuministischen und theosophischen Strömungen des ausgehenden 18. Jh.s. R.M.

AUSGABEN: Paris 1834 (in *Études de mœurs au 19e siècle*, Bde. 1–4: *Scènes de la vie privée*). – Paris 1845 (in *La comédie humaine*, 17 Bde., 1842–1848, 14: *Études philosophiques*). – Paris 1936 (in *Œuvres complètes*, Hg. M. Bouteron u. H. Longnon, 40 Bde., 1912–1940, 9/1: *Études philosophiques*). – Paris 1962, Hg. A. Billy [krit.]. – Ffm. 1963, Hg. H. Jacobs [krit.]. – Paris 1964 (in *L'œuvre*, Hg. A. Béguin, J. A. Ducourneau u. H. Evans, 16 Bde., 1962–1964, 12). – Paris 1968–1971 (in *Œuvres complètes*, Hg. M. Bardèche, 24 Bde., 15). – Paris 1976 (Folio). – Paris 1980 (in *La comédie humaine*, Hg. P.-G. Castex, 12 Bde., 1976–1981, 10; Pléiade).

ÜBERSETZUNGEN: *Die Erforschung des absoluten Princips*, anon. (in *SW*, Bde. 38/39, Quedlinburg/Lpzg. 1841–1846). – *Der Alchimist*, E. Hirschberg, Bln. 1923. – *Die Suche nach dem Urelement*, F. P. Greve (in *Menschliche Komödie*, Bd. 9, Lpzg. 1925). – *Der Alchimist*, E. Hischberg, Hbg. 1963. – *Der Stein der Weisen*, E. Sander, Mchn. 1968 (GGT). – *Die Suche nach dem Absoluten*, T. Bergner (in *Die menschliche Komödie*, 20 Bde., Bln./Weimar 1969, 20). – *Der Alchimist*, E. Hirschberg, Zürich 1977 (*Die menschliche Komödie*, 40 Bde., 38).

LITERATUR: Ch.-A. Sainte-Beuve, *M. de B.: »La recherche de l'absolu«* (in RDM, 15. 11. 1834). – G. Thouvenin, *La genèse d'un roman de B.* (in RHLF, Okt.–Dez. 1911, S. 865–884). – J. Lescure, *Le tempérament flamand dans »La recherche de l'absolu« de B.* (in Revue Universelle, 1934, Bd. 2, S. 222–225). – M. Fargeaud, *B. et »La recherche de l'absolu«*, Paris 1968. – M. Robert, *»La recherche de l'absolu«* (in M. R., *Roman des origines et origines du roman*, Paris 1972, S. 237–291). – B. L. Knapp, *B.'s »In Search of the Absolute«* (in B. L. Knapp, *The Prometheus Syndrome*, Troy/NY 1979, S. 185 bis 205). – H. F. Majewski, *The Function of the Mythic Patterns in B.s »La recherche de l'absolu«* (in NCFSt, 9, 1980/81, S. 10–17). – M. Ambrière, *B. homme de sience(s)* (in *B., l'invention du roman*, Hg. C. Duchet u. J. Neefs, Paris 1982, S. 43–55). – J. Harari, *The Pleasures of Science and the Pains of Philosophy* (in YFSt, 67, 1984, S. 135–163).

SARRASINE

(frz.; *Sarrasine*). Erzählung von Honoré de BALZAC, erschienen 1830 in der ›Revue de Paris‹; 1844 in die *Comédie humaine* aufgenommen und den *Scènes de la vie parisienne* zugeordnet. – Wo liegt der Ursprung des unermeßlichen Reichtums der Familie de Lanty? Woher kommt diese kosmopolitische, musikliebende Familie? Wer ist der sonderbare Greis, der in ihrem prunkvollen Stadthaus herumgeistert? Warum wird er von allen Familienmitgliedern verwöhnt, von der Öffentlichkeit aber ferngehalten, als müßte man sich seiner schämen? Wer ist das Modell des *»auf einer Löwenhaut lagernden Adonis«*, der auf einem prächtig gerahmten Ölgemälde aus Familienbesitz dargestellt ist?

Das sind die Fragen, die sich die Besucher eines von Madame de Lanty veranstalteten Balls stellen. Antwort darauf gibt der Ich-Erzähler seiner Begleiterin Madame de Rochefide am Tag danach. Er kennt des Rätsels Lösung, die er indes erst preisgibt, nachdem die junge Dame in den Pakt eingewilligt hat, sich die Geschichte anzuhören und dem Erzähler dafür ein nächtliches Rendezvous zu gewähren. Eine Erzählung für eine Liebesnacht! Sarrasine ist der Name eines französischen Bildhauers, dessen Lebensgeschichte als Antwort auf die Frage nach der Identität des sich im Hause de Lanty aufhaltenden hundertjährigen Greises erzählt wird:

Mitte des 18. Jh.s kam Sarrasine nach Rom, wo er *»seinen Namen zwischen dem Michelangelos und dem Bouchardons«* einzutragen gedenkt. Statt dessen verliebt er sich bereits zu Beginn seines Rom-Aufenthalts in die stadtbekannte Primadonna Zambinella bzw. in ihre Stimme und erfährt die Abgründe seines Begehrens. Nichtsahnend, sich jeder Andeutung über die geschlechtliche Natur des auf den Bühnen des Kirchenstaates in Frauenrollen auftretenden »musicos« verschließend, erblickt der Bildhauer in Zambinella die Verkörperung der weiblichen Schönheit und entdeckt in ihr das Modell der antiken Statuen. Doch die Primadonna genießt die Protektion des mächtigen Kardinals Cicognara, dem die Verliebtheit des naiven Franzosen schnell zu gefährlich wird. Noch bevor Sarrasine Zambinella entführen kann, muß er die Wahrheit über das seltsame Wesen hören, *»das in keiner menschlichen Sprache einen Namen hat«*. Sarrasine wird ermordet. Damit endet die Binnenerzählung. Auf die Frage Madame de Rochefides nach dem Zusammenhang zwischen dieser grauenhaften Geschichte und der Familie de Lanty heißt es: Dieser oder diese Zambinella sei niemand anders als der Großonkel der Kinder von Madame de Lanty. *»Ihr könnt jetzt wohl begreifen, was für ein Interesse Madame de Lanty hat, die Quelle eines Vermögens zu verbergen...«* Die Zuhörerin verbietet dem Erzähler, das mit einem Tabu belegte Wort Kastration auszusprechen; und der Abscheu, den das Vermögen der Lantys erregt, verhindert die Erfüllung des Paktes, den der verliebte Erzähler mit Mme de Rochefide abgeschlossen hat. Als müßte er für das Erzählen einer Kastrationsgeschichte bestraft werden, entläßt sie ihn schweigend. (Mme de Rochefide taucht in der *Comédie humaine* mehrfach auf; vgl. *Béatrix*.)

R. BARTHES hat dieser komplexen Rahmenerzählung, in der Balzac u. a. die Frage des auf einem Verbrechen beruhenden Reichtums stellt (vgl. auch *L'Auberge rouge*) sowie das Verhältnis zwischen der Bildhauerkunst und der Musik thematisiert, eine detaillierte Strukturanalyse gewidmet und auf Zusammenhänge von Ökonomie, Sexualität und Kunst aufmerksam gemacht. B.We.

AUSGABEN: Paris 1830 (in La Revue de Paris, 21. u. 28. 11.). – Paris 1831 (in *Romans et contes philosophiques*, Bd. 2). – Paris 1835 (in *Études de mœurs au XIXe siècle*). – Paris 1839 (in *Scènes de la vie parisienne*). – Paris 1844 (in *La comédie humaine*, Bd. 10.). – Paris 1949 (in *Œuvres complètes*, Hg. M. Bouteron u. H. Longnon, 40 Bde., 1912–1949, 16). – Paris 1966 (in *L'œuvre*, Hg. A. Béguin, H. Evans u. J. A. Ducourneau, 16 Bde., 1962–1964, 12). – Paris 1969 (in *Œuvres complètes*, Hg. M. Bardèche, 24 Bde., 9). – Paris 1977 (in *La comédie humaine*, Hg. P.-G. Castex, 12 Bde., 1976–1981, 6; Pléiade). – Paris 1981 (Folio).

ÜBERSETZUNGEN: *Sarrasine*, H. Lachmann (in *Facino Cane*, Lpzg. 1912; ern. 1969). – Dass., T. v. Riba, Lübeck 1922. – Dass., H. Lachmann, Wien 1922. – Dass., P. Mayer, Bln. 1925; ern. Hbg. 1961. – Dass., ders. (in *Die Grenadiere*, Zürich 1977; *Die menschliche Komödie*, 40 Bde., 6).

LITERATUR: H. David, *B. italisant. Autour de »Sarrasine«* (in Revue de littérature comparée, 1933, S. 457–464). – J. Seznec, *Diderot et »Sarrasine«* (in Diderot Studies, 4, 1963, S. 237–245). – J. Reboul, *»Sarrasine« ou la castration personnifiée* (in Cahiers pour l'anlayse, 7, 1967). – R. Barthes, *S/Z*, Paris 1970 (dt. 1987). – P. Barbéris, *A propos du S/Z de Roland Barthes* (in L'Année balzacienne, 1971, S. 109–123). – P. Citron, *Interprétation de »Sarrasine«* (ebd., 1972, S. 81–97). – L. Frappier-Mazur, *B. et l'androgyne* (ebd., 1973, S. 253–277). – D. G. Lambert, *»S/Z«; Barthes' Castration Camp and the Discourse of Polarity* (in Modern Language Studies, 16, 1986, S. 161–171). – M. Serres, *L'Hermaphrodite. Sarrasine sculpteur*, Paris 1987.

LES SECRETS DE LA PRINCESSE DE CADIGNAN

(frz.; *Die Geheimnisse der Fürstin von Cadignan*). Erzählung von Honoré de BALZAC, erschienen 1839; innerhalb der *Comédie humaine* den *Scènes de la vie parisienne* zugeordnet. – Die ebenso schöne wie berüchtigte Diana von Maufrigneuse, eine der am häufigsten wiederkehrenden Gestalten der *Comédie humaine*, lebt nach der Julirevolution völlig zurückgezogen in Paris, nachdem ihr Mann, der vorzeitig gealterte Fürst von Cadignan, im Dienst der französischen Königsfamilie ins Ausland gegangen ist. Während eines Spaziergangs im Mai 1833 gesteht Diana der Marquise d'Espard ein *»unglaubliches Geheimnis«*. Trotz ihrer zahlreichen Liebesaffären sei sie niemals der wirklichen Liebe begegnet: *»Alle Männer, die ich gekannt habe, fand ich klein, armselig, oberflächlich; keiner von ihnen hat mir die leiseste Überraschung gebracht... ich habe mich unterhalten, aber ich habe nicht geliebt.«* Bei einem Diner stellt die Marquise d'Espard Diana den berühmten Schriftsteller d'Arthez (vgl. *Illusions perdues*) vor, einen durch sein zurückgezogenes Leben in der Liebe wie in den Gepflogenheiten der großen Welt unerfahrenen *»genialen Mann«*, wie ihn Diana bislang vergeblich gesucht hat. Um d'Arthez zu erobern, folgt die Fürstin einem raffiniert ausgeklügelten Plan. Sie spielt ihm die unschuldige, zu Unrecht verleumdete Frau vor, *»eine Jungfrau und eine Märtyrerin«*, deren scheinbare Vergnügungen nur Rache für eine erzwungene unglückliche Ehe gewesen seien. Mit unerhörter Berechnung und Koketterie setzt Diana jedes Detail ihrer Kleidung, den Klang ihrer Stimme, ihr Mienenspiel und die Wahl der Gesprächsthemen ein, um d'Arthez in ihren Schlingen zu fangen. Dieser glaubt ihr so bedingungslos, daß auch die Verleumdungen Dianas durch ihre früheren Liebhaber bei ihm keinen Argwohn auslösen. Diana hat ihr Spiel gewonnen, das durch die Liebe zu d'Arthez eine gewisse Rechtfertigung erhält: *»Wenn sie so grausige Lügen erfunden hatte, so war sie vom Wunsche getrieben, die wahre Liebe zu erfahren. Diese Liebe fühlte sie in ihrem Herzen anbrechen.«*

In der an äußerer Handlung armen Erzählung konzentriert sich Balzacs Interesse auf die psychologischen Momente, die es einer so eitlen und mondänen Frau wie der Herzogin von Maufrigneuse (vgl. *Le cabinet des antiques*) ermöglichen, den geistreichen d'Arthez in ihren Bann zu ziehen *»wie eine Katze, die eine Maus fängt«*. Balzac zeichnet in diesem Verhältnis seine persönlichen Erfahrungen mit der Marquise de Castries nach, die er bereits in *La duchesse de Langeais* erbarmungslos porträtiert hatte. Doch hält im Fall Dianas dem Zynismus, mit dem Balzac ihre taktischen Manöver bloßlegt, die Bewunderung für ihre geistige Überlegenheit die Waage, die sie auf ihre Weise zu einer ebenbürtigen Partnerin des genialen d'Arthez macht. Balzac betont wiederholt den *»ungeheuren Unterschied, der zwischen vornehmen Frauen, diesen Blumen der großen Welt, und den gewöhnlichen Frauen«* des aufstrebenden Bürgertums besteht. Die Aristokratinnen des Faubourg Saint-Germain waren für ihn typische Repräsentantinnen einer absterbenden Gesellschaftsschicht, die ihn ihrer Verfallssymptome und Auflösungserscheinungen wegen besonders anzog. Innerhalb der *Comédie humaine* bildet die Koketterie der großen Damen darüber hinaus den Gegenpol zu der aufrichtigen und opferbereiten Liebe, die gerade auf der niedrigsten Stufe der Gesellschaft von Dirnen wie Coralie oder Sarah und Esther Gobseck verkörpert wird (vgl. *Gobseck*; *Splendeurs et misères des courtisanes*). H.Ei.

AUSGABEN: Paris 1839 (in *Œuvres complètes*, 16 Bde., 1836–1840, 11: *Scènes de la vie parisienne*). – Paris 1913 (in *Œuvres complètes*, Hg. M. Bouteron u. H. Longnon, 40 Bde., 1912–1940, 16: *Scènes de la vie parisienne*). – Paris 1963 (in *L'œuvre*, Hg. A. Béguin, J. A. Ducourneau u. H. Evans, 16 Bde., 1962–1964, 8; krit.). – Paris 1977 (in *La comédie humaine*, Hg. P.-G. Castex, 12 Bde., 1976–1981; 6; Pléiade). – Paris 1981 (Folio).

ÜBERSETZUNGEN: *Die Geheimnisse der Prinzessin Cadignan*, Bln. o. J. 1920 [zus. m. *Gobseck*]. – *Die*

Geheimnisse der Fürstin von Cadignan, F. P. Greve, Bearb. E. Sander, Mchn. 1965 (GGT). – Dass., L. u. H. Pollnow, Zürich 1977 (*Die menschliche Komödie*, 40 Bde., 24).

LITERATUR: G. Lukács, *B. u. der frz. Realismus* (in *Probleme des Realismus III: Der historische Roman*, Neuwied 1965). – J.-L. Bourget, *B. et le néo-classicisme: à propos des »Sécrets de la princesse de Cadignan«* (in RomR, 66, 1975, S. 269–282). – A. Fischler, *Duplication and »Comédie morale« in B.s »Les sécrets de la princesse de Cadignan«* (in Studies in Romanticism, 24, 1985, S. 257–266). – D. Festa-McCormick, *Linguistic Deception in B.'s »Princesse de Cadignan«* (in NCFSt, 14, 1985/85, S. 214–224).

SÉRAPHÎTA

(frz.; *Seraphita*). Erzählung von Honoré de BALZAC, entstanden aus einem Entwurf *(Falthurne)* von 1823/24, erschienen 1835 in *Le livre mystique*, in der *Comédie humaine* 1846 den *Études philosophiques* zugeordnet. – In einem düsteren Schloß im norwegischen Dorf Jarvis lebt im Winter 1799/1800 das geheimnisvolle androgyne Wesen Séraphîtus-Séraphîta, das der Familie des schwedischen Naturphilosophen und Theosophen Swedenborg entstammt. Sowohl der Gelehrte Wilfrid aus auch Minna, die Tochter des Dorfpastors Bekker, lieben und verehren die unirdische und unnahbare Gestalt. In langen Gesprächen, bei denen dem Pastor die Rolle des Skeptikers zufällt, offenbart ihnen Séraphîta das Mysterium ihrer Doppelgeschlechtlichkeit und Zugehörigkeit zu einer *»Welt des Lichts«*. Wilfrid und Minna finden in Liebe zueinander, als sie Zeugen der Verwandlung Séraphîtas in einen Seraphim werden, der alsbald in strahlender *»Himmelfahrt«* ihren Augen entschwindet: *»Die unübersehbare Spannweite seiner schillernden Flügel bedeckte die Augen der Schauenden gleich einem wohltätigen Schatten, so daß sie den Blick erheben und ihn in seiner Herrlichkeit und vom jauchzenden Erzengel begleitet sehen konnten.«* Während *»draußen in seiner ganzen Pracht der erste Sommer des neunzehnten Jahrhunderts ausbrach«*, treten die Liebenden *»auf den Flügeln des Gebets«* gemeinsam den Weg zu *»Gott«*, das heißt in die unendlichen Sphären des Geistes an.
Wie aus dem *AvantPropos* (1842) zur *Comédie humaine* hervorgeht, suchte Balzac den von der Kritik gegen ihn erhobenen Vorwurf des Materialismus und Atheismus zu entkräften: *»Als einige Leute sahen, wie viele Tatsachen ich anhäufte und sie schilderte, wie sie wirklich sind, das heißt mit der Leidenschaft als Grundelement, da haben sie sich sehr zu Unrecht eingebildet, ich gehörte der sensualistischen und materialistischen Schule an...«* Mit Séraphîta wollte er eine *»Antwort auf diese ziemlich leichtfertige... Beschuldigung«* und zugleich ein Beispiel für die Möglichkeit einer nichtrealistischen, spekulativen poetischen Darstellungsweise geben. – Balzacs Mystizismus bewegt sich eklektisch zwischen christlich-häretischem und gnostischem Gedankengut, orientalischer und fernöstlicher Philosophie und alchimistisch-okkultistischen Vorstellungen. Zarathustra, Moses, Pythagoras, Buddha, Konfuzius, Christus und schließlich Swedenborg, der dem Mystizismus der großen Weltreligionen die »reale« naturwissenschaftliche Grundlage hinzugefügt habe, folgen als Mystiker ein und demselben Prinzip, indem sie die Befreiung des Geistes *(animus)* und der Seele *(anima)* vom Körperlichen und Materiellen suchen: *»Die Vereinigung aus dem Geist der Liebe und dem Geist der Weisheit versetzt die Kreatur in den göttlichen Zustand, in dem ihre Seele FRAU und ihr Körper MANN ist, letzter Ausdruck des menschlichen Seins, wo der Geist über die Form siegt.«* Die maskulin-feminine Zwitternatur Séraphîtas, *»eines nach den streng angewandten Gesetzen Swedenborgs geformten vollkommenen Geschöpfes«* (*Préface au Livre mystique*), darf als dichterisches Bild dieser *unio mystica* und des Mystizismus überhaupt gelten.
Balzacs naiv anmutende Spekulationen sind auf wahllos und oft verfälscht übernommenes Gedankengut gegründet. Es ist bezeichnend für den dilettantischen Charakter dieser Mystik, daß mit ihr eine Liebeserklärung an Madame Hanska verbunden wird, der das Werk auch gewidmet ist. GRILLPARZER bezeichnete die darin entwickelten philosophischen Ideen als *»Hanswurstereien«*, die Zeitschrift ›La Revue de Paris‹, die 1834 zunächst die Veröffentlichung übernommen hatte, lehnte die Fortsetzung der Publikation mit der Begründung der »Unverständlichkeit« ab. R.M.

AUSGABEN: Paris 1834 (in La Revue de Paris, Juni/Juli). – Paris 1835 (zus. m. *Louis Lambert* u. *Les proscrits*, in *Le livre mystique*, Hg. Werdet, 2 Bde.). – Paris 1936 (in *Œuvres complètes*, Hg. M. Bouteron u. H. Longnon, 40 Bde., 1912–1940, 10: *Études philosophiques*). – Paris 1964 (in *L'œuvre*, Hg. A. Béguin, J. A. Ducourneau u. H. Evans, 16 Bde., 1962–1964, 12; krit). – Paris 1968–1971 (in *Œuvres complètes*, Hg. M. Bardèche, 24 Bde., 16). – Paris 1973. – Paris 1980 (in *La comédie humaine*, Hg. P.-G. Castex, 12 Bde., 1976–1981, 11; Pléiade).

ÜBERSETZUNGEN: *Buch der Mystik oder Seraphita und die Verbannten*, F. v. Rath, Stg. 1836. – *Das mystische Buch*, anon. (in *SW*, Bde. 12/13, Quedlinburg/Lpzg. 1841–1846). – *Seraphita*, G. Etzel (in *Menschliche Komödie*, Bd. 15, Lpzg. 1910). – Dass., F. Hessel (in *Buch der Mystik*, Bln. 1924). – Dass., F. v. Rath (in *Buch der Mystik*, Hbg. 1954). – Dass., G. Goyert (in *Mystische Geschichten*, Mchn. 1958; ern. 1969 (GGT)). – Dass., F. Hessel (in *Buch der Mystik*, Zürich 1977; *Die menschliche Komödie*, 40 Bde., 36).

VERFILMUNG: *Himself as Herself*, USA 1966/67 (Regie: G. J. Markopoulos).

VERTONUNG: R. Leoncavallo, *Serafita* (Symphon. Gedicht; Urauff.: Mailand 1894, Teatro Pompeiano).

LITERATUR: Ch. de Lovenjoul, *Histoire des œuvres de H. de B.*, Paris 1888. – E. R. Curtius, *B. und die Religion* (in Hochland, Juni/Juli 1922, S. 268–296; 450–477). – Ch. Grolleau, *Note sur »Séraphîta« de H. de B.*, Paris 1923. – P. Laubriet, *Influences chez B. (Swedenborg – E. T. A. Hoffmann)* (in Études balzaciennes, 5/6, Dez. 1958, S. 160–180). – J. Borel, *»Séraphîta« et le mysticisme balzacien*, Paris 1967. – G. Delattre, *De »Séraphîta« à »La Fille aux yeux d'or«* (in L'Année balzacienne, 1970, S. 183–226). – M. Nathan, *La droite et sa courbe* (in Littérature, 2, Febr. 1972, S. 45–57). – M. Delcourt, *Deux interprétations romanesques du mythe de l'androgyne, »Mignon« et »Séraphîta«* (in Revue des langues vivantes, 38, 1972, S. 228–240, 340–347). – P. Houque, *Odore di femina* (in P. H., *Eve, Eros, Elohim*, Paris 1982, S. 91–108).

SPLENDEURS ET MISÈRES DES COURTISANES

(frz.; *Glanz und Elend der Kurtisanen*). Roman von Honoré de BALZAC, erschienen in vier Teilen: *Comment aiment les filles* (1838–1844), *A combien l'amour revient aux vieillards* (1843/44), *Où mènent les mauvais chemins* (1846), *La dernière incarnation de Vautrin* (1847); innerhalb der *Comédie humaine* den *Scènes de la vie parisienne* zugeordnet. – Der Roman bildet die Fortsetzung der *Illusions perdues*, mit denen er zum Teil gleichzeitig entstand. Der junge Dichter Lucien de Rubempré, den der Erzähler am Ende der *Illusions perdues*, nach dem Scheitern seines ersten Pariser Aufenthalts, tief verschuldet und dem Selbstmord nahe verlassen hatte, setzt seit dem Opernball im Jahre 1824 die Pariser Gesellschaft durch sein vollständig gewandeltes Auftreten in Erstaunen. Kalt, verschlossen und von diplomatischer Vorsicht in allen Gesprächen und Handlungen, gilt er als geheimer Mitarbeiter verschiedener Politiker, als Liebhaber so berühmter Frauen wie der Herzogin von Maufrigneuse und Madame de Sérizy und bald schon als aussichtsreicher Bewerber um die Hand der Clotilde von Grandlieu. Eine so vorteilhafte Heirat würde ihm die Aussicht auf den Marquistitel und einen Botschafterposten eröffnen. »*Dieser Bursch muß jemanden sehr Starken hinter sich haben*«, vermutet der Dandy Henri de Marsay voll Neid und gibt damit der Verwunderung aller ehemaligen Freunde Luciens Ausdruck. Der mächtige Mann hinter Lucien aber ist ein angeblicher spanischer Abbé, Carlos Herrera, der Lucien seit seiner Rettung vor dem Selbstmord als sein Geschöpf betrachtet und mit ihm einen »höllischen Pakt« geschlossen hat. Der junge Dichter zahlt mit seiner Seele für die Erfüllung all seiner ehrgeizigen Pläne und Wünsche, denn hinter der Maske des spanischen Priesters verbirgt sich der mehrfach entflohene Bagnosträfling Jacques Collin, der auch unter den Namen Vautrin und Trompe-la-Mort bekannte »General des Bagnos« (vgl. *Le père Goriot*). Dieser dämonische Mensch kettet Lucien immer unlösbarer an sich, indem er ihn Schritt für Schritt zu seinem Mitwisser und Mitschuldigen macht.

Aus Liebe zu Lucien hat Collin die Kurtisane Esther heimlich in einem Kloster erziehen lassen und ihr eine luxuriöse Wohnung eingerichtet. Dank seiner Umsicht bleibt der Gesellschaft jahrelang ein Verhältnis verborgen, in dem Lucien »*die Verwirklichung aller Träume*« findet, »*wie sie die bettelarmen hungrigen Dichter in ihrer Dachkammer träumen*«. Dieses ungetrübte Glück wird im Jahre 1829 durch einen Zufall zerstört. Der Baron von Nucingen, einer der reichsten Bankiers von Paris, ein gerissener »*Wucherer und Halsabschneider*« (vgl. *La maison Nucingen*), begegnet Esther auf einer ihrer nächtlichen Spazierfahrten und bittet zum erstenmal in seinem Leben. Um sie wiedersehen zu können, sind ihm alle Mittel recht. Blitzschnell erfaßt Collin den Vorteil, den er aus diesem Liebeswahnsinn ziehen kann. Mit Esther als Lockvogel will er aus Nucingen das Geld erpressen, das Lucien bei seiner Hochzeit mit Clotilde von Grandlieu als Sicherheit hinterlegen muß. Aber schon sind ihm durch Nucingens Nachforschungen die Agenten der Geheimpolizei unter Corentin (vgl. *Une ténébreuse affaire*) auf der Spur, der Lucien beim Herzog von Grandlieu denunziert. Das Netz der Polizei zieht sich immer enger um den falschen Priester und seinen Schützling zusammen, während sich Esther dem Bankier noch bis zur Einweihung ihres verschwenderisch ausgestatteten Palais verweigert. Durch den erzwungenen Rückfall in ihr Dirnendasein und die »Untreue« gegenüber Lucien innerlich zerbrochen, vergiftet sich Esther nach der glanzvollen Einweihungsfeier, kurz bevor sich herausstellt, daß sie die Alleinerbin des Wucherers Gobseck (vgl. *Gobseck*) und damit im Besitz von über sieben Millionen Franken gewesen wäre. Der geprellte Nucingen zeigt den Verlust hoher Rentenverschreibungen an, die sich in Esthers Zimmer befunden haben und von ihren Bedienten gestohlen worden sind. Der Verdacht auf Mord und Diebstahl richtet sich sofort gegen Collin und Lucien, die in Einzelzellen der Conciergerie gefangengesetzt werden.

Während es Collin im Verhör durch den Untersuchungsrichter Camusot dank unerhörter Geistesgegenwart und Verschlagenheit gelingt, jeden Verdacht gegen seine Identität zu entkräften, fällt Lucien den verfänglichen Fragen des Untersuchungsrichters zum Opfer und gibt Collins Geheimnis preis. Obgleich seine Unschuld an Esthers Tod durch einen inzwischen aufgefundenen Brief der Kurtisane erwiesen ist, hat er sich doch durch sein eigenes Geständnis als Komplice eines Bagnosträflings für alle Zeit kompromittiert. Aus Scham über seine Schwäche wie aus Furcht vor der Schande erhängt er sich in seiner Zelle. Die Nachricht von seinem Tod läßt Collin, diesen »*Mann von Eisen*«, hilflos zusammenbrechen: »*Nie hat ein Tiger, der seine Jungen geraubt sieht, durch die Dschungel Indiens einen so entsetzlichen Laut gebrüllt, wie Jacques Collin ihm... ausstieß.*« Während der Totenwache faßt er den Plan zu einer »*letzten Gestalt*«, um an Corentin

Rache nehmen zu können. Er will dem sinnlosen Kampf, den er seit zwanzig Jahren gegen die Gesellschaft geführt hat, entsagen und seine Kenntnisse und Fähigkeiten in den Dienst der Justiz stellen. Dieser Plan gibt ihm die Kraft, allen Fallen zu entgehen, die ihm sein Feind Bibi-Lupin, der Chef der Sicherheitspolizei, im Gefängnishof stellt. Er erfährt von seinen ehemaligen Bagnogenossen die Hintergründe eines Raubmords, in den Bibi-Lupin verwickelt ist, und erhält die Möglichkeit, seinen ehemaligen Kettengenossen Calvi vor dem Schafott zu retten. Dank dieser Kenntnisse und dem Besitz kompromittierender Briefe, die Clotilde von Grandlieu, Diana von Maufrigneuse und Frau von Sérizy an Lucien geschrieben haben, und die den Strafprozeß zu einer »Staatsangelegenheit« machen, kann er dem Generalstaatsanwalt Granville als ebenbürtiger Verhandlungspartner gegenübertreten. Dieser ist von seiner Intelligenz und Willensstärke fasziniert: *»Er ist ein Mann von ganz außerordentlichem Zuschnitt. Wir haben mit ihm nur zwei Möglichkeiten: entweder ihn an uns zu binden oder uns seiner zu entledigen.«* Collin wird Nachfolger von Bibi-Lupin und bekleidet sein Amt erfolgreich bis zum Jahre 1845.

Der Roman bildet zusammen mit den *Illusions perdues* eine Art »Abriß« der *Comédie humaine*, so daß *»allein die Lektüre dieser beiden umfangreichen Romane ein vollständiges Bild des Balzacschen Kosmos vermitteln kann«* (Albert Béguin). In keinem anderen Werk Balzacs ist der Querschnitt durch die zeitgenössische Gesellschaft so breit angelegt, in keinem wird der plötzliche Umschlag von Illusion in Desillusion, von Glück in Verzweiflung, auf den die Überschriften verweisen, an so vielen Schicksalen dargestellt, in keinem wird das Leitthema der *Comédie humaine*, die vernichtende Gewalt der Leidenschaft, an Angehörigen so vieler Gesellschaftsschichten gleichzeitig entwickelt. Der Bogen der dargestellten Gesellschaftsgruppen spannt sich vom Pariser Hochadel bis zur Unterwelt, dem Reich der Kurtisanen und Verbrecher, das seinerseits einen gesellschaftlichen Mikrokosmos mit eigenen Rangordnungen, Konventionen und einer eigenen Sprache darstellt. Im Vergleich zu anderen Werken Balzacs ist im Kurtisanenroman zudem die Kritik an der zeitgenössischen Gesellschaft, vor allem am aufstrebenden Bürgertum, verschärft, indem menschliche Größe fast ausschließlich bei den gesellschaftlich Deklassierten zu finden ist. Diese Optik bestimmt auch die Akzentverteilung unter den Hauptfiguren des Romans: *»Weil dem physiologischen Verdacht Balzacs die Bürger Verbrecher sind ... deshalb sind ihm die Verbrecher und Ausgestoßenen Menschen«*, deshalb *»fällt das Licht des Humanen auf Verfemte, die Hure, fähig zur großen Passion und zur Selbstaufopferung, den Galeerensträfling und Mörder, der als interesseloser Altruist handelt«* (Th. W. Adorno). Während der eitle und willensschwache Lucien de Rubempré im Unterschied zu seiner Rolle in den *Illusions perdues* hier an Interesse verliert und erst durch die Einsicht in sein Versagen und die Konsequenz, die er mit seinem Selbstmord

zieht, etwas von der früheren Anziehungskraft zurückgewinnt, treten Esther und Collin in den Vordergrund der Handlung. Esther wird durch ihre Selbstpreisgabe und einen *»Tod in Schönheit«* verklärt, mit dem Balzac die meisten seiner Kurtisanengestalten enden läßt, die in seinem Werk die reine, von kleinlichen Bürgerrücksichten freie Leidenschaft verkörpern. Collin aber, dessen reales Vorbild Vidocq war (vgl. *Mémoires*), wird im Lauf des Romans zur beherrschenden Gestalt. Dieser teuflische und zugleich geniale Mensch verkörpert mit seiner wilden Energie *»das Böse der menschlichen Gesellschaft«*. Zum Outlaw durch das Brandmal des Zuchthäuslers ebenso wie durch seine homoerotische Veranlagung gestempelt, befindet er sich in ständiger Revolte gegen eine mittelmäßige und korrumpierte Gesellschaft, die er mit ihren eigenen Mitteln, mit Betrug und Heuchelei, bekämpfen will. Balzac ließ sich bei der Konzeption dieser faszinierenden Gestalt von seinen aus dem Magnetismus übernommenen Vorstellungen leiten, die ihn im menschlichen Willen eine selbständige »elektrische« Kraft sehen ließen. Diese Kraft, die sich vor allem in der dämonischen Wirkung auf andere Menschen äußert, fand er in Napoleon verkörpert, mit dem er Collin mehrfach vergleicht. Zugleich hat sich der Dichter in dem wandlungsfähigen und erfindungsreichen Zuchthäusler selbst porträtiert, denn wie sein Autor, so ist auch Collin unerschöpflich im Ersinnen immer neuer Intrigen, Schachzüge und Finten, wie er hält er die Fäden der Handlung in seiner Hand, lenkt er das Schicksal anderer Menschen. Collin, der sich selbst als *»Künstler«* und *»Dichter in Taten«* bezeichnet, ist somit als eine Inkarnation des Schöpferischen anzusehen, was vor allem in seinem Verhältnis zu Lucien zutage tritt. In ihm, seinem willenlosen Geschöpf, lebt er unter Verzicht auf sich selber ein zweites Leben: *»Der Todtäuscher entsandte seinen Stellvertreter in die Welt – und in ihm dinierte er selber bei den Grandlieus, ging er selber in das Boudoir großer Damen, liebte er selber Esther.«* Wie Balzac in seinen *»kompensatorischen Phantasien«* (Th. W. Adorno), so stillt auch Collin sein Schönheitsverlangen durch Imagination, in der Überzeugung, daß die Wirklichkeit *»in der Idee«* sei. An die in ihm verkörperte *»Poesie des Bösen«* mag Baudelaire gedacht haben, als er als erster in Balzac den *»leidenschaftlichen Seher«* neben dem realistischen Chronisten einer Epoche erkannte. H.Ei.

AUSGABEN: Paris 1838 (Tl. 1: *La Torpille*, zus. m. *La femme supérieure* u. *La maison Nucingen*, Hg. Werdet; unvollst.). – Paris 1843 (Tl. 2: *Esther ou Les Amours d'un vieux banquier*, in Le Parisien, Mai/Juli; unvollst.). – Paris 1844 (Tl. 2: *Esther*, Hg. Potter, 3 Bde.). – Paris 1844 (Tl. 1 u. 2 in *La comédie humaine*, 17 Bde., 1842–1848, 11: *Scènes de la vie parisienne*). – Paris 1846 (Tl. 3: *Une instruction criminelle*, in L'Époque, 7–29. 7.). – Paris 1846 (Tl. 3 in *La comédie humaine*, 17 Bde., 1842–1848, 12: *Scènes de la vie parisienne*). – Paris 1847 (Tl. 4 in L'Époque). – Paris 1935 (*Splendeurs et misères de courtisanes*, in *Œuvres complètes*, Hg. M. Bouteron u. H. Longnon, 40 Bde., 1912–1940, 5: *Scènes de la vie parisienne*). – Paris 1958, Hg. A. Adam (krit., Class. Garn.). – Paris 1962 (in *L'œuvre*, Hg. A. Béguin, J. A. Ducourneau u. H. Evans, 16 Bde., 1962–1964, 5; krit.). – Paris 1968–1971 (in *Œuvres complètes*, Hg. M. Bardèche, 24 Bde., 9). – Paris 1973 (Folio). – Paris 1975 (GF). – Paris 1977 (in *La comédie humaine*, Hg. P.-G. Castex, 12 Bde., 1976–1981, 6; Pléiade).

ÜBERSETZUNGEN: *Esther*, anon. (in *Scenen aus dem Pariser Leben*, Bde. 60/61, Quedlinburg/Lpzg. 1845). – *Glanz u. Elend der Kurtisanen*, F. P. Greve (in *Menschliche Komödie*, Bde. 6/7, Lpzg. 1909). – Dass., F. Hardekopf, Zürich 1950. – Dass., G. Gerull-Kardas, Bln. 1955. – Dass., E. A. Rheinhardt, Hbg. 1963. – Dass., F. P. Greve [bearb. E. Sander], Mchn. 1965, 4 Bde. (GGT); ern. 1986 (Goldm.Tb). – Dass., R. Gerull-Kardas (in *Die menschliche Komödie*, 20 Bde., Bln./Weimar 1969; ⁴1983, 10). – Dass., E. W. Junker, Mchn. 1976 (dtv). – Dass., ders. (in *GW*, 6 Bde., Mchn. 1981, 3). – Dass., E. A. Rheinhardt, Zürich 1977 (*Die menschliche Komödie*, 40 Bde., 22/23).

VERFILMUNG: *Glanz und Elend der Kurtisanen*, Deutschland 1927 (Regie: M. Noa).

LITERATUR: R. M. Strozier, *Genesis and Structure of »Splendeurs et misères des courtisanes«*, Chicago 1945. – T. W. Adorno, *Noten zur Literatur II*, Ffm. 1961, S. 19–41. – M. Milner, *La poésie du mal chez B.* (in L'Année balzacienne, 1963). – R. Guise, *B. et le roman feuilleton* (ebd., 1964). – P. Citron, *La dernière incarnation de Vautrin* (ebd., 1967). – C. Prendergast, *Melodrama and Totality in »Splendeurs et misères des courtisanes«* (in Novel, 6, 1972/73). – P. Schunck, *B. »Splendeurs et misères des courtisanes« und der Kriminalroman* (in *Lebendige Romania*, Hg. A. Barrera Vidal u. a., Göppingen 1976, S. 381–402). – A. H. Pasco, *B. and the Art of the Macro-Emblem in »Splendeurs et misères des courtisanes«* (in EsCr, 22, 1982, S. 73–81). – C. Bernheimer, *Prostitution and Narrative* (ebd., 25, 1985, S. 22–31).

UNE TÉNÉBREUSE AFFAIRE

(frz.; *Eine dunkle Affäre*). Roman von Honoré de BALZAC, erschienen 1841; innerhalb der *Comédie humaine* den *Scènes de la vie politique* zugeordnet. – Nach der mysteriösen Entführung des kaiserlichen Senators Malin aus seinem Schloß Gondreville in der Champagne im Jahre 1806 lenken Angehörige der Pariser Geheimpolizei unter Corentin allen Verdacht auf vier ehemalige Emigranten, die Brüder Simeuse und Hauteserre, sowie auf Michu, den Verwalter von Gondreville. Die vier jungen Adeligen, die durch ihre Teilnahme an einer Verschwörung gegen Napoleon im Jahre 1803 ohnehin vorbelastet sind, werden zu Zwangsarbeit, der allen verhaßte Michu jedoch zum Tode verurteilt. Unter Einsatz ihres Lebens gelingt es der schönen Laurence de Cinq-Cygne, am Vorabend der Schlacht von Jena eine Audienz bei dem verhaßten »Usurpator« Napoleon zu erhalten und ihm ein von Talleyrand abgefaßtes Gnadengesuch zu überreichen. Napoleon wandelt das Urteil gegen die vier Vettern von Laurence in einen erzwungenen Eintritt in seine Armee ab, der drei von ihnen das Leben kosten wird. Auf Michus Hinrichtung aber besteht er: *»Sie müssen wissen, Mademoiselle, daß man für die Gesetze seines Landes fallen muß wie hier für seinen Ruhm.«* – Das Geheimnis um die »dunkle Affäre« wird erst dreißig Jahre später während einer Abendgesellschaft bei der Fürstin von Cadignan in Anwesenheit mehrerer, den Lesern der *Comédie humaine* bereits bekannter Romanfiguren gelüftet. Der Premierminister Henri de Marsay deckt die Hintergründe einer Verschwörung gegen Napoleon auf, an der Fouché, Talleyrand, Sieyès und der entführte Senator Malin beteiligt waren und die mit einer Niederlage Napoleons bei Marengo gerechnet hatte. Da die Proklamationen des geplanten neuen Direktoriums bereits gedruckt und von Malin in Gondreville aufbewahrt worden waren, hatte Fouché Angehörige der Staatspolizei nach dem Schloß entsandt, um alle belastenden Papiere vernichten und den geheimen Briefwechsel zwischen Ludwig XVIII. und Malin beschlagnahmen zu lassen. Damit wollte er einem Verrat Malins zuvorkommen. Durch die heimtückische Ablenkung des Verdachts auf Michu und die vier Emigranten aber konnte sich der zynische Stutzer Corentin zugleich für eine tödliche Beleidigung rächen, die er 1803 während einer Hausdurchsuchung von Laurence hatte hinnehmen müssen.

Der spannend erzählten, dramatischen Handlung des Romans liegt ein historisches Ereignis zugrunde, die Entführung des Senators Clément de Ris durch sechs ehemalige »Chouans« aus seinem Schloß Beauvais bei Tours im Jahre 1800. De Ris wollte angeblich nach einer Niederlage Napoleons im Italienfeldzug zusammen mit Talleyrand und Fouché die Macht ergreifen. Wie in Balzacs frühem Werk *Les Chouans* (1829) ist somit der aussichtslose Kampf der Königstreuen Thema des Romans. Er wird auf dem Höhepunkt der Handlung zu der symbolischen Szene verdichtet, in der Laurence de Cinq-Cygne vor Napoleon die Knie beugt. Durch die Gegenüberstellung dieser beiden einander an Leidenschaft und Willensstärke ebenbürtigen Ausnahmemenschen gab Balzac in einem visionären Bild den Machtverhältnissen Frankreichs an einem Wendepunkt seiner Geschichte Ausdruck.

Balzac hat zwar die amazonenhafte Laurence de Cinq-Cygne der Diana Vernon aus Walter SCOTTS Roman *Rob Roy* nachgebildet, doch im ganzen gesehen sprengt er den historischen Roman Scottscher Prägung. So hat man *La ténébreuse affaire* schon früh als *romane policier* bezeichnet, und indem der Roman das Geheimnis einer undurchsichtigen, erst am Ende aufgeklärten Tat umkreist und das eigenmächtige Vorgehen der Polizei, insbesondere Corentins, aufgrund von Indizien und Zeugenaussagen schildert, nimmt er in der Tat Züge des modernen Kriminalromans vorweg. Zu dessen Schöpfern gehört Balzac damit ebenso wie E. A. POE, dessen Erzählung *The Murders in the Rue Morgue* im selben Jahr erschien. H. Ei.

AUSGABEN: Paris 1841 (in Le Commerce, 14. 1. bis 20. 2.). – Paris 1842, Hg. Souverain, 3 Bde. – Paris 1846 (in *La comédie humaine*, 17 Bde., 1842–1848, 12: *Scènes de la vie politique*). – Paris 1936 (in *Œuvres complètes*, Hg. M. Bouteron u. H. Longnon, 40 Bde., 1912–1940, 7: *Scènes de la vie politique*). – Paris 1952 [Vorw. Alain; krit.]. – Paris 1958, Hg. J.-J. Bory u. J. A. Ducourneau. – Paris 1963, Hg. G. Sigaux u. J. Steinberg [krit.]. – Paris 1964 (in *L'œuvre*, Hg. A. Béguin, J. A. Ducourneau u. H. Evans, 16 Bde., 1962–1964, 11; krit.). – Paris 1967 [Einl. G. Sigaux; Nachw. J. Sternberg]. – Paris 1968–1971 (in *Œuvres complètes*, Hg. M. Bardèche, 24 Bde., 12). – Paris 1973 (Folio). – Paris 1978 (in *La comédie humaine*, Hg. P.-G. Castex, 12 Bde., 1976–1981, 8; Pléiade).

ÜBERSETZUNGEN: *Eine dunkle Begebenheit*, G. Lotz, 2 Bde., Hbg. 1841. – Dass., F. P. Greve, Lpzg., 1908, Bd. 2. – *Eine dunkle Geschichte*, F. v. Oppeln-Bronikowski, Bln. 1924. – Dass., ders., Hbg. 1954. – *Eine dunkle Begebenheit*, F. P. Greve, Lpzg. 1962. – Dass., ders. [bearb. E. Sander], Mchn. 1965 (GGT). – *Eine dunkle Geschichte*, K. Wunsch (in *Die menschliche Komödie*, 20 Bde., Bln./Weimar 1964, ²1978, 17). – *Eine dunkle Affaire*, E. Rechel, Zürich 1968; ²1987. – *Eine dunkle Geschichte*, F. von Oppel-Bronikowski, Zürich 1977 (*Die menschliche Komödie*, 40 Bde., 29).

LITERATUR: H. Fleischmann, *Napoléon par B.*, Paris 1913. – E. de Hauterive, *L'enlèvement du Sénateur C. de Ris*, Paris 1926. – Ders., *B. et la »Ténébreuse affaire«* (in RdM, 79, 1944, S. 293–305). – S.-J. Berard, *A propos d'une »Ténébreuse affaire«, problème de genèse* (in CAIEF, 15, 1963, S. 331–340). – R. Amadou, *En marge d'»Une ténébreuse affaire«* (in RSH, 1964, S. 477–496). – J. Maurice, *La transposition topographique dans »Une ténébreuse affaire«* (in L'Année balzacienne, 1966, S. 171–216). – P. Laubriet, *Autour d'»Une ténébreuse affaire«* (ebd., 1968, S. 267–282). – M. Andréoli, *Sur le début d'un roman de B., »Une ténébreuse affaire«* (ebd., 1975, S. 89–123). – A. Moreau, *Une femme devant l'histoire* (ebd., 1977, S. 51–70). – Saint-Paulien, *B. et la »Ténébreuse affaire« Balssa* (in RDM, Okt.–Dez. 1979, S. 61–72). – F. M. Taylor, *Mythes des origines et société dans »Une ténébreuse affaire« de B.* (in NCFSt, 14, 1985/86, S. 1–18).

URSULE MIROUËT

(frz.; *Ursula Mirouët*). Roman von Honoré de BALZAC, erschienen 1841; innerhalb der Comédie *humaine* den *Scènes de la vie de province* zugeordnet. – Der berühmte Arzt und Aufklärer Doktor Minoret, der sich im Jahre 1815 in Nemours zur Ruhe gesetzt hat, faßt sein Testament zugunsten seines Patenkindes, der bildschönen, vielseitig gebildeten Ursula Mirouët, und ihres Verlobten Savinien de Portenduère ab. Doch kurz vor seinem Tod im Jahre 1834 stiehlt einer seiner gesetzmäßigen Erben, der ebenso reiche wie habgierige Postmeister Minoret-Levrault, dieses Testament und entwendet die Ursula zugedachten Rentenverschreibungen, noch bevor die übrigen Erben »*gleich Krähen, die das Begraben eines Pferdes abwarten, um die Erde wegzuscharren und mit ihren Krallen und Schnäbeln aufzuwühlen*« herbeieilen können. Ursula lebt von nun an in ärmlichen Verhältnissen, in die sie sich mit außergewöhnlicher Sanftmut und Charakterstärke fügt. Doch dem von Gewissensbissen gequälten Postmeister ist sie ein ständiges Ärgernis, so daß er schließlich den mephistophelischen Notariatsschreiber Goupil dazu anstachelt, das junge Mädchen durch infame Beschuldigungen und Angriffe gegen ihre Ehre aus Nemours zu vertreiben. Ursula erkrankt infolge der ihr zugefügten Kränkungen und Drohungen schwer und wird in einem »*Zustand körperlicher Erschöpfung, in der sie die Herrschaft über Seele und Geist verlor ... der Schauplatz von kataleptischen Phänomenen*«.

In nächtlichen Visionen erscheint ihr mehrmals ihr Pate Minoret, der sie über sein Testament und Minoret-Levraults Diebstahl aufklärt. Sie weiht nur den Priester Chaperon in ihre Visionen ein, der seine Schweigepflicht wahren muß. Doch kommen der Aufdeckung des Verbrechens das schlechte Gewissen des Postmeisters sowie ein Hinweis des Friedensrichters entgegen, der in einem Buch Minorets die Nummern der gestohlenen Rentenverschreibungen gefunden hat. Obwohl Ursula von einer Anzeige gegen Minoret-Levrault absieht, wird dieser doch auf andere Weise schwer bestraft: Sein einziger Sohn kommt bei einem Unfall ums Leben, wie Minoret es Ursula in ihren somnambulen Zuständen vorhergesagt hat, seine herrschsüchtige Frau Zélie aber stirbt in einer Nervenheilanstalt. Der völlig gebrochene Postmeister vermacht fast sein gesamtes Vermögen Ursula, die endlich Savinien de Portenduère heiraten und mit ihm nach Paris ziehen kann.

Balzac bezeichnete seinen Roman selber als ein »*Meisterwerk der Sittenschilderung*«. Tatsächlich hat er in kaum einem anderen Buch die Analyse des Lasters und der Gemeinheit so weit vorangetrieben wie hier mit der Darstellung von Minorets Verwandten und deren Untergebenen. Die in den verschiedensten, jeweils nach Charakter, Temperament, Beruf oder gesellschaftlicher Stellung differenzierten Abstufungen geschilderte Habsucht läßt den Roman zu einer Art Bestiarium der menschlichen Bosheit werden. Die verheerenden Folgen des Lasters sind an den beiden physiognomischen Beschreibungen des Postmeisters abzulesen, die Balzac an den Anfang und das Ende des Romans gestellt hat. Deren bloße Gegenüberstellung zeigt den Verfall einer Persönlichkeit, die sich aus einem »*glücklichen Narren*« zu einem »*alten, welken, wie vom Blitz getroffenen Baum*« gewandelt hat. Diesen Vertretern des Lasters gegenüber sind, wie so häufig bei Balzac, die moralisch integren Gestalten um Minoret zu blaß geraten.

Die eigentliche Bedeutung des Romans liegt jedoch in seinen mystischen Aspekten, die Balzac im sechsten, zunächst als *Précis sur le magnétisme* überschriebenen Kapital auch theoretisch zu begründen versucht hat. Während der Autor, der Theosoph und Anhänger der Lehre vom Magnetismus war, okkulte Phänomene zunächst isoliert dargestellt hatte (*Jésus-Christ en Flandre, Louis Lambert, Séraphîta*), fügt er sie hier in eine realistische Handlung ein, an deren Verlauf sie entscheidenden Anteil haben. Durch die Überlagerung der Realität mit Erscheinungsformen des Übersinnlichen stellt *Ursule Mirouët* ein Bindeglied dzwischen den so verschiedenen Teilen der *Comédie humaine* wie den *Études de mœurs* und den *Études philosophiques* dar.

H.Ei.

AUSGABEN: Paris 1841 (in Le Messager, 25. 8. bis 23. 9.). – Paris 1842, Hg. Souverain, 2 Bde. – Paris 1843 (in *La comédie humaine*, 17 Bde., 1842–1848, 5: *Scènes de la vie de province*). – Paris 1935 (in *Œuvres complètes*, Hg. M. Bouteron u. H. Longnon, 40 Bde., 1912–1940, 4/1: *Scènes de la vie de province*). – Paris 1957, Hg. M. Allem [krit.]. – Paris 1963 (in *L'œuvre*, Hg. A. Béguin, J. A. Ducourneau u. H. Evans, 16 Bde., 1962–1964, 8; krit.). – Paris 1968–1971 (*Œuvres complètes*, Hg. M. Bardèche, 24 Bde., 5). – Paris 1976 (in *La comédie humaine*, Hg. P.-G. Castex, 12 Bde., 1976–1981, 3; Pléiade). – Paris 1981 (Folio).

ÜBERSETZUNGEN: *Ursula Mirouet*, anon. (in *Sämmtliche Werke*, Bde. 15/16, Quedlinburg/Lpzg. 1843). – Dass., F. P. Greve (in *Menschliche Komödie*, Bd. 2, Lpzg. 1924). – Dass., W. Benjamin, Bln. 1926. – Dass., ders., Hbg. 1959. – Dass., E. Sander, Mchn. 1966 (GGT). – Dass., W. Benjamin, Zürich 1977 (*Die menschliche Komödie*, 40 Bde., 13). – Dass., J. Schlaf, Lpzg./Weimar 1982.

LITERATUR: A. Dorchain, *Introduction to* »*Ursule Mirouet*«, Ldn. 1911. – M. Fargeaud, »*Magnétiseurs et mystiques*« (in dies., *B. et la recherche de l'absolu*, Paris 1968). – M. Nathan, *Religion et roman. A propos de* »*Ursule Mirouët*« (in *B., L'invention du roman*, Hg. C. Duchet u. J. Neefs, Paris 1982, S. 85–98).

LA VENDETTA

(frz.; *Vendetta*). Erzählung von Honoré de BALZAC, erschienen 1830; innerhalb der *Comédie humaine* den *Scènes de la vie privée* zugeordnet. – Balzac stellt in dieser Erzählung die verhängnisvollen Folgen der korsischen Blutrache, der sog. »Vendetta«, am Beispiel der unversöhnlichen Feindschaft zwischen den beiden Familien Piombo und Porta dar. – Im Jahre 1800 flieht der Korse Bartolomeo di Piombo mit Frau und Tochter nach Paris, um dort seinen Landsmann Napoleon um Asyl zu bitten. Auf einen heimtückischen Überfall der Portas hin, bei dem sein Sohn ermordet worden ist, hat er nachts das Haus der Portas angezündet. Nur der jüngste Sohn Luigi hat einem Gerücht zufolge aus den Flammen gerettet werden können. – Unter der indirekten Protektion Napoleons wird Piombo bald zu einem einflußreichen Staatsmann, der sich als treuer Bonapartist jedoch 1814 von seinen Ämtern zurückzieht und fortan nur für seine schöne und kluge Tochter Ginevra lebt. Im Juli 1815, nach der Gefangennahme Napoleons und der zweiten Rückkehr der Bourbonen, begegnet Ginevra im Atelier ihres Zeichenlehrers Servin dem anziehenden Gardeoffizier Louis, der bei Waterloo verwundet wurde und sich als Vertrauter Napoleons vor den Royalisten verborgen halten muß. Beide fassen eine starke Zuneigung füreinander. Trotz der Eifersucht ihres Vaters, der seine Tochter für sich allein besitzen will, stellt Ginevra Louis ihren Eltern als künftigen Ehemann vor. Entsetzt erkennt das Ehepaar Piombo in Louis ihren Todfeind Luigi Porta, und Bartolomeo unterwirft Ginevra dem unerbittlichen Gesetz der Vendetta: »*Du mußt zwischen ihm und uns wählen. Unsere Vendetta ist ein Teil unserer selbst. Wer nicht meine Rache zu der seinigen macht, gehört nicht mehr zu meiner Familie.*« Doch Ginevra ist ihrem Vater an Leidenschaftlichkeit und trotzigem Stolz ebenbürtig. Sie heiratet Luigi gegen den Willen Piombos, der sie daraufhin verstößt. Einige Jahre hindurch gelingt es Luigi und Ginevra, sich mit Gelegenheitsarbeiten ihren Lebensunterhalt zu verdienen, dann aber geraten sie in tiefstes Elend. Ginevra und ihr kleiner Sohn verhungern, Luigi stirbt, nachdem er dem alten Piombo noch Ginevras Haar mit den Worten überbracht hat: »*Tot! Unsere beiden Familien mußten einander ausrotten, denn hier ist alles, was von ihr geblieben ist.*«

Die epische Kurzform der Erzählung kommt dem dramatischen Ablauf der Geschehnisse entgegen, so daß der unaufhaltsame Untergang der Hauptfiguren in seiner tragischen Notwendigkeit noch unterstrichen wird. Die korsische Blutrache stellte für Balzac nur ein besonders extremes Beispiel für jenes allgemein gültige Gesetz dar, dem alle seine Gestalten unterworfen sind und demzufolge jede starke Leidenschaft denjenigen vernichtet, der sich von ihr beherrschen läßt (vgl. u. a. *La peau de chagrin, Louis Lambert, Le Père Goriot* oder *Le lys dans la vallée*). Auch Luigi und Ginevra gehen wie die übrigen idealisierten Liebenden Balzacs weniger an einer feindlichen Umwelt als an der Unbedingtheit und Ausschließlichkeit ihres Gefühls zugrunde. Die fatalistische Darstellung der Leidenschaft weist neben der engen Verflechtung von Einzelschicksalen mit zeitgeschichtlichen Ereignissen diese frühe Erzählung Balzacs bereits als ein typisches Werk der *Comédie humaine* aus.

H.Ei.

AUSGABEN: Paris 1830 (in *Scènes de la vie privée*). – Paris 1842 (in *La comédie humaine*, 17 Bde., 1842–1848; 1: *Scènes de la vie privée*). – Paris 1935 (in *Œuvres complètes*, Hg. M. Bouteron u. H. Longnon, 40 Bde., 1912–1940, 1: *Scènes de la vie privée*). – Paris 1962 (in *L'œuvre*, Hg. A. Béguin, J. A. Ducourneau u. H. Evans, 16 Bde., 1962–1964, 1; krit.). – Paris 1968–1971 (in *Œuvres complètes*, Hg. M. Bardèche, 24 Bde., 2). – Paris 1976 (in *La comédie humaine*, Hg. P.-G. Castex, 12 Bde., 1976–1981, 1; Pléiade). – Paris 1983 (Folio). – Paris 1985 (GF).

ÜBERSETZUNGEN: *Die Blutrache*, anon. (in *Sämtliche Werke*, Bd. 80, Quedlinburg/Lpzg. 1841–1846). – Dass., H. Denhardt, Lpzg. 1884. – *La vendetta, die Blutrache*, J. Ziwutschka, Wien 1946. – *La Vendetta*, H. Kaatz (in *Sarrasine. Novellen*, Hbg. 1961). – Dass. E. Sander, Mchn. 1965 (GGT). – *Vendetta*, H. Kaatz (in *La Grenadière*, Zürich 1977; *Die menschliche Komödie*, 40 Bde., 6).

LITERATUR: G. Vicaire, »*La vendetta*« par H. de B. (in *Bulletin du Bibliophile*, 15..6. 1904, S. 344–345). – J. Haas, *H. de B.s »Scènes de la vie privée« von 1830*, Halle 1912. – R. Guise, *B. et l'Italie. Contribution à une étude de l'orientation italienne chez B.* (in *L'Année balzacienne*, 1962). – P. Jeoffroy-Faggionelli, *B. et »La vendetta«* (in *L'image de la Corse dans la littérature romantique française*, Paris 1979, S. 223–236).

LA VIEILLE FILLE

(frz.; *Die alte Jungfer*). – Roman von Honoré de BALZAC, erschienen 1836 in ›La Presse‹, innerhalb der *Comédie humaine* 1844 den *Scènes de la vie de province* zugeordnet. – Im Jahre 1816 bewerben sich drei Bewohner von Alençon um die Hand der zweiundvierzigjährigen Rose-Marie-Victoire Cormon, einer der reichsten Erbinnen der Stadt: der heruntergekommene Ritter von Valois, ein »verfallender Adonis«, der »*durch Toilettenkünste die im Kriegsdienst der Galanterie erworbenen Schäden verbergen*« muß, der vulgäre ehemalige Armeelieferant Du Bousquier und der junge melancholische Athanasius Granson, ein durch Armut an der Entfaltung gehindertes »Genie«. Rose, deren Wunsch nach einem standesgemäßen Ehemann nach vielen fehlgeschlagenen Hoffnungen zur alles beherrschenden Manie geworden ist, wird nur von Athanasius wirklich geliebt. Der Ritter von Valois und Du Bousquier haben es hingegen einzig auf ihr Vermögen abgesehen, das ihnen zu politischem Einfluß verhelfen soll. Der Ritter von Valois stellt das geistige Haupt der royalistischen Partei in Alençon dar, Du Bousquier dagegen ist Republikaner, obwohl er sich in seiner Verschlagenheit ebenfalls jahrelang als Royalist ausgegeben hat. Rose schwankt noch zwischen dem Ritter, der sie seines berühmten Namens wegen anzieht, und Du Bousquier, dessen scheinbare robuste Männlichkeit ihrer wachsenden Sinnlichkeit entgegenkommt, als ein unerwartetes Ereignis eine rasche Entscheidung herbeiführt: Der Vicomte von Troisville, ehemaliger Offizier in russischen Diensten, kündigt seinen Besuch an, da er sich in Alençon zur Ruhe setzen will. Durch diesen neuen potentiellen Heiratskandidaten in einen fieberhaften Erregungszustand versetzt, stellt Rose Haus und Dienerschaft auf den Kopf, um den Vicomte einzufangen: »*Zwei chemische Substanzen können sich nicht schneller miteinander vermischen, als das Haus Cormon sich den Vicomte von Troisville einverleibte.*« Als die vornehme Gesellschaft von Alençon nach einem üppigen Diner in Roses Salon versammelt ist, um den zukünftigen Gatten kennenzulernen, erwähnt der völlig ahnungslose Vicomte seine langjährige Ehe mit der Tochter der Fürstin Scherbeloff. »*Wie vom Blitz getroffen*« sinkt Rose zu Boden, doch Du Bousquier fängt sie in seinen Armen auf. Dieser Zufall besiegelt Roses Entschluß. Sie stimmt einer Heirat mit Du Bousquier unter der Bedingung zu, daß er dem Stadtklatsch durch die Erklärung ein Ende bereite, ihre Heirat sei bereits seit sechs Monaten beschlossen. Am Abend ihrer Hochzeit ertränkt sich Athanasius Granson; der Ritter von Valois hingegen begeht einen »*langsamen, auf andere Weise kläglichen Selbstmord*«: Er vernachlässigt seine äußere Erscheinung vollständig und wird in wenigen Monaten zum Greis. Du Bousquier aber führt den Pariser Luxus in Alençon ein, das durch seine Tatkraft der Industrialisierung erschlossen wird. Mit Ausnahme der immer mehr an Einfluß verlierenden aristokratischen Kreise feiern ihn alle Bewohner Alençons als den reichsten und mächtigsten Mann des Departements. Mit der Julirevolution erlebt er den größten Triumph seiner Laufbahn. Rose, die Du Bousquiers despotischen Charakter erst nach der Heirat erkannt hat, sucht in religiösen Übungen Trost. Auch die böswilligen Gerüchte über Du Bousquiers skandalöses Vorleben haben sich voll bestätigt: Sechzigjährig muß Rose einer Freundin gestehen, »*unerträglich sei ihr der Gedanke, als Jungfrau zu sterben*«.

Balzac stellt in diesem Roman, mit dem er die Sitten der Provinz schildern wollte, voller Sarkasmus den aus Habgier, Mediokrität und Dünkel gemischten Charakter der Provinzler bloß. Vor allem die Porträts der Hauptfiguren sind eindrucksvolle Beispiele seiner Kunst, Charaktere aus ihren Physiognomien und ihrem Milieu zu entwickeln. Die banalen Ereignisse in der Provinz spiegeln zudem die großen politischen Geschehnisse der Zeit wider. So erhält der private Sieg des Liberalen Du Bousquier über den Legitimisten Valois symptomatischen Charakter: »*Die Zeitläufe färben auf die Menschen ab.*« Indem er diesen Zusammenhang erkannte und analysierte, wurde Balzac zum »*größten Soziologen der Restaurationszeit und der Julimonarchie*« (H. Friedrich). H.Ei.

AUSGABEN: Paris 1836 (in La Presse, Okt. u. Nov.). – Paris 1837 (in *Scènes de la vie de province*, Bd. 3). – Paris 1844 (in *Les rivalités*, in *La comédie* humaine, 17 Bde., 1842–1848, 7: *Scènes de la vie de province*). – Paris 1935 (in *Les rivalités*, in *Œuvres complètes*, Hg. M. Bouteron u. H. Longnon, 40 Bde., 1912–1940, 4/2: *Scènes de la vie de province*). – Paris 1957, Hg. P. G. Castex [krit.]. – Paris 1962 (in *L'œuvre*, Hg. A. Béguin, J. A. Ducourneau u. H. Evans, 16 Bde., 1962–1964, 1). – Paris 1964 (GF). – Paris 1968–1971 (in *Œuvres complètes*, Hg. M. Bardèche, 24 Bde., 6). – Paris 1976 (in *La comédie humaine*, Hg. P.-G. Castex, 12 Bde., 1976–1981, 4; Pléiade). – Paris 1978 (Folio).

ÜBERSETZUNGEN: *Die alte Jungfer*, L. Frey, Breslau 1838. – Dass., anon. (in *SW*, Bd. 66, Quedlinburg/Lpzg. 1841–1846). – Dass., F. P. Greve (in *Die menschliche Komödie*, Bd. 12, Lpzg. 1910). – Dass., P. Mayer (in *Nebenbuhler*, Hbg. 1954). – Dass., B. Wildenhahn u. A. Wagenknecht (in *Die menschliche Komödie*, 20 Bde., Bln./Weimar 1965, 7). – Dass., E. Sander, Mchn. 1966 (GGT). – Dass., P. Mayer (in *Nebenbuhler*, Zürich 1977; *Die menschliche Komödie*, 40 Bde., 17).

LITERATUR: Anon., *Nouvelles balzachinades* (in Charivari, 29. 10. 1836). – A. Béguin, »*La vieille fille*« (in L'Âge Nouveau, 23, 1947, S. 3–10). – G. Laffly, *La politique dans* »*La vieille fille*« (in Écrits de Paris, 297, Nov. 1970, S. 66–75). – R. Butler, *Restoration Perspectives in B.s* »*La vieille fille*« (in Modern Languages, 57, 1976, S. 126–131). – F. Jameson, *The Ideology of Form* (in Substance, 15, Okt. 1976, S. 29–49). – J. Guichardet, *Athanase Granson, corps tragique* (in L'Année balzacienne, 1985, S. 151–160).

Z. MARCAS

(frz.; *Z. Marcas*). Erzählung von Honoré de BALZAC, erschienen 1840; innerhalb der *Comédie humaine* den *Scènes de la vie politique* zugeordnet. – Kurz vor seiner Einschiffung nach den Malaiischen Inseln berichtet Charles Rabourdin von seinen Erinnerungen an einen geheimnisvollen Zimmernachbarn; dieser bewohnte eine jener armseligen Mansarden des Quartier Latin, wie er selbst sie im Jahre 1836 als Student der Rechte mit seinem Freund Juste, einem Medizinstudenten, geteilt hatte. Neben dem löwenhaften Aussehen ihres Nachbarn, das nur durch den resignierten Blick seiner sanften schwarzen Augen gemildert wurde, hatte sie von Anfang an sein Name fasziniert, der in Einklang mit seinem Träger zu stehen schien: »*Das Z, das vor Marcas stand...,* dieser letzte Buchstabe des Alphabets rief irgendwie den Gedanken an etwas Verhängnisvolles hervor. – Marcas. Man wiederhole vor sich selbst die zwei Silben; sollte sich nicht eine düstre Bedeutung darin finden lassen? Muß man nicht unwillkürlich denken, seinem Träger stehe Märtyrertum in den Sternen geschrieben?«* Durch seine offensichtliche Armut und einen spartanischen Lebensstil, der nicht zu seiner imposanten Erscheinung passen will, ruft Marcas die Neugier der beiden Studenten hervor. Es gelingt ihnen schließlich, mit ihm soweit bekannt zu werden, daß er ihnen seinen Lebensweg erzählt. Er stellt ihn als paradigmatisch für das »Helotentum« dar, dem die intelligente Jugend Frankreichs ausgesetzt sei. – Marcas war voll hochfliegender Pläne aus der Provinz nach Paris gekommen. Dank einer überragenden Begabung und aufgrund eines außergewöhnlichen Ehrgeizes hatte er sich so umfassende juristische und historische Kenntnisse erworben, daß er, der zudem über ein ungewöhnliches Rednertalent verfügte, zum Staatsmann prädestiniert erschien. So hatte er sich während seiner Tätigkeit als politischer Redakteur für einen Abgeordneten in der Hoffnung verwandt, von diesem eine Anleihe zu erhalten und dadurch selber ins Parlament gewählt werden zu können. Als Minister hatte ihm der durch ihn lancierte Politiker jedoch aus Rivalitätsgründen jede Hilfeleistung versagt. Marcas trug daraufhin zu seinem Sturz bei, verlor aber selber durch hinterlistige Machenschaften des gestürzten Ministers seine Stellung. *»Der Menschen und der Dinge überdrüssig ... von dem Einfluß des Goldes auf die Gedanken angewidert und dem tiefsten Elend ausgesetzt, hatte sich Marcas in seine Mansarde zurückgezogen und verdiente dreißig Sous im Tag, die für seine Bedürfnisse unbedingt notwendige Summe. Das Nachdenken hatte Wüsten in ihm ausgebreitet ...«* Im Jahre 1837 geht Marcas trotz allem auf ein dringliches Angebot des ehemaligen Ministers ein, der inzwischen seine Unentbehrlichkeit erkannt hat. Er erhält eine hohe Staatsstellung, doch wird die neugewählte Regierung bereits drei Monate später gestürzt. Mittellos, von übermenschlicher Arbeitsleistung erschöpft, kehrt Marcas in seine Mansarde zurück. Kurze Zeit darauf erliegt er einem Nervenfieber. Charles und Juste aber befolgen seinen Rat und wandern aus.

Am Beispiel Marcas', dem er autobiographische Züge lieh, wollte Balzac jenen ohnmächtigen Kampf der Intelligenz gegen eine korrupte Gesellschaft, jenen *»ungeheuren Verlust von Energie«* demonstrieren, den er selbst während seiner ersten Pariser Jahre erfahren hatte. Die Erzählung stellt darüber hinaus seinen schärfsten Angriff gegen das *juste-milieu*-Regime Louis-Philippes dar, unter dem *»die jungen tätigen und überlegenen Geister vom Gewicht der neidischen, unersättlichen und auf ihren Erfolg eifersüchtigen Mittelmäßigkeiten erdrückt werden«*. H.Ei.

AUSGABEN: Paris 1840 (in La Revue Parisienne). – Paris 1841 (*La mort d'un ambitieux*, in *Le fruit défendu*, Hg. Dessessart, 4 Bde.). – Paris 1846 (in *La comédie humaine*, 17 Bde., 1842–1848, 12: *Scènes de la vie politique*). – Paris 1936 (in *Œuvres complètes*, Hg. M. Bouteron u. H. Longnon, 40 Bde., 1912–1940, 7: *Scènes de la vie politique*). – Paris 1963 (in *L'œuvre*, Hg. A. Béguin, J. A. Ducourneau u. H. Evans, 16 Bde., 1962–1964, 8). – Paris 1968–1971 (in *Œuvres complètes*, Hg. M. Bardèche, 24 Bde., 12). – Paris 1978 (in *La comédie humaine*, 12 Bde., 1976–1981, 8; Pléiade).

ÜBERSETZUNGEN: *Z. Marcas*, O. Flake (in *Pariser Novellen*, Bln. 1923). – Dass., ders. (in *Pariser Novellen*, Hbg. 1963; ern. in *Das Haus zur ballspielenden Katze*, Zürich 1977; *Die menschliche Komödie*, 40 Bde., 1). – Dass., K. Wunsch (in *Die menschliche Komödie*, 20 Bde., Bln./Weimar 1964; ²1978, 17). – Dass., I. Schauber u. E. Sander, Mchn. 1967 (GGT).

LITERATUR: A. Hepp, *Paris – patraque*, Paris 1884, S. 85–91. – Anon., *La crise médicale au temps de B.* (in Chronique Médicale, 15. 11. 1899, S. 719/20). – L. Gozlan, *B.* (in Salut Public, 30. 11. 1902).

JEAN-LOUIS GUEZ DE BALZAC

* Mai oder Juni 1597 auf Schloß Balzac bei Angoulême
† 18.2.1654 auf Schloß Balzac bei Angoulême

LITERATUR ZUM AUTOR:
Bibliographie:
B. Beugnot, *G. de B., bibliographie générale. Suppl. 1, 2*, Saint-Étienne 1967–1979.
Gesamtdarstellungen und Studien:
G. Guillaumie, *G. de B. et la prose française*, Paris 1927. – F. E. Sutcliffe, *G. de B. et son temps*, Paris 1959. – R. Zuber, *Les »Belles infidèles« et la formation du goût classique. N. Perrot d'Ablancourt et G. de B.*, Paris 1968. – Z. Youssef, *Polémique et littérature chez G. de B.*, Paris 1972. – J. Jehasse, *G. de B. et le génie romain*, Saint-Étienne 1977. – *Apologie pour G. de B.*, Hg. ders., Saint-Étienne 1977.

ARISTIPPE OU DE LA COUR

(frz.; *Aristippe oder Vom Hofe*). Theoretische Schrift von Jean-Louis Guez de BALZAC, postum erschienen 1658. – Dieses Hauptwerk des *»grand epistolier de la France«* und *»Cicéron français«* war zunächst Richelieu, nach dessen Tod (1642) dem Nachfolger Mazarin zugedacht und wurde schließlich der Königin Christine von Schweden gewidmet. Jahrelang arbeitete und feilte Balzac »mit seinem ganzen Wissen und seinem ganzen Geist« an seinem Werk, »*der Freude seiner Augen und dem Trost seines Alters*«. In der Nachfolge MACHIAVELLIS entwarf er in diesem Pendant zu seiner Schrift Le prince (dem Loblied auf Ludwig XIII. und Richelieu) eine Sittenstudie des Hoflebens und das Bild des idealen Staatsmanns, der die Forderungen seines Gewissens und die der Politik in seinem Handeln segensreich vereinen soll.
In Metz, wo er den erkrankten Landgrafen von Hessen besuchte, habe er, schreibt Balzac, dessen Freund Aristippe, einen feingebildeten französischen Edelmann, kennengelernt. Die Szenerie dieser Begegnung und Aristippes ausführliche Tacitus-Erläuterungen am Krankenlager des Freundes bilden den Rahmen für den eigentlichen, in wohlgesetzten Reden erteilten politischen Unterricht, der sich anhand antiker Beispiele in wirklichkeitsfremden Spekulationen und Illusionen verliert und damit deutlich macht, daß der auf seinem Landsitz an der Charente zurückgezogen lebende Balzac kaum eine Ahnung hatte von den politischen Verhältnissen seiner Zeit. Seines Rufes als Meister vorbildlicher französischer Prosa sicher, »bastelt« er, der Fanatiker der wohlbemessenen Satzperiode, auch hier ein exaktes Prosakunstwerk, das gravitätisch dozierend, metaphern- und antithesenreich Bagatellen wie Staatsaktionen mit demselben hochtönenden Pathos behandelt. Wie alle Werke Balzacs, die von starkem Einfluß auf die Zeitgenossen waren, ist auch *Aristippe* heute fast gänzlich vergessen, für die Geschichte der französischen Literatur und Sprache und ihre Wendung zur Klassik ist es jedoch von Bedeutung. I.P.

AUSGABEN: Leiden 1658. – Paris 1665 (in *Les œuvres*, Hg. V. Conrart, 2 Bde., 2; Nachdr. Genf 1971). – Paris 1854 (in *Œuvres*, Hg. L. Moreau, 2 Bde.).

ÜBERSETZUNGEN: *Aristippus oder Vom Hofe*, C. v. Ryssel, Bayreuth 1661. – *Aristippus oder Von dem Hof-Leben*, J. Tonjolam, Basel 1662.

LITERATUR: J. Declareuil, *Les idées politiques de G.* (in Revue du Droit Publique et de la Science Politique en France et à l'Étranger, 24, 1907, S. 633–674). – J. F. Winter, *A Forerunner of Molière's »Misanthrope«* (in MLN, 74, 1959, S. 507–513).

LETTRES

(frz.; *Briefe*). Traktatsammlung in Briefform von Jean-Louis Guez de BALZAC, erschienen 1624; ein zweiter Teil wurde 1636 veröffentlicht, separate Ausgaben der Briefe an François de MALHERBE 1625, an Kardinal Richelieu 1626 u. 1631, an Madeleine de SCUDÉRY 1637. In Briefen, die an hochgestellte Zeitgenossen und literarische Freunde (VOITURE, VAUGELAS, Malherbe) gerichtet, aber von vornherein zur Veröffentlichung bestimmt waren, warf Balzac politische, gesellschaftliche, religiöse und stilistische Fragen auf, die, ähnlich den *Essais* von MONTAIGNE, in bewußtem Gegensatz zur Diskussion der Fachgelehrten (»Pedanten«) den *bon sens* des *honnête homme*, eines laienhaften Publikums also, ansprechen sollten. Die Form des literarischen Briefs, gleichsam eine geschriebene Fortsetzung der Konversation, begünstigte den unsystematischen Gesprächston, der dem Autor erlaubte, die verschiedensten Themen zu berühren, ohne ein einziges erschöpfen zu müssen.

Die gedankliche Anregung empfing Balzac vorwiegend aus der Lektüre antiker Autoren, besonders der lateinischen Kirchenväter, deren Lehren er jedoch in klar verständliche Lebensregeln ummünzte. Grundideen der französischen Klassik, etwa die Vergöttlichung der weltlichen Macht oder religiöse Intoleranz, finden sich bereits in diesen Briefen verstreut, ohne allerdings die sprachliche Formung und gedankliche Vertiefung zu erreichen, die ihnen später BOSSUET geben sollte. – Bleibende Bedeutung erlangten die Briefe für die Bildung der klassischen französischen Prosa. Es war das erklärte Ziel des Autors, die Latinismen, Archaismen und Provinzialismen, die die Literatursprache im 16. Jh. zu überwuchern und dem allgemeinen Verständnis zu entziehen drohten, langsam wieder auszuscheiden, »*Frauen und Kindern verständlich zu bleiben*« – eine Formel, die PASCAL in den *Lettres provinciales* wiederaufgegriffen hat –, wobei Balzac sich einig wußte mit seinem Vorbild Malherbe, der der Dichtungssprache einen ähnlichen Dienst erwiesen hatte. Die *Briefe* verleugnen nicht ihr ciceronianisches Vorbild; Balzac belehrt den Leser in sorgfältig gebauten, kunstvoll ausgeglichenen Perioden meist antithetischer Struktur, stets im Einklang mit den Regeln der klassischen Rhetorik. Trotz der begeisterten Zustimmung mußte er sich jedoch auch Vorwürfe wie »*Affektiertheit, Geschwollenheit*« (Bouhours) gefallen lassen.

Das Bedürfnis der französischen Gesellschaft des 17. Jh.s nach einem zwanglosen, gemeinschaftsbildenden Medium verhalf den *Lettres*, die exakt die sprachlichen Bestrebungen der Zeit widerspiegeln, zu ungeheurem Erfolg. Die Briefe des *grand epistolier de la France*, die zu besitzen einer gesellschaftlichen Auszeichnung gleichkam, stehen den *Lettres provinciales* näher als den persönlich gehaltenen, bewußt locker und unbeschwert komponierten *Lettres* der Madame de SÉVIGNÉ. Der Einfluß der Ideen Balzacs reicht kaum über das 17. Jh. hinaus, seine stilistische Wirkung läßt sich jedoch bis zum Ende des 18. Jh.s verfolgen. K.En.

AUSGABEN: Paris 1624 [Tl. 1]. – Paris 1636 [Tl. 2]. – Paris 1873, Hg. Ph. Tamizey de Larroque. – Paris 1933/34 (*Les premières lettres*, 1618–1627, 2 Bde.; Einl. H. Bibas u. K. T. Butler; krit.).

LITERATUR: Vte. de Broc, B. (in Vte. de B., *Le style épistolaire*, Paris 1901, S. 60–85).

LE PRINCE

(frz.; *Der Prinz*). Abhandlung von Jean-Louis Guez de BALZAC, erschienen 1631. – Neben seinem Hauptwerk, den *Lettres* (1624) verfaßte Balzac zahlreiche Dissertationen und Abhandlungen, darunter *Le prince*, worin er das Porträt des idealen Prinzen zeichnet. Die Konzeption des Werks, dessen Titel nur zufällig mit dem *Principe* von MACHIAVELLI übereinstimmt, entstand wahrscheinlich nach der Rückkehr Balzacs aus Italien, als Richelieu ihm in besonderem Maß geneigt war und er sich bei Hof von der mondänen wie von der gelehrten Gesellschaft hochgeschätzt sah, aber auch beneidet und angegriffen wurde. Im Vorspruch zu *Le prince* berichtet Balzac, daß er den Plan zu diesem Werk gefaßt habe, als er von der Tat eines von Piraten gefangenen Franzosen hörte, der einen Spanier erschlug, weil dieser den König von Frankreich geschmäht hatte. So habe er sich entschlossen, Frankreich unter der glorreichen Herrschaft seines Königs zu preisen. Wird die Figur des Prinzen auch verallgemeinert und nicht mit Namen belegt, so ist doch die idealisierende Darstellung Ludwigs XIII. als eine den Helden des Altertums vergleichbare Gestalt unverkennbar.

Die Tugenden des Prinzen sind Frömmigkeit, Mäßigung, Liebe zu Kunst und Wissenschaft und aktives Handeln. Besonders hervorgehoben wird seine »Vorsicht« (*prudence*), die Geist, Urteilsfähigkeit und Mut voraussetzt und den richtigen Moment zum Handeln zu nutzen weiß. Wenn Balzac dem Prinzen die Macht zugesteht, die Regeln des Rechts außer acht zu lassen, um entstehende Unruhen im Keim zu ersticken, so ist für diese vielfach angegriffene These die politische Situation der Zeit mit einzubeziehen, auf die die Gedanken des streng monarchistisch gesinnten Autors hinzielen, nämlich die permanente Auseinandersetzung der königlichen Macht mit den ständischen (Adel) und konfessionellen (Hugenotten) Kräften im Innern und die Vorherrschaft des Hauses Habsburg als von außen kommende Bedrohung. Im Gegensatz zu den Maximen des Machiavellischen Prinzen wird die Notwendigkeit, das moralische Gesetz zu respektieren, betont und die Güte als eine hervorragende Tugend gepriesen. Während die »Vorsicht« eines Tiberius nur der eigenen Person Sicherheit verschaffte, ist es Ludwigs XIII. Ziel, »*das allgemeine Wohl und die allgemeine Glückseligkeit*« zu fördern. Er ist »*der vorbildliche Prinz, erhaben über jeden Vergleich*«. Daß Balzac die politischen Erfolge Richelieus auf den König übertrug und damit Stellung nahm für das Königtum und gegen die Ministerialität, verstimmte den Minister so, daß der Autor des *Prinzen*, der sich die Freiheit der Meinungsäußerung bewahrte, es vorzog, das selbstgewählte Exil in Angoulême nicht mehr zu verlassen. – Die panegyrische Schrift, deren politische Ideen dem Geist ihrer Zeit verpflichtet sind, wird heute kaum mehr gelesen und ist allein durch ihren Stil bemerkenswert, der nicht weniger als die *Lettres* dazu beigetragen hat, die französische Prosa zu formen.
R.L.

AUSGABEN: Paris 1631. – Paris 1632 (*Le prince. Plus deux lettres à M. le cardinal de Richelieu*). – Paris 1677. – Paris 1854 (in *Œuvres*, Hg. L. Moreau, 2 Bde., 1).

LITERATUR: M. de Morgues, *Discours sur le livre de B. intitulé »Le prince« et sur deux lettres suivantes*, o. O. 1631. – Ders., *Response à la seconde lettre imprimée avec »Le prince« de B. et remplie de calomnies*

contre la reine, mère du roy très-chrestien, o. O. 1632.
– G. Guillaumie, *Quelques variantes du »Prince« de G. de B.* (in *Mélanges de littérature, d'histoire et de philologie offerts à P. Laumonier*, Paris 1935, S. 377–386). – H. Bibas, *Les éditions du »Prince« de G. de B. au 17e siècle* (in Bulletin Bibliophile, 1946, S. 530–543). – L. Delaruelle, *»Le prince« de G. de B. et son utilité pour le public du temps* (in RHLF, 48, 1948, S. 13–20). – P. Walther, *»Le prince«, a Revaluation* (in Journal of the Warburg and Courtauld Institutes, 20, 1957, S 215–247).

MAKOMBO BAMBOTE

* 1.4.1932 Ouadda / Zentralafrikanische Republik

PRINCESSE MANDAPU

(frz.; *Prinzessin Mandapu*). Roman von Pierre Makombo BAMBOTE (Zentralafrikanische Republik), erschienen 1972. – Der Roman scheint zunächst in keiner erkennbaren Verbindung oder Traditionslinie mit anderen Werken der französischsprachigen afrikanischen Literatur zu stehen: Inhaltlich geht es weder um eine Abrechnung mit der kolonialen Vergangenheit noch um Anklage gegen Neokolonialismus, weder wird ein urtümliches, intaktes Afrika vorgestellt noch das Fehlverhalten der neuen Klassen seit der Unabhängigkeit kritisiert. Der Autor scheint sich ganz auf die Arbeit am sprachlichen Material zu konzentrieren, das mühsam und in immer neuen Versuchen einem feindseligen Schweigen und abweisenden Verstummen abgezwungen wird. In tastenden oder abrupten Gesprächsverläufen, innerem Monolog, kurzen beschreibenden Sequenzen, versuchen die 20 Kapitel des Romans Zugang zu einer Realität zu finden, die sich verschließt, ihre Zusammenhänge nur zögernd und widerstrebend, wenn überhaupt, preisgibt. Die dennoch vorhandene Spannung ist eine der Ungewißheit, der Auslassungen und Vermutungen, die Atmosphäre, in der sich die Gestalten bewegen, dumpf und bedrückend.

Die Geschichte spielt in dem kleinen Städtchen Uandja, über 700 km östlich von der Landeshauptstadt Bangui entfernt. Dorthin verlagert sich das Geschehen am Ende des Buches, als die Familie der Titel-Heldin dahin umzieht. Protagonisten sind die beiden »starken Männer« *(»hommes politiques)«* des Städtchens, der reiche arabische Händler Mokta und Alphonse Batila, der seit der Kolonialzeit aus nicht näher erläuterten Gründen »*Monsieur Boy*« genannt wird. Monsieur Boy bekleidet seit der Kolonialzeit den höchsten Verwaltungsposten der Stadt, über die er ebenso rücksichtslos und tyrannisch herrscht wie über seine zahlreiche Kinderschar und seine drei Frauen Mandapu, Za und Ya.

Die jüngste von ihnen bringt eine Tochter zur Welt, die den Namen der ersten Frau bekommt: »Mandapu«, was bedeutet: *»nach einem Geschäft«* oder auch: *»der Preis eines Geschäfts«*. Die Art des »*Geschäfts*« kann man nur erraten. Mokta hat schon vor der Geburt Ansprüche auf das Kind angemeldet, später wird er Mandapu *»meine kleine Frau«* nennen. Hat er ohne Wissen des Vaters mit der Mutter des Kindes und der ersten Frau, Mandapu, etwas vereinbart? Bei dem rücksichtslosen Kampf der beiden Männer, der auf Leben und Tod geführt wird, geht es auch darum, gegenseitige Ansprüche durchzusetzen, Geld, Macht, Ansehen zu erringen. In diesem Kampf zwischen der *»Rasse der Bauern«*, die von Monsieur Boy verkörpert wird, und der von Mokta vertretenen *»Rasse der Händler«* könnte man den untergründigen und aktuellen Sinn von *Princesse Madapu* sehen: der in den neuen afrikanischen Gesellschaften entbrannte Kampf um Macht und Geld, dessen Voraussetzungen weit in die Geschichte zurückreichen und dessen Folgen bis in die privatesten Verästelungen einzelner Familien und Schicksale hineinreichen. Der Tod der kleinen »Prinzessin Mandapu«, der auf den alten Mythos der geopferten Jungfrau zurückverweist, steht für die bedingungslose Radikalität und Grausamkeit des Kampfes, der auch die Unschuldigen nicht verschont.

Zeitlich spannt sich der Bogen der Erinnerungen zurück in eine Vergangenheit, in welcher der Vater von Monsieur Boy noch als König herrschte, in den Ersten Weltkrieg, den Boy als Soldat auf französischer Seite mitgemacht hat, in die kolonialen dreißiger und vierziger Jahre, in denen Boy schon die Stadt beherrschte und das von ihm erbaute Gefängnis bereits im ganzen Land berühmt war. Wesentliche Veränderungen hat die Unabhängigkeit nicht gebracht: ein paar Fabriken in der Hauptstadt, das Transistorradio und das Bier, hie und da eine Touristengruppe; die Ausbeutung der Bodenschätze liegt weiterhin in ausländischer Hand. Der neuen Generation – so wird leitmotivisch wiederholt – *»fehlt es an Würde«*.

Auf kleinstem Raum – im wesentlichen um die »Bühne« des zentralen Platzes der Stadt –, mit wenig Personal und sparsamsten erzählerischen Mitteln inszeniert der Roman das »Drama« einer afrikanischen Gesellschaft nach der Unabhängigkeit, das mehr über die innere Verfassung, die Stimmungen und Antriebe dieser Gesellschaft aussagt als von außen herangetragene soziologische Analysen und Erhebungen. J.R.

AUSGABEN: Paris 1972. – Paris 1987 (Tb.).

LITERATUR: D. Blair, *African Literature in French*, Cambridge u. a. 1976, S. 315–316. – G. Danzi, *»Princesse Mandapu« ou la dialectique du tragique* (in L'Afrique littéraire, 79, 1986, S. 30–47). – J. Ngate, *»Princesse Mandapu« de Bambote: le dit et le non-dit* (in Peuples Noirs – Peuples Africains, 53–54, 1986, S. 164–190).

PETER BAMM

d.i. Curt Emmrich
* 20.10.1897 Hochneukirch / Sachsen
† 30.3.1975 Zürich

LITERATUR: F. Lennartz, *Dichter u. Schriftsteller unserer Zeit*, Stg. ⁷1957, S. 12 f. – R. Eppelsheimer, P. B. (in *Handbuch der deutschen Gegenwartsliteratur*, Hg. H. Kunisch, Mchn. 1965, S. 67 f.). – R. Riedler, *Drei Gespräche*. L. Rinser, P. B., J. M. Simmel, Donauwörth 1974.

DIE UNSICHTBARE FLAGGE. Ein Bericht

Autobiographischer Roman von Peter BAMM, erschienen 1952. – Der weitgereiste Arzt und Schriftsteller Peter Bamm, Bestsellerautor humorvoller Feuilletons und Essays (*Die kleine Weltlaterne*, 1935; *Ex Ovo*, 1948) wie geistvoll-fachkundiger Sachbücher (*Frühe Stätten der Christenheit*, 1955; *Welten des Glaubens*, 1959; *Alexander oder Die Verwandlung der Welt*, 1965), schrieb diesen autobiographischen »Bericht« von seiner Tätigkeit als Stabsarzt an der Ostfront »*allen denen zum Gedächtnis, die unter der unsichtbaren Flagge ihr Leben dahingegeben haben um der Liebe zu ihrem Nächsten willen*«.
Diese »*unsichtbare Flagge der Humanitas*« weht über den Sanitätskompanien, Hauptverbandsplätzen und Feldlazaretten vom Kaukasus bis Ostpreußen, in denen die Feldärzte, diese selbstlosen und unermüdlichen »*Roboter der Nächstenliebe*«, die Verwundungen deutscher Soldaten wie russischer Gefangener versorgen. Ihrem Kampf um das Leben der Verwundeten entspricht ihre Verachtung, ihr stiller Widerstand gegen das Regime der »*Anderen*« mit dem »*primitiven Mann an der Spitze*« – die ärztliche Diagnose wird zum Bild politischer Erkenntnis: »*Erst als wir zu begreifen begannen, daß die im Laufe der Jahre langsam aber unerbittlich in die Armee eindringende Fäulnis, diese schleichende Thrombose der Moral, von der obersten Führung ausging, wurde uns klar, daß wir alle des Teufels waren.*«
Nur das Bewußtsein, leidenden Menschen zu helfen, hält die Ärzte in diesem Krieg aufrecht, der ihnen als unvermeidliches, schicksalhaft hinzunehmendes Übel erscheint.
Diesem für das Buch symptomatischen Fatalismus entspricht Bamms Begriff der *humanitas*, sein Lebenszusammenhang mit der klassischen abendländischen Kultur: An den Gestaden des Schwarzen Meeres plaudert der Erzähler über die griechische Mythologie. Doch gerade dieser fraglose Humanitätsbegriff wie auch die verständliche Neigung, sich in dieser »*wilden Welt von Blut und Eiter, Gestank und Gefahr, Angst und Erbsensuppe, Kälte und Tapferkeit*« in die heile Welt etwa einer Brucknersymphonie zu flüchten, erweisen sich als Stimmungsgesten der Resignation angesichts der Greuel eines Krieges, der auch diese abendländische Kultur vernichtet hat. M.Schm.

AUSGABEN: Mchn. 1952. – Mchn. 1966; ¹²1982. – Mchn./Zürich 1976 (in *SW*, Geleitw. C. Zuckmayer, 5 Bde., 4).

BĀṆA(BHAṬṬA)

* um 585 Kanauj
† um 650 Kanauj

LITERATUR ZUM AUTOR:
Biographien:
S. V. Dixit, *Bāṇabhaṭṭa, His Life and Literature*, Belgaum 1963. – R. D. Karmarkar, *Bāṇa*, Dharwar 1964. – K. Krishnamoorthy, *Banabhatta*, Delhi 1976.
Gesamtdarstellungen und Studien:
F. W. Thomas, *Subandhu and Bāṇa* (in WZKM, 12, 1898, S. 21–33). – T. S. Krishna Murthy, *The Style of Bāṇa* (in Journal of the Maharaja Sayajirao Univ. of Baroda, 18, 1958, S. 1 ff.). – N. Sharma, *Banabhatta, a Literary Study*, Delhi 1968. – M. Singh, *Bāṇa's Indebtedness to Subandhu* (in Vishveshvaranand Indological Journal, 17, 1979, S. 66–84). – L. Sternbach, *On the Unknown Poetry of Bāṇa* (in Annals of the Bhandarkar Oriental Research Institute, 60, 1979, S. 109-135). – A. K. Warder, *Indian Kāvya Literature*, Bd. 4, Delhi 1983, S. 1 ff. – S. Lienhard, *A History of Classical Poetry, Sanskrit-Pali-Prakrit*, Wiesbaden 1984, S. 247 ff. – R. A. Hueckstadt, *The Style of Bāṇa*, Lanham 1985.

HARṢACARITA

(skrt.; *Das Leben Harṣa's*). Historischer Prosaroman des Typs *Ākhyāyika (wahre Geschichte)* in 8 Kapiteln von BĀṆA. Der Dichter war Hofpoet des Kaisers HARṢA (VARDHANA; 606–648) von Thanesvar und Kanauj. Das Werk wird als nicht vollständig betrachtet.
In den Einleitungsversen erörtert Bāṇa die Grundsätze der Dichtung und nennt Vorgänger. In den ersten drei Kapiteln macht er Angaben über sein eigenes Leben und darüber, wie er zu Harṣa kam. Damit ist Bāṇa der erste Sanskrit-Dichter, über den wir Genaueres wissen. Das eigene Leben bildet den Rahmen für den Hauptteil. Darin schildert er Taten des Vaters Harṣa's, den Kriegszug von dessen Bruder gegen die Hūṇas und Taten Harṣa's selbst. Dieser wird in Kap. 8 als Freund der Buddhisten dargestellt. Manches daran ist zwar historisch, vieles aber dürfte dichterische Erfindung und Panegyrik sein.
Besonders wertvoll für Religions- und Kulturge-

schichte sind die Angaben des brahmanischen Autors zu verschiedenen religiösen Kulten der Zeit (bes. zum Śivaismus) und sehr genaue und ausführliche Beschreibungen von Gegenständen, Orten, Personen und Zeremonien. Im Sprachlichen erfüllt er die Forderungen, die er am Anfang stellt. Dabei wetteifert er mit SUBANDHU, den er aber in der Sprachkunst nicht erreicht. G.Gr.

AUSGABEN: Kalkutta 1876. – Bombay [7]1946. – Varanasi 1964. – Delhi 1985.

ÜBERSETZUNG: *The Harsa-carita of B.*, E. B. Cowell u. F. W. Thomas, Ldn. 1897; ern. Delhi 1968 [engl.].

LITERATUR: V. S. Agrawala, *The Deeds of Harsha, Being a Cultural Study*, Varanasi 1969. – A. N. Pandey, *A Note on the Harsacarita* (in Journal of the Ganganatha Jha Kendriya Sanskrit Vidyapeetha, 32, 1976, S. 309–311). – S. R. Goyal, *The Date of the Harshacharita of B.* (in Quarterly Review of Historical Studies, 18, 1978/79, S. 246–249).

KĀDAMBARĪ

(skrt.; *Kādambarī*). Prosaroman von BĀṆA. Er ist dem *Kathā*-Typus *(erfundene Geschichte)*, zuzuordnen und nach der Heldin benannt. Bāṇa hat ihn nicht vollendet; das tat sein Sohn BHUṢAṆABHAṬṬA (auch Bhaṭṭa Pulinda). Der Stoff stammt letztlich wahrscheinlich aus der *Bṛhatkathā* des GUṆĀDHYA. Zu Anfang gibt Bāṇa wieder Hinweise auf das eigene Leben. Das Werk besteht aus mehreren ineinander verschachtelten Erzählungen, wobei ein sprechender Papagei eine Rolle spielt. In ihnen wird die Liebesgeschichte der Gandharven(halbgöttliches Wesen)-Prinzessin Kādambarī und des Prinzen Candrāpīḍa geschildert. Parallel dazu läuft die Geschichte ihrer Freundin. Die Schicksale mehrerer Personen werden über zwei Wiedergeburten verfolgt. Dabei sind die Erzählstränge sehr kompliziert geknüpft, aber jeder Einschub ist für die Entwicklung der Geschichte unabdingbar.

Das Werk ist wegen seiner grammatischen und stilistischen Schwierigkeiten auch für Inder sehr schwer zu lesen und gilt gerade deshalb als unübertroffene Leistung der Kunstdichtung. Erwähnenswert vor allem sind die zahllosen ausgefallenen Synonyma, die endlosen Sätze und Komposita, die über fünf Seiten reichen.

Auch hier gibt Bāṇa wieder wertvolle Informationen zur Kulturgeschichte und zum religiösen Leben der Zeit (bes. zum Śivaismus). Interessant sind eine Argumentation gegen Selbstmord beim Tod eines Freundes und eine Verurteilung der Witwenverbrennung.

Der Roman wurde besonders von Jaina-Dichtern als Vorbild genommen. G.Gr.

AUSGABEN: Kalkutta 1850. – Poona [3]1965 [m. engl. Übers.]. – Delhi 1974. – Delhi 1985.

ÜBERSETZUNGEN: *The Kādambarī of B.*, C. M. Ridding, Ldn. 1896; ern. Bombay 1960 [engl.]. – *B.'s Kādambarī*, A. A. M. Scharpé, Löwen 1937 [ndl.; Ausz.]. – *Kādambarī*, R. M. Kale, Delhi [4]1968 [rev.; skrt.-engl.].

LITERATUR: A. Weber, *Analyse der Kadambari* (in ZDMG, 7, 1853, S. 582–589).

BAN BIAO

* 3 n. Chr.
† 54 n. Chr.

HANSHU

auch: *Qian Hanshu* (chin.; *Geschichte der Han-Dynastie* bzw. *... der Früheren Han-Dynastie*). Geschichtswerk, um 36 n. Chr. begonnen durch BAN BIAO (3–54), weitergeführt und beendet durch seinen Sohn BAN GU († 92) sowie seine Tochter BAN ZHAO († nach 110). – Das ursprünglich private Werk wurde nach der Übernahme durch Ban Gu mehr und mehr zu einem vom Kaiserhof protegierten und auch beaufsichtigten Unternehmen, für das die amtlichen Dokumente der Hofkanzlei zur Verfügung standen. Während das *Shiji* des SIMA QIAN eine Gesamtdarstellung der Geschichte von den Anfängen bis auf die Zeit des Autors selbst bietet, beschränkt sich das *Hanshu* auf die erste Hälfte der Regierungszeit der Dynastie Han und des Usurpators Wang Mang (206 v. Chr. – 23 n. Chr.), die sogenannte Frühere Han-Zeit. Die Grundzüge des Aufbaus haben die Autoren des *Hanshu* vom *Shiji* übernommen, jedoch im einzelnen modifiziert oder erweitert. Das Werk ist eingeteilt in Kaiserannalen (12 Kapitel), Tabellen (8), Monographien (10) und Biographien (einschließlich Beschreibung von Fremdvölkern wie ostasiatischen Hunnen *[Xiongnu]*, 70). Neuerungen sind innerhalb der Monographien z. B. die Kapitel über Literatur (der älteste Literaturkatalog Chinas und deshalb von höchstem Wert), über die kosmologische Elementenspekulation, über das Rechtswesen und über die politische Geographie Chinas.

Das *Hanshu* ist zum überwiegenden Teil eine Kompilation aus den Akten und Dokumenten der Reichsverwaltung. Eigenes Werk der Autoren sind im wesentlichen nur die Einleitungen und wertenden Nachworte zu den einzelnen Kapiteln. Da der Text somit der Aktensprache nahesteht, finden sich selten Partien, die Vorgänge oder Personen lebhaft und anschaulich beschreiben. Um so höher ist der dokumentarische Wert des Gesamtwerks. Es umfaßt eine für Chinas Geschichte entscheidende Epoche, nämlich die Regierungszeit derjenigen Dynastie, unter der die Institutionen des Kaiserstaats ausgebildet wurden und der Konfuzianismus zum Rang einer verpflichtenden Ideologie aufstieg. Außenpolitisch stand die Frühere Han-Zeit im Zeichen des Imperialismus, der die Reichsgrenzen nach allen Richtungen hin ausweitete und zur Begründung der chinesischen Vormacht in Zentralasien führte. Das *Hanshu* hat die amtliche chinesische Historiographie der Folgezeit stark beeinflußt und gehört zu den wichtigsten historischen Quellenschriften Chinas überhaupt. Die stellenweise beträchtlichen Schwierigkeiten des Textes haben eine große Anzahl von Kommentarwerken und Einzelstudien veranlaßt. Der wichtigste ältere Kommentar ist der von YAN SHIGU (581–645), der in allen gängigen Ausgaben mit abgedruckt wird; die beste kritische Neuausgabe besorgte WANG XIANQIAN (1842–1918). H.Fr.

AUSGABEN: o. O. 994–1005. – Changsha 1900 (*Hanshu buzhu*, Hg. Wang Xianqian). – Shanghai 1930 (in *Bona ben*). – Shanghai 1936 (*Sibu beiyao*-Ausg.). – Baltimore/Ldn. 1938–1955 (*The History of the Former Han Dynasty*, Hg. H. H. Dubs; m. Übers. u. Anm. zu Kap. 1–12 u. 99). – Peking 1975, 12 Bde.
Vgl. dazu: *Hanshu ji buzhu zonghe yinde*, Peking 1940 (Index zu *Hanshu* u. Anm. v. Yan Shigu u. Wang Xianqian; Harvard Yenching Sinological Index Series, 36). – Yang Shuda, *Hanshu kuiguan*, Peking 1955 [Komm. zu Einzelstellen].

ÜBERSETZUNGEN (Teilübers.): J. J. M. de Groot, *Chinesische Urkunden zur Geschichte Asiens*, 2 Bde., Bln. 1921–1926 [enth. Kap. 94 u. 96]. – H. O. H. Stange, *Die Monographie über Wang Mang*, Lpzg. 1938 (enth. Kap. 99; Abh. f. d. Kunde des Morgenlandes, 38, Nr. 3). – R. C. Blue, *The Argumentation of the Shih-huo chih* (in Harvard Journal of Asiatic Studies, 11, 1948, S. 1–118; enth. Einl. u. Schluß v. Kap. 24; Einl. Kap. 91). – C. B. Sargent, *Wang Mang*, Shanghai 1950 [enth. Kap. 99]. – N. L. Swann, *Food and Money in Ancient China*, Princeton/N. J. 1950 [enth. Kap. 24 u. 91]. – A. F. P. Hulsewé, *Remnants of Han Law*, Bd. 1, Leiden 1955 [enth. Kap. 23; Kap. 22, Tl. 1]. – Ders., *China in Central Asia*, Leiden 1979 [Kap. 61 u. 96]. – T'ung-tsu Ch'ü, *Han Social Structure*, Seattle u. Ldn. 1972. – *Courtier and Commoner in Ancient China. Selections from the History of the Former Han by Pan Ku*, B. Watson, NY u. Ldn. 1974. – Siehe auch T. Pokora, *Pan Ku and Recent Translations from Han-shu* (in Journal of the American Oriental Society, 98, 1978, S. 451–460).

LITERATUR: Lo Tchen-ying, *Une famille d'historiens et son œuvre*, Paris 1931. – N. L. Swann, *Pan Chao: Foremost Woman Scholar of China*, NY 1932. – C. B. Sargent, *Index to the Monograph on Geography in the History of the Former Han Dynasty* (in Journal of the West China Border Research Society, 12, Ser. A, 1940, S. 173–216). – Ders., *Subsidized History: Pan Ku and the Historical Records of the Former Han Dynasty* (in Far Eastern Quarterly, 3,

1944, S. 119–142). – H. Bielenstein, *An Interpretation of the Portents in the »Ts'ien-han-shu«* (in BMFEA, 22, 1950, S. 127–143). – Ders., *The Restoration of the Han Dynasty with Prolegomena on the Historiography of the »Hou Han Shu«* (ebd., 26, 1954, S. 1–81). – J. Kurata, *Kansho hampon kō* (in Tohō Gakuhō, 27, 1957, S. 255–284). – A. F. P. Hulsewé, *Notes on the Historiography of the Han Period* (in *Historians of China and Japan*, Hg. W. G. Beasley u. E. G. Pulleyblank, Ldn. 1961, S. 31–43). – M. N. M. Loewe, *Some Recent Editions of the »Ch'ien Han-shu«* (in AM, N. S. 10, 1963, S. 162–172). – O. B. van der Sprenkel, *Pan Piao, Pan Ku, and the Han History*, Canberra 1964.

GEORGE BANCROFT

* 3.10.1800 Worcester / Mass.
† 17.1.1891 Washington D.C.

A HISTORY OF THE UNITED STATES FROM THE DISCOVERY OF THE AMERICAN CONTINENT TO THE PRESENT TIME

(amer.; *Geschichte der Vereinigten Staaten von der Entdeckung des amerikanischen Kontinents bis zur Gegenwart*). Historisches Werk in zehn Bänden von George BANCROFT, erschienen 1834–1874. Die 1882 publizierte zweibändige Entstehungsgeschichte der Verfassung, *History of the Formation of the Constitution of the United States*, schließt chronologisch und inhaltlich an das Hauptwerk an und wurde in die letzte vom Autor besorgte und gekürzte sechsbändige Ausgabe von 1883–1885 aufgenommen. – Wie bei einem Werk, dessen Entstehungszeit sich über fast fünfzig Jahre erstreckte, nicht anders zu erwarten, ändert sich sein Charakter zwischen dem ersten und dem letzten Band erheblich. Zum Beispiel verzichtet der Autor vom sechsten Band an auf den vorher sehr umfangreichen Fußnotenapparat. Deutlich ist auch der allmähliche Wandel des Stils: Die zunächst zu rhetorischem Überschwang neigende Sprache wird im Lauf der Zeit sachlicher. In der erwähnten Ausgabe von 1883–1885 allerdings wurden derartige Unterschiede zusammen mit zahlreichen Wiederholungen und Abschweifungen weitgehend beseitigt; die Konzeption des Werks wie die Geschichtsauffassung des Autors zeigten dagegen schon vor jeder Revision eine bemerkenswerte Einheitlichkeit.
Bancrofts Werk ist im wesentlichen eine Geschichte der amerikanischen Revolution mit einer langen Einleitung über die Kolonialgeschichte und einem ausführlichen Prolog, der die Entstehung der Verfassung behandelt. Die ersten beiden (im Aufbau wenig systematischen) Bände sind dem Zeitraum bis 1748 gewidmet; mit dem Ende des fünften

Bandes ist das Krisenjahr 1774 erreicht; erst die Schlußkapitel des neunten gehen über 1777 hinaus; der zehnte führt bis 1782, die Entstehungsgeschichte der Verfassung schließt mit 1789 ab. Bancroft, der Schüler HEERENS in Göttingen (wo er 1820 einen Dr. phil. erwarb), schrieb die erste, zumindest in der Zielsetzung wissenschaftlich-kritische Geschichte der Vereinigten Staaten. Sie ist noch heute die ausführlichste Gesamtdarstellung der amerikanischen Revolution; ihr Ruhm ist in der Zwischenzeit allerdings verblaßt. Daß Bancrofts Werk weitgehend in Mißkredit und Vergessenheit geraten ist, liegt zum Teil an der Weitschweifigkeit der Darstellung, deren literarische Meriten zwar beachtlich sind, aber kaum für die Länge und für die Fülle an unwesentlichem Detail entschädigen können. Der Hauptgrund ist jedoch, daß die *History of the United States* nicht nur die Begeisterung des Autors für kritische Historiographie bezeugt, sondern auch seine propagandistischen Interessen als jacksondemokratischer Berufspolitiker (er war Botschafter in London und Berlin sowie Unterstaatssekretär im Marineministerium), seine philosophischen Neigungen als Transzendentalist und seine sehr wenig kritische Einstellung als sendungsbewußter Patriot.
Bei aller für seine Zeit bemerkenswerten Sorgfalt der Quellenbenutzung hält Bancroft dem Leser stets vor Augen, daß die Revolution nicht »zufällig« kam: »*Sie wuchs aus der Seele des Volkes und war ein unvermeidliches Ergebnis einer lebendigen Liebe zur Freiheit, welche einstimmige Anstrengungen ebenso notwendig zur Folge hatte, wie das Schlagen des Herzens Wärme, Farbe und Schönheit im ganzen Körpersystem verbreitet. Die ländlichen Helden jener Stunde* [Lexington] *gehorchten den einfachsten, den höchsten und sichersten Instinkten ...*« Oder: »*Das Volk des Kontinents gehorchte mit unwiderstehlicher Energie einem einzigen allgemeinen Impuls, ebenso wie die Erde im Frühling dem Gebot der Natur lauscht und ohne einen Schein von Anstrengung in vollkommener Harmonie sich zum Leben erschließt. Die Veränderung, welche die göttliche Weisheit fügte und die keine menschliche Politik oder Gewalt zurückhalten konnte, schritt so gleichmäßig, so majestätisch voran wie die Gesetze des Seins und war so gewiß wie die Aussprüche der Ewigkeit.*« Von unüberwindlichem Freiheitsdrang in die Neue Welt getrieben (der Schönheitsfehler der Sklaverei wurde – so Bancroft – den Kolonien von den Engländern aufgezwungen), der unfehlbaren Stimme des Volkes gehorchend, erhoben sich die Amerikaner in getreulicher Ausführung des hehren Schöpfungsplans für die auserwählte Nation der Freiheit und Humanität. Es bedarf kaum weiterer Erläuterungen, warum Bancrofts Werk heute zwar noch als geistesgeschichtliches Dokument, nicht aber als historische Darstellung interessant ist.
Der unvergleichliche Erfolg Bancrofts im 19. Jh. beruhte nicht zuletzt darauf, daß seine Geschichtsdarstellung in den von politischen Konflikten und einem blutigen Bürgerkrieg zerrissenen Jahrzehnten einem dringenden politischen und emotionalen Bedürfnis entgegenkam: In einer Zeit der Entzweiung beschwor er leidenschaftlich und eindringlich eine große gemeinsame Vergangenheit und die in der Praxis freilich nur zu oft mit Füßen getretenen, theoretisch aber allen Amerikanern teuren Werte. W.J.H.

AUSGABEN: Boston 1834–1874, 10 Bde. – NY 1882 *(History of the Formation of the Constitution of the United States of America)*. – NY 1883–1885 *(History of the United States of America, from the Discovery of the Continent*, 6 Bde.; AIH). – Chicago 1966, Hg. R. B. Nye [Ausw.].

ÜBERSETZUNG: *Geschichte der Vereinigten Staaten von Nordamerika von der Entdeckung des amerikanischen Kontinents an bis auf die neueste Zeit*, A. Kretzschmar u. A. Bartels, 10 Bde., Lpzg. 1845–1875.

LITERATUR: M. A. De Wolfe Howe, *The Life and Letters of G. B.*, 2 Bde., NY 1908 [m. Bibliogr.]. – J. S. Bassett, *The Middle Group of American Historians*, NY 1917. – N. H. Dawes u. F. T. Nichols, *Revaluing G. B.* (in New England Quarterly, 6, 1933, S. 278–293). – M. Kraus, *G. B. (1834–1934)* (ebd., 7, 1934, S. 662–686). – R. B. Nye, *G. B., Brahmin Rebel*, NY 1945. – J. W. Rathburn, *G. B. on Man and History* (in Transactions of the Wisconsin Academy of Sciences, Arts and Letters, 43, 1954, S. 51–73). – E. N. Saveth, *Understanding the American Past*, Boston/Toronto 1954; ²1965. – *The Reconstruction of American History*, Hg. J. Higham, NY/Ldn. 1962, S. 46–48. – M. E. Lewis, *American Frontier History as Literature*, Ann Arbor/Mich. 1968. – R. H. Canary, *G. B.*, NY 1974 (TUSAS). – R. C. Vitzthum, *The American Compromise. Theme and Method in the Histories of B., Parkman, and Adams*, Norman 1974. – L. Handlin, *G. B., the Intellectual as Democrat*, NY 1984.

MANUEL BANDEIRA

eig. Manuel Carneiro de Souza Bandeira Filho

* 19.4.1886 Recife
† 13.10.1968 Rio de Janeiro

LITERATUR ZUM AUTOR:
Bibliographien:
R. E. Dimmick, M. B. (in Inter-American Review of Bibliography, 19, Washington D.C. 1969, Nr. 3, S. 333–336). – Carpeaux, S. 368–373. – A. Brasil, *M. B.* (in Jornal de letras, 248/249; 254, Rio 1971, Nr. 1, S. 3).
Biographien:
C. Malpique, *M. B. o homem* (in Boletim da Bibl. Pública Municipal, Matosinhos 1968, Nr. 15,

S. 3–42). – C. dos Anjos, *M. B.: o homem e o poeta* (in Revista do Livro, 13, Rio 1970, Nr. 40, S. 87–105). – J. C. Guimarães, *M. B.*, São Paulo 1984.
Gesamtdarstellungen und Studien:
Homenagem a M. B., Rio 1936. – A. Casais Monteiro, *M. B.*, Lissabon 1943; Rio 1958. – E. de Moraes, *M. B.*, Rio 1962. – S. Michel, *M. B.*, Paris 1965 [m. Bibliogr.]. – S. Baciu, *M. B. de corpo inteiro*, Rio 1966. – G. Brower, *Graphics, Phonics and the ›Concrete Universal‹ in M. B.'s Concretist Poetry* (in LBR, 3, 1966, Nr. 1, S. 19–32). – L. Câmara, *A poesia de M. B.: seu revestimento ideológico e formal* (in Estudos Universitários, 9, Recife 1969, Nr. 2, S. 73–98). – Coutinho, 5, S. 86–94. – A. A. da Costa, *La poésie de M. B. – Essai d'analyse structurale et stylistique*, Diss. Paris 1972. – *M. B.*, Poitiers 1974. – *M. B.*, Hg. S. Brayner, Rio 1980. – S. de Almeida Cara, *M. B.*, São Paulo 1982. – J. F. Coelho, *M. B. pré-modernista*, Rio 1982 [m. Bibliogr.; Vorw. G. Freyre]. – A. Jurema u. a., *Semana de estudos sobre M. B.*, Brasília 1982. – S. J. Anderson, *From French Symbolism to Brazilian Modernism, with Special Emphasis on the Poetry of M. B.*, Diss. Northwestern University 1983 (vgl. Diss. Abstracts, 44, 1984, S. 3394A). – J. G. Merquior, *Drei Schriftsteller des ›modernismo‹: M. de Andrade, M. B. und J. de Lima* (in *Brasilianische Literatur*, Hg. M. Strausfeld, Ffm. 1984, S. 121–158; st). – G. Pontieri, *M. B.*, Rio 1986.

DAS LYRISCHE WERK (portug.) von Manuel Bandeira (Brasilien).
Neben dem historisch-kulturellen Umfeld mehrerer literarischer Epochen wie *Parnasianismo*, *Simbolismo*, *Modernismo* und der Moderne nach 1945, vor allem des *Concretismo*, die die Lyrik Brasiliens geprägt haben und auch Bandeiras Lyrik formal und inhaltlich beeinflußten, ist die individuelle Seins- und Leidenserfahrung die eigentliche Quelle der poetischen Inspiration des nach C. Drummond de Andrade (1902–1987) bedeutendsten brasilianischen Dichters. Körperliche Instabilität – die Folge einer Tbc-Erkrankung im Alter von 18 Jahren – sensibilisierte sein Schaffen bis zuletzt für die Themenbereiche Schmerz, Tod und Vergänglichkeit.
Im Jahre 1917 erschien der erste Lyrikband *A cinza das horas (Die Asche der Stunden)* mit Gedichten, die zum Teil noch Einflüsse der Dichtung des Parnaß und des Symbolismus aufzeigen. Themen, die den Tod, die Unausweichlichkeit des Sterbens, Lebensangst behandeln, sind Ausdruck einer Melancholie im Stil der Neoromantik, aber sie sind einfacher, persönlicher, lebensnäher gestaltet als die kunstvoll-sterile Poesie, wie sie vor allem von den Vertretern des *Parnasianismo* gepflegt wurde: »*Os elementos da sua arte são simples como as coisas eternas*« (»Die Elemente seiner Kunst sind einfach wie die ewigen Dinge«; J. Ribeiro). Auffallend sind in diesem Band auch humoristische und selbstironisierende Verse, die den Einfluß von M. Maeterlinck (1862–1949) und J. Laforgue (1860–1887) verraten. Bereits in *A cinza das horas* läßt sich eine Abwendung vom Parnaß erkennen, ein Umbruch, der sich dann deutlich in dem 1919 erschienenen Gedichtband *Carnaval (Karneval)* vollzieht. Die Sprache dieser Gedichte ist direkt, umgangssprachlich und in ihrer Ironie oft sarkastisch und zynisch. Eine Welt, die von Harlekinen, Columbinen und Pierrots bevölkert ist, setzt den Kontrapunkt zu einer Welt der Depressionen und des Weltschmerzes. *Carnaval* ist Bekenntnispoesie in der Ich-Form, eine Poesie, die aufrütteln will und nicht nur auf die Person des Dichters, sondern auch auf die Umwelt bezogen ist. Die in den Gedichten anklingenden bitteren, ironischen und nostalgischen Töne, denen auch eine humoristische Selbstbetrachtung nicht fehlt, sind Ausdruck eines körperlich Leidenden und des damit verbundenen Verzichts auf Glück im täglichen Leben. Die Figur des Pierrot ist symbolischer Ausdruck der verletzbaren, sensiblen Innerlichkeit des Dichters, wie das Gedicht *Epílogo* zeigt, das den Band beschließt: »*... um carnaval em que o só motivo / fôsse o meu próprio ser interior / ... o meu carnaval sem nenhuma alegria*« (»Ein Karneval, in dem das einzige Motiv mein inneres Sein darstellen sollte, ... mein Karneval ohne jede Fröhlichkeit«). Besondere Beachtung in diesem Band verdient das Gedicht *Os sapos (Die Kröten)*, das von den Vertretern des *Modernismo* als einen Angriff auf den *Parnasianismo* interpretiert und 1922, während der »Semana de Arte moderna« (Woche der modernen Kunst), im Teatro Municipal in São Paulo von dem Dichter Ronald de Carvalho (1893–1935) vorgetragen wurde. Bandeira, der »*hl. Johannes der Täufer des Modernismus*« (M. de Andrade), hat jedoch selbst an den Veranstaltungen der Woche des Modernismus nicht teilgenommen.
In den Gedichten, die 1924 unter dem Titel *O ritmo dissoluto (Aufgelöster Rhythmus)* erschienen, wird ein Wandel zu mehr Ruhe und innerem Frieden erkennbar. In der hier praktizierten pathetischen, getragenen Versform ist eine gewisse Rückbesinnung auf die Gedichte in *A cinza das horas* spürbar, die verstärkte Einbeziehung von Themen aus dem Alltag entspricht modernistischen Forderungen. Der Dichter zeigt eine versöhnlichere Einstellung zu Schicksal und Umwelt, die Revolte ist sanfter und versteckter. In dem Gedicht *Gesso (Gips)* zeichnet sich eine zunehmend positive Wertung der persönlichen Leidenserfahrungen ab: »*Que só é verdadeiramente vivo o que já sofreu*« (»Nur das ist wahrhaft lebendig, was schon gelitten hat«). Technisch überwiegen Assonanzen, Verbindungen von freien, ungereimten und gereimten Versen. Die Worte gewinnen ein Eigenleben, manchmal durch einfache Aneinanderreihung.
Mit der 1930 veröffentlichten Gedichtsammlung *Libertinagem (Ausschweifung)* erreichte Bandeira den Höhepunkt seines lyrischen Schaffens und findet sein vollendetes poetisches Konzept: einen formalen und stilistischen Ästhetizismus von ganz persönlicher Prägung. Gedichte, die familiäre Themen aufgreifen, zeigen eine tiefe Verinnerlichung.

Offensichtlich beeinflußt durch Gilberto FREYRE (1900–1987) und Mário de ANDRADE (1893 bis 1945) treten brasilianische Themen in den Vordergrund wie in den Gedichten *Mangue (Watt)* oder *Evocação do Recife (Erinnerung an Recife)*, die sich überwiegend mit der Heimatregion des Dichters beschäftigen. Die freie Versgebung in *Libertinagem* ist nicht mehr nur poetisches Experiment, »aufgelöster Rhythmus«, sondern dem Inhalt angepaßte Form. Seine ästhetischen Prinzipien macht Bandeira in dem Gedicht *Poética* deutlich: »*Ich habe genug von maßvoller Lyrik / von wohlerzogener Lyrik /... Ich will nichts mehr wissen von Lyrik, die nicht Befreiung ist.*« Wie wenig sich der Autor durch modernistische Programme in der Versstruktur einengen läßt, beweist die Tatsache, daß er sich in seinem wichtigsten Werk neben der freien Versform auch der geschlossenen Form, der Strophe bedient, die zuweilen den Charakter eines Volksliedes haben kann wie in dem Gedicht *Poema dos finados (Gedicht der Dahingegangenen)*. Einen besonderen Rang innerhalb *Libertinagem* nimmt das Gedicht *Vou-me embora pra Pasárgada (Ich gehe fort nach Pasárgada)* ein. Pasárgada verkörpert für Bandeira ein fernes Land der Wunschträume, »*essa Pasárgada onde podemos viver pelos sonhos o que á vida madrasta não nos quis dar*« (»*jenes Pasárgada, in dem wir unsere Träume erfüllen können, was uns in diesem stiefmütterlichen Dasein versagt ist*«).

1936 erschien die Gedichtsammlung *Estrela da manhã (Morgenstern)*. In ihr bestätigt sich noch der Wunsch nach Freiheit und schöpferischer Autonomie, die für den Individualisten Bandeira so bezeichnend sind. Zwischen 1940 und 1952 wurden, zum Teil in Ergänzung zu den Gesamtausgaben, weitere Sammlungen von Poesie veröffentlicht, und zwar *Lira dos cinqüent'anos*, 1940 *(Leier der fünfziger Jahre)*, *Belo Belo* (1948), *Mafuá do Malungo*, 1948 *(Kirmes des Malungo)*, ein Band, der überwiegend aus Widmungsgedichten besteht, und *Opus 10* (1952). Der 1963 erschienene Gedichtband *Estrela da tarde (Abendstern)* enthält Gedichte wie *Analianeliana, Rosa tumultuada (Aufrührerische Rose)* oder *Ponteio (Uhrzeiger)*, die in ihrer Wort-Bild-Struktur die Einflüsse des sogenannten *Concretismo*, der konkreten Lyrik dokumentieren. In seiner lyrischen Autobiographie *Itinerário de Pasárgada*, 1954 *(Weg nach Pasárgada)* bezieht sich Bandeira auf die *Geração de 45 (Generation von 45)* mit der Feststellung, daß es dort offensichtlich neben Gegnern auch Anhänger seiner Lyrik gebe: »*Ich habe auch meine Fans in der geração de 45; das sage ich voller Stolz.*« – Die späteren Werke zeichnen sich insgesamt durch eine Suche nach der geeigneten Form für die poetische Aussage aus, wobei sich neben dem Trend zum freien Vers immer wieder Ansätze zu traditionellen Formen finden wie z. B. in *Lira dos cinqüent'anos*: Redondilhas, gereimte Zehnsilber in Sonetten und Achtsilber.

Im poetischen Werdegang Bandeiras spiegelt sich ein enger Zusammenhang von Lebenslauf und Seinserfahrung und dessen Umsetzung in Poesie.

Dominierende Themenbereiche, die das Gesamtwerk durchziehen, sind Familie (Eltern, Schwester, Kindheit), Liebe (erotische Liebe, Liebe zu Freunden und Verwandten), Leiden (Krankheit und Tod). Wie früh dem Dichter das Leidensempfinden bewußt wird, geht aus dem Gedicht *Infância (Kindheit)* hervor: »*Mit zehn Jahren kam ich nach Rio. / Ich kannte die wesentlichen Wahrheiten des Lebens. / Ich war reif für das Leiden / und für die Poesie.*« Der Tod der Mutter in *Elegia para minha mãe (Elegie für meine Mutter)* oder die eigene Krankheit in *Pneumotorax* sind beredte Zeugnisse der Leidensfähigkeit des Autors, die in seiner Poesie ihren Ausdruck fanden. *Minha terra (Meine Heimat), Belém do Pará* oder *Ultimo canção do beco (Letzter Gesang der Gasse)* enthalten Hinweise auf die enge Verbundenheit mit Kindheit und Region. Liebe kann bei Bandeira sowohl Ausdruck eines zarten, sublimen Gefühls sein wie in den Poemen *Ternura (Zärtlichkeit)* oder *O anel de vidro (Der Glasring)*, die von der Zerbrechlichkeit der Liebesbeziehung handeln, als auch Ausdruck eines starken erotischen Gefühls wie in *Poemeto erótico*. Die Sprache Bandeiras ist technisch brillant, plastisch durchgeformt und ausdrucksstark, dabei von großer Musikalität. In *Itinerário de Pasárgada* verrät er sein poetisches Konzept: »*Poesie wird mit Wörtern gemacht und nicht mit Ideen und Gefühlen geschaffen. Durch die Zauberwirkung eines oder mehrerer Wörter erhält auch ein mangelhafter oder ausdrucksloser Vers poetische Kraft.*« In dem Gedicht *Os sinos (Die Glocken)* kann der Leser das Klingen der Glocken aus der Wortstruktur nachvollziehen. Noch deutlicher wird die Klangmalerei in *Trem de ferro (Eisenbahnzug)*, in dem durch die Aneinanderreihung kurzer Satzfetzen das rhythmische Rollen der Räder übermittelt wird, ein Grund für die häufige Vertonung gerade dieses Gedichts durch zahlreiche bekannte brasilianische Komponisten. – Die sensible Umsetzung erlebter Erfahrungen in Wortbilder und Wortmelodien verträgt sich für Bandeira nicht mit der bewußten Anstrengung, Poesie zu produzieren, wenngleich er davon, nach eigener Aussage, in den Anfängen nicht frei war: »*›A Cinza das Horas‹, ›Carnaval‹ und selbst ›O ritmo dissoluto‹ sind noch voll von Gedichten, die ›en toute lucidité‹ gefertigt wurden. Von ›Libertinagem‹ an fand ich mich in mein Schicksal, dann Dichter zu sein, wenn es Gott gefällt.*« Sich selbst charakterisiert der Dichter eher bescheiden: »*Poeta sou; ... Lúcido sim; eleito não*« (»*Dichter bin ich; ... Erleuchtet ja; erwählt nein*«). M.Gr.

AUSGABEN: *A cinza das horas*, Rio 1917. – *Carnaval*, Rio 1919. – *Poesias*, Rio 1924 *(A cinza das horas, Carnaval, O ritmo dissoluto)*. – *Libertinagem*, Rio 1930. – *Estrela da manhã*, Rio 1936. – *Poesias completas*, Rio 1944 [erw. um *Lira dos cinqüent'anos*]. – *Poesias completas*, Rio 1948 [erw. um *Belo Belo*]. – *Máfua do Malungo*, Barcelona 1948. – *Opus 10*, Niterói 1952. – *Estrela da tarde*, Rio 1963. – *Poesia completa e prosa*, Rio 1958; [2]1967 [m. Studie v. S. Buarque de Holanda]. – *Estrela da vida inteira*, Rio 1966. – *Poesia completa e prosa*, Rio 1977 [m. Bibliogr.].

ÜBERSETZUNGEN: [Ausw.]: In *Brasilianische Poesie des 20. Jh.s*, C. Meyer-Clason, Mchn. 1975 (dtv). – *Der Weg nach Pasárgada. Gedichte und Prosa*, K. v. Schweder-Schreiner, Ffm. 1985 [Nachw. B. Jozef].

VERTONUNGEN: U. a. von H. Villa-Lobos, J. Siqueira, V. Brandão, J. Nunes, L. de Figueiredo *(Trem de ferro)*.

MATTEO BANDELLO

* 1485 Castelnuovo Scrivia
† 1561 Agen

NOVELLE

(ital.; *Novellen*). Von Matteo BANDELLO, entstanden 1510–1560, in vier Teilen erschienen 1554–1573. – Festes Vorbild für die vielen Verfasser von Prosanovellen im 16. Jh. war BOCCACCIOS *Decamerone*, dessen zyklische Struktur immer wieder nachgeahmt wurde. Als der bedeutendste Novellist des *cinquecento* kann Bandello gelten, den ein abenteuerliches Leben – Dominikanermönch, Fürstenerzieher in Mantua, Makler, politischer Berater im spanisch-französischen Krieg, Emigrant (in Frankreich), Bischof und Poet – dazu prädestiniert hat, jenen *»Zauberspiegel« zu schaffen, »der sein Jahrhundert reflektiert und in dem uns alle jene charakteristischen Einzelheiten, jene Haupt- und Nebenfiguren entgegenstrahlen, die man vergebens bei den großen Geschichtsschreibern jener Zeit suchen würde«* (Dunlop). Als Kind dieser Epoche hält Bandello bedeutsame Geschehnisse nicht mit der Akribie des Historiographen, sondern mit dem Interesse des Humanisten für ihren kulturellen, sozialen und moralischen Hintergrund fest. »Novelle« heißt nichts weiter als »Neuigkeit« und Neuigkeiten – durchaus im journalistischen Sinn – vermittelt Bandello in der Wiedergabe von bemerkenswerten Ereignissen und anekdotisch gewürzten Kuriositäten. Dementsprechend handelt es sich bei den *Novelle* nicht um eine geschlossene Komposition; willkürlich sind die 214 Einzelstücke aneinandergereiht.
Der Verzicht auf die seit Boccaccio obligatorisch gewordene Rahmenhandlung geht nicht so weit, daß der Autor, etwa im Sinn einer Anekdotensammlung, nun einfach Pointe an Pointe reihte. Wie im *Novellino* des MASUCCIO SALERNITANO wird jede einzelne Erzählung durch eine Widmungsepistel eingeleitet, die bei Bandello jedoch in kunstvoll stilisierter Weise eine Ausgangssituation herstellt, also etwa Bezug nimmt auf die bestimmte Gelegenheit, in deren Zusammenhang der Verfasser die im folgenden berichtete Begebenheit gehört hat (oder haben will). So entsteht ein realistischer Hintergrund, den – wie die eigentlichen Erzählungen – zahlreiche zeitgenössische Persönlichkeiten bevölkern (Guicciardini, Leonardo da Vinci, Machiavelli u. a.). Die zwischen »Rahmen« und »Bild« gegebene Zäsur überspielt der Autor, indem er das basisbildende Gesprächsmoment hinüberträgt in die Erzählung und es dort (durch Einwände, Unterbrechungen, Rückfragen oder Abschweifungen) fortspinnt. Dadurch bleiben die in der Epistel erwähnten Personen während des Erzählvorgangs gegenwärtig, sei es als Erzähler, sei es als aufgeschlossene Zuhörer – ein Kunstgriff, dem die »inszenierte«, also dramatische Wirkung der Novelle Bandellos zu danken ist. Begebenheiten aus vergangener Zeit oder aus fernen Ländern erhalten dabei die Spontaneität des Aktuellen; aus vorhandenem Material übernommenes Gut (DA PORTO, MARGUERITE D'ANGOULÊME u. a.) wird gewissermaßen neues »geistiges Eigentum«. Daß dem erotischen Motiv eine Vorrangstellung eingeräumt wird, entspricht der Nachfrage des damaligen Lesers; freilich betont Bandello, er habe die pikanten Novellen weder zum Kitzel der Sinne noch zur Verherrlichung des Lasters, sondern allein *»zur Freude und zum Ergötzen der Leute«* niedergeschrieben – eine seit Boccaccio nicht neue Legitimation. Bandello *»erzählt lebhaft; er schreibt wie er spricht, verwendet keine rhetorischen Schnörkel und schleppenden Perioden, ist kurz und gewandt im Beschreiben, im Erzählen und im Dialog«* (Settembrini). Die Sprache paßt sich dem Charakter der Chronik an, ist dabei direkte Ausdrucksweise, künstlerisch kaum engagiert, ohne poetische Souveränität, im besten Sinn unverbildetes Mittel zum Zweck der Mitteilung. DE SANCTIS kritisiert sie deshalb als *»bürgerlich«*, andere Literarhistoriker vertreten eine gegenteilige Meinung: SAPEGNO glaubt bei Bandello die erste Spur der Diktion des späteren realistischen Romans erkennen zu können, während FLORA hervorhebt, daß die menschliche Stimme oder das dokumentarisch Fixierte in rein *»Erzähltes«* umgesetzt worden sei. – Außerordentlich, vor allem auf das Ausland, war der Einfluß, den Bandellos Novellen ausgeübt haben. Mehr oder weniger direkt inspirierten sie eine Reihe von Autoren zu Meisterwerken der Weltliteratur: etwa STENDHAL *(Die Karthause von Parma)*, vor allem aber SHAKESPEARE *(Romeo und Julia; Viel Lärm um nichts; Was ihr wollt)*. M.S.

AUSGABEN: Lucca 1554 [Tl. 1–3]. – Lyon 1573 [Tl. 4]. – Turin 1910/11, Hg. G. Balsamo Crivelli. – Bari 1910–1912, Hg. G. Brognoligo, 5 Bde. (Scrittori d'Italia, 2, 5, 9, 17, 23; Bd. 1–3 ern. 1928–1931). – Mailand 1934/35 (in *Tutte le opere*, Hg. F. Flora, 2 Bde.; 4,1966). – Bologna 1967, Hg. B. Cagli, 5 Bde. – Turin 1974, Hg. G. G. Ferrero.

ÜBERSETZUNGEN: *Novellen*, Adrian, 3 Bde., Ffm. 1818/19; ern. 1826. – Dass., A. Keller (in *Italiäni-*

scher Novellenschatz, Bd. 3/4, Lpzg. 1851; Ausw.). – Novellen, O. Mittler, Mchn. 1919. – Dass., H. Floerke, 3 Bde., Mchn. 1920. – Dass., A. Keller (in Novellen der Renaissance, Hg. u. Bearb. R. Daponte, Wien 1928; Ausw.). – Die schöne Jungfrau Ginevra, E. v. Bülow u. a., Mchn. 1967 [Ausw.; Zeichn. L. Rasch-Nägele]. – Liebe, Nacht und Tod, J. Wilkat, Mchn. 1969 [Ausw.]. – Mit List und Leidenschaft, D. J. Blask, Mchn. 1985 [Ausw.].

LITERATUR: E. Masi, *M. B.*, Bologna 1900. – G. Brognoligo, *M. B. 1485–1561*, Turin 1932. – G. Petrocchi, *M. B.*, Florenz 1949. – Th. G. Griffith, *B.'s Fiction: An Examination of the »Novelle«*, Oxford 1955. – A. Borlenghi, *M. B.* (in *Letteratura italiana. I minori*, Bd. 2, Mailand 1961, S. 949–976). – K. H. Harley, *B. and the »Heptaméron«. A Study in Comparative Literature*, Ldn./Melbourne 1961. – L. Russo, *M. B., novellatore ›cortegiano‹* (in Belfagor, 16, 1961, S. 24–38). – L. Cremonte, *M. B. e i casi vari e mirabili delle sue novelle*, Alessandria 1966. – B. Porcelli, *Le novelle del B.* (in *Novellieri italiani. Dal Sacchetti al Basile*, Ravenna 1969). – A. C. Fiorato, *B. entre l'histoire et l'écriture*, Florenz 1979. – D. Maestri, *M. B.*, Genua u. a. 1980. – J. Starobinski, *B. et Baudelaire (il principe et il buffone)* (in Paragone, 31, 1980). – M. B., *Novelliere europeo. Atti del Convegno ...*, Hg. U. Rozzo, Tortona 1982. – *Images de la femme dans la littérature italienne de la Renaissance*, Hg. A. Rochon, Paris 1980. – E. Schulze-Witzenrath, *B. und die Schwierigkeiten der Cortigiana (Novelle I, 2)* (in RF, 97, 1985, S. 369–389). – B. Maier, Art. *M. B.* (in Branca, 1, S. 178–184).

BIBUTIBHUSAN BANERJI

d.i. Bibhūtibhūṣaṇa Bandyopādhyāya

* 12.9.1894 Murātipur bei Kalkutta
† 1.11.1959 Kalkutta

LITERATUR ZUM AUTOR:
Bibhūti smṛti, Hg. S. K. Nāg, Kalkutta 1971. – Tāraknāth Ghoṣ, *Jīvaner pañcālikār Bibhūtibhūṣan*, Kalkutta 1983. – *Bibhūtibhūṣaner aprakāśit dinlipi 1933, 1934 o 1941*, Hg. S. Caṭṭopādhyāya, Kalkutta 1983.

PATHER PĀÑCĀLĪ

(bengali; *Das Lied der Straße*). Roman von Bibutibhusan BANERJI, erschienen 1928/29 als Fortsetzungsroman in der Zeitschrift ›Vicitra‹, in Buchform 1929. – Das Titelwort *pāñcālī*, das ursprünglich wohl eine erzählende Liedform bezeichnete, die zu Puppenspielen gesungen wurde, läßt vermuten, daß *Pather pāñcālī* nicht als Roman, sondern als eine Folge sich gleichberechtigt aneinanderfügender Szenen konzipiert war. Diese Szenen hat der Autor aus dem Leben der Familie des armen bengalischen Brahmanen Harihara gegriffen. Hauptfiguren sind dessen zwei Kinder, das Mädchen Durgā und der Knabe Apu. Im Rahmen seines episodischen Erzählstils versteht es der Verfasser, immer neue lyrische Stimmungen zu entwickeln. Wenngleich der Roman keine zielstrebige Handlung aufweist, ist seine innere Einheit dennoch gesichert, und zwar ebenso durch das Schicksal der Hauptfiguren wie durch die Einbeziehung der Symbolstruktur der bengalischen Landschaft und durch ein kunstvolles System von vorausdeutenden Hinweisen auf kommende Ereignisse und deren Erfüllung. Auf diese Weise gelingt es dem Autor in diesem Werk, starke Gefühlserlebnisse (Episoden) innerhalb der Ziellosigkeit der Existenz (Symbol des nie endenden Wegs) aus indischer Sicht darzustellen.
Im ersten Teil des Romans (Kap. 1–6: *Die unheilvolle Brahmanenwitwe*), der die Vorgeschichte erzählt, läßt der Autor an eine Verflechtung des Schicksals der Familie Hariharas mit einer nach der indischen Morallehre von den Folgen des Handelns *(karman)* fortwirkenden Blutschande der Vorväter denken und nimmt in der Figur der alten Witwe Indirā Ṭhākrun, der Tante des Harihara, das Leid von dessen später ebenfalls verwitweter Frau Sarvajayā (Teil 3: Kap. 29–34) sinnbildlich vorweg. – Der zweite Teil (Kap. 7–28: *Die Kinderflöte aus einem Mangokern*) erzählt die ersten zehn Lebensjahre des Apu und schildert, wie das Leben des Dorfs Niścindipur und der das Dorf umgebende Dschungel sich in seinen Augen widerspiegeln. Aus dieser Sicht ist das indische Dorf nicht neu und voller Wunder, sondern selbst Armut, Diskriminierung, das Abbröckeln der traditionellen Ordnung (um die Jahrhundertwende) und die Rückständigkeit der Dorfbewohner erscheinen als integrierende Bestandteile der halb wie im Traum erlebten Welt des Knaben. Subtil davon unterschieden ist der Erlebnisstrom der älteren Schwester Durgā, die mehr dem Dschungel anzugehören scheint als dem Dorf und deren früher Tod das Ende der Kindheit Apus bedeutet. Die Übersiedlung der Familie nach Benares schafft dann auch räumlichen Abstand von der Welt der Kinderjahre. – Im dritten Teil (Kap. 29–34: *Die Erzählung von Akrūra*) entwickelt sich das Dorf in der Gedankenwelt des Knaben zu dem Symbol, das ihm den Sinn seines verschlungenen Lebenswegs erschließt und – trotz des unruhigen Vordergrundgeschehens – erst die innere Einheit des Werks erkennen läßt. P.G.

AUSGABEN: 1928/29 (in *Vicitra*). – Kalkutta 1929; [10]1965. – 1970 (*Vibhūti racanāvalī*, Bd. 1, Hg. G. K. Mitra u. a., Kalkutta 1970).

ÜBERSETZUNGEN: *Song of the Road*, T. W. Clark u. T. P. Mukherji, Ldn. 1968 [Tl. 1 u. 2; engl.]; Bloomington 1968. – Dass., M. Varma, Kalkutta o. J. [Tl. 1–3; engl.].

VERFILMUNG: Indien 1955 (Regie: Satyajit Ray).

LITERATUR: S. K. Sen, *History of Bengali Literature*, Delhi 1960, S. 363. – Motilāl Majumdār, *Sāhitya-vitān*, Kalkutta ³1961, S. 224 ff.; 359 ff. – Gopīkānātha Rāy Caudhurī, *Vibhūtibhūṣaṇa*, Kalkutta o. J. – *Pather Panchali, a Film by Satyajit Ray*, Kalkutta 1984 [m. mehr als 200 Illustrationen].

HERMAN BANG

* 20.4.1857 Adserballe / Insel Alsen
† 29.1.1912 Ogden / Ut.

LITERATUR ZUM AUTOR:
H. Jacobsen, *H. B.*, 4 Bde., Kopenhagen 1954–1966, – P. V. Rubow, *H. B.*, Kopenhagen 1958. – T. Nilsson, *Impressionisten H. B.*, Stockholm 1965. – J. Fjord Jensen, *Turgenjev i dansk åndsliv*, Kopenhagen ²1969. – S. Møller Kristensen, *Impressionismen i dansk prosa*, Kopenhagen ⁴1973. – K. P. Mortensen, *Sonderinger i H. B.s romaner*, Kopenhagen 1973. – C. Secher, *Seksualitet og samfund i H. B.s romaner*, Kopenhagen 1973. – H. Jacobsen, *H. B. Nye studier*, Kopenhagen 1974. – *Dansk litteraturhistorie*, Bd. 4, Hg. F. J. Billeskov Jansen u. H. Stangerup, Kopenhagen 1977, S. 226–267. – *Dansk Biografisk Leksikon*, 16 Bde., Kopenhagen 1979–1984, 1, S. 403–407. – *Dansk litteraturhistorie*, Bd. 6, Hg. L. Busk-Jensen, Kopenhagen 1985, S. 367–393.

DANSERINDEN FRØKEN IRENE HOLM

(dän.; *Irene Holm*). Erzählung von Herman BANG, erschienen 1886. – Diese kurze Erzählung erschien zuerst in der Novemberausgabe der Zeitschrift ›Nordstjernen‹ des Jahrgangs 1886 unter dem genannten Titel. Sie wurde in etwas veränderter Form 1890 in die Novellensammlung *Under Aaget (Unterm Joch)* aufgenommen unter dem Titel *Irene Holm*, der für alle späteren Ausgaben und Übersetzungen maßgeblich wurde. Das zyklische Prinzip solcher Erzählbände entsprach nicht nur Bangs ästhetischen Intentionen, sondern war auch durch wirtschaftliche Probleme und die daraus resultierenden Produktionszwänge bedingt.
Die Hauptfigur der Erzählung ist, wie so oft bei Bang, eine jener vom Leben vernachlässigten, unbedeutenden »*stillen Existenzen*«, die »unterm Joch« einer verständnislosen Umwelt langsam zerbrechen. In einer dänischen Landgemeinde mietet sich eines Tages die vierzigjährige ebenso unbekannte wie unbedeutende Balletteuse Irene Holm als ehemalige »*Tänzerin am Königlichen Theater*« beim Dorfschmied ein und beginnt als Tanzlehrerin die untalentierte Jugend zu unterrichten. Während sie recht kläglich ihr Leben fristet, lebt Irene Holm die ganze Zeit über in der Traumwelt ihrer Erinnerungen an Theater und Ballett, wobei aber die Attitüde einer »Tänzerin« die eigenen, vorwiegend aus Mißerfolgen und Demütigungen bestehenden Erfahrungen nicht verdrängen kann. Die Lektüre von Zeitungsberichten über Premierenerfolge ehemaliger Mitschülerinnen aus der Ballettklasse machen ihr die eigene Lebensuntüchtigkeit bewußt. Als schließlich in der spießigen Atmosphäre des Abschlußballs vor den versammelten Honoratioren ein Toast auf Irene Holm als die »*Priesterin der Kunst*« ausgebracht wird, kann diese der Aufforderung, einen Solotanz vorzuführen, nicht widerstehen. In einem grotesken Kostüm tritt sie als »*La grande Napolitaine*« auf und steigert sich mehr und mehr in eine tragische Pose hinein, bis unbarmherziges Gelächter sie abrupt zum Aufhören zwingt. Ungewollt hat sie das Schlüsselerlebnis, den »Höhepunkt« ihres Daseins, das Auftreten als Solistin nämlich, selbst parodiert. Am Morgen des folgenden Tages reist sie zum nächsten Tanzkurs, »*um das fortzusetzen, was man Leben nennt*«.
Während in dem kurz zuvor geschriebenen berühmten Prosastück *Ved Vejen*, 1886 *(Am Wege)*, die völlige Zurückhaltung des Erzählers eine vollendete Distanz zum Erzählgegenstand ermöglicht, wird das unbedeutende Lebensschicksal der Irene Holm durch bittere, ja sarkastische Untertöne deutlich gemacht, die vielfach als Reflexe des durch homosexuelle Affären belasteten Lebens Herman Bangs gedeutet wurden. Die Gestalt der Tänzerin ist ebenfalls auf ein biographisch verifizierbares Modell zurückzuführen. Die Erzählung wurde eine der Glanznummern der Rezitationsabende, die Bang überall in der Welt abhielt. F.Pa.

AUSGABEN: Kopenhagen 1886 (in Nordstjernen, 21. 11. u. 28. 11.). – Kopenhagen 1890 (in *Under Aaget*). – Kopenhagen 1912 (in *Værker i Mindeudgave*, 6 Bde., 2; ²1920). – Kopenhagen 1916 (in *H. B. i Udvalg*; ²1930). – Kopenhagen 1962 (in *Irene Holm og andre novellen*; ²1965).

ÜBERSETZUNGEN: *Irene Holm*, anon. (in *Die Tänzerin und andere Erzählungen*, Bln. 1911). – Dass., anon. (in *GW*, Bd. 2, Bln. 1926). – Dass., anon. (in *Ein herrlicher Tag. Erzählungen*, Mchn. 1920). – Dass., E. Adelberg u. a. (in *Exzentrische und stille Existenzen. Erzählungen*, Lpzg. 1964). – Dass., ders., Stg. 1977 (RUB).

LITERATUR: H. Jacobsen, *Årene der gik tabt. Den miskendte H. B.*, Kopenhagen 1961, S. 35. – T. Nilsson, *Impressionisten H. B.*, Stockholm 1965, S. 193–196. – F. Hauberg Mortensen (in Poetik, 1, 1969/70, S. 554–583).

EN DEJLIG DAG

(dän.; *Ein herrlicher Tag*). Erzählung von Herman BANG, erschienen 1890. – General von Varén lädt die berühmte Klaviervirtuosin Sofie Simonin zu einem Gastspiel ein und bringt auch den erforderlichen Betrag für die Gage auf; als die Künstlerin in die weltabgeschiedene Gegend kommt, wendet sie sich durch ein Mißverständnis an den Adjunkt Etvøs, der mit neun Kindern und einer spindeldürren Frau in einem ziemlich heruntergekommenen Haus lebt. Durch Pump bei dem gutmütigen Herrn Cerlachius vermag er vorerst die heikle Situation zu retten, aber auch die größte Sauberkeit und Gutwilligkeit können nicht über die Armseligkeit der Einrichtung und Unbeholfenheit des Gastgeber hinwegtäuschen. Frau Simonin ist anfangs auch etwas erstaunt, aber im Lauf des Mahles kommt trotz allem eine Unterhaltung in Gang, man parliert französisch, ist freigeistig und vergißt die schäbige Umgebung. Dann jedoch kommt die große Stunde des Adjunkts, der früher ein beliebter Sänger war. Frau Simonin begleitet ihn auf dem Klavier, er erntet Applaus und kann später mit einem Tenor über Stimmansatz und andere fachliche Themen disputieren. Seine Frau tröstet sich mit der Ehre, die ihr das erfolgreiche Gastmahl einbrachte, über die großen finanziellen Kosten des Abends hinweg. So war es für die Familie Etvøs doch noch ein »herrlicher Tag« geworden.

Bang erzählt diese Geschichte humorvoll und mit gutmütiger Ironie. Die Verwirrung bei den Etvøs' und der Snobismus der eingeladenen Gesellschaft werden ohne ätzende Schärfe, aber mit kritischer Beobachtungsgabe geschildert. Für die Gestalt der Klaviervirtuosin stand Frau Popper-Menters Pate, die Bang auf einer ihrer Tourneen kennenlernte.

A.H.

AUSGABEN: Kopenhagen 1890 (in *Under Aaget. Noveller*). – Kopenhagen 1912 (in *Værker i Mindeudgave*, 6 Bde., 2; ²1920). – Kopenhagen 1962 (in *Irene Holm og andre noveller*; ²1965). – Kopenhagen 1974 (in *En dejlig dag og andre noveller*).

ÜBERSETZUNGEN: *Ein herrlicher Tag*, R. Blumenreich, Mchn. 1921. – Dass., E. Adelberg, Stg. 1977 (RUB).

LITERATUR: U. Lauterbach, *H. B. Studien zum dänischen Impressionismus*, Breslau 1937. – H. Jacobsen, *H. B. Resignationens digter*, Kopenhagen 1957.

DE UDEN FÆDRELAND

(dän.; *Die ohne Vaterland*). Roman von Herman BANG, erschienen 1906. – Bangs Spätwerk ist stark vom Autobiographischen geprägt. Vor allem in den beiden Künstlerromanen *Mikael*, 1904 *(Michael)*, und *De uden Fædreland* kommt die persönliche Tragik des Dichters, das aus seiner homosexuellen Veranlagung resultierende Gefühl des Ausgestoßenseins, zum Ausdruck.

Der Violinvirtuose Graf Joán Ujházy – der Vater ist Rumäne, die Mutter Dänin – wächst auf einer geheimnisvollen Donauinsel, der »*Insel der Verbannten*« auf, »*auf der keine Frauen leben, obwohl die Männer sich nach ihnen sehnen*«. Im ersten Teil des Romans wird von der Kindheit und Jugend Joáns erzählt und den Schwierigkeiten, die der Ausgestoßene, »*der ohne Vaterland*«, durchstehen muß. – Die Begegnung mit dem gefeierten selbstbewußten Virtuosen Jens Lund (hinter dem man den Dichter Johannes V. JENSEN vermutet, den Bang damals als ihm überlegen ansah) eröffnet den Hauptteil des Werks. Auch der Däne Jens Lund, der auf einem Schiff auf dem Ozean geboren wurde, hat kein Vaterland, aber er braucht im Gegensatz zu dem dekadenten Joán auch keines. *(»Ich* habe *ein Vaterland. Es heißt* Ich ... Ich *bin mein Vaterland, wo ich die Regierung habe.«)* In dem Bewußtsein, nicht zur größten Höhe aufsteigen zu können, will Joán seine Künstlerlaufbahn aufgeben. In Dänemark, der Heimat seiner Mutter, will er zum letztenmal Gastspiele geben. Sein erster Auftritt dort führt ihn in ein Städtchen nahe der Grenze. Die Kaufmannstochter Gerda Johansen hat die Veranstaltung organisiert. Von der ersten Begegnung an ist Joán von ihrer einfachen, edlen Weiblichkeit bezaubert. »*Er sah nur noch ihr Gesicht*«, das wird fortan fast zum Refrain.

Ein unbestechlicher Beobachter, gibt Bang mit den Stilmitteln des Impressionismus eine Darstellung der Gesellschaft vor dem Konzert, des Konzertes selber und des Zuhörerkreises danach. Joán wird in die Heimeligkeit des dänischen Provinzlebens aufgenommen; im Glücksrausch gibt er dann sein bestes Konzert. Danach aber offenbaren sich, vom Verfasser wehmütig-satirisch karikiert, Trägheit, Parteilichkeit, Mißgunst und Spießertum der dänischen Gesellschaft. »*Welch verdammtes Theater ist dieses Land. Und im Souffleurkasten, da sitzt die Gemeinheit.*« – Joán wird nie mehr diese Höhe seiner Kunst erreichen. Gerda, wohl eine der schönsten Mädchengestalten von Bang, hatte ihn beflügelt. In ihr könnte er das finden, was er sucht: die Heimat. Aber er muß Abschied nehmen; Gerda fügt sich »*mit einem Blick wie der einer Hindin, die, in ihre Lende geschossen, blutet*«. Sie wird den Geschäftsführer ihres Vaters heiraten. Joán, der Ausgestoßene, muß erkennen: »*So dänisch war ich vielleicht doch, daß auch ich vom Glück nur träumen konnte.*« Von seiner Amme Ane, einer Dänin wie die Mutter, hatte Joán oft das alte Volkslied von Aage und Else gehört; er hat es auch mit Gerda zusammen gesungen. Wie ein Leitmotiv ziehen sich die Strophen durch das ganze Buch. Ahnlich dem »*Ritter Herr Aage*« muß der junge Graf in sein Grab zurückkehren. Der Fluch der Heimatlosen liegt auf ihm. »*Wir müssen alle auf der Insel bleiben und auf der Insel sterben – wir alle, die wir Ujházy heißen*«, auf der Insel, die man »*nicht auf der Landkarte findet*«.

F.J.K.

AUSGABEN: Kopenhagen 1906. – Kopenhagen 1912 (in *Værker i Mindeudgave*, 6 Bde., 5; ²1921). – Kopenhagen 1940. – Kopenhagen ⁶1967.

ÜBERSETZUNG: *Die Vaterlandslosen*, J. Koppel, Bln. 1912. – Dass., dies. (in *GW*, Bd. 4, Bln. 1918). – Dass., dies., Bln. 1926.

LITERATUR: H. Brix, *Gudernes Tungemaal*, Kopenhagen 1911, S. 175–182; ²1962. – H. Jacobsen, *H. B. Resignationens Digter*, Kopenhagen 1957. – P. V. Rubow, *H. B. og flere Studier*, Kopenhagen 1958. – K. P. Mortensen, *Sonderinger i H. B.s romaner*, Kopenhagen 1973, S. 117–148. – C. Secher, *Seksualitet og samfund i H. B.s romaner*, Kopenhagen 1973, S. 350–394.

HAABLØSE SLÆGTER

(dän.; *Hoffnungslose Geschlechter*). Roman von Herman BANG, erschienen 1880. – Bangs Erstlingsroman wurde wegen einiger von den Behörden als unsittlich empfundener Szenen bei seinem Erscheinen beschlagnahmt. 1884 brachte Bang eine zweite, purgierte Fassung heraus, aber erst die dritte, geänderte Ausgabe von 1905 betrachtete der Dichter als die endgültige.
Die Hauptperson des Romans ist William Høg. Der erste Teil, *Som man saar (Wie man sät)*, schildert seine Geburt und Kindheit. Sein Vater ist ein alter, degenerierter Adliger, die Mutter jung, zierlich und schwachbrüstig; der Arzt sprach die Hoffnung aus, das Paar möge keine Kinder bekommen. Zu Williams ersten Eindrücken gehört es, daß der von Kopfschmerzen geplagte und pillensüchtige Vater des Nachts mit Geistern spricht. Die Mutter, die in dem Sohn die Freude am Theaterspiel weckt und früh beginnt, auch seine andern Talente zu entwickeln, stirbt jung. William begleitet den Vater auf Reisen und lernt auch dessen Geliebte, die Gräfin Hatzfeldt, kennen. In einem Hotelzimmer erlebt er einen Anfall des Vaters, dessen Geisteskrankheit immer deutlicher zum Vorschein kommt und der schließlich stirbt.
Die Saat ist gesät und beginnt jetzt zu blühen, wie der Titel des zweiten Teils besagt *(Sæden blomstrer – Die Saat blüht)*. Der junge William kommt auf die Akademie von Sorø. Seinen gesunden und brutalen Mitschülern gegenüber ist er scheu; er fürchtet ständig, die entsetzlichen Erbanlagen könnten in ihm zum Durchbruch kommen. Sein erstes sexuelles Erlebnis hat zur Folge, daß er sich von der dumpfen Triebhaftigkeit der Frau, die ihn verführt, abgestoßen fühlt und sein Verhältnis zum Weib gestört wird. Als ein berühmter Schauspieler eines Tages nach Sorø kommt und mit den Schülern Komödien von Holberg spielt, erregt William dadurch Aufsehen, daß er durch eine geschickte Improvisation den Schauspieler, der an einer Stelle steckenbleibt, aus der peinlichen Situation befreit. Er will nun selber zum Theater. Bald zeigt sich jedoch, daß er sich nicht für diesen Beruf eignet; seine Stimme und sein Körper sind den Anforderungen nicht gewachsen. Sein Versuch, sich gegen das Erbe der Väter aufzulehnen, bleibt vergeblich. Es gibt keinen freien Willen; furchtbar lastet das Gesetz der Determination über dem einzelnen.

Der dritte Teil des Romans, *Golde Aks (Unfruchtbare Ähren)*, berichtet von Williams endgültigem Zusammenbruch. Er, der dem verhängnisvollen Erbe entfliehen wollte, sitzt zu Hause, liest Darwin und wartet, daß ihn die Geisteskrankheit überfällt. Die Gräfin Hatzfeldt, die ehemalige Geliebte seines Vaters, macht ihn zu ihrem Liebhaber. Sie ist ein Vampir, der ihm die letzte Kraft aussaugt und ihn dann noch wegen seiner Impotenz verspottet. In dem raffinierten Ästheten, Flaneur und Poseur Bernhard Hoff (die Initialen sind – vertauscht – die des Autors), einem Journalisten, lernt er sein glücklicheres Gegenbild kennen. Auch dieser Gestalt gab Bang, wie dem Helden des Romans, autobiographische Züge. Beide zusammen ergeben ein fast vollständiges Selbstporträt des Erzählers. William verhilft einem jungen Mann zu einer Schauspielerkarriere, erlebt noch dessen erste Erfolge; er selbst endet als drittrangiger Provinzschauspieler – in den späteren Fassungen nimmt er sich das Leben –, jedenfalls: »*Die Høgs sterben aus.*«
In *Haabløse Slægter* verfügt Bang noch nicht über die vollendete Stilkunst seiner späteren Werke. Aber das – fast dokumentarisch – Autobiographische, die persönliche Färbung, gibt dem Erstlingsroman etwas Erschütterndes. Deutlich kommt Bangs Ablehnung der Frau zum Ausdruck, die den Mann demütige und erniedrige. Dennoch mußte er auch homoerotische Verhältnisse (erste entsprechende Erfahrungen dürfte Bang bereits in Sorø gemacht haben) wegen der Bösartigkeit und Voreingenommenheit seiner Zeitgenossen – die Boulevardpresse nannte ihn »Fräulein Hermine Bang« und dergleichen – als solche zwischen Mann und Frau tarnen. – Dieser Roman einer hoffnungslosen Generation ist, wenn auch vielfach noch jugendlich unausgeglichen, eines der überzeugendsten Werke der dänischen Literatur dieser Zeit, schockierend durch seine Offenheit, Verzweiflung, die unentrinnbare Determiniertheit des Einzelschicksals und durch die persönliche Tragik, die diese Eruption, dieses »*chaotische Werk*« (Herman Bang im Vorwort zur zweiten Ausgabe), verursacht hat. F.J.K.

AUSGABEN: Kopenhagen 1880. – Kopenhagen 1884 [gek. Ausg.]. – Kopenhagen 1905 [endg. Ausg.]. – Kopenhagen 1912 (in *Værker i Mindeudgave*, 6 Bde., 3; ²1920). – Kopenhagen 1965; ²1972 [Einl. V. Sørensen]. – Kopenhagen 1966 [Nachw. P. C. Andersen].

ÜBERSETZUNG: *Hoffnungslose Geschlechter*, anon., Bln. 1900.

LITERATUR: U. Lauterbach, *H. B. Studien zum dänischen Impressionismus*, Breslau 1937, S. 8–25. – H. Jacobsen, *H. B. Resignationens digter*, Kopenhagen 1957. – J. Mogren, *H. B.s »Haabløse Slægter«*, Lund 1957. – K. Wentzel, *Fortolkning og skæbne*, Kopenhagen 1970, S. 111–125. – *Omkring »Haabløse slægter«*, Hg. M. Winge, Kopenhagen 1972. – K. P. Mortensen, *Sonderinger in H. B.s romaner*, Kopenhagen 1973, S. 7–21. – C. Secher, *Seksualitet og samfund i H. B.s romaner*, Kopenhagen 1973, S. 51–78. – K. Bohnen, *Mit den ›Augen‹ Darwins gegen den Darwinismus. Zum Verhältnis v. Wissenschaftsmethode u. Literaturanspruch in H. B.s »Hoffnungslose Geschlechter«* (in Text u. Kontext, 20, 1984).

LUDVIGSBAKKE

(dän.; *Ludwigshöhe*). Roman von Herman BANG, erschienen 1896. – Der Anstoß zu diesem Werk ging, wie der Dichter selbst im Vorwort betont, auf seine Erinnerung an zwei Krankenschwestern zurück – im Winter 1891/92 lag er im Kopenhagener Kommunehospital – und ist als Dank an diejenigen gedacht, die die Leiden anderer lindern, aber dann vergessen werden. Im Mittelpunkt des Romans steht die Gestalt der selbstlosen jungen Krankenpflegerin Ida Brandt. Im Kommunehospital, wo sie arbeitet, trifft sie den nichtsnutzigen Karl von Eichbaum wieder, der dort im Kontor eine Anstellung gefunden hat. Auf dem Herrenhof Ludvigsbakke hatten die beiden als Kinder miteinander gespielt: Karl, der Sohn des Hauses, und Ida, die Tochter des Gutsverwalters. Erinnerungen an die sonnige Kindheit auf Ludvigsbakke werden in Ida lebendig; sie bilden den ersten Teil des Buchs. Der Standesunterschied zwischen Karl und Ida hat sich inzwischen freilich insofern ausgeglichen, als Ida eine ansehnliche Summe Geldes geerbt hat, während die Familie von Eichbaum ihren Landsitz verlor; trotzdem versucht Karls Mutter, die Illusion ihrer vornehmen Familie aufrechtzuhalten. Die Erinnerungen an Ludvigsbakke – als Leitmotiv durchziehen sie das ganze Buch – und die Hilflosigkeit des finanziell schlechtgestellten Karl rühren Ida, sie verliebt sich in ihn, der von ihrer lieblichen, charmanten *»Niedlichkeit«* ergriffen ist, unterstützt ihn mit Geld und gibt sich ihm schließlich hin – *»vielleicht glaubte er wirklich, daß er sie liebte«*.

Da kommt die junge Kate Mourier für einige Zeit als Gast ins Eichbaumsche Haus. Sie ist die Tochter jenes reichen Buttergroßhändlers, der Ludvigsbakke gekauft hat. Frau von Eichbaum wittert die gute Partie, und ihr willenloser Sohn läßt sich gefügig von ihr manövrieren. Ida hat inzwischen eine Vierzimmerwohnung gemietet und eingerichtet, aber Karl läßt sie im Stich. Diskret läßt Frau von Eichbaum, unterstützt von ihrer Schwester, der Generalin, es Ida merken, daß sie nicht »standesgemäß« sei. Als Figur im Hintergrund (hinter der sich Bang selbst verbirgt) fungiert einer der Kranken im Hospital, der »Herr auf A«, der in seinen schwermütigen Reflexionen genau die Sinnlosigkeit des Daseins ausspricht, die Ida außerhalb des Krankenhauses erlebt.

Mit diesem Roman über die opferbereite Krankenschwester Ida Brandt, die alles hingibt für andere, um dafür verlassen zu werden, und die zu wenig egoistisch denkt, als daß sie glücklich werden könnte, errang Bang seinen größten Publikumserfolg. Seine impressionistische Kunst hat in diesem Werk den Höhepunkt erreicht. Die zahlreichen Gestalten des Buchs werden nicht beschrieben, interpretiert, sondern sie sprechen selbst, charakterisieren sich durch ihre nuancierten, oft harmlos anmutenden Repliken. Von Bangs Virtuosität zeugen vor allem diejenigen Passagen, in denen mehrere Personen an einem Gespräch beteiligt sind, so vor allem am Schluß des Romans während einer Gesellschaft bei den Eichbaums. Jede noch so banale Äußerung erhellt den Charakter des Sprechenden. Bereits an der zwar überfreundlichen, aber immer aristokratisch erstarrenden Haltung Frau von Eichbaums Ida gegenüber merkt der feinhörige Leser, daß Ida ausgeschaltet werden soll – ein *»Mord mit Glacéhandschuhen«* (H. Stangerup). Mit gleicher sprachlicher und stilistischer Intensität hat Bang die Kindheitsjahre auf Ludvigsbakke und das Milieu der »besseren« Gesellschaft oder das des Krankenhauses gezeichnet. Bangs subtile Sprachkunst und seine menschliche Einfühlungsgabe, sein Mitleid mit den Kleinen, die am Glück vorbeigehen müssen – vgl. auch *Ved Vejen* –, machen *Ludvigsbakke* zu einem klassischen Werk des dänischen Impressionismus; der Roman gehört zu den beliebtesten und meistgelesenen Büchern des Dichters. F.J.K.

AUSGABEN: Kopenhagen 1896. – Kopenhagen 1912 (in *Værker i Mindeudgave*, 6 Bde., 4; ²1920). – Kopenhagen 1962. – Kopenhagen 1966; ⁴1977. – Kopenhagen 1977 [Nachw. P. Ramløv]. – Kopenhagen 1986.

ÜBERSETZUNGEN: *Ludwigshöhe. Roman einer Krankenpflegerin*, M. Franzos, Bln. 1908. – Dass., dies. (in *GW*, Bd. 2, Bln. 1919). – Dass., dies., Bln. 1926. – *Ludwigshöhe*, U. Gunsilius, Rostock 1976. – Dass., dies. (in *AW*, Hg. H. Entner, 3 Bde., 2, Mchn./Wien 1982).

LITERATUR: J. Fjord Jensen, *Turgenjev i dansk åndsliv*, Kopenhagen ²1969, S. 261–268. – K. P. Mortensen, *Sonderinger i H. B.s romaner*, Kopenhagen 1973, S. 22–45. – C. Secher, *Seksualitet og samfund i H. B.s romaner*, Kopenhagen 1973, S. 247–297. – H. M. Svendsen, *På rejse ind i romanen*, Kopenhagen ⁴1973, S. 67–77. – T. Bredsdorff, *Tristans Børn*, Kopenhagen 1982, S. 143–162.

STUK

(dän.; *Stuck*). Roman von Herman BANG, erschienen 1887. – Der symbolische Titel des Werks, das als Fortsetzung von Bangs früherem Roman *Haabløse Slægter*, 1880 *(Hoffnungslose Geschlechter)*, konzipiert ist, verweist auf die mit prunkhaftem Stuck überladenen Fassaden der Gründerzeitarchitektur, einer Epoche, die der Autor in einem impressionistischen Gemälde schildern will. Der in positivem Sinn naive junge Journalist Herluf Berg ist eine Dekadenzgestalt, die sich in dem ganzen hektischen Treiben der Gründerzeit wie verloren vorkommt und unsäglich am eigenen Überdruß am Beruf, an der Liebe, zu der er sich nicht zwingen kann, und an der Umwelt leidet. Herluf Berg steht hier stellvertretend für eine ganze junge Generation. Eine Wende scheint sich abzuzeichnen, als Berg zum Mitdirektor des Victoria-Theaters in Kopenhagen berufen wird und damit eine gewisse Rolle in der Welt der Kunst zu spielen beginnt. Bald zeigt sich jedoch, daß diese Kunst in Wirklichkeit ebenso kommerzialisiert und korrumpiert wie die Umwelt ist. Das Theater entpuppt sich als ein Spiegel der hektischen, erbarmungslosen Stadt Kopenhagen mit ihren Skandalen und Bankrotten und hat mit wahrer Kunst kaum noch etwas zu tun. Übrig bleibt dem jungen Mann eine grenzenlose Desillusionierung, die seine alte Skepsis und seinen Überdruß nur noch bestätigt.

Bangs Roman steht inhaltlich in der Nachfolge des Naturalismus. Als Vorbilder sind ZOLAS *La curée*, 1871 *(Die Beute)*, BJØRNSONS *En fallit*, 1874 *(Ein Bankrott)*, IBSENS *Samfundets støtter*, 1877 *(Stützen der Gesellschaft)*, und STRINDBERGS *Röda rummet*, 1879 *(Das rote Zimmer)*, deutlich erkennbar. Im Gegensatz zu diesen Autoren sind indes Bangs Stilmittel rein impressionistisch, auch wenn die programmatischen Kapitelüberschriften noch sehr an Strindbergs frühe Romantechnik erinnern. Im Kontrast zur dekadenten Hauptperson, die in ihrer Hoffnungslosigkeit ein Nachfahre von JACOBSENS *Niels Lyhne* (1880) sein dürfte, steht die glänzende Fassade der anscheinend so vitalen Stadt, hinter der sich Angst und Verfall verbergen. Diese Stadt wird mit Hilfe von Bangs »szenischer« Erzähltechnik in zahllosen »Momentaufnahmen« aus allen Gesellschaftsschichten dargestellt, wobei der Autor auf eine klar erkennbare Chronologie des Erzählvorgangs verzichtet. Dieses Verfahren des »Nebeneinander« markiert bei Herman Bang den Übergang zum modernen Roman. Die höchst artifizielle, nuancierte Sprache mit ihrem Hang zu Assoziationen und nicht dechiffrierbaren Symbolen grenzt dabei das Werk deutlich vom Naturalismus ab. F.Pa.

AUSGABEN: Kopenhagen 1887. – Kopenhagen 1912 (in *Værker i Mindeudgave*, 6 Bde., 3; ²1920). – Kopenhagen 1962; ⁴1977.

ÜBERSETZUNG: *Stuck*, I. Entner (in *AW*, Hg. H. Entner, 3 Bde., 1, Mchn./Wien 1982).

LITERATUR: T. Nilsson, *Impressionisten H. B.*, Stockholm 1965, S. 197–215. – *Læsning af hovedværker* (in *Meddelelser fra Dansklærerforeningen*, 1967, S. 77–96). – K. Michelsen, *Storbyen som sjælstilstand* (in Kritik, 25, 1973, S. 34–64). – K. P. Mortensen, *Sonderinger i H. B.s romaner*, Kopenhagen 1973, S. 46–53. – C. Secher, *Seksualitet og samfund i H. B.s romaner*, Kopenhagen 1973, S. 145–188. – P. Madsen, *Tidens smerte og storbyens atmosfære* (in Poetik, 24, 1975, S. 7–31). – *Omkring »Stuk«*, Hg. O. Harsløf, Kopenhagen 1977. – T. Krogh Grodahl, *Konjunktur, klasse og intim fallit i H. B.s »Stuk«* (in *Analyser af danske romaner*, Bd. 1, Kopenhagen 1977).

TINE

(dän.; *Tine*). Roman von Herman BANG, erschienen 1889. – Wie die meisten anderen Werke Bangs beschreibt auch dieser Roman die Position des äußerst sensiblen, zur Selbstisolierung neigenden Individuums, das mit einer hektischen und verständnislosen Gesellschaft konfrontiert wird. Diese Umwelt ist durch den deutsch-dänischen Krieg und die dänische Niederlage von 1864 fixiert, wobei dieser Krieg vor allem als Chiffre einer Gegenwelt des individuellen aufgefaßt werden will, das in der sensiblen Natur der Küsterstochter Tine, deren seelische Abgründe niemandem bewußt werden, ihre Repräsentation und Berechtigung findet. Dieses Mädchen lebt zunächst auf dem Gutshof des Forstmeisters Berg auf der Insel Alsen, wo sie halb als Freundin, halb als Hilfe der Gutsherrin aus- und eingeht, in einer noch ungebrochenen Welt. Die Idylle zerbricht jäh durch den Ausbruch des Kriegs, und Frau Berg reist mit ihrem kleinen Sohn in die Hauptstadt ab. Der Forstmeister trifft sich im nahe gelegenen Herrenhof mit einer Gesellschaft siegessicherer Honoratioren, die in einer großartig geschilderten Nacht das Debakel der Niederlage erleben, nachdem der in der allgemeinen Begeisterung nie für möglich gehaltene Fall des jahrtausendealten Bollwerks Dannevirke dieses nationale Symbol mit einem Schlag vernichtet und alle Illusionen zerstört hat. Nach dieser Katastrophe wird auch Berg einberufen; Tine erkennt bei diesem Anlaß inmitten der durch Einquartierungen hochgradig erotisierten Atmosphäre plötzlich ihre Liebe zu ihm, nachdem zwischen beiden schon lange zuvor ein von ihm kaum beachtetes Spannungsverhältnis geherrscht hat. Ohne weitere Beteiligung Bergs kommt es schließlich eines Nachts zur erotischen Begegnung: »*Mitten unter den Ruinen seines Hauses, unter dem Bild seiner Frau, befriedigte Berg sein peinigendes, nagendes, verzweifeltes Begehren.*« Für Tine die Erfüllung ihrer Liebe, ist dieses Ereignis für Berg nur ein flüchtiges Abenteuer, und er beachtet das Mädchen später kaum noch, ohne zu ahnen, in welche seelische Katastrophe er sie damit treibt. Als er kurze Zeit später, tödlich verwundet zurückgebracht, von Tine gepflegt wird, hat er zwar einen Blick für seine Jagdhunde, während er Tine nicht wahrnimmt. Dieses Verhalten übersteigt Tines Begriffsvermögen und ihre psychische Aufnahmefähigkeit. Durch Bergs Tod jeder Bindung beraubt, nimmt sie sich schließlich im Dorfweiher das Leben.

Hermann Bang läßt in diesem Roman mit meisterhafter Technik die Klimax der äußeren Katastrophe mit dem inneren seelischen Vorgang bei der Titelfigur korrespondieren und schließlich kollidieren. Beide Vorgänge scheinen ohne zwingende Notwendigkeit zu beginnen und treiben am Ende nur noch unkontrollierbar dahin. So zerbricht in der nationalen Katastrophe, unbemerkt von allen, das ursprünglich heitere und unkomplizierte Mädchen Tine an ihrer unaufhebbaren Vereinzelung, wobei sich das morbide Gepräge der Kriegstage auch auf

Tines Bewußtseinslage überträgt. Die Dekadenz der Zeit fordert so gleichsam ihr Opfer.
Durch die impressionistische Stillage, die der Verfasser nach seinen Vorbildern J. P. JACOBSEN, Ivan TURGENEV und Jonas LIE weiterentwickelt hat, gewinnt der Roman größte Distanz, auch zu den äußeren nationalen Ereignissen, obwohl das Werk nur fünf Jahre nach der dänischen Niederlage erschienen ist. Der Alltagston der Dialoge, die, als »szenische« Erzählungen aufgefaßt, das wichtigste Stilmittel Bangs sein dürften, ist in Wirklichkeit trügerisch, da sich hinter allen Worten eine Schicht von Gemeintem, Unausgesprochenem und Vieldeutigem mit nicht genau festlegbarer Tiefenlotung verbirgt. Das Schillernde, kaum Greifbare dieser Gespräche mit ihren häufig indirekten Mitteilungen findet seinen Höhepunkt in der Konversation der Honoratioren während der dänischen Katastrophennacht, ein Passus, der als Höhepunkt dänischer Prosa gilt und das Werk gleichberechtigt neben Bangs Meisterromane *Ved Vejen* (1886) und *Ludvigsbakke* (1896) stellt. F.Pa.

AUSGABEN: Kopenhagen 1889. – Kopenhagen 1912 (in *Værker i Mindeudgave*, 6 Bde., 4; ²1920). – Kopenhagen 1964; ³1979 [Nachw. J. Paludan]. – Kopenhagen 1968. – Kopenhagen 1972; ⁹1982. – Kopenhagen 1986, Hg. u. Anm. M. Hvidt [Nachw. V. Sørensen].

ÜBERSETZUNGEN: *Tine*, E. Weise, Bln. 1903. – Dass., ders. (in *GW*, Bd. 2, Bln. 1919). – Dass., ders., Bln. 1935 (in *Romane der Heimat*). – Dass., B. Schulze, Rostock 1965. – Dass., I. Entner (in *AW*, Hg. H. Entner, 3 Bde., 1, Mchn./Wien 1982).

LITERATUR: T. Nilsson, *Impressionisten H. B. Studier i H. B.s författarskap till och med »Tine«*, Stockholm 1965. – K. P. Mortensen, *Fortrægning og fortolkning* (in Kritik, 16, 1970). – Ders., *Sonderinger i H. B.s romaner*, Kopenhagen 1973, S. 53–116. – C. Secher, *Seksualitet og samfund i H. B.s romaner*, Kopenhagen 1973, S. 189–246.

VED VEJEN

(dän.; *Am Wege*). Roman von Herman BANG, erschienen 1886 in der Novellensammlung *Stille Existenser (Stille Existenzen)*. – Dieser kurze Roman beschreibt wie die anderen Erzählungen dieser Sammlung die subtile Seelenlandschaft von Menschen, die am Rand einer selbstbewußten, verständnislosen Gesellschaft in einem unmerklichen Prozeß sich allmählich ohne nennenswerten Widerstand selbst aufgeben und verkümmern. Die äußere Handlung ist dabei nur das – oft symbolische – Tableau für die seelischen Vorgänge und reflexiven Verhaltensweisen.
In einer kleinen dänischen Provinzstadt erblickt die sensible Katinka Bai, deren Ehe mit dem vital-robusten Stationsvorsteher ohne jede Auseinandersetzung längst an dessen Verständnislosigkeit innerlich zerbrochen ist, in den vorbeifahrenden Zügen ein Bild der ihr entgleitenden Zeit und Jugend, der eigenen Verlorenheit und der Abtrennung von der übrigen, vermeintlich so glanzvollen Welt. Katinka versinkt immer mehr in ihre melancholisch-depressiven Stimmungen, bis eines Tages die Ankunft des neuen Gutsverwalters Huus ihrem Leben eine Wendung und einen neuen Sinn zu geben scheint. Die anfängliche Sympathie zwischen den beiden, die hauptsächlich auf der gemeinsamen Distanz zur Gesellschaft beruht, verwandelt sich in einem subtil geschilderten Prozeß in Liebe, deren Erfüllung jedoch durch die resignierende, morbide Bewußtseinslage der beiden und durch ihr gebrochenes Verhältnis zur Gesellschaft unmöglich wird. Bald nachdem der Verwalter die Stadt verlassen hat, stirbt Katinka gleichsam lautlos und nahezu unbemerkt von ihrer Umgebung.
Ved Vejen gilt mit Recht als das geschlossenste und wohl auch bedeutendste Werk des dänischen Impressionismus. Vor dem Hintergrund einer mit delikatem Humor und feiner Ironie gezeichneten Provinzgesellschaft schildert Bang im Medium seiner hochentwickelten artistischen Sprache die Zuständlichkeiten und Reflexionen einer sensiblen Natur, die sich dieser Gesellschaft nahezu ausgeliefert fühlt. Die *décadence* betrifft also nicht, wie in so vielen Romanen des ausgehenden 19. Jh.s, in erster Linie die Gesellschaft selber, sondern nur die Individuen in ihrer Vereinzelung, wie schon in J. P. JACOBSENS *Niels Lyhne*, dessen Einfluß neben dem von Ivan TURGENEV und Jonas LIE unverkennbar ist. Durch die jeden auktorialen Eingriff streng vermeidende »szenische« Erzähltechnik wird mit großem Raffinement eine Distanz zum Gegenstand der Erzählung hergestellt, die für Sentimentalität, aber auch für Tragik keinen Raum läßt. Literaturgeschichtlich bezeichnet diese Position den Übergang vom realistischen bzw. naturalistischen Roman im Stil BALZACS und ZOLAS, mit denen sich Bang eingehend auseinandergesetzt hatte, zum modernen psychologischen Roman mit Nachwirkungen bis hin zu RILKES *Aufzeichnungen des Malte Laurids Brigge*. F.Pa.

AUSGABEN: Kopenhagen 1886 (in *Stille Existenser*). – Kopenhagen 1912 (in *Værker i Mindeudgave*, 6 Bde., 1; ²1920). – Kopenhagen 1963, Hg. S. Møller Kristensen; ¹⁰1972. – Kopenhagen 1966. – Kopenhagen ⁸1981 (in *Ved Vejen: Sommerglæder*).

ÜBERSETZUNGEN: *Am Wege*, anon., Bln. o. J. – Dass., anon. (in *GW*, Bd. 2, Bln. 1919). – Dass., U. Gunsilius (in *AW*, Hg. H. Entner, 3 Bde., 2, Mchn./Wien 1982).

LITERATUR: T. Nilsson, *Impressionisten H. B. Studier i H. B.s författarskap till och med »Tine«*, Stockholm 1965. – J. Fjord Jensen, *Turgenjev i dansk åndsliv*, Kopenhagen ²1969, S. 252–261. – K. P. Mortensen, *Sonderinger i H. B.s romaner*, Kopenhagen 1973, S. 22–45. – C. Secher, *Seksualitet og samfund i H. B.s romaner*, Kopenhagen 1973, S. 113–144.

ŚĀKYA'I BTSUN-PA dBAṄ-PHYUG-RGYAL-MTSHAN

16.Jh.

mKHAS-GRUB NĀ-RO-PA'I RNAMTHAR

(tib.; *Biographie des weisen und vollendeten Nā-ro-pa*). Eine der bekanntesten Biographien der tibetischen Literatur, verfaßt um 1523 von einem geistlichen Autor mit Namen dBAṄ-PHYUG-RGYAL-MTSHAN. – Der Held der Biographie, der Kaschmirer Nā-ro-pa, mit Sanskrit-Namen Nāḍapāda (956–1040), gilt als eine der bedeutendsten Persönlichkeiten des späten Buddhismus (Vajrayāna): als Mystiker und Magier wie als fruchtbarer Autor in zahlreichen Disziplinen der buddhistischen Literatur. Die Yoga-Lehren, die Nā-ro-pa von seinem Lehrer Tilli-pa (auch Ti-lo-pa) erhalten hatte, übermittelte er seinerseits dem Tibeter Mar-pa (1012–1097), dem Begründer der esoterischen bKa-brgyud-Schule in Tibet.

Typisch für diese Biographie wie für die biographische Literatur der Tibeter überhaupt ist, daß die Daten des äußeren Lebens hinter esoterischem und symbolischem Stoff weit zurücktreten. Die Jugendgeschichte und Genealogie des Helden ist ein kläglich zusammengezimmertes Elaborat ohne historischen Wert, und ihre Angaben weichen auch von den Darstellungen in anderen Lebensbeschreibungen des Meisters, z. B. in dem anonymen *bKa'-brgyud gser 'phreṅ (Goldgirlande der bKa'-brgyud-pa)* und im *Chos-'byuṅ* des PADMA dKAR-PO erheblich ab. Der Schluß des Werks enthält wenigstens noch einige reale Angaben über des Meisters Leben im Kloster Phullahari im östlichen Indien und über seine Wirkung auf Jünger wie Mar-pa und andere. Im Hauptteil aber, der den Verfasser und die Tibeter am meisten interessiert hat, wird die innere Entwicklung des Helden dargestellt, zunächst seine schwarzmagische Versündigung, später die qualvolle Suche nach dem ihm auf übernatürliche Weise verheißenen Meister Tili-pa, dann der magische Trug, mit dessen Hilfe sich der ersehnte Lehrer dem Schüler immer wieder entwindet, und schließlich die furchtbaren Prüfungen voll körperlicher und psychischer Qualen, die der Guru (Meister) dem Nā-ro-pa auferlegt. Aber auch diese Proben sind weitgehend symbolisch zu verstehen, wie jene Szene zeigt, in der der Neophyt zur Herstellung eines Zauberkreises *(maṇḍala)* zum Zweck der Einweihung sein Blut vergießen, seine Glieder außen um den Zauberkreis, den abgeschlagenen Kopf aber in dessen Mitte legen muß. Die Schilderung der Trugbilder wie der Prüfungen schwelgen in sich steigernden Grausamkeiten, die die Gefahren des »direkten Pfades« versinnbildlichen sollen. Bei der Darstellung solcher Szenen erhebt sich die Diktion des tibetischen Autors oft zu visionärer Kraft. – Leider ist die deutsche Übersetzung von A. GRÜNWEDEL sehr unzuverlässig und voller Mißverständnisse. Auch die Hauptthese des Übersetzers, die Beeinflussung des späten Buddhismus durch den Manichäismus (an sich sehr wahrscheinlich) ist mit den angeführten Argumenten nicht beweisbar. H.H.

AUSGABE: Darjeeling 1976 *(The Biographies of Tilopa and Nāropa)*.

ÜBERSETZUNGEN: *Die Legenden des Nā-ro-pa*, A. Grünwedel, Lpzg. 1933. – *The Life and Teaching of Nāropa*, H. V. Guenther, Oxford 1963 [engl.].

LITERATUR: A. Grünwedel, *Naro und Thilo*, Breslau 1916. – E. Dantienne, *Les contes de No-rub-can*, Brüssel 1939. – F. Wilhelm, *Prüfung u. Initiation im Buche Pauṣya u. in der Biographie des Nāropa*, Wiesbaden 1965. – G. Grönbold, *Grünwedels Nāropa-Handschrift* (in Central Asiatic Journal, 18, 1974, S. 251 f.).

ANNA BANTI

d.i. Lucia Lopresto
* 1895 Florenz
† Sept. 1985

ARTEMISIA

(ital.; *Artemisia*). Roman von Anna BANTI, erschienen 1947. – Die Niederschrift der Lebensgeschichte der Malerin Artemisia Gentileschi (1597–1652?), das Hauptwerk Anna Bantis und der erste in einer Reihe von Romanen und Erzählungen um historische Frauengestalten, begann für die Autorin mit einem Verlust: bei der Bombardierung von Florenz im Kriegsjahr 1944 war das Manuskript, kurz vor der Vollendung, verlorengegangen und hatte bei ihr, wie sie zu Beginn des Romans schreibt, ein geradezu traumatisches Erlebnis ausgelöst: »*Ich werde mich nie mehr von Artemisia befreien können.*« In den Trümmern der zerstörten Stadt und im Elend des Krieges geht Anna Banti nun erneut auf die Suche nach der verlorenen Gefährtin, deren Stimme aus der Entfernung von drei Jahrhunderten in die eigene Gegenwart hinübergerettet wird.

Thema des Romans ist das exemplarische Schicksal einer Frau, die ihr Leben nach der öffentlichen

Schande einer Vergewaltigung als Makel und ihr weiteres Leben als eine Reihe von Verlusten erlebt, gegen die sie in ihrem Dasein als Künstlerin anzukämpfen sucht. Artemisia Gentileschi, Tochter des Caravaggio-Schülers Orazio Gentileschi (1563 bis 1640?) und selbst zur Guppe der »Caravaggeschi minori« zählend, wird von Agostino Tassi, Freund des Vaters und ebenfalls Maler, vergewaltigt; nachdem Tassi danach das gegebene Eheversprechen nicht erfüllt, wird er von Orazio angezeigt und vor Gericht gestellt. Artemisia erlebt nun nicht nur die Demütigung des Prozesses und die öffentliche Schande, sondern auch, was schlimmer für sie wiegt, die Verachtung des Vaters, der ihr, der talentierten Tochter, die er bis dahin selbst zur Malerin ausgebildet hatte, seine Zuwendung entzieht. Als Orazio 1621 Rom verläßt, um in Genua zu arbeiten, beschließt Artemisia, ihrem Vater nicht zu folgen, sondern allein nach Florenz zu ziehen.

Als Allegorie des eigenen Schicksas und Sinnbild der Rache für erlittene Gewalt entsteht dort in ihrem ersten Atelier ihr berühmtestes Bild »*Holofernes*«, wo eine geradezu skandalös unbeteiligt erscheinende Judith mit Hilfe einer Magd Holofernes den Kopf abschlägt. Aber obwohl sie als Malerin in Florenz auch gesellschaftlich anerkannt ist, wird Artemisia von ihrem Vater, der einem Ruf an den englischen Königshof folgt, gezwungen, nach Rom zurückzukehren und den Altwarenhändler und entfernten Verwandten Antonio Stiattesi zu heiraten. Wenngleich auch dessen Familie Artemisia ihrer Vergangenheit wegen verachtet, entsteht zwischen beiden eine Liebesbeziehung, in der sie vorübergehend Schutz findet. Erst als es ihr gelingt, sich mit Hilfe ihres Bruders Francesco ein Atelier einzurichten, zerbricht die Beziehung mit Antonio am sozialen Gegensatz. Antonio verläßt sie und wird erst viele Jahre später, kurz vor der Heirat der gemeinsamen Tochter Porziella, um die Annullierung der Ehe bitten. Danach lebt Artemisia in Neapel, wo es ihr als einziger Malerin ihrer Zeit gelingt, zu wirklichem Ruhm zu gelangen und in einer Malschule Schüler und Schülerinnen um sich zu sammeln. Erst als sie, inzwischen vierzig Jahre alt geworden, ihren Vater in England wiedersieht, erlebt sie, quasi als Wiedergutmachung, die Anerkennung des Vaters gegenüber der gleichberechtigten Künstlerin, mit der das Meister-Schülerin-Verhältnis und der Makel ihrer Vergangenheit endgültig aufgehoben sind.

In einer zum Teil sehr manierierten Kunstprosa, die der Erzähltradition des 19. Jh.s verpflichtet ist, beschreibt Anna Banti in oft unzusammenhängenden Bildern und Skizzen die Kindheit Artemisias, die drei Begegnungen mit Agostino Tassi, ihr Leben als Künstlerin in Rom, Florenz, Neapel und später in England, das Verhältnis zu ihrem Vater, zu Antonio Stiattesi und ihrer Tochter Porziella. Die Autorin übernimmt dabei zwei verschiedene Erzählebenen: einmal ist Artemisia die Gefährtin, das »Du«, an das sie sich wendet, einmal ist sie als allwissende Erzählerin identisch mit ihrer Gestalt. Der Verlust des Manuskripts und die Suche nach der »Gläubigerin« Artemisia, für die das Leben aus einem einzigen Verlust bestand, bildet dabei einen Roman im Roman. Aus dieser doppelten Erzählebene ergeben sich allerdings auch eine gewisse Diskontinuität und zahlreiche Brüche, da die Autorin die äußere Form, die sie selbst vorgibt, oft nicht durchzuhalten scheint. – Eine Dramatisierung des Romans in drei Akten, die die Prozeßakten miteinbezieht, erschien 1960 unter dem Titel *Corte Savella* (der Name des päpstlichen Gefängnisses, in dem Agostino Tassi nach der Vergewaltigung Artemisias in Haft gehalten wurde).

Anna Banti gehört – wie Alba de Céspedes (*1911) und Sibilla Aleramo (1876–1960) – zu jener um die Jahrhundertwende geborenen ersten Generation italienischer Schriftstellerinnen, die sich bereits mit weiblichen Lebensbedingungen auseinandersetzten, und erst in den sechziger und siebziger Jahren von der nachfolgenden Generation in ihrer Avantgarde-Funktion wiederentdeckt wurden. Neben zahlreichen kunstkritischen Essays und kunsthistorischen Abhandlungen (Anna Banti hatte Kunstgeschichte studiert und war mit dem Kunsthistoriker Roberto Longhi verheiratet, die Leitung der »Fondazione Longhi« nach dessen Tod im Jahr 1970 gehörte zu ihren Hauptaufgaben), schrieb Anna Banti zahlreiche Erzählungen und Romane. Die wichtigsten Werke, die auf *Artemisia* folgten, sind die Romane *Allarme sul lago*, 1954 *(Alarm am See)*, *Le mosche d'oro*, 1962 *(Die Goldmücken)* und *La camicia bruciata*, 1973 *(Das Flammenhemd)*, über das Schicksal der letzten Fürstinnen aus dem Haus Medici, sowie die 1981 erschienene Autobiographie *Un grido lacerante (Ein herzzerreißender Schrei)*. D.De.

Ausgaben: Mailand 1947. – Mailand 1953. – Mailand 1969 (in *Due Storie. Artemisia. Noi credevamo*; Vorw. E. Siciliano).

Literatur: G. Contini, *Il romanzo di Artemisia Gentileschi* (in Illustrazione Italiana, Mailand 12. 12. 1948, Nr. 50, S. 780). – E. Cecchi, *Artemisia Gentileschi, un piccolo capolavoro* (in E. C., *Di giorno in giorno*, Mailand 1954, S. 19–22, 295-298). – *A. B.* (in La Fiera letteraria, 5, 1957; Sondernr.). – G. de Robertis, *Artemisia ridestata* (in Tempo, 20. 8. 1960, Nr. 34, S. 60). – G. Bárberi Squarotti, *Appunti attorno alla technica narrativa di A. B.* (in *Poesia e narrativa del secondo Novecento*, Mailand 1961; ²1973, S. 218–227; 346/347). – G. de Robertis, *Altro Novecento*, Florenz 1962, S. 282–290. – C. Varese, *Occasioni e valori della letteratura contemporanea*, Bologna 1967, S. 245 bis 259.– G. A. Peritore, *A. B.* (in *Letteratura italiana. I contemporanei*, Bd. 3, Mailand 1969, S. 211 bis 234). – *Letteratura italiana del Novecento*, Hg. P. Citati, Mailand 1972, S. 905–911. – E. Biagini, *A. B.*, Mailand 1978. – S. Petrigani, *Le signore della scrittura*, Mailand 1984. – N. Giannetto, Art. *A. B.* (in Branca, 1, S. 188–191).

JOHN BANVILLE

* 8.12.1945 Wexford / Irland

KEPLER

(engl.; *Kepler*). Roman von John BANVILLE, erschienen 1981. – Wie in *Doctor Copernicus* (1976), dem Vergänger seines *Kepler*-Romans, steht auch im Zentrum dieses fünften Romans des irischen Autors ein Mann, der an der Genese des neuzeitlichen Weltbilds und der modernen Wissenschaften einen erheblichen Anteil hat. Er etablierte, als Astronom, die wissenschaftliche Methode der Verifikation von Hypothesen durch Beobachtung, begründete im wesentlichen die Optik, wußte die Mathematik für Berechnungsverfahren im Alltag praktisch zu nutzen und erklomm gar den Rang eines kaiserlichen Mathematikers. Wie eine Ironie nimmt sich vor diesem Hintergrund aus, daß er die Welt als Werk Gottes und die Wissenschaft als Gottesdienst auffaßte, seinen astrologischen Kenntnissen und Neigungen das Wohlwollen Wallensteins verdankte, von früher Jugend an kurzsichtig, ein Träumer und in den Dingen des Alltags unpraktisch und unsicher bis zur Hilflosigkeit war, sich trotz höfischer Stellung materiell immer schlecht gestellt fand, mit seiner christlich-humanistischen Gesinnung zwischen die konfessionellen Fronten geriet (seine geliebte *alma mater* in Tübingen verweigerte sich ihm als Lehrer), die religiös-politischen Auseinandersetzungen des Dreißigjährigen Kriegs *ad personam* und familiär zu spüren bekam (Landesverweisung, Hexenprozeß gegen seine Mutter) und im persönlichen Leben wegen seiner wissenschaftlichen Leidenschaft ohne Glück und Frieden blieb.

Im Gegensatz zum Wissenschaftsheroen der Geschichtsbücher ermöglicht Banvilles Kepler Einblicke in die zahllosen Facetten menschlichen Daseins. Das Interesse des Autors gilt weder dem Astronomen als einem Prototyp des modernen *homo faber* oder dem wissenschaftlich-schöpferischen Akt als einem erkenntnistheoretischen Problem noch dem Porträt eines wichtigen und turbulenten historischen Zeitabschnitts, sondern den Dichotomien von Keplers Wesen. So gesehen sind in der Tat Zweifel daran erlaubt, ob Banvilles Buch eher als historischer oder als epistemologischer Roman aufgefaßt werden muß.

Keplers lebenslange Suche nach dem Prinzip der Weltharmonie und dem persönlichen Glück und Frieden angesichts aller möglichen heterogenen und zentrifugalen Kräfte in Wissenschaft, Politik, Gesellschaft, Religion, Familie und im Bewußtsein der Vielschichtigkeit seiner eigenen Person wird im Roman durch eine bestechende Verschmelzung von Inhalt und Form gestaltet. Die Ereignisse werden zwar in fünf Kapiteln linear erzählt: von Keplers Ankunft auf Schloß Benatek im Februar 1600 – der Ptolemäer Tycho Brahe hatte eine entsprechende Einladung an den Anhänger der von Kopernikus entwickelten Theorien ergehen lassen – bis zu seinem Tod im Januar 1630 in Regensburg. Doch endet der Roman, wie er beginnt – mit dem Motiv eines Traums – und deutet damit eine ringförmige Struktur an. Das dritte Kapitel ist ähnlich gestaltet. Den anderen Kapiteln unterliegt zudem noch eine zeitlich-kreisförmige Anlage. Im vierten, an einen Briefroman erinnernden Kapitel z. B. beginnen die datierten Schreiben im Tiefpunkt des Jahres 1605, kulminieren im Jahr 1612 und führen danach wieder zeitlich auf das Jahr 1605 zurück. Im vorletzten Brief des vorletzten Kapitels schreibt Kepler über die geplante Gliederung seines Buchs *Harmonice mundi*. Diese Äußerungen erweisen sich zugleich als Strukturplan von Banvilles Roman. Keplers Untergliederung in fünf Büchern entsprechen die fünf Romankapitel mit den Buchtiteln wichtiger wissenschaftlicher Arbeiten des Astronomen als Überschriften: I. *Mysterium cosmographicum* (Kepler: 1596); II. *Astronomia nova* (1609); III. *Dioptrice* (1611); IV. *Harmonice mundi* (1619); V. *Somnium* (1634, postum). Keplers Absicht war, in der Fünfteilung sein Weltsystem mit den fünf regelmäßigen Platonischen Körpern darzustellen. Innerhalb der Bücher sollte die jeweilige Kapitelanzahl der Flächenanzahl dieser Körper entsprechen. Banvilles erstes Kapitel hat demgemäß sechs Unterabschnitte (= Quader), das zweite vier (= Tetraeder), das dritte zwölf (= Dodekaeder), das vierte zwanzig (= Isokaeder), das fünfte acht (= Oktaeder). In die Kapitelanfänge wollte Kepler, der Wissenschaftler als Mitglieder einer Bruderschaft betrachtete, Akrosticha als Verbeugung vor bestimmten Berühmtheiten und zur Dekoration einarbeiten. Banville greift diese Idee auf; seine Abfolge von Akrosticha ergibt: Johannes Kepler, Tycho Brahe, Galileo Galilei, Newton. Das Erlebnis dieser Werkästhetik insgesamt wird dadurch erhöht, daß sie keine von vornherein durchschaubare Komposition ist.

Als eine dem Tycho von Gott gesandte Geißel zur Erlangung seines Heils wird Kepler in Max BRODs Roman *Tycho Brahes Weg zu Gott* (1916) gesehen, den Banville allerdings nicht kannte. Im Vergleich dazu fallen in seinem Bildnis die differenziertere Charakterdarstellung des Astronomen und die große historische Sorgfalt auf. Gewissenhaftigkeit, Korrektheit und kompositorische Geschlossenheit sind, wie Banvilles übrige Werke zeigen, generelle Merkmale seines Schaffens. Seinem Protagonisten Kepler, der sich als Wissenschaftler der Wahrheit verschrieben hatte, ist er darin ein verwandter Geist. U.Ma.

AUSGABEN: Ldn. 1981. – Boston/Ldn. 1983. – Boston 1984.

LITERATUR: B. Levin, Rez. (in Sunday Times, 25. 1. 1981). – P. Taylor, Rez. (in TLS, 30. 1. 1981). – B. Glacken, Rez. (in Irish Times, 31. 1. 1981). – M. Irwin, Rez. (in London Review of

Books, 3, 1981, H. 3). – P. S. Prescott, Rez. (in Newsweek, 9. 5. 1983).

THÉODORE DE BANVILLE

* 14.3.1823 Moulins
† 13.3.1891 Paris

ODES FUNAMBULESQUES

(frz.; *Seiltänzerische Oden*). Gedichtsammlung von Théodore de BANVILLE, erschienen 1857. – Nachdem Banville schon mit seinen ersten beiden Gedichtbänden, *Les cariatides* (1842) und *Les stalactites* (1846) einen gewissen Bekanntheitsgrad erreicht hatte, gelang ihm mit den *Odes funambulesques* der endgültige Durchbruch als Dichter. Der Band enthält neben neuen Gedichten auch Texte (z. T. reine Gelegenheitslyrik), die bereits zuvor – anonym oder pseudonym – in verschiedenen Zeitschriften erschienen waren. Banville selbst hat die Sammlung 1859 überarbeitet und 1873 die endgültige Ausgabe, mit einem Kommentar versehen, herausgegeben.
Als Schüler von Th. GAUTIER (1811–1872) zählt Banville zusammen mit Ch. LECONTE DE LISLE (1818–1894) zu den bedeutendsten Vertretern der Lyrik des Parnaß. Diese Dichterschule wird gemeinhin als Reaktion gegen die Sentimentalität und den Subjektivismus der Romantik verstanden. Die Parnassiens verfolgen die Ideale der sprachlichen Formvollendung (vor allem in Metrik und Reim) und der objektiven Darstellung, auch und gerade in der Lyrik. Die Kunst hat sich dieser Konzeption zufolge von den Banalitäten des Alltäglichen abzuwenden, um dem Prinzip des *L'art pour l'art* zu huldigen. Aus dieser antirealistischen Haltung heraus erklärt sich die dezidiert antibürgerliche Position der Parnassiens. Banville schreibt in der Einleitung zu seinem Kommentar der *Odes*: »Ich teile mit den Männern der 1830er-Generation den tiefverwurzelten und unversöhnlichen Haß gegen all das, was man ›Bürger‹ nennt.« Und auch in den Gedichten selbst mokiert er sich immer wieder über die Oberflächlichkeit und Dummheit des »Bürgers«. Dieser wird zum Feind der Kunst stilisiert, die ihm lediglich als Hintergrundfolie seiner Eitelkeiten dient. Gegentypus zum Bürger ist der Künstler, der bei Banville vor allem in der Allegorie des Clowns auftaucht (vgl. das programmatische letzte Gedicht der *Odes*: *Le saut du tremplin – Der Sprung vom Trampolin*). Der Künstlerclown leidet – oft mit Attributen Christi oder Prometheus' versehen – unter dem Unverständnis und der Plattheit seiner Umwelt, die er mit Hilfe seines Trampolins, der Kunst(fertigkeit) also, hinter sich lassen will: »*Tremplin qui tressailles d'émoi / Quand je prends un élan, fais moi bondir plus haut, planche élastique!«*

(»*Trampolin, du zitterst vor Erregung. / Setz ich zum Sprung an, laß mich / viel höher fliegen, federnde Bühne«*). Das Streben nach dem (platonischen) Ideal führt Banville zur totalen Negation der Realität. Einzig die »*leere Idealität«* (H. Friedrich) wird – wie bei BAUDELAIRE oder MALLARMÉ – zum Ziel des künstlerischen Schaffens: »*Le clown sauta si haut, si haut, / Qu'il creva le plafond des toiles / Au son du cor et du tambour, / Et, le cœur dévoré d'amour, / Alla rouler dans les étoiles«* (»*Der Clown sprang so hoch, so hoch: / Er durchstach die Kuppel aus Stoff / Zum Klang des Horns und der Trommel / Und, das Herz von Liebe verzehrt, / Kreist er mit den Sternen«*). Dichtung ist bei Banville vor allem ein Spiel mit den Mitteln und Möglichkeiten der lyrischen Technik – eine Haltung, die ihm bei der zeitgenössischen Literaturkritik lediglich Spott und Verachtung einbrachte. Dennoch zählen seine *Odes funambulesques* mit ihrem Kult der Form und der Musikalität und mit ihrer Abwendung von Sentiment und Positivismus zu den einflußreichen Werken der beginnenden modernen Lyrik. U.Pr.

AUSGABEN: Paris 1857. – Paris 1859. – Paris 1873 [def. Ausg.]. – Paris 1890–1909 (in *Œuvres*, 9 Bde., 1/2; Nachdr. Genf 1972).

LITERATUR: M. Fuchs, *Th. de B.*, Paris 1912; Nachdr. Genf 1972. – P. Martino, *Parnasse et symbolisme*, Paris 1925; [11]1964. – M. Soriau, *Histoire du Parnasse*, Paris 1929. – B. Harms, *B.*, Boston 1983 (TWAS). – P. S. Hambly, *Vers une bibliographie de l'œuvre poétique de B.* (in Bull. des études parnassiennes, 7, 1985, S. 27–35).

BAOWENG LAOREN

17.Jh.

JINGU QIGUAN

(chin.; *Wunderliches aus alter und neuer Zeit*). Sammlung von 40 Novellen in chinesischer Umgangssprache, die von einem nur mit seinem daoistischen Pseudonym BAOWENG LAOREN (»Der Alte mit dem [Wasser-]Krug«) bekannten Gelehrten Anfang des 17. Jh.s kompiliert wurde (Vorwort datiert 1638). Die Geschichten entstammen, mit einer einzigen Ausnahme, drei älteren umgangssprachlichen, *Huaben* (Textbücher) genannten Novellensammlungen, nämlich den *San-yan* (24 Stücke), den *Erpo jingqi* (10) und den *Gujin xiaoshuo* (5). Sie gehen – direkt oder indirekt – in ihrer Thematik auf die über lange Zeit hin mündlich überlieferten Geschichten volkstümlicher Märchenerzähler zurück und behandeln phantastische Liebesabenteuer, Geisterbegegnungen und übermenschliche Heldentaten. – Die Sammlung, die seit ihrem ersten Erscheinen immer wieder nachgedruckt wurde (manche Fassungen weichen in ihrer Einteilung, an einzelnen Stellen auch im Stil, leicht voneinander ab), verdankte ihre Beliebtheit gerade diesen unwirklichen Themen, die den Weltfluchtgedanken mancher minder privilegierter Gelehrtenschichten entgegenkamen. Die gängige europäische Vorstellung von chinesischer Novellistik wurde entscheidend durch dieses Werk geprägt. Es gibt zwar bis heute noch keine Gesamtübertragung, dafür aber zahllose mehr oder weniger umfangreiche Auswahlübersetzungen; vier Novellen erschienen bereits 1736 in französischer Sprache (in J. B. DU HALDE, *Description ... de la Chine*). Unter den modernen deutschen Fassungen sind vor allem die von F. KUHN zu nennen. W.Ba.

AUSGABEN: Zwischen 1628 u. 1643. – Hongkong 1950. – Peking 1957.

ÜBERSETZUNGEN (nur Teilausgaben): *Chinesische Erzählungen, deutsch mitgetheilt von r.*, Hg. A. Remusat, Lpzg. 1827. – *Kin-ku ki-kuan. Neue u. alte Novellen d. chines. 1001 Nacht*, E. Grisebach, Stg. 1880. – *Die seltsame Geliebte. Das Juwelenkästchen*, ders. (in *Chines. Novellen*, Lpzg. 1884). – *Die treulose Witwe, eine chines. Novelle*, ders., Mchn. 1921. – *Chin ku ch'i kuan: The Inconstancy of Madam Chang and other Stories*, E. B. Howell, Ldn. 1924. – *The Restitution of the Bride and other Stories*, ders., Ldn. 1926. – *Chines. Novellenbuch*, E. Grisebach, Basel 1945. – *Kin-ku ki-kuan. Chines. Novellen*, ders., Bremen-Horn 1947. – *Kin ku ki kwan. Wundersame Geschichten aus alter u. neuer Zeit*, F. Kuhn, Zürich 1952. – *Goldamsel flötet am Westsee*, ders., Freiburg i.B. 1953. – *Altchinesische Erzählungen aus dem Djin-gu Tji-gwan*, G. Rösel, Zürich 1984.

LITERATUR: E. Grisebach, *Die treulose Witwe. Eine chines. Novelle u. ihre Wanderung durch d. Weltlit.*, Stg. 1877. – P. Pelliot, *Le »Kin kou k'i kouan«* (in TP, 24, 1925/26, S. 54–60). – A. Waley, *Notes on the History of Chinese Popular Literature* (ebd., 28, 1931, S. 346–354). – J. E. Kern, *The Individual and Society in the Chinese Colloquial Short Story: The Chin-ku ch'i-kuan*, Diss. Indiana Univ. 1973. – Shuangyi [d. i. Wu Yunsheng], *Jingu qiguan tanpian*, Hongkong 1977.

BAPTISTA-BASTOS

eig. Baptista Bastos
* 27.2.1934 Lissabon

CÃO VELHO ENTRE FLORES

(portug.; *Alter Hund zwischen Blumen*). Roman von BAPTISTA-BASTOS, erschienen 1974. – Der Roman schildert die Kindheits- und Jugenderinnerungen des Journalisten und Schriftstellers Manuel, der in einem Armenviertel Lissabons aufwächst. Diese Umgebung übt auf ihn einen magischen Reiz aus, wie ihn auch all die Geschichten faszinieren, die ihm sein Großvater unter einer alten Eiche erzählt. Als der Krieg ausbricht, werden die Zeiten schwierig. Ein Riß geht durch die Familie: Vater und Großvater Manuels, die besorgt das Weltgeschehen auf der Landkarte verfolgen, werden von Mutter und Großmutter, die als Wäscherinnen arbeiten, und dem als Streikbrecher bekannten Onkel, der als Mechaniker seinen Lebensunterhalt bestreitet, ihrer Untätigkeit wegen verachtet. Mit seinem zynisch-sadistisch veranlagten, stummen Vetter Mudo (= der Stumme) zieht Manuel durchs Viertel und entdeckt mit ihm einige Geheimnisse der Welt. Mudos Charakter ist ihm allerdings zuwider, kann dieser doch nichts dabei finden, daß sich Soldaten gegenseitig umbringen. Eine Truppenparade, der sein Vater und Großvater als einzige Bewohner des Viertels nicht zusehen, wird zu einem Schlüsselerlebnis in Manuels Leben, denn zum erstenmal muß er feststellen, daß nicht alle Menschen gleich sind. Bei der Beerdigung seines Großvaters entdeckt Manuel mit Genugtuung die positiven Aspekte dieses Anders-Seins, denn als die Nachbarn und Bekannten, einem letzten Wunsch des Verstorbenen folgend, seinen Sarg an der Kaserne vorbeitragen, sind die Militärs gezwungen, diesem zu salutieren. Manuels Großmutter, eine Nachfahrin von Carolina do Ribeiro, der Organisatorin des ersten Textilarbeiterstreiks in Portugal, erzählt ihm, daß der Großvater ein mutiger Mann war, der zwar große Angst vor dem Kommenden hatte, aber trotzdem »*wie ein alter Hund zwischen Blumen*« vorwärts schritt.

Nach dem Tod des Großvaters verläßt Manuels Vater die Familie, mit der er sich nie verstanden hatte. In dieser Zeit lernt Manuel das Mädchen Nora kennen, mit der er, wie er rückblickend bedauernd feststellen muß, gern sein restliches Leben verbracht hätte. Die existentiellen Erfahrungen dieser Zeit werden vom Sterben der krebskranken Mutter bestimmt: nach ihrem Tod bringt ihn seine Großmutter zum Vater, wo er von nun an lebt. Aber dieser arbeitet nachts, und da Manuel tagsüber in die Schule muß, begegnen sich die beiden nur selten und haben wenig Gelegenheit, einen Tag gemeinsam zu verbringen. Eines Tages kommt der Vater bedrückt nach Hause zurück, und von diesem Zeitpunkt an läßt er Manuel nicht mehr ganz an seiner Welt teilhaben. Plötzlich hat er Freunde wie der Großvater und versteckt im Haus geheimnisvolle Zeitungen. Während der Vater sich durch Schweigen vor seinem Sohn schützt, unterhalten sich Manuel und João, der vielgehänselte Sohn eines Straßenmädchens, in einer auch von Schmugglern benutzten Ehrensprache, mit der sie ihre Geheimnisse vor Gleichaltrigen zu verbergen suchen. Ihre Freundschaft teilen sich die beiden mit einem verarmten und mißachteten Zirkuszauberer. Eines Tages beschließen sie gemeinsam, Manuels Vetter

Mudo aufzusuchen. Manuel findet jetzt wieder in seine alte wunderbare Welt zurück, und beobachtet mit Vergnügen die Liebelei zwischen seiner Tante und dem Zauberer. Alles erinnert ihn an die glücklichen Zeiten seiner frühen Kindheit, als er mit dem Großvater unter der alten Eiche saß, zumal sein Vater jetzt mit Joãos Mutter zusammenlebt. Doch das Glück wird von den Schreien »*Salazar, Salazar, Salazar*« übertönt. Großes Schweigen tritt ein, die Stimmung schlägt um. Die verbitterte Großmutter wird vom Onkel ins Altersheim gesteckt. Aber sie formuliert ihren Haß nicht, sondern ergibt sich, wie so viele, dem Staub.

Dieser Staub ist eine Metapher für das Portugal der Diktatur, das in diesem 28 Episoden umfassenden Roman satirisch-scharf mit der Stimme des jungen Manuel kritisiert wird, die nur von einigen Gedankeneinschüben des reifen Journalisten und Schriftstellers unterbrochen wird und meisterlich die verschiedenen Lebensabschnitte und wachsende Isolation des Protagonisten verdeutlicht. – Die 1981 erschienene Erzählung *Viagem de um pai e de um filho pelas ruas da amargura (Reise eines Vaters und Sohnes durch die Straßen der Bitterkeit)* setzt die Thematik der Selbsterfahrung eines Menschen, der sich mit seinem in der Kindheit idealisierten Vater auseinandersetzen muß, vor dem Hintergrund der Realität eines verstummten und traurigen Landes der salazaristischen Diktatur fort. K.De.

AUSGABEN: Lissabon 1974. – Lissabon 1980. – Mem Martins 1982 (LB-EA).

LITERATUR: E. M. de Melo e Castro, *Literatura portuguesa de invenção*, São Paulo 1983, S. 124 bis 138. – M. A. Seixo, *A palavra do romance*, Lissabon 1986, S. 169–181.

MAḤMŪD ʿABDUʾL-BĀQĪ

* 1526 Istanbul
† 7.4.1600 Istanbul

LITERATUR ZUM AUTOR:
M. F. Köprülü, Art. *Bâḳî* (in *İslâm ansiklopedisi*, Bd. 2, Istanbul 1949, S. 243–253). – *Baki. Hayatı, sanatı, şiirleri*, Hg. N. Yesirgil, Istanbul 1953. – F. İz, Art. *Bâḳî* (in Eol, Bd. 1, S. 956–957). – A. Bombaci, *Storia della letteratura turca*, Mailand ²1962, S. 304–312. – İ. Z. Eyüboğlu, *Bâkî*, Istanbul 1972. – Art. *Bâkî* (in *Türk dili ve edebiyat ansiklopedisi*, Bd. 1, Istanbul 1977, S. 300–303). – S. K. Karaalioğlu, *Baki* (in S. K. K., *Türk edebiyatı tarihi*, Bd. 1, Istanbul 1980, S. 665–671). – O. Ş. Gökyay, *Şair Bâkî gençliğinde saraç çıraklığı yaptı mı?* (in *In memoriam Ali Nihad Tarlan*, Hg. Ş. Tekin u. G. Alpay-Tekin, Cambridge/Mass. 1980, S. 125–133). – S. Küçük, *Çağdaşı ve arkadaşı Nevʿî'nin gözüyle şairler sultânı Bâkî* (in *Beşinci milletlerarası Türkoloji kongresi, Tebliğler*, Bd. 2, 1, Istanbul 1985, S. 215–222). – C. Kudret, *Baki*, Istanbul 1985. – A. Özkırımlı, Art. *Baki* (in A. Ö., *Türk edebiyatı ansiklopedisi*, Bd. 1, Istanbul ⁴1987, S. 183–185).

DĪVĀN-I BĀQĪ

(osm.-türk.; *Diwan des Bāqī*). Gesammelte Gedichte des Maḥmūd ʿAbduʾl-Bāqī. – Eine gerade Linie führt von MĪR ʿALĪ ŠĪR NAVĀʾĪ (vgl. dessen *Dīvān*) über FUŻŪLĪ (vgl. dessen *Dīvān*) bis zu Bāqī, dem größten Repräsentanten der erotisch-mystischen Lyrik bei den Osmanen. Seine Tendenz zur Konzentration, der schon die Quaside zu langatmig erscheint, findet ihren typischen Ausdruck in der Gasele. Allein die große Zahl der direkt oder indirekt auf den Sultan gemünzten Loblieder weist Bāqī als Muster eines Hofdichters aus; seine Laufbahn bestätigt es. Nach dem Urteil seines besten Kenners, J. RYPKA, ist die von Bāqī aufs äußerste getriebene Künstlichkeit der Sprache unvereinbar mit echter religiöser Inspiration und stellt sogar jeden realen Hintergrund seiner weltlichen Passionen, wie Wein und Knaben, in Frage; was bleibt, ist »die ödeste Konvenienz«. Dieses harte Verdikt trifft jedoch nicht eigentlich die ästhetische Grundhaltung des Dichters, die alles *scherzando* nimmt und ganz offen leugnet, daß ein tieferes Gefühl die Dichtung ausgelöst habe. Solchermaßen eines gewichtigen »Kerns« beraubt, dabei auf das traditionelle Repertoire von Formen und Themen angewiesen, wirft sich seine Kunst ganz aufs Virtuose und erprobt alle Möglichkeiten der logischen und rhetorischen Struktur. Besonders aufschlußreich ist das Spiel mit dem Doppelsinn von Wörtern und Sätzen, das bisweilen vier verschiedene Lesarten eines Verses zuläßt und es dem Dichter z. B. erlaubt, beißende Ironie mit harmlosen Komplimenten zu tarnen; leider muß hier jede Übersetzung versagen, wie u. a. BOMBACI an mehreren Beispielen zeigt. Bāqī selbst nennt als Ideal seiner Kunst eine elegante, chevaleresk, heitere (bzw. leichtfertige) und frische Dichtung; der Eindruck der Einfachheit und Ursprünglichkeit, den seine ausgefeilten Verse immer wieder hervorrufen, beweist wirkliche Meisterschaft. Die Sprache hat sich hier selbständig gemacht: in Bāqī erreicht die türkische Diwan-Lyrik ihren Höhepunkt und zugleich ihre Krise. U.W.

AUSGABEN: Istanbul 1859 *(Dīvān-i Bāqī)*. – Istanbul 1899 *(Bāqīʾnīn Ašʿār-i müntaḫabesi* [Teilausg.], Hg. Ş. Sāmī). – Leiden 1908–1911 *(Baki's Divan, Ghazzalijjat*, Hg. R. Dvořak, 2 Bde.). – Istanbul 1935 *(Baki Divanı*, Hg. S. N. Ergun). – Istanbul 1953 (in *Baki. Hayatı, sanatı, şiirleri* [Teilausg.], Hg. N. Yesirgil). – Istanbul 1985 (in C. Kudret, *Baki* [Teilausg.; osm.-türk. u. ntürk.]). – Ankara 1987 *(Bâkî Divanı'ndan seçmeler* [Teilausg.; osm.-türk. u. ntürk.], Hg. F. K. Timurtaş).

ÜBERSETZUNGEN: *Baki's, des größten türkischen Lyrikers, Diwan,* J. v. Hammer, Wien 1825. – *Sieben Ghazele aus Bâkîs Dîvân,* J. Rypka (in Annali dell'Istituto Univ. Orientale, N. S., 1, 1940, S. 137–148).

LITERATUR: R. Dvořak, *Baki als Dichter* (in ZDMG, 42, 1888, S. 560–586). – E. J. Gibb, *A History of Ottoman Poetry,* Bd. 3, Ldn. 1904, S. 133–159. – J. Rypka, *Bâqî als Ghazeldichter,* Prag 1926. – S. N. Ergun, *Türk Şairleri,* Bd. 2, Istanbul 1936, S. 714–797. – A. H. Tanpınar, *Fuzulî ve Bâkî* (in A. H. T., *Edebiyat üzerine makaleler,* Istanbul 1969, S. 152–156). – J. Ciopiński, *Elementy retoryczene w »Kānūnī mersiyesi« Bakieogo,* Krakau 1982. – M. O. Okay, *Bâkî'nin Kanunî mersiyesine dâir* (in *Şükrü Elçin armağanı,* Hg. U. Günay, A. Güzel u. D. Yıldırım, Ankara 1983, S. 235–240). – S. Küçük, *Bâkî'nin medhiyeleri üzerine* (in Millî kültür, 44, 1984, S. 48–52). – F. K. Timurtaş, *Bâkî ve Dîvânı* (in *Bâkî Dîvânı'ndan seçmeler,* Hg. F. K. T., Ankara 1987, S. VII–XV).

LUIS BARAHONA DE SOTO

* 1547 Lucena
† 1595 Archidona / Málaga

LITERATUR ZUM AUTOR:
Homenaje a B. de S., Málaga 1898. – F. Rodríguez Marín, *L. B. de S. Estudio biográfico, bibliográfico y crítico,* Madrid 1903. – J. Lara Garrido, *L. B. de S. Problemática textual e interpretación,* Univ. de Granada 1980. – Ders., *Poética manierista y texto plural (L. B. de S. en la lírica española del XVI),* Univ. de Málaga 1980.

PRIMERA PARTE DE LA ANGÉLICA

(span.; *Der Angelica erster Teil*). Epische Dichtung von LUIS BARAHONA DE SOTO, erschienen 1586. – In dem großen Autodafé der Bibliothek Don Quijotes, das CERVANTES schildert, verlangt der Pfarrer, sämtliche noch nicht geprüften Bücher auf einmal zu verbrennen. Da schlägt der Barbier eines auf mit dem Titel *Las lágrimas de Angélica (Die Tränen der Angelica).* »Tränen würde ich selber weinen«, ruft der Pfarrer aus, »wenn ich ein solches Buch hätte verbrennen lassen; denn sein Verfasser war ein berühmter Dichter auf Erden, nicht nur in Spanien, und war auch in der Übersetzung einiger Fabeln des Ovid sehr glücklich.« Wenn man liest, wie in dem Roman des Cervantes Don Quijote gerade in den Augenblicken höchster Geistesverwirrung auf diese Geschichte zurückkommt, scheint es unmöglich, diese Bemerkung nicht ironisch aufzufassen.
In achtzehn langen Gesängen walzt Barahona in Stanzen eine Liebesgeschichte aus, die im *Orlando furioso* ARIOSTS (1474–1533) nur eine Episode bildet. Unter Berufung auf ARISTOTELES, der nur das Phantastische und Freierfundene als angemessenen Stoff für die epische Dichtung habe gelten lassen, läßt er Angelica und ihren Geliebten Medoro durch eine höchst wunderbare, aus den Kulissen der Ritterbücher aufgebaute Fabelwelt wandern und hundert gefahrvolle Abenteuer erleiden. Sie verlieren sich, suchen einander vergeblich, finden sich wieder, begegnen Riesen und Ungeheuern, geraten an Orte, wo magische Gewalten herrschen. Hervorzuheben aus der Fülle der Begebenheiten sind Medoros Suche nach Angelica, die sich, um den Nachstellungen des verliebten Roland zu entgehen, durch eine Zauberin unsichtbar hat machen lassen, die Ankunft des Liebespaares im Reich des Orco, der die beiden gefangensetzt, sich in Angelica verliebt, aber im Kampf mit Cenagrio getötet wird, und anderes mehr. Aber die meisten Episoden sind wenig originell, der Aufbau des Ganzen und der Ablauf der Handlung chaotisch. Von dem Humor, dem Formsinn, der spielerischen Anmut Ariosts ist in dieser Nachahmung nichts zu spüren. Die dichterischen Qualitäten Barahonas zeigen sich in den Details: Naturbeschreibungen von idyllischem Zauber, Äußerungen eines lyrischen Gefühls von großer Zartheit und Innigkeit. Aus ihnen spricht durch die zeitbedingten Stilisierungen hindurch auch heute noch ein Dichter. – Der Anklang, den Barahonas Epos bei den Zeitgenossen fand, mag ein Grund dafür gewesen sein, daß schon etwa zwei Jahre später Lope de VEGA sein Epos *La hermosura de Angélica (Die Schönheit der Angelica)* schrieb.

A.F.R.

AUSGABEN: Granada 1586; Faks.-Ausg. NY 1904. – Madrid 1981, Hg. u. Einl. J. Lara Garrido (Cátedra).

LITERATUR: L. F. Lodge, *Angélica in »El Bernardo« and »Las lágrimas de Angélica«,* Diss. Univ. of Illinois 1937. – J. A. Molinaro, *B. de S. and Aretino* (in Italica, 32, 1955, S. 22–26). – A. A. Triolo, *The Boiardo-Ariosto Tradition in »Las lágrimas de Angélica« de L. B. de S. (1586),* Diss. Univ. of Illinois 1956 (vgl. Diss. Abstracts, 16, 1955/56, S. 1909). – Ders., *B. de S.'s »Las lágrimas de Angélica« and Ariosto's »Cinque canti«* (in Italica, 35, 1958, S. 11–20). – A. Triolo, *Bernardo del Carpio and B. de S.'s »Las lágrimas de Angélica«* (in KRQ, 14, 1967, S. 265–281). – J. Lara Garrido, *Poesía y política. A propósito de »Las lágrimas de Angélica«* (in *Actas del Congreso de Historia de Andalucía,* Córdoba 1978, II, S. 117–123). – Ders., *Camōens frente a Ariosto en »Las lágrimas de Angélica« de L. B. de S.* (in Analecta Malacitana, 2, 1978, S. 293–312). – E. Lacadena, *Nacionalismo y alegoria en la épica española del XVI: »La Angélica« de B. de Soto,* Saragossa 1980. – R. P. Landers, *»Las lágrimas de Angélica« de L. B. de S. Estructura, técnica narrativa, fuentes y estilo,* Diss. The Johns Hopkins Univ. 1986 (vgl. Diss. Abstracts, 46, 1986, S. 3369 A).

JURAJ BARAKOVIĆ

* 1548 Plemići bei Zadar
† 1.8.1628 Rom

VILA SLOVINKA

(kroat.; *Die Fee Slovinka*). Epos von Juraj BARAKOVIĆ, erschienen 1614. – Das Anjelo Justinijanović, einem angesehenen Bürger Šibeniks, gewidmete Hauptwerk des letzten bedeutenden dalmatinischen Dichters der venezianischen Zeit beschreibt in dreizehn inhaltlich nur lose verbundenen Gesängen *(petja)* und einem einleitenden Gedicht die unruhigen Wanderungen des Autors. In der Umgebung Šibeniks findet der Dichter eine schlafende Fee, deren Schönheit mit der Sensualität der Renaissance beschrieben wird. Die Fee erweist sich als Inkorporation des Kroatischen und Slavischen. In ausführlichen, die ersten sieben Gesänge des Werks umfassenden Dialogen erfährt der Dichter aus ihrem Munde die Geschichte seiner Vorfahren und die wichtigsten Ereignisse aus der Stadtgeschichte seines Geburtsorts Zadar. Im Zwiegespräch mit der Fee reflektiert er die Plünderung seines Heimatlandes, die ungarisch-kroatische und die venezianische Herrschaft, die Verwüstungen durch die Türkeneinfälle, endlich seinen Zwist mit der Stadt Zadar. Gleich dem verbannten OVID leidet der Dichter unter der Trennung von seiner Heimatstadt. Es folgt die Erzählung von dem mythologischen Ursprung der Städte Nin (nach der Zerstörung des Babylonischen Turms von den Flüchtlingen Nin und Sava gegründet) und Zadar (von Neptun Plankita, der Tochter des Nin, und ihrem Sohn Slovan, dem Stammvater des Slaventums, zum Geschenk *(za dar)* errichtet). Die ersten sieben Gesänge des Werks sind ein panegyrischer Hymnus auf die Größe des Slaventums und die Geburtsstadt des Dichters, »*die in der Vergangenheit ruhmvoll war und die Gegenwart bewegt*«. Mit dem Gesandten *(poklisar)* eines Beg kehrt der Dichter nach der Unterredung mit der Fee nach Šibenik zurück. Von ihm erfährt er die Geschichte einer herrschaftlichen Hochzeit, auf der ein junges Mädchen die ergreifende Klage über die »Mutter Margarita« sang. Die dunklen Ahnungen, die das Lied in dem Dichter weckt, bestätigen sich: Margarita ist seine eigene Schwester, die den Tod ihres verunglückten Bruders Petar und ihres erschlagenen Sohnes Ivan beklagt. Ihre Klage überliefert ein originales dalmatinisches Volkslied *(bugarštica)*. Nach einem Besuch bei einem Einsiedler in der Umgebung von Šibenik, der die Unsitten der Städter verurteilt, erzählt der Dichter die Geschichte seiner unglücklichen Liebe. Der Welt und seinem Kummer zu entgehen, verläßt er Šibenik in einem kleinen Boot. Von einem Unwetter wird er auf die Insel Vulkan verschlagen, dem Eingang zur Hölle. Hier trifft er erneut auf den inzwischen verstorbenen und wegen einer Lüge dem Reich der Finsternis verfallenen Gesandten. Mit der glücklichen Rettung des Dichters und seiner Rückkehr nach Šibenik endet das Epos.

Hat die Literaturkritik die mangelnde kompositionelle Geschlossenheit des Werks im allgemeinen als Schwäche empfunden, so sehen moderne Interpreten darin »*das Gefühl des modernen Menschen ... der sich an den Dingen stößt und quält, weil sie sind wie sie sind; da treffen wir den Menschen, der vor sich selbst davonläuft, der auf Wanderungen über Šibeniks Felder und Felsklippen oder in einem kleinen Schiffchen auf hohem Meer Beruhigung sucht*« (Švelec).

J.Kr.

AUSGABEN: Venedig 1614; ern. 1626 u. 1682. – Zagreb 1889 (in *Djela*, Stari pisci hrvatski, Bd. 17). – Zagreb 1964 (in P. Zoranić u. J. B., *Planine. Vila Slovinka*, Hg. F. Švelec, Pet stoljeća hrvatske književnosti, Bd. 8; unvollst.).

LITERATUR: M. Valjavac, *J. B.* (in J. B., *Djela*, Zagreb 1889, S. V–XIII). – Lj. Marković, *J. B.*, »*Vila Slovinka*«. *Ein literaturhistorischer Beitrag*, Diss. Univ. Wien 1909. – F. Švelec, *J. B.* (in P. Zoranić u. J. B., *Planine. Vila Slovinka*, Zagreb 1964, S. 173–197; m. Bibliogr.). – Ders., *O kompozicijskim osobitostima »Vile Slovinke«* (in Radovi Filozofskog fakulteta u Zadru, Bd. 14/15, Zadar 1975/76). – Ders., *Po stazi netlačeni*, Split 1977. – M. Franičević, *O »Vili Slovinki« Jurja Barakovića* (in *Čakavski pjesnici renesanse*, Zagreb 1969, S. 333–365). – N. Kolumbić, *Razdoblje hrvatskog manirizma* (in Forum, 1976, Nr. 12). – *J. B. o tristopedesetoj obljetnici smrti*, Zadar 1979 [m. Bibliogr.].

ANTANAS BARANAUSKAS

* 17.1.1835 Anykščiai
† 26.11.1902 Seinai

ANYKŠČIŲ ŠILELIS

(lit.; *Der Hain von Anykščiai*). Episches Gedicht von Antanas BARANAUSKAS, erschienen in zwei Teilen 1860/61. – Dieses Gedicht, das zu den schönsten poetischen Werken der litauischen Literatur gehört, schrieb Baranauskas aus Protest gegen die Behauptung seines Professors im Priesterseminar, die litauische Sprache entbehre der Fähigkeit, subtile Empfindungen und Eindrücke so wiederzugeben, wie dies etwa der polnischen Sprache möglich sei. Baranauskas schildert, wie ein herrlicher, alter Wald der den Litauern alles bedeutete, aus Not von den hungernden und frierenden Menschen gefällt wird, so daß nur noch ein Hain übrigbleibt, der von allen geliebt und gepflegt wird, bis zuletzt auch er von fremden Kaufleuten unter der erzwungenen Mithilfe der Litauer abgeholzt wird. Wo einst Schönheit und Reichtum herrschten, breitet sich jetzt nur noch triste Armut aus: Auf kahlem Feld verkümmern die letzten Fichten des Hains von Anykščiai.

Der Stoff, den Baranauskas sich wählte, gab dem romantischen Lyriker Gelegenheit zu subtilen Schilderungen der Schönheit des unermeßlichen Urwalds, seiner Farben, Stimmen, Gerüche und Geräusche, und ermöglichte ihm gleichzeitig, Litauens mächtige Vergangenheit, seine zunehmende Schwäche und schließliche Unterdrückung durch die Fremdherrschaft in ein eindrucksvolles Symbol zu fassen. Das Gedicht, eines der ersten Zeugnisse nationaler Selbstbesinnung in der litauischen Literatur, folgt dem Vorbild der patriotischen polnischen Romantiker, vor allem MICKIEWICZ, ohne sie nachzuahmen. Eine Fülle von Nuancen des Hochlitauischen geben der Sprache dieses sensiblen Lyrikers einen durchaus eigenen Klang von großem Reiz. J.Gr.-KLL

AUSGABEN: Wilna 1860/61 (in Almanach, Hg. L. Ivinskis). – Wilna 1912 (in *Raštai*). – Wilna 1949; ⁴1966, Hg. H. Venclova. – Wilna 1970 (in *Raštai*). – Wilna 1985 [lit.-russ.-dt.-engl.].

ÜBERSETZUNGEN: *Anikščajskij bor*, N. Tichonov (in Oktjabr', 5, 1947; russ.). – Dass., A. Venclova, Wilna 1950 [m. Einl.]. – *The Forest of Anykščiai*, N. Rastenis, Los Angeles 1956 (engl.; ern. Kaunas 1957). – *Der Hain von Anykščiai*, H. Buddensieg, Mchn. 1967. – *Der Wald*, A. Franzkeit, Leer 1987.

LITERATUR: *Lietuvių literatūros istorija*, Hg. K. Korsakas, 4 Bde., Wilna 1957–1964, 1, S. 542–570. – A. Venclova, *Laikas ir rašytojai*, Wilna 1958, S. 179–190. – J. Būtėnas, *Lietuvių literatūros vadovėlis*, Wilna 1959, 1, S. 113–126. – R. Mikšytė, *A. B. poemos »Anykščių šilelis« problematika* (in Pergalė, 1960, S. 107–119). – Ders., *A. B. poemos »Anykščių šilelis« leidimai ir vertimai* (in Lietuvos TSR MA Darbai, 2, 1960, S. 205–222). – R. Mikšytė, »*Der Hain von Anykščiai*« (in Pergalė, 1968, Nr. 6). – *Istorija litovskoj literatury (Akad. Nauk)*, Wilna 1977. – *Lietuvių rašytojai*, Bd. 1, Wilna 1979. – J. Riškus, *A. B.* (in *Lietuvių literatūra, XIX a. pirmoji pusė*, Wilna 1982). – *Literatūra ir kalba*, Bd. 19, Wilna 1986.

STANISŁAW BARAŃCZAK

* 13.11.1946 Posen

DAS LYRISCHE WERK (poln.) von Stanisław BARAŃCZAK.
Der polnische Lyriker, Literaturkritiker und Mitbegründer einer neuen dichterischen Bewegung debütierte in den späten sechziger Jahren. Seine wichtigsten Lyrikbände entstanden im folgenden Jahrzehnt und wurden als literarisches Selbstzeugnis einer ganzen Generation angesehen, der sog. »Neuen Welle«, die sich durch kritische Auseinandersetzung mit den aktuellen politischen Geschehnissen auszeichnete. Programm und poetologisches Konzept der »Neuen Welle« (1968–1976) entstanden infolge starker politischer Veränderungen: Während die polnische Gesellschaft der sechziger Jahre sich mit der »*kleinen Stabilisierung*« (ein Ausdruck von Tadeusz RÓŻEWICZ) begnügt hatte, führten die Studentenrevolte von 1968 und die Arbeiterunruhen von 1970 nicht nur zu einem Regierungswechsel, sondern hatten auch eine deutliche Belebung des gesamten kulturellen Lebens in Polen zur Folge.

Die Lyriker dieser Generation lassen sich im allgemeinen in zwei Gruppen einteilen: Die »Neuen Linguisten«, zu deren wichtigsten Vertretern Stanisław Barańczak und Ryszard KRYNICKI gehörten, knüpften an die Poetik von Miron BIAŁOSZEWSKI und Tymoteusz KARPOWICZ an. Sie schrieben eine sprachorientierte Lyrik, erweiterten diese Poesie aber um eine politische, medien- und kulturkritische Dimension. Den Gegenpol dazu bildete die Gruppe *Teraz* (Jetzt), der u. a. Adam ZAGAJEWSKI, Julian KORNHAUSER und Stanisław STABRO angehörten und die zwar die gleiche Problematik aufgriff, diese jedoch nach der Theorie einer anderen Programmatik – der Poetik des »direkten Sprechens« – realisierte. Die Vertreter dieser Gruppe wollten Gedichte schreiben, die politisch engagiert und dennoch (oder deswegen) verständlich waren und in denen die wahre Realität des »zweiten Polens« (so die damalige offizielle Propagandafloskel) abzubilden sei. Der wesentlichste Unterschied zwischen diesen beiden Gruppen von Schriftstellern lag also in den angewandten poetischen Mitteln.

Barańczak (damals selbst Mitglied der kommunistischen Partei) vertrat anfangs eine stark ideologisierte, parteiorientierte Position. Die Lyrik begriff er als einen »*Typus des gesellschaftlichen Bewußtseins*«. Die einzig richtige Einstellung der Kunst sei der »*dialektische Romantismus*«, «*der die Gegensätze des vorgefundenen Stands der Dinge vom Gesichtspunkt ihrer möglichen Synthese aus demaskiert*«. Das Schlüsselwort der neuen Lyrik sollte »*Mißtrauen*« heißen. Von diesem politischen Standpunkt aus und unter Anwendung linguistischer Methoden unterzog Barańczak sowohl in seinem Debütband, *Korekta twarzy*, 1968 *(Korrektur des Gesichts)*, als auch in den darauffolgenden Bänden, *Jednym tchem*, 1970 *(In einem Atemzug)* und *Dziennik poranny*, 1972 *(Morgenblatt)*, die Sprache der Politiker, der Medien, der amtlichen Kommuniqués einer entlarvenden Analyse, deren Gegenstand weniger die Manipulationsmechanismen sind, denen der Bürger unterliegt, als konkrete Beispiele der verfälschten Sprache, die der Staatsapparat zwecks Manipulation des Bürgers anwendet. Der lyrische Text besteht oft nur noch aus rhetorischen Kli-

schees der Politiker, aus offiziellen Floskeln der Medienberichterstattung, die durch winzige semantische Veränderungen oder durch Einbeziehen der Reaktionen der Zuhörer ins Lächerliche gezogen werden: »*Wir leben in einer ganz bestimmten Epoche (Räuspern) und/ dessen/ muß man sich, nicht wahr, mit aller Deutlichkeit./ Bewußt werden. Wir leben in (Gluckern/ aus der Karaffe) einer ganz bestimmten, nicht wahr,/ Epoche, in einer Epoche/ ständiger Anstrengungen in Sachen, in einer/ Epoche wachsender und sich zuspitzender und/ so weiter (Schlürfen), nicht wahr, Konflikte.*«
In den siebziger Jahren nahm sowohl die Aggressivität der offiziellen Propaganda als auch die polemische Schärfe in der Lyrik Barańczaks und anderer »Linguisten« zu. Von entscheidender Bedeutung war, daß die Zensur mittlerweile den Hintersinn dieser oppositionellen Texte begriffen hatte. Immer öfter wurden Publikationsverbote verhängt. Um 1976 wurde die 68er Generation durch eine Gruppe jüngerer, eher unpolitischer Lyriker verdrängt. Mehrere Lyrikbände Barańczaks erschienen in diesen Jahren entweder im Untergrund oder in westlichen Exilverlagen: *Ja wiem, że to niesłuszne*, 1977 *(Ich weiß, daß dies unrecht ist)*, *Sztuczne oddychanie*, 1978 *(Künstliche Beatmung)*. Weitere Publikationen wurden erst durch die »Solidarność«-Bewegung möglich, wobei auch in dieser Zeit die Eingriffe der Zensur immer noch spürbar waren: Barańczak brachte im gleichen Jahr einen Gedichtband in einem offiziellen Verlag und einen im Untergrund heraus.
In den achtziger Jahren veränderte sich Barańczaks Poetik. Die »linguistischen« Verfahren wurden immer seltener, die seither angewandten Mittel erinnerten an das »direkte Sprechen« und rückten ihn damit in die Nähe der Poetik der Gruppe *Teraz*. Im Jahre 1981 emigrierte Barańczak in die USA, übernahm dort eine Position an der Harvard-Universität und schloß sich den extrem konservativen Kreisen der osteuropäischen Emigration an. Seine poetischen Publikationen wurden immer seltener und enthielten nur noch traditionalistische, persönlichkeitsbezogene Gedichte.
Für die Entwicklung der polnischen Lyrik ist Barańczaks Schaffen in den Jahren 1968–1977 von größter Bedeutung. Seine in dieser Zeit entwickelte eigenständige Lyrik-Konzeption beeinflußte stark die nachfolgende Generation. Deren Vertreter übernahmen viele seiner poetischen Mittel, erhoben aber dabei, im Gegensatz zu Barańczak, keine politischen Ansprüche. Die »linguistischen« Verfahren waren für sie lediglich eine dichterische Methode, ohne daß dabei die politische Thematik, für deren Kritik sie entwickelt worden waren, aufgegriffen wurde. KLL

AUSGABEN: *Korekta twarzy*, Posen 1968. – *Jednym tchem*, Warschau 1970. – *Dziennik poranny*, Posen 1972. – *Sztuczne oddychanie*, Posen 1974. – *Ja wiem, że to niesłuszne*, Paris 1977. – *Tryptyk z betonu, zmęczenia i śniegu*, Krakau 1980. – *Atlantyda i inne wiersze z lat 1981–1985*, Ldn. 1986.

ÜBERSETZUNGEN (in Anthologien): *Polnische Lyrik der Gegenwart*, Hg., Übers. u. Nachw. K. Dedecius, Stg. 1973 (RUB). – *Landkarte schwer gebügelt. Neue polnische Poesie 1968 bis heute*, Hg. P. Raina, Bln. 1981. – *Ein Jahrhundert geht zu Ende. Polnische Gedichte der letzten Jahre*, Hg. u. Übers. K. Dedecius; Nachw. A. Zagajewski, Ffm. 1984 (es). – Kulturrevolution, 1984, Nr. 7. – M. Fleischer, *Polnische Lyrik von 1945 bis 1985*, Essen 1986.

LITERATUR: T. Nyczek, *Powiedz tylko słowo. Szkice literackie wokół »Pokolenia 68«*, Ldn. 1985. – M. Fleischer, *Die polnische Lyrik von 1945 bis 1985. Entwicklung – Generationenfolge – Periodisation*, Essen 1986. – J. J. Lipski, *Szkice o poezji*, Paris 1987.

ASCHER BARASCH

* 14.3.1889 Lopaty bei Brody / Galizien
† 4.6.1952 Tel Aviv - Jaffa

TEMUNOT MI-BEJT MIWSCHAL HA-SCHEJCHAR

(hebr.; *Bilder aus dem Bräuhaus*). Roman von Ascher BARASCH, erschienen 1928. – Der in Galizien geborene Autor wanderte 1914 nach Palästina aus, wo er zunächst als Gymnasiallehrer, danach als freier Schriftsteller tätig war. Er gilt nach S. J. AGNON als der bedeutendste Schilderer des ostjüdischen Volkslebens in Galizien. Der besondere Reiz seiner Erzählweise liegt darin, daß er einer straffen Handlungsführung die kaleidoskopartige Aneinanderreihung buntbewegter Szenen vorzieht. So auch im vorliegenden Roman, der vor dem Ersten Weltkrieg in einem galizischen Städtchen spielt. Unter der liberalen Herrschaft des Kaisers Franz Joseph leben hier – fast wie in einer großen Familie – Christen und Juden, Arme und Reiche, Handwerker und Intellektuelle friedlich zusammen. Es fehlt zwar nicht an tragischen Ereignissen, aber auch sie werden vom Autor, bei allem Mitgefühl für die Betroffenen, gewissermaßen dichterisch verklärt.
Hauptfigur des Romans ist Hanna Aberdam, die Pächterin des Bräuhauses, eine Verkörperung des »wackeren Weibes«, wie es in den *Sprüchen Salomos* (Kap. 12,4; 14,1 und 31,10–31) geschildert wird. Sie hat ihren ersten Mann schon früh verloren, sein Andenken aber auch nach ihrer Wiederverheiratung mit einem älteren, kinderlosen Witwer in Ehren gehalten. Diese zweite Ehe ist sie hauptsächlich deshalb eingegangen, »*um für sich und ihre kleine Tochter aus erster Ehe Ruhe zu finden, damit sie guten Werken obliegen könne, so daß sie ihrem geliebten ersten Mann, dem ›Zaddik‹ [Gerechten], einst in jener anderen Welt nicht mit leeren Händen begegnen müsse und er sich ihrer dort nicht zu schämen brauche*«.

Zugleich hat Hanna aber auch Geschäftssinn und Zielstrebigkeit bewiesen: Noch zu Lebzeiten ihres zweiten Mannes, dessen Kramladen immer weniger einbrachte, hat sie ein Bräuhaus gepachtet, das sich unter der geschickten Leitung der nach dem Tod ihres Mannes und der Verheiratung ihrer einzigen Tochter allein gebliebenen Frau, zum wichtigsten und einträglichsten Betrieb im Ort entwickelt hat. Hanna selbst wird nun immer mehr zu einer mütterlichen Betreuerin nicht nur ihrer Angestellten (unter ihnen einige originelle Typen, die mit liebevollem Humor beschrieben werden), sondern auch aller armen Leute im Städtchen. Doch dann kündigt der neue Verwalter des Grafen Molodetzki, dem die Brauerei gehört, ihren Pachtvertrag. Angesichts des Verlustes ihrer Existenzgrundlage ist Hanna zwar gebeugt, aber nicht gebrochen; demütig unterwirft sie sich dem göttlichen Willen. Ihr bleibt die Freude an ihren beiden Enkelkindern, deren Heranwachsen ebenfalls in einer Folge von »Miniaturbildern« (M. Waxman) geschildert wird. Gleichzeitig mit diesem Buch veröffentlichte der Autor in Tel Aviv einen zweiten, autobiographische Elemente enthaltenden Roman, *Perakim michaje Jakob Rudorfer (Abschnitte aus dem Leben des Jakob Rudorfer)*. L.Pr.

AUSGABEN: Jerusalem 1928. – Tel Aviv 1952.

ÜBERSETZUNG: *Pictures From a Brewery*, K. Kaplan, Tel Aviv 1971 [engl.].

LITERATUR: A. Ben-Or, *Geschichte der zeitgenössischen hebräischen Literatur*, Bd. 2, Tel Aviv 1955, S. 43 ff. [hebr.]. – M. Waxman, *A History of Jewish Literature*, Bd. 4, NY/Ldn. ²1960, S. 173/74. – Y. Ewen, Art. *A. B.* (in EJ², 4, Sp. 200–203).

MAMUKA BARATʿAŠVILI

1. Hälfte 18. Jh.

ČAŠNIKI

auch: *Lekʿsis scavlis cigni* (georg.; *Weinprobe*, auch: *Lehrbuch der Poesie*). Poetik von Mamuka BARATʿAŠVILI, verfaßt 1731 in Moskau; erschienen 1900. – Die im Auftrag des Königs Vaḥtang VI. verfaßte Schrift besteht aus zwei Teilen: ein theoretischer Teil, der Wesen und Aufgabe der Dichtkunst untersucht und daraus verschiedene Regeln ableitet; und ein praktischer Teil, der Beispiele aus der alten und neueren georgischen Dichtung gibt. *Čašniki* stellt den ersten Versuch dar, das Wesen des georgischen Verses zu erforschen und die Poesie theoretisch zu begreifen. Unter Literatur versteht der Autor ein Mittel zur Erkenntnis, weshalb er ihr eine große pädagogische Bedeutung zumißt. Die Aufgabe der Poesie sieht er darin, den Menschen zu sittlichem Verhalten und kämpferischer Tapferkeit zu erziehen. Daß er als Gegenstand der Dichtung die »göttlichen« kirchlichen Vorbilder empfiehlt, verrät den Einfluß der Geistlichkeit. Seine nationalistische, antipersische Ideologie läßt ihn die östliche Phantastik in der Dichtung ablehnen und die Hinwendung zu eigenständigen georgischen Themen fordern. In seinen eigenen Gedichten allerdings war Baratʿašvili, der Vaḥtang VI. in das russische Exil begleitete, elastischer: Er dichtete (schon) im Versmaß der Volkspoesie, und zwar nicht nur der georgischen, sondern auch der russischen, und gestaltete selbst auch erotische Themen. J.J.

AUSGABEN: Tiflis 1900, Hg. Al Ḥaḥanašvili (in Moambe, Nr. 12). – Tiflis 1920, Hg. G. Leonidze. – Tiflis 1950 (*Lekʿsis scavlis cigni*, Hg. G. Mikʿadze, in Tʿbilisis sah. universitetis samecʿniero šromebis krebuli, 5, S. 125–144).

LITERATUR: A. Baramidze, *Narkvevebi kʿartʿuli literaturis istoriidan*, Bd. 1, Tiflis ²1952, S. 393 f.; Bd. 2, Tiflis 1940, S. 456–461. – A. Baramidze, Š. Radiani, V. Žgenti, *Istorija gruzinskoj literatury*, Moskau 1952, S. 93. – S. Mikʿadze, *Mamuka Baratʿašvili (cʿhovreba da šemokʿmedeba)*, Tiflis 1958. – Karst, S. 143 f. – Kekelidze II, S. 627–638. – K. Kekelidze, *Etiudebi*, Bd. 9, 1963, S. 170 f.

NIKOLOZ BARATʿAŠVILI

* 4.12.1817 Tiflis
† 21.10.1845 Gandscha bei Kirowabad

BEDI KʿARTʿLISA

(georg.; *Das Schicksal Georgiens*). Episches Gedicht von Nikoloz BARATʿAŠVILI, entstanden 1839; erschienen 1876. – Der größte georgische Romantiker widmet sein schwermütiges Gedicht – dem eine Dedikation an Kachetien, dem Geburtsland der Könige Irakli, vorausgestellt ist – dem georgischen König Irakli II. (Erekle; 1744–1798), unter dem Georgien noch einmal erstarkt war, dann aber immer mehr in Abhängigkeit von Rußland geriet, bis es 1801 zur russischen Provinz erklärt wurde. Im ersten Teil des Gedichts schildert Baratʿašvili die Schlacht bei Krcanisi (1795), die der König gegen den persischen Schah Agha-Machmed-Khan verliert, und den vergeblichen Versuch, die Tifliser Festung Nariqola zu verteidigen. Der zweite Teil gibt ein (fiktives) Gespräch des Königs mit seinem Kanzler Solomon Leonidze (1753–1811) wieder, in dem der Entschluß gefaßt wird, Georgien nicht an den russischen Zaren auszuliefern (ein Anachronismus des Autors: 1783 hatte Irakli schon mit dem Zaren einen Vertrag abgeschlossen, in dem er unter Verzicht auf selbständige Außenpolitik den russischen Schutz zugesichert bekam; allerdings dauerten die feindlichen Einbrüche in das Land aus Osten und Norden an). Zurückgekehrt in das von den Persern zerstörte Tiflis, kann sich der König jedoch nicht dem friedlichen Wiederaufbau widmen, weil der Kampf gegen die Perser, Lesgier und Türken weitergeführt werden muß – ein aussichtsloser Kampf, der das Schicksal Georgiens, Untergang und Auslieferung an Rußland, besiegelt.

Erst in seinem 1842 geschriebenen Gedicht *Sap'lavi mep'is Iraklisa (Das Grab des Königs Irakli)* wertet der Autor die Vereinigung Georgiens mit Rußland positiver, indem er den Frieden, in dem das neue Georgien unter russischem Schutz lebt, mit der blutigen Vergangenheit vergleicht und diesen Frieden als die Erfüllung des Vermächtnisses von König Irakli preist. J.J.

AUSGABEN: Tiflis 1876. – Tiflis 1945 (in *T'hzulebani*; Jubiläumsausgabe, S. 53–64).

ÜBERSETZUNG: *Sud'ba Gruzii*, B. Pasternak (in *Antologija gruzinskoj poèzii*, Moskau/Leningrad 1958, S. 265–270; russ.; mit der Widmung an König Irakli: *Mogila carja Iraklija*).

LITERATUR: A. Baramidze, Š. Radiani, V. Žgenti, *Istorija gruzinskoj literatury*, Moskau 1952, S. 91–99. – M. Zandukeli, *Očerki po istorii gruzinskoj literatury XIX veka*, Tiflis ²1955, S. 29–39. – Š. Radiani, K. Kekelidze u. a., *K'art'uli literatura*, Tiflis ⁹1959, S. 101–146. – I. Meunargia, *Cxovreba da poezia N. B.*, Tiflis 1968. – G. Asat'iani, Art. *N. B.* (in GeoEnz, 2, 1977, S. 199/200).

EVGENIJ ABRAMOVIČ BARATYNSKIJ

* 2.3.1800 Mara / Gouvernement Tambov
† 11.7.1844 Neapel

LITERATUR ZUM AUTOR:
M. L. Gofman, *Poèzija B*, Petersburg 1915. – N. R. Mazepa, *E. A. B. Estetičeskie i lit.-kritič. vzgljady*, Kiev 1960. – L. G. Frisman, *Tvorčeskij put' B.*, Moskau 1966. – J. B. Dees, *Content and Expression in the Poetry of B.*, Phil. Diss. Princeton/NY 1967. – Ders., *E. A. B.*, NY 1972. – G. Kjetsaa, *E. B. Žizn' i tvorčestvo*, Oslo 1973. – J. Shaw, *B. A. Dictionary of the Rhymes and a Concordance to the Poetry*, Madison 1975. – D. Burton, *B. The Evolution of his Style and Poetic Themes*, Diss. Univ. of Washington 1975. – L. Suchanek, *Poezja liryczna E. B.*, Krakau 1977. – S. Pratt, *Russian Metaphysical Romanticism: The Poetry of Tiutchev and B.*, Stanford Univ. 1984.

CYGANKA

(russ.; *Die Zigeunerin*). Poem von Evgenij A. BARATYNSKIJ, erschienen 1831 unter dem Titel *Naložnica (Die Konkubine)*, überarbeitet 1842. – Baratynskijs letztes großes Poem – Anlaß zu einer literaturästhetischen Polemik mit dem Kritiker N. I. NADEŽDIN –, das an einem byronistischen Stoff die Überwindung des Byronismus demonstriert, kann stilgeschichtlich als Gegenstück zu PUŠKINS *Evgenij Onegin* gelten. Beide Werke stießen aus der romantischen Literaturkonzeption zu einem künstlerischen Realismus vor; während Puškins Versroman jedoch durch eine ironisch-subjektivistische Erzählweise die epische Tradition ins Leben rief, die über GOGOL' zu ČECHOV führte, zog sich Baratynskij zuletzt auf eine dramatisch-objektivistische Form zurück, den Archetypus der Methode, die TURGENEV zu ihrem Höhepunkt führte: »*Ein Werk kann nicht geschmackvoll und nicht sittlich sein, es sei denn durch einen wahrhaften Ausdruck der Wirklichkeit, es sei denn durch seine Wahrheitstreue*«

Das Poem hat eine klassische Dreiecksfabel zum Inhalt: der Held Eleckoj hat seine Wahl zu treffen zwischen einem apollinisch-hellen (Vera Volchovskaja) und einem dionysisch-dunklen Frauentyp (die Zigeunerin Sara). Dieser Eleckoj ist ein mehr dem LERMONTOVschen Pečorin *(Geroj našego vremeni – Ein Held unserer Zeit)* als ein dem Onegin verwandter finsterer Jüngling voll zynischen Kulturekels, der soeben von einer Auslandsreise zurückkehrt. Bald jedoch verliebt sich Eleckoj in die blutjunge Vera, die er in der Pose einer »interessanten Figur« trotz seines schlechten Leumundes für sich gewinnt. Als er mit ihr gemeinsam ein neues Leben beginnen will, schlägt das Schicksal zu: die Zigeunerin Sara vergiftet ihn unbeabsichtigt mit einem vermeintlichen Liebestrank. Aus Schmerz über seinen Tod verliert Sara den Verstand; und Vera verzweifelt an der Frage nach ihrer schicksalhaften Mitschuld.

Hauptsächlich zwei Aspekte grenzen den neuen Formtypus des Poems gegen die ältere Dichtung der romantischen Schule ab. Die Charakterisierung der drei Gestalten erfolgt vorwiegend indirekt; ihre Vorgeschichte ist auf knapp exponierende Notizen beschränkt; dem Leser werden die seelischen Konflikte der Helden aufgedeckt. Den zweiten Aspekt liefert die Konzeption Baratynskijs: während eine »bedeutsam« fragmentarische Charakterisierungsmethode einen außergewöhnlichen Helden zu dämonisieren und damit aus seiner Umwelt auszuschließen sucht, strebt eine deskriptive Methode danach, ihn in jene Umwelt, die ihn geschaffen hat, als integralen Bestandteil einzubürgern. – Der maßvoll romantischen Sprache wie dem vierhebigen Jambus ist der Einfluß von Puškins Poemen deutlich anzumerken, wenngleich die objektivierende Erzählweise Baratynskijs dem Vers (durchwegs konventioneller Reim) die grazile Biegsamkeit seines Vorbildes nicht gestattet und gelegentlich auch schwerfällige Enjambements verursacht.

W.Sch.

AUSGABEN: Petersburg 1831 *(Naložnica)*. – Petersburg 1842 (*Cyganka*; überarb.). – Petersburg 1914 bis 1915 (in *Poln. sobr. soč.*, Hg. M. L. Gofman, 2 Bde.). – Leningrad 1958 (in *Stichotvorenija i poėmy*, Hg. L. A. Ozerov). – Moskau 1982 (in *Stichotvorenija i poėmy*).

LITERATUR: N. I. Nadeždin, Rez. (in Teleskop, 3, 1831, 10, S. 228–239).

ĖDA. Finljandskaja povest'

(russ.; *Ėda, Eine finnische Erzählung*). Poem von Evgenij A. BARATYNSKIJ, erschienen 1826. – Wie PUŠKIN und LERMONTOV ihre romantischen Kaukasus-Poeme, schrieb auch Baratynskij sein Poem während des unfreiwilligen Militärdienstes, den er im karelischen Grenzgebiet absolvierte. Dieses im Gegensatz zum Kaukasus völlig unexotische und im Vergleich zu Rußland eher dunklere als freundlichere Land mag bewirkt haben, daß das Werk – thematisch eine Variante der *Bednaja Liza (Arme Liza)* KARAMZINS, formal Puškins romantischen Versepen abgeschaut – kühl und karg wurde, ohne daß es in Baratynskijs Absicht gelegen hätte, vom Byronismus weg zu einer realistischeren Kunstauffassung zu gelangen. Daß er aber über den Byronismus zu einem neuen realistischen Stil kam, erkannte die offizielle Kritik nicht, sie tat das Werk als einen blassen Spätling der Karamzin-Richtung ab. Puškin hatte ein schärferes Auge: »*Die originalen Züge der Erzählung entdecken unsere Kritiker nicht. Aber welch eine Differenziertheit. Der Husar, Ėda und der Dichter selbst – jeder redet auf seine Weise! Und die Beschreibung der finnischen Landschaft! Und der Morgen nach der ersten Nacht! Und die Szene mit dem Vater! – Ein Wunder!*«
Im Vergleich mit der sentimentalen Darstellung der »verführten Unschuld« bei Karamzin fällt sofort auf, daß Baratynskij auf eine Idyllisierung der Landschaft (die, abgesehen von einzelnen lyrischen Passagen, knapp gezeichnet ist) wie auch der Handlung verzichtet, soweit ihm dies der Stoff erlaubte (die Liebesszenen bilden die Ausnahmen); der Erzähler ist an dem Geschehen nicht larmoyant beteiligt, sondern gibt nur gelegentlich Kommentare, die das Los des verführten und verlassenen Mädchens aus der Sicht des allwissenden Betrachters bedauern; schließlich »reden« die beiden Hauptfiguren nicht nur »auf ihre Weise«, sondern sie wirken in ihrer typisierten Sprache auch psychologisch glaubhaft. Ein letzter Rest Karamzinscher Empfindsamkeit wirkt nur noch in der Friedhofsstimmung des Schlußtableaus nach: wie die »arme Liza« Karamzins ist auch Ėda an nichts anderem als an gebrochenem Herzen gestorben. W.Sch.

AUSGABEN: Petersburg 1826. – Petersburg 1914/15 (in *Poln. sobr. soč.*, Hg. L. M. Gofman, 2 Bde.). – Leningrad 1958 (in *Stichotvorenija i poėmy*; Einl. L. A. Ozerov). – Moskau 1982 (in *Stichotvorenija i poėmy*).

LITERATUR: E. Malkina, *Finljandskaja povest' B.* (in Lit. učeba, 1939, 2, S. 47–72).

SUMERKI

(russ.; *Dämmerung*). Gedichtsammlung von Evgenij A. BARATYNSKIJ, erschienen 1842. – Der kurze Gedichtzyklus setzt die elegische Tradition des frühen 19. Jh.s geradlinig fort. Die zentralen Gedichte *Poslednij poėt (Der letzte Dichter)* und *Osen' (Herbst)* umkreisen in immer neuen Bildern das Thema der Einsamkeit des Dichters in einer kommerzialisierten, seelenlosen Welt, die Demaskierung der eigenen idealistischen Träume als kindliche Illusion, die Sinnlosigkeit der Hoffnung auf einen Vernunftausgleich der Widersprüche des Seins. In *Osen'* wird das Bild der Herbstlandschaft zur Metapher des Lebensabends, jener Stunde, in der der Mensch, bar jeden Glücks und jeder Zukunftshoffnung zum Gericht mit sich selbst aufgerufen, die Nichtigkeit seines Daseins erkennen muß. Der gleiche Gedanke bestimmt das Gedicht *Na posev lesa (Auf die Aussaat des Waldes)*: Das Bild des Frühlings wird zur Anthithese der eigenen seelischen Herbststimmung.
Im Gegensatz zu dieser elegischen Grundtendenz stehen epikureische Gedichte wie *Zvëzdy (Sterne)* und *Filida*. Der Rückgriff auf klassizistische Formen, die immer bereits thematisch festgelegt und daher dem elegischen Bekenntnisschema inadäquat sind, erfolgt aus der Rückbesinnung auf antike bzw. antikisierende ästhetische Normen. Hieraus erklärt sich auch Baratynskijs häufige Thematisierung der Kunst und des Künstlers: Nur die Kunst vermag sich der Fragwürdigkeit zu entziehen, von der das Leben und damit der Künstler beherrscht ist. Die künstlerische Form erfährt mithin eine nicht allein metaphysische, sondern geradezu religiöse Überhöhung, die »Dämmerung« des Lebens wird zu einer Art Realität zweiten Grades. Eine derartige Konzeption mußte Baratynskij notwendig in Widerspruch zu den herrschenden Tendenzen der Zeit setzen. Die Literatur der vierziger Jahre ist unter dem Einfluß der sozialkritischen Journalistik um den Verzicht auf den metaphysischen Ballast der Klassik und Romantik und um eine sehr viel nüchternere Einstellung zum Formalen bemüht. So ist es nicht verwunderlich, daß Baratynskij in Vergessenheit geriet, bis ihm die Symbolisten zu der Geltung verhalfen, die ihm als einem der Klassiker der lyrischen Form gebührt. A.Gu.

AUSGABEN: Moskau 1842. – Petersburg 1884. – Leningrad 1957. – Moskau 1982 (in *Stichotvorenija i poėmy*).

LITERATUR: T. Kovalenko, *The Rythmic and Syntactic Structure of the Sumerki Cycle of E. A. B.*, Phil. Diss. Univ. of NY 1973. – I. Rakusa, *Poetik der Verneinung. B. und Annenskij* (in Slavica Helvetica, 1978, 12).

JEAN BARBEAU

* 10.2.1945 Saint Romuald

UNE BROSSE

(frz.; *Die Zecherei*). Schauspiel in zwei Akten von Jean BARBEAU (Kanada), Uraufführung: Montreal, April 1975. – Gefühle der Machtlosigkeit, menschlicher und gesellschaftlicher Isolation, Minderwertigkeitskomplexe und Resignation sind konstante Themen einiger früherer Stücke Barbeaus wie *Ben Ur* (1971), *Goglu* (1971), *Le chemin de Lacroix* (1971), *Le chant du sink* (1973) und *Solange* (1974). Die Außenseiterposition der Antihelden Barbeaus verweist auf das grundlegende Unbehagen, das die Menschen in Quebec lähmt, sie in ihrer Entwicklung behindert, ihrer Würde beraubt, ohne daß sie sich dessen wirklich bewußt wären. Die Protagonisten Barbeaus sind Opfer kapitalistischer Ausbeutung, klerikaler Heuchelei oder polizeilicher Verfolgung und leiden unter der Gleichgültigkeit in der Familie oder ihrer Zugehörigkeit zur frankokanadischen Gemeinschaft und Kultur.

Diese vielfältige Spiegelung der Gesellschaft Quebecs in all ihrer Häßlichkeit prägt auch den Beginn von *Une brosse*. Im ersten Akt sitzen Marcel und Gaston, Opfer der Arbeitslosigkeit, vor ihrem Haus und warten auf einen Anruf vom Arbeitsamt, müssen aber feststellen, daß man sie längst katalogisiert, abgeheftet und ausgesondert hat – in die Gruppe der sozialen, ökonomischen und politischen Minderheit auf einem Kontinent, der sich dem Konsum verschrieben hat. Seitdem sie aus dem Produktionsprozeß ausgeschlossen sind, sehen sie sich als Abfall der Gesellschaft diskriminiert. Die beiden sitzen inmitten zahlreicher, zum Teil offener Müllsäcke, deren Inhalt sich vor ihnen häuft, andere werden von den Mitbewohnern aus den Fenstern geworfen und landen vor ihrer Nase. Eine Mülltonne enthält einen Fötus, Symbol der Entwertung des Lebens innerhalb der frankophonen Gesellschaft. Gaston sieht es als seine Aufgabe an, die überall herumliegenden Abfälle aufzuheben und in Mülltüten zu sortieren, wobei er die Zukunftsvision einer Müll- und Robotergesellschaft entwickelt, die genauso witzig wie erschreckend ist, und die – eine Neuheit im Theater Quebecs – das Konsumprinzip, die Industrialisierung und die Gefahren für die Umwelt miteinander verbindet. Während Gaston Abfälle sammelt, beschäftigt sich Marcel damit, die Rede seines Partners von englischstämmigen Wörtern zu »säubern«, die er durch frankophone Begriffe ersetzt. Durch die Kontrastierung verschiedener Sprachebenen entfaltet Barbeau in zahlreichen Wortspielen die neu gewonnene Reichhaltigkeit des sprachlichen Instrumentariums, das zum Werkzeug der Reflexion wird, eine intellektuelle Haltung zum Ausdruck bringt und die Zugehörigkeit zur frankophonen Gemeinschaft demonstriert. Die Aussichtslosigkeit ihrer Existenz wird Gaston und Marcel im Verlaufe ihres unmäßigen Bierkonsums immer schmerzlicher bewußt. – Am Anfang des zweiten Aktes befinden sie sich schließlich in einem Zustand der vollständigen Trunkenheit, der sie alle sozialen und moralischen Konventionen vergessen läßt. So töten sie Capital, erwürgen Premier Ministre und schlitzen Député auf, alle drei von riesigen Müllsäcken dargestellt. Dieser erste Befreiungsakt vermag aber ihren Zorn noch nicht zu besänftigen und so erschießen sie auch noch einen Polizisten, eine Prostituierte und Marcels Frau; die Szene artet in eine allgemeine Schießerei unter dem rotglühenden Licht der aufgehenden Sonne aus. Ihre Revolte gegen eine unmoralische und korrupte Gesellschaft gibt den beiden ihre Menschenwürde zurück und beruhigt ihr Gewissen; endlich haben sie ihre passive Haltung aufgegeben.

Der subversive Charakter des Stücks offenbart sich in der schonungslosen Demaskierung der Quebecer Gesellschaft und der Verantwortung ihrer Regierenden, gegen die sich die bisher passiven Helden schließlich mit Gewalt zur Wehr setzen. Die Schlußszene der Schießerei, die durch Beleuchtung, Musik- und Geräusch-Untermalung surrealistische Züge annimmt, überläßt dem Publikum die Wahl, ob es *Une brosse* als Warnung Barbeaus vor einem gewalttätigen Ausgang der Situation in Quebec begreifen, oder aber als Befürwortung radikaler Schritte gegenüber einer etablierten Ordnung deuten soll, die sich nicht durch fatalistisches Zuwarten der Menschen verändern wird. Fest steht, daß die Helden Barbeaus 1975 das Stadium der Resignation überwunden haben. In *Une brosse* scheint die Grenze des Tragbaren erreicht. Setzt man die Wahl des »Parti Québécois« 1976 mit jenem Anbruch eines neuen Tages gleich, erweist sie sich als die friedliche Lösung, die jene vorgespielte Gewalt überflüssig machte. M.E.

AUSGABE: Montreal 1975.

LITERATUR: D. Smith, *J. B., dramaturge. Entrevue* (in Lettres Québécoises, 4, 1977, S. 34–39). – M. Engelbertz, *Le théâtre québécois de 1965 à 1980. Un théâtre politique*, Tübingen 1988.

JULES BARBEY D'AUREVILLY

* 2.11.1808 Saint Sauveur-le-Vicomte
† 23.4.1889 Paris

LITERATUR ZUM AUTOR:
Bibliographie:
E. Grelé, *B.d'A., Essai d'une bibliographie générale*, Caen 1904. – J. P. Séguin, *B.d'A., Étude de bibliographie critique*, Avranches 1949. – J. Petit

u. P. J. Yarrow, *B.d'A., journaliste et critique, bibliographie*, Paris 1959.
Zeitschrift:
Revue des Lettres Modernes, 1966 ff. [Serie *B.d'A.*; bisher 13 Folgen].
Gesamtdarstellungen und Studien:
E. Seillière, *B.d'A., ses idées, son œuvre*, Paris 1910 [dt. Halle 1913]. – A. Marie, *Le connétable des lettres. B.d'A.*, Paris 1939. – C. J. Canu, *B.d'A.*, Paris 1945. – R. Bésus, *B.d'A.*, Paris 1957. – J. Gautier, *B.d'A., ses amours, son romantisme*, Paris 1961. – P. J. Yarrow, *La pensée politique et religieuse de B.d'A.*, Genf 1961. – G. Corbière-Gille, *B. d'A., critique littéraire*, Genf 1962. – J. Petit, *B.d'A. Critique*, Paris 1963. – B. G. Rogers, *The Novels and Stories of B.d'A.*, Genf 1967. – H. Schwartz, *Idéologie et art romanesque chez B.d'A.*, Mchn. 1971. – H. Juin, *B.d'A.*, Paris 1975. – H. Hofer, *B.d'A., Romancier*, Bern 1974. – A. B. Chartier, *B.d'A.*, Boston 1977 (TWAS). – P. Berthier, *B.d'A. et l'imagination*, Genf 1978.

LA BAGUE D'ANNIBAL

(frz.; *Der Ring Hannibals*). Erzählung von Jules BARBEY D'AUREVILLY, wohl um 1834/35 entstanden, erschienen 1843. – Die Erzählung spielt in der vornehmen Pariser Gesellschaft der Jahrhundertmitte und ist in 151 relativ kurze, vom Autor als »Strophen« bezeichnete Kapitel eingeteilt.
Hauptpersonen der Erzählung sind die junge Joséphine d'Alcy und der Dandy Aloys de Synarose. Die Erzählung steht in der Nachfolge der durch das satirische Epos *Don Juan* (1819–1824) von Lord BYRON ausgelösten Renaissance des Mythos vom berechnenden Verführer. Auf dem Hintergrund der mondänen Pariser Welt beschreibt Barbey die erotischen Spannungen zwischen Joséphine, Aloys und einem weiteren Verehrer, einem hochgestellten Beamten. Joséphine scheint zunächst die Fäden in der Hand zu halten und einen Ausgleich zwischen den intelligenten Konversationen mit Aloys und den gesellschaftlichen Vorteilen einer Verbindung mit dem verwitweten Beamten zu schaffen. In Wahrheit ist jedoch Aloys der souveräne Herrscher der Situation. Er beschließt, Joséphine nicht zu lieben, um dadurch nicht seine fast autistische Selbstliebe zu gefährden. Joséphine heiratet daraufhin tatsächlich den Beamten. Aloys indes triumphiert und krönt seinen Willenssieg über seine Gefühle mit einem Tanz mit der Braut auf deren Hochzeit. Dabei wird ihm der Ehering, den er mit dem vergifteten Zauberring des Hannibal vergleicht, zur Chiffre für die langsam absterbende Liebe.
Den Reiz dieser Erzählung macht weniger ihr konventionelles Thema aus, als vielmehr dessen Darstellungsweise. Barbey gelingt eine Synthese von berechnender Willensstärke und Leidenschaft, die er in einem stets ironischen Stil präsentiert.   U.Pr.

AUSGABEN: Paris 1843. – Paris 1926/27 (in *Les œuvres complètes*, Hg. J. Quesnel, 17 Bde., 12; Nachdr. Genf 1979). – Paris 1964 (in *Œuvres romanesques complètes*, Hg. J. Petit, 2 Bde., 1964 u. 1966, 1; Pléiade).

LE CHEVALIER DES TOUCHES

(frz.; *Der Chevalier Des Touches*). Roman von Jules BARBEY D'AUREVILLY, erschienen 1864. – Der Roman spielt in den letzten Jahren der »Restauration«, der Epoche der Wiedereinsetzung des Bourbonischen Königshauses (1814–1830) nach dem Sturz Napoleons. Die hier dargestellten Mitglieder von Adelsfamilien, die die Revolution von 1792 bekämpft und schwere Leiden erduldet haben, leben nur noch von ihren Erinnerungen. – Zwei alte Damen, Ursule und Sainte de Touffedelys, unterhalten sich über eine seltsame Begegnung des Pfarrers von Percy. Der Pfarrer hatte erzählt, daß er in einer stürmischen Winternacht von dem Chevalier Des Touches angesprochen worden sei, einem vor längerer Zeit auf geheimnisvolle Weise verschwundenen Edelmann, der der berühmteste Anführer der »Chouans« gewesen war, einer königstreuen Schar normannischer und bretonischer Aufständischer gegen die Revolution. Der inzwischen offenbar geistesgestörte Edelmann sei ihm in einem bemitleidenswerten Zustand begegnet, habe mit ihm einige Worte gewechselt und sei dann wieder im Dunkel verschwunden. Diese Geschichte wird für Mademoiselle de Percy – ein romantisch veranlagtes, häßliches Mannweib, das als eine Art Amazone am Guerilakrieg der Chouans gegen die Revolution teilgenommen hat – zum Anlaß, das berühmte und geheimnisvolle »Unternehmen der Zwölf« zur Befreiung des Chevalier Des Touches zu erzählen. Auch Aimée de Spens hört zu, die bei den erwähnten Handstreich ihren Verlobten verloren hat. Mademoiselle de Percys begeisterte Erzählung läßt jene vergangene Zeit vor den Augen der versammelten Damen wiederaufleben: da damals fast alle Männer gefallen oder emigriert waren, lebte eine Gruppe junger, adeliger Frauen zurückgezogen auf Schloß Touffedelys und gewährte den umherstreifenden Scharen der Chouans häufig Asyl. Der mutigste unter diesen zum Untergang bestimmten Rebellen war eben jener Chevalier Des Touches, ein Mann von fast weiblich-schönem Äußeren, aber von legendärer Grausamkeit. Er überquerte in finsteren Nächten häufig mit einem kleinen Boot den Kanal, um die Nachrichtenverbindung zwischen den französischen Aufständischen und den Emigranten aufrechtzuerhalten. Eines Morgens kehrte er von dort mit einem Gefährten zurück, den man nur unter dem Namen »Monsieur Jacques« kannte. Zwischen Jacques und Aimée entstand in dieser Zeit der Furcht und des Schreckens eine tiefe Zuneigung. Der Chevalier wurde durch die Revolutionsarmee gefangengenommen, und seine Getreuen beschlossen, ihn vor der Guillotine zu retten. Ein erster Versuch in der Stadt Avranches, wo sie das unübersichtliche Gewirr eines belebten Marktes zur Befreiung nutzen wollten, schlug fehl.

Der zweite Befreiungsversuch in Coutances glückte. Aber bei der Flucht aus der Stadt fiel Jacques und wurde von seinen Gefährten in einem nahen Wald begraben. Aimée lebt seitdem zurückgezogen in einem Kloster. – Diese abenteuerlich-romantische Geschichte ähnelt in manchen Passagen Victor HUGOS Roman *Quatre-vingt-treize*, der, ebenso wie Barbeys Erzählung *L'ensorcelée* und BALZACS *Le dernier Chouan*, den Aufstand der Chouannerie als Romanstoff benutzt. Verglichen mit Victor Hugos Roman zeichnet sich das Werk Barbeys jedoch durch seine lebensnahe Darstellung aus. H.Mü.

AUSGABEN: Paris 1864. – Paris 1926/27 (in *Les œuvres complètes*, Hg. J. Quesnel, 17 Bde., 2; Nachdr. Genf 1979). – Paris 1957, Hg. J. de La Varende. – Paris 1965 (GF). – Paris 1964 (in *Œuvres romanesques complètes*, Hg. J. Petit, 2 Bde., 1964 u. 1966, 1; Pléiade). – Paris 1976 (Folio).

LITERATUR: F. Sevestre, *Les sources du »Chevalier Des Touches«*, Paris 1912. – H. Bordeaux, *Le Walter Scott normand*, B.d'A., Paris 1925. – B.d'A., 10: *Sur »Le Chevalier des Touches«*, Hg. J. Petit, Paris 1977 (RLMod, Nr. 491–497). – J. Girard, *Autour du »Chevalier Destouches«* (in Revue du Dép. de la Manche, 20, 1978, S. 249–275). – M. Scott, *Sexual Ambivalence and B.s »Le Chevalier des Touches«* (in FMLS, 19, 1983, S. 31–42). – C. E. Bernard, *Le problème romanesque du Chouan*, Diss. Princeton 1983 (vgl. Diss. Abstracts, 45, 1984/85, S. 198A). – J. Greene, *The Grotesque Characters in B.s »Le Chevalier des Touches«* (in *L'Hénaurme siècle*, Hg. W. L. McLendon, Heidelberg 1984, S. 103–110). – E. Gille, *Étude symbolique du »Chevalier des Touches«* (in Recherches sur l'imaginaire, 13, 1985, S. 57–62). – N. Dodillé, *Écriture romanesque et histoire orale. L'exemple du Chevalier des Touches de B.* (in *Vendée, Chouannerie, littérature. Actes du colloque*, Angers 1986, S. 133–147).

LES DIABOLIQUES

(frz.; *Die Teuflischen*). Novellensammlung von Jules BARBEY D'AUREVILLY, erschienen 1874. – Im Vorwort erläutert Barbey d'Aurevilly selbst mit bissiger Ironie den Titel und die Wahl seiner Motive: Er glaubt an die Realität des Teufels in einem Zeitalter, das sich zu Unrecht für fortschrittlich hält, und als christlicher Moralist fühlt er sich verpflichtet, in *»tragischen Zeichnungen«* die Pranke des Bösen vor allem im Leben der mondänen Gesellschaft seiner Zeit sichtbar zu machen. Der Titel könne sowohl auf die einzelnen Geschichten als auch auf die Frauen bezogen werden, die darum eine Hauptrolle in ihnen spielen, weil die Frau ihrer Natur nach ihren Trieben – den bösen wie den guten – stärker unterworfen sei als der Mann.

Der Autor entwirft für jede seiner Novellen eine Art Rahmen, skizziert eine Situation, porträtiert mehrere Anwesende und läßt, oft erst in der zweiten Hälfte, einen von ihnen seine »teuflische« Geschichte berichten. Die jeweilige Erzählung wird entweder durch eine zufällige Beobachtung, wie im *Rideau cramoisi*, ausgelöst oder dient als Beweis einer These, wie in *Le dessous de cartes d'une partie de whist*. In *Le rideau cramoisi (Der rote Vorhang)* z.B. berichtet der Erzähler von einem bekannten Dandy, den er auf einer schon geraume Zeit zurückliegenden Fahrt in der Postkutsche traf. Er gibt ihm in seiner Geschichte den Namen Vicomte de Brassard und charakterisiert seinen Reisebegleiter in einer ausführlichen, mit Kontrasten arbeitenden Beschreibung und einem wortreichen Rückblick auf dessen militärische Vergangenheit (ein Erzählmittel, dessen sich d'Aurevilly in fast allen Geschichten bedient). Während eines nächtlichen Pferdewechsels in einer Kleinstadt fällt dem immer neugieriger Erzähler ein einziges erleuchtetes Fenster mit einem »roten Vorhang« auf, das dem Vicomte, seinem überraschten Ausruf nach zu schließen, bekannt zu sein scheint. Der natürliche Anlaß zu einer Geschichte ist gegeben: Vicomte de Brassard erzählt sein erstes Abenteuer, das er als junger Offizier in einer Garnison erlebte. Das Zimmer hinter dem »roten Vorhang« war der Schauplatz. Die Tochter seiner damaligen Wirtsleute, Alberte, hatte sich in Anwesenheit ihrer Eltern immer sehr kühl und unnahbar gegeben, bis sie eines Nachts unvermittelt in seinem Zimmer erschien, um sich wortlos seiner Liebe zu überlassen. Das Abenteuer wurde zur heimlichen Gewohnheit. Auf die Fragen des Liebhabers antwortete Alberte nur mit Umarmungen. Ebenso geheimnisvoll starb sie einige Zeit später während eines Kusses, woraufhin er entsetzt die Flucht ergriff. – Die beiden Reisenden versinken wieder in Schweigen, der Ruf des Kutschers ertönt, und die unterbrochene Fahrt wird fortgesetzt. Ähnlich sind die anderen Novellen *Le plus bel amour de Don Juan (Die schönste Liebe des Don Juan)*, *Le bonheur dans le crime (Das Glück im Verbrechen)*, *Le dessous de cartes d'une partie de whist (Mit verdeckten Karten bei einer Partie Whist)*, *A un dîner d'athées (Ein Atheisten-Diner)*, *La vengeance d'une femme (Die Rache einer Frau)* konstruiert. In dieser letzten Novelle wendet sich d'Aurevilly unmittelbar an den Leser und polemisiert gegen die sogenannten Kühnheiten der modernen Literatur. Allen gegenteiligen Behauptungen zum Trotz sei diese Literatur keineswegs ein wahres Abbild der Gesellschaft, da sie deren heimliche und unbestrafte Verbrechen zumeist verschweige. Mit *La vengeance d'une femme* will der Verfasser noch ein letztes Beispiel für die »geistigen Verbrechen« des Zivilisationszeitalters geben. An dieser Geschichte einer spanischen Herzogin, die sich an ihrem Gatten rächt, indem sie, ohne Rang und Namen abzulegen, zur billigsten Pariser Hure wird, sei nichts erfunden – außer der Erzählweise.

Barbey d'Aurevilly unterstreicht die Extravaganz und raffinierte Perversität seiner Erzählungen durch einen schillernden, manchmal schneidend-ironischen, manchmal stürmisch-beredten deklamatorischen Stil. Man hat ihm häufig vorgeworfen, er habe das Verhalten seiner Personen psychologisch nicht genügend motiviert. Doch hätten seiner Absicht, die Moral einer ganzen Gesellschaftsschicht zu analysieren, psychologische Relativierungen nur im Wege gestanden. Die als Gegenstück zu den *Teuflischen* gedachten »Himmlischen« wurden nie geschrieben. H.Hu.-KLL

AUSGABEN: Paris 1874. – Paris 1926/27 (in *Les œuvres complètes*, Hg. J. Quesnel, 17 Bde., 1; Nachdr. Genf 1979). – Paris 1960 [Vorw. J. Gracq]. – Paris 1963, Hg. J. H. Bornecque (Class. Garn.). – Paris 1964, Hg. H. Cluard. – Paris 1966 (in *Œuvres romanesques complètes*, Hg. J. Petit, 2 Bde., 1964 u. 1966, 2; Pléiade). – Paris 1967 (GF). – Paris 1973; ern. 1987. – Paris 1985 (Poche).

ÜBERSETZUNGEN: *Die Teuflischen*, M. v. Berthof, Wien 1900. – *Die Teufelskinder*, A. Schurig, Mchn. 1922 [Ill. A. Kubin]. – *Die Teuflischen*, E. Sander, Mchn. 1961 (GGT). – Dass., M. v. Berthof, Nachw. J. Gracq, Stg. 1964 [Ill. F. Rops]. – Dass., F. Dorn, Stg. u.a. 1967. – *Teufelskinder*, A. Schurig, Ffm. u. a. 1969. – *Diabolische Geschichten*, Nördlingen 1987.

VERFILMUNG: *Le rideau cramoisi*, Frankreich 1952 (Regie: A. Astruc).

LITERATUR: A. Le Corbeiller, »*Les diaboliques*« *de B. d'A.*, Paris 1939. – Praz, S. 218–220. – D. Rieger, »*Le rideau cramoisi*« *von B. d'A.* (in GRM, 22, 1972, S. 176–192). – J. Verrier, *Les dessous d'une* »*Diabolique*« (in Poétique, 3, 1972, S. 50–60). – R. Debray-Genette, ›*Un récit autologique*‹ ›*Le bonheur dans le crime*‹ (in RomR, 64, 1973, S. 38–53). – M. C. Ropars-Wuilleumier, *Le plus bel amour de Don Juan* (in Littérature, 9, Febr. 1973, S. 118–125). – M. Marini, *Ricochets de lecture: La fantasmatique des* »*Diaboliques*« (ebd., 10, Mai 1973, S. 3–19). – P. Tranouez, *La narration neutralisante. Étude des quatre* »*Diaboliques*« (in Poétique, 5, 1974, S. 39–49). – R. Kloepfer, *Kodierte Formen der Lesermanipulation, B.d'A.s* »*Les diaboliques*« (in Sprache im technischen Zeitalter, 47, Juli-Sept. 1973, S. 167–186). – J. Petit, *Essais de lectures des* »*Diaboliques*« *de B.d'A.*, Paris 1974. – B.d'A., 9: *L'histoire des* »*Diaboliques*« *1874–1974*, Hg. ders., Paris 1974 (RLMod, Nr. 403–408). – J. P. Boucher, »*Les diaboliques*« *de B.d'A., une esthétique de la dissimulation et de la provocation*, Montreal 1976. – A. Giard, *Le récit lacunière dans* »*Les diaboliques*« (in Poétique, 9, 1980, S. 39–50). – E. Cardonne-Arlyck, *Nom, corps, métaphore dans* »*Les diaboliques*« *de B.d'A.* (in Littérature, 54, Mai 1984, S. 3–19). – M. Berthier, *Le manuscrit des* »*Diaboliques*« (in RLMod, 1985, Nr. 726–730).

L'ENSORCELÉE

(frz.; *Die Verhexte*). Roman von Jules BARBEY D'AUREVILLY, erschienen 1952 in der orleanistischen Zeitschrift ›L'Assemblée nationale‹ unter dem Titel *La messe de l'abbé de la Croix-Jugan* (*Die Messe des Abbé de la Croix-Jugan*). Erst im Jahre 1854 erfolgte die Veröffentlichung in Buchform unter dem endgültigen Titel zusammen mit der später in die Novellensammlung *Les Diaboliques* aufgenommenen Erzählung *Le dessous de cartes d'une partie de whist* (1850). – Der Roman sollte der erste einer ganzen Reihe weiterer Texte sein, die Barbey unter dem Titel *Ouest* (*Westen*) zusammenstellen wollte und die alle der Normandie – Barbeys Heimat – und der Chouannerie – der royalistischen Opposition während der Französischen Revolution (mit Zentren besonders in der Normandie, in Maine und in der Bretagne) – gewidmet sein sollten. Das Projekt wurde nie verwirklicht. – Der eigentliche Handlungsablauf des Romans ist in eine Rahmenerzählung eingebettet. Der aus der Normandie stammende Ich-Erzähler trifft auf einer Herbstreise durch seine Heimat in einer Schenke auf Maître Tainnebouy, der ihn von nun an auf seiner nächtlichen Reise durch die unheimlich und geheimnisvoll wirkende Moorlandschaft von Lessay begleitet. Um Mitternacht hören die beiden Glockenschläge. Maître Tainnebouy berichtet, sie läuten die Messe des Abbés de la Croix-Jugan ein, dessen Geschichte er ihm nun erzählt.

Zwei Haupthandlungsstränge durchziehen diese Legende: zum einen die Biographie des Abbé Jéhoël de la Croix-Jugan, zum anderen das tragische Schicksal der in ihn verliebten jugendlichen Jeanne Le Hardouey, einer mittellosen Adligen, die sich mit einem Bauern verheiratet hat. Bei Ausbruch der kirchenfeindlichen Französischen Revolution verläßt Jéhoël sein Kloster, um sich den oppositionellen Chouans anzuschließen. Nach der Niederlage der Royalisten im Jahre 1796 unternimmt Jéhoël einen Selbstmordversuch, der allerdings fehlschlägt. Er gerät in Gefangenschaft der revolutionären »Blauen«, die sein Gesicht fürchterlich entstellen. Der Priester gelobt, Buße zu tun und kehrt in sein Kloster Blancheland zurück. Jeanne, die ihn in der dortigen Kirche sieht, verfällt ihm – trotz (oder gerade wegen?) seines entstellten Gesichts – sofort, ja sie fühlt sich von einer dämonischen Macht beherrscht, die von Jéhoël auszugehen scheint. Der Abbé indes hält an seinem Bußgelübde fest und erwidert ihre Liebe nicht. Die unglückliche Jeanne berichtet einer Vertrauten, der alten Clotte, von ihrer Leidenschaft. Ein Jahr vergeht. Jeanne liebt den Priester immer noch insgeheim. Herumstreifende, mit magischen Praktiken vertraute, gespenstergleiche Hirten verraten sie an ihren Mann. Am nächsten Morgen findet man die ertrunkene Jeanne. Die Bauern halten Clotte für die Schuldige und steinigen sie. Als der Abbé nach Ablauf seiner Bußzeit – ein weiteres Jahr ist vergangen – wieder eine Ostermesse lesen darf, erschießt ihn Jeannes Mann mit einer Kugel, die er aus der Bleifassung der Kirchenfenster gegossen hat. – Am Ende des Romans wird die Rahmenerzählung wieder aufgenommen. Einem Augenzeugenbericht zufolge – so teilt Maître Tainnebouy dem Erzähler abschließend mit – kehrt der Geist des Abbés immer wieder in die Kirche zurück, um dort den vergeblichen Versuch zu unternehmen, die unterbrochene Messe zu beenden und dadurch Erlösung zu erfahren. Barbey verfolgt mit seinem Roman nach eigenen Aussagen ein doppeltes Ziel. Einerseits will er ein »*livre normand*« schaffen, und in der Tat bestimmt die Normandie mit ihrer Landschaft, mit ihrer spezifischen historischen Entwicklung und mit ihren Menschen und ihrer Sprache die Atmosphäre des ganzen Romans; sie wird zum Spiegel der Emotionen der Personen der Erzählung, aber auch des Erzählers selbst. Andererseits bezeichnet Barbey die *Ensorcelée* in einem Brief als »*ce livre, très catholique*«. Religiöse Kategorien (wie Buße, Strafe, Erlösung usw.) bestimmen zwar scheinbar die Verhaltensweisen und das Schicksal der Hauptpersonen, es bleibt jedoch die Frage offen, ob der Katholizismus überhaupt noch als ontologische Macht ernst genommen wird. Dagegen spricht seine völlige Nivellierung mit den magischen Erscheinungen des autochthonen *fantastique* der Normandie (exemplarisch personifiziert in den herumstreifenden Hirten oder auch der alten Clotte) und auch seine Ästhetisierung und Unterordnung unter erzähltechnische Notwendigkeiten. *L'Ensorcelée* darf sogesehen nicht dogmatisch als »*roman catholique*«, sondern muß vielmehr als literarisches Spiel mit verschiedenartigen »phantastischen« Versatzstücken gedeutet werden. Letztendlich bleibt die Deutung dieses »offenen« Texts (man erfährt z. B. nicht definitiv, wie Jeanne tatsächlich zu Tode gekommen ist) offen. U.Pr.

AUSGABEN: Paris 1852 (in L'Assemblée nationale, 7.–11. 2.). – Paris 1855 *(L'ensorcelée*; endgültige Fassg.; recte 1854). – Paris 1926/27 (in *Les œuvres complètes*, Hg. J. Quesnel, 17 Bde., 3; Nachdr. Genf 1979). – Paris 1955. – Paris 1966 (GF). – Paris 1964 (in *Œuvres romanesques complètes*, Hg. J. Petit, 2 Bde., 1964 u. 1966, 1; Pléiade). – Paris 1981.

ÜBERSETZUNGEN: *Die Gebannte*, Alastair [d. i. H. Henning v. Voigt], Konstanz 1948. – *Die Gebannte oder Die Messe des Abbé de la Croix-Jugan*, ders., Nördlingen 1988.

VERFILMUNG: Frankreich 1981 (Regie: J. Prat).

LITERATUR: H. Cottez, *Le livre du jour: »L'ensorcelée«* (in MdF, 1949, Nr. 307, S. 569–573). – C. A. Bamberger, *»L'ensorcelée« de B.d'A.*, Diss. Columbia 1973 (vgl. Diss. Abstracts, 35, 1974/75, S. 4413A–4414A). – N. Schor, *»L'ensorcelée« ou la scandalisée* (in MLN, 94, 1979, S. 731–741). – M. L. Roux, *Mourir d'aimer* (in Revue française de psychanalyse, 43, 1979, S. 509–520). – *Autour de »L'ensorcelée«* (in Revue du Dép. de la Manche, Jan.–Apr. 1981). – D. Aynesworth, *The Telling of Time in »L'ensorcelée«* (in MLN, 98, 1983, S. 639–656). – C. E. Bernard, *Le problème romanesque du Chouan*, Diss. Princeton 1983 (vgl. Diss. Abstracts, 45, 1984/85, S. 198A). – P. Tranouez,

La mort et le grand veneur (in *Hommages à J. Petit*, Hg. M. Malicet, Paris 1985, S. 243–259).

JOHN BARBOUR

* 1316 (?) Aberdeen (?)
† 1395 Aberdeen (?)

THE BRUCE

(engl.; *Bruce*). Schottisches Nationalepos von John BARBOUR, etwa 1373 begonnen und wahrscheinlich 1375 vollendet; erschienen 1616. – Nach einer einleitenden Aufzählung der Könige, die seit dem Ende des schottischen »Goldenen Zeitalters«, also seit dem Tod Alexanders III. (reg. 1249–1286), auf dem Thron Schottlands saßen, folgt eine düster gestimmte Schilderung der Zustände in dem unter englischer Knechtschaft stehenden Land. Beginnend mit der Krönung von Robert the Bruce zum König von Schottland (1306), wird dann eines der stürmischsten Kapitel der schottischen Geschichte aufgerollt. Die Leiden und Entbehrungen dieses Freiheitskämpfers, seine Ritterlichkeit und Tapferkeit, die ihm die treue Ergebenheit seiner Untertanen sicherten und ihn zu einer unsterblichen geschichtlichen Figur machten, werden in dem Epos eindrucksvoll beschworen. Barbour schildert, wie Robert sein Gefolge anspornt, indem er von Rom erzählt, das zunächst von Hannibal tief gedemütigt wurde und dann doch zur Weltmacht werden konnte, und wie er seinen Leuten während des Rückzuges über den Loch Lomond Mut zuspricht, indem er von den Heldentaten der französischen Ritter berichtet. Großen Raum nehmen in dem Epos die Vorbereitungen für die Schlacht von Bannockburn sowie der Kampf selbst ein, in dem Eduard II. von England im Jahr 1314 die entscheidende Niederlage erlitt. Die detaillierte Wiedergabe der einzelnen Phasen der Schlacht läßt daraus schließen, daß Barbour sich dabei auf Augenzeugenberichte stützte. Mit dem schottischen Sieg endet die Chronik des eigentlichen Freiheitskampfes. Im Folgenden schildert Barbour Bruces Expeditionen nach Irland und die Abenteuer seiner Paladine Douglas und Sir Thomas Randolph. Das Gedicht schließt mit dem Tod dieser tapferen Ritter und des Königs Robert, dessen Herz in Melrose beigesetzt wurde.

Das Werk ist in Form einer Reimchronik verfaßt. Wie schon manch anderer Dichter vor ihm, verwechselte auch Barbour den König Robert the Bruce mit einem seiner Vorfahren, einem vertriebenen Thronanwärter gleichen Namens. Verständlicherweise glorifizierte Barbour seinen Helden und verschwieg beispielsweise, daß Robert ursprünglich Eduard II. den Treueeid geleistet hatte. Barbour gelang es, den Kontrast zwischen den armen, robusten Hochländern Schottlands und den stolzen englischen Rittern überzeugend herauszuarbeiten. – Als Vorbilder für sein Epos, das er als »Romanze« bezeichnete, dienten dem Autor der französische höfische Roman und die altfranzösischen Heldenlieder. Sein Werk, ein bedeutendes Sprachdokument, ist in der alten Sprache der schottischen Lowlands geschrieben, die er und andere Dichter »Inglis« nannten. KLL

AUSGABEN: Edinburgh 1616 (*The Actes and Life of the Most Victorious Conquerour, Robert Bruce, King of Scotland*; anon.). – Ldn. 1790, Hg. J. Pinkerton, 3 Bde. – Ldn. 1870, Hg. W. Skeat (Early Engl. Text Soc.). – Ldn. 1909, Hg. W. M. Mackenzie [m. ausführl. Bibliogr.]. – Stirling 1914 [neuengl. v. M. Macmillan]. – Edinburgh 1975 (*Tales of King Robert the Bruce*; freie Bearbeitung). – Edinburgh 1980/81.

ÜBERSETZUNG: A. Brandl u. O. Zippel, Bln. 1917 (in *Mittelengl. Sprach- u. Lit.proben*; Auszüge).

LITERATUR: H. E. Maxwell, *Early Chronicles of Scotland*, Glasgow 1912. – F. W. Mühleisen, *D. Verwandschaft d. Überlieferungen v. B.s »Bruce«*, Bonn 1912. – Ders. *Textkritik, metrische u. grammat. Untersuchungen v. B.s »Bruce«*, Bonn 1912. – W. H. Schofield, *The Chief Historical Error in B.'s »Bruce«* (in PMLA, 31, 1916). – B. Goedhals, *J. B., »The Bruce«, and Bannockburn* (in Unisa English Studies, 2, 1968, S. 40–58). – K. Bitterling, *Der Wortschatz von B.'s »Bruce«*, Bln. 1970 (Diss.). – B. W. Klimann, *The Idea of Chivalry in J. B.'s »Bruce«* (in Medieval Studies, 35, 1973, S. 477–508). – B. W. Klimann, *J. B. and Rhetorical Tradition* (in Annuale Mediaevale, 18, 1977, S. 106–135). – A. M. McKim, *James Douglas and B.'s Ideal of Knighthod* (in Forum for Modern Language Studies, 17, 1981, H. 2, S. 167–180).

EUGEN BARBU

* 20.2.1924 Bukarest

LITERATUR ZUM AUTOR:
I. Vitner, *E. B.* (in I. V., *Prozatori contemporani*, Bukarest 1961, S. 165–223). – E. Manu, *E. B. interpretat de ...*, Bukarest 1974 [m. Bibliogr.]. – C. Cruceru, *Dialogul în proză artistică actuale. Elemente şi procedere ale stilului oral, M. Preda, E. B., F. Neagui*, Bukarest 1981.

GROAPA

(rum.; *Ü: Teufelsgrube*). Roman von Eugen BARBU, erschienen 1957. – Die Müllgruben von Cuţarida am Stadtrand von Bukarest bilden nicht nur den Schauplatz, sondern auch den symbolischen Rahmen des Geschehens. Das Leben der Menschen, die sich hier im Zuge der Verstädterung nach dem Ersten Weltkrieg angesiedelt haben, steht unausweichlich unter dem Zeichen der Zersetzung und des Todes.

Der Roman besteht aus einzelnen Episoden, die durch zwei durchlaufende Handlungsstränge – die Geschichte des Gastwirts Stere und die der Räuberbande – locker miteinander verbunden sind. Stere gelangt durch unehrliche Geschäfte und mit viel Zähigkeit zu Wohlstand, sein gleichzeitiger charakterlicher Niedergang aber führt zum Scheitern seiner Ehe. Es kommt indes nicht zum offenen Bruch; Lina, die Stere gegen ihren Willen geheiratet hat, lebt in freudloser Resignation neben ihm dahin und bleibt untätig, als er sie betrügt. – In Barbus Schilderung erinnern die Räuber zunächst in manchen Zügen an die Heiducken, die als freiheitsliebende, großmütige Rebellen gegen die Türkenherrschaft in vielen rumänischen Volksballaden verherrlicht werden. Der junge Paraschiv verliebt sich in die Zigeunerin Didina, die Geliebte des Räuberhauptmanns Bozoncea. In einem dramatischen Kampf tötet er diesen und übernimmt selbst die Führung der Bande. Aber Menschenhaß und -verachtung machen ihn so unvorsichtig, daß er die Bande ins Verderben führt. Dabei zeigt sich, daß selbst in dieser verschworenen Gemeinschaft der Egoismus stärker ist als das Gefühl der Zusammengehörigkeit: Paraschiv flieht und läßt seine Kameraden im Stich. – Mit den beiden Haupthandlungen sind die kleineren Episoden thematisch eng verbunden. Das Mädchen Veta wehrt sich wie Lina gegen die Ehe mit einem ungeliebten Mann, aber auch sie muß schließlich resignieren. Der Räuber Gheorghe und der Metzger Marin Pisica träumen beide von einem ruhigen Leben ohne Gewalttätigkeit und Blutvergießen; beide sterben, ohne ihren Traum erfüllt zu sehen.

Das Thema Barbus ist nicht neu; Panait ISTRATI, Tudor ARGHEZI und andere haben sich schon vor ihm mit der Gestaltung dieses Vorstadtmilieus beschäftigt. Originell dagegen ist seine Erzähltechnik. Er schildert die Ereignisse aus der Perspektive eines passiven Beobachters, des Wächters der Müllgrube, der die einzelnen Schicksale in der Erinnerung an sich vorbeiziehen läßt. Es gelingt Barbu, das Pittoreske der Landschaft ebenso wie das balkanisch-volkstümliche Element in Brauchtum und Sprache seiner Menschen wiederzugeben. Die pessimistische Grundstimmung des Romans – niemand entkommt seinem durch die Grube versinnbildlichten Schicksal – brachte Barbu scharfe Kritik ein. Man lobte zwar seine schriftstellerischen Fähigkeiten, warf ihm jedoch seine »hermetische« (weil mit Rotwelsch durchsetzte) Sprache vor, man tadelte seinen Naturalismus, der im Gegensatz zu der damals noch herrschenden Doktrin des Sozialistischen Realismus stand, und bemängelte vor allem das Fehlen jeder »sozialkritischen« Absicht. Barbu erweiterte deshalb die nächste Ausgabe um einige – wesentlich schwächere – Kapitel, in denen das Aufbegehren gegen soziale Ungerechtigkeit zum Ausdruck kommt. A.Ga.

AUSGABEN: Bukarest 1957. – Bukarest 1963. – Bukarest 1966. – Bukarest 1974. – Bukarest 1975.

ÜBERSETZUNG: *Teufelsgrube*, Th. Constantinides, Bln./DDR 1966.

LITERATUR: R. Popescu, Rez. (in Contemporanul, 31. 5. 1957, 22; 7. 6. 1957, 23). – D. Isac, Rez. (in Tribuna, 9. 6. 1957, 18; 16. 6. 1957, 19). – B. Elvin, Rez. (in Informația Bucureștului, 10. 6. 1957, 1197). – I. Mihăileanu, Rez. (in Scînteia, 22. 6. 1957, 3939). – D. Solomon, Rez. (in Revue Roumaine, 1957, 3). – V. Ardeleanu, *E. B.: »Groapa«* (in V. A., *Însemnări despre proză*, Bukarest 1966, S. 74–99).

PRINCEPELE

(rum.; *Ü: Der Fürst*). Historischer Roman von Eugen BARBU, erschienen 1969. – Die rumänische Literaturkritik sah sich bei ihrem Versuch der typologischen Bestimmung und Zuordnung dieses Romans, der zu den eigenwilligsten und umstrittensten Prosawerken der rumänischen Nachkriegsliteratur gehört, vor keine leichte Aufgabe gestellt. Kennzeichnungen wie »Historischer Schlüsselroman«, »apokrypher Roman«, »Geschichtsparodie« wurden vorgeschlagen, der Autor selbst bezeichnete *Princepele* als »*eine Synthese, ein Märchen und ein lyrisches Werk*«. Die Zentralfigur des Romans, in Anspielung auf Niccolò MACHIAVELLIS *Il Principe* (1532) der Prinz genannt, verkörpert den Prototyp des von den osmanischen Herrschern in den rumänischen Fürstentümern eingesetzten griechischstämmigen »phanariotischen« Herrschers des ausgehenden 17. und frühen 18. Jh.s. Der Autor hat ihn als Kunstfigur angelegt, deren Vita eine Synthese von Episoden und Elementen aus Biographien zahlreicher phanariotischer Herrscher darstellt. Das zentrale Thema des Romans – Parabel und philosophische Meditation über den Gebrauch und den Mißbrauch der Gewalt – geht jedoch weit über die Raum- und Zeitgebundenheit des epischen Geschehens hinaus. Die Gestalt des Prinzen steht zudem stellvertretend für den in der rumänischen Geschichte immer wiederkehrenden Typus des Fremdherrschers.

Bereits seine Kindheit in Konstantinopel steht im Zeichen der Macht: der Macht, die sein Vater, für kurze Zeit ebenfalls Herrscher in der Walachei, verloren hatte, sowie jener Macht, die seine ehrgeizige Mutter für ihren Sohn zu erlangen suchte. Die Lektüre von Schriften byzantinischer Autoren und solcher aus der Zeit der Renaissance lassen in dem jungen Mann Träume von Macht und Größe reifen. Diese Träume welken jedoch bald, nachdem der Prinz die langersehnte Macht erlangt hat. Grausamkeit, Zynismus, doch auch Fatalismus und eine tiefe Melancholie prägen den Prinzen zu Beginn seiner Regierungszeit. Mit der Ankunft Messer Ottavianos, eines hochgebildeten, jedoch korrupten Höflings, der sich zudem als Astrologe und Alchimist betätigt, wendet sich die orientalisch geprägte autokratische Herrschaft des Prinzen zu einer westlich-überfeinerten, totalitären Despotie. Ottaviano, gleichsam eine Verkörperung von GOETHES »*Geist, der stets verneint*« und ein Meister dialektischen Denkens, dient nicht nur dem ihm verfallenen jungen Herrscher, sondern gleichsam dem totalitären Herrschaftsprinzip an sich. Ottavianos Konzept der totalitären Machtausübung enthält zweifellos Anklänge an Machiavellis Präzeptensammlung. Die Sicht der Geschichte, wie Barbus Roman sie vermittelt, ist zutiefst pessimistisch. Ottaviano stirbt – in einer Szene von beispielloser sadistischer Grausamkeit, deren krude naturalistische Wiedergabe in der rumänischen Literatur ihresgleichen sucht – von der Hand des Prinzen, dieser wiederum wird von den Abgesandten des Sultans enthauptet und sein Leichnam den Hunden zum Fraß vorgeworfen. Zur gleichen Zeit zieht zum Stadttor von Bukarest bereits ein neuer Herrscher, begleitet von einem neuen »Messer«, ein: Geschichte als endlose Aufeinanderfolge von Machthabern und deren »bösen Geistern«, den »Ideologen«, die sie immer dazu verführen werden, ihre Macht diktatorisch zu mißbrauchen.

Diese überzeitliche Grundidee hat der Autor mit deutlichen Anspielungen auf Persönlichkeiten und Begebenheiten der Stalin-Ära in Rumänien angereichert. Barbu, zeitweilig Vollmitglied des Zentralkomitees der Rumänischen Kommunistischen Partei, tat dies zweifellos mit Duldung der 1965 angetretenen neuen Führung der RKP, die sich von den Praktiken der vorhergehenden Führungsmannschaft abzugrenzen versuchte. Inzwischen hat die Wirklichkeit die paradigmatische Bedeutung von Barbus Roman erneut eingeholt. In den Medien erntete die stilistische Meisterschaft des Autors in der Tradition Ion GHICAS (1816–1897), Nicolae FILIMONS (1819–1865) und Mateiu CARAGIALES (1885–1936) und besonders seine Technik der sprachlichen »Collage«, die darin besteht, aus Chroniken der Zeit übernommene Textfragmente mit archaisierenden eigenen Wortschöpfungen und Neologismen zu verbinden, anfangs viel Lob, die allgemeine Bewunderung wurde jedoch getrübt, als ein Kritiker glaubte, Barbu des (zumindest teilweisen) Plagiats überführen zu können. Zudem entbrannte in der rumänischen Presse eine erbitterte Fehde zwischen Barbu und einem Autor, Fănu NEAGU (*1932), der sich in einem der virulent satirisch dargestellten Mitglieder der sogenannten »griechischen Akademie« (d. h. des rumänischen Schriftstellerverbandes) zu erkennen glaubte. A.Ga.

AUSGABEN: Bukarest 1969. – Cluj ²1971. – Bukarest 1974 [m. Ill. v. M. Vulcanescu].

ÜBERSETZUNG: *Der Fürst*, K. Bochmann, Bln.(DDR)/Bukarest 1981.

LITERATUR: G. Dimisianu, *C. B.*, »*Prinicipele*« (in România Literară, Dez. 1969, Nr. 49). – M. Vaide, »*Principele*« şi »*Il Principe*« (in Tribuna, Dez. 1969, Nr. 52). – A. Piru, *E. B.* »*Prinicipele*« (in Ramuri, 1970, Nr. 1). – N. Manolescu, *E. B.*, »*Prinicipele*« (in Contemporanul, 1970, Nr. 2). – V. Ardeleanu, *E. B.*, »*Prinicipele*« (in Steaua, 1, 1970). – G. Grigurcu, *E. B.*, »*Prinicipele*« (in Familia, 1, 1970). – G. Dimisianu, *E. B.* »*Prinicipele*« (in *Prozatori de azi*, Bukarest 1970, S. 129–134). – *E. B. interpretat de...*, Hg. E. Manu, Bukarest 1974. – E. Simion, *Romanul pitoresc şi baroc: E. B.* (in *Scriitori români de azi*, Bd. 1, Bukarest 1978, S. 564–569). – M. Popa, *E. B.* (in *Geschichte der rumänischen Literatur*, Bukarest 1980, S. 293–296).

ION BARBU

d.i. Dan Barbilian
* 19.3.1895 Cîmpulung Muşcel
† 11.8.1961 Bukarest

LITERATUR ZUM AUTOR:
D. Pillat, *I. B.*, Bukarest 1969; ²1982. – T. Vianu, *I. B.*, Bukarest 1970. – G. Gibescu, *I. B. interpretat de...*, Bukarest 1976 [m. Bibliogr.]. –
D. Teodorescu, *Poetica lui I. B.*, Craiova 1978. – Ş. Foarţă, *Eseu asupra poeziei lui I. B.*, Timişoara 1980.

JOC SECUND

(rum.; *Widerspiel*). Gedichtzyklus von Ion BARBU, erschienen 1930. – Die zwanzig Gedichte des Zyklus bilden den Höhepunkt und zugleich den Abschluß von Barbus dichterischem Schaffen. Der Autor, Mathematiker von hohem Rang und Professor an der Universität Bukarest, stand mit seinen ersten Gedichten, die in den Jahren 1919 und 1920 in der Zeitschrift ›Sburătorul‹ erschienen, deutlich unter dem Einfluß der »Parnassiens«, doch verrieten diese Sonette bereits eine starke Eigenwilligkeit gegenüber der Tradition. Ihre strenge, klare Form umschloß Bilder von sinnlicher Fülle, die einem dionysischen Lebensrausch und einem Drang nach völligem Aufgehen in der Natur Ausdruck gaben. Später distanzierte sich Barbu allerdings von seiner frühen Lyrik; in einer zweiten Schaffensperiode griff er auf Formen und Inhalte der balkanischen, besonders der rumänischen Folklore zurück. Der Zyklus *Joc secund* schließlich enthält die ersten Zeugnisse hermetischer Dichtung in rumänischer Sprache.
Das Motto des Werks, ein Wort MALLARMÉS: »*... ne fût-ce pour vous en donner l'idée*«, enthält den Grundgedanken der Poetik Barbus. Der Autor lehnt die Bekenntnislyrik wegen ihrer Zufälligkeit, ihrer Beschränkung auf Anekdotisches ab und tritt für eine reine Lyrik der Erkenntnis ein. Dichtung ist »Widerspiel« – Spiegelung der auf das Wesentliche reduzierten, aus Zeit und Raum herausgelösten Idee der Wirklichkeit, eine Abstraktion, die Barbus Lyrik in die Nähe der Mathematik rückt. Dabei verbannt Barbu die gegenständliche Welt nicht etwa aus seinen Gedichten; im Gegenteil: Er »*sieht Ideen*« (D. Micu), er gibt abstrakte Gedankengänge bildhaft, plastisch wieder. Doch diese Elemente einer sinnlich erfaßbaren Wirklichkeit fügen sich nicht zu einem konventionellen Weltbild zusammen, sondern zu einer neuen, absoluten poetischen Realität. Grundthema des Zyklus ist die Frage nach der Erkennbarkeit der Welt, nach den Möglichkeiten, das Wesen dieser Welt in der Dichtung wiederzugeben. Der Dichter erfährt das Trügerische und Zufällige aller zeitgebundenen Erscheinungsformen der Wirklichkeit ebenso wie die Grenzen seiner eigenen Erkenntnis: »*Zwielicht pflügte ich / unter der grünen Ebene der Welten.*« Er ist letztlich unfähig, das Mysterium der Schöpfung zu deuten – die Deutung liegt in der Harmonie des Geschaffenen selbst *(Timbru – Klangfarbe)*. Barbu verwirft auch die Religion als Weg zur letzten Erkenntnis, da sie wie alles Gewordene den Gesetzen der Zeit und der Veränderlichkeit unterworfen sei.
Der gedanklichen Abstraktion in Barbus Gedichten entspricht die Komprimierung der Sprache. Durch Veränderungen der Syntax gewinnen die klanglichen und assoziativen Werte der einzelnen Wörter an poetischem Gewicht: »*Entrückt der Zeit, die Tiefe stiller Wellenkuppen / ins lautre Blau im Spiegel eingegangen, / über versunkenen Herden eingefangen, / reiner, ein Widerspiel, in Wassergruppen*« (*Joc secund*, Titelgedicht). Zuweilen nähert der Autor sich dem zweckfreien Spiel mit Klangfarben und Alliterationen; auch die häufig gebrauchten Fachausdrücke aus den Gebieten der Mathematik, der Physik und der Astronomie, die die Atmosphäre reiner Wissenschaft evozieren, sind nach Klangwerten gewählt. – Barbu gilt als Begründer der modernen rumänischen Lyrik und zugleich als ihr bedeutendster Vertreter; er hat bisher zwar zahlreiche Nachahmer, aber noch keinen Nachfolger gefunden.
A.Ga.

AUSGABEN: Bukarest 1930. – Bukarest 1966. – Bukarest 1970 (in *Poezii*, Hg. R. Vulpescu). – Bukarest 1973 (in *Poezii*). – Bukarest 1984 (in *Versuri şi proză*).

ÜBERSETZUNG: *Jeu second*, Y. Stratt, Bukarest 1973 [rum.-frz.].

LITERATUR: A. Rosetti, *I. B.: »Joc secund«*, Bukarest 1930. – G. Lupi, *Bacovia, il poeta della dissoluzione universale, e B., il lirico delle astrazioni matematiche* (in Cahiers Sextil Puşcariu, 1, 1952, S. 185–188). – G. Ivaşcu, *Poezia »Jocului Secund«* (in Contemporanul, 15. 4. 1966). – A. Constantinescu u. I. Littera, *Indici de predictabilitate în poezia* lui I. B. Ciclul »Joc secund« (in Limbă şi literatură, 20, 1969, S. 163–168). – M. C. Botez, Un model al »Jocului secund« (ebd., 28, 1972, S. 689–698). – D. Micu, I. B.: »Joc secund« (in D. M., Periplu, Bukarest 1974, S. 188–196).

HENRI BARBUSSE

* 17.5.1873 Asnières / Seine
† 30.8.1935 Moskau

LITERATUR ZUM AUTOR:
L. Spitzer, Studien zu H. B., Bonn 1920. – J. Duclos u. J. Fréville, H. B., Paris 1946. – W. Küchler, R. Rolland, H. B., F. v. Unruh, Ffm. 1949. – A. Vidal, H. B., soldat de la paix, Paris 1953 [dt. Bln. 1955]. – V. Brett, H. B., sa marche vers la clarté, son mouvement, Prag 1963. – M. Tison-Braun, La crise de l'humanisme, Bd. 2, Paris 1967. – Colloque H. B., Paris 1974. – F. Field, Three French Writers and the Great War, Cambridge 1975.

LE FEU. Journal d'une escouade

(frz.; Ü: Das Feuer. Tagebuch einer Korporalschaft). Roman von Henri BARBUSSE, erschienen 1916. – »Mich hat der Krieg erzogen; nicht nur seine Furchtbarkeit, sondern auch seine Bedeutung als imperialistischer Krieg«, schreibt der Autor, als er, nach elfmonatigem Frontdienst und längerer Tätigkeit als Schreiber beim Stab eines Armeekorps im August 1916 entlassen, sich zusammen mit Paul VAILLANT-COUTURIER, Raymond LEFÈBVRE und Georges BRUYÈRE bemüht, alle ehemaligen aktiven Soldaten in einer sozialistischen, antimilitaristischen, übernationalen Einheitsfront zusammenzufassen, der »Association Républicaine des Anciens Combattants« (abgekürzt ARAC, gegründet am 2. 11. 1917), die nach drei Jahren zur »Internationale Ehemaliger Frontkämpfer« (IAC) erweitert wurde. Tatsächlich ist Barbusse einer der wenigen Autoren, die das Erlebnis des Ersten Weltkriegs, seines Elends und seiner erbarmungslosen Materialschlachten an der französisch-belgischen Nord- und Nordostfront der reaktionären Entstellung und Verklärung durch nationalistische Propaganda entrissen haben. Als Freiwilliger zunächst einem in Albi stationierten Landsturmregiment zugeteilt, wird er im Dezember 1914 auf Grund hartnäckiger eigener Bemühungen zum 231. Linienregiment versetzt, das anfangs in der Umgebung von Soissons, später im Artois – zwischen Lille, Béthune und Arras – operiert und an den Durchbruchsversuchen gegen die deutschen Linien in Flandern beteiligt ist. Auf die schnelle und erfolgreiche deutsche Offensive folgt eine – von regionalen Verschiebungen abgesehen – bis zum Ende des Krieges dauernde Konsolidierung der Fronten: der Krieg erstarrte zum Stellungskrieg, in dem unter ungeheurem Aufwand an Material und Menschen um geringfügige Geländevorteile gekämpft wurde. Hauptschauplatz dieses Stellungskrieges ist der berüchtigte Schützengraben – ein ausgebautes, gestaffeltes System von Erdwällen, Unterständen und Schanzgräben, dessen vorderste Linien unmittelbar auf die des Feindes stoßen und zeitweilig Monate hindurch schwerstem Artilleriefeuer ausgesetzt sind, das die schnelle Ablösung der Grabenbesatzungen erfordert.

Barbusses Kriegstagebuch ist dem Schicksal der einfachen französischen Poilus gewidmet, einer »Familie ohne Verwandtschaft«, in deren Mitte er den entnervenden Kampf gegen Kälte, Wassereinbrüche, Schmutz, Läuse, Hunger, Erschöpfung und Verzweiflung kämpft, deren rauhe, argotdurchsetzte Sprache er spricht und deren Schicksal er bei nächtlichen Märschen mit schwerem Gepäck, auf Horchposten vor dem fast zum Greifen nahen Feind, bei Schanzarbeiten, im Entsatzquartier hinter der Front, beim kurzen Heimaturlaub, auf den Truppenverladebahnhöfen, in Feldlazaretten und auf Notverbandsplätzen, in lehmigen Unterständen und endlich beim mörderischen Sturmangriff teilt. »Der Kriegsruhm selbst ist nicht für uns einfache Soldaten. Der gehört einigen wenigen; sonst aber ... ist der Soldatenruhm eine Lüge wie alles, was im Krieg nach Schönheit riecht ... Um den Helmbusch haben sie eine Religion gedichtet, die ebenso böse, ebenso dumm und verbrecherisch ist wie die andere!«

Barbusses unsentimentale, entlarvende Anklage gilt allein der unverstellten, grauenhaften Wirklichkeit des Krieges, der die Menschen zur Erniedrigung wie zur Bestialität verurteilt und in dem das angeblich heroische Opfer der namenlosen Soldaten wenig mehr als ein »dunkles Verschwinden« bedeutet. So beschreibt der Autor das aus Entsetzen und Bewunderung gemischte Mißtrauen, das seine Kameraden befällt, als sein zur Ablösung aus der vordersten Linie zurückbeorderter Zug nachts auf eine marokkanische Elitedivision trifft, die sich im engen Graben an ihnen vorbei zur Front schlängelt. »Man bespricht untereinander die Eigenarten jener Schwarzen: ihre Wut beim Ansturm, ihre wahnsinnige Vorliebe fürs Aufgabeln, ihre Art, kein Pardon zu geben ... – Es ist doch eine ganz andere Rasse als wir, mit ihrer Zelttuchhaut, gesteht Biquet zu ... – Es sind im Grunde genommen echte Soldaten. – Wir, wir sind keine Soldaten, wir sind Menschen, sagt der dicke Lamuse.« Angesichts des nahen Sturmangriffs, zu dem das Regiment sich sammelt, wird jede pathetisch-chauvinistische Glorifizierung des Heldentums entschieden zurückgewiesen: »Es sind keine Soldaten, es sind Menschen. Es sind keine Abenteurer, keine Krieger, die zur Menschenschlächterei als Schlächter oder Schlachtvieh geboren sind. Es sind Akkersleute und Arbeiter, die man unter den Uniformen erkennt ... Trotz der Propaganda, die sie nährt, sind sie nicht kampfeslustig. Sie sind erhaben über jede Leidenschaft des Instinkts.« Das Schlußkapitel, das einen nach endlosen, wolkenbruchartigen Regenfällen über dem Schlachtfeld heraufdämmernden

Morgen beschreibt, der Freund und Feind zum größten Teil in den eingestürzten Erdwällen und Granattrichtern ertrunken vorfindet, zeigt Barbusse als leidenschaftlichen, erbitterten Kritiker nationalistischer Eitelkeit und Eroberungssucht, der »Säbelraßler«, der »Hamsterer«, und derer, »die im Trüben fischen«, jener »goldbetreßten Kaste«, die Verbrechen in Tugenden umfälscht, indem sie sie als »national« deklariert, jener »erblichen Machthaber«, die die Völker für ihre »fürchterlichen Privilegien« sich zerfleischen lassen – »die eure Feinde sind wie heute die deutschen Soldaten«. Der Krieg wird erst beendet werden können, wenn der Geist des Krieges besiegt ist, und in diesem Krieg Sieger zu bleiben, wird kein Endresultat sein. »Wir sind der Stoff, aus dem der Krieg gemacht wird. Der Krieg besteht allein aus dem Leib und der Seele der einfachen Soldaten.« Frieden, allgemeine Gleichheit und Brüderlichkeit werden nach der Meinung des Autors erst in einer freien Gesellschaft zu verwirklichen sein, die aus der »Verständigung der Demokratien, der Verständigung der Massen, dem Aufstehen des Weltvolkes« hervorgegangen ist.

Barbusses Antikriegsroman, der ebenso begeisterte Zustimmung wie (zumal von seiten der chauvinistischen Presse, der präfaschistischen »Action Française« und von Teilen des Klerus) scharfe Ablehnung fand, wurde 1917 nachträglich mit dem »Prix Goncourt« für 1914 ausgezeichnet und in mehr als sechzig Sprachen übersetzt. Der 1923 der kommunistischen Partei beigetretene Autor begann, im Zuge seiner Bemühungen um die Bildung einer antifaschistischen Volksbewegung, in seiner Zeitschrift ›Clarté‹ den Zusammenhang von Krieg und imperialistisch-materiellen Interessen des »Weltkapitalismus«, auf den er bereits in Le feu und in seinem folgenden Roman Clarté, 1919 (Klarheit), unüberhörbar hingewiesen hatte, schärfer und präziser zu formulieren. Während es ihm in Le feu zunächst nur um »ein erstes Aufrichten des ewigen Sklaven auf dem Schlachtfeld« ging, so betont Barbusse in seiner Rede vor dem 1920 in Genf abgehaltenen Eröffnungskongreß der IAC, daß diese Versammlung zum erstenmal »Soldaten zu einer gemeinsamen Aktion gegen den Krieg« zusammenführe, »die auf Befehl ihrer Ausbeuter einander auf dem Schlachtfeld gegenüberstanden und sich nun in einer menschlichen Geste als Brüder im Leid – und in der Hoffnung erkannt haben.« H.H.H.

AUSGABEN: Paris 1916. – Paris 1960. – Lausanne 1960 [Vorw. M. Contat].

ÜBERSETZUNGEN: Das Feuer (in Die weißen Blätter, 4, 1917, S. 16–33; Ausz.) – Das Frühlicht (ebd. S. 117–146). – Das Feuer. Tagebuch einer Korporalschaft, L. v. Meyenburg, Zürich 1918; ern. Bln. 1955. – Dass., C. Noch u. P. Schlicht, Lpzg. 1966 (RUB). – Dass., dies., Zürich 1979. – Dass., L. v. Meyenburg, Ffm. 1986 (FiTb).

LITERATUR: E. Tersen, 25e anniversaire de la mort de B. »Le feu« (in La Pensée, 1960, Nr. 93, S. 102 bis 105.) – P. Gamarra, »Le feu« (in Europe, Sept. 1960, Nr. 377, S. 137–139). – V. Brett, A propos du »Feu« de B. (in Philogica Pragensia, 3, 1960, S. 129–140). – A. Kurella, B. (in A. K., Zwischendurch, Bln. 1961, S. 9–26). – J. Relinger, »Le feu de B. Une épopée réaliste? (in La Pensée, 1963, Nr. 107, S. 63–105). – N. Cinella, »Le feu« di B., Bari 1968. – P. van Rutten, Le style du »Feu« de B. (in La Pensée, 1973, Nr. 172, S. 125–134). – J. Relinger, Comment »Le feu« de B. rélève un grand romancier (in BRP, 14, 1975, S. 5–12). – J. King, B. »Le feu« and the Crisis of Social Realism (in The First World War in Fiction, Hg. H. Klein, Ldn. 1976, S. 43–52). – J. E. Flower, »Le feu« (in J. E. F., Writers and Politics in Modern France, Ldn. 1977, S. 38–43). – T. H. Jones, Mythic Vision and Ironic Allusion. B.'s »Le feu« and Zola's »Germinal« (in MFS, 28, 1982, S. 215–228).

JOHN BARCLAY

* 28.1.1582 Pont-à-Mousson bei Nancy
† 15.8.1621 Rom

LITERATUR ZUM AUTOR:
P. A. Becker, J. B., 1582–1621 (in ZvLg, 15, 1903, S. 33–118). – D. Bush, English Literature in the Early Seventeenth Century, 1600–1660, Oxford 1962 [m. Bibliogr.].

ARGENIS

(nlat.; Argenis). Prosawerk von John BARCLAY, erschienen 1621. – Das in fünf Bücher gegliederte, umfangreiche Werk entstand in Rom, wo sich Barclay von 1615 bis zu seinem Tod aufhielt, und erschien 1621 in Paris. Diese Erstausgabe zählt 1206 Oktavseiten lateinischen Textes. Barclays Absicht war es, einen Roman zu schreiben, der zugleich politische Abhandlung, historische Allegorie und Ritterromanze sein sollte. Als humanistischer Gelehrter und Mann von Welt, der auf dem ganzen europäischen Kontinent zu Hause war, besaß er alle nötigen Voraussetzungen dafür. Die didaktisch behandelten politischen Themen entnahm er der europäischen Geschichte seiner Zeit und umkleidete sie mit einer romanhaft-romantischen Handlung voll erregender und unerwarteter Ereignisse, um sie für den Leser attraktiv zu machen. Indem er diesem Tugend und Laster sowie die ihnen angemessene Belohnung oder Strafe vor Augen führt, will er ihn zum Urteil über sich selbst und über seine Zeit zwingen. Wie sein Vater ein kritischer Parteigänger des königlichen Absolutismus (er widmete eines seiner Bücher Jakob I. von England, die Argenis Ludwig XIII. von Frankreich), war er darauf bedacht, ihren Gegnern dabei aber keine Argumente in die Hände zu spielen. In seiner Schilderung einzelner Länder geht er deshalb mit äußerster Vorsicht vor, indem er Detail und Anordnung der nur in den Grundzügen allegorischen Handlung frei erfindet. So sind etwa die Schwierigkeiten, mit denen das Sizilien seines Romans zu kämpfen hat, sicher zu denen Frankreichs während der Kriege der Katholischen Liga in Beziehung zu setzen, für Sardinien unter dem ehrgeizigen und anmaßenden Radirobanes mag Spanien zum Vorbild gedient haben, und mit Mauretanien, das von einer Königin beherrscht wird, die keine Steuern ohne Zustimmung der Besteuerten erheben darf, wird England gemeint sein; es dürfte jedoch zu weit gehen, etwa auch für einzelne Personen der Handlung Parallelen in der Geschichte zu suchen.

Um Argenis, die Tochter und Erbin des Königs Meleander von Sizilien, bewerben sich vier Freier: Lycogenes (1), der Rebell; sein Versuch, Argenis zu entführen, wird durch den als Mädchen verkleideten gallischen König Poliarchus (2) vereitelt, den die Prinzessin liebt und den sie am Schluß des Romans heiratet; Radirobanes (3), König von Sardinien und Verbündeter Meleanders gegen die Rebellen, dessen Vorhaben, sich Argenis' zu bemächtigen, ebenfalls fehlschlägt und der später von Poliarchus im Zweikampf erschlagen wird; schließlich Archombrotus (4), ein inkognito in Sizilien eintreffender Prinz, der sich jedoch später als Meleanders Sohn aus einer heimlichen Ehe entpuppt.

Das Latein, in dem Barclay diese politisch-didaktische Allegorie in Romanform abfaßte, wurde von manchen aufs höchste gelobt – u. a. von GROTIUS, COLERIDGE und COWPER –, während andere es verdammten. Tatsächlich ist es, obwohl Vokabular und Grammatik klassischen Maßstäben nicht gerecht werden, ein Beispiel dafür, wie diese Sprache den Bedürfnissen der Zeit angepaßt werden konnte. Barclays Stil ist gewandt, flexibel und ausdrucksvoll. Beliebtheit und Wirkung der *Argenis* waren vom Erscheinen des Werks bis zur Mitte des 18. Jh.s in ganz Europa außerordentlich. Es erschienen in kurzer Zeit 9 Pariser, 2 Straßburger, 13 holländische, 16 deutsche, 7 italienische und 5 englische Ausgaben in Latein, dazu kamen 64 Übersetzungen in 13 europäische Sprachen. In Frankreich und Spanien entstanden Fortsetzungen, die Handlung erscheint in deutschen (Chr. WEISE), französischen, spanischen und italienischen Dramen wieder. Richelieu kannte das Werk, und es scheint, daß er sich in Einzelzügen seiner Politik davon leiten ließ, CRASHAW übersetzte Verse daraus, LEIBNIZ soll den Roman auf dem Sterbebett noch gelesen haben, ROUSSEAU schätzte, Cowper und Coleridge priesen die *Argenis*. Das berühmte Schulpforta erwog 1729, Barclays Werke als lateinische Schullektüre einzuführen, andere Gymnasien waren schon dazu übergegangen. Die erste Übersetzung der *Argenis* ins Deutsche hatte 1626 Martin OPITZ unternommen. Noch 1723 empfehlen die einflußreichen ›Discourse der Mahlern‹ von J. J. BODMER das Werk, durch welches *»das Frauen-Volck wol witzig und angenehm / aber nicht gelehrt und pedantisch werden kann«*. Sein unmittelbarer Einfluß läßt sich in Einzelheiten in der gesamten europäischen Literatur des 17. Jh.s, besonders im heroischen Roman und in lateinischen Werken, wie Roger BOYLES *Parthenissa* (1654–1669), Richard BRATHWAITS *Panthalia* (1659) und Sir George MACKENZIES *Aretina* (1660), verfolgen. M.W.

AUSGABEN: Paris 1621. – Ldn. 1625 [engl.]. – Nürnberg 1673.

ÜBERSETZUNGEN: *Argenis*, M. Opitz, Breslau 1626. – *Die durchlauchtigste Argenis*, Talander [d. i. A. Bohse], Lpzg. 1709. – *Argenide*, J. C. L. Haken, Bln. 1794. – *Argenis*, G. Waltz, Mchn. 1891.

LITERATUR: A. Dupont, *L'»Argenis« de B.*, Paris 1875. – A. Collignon, *Notes historiques, littéraires et bibliographiques sur l'»Argenis« de J. B.*, Paris 1902. – K. F. Schmidt, *J. B.: ›Argenis‹. E. literarhist. Untersuchung*, Bln. 1904. – P. Kettelhart, *Formanalyse der B.-Opitzschen »Argenis«*, Bottrop 1934. – L. Bardino *L'»Argenis« di B. e il romanzo greco*, Palermo 1940. – G. Langford, *B.'s »Argenis«: a Seminal Novel* (in Studies in English, Texas Univ., 26, 1947). – J. Ijsewijn, *J. B. and His »Argenis«: A Scottish Neo-Latin Novelist* (in Humanistica Lovaniensa, 32, 1983, S. 1–27).

EUPHORMIONIS LUSININI SIVE IOANNIS BARCLAII SATYRICON

(nlat.; *Euphormio Lusininus' oder John Barclays Satyricon*). Satirischer Roman in zwei Teilen von John BARCLAY, erschienen 1603–1607. – Teil 1 wurde 1603 in London gedruckt; von dieser Edition ist kein Exemplar erhalten. Daß sie existierte, zeigt die »verbesserte und vermehrte« Pariser Ausgabe von 1605. Teil 2 wurde 1607 noch vor der Auslieferung beschlagnahmt. Nur wenige, am Anfang und Schluß amputierte Exemplare gelangten in Umlauf. Die zweite Auflage von 1610 konnte ungehindert verkauft werden. Angriffe und Mißdeutungen zwangen den schottischen Autor, zur Verteidigung und Interpretation seines Erstlingswerkes im Jahr 1610 die *Apologia Euphormionis pro se* zu veröffentlichen. Zusammen mit Teil 1 und 2 des *Satyricon* erschien sie 1611 und 1613. Ein gleiches Editionsverfahren wurde bei den Ausgaben von 1616, 1617, 1619 und 1623 angewandt, nachdem 1614 Barclays *Icon Animarum* herausgekommen war, worin der Weitgereiste seine Kenntnisse von Menschen und Völkern mitteilte. Die 1625 erschienene Fortsetzung des *Satyricon* von MORISOT vermehrte das runde Dutzend der zwischen 1628 und 1664 gedruckten Auflagen um einen fünften Teil, wozu noch meist als Anhang die *Conspiratio Anglicana* kam. BUGNOT schließlich verfaßte 1674 eine weitere Fortsetzung, so daß die späteren Nachdrucke aus sechs bzw. sieben Teilen bestanden. Teil 1 des Romans dürfte seine Entstehung dem Ehrgeiz des hochgebildeten und begabten zwanzigjährigen Autors zu verdanken haben. In Ich-form (diese Erzählweise wird auch in Teil 2 beibehalten) berichtet der Held Euphormio von dem abenteuerlichen Schicksal, dem er sich, unversehens aus seiner utopischen Heimat Lusinien in die Realität des 16./17. Jh.s versetzt, hilflos ausgeliefert sieht. In völliger Unkenntnis der Tatsache, daß in der ihm fremden Welt alles, selbst Essen und Trinken, mit Geld bezahlt werden muß, gerät Euphormio bald in Schulden. Der reiche Edelmann Callion löst ihn aus und nimmt ihn zum Sklaven. Am Ende des ersten Teils befindet sich der Held auf der Flucht vor seinem Herrn.

Mit der abwechslungsreichen und phantasievollen, durch Märchenmotive und Spukgeschichten aufgelockerten Handlung hat Barclay eine herbe Gesellschaftskritik verbunden. Vorläufer und zum Teil sicher auch Vorbilder waren ihm der Schelmenroman *Lazarillo de Tormes* (anonym 1554), Thomas NASHS *Unfortunate Traveller* (1594), Mateo ALEMÁNS *Guzmán de Alfarache* (1599), die satirischen Schriften von RABELAIS, FOLENGO und FISCHART, vor allem aber die antiken Satiriker seit PETRONIUS ARBITER und LUKIANOS. In Schwarz-in-Schwarz-Manier entwirft der Autor satirische Skizzen aller Berufe und Stände. Verschont bleibt nur die Gestalt des alten Juraprofessors, dem Barclay Züge seines Vaters verlieh. Einen exponierten Platz beanspruchen die Anspielungen und Auslassungen des Jesuitenschülers Barclay über den Orden des Ignatius von Loyola, des »Acignius« des Romans. Trotz der ironisch-boshaften Schärfe, mit der die Schwächen des Ordens und seines Erziehungssystems aufgedeckt werden, bleibt ein Rest von Sympathie spürbar. Der junge Autor hat vor allem die Schauplätze, aber auch die Personen der Handlung erstaunlich lebendig gezeichnet. Dagegen wirken seine satirischen Bemühungen auffallend angestrengt und affektiert; man merkt ihnen an, daß der Verfasser Lebenserfahrung durch jugendliches Pathos und rhetorische Deklamationen zu ersetzen sucht und dabei oft übers Ziel hinaus und ins Eifern gerät. Dazu kommt, daß in Barclays Diktion und Wortschatz noch zu sehr ein blutleeres Schullatein vorherrscht, daß er es nicht lassen kann, sein Wissen in langatmig-eintöniger Gelehrsamkeit auszubreiten, und daß er dabei zuweilen den Überblick über die an sich geschickt aufgebaute Handlung verliert.

Seine Fortsetzung scheint der Roman einer inneren Krisis des Autors zu verdanken: der Erkenntnis, daß er sich nicht – wie seine jesuitischen Lehrer ihm einreden wollten – zum Dienst im Orden Jesu berufen fühlte. Diesem Erlebnis entsprechend ist Teil 2, im Gegensatz zu Teil 1, autobiographisch bestimmt. Um seine Identifizierung mit dem entlaufenen ungebildeten Sklaven aus Teil 1 zu ermöglichen, führt der Autor Euphormio in die Universitätsstadt Delphium. Hier eignet er sich als Adoptivsohn des gütigen Themistius die fehlende Bildung an. Er begibt sich trotz der früher geschilderten schlechten Erfahrungen mit den Anhängern des Acignius in die Jesuitenschule. Sein schwärmerischer Mitschüler Anemon infiziert ihn mit der Sehnsucht, in den Orden einzutreten. Vergeblich versucht der Adoptivvater, ihm die Augen zu öffnen. Euphormio und Anemon brechen nach Italien auf, um ihren Wunsch zu verwirklichen. Die Begegnung mit Theophrastus, einem von wahrer Frömmigkeit erfüllten alten Geistlichen, bringt sie zur Besinnung. Während Anemon nach Hause zurückkehrt, treibt die Scham Euphormio in die Welt, wo er immer wieder von der Allgegenwart der Jesuiten überrascht wird und die Zähigkeit und Verschlagenheit kennenlernt, mit der sie ihre Ziele verfolgen. Der Roman endet mit einer begeisterten Schilderung Skolymorrhodiens (Englands) und der gastfreundlichen Aufnahme des Helden am Königshof (Jakobs I. von England, in dessen Gunst Barclay stand und dem er sein Werk widmete). Mit dem Wunsch des Helden, ständig bei Hofe bleiben zu dürfen, spricht der Autor bereits indirekt aus, was er in der *Apologia* eindringlich empfehlen sollte und was für das ganze 17. Jh. verbindlich wurde: das Streben nach Fürstengunst.

Die dichterische Umformung eigenen Erlebens verleiht dem zweiten Teil größere Unmittelbarkeit und Subjektivität. Barclays Satire, hier fast ausschließlich gegen die Jesuiten gerichtet, ist glaubwürdiger und treffender, die Handlung ist gestraffter, Sprache und Stil sind der künstlerischen Absicht gemäßer als in Teil 1. Wenn Barclay im Sprachlichen auch noch nicht die neuklassische Vollendung erreicht, die an seinen späteren Werken – besonders der *Argenis* – von GROTIUS, COLERIDGE, COWPER u. a. gerühmt wurde, schreibt er doch lebendig und humorvoll. Für die Zeitgenossen war der Roman vor allem wegen der zu vielerlei Deutungen – und Mißdeutungen – verlockenden allegorischen Satire und der objektiven, anschaulichen Schilderungen der damaligen Großen Welt interessant. Als lateinischer Schelmen- und Abenteuerroman satirisch-autobiographischen Inhalts war das Werk innerhalb seiner Gattung im 17. Jh. ein Novum und Unikum. Es bleibt zu prüfen, wieweit GRIMMELSHAUSEN, der den weitverbreiteten Roman sicher gekannt hat, sich an ihm für seinen *Abenteuerlichen Simplicissimus* orientierte. Jedenfalls lassen sich in beiden Romanen einige auffallende Parallelen nachweisen. M.W.

AUSGABEN: Ldn. 1603 [Tl. 1]. – Paris 1605 [Tl. 1]. – Paris 1607 [Tl. 2]. – Paris 1610. – Paris 1611 [zus. m. *Euphormionis Satyrici Apologia pro se*]. – Avignon 1969, Hg. J. Desjardins *(Eclogae)*. – Nieuwkoop 1973 [m. Einl., Anm. u. engl. Übers.].

ÜBERSETZUNG: *Euphormio. Satirischer Roman nebst Euphormios Selbstverteidigung und dem Spiegel des menschlichen Geistes*, G. Waltz, Heidelberg 1902.

LITERATUR: J. Dukas, *Étude bibliographique et littéraire sur le »Satyricon« de J. B.*, Paris 1880. – A. Collignon, *Notes sur l'»Euphormion« de J. B.*, Nancy 1901.

MARTÍN DEL BARCO CENTENERA

* um 1535 Plasencia oder Logrosán / Spanien
† um 1602 Madrid oder Lissabon

LA ARGENTINA Y CONQUISTA DEL RÍO DE LA PLATA

(span.; *Argentinien und die Eroberung des Rio de la Plata*). Episches Gedicht von Martín del BARCO CENTENERA (Argentinien), erschienen 1602. – Das Epos behandelt die langwierigen und blutigen Kämpfe im Gebiet des Río de la Plata, die der Dichter selbst miterlebte. *La Argentina* gehört zu der Flut epischer Dichtungen, die sich im Gefolge der *Araucana* ERCILLAS über das spanische Südamerika ergoß. Aber das poetisch recht anspruchslose Werk ist weniger der ausgefeilten und sonoren Verskunst Ercillas als der mittelalterlichen Ependichtung verpflichtet. Das etwas unbeholfen Archaische, das ihm anhaftet, zeigt sich schon in seinen unregelmäßigen Versmaßen. Auch nimmt der Verfasser niemals kritisch Stellung zum Geschehen. Andererseits zeichnen sich einige Partien der *Argentina* durch einen gewissen anschaulichen Realismus aus. Hier wird das persönliche Erlebnis des Autors spürbar. Literarhistorisch käme dem Werk heute kaum Bedeutung zu, wäre sein Titel nicht in die Weltgeschichte eingegangen: das Wort *Argentina*, das ursprünglich als Imitation der Titel *Araucana*, *Eneida* und *Ilíada* gedacht war, verwendet Barco Centenera in seinem Text auch als schmückendes Beiwort *argentino* (silbern) und in dessen substantivischer Form *el argentino* für den Río de la Plata und die Landschaft an seinen Ufern – so häufig, daß es zunächst jenem Landstrich, später sogar der ganzen Republik den Namen gab.

H.Fa.

AUSGABEN: Lissabon 1602. – Buenos Aires 1912 [Faks. d. Erstausg., Einl. J. M. Gutiérrez; m. Bibliogr.]. – Buenos Aires 1912, Hg. C. Navarro y Lamarca [m. Anm.]. – Buenos Aires 1979 (in *Los Fundadores. M. del B. C., L. de Tejeda y otros*, Hg. B. Canal Feijóo).

LITERATUR: J. Gutiérrez, *Estudio sobre »La Argentina y conquista del Río de la Plata« y sobre su autor D. M. del B. C.* (in Revista del Río de la Plata, 6, 1873, S. 287–334; 358–409; 648–689). – F. Schultz, *Tres poetas de la fundación* (in *Homenaje a Buenos Aires en el cuarto centenario de su fundación*, Buenos Aires 1936, S. 169–201). – D. M. Lucero Ontiveros, *El Renacimiento y América en »La Argentina« de M. del B. C.* (in CHA, 1954, Nr. 59, S. 179–189). – *Historia de la literatura argentina*, Hg. R. A. Arrieta, Buenos Aires 1958, Bd. 1, S. 84–95. – F. Pierce, *La poesía épica del siglo de oro*, Madrid 1961. – *Enciclopedia de la literatura argentina*, Hg. J. Caillet-Bois, Buenos Aires 1970, S. 75–77.

ARTURO BAREA

* 20.9.1897 Madrid
† 24.12.1957 Faringdon / Oxfordshire

THE FORGING OF A REBEL

(engl.; *Ü: Hammer oder Amboß sein*). Autobiographische Romantrilogie von Arturo BAREA (Spanien), geschrieben in spanischer Sprache, Erstveröffentlichung englisch 1941–1946. – Im ersten Teil, *The Forge (Die Schmiede)*, erzählt der Autor von seiner Kinder- und Jugendzeit. Als Halbwaise wächst er in ärmlichen Verhältnissen auf, ernährt von seiner abgöttisch geliebten Mutter, die als Waschfrau bei reichen Familien arbeitet. Der Junge erweitert seine kümmerliche Schulausbildung durch gelegentliche Lektüre und vor allem durch die genaue Beobachtung des Lebens, wie er es bei verschiedenen einfachen Nebenbeschäftigungen in der Stadt und auf dem Land kennenlernt. Der zweite Teil, *The Track (Der Weg)*, behandelt die Militärdienstzeit in Marokko um 1925, der letzte Teil, *The Clash (Der Zusammenprall)*, hat den Spanischen Bürgerkrieg, an dem der Autor auf der republikanischen Seite teilnahm, zum Thema. Der Ausgang des Bürgerkriegs bedeutete für Barea den Zusammenbruch seiner Ideale und zwang ihn zur Flucht nach England. *»Allein unter Ausländern merkte ich, daß ich keine weiteren Artikel und propagandistischen Schriften schreiben konnte, ohne vorher meine Anschauungen über das Leben meines Volkes zum Ausdruck zu bringen; weiterhin merkte ich, daß ich zur Klärung dieser Anschauungen zuerst mein eigenes Leben und meine Denkart analysieren mußte!«* Die Romantrilogie Bareas – zugleich Gewissensforschung, Bekenntnis und Memoirenbuch – stellt trotz ihres unsystematischen, geradezu willkürlichen Aufbaus einen Höhepunkt spanischer Erzählkunst der Gegenwart und einen entscheidenden Beitrag spanischer Exilierter zum Thema des Bürgerkriegs dar (vgl. M. AUB, R. SENDER). Charakteristisch für das Werk ist die Verflechtung von Zeitgeschichte und persönlicher Entwicklung, von Selbstanalyse und Umweltkritik. In der Art des pikaresken Romans illustriert eine bunte Fülle von Typen die verschiedenen städtischen und ländlichen Lebensbereiche. Das kritische Unbehagen des Erzählers wird zur lodernden Empörung über die Verlassenheit der Armen und die mit frommen Gebärden verbrämte Härte der Reichen, über die großen sozialen Gegensätze und die ideologischen Kämpfe in Spanien, die unüberbrückbare Klüfte aufreißen und schließlich zur Katastrophe führen. In dieser spannungsgeladenen Atmosphäre entwickelte sich der Charakter des einsamen Rebellen, der kennzeichnende Wesenszüge der spanischen Mentalität in sich vereint: den Idealismus eines Don Quijote, anarchistischen Personalismus, Gerechtigkeitssinn und den nörgelnden, manchmal zynischen Voluntarismus des Pícaro.

A.F.R.

AUSGABEN: Ldn. 1941 (*The Forge*, Übers. Sir P. Chalmers Mitchell). – Ldn. 1943 (*The Track*, Übers. I. Bara). – Ldn. 1946 (*The Clash*, Übers. I. Bara). – NY 1946 (*The Forging of a Rebel*, Übers. I. Bara). – Buenos Aires 1951 (*La forja de un rebelde*). – Madrid 1984. – Barcelona 1985/86.

ÜBERSETZUNG: *Hammer oder Amboß sein*, J. Kalmer, Ffm./Wien/Zürich 1955.

LITERATUR: M. Benedetti, *El testimonio de A. B.* (in Número, 2, 1951). – G. de Torre, *A. B.: »La forja de un rebelde«* (in Sur, 1951, Nr. 205, S. 60–65). – F. Ynduráin, *Resentimiento español: A. B.* (in Arbor, 24, 1953, S. 73–79). – Villa Selma, *Tres ensayos sobre la literatura y nuestra guerra*, Madrid 1956. – J. J. Devlin, *A. B. and J. M. Gironella. Two Interpreters of the Spanish Labyrinth* (in Hispania, 41, 1958, S. 143–148). – J. L. Alborg, *Hora actual de la novela española*, Madrid 1958. – E. de Nora, *La novela española contemporánea*, Madrid 1958–1962 [m. Bibliogr.]. – J. R. Marra-López, *Narrativa española fuera de España*, Madrid 1962. – E. Rodríguez Monegal, *Tres testigos de la Guerra Civil (Sender, Barea y Aub)* (in Revista Nacional de Cultura, 182, 1967, S. 3–22). – J. Ortega, *A. B., novelista español en busca de su identidad* (in Symposium, 25, 1971, S. 377–391). – J. Blanco Amor, *A 20 años de la »Forja de un rebelde«. A. B. y los valores de su obra* (in CA, 185, 1972, S. 213–222). – K. L. Lunsford, *»The Forging of a Rebel« by A. B. An Autobiographical Account of the Spanish Civil War*, Diss., Univ. of Maryland (vgl. Diss. Abstracts, 46, 1985, S. 1294 A).

GIUSEPPE BARETTI

* 2.4.1719 Turin
† 5.5.1789 London

LITERATUR ZUM AUTOR:
L. Piccioni, *Studi e ricerche intorno a G. B. con lettere e documenti inediti*, Livorno 1899. – *Letteratura italiana. I minori*, Bd. 3, Mailand 1961, S. 2043–2067. – N. Jonard, *G. B. (1719–1789). L'homme et l'œuvre*, Clermont Ferrand 1963. – L. Piccioni, *Bibliografia analitica di G. B.*, Turin 1942. – M. L. Astaldi, *B.*, Mailand 1977. – C. de Michelis, Art. *G. B.* (in Branca, 1, S. 207–212).

DISCOURS SUR SHAKESPEARE ET SUR MONSIEUR DE VOLTAIRE

(frz.; *Abhandlung über Shakespeare und Herrn von Voltaire*). Literarkritisches Pamphlet von Giuseppe BARETTI, erschienen 1777. – Der *Discours sur Shakespeare* ist mehr ein Angriff auf VOLTAIRE als eine Verteidigung SHAKESPEARES. Den Grund für diese heftige Attacke gegen den Protagonisten der französischen Aufklärung nennt Baretti selbst. Er wolle *»einen dreisten Betrüger entlarven, der seit einem halben Jahrhundert versucht hat, ganz Europa vorzumachen, er sei bewandert im Englischen und im Italienischen, obgleich er weder vom einen noch vom anderen das Geringste versteht«*.

Voltaires unzulängliche Sprachkenntnisse nachzuweisen ist eines der Hauptanliegen Barettis, vor allem, weil sich Voltaire trotzdem an zahlreiche Übersetzungen herangewagt habe, ohne die grundsätzliche Problematik des Übersetzens zu begreifen. Es gebe eben eine Vielzahl von Wörtern, die in der einen Sprache *»sehr schön ... und sehr poetisch«* seien, in der anderen dagegen *»sehr prosaisch ... und sehr gewöhnlich«*. Im Fall Shakespeare kämen noch weitere Schwierigkeiten hinzu, die seine Stücke so gut wie unübersetzbar machten. Voltaire habe nicht beachtet, daß die Vorstellung des Schönen von Land zu Land verschieden sei; für ihn sei jedes literarische Werk schlecht, das in französischer Sprache nicht gut wirke. Die schon in Voltaires *Essai sur la poésie épique* (1727) geäußerte Auffassung, die Kenntnis der Kunstwerke der Nachbarn könne zur Herausbildung eines *»goût général«* führen, findet Baretti daher *»absurd«*. Außerdem weist Baretti auf die Widersprüchlichkeit in Voltaires Urteil über Shakespeare hin, der einmal als *»Genie«*, und dann wieder als *»trunkener Wilder«* gesehen wird. Da Voltaire auch mit den Großen der italienischen Literatur nicht viel besser umgehe und aufgrund seiner Unkenntnis falsche Informationen übernehme und weiterverbreite, da er darüber hinaus einen Autor wie GOLDONI schätze, dessen Werke – entgegen Voltaires Behauptungen – weder sprachlich noch inhaltlich vorbildlich seien, könne man, so Baretti, nicht genug warnen vor diesem Autor, der *»selbst dann, wenn er nicht recht hat, gefällt«* und für den im übrigen die Klassiker der Weltliteratur nur *»Schwätzer«* und Stümper *»voller Fehler«* seien.

Der *Discours* war Barettis Antwort auf Voltaires *Lettre à l'Académie française*, die D'ALEMBERT am 25. 8. 1776 in Abwesenheit des Verfassers während einer öffentlichen Sitzung der *Académie* verlas. Voltaire hatte mit seinem Brief auf die Herausgabe der Shakespeare-Stücke in der Übersetzung von LE TOURNEUR reagiert, der Shakespeare in seiner Vorrede als *»wahren Schöpfer der dramatischen Kunst«* bezeichnet hatte. Voltaire sah in dieser Äußerung (vor allem in Verbindung mit der Widmung an den französischen König) ein *»grundsätzliches Infragestellen der heimischen Tradition«* (K. Hempfer) und einen Angriff auf die nationale Ehre Frankreichs. Da er die Regeln der klassischen Poetik (Einheit von Ort, Zeit und Handlung, die Beachtung der *bienséance*), als allgemeingültig betrachtete und dementsprechend in der französischen Tragödie den vollkommensten Ausdruck dieses Regelsystems sah, mußten ihn die Stücke Shakespeares mit ihren zahlreichen Verstößen gegen den klassizistischen poetologischen Kanon, etwa mit ihrer *»Un-*

angemessenheit zwischen sozialem Status und Sprachform der dargestellten Figuren« (K. Hempfer) befremden. Als persönlich kränkendes Moment kam bei Voltaire noch hinzu, daß sich Le Tourneur abfällig über die vorausgegangenen französischen Shakespeare-Übersetzungen geäußert hatte, zu denen ja auch einige aus Voltaires Feder zählten. Die abwertenden Formulierungen in Voltaires *Lettre* und in seiner in ganz Europa zirkulierenden Privatkorrespondenz erbosten Baretti, der den englischen Dramatiker bewunderte und mit dem Schauspieler David Garrick, dem besten Interpreten Shakespeares in seiner Zeit, aber auch mit dem Shakespeare-Herausgeber Samuel JOHNSON befreundet war. So entstand der *Discours*, der gleichzeitig in London und in Paris (wo er zensiert wurde) erschien.

Baretti selbst war von der Broschüre sehr angetan, wie aus seinen Briefen hervorgeht, in denen er auf »diese kleine Schrift« zu sprechen kommt, »die ich in einem Stück zurechtgeschliffen habe und die – so meine ich – das Beste ist, was ich je geschrieben habe« (Brief vom 5.5. 1777). Die große, europäische Resonanz, die Baretti sich von seinem Werk versprochen hatte, blieb jedoch aus. Trotzdem bildet der *Discours* die Quintessenz von Barettis ästhetisch-philologischen Betrachtungen. Hatte er sich früher oft gegen obskure Schreiberlinge übertrieben ereifert und andererseits noch als Aristarco Scannabue (unter diesem Pseudonym hatte er 1763/64 in Venedig seine literaturkritische Zeitschrift ›La Frusta letteraria‹ herausgegeben) wirklich Große, wie etwa Goldoni, fehlbewertet, so ist ihm mit seinem *Discours* gegen den damals 82jährigen Voltaire, mit dem ihn eine Art Haßliebe verband, ein literarisches Pamphlet von hoher Qualität gelungen, das zu den ersten Werken eines neuen Typus von »vorromantischer« Literaturkritik zählt. Dabei sind Barettis Argumente im einzelnen nicht neu: Den Vorwurf, Voltaire besitze zu geringe Sprachkenntnisse, um Shakespeare beurteilen zu können, hatte schon Lady M. W. MONTAGU in ihrem *Essay on the Writings and the Genius of Shakespeare* (1769) erhoben; die antiaristotelischen Positionen hatten Johnson und verschiedene französische Autoren wie FONTENELLE, LA MOTTE, ja selbst der junge Voltaire vertreten; und sogar in dem Baretti ureigenen Punkt, dem Aufzeigen der Problematik von Übersetzungen aufgrund der Unübertragbarkeit eines Textes in ein anderes Sprachsystem, ist der Autor von älteren Quellen abhängig, etwa von LOCKES Erörterungen über Sprache. Wenn Barettis *Discours* also weitgehend Ideen bringt, die im England der damaligen Zeit durchaus schon verbreitet waren, so stellt er für den italienischen Sprach- und Kulturraum eine Neuheit dar. K.Hr.

AUSGABEN: Ldn. u. Paris 1777. – Bari 1911; ²1933 (in *Prefazioni e polemiche*, Hg. L. Piccioni; Scrittori d'Italia). – Mailand/Neapel 1951 (in *Letterati, memorialisti e viaggiatori del Settecento*, Hg. E. Bonora; gek.). – Mailand 1967 (in *Opere*, Hg. F. Fido). – Turin 1976 (in *Scritti*, Hg. E. Bonora; gek.).

LITERATUR: L. Morandi, *Voltaire contro Shakespeare, B. contro Voltaire*, Città di Castello 1884. – L. Collison Morley, *Shakespeare in Italy*, Stratford 1916. – A. Devalle, *La critica letteraria nel '700. G. B. I suoi rapporti con Voltaire. Johnson e Parini*, Mailand 1932. – M. Fubini, *G. B., scrittore e critico* (in Civiltà moderna, 1938, S. 105–132; ern. in M. F., *Dal Muratori al B.*, Bari 1946; ern. 1975). – W. Binni, *Preromanticismo italiano*, Neapel 1948; ²1959. – C. J. M. Lubbers-Van der Brugge, *Johnson and B. Some Aspects of Eighteenth-Century Literary Life in England and Italy*, Groningen/Djakarta 1951. – K. Hempfer, *Shakespeare, Voltaire, Baretti und die Kontextabhängigkeit von Rezeptionsaussagen* (in ZfrzSp, 94, 1984, S. 227–245).

LETTERE FAMILIARI A' SUOI TRE FRATELLI FILIPPO, GIOVANNI E AMEDEO

(ital.; *Vertraute Briefe an seine drei Brüder Filippo, Giovanni und Amedeo*). Reiseaufzeichnungen in Briefform von Giuseppe BARETTI, ursprünglich in vier Bänden geplant, davon Band 1 u. 2 erschienen 1762/63; erste vollständige Veröffentlichung 1770 in englischer Sprache. – Barettis *Lettere familiari* sind die – wohl von seinem Freund Samuel JOHNSON (1709–1784) angeregte – Beschreibung einer viermonatigen Reise von England nach Italien, die der Autor in Begleitung des jungen Lord Edward Southwell im August 1760 nach neun Jahren Englandaufenthalt antrat. Wegen des Kriegszustandes zwischen England und Frankreich mußte Baretti per Schiff nach Portugal fahren und von dort aus auf dem Landweg durch Spanien und Südfrankreich weiterreisen.

Die *Lettere familiari* sind das erste bedeutende Werk des damals 41jährigen Autors, der bis dahin eine Sammlung von burlesken Gedichten in der Manier des Dichters Francesco BERNI, Übersetzungen (u. a. CORNEILLE) und kleinere literarische Pamphlete verfaßt hatte; außerdem hatte er ein englisch-italienisches Lexikon und einige Schriften über italienische Sprache und Kultur in englischer Sprache publiziert. Nach Erscheinen des ersten Bandes der *Lettere* in Mailand (1762) intervenierte der portugiesische Botschafter in Turin wegen der negativen Darstellung seines Landes. Als auch der Druck des zweiten Bandes in Venedig durch zahlreiche Eingriffe der Zensur erschwert wurde (1763), verzichtete Baretti auf die Herausgabe der beiden letzten Bände, auch weil er damals bereits an seiner literaturkritischen Zeitschrift ›La Frusta letteraria‹ (Die literarische Peitsche) arbeitete. Daher enden die *Lettere familiari* mit dem 47. Brief, der die Übernachtung in einem Dorf in der Nähe von Toledo beschreibt. Erst nach seiner endgültigen Rückkehr nach England (1766) veröffentlichte der Autor die Aufzeichnungen der gesamten Reise auf Englisch (*A Journey from London to Genoa ...*, 1770), wobei er einerseits weniger interessante Passagen wegläßt, z. B. die über seinen etwas lustlosen jungen Reisebegleiter, und andererseits die früher unterdrückten Teile (u. a. Stellen, in denen wohl Barettis Sympathie für die aus Portugal vertriebenen Jesuiten zu offen zutage trat) wieder aufnimmt; außerdem fügte er neue Informationen hinzu, die er bei einem zweiten Spanienaufenthalt 1768/69 gesammelt hatte.

Barettis eigene Beurteilung seiner *Lettere familiari* (u. a. in ›La Frusta letteraria‹, Nr. 5 u. 7) zeigt, daß er sich durchaus ihrer Bedeutung innerhalb seines Werks bewußt war. Dabei hält er stark literarisch geprägte Abschnitte, wie etwa seine Beschreibung des vom Erdbeben zerstörten Lissabon (19. Brief) für ein »Meisterwerk«, während heute vor allem die Passagen als besonders gelungen gelten, in denen das Erleben im Vordergrund steht, und Baretti alltägliche Begebenheiten und Eindrücke mit der ihm eigenen Lebhaftigkeit schildert (z. B. im 8. Brief seinen Tagesplan auf dem Postschiff, im 33. Brief die Rasur bei einem Barbier in Lissabon, im 36. Brief die Begegnung mit zwei wild tanzenden, hübschen Schwestern in der kleinen Grenzstadt Elvas). In den *Lettere familiari* versucht Baretti, einen lockeren, gepflegten Konversationston zu finden, wie er in der englischen Prosaliteratur üblich war. Hierin liegt eine der wesentlichen Neuheiten des Werks, da das Italienische bis dahin nur als papierne Gelehrten- und Literatursprache existierte, während man im alltäglichen Leben in allen sozialen Schichten ausschließlich die Dialekte als Kommunikationssprache verwendete. Barettis leichte Schreibweise mit den zahlreichen Neologismen und den gelegentlichen Nachklängen des burlesken Stils und seine subjektive Sicht des Erlebten brachten ihm den Ruf ein, ein »*Urvater des modernen Journalismus*« (L. Piccioni) zu sein. In ideologischer Hinsicht ist Baretti jedoch weitgehend seiner Zeit verhaftet: so distanziert er sich in den *Lettere familiari* zwar vom Aberglauben (vgl. im 2. Brief die Schilderung der Hexenschaukel über dem Fluß, mit der vermeintlichen Hexen Geständnisse abgepreßt wurden), kritisiert Elend und Kriminalität in der Metropole London und bedauert das Los der Negersklaven, die überall in Portugal anzutreffen waren, betrachtet aber zugleich die Mulatten als »*menschliche Monstren*«. Diese Doppelgesichtigkeit des »*modernen Reaktionärs oder besser gesagt eines konservativen Bürgerlichen*« (F. Fido) bedingte die unterschiedliche Einschätzung Barettis. Während Carducci ihn als »*uomo nuovo*« feierte, sah Foscolo in Baretti einen »*Nachäffer von Johnson*«. K.Hr.

Ausgaben: Mailand 1762 [Bd. 1]. – Venedig 1763 [Bd. 2]. – Ldn. 1770 (*A Journey from London to Genoa, through England, Portugal, Spain, and France*). – Mailand 1814 (in *Opere*, Bd. 5.) – Turin 1941, Hg. L. Piccioni [krit.]. – Mailand/Neapel 1951 (in *Letterati, memorialisti e viaggiatori del Settecento*, Hg. E. Bonora; Ausw.). – Mailand 1967 (in *Opere*, Hg. F. Fido; Ausw.; m. Bibliogr.). – Turin 1976 (in *Scritti*, Hg. E. Bonora; Ausw.).

Übersetzung: *Reisen von London nach Genua durch England, Portugal, Spanien und Frankreich*, J. T. Köhler, 2 Bde., Lpzg. 1771. – Dass., ders., Bln. 1784 (Sammlungen der besten und neuesten Reisebeschreibungen, Bd. 2.).

Literatur: G. Ricciardi, *G. B. e le sue »Lettere famigliari ai fratelli«*, Catania 1902. – M. Fubini, *G. B. dalle »Lettere a'suoi tre fratelli« alla ›Frusta letteraria‹*, Bari 1946; ³1975. – Th. Frank, *Two Notes on G. B. in England* (in Annali dell'Istituto Universitario Orientale, Neapel, Sezione Germanica, 2, 1959, S. 239–263).

Bar hebraeus

d.i. Yuhanna Gregorius Abū l-Farağ Bar 'Ebraya

* 1225/26 Melitene
† 30.7.1286 Maraga

KTĀBĀ D-TUNNĀYĒ MĠAḤḤKĀNĒ

(syr.; *Buch der ergötzlichen Erzählungen*). Sammlung von Anekdoten und Sprüchen von Bar Hebraeus. – Dieses Werk hat Bar Hebraeus, der vielseitig gebildete und sehr produktive Schriftsteller der syrischen Spätzeit und zweithöchste Geistliche der jakobitischen Kirche (so genannt nach Jakob Baradaeus, dem Organisator der Glaubensgemeinschaft der syrischen Monophysiten), in seinen letzten Lebensjahren zusammengestellt. Es handelt sich um eine Sammlung von 727 Anekdoten, die in zwanzig Kapiteln verschiedener Länge angeordnet sind. Die ersten neun Kapitel bieten, etwa in der Art der *Apophthegmata patrum (Sprüche der [ägyptischen Wüsten-] Väter)*, »nützliche Aussprüche« von griechischen Philosophen, von persischen, indischen und jüdischen Weisen, von christlichen Asketen, muslimischen Fürsten und deren Weisen und schließlich von Lehrern und Gelehrten, ferner hervorragende Aussprüche arabischer Asketen und schließlich Anekdoten von Ärzten. Die beiden folgenden Kapitel berichten von Fällen, in denen Tieren die Gabe der Rede verliehen wurde, und von Leuten, deren Träume und Vorhersagen in Erfüllung gingen. Die Kapitel 12–19 enthalten Geschichten von Reichen und Hochherzigen, Geizigen und Armen, von Handwerkern, die verachtete Berufe ausüben, ferner ergötzliche Geschichten von Schauspielern und Komödianten, von Clowns und Narren, Mondsüchtigen und Besessenen, Räubern und Dieben und schließlich von wundersamen Begebenheiten und Zufällen. Das zwanzigste Kapitel hebt sich von den anderen Abschnitten ab: Es stellt unter fast völligem Verzicht auf Anekdotisches physiognomische Merkmale zusammen, aus denen man auf Wesen und Charakter eines Menschen schließen kann.

Die Sammlung ist ein beredtes Zeugnis für die ausgedehnten Sprachkenntnisse, die große Belesenheit und die vielseitige Bildung des Bar Hebraeus, der neben seiner gründlichen Beschäftigung mit Naturwissenschaften, Philosophie, Theologie und Geschichtsschreibung auch der Anekdote sehr aufgeschlossen gegenüberstand. Die Vorlagen der einzelnen Anekdoten sind nun weitgehend ermittelt. Im fünften Kapitel, das von den christlichen Asketen handelt, sind hauptsächlich die *Historia lausiaca (Mönchsgeschichten)* des PALLADIOS und die *Apophthegmata patrum* benützt worden. Für das zwanzigste Kapitel (Physiognomie) muß die Vorlage erst noch festgestellt werden. Für die restlichen achtzehn Kapitel aber konnte U. MARZOLPH in einer gründlichen Untersuchung nachweisen, daß etwa achtzig Prozent der Erzählungen aus einem einzigen arabischen Werk stammen, dem *Kitāb Naṭr ad-Durr (Prosaperlen)* des Abū Saʿd (Saʿīd) Manṣūr ibn al Ḥusayn (Ḥasan) al-Ābī (gest. um 1030 n. Chr.). Dabei überträgt Bar Hebraeus die Texte keineswegs wörtlich, sondern überträgt sie aus dem arabisch-muslimischen in den syrisch-christlichen Kulturkreis. Keine Geschichte ist unverändert übernommen; im allgemeinen strafft er, mitunter erweitert er aber auch, um das Verständnis zu erleichtern. Bar Hebraeus will mit seinen »ergötzlichen Erzählungen« nicht nur angenehm unterhalten, sondern – wie aus seiner Vorrede und seinem Nachwort deutlich hervorgeht – auch belehren. Dabei wendet er sich nicht nur an seine syrischen Landsleute und monophysitischen Glaubensgenossen, sondern auch an Muslims, Juden und Ausländer; jeder soll in dieser Sammlung Nützliches finden. Wegen einiger gewagter Anekdoten sollte man ihn nicht tadeln; denn im Haus der Weisheit seien Dinge aller Art nötig, wie in einem Haushalt nicht nur Geräte aus Gold und Silber, sondern auch solche aus Kürbisschalen gebraucht werden. Daß ein hoher Kirchenfürst, ein Philosoph, Theologe und Geschichtsschreiber vom Rang des Bar Hebraeus ein solches, ganz aus dem Rahmen der syrischen Literatur fallendes Buch schreiben konnte und schrieb, »*beleuchtet vielleicht am hellsten, wie stark in seinem Schaffen ... die christlich-syrische Literatur ... einen maßgeblichen Einfluß des arabisch-persischen Islams erfahren hat*« (A. Baumstark). Die *Ergötzlichen Erzählungen* sind zweimal ins Arabische übersetzt worden, davon einmal von Yuḥannā ibn al-Ġurayr aš-Šāmī az-Zarbābī (17. Jh.).   J.As.

AUSGABEN: Altona 1787 (in J. G. C. Adler, *Brevis linguae Syriacae institutio*; 8 Geschichten). – Lpzg. 1886 (L. Morales, *Aus dem Buch der »ergötzenden Erzählungen« des Bar-Hebräus*, in ZDMG, 40; 59 Geschichten). – Ldn. 1897 (*The Laughable Stories collected by Mār Gregory John Bar-Hebraeus*, Hg. E. A. Wallis Budge; m. engl. Übers.).

ÜBERSETZUNG: *Oriental Wit and Wisdom, or The »Laughable Stories« collected by Mār Gregory John Bar-Hebraeus*, E. A. Wallis Budge, Ldn. 1899 [engl.].

LITERATUR: Baumstark, S. 319. – Graf, 2, S. 280; 4, S. 22. – U. Marzolph, *Die Quelle der »Ergötzlichen Erzählungen« des Bar Hebräus* (in OC, 69, 1985, S. 81–125).

MAKTBĀNŪT ZABNĒ

(syr.; *Beschreibung der Zeiten*). Historisches Werk von BAR HEBRAEUS. – Diese große Weltgeschichte, verfaßt von dem monophysitischen Bischof und späteren Maphrian (Oberhaupt der östlichen jakobitischen Kirche) Bar Hebraeus, ist die zweite bedeutende Leistung der syrischen Geschichtsschreibung; sie ergänzt – ebenfalls mit der Erschaffung der Welt beginnend – das gleichnamige Geschichtswerk des jakobitischen Patriarchen MICHAEL I. (genannt Michael der Syrer, †1199) und setzt es bis 1285 fort. Neben anderen Historikern benutzt sie besonders ausgiebig das Werk Michaels des Syrers, weicht aber in chronologischen Fragen und anderen Punkten nicht selten von ihm ab. Bar Hebraeus verläßt das synchronistische Tabellenschema Michaels, das den Stoff in drei Spalten nebeneinander ordnet, und stellt einer fortlaufenden Profangeschichte, dem sog. *Chronicon Syriacum* eine ebenso geschlossene Kirchengeschichte, das sog. *Chronicon ecclesiasticum*, an die Seite.

Der erste Hauptteil des Werks, das *Chronicon Syriacum* gliedert die Profangeschichte in elf Kapitel, die nach den Dynastien der jeweils mächtigsten Reiche benannt sind, ein bei den orientalischen Geschichtsschreibern des Mittelalters sehr beliebtes Schema. Innerhalb jeder »Dynastie« werden die politischen und kirchlichen Ereignisse sowie auch andere bemerkenswerte Vorkommnisse in chronologischer Reihenfolge berichtet. Gegenüber der Chronik Michaels kommt so eine viel geschlossenere und flüssigere Darstellung zustande. – Dem *Alten Testament* folgend, beginnt das *Chronicon Syriacum* mit der Erschaffung der Welt und den Patriarchen bis Moses (Kap. 1), berichtet dann von den alttestamentlichen Richtern bis Samuel (Kap. 2), von den Königen der Juden (Kap. 3) und behandelt kurz die Könige der Chaldäer (Kap. 4) und der Meder (Kap. 5). Etwas ausführlicher werden hierauf die Könige der Perser (Kap. 6), die griechischen Könige Alexander und die Diadochen (Kap. 7), die Könige der Römer (Kap. 8) und die der Byzantiner bis zum Auftreten Mohammeds (Kap. 9) dargestellt. Das weitaus ausführlichste Kapitel 10 berichtet über die Könige der Araber sowie vom Auftreten Mohammeds, von der Entstehung und Ausbreitung des Islam, von den Kreuzzügen, dem Einbruch der Mongolen, von Činggis-Khan und seinen Söhnen und den Begebenheiten bis zur Einnahme Bagdads (1258) durch die Mongolen unter Hülägü (reg. 1256–1265) und dem damit verbundenen Ende des abbasidischen Kalifats. Dieses zehnte Kapitel macht fast zwei Drittel des gesamten Werks aus. Kapitel 11 schließlich berichtet noch die Geschichte der Mongolen, die als »Hunnen« bezeichnet werden, erzählt von Kublai

Khan, von Abāqā (reg. 1265–1282), von der Eroberung Antiochiens (1268) und von dem Il-Khan Argūn (reg. 1284–1291). Die Ereignisse nach dem Tod des Bar Hebraeus (1286) bis zum Jahr 1297, vor allem die Ermordung von Šams ad-Dīn und die Regierung des Khan Gaihātū (1291–1295), sind wohl von BARṢAUMĀ, dem Bruder des Bar Hebraeus nachgetragen.

Der zweite Hauptteil des Geschichtswerks, das *Chronicon ecclesiasticum (Kirchengeschichte)*, besteht wieder aus zwei Teilen: Teil 1, der über den westlichen Bereich der syrischen Kirche, insbesondere die jakobitischen Patriarchen von Antiochien, berichtet, beginnt mit Aaron, dem ersten Hohenpriester der Juden, und teilt dann die Namen der weiteren Hohenpriester mit bis zu Annas und Kaiphas zur Zeit Jesu. Hierauf wird von den Hohenpriestern des *Neuen Testaments*, den Aposteln, erzählt. Aber dann beschränkt sich der Verfasser auf die Patriarchen des apostolischen Stuhls von Antiochien und bringt nach Serverus von Antiochien († 538) die Reihe der syrisch-jakobitischen Patriarchen von Antiochien bis zum Jahr 1285 (Tod des Patriarchen Nemrod mit dem Beinamen Philoxenos). Ein Unbekannter hat diese Geschichte bis zum Jahr 1493 (Ordination des Patriarchen Noe) fortgeführt. – Teil 2 behandelt die Geschichte des östlichen Bereichs der syrischen Kirche. Nach einem Bericht über die Tätigkeit des Apostels Thomas und seiner Schüler Addai und Aggai bis Yabalāhā (1282) wird hauptsächlich die Geschichte der jakobitischen Maphriane – beginnend mit Mārūtā (629) und bis auf Bar Hebraeus herabreichend – und des von ihnen geleiteten östlichen Teils der jakobitischen Kirche dargestellt. Doch wird dabei auch die Geschichte der nestorianischen Katholikos-Patriarchen und der nestorianischen Kirche nicht vernachlässigt. Von späterer Hand ist die Darstellung bis 1496 (Einsetzung des Maphrians Stephanus durch Patriarch Noe) fortgesetzt worden.

Das Geschichtswerk des Bar Hebraeus unterscheidet sich – bei aller stofflichen Verwandtschaft – von dem gleichnamigen Werk Michaels nicht nur in der formalen Anordnung des Stoffs, sondern auch in der Geisteshaltung und im Stil. Bei Michael ist die theologische Grundhaltung nicht zu übersehen, beurteilt er doch die Personen und Ereignisse, von denen er berichtet, nach der *Heiligen Schrift*, zum Teil mit biblischen Wendungen. Bar Hebraeus dagegen ist viel rationaler, kühler, distanzierter, objektiver. Diese Haltung entspricht seiner ganzen Natur; aber auch das Weltbild hatte sich in den Jahren seit Michael beträchtlich gewandelt. Bar Hebraeus berichtet Wunder nur selten, die vielfach beklagenswerten Zustände in den christlichen Kirchen schildert er unbefangen und ziemlich objektiv, als Arzt interessiert er sich für alles Medizinische. Stand Michael stark unter dem stilistischen Einfluß der *Bibel*, so ist bei Bar Hebraeus die Einwirkung der islamischen Literatur unverkennbar. Das *Maktbānūt zabnē* ist wohl das gelehrteste unter den vielen Werken des Bar Hebraeus und für die Geschichte der syrischen Kirche wohl das wichtigste. J.As.

AUSGABEN UND ÜBERSETZUNGEN: Zu *Chronicon Syriacum*: Lpzg. 1781, Hg. P. J. Bruns u. G. G. Kirsch, 2 Bde. [m. lat. Übers.]. – Paris 1890, Hg. P. Bedjan. – Oxford/Ldn. 1932, Hg. E. A. Wallis Budge, 2 Bde. [m. engl. Übers.].

Zu *Chronicon ecclesiasticum*: Rom 1721 (in J. S. Assemani, *Bibliotheca Orientalis Clementino-Vaticana*, Bd. 2; enth. syr.-lat. Ausz. aus dem 1., 2. u. 3. Teil). – Löwen 1872–1877, Hg. J. A. Abbeloos u. T. J. Lamy, 3 Bde. [m. lat. Übers.].

LITERATUR: Baumstark, S. 318/319. – E. Honigmann, *Zur Chronographie des Bar Hebraeus* (in OLZ, 37, 1934, S. 273–283). – Ders., *Le couvent de Barṣaumā et le patriarcat jacobite d'Antioche et de Syrie*, Löwen 1954. – Urbina, S. 221–223. – P. Kawerau, *Die jakobitische Kirche im Zeitalter der syrischen Renaissance*, Bln. ²1960. – A. Lüders, *Die Kreuzzüge im Urteil syrischer u. armenischer Quellen*, Bln. 1964.

MUḤTAṢAR AD-DUWAL

(arab.-christl.; *Abriß [der Geschichte] der Dynastien*). Geschichtswerk von BAR HEBRAEUS. – Bar Hebraeus, der Verfasser einer großen Weltgeschichte in syrischer Sprache, der sog. »Chronographie« *(Maktbānūt zabnē – Beschreibung der Zeiten)*, die aus einem profan- und einem kirchengeschichtlichen Teil besteht, veröffentlichte auf Wunsch muslimischer Freunde noch kurz vor seinem Tod eine arabische Bearbeitung des profangeschichtlichen Teils dieser Weltgeschichte. Da die Bearbeitung hauptsächlich für muslimische Leser bestimmt war, begnügte sich Bar Hebraeus nicht mit einer einfachen Übersetzung ins Arabische, sondern war bestrebt, dem Interesse und dem literarischen Geschmack seiner muslimischen Leser weitgehend entgegenzukommen. Infolgedessen kürzt er alles, was ihm für Araber weniger interessant erscheint, und erweitert anderes, z. B. Darlegungen zur Erklärung der biblischen Geschichte, die er bei christlichen Lesern als bekannt voraussetzen durfte. Er fügt ferner Auszüge aus der naturwissenschaftlichen (besonders der medizinischen und mathematischen) Literatur der Araber ein und bringt wichtige Nachrichten über Gelehrte und Schriftsteller aufgrund älterer arabischer Quellen. Beibehalten ist aber die Einteilung des syrischen Originals in zehn »Dynastien«, innerhalb derer die Zeitereignisse im Anschluß an die bedeutendsten Herrscherpersönlichkeiten dargestellt werden. Der weitaus umfangreichste Teil ist auch in dieser Bearbeitung das Kapitel (9) über die »Könige der muslimischen Araber« von Mohammed bis zum letzten abbasidischen Kalifen al-Mustaʿṣim (reg. 1242 bis 1258), das fast zwei Drittel des gesamten Werks einnimmt. Den Abschluß bildet die Geschichte der mongolischen Herrscher von Hülägü (reg.

1256–1265) bis zu Īl-Ḥan Arġūn (1285). – Dieses Geschichtswerk ist das letzte und auch eines der bedeutendsten unter den Werken des Bar Hebraeus.
J.As.

AUSGABEN: Oxford 1663 (*Historia compendiosa Dynastiarum, authore Gregorio Abul-Pharajio Malatiensi medico*, Hg. E. Pocockius; arab.-lat.). – Beirut 1890, Hg. Anṭūn Ṣālḥānī.

ÜBERSETZUNG: *Des Gregorius Abulfaradsch kurze Geschichte der Dynastien oder Auszug der allgemeinen Weltgeschichte*, G. L. Bauer, 2 Bde., Lpzg. 1783–1785.

LITERATUR: Baumstark, S. 319. – GAL, 1, S. 349/350; Suppl. 1, S. 591. – Graf, 2, S. 274/275. – J. B. Segal, Art. *Ibn al-'Ibrī* (in EI², 3, S. 828).

MAURICE BARING

* 27.4.1874 London
† 14.12.1945 Beaufort Castle, Beauly / Schottland

DIMINUTIVE DRAMAS

(engl.; *Ü: Miniaturdramen*). Dialogszenen von Maurice BARING, erschienen 1911. – Die erdachten Dialoge werden von Gestalten aus der Mythologie, Literatur und Geschichte geführt und sollen zeigen, daß diese in kritischen Situationen sich keineswegs wie Könige, Heroen oder Philosophen, sondern wie Durchschnittsmenschen benommen haben – in diesem Fall allerdings wie Engländer der Viktorianischen Ära. So streiten sich Heinrich VIII. und seine letzte Ehefrau, Katherine Parr, beim Frühstück darüber, wie ein weiches Ei gekocht wird und welche Farbe das Pferd Alexanders des Großen hatte; Äneas teilt im Ton eines Unteroffiziers, der einer älteren Geliebten überdrüssig geworden ist, Dido mit, daß er sie verlassen muß; Karl VI. von Frankreich wird verrückt, während er mit seiner Familie Karten spielt; Sokrates informiert Xanthippe, daß man ihm vorwirft, in Athen als Jugendverderber aufzutreten; und griechische Kritiker verreißen Euripides' *Elektra* ganz im Stil moderner Rezensenten.

Barings witzig-spielerische »Kurzdramen« sind mit ähnlicher Respektlosigkeit geschrieben wie Lytton STRACHEYS wenige Jahre später unter dem Titel *Eminent Victorians* erschienenen berühmten Biographien.
J.v.Ge.

AUSGABEN: Ldn. 1911. – Ldn. 1919. – Ldn. 1951; ern. 1959 (*Ten Diminutive Dramas*; Einl. Sir D. MacCarthy). – Great Neck/NY 1977 [Nachdr. d. Ausg. v. 1938].

ÜBERSETZUNG: *Miniaturdramen*, E. Bacharach-Friedmann, Bln. 1925.

LITERATUR: Dame E. Smith, *M. B.*, Ldn. 1938. – L. Fraser (Baroness Lovat), *M. B. A Postscript*, Ldn. 1947. – I. Boyd, *M. B.'s Early Writing* (in Downside Review, 92, 1974, S. 160–170). – R. Heussler, *M. B. and the Passing of the Victorian Age* (in Biography, 7, 1984, Nr. 2, S. 134–157).

GEORGE BARKER

* 26.2.1913 Loughton / Essex

THE DEAD SEAGULL

(engl.; *Der Dorn im Fleisch. Aufzeichnungen des G. B.*). Roman von George BARKER, erschienen 1950. – »Ich frage dich, ist dies ein Bericht? Es ist mehr als das: es ist der Ablauf des Weltgeschehens. Du, meine Geliebte, bist von jedem Manne seit der Erschaffung geliebt worden. Meine Geliebte, du wirst bis ans Ende der Welt von jedem Manne verlassen werden.« Diese Sätze führen ins Zentrum dieser Aufzeichnungen, die um das Mysterium der »ichbesessenen« Sinnlichkeit und der unendlich verschlungenen Dialektik von Leben und Tod, von Lust und Schuld kreisen. Die Liebe, diese »*doppelköpfige Furie*«, greift zum erstenmal in das Leben eines jungen Schriftstellers ein, als er seine Jugendfreundin Theresa heiratet. Noch ungeboren, entfremdet ihn das Kind, das sie schon vor dem Hochzeitstag von ihm empfangen hat, seiner Frau, aus deren »*verwundeter Hülle*«, wie er mit Ekel und Abscheu erkennt, bald neues »*wildes Fleisch*« wuchern wird, das er der »*furchtbarsten Rache der Zukunft*« – dem Dasein in dieser Welt – ausgesetzt hat. Kurz vor der Geburt des Kindes wird das bisher von äußeren Krisen verschonte Zusammenleben des Paares durch den Besuch von Marsden Forsden, einer Schulfreundin Theresas, jäh unterbrochen. Der Schriftsteller verfällt diesem launenhaften Geschöpf von hemmungsloser Sinnlichkeit. Er folgt Marsden nach London. Nach drei Wochen »*animalischer Besessenheit*« reißt er sich in plötzlichem Überdruß von ihr los und kehrt zu Theresa zurück, die in dem einsamen Landhaus am Meer wenig später ein totes Kind gebiert. Ihn verfluchend stirbt sie bald darauf, während Marsden, die ihm nachgereist ist, mit triumphierender Sicherheit erklärt, daß sie ebenfalls ein Kind erwarte.

Das Gefüge aus Ereignissen und von ihnen bewirkten Gefühlen und Reflexionen, in das die drei Menschen verstrickt werden, gründet auf dem archaischen, aus christlich-religiösen Vorstellungsbereichen stammenden Antagonismus von Geist und Trieb: im Kampf der »Schlange« mit der »Taube« wird die auf ihre Vereinigung mit Gott hoffende menschliche Seele ihrer Versklavung durch Lust und Gier, dem Fluch der Erbsünde, nie entkommen können. Die *furchtbare Geschichte des Bios* symbolisiert sich dem Autor im Bild der zwischen Amöbe und Totenschädel aufgehängten *»gleißenden Nabelschnur ewiger Mutterschaft«*. Die Liebe, für Barker dasselbe, was Kardinal NEWMAN *»ein furchtbares Unheil von Anfang an«* nannte, streckt alle von ihr Berührten mit der Waffe der Lust nieder. Zugleich mit dem neuen Leben wird neue Sünde gezeugt, ein Prozeß, der sich immer wieder vollzieht. *»Das im Bett der Wollust begangene Verbrechen erzeugt wiederum einen Verbrecher!« – »Alles sehnt sich nach Tod, wo alles nach Liebe jagt.«* Im Augenblick, da Theresa ihr Kind gebiert, wirbelt ein Sturm eine tote Möwe (das Symbol des Titels) vor ihre Füße.

»Das Buch des Katholiken Barker ist eine Herausforderung, und nicht allein eine für den protestantischen Geist. Es treibt auch für den Katholiken – wenn diese Formulierung gestattet ist – den Glauben an die Grenzen einer pessimistischen Mystik« (Rudolf Hagelstange). Sprache und Stil dieser radikalen Lebensbeichte verraten den von YEATS hochgeschätzten Lyriker Barker und sind bestimmt von der Situation des einsamen »Selbstgesprächs«, eines großen, weitausholenden *De profundis*. Die Metaphorik des Werkes ist der gleichnishaften Ausdrucksweise der *Bibel* angenähert. Im letzten Teil faßt der Erzähler, indem er sich vor seinem totgeborenen Sohn rechtfertigt, in einer gedrängten, bitteren Klimax den Sinn des erlittenen Mysteriums zusammen: *»Denn die Freiheit ist das Wissen von der Notwendigkeit, und die Notwendigkeit des Menschen ist Liebe, und die Notwendigkeit der Liebe ist das Dasein, und die Notwendigkeit des Daseins ist, daß zwei in einem Bette sündigen, und die Notwendigkeit, daß zwei in einem Bette sündigen, muß vergeben werden. Daher ist unsere einzige Freiheit zu verdammen.«* H.H.H.

AUSGABEN: Ldn. 1950. – Ldn. 1951. – Ldn. 1965.

ÜBERSETZUNG: *Der Dorn im Fleisch*, P. G. v. Bekkerath u. F. Podszus, Bln./Ffm. 1951.

LITERATUR: M. Fodaski, *G. B.*, NY 1969 (TEAS). – C. N. Pondrom, *An Interview with G. B.* (in Contemporary Literature, 12, 1971, S. 375–401).

JAMES NELSON BARKER

* 17.6.1784 Philadelphia
† 9.3.1858 Washington

SUPERSTITION, or The Fanatic Father

(amer.; *Aberglauben oder Der fanatische Vater*). Blankverstragödie in fünf Akten von James Nelson Barker, Uraufführung 1824. – Dieses für die Geschichte des amerikanischen Theaters wichtige Werk – es gilt als das beste Drama seiner Zeit – führt in die puritanische Vergangenheit Neuenglands; Indianeraufstand und Hexenprozeß sind seine dramatischen Höhepunkte. Im Stil des Melodramas sind in der Handlung effektvolle Intrigen, mysteriöse Verwandtschaftsbeziehungen und das Motiv der Eifersucht verarbeitet. Im Mittelpunkt steht der bei den abergläubischen Kolonisten als Helfershelfer des Teufels geltende »große Unbekannte«, der in Wirklichkeit der »Königsmörder« William Goffe (um 1605–1679) ist, einer jener puritanischen Richter, die den englischen König Karl I. zum Tod verurteilten. Er ist nach der Restauration in die nordamerikanischen Kolonien geflohen, wo ein Beauftragter Karls II. seine Spur verfolgt. Während Goffe jedoch vom König begnadigt wird, nachdem er sich als Vater Isabellas, der einstigen Frau Karls II. zu erkennen gegeben hat, wird sein Enkel, Charles Fitzroy, trotz seiner Beteiligung an der Niederschlagung des Indianeraufstands von der aufgebrachten Bevölkerung, die unter dem Einfluß eines fanatischen Geistlichen (er ist der Vater des von Charles geliebten Mädchens) steht, nach einem Hexenprozeß hingerichtet. Aus Kummer und Schmerz über dieses Unrechtsurteil stirbt Isabella.

Bemerkenswerter als der historische Gehalt ist der zeitgenössische politische Hintergrund, vor dem das Werk entstand. Barker war erst in zweiter Linie Dramatiker; sein Hauptinteresse galt der Politik (er war u. a. Bürgermeister von Philadelphia). In seiner Tragödie drückte er sein Mißtrauen gegenüber einer ungelenkten Massendemokratie aus, gegenüber einer von Emotionen geleiteten, verblendeten Menge, die z. B. die Hinrichtung eines Unschuldigen verschulden kann. – Nach heutigen Maßstäben kann das Stück mit seiner verwickelten Handlung und seiner antiquierten Aussage kaum noch als spielbar bezeichnet werden. K.J.P.

AUSGABEN: Philadelphia 1826 *(The Tragedy of Superstition)*. – NY 1917 (in *Representative American Plays*, Hg. u. Anm. A. H. Quinn; NY/Ldn. ⁶1938). – NY 1935 (in *American Plays*, Hg. A. G. Halline).

LITERATUR: P. H. Musser, *J. N. B., 1784–1858*, Philadelphia 1929. – A. H. Quinn, *A History of American Drama from the Beginning to the Civil War*, NY 1943 [rev.]. – J. G. Kuhn, *J. N. B.'s Plays of Ideas in 1812 and 1824; or, How He Got Scott Free*, Diss. Univ. of Pennsylvania 1969. – J. W. Crowley, *J. N. B. in Perspective* (in ETJ, 24, 1972, S. 363–369). – W. J. Meserve, *An Emerging Entertainment : The Drama of the American People to 1828*, Bloomington 1977, S. 177–184; 259–263). – A. Schmitt-von Mühlenfels, *J. N. B.: »The Tragedy of Superstition«* (in *Theater u. Drama in Amerika: Aspekte u. Interpretationen*, Hg. E. Lohner u. R. Haas, Bln. 1978, S. 194–218). – J. A. Vaughn, *J. N. B.* (in J. A. V., *Early American Dramatists*, NY 1981, S. 63–69).

ERNST BARLACH

* 2.1.1870 Wedel / Holstein
† 24.10.1938 Rostock

LITERATUR ZUM AUTOR:
Bibliographie:
E. B.-*Bibliographie*, Bearb. K. H. Kröplin, Bln. 1972.
Biographien:
I. Kleberger, *Der Wanderer im Wind: E. B.*, Bln. 1984. – C. Krahmer, *E. B. in Selbstzeugnissen und Bilddokumenten*, Reinbek 1984 (rm).
Gesamtdarstellungen und Studien:
D. Fleischhauer, *B. auf der Bühne, Eine Inszenierungsgeschichte*, Diss. Köln 1956. – G. Lietz, *Das Symbolische in der Dichtung E. B.s*, Diss. Marburg 1957. – H. Dohle, *Das Problem B. Probleme, Charaktere seiner Dramen*, Köln 1957. – W. Flemming, *E. B. Wesen und Werk*, Bern 1958. – E. Lichter, *Wort und Bild in den Dramen E. B.s*, Diss. Heidelberg 1960. – K. Braak, *Zur Dramaturgie E. B.s*, Diss. Heidelberg 1961. – F. A. Muschg, *Der Dichter B.*, Diss. Zürich 1961 [Zs.fassg.]. – H. Meier, *Der verborgene Gott, Studien zu den Dramen E. B.s*, Nürnberg 1963. – F. Deppert, *Schuld und die Überwindung der Schuld in den Dramen E. B.s*, Diss. Ffm. 1966. – K. H. Erdmann, *E. B.s Dramen. Eine Untersuchung zur spätbürgerlichen Problematik der Konfliktwahl und Menschengestaltung*, Diss. Jena 1967. – K. Graucob, *E. B.s Dramen*, Kiel 1969. – E. M. Chick, *E. B.*, NY 1972. – E. Jansen, *E.B.: Werk und Wirkung*, Ffm. 1972. – H. Kaiser, *Der Dramatiker E. B. Analysen und Gesamtdeutung*, Mchn. 1972. – B. Mogridge, *Satire in E. B.s Plays*, Diss. Cambridge 1972. – P. Fleischhauer, *Die Metaphernsprache im Werk E. B.s*, Diss. Köln 1975. – I. Schmidt-Sommer, *Sprachform und Weltbild in den Dramen von E. B.*, Diss. Tübingen 1976. – H. Falkenstein, *E. B.*, Bln. 1978. – M. Durzak, *Das expressionistische Drama. E. B., E. Toller, F. v. Unruh*, Mchn. 1979. – E. Piper, *E. B. und die nationalsozialistische Kunstpolitik*, Mchn. 1983. – M. Heukäufer, *Sprache und Gesellschaft im dramatischen Werk E. B.s*, Heidelberg 1985.

DER ARME VETTER

Drama in fünf Akten (zwölf Bildern) von Ernst BARLACH, erschienen 1918; Uraufführung: Hamburg, 20. 3. 1921, Kammerspiele, u. Berlin, 1. 4. 1921, Staatstheater. – Hans Iver, der »arme Vetter« – ein norddeutsch-düsterer Bruder des Moritz Stiefel aus WEDEKINDS *Frühlingserwachen* – ist von der »guten« Gesellschaft, aus der er stammt, geächtet. Er unternimmt aus Ekel vor sich und seinem *»faulen Selbstsein«* in den einsamen Heidegegenden der Oberelbe einen Selbstmordversuch, den aber hinzukommende Gäste eines naheliegenden Rasthauses vereiteln können. Das unerklärliche Verhalten des Verwundeten gibt der bunt zusammengewürfelten Gruppe Anlaß zu verschiedenen Vermutungen. Die ordinäre Frau Keferholz, der um seine kranken Kinder besorgte Dr. Engholm, der herumvagabundierende ehemalige Volksschullehrer Voß, der biedere Schiffer Bolz, Herr Siebenmark und seine Verlobte, Fräulein Isenbarn, versuchen, das ihnen unerklärliche Motiv zu Ivers Tat zu deuten. Der trocken-geschäftsmännische Siebenmark glaubt, mit Geld helfen zu können. Seine Verlobte dagegen beginnt den wahren Grund von Ivers Verzweiflung zu erkennen und sich mit zunehmender Einsicht von Siebenmark zu lösen. – In dem kaum merkbar immer dichter sich zusammenziehenden dramatischen Geflecht des Stückes steht die orgiastische Szene eines »Bacchanals«: eine Schar frierender und ausgehungerter Ausflügler, die der verspätete Elbdampfer zum Anlegeplatz bringt, umringt in der Gaststube einen in grotesker Ausgelassenheit als »Frau Venus« vermummten feisten Tierarzt, der der Verzweifelten in unwissender Roheit als »*scheinheiliger Venusfreund«* zur Zielscheibe seines plumpen Witzes macht. Unheimlich und großartig wirken die gröhlenden Rundgesänge des betrunken dem Dampfer zutaumelnden »Rachechores«. – Eifersucht, der ehrliche Drang zu helfen und die ihm langsam aufdämmernde Erkenntnis der Leere und Ungesichertheit der eigenen Existenz bewegen Siebenmark zu einer nächtlichen Auseinandersetzung mit Iver, der aber das ihm angebotene Geld im Streit hohnlachend zurückweist. Fräulein Isenbarn, vor die Wahl zwischen Siebenmark und Iver gestellt, entscheidet sich offen für den – toten Iver. Er wird mit aufgerissenen Verbänden im Gesträuch gefunden. – Die Handlung wandelt sich jetzt zum Epilog bei gleicher Szenerie: die altgewordenen Voß und Engholm –»*vergleichsweise Gespenster«* – teilen sich mit, daß Fräulein Isenbarn einen namentlich unterschriebenen Zettel mit der rätselhaften Notiz »*Ich bin es nicht mehr«* zurückgelassen habe. Einem hohen Herrn diene sie jetzt – »*und dem dient sie als Nonne, ja, ihr Kloster ist die Welt, ihr Leben – als Gleichnis«.*

Barlachs zweites Bühnenstück hat, im Gegensatz zu seinem Erstling *Der tote Tag*, eine vergleichsweise realistische Handlungsgrundlage, aber die Zeit dreht sich im Kreis und variiert unermüdlich das eine Thema: Flucht aus der Welt des Vorhandenen, Ekel vor der allgemeinen Niedrigkeit, Einsamkeit und Eingeschlossenheit des Menschen in der hinfälligen Beschränktheit seiner verhärteten Subjektivität, aber auch, als dezidiert expressionistische Elemente, Aufbruch und Wandlung. Wie in allen seinen Dramen hat der große Bildhauer und Graphiker auch hier die Gestalten seiner dramatischen Welt optisch erfaßt; die Lithographien zum *Armen Vetter* ergänzen die Aussage des Stücks mit Hilfe einer anderen künstlerischen Disziplin. KLL

AUSGABEN: Bln. 1918. – Mchn. 1956 (in *Das dichterische Werk*, Hg. F. Droß und K. Lazarowicz, 3 Bde., 1956–1959, 1; ⁴1985). – Stg. 1959; zul.

1985 (RUB; Nachw. W. Muschg). – Mchn. 1977 (in *Drei Dramen*). – Mchn. 1987, Hg. H. H. Fischer [m. Zeichn. v. E. B.].

LITERATUR: J. Bab, *Chronik d. dt. Dramas*, 1922 Tl. 4, S. 106 f. – H. Knudsen, *»D. arme Vetter«* (in SL, 1923, S. 239). – H. Jhering, *Von Reinhardt bis Brecht*, Bd. 1, Bln. 1961, S. 318–320. – E. M. Chick, *E. B.s »Der arme Vetter«* (in MLR, 57, 1962, S. 373–384). – Ders., *E. B. and the Theater* (in GQ, 36, 1963, S. 39–51). – G. Albus, *E. B. : »Der arme Vetter«* (in WB, 12, 1967, S. 877–908). – *E. B.s Drama »Der arme Vetter«. Wirkung, Kritik, Aufnahme*, Hg. U. Bubrowski, Mchn. 1988.

DER BLAUE BOLL

Drama in sieben Bildern von Ernst BARLACH, Uraufführung: Stuttgart, 13. 10. 1926; erschienen 1926. – In diesem spökenkiekerischen *»Drama des Werdens«* versucht der Bildhauer und Dichter den Leitgedanken vom *»Aufgehen des Persönlichen im Überpersönlichen«* zu veranschaulichen und das Problem der Versöhnung des im Fleisch lebenden Menschen mit dem väterlich-geistigen Gott durch dramatische Gestaltung zu bewältigen. Boll, dessen häufig »blaue« Gesichtsfarbe seine Neigung zum Schlagfluß verrät, ein von wütend-berserkerhafter Kraft strotzender, sektiererisch grübelnder, urvitaler Gutsbesitzer, erscheint mit seiner Frau Martha in einer Kleinstadt, um einzukaufen. Beide sind verabredet mit Otto Prunkhorst – wie Boll Gutsbesitzer –, dem jede Veränderung verhaßt ist. Boll wird in einem plötzlichen, von Blutandrang zum Kopf herrührenden Rausch zur Flucht vor sich selbst getrieben und sieht sich zweifach: *»Boll will Boll umbringen«*; denn *»Boll muß Boll neu gebären«*. Da trifft er mit Grete zusammen, der Frau des Schweinehirten Grüntal. Sie ist ihrem Mann gerade entlaufen. Ihre starke Triebhaftigkeit, die sie für sich und ihre Kinder als Gefahr empfindet, übt auf Boll einen verjüngenden, sinnlichen Reiz aus; beide spüren die gegenseitige Anziehung, als sie sich im Kirchturm verbergen. Grete will sich und ihre Kinder vergiften; Boll soll ihr das Mittel dazu verschaffen, versucht aber, ihr den Vorsatz auszureden. Beim teuflischen Wirt Elias erkennt Grete schließlich, dem Tod gegenüberstehend, das Verwerfliche ihrer Absicht und erwartet sehnsüchtig Boll, fällt aber bei seinem Erscheinen in Ohnmacht und muß von ihm in die Kirche gebracht werden. Als sie *»zwischen Aposteln«* erwacht, hat der »blaue«, wieder ganz gewöhnliche Boll die Anfechtung überwunden und rettet damit auch Grete, die zu ihrer Familie zurückfindet. Prunkhorst ist inzwischen einem Schlaganfall erlegen. Der Herr, der die letzten Stunden an seinem Bett verbracht hat, ein eigenartiger, klumpfüßiger Mensch, spricht mit Boll über dessen innere Wandlung: *»Leiden und Kämpfen, lieber Herr, sind die Organe des Werdens ... Boll wird durch Boll ... Werden vollzieht sich unzeitig, und Weile ist nur sein blöder Schein.«*

Solange in diesem Stück, das auch als Hörspiel eine starke Wirkung ausübt, die Figuren ihre schwerblütige realistisch-alltägliche Sprache sprechen, ist es von großer Eindringlichkeit – selbst dort, wo Elemente des Irrealen unmittelbar einbezogen sind. Dagegen sind die Partien, in denen die gedanklich-reflexive Dimension sich verselbständigt und alle anderen Elemente des Stückes zu überwuchern droht, ausgesprochen undramatisch. Immerhin zeugt die Figur des blauen Boll mit ihrer Gespaltenheit von Barlachs Gabe, die »innerste Erfahrung« seiner Bilderwelt aus der norddeutschen Landschaft lebendig zu machen, wenn auch dafür letztlich *»das Wort untauglich ist, bestenfalls eine Krücke für die, denen das Humpeln genügt«.*

W.P.-KLL

AUSGABEN: Bln. 1926. – Mchn. 1956 (in *Das dichter. Werk*, Hg. F. Droß u. K. Lazarowicz, 3 Bde., 1956–1959, 1; [4]1985). – Mchn. 1977 (in *Drei Dramen*). – Bln. 1981. – Mchn. 1987, Hg. H. H. Fischer [m. Zeichn. v. E. B.].

LITERATUR: W. I. Lucas, *B.'s »Der blaue Boll« and the New Man* (in GLL, 16, 1963, S. 238–247). – E. M. Chick, *»D. blaue Boll« and the Problem of Vision in B.* (in GR, 40, 1965, S. 31–40).

DIE ECHTEN SEDEMUNDS

Drama in sieben Bildern von Ernst BARLACH, Uraufführung: Hamburg, 23. 3. 1921, Kammerspiele. – Der junge Gerhard Sedemund, der sich von den verlogenen gesellschaftlichen Konventionen gelöst hat und als *»Adamist«* nach dem *»frischen Ursinn«* sucht, wird seiner streng auf Reputation bedachten Familie unbequem. Onkel Waldemar, ein scheinheiliger, phrasendreschender Erzspießer, möchte ihn am liebsten ins Irrenhaus sperren lassen. Ein fingiertes Telegramm, daß sein Vater schwer erkrankt sei, ruft den jungen Sedemund nach Hause zurück, aber er durchschaut den Plan. Sein Freund Grude, ein Sonderling, der an *»irgendwelche Beziehungen zum Verborgenen«* glaubt, die jeder Mensch in sich trage, und als freiwilliger Insasse der Irrenanstalt einen Urlaubstag hat, will den beiden alten Sedemunds einen Denkzettel verpassen, indem er ihnen mitteilt, daß Gerhard gestorben sei. Um das Gewissen nicht nur dieser Heuchler, sondern der ganzen, nur auf das *»Habeglück«* setzenden Kleinstadtbürgerschaft zu wecken, verbreitet er inmitten des Jahrmarkttreibens das Gerücht, der – in Wahrheit gerade verendete – Löwe des Tierbändigers Franchi sei ausgebrochen. (*»Wo keine Furcht bildet, muß ein Bild abschrecken.«*) Es kommt zu großer Verwirrung unter der Bevölkerung und wilden Schießereien der Gendarmen. Die Jagd auf den Löwen und auf Grude, der ihn befreit haben soll, erstreckt sich auch auf den Kirchhof, wohin der junge Sedemund inzwischen Vater und Onkel mit den für seine eigene Beerdigung bestimmten Kränzen geführt hat. Am Grabe der Mutter beschuldigt er den Vater (eine vitale, egozentrische Dostoevskij-Figur, an den alten Karamazov erinnernd), seine Frau zum Selbstmord getrieben zu haben. Um die Aufmerksamkeit der Anwesenden abzulenken, decken Onkel Waldemar und der alte Sedemund nun die Verbrechen und Machenschaften anderer Bürger auf. In der Erkenntnis, daß keiner besser sei als er, und überdies *»die Dinge so gleich ihrem Gegenteil sind«*, eine Trennung von Gut und Böse also unmöglich sei und *»Herr Sedemund nur der Koffertträger seines Selbst«*, richtet der Vater seine Anklage direkt gegen Gott, der seine Geschöpfe blind und unvollkommen erschaffen habe. Er befiehlt die Versammelten dem Satan an und zieht an der Spitze eines schauerlichkomischen Zuges der *»Höllenbrüder«* über den Friedhof. Da erscheint Grude und präsentiert das Löwenfell. Beim Anblick des toten Raubtiers beruhigt sich der aufgeschreckte *»Löwe Gewissen«* der Beteiligten sehr schnell. Man ist fortan wieder nur um seinen guten Ruf besorgt. Wachtmeister Lemmchen will von den gerade eingestandenen Verbrechen auf einmal nichts gehört haben. Ein toter Löwe kann keine Furcht einflößen. Der junge Sedemund beugt sich dem Willen der Familie und geht freiwillig in die Anstalt. Um den Sedemunds zu entrinnen, wird er selbst ein »echter Sedemund«. Dieses als Tragikomödie zu bezeichnende dritte Stück Barlachs – nach *Der tote Tag* und *Der arme Vetter* – trägt trotz einer Reihe realistischer Elemente und der unverwechselbar eigenständigen Sprache und geistigen Welt des Dichters stark expressionistische Züge, die, in der streng abstrahierenden Inszenierung Leopold Jessners am Berliner Staatstheater (April 1921) noch besonders herausgearbeitet, dazu beitrugen, daß das dramaturgisch geschickt exponierte und im Grunde sehr bühnenwirksame Werk auf Unverständnis und Ablehnung stieß. – Ursache dafür war wohl in erster Linie der hintergründige, oft absichtsvoll nichtssagende, dann wieder bilder- und anspielungsreiche Dialog der urwüchsigen und zugleich mystischen Gestalten der niederdeutschen Landschaft. Die weltanschaulich-metaphysischen Fragen, die das Stück aufwirft, sind – mehr als in den meisten anderen Werken Barlachs – symptomatisch für die Zeit, in der es entstand, die Blütezeit des Expressionismus. Die Welt gleicht einer turbulenten Kirmes, auf der Schein und Lüge triumphieren, obgleich sich die Zeitkritik des Stücks in einer allgemeinen Zivilisationskritik verflüchtigt. Es gibt aber ein anderes höheres Sein, das sich hinter der Scheinhaftigkeit des Menschen verbirgt. So erkennt Grude: *»Jeder ist ein Doppelgänger und ist nicht bei sich und mit sich allein«*, und der alte Sedemund bittet sich aus, daß seine *»gegenwärtige Form nicht Herrn Sedemunds einzige ist«*. Diese andere Form, die wirkliche, gilt es aufzudecken. Grude hetzt den Löwen auf die Menschen, um sie zur Wahrhaftigkeit zu zwingen. Doch entpuppt sich sein Löwe, von dem er sagt, daß er im Inneren des Menschen sitze und ihn zum Teil seiner Majestät mache, als Attrappe, als *»Affenlöwe«*. Mit ihm wird nicht das wahrhafte Gewissen, sondern nur ein *»Kaffernegewissen«* aufgespürt, die egoistische *»gemeine Menschlichkeit«*, mit der die Mütter ihre Kinder schon im Leibe vergiften. Damit bezieht Barlach in den Problemkreis um das Vater-Sohn-Verhältnis auch die Mutter mit ein. Ihre Belastung mit kaum tragbarer Verantwortung wird in seinen späteren Werken eine noch größere Rolle spielen. KLL

AUSGABEN: Bln. 1920. – Mchn. 1956 (in *Das dichterische Werk*, Hg. F. Droß u. K. Lazarowicz, 3 Bde., 1956–1959, 1; 4 1985). – Mchn. 1977 (in *Drei Dramen*). – Mchn. 1987, Hg. H. H. Fischer [m. Zeichn. v. E. B.].

LITERATUR: W. Muschg, *Der Dichter E. B.*, Wiesbaden 1958 (Abh. d. Akad. d. Wiss. u. Lit. Mainz, 1957, 3). – J. de Voos, *Schreckbilder des Geistigen in E. B.s »Die echten Sedemunds«* (in Germanistische Mitt., 1981, H. 14, S. 17–32).

DER FINDLING. Ein Spiel in drei Stücken

Ein Spiel in drei Stücken von Ernst BARLACH, erschienen 1922; Uraufführung: Königsberg/Pr., 21. 4. 1928, Schauspielhaus. – Dieses Mysterienspiel, das zwischen dem Purgatorium der *Echten Sedemunds* (1920) und dem Jüngsten Gericht am Anfang der Zeiten, *Die Sündflut* (1924), steht, wirft die Frage auf: Werden die Menschen zur Liebe fähig sein, die die Gnade des Heils in die Welt bringt? Die irdische Machtlosigkeit des eben geborenen *»Heilands«* wird überdeutlich: der Welt droht Zerfall; alle menschlichen Bande sind zerrissen; das Volk flieht vor der Herrschaft des »roten Kaisers« (Symbol des Blutigen), dem Sohn des »gelben Kaisers« (Symbol einer glücklichen Goldenen Zeit, die nie ist und nie sein wird, sondern immer nur war). In einer unbestimmbaren Landschaft setzt das *Vorspiel* ein. Vor der Arbeitsstätte des »Steinhauers« – dort spielen alle drei Teile des Werkes – lassen zwei Flüchtlinge ihr *»krätziges Kind mit den krummen Beinen«* zurück. Niemand aus dem Volk, das sich auf der Flucht vor dem »roten Kaiser« hier sammelt, will in diesem *»blassen Kind«* den Heiland erkennen. Das namenlose Wesen wird verspottet und verhöhnt, man will es ertränken, aber nicht einmal sein Tod erscheint den Menschen wichtig genug – sie werden weiterhasten. Der »rote Kaiser« ist vom Steinklopfer erschlagen und gekocht worden. Der Prophet Pfingsten und sein Diener Vesper eröffnen dem Volk das kaiserliche Vermächtnis: *»Der rote Kaiser gibt dem Land bekannt: / Gott ist im Menschen, und wer Menschen frißt, frißt Gott. / Euch wird nach mir der Heiland geboren. / Schafft euren Heiland, Weiber, zur Welt!«*

Im Mittelstück erscheinen Mutter Kummer und ihre Tochter Elise. Als der Steinklopfer ihnen das verachtete Kind zeigt, prallt Elise entsetzt zurück: *»Ein Spiegel der Fratze des verzweifelten Gottes ist das Findelkind.«* Der alte Puppenspieler Klinkerfuß und sein Sohn Thomas führen zwei gleichnishafte

Puppenspiele auf: Der Tod will Kasper holen, der ihn jedoch vertreibt. Als Kasper aber den Versuchungen des Teufels zu erliegen droht, wird er vom Steinklopfer erschlagen. Ein Gebet des Steinklopfers um den neuen Heiland führt die Parabel der Puppenspiele fort. – Im *Schluß-Spiel* macht sich das hungernde Volk über die Fleischreste im Kessel des Steinklopfers her. Elise, die Tochter des verhaßten Wucherers, die sich für ihren Vater und die Menschen schämt, erbarmt sich nun doch des Kindes und erkennt in ihm, sich selbst zum wahrhaften Menschen wandelnd, den Heiland der Welt. Sie zeigt das plötzlich *»leuchtend schöne Kind«* dem versammelten Volk, das von seinem Glanz betroffen ist.

Im *Findling* erscheint die Symbolik der Sprache Barlachs besonders dicht und intensiv. Kein Bühnenstück im herkömmlichen Sinne, lebt es mehr aus der Reflexion als aus einer theatergerechten Handlungsführung. Die bohrende denkerische Leidenschaft macht das Werk sprachlich oft ungestüm und spröde, der gleichsam biblische Zorn des heilverkündenden Autors wirkt ergreifend. Das *Mittelstück*, das die Puppenspiele enthält, ist von überraschender Lebendigkeit; es unterscheidet sich auch sprachlich von der Haupthandlung. Allerdings sind die überlangen, meist dreifach endgereimten Knittelverse, die den Einfluß GOETHES verraten – kurz vor diesem Stück waren Barlachs *Faust*-Illustrationen entstanden –, auch in den Äußerungen des Propheten Pfingsten wiederzufinden. Barlach benutzt außerdem binnengereimte Prosazeilen bei freiem Rhythmus. In den übrigen Dialogen klingt ein berserkerhafter, polternder Ton an, in dem Barlach auch wüste, durch Bildhaftigkeit verdichtete Roheiten nicht scheut.   W.P.

AUSGABEN: Bln. 1922. – Mchn. 1956 (in *Das dichterische Werk*, Hg. F. Droß u. K. Lazarowicz, 3 Bde., 1956–1959, 1; 4 1985). – Mchn. 1988, Hg. H. H. Fischer [m. Holzschnitten v. E. B.].

LITERATUR: W. Muschg, *Der Dichter E. B.*, Wiesbaden 1958 (Abh. d. Akad. d. Wiss. u. Lit. Mainz, 1957, 3).

DER GESTOHLENE MOND

Roman von Ernst BARLACH, entstanden 1936/37, erschienen 1948. – Während der NS-Zeit, da man vor allem den Bildhauer Barlach als »entarteten« Künstler verfemte und am Schaffen hinderte, schrieb der Dichter Barlach sein letztes Werk, eine Auseinandersetzung mit den Problemen menschlicher Schuld und menschlichen Leidens. Symbol der Verfinsterung durch das Böse ist das Verschwinden des Mondes; Satan hat ihn gestohlen, der es liebt, zur Erholung von seinem teuflischen Beruf als Biedermann aufzutreten: *»Und so vollzog er einen flotten Wechsel vom Teuflischen ins Biedere ... betroffen von der Erkenntnis, wie leicht die Brücke zwischen zwei so abgrundtiefen Geschiedenheiten zu schlagen war.«* »Biedermänner« sind auch die Menschen der Kleinstadt, in der die Geschehnisse spielen, allen voran die Freunde Wau und Wahl – zwei Gestalten, die Barlach den Brüdern Walt und Vult aus JEAN PAULS Roman *Flegeljahre* nachgebildet hat. So ungleich die Charaktere dieses Brüderpaares sind, so verschieden sind die der Freunde Wau und Wahl, so daß man eher von einer Feindschaft zwischen ihnen sprechen kann: *»Feindschaft wie die zwischen Wahl und Wau können Viele nicht von echter Freundschaft unterscheiden.«* Wau ist ein stiller, uneigennütziger Mensch, der sich in traumhaft-visionären Zuständen, aber auch nüchterner verstandesgemäßer Weise um die Erkenntnis der Welt und des Ich bemüht und dem die Gebundenheit an das Böse ebenso offenbar wird wie dessen Notwendigkeit zur Heilswerdung der Schöpfung: *»Wau hatte gelitten und erfahren, was durch Leiden zu erfahren ist, er hatte gelernt, da er mehr zum Geben als zum Erraffen angelegt war, gut sein zu lassen, was böse schien. Er verübelte dem Leben nichts und nahm es doch leicht.«* Wahl hingegen nimmt es leicht. Überzeugt von sich, leichtsinnig auf Glück spekulierend, waghalsig in – oft dunklen – Geschäften, lebt er völlig dem äußeren Glanz, der durch Reichtum zu gewinnenden Geltung: *»Das Bedürfnis nach dem Schein einer Wohlgeordnetheit, ja festlicher Lebensgestaltung war übermächtig an ihm und ergreifend für Wau seine Bedürfnislosgkeit bei den Fragen nach Wert oder gar Würde seiner menschlich-wesentlichen Substanz.«* Seinen Anlagen gemäß kennt Wahl keinerlei Rücksichtnahme anderen gegenüber. Ständig bedrückt von Schulden, scheut er sich nicht, mit Waus Geld, aber ohne dessen Genehmigung, ein komfortables Landhaus zu errichten, das zum Treffpunkt und Wohnsitz zahlreicher, oft zwielichtiger Freunde wird. Auch der alte Wahl führt dort mit seiner Geliebten Frieda ein Lotterleben. Als Wahl sich und den gutmütigen Wau durch betrügerische Machenschaften an den Rand des Ruins gebracht hat und außerdem am Tod Friedas mitschuldig geworden ist, windet er sich, frei von jeglichem Schuldgefühl, aus der peinlichen Lage und heiratet die uneheliche, aber testamentarisch großzügig bedachte Tochter eines reichen Mannes.

Die karge Handlung des Romans dient lediglich als Vorwand, immer wieder die tiefe Verstrickung sämtlicher Personen ins Böse zu zeigen. Alle tragen Schuld am Elend ihrer Mitmenschen, doch Wau allein ist sich dieser Schuld bewußt, erkennt die Sündhaftigkeit und Todverfallenheit des Menschen. Der Tod war *»ein Gast, dessen Gegenwart Wau wie durchaus berechtigt hinnahm«*. Waus Vertrautheit mit dem Tod entspringt jedoch keineswegs einer Lebensverachtung, sondern ruht in der frommen Gehaltenheit des Seinsgläubigen: *»Etwas hielt ihn, und etwas Andres beunruhigte ihn aus der Dankerbietung an das All des Lebens, und wenn Leben nicht der Spender des eigenen Seins war, an den Spender des hinter dem Leben in verglühender Dunkelheit verborgen schaffenden Seins.«* Auch wenn er die bestehende Ordnung häufig beklagt, macht er Gott nicht für sie verantwortlich: *»Ihn zu lästern,*

weil das Geschaffene in seinen Augen fehlgeschaffen wäre, war nur lächerlich.« Daran hindert Wau vor allem das Bewußtsein der eigenen Sündhaftigkeit, das ihn eines Tages in einem kosmisch-visionären Gleichnis überwältigt: »*Es war ein Schatten dagestanden, der . . . in den Weltraum unabsehbar hineinragte, ja ihm erfüllte . . . Und es war sein Schatten.*« In der Auseinandersetzung Waus mit den Schrecken der Sünde und des Todes wird Wahl stets aufs neue zur Verkörperung des Bösen, das Wau in nächtlichen Traumgesichten quält und das er seinem Freund zur Bewußtheit bringen und dadurch in ihm bekämpfen möchte, wobei gelegentlich die so ungleichen Freunde in Waus Vorstellung zu einer Person verschmelzen: sie erscheinen dann als die beiden gegensätzlichen Möglichkeiten des Menschen. Die dialektische Spannung zwischen Gut und Böse wird ins Metaphysische gesteigert, als Wau die Stimmen der beiden »*gefallenen Engel*« Harut und Marut, die sich mit Leid und Liebe auseinandersetzen, hört. Sie erkennen das Leiden als Folge des Abfalls »*von dem Einen, der ist*« und den Haß als notwendige Antithese zur Liebe, damit diese sich um so stärker entfalte. Und die Gedanken Maruts deuten auf die erlösende Synthese in der Gnade am Ende der Zeiten hin: »*Alles Leid darf nicht geschehen sein, dieses ist das Größte aller Dinge.*« Zu der gleichen Einsicht gelangt Wau in jenem Dialog mit sich selbst, in dem zunächst Barlach seine tiefe Skepsis dem Wort gegenüber von Wau aussprechen läßt: »*Der Endlose, der Mächtige, der unhörbar den Weltraum Durchschwingende hat über euch den Fluch des Wortemachens verhängt. Brauchte ich nicht zu reden, vielleicht könnte ich schaffen.*« Doch Wau besinnt sich »*auf das Höchste des Geschehens*«: »*Das Höchste ist, daß das Gewesene dereinst nicht gewesen sein wird und mit ihm alles Leid aller gewesenen Zeiten!*«
Diese gläubige Gewißheit der Gnade setzt Barlachs letztes dichterisches Werk ab gegen die vorangegangenen – Dramen wie auch Prosastücke –, in denen vor allem »Wegsucher« dargestellt werden. Im *Gestohlenen Mond* erkennt der Dichter als Ziel allen Geschehens die Erlösung vom Leiden, von der Zeitlichkeit, und als Weg dorthin den dialektischen Prozeß von Gut und Böse, Liebe und Haß, eine Dialektik, die ihre Verkörperung in den »Freund-Feinden« Wau und Wahl findet. Auch die Sprache erreicht hier das Gleichgewicht künstlerischer Reife. Barlach verzweifelt an der Ohnmacht des Worts, das Wesentliche klar zu erfassen, und erkennt es doch zugleich als Mittel zur Wahrheitsfindung, ein Antagonismus, den er durch seinen tiefen, im Religiösen wurzelnden Humor versöhnt. Diese zwiespältige Einstellung zur Sprache wirkt stilbildend: Der Dichter spielt mit den Worten, kreist in gleichnishaften Prägungen die Wahrheit ein, bis er ihr so nahe wie möglich zu sein glaubt; seine Bilder decken sich mit einer scharf gesehenen Wirklichkeit und weiten sich dennoch zum Sinnbild des Irrationalen, des Metaphysischen. Die Realität wird präzise eingefangen und läßt gerade in den Augenblicken äußerster Verdichtung das Irreale durchscheinen – gesteigerte Wahrhaftigkeit beider Seinsbereiche beschwörend, beider Einheit dialektisch erweisend.

Mit seiner »*Gleichniserzählung*« (W. Muschg) *Der gestohlene Mond* gehört Barlach – wie z. B. KAFKA, MUSIL und BROCH – zu den Schöpfern einer neuen Sprache und Struktur im nachexpressionistischen Roman, dessen Hauptthema der »*unbehauste Mensch*« (im Sinne von H. E. HOLTHUSEN) ist.

E.N.

AUSGABEN: Bln./Ffm. 1948. – Mchn. 1959 (in *Das dichterische Wrk*, Hg. F. Droß u. K. Lazarowicz, 3 Bde., 1956–1959, 3; ²1976; Nachw. W. Muschg).

LITERATUR: F. Horn, *Die Dichtung E. B.s und ihr ethischer Gehalt*, Diss. Wien 1952. – G. Schmidt-Henkel, *E. B.s posthume Prosafragmente »Seespeck« und »Der gestohlene Mond«. Ein Beitrag zur Erkenntnis der existentiellen Autobiographie in Romanform*, Diss. Bln. 1956. – H. Schweizer, *E. B.s Roman »Der gestohlene Mond«*, Bern 1959.

DER GRAF VON RATZEBURG

Drama in zehn Bildern von Ernst BARLACH, entstanden 1927, überarbeitet und nahezu vollendet 1934/35 und 1937, erschienen 1951 als von Friedrich SCHULT besorgte Nachlaßfassung; Uraufführung: Nürnberg, 25. 11. 1951, Lessingtheater. – Die Gestalt des »Wegsuchers«, der auf der Pilgerschaft zu Gott ist, steht im Mittelpunkt auch dieses Barlachschen Stücks. Graf Heinrich stellt, nach einer Begegnung mit Offerus, den er in seinen Dienst nimmt, und Adam und Eva, seine gesamte bisherige Existenz als »Haber« in Frage. Sein Besitz und sein Stand bedeuten ihm nur noch »*Geltungen . . . die auf seinen Schultern wuchten*« und die ihm vor allem im Angesicht Gottes fragwürdig erscheinen, der allen Besitz verwirft, denn »*sonst wäre er ein besessener Gott*«. Heinrich überläßt seinem Bruder Jos die Regierung der Grafschaft und begibt sich mit dem Herzog von Lauenburg, dessen Diener er sein will, auf einen Kreuzzug. Aber der stolze Herzog lehnt es ab, den Grafen, dessen demütige Haltung er für eine unwürdige Geistesverwirrung hält, als seinen Diener zu behandeln. Offerus, der nur dem herrlichsten Herrn dienen will, hat sich von Heinrich losgesagt und ist in den Dienst des Herzogs getreten, den er aber auch verläßt, als Marut, Satans Statthalter auf Erden, erscheint und alle außer Offerus vor ihm zurückweichen. Die Kreuzzügler geraten in die Gefangenschaft des türkischen Sultans und werden als Galeerensklaven in Ketten durch Smyrna geführt. Für den verwundeten Herzog erbittet Heinrich Wasser und Öl von der Witwe Chansa. Marut wiegelt den Pöbel gegen die Witwe auf, da sie »Ungläubigen« geholfen habe. Angesichts ihrer Leiden am Marterpfahl ergreift Heinrich die Qual des Gottsuchers, der den rechten Weg nicht findet: »*Dunkel – man sieht nicht Weg und*

Steg, so endet es also ohne Weg und geht über keinen Steg! Und ist da doch ein Steg, so weiß mans nicht.« Als Märtyrerin der Nächstenliebe erleidet die Heidin den Tod.

Hilarion, ein christlicher Asket auf dem Berg Sinai, hadert mit Gott, da er kein Zeichen seiner Gnade erhält. Der Einsame wird gestört durch Offerus und Marut, den Hilarion durch Schlagen des Kreuzzeichens bannt, worauf Offerus den ihm längst furchtbaren Statthalter Satans verläßt und von dem Asketen zu erfahren sucht, wer denn der mächtige Herr sei, dem der Böse weichen mußte. Hilarion verweist ihm die Frage nach dem Herrn, denn wichtiger sei das *»Wachen und Fasten«*, der Dienst am Herrn. Vom Räuber Orkob geführt, wirft sich Graf Heinrich weinend vor Hilarion auf die Knie und fragt ihn nach dem Wert des weiten Weges; er entgegnet: *»Er lohnte, wenn er Frucht brächte.«* Damit Heinrich bei ihm Ruhe finde, behält Hilarion ihn bei sich. Auf der Suche nach den zerbrochenen Gesetzestafeln stößt *»das Gespenst des Moses«* auf Hilarion, der ihm erklärt, Gott habe ihn, Moses, zum Umherirren verdammt, weil er das Gebot des Herrn als ein *»Du sollst«* mißdeutet habe, während es doch heißen müsse *»dienen ... und wer recht dient, der ist gottrecht und gerecht«*. Moses erscheint erneut und reagiert voller Zorn auf das Bekenntnis des *»Narren«* Heinrich: *»Ich diene dem Herrn der Stille ... Seine Herrlichkeit ist mir zu Dienst, und mein Dienst ist solcher an seiner Herrlichkeit.«* Hilarion nimmt den Glauben des Grafen in Schutz und bittet Gott, ein Narr im Sinne Heinrichs werden zu dürfen.

Jahrzehnte später ziehen der Herzog von Lauenburg und der Ritter vom Wald als Pilger durch die Sinai, um sich derart die Gnade Gottes zu sichern. Heinrich, unerkannt von den ehemaligen Gefährten, hört nur Abfälliges über sich, den *»Toten«*, und verwirft traurig ihre Wertschätzung der *»Geltungen«*. Offerus lebt nun als Fährmann an einem Strom. Eines Nachts trägt er ein Kind durch die Flut, das sich als der *»herrlichste Herr der Welt«* offenbart und ihn auf den Namen *»Christophoros«* tauft. Doch Heinrich, den Christoffer auffordert, dem Kind zu dienen, lehnt dies ab, da er noch nicht dazu berufen worden sei. Auf der Flucht vor den Häschern des Grafen Jos erscheint Wolf, Heinrichs illegitimer Sohn, und verlangt herrisch, von Christoffer über den Strom gebracht zu werden, was dieser erst zu tun sich anschickt, nachdem ihn die Stimme des Kindes zur Feindesliebe aufgefordert hat. Aber die Knechte des Jos nehmen alle gefangen. Heinrich, der mit Wolf ins Burgverließ zu Ratzeburg geworfen worden ist, empfindet das erneuerte Glück der Vaterschaft als Gnade, Wolf hingegen verflucht den Vater wegen seines armseligen Lebens. Das Schicksal des in Mölln zur Hinrichtung verurteilten Sohnes will Heinrich teilen. Als jedoch Wolf an der Richtstätte gefoltert wird, wirft Christoffer sich dazwischen und vertreibt die Schinder, so daß Wolf entkommen kann. Erneut lehnt Heinrich Christoffers Aufforderung ab, dem Kind zu dienen: *»Ich habe keinen Gott, aber Gott hat mich.«* Als der Pöbel Heinrich an des Sohnes Stelle erschlägt, umgeben ihn die Spieße wie ein Strahlenkranz.

Im *Grafen von Ratzeburg* ist – wie in allen Dramen Barlachs – der *»Held«* kein Täter, sondern ein leidender Wegsucher, der sämtliche Stadien der Erniedrigung durchwandern muß, um sich dem Ziel seines Weges, Gott, wenigstens zu nähern; wie in vielen seiner Stücke bleibt Barlach auch hier der Struktur des expressionistischen Stationendramas treu. Am Anfang jedoch steht die eigene Entscheidung, alle *»Geltungen«* abzustreifen und sich selbst zu überwinden, um frei zu werden für den Anruf Gottes. Aus dieser radikalen Entscheidung und der Unsicherheit und Unbekanntheit des Weges erwächst die eigentliche dramatische Spannung, für die der äußere Handlungsablauf lediglich Symbolwert hat, so daß Zeiten und Räume einander durchdringen und aufheben. Der Mensch im Aufbruch wird zum Schauplatz der Auseinandersetzung mit dem anderen Ich und mit Gott, der als einziger Dialogpartner von Bedeutung ist. Weder psychologisch noch aus dem Handlungsverlauf motiviert Barlach die Reaktionen seiner Figuren, sondern allein aus dem Bereich des Transzendenten, aus Visionen und Offenbarungen, wodurch sich die lakonische Sprache und die dramaturgischen Sprünge erklären. Die Verhaltensweisen der Gestalten sind symbolisch für verschiedene Einstellungen zur Notwendigkeit der Wegsuche. Während die einen (so Graf Jos und der Herzog von Lauenburg) sich einer derartigen Notwendigkeit gar nicht bewußt werden, glauben sich die anderen (wie Hilarion oder Christoffer) im Besitz des rechten Weges, der eine durch Askese und dogmatische Auslegung des Gotteswortes, der andere durch Apotheose des höchsten Dienstes. Nur Heinrich *»weiß«* nicht, wie er Gott zu erreichen vermag, doch ist er besessen von ihm – *»Gott hat mich«*. Und Barlach selbst bezieht die gleiche Position wie sein Wegsucher Heinrich, indem er keine endgültige Heilsgewißheit verkündet. E.N.

AUSGABEN: Hbg. 1951, Hg. F. Schult. – Mchn. 1956 (in *Das dichterische Werk*, Hg. F. Droß u. K. Lazarowicz, 3 Bde., 1956–1959, 1; [4]1985).

LITERATUR: K. Lazarowicz, *Die Symbolik in E. B.s »Graf von Ratzeburg« im Zusammenhang mit dem dichterischen Gesamtwerk*, Diss. Göttingen 1954.

DIE GUTE ZEIT

Drama in zehn Akten von Ernst BARLACH, Uraufführung: Gera, 28. 11. 1929, Stadttheater. – Dieses letzte, nach der Erstfassung des Dramas *Der Graf von Ratzeburg* (1927) geschriebene Stück bedeutet im dichterischen Gesamtwerk Barlachs sowohl formal wie thematisch einen gewissen Abschluß. Einmal werden hier sämtliche in früheren Dramen entwickelten Symbole in einem mannigfach verwobenen Bezugssystem zusammengefaßt, zum anderen wird das Problem der »Wegsuche« in einer dem christlichen Glauben angenäherten Weise gelöst.

Auf einer südlichen Insel hat die »Absolute Versicherung gegen seelische und körperliche Beschwerden« ein von Barlach satirisch dargestelltes Paradies geschaffen. Atlas, der Direktor, erläutert die Statuten der A-V: »*Gegenstand der absoluten Versicherung ist die Entbürdung von Beschwerden, beider, sowohl seelischer wie leiblicher Beschaffenheit.*« Ferner: »*Zweck der absoluten Versicherung ist Heilung sowie Heiligung.*« Das blasphemische Unternehmen steht nur den Reichen zur Verfügung, die sich jeglicher Verantwortung entledigen wollen, wofür sie eine hohe Geldsumme als »*Sühnehandlung*« entrichten müssen. Rettung erhofft sich von der A-V eine schwangere Landesfürstin, Celestine, die fürchtet, ein erblich belastetes Kind zur Welt zu bringen. Kinder sind ohnehin verpönt bei den Kurgästen, die allein der sinnlichen Liebe huldigen: »*Wir verschönen die Welt, wenn wir sie verschonen mit denen, die sein müssen wie sie werden, wenn sie von uns und euch kommen!*« erklären die liebesdurstigen Frauen ihren Männern. Auch der Inselkönig Syros, ein greiser herumstreunender Ureinwohner, hat seine Kinder bis auf zwei Söhne umkommen lassen, damit sie nicht von der »*bösen Zeit*« verschlungen würden. Der Fürstin jedoch rät er: »*Verbrenne ihm nicht in deinem Leibe, den, der zu dir kommen und mit dir in der guten Zeit gedeihen will.*« Celestine beginnt einzusehen, daß sie von der A-V keine Hilfe erwarten darf. Als ein Abgesandter des Fürsten ankommt, um Celestine wegen des ersehnten Erbfolgers wieder an den Hof zu holen, unternimmt sie einen Selbstmordversuch, den jedoch eine Begleiterin, Ambrosia, verhindern kann. Celestine, ergriffen von solcher Barmherzigkeit, sagt: »*Sie kommt, sie ist da, da ist die gute Zeit.*« Während die Fürstin in den Bergwald flüchtet, wird dort Sibylle, die Verkörperung sinnlicher Lust, nicht ganz unwillentlich Opfer einer Vergewaltigung. Die Frauen begegnen sich, und Sibylle weist Celestine unbewußt den Weg, als sie, auf ihrer beider Situation anspielend, äußert: »*Wie wir uns befinden, so sind die Zeiten für uns.*« Celestine deutet diese Worte um: »*Ich kann der sein, der sich das Gute schafft. Ich muß nur gut sein.*« – Ein Mann aus der Sippe von Rifeh kommt mit Holzstämmen zur Errichtung eines Kreuzes und berichtet, daß man Vaphio, einen Enkel des Syros, kreuzigen werde, da er seinen Sohn Amyklai erschlagen habe. Kurz bevor die Hinrichtung stattfinden soll, tröstet Kastro, Vaphios Vater, den Sohn, der das Leben liebt, mit der Nachricht, Syros werde sich anstatt seiner kreuzigen lassen: »*Er muß allein des schuldigen Todes sterben, mein Sohn, er, der uns ins hündische Leben gebracht ... darum ist es billig, daß er für dich als Opfer und Sühne am Kreuze sterbe.*« Angesichts des Kreuzes erklärt Celestine Vaphio, daß Syros keineswegs sterben wolle, »*denn in der guten Zeit ist keine Schuld.*« Und sie, die der guten Zeit teilhaftig werden möchte (»*daß ein Werden geschehe und eine Wirklichkeit komme*«), bekennt sich schuldig und erleidet den Kreuztod für Vaphio: »*Richtet mich nach der Schwere meiner Tat. Das unzählige Gewimmel der Sterne empfängt mich in seiner Herrlichkeit ... die Schuld ist gelöscht, die nur die Erde gegeben hat. Die schlechte Wirklichkeit wird vor der guten Wirklichkeit weichen.*«

Die gute Zeit enthält als einziges Drama Barlachs eine konkrete, satirische Gesellschafts- und Kulturkritik. »*Das Leben als absoluter Klubsessel, soweit haben wir es gebracht!*« Sie trifft vor allem die Schicht der Reichen und Verwantwortungslosen, aber auch Menschen wie Syros, die sich selbstherrlich im Besitz der guten Zeit wähnen: »*Es ist meine eigene gute Zeit ... von mir selbst zubereitet.*« Allein Celestine, die Himmlische, ist sich ihrer Sündhaftigkeit und Verantwortung für den Mitmenschen bewußt. Barlach läßt sie überdies einen Gedanken aussprechen, den er später in seinem Romanfragment *Der gestohlene Mond* (1948) als ein Hauptproblem wiederaufgreift – die Bedeutung und Notwendigkeit der Leiderfahrung des Menschen: »*Das Leid ist es, das aufwächst in der bösen und gerät zur Herrlichkeit in der guten Zeit.*« Der Handlungsablauf ergibt sich aus der Folge und den Stadien der Fragen, die die Wegsucherin Celestine an sich selbst, an Sibylle und Syros, ihre geistigen und moralischen Gegenfiguren, und letztlich immer wieder an Gott richtet. Die Ausdrucksmittel sind Symbole: »der Weg«, das Sein, das sich dem Zwiespalt zwischen Himmel und Erde, dem Sollen und dem Wollen aussetzt; »der Steg«, die Existenz, die das Sein und das Gelten verbindet, der verlorene Sohn als Bindeglied des Menschen zu Gott durch Mitverantwortung; »Kreis« und »Strom«, Symbole der Endlosigkeit und dauernden Rückkehr an den Ursprung der Wegsuche; »das Pendel«, Schuld- und Verantwortungslosigkeit der Weglosen. Alle Symbole beziehen sich auf Gott und den Weg zu ihm, der in der Erlösung (Kreuz-Vision) endet. KLL

AUSGABEN: Bln. 1929. – Mchn. 1956 (in *Das dichterische Werk*, Hg. F. Droß u. K. Lazarowicz, 3 Bde., 1956–1959, 1; 4 1985). – Mchn. 1987, Hg. H. H. Fischer [m. Zeichn. v. E. B.].

DIE SÜNDFLUT. Drama in fünf Teilen

Drama in fünf Teilen von Ernst BARLACH, Uraufführung: Stuttgart, 27. 9. 1924, Württembergisches Landestheater. – Gestaltungen und Wandlungen Gottes im Abbild seiner menschlichen Erscheinung – dieses Grundthema der Dramen Barlachs variiert *Die Sündflut* mit letzter, geradezu blasphemisch scheinender Konsequenz. »*In meiner ›Sündflut‹ habe ich dem Bibelgott ja wohl nach Vermögen das Letzte an Größe gegeben (ich weiß: ›gegeben‹ ist eine Art Lästerung), aber er ist vor meinem Gewissen doch der Gott, wie ihn die Menschen als das Erhabenste zu sehen vermögen, weil sie sehen, sich vergegenwärtigen müssen, den sie so und nicht anders zu erkennen vermeinen.*« Barlach treibt den metaphysischen Urkonflikt zwischen Schöpfer und Geschöpf bis an die Grenze des Darstellbaren voran und setzt die traditionellen biblischen Vorstellungen in gewagte Antithesen um.

Die Sündflut handelt vom direkten Kampf gegen Gott, der ein anderer ist als der Gott der *Bibel*, ein anderer auch, als ihn die Engel jeweils am Anfang der einzelnen Teile des Dramas preisen. Dieser Gott irrt als Fremder durch seine ihm fremd gewordene Schöpfung, mehr noch: Gott tritt als Bettler auf, der seine Welt dem Wahnsinn verfallen, sein Ebenbild zur Fratze verzerrt wiederfindet: »*Mein Werk höhnt meiner selbst.*« In seiner trostlosen Qual schleudert ihm der bucklige Aussätzige seine Flüche entgegen. Calan, der nihilistische Empörer, fordert Gott in hybrider Selbstvergötterung heraus: »*Er oder ich, Er oder ich!*« Seiner Gottähnlichkeit bewußt, stellt er sich dem kindlich vertrauenden, gläubigen Noah als Versucher in den Weg. »*Versprichst du mir auf Gott zu spucken, wenn es sich herausstellt, daß er das Opfer verabscheute und doch nicht hinderte?*« Trotz seiner tiefen Gläubigkeit unschlüssig, wehrt sich Noah noch gegen das angebotene Menschenopfer. Die Frage der Theodizee, der Existenz des Bösen und ihrer Rechtfertigung in Gott, stürzt Calan in den Abgrund absoluter, frevelnder Gottesferne, in der ihm das Bild eines neuen, größeren Gottes erwächst. Noahs passiver Glaube aber verhindert das Opfer genausowenig wie Jehova selbst: Als Calan einem Hirten beide Hände abschlagen läßt, schaut der hilflose Noah bestürzt zu, ohne gegen den Frevel einzuschreiten. Sein zunächst positiver Gottesgehorsam wandelt sich zu verantwortungslosem Frommsein, zu schuldhafter Passivität. Nach seiner Auseinandersetzung mit Noah setzt Calan seine Anklagen heftig fort – Gott aber nimmt die Herausforderung direkt an: »*Denn dein Gott, Calan, wenn er stärker ist als Noahs Gott, wird dich und deine Dinge vor der Flut erretten.*« Die Flutprophezeihung, Vorspiel eines apokalyptischen Weltgeschehens, stellt sich als bittere Notwendigkeit dar, die einer Absage an Gottes eigene Schöpfung gleichkommt: »*Für jeden Tropfen Blut wird ein Meer aus den Brunnen der Tiefe brechen, für jeden bangen Hauch des klagenden Mannes wird ein Schwall aus den Schleusen des Himmels niederschlagen.*« Während Noah nach Awahs Vision, in der sie die Flut schaut, zum Berg Ararat zieht, um die Arche zu bauen, bricht die Katastrophe mit furchtbarer Gewalt herein. Die Fragwürdigkeit von Noahs Verhalten wird deutlich in jener symbolischen Szene, da er den verstümmelten Hirten und den Aussätzigen ohne Erbarmen vertreibt. Je mehr er seine Verantwortung auf Jehova abschiebt, desto greller tritt seine Schuld zutage. Unzufrieden mit der Passivität des Vaters, wenden sich seine Söhne Sem und Japhet, die ihrer Weiberlosigkeit überdrüssig sind, gegen den Zögernden und gefährden so den Bau der Arche: Noah muß sich zu dem Entschluß durchringen, Japhet die Heidin Zebid an Awahs Stelle zum Weibe zu geben, gegen den ausdrücklichen Willen Gottes, der ihn davor warnt, daß Zebid seine Nachkommenschaft für alle Zukunft verderben werde. Sogar Jehova beginnt an seinem Knecht zu verzweifeln. – Calan geht in unsäglicher Qual zugrunde – unlösbar an den Aussätzigen gefesselt, kann ihn auch der verstümmelte Hirt nicht mehr befreien. In der Nacht des Grauens aber erfährt der Sterbende Gottes wesenlose Größe, die allumfassender ist als Noahs patriarchalische Vatergestalt: »*... nur Glut ist Gott, ein glimmendes Fünkchen, und alles entstürzt ihm, und alles kehrt in den Abgrund seiner Flut zurück. Er schafft und wird vom Geschaffenen neugeschaffen.*« Am Grunde von Calans Nihilismus leuchtet eine neue Gottesahnung auf, die der Hirt in ergreifenden Worten ausspricht: »*Ich schäme mich, von Gott zu sprechen. Ich begreife, daß er nicht zu begreifen ist, das ist all mein Wissen von ihm.*« Bigotte Selbstgerechtigkeit macht die tragikomische Gestalt Noahs blind gegenüber der neuen Gottesschau Calans, der im tragischen Untergang den »*unwandelbaren*« Gott Jehova nicht als menschenähnliche Vatergestalt schaut, sondern in seiner Unergründlichkeit das wandelbare Prinzip des ewig Werdenden erkennt, jene Gottesvorstellung, die Barlachs religiöse Botschaft meint. »*Hier wird eine neue Frömmigkeit sichtbar, die die abgründigen Tatsachen des Leidens und des Bösen schmerzvoll erkennt und erfährt und dennoch die Absurdität des zeitlichen Seins im Glauben an die All-Göttlichkeit der Schöpfung gegen alle Zweifel durchzustehen aufgefordert ist*« (H. Wagner).

Was sich auf der Bühne dieses urzeitlichen Welttheaters ereignet – Szenen von bestürzender Drastik, elementarer Wucht und balladesker Figuration – gehört zu jenen kühnen Apotheosen Barlachs, die rigoros mit der konventionellen Gottesvorstellung brechen. Seine Dramaturgie ist vertikal strukturiert entsprechend jener transzendenten Spielebene, die jenseits und über der szenisch realisierten Spielebene sichtbar wird. Vor dem Schauspiel einer apokalyptischen Weltverfinsterung führen die Symbolfiguren ihren einsamen, die Ausdrucksformen der Sprache immer wieder sprengenden Dialog mit Gott. Barlachs Dramen bieten weder greifbare Konflikte noch praktikable Lösungen: Sie sind nur »*Vorbereitung für eine Handlung, die ihre Verwirklichung erst in einer ganz anderen Welt finden kann*« (K. Lazarowicz). M.Ke.

AUSGABEN: Bln. 1924. – Emsdetten 1954 (in *Dramen der Zeit*). – Mchn. 1956 (in *Das dichterische Werk*, Hg. F. Droß u. K. Lazarowicz, 3 Bde., 1956–1959, 1; 4 1985). – Ffm. 1986 (FiTb). – Mchn. 1987, Hg. H. H. Fischer [m. Zeichn. v. E. B.].

LITERATUR: E. M. Chick, *Diction in B.'s »Sündflut«* (in GR, 33, 1958, S. 243–250). – H. Wagner, *E. B. »Die Sündflut«* (in *Das deutsche Drama*, Hg. B. v. Wiese, Bd. 2, Düsseldorf 1958, S. 338–356). – W. Kriess, *Vom Text zum Spiel. »Die Sündflut« von E. B.* (in Provinz, 14, 1960, S. 608–615). – K. Lazarowicz, *Endspiele. Zu B.s »Sündflut« und Becketts »Fin de partie«* (in *Theatrum mundi*, Bln. 1981, S. 387–406). – C. A. Beck, *Waters Over the Earth.*

The Flood in Modern Drama, Diss. Indiana Univ. 1982 (vgl. Diss. Abstracts, 42, 1982, S. 5112A).

DER TOTE TAG

Drama in fünf Akten von Ernst BARLACH, erschienen 1912; Uraufführung: Leipzig, 22.11.1919, Schauspielhaus. – Mythendunkel und Märchenlicht erfüllen den szenischen Raum von Barlachs erstem Theaterstück, einem Familiendrama, das in schwerfällig symbolischen Verwandlungen die großen Themen der Barlachschen Dramatik vorwegnimmt; in der Gestalt des Vaters die Herkunft des Menschen von einem unsichtbaren Gott, ferner den Dualismus zwischen der Geist-Welt des Vaters und der Erd-Welt der Mutter, zwischen »*Geisthaftigkeit*« und »*Leibhaftigkeit*« und die Ahnung einer noch fernen, neuen Zeit – Themen, die im Widerspiel von Geist und Natur, Licht und Dunkel szenische Gestalt annehmen.

Der »tote Tag« ist ein Tag ohne Gott, »*ein Schreckgespenst für eines Schuldigen Seele*«. Zusammen mit den Gnomen Steißbart und Besenbein hausen Mutter und Sohn unter einem Dach, bis eines Tages der blinde Bettler Kule über ihre Schwelle tritt, der unerkannte, verschollene Vater, den die um ihre matriarchalische Herrschaft besorgte Mutter als Störenfried beargwöhnt. Kule, der Träger einer universalen Vaterbotschaft göttlichen Ursprungs, bringt dem Sohn das Pferd Herzhorn, das ihn aus dem Tod ins Leben, in die zukünftige Welt des Vaters führen soll. Festgehalten von der chthonischen Mutterbindung, quält sich der Sohn mit der Frage, warum ein Vater so lange schweigen kann, wenn er die Not des Sohnes kennt: »*Wenn Vater unsichtbar ist, wie bin ich sichtbar, wenn ich rufen kann, wie kann Vater schweigen?*« Im Schutze der Nacht tötet die Mutter Herzhorn, eine Freveltat, die den Tag – »*totgeblieben vor ihrem Schrecken*« – in Dämmer und Dunkel hüllt: »*Die Nacht hat Höhe und Ferne und Raum nach hinten und vorn!*« In diesem nächtlich verdunkelten Raum vollzieht sich das mystische Drama, der Kampf um eine verschüttete Wahrheit, in den auch die Hausgeister eingreifen: »*Geben muß es eine Wahrheit, ein Wort muß da sein, aber freilich Gott-Mutter ist es nicht.*« Sohnes-Zukunft ist nicht Mutter-Zukunft: »*Es hat Menschen gegeben und wird wieder welche geben, die mit dem Hauch ihres Mundes sprechen können zu einem Gott: Vater! Und dürfen den Ton in ihren Ohren hören: Sohn!*« In der Einsicht, daß sie ihren Sohn nicht an ihr erdhaftes Dasein zu fesseln vermag, entdeckt sie ihm ihre Untat. Beide erstechen sich mit einem Messer. Kule und Steißbart ziehen mit ihrer Vaterbotschaft weiter, irgendwohin, denn »*ein Weg braucht kein Wohin, es genügt ein Woher*«.

Barlach macht mit dem von Steißbart gesprochenen Schlußsatz die symbolischen Sinnbezüge dieses grüblerischen Gottsucher-Dramas transparent: »*Sonderbar ist nur, daß der Mensch nicht lernen will, daß sein Vater Gott ist.*« Der Dramatiker Barlach wollte vor allem Zeugnis ablegen von einem höheren, geistig und göttlich begründeten Herkunftsbereich des Menschen. Die transzendentale Dimension hinter dem Bühnengeschehen durchbricht immer wieder die theatralische Illusion. Die szenische Gestaltung vermittelt zwischen einer vordergründigen Spielebene und einer hintergründigen Sinnebene: Barlachs Drama weist über den Bühnenraum hinaus in einen Raum absoluter Transzendenz. Es lebt vor allem aus seiner zugleich schwerfälligen wie suggestiven Sprachkraft, seiner expressiven Metaphorik und dunklen Symbolik.

M. Ke.

AUSGABEN: Bln. 1912. – Bln. 1919. – Mchn. 1956 (in *Das dichterische Werk*, Hg. F. Droß u. K. Lazarowicz, 3 Bde., 1956–1959, 1; 4 1985). – Mchn. 1963 (zus. m. *Der arme Vetter*; dtv). – Mchn. 1988, Hg. H. H. Fischer [m. Zeichn. v. E. B.].

LITERATUR: W. Muschg, *Der Dichter E. B.*, Wiesbaden 1958 (Abh. der Akad. der Wiss. u. Lit., Mainz 1957, 3). – M. Lehman, *Eine Interpretation von E. B.s Dramen gestützt auf der Psychologie von C. G. Jung*, Diss. NY Univ. 1965 (vgl. Diss. Abstracts, 27, 1966/67, S. 211/212A). – A. Page, *Das Vater-Sohn-Verhältnis in E. B.s Dramen*, Hbg. 1965. – H. Hatfield, *Cave matrem. The battle of sexes in E. B.s »Der tote Tag«* (in Studies in the German, 1974, S. 225–234).

MARINUS BARLETIUS

* um 1450 Skutari
† um 1512 Rom (?)

LITERATUR ZUM AUTOR:
Dizionario biografico degli Italiani, Bd. 6, 1964, S. 405–407. – *Biographisches Lexikon zur Geschichte Südosteuropas*, Bd. 1, 1974, S. 138 f. – *Fjalori Enciklopedik Shqiptar*, Tirana 1985, S. 69 f.

HISTORIA DE VITA ET GESTIS SCANDERBEGI EPIROTARUM PRINCIPIS

(lat.; *Lebens- und Tatengeschichte Skanderbegs, des Fürsten der Albaner*). Humanistische Geschichtsdarstellung in 13 Büchern von Marinus BARLETIUS (Albanien), einem geistlichen Zeitgenossen und Landsmann des albanischen Nationalhelden, erschienen zuerst wohl 1510 in Rom. – Nach seinem ersten Werk *De obsidione Scodrensi*, 1504 (*Über die Belagerung Skutaris*), das auf eigenen Erlebnissen ruhte, hat Barletius für die Lebensbeschreibung des Albanerfürsten auch umfassende literarische Studien unternommen. Ausgehend von der Familiengeschichte und landeskundlichen Beschreibungen entrollt er das Panorama des mehr als 20 Jahre dauernden Abwehrkampfes gegen die Türkensultane Murad II. und Mehmed II. auf dem Hintergrund der Politik der europäischen Mächte. So treten neben den Päpsten und den Königen von Ungarn auch die Herrscher von Aragonien-Neapel und der Republik Venedig als Partner des Albanerführers auf. Die als Geisel am Hofe Murads verbrachte Jugend und die zahlreichen Feldzüge geben reichlich Gelegenheit, Religion und Sitten der Osmanen, vor allem aber ihre Streitkräfte, ihre Bewaffnung, Belagerungstechnik und ihre Führer zu schildern. Das geschieht in bedenkenlosem Zugriff in das gelehrte Arsenal des Humanisten. Zahlreiche Anspielungen und Vergleiche weisen auf die Kriegshelden der griechischen und römischen Antike wie Alexander von Mazedonien, Pyrrhus von Epirus, Gaius Marius oder Marcellus Torquatus. Während LIVIUS, SALLUST und PLUTARCH bei vielen Schlachtenschilderungen Pate stehen, dienen PLINIUS und STRABO als Quellen für die Geschichte der beschriebenen Orte in Albanien und Mazedonien. Barletius legt den Helden seiner Darstellung an antiken Vorbildern geformte Reden in den Mund. Ebenso fiktiv sind die in den Text eingefügten Briefe. Der historische Kern des Lebensberichtes ist von zahlreichen übertreibenden und unwahrscheinlichen Einzelheiten überformt, die ihre historische Verwertung fast unmöglich machen. Die lateinische Sprache ist auf der Höhe ihrer Zeit. Die reflektierenden Einschübe, etwa über den gerechten Krieg, zeigen die Vertrautheit des Verfassers mit dem philosophischen Denken des 15. Jh.s. – Das Buch ist ein Hohelied auf und das einzige unmittelbare biographische Zeugnis über Georg Kastriota (türk. Skanderbeg), in der Gelehrtensprache des frühen 16. Jh.s verfaßt, bald in die meisten europäischen Sprachen übersetzt und die Hauptquelle sowohl für Historiker wie für Poeten, die sich mit Skanderbeg befaßten. G.Gri.

AUSGABEN: Straßburg 1537 u. ö.

ÜBERSETZUNG: *Des allerstreytparsten und theuresten Fürsten und Herrn Georgen Castrioten, genannt Scanderbeg, Hertzogen zu Epiro und Albanien ... Ritterliche Thaten*, J. Pinicianus, Augsburg 1533.

LITERATUR: C. Marinescu, *Alphonse V, roi d'Aragon et de Naples et l'Albanie de Scanderbeg* (in *Melanges de l'ecole Roumaine en France*, Paris 1923, S. 8–9). – F. Pall, *M. Barlezio, uno storico umanista* (in Mélanges d'histoire générale, Bukarest 1938, S. 135–318). – W. Steltner, *Zum Geschichtsbild des albanischen Nationalhelden Georg Kastriota, genannt Skanderbeg* (in Zeitschrift für Geschichtswissenschaft, 4, 1956, S. 1033–1044). – *Historia e letërsisë Shqipe*, Tirana 1959, Bd. 1, S. 165–177. – S. J. Prifti, *Marin Barleti, Historia e jetës dhe e vepravet të Skenderbeut*, Tirana 1964, S. 7–42. *Repertorium fontium historiae medii aevi*, Bd. 2, Rom 1967, S. 449–450. – *Historia e letërsisë shqipe*, 2 Bde., Prishtina 1975. – *Historia e letërsisë shqiptare*, Tirana 1983, S. 22–29.

CHRIS BARNARD

eig. Christiaan Johann Barnard
* 15.7.1939 Nelspruit

BEKENDE ONRUS

(afrs.; *Vertraute Unruhe*). Zwei Erzählungen von Chris BARNARD, erschienen 1961. – Beide Erzählungen, für die der Autor, der in den folgenden Jahren u. a. als Dramatiker Bedeutung erlangte, 1961 mit dem »C. N. A.-Literaturpreis« ausgezeichnet wurde, haben den Menschen in seiner vergeblichen Suche nach Glück, Liebe und Geborgenheit zum Thema. In *Muurspieël (Mauerspiegel)* sind es das Farmermädchen Hann und ihr Vater Ohm Natie, die beide an ihrem ungestillten Liebesverlangen leiden: Während Hanns aussichtslose Liebe zu dem jungen Lehrer Arno gleich dem von Dürre heimgesuchten Land verdorren muß, durchbricht ihr Vater, den die fanatische Bigotterie seiner Frau zur Enthaltsamkeit zwingt, die Fesseln der Konventionen und gibt sich der Liebe zur Tochter seines Nachbarn hin. Der seelische, körperliche und materielle Zusammenbruch ist der Preis, den er für seine Leidenschaft zahlen muß. – In der Erzählung *Naelstring (Nagelspur)* flieht das Landmädchen Willemien vor Armut, Rückständigkeit und dem Fluch der in ihrer Familie erblichen Blindheit in die Stadt, wo sie Ruhe und Sicherheit zu finden hofft. In der Liebe eines jungen Polizisten glaubt sie ihr Glück gefunden zu haben, doch als sie ein Kind erwartet, verläßt er sie. Das Kind wird blind geboren, und Willemien erstickt es in ihrer Verzweiflung. Das Familienschicksal, dem sie entgehen wollte, erweist sich gegen Schluß der Erzählung als Willemiens stärkste Bindung: Sie kehrt zu ihrer Mutter zurück. Obwohl Barnard nicht zur literarischen Avantgarde seines Landes zählt, macht auch sein Werk jene Erneuerung der Afrikaans-Literatur um das Jahr 1960 sichtbar, die stärker noch mit Namen wie Jan Sebastian RABIE (* 1920), André Ph. BRINK (* 1935) und Étienne LEROUX (* 1922) verknüpft ist; diese Gruppe der ›sestigers‹ war in ihren Werken darum bemüht, die Diskrepanz zwischen dem Traditionalismus der Buren und der von der Rassenpolitik geprägten Realität aufzudecken und Alternativen vorzustellen. Für Barnards Erzählungen sind besonders charakteristisch die Intensität des Eindringens in verborgene seelische Bereiche, die realistische, unbedingte Wahrhaftigkeit anstrebende Darstellungsweise und eine sensitive, in der Diktion klare Sprache, die sich allen schmückenden Beiwerks enthält. G.S.N.

AUSGABE: Johannesburg 1961.

LITERATUR: J. P. Smuts, *Chr. B.* (in *Perspektief en profiel*, Hg. P. J. Nienaber, Johannesburg [5]1982).

BARNABE BARNES

* um 1569
† 1609

THE DIVILS CHARTER. A Tragaedie Conteining the Life and Death of Pope Alexander the Sixt

(engl.; *Der Pakt mit dem Teufel. Eine Tragödie über das Leben und den Tod Papst Alexanders VI.*). Tragödie von Barnabe BARNES, Uraufführung: 2. 2. 1607 vor Jakob I. von England. – Das antipäpstliche Stück, das einzige dramatische Werk des elisabethanischen Lyrikers, wurde zur gleichen Zeit geschrieben wie SHAKESPEARES Römerdramen *Antonius und Kleopatra*, *Coriolanus* und *Timon von Athen*. Es befaßt sich mit dem Pontifikat (1492–1503) des berühmten Renaissance-Papstes Alexander VI., dem seine Söhne Juan, Herzog von Gandia (»Duke of Candy«), und Cesare Borgia (die Schlüsselfigur zu MACHIAVELLIS *Il principe*) sowie seine Tochter Lucrezia als Protagonisten zur Seite gestellt sind. Nach dem Prolog und am Ende jedes Aktes läßt Barnes den Verfasser der *Storia d'Italia* (1561), Francesco Guicciardini, in einer kommentierenden Chorus-Funktion auftreten; er benutzte die von G. FENTON besorgte englische Übersetzung dieses Werks als historische Quelle. Barnes ist mit GUICCIARDINIS Historie zwar recht freizügig umgegangen, hat jedoch alle dramatisch wichtigen Personen aus ihr übernommen.

Die Handlung der Tragödie setzt mit einer Pantomime ein, in der Kardinal Borgia nach dreifacher Teufelsbeschwörung den Pakt unterzeichnet und mit Hilfe des neuen Bundesgenossen zum Papst gekrönt wird. Als Vorlage für die Pakt-Handlung, das grundlegende dramatische Motiv des Stückes, dürfte dem Autor eine englische Übersetzung des deutschen Faustbuches von G. R. WIDMANN gedient haben, in dessen drittem Teil *(Von dem grewlichen ende der Schwartzkünstler)* ein inhaltlich gleicher Bericht über Alexander VI. zu finden ist. Barnes wäre damit dem Vorbild seines Zeitgenossen Christopher MARLOWE gefolgt, dessen nach dem ersten deutschen Volksbuch von Dr. Faust (1587) entstandenes Faustdrama 1604 veröffentlicht wurde.

Der Handlungsablauf exemplifiziert mit didaktisch-moralisierender Tendenz das Verruchte eines Teufelspaktes im allgemeinen und die Verderbtheit des Papsttums im besonderen: Lucrezia stranguliert und erdolcht ihren zweiten Mann, um weiter Inzest treiben zu können; Cesare ermordet aus Machthunger seinen Bruder, Alexander vergiftet zuerst zwei Jünglinge, seine männlichen Geliebten, dann seine Tochter Lucrezia. Unvermutet bricht das schreckliche Ende bei einem Siegesmahl zu Ehren Cesares über Alexander herein: Um zwei mißliebige, dem Machtstreben des Sohnes hinderliche Kardinäle zu beseitigen, ist vergifteter Wein bereitgestellt; der Teufel vertauscht die Flaschen, Vater und Sohn trinken das Gift. In der großartigen letzten Szene ringt der tödlich vergiftete Papst vergebens darum, ein Verhältnis zu Gott zu finden. Als er seine Zuflucht zu Exorzismen nehmen will und zu diesem Zweck einen Vorhang beiseiteziht, sitzt ihm der Satan in seinem eigenen Papstornat gegenüber. In einem scholastischen Disput versucht Alexander ohne Erfolg, um Leben und Seele zu rechten; Verzweiflung steht gegen Spott, Angst gegen Hohn. Noch vor der Höllenfahrt des Papstes und dem Epilog erfährt das Publikum aus dem Mund des Gerichteten selbst die moralische Nutzanwendung des Spiels. MCKERROW wies darauf hin, daß Barnes als Vorlage für die dämonischen Szenen des *Heptameron* des Petrus de ABANO gedient haben dürfte, das im Anhang zu einer Ausgabe von AGRIPPAS VON NETTESHEIM *De occulta philosophia libri III sive de magia* 1567 veröffentlicht wurde.

Barnes hat seine Tragödie nicht nur in der äußeren Handlungsführung klar in Prolog, Pantomime, fünf Akte zu je fünf Szenen, *scena ultima* und Epilog gegliedert; er hat es daneben verstanden, seine Blankverse oder – meist paarweise – gereimten jambischen Fünfheber wie auch seine Prosa in einer rhythmischen Sprache zu formen. Wenn sich diese Sprache auch bisweilen in rhetorisch-schleppende Dialoge verliert, die eine Fülle gelehrter Anspielungen auf die antike Mythologie enthalten, entschädigt sie doch auf weite Strecken durch Bilderreichtum, Lebendigkeit und lyrische Schönheit. Es ist erstaunlich, wie oft es dem Lyriker Barnes gelungen ist, dichte Passagen voll dramatischer Spannung und Tragik zu schaffen, die zugleich ergreifend und von sprachlicher Erlesenheit sind. Einige Szenen können sich durchaus mit dem Besten messen, was Marlowe geschrieben hat. *The Divils Charter* hätte deshalb mehr Beachtung verdient, stand jedoch zu sehr im Schatten der Werke des anderen großen Zeitgenossen, Shakespeare, den Barnes weder in der Charaktergestaltung noch in Geschlossenheit und Ineinandergreifen von gedanklicher Konzeption, Aufbau und Handlungsführung erreicht. M.W.

AUSGABEN: Ldn. 1607. – Lpzg./Ldn./Löwen 1904, Hg. R. B. McKerrow. – Ldn. 1913 (Faks.; Tudors Facsimile Texts). – NY/Ldn. 1980, Hg. J. C. Pogue [krit.].

LITERATUR: J. Knight, B. B. (in Athenaeum, 20. 8. 1904). – A. E. H. Swaen, G. C. Moore u. R. B. McKerrow, *Notes on »The Divils Charter« by B. B.* (in MLR, 1, 1906). – A. E. H. Swaen, *Notes on »The Divils Charter«* (ebd., 2, 1907). – A. R. Bayley, *»The Divils Charter«* (in NQ, 12. 6. 1924). – A. M. Crinò, *Machiavelli e Guicciardini dietro a »The Divils Charter«*, Padua 1972. – G. Roberts, *A New Source for B. B.'s »The Devil's Charter«* (in NQ, 23, 1976, S. 210–212). – J. E. M. Lathan, *Machiavelli, Policy, and »The Devil's Charter«* (in Medieval & Renaissance Drama in Engl., 1, 1984).

DJUNA BARNES

* 12.6.1892 Cornwall-on-the-Hudson/N.Y.
† 18.6.1982 New York

LITERATUR ZUR AUTORIN:
W. Weisstein, *Beast, Doll, and Woman: D. B.'s Human Bestiary* (in Renascence, 15, 1962, S. 3–11). – A. Williamson, *The Divided Image: The Quest for Identity in the Works of D. B.* (in Crit, 7, 1964, Nr. 1, S. 58–74). – *A Festschrift for D. B. on Her 80th Birthday*, Hg. A. Gildzen, Kent 1972. – J. Baird, *D. B. and Surrealism: ›Backward Grief‹* (in *Individual and Community: Variations on a Theme in American Fiction*, Hg. K. H. Baldwin u. D. K. Kirby, Durham 1975, S. 160–181). – D. Messerli, *D. B.: A Bibliography*, NY 1975. – Ch. L. DeVore, *The Works of D. B.*, Diss. Univ. of Tulsa 1976. – J. Scott, *D. B.*, TUSAS, Boston 1976. – L. F. Kannenstine, *The Art of D. B.: Duality and Damnation*, NY 1977. – A. Cagidemetrio, *Una strada nel bosco. Scrittura e coscienza in D. B.*, Vicenza 1979. – B. J. Griffin, *Two Experimental Writers: D. B. and Anaïs Nin* (in *American Women Writers: Bibliographical Essays*, Hg. D. Maurice u. a., Westport 1983, S. 135–166). – *D. B.: Interviews*, Hg. A. Barry, Washington 1985. – A. Field, *Djuna: The Formidable Miss B.*, Austin 1985. – Ch. J. Plumb, *Fancy's Craft: Art and Identity in the Early Works of D. B.*, Selinsgrove 1986. – G. Schulz, *Die Rücknahme der Schöpfung: Anmerkungen zu D. B.* (in Merkur, 40, 1986, H. 4, S. 331–336).

THE ANTIPHON

(amer.; *Ü: Antiphon*). Schauspiel in drei Akten von Djuna BARNES, erschienen 1958. – Mehr als zwanzig Jahre nach dem Erscheinen ihres Romans *Nightwood (Nachtgewächs)*, den T. S. ELIOT als Meisterwerk bezeichnete, erregte Djuna Barnes mit der Veröffentlichung des im Blankvers verfaßten Schauspiels *The Antiphon*, einer Familientragödie von klassischem Ausmaß, in literarischen Kreisen erneut Aufsehen. Die Handlung spielt 1939 auf Burley Hall, einem alten Gut in England. Dort kommt es zu einem merkwürdigen Familientreffen: Zuerst begegnen sich Miranda und ihr Bruder Jeremy, der sich unter dem Namen Jack als Fremder einführt. Da sie sich seit vielen Jahren nicht gesehen haben, erkennt Miranda ihren Bruder nicht und beginnt, ihm die Geschichte der Familie zu erzählen. Ihre Mutter Augusta, einst eine königliche Frau, ging an der Roheit ihres Mannes, eines amerikanischen Mormonen, fast zugrunde. Ihre drei Söhne und ihre Tochter Miranda »sah sie mit dem Blick von Hunden an, die sich wenden, um, was sie fallen ließen, zu beschnüffeln«. Zwei Brüder Mirandas sind Kaufleute, aber zwischen ihnen und Miranda besteht keine innere Bindung. Sie stellen entgegengesetzte Pole dar: Die Männer sind brutal und erdgebunden, Miranda lebt im Reich der Poesie und des Tagtraums. Nicht nur zwischen Miranda und ihren Brüdern, auch zwischen ihr und der Mutter hat sich eine tiefe Kluft aufgetan. Ein Fluch liegt über der ganzen Familie: Sie alle sind in einem dicht verflochtenen Gewebe von Haß und Liebe verfangen, das zu entwirren sie nicht die Kraft haben. – Nach Miranda und Jack erscheinen die beiden anderen Brüder und schließlich die fast achtzigjährige Augusta selbst. In einer äußerst makabren Szene muß die Mutter mittels eines truhenartigen Kästchens mit winzigen Fenstern verschiedene Begebenheiten aus der Vergangenheit nacherleben, darunter Mirandas Vergewaltigung durch einen »*durchreisenden Cockney, der dreimal so alt war wie sie*«. – Der dritte Akt bringt die entscheidende Auseinandersetzung zwischen Mutter und Tochter. Die beiden Frauen sind wie Bild und Spiegelbild, die sich gleichzeitig reflektieren und verachten. Miranda allerdings ist noch des Mitgefühls und der Verzeihung fähig, während Augusta in ihrer Bitterkeit unnachgiebig geworden ist. Als sich herausstellt, daß die beiden Brüder heimlich abgereist sind, macht Miranda die Mutter für diese Flucht verantwortlich; ihr hemmungsloser Wutausbruch führt eine Katastrophe herbei, in der beide Frauen den Tod finden.

In allen menschlichen Beziehungen dieses Dramas sind inzestuöse Untertöne spürbar, in denen sich Liebe und Haß vermischen. Die Unabwendbarkeit des tragischen Geschehens resultiert aus der Starre der Charaktere, ihren »schicksalhaften Defekten«, und findet ihr stilistisches Äquivalent in einer Sprache von gleich unerbittlicher Folgerichtigkeit und Autorität. Das Schauspiel erinnert an die Dramen John WEBSTERS (1580–1625) und der Jakobäer, vor allem an das sogenannte Rachedrama, in dem der Vergeltungswille (im Gegensatz zur klassischen Auffassung von der Rache als Pflicht) als Leidenschaft dargestellt wird.   B.F.

AUSGABEN: NY 1958. – Ldn. 1958. – NY 1962 (in *Selected Works of D. B.*).

ÜBERSETZUNG: *Antiphon*, C. Koschel u. I. Weidenbaum, Ffm. 1986 [BS 241].

LITERATUR: R. Eberhart, *Outer and Inner Verse Drama* (in Virginia Quarterly Review, 34, 1958, S. 618–623). – H. Nemerov, *A Response to the »Antiphon«* (in Northwest Review, 1958, S. 88–91). – L. C. Curry, *The Second Metamorphosis: A Study of the Development of »The Antiphon« by D. B.*, Diss. Miami Univ. 1978.

NIGHTWOOD

(amer.; *Ü: Nachtgewächs*). Roman von Djuna BARNES, erschienen 1936. – Die Autorin gehörte zum Freundeskreis von Gertrude STEIN; sie kannte u. a. Sherwood ANDERSON, HEMINGWAY und T. S.

ELIOT, der für die Ausgabe von 1937 eine Einleitung zu *Nightwood* schrieb und 1949 seine Hochschätzung des Buchs erneut bekräftigte. Das Werk unterscheidet sich radikal von den realistischen amerikanischen Romanen der zwanziger und dreißiger Jahre und auch von den Prosatexten Gertrude Steins. Seine Sprache ist lyrisch in ihrem Bilderreichtum, ihrer dunklen, überraschenden, oft fast paradoxen Metaphorik, gerade darin aber der Handlung und den Charakteren angemessen.

Dr. Matthew O'Connor, Arzt ohne Approbation, ein Homosexueller, der sich selbst als *»der Natur amüsanteste Fehlleistung«* bezeichnet, wird eines Tages zu der ohnmächtig in ihrem Pariser Hotelzimmer liegenden Amerikanerin Robin Vote geholt. Felix Volkbein, Halbjude aus Wien und angeblich Baron, der den Arzt begleitet, verliebt sich in die exzentrische Robin. Sie heiratet ihn und schenkt ihm einen Sohn, der schwachsinnig ist: *»Sein Geisteszustand ist ein unbetretenes Zimmer.«* Bald darauf verläßt sie Felix, reist nach Amerika, lebt dort und, wieder nach Europa zurückgekehrt, in Paris mit Nora Flood zusammen, einer zunächst durchaus normalen, lebenstüchtigen Frau, deren Augen den *»spiegellosen Blick polierter Metalle«* haben. Doch Robin, von Unruhe und rätselhafter Sehnsucht getrieben, verläßt Nora, treibt sich nächtelang in Paris herum und schließt sich dann der groben, geschmacklosen Hysterikerin Jenny Petherbridge an, die sie schließlich ebenfalls verläßt. Nora sucht in ihrer Einsamkeit Trost in nächtlichen Gesprächen mit Dr. O'Connor, der unglückliche Menschen anzuziehen scheint und auf ihre Beichten mit endlosen Monologen antwortet, mit denen er ihr jämmerliches Gerede zu übertönen und sich vor dem ihn zutiefst rührenden menschlichen Leid zu schützen sucht. Robin hinterläßt eine von den verwüsteten Leben anderer gekennzeichnete Spur: Die faszinierende Lesbierin hat am Ende Nora und Jenny an den Rand des Wahnsinns gebracht; Volkbein ist zum Trinker geworden, der mit seinem geistesgestörten Sohn und einer ehemaligen Artistin herumzieht; Dr. O'Connor, der *»immer alle in Verlegenheit bringt, indem er sie entschuldigt, weil er sich selbst nicht entschuldigen kann«*, stirbt betrunken an der Theke eines Pariser Cafés. Robin selbst, die auf andere Menschen stets wie *»eine Katastrophe, die noch nicht begonnen hatte«* wirkte, verfällt schließlich in einer Kapelle in Amerika dem Wahnsinn.

»Von Anfang an wurde der Mensch in Verdammnis und Unschuld geboren. Und nun pfeift er erbärmlich, so wie er es eben muß, seine Variationen über diese beiden Themen«, sagt der Arzt, der trotz seiner schmuddeligen und verworfenen Existenz die Aura eines Weisen und Märtyrers um sich hat. Dazu verdammt, andere zu verletzen, und doch unschuldig, weil sie nichts dafür können, daß sie so sind, leben die Menschen dieses Romans, getrieben von dunklen religiösen und sexuellen Sehnsüchten, mondän und krank. Und dennoch sind sie mehr als nur eine Galerie von Neurotikern und Psychopathen: Das Leid aller Existenz ist in ihnen verkörpert. *»Das tiefer liegende Bild ist das des menschlichen Elends und menschlicher Unfreiheit, ein universales Bild«*, und diese Dimension der Erzählung, dieser *»Geschmack von Grauen und Untergang, der elisabethanischen Tragödie sehr nahe verwandt«* (T. S. Eliot) ist es, was dem Buch seine Bedeutung gibt. – Neben dem Lob, das Eliot dem Roman zollte, stehen auch scharfe kritische Reaktionen, etwa die Stanley Edgar HYMANS, der die obskuren Assoziationen und vor allem die rätselhaften Sätze des Arztes *»Pseudo-Tiefsinnigkeiten«* nannte. Innerhalb des Gesamtwerks der Autorin ist *Nightwood* ein einmaliger Wurf geblieben, faszinierend nicht zuletzt durch die ungemein dichte, rhythmisch ausgewogene Prosa und den kunstvollen, das Auftauchen und Verschwinden der Personen in einem stufenweise sich steigernden und auslaufenden Fugato darstellenden Gesamtaufbau. J.Dr.

AUSGABEN: Ldn. 1936. – NY 1937 [Vorw. T. S. Eliot]. – NY 1946 (Vorw. T. S. Eliot; New Classics Ser., 11). – Ldn. 1958 [Vorw. T. S. Eliot]. – NY 1962 (in *Selected Works*). – Ldn. 1963, ern. 1987.

ÜBERSETZUNG: *Nachtgewächs*, W. Hildesheimer, Pfullingen 1959 [Vorw. T. S. Eliot]. – Dass., ders., Ffm. 1971 (BS).

LITERATUR: J. A. Hirschman, *The Orchestrated Novel: A Study of Poetic Devices in Novels of D. B. and Hermann Broch, and the Influences of the Works of James Joyce upon Them*, Diss. Univ. of Indiana 1962. – K. Burke, *Version, Con-, Per-, and In-: Thoughts on D. B.'s Novel, »Nightwood«* (in Southern Review, 2, 1966-1967, S. 329–340). – G. Montague, *Dylan Thomas and »Nightwood«* (in SR, 76, 1968, S. 420–434). – W. A. Johnson, *Modern Women Novelists: »Nightwood« and the Novel of Sensibility* (in Bucknell Review, 21, 1973, Nr. 1, S. 29–42). – Ch. Baxter, *A Self-consuming Light: »Nightwood« and the Crisis of Modernism* (in Journal of Modern Literature, 3, 1974, Nr. 5, S. 1175 bis 1187). – E. Gunn, *Myth and Style in D. B.'s »Nightwood«* (in MFS, 19, 1974, Nr. 4, S. 545–555). – D. J. Greiner, *D. B.'s »Nightwood« and the American Origins of Black Humor* (in Crit., 17, Dez. 1975, Nr. 1, S. 41–54). – R. L. Nadeau, *»Nightwood« and the Freudian Unconscious* (in International Fiction Review, 2, 1975, Nr. 2, S. 159–163). – E. Pochoda, *Style's Hoax: A Reading of D. B.'s »Nightwood«* (in TCL, 22, 1976, Nr. 2, S. 179–191). – L. DeVore, *The Backgrounds of »Nightwood«: Robin, Felix, and Nora* (in Journal of Modern Literature, 10, 1983, 1, S. 71–90). – A. Singer, *The Horse Who Knew Too Much: Metaphor and the Narrative of Discontinuity in »Nightwood«* (in Con., 25, 1984, Nr. 1, S. 66–87). – L. R. Schehr, *D. B.'s »Nightwood«: Dismantling the Folds* (in Style, 19, 1985, 1, S. 36–49). – E. Béranger, *»Nightwood« ou du sexe d'une belle indifférence* (in Revue Française d'Études Américaines, 11, 1986, 30, S. 437–448).

JULIAN BARNES

* 19.1.1946 Leicester

FLAUBERT'S PARROT

(engl.; Ü: *Flauberts Papagei*). Roman von Julian BARNES, erschienen 1984. – Barnes dritter Roman ist eine Mischung aus biographischem Essay, literaturwissenschaftlicher Untersuchung, ironischer Phantasie, reiner Fiktion, Reisebeschreibung und einer Montage aus Flauberts Schriften und Briefen. Der Roman schildert das leidenschaftliche, ja besessene Interesse des pensionierten Arztes Geoffrey Braithwaite für Leben und Werk des französischen Autors Gustave FLAUBERT (1821–1880). Sein Faible äußert sich sowohl in Versuchen, unbekannte Tatsachen aus Flauberts Leben zu recherchieren wie auch in dem Wunsch, seine eigene Auffassung von Flauberts Persönlichkeit und seinen Schriften darzulegen. In fünfzehn Kapiteln beleuchtet der Erzähler unter wechselnden Aspekten den zentralen Themenkomplex – das Verhältnis zwischen dem Leben und Werk eines Autors und dessen Überlieferung – um dieses ironisch zu hinterfragen. Der Erzähler beginnt mit der Beschreibung eines Besuchs in Rouen. Er schildert das Flaubert-Denkmal, das Flaubert-Museum in dem alten Krankenhaus Hôtel-Dieu, das Flaubert-Haus in Croisset, aber auch die verschiedenen Örtlichkeiten in der Stadt, die nach dem großen Dichter benannt sind – Symptome, in denen sich ein Hauptthema des Romans andeutet: der Unwille der Leser, sich mit den Schriften eines Autors zu begnügen, ihre daraus resultierende Sucht nach konkreten Lebensspuren, nach Handschriften, Kleidungsstücken, Bildern, Berichten über seine Persönlichkeit. Der Glaube, man könne mittels Denkmälern und Gedenkstätten – zu denen letztlich auch die literarische Biographie zählt – den Autor dingfest machen, sich seiner vergewissern, soll als Illusion entlarvt werden. Es folgt ein dreifacher Lebenslauf Flauberts, in dem zuerst nur seine Erfolge aufgezählt werden; die zweite Variante verzeichnet die Unglücksfälle, Verluste und Mißerfolge, und schließlich folgt eine Montage von Selbstaussagen. Durch dieses Verfahren sollen die subjektiven und einseitigen Gewichtungen, die beim Erstellen derartiger Chroniken notwendigerweise eine Rolle spielen, veranschaulicht werden. In weiteren Kapiteln häuft der Erzähler Details über Flauberts Leben an: seine Familie, seine Geliebten, seine Gedankenprozesse, seine Gesundheit, seine Obsessionen. Er berichtet über die Benutzung von Tiermetaphorik in seinen Schriften, nennt Beispiele für prägnante Zufälle im Leben des Autors, geht auf die Erwähnung von Eisenbahnreisen ein, wie auch auf jene Projekte Flauberts, die nie zu Büchern wurden. Er ahmt den Meister nach in einem »Wörterbuch der Gemeinplätze über Flaubert«, verteidigt ihn gegen fünfzehn typische Anklagen bezüglich seiner politischen, ästhetischen und moralischen Einstellungen, wie auch gegen die Kritik von Flaubert-Forschern und stellt eine Prüfung zum Thema »Flaubert« zusammen.

Auf verschiedenen Wegen wird der Versuch, ein vergangenes Leben in einer Erzählung wiederzugeben, problematisiert. Der Erzähler probiert, in Anlehnung an die Techniken des französischen *nouveau roman*, unterschiedliche Erzählperspektiven aus, z. B. die direkte Anrede der Du-Form. Eine Episode beschreibt die Beziehung zwischen Flaubert und der von ihm abgelehnten Louise Colet aus deren Sicht. Verdeutlicht wird die subjektive Färbung einer jeden Beschreibung aber auch dadurch, daß sich im Verlauf des Romans die Figur des Erzählers in den Vordergrund drängt. Es wird ersichtlich, daß Braithwaites Interesse an Flaubert eng verknüpft ist mit dem Versuch, den Selbstmord seiner Frau zu verstehen und zu rechtfertigen (eine Anspielung auf das Schicksal Charles Bovarys). Die Kriterien, die der Erzähler bei der Deutung von Ereignissen in Flauberts Leben anlegt, die Betonungen, die er in seiner Diskussion setzt, die Verknüpfungen, die er herstellt, die Ereignisse und Eigenschaften, die wiederholt werden, lassen schließlich ein Psychogramm des Erzählers selbst erkennen. So sind die Hauptthemen, die Braithwaite herausarbeitet – Flauberts Einsamkeit und Abstinenz, sein Verzicht auf das Leben zugunsten der Kunst – zwar keine reinen Erfindungen des Erzählers, dennoch aber Ausdruck seiner ganz persönlichen Lesart von Flauberts Leben. Dadurch stellt Barnes dar, daß Kunst und Leben sich gegenseitig bedingen, daß diese Bereiche ineinander fließen. Aufgezeigt wird aber auch, daß der Möglichkeit, einen fremden Menschen, eine andere Zeit zu erkennen, Grenzen gesetzt sind, daß jede Beschreibung notwendigerweise auch ein Stück Selbstprojektion und Dichtung enthält. Diese intendierte Aussage spiegelt sich im formalen Aufbau des Romans, der Einbettung einer metapoetischen Diskussion in die Erzählung. Barnes' Verfahren wird auch durch die häufigen Verweise auf NABOKOV gestützt, der mit seinem Roman *Pale Fire*, 1962 *(Fahles Feuer)*, für diese selbstreflexive Erzählweise vorbildhaft war.

Doch gerade die Vermischung von Fakten und Fiktion läßt diesen Roman nicht nur zu einem weiteren Beispiel für »unzuverlässiges« Erzählen werden, sondern beweist, daß alle Kommentare zwangsläufig subjektiv gefärbt sein müssen. Ästhetischer Genuß erweist sich als wiedererkennendes Sehen, die Beschreibung eines fremden Lebens trägt stets auch autobiographische Züge. Indem Barnes seinen Erzähler bei dessen Versuch, den authentischen Papagei zu finden, den Flaubert in seinem Schreibzimmer hatte, als er die Novelle *Das einfache Herz* schrieb, scheitern läßt, will er uns zeigen, daß man zur Authentizität *post facto* nicht zurückgelangen kann, daß alle Versuche, Flaubert wiederauferstehen zu lassen, nur weitere Fiktionen sind, qualitativ nicht authentischer als die von jenem hinterlassenen Schriften. E.Br.

AUSGABEN: Ldn. 1984. – NY 1985.

ÜBERSETZUNG: *Flauberts Papagei*, M. Walter, Zürich 1987.

LITERATUR: J. B., *Maughams Tor, Flauberts Papagei, Koestlers Zigaretten* (in Merkur, 41, 1987, H. 456, S. 174–179). – G. Ortlepp, Rez. (in Der Spiegel, 1. 6. 1987). – W. Winkler, Rez. (in Die Zeit, 4. 9. 1987). – J. Drews, Rez. (in SZ, 24. 10. 1987).

PETER BARNES

* 10.1.1931 London

THE RULING CLASS

(engl.; *Die herrschende Klasse*). Drama in zwei Akten von Peter BARNES, Uraufführung: 6. 11. 1968, Nottingham Playhouse. – Barnes, zunächst Filmkritiker und TV-Autor, seit 1963 für das Theater tätig, wurde 1968 schlagartig durch das kontroverse Stück *The Ruling Class* bekannt, das – wie die späteren Dramen – in Abkehr vom Realismus einer von den Theorien ARTAUDS und BRECHTS beeinflußten Theaterkonzeption verpflichtet ist. Der Ben JONSON schätzende Barnes knüpft zudem an die Formen- und Sprachextravaganz der elisabethanisch-jakobäischen Dramatiker an. Jedes seiner Stücke besitzt eine je eigene künstliche theatrale Ausdrucksweise; der Autor rekurriert dabei ebenso auf Archaismen, gruppenspezifische Sprachformen und Wortneuschöpfungen wie auf heterogene Spielelemente (Tanz, Slapstick, Oper, Zirkus etc.) und alle verfügbaren Bühneneffekte; vom Darsteller verlangt er die Fähigkeit zu abrupten Rollenumbrüchen.
Funktion der zudem mit literarischen Anspielungen und Zitaten aus der Populärkultur durchsetzten Sprache, der ins Groteske-Surreale übergreifenden Handlungsführung und der zuweilen makabren Schockeffekte im Sinne von Artauds »Theater der Grausamkeit« sind die Brecht verpflichtete Des- und Reorientierung des Zuschauers: *»Ich möchte eine Öffentlichkeit schaffen, die skeptisch, rational, kritisch ... frei und im wörtlichen Sinne unregierbar ist.«* Traditionelle Komik ist für Barnes *»eine zu schwache Waffe gegen das Barbarische des Lebens«*, unterminiert die Veränderungsbereitschaft des Publikums. Er will daher ein *»komisches Theater kontrastierender Stimmungen und Gegensätze«* realisieren, das dem *»Kampf für das Glück der ganzen Menschheit dient«*.
The Ruling Class ist ein durch Prolog und Epilog umrahmter Zweiakter, der die Wandlung eines aus dem Irrenhaus zurückkehrenden typischen Vertreters der »herrschenden Klasse« präsentiert. Der sich zunächst als Gott der Liebe bezeichnende Jack Gurney übernimmt im zweiten Teil des Stücks allmählich wieder seine Führungsaufgabe als Angehöriger des Oberhauses; er spielt nun den strafenden Gott der Gerechtigkeit und sorgt als wiedererstandener Jack the Ripper für die Eliminierung sexueller Freizügigkeit. Für die von ihm begangenen Morde wird einer der Beherrschten, der Butler Tucker, zur Rechenschaft gezogen.
Antinaturalistisch-surreal läßt Barnes im Prolog den 13. Earl of Gurney – nach einem mit deutlichem Anklang an John of Gaunts Sterbeworte in SHAKESPEARES *Richard II.* ausgebrachten Toast auf das britische Klassensystem – sich versehentlich, mit Dreispitz und Balletträckchen bekleidet, bei seiner allabendlichen Suche nach Visionen strangulieren. Sein Sohn Jack – er hatte seine Vision an einem 25. August (Geburtstag König Ludwigs von Bayern) neben einer öffentlichen Bedürfnisanstalt – kehrt in der ersten Szene in das Herrenhaus zurück. Da er subversive Ideen vertritt (alle Menschen sind gleich), will man ihn durch eine »monegassische« Heirat mit Grace Shelley zeugen lassen und ihn dann legal entmündigen. In zahlreichen Szenen, die das Ineinander von Politik und Religion zeigen, demaskiert Barnes die Normalität des Earl, der sich mit der Kameliendame verheiratet glaubt, dem Grace daher im Kostüm der Marguerite Gautier zugeführt wird, ehe er zur Hochzeitsnacht im weißen Pyjama auf dem Hochrad erscheint. Gleichzeitig versucht der deutsche Psychiater Dr. Herder mit Experimenten Jack in die Normalität zurückzuführen. Nach der Konfrontation mit dem – mit Anklang an H. WILLIAMS' *AC/DC* (1969) – sich ebenfalls für Gott haltenden McKyle wird der Earl im Augenblick der Geburt des Sohnes – expressionistisch verfremdet, für die übrigen nicht sichtbar – durch ein ihn mit Fäusten traktierendes, aufrecht gehendes, viktorianisch gekleidetes wildes Tier zum neuen Menschen geboren.
Der zweite Akt zeigt in grotesk verdrehter Umkehrung die Heilung des sich als Jack the Ripper gerierenden Earl. So wie Jacks Mord in einer sein Bewußtsein andeutenden, vor Slumhintergrund spielenden Einblendungsszene gezeigt wird, so hält der Earl seine erste Oberhausrede neben grotesk verzerrten Puppen und drei Kollegen, die ihrerseits erkennbar Versatzstücke aus britischen Oberhausdebatten über die Todesstrafe reproduzieren. Im kurzen Epilog ersticht der in die Parlamentsrobe gekleidete Jack seine eigene Frau: Höhepunkt eines Heilungsprozesses, der die Herrschaftsform der Klasse perpetuiert, aber so auch die zu beseitigende Inhumanität der Gesellschaft durchschaubar macht.
Auch in *The Bewitched*, 1974 *(Die Verhexten)*, und *Laughter!*, 1978 *(Gelächter!)*, geht es Barnes um die Demaskierung von Herrschaft. Erst in *Red Noses, Black Death*, 1978 *(Rote Nasen, schwarzer Tod)*, differenziert der Dramatiker, der durch JONSON-, FEYDEAU- und WEDEKIND-Adaptationen hervorgetreten ist, zwischen konformem und subversivem Lachen. U.Bö.

AUSGABEN: Ffm. 1976, Hg. F. Senn (Diesterweg Fremdsprachentexte). – Ldn. 1981 (in *Collected Plays*). – Ldn. 1980 (in *Heinemann Plays*; Einl. H. Hobson). – Ldn. 1985 (in *The Plays of the Sixties*, Hg. R. Cornish u. V. Ketels).

LITERATUR: H. Rischbieter, *Die herrschende und die beherrschte Klasse* (in Theater heute, 1970, H. 5). – A. Wimmer, *Pessimistisches Theater. Eine Studie zur Entfremdung im englischen Drama 1955–1975*, Salzburg 1979. – B. F. Dukore, *The Theatre of P. B.*, Ldn. 1981.

MIGUEL BARNET

* 28.1.1940 Havanna

LITERATUR ZUM AUTOR:
E. Bejel, *M. B.* (Interview in Hispamérica, 10, 1981, Nr. 29, S. 41–52). – E. Sklodowska, *La forma testimonial y la novelística de M. B.* (in Revista Interamericana 12, 1982, Nr. 3, S. 375–384). – Dies., *La visión de la gente sin historia en las novelas testimoniales de M. B.*, Diss. Washington Univ. 1983 (vgl. Diss. Abstracts, 44, 1983, S. 1467 A). – V. v. Wroblewsky, *Gespräch mit M. B.* (in SuF, 35, 1983, Nr. 2, S. 409–421). – E. Sklodowska, *Aproximaciones a la forma testimonial: La novelística de M. B.* (in Hispamérica 14, 1985, Nr. 40, S. 23–33).

BIOGRAFÍA DE UN CIMARRÓN

(span.; *Ü: Der Cimarrón. Die Lebensgeschichte eines entflohenen Negersklaven aus Cuba, von ihm selbst erzählt*). Nach Tonbandaufnahmen entstandener Roman von Miguel BARNET (Kuba), erschienen 1966. – Der Autor war 1963 mit einer Gruppe Ethnologen auf der Suche nach Überlieferungsformen afrikanischer Religionen in Kuba und stieß dabei auf den 104 Jahre alten Esteban Montejo. Aus wochenlang dauernden Tonbandaufnahmen mit den Erinnerungen dieses »Cimarrón«, wie man im 19. Jh. einen entflohenen Sklaven nannte, entstand der erste »*ethnographische Roman*«, den Barnet mit *La canción de Rachel* und *Gallego* in den Folgejahren perfektioniert und zu einer Trilogie ausgeweitet hat.
Der zunächst etwas störrische Alte redet bald frei von der Leber weg, beginnt sich mit der Aufgabe der Ethnologen zu identifizieren und liefert ihnen unschätzbare Aufschlüsse über das Leben in Sklaverei, über das Überleben im Urwald, über Mythen, Riten und Naturmedizin, wie sie die afrikanischen Neger tradiert haben. Barnet muß den Redefluß Montejos lediglich strukturieren, Wiederholungen streichen, geschichtliche Unstimmigkeiten ausmerzen und die Detailinformationen aus den Abschweifungen an der richtigen Stelle integrieren. Um die Lebendigkeit, den Sprachduktus und die Idiomatik des Erzählenden zu wahren, wurde die Ich-Form der Tonbandaufnahmen beibehalten. – Esteban Montejo stilisiert sich zu einem schweigsamen, zurückhaltenden Einzelgänger, der kaum Freundschaften schließt, turbulente Feste eher meidet und lieber bei den alten Männern sitzt, um ihren Geschichten zu lauschen und begierig ihr Wissen um Zauberei und überkommene Heilungsmethoden in sich aufzusaugen. Auch die Frauen sind ihm wichtig, doch erträgt er nur eine über eine etwas längere Zeit. Als Moralist erweist er sich, wenn es um Feigheit und Mut, um Loyalität und Verrat geht. Seine Rigorosität in dieser Hinsicht hält er sich als ewiger Rebell, als »*Cimarrón*« zugute, der jahrelang alleine im Urwald Kubas überlebt hat. Das Leben als Sklave – anonym gezeugt, anonym geboren, anonym verkauft – und die Plackerei auf der jeweiligen Plantage, die verlausten Barakken, die sadistischen Strafen waren ihm unerträglich. Im Urwald lebte der junge Esteban nun in Harmonie mit der Natur. Er hat nur seine Machete dabei, aber sein animistischer Glaube afrikanischen Ursprungs verleiht ihm in dieser Umgebung das Vertrauen, das er den Menschen gegenüber nur selten aufbringt. Er spricht mit den Vögeln, lauscht dem Rauschen der Bäume, deren Schatten ihm wie der Geist des Menschen vorkommen. Gehen, essen, schlafen und auf der Hut sein vor Sklavenjägern und verräterischen Kumpanen – dieses Leben gibt er auf, als er von der Abschaffung der Sklaverei hört, doch er vertauscht es nur wieder gegen ein Leben, wie es schon vorher war: dieselben Baracken, dieselbe Plackerei, dieselben Strafen. Der einzige Vorteil, den er genießt: Er kann jetzt wieder mit Frauen schlafen. Und Hahnenkämpfe sieht er sich auch gerne an.
Als 1895 der Unabhängigkeitskrieg gegen Spanien beginnt, ist Esteban Montejo wieder auf der Seite der Aufständischen. Nur mit der Machete bewaffnet, wie die meisten seiner Kampfgefährten, schließt er sich Maceo und Máximo Gómez an und nimmt an der siegreichen Schlacht von Mal Tiempo teil. Ihm tut es zwar leid, mit anzusehen, wie blutjunge spanische Rekruten abgeschlachtet werden und die jeweiligen Anführer, unter denen er während des Krieges kämpft, sind für ihn alle Banditen oder potentielle Überläufer, doch es geht ihm um die Sache. Nur eines stört ihn bei der endgültigen Erringung der Unabhängigkeit: daß sich die USA eingemischt hatten und danach nicht mehr weichen wollten. Eine Art Ergänzung zu den Mythen, die Esteban Montejos erzählt, bildet Miguel Barnets Sammlung kubanischer Fabeln: *Akeké y la Jutía. Fábulas cubanas*, 1978 *(Die stummen Hunde. Kubanische Fabeln)*. B.Ki.

AUSGABEN: Havanna, 1966. – Barcelona 1968. – Mexiko 1968; [6]1981. – Havanna 1980.

ÜBERSETZUNG: *Der Cimarrón. Die Lebensgeschichte eines entflohenen Negersklaven aus Cuba, von ihm selbst erzählt*, H. Baumgart, Ffm. 1969 [Nachw. H. R. Sonntag u. A. Chacón]. – Dass., dies., Bln./DDR 1970. – Dass., dies., Ffm. 1976 (st).

VERTONUNG: H. W. Henze, *El Cimarrón. Autobiografía de Esteban Montejo* (Rezital; Urauff. 1970; Libretto: H. M. Enzensberger. Publ. u. d. T.: *El Cimarrón. Ein Werkbericht*, Hg. E. Hegaur, Mainz 1971; m. Ill. u. Notenbsp.).

LITERATUR: J.-P. Tardieu, *Religions et croyances populaires dans »Biografía de un cimarrón« de M. B. Du refus à la tolerance* (in CMLHB, 43, 1984, S. 43–67). – M. Franzbach, Nachwort zu M. B. (in M. Barnet, *Die stummen Hunde. Kubanische Fabeln*, St. Gallen/Wuppertal 1986).

LA CANCIÓN DE RACHEL

(span.; *Ü: Das Lied der Rachel*). Roman von Miguel BARNET (Kuba), erschienen 1969. – Dieser zweite dokumentarische Roman des kubanischen Autors erzählt die Lebensgeschichte der Tänzerin und Schauspielerin Rachel, die in den zwanziger Jahren, der Belle Époque Havannas, als Star des Alhambra-Theaters gefeiert wurde. – Rachel ist 1888 auf Kuba geboren. Schon als Kind lernt sie Klavier spielen und Rumba tanzen. Mit dreizehn Jahren verläßt sie die Schule und tritt in der Nachmittagsvorstellung des Tívoli-Theaters als Ballettmädchen auf. Nächste Station ist der Zirkus *»Las Maravillas de Austria«* (*»Wunderschönes Österreich«*), mit dem sie zwei Jahre durchs Land zieht. 1912, während der Rebellion der *»Unabhängigen Farbigen«*, dem kubanischen »Negerkrieg«, wird das Zirkuszelt niedergebrannt, die Truppe löst sich auf. Zwei Jahre später erhält Rachel ihr Engagement ans Alhambra, das volkstümlichste Theater Havannas, in dem vorwiegend Komödien, satirische Stücke und Sketche gespielt werden, die auf aktuelle Ereignisse in Kuba Bezug nehmen. Zwanzig Jahre, bis zum Niedergang des Alhambra, bleibt Rachel Star dieses Theaters. Wenige Monate vor seiner Schließung zieht sie sich zurück und lebt fortan in den Erinnerungen an ihre große Zeit. Den Journalisten, die sie noch ab und zu besuchen, zeigt sie alte Fotografien, liest aus Kritiken oder rezitiert aus Stücken, in denen sie damals, auf dem Höhepunkt ihrer Karriere, »triumphierte«.

Das Lied der Rachel ist keine durchgehende Ich-Erzählung. Den Bekenntnissen des alternden Revuestars werden kontrapunktisch die Aussagen von Theaterleuten, Nachbarn oder Bekannten gegenübergestellt. Sie dienen der Ergänzung und das bedeutet meist auch der Korrektur der Erinnerungen Rachels. So wird etwa die Aussage eines Zeugen zitiert, wonach Rachel aus *»ganz ärmlichen Verhältnissen«* stammt. Den Namen des Viertels, in dem sie aufwuchs, will der Zeuge lieber gar nicht nennen. Rachel dagegen gibt an, aus dem Mittelstand zu kommen (*»weder arm noch reich«*) und beschreibt das Havanna ihrer Kindheit als *»hübsch und heiter«*.

Als gravierender erweist sich Rachels Einschätzung der politischen Ereignisse ihrer Zeit. Denn häufig nimmt sie eine extreme und widersprüchliche Haltung ein. So zum kubanischen Rassenkrieg von 1912, wo sie eindeutig für die Regierungstruppen Partei ergreift, die den Aufstand der Unabhängigen Farbigen blutig niederschlugen. Als Vertreter der Gegenposition kommt Esteban Montejo, der *»Cimarrón«*, zu Wort, Titel-Held von Barnets 1966 erschienenen Roman *Biografía de un cimarrón*. Er verteidigt den *»gerechten Kampf«* der Farbigen, an dem er selbst als Revolutionär teilnahm und beschimpft die Tänzerin als Rassistin, eine aufgrund der Bekenntnisse Rachels zweifellos berechtigte Einschätzung.

Mit diesen kontrastierenden Aussagen und Einschätzungen gelingt dem Autor eine facettenreiche Darstellung kubanischen Lebens und kubanischer Geschichte der zwanziger und dreißiger Jahre. Im Nachwort schreibt Barnet, er habe Rachels Leben als Ausgangspunkt für die Erkundung eines Milieus, einer Epoche genommen. Die Sichtweise des Autors, der zur sogenannten »revolutionären« kubanischen Schriftsteller-Generation zählt, ist jedoch deutlich ideologisch festgelegt. Er interpretiert Rachel als Modell für ein Leben, *»das in einem bestimmten gesellschaftlichen Konzept fehlgeschlagen ist«*; die Tänzerin dient ihm also als Negativ-Beispiel. Sie repräsentiert das Kuba vor Castro, die Zeit der Republik, die Barnet aus seiner nach-revolutionären Sicht als *»demütigend, skrupellos und enttäuschend«* charakterisiert.

Anders als bei den Erzählungen der Titelhelden in *Biografía de un cimarrón* (1966) und *Gallego* (1981) hat der Autor in die Selbstdarstellung seiner Heldin Rachel korrigierend eingegriffen. Aus dem *Lied der Rachel* ist ein polyphones, dissonantes Stück geworden, in dem Rachel zwar noch im Mittelpunkt steht, die kritischen Stimmen von außen jedoch die illusionären Vorstellungen in Rachels Gedankenwelt mit großer Deutlichkeit ans Licht bringen. So berichtet *La canción de Rachel*, wie Barnet in einer Vorbemerkung zum Roman schreibt, *»von ihrem Leben so, wie sie es mir erzählt hat, und so, wie ich es ihr hernach erzählt habe«*. E.G.R.

AUSGABEN: Buenos Aires 1969. – Havanna 1969. – Barcelona 1970; ²1979.

ÜBERSETZUNG: *Das Lied der Rachel*, W. Plackmeyer, Bln./Weimar 1980. – Dass., ders., Ffm. 1983 (st).

LITERATUR: R. Martínez Fure, *Lo que me contaron de Rachel (entrevista con M. B.)* (in Gaceta de Cuba, 1969, Nr. 76, S. 18). – R. López, *El danzón de Rachel* (in Casa de las Américas, 1969, Nr. 57, S. 122). – A. L. Fernández Guerra, *Cimarrón y Rachel, un continuum* (in Unión, 1970, Nr. 4, S. 161–167). – R. Chang-Rodríguez, *Sobre »La canción de Rachel«, novela testimonio* (in RI, 44, 1978, S. 133–138). – I. Gutschke, Rez. (in Neues Deutschland, 23. 8. 1980).

GALLEGO

(span.; Ü: *Alle träumten von Cuba: die Lebensgeschichte eines galicischen Auswanderers*, auch: *Gallego*). Roman von Miguel BARNET (Kuba), erschienen 1981. – *Gallego*, wörtlich übersetzt »*der Galicier*«, ist Miguel Barnets dritter »*dokumentarischer Roman*« und beinhaltet die Erinnerungen des aus der nordwestspanischen Provinz Galicien stammenden Manuel Ruiz, der als jetzt Achtzigjähriger seine Lebensgeschichte erzählt. Wie Barnet einleitend bemerkt, ist Manuel »*der galicische Auswanderer, der auf der Suche nach Wohlstand und Abenteuer sein Dorf verlassen hat ... um sich in Amerika ein neues Glück zu schmieden*«.

Die Gliederung des Romans in fünf Teile folgt den wichtigsten Abschnitten im Leben Manuels. Im ersten Teil – *Das Dorf* – schildert dieser die Motive seiner Emigration: eine verbotene Liebesaffäre mit einem Dorfmädchen und die Angst vor dem Militärdienst, der den Einsatz im Marokko-Krieg bedeutete. Vor allem auch die Armut treibt Manuel, wie Tausende seiner Landsleute, fort von der Heimat: »*Von Kuba träumten hier alle*«, erzählt er. »*In ihren Reden war nichts so hübsch und lustig wie Kuba; wer hätte gedacht, daß man dort so viel arbeiten mußte.*« – Als Sechzehnjähriger kommt Manuel Ruiz im März 1916 nach Kuba. *Die Überfahrt*, so der Titel des zweiten Teils, endet in einem Auffanglager für Einwanderer, wo er einen Monat interniert bleibt. *Die Insel*, der Hauptteil des Romans, bedeutet für Manuel zunächst vor allem Arbeit und Sparsamkeit. Er verdingt sich als Lastenträger, Kohlenmann, Besenverkäufer, Tischler und Trambahnschaffner. Während er in Kuba von »*Bauchspeck und Stockfisch*« lebt, schickt er großzügige Geschenke in die Heimat. Bei einer ersten Rückkehr nach 15 Jahren kommt Manuel sein galicisches Heimatdorf noch ärmer und verwahrloster vor. Als 1936 *der Bürgerkrieg*, so der Titel des vierten Teils, ausbricht, begeistert sich Manuel für die Sache der Republikaner und tritt den Volksfront-Milizen bei, muß aber nach dem Sieg der Falangisten Francos wie tausende seiner Landsleute nach Frankreich fliehen und wird dort in einem Flüchtlingslager interniert. Mit Unterstützung eines kubanischen Freundes kehrt er mit dem letzten Passagierdampfer vor Ausbruch des Zweiten Weltkriegs nach Havanna zurück. – *Die Rückkehr* heißt der letzte Teil von Manuels Lebensgeschichte. Er fängt noch einmal von vorne an und wird Mitbesitzer eines Cafés, das er aber durch Enteignung im Zuge der kubanischen Revolution wieder verliert. 1970 besucht er noch einmal die Heimat und wieder sprechen sie im Dorf von nichts anderem als von Kuba, diesmal wegen der Revolution. Um eine Rente beantragen zu können, nimmt Manuel schließlich eine Stelle als Nachtwächter an und wird kubanischer Staatsangehöriger. Als Achtzigjähriger zieht er Bilanz. Zu Reichtum hat er es in Kuba nicht gebracht, wohl aber zu einem bescheidenen, sicheren Lebensstandard. Zumindest seinen Töchtern wird es einmal besser gehen: »*Sie haben Ärzte und Kleider gehabt, wie ich sie nicht gehabt habe. In meinem Haus wurde immer die rosa Quittung der Krankenkasse bezahlt und der Beitrag für die Gesellschaft der Töchter Galiciens und der für das Strandbad.*«

Für den Roman *Gallego* hat der Autor umfangreiche Recherchen und Befragungen bei aus Galicien stammenden Kubanern durchgeführt. Die Lebensgeschichte des Manuel Ruiz ist für Barnet in zweierlei Hinsicht von Bedeutung. Einmal repräsentiert der Galicier Manuel für ihn eine Bevölkerungsgruppe, die zur Prägung von Kubas »*nationaler Persönlichkeit*« entscheidend beigetragen hat. Selbst Fidel Castro ist schließlich Sohn eines galicischen Einwanderers, der es allerdings, anders als Manuel Ruiz, vom Tagelöhner zum Besitzer einer Zuckerrohrplantage brachte. Zum anderen sind die Erinnerungen des Manuel Ruiz Teil jener »*Geschichte der Geschichtslosen*«, deren Abfassung sich der kubanische Autor vorgenommen hat. Die Lebensgeschichte des Galiciers erfaßt, verwoben mit dem privaten Schicksal, schwierige und für die Zukunft Kubas entscheidende politische Etappen. In den zwanziger Jahren sympathisiert Manuel Ruiz mit anarchistischen Gruppen und später mit der Opposition gegen die Diktatoren Machado und Batista. Obwohl er auf der Seite derer gehört, die immer »*büßen*« müssen, während »*die Reichen... der Tragödie der Welt*« zusehen, »*als ob sie nichts damit zu tun hätten*«, stehen Optimismus und Zuversicht auch am Ende dieses Lebens, das von so vielen Rückschlägen gezeichnet war. So ist *Alle träumten von Cuba* auch ein »*Lehrstück für den Glauben an eine bessere Zukunft*« (Franzbach).   E.G.R.

AUSGABEN: Madrid 1981. – Havanna 1983.

ÜBERSETZUNGEN: *Alle träumten von Cuba: die Lebensgeschichte eines galicischen Auswanderers*, A. Botond, Ffm. 1981. – *Gallego: Lebensgeschichte eines galicischen Auswanderers*, dies., Bln./Weimar 1982.

LITERATUR: M. Franzbach, Rez. (in Iberoamericana, 5, 1981, Nr. 2/3, S. 105–107). – W. Haubrich, Rez. (in FAZ, 8. 12. 1981). – M. Sp., Rez. (in NZZ, 20. 2. 1982). – J. B. Fernández, »*Gallego*«: *novela de la immigración* (in Crítica Hispánica, 7, 1985, Nr. 2, S. 121–127).

VASIL BARNOV

georg. Barnaveli
* 22.5.(3.6.)1856 Koda / Bez. Tetrizqaro
† 4.11.1934 Tiflis

ISNIS CISKARI

(georg.; *Morgendämmerung der Isani*). Historischer Roman von Vasil BARNOV, erschienen 1901.

– Der Verfasser schildert den heldenhaften Kampf des georgischen Königs Heraklius II. und seines Volks gegen die Perser, die im Jahre 1795 in das Land eindrangen. Die Georgier mußten nach anfänglichen Siegen der Übermacht des Feindes weichen, der bis zur königlichen Hauptstadt T'bilissi (Tiflis) vordrang und sie völlig zerstörte. Im Mittelpunkt des Romans stehen der junge Fürst Saam Gostašabašvili und seine Geliebte, das schöne Bauernmädchen Tinano, genannt »Isnis Ciskari«. Beide verkörpern den durch keine Gewalt zu zerstörenden freiheitsliebenden Geist der Nation. Während Saam gegen die Eroberer kämpft, bemächtigt sich der persische Gouverneur in T'bilissi der schönen Georgierin, die man zwingt, den Siegern in ihr Heimatland zu folgen. Als der Krieg beendet ist, macht sich Saam mit einer kleinen Schar tapferer junger Krieger auf und befreit Tinano. In den Bergen des Kaukasus finden sie Zuflucht vor den Nachstellungen ihrer Feinde.

Barnov hat in zahlreichen Romanen und Erzählungen die reiche Vergangenheit seines Volks gestaltet (Georgien war seit dem 4. Jh. ein christliches Reich). Seine farbigen Schilderungen des alten Tiflis rufen die Erinnerung an die Zeit vor der Annektion durch Rußland (1801) wach. Der Autor, der 1875 als Lyriker begann, blieb der poetischen Ausdrucksweise zeitlebens verbunden; sein Realismus gewinnt durch psychologische Differenzierung an historischer Glaubwürdigkeit.　　　　　　　　I.Ku.

AUSGABEN: Tiflis 1901. – Tiflis 1939. – Tiflis 1948. – Tiflis 1966.

ÜBERSETZUNG: *Istoričeskaja povest'*, M. Kahidze (in *Gruzinskaja proza*, Bd. 3, Moskau 1955).

LITERATUR: Š. Radiani, *V. Barnovis istoriuli Romanebi*, Tiflis 1944. – A. Baramidze, Š. Radiani u. B. Žgenti, *Istorija gruzinskoj literatury*, Moskau 1952, S. 211–214. – D. Benašvili, *Senisvnebi k'art'ul romanze* (in Mnat'obi, 1961, 3, S. 109–111). – R. Kuprašvili, *B. t'hzulebat'a publikacia* (in Ciskari, 1961, 11, S. 109–111). – G. Kankava, *K'art'uli istoriuli prozis tradiciebi* (in Mnat'obi, 1962, 3, S. 102/103). – Š. Radiani, *V. B. est'etikuri sehedulebani* (in Literaturuli Sak'art'velo, 18. 12. 1964). – S. Čilaia, *Uahlesi k'art'uli mcerloba*, Tiflis 1972. – H. Faehnrich, *Die georgische Literatur*, Tiflis 1981.

PÍO BAROJA Y NESSI

* 28.12.1872 San Sebastian
† 30.10.1956 Madrid

LITERATUR ZUM AUTOR:
Biographien:
M. Pérez Ferrero, *P. B. en su rincón*, San Sebastian 1941. – Ders., *Vida de P. B.*, Barcelona 1963. – S. J. Arbó, *P. B. y su tiempo*, Barcelona 1963; ²1969. – L. S. Granjel, *Retrato de P. B.*, Barcelona 1954. – I. Criado de Miguel, *Personalidad de B.*, Barcelona 1974. – J. Caro Baroja, *Los Baroja*, 1972.
Gesamtdarstellungen und Studien:
F. García Sánchez, *P. B.*, Valencia 1905. – F. Carmona Nenclares, *P. B. Estudio crítico*, Madrid 1921. – H. Demuth, *P. B. Das Weltbild in seinen Werken*, Hagen 1937. – Azorín, *Ante B.*, Saragossa 1946. – P. Caro Baroja, *La soledad de P. B.*, Mexiko 1953. – C. Longhurst, *Las novelas históricas de P. B.*, Madrid 1954. – Indice, 1955, Nr. 70/71 [Sondernr. *P. B.*]. – M. Gómez Santos, *B. y su máscara*, Barcelona 1956. – C. J. Cela, *Recuerdo de P. B.*, Mexiko 1958. – *P. B. y su mundo*, Hg. F. Baeza, 3 Bde., Madrid 1962 [m. Bibliogr.]. – C. Iglesias, *El pensamiento de P. B.: Ideas centrales*, Mexiko 1963. – J. Alberich, *Los ingleses y otros temas de P. B.*, Madrid 1966. – E. González-López, *El arte narrativa de P. B.: Las trilogías*, NY 1971. – B. P. Patt, *P. B.*, NY 1971 (TWAS). – CHA, 1972, Nr. 265–267 [Sondernr. *Homenaje a P. B.*]. – F. López Estrada, *Perspectiva sobre P. B.*, Sevilla 1972. – *Barojiana*, Madrid 1972. – C. Longhurst, *Las novelas de P. B.*, Madrid 1974. – C. del Moral, *La sociedad madrileña fin de siglo y B.*, Madrid 1974. – I. Elizalde, *Personajes y temas barojianas*, Bilbao 1975. – I. R. M. Galbis, *B.: El lirismo de tono menor*, Madrid 1976. – *P. B.*, Hg. J. Martínez Palacio, Madrid 1979 [m. Bibliogr.]. – J. Campos, *Introducción a B.*, Madrid 1981. – J. Extramiano, *La guerra de los Vascos en el 98. Unamuno, Valle-Inclán, Baroja*, San Sebastian 1983. – J. M. López Marrón, *Perspectivismo y estructura en B.*, Madrid 1985. – J. A. Pérez, *Anarchism in the Works of P. B.*, Diss. NY 1986 (vgl. Diss. Abstracts, 47, 1986, S. 1349 A).

EL ÁRBOL DE LA CIENCIA

(span.; *Ü: Der Baum der Erkenntnis*). Roman von PÍO BAROJA Y NESSI, erschienen 1911. – In der von ihm selbst zusammengestellten Gesamtausgabe hat der Autor das Werk in die Trilogie *La raza (Die Rasse)* eingegliedert, in der es mit den Romanen *La dama errante* (1908) und *La ciudad de la niebla* (1909) erscheint. Trotzdem sollte gerade *El árbol de la ciencia* als eigene geschlossene Romanwelt betrachtet werden, wohingegen die beiden anderen Werke durch Personen, Handlung und Thematik enger miteinander verknüpft sind. Der Roman ist insofern ein autobiographisches Zeugnis, als aus ihm Barojas Enttäuschungen über das Scheitern eigenen gesellschaftlichen Wirkens sprechen. Wie der Autor selbst 1926 in dem Vortrag *Tres generaciones* betonte, hatte er die historische Wirkung der zeitgenössischen intellektuellen Strömung der *generación del 98* bestritten, die nach dem Desaster des Kubakrieges von 1898 und dem Verlust der letzten überseeischen Kolonien die *regeneración de España*, die geistige und ästhetische Erneuerung

Spaniens betrieben hatte. Doch sollte nicht übersehen werden, daß auch Baroja in den ersten Jahren dieses Jahrhunderts – wie MAEZTU, AZORÍN, UNAMUNO und PÉREZ DE AYALA – soziale und politische Ideale zu verwirklichen hoffte. *El árbol de la ciencia* darf als das Dokument dieser Generation gedeutet werden, deren Wirken Baroja zwar nicht als gescheitert, so doch in seiner historischen Bedingtheit illusionslos beurteilte.

Sieben Abschnitte unterschiedlicher Länge gliedern die insgesamt 53 Kapitel des Werks, die scheinbar zusammenhanglos verschiedenste Aspekte des spanischen Lebens am Ende des 19. Jh.s illustrieren. Im Mittelpunkt all dieser Episoden steht der wißbegierige Medizinstudent Andrés Hurtado. Bald muß der jugendliche Idealist erkennen, wie sehr der Universitätsbetrieb von Stagnation und Borniertheit geprägt ist und daß er darin den sozialen Strukturen Madrids gleicht. Auch in die Wissenschaft selbst setzt Hurtado alsbald keine allzu großen Erwartungen mehr, die vermittelte Theorie erkennt er als halbfertig, die Behandlungsmethoden, die er als Praktikant kennenlernt, als menschenunwürdig. Der Tod seines geliebten jüngeren Bruders Luisito, dem die Medizin nicht zu helfen vermag, bestätigt dieses Urteil. Das intellektuelle Leben im Madrid des Fin de Siècle, die Caféhauskultur, Diskussionen um die Moden der Zeit – etwas das Aufkommen R. WAGNERS und C. LOMBROSOS in Spanien –, die schlaglichtartig dieses Panorama beleuchten, vermögen Hurtado nicht zu befriedigen. Er rettet sich in die Welt des Geistes, liest Romane und begeistert sich für die philosophischen Systeme KANTS und SCHOPENHAUERS. In ihrem Denken sieht sich der Moralist Hurtado bestätigt, als er erkennt, daß unsoziales und unmoralisches Handeln quer durch die Gesellschaftsschichten eher bestätigt als kritisiert wird. Die Lebensmaxime, die Hurtados Onkel Iturrioz daraus ableitet, lautet: »*... entweder völlige Zurückhaltung und indifferente Betrachtung aller Dinge oder Handeln mit der Beschränkung auf einen kleinen Kreis. Das heißt, man kann wie Don Quijote kämpfen, wenn es gegen eine Anomalie geht; in der gleichen Weise gegen etwas angehen zu wollen, was allgemeine Regel ist, wäre absurd*«. Das Thema der »Quijoterie«, mit der sich Hurtado als Idealist in einer unmoralischen Wirklichkeit identifiziert und das, wenn auch nicht karnevalesk und ironisch wie in CERVANTES' Werk, eine Handlungsfolie des Werkes liefert, wird nicht nur im Motiv der dekadenten Flucht des Helden in die Welt der Philosophie Schopenhauers evoziert. Formal und thematisch im Zentrum des Romans steht die Diskussion zwischen Iturrioz und Hurtado: Hurtado deutet das Handeln Quijotes als »*Symbol der Lebensbejahung*« in einer von Illusionen und Täuschungen bestimmten Wirklichkeit: »*Der Lebensdrang bedarf der Fiktion zur Selbstbehauptung. Die Wissenschaft aber ... muß eine Wahrheit finden: die Menge an Lüge, die man zum Leben braucht.*« Dem kultartigen Wahrheitsanspruch Hurtados begegnet Iturrioz mit der Titelmetapher vom »Baum der Erkenntnis« und dem »Lebensbaum«, die in der Heiligen Schrift komplementär aufeinander bezogen waren. Das späte 19. Jh. habe »*die Wissenschaft zum Idol*« gemacht, er dagegen plädiert für eine pragmatische Einstellung gegenüber der Erkenntnis zugunsten des Lebens: »*Was ich sagen will ist, daß ich nicht glaube, daß der Wille nur eine Wunschmaschinerie und die Intelligenz nur eine Reflektionsmaschinerie ist ... Aber dieser Agnostizismus gegenüber allen Dingen, die man nicht mit wissenschaftlichen Methoden erkennt, ist absurd, weil er völlig unbiologisch ist, völlig fremd gegenüber allen Lebensvorgängen.*«

Weder als Landarzt in der kastilischen Kleinstadt Alcolea del Campo, wo Hurtado mit der sozialen Dumpfheit seiner Landsleute konfrontiert ist, noch als Amtsarzt in Madrid, wo er in der Ära des Kubakriegs den Schattenseiten der Großstadt begegnet, kann er sich die Lehren seines Onkels zu eigen machen. Schließlich zieht er aus der *Erfahrung in Madrid*, wie dieser sechste Teil überschrieben ist, die Konsequenz einer Rettung ins Private. Alles scheint sich zum Besseren zu wenden, als Hurtado seine hochfahrenden Pläne zugunsten eines Ehelebens mit seiner Jugendfreundin Lulú aufgibt. Vom gesellschaftlichen Leben löst er sich, indem er seine Amtsarztstelle kündigt und fortan als Übersetzer neuester theoretischer Werke einen aufklärerischen Beitrag zur Förderung der Wissenschaft in seinem Land leistet. Die Idylle wird jedoch getrübt, als Lulú ein Kind erwartet und Hurtado – durch den Tod seines Bruders Luisito gewarnt – fürchtet, Vater eines erblich belasteten Kindes zu werden. Als Lulú und das Kind bei der Geburt sterben, sieht er sich in seinem erbbiologischen Fatalismus bestätigt und vergiftet sich selbst. Die Worte seines Onkels Iturrioz, der Hurtados Leichnam findet, geben dem Freitod des Neffen, der »*keine Kraft zum Leben*« hatte, eine positive Wendung: »*Er war ein Epikuräer, ein Aristokrat, auch wenn er selbst das nicht glaubte. – Aber er hatte etwas, das in die Zukunft wies.*« Der Roman fügt sich in die lange Reihe der Texte ein, die sich um die Jahrhundertwende mit den Problemen des Vitalismus und des Szientismus auseinandersetzten. In deutlicher Nachfolge ZOLAS, dessen Metaphorik des Sündenfalls dieses Werk ebenso verarbeitet wie die Kategorien der »Rasse«, der »Erbanlagen« und des »sozialen Milieus«, hat Baroja wie sein Zeitgenosse Thomas MANN den Bannkreis der Fin-de-Siècle-Thematik auch in seinem späteren Schaffen nicht verlassen. Bemerkenswert ist die formale Eigenwilligkeit des Werks, die sich einerseits in der strikten Symmetrie der Hauptteile (I bis III, IV mit dem zentralen Dialog über den Lebensbaum, und IV bis VII) äußert, andererseits die willkürliche Kapiteleinteilung, die an Stelle der klassischen, chronologisch erzählten Fabel dialogisch strukturierte Episoden setzt und die so bereits auf den Modernismus CELAS vorausweist.

G.Wil.

AUSGABEN: Madrid 1911. – Madrid 1946–1952 (in *Obras completas*, Bd. 2); ern. Madrid 1973–1980. – Barcelona 1961 (BAE contemporáneos). – Madrid 1985, Hg. u. Einl. P. Caro Baroja (Cátedra).

ÜBERSETZUNG: *Der Baum der Erkenntnis*, W. Halm, Mchn. 1963.

LITERATUR: S. H. Eoff, *The Modern Spanish Novel*, NY 1961, S. 148–185. – E. Inman Fox, *B. and Schopenhauer* (in RLC, 37, 1963, S. 350–360). – M. Duran, *El B. esencial: »El árbol de la ciencia«* (in Insula, 27, 1972, S. 1, 14–15). – L. Iguzquiza, *»El árbol de la ciencia«*, Pamplona 1981. – P. Juan i Tous, *Das gefesselte Engagement. P. B. und das weltanschauliche Spektrum der Jahrhundertwende im Spiegel des »Árbol de la ciencia«*, Diss. Würzburg 1983. – S. Beser, *P. B. »El árbol de la ciencia«*, Barcelona 1983. – P. Juan i Tous, *P. B. - »El árbol de la ciencia«* (in *Der spanische Roman*, Hg. V. Roloff u. E. Wentzlaff-Eggebert, Düsseldorf 1986, S. 270–288).

AVENTURAS, INVENTOS Y MISTIFICACIONES DE SILVESTRE PARADOX

(span.; *Abenteuer, Erfindungen und Mystifikationen des Silvestre Paradox*). Roman von PÍO BAROJA Y NESSI, erschienen 1901. – Silvestre Paradox verbringt seine Kindheit in Chamberí, einem typischen Madrider Stadtviertel. Nach dem Tod des Vaters zieht die Familie nach Pamplona. Später lebt Silvestre in San Sebastián und erneut in Pamplona; dann schließt er sich dem als Schausteller und Scharlatane umherziehenden englischen Ehepaar Macbeth an. In Paris werden sie als Betrüger festgenommen. *»Wenn Macbeth und seine Frau Betrüger sind, wären dann nicht etwa die Betrüger die einzigen guten, mildtätigen Menschen auf der Welt? Und beim Gedanken an seine Verwandten in Pamplona, die in dem Ruf ehrbarer, tadelfreier Leute stehen, fragte er sich, ob nicht etwa ehrbar gleichbedeutend sei mit egoistisch, erbärmlich, niederträchtig.«* Nach einigen Jahren taucht Paradox wieder in Madrid auf, in dem liederlichen Madrid der Jahrhundertwende, dem Treffpunkt von Gaunern und Bohemiens. Er lebt von Erfindungen, eine wertloser und verrückter als die andere. Auch seine Kumpane, Avelino Díz de la Iglesia, Juan Pérez del Corral u. a. sind so untauglich wie er selbst. Sie leiden an chronischem Geldmangel, leben von der Hand in den Mund und nutzen die guten Momente, die Fortuna ihnen schenkt. Silvestre versucht sich als Erzieher im aristokratischen Haus der Alvarez Ossorio. Als ihm deren Neffe, Fernando Ossorio (später der Held von *Camino de perfección*), die moralische Verkommenheit der Familie aufdeckt, verläßt er das Haus. Er erfindet eine Mausefalle, von der aber niemand etwas wissen will. Ein Portugiese kauft sie ihm schließlich ab, bezahlt aber mit Falschgeld. Als er endlich einmal ein wenig Geld in der Tasche hat, wird es ihm von Pelayo Huesca gestohlen, den er aus Mitleid als Diener angestellt hatte. Wieder einmal mittellos, beschließt er, mit Avelino Díz aufs Land zu gehen, wo das schmutzige Geld keine so große Rolle spielt. Sie gehen in Richtung Valencia, um ihr Glück zu versuchen. Als sie eine Zeitschrift, ›Lumen‹, gründen, in der Paradox seine verrückten philosophischen Ideen veröffentlichen will, lernen sie die Brüder Labarta kennen, die eine Bäckerei leiten, obwohl der eine Maler, der andere Arzt ist (Ricardo und Pío Baroja). *»Letzterer sah aus wie eine Mischung von durchgeistigtem Mönch und Gourmet, von Pessimist und Epikureer, Schelm und Romantiker«* – ein Porträt des Autors in jenen Jahren. Der Roman trägt stark autobiographische Züge, denn in Madrid, Pamplona, San Sebastián, Vera usw. hatte Pío Baroja selbst gelebt. Die Abenteuer des Silvestre Paradox während seiner Schulzeit tauchen später in den *Memorias* als Selbsterlebtes wieder auf. Die Gestalten der literarischen Boheme in Madrid sind dieselben – unter anderm Namen –, die er während seiner Betätigung als Bäcker kannte. – Im sechsten Kapitel werden der Held und seine Ideen charakterisiert. Dieser liebt das Unaufdringliche und haßt jede Anmaßung. Ein Senator sei nicht immer ein Dummkopf, aber fast immer. Die Metaphysik sei ein Luxus, die Wissenschaft notwendig, die Religion eine schöne Legende. Er ist weder Atheist noch Deist. Er findet es naiv, anzunehmen, daß Gott die Erde mit ihren Bäumchen, Hügelchen und Tierchen geschaffen habe; die Sonne, um sie zu beleuchten, und den Mond, damit er von den Dichtern besungen werde. Aber es wäre töricht, diese Legende durch eine andere, *»dem Pöbel huldigende«*, ersetzen zu wollen. Der Fortschritt begeistert ihn, auf moralischem Gebiet aber bleibe der Fortschritt hinter der Technik zurück. Mehr und mehr sei der Schwache Verlierer in dieser Gesellschaft, deren Prinzip der »Kampf ums Leben« ist (Ankündigung seiner Trilogie dieses Titels: *La lucha por la vida*). Der Fortschritt werde zur Auswahl der Besten führen; der Gescheiterte werde niemanden beschuldigen können, und der Selbstmord werde die einzige Lösung für die gefallene Menschheit sein. Diese von NIETZSCHE beeinflußte Ideenwelt spiegelt die geistige Haltung Barojas zu jener Zeit.

Feiner Humor, eine Unzahl treffend gezeichneter Gestalten, realistische Darstellungen, plastische Bilder des fröhlichen, sorglosen Lebens der Boheme, die auch ihre düstere Seite zeigt (z. B. der einsame Tod des Juan Pérez del Corral), und scharfe Gesellschaftskritik zeichnen diesen Roman aus, der zu seiner Zeit viel beachtet wurde, da sich sein bewußt einfacher Stil wohltuend von den damals üblichen gekünstelten Machwerken abhob. A.A.A.

AUSGABEN: Madrid 1901. – Madrid 1947–1951 (in *Obras completas*; ern. Madrid 1973–1980). – Madrid 1983 (Austral).

LITERATUR: J. Ornstein, *The Picaresque Element in P. B.* (in Ohio State Masters, 1937). – E. Matus, *La técnica novelesca de P. B.*, Havanna 1961. – J. Alberich, *El submarino de Paradox* (in Insula, 27, 1972, S. 4). – F. Abrams, *P. B. and Silvestre Paradox: An*

Onomastic Tour de Force (in REH, 9, 1975, S. 259–262). – C. Eustis, *Picaresque Elements in P. B.'s »Aventuras... de Silvestre Paradox«* (in The American Hispanist, 1979, Nr. 34/35, S. 25–28).

CAMINO DE PERFECCIÓN. Pasión mística

(span.; *Weg zur Vollkommenheit. Mystische Passion*). Roman von Pío BAROJA Y NESSI, erschienen 1902. – Der aus aristokratischem Hause stammende Fernando Ossorio (s. *Aventuras, inventos y mistificaciones de Silvestre Paradox*) ist ein leicht beeindruckbarer Mensch, der dem Leben verbittert und skeptisch gegenübersteht. Er bricht sein Medizinstudium ab, um sich der Malerei zu widmen, aber auch hier bleibt ihm der Erfolg versagt. Eine Erbschaft sichert ihm finanzielle Unabhängigkeit. Mit seiner Tante Laura, in deren Haus er lebt, verbindet ihn eine wilde Leidenschaft. Als er, vom Fieber erschöpft, eines Nachts eine Christuserscheinung hat, beginnt er an sich selbst zu zweifeln. Auf den Rat eines Freundes verläßt er Madrid und begibt sich auf eine Pilgerreise. Im Kloster El Paular lernt er Max Schultze kennen, der ihm von Nietzsche spricht (Vorbild für diese Gestalt war Barojas Freund Paul Schmitz, der ihm den Weg zu dem deutschen Philosophen öffnete). Auf mancherlei Umwegen gelangt Ossorio schließlich nach Toledo, wo ihn die Kunst El Grecos, vor allem dessen Gemälde *Die Bestattung des Grafen Orgaz*, tief beeindruckt. Ergriffen von religiöser Schwärmerei besucht er Kirchen und Klöster. Seine heftige Zuneigung zu einer Nonne steigert sich zur Besessenheit. Aus dieser ausweglos scheinenden Situation befreit ihn die Begegnung mit dem Mädchen Adela. Im letzten Augenblick schreckt er jedoch davor zurück, es zu verführen, denn plötzlich erinnert er sich an ein Mädchen aus dem Dorf Yécora, das er in seiner Jugend nur deshalb verführt hatte, weil er sich selbst seine Männlichkeit beweisen wollte. Von plötzlichen Gewissensbissen gequält, fährt er in jenes Dorf, um dem Mädchen Hilfe und Trost anzubieten; doch es ist längst verheiratet und weigert sich, ihn anzuhören. Abgestoßen von der Enge und Spießigkeit des dörflichen Lebens und von der wiedererwachten Erinnerung an seine Jugendjahre in der Klosterschule, wo er sich wie im Gefängnis fühlte, gibt er seine Neigung zu mystischer Schwärmerei endgültig auf. Er verläßt das Dorf und besucht einen Onkel, der als Arzt in der Provinz Castellón lebt. Dort verliebt er sich in seine Cousine Dolores, ein unkompliziertes Landmädchen, und heiratet sie. Er ist entschlossen, seinen Sohn fernzuhalten von dem Einfluß jener Ideen, die sein eigenes Leben so ruhelos werden ließen.

Mit diesem Buch machte sich Baroja einen Namen als Romancier. Sein Werk besitzt Qualitäten, die es zum Ausdruck seiner Zeit werden ließen: die Gestalt des Helden, dessen Willen- und Kraftlosigkeit ihn zum Spielball des Schicksals macht und in dem sich die Entmutigung, die Angst vor dem drohenden Zusammenbruch personifiziert, die die spanische Nation nach dem Verlust des Kolonialreichs (1898) empfand; die geradezu revolutionierend wirkende Würdigung des bis dahin völlig verkannten El Greco; die Beschäftigung mit der Philosophie NIETZSCHES; und das überzeugend gezeichnete, impressionistische Bild der öden, trostlosen kastilischen Landschaft. Der nüchterne, knappe Stil entspricht der Aufrichtigkeit des Autors, der nichts unter literarischem Beiwerk verbergen will. Die Handlung entwickelt sich dynamisch, die Dialoge – selbst die philosophischen Charakters – wirken straff und zügig. – Im Gegensatz zu der Mystikerin TERESA DE JESÚS, die in einem gleichnamigen Werk den inneren Weg ihrer Seele beschrieb, will Baroja aus sich selbst heraustreten, eine freiere Luft atmen, der von fiebernden Menschenhirnen geschaffenen künstlichen, rationalen und in Konventionen erstarrten Welt entfliehen und das Leben intensiv erleben. Es geht ihm um die Freiheit, die sein Romanheld am Schluß für seinen Sohn erstrebt: *»Er würde ihn ungehindert seinen Instinkten folgen lassen; wenn er Löwe wäre, würde er ihm nicht die Krallen ausreißen; wenn er Adler wäre, würde er ihm nicht die Flügel beschneiden.«*

Dieser Roman, der im gleichen Jahr wie *La Voluntad* seines Freundes AZORÍN erschienen ist, kann wie dieses Buch als beispielhaft für die Literatur einer Generation angesehen werden. Beide Werke unterscheiden sich zwar in Dynamik der Handlung und Erzähltechnik, aber sie gleichen sich in der Darstellung einer Lebensproblematik (der Held, der wegen seines hohen intellektuellen Niveaus gegen seine Umwelt rebelliert und schließlich seine Ideale und sich selbst aufgibt durch die Ehe mit einer einfachen Frau aus dem Dorf), in biographischen Details (Aufenthalt in Yécora – Yecla bei Azorín – und Toledo), in der Wertschätzung der Kunst von El Greco und insbesondere in der Beschreibung des »gefallenen«, elenden und traurigen Spaniens – ein Thema, das alle Mitglieder der *Generation von 98* miteinander verbindet. A.A.A.

AUSGABEN: Madrid 1902. – Madrid 1946–1952 (in *Obras completas*, Bd. 6); ern. Madrid 1973–1980. – Santiago de Chile 1956. – Madrid 1972.

LITERATUR: R. Rojas (in El Alma Española, 1907, S. 109–128). – H. Peseux-Richard, *Un romancier espagnol, P. B.* (in RH 23, 1910, S. 109–187). – J. Loveluck (in Atenea, 127, 1957, S. 164–169). – M. Solotorevsky, *Notas sobre »Camino de perfección« y »La voluntad«* (in Bolétin de filología, 15, Santiago de Chile 1963, S. 111–164). – J. García Sarría, *Estructura y motivos de »Camino de perfección«* (in RF, 73, 1971, S. 246–266). – J. J. Macklin, *The Modernist Mind: Identity and Integration in P. B.'s »Camino de perfección«* (in Neoph, 4, 1983, S. 540–555). – H. S. Madland, *B.'s »Camino de perfección« and Schnitzler's Leutnant Gustl: Fin de Siècle Madrid and Vienna* (in Comparative Literature Studies, 3, 1984, S. 306–322).

CÉSAR O NADA

(span.; *César oder nichts*). Roman von Pío BAROJA Y NESSI, erschienen 1910. – Der erste Teil des Werkes spielt in Rom und stellt den Helden, César Moncada, den Neffen eines Kardinals, vor. Er stammt aus reichem Haus und bereitet sich auf seine politische Laufbahn vor. Mit seiner schönen, charmanten Schwester Laura geht er den seiner Stellung entsprechenden gesellschaftlichen Verpflichtungen nach, die aber nur seine Abneigung gegen diese Gesellschaft verschärfen. Sich vergnügen, wenn es auf Kosten der Armen und Unglücklichen geschieht? Was ist Kunst anderes als ein Zeitvertreib für Schwächlinge? Die Starken bedürfen nur der Tat. Im Grund genommen gibt es nur den Kampf; er mag weniger blutig sein als in früheren Zeiten, aber er ist nicht minder grausam. Warum diesen ständigen Krieg mit dem Schein von Ordnung und Legalität verbrämen? Aus seiner antiklerikalen Einstellung – die mit seiner Erziehung in einer Klosterschule erklärt wird – übt César bittere Kritik an Kirche und Klerus. Doch da er die Macht der Kirche in Spanien kennt, tritt er über seinen Onkel in Verbindung mit klerikalen Kreisen, die seinen Plänen einmal dienlich sein könnten. Rücksichtslos wird er von nun an nach Machiavellis Grundsätzen handeln und der Devise Cesare Borgias folgen: *»Aut Caesar aut nihil.«*
Der zweite Teil spielt in einer imaginären spanischen Kleinstadt, Castro Duro. Baroja fängt in ihrer Schilderung die bedrückende Atmosphäre des spanischen Lebens ein, das an seinen uralten Traditionen geradezu erstickt. César nimmt den Kampf auf, versucht seine revolutionären Neuerungen als Abgeordneter durchzusetzen: Er sorgt dafür, daß der Ort mit Wasser versorgt wird, er gründet u. a. eine Bibliothek und ein Arbeiterzentrum. Der Klerus sabotiert jedoch seine Arbeit. Amparito, die Nichte eines einflußreichen Senators, verliebt sich in ihn. Dem Rat seiner Schwester folgend, heiratet er sie. Die Ehe übt einen beruhigenden Einfluß auf ihn aus, so beruhigend, daß sein politisches Interesse erlahmt, daß er seine Anhänger im Stich läßt und nach Rom geht. (*Mitleid, Maske der Feigheit* lautet der Titel des siebzehnten Kapitels.) Ein Brief seiner Parteifreunde bestimmt ihn zur Rückkehr. Mit ganzer Kraft setzt er sich für die bevorstehenden Wahlen ein, und es gelingt ihm, der Partei neuen Auftrieb zu geben. Doch er wird ermordet. Cäsar? Nichts. Denn Castro Duro – der Zwischenfall ist schnell vergessen – *»lebt weiter in seinen altehrwürdigen Traditionen und sakrosankten Prinzipien... in Staub und Schmutz gehüllt, verschlafen in der Sonne, inmitten seiner nach Wasser dürstenden Felder«.*
Zwei persönliche Erfahrungen Barojas fanden in diesem Werk ihren Niederschlag: seine Romreise (1908), die er in der Absicht unternahm, einen historisch-archäologischen Roman zu schreiben (er verwarf die Idee jedoch schnell), und die »praktische Seite« der Politik (Wahlen usw.), die er kennenlernte, als er sich – vergeblich – um den Posten eines Stadtrats (1909) und Abgeordneten (1918) bemühte. – César, »Mensch der Tat«, ist jener Typ, dem Baroja später (ab 1913) mehrere Jahre seines literarischen Schaffens widmete und der dann in der Figur des Avirañeta seine Verkörperung fand. Dieser Mensch der Tat, der jenseits von Gut und Böse handelt (oder handeln will), ist von NIETZSCHES Ideal des Übermenschen her konzipiert. Daß César Moncada, der sein politisches Programm so sorgfältig vorbereitet hat, kläglich scheitert, verweist auf die Unmöglichkeit, ein Gedankengut, mit dem sich der junge Baroja auseinandergesetzt hat, in der spanischen Wirklichkeit umzusetzen. Symbolisch betrachtet bedeutet *César o nada* den Abschied Barojas von Nietzsche; von da an wird der deutsche Philosoph nicht mehr bewundernd, sondern mit zunehmender Ablehnung zitiert. Césars Geisteshaltung stimmt nicht mit der des Autors überein, dessen Moralbegriff *»eher mit der Idee des Mitleids als mit der der Energie verbunden ist. Aber ich begreife, daß das Mitleid vernichtend ist«.* Wie in fast allen Romanen Barojas klingt auch hier der ausweglose Widerstreit zwischen Herz und Geist an. A.A.A.

AUSGABEN: Madrid 1910. – Madrid 1927. – Madrid 1934. – Madrid 1947 (in *Obras completas*, 8 Bde., 1946–1952, 2); ern. 1973–1980.

LITERATUR: N. González Ruiz (in Ecclesia, 10. 11. 1956). – *B. y su mundo*, Madrid 1962 [m. Bibliogr.]. – C. A. Longhurst, *Ironic Distance in P. B.: »César o nada«* (in BHS, 57, 1980, S. 129–142).

LA CIUDAD DE LA NIEBLA

(span.; *Ü: London, Stadt des Nebels*). Roman von Pío BAROJA Y NESSI, erschienen 1909. – Fortsetzung des Romans *La dama errante* (1908), der das am Tag seiner Hochzeit auf Alfons XIII. verübte Attentat (1906) zum Thema hatte und in dem Dr. Enrique Aracil, der den Attentäter (im Roman Nilo Brull genannt) in seinem Hause verbarg, fliehen mußte. *La ciudad de la niebla* setzt ein, als Aracil und seine Tochter María London erreicht haben. Die Veröffentlichung zweier Artikel im ›Daily Telegraph‹ über die Odyssee ihrer Flucht lenkt das öffentliche Interesse auf die beiden und verschafft ihnen schnell einen großen Bekanntenkreis. Doch Aracil ist das Leben in London bald leid. Er entschließt sich, eine reiche verwitwete Südamerikanerin zu heiraten und nach Argentinien zu gehen. María bleibt in einem Londoner Internat zurück. Da ihre Briefe abgefangen werden, muß sie zu einer List greifen, um diesem »Gefängnis« zu entkommen. Damit schließt der von María erzählte erste Teil des Romans. Im folgenden versucht María, sich unabhängig zu machen und allein in London durchzuschlagen. Aber alle ihre Bemühungen scheitern. Selbst der polnische Revolutionär Vladimir, den sie für idealistisch und opferbereit hielt, enttäuscht sie: Er heiratet ein reiches Mädchen, um in Paris leben zu können. Nun hat María nicht mehr die Kraft weiterzukämpfen. Desillusioniert kehrt sie nach Madrid zurück und heiratet ihren verwitweten Vetter Venancio, in dem sie eine Stütze zu finden hofft.

Es ist ungewöhnlich für Baroja, eine Frau als Zentralfigur auftreten zu lassen. Er stellt María, eine Frau mit starkem, fast männlichem Charakter, die ihre Gefühle verbirgt, in krassen Gegensatz zu Egoisten, die, wie ihr Vater, ihrer Bequemlichkeit und gesellschaftlichen Stellung rücksichtslos andere Menschen opfern. – Nie hat Baroja eine andere Stadt so einfühlsam, ja liebevoll beschrieben wie das London dieses Romans. Darin drückt sich seine Bewunderung für England aus, in dem er einen Zufluchtsort der Freiheitsliebenden sah, eine Nation, deren Reichtum auf Arbeit, Produktion und Fortschritt gegründet ist. »*London ist ganz das Gegenteil von Madrid, wo man elegante, gutgekleidete Leute, Wagen und Pferde sieht... Woher stammt das alles? Das ist ein Geheimnis. In Spanien sind alle Quellen des Reichtums trüb.*« A.A.A.

AUSGABEN: Madrid 1909. – Madrid 1946–1952 (in *Obras completas*, Bd. 2); ern. Madrid 1973–1980. – Madrid 1960. – Madrid 1983 (Austral).

ÜBERSETZUNG: *London, Stadt des Nebels*, M. Spiro, Mchn./Bln. 1918.

LITERATUR: E. de Nora, *La novela española contemporánea*, Madrid 1958–1962 [m. Bibliogr.].

LA LUCHA POR LA VIDA

(span.; *Ü: Spanische Trilogie*). Romantrilogie von PÍO BAROJA Y NESSI, erschienen 1904. – Wie die anderen Trilogien, zu denen Baroja seine Romane »*ein bißchen willkürlich*« (García López) zusammengebündelt hat, trägt auch *La lucha por la vida* (wörtliche Übersetzung: *Der Kampf ums Dasein*) einen Titel, der nur unter einem sehr allgemeinen Gesichtspunkt die innere Einheit von Werken zum Ausdruck bringt, zwischen denen im übrigen kein rechter Zusammenhang besteht. Hier ist es die Darwinsche These des *struggle for life*, von deren Gültigkeit Baroja, der den Leitsatz vertrat: »*Die Tat um der Tat willen ist das Ideal des starken gesunden Menschen*«, auch und gerade im Hinblick auf den Menschen zutiefst überzeugt war. Diese Überzeugung wird im letzten der drei Romane, die hier vereinigt sind (1. *La busca – Irrende Jugend*, 2. *Mala hierba – Giftkraut*, 3. *Aurora roja – Rotes Morgenrot*), durch Roberto Hasting, eine der interessantesten Gestalten des Werks, folgendermaßen ausgesprochen: »*Alle Tiere, und der Mensch ist nur eines von ihnen, befinden sich ständig im Kampf. Deine Nahrung, deine Frau, deinen Ruhm machst du den andern und machen die andern dir streitig.*«

Inhaltlich bietet diese Romantrilogie einen »*offenen, schonungslosen Einblick in die Madrider Unterwelt*« (García López) in einer Reihe von Bildern und Szenen aus den Vorstadtvierteln der spanischen Hauptstadt, in denen am häufigsten die Gestalt des Manuel Alcázar erscheint. Hier, in dieser »*Welt im Kleinen, fieberhaft erregt, wimmelnd wie ein Haufen Würmer*« (*La busca*), gelingt es nur wenigen, sich aus der elenden, rein vegetativen Existenz der Masse herauszuheben. Von animalischen Antrieben beherrscht, sind die meisten dieser Menschen ohne Lebensplan und ohne Willen, sich durchzusetzen. Nur Roberto Hasting besitzt beides und triumphiert. Manuel Alcázar, der sich in dem Leben, das er führt, zutiefst unglücklich fühlt, fehlt trotz aller Geschicklichkeit, mit der er es schließlich sogar zu einem kleinen Laden bringt, letzten Endes doch die Willenskraft. Er verdankt seine Befreiung einem schlichten, charakterfesten Mädchen mit dem symbolischen Namen Salvadora, einer der rührendsten, dichterisch eindrucksvollsten Frauengestalten Barojas.

Den »Kampf ums Dasein« schildert Baroja nicht nur in der untersten Menschenschicht der Madrider Vorstädte, sondern – in *Mala hierba* – auch in der Schicht des mittleren und gehobenen Bürgertums. Auch hier, wo das Gewinnstreben die Menschen beherrscht, wo Haß, Bosheit, Betrug und Heuchelei ihr Handeln bestimmen, ist dieser Kampf nicht weniger gnadenlos, nur spielt er sich in diskreteren, höflicheren Formen ab. – In dem Kampf aller gegen alle, in dem der Stärkere skrupellos den Schwächeren unterdrückt und vernichtet, erscheint diesem der Anarchismus als die große Möglichkeit der Befreiung, und um ihn geht es in *Aurora roja*. Hier erscheint Juan, der Bruder Manuel Alcázars, als Prototyp jener spanischen Intellektuellen, die sich angesichts der sozialen Ungerechtigkeit die Ideen des Anarchismus zu eigen machten und sich in zugleich religiöser und ästhetischer Begeisterung – Juan Alcázar, ein ehemaliger Seminarist, hat in Paris Malerei und Bildhauerei studiert – für eine neue Gesellschaftsform der Gerechtigkeit, Freiheit und Nächstenliebe einsetzten. Aber der Idealismus dieser jungen Leute ist töricht; er übersieht die niederen Interessen, den Eigennutz, der auch aus den erhabensten Ideen persönlichen Vorteil zu schlagen sucht. An dieser Kurzsichtigkeit geht Juan zugrunde: Zermürbt durch den Einsatz für die Bewegung, stirbt er als einer, der »*zum Rebellen wurde, weil er gerecht sein wollte*«.

So ist *La lucha por la vida* ein zutiefst pessimistisches Werk, geprägt von dem gleichen Pessimismus, der auch für den Nonkonformisten, den »Rebellen« und »Anarchisten« Pío Baroja kennzeichnend war. Manche persönliche Erfahrung des Dichters ist in dieses Romanwerk eingegangen. Den geschilderten Typen war er selbst begegnet in einer Zeit, als er in Madrid die Bäckerei seiner Tante leitete und häufig in die berüchtigten Stadtviertel kam. Die dabei gewonnenen Eindrücke lebendig werden zu lassen ist ihm in unnachahmlicher Weise gelungen. Mit Recht hat ORTEGA Y GASSET gerade im Hinblick auf diese Trilogie Baroja den »*Homer des Pöbels*« genannt. A.A.A.-KLL

AUSGABEN: Madrid 1904. – Madrid 1947 (in *Obras completas*, 8 Bde., 1947–1951, 1); ern. Madrid 1973–1980. – Barcelona 1958 (*La busca*, Hg. J. de Entrambasaguas; Las mejores novelas contemporáneas, 3). – Madrid 1972, 3 Bde.

ÜBERSETZUNG: *Spanische Trilogie*, A. Guggenheim, Zürich 1948.

VERFILMUNG: Spanien 1966 (Regie: A. Fons; nur Tl. 1).

LITERATUR: J. Dos Passos, *B., arrebozádo* (in The Dial, Febr. 1923; auch in *B. y su mundo*, Bd. 2, Madrid 1962, S. 115/116). – S. Puértolas Villanueva, *El Madrid de »La lucha por la vida«*, Madrid 1971. – A. Risco, »La lucha por la vida« de P. B. en la evolución novelística española (in RCEH, 2, 1978, S. 258–281). – M. Embeita, »La lucha por la vida« (in *Actas del I Congreso sobre la picaresca*, Madrid 1979, S. 877–892). – E. Alarcos Llorach, *Anatomía de »La lucha por la vida«*, Madrid 1982. – C. Eustis, *Politics and the Picaresque in the 20th Century Spanish Novel* (in REH, 2, 1984, S. 163–182).

MEMORIAS DE UN HOMBRE DE ACCIÓN

(span.; *Lebenserinnerungen eines Mannes der Tat*). Romanfolge von Pío BAROJA Y NESSI, erschienen 1913–1935. – Im Vorwort zum ersten Roman *(El aprendiz de conspirador – Der Verschwörerlehrling)* dieser zweiundzwanzig Einzelwerke umfassenden Folge erklärt der Autor, es handle sich um die Lebenserinnerungen eines entfernten Verwandten, Eugenio de Aviraneta, die, niedergeschrieben von dessen Freund Pedro de Leguía y Gaztulumendi, in drei dicken Heften in seine Hände gelangt, von ihm geordnet und ergänzt und schließlich auf Wunsch des Verlegers unter seinem Namen gedruckt worden seien. Aber, so gesteht er, »*jetzt weiß ich schon fast nicht mehr, was Aviraneta diktiert, was Leguía geschrieben hat und was ich hinzugefügt habe*«. In Wirklichkeit beruht das Werk auf langen, mühsamen Nachforschungen, die Baroja im Vorwort zu der von ihm verfaßten Biographie desselben Verwandten – *Aviraneta, o la vida de un conspirador*, 1931 *(Aviraneta, oder das Leben eines Verschwörers)* – sowie in seinen eigenen Erinnerungen – *Desde la última vuelta del camino*, 1944–1949 *(Von der letzten Wegbiegung aus)* – humorvoll beschrieb und bei denen er u. a. auf mehrere Hefte mit Aufzeichnungen von der Hand Aviranetas gestoßen sein will. Das fertige Werk ist dann um ein Vielfaches umfangreicher als alles, was Baroja auf die von ihm beschriebene Weise gefunden haben mag. Ausgedehnte historische Studien sind darin ebenso eingegangen wie die mannigfachen Eindrücke und Beobachtungen, die er während mehrerer Reisen an die Schauplätze seines Romanwerks sammelte. Was bedeutet demgegenüber die Fiktion der dreifachen Autorschaft, die er im Vorwort behauptet?

Zweck und Gegenstand des riesigen Unternehmens sind zweifacher Natur. In den Dokumenten und Nachrichten über seinen Verwandten trat Baroja ein Charakter entgegen, der ihm wie eine Verkörperung seines menschlichen Idealtyps erschien: ein Mann der Tat. Wenn Baroja, der die Tat um ihrer selbst willen idealisierte, im Vorwort über Aviraneta sagt: »*Er war einer jener persönlich integren Menschen, die das Ergebnis suchen, ohne sich um die Mittel zu kümmern. [Er] war als Politiker davon überzeugt, daß jedes Ding seinen Namen hat und daß man die Wahrheit nicht verbergen, ja nicht einmal herausputzen darf*« – so kommt das einer Definition dieses Idealtyps gleich. Von Aviraneta sagt Baroja weiter: »*Er erlebte seine Epoche in ihrem Haß und in ihrer Liebe, ihrer Größe und ihrer Verzagtheit, und er erlebte sie intensiv.*« Das will heißen: Die Selbstdarstellung dieses Menschen ist gleichbedeutend mit der Darstellung einer ganzen Epoche, und zwar von innen her. Die von Aviraneta »intensiv erlebte« Epoche umfaßt im wesentlichen die Zeit vom Einfall der napoleonischen Truppen im Jahr 1808 bis zur Übernahme der Regierung durch den General Espartero 1841. Es ist die Zeit der Guerillakämpfe gegen die französische Fremdherrschaft, der Loslösung der amerikanischen Kolonien, der heftigen Auseinandersetzung zwischen Absolutismus und Liberalismus, welche durch zwei militärische Ereignisse, die Intervention der Heiligen Allianz (1823) und den ersten Karlistenkrieg (1834–1840) gekennzeichnet ist. Die eingehende Darstellung dieser Epoche, das zweite Grundanliegen Barojas, war jedoch nur durch die Einführung eines Ko-Autors zu meistern. Don Pedro de Leguía, der die Erinnerungen seines Freundes aufschreibt, teilt auch eigene Beobachtungen mit und kann Dinge berichten, die Aviraneta nicht oder nicht so berichten könnte, kurz, diese Fiktion ermöglicht eine Erweiterung der Perspektive, die das Gesamtbild der Zeit unendlich vertieft. Im Dienst solcher Erweiterung und Vertiefung hält Leguía es zuweilen für nötig, ein Manuskript mitzuteilen, das er angeblich von dritter Hand erhalten hat, nicht ohne, wie der »Herausgeber« gewissenhaft vermerkt, das Einverständnis Aviranetas einzuholen (s. Prolog zu *Las figuras de cera – Wachsfiguren*). Darüber hinaus nimmt sich der »Herausgeber« die Freiheit, Geschichten »aus fremder Feder« einzufügen, die mit Aviraneta zu tun haben. So heißt es von den beiden Geschichten, die den Roman *La ruta del aventurero (Die Straße des Abenteurers)* ausmachen: »*Es scheint, sie wurden vor Jahren von einem Engländer, J. H. Thomson, geschrieben, der lange in Malaga lebte, wo er mit Trauben handelte.*«

Im Zusammenwirken der »*einen, unteilbaren Dreifaltigkeit*« der Autoren ist ein sehr abwechslungsreiches Romanwerk entstanden, in dem kaum zwei Teile formal einander gleichen. In vielen steht Aviraneta nur am Rande, in andern erscheint er gar nicht; manche entpuppen sich als eine Folge von Geschichten, deren Zusammenhang nicht ohne weiteres erkennbar ist. Trotzdem: Vor allem wenn man das Werk Barojas mit den *Episodios nacionales*

(Nationale Episoden) von Pérez Galdós (1843 bis 1920) vergleicht, ist der romanhafte Charakter der *Memorias* nicht zu bestreiten. Baroja selbst wehrt sich allerdings gegen diesen Vergleich (*Obras*, Bd. 7, S. 1077). Sein Werk habe mit dem von Galdós nur äußerlich etwas gemeinsam: »*die Zeit und die Sache*«. Aus dieser Zeit habe Galdós sich die glänzendsten Augenblicke ausgesucht, er dagegen die, die sein Protagonist ihm geliefert habe. Dieser verkörpert einen Menschentyp, welcher der ganzen Epoche das Gepräge gibt, den *des Guerrillero*, der sich in den Aufständen gegen die Franzosen herausgebildet hatte und dann zum Träger der innenpolitischen Auseinandersetzungen wurde, soweit diese militärischen Charakter annahmen. Aviraneta hatte als *Guerrillero* unter dem Kommando des Priesters Merino gegen die Franzosen gekämpft; bald darauf aber stand er auf seiten der Liberalen gegen Merino, der dem karlistischen Lager angehörte. In der Schilderung der Ereignisse, mit denen das Leben Aviranetas verbunden war, interessieren Baroja nicht die großen, heroischen, »weltbewegenden« Augenblicke; der 2. Mai 1808 beispielsweise, der Tag der Erhebung Madrids gegen die napoleonische Herrschaft, bei Galdós ein eindrucksvolles Gemälde, ist bei Baroja nur ein Datum. Ihm geht es um den Alltag, die prosaische Innenseite der Dinge: das Leben der Guerrilleros in den Bergen Navarras, das Treiben der Geheimbündler und Freimaurer in ihren Schlupfwinkeln. Er hält sich an die intime, menschliche Seite, die nicht in den Geschichtsbüchern steht. Eben darum reizte ihn Aviraneta, den weder die zeitgenössische noch die spätere Geschichtsschreibung erwähnt, der in der großen Auseinandersetzung der Zeit die Sache des Liberalismus *Mit der Feder und mit dem Degen* (Titel eines Romans der Reihe) verteidigte, aber keine Anerkennung erfuhr. Ihn, »*den tapferen Mann, den kühnen Patrioten, den begeisterten Liberalen, dessen Los es war, zu seinen Lebzeiten der Verachtung, nach seinem Tod der Vergessenheit anheimzufallen*«, grüßt Baroja durch den Mund Leguías am Schluß des letzten Romans (*Desde el principio hasta el fin – Von Anfang bis Ende*): »*Adieu, Herr Aviraneta, Verwandter, Landsmann und Kampfgenosse im Liberalismus, Individualismus und im ein wenig verunglückten Leben.*« F.I.

Ausgaben: *El aprendiz de conspirador*, Madrid 1913. – *El amor, el dandysmo y la intriga*, Madrid 1913. – *El escuadrón del »Brigante«*, Madrid 1913. – *Los caminos del mundo*, Madrid 1914. – *Con la pluma y con el sable*, Madrid 1915. – *Los recursos de la astucia*, Madrid 1915. – *Los caudillos de 1830*, Madrid 1918. – *La veleta de Gastizar*, Madrid 1918. – *La Isabelina*, Madrid 1919. – *Los contrastes de la vida*, Madrid 1920. – *El sabor de la venganza*, Madrid 1921. – *Las figuras de cera*, Madrid 1924. – *Humano enigma*, Madrid 1928. – *Las mascaradas sangrientas*, Madrid 1928. – *La senda dolorosa*, Madrid 1928. – *La nave de los locos*, Madrid 1929. – *Los confidentes audaces*, Madrid 1931. – *La venta del Mirambel*, Madrid 1931. – *Juan van Halen, el oficial aventurero*, Madrid 1933. – *Cronica escandalosa*, Madrid 1935. – *Desde el principio hasta el fin*, Madrid 1935. – Madrid 1947/48 (in *Obras completas*, 8 Bde., 1946–1952, 3/4); ern. Madrid 1973–1980. – Madrid 1981.

Literatur: F. Sánchez, *Sobre las »Memorias de un hombre de acción« de B.* (in Hispania 13, 1930, S. 301–310). – J. L. Castillo Puche, *Memorias íntimas de Aviraneta o Manual del conspirador*, Madrid 1952. – C. A. Longhurst, *P. B. and Aviraneta: Some Sources of the »Memorias de un hombre de acción«* (in BHS, 1971, S. 328–345). – J. Sánchez Reboredo, *Notas sobre la estructura de las »Memorias de un hombre de acción«* (in RRO, 4, 1972, S. 379–395). – J.M. López Marrón, *Perspectivismo histórico y estructura literaria en las »Memorias de un hombre de acción« de P. B.*, Diss. NY 1979 (vgl. Diss. Abstracts, 40, 1980, S. 4076 A). – M. S. Collins, *P. B.'s »Memorias de un hombre de acción« and the Ironic Mode: The Search for Order and Meaning*, Diss. Princeton 1983 (vgl. Diss. Abstracts, 43, 1983, S. 3615 A).

DEBORA BARON

* 4.12.1887 Uzda / Weißrußland
† 20.8.1956 Tel Aviv - Jaffa

PARSCHIJOT

(hebr.; *Episoden*). Novellensammlung von Debora Baron, erschienen 1951. – Die in Weißrußland geborene Autorin lebte seit 1911 in Palästina und sammelte ihre seit 1903 in verschiedenen Zeitschriften publizierten Kurzgeschichten in einigen Bänden, von denen *Parschijot*, 41 Erzählungen enthaltend, der umfangreichste ist. Diese Erzählungen spielen teilweise im modernen Palästina, jedoch zum größten Teil sind sie dichterisch bearbeitete Jugenderinnerungen der Verfasserin an das verschwundene Milieu der jüdischen Kleinstadt im Osten Europas. Mit einem melancholischen Unterton werden die Freuden und Leiden einfacher Menschen geschildert. Ein mehrmals wiederkehrendes Thema ist das Schicksal der ungeliebten Frau. In einer Erzählung wird sie vom Mann verstoßen und endet im Elend; in einer anderen bleibt sie bei ihrem Mann, ihr Leben aber gleicht einem langsamen Sterben; in einer dritten läßt sie sich scheiden und heiratet ihren Jugendfreund, mit dem sie glücklich wird; in einer vierten wird berichtet, wie sie – nachdem die Scheidung wegen Kinderlosigkeit der Ehe nur durch einen Formfehler im Scheidebrief verhindert wurde – plötzlich Kinder bekommt und von da an ein glückliches Familienleben führt. – In seiner Einleitung zu *Parschijot* bezeichnet A. Barasch die Novellen als »*Gedichte in*

Prosa«. Er meint damit die lyrische Gehobenheit des Stils, die aber der Klarheit und Prägnanz der Darstellung keinen Abbruch tut.   L.Pr.

AUSGABE: Tel Aviv 1951.

LITERATUR: A. Ben-Or, *Geschichte der zeitgenössischen hebräischen Literatur*, Bd. 2, Tel Aviv 1955, S. 251–257 [hebr.]. – G. Kressel, *Lexikon der hebräischen Literatur*, Bd. 1, Jerusalem 1965, S. 335/336 [hebr.]. – R. Kaznelson-Shazar, Art. *D. B.* (in EJ², 4, Sp. 252/253).

CESARE BARONIO

Caesar Baronius

* 31.10.1538 Sora / Latium
† 30.6.1607 Rom

ANNALES ECCLESIASTICI A CHRISTO NATO AD ANNUM 1198

(nlat.; *Kirchengeschichte von Christi Geburt bis zum Jahre 1198*). Historisches Werk von Cesare BARONIO, erschienen in zwölf voluminösen Foliobänden zwischen 1588 und 1607. – Baronio kam 1557 zum Studium nach Rom und schloß sich dort dem Kreis von Klerikern um Philippo Neri an, noch bevor dieser 1575 als Oratorianer formelle kirchliche Anerkennung fand. In jenen Jahren waren in Deutschland mit großem Erfolg die *Magdeburger Centurien* unter der Federführung des Reformers Matthias FLACIUS-ILLYRICUS (1520–1575) veröffentlicht worden, die die Kirchengeschichte aus protestantischer Sicht darstellten. Die Päpste Pius VI. und Gregor XIII. spürten die Notwendigkeit, diesem Propagandaerfolg zumindest in den römischen Kirchen entgegenzuwirken; eine öffentliche Predigtreihe zur Geschichte der Kirche aus katholischer Sicht sollte eingerichtet werden. Cesare Baronio, seit 1561 Doktor beider Rechte, erschien, wohl auch auf Empfehlung Philippo Neris, als geeigneter Kandidat für diese Aufgabe. Erst Jahre später scheint Baronio selbst den Entschluß gefaßt zu haben, daß es besser und dringlich wäre, dem protestantischen Projekt eine schriftliche Parallele entgegenzusetzen; daraus entwickelte er das Konzept seiner *Annales*, deren erster Band 1588 in Rom im Druck erschien. Eine Reihe anderer Aufgaben und Ehren behinderten allerdings das zügige Voranschreiten der Arbeiten: 1593 folgte Baronio Philippo Neri in der Leitung des Ordens der Oratorianer, 1596 wurde er in den Kardinalsrang erhoben und 1597 zum Präfekten der Vatikanischen Bibliothek berufen.
Wie schon der Titel deutlich macht, behandeln die *Annales* die Kirchengeschichte von den Anfängen bis hin zur endgültigen Festigung des mittelalterlichen Papsttums. Den Abschluß bildet der Amtsantritt von Papst Innozenz III. Obwohl aus dem gesamten Werk deutlich wird, daß sich der Autor nicht von dem Bedürfnis nach Verteidigung der römisch-katholischen Gebräuche und Institutionen befreien konnte, also versuchte, sie als apostolische Einrichtungen auszuweisen, muß man zugleich zugestehen, daß er seine Forschung mit großem Ernst und sorgfältigster Akribie durchführte. Auch sein bereitwilliges Eingehen auf Kritik zeugt davon. Der eigentliche Mangel scheint eher in der Arbeitsmethode zu liegen, den das Werk übrigens mit einem Großteil der späteren Kirchengeschichten, von protestantischer wie katholischer Seite, teilt. Es ist von Anfang bis Ende, durch und durch, Entwurf und Konzept eines einzelnen (nicht nur das gesamte Manuskript, sondern auch alle Korrekturen und Repliken auf Kritik sind in Baronios eigener Handschrift ausgeführt), der natürlicherweise dann auf Kritik eher betroffen als nachdenklich reagierte, also seine Darstellung öfter verteidigte als revidierte. Diese Arbeitsweise hebt die *Annales* deutlich von den *Magdeburger Centurien* ab, bei denen – wie schon bei den protestantischen Bibelübersetzungen – eine Theologenkommission für Sichtung und Verarbeitung der Quellen verantwortlich war. Zusätzlich wurde die Hilfe Außenstehender für Nachweis oder Beschaffung von weiterem Quellenmaterial in Anspruch genommen. Trotzdem waren natürlich auch die *Centurien* nicht frei von antikatholischen Vorurteilen.
Der keineswegs unbedeutende Erfolg der *Annales* erweist sich nicht nur aus ihren vielen Neuauflagen, sondern etwa auch daraus, daß schon 1614 eine umfassende protestantische Entgegnung vorgelegt wurde, die *Exercitationes VI in Annales ecclesiastici* von Isaak CASAUBON. Die Fortführung der Geschichte der Kirche und des Papsttums bis in die zeitgenössischen Zusammenhänge hinein ließ auf katholischer Seite nicht lange auf sich warten. So fügte der Pole BROWSKI (Brovius) dem Werk von Baronio zwölf Bände an, die die Zeit zwischen 1198 und 1592 behandelten, und die nachfolgende Epoche wurde dann von Odorio RAYNALDI (1595–1671) dargestellt. Diese Entwicklung findet einen gewissen Abschluß in der innerkatholischen Rezension des Werkes durch den Franziskaner A. PAGI (1624–1699), dessen *Critica historico-chronologica in Annales ecclesiastici* in vier Bänden zwischen 1689 und 1705 veröffentlicht wurde.
H.Sta.

AUSGABEN: Vatikan 1588–1607. – Lucca 1738–1746. – Bar-le-Duc 1864–1875. – Paris 1876–1882, Hg. H. Theiner.

ÜBERSETZUNGEN: *Annalium ecclesiasticorum. Der Kirchen Histori Thail 1*, M. Fugger, Ingolstadt 1594 [unvollst.]. – *Annalium ecclesiasticorum. Das ist Kirchen Historien C. B.*, ders. u. V. Leucht, Mainz 1599–1602 [unvollst.]. – Bibliographie von Ausgaben, Übersetzungen u. Fortsetzungen in

Deutscher Gesamtkatalog, 11, Bln. 1937, S. 584–600.

LITERATUR: G. Calenzio, *La vita e gli scritti del cardinale C. B.*, Rom 1907. – *Per C. B., scritti vari nel terzo centenario della sua morte*, Rom 1911. – G. Squilla, *C. B. e gli »Annali«*, Sora 1932. – E. Fueter, *Geschichte d. neueren Historiographie*, Bln./Mchn. 1936, S. 263–265. – G. De Libero, *C. B.*, Rom 1939. – A. G. Roncalli [d. i. Johannes XXIII.], *Il cardinale C. B.*, Rom 1961. – P. Meinhold, *Geschichte der kirchlichen Historiographie*, 2 Bde., Freiburg 1967. – H. Jedin, *Kardinal Caesar Baronius. Der Anfang der katholischen Kirchengeschichtsschreibung im 16. Jh.*, Münster 1978.

MARIA ISABEL BARRENO
MARIA VELHO DA COSTA
MARIA TERESA HORTA

Maria Isabel Barreno
eig. Maria Isabel Barreno de Freitas Manuel

* 10.7.1938 Lissabon

Maria Velho da Costa
d.i. Maria de Fátima Bivar

* 1938 Lissabon

Maria Teresa Horta
eig. Maria Teresa de Mascarenhas Horta

* 20.5.1937 Lissabon

NOVAS CARTAS PORTUGUESAS

(portug.; Ü: *Neue portugiesische Briefe oder wie Maina Mendes beide Hände auf den Körper legte und den übrigen legitimen Oberen einen Tritt in den Hintern versetzte*). Sammlung von Briefen und lyrischen Texten von Maria Isabel BARRENO, Maria Velho da COSTA und Maria Teresa HORTA, erschienen 1972. – Mit diesem gemeinsam verfaßten Buch verursachten die drei Autorinnen den wohl größten literarischen Skandal der salazaristischen Ära. Das Buch wurde beschlagnahmt, den »Drei Marias«, wie die Verfasserinnen bald heißen sollten, *»wegen Mißbrauch der Pressefreiheit«* und *»Verletzung des öffentlichen Anstands«* der Prozeß gemacht, doch das Verfahren endete im April 1974 im Zuge der »Nelkenrevolution« mit dem jähen Sieg für die Angeklagten und die Frauenbewegung. Dieses keiner literarischen Gattung zuzuordnende Buch ist das schriftliche Zeugnis der allwöchentlichen Zusammenkünfte der drei Autorinnen. Als Ausgangspunkt und thematischer Leitfaden wurde die Figur der portugiesischen Nonne Mariana Alcoforado aus Beja gewählt, welche im 17. Jh. von einem französischen Ritter verführt und dann schnöde verlassen wurde. Die an ihren Geliebten gerichteten fünf Briefe (anonym ersch. 1669 unter dem Titel *Lettres portugaises*), die in Deutschland durch RILKES Übersetzung bekannt wurden, gehören in der Weltliteratur zu den eindrucksvollen Zeugnissen verzweifelter, aber durchaus mit einem hohen Reflexionsgrad verbundener Leidenschaft.

Wie die »drei Marias« in ihrem Nachtrag bemerken, wollten hier *»drei portugiesische Schriftstellerinnen von heute ... zusammen ein klassisches, obgleich möglicherweise gefälschtes Werk der Literatur neu formulieren, das von einer anderen portugiesischen Frau, einer vermutlich gebildeten Nonne, die schon lange tot ist, geschrieben wurde«*. Von der Erfahrung ausgehend, daß *»immer eine Klausur bereit sein wird für den, der gegen das Althergebrachte aufbegehrt«*, begreifen die drei Autorinnen die Figur der verlassenen Nonne als Symbol für die Stellung der Frau in der von strengen Moralvorstellungen geprägten, patriarchialischen portugiesischen Gesellschaft. Erotische Phantasien und Bekenntnisse wechseln ab mit Briefen Marianas an ihre Familie oder mit Antworten des französischen Ritters auf ihre Briefe. Auch untereinander tauschen die Autorinnen Briefe und Gedichte aus. So entsteht ein Konglomerat aus lyrischer und erotischer Poesie, aus erfundenen Briefen aus dem 17. Jh., die das Mariana Alcoforado-Thema weiterentwickeln, aus fiktiven Briefen über zeitgenössische nationale Themen wie Auswanderung, Unterdrückung, Krieg in Übersee, weibliche und männliche Rollen; aus Essays über das Hauptproblem, die jahrhundertlange Unterdrückung der portugiesischen Frau. Die Figur der Mariana nimmt verschiedene Persönlichkeiten an: eine gegen ihre Mutter aufbegehrende junge Frau, eine politisch engagierte Studentin oder die in Portugal zurückgebliebene Frau eines Emigranten. Mit schonungsloser Offenheit werden dabei Themen wie Sexualität, eheliche Treue, Schwangerschaft, Abtreibung, Mutterliebe erörtert. *»In Gemächern möchten sie uns drei halten, aufmerksam, damit wir die Tage mit großem Schweigen, mit zärtlicher Sprache und Haltung ausschmücken, wie es Brauch ist. Aber es ist gleich, ob die Klausur hier ist oder in Beja, wir weigern uns, wir gehen fort, zahm oder ungestüm, zerreißen jäh unsere Gewänder und besteigen das Leben, als wären wir Männer.«* A.C.K.

AUSGABEN: Lissabon 1972. – Lissabon 1974.

ÜBERSETZUNG: *Neue Portugiesische Briefe*, L. v. Schönfeldt, Ffm./Bln. 1977 (Ullst. Tb).

LITERATUR: N. Novaes Coelho, *»Novas Cartas Portuguesas« e o processo de conscientização de mulher – século 20* (in Letras, Curitiba 1975, Nr. 23, S. 165–171). – F. Mendonça, *»Novas Cartas Portuguesas«: O discurso das palavras ou O discurso das coisas?* (in *Actas do 7º. Congresso Brasileiro de Língua e Literatura*, Rio 1975). – M. Ondina Braga, *Mulheres escritoras*, Lissabon 1980. – I. M. S.-P. Allegro-de-Malgalhães, *The Time of Women: The Temporal*

Dimension in Contemporary Writings by Women: Portuguese Fiction, Diss. Univ. of California 1985 (vgl. Diss. Abstracts, 47, 1986, S. 1760A).

MAURICE BARRÈS

* 19.8.1862 Charmes-sur-Moselle
† 4.12.1923 Neuilly-sur-Seine

LITERATUR ZUM AUTOR:
Bibliographien:
A. Zarach, *Bibliographie barrésienne (1881–1948)*, Paris 1951. – T. Field, *B., A Selective Critical Bibliography, 1948–1979*, Ldn. 1982.
Biographien:
J.-M. Domenach, *B. par lui-même*, Paris 1960. – M. Davanture, *La jeunesse de B.*, Lille 1975.
Gesamtdarstellungen und Studien:
E. R. Curtius, *B. und die geistigen Grundlagen des frz. Nationalismus*, Bonn 1921; Nachdr. Hildesheim 1962. – A. Thibaudet, *La vie de B.*, Paris 1921. – H. Gouhier, *Notre ami B.*, Paris 1928. – H. L. Miéville, *La pensée de B.*, Paris 1934. – P. Moreau, *B.*, Paris 1946; ern. 1970. – R. Lalou, *M. B.*, Paris 1950. – I.-M. Frandon, *L'orient de B.*, Genf u. a. 1952. – H. Mondor, *B. avant le Quartier Latin*, Paris 1956. – J. Godfrin, *B. mystique*, Neuchâtel 1962. – P. de Boisdeffre, *M. B.*, Paris 1962. – *M. B. Actes du colloque*, Nancy 1963. – F. Carassus, *B. et sa fortune littéraire*, Bordeaux 1970. – R. Soucy, *Fascism in France. The Case of M. B.*, Berkeley 1972. – Z. Sternhell, *M. B. et le nationalisme français*, Paris 1972; ern. 1985. – P. Ouston, *The Imagination of M. B.*, Toronto 1974 [m. Bibliogr.]. – J. Foyard, *Le style poétique de M. B.*, Lille/Paris 1978. – A. A. Greaves, *M. B.*, Boston 1978 (TWAS). – I.-M. Frandon, *B. précurseur*, Paris 1983. – La nouvelle Revue de Paris, 1986, Nr. 7 [zu M. B.: S. 11–151].

LE CULTE DU MOI. Examen des trois idéologies

(frz.; *Der Ichkult. Analyse dreier Lebensweisen*). Romantrilogie von Maurice BARRÈS, bestehend aus: *Sous l'œil des barbares*, 1888 *(Unter Beobachtung der Barbaren)*, *Un Homme libre*, 1889 *(Ein freier Mann)*, und *Le Jardin de Bérénice*, 1891 *(Der Garten der Berenice)*. – Die Trilogie zeichnet die Entwicklung des Protagonisten Philippe nach, den Barrès, wie sein Vorwort zeigt, mit stark autobiographischen Zügen versehen hat. Der erste Teil, *Sous l'œil des barbares*, stellt Philippe als einen jungen Mann vor, der sein Ich methodisch erforschen und entwickeln will. Er steht dabei in ständiger Auseinandersetzung mit den »Barbaren«, die als Chiffre für all das stehen, was man als Nicht-Ichs bezeichnen kann. Das Ich definiert sich in Abgrenzung zum Bereich des Nicht-Ichs als »*manière dont notre organisme réagit aux excitations du milieu et sous la contradiction des Barbares*« (»*die Art und Weise, in der unser Organismus auf die Außenreize und die Zwänge der Barbaren reagiert*«). Und die einzig angemessene Reaktion auf die Umwelt ist für Philippe/Barrès die Kultivierung und Festigung des Ichs. Philippe verfolgt dieses Ziel zunächst, indem er möglichst intensiv am Leben zu partizipieren versucht: Naturerlebnisse, Pariser Urbanität, Bildung – alles saugt er auf, alles soll seinem Ich dienen. Philippe glaubt indes sehr bald zu erkennen, daß die »Barbaren« dem Ich-Kult entgegenstehen und daß die wahre Pflege des Ichs nur in der Abgeschiedenheit von der Welt richtig vollzogen werden kann.

Dem systematischen Programm der Befreiung und Entwicklung des Ichs ist der zweite Band der Trilogie gewidmet. Philippe zieht sich mit seinem Freund Simon aus Paris zurück und lebt in der Einsamkeit der Insel Jersey. Um sein Ziel der Ich-Bildung zu erreichen, orientiert sich Philippe von nun an an den *Exercitia spiritualia* des Ignacio de LOYOLA (1491–1556). Der Ich-Kult entwickelt sich nun zu einer religiösen Obsession: »*Les ordres religieux ont créé une hygiène de l'âme qui se propose d'aimer parfaitement Dieu; une hygiène analogue nous avancera dans l'adoration du Moi*« (»*Die religiösen Orden haben ein Programm zur Pflege der Seele geschaffen, die Gott vollkommen lieben will; ein analoges Pflegeprogramm macht uns zur Anbetung des Ichs fähig*«). Zusammen mit seinem Freund bemüht sich Philippe, sein bisheriges Leben, seine Eindrücke und Enttäuschungen, zu verarbeiten. Dokument dieser Bemühungen ist Philippes Tagebuch, das in genauer Analyse die einzelnen Stufen der Ich-Bildung festhält. Philippes Egoismus wird nun allerdings um ein entscheidendes Element erweitert: seinen aufkeimenden Nationalismus, seine Verbundenheit mit seiner Heimat Lothringen (wo auch Barrès geboren wurde), die er auf einer Reise für sich wiederentdeckt. Hier entdeckt Philippe die Macht der Geschichte, die er als ständigen Kampf um den Erhalt der regionalen Identität interpretiert und so das Schicksal seiner Heimat mit seinem eigenen Schicksal parallelisiert: »*Je pris conscience de moi-même, de la part d'éternité dont j'ai le dépôt*« (»*Ich wurde mir meiner selbst bewußt, des Anteils an Ewigkeit, der in mir ruht*«). Es ist indes nicht nur das Gefühl der Bindung an die Heimat, das Philippe entdeckt; hinzu kommt die Überzeugung, daß die Toten einen starken Einfluß auf das Leben ausüben. Das Ich ist nicht allein den Barbaren ausgesetzt, es muß sich auch mit seiner »inneren«, geschichtlichen Vergangenheit auseinandersetzen. Philippe kommt zu dem Fazit: »*Je ne suis qu'un instant d'un long développement de mon Être*« (»*Ich bin nur ein Augenblick in der langen Entwicklung meines Seins*«). Eine weitere Reise führt Philippe nach Venedig (Barrès unternahm 1887 eine Italienreise) – architektonisch-geographisches Symbol der jahrhundertelangen Verteidigungsbemühungen gegen die »Barbaren« – und schließlich zurück nach Paris, wo er seine bisherige *vita contemplativa* in eine *vita activa* überführen will, denn die Überzeugung von der Verantwortung der Heimat und den Toten gegenüber läßt eine Fortsetzung des ausgeprägten Ich-Kults nicht länger zu.

Der *vita activa* ist der dritte Teil der Trilogie gewidmet. Hier wird Philippes Bemühen geschildert, seine Erfahrungen mit dem eigenen Ich in Einklang mit den Erfordernissen eines aktiven Engagements zu bringen. Philippe orientiert sich dabei – wie Barrès, der boulangistischer Abgeordneter von Nancy wurde – an der politischen Konzeption des Generals Boulanger. Dieser gesellschaftlichen Komponente steht eine erotische Erfahrung gegenüber. Philippe hatte in Paris Bérénice kennengelernt, in deren Landhaus er nun sein neues Leben beginnen will. Bérénice kommt dabei eine ähnliche Rolle zu wie der Beatrice DANTES. Sie strahlt nicht nur eine körperlich-erotische Anziehungskraft aus, sie ist auch Symbol für den Eros der Wißbegierde, der Erkenntnis der Welt. Philippe erträumt sich ein harmonisches Zusammensein mit dieser Frau, die ihn indes in eine tiefe Existenzkrise stürzt, als sie einen politischen Gegner heiratet (und bald darauf stirbt). In Anknüpfung an seine Theorie von der gegenwartsbezogenen Kraft der Toten gelingt es Philippe indes, seine Trauer in glückhafte Erkenntnis zu wandeln: Bérénice bleibt, wie die Toten seiner Heimat, ein Teil seines Ichs. Und aus dieser Gewißheit heraus gewinnt Philippes Leben eine neue Dynamik: nicht mehr die Abgeschlossenheit im sterilen Tempel seines Ichs strebt er an, sondern den Genuß des Lebens in all seinem Facettenreichtum.

Der Ich-Kult ist letztlich kein narzißhaftes Um-sich-selbst-Kreisen, er impliziert vielmehr eine streng einzuhaltende Methode der Selbsterkenntnis, die die Voraussetzung für eine aktive und sinnvolle Teilnahme am Leben ist. Philippe/Barrès steht dabei stellvertretend für eine ganze Generation, die sich nach der Niederlage Frankreichs gegen Preußen und nach dem Sturz des Zweiten Kaiserreichs in einen dekadenten Egozentrismus geflüchtet hatte. Barrès verfolgt nicht zuletzt die didaktische Absicht, einen Weg aufzuzeigen, der aus diesem Egozentrismus heraus und zu einer aktiven Teilnahme am gesellschaftlichen und politischen Leben führt.   U.Pr.

AUSGABEN: Paris 1888 *(Sous l'œil des barbares).* – Paris 1889 *(Un homme libre).* – Paris 1891 *(Le jardin de Bérénice).* – Paris 1892 *(Le culte du moi. Examen des trois idéologies).* – Paris 1957/58, 3 Bde. – Paris 1965/66 (in Œuvres, Hg. P. Barrès, 20 Bde., 1). – Paris 1969. – Paris 1980, 3 Bde.

LITERATUR: B. R. Baur, *Versuch über Inhalt, Motive u. Stil in »Le culte du moi« von M. B.*, Lpzg. u. a. 1937. – P. Moreau, *Autour du »Culte du moi« de B. Essai sur les origines de l'égotisme français*, Paris 1957. – J. Vier, *B. et »Le culte du moi«*, Paris 1958. – E. Tawfik, *B., »Culte du moi«*, Diss. Columbia Univ. 1976 (vgl. Diss. Abstracts, 37, 1976/77, S. 4406A). – G. Shenton, *The Fictions of the Self*, Chapel Hill 1979. – D. Moutote, *Égotisme français moderne*, Paris 1980. – A. Fernandez-Zoila, *A propos de »Le culte du moi« de B.* (in L'Évolution psychiatrique, Jan. – März 1982, S. 245–258). – I.-M. Frandon, *Léonard de Vinci et la crise du »Culte du moi«* (in *Mélanges F. Simone*, 3, Genf 1984, S. 595–610).

DU SANG, DE LA VOLUPTÉ ET DE LA MORT

(frz.; *Ü: Vom Blute, von der Wollust und vom Tode*). Novellen- und Essaysammlung von Maurice BARRÈS, erschienen 1893 (erweiterte Fassungen 1903 und 1909). – Die Sammlung enthält Novellen, Städte- und Landschaftsbeschreibungen aus Spanien und Italien sowie Essays über die Liebe und den Haß, dichtungstheoretische Stellungnahmen zu Ruhm und Verantwortung des Dichters und nicht zuletzt psychologische Abhandlungen.

Bereits der erste Text der Sammlung, die dreiteilige Novelle »*Un amateur d'âmes*« (»*Ein Liebhaber der Seelen*«), gibt Aufschluß über die Bedeutung der den ganzen Band beherrschenden Hauptthemen Blut, Wollust und Tod. Blut ist die Metapher für die den Menschen bestimmenden Einflüsse der Herkunft und der Umwelt. In der Eingangsnovelle werden diese Einflüsse mit Hilfe der Beschreibung des Ortes der Handlung (Toledo) verdeutlicht. Toledo, »*eine der traurigsten Städte der Welt*«, wird für die »*femme fragile*« Simone (später Pia) zur schicksalhaften, sie verzehrenden und zugleich sie veredelnden Größe. Erst ihr Selbstmord gewährt ihr die wahre »*Perfektion*«. Pias Bruder Delrio inkarniert die Trias von existenzbestimmender Abstammung, Wollust und Tod: er delektiert sich an Pias Siechtum und erfährt die Erfüllung seiner inzestuösen Triebe an ihrem »*Totenbett, zugleich ein Bett der Lust*«. Die Vereinigung der für die zeitgenössische bürgerliche Moral unvereinbaren Gegensätze von Wollust und Tod – sie schlägt sich stilistisch in einer geradezu exzessiven Oxymorontechnik nieder – scheint nur in Spanien möglich, das zutiefst von Gegensätzen (z. B. zwischen der maurischen und der kastilischen Kultur) geprägt ist, die es zum »*leidenschaftlichsten Land der Welt machen*«, zum Ort für »*den Wilden, der nichts weiß oder für den Philosophen, dem alles außer Kraft und Stärke langweilt*«. Ähnlich wie in der französischen Romantik, vor allem bei CHATEAUBRIAND, werden die Landschaftsbeschreibungen zur Chiffre für »Seelenlandschaften«, wobei Barrès, ganz anti-romantisch, allerdings auch und gerade die Beschreibung von Städten (neben Toledo Córdoba, Brügge, Sevilla oder Pisa) zum Spiegel menschlicher Gefühle werden läßt und umgekehrt das Urbane in menschliche Züge kleidet.

Wie bereits der Titel und die erste Novelle vermuten lassen, steht Barrès mit seiner Textsammlung ganz in der Tradition der literarischen »Dekadenz«.

Immer wieder finden sich typisch dekadente Obsessionen, wie etwa die Verbindung von Krankheit und Schönheit, die Verherrlichung der Vergangenheit oder auch – exemplifiziert an Don Juan – die Vorliebe für die Gleichsetzung von Eros und Thanatos sowie – als Beispiel dient Berninis Darstellung der Heiligen TERESA DE ÁVILA – der Parallelismus von mystischer und sexueller Ekstase. Vor allem aber die Ästhetisierung und die Erotisierung des Todes und des Verfalls weisen Barrès in diesen Texten als echten *Décadent* aus, der auf »*metaphysische und sadistische Raffinessen erpicht*« ist (M. Praz). U.Pr.

AUSGABEN: Paris 1893. – Paris 1903 [erw. Ausg.]. – Paris 1909 [erw. Ausg.]. – Paris 1960. – Paris 1965/66 (in *Œuvres*, Hg. P. Barrès, 20 Bde., 2). – Paris 1986 (10/18).

ÜBERSETZUNG: *Vom Blute, von der Wollust und vom Tode*, A. v. Kühlmann, Lpzg. 1907.

LITERATUR: M. T. Goose, »*Du sang, de la volupté et de la mort.« Quelques pages du Tasse et d'Arioste* (in RLC, 36, 1962, S. 111–118). – M. Praz, *Liebe, Tod und Teufel. Die schwarze Romantik*, Mchn. 1963 [ital. Erstausg. 1930].

LE ROMAN DE L'ÉNERGIE NATIONALE

(frz.; *Der Roman von der nationalen Kraft*). Romantrilogie von Maurice BARRÈS, bestehend aus: *Les déracinés*, 1897 *(Die Entwurzelten), L'appel au soldat*, 1900 *(Der Appell an den Soldaten), Leurs figures*, 1902 *(Ihre Gesichter)*. – Wie die erste – ästhetische – Schaffensperiode des Autors sich in seiner Romantrilogie *Le culte du moi* widerspiegelt, so seine zweite – nationalistische – Entwicklungsphase in den drei Romanen, die unter dem Sammeltitel *Le roman de l'énergie nationale* zusammengefaßt sind. Die narzißhafte Vergötzung des eigenen Ichs in der Nachfolge STENDHALS ist nun dem Kult des nationalen Gesamt-Ichs gewichen.

In *Les déracinés*, dem ersten Roman des Zyklus, gibt es daher keinen einzelnen Helden; an seine Stelle ist eine Gruppe von sieben lothringischen Abiturienten getreten. Als die jungen Männer 1880 das Lyzeum von Nancy verlassen, sind sie geprägt von den Ideen ihres Lehrers, des Professors Bouteiller, eines humanitär-republikanisch gesinnten Mannes, der die Moralphilosophie Kants mit dem revolutionären Pathos Victor Hugos zu verbinden weiß. In Paris suchen sie die von ihm gewiesenen Lebensziele auf verschiedene Weise zu erreichen. Des Autors differenziertes Ich verschlüsselt sich dabei in den Gestalten von Sturel und Roemerspacher: Sturel ist eine sensible Künstlernatur, melancholisch und sinnlich, erfüllt vor Verlangen nach Ruhm und Liebe; Roemerspacher, kraftvoll und heiter, strebt nach allseitiger Bildung des Geistes. Während Sturel in der Begegnung mit der exotisch-mondänen Astiné Aravian dem Zauber des Orients wie einer Droge verfällt und dadurch den Forderungen der Gegenwart entzogen zu sein scheint, erarbeitet sich Roemerspacher ein universalistisches Weltbild, steht allerdings der französischen Wirklichkeit gleichfalls indifferent gegenüber.

Erst ein Zusammentreffen mit Hippolyte Taine bringt die Wende. Der alte Philosoph demonstriert Roemerspacher an der Betrachtung eines Baums die Gesetze des Lebens, wie er sie sieht: Bejahung der Umwelt, in die man hineingeboren ist, und Hingabe an das organische Wachstum. Unter der Führung Sturels schließen die sieben Lothringer am 5. Mai 1884, dem Todestag Napoleons, an der Gruft des Kaisers ein Aktionsbündnis, das die künftige Größe Frankreichs zum Ziel hat; ein »*Napoleon der Seele*«, der Erwecker der nationalen Kräfte, soll das Leitbild der kleinen Gemeinschaft sein. Um wirken zu können, wird die Zeitung »La Vraie République« gegründet. Das Unternehmen erweist sich aber nur allzubald als idealistische Fehleinschätzung der Situation. »La Vraie République« gerät in Konkurs; Racadot und Mouchefrin, die für den wirtschaftlichen Aspekt verantwortlichen Mitglieder der Gruppe, sind ruiniert. In ihrer Verzweiflung greifen sie zum Mittel des Verbrechens; sie ermorden und berauben Astiné Aravian. Sturel, der den entscheidenden Beweis gegen Racadot liefern könnte, wird nicht zum Denunzianten: Er fühlt sich mitschuldig, da die geistig unselbständigen Täter ihr Motiv aus der Idee seines Cäsarismus abgeleitet haben könnten. Da gibt ihm das Begräbnis Victor Hugos ein neues Gemeinschaftsgefühl: Jedes individuelle Schicksal, auch das der Mörder, scheint im Strom des nationalen Lebens dem Walten eines mythischen Fatums anheimgestellt zu sein. Die Ironie des Schicksals will es, daß Racadots Untergang den gesellschaftlichen Aufstieg seiner ehemaligen Schulkameraden Renaudin und Suret-Lefort begründet: Renaudin macht sich beim Mordprozeß als Journalist einen Namen, Suret-Lefort wird als Anwalt bekannt. Auch Professor Bouteiller findet dabei Gelegenheit, durch glänzende Polemiken seine Parlamentskandidatur aussichtsreich zu gestalten. Saint-Phlin, der siebte im nunmehr zerstörten Bund, bedarf einer derartigen geistigen oder sozialen Wende am wenigsten, da er dank seiner Herkunft aus konservativem Landadel am stärksten in Traditionen verankert ist. Der zentrale Bezugspunkt des Romans – der in seinen strukturellen Zügen von allen Gattungstypen profitiert hat, die sich im 19. Jh. entwickelten: psychologischer Roman, Thesenroman, experimenteller Roman – ist bereits im Titel fixiert. Nach der Meinung des Autors ist der moderne Mensch, insbesondere der Intellektuelle, »entwurzelt«, d. h. geistig und sozial ohne Halt; verantwortlich dafür ist die wissenschaftsgläubige Erziehung des Zeitalters, die rationale Staatsideen, eine kosmopolitische Haltung und den liberalen Glauben an den Fortschritt der Menschheit predigt. Rettung kann er nur durch »Einwurzelung« *(enracinement)* geben, die in der Bindung an die heimatliche Erde,

der Verankerung in der angestammten Landschaft (hier Lothringen), der Besinnung auf die gallisch-lateinische Tradition von den Kelten bis zu Napoleon besteht. Diese Hinwendung zu den nationalen Kräften Frankreichs enthält alle typischen Merkmale einer reaktionären Ideologie. Sie gipfelt in dem Bild des Baums, das keine dichterische, sondern eine ideologische Metapher ist und dessen Fragwürdigkeit schon A. GIDE (in seinen *Tagebüchern*) konstatiert hat, indem er auf die wesenhafte Mobilität des Menschen verwies. Die Identifikation des Humanen und des Pflanzlichen bezeugt im übrigen eine auffallende gedankliche Übereinstimmung zwischen Barrès und O. SPENGLER.
In *L'appel au soldat* wird die Lebensgeschichte der nun sechs Lothringer fortgesetzt, aber sie ist bloß mehr vordergründiges Gerüst für die Darstellung einer zeitgeschichtlichen Episode, der Boulanger-Affäre (1887). Der Autor (er war selbst boulangistischer Abgeordneter) zieht eine kritische, sonst aber durchaus parteiprogrammatische Bilanz des Boulangismus (Revanchepropaganda gegen Deutschland), doch hat der Roman nur Bedeutung als Station innerhalb der geistigen Entwicklung seines Verfassers. Interessant sind hier vor allem zwei Auseinandersetzungen mit dem Geist Deutschlands. Ob Roemerspacher die Walpurgisnacht 1886 mit deutschen Studenten auf dem Brocken verbringt oder Sturel und Saint-Phlin eine Moselfahrt unternehmen – beides ist Anlaß, um die Unvereinbarkeit französischen, der Freiheit verpflichteten, und deutschen Wesens, das innere Spekulation mit äußerem Zwang verbindet, zu demonstrieren. Die deutsche Eigenart wird zwar einseitig, aber nicht ohne Scharfsinn gezeichnet.
In *Leurs figures* kommt allein noch der rechtsextremistische »*erste Organisator der nationalen Lehren*« (wie Barrès von Charles MAURRAS genannt wurde) zu Wort. Die Personen aus den beiden ersten Romanen agieren ohne Eigengewicht vor den Kulissen des Panama-Skandals (1892/93), einer Bestechungsaffäre, deren dramatische Schilderung auf die unverblümt zum Ausdruck gebrachte Ablehnung des Parlamentarismus hinausläuft. Barrès, zur Zeit der Entstehung des Werkes einer der führenden Anti-Dreyfusards, läßt die Trilogie in ein Bekenntnis zur »plebiszitären Republik« ausklingen; die innere Stärke Frankreichs will sich durch die Revanche am äußeren Gegner bestätigt sehen. Der Glaubenssatz von der nationalen »Ent-« und »Ein-Wurzelung« hat den mit brillanter Gesellschaftsanalyse beginnenden Romanzyklus zuletzt zum Sprachrohr einer mehr als fragwürdigen Ideologie werden lassen.
C.Bt.

AUSGABEN: *Les déracinés*: Paris 1897; ern. 1986 (10/18). – Paris 1920, 2 Bde. – *L'appel au soldat*: Paris 1900. – Paris 1926, 2 Bde. – *Leurs figures*: Paris o. J. (1902). – Paris 1917. – Paris 1965/66 (in *Œuvre*, Hg. P. Barrès, 20 Bde., 3/4).

LITERATUR: R. Doumic, »*Les déracinés*« (in RDM, 144, 1897, S. 457–469). – Ch. Maurras, »*Les déracinés*« (in Le Soleil, 16. 12. 1897). – A. Gide, *A propos des »Déracinés«* (in L'Ermitage, Febr. 1898). – H. Bordeaux, »*L'appel au soldat*« (in RHeb, 9. 6. 1900). – H. Kayer, *Entwurzelungsprobleme in M. B., »Les déracinés«* (in ZfrzSp, 57, 1933, S. 313–335). – J. Madaule, *Le nationalisme de B.*, Marseille 1943. – C. S. Doty, *From Cultural Rebellion to Counterrevolution. The Politics of M. B.*, Athens/Ohio 1976.

AFONSO HENRIQUES DE LIMA BARRETO

* 13.5.1881 Rio de Janeiro
† 1.11.1922 Rio de Janeiro

LITERATUR ZUM AUTOR:
Bibliographien:
Carpeaux, S. 343–348. – M. L. Nunes, *L. B. Bibliography and Translation*, Boston 1979.
Biographien:
F. de Assis Barbosa, *A vida de L. B.*, Rio 1964; ern. 1981 [m. Bibliogr.]. – H. P. da Silva, *L. B.: escritor maldito*, Rio ²1981 [rev.].
Gesamtdarstellungen und Studien:
L. Miguel-Pereira, *Prosa de ficção, de 1870 a 1920*, Rio 1950, S. 284–313. – G. Rabassa, *The Negro in Brazilian Fiction Since 1888*, Diss. Columbia 1954 (vgl. Diss. Abstracts, 14, 1954, S. 2072/73A); Rio 1965. – M. Cavalcanti Proença, *L. B.* (in M. C. P., *Augusto dos Anjos e outros ensaios*, Rio 1959, S. 37–82). – R. Herron, *The Individual, Society and Nature in the Novels of L. B.*, Diss. Wisconsin 1968 (vgl. Diss. Abstracts, 30, 1968, S. 324A). – Coutinho, 3, S. 203–209. – S. Brayner, *A mitologia urbana de L. B.* (in Tempo Brasileiro, Rio 1973, Nr. 33/34, S. 66–82). – O. Lins, *L. B. e o espaço romanesco*, São Paulo 1976 [m. Bibliogr.]. – G. Oblau, *Gesellschaftskritik und Selbstdarstellung in den Romanen L. B.s*, Diss. Köln 1977. – C. E. Fantinati, *O profeta e o escrivão: estudo sobre L. B.*, São Paulo 1978 [m. Bibliogr.]. – M. Z. F. Cury, *Um mulato no reino de jambon. As classes sociais na obra de L. B.*, São Paulo 1981. – N. Sevcenko, *Literatura como missão*, São Paulo 1983, S. 161–198. – Moisés, 3, S. 192–203.

RECORDAÇÕES DO ESCRIVÃO ISAIAS CAMINHA

(portug.; *Erinnerungen des Schreibers Isaias Caminha*). Roman von Afonso Henriques de Lima BARRETO (Brasilien), erschienen 1909. – Dieser Roman, der bei seinem Erscheinen in den literarischen Kreisen Brasiliens einen Skandal auslöste und in Kritik und Presse auf schroffe Ablehnung stieß, spielt in der Redaktion einer großen Tageszeitung von Rio de Janeiro und handelt von dem Schicksal eines jungen, intelligenten, idealgesinnten und begeisterungsfähigen Farbigen, der trotz seiner geistigen und menschlichen Qualitäten an den sozialen Vorurteilen seiner Umgebung scheitert und schließlich zugrunde geht. Es ist sein eigenes Schicksal, das Lima Barreto, der selbst ein Mischling war, in der bewußten Absicht, einen Skandal zu verursachen, beschrieb. Sein Roman ist eine scharfe Satire auf die Zeitung ›Correio da Manhã‹, trotz des Namens »O Globo« jedem Kundigen erkennbar. Mit boshaftem Scharfsinn stellt er die führenden Männer seiner Zeit rücksichtslos bloß und verschont dabei weder die »Herren von der Politik« noch die Koryphäen der Literatur und der Presse, die eifersüchtig und kleinlich darüber wachen, daß nur sie bestimmen, wer in den Kreis der »Auserwählten« aufgenommen wird und wer nicht. Lima Barreto selbst betrachtete seinen Roman als ein *»absichtlich nachlässig gemachtes, manchmal brutales, aber durch und durch aufrichtiges«* Buch. Heute sieht man darin ein Werk, das in entscheidender Weise mit dazu beitrug, den Bruch mit den literarischen Konventionen der Vergangenheit herbeizuführen, der sich in Brasilien in den ersten Jahrzehnten dieses Jahrhunderts vollzog. Trotz seiner strukturellen und sprachlichen Mängel gehört der Roman, nicht zuletzt gerade wegen seines pamphletistischen Charakters, zu den bleibenden Werken der brasilianischen Literatur; sein Verfasser wurde einer der Lieblingsschriftsteller der nachfolgenden »modernistischen« Generation.

N.N.C.

AUSGABEN: Lissabon 1909. – São Paulo 1956 (in *Obras completas*, 17 Bde., 1; m. Einl.); ⁸1981.

LITERATUR: D. Miller Driver, *The Indian in Brazilian Literature*, NY 1942. – X. Landeira Yrago, *L. B. ou Isaías Caminha* (in Grial, 12, 1966, S. 206–211). – R. Herron, *L. B.'s »Isaías Caminha« as a Psychological Novel* (in LBR, 8, 1971, Nr. 2, S. 26–38). – J.-Y. Mérian, *La condition de l'intellectuel brésilien mulâtre: un exemple: »Recordações do escrivão Isaías Caminha«* (in BEP, N. S., 5, 1983, S. 53–73).

O TRISTE FIM DE POLYCARPO QUARESMA

(portug.; *Polycarpo Quaresmas trauriges Ende*). Roman von Afonso Henriques de Lima BARRETO (Brasilien), erschienen 1915. – Dieser im Feuilleton der Zeitung ›Jornal do Comércio‹ (Rio de Janeiro) schon 1911 erschienene Roman wurde von den Zeitgenossen mit Zurückhaltung aufgenommen. Erst die Bewegung des *modernismo* (seit 1922) ließ ihm Gerechtigkeit widerfahren, erkannte sie doch in Lima Barreto einen Vorläufer ihrer eigenen Kunst- und Gesellschaftsanschauungen. Im Gegensatz zu den literarischen Vorstellungen seiner Zeit, die vom Spätnaturalismus, Parnassianismus und Symbolismus herkamen, wendet sich Lima Barreto der Alltagswirklichkeit zu, vor allem in den ländlichen Vororten Rios, und schreibt einen einfachen, direkten, oft karikaturistisch zugespitzten Stil ohne alle für die damalige Kunstprosa in der brasilianischen Literatur charakteristischen rhetorischen Übertreibungen.

Karikaturistisch überzeichnet ist bei aller Dramatik des Inhalts auch dieser Roman. Er erzählt die traurige Geschichte des »Majors« Polycarpo Quaresma, eines guten, ehrlichen Menschen und kleinen Beamten, der unablässig davon träumt, Mittel und Wege zu finden, die wirtschaftliche und kulturelle Rückständigkeit seines Landes sowie die Unfähigkeit und Nachlässigkeit der Verantwortlichen in Regierung und Verwaltung zu überwinden. So sehr versenkt er sich in seine Vorstellungen von der möglichen Größe des Vaterlandes, daß er seinen Kollegen, den Beamten des Marinearsenals, wo er beschäftigt ist, zum Gespött wird und schließlich an seinem Geisteszustand ernsthaft gezweifelt werden muß. Er kommt ins Irrenhaus, wird nach einiger Zeit als geheilt wieder entlassen und zieht sich nach São Cristóvão, einem Vorort von Rio, zurück, wo er ein kleines Landgut besitzt. Hier kommt ihm die große Idee, wie seinem Vaterland geholfen werden könnte: »*Nach dreißig Jahren vaterländischer Meditation, des Studiums und des Nachdenkens kam jetzt die Zeit der Hervorbringung. Seine alte Überzeugung, Brasilien sei das erste Land der Welt, und seine große Vaterlandsliebe wurden jetzt aktiv und trieben ihn zu großen Unternehmungen. Gebieterisch fühlte er in sich den Drang zu handeln, zu wirken, seine Ideen in die Tat umzusetzen. Aber es waren nur kleine Verbesserungen, bloße Anstöße nötig, denn an sich (so dachte er) brauchte das große Vaterland nur Zeit, um über Großbritannien hinauszuwachsen.*« In diesem Sinne unternimmt der »Major« auf seinem Gütchen landwirtschaftliche Versuche, denn der erste Schritt zu nationaler Größe ist der Aufschwung der Landwirtschaft. Inmitten der Verständnislosigkeit und des Mißtrauens seiner Nachbarn, unter ungünstigen klimatischen Bedingungen, ohne Hilfskräfte, heimgesucht von Plagen aller Art, züchtet er einheimische Nutzpflanzen und Obstsorten. In dieser Tätigkeit wird er jäh unterbrochen durch die Marinerevolte von 1893. In patriotischem Eifer stellt er sich der rechtmäßigen Regierung unter dem Präsidenten Floriano Peixoto zur Verfügung, beteiligt sich aber, nach dem Sieg an einer Protestaktion gegen die Übergriffe und Willkürakte, die die Regierung sich zuschulden kommen läßt, wird ins Gefängnis geworfen, zum Tode verurteilt und hingerichtet.

Nicht nur der Inhalt und die dazu im Gegensatz stehende leicht karikierende Darstellungsweise machen den Reiz des Romans aus, sondern insbesondere auch die Art, wie er die geistige und moralische Atmosphäre der Stadt einzufangen, die Besonderheit ihrer einzigartigen Landschaft spürbar zu machen, den Charakterzeichnungen und Gesellschaftsanalysen einen gewissen Ton warmer Herzlichkeit zu verleihen weiß.

R.M.P.

AUSGABEN: Rio 1915. – São Paulo 1965 (in *Obras completas*, 17 Bde., 2; m. Einl.); 27 1982. – São Paulo 1983.

LITERATUR: W. Martins, *Um romance compensatório – »Triste fim de Policarpo Quaresma« de L. B.* (in SLESP, 26. 1. 1957). – J. Kinnear, *The ›Sad End‹ of L. B.'s Policarpo Quaresma* (in BHS, 51, 1974, Nr. 1, S. 60–75). – R. J. Oakley, *»Triste Fim de Policarpo Quaresma« and the New California* (in MLR, 78, 1983, Nr. 4, S. 838–849). – S. Santiago, *Uma ferroada no peito de pé: dupla leitura de »Triste fim de Policarpo Quaresma«* (in RI, 50, 1984, Nr. 126, S. 31–46).

SIR JAMES MATTHEW BARRIE

* 9.5.1860 Kirriemuir / Schottland
† 19.6.1937 London

LITERATUR ZUM AUTOR:
H. M. Walbrook, *B. and the Theatre*, Ldn. 1922. – F. Darton, *B.*, Ldn. 1929. – B. D. Cutler, *B., A Bibliography*, NY 1931. – C. Asquith, *Portrait of B.*, NY 1955. – J. Skinner, *J. M. B. or The Boy Who Wouldn't Grow Up* (in American Imago, 14, 1957, S. 111–141). – W. R. McGraw, *The Theatricality of J. M. B., an Analysis of His Plays to Determine the Source of Their Effectiveness in the Theatre*, Diss. Univ. of Minnesota 1958. – R. L. Green, *J. M. B.*, NY 1961. – W. R. McGraw, *J. M. B.'s Concept of Dramatic Action* (in Modern Drama, 5, 1962, S. 133–141). – Ders., *B. and the Critics* (in Studies of Scottish Literature, 1, 1963, S. 111–130). – M. Elder, *The Young J. B.*, NY 1968. – H. M. Geduld, *Sir J. B.*, NY 1971 (TEAS).

THE ADMIRABLE CRICHTON

(engl.; *Ü: Zurück zur Natur*). Schauspiel von Sir James Matthew BARRIE, erschienen 1914; Uraufführung: London, 4. 11. 1902, Duke of York's Theatre; deutsche Erstaufführung: Nürnberg, 24. 11. 1956. – Als Barrie dieses Stück schrieb, hatte er als Autor leichter, humorvoller Unterhaltungsstücke bereits ein beträchtliches Geschick entwickelt, und ohne Zweifel ist bis heute *The Admirable Crichton* sein bestes Stück geblieben. Als leichte volkstümliche Sittenkomödie hat es durchaus Niveau, und in seinem Genre war es ein durchschlagender Erfolg. Die triviale Sentimentalität, mit der Barrie in seinen früheren Stücken allzu offensichtlich auf die Tränendrüsen seines Publikums wirken wollte, fehlt hier ganz. Statt dessen wird das Thema der Klassenunterschiede zum Ursprung der Komik im Stück.
Die Handlung (ein Engländer ist mit seiner Familie und seinem Diener, dem im Titel genannten Crichton, auf einer Insel gestrandet) bezieht ihren Humor aus zwei Quellen: erstens aus der Beobachtung, daß Diener oft snobistischer sind als ihre Herren, und zweitens aus der These, daß im Naturzustand – oder zumindest in dem, was Barrie sich unter »Naturzustand« vorstellte – eine gesellschaftliche Ordnung aufrechterhalten bleibe, in der allerdings die Rollen von Herr und Diener durchaus vertauschbar seien. Durch diesen Rollentausch kehrt sich die gesellschaftliche Hierarchie um. Das daraus resultierende neue Verhältnis von »Oben« und »Unten« funktioniert in der Ausnahmesituation der Insel; die Rückkehr in die Zivilisation jedoch bringt auch eine Rückkehr zu der früheren Struktur mit sich. Letztlich übt Barrie hier also nicht echte Kritik an den hergebrachten Normen der etablierten Gesellschaft, sondern bestätigt sie, wenn auch mit einem Lachen. J.v.Ge.-KLL

AUSGABEN: Ldn. 1914. – Ldn. 1929 (in *The Plays*).

ÜBERSETZUNG: *Zurück zur Natur*, P. Lotar, Bln./Wien/Basel 1956 [Bearb.; Bühnenms.].

VERFILMUNG: Italien 1934, *L'incomparabile Crichton* (m. Tòfano, Rissone, de Sica).

LITERATUR: G. A. Lamacchia, *Textual Variations for Act IV of »The Admirable Crichton«* (in MD, 12, 1970, S. 408–418).

PETER PAN, OR THE BOY WHO WOULD NOT GROW UP

(engl.; *Ü: Peter Pan oder Das Märchen vom Jungen, der nicht groß werden wollte*). Schauspiel in fünf Akten von Sir James Matthew BARRIE, Uraufführung: London, 27. 12. 1904, Duke of York's Theatre; deutsche Erstaufführung: München, 23. 4. 1952, Staatsschauspiel. – Aus den Geschichten, mit denen der schottische Autor die Kinder seiner Freunde unterhielt, entstand das ironisch-romantische Märchen *The Little White Bird* (1902), das Barrie nach dem Erfolg von *Peter Pan* zum Teil in die Erzählung *Peter Pan in Kensington Gardens* (1906) übernahm und aus dem die Gestalt des Jungen, der nicht erwachsen werden wollte, und das phantastische »Niemals-Land« stammen, dessen verzaubertes Eiland deutlich an die Vogelinsel im Londoner Kensingtonpark erinnert.
Ins »Niemals-Land« fliegt Peter Pan mit Wendy, John und Michael, den Kindern der Familie Darling, unterstützt von der kleinen streitsüchtigen Fee Tinker Bell, deren Glockenstimme nur er versteht, aber gegen den Protest des als Kindermädchen fungierenden Neufundländers Nana. Das Traumland entpuppt sich als eine seltsam hintergründige, der kindlichen Phantasie aber vollkommen entsprechende Mischung aus Vorstellungen, Situationen und Figuren, wie sie in Märchen, Abenteuergeschichten, Sagen, klassischen Jugend-

büchern und Serienheftchen zu finden sind: Peter Pan verliert seinen Schatten *(Peter Schlemihl)*, neben Feengestalten und Naturgeistern aus den Märchen ANDERSENS und der Brüder GRIMM erscheinen Piraten aus STEVENSONS *Treasure Island* sowie Indianer und menschenähnliche Tiere, und das Inselleben erfordert Bewährungsproben, wie sie auch Robinson Crusoe und seine literarischen Nachkommen bestehen mußten. Peter Pan ist der Anführer einer Schar *»verlorener Jungen« (»Kinder, die aus ihren Wagen fallen, wenn das Kindermädchen nicht hinsieht, werden, falls man sie binnen einer Woche nicht zurückverlangt, weit fort ins Niemals-Land geschickt«)*, denen Wendy als eine Art Mutterersatz dienen soll. Erwachsene haben keinen Zugang zu diesem Land, denn das Erwachsenwerden beraubt den Menschen der Fähigkeit, Peter Pan und sein Reich wahrzunehmen. – Peter und seine Freunde bekämpfen eine brutale Piratenbande, deren Anführer Kapitän Hook ist (eine Figur, der zahlreiche Bösewichte in späteren Kinderbüchern nachgebildet sind). Feinde der Seeräuber sind aber auch die von Tiger Lily angeführten Indianer, und zudem wird Hook von einem Krokodil verfolgt, dem Peter den abgeschlagenen Arm des Kapitäns zum Fraß vorgeworfen hat und in dessen Körper eine Uhr tickt, die Hook in Angst und Schrecken versetzt. Ein eiserner Haken *(hook)* von magischer Kraft ersetzt den verlorenen Arm, wie überhaupt Zauberkräfte im Niemals-Land ständig im Spiel sind.

Mit erstaunlicher Einfühlung in die kindliche Phantasie beschwört Barrie eine Welt, in der Wunsch- und Alpträume, Freuden und Ängste Gestalt annehmen, in der aber bei den heftigsten Kämpfen kein Blut fließt, die schlimmsten Feinde nicht triumphieren dürfen und immer alles zu einem guten Ende kommt. Es ist eine Welt, die aus dem Traum, Müttern und Gouvernanten nicht mehr gehorchen zu müssen, hervorgegangen ist, eine Welt, die für die träumenden Kinder der Realität nie zu nahe kommen darf. Für den ewig knabenhaften Peter Pan dagegen ist sie die einzige Realität, denn er verleugnet, daß das wirkliche Leben *»ein enormes Abenteuer«* ist. Er ist Pan, wie die Kinder der Edwardianischen Epoche sich ihn vorstellten, mit Blätterkleid und Flöte ausgestattet und so sehr seiner eigenen mythischen Welt verhaftet, daß er sich unbekümmert von Wendy trennt, nachdem er sie und ihre Brüder zu den Eltern zurückgebracht und der Mutter, die ihm vergeblich die Adoption anbietet, das Versprechen abgenommen hat, Wendy jedes Frühjahr zum Großreinemachen ins Niemals-Land kommen zu lassen. – Nach Meinung vieler Kritiker ist es Barrie gelungen, mit seinem Märchenspiel die Grenze zwischen Kinderliteratur und Folklore zu überschreiten. Sein Stück war und ist bei Kindern, Erwachsenen und Schauspielern (die Titelrolle ist für eine jugendliche Schauspielerin gedacht) gleichermaßen beliebt, hat seine Spuren in der Spielwarenindustrie und der Kindermode hinterlassen und sich für manchen Psychoanalytiker als wahre Fundgrube erwiesen. Eine überarbeitete Version, *Peter and Wendy*, legte Barrie 1911 vor, nachdem sein Einakter *When Wendy Grew Up: an Afterthought* bereits 1908 uraufgeführt worden war, und 1920 schrieb er das Drehbuch für einen nicht zur Ausführung gelangten *Peter-Pan*-Stummfilm. J.v.Ge.

AUSGABEN: Boston/NY 1916, Hg. F. O. Perkins [Ill. A. B. Woodward]. – Ldn. 1928. – NY 1928. – Ldn. 1929 (in *The Plays*). – NY 1956. – Ldn. 1977. – Ldn. 1979. – Harmondsworth 1983. – Ldn. 1985.

ÜBERSETZUNGEN: *Peter Pan oder Das Märchen vom Jungen, der nicht groß werden wollte*, K. Janecke u. G. Blöcker, Bln. 1948. – *Peter Pan*, E. Kästner (in *GS*, Bd. 4, Köln 1959). – Dass., H. Lemke, Düsseldorf 1966. – Dass., E. Kästner (in *GS*, Bd. 5, Zürich 1969). – *Peter Pan und Wendy*, E. Constantinescu, Bukarest 1972. – *Peter Pan*, D. Lienerth, Bukarest 1978. – Dass., U. v. Wiese, Düsseldorf 1980. – Dass., dies., Würzburg 1987.

VERTONUNG: J. Styne u. M. Charlap, *Peter Pan* (Text C. Leigh; Musical; Urauff.: San Francisco 1954).

VERFILMUNGEN: USA 1924 (Regie: H. Brennon). – USA 1952 (Regie: H. Luske, C. Geronimi u. W. Jackson; Disney-Zeichentrickfilm).

LITERATUR: R. L. Green, *Fifty Years of »Peter Pan«*, Ldn. 1954. – M. Karpe, *The Origins of »Peter Pan«* (in Psychoanalytic Review, 43, 1955, S. 104–110). – P. S. Starkey, *The Many Mothers of Peter Pan: An Explanation and Lamentation* (in Research Studies, 42, 1974, S. 1–10). – A. Birkin, *J. M. B.: Peter Pan and the Lost Boys*, NY 1979. – M. Egan, *The Neverland of Id: B., »Peter Pan« and Freud* (in Children's Literature, 10, 1982, S. 37–55). – P. R. Russell, *Parallel Romantic Fantasies: B.'s »Peter Pan« and Spielberg's »E. T.: The Extraterrestrial«* (in Children's Literature Association Quarterly, 8 (4), Winter 1983, S. 28–30). – P. Lewis, *A Note on Audience Participation and Psychical Distance* (in British Journal of Aesthetics, 25 (3), Sommer 1985, S. 273–277).

ANTON GIULIO BARRILI

* 14.12.1836 Savona
† 15.8.1908 Carcare

CUOR DI FERRO E CUOR D'ORO

(ital.; *Eisenherz und Goldherz*). Historischer Roman von Anton Giulio BARRILI, erschienen 1877. – Ruggero Altavilla erfährt durch ein wiedergefundenes Testament, daß ihm, dem in bescheidenen Verhältnissen lebenden Neapolitaner, der Titel eines Fürsten von Caivano zusteht. Diesen Titel führt jedoch sein Vetter Dom Federigo Altavilla, der Ruggero nicht als Verwandten anerkennen will, allerdings auch nichts von den Ränken weiß, mit deren Hilfe sein Großvater sich den Adelstitel erschlichen hat. Ruggero verfügt nicht über die für einen Prozeß gegen den Fürsten notwendigen Mittel. Durch Zufall lernt seine Tochter Margherita den Sohn Dom Federigos, Renato, kennen, der sich in sie verliebt. Noch kurz vor der entscheidenden Begegnung mit dem schönen Mädchen hatte Renato im Freundeskreis davon gesprochen, daß ihn die üblichen Abenteuer langweilen, »*diese Liebeleien, die weder Martern verursachen noch zu echter Begeisterung hinzureißen vermögen, die man hinnimmt, wie sie kommen . . . und die sich zur wahren Liebe wie die Kopie zum Original, wie die Schwermut zur Trauer, wie die gute Laune zur Glückseligkeit verhalten*«. In Margherita findet Renato, was er suchte. Das Mädchen, dem er sich als Rechtsreferendar namens Enrico di Sarno vorgestellt hat, um es nicht durch seinen großen Namen zu verwirren, arrangiert eine Begegnung Renatos mit ihrem Vater, der dem sympathischen jungen Mann seine familiären Schwierigkeiten darlegt und ihm das wiedergefundene Testament anvertraut. In der Überzeugung, Liebe habe sich über alle Barrieren hinwegzusetzen, und um der Redlichkeit willen, zu der er sich durch seine Herkunft verpflichtet fühlt, beauftragt Renato einen erfolgreichen Anwalt, den Prozeß »Altavilla gegen Altavilla« zu führen. Das Gericht bestätigt Ruggeros Anspruch auf den Fürstentitel und spricht ihn Renatos Vater ab. Allerdings reichen die den Richtern vorliegenden Unterlagen nicht aus, die großen Besitztümer Federigos auf Dom Ruggero zu übertragen. Die Dokumente darüber befinden sich ohne das Wissen der Familie Renatos in der Bibliothek seines Vaters zwischen alten Büchern. Als Federigo durch Zufall auf jene alten Papiere stößt, übergibt er sie großmütig dem Vetter, der sie jedoch – *noblesse oblige* – bescheiden zurückweist. Wie Renatos Liebe zu Margherita, so wird auch ihre Liebe zu ihm schweren Prüfungen unterworfen: Als ein abgewiesener Heiratskandidat – der steinreiche verwitwete Vater ihrer einzigen Freundin – in böswilliger Absicht Renatos Inkognito lüftet, überfällt sie der Verdacht, der junge Mann habe ihr Vertrauen erschlichen, um in den Besitz des kostbaren Dokuments zu gelangen. Aber auch sie überwindet schließlich alle Zweifel. Am Ende des umfangreichen Romans heiraten die beiden Liebenden: »*Denn wo die Liebe das Szepter führt, vergißt man viele Widrigkeiten.*« Dieser den Roman abschließende Satz stammt aus dem *Romancero*: Es ist nur ein Zitat unter vielen, die Barrili in der Originalsprache anführt. Als Autor von über sechzig Romanen und Erzählungen gehörte er, der offizielle Historiograph Garibaldis, um die Jahrhundertwende in Italien zu den meistgelesenen Schriftstellern. Die Handlung seines *Cuor di ferro* ist sentimental, doch weiß Barrili sprachliche Klischees zu meiden. Seine Dialoge sind geistreich und haben stellenweise einen ausgesprochen volkstümlichen Ton. Der Titel bezieht sich auf das Eisenherz im Wappen des stolzen Normannengeschlechts der Altavilla, hinter dem sich freilich, wie die Familiengeschichte immer wieder erwiesen hat, »*ein goldenes Herz verbirgt*«. M.S.

AUSGABEN: Mailand 1877. – Mailand 1918.

LITERATUR: B. Croce, *A. G. B.* (in Critica, 1906, 4, S. 178–186). – G. Natali, *A. G. B.* (in G. N., *Dal Guinizelli al D'Annunzio. Revisioni e rivalutazioni*, Rom 1942, S. 292–323).

EDUARDO BARRIOS HUDTWALCKER

* 25.10.1884 Valparaíso
† 13.9.1963 Santiago de Chile

LITERATUR ZUM AUTOR:
N. J. Davison, *E. B.*, NY 1970. – M. Morinigo, *E. B., novelista*, Tucuman 1971. – J. C. Hancock, *The Purification. E. B.'s Sensorial Prose* (in Hispania, 61, 1973, Nr. 1, S. 51–59). – B. Martínez López, *E. B.: Vida y obra*, Rio Piedras, Univ. de Puerto Rico 1977. – J. Walker, *Anacronismo y novedad en E. B.* (in CA 40, 1981, Nr. 3, S. 192–207). – Ders., *Metaphysics and Aesthetics in the Works of E. B.*, Ldn. 1983.

EL HERMANO ASNO

(span.; *Der Bruder Esel*). Roman von Eduardo BARRIOS HUDTWALCKER (Chile), erschienen 1922. – Wie schon in seinem ersten Roman, *El niño que enloqueció de amor*, 1915 *(Das Kind, das vor Liebe verrückt wurde)*, bedient sich der Autor auch hier der Fiktion des intimen Tagebuchs; der Schreiber ist ein Franziskanermönch, Bruder Lázaro. In sieben Jahren Klosterleben hat er seine weltliche Vergangenheit nicht überwinden können; stolz schaut er auf seine weniger gebildeten Brüder herab und schämt sich sogar seiner plumpen Kutte. In seinen Aufzeichnungen schildert er den Klosteralltag und beschreibt einige der anderen Mönche, unter ihnen Bruder Rufino, der von der Bevölkerung als Heiliger verehrt wird; vor allem aber handeln sie von dem inneren Kampf, den er selbst mit seinem noch allzu diesseitigen Alter ego, dem »Bruder Esel«, wie er es mit Franz von Assisi nennt, auszutragen hat. Es kommt zur Krise in diesem Kampf, als Lázaro in der Kirche ein schönes junges Mädchen sieht, in dem er Gracia zu erkennen glaubt, die Frau, die er einst geliebt hat und um derentwillen er ins Kloster gegangen ist. Es ist Maria Mercedes, Gracias jüngere Schwester, die ihn damals, als etwa Zwölfjährige, schwärmerisch verehrt hat. Jetzt wächst zwischen beiden ein tieferes Gefühl auf, das schließlich Lázaros Gelübde in Gefahr bringt. – Auch Bruder Rufino, der wahre Wunder an Nächstenliebe und Selbstverleugnung vollbringt, hat heftig mit »Bruder Esel« zu kämpfen. Die Verehrung der Leute ist ihm nicht recht, er fürchtet, daß Eitelkeit und Stolz in ihm wachwerden, und sucht sich noch tiefer zu demütigen. Eines Tages versucht er, Maria Mercedes zu vergewaltigen. Ein Wahnsinnsanfall? Ist »Bruder Esel« doch siegreich geblieben? Wollte Rufino sich selbst erniedrigen, seinen Ruf der Heiligkeit zerstören, oder wollte er damit Bruder Lázaro von dem Mädchen trennen und ihn vor dem Bruch des Gelübdes bewahren? Das Motiv bleibt unklar. Lázaro weiß jetzt, was er zu tun hat: Im Einverständnis mit seinen Oberen nimmt er Rufinos Schuld auf sich und läßt sich in eine andere Gegend versetzen. Rufino stirbt geläutert und demütig, und der Konvent entscheidet, daß er entgegen seinem ausdrücklichen Wunsch als Heiliger verehrt werden soll – sein Ruf wird dem Kloster nützen. Ist die Handlung des Buchs schon recht phantastisch, so halten die Gestalten und ihre Seelenkämpfe einen Vergleich mit der Wirklichkeit noch weniger aus. Aber es kommt Barrios gar nicht so sehr auf Wahrscheinlichkeit und Logik an; sein Roman steht den frommen Legenden und Beispielen des Mittelalters gedanklich näher als der tiefgründigen Seelenanalyse des 19. und 20. Jh. s. Obwohl der Schauplatz als ein chilenisches Kloster und die Handlungszeit als die Gegenwart durchaus identifizierbar sind, versteht es Barrios, das Geschehen aus diesen räumlichen und zeitlichen Zusammenhängen herauszulösen. Seine lose aneinandergereihten Szenen aus dem Klosterleben sind – der Vergleich mit der Malerei drängt sich förmlich auf – impressionistische Pastellbilder. Die musikalische, metaphernreiche Sprache folgt zwar den ästhetischen Normen des hispanoamerikanischen Modernismus, ist aber dennoch schlicht und zeigt nichts von jener Selbstgefälligkeit, die manche Werke dieser Bewegung kennzeichnet. A.F.R.

AUSGABEN: Santiago de Chile 1922. – Madrid 1926. – NY 1958. – Buenos Aires 1975.

LITERATUR: L. Luisi, »*El hermano asno, novela de E. B.* (in L. L., *A través de libros y de autores*, Buenos Aires 1925). – M. Rosell, *Un novelista psicólogo* (in Atena, 17, Concepción 1940, S. 5–16). – J. R. Kelly, *Name Symbolism in B. S. »El hermano asno«* (in RoNo, 13, 1971, S. 48–53). – A. Lozada, *Estudios críticos I. »El hermano asno« de E. B. »Tentativa del hombre infinito« de Pablo Neruda*, Caracas u. a. 1978. – R. Scott, *The Masculine and the Feminine in »El hermano asno«: A Study of the Theme of Individuation* (in JSpS, 8, 1980, Nr. 1/2, S. 129–141). – A. Rábago, »*El hermano asno«: Fray Rufino como dilema humano y tradición franciscana* (in REH, 16, 1982, Nr. 3, S. 419–441).

LOS HOMBRES DEL HOMBRE

(span.; *Die Menschen des Menschen*). Roman von Eduardo BARRIOS HUDTWALCKER (Chile), erschienen 1950. – Barrios hat seinem erzählerischen Werk – mit Ausnahme von *Tamarugal*, 1944, und *Gran señor y rajadiablos*, 1948 – von Anfang an eine stark psychologische Richtung gegeben. *Los hombres del hombre* stellt den Höhepunkt dieser Entwicklung dar. Barrios gibt seinen Roman als das Tagebuch des Helden aus: diese Fiktion, deren er sich bereits in *El niño que enloqueció de amor*, 1915, und seinem erzählerischen Meisterwerk *El hermano asno*, 1922, bedient, benutzt er diesmal dazu, den Helden gleichsam »unter Laboratoriumsbedingungen« unter völligem Verzicht auf Handlung, Umweltschilderung und äußere Ereignisse zu analysieren. Die Worte, die eine Figur des Romans an den Protagonisten richtet, fassen die Ausgangssituation zusammen: »*Plötzlich kommt dir der Gedanke, daß Charlie nicht dein Sohn ist. Warum? Weil ein englischer Freund, sein Patenonkel, ohne gesetzliche Erben stirbt und ihm einen Haufen Geld hinterläßt.*« Der Erzähler fürchtet, daß seine Frau ihn mit Charles Moore, dem Freund der Familie, betrogen hat, daß seine Ehre verletzt ist. Mit detektivischer Akribie durchforscht er nun in seiner Erinnerung die sieben Jahre seines bisherigen Ehelebens. Unter dem Druck dieses fast manischen Suchens, dieser quälenden Ungewißheit, die den Erzähler an den Rand der Verzweiflung treibt, konkretisieren sich in seinem Bewußtsein verschiedene Grundhaltungen zu selbständigen Persönlichkeiten, mit denen er sich unterhält, denen er Namen gibt: Juan ist der Vernünftige, Fernando der Gefühlvolle, Rafael der Eifersüchtige, Mauricio der zynische Praktiker, Luis der Erotiker, Jorge der Träumer, Francisco der Religiöse. Die Gespräche zwischen dem Ich des Erzählers und seinen sieben Teilpersönlichkeiten kreisen immer wieder um das Thema der Ehre; der Monolog des klassischen spanischen Ehrendramas erfährt hier eine moderne Interpretation. Die siebenfache Aufspaltung des Ich, die auf Vorstellungen Paul BOURGETs über die »*multiplicité du moi*« und auf Gedanken Sigmund FREUDS zurückgeht, ist entscheidend für die Struktur des Romans. Barrios gelingt es dadurch, das Drama nach innen zu verlegen, es in einen Seelenraum zu projizieren, in dem das Ich zugleich Autor, Schauspieler, Bühne und Zuschauer ist. Die bereits bei PROUST sich andeutende Tendenz, die verschiedenen Bewußtseinslagen nicht nur als wechselnde Zustände desselben Ich, sondern als aufeinanderfolgende, heterogene Persönlichkeiten aufzufassen, wird hier zur letzten Konsequenz getrieben. Das Ich ist Polymorphie, Diskontinuität, Krise.

Der Inhalt des Romans besteht fast ausschließlich aus den quälenden Dialogen des Erzählers mit seinen Teilpersönlichkeiten, aus Reflexionen ohne äußeren Anlaß, aus Schilderungen des Gesamtbewußtseins an einem bestimmten Punkt in Raum und Zeit. Die auf ein Minimum reduzierte Fabel vermag keine Spannung zu erzeugen, und die Aufspaltung des Helden in ein Kollektiv ermöglicht kein vertieftes Verständnis des Seelenlebens insgesamt, ja, sie hindert geradezu die Anteilnahme des Lesers an den geschilderten Vorgängen. Gleichwohl erreicht Barrios in der Analyse von Einzelaspekten, etwa in der Darstellung der Vater-Sohn-Beziehungen oder der Banalitäten und Subtilitäten der Ehe, eine Tiefe, die in der chilenischen Erzählliteratur bis dahin unbekannt war. A.F.R.

AUSGABEN: Santiago de Chile 1950. – Buenos Aires 1957. – Buenos Aires 1978.

LITERATUR: G. Cotto-Thorner, *E. B. novelista del sentimiento* (in Hispania, 1951, Nr. 34, S. 271/272). – D. F. Fogelquist, *E. B. en su etapa actual* (in RI, 18, 1953, S. 13–25). – R. Silva Castro, *Panorama de la novela chilena actual, 1843–1953*, Mexiko 1955, S. 117–131. – J. A. Galaos, *E. B., novelista autobiográfico* (in CHA, 1963, Nr. 56, S. 160–175). – A. M. Vázquez-Bigi, *Los tres planos de la creación artística de E. B.* (in RI, 29, 1963, S. 125 –137). – D. T. Stephens, *The Emergency of the Primary Self in E. B.'s »Los hombres del hombre«* (in RoNo, 21, 1981, Nr. 3, S. 293–297).

JOÃO DE BARROS

* 1496 (?) Viseu (?)
† 20./21.10.1570 Pombal

LITERATUR ZUM AUTOR:
Biographien:
A. de Campos, *Vida e obra de J. de B.*, Lissabon 1921. – I. S. Révah, *J. de B.* (in Revista do Livro, Rio 1958, Nr. 9, S. 61–73). – M. S. de Faria, *Vida de J. de B.* (in *Da Ásia de J. de B. e de Diogo do Couto*, 24 Bde., Lissabon 1973–1975, 9). – C. R. Boxer, *J. de B., Portuguese Humanist and Historian of Asia*, Neu Delhi 1981 [m. Bibliogr.].
Gesamtdarstellungen und Studien:
J. de Carvalho, *Estudos sobre a cultura portuguesa do século XVI*, Coimbra 1947/48. – G. R. Hernandez, *J. de B.: First Great Portuguese Prose Writer*, Diss. Chapel Hill 1952. – J. V. de Pina Martins, *Humanismo e erasmismo na cultura portuguesa do século XVI*, Paris 1973, S. 49–61. – J. A. Osório, *Contribuição para o estudo do humanismo de J. de B.*, Diss. Porto 1979. – Saraiva/Lopes, S. 283–292; 298-301.

ÁSIA. **Dos feitos que os Portugueses fizeram no descobrimento e conquista dos mares e terras do Oriente**

(portug.; *Asien. Die Taten der Portugiesen bei der Entdeckung und Eroberung der Länder und Meere des Orients*) von João de BARROS. Die vier »Dekaden« *(Décadas)* erschienen einzeln 1552, 1553, 1563, die letzte unvollendet 1615. – Von dem enzyklopädischen Werk einer vierteiligen Darstellung der portugiesischen Kriegstaten in Europa, Afrika, Asien und Brasilien, einer Weltbeschreibung *(Geografia)* und einer Abhandlung über den Welthandel *(Comércio)*, das Barros plante und zum großen Teil ausführte, sind nur diese vier Dekaden erhalten. Sie umfassen den Zeitraum von 1415 bis 1539, von den Unternehmungen Heinrichs des Seefahrers, den Entdeckungen in Guinea, über die Fahrt Vasco da Gamas nach Ostindien bis zum Tod des Nuno da Cunha.
Barros hebt im Gegensatz zu früheren Chronisten weniger die Handlungen der Herrscher als vielmehr die Taten der Seefahrer und Eroberer als besondere nationale Leistungen hervor. Er erweitert das an sich riesige Stoffgebiet und verwertet sogar arabische und chinesische Texte zu seiner Schilderung exotischer Landschaften und fremder Bräuche. Die Geschehnisse sind in universalhistorische Zusammenhänge eingeordnet: Aus christlichem Missionsbewußtsein werden die Taten der Portugiesen als die eines auserwählten Volkes gerühmt, das gesandt ist, die Ungläubigen zu bekehren. In der Schilderung des heroischen Kampfes mit den entfesselten Elementen und den Unbilden des Klimas, die Opfer an Gut und Leben fordern, will Barros die vorbildlichen Taten und die Gesinnung der Entdecker besonders herausstellen. Diese Verherrlichung verleitet ihn aber nicht dazu, Untaten zu verschweigen oder zu beschönigen. Er verurteilt sie als Verstöße gegen die sittliche Weltordnung und sieht im Schicksal der Übeltäter eine verdiente Strafe. Sein Gerechtigkeitssinn wendet sich auch gegen das Unrecht, das von Portugiesen an den Bewohnern der neueroberten Gebiete verübt wurde. Seine humanistische Anschauung fordert Achtung auch vor der Menschenwürde der Ungläubigen. Ausführlich beschreibt Barros die rechtlichen Verhältnisse, auf denen die imperialen Titel der portugiesischen Könige gründen. Er ist darauf bedacht, Tatsachen wahrheitsgetreu und möglichst objektiv zu berichten, sich dabei aber, auswählend und stilisierend, durch eine gewisse Würde der Darstellung der Größe des Gegenstandes anzupassen.
Vorbild für den kunstvollen, rhetorischen, figurenreichen Stil wie für die Einteilung in Dekaden ist das Werk des Titus LIVIUS. Das Streben nach einer überlegenen, wohlausgewogenen Darstellung bestimmt die Architektur des Werks, über die er in den Vorreden spricht. Dieser erhabene Stil ist – im Gegensatz zu früheren Chroniken – bis in den Bau der Sätze hinein spürbar, deren Glieder und Perioden kunstvoll aufeinander abgestimmt sind. Die glorifizierende Prosaepopöe über die Entdeckungsfahrten und nationalen Heldentaten der Portugiesen diente teilweise dem Versepos *Os Lusíadas* von CAMÕES als Vorlage. A.E.B.

AUSGABEN: Lissabon 1552 [1. Dek.]. – Lissabon 1553 [2. Dek.]. – Lissabon 1563 [3. Dek.]. – Madrid 1615 [4. Dek.]. - Lissabon 1945/46. Hg. H. Cidade u. M. Múrias. - Lissabon 1973/74 (in *Da Ásia de J. de B. e de Diogo do Couto*, 24 Bde., 1973-75, 2-8; Neudr. d. Ausg. Lissabon 1778). - Lissabon 1983, 4 Bde.

ÜBERSETZUNGEN: *Gesch. d. Entdeckungen u. Eroberungen d. Portugiesen im Orient*, D. W. Soltau, Braunschweig 1821. - *Die Asia*, E. Feust, Nürnberg 1844.

LITERATUR: A. Baião, *Documentos inéditos sobre J. de B. ... e sobre os continuadores das suas Décadas* (in Boletim da segunda classe da Academia das Sciências, Lissabon, 2, 1910, S. 202-355). - M. G. Viana, *J. de B.*, »Décadas da Ásia«, Porto 1944. - H. Cidade, *A literatura portuguesa e a expansão ultramarina*, Coimbra 1963. - A. A. R. Martins, *Subsídios para uma edição crítica da »Asia« de J. de B.*, Braga 1963. - H. Cidade, *J. de B. geógrafo* (in Boletim da Academia Internacional de Cultura Portuguesa, Lissabon 1966, Nr. 1, S. 33-48). - Ders., *Portugal histórico-cultural*, Lissabon 1979.

CRONICA DO EMPERADOR CLARIMUNDO DONDE OS REYS DE PORTUGAL DESCENDEM

(portug.; *Chronik des Kaisers Clarimundo, von dem die Könige von Portugal abstammen*). Ritterroman von João de BARROS, erschienen 1520. - Nach seiner eigenen Angabe im Prolog zu seinem Werk *Asien (Ásia I)* verfaßte Barros diesen Roman als Stilübung für seine Geschichtsschreibung. In drei Teilen, die im Geschmack des Amadis-Romans (*Amadís de Gaula*, 1508) geschrieben sind und angeblich auf eine ungarische Chronik zurückgehen, werden die Heldentaten und Liebesabenteuer des legendären Ahnherrn der portugiesischen Könige erzählt.
Clarimundo, Sohn eines ungarischen Königs und einer französischen Prinzessin, zeichnet sich durch Tapferkeit, Vasallentreue, Frömmigkeit und Keuschheit aus. In der bunten Welt der Abenteuer, durch die der Erzähler ihn und seine Gegenspieler führt, sind heidnische Sagenmotive der Kelten (Zauberer, Zaubertränke, Riesen und Wahrträume) mit Elementen des christlichen Wunderglaubens verwoben. Die an romantischen Episoden reiche Erzählung ist in einer mühelos wirkenden, geschmeidigen Sprache geschrieben. Fast jedes Kapitel schließt mit einer moralischen Betrachtung. Von anderen Ritterromanen unterscheidet sich der *Clarimundo* durch die Anschaulichkeit, mit der sein Verfasser die Landschaft Portugals bis in Einzelheiten der Vegetation hinein schildert. Der wichtigste Abschnitt des Romans ist das vierte Kapitel des dritten Teils, in dem der Zauberer Fanimor (in zehnsilbigen Oktaven mit Prosaüberleitungen) dem Helden prophetisch die glorreiche Geschichte Portugals vom Grafen Heinrich von Burgund bis zur Machtentfaltung im Orient unter Manuel I. enthüllt. Wenn auch der dichterische Wert dieser Strophen gegenüber der kunstvollen Prosa des Romans abfällt, sind sie dennoch bedeutend als erster, vor den *Lusiaden (Os Lusíadas)* von CAMÕES unternommener Versuch, die portugiesische Geschichte in Gedichtform zu verherrlichen. A.E.B.

AUSGABEN: Coimbra 1520. - Coimbra 1555. - Lissabon 1953, Hg. M. Braga, 3 Bde. - São Paulo 1956.

LITERATUR: H. Thomas, *Las novelas de caballerías españolas y portuguesas*, Madrid 1952. - Massaud Moisés, *A novela de cavalaria no quinhentismo português*, São Paulo 1957. - E. Finazzi-Agrò, *A novelística portuguesa do século XVI*, Lissabon 1978.

RHOPICA PNEFMA

(portug.; *Geistesgüter*). Allegorisch-philosophischer Dialog von João de BARROS, erschienen 1532. - In dieser Schrift treten »Verstand« *(entendimento)*, »Wille« und »Zeit« als Händler auf, deren Güter von der »Vernunft« *(razão)* als der Hüterin des christlichen Glaubens an der Pforte des Todes geprüft und verworfen werden. Dabei kommt es zur Diskussion der großen Fragen nach der Unsterblichkeit der Seele, nach Lohn und Strafe im Jenseits, dem Vorrang des christlichen vor anderen religiösen Bekenntnissen, mit zahlreichen Anspielungen auf die realen Verhältnisse der Zeit und Auseinandersetzungen über die bestehende Gesellschaftsordnung, die geistigen und religiösen Bewegungen der Epoche. Humanismus und Reformation, das Verhältnis von Recht und Macht, Krieg und Frieden werden ebenso erörtert wie die moralischen und sozialen Mißstände der Zeit: Heuchelei und Verweltlichung der Orden und geistlichen Würdenträger, Hochmut der Edelleute und Höflinge, scholastische Engstirnigkeit der Theologen, Willkür der Richter, Unwissenheit der Ärzte. Nicht alle kritischen Bemerkungen werden der »Vernunft« in den Mund gelegt, auch widersetzt diese sich nicht der Auffassung vom Ursprung der Macht aus dem Bösen, die der christlich-antiken Lehrmeinung von der naturrechtlichen Legitimierung der Macht entgegensteht. Die durch die »Zeit« herbeigeführten Unterbrechungen der Diskussion, wodurch »Verstand« und »Wille« Gelegenheit zur Besinnung erhalten sollen, führen zu keiner Lösung der aufgeworfenen Fragen. So ist es nicht möglich, aus den Äußerungen der Gesprächspartner die Meinung des Verfassers abzulesen. Seine Haltung ist lediglich dadurch gekennzeichnet, daß ihm vieles ungewiß, »fragwürdig« geworden scheint, weshalb er es diskutieren läßt. Dabei weist manches - beispielsweise die allegorische Aufmachung der Schrift, die scholastische Art der Dialog- und Beweisführung - ins Mittelalter zurück.
Die Moral- und Ständekritik des Autors berührt sich mit der von Gil VICENTE (vgl. *Auto de moralidade da embarcação do Inferno*, 1517), seine politi-

schen Auffassungen mit denen der *Utopia* (1516) des Thomas MORE. Vor allem aber gehört das Werk als Ausdruck ironisch-kritischer Haltung und christlich-evangelischer Gesinnung in den Wirkungsbereich der Schriften des ERASMUS (vgl. *Enchiridion militis christiani*..., 1503), die auf der Iberischen Halbinsel weitverbreitet waren. Aus diesem Grund wurde das Werk 1581 auf den Index verbotener Schriften gesetzt. – Dank seiner flüssigen, ungekünstelten Sprache, die durch Unterbrechungen, Interjektionen, schlagfertige Repliken und ironische Pointierungen dem lebendigen Gesprächsstil angepaßt ist, gehört der Dialog ebenso, wenn auch in ganz anderer Weise, zu den Meisterwerken der portugiesischen Prosa wie das große Geschichtswerk dieses Autors (vgl. *Ásia*), in dessen symmetrischem Stil Bericht, Beschreibung und Sprachgestalt einander entsprechen. A.E.B.

AUSGABEN: Lissabon 1532. – Lissabon 1952–1955, Hg. I. S. Révah, 2 Bde. [Faks.; diplomatisch-krit.]. – Lissabon 1983, 2 Bde. [Faks.; Studie u. Anm., ders.].

LITERATUR: A. J. Saraiva, *História da cultura em Portugal*, Bd. 2, Lissabon 1955, S. 563–606. – Y. David-Peyre, *Le thème de la maladie et le personnage du médecin dans »Rhópica Pnefma«* (in BEP, N. S., 27, 1966, S. 89–118). – T. van Royen, *Contributo para a revisão do conceito erasmismo e sua influência na literatura portuguesa do século XVI com base na »Rhópica Pnefma« de J. de B.* (in Ocidente, 73, 1967, Nr. 354, S. 1–35; Supl.). – I. S. Révah, *Le colloque »Rhópica Pnefma« de J. de B.: genèse, structure et technique* (in I. S. R., *Études portugaises*, Paris 1975, S. 99–119). – M. I. Rodrigues, *Literatura e anti-semitismo* (in Brotéria, 109, 1979, S. 41–56; 137–153).

PEDRO IGNACIO DE BARRUTIA

* 1682 Ibarra de Aramayona
† 1759 Mondragón

ACTO PARA LA NOCHE BUENA

(bask.; *Weihnachtsspiel*) von Pedro Ignacio de BARRUTIA, postum erschienen 1897. – Entgegen der allgemeinen Ansicht ist das zweisprachige Werk von Xavier Maria de MUNIBE (*Der geprellte Betrunkene, El borracho burlado*, 1764) nicht das erste datierte Theaterstück in baskischer Sprache. Diese Ehre gebührt neuerdings dem *Weihnachtsspiel* von Barrutia, der zwischen 1711 und 1752 als Amtsschreiber in der baskischen Ortschaft Mondragón lebte, wo sein Werk auch sicherlich zur Aufführung kam. Das volkstümliche Theater besitzt auch in den Hirtenspielen (den sogenannten »sulischen Pastoralen«), deren Ursprünge allerdings zeitlich weiter zurückliegen, kein datiertes älteres Stück. Das Versspiel ist in Szenen eingeteilt und außer den Regieanweisungen und einigen kastilischen Liedern in baskischer Sprache geschrieben. Sein Bau entspricht, wie kaum anders zu erwarten, ganz dem Modell der spanischen Weihnachtsspiele, während der Inhalt in seinen Hauptzügen dem Evangeliumsbericht folgt: Die Verlobung Marias mit Josef, die Verkündigung, die Zweifel Josefs, das kaiserliche Gebot, die vergebliche Herbergsuche, die Kampfansage Luzifers, das Erscheinen der Engel bei den Hirten, die Anbetung durch die Hirten und die Kunde von der Ankunft der drei Könige, mit der das Stück endet. Die volkstümliche ungekünstelte Verssprache paßt sich in ihrem Ton, biegsam dank des wechselnden Metrums, von Fall zu Fall der Bedeutung der jeweiligen Aussage an: die Dialoge sind lebhaft bewegt, die frohe Botschaft wird feierlich vorgetragen, der Hochmut Luzifers äußert sich in dramatischer Heftigkeit. Die Originalität des Stücks liegt jedoch in der ständigen Überschneidung von Realität und Heilsgeschehen. Szenen aus dem Alltag in Mondragón aus der ersten Hälfte des 18. Jh.s sind dem *Weihnachtsspiel* eingegliedert, die Handlung verläuft auf doppelter Ebene, und die Personen stellen gleichzeitig sich selbst und biblische Figuren dar. Es entsteht so vor uns ein plastisches Zeitgemälde von unverfälschtem Lokalkolorit. Personen und öffentliche Verordnungen werden satirisch angeprangert, die Weihnachtsbräuche im Detail wiedergegeben: so das Abendessen, die Lieder, die Geschenke für die Kinder, unter denen die Kralle eines Dachses nicht fehlen darf, die um den Hals gehängt, das Kind vom »bösen Blick« befreien soll. – Diese Miniatur ist aufgrund ihres echten religiösen Gefühls, ihrer Bedeutung als Zeitdokument sowie ihrer originellen Dramaturgie, die unbefangen das Reale mit dem Idealen verbindet, eines der gelungensten Stücke baskischen Theaters. L.M.E.

AUSGABE: Bilbao 1897 (in Euskalzale, 1).

LITERATUR: G. Aresti (in Euskera, 4, 1959, S. 139 bis 148). – L. Michelena, *Historia de la literatura vasca*, Madrid 1960. – G. Aresti, *Primera aportación para el conocimiento de la vida y obra de P. I. de B. y Basagoitia (1682–1759)* (in Euskera, 5, 1960).

PHILIP BARRY

* 18.6.1896 Rochester
† 3.12.1949 New York

LITERATUR ZUM AUTOR:
G. Hamm, *The Drama of P. B.*, Philadelphia 1948.

– C. E. Osborne, *A Critical Analysis of the Plays of P. B.*, Diss. Denver 1954. – J. P. Roppolo, *P. B.*, NY 1965 (TUSAS). – J. R. Gould, *P. B.* (in J. R. G., *Modern American Playwrights*, NY 1966, S. 78–98). – D. C. Gild, *Psychodrama on Broadway: Three Plays of Psychodrama by P. B.* (in Markham Review, 2, 1970, S. 65–74). – W. J. Meserve, *P. B.: A Dramatist's Search* (in MD, 13, 1970, S. 93–99). – M. S. Aronson, *P. B.* (in *Twentieth Century American Dramatists*, Hg. J. MacNicholas, Detroit 1981, S. 56–67).

THE ANIMAL KINGDOM

(amer.; *Das Königreich der Tiere*). Schauspiel von Philip BARRY, Uraufführung: New York, 12. 1. 1932, Broadhurst Theatre. – Das Stück spielt in den Jahren 1930/31 in New York und Connecticut und behandelt die Geschichte einer Ehe. Der junge Verleger Tom Collier ist mit Cecelia Henry verheiratet, die aus dem bürgerlich-konventionellen Milieu des wohlhabenden Mittelstands kommt. Sofort nach der Eheschließung beginnt sie mit dem Versuch, Toms Leben und Charakter zu ändern: die Möbel für sein Haus, die Bücher, die er verlegt, und selbst seine Freunde werden mehr und mehr nach Cecelias Wünschen ausgewählt. Schließlich ist Tom nahe daran, sich aus einem intelligenten und feinfühligen Mann mit eigener Meinung in einen charakterlosen, langweiligen und konventionellen Kleinbürger zu verwandeln, dem es nur noch auf Geld, Sicherheit und die Beachtung der gesellschaftlichen Klischees ankommt. Er erkennt die Gefahr jedoch rechtzeitig, verläßt seine Frau und kehrt in seinen früheren Lebenskreis, zu seinen Freunden und zu seiner Geliebten Daisy Sage zurück.

Diese zu ihrer Zeit erfolgreiche leichte Unterhaltungskomödie ist zwar literarisch nicht sonderlich bedeutend, aber ihr Witz und Charme stellen einen größeren Anspruch an die Intelligenz der Theaterbesucher, als es in diesem Genre üblich ist. Barry behandelt in *The Animal Kingdom* ein durchaus ernstes Thema mit leichter Hand. Indem er die unkonventionelle Liebesbeziehung zu Daisy Sage der zwar legalen, aber liebeleeren Bindung an Cecelia gegenüberstellt, betont er mit Nachdruck, daß Charakter und Lebensanschauung eines Mannes nicht dem bürgerlichen Moralkodex geopfert werden dürfen. J.v.Ge.

AUSGABEN: NY/Los Angeles 1932. – NY/Ldn. 1975 (in *States of Grace: Eight Plays by P. B.*, Hg. B. Gill).

VERFILMUNG: *One More Tomorrow*, USA 1943.

LITERATUR: A. H. Quinn, *A History of American Drama*, NY 1936, S. 280/281. – J. W. Krutch, *The American Drama since 1918*, NY 1957, S. 172–175. – J. Gassner, *The Theatre in Our Times*, NY ²1960, S. 325–328.

THE PHILADELPHIA STORY

(amer.; *Ü: Die Nacht vor der Hochzeit*). Komödie in drei Akten von Philip BARRY, Uraufführung: New York, 28. 3. 1939, Shubert Theatre; deutschsprachige Erstaufführung: Wien 1952, Theater in der Josefstadt. – Hauptfigur des Stücks ist Tracy Lord, eine ebenso attraktive wie kapriziöse junge Dame aus einer der ältesten und wohlhabendsten Familien Philadelphias. Ihre Hochzeit mit dem Kohlenmagnaten George Kittredge steht kurz bevor. Verwicklungen bahnen sich an, als Tracys geschiedener Mann, Dexter Haven, auf Einladung ihrer jüngeren Schwester Dinah bei den Lords erscheint, und als kurz darauf auch der Journalist Mike Connor dort auftaucht. Er soll für die Klatschspalte des Magazins »Destiny« einen Artikel über die Familie schreiben, ein Zugeständnis, das Tracys Bruder dem Eigentümer der Zeitschrift gemacht hat, um zu verhindern, daß dieser Enthüllungen über die Affäre des Oberhaupts der Familie mit einer Broadway-Schauspielerin veröffentlicht. Tracy beginnt mit dem Journalisten zu flirten, und auf dem Höhepunkt des allgemeinen Durcheinanders werden beide in einer scheinbar kompromittierenden Situation ertappt. Die beleidigte Reaktion ihres künftigen und die verständnisvolle Hilfsbereitschaft ihres verflossenen Ehemanns öffnen Tracy die Augen über den wahren Charakter der beiden und über ihre eigene Oberflächlichkeit. Sie gesteht sich ein, daß sie im Grund nie aufgehört hat, Dexter zu lieben und kehrt zu ihm zurück.

Das Thema von der Wandlung der launischen und arroganten Schönen in einen, wie sie selbst es nennt, »fühlenden Menschen«, das publikumswirksame High-Society-Milieu, die rasante Szenenführung und die witzigen, leicht parodistisch gefärbten Dialoge haben das Stück zu einer der populärsten amerikanischen Gesellschaftskomödien der dreißiger und vierziger Jahre gemacht. Zu ihrem durchschlagenden Erfolg trug nicht zuletzt die brillante Schauspielerin Katherine Hepburn bei, die ihren Triumph in der ersten Verfilmung des Stücks, einem Glanzpunkt in der Geschichte der Filmkomödie, wiederholte. J.v.Ge.

AUSGABEN: NY 1939. – NY 1940. – NY/Los Angeles 1942. – NY 1953 (in *Literature for Our Time*, Hg. H. O. Waite u. B. P. Atkinson). – NY/Ldn. 1975 (in *States of Grace: Eight Plays by P. B.*, Hg. B. Gill).

ÜBERSETZUNG: *Die Nacht vor der Hochzeit*, J. Glücksmann, Karlsruhe o. J. [Bühnenms.].

VERFILMUNGEN: USA 1940 (Regie: G. Cukor). – *High Society*, USA 1956 (Regie: Ch. Walters).

LITERATUR: J. W. Krutch, *The American Drama since 1918. An Informal History*, Ldn./NY 1957, S. 178–180. – J. Gassner, *The Theatre in Our Times*, NY ²1960, S. 225/226. – A. David, *Modern American Drama*, NY 1961. – P. B. (in *A Library of*

Literary Criticism, Hg. D. Nyren, NY 1961, S. 37–40). – W. V. Shannon, *The Irish in the Theatre* (in W. V. S., *The American Irish*, NY 1964, S. 259–294).

EMIL BARTH

* 6.7.1900 Haan bei Düsseldorf
† 14.7.1958 Düsseldorf

DEK WANDELSTERN

Roman von Emil BARTH, erschienen 1939. – Die Gattungsbezeichnung »Roman«, seinerzeit von Barths Verleger gewählt, darf durch den Terminus »autobiographisch« ergänzt werden: Das Buch erzählt von der Kindheit des vornehmlich als Lyriker hervorgetretenen Autors, der während der NS-Zeit in der sogenannten »inneren Emigration« verharrte. Das mystisch-spekulative Ringen um die vielschichtigen Erscheinungsformen der Erinnerung kennzeichnet gleicherweise Thema wie Methode seines gesamten dichterischen Werks. Die Eigenart seines Erinnerungsbegriffs umschreibt eine Tagebuch-Eintragung vom Silvester 1943: *»Es ist also eine tragische Bedingung, woran das Vermögen der Erinnerung geknüpft ist; und die Frage nach dem Glück, das sie spendet – von jedem, der es je empfand, mit einer Entschiedenheit bejaht, die kaum den der Gottheit hierfür zugewandten Dank verhehlt –, ist eine Frage nach dem Glück des von Grund aus Unglücklichen: das ist der Mensch.«* Erinnerung als Dialog zwischen Verlust und Gewinn, als metaphysisches Heimweh durchzieht vielfach abgewandelt den Themenkreis der eng miteinander verwandten Erinnerungsbücher *Das verlorene Haus* (1936) und *Der Wandelstern* – in beiden erinnert sich der Autor seiner Herkunft aus einer ländlichen Kleinstadt mit ihrer entschwundenen, fast idyllisch anmutenden Sozialstruktur.
Eine elementare »Lust der Erinnerung« beschwört in Bildern und Symbolen die verlorene Kindheit herauf, ihr zwischen Lebensgier und Todesgrauen gespanntes Erlebnisfeld, in dem langsam das Bewußtsein für Wirklichkeit erwacht. Mächtige Eindrücke überfluten die Bewußtseinsschwelle des Kindes: die Verhaftung eines Mörders, der Tod des Pastors, der wilde Kroatensommer, die Entdeckung eines Selbstmörders, eine Rheinwanderung. Die Erfahrung von Schuld entfremdet den Erzähler seiner Kindheit: *». . . ausweglos fühlte ich, daß Leben Schuldigwerden hieß.«* Der Akt schmerzlicher Selbstbegegnung erfüllt ihn mit Betroffenheit. Das Buch endet mit dem Tod der Mutter; mit ihm tritt der Erzähler in eine neue Dimension des Daseins ein: *»Nicht Verstand in mir wußte, sondern alles Kreatürlich-Lebensblinde fühlte, daß hier vor dieser Tür mein bisheriges Dasein enden und jenseits unbegreiflich anders weitergehen würde.«* Nicht die Größe des Verlustes, sondern die Schwere des unermeßlichen Gewinns überwältigt ihn – erinnernd wird er sich seines Reifeprozesses bewußt.
Eine zwischen konservativen und modernen Stilelementen sublim vermittelnde Prosa vergegenwärtigt diese Erinnerungen; hinter Barths pathetischer Feierlichkeit und seinem beschwörenden Lyrismus zeichnen sich die für ihn vorbildlichen Stilhaltungen HÖLDERLINS, TRAKLS und RILKES ab.

M.Ke.

AUSGABEN: Hbg. 1939. – Wiesbaden 1960 (in *GW*, 2 Bde., 2, Hg. F. N. Mennemeier).

LITERATUR: H. v. Cube, Rez. (in Kölnische Zeitung, Nr. 107, Abendblatt, 27. 2. 1940). – J. Ruhland, *Die Zeit als gehaltliches und gestaltliches Problem in der Dichtung E. B.s*, Diss. Bonn 1952. – O. Heuschele, *Gedenkworte für E. B.* (in Jb. der Dt. Akademie f. Sprache u. Dichtung, 1958). – F. A. Hoyer, *Vor dreißig Jahren erschienen. E. B. »Der Wandelstern«* (in Bücherkommentare, 6, 1969). – *E. B. (1900–1958)*, Hg. J. A. Kruse, Düsseldorf 1981 [Ausst. Kat.]. – D. Slark, *Lyrik: Zentrum meines Gesamtschaffens. Zum Gedächtnis des Dichters E. B.* (in D. S., *Literarisches Kaleidoskop*, Darmstadt 1982). – E. W. Dahl, *Erinnerungen an E. B.* (in NDH, 30, 1983, S. 330–333). – D. Slark, *Zum Gedächtnis an E. B.* (in Der Literat, 27, 1985).

JOHN (SIMMONS) BARTH

* 27.5.1930 Cambridge / Md.

LITERATUR ZUM AUTOR:
Bibliographien:
J. Weixlmann, *J. B.: A Descriptive Primary and Annotated Secondary Bibliography, Including a Descriptive Catalog of Manuscript Holdings in United States Libraries*, NY 1976. – R. A. Vine, *J. B.: An Annotated Bibliography*, Metuchen 1977. – Th. P. Walsh u. C. Northouse, *J. B., Jerzy Kosinski and Thomas Pynchon: A Reference Guide*, Boston 1977.
Forschungsbericht:
Ch. B. Harris, *J. B. and the Critics: An Overview* (in *Critical Essays on J. B.*, Hg. J. J. Waldmeir, Boston 1980, S. 3–13).
Gesamtdarstellungen und Studien:
G. Joseph, *J. B.*, Minneapolis 1970. – J. E. Kennard, *J. B.: Imitations of Imitations* (in Mosaic, 3, 1970, Nr. 2, S. 116–131). – C. Tatham, *J. B. and the Aesthetics of Artifice* (in ConL, 12, 1971, S. 60–73). – D. Schulz, *J. B.* (in *Amerikanische Literatur der Gegenwart*, Hg. M. Christadler, Stg. 1973, S. 371–390). – J. Tharpe, *J. B.: The Comic Sublimity of Paradox*, Carbondale 1974. –

D. Morell, *J. B.: An Introduction*, University Park/Pa. 1976. – E. Glaser-Wöhrer, *An Analysis of J. B.'s Weltanschauung: His View of Life and Literature*, Salzburg 1977. – *Critical Essays on J. B.*, Hg. J. Waldmeir, Boston 1980. – Ch. B. Harris, *Passionate Virtuosity: The Fiction of J. B.*, Urbana 1983. – U. Arlart, ›*Exhaustion*‹ *und* ›*Replenishment*‹*: Die Fiktion in der Fiktion bei J. B.*, Heidelberg 1984. – E. P. Walkiewicz, *J. B.*, Boston 1986 (TUSAS). – H. Ziegler, *J. B.*, Ldn. 1987.

LETTERS. An Old Time Epistolary Novel By Seven Fictitious Drolls & Dreamers Each of Which Imagines Himself Actual

(amer.; *Briefe. Ein Briefroman nach alter Art, von sieben erdachten Schelmen und Schwärmern, von denen jeder glaubt, tatsächlich zu existieren*). Roman von John BARTH, erschienen 1979. – *Letters* ist Barths siebtes Werk (das achte kam im Jahre 1982 unter dem Titel *Sabbatical* heraus). Es stellt in mehrfacher Hinsicht eine vorläufige Zusammenfassung seines bis dahin erschienenen Œuvres dar. Zum einen greift es Themen und Figuren seiner vorhergehenden eigenen Fiktionen auf, zum anderen stellt es sich bewußt in die Tradition jener literarischen Gattung, deren Form es (nicht nur im Titel) übernimmt, nämlich die des Briefromans. Dieses Genre wird auch in dem langatmigen, den formalen Konventionen des 18. Jh.s entsprechenden, Untertitel thematisiert.

Schon hier wird eines der Hauptthemen von *Letters* angeschnitten: das Verhältnis von Realität und Fiktion. Die sieben Verfasser der Briefe dieses Briefromans sind Akteure *und* Autoren. (Dies gilt auch für den in den Sequenzen jeweils an letzter Stelle stehenden »Autor« namens »John Barth« selbst.) Die Grenzen verschwimmen, der Autor schafft das Werk, wird jedoch gleichzeitig selbst mit allen Konsequenzen von ihm geschaffen. Die Auflösung seiner unbestrittenen Schöpferautorität zeigt sich darin, daß seine Figuren zu »Ko-Autoren« werden, denen er brieflich die Mitarbeit an seinem gerade entstehenden Projekt *Letters* anträgt, dessen Thema und Aussage er selbst am Ende des sechsten der sieben Teile noch nicht zu formulieren in der Lage ist. Den Figuren steht es frei, dieses Angebot anzunehmen oder abzulehnen. Unter Umständen kommt es sogar zu Meinungsverschiedenheiten zwischen Autor und Figur, wenn letztere sich zu starke Übergriffe auf das angestammte Metier des Verfassers erlaubt.

Der »Autor« stellt sein Projekt *Letters* am Ende des ersten Teils folgendermaßen vor: » ›*LETTERS: ein Briefroman nach alter Art, von sieben erdachten Schelmen und Schwärmern, von denen jeder glaubt, tatsächlich zu existieren.*‹ *Sie werden immer in der folgenden Reihenfolge schreiben: Lady Amherst, Todd Andrews, Jacob Horner, A. B. Cook, Jerome Bray, Ambrose Mensch, der Autor. Insgesamt werden 88 Briefe entstehen (dies ist der achte), die nach einem bestimmten Plan ungleichmäßig in sieben Abschnitte* eingeteilt werden: *Man vergleiche dazu Ambrose Menschs Vorschlag, Postskriptum zu Brief 86 (Abschnitt S, S. 767). Ihre verschiedenen Darstellungen werden zu einer einzigen verschmelzen, wie die Wogen der steigenden Flut wird die Handlung vorwärtsbranden, zurückweichen, weiter fortwallen, weniger weit zurückweichen und so weiter, bis zu ihrem Höhepunkt und ihrer Auflösung.*« – Nur daß dem Leser eben jene Auflösung, ein Abschluß der »Handlung«, verweigert wird. Der Text ist trotz seiner offensichtlich straffen Organisation nach allen Seiten hin offen und setzt sich über das letzte Wort von *Letters* – »Ende« –, das nur noch der Konvention Genüge tut, sie ironisch bespiegelt, hinweg.

Das Thema dieses Briefromans, das wird – auch dem Autor – erst in seinem Verlauf klar, geht weit über die zweifache Bedeutung des englischen Wortes »*revolution*« hinaus, das auf verschiedenen Ebenen der Handlung durchgespielt wird: *Letters* begnügt sich weder mit einer zyklischen Konzeption von (literarischer wie historischer) Geschichte, die keinen Fortschritt verspricht (diese Vorstellung verweist auf die eine Bedeutung von »*revolution*«, nämlich »kreisförmige Rotation«), noch mit einem folgenschweren Umsturz (der anderen Bedeutungsebene). Vielmehr ist eine Kombination von Auflehnung und neuerlichem Erleben nötig, um schließlich zu einer produktiven Synthese und einer Überwindung hergebrachter Muster zu gelangen. Die reine Kreisbewegung muß sich ausweiten zur Spirale, ihre eigene Geschlossenheit durchbrechen, um zu neuen Ufern zu gelangen. Erst so wird es möglich, hergebrachte historische und literarische Muster mit neuen Inhalten zu füllen.

Barth hat aus der literarischen Sackgasse, in die er sich mit *Lost in the Funhouse*, 1968 *(Ambrose im Juxhaus)*, geschrieben zu haben schien, mit *Letters* herausgefunden. Die Konventionen, deren literarische »Erschöpftheit« (vgl. seinen Aufsatz *The Literature of Exhaustion* von 1967) er in *Lost in the Funhouse* zwar thematisierte, jedoch noch nicht überwand, lassen sich jetzt durch neue Aussagen vervollständigen. *Letters* realisiert somit das theoretische Programm, das Barth in dem Aufsatz *The Literature of Replenishment: Postmodern Fiction* von 1980 formuliert. Überholte, vormals als »ausgelaugt« empfundene Formen besitzen durchaus das Potential für Neuerungen, wenn sie in einen neuen Zusammenhang gestellt werden.

In diesem Sinne bedient sich Barth in *Letters* nicht nur der Figuren aus seinen früheren Fiktionen, sondern auch der Ideen, für die sie stehen und der Themen, die in seinen früheren Werken diskutiert werden: Todd Andrews stammt aus Barths erstem Roman *The Floating Opera* (1956) und bringt die »tragische Sicht der Geschichte« sowie die Idee mit, *Letters* als Fortsetzung seiner früheren Werke zu schreiben; Jacob Horner aus *The End of the Road* (1958) trägt die »*an Jahrestagen orientierte Sicht von Geschichte*«, das Ordnungsprinzip der alphabetischen Reihenfolge und die Vorstellung von »*Wiedertraum*« bei; A. B. Cooke *(The Sot-Weed Factor*, 1960 – *Der Tabakhändler)* liefert historische Informationen über die Cookes und Burlingames; von Jerome Bray aus *Giles Goat-Boy* (1966) stammt die Idee zu einer »*Geschichte-in-der-Geschichte*« zentralen Inhalts nach etwa sechs Siebteln von *Letters* (dieser Einfall wird später auf Ambrose Menschs Anregung hin verworfen); Ambrose schließlich aus *Lost in the Funhouse*, 1968 *(Ambrose im Juxhaus)*, versieht *Letters* mit seiner endgültigen Form und seinem Thema. Die einzige »neue« Figur ist Lady Amherst, die die Reihe der Briefeschreiber anführt und den Gedanken der epistolarischen Form von *Letters* beiträgt. Sie steht überdies neben ihrer Funktion als Figur innerhalb des Romans auch als Chiffre für das Genre des Briefromans in der Tradition RICHARDSONS wie auch des Romans im allgemeinen. Darauf deuten sowohl ihre englische Herkunft als auch die stilistischen Verweise auf *Pamela* in ihren Briefen hin. (So adressiert sie diese zum Teil wie Pamela an »Mr. B.«, hier den fiktiven Autor Barth, oder verwirklicht gar pervertiert Richardsons Forderung des »*writing to the moment*« im zweiten Teil von *Letters*, als sie selbst noch während des Geschlechtsaktes weiterschreibt.) Die Kernthemen von *Letters* (Unendlichkeit, Geschichte, Identität, Schöpfung, Verhältnis von Realität und Fiktion) ergänzen und bespiegeln einander und schließen sich zu der Vorstellung zusammen, daß alles im Fluß ist und bleibt. *Letters* beschreibt und thematisiert schließlich gar noch die Dynamik seiner eigenen Entstehung. S.Hau.

AUSGABEN: NY 1979. – Ldn. 1980. – Ldn. 1981. – NY 1982.

LITERATUR: L. McCaffery, *B.'s »Letters« and the Literature of Replenishment* (in Chicago Review, 31, 1980, H. 4, S. 75–82). – Ch. Reilly, *An Interview with J. B.* (in Contemporary Literature, 22, 1981, H. 1, S. 1–23). – C. B. Harris, *»Letters« and the Literature of Replenishment: A Kind of Conclusion* (in C. B. H., *Passionate Virtuosity: The Fiction of J. B.*, Urbana 1983, S. 159–199).

LOST IN THE FUNHOUSE. Fiction for Print, Tape, Live Voice

(amer.; Ü: *Ambrose im Juxhaus: Fiktionen für den Druck, das Tonband und die menschliche Stimme*). Kurzgeschichten von John BARTH, erschienen 1968. – John Barth wird im allgemeinen mit anderen amerikanischen Autoren wie Thomas PYNCHON, Robert COOVER oder Donald BARTHELME der literarischen Postmoderne zugerechnet. Genausowenig jedoch wie sich diese Epochenbezeichnung exakt in eine Definition zwingen läßt, kann auch Barths Werk das durchgängige Etikett »postmodern« angeheftet werden. Seine beiden ersten Romane, *The Floating Opera* (1956) und *The End of the Road* (1958), sind noch als durchaus »realistisch« zu bezeichnen. In seinem nächsten, *The Sot-Weed Factor*, 1960 *(Der Tabakhändler)*, beginnt er, mit vorgegebenen literarischen Formen (vornehmlich denen des 18. Jh.s) zu spielen. Ähnliche Überformungen setzen sich auch in *Giles Goat-Boy* (1966) fort.

Einen ersten Höhepunkt von Barths Experimentierfreude stellt seine Kurzgeschichtensammlung *Lost in the Funhouse* dar. Sie steht innerhalb seines Werks an der Schwelle zur Postmoderne, weil in ihr konsequent eine Abwendung von traditionellen Erzählstrukturen vollzogen und diese Abwendung durchgehend thematisiert wird. Insofern befindet sich die Sammlung in unmittelbarer – nicht nur zeitlicher – Nähe zu Barths Aufsatz *The Literature of Exhaustion* (1967). Hier wie dort postuliert bzw. demonstriert Barth, daß es in der Literatur keine völlig »neuen« Inhalte und Formen mehr gibt. Alles ist »Imitation von Imitationen«. Die Literatur ist ausgelaugt *(»exhausted«)* in ihren Formen, jedoch nicht in ihren Möglichkeiten. Ein Ausweg aus der Sackgasse der Erschöpfung besteht darin, eben jene erstarrten Formen/Imitationen bewußt zu machen. Diesen Vorgang bezeichnet Barth als »*regressus in infinitum*« und erhebt in *Lost in the Funhouse* jenen Regress zum ästhetischen Prinzip.

Lost in the Funhouse ist in vierzehn »Fiktionen« eingeteilt, deren kürzeste mit dem Titel *Frame Tale (Rahmenerzählung)* am Anfang steht. Sie umfaßt die Sammlung in zweifacher Hinsicht und ist doch gleichzeitig von ihr getrennt: nämlich einerseits als theoretischer Exkurs über die Unendlichkeit und andererseits als Gegenstück zur letzten Geschichte *Anonymiad (Anonymiade)*. *Frame Tale* ist als Möbius-Band angelegt. Der Text (»*Once upon a time there was a story that began*« – »Es war einmal eine Geschichte, die fing so an«) ist auszuschneiden und an den Enden verdreht so miteinander zu verbinden, daß er sich endlos lesen läßt, ohne daß man dabei durch Überschreiten des Randes von der einen Fläche des Bandes auf die andere überwechselt. Der Form nach gleicht das Band dem mathematischen Zeichen für »unendlich« (∞). Die Unendlichkeit gehört zu den Hauptthemen Barths und taucht auch in der Titelgeschichte des Bandes auf, in der Ambrose sich im Spiegelkabinett des Juxhauses verirrt. Befreien kann er sich daraus (und aus der Fiktion) nur, indem er selbst zum Erbauer von Juxhäusern für andere wird.

Eine Regression des »*teller*« (Barth verwendet diesen Begriff, um die Auflösung der erzähltheoretischen Positionen Autor/Erzähler auszudrücken) aus der Fiktion und aus dem Teufelskreis, den »*teller*«, »*tale*« und »*told*« (hier ist der Leser gemeint) bilden, ist nur möglich, wenn er sich über die Geschichte, in der er gefangen ist (dieses Problem wird in der drittletzten Geschichte des Bandes, *Life-Story – Lebensgeschichte*, diskutiert), erhebt, indem er sich seines Gefangenseins bewußt ist. *Menelaiad (Menelaiade)* verdeutlicht die Problematik des Eingeschlossenseins auch typographisch. Der »*teller*« Menelaos verwickelt sich immer mehr in seine Geschichte, als er sie aus der Perspektive der jeweils Sprechenden wiedergibt: Die zentrale Frage Menelaos' an das Orakel von Delphi, nämlich »*Wer bin ich?*«, wird von einer acht Ebenen dicken

Leere beantwortet: »›»›»›»» «‹«‹«‹«. Das – inhaltliche wie formale – Nichts wird von einer achtfachen perspektivischen Brechung umfangen. Die Welt ist nicht erklärbar, sie ist das Produkt unendlich vieler subjektiver Verzerrungen. Barth stellt in dieser Geschichte besonders beeindruckend dar, wie wenig es der Literatur letztendlich gelingen kann, den Anspruch der Postmoderne zu erfüllen, nämlich das Chaos der realen Welt mimetisch abzubilden. So eindrucksvoll die Aussage von der Unerklärbarkeit und Unstrukturiertheit auch sein mag, so hochorganisiert muß der literarische Text schließlich sein, um diese Aussage zu transportieren. Die ordnende Hand des »teller« läßt sich nicht verleugnen. Deshalb durchzieht den ganzen Band das Problem vom Gefangensein des »teller« in seiner eigenen Fiktion. Sein letzter Versuch des Rückzugs besteht darin, »in der ersten Person anonym« zu schreiben, wie der Verfasser der letzten Geschichte *Anonymiad* es ausdrückt. Doch auch das nützt nichts: Selbst anonyme Schöpfer sind in dem ewigen Teufelskreis des Erschaffens gefangen. Ihre gottgleiche Stellung wird in der zweiten Geschichte mit dem Titel *Night-Sea Journey (Nachtseereise)* demontiert. Dort reflektiert ein Spermium über seine Reise und Bestimmung und schließlich auch über die Macht oder Ohnmacht, Endlichkeit oder Unendlichkeit seines Schöpfers und kommt zu dem Schluß, »daß unser eigener Macher vielleicht Selbst nicht unsterblich ist«. Der Sinn der Reise liegt nicht in der Unsterblichkeit des Individuums, denn erst durch sein Aufgehen in einer neuen Form erlangt das Spermium diese, sondern im ewigen Werden und Vergehen, in der »Vollendung, Verklärung, Vereinigung der Gegensätze, Transzendierung der Kategorien«. Letztendlich ist »das ›Unsterbliche‹ (immer relativ gesprochen) nur der zyklische Prozeß der Inkarnation«. – Ein perfekter »regressus in infinitum« hat sich vollzogen: Auch der reale Autor Barth scheint nun unweigerlich in einer erzählerischen Sackgasse aus fortdauernden Reinkarnationen überlieferter Formen gelandet zu sein. Eine Überwindung des Dilemmas deutet sich jedoch bereits in *Chimera* (1972) an und wird von Barth schließlich sowohl literarisch (in *Letters*, 1979) als auch theoretisch (in seinem Aufsatz *The Literature of Replenishment: Postmodern Fiction*, 1980) ausgeführt. S.Hau.

AUSGABEN: Garden City/NY 1968. – Ldn. 1969. – Toronto/NY 1969 u. ö.

ÜBERSETZUNG: *Ambrose im Juxhaus; Fiktionen für den Druck, das Tonband und die menschliche Stimme*, S. Rademacher, Reinbek 1973.

LITERATUR: C. A. Kyle, *The Unity of Anatomy: The Structure of B.'s »Lost in the Funhouse«* (in Critique 13, 1972, H. 3, S. 31–43). – M. Hinden, *»Lost in the Funhouse«: B.'s Use of the Recent Past* (in Twentieth Century Literature, 19, 1973, S. 107–118). – C. Koelb, *J. B.'s »Glossolalia«* (in Comparative Literature, 26, 1974, S. 334–345). – D. A. Jones, *J. B.'s »Anonymiad«* (in Studies in Short Fiction, 11, 1974, S. 361–366). – B. Hoffer, *B.'s »Lost in the Funhouse«: The Anatomy of nothing (-,O,")* (in Linguistics in Literature, 2, 1977, H. 1, S. 68–106). – H. Isernhagen, *Die »verworfene Erwartung« als Infragestellung der Kommunikation: Anfangsnegation in J. B.s »Lost in the Funhouse«* (in Anglia, 95, 1977, S. 139–143). – L. Rice-Sayre, *The Lost Construction of B.'s Funhouse* (in Studies in Short Fiction, 17, 1980, S.463–473). – M. F. Schulz, *The Thalian Design of B.'s »Lost in the Funhouse«* (in Contemporary Literature, 25, 1984, H. 4, S. 397–410). – B. Edwards, *Deconstructing the Artist and the Art: B. and Calvino at Play in the Funhouse of Language* (in Canadian Review of Comparative Literature, 12, 1985, H. 2, S. 264–286).

THE SOT-WEED FACTOR

(amer.; Ü: *Der Tabakhändler*). Roman von John BARTH, erschienen 1960 und (in leicht gekürzter Neufassung) 1967. – Barths dritter Roman wirkt im Vergleich mit dem späteren *Giles Goat Boy* (1966) oder auch mit der Titelerzählung der Sammlung *Lost in the Funhouse* (1968) alles andere als avantgardistisch. Der im Erstlingsroman *The Floating Opera* (1956; Neufassung 1967) bekundete Fabulierdrang führt in *The Sot-Weed Factor* zu einer Art Parodie von RABELAIS, CERVANTES, DEFOE, FIELDING und STERNE. Wie schon der Titel andeutet *(sot-weed factor* ist die obsolete amerikanische Bezeichnung für *tobacco merchant)*, gibt sich der Roman nach Wortschatz, Stil, Aufbau und (sieht man von einigen allerdings wichtigen Ausnahmen ab) Thematik dem Anschein, dem frühen 18. Jh. zu entstammen, und bezieht sich in der Tat parodistisch auf eine 1708 erschienene Verssatire gleichen Titels. Und als virtuose Stilparodie läßt er sich schließlich doch mit den späteren experimentellen Werken Barths vergleichen. Das Urteil R. W. NOLANDS, die Parodie sei hier zur »Artistischen Falle« geworden, trifft insofern zu, als Handlung und Charakterzeichnung die literarischen Vorbilder um ein Vielfaches an Gewaltsamkeit und Unwahrscheinlichkeit übertreffen. Und trotzdem imponiert die Meisterschaft, mit der Barth sein Rezept gebraut hat, trotzdem muß man seine enorme literarische und historische Beschlagenheit ebenso bewundern wie seine Fähigkeit, sie über der Vitalität und Skurrilität des Erzählten vergessen zu machen.

Im London des ausgehenden 17. Jh.s verliebt sich der Dichterling Ebenezer Cooke platonisch in die Prostituierte Joan Toast – seine erste Liebe, da er sich im Verlauf seines achtundzwanzigjährigen Lebens nie darüber klar werden konnte, welche Rolle er als Liebhaber spielen sollte. Überzeugt, daß diese Beziehung ihn dichterisch beflügeln und seine Poesie beseelen wird, schwört er ewige Keuschheit. Doch sowohl auf seiner abenteuerlichen Überfahrt nach Amerika, wo er die Leitung der Tabakplantage seines Vaters Andrew übernehmen soll und wo er sich als »Poeta Laureatus« der Provinz Maryland auszeichnen will, als auch im Verlauf seiner nicht weniger abenteuerlichen Erlebnisse in den Kolonien, ist er des öfteren nahe daran, seine Enthaltsamkeit aufzugeben; immer ist die Ursache seines Schwankens, ohne daß er selbst es weiß, Joan Toast, die ihm nach Amerika gefolgt ist und ihm in immer neuen »Rollen« begegnet. Am Ende des eigentlichen Romangeschehens opfert er dieser inzwischen von Rauschgift und Geschlechtskrankheiten verseuchten und entstellten Frau seine Jungfräulichkeit. Er tut es, um der Ehe, die er, ohne Joans wahre Identität zu erkennen, mit ihr geschlossen hat, Gültigkeit zu verleihen und auf diese Weise die Tabakplantage, die inzwischen mehrmals den Besitzer gewechselt hat, für sich und seine Zwillingsschwester Anna zurückzugewinnen, vor allem aber um für die »Ursünde der Unschuld«, die allen zum Verderben geworden ist, zu büßen. Den Anstoß zu der Erkenntnis, daß die wahre Ursünde die Unschuld sei, gibt der letzte Teil des geheimen Journals, das der Großvater des zweiten Romanhelden, Henry Burlingame III, geführt hat und aus dem dieser erfährt, wie er seinem unersättlichen, auf Mann und Frau ebenso wie auf Tier und Natur gerichteten Geschlechtstrieb frönen kann, obwohl er erblich mit einem verkümmerten männlichen Glied belastet ist. War Henry vorher u. a. als Hauslehrer von Ebenezer und Anna, als Liebhaber Annas (die allerdings wegen seines Defektes physisch Jungfrau geblieben ist), als Verleiher (in der Rolle von Lord Baltimore) des Laureat-Titels an Ebenezer und (in diversen Rollen) als dessen Retter aus vielerlei Fährnissen aufgetreten, so kann er jetzt seine Funktion als Sohn eines aufrührerischen Indianerhäuptlings erfüllen. Immer wieder hat er versucht, Ebenezer davon zu überzeugen, daß der Mensch sich ständig wandle und sogar in der Erinnerung sich selbst nicht treu bleibe: nichts sei konstant, weder Namen noch Rollen, weder Vergangenheit noch Geschichte. Nun aber findet Henry seine verlorene Mitte, seine gesicherte, faktisch bewiesene Herkunft; Ebenezer dagegen verliert sein bisheriges Ich, seine Vorurteile und Ideale, findet aber schließlich zu einem neuen, bescheideneren Selbstverständnis.

In einem kurzen Epilog werden die zahlreichen Handlungsfäden notdürftig verknüpft: nicht das Ziel der Reise, sondern die Reise selbst ist dem Autor wichtig. Eine Fülle von Genrebildern (das Wirtshaus als Brutstätte der literarischen Unterwelt, die Schiffahrt und das Leben der Siedler in allen Schattierungen) wird vermischt mit geschliffenen philosophischen Diskussionen, mit dichterischen, häufig in Leerlauf mündenden Extravaganzen (wobei das Wortspiel fröhliche Urständ feiert), mit farbenfreudigen Schilderungen von Abenteuern (Schiffbrüche, Gefangennahme durch Piraten und Indianer, politische Schikanen) und Rückblenden in die Vergangenheit in Form von fantastischen Berichten und pornographischen Tagebuchfragmenten. Auf der Reise im weiteren Sinne wird jedes Erlebnis, jede Erfahrung mit einer Freude am Detail mitgeteilt, die auch den Sprachstil kennzeichnet, ja, die Freude am Wort scheint sogar die an der Fabel zu überwiegen. Zwei besonders typische Beispiele dafür: die Diskussion, die Henry mit Ebenezer über dessen Verse – Teil einer geplanten, aber nie vollendeten »Marylandiade« – führt (Teil 2, Kapitel 26), sowie die in Form einer heftigen Auseinandersetzung wiedergegebene Aufzählung von jeweils 113 (!) englischen und französischen Synonymen für Hure (Teil 2, Kapitel 31). Im Wort- und Ideengepränge des Romans werden die Figuren gewissermaßen zu Statisten, was wiederum genau der im Buch vertretenen Auffassung entspricht, Menschen seien Masken.

Den Leser in ein Ideenlabyrinth zu führen, ist letzten Endes der Zweck dieses Romans. Keine der angeschnittenen Fragen, sei es nun die, ob Geschichte vielleicht nur eine Erfindung der Nachkommen sei, oder die, ob bei Zwillingen ein kultischer Drang zum Inzest auftrete, findet – oder verlangt – eine eindeutige Klärung. Selbst die Kernfragen nach der Bedeutung der Vergangenheit für die Individuation des Ichs oder nach Wesen und Wirkung der Unschuld bleiben, obzwar eine vorläufige Antwort darauf präsentiert wird, offen. Andererseits aber werden Standpunkte, die fest gegründet erscheinen – die nihilistische Verdammung jeglichen menschlichen Strebens, der geschichtliche Fatalismus, die Überzeugung von der Korrumpierbarkeit der menschlichen Natur und der Entwertung aller Werte durch den skurrilen, fäkalischen Humor, der den ganzen Roman durchzieht, in Frage gestellt. Am Anfang des Epilogs weist der Autor darauf hin, daß wir alle, ob wir wollen oder nicht, die Vergangenheit nach unserem Gutdünken formen. Wollte man ihm den Vorwurf machen, er habe in seiner Fabulierfreude Wirklichkeit und Fantasie, Historie und Fiktion willkürlich vermischt, so müßte der gleiche Vorwurf seine »Mitschuldigen« treffen, nämlich seine berühmten Vorbilder aus Weltliteratur und Geschichtsschreibung.   H.Hei.

AUSGABEN: NY 1960. – NY 1967. – NY 1987.

ÜBERSETZUNG: *Der Tabakhändler*, S. Rademacher, Reinbek 1970.

LITERATUR: E. Rovit, *The Novel as Parody: J. B.* (in Crit. 6, Herbst 1963, S. 77–85). – R. H. Miller, *»The Sot-Weed Factor«: A Contemporary Mock-Epic* (ebd., 8, Winter 1965/66, S. 88–100). – R. W. Noland, *J. B. and the Novel of Comic Nihilism* (in Wisconsin Studies in Contemporary Literature, 7, 1966, S. 239–257). – P. E. Diser, *The Historical Ebenezer Cooke* (in Crit. 10, 1968, S. 48–59). – A. Holder, *›What Marvelous Plot ... Was Afoot?‹ History in B.'s »The Sot-Weed Factor«* (in American Quarterly, 20, 1968, S. 596–604). – C. Tatham, *J. B. and the Aesthetics of Artifice* (in CL, 12, Winter 1971, S. 60–73). – J. C. Bean, *J. B. and Festive Comedy: The Failure of Imagination in »The Sot-Weed Factor«* (in Xavier Univ. Studies, 10, 1971, Nr. 1, S. 3–15). – D. A. Jones, *The Game of the Name in*

B.'s »The Sot-Weed Factor« (in Research Studies, 40, 1972, S. 219–221). – M. Puetz, *J. B.'s »The Sot-Weed Factor«: The Pitfalls of Mythopoesis* (in TCL, 22, 1976, S. 454–466). – J. V. Antush, *Allotropic Doubles in B.'s »Sot-Weed Factor«* (in College Literature, 4, 1977, S. 71–79). – K. A. Thigpen, *Folkloristic Concerns in B.'s »The Sot-Weed Factor«* (in Southern Folklore Quarterly, 41, 1977, S. 225–237). – E. P. Jordan, *›A Quantum Swifter and More Graceful‹: J. B.'s Revisions of »The Sot-Weed Factor«* (in Proof, 5, 1977, S. 171–182). – E. B. Safer, *The Allusive Mode and Black Humor in B.'s »Sot-Weed Factor«* (in Studies in the Novel, 13, 1981, Nr. 4, S. 424–438). – H.-J. Müllenbrock, *J. B.s »The Sot-Weed Factor«: Der historische Roman als Instrument satirischer Geschichtsbehandlung* (in *Die amerikanische Literatur in der Weltliteratur. Themen und Aspekte*, Hg. C. Uhlig u. V. Bischoff, Bln. 1982, S. 448–457). – R. A. Betts, *The Joke as Informing Principle in »The Sot-Weed Factor«* (in College Literature, 10, 1983, Nr. 1, S. 38–49). – W. Ruth, *›Meager Fact and Solid Fancy‹: Die Erfindung der Vergangenheit in J. B.s »The Sot-Weed Factor« (1960)* (in Anglistik & Englischunterricht, 24, 1984, S. 97–116). – R. P. Winston, *Chaucer's Influence on B.'s »The Sot-Weed Factor«* (in AL, 56, 1984, Nr. 4, S. 584–590).

KARL BARTH

* 10.5.1886 Basel
† 10.12.1968 Basel

LITERATUR ZUM AUTOR:
Bibliographien:
M. Kwiran, *Index to Literature on B., Bonhoeffer and Bultmann* (Section I: *K. B.*), Basel 1977 (Theol. Zs., Sonderband 7). – *Bibliographie K. B.*, Bd. 1: *Veröffentlichungen von K. B.*, Hg. H. A. Drewes, erarb. v. H. M. Wildi, Zürich 1984.
Forschungsbericht:
T. Rendtorff, *K. B. und die Neuzeit. Fragen zur B.-Forschung* (in Evangel. Theol., 46, 1986, S. 298–314).
Biographien:
K. B., *›Parergon‹. K. B. über sich selbst* (in Evangel. Theol., 8, 1948/49, S. 268–282). – K. Kupisch, *K. B. in Selbstzeugnissen u. Bilddokumenten*, Reinbek 1971 (rm). – H. Prolingheuer, *Der Fall K. B. Chronographie einer Vertreibung. 1934–1935*, Neukirchen-Vluyn ²1984. – W. H. Neuser, *K. B. in Münster. 1925–1930*, Zürich 1985. – E. Busch, *K. B.s Lebenslauf. Nach seinen Briefen und autobiographischen Texten*, Mchn. ⁴1986.
Gesamtdarstellungen und Studien:
H. Bouillard, *K. B.*, 3 Bde., Paris 1957. – H. Küng, *Rechtfertigung. Die Lehre K. B.s und eine katholische Besinnung*, Einsiedeln 1957. – H. U. v. Balthasar, *K. B. Darstellung und Deutung seiner Theologie*,

Köln ²1962. – M. Schoch, *K. B. Theologie in Aktion*, Frauenfeld/Stg. 1967. – *Porträt eines Theologen. Stimmt unser Bild von K. B.?*, Hg. W. Gegenheimer, Stg. 1970. – H. Kirsch, *Zum Problem der Ethik in der kritischen Theologie K. B.s*, Bonn 1972. – D. Schellong u. K. G. Steck, *K. B. und die Neuzeit*, Mchn. 1973. – E. Jüngel, *Gottes Sein ist im Werden. Verantwortliche Rede vom Sein Gottes bei K. B.*, Tübingen ³1976. – A. Quadt, *Gott und Mensch. Zur Theologie K. B.s in ökumenischer Sicht*, Mchn. u. a. 1976. – U. Dannemann, *Theologie und Politik im Denken K. B.s*, Mchn./Mainz 1977. – *Anfänge der dialektischen Theologie*, Hg. J. Moltmann, Teil I: K. B., H. Barth, E. Brunner, Mchn. ⁴1977. – K. Stock, *Anthropologie der Verheißung. K. B.s Lehre vom Menschen als dogmatisches Problem*, Mchn. 1980. – W. Krötke, *Der Mensch und die Religion nach K. B.*, Zürich 1981. – R. P. Crimman, *K. B.s frühe Publikationen. Mit einem pädagogisch-theologischen Anhang*, Ffm. u. a. 1981. – E. Jüngel, *B.-Studien*, Zürich u. a. 1982. – P. Winzeler, *Widerstehende Theologie. K. B. 1920*, Stg. 1982. – F. Krotz, *Die religionspädagogische Neubesinnung. Zur Rezeption der Theologie K. B.s in den Jahren 1924–1933*, Göttingen 1982. – W. Krötke, *Sünde und Nichtiges bei K. B.*, Neukirchen-Vluyn ²1983. – T. Rendtorff, *K. B.* (in *Klassiker der Theologie*, Hg. H. Fries u. G. Kretschmar, Bd. 2, Mchn. 1983, S. 331–346). – G. Ebeling, *K. B.s Ringen mit Luther* (in G. E., *Luther-Studien III*, Tübingen 1985, S. 428–573). – F.-W. Marquardt, *Theologie und Sozialismus. Das Beispiel K. B.s*, Mchn. ³1985. – I. Spieckermann, *Gotteserkenntnis. Ein Beitrag zur Grundfrage der neuen Theologie K. B.s*, Mchn. 1985. – H. Kjetil, *Wort und Geschichte. Das Geschichtsverständnis K. B.s*, Mchn. 1985. – *K. B.: Der Störenfried?*, Hg. F.-W. Marquardt, D. Schellong, M. Weinrich, Mchn. 1986. – *Theologie zwischen den Zeiten. Zum 100. Geburtstag von K. B.* (in Evangelische Theologie, 1986, H. 4/5). – C. van der Kooi, *Anfängliche Theologie. Der Denkweg des jungen K. B. (1909–1927)*, Mchn. 1987.

DIE KIRCHLICHE DOGMATIK

Theologisches Werk von Karl BARTH, erschienen 1932–1970 in vier Bänden mit 13 Teilbänden. – In seinem Hauptwerk unternimmt Barth es, die biblische und theologiegeschichtliche Tradition unter dem kritischen Gesichtspunkt heutiger kirchlicher Verkündigung aufzuarbeiten. Dabei wird die Möglichkeit sinnvollen menschlichen Redens von Gott nicht stillschweigend vorausgesetzt, sondern theologisch erfragt; denn Dogmatik soll, über die Reproduktion alter Erkenntnissysteme oder überlieferter theologischer Standpunkte in moderner wissenschaftlicher Begrifflichkeit hinausgehend, vor allem den Inhalt der Theologie zur Diskussion stellen. Darum läßt sich die Grundfrage nach der Erkennbarkeit Gottes bei der Entfaltung jedes einzelnen theologischen Satzes in der Formulierung zusammenfassen: »*Gott wird nur durch Gott erkannt.*« Dieser erkenntniskritischen Absicht entspricht der Aufbau des Werks, untergliedert in die Lehre von Gott, der Schöpfung und der Versöhnung.

Schon in den *Prolegomena* wird die vollständige Trinitätslehre dargestellt: Weder menschliche Religion noch unser Bedürfnis noch unser Begriffs- und Anschauungsvermögen ermöglicht eine Erkenntnis Gottes, sondern allein die faktische Begegnung mit Gott, der sich offenbart »*als das Du, das dem menschlichen Ich entgegentritt und sich verbindet*«. Gotteserkenntnis beruht also von vornherein auf sozialer Relation, d.h. auf der »Offenbarung« im Sinne der Selbstvergegenständlichung Gottes in seinen Taten. – Das Prinzip dieser Taten ist dargestellt in der »Lehre von der Gnadenwahl«, die alle Menschen zur Gemeinschaft mit Gott bestimmt sein läßt. Diese Gemeinschaft ist vermittelt in der Erwählung Jesu Christi zum »*ewigen Anfang aller Wege und Werke Gottes*«, die historische Realität geworden sind in dem Bund mit dem Volke Israel, der Kirche und dem Judentum, welche ihrerseits die Erwählung jedem einzelnen vermitteln können und sollen. Ähnlich bildet das »Schöpfungswerk« die materielle Basis für die Vermittlung des Bundes an alle: Wie der Mensch aus christlich-anthropologischer Sicht von vornherein sozial als Partner Gottes, Mitmensch Jesu Christi und, nach der »*Grundform seiner Menschlichkeit*« in der Differenzierung von Mann und Frau, nicht als privater einzelner, sondern als *animal sociale* zu bestimmen ist, so muß auch das naturhafte Bestehen von Himmel und Erde und das Nichtige (das Böse), das ihn bedroht, verstanden werden als Mittel des göttlichen Gemeinschaftswillens. Damit entfaltet die christliche Ethik die Bedingungen der Freiheit des Menschen in seinen natürlichen Verhältnissen: Ohne diese Freiheit kann der Mensch seiner Bestimmung nicht bewußt und gerecht werden, noch weniger Gott erkennen.

Die Realität dieses sozialen Prinzips ist innerhalb der Christologie die »Versöhnung«, der die vier bisher erschienenen Teile von Band 4 gewidmet sind. Hier wird die geschichtlich-dynamische Durchführung der Dogmatik besonders deutlich: Barth reflektiert nicht in der Art anderer Dogmatiker begrifflich objektivierend über ewige christologische Verhältnisse, gott-menschliche »Naturen«, »Substanzen« und »Stände«, sondern spricht in der Weise des »erzählenden Denkens« vom »*Weg des Sohnes Gottes*«: Christus erniedrigt sich zur Bruderschaft mit dem Menschen, bewährt sie am Kreuz in der Übernahme des Gerichts, das der in seinem Hochmut gegen Gott erstarrte Mensch zu erleiden hat, und rechtfertigt so in Gottes Urteil den Menschen, der an sich nicht mehr zu rechtfertigen ist. Gott vollzieht sein Urteil, indem er Jesus Christus von den Toten erweckt und zugleich die von ihm vertretene Menschheit aus ihrer Trägheit herausreißt, um sie endgültig zu erhöhen und zu beteiligen an dem Leben und der Herrlichkeit Gottes. Jesus Christus vermittelt so auf den Wegen seiner Erniedrigung und Erhöhung die Gegenwart und Erkennbarkeit Gottes in der Gottesfinsternis des heutigen Menschen. Die Antwort auf den Agnostizismus wie auch auf den praktischen und theoretischen Atheismus ist demnach die Berufung des Menschen zur »*tätigen Erkenntnis der Wahrheit*«, d.h. der Durchbruch von der erkenntnistheoretischen und rezeptiven Reflexion zur »*theologischen Existenz heute*«. – Damit endet der bislang vorliegende Teil der Versöhnungsethik; die im Gesamtplan des Werks vorgesehene Lehre von der Erlösung steht noch zur Gänze aus.

Mit dem vielfach beargwöhnten Schritt von der dialektischen Theologie zur Dogmatik, mit der Loslösung von KIERKEGAARD, der Distanzierung von BRUNNER, GOGARTEN und BULTMANN wie von jeder Richtung der »natürlichen Theologie« und des liberalen Protestantismus ist Barth keineswegs in die Gefilde unverbindlicher Spekulation abgewandert. Denn erst als Dogmatiker wird er zum Prediger der »*theologischen Existenz*« und zum politischen Ethiker, der in der Auseinandersetzung mit dem Nationalsozialismus und den deutschen Christen durch die *Kirchliche Dogmatik* eine Bekennende Kirche ermöglichen half und zur »*tätigen Erkenntnis der Wahrheit*« führte. Die Einheit von Dogmatik und Existenz liegt in Barthscher Sicht der theologischen Sache selbst zugrunde. Diese neue Theologie enthält zugleich die schärfste Kritik an dem zeitgenössischen theologischen Existentialismus, der die Existenz systematisiert und dem Dogmatik überhaupt entbehrlich erscheint. Die mögliche Befreiung der Dogmatik wie der Existenzlehre von hergebrachten Systemen und ihre gegenseitige Versöhnung sind daher die wichtigsten Aufgaben der künftigen Theologie. F.W.M.

AUSGABEN: Mchn. 1932 (*Die Lehre vom Wort Gottes. Prolegomena zur kirchlichen Dogmatik*; Bd. 1, Tl. 1; Zürich [11]1985; ern. 1986 in *Studienausg.*, Bd. 1). – Zollikon 1938 (dass., Tl. 2; Zürich [7]1983; ern. 1987 in *Studienausg.*, Bd. 2). – Zollikon 1939 (*Die Lehre von Gott*; Bd. 2, Tl. 1; Zürich [6]1982; ern. 1986/87 in *Studienausg.*, Bd. 7–9). – Zollikon 1942 (dass., Tl. 2; Zürich [7]1986). – Zollikon 1945 (*Die Lehre von der Schöpfung*; Bd. 3, Tl. 1; Zürich [4]1970). – Zollikon 1948 (dass., Tl. 2; Zürich [2]1979). – Zollikon 1950 (dass., Tl. 3; Zürich [3]1979). – Zollikon 1951 (dass., Tl. 4; Zürich [3]1969). – Zollikon 1953 (*Die Lehre von der Versöhnung*; Bd. 4, Tl. 1; Zürich [5]1986; ern. 1986 in *Studienausg.*, Bd. 21). – Zollikon 1955 (dass., Tl. 2; Zürich [4]1985; ern. 1986 in *Studienausg.*, Bd. 22). – Zollikon 1959 (dass., Tl. 3; [3]1979; ern. 1986 in *Studienausg.*, Bd. 23). – Zollikon 1967 (dass., Tl. 4; Zürich [2]1986). – Zürich 1970 [Reg.bd.]. – Ffm. 1957, Hg. u. Einl. H. Gollwitzer (Ausw.; Fi Bü). – Mchn. 1965; [3]1976, Hg. u. Einl. ders. (Ausw.; Siebenstern.-Tb.). – Mchn. 1987, Hg. u. Einl. ders. [Ausw.].

LITERATUR: G. C. Berkouwer, *Der Triumph der Gnade in der Theologie K. B.s*, Neukirchen 1957. –

O. Weber, *K. B.s »Kirchliche Dogmatik«. Ein einführender Bericht zu den Bänden 1, 1–4, 2*, Neukirchen ³1957. – K. H. Miskotte, *Über K. B.s »Kirchliche Dogmatik«*, Mchn. 1961. – C. Trimp, *Om de economie van het welbehagen. Een analyse van de idee der ›Heilsgeschichte‹ in de »Kirchliche Dogmatik« van K. B.*, Goes 1961. – U. Hedinger, *Der Freiheitsbegriff in der »Kirchlichen Dogmatik« K. B.s*, Zürich/Stg. 1962. – J.-F. Konrad, *Abbild u. Ziel der Schöpfung. Untersuchungen zur Exegese von Genesis 1 u. 2 in B.s »Kirchlicher Dogmatik«*, Tübingen 1962. – Ch. Bäumler, *Die Lehre von der Kirche in der Theologie K. B.s*, Mchn. 1964. – M. Storch, *Exegesen u. Meditationen zu K. B.s »Kirchlicher Dogmatik«*, Mchn. 1964. – H. A. Meynell, *Grace versus Nature. Studies in K. B.'s »Church Dogmatics«*, Ldn./Melbourne 1965. – K. Barth, *Klärung und Wirkung. Zur Vorgeschichte der »Kirchlichen Dogmatik« und zum Kirchenkampf*, Hg. W. Feurich, Bln. 1966. – H. Bintz, *Das Skandalon als Grundlagenproblem der Dogmatik. Eine Auseinandersetzung mit K. B.*, Bln. 1969. – J. Salaquarda, *Das Verhältnis von Theologie und Philosophie in K. B.s »Kirchlicher Dogmatik«. Erster Teil: Explikation und Problematisierung der Verhältnisbestimmung*, Bln. 1969. – F.-W. Marquardt, *Exegese und Dogmatik in K. B.s Theologie. Was meint: »Kritischer müßten mir die Historisch-Kritischen sein!«?* (in *K. B., Kirchliche Dogmatik, Registerband*, Zürich 1970, S. 651–676). – W. Schlichting, *Biblische Denkform in der Dogmatik. Die Vorbildlichkeit des biblischen Denkens für die Methode der »Kirchlichen Dogmatik« K. B.s*, Zürich 1971. – W. Härle, *Sein und Gnade. Die Ontologie in K. B.s »Kirchlicher Dogmatik«*, Bln. 1975. – W. Kreck, *Grundentscheidungen in K. B.s Dogmatik*, Neukirchen-Vluyn 1978. – Th. Freyer, *Pneumatologie als Strukturprinzip der Dogmatik*, Paderborn 1982. – M. Beintker, *Die Dialektik in der »dialektischen Theologie« K. B.s. Studien zur Entwicklung der Barthschen Theologie und zur Vorgeschichte der »Kirchlichen Dogmatik«*, Mchn. 1987.

DER RÖMERBRIEF

Exegetisches Werk von Karl BARTH, erschienen 1919, in zweiter umgearbeiteter Auflage 1922. – Diese Auslegung des Briefes des Apostels Paulus an die Römer (vgl. *Paulus-Briefe*) dürfte neben der Interpretation des jungen LUTHER von 1515/16 (die allerdings erst 1908 veröffentlicht wurde) die theologiegeschichtlich heute wirksamste Auslegung des größten Paulusbriefes sein. Das gilt in erster Linie für die zweite Auflage, die eine gänzliche Umarbeitung der ersten darstellt. Beiden gemeinsam ist die Entschlossenheit des damals noch unbekannten, theologisch von einem konservativen Vater (Professor für Neues Testament in Bern) und liberalen Lehrern herkommenden, jungen schweizerischen Landpfarrers, »sich sachlich beteiligt neben Paulus, statt im gelassenen Abstand des Zuschauers ihm gegenüberzustellen«. Daraus ergibt sich eine höchst dynamisch-expressionistische Vergegenwärtigung, fern aller Distanziertheit des üblichen akademischen Kommentars.

Die erste Auflage verstand Paulus als heilsgeschichtlichen Apokalyptiker mit der Botschaft von dem den Kosmos total erneuernden Gottesreich; es trafen sich Einflüsse des schwäbischen Biblizismus und des schweizerischen religiösen Sozialismus. In der zweiten Auflage, in der »*kein Stein auf dem andern geblieben ist*«, wirken statt dessen Franz OVERBECK, NIETZSCHE, KIERKEGAARD und DOSTOEVSKIJ; die Denkform ist mehr von KANT als von PLATON (wie in der ersten Auflage) geprägt. Das zeitgenössische Krisenbewußtsein fördert den schroffen Dualismus zwischen Gott und Welt (Gott der »*ganz Andere*«) und die radikale Eschatologie, im Protest gegen jede Identifizierung des Christlichen mit einer der historischen Gestalten des Christentums. In heftiger Frontstellung gegen die psychologisierende und historisierende Tendenz in der damaligen Theologie erkennt Barth in Religion und Kirche nichts »Göttliches«, sondern lediglich Selbstenthüllung und Anmaßung des Menschen, die erst recht dem Gericht verfallen sind; nur durch das Nein Gottes hindurch zu jedem Anspruch auf eine Vorzugsstellung kann vom Ja seiner Liebe gesprochen werden.

Wichtig und bis heute vieldiskutiert sind die hermeneutischen Prinzipien in den Vorworten (1.–6. Aufl.): Barths Kritik an einer im Historischen verharrenden Auslegung, die als antiquiert abschiebt, was modernem Bewußtsein anstößig ist. Richtete BULTMANN an ihn die Aufforderung, auch gegenüber einem biblischen Autor wie Paulus theologische Sachkritik walten zu lassen, so sah Barth die Aufgabe des Exegeten darin, im »*Treueverhältnis*« zum Text so lange wie nur irgend möglich auszuharren. Barth hat später gegenüber dem Pan-Eschatologismus und gegenüber der einseitigen Akzentuierung des Abstands zwischen Gott und Mensch Selbstkritik geübt (*Die Menschlichkeit Gottes*, 1956). Dennoch bleibt sein *Römerbrief*, der damals eine tiefgreifende theologische Bewegung auslöste (»Dialektische Theologie«, »Theologie der Krisis«, »Theologie des Wortes«), eines der großen Werke der Paulus-Auslegung und der Theologie im 20. Jh.   H.Go.

AUSGABEN: Bern 1919. – Mchn. ²1922; Zürich ¹³1984 [umgearb.]. – Mchn. 1956. – Zürich ¹¹1976 [2. Fassg. d. Ausg. von 1922]. – Zürich ³1985 [Erstfassg. von 1919; *K. Barth – GA*, Bd. 2, Hg. H.Schmidt].

LITERATUR: G. Krüger, *Dialektische Methode u. theologische Exegese. Logische Bemerkungen zu B.s »Römerbrief«* (in Zwischen den Zeiten, 1927, S. 116–157). – T. Bohlin, *Glaube u. Offenbarung. Eine kritische Studie zur dialektischen Theologie*, Bln. 1928. – K. Barth, *Theologische Fragen u. Antworten*, Zürich 1957. – Th. F. Torrance, *K. B. An Introduction to His Early Theology 1910–1931*, Ldn. 1962. – T. Stadtland, *Eschatologie und Geschichte in der Theologie des jungen K. B.*, Neukirchen 1966. –

F. W. Marquardt, *Religionskritik und Entmythologisierung* (in *Theologie zwischen Gestern und Morgen. Interpretationen und Anfragen zum Werk K. B.s*, Hg. W. Dantine, Mchn. 1968. S. 88–124). – N. T. Bakker, *In der Krisis der Offenbarung. K. B.s Hermeneutik, dargestellt an seiner Römerbrief-Auslegung*, Neukirchen-Vluyn 1974. – A. Jülicher, *Ein moderner Paulus-Ausleger* (in *Anfänge der dialektischen Theologie I*, Hg. J. Moltmann, Mchn. ⁴1977, S. 87–98). – R. Bultmann, *K. B.s Barths Römerbrief in zweiter Auflage* (ebd., S. 119–142). – E. Brunner, *»Der Römerbrief« von K. B. Eine zeitgemäß-unmoderne Paraphrase* (1919) (ebd., S. 78–87). – A. Schlatter, *K. B.s »Römerbrief«* (1922) (ebd., S. 142–147). – W. Ruschke, *Entstehung und Ausführung der Diastasentheologie in K. B.s zweitem Römerbrief*, Münster 1978.

DONALD BARTHELME

* 7.4.1931 Philadelphia

THE DEAD FATHER

(amer.; Ü: *Der tote Vater*). Roman von Donald BARTHELME, erschienen 1975. – Barthelmes zweiter Roman setzt stilistisch wie kompositorisch das ästhetische Programm der frühen Kurztexte sowie seines Romanerstlings *Snow White (Schneewittchen)* fort. Bestehend aus einer szenischen Introduktion, 23 kurzen Tableaux sowie einem längeren, in den Erzählverlauf eingefügten *Manual for Sons*, einer Art »Verhaltensanweisung für Söhne«, gibt sich der Roman unschwer als das Werk eines Autors zu erkennen, der die Kurzform der epischen Langform vorzieht. Die stilistisch höchst unterschiedlichen Kapitel lesen sich daher eher als lockere Folge von Episoden, die nach Art einer Collage aneinandergefügt sind.

Wie so manche klassische Erzählsammlung ist das Werk als Reise konzipiert, auf der man sich zum Zeitvertreib die sonderbarsten Geschichten erzählt. Die Reise selbst gleicht einer rituellen Prozession, die am besten mit dem Begriff des Vatermords beschreibbar ist. Die Figur des Vaters verblaßt im Verlauf der Erzählung zunehmend, während die des Sohnes Thomas und der Tochter Julie als alternative Autoritäten sich gebührend ins Licht zu rücken verstehen. Das Drama dieses Vatermords wird vor einer Kulisse inszeniert, die den Vater als allegorisch-artifizielle Kunstfigur, eine Art Collage aus biblischem Allvater, byzantinischem Pantokrator, modernem Despoten, psychologischer Überich-Instanz und greisenhafter Verfallserscheinung entwirft. Gleich zu Beginn wird dieser aus Versatzstücken überdimensional aufgeblähte Vaterkoloß von seinem Podest gestürzt, um von seinen Kindern und einem Troß Bediensteter, aufmerksam verfolgt von der bis zur Unkenntlichkeit verkleideten Mutter, an einem Stahlseil durch einen raumzeitlich nicht näher markierten, mythisch anmutenden Fiktionsraum gezerrt zu werden. Aufgrund zahlreicher Anspielungen liest sich die ganze Expedition wie eine postmoderne Variante des antiken Argonautenzugs bzw. der mittelalterlichen Gralslegende, wobei die Grundregeln der Queste noch weitgehend befolgt werden, das Ziel der Suche hingegen bereits deutlich verfehlt wird. Schrittweise wird der Vater seiner Machtmerkmale entkleidet, bis ihn am Ende gleichsam ohnmächtig und zu einem Torso verstümmelt eine Planierraupe pietätlos verscharrt. Die von Mythos und Legende vorgezeichnete, vom Vater so sehnlich herbeigewünschte Heilung und Verjüngung werden dadurch ins genaue Gegenteil verkehrt. Die Enthüllung des Goldenen Vlieses als Erfüllung der Queste wird schamlos pervertiert. Nur noch die Schamhaare der eigenen Tochter, für den Vater ohnehin tabu, werden zu einem höchst parodistischen Vliesersatz.

Der Vatermord, den der Text inszeniert, ist der vielfältig zusammengesetzten Vaterfigur entsprechend ebenso vielfältig ausdeutbar. Analog zu der von Sigmund FREUD in *Totem und Tabu* entwickelten These wird der Vater zum Synonym für Religion, Sittlichkeit, Gesellschaft und Kunst und läßt sich so auf mindestens vierfache Art allegorisieren. Getreu dem postmodernen Selbstverständnis des Romans tritt die auf sich selbst rückverweisende metafiktionale Lesart dabei immer wieder in den Vordergrund. Die Demontage des Vaters bedeutet danach neben dem Schwinden religiöser, sittlicher und gesellschaftlicher Bindungen, auf die der Roman durch zahlreiche Geschmacks- und Regelverstöße anspielt, vor allem einen Abbau erzählerischer Ordnung, was sich stilistisch in vorwiegend parataktischen, oft »unlogischen« Satzverbindungen ausdrückt, die komplizierte hypotaktische Konstruktionen ersetzen. Daß jedoch eine Erzählung ohne ein gewisses Maß an Ordnung nicht auskommt, vermittelt der Roman an einigen Stellen besonders eindrücklich. Insbesondere die unter den Frauen übliche Sprechweise, die sich gegen die Vaterwelt am weitesten auflehnt, gerät gefährlich nahe an die Grenze der eigenen Unverständlichkeit. Die Negation des Vaters als Garant der Ordnung stürzt die Erzählung ins Chaos. Der dem Vater abgenommene Schlüssel verhindert schließlich eine Entschlüsselung sprachlichen Sinns. Insofern lehnt der Roman einen vaterlosen Zustand ebenso ab wie er andererseits Kritik an einer unkritischen Hinnahme der Vaterwelt übt. Er plädiert für eine »blassere, schwächere Version« des Vaters als Ordnungsfaktor.

Angelehnt an die Verfahren der in den sechziger Jahren populären Pop-Art bedient sich der Roman mit Vorliebe des sprachlichen Strandguts einer von den Medien weitgehend beherrschten Gesellschaft, um die auf den Müllhalden der Sprache lagernden *objets trouvés* durch kunstvolle Kombinatorik in *ob-*

jets d'art zu verwandeln. Kunst wird so verstanden als eine Art Wiederaufbereitungsanlage (»Müll rein, Kunst raus«) und der in den sechziger Jahren wiederholt beschworene Tod des Romans einmal mehr verhindert. »*Die Literatur der Erschöpfung*« (John Barth) arbeitet mit den ihr zu Gebote stehenden Mitteln ihrer eigenen Erschöpfung entgegen. So sehr *The Dead Father* seine Experimentierfreude den bilderstürmenden sechziger Jahren verdankt, so sehr übt er aus zeitlicher Distanz bereits Kritik an einer Dekade, die geprägt war von einer pietätlosen, jede Autorität leugnenden Jugend- und Gegenkultur. Nicht die totale Negation von Autoritäten, sondern deren maßvoller Abbau macht Veränderung möglich. J.C.S.

AUSGABEN: NY 1975. – NY 1976.

ÜBERSETZUNG: *Der tote Vater*, M. Frisch u. M. Kluger, Ffm. 1977.

LITERATUR: R. C. Davis, *Post-Modern Paternity: D. B.'s »The Dead Father«* (in R. C. D., *The Fictional Father: Lacanian Readings of the Text*, Amherst 1981, S. 169–182). – J. C. Schöpp. »*Endmeshed in endtanglements«: Intertextualität in D. B.s »The Dead Father«* (in *Intertextualität*, Hg. U. Broich u. M. Pfister, Tübingen 1985, S. 332–348). – P. Goetsch, *D. B.s »The Dead Father«* (in *Studien zur englischen und amerikanischen Prosa nach dem Zweiten Weltkrieg*, Darmstadt 1986, S. 200–214).

SNOW WHITE

(amer.; *Ü: Schneewittchen*). Roman von Donald BARTHELME, erschienen 1967. – Barthelmes Romanerstling setzt sich aus einer Reihe zum Teil sehr kurzer, stilistisch höchst unterschiedlicher Textvignetten zusammen. In seiner Machart erinnert er an die frühen Kurzgeschichten der Sammlung - *Come Back, Dr. Caligari (Komm wieder, Dr. Caligari)*. Hier wie dort bedient der Autor sich eines Schreibverfahrens, das mit Vorliebe auf Textvorlagen zurückgreift, um diese dann stilistisch wie inhaltlich zu ›aktualisieren‹ und dadurch nicht selten parodistisch zu verfremden.
Snow White arbeitet mit dem Schneewittchenstoff, der in ein unverkennbar großstädtisches Ambiente transponiert wird. Nicht mehr in raumzeitlicher Ferne »hinter den sieben Bergen«, sondern mitten im zeitgenössischen Manhattan, in einem Dachstudio von Greenwich Village, spielt Barthelmes Kunstmärchen. Mit sieben biederen, doch geschäftstüchtigen Männern, die als Fassadenreiniger tätig sind, wohnt das urbane Schneewittchen in einer Art Wohngemeinschaft zusammen, die an die Kommunen der sechziger Jahre erinnert. Die Märchenaura geht durch diese Transposition gleich in mehrfacher Hinsicht verloren. So wird Schneewittchen etwa von ihren sieben Mitbewohnern nicht nur als billige Haushaltskraft benutzt und entgegen der Märchenvorlage vor den voyeuristischen Männerblicken regelrecht zu einem *striptease* gezwungen, was der Roman von seiner ersten Seite an deutlich macht. Auch den einstigen Zauber des Märchenendes will sich in der modernen Version nicht mehr so recht einstellen; denn die böse Stiefmutter kann ungestraft überleben, während Paul, der Prinz, mit dem Tod bestraft wird, was dazu führt, daß nur noch ein höchst gewaltsamer Erzähltrick den Leser nach Märchenart zu versöhnen vermag. Ein nicht näher genannter *deus ex machina* greift ins Geschehen ein, gibt Schneewittchen seine verlorene Unschuld wieder und entrückt sie nach guter Metamorphosenart ins Reich der Sterne. So blitzt wenigstens für einen Moment auf der letzten Romanseite die alte Märchenaura wieder auf.
Die einfache Form des Märchens wird bewußt zur Vorlage genommen, um zu zeigen, wie eine einst poetische, mit einer gewissen Aura umgebene Erzählform in einem urbanen Kontext ihren Zauber verliert und zu einer höchst prosaischen Form verkommt. Auch die Medienmetropole New York, wo »*Sprache unablässig in unsere Augen und Ohren dringt*«, ist mit Bedacht gewählt und macht sinnfällig, wie schnell in einem solchen Ambiente Privates publik und Poetisches prosaisch werden kann. Zauber und Aura des Märchens, die nicht zuletzt in Zurückhaltung und dezenter Andeutung gründeten, fallen hier einer totalen Öffentlichkeit anheim und werden so gleichsam vor dem Leserauge sprachlich entzaubert. Das Märchen wird zum Skelett, zur Hohlform.
Gefüllt wird diese Form mit den zu Stereotypen verflachten, dominanten Diskursen der Zeit. Maoisten, Psychologen und Theologen, Richter und Kunstrichter, Semiotiker und Ästhetiker bis hin zum amerikanischen Präsidenten höchstpersönlich verfolgen mit ihren sattsam bekannten rhetorischen Versatzstücken und klischeehaften Phrasen allesamt dasselbe Ziel: Mit ihrem sprachlichen Leerlauf führen sie insgeheim »*Krieg gegen die Poesie*«, da sie ihre Reden zu bloßem Gerede und Sprache zu reinem Geschwätz verkommen lassen. So bleibt Schneewittchens Gedicht, von Anfang an zwar geplant, letztlich ungeschrieben und des Prinzen Ode auf die Angebetete gerät unwillkürlich zu einer Palinodie, einer Art widerrufenem Lobpreis. Nur noch in Zurückhaltung und Zurücknahme scheint sich die Poesie in einer sprachverwalteten Welt erhalten zu können. In letzter Konsequenz freilich führt dies zum Schweigen.
Daß die Not der Sprache, aus der heraus Barthelme schreibt, jedoch auch erfinderisch machen kann, daß sprachliche Erschöpfung immer noch Energien freizusetzten vermag, zeigt *Snow White* aufs eindrücklichste. Übertreibung, Parodie, Umkehrung schriftlicher Vorlagen setzten beim Autor einen regelrechten »Sprachzirkus« (Tony Tanner) in Gang und inszenieren ein fröhliches Treiben mit Sprache, das sich auflehnt gegen die Uniformität alltäglichen Geschwätzes und so ein, höchst lesenswertes Buch hervorzubringen vermag. J.C.S.

AUSGABEN: NY 1967. – NY 1968. – NY 1972.

ÜBERSETZUNG: *Schneewittchen*, M. Bosse-Sporleder, Ffm. 1968.

LITERATUR: L. McCaffery, *B.'s »Snow White«: The Aesthetics of Trash* (in Crit, 16, 1974, S. 19–32). – W. Stott, *D. B. and the Death of Fiction* (in Prospects, 1, 1975, S. 369–386). – R. A. Morace, *D. B.'s »Snow White«: The Novel, the Critics, and the Culture* (in Crit, 26, 1984, S. 11–20). – J. Peper, *Die Metapher als Kulturfigur* (in *Dialog der Texte: Literatur und Landeskunde*, Hg. F. Kuna u. H. Tschachler, Tübingen 1986, S. 259–292).

ROLAND BARTHES

* 12.11.1915 Cherbourg
† 26.3.1980 Paris

LITERATUR ZUM AUTOR:
Bibliographie:
F. Freedman u. C. A. Taylor, *R. B., a Critical Reader's Guide*, NY u. a. 1983.
Gesamtdarstellungen und Studien:
R. Schober, *Im Banne der Sprache. Strukturalismus in der Nouvelle Critique, speziell bei R. B.*, Halle 1968. – G. Schiwy, *Der frz. Strukturalismus*, Reinbek 1969 (rde). – G. de Mallac u. M. Eberbach, *B.*, Paris 1971. – Tel Quel, 47, 1971 [Sondernr. *R. B.*]. – J. L. Carvet, *R. B., un regard politique sur le signe*, Paris 1973. – S. Heath, *Vertiges du déplacement. Lecture de B.*, Paris 1974. – L'Arc, 56, 1974 [Sondernr. *R. B.*]. – R. Theis, *R. B.* (in *Frz. Literaturkritik der Gegenwart in Einzeldarstellungen*, Hg. W. D. Lange, Stg. 1975). – Mag.litt, 97, 1975 [Sondernr. *R. B.*]. – M.-A. Burnier u. P. Rambaud, *Comprendre R. B.*, Paris 1979. – J. B. Fages, *Comprendre R. B.*, Paris/Toulouse 1979. – G. Neumann, *B.* (in *Klassiker der Literaturtheorie*, Hg. H. Turk, Mchn. 1979). – S. N. Lund, *L'aventure du signifiant*, Paris 1981. – J. Delord, *R. B. et la photographie*, Paris 1981. – G. R. Wassermann, *B.*, Boston 1981 (TWAS). – Poétique, 47, 1981 [Sondernr. *R. B.*]. – Revue d'Esthétique, 2, 1981 [dass.]. – Critique, 38, 1982, Nr. 423/24 [dass.]. – Communications, 36, 1982 [dass.]. – S. Sontag, *L'écriture même: A propos de R. B.*, Paris 1982. – J. Culler, *R. B.*, Ldn. 1983. – G. Schiwy, *Poststrukturalismus und ›Neue Philosophen‹*, Reinbek 1985 (rde). – P. Roger, *R. B. Roman*, Paris 1986. – J. Altwegg u. A. Schmidt, *Frz. Denker der Gegenwart*, Mchn. 1987.

FRAGMENTS D'UN DISCOURS AMOUREUX

(frz.; *Ü: Fragmente einer Sprache der Liebe*). Essay von Roland BARTHES, erschienen 1977. – Wenn Moralität »*das Denken des Körpers im Zustand der Sprache*« ist, dann beherrscht jene vor allem den Diskurs der Liebenden. Weil dieser Diskurs heute einsam ist, verspottet, von der Macht und ihren Mechanismen abgeschnitten, erscheint er Barthes als winziger »*Raum einer Bejahung: Diese Bejahung ist im Grunde das Thema des vorliegenden Buches.*« Ein Buch über die Liebe kann für den Strukturalisten und Semiologen Barthes nur ein Buch über die Sprache der Liebe sein. Was Liebe ist, sagt die in Jahrtausenden gewachsene Sprache der Liebe mit ihren Sprach-Denk-Erlebnis-Körper-Figuren, die Barthes aus den großen Zeugnissen Liebender rekonstruiert: aus PLATON, Zen-Texten, der Psychoanalyse, Texten der Mystik, NIETZSCHE, den deutschen »Liedern«, aus seiner Gelegenheitslektüre, aus der Unterhaltung mit Freunden, aus dem eigenen Leben. Diese Redebruchstücke aus der Liebeskultur sind ein mehr oder weniger repräsentativer Ausschnitt des existierenden Codes, aus dem der Liebende seinen konkreten Diskurs der Liebe zusammensetzt: »*Was ihm in einem bestimmten Augenblick durch den Kopf schießt, [ist] geprägt wie die Matrix eines Codes.*« Achtzig solcher Sprachfiguren (von *Abhängigkeit, Abwesenheit, Allein, Anbetungswürdig, Angst, Askese* bis zu *Warum, Weinen, Wolken, Zärtlichkeit, Zeichen, Zueignung, Zugrundegehen*) hat Barthes als Fragmente formuliert und in alphabetischer Reihenfolge angeordnet, denn »*in der ganzen ›Spanne‹ des Liebeslebens tauchen die Figuren im Kopf des liebenden Subjekts ohne jede Ordnung auf, denn sie hängen jeweils vom (inneren oder äußeren) Zufall ab.*« Sie bilden keine zusammenhängende, geschweige denn vernünftige Geschichte, sondern sind Spiegel des Chaos, in das die Liebenden stürzen. Wer daraus eine Liebesgeschichte macht, verfälscht die Liebe noch mehr als der, der das Chaos seines Lebens in eine Autobiographie verfälscht. »*Eben das ist die Liebesgeschichte, wie sie dem großen narrativen Anderen, der öffentlichen Meinung unterworfen ist, die jede exzessive Kraft entwertet und darauf dringt, daß das Subjekt selbst das große imaginäre Fluten, von dem es ohne Ordnung und Ziel überschwemmt wird, auf eine schmerzliche, krankhafte Krise zurückführt, von der es genesen muß . . . : die Liebesgeschichte (das ›Abenteuer‹) ist der Zoll, den der Liebende der Welt zu entrichten hat, um sich wieder mit ihr zu versöhnen.*« Die Stichworte dieses Zitats zeigen, daß Barthes auch in der letzten Phase seines Schaffens seine gesellschaftskritischen und befreienden Absichten nicht aufgegeben hat. In den Liebenden, die ihre diskursiven Waffen aus der großen Tradition der Sprache der Liebe holen und sie nicht stumpf werden lassen, sieht er die eigentlichen Revolutionäre.   G.Schy.

AUSGABE: Paris 1977.

ÜBERSETZUNG: *Fragmente einer Sprache der Liebe*, H.-H. Henschen, Ffm. 1984.

LITERATUR: Ph. Roger, Rez. (in Critique, 33, 1977, S. 563–573). – A. Arénilla, Rez. (in NRF,

1978, Nr. 309, S. 113–115). – J. Gillibert, Rez. (in Revue française de psychanalyse, 42, 1978, S. 317–325). – J. G. Kennedy, *R. B., Autobiography, and the End of Writing* (in Georgia Review, 35, 1981, S. 381–398). – St. Heath, *B. on Love* (in SubStance, 11/12, 1983, Nr. 37/38, S. 100–106). – B. Haberer, Rez. (in SZ, 3. 11. 1984). – H.-J. Ortheil, Rez. (in Die Zeit, 28. 9. 1984). – W. v. Rossum, Rez. (in FAZ, 17. 4. 1984).

MYTHOLOGIES

(frz.; *Ü: Mythen des Alltags*). Essay von Roland BARTHES, erschienen 1957. – Der Literatur- und Gesellschaftskritiker, Zeichentheoretiker und Schriftsteller Barthes wurde durch dieses schmale Werk auf einen Schlag als »*Ethnologe unserer Gesellschaft*«, als »*Mythologe*« und »*Semiologe*« (frz. für Semiotiker) bekannt, der mit scharfem Blick und spitzer Feder die modernen Mythen zu entschleiern verstand. Das Buch enthält im ersten Teil dreiundfünfzig von 1954–1956 in der Monatszeitschrift ›Lettres Nouvelles‹ erschienene kurze ideologiekritische Streiflichter über aktuelle Ereignisse der sogenannten Massenkultur (z. B. *Billy Graham im Velodrome d'Hiver*; *Einsteins Gehirn*; *Beefsteak und Pommes frites*; *Adamov und die Sprache*; *Der ›Blaue Führer‹*; *Strip-tease*; *Das Gesicht der Garbo*; *Der neue Citroën*; *Plastik*). Im zweiten Teil versucht Barthes eine theoretische Abhandlung über den »*Mythos heute*«, die Beschreibung des semiologischen Handwerkszeugs zur Demontage dieser mythischen Sprache unserer Gesellschaften. Nach dieser semiotischen Theorie – Barthes wird sie in seinen späteren Arbeiten *Éléments de sémiologie* (1964) und *Système de la mode* (1967) verfeinern – kann jeder Gegenstand der Welt zum Mythos werden, wenn sich ihn die Gesellschaft zum Zwecke einer besonderen Botschaft aneignet. Auf dem Titelbild der Zeitschrift ›Paris-Match‹ z. B. erweist ein junger Neger in französischer Uniform der Trikolore den militärischen Gruß. Der Leser erkennt neben dieser ersten (denotativen) Bedeutung des Bildes die zweite (konnotative), mythische Bedeutung, die ›Paris-Match‹ vermitteln will: daß »*Frankreich ein großes Imperium ist, daß alle seine Söhne, ohne Unterschied der Hautfarbe, treu unter einer Fahne dienen und daß es kein besseres Argument gegen die Widersacher eines angeblichen Kolonialismus gibt als den Eifer diesen jungen Negers, seinen angeblichen Unterdrückern zu dienen*«. Der Mythos ist demnach ein erweitertes semiologisches System mit der Tendenz, das historisch Zufällige und Veränderbare – oft genug die »Antinatur« – in die Sphäre des ewig Wahren, des Unveränderlichen, der Natur zu entrücken und dadurch den Status quo als »Pseudonatur« zu stabilisieren. Die Dinge verlieren im Mythos die Erinnerung an ihre Herstellung, sie treten in die Sprache ein als dialektische Beziehung von Tätigkeiten und treten aus dem Mythos hervor als harmonisches Bild von natürlichen Wesenheiten. So verstanden, kann eine eigentlich revolutionäre Sprache keine mythische sein, dagegen ist der Mythos das Lieblingskind der bürgerlichen Gesellschaft. Der Mythologe, der den Mythos durchschaut und entschleiert, sondert sich dadurch von der Gesellschaft ab. »*Er ist sozial im besten Fall darin, daß er wahr ist. Seine größte Gemeinschaftlichkeit liegt in seiner größtmöglichen Moralität. Sein Verhältnis zur Welt ist sarkastisch.*«
Die Kritik hat auf die Schwierigkeiten verwiesen, die Barthes' Anwendungsversuch von linguistischen Kategorien F. de SAUSSUREs (Zeichengegenstand/Zeichenbedeutung) und L. HJELMSLEVs (Denotation/Konnotation) auf den Mythos mit sich bringt. Dennoch ist seine originelle Leistung – im Zusammenhang des französischen Strukturalismus und im Hinblick auf eine semiotische und strukturale Textwissenschaft (von *Le degré zero de l'écriture*, 1953, bis zu *Fragments d'un discours amoureux*, 1977) – anerkannt. Sie beruht primär auf Barthes' Sensibilität und Intuition und sekundär auf seiner analytischen Begabung. G.Schy.

AUSGABEN: Paris 1957. – Paris 1970.

ÜBERSETZUNG: *Mythen des Alltags*, H. Scheffel, Ffm. 1964 [gek.]; ⁹1984 (es).

LITERATUR: Y. Velan, Rez. (in Lettres Nouvelles, 1957, Nr. 51, S. 113–119). – G. Schiwy, *Strukturalismus u. Zeichensysteme*, Mchn. 1973, S. 19 ff. – E. J. Sharpe, *R. B.: »Mythologies«* (in Critical Quarterly, 1973, Nr. 4, S. 272–283). – M. L. Assad, *La lecture comme mythe* (in EsCr, 14, 1974, S. 333–341). – U. Eco u. I. Pezzini, *La sémiologie des »Mythologies«* (in Communications, 36, 1982, S. 19–42).

LE PLAISIR DU TEXTE

(frz.; *Ü: Die Lust am Text*). Essay von Roland BARTHES, erschienen 1973. – Barthes hat rückblickend *Le plaisir du texte* als Beginn einer neuen Phase seines Schaffens bezeichnet, welche sich an die früheren, zunächst ideologiekritischen, unter dem Einfluß marxistischen Gedankenguts stehenden, dann semiologisch orientierten, und zuletzt im Rahmen der Gruppe um die Zeitschrift ›Tel-Quel‹ argumentierenden Perioden anschließt. Die bereits 1970 in *S/Z* im Ansatz erkennbare Abkehr vom strengen Systemdenken des Strukturalismus ist mit *Le plaisir du texte* vollzogen, zugleich sind Einflüsse der Semiotik, der Psychoanalyse, der Tel-Quel-Gruppe (Zitate J. KRISTEVAs und Rückgriff auf die Opposition von *livre* und *écriture* in J. DERRIDAs *Grammatologie*), aber auch des mehrfach zitierten NIETZSCHE deutlich zu erkennen. Der Essay Barthes' knüpft an die Tradition der Moralistik an, indem er eine Schreibweise wählt, die im Unterschied einerseits zu traktathaft behauptenden, andererseits zu literarisch-narrativen Texten mittels kleinerer, inhaltlich nicht streng zusammenhängender Abschnitte operiert. Die Faszination, die von diesem kurzen Text Barthes' ausgeht, aber auch die Problematik, die sich aus einer auf Argumentation und Einsinnigkeit eingestellten Lektüre ergibt, beruhen nicht zuletzt auf Barthes' explizitem Bekenntnis zu Polysemie und Widersprüchlichkeit, die dadurch zustande kommen, daß identische Begriffe in verschiedenen, einander teilweise gar ausschließenden Bedeutungen verwendet werden. Gerade in dieser Vorgehensweise ist ein markanter Unterschied zu streng wissenschaftlichen Diskursformen zu sehen.

Als grundlegend für den Essay kann der Begriff des *plaisir (Lust)* bezeichnet werden, der, scheinbar paradox, bald dem der *jouissance (Wollust)* entgegengesetzt wird, bald als dessen Voraussetzung fungiert. Zu unterscheiden ist zwischen einer texttypologischen Verwendungsweise von *plaisir* und *jouissance (texte de plaisir/texte de jouissance)* und einem Gebrauch der beiden Begriffe als Kategorien der Erfahrung. Die mit leichter Hand vorgenommene Kanonisierung von *textes de plaisir*, zu denen Barthes affirmative, sich klassischer Erzählmodi bedienende Texte zählt, und *textes de jouissance*, die verunsichern, Skandale hervorrufen, das Augenmerk auf die Sprache lenken und deren Vertreter in der Moderne zu finden sind, steht in gedanklicher Verwandtschaft zu ADORNOS Theorie der Negativität und hat sich mit ähnlichen Vorwürfen wie diese auseinanderzusetzen. Barthes übersteigt jedoch diese Opposition, indem er *plaisir* und *jouissance*, sobald sie Modi der Erfahrung bezeichnen, als nicht mehr einander entgegengesetzt denkt: der domestizierte, erniedrigte *plaisir*, der, einmal entfesselt, Moral und Wahrheit ins Wanken bringen kann, soll in die kulturnegierend wirkende *jouissance* überführbar werden. Höhnisch beschreibt Barthes die gängige Praxis des *plaisir du texte*: *»Classiques. Culture ... Intelligence. Ironie. Délicatesse. Euphorie. Maîtrise. Sécurité ... maison, province, repas proche, lampe, famille là où il faut ...«* (*»Klassiker, Kultur... Intelligenz. Ironie. Raffinesse. Euphorie. Meisterschaft. Sicherheit ... Haus, Provinz, nahe Mahlzeit, Lampe, Familie, wo sie hingehört...«*).

Als Gegenentwurf schlägt er ein Ausschöpfen des kritischen Potentials vor, das den Text gegenüber anderen sprachlichen Erscheinungsformen auszeichnet: Er hat die Möglichkeit, die Einheit der sog. Moral zu zerbrechen, seine eigene diskursive Kategorie zu unterminieren und ist im Gegensatz zum Stereotyp und dem hierarchisch strukturierten Satz a-topisch. Voraussetzung für ein sich gegen zentrierendes Denken und Argumentieren richtendes entfesseltes *plaisir du texte* ist Barthes' Zusammennahme von Text und Körper, von Intellektualität und Sensualität, die sich wiederum auf die längst vollzogene Disziplinüberschreitung (LACAN) zwischen Semiotik und Psychoanalyse berufen kann: Barthes schlägt vor, den Text als Körper wahrzunehmen, ihn als dessen Anagramm zu lesen und plädiert für eine sinnliche Wahrnehmungsweise, welche die Möglichkeit der *jouissance* einräumt, durch deren Einbezug eine *»valeur à la fois érotique et critique de la pratique textuelle«* (*»sowohl erotischer als auch kritischer Wert der Textpraxis«*) sich erst entfalten kann. Fluchtpunkt der Gedanken Barthes' scheint der Vorschlag zum Entwurf einer konsequenten Ästhetik des *plaisir* zu sein, die herkömmliche Ästhetiken ablösen soll. Er stellt neben die von ihm als solche bezeichnete Atopie des Texts die Utopie einer *»écriture à haute voix«* (*»lautes Schreiben«*), die er als eine zum Körper gehörende, zugleich aber den Text ver-körpernde Stimme denkt und welche die intendierte Fusion von Eros und Logos verwirklichen soll.

Zahlreiche, zum Zeitpunkt der Entstehung des Essays noch ungewöhnliche Konzepte (Dissemination, Intertextualität, Dekonstruktion usw.) sind mittlerweile ihrerseits wieder zu Topoi der Textwissenschaften geworden. *Le plaisir du texte* hat so zwar innerhalb kürzester Zeit den Rang eines Klassikers der neueren französischen Kritik eingenommen. In gleichem Maße jedoch, wie das den Text durchziehende Mißtrauen gegenüber Ideologien seine historische Berechtigung keineswegs verloren hat, ist die von dem mit höchstem stilistischem Raffinement geschriebenen, knapp hundert Seiten langen Essay ausgehende ästhetische Wirkung unverändert stark geblieben. G.Schw.

AUSGABEN: Paris 1973. – Paris 1982.

ÜBERSETZUNG: *Die Lust am Text*, T. König, Ffm. 1974 (BS); ³1982.

LITERATUR: J.-P. Aron, Rez. (in Cahiers du Chemin, 1973, Nr. 19, S. 134–142). – J. Altwegg, Rez. (in Die Zeit, 13. 9. 1974). – H. Scheffel, Rez. (in FAZ, 15. 6. 1974). – Chr. Norris, *Les plaisirs des clercs: B.'s Latest Writing* (in British Journal of Aesthetics, 14, 1974, S. 250–257). – J. A. Moreau, Rez. (in L'Arc, 56, 1974, S. 78–82). – R. Miklitsch, *Difference: R. B.'s »Pleasure of the Text, Text of Pleasure«* (in Boundary 2, 12, 1983, S. 101–114).

ROLAND BARTHES PAR ROLAND BARTHES

(frz.; Ü: *Über mich selbst*). Autobiographie von Roland BARTHES, erschienen 1975. – Die Tatsache, daß ein Autor (Barthes) aufgefordert wurde, in der renommierten Reihe ›Ecrivains de toujours‹ des Verlags Éditions du Seuil erstmals und vermutlich einmalig den Band über sich selbst zu schreiben, signalisiert nicht nur den Rang, den Barthes inzwischen in der kulturellen Szene Frankreichs erreicht hatte, sondern auch das ihm eigentümliche Selbstbewußtsein, das jedoch zutiefst mit seiner Auffassung vom Schreiben verbunden ist: *»All dies muß als etwas betrachtet werden, was von einer Romanperson gesagt wird«*, gibt er dieser »Autobiographie« als Motto, mit NIETZSCHE davon überzeugt, daß es keine objektiven Tatsachen gibt: Der Sinn muß immer erst hineingelegt werden, damit es einen Tatbestand geben kann.

Gilt das für die Historie, dann gilt es um so mehr für Biographien, erst recht für Autobiographien; deshalb zerfällt seine eigene in zwei Teile: Eine Sammlung von kurz kommentierten »objektiven« Fotos aus der Kindheit und Jugendzeit (1915–1935), denn »*eine Biographie gibt es nur von unproduktivem Leben. Sobald ich produziere und schreibe, nimmt mir (zum Glück) der Text selbst meine narrative Dauer. Der Text kann nichts erzählen; er trägt meinen Körper woandershin, weit weg von meiner imaginären Person zu einer Art Sprache ohne Gedächtnis, die bereits die des Volkes, der unsubjektiven Masse (oder des verallgemeinerten Subjekts), auch wenn ich davon noch durch meine Art zu schreiben getrennt bin*«. – Der zweite, größere Teil des Buchs besteht nun nicht, wie man erwarten sollte, aus einer wenn auch romanhaften, so doch zusammenhängenden Lebensgeschichte, sondern »nur« aus nach Stichworten alphabetisch angeordneten Fragmenten über sich (in der dritten Person). »*Um der Versuchung des Sinnes zu widerstehen, war es erforderlich, eine absolut bedeutungslose Gliederung zu wählen*«, heißt es zur Erläuterung in *Fragments d'un discours amoureux*, die zwei Jahre später erschienen. »*In Fragmenten schreiben: die Fragmente sind dann wie Steine auf dem Rand des Kreises: ich breite mich rundherum aus, meine ganz kleine Welt in Bruchstücken; und was ist in der Mitte?*« heißt es in diesem Band, und: »*Es ist meine Illusion zu glauben, daß, wenn ich meinen Diskurs breche, ich aufhöre imaginär über mich selbst zu reden, daß ich die Gefahr der Transzendenz abschwäche.*« Barthes selbst gibt uns Hinweise, die Phase, in die er 1973 mit *Le plaisir du texte* eingetreten ist und die in dieser »Autobiographie« ihren Höhepunkt erreichte, genauer zu bestimmen: Mit A. GIDE wurde seine Lust am Schreiben ausgelöst (*Notes sur André Gide et son Journal*, 1942), mit J.-P. SARTRE, K. MARX und B. BRECHT beginnt seine Hinwendung zur sozialen Mythologie (*Le degré zéro de l'écriture*, 1953; *Mythologies*, 1957, *Sur Racine*, 1963), mit F. de SAUSSURE die Ausarbeitung seiner Semiologie (*Éléments de sémiologie*, 1965; *Système de la mode*, 1967), mit Ph. SOLLERS, J. KRISTEVA, J. DERRIDA und J. LACAN seine Untersuchungen zur Textualität über das Spiel der Bedeutungen bei der Textproduktion und -reproduktion (*S/Z*, 1970; *Sade, Fourier, Loyola*, 1971; *L'empire des signes*, 1970). Mit Nietzsche und diesem Buch beginnt die letzte Phase, die der Moralität: »*Es ist das Denken des Körpers im Zustand der Sprache.*« Die Einsichten und Erfahrungen Barthes' aus allen Phasen seines Lebens finden sich gebündelt in diesem Buch. Barthes als Subjekt und als Autor können nicht objektiver dargestellt werden als durch diese von Fragmenten eingekreiste »leere« Mitte. Das ist die Quintessenz seiner Literaturtheorie: Das Individuum ist unaussprechbar.

G. Schy.

AUSGABE: Paris 1975.

ÜBERSETZUNG: *Über mich selbst*, J. Hoch, Mchn. 1978.

LITERATUR: J. Duvignaud, Rez. (in NRF, 1975, Nr. 269, S. 93–95). – A. Rey, Rez. (in Critique, 31, 1975, S. 1015–1023). – J. Stefan, Rez. (in Cahiers du Chemin, 1975, Nr. 24, S. 207–213). – D. Ellis, *B. and Autobiography* (in Cambridge Quarterly, 1977, Nr. 3, S. 252–266). – J. Altwegg, Rez. (in Die Zeit, 8. 12. 1978). – Chr. Linder, Rez. (in FRs, 17. 3. 1979). – H. Scheffel, Rez. (in FAZ, 21. 4. 1979). – L. Marin, »*R. B. par R. B.« ou l'autobiographie au neutre* (in Critique, 38, 1982, S. 734–743). – L. Bolle, »*R. B. par R. B.« ou l'autonymie* (in LR, 39, 1985, S. 9–16).

BARTHOLOMAEUS ANGLICUS DE GLANVILLA

* Ende 12. Jh.
† nach 1250

DE PROPRIETATIBUS RERUM

(mlat.; *Über die Beschaffenheit der Dinge*). Naturwissenschaftliche Enzyklopädie von BARTHOLOMAEUS ANGLICUS DE GLANVILLA, geschrieben um 1230. – Das Werk, das in zahlreichen Handschriften, alten Drucken und in fünf Übersetzungen überliefert ist, umfaßt 19 Bücher; noch heute von besonderem Interesse sind die Abschnitte über Medizin (darin eine vollständige Anatomie) sowie über Geographie und Ethnologie. – Zu Beginn spricht der Autor, ein englischer Minoritenpater und Professor der Theologie in Paris und Magdeburg, über Gott, die Engel und den Verstand; dann über die Beschaffenheit und die möglichen Zustände von Körpern. Er referiert das astronomische Wissen seiner Zeit, bringt die Elementenlehre, schreibt über Tiere, Pflanzen und Farben und befaßt sich abschließend mit der Musik. Der Stil der Arbeit ist einfach, gekennzeichnet durch kurze, leicht verständliche Sätze.

Ähnlich wie THOMAS VON CANTIMPRÉ in *De rerum natura* versucht Bartholomaeus, das gesamte Wissen seiner Zeit, wie es in den Büchern der alten und der zeitgenössischen »Philosophen« niedergelegt ist, zusammenzufassen. Eindeutig hat bei ihm das naturwissenschaftliche Interesse Vorrang vor dem historischen: es zeigen sich erste Ansätze einer empirischen Forschung. Von neueren Autoren benutzt er vor allem HUNAIN IBN ISHĀQ, AL-KINDĪ, ABŪ MA'SAR. Für philosophische Fragestellungen hat Bartholomaeus kaum Verständnis, meist beruft er sich auf AUGUSTIN und PLATON; auf ARISTOTELES greift er nur dann zurück, wenn er in naturwissenschaftlichen Fragen bei Platon keine Antwort findet.

J. Bo.

AUSGABEN: Basel um 1470. – Ffm. 1601; Nachdr. Ffm. 1964.

LITERATUR: E. Voigt, *Literaturhistorisches und Bibliographisches zu B.* (in Englische Studien, 41, 1910, S. 338–359). – A. Schneider, *Metaphysische Begriffe des B. A.* (in *Studien zur Geschichte der Philosophie. Festgabe C. Baeumker*, Münster 1913). – G. E. de Boyar, *B. and His Encyclopaedia* (in JEGPh, 19, 1920, S. 168–189). – L. Thorndike, *A History of Magic and Experimental Science*, Bd. 2, NY 1929, S. 401–435. – C. E. Raven, *English Naturalists from Neckam to Ray*, Cambridge 1947, S. 13–21. – *Lexikon der Geschichte der Naturwissenschaften*, Hg. J. Mayerhöfer, Bd. 1, Wien 1959, S. 385. – J. H. Hanford, »*De proprietatibus rerum*« *of B. A.* (in Princeton University Library Chronicle, 23, 1962, S. 126–130). – M. Goodich, *B. A. on Childrearing* (in History of Childhood Quarterly, 1975, Nr. 3, S. 75–84).

LUIGI BARTOLINI

* 8.2.1892 Cupramontana
† 16.5.1963 Rom

LADRI DI BICICLETTE

(ital.; *Ü: Fahrraddiebe*). Roman von Luigi BARTOLINI, erschienen 1946; in erweiterter Fassung 1948. – Verzweifelt sucht der Autor in Rom sein Fahrrad, das ihm nun schon zum drittenmal gestohlen wurde, und weil er es vorher immer wiederbekam, läßt er auch jetzt nicht den Kopf hängen: »*Ich lasse die Sache nicht laufen, weil ich letzten Endes auch das Wiederfinden abhandengekommener Gegenstände als Kunst ansehe. Zumindest ist es ein Sport.*« Tagelang kämmt er also nun die »Diebeshöhle« Roms ab, das Gassengewirr um den Campo dei Fiori zur Blütezeit des schwarzen Markts, gegen Ende des Zweiten Weltkriegs, als die Front schon nördlich der Stadt verläuft. Diebe, Hehler, Händler, Dirnen und Polizisten bestimmen in einem komplizierten Zusammenspiel die »freie Marktwirtschaft«: »*Ich merkte, daß diejenigen, die die Preise in die Höhe treiben, gerade die anständigen Menschen mit ihrer unheilbaren Dummheit sind, indem sie mit geschlossenen Augen die Forderungen der Gauner annehmen.*« Tatsächlich kommt der Bestohlene dem Dieb auf die Spur, und mit Hilfe der Dirne Florinda kann er von diesem sein Eigentum schließlich zurückkaufen – für den damals absurden Preis von sechstausend Lire.
De Sicas gleichnamiger, 1948 nach einem Drehbuch von Cesare ZAVATTINI entstandener Film, der von Bartolinis Roman nicht viel mehr übernommen hat als dessen Milieu, gilt als Markstein in der Geschichte des kinematographischen Neorealismus. (1943 tauchte der Begriff, von dem Rezensenten Umberto BARBARO verwendet, erstmals auf.) Dieser Stil empfing seine entscheidenden Impulse aus dem literarischen *verismo* des Giovanni VERGA, und so wird, nicht anders als in dem vergleichsweise sehr viel bekannter gewordenen Film, auch in Bartolinis Roman für eine präzise Wiedergabe der Alltagswirklichkeit plädiert, deren Glaubwürdigkeit eine betont einfache und »harmlose« Handlung belegt. Weitere Indizien für die Parallelität zwischen dem literarischen und dem filmischen Kunstmittel des Neorealismus sind der unattraktive Held und die Unterstreichung der Sozialkritik: »*Die Polizei beschäftigt sich mit allem und jedem, aber beileibe nicht mit den Dieben. Die Aufgabe der Polizei besteht darin, sich etwas zu essen zu verschaffen, denn es ist nur zu wahr, daß unsere Regierung ihre Beamten niemals ausreichend bezahlt.*« Allerdings tritt Bartolinis Gesellschaftskritik zurück hinter einer verhaltenen, sich bisweilen etwas ironisch gebenden Melancholie: »*Es geht im Leben darum, Verlorenes wiederzufinden. Man kann es einmal, zweimal, dreimal wiederfinden, so wie es mir zweimal gelungen ist. Doch das dritte Mal wird kommen, und nichts mehr werde ich finden. So ist es mit dem ganzen Dasein. Es ist ein Lauf über Hindernisse, bis man endlich verliert oder stirbt.*« Bedeutungsvoll an den *Fahrraddieben* des als Schriftsteller wie als Maler gleichermaßen begabten Bartolini erscheint, daß er in diesem Werk erkannt hat, von welch enormem Reichtum die Wirklichkeit ist, und daß es genügt, sie zu beobachten. KLL

AUSGABEN: Rom 1946. – Mailand 1948 [erw.]. – Florenz 1954. – Mailand 1959 (in *Opere*). – Mailand ⁸1984.

ÜBERSETZUNG: *Fahrraddiebe*, H. Ludwig, Karlsruhe 1952. – Dass., ders., Darmstadt 1953. – Dass., ders., Ffm. 1986 (FiTb).

VERFILMUNG: Italien 1948 (Regie: V. de Sica).

LITERATUR: L. Troisio, *L. B. l'amoroso detective*, Ancona 1979 [m. Bibliogr.]. – G. Fallani, *Ricordando e riscoprendo B.* (in Nuova Rivista Europea, 1981, Nr. 25/26). – L. Troisio, Art. *L. B.* (in Branca, 1, S. 230–232).

JAN BARTOŠ

* 23.2.1893 Reichenau an der Kněžna
† 6.5.1946 Prag

LITERATUR ZUM AUTOR:
M. Rutte, *Tvář pod maskou*, Prag 1926. – J. Kunc, *Slovník soudobých českých spisovatelů*, Prag 1945, S. 21–24. – J. Honzl, *Tragický básník J. B.* (in Otázky divadla a filmu 1, 1945/46, S. 284–300, auch in J. H., *Divadelní a literární podobizny*, Prag 1959, S. 144–156). – A. Dvořák, *Odkaz*

dramatického básníka J. B. (in Program D 48, S. 69–70). – J. Knap, *Za J. B.* (in Časopis Národního muzea, 1947, 116, S. 96–99). – F. M. Bartoš, *Vzpomínky husitského pracovníka*, Prag 1970. – J. Seifert, *Všechny krásy světa*, Prag 1982.

HRDINOVÉ NAŠI DOBY

(tschech.; *Helden unserer Zeit*). Lustspiel von Jan BARTOŠ, Uraufführung: Prag, 16. 3. 1926. – Der Kaufmann Rýva, durch dunkle Geschäfte und Hehlerei reich geworden, weigert sich, seiner Frau einen Pelz zu schenken, denn er ist ängstlich darum bemüht, seinen Reichtum vor anderen zu verbergen. Seine skrupellose Tochter Klaudina flirtet mit dem schlauen Kunstmaler Malbohan, der sie zu seiner Geliebten machen möchte, sich aber ihren Heiratswünschen nicht länger verschließt, als er von dem zu erwartenden Millionenerbe Wind bekommt. Um sich bei seiner künftigen Schwiegermutter einzuschmeicheln, verspricht er, ihr Porträt zu malen. Sonderbarerweise verlangt Rýva, daß seine Frau auf dem Bild einen stattlichen Pelz tragen solle; dieser wird beschafft von Hálová, einer »Mitarbeiterin« Rývas und alten Bekannten Malbohans. Kaum hängt das Bild in der Galerie, als die Polizei entdeckt, daß der Pelz, den die Porträtierte trägt, gestohlen ist. Nun bleibt Rýva nichts anderes übrig, als Pelz und Bild für teures Geld zu kaufen, ja, er muß eine beträchtliche Summe aufwenden, um das gegen ihn eingeleitete Verfahren niederzuschlagen, und darüber hinaus mit einer reichen Mitgift das Glück Klaudinens an der Seite Malbohans besiegeln. Er hat nun gelernt, daß es gefährlich ist, »*unter seinen Verhältnissen zu leben*«, und beschließt, es künftig seinem verschwenderischen Freund Tálsky gleichzutun. Dessen Sohn, der vergeblich um Klaudine geworben hat, gibt seine Absicht, aus Liebeskummer Selbstmord zu verüben, wegen der begründeten Hoffnung, ihr Hausfreund zu werden, gern wieder auf.

Bartoš, der als Begründer und Vollender des tschechischen Expressionismus gilt, erhielt für sein »bürgerliches Heldenleben« den Staatspreis. Mit einem Sarkasmus, der sich – wie ein Kritiker schrieb – am Verfall berauscht, zeichnet der Autor eine Welt, in der alles käuflich ist: Gerechtigkeit, Ehre, Freiheit und Liebe. Die gelungene Charakterisierung der Personen in dieser eigenwilligen Abwandlung eines Motivs aus Gerhart HAUPTMANNS zeitkritischer Komödie *Biberpelz* sichert dem Stück trotz aller Zeitbezogenheit einen bleibenden Platz in der Geschichte des tschechischen Theaters.

D.Pe.

AUSGABE: Prag 1926.

LITERATUR: E. Konrád, Rez. (in Cesta, 1925/26). – J. Knap, Rez. (in Kritika, 1926). – H. Jelínek, Rez. (in Lumír, 1926). – M. Majerová, Rez. (in Rudé právo, 15. 4. 1926.)

HANOCH BARTOV

* 13.8.1926 Petah Tikva

PITS'EY BAGRUT

(hebr.; *Reifepickel*). Roman von Hanoch BARTOV, erschienen 1965. – Der Ich-Erzähler Elisha berichtet von seinen Erlebnissen als Freiwilliger in der Jüdischen Brigade, die während des Zweiten Weltkriegs an verschiedenen Fronten gegen die Nazis kämpfte. Seine Erinnerungen beginnen mit dem Tag der deutschen Kapitulation. Die jüdischen Soldaten, die aus Palästina rekrutiert wurden, aber aus verschiedenen Ländern und Kulturkreisen stammen, erfahren von ihrem Offizier, daß ihr Einsatz mit dem Sieg noch nicht zu Ende ist. Insgeheim hoffen sie, an den Feinden, den Nazis, »*eine wilde jüdische Rache*« nehmen zu können. Einmal wenigstens wollen sie so sein »*wie die Tataren ... wie die Deutschen*«. Sie erinnern sich an das Gelübde (die 12 Gebote eines jüdischen Soldaten), welches sie vor Betreten deutschen Bodens abgelegt haben. Sie haben geschworen, als Juden stolz sein, tapfer zu kämpfen, Glaubensgenossen zu retten und nach Palästina zu bringen sowie an den Deutschen Rache zu nehmen. Bereits auf ihrem Vorstoß durch Italien machen sie Ernst mit diesen Vorsätzen, indem sie zum Beispiel eine Kolonne deutscher Kriegsgefangenen mit Steinen bewerfen. Ihr Haß auf die Deutschen verstärkt sich noch, als sie auf die ersten Opfer des Holocausts stoßen. Die Juden, welchen sie begegnen, sind völlig verstört, immer noch voller Angst, ihre Identität preiszugeben. Die jüdischen Soldaten geraten immer mehr in einen schrecklichen Gewissenskonflikt. Einerseits haben sie gelobt, Rache zu nehmen, andererseits wollen sie als Juden ihre moralische Überlegenheit zeigen. Der seelische Konflikt erreicht seinen Höhepunkt, als zwei der Soldaten beschuldigt werden, deutsche Frauen beraubt, vergewaltigt und ermordet zu haben.

Für den jungen Elisha, der gegen den Willen seiner Eltern sich der Brigade angeschlossen hat und der sich sogar von seiner Geliebten Noga trennte, bedeutet der Dienst in der Britischen Armee auch eine Zeit der Reife. Seine Verstrickung in den Holocaust entdeckt er, als er auf einen entfernten Verwandten trifft, welcher der Gaskammer nur entronnen ist, weil der den Nazis im Krematorium von Auschwitz nützlich war. So verliert für ihn der Holocaust plötzlich den Charakter des Irrealen, Abstrakten. Er wird von Abscheu, Ekel, Wut, aber auch Mitleidsgefühlen erfaßt. Einen weiteren Schritt auf dem Weg zum Erwachsensein erlebt er in den Armen einer wildfremden Italienerin, mit der ihn sein Vetter, der ebenfalls in der Brigade dient, bekannt macht. Die eigentliche Reifeprüfung aber erfolgt, als er sich im Haus eines Nazis befindet. Zwar hindert er seine Kameraden daran, aus Rache die weiblichen Hausbewohner zu verge-

waltigen, doch reift in ihm gleichzeitig die Erkenntnis: »*Niemals werde ich dorthin* [nach Deutschland] *zurückgehen.*«
Bartovs Roman basiert auf Erlebnissen des Autors in drei Jahren Dienst in der Jüdischen Brigade. Besonders eindrucksvoll gelungen ist die Szene, in welcher der Soldat aus Palästina im Zusammentreffen mit den Überlebenden des Holocaust seine eigene jüdische Identität, die bis dahin von Zionismus überlagert war, entdeckt. Der Roman handelt somit auch von der moralischen Verpflichtung der Juden in Palästina ihren Glaubensbrüdern in Europa gegenüber. Er stellt einen der ersten Versuche in der hebräischen Literatur dar, sich mit dem Holocaust intensiver auseinanderzusetzen und dabei vor allem auf die Problematik der »Zuschauer« einzugehen, die von der relativ sicheren Küste Palästinas aus das Geschehen in Europa miterlebten und erst spät das ganze Ausmaß des Greuels und der Katastrophe der europäischen Judenheit erfuhren. A.F.

AUSGABE: Tel Aviv 1965.

ÜBERSETZUNG: *The Brigade*, D. S. Segal, Philadelphia 1967 [engl.].

LITERATUR: D. Vardi, *B.: Growing Pains* (in Hebrew Book Review, 3, 1967, S. 23–24). – D. Pryce-Jones, *»The Avengers«* (in Jewish Chronicle, 23. 5. 1969). – G. Ramras-Rauch, Rez. (in Books Abroad, 44, 1970, S. 178–179). – M. Pelli, *A Late Encounter With the Holocaust. Paradigms, Rhythm and Concepts in the »Brigade« by H. B.* (in Hebrew Studies, 22, 1981 S. 117–129). – M. u. E. Zair, *Not One of Those »Jews in the Wild«* (in Jewish Spectator 46, 1982, Nr. 2, S. 38–41).

MARIE BASHKIRTSEFF

* 11.11.1860 Gawronzi bei Poltawa / Rußland
† 31.10.1884 Paris

JOURNAL

(frz.; *Tagebuch*). Tagebuch von Marie BASHKIRTSEFF, erschienen 1887. – Die Aufzeichnungen, die die russische Malerin im Alter von vierzehn Jahren begann und bis wenige Tage vor ihrem Tod kontinuierlich weiterführte, füllen 84 Hefte (heute in der Manuskriptabteilung der *Bibliothèque Nationale* in Paris); die bald nach ihrem Tod erschienene Auswahlausgabe hat (wie von C. COSNIER erst kürzlich gezeigt wurde) zahlreiche als anstößig betrachtete Stellen, vor allem Hinweise auf sexuelle Regungen der Schreiberin, eliminiert, um diese dem zeittypischen Idealbild des unschuldigen jungen Mädchens anzugleichen. Spätere Ausgaben weiterer Teile des Tagebuchs trafen nur auf geringe Resonanz.

Marie Bashkirtseff verließ 1882, im Alter von zwölf Jahren, mit ihrer Mutter (die seit 1861 von ihrem Mann, einem ukrainischen Landadeligen, getrennt lebte), den Großeltern und anderen Verwandten Rußland, die Familie ließ sich in Nizza, später in Paris nieder, häufige Reisen führten in die Hauptstädte und Bäder Europas. Auf das attraktive, frühreife Mädchen, das sich durch ebenso ausgedehnte wie planlose Lektüre eine Fülle disparater Kenntnisse erwirbt und in ziemlich altkluger Weise damit glänzt, setzen die Verwandten große Hoffnungen: Eine spektakuläre Heirat oder eine künstlerische Karriere soll den Ruf der in der »guten Gesellschaft« wenig geachteten Familie verbessern. Schon die vierzehnjährige Marie kleidet und benimmt sich in der Gesellschaft wie eine Erwachsene, später studiert sie Malerei und Bildhauerei und stellt seit 1880 mehrfach im »Salon«, der zentralen Pariser Kunstschau, aus. Das Tagebuch schildert ihre Erfahrungen in den unterschiedlichen Milieus, in denen sie sich (auch auf vielen Reisen) bewegt, hält aber vor allem minutiös die Stimmungen des jungen Mädchens fest, ihre Träume von Liebe und Ehe, ihre Versuche, die eigenen Gefühle zu analysieren, Gedanken über die weibliche Existenz im allgemeinen und im besonderen usw.
Maurice BARRÈS, der Romancier des *Culte du moi* (*Der Ichkult*), der von der ausgeprägten Egozentrik Maries fasziniert sein mußte, sorgte für die postume Veröffentlichung der Aufzeichnungen. Simone de BEAUVOIR zitiert in *Le deuxième sexe*, 1949 (*Das andere Geschlecht*), wiederholt aus dem *Journal*, das sie als Modellfall des intimen Tagebuchs junger Mädchen betrachtet. A.Gi.

AUSGABEN: Paris 1887, 2 Bde. – Paris 1901 (*Nouveau Journal inédit*). – Paris 1912 (*Nouveau Journal inédit*). – Paris 1925 (Confessions). – Paris 1925 (*Cahiers intimes*, 4 Bde.).

LITERATUR: M. Barrès, *Trois essais de psychothérapie*, Paris 1891. – A. Cahuet, *La vie et la mort de B.*, Paris 1930. – C. Cosnier, *B., un portrait sans retouches*, Paris 1985.

GIAMBATTISTA BASILE

* zwischen 1566 und 1575 Neapel oder Giugliano di Campania
† 23.2.1632 Giugliano di Campania

LITERATUR ZUM AUTOR:
G. Getto, *Barocco in prosa e poesia*, Mailand 1969. – M. Rak, *La maschera della fortuna. Lettura del Basile*

toscano, Neapel 1975. – E. Coppola, *G. B. nacque a Giugliano nel 1566*, Giugliano di Campania 1985. – M. L. Doglio, Art. *G. B.* (in Branca, 1, S. 234–238).

LO CUNTO DE LI CUNTI O VERO LO TRATTENEMIENTO DE PECCERILLE

(ital.; *Die Erzählung der Erzählungen oder Unterhaltung für die Jugend*). Märchensammlung von Giambattista BASILE, von seiner Schwester Adriana Basile 1634–1636 postum unter dem Pseudonym »Gian Alesio Abbattutis«, einem Anagramm des Autornamens, herausgegeben. – In der Widmung der Erstausgabe erscheint bereits die Bezeichnung *Pentamerone*, die von späteren Editoren der Sammlung als Haupttitel übernommen wird. Er verweist analog zu BOCCACIOS *Decamerone*, auf die fiktionale Gliederung des Werks in fünf Tage, an denen jeweils zehn Märchen erzählt werden. Jeder Tag wird außerdem von einer Ekloge beschlossen.
Die Rahmenerzählung, selbst ein Märchen, handelt von der melancholischen Prinzessin Zoza, die nichts auf der Welt zum Lachen bringen kann. Nach vielen vergeblichen Versuchen, die Tochter zu erheitern, verfällt der verzweifelte Vater auf die Idee, vor seinem Palast einen Brunnen errichten zu lassen, aus dem Speiseöl sprudelt, und der die Untertanen zwingen soll, Verrenkungen und lustige Sprünge zu machen, um sich ihre Kleider nicht zu beschmutzen. All dies läßt die Tochter jedoch ungerührt, bis eines Tages ein frecher Page mit einem Steinwurf den Ölkrug einer alten Frau zerbricht und sich ein großes Gezeter zwischen der beiden erhebt. Zozas gellendes Lachen quittiert die Alte jedoch mit dem Fluch, die Prinzessin werde nur heiraten können wenn sie Tadeo, den Fürsten von Camporotondo, finde. Dieser liege in einer Gruft begraben und werde erst dann lebendig, wenn eine Frau innerhalb von drei Tagen einen neben dem Grabstein stehenden Krug mit ihren Tränen fülle. Mit Hilfe dreier Feen gelangt das Mädchen dorthin und hat nach zwei Tagen des Klagens den Krug fast ganz gefüllt. Doch während sie schläft vollendet eine Sklavin die Trauerpflicht und wird von dem erlösten Fürsten sofort zur Frau genommen. Der verzweifelten Zoza gelingt es mit drei Zaubermitteln, die sie von den Feen erhalten hat, den Fürsten auf sich aufmerksam zu machen und in seiner Frau eine unbändige Gier nach Geschichten zu wecken. Diese droht, ihr Kind zu töten, wenn der Ehemann nicht für ihre Unterhaltung sorge. Daraufhin werden zehn bekannte Märchenerzählerinnen eingeladen, die an fünf Tagen jeweils nach dem Mittagsmahl ihre Geschichten zum Besten geben. Als am letzten Tag eine Frau verhindert ist, wird Zoza auf Wunsch des Fürsten hinzugezogen. Sie erzählt, nachdem bereits die 49. Geschichte von einem ähnlichen Fall gehandelt hat, ihre eigene Geschichte, woraufhin der Fürst die Sklavin lebendig begraben läßt und die überglückliche Zoza heiratet.

Die Rahmenerzählung fungiert zu Beginn der einzelnen Märchen jeweils als einleitendes Bindeglied und stellt jede Erzählung unter ein moralisierendes Motto, das am Ende der Geschichte mit einem Sprichwort wieder aufgenommen wird. Die Märchenstoffe gehen sowohl auf orientalische Quellen (*Alf laila wa-laila* – *Tausendundeine Nacht*) als auch auf die volkstümliche italienische Überlieferung und das zeitgenössische Straßentheater zurück. In der Folgezeit weitverbreitete Stoffe wie *Dornröschen* (*La schiavottella*; II, 8), *Aschenbrödel* (*La gatta Cenerentola*; I, 6) oder *Die sieben Raben* (*Li sette palommielle*; IV, 8) werden hier erstmals in der Form des Kunstmärchens erzählt. Bei Basile finden sich mit der Hinwendung zu magischen Wesen und Kräften, der Auflösung von Raum und Zeit ins Phantastische, der stereotypen Einleitungsfloskel und der moralisierenden Schlußwendung bereits viele wesentliche Elemente der Gattung, die das Pentamerone zugleich deutlich von der italienischen Novellentradition unterscheiden. Der Untertitel *Trattenemiento de peccerille* (*Unterhaltung für die Jugend*) richtet sich ebenfalls an die gattungstypischen Adressaten und betont gleichzeitig den Anspruch, nicht nur zu belehren, sondern vor allem für Kurzweil zu sorgen. Daher spielt die Thematik des Lachens sowohl im Rahmen als auch in den Erzählungen eine wichtige Rolle. Auf Abwechslung und Unterhaltung zielt auch der in barocker rhetorischer Manier gestaltete stilistische Gestus ab, der sich durch die (ungewöhnliche) Verwendung des Dialekts als Medium der Schriftsprache volkstümlich-mündlicher Sprachkomik öffnen kann und von der erstarrten literarischen Sprache der neapolitanischen Hofkultur absticht. Für das Verständnis und die Verbreitung des Werkes als ganzes war der Dialekt jedoch bald ein großes Hindernis, so daß es erst im 19. Jahrhundert durch Anregungen von Vittorio IMBRIANI und ab 1925 durch Benedetto CROCES Übertragung ins Italienische ins Bewußtsein des italienischen Publikums zurückkehrte. Bedeutenden Einfluß hatte das Werk in Italien auf Lorenzo LIPPI (*Malmantile riacquistato*, 1676) und Carlo GOZZI (*L'Amore delle tre melarance*, 1761), während in Deutschland neben WIELAND (*Pervonte*, 1796) vor allem BRENTANO, TIECK und die Brüder GRIMM als Bearbeiter hervortraten. Die erste deutsche Gesamtübersetzung durch F. LIEBRECHT (1846) beeinflußte die Rezeption auch in anderen Sprachen.   U.P.

AUSGABEN: Neapel 1634–1636 [u. d. Pseud. G. A. Abbattutis]. – Neapel 1754. – Bari 1925 (*Il Pentamerone ossia La fiaba delle fiabe*, Hg. B. Croce, 2 Bde.; ital.; zul. 1982). – Mailand 1964 (*La fiaba delle fiabe*, Hg. G. Valle). – Bari 1976, Hg. M. Petrini [krit.]. – Mailand 1986, Hg. u. Komm. M. Rak [neapolitanisch-ital.].

ÜBERSETZUNGEN: *Der Pentamerone*, F. Liebrecht, Breslau 1846 [m. Vorw. v. J. Grimm]; Nachdr. Hildesheim/NY 1973; Lpzg. 1979. – Dass., nach F. Liebrecht, 2 Bde., Hg. H. Floerke, Mchn. 1909.

– *Das Pentamerone*, A. Potthoff, Hattingen 1958 [m. Zeichn. v. J. Hegenbarth; Nachw. B. Croce]; Mchn. ³1981. – *Der Pentamerone*, F. Liebrecht, Ffm. 1986 [m. Zeichn. v. J. Hegenbarth; Vorw. W. Bahner].

LITERATUR: B. Croce, *Saggi sulla letteratura del seicento*, Bari 1911, S. 1–118. – Ders., *G. B. e l'elaborazione artistica delle fiabe popolari* (in Critica, 3, 1925, S. 56–99). – L. Di Francia, *Il »Pentamerone« di G. B. B.*, Turin 1927. – L. Vincenti, *G. B. B. und Clemens Brentano* (in Italien, 2, 1928, H. 1, S. 1–10). – L. Häge, *Lo cunto de li cunti« von G. B. Eine Stilstudie*, Diss. Tübingen 1933. – C. Speroni, *Proverbs and Proverbial Phrases in B.'s »Pentamerone«* (in University of California Publications in Modern Philology, 24, 1941, Nr. 2, S. 181–288). – C. T. Gossen, *Figure di G. B. nelle opere di alcuni autori tedeschi* (in WZBln, 18, 1969, S. 579–583). – W. Bahner, *B.s »Pentameron«* (in W. B., *Formen, Ideen, Prozesse in den Literaturen der romanischen Völker*, Bd. 1, Bln. 1977, S. 177–198). – C. Calabrese, *La favola del linguaggio: il »come se« del »Pentamerone«* (in Lingua e stile, 16, 1981, S. 13–34). – R. Chlodowski, *Il mondo della fiaba e il »Pentamerone« di G. B.* (in *Cultura meridionale e letteratura italiana. Atti dell' XI Convegno (...) 1982*, Neapel 1985, S. 191–252).

BASILEIOS DER GROSSE

* um 330 Kaisareia / Kappadokien
† 379

LITERATUR ZUM AUTOR:
J. M. Ronnat, *Basile le Grand*, Paris 1955. – R. C. Gregg, *Consolation Philosophy. Greek and Christian Paideia in Basil and the Two Gregories*, Philadelphia 1975. – E. Amand de Mendieta, *The Official Attitude of Basil of Caesarea as a Christian Bishop towards Greek Philosophy and Science*, Oxford 1976. – J. Gribomont, *Un aristocrate révolutionnaire, évêque et moine: S. Basile* (in Augustinianum, 17, 1977, S. 179–191). – P. K. Chrestu, *Ho megas Basileios*, Thessaloniki 1978. – P. J. Fedwick, *The Church and the Charisma of Leadership in Basil of Caesarea*, Toronto 1978. – *Basil of Caesarea : Christian, Humanist and Ascetic. An Sixteenth-Hundredth Anniversary Symposium*, Hg. ders., 2 Bde., Toronto 1981.

ASKĒTIKA

(griech. Patr.; *Asketische Unterweisungen*). Unter diesem Titel lag noch PHOTIOS (um 815/20 bis 891/98) eine Sammlung asketischer Schriften in zwei Büchern vor, die BASILEIOS DER GROSSE verfaßt hatte. Später ist diese Sammlung um ein beträchtliches vermehrt worden, so daß heute die Echtheit einiger Schriften umstritten bleiben muß. Echt sind sicher die *Moralia* (80 *regulae*, MG 31, 700–869) mit ihren Einführungen *De iudicio Dei* und *De fide* (MG 31, 653–699) und die Urform der beiden Mönchsregeln, deren längere, *Regulae fusius tractatae* (MG 31, 889–1052), 55 in Fragen und Antworten ausführlich ausgearbeitete Regeln umfaßt, während die *Regulae brevis tractatae* (MG 31, 1051–1306) 313 Lehrsprüche in kürzerer Form vereinigt. – Basileios schrieb diese Regeln in seinem pontischen *Koinobion* (wörtlich: gemeinsames Leben) bei Neokaisareia, wohin er sich mit einigen Gleichgesinnten zurückgezogen hatte, um dem ihm wahrscheinlich durch EUSTATHIOS von Sebaste vermittelten Mönchsideal zu leben. Denn: die Welt ist schlecht. Ihr zu entfliehen und sich in Liebe mit Gott zu vereinigen ist Aufgabe des Menschen. Unser Verlangen ist von Natur aus (dank dem in alle Menschen eingesenkten *spermatikos tis logos*) nach dem Guten ausgerichtet – das Gute aber ist Gott, also ist all unser Verlangen auf Gott gerichtet. Alles Irdische ist irrelevant, ihm müssen wir um der jenseitigen Vollkommenheit willen entsagen. Erst die von den Fesseln der Materie befreite Seele ist Gott nahe und wandelt gleichsam *»in den Himmeln«*. Die bestmögliche Verwirklichung seiner Aufgabe sah Basileios in der klösterlichen Gemeinschaft, nicht in der individuellen Askese, wie es z. B. Eustathios tat. Das koinobitische Ideal wird später bestimmend für das ganze byzantinische Mönchtum, als dessen Vater Basileios zu Recht bezeichnet wird. Seine *Mönchsregeln* sind auch im Abendland nicht unbekannt geblieben. RUFINUS aus Aquileia übersetzte sie ins Lateinische. Bei BENEDIKT von Nursia, den sie bei der Aufstellung seiner eigenen Regeln inspirierten, finden wir sie erwähnt als *»Regulae sancti patri nostri Basilii«* (*Regula Benedicti*, 73).

A. Ku.

AUSGABEN: Venedig 1535, Hg. S. Sabius. – Paris 1857, MG, 29–32.

ÜBERSETZUNGEN: *Drei vorläufige asketische Unterweisungen*, V. Gröne (in *Ausgew. Schriften*, 3 Bde., 2, Kempten 1877). – *Die großen Ordensregeln*, H. U. v. Balthasar, Einsiedeln ²1961 [Ausw.]. – *Basilius von Caesarea, Die Mönchsregeln*, K. S. Frank, Sankt Ottilien 1980 [m. Einl.].

LITERATUR: M. Viller u. K. Rahner, *Aszese u. Mystik in d. Väterzeit*, Freiburg i. B. 1939, S. 123–133. – D. Amand, *L'ascèse monastique de S. B. Essai historique*, Paris 1949 [m. vollst. Liste d. authent. asket. Werke]. – J. Gribomont, *Histoire du texte des »Ascétiques« de S. B.*, Löwen 1953. – T. Pichler, *D. Fasten bei B. d. Gr. u. im antik. Heidentum*, Innsbruck 1955. – L. Lèbe, *Saint Basile et ses règles morales* (in Revue Bénédictine, 75, 1965, S. 193–200). – J. Rippinger, *The Concept of Obedience in the Monastic Writings of Basil and Cassian* (in Studia Monastica,

19, 1977, S. 7–18). – K. G. Bonis, *Basilios von Caesarea u. die Organisation der christlichen Kirche im vierten Jh.* (in Theologia, 51, 1980, S. 7–21; 209–221; 425–435; 633–644). – J. T. Lienhard, *St. Basil's Asceticon parvum and the Regula Benedicti* (in Studia Monastica, 22, 1980, S. 231–242).

HEXAËMERON

(griech. Patr.; *Sechstagewerk*). Neun Homilien von BASILEIOS DEM GROSSEN. – Der Kappadokier soll diese Vorträge, in denen er einen fast vollständigen Kommentar zur *Genesis* gibt, vor ungelehrten Leuten aus dem Stegreif gehalten haben. Er wollte seine Zuhörer belehren und erbauen, ihnen vor allem die Wahrheit von der Schöpfung einprägen und sie gegen die Lehren der Gnostiker und heidnischen Philosophen feien.

Der Mosaische Bericht ist nach Basileios wörtlich zu verstehen; die schon von ORIGENES vertretene allegorische Exegese verwirft er mit harten Worten. Auch von physikalischen Theorien hält er nicht viel. Worüber der Verfasser der *Genesis* sich nicht ausgelassen hat (etwa ob die Erde eine Kugel, ein Zylinder oder was immer sei), darüber könnte man freilich spekulieren, es ist aber letztlich uninteressant, ja unnütz. Der Heilige Geist, der unseren Verstand nicht mit eitlen Dingen beschäftigen wollte, hat dafür gesorgt, daß nur das aufgeschrieben wurde, was zur Erbauung und Aufrichtung unserer Seele dient. Das jedoch, was geschrieben steht, ist durch die Physik gar nicht in seinem Gehalt zu erfassen; vielmehr kann umgekehrt die christliche Lehre der Physik wertvolle Erkenntnisse vermitteln. Auch die einander widersprechenden Spekulationen der Philosophen, die, wie die Ionier, eines der Elemente oder, wie DEMOKRIT, die Atome an den Anfang der Welt setzen, nehmen sich gegenüber der biblischen Schöpfungslehre armselig aus. »*Im Anfang schuf Gott Himmel und Erde*« bedeutet nach Basileios, daß die Welt von Gott in einem ewigen, zeitlosen Akt, der zunächst einmal den Zeitanfang setzte, ins Dasein gerufen worden ist; denn da der Anfang der Zeit nicht die Zeit selbst ist, so ist der anfangsetzende Akt auch nicht in der Zeit, er ist zeitlos. Vor unserer Welt ist die übersinnliche Welt der Engel erschaffen worden, die in einem überzeitlichen und ewigen Zustand (im Sinne von beginnender Ewigkeit) existiert. Dieser Zustand wird von Basileios (wie ähnlich von AUGUSTINUS) auch als geistiges Licht beschrieben. Die Schöpfung dieser geistigen Welt sei im *Alten Testament* wegen der Unreife der Menschen nicht erwähnt. Der Aristotelische Begriff einer ersten (oder gar ewigen) Materie wird von Basileios verworfen. Ebenso wie sein Bruder GREGORIOS aus Nyssa lehrt er, daß die Materie nur ein Bündel von Qualitäten sei, nach deren Hinwegnahme kein Substrat übrigbleibe.

Das Firmament, über dessen Substanz Basileios keine Aussage macht, teilt die oberen Wasser von den unteren. Der Heilige Geist nahm an der Weltschöpfung teil, indem er über den Wassern »brütete« (vgl. Basileios' Streitschrift *Kata Eunomion – Gegen Eunomios*, in der er die Homochusie des Heiligen Geistes verteidigt). Nach den Elementen wurde zuerst das (unmaterielle) Licht erschaffen, welches in Ermangelung von Lichtträgern als die reine Substanz des Lichtes existierte (auf diese Theorie berief sich die mittelalterliche Oxforder Lichtmeaphysik als auf ihre stärkste Autorität). Nächst der Sonne, die auf die Sonne der Gerechtigkeit hinweist, und dem Mond, dessen Phasenwechsel uns die Hinfälligkeit der irdischen Dinge zeigt, sind die Lebewesen für den Menschen am lehrreichsten. Die Menschen sind ganz allgemein mit dem Gras und den Blumen, die Irrlehrer mit dem Unkraut zu vergleichen. Die Möglichkeit, einen Baum zu veredeln, ist ein Aufruf an den Sünder, an seiner Besserung nicht zu verzweifeln. Die fruchtbaren Feigenbäume gewinnen durch die Nähe von wilden an Kraft: so auch der Gläubige in der Nähe eines ungläubigen, aber sittlich lebenden Menschen. Die Tiere haben bloß eine vergängliche Blutseele, deshalb ist ihre Gestalt zur Erde geneigt. Ihre Vernunftlosigkeit wird aber aufgewogen durch die ihnen von Gott mitgegebene erbliche »Belehrung«, den Instinkt. So ist der Hund fähig, rein instinktiv einen Kettenschluß zu machen (bei der Verfolgung von Wildfährten). Auch das Leben der Tiere bietet dem Menschen eine Fülle von Belehrungen: die Vermählung des Meeraals mit der Natter als Mahnung an die Unauflöslichkeit der Ehe (auch bei einem Mann von rauhen Sitten); die Zukunftsplanung der Fische, der Fleiß der Bienen, die Dankbarkeit des Storches; die ohne Begattung (!) sich fortpflanzenden Vögel (Geier) als Hinweis auf die Empfängnis Jesu; die Seidenraupe als Sinnbild unserer Auferstehung und Verwandlung usw.

Am Schluß der neunten Homilie kündigt Basileios einen Vortrag über die Erschaffung des Menschen an, der aber von ihm nicht mehr aufgezeichnet wurde. Als Ersatz dafür verfaßte sein Bruder Gregorios im Jahre 379 die Schrift *Peri kataskeuēs anthrōpu (Über die Ausstattung des Menschen)*. Basileios gibt aber immerhin am Schluß seines Werkes noch das Programm an: »*Wir können Gott und Himmel und Erde nicht besser kennenlernen als aus unserer eigenen Einrichtung.*« Der Mensch ist als Ebenbild Gottes geschaffen, d. h. nach dem Bild des Sohnes. Sowohl der jüdische monarchische Theismus wie die Anschauung der Anomöer und Eunomianer (die die Unähnlichkeit des Logos mit dem Schöpfer lehren) werden abgewiesen; der Sohn wird ausdrücklich »Mitschöpfer« genannt.

GREGORIOS aus Nazianz, der dritte Kappadokier im Bunde, hat das Werk des Basileios überschwenglich gelobt. EUSTATHIUS übersetzte den Kommentar ins Lateinische. Auch die Neuzeit wußte Basileios richtig einzuschätzen: so sah Alexander von HUMBOLDT in ihm einen Menschen mit echtem Naturgefühl und ausgeprägter, subtiler Beobachtungsgabe.

Das nach 388 entstandene *Hexaëmeron* des AMBROSIUS aus Mailand (339–397) stellt eine selbständige lateinische Bearbeitung von Basileios'

Werk dar. Auch Ambrosius behandelt wie der Kappadokier den biblischen Schöpfungsbericht in neun Homilien und betrachtet das Studium der göttlichen Offenbarung nicht nur als Hilfe zur Vervollkommnung in der Tugend, sondern auch als Voraussetzung jeglicher Naturerkenntnis. Beiden Werken ist ferner der erbauliche Charakter und die Verwendung lehrhafter Beispiele aus der Natur gemeinsam, beide Verfasser ziehen bei aller Ablehnung der griechisch-heidnischen Philosophie den *Timaios-Kommentar* des griechischen Stoikers Poseidonios heran, beide halten am Wortsinn der Schrift fest, wobei Ambrosius allerdings – im Unterschied zu seinem Vorgänger und unter Heranziehung der Schriften des Origenes – nicht völlig auf die allegorische Deutung verzichtet.

In dem um 629 entstandenen, 1894 Verse umfassenden Gedicht *Hexaēmeron ē Kosmurgia (Sechstagewerk oder Weltschöpfung)* des aus Kleinasien stammenden, griechisch schreibenden Georgios Pisides tritt die Exegese des Schöpfungsberichts hinter den lyrischen Darstellungen der Schönheit des sichtbaren Kosmos zurück. Während Basileios und Ambrosios noch eine naturphilosophische Auslegung der *Genesis* ablehnen, scheut sich der in Konstantinopel wirkende Pisidier nicht, die Naturphilosophie des Aristoteles weitgehend zu berücksichtigen, Lehrbeispiele aus den *Tiergeschichten* des Sophisten Klaudios Ailianos (um 175–235), ja selbst zahlreiche Anspielungen auf zeitgenössische Ereignisse in das Werk aufzunehmen. Für das hohe Ansehen dieses *Hexaēmeron* sprechen auch eine armenische und eine im Jahre 1385 von Dmtrij Zograf hergestellte Übersetzung ins Kirchenslavische. H.L.H.-KLL

Zu *Hexaēmeron* (Basileios):

Ausgaben: Basel 1532, Hg. Erasmus von Rotterdam. – Paris 1721–1730 (in *Opera*, Hg. J. Garnier u. P. Maran, 3 Bde.; *Mauriner Ausg.*). – MG 29, Sp. 3–208. – Paris 1949, Hg. S. Giet (m. frz. Übers.; SCh, 26; ²1968; erw.). – MG 30, Sp. 870–968 [enth. lat. Version des Eustathius]. – Bln. 1958 (*Ancienne version latine des neuf homélies sur l'Hexaméron de Basile de Césarée*, Hg. E. Armand de Mendieta u. S. Y. Rudberg; TU, 66).

Übersetzungen: In *Predigten und Schriften*, J. v. Wendel, 6 Bde., Wien 1776. – *Die neun Homilien über das Hexaemeron (Sechstagewerk)*, A. Stegmann (in *Des Heiligen Kirchenlehrers B. des Großen ausgewählte Schriften*, Bd. 2, Mchn. ²1925; m. Einl. u. Anm.; BKV², 47).

Literatur: P. Plaß, *De Basilii et Ambrosii excerptis ad historiam animalium pertinentibus*, Diss. Marburg 1905. – K. Gronau, *Poseidonius, eine Quelle für B.' »Hexahemeros«*, Braunschweig 1912. – Y. Courtonne, *S. Basile et l'hellénisme. Étude sur la rencontre de la pensée chrétienne avec la sagesse antique dans l'»Hexaméron« de Basile le Grand*, Paris 1934. – E. Ivánka, *Hellenisches u. Christliches im frühbyzantinischen Geistesleben*, Wien 1948, S. 28–67. – J. Bernardi, *La prédication des Pères Cappadociens. Le prédicateur et son auditoire*, Paris 1968. – M. A. Orphanos, *Creation and Salvation According to St. Basil of Caesarea*, Athen 1975. – E. Amand de Mendieta, *Les neuf homélies de Basile de Césarée sur l'Hexaéméron* (in Byzantion, 48, 1978, S. 337–368). – G. D. Dragas, *La doctrine de la création d'apres l'Hexaéméron de saint Basile le Grand* (in Istina, 28, 1983, S. 282–308).

Zu *Hexaēmeron* (Ambrosius):

Ausgaben: Mailand o. J. [ca. 1475], Hg. M. Venia. – Paris 1686–1690 (in *Opera*, Hg. M. Le Nourry u. J. du Friche, 2 Bde.; ern. Venedig 1748–1751, 4 Bde.; *Mauriner Ausg.*). – MG, 14. – Wien 1896 (in *Opera*, Hg. K. Schenkl, 9 Bde., 1896 ff., 1; CSEL, 32/1; ern. Ldn./NY 1962). – Turin 1937, Hg. E. Pasteris [m. ital. Übers.].

Übersetzung: *Exameron*, J. E. Niederhuber (in *Des heiligen Kirchenlehrers A. v. Mailand ausgewählte Schriften*, Kempten/Mchn. 1914; BKV, 17).

Literatur: J. B. Kellner, *Der heilige A., Bischof von Mailand, als Erklärer des ATs*, Regensburg 1893, S. 77–89. – P. Plaß, *De Basilii et Ambrosii excerptis ad historiam animalium pertinentibus*, Diss. Marburg 1905. – G. Gossel, *Quibus ex fontibus Ambrosius in describendo corpore humano hauserit*, Diss. Lpzg. 1908. – C. Martini, O. F. M., *Ambrosiastes. De autore, operibus, theologia*, Rom 1944. – J. Pépin, *Théologie cosmique et théologie chrétienne*, Paris 1964. – E. Dassmann, *Die Frömmigkeit des Kirchenvaters A. v. Mailand. Quellen u. Entfaltung*, Münster 1965. – L. J. Swift, *Basil and Ambrose on the Six Days of Creation* (in Augustinianum, 21, 1981, S. 317–328). – H. Savon, *Physique des philosophes et cosmologie de la Genèse chez Basile de Césarée et Ambroise de Milan* (in *Philosophies non chrétiennes et christianisme*, Hg. L. Couloubaritsis, Brüssel 1984).

Zu *Hexaēmeron ē Kosmurgia* (Georgios Pisides):

Ausgaben: Rom 1777, Hg. J. M. Querci. – Lpzg. 1866 (in *Claudii Aeliani De natura animalium libri 17, varia historia, epistolae, fragmenta*, Hg. R. Hercher, 2 Bde., 1864–1866, 2). – Petersburg 1882, Hg. J. Šljapkin [russ.-kirchenslav. Übers. v. 1385]. Venedig 1900, Hg. J. H. Tiröan [m. arm. Übers.]. – MG, 92.

Literatur: E. Bouvy, *Poètes et mélodes. Étude sur les origines du rythme tonique dans l'hymnographie de l'église grecque*, Nimes 1886, S. 164 ff. [zugl. Diss. Paris]. – Krumbacher, S. 709–712. – M. Gigante, *Su alcuni versi di Giorgio Pisida. »Hexaemeron«, 380–397* (in Bollettino della Badia Greca di Grottaferrata, N. S. 7, 1943, S. 44–46). – F. Dölger, *Die byzantinische Dichtung in der Reinsprache*, Bln. 1948. – G. Moravcsik, *Byzantinoturcica*, Bd. 1, Bln. ²1958, S. 288/289. – Beck, S. 448/449.

KATA EUNOMIU

(griech. Patr.; *Gegen Eunomios*). Dogmatisch-polemisches Werk in drei Büchern von BASILEIOS DEM GROSSEN, entstanden 363/364; die beiden dem Werk angehängten Bücher 4 und 5 stammen vermutlich von DIDYMOS dem Blinden (†um 398). – Die Schrift richtet sich gegen die *Apologia* des EUNOMIOS aus Nikomedien, der im Jahr 360 als Bischof von Kyzikos abgesetzt worden war. Eunomios war strenger Arianer und neben AËTIOS (†370) das Haupt der Anomöer, die im Interesse einer präzisen und radikalen Schöpfungslehre die völlige Unähnlichkeit des Logos mit dem Pantokrator, dem Allherrscher, vertraten. Diese Oppositionshaltung hatte Eunomios schon auf dem Konzil von Nikaia (325) eingenommen; die These von der Homousie, der Wesensgleichheit des Sohnes mit dem Vater, erkannte er niemals an. Den Logos erklärte er als eine schöpferische Kraft *(dynamis)*, nämlich als die unpersönliche gesetzgebende Weisheit des Vaters. Nur der eine Gott sei ungeworden *(agenētos)*, alles andere, einschließlich des Logos, sei geschaffen. Leugnete Eunomios schon die Göttlichkeit des Sohnes, so natürlich erst recht die des Heiligen Geistes, den er als allein vom Sohn ausgehend begriff.

Die Gegenschrift des Basileios datiert aus der Zeit des Regierungsantritts von Kaiser Valens (reg. 364–378), der anfangs den Arianismus zur Reichsreligion erheben und den orthodoxen Bischof von Kaisareia absetzen wollte; eine Inkognito-Begegnung mit Basileios brachte ihn jedoch von diesem Vorhaben ab. Gegenüber Eunomios, der in der »Ungewordenheit« das Wesen Gottes fassen zu können glaubte, vertritt Basileios die *docta ignorantia*, das »gelehrte Nichtwissen«, der Kappadokier: Gott ist nur aus seinen Werken zu erkennen, und auch darin wird nur sein Macht, nicht sein Wesen sichtbar; denn der unendliche Gott muß uns ewig unbegreiflich bleiben. Wohl lassen sich aus den Werken bestimmte Eigenschaften Gottes ableiten, von denen aber die »Ungewordenheit« nur eine – und noch dazu eine negative – darstellt. Hinsichtlich des Heiligen Geistes vertritt Basileios die Ansicht, dieser gehe teils *»aus dem Vater durch den Sohn«* hervor, teils wohl auch aus dem Sohn selbst. Hierauf gründete sich der gegen Basileios erhobene Vorwurf, er habe die Gottheit und Homousie des Heiligen Geistes nicht ausdrücklich genug formuliert, eine Beschuldigung, die Basileios 375 in seiner Schrift *Peri tu hagiu pneumatos (Über den Heiligen Geist)* zurückwies.

Eunomios wiederum verfaßte gegen die Polemik des Basileios eine *Apologia hyper apologias (Verteidigung der Verteidigungsschrift)*, die sich zum Teil aus den Erwiderungen des GREGORIOS aus Nyssa rekonstruieren läßt. A.Ku.

AUSGABEN: Venedig 1535 (in *Opera quaedam beati Basilii*, Hg. S. Sabius). – MG 29, Sp. 498–774; Nachdr. 1964. – Paris 1982, Hg. B. Sesboüé [m. frz. Übers.].

LITERATUR: M. Albertz, *Untersuchungen über die Schriften des Eunomius*, Diss. Wittenberg 1908. – H. Dörries, *De spiritu sancto. Der Beitrag des Basilius zum Abschluß des trinitarischen Dogmas*, Göttingen 1956 (AGG, phil.-hist. Kl., 3/39). – E. Cavalcanti, *Il problema del linguaggio teologico nell' »Adversus Eunomium« di Basilo Magno* (in Augustinianum, 14, 1974, S. 527–539). – D. L. Balás, *The Unity of Human Nature in Basil's and Gregory of Nyssa's Polemics Against Eunomius* (in TU, 117, 1976, S. 275–281). – E. Cavalcanti, *Studia Eunomiani*, Rom 1976 (OCA). – M. Girardi, *›Semplicità‹ e ortodossia nel dibattito antiariano di Basilio di Cesarea : la raffigurazione dell'eretico* (in Vetera Christianorum, 15, 1978, S. 51–74). – A. Romita, *L'attegiamento di S. Basilio verso gli eretici e non christiani* (in Nicolaus, 8, 1980, S. 166–172).

BASIL ZARZMELI

um 900

SERAPION ZARZMELIS CHOVREBA

(georg.; *Das Leben des heiligen Serapion von Zarzma*). Heiligenvita von BASIL ZARZMELI. – Das Leben Serapions, der das koinobitische Kloster Zarzma im Südwesten Georgiens gründete und dabei von dem Fürsten der Provinz, Giorgi Corcaneli, tatkräftig unterstützt wurde, beschrieb sein Neffe Basilius, der um 920 Abt des Klosters war. Die Vita gibt keine genauen Datierungen. Es ist aber anzunehmen, daß die Klostergründung in der Zeit zwischen 861 und 868 fiel und daß Serapion frühestens um 900 starb. Überliefert ist die Lebensbeschreibung nur in einer metaphrastischen Fassung des 11. Jh.s, die aber das Original wahrscheinlich getreu wiedergibt. Das Werk ist vor allem wegen seiner zuverlässigen historischen Details interessant. Es vermittelt ein anschauliches Bild vom Leben der damaligen Feudalherren und ihrer Vasallen, vermerkt Klostergründungen in Opiza, Parhali, Zawari und nennt zahlreiche hagiographische Schriften in georgischer Übersetzung. Bemerkenswert ist auch der Freimut, mit dem Basil von Aufständen der Bauern berichtet, die die Ländereien der Klöster für sich beanspruchten. Während vor allem KEKELIDZE das Werk im 10. Jh. ansiedelt, neigt INGOROQVA dazu, es bereits ins 7. Jh. zu datieren. I.Ku.

AUSGABEN: Tiflis 1909 (in M. Džanašvili, *Kʻartʻuli mcʻerloba*, Bd. 2). – Tiflis 1935 (in K. Kekelidze, *Adrindeli pʻeodaluri kʻartʻuli literatura*). – Tiflis 1963 (in I. Abuladze, *Dzveli kʻartʻuli agiograpʻiuli literaturis dzeglebi*, Bd. 1). – Tiflis 1975 (in N. Vačnadze, *Serapion Zarzmelis cxovreba rogorcʻ saistorio cqaro*).

ÜBERSETZUNG: *Vie de S. Serapion de Zarzma*, P. Peeters (in P. P., *Histoires monastiques géorgiennes*, Brüssel 1923, S. 168–207; lat.).

LITERATUR: P. Ingoroqva, *Giorgio Merčule*, Tiflis 1954, S. 324–339. – P. M. Tarchnišvili, *Geschichte der kirchlichen georgischen Literatur*, Rom 1955, S. 103/104. – Kekelidze, S. 146–152. – A. Bogveradze, »Serapion Zarzmelis chovrebis« *t'arigisat'vis* (in Macʻne, 1964, Nr. 3, S. 50–69). – N. Goguadze, »*Serapion Zarzmelis chovrebis*« *tekʻstisa da enis sakitʻhebi* (in Pʻilologiuri dziebani [helnacertʻa instituti], 1, 1964, S. 7–21). – G. Mikʻadze, *Dzveli kʻartʻuli mcʻerlobis bibliograpʻia*, Bd. 2, Tiflis 1968, S. 425. – H. Faehnrich, *Die georgische Literatur*, Tiflis 1981, S. 39/40.

BASINIO BASINI

Basinio da Parma
* 1425 Parma
† zwischen 24. und 30.5.1457 Rimini

HESPERIS

(nlat.; *Hesperis*). Epos in dreizehn Büchern von Basinio BASINI, vollendet etwa 1455. – Bald nachdem Basini, der beste HOMER-Kenner seiner Zeit, 1449 an den Hof des Tyrannen Sigismondo Malatesta zu Rimini gerufen worden war, faßte er den Plan, seinem Gönner in einer zweiten *Ilias* ein Denkmal zu setzen. Es sollte ein großes Nationalepos werden, das den Kampf der Tyrrhener unter Führung Malatestas gegen die in Italien gelandeten Iberer oder Barbaren, wie sie der Dichter nennt, darstellt. Der historische Hintergrund ist der kurz zuvor beendete Krieg, den die Florentiner unter Malatesta gegen Alfonso von Neapel geführt hatten. Der Dichter greift für sein Epos allerdings nur einige wenige bedeutende Ereignisse heraus. So behandelt der erste Teil des Werkes den Feldzug von 1448, der damit endete, daß Alfonso sich aus dem von ihm besetzten Piombino zurückzog; im Mittelpunkt des zweiten Teils stehen Malatestas Siege über Alfonsos Sohn bei Fogliano und Vada im Jahre 1452 und 1453. Das ganze Werk ist ein einziger Lobpreis auf den siegreichen »Helden«. Doch da Malatesta zwar ein tüchtiger Feldherr war, ansonsten aber nichts eigentlich Großes geleistet hat, mußte der Dichter den historischen Stoff oft sehr einschneidend umgestalten. So baute er recht geschickt die früheren Taten Malatestas in die Handlung ein, gestaltete das vierte Buch als einen Hymnus auf den Helden, von Gott Apollo dem Alfonso vorgetragen – ein markantes Beispiel für Basinis Verwendung des Homerischen Götterapparats. Als Mittelstück ist zwischen die Beschreibung der beiden Kriege eine homerisch-vergilianische *nekyia* (Unterweltsreise) eingelegt, in der die Fahrt des Tyrannen zu den Inseln der Seligen geschildert wird. – Trotz der prunkvollen und dabei überaus anschaulichen Darstellung ist das Epos – wohl weil es ausschließlich für Malatesta bestimmt war – kaum über Rimini hinausgedrungen. Daher vermochte es dem Dichter auch nicht die verdiente Anerkennung zu verschaffen und wurde erst 1794 zum erstenmal gedruckt. M. Ze.

AUSGABE: Rimini 1794 (in *Opera praestantiora*, Hg. L. Drudi; m. Komm.).

LITERATUR: G. Voigt, *Die Wiederbelebung des klassischen Altertums*, Bd. 1, Bln. 1893, S. 580–584. – G. Finsler, *Homer in der Neuzeit*, Lpzg./Bln. 1912, S. 30–33. – Ders., *Sigismondo Malatesta u. sein Homer* (in *Festgabe f. G. Meyer v. Kronau*, Zürich 1913). – V. Zabughin, *Virgilio nel rinascimento italiano*, Bd. 1, Bologna 1921, S. 287–293; 312–315. – G. Ricci, *Di un codice malatestiano della »Esperide« di Basinio* (in Accademie e Biblioteche d'Italia, 1, 1927/28, 5/6, S. 20–48). – O. Pächt/A. Campana, *Giovanni da Fano's Illustrations for B.'s Epos »Hesperis«* (in Studi romagnoli, 2, 1951, S. 91–111).

CEVAT FEHMI BAŞKUT

* 1905 Edirne
† 15.3.1971 Istanbul

LITERATUR ZUM AUTOR:
B. Necatigil, *Edebiyatımızda isimler sözlüğü*, Istanbul 1977. – M. Kutlu, Art. *C. F. B.* (in *Türk dili ve edebiyatı ansiklopedisi*, Bd. 1, Istanbul 1977, S. 345–346). – T. Özçelik, *C. F. B.* (in Milliyet sanat dergisi, 1981, H. 21, S. 24/25).

PAYDOS

(ntürk.; *Feierabend*). Schauspiel in drei Akten von Cevat Fehmi BAŞKUT; Uraufführung: Istanbul 1948, Şehir Tiyatroları. – Der Held des Stücks, Murtaza Bey, hat dreißig Jahre lang als Volksschullehrer an verschiedenen Orten in Anatolien gearbeitet, ohne es dabei auch nur zu bescheidenem Wohlstand zu bringen. Schließlich nach Istanbul versetzt, lebt er in ärmlichen Verhältnissen mit seiner Frau und seinem Sohn, der soeben die Universität hinter sich hat, in einem von seiner Mutter ererbten großen Konak. Da die Erbschaft im übrigen aus Schulden besteht, muß er das Haus zimmerweise vermieten, doch die Mieter, ebenso arm wie er, können nicht bezahlen. Murtazas Frau, des Elends überdrüssig, will ihren Sohn mit der Tochter des neureichen Hacı Hüsamettin verheiraten.

Dieser und seine Frau sind zwar dem Schwiegersohn nicht abgeneigt, haben jedoch Bedenken wegen der Armut seiner Familie. Da sie sich in den Kopf gesetzt haben, ihre Tochter nur in Kaufmannskreise einheiraten zu lassen, drängt der Hadschi den Lehrer, die Schule aufzugeben und Krämer zu werden; da sich Murtaza hartnäckig weigert, greift Hüsamettin zur Intrige. Er tut sich zu diesem Zweck mit dem *muhtar* (Gemeindevorsteher) eines Dorfes zusammen, in dem Murtaza früher unterrichtet hat, einem Ausbund an Arglist und Verlogenheit, der schon immer ein Todfeind des rechtschaffenen Lehrers war. Mit diesem Verhältnis kontrastiert eine Liebesromanze zwischen dem Lehrerssohn und der Tochter des *muhtar*, die jedoch ein Motiv zweiter Ordnung bleibt. Hacı Hüsamettin richtet es nun so ein, daß im Garten von Murtazas Konak, der einst einem Scheichulislam (dem obersten geistlichen Würdenträger des Reichs) gehört hat, Goldstücke gefunden werden und der Lehrer sich im Besitz vergrabener Schätze wähnt. Dann wird ein armer Fischerssohn durch Bestechung dazu gebracht, ihn öffentlich der Mißhandlung seiner Schüler zu bezichtigen; Murtazas Name geht durch die Zeitungen, und es kommt zu einem großen Skandal. Als die Schulinspektoren sich den Fall vornehmen und Murtaza die Entlassung droht, bringen ihn seine Frau und die anderen »Verschwörer« endlich soweit, durch freiwilliges Ausscheiden aus dem Schuldienst seine »Ehre« zu retten und seinen vermeintlichen Reichtum in einem Laden anzulegen. In diesem spielt die letzte Szene des Dramas, die von bitterernster Komik erfüllt ist. Der ehemalige Lehrer versteht vom Geschäft nicht das geringste; der Hadschi, der dabei unablässig Gottes Namen im Munde führt, weiht ihn in die Geheimnisse des neuen Metiers ein und erklärt ihm, wie man des Lesens unkundige arme Weiblein beim Abwiegen und Anschreiben betrügt. Abends bleibt Murtaza allein in seinem Laden; in einem Anfall geistiger Umnachtung wähnt er sich im Klassenzimmer und fängt an, in genauer Umkehrung der Ratschläge des Hadschi, seine Schüler zum Guten und Rechten zu ermahnen. Als schließlich von draußen die Pfeife des Nachtwächters ertönt, entläßt er sie mit den Worten: »*Auf, Kinder, Feierabend, die Schule ist aus!*«

Mit einer Mischung von beißendem Spott und tiefer Melancholie betrachtet der Autor, der seine Themen in der Regel dem sozialen Bereich entnimmt und seine Charaktere vom Moralischen her differenziert, das durch die gesellschaftlichen Zustände geförderte Unrecht und die Unzulänglichkeit der Gesetze. Das Stück, das die beklagenswerte Lage der Beamten und kleinen Gehaltsempfänger kritisch zur Sprache brachte, fand in den fünfziger Jahren in der Türkei starken Widerhall und hielt sich jahrelang auf dem Spielplan der Theater von Istanbul und Ankara. Als erstes türkisches Schauspiel von professionellen Bühnen im Ausland übernommen, erlebte es allein im Athener Argiropulos-Theater 65 Aufführungen. Der Autor erreichte mit *Paydos* den Höhepunkt seines Schaffens. B.At.

AUSGABEN: Istanbul 1948. – Istanbul 1962. – Istanbul 1970.

LITERATUR: Halide Edib (Adıvar), »*Paydos*« (in Türk tiyatrosu, 1948, H. 221). – L. Ay, *Yunanistan'da* »*Paydos*« (ebd., 1950, H. 238). – C. Uygur, »*Paydos*« *yerli Sinemaya aktarıldı* (in Son Havadis, 3. 5. 1968).

SANA REY VERIYORUM

(ntürk.; *Ich stimme für dich*). Schauspiel in drei Akten von Cevat Fehmi BAŞKUT; Uraufführung: Istanbul 1950, Şehir Tiyatroları. – Das Stück handelt von einem Arzt, der nach einem kurzen Ausflug in Geschäft und Politik zu seinem bescheidenen, helfenden Leben zurückkehrt. Den politischen Hintergrund bildet die Zeit des Übergangs vom Ein- zum Mehrparteiensystem (1946–1948) in der Türkei: Neben der Republikanischen Volkspartei etablieren sich die Demokratische und die National-Partei.

Dr. Ramazan Cankurtaran, Anfang fünfzig und lange Zeit als Kommunalarzt zur Bekämpfung der Malaria in Anatolien tätig, hat – nach fast dreißigjährigem Wirken in der Provinz – in Istanbul eine Praxis eröffnet, wo seine vierundzwanzigjährige Tochter aus erster Ehe, Asuman, Türkologie studiert. Erst vor einem Jahr hat der Doktor eine junge Frau geheiratet, die kaum älter als Asuman ist und die mit ihrer Besitzgier und Herrschsucht schlecht zu Vater und Tochter paßt. Aus Schwäche gegenüber seiner jungen Frau handelt Dr. Cankurtaran immer wieder gegen seine Grundsätze; so läßt er zum Beispiel zu, daß ein »Ärztemakler« für ihn auf Krankenjagd geht.

Eine – vom Autor erfundene – »Partei der Brüderlichkeit« hat beschlossen, bei den Vorwahlen zur Nationalversammlung Dr. Cankurtaran in einem seiner früheren Wirkungskreise in Anatolien als Kandidaten aufzustellen. So begibt sich der Doktor, auf Drängen seiner Frau, in die politische Arena. Gemeinsam fahren sie in den Wahlkreis in der Provinz, um sich an der Wahlkampagne zu beteiligen. Völlig überraschend fällt der Doktor durch. Doch im Gegensatz zu seiner Frau, für die eine Welt zusammenbricht, atmet er erleichtert auf: Er hat einen Alptraum abgeschüttelt. Nicht nur mit Ärztemaklern und Parteiklüngel ist er fertig; er wird sich auch von seiner Frau trennen, wird seine Tochter mit dem Lehrer, den sie liebt, verheiraten, und er selbst wird als Kleinstadtarzt nach Anatolien zurückkehren: »*O Genügsamkeit, Bescheidenheit, Liebe zur Wissenschaft: Ich stimme für dich!*«

In ihrem Vorwort zur Buchausgabe nennt Halide Edib ADIVAR den Autor einen türkischen Ben JONSON und gibt dafür drei Gründe an: 1. Başkut stelle sich bewußt in die von Ben Jonson begründete kraftvoll-realistische Tradition. 2. Sein Stück scheine zunächst die gängige Ansicht zu bestätigen, jeder anständige Mensch sei ein Dummkopf, zeige aber im letzten Akt gerade die öffentliche Meinung als eine Instanz, vor der Falschmünzerei und Taschenspielertricks auf die Dauer nicht bestehen können. 3. Die Charaktere, die Başkut auf die Bühne stelle, blieben in Worten, Handlungen und in den Reaktionen auf ihre Umwelt stets sich selber treu. – Zwar warf ihm die Mehrzahl der Kritiker – so besonders Yıldırım KESKİN und Özdemir NUTKU – Mangel an Phantasie schon bei der Namengebung vor (Cankurtaran z. B. bedeutet »Lebensretter«); doch ist diese Typisierung von einem bühnentechnisch so versierten Autor wie Başkut wohl ganz bewußt als »Erkennungsmarke« eingesetzt. Başkut kandidierte selbst einmal als Abgeordneter und erlebte auf seinen Reisen durch Anatolien das Intrigenspiel hinter den Parteikulissen aus nächster Nähe. *Sana Rey Veriyorum*, das siebte von seinen dreiundzwanzig Theaterstücken, verdankt dieser persönlichen Erfahrung des Autors seine Wirklichkeitsnähe. B.Ne.

AUSGABE: Istanbul 1951; ²1963.

LITERATUR: Y. Keskin, Rez. (in Varlık, 1. 2. 1951, H. 367). – Ö. Nutku, *Tiyatro ve Yazar*, Ankara 1960, S. 128–134. – C. Ü. Spuler, *Das türkische Drama der Gegenwart* (in WI, N. S. 11, 1967/68, S. 1–219). – H. W. Brands, *Zum Stand der Theaterdichtung in der Türkei* (ebd., N. S. 13, 1971/72, S. 79–98). – B. Necatigil, *Edebiyatımızda eserler sözlüğü*, Istanbul ⁵1971.

EDUARD BASS

d.i. Eduard Schmidt
* 1.1.1888 Prag
† 2.10.1946 Prag

LITERATUR ZUM AUTOR:
J. Kunc, *Slovník soudobých českých spisovatelů*, Prag 1945, S. 25–27. – M. Novotný, *Padesátka E. B.* (in Literární noviny, 1948). – J. Červený, *Červená sedma*, Prag 1951. – H. Friedrich, *Der tschechische Dichter E. B.* (in Greifen-Almanach, 1954, S. 395–397). – A. Branald, *V. Bassově klíči* (in E. B., *To Arbes nenapsal, Vrchlický nebásnil*, Prag 1958). – M. Grygar, Vorw. zu E. B., *Lidé z maringotek*, Prag 1963. – *Slovník českých spisovatelů*, Prag 1964, S. 19–20. – A. Měšťan, *Geschichte der tschechischen Literatur im 19. und 20. Jahrhundert*, Köln/Wien 1984, S. 285/286. – *Čeští spisovatelé 20. století*, Hg. M. Blahynka, Prag 1985, S. 19–22.

CIRKUS HUMBERTO

(tschech.; *Ü: Zirkus Umberto*). Roman von Eduard BASS, erschienen 1941. – Das mit erstaunlicher Sachkenntnis des Zirkuslebens und großem Einfühlungsvermögen in die Psyche des Artisten geschriebene Buch will zum einen die erfinderische Zähigkeit des Tschechen, zum anderen die ihm von der Natur verliehene Tüchtigkeit dokumentieren: »*Und schaffen möchtest du? Jede Arbeit, was es auch sei?... Wie auch nicht, bist doch ein Tscheche! – Du kannst es schon, kannst es, hab nur keine Angst. Kannst viel mehr, als hier gebraucht wird... und was du nicht kannst, guckst du ab – bist doch ein Tscheche.*« Beide Eigenschaften bewähren sich sowohl im exotischen Glanz als auch im harten Alltag eines großen Zirkusunternehmens. Der Maurer Antonín Karas aus dem Böhmerwald, der natürlich auch Flügelhorn blasen kann und das Bier nicht verachtet, findet 1862 durch Vermittlung seines Landsmanns Kerbholec (»*Wo in aller Welt findet man keinen Tschechen?*«) Beschäftigung bei dem schon damals berühmten Zirkus Humberto in Hamburg und bringt es mit der Zeit bis zum Inspektor. Sein Sohn Václav heiratet die Prinzipalstochter Helena Berwitz und übernimmt auch die Leitung des Unternehmens, bis Unstimmigkeiten mit dem alten Berwitz und wirtschaftliche Schwierigkeiten zur Auflösung des Zirkus führen. Also gründet Václav 1890 ein Varieté Humberto in Prag, das zu einem Mittelpunkt europäischer Artistik wird. Leider hat Václavs Sohn Petr – o Schande! – keinen Tropfen Zirkusblut in den Adern, sondern studiert Mathematik und wird Universitätsprofessor. Václavs Frau dagegen hält es beim Varieté nicht aus; sie läßt sich vom Zirkus Kranz wieder als Kunstreiterin engagieren und stirbt nach einem Unfall in Rotterdam. Doch Lida Karas, Petrs Tochter, wird unter Anleitung ihres Großvaters die berühmte Tänzerin »Ludmila Humberto.« Als Václav 1925 die Leitung des Varietés niederlegt und deshalb einen großen Empfang gibt, erscheint auch Lida mit ihrem Verlobten, einem ungarischen Großgrundbesitzer, dessen Lipizzanerstall als »Gestüt Humberto« den großen Namen weiterführen wird.
Um diesen Handlungskern ranken sich unzählige zirzensische Schicksale und Szenen aus Manege, Stall und Wohnwagen. Der Stil des fabulierfreudigen Autors ist unsentimental, realistisch und zeugt von journalistischem Geschick. Die Sprache, gefärbt vom typisch pragerischen Konversationston, wirkt überaus lebendig und zeigt das saloppe Umgangstschechisch in voller Blüte. J.H.

AUSGABEN: Brünn 1941 (in Knihovna lidových novin, 5, Bd. 2 u. 3). – Prag 1941 (in Žatva, sbírka hodnotné prozy, 35). – Prag 1959 (in *Dílo*, Hg. A. Branald, 8 Bde., 1955–1959, 7). – Prag ¹⁹1978.

ÜBERSETZUNG: *Zirkus Umberto*, B. Schick, Zürich 1951. – Dass., ders., Prag 1954.

VERTONUNG: J. Krička, Olmütz 1956 (Text: J. Königsmark; Operette).

LITERATUR: V. Černý, Rez. (in Kritický měsíčník, 1941). – B. Polan, *Cirkusová epopej E. B.* (in Lidové noviny, 18. 5. 1941; ern. in B. P., *Život a slovo*, Prag 1964). - L. Khás, *Jak se stavěl »Cirkus Humberto«* (in Nový život, 1957, H. 9, S. 984-987). - F. Černý, *B. Circus Humberto* (in E. B., *Circus Humberto*, Prag 1959). - A. Hájková, *B.-románový epik*, (in E. B., *Cirkus Humberto*, Prag 1959).

GIORGIO BASSANI

* 4.3.1916 Bologna

LITERATUR ZUM AUTOR:
M. Grillandi, *Invito alla lettura di G. B.*, Mailand 1972. - G. Güntert, *G. B.* (in *Italienische Literatur der Gegenwart in Einzeldarstellungen*, Hg. J. Hösle u. W. Eitel, Stg. 1974, S. 381-409; KTA). - G. O. De Stefanis, *B. entro il cerchio delle sue mura*, Ravenna 1981. - A. Neige, *B. e il mondo ebraico*, Neapel 1983. - *»Il roma romanzo di Ferrara«. Contributi su G. B.*, Hg. A. Sempoux, Louvain-La-Neuve 1983. - A. Russi, *La narrativa italiana dal neosperimentalismo alla neoavanguardia (1950-1983)*, Bd. 1, Rom 1983. - D. Radcliff-Umstead, *Exile in the Narrative Writings of G. B.* (in Italian Culture, 5, 1984, S. 113-139). - M. Schneider, *Vengeance and the Victim: History and Symbol in G. B.'s Fiction*, Minneapolis 1986. - G. Güntert, *Figuren hinter Glas. Zu B.s »Romanzo di Ferrara«* (in Zibaldone, Mchn. 1986, Nr. 2, S. 101-117).

IL GIARDINO DEI FINZI-CONTINI

(ital.; *Ü: Die Gärten der Finzi-Contini*). Roman von Giorgio BASSANI, erschienen 1962. - Bassanis erster Roman wirkt fast wie eine Fortsetzung seiner *Cinque storie ferraresi*, 1956 (*Fünf Ferrareser Geschichten*), denn wie diese spielt er in Ferrara, einer der ältesten jüdischen Ansiedlungen in Italien, zur Zeit des Faschismus unter dem alteingesessenen, wohlsituierten jüdischen Bürgertum der Stadt, zu dem auch die Familie Bassani gehört; und selbst Personen, die aus den *Cinque storie* bekannt sind, tauchen in der Romanhandlung wieder auf. In deren Mittelpunkt steht die vornehme, hochkultivierte Familie Finzi-Contini, die sich in ihrem inmitten eines weitläufigen Parks gelegenen Palast von der Umwelt abschließt. Der Autor - das »Ich« des Romans - erzählt, wie er als Knabe den ungefähr gleichaltrigen Kindern Alberti und Micòl gelegentlich in der Synagoge oder beim alljährlichen Schulexamen begegnet ist. Eine wirkliche Freundschaft entsteht erst viel später während seiner Studienzeit, als die Finzi-Contini aus Protest gegen die beginnende Diskriminierung der Juden das zurückgezogene Leben aufgeben, um ihre Solidarität mit der jüdischen Gemeinde Ferraras zu demonstrieren.

Nach dem Ausschluß aller »Nichtarier« aus dem örtlichen Tennisklub stellen die Finzi-Contini diesen ihre privaten Tennisplätze zur Verfügung, und so betritt der junge Bassani zum erstenmal den fast legendären Park. Er wird bald zum Freund des Hauses und täglichen Gast in der Familie, führt mit dem Hausherrn lange Gespräche, diskutiert mit Alberto und arbeitet in der reichhaltigen Bibliothek an seiner Dissertation. Vor allem aber gelten seine Besuche der rätselhaften, kapriziösen Micòl, und schließlich wird er von einer leidenschaftlichen, doch unerwiderten Liebe zu ihr erfaßt. Eifersucht und unüberlegte Torheiten zerstören im Lauf der Zeit die anfangs so harmonische Beziehung, und nach langem Schwanken bricht Bassani den Kontakt mit der Familie völlig ab. Er hört nichts mehr von den Finzi-Contini, bis Alberto an einer bösartigen Krankheit stirbt und Micòl mit der übrigen Familie nach Deutschland deportiert wird - einem namenlosen Tod entgegen. Diese Erinnerungen, die aus einer weit zurückliegenden Vergangenheit beschworen zu sein scheinen, obgleich sie doch noch Gegenwartsgeschichte sind, werden von der Melancholie einer untergehenden Epoche, einer dem Tod geweihten Gesellschaft überschattet. Die Angst vor der ihnen drohenden Zukunft scheint die Betroffenen zu lähmen, und krampfhaft versuchen sie, sich mit Tennisspiel und geistreicher Konversation über die brennenden Probleme der Zeit hinwegzutäuschen. Zuflucht in der *»geliebten, sanften, barmherzigen Vergangenheit«* suchend, ist ihr Blick nur nach rückwärts gerichtet; denn *»nicht so sehr der Besitz der Dinge zählt, als die Erinnerung an sie, die Erinnerung, mit der verglichen der Besitz an und für sich nur enttäuschend, banal und unzulänglich erscheinen kann«*. R.M.G.

AUSGABEN: Turin 1962. - Mailand 1974 (in *Il romanzo di Ferrara*). - Mailand 1984.

ÜBERSETZUNG: *Die Gärten der Finzi-Contini*, H. Schlüter, Mchn. 1963. - Dass., ders., Mchn. 1983; ^{5}1987.

VERFILMUNG: Italien 1970 (Regie: V. de Sica).

LITERATUR: H. v. Cramer, Rez. (in Die Zeit, 3. 1. 1964). - L. Jent, Rez. (in Zürcher Woche, 12. 6. 1964). - A. Vollenweider, Rez. (in NDH, 1964, 98, S. 153-155). - E. Kanduth, *G. B.s »Il giardino dei Finzi-Contini« im Spiegel der Varianten* (in Italienische Studien, 6, 1983, S. 105-123). - D. Radcliff-Umstead, *B.: The Motivation of Language* (in Italica, 62, 1985, S. 116-125).

LE STORIE FERRARESI

(ital.; *Ü: Ferrareser Geschichten*). Acht Erzählungen von Giorgio BASSANI. Die ursprüngliche Ausgabe, die 1956 unter dem Titel *Cinque storie ferraresi* herauskam und für die der Autor im gleichen Jahr den »Premio Strega« erhielt, umfaßte die Erzählungen *Lida Mantovani, La passeggiata prima di cena (Der Spaziergang vor dem Abendessen), Una lapide in Via Mazzini (Eine Gedenktafel in der Via Mazzini), Gli ultimi anni di Clelia Trotti (Die letzten Jahre der Clelia Trotti)* und *Una notte del' 43 (In einer Nacht des Jahres 1943)*. 1960 erschien der Band unter dem neuen Titel und erweitert um die Erzählungen *Gli occhiali d'oro (Die Brille mit dem Goldrand), Il muro di cinta (Der Mauergürtel)* und *In esilio (Im Exil)*. Bassani schrieb seine Erzählungen mehrmals um, die endgültige Fassung erschien 1980. In der deutschen Übersetzung bleiben die Varianten unberücksichtigt.

Schauplatz dieser sehr unterschiedlich langen Geschichten ist – wie immer bei Bassani – seine Heimatstadt Ferrara, und fast alle spielen im jüdischen Bürgertum der Stadt, dem der Autor selbst entstammt und das bis zum Erlaß der faschistischen Rassengesetze im Leben der Stadt eine wichtige Rolle spielte. In allen Erzählungen geht es um die Darstellung von Vergangenem, um die Heraufbeschwörung der Zeit vor oder während des Zweiten Weltkriegs, wobei oft die Tragik politischer Ereignisse an Einzelschicksalen demonstriert wird. Da ist zum Beispiel der Jude Geo Josz *(Una lapide in Via Mazzini)*, der als einziger von 183 nach Deutschland deportierten Juden mit dem Leben davongekommen ist. Bei seiner Rückkehr nach Ferrara findet er seinen Namen auf einer Gedenktafel für die Opfer des Nationalsozialismus. Geo Josz versucht, die Vergangenheit in der Gegenwart wiederzufinden, dort wieder anzuknüpfen, wo er vor seinem Abtransport aufgehört hatte. Als ihm das jedoch nicht gelingt, als er begreift, daß seine Umwelt diese – für viele schuldhafte – Vergangenheit einfach wegleugnet, spürt er, daß die Kluft zwischen ihm und den anderen unüberbrückbar geworden ist. Er legt seine Gefangenenkleidung wieder an, irrt als Bürgerschreck eine Zeitlang durch die Stadt, bis er auf immer verschwindet. »Ruhe und Ordnung« sind wiederhergestellt.

Vom Versagen des Bürgertums handelt im Grunde auch die Erzählung *Una notte del' 43*. Hier berichtet Bassani von einer nächtlichen Geiselerschießung, deren einziger Augenzeuge der gelähmte Apotheker Barilari wird. Er hat am Fenster auf seine Frau gewartet und dabei zum ersten Mal die Gewißheit verspürt, daß sie ihn betrügt. Doch als Anna – durch die Schießerei verspätet – von ihrem Liebhaber zurückkommt, stellt sich Barilari schlafend, und als er nach dem Krieg als einziger Kronzeuge gegen die Schuldigen aussagen soll, gibt er »*die klassische Antwort des Bürgertums aller Zeiten: ›ich schlief‹. So spiegelt sich hier die politische Tragödie des Bürgertums in der Heuchelei der bürgerlichen Ehe*« (A. Andersch).

Um die Liebe zwischen Menschen unterschiedlicher sozialer Herkunft geht es in *Lida Mantovani* (erstmals 1943 heimlich unter dem Pseudonym Giacomo Marchi als *Storia di Debora* veröffentlicht), der Geschichte eines einfachen Mädchens, das von einem menschlich minderwertigen Intellektuellen aus guter Familie mit einem Kind sitzengelassen wird. An der Seite eines wesentlich älteren, einfachen Mannes findet sie viele Jahre später noch ein stilles Glück. – In *La passeggiata prima di cena* dagegen führt die Liebe zwischen dem jüdischen Arzt Elia Corcos und der Krankenschwester Gemma trotz aller unüberbrückbar scheinenden sozialen Gegensätze zu einer dauernden Verbindung. – *Gli ultimi anni di Clelia Trotti* schildert die letzten Lebensjahre einer leidenschaftlichen alten Sozialistin, die während des Faschismus vom Regime bewacht und von ihren eigenen Verwandten gefangengehalten wird.

Den Höhepunkt des Bandes bildet jedoch die Novelle *Gli occhiali d'oro* (schon 1960 unter dem Titel *Ein Arzt aus Ferrara* in deutscher Übersetzung erschienen). Mit Hilfe eines Ich-Erzählers schält Bassani ganz behutsam das Bild des Hals-Nasen-Ohren-Spezialisten Dr. Fadigati, eines sensiblen und gebildeten, gutmütigen und etwas verfetteten Mannes in den Vierzigern, aus dem Nebel der Vergangenheit heraus. Dieser Fadigati, der sich, aus Venedig kommend, 1919 in Ferrara niedergelassen hatte, macht mit seiner goldgeränderten Brille zunächst einen tadellos bürgerlichen Eindruck und avanciert rasch zum Modearzt und zur Hoffnung aller Mütter heiratsfähiger Töchter der Stadt. Selbst als seine homoerotische Neigung allmählich zum offenen Geheimnis wird, bleibt er weiterhin von der Gesellschaft geduldet, da er die Fassade der »Wohlanständigkeit« wahrt. Der Niedergang setzt erst ein, als Fadigati durch den schönen, aber skrupellosen Studenten Eraldo Deliliers gezwungen wird, sich in aller Öffentlichkeit zu kompromittieren. Diffamierenden Gerüchten und demütigenden Erpressungen ausgesetzt, wird er immer tiefer in eine verzweifelte Einsamkeit gedrängt, aus der ihm schließlich nur noch der Ausweg des Selbstmords bleibt. Der einzige, der bis zuletzt mit Fadigati in losem Kontakt steht, ist der Erzähler, der als Jude durch die in jener Zeit erlassenen faschistischen Rassengesetze in eine ähnliche Isolation gerät. Ganz anders als bei Thomas Mann, mit dessen *Tod in Venedig* diese Erzählung – unzutreffend – oft in Zusammenhang gebracht wird, erscheint hier das Phänomen des alternden, der Schönheit eines jungen Mannes verfallenen Homosexuellen. Das zentrale Problem in Manns Erzählung ist bei Bassani hauptsächlich Vorwand, um die Reaktion einer Gesellschaft aufzuzeigen, die keinen Andersartigen, keine Minderheit in ihrer Mitte duldet. In dieser Novelle wird besonders deutlich, wie Bassani seine Gestalten von außen her sieht, wie er gleich einem Chronisten Personen und Ereignisse präzis und objektiv schildert, wobei er ihre Wertung weitgehend dem Leser überläßt. »*Er beherrscht die Kunst, seine Figuren von sich wegzuschieben und sie quasi in einen Spiegel zu stellen*« (E. Montale). Damit verleiht er eigenen Erlebnissen eine gewisse Allgemeingültigkeit, befreit sie von persönlichen Leidenschaften und Ressentiments und läßt selbst Ereignisse aus der jüngsten Vergangenheit eine Art Zeitlosigkeit gewinnen, ja fast bereits als Legende erscheinen. R.M.G.

AUSGABEN: Turin 1960. – Mailand 1980 (in *Il romanzo di Ferrara*; endgültige Fassg.).

ÜBERSETZUNGEN: *Ferrareser Geschichten*, H. Schlüter, Mchn. 1964; ern. 1985; ²1987 [nur die ersten 5 Erz.]. – *Die Brille mit dem Goldrand*, ders., Mchn. 1985.

VERFILMUNGEN: *La lunga notte del' 43*, Italien 1960 (Regie: F. Vancini). – *Gli occhiali d'oro*, Italien 1987 (Regie: G. Montaldo).
LITERATUR: G. Bárberi Squarotti, Rez. (in Palatina, 2, 1958, Nr. 5, S. 77–80). – I. Brandt, Rez. (in Die Welt, 3. 12. 1960). – G. Cusatelli, *Caratteri dell'opera narrativa di B.* (in Palatina, 5, 1961, Nr. 20, S. 9–19). – R. Bertacchini, Rez. (in Letteratura Moderna, 12, 1962, S. 305–307). – M. Fusco, *Le monde figé de G. B.* (in Critique, 19, 1963, Nr. 197, S. 857–867). – A. Giachi, Rez. (in FAZ, 12. 12. 1964). – H. Fink, Rez. (in SZ, 19. 12. 1964). – A. Andersch, *Auf den Spuren der Finzi-Contini* (in Merkur, 1967, Nr. 235, S. 943–955). – M. Shapiro, *The »Storie ferraresi« of G. B.* (in Italica, 49, 1972, S. 30–48). – S. Cro, *Tempo e parola nelle »Storie ferraresi« di G. B.* (in Canadian Journal of Italian Studies, 1, 1977, S. 46–73). – G. O. De Stefanis, *»Gli occhiali d'oro«: I diversi piani prospettici della narrazione«* (in Italian Culture, 5, 1984, S. 97 bis 108). – M. Ciconi, *Insiders and Outsiders: Discourses of Oppression in G. B.'s »Gli occhiali d'oro«* (in Italian Studies, 41, 1986, S. 101–115).

LUIS G. BASURTO

* 11.3.1920 Villa de Guadalupe

CADA QUIEN SU VIDA

(span.; *Jedem sein Leben*). Schauspiel in drei Akten von Luis G. BASURTO (Mexiko), entstanden 1954. – In einer mexikanischen Provinzstadt unterhält der Spanier Don Chucho eine Schenke, die vor allem von Dirnen, ihren Zuhältern und Kunden und anderen Angehörigen des niederen Volkes, ab und an aber auch von abenteuersuchenden Mitgliedern der höheren Schichten, wie dem Deputierten und dem Professor, zwei zentralen Figuren dieses Stücks, besucht wird. Diese bunt zusammengewürfelte Gesellschaft versammelt sich bei Don Chucho an einem Silvesterabend, um gemeinsam das neue Jahr zu feiern. – Auf den ersten Blick ist dieses äußerst bühnenwirksame Stück, dessen Verfasser einige Lehrjahre in Hollywood verbrachte, eine mit ungewöhnlich sicherer Hand entworfene, farbenfreudige und von elementarer Lebendigkeit erfüllte Milieuskizze. Basurto, der den Jargon meisterhaft beherrscht, gelingen erstaunlich echte Dialoge und großartige Typen: die »Siempreviva«, die »Unverwüstliche«, die bessere Tage gesehen hat, ehe sie zur Prostituierten herabsank, aus jener Zeit einen grotesken Stolz hinübergerettet und sich ein großes, menschlich fühlendes Herz bewahrt hat; »La Coca-Cola«, »La Jarocha« und die anderen Dirnen mit ihrer Sentimentalität, ihren kleinen Sehnsüchten und ihren Kümmernissen, der Zuhälter Brich, der an seinem Leben verzweifelt und bei der an unheilbarer Krankheit und unheilbarer Trauer leidenden Dirne Rosa die Liebe findet, die sein Leben verwandelt; der Deputierte, der sich als abgebrühter Skeptiker gibt und dennoch mitleidiges und weises Verständnis für die Schwächen seiner Mitmenschen aufzubringen vermag; und der Professor, den die Enttäuschung über seine Umwelt zur ohnmächtigen und etwas lächerlichen Rebellion treibt. In Szenen von fast expressionistischer Eindringlichkeit steigern sich, beflügelt von Alkohol und Tanz, Zusammenspiel und Dialoge dieser Personen zu pandämonischem Rausch.
Aber das ist nur die eine Ebene dieses Stücks. Basurto, im Grunde ein religiöser Dichter, handelt in den drei Akten jeweils ein Kernproblem christlicher Ethik ab: Im ersten Akt bringt der Tod eines Nachbarn die Vesammelten zur Erkenntnis ihrer Sünde. Der zweite Akt ist eine Apotheose der Liebe, und im dritten Akt kündigt sich im brüderlichen Mitgefühl, in der Menschlichkeit dieser Sünder die Möglichkeit der Erlösung an. H.Fa.

AUSGABEN: Mexiko 1956 (in *Teatro mexicano del siglo XX*, Bd. 2, Hg. A. Magaña Esquivel; mit Einl.). – Mexiko 1974.

LITERATUR: A. Magaña Esquivel u. R. S. Lamb, *Breve historia del teatro mexicano*, Mexiko 1958. – G. Bellini, *Teatro messicano del novecento*, Mailand 1959. – C. Solórzano, *Teatro latinoamericano del siglo XX*, Buenos Aires 1961. – R. S. Lamb, *Bibliografía del teatro mexicano del siglo XX*, Mexiko 1962.

GEORGES BATAILLE

* 10.9.1897 Billom
† 9.7.1962 Orléans

LITERATUR ZUM AUTOR:
Bibliographie:
D. Hawley, *Bibliographie annotée de la critique sur B. de 1929 à 1975*, Genf 1976.
Gesamtdarstellungen und Studien:
Crititique, 1963, Nr. 195/196 [Sondernr. *G. B.*]. – L'Arc, 1967, Nr. 32 [Sondernr. *G. B.*]. – J. Derrida, *De l'économie restreinte à l'économie générale* (in J. D., *L'écriture et la différence*, Paris 1967). – S. Sontag, *The pornographic imagination*

(in S. S., *Styles of Radical Will*, NY 1969, S. 35–73).
– G. B., *Colloque de Cérisy*, Hg. P. Sollers, Paris 1973. – J. Chatain, *G. B.*, Paris 1973. – D. Hollier, *La prise de la Concorde. Essais sur G. B.*, Paris 1974. – C. Limousin, *G. B.*, Paris 1974. – W. D. Lange, *B.* (in *Frz. Literaturkritik der Gegenwart in Einzeldarstellungen*, Hg. ders., Stg. 1975, S. 1–26; KTA). – J. Durançon, *G. B.*, Paris 1976. – A. Arnaud u. Escoffon-Lafarge, *B.*, Paris 1978. – R. Gasché, *System und Metaphorik in der Philosophie von B.*, Bern u. a. 1978. – R. Sasso, *G. B., le système du non-savoir*, Paris 1978. – D. Hawley, *L'œuvre insolite de G. B.*, Genf/Paris 1978. – G. Häflinger, *Autonomie und Souveränität. Zur Gegenwartskritik um G. B.*, Mittenwald 1981. – M. Feher, *Conjuration de la violence*, Paris 1981. – B. T. Fitch, *Monde à l'envers, texte réversible. La fiction de B.*, Paris 1982. – M. Richman, *Reading B.*, Baltimore/Ldn. 1982. – E. Bange, *An den Grenzen der Sprache. Studien zu B.*, Ffm./Bern 1982. – R. Bischof, *Souveränität und Subversion. B.s Theorie der Moderne*, Mchn. 1984. – B. Mattheus, *B. Eine Thanatographie*, 2 Bde., Mchn. 1984–1988. – F. Marmande, *G. B. politique*, Lyon 1985 [m. Bibliogr.].

L'ABBÉ C.

(frz.; *Ü: Abbé C.*). Roman von Georges BATAILLE, erschienen 1950. – In diesem Buch wird ein Kampf erzählt: Éponine, eine Prostituierte, will Robert C., einen jungen Priester verführen, sie will ihn »haben«. Robert ist der Zwillingsbruder von Charles C., der zu Éponines Kunden gehört; dessen Nebenbuhler ist der Metzger Henri. Éponine, Henri, Robert haben es schon als Kinder »miteinander getrieben«; Henris »Schweinereien und Gewalttätigkeiten«, Éponines Angst und ihre Laster trieben den Agnostiker Robert zur Konversion und in den Stand des Geistlichen. Im Sommer 1942 treffen der Abbé C., sein Bruder Charles und Éponine zufällig in ihrer Geburtsstadt R. zusammen. Mit dem Anblick von Éponines nacktem Hintern auf der sturmumtosten Plattform eines Kirchturms beginnt die Verstörung des Abbés, der zuletzt während eines Gottesdienstes vor Éponine und ihren Pariser Freundinnen Rosie und Raymonde auf den Altarstufen zusammenbricht, oder genauer: dem Sog, der ihn niederzieht, mit kaum verheimlichter Lust nachgibt. Vermeintlicherweise zu Tode erkrankt, findet er bei nächtlichem Gewitter Gelegenheit, sich unter dem Fenster Éponines, während sie Charles bei sich hat, zu erleichtern. Die hinterlassenen Exkremente führen auf seine Spur: Éponine ist glücklich. Heimlich verläßt der Abbé die Stadt, lebt eine Zeitlang mit Rosie und Raymonde in einem Hotel, kehrt jedoch nächtlicherweile mehrmals mit dem Fahrrad nach R. zurück, um unter Éponines Fenster seine Devotion zu verrichten. Diese Exkursionen erregen den Verdacht der deutschen Besatzungsbehörden; der Abbé wird verhaftet, wird als *résistant* gefoltert, gibt in einer Art von Identifizierungswahn Éponine und seinen Bruder als Mitverschworene an und stirbt im Genuß seiner Schande an den Folgen der Folter. Éponine stirbt ein Jahr später ebenfalls als ein Opfer der Gestapo. Charles überlebt, endet zuletzt jedoch durch Selbstmord.

Das Buch umfaßt mehrere Teile: den Bericht des Charles C., der dieser dem Herausgeber als Manuskript übergeben hat, tagebuchartige Niederschriften des Abbé C. nach seiner Flucht aus R. und drei kürzere Berichte des Herausgebers. Drei verschiedene Perspektiven, die jedoch an dem Punkt, wo sie sich überschneiden, das Rätsel ihres Gegenstandes kaum erhellen, sondern eher als solches unterstreichen. Die nur ansatzweise gebotenen Auslegungen verweisen auf einen größeren Hintergrund, den vor allem zwei vorausgegangene Veröffentlichungen Batailles liefern, deren Aufzeichnungen aus den dreißiger Jahren stammen: *L'expérience intérieure*, 1943 *(Die innere Erfahrung)*, und *Le coupable*, 1944 *(Der Schuldige)*; beide in erweiterter Fassung später unter dem Titel *Somme athéologique* (*Summa atheologica*, I, 1954 und II, 1961) zusammengefaßt. Hier entwickelt Bataille in aphoristischer Form die Grundkonzeptionen seiner auf mystische Schriften (namentlich der ANGELA VON FOLIGNO) nicht minder als auf SADE, BLAKE, NIETZSCHE und FREUD sich stützenden Gnosis.

Unverkennbar handelt es sich für den Autor auch darum, den frommen Christen, der er selber bis in sein dreiundzwanzigstes Jahr gewesen ist, zu desavouieren und als seinen Doppelgänger zu kompromittieren. Priestergestalten, die sich zur Teilnahme an orgiastischen Obszönitäten verlockt oder vergewaltigt sehen, finden sich auch in anderen Werken Batailles; so in seinem frühesten, pseudonym erschienen Buch *Histoire de l'œil*, 1928 *(Die Geschichte mit dem Auge)*, und in *La haine de la poésie* (1947; Neuauflage 1962 unter dem Titel *L'impossible – Das Unmögliche*).

Folgt man Batailles Intentionen, die sich durch diesen fast nüchtern erzählten Roman mäandrisch hindurchziehen, so sind die Fulgurationen der Überschreitung und Entgrenzung das eigentlich Erstrebenswerte. Die Kraft des Gelächters zersprengt jeden Sinn und eröffnet den Zugang zu dem Abgrund des Unmöglichen, des Unbekannten und Unverkennbaren, der sich auch in der Ekstase (des Orgasmus, des Opfers, der Hinrichtung und der Verzweiflung) auftut und seine Beute verschlingt. Untat, Unzucht, Besudelung und Verrat gehören zu den Sakramenten dieses Kultus jenseits etablierter Religionen, der angesichts der sinnlosen Leere der Welt das *»sacrifice de la raison«* als souveräne Befreiung empfindet. F.Ke.

AUSGABEN: Paris 1950. – Paris 1971 (in *Œuvres complètes*, 10 Bde. 1970–1987, 3). – Paris 1972 (Folio).

ÜBERSETZUNG: *Abbé C.*, M. Hölzer, Neuwied/ Bln. 1966. – Dass., ders., Ffm./Bln. 1976 (Ullst. Tb).

LITERATUR: J. Monnerot, *Sur G. B.* (in Confluences, Nr. 8, Okt. 1945). – J.-P. Sartre, *Un nouveau mystique* (in J.-P. S., *Situations I*, Paris 1947). – P. Klossowski, *La messe de G. B., à propos de »L'abbé C.«* (in P. K., *Un si funeste désir*, Paris 1963). – B. F. Fitch, *L'énigme faite texte. »L'abbé C.« de B.* (in RLMod, 1981, Nr. 605–610, S. 43–64). – G. E. Bosch, *»L'abbé C.«*, Amsterdam 1983. – H. Hillenaar, *Idées et fantasmes d'un faux abbé* (in *Recherches sur le roman, 2; 1950-1970*, Hg. C. Grivel u. F. Rutten, Groningen 1984, S. 96–118).

LE BLEU DU CIEL

(frz.; *Ü: Das Blau des Himmels*). Roman von Georges BATAILLE, erschienen 1957. – Wie Bataille in dem Epilog seines Buches *Le petit (Der Kleine)*, 1943; mit dem falschen Datum 1934, unter dem Pseudonym Louis Trente) berichtet, hatte er für sein später vernichtetes Frühwerk *» W.-C.«* den Namen des Sexualmörders Troppmann als Decknamen gewählt. Henri Troppmann heißt auch der Erzähler dieses Romans, der niedergeschrieben wurde und damals unveröffentlicht blieb. Die Personen: Henri und drei Frauen, die schöne, verhurte Dirty (Dorothea), die makabre Kommunistin Lazare und die töricht hilflose Xénie. Ort der Handlung: Hotels, Restaurants, Nachtlokale in London, Wien, Paris, Barcelona. Zeitereignisse bilden den Hintergrund: die Ermordung des österreichischen Bundeskanzlers Dollfuß, der bürgerkriegsartige Ausbruch eines katalanischen Generalstreiks, ein Platzkonzert der Hitlerjugend vor dem Frankfurter Hauptbahnhof. Henri ist reich, krank, verrückt, böse, ein selbstgefälliges Ekel; er hurt, säuft, rülpst, röchelt, kotzt, weint gern und oft; liebt es, sich und andere zu mißhandeln und an den Rand des Selbstmords zu treiben. Wie in den meisten erzählenden Büchern Batailles dient die unwahrscheinliche, notdürftig zusammenhängende Handlung auch hier zum Ausgangspunkt, um »poetische«, suggestiv-obszöne Arrangements, in denen Lust und Grauen sich unentwirrbar verknoten, in Szene zu setzen.
Die Inspiration für die *»ungeheuerlichen Anomalien«* des Romans lieferte, wie es in dem Vorwort heißt, *»eine innere Qual, die mich fast verzehrte«*. Von dieser Qual, die doch als Trunkenheit und Offenbarung genossen wurde, handelt auch der knappe aphoristisch-rhapsodische Text, der dem Hauptteil des Buches vorausgeht und der, mit leicht verändertem Wortlaut, Tagebuchaufzeichnungen von einer Spanienreise im Sommer 1934 wiederholt, die Bataille unter dem Stichwort *Le bleu du ciel* bereits in sein vielleicht wichtigstes und aufschlußreichstes Buch *L'expérience intérieure*, 1943 *(Die innere Erfahrung)*, aufgenommen hatte. Das Hauptthema, das Anfang und Ende verklammert, ist die in einem Jugenderlebnis Henris wurzelnde Nekrophilie, die endlich mit Dirty oberhalb eines von Allerseelenlichtern erhellten Friedhofs bei Trier zu ihrer Apotheose gelangt: *»Diese Leere zu unseren Füßen war ebenso grenzenlos wie der bestirnte Himmel über unseren Köpfen. Eine Menge kleiner im Winde flackernder Lichter feierte in der Nacht ein schweigendes unbegreifliches Fest. Zu Hunderten leuchteten diese Sterne, diese Kerzen über dem Boden... Wir waren gebannt von diesem Abgrund aus Grabsternen... ihr nackter Leib öffnete sich mir wie ein frisches Grab... ich stammelte, stieß wilde Worte aus: ... mein Skelett... du zitterst ja vor Kälte... du klapperst mit den Zähnen.«* Der *»zerreißende Sturz in die Leere des Himmels«* wird im letzten Augenblick abgefangen, doch mündet das Buch in Vorahnungen der künftigen Völkerkatastrophen, deren blutrünstiges Grauen schon die todessüchtigen Umschlingungen würzt. F.Ke.

AUSGABEN: Paris 1957. – Paris 1971 (in *Œuvres complètes*, 10 Bde. 1970–1987, 3). – Paris 1971; ern. 1985 (10/18).

ÜBERSETZUNG: *Das Blau des Himmels*, S. v. Massenbach u. H. Naumann, Neuwied/Bln. 1967. – Dass., dies., Mchn. 1969; ²1985 (dtv). – Dass., dies., Ffm./Bln. 1975 (Ullst. Tb).

LITERATUR: A. Berry, *Sexes dévoyés et naufragés* (in Combat, 31. 10. 1957). – M. Nadeau, Rez. (in Lettres Nouvelles, Nr. 55, Dez. 1957). – H. Amer, *Le bleu du ciel«, »La littérature et le mal«, »L'érotisme«* (in NRF, Jan. 1958, Nr. 61, S. 138–142). – M. Lecomte, *»La littérature et le mal«, »L'érotisme«, »Le bleu du ciel«* (in Synthèses, 1958, Nr. 140/141, S. 167-171). – L. Kibler, *Imagery in B.s »Le bleu du ciel«* (in FR, 47, 1974, S. 208–218). – F. Marmande, *L'indifférence des ruines. Variations sur l'écriture du »Bleu du ciel«*, Marseille 1985.

L'ÉROTISME

(frz.; *Ü: Der heilige Eros*). Philosophische Abhandlung von Georges BATAILLE, erschienen 1957. – Nach den erotischen Romanen *L'anus solaire*, 1926 *(Der Sonnenanus), L'Abbé C.* (1950) und *Le bleu du ciel* (1957) sowie einigen erotischen Erzählungen aus den vierziger Jahren, die erst postum unter seinem Namen zunächst einzeln veröffentlicht und dann unter dem Titel *Œuvres brèves*, 1981 *(Das obszöne Werk)*, zusammengefaßt wurden, beendete Bataille 1957 die theoretische Abhandlung *L'Érotisme*.
Im ersten Teil, *Verbot und Verbotsüberschreitung*, entwickelt Bataille zunächst seine eigene Theorie zum Thema Erotik und setzt sich dann im zweiten Teil, der unter dem Titel *Verschiedene Studien über Erotik* Aufsätze und Vorträge vereinigt, mit Überlegungen anderer Autoren (Marquis de SADE, Pierre ANGÉLIQUE, Claude LÉVI-STRAUSS, Alfred Charles KINSEY u. a.) zur Sexualität auseinander. Entsprechend der schon in *L'Expérience intérieure* (1943) formulierten Wissenschaftskritik betont Bataille die Unzulänglichkeit jeglichen Versuchs einer wissenschaftlichen Analyse der Erotik: Wis-

senschaft bedeutet für ihn Spezialisierung auf Kosten der Gesamtheit der für das menschliche Leben wesentlichen Faktoren. Bataille zufolge ist das Phänomen der Erotik nur unter Einbeziehung einer Vielzahl von Bezügen zu verstehen, weshalb er in L'Érotisme eine »Gesamtansicht des menschlichen Lebens, die immer wieder von einem anderen Blickpunkt aus erneuert wird«, präsentieren möchte, ohne dabei vorgefertigte Theorien zugrunde zu legen: »Die Wissenschaft untersucht eine Einzelfrage. Es häufen sich die Spezialarbeiten. Ich glaube, daß die Erotik für den Menschen einen Sinn hat, den die Wissenschaft auf ihrem Weg nicht erreichen kann. Die Erotik kann nur betrachtet werden, wenn man zugleich den Menschen ins Auge faßt.«

Im Aufsatz Kinsey, die Unterwelt und die Arbeit, der sich mit den Studien Sexual Behaviour in the Human Male, 1948 (Das sexuelle Verhalten des Mannes) und Sexual Behaviour in the Human Female, 1953 (Das sexuelle Verhalten der Frau) des amerikanischen Sexualforschers auseinandersetzt, erläutert Bataille seine Vorbehalte gegenüber der Wissenschaft. So führen die von Kinsey erarbeiteten Statistiken nur teilweise zu befriedigenden Ergebnissen, weil dort Sexualität von außen, als Objekt, betrachtet wird, wohingegen für Bataille die Erotik wesentlich dem Bereich des Intimen, einer Welt der »inneren Realitäten« zugehört, deren Berücksichtigung erst zu einer angemessenen Bewertung der Erotik führen kann. Der Mensch, der sich durch eine im Zeichen des »psychischen Strebens« stehende Sexualität von der einzig auf die Funktion der Fortpflanzung gerichteten Sexualität des Tieres unterscheidet, ist zunächst wie das Tier ein Wesen der »Diskontinuität«, d. h. in sich abgeschlossen und von anderen abgegrenzt: »Ein jedes Wesen ist von allen anderen verschieden. Seine Geburt, sein Tod und die Ergebnisse seines Lebens können für die anderen von Interesse sein, aber unmittelbar ist es nur selbst daran beteiligt. Nur es selbst wird geboren. Nur es selbst stirbt. Zwischen dem einen und dem anderen Wesen liegt ein Abgrund, trennt sie die Diskontinuität.« Im Gegensatz zum Tier ist sich der Mensch seiner Diskontinuität bewußt und wünscht aus der mit dieser Diskontinuität einhergehenden Isolation auszubrechen: »... aber wir haben Sehnsucht nach der verlorenen Kontinuität. Die Situation, die uns an eine Zufalls-Individualität, an unsere vergängliche Individualität fesselt, ertragen wir nur schlecht«. Den Begriff der Kontinuität erklärt Bataille anhand des Befruchtungsvorgangs: Samen- und Eizelle sind für sich diskontinuierlich, vereinigen sich jedoch im Moment der Zeugung zu einer Kontinuität, wobei sie als diskontinuierliche Größen den Tod finden müssen. Die menschliche Erotik, die nach Bataille von diesem Streben nach Kontinuität bestimmt ist, steht folglich in enger Beziehung zum Tod. Zum anderen hat sie als »Suche nach einer Identität, die über die unmittelbare Welt hinausstrebt« religiösen Charakter, so daß Bataille trotz seiner Differenzierung zwischen der Erotik der Körper, der Erotik der Herzen und der »heiligen Erotik« stets unterstreicht, daß eigentlich jede dieser Formen durch Heiligkeit gekennzeichnet ist. Bataille betont, daß Erotik für ihn in Zusammenhang mit der Entwicklung der Arbeit und der Religionsgeschichte gesehen werden muß.

Die Zusammenhänge zwischen diesen Bereichen werden besonders bei Auseinandersetzungen mit dem Homo faber der Altsteinzeit deutlich. Daß in dieser Phase der Menschheitsgeschichte die Arbeit entstand, ist durch Werkzeugfunde belegt. In der Welt der Arbeit wird zur Sicherung des eigenen Fortbestehens der Akzent auf Effizienz gelegt, wobei Tod und Sexualität der effizienten Arbeit als Bedrohung gegenüber stehen, denn sie sind von Unordnung getragen, »bedeuten eine grenzenlose Vergeudung, die sich die Natur in Widerspruch zu dem tiefsten Wunsch jedes Wesens nach eigener Fortdauer leistet«. Aus der Notwendigkeit heraus, Sexualität und Tod aus dem Leben der Arbeit zu verbannen, werden diese Bereiche mit Verboten belegt. Aber der Mensch »gehört der einen und der anderen Welt an, zwischen denen sein Leben, ob er will oder nicht, hin und her gerissen wird«. So ergibt sich als zentrale Kategorie des Batailleschen Denkens die Überschreitung (transgression): Die Ordnung der Verbote sichert zwar in gewissem Maße die Souveränität des Menschen über die auch in der Erotik präsente Gewaltsamkeit des Todes. Aber diese Ordnung ist die Ordnung der diskontinuierlichen Wesen. Erst in der Verbotsübertretung kann der Mensch jedoch an der von ihm gleichzeitig angestrebten Kontinuität teilhaben. So teilt sich die menschliche Zeit in die profane Zeit der Arbeit und die sogenannte heilige Zeit – Begriffe, die Bataille von Roger Caillois übernimmt –, in der die Verbote überschritten werden dürfen: Die heilige Zeit ist nicht nur die Zeit sexueller Ausschweifung, sondern auch der Opferungen, also der Aufhebung des Tötungsverbots. Bataille bestimmt das als heilig, was Gegenstand eines Verbots ist, und kommt so zu einer wesentlichen Erkenntnis: daß die Religion selbst ihrem Wesen nach die Übertretung der Verbote fordert.

Batailles Überlegungen in L'Érotisme stellen zum einen eine theoretische Weiterführung, in vielen Punkten auch eine Interpretationshilfe für sein erotisches Prosawerk dar. Zum anderen steht dieser zentrale Text Batailles in engem Bezug zu seinen übrigen theoretischen Schriften, z. B. der Essaysammlung La littérature et le mal, 1957 (Die Literatur und das Böse), und den Abhandlungen Lascaux ou la naissance de l'art, 1955 (Lascaux oder die Geburt der Kunst), und Les larmes d'Eros, 1961 (Die Tränen des Eros), in denen die Themen der Erotik, des Todes, der Grenzüberschreitung und der Arbeit mit dem Blick auf ihre Relevanz für die Kunst variiert werden. T.T.

Ausgaben: Paris 1957. – Paris 1987 (in Œuvres complètes, 10 Bde., 1970–1987, 10).

Übersetzung: Der heilige Eros, M. Hölzer, Neuwied/Bln. 1963. – Dass., ders., Ffm./Bln. 1986 (Ullst.Tb).

LITERATUR: H. Amer, »*Le bleu du ciel*«, »*La littérature et le mal*«, »*L'érotisme*« (in NRF, Jan. 1958, Nr. 61, S. 138–142). – M. Lecomte, »*La littérature et le mal*«, »*L'érotisme*«, »*Le bleu du ciel*« (in Synthèses, 1958, Nr. 140/141, S. 167–171). – C. Frochaux, *L'éthique de G. B.* (in Présence et Revue de Suisse, 1958, Nr. 7/8, S. 67–76). – J. Wahl, *Le pouvoir et le non-pouvoir* (in Critique, 1963, Nr. 195/196, S. 778–794). – Ph. Sollers, *Le toit* (in Tel Quel, 1967 Nr. 29, S. 25–45). – G. Durozoi, »*L'érotisme*«, *B. Analyse critique*, Paris 1977.

L'EXPÉRIENCE INTÉRIEURE

(frz.; *Die innere Erfahrung*). Philosophischer Essay von Georges BATAILLE, erschienen 1943. – Bataille faßte dieses Werk 1961 mit *Le coupable*, 1944 *(Der Schuldige)* und *Sur Nietzsche*, 1945 *(Über Nietzsche)* unter dem Titel *Somme athéologique (Summa atheologica)* zusammen. *L'expérience intérieure* beschreibt Batailles Suche nach einer inneren Erfahrung, die – und daher die Faszination des Autors für die Mystiker – in ihrer Intensität mystischen Erlebnissen entspricht. Im religiösen Bereich ist nach Bataille die höchste Erfahrung jedoch an den als absolut gesetzten Wert »Gott« gebunden, und die Philosophie setzt die »Erkenntnis« als höchsten Wert an. Die von Bataille angestrebte Erfahrung hingegen ist erst jenseits derartig fixierter Konzepte angesiedelt: »*Erfahrung nenne ich eine Reise an die Grenze des für den Menschen Möglichen. Das bedeutet, die existierenden Autoritäten und Werte zu negieren, die das Mögliche eingrenzen.*«
In den dreißiger Jahren hatte sich Bataille heftig mit den Surrealisten, insbesondere mit André BRETON, auseinandergesetzt, weil diese Bewegung zwar die traditionellen Normen der Ästhetik experimentell stürzte, ihre Vertreter sich aber politisch der klassischen Doktrin des Marxismus anschlossen. In *L'expérience intérieure* richtet sich Batailles Kritik an absolut gesetzten Werten speziell gegen die Philosophie HEGELS, in der das Ungebändigte des Lebens dem erfahrenden Subjekt in schlüssigen Sinnzusammenhängen gefügig gemacht werden soll. Bataille fühlt sich eher der Philosophie NIETZSCHES verwandt, dessen Satz »*Gott ist tot*« den Absolutheitsanspruch jeglicher Wertsysteme negiert. Erkenntnis und Religion sind für Bataille Betäubungsmittel *(»narcotiques«)*, die den Menschen angesichts der beiden einzigen ihm zur Verfügung stehenden Gewißheiten trösten sollen: nicht alles zu sein *(»n'être pas tout«)* und sterblich zu sein. Erst die »*Dramatisierung*« (»*dramatisation*«) dieser Gewißheiten in »*Fieber*« (»*fièvre*«) und »*Angst*« (»*angoisse*«) kann jedoch zu dem von Bataille angestrebten Zustand führen, wobei Fieber und Angst erst dort beginnen, wo den Betäubungsmitteln keine Wirkungskraft mehr zugestanden wird. Philosophie, Yoga, Tantrismus und Askese beinhalten lediglich Ansätze, die zur »*expérience intérieure*« führen können. In besonderem Maße unzulänglich ist die Philosophie, die auf der Sprache basiert und die

Bewegung der Wirklichkeit in deren Grenzen zwingt. Sprache ist für die *expérience* deswegen ein Hindernis, sie kann höchstens Mittel, niemals Ziel der ekstatischen Erfahrung sein. »*Was zählt ist nicht der Ausdruck Wind, sondern der Wind selbst.*«
In diesem Zusammenhang ist bedeutsam, daß Batailles Abhandlung aus Textfragmenten besteht und so die Absicht des Autors unterstreicht, keine endgültig ausformulierte Erkenntnis zu liefern. Die »*innere Erfahrung*« kann sich nur unabhängig von vorgefertigtem Wissen über Wirklichkeit ergeben. Sie ist kein Projekt, dessen Ziel man bewußt verfolgen und erreichen kann, vielmehr geht es darum, mit »*Hilfe eines Projekts den Bereich zielgerichteter Vorstellungen zu verlassen*« (»*sortir par un projet du domaine du projet*«). Erst dann kann die »*expérience intérieure*« verwirklicht sein, Subjekt und die Objekte verschmelzen in ihrer ursprünglichen Einheit, und die Konstruktionen von Religion und Philosophie werden hinfällig: »*Es ist die Trennung der Gebiete der Trance von den Gebieten des Wissens, des Gefühls, der Moral, die es notwendig machten, die Werte dieser Gebiete außerhalb als Autoritäten zu versammeln, dabei wäre es gar nicht notwendig, in so weiter Entfernung zu suchen, könne man sich doch im Gegenteil auf sich selbst besinnen, um auf das zu treffen, was einem bei Ablehnung derartiger Konstruktionen fehlen würde. Das Selbst ist nicht das von der Welt isolierte Subjekt, sondern ein Ort der Kommunikation, der Verschmelzung von Subjekt und Objekt.*«
Jean-Paul SARTRE kritisierte *L'expérience intérieure* als verwerflichen »*neuen Mystizismus*«. Eine positivere Rezeption erfuhr das Denken Batailles bei Michel FOUCAULT und im Kontext des Poststrukturalismus bei Jacques DERRIDA. Der bei Bataille zentrale Begriff der Verbotsüberschreitung *(transgression)*, den er mit besonderer Deutlichkeit in *L'Erotisme* (1957) erläutert, ist für Derrida Anlaß zur Gegenüberstellung von Hegel und Bataille: Hegel suche in der fortschreitenden Übertretung von Grenzen diese Grenzen zu beseitigen, um zur absoluten Erkenntnis zu gelangen, während bei Bataille die Grenzüberschreitung immer wieder vollzogen werde, und so Göttlich-Ungebändigtes immer wieder erscheine, ohne unter Autoritäten gezwungen zu werden. Auch Foucault bezieht sich auf Batailles Gedanken zur Grenzüberschreitung: Grenzen zu akzeptieren bedeute u. a. Welten zu akzeptieren, die nicht über die Sprache zugänglich seien, und diese Welten nicht in die Macht des Sprachlichen einzwängen zu wollen. T.T.

AUSGABEN: Paris 1943. – Paris 1973 (in *Œuvres complètes*, 10 Bde., 1970–1987, 5). – Paris 1986.

LITERATUR: C. E. Magny, *A la recherche d'une mystique nouvelle: G. B.* (in Esprit, 1945, Nr. 106, S. 270–274). – G. Marcel, *Le refus du salut et l'exaltation de l'homme absurde* (in Homo viator, Aubier 1945, S. 259–278). – J.-P. Sartre, *Un nouveau mystique* (in J.-P. S., *Situations I*, Paris 1947, S. 143–188). – J.-L. Baudry, *B. et l'expérience intérieure* (in Tel Quel, 1973, Nr. 55, S. 63–76). – Ders.,

B. et la science: introduction à »L'expérience intérieure« (in B. *Colloque de Cérisy*, Paris 1973, S. 127–146). – M. R. Pollock, G. B.: *Littérature and Sovereignty* (in Sub-Stance, 7, 1973, S. 49–71). – C. E. Freeland, *Sovereignty and the Dialectic of Transgression and Tabooa in B.s »Somme athéologique«*, Diss. Dusquesne Univ. 1985 (vgl. Diss. Abstracts, 46, 1985/86, S. 2318 A).

KONSTANTIN NIKOLAEVIČ BATJUŠKOV

* 29.5.1787 Vologda
† 19.7.1855 Vologda

LITERATUR ZUM AUTOR:
S. Majkov, *B., ego žizn' i sočinenija*, Petersburg 1896. – N. V. Fridman, *Proza B.*, Moskau 1965. – E. M. Brendel, *The Poetry of K. B.*, Diss. Univ. of Calif. 1969. – N. V. Fridman, *Poėzija B.*, Moskau 1971. – D. Johnson, *The Comparison in the Poetry of B. and Zhukovsky*, Diss. Univ. of Michigan 1973 [enth. Bibliogr.]. – I. Z. Serman, *K. B.*, NY 1974 [enth. Bibliogr.]. – J. Th. Shaw, *B. A Dictionary of the Rhymes and a Concordance to the Poetry*, Madison 1975.

MOI PENATY

(russ.; *Meine Penaten*). Programmatische Epistel von Konstantin N. BATJUŠKOV, erschienen 1814. – Die umfangreiche Epistel (russ. *poslanie*), die Batjuškov seinen literarischen Vorbildern ŽUKOVSKIJ und VJAZEMSKIJ widmete (beide antworteten in gleicher Form, so daß sich eine regelrechte poetische Korrespondenz ergab), entstand zwischen 1811 und 1812 unter dem Einfluß DERŽAVINS, aber auch spätklassizistischer französischer Vorbilder (der berühmten Epistel *La chartreuse* von GRESSET und des kleinen Gedichts *A mes Pénats* von DUCIS).
Der auch als kongenialer Übersetzer lateinischer Dichter (vor allem des HORAZ) bekannte Autor sucht in seinem Dichtwerk eine gedrängte Skizze der zeitgenössischen russischen Literatur und seiner eigenen Stellung zu geben. Nach antikem Muster beginnt das klassizistische, doch auch vorromantische Züge tragende Werk mit einer Anrufung der Götter, allerdings der einfachen Hausgötter, der Penaten des Refugiums eines auf »*Reichtum und Eitelkeit*«, »*Gold und Ehren*« verzichtenden Dichters. Nicht mit kostbarem Wein und erlesenen Wohlgerüchen wird den Göttern gehuldigt; der Dichter bringt ihnen vielmehr »*Tränen der Rührung*« und »*süße Lieder*« dar. Liebevoll entwirft er das Genrebild seiner bescheidenen Behausung fern vom Getriebe der Welt, getreu dem Horazschen »*goldenen Mittelmaß*«, dem er das in krassen Farben gemalte Bild der gehobenen Gesellschaft entgegenhält, in der eitler Reichtum, hinfälliges Glück und Standesdünkel herrschen. Gefährten des Dichters sind nicht die eingebildeten Höflinge, sondern der einfache Soldat, dem er seit den Feldzügen gegen Napoleon verbunden ist, und – Lileta, die Freundin, die um Mitternacht plötzlich verkleidet hereintritt, sich zu erkennen gibt und sich mit bezauberndem Lächeln niederläßt. Der Morgen findet den Dichter in den Armen der Geliebten. Die Liebe ersetzt ihm Reichtum und Ehren, und auch das höchste Gut, »*der Genius der heiligen Dichtkunst*«, ist ohne Geld und Ansehen zu erreichen. Der Dichter beschwört seine »*liebsten Sänger*«, um mit ihnen zu plaudern. Angeführt wird die Dichterschar von dem ungenannt bleibenden, doch dem Eingeweihten aus Andeutungen kenntlichen Deržavin, dem »*Riesen des Parnaß*«, dem russischen PINDAR und Horaz. In wenigen Worten wird der Grundcharakter seines Schaffens umrissen: die Verbindung des Lyrischen mit dem Heroischen. Ihm folgt KARAMZIN, der als Autor sentimentaler Novellen und der *Istorija gosudarstva Rossijskogo* (*Geschichte des russischen Staates*; verfaßt 1816–1826) vorgestellt wird. Ihm gesellt sich BOGDANOVIČ zu, kenntlich durch Nennung seines Hauptwerks *Dušenka*, 1775 (*Die kleine Psyche*). Nur kurz verweilt die Versdichtung bei MELECKIJ, um ausführlicher DMITRIEV, CHEMNICER und KRYLOV zu charakterisieren. In ihre Reihe stellt sich der Dichter selbst. Das Werk schließt mit einer an die Adressaten des Sendschreibens gerichteten Apostrophe, die sich auflöst in ein anakreontisches Bacchanal und mit einer feurigen Verteidigung der Lebensfreude gegen den Gedanken der Vergänglichkeit endet.
Batjuškov, der schon in seinem satirischen Gedicht *Videnie na beregu lety*, 1809 (*Vision am Ufer der Lethe*), vergangene Geschmacksrichtungen verhöhnt hatte, markiert mit seinem idyllisch-hedonistischen Dichtwerk den Sieg der Richtung Deržavins in der russischen Dichtung, die, im Gegensatz zu Sentimentalismus (Karamzin) und Romantik (Žukovskij), den Blick des Dichters zurücklenkt auf die Realitäten des Lebens und der menschlichen Gesellschaft. Nicht zuletzt diese Einbeziehung des Menschen und vorab des Dichters in das gesellschaftliche Leben sucht die äußerst formvollendete, in geschmeidigen Jamben abgefaßte Epistel darzustellen. Sie entthront den über die Wirklichkeit erhabenen Dichter und macht ihn zum vertrauten Penaten, zum intimen Hausgenossen des Lesers. Kann das Werk autobiographische Elemente nicht verleugnen, so ist sein Held doch keineswegs dem Autor gleichzusetzen; in seinem – wenn auch nur zurückhaltend angedeuteten – gesellschaftlichen Bezug erzielt das Werk über das individuelle Geschick hinausreichende Gültigkeit. C.K.-KLL

AUSGABEN: Petersburg 1814 (in *Panteon russkoj poėzii*, 1). – Petersburg 1817 (in *Opyty v stichach i proze*). – Petersburg 1885 (in *Sočinenija*, Hg. Akad. Nauk, 3 Bde., 1885–1887, 1). – Leningrad 1959 (in *Stichotvorenija*; m. Studie v. G. P. Makogonenko.)

JOSÉ BATRES MONTÚFAR

* 18.3.1809 El Salvador
† 9.7.1844 Guatemala

TRADICIONES DE GUATEMALA

(span.; *Überlieferungen aus Guatemala*). Verserzählungen von José BATRES MONTÚFAR (Guatemala), erschienen 1845. – Der gemeinsame Titel der drei Erzählungen aus dem Nachlaß des früh Verstorbenen – *Las falsas apariencias (Falscher Schein), Don Pablo (Don Pablo), El reloj (Die Uhr)* – ist irreführend, insofern er an die *Peruanischen Überlieferungen* von Ricardo PALMA (vgl. *Tradiciones peruanas*, 1872–1883) erinnert. Denn während es sich hier tatsächlich um »Bilder aus der peruanischen Vergangenheit« handelt, haben Montúfars Erzählungen mit der Vergangenheit Guatemalas nur wenig zu tun. Sie spielen zwar in der Endphase der Kolonialzeit, und eine gewisse allgemeine Zeitatmosphäre ist immerhin darin eingefangen. Im übrigen aber geht es um uralte Themen und Typen der Weltliteratur: die Gestalt des Don Juan *(Don Pablo)*, die lebenslustige Frau, die ihren Mann während dessen Abwesenheit betrügt *(Las falsas apariencias)*, und die begehrliche Frau, der kein Preis zu hoch ist, um eine Kostbarkeit zu erlangen – hier die erste in Guatemala eingeführte Taschenuhr mit Schlagwerk *(El reloj)*.
Batres Montúfar erhebt keinen Anspruch auf Originalität; freimütig nennt er als seine Vorbilder G. B. CASTIS *Gli animali parlanti* (1802) und die satirischen Teile in BYRONS *Don Juan* (1819 bis 1824). Trotzdem entbehren seine Erzählungen nicht der Originalität dank des besonderen, sehr persönlichen Charakters seines Humors, in dem Karikatur und Satire, gespielte Arglosigkeit und boshafte Anspielung, spöttisch lächelnde Lebensweisheit und großmütiges Verständnis, der Kontrast zwischen Erhabenheit des Ausdrucks und Banalität des Inhalts eine unverwechselbare Mischung eingegangen sind. Innerhalb der dem komischen Genre gesetzten Grenzen sind die in eleganten Stanzen geschriebenen, ebenso pikanten wie amüsanten Geschichten vollkommene Kunstgebilde. A.F.R.

AUSGABEN: Guatemala 1845 (in *Poesías*). – Guatemala 1944 (in *Poesías*). – Guatemala 1962 (in *Poesías*). – Guatemala 1966. – Guatemala 1974 (in *Poesías líricas*, Hg. M. Álvarez Vásquez). – Havanna 1978 (in *Poesía*, Hg. C. Hernández).

LITERATUR: A. Batres Jáuregui, *J. B. M., su tiempo y sus obras, 1809–1909*, Guatemala 1910. – D. Vela, *La literatura guatemalteca*, Bd. 2, Guatemala 1947. – *Diccionario de la literatura latinoamericana. América Central*, Bd. 1, Washington 1963, S. 91–94. – A. M. Landarech, *Estudios literarios*, San Salvador 1959. – L. A. Sánchez, *Escritores representativos de América*, Bd. 1, Madrid 1957. – A. Andino, *J. B. M., romántico travieso y sus* »*Tradiciones de Guatemala*« (in RI, 34, 1968, S. 339–345). – A. Orantes, *Recordando a B. M.* (in Cultura, 68/69, San Salvador 1980, S. 174–182).

CHARLES BATTEUX

* 6.5.1713 Allandhuy
† 14.7.1780 Paris

LES BEAUX-ARTS RÉDUITS À UN MÊME PRINCIPE

(frz.; *Die Schönen Künste, zurückgeführt auf einen gemeinsamen Grundsatz*). Kunsttheoretische Schrift von Charles BATTEUX, erschienen 1746. – Diese Schrift ist das heute bekannteste Werk des Abbé Batteux, der in seiner Zeit ein wirkungsreicher akademischer Lehrer und Literaturtheoretiker war: Sein *Cours de Belles-Lettres distribué en exercices (Lehrgang der Literatur, aufgeteilt in Übungen)* von 1747/48 wirkte in verschiedenen Ausgaben unter teilweise variierenden Titeln bis ins 19. Jh. Im Vorwort verweist der Verfasser auf die Zielsetzung des Buches: »*Man beklagt sich dauernd über die Vielfalt der Regeln: sie belasten den Autor, der schreiben, und den Liebhaber, der sich ein Urteil bilden will*... *Ich will die Last leichter und den Weg einfacher machen*« denn: »*Alle Regeln sind Zweige, die einem einzigen Stamme entwachsen. Verfolgt man sie bis auf ihren Ursprung, fände man ein recht einfaches Prinzip.*« Dieses einende Prinzip aller schönen Künste, das er in allen zeitgenössischen Kunsttheorien vermißt, findet Batteux schließlich im aristotelischen Begriff der Nachahmung (*imitation*). Im folgenden entwickelt er dieses Prinzip systematisch: Teil 1 gilt dem Schaffen, dem Wesen der Kunst und des künstlerischen Kreationsprozesses; Teil 2 der Rezeption, dem Wesen des guten Geschmacks und der ästhetischen Kriterien; Teil 3 demonstriert das Vorherige anhand der konkreten Künste: Dichtung, Malerei, Musik und Tanz.
Teil 1 beginnt mit einer Definition und Einteilung der Künste und der Darlegung ihres Ursprungs. Zunächst gibt es die Künste, die der Notwendigkeit entspringen: Ihr Ziel ist der Nutzen. Dann entwickeln sich solche, die der Bequemlichkeit *(commodité)* halber existieren, schließlich diejenigen, die nur dem Angenehmen *(agrément)* dienen. Zwei Ziele kennt also die Kunst: Nutzen (der Notwen-

digkeit und Bequemlichkeit einschließt) und Freude, die erst nach Stillung der Primärbedürfnisse als Ziel eintreten kann. Der ersten Kategorie gehören die mechanischen Künste an, die Batteux hier nicht berücksichtigt, der zweiten die schönen Künste (Musik, Dichtung, Malerei, Skulptur und Tanz). Eine Zwischenstellung nehmen Beredsamkeit und Architektur ein, die sowohl dem Nutzen als auch der Erfreuung dienen. Das Kunstschaffen selbst, das Batteux dem schöpferischen Menschen bzw. der menschlichen Schaffenskraft (*génie*) zuschreibt, hat nicht etwa ein Hervorbringen aus dem Nichts zum Ziel, denn: »*... das Génie ist wie die Erde, die nur das hervorbringt, wovon sie Samen erhalten hat*«. Vielmehr soll es aus der ungeordneten Vielfalt des Seienden, der »*Natur, so wie sie ist*«, das Nachahmenswerte und im platonischen Sinn »Ideale«, die sogenannte »*Belle Nature*« (*Schöne Natur*), herausfiltern und sich diese zum Modell der künstlerischen Nachahmung (*imitation*) wählen: »*... eine Auswahl aus den schönsten Teilen der Natur treffen, um daraus ein vortreffliches Ganzes herzustellen, welches vollendeter ist als die Natur selbst und dennoch nicht aufhört, natürlich zu sein*«. Durch die Begeisterung nimmt der Geist des Künstlers die Sinneseindrücke der Dingwelt intensiv auf und stellt sie in seiner Vorstellung wieder her. Das schaffende Prinzip der Kunst ist nun also wie folgt definiert: »*Kunst ist Nachahmung ... der Schönen Natur, die sich dem Geiste in der Begeisterung darstellt.*« Doch nicht nur der Künstler, auch der Betrachter ist nach Meinung Batteux' integraler Bestandteil des Vorgangs Kunst. Hier wirkt das Gesetz des Geschmacks (*goût*), dem der zweite Teil des Werks gewidmet ist. »*Es gibt einen guten Geschmack, der als einziger gut ist*«, stellt Batteux fest: derjenige nämlich, der dort, wo »*die Schöne Natur gut wiedergegeben ist*«, das echte Kunstwerk erkennt. Der gute Geschmack ist erlernbar und wird aus langer Beobachtung – sei es der schönen Natur, sei es der sie richtig wiedergebenden Kunstwerke – gewonnen. Er ist für die Kunst, deren Ziel im platonischen Sinne das Schöne und Gute ist, das, was der Verstand (*intelligence*) für die Wissenschaft bedeutet, deren Ziel das Wahre ist. Batteux räumt jedoch die Möglichkeit einer gewissen Vielfalt in der Einheit des guten Geschmacks ein: »*Französische und italienische Musik haben jede ihren eigenen Charakter, eine ist nicht die ›Gute‹ Musik, noch die andere die ›Schlechte‹. Es sind zwei Schwestern, oder besser, zwei Seiten des gleichen Gegenstands.*« Er erkennt, daß die subjektive Nähe des Dargestellten zum Betrachter (»*ein Baum steht uns näher als ein Fels, ein Tier näher als ein Baum*«) sowie die Besonderheiten der einzelnen Kunstgattungen (Tragödie, Komödie) das Urteil zu beeinflussen vermögen, denn: »*Die Natur ist unendlich reich an Gegenständen, und ein jeder kann auf unendlich viele Arten und Weisen betrachtet werden.*« Doch ist die Natur in ihrer Vielfalt geordnet: und so sollten es auch die sie nachahmenden Künste sein: »*Wenn alles in der Natur miteinander verknüpft ist, da dort alles geordnet ist, dann muß es ebenso in den Künsten sein ...*« – und dies gilt auch für den guten Geschmack: »*Wir kennen die Natur des Goût und seine Gesetze. Sie sind, wie wir gesehen haben, in vollkommenem Einklang mit der Natur und den Wirkungen des Génie.*« Ein gemeinsames Ordnungsprinzip unterliegt also Welt, Kunstschaffen und Kunstbetrachten: Eines spiegelt sich im anderen wider, sie erhellen sich, und sie stützen sich gegenseitig wie die Seiten eines gleichschenkligen Dreiecks. Aus diesem Prinzip gewinnt Batteux seine für ihn allgemeingültigen und allgemein vermittelbaren Regeln – wie etwa die der sich wechselseitig bedingenden Einheit und Vielheit, der Symmetrie, der Proportion. Erziehung zum guten Geschmack in der Kunst ist daher für Batteux in der weltlichen Gesellschaft auch Erziehung zu bürgerlicher Tugend und schöner Sitte, da der *Goût* im allgemeinen auf den Menschen verfeinernd und zivilisierend wirkt. – Der umfangreiche dritte Teil des Werks befaßt sich mit Demonstrationen in den Einzelkünsten, wobei der Ausgangspunkt der Betrachtungen die Dichtkunst, Batteux' eigentliches Fachgebiet ist: Die aus der ihr gewonnenen Gesetzmäßigkeiten werden dann auf Malerei, Musik und Tanz übertragen.

Batteux' Schrift zeichnet sich durch eine große Klarheit in Aufbau und Formulierung aus: Seine Definitionen sind in ihrer knappen und treffenden Wortwahl des Anspruchs würdig, mit quasi naturwissenschaftlichen Formeln die geistige Welt zu erfassen. Ihr Verdienst liegt in einer dem rationalen Denken seiner Zeit angepaßten Neuformulierung traditionellen aristotelischen Gedankenguts zur Kunst in einer Zeit, in der dieses bereits in Frage gestellt wurde und seine Wirkung und Geltung deutlich nachgelassen hatte. In der Nachfolge des bereits geraume Zeit abgeklungenen Antikenstreits (*Querelle des Anciens et des Modernes*) neigt Batteux den *Anciens* (Freunden des Altertums) zu und warnt vor neueren literarischen Tendenzen seiner Gegenwart (etwa dem Typ des sog. *bel esprit* – Schöngeist) als potentiellen Gefahren für die gerade im vorherigen Jh. errungene kulturelle Höhenstellung seiner Nation. Die Rezeption von *Les Beaux-Arts* in Frankreich war schwach, in Deutschland wurde die Schrift jedoch früh übersetzt und besonders im Umkreis von Lessing lebhaft diskutiert.

C.Dr.

AUSGABEN: Paris 1746. – Paris ²1747; Nachdr. NY 1970. – Paris 1773; Nachdr. Genf 1969.

ÜBERSETZUNGEN: *Die schönen Künste, aus einem Grunde hergeleitet*, P. E. Bertram, Gotha 1751. – *Einschränkung der Künste auf einen einzigen Grundsatz*, J. A. Schlegel, Lpzg. 1751; ³1770; Nachdr. Hildesheim/NY 1976.

LITERATUR: M. Schenker, *C. B. und seine Nachahmungstheorie in Deutschland*, Lpzg. 1909. – C. Siegrist, *B.-Rezeption und Nachahmungslehre in Deutschland* (in *Geisteswiss. Perspektiven. Fs. R. Fahrner*, Bonn 1969, S. 171–190). – W. Schröder, *Zum Begriff »Nachahmung« in B.s Theorie der schö-*

nen Künste (in *Beiträge zur frz. Aufklärung und zur spanischen Literatur*, Hg. W. Bahner, Bln./DDR 1971, S. 363–373). – F. Bollino, *Teoria e sistema delle belle arti. C. B. e gli »esthéticiens« del secolo 18*, Bologna 1976. – M. Fontius, *B.s Kodifizierung des Systems der schönen Künste* (in *Literatur im Epochenumbruch*, Hg. G. Klotz u. a., Bln./Weimar 1977, S. 434–438). – I. von der Lühe, *Natur und Nachahmung. Untersuchung zur B.-Rezeption in Deutschland*, Bonn 1979.

CHARLES BAUDELAIRE

* 9.4.1821 Paris
† 31.8.1867 Paris

LITERATUR ZUM AUTOR:
Bibliographien:
A. E. Carter, *B. et la critique française, 1868–1917*, Columbia 1967. – V. Sakell, *B. in Germany. The Critical Reception 1900–1957*, Diss. Univ. of North Carolina, Chapel Hill 1964. – R. T. Cargo, *B. Criticism 1950–1967. A Bibliography with Critical Commentary*, Alabama 1968. – H. Nuiten u. a., *Les fleurs expliquées. Bibliographie des éxègeses des »Fleurs du mal« et des »Épaves« de Ch. B.,*, Amsterdam 1983. – J.-P. Giusto, *B. »Les fleurs du mal«. Bibliographie commentée et index thématique*, Paris 1984.
Zeitschriften:
Bulletin baudelairien, Nashville/Tenn. 1965 ff. – Études baudelairiennes, 8 Bde., Neuchâtel 1969–1976; ab Bd. 9, 1981 u. d. T. Langages/Études baudelairiennes.
Biographien:
R. Laforgue, *Échec de B.*, Paris 1931. – Ph. Soupault, *B.*, Paris 1931. – P. Pia, *B. par lui-même*, Paris 1958 (dt. *Ch. B. in Selbstzeugnissen und Bilddokumenten*, Reinbek 1958; zul. 1983; rm). – L. B. Hyslop, *B. Man of His Time*, New Haven/Ldn. 1980. – W. J. Hemmings, *B. the Damned*, Ldn./NY 1982. – C. Pichois, *B.*, Paris 1987.
Gesamtdarstellungen und Studien:
M. Proust, *Sur B.* (in *NRF*, 16, 1921; dt. *Über B.*, in M. P., *Tage des Lesens. Drei Essays*, Ffm. 1963, S. 97–135; es). – P. Valéry, *Situation de B.*, Paris 1924. – M. Bonfantini, *B.*, Novara 1928; ern. Turin 1970. – J. Pommier, *La mystique de B.*, Paris 1932; ern. Genf. 1967. – A. Ferran, *L'esthétique de B.*, Paris 1933. – F. Kemp, *B. und das Christentum*, Marburg 1939. – G. Blin, *B.*, Paris 1939. – B. Croce, *B.* (in B. C., *Scritti di storia letteraria politica*, Bd. 34, Bari 1941). – F. Porché, *B., histoire d'une âme*, Paris 1944. – J. P. Sartre, *B.*, Paris 1947 (dt. Reinbek 1953; ern. 1978; rororo). – G. Blin, *Le sadisme de B.*, Paris 1948. – H. Peyre, *Connaissance de B.*, Paris 1951. – M. Eigeldinger, *Le platonisme de B.*, Neuchâtel/Paris 1952. –

L. Decaunes, *Ch. B.*, Paris 1952 [dt. Neuwied/Bln. 1968]. – J. Prévost, *B., essai sur l'inspiration et la création poétique*, Paris 1953. – J. P. Richard, *Profondeur de B.* (in J. P. R., *Poésie et profondeur*, Paris 1955). – H. Friedrich, *Die Struktur der modernen Lyrik*, Reinbek 1954 u. ö. – M.-A. Ruff, *B., l'homme et l'œuvre*, Paris 1955; ern. 1966. – Ders., *L'esprit du mal et l'esthétique baudelairienne*, Paris 1955. – L. J. Austin, *L'univers poétique de B.*, Paris 1956. – E. M. Starkie, *B.*, Ldn. 1957. – J. Crépet, *Propos sur B.*, Paris 1957. – W. T. Bandy u. C. Pichois, *B. devant ses contemporains*, Monaco 1957. – Y. Bonnefoy, *L'acte et le lieu de la poésie*, Paris 1958. – P. J. Jouve, *Tombeau de B.*, Paris 1958. – M. Butor, *Histoire extraordinaire. Essai sur un rêve de B.*, Paris 1961 (dt. Ffm. 1961). – P. M. Wetherill, *Ch. B. et la poésie d'E. A. Poe*, Paris 1962. – P. Emmanuel, *B.*, Paris 1967. – A. Kies, *Études baudelairiennes*, Löwen/Paris 1967. – Ch. Mauron, *Le dernier B.*, Paris 1966; ern. 1986. – M. Milner, *B., enfer ou ciel qu'importe?* Paris 1967. – C. Borgal, *C. B.*, Paris 1967. – *B., Actes du colloque de Nice 1967*, Paris 1968. – F. W. Leakey, *B. and Nature*, Manchester 1969. – R. Galand, *B. poétiques et poésie*, Paris 1969. – P.-G. Castex, *B. critique d'art*, Paris 1969. – W. Benjamin, *Ch. B. Ein Lyriker im Zeitalter des Hochkapitalismus*, Ffm. 1969; ern. 1974 (stw). – L. Cellier, *B. et Hugo*, Paris 1970. – B. Fondane, *B. et l'expérience du gouffre*, Paris 1972. – P. Arnold, *Ésotérisme de B.*, Paris 1972. – F. Neumeister, *Der Dichter als Dandy*, Mchn. 1973. – P. Trahard, *Essai critique sur B. poète*, Paris 1973. – C. Pichois, *Album B.*, Paris 1974 (Album de la Pléiade). – T. Bassim, *La femme dans l'œuvre de B.*, Neuchâtel 1974. – G. Macchia, *B.*, Mailand 1975. – *B.*, Hg. A. Noyer-Weidner, Darmstadt 1976 (WdF). – C. Pichois, *B.*, Neuchâtel 1976. – R. Kempf, *Dandies, B. et Cie.*, Paris 1977. – A. E. Carter, *Ch. B.*, Boston 1977 (TWAS). – E. Baldelli, *Itinéraires baudelairiens*, Rom 1978. – L. Aguettant, *B.*, Paris 1978. – H. Mehnert, *Melancholie und Inspiration. Begriffs- u. wissenschaftsgeschichtliche Untersuchung zur poetischen »Psychologie« B.s, Flauberts und Mallarmés*, Heidelberg 1978. – I. Köhler, *B. et Hoffmann*, Uppsala/Stockholm 1979. – J. Hassine, *Essai sur Proust et B.*, Paris 1979. – B. Johnson, *Défiguration du langage poétique*, Paris 1979. – G. Poulet, *La poésie éclatée*, Paris 1980. – H. Nöding, *Verlorene Illusionen, verlorene Erfahrung. Verdinglichung als literarisches Thema im Jahrhundert B.s*, Stg. 1980. – R. Stenzel, *Der historische Ort B.s*, Mchn. 1980. – O. Sahlberg, *B. und seine Muse auf dem Weg zur Revolution*, Ffm. 1980. – N. Ward Jouve, *B. A Fire to Conquer Darkness*, NY 1980. – R. Lloyd, *B.'s Literary Criticism*, Cambridge u. a. 1981. – A. Fairlie, *Imagination and Language*, Ldn./NY 1981. – V. Jensen, *Genèse du spleen baudelairien*, Rom 1982. – A. M. Amiot, *B. et l'illuminisme*, Paris 1982. – W. Benjamin, *Das Passagenwerk*, 2 Bde., Ffm. 1983 (es.). – D. Rincé, *B. et la modernité poétique*, Paris 1984.

L'ART ROMANTIQUE

(frz.; *Die Kunst der Romantik*). Sammlung kritischer Schriften von Charles BAUDELAIRE, postum erschienen 1868. – Der nicht ganz glückliche Titel des Werks stammt von den Herausgebern Théophile GAUTIER und Ch. ASSELINEAU. Baudelaire, der selbst seit 1852 die Publikation seiner literatur- und kunstkritischen Schriften in Buchformen erwogen hatte (ein fester Plan bestand seit 1859), nannte seine Sammlung zunächst *Bric-à-brac*, später *Curiosités esthétiques*. Dieser Titel sollte, über die innere Gliederung in einen literatur- und einen kunstkritischen Teil hinweg, die optische und stilistische Einheit des Ganzen unterstreichen (für Baudelaire gibt es keine prinzipiellen ästhetischen Unterschiede zwischen den einzelnen Kunstarten). Die Texte beweisen Baudelaires hohes logisches Denkvermögen, seine sichere Urteilskraft, seine Überlegenheit in der Formulierung und Darlegung abstrakt-theoretischer Gedankengänge. Den Hauptteil des Buches bilden die *Réflexions sur quelques-uns de mes contemporains*: Aufsätze über Victor HUGO, Auguste BARBIER, Marceline DESBORDES-VALMORE, Théophile GAUTIER, Pétrus BOREL, Gustave LE VAVASSEUR, Théodore de BANVILLE, Pierre DUPONT, LECONTE DE LISLE, Hégésippe MOREAU. Daneben stehen Gelegenheitsartikel über Jean de FALAISE, über *Les martyrs ridicules* von Léon CLADEL, über *Les misérables* von HUGO etc. und einzelne Essays, darunter *Le peintre de la vie moderne*, *Madame Bovary*, *Richard Wagner et Tannhäuser à Paris*, *L'essence du rire* und *Conseils aux jeunes littérateurs*.

In einer Studie über Constantin Guys *(Le peintre de la vie moderne)* befaßt sich Baudelaire mit dem Begriff der Moderne in der Kunst und mit dem Problem der Beziehung zwischen absoluter und relativer (zeitbedingter) Schönheit. Erst in der Synthese mit dem Stil einer Zeit, mit Geschmack und Mode gewinnt die zeitlose überpersönliche Idee des Schönen Anschaulichkeit und kann von dem in der Zeit lebenden Menschen verstanden werden. In demselben Zusammenhang spricht Baudelaire vom *dandysme*, der durch ihn zu einer eigenen, determinierten Existenzform wurde. Der Dandy ist der eigentliche Held des modernen Lebens, da er allein mitten in einer industrialisierten, häßlich gewordenen Welt seine Person, sein Benehmen und Denken in den Dienst der Schönheit stellt. Stoizismus gegenüber der Außenwelt und eine fast religiöse Vergeistigung sind, gemäß Baudelaire, die Kennzeichen des wahren Dandy. – Der Essay, der seine Kunstauffassung am eindrücklichsten vergegenwärtigt, ist *Richard Wagner et Tannhäuser à Paris*. WAGNERS Konzeption des musikalischen Dramas entspricht derjenigen Baudelaires von der Einheit aller Kunstformen. Auch ist Wagners dualistische Thematik, die im Zwiespalt zwischen Geist und Körper den Kampf zwischen Himmel und Hölle, zwischen Gott und Teufel begreift, dem dualistischen Weltbild Baudelaires und seiner *Fleurs du mal* nah verwandt. – Ein kleines, höchst geistreiches Kuriosum ist der Aufsatz *Conseils aux jeunes littérateurs*, in dem Baudelaire mit satirischer Finesse seinen jungen Kollegen die Grundsätze des Dichtens erläutert und gleichzeitig seiner eigenen hohen und strengen Auffassung der Kunst Ausdruck verleiht.

Baudelaires vorwiegend ästhetisch-philosophisch argumentierende Literaturbetrachtung bildet das Gegenstück zur psychologisch-moralistischen von SAINTE-BEUVE. Beide sind in ihrem Sinne beispielhaft für die Geistesgeschichte des 19. Jh.s. Baudelaire hält das künstlerische Schaffen für autonom: es beruht auf einem naturgegebenen Bedürfnis des Menschen nach Schönheit, das demjenigen der Vernunft nach Wahrheit oder des moralischen Willens nach Güte entspricht. Baudelaire wendet sich damit gegen die idealistische Philosophie, die die metaphysischen, ästhetischen und ethischen Bereiche des Geistes zu vereinheitlichen strebte. Dabei liegt seiner Betrachtungsweise kein starres ästhetisches Schema zugrunde. Sein Vorgehen ist streng phänomenologisch, sein Hauptinteresse gilt dementsprechend den Problemen der Form, auch wenn er in einzelnen Aufsätzen, etwa über *Les misérables* oder *Madame Bovary*, die Bedeutung der psychologischen und soziologischen Elemente in der Kunst sehr wohl zu würdigen weiß. In den *Œuvres posthumes* von 1887 und 1908 wurden weitere, bis dahin zum Teil unbekannte Aufsätze veröffentlicht, die heute zu *L'art romantique* gehören, unter ihnen ein Artikel über Jules CHAMPFLEURY, ein weitgediehenes essayistisches Fragment über *Les liaisons dangereuses* und vor allem eine satirische Studie über *L'esprit et le style de M. Villemain*. KLL

AUSGABEN: Paris 1868 (in *Œuvres Complètes*, Hg. Ch. Asselineau u. Th. de Banville, 7 Bde., 1868–1870, 3). – Paris 1918/19 (in *Œuvres Complètes*, Bd. 4). – Paris 1962, Hg. H. Lemaître (Class. Garn). – Paris 1976 (in *Œuvres complètes*, Hg. C. Pichois, 2 Bde., 2; Pléiade).

ÜBERSETZUNG: *Kunstkritik*, G. Meister (in *SW*, Hg. F. Kemp u. C. Pichois, 8 Bde., 1, Mchn. 1977).

LITERATUR: G. May, *Diderot et B. Critique d'art*, Genf/Paris 1957; vgl. dazu: J. Adhémar, *B. critique d'art* (in RSH, 1958, S. 111–119). – J. Cain, *B. critique d'art* (in RDM, Mai/Juni 1958, S. 246–257). – P.-G. Castex, *B. critique d'art*, Paris 1969. – R. Galand, *B., poétiques et poésie*, Paris 1969, S. 126–217. – G. Macchia, *La critica letteraria di B.*, Rom 1969. – J. Loncke, *B. et la musique*, Paris 1975. – W. Drost, *Kriterien der Kunstkritik B.s* (in *B.*, Hg. A. Noyer-Weidner, Darmstadt 1976, S. 410–442; WdF). – R. Lloyd, *B.'s Literary Criticism*, Cambridge 1981. – A. Fairlie, *Aspects of Expression in B.'s Art Criticism* (in A. F., *Imagination and Language*, Ldn./NY 1981, S. 176–215). – D. Rincé, *B. et la modernité poétique*, Paris 1984, S. 12–27.

CURIOSITÉS ESTHÉTIQUES

(frz.; *Ästhetische Merkwürdigkeiten*). Sammlung theoretisch-kritischer Aufsätze über Malerei und Literatur von Charles BAUDELAIRE, postum erschienen 1868 im zweiten Band der *Œuvres complètes*. – Die Auswahl und Anordnung der acht Aufsätze, die in den Jahren 1845–1859 entstanden, in Zeitschriften oder als Separatausgaben veröffentlicht wurden, entspricht einem älteren Plan Baudelaires. Die *Curiosités esthétiques* bilden, zusammen mit einer anderen Sammelpublikation des Autors, *L'art romantique* (1869), nur einen Bruchteil der ästhetisch-theoretischen Schriften Baudelaires, die in der historisch-kritischen Ausgabe von Y.-G. LE DANTEC vollständig vorliegen.

Baudelaire versteht sich in diesen Aufsätzen als Theoretiker einer Kunst und Literatur der *»modernité«*. Die enge Verbindung, die Theorie und Dichtung in seinem Werk eingehen, ist von initiatorischer Bedeutung für die Lyrik des späten 19. und des beginnenden 20. Jh.s. Kritik heißt für Baudelaire nicht mehr wie noch im 18. Jh. ausschließlich Klassifizierung und Subsumierung eines Werks unter die Regeln und Gattungsbegriffe einer normativen Ästhetik, sondern ist selbst ein kreatives, vorwärtstreibendes Element. *»Um gerecht zu sein, das heißt, um überhaupt selbst zu Recht zu bestehen, muß die Kritik parteiisch, leidenschaftlich, politisch sein: sie muß einen exklusiven Standpunkt vertreten – aber den Standpunkt, der die weitesten Horizonte eröffnet.«* Ersten Umriß gewinnen seine Überlegungen bereits in den Aufsätzen des *Salon de 1846*. Bei seiner Suche nach einer Definition des »Schönen« läßt er sich von dessen zeitgenössisch-romantischen Ausdrucksformen leiten. Im Zentrum seiner Kunsttheorie stehen vorerst noch die romantischen Begriffe der *»intimité«* und *»spiritualité«*: *»Wer Romantik sagt, sagt ›moderne Kunst‹ – das heißt Intimität, Geistigkeit, Farbe, Streben nach dem Unendlichen, ausgedrückt durch alle Mittel, die die Künste enthalten.«* Er feiert Delacroix als den bedeutendsten Vertreter dieser Romantik, während er HUGO ablehnt und ihm Mangel an *»imagination«* vorwirft. Der Begriff der *»imagination«* entwickelt sich später zu einem der Zentralbegriffe der Ästhetik Baudelaires. Imagination ist nicht identisch mit Phantasie, auch nicht mit Sensibilität, sie ist die nahezu *»göttliche«* Fähigkeit, die geheimen Beziehungen der Dinge, ihre Korrespondenzen und Analogien unterhalb der *»positiven Trivialität«* ihrer Oberfläche zu erfassen. Zwei Kapitel des *Salon de 1859, La reine des facultés* und *Le gouvernement de l'imagination*, beschreiben sie als *»Königin des Wahren«*, zu dem das *»Mögliche«* als eine seiner Provinzen gehört: *»Das ganze sichtbare Universum ist nur ein Magazin von Bildern und Zeichen, denen die Imagination entsprechenden Rang und Platz anweisen muß.«*

Die ästhetische Schöpfung ist auf das *»idéal«* gerichtet, das jeglichem Zugriff entzogen, nie ganz erreicht wird. Jedes Individuum hat zudem sein eigenes *»idéal«*, das in ihm die Sehnsucht wachhält, mit Hilfe der Imagination das Schöne aufzuspüren. Entscheidendes Kriterium der Kunst ist die Erinnerung als *»Mnemotechnik des Schönen«*, die den kleinsten wie den größten Welthorizont ins Bewußtsein holt. Ihr fällt die Aufgabe zu, die gegenwärtige Welt dichterisch zu fixieren, die im permanenten Schock erlebte Wirklichkeit durch die Imagination zu verwandeln und ihre eigentliche Schönheit zu dechiffrieren. Paris, die Hauptstadt des 19. Jh.s, diese *»kolossale Masse von Menschen und Steinen«*, wird für ihn zur Schicksalslandschaft, deren banale, moderne Reize ein weiteres Hauptelement seiner Ästhetik bilden. *»Das Schöne ist immer bizarr ... Es enthält ein wenig Bizarrerie, naive Bizarrerie, ungewollt und unbewußt, und eben durch die Bizarrerie ist es gerade erst das Schöne«* (Exposition universelle – 1855 – Beaux-Arts).

Dieses Element des Bizarren korrespondiert bei Baudelaire mit dem des Grotesken, das ihm als die reine, absolute Ausprägung des Komischen gilt. In einem der bedeutendsten Aufsätze der Sammlung, *De l'essence du rire et généralement du comique dans les arts plastiques*, 1855 *(Über das Wesen des Lachens, insonderheit über das Komische in der Kunst)*, führt er das »Lachen« auf eine ehemalige *»physische und moralische Degradation«* zurück. Voraussetzung allen Lachens ist ein aus dem Stadium der geistigen Unschuld herausgetretenes Selbstbewußtsein, das – als erschrocknes *»Flügel-Zusammenfalten«* der Seele – die Erinnerung daran bewahrt. Wo immer in der Geschichte einer Nation sich eine ausgeprägte Begabung für Komik äußert, ist sie mit der *»Intelligenz zum Bösen«* verknüpft, die in ihr erst ihr eigentliches Ausdrucksmedium findet. *»Das Lachen kommt von der Idee der eigenen Überlegenheit«* (dem Gegenstand des Gelächters gegenüber), es ist *»satanisch und demnach tief menschlich«*, zugleich aber auch widerspruchsvoll und Zeichen eines unendlichen und unauflösbaren Zwiespalts – es entstammt dem Bewußtsein der *»Misere in bezug auf das absolute Wesen, dessen ideelle Vorstellung der Mensch besitzt, – der Größe in bezug auf die Tiere«*. Der beständige Zusammenstoß dieser beiden einander entgegenwirkenden Beziehungen erzeugt das Lachen. Den vollkommenen Ausdruck dieses ausgehaltenen Widerspruchs und seiner »satanischen« Auflösung im Lachen findet Baudelaire im *Melmoth the Wanderer* (1820) von Charles Robert MATURIN. Das Groteske ist für ihn eine Sonderform des Komischen, in der es sich mit dem Häßlichen und Abstoßenden verbindet. Diesen Zusammenhang zeigt er an einigen Erzählungen E. T. A. HOFFMANNS, vor allem dessen *Prinzessin Brambilla* und der *Königsbraut*, an der Pantomime und später (in den beiden Aufsätzen über *Quelques caricaturistes français* und *Quelques caricaturistes étrangers* von 1857) an Zeichnungen und Stichen von Vernet, Daumier, Monnier, Grandville, Gavarni, Hogarth, Goya, Brueghel u. a.

Dichtung als Versuch, das Menschliche zu retten, erfordert die Anerkennung der modernen Wirklichkeit – jedoch nicht so, daß sich die Dichtung auf moderne Attribute (in einem äußerlichen Sinne) beschränkte; vielmehr muß die Spannung (zum »*idéal*«) ausgehalten und aus ihr kraft eines heroischen Entschlusses der dichterische Funke geschlagen werden. Die Gewalt dieser Anstrengung entspricht dem Grad der Ausgeliefertheit an Banalität und Mediokrität der zeitgenössischen politisch-gesellschaftlichen Wirklichkeit, der der Künstler, schon um der Rettung der Kunst willen, als Revolutionär gegenübertreten muß. Doch der Verfall ist schon in die Kunst selbst eingedrungen, der Verlust der »*imagination*« läßt sie zum bloßen Arsenal kunstgewerblicher Gegenstände verkommen. Im *Salon de 1859* werden die bisher diskutierten Probleme schärfer, aggressiver durchdacht. Neu ist die heftige Attacke gegen den Fortschritt, diese »*große, moderne Idee*«, die radikal abgelehnt wird, sofern sie lediglich die »*fortschreitende Herrschaft der Materie*« verbürgt. Dieser scheinbare Fortschritt, der sich auf dem Gebiet der Kunst in Gestalt der Fotografie anbahnt, führt lediglich zu einer »*Verwirrung der Funktionen*«: »*Wenn die Industrie in die Kunst eindringt, wird sie deren tödlichste Feindin.*« Die technische Reproduzierbarkeit und die »*sottise de la multitude*« korrumpieren die kreative Phantasie, an der als der wesentlichen Kraft des modernen Künstlers festgehalten werden muß.

Die Bedeutung, die Baudelaire innerhalb seiner Ästhetik und seiner Lyrik dem Begriff der »*modernité*« einräumt, beruht auf der Einsicht in die Geschichtlichkeit des Schönen selbst. In einem späteren Aufsatz, *Le peintre de la vie moderne*, 1863 (nicht in den *Curiosités esthétiques* enthalten), entwickelt er eine »*rationelle und geschichtliche Theorie des Schönen*« (im Gegensatz zu einer Theorie des einen und absolut Schönen), die eine Dualität zweier grundlegender Variablen annimmt: »*Das Schöne wird aus einem ewigen, unveränderlichen Element gebildet, dessen Quantität außerordentlich schwierig zu bestimmen ist, und aus einem relativen, bedingten Element, das, wenn man will, von dem Zeitabschnitt, der Mode, den geistigen Leben, der Leidenschaft dargestellt wird.*« Erst aufgrund dieser Einsicht kann Baudelaire den Darstellungsproblemen der modernen Welt gerecht werden. Doch nicht nur der Darstellung, sondern ebenso der Erschaffung einer neuen Welt gilt seine besessene Dichter-Arbeit. Die Verarbeitung des Neuen durch die Kunst will er der lediglich technischen Bewältigung entgegensetzen.
KLL

AUSGABEN: Einzeldrucke: *Salon de 1845*, Paris 1845 (unter Pseud. Baudelaire Dufays). – *Salon de 1846*, Paris 1846 (unter Pseud. Baudelaire Dufays). – *Le musée classique du bazar Bonne-Nouvelle* (in Le Corsaire-Satan, 21. 1. 1846). – *Exposition universelle – 1855 – Beaux-Arts*, Tl. 1 (in Le Pays, 26. 5. 1855); Tl. 2 (in Le Portefeuille, 12. 8. 1855); Tl. 3 (in Le Pays, 3. 6. 1855). – *De l'essence du rire et généralement du comique dans les arts plastiques* (in Le Portefeuille, 8. 7. 1855, u. in Le Présent, 1. 9. 1857). – *Quelques caricaturistes français* (in Le Présent, 1. 10. 1857 u. in L'Artiste, 24. u. 31. 10. 1858). – *Quelques caricaturistes étrangers* (in Le Présent, 15. 10. 1857, u. in L'Artiste, 26. 9. 1858). – *Salon de 1859* (in Revue Française, 10. 6., 20. 6., 1. 7., 20. 7. 1859). – Gesammelt: Paris 1868 (in *Œuvres complètes*, Hg. Ch. Asselineau u. Th. de Banville, 7 Bde., 1868–1870, 2). – Paris 1923 (in *Œuvres complètes*, Hg. J. Crépet u. C. Pichois, 19 Bde., 1922–1966, 2). – Paris 1954 (in *Œuvres*, Hg. Y.-G. Le Dantec; ²1961, rev. v. C. Pichois). – Paris 1962, Hg. H. Lemaître (Class. Garn). – Paris 1976 (in *Œuvres complètes*, Hg. C. Pichois, 2 Bde., 2; Pléiade).

ÜBERSETZUNGEN (nur in Ausw.): *Zur Ästhetik der Malerei und der bildenden Kunst*, M. Bruns (in *Werke*, Hg. M. B., Bd. 4, Minden o. J. [1906]). – *Vom Wesen des Lachens und von dem Komischen in der Kunst im allgemeinen*, W. Fraenger, Zürich/Mchn./Lpzg. 1923. – *Kritische und nachgelassene Schriften*, H. Steinitzer (in *AW*, Hg. F. Blei, Bd. 3, Mchn. 1925). – *Aufsätze*, C. Andres, Mchn. 1960 (GGT). – *Kunstkritik*, G. Meister (in *SW*, Hg. F. Kemp u. C. Pichois, 8 Bde., 1, Mchn. 1977).

LITERATUR: E. Bernard, *Ch. B. critique d'art*, Brüssel 1943. – G. Macchia, *La critica d'arte di B.*, 2 Bde., Neapel 1951. – G. Picon, *Les derniers écrits esthétiques de B.* (in MdF, 1955, H. 325, S. 271–285). – M. Bonfantini, *B. critico*, Mailand 1962. – N. Accaputo, *L'estetica di B. e le sue fonti germaniche*, Turin 1964. – P. G. Castex, *B. critique d'art*, Paris 1969. – R. Galand, *B., poétiques et poésie*, Paris 1969, S. 126 f. – W. Drost, *Kriterien der Kunstkritik B.s* (in *B.*, Hg. A. Noyer-Weidner, Darmstadt 1976, S. 410–442; WdF). – D. Oehler, *Pariser Bilder 1 (1830–1848)*, Ffm. 1979. – R. Lloyd, *B.'s Literary Criticism*, Cambridge 1981. – A. Fairlie, *Aspects of Expression in B.'s Art Criticism* (in A. F., *Imagination and Language*, Ldn./NY 1981, S. 176–215). – D. Rincé, *B. et la modernité poétique*, Paris 1984, S. 12–27.

LA FANFARLO

(frz.; *Die Fanfarlo*). Novelle von Charles BAUDELAIRE, erschienen 1847. – Diese frühe, autobiographische Details verarbeitende Novelle des jungen Baudelaire, die weder den großen Lyriker verrät, noch der unvergleichlich bedeutenderen späten Prosa des Autors standhält, schlägt dennoch zehn Jahre vor den *Fleurs du mal* bereits ein Thema an, das dort im Abschnitt *Spleen et idéal* vielschichtiger und umfassender entfaltet wird. – Im Mittelpunkt der Novelle steht Samuel Cramer, ein junger Schriftsteller, der unter dem Pseudonym Manuela de Monteverde einen Sonettband mit dem Titel *Hiboux (Eulen)* veröffentlicht hat. Es ist »*das widerspruchsvolle Produkt eines bleichen Deutschen und einer braunen Chilenin*«, ein phantastischer, bizarrverwickelter Charakter, der über »*nichts als die Hälften von Ideen*« verfügt. Dieser eklektische »*Gott der Impotenz*«, der das unabhängige Leben eines Pariser Dandys führt, »*war alle die Künstler, die er*

studiert, alle die Bücher, die er gelesen hatte, zugleich, und dennoch blieb er trotz dieser schauspielerischen Veranlagung tief original«. Während eines Frühlingsspazierganges im Jardin du Luxembourg begegnet er einer Jugendfreundin, Mme. de Cosmelly, die, inzwischen verheiratet, ihm gesteht, daß ihre Ehe an einem Verhältnis ihres Mannes mit der gefeierten, schönen, aber dummen Tänzerin Fanfarlo zu scheitern drohe. Cramer macht sich in der Hoffnung auf eine angemessene Belohnung in den Armen der verzweifelten Gattin anheischig, Monsieur de Cosmelly der Tänzerin zu entfremden. Er eilt ins Theater, sieht die Fanfarlo – und preist im stillen Cosmelly glücklich, daß er sich für eine solche Frau zu ruinieren bereit ist. Um sie für sich zu interessieren, schreibt er eine Reihe scharf ablehnender Zeitungskritiken, die die Tänzerin endlich neugierig machen. Nach einer Premiere, in der die Fanfarlo als Colombine alle hochgespannten ästhetischen Ansprüche Cramers erfüllt hat, sucht er sie auf und findet, Mme. de Cosmelly und sein Vorhaben gänzlich vergessend, ihre Gegenliebe. Liebe ist für Cramer jedoch weniger eine Angelegenheit der Sinne als des ästhetischen Genusses und des Geschmacks. So schickt er die Tänzerin, die bereit ist, sich ihm hinzugeben, ins Theater zurück, um das Colombine-Kostüm zu holen. Aber seinem *»Durst nach Unendlichkeit«*, nach der *»Schwermut des Unwirklichen«* vermag die Realität nicht lange standzuhalten, und als die Tänzerin seine Intrige aus einem Dankesbrief von Mme. de Cosmelly erfährt, beginnt sein Abstieg. *»Er hatte oft die Leidenschaft nachgeäfft, nun war er gezwungen, sie kennenzulernen.«* Aus den *»künstlichen Paradiesen«,* die er der Realität entgegengesetzt hatte, vertreiben ihn die Qualen der Eifersucht, während die Fanfarlo, die schnell ihre Anmut verliert, energisch seine Karriere betreibt. Sie bringt Zwillinge zur Welt, Samuel schreibt in kurzen Abständen vier wissenschaftliche Bücher, und es besteht begründete Aussicht, daß er sozialistischer Zeitungsredakteur und Politiker, ja Mitglied der Akademie werden wird.
»Es gibt keine Traumgestalt, und sei sie noch so ideal, der nicht, wenn man sie wiederfindet, ein gefräßiger Balg am Busen hängt.« Der Konsequenz dieses Satzes, den Cramer, zu Mme. de Cosmelly gewandt, bei ihrem ersten Wiedersehen ausspricht, fällt er selbst anheim, als er versucht, sein Ideal – die Colombine der Theaterpremiere – in einer Wirklichkeit zu materialisieren, deren Banalität nur durch Ertragen der ständigen *»Spannung zum Unendlichen«* zu entrinnen gewesen wäre. H.H.H.

AUSGABEN: Paris 1847 (in Bulletin de la Société des Gens de Lettres, 3, Jan. 1847, 1; u. d. Pseud. Ch. Defayis). – Paris 1849 *(Veillées littéraires illustrées)*. – Paris 1919, Hg. C. Pichois. – Paris 1928 (in *Œuvres complètes,* Hg. J. Crépet u. C. Pichois, 19 Bde., 1922–1966, 4). – Paris 1975 (in *Œuvres complètes,* Hg. C. Pichois, 2 Bde., 1; Pléiade).

ÜBERSETZUNGEN: *Die Fanfarlo,* M. Bruns (in *Werke,* Bd. 1, Minden 1904). – Dass., H. Kauders, Mchn. 1923. – Dass., E. E. Schwabach (in *Die künstlichen Paradiese,* Mchn. 1925). – Dass., W. Fabian, Zürich 1948. – Dass., E. Sander, Freiburg i. B. 1953. – *Die Tänzerin Fanfarlo,* W. Küchler (in *Prosadichtungen,* Heidelberg 1955; ³1974). – Dass., ders., Zürich 1977 (detebe).

LITERATUR: C. Pichois, *Autour de »La Fanfarlo«. B., Balzac et Marie Daubrun* (in MdF, 328, 1956, S. 604–636). – P.-G. Castex, *B. et Balzac* (in OL, 12, 1957, S. 179–192). – N. Wing, *The Poetics of Irony in B.s »La Fanfarlo«* (in Neoph., 59, 1975, S. 165–189). – F. S. Heck, *B.'s »La Fanfarlo«* (in FR, 49, 1975/76, S. 328–336). – D. Festa Mc Cormick, *Images Assumed and Presumed* (in Les Bonnes feuilles, 5, 1976, Nr. 2, S. 24–40). – G. Violato, *B-minore, »La Fanfarlo«* (in SRLF, 16, 1977, S. 427–470). – B. Wright u. D. H. T. Scott, *B., »La Fanfarlo« and »Le spleen de Paris«,* Ldn. 1984.

LES FLEURS DU MAL

(frz.; *Die Blumen des Bösen*). Gedichtzyklus von Charles BAUDELAIRE, erschienen 1857. – Der Zyklus, dessen Entstehungszeit bis zum Beginn der vierziger Jahre zurückreicht, sollte, wie zahlreiche Einzelveröffentlichungen von Gedichten in Zeitschriften erkennen lassen, zunächst den Titel *Les Lesbiennes* (etwa 1845–1847), später *Les limbes (Die Vorhöfe der Hölle,* etwa 1848–1851) tragen. Erst in einer größeren Auswahlpublikation in der Zeitschrift ›Revue des Deux Mondes‹ (1. 7. 1855) tauchte der definitive Titel auf. Sogleich nach dem Erscheinen des Bandes löste eine von G. BOURDIN im ›Figaro‹ (25. 7. 1857) veröffentlichte Rezension eine heftige öffentliche Polemik gegen Baudelaire aus, die sich wenig später in einem Prozeß fortsetzte, den der Autor und sein Verleger, A. Poulet-Malassis, am 20. 8. 1857 vor der sechsten Strafkammer von Paris unter dem Vorsitz von E. Pinard zu bestehen hatten, eben jenem Gerichtshof, der bereits zu Anfang desselben Jahres FLAUBERTS *Madame Bovary* und Eugène SUES *Mystères du peuple* indiziert hatte. Baudelaire wurde wegen der *»verderblichen Wirkung der Bilder, die er den Leser sehen läßt und die, in den beanstandeten Stücken, durch einen krassen und das Schamgefühl verletzenden Realismus notwendig zur Aufreizung der Sinne führen«* und wegen *»Verhöhnung der öffentlichen Moral und der guten Sitten«* zu einer Geldstrafe und zur Ausmerzung von sechs Gedichten verurteilt, ein Urteil, das erst 1949 förmlich aufgehoben wurde. Diese sechs Gedichte – *Les bijoux (Die Juwelen), Le léthé (Der Lethe), A celle qui est trop gaie (Einer Allzufrohen), Lesbos (Lesbos), Femmes damnées (Frauen der Verdammnis)* und *Les métamorphoses du vampire (Die Verwandlung des Vampirs)* – wurden in der zweiten Auflage der *Fleurs du mal* (1861) unterdrückt und das alte Ordnungsprinzip des Bandes – hundert Gedichte in fünf Gruppen – durch die Neuaufnahme von fünfunddreißig bereits veröffentlichten oder inzwischen entstandenen Gedichten durchbrochen. Die inkriminierten Gedichte erschienen, noch zu Lebzeiten des Autors, erneut in einem Band mit dem Titel *Les épaves*, 1866 *(Strandgut)*, den Poulet-Malassis jedoch in Brüssel drucken ließ, um die französische Zensur zu umgehen. Als letztes Zeugnis der fortgesetzten Arbeit an den *Fleurs du mal* erschienen ebenfalls 1866 in der von Catulle MENDÈS herausgegebenen Zeitschrift ›Le Parnasse Contemporain‹ sechzehn *Nouvelles fleurs du mal* (sechs davon bereits in *Les épaves*), die, zusammen mit einigen von Baudelaire in sein Handexemplar der zweiten Auflage eingetragenen, von Ch. ASSELINEAU und Théodore de BANVILLE in ihrer 1868/70 veröffentlichten Ausgabe der *Œuvres complètes* dem Werk hinzugefügt wurden. Legt man für den Gesamtzyklus die vermehrte zweite Auflage (also ohne die *Nouvelles fleurs du mal*, aber mit den sechs inkriminierten Gedichten) zugrunde, so ergibt sich folgende Anordnung: Einem Zueignungsgedicht – *Au lecteur (An den Leser)* – folgt die mit 87 Gedichten weitaus umfangreichste Gruppe *Spleen et idéal (Spleen und Ideal)*. Daran schließen sich die *Tableaux parisiens (Pariser Bilder)* mit achtzehn Gedichten, der Zyklus *Le vin (Der Wein*; 5 Gedichte) und die Gruppen *Les fleurs du mal* (12 Gedichte), *Révolte (Aufruhr*; 3 Gedichte) und *La mort (Der Tod*; 6 Gedichte).

Baudelaires *Fleurs du mal*, die wie kaum ein zweites Werk des 19. Jh.s die Entwicklung der modernen Lyrik bestimmt haben, gehen aus einer Grundspannung hervor, die man als »*Spannung zwischen Satanismus und Idealität*« (H. Friedrich) bezeichnet hat. Sie deutet auf ein wenn auch abgeschwächtes Verhältnis zu christlich-katholischen Vorstellungsbereichen hin. »*Sind auch die Kategorien seines Bewußtseins christlich, so setzt er doch dieses selbst als einen abstrakten Wert per se, welcher keiner Modifikation unterworfen ist*« (F. Kemp). Der blasphemische »Satanismus« Baudelaires korrespondiert zweifellos mit mittelalterlich-christlichen Denk- und Symbolfiguren, fällt aber, wie vor allem die beiden Tagebücher des Autors – *Fusées*, 1855–1862 *(Raketen)*, und *Mon cœur mis à nu*, 1859–1866 *(Mein bloßgelegtes Herz)* – deutlich machen, keineswegs lediglich mit orthodoxen Glaubensinhalten zusammen. Baudelaires frenetischem Haß auf den obsoleten bürgerlichen Fortschrittsoptimismus des 19. Jh.s liegt die Einsicht in den sich immer gleichbleibenden »*état sauvage*« des Menschen zugrunde, der als »*vollkommenes Raubtier*« seiner Natur nach nicht – wie ROUSSEAU annahm – gut, sondern satanisch-verderbt sei. »*Theorie der wahren Zivilisation. Sie beruht weder auf dem Gas noch auf der Dampfkraft noch auf den Drehbänken. Sie liegt in der Verringerung der Spuren der Erbsünde*« (*Mon cœur mis à nu)*. Der Begriff der Erbsünde wird von Baudelaire jedoch über seinen traditionell-religiösen Bedeutungsbereich hinaus erweitert: meint Erbsünde im christlichen Sinne den selbstverschuldeten Abfall des durch Adam repräsentierten menschlichen Geschlechts von seiner paradiesischen Sündlosigkeit, so ist Baudelaire davon überzeugt, daß der Sündenfall, abstrakt als »*Eintreten der Einheit in die Duali-*

tät« gefaßt, bereits Gott selbst aufzubürden sei, der sich an die Schöpfung »*prostituiert*« und damit seinen eigenen Niedergang vorbereitet habe – ein Gedanke, der ebenso bei VALÉRY in dessen großem kosmogonischen Gedicht *Ébauche d'un serpent* (1921) wiederkehrt.

Dieser Sündenfall Gottes lebt für Baudelaire im Antagonismus von »*spiritualité*« und »*animalité*« fort, der sein Denken durchgehend beherrscht und sich ihm z. B. im Verhältnis der Geschlechter zueinander unmittelbar objektiviert: so gilt ihm etwa die Liebe als ein Phänomen, in dem sich ausschließlich die nahezu allein dem Weib zugeschriebene »*animalité*« durchsetzt und als »*volupté*« jenes »*fürchterliche Spiel*« eröffnet, »*das verlangt, daß einer der Spieler dabei die Herrschaft über sich selbst verliere*«. Als Tortur, die einer »*chirurgischen Operation*« gleicht, bahnt sie die Tragödie der Entehrung der »*spiritualité*« an, die aus sich herausgehen, sich herablassen, sich »*prostituieren*« muß. »*Spiritualité*«, als Abbild der ursprünglichen Gottebenbildlichkeit, ist ihm andererseits der Inbegriff des Bei-sich-selbst-Seins des Geistes, seiner »*pureté*«; »*self-purification and anti-humanity*« bilden das ethisch-ästhetische Selbsterziehungsprogramm, den »*culte du moi intégral*« seines aristokratischen Dandysmus.

Was diesem sich stoisch gegen alle stupide Kreatürlichkeit und Barbarei behauptenden Spiritualismus Baudelaires seine Würde bezeugt, ist das Bewußtsein des Schmerzes, der als »*tristesse*« und »*mélancholie*« sogar ein unabdingbares Ingrediens aller Schönheit ist – im Gegensatz zur Freude, einem ihrer »*vulgärsten Ornamente*«. Erst aus der Mischung jener Idee von Melancholie mit der entgegengesetzten, dem wollüstigen »*Verlangen nach Leben, verbunden mit einer widerströmenden Bitterkeit, die gleichsam von Beraubung und Hoffnungslosigkeit herkommt*«, entfaltet sich der mysteriöse Reiz der modernen, überraschenden, dissonantisch-bizarren Schönheit, deren erster Theoretiker neben E. A. POE Baudelaire gewesen ist: »*Der vollkommene Typus männlicher Schönheit ist Satan – nach der Art Miltons*« (*Fusées*, Nr. 10).

In zahlreichen Gedichten der ersten Gruppe, *Spleen et idéal* – ein Titel, dessen für Baudelaire so bezeichnenden Wortsinn Stefan GEORGE mit »*Trübsinn und Vergeistigung*« meisterhaft übertrug –, wird diese Antinomie von »*spiritualité*« und »*animalité*« als immer erneut sich anfachende, nie zum Stillstand kommende Dialektik von »*élévation*« (Aufschwung) und »*chute*« (Fall) entfaltet, die nur im Leiden, im Schmerz ausgehalten, aber nie überwunden werden kann. So schließt ein Gedicht dieser Gruppe – *Les phares (Die Leuchtfeuer)* –, in dem als »Feuerzeichen« Maler und Bildhauer, wie Rubens, Leonardo, Rembrandt, Michelangelo, Watteau, Goya und Delacroix, beschworen werden, deren Verwünschungen, Lästerungen, Ekstasen und Klagen als Echo über Jahrhunderte hinweg einander antworten, mit der Strophe: »*Car c'est vraiment, Seigneur, le meilleur témoignage / Que nous puissions donner de notre dignité / Que cet ardent sanglot qui roule d'âge en âge / Et vient mourir au bord de*

votre éternité.« (Prosaübers. von F. Kemp: *»Denn dies ist wahrlich, Herr, das beste Zeugnis, das wir von unserer Würde geben können: inbrünstig dieses Schluchzen, das sich durch die Zeiten wälzt und am Gestade deiner Ewigkeit erstirbt.«*)
In Entsprechung zu den beiden Extremen dieser Bewegung lassen sich ebenso zwei adversative Wortfelder aussondern: *azur, blancheur, pureté* usw. auf der einen, *abîme, gouffre, enfer, ténèbres* auf der anderen Seite. Beide Felder treffen häufig unmittelbar aufeinander, wie etwa in *L'aube spirituelle (Geistiger Morgen)*: *»Des Cieux Spirituels l'inaccessible azur, / Pour l'homme terrassé qui rêve encore et souffre, / S'ouvre et s'enfonce avec l'attirance du gouffre.«* (*»Dem hingestreckten Menschen, der noch träumt und leidet, tut sich der Geistes-Himmel Bläue unerreichbar auf und saugend wie der Abgrund vertieft sie sich.«*) Die erste Gruppe enthält als Mittelstück eine beträchtliche Anzahl von Gedichten, die Baudelaire Frauen widmete. Vor allem in den an Jeanne Duval, seine langjährige Geliebte, gerichteten erscheint Liebe als Verfallenheit an das in der »Unreinheit« des Weibes seine verführerischste Lockung entfaltende dämonisierte Böse, während andererseits in den Gedichten für Madame Sabatier eine heiligende Idealisierung vorherrscht, die aber, gerade weil aller »animalité« weit entrückt, sich auf sie als ihren Gegensatz um so notwendiger bezieht. »Der Spleen ist das Gefühl, das der Katastrophe in Permanenz entspricht« (W. Benjamin). Vier unmittelbar aufeinanderfolgende Gedichte umschreiben mit diesem Titel *(Spleen)* eine Atmosphäre von düsterer, verdrossener Melancholie, die, *»gleich einem Deckel«*, lähmend auf dem Menschen lastet und ihn in dumpfer Teilnahmslosigkeit und zermürbender Langeweile verzweifeln läßt. Zahlreiche Gedichte der ersten Gruppe, wie *Obsession (Besessenheit)*, *Le goût du néant (Gefallen am Nichts)* oder *L'horloge (Die Uhr)*, verstärken diesen selbstquälerischen Glauben an die eigene Verdammnis, für den Baudelaire das Bild des Selbsthenkers findet: *»Je suis de mon cœur le vampire, / – Un de ces grands abandonnés / Au rire éternel condamnés, / Et qui ne peuvent plus sourire!«* (*»Ich bin der Vampir meines eigenen Herzens, – einer jener großen Verlassenen, die zu ewigem Lachen verdammt sind und die nicht mehr lächeln können!«*)
Die Gedichte der zweiten Gruppe, *Tableaux parisiens*, haben Baudelaires Ruhm begründet, als erster die zivilisatorischen, künstlichen Reize der modernen Großstadt »poesiefähig« gemacht zu haben, auf die sich auch eine seiner theoretischen Definitionen des Schönen bezog: *»Das Schöne ist immer bizarr...«*. Bizarrerie ist wirklich das Charakteristikum fast aller dieser achtzehn Gedichte. Paris – *»Fourmillante cité, cité pleine de rêves, / Où le spectre en plein jour raccroche le passant!«* (*»Wimmelnde Stadt, Stadt voller Träume, wo das Gespenst sich am hellen Tag an den Passanten heftet!«*) – wird für Baudelaire zum geheimnisvollen, von Straßenschluchten wie von *»gewundenen Falten«* durchzogenen Bereich, in dem alles, selbst das Grauen, den müßigen »flaneur« faszinieren kann. Gedichte wie *Les sept vieillards (Die sieben Greise)*, *Les petites vieilles (Die alten Weiblein)* oder *Les aveugles (Die Blinden)* beschreiben die grotesken *»Höllenzüge«* armseliger Krüppel und Mißgestalten, die im *»wimmelnden Gemälde«* der Stadt gleich Spukgestalten vorüberziehen. Diese Gruppe enthält auch eines der berühmtesten Gedichte Baudelaires, den *Rêve parisien (Pariser Traum)*. Es entwirft eine schreckliche Traumlandschaft von vollkommener Künstlichkeit, in der sich Baudelaires heftiger Abscheu vor aller bloß kreatürlichen, organischen, wuchernden Regellosigkeit objektiviert. *»Babel d'escaliers et d'arcades, / C'était un palais infini, / Plein de bassins et de cascades / Tombant dans l'or mat ou bruni...«* (*»Ein Babel ganz aus Treppen und Arkaden, war dies ein unabsehbarer Palast, voller Becken und Kaskaden, die in mattes oder blankes Gold sich stürzten...«*) – eine kalte, leblose, kristallen strahlende Zauberwelt aus Wasser, Marmor und Metall, die, vom *»Schweigen der Ewigkeit«* überwölbt, sich bis an die Grenzen des Universums erstreckt.
Die fünf Gedichte der Gruppe *Le vin* gehören thematisch in den Umkreis der *Paradis artificiels (Künstliche Paradiese)*, einer Prosaveröffentlichung Baudelaires, die den halluzinationsfördernden, bewußtseinserweiternden Wirkungen von Rauschgiften wie Opium und Haschisch nachgeht. In *Le vin des chiffoniers (Der Wein der Lumpensammler)* wird der Wein – *»fils sacré du soleil«* – dem Schlaf verglichen, den Gott all diesen *»alten Verdammten«* aus Reue schenkte, damit sie ihren Groll vergäßen. Aus dem Rausch, einem der wenigen Mittel, den *»kranken Dünsten«* dieser Welt zu entfliehen, gehen jene *»Feste der Phantasie«* hervor, die den Menschen in einen *»Götterhimmel«* fern der Banalität der Wirklichkeit entführen.
In den beiden folgenden Gruppen – *Les fleurs du mal* und *Révolte* – wird dem Grauen und der Verzweiflung ein neuer Reizwert abgewonnen. Das Motiv der Besessenheit, des qualvollen Hin- und Herschwankens zwischen den beiden Polen der Geist- und der Tier-Natur des Menschen wird verstärkt: in dem Gedicht *La destruction (Die Zerstörung)* projiziert sich diese Unruhe nach außen im Bild eines Dämons, der den Menschen, *»dem Auge Gottes fern«*, in verführerischer Gestalt durch *»unabsehbar öde Ebenen des Grames«* treibt. Dieser unablässige Kampf gegen die Verstrickung in schuldhafte Begierde schlägt endlich in die triumphierende, affirmative *»connaissance dans le mal«* (*»Bewußtheit im Bösen«*) und in den leidenschaftlichen Aufruhr der *Litanies de Satan* um, die Satan als den *»Wahlvater«* jener feiern, *»die in seinem schwarzen Zorn Gottvater aus dem irdischen Paradies verjagt hat«*. Ein respondierender, leitmotivisch wiederholter Vers – *»O Satan, prends pitié de ma longue misère«* – unterbricht die zweizeiligen, hymnischen Strophen der Litanei, denen sich ein kurzes Gebet anschließt, das um die Gnade bittet, unter dem Baum der Erkenntnis, ihm nahe, ruhen zu dürfen. In der letzten Gruppe – *La mort* – findet sich neben einigen Rollengedichten – *La mort des amants, La mort des artistes* – als Schlußgedicht des gesamten

Zyklus das berühmte *Le voyage (Die Reise)*. Es beschreibt die grenzenlose, von Neugier und Hoffnung unaufhörlich genährte Sehnsucht des Menschen nach fremden, chimärischen Ländern, nach Inseln der Phantasie, nach Unendlichkeit. Ein imaginärer Chor von *»wahren Reisenden«* – *»Mais les vrais voyageurs sont ceux-là seuls qui partent / pour partir«* –, über seine Erinnerungen befragt, breitet den Schatz seines *»bitteren Wissens«* aus, bitter, weil sich der Bericht über den ganzen Erdball in immer den gleichen Bildern zusammenfassen läßt: eine *»Oase des Grauens in einer Wüste der Langeweile«*. Nachdem diese eintönige, enge Welt, die heute, gestern und morgen kaum mehr als das *»langweilige Schauspiel der unsterblichen Sünde«* bietet, durchschritten ist, bleibt dem rastlos auf der Suche nach neuen *»Wunderfrüchten«* vorwärtsdrängenden Reisenden nur noch ein erfolgverheißendes Ziel – der Tod. *»O Mort, vieux capitaine... Verse-nous ton poison pour qu'il nous réconforte! / Nous voulons, tant ce feu nous brûle le cerveau, / Plonger au fond du gouffre, Enfer ou Ciel, qu'importe? / Au fond de l'Inconnu pour trouver du nouveau!«* (*»O Tod, alter Kapitän... Flöße uns dein Gift ein, daß es uns stärke! Wir wollen, so sehr sengt dieses Feuer uns das Hirn, zur Tiefe des Abgrunds tauchen, Hölle oder Himmel, gleichviel! Zur Tiefe des Unbekannten, etwas Neues zu erfahren!«*) Dieses sphinxhafte, durch den Druck hervorgehobene Schlußwort der *Fleurs du mal* – das Neue – meint das schlechthin Unbekannte, aller Erfahrung entzogene und – in schroffem Gegensatz zu christlichen Erlösungsvorstellungen – in schwindelndem Absturz Erwartete.

Baudelaire hält entschieden am gereimten Alexandriner fest und benutzt sogar überwiegend die klassische Sonettform. (*»Ganz offensichtlich sind metrische Gesetze keine willkürlichen Tyranneien. Sie sind Regeln, die vom Organismus des Geistes selbst gefordert werden. Niemals haben sie der Originalität verwehrt, sich zu verwirklichen. Das Gegenteil ist unendlich viel richtiger: daß sie immer der Originalität zur Reife verholfen haben.«*) Aber gerade diese Verbindung einer traditionellen Vers- und Strophenform mit neuen, überraschenden Inhalten ermöglicht jene Spannung, die Baudelaire immer wieder diesem Phänomen der Modernität zuschreibt, an dem das Transitorische, Flüchtige, Zufällige und auch das Triviale als Reiz erlebt und gestaltet wird. Mit diesem Begriff der Modernität korrespondiert andererseits ein tiefer Endzeit-Pessimismus. So beschreibt – neben Gedichten wie *J'aime le souvenir de ces époques nues* in *Spleen et idéal* – das abschließende Fragment der *Fusées* die zeitgenössische zivilisatorische Verfassung als einen ruinösen Endzustand der Welt, deren allgemeiner Niedergang weniger durch politische Institutionen und durch den fortschrittlich-demokratischen Technizismus als durch die unaufhaltsame *»Entwürdigung der Herzen«* vorangetrieben werde. Was an autonomer, selbstbewußter *»honorabilité spirituelle«* (geistiger Würde) – jener Zentralbegriff Baudelaires, der alle Attribute seines Typus des »höchsten Menschen«, des Dandy, zusammenfaßt – sich noch erhalten hat, muß in den *»erstickenden Umschlingungen der allgemeinen Tierwesenheit«* (*»animalité générale«*) absterben und der universellen Mechanisierung, Nivellierung und *»Amerikanisierung«* (sic!) des Lebens anheimfallen, dessen triumphierende, saturierte Geistfeindlichkeit alle Kunst und Kultur zu grotesker Lächerlichkeit erniedrigt. Die *Fleurs du mal* sind sein Versuch, dieser Spannung standzuhalten.

Gerade in den letzten beiden Jahrzehnten sind die *Fleurs du mal* zur beliebten *»Analysepoesie«* der Literaturkritik geworden. Dabei ist Hugo Friedrichs 1956 geäußerte optimistische Auffassung von ihrer unmittelbaren Verständlichkeit zunehmend in Frage gestellt worden. (*»Die* Fleurs du mal *sind keine dunkle Lyrik. Sie fassen ihre abnormen Bewußtseinslagen, ihre Geheimnisse und Dissonanzen in verstehbare Verse.«*) Hugo Friedrichs interpretatorische Welt ist die der Subjekt-Objekt-Beziehung, hie der im Sinne europäischer poetischer Tradition gefaßte Baudelaire, dort die von ihm bedichtete menschliche Wirklichkeit mit ihren Problemen, zu der er auf poetische Weise Stellung nahm. Die Sicherheit dieses Ansatzes wurde entscheidend in Frage gestellt, als strukturalistisch geprägte Interpreten, deren zeichentheoretischer Ansatz durch Segmentierung und Klassifikation sprachlicher Einheiten den Aufbau eines Sprachsystems beschreiben will, sich scheinbar vorurteilslos über die Texte beugten. Das geschah zum ersten Mal am spektakulärsten 1962 durch R. JAKOBSON und C. LÉVI-STRAUSS. Ihr Aufsatz über das rätselhafte und vom Horizont der Gebrauchssprache beim besten Willen nicht zu entschlüsselnde Gedicht *»Les Chats«* hat eine Flut analoger oder konträrer Analysen dieses und anderer Gedichte provoziert. Letztendlich hat sich die diesbezügliche Diskussion bis heute nicht beruhigt und zu einer immer größeren Vereinzelung der Gedichte der *Fleurs du mal* geführt. Eine globale Deutung der poetischen Welt Baudelaires hat H. R. JAUSS versucht. Ihm geht es (besonders ausgehend vom Gedicht *»Le cygne«*) um die Herausarbeitung der antiplatonischen Ästhetik Baudelaires. Jauss' Rezeptionsästhetik ist als Provokation des historischen Objektivismus, der klassischen Dichtungstheorie und des Strukturalismus gefaßt und bemüht sich um die Erstellung des Erwartungshorizontes (Terminus aus der Wissenssoziologie) für das zu interpretierende Werk. Aus der Übereinstimmung von Text und Rezeption ergibt sich der Werkcharakter, der auf der Wechselbeziehung von Kunst und Gesellschaft beruht. Ausgangspunkt für Jauss ist die These von der Sinnvielfalt auch des literarischen Kunstwerkes und seiner dem hermeneutischen Methodenpluralismus eröffneten Unbestimmtheit. Um vieles direkter ist der die marxistische Widerspiegelungstheorie aufnehmende Ansatz W. BENJAMINS, der, überzeugt von der prophetischen Rolle des *»großen«* und *»echten«* Dichters, Baudelaires *»Theorie der natürlichen Korrespondenzen«* als *»die Antizipation einer zukünftigen Konstellation der Gesellschaft«* begreift. Gerade an seinen Ansatz haben sich eine Fülle von Arbeiten über Baudelaires politische Position und Rolle angeschlossen, die sich mit unendlicher Akribie für die jeweiligen Erscheinungsdaten der Gedichte interessierten und darin gipfelten, in dem Dichter einen frühsozialistischen Revolutionär zu sehen, wobei jeweils offen blieb, warum er seine Botschaft ausgerechnet in poetische Formen gegossen und sie für einen kleinen Kreis von Eingeweihten bestimmt hat. Die Transformation gesellschaftlicher Wirklichkeit in ästhetische Konzeptionen und Gebilde ist eben schwer deutlich zu machen.

So spektakulär ein solcher Ansatz auch dem heutigen Interesse an Baudelaire dient, muß nach über einhundert Jahren Baudelaire-Kritik festgestellt werden, daß die poetischen Grundmuster der Baudelaireschen Bilderwelt, seine poetische Motivations- und Argumentationstechnik, die seinen dichtenden Zeitgenossen z. T. als Geheimcode durchaus vertraut waren, gegenüber diesen großdimensionierten letztlich texttranszendenten Analysen immer weniger Interesse gefunden haben. So kamen bei H. MEHNERTS umfassender Lektüre der seinerzeit zugänglichen und heute unendlich fremd gewordenen (moral-)philosophischen, (moral-)medizinischen und (moral-)theologischen Literatur überraschende textliche Parallelen und Quellen zutage und vor allem die Erkenntnis, daß sich Baudelaire der paneuropäischen Tradition der poesieerzeugenden »*Melancholia generosa*« angeschlossen hat, er also, wie er es selbst formuliert, in die »*école de mélancolie*« gegangen ist. Vor diesem Horizont erklären sich nicht nur eindeutiger als bisher Begriffe wie *spleen, ennui, douleur, colère* etc. aus einem physiopsychologischen Bezugssystem, das vor allem durch die Absolutsetzung der Psychoanalyse FREUDS verschüttet und übergangen worden ist, sondern auch Baudelaires sehr genau beschreibbares dynamisches Imaginations- und Inspirationsprogramm, das in allen Gedichten durch die wandelnden Textstrukturen hindurchscheint. Baudelaire hat sich in seiner Selbstdarstellung als Dichter und Genie *sui generis* im Sinne einer älteren Theorie menschlicher Eigentlichkeit konzipiert und übernimmt schicksalhaft als Auftrag und Bürde, für die unter dem Joch demokratischer Erwerbsgesinnung und optimistischer Fortschrittsgläubigkeit stehende Menschheit den Weg zur kosmologisch verstandenen Ureinheit und den natürlichen Korrespondenzen zurückzugehen. Seine Kenntnis von *Magia naturalis*, Alchimie und den alten dynamischen medizinischen Einheitslehren sind dabei wichtige Grundbausteine, wie seine Ablehnung der zeitgenössischen Psychiatrie, deren Patient er ja war, zu Gunsten der ihn seines Erachtens richtiger einstufenden alten medizinischen Einheitslehren, gemäß denen der Arzt als Naturphilosoph die kosmologische Harmonie konservieren half. Baudelaire hat dabei erkennbar aus seiner psychischen Not (melancholische Erkrankung) eine kreative Tugend gemacht und von daher die in der Renaissance kodifizierte alte Genielehre (das Genie des *Melancholicus*) neu symptomatisiert. Die *Fleurs du mal*, deren »*côté carabin*« (Sezierkellerton) Paul Valéry herausgestellt hat, sind damit keine »Arztlyrik« geworden (etwa in der Art Gottfried Benns), sondern durch den Glauben Baudelaires an die Beschwörung des Urvergangenen und alter kosmologischer Modelle durch satanistische Magie das wohl am kohärentesten motivierte Werk moderner Lyrik, dessen Wirkung zumindest auf die dichtenden Zeitgenossen eben auf dieser Neufassung des poetischen Impulses beruhte, wie sich an vielen Beispielen von den Symbolisten bis zu den Surrealisten feststellen läßt.

H.H.H.-H.Meh.

AUSGABEN: Paris 1857 [100 Gedichte]; Faks. Genf 1968. – Paris 1861 [Neuaufnahme v. 35 Gedichten anstelle der sechs inkriminierten]. – Amsterdam [recte Brüssel] 1866 (*Les épaves*; Wiederabdruck der sechs inkriminierten Gedichte u. 17 neue). – Paris 1868 (in *Œuvres complètes*, Hg. Ch. Asselineau u. Th. de Banville, 7 Bde., 1868–1870, 1; Vorw. Th. Gautier; defin. Ausg.). – Paris o. J. [1922]; ²1930 (in *Œuvres complètes*, Hg. J. Crépet u. C. Pichois, 19 Bde., 1922–1966). – Paris 1942; ern. 1968, Hg. J. Crépet u. G. Blin. – Paris 1959, Hg. A. Adam (Class. Garn). – Paris 1965; ern. 1972, Hg. C. Pichois. – Paris 1975 (in *Œuvres complètes*, Hg. C. Pichois, 2 Bde., 1; Pléiade). – Paris 1978. – Paris 1986, Hg. J. Delabroy.

ÜBERSETZUNGEN: *Die Blumen des Bösen*, S. George, o. O. 1891 [Ausw.; verm. Bln. 1901; ⁷1930]. – Dass., W. v. Kalckreuth, Lpzg. 1907. – Dass., O. Hauser, Weimar 1917. – *Blumen des Bösen*, M. u. M. Bruns, Minden 1923. – *Pariser Bilder*, W. Benjamin, Heidelberg 1923 (enth. die Gedichte der 2. Gruppe; Die Drucke des Argonautenkreises, 5; ern. Ffm. 1963; es). – *Die Blumen des Bösen*, T. Robinson (in *Werke*, Hg. F. Blei, Bd. 1, Mchn. 1925). – *Ausgewählte Gedichte*, W. Hausenstein, Freiburg i. B. 1946. – *Strandgut*, C. Freund, Wiesbaden 1947. – *Die Blumen des Bösen*, C. Schmid, Tübingen/Stg. 1947; ern. Ffm. 1976 (Insel Tb). – Dass., C. Fischer, Bln/Neuwied 1955; Darmstadt ²1958. – Dass., F. Kemp, Ffm. 1962 [Prosaübers.; dt.-frz.]. – Dass., ders. (in *SW*, Hg. ders. u. C. Pichois, 8 Bde., 3, Mchn. 1975). – Dass., M. Thiel, Heidelberg 1977. – Dass., M. Fahrenbach-Wachendorf, Stg. 1980 (frz.-dt.; RUB). – Dass., C. Fischer, Mchn. 1979 [frz.-dt.]. – Dass., T. Robinson, Zürich 1982 (detebe). – Dass., W. R. Berger, Göttingen 1986 [Ausw.]. – Dass., F. Kemp, Mchn. 1986 (frz.-dt.; dtv).

LITERATUR: M. Proust, *Sur B.* (in NRF, 16, 1921; dt.: *Über B.*, in M. P., *Tage des Lesens. Drei Essays*, Ffm. 1963, S. 97–135; es). – A. Gide, *Préface aux »Fleurs du mal«* (in A. G., *Incidences*, Paris 1924, S. 165–169). – G. Brossuet u. C. Schmidt, *Le procès des »Fleurs du mal« ou L'affaire Ch. B.*, Genf 1947. – R.-B. Chérix, *Essai d'une critique intégrale. Commentaire des »Fleurs du mal«*, Genf 1949. – Aa. Kabell, *»Les fleurs du mal«*, Kopenhagen 1950. – E. Auerbach, *Vier Untersuchungen z. Gesch. d. franz. Bildung*, Bern 1951, S. 107–127. – G. Hess,

Die Landschaft in B.s »Fleurs du mal«, Heidelberg 1953. – J. D. Hubert, *L'esthétique des »Fleurs du mal«. Essai sur l'ambiguité poétique*, Genf 1953. – W. Benjamin, *Über einige Motive bei B.* (in W. B., *Schriften*, Bd. 1, Ffm. 1955, S. 426–473). – H. Friedrich, *B. Der Dichter der Modernität* (in H. F., *Die Struktur der modernen Lyrik*, Hbg. 1956, S. 25–43; rde). – H. Hatzfeld, *Les contributions importantes à l'élucidation artistique des »Fleurs du mal« et de »Madame Bovary« depuis 1950* (in OL, 12, 1957, S. 244–254). – A. Noyer-Weidner, *Aspekte der Gedichtstruktur in den »Fleurs du mal«. Die Stellung des »Chant d'automne« in der dichterischen Entwicklung B.s* (in RF, 71, 1959, S. 334–382). – J. Vier, *Histoire, substance et poésie des »Fleurs du mal«*, Paris 1959. – Y. Bonnefoy, *Les fleurs du mal«* (in Y. B., *L'improbable*, Paris 1959, S. 35–48). – A. Fairlie, *B., »Les Fleurs du mal«*, Ldn. 1960. – K. Heitmann, *Kunst und Moral. Zur Problematik des Prozesses gegen die »Fleurs du mal«* (in DVLG, 34, 1960, S. 46–65). – G. Macchia, *La poetica di B. e i »Tableaux parisiens«*, Rom 1960. – D. J. Mossop, *B.'s Tragic Hero. A Study of the Architecture of »Les fleurs du mal«*, Ldn. 1961. – K. Reichenberger, *Die schöne Unbekannte. Realismus und Symbolhaftigkeit in den »Fleurs du mal«* (in ZfrzSp, 71, 1961, S. 129–147). – Ders., *Auge und Blick als lyrisches Motiv in B.s »Fleurs du mal«* (in OL, 16, 1961, S. 98–121). – L. Spitzer, *»Les fleurs du mal«: 77 - Spleen* (in L. S., *Interpretationen zur Gesch. der frz. Lyrik*, Heidelberg 1961, S. 170–179). – G. Antoine, *Pour une nouvelle exploration ›stylistique‹ du ›gouffre‹ baudelairien* (in Le Français Moderne, 30, 1962, S. 81–98). – G. A. Brunelli, *Ch. B. e i »Limbes 1851«*, Mailand 1962. – K. Reichenberger, *Thematische u. leitmotivische Entsprechungen als Kompositionsprinzip in den »Fleurs du mal« (B.-Studien, 2)* (in LJb, 3, 1962, S. 192–207). – Ders., *Ein Deutungsproblem im »Cycle des héroïnes secondaires«* (in ZfrzSp, 72, 1962, S. 28–36). – L. Bopp, *Psychologie des »Fleurs du mal«*, Genf 1964. – *»Les fleurs du mal«. Concordances. Index et relevés statistiques*, Hg. K. Menemencioglu, Paris 1965 [nach der Ausg. Crépet-Blin]. – R. T. Cargo, *A Concordance to B.s »Fleurs du mal«*, Chapel Hill 1965. – J. Pommier, *Autour de l'édition originale des »Fleurs du mal«*, Genf 1968. – R. Posner, *Strukturalismus in der Gedichtinterpretation. Textdeskription und Rezeptionsanalyse am Beispiel von B.s »Les chats«* (in Sprache im technischen Zeitalter, 29, 1969, S. 27–58). – J. Rouger, *B. et la vérité littéraire des »Fleurs du mal«*, Paris 1970. – H.-R. Verderber, *Der Rhythmus des Alexandriners in den »Fleurs du mal«*, Bonn 1972. – M. Nøjgaard, *Élévation et expansion*, Odense 1973. – J.-L. Jacquier-Roux, *Le thème de l'eau dans les »Fleurs du mal«*, Paris 1973. – J. Profizi, *Ch. B. Étude psychanalytique d'après les »Fleurs du mal«*, Paris 1974. – M. Melenk, *Die B.-Übersetzungen Stefan Georges. »Die Blumen des Bösen«*, Mchn. 1974. – K. Stierle, *B.s »Tableaux parisiens« und die Tradition des »Tableau de Paris«* (in Poetica, 6, 1974, S. 285–322). – K. Dirscherl, *Zur Typologie der poetischen Sprechweisen bei B.*, Mchn. 1975. – G. Chesters, *Some Functions of Sound-Repetition in »Les fleurs du mal«*, Hull 1975. – E. Auerbach, *B.s »Fleurs du mal« und das Erhabene* (in B., Hg. A. Noyer-Weidner, Darmstadt 1976, S. 137–160; WdF). – P. Mathias, *La beauté dans les »Fleurs du mal«*, Grenoble 1977. – C. Haar, *Untersuchungen zur persuasiven Redeweise bei B.*, Ffm. u. a. 1978. – H. Cassou-Yager, *La polyvalence du thème de la mort dans les »Fleurs du mal« de B.*, Paris 1979. – H. Nuiten, *Les variantes des »Fleurs du mal« et des »Épaves« de Ch. B.*, Amsterdam 1979. – H. R. Jauß, *Der poetische Text im Horizontwandel der Lektüre* (in RZL, 4, 1980; ern. in H. R. J., *Ästhetische Erfahrung und literarische Hermeneutik*, Ffm. 1982, S. 813–865). – M.-A. Barbéris, *»Les fleurs du mal« de B.*, Paris 1980. – J. E. Jackson, *La mort B. Essai sur les »Fleurs du mal«*, Neuchâtel 1982. – F. G. Henry, *Le message humaniste des »Fleurs du mal«*, Paris 1984. – G. Bonneville, *B. »Les fleurs du mal«*, Paris/Ffm. 1984. – M. Carlier, *B. »Les fleurs du mal«*, Paris/Ffm. 1985. – A. Ohm, *B.s »Blumen des Bösens«*, Göttingen 1985. – H. Weinrich, *Literatur für Leser*, Mchn. 1986, S. 101–131. – *B.s »Blumen des Bösens«, Materialien*, Hg. H. Engelhardt u. D. Mettler, Ffm. 1988 (st).

JOURNAUX INTIMES

(frz.; *Intime Tagebücher*). Aphoristische tagebuchartige Aufzeichnungen von Charles BAUDELAIRE, die (nach Jacques CRÉPET), in den Jahren 1855–1866 entstanden, in zwei größeren Komplexen – *Fusées* (*Raketen*, ca. 1855–1862) und *Mon cœur mis à nu* (*Mein bloßgelegtes Herz*, ca. 1859–1866) – zusammengefaßt sind. Das von Baudelaires Verleger Auguste Poulet-Malassis aufbewahrte und gesichtete Manuskriptkonvolut, das außerdem noch Fragmente eines *Carnet* (*Notizbuch*) enthält, wurde vollständig erst 1887 von Eugène CRÉPET in seiner Ausgabe der *Œuvres posthumes et correspondances inédites* veröffentlicht. Eine auf das Originalmanuskript zurückgehende, die Anordnung und Numerierung von Poulet-Malassis kritisch korrigierende Ausgabe wurde 1938 von Jacques Crépet besorgt. – Die einzelnen Manuskriptblätter enthalten unzusammenhängende Reflexionen und formelhafte, teilweise zur späteren Ausarbeitung bestimmte Notizen, die sich nur in drei Fragmenten der *Fusées* zu größeren Gedankenkomplexen zusammenschließen. Der Charakter eines fortlaufenden, kontinuierlichen Journals ist nicht angestrebt. Der Autor formuliert in diesen »raketenhaften«, oft bis zur Unverständlichkeit verkürzten Aphorismen wesentliche Elemente seines künstlerischen Selbstverständnisses, seines Verhältnisses zum Christentum, zur Religion überhaupt und zu politisch-gesellschaftlichen Problemen. Der Anteil von im eigentlichen Sinn privaten Aufzeichnungen bleibt gering, wenn auch Baudelaire in seinen letzten Lebensjahren den Plan hegte, *Mon cœur mis à nu* als Grundlage einer größeren Autobiographie zu verwenden.

»*Im Seelischen wie im Körperlichen habe ich immer die Empfindung des Abgrunds gehabt, nicht allein des Abgrunds des Schlafes, sondern auch des Abgrunds der Tätigkeit, des Traumes, der Erinnerung, der Begierde, des Bedauerns, der Reue, des Schönen, der Zahl usw....*« (*Fusées*, Blatt 16). Diese Empfindung – und der mit ihr verknüpfte Begriff des Abgrunds (*abîme*) –, die eine auf den 23. 1. 1862 datierte Eintragung beschreibt, führt ins Zentrum des Baudelaireschen Werks. Sie korrespondiert aufs engste mit der der Verschlossenheit, mit dem »*Gefühl eines in alle Ewigkeit einsamen Schicksals*«. Langeweile (*ennui*) und quälende Melancholie sind die Attribute jener Grundstimmung der *Fleurs du mal*, 1857 (*Die Blumen des Bösen*), für die der Autor im ersten Teil seines großen Gedichtzyklus den Begriff des »Spleen« gefunden hat. Die beiden Tagebücher bieten eine Vielzahl von Zeugnissen für die willentliche, endlich bis zu völliger hysterischer Zerrüttung führende Anstrengung, mit der Baudelaire jener »Herzensträgheit« – »*Die Acedia, die Krankheit der Mönche. Das Taedium vitae*« (*Fusées*, Bl. 9) – entgegenzuarbeiten suchte, und zwar mit Hilfe ausgeklügelter Pläne zur »*Hygiene, Lebensführung, Methodik*«, deren immer wiederholtes Scheitern ihn sich in Gebete flüchten ließ, in denen neben seinem Vater vor allem Edgar Allan Poe als Fürsprecher angerufen wird.

Dieser überragenden Wertschätzung Poes, mit dem er, als Wegbereiter der modernen Lyrik, mehr teilte als nur die Mißachtung des traditionellen Begriffs der Inspiration, kommt nur die eines anderen – philosophischen – Autors gleich, Joseph de Maistres: »*De Maistre und Edgar Poe haben mich denken gelehrt*« (*Fusées*, Bl. 17). In allen mehr objektiven, von unmittelbar persönlichen Problemen absehenden Äußerungen der *Journaux intimes* finden sich tatsächlich Spuren der intensiven Lektüre dieser beiden Autoren, ohne daß deren Einfluß der eigenen Entfaltung hinderlich gewesen wäre. So gehen Baudelaires politisches Aristokratismus, seine Sympathien für die Monarchie und seine leidenschaftliche Abneigung gegen alle demokratische Fortschritts- und Evolutionsbefangenheit zweifellos auf Maistre zurück. »*Es gibt nur drei Kategorien achtbarer Wesen: der Priester, der Krieger, der Dichter. Wissen, töten, schaffen*« (*mon cœur...*, Bl. 13). Auf der gedanklichen Grundlage solcher hierarchischen Wertvorstellungen entwickelt Baudelaire den Typus des »*höheren Menschen*« – des Dandy, wie ihn außer ihm selbst zahlreiche Zeitgenossen, vor allem aber J. Barbey d'Aurevilly und Th. Gautier repräsentierten und beschrieben. Baudelaires Dandy ist jedoch weniger eine exzentrische, auf die Ausbildung der differenzierenden Nuance – selbst der modischen – versessene Randfigur gesellschaftlichen Lebens, sondern eher ein vergeistigter Stoiker, ein »gottloser«, auf seine eigene autonome Würde bedachter weltlicher Asket, ein Ungeheuer an Einsamkeit, Verschlossenheit und selbstbewußter »*Auto-Idolatrie*«: »*Vor allem, ein großer Mensch sein, und ein Heiliger, um seiner selbst willen*« (*Mon cœur...*, Bl. 24). Diese Notiz verdeutlicht zugleich Baudelaires Bindung an christliche Denkkategorien, auf die sich seine leidenschaftliche Hervorhebung der im Schmerz, in der Leidensfähigkeit sich bezeugenden menschlichen Würde und – in der Negation – sein Satanismus, das herrische Bewußtsein der eigenen Erwähltheit beziehen. Im Dandy als Idealtypus kulminiert auch Baudelaires Spiritualismus, eine geistige Haltung, die aller kruden Naturwüchsigkeit, aller triebhaften Barbarei sich entschieden widersetzt.

Den engen Zusammenhang mit der lyrischen Produktion bekunden zahlreiche Eintragungen zur eigenen Poetik, zu geplanten Werken und zu einer allgemeinen Theorie der »Schönheit«, deren eine, den kongenialen Einfluß Poes widerspiegelnd, ein für die gesamte moderne Ästhetik bedeutsam gewordenes Moment ausspricht: »*Was nicht unmerklich entstellt ist, wirkt kühl und empfindungslos – hieraus ergibt sich, daß das Unregelmäßige, das heißt das Unerwartete, die Überraschung, das Erstaunen ein wesentliches und charakteristisches Merkmal des Schönen darstellen*« (*Fusées*, Bl. 8).   H.H.H.

Ausgaben: Paris 1887 (in *Œuvres posthumes et correspondances inédites*, Hg. E. Crépet; m. biogr. Studie). – Paris 1938 (*Journaux intimes*, Hg. J. Crépet; krit.). – Paris 1939 (in *Œuvres complètes*, Hg. ders. u. C. Pichois, 19 Bde., 1922–1966, 11). – Paris 1949; ern. 1968 (*Journaux intimes*, Hg. G. Blin u. J. Crépet; krit.). – Paris 1975 (in *Œuvres complètes*, Hg. C. Pichois, 2 Bde., 1; Pléiade).

Übersetzungen: *Raketen*, M. Bruns (in *Werke*, Bd. 5, Minden 1907). – *Raketen. Die beiden Tagebücher, nebst autobiographischem Entwurf*, E. Oesterheld, Bln. 1909 [m. Einl.]. – *Mein entblößtes Herz. Die beiden Tagebücher nebst Bildnissen u. Zeichnungen*, F. Kemp, Mchn. 1946 [m. Einl.]. – *Raketen. Mein bloßgelegtes Herz*, M. Bruns, Heidelberg 1948 [Ausw.]. – *Mein entblößtes Herz*, F. Kemp, Ffm. 1966.

Literatur: J. Pommier, *La mystique de B.*, Paris 1932. – G. Bournure, *Les écrits intimes de B.* (in MdF, 325, 1955, S. 255–270). – A. Béguin, *B. et »Mon cœur mis à nu«* (in A. B., *Poésie de la présence*, Neuchâtel 1957, S. 177–186). – M. Lobet, *Le »Cœur mis à nu« de B.* (in M. L., *Écrivains en aveu*, Paris/Brüssel 1962, S. 89–98). – F. Neubert, *Zur Problematik der französischen »Journaux intimes«* (in F. N., *Französische Literaturprobleme*, Bln. 1962, S. 403–448). – R. Laforgue, *L'échec de B. Essai psychanalytique sur la névrose de Ch. B.*, Paris 1964. – J. J. Marchand, *Sur »Mon cœur mis à nu« de B.*, Paris 1970. – B. Didier, *Une économie de l'écriture* (in Littérature, 3, 1973, S. 57–64).

LES PARADIS ARTIFICIELS – Opium et haschisch

(frz.; *Die künstlichen Paradiese – Opium und Haschisch*). Prosawerk von Charles Baudelaire, erschienen 1860. Der Buchveröffentlichung des zweiteiligen Werkes gingen Erstabdrucke in der Zeitschrift ›La Revue Contemporaine‹ voraus, wo *Le poème du haschisch* am 30. 9. 1858 unter dem Titel *De l'idéal artificiel – le haschisch (Vom künstlichen Ideal – das Haschisch)* und *Un mangeur d'opium* am 15. und 31. Januar 1860 unter dem Titel *Enchantements et tortures d'un mangeur d'opium (Verzauberungen und Qualen eines Opiumessers)* erschienen waren. – Von einer Algerienreise hatte der Arzt J. J. Moreau (de Tours) 1841 zu therapeutischen Zwecken ein haschischhaltiges Konfekt, Dawamesk genannt, mitgebracht und damit unter den Bohemiens von Paris »*la mode du haschisch*« ausgelöst. Treffpunkt des »Club des Haschischins«, der u. a. Théophile GAUTIER zu seinen Mitgliedern zählte, war das Hôtel Pimodan auf der Île St.-Louis, in dem Baudelaire von 1843 bis 1845 ein Mansardenappartement bewohnte. Auf seine Unabhängigkeit bedacht, schloß dieser sich dem Club wohl niemals an, doch ist wahrscheinlich, daß auch er Versuche mit Haschisch anstellte. 1851 erschien in der Zeitschrift ›Le Messager de l'Assemblée‹ sein Essay *Du vin et du hachish comparés comme moyens de multiplication de l'individualité*, in dem die persönlichkeitssteigernde Wirkung von Wein und Haschisch beschrieben wird; den dokumentarischen Teil des Haschisch-Kapitels, in das auch Beobachtungen aus der zeitgenössischen medizinischen Literatur (Moreau, Brierre de Boismont) eingeflossen sind, hat Baudelaire im *Poème du haschisch* größtenteils wörtlich verarbeitet. Bei der Neufassung des Haschisch-Essays ging es dem Autor nicht nur um eine detailliertere und durch eingeflochtene Anekdoten reicher facettierte Behandlung des Themas, sondern auch um eine Vertiefung der geistigen Problematik, wie bereits das erste, *Le goût de l'infini* überschriebene Kapitel zeigt. Im Schlußteil bedient sich Baudelaire schließlich eines formalen Kunstgriffs, wenn er die »*Einheit in der Verschiedenheit*« sichtbar zu machen und an einer »*Seele seiner Wahl*« – näher bestimmt als der »*moderne sensible Mensch*« – eine Art »*Monographie des Rausches*« zu entwickeln sucht. Alison FAIRLIE hat diesen Teil der *Dichtung von Haschisch* als einen »*allegorischen Kommentar über die gesamte Abfolge menschlicher Erfahrungen, wie sie in den* ›*Fleurs du mal*‹ *gestaltet wurde*« interpretiert; gegen ihren Deutungsversuch, der nicht ohne Gezwungenheiten auskommt, spricht allerdings schon der Hinweis des Autors, daß man die Hauptelemente jener repräsentativen Seele – Nervosität, ästhetische Bildung, Empfindsamkeit, der Hang zur Metaphysik und eine verfeinerte Sensibilität – »*die banale Form der Originalität nennen könnte*«.

Mit größerem Recht läßt sich sagen, »*daß die* ›*Paradis artificiels*‹ *die* ›*Philosophie*‹ *der* ›*Fleurs du mal*‹ *enthalten*« (so urteilte ein Zeitgenosse des Dichters). In der Erfahrung, daß es »*Ausnahmezustände des Geistes und der Sinne*« gibt, in denen der Mensch sich über sich selbst hinausgehoben fühlt und die ihm – da sie paradoxerweise oft gerade als Folge eines Mißbrauchs seiner körperlichen oder geistigen Kräfte eintreten – wie eine unverdiente »*Gnade*« erscheinen müssen, sieht Baudelaire die Erklärung für das, was er den »*Hang zum Unendlichen*« (*goût de l'infini*) nennt. Die hier verwendeten, ihres spezifisch theologischen Gehalts entleerten Begriffe, sind *per analogiam* zu verstehen; so steht »*l'infini*« bei Baudelaire für das geheimnisvolle »*Andere, zu dem sich das sehnende Streben richtet, und kann zugleich der Name für das Glücksgefühl des rauschhaften Zustandes sein, in welchem der Mensch dieses Andere ergreift oder zu ergreifen wähnt*« (G. Hess). In dem Versuch, die zeitenthobene Euphorie jener als paradiesisch empfundenen Augenblicke mit künstlichen Mitteln herbeizuzwingen, sieht Baudelaire eine »*Entartung des Unendlichkeitssinnes*« (»*dépravation du sens de l'infini*«), wie andererseits selbst in den Lastern des Menschen noch »*den Beweis (und sei es nur in ihrer grenzenlosen Expansion!) für seinen Hang zum Unendlichen*« erkennen will. Baudelaire charakterisiert die von den Narkotika erhofften Wirkungen als ein »*falsches Ideal*« und stellt damit seinen eigenen Beitrag zur Haschisch-Literatur unter das Zeichen der Moralität (was ihm FLAUBERT zum Vorwurf gemacht hat mit den Worten: »*Wissen Sie, was später einmal daraus hervorgehen wird?*«). Im dritten Kapitel der *Dichtung vom Haschisch*, das den bestechenden Titel *Das Theater der Seraphim* trägt, sehen wir ihn dennoch um eine (manchmal äußerst minuziöse) objektive Beschreibung der physiologischen und psychischen Wirkungen dieser Droge bemüht. Selbst moderne Pharmakologen bescheinigen dem Autor, daß seine Feststellungen den »*Geschmack der Genauigkeit*« haben, »*der den farbigeren Berichten anderer Schriftsteller fehlt*« (R. S. de Ropp). Baudelaire unterscheidet drei Stadien des Haschischrausches: Das erste wird gekennzeichnet durch unmotivierte Heiterkeit und eine Lockerung der Assoziationen, die die Kommunikation mit nicht unter Rauschgifteinwirkung Stehenden zunehmend erschwert. Im zweiten Stadium treten Rauschhalluzinationen auf. Baudelaire läßt keinen Zweifel daran, daß es sich hierbei nicht um echte Halluzinationen handelt: Sie setzen auf der subjektiven Seite eine rege Einbildungskraft und auf der objektiven einen Vorwand voraus. Überhaupt sind die Rauscherlebnisse »*immer . . . auf den besonderen Ton der Persönlichkeit gestimmt . . . Der Mensch wird der Bestimmung seines physischen und moralischen Temperaments nicht entwischen; das Haschisch wird für die Eindrücke und die vertraulichen Gedanken des Menschen ein Vergrößerungsspiegel sein – aber ein klarer Spiegel.*« Das dritte Stadium, von den Orientalen *kief* genannt, wird beschrieben als »*eine stille unbewegte Seligkeit, eine herrliche Resignation*«, aus der der Schmerz und die Idee der Zeit verbannt sind. Es kennzeichnet die durch Spiritualität bestimmte Denkart des Autors, daß er die nur psychologische Betrachtungsweise als unzureichend ansieht und daher im folgenden Kapitel die Analyse noch einmal aufnimmt, um – diesmal an einer »*Seele seiner Wahl*« – die vom Haschisch bedingten Modifikationen der Gefühle (»*sentiments*«) und geistigen

Eindrücke (»perceptions morales«) zu untersuchen. Während die anfängliche Phase des Rausches durchaus mit der dichterischen Erfahrung korrespondiert – Intensivierung des Form- und Farberlebens, ein erhöhtes Verständnis für die Allegorie (»*dieses so geistige Genre, das die ungeschickten Maler uns zu verachten gewöhnt haben, das aber in der Tat eine der ursprünglichsten Formen der Poesie ist*«), Expansion des Raum- und Zeitgefühls usw. –, gibt die aus der gesteigerten Erlebnisfülle im Menschen hervorkeimende Idee der eigenen Überlegenheit dem Haschischrausch immer mehr den Charakter einer »*siegreichen Monomanie*«. Von der »*wollüstigen Analyse*« des Gewissensbisses – »*Er bewundert seine Reue, er glorifiziert sich, während er auf dem besten Wege ist, seine Freiheit einzubüßen*« – über die Verwechslung der guten Vorsätze mit der Tat und die Gewißheit, der Bezugspunkt aller Dinge zu sein, trägt ein »*Sturm von Hochmut*« das Ich bis zur Klimax der »*Gott-Werdung*« empor.

Baudelaire beurteilt diese Form der Evasion negativ, nicht nur weil sie zur Selbsttäuschung führt und in der Ernüchterung endet, sondern wegen der »*grundsätzlichen Immoralität des Versuchs, etwas gegen nichts einzuhandeln und die Pforten des Himmels durch ein in die Hand des himmlischen Torwächters gedrücktes Trinkgeld aufzuschließen*« (E. Starkie). Man hat die Verurteilung der »künstlichen Paradiese« durch einen Dichter, der in seiner Ästhetik den Vorrang des Künstlichen vor dem nur Natürlichen verkündet, als einen Rückfall in das Moralisieren – »*der Mensch, der ihren Gebrauch verdammt, ist nicht derselbe, der ihre wunderbaren Wirkungen rühmt*« (M. Nadeau) – mißverstanden. Wenn jedoch Baudelaire die durch Rauschgifte ermöglichte Evasion als Eskapismus wertet, so nicht wegen ihrer »Künstlichkeit«, sondern insofern sie als wirklich erlebt wird und in der Schwächung des Willens (»*von allen Fähigkeiten die kostbarste*«) – die sie als Mittel zum Freisetzen schöpferischer Kräfte überdies ungeeignet erscheinen läßt – auch einen wirklichen Preis fordert. Die zentrale Bedeutung, die in Baudelaires dichterischem Werk den »*Paradieslandschaften der Erinnerung*« (Hess) und auch dem Motiv des Traums zukommt, steht daher nicht im Widerspruch zu seiner Verwerfung der »künstlichen Paradiese«, denn »*die große Neuartigkeit ... seiner Poesie liegt gerade in dem stets wachen Bewußtsein der Unwirklichkeit der Evasion; in dem bewußten Werten des Künstlichen als eines Künstlichen*« (B. Fondane).

Den zweiten Teil des Werkes bildet die teils wortgetreue, teils resümierend-analytische Übersetzung der autobiographischen *Confessions of an English Opium-Eater* (1821/22) von Th. DE QUINCEY. Baudelaire hat in einem Brief an seinen Verleger Poulet-Malassis geäußert, daß er angesichts der zahllosen Abschweifungen des Originals seine Hauptaufgabe darin sah, »*dem Resumé eine lebendige Form zu geben und Ordnung in den Text zu bringen*«. Im übrigen bewunderte er das Werk De Quinceys zu sehr, um es in seinem eigenständigen Gehalt anzutasten; man wird deshalb in *Un mangeur d'opium* vergeblich nach Aussagen über seine eigenen Erfahrungen mit dem Opium suchen, zu dessen (zeitweiligem und vorsichtig dosiertem) Gebrauch er sich in seiner Korrespondenz bekennt. Die eingestreuten Kommentare betreffen fast immer die Geistesart des englischen Autors, die er in mehr als einer Hinsicht als der seinen verwandt empfinden mußte – so wenn De Quincey in den 1845 als Ergänzung zu den *Confessions* erschienenen *Suspiria de profundis* das Gedächtnis mit einem Palimpsest vergleicht und damit einen Ansatzpunkt für eine »tiefenpsychologische« Würdigung der Kindheit gewinnt (»*Die tiefen Tragödien der Kindheit aber – Kinderarme, auf immer vom Hals ihrer Mütter losgerissen ... – leben stets verborgen unter den anderen Legenden des Palimpsestes. Die Leidenschaft und die Krankheit besitzen nicht die chemische Qualität, die mächtig genug wäre, diese unsterblichen Eindrücke fortzubrennen*«) oder wenn in »*Allegorien der Traurigkeit*« sein »*einsames Denken*« im Bann der Schwermut erscheint. H.En.

AUSGABEN: Paris 1860. – Paris 1928 (in *Œuvres complètes*, Hg. J. Crépet u. C. Pichois, 19 Bde., 1922–1966, 4). – Paris 1961, Hg. C. Pichois [zus. m. *La pipe d'opium. Le hachich. Le club des hachichins* v. Th. Gautier]. – Paris 1966 (GF). – Paris 1975 (in *Œuvres complètes*, Hg. C. Pichois, 2 Bde., 1; Pléiade). – Paris 1977 (Folio).

ÜBERSETZUNGEN: *Die künstlichen Paradiese (Opium und Haschisch)*, M. Bruns (in *Werke*, Bd. 2, Minden 1901). – *Die künstlichen Paradiese*, E. E. Schwabach, Hg. F. Blei, Mchn. 1925. – Dass., M. Bruns, bearb. v. W. Hess, Reinbek 1964 (RKl). – Dass., H. Hinderberger, Köln 1972. – Dass., dies., Zürich 1988.

LITERATUR: G. T. Clapton, *B. et de Quincey* (in Études Françaises, 1. 10. 1931). – A. Béguin, *L'âme romantique et le rêve*, Paris 1939, S. 376–381. – R. Hughes, *Vers la contrée du rêve. Balzac, Gautier et B., disciples de Quincey* (in MdF, 1. 8. 1939, S. 545–593). – B. Fondane, *B. et l'expérience du gouffre*, Paris 1947. – G. Blin, *Recours de B. à la sorcellerie* (in G. B., *Le sadisme de B.*, Paris 1948, S. 73–100). – J. Fumet, *Préface au »Paradis artificiels« de B.* (in Âge Nouveau, 19, 1948). – G. Poulet, *Études sur le temps humain*, Paris 1950, S. 336–349. – A. Fairlie, *Some Remarks on B.'s »Poème du Haschisch«* (in The French Mind. Studies in Honour of Gustave Rudler, Oxford 1952, S. 291 bis 317). – G. Hess, *Die Landschaft in B.s »Fleurs du mal«*, Heidelberg 1953, S. 49–53; 99–151. – R. S. de Ropp, *Drugs and the Mind*, Ldn. 1958 (dt.: *Bewußtsein u. Rausch. Drogen u. ihre Wirkung*, Mchn. 1964, S. 57–70). – M. Butor, *»Les paradis artificiels«* (in M. B., *Répertoire*, Paris 1960, S. 114 bis 119). – P. Arnold, *B.s »Künstliche Paradiese«* (in Antaios, 2, 1960/61, S. 422–434). – A. Balakian, *Literary Origins of Surrealism. A New Mysticism in French Poetry*, Ldn./NY 1967, S. 53–61. – E. J. Mickel, *The Artificial Paradises in French Litera-*

ture, Chapel Hill 1969. – R. Stephan, *Die »Paradiese« B.s* (in R. St., *Goldenes Zeitalter und Arkadien*, Heidelberg 1971). – F. Picchi, *La droga in due esperienze parallele. B.e De Quincey*, Bologna 1974. – A. Kaehler, *Untersuchungen über B.s Drogenerfahrung*, Diss. Bln. 1976. – T. Inoué, *Une poétique de l'ivresse chez Ch. B.*, Tokio/Paris 1977.

LE SPLEEN DE PARIS

auch: *Petits poèmes en prose* (frz.; *Pariser Spleen*, auch: *Kleine Prosagedichte*). Prosagedichte von Charles BAUDELAIRE, erschienen 1869. – Noch im Erscheinungsjahr der *Fleurs du mal* (1857) plante Baudelaire die Abfassung eines Bandes mit Prosagedichten als »Gegenstück« zu seinem Gedichtzyklus und veröffentlichte im August desselben Jahres in der Zeitschrift ›Le Présent‹ zunächst sechs Prosagedichte unter dem Titel *Poèmes nocturnes*. Für weitere Einzeldrucke in Zeitschriften dachte er in den folgenden Jahren nacheinander an verschiedene Titel, darunter an *Petits poèmes en prose* und *Le spleen de Paris*. Für welche Überschrift er sich endgültig entschieden hätte, ist ebenso ungewiß wie die von ihm gewünschte Auswahl und Anordnung der Gedichte, denn eine vollständige Ausgabe der fünfzig vorhandenen Stücke erschien erstmals 1869, zwei Jahre nach seinem Tod. Die zahlreichen Pläne und Entwürfe zu weiteren Prosagedichten bezeugen zudem den fragmentarischen Charakter dieser Sammlung.

Die Grenzen des Versgedichts scheinen Baudelaire vor allem bei seinem Versuch, in den *Tableaux parisiens* der *Fleurs du mal* Szenen und Eindrücke aus dem Pariser Großstadtmilieu wiederzugeben, bewußt geworden zu sein. Die Dissonanzen der modernen Welterfahrung waren nicht länger mit den traditionellen »Mitteln der Rettung« (H. Friedrich), mit Reimklängen und strengem Strophenbau, zu bannen. Es galt, neue sprachliche Ausdrucksmöglichkeiten für die Darstellung des spezifisch »Modernen« der Großstadtwelt zu finden, für jene Mischung aus Banalität und »bizarrer« Schönheit, wie er sie in den Stichen von Constantin Guys verwirklicht fand *(Le peintre de la vie moderne)*. So ersann Baudelaire eine poetische Prosa, deren evokative Wirkung allein aus der Wahl der Bilder und ihrer syntaktischen Anordnung, aus einer der Sprache inhärenten Musikalität, hervorgehen sollte. Dabei war er sich der Originalität seines Vorhabens bewußt. Zwar nennt er in der 1862 entstandenen Widmung an Houssaye ein Werk von Aloysius BERTRAND, *Gaspard de la nuit* (1842), als unmittelbares Vorbild, doch nur, um sogleich den grundsätzlichen Unterschied zu pointieren: Er habe sich des Verfahrens, das Bertrand auf die Darstellung des *»pittoresken Lebens der Vergangenheit«* angewendet habe, zur Beschreibung eines *»ganz bestimmten modernen und viel abstrakteren Lebens«* bedient, wie es der *»Aufenthalt in den riesigen Weltstädten, wo unzählige Begegnungen sich kreuzen«* vor Augen führe.

So stellt das zeitgenössische Paris mit seinen Asphaltwüsten, Cafés, Parks und Jahrmärkten, mit seinem Kutschengerassel und Menschengewühl, den Hintergrund für eine Gruppe von Prosagedichten dar, in denen der Dichter als distanzierter Zuschauer, als *»promeneur solitaire et pensif«*, einzelne Szenen aus dem Großstadtalltag einfängt. Eine alte Frau fällt ihm auf, deren Häßlichkeit selbst dem Kleinkind Schrecken einflößt *(Les désespoir de la vieille)*, eine Witwe zieht in ihrer majestätischen Trauer sein Augenmerk auf sich *(Les veuves)*, er beobachtet die Spiele und Streitereien der Kinder oder belauscht ihre Erzählungen *(Le joujou du pauvre, Le gâteau, Les vocations)*, er schildert das Elend des Alters und der Armut *(Le vieux saltimbanque, Les yeux des pauvres, Les fenêtres, Assommons les pauvres!)*. Doch solche Szenen aus dem Pariser Leben bilden nur einen kleinen Teil der Prosagedichte. Die Sammlung zeichnet sich gerade durch die Vielfalt der wiedergegebenen Erlebnisse, Beobachtungen, Stimmungen, Reflexionen und Traumvorstellungen aus. Diesem thematischen Reichtum entspricht die breite Skala der Formen, der Wechsel der Töne, dessen Kontrastwirkung von Baudelaire als Mischung des *»Erschreckenden mit dem Buffonesken«* intendiert war. *Le spleen de Paris* kennt nicht den strengen Aufbau der *Fleurs du mal*. Betrachtungen und lyrische Stimmungsbilder *(Les foules, La solitude, Le crépuscule du soir)* stehen neben Märchen und Phantasien *(Les dons des fées, Les bienfaits de la lune)*, Anekdoten und Parabeln *(Le miroir, Le mauvais vitrier, Le chien et le flacon, L'horloge)* wechseln mit Liebesgedichten *(Un hémisphère dans une chevelure, Le désir de peindre)*, mit Allegorien *(Le thyrse, les tentations)* oder phantastischen Erzählungen ab, die den Einfluß E. T. A. HOFFMANNS und E. A. POES erkennen lassen *(Le joueur généreux, Une mort héroïque)*.

Weitaus die meisten Prosagedichte umreißen die leidvolle Existenz des Künstlers, sein ungestilltes Verlangen nach dem Unendlichen wie sein »Duell« mit der Schönheit, in welchem er *»vor Schrecken schreit, bevor er unterliegt« (Le CONFITEOR de l'artiste)*. Der Künstler erscheint als der Einsame und Fremde *(L'étranger)*, unverstanden von der Menge *(Le chien et le flacon)* wie von der Geliebten, die den in den Anblick der Wolken Versunkenen, in denen er Symbole des Unendlichen wahrzunehmen glaubt, brüsk in die Trivialität des Alltags zurückreißt *(La soupe et les nuages)* oder ihn wie einen *»in der Falle gefangenen Wolf… im Grabe des Ideals«* gefesselt hält *(Laquelle est la vraie?)*. Die Dialektik von »Ideal« und »Spleen«, von Aufschwung und Absturz, ein Grundzug der *Fleurs du mal*, herrscht auch in den Prosagedichten vor. So glaubt sich der Dichter im ersten Teil von *La chambre double* unter der Einwirkung von Haschisch in einer *»magischen Welt«*. Sein Zeitgefühl ist ausgeschaltet, und er erlebt glückselige Stunden in einem »vergeistigten« Raum voller Harmonie. Das jähe Erwachen steigert den schneidenden Kontrast zwischen Traum und Wirklichkeit bis zum körperlichen Schmerz: *»Weh! Ja! Die Zeit ist wieder erschie-*

nen... sie übt ihre rohe Gewaltherrschaft wieder aus. Und sie stößt mich, als ob ich ein Ochse wäre, mit ihrem Doppelstachel vorwärts. – *He! Vorwärts, alter Esel! Schwitz nur, Sklave! Leb' doch, Verdammter!«* (Ü.: W. Küchler). Die Flucht in die *»künstlichen Paradiese«*, in den Rausch von Wein oder Haschisch *(Enivrez-vous!)*, mißlingt ebenso wie der Versuch, aus dem »Hospital« des Alltagslebens, dem *»Aufenthalt des ewigen Ennui«*, in ferne Länder auszubrechen *(L'invitation au voyage, Déjà!)*.

Die Kunst allein scheint Möglichkeiten der Rettung zu bieten. So preist Baudelaire in *Le thyrse* Franz Liszt als den *»Bacchuspriester der geheimnisvollen und leidenschaftlichen Schönheit«*, so erzählt er in *Une mort héroïque* das Ende des Hofnarren Fancioulle, der, einer Verschwörung wegen zum Tode verurteilt, im Angesicht seiner Henker zur höchsten Vollkommenheit komödiantischer Kunst gelangt: *»Fanciullo bewies mir, auf unumstößliche, unwiderlegliche Art, daß der Rausch der Kunst besser als jeder andere die Schrecken des Abgrundes zu verhüllen vermag...«* Doch für den im Kampf um das Ideal unterlegenen Dichter bleibt wie in den *Fleurs du mal* als letzter Ausweg der Tod, die *»göttliche Ruhe«*, das *»einzige wahre Ziel des verabscheuungswürdigen Lebens«* (*Le tir et le cimetière*).

Bei aller thematischen Nähe zu den *Fleurs du mal*, die auch in zahlreichen sadistischen und misogynen Zügen zum Ausdruck kommt *(Le mauvais vitrier, La femme sauvage et la petite maîtresse, Portraits de maîtresses, Le galant tireur)*, erreichen die Prosagedichte durch den hohen Anteil an erzählerischen Elementen eine größere Objektivierung der individuellen Lebensproblematik des Dichters. Die epische Distanz kommt dem Hang zur »Entpersönlichung« der modernen Lyrik entgegen (H. Friedrich). Vorzüglich in solchen Stilmischungen, in der Hereinnahme des Epischen in die Lyrik, der Alltagsprosa in die Poesie, ist die bahnbrechende Leistung Baudelaires in seinen Prosagedichten zu sehen. Von RIMBAUD in den *Illuminations* (1872–1874) über die Grenzen der logischen Verstehbarkeit hinausgeführt, wurde die neugeschaffene Form des *poème en prose* sodann durch Alfred JARRY, Léon-Paul FARGUE, Max JACOB, André BRETON, Francis PONGE, Henri MICHAUX und René CHAR zu einer bevorzugten Gattung der modernen Lyrik. H.Ei.

AUSGABEN: Paris 1869 (in *Œuvres complètes*, Hg. Ch. Asselineau u. Th. de Banville, 7 Bde., 1868–1870, 4). – Paris 1913, Hg. A. Van Bever; [2]1917. – Paris 1926 (in *Œuvres complètes*, Hg. J. Crépet u. C. Pichois, 19 Bde., 1922–1966, 3). – Paris 1934, Hg. Daniel-Rops. – Paris 1962, Hg. H. Lemaître (Class. Garn). – Paris 1967, Hg. M. A. Ruff (GF). – Paris 1969, Hg. R. Kopp [krit.] – Paris 1973. – Paris 1975 (in *Œuvres complètes*, Hg. C. Pichois, 2 Bde., 1; Pléiade). – Paris 1979, Hg. M. Milner.

ÜBERSETZUNGEN: *Novellen und kleine Dichtungen in Prosa*, M. Bruns (in *Werke*, Hg. ders., Bd. 1, Minden 1904). – *Gedichte in Prosa*, C. Hoffmann, Lpzg. o. J. [1914]. – *Kleine Gedichte in Prosa*, D. Bassermann, Bln. 1920; ern. 1947. – *Le Spleen de Paris*, D. Roser, Tübingen/Stg. 1946. – *Prosadichtungen*, W. Küchler, Heidelberg 1947; [3]1974. – *Zwanzig Gedichte in Prosa*, U. F. Müller, Mchn. 1973 (frz.-dt.; Ausw.; dtv). – *Kleine Gedichte in Prosa*, C. Fischer, Mchn. 1979 [frz.-dt.]. – Dass., F. Kemp (in *SW*, Hg. ders. u. C. Pichois, 8 Bde., 8, Mchn. 1985).

LITERATUR: R. De Bury, *Enquête sur le poème en prose* (in Mercure, 145, 1921, S. 493 f.). – F. Rauhut, *Das französische Prosagedicht*, Hbg. 1929. – G. Streit, *Die Doppelmotive in B.s »Fleurs du mal« und »Petits poèmes en prose«*, Zürich 1929. – Daniel-Rops, *B., poète en prose* (in La Grande Revue, Okt. 1931, S. 534–555). – Ch. Schröer, *Les Petits poèmes en prose von B.*, Lpzg. 1935. – R. Fernandat, *Les poèmes en prose d'Aloysius Bertrand et de B.* (in La Muse Française, 15. 10. 1936, S. 350–359). – A. Chérel, *La prose poétique française*, Paris 1940. – R. Lefebvre, *Essai sur le poème en prose*, Brüssel 1942. – G. Blin, *Introduction aux »Petits poèmes en prose«* (in G. B., *Le sadisme de B.*, Paris 1948, S. 143–177). – Y.-G. Le Dantec, *Sur le poème en prose* (in RDM, 1. 10. 1948, S. 760–766). – J. H. Bornecque, *Les poèmes en prose de B.* (in Infl.litt, 1, 1953, S. 177–182). – P. J. Jouve, *Le Spleen de Paris* (in MdF, 1. 11. 1954, S. 32–39). – W. Benjamin, *Über einige Motive bei B.* (in W. B., *Schriften*, Bd. 1, Ffm. 1955). – M. A. Ruff, *B. et le poème en prose* (in ZfrzSp, Januar 1967, S. 116–132). – H. Friedrich, *B.* (in H. F., *Die Struktur der modernen Lyrik*, Hbg. 1956, S. 25–43; [9]1966, S. 35–58). – S. Bernard, *Le poème en prose de B. jusqu'à nos jours*, Paris 1959. – P. Citron, *La poésie de Paris dans la littérature française de Rousseau à B.*, Paris 1961. – F. Nies, *Poesie in prosaischer Welt. Untersuchungen zum Prosagedicht bei Aloysius Bertrand und B.*, Heidelberg 1964. – R. Guiette, *B. et le poème en prose* (in Revue Belge de Philologie et d'Histoire, 42, 1964, S. 843–852). – C. Mauron, *Le dernier B.*, Paris 1966; ern. 1986. – R. T. Cargo, *Concordance to B.'s »Petits poèmes en prose«*, Alabama Univ. Press 1971. – R. Theis, *B.s Begründung des »Petit poème en prose«* (in R. T., *Zur Sprache der ›cité‹ in der Dichtung*, Ffm. 1972, S. 131–145). – *Analyses et réflexions sur la poésie moderne dans »Le spleen de Paris« »Petits poèmes en prose« de B.*, Paris 1976. – K. Biermann, *B.s »Petits poèmes en prose«* (in Lendemains, 3, 1978, S. 117–124). – A. Fairlie, *Observations sur les »Petits poèmes en prose«* (in A. F., *Imagination and Language*, Ldn./NY 1981, S. 150–175). – D. Aynesworth, *Humanity and Monstrosity in »Le spleen de Paris«* (in RomR, 73, 1982, S. 209–221). – B. Wright u. D. H. T. Scott, *B., »La Fanfarlo« and »Le spleen de Paris«*, Ldn. 1984. – J. Monroe, *B.'s Poor. The »Petits poèmes en prose« and the Social Reinscription of the Lyric* (in SFR, 9, 1985, S. 169-188). – E. Adatte, *»Les fleurs du mal« et »Le spleen de Paris«: essai sur le dépassement du réel*, Paris 1986. – J. A. Hiddleston, *B. and »Le spleen de Paris«*, Oxford 1987.

JEAN BAUDRILLARD

* 1929 Reims

L'ÉCHANGE SYMBOLIQUE ET LA MORT

(frz.; Ü: *Der symbolische Tausch und der Tod*). Anthropologisch-zeitdiagnostisches Werk von Jean BAUDRILLARD, erschienen 1976. – Der Autor, der bis 1987 an der Universität Paris-Nanterre Soziologie lehrte, zieht darin die Summe seiner früheren Versuche (*Le système des objets*, 1968; *Pour une critique de l'économie politique du signe*, 1972; *Le miroir de la production ou L'illusion critique du matérialisme historique*, 1973), eine grundlegende Mutation im Aggregatzustand der fortgeschrittenen Industriegesellschaften zu analysieren: *»Jeder ›objektive‹ Fortschritt der Zivilisation hin zum Universellen entsprach einer immer stärkeren Diskriminierung, bis zu dem Punkt, daß man eine Zeit der endgültigen Universalität des Menschen vorhersehen kann, welche mit der Exkommunikation aller Menschen zusammenfallen wird – in der Leere erstrahlt dann nichts als die Reinheit des Begriffs.«*
Seinen theoretisch-diagnostischen Ausgangspunkt teilt Baudrillard mit G. DELEUZE und F. GUATTARI (vgl. *Capitalisme et schizophrénie I*) oder J.-F. LYOTARD. Stark vom Denken NIETZSCHES und der französischen Nietzscheaner G. BATAILLE, R. CAILLOIS und P. KLOSSOWSKI inspiriert, hatten diese »*Philosophen des Begehrens*« versucht, die marxistische Lehre von der durch das Tauschwertgesetz bewirkten »*Realabstraktion*« der sozialen Austauschprozesse und J. LACANS Verbindung der Freudschen Psychoanalyse mit dem strukturalen Code-Modell menschlicher Kommunikation miteinander in einen Zusammenhang zu bringen. Dadurch sollte das Philosophieren in ein »*planetarisches Denken*« (K. Axelos) unserer existentiell verwüsteten Gegenwart verwandelt werden. Auch für Baudrillard haben neue technische Entgrenzungen des Kapitalprozesses die Weltgesellschaft in die zweckfreie, gleichsam ästhetische Seinsweise eines psychotischen Produktivitätstaumels getrieben. Heute sei die Kunst tot, es existiere *»nur noch ein planetarisches Simulakrum, durch das eine ganze Welt über sich selbst (in Wirklichkeit über ihren eigenen Tod) Zeugnis ablegt im Angesicht eines künftigen Universums«.*
Der Titel des Buches, das im radikalistischen Gestus einer Überbietung alles bisher Denkbaren geschrieben ist, markiert die Differenz zur Begehrensphilosophie. Gegen die nihilistische Herrschaft des Kapitals, das sich noch in seiner marxistischen Kritik verdopple, setzt Baudrillard kein systemimmanentes freies Fluten der Wunschströme, sondern ein Prinzip der »*Umkehrung*«. Der symbolische Tausch – Baudrillard folgt hier insgeheim Batailles Lesart der von M. MAUSS *(Essai sur le don)* beschriebenen archaischen Form des »Potlatsch-Tausches«, der kein rationales Gewinn-Kalkül kennt – ist ein provokativer Zerstörungs-Abtausch jenseits der Selbsterhaltung. Baudrillard erhebt den Anspruch, eine Theorie der Menschwerdung zu entwickeln, er sucht ein Gesetz des symbolischen Tausches zu erweisen, das zur Erwiderung jener souveränen Gesten verpflichtet, durch die ein Individuum oder eine Gruppe in die exzessive Verströmung des Lebens eintritt – nämlich den Tod, der nicht als biologisches Ereignis zu verstehen ist, *»sondern als eine Form – evtl. die Form einer sozialen Beziehung – in der sich die Bestimmung des Subjekts und des Werts verliert«.* Dagegen habe sich das westliche Produktionssystem der Neuzeit im zunehmenden Ausschluß des Todes konstituiert, wodurch das perfektionierte Leben den Tod um sein Teil habe betrügen wollen. Die Kehrseite dieses Betrugs sei der in den heutigen »*Nekropolen*« herrschende »*Hyperrealismus der Simulation*«, das heißt eine gesellschaftliche Diskurs-Produktion, die die referentielle Illusion des Realen selbst erzeuge und uns alle, wie Baudrillard anhand von Mode und Sexus zu zeigen versucht, zu einer Existenz in Spiegellabyrinthen verurteilt, wo das narzißtische Leben den Tod konserviert und der halluzinierende Tod das Leben imitiert. Doch kehre das Verdrängte wieder in der Faszination durch Unfall und Katastrophe. Konsequenterweise hält Baudrillard dem langsamen, aufgeschobenen Tod in »*Arbeit und Freizeit*« dessen katastrophische Umkehrung in einem unmittelbaren Tod entgegen, auf den »*das System*« mit seinem eigenen Tod antworten müsse. – Später hat Baudrillard die Konzepte des symbolischen Tausches und der Simulation aufgegeben. Nirgends haben Baudrillards Thesen so starke Resonanz gefunden wie in der Bundesrepublik, wo sie in diversen Avantgardisten-Zirkeln, häufig ohne wirkliche Kenntnis der theoretischen Hintergründe, als unerhörte Einsichten gefeiert werden. Demgegenüber scheint Baudrillard in Frankreich (G. Lipovetsky, M. Guillaume) und Amerika (M. Poster) Anstöße für die fachspezifische Problematisierung von Phänomenen wie »gesteuertem Narzißmus« oder »Informatisierung der Gesellschaft« zu geben. W.Mi.

AUSGABE: Paris 1976.

ÜBERSETZUNG: *Der symbolische Tausch und der Tod*, G. Bergfleth, G. Ricke u. R. Vouillé, Mchn. 1982.

LITERATUR: A. Arnauld, *La stratégie de la simulation* (in Critique, 32, 1976, S. 958–966). – M. Poster, *Semiology and Critical Theory: From Marx to B.* (in Boundary 2, 10, 1982, S. 275 ff.). – E. Wendt, Rez. (in SZ, 2. 4. 1983). – J. Altwegg, Rez. (in FAZ, 20. 5. 1983). – *Der Tod der Moderne. Eine Diskussion*, Hg. C. Gehrke, Tübingen 1983. – S. Breuer, *Strukturales Wertgesetz und Todesrevolte* (in Merkur, 1984, H. 426, S. 477–482). – J. Altwegg u. A. Schmidt, *Französische Denker der Gegenwart*, Mchn. 1988, S. 48–55.

JOSEF MARTIN BAUER

* 11.3.1901 Taufkirchen an der Vils
† 16.3.1970 Dorfen / Oberbayern

SO WEIT DIE FÜSSE TRAGEN

Roman von Josef Martin BAUER, erschienen 1955. – Nur zum Teil wird der große Erfolg von Bauers Roman durch die zeitliche Kongruenz zwischen seinem Erscheinen und der Reise Konrad Adenauers nach Moskau wie der dort behandelten Gefangenenfrage verständlich. Offensichtlich faszinierte der alte Erzählstoff der abenteuerlichen Heimkehr auch Leserschichten, die nicht unmittelbar mit den im Roman behandelten historischen Ereignissen in Berührung gekommen waren, gerade durch die ihm immanente Entaktualisierungstendenz, durch den übergeschichtlichen Modellcharakter der Odyssee.
»*Der Weg in die Ewigkeit hat seine festen Stationen*«: Der Wehrmachtsoffizier Forell wird nach seiner Gefangennahme in ein Lager auf der ostsibirischen Halbinsel Tschuktschen gebracht. Von der Krankenstation aus unternimmt er seinen ersten Fluchtversuch, wird aber bald gefaßt und von seinen Kameraden fast totgeschlagen, die wegen seines Fluchtversuchs zusätzliche Strafarbeit verrichten müssen. Erst als Dr. Stauffer, der Lagerarzt, Forell die für seine eigene Flucht zusammengetragenen Ausrüstungsgegenstände überläßt, gelingt Forell nach vierjähriger Gefangenschaft die Flucht, die ihn nach mehr als drei Jahren voller Strapazen und Ängste von Sibirien nach Deutschland bringen wird. Als Gast bei hilfsbereiten Rentierhirten, bei Goldwäschern, die sich gegenseitig der Beute wegen umbringen, bei freundlichen Jakuten, die ihn vor einem blutrünstigen Wolfsrudel retten, versucht er zuletzt in Begleitung seines treuen Hundes Willem, sich über die mongolische Grenze abzusetzen. Der Versuch mißlingt, sein Hund wird erschossen, er selbst tritt die lange Flucht nach Westen an, wo er immer wieder Hilfe findet, aber auch selbst einen Raubüberfall ausführt, um sich Geld zu beschaffen. Seit er in Kasalinsk von dem armenischen Juden Igor als flüchtender Deutscher erkannt wird, reißt die Kette der Helfenden nicht mehr ab, denen sich der Flüchtling unter oft obskuren Umständen anvertrauen muß, die ihn aber dann doch sicher über die Grenze nach Persien bringen. Dort wird er nach wochenlanger Haft von seinem aus Ankara angereisten Onkel mit Hilfe von Familiendokumenten identifiziert. Nach der Rückkehr besucht er die Barockkirchen seiner bayrischen Heimat, andere »*Räume der Ewigkeit*«; doch die auf eine Bleivergiftung zurückgehende Farbenblindheit und die drei Jahre lang verdrängte Furcht – »*Narben am Körper und an der Seele*« – bleiben ihm, der unter einem anderen Namen die »*Gnade des Vergessens*« sucht.

»*Forell, mit allen Wassern jener Verderbtheit gewaschen, die sich breitmacht in einem Menschen auf der Flucht, Landstreicher, Vagant, Dieb aus Notwendigkeit und zum Räuber abgesunken auf jener Stufe des Verfalls, wo den Menschen vom Tier nicht mehr viel unterscheidet*«, wird vom Erzähler vielfach als »*der Mann*«, »*der Mensch*« bezeichnet. Zu dieser Typisierung gesellt sich die unüberhörbar moralisierende Haltung des Autors, der freilich den über das persönlich-exemplarische Geschick hinausgehenden Problemen und ihrer distanzierten zeitkritischen Reflexion aus dem Wege geht: Bauers Heimkehrerroman stellt nicht nur Ausbruch und Flucht eines zum schleichenden Tod verurteilten Gefangenen dar, sondern signalisiert zugleich die Flucht des Erzählers und einer breiten Leserschicht aus der Konfrontation mit der Nazi-Vergangenheit und dem Krieg in die »*Gnade des Vergessens*«.   V.Ho.

AUSGABEN: Mchn. 1955; 28 1983. – Reinbek 1978 (rororo). – Mchn. o. J.

LITERATUR: G. Cwojdrak, *Die zweite Literatur* (in NDL, 9, 1961, S. 77–92). – I. Meidinger-Geise, *J. M. B. zum 60. Geburtstag am 11. 3. 1961*, Mchn. 1961. – Dies., *J. M. B.* (in Welt u. Wort, 16, 1961, S. 72–74).

WOLFGANG BAUER

* 18.3.1941 Graz

LITERATUR ZUM AUTOR:
R. Friedrich, *W. B. Dichter* (in *Wie die Grazer auszogen, die Literatur zu erobern*, Hg. P. Laemmle u. J. Drews, Mchn. 1975, S. 76–87). – *W. B.*, Hg. H. L. Arnold, Mchn. 1978 (Text + Kritik). – G. Melzer, *W. B. Eine Einführung in das Gesamtwerk*, Königstein/Ts. 1981. – A. Betten, *Die Dramensprache von W. B.* (in A. B., *Sprachrealismus im dt. Drama der siebziger Jahre*, Heidelberg 1985, S. 81–144). – T. Bügner, *Annäherungen an die Wirklichkeit. Gattung und Autoren des neuen Volksstücks*, Bern/Ffm. 1986. – K. Sauerland u. M. Töteberg, *W. B.* (in KLG, 24. Nlg., 1986).

FIEBERKOPF. Roman in Briefen

Roman von Wolfgang BAUER, erschienen 1967. – Der als »Bürgerschreck« der »Grazer Autorenvereinigung«, einem losen Zusammenschluß experimentell-avantgardistischer Autoren, zu schnellem, wenn auch zwiespältig spektakulärem Erfolg gelangte Autor legte nach seinen an E. IONESCO orientierten absurden *Mikrodramen* (1964) mit *Fieberkopf* den ersten längeren Erzähltext vor, der bis heute der einzige Roman des vielgespielten

Bühnenautors geblieben ist. Die von Bauer gewählte Form des »Romans in Briefen« erlaubt ihm auch in dieser nur vordergründig epischen Form ein dialogisches Sprechen – hier zwischen den beiden Briefpartnern »Heinz« und »Frank«, die sich aber bald als die beiden inneren Stimmen einer schizophrenen Person entlarven. Wenn Bauer davon spricht, daß seine oft handlungslosen Stücke »*Hörspiele für das Theater*« seien, so könnte man auch in *Fieberkopf* einen eher für ein akustisches Medium wie Theater oder Rundfunk geeigneten Großmonolog sehen – es existiert auch eine, allerdings nie gesendete, Funkfassung.

Auch sonst überwiegen in stofflicher, struktureller und sprachlicher Hinsicht eher die Gemeinsamkeiten mit dem übrigen dramatischen Werk, als daß man hier von einer spezifischen Erzählform des Bühnen- und Drehbuchautors Bauer sprechen könnte. Es ist die auch die frühen *Mikrodramen* Bauers prägende absurde Darstellung der Welt, die *Fieberkopf* kennzeichnet, hier erklärlich aus dem Bewußtseinszustand des Sprechers, dessen Schizophrenie die Absurdität (mit-)erzeugt. Durch eine frappierende Schlußpointe stellt Bauer eine von ihm angenommene Gemeinsamkeit von ›Geisteskrankheit‹ und künstlerischem Schaffen zur Diskussion, ein Aspekt, der in seinem übrigen Werk immer wieder auftaucht, beispielsweise in *Magnetküsse* (Uraufführung 31. 3. 1976), ein nur in den Träumen eines Schizophrenen spielendes Kriminalstück: Künstler sind von der Gesellschaft für verrückt Erklärte, was den Rückschluß nahelegt, in »Verrückten« das verschüttete künstlerische Potential zu suchen.

Fieberkopf beginnt mit der Beschreibung von Alltäglichkeiten, die, angehäuft und potenziert, sich zunehmend selbst *ad absurdum* führen. Die Ausgangssituation ist die gestörte Kommunikation zweier Briefpartner: Ihre Briefe überschneiden sich, die Mitteilungen laufen aneinander vorbei, denn Brief und Antwortbrief werden von »Heinz« und »Frank« stets auf die Minute genau zur gleichen Zeit geschrieben. Der Verdacht, daß es sich gar nicht um einen realen Briefwechsel handeln könnte, sondern um das Zwiegespräch zweier innerer Stimmen ein und derselben Person, wird weiter untermauert durch den Hinweis, daß sich die beiden Protagonisten noch nie gesehen haben, sondern nur Brieffreunde sind.

Die Briefe schildern zunächst Alltagsbeobachtungen und -tätigkeiten, wie etwa die Suche nach einem Thermometer, das im Verlauf des Textes zunehmend zur Generalmetapher der fehlenden Meßkontrolle des fieberphantasierenden (und damit künstlerisch produktiven) Kopfes wird. Doch schon bald geraten die Figuren in einen wilden Taumel der Ereignisse, es beginnt die rasante Jagd nach einer ominösen Person namens »Ulf«, die sich in die Kommunikation von »Heinz« und »Frank« einschleicht, ihre Briefe plötzlich mit unterschreibt und im Verdacht steht, als Mädchenschänder und Massenmörder der Tochter von »Frank« nachzustellen. Die zunehmende Rasanz der Ereignisse bildet sich in einem immer furioseren Wechsel sowohl der Sprecher wie der Örtlichkeiten ab. Es kommen weitere Figuren als Briefpartner mit ins Spiel, etwa »Franks« Tochter Karin, der Amateurdetektiv Sylvius Emel-Berger sowie der Dichterling Alex, ein verrückter Monomane mit dem enormen Produktionsausstoß von 2 300 Sonetten, von denen Kostproben in die Briefe eingestreut werden; Namensmetamorphosen steigern die Verwirrung noch zusätzlich: » ›Gerlitzen ... Merlitzen ... Urlitzen ... Jurlitzen ... Karlitzen ... oh ... ‹ *und so fort. Die Namen kamen mir sehr bekannt vor.*«

In parodistischer Anspielung auf gängige Kriminalstück-Dramaturgien beginnt eine Verfolgungsjagd um den ganzen Globus nach dem ebenfalls ständig den Namen wechselnden »Ulf«. Daß alle diese Reisen höchstwahrscheinlich nur im (Fieber-)Kopf stattfinden, legt auch der wiederholte Verweis auf Drogenerfahrungen nahe wie die daraus vor allem gegen Ende des Buches resultierend surrealen »Trips« und Lügengeschichten, etwa die vom »Capitano«, der eine Identität in zwei verschiedenen Körpern führt, die beide jedoch zeitgleich stets dasselbe tun und sagen, was Anlaß zu einiger Situationskomik gibt. Endpunkt der Reise ist die in Eis erstarrte Stadt Canca, ein aus der Erde wachsender Schädel. »*Es war einmal ein lebender Organismus ... jetzt gibt es nur noch Knochen und Eis ... (...) ich fühle mich hier sauwohl ... im Ulf.*« Der gejagte »Ulf« entpuppt sich somit als das Bewußtsein des Schizophrenen, in dem sich die ganze Geschichte abspielte. »*Was Sie denken, nimmt vor Ihren Augen Gestalt an.*« Auch der noch nie gesehene Brieffreund realisiert sich: »*Endlich! Du siehst ja aus wie ich. (...) Nur tot (...) einen Brief in der Hand.*« Die ersten Zeilen dieses Schreibens von »Frank« an »Heinz« werden zitiert, es sind dieselben wie die von »Heinz« an »Frank«. Ein *circulus vitiosus* ist damit geschlossen, der noch eine weitere absurde Wendung durch einen Schlußbrief des Autors Wolfgang Bauer erhält, in dem dieser sich bei einem Irrenarzt für die Überlassung eines »*künstlerischen*« *Produktes eines Patienten bedankt* – »*es handelt sich offensichtlich um einen Briefwechsel*«. Das Postskriptum Bauers führt zum gleichlautenden Anfang des Romans zurück: »*P.S. Haben Sie das Thermometer schon gekauft.*« Der Künstler ist als manischer Endlos-Produzent entlarvt.

Dies alles legt die Deutung nahe, daß es dem nach eigenen Aussagen ihre theorie- und absichtslose Autor weniger um die »*treffende Darstellung der gegenwärtigen schizoiden Gesellschaft*« (A. Kolleritsch) geht, als vielmehr um ein »*Pop-Spiel vom Briefwechsel eines Schizophrenen mit sich selber*« (F. Lennartz). Nicht die Auseinandersetzung mit dem Los von Geisteskranken steht im Mittelpunkt, sondern die hybrishafte Selbstdarstellung des Künstlers: » *›STOP – MUSS DICHTEN – STOP – SCHEISSE AUF DIE GANZE WELT.‹* « B.S.

AUSGABEN: Ffm. 1967. – Mchn. 1982 (in *Woher kommen wir? Wohin gehen wir? Dramen und Prosa mit bisher unveröffentlichten und neuen Stücken*).

LITERATUR: A. Kolleritsch, Rez. (in manuskripte, 1967, H. 20, S. 34). – W. Wondratschek, Rez. (in FAZ, 15. 5. 1967).

MAGIC AFTERNOON

Stück in einem Aufzug von Wolfgang BAUER; Uraufführung: Hannover 12. 9. 1968, Landestheater. – Eine österreichische Provinzhauptstadt. Charly, etwa Ende 20, ein Schriftsteller, der nicht schreibt – »*I wüßt auch net, was man schreiben sollte*« –, verbringt bei schönstem Wetter mit seiner Freundin Birgit den Nachmittag in einem verqualmten Zimmer des elterlichen Hauses; die Eltern sind verreist. An einen Entschluß, irgend etwas zu unternehmen, ist nicht zu denken. Man liegt freudlos miteinander auf dem Bett herum, hört Beat- und Popmusikplatten, zankt sich; Frustration, betonte Wurstigkeit und untergründige Gespanntheit beherrschen die Stimmung. Erst ein Anruf des Freundes Joe verheißt Abwechslung. Joe erscheint mit seiner Freundin Monika. Auch das Verhältnis dieses Paares ist von Überdruß und gemachter Gleichgültigkeit bestimmt, die bald in offene Aggression umschlagen: eine Balgerei im Bett endet damit, daß Monika mit einem Nasenbeinbruch ins Krankenhaus geschafft werden muß. Charly und Joe greifen zur Haschischzigarette; sie steigern sich in eine alberne homosexuelle Szene hinein, mit der sie Birgit rüde zu provozieren suchen und sie schließlich derartig in die Enge treiben, daß sie zu einer großen Schere greift und den Angreifer Joe ersticht. Vor der Leiche Joes versucht Birgit den benommenen und zutiefst erschrockenen Charly zu verführen, läßt ihn aber schnell allein, und Charly verkriecht sich zitternd vor Angst im Schrank.

»*Die Wölt ist nämlich unhamlich schiach*«, heißt es in *Magic Afternoon*. Bezeichnenderweise ist immer von »Welt« und nicht von Gesellschaft die Rede, das aber bedeutet nur, daß ein gesellschaftlicher Zustand so sehr in sich stagniert, daß er hier als Welt, als geschichtslos gegeben – »*die Welt ist ewig*«, sagt Charly in mokantem Hochdeutsch – und nicht als aktiv gestaltbar oder veränderbar erlebt wird. In der Erfahrung dieser Figuren hat die Gesellschaft den Charakter des tückisch Dinghaften und zugleich Unwirklichen angenommen. Diese Erfahrung bedingt ihren Zusammenschluß zur Gruppe mit dem ganzen Kodex des »in«-Seins als Ersatz für eine produktive gesellschaftliche Selbstverwirklichung und ihrer Opposition, die nicht im Kampf gegen die Werte der bürgerlichen Gesellschaft – Beruf, Familie, Erfolg – besteht, sondern in deren schlichter Negation. Was Bauers Personen suchen und in der heutigen Gesellschaft nicht finden, ist Leben oder vielmehr der romantische und sensationelle Abglanz davon: »*was Aufregendes*«. Die spätkapitalistische Gesellschaft aber will nur über unmündige Konsumenten verfügen, sublim mit Platten und Kino, brutal mit der Polizei (vgl. vor allem die Haschischszene), und produziert dadurch, daß sie jede politische Alternative unterdrückt – *Magic Afternoon* steht auch vor dem Hintergrund der internationalen Studentenunruhen –, zugleich als Widerspruch den nervösen Überdruß. Bauer zeigt im intimen Verhalten einer kleinen Gruppe verschärft den Reflex der Verhaltensweisen und eigentlichen Normen dieser Gesellschaft: Terror und tiefe Resignation. Wie in seinem späteren Stück *Change*, 1969, aber stellt er seine Figuren nicht sozialkritisch als nur bedauernswerte Opfer eines gesellschaftlich-historischen Prozesses dar (wie vor ihm schon Ödön von HORVÁTH im Unterschied zu den Naturalisten), sondern er geht weiter und zeigt, wie sich diese Gesellschaft noch in Subjekten – in *drop outs* – reproduziert, die, aus ihr hinausgedrängt, sie zu unterlaufen versuchen, indem sie ihre Mechanismen gleichsam verdoppeln – und dabei zum Objekt ihrer eigenen Machenschaften werden. Die starke Resonanz, die Bauers Stücke beim Publikum fanden (*Magic Afternoon* wurde bis 1972 an 50 deutschen Bühnen gespielt), beweist ihre tiefere politische Signalkraft, ihr glatter Erfolg beweist aber zugleich, daß der Protest, der in Bauers »*defaitistischen*« ästhetischen Mitteln einer »*schlechten Kunst*« (W. Bauer) liegt, Gefahr lief, auch nur wieder konsumiert zu werden. Bauer hat das Problem des Widerstands gegen die Gesellschaft im Medium der Kunst dann radikal thematisiert in seinem bislang letzten Stück *Silvester oder Das Massaker im Hotel Sacher*, 1971, in dem er verzweifelt und boshaft die Konsumierbarkeit nicht nur des Werkes, sondern des Künstlers selber zu zeigen und zu sprengen versucht.

Eine Reihe von formalen Elementen hat Bauer mit den Autoren der Wiener Gruppe gemein, aber er hat sie als erster dialogisch und dramaturgisch für das Theater wirksam gemacht: die bewußte Einsetzung des Dialekts als Instrument illusionsloser Ironie und quälend witziger Bewußtheit der Figuren, die sie von den meist dumpfen Figuren des naturalistischen Dialektstücks eines Gerhart HAUPTMANN unterscheidet; die gezielte Pointenlosigkeit; die Verwendung des Kalauers und starker rhythmischer Kontraste in der Szenenfolge. Anders als in den Stücken von Peter HANDKE aber, der ebenfalls von der Wiener Gruppe beeinflußt wurde, sind in *Magic Afternoon* nicht das formale Material und die sprachliche Rezeption der Gegenstand des Dramas, sondern sind die formalen Fragen unmittelbar Lebensfragen realistischer Figuren und ihrer Geschichte. *Magic Afternoon* ist ein raffiniert-naives, ein realistisches Stück, das neue Formen als neue individuelle und gesellschaftliche Erfahrungen sinnlich zur Anschauung bringt. Die Form erreicht hier, was den Figuren zu erreichen verwehrt ist: »*Lockerheit*«; und auf dieser Spannung beruht die Treffsicherheit dieses Theaters. U.N.

AUSGABE: Köln 1969 [Nachw. U. Nyssen]. – Mchn. 1972 (dtv). – Mchn. 1979; ern. 1982 (dtv).

VERFILMUNGEN: Österreich 1969 (TV; Regie: B. Fischerauer). – BRD 1971 (TV; Regie: W. Bauer).

LITERATUR: P. Handke, *Über W. B.s »Magic Afternoon«* (in AZ, München, 30. 11./1. 12. 1968; ern. in P. H., *Ich bin ein Bewohner des Elfenbeinturms*, Ffm. 1972, S. 195–199; st). – B. Strauß, *Das Ende einer Clique* (in Theater heute, 1968, H. 10). – A. Kolleritsch, *Das Spiel vom Sterben des lockeren Mannes* (in Grazer Programmhefte, 1968/69). – B. Henrichs, *Zu Arbeiten des Grazer Autors W. B.* (in Spectaculum, Bd. 14, Ffm. 1971). – H. Karasek, *B. W. oder Die bewußte Trivialität* (in Theater heute, 1972, S. 66; Sonderh.).

EDUARD VON BAUERNFELD

* 13.1.1802 Wien
† 9.8.1890 Wien

LITERATUR ZUM AUTOR:
E. Horner, *B.*, Lpzg. 1900. – W. Zentner, *Studien zur Dramaturgie E. v. B.s*, Lpzg. 1922; ern. Nendeln 1978. – H. Lenz, *B. und die politisch-sozialen Probleme seiner Zeit*, Diss. Wien 1935. – Z. Škreb, *Die Gesellschaft in den Dramen E. v. B.s* (in *Zeit- u. Gesellschaftskritik in der österr. Literatur des 19. u. 20. Jh.s*, Wien 1973, S. 57–73). – D. Hornbach Whelan, *Gesellschaft im Wandel: Der Engel mausert sich. Das Bild der Frau in den Komödien von E. v. B. 1830–1870*, Bern/Ffm. 1978. – C. Jaschek, *E. v. B. als Literaturrezipient*, Diss. Wien 1979.

BÜRGERLICH UND ROMANTISCH

Lustspiel in vier Akten von Eduard von BAUERNFELD; Uraufführung: Wien, 7. 9. 1835. – Das 1839 erschienene Stück ist ein charakteristisches Beispiel der umfangreichen Produktion von Salon- oder Konversationskomödien, mit der Bauernfeld als einer der ersten deutschsprachigen Autoren den Import französischer »leichter Ware« unnötig machte und dafür etwas bot, das in den Augen der Zeitgenossen »moralisch« einwandfrei erschien: Er präsentierte erotische Stoffe mit mehr Einfalt und Harmlosigkeit. Die Handlung des Lustspiels ist dünn: In einem fashionablen Badeort treffen wir eine junge Frau in der »gewagten« Situation, allein und ohne Schutz zu reisen. Bevor ihre völlige »Unschuld« und gesellschaftliche Untadeligkeit bewiesen ist, verursacht sie einigen Aufruhr. Zunächst für eine Tänzerin gehalten, obwohl sie die Generalstochter Katharine von Rosen ist, wird sie sogar von dem als maliziös, allzu frei, ja als zynisch verschrienen Baron Ringelstern recht taktlos und unverschämt behandelt, was der Autor, der allzu ehrbare Bürgerlichkeit mild-satirisch zu verspotten pflegt, nicht eigentlich zu mißbilligen scheint. Natürlich sieht man am Ende den in Wahrheit grundedlen Baron nach Beseitigung einiger Mißverständnisse als Bräutigam Katharinens. Eine Parallel-Liebeshandlung zwischen Sittig, dem jungen Freund des Barons, und Cäcilie, der Tochter des unwahrscheinlich spießbürgerlichen Rates Zabern, endet gleichzeitig ähnlich glücklich, nachdem einem überaus bescheidenen Maß von »Romantik« ein Recht gegenüber dem Spießertum gesichert scheint. Die im Titel angedeutete Antithese verflüchtigt sich schließlich in einen leisen Unterschied der Sprechweise angesichts der liberalen Haltung des Barons, der die »moderne« Position des aufgeklärten Bürgers in der Zeit des Vormärz vertritt; allerdings nähert sich das Stück – anders als Bauernfelds spätere Werke – mit keiner Szene dem, was man Satire oder gar Gesellschaftskritik nennen könnte. H.L.

AUSGABEN: Stg. 1839 (in Zetlitz's Dramatischer Almanach fürs Lustspiel). – Stg. 1893 (in *Dramatischer Nachlaß*, Hg. F. v. Saar). – Lpzg. 1906 (in *AW*, Hg. E. Horner, Bd. 2).

LITERATUR: O. Katann, *B.s »Bürgerlich u. Romantisch«* (in O. K., *Gesetz d. Wandels*, Innsbruck 1932, S. 51–63).

DIE REPUBLIK DER THIERE. Phantastisches Drama sammt Epilog

Allegorisches Schauspiel von Eduard von BAUERNFELD, erschienen 1848. – Allgemein eingestuft als Vorläufer SCHNITZLERS und HOFMANNSTHALS und des Wiener Konversationsstücks um 1900 sowie als »Meister« der gängigen Salonkomödie, wird Bauernfelds politisches Engagement in der Zeit des Wiener Vormärz häufig übersehen. Bereits in dem Stück *Großjährig* (1846) verbirgt sich hinter dem scheinbar harmlosen Lustspiel in der Nachfolge IFFLANDS und KOTZEBUES eine scharfe Satire auf das Beamtentum und die Spitzelwirtschaft des Metternichschen Systems. Im Revolutionsjahr 1848 folgt dann mit der *Republik der Thiere* ein ebenso zeitkritisches Stück.
In der Tradition des ARISTOPHANES und der lokalen Volksbühne greift Bauernfeld die Form der Tierallegorie auf; seine scheinbar phantastische Märchenwelt bezieht sich mit aller Deutlichkeit auf die aktuellen Vorfälle der Revolution. Als Modell werden dabei Vorgänge und Episoden aus der Zeit der Französischen Revolution benutzt und in einer locker verbundenen Szenenfolge aneinandergereiht. Weniger auf den kontinuierlichen Handlungsablauf kommt es dabei an. Das Interesse des Autors gilt vielmehr den charakteristischen Einzelszenen, die sich zu einem bunten Bild der Revolution addieren, dabei jedoch durchaus nicht nur den Umsturz glorifizieren. Im Fortgang der Szenen werden auch die Schattenseiten des revolutionären Kampfes gezeigt. Mit dem Scheitern der Revolution schließt dann das Stück. Während unter dem Beifall der Menge der schwärmerische Freiheits-

held Nachtigall (als Vorbild dient Lafayette) guillotiniert werden soll, rückt der General der Eisbären und Walrosse ein und setzt den Drachen und damit die alte Herrschaft wieder ein. Die Revolution mündet in Restauration.

Die Auswahl der Tiertypen orientiert sich an populären Charakterklischees. Menschliche Eigenschaften werden in vereinfachter Form auf entsprechende Tiere übertragen. Die Schlauheit des Fuchses geht ein in die schillernde Figur des Ministers, der durch geschickte Intrigen die Restauration einleitet. Panther, Tiger, Leopard und Hyäne stehen für den Adel. Im Zeitungsbüro entwerfen Bulldogge und Fleischerhund einen Aufruf an das Volk. Als Polizeidirektor residiert seine »*Oxcellenz*«, der Ochse. Ein »*fetter Hamster*« erscheint als wohlhabender Bürger, »*behaglich eine Cigarre schmauchend*«. Wohlgefällig lobt er »*Ordnung*« und »*Gehorsam*« der neuen Republik – bis ihm Staatseinnehmer, Kellerratte sowie ein Heer von Spinnen, seinen Reichtum wegnehmen. Nicht in einer Tiermaske erscheint dagegen der abgesetzte König. Melancholie und Sentimentalität umgeben ihn; seine bewegten Abschiedsworte und sein einsamer Tod bei Bauern auf dem Lande fallen aus der prägnant gezeichneten Revolutionssatire heraus.

Bauernfeld, der in seinem Urteil über die Revolution schwankt, karikiert den Adel und das herrschende System ebenso unverhohlen wie die Revolutionäre. Eine einheitliche Optik, ein ausgeprägter politischer Bezugspunkt fehlen; die zielbewußte Integration der diffus verstreuten satirischen Angriffe bleibt aus. In vage Ambivalenz mündet, was als energische Polemik einsetzt. Der Rückzug in die ästhetische Unverbindlichkeit schlägt sich nieder in den pathetischen Worten des Epilogs, in denen der Dichter – »*heiß durchglüht*« – vom »*Bild der neuen Zeit*« und einem allgemeinen »*Welt-Frühling*« schwärmt. G.R.

AUSGABEN: Wien 1848. – Wien 1872 (in *GS*, 12 Bde., 1871–1873, 6). – Wien/Lpzg. 1919, Hg. G. Wilhelm (zus. m. *Die Elfen-Constitution*).

LITERATUR: O. Katann, *Gesetz des Wandels*, Innsbruck 1932. – A. Amann, *Das Verhältnis E. v. B.s zur Romantik*, Diss. Wien 1932. – A. Artaker, *E. v. B. in der politischen Bewegung seiner Zeit*, Diss. Wien 1942.

VICKI BAUM

* 24.1.1888 Wien
† 29.8.1960 Los Angeles/Hollywood

LITERATUR ZUR AUTORIN:
F. Lennartz, *V. B.* (in F. L., *Die Dichter unserer Zeit*, Stg. 1952, S. 15–18; KTA). – R. F. Bell, *V. B.* (in *Dt. Exilliteratur seit 1933*, Hg. J. M. Spalek u. a., Bd. 1/1, Bern/Mchn. 1976, S. 247–258). – J. Holzner, *Literarische Verhaltensweisen und Botschaften der V. B.* (in *Erzählgattungen der Trivialliteratur*, Hg. Z. Skreb u. U. Baur, Innsbruck 1984, S. 233–250). – L. J. King, *The Image of Fame. V. B. in Weimar Germany* (in GQ, 58, 1985, S. 375–393).

DIE KARRIERE DER DORIS HART

Roman von Vicki BAUM, erschienen 1936. – Der Roman erzählt die Geschichte einer Arzttochter namens Doris aus einer deutschen Kleinstadt, die – nach dem Tode des Vaters plötzlich mittellos – nach New York verschlagen wird, dort tagsüber ihrem Geliebten, einem emigrierten russischen Bildhauer, Modell steht und nachts in einem deutschen Restaurant in der 86. Straße als Kellnerin arbeitet. Als sich ein nichtsnutziger Millionärssohn in sie verliebt, wird sie im Verlauf des unausweichlich folgenden Eifersuchtsdramas von ihrem Geliebten lebensgefährlich verletzt und handelt sich durch den Verzicht auf die durch dieses Ereignis gesellschaftlich geraten erscheinende Heirat mit dem ohnehin ungeliebten Millionärssohn die erträumte exklusive Ausbildung als Opernsängerin ein. Ihr unaufhaltsamer Aufstieg wird jäh unterbrochen, als ihr Gönner seine Millionen in der Weltwirtschaftskrise verliert. Nach mancherlei Unbill findet sich Doris – aus der inzwischen eine Dorina Rossi geworden ist – dreißigjährig endlich am Ziel ihrer Träume: Sie wird Primadonna an der New Yorker Met. Doch das Glück ist nicht von Dauer. Die Folgen des den Aufstieg auslösenden Lungenschusses zwingen die durch den Erfolg korrumpierte, hartherzige, herrschsüchtige Primadonna zum Abbruch ihrer Karriere. Mit dem inzwischen wieder aus dem Zuchthaus entlassenen Bildhauer flieht sie nach Tahiti, um dort – fern aller Zivilisation – versöhnt und glücklich zu sterben.

Bemerkenswerter als der Roman selbst ist die Beachtung, die er im Umfeld der Realismusdebatte bei seinem Erscheinen von seiten der marxistischen Literaturkritik erfahren hat. Während die bürgerliche Kritik des Exils den Roman durchweg ignorierte, wurde er – wie auch alle folgenden Bücher der Baum – von Kritikern wie Franz Carl WEISKOPF, Fritz ERPENBECK und Klara BLUM ausführlich und durchweg positiv rezensiert. Zwar wird in allen diesen Rezensionen auf das verwirrende und widersprüchliche Nebeneinander von gesellschaftskritischen und systemstabilisierenden Momenten hingewiesen, werden »*Rückfälle in die alte Spannungsschablone*« getadelt. Ungeachtet dieser Einschränkung jedoch wird der Roman insgesamt als »*klare Absage an die Verdummungstendenzen des Unterhaltungsromans*« gewürdigt, als erster Schritt einer Entwicklung, »*die von der Traumkonfektion zur realistischen Gestaltung*« führen könnte, als Annäherung an »*Positionen einer ernsthaften realistischen Literatur*«.

Aus heutiger Sicht sind die Akzente anders zu setzen. Wenngleich sich in diesem Buch – dem zweiten, das Vicki Baum nach ihrer Emigration und der Begründung ihres Weltruhms durch die Verfilmung von *Menschen im Hotel* veröffentlichte – durchaus Partien finden, die als gesellschaftskritisch zu verstehen sind, so weist der Roman dennoch alle Merkmale der Trivialliteratur auf.

Zeitgeschichtliches – der Roman umfaßt die weltpolitisch bedeutsamen Jahre von 1927 bis 1936 – taucht nur schlaglichtartig an der Peripherie des fiktiven Geschehens auf und wird als das schlechthin Unbegreifliche und Unbeeinflußbare dargestellt. Als die Protagonistin – ähnlich wie die Autorin auch – nach mehrjähriger Abwesenheit noch einmal in das präfaschistische Deutschland zurückkehrt, konstatiert sie, das Land habe sich »*auf eine seltsame und nicht faßbare Weise verändert, die Luft war anders geworden*«. Wie in allen ihren früheren Romanen suggeriert Vicki Baum auch hier, eine Lösung aktueller gesellschaftspolitischer und ökonomischer Probleme sei lediglich vom Menschlichen her, durch Liebe und Güte zu erwarten. Durch die Propagierung konventioneller Wunschbilder – das arme mittellose Mädchen, das durch den Glauben an sich selbst, durch Talent, Beharrlichkeit und Fleiß zum international gefeierten Opernstar avanciert; der gütige Millionär, der zur rechten Zeit die rechte Summe für die Ausbildung zur Verfügung stellt – wird einem unkritischen Leser für kurze Zeit die Realisierbarkeit seiner Glückserwartungen vorgegaukelt, die ihm in seiner realen gesellschaftlichen Situation vorenthalten bleibt. – Die Stärken des Romans liegen im Handwerklichen: in der spannend konstruierten Fabel, der Milieukenntnis und der plastischen Menschenzeichnung. J.Ha.

AUSGABEN: Amsterdam 1936. – Bln. 1972.

LITERATUR: F. C. Weiskopf, *Traum von der Stange* (in *GW*, Bd. 8, S. 147–151).

MENSCHEN IM HOTEL. Ein Kolportageroman mit Hintergründen

Roman von Vicki BAUM, erschienen 1929. – In ihrem erfolgreichsten Buch, zunächst als Fortsetzungsroman in der ›Berliner Illustrirten‹ veröffentlicht, schildert die aus Österreich stammende, 1938 in den USA naturalisierte Autorin (unter den Nationalsozialisten hatte sie Schreibverbot) das Leben im Berliner »Grand Hotel« gegen Ende der zwanziger Jahre. Im Zentrum der effektvoll verwobenen Handlungsfäden steht der galante Hochstapler Baron von Gaigern, der es auf die berühmten Perlen der alternden Primaballerina Grusinskaja abgesehen hat. Als diese ihn in ihrem Zimmer überrascht, spielt Gaigern den leidenschaftlichen Anbeter, verliebt sich dann aber tatsächlich in die, nach ausbleibendem Erfolg depressiv gestimmte und sich mit Suizidgedanken tragende Tänzerin und verbringt die Nacht mit ihr. Da er dringend Geld braucht, um die Geliebte auf eine Gastspielreise nach Wien begleiten zu können, beschließt der Baron, den todkranken Buchhalter Kringelein zu bestehlen, der seine gesamten Ersparnisse in Berlin für ein wenig mondänen Lebensgenuß eintauschen möchte. Als auch dieser Plan fehlschlägt, dringt Gaigern in das Zimmer des Generaldirektors Preysing ein, der mitten in einem Schäferstündchen mit seiner Sekretärin Flämmchen begriffen ist und den Einbrecher mit einem bronzenen Tintenfaß so unglücklich trifft, daß er stirbt. Während Preysing der Polizei Rede und Antwort stehen muß, läßt sich seine Sekretärin von Kringelein, in dessen Zimmer sie unter dem Eindruck der Bluttat geflüchtet war, nach Paris »entführen«.

Trotz der im Untertitel angekündigten »Hintergründigkeit« bleibt Vicki Baum dem verhaftet, was sie gerade überwinden wollte: der Kolportage und dem Klischee. Platitüdenhaft wie die Schlußbetrachtung (»*Was im großen Hotel erlebt wird, das sind keine runden, vollen, abgeschlossenen Schicksale. Es sind nur Bruchstücke, Fetzen, Teile; hinter den Türen wohnen Menschen, gleichgültige oder merkwürdige, Menschen im Aufstieg, Menschen im Niedergang, Glückseligkeiten und Katastrophen wohnen Wand an Wand*«) erscheint die Typisierung der Romanfiguren: Dr. Otternschlag, der Arzt, der seine Kriegserlebnisse mit Morphium zu verdrängen sucht, Gaigern, der edle Dieb, Preysing, der Generaldirektor, der ein Techtelmechtel mit seiner Sekretärin hat. Schier unerträglich wirkt, was gegen Ende des Romans über Kringelein, der anfangs als »*kleine, zaghafte, lebensgierige und todesbereite Beamtenseele*« charakterisiert worden ist, mitgeteilt wird: »*Seine verheimlichte, zärtliche und unbeholfene Seele kriecht aus ihrem Gehäuse und bewegt ihre kleinen, neuen Flügel.*« Und von Preysing heißt es beim Tête-à-tête mit Flämmchen: »*Er schiebt den Kopf ein wenig höher und macht sich aus ihrer Achselhöhle ein Nest, eine kleine, warme Heimat, in der es nach Mutter und Wiese duftet.*«

Für Vicki Baum und ihre zahllosen Leser ging es um die Zwielichtigkeit der »großen Welt«, die Schwüle der Erotik, das Lied vom »kleinen braven Mann«. Daß der Roman so großen Anklang fand, erklärt sich zweifellos vor allem aus der eingängigen Mixtur von Sensation und Sentimentalität, die die Autorin zwar ingeniös zusammenbraute, die aber viel vom trivialen Schmelz eines Illustriertenreports über die Geschehnisse in einem Grandhotel hat. S.Re.

AUSGABEN: Bln. 1929 (in Berliner Illustrirte). – Bln. 1929. – Mchn. 1951. – Bln. 1986 (Ullst. TB).

DRAMATISIERUNG: V. Baum, *Menschen im Hotel* (Urauff.: Bln., 16. 1. 1930, Theater am Nollendorfplatz).

VERFILMUNGEN: USA 1932 (Regie: E. Goulding). – *Grand Hotel*, Deutschland 1959 (Regie: G. Reinhardt).

ALEXANDER GOTTLIEB BAUMGARTEN

* 17.7.1714 Berlin
† 26.5.1762 Frankfurt / Oder

AESTHETICA

(nlat.; *Ästhetik*). In lateinischer Sprache abgefaßtes philosophisches Hauptwerk von Alexander Gottlieb BAUMGARTEN, das, 1750–1758 erschienen, die deutsche Ästhetik als philosophische Disziplin begründete und zugleich den Terminus »Ästhetik« erst einführte.

Baumgartens Denken wurzelt in der Philosophie seines Anregers WOLFF und dessen Vorstellungslehre, die, sich wiederum eng an LEIBNIZ und dessen Monadologie anlehnend, zwei Arten von Vorstellungen unterscheidet: deutliche und undeutlich-verworrene, rationale und sensitive Vorstellungen. Sie begründen in dieser klaren Trennung ein oberes und ein unteres Erkenntnisvermögen. Sensitive Vorstellungen (»sensitiv« übersetzen Baumgarten und sein Schüler G. F. MEIER mit »sinnlich«) wenden sich an Gemütskräfte wie Wahrnehmung, Gefühl usw., nicht an den Verstand wie die rationalen, und sind in dieser Hinsicht den »*petites perceptions*« von Leibniz verwandt, der selber auch den Begriff der »*sensitiven Seele*« geprägt hat (*Théodicée*, 3, 397). So kommt Baumgarten zu einer Definition der Ästhetik als Bereich der »*Gesetze der sinnlichen und lebhaften Erkenntnis*« und als »*Logik des unteren Erkenntnisvermögens*«. Die mögliche Vollkommenheit eines Kunstwerkes beruht in der extensiven Ausgestaltung aller sensitiven Elemente: »*Eine vollkommene sensitive Rede ist ein Gedicht*« (»*Oratio sensitiva perfecta est poema*«, in *Meditationes philosophicae de nonnullis ad poema pertinentibus*, § 9, 1735, einem Frühwerk, das schon nahezu alle Gedanken der *Aesthetica* im Keim enthält; man vergleiche etwa LESSINGS Zitat dieser Stelle in seiner Schrift *Pope ein Metaphysiker*, 1755). Der Weg des wissenschaftlichen, rational-deutlichen Denkens geht vom Besonderen zum Allgemeinen, der Weg des sensitiv-künstlerischen Denkens umgekehrt vom Allgemeinen zum Besonderen (*Aesthetica*, § 559).

Als Arten der sensitiven Vorstellungen werden nun klassifiziert: Wahrnehmungen und Empfindungen (»*repraesentationes sensuales*«), Vorstellungen von Nicht-Gegenwärtigem (»*phantasmata*«), Erdichtungen (»*figmenta vera et heterocosmica*«), Voraussichten (»*divinationes*«) usw. Der gesamte Bezirk der sensitiven Vorstellungen wird so einer Analyse unterworfen, in der sich die rationale Durchdringung des Irrationalen als Grundproblem der Baumgartenschen Ästhetik zeigt; es weist direkt zurück auf die Philosophie von Leibniz, der die sinnliche Anschauung als »verworren« – gemessen an rationaler logischer Einsicht – ansah. Wenn Baumgarten nun die »*ästhetischen*« Phänomene – das heißt in dem noch bei KANT bestehenden Sprachgebrauch: die Dinge der sinnlichen Anschauung überhaupt, nicht nur die »ästhetischen« im modernen Sinn – philosophisch behandelt, so muß er gleichsam entschuldigend erst einmal Wert und Eigenart dieses »niedrigeren« Bereiches darlegen. Der rationale Charakter auch des Ästhetischen, an dem er nicht zweifelt, manifestiert sich für Baumgarten im Bereich der sensitiven Vorstellungen nicht wesentlich anders als etwa bei der Verknüpfung von Sätzen, einem logischen Problem (*Aesthetica*, § 140), weshalb die Ästhetik nicht nur Logik des unteren Erkenntnisvermögens, sondern auch »*ars analogi rationis*« heißt. Innerhalb der »verworrenen« Erfassungsweise des Ästhetischen ist »*Schönheit*« jene in der Übereinstimmung der Teile mit dem Ganzen bestehende »*Vollkommenheit*«, die den Sinnen gegeben ist.

Der Ort der Dichtung im neuen System der Ästhetik wird im zweiten Teil des Werks untersucht, der vom Vortrag sensitiver Vorstellungen handelt. Die Eignung der Gegenstände zum schönen Denken nennt Baumgarten ihren »*ästhetischen Reichtum*« (»*ubertas aesthetica*«); die Gegenstände, die dargestellt werden sollen, müssen allerdings schon von sich aus Interesse erregen können, eine Eigenschaft, die als »*ästhetische Größe*« (»*magnitudo aesthetica*«) bezeichnet wird. Vollkommenheit eines Werks besteht in möglichst großer extensiver Klarheit, d. h. möglichst großer Individualisierung der Vorstellungen. Mittel dazu sind etwa Epitheta, Synekdochen, Beispiele, affekt- und aufmerksamkeitserregende Wendungen, originale Vorstellungen usw. Baumgartens weitere Überlegungen verharren gänzlich im Bereich des jahrhundertealten Begriffs der »*Naturnachmung*«, den der Dichter als »*alter deus*« (so schon in der Renaissancepoetik von SCALIGER) zu leisten habe. Die trotz allem niedrigere Würdigkeit des Künstlerischen und Dichterischen gegenüber der Ratio wird, in aufklärerisch-moralistischer Weise, dadurch legitimiert, daß es die rationalen und moralischen Wahrheiten dem Erleben eindringlich nahezubringen und zu verdeutlichen vermag.   H.H.H.–KLL

AUSGABEN: Fkft./Oder 1750–1758, 2 Bde. – Bari 1936. – Hildesheim 1961 [unveränd. Neudr. der Erstausg.]. – Hbg. 1983, Hg. H. R. Schweizer [lat.-dt.].

LITERATUR: E. Bergmann, *Die Begründung der dt. Ästhetik durch A. G. B. und G. F. Meier*, Lpzg. 1911. – H. Sommer, *Die poetische Lehre B. s*, Diss. Mchn. 1911. – A. Riemann, *Die Ästhetik A. G. B.s*, Halle 1928. – P. Menzer, *Zur Entstehung von A. G. B.s Ästhetik* (in Zs. f. dt. Philos., 1938, S. 289–296). – L. P. Wessell, *A. B.'s Contribution to the Development of Aesthetics* (in Journal of Aesthetics and Art Criticism, 30, 1971/72, S. 333–342). – U. Franke, *Kunst als Erkenntnis: die Rolle der Sinnlichkeit in der Ästhetik A. G. B.s*, Wiesbaden 1972 [zugl. Diss. Münster 1971]. – M. J. Böhler, *Soziale*

Rolle und ästhetische Vermittlung. Studien zur Literatursoziologie von A. G. B. bis F. Schiller, Bln./Ffm. 1975. – H. R. Schmidt, *Sinnlichkeit und Verstand*, Mchn. 1982. – H. Paetzold, *Ästhetik des dt. Idealismus. Zur Idee ästhetischer Rationalität bie B. u. a.*, Wiesbaden 1983.

JAMES KEIR BAXTER

* 29.6.1926 Dunedin
† 23.10.1972 Auckland

DAS LYRISCHE WERK (engl.) von James Keir BAXTER (Neuseeland).
Ungewöhnliche Produktivität, Thematik, Persönlichkeit und dichterische Fähigkeiten haben James K. Baxter zu einem der bekanntesten und beliebtesten Lyriker Neuseelands gemacht, den die ›Auckland Sun‹ am Tag nach seinem Tode als »*Dichter, Philosophen und Kommunen-Patriarchen*« bezeichnete. Baxter, dessen Vater ein schottischer Pazifist und dessen Mutter eine englische Akademikerin waren, hatte bereits sehr früh (zwischen 1937 und 1939 ging er in den englischen Cotswolds zur Schule) Schwierigkeiten, sich der Gesellschaft anzupassen: Diese Tatsache und seine frühreife emotionale Sensibilität veranlaßten ihn, so betonte er später, ein Dichter zu werden.
In seinen ersten Werken, den Gedichtssammlungen *Beyond the Palisade*, 1944 *(Jenseits der Palisade)* und *Blow, Wind of Fruitfulness*, 1948 *(Blase, Wind der Fruchtbarkeit)* sieht sich das gefallene Individuum im Kampf mit einem feindlichen Universum. Baxters sozialistische Kritik richtet sich dabei vor allem gegen Ausprägungen des allerdings kulturell nicht dominanten neuseeländischen Kalvinismus (insbesondere gegen Materialismus und Sexualfeindlichkeit). Die Abhängigkeit vom Alkohol, die Baxters mehr mit Gelegenheitsarbeiten denn mit dem Studium in Dunedin verbrachte Zeit prägte, ist jedoch nur selten zentrales Motiv seiner Gedichte (Ausnahme ist *Lament for Barney Flanagan* – *Klage um Barney Flanagan*, Zeugnis auch für seine virtuose Beherrschung der populären Balladenform); vielmehr schlägt sich diese Abhängigkeit eher in alptraumartigen Bildern der Gewalt nieder. Dagegen kümmerte sich Baxter nach seiner Konversion zum Katholizismus häufig um Alkohol- und Drogensüchtige, und seine Kritik an der fehlenden gesellschaftlichen *aroha* (in der Maorisprache bedeutet *aroha* soviel wie Liebe, Mitgefühl, aktive Hilfe, Unterstützung auf persönlicher und kommunaler Basis) prägt dann in besonderer Weise seine späten Gedichte.
Baxters Schreibweise hat sich im Laufe seiner Entwicklung beträchtlich gewandelt. An Vorbildern wie HARDY, YEATS, Dylan THOMAS und MACNEICE orientiert, kennzeichneten ihn zunächst ein melancholischer Ton, aber auch zuweilen emotional übersteigerte Rhetorik, die nur dort poetisch geglückt scheint, so es Baxter um die Erfassung des Konkreten geht.
In den *Poems Unpleasant*, 1952 *(Unerfreuliche Gedichte)*, vier Jahre nach seiner Heirat und der Übersiedlung nach Wellington entstanden, zeigt sich sein Bemühen um das konkrete Detail, und die Gabe der genauen Beobachtung kommt später in *Autumn Testament*, 1972 *(Herbsttestament)* voll zur Blüte. Darüber hinaus verwendet er in diesen Texten auch antiromantische und satirische Techniken; (ein gutes Beispiel dafür ist *Conversation in a Road* – *Gespräch auf einer Straße*). Mit den beiden einen gewissen Einfluß L. DURRELLS verratenden Sammlungen *In Fires of No Return*, 1958 *(Feuer ohne Umkehr)* und *Howrah Bridge*, 1961 *(Howrah-Brücke)* zeigt sich, in welchem Maße Baxter dramatische und erzählerische sowie balladeske Gedichtformen beherrscht. Die Sammlung *Pig Island Letters*, 1966 *(Schweine-Insel Briefe)*, ist gekennzeichnet durch die gewissenhafte Analyse der Realität und einen formlosen, aber kraftvollen Stil. Damit ist die ihm von der Kritik häufig vorgeworfene übersteigerte Emotionalität und Rhetorik geschwunden.
Stärker noch als *Howrah Bridge* ist *Pig Island Letters* von Baxters religiösen Einsichten durchdrungen, die mystischer und kontemplativer Art sind und auch Elemente des Maori-Denkens organisch in sich aufgenommen haben. Auf dieser Basis erreicht er eine große Einfachheit in der allegorischen Darstellung grundlegender menschlicher Situationen. Seine formale Meisterschaft zeigt sich in der geschickten Verwendung des Metrums und vor allem des Halbreims.
Seine letzten Sammlungen, *Jerusalem Sonnets*, 1970 *(Jerusalem-Sonette)*, aus 39 Gedichten bestehend, und *Autumn Testament* (1972) dokumentieren seine Liebe zum Mitmenschen und zur Natur, wie er sie in der von ihm gegründeten »Kommune Jerusalem« gefunden hatte. In beiden Sammlungen verwendet er auf virtuose Weise die für ihn charakteristische Form der jeweils paarweise zusammengefügten Sonettzeilen, die häufig von ungleicher Länge sind und – mit zahlreichen Enjambements – auch nicht reimen. Die Sprache dieser Gedichte macht so den Eindruck des Freien und Ungezwungenen – Baxter spricht gelegentlich von seinem »mäandernden Geist« –, ist aber zweifellos Ausdruck einer Persönlichkeit, die noch aus den kleinsten Dingen wie der Laus im Bart oder den Bienen über dem Kirchenportal (Nr. 1 und 2 der *Jerusalem Sonnets*) tiefe spirituelle Einsichten zu gewinnen weiß, die dem urbanisierten Menschen entgehen. Diese universelle Anliegen gestaltenden Gedichte haben meist die Form eines Dialogs mit dem eigenen Ich: »*Es handelt sich nicht um lehrhafte Dichtung, sondern um Lyrik der Erfahrung*« (C. K. Stead). – *Autumn Testament* enthält – neben einem Langgedicht und einigen Seiten Prosa – erneut mehr als fünfzig Sonette, unter anderem sieben mit dem Titel *Te Whiore o te Kuri (Der Schwanz des Hundes – der am Ende meines Buches wedelt*, wie es in

Nr. 6 heißt); in ihnen ist das Maori-Denken und Fühlen ebenso wie die Gewißheit Baxters, *»vorwärts zu gehen wie ein Mensch im Dunkeln«* (Nr. 7), geistiges Zentrum. Gerade wegen der organischen Integration dieser Maori-Elemente müssen die späten Gedichte Baxters als etwas Neues in der von Weißen geschriebenen neuseeländischen Lyrik angesehen werden. S.S.

AUSGABEN: *Beyond the Palisade*, Christchurch 1944. – *Blow Wind of Fruitfulness*, Christchurch 1948. – *The Fallen House*, Christchurch 1948. – *In Fires of No Return*, Ldn. 1958. – *Howrah Bridge and Other Poems*, Ldn. 1961. – *Pig Island Letters*, Ldn. 1966. – *The Rock Woman. Selected Poems*, Ldn. 1969. – *Jerusalem Sonnets*, Dunedin 1970. – *Autumn Testament*, Wellington 1972. – *Collected Poems*, Hg. J. Weir, Ldn. 1979. – *Selected Poems*, Hg. J. Weir, Ldn. 1982.

LITERATUR: H. W. Smith, *J. K. B. The Poet as Playwright* (in Landfall, 22, 1968, S. 56–65). – J. E. Weir, *The Poetry of J. K. B.*, Wellington 1970. – V. O'Sullivan, *After Culloden. Remarks on the Early and Middle Poetry of J. K. B.* (in Islands, 2, 1973, S. 19–30). – Ch. Doyle, *J. K. B. In Quest of the Just City* (in Ariel, 5, Calgary 1974, Nr. 3, S. 81–98). – Ders., *J. K. B.*, Boston 1976 (TWAS). – J. F. Davidson, *Philoctetes Down Under* (in AUMLA, 1977, Nr. 47, S. 49–56). – P. C. M. Alcock, *J. K. B. and the Terror of History* (in *Awakened Conscience. Studies in Commonwealth Literature*, Hg. C. D. Narasimhaiah, New Dehli 1978. S. 92–110). – F. McKay, *J. K. B. as a Critic*, Ldn. 1978. – C. K. Stead, *J. K. B. A Loss of Direction/Towards Jerusalem* (in C. K. St., *The Class Case*, Auckland 1981, S. 211–226). – T. James, *Poetry in a Labyrinth. The Poetry of J. K. B.* (in WLWE, 23, 1983, S. 342–351). – K. E. Bachinger, *New Zealand Poetry of Death, Genre and Strategy* (ebd., 24, 1984, S. 208–213). – M. Bramwell, *Poets in a Second Grade Heaven. Social Criticism in New Zealand Poetry* (in *Poetry in the Pacific Region*, Hg. P. Sharrad, Adelaide 1984, S. 39–51). – T. James, *B.'s Two-Horned Poetry and its Critics* (in Landfall, 38, 1984, S. 459). – P. Simpson, *The Trick of Standing Upright. Allen Curnow and J. K. B.* (in WLWE, 26, 1986, S. 369–378).

KONRAD BAYER

* 17.12.1932 Wien
† 10.10.1964 Schloß Hagenberg / Niederösterreich

LITERATUR ZUM AUTOR:
konrad bayer symposion wien, Hg. G. Rühm, Linz 1981. – W. Ruprechter, *Aspekte des Werks von K. B.*,

Diss. Wien 1982. – U. Janetzki, *Alphabet und Welt. Über K. B.*, Königstein/Ts. 1982. – *Die Welt bin ich. Materialien zu K. B.*, Hg. ders. u. W. Ihrig, Mchn. 1983. – M. Töteberg, *K. B.* (in KLG, 14. Nlg., 1983).

DER SECHSTE SINN

Roman von Konrad BAYER, erschienen 1966. – Konrad Bayers Fragment gebliebener Roman, von Gerhard RÜHM herausgegeben und teilweise aus dem Nachlaß ergänzt, hat keine Fabel im herkömmlichen Sinne. Er besteht aus scheinbar unzusammenhängenden Textstücken, die durch keinerlei Handlung verknüpft sind, jedoch eine strukturelle Verwandtschaft erkennen lassen. – Das Zentralproblem nicht nur *im* Text, sondern auch *des* Textes ist das der Identität: »*»und was ist ihr problem?‹..›die identität.‹*« Das Identitätsproblem beginnt mit den im Text auftauchenden Personen. Nach dem Zeugnis Rühms tragen dobyhal, oppenheimer und braunschweiger autobiographische Züge, und goldenberg ist offenbar ein Selbstporträt Bayers. In anderen Figuren zeichnete der Autor seine Freunde aus der Wiener Gruppe, so ist z. B. in neuwerk H. C. ARTMANN erkennbar. Freilich gibt es keine eindeutigen Festlegungen, ähnlich wie in der Traumsprache kommt es zu Verdichtung, Aufspaltung und Verschiebung.

Der bestimmende Modus des Textes ist der der Verbindung von allem mit jedem. Beliebigkeit und Austauschbarkeit sind dominante Strukturprinzipien, die hervortreten im Hin- und Herschieben sprachlicher Versatzstücke, in deren Montage. So sehr sich der Text nach außen hin sperrt, so hermetisch er sich gibt, so offen ist er innen: Seine Teile, Sätze und Wörter sind ständig in Bewegung, stets dabei, sich zu mischen und miteinander zu verbinden in immer neuen Kombinationen, *»hier wird jeder zum freund von jedem.«* In dem Puzzle zeichnen sich die Konturen eines Romans ab: des Romans der Wiener Gruppe, als deren esoterischer Inside-Report Bayers Buch wohl nicht zuletzt gelesen sein will. Die Dechiffrierung jedoch kann nur demjenigen wirklich gelingen, der an der Exklusivität des Zirkels teilhat, Gruppenmitglied gewesen ist oder über den *»sechsten sinn«* verfügt (bezeichnenderweise ist Gerhard Rühms Vorwort für die Interpretation nahezu unentbehrlich).

Der antibürgerliche Affekt, der für die Wiener Gruppe so prägend war und der ihren Zusammenhalt verbürgte, ist auch ein charakteristisches Merkmal von Bayers Text. Diese Welt, deren Banalität jäh in Brutalität umschlagen kann, ist eingehüllt in eine Atmosphäre von *déjà-vu*. Was immer goldenberg unternimmt, am Ende findet er sich jedesmal *»auf einer plüschbank sitzend mitten bei leskowitsch umgeben von gutgebauten damen«*. Auch das Preziöse ist von der Wiederholbarkeit bedroht, und nicht einmal die Poesie, heruntergekommen zum Klischee, garantiert mehr für erhebende Einmaligkeit: *»an den wänden erscheint eine vollmondnacht mit al-*

lem zubehör. das kommt oft vor.« Selbst die surrealistische Verschmelzung verschiedenartiger Bereiche führt zu bloßer Durchschnittlichkeit.
Die Beziehungen zwischen den Menschen sind zum Ritual erstarrt; der Sprache wird jegliche kommunikative Funktion abgesprochen, sie erscheint bestenfalls noch als ästhetisches Phänomen akzeptabel: »*alles, was du sagst, hat nichts zu bedeuten, aber deine stimme ist voll wohllaut*.« Tatsächlich »verpackt« Konrad Bayers Sprache alles, einschließlich ihrer selbst, »*in schwerelosigkeit*«, wie es einmal von goldenberg heißt. Doch nicht ein Gefühl von Freiheit stellt sich dabei ein, sondern lediglich das der Beliebigkeit. Kaum einmal gelingt dem Autor eine Passage, die einem unter die Haut geht, wie die folgende, in der dem Identitätsproblem die unverbindliche Glätte genommen und der Goldstaub weggepustet ist, der über dem Buch zu liegen scheint: »*goldenberg betrachtete den feisten nacken des schaffners und die verkrusteten blutstropfen und nahm sich fest vor, ein pflaster draufzukleben und das hemd zu wechseln, weil es reichlich verdreckt war. allmählich wurde ihm klar, daß er einen unbekannten menschen anstarrte.*« Für Momente wird so etwas wie der Versuch zur Kommunikation erkennbar, ein Versuch freilich, der an dem Solipsismus scheitern muß, den Bayer liebevoll hätschelt. Statt selbst herauszutreten, holt er alles nach innen. Das Individuum, das seine Felle davonschwimmen sieht, verschwimmt dabei selbst, wird schwammig und saugt schließlich alles auf, um seine Identität zu bewahren. Der Sprache und dem Denken allerdings wird diese Anstrengung nur noch formal zugemutet – Bayers Sprachskepsis verhindert das Bemühen um Erkenntnis; an die Stelle der rationalen tritt eine naiv phallische Orientierung: »*den peniskompass fest in der hand*«, läßt der Autor keinen Zweifel, daß er über eine genitale Attitüde nicht hinauskommt. Auf Geistiges fixiert – einer von Bayers wichtigsten Texten trägt den Titel *Der Kopf des Vitus Bering* (1965) –, bleibt ihm, nachdem er an die Grenzen des Bewußtseins gestoßen ist und sich weigert, dessen materielle Voraussetzungen in die Reflexion einzubeziehen, nur die Flucht in den Irrationalismus. Der Einfluß Max STIRNERS, dessen enthusiastischer Leser Bayer war, macht sich bemerkbar. Ein »Einziger« unternimmt den verzweifelten Versuch, sein »Eigentum«, seine Individualität zu retten, und sei es um den Preis der Selbstaufgabe: »*ich bin jederzeit bereit, mich umzubringen*, brüllte dobyhal als man ihn abführte. *ich bin gefeit! ich bin gefeit! ich sterbe wann ich will!*« – Auf eine idealistische Erkenntnistheorie gestützt – »*alles ist in bester ordnung*, anwortete goldenberg, *nur unsere ansichten müssen geändert werden*« –, kehrt der einzelne seine Aggression nicht gegen die Verhältnisse, die ihn in seinem Solipsismus gefangenhalten, sondern gegen sich selbst. Im Jahre 1964 nahm sich Konrad Bayer das Leben. U.E.

AUSGABEN: Reinbek 1966. – Reinbek 1969 [verändert]. – Stg. 1985 (in *SW*, Hg. G. Rühm, 2 Bde.).

LITERATUR: *Die Wiener Gruppe*, Hg. G. Rühm, Reinbek 1967. – A. Haslinger, *Die literarische Montage als Erzähltechnik in der mod. österreichischen Literatur*, Hg. A. Doppler u. F. Aspetsberger, Wien 1976, S. 78–90. – K. Ramm, *der schwarze prinz und die klare zeit. Zur neuen Ausgabe der ›SW‹ K. B.s* (in Merkur, 39, 1985, S. 1001–1014).

FAKIR BAYKURT

eig. Tahir Veli
* 1929 Akçaköy / Yeşilova

LITERATUR ZUM AUTOR:
O. Spies, *Tendenzen und Strömungen in der türkischen Literatur der Gegenwart* (in Zs. f. Kulturaustausch, 1962, H. 2/3, S. 186–195). – K. Ertop, *Cumhyriyet çağında Türk romanı* (in Türk dili, 1964; Sonderh. *Romanı özel sayısı*). – M. Celen, F. B. (in Yeni insan, 1966, H. 3, S. 4–11; H. 4/5, S. 11). – I. Tatarlı, *Hüseyin Rahmi'den F. B. 'a kadar Türk romanı*, Sofia 1968. – F. Naci, *On Türk romancı*, Istanbul 1971. – A. Binyazar, *F. B. 'ta insan gerçeği* (in Varlık, 41, 1973, H. 792, S. 11). – M. Bayrak, *F. B. ve romancılığı, hikayeciliği* (in Halkbilimi, 1975, H. 7, S. 29–32; H. 8, S. 18–24). – *F. B., romancının çalışması* (in Türk dili, 35, 1977, H. 306, S. 223–229). – M. Kutlu, Art. *F. B.* (in *Türk dili ve edebiyatı ansiklopedisi*, Bd. 1, Istanbul 1977, S. 357/358). – B. Necatigil, *Edebiyatımızda isimler sözlüğü*, Istanbul 1977, S. 68/69. – Ş. Kurdakul, F. B. (in Sanat ve toplum, 3, 1978, H. 11/12, S. 67–81). – O. Önertoy, *Türk roman ve öyküsü*, Ankara 1984.

KARA AHMET DESTANI

(ntürk.; *Ü: Das Epos von Kara Ahmet*), Roman von Fakir BAYKURT, erschienen 1977. Das Buch ist das Schlußstück einer Romantrilogie, die der Autor mit *Yılanların Öcü*, 1959 *(Die Rache der Schlangen)*, begann und mit *Irazcanın Dirliği*, 1961 *(Mutter Irazca und ihre Kinder)*, fortsetzte. Mit der Lebensbeschreibung Ahmet Karas, des Enkels der so mutigen und wehrhaften Dorffrau, wendet sich Baykurt vom Metier des Dorfromans ab und der erzählerischen Beschäftigung mit dem Leben der landflüchtigen städtischen Unterschicht zu. Gemeinsam ist dem Roman mit den ersten Teilen der Trilogie das Festhalten an den ästhetischen Vorstellungen des linken realistischen Romans der Türkei, der sich meist um einen klaren Klassenstandpunkt bemüht, wobei Baykurt, der ehemalige Vorsitzende einer Lehrergewerkschaft, die Existenz einer Klasse von abhängigen Arbeitenden (Kleinbauern und Arbeitern) voraussetzt.

In diesem Umfeld wird auch die Geschichte Ahmet Karas angesiedelt, dessen Familie aus ihrem Dorf in die mittelanatolische Stadt Burdur gezogen ist. Sie lebt nun in einem primitiven Vorort, die Eltern haben im Putzdienst und der Wäscherei des Krankenhauses Arbeit gefunden. Ahmets Vater, Bayram, gerät dort unter den Druck ultrareligiöser Kräfte. Ihm gelingt es jedoch nicht, auch seine Familie zu frommen Muslimen zu machen. Mit Hilfe ihrer Mutter setzen Ahmet und auch seine Geschwister ihre Schulkarriere durch, gegen den Willen des Vaters. Ahmet beginnt sich für Literatur zu interessieren und realistische Geschichten gegen Großgrundbesitzer zu schreiben. Ferner gelingt es ihm, das Haus des Dorfvorstehers, der seiner Familie ehemals so viel angetan hat, in Brand zu setzen. Nach Abschluß der Schule schreibt er sich in der politischen Hochschule in Ankara ein, wo er erst zögernd, dann sehr aktiv an den linken Studentenprotesten 1968 teilnimmt. Im Verlauf einer Aktion gegen Abrißmaßnahmen in einem illegal errichteten Vorort wird er festgenommen. Seine Familie und sein Dorf jedoch sind stolz auf ihn, und auch im Gefängnis freut man sich über eine bald folgende, durch die Studentenunruhen entfachte Streikwelle.

Kara Ahmet ist als der ideale Intellektuelle gezeichnet, der für das werktätige Volk lebt und arbeitet. Aber nicht nur die Hauptperson des Buches, auch seine anderen Gestalten werden schematisch geschildert. Die Erzählung und Baykurts Sprache, um der Volkstümlichkeit willen häufig ungrammatisch und doch voller Neologismen, gestattet kaum Einblick in die Psyche und Erlebniswelt der Personen, die entweder gut oder böse sind. Die Stärke des Buches liegt in seiner Eigenschaft als Zeitroman, insofern es dem Autor gelingt, für die sechziger Jahre typische Sozialmechanismen nachzuvollziehen. C.K.N.

AUSGABE: Istanbul 1977.

ÜBERSETZUNG: *Das Epos von Kara Ahmet*, H. Lüpertz, Bln. 1983.

YILANLARIN ÖCÜ

(ntürk.; *Ü: Die Rache der Schlangen*). Roman von Fakir BAYKURT, erschienen 1959; die Handlung wird weitergeführt in den Romanen *Irazcanın Dirliği*, 1961 und *Kara Ahmet Destanı*, 1977 *(Das Epos von Kara Ahmet)*. – *Die Rache der Schlangen* wurde zuerst 1958 von der größten türkischen Zeitung ›Cumhuriyet‹ (Istanbul) in Fortsetzungen abgedruckt, nachdem es deren Yunus-Nadi-Romanpreis erhalten hatte; den Autor kostete es seine Stellung. Zwar konnte er nach dem Staatsstreich von 1960, dem Ende der Ära Menderes, in den Schuldienst zurückkehren, aber der nach dem Roman gedrehte Film wurde erst auf Intervention des neuen Staatsoberhauptes General Gürsel von der Zensur freigegeben und führte zu wüsten Krawallszenen, während die Bühnenbearbeitung unter dem Druck reaktionärer Kräfte am Abend der Uraufführung vom Programm des Staatstheaters abgesetzt wurde. Diese Vorgänge – zu denen nach dem Militärputsch von 1971 Fakir Baykurts Verhaftung und über neun Monate Gefängnisaufenthalt kamen – werfen ein bezeichnendes Licht auf die gesellschaftliche Brisanz seines ersten Romans. Sie liegt keineswegs in einer angeblich »kommunistischen« Tendenz begründet, sondern – und dies nach rund vier Jahrzehnten türkischer Anatolienliteratur – in der Wahl des Stoffs und dessen schonungslos ehrlicher Darstellung.

In die Ereignisse weniger Tage zusammengedrängt, enthüllt sich eine von jahrhundertelangem Druck geprägte Struktur, die das Dorf Karataş mit seinen 80 Häusern typisch für zahllose Dörfer Inneranatoliens macht. Gleichsam die Quintessenz des Romans enthält der Abschnitt *Das Gesuch*, in welchem Tante Irazca dem Landrat *(kaymakam)* die Lage ihres Dorfs auseinandersetzt. Sieben Jahre zuvor noch Eigentum eines Feudalherrn, ist es, nachdem dieser das Land an die Bauern verkauft hat und in die Stadt gezogen ist, bald in die Hände des Dorfschulzen *(muhtar)* gefallen, der die lokale Macht jetzt im Namen des neuen Souveräns, der »Demokratie«, zu seinem eigenen Vorteil ausübt. Irazca und ihre Familie, die letzten in Karataş, die ihm noch Widerstand leisten, bekommen das zu spüren. Irazcas Sohn Kara Bayram wird verprügelt und muß ins Krankenhaus, die Schwiegertochter Haça hat eine Fehlgeburt, als sie mit Steinen beworfen wird, die Drohungen häufen sich, und das Dorf schweigt oder tut, was der *muhtar* und der von ihm gewählte Gemeinderat verlangen. Als man, um Kara Bayram mürbe zu machen, unmittelbar vor seinem Haus ein Gebäude errichten will, greift Irazca unter Lebensgefahr zur Selbsthilfe und macht den Anschlag vorläufig zunichte. Obwohl trotz der heimlichen Hochachtung, die jetzt viele im Dorf ihr zollen, kaum einer offen für sie eintritt, glaubt sie unbeirrbar an ihr Recht und harrt allein hier aus, während Bayram mit Frau und Kindern in die Stadt zieht. Er hat es aufgegeben, Haß mit Haß zu vergelten, seine Hoffnung richtet sich auf die Kinder, die zur Schule gehen, um eines Tages in einer besseren Zukunft sich und die anderen frei zu machen.

In die schier mittelalterliche Finsternis der dörflichen Feudalherrschaft fällt jedoch einiges Licht, und zwar nicht nur in Gestalt aufgeklärter Städter, die sich nicht täuschen lassen – wie der Gesundheitsbeamte Şakir Efendi oder der energische *kaymakam* –, sondern auch dank weniger Bauern, die dem *muhtar* die Wahrheit zu sagen wagen. Damit entsteht ein differenzierteres, aber nur um so wirkungsvolleres Bild der türkischen Agrargesellschaft, nach wie vor einer Daseinsfrage der modernen Türkei. Die unmittelbare Darstellung, durch keine Programmatik verstellt, gibt den Blick frei auf türkische Wirklichkeit; dies gilt in besonderem Maß auch für die deutsche Übersetzung von H. Wilfrid BRANDS. B.At.–KLL

AUSGABEN: Istanbul 1959. – Istanbul 1962. – Istandbul 1968. – Istanbul ⁷1975.

ÜBERSETZUNG: *Die Rache der Schlangen*, H. W. Brands, Herrenalb 1964; ern. Bln. 1981.

VERFILMUNGEN: Türkei 1962 (Regie: M. Erksan). – Türkei 1986 (Regie: S. Gören; Drehbuch: Y. Cetinkaya).

DRAMATISIERUNG: F. Baykurt u. E. Orbey, Istanbul 1966 (Arena Tiyatrosu).

LITERATUR: Y. Kemal, Rez. (in Dost, 11, Aug. 1958). – B. Necatigil, *Edebiyatımızda eserler sözlüğü*, Istanbul 1971, S. 345.

YÜKSEK FIRINLAR

(ntürk; *Hochöfen*). Roman von Fakir BAYKURT, erschienen 1983. – Der in der Türkei vor allem durch seine »Dorfromane« bekannte Baykurt lebt und arbeitet als Lehrer seit 1979 in Duisburg. Während dieses Aufenthalts bemüht er sich in Erzählungen (z. B. dem zweisprachigen Erzählungsband *Barış Çöreği / Die Friedenstorte*, 1980) und Romanen, das Leben der türkischen »Gastarbeiter« in Deutschland zu beschreiben. Er zählt also nicht zu den Vertretern der »Gastarbeiter«- oder »Migrantenliteratur«, die selbst (wie Fethi SAVAŞCI, *1930) als Arbeiter in der Bundesrepublik Geld verdienen, hat aber durch seinen langjährigen Aufenthalt unter den türkischen Arbeitnehmern mehr »Innensicht« als z. B. FÜRUZAN (eig. Füruzan Selçuk, *1935), deren Reisebuch *Yeni konuklar*, 1977 *(Logis im Land der Reichen)* oder Haldun TANERS (1915–1986) *Berlin-Mektupları*, 1984 *(Berlin-Briefe)* nur Reportagen sein konnten.
Der Roman *Yüksek Fırınlar* erzählt die Geschichte von İbrahim und seiner Frau Elif Mutlu. İbrahim ist Stahlarbeiter am Hochofen von Thyssen, seine Frau Elif lebt als Hausfrau. Ihr Kontakt zu Deutschen beschränkt sich auf Oma Gerda, die Hausbesitzerin, die sich häufig um Elifs und İbrahims Tochter Gülten kümmert. Als Elif den von İbrahim geforderten Sohn zur Welt bringt, scheint so etwas wie familiäres Glück in der Fremde zu entstehen. Doch İbrahim bekommt Zweifel an der Vaterschaft, weil das Kind zwölf Tage eher als von ihm erwartet geboren wird. Baykurt beschreibt mit großer Einfühlungsgabe die äußeren und inneren Konflikte, die aus diesem Zweifel entstehen und auch dann nicht verschwinden, als bewiesen ist, daß das Neugeborene İbrahims Kind ist. Erst im gemeinsamen Erlebnis der Solidarität eines Stahlarbeiterstreiks keimen wieder Hoffnungen auf ein Miteinander auf.
Die große Stärke von Baykurts Roman ist die eindringliche, glaubhafte und klare Zeichnung des Milieus der Türken in Deutschland und ihres Kontakts zur deutschen Umwelt. Die Arbeitswelt İbrahim Mutlus und seiner deutschen wie türkischen Kollegen, der Aufenthalt Elifs auf der Geburtsstation im Krankenhaus, die Schilderung türkisch-deutscher Ehen in diesem Buch gehören zu den gelungensten Auseinandersetzungen mit deutscher Realität in der türkischen Literatur. Mögen Baykurt auch einige seiner Personen allzu schematisch, fast idealtypisch geraten sein, bieten doch andere ein reiches, glaubhaft strukturiertes Innenleben, das in sinnvollem Zusammenhang mit ihrer sozialen Lage steht. Hieran hat Baykurts klare, gegenüber dem *Kara Ahmet destanı* (1977) um wesentliche erzählerische Mittel bereicherte Sprache großen Anteil, gelingt ihm doch mit Hilfe der individuellen Schilderung seiner Gestalten gültig die Kennzeichnung des Typischen im Leben der türkischen Minderheit in der Bundesrepublik.   C.K.N.

AUSGABE: Istanbul 1983.

LITERATUR: *F. B.: Türk yazımında dış göç* (in Türk dili, 44, 1982, H. 361, S. 25–27). – F. Aytac, Rez. (in Düşün, 1984, H. 5, S. 62–65).

PIERRE BAYLE

* 18.11.1647 Le Carla / Ariège
† 28.12.1706 Rotterdam

LITERATUR ZUM AUTOR:
A. Deschamps, *La genèse du scepticisme érudit chez B.*, Lüttich 1878. – A. Cazes, *P. B., sa vie, ses idées, son influence, son œuvre*, Paris 1905. – J. Delvolvé, *Réligion, critique et philosophie positive chez P. B.*, Paris 1906. – P. André, *La jeunesse de B., tribun de la tolérance*, Genf 1953. – K. R. Scholberg, *P. B. and Spain*, Chapel Hill 1958. – *P. B., le philosophe de Rotterdam*, Hg. P. Dibon, Amsterdam/Paris 1959. – E. Labrousse, *Inventaire critique de la correspondance de P. B.*, Paris 1961. – Ders., *P. B.*, 2 Bde., Den Haag 1963/64. – Ders., *P. B. et l'instrument critique*, Paris 1965. – H. T. Mason, *P. B. and Voltaire*, Ldn. u. a. 1963. – W. Rex, *Essays on P. B. and Religious Controversy*, Den Haag 1965. – C. B. Brush, *Montaigne and B.*, Den Haag 1966. – K. C. Sandberg, *At the Crossroads of Faith and Reason*, Tucson/Arizona 1966. – G. Cantelli, *Teologia e ateismo*, Florenz 1969. – J. P. Jossua, *B. ou l'obsession du mal*, Paris 1977. – C. Senofonte, *P. B., Dal calvinismo all'illuminismo*, Neapel 1978. – C. Paganini, *Analisi della fede e critica della ragione nella filosofia di P. B.*, Florenz 1980. – R. Cortese, *P. B., l'inquitudine della ragione*, Neapel 1981.

DICTIONNAIRE HISTORIQUE ET CRITIQUE

(frz.; *Historisch-kritisches Wörterbuch*). Enzyklopädisches Wörterbuch von Pierre BAYLE, erschienen

1697. – Bayles *Dictionnaire* ist kein Wörterbuch im modernen Sinne, d. h. eine Bestandsaufnahme des Wortschatzes einer Sprache oder Mundart und seines Bedeutungswandels, sondern ein Namenlexikon, das in alphabetischer Anordnung Biographien und die Darstellung von Werken bedeutender Persönlichkeiten aneinanderreiht; eine Art Vorläufer also des im 19. Jh. entwickelten Typus des Konversationslexikons. Aufgenommen sind alle geschichtlich, biblisch oder mythologisch bezeugten Gestalten von hinreichender Bedeutung – Philosophen, Schriftsteller und Dichter, Wissenschaftler, Feldherren und Staatsmänner, Kirchenväter, Figuren der griechischen und römischen Mythologie, heidnische Gottheiten usw. Daneben finden sich in kleinerem Umfang auch Artikel über geographische und naturwissenschaftliche Gegenstände (z. B. Flüsse, Städte, Gebirge, Landschaften usw.). Der *Dictionnaire* ist formal so aufgebaut, daß einem meist kurzen Textteil, der alle objektiv belegten oder von anderen Autoren behaupteten Tatsachen zusammenträgt, ein erheblich umfangreicher kritischer Anmerkungsteil folgt, in dem Bayle die Glaubwürdigkeit der Quellen diskutiert, Widersprüchen und Irrtümern mit philologischem Scharfsinn nachspürt und jahrhundertealte, festeingewurzelte Vorstellungen auf ihren Wahrheitsgehalt untersucht.

Das Werk verdankt seine Entstehung einem – 1692 auch ausgeführten – Plan des Autors, ein Verzeichnis der Mängel und Fehler ähnlicher älterer Nachschlagewerke, vor allem des *Grand dictionnaire historique* (1674) von Louis Moréri, mit ergänzenden Zusätzen anzulegen. Daraus entwickelte sich das Projekt einer kritischen Auseinandersetzung mit der gesamten geistesgeschichtlichen Überlieferung, die im Anmerkungsteil ausgetragen wird. Die kritische Leidenschaft des Autors, die, aus eingestandener Lust am Anekdotischen, auch vor dem Erotischen nicht haltmacht, trug ihm zahlreiche Vorwürfe ein, denen er in einem Nachwort zum vierten Teil – *Éclaircissement sur les obscénitez* – mit folgender Begründung begegnet: *»Ce n'est pas un livre de la nature de ceux que l'on intitule Bouquet Historial, Fleurs d'Exemples, Parterre Historique ... où l'on ne met que ce que l'on veut. C'est un Dictionnaire commenté. Laÿs y doit avoir sa place bien que Lucrèce.«* (»Es handelt sich nicht um ein Buch von der Art, die man historisches Blumengebinde, Beispiel-Blumenlese, historisches Blumenbeet nennt ... wo man weiter nichts hineinsteckt, als was man will. Dies ist ein kommentiertes Wörterbuch. Lais muß darin ebenso ihren Platz haben wie Lukrez.«)

Der Wert des *Dictionnaire* ergibt sich weniger aus seiner Materialfülle als aus der durchaus kritischen Methode der Verarbeitung dieses Materials. Der Protestant Bayle ergreift unter dem religiösen Druck, dem er im katholischen Frankreich ausgesetzt war, leidenschaftlich Partei für die im 17. Jh. zunehmend erstarkenden Bestrebungen, die dogmatisch behaupteten religiösen Offenbarungswahrheiten natürlich, d. h. ohne Widersprüche zur Vernunft, auszulegen, wobei weniger die Substanz als die in Orthodoxie erstarrten Formen der Religion in Frage gestellt werden. Sein skeptischer Rationalismus läßt ihn zum Vorläufer der Enzyklopädisten des 18. Jh.s werden und verleiht dem *Dictionnaire* eine weit über die eines Nachschlagewerks hinausgehende geistesgeschichtliche Bedeutung. Der außergewöhnliche Erfolg machte schon bald mehrere Neuauflagen und Übersetzungen in verschiedene europäische Sprachen erforderlich. Die deutsche Übertragung von Gottsched – *Herrn Peter Baylens, weyland Professors der Philosophie und Historie zu Rotterdam, Historisches und critisches Wörterbuch, nach der neusten Auflage von 1740 ins Deutsche übersetzt* – machte, wenn auch, *»sonderlich bey anstößigen Stellen«*, stark überarbeitet, ein Werk zugänglich, das von Leibniz bis Feuerbach zu direkten philosophischen Auseinandersetzungen Anlaß gab, zu dessen interessierten Lesern später Voltaire und Friedrich der Grosse zählten und dessen philologisch-kritische Methode sich beispielsweise noch Lessing in seinen »Rechtfertigungsschriften« (z. B. *Rettungen des Horaz*, 1754) zunutze machte. H.H.H.

Ausgaben: Rotterdam 1697 [2 Tle. in 4 Bden.]. – Rotterdam 1702. – Rotterdam 1720. – Paris 1820 bis 1824, Hg. A. J. Beuchot, 16 Bde; Nachdr. Genf 1969. – Paris 1974 [Ausw.]. – Hildesheim 1982 [Ausw.].

Übersetzungen: *Die von Petr Bayle verfertigte so angenehm als gründliche Lebens-Beschreibung dreyer merckwürdiger und gelehrter Männer. 1. Desiderii Erasmi, 2 Johannis Calvini, 3. Robert Bellarmini aus dessen weltbekannten Dictionnaire historique et critique*, G. F. Schmidt, Hannover 1732 [Ausz.]. – *Historisches und critisches Wörterbuch*, J. C. Gottsched, 4 B^{de}., Lpzg. 1741–1744; Nachdr. Hildesheim 1973–1978. – *Philosophisches Wörterbuch oder Die philosophischen Artikel aus Baylens Historisch-kritischem Wörterbuche*, L. H. Jakob, 2 Bde., Halle 1797 [Ausw.].

Literatur: E. Lichtenstein, *Gottscheds Ausgabe von B.s »Dictionnaire«*, Heidelberg 1915. – V. Giraud, *Les étapes du XVIIe siècle. Du »Dictionnaire« de B. à l'»Encyclopédie«* (in RDM, 94, 1924, 22, S. 344–375; 23, S. 882–917). – *A Critical Bibliography of French Literature*, Hg. D. C. Cabeen, Bd. 4, Syracuse/NY 1951, S. 119–126. – L. Nedergaard, *La genèse du »Dictionnaire historique et critique«* (in Orbis Litterarum, 13, 1958, S. 210–227). – E. D. James, *Scepticism and Fideism in B.'s »Dictionnaire«* (in FS, 16, 1962, S. 307–323). – H. T. Mason, *B.s Religious Views* (ebd., 17, 1963, S. 205–215). – J. Solé, *Religion, érudition et critique*, Paris 1968, S. 71–200. – Ders., *Religion et conception du monde dans le »Dictionnaire historique et critique«* (in Bull. de la Société de l'histoire du protestantisme français, 117, 1971, S. 545–581; 118, 1972, S. 55–98; 483–510; 650–682). – R. Geissler, *Zu den Fortsetzungen von B.s »Dictionnaire historique et critique« in der Aufklärung* (in *Beiträge zur* frz. *Aufklärung und zur spanischen Literatur*, Hg. W. Bahner, Bln. 1971, S. 121–140). – P. Rétat, *Le dictionnaire de B. et la lutte philosophique au 18e siècle*, Paris 1971. – H. Dieckmann, *Form and Style in B.s »Dictionnaire historique et critique«* (in *Essays on European Literature in Honor of L. Dieckmann*, Hg. P. O. Hohendahl u. a., St. Louis 1972, S. 179 bis 190). – L. Weibel, *Le savoir et le corps*, Lausanne 1975. – P. Burrell, *B.s »Dictionnaire historique et critique«* (in *Notable Encyclopedias of the Seventeenth and Eighteenth Centuries*, Hg. F. A. Kafker, Oxford 1981, S. 83–103). – J. F. Goetinck, *Essai sur le rôle des Allemands dans le »Dictionnaire historique et critique« de B.*, Tübingen/ Paris 1982.

PENSÉES DIVERSES, ÉCRITES À UN DOCTEUR DE SORBONNE, À L'OCCASION DE LA COMÈTE QUI PARUT AU MOIS DE DÉCEMBRE 1680

(frz.; *Vermischte Gedanken, geschrieben an einen Doktor der Sorbonne aus Anlaß des Kometen, der im Dezember 1680 erschien*). Theologisch-philosophische Streitschrift von Pierre BAYLE, anonym erschienen 1683 als Neubearbeitung von *Lettre à M. L. A. D. C., docteur de Sorbonne, où il est prouvé, par plusieurs raisons tirées de la philosophie et de la théologie, que les comètes ne sont point le présage d'aucun malheur*, 1682 (*Brief an M. L. A. D. C., Doktor der Sorbonne, worin anhand mehrerer Argumente aus der Philosophie und der Theologie nachgewiesen wird, daß die Kometen keineswegs Vorzeichen eines Unglücks sind*). – Bayles erstes publiziertes Werk – in die Literaturgeschichte eingegangen unter dem Titel *Pensées diverses sur la comète* – nimmt die Eigenart und Tendenz seines gesamten späteren literarischen Schaffens exemplarisch vorweg. Es ist Zeugnis einer eigentümlichen Kombination gründlichster historischer Gelehrsamkeit mit außerordentlicher Beweglichkeit des Geistes und einer historisch-kritischen Anwendung kartesianischer Prinzipien, die zugleich ein durchaus unkartesianisches philosophisches Temperament verrät. Bayle präsentiert seine anonym veröffentlichten *Pensées* als das Werk eines katholischen Autors. Innerhalb des Textes tritt seine kalvinistisch-protestantische, im Effekt aufklärerische Position jedoch unverhüllt zutage; im übrigen hebt er selbst nach Erscheinen des Werkes seine Autorschaft mehrfach hervor.

Rein äußerlich und ihrem Titel nach gibt sich die Schrift als eine der zahlreichen Abhandlungen, die im 17. Jh. zur Frage der unheilverkündenden Signifikanz von Kometen veröffentlicht werden. In Wahrheit ist das Auftauchen des Kometen von 1680 für Bayle jedoch nur ein Anlaß für mannigfache, teils grundsätzlich relevante, teils auf aktuelle Ereignisse bezogene Reflexionen und Stellungnahmen. Zunächst trägt er, ausgehend vom astronomischen Ereignis des Jahres 1680, eine längere Polemik gegen den Kometenglauben und gegen die Astrologie vor. Den Kometen wird überhaupt jede Zeichenfunktion abgesprochen, weniger auf der Grundlage naturwissenschaftlicher oder naturphilosophischer als vielmehr historisch-kritischer Argumentation. Von solcher Polemik geht Bayle zu prinzipieller, jedoch stets am historischen Beispiel orientierter Stellungnahme gegen den Wunderglauben und den Aberglauben schlechthin über. In diesem Zusammenhang trägt er die Auseinandersetzung mit der Idolatrie vor, die das Zentrum seines Buches bildet und die in der Feststellung gipfelt, daß Götzendienst (im weitesten Sinne) verwerflicher sei als Atheismus oder Gleichgültigkeit gegen Gott. Besonders ausführlich wird die Frage untersucht, wie es um den Einfluß religiöser Prinzipien und Bekenntnisse auf das sittliche Verhalten der Menschen bestellt sei; sie wird in dem Sinne beantwortet, daß von einer Stabilisierung des sittlichen Lebens durch die Religion keine Rede sein könne und daß der Atheismus sich sehr wohl und gewiß besser als Aberglaube und Götzendienerei mit moralischer Dignität vertrage. Zum Schluß wird, in Verbindung mit der Erörterung aktueller politischer Fragen, wieder das Kometenthema aufgenommen.

Bayles *Pensées diverses* sind eines der repräsentativsten Werke der Übergangszeit, die die Aufklärung einleitet. Einflüsse von MONTAIGNE, DESCARTES, MALEBRANCHE u. a. kommen deutlich zur Geltung, bleiben jedoch weithin im Rahmen kalvinistischer Auffassungen. Bayles Polemik ist nicht schlechthin antireligiös, sondern – von einer dezidiert kalvinistischen Position aus – gegen den Katholizismus, besonders dessen Klerus und Ritual gerichtet. Stellenweise, etwa in Hinsicht auf die Gnadenlehre, gewinnt das Werk sogar apologetische Züge. In diesem Zusammenhang ist an Bayles zeitweilige Konversion zum Katholizismus und an seine alsbaldige Rückkehr zum angestammten kalvinistischen Bekenntnis zu erinnern. – Von Bayles Zeitgenossen werden die *Pensées* im allgemeinen als Dokument des katholisch-protestantischen Glaubensstreits verstanden. Von kalvinistischer Seite zunächst als durchaus orthodox anerkannt, werden sie freilich durch Pierre JURIEU ins Zentrum ausgedehnter Auseinandersetzungen gerückt. – Wenn das Werk als ein Zeugnis des Rationalismus gesehen werden muß, dann jedenfalls eines kalvinistischen Rationalismus; und wenn es einerseits weit ins 18. Jh. und in die Aufklärung vorausweist, so ist es doch andererseits auch Endpunkt und Zusammenfassung einer längeren vorhergehenden philosophisch-theologischen Entwicklung. Gleichwohl bleibt festzuhalten: Wie immer das Werk von Bayle selbst und seinen Zeitgenossen beurteilt worden sein mag – sein geschichtlicher Effekt ist aufklärerisch und bereitet die unversöhnliche Konfrontation von Vernunft und christlichem Glauben vor, die das 18. Jh. weithin beherrscht; VOLTAIRE, DIDEROT u. a. haben ihm manches zu verdanken.

W.Ha.

AUSGABEN: Rotterdam 1683 [anon.]. – Rotterdam 1694 (*Addition aux Pensées diverses sur les comè-*

tes, ou Réponse à un libelle intitulé »Courte revue des maximes de morale et des principes de religion«. – Rotterdam 1705 (*Continuation des Pensées diverses*, 2 Bde.). – Paris 1911/12, Hg. A. Prat; ern. 1984.

ÜBERSETZUNG: *P. Baylens Verschiedene Gedanken bey Gelegenheit des Cometen, der im Christmonate 1680 erschienen, an einen Doctor der Sorbonne gerichtet*, J. Ch. Gottsched, Hbg./Bonn 1741.

LITERATUR: H. Robinson, *The Great Comet of 1680: An Episode in the History of Rationalism*, Northfield/Minn. 1916. – J.-P. Beaujot, *Genèse et fonctionnement du discours* (in Langue française, 15, Sept. 1972, S. 56–78). – E. Labrousse, *Quelques sources réformées des »Pensées diverses«* (in TLL, 13, 1975, S. 443–449). – W. R. Carlson, *»Pensées« and »Pensées diverses«* (in FF, 4, 1979, S. 137–146).

MYKOLA BAŽAN

* 9.10.1904 Kamjanec'-Podil's'kyj
† 23.11.1983 Kiew

LITERATUR ZUM AUTOR:
A. M. Lejtes, F. M. Jašek, *Desjat' rokiv ukrajins'koji literatury (1917–27)*, Bd. 1, Charkow 1928; Nachdr. Mchn. 1986, S. 20–22. – *Ukrajins'ki pys'mennyky, Bio-Bibliohrafičnyj slovnyk*, Kiew 1965, Bd. 4, S. 33–49. – B. Romanenčuk, *Azbukovnyk, Encyklopedija ukrajins'koji literatury*, Philadelphia 1969, Bd. 1, S. 204–210.

DAS LYRISCHE WERK (ukr.) von Mykola BAŽAN.
Der führende sowjetukrainische Lyriker, der nach dem Zweiten Weltkrieg hohe Partei- und Staatsämter bekleidete, Mitglied der Ukrainischen Akademie der Wissenschaften war sowie wichtige Posten innerhalb des sowjetukrainischen Schriftstellerverbandes inne hatte, begann seine dichterische Laufbahn im Charkow der zwanziger Jahre. Er stand eine Weile der futuristischen Gruppierung von Mychajlo SEMENKO, dem expressionistischen Theater »Berezil'« von Les'Kurbas sowie dem bekannten Filmregisseur Oleksandr Dovženko nahe. Einige Jahre war er aktives Mitglied der von Mykola Chvyl'ovyj angeführten VAPLITE-Gruppe, die eine eigenständige proletarische ukrainische Kulturpolitik anstrebte und jegliche Bevormundung durch Moskau ablehnte.

Bažans philosophisch-lyrische Werke standen vorwiegend im Zeichen der Gegenüberstellung von Zeitepochen, wobei er den humanistischen Inhalt und die moralische Überlegenheit der sozialistischen Gesellschaftsordnung immer mehr hervorhob und sie der alten bürgerlichen Ordnung entgegensetzte. In seiner ersten Schaffensperiode hatte er »Agitprop«-Lyrik im Stile MAJAKOVSKIJS verfaßt, die starke futuristische Elemente aufwies (vgl. *17-tyj Patrul'* – *Die 17. Patrouille*). Seine erste Gedichtsammlung *Rizblena tin'*, 1927 *(Der geschnitzte Schatten)*, wies zwar noch einen Hang zur Romantisierung starker, kämpferischer Gestalten auf, enthielt aber auch neue formale Elemente, die zunehmend seinen Stil kennzeichnen sollten: neuklassische Versform, strenge Rhythmik, differenzierte Sprache, ausgesuchte Reime.

Seine Anerkennung als Dichter erreichte Bažan endgültig mit dem Band *Budivli*, 1929 *(Bauten)*, einer Triologie über die Gotik, den Barock und die moderne Baukunst der zwanziger Jahre, die vom neuen Zeitgeist beseelt war. Das Werk ist eine Anatomie des Zeitgeistes dreier verschiedener Epochen der ukrainischen Geschichte. Das bedeutende Poem *Hofmanova nič*, 1929 *(Hoffmannsnacht)*, schildert die Tragödie des inneren Zwiespalts eines Künstlers zwischen romantischer Phantasie, die er in der Nacht auslebte, und einem philisterhaften preußischen Beamtendasein. Auch *Rozmova serdec'*, 1929 *(Gespräch der Herzen)*, ist ein innerer Streit mit dem verhaßten Doppelgänger, der dem lyrischen Helden einflüstert, daß der »neue Mensch« sich niemals von den seelischen Brandmalen, die ihm die Vergangenheit aufgedrückt hat, würde befreien können.

Das unvollendete geschichtsphilosophische Poem *Slipci*, 1930/31 *(Die blinden Volkssänger)*, in dem Bažan die sozial-politische Rolle der blinden Kosakenrapsoden kritisch betrachtet, sowie die beiden letztgenannten Werke riefen scharfe Angriffe der offiziellen sowjetukrainischen Kritik hervor. Man ermahnte den Dichter, sich endlich zu entscheiden, auf welcher Seite er stünde. Im Poem *Smert' Hamleta*, 1932 *(Hamlets Tod)*, beendete Mykola Bažan das »Suchen« und bekannte sich endgültig zur Parteilinie. Er verurteilte die ideologische Zwiespältigkeit und entschied sich für den propagierten »neuen Menschen« der sozialistischen Gesellschaftsordnung. Es folgten weitere Werke, die den Sowjetpatriotismus verherrlichten: *Bezsmertja*, 1935–1937 *(Unsterblichkeit)*, dem ermordeten Leningrader Parteiführer Kirov gewidmet, und *Bat'ky i syny*, 1938 *(Väter und Söhne)*. Im Zweiten Weltkrieg kämpfte Bažan als politischer Kommissar an der Front. In dieser Zeit entstanden etliche Werke, die die Aufgabe hatten, die Verteidigungskräfte zu mobilisieren: *Danylo Halyc'kyj*, 1942 *(Danylo von Halyč)*, in dem der Fürst von Halyč gegen den Deutschen Ritterorden siegt, *Stalinhrads'kyj zošyt (Das Stalingrader Heft)*, eine Lobeshymne auf die sowjetische Völkerfreundschaft, und *Kyjivs'ki etjudy (Kiewer Etuden)*, eine Schilderung der schmerzhaften Begegnung mit der zurückeroberten, zerstörten Stadt Kiew. Eindrücke von Reisen, die Bažan nach dem Zweiten Weltkrieg in den Westen unternahm, fanden in *Anhlijs'ki vražennja*, 1948 *(Englische Eindrücke)*, und *Italijs'ki zustriči*, 1961 *(Italienische Begegnungen)*, ihren Niederschlag, wobei er die Vorzüge des Sozialismus pries und den menschenfeindlichen Kapitalismus verurteilte. Die Verherrlichungsrhetorik, die seine Werke der Jahre 1930–1940 kennzeichnet, erinnert an die ukrainischen und russischen Oden des 18. Jh.s. Die Lyrik dieser Zeitperiode war von historischen, sozialen und politischen Größen beherrscht, die die Stelle des Menschen in der Welt bestimmen.

Mykola Bažan ist als hervorragender Übersetzer bekannt geworden. Seine Lyrik-Übersetzungen aus dem Georgischen (Šota RUSTAVELIS *Held im Tigerfell*), Russischen (PUŠKIN, Majakovskij), Polnischen (MICKIEWICZ, SŁOWACKI), Deutschen (RILKE) sind eine große Bereicherung der ukrainischen Literatur. Bažans dichterische Sprache besticht durch ihre ausgewogenen, klar umrissenen Bilder; es gelingt ihm stets, leidenschaftliche Gedanken und beherrschte Gefühle zu vereinen. Die Musikalität seiner Verse wirkt verhalten und streng. A.H.H.

AUSGABEN: *Tvory*, 2 Bde., Kiew 1946/47. – *Slipci*, Mchn. 1969. – *Tvory*, 4 Bde., Kiew 1974.

ÜBERSETZUNG: *Eine Handvoll Hoffnung. Gedichte*, P. Kirchner, Bln./DDR 1972.

LITERATUR: S. Kryžanivs'kyj, *M. B., krytykobiohrafičnyj narys*, Kiew 1954. – Ju. Surovcev, *Poezija M. B.*, Kiew 1970. – N. Kostenko, *Poetyka M. B. (1923–40)*, Kiew 1971. – Je. Adelhejm, *M. B.*, Kiew 1974. – O. Il'nyc'kyj, *M. B., His Poetry and His Critics* (in Rezenzian, 5, 1975, 2; Cambridge/Mass.) – N. Kostenko, *Poetyka M. B. (1941–1977)*, Kiew 1978. – Ju. Kovaliv, *Rannja poezija M. B.* (in Radjans'ke Literaturoznavstvo, 1984, 6, S. 24 ff).

CHARLES AUSTIN BEARD
MARY RITTER BEARD

Charles Austin Beard
* 27.11.1874 Knightstown / Ind.
† 1.9.1948 New Haven / Conn.

Mary Ritter Beard
* 5.8.1876 Indianapolis / Ind.
† 14.8.1958 New Milford / Conn.

THE RISE OF AMERICAN CIVILIZATION

(amer.; *Kulturgeschichte der Vereinigten Staaten*). Historisches Werk in zwei Bänden von Charles A. BEARD und Mary R. BEARD, erschienen 1927. – Das unter Mitarbeit seiner Frau entstandene Hauptwerk des neben Frederick Jackson TURNER (vgl. *The Frontier in American History*) einflußreichsten amerikanischen Historikers des ersten Drittels des 20. Jh.s war als Lehrbuch ebenso erfolgreich wie als populäre Gesamtdarstellung der amerikanischen Geschichte; es ist zugleich die Summe des Lebenswerks eines ungemein produktiven Autors und die umfassendste Exposition der mit Beards Namen verbundenen Geschichtsauffassung.

Im ganzen Land bekannt, von Liberalen gepriesen und von Konservativen angefeindet, wurde der Professor an der Columbia-Universität und engagierte progressive Reformer aufgrund seiner 1913 erschienenen *Economic Interpretation of the Constitution*. Historiographisch war dieses minuziös recherchierte Werk bedeutsam, weil Beard darin mit der traditionellen Idealisierung der »Founding Fathers« und der Verfassung aufräumte und das hehre Dokument nicht als das Produkt göttlicher Eingebung oder höchster staatsmännischer Weisheit, sondern als Instrument profaner wirtschaftlicher und sozialer Klasseninteressen darstellte; Vertreter der Finanz, der Industrie und des Handels hätten, die demokratischen Tendenzen der Revolution und die von diesen geförderte Vorherrschaft von agrarischen und Schuldner-Interessen fürchtend, dem Land in einem durchaus undemokratischen Verfahren eine Konstitution aufgedrängt, die in erster Linie ihren Zielen diente. Politisch brisant war Beards Werk, weil den Reformbestrebungen des »Progressive Movement« bislang die unangefochtene Autorität der Verfassung im Weg gestanden hatte; wenn diese »heilige Schrift« der Nation tatsächlich nichts anderes war als das Elaborat sterblicher und egoistischer Repräsentanten einer auf die Erhaltung ihrer Machtstellung bedachten Oberschicht, was konnte die von ihr Benachteiligten dann noch daran hindern, das Dokument den neuen Gegebenheiten anzupassen?

Der Reformeifer verließ Beard nie; wie er hinter den politischen Auseinandersetzungen seiner Zeit vor allem wirtschaftliche Konflikte sah, so betrachtete er die industrielle Entwicklung und wirtschaftlichen Interessengegensätze als die primären Triebkräfte der amerikanischen Geschichte, ohne dabei einem starren Determinismus zu verfallen oder eine konsequent marxistische Interpretation zu akzeptieren. Den Freiheitsdrang der Kolonisten in der vorrevolutionären Periode, die Kontroversen über die Rechte der Einzelstaaten und die freie oder strikte Interpretation der Verfassung in der ersten Hälfte des 19. Jh.s sowie die Diskussion der Sklaverei als Hauptursache des Bürgerkriegs verwies Beard in den Bereich des »Überbaus« (ohne diese Bezeichnung zu verwenden) und der Rationalisierung der wirklichen Konflikte: der wirtschaftlichen Rivalität von Kolonien und Mutterland, der ökonomischen Gegensätze zwischen Klassen und Regionen, des unvermeidlichen Entscheidungskampfes zwischen der alten agrarischen und der neuen industriellen Ordnung. – Beards Auffassung vom Klassen- und wirtschaftlichen Konflikt als beherrschendem Thema der amerikanischen Geschichte setzte sich in den zwanziger und dreißiger Jahren dieses Jahrhunderts rasch gegen die bis dahin dominierende romantisch-idealistische Schule, wie sie etwa von George BANCROFT (vgl. *A History of the United States* ...) vertreten worden war, durch; denn allzuwenig war in dieser Zeit von der Harmonie zu spüren, in der nach bislang herrschender Meinung die Vereinigten Staaten von der ersten Besiedlung an einen geraden Weg zur immer vollkommeneren Verwirklichung des »amerikanischen Traums« von Freiheit, Demokratie, Fortschritt und Wohlstand gegangen waren.

Veränderungen des politischen Klimas und neuere Forschungen haben Beard seit dem Zweiten Weltkrieg in die Rolle des geachteten oder bekämpften Klassikers verwiesen, dessen Thesen entweder modifiziert oder mit Eifer widerlegt werden. Doch weist vor allem die konservative Beard-Kritik häufig die Schwäche auf, die vorsichtigen und differenzierten Behauptungen Beards unzulässig zu vereinfachen, bevor sie deren »Unhaltbarkeit« nachweist.

W.J.H.

AUSGABEN: NY 1927, 2 Bde.; ern. 1933. – NY 1949, 2 Bde. – NY 1956, 2 Bde.

LITERATUR: H. D. Gideonse, *National Collectivism and Ch. A. B.* (in Journal of Political Economy, 43, 1935, S. 778–799). – M. Blinkoff, *Influence of Ch. A. B. Upon American Historiography*, Buffalo 1936 (Monographs in History). – H. Herring, *Ch. A. B., Free Lance among the Historians* (in Harper's Magazine, 178, 1939, S. 641–652). – E. Berg, *The Historical Thinking of Ch. A. B.*, Stockholm 1957. – C. Strout, *The Pragmatic Revolt in American History: Carl Becker and Ch. B.*, New Haven 1958. – L. Benson, *Turner and B. American Historical Writing Reconsidered*, Glencoe/Ill. 1960. – B. C. Borning, *The Political and Social Thought of Ch. A. B.*, Seattle 1962; ²1984 [m. Bibliogr.]. – R. Hofstadter, *The Progressive Historians*, NY 1968. – B. K. Turoff, *M. B. as Force in History*, Dayton/Oh. 1979. – J. P. Diggins, *Power and Authority in American History: The Case of Ch. A. B.* (in American Historical Review, 86, 1981, S. 701–730). – E. Noe, *Ch. A. B.: An Intellectual Biography*, Carbondale/Ill. u. a. 1983.

JAMES BEATTIE

* 25.10.1735 Laurencekirk / Schottland
† 18.8.1803 Aberdeen

LITERATUR ZUM AUTOR:
K. Kloth u. B. Fabian, *J. B.: Contributions Towards a Bibliography* (in Bibliotheck, 5, 1970, S. 232–245). – S. K. Land, *J. B. on Language* (in PQ, 51, 1972, S. 887–904). – K. Kloth, *J. B.'s ästhetische Theorien*, Mchn. 1974. – E. H. King, *J. B.*, Boston 1977 (TEAS).

THE MINSTREL, or, The Progress of Genius

(engl.; *Der fahrende Sänger oder Die Genesis des Genies*). Episches Gedicht in zwei Büchern von James BEATTIE, erschienen 1771 und 1774. – Zwei Publikationen übten in England entscheidenden Einfluß auf den Stilwandel von der klassizistischen zur romantischen Lyrik aus: James MACPHERSONS *Fragments of Ancient Poetry* (1760) und Thomas PERCYS *Reliques of Ancient English Poetry* (1765). Die darin gesammelte mittelalterliche Bardendichtung Schottlands und Irlands wurde zum Leitbild für die Wiederentdeckung des Gefühls, der Natur und der schöpferischen Inspiration. Beattie, der in Aberdeen Philosophie lehrte, war einer der ersten, die ihr dichterisches Schaffen an den Ossianischen Heldengesängen der Vorzeit orientierten. In *The Minstrel* wollte er, wie aus einer brieflichen Äußerung hervorgeht, »über Geburt, Erziehung und Abenteuer eines jener Barden berichten«, und für ihn, den nationalbewußten Schotten, war es selbstverständlich, die Handlung, die in längstvergangene Tage führt, im Süden Schottlands, »*der Heimat der englischen fahrenden Sänger*«, spielen zu lassen.

Edwin, die zentrale Figur des Gedichts, wächst in der idyllischen Abgeschiedenheit des schottischen Hochlandes heran. Wie sein Vater soll auch er Schafhirte werden. Aber schon frühzeitig wird den in bescheidenem Glück lebenden Eltern und den Nachbarn klar, daß es mit Edwin eine merkwürdige Bewandtnis hat, daß er reifer und verinnerlichter ist als die übrigen Dorfjungen. Um den Knaben, den Naturliebe, Freude am Meditieren und eine ungewöhnliche musikalische Begabung auszeichnen, ist etwas Geheimnisvolles, Heiliges. Er hungert nach Wissen und sehnt sich hinaus aus seiner engen, kleinen Welt. Hingerissen lauscht er an langen Winterabenden den Erzählungen der alten Beldam und träumt von Rittern und fahrenden Sängern, die zur Harfe von heroischen Taten singen. Mühelos erlernt er das Harfe- und Flötespielen und bringt es zu erstaunlicher Virtuosität (»*The wild harp rang to his adventurous hand, and languished to his breath the plaintive flute!*«). Ein alter Eremit, der die höfische Gesellschaft von ihrer schlechtesten Seite kennengelernt hat, redet Edwin seine Sehnsucht nach der großen Welt aus und unterrichtet ihn in Philosophie und Geschichte (hier tritt die didaktische Tendenz des Gedichts in den Vordergrund). Sein Verdienst ist es, daß sich Edwin mit den Werken Homers und Vergils beschäftigt und seine unbändige Phantasie zu zügeln lernt. – Das Gedicht endet ziemlich abrupt mit einer Totenklage des Autors für seinen 1773 verstorbenen Lehrer. Ursprünglich war noch ein drittes Buch geplant, in dem Beattie schildern wollte, wie Edwin aus seiner Heimat vertrieben wird und als fahrender Sänger durch die Lande zieht.

Ungeachtet seines fragmentarischen Charakters

und seiner bisweilen artifiziell wirkenden Sprache, ist das umfangreiche Werk – Buch 1 enthält sechzig, Buch 2 dreiundsechzig Strophen – eines der schönsten Zeugnisse englischer frühromantischer Lyrik. Nicht nur die stimmungsvollen Naturbeschreibungen weisen auf *The Prelude* (1805) von WORDSWORTH voraus, beiden Werken gemeinsam ist auch die Darstellung der Genesis eines romantischen Dichtergenies. Als Metrum verwendet Beattie die Spenserstanze, jene Strophenform, die in der Romantik zu neuer Blüte gelangte. R.B.–KLL

AUSGABEN: Ldn. 1771 [Buch 1]. – Ldn. 1774 [Buch 2]. – Dublin 1775 [vollst.]. – Ldn. 1831 (in *The Poetical Works*, Hg. A. Dyce; zul. 1891; *Aldine Ed.*).

LITERATUR: C. Püschel, *J. B.s »Minstrel«*, Diss. Bln. 1904. – A. Mackie, *J. B. »The Minstrel«. Some Unpublished Letters*, Aberdeen 1908. – E. A. Aldrich, *J. B.'s »Minstrel«. Its Sources and Influence*, Diss. Harvard Univ. (vgl. Harvard Summaries of Theses, 1931, S. 117–119). – E. H. King, *B.'s »The Minstrel« and the Scottish Connection* (in Wordsworth Circle, 13, Winter 1982, S. 20–26). – Ders., *B.'s »The Minstrel« and the French Connection* (in Scottish Literary Journal, 11, Dez. 1984, S. 36–55).

PIERRE-AUGUSTIN CARON DE BEAUMARCHAIS

* 24.1.1732 Paris
† 15.5.1799 Paris

LITERATUR ZUM AUTOR:
Biographien:
A. Bettelheim, *B.*, Ffm. 1886; [2]1911. – P.-P. Gudin de La Brenellerie, *Vie de B.*, Hg. M. Tourneux, Paris 1888. – P. Frischauer, *B. Wegbereiter der großen Revolution*, Hbg. 1961. – B. Faÿ, *B. ou les fredaines de Figaro*, Paris 1971 (dt. *Die tollen Tage*, Mchn. 1973). – C. Borgal, *B.*, Paris 1972. – F. Grendel, *B. ou la calomnie*, Paris 1973 (dt. *B. oder Verleumdung und Freispruch eines Abenteurergenies*, Ffm. 1977).
Gesamtdarstellungen und Studien:
L. de Loménie, *B. et son temps*, 2 Bde., Paris 1856; [4]1980. – E. F. Lintilhac, *B. et ses œuvres*, Paris 1887. – J. Scherer, *La dramaturgie de B.*, Paris 1954. – G. v. Proschwitz, *Introduction à l'étude du vocabulaire de B.*, Stockholm 1956; Nachdr. Genf 1981. – R. Pomeau, *B.*, Paris 1956. – M. Pollitzer, *B., le père du Figaro*, Paris 1957. – J. B. Ratermanis u. W. R. Irwin, *The Comic Style of B.*, Seattle 1961. – Europe, 1973, Nr. 528 [Sondernr. *B.*]. – J. Sungolowski, *B.*, NY 1974 (TWAS). – M. Descotes, *Les grand rôles du théâtre de B.*, Paris 1974. – J. Gatty, *B. sous la Révolution*, Leiden 1976. – E. Klein, *Kontinuität und Diskontinuität in der sog. Trilogie von B.*, Ffm. u. a. 1978. – P. Boussel, *B., le parisien universel*, Paris 1983. – W. Werner, *Ursprünge und Formen der Empfindsamkeit im frz. Drama des 18. Jh.s (Marivaux u. B.)*, Bern 1984. – G. Conesa, *La trilogie de B.*, Paris 1985. – Duc de Castries, *B.*, Paris 1985. – I. Ch. Kainz, *Die »Figarostücke« von B. in ihrer Zeit und ihre Nachwirkung*, Diss. Salzburg 1985.

LE BARBIER DE SÉVILLE OU LA PRÉCAUTION INUTILE

(frz.; *Der Barbier von Sevilla oder Die nutzlose Vorsicht*). Lustspiel in vier Akten von Pierre-Augustin Caron de BEAUMARCHAIS, Uraufführung: Paris, 23. Februar 1775, Comédie-Française. – Nachdem sich Beaumarchais mit zwei bürgerlichen Trauerspielen – *Eugénie* (1767) und *Les deux amis ou Le négociant de Lyon* (1770) – nur relativ erfolgreich einen Namen als Bühnenautor machen konnte, wollte er sein Publikum mit einer »scherzhaften Komödie« überraschen und erzielte mit dem *Barbier von Sevilla* einen sensationellen Erfolg.
In der Tradition der *Commedia dell'arte* und der volkstümlichen spanischen Komödie variiert dieses Stück ein komödientypisches Thema: den rivalisierenden Kampf zwischen Alter und Jugend um die Liebe. Dem verschrobenen, närrisch in sein Mündel Rosine verliebten alten Doktor Bartholo (die Dottore-Figur aus der *Commedia dell'arte*), sekundiert von seinen beiden einfältigen Dienern sowie Rosines Musiklehrer Don Bazile, stehen die beiden geistreichen jungen Männer, Figaro und der spanische Edelmann Almaviva, gegenüber. Die Komödie spielt in Sevilla, doch das zeitgenössische Publikum wußte, daß Paris gemeint war, und konnte in verschiedenen Anspielungen Beaumarchais' Verve bei der Verspottung der korrumpierten Justiz des Ancien Régimes wiedererkennen. In Sevilla also begegnet Almaviva seinem ehemaligen Kammerdiener Figaro wieder, der sich inzwischen selbständig gemacht, allerdings nichts von seiner spöttischen Intelligenz sowie seinem Vergnügen am Nichtstun verloren hat und dem jungen Grafen bereitwillig seine Hilfe beim Versuch, sich der schönen Rosine zu nähern, anbietet – ein schwieriges Unterfangen angesichts der Vorsichtsmaßnahmen, die der alte Doktor getroffen hat, um das junge Mädchen, das er alsbald zu heiraten gedenkt, weder aus den Augen zu verlieren noch aus dem Haus zu lassen. Figaro, der geborene Intrigant, heckt zwei Pläne aus, die dem von seiner Liebe zu Rosine verzehrten Grafen Zutritt zu seiner Schönen verschaffen, während diese nur darauf wartet, von der Tyrannei ihres eifersüchtigen Vormunds befreit zu werden. Dem Duo Figaro-Almaviva gelingt es schließlich sogar, den von Bartholo eigens für seine Hochzeit mit Rosine bestellten Notar für die Trauung des jugendlichen Liebespaares zu gewinnen. Als der Alte hinter die Schliche kommt, ist alles zu

spät: Seine Vorsicht war nutzlos. Dank Figaros Einfallsreichtum kann die von Bartholo geplante, jeder Vernunft widersprechende Verbindung vereitelt und das junge Mädchen den Liebesgelüsten seines Vormunds entrissen werden. Jugend, Schönheit und Intelligenz triumphieren, und das Alte, Häßliche, die Dummheit und der Dünkel, insbesondere jedoch die menschliche Schwäche des verliebten Alten werden dem Lachen preisgegeben. In der auch heute noch auf den Spielplänen zu findenden Komödie dominieren Intrigenspiel, Mimik, Scherz und Komik. Die Figuren sind noch den traditionellen Rollentypen der Stegreifkomödie verpflichtet; sie verfügen aber über eine Sprache, die durch Schlagfertigkeit und Wortspiel glänzt sowie das Spiel im Spiel thematisiert. Indem die Komödie sich gleichsam selbst zitiert und damit die Sprache in den Mittelpunkt rückt, appelliert sie an den Intellekt der Zuschauer und provoziert ein Lachen, das »*all das sichtbar macht, mit dem der normative Ernst nicht zurechtkommt, das aber ebenso zum Lebensganzen gehört wie das ernsthaft Normative*« (J. Ritter). Gioacchino Rossinis berühmter Oper verdankt der *Barbier von Sevilla* seine große Popularität. B.We.

AUSGABEN: Paris 1775. – Paris 1934 (in *Théâtre complet*, Hg. M. Allem u. P. Courant; Pléiade). – Dublin 1965, Hg. E. J. Arnould [krit.]. – Paris 1980 (in *Théâtre*, Hg. J. P. de Beaumarchais; Class. Garn). – Paris 1982 (Folio).

ÜBERSETZUNGEN: *Der Barbier von Sevilien, oder die unnütze Vorsicht*, anon., Wien 1776. – *Der Barbier von Sevilla*, A. v. Chatte, Mchn. 1921. – Dass. (in *Theater*, Zürich 1947). – Dass., G. Scheffel, Ffm. 1976 (in *Die Figaro Trilogie*; Insel Tb).

VERTONUNGEN: G. Paisiello, G. Rossini, J. André, F. L. Benda, L. Casson, C. Dall'Argine, Z. Elsperger, A. Graftigna, N. Jsouard, F. Morlacchi, P. Schulz, A. Torrazza, J. Weigl.

LITERATUR: E. J. Arnould, »*Le barbier de Séville*« *et la critique* (in FS, 16, 1962, S. 334–347). – E. Giudici, *B. nel suo e nel nostro tempo. »Le Barbier des Séville«*, Rom 1964. – E. J. Arnould, *La genèse du »Barbier de Séville«*, Dublin 1965. – R. Niklaus, *B., »Le barbier de Séville«*, Ldn. 1968. – R. Pomeau, *»Le barbier de Séville«, de l'intermède à la comédie* (in RHLF, 74, 1974, S. 963–975). – S. u. J. Dauvin, *»Le barbier de Séville«*, Paris 1981.

EUGÉNIE

(frz.; *Eugenie*). Drama in fünf Akten von Pierre-Augustin Caron de BEAUMARCHAIS, Uraufführung: Paris, 29. Januar 1767, Comédie-Française. – Beaumarchais debütierte mit diesem Stück als Bühnenautor und bezog ausdrücklich Position für die von DIDEROT theoretisch begründete Erneuerung des französischen Theaters: das heißt Verzicht auf die klassischen Stiltrennungsregeln und die damit einhergehende Ständeklausel als Symbolisierung des feudalen Weltbildes; die Überwindung der Unvereinbarkeit von Tragischem und Komischem sowie die Darstellung von Figuren, mit denen sich das bürgerliche Publikum identifizieren konnte.

Eugénie entfaltet ein bürgerliches Familiendrama um die Verheiratung eines jungen Mädchens, Eugénie, die insgeheim ihren Verführer, Graf Clarendon, von dem sie ein Kind erwartet, geheiratet hat, während der ahnungslose Vater, Baron Hartley, seine Tochter mit einem treuen, allerdings recht betagten Freund der Familie zu vermählen beabsichtigt. Eugénie, die ideale Frauenfigur des bürgerlichen Trauerspiels, ist äußerst zurückhaltend und soll als verführte Unschuld das Mitleid der Zuschauer erwecken. An ihrer Stelle widersetzt sich die Tante, Madame Murer, den von Vermögensinteressen geleiteten Plänen des Vaters, um die Liebesheirat der Nichte zu unterstützen. Sie drängt den Grafen Clarendon, die Ehe mit Eugénie offiziell bekanntzugeben. Unterdessen erfährt die Familie, daß der Graf eine reiche Erbin heiraten will. Die in aller Heimlichkeit vollzogene Ehe mit Eugénie stellt sich im Nachhinein als ein Manöver heraus, das Eugénie über die üblen Absichten des Grafen hinwegtäuschen sollte, und ist rechtlich hinfällig. Madame Murer fühlt sich für Eugénies Unglück verantwortlich und versucht mit Hilfe einer Verleumdungskampagne das Heiratsprojekt des Grafen mit der reichen Erbin zu hintertreiben und ihn zur Erfüllung seiner Pflicht gegenüber Eugénie zu drängen. Sie lockt Clarendon in ihr Haus, um ihn zu einem Gesinnungswandel zu bewegen, notfalls mit Gewalt. In Begleitung eines jungen Mannes namens Charles, dem er das Leben gerettet hat und der ihm nun seinerseits beistehen will, stellt sich der Graf der Aussprache. Als Charles die wahren Umstände erfährt, gibt er sich als Eugénies Bruder zu erkennen und ergreift Partei für seine Schwester, deren Ehre es zu retten gilt. Er fordert Clarendon zum Duell, besiegt ihn, schenkt ihm aber das Leben. Clarendon nimmt die Chance wahr und kehrt reumütig, um Verzeihung bittend, zu Eugénie zurück. Nachdem der Verführer als Libertin, der die väterliche Autorität untergräbt, entlarvt ist, gibt ihm die »bürgerliche Familie« die Möglichkeit, zur Tugendhaftigkeit zurückzukehren.

Beaumarchais bezieht sich in *Eugénie* auf eine in seinen *Mémoires* (1773/74) wiedergegebene Erfahrung seiner Schwester, welche in Spanien einem Heiratsschwindler zum Opfer gefallen war. 1774 bearbeitete GOETHE in *Clavigo* diesen Stoff, den er den *Mémoires* entnommen hatte und ließ Beaumarchais selbst als Figur auftreten.

Nach anfänglichem Mißerfolg sah sich der Autor veranlaßt, das Drama zu überarbeiten und ihm einen programmatischen *Essai sur le genre dramatique sérieux* zur Seite zu stellen. In der Neufassung gelang es ihm, die Zustimmung des bürgerlichen Publikums zu gewinnen, das insbesondere den sentimental-moralischen Ausgang des Dramas zu schätzen wußte. Als eines der frühesten bürgerlichen Trauerspiele Frankreichs wurde *Eugénie* vor allem in England und am Wiener Burgtheater mit nachhaltigem Erfolg aufgeführt. B.We.

AUSGABEN: Paris 1767. – Paris 1869 (in *Théâtre complet*, Hg. G. d'Heylli u. F. de Marescot, 4 Bde., 1869–1871, 1; Nachdr. d. Erstausg.). – Paris 1934 (in *Théâtre*, Hg. M. Allem). – Paris 1960 (in *Théâtre*, Hg. P. Pia, 2 Bde., 1).

ÜBERSETZUNGEN: *Eugenie*, K. W. Müller, Weißenfels 1768. – Dass., Ch. F. Schwan, Mannheim 1768. – *Eugenia*, M. Tenelli [d. i. J. H. Milleret] (in *Sämtliche Schauspiele*, 2 Bde., Gotha 1926). – *Eugenie*, A. Lewald (in A. L., *B.*, Stg. 1839).

LITERATUR: J. Proust, *Précisions nouvelles sur les débuts de B.* (in Studi Francesi, 7, 1963, S. 85–88). – B. Morton, *B.s First Play, »Eugénie«* (in RomR, 57, 1966, S. 81–87).

LA FOLLE JOURNÉE OU LE MARIAGE DE FIGARO

(frz.; *Der tolle Tag oder Figaros Hochzeit*). Lustspiel in fünf Akten von Pierre-Augustin Caron de BEAUMARCHAIS, entstanden ab 1778; Aufführungen: Gennevilliers, 26. 9. 1783, Schloß Vaudreuil; Paris, 27. 4. 1784, Comédie-Française. – Das Stück, dessen Aufführung in sechsjährigem Kampf gegen die königliche Zensur durchgesetzt werden mußte und das schließlich einen in der Geschichte des modernen Theaters beispiellosen, skandalumwitterten Erfolg erzielte, führt die schon in *Le barbier de Séville* (1775) erfolgreich aufgegriffene Tradition der italienisch-spanischen Buffo-Komödie weiter und bereichert sie um die Elemente der Charakter- und Sittenkomödie. Die differenzierteren und lebensnäheren Hauptfiguren treten nunmehr aus der starren Lustspieltypik heraus. Die gesellschaftskritischen Ansätze sind provozierend verschärft.

Drei Jahre sind seit der Hochzeit des Grafen Almaviva vergangen. Nun will Figaro, der agile Kammerdiener und Haushofmeister auf Schloß Aguas-Frescas in Andalusien, Suzanne, die Zofe der Gräfin, heiraten. Auf sie hat auch der Graf, der es insgeheim längst bereut hat, anläßlich seiner Eheschließung auf das *ius primae noctis* verzichtet zu haben, ein Auge geworfen. Mit der ihm eigenen Gewandtheit und seinem zuweilen an Aufsässigkeit grenzenden Selbstbewußtsein versucht nun Figaro im Bund mit Suzanne und der von ihrem Gatten vernachlässigten Gräfin die Absichten seines Herrn zu durchkreuzen. Daß Figaro seinerseits einer Geldschuld wegen mit einem Eheversprechen an die etwas ältliche Marceline gebunden ist, kommt wiederum dem Grafen nur allzu gelegen. Das Wechselspiel von Verliebtheit, Begehren, Zurückweisung und Eifersucht wird zusätzlich verwirrt durch die frechen Streiche des Pagen Chérubin, für dessen pubertäre Jugendlichkeit sich wiederum die Gräfin nicht unempfindlich zeigt. Als Figaro sein Eheversprechen einlösen muß, stellt sich glücklicherweise heraus, daß Marceline seine Mutter ist (3, 16). Doch Almaviva, der routinierte Libertin, hält sein Spiel noch keineswegs für verloren. Erst bei einem nächtlichen Rendezvous im Park, das ihm die scheinbar umgestimmte Suzanne in Aussicht gestellt hat, wird der Geprellte und tief Beschämte von seinem Vorhaben endgültig abgebracht. Statt Suzanne findet er – in deren Kleidern – die eigene Gattin vor, die mit dieser List den Treulosen für sich zurückerobern will. Nach einer Serie von Mißverständnissen, Irrtümern und Verwechslungen auf der nächtlichen Szene verzeiht die Gräfin huldvoll dem ertappten, reuigen »Sünder«, der die Demütigung im übrigen mit Charme und Haltung übersteht und jetzt die Einwilligung zu »Figaros Hochzeit« gibt.

Mit gutem Grund konnte die Erstaufführung von *Le mariage de Figaro* als hochpolitisches Ereignis gelten. Was Beaumarchais seinem Figaro, vor allem in dessen zornigem Monolog (5, 3), an gesellschaftskritischer Satire, an Verhöhnung des Adels, der Autorität, der Justiz und Zensur in den Mund legt, mußte auf das durch die Schriften der aufklärerischen Philosophen und Enzyklopädisten genügend vorbereitete Publikum wie die Quintessenz dieser kühnen Doktrinen wirken. In einem an die Adresse des Grafen gerichteten Satz wie diesem: *»Ihr habt Euch die Mühe gegeben, geboren zu werden, weiter nichts; im übrigen ein recht gewöhnlicher Mensch!«*, konnte der *tiers état* am Vorabend der Revolution die Anmeldung seiner Ansprüche und Rechte erblicken, zumal Figaro zugleich seine eigenen Fähigkeiten und Kenntnisse – einen ganzen Katalog bürgerlicher Tugenden –, den angestammten Privilegien des Adels entgegenhält. Zweifellos liegt in den Worten, mit denen Ludwig XVI. eine öffentliche Aufführung ablehnte, eine bösartige Folgerichtigkeit: *»Die Aufführung des Stücks wäre eine gefährliche Inkonsequenz, wenn man nicht zuvor die Bastille niederreißen wollte.«* In dem Sieg des Dienerpaars über die Privatinteressen eines Aristokraten kündigt sich zu historischer Stunde der Sieg der Menschenrechte und des Dritten Standes an. Der Erfolg der Komödie beruht jedoch nicht allein auf der zündenden Aktualität der Parolen; er ist kaum weniger dem genial beherzten Rückgriff auf die inzwischen in den Hintergrund getretenen traditionellen Elemente der volkstümlichen Intrigenkomödie zu danken: eine virtuose, ebenso lebenswie kunstvolle Dialogtechnik, eine raffinierte Handlungsführung und dekorative Bühnenausstattung.

Keinesfalls hat das turbulente, lückenlos gesponnene Intrigengefüge nur den Rang einer »Vordergrundshandlung«. Allzu deutlich steht die Figur des Figaro als *»die letzte Blüte der Bedientengenerationen, die sich in den Komödien seit zwei Jahrhunderten getummelt hatten«* (Suchier/Birch-Hirschfeld), in der stattlichen Reihe der Arlequins, Scapins und Maskarills. Auch hier, wo er gegen seinen Herrn intrigiert, bleibt er in dem schon von MENANDER und

Plautus vorgezeichneten Rahmen der intelligenten, gerissenen Bedientenfigur, die sich trotz ihres niederen Standes ihrem – durch eine Liebesleidenschaft verblendeten – Herrn als geistig und moralisch überlegen erweist. Die sozialrevolutionären Motive finden hier gewissermaßen ihre literarische Begründung. Figaro ist, ebenso wie der Graf, eine typische Erscheinung des feudalen Systems: Seine besonderen Fähigkeiten gedeihen auf dem Boden dieser sozialen Ordnung, deren Mißstände er benutzt, um sein Glück zu machen. Vielleicht spiegelt der versierte Intrigant Figaro noch überzeugender die morsche Gesellschaft seiner Zeit als der Ankläger Figaro. Das charmante, geistvolle Intrigenspiel entpuppt sich zugleich als schonungsloses Sitten- und Zeitbild: In der Ambivalenz liegt das Geheimnis der mitreißenden Wirkung, die das gleichermaßen optimistische wie kritische Stück noch heute auf jedes Publikum auszuüben vermag. – Das Werk, das es in einer Vielzahl von glänzenden Inszenierungen allein an der Comédie-Française auf inzwischen über tausend Aufführungen gebracht hat, inspirierte Mozart und seinen Librettisten Da Ponte zu der nicht weniger zeitlos lebendigen Oper (vgl. *Le nozze di Figaro*). R.M.

Ausgaben: Paris 1785 (*La folle journée, ou Le mariage de Figaro*). – Paris 1809 (in *Œuvres complètes*, 7 Bde., Bde. 1/2: *Théâtre*). – Paris 1957 (in *Théâtre complet*, Hg. M. Allem u. P. Courant; Pléiade). – Paris 1960 (in *Théâtre*, Hg. u. Anm. P. Pia, 2 Bde., 2). – Paris 1961 (in *Théâtre*, Hg. M. Rat, Paris 1961). – Paris 1965 (GF). – Paris 1980 (in *Théâtre*, Hg. J.-P. de Beaumarchais; Class. Garn). – Paris 1984 (Folio).

Übersetzungen: *Der lustige Tag oder die Hochzeit des Figaro*, anon., o. O. 1785. – *Der tolle Tag oder Figaro's Hochzeit*, F. H. Unger, Bln. 1785. – *Figaro's Hochzeit oder Ein toller Tag*, F. Dingelstedt, Lpzg. o. J. [1860]. – *Figaros Hochzeit*, bearb. L. Fulda, Bln. 1894. – *Der tolle Tag oder Figaro's Hochzeit*, J. Kainz, Bln. 1906. – *Figaro's Hochzeit oder Der tolle Tag*, M. Koesling, Lpzg. o. J. [1929] (RUB). – Dass., A. u. H. Seiffert, Lpzg. 1962 (RUB). – *Der tolle Tag oder Figaros Hochzeit*, J. Kainz, Ffm./Bln. 1965 (Ullst. Tb). – Dass., G. Scheffel (in *Die Figaro Trilogie*, Ffm. 1976; Insel Tb).

Vertonungen: W. A. Mozart, *Le nozze di Figaro* (Text: L. da Ponte; Oper; Urauff.: Wien, 1. 5. 1786, Burgtheater). – M. Dauberval, *Le page inconstant ou Honi soit qui mal y pense* (Ballett; Urauff.: Paris 1805, Théâtre de la Porte Saint-Martin).

Literatur: E. Gaiffe, »*Le mariage de Figaro*« *de B.*, Paris 1928; ern. 1961. – P. J. Jacques, *The Originality of »Figaro«* (in *Modern Languages*, 38, 1957, S. 139–143). – J. Vier, »*Le mariage de Figaro*«, Paris 1961; ²1971. – J. Seebacher, *Autour de »Figaro«. B., la famille Choiseul et le financier Clarière* (in RHLF, 62, 1962, S. 198–228). – J. Petersen, »*Die Hochzeit des Figaro*«, Ffm./Bln. 1965. – J. B. Ratermanis, *A travers les manuscrits du »Mariage de Figaro«* (in PQ, 44, 1965, S. 234–257). – A. R. Pugh, *A Critical Commentary on B.s »Le mariage de Figaro«*, Ldn. u. a. 1968. – H. L. Scheel, *B. »La folle journée ou Le mariage de Figaro*« (in *Das frz. Theater vom Barock bis zur Gegenwart*, Hg. J. von Stackelberg, Düsseldorf 1968, S. 79–99, 372–376). – A. Ubersfeld, *Un balcon sur la Terreur, »Le mariage de Figaro«* (in *Europe*, 1973, Nr. 528, S. 105–115). – D. Rieger, *Figaros Wandlungen* (in RZL, 1, 1977, S. 77–107). – F. Levy, »*Le mariage de Figaro*«, Oxford 1978. – R. Warning, *Komödie und Satire am Beispiel von B.s »Mariage de Figaro«* (in DVLG, 54, 1980, S. 547–563). – E. Grawert-May, *Theatrum eroticum. Ein Plädoyer für den Verrat an der Liebe*, Tübingen 1981. – R. Niklaus, B., »*Le mariage de Figaro*«, Ldn. 1983. – J. von Stackelberg, »*Figaros Hochzeit*« (in *Französisch heute*, 15, 1984, S. 293–305). – *Analyses et réflexions sur B., »Le mariage de Figaro«*, Paris 1985. – A. Villani, *Lectures de »Le mariage de Figaro« de B., thème l'ordre social*, Paris 1985.

LA MÈRE COUPABLE OU L'AUTRE TARTUFFE

(frz.; *Die schuldige Mutter oder Der neue Tartuffe*). Drama in fünf Akten von Pierre-Augustin Caron de Beaumarchais, Uraufführung: Paris, 26. 6. 1792, Théâtre du Marais. – Es war die Absicht des Autors, mit diesem Stück die beiden »spanischen« Komödien *Le barbier de Séville* (1775) und *Le mariage de Figaro* (1785), die noch vor der Revolution entstanden waren, zur Trilogie zu ergänzen.
Die Familie Almaviva hat sich inzwischen im Paris des Jahres 1790 »bürgerlich« niedergelassen. Aus dem Grafen ist ein gelassener, würdiger Herr geworden, aus der Gräfin eine resignierte ältere Dame von engelhafter Frömmigkeit, aus Figaro ein verläßlicher, welt- und menschenkundiger Mann in mittleren Jahren; Suzanne, Figaros Frau, hat als brave Hausfrau die Träume der Jugend längst begraben. Zu diesen – bereits bekannten – Figuren gesellen sich noch Chevalier Léon, der freiheitsdurstige Sohn der Almavivas, der in Wahrheit aber einer außerehelichen Beziehung der Gräfin entsproß, und Florestine, ein sensibles junges Mädchen, das – ohne es zu ahnen – einem Fehltritt des Grafen seine Existenz verdankt. Um das Glück der beiden, die sich lieben, und den Frieden der ganzen Familie durch seine bösen Machenschaften zu stören, ist aber jetzt der Irländer Bégearss (Anagramm für Beaumarchais' verhaßten Prozeßgegner Bergasse) auf den Plan getreten. Ein »Tartuffe der Moral«, schnüffelt er in den Geheimnissen der Familie, um sich durch eine Intrige in den Besitz Florestines zu setzen. Er entdeckt die Illegitimität des »Patenkindes« und versucht nun, Almaviva unter Hinweis auf die drohende Geschwisterehe zu erpressen. Doch Figaro, ehemals auch ein Meister der feingesponnenen Intrige, stellt den Bösewicht. Die Ruhe

und das Glück der Liebenden sind wiederhergestellt: Während die Komtesse, die »schuldige Mutter«, in Ohnmacht verharrt, gibt der Graf das Geheimnis von Léons Abkunft preis.

Der Doppeltitel des Dramas weist darauf hin, daß der Autor das empfindsame Pathos eines Richardson in die Molièresche Charakterkomödie einzuführen suchte. Die Komödie sollte nach dem Beispiel von Diderots bürgerlichen Rührstücken der Tragödie angenähert werden. Echte Herzenswärme und rührselige Tiraden auf der einen Seite, abgrundtiefe Schlechtigkeit auf der anderen sind die Elemente dieser dem bürgerlichen Trauerspiel nahestehenden Gattung des *mélodrame*. Die moralische Schwarzweißmalerei ist im erzieherischen Optimismus der Aufklärung begründet; an einem exemplarischen Fall wird gezeigt, wie das Böse in die Ruhe guter Leute einbricht, wie sie sich schließlich zur Wehr setzen und den verdienten Herzensfrieden wiedererlangen.

Indem sich Beaumarchais mit *La mère coupable* einer sehr aktuellen Modegattung bediente, wird das Stück, das nach beachtlichen Anfangserfolgen seit über hundert Jahren nicht mehr auf der Bühne erschien, von der Kritik fast einhellig abgelehnt. Man mißt es an der Frische, dem Witz und dem gesellschaftskritischen Ansatz der – ganz andersgearteten – Komödien des Autors und seinem Versuch der Verschmelzung von Intrige und Pathos am Modell des Shakespeareschen Dramas statt an dem des larmoyanten Lustspiels. Beaumarchais war sich, wie aus dem 1797 hinzugefügten Vorwort hervorgeht, der dramaturgischen Schwächen seines Experiments bewußt, aber er glaubte, den veränderten Zeiten und dem fortgeschrittenen eigenen Alter Rechnung tragen zu müssen: Die Aristokratie, der er einst den Spiegel vorgehalten hatte, und damit die alte Salonkomödie existierte ja nicht mehr. Nur im bürgerlichen Rührstück vermag die Hochzeit der Kinder die wechselseitige Verzeihung der »Eltern« zu besiegeln. Das hat nichts mehr mit den Ehrvorstellungen der aristokratischen Gesellschaft, wohl aber mit den vernunftbegründeten Konventionen der bürgerlichen zu tun. R.M.

Ausgaben: Paris 1794. – Paris 1797. – Paris 1809 (in *Œuvres complètes*, 7 Bde., 1 u. 2). – Paris 1956 (in *Théâtre*, Hg. M. Rat; m. Einl., Anm., Bibliogr.; ern. 1964). – Paris 1957 (in *Théâtre complet*, Hg. M. Allem u. P. Courant; Pléiade). – Paris 1960 (*L'autre Tartuffe*, in *Théâtre*, Hg. P. Pia, 2 Bde., 2). – Paris 1965 (in *Théâtre*; GF). – Paris 1980 (in *Théâtre*, Hg. J. P. Beaumarchais; Class. Garn). – Paris 1984 (Folio).

Übersetzungen: *Tartüffe der Zweyte oder Die schuldige Mutter*, L. F. Huber, Lpzg. 1795. – *Die Schuld der Mutter oder Der neue Tartüffe*, M. Rötzinger, Lpzg. o. J. [1880] (RUB). – *Tartuffe der Zweite*, A. v. Chatte (in *Theater*, Mchn. 1921). – *Die Schuld der Mutter oder ein zweiter Tartuffe*, G. Scheffel (in *Die Figaro Trilogie*, Ffm. 1976; Insel Tb).

Vertonung: D. Milhaud, *La mère coupable* (Oper; Urauff.: Genf 1966).

Literatur: J. Vier, »*Le mariage de Figaro*«. *Le mouvement dramatique et l'esprit. Du »Mariage« à »La mère coupable«*, Paris 1961. – J. S. Spink, *À propos des drames de B. Tragédie bourgeoise anglaise, drame français* (in RLC, 37, 1963, S. 216–226). – R. Temkine, *Enfant de personne, enfant de quelqu'un* (in Europe, 1973, Nr. 528, S. 71–78). – R. Runte, *B.s »La mère coupable«* (in KRQ, 29, 1982, S. 181–189).

Francis Beaumont
John Fletcher

Francis Beaumont

* 1584 Grace-Dieu / Leicester
† 6.3.1616 London

John Fletcher

* 20.12.1579 (?) Rye (?) / Sussex
† 28.8.1625 London

Literatur zu den Autoren:
J. H. Wilson, *The Influence of B. and F. on Restoration Drama*, Ohio Univ. 1928. – B. Maxwell, *Studies in B., F. and Massinger*, NY 1939; ern. 1966. – J. F. Danby, *Poets on Fortune's Hill. Studies in Sidney, Shakespeare, B. and F.*, Ldn. 1952. – E. M. Waith, *The Pattern of Tragicomedy in B. and F.*, New Haven 1952 (Yale Studies in Engl.). – A. C. Sprague, *B. and F. on the Restoration Stage*, NY 1965. – J. Fletcher, *B. and F.*, Ldn. 1967. – P. J. Finkelpearl, *B., F. and »B. & F.«: Some Distinctions* (in English Literary Renaissance, 1, 1971, S. 144–164).

BONDUCA

(engl.; *Bonduca*). Romantische Tragödie von Francis Beaumont und John Fletcher, erschienen 1647. – Bonduca, die stolze Königin der Icener, eines britischen Stammes zieht sich den heftigen Tadel ihres Feldherrn Caratach zu, als sie die in einem kleinen Gefecht geschlagenen Römer als »*feige fliehende Mädchen*« abtut. Später muß sie es sich gefallen lassen, daß die Niederlage in der Entscheidungsschlacht gegen die Römer ihrer Dummheit zugeschrieben wird. Auch die Töchter Bonducas, die einen tapferen römischen Offizier, der in eine von ihnen verliebt ist, listig in einen Hinterhalt locken, werden deshalb von Caratach zurechtgewiesen. Als die Briten endgültig besiegt sind, besinnt sich Bonduca alter germanischer Tugend und nimmt mit ihren Töchtern Gift. Caratach fällt einem Verrat zum Opfer und wird von den Römern mit höchsten Ehren bestattet. Dieser Feldherr ist der eigentliche Held der Tragödie, der, edel, mutig und klug, in den Kampf gegen ehrenwerte Feinde zieht.

Geschickt lassen die Autoren römische Lager- und Schlachtszenen mit solchen abwechseln, in deren Mittelpunkt Caratach oder Bonduca mit ihren Töchtern stehen. Vorzüglich gelungen ist in dieser Tragödie vor allem die Darstellung eines tapferen Jungen, der, beobachtet vom väterlich um ihn besorgten Caratach, den Kampf besteht. Wie er die Schlacht, den Tod, die Kameradschaft mit dem geliebten älteren Freund erlebt, wird in den schönsten Szenen des im übrigen vergessenen Stücks geschildert. – Die Rolle des Caratach ist theatergeschichtlich interessant, da sie zuerst von Richard Burbage dargestellt wurde, dem legendären ersten großen Schauspieler des englischen Theaters. Den Stoff für seine romantische Tragödie *Bonduca*, die er wahrscheinlich 1613 oder 1614 unter Mitwirkung Beaumonts schrieb, fand Fletcher in den *Annalen* des TACITUS oder, indirekt, in der Chronik HOLINSHEDS. Möglicherweise benutzte er auch Stellen des anonymen *The Valiant Welshman*. E.St.

AUSGABEN: Ldn. 1647. – Ldn. 1949/50 (in *Plays*, Hg. J. S. L. Strachey, 2 Bde.). – Ldn./Oxford 1952, Hg. W. W. Greg.

LITERATUR: B. Leonhardt, »*Bonduca*« (in Engl. Studien, 13, 1889).

THE KNIGHT OF THE BURNING PESTLE

(engl.; *Der Ritter vom brennenden Stößel*). Komödie von Francis BEAUMONT und John FLETCHER, Uraufführung: London, um 1607, Blackfriars Theatre; erschienen 1613. – Der Sprecher hebt zu einem der feierlichen Prologe an, wie sie im ernsten Drama der Zeit üblich waren, da stürmt der Krämer George unter Protest auf die Bühne, die er bis zum Ende der Aufführung nicht mehr verläßt. Heftig beklagt sich der wackere Biedermann über die, wie er glaubt, schändliche Verunglimpfung seines Standes auf dem Theater. Er verlangt, daß ein Stück nach seinem Gusto aufgeführt wird, in dem sein Lehrling Ralph zum Ruhm der Londoner Bürgerschaft mitwirken soll. Man einigt sich auf den Titel »The Knight of the Burning Pestle«, und nachdem auch noch die Krämerfrau auf der Bühne Platz eingenommen hat, kann das muntere Spiel beginnen. In der von dem couragierten Ehepaar immer wieder unterbrochenen, kommentierten und sogar öfters in neue dramaturgische Bahnen gelenkten Handlung verkörpert Ralph einen hochedlen Ritter, der wie Don Quijote hehren Idealen nachhängt und als lächerlicher Beschützer tatsächlich oder nur scheinbar verfolgter Damen »Heldentaten« verübt. Unter anderem befreit er die halbrasierten Opfer eines blutrünstigen Barbiers und legt am Hof des Königs von Moldavia Ehre ein, indem er auf Geheiß seines Meisters beim Abschied Münzen verteilt, damit englischer Höflichkeit Genüge getan sei. Soweit es ihnen der Krämer gestattet, spielen die Knabenschauspieler der »Children of the Queen's Revels« darüber hinaus die Geschichte vom braven Lehrling Jasper, der sich in Luce, die Tochter seines Prinzipals Venturewell, verliebt und dafür von diesem verstoßen wird. Es hilft auch nichts, daß er das Mädchen entführt, denn der Vater holt seine Tochter gewaltsam nach Hause zurück. Da bedient sich Jasper einer makabren List: Er läßt sich in einem Sarg zu seiner Geliebten transportieren, deren Vater nichts dagegen hat, daß sie den vermeintlich Toten beweint. Jasper küßt Luce die Tränen von den Wangen, schmuggelt sie per Sarg in die Freiheit und jagt als Gespenst dem störrischen Alten einen gehörigen Schrecken ein. Die Kur ist heilsam: Man heiratet. Mit diesem Schluß will sich der Krämer jedoch nicht zufriedengeben. Empört weist er darauf hin, daß alle Personen, bis auf Ralph, ihre Bestimmung gefunden hätten. Erst als der Ritter vom brennenden Stößel, einen Pfeil im Schädel, sein Heldenleben in einem langen gefühlvollen Monolog ausgehaucht hat, ist der Krämer besänftigt.

In dieser parodistischen Revue dramatischer Genres und Stile, die wohl in erster Linie auf das Konto Beaumonts geht, wird der triviale Geschmack des zeitgenössischen Bürgertums verspottet, das sich an den phantastischsten und abstrusesten Ritterspektakeln delektierte. Besonders geschmeichelt fühlte man sich, wenn in Stücken wie HEYWOODS *The Four Prentices of London*, um 1600 *(Die vier Londoner Lehrlinge)*, der eigene Stand zu Ehren kam. Dieser Dramenmode, die vor allem DEKKER und Heywood repräsentierten, wird in *The Knight of the Burning Pestle* mit beißender Satire der Prozeß gemacht. Das Publikum hatte dafür wenig Verständnis, das Stück fiel durch. Erst die Romantiker erkannten seine Modernität, und TIECK vewandte in *Der Gestiefelte Kater* (1797) die Techniken des Spiels im Spiel und der Illusionsdurchbrechung nach dem Vorbild von *The Knight of the Burning Pestle*. E.St.

AUSGABEN: Ldn. 1613 [Quarto]. – Ldn. 1679 (in *Fifty Comedies and Tragedies*; Folio 2). – NY 1908, Hg., Einl., Anm. u. Glossar H. S. Murch (Yale Studies in English). – Cambridge 1908 (in *The Works*, Hg. A. Glover u. A. R. Waller, 10 Bde., 1905–1912, 6). – Ldn. 1950, Hg. W. T. Williams. – Cambridge 1966 (in *The Dramatic Works in the B. and F. Canon*, Hg. F. Bowers, 1966ff.; Bd. 1, Hg. C. Hoy; krit.). – Woodbury/NY 1963. – Ldn. 1981. – Manchester 1984.

LITERATUR: B. Leonhardt, *Über B. u. F.s »Knight of the Burning Pestle«*, Annaberg 1885 (42. Bericht über das kgl. Realgymnasium). – E. S. Lindsey, *The Original Music for B.'s Play »The Knight of the Burning Pestle«* (in StPh, 26, 1929, S. 425–443). – E. Bogan, *The Authorship of »The Knight of the Burning Pestle«*, Diss. Univ. of Oklahoma 1932 (vgl. Abstracts of Theses, Univ. of Oklahoma, 1932, S. 44). – W. J. Olive, »*Twenty Good Nights*«, »*The Knight of the Burning Pestle*«, »*The Family of Love*«, *and* »*Romeo and Juliet*« (in StPh, 47, 1950, S. 182–189). – S. H. Gale, *The Relationship Between B.'s* »*The Knight of the Burning Pestle*« *and Cervantes'* »*Don Quixote*« (in Anales Cervantinos, 11, 1972, S. 87–96). – L. Bliss, »*Plot Me No Plots*«: *The Life of Drama and the Drama of Life in* »*The Knight of the Burning Pestle*« (in MLQ, 45, 1984, Nr. 1, S. 3–21). – R. Weimann, *Die Bedeutung des englischen Absolutismus für die Entwicklung des elisabethanischen Dramas. Unter besonderer Berücksichtigung der beginnenden Niedergangsphase u. ihrer Widerspiegelung in* »*The Knight of the Burning Pestle*«, Diss. Bln. 1955. – J. W. Doebler, *F. B.'s* »*The Knight of the Burning Pestle*«, Diss. Univ. of Wisconsin 1961 (vgl. Diss. Abstracts, 21, 1960/61, S. 3096/3097). – I. Leimberg, *Das Spiel mit der dramatischen Illusion in B.s* »*The Knight of the Burning Pestle*« (in Anglia, 81, 1963, S. 142–174).

THE MAIDES TRAGEDY

(engl.; *Die Tragödie der Jungfrau*). Tragödie in fünf Akten von Francis BEAUMONT und John FLETCHER, Uraufführung: London, um 1610, Blackfriars Theatre. – Obwohl er mit Aspatia, der im Titel apostrophierten Jungfrau, verlobt ist, beugt sich Amintor, ein Edelmann am Hof des Königs von Rhodos, dem Willen seines Gebieters und heiratet Evadne, die Schwester des Feldherrn Melantius. In der Hochzeitsnacht verweigert sich diese überraschend dem Gatten und enthüllt ihm, daß sie die Ehe nur zum Schein eingegangen ist, um ihre seit längerer Zeit bestehende Liebschaft mit dem König desto ungestörter fortsetzen zu können. Amintor ist empört über diesen Betrug, stellt den Herrscher zur Rede, ergreift aber keine Maßnahmen gegen ihn, weil er von der Unantastbarkeit des Souveräns überzeugt ist. Da kehrt Melantius aus dem Feld zurück, und Amintor, sein bester Freund, kann den Grund seiner Schwermut nicht lange vor ihm verbergen. Außer sich vor Rachedurst appelliert Melantius an das Ehrgefühl der Schwester und erreicht, daß sie den König während einer Schäferstunde umbringt. In der Hoffnung, sich mit dieser Tat auch in den Augen Amintors rehabilitiert zu haben, setzt Evadne diesen davon in Kenntnis. Doch auch der Tod des unehrenhaften Regenten bringt Amintors Loyalität nicht ins Wanken. Er wirft Evadne vor, daß sie Hand an ein Leben gelegt habe, dessen Name allein schon genügte, seine ganze Wut zu bändigen (»... *thou hast touched a life/ The very name of which had power to chain / Up all my rage...*«). In ihrer Verzweiflung stößt sich die Unglückliche den Dolch in die Brust. Ihre Gegenspielerin Aspatia erleidet den Tod von der Hand Amintors, den sie in Männerkleidern zum Kampf herausgefordert hatte. Amintor leistet der Sterbenden Abbitte und tötet sich dann selbst. Vor soviel sinnlosem Leid kapituliert schließlich auch Melantius, der andeutet, daß er sich ebenfalls das Leben nehmen will.

Neben *Phylaster* gilt *The Maides Tragedy* als das künstlerisch ausgereifteste Werk des Autorengespanns Beaumont und Fletcher, dessen in der Theatergeschichte beispiellose Zusammenarbeit von 1606 bis 1613 währte und eine Fülle höchst bühnenwirksamer, wenn auch meist substanzarmer Stücke zeitigte. In *The Maides Tragedy* freilich griffen die beiden Erfolgsdramatiker ein Thema auf, das für die Menschen im England Jakobs I. ein Politikum ersten Ranges war: die Frage nach dem Sinn und den Grenzen des Gottesgnadentums. Beaumont und Fletcher schürzen den dramatischen Knoten so geschickt, nehmen mit ihrer brillanten eingängigen Verssprache den Zuschauer so gefangen, daß das Stück seine Wirkung auch durch ins Auge springende Mängel, wie etwa die widersprüchliche Motivation der Personen, nicht verfehlte.
W. D.

AUSGABEN: Ldn. 1619 [Quarto 1]. – Ldn. 1622 [Quarto 2; erw.]. – Ldn. 1679 (in *Fifty Comedies and Tragedies*, Folio 2). – Ldn. 1887 (in *The Works of B. and F.*, Hg., Einl. u. Anm. J. S. L. Strachey, 2 Bde., 1; ern. 1949). – Ldn. 1904 (in *The Works of B. and F.*, Hg., Einl. u. Anm. A. H. Bullen, 1904 ff., Bd. 1; unvollst.). – Cambridge 1905 (in *The Works of B. and F.*, Hg. A. Glover, 10 Bde., 1905–1912, 1). – NY 1932 (in *Eight Famous Elizabethan Plays*, Hg. C. Dunn). – Oxford 1953 (in *Five Stuart Tragedies*, Hg. A. K. MacIwraith). – Ldn. 1968. – Edinburgh 1969.

ÜBERSETZUNGEN: *Die Braut*, H. W. v. Gerstenberg, Kopenhagen/Lpzg. 1765. – Dass., K. L. Kannegießer (in *Dramatische Werke*, Bd. 1, Bln. 1908).

LITERATUR: W. D. Briggs, *A Source of* »*The Maides Tragedy*« (in MLN, 31, 1916, S. 503f.). – G. Pellegrini, *Un ›in-quarto‹ della* »*Maid's Tragedy*« (in Anglica, 1, 1946, S. 124–127). – R. K. Turner Jr., *The Relationship of* »*The Maides Tragedy*« *Q 1 and Q 2* (in PBSA, 51, 1957, S. 322–327). – Ders., *A Textual Study of B. and F. and F.'s* »*The Maid's Tragedy*«, Diss. Univ. of Virginia 1958 (vgl. Diss. Abstracts, 19, 1958/59, S. 1369/1370). – M. Neill, »*The Simetry, Which Gives a Poem Grace*«: *Masque, Imagery, and the Fancy of* »*The Maid's Tragedy*« (in Renaissance Drama, 3, 1970, S. 111–135). – R. D. Hume, »*The Maid's Tragedy*« *and Censorship in the Restoration Theatre* (in PQ, 61, 1982, Nr. 4, S. 484–490).

PHYLASTER, OR, LOVE LYES A BLEEDING

(engl.; *Philaster, oder Die Liebe blutet*). Tragikomödie in fünf Akten in Vers und Prosa von Francis BEAUMONT und John FLETCHER, entstanden zwischen 1608 und 1610, Uraufführung: London, 10. 1. 1620, Globe Theatre. – Das Stück war möglicherweise die erste Gemeinschaftsarbeit der beiden vor allem durch ihre Kollaborationen berühmt gewordenen Autoren, wobei Beaumont im allgemeinen der größere Anteil an Konzeption und Ausarbeitung zuerkannt wird. Die Handlung ist in Sizilien lokalisiert, das damals wegen seiner turbulenten Geschichte im Mittelpunkt des Interesses stand; der Schauplatz ist jedoch eher unwirklich-exotisch als realistisch gezeichnet und entspricht damit dem romantisch-heroischen Gesamtcharakter des Geschehens.

Im Mittelpunkt stehen drei Figuren. Philaster, Arethusa und der Page Bellario, der in Wirklichkeit ein Mädchen höfischen Standes namens Euphrasia ist, das den Titelhelden schwärmerisch verehrt und sich, wie Viola in SHAKESPEARES *Twelfth Night*, verkleidet hat, um ihm nahe sein zu können. Derartige Verkleidungen eines Mädchens als Mann oder weniger häufig, eines Mannes als Mädchen, gehören zu den typischen Motiven der Gattung der *romance*. Philaster ist der rechtmäßige Erbe des Thrones von Sizilien, sein Vater wurde jedoch vom König von Kalabrien entmachtet. Dessen Nachfolger plant, seine einzige Tochter Arethusa mit dem Fürsten Pharamond von Spanien zu vermählen und ihr als Mitgift Sizilien zu geben. Philaster, der sich also zu Beginn in einer ähnlichen Situation wie Hamlet befindet, zaudert, ob er dem Usurpator die jedem König gebührende Loyalität beweisen oder auf seinem Recht bestehen solle. Diese Problematik war im England des frühen 17. Jh.s mit seinen Konflikten zwischen dem autokratischen James I. und dem Parlament besonders aktuell. Sein Dilemma ist um so größer, als er ausgerechnet Arethusa liebt, der er sich als Untertan und Feind nicht nähern darf. Doch als sie ihn unerwartet ihrer Liebe versichert, scheint sich ein gutes Ende anzubahnen, zumal ihr Freier Pharamond und die leichtlebige Hofdame Megra in einer kompromittierenden Situation ertappt werden. Nun aber erpreßt Megra den König mit der Behauptung, auch Arethusa habe gesündigt, und zwar mit Bellario, der inzwischen widerwillig dem Wunsch Philasters gefolgt und in den Dienst der Königstochter getreten ist. Der Page wird verstoßen, und Philaster, von krankhafter Eifersucht gepackt, bricht mit Arethusa, ohne sie angehört zu haben. Bei einer Jagd begegnet sie ihm wieder, weist seine Aufforderung, ihn mit seinem eigenen Schwert zu durchbohren, zurück und ist bereit, sich von ihm töten zu lassen. Als er sie, um »Gerechtigkeit« zu üben, bereits verwundet hat, taucht ein Bauer auf, fällt über den Rasenden her und jagt ihn in die Flucht – für Philaster, den Höfling, eine schimpfliche Situation, die den Zuschauer besonders drastisch auf die Unrichtigkeit seines Vorgehens aufmerksam machen soll. Verletzt schleppt er sich weiter, trifft auf den schlafenden Bellario und bringt ihm, um den Verdacht von sich abzulenken, ähnliche Wunden bei.

In diesen Szenen geht es den Autoren weniger um den Titelhelden, der durch sein Verhalten zwangsläufig in ein schiefes Licht gerät, sondern vielmehr um die bedingungslose Liebe der beiden Mädchen, die bereit sind, Philaster ihr Leben zu opfern. Die Unbedingtheit des Gefühls ist die im Grunde einzige Möglichkeit, die einer Frau in der damaligen Zeit und innerhalb der Grenzen, die die literarische Gattung der Tragikomödie setzte, ihren Adel und ihre menschliche Größe unter Beweis zu stellen. Aber auch Philaster wird eine Gelegenheit zur Rehabilitierung gegeben, um das gattungsnotwendige glückliche Ende zu begründen. Die Tragikomödie soll nach dem Verständnis der Autoren die Handlung zwar bis an die Katastrophe heranführen, diese aber dann abwenden. Der Tod darf nur drohen, aber nicht eintreten, Schuld lädt man zwar auf sich, erhält aber Gelegenheit zur Sühne. Als Bellarios falsches Geständnis auf Zweifel stößt, stellt sich Philaster, wird zum Tode verurteilt, söhnt sich im Gefängnis mit Arethusa aus und heiratet sie heimlich. Bevor der König beide vernichten kann, rebellieren die Bürger von Messina gegen ihn. Der verängstigte Usurpator bittet Philaster, die Volkswut zu beschwichtigen, gewährt ihm danach die Hand seiner Tochter und überläßt ihm den Thron von Sizilien.

Die Bürgerszene, in ihrem Aufbau geradezu eine Parodie der im zeitgenössischen Drama üblichen Volksszenen, zeigt deftigen Humor, der allerdings vorwiegend auf Kosten des von den Kaufleuten gefangenen und mit komisch-blutrünstigen Drohungen erschreckten Pharamond geht. Immerhin sind die Bürger die einzigen, die in diesem Drama voll höfischer Helden wirklich handeln; alle anderen lassen sich mehr oder weniger vom Strom der Geschehnisse treiben. Hier werfen die Autoren ein bezeichnendes Schlaglicht auf die unwirkliche Welt der heroischen Tragikomödie. – Der letzte Akt bringt unerwartet eine weitere Komplikation, als Megra ihre Anschuldigungen Arethusas und Bellarios wiederholt. Die Unschuld der beiden wird schließlich durch die Entdeckung der wahren Identität des Pagen bewiesen. Megra wird verbannt, Pharamond nach Hause geschickt, der König bereut: Somit ist die Welt wieder heil, deren Ordnung dem Theaterpublikum im Gegensatz zu den Dramenfiguren nie wirklich bedroht erscheint, da es von Anfang an hinter Philaster eine starke Partei weiß und Bellarios Rollentausch kennt. Dadurch wird es in die Lage versetzt, die großen Leidenschaftsausbrüche und Auseinandersetzungen auf der Bühne rein ästhetisch zu genießen. – *Phylaster* war die erste erfolgreiche Tragikomödie jener Periode und wurde zum Vorbild für zahlreiche Werke dieser Gattung, die für die Zeit bis zur Schließung der Theater durch die Puritaner (1642) als typisch gelten kann.   W.Kl.

AUSGABEN: Ldn. 1620. – Ldn. 1622 [2. Fassg.]. – Ldn. 1687. – Ldn. 1695 [Neufssg. d. letzten beiden Akte v. E. Settle]. – Ldn. 1887 (in *The Works of B. and F.*, Hg., Einl. u. Anm. J. S. L. Strachey, 2 Bde.; ern. 1949). – Ldn. 1904 (in *The Works of B. and F.*, Hg., Einl. u. Anm. A. H. Bullen, 1904 ff., Bd. 1). –

Cambridge 1905 (in *The Works of B. and F.*, Hg. A. Glover, 10 Bde., 1905–1912, 1). – Ldn. 1966 (in *The Dramatic Work in the B. and F. Canon*, Hg. F. Bowers). – Ldn. 1969. – Lincoln/Nebr. 1974. – Ldn. 1975.

ÜBERSETZUNG: *Philaster oder Die Liebe blutet*, A. Seubert, Lpzg. 1879 (RUB).

LITERATUR: J. E. Savage, *B. and F.'s »Philaster« and Sidney's »Arcadia«* (in ELH, 14, 1947, S. 194–206). – Ders., *The ›Gaping Wounds‹ in the Text of »Philaster«* (in PQ, 28, 1949, S. 443–457). – P. Davison, *The Serious Concerns of »Philaster«* (in ELH, 30, 1963, S. 1–15). – L. Bliss, *Three Plays in One: Shakespeare and »Philaster«* (in Medieval & Renaissance Drama in England, 2, 1985, S. 153 bis 170).

SIMONE DE BEAUVOIR

* 9.1.1908 Paris
† 14.4.1986 Paris

LITERATUR ZUR AUTORIN:
Biographien:
C. Z. Romero, *S. de B. in Selbstzeugnissen und Bilddokumenten*, Reinbek 1978; zul. 1986 (rm). – C. Asher, *S. de B. A Life of Freedom*, Brighton 1981; Boston 1982. – C. Francis u. F. Gontier, *S. de B.*, Paris 1985 (dt. Weinheim 1986). – J. Okely, *S. de B.*, NY 1986.
Gesamtdarstellungen und Studien:
G. Gennari, *S. de B.*, Paris 1958. – G. Hourdin, *S. de B. et la liberté*, Paris 1962. – D. Wasmund, *Der ‚Skandal' der S. de B.*, Mchn. 1963. – Y. S. Julienne-Caffié, *S. de B.*, Paris 1966. – C. L. van den Berghe, *Dictionnaire des idées dans les œuvres de S. de B.*, Den Haag/Paris 1966. – F. Jeanson, *S. de B. ou l'entreprise de vivre*, Paris 1966. – L. Gagnebin, *S. de B. ou le refus de l'indifférence*, Paris 1968. – A.-C. Jaccard, *S. de B.*, Zürich 1968. – A.-M. Lasocki, *S. de B. ou l'entreprise d'écrire*, Den Haag 1971. – G. Schüler, *S. de B.* (in *Frz. Literatur der Gegenwart in Einzeldarstellungen*, Hg. W. D. Lange, Stg. 1971, S. 193–212). – C. Moubachir, *S. de B. ou le souci de l'indifférence*, Paris 1972. – C. Cayron, *La nature chez S. de B.*, Paris 1973. – M. Descubes, *Connaître S. de B.*, Paris 1974. – R. Cottrell, *S. de B.*, NY 1975. – L'Arc, 1975, Nr. 61 [Sondernr.: *S. de B. et la lutte des femmes*]. – K. Bieber, *S. de B.*, Boston 1979 (TWAS). – J. R. Audet, *S. de B. face à la mort*, Lausanne 1979. – C. Francis u. F. Gontier, *Les écrits de S. de B.*, Paris 1979. – A. Whitmarsh, *B. and the Limits of Commitment*, NY 1981. – A. Schwarzer, *S. de B. heute – Gespräche aus zehn Jahren*, Reinbek 1983; ern. 1986 (rororo). – T. Keefe, *S. de B., a Study of Her Writings*, Ldn.
1984. – C. Wagner, *S. de B.s Weg zum Feminismus*, Rheinfelden 1984. – E. Lange, *S. de B.* (in KLRG). – M. Evans, *S. de B.; ein feministischer Mandarin*, Rheda-Wiedenbrück 1986. – Dalhousie Review 1986, Nr. 9 [Sondernr.: *Perspectives sur Sartre et B.*, Hg. P. de Méo].

LE DEUXIÈME SEXE

(frz.; Ü: *Das andere Geschlecht*). Populärwissenschaftliche Untersuchung von Simone de BEAUVOIR, erschienen 1949. – Das Werk tritt für die Gleichberechtigung der Frau ein. Auf Biologie, Psychiatrie und Psychoanalyse gestützt, versucht die Autorin zunächst, die Besonderheit der weiblichen Physis und Psyche zu charakterisieren, um dann, anhand reichhaltigen Materials aus Soziologie, Geschichte und Literatur, jenes Bild der Frau zu analysieren, das, jenseits von Verachtung oder Verherrlichung in Mythos und Gesetzgebung, durch Jahrhunderte hindurch konstant geblieben ist. In der gesamten überschaubaren Geschichte der Menschheit ist die Frau als das »Andere« bestimmt worden. Der Mann ist das Absolute, das Subjekt, das Wesentliche – sie nur seine Ergänzung, das Objekt, das Unwesentliche, das nicht durch sich selbst besteht. Aber nicht die Natur, behauptet Simone de Beauvoir, hat die Frau zu dieser Unselbständigkeit verdammt. Die Frau als das *»schlechthin Andere«* ist ein Produkt der Zivilisation im weitesten Sinne – ihr Los ist ihr vom Manne zudiktiert worden. Selbständige, freiheitliche Frauen sind Ausnahmen in der Geschichte. Die Frauenemanzipation, die um die Jahrhundertwende einsetzte, ist auf halbem Wege stehengeblieben, der historische Materialismus, der als erste philosophische Richtung der Frau Gleichberechtigung und damit einen würdigen Platz in der Gesellschaft als selbstverständlich zuerkannt hat, ist praktisch nicht verwirklicht worden.
Im zweiten Teil behandelt Simone de Beauvoir eingehend die psychische und physische Entwicklung und die spezifischen sozialen Probleme der Frau. Sie setzt sich kritisch mit der traditionellen Mädchenerziehung auseinander und entwirft Richtlinien für eine künftige Pädagogik, die sie als Voraussetzung und Grundlage einer echten Emanzipation ansieht. Simone de Beauvoir behauptet nicht, daß die Lebens- und Denkweise von Mann und Frau je identisch werden könnten. Unterschiede bestehen und sollen bestehen. Aber die Frau soll die gleiche Würde besitzen und die gleiche Achtung genießen wie der Mann. Sie soll ein freies, selbständiges Wesen, sie soll Subjekt werden, das dem Mann ebenbürtig zu begegnen vermag. Simone de Beauvoir vertritt mit Nachdruck den Standpunkt, daß eine solche Entwicklung nicht nur die Frau, sondern in vieler Hinsicht auch den Mann befreien und soziale Probleme beseitigen werde, die aus dem hierarchischen Verhältnis von Mann und Frau entstanden sind. Das Werk ist viel diskutiert und angegriffen worden, teils der praktischen Lösun-

gen wegen, die es vorschlägt – die Autorin fordert neben der vollen beruflichen Gleichberechtigung Geburtenkontrolle und legale Abtreibung und tritt für eine freie Verbindung der Geschlechter ein –, teils wegen der rückhaltlosen Offenheit, mit der die sexuellen Probleme behandelt werden. Man hat Simone de Beauvoir vorgeworfen, ihr Buch sei von Männerhaß diktiert, und hinter ihrer empörten Absage an das lediglich duldende Wesen der Frau Komplexe gesucht. Aber so radikal und engagiert das Buch in seinen Absichten und Zielen sein mag, es beruht auf sachlicher Grundlagenforschung und leitet seine Folgerungen in erster Linie von Sartres Existenzphilosophie ab, in der Freiheit, Verantwortung und Tätigkeit die obersten Werte sind. Im langen Kampf um die Gleichberechtigung der Frau ist dieses Buch bis heute grundlegend. A.B.

Ausgaben: Paris 1949. – Paris 1971. – Paris 1986, 2 Bde. (Folio).

Übersetzung: *Das andere Geschlecht. Sitte und Sexus der Frau*, E. Rechel-Mertens u. F. Montfort, Hbg. 1951. – Dass., dies., Reinbek 1968; zul. 1986 (rororo).

Literatur: M. Nadeau, »Le deuxième sexe« (in MdF, 307, Sept. 1949, S. 497–501). – M. Thiébaut, »Le deuxième sexe« (in Revue Parisienne, 56, 8, 1949, S. 157–163). – T. Maulnier, *Une femme parle des femmes* (in Formes et Mondes, 38, 1949, S. 129–134). – J. F. Görres, *Die Erfindung der Frau* (in Wort und Wahrheit, 6, 1951, S. 58–62). – H. van Lier, *La femme selon Buytendijk* (in La Revue Nouvelle, 11, 1955, S. 560–573). – C. Moeller, *B. und die Situation der Frau*, Dortmund 1959. – J. Ehrmann, *B. and the Related Destinies of Woman and Intellectual* (in YFS, 27, 1961, S. 26–32). – S. Lilar, *Le malentendu du »Deuxième sexe«*, Paris 1969. – D. Armogathe, »Le deuxième sexe«, *S. de B. Analyse critique*, Paris 1977. – L. B. Zéphir, *Le néoféminisme de B.: 30 ans après »Le deuxième sexe«*, Paris 1982 – D. L. Hatcher, *Understanding »The Second Sex«*, NY u. a. 1984. – D. Warren, *»Le deuxième sexe« as Auto-Subversive Text* (in Dalhousie French Studies, 9, 1986, S. 128–151).

L'INVITÉE

(frz.; *Ü: Sie kam und blieb*). Roman von Simone de Beauvoir, erschienen 1943. – Das Milieu der intellektuellen Boheme in Paris zu Beginn des Zweiten Weltkriegs ist nicht nur atmosphärischer Hintergrund für die Handlung des Romans, es wirkt zugleich als bestimmender Faktor auf das Verhalten der Personen. Die Beziehung zwischen dem Schauspieler und Regisseur Pierre Labrousse und der Schriftstellerin Françoise Miquel entspricht den unkonventionellen Vorstellungen der Autorin über ein ideales Zusammenleben zwischen Mann und Frau. Die Liebe Pierres und Françoises ist auf die gegenseitige Anerkennung der Person und ihrer Freiheit gegründet und bewährt sich in rückhaltloser Aufrichtigkeit. In dieses Verhältnis zweier einander ebenbürtiger Menschen drängt sich störend die von Françoise in ihre Pariser Wohnung aufgenommene Xavière Pages. Widerspruchsvoll, zwischen Mißmut und strahlender Laune, Hilflosigkeit und Trotz schwankend, enthüllt sie allmählich, daß ein schrankenloser Egoismus die bestimmende Triebkraft ihres Verhaltens ist. Sie versteht es, Pierres Eitelkeit zu reizen, ihn zu faszinieren und zu täuschen. Ehe er dieses Mädchen durchschaut und sich von ihm distanziert, sieht sich Françoise in die Rolle einer Rivalin gedrängt, die sich eines intriganten und eitlen Wesens nicht anders erwehren kann, als es mit seinen eigenen Mitteln zu schlagen. Bestürzt nimmt Françoise zuletzt an sich selbst Regungen der Eifersucht und Triumphgefühle wahr, die nur auf den Einfluß Xavières zurückzuführen sind. Aus dem Haß, der sie schließlich übermannt, zieht sie die äußerste Konsequenz: Sie tötet Xavière mit Gas.

Dank ihrer überdurchschnittlichen Fähigkeit, kritisch zu reflektieren, gelingt es Françoise, den Mord nachträglich zu rechtfertigen, ihn als Akt der Freiheit zu begreifen, der sie wieder mit ihrem eigentlichen Selbst identisch werden läßt. Während des ganzen Romans bedient sie sich ihres analytischen Denkvermögens mit höchster Intensität und beurteilt jede Phase des Geschehens unter dem Gesichtspunkt ihrer psychologischen und philosophischen Relevanz. Diese Neigung zur Reflexion, die sich durch ein dem Roman vorangestelltes Zitat aus Hegels *Phänomenologie des Geistes* ankündigt, kann sich stellenweise verselbständigen und die Spannung der Handlung herabmindern. Daß sie nie ganz nachläßt, verdankt das Buch dem klaren und konzisen, zuweilen auch konventionellen Stil der Autorin. Er gewinnt dramatische Kraft, wenn er zum unmittelbaren Spiegel psychologischer Reaktionen der Figuren wird und etwa in unvollständigen, rasch aufeinanderfolgenden Sätzen einen inneren Schock oder eine heftige Erregung rhythmisch nachzeichnet. Darüber hinaus besitzt dieses Erstlingswerk dokumentarischen Wert: die Freundschaft, die die Autorin mit Sartre verbindet und der Einfluß seiner Philosophie sind in der Daseinsauffassung der Protagonisten, ihrem existentiellen Freiheitsbewußtsein, unmittelbar bezeugt. KLL

Ausgaben: Paris 1943. – Paris 1961. – Paris 1970. – Paris 1977 (Folio). – Paris 1980 (in *Œuvres romanesques*, Bd. 5).

Übersetzung: *Sie kam und blieb*, E. Rechel-Mertens, Hbg. 1953. – Dass., dies., Reinbek 1972; zul. 1986 (rororo).

Literatur: Th. Maulnier, Rez. (in Revue Universelle, 71, 1943, S. 722–725). – B. T. Fitch, ›*Le dévoilement de la conscience*‹ *de l'autre. »L'invitée« de S. d. B.* (in B. T. F., *Le sentiment d'étrangeté chez Malraux, Sartre, Camus et S. de B.*, Paris 1964,

S. 141–172). – H. Wardman, *Self-Coincidence and Narrative in »L'invitée«* (in EFL, 19, 1982, S. 87–104).

LES MANDARINS

(frz.; Ü: *Die Mandarins von Paris*). Roman von Simone de BEAUVOIR, erschienen 1954. – Dieser Schlüsselroman schildert das Leben einer Gruppe französischer Linksintellektueller während der letzten Monate des Zweiten Weltkriegs und der ersten Nachkriegsjahre. Jean-Paul SARTRE, Albert CAMUS, Arthur KOESTLER und Simone de Beauvoir selbst lassen sich in Hauptfiguren wiedererkennen (Robert Dubreuilh, Henri Perron, Victor Scriassine, Anne Dubreuilh). »Dichtung und Wahrheit«, Fiktion und authentische Geschichte werden in bezeichnender Weise gemischt. So ist der 1952 – also erst während der Arbeit am Roman – vollzogene Bruch zwischen Camus und Sartre schon in die Erzählung eingegangen, im Gegensatz zur Wirklichkeit kommt es aber im Roman zu einer Versöhnung (zwischen Henri und Robert). Die Umfingierung soll aber offensichtlich das Biographische gar nicht verschlüsseln. Es handelt sich vielmehr darum, daß die Autorin alternative Möglichkeiten zum tatsächlichen Geschehen gibt. Insofern wird die Erzählweise von einem Grundgedanken der existentialistischen Philosophie Sartres bestimmt, daß nämlich der Mensch jederzeit wählen könne und daß er mit seinem Leben einen Entwurf von sich selbst gebe. Im Ausdenken anderer Möglichkeiten, dem Umfingieren von Wirklichkeit enthüllen *Les mandarins* besonders deutlich die für den ganzen Existentialismus typische enge Verbindung zwischen Philosophie und Kunst.

Simone de Beauvoir entwickelt den Roman auf zwei ineinander verschränkten Ebenen. Anne berichtet in Ichform, tritt aber in der Erzählung auch in der dritten Person auf. Dabei werden oft dieselben Ereignisse wiederholt. Annes Reflexionen enthüllen andere Aspekte als die in der Erform aufgezeigten. Dies erlaubt das Gegenüberstellen verschiedener »Entwürfe«, von denen nicht entweder der eine oder der andere richtig ist, die vielmehr zueinander in einem Verhältnis der Ergänzung stehen. Die Form der kombinierten Ich- und Er-Erzählung steht auch in engem Zusammenhang mit der intellektuellen, analytischen Grundhaltung des Werks. Die gedankliche Durchdringung erzählter Ereignisse ist zumindest ebenso wichtig wie die Handlung selbst – ein Strukturelement, das zugleich die intellektuellen Protagonisten des Romans in ihrem Wesen kennzeichnet: Sie alle tragen an dem Konflikt zwischen Denken und Handeln, einem Problem, das immer wieder zum Gegenstand der zahlreichen Konversationen und Diskussionen (sicher oft Stenogramme wirklicher Gespräche) wird.

Was die Gruppe der Linksintellektuellen um ihre geistigen Führer, die Mandarins, zunächst zusammenhält, ist vor allem das gemeinsame Erlebnis der Résistance-Zeit. Aber nach der überschwenglich gefeierten Libération löst sich die gemeinsame Front sehr schnell auf; die Wege trennen sich, Unterschiede politischer Auffassung und der Weltanschauung treten immer deutlicher hervor. Die Hoffnung auf eine gesellschaftliche und politische Neuordnung unter Führung der Intellektuellen erweist sich als trügerisch. Sie scheinen zur Führung nicht fähig, weil sie nicht zur Einigkeit fähig sind. Roberts Versuch, die Intellektuellen in einer politischen Organisation zu versammeln, mißlingt. Dabei gerät auch ihr Sprachrohr, Henris Zeitung »Espoir« (›Hoffnung‹; in Wirklichkeit das Résistanceblatt ›Combat‹), die eine breite Leserschaft vor allem unter den Arbeitern gewonnen hatte, unter fremden Einfluß. Was beabsichtigt war, faßt Dubreuilh so zusammen: »*Auf jeden Fall haben wir hier in Frankreich ein sehr präzises Ziel: die Verwirklichung einer echten Volksfrontregierung. Dazu bedarf es einer nichtkommunistischen Linken, die standhält!*« Durch den Bruch zwischen Henri und Robert ist die Verwirklichung dieses Ziels völlig zunichte gemacht. Zum Scheitern führt ihr Verhältnis zum Kommunismus. Während Henri, dem es um persönliche und politische Unabhängigkeit geht, einen Bericht über stalinistische Arbeitslager veröffentlichen will, weil er glaubt, daß die Wahrheit immer aufgedeckt werden müsse, will Dubreuilh die Tatsachen verschweigen, um die Linke nicht aufzuspalten, den von Amerika ausgehenden Antikommunismus nicht zu fördern und der Rechten keine Vorwände zu liefern. Am Schluß des Romans finden sich Robert und Henri noch einmal zu gemeinsamer politischer Aktion. Sie hoffen, mit Hilfe einer neuen Zeitung den verspielten Einfluß wiedergewinnen zu können.

Gerade für die ideologische Auseinandersetzung zwischen der freien Linken mit dem Kommunismus, zwischen Existentialismus und Marxismus in der Periode der ersten Nachkriegsjahre kommt dem Roman große Bedeutung zu, bei kritischer Lektüre auch ein gewisser dokumentarischer Wert. Mit den oft etwas langatmigen politischen Diskussionen und psychologischen Erörterungen – die Ich-Erzählerin Anne ist Psychologin, auch das vielleicht der »Entwurf« einer nicht gelebten Möglichkeit der psychologisch versierten Autorin (vgl. *Le deuxième sexe*, 1949) – kontrastieren die oft äußerst spannend dargestellten existentiellen Widersprüche der Figuren: Henri z. B. führt den Kampf um seine und seiner Zeitung Unabhängigkeit bis zum Bruch mit dem Freund Dubreuilh, aber wegen der Liebe zu einer ebenso schönen wie törichten Schauspielerin deckt der aktive Résistance-Kämpfer einen Kollaborateur übelster Sorte, setzt sich der Gefahr der Erpressung aus und muß sich zeitweilig aus der Öffentlichkeit zurückziehen. Die Geschichte erhält noch eine ironische Wendung dadurch, daß Henri den jungen Vincent davon überzeugen will, daß die von diesem und seiner Bande verübten Morde an ehemaligen Kollaborateuren sinnlos und unmoralisch sind. Aber Vincent befreit Henri von dem Mitwisser seines Meineids, und Henri beseitigt zusammen mit Vincent die Leiche. – Nadine, die Tochter von Anne und Robert, tröstet sich über den Tod ihres Verlobten (er ist von den Deutschen in einem KZ umgebracht worden) in zahllosen Amouren, auch um sich und den anderen ihre Freiheit zu beweisen, bindet aber sich und Henri in einer Ehe, als sie von ihm ein Kind erwartet. – Anne selbst sucht sich in der Liebe zu einem Amerikaner, den sie mehrmals in den USA besucht, von ihrem bisherigen Leben zu lösen, ohne allerdings wirklich an eine Befreiung zu glauben.

Die bürgerlichen Werte, als deren Bekämpferin Simone de Beauvoir vor allem Skandal erregt hat, werden in Les mandarins – ihrem mit dem »Prix Goncourt« ausgezeichneten Hauptwerk – nicht mehr in Frage gestellt; die Intellektuellen haben sie für sich schon außer Kraft gesetzt. Aber an den existentialistischen Werten, vor allem dem Streben nach Wahrhaftigkeit und nach Entscheidungsfreiheit enthüllt Simone de Beauvoir grundsätzliche Widersprüche. Unabhängigkeit und Verfallensein, Freiheit und Bindung, Sexualität und Liebe, Wahrheit und Lüge, Aufbegehren und Unterwerfung liegen so dicht beieinander, daß sie immer wieder auseinander hervorgehen, ineinander umschlagen können und untrennbar miteinander verbunden sind. Nicht nur die »Schlechten«, die Kollaborateure, die Verräter, die Demoralisierten, erweisen sich als in sich widersprüchliche Gestalten, sondern gerade auch die »Guten«. Widersprüchlichkeit erscheint geradezu als Kriterium für charakterliche Wahrhaftigkeit und in der Erkenntnis als Wahrheit. Nur der auch durch sein Alter herausragende Robert bildet eine Ausnahme. Er scheint seine Widersprüche gelöst zu haben. Darin begründen sich die Konsequenz seines Denkens und Handelns, seine Fähigkeit zum echten Kompromiß, seine Abgeklärtheit und Weisheit.

Simone de Beauvoirs Figuren wirken weniger konstruiert als diejenigen Sartres. Erzählung und Reflexion sind in Les mandarins spielerisch ineinandergefügt, selbst analytische Gedankenschärfe ist mit Charme verbunden. Eigenartigerweise werden die Frauengestalten eher überzeichnet als die Männer. Das erscheint besonders deutlich an Paule, der Geliebten Henris, an der Simone de Beauvoir unbarmherzig ihre Selbsttäuschungen aufdeckt und der Lächerlichkeit preisgibt. Für Paules pathologische Unterwürfigkeit in der Liebe zu Henri findet sich immer noch eine Steigerung. Anne – Simone de Beauvoir – verfolgt Paule mit einer an Haß grenzenden Leidenschaft: Die erbärmliche Paule wird zu einer der eindringlichsten Gestalten des Romans. K.N.

AUSGABEN: Paris 1954. – Paris 1961. – Paris 1978, 2 Bde. (Folio). – Paris 1980/81 (in Œuvres romanesques, Bd. 8/9).

ÜBERSETZUNG: Die Mandarins von Paris, R. Ükker-Lutz u. F. Montfort, Hbg. 1955. – Dass., dies., Mchn./Zürich 1960. – Dass., dies., Reinbek 1965; zul. 1987 (rororo).

LITERATUR: D. Della Terza, »Les mandarins« di S. de B. (in Il Ponte, 11, 1954, S.210–215). – I. Fetscher, »Les mandarins« (in Antares, 3, Juni 1955, 4, S. 89–92). – J. O. Roach, »Les mandarins« (in Modern Languages, 37, 1955/56, S. 3–7). – G. J. Joyaux, Le problème de la gauche intellectuelle et »Les mandarins« de B. (in Kentucky Foreign Language Quarterly, 3, 1956, S. 120–128). – R. Étiemble, B. ou La mandarine concrète (in R. É., Savoir et goût, Paris 1958, S. 76–113; zuerst in Évidences, Sept.-Nov. 1957). – R. D. Reck, »Les mandarins«. Sensibility, Responsibility (in YFS, 27, 1961, S. 33–40). – F. di Pietro, »Les mandarins« o la struttura della ›Répetition‹ (in Micromégas, 4, 1977, S. 95–114). – E. Fallaize, Narrative Structure in »Les mandarins« (in Literature and Society, Hg. C. A. Burns, Birmingham 1980, S. 221–232).

MÉMOIRES D'UNE JEUNE FILLE RANGÉE

(frz.; Ü: Memoiren einer Tochter aus gutem Hause). Autobiographisches Werk von Simone de BEAUVOIR, erschienen 1958. – Mit der ihr eigenen intellektuellen Redlichkeit erzählt die Autorin hier aus ihrer Kindheit und Jugend bis zum Ende ihres mit zwanzig Jahren abgeschlossenen Philosophiestudiums. Die Loslösung des mit einem regen kritischen Verstand begabten Mädchens von den Konventionen und Tabus ihres bürgerlich-katholischen Elternhauses (»Überall traf ich auf Zwang, jedoch nirgends auf Notwendigkeit«) stellt einen Modellfall »existentialistischer« Selbstbefreiung dar. Anders als die jüngere Schwester Poupette, die der Konfrontation mit der elterlichen Ordnung leichten Sinns aus dem Weg geht, durchläuft Simone einen geistigen Entwicklungsprozeß, der sie immer klarer hinter die Vorurteile und Unstimmigkeiten ihrer Umgebung blicken läßt. Die frühe Versenkung in die von der bigotten Mutter und dem patriotischen Vater sorgfältig zensierte Literatur entführt ihren unzufriedenen, ungeleiteten Geist in weltferne Bezirke. Mit neun Jahren will das Mädchen Nonne werden, mit zwölf aber hat sie den Glauben endgültig verloren und durchschaut, daß »alles in allem vornehmlich Frauen zur Kirche gingen«. Mit fünfzehn steht der Entschluß fest, Schriftstellerin zu werden. Im Gymnasium und auf der Sorbonne schreitet sie zielbewußt von Prüfung zu Prüfung, von Diplom zu Diplom. Im letzten Studienjahr lernt sie Jean-Paul SARTRE kennen, in dem sie einem ihr überlegenen Geist begegnet. Er vermag ihr die ersehnte philosophische Begründung für die mühselig errungene Freiheit zu geben.

Neben Sartre sind es vor allem vier andere Menschen, deren unterschiedliche Haltung zum Problem der persönlichen Freiheit für Simones Entwicklung große Bedeutung gewinnt: Zaza, die die Befreiung aus der Enge der bürgerlichen Welt nicht wagt und sich dem Zynismus und der Selbstzerstörung überläßt; Stépha, die gerade aufgrund ihres liebenswerten, natürlichen Wesens und ihrer realistischen Weltsicht einer solchen »Befreiung« nicht bedarf; Jacques, der selbst zu unsicher und zu verklärt ist, um Simones Streben Sicherheit geben zu können; Herbaud, dessen labile, aber warmherzigintellektuelle Art Simones Denken und Fühlen zu einer gewissen Übereinstimmung verhilft. Beauvoirs Geschichte der Abkehr vom bürgerlichen Wertsystem (»*Allzu viele Leserinnen haben in den ›Mémoires d'une jeune fille rangée‹ die Schilderung eines Milieus genossen, das sie wiedererkannten, ohne sich für die Anstrengungen zu interessieren, die es mich gekostet hat, ihm zu entrinnen*«) verbindet sich von Anfang an mit dem Problem der Frauenemanzipation. So unzweifelhaft die Autorin mit der Idee der Gleichberechtigung in ihren theoretischen Schriften (vgl. *Le deuxième sexe*, 1949) Epoche gemacht hat: gerade hier, wo sie sich sozusagen schrittweise verwirklicht, erweist sich Simone mit ihrer rationalen Begabtheit einseitig am Leistungsideal des Mannes orientiert, dem sie mit fast streberhaftem Ehrgeiz nacheifert. Die spezifisch sinnliche Intelligenz der Frau, die etwa Stépha repräsentiert, ist nicht ihre Stärke und nicht ihr Glück. Wie problematisch ihr Verhältnis zum Körperlichen ist, zeigt ihre prinzipielle Abneigung gegen die Mutterschaft, durch die sie sich in ihrer geistigen Selbstachtung verletzt sieht.

Beauvoirs Stil besitzt, insbesondere bei der Schilderung der Unwahrhaftigkeiten und Mißstände ihrer spätbourgeoisen Epoche, den luziden Charme unbestechlicher Rationalität. Das »unbesonnene Abenteuer«, von sich selbst zu sprechen, hat sie mit den beiden Bänden *La force de l'âge*, 1960 (*In den besten Jahren*), und *La force des choses*, 1963 (*Der Lauf der Dinge*) später fortgesetzt bis zur Befreiung Frankreichs von der deutschen Besatzung 1944 und bis zum Ende des Algerienkriegs. In den Perioden, die Simone de Beauvoir dort schildert, »*geht es eher um die Verwirklichung als um die Formung meines Charakters*«. Neben der Beschreibung und Analyse der eigenen Entwicklung treten nun – da sie inzwischen als Gefährtin Sartres und Schriftstellerin selbst im öffentlichen Leben steht – die Berichte über das politische und literarische Geschehen in den Vordergrund. Schon aufschlußreich in vielem für ihr eigenes Romanschaffen (vgl. *L'invitée; Les mandarins*), stellen diese beiden Memoirenbände vor allem ein wichtiges Stück Zeitgeschichte dar. Besonders über Sartre, sein politisches Engagement (das wechselhafte Verhältnis zum Kommunismus), sein Denken und die Methode seiner literarischen Produktion gibt Simone de Beauvoir Aufschlüsse, die von größtem Interesse für das Verständnis von Sartres Werk sind. R.M.

AUSGABEN: Paris 1958. – Paris 1959. – Paris 1972.

ÜBERSETZUNG: *Memoiren einer Tochter aus gutem Hause*, E. Rechel-Mertens, Reinbek 1960. – Dass., dies., Reinbek 1968; zul. 1986 (rororo).

LITERATUR: R. Kemp, Rez. (in NL, 30. 10. 1958). – M. Nadeau, Rez. (in Lettres Nouvelles, 6, 1958, Nr. 2, S. 75–78). – A. Rousseaux, Rez. (in FL, 1. 11. 1958, S. 2). – L. Amy, Rez. (in Marginales, 65, April 1959, S. 47–50). – X. Tilliette, *Les mémoires de B.* (in Études, 300, 1959, S. 57–64). – B. Bondy, Rez. (in Die Zeit, 16. 9. 1960). – C. Menck, Rez. (in FAZ, 16. 4. 1960). – H. Pross, *Eine gelungene Emanzipation* (in FH, 15, 1960, S. 655–658). – A. Blanchet, *La grande peur de S. de B.* (in Études, 309, 1961, S. 157–172). – R. Girard, *Memoirs of a Dutiful Existentialist* (in YFS, 27, 1961, S. 41–46). – H. Lemaître, *Existenzphilosophie in Memoirenform* (in Dokumente, 17, 1961, S. 485–488). – F. Bondy, Rez. (in Die Welt, 6. 1. 1962). – G. Hourdin, *S. de B. et la liberté*, Paris 1962. – W. Rupolo, *L'istanza autobiografica di B.* (in Humanitas, 18, 1963, S. 413–421). – M. Tuñón de Lara, *Réflexions sur des »Mémoires«* (in Ésprit, 33, April 1965, 4, S. 772–778). – G. R. Strickland, *B.'s Autobiography* (in Cambridge Quarterly, 1, 1965/66, Nr. 1, S. 43–60). – J. Améry, *Chronistin ihrer Zeit* (in Merkur, 20, 1966, S. 786–791).

TOUT COMPTE FAIT

(frz.; *Ü: Alles in allem*). Autobiographisches Werk von Simone de BEAUVOIR, erschienen 1972. – Zum letzten Mal hält die Autorin Rückschau auf ihr eigenes Leben und führt den Leser dabei durch die Jahre 1963 bis 1971. Anders als in den vorausgegangenen autobiographischen Werken *Mémoires d'une jeune fille rangée* (1958), *La force de l'âge* (1960) und *La force des choses* (1963) folgt Simone de Beauvoir in ihrem vierten Buch der Erinnerungen nicht mehr der Chronologie, sondern ordnet das Erlebte um bestimmte Themenkreise: Freunde, Literatur und Kunst, Reisen, Politik. Bereits in der Anlage sprengt das Werk den Rahmen eines intimen Journals. Zwar gibt dieser Lebensbericht – zuweilen recht freimütig – Auskunft über Privates, beobachtet und registriert aber ebenso aufmerksam das geistig-politische Geschehen der sechziger Jahre und präsentiert somit ein Stück miterlebter Zeitgeschichte. So berichtet Simone de Beauvoir über die Reisen in die Sowjetunion, die sie an der Seite SARTRES unternahm, den Empfang einer Schriftstellerdelegation bei Chruschtschow, ihre Aufenthalte in der Tschechoslowakei, den »Prager Frühling«. Sie schildert das Schicksal Vietnams, ihre und Sartres Teilnahme am Russell-Tribunal. Es folgen Reiseberichte über Ägypten und Israel, den Besuch der Flüchtlingslager im Gaza-Streifen, Aufzeichnungen über den Sechs-Tage-Krieg, summarische Stellungnahmen zu den für sie enttäuschenden Entwicklungen etwa in Kuba und Algerien. Sie läßt die Ereignisse des Pariser Mai 1968 Revue passieren, die Aktionen der linksgerichteten Intellektuellen, die von Sartre und ihr selbst unterstützt wurden. Trotz der Ereignisfülle ihrer prominenten Existenz versucht die Autorin – alles in allem – Bilanz zu ziehen, auch dort, wo sie über ihr Verhältnis zur Literatur, ihre Träume, ihre Beziehung zu

Freunden, ihre schriftstellerische Arbeit berichtet: »Ich bin keine virtuose Schriftstellerin gewesen. Ich habe nicht – wie Virginia Woolf, wie Proust oder Joyce – das schillernde Spiel der Empfindungen wieder zum Leben erweckt... Aber das ist auch nicht meine Absicht gewesen. Ich wollte mich existent machen für die anderen, indem ich ihnen auf die unmittelbarste Weise mitteilte, wie ich mein eigenes Leben empfand.« Als Grundlinie ihres Lebens betrachtet sie im letzten Memoirenband, der zugleich die letzte Publikation blieb, die ungebrochene Kontinuität: »Vor allem zwei Dinge haben meinem Dasein seine Einheit verliehen: der Platz, den Sartre niemals aufgehört hat in ihm einzunehmen. Und die Treue, mit der ich immer an meinem ursprünglichen Projekt festgehalten habe: Erkennen und Schreiben.« H.H.P.

AUSGABEN: Paris 1972. – Paris 1978 (Folio).

ÜBERSETZUNG: *Alles in allem*, E. Rechel-Mertens, Reinbek 1974. – Dass., dies., Reinbek 1976; zul. 1986 (rororo).

LITERATUR: A. Blanchet, *S. de B. par elle-même* (in Études, 1972, Nr. 337, S. 703–708). – A. Clerval, Rez. (in NRF, 1972, Nr. 239, S. 90/91). – J.-M. Domenach, Rez. (in Esprit, 40, 1972, S. 979 f.). – J. Améry, *Chronik einer Epoche – Bilanz einer Existenz* (in NRs, 85, 1972, S. 325–327).

LA VIEILLESSE

(frz.; Ü: *Das Alter*). Essay von Simone de BEAUVOIR, erschienen 1970. – Die umfassende Abhandlung versteht sich als aufklärende Dokumentation eines unpopulären und mit Vorurteilen behafteten Themas. Schon vor Abfassung dieses Buches hatte Simone de Beauvoir sich in literarischer Form mit der individuellen Problematik des physischen Verfalls und des Leidens am Alterungsprozeß befaßt. In *Une mort très douce*, 1964 (*Ein sanfter Tod*), schildert sie den dramatischen Kampf ihrer Mutter gegen das Sterben. Der Novellenband *La femme rompue*, 1967 (*Eine gebrochene Frau*), umkreist das Thema des Älterwerdens vor allem aus der Perspektive der Frau. Im Epilog ihres Memoirenbandes *La force des choses*, 1963 (*Der Lauf der Dinge*), verdichtet die Autorin, inzwischen selbst an der Schwelle des Alters stehend, die eigenen Empfindungen angesichts dieses bedrohlich näherrückenden Lebensabschnitts. Die empörte öffentliche Reaktion auf dieses persönliche Bekenntnis wurde zum Anlaß für eine systematische Auseinandersetzung mit dem Alter, das hier nun als soziales und politisches Phänomen behandelt wird. Den Phrasen von einer angeblichen Würde, etwa »*der heiteren Gelassenheit des Alters*«, mit denen die Gesellschaft das für sie heikle Thema zu beschönigen sucht, tritt Simone de Beauvoir mit dem Vorsatz entgegen, »*die Verschwörung des Schweigens zu brechen*«. Weil das Alter mit einem gesellschaftlichen Tabu belegt sei, lasse es sich »*nur in seiner Gesamtheit erfassen; es ist nicht nur eine biologische, sondern eine kulturelle Tatsache*«. Aufbau und methodischer Zugriff setzen *La vieillesse* in Beziehung zu ihrem bahnbrechenden Essay *Le deuxième sexe*, 1949 (*Das andere Geschlecht*), nach dessen Muster die Autorin ihr Werk über das Alter in zwei Teile gliedert. Der erste Teil, *Von außen betrachtet*, behandelt objektive und kulturhistorische Fakten des Alters: Simone de Beauvoir referiert statistische Daten sowie Forschungsergebnisse aus Biologie, Gerontologie, Ethnologie, Geschichte und empirischer Sozialforschung. Das Kapitel über die Lebensbedingungen des alten Menschen im Lauf der Geschichte und seine Stellung in der Literatur umfaßt die sogenannten primitiven Gesellschaften ebenso wie die historischen von der Antike bis zur Gegenwart. Neben die referierende Erschließung der physiologischen Faktoren des Alterungsprozesses tritt also im ersten Abschnitt des Werkes eine Skizzierung der Sozialgeschichte des Alters.

Auf die soziale Situation des alten Menschen konzentriert sich auch der zweite Teil des Essays. Hier stellt Simone de Beauvoir den objektiven Fakten die unmittelbar gelebte Erfahrung der körperlichen und seelischen Verfassung aus der Sicht der Betroffenen gegenüber. Sie schöpft aus einem überreichen Fundus persönlicher Aussagen zum Thema Alter und läßt vorwiegend Schriftsteller zu Wort kommen, aber auch Künstler, Politiker, frühgriechische Philosophen und zeitgenössische Intellektuelle. Gestützt auf deren subjektive Äußerungen entwirft die Autorin ein Panorama der individuellen Konfrontation mit dem Alter. Die gesammelten Dokumente werden nach thematischen Gesichtspunkten wie beispielsweise »*Bewältigung des Alters*«, »*Zeit, Aktivität*«, »*Alter und Alltag*« zusammengestellt. Als Repräsentanten des Alters porträtiert die Autorin unter anderen Michelangelo, Balzac, Verdi, Einstein, Clemenceau, Goethe, Freud, Aristoteles, Flaubert und Churchill, deren Aussagen bzw. Schicksale sie mit nüchternen, zuweilen auch melancholischen Kommentaren versieht, unter Hinweis auf gesellschaftliche Verhältnisse analysiert oder mit eigenen Gedanken in Verbindung bringt.

Am Ende des Werks nennt Simone de Beauvoir zwei Lösungen, um der Fatalität des Alters und seiner Tragik zu entgehen. Im existentialistischen Sinn empfiehlt sie dem Individuum »*weiterhin Ziele zu verfolgen, die unserem Leben einen Sinn verleihen: das hingebungsvolle Tätigsein für einzelne, für Gruppen oder für eine Sache, Sozialarbeit, politische, geistige oder schöpferische Arbeit*«. Der andere Lösungsvorschlag ist überpersönlich und an die Gesellschaft gerichtet, denn »*ihre ›Alterspolitik‹ ist ein Skandal*«. Die kapitalistische Leistungsgesellschaft beschleunige nämlich den Alterungsprozeß durch rigorose Ausbeutung und verweigere schließlich noch die materielle Absicherung nach Beendigung des Berufslebens. Folglich betreffe die sozialpolitische Lösung »*das ganze System, und die Forderung kann nur radikal sein: das Leben verändern*«. Aber auch die sozialistischen Länder, denen im Anhang ein eigenes Kapitel gewidmet wird, seien noch weit vom Soll-Zustand entfernt, der auf die Formel gebracht wird, daß »*ein Mensch auch im Alter ein Mensch bleiben kann... In der idealen Gesellschaft... würde, so kann man hoffen, das Alter gewissermaßen gar nicht existieren*«.

La vieillesse erfuhr nicht das gleiche Ausmaß an Resonanz wie *Le deuxième sexe*. Zwar begrüßte die Kritik das Werk als außerordentlich kenntnis- und lehrreiche Studie, bezweifelte aber, daß das Buch eine über rein akademische Kreise hinausgehende Wirkung entfalten könnte. Die angebotenen Lösungsvorschläge wurden als zu vage zurückgewiesen. Der Existentialphilosophie verpflichtet, hat Simone de Beauvoir den Essay mit marxistischen Tendenzen unterlegt, was ihr den Vorwurf eingetragen hat, eher »*die Kontradiktion zweier Weltanschauungen*« (J. Améry) deutlich werden zu lassen, als programmatische Ansätze diesseits der Grenze von Sozialutopien zu leisten. Unbestritten blieben jedoch das Verdienst der Autorin, ein vernachlässigtes und verdrängtes Thema aufgegriffen und die Tatsache bewußtgemacht zu haben, daß eine Analyse des Altersproblems nur unter Berücksichtigung des sozialen Umfeldes sinnvoll ist. H.H.P.

AUSGABEN: Paris 1970. – Paris 1979, 2 Bde.

ÜBERSETZUNG: *Das Alter*, A. Aigner-Dünnwald u. R. Henry, Reinbek 1972. – Dass., dies., Reinbek 1977; zul. 1986 (rororo).

LITERATUR: »*Pourquoi on devient vieux*« (in Nouvel Observateur, März 1970, Nr. 279, S. 48–60). – H. Clouard, Rez. (in RDM, 1970, Nr. 3, S. 660–663). – J. Améry, Rez. (in Die Zeit, 10. 4. 1970). – T. H. Adamwoski, *Death, Old Age and Femininity: B. and the Politics of* »*La vieillesse*« (in Dalhousie Review, 50, 1970/71, S. 394–401). – M. Bosch, Rez. (in FH, 27, 1972, S. 918–921). – J. Petersen, Rez. (in NRs, 83, 1972, S. 566–570). – R. Schottlaender, *Das Alter – ein Thema von S. de B.* (in SuF, 38, 1986, S. 1215–1229).

AUGUST BEBEL

* 22.2.1840 Deutz bei Köln
† 13.8.1913 Passugg / Graubünden

DIE FRAU UND DER SOZIALISMUS

Kulturkritische Untersuchung von August BEBEL, illegal erschienen 1879 in Leipzig; als Verlagsort ist jedoch Zürich angegeben, da das sogenannte »Sozialistengesetz« von 1878 die Veröffentlichung von Druckschriften sozialistischer Arbeiter in Deutschland untersagte. – Nicht als historische oder soziologische Arbeit, sondern als politische Kampfschrift konzipiert, verdankt das theoretische Hauptwerk des Drechslergesellen, späteren sozialdemokratischen Parteiführers und Reichstagsabgeordneten August Bebel der geschickten Verknüpfung von wissenschaftlicher Methode und praktischer Absicht, vor allem aber der Mißachtung bürgerlicher Tabus, daß es zu einem der verbreitetsten marxistischen Bücher (60 Auflagen) und bis 1895 bereits in dreizehn Sprachen übersetzt wurde. Ausgehend von der marxistischen Überzeugung, daß die gesellschaftlichen Institutionen nicht unabänderliche Naturgegebenheiten darstellen, sondern historisch bedingt sind, bemüht sich der Autor im ersten Abschnitt des Werks, die soziale Stellung der Frau durch verschiedene Epochen bis auf die vorgeschichtliche Urhorde zurückzuverfolgen und zu beschreiben. Wie Bebel sich bezüglich der ältesten Kulturen auf die Forschungsergebnisse von J. J. BACHOFEN, L. H. MORGAN, H. CUNOW, H. H. ELLIS u. a. stützt, so benutzt er auch für die späteren historischen Epochen und besonders für die Gegenwart eine Vielzahl von Quellen aller Art, z. B. statistisches Material oder literarische Werke. Mit dem Ziel, die Aufhebung der kapitalistischen Gesellschaftsordnung als notwendig zu erweisen, zeigt Bebel, wie sich die Jahrtausende während Unterdrückung der Frau in der Beziehung zwischen den Geschlechtern, in Ehe und Moral, Beruf und Recht entwickelt hat. Er widerlegt die herrschende Vorstellung von der »naturgegebenen« Minderwertigkeit der Frau und enthüllt die gesellschaftliche Funktion ihrer Unterordnung unter den Mann am Beispiel der Prostitution wie auch der moralischen und religiösen Vorurteile.

Indem Bebel anschließend an die Darstellung dieser noch in die Gegenwart reichenden Mißstände die daraus entstehenden Selbstzerstörungstendenzen der kapitalistischen Ökonomie voraussagt und zu beweisen versucht, daß die Zukunft in erster Linie dem Arbeiter und der Frau gehören werde, verknüpft er das Problem der weiblichen Emanzipation mit dem Schicksal der proletarischen Bewegung. Die Klärung der Arbeiterfrage und des Frauenproblems ist seiner Ansicht nach erst dann möglich, wenn die Aufgabe, eine sozialistische, d. h. vernünftig und gerecht organisierte Gesellschaft zu schaffen, gelöst ist. Mehr als ein Viertel des Buches behält er deshalb der Versuch vor, diese Sozialisierung, also die Aufhebung der Klassengegensätze, den Ausgleich der Interessen, die vernünftige Organisation der Arbeit, das dadurch bedingte Wachstum der Produktivität und der Konsumtionsfähigkeit, ferner das Absterben von Staat, Religion und Sorge um die materielle Existenz zu beschreiben.

Bebel verhält sich kritisch, solange er bestehende Verhältnisse als aufhebbar, veränderbar betrachtet bzw. Wege zu deren Änderung zeigt. Als Utopist erweist er sich jedoch, wo er naiv und optimistisch einen harmonischen Endzustand schildert, der in Wirklichkeit nur Ergebnis eines Kampfes sein kann und deshalb Spuren dieser kämpferischen Entwicklung tragen müßte, die Bebel gerade nicht zu zeigen vermag. Doch ging aus seiner Schrift eben wegen dieser Verquickung utopischer Erwartungen mit den von MARX und ENGELS übernommenen Grundsätzen die erste wirklich geschlossene sozialistische Weltanschauung hervor. Sie machte es – vor allem in der Zeit vor 1917 – dem organisierten Proletariat möglich, wengistens theoretisch jene Widersprüche seines Lebens zu bewältigen, die es durch eigene politische Aktion nicht auflösen konnte. Diese weltanschauungsbildende Kraft erklärt, ebenso wie die populär-wissenschaftliche Darstellung, die erstaunliche Breitenwirkung des Buches, das in einigen Punkten auch heute noch aktuell ist. Daß es von »zünftigen« Gesellschaftstheoretikern und Soziologen in langen Auseinandersetzungen als »unwissenschaftlich« verdammt wurde, half nur die Fronten klären, die die Klassen trennten, entsprechend dem Ziel, das sich der Autor gesetzt hatte: »*Ein Buch, das über öffentliche Dinge geschrieben ist, soll wie eine Rede, die über öffentliche Angelegenheiten gehalten wird, zur Parteinahme zwingen.*« G.Hi.

AUSGABEN: Hottingen/Zürich [recte Lpzg.] 1879. – Zürich 1883 (*Die Frau i. d. Vergangenheit, Gegenwart u. Zukunft*; umgearb.). – Zürich ⁷1887 (*Die Frau i. d. Vergangenheit, Gegenwart u. Zukunft*). – Ldn. ⁸1890 (*Die Frau i. d. Vergangenheit, Gegenwart u. Zukunft*). – Stg. ⁹1891 [umgearb.]. – Stg. ⁵⁰1910 [verb. u. verm.]. – Bln. ⁵⁹1929 [Vorw. E. Bernstein]. – Bln. 1962. – Hannover 1974.

LITERATUR: C. Jardon, *Die Frau und B.s Utopien*, Minden 1892. – L. Bering, *Die Frau bei den großen Sozialisten*, Diss. Münster 1926. – M. Hochdorf, *B. Geschichte einer politischen Vernunft*, Bln. 1932. – H. Gemkow, *A. B.*, Lpzg. 1969. – H. Hirsch, *A. B. in Selbstzeugnissen und Bilddokumenten*, Reinbek 1973 (rm). – R. Burgard/G. Karsten, *Die Märchenonkel der Frauenfrage. Friedrich Engels und A. B.*, Bln. 1975. – K. A. Rasmussen, *A. B. and the Psychohistorical Origins of German Social Democracy 1863–1879*, Diss. Los Angeles 1982. – W. Jung, *A. B. – deutscher Patriot u. internationaler Sozialist*, Pfaffenweiler 1986. – B. Seebacher-Brandt, *B. Künder u. Kärrner im Kaiserreich*, Bonn 1988.

HEINRICH BEBEL

* 1472 Ingstetten
† 1518 Tübingen

LITERATUR ZUM AUTOR:
G. W. Zapf, *H. B. nach seinem Leben und Schriften*, Augsburg 1802. – G. Bebermeyer, *Tübinger Dichterhumanisten. B., Frischlin, Flayder*, Tübingen 1927; Nachdr. Hildesheim 1967. – J. Haller, *Die Anfänge der Universität Tübingen (1477–1537)*, 2 Tle., Tübingen 1927–1929. – Ders., *B. als deutscher Dichter* (in ZfdA, 66, 1929, S. 52–54). – G. Ellinger, *Geschichte der neulat. Literatur Deutschlands im 16. Jh., 1: Italien u. der dt. Humanismus in der neulat. Lyrik*, Bln./Lpzg. 1929, S. 435 ff. – NDB, 1, 1953, Sp. 685/686. – RL, 1, S. 710–712. – De Boor, 4/1, 1970, S. 593 ff. u. ö.

FACETIAE

(nlat.; *Anekdoten*). Sammlung von etwa 450 kurzen anekdotischen Erzählungen und Schwänken in drei Büchern von Heinrich BEBEL, entstanden zwischen 1506 und 1514. – Aus einer offenbar angesehen Familie im Bereich des Reichsamts Justingen stammend, hat Heinrich Bebel seine bäurisch-dörfliche Herkunft nie verleugnet, sondern zeitlebens kultiviert; gerade die *Facetiae* sind ein Zeugnis seiner Achtung von Bauernschläue und Bodenständigkeit, obwohl sie zugleich, etwa durch ihre lateinische Form, ein Dokument seiner humanistischen Ideale darstellen. Der Vater ermöglichte Bebel und seinem Bruder Wolfgang eine akademische Ausbildung. Von seinen studentischen Wanderjahren sind dokumentarisch nur sein Besuch der Universitäten Krakau (1492) und Basel (1495) nachzuweisen. Selbst von diesen beiden Stationen wird daher deutlich, daß er mit so bedeutenden Zeitgenossen der humanistischen Schule wie Conrad CELTIS, Laurentius CORVINUS, Johannes RHAGIUS und Sebastian BRANT persönlich zusammentraf. Am 2. April 1496 schrieb er sich dann an der Universität Tübingen ein, wo er bald darauf mit dem Lehrstuhl für Rhetorik und Poetik betraut wird, den er bis zu seinem Tod innehatte. 1501 wird er in Innsbruck von Kaiser Maximilian I. zum Dichter gekrönt *(Poeta laureatus)*.

Die *Facetiae* gehen auf das Vorbild von Gian Francesco BRACCIOLINI, genannt Il Poggio (1380 bis 1459) zurück. Jener hatte in Rom unter demselben Titel eine Sammlung von Anekdoten aus dem päpstlichen Hof veröffentlicht, die allerdings sehr stark an klassischen Vorbildern orientiert war. Das erste Buch von Heinrich Bebels Sammlung scheint schon 1506 vollendet gewesen zu sein, wie aus seinem Widmungsbrief an Peter Jakobi aus Arlon hervorgeht. Das zweite Buch wurde 1507 vollendet, und Bebel begann im selben Jahr mit der Arbeit am dritten Buch seiner Sammlung, in das er bis 1514, der letzten von ihm selbst überwachten Ausgabe, Ergänzungen einarbeitete. Die Ausgabe von 1512 war erstmals in drei Bücher gegliedert. Das dritte Buch widmete Bebel dem adligen Gelehrten Vitus von Fürst.

In ihrer lateinischen Form sind die *Facetiae* offensichtlich ein humanistisches Zeitdokument, aber der Autor kopiert und adaptiert nur selten aus klassischen und zeitgenössischen Quellen; vielmehr versucht er aufzuzeigen, daß auch der bodenständig schwäbische Volksmund treffend zu formulieren weiß. Die Anekdoten zu namentlich genannten Persönlichkeiten entstammen fast durchweg dem württembergischen Raum, und auch schlagfertige Entgegnungen allgemeinerer Art legt er meist Einheimischen in den Mund (*Von der Frau aus Tübingen*; I, 106). Die Thematik der Sammlung ist um Vorfälle konzentriert, in denen sich Bauern und Bürger auf elegante Weise den Betteleien von Studenten und den Ansprüchen der Geistlichkeit entziehen. Allerdings enthält die Sammlung auch eine reichliche Anzahl von Geschichten, die in den Bereich von Derbheit und Obszönität fallen und als solche auch schon von Zeitgenossen angegriffen wurden.

Im Anhängerkreis des Humanismus wurde Bebels Sammlung von dem Erfolg und der »Klassizität« der *Adagiorum Collectanea* von ERASMUS VON ROTTERDAM überschattet, aber ihr weiterwirkender Einfluß auf die sich entfaltende volkssprachliche Schwankerzählung des 16. und 17. Jh.s ist unübersehbar. H.Sta.

AUSGABEN: Straßburg 1508; 1509 (in *Opuscula nova*). – Straßburg 1512 (in *Opuscula nova et adolescentiae*). – Straßburg 1514 (*Opuscula nova et addita*). – Lpzg. 1931, Hg. G. Bebermeyer (*H. B.s Facetien. Drei Bücher*; hist.-krit.; Nachdr. Stg. 1967).

ÜBERSETZUNGEN: *Die Geschwenck Henrici Bebelij*, o. O. 1558. – *Facetiae Henrici Bebelij ... in drey vnderschiedliche Bücher, ein vnd abgetheilet*, Ffm. 1568; 41612. – *H. B.s Schwänke*, A. Wesselski, 2 Bde., Mchn./Lpzg. 1907. – *H. B.s Facetien*, K. Amrain, Lpzg. 1907. – *Facetien H. B.s und Graf Froben von Zimmern. Deutsche Schwankzähler*, K. Amrain, Wurmlingen 1981 [Nachdr. d. Ausg. Lpzg. 1907].

TRIUMPHUS VENERIS SEU VOLUPTATIS CONTRA VIRTUTES

(nlat.; *Der Triumph der Venus oder der Wollust gegen die Tugenden*). Allegorische Zeitsatire in epischer Form von Heinrich BEBEL, entstanden 1502. – Als der Professor für Beredsamkeit und Dichtkunst an der Tübinger Universität 1502 vor der Pest nach Ingstetten geflohen war, dichtete er als Pamphlet gegen die allgemeine Sittenverderbnis dieses weitläufige Epos in sechs Büchern. Vor dem Thron der Liebesgöttin erscheinen, angeführt von Cupido, nacheinander die menschlichen Stände: zuerst die Bettler, hernach die Spitzen der Gesellschaft – der Papst und die Kardinäle, Bischöfe, Klerus und Mönche, Gelehrte, Könige, Fürsten, Adel, Ritter und Bürger, Soldaten –, sodann die verschiedenen Klassen von Frauen und schließlich die Bauern und Hirten. Sie alle erweisen der Venus ihre Huldigung und versprechen, nur ihr allein zu dienen. Daraufhin sammelt die Tugend ihre spärlichen Anhänger zum Kampf gegen die Liebesgöttin; doch von allen verlassen, unterliegt sie und flieht vor Gottes Thron. Voll Zorn will Gott die ganze Menschheit vernichten; doch er läßt sich dann von der Barmherzigkeit besänftigen und dazu bewegen, Christus auf die Erde zu senden.

So durchdacht der Plan des Werkes ist, so wenig erscheint die Durchführung gelungen: Der Stil strotzt von schwülstigen, gesuchtesten Ausdrücken; die Darstellung ist überladen mit gelehrtem Ballast und wirkt durch die Vielzahl von Abschweifungen, z. B. über eigene Liebeserlebnisse des Dichters und politische Fragen, sehr ermüdend. Auch der ausführliche Kommentar von Johannes ALTENSTEIG vermochte die Lektüre nicht anziehender zu machen. Zwar beleben das Werk manche unterhaltsamen, humorvollen Episoden, aber als Ganzes wirkt es monströs – sehr im Gegensatz zu vielen kleineren poetischen Stücken dieses Dichterhumanisten. M.Ze.

AUSGABEN: Pforzheim 1509 (in *Opera sequentia*). – Tübingen 1510 (in *Opera sequentia*; Komm. J. Altensteig). – Straßburg 1515.

FRANCIS BEBEY

* 15.7.1929 Douala / Kamerun

LITERATUR ZUM AUTOR: *F. B., écrivain et musicien camerounais. Textes présentés et commentés* par D. Hoyet, Paris 1979. – C. Schade, *Politics and the African Novel: A Study of the Fiction of F. B.* (in StTCL, 412, 1980, S. 159–175). – N. Loth, »*Afrika ist kein Dorf*«. Interview mit dem Kameruner Schriftsteller und Musiker F. B. (in Zeitschrift f. Kulturaustausch, 34, 1984, S. 24–31).

LE FILS D'AGATHA MOUDIO

(frz.; *Ü: Der Sohn der Agatha Moudio*). Roman von Francis BEBEY (Kamerun), erschienen 1967. Der erste und bekannteste Roman des kamerunischen Musikers, Musikwissenschaftlers, Journalisten und Autors, für den er 1968 den »Grand Prix Littéraire de l'Afrique Noire«, den bedeutendsten Literaturpreis des frankophonen Afrika erhielt. – Der Roman, der in der näheren Umgebung der großen Hafenstadt Douala spielt, erzählt die Geschichte des jungen Fischers Mbenda, der sich in Agatha Moudio, ein Mädchen von leichten Sitten, verliebt, und eine Beziehung mit ihr hat, dem aber dazu noch von seiner Mutter ein junges Mädchen, Fanny, aus einem Nachbarort zur Ehefrau aufgezwungen wird. Die Mutter erfüllt damit den letzten Wunsch ihres vor vielen Jahren verstorbenen Ehemanns, der seinem besten Freund das Versprechen abgerungen hatte, zur Besiegelung ihrer Freundschaft über den Tod hinaus seinem Sohn Mbenda die erste eigene Tochter zur Frau zu geben. Die vierzehnjährige Fanny ist jetzt gerade in dem Alter, in dem sie in den Augen der Dorfgemeinschaft zur Ehe fähig ist. Wäre da nicht die um nur wenige Jahre ältere, mit allen Wassern gewaschene Agatha Moudio!

Auf einer ersten Ebene kann der Roman verstanden werden als Darstellung des Konflikts zwischen den Ansprüchen der an überlieferten Normen festhaltenden Dorfgemeinschaft, verkörpert durch die Mutter des Protagonisten und die »Alten« des Dorfes, und der Neigung des Individuums auf der andern Seite, als Konflikt zwischen einer Liebesheirat und einer konventionellen Verbindung. Doch ist zumindest die Lösung des Konflikts echt »afrikanisch«: Am Ende findet sich Mbenda in einer polygamen Verbindung mit beiden Frauen, von denen jede ihm ein Kind geboren hat, deren Vater in dem einen Falle (Fanny) ein junger Mann aus dem Dorfe und im Falle des »*Sohnes der Agatha Moudio*« ein wohlhabender Weißer ist, wie die Hautfarbe des Kindes und seine glatten Haare unzweideutig verraten.

Der humoristische Ton des Autors und Ich-Erzählers lassen auf einer zweiten Ebene auch eine Deutung als kritische Distanznahme zu den überlieferten Bräuchen zu, die nicht frontal angegangen werden, sondern die angesichts der neuen Zeiten (Nähe der Stadt, Erfahrung der weißen »Zivilisation«) als nicht mehr passend, im Innersten ausgehöhlt und nur noch als Vorwand individueller Egoismen erscheinen, wie die immer übertriebeneren Forderungen des Brautpreises, an dem das ganze Dorf partizipieren möchte, beweisen. Am unverhohlensten werden die Alten bloßgestellt, die sich zwar einerseits als Hüter der Tradition aufspielen, aber durch hochprozentigen schottischen Whisky leicht zu besänftigen sind.

Auf einer dritten Ebene ist *Le fils d'Agatha Moudio* ein »Entwicklungsroman« des erst noch unreifen und von seiner Mutter und der Dorfgemeinschaft zugleich gehätschelten und bevormundeten zweiundzwanzigjährigen Mbenda, der durch die Ereignisse zunehmend an Selbständigkeit und Statur gewinnt und zum »Mann« wird: durch sein mutiges Auftreten gegenüber den weißen Sonntagsjägern, das ihm zwar 14 Tage Gefängnis, aber auch die Liebe der Agatha Moudio einbringt; durch sein Festhalten an dieser Verbindung trotz des Spottes und der Anfeindungen der Dorfbewohner und seiner Altersgenossen; durch sein Akzeptieren der Lektion der doppelten Vaterschaft: »*Die Kinder (...) sind sich doch alle gleich. Sie stammen alle vom gleichen Baum des Lebens, dessen Äste keine Rassenunterschiede kennen, und dessen Blätter der tausendfältigen Verschiedenheit der menschlichen Natur entsprechen.*« Obgleich der Roman noch in der Kolonialzeit spielt, läßt sich – anders als in den antikolonialen Romanen der fünfziger Jahre – eine Kritik an der Herrschaft der Weißen nur noch indirekt und in ironischer Brechung ausmachen: der Verfall der Sitten, Alkoholismus, die Übergriffe der Kolonialverwaltung, die Gefangensetzung einer Anzahl von Männern der Dorfgemeinschaft (die z.T. im Gefangenenlager ihr Leben lassen oder gebrochen zurückkehren) – dies alles kann nur statthaben, weil es auch auf afrikanischer Seite ein Mitverschulden und Komplizität gibt. Ein Jahr bevor der malische Autor Yambo Ouologuem in *Le devoir de violence*, 1968 *(Das Gebot der Gewalt)* das idyllische Geschichtsbild der »Négritude« demolierte, gibt Francis Bebey das Bild von der integren, in einem paradiesischen Zustand lebenden afrikanischen Dorfgemeinschaft der Lächerlichkeit preis. Die diese trotz allem auszeichnende Humanität ist eine universelle, jenseits aller Rassenunterschiede. Diese universalistisch-humanistische Botschaft des Romans dürfte auch mit ein Grund für den großen Erfolg des Romans sein, der nicht nur in zahlreiche Sprachen übersetzt worden ist, sondern auch von Francis Bebey in ein ebenfalls sehr beliebtes Chanson transponiert wurde. J.R.

Ausgabe: Yaoundé 1967; [8]1981.

Übersetzung: *Der Sohn der Agatha Moudio*, W. Thiemer, Konstanz 1969.

Literatur: M. Fromageot, Rez. (in Ici l'Afrique, Dez. 1968, S. 27f.). – M. Nnomo, *Pour une étude stylistique de l'œuvre romanesque de F. B.: Le Guillemet dans »Le Fils d'Agatha Moudio«* (in Ngam, 1/2, 1977, S. 210–242). – Art. F. B., F. Lambert (in *Dictionnaire des Œuvres Littéraires Négro-Africaines de Langue Française*, Hg. A. Kom, Sherbrooke/Paris 1983, S. 252–254).

ANTONIO BECCADELLI

genannt Il Panormita

* 1394 Palermo
† 19.1.1471 Neapel

Literatur zum Autor:
L. Barozzi u. R. Sabbadini, *Studi e critica sul P. e sul Valla*, Florenz 1891. – M. v. Wolff, *Leben und Werke des A. B., genannt P.*, Lpzg. 1894. – M. Natale, *A. B. detto Il P.*, Caltanisetta 1902. – A. Altamira, *Il P.*, Neapel 1938. – G. Resta, Art. A. B. (in Branca, 1, S. 240–243).

DE DICTIS ET FACTIS ALPHONSI REGIS ARAGONUM

(nlat.; *Aussprüche und Taten Alfons' von Aragón*). Historisches Werk von Antonio Beccadelli, verfaßt 1455. – Alfons von Aragón und Sizilien (reg.

1416–1458), der erste spanische König von Neapel, war einer der bedeutendsten und glänzendsten Fürsten der frühen Renaissance. Der Humanistenkreis an seinem Hofe war berühmt und gab dem florentinischen kaum etwas nach; Haupt dieses Kreises war Antonio Beccadelli, der seit 1435 im Dienste des Königs stand. Er stattete seinem Herrn und Mäzen den gebührenden Dank ab, indem er ihn zum Gegenstand seines Hauptwerks machte. In vier kurzen Büchern, deren jedes von einer Vorrede – vollendeten Beispielen einer anmutigen, von aller Niedrigkeit freien Schmeichelei – eingeleitet wird, zeichnet er ein Idealporträt des Herrschers. Doch versucht er nicht, eine Biographie zu schreiben; vielmehr setzt er das Bild des Fürsten aus einer Fülle von Aussprüchen und Anekdoten zusammen. Dabei geht er weder chronologisch noch systematisch vor: Die Episoden folgen einander scheinbar wahllos. Am Ende aber ersteht vor dem Leser aus der Masse der Details die Gestalt Alfons' als eines idealen Menschen, Fürsten, Mäzens und Christen. In dieser Gestalt wurde er in der Tat im damaligen Italien allgemein bewundert, wenn er ihr auch in Wirklichkeit nicht immer so ganz entsprochen haben mag. Hochherzigkeit, Liebe zu Wissenschaft und Kunst sowie tiefe Religiosität sind die Züge, die Beccadelli besonders betont. Sie vereinigen sich in Alfons ohne jeden inneren Widerspruch.
Diesem Bild des Menschen entsprechen Form und Inhalt der Schrift in vollkommener Weise. Als Geschichtsquelle über Alfons ist sie wegen ihrer durchaus lobrednerischen Tendenz nur mit Vorsicht zu gebrauchen, doch ist sie als literarisches Werk ein hervorragendes Zeugnis für den Geist der frühen Renaissance. Dem modernen Leser mag sie oberflächlich erscheinen, weil sie – ebenso wie ihr Gegenstand – ohne alle Problematik ist. In Wirklichkeit ermöglicht sie, mit Verständnis gelesen, einen Einblick in die freie Menschlichkeit des *quattrocento*, die der Schönheit der Welt ebenso geöffnet war wie den Tiefen der Religion und des Geistes. Diese Menschlichkeit beruht nicht zuletzt auf dem noch konfliktlosen Neben- und Miteinander von Christentum und Humanismus. Eine solche Geisteshaltung spricht vor allem aus dem längeren Abschnitt am Ende des dritten Buchs, wo Alfons in zwei Reden einen jungen Freund, der im Sterben liegt, zu trösten versucht. Von dieser Stelle aus läßt sich wohl auch am ehesten Zugang zu der ganzen Schrift gewinnen. G.Hü.

AUSGABEN: Pisa 1485. – Basel 1538 [mit dem Kommentar des Enea Silvio Piccolomini u. Scholien von J. Spiegel]. – Palermo 1739 (in *Thesaurus criticus*, Hg. J. Gruterus, Bd. 2).

ÜBERSETZUNG: *Aus dem Leben König Alfonsos*, H. Hefele (in *Alfonso I., Ferrante I. von Neapel. Schriften von A. B., Tristano Caracciolo, Camillo Porzio*, Jena 1925).

LITERATUR: V. Laurenza, *Il P. a Napoli* (in Atti dell'Accademia Pontiana, 42, 1912, S. 1–92). – A. Boscolo, *Medioevo aragonese*, Padua 1958, S. 151–165. – F. Elías de Tejada, *Nápoles hispánico*, Bd. 1, Madrid 1958.

HERMAPHRODITUS

(nlat.; *Der Hermaphrodit*), Epigrammsammlung von Antonio BECCADELLI, entstanden um 1422, Erstdruck 1553. – Der Autor des *Hermaphroditus* entstammt einer der angesehenen Familien Palermos. Nach seinem Jurastudium in Siena wandte er sich dem Humanismus und der neulateinischen Dichtung zu. Auf der Suche nach einem potenten Gönner war er 1435 in den Dienst Alfons' V. des Großmütigen von Aragón getreten und brachte es in kurzer Zeit zu einer einflußreichen Vertrauensstellung bei Hofe (vgl. *De dictis et factis Alphonsi regis Aragonum*). Die Jahre vorher hatte er sich freilich einigermaßen kümmerlich durchschlagen müssen: zunächst als Rhetorikprofessor an der Universität Pavia, seit 1422 als Hofpoet der Mailänder Visconti. In diese Zeit fällt offenbar die Entstehung des *Hermaphroditus*; einige Gedichte deuten auf die Studienjahre in der Toskana. Das zweibändige Werk ist Cosimo de' Medici gewidmet und war in mehreren Handschriften verbreitet.
Der *Hermaphroditus* ist aus den Bemühungen des italienischen Frühhumanismus um eine Erneuerung der antiken Literaturgattungen zu verstehen. Wenn PETRARCA mit seiner *Africa* dem Vergilischen Epos nachzueifern versuchte, tritt der Panormita in schöpferische Konkurrenz mit MARTIAL und den römischen Satirikern. Die Thematik des *Hermaphroditus* und nicht zuletzt die Obszönität vieler Stücke ist von den antiken Vorbildern bestimmt, an die nicht nur die Eleganz der Diktion erinnert.
Bevorzugte Themen im *Hermaphroditus* sind die geschlechtliche Liebe, menschliche Laster der verschiedensten Art und eine bisweilen wüste Satire auf die sexuelle Unersättlichkeit der Frauen. Anzügliche Scherzreden und deftige Späße (I 2; 4) wechseln ab mit unverhüllten Invektiven (I 10; 11). Der Hohn auf die Fehler unliebsamer Zeitgenossen nimmt in der Päderastensatire (I 7; 14) sarkastische Züge an. Unvermittelt daneben steht das Lob berühmter Männer oder eine Versepistel an befreundete Humanisten (I 19; II 38). In Abwandlung des ovidischen Motivs vom dichterischen Opus als personifiziertem Sendboten wird der *Hermaphroditus* auf dem Höhepunkt des zweiten Buchs in ein Florentiner Bordell entsandt (II 35, *Ad libellum ut Florentinum lupanar adeat*), wo er jubelnd empfangen wird (II 37).
Der »Palermitaner« schreibt ein elegantes Latein; seine Diktion ist an CATULL und Martial geschult. Wie bei den antiken Vorbildern aber stehen Urbanität der Sprache und metrische Perfektion in einem merkwürdigen Gegensatz zur derben Erotik des Inhalts. Überhaupt scheint es der Autor auf Kontraste angelegt zu haben, auf eine artige Huldigung folgen frecher Witz und unflätige Redensar-

ten, phallische Ausgelassenheit und vulgäre Späße wechseln mit gelassener Ernsthaftigkeit, Spott und boshafte Verunglimpfung schlagen um in rührende Trostworte (II 9, *Ad Ursam flentem*). Nicht selten werden andere Gattungen parodiert.
Bei den Zeitgenossen war der *Hermaphroditus* eine Sensation; doch standen neben enthusiastischem Lob (Gian Francesco BRACCIOLINI, GUARINO DA VERONA) Widerspruch und Empörung (FILELFO, VALLA, VOLATERRANUS). Von BAYLE noch erwähnt, geriet das Werk dann völlig in Vergessenheit.   K.Rei.

AUSGABEN: Venedig 1553 (*Antonii Bonaniae Beccatelli cognomento Panhormitae epistolarum libri quinque... Carmina praeterea quaedam*, Hg. B. Cesani; Teilausg.). – Paris 1791 (*Quinque illustrium poetarum... lusus in Venerem*, Hg. B. Mercier de Saint-Léger). – Coburg 1824, Hg. F. C. Forberg. – O. O. [Lpzg.] 1908, Hg. F. Wolff-Untereichen [Komm. A. Kind; nlat.-dt.]. – Pisa 1964 (in *Poeti latini del quattrocento*, Hg. F. Arnaldi; Teilausg.). – Rom 1980, Hg. R. Gagliardi.

LITERATUR: A. Cinguini u. R. Valentini, *Poesie latine inedite di A. B. detto il Panormita*, Aosta 1907. – P. Nixon, *Martial and the Modern Epigram*, NY 1927. – A. Corbellini, *Note di vita cittadina e universitaria pavese nel quattrocento* (in Bolletino della Società Pavese di Storia Patria, 30, 1931, S. 34–194). – B. Croce, *Poesia latina del Rinascimento* (in La Critica, 30, 1932, S. 241–321). – L. Spitzer, *The Problem of Latin Renaissance Poetry* (in Studies in the Renaissance, 2, 1955; auch in L. S., *Romanische Literaturstudien, 1936–1956*, Tübingen 1959, S. 923ff.). – F. Arnaldi, *Poeti latini del quattrocento*, Pisa 1964, S. 1–29. – E. Mertner u. H. Mainusch, *Pornotopia. Das Obszöne u. die Pornographie in der literar. Landschaft*, Ffm./Bonn 1970.

CESARE BECCARIA

* 15.3.1738 Mailand
† 28.11.1794 Mailand

LITERATUR ZUM AUTOR:
C. A. Vianello, *La vita e l'opera di C. B.*, Mailand 1938. – R. Mondolfo, *C. B.*, Mailand 1960. – Rivista Storica Italiana, 76, 1964, Nr. 3 [Sondernr. *Omagio a B.*]. – S. Zavala, *Etica e politica nell'utilitarismo di C. B*, Neapel 1971. – G. Bezzola, Art. *C. B.* (in Branca, 1, S. 243–247).

DEI DELITTI E DELLE PENE

(ital.; *Über Verbrechen und Strafen*). Juristische und gesellschaftstheoretische Abhandlung von Cesare BECCARIA, erschienen 1764. – Der Traktat des Mailänder Patriziers und Juristen entstand im Jahre 1763 aus den Diskussionen im Kreise der Mailänder Aufklärer, die sich, mit den Brüdern Pietro und Alessandro VERRI an der Spitze, in der *Accademia dei pugni* zusammengefunden hatten. Die Schrift basiert auf den staatstheoretischen und soziologischen Grundgedanken von MONTESQUIEU (*De l'esprit des lois*), HELVÉTIUS und ROUSSEAU (*Du contrat social*) und übte, vor allem über die den Text nicht unbeträchtlich entschärfende französische Übersetzung des Abbé MORELLET (1766), in zahlreichen europäischen Staaten einen starken reformistischen Einfluß auf die Strafgesetzgebung, die Strafprozeßordnung sowie auf den Strafvollzug aus. Sie stellt der wohl unmittelbar wirkungsvollsten Beitrag der italienischen Kultur zur europäischen Aufklärung dar.
In seiner apologetischen Einleitung *An den Leser* (1765) trennt Beccaria den Bereich der »menschlichen« bzw. »politischen Gerechtigkeit« von den Bereichen der »natürlichen« bzw. »göttlichen Gerechtigkeit«. Die beiden letzteren liegen in ihrer Unwandelbarkeit und dem menschlichen Willen entzogenen Gesetzlichkeit außerhalb der Interessensphäre von Beccarias Überlegungen. Der gesellschaftlich definierte Begriff des »*Verbrechens*« wird klar von dem der »*Sünde*« getrennt. Damit entzieht Beccaria geschickt seine Argumentation einer fundamentalistisch orientierten, moraltheologischen Kritik. Beccaria definiert die Begriffe von Recht bzw. Unrecht pragmatisch, als Nutzen bzw. Schaden für die Gesellschaft, was sicher nicht unwesentlich zur Überzeugungskraft seiner Schrift für Politiker und Staatslenker beigetragen hat. Dementsprechend betrachtet Beccaria das Strafrecht nicht unter dem traditionellen Gesichtspunkt der Vergeltung, sondern unter dem gesellschaftsbezogenen Aspekt der Vorbeugung. Ziel der Gesetze soll es sein, das »*größte Glück, verteilt auf die größte Zahl von Menschen*« zu gewährleisten, also den menschlichen Egoismus, soweit er das Gemeinwesen bedroht, zu bekämpfen. Doch muß das Vorgehen des Gesetzgebers mit den Empfindungen des menschlichen Herzens übereinstimmen. Auch soll die Freiheit nicht mehr als durch die soziale Notwendigkeit bedingt, eingeschränkt werden. Um dies zu erreichen, verknüpft Beccaria in seiner Argumentation die Gesichtspunkte des gesellschaftlichen Nutzens, der Vernunft sowie des menschlichen Mitgefühls. Beccaria fordert klare, allgemein verbindliche und allen Bürgern bekannte Gesetze, die allein der Idee des »*gemeinsamen Nutzens*« folgen und die von einer unabhängigen Rechtsprechung angewandt werden. Öffentliche Verhandlungen und Urteile sollen jede Willkür, die vor allem von der individuellen Auslegung der Gesetze herrührt, ausschalten. Scharf angeprangert werden geheime Anklagen, die das Denunziantentum fördern, unnötig lange und entwürdigende Untersuchungshaft sowie insbesondere die herrschende Praxis der Folter, die sowohl aus utilitaristischen wie auch aus humanen Erwägungen grundsätzlich abgelehnt wird. Die

Strafe soll im Sinne der Idee der Vorbeugung in fühlbarem Zusammenhang mit der Tat stehen. Gewalttätigkeiten verlangen Leibesstrafen, während Diebstahl ohne Gewalt mit Geldstrafen geahndet werden soll. Die Sicherheit der Strafe ist wichtiger als die Härte. Nachdrücklich fordert Beccaria die Abschaffung der Todesstrafe, die er nur dann für zulässig hält, wenn die »Sicherheit der Nation« unmittelbar gefährdet ist. Abschreckender als diese Strafe, die nur Gewalthemmungen abbaut, ist nach Beccaria der lebenslängliche Freiheitsentzug, verbunden mit Zwangsarbeit. Ein wesentlicher Aspekt der Vorbeugung ist ein freiheitliches und tolerantes Staatswesen sowie gebildete und einsichtige Bürger. Deshalb fordert Beccaria abschließend freiheitliche Reformen sowie einen Ausbau des Erziehungswesens.

Beccarias Plädoyer für einen gerechteren und menschlicheren Strafprozeß fand nicht zuletzt wegen seines klaren, konzisen und bei aller Leidenschaftlichkeit der Argumentation maßvollen Stils ein außerordentliches Echo. Zur weiteren Verbreitung des Traktats, der im Jahrzehnt nach seiner Veröffentlichung in fast alle europäischen Sprachen übersetzt wurde, trug neben den positiven Urteilen von DIDEROT und MALESHERBES vor allem VOLTAIRES *Commentaire sur le livre ›Des délits et des peines‹* (1766) bei. Erste konkrete Konsequenzen hatte Beccarias Schrift in den Strafrechtsreformen in der Schweiz sowie in den zum Teil verwirklichten Reformplänen in den Ländern aufgeklärt absolutistischer Herrscher wie Friedrich II. von Preußen, Katharina II. von Rußland und Joseph II. von Österreich.   R.Schw.

AUSGABEN: O. O. [Livorno] 1764. – Lausanne 1765 [3. verm. Aufl.] – Philadelphia [Paris] 1766 [frz. Ausg.]. – Venedig 1781, 2 Bde. [Komm. v. Voltaire]. – Paris 1786. – Bassano 1789, 4 Bde. – Mailand 1821 (in *Opere*, 2 Bde., 1821/1822, 1; Collezione de'classici italiani, 293/294). – Mailand 1854 (in *Opere*, Hg. P. Villari). – Straßburg o. J. [1911]. – Bologna o. J. [1925] (in *Opere scelte di C. B.*, Hg. R. Mondolfo). – Florenz 1945, Hg. P. Calmandrei. – Mailand 1950, Hg. L. Ventura. – Mailand 1950. – Florenz 1958 (in *Opere*, Hg. S. Romagnoli, 2 Bde., 1). – Turin 1965; ern. 1978, Hg. F. Venturi. – Mailand 1973, Hg. R. Fabietti. – Mailand 1984, Hg. G. Francioni (*Opere di C. B.*, Bd. 1).

ÜBERSETZUNGEN: *Abhandlung von den Verbrechen und Strafen*, A. Wittenberg, Hbg. 1766 [Übers. nach d. frz. Ausg.]. – *Von den Verbrechen und Strafen*, J. Schultes, Ulm 1767. – *Des Herrn Marquis von Beccaria unsterbliches Werk von Verbrechen und Strafen*, P. J. Flade, Breslau 1778; ern. Bln./DDR 1966, Hg. J. Leckschas. – *Über Verbrechen und Strafen*, H. Gareis, Lpzg. 1841. – Dass., J. Glaser, Wien 1851; ²1876. – Dass., M. Waldeck, Bln. 1870 (Histor.-polit. Bibliothek, 8). – Dass., K. Esselborn, Lpzg. 1905. – Dass., W. Alff, Ffm. 1966; ²1988 (Insel Tb.).

LITERATUR: O. Fischl, *Der Einfluß der Aufklärungsphilosophie auf die Entwicklung des Strafrechts*, Breslau 1913. – U. Spirito, *Storia del diritto penale italiano*, Bd. 1: *Da B. a Carrara*, Rom 1925, S. 49–78; ²1932. – G. Gervasoni, *L'opera maggiore di C. B.*, Bergamo 1933. – M. Ziino, *Ricerche beccariane: Il testo e lo stile del trattato »Dei delitti«* (in Convivium, 5, 1934). – M. T. Maestro, *Voltaire and B. as Reformers of Criminal Law*, NY 1942. – F. Corpaci, *B. e il problema delle nuove leggi* (in Rivista Internazionale di Filosofia del Diritto, 37, 1960, S. 750–768). – F. Corpaci, *Utile, diritto e giustizia nel pensiero di B.* (ebd., 38, 1961, S. 668–694). – S. Jacomella, *Nel secondo centenario del libro »Dei delitti e delle pene« di C. B.* (in Cenobio, 13, 1964, S. 178–217). G. Armani, *C. B. e la questione penale* (in *Lezioni sull' illuminismo*, Hg. P. Rossi, Mailand 1980). – L. Firpo, *Voltaire e B.* (in Atti della Accademia delle Scienze di Torino, 119, 1985, Nr. 1, S. 40–60).

JOHANNES ROBERT BECHER

* 22.5.1891 München
† 11.10.1958 Berlin / DDR

LITERATUR ZUM AUTOR: SuF, 12, 1960 [Sondernr. *J. R. B.*]. – E. M. Herden, *Vom Expressionismus zum sozialistischen Realismus. Der Weg J. R. B.s als Künstler und Mensch*, Diss. Heidelberg 1962. – E. Hinckel, *Gegenwart und Tradition: Renaissance und Klassik im Weltbild J. R. B.s*, Bln./DDR 1964. – *Erinnerungen an J. R. B.*, Bearb. H. Görsch, Bln./DDR 1968; ern. Ffm. 1974. – N. Hopster, *Das Frühwerk J. R. B.s*, Bonn 1969. – A. F. Stephan, *Konkretisierte Utopie. Die Politisierung der Dichtung bei J. R. B.*, Diss. Princeton Univ. 1973. – W. Herzfelde, *Wandelbar und stetig. Zum Werk J. R. B.s* (in W. H., *Zur Sache geschrieben und gesprochen zwischen 18 und 80*, Bln./Weimar 1976). – A. Abusch, *Die Welt J. R. B.s. Arbeiten aus den Jahren 1926–1980*, Bln./Weimar 1981. – H. Haase, *J. R. B. – Sein Leben und Werk*, Bln. 1981.

DAS LYRISCHE WERK von Johannes Robert BECHER.
Der in München geborene und nach seinem Moskauer Exil (1935–1945) in die spätere DDR zurückgekehrte Lyriker, Dramatiker und Erzähler, Dichter der Nationalhymne und erster Kulturminister debütierte 1911 mit der Kleist-Hymne *Der Ringende*, deren Titel exemplarisch für sein Lebenswerk werden sollte: *Verfall und Triumph* (1914), *An Europa* (1916), *An Alle* (1919), *Maschinenrhythmen* (1926), *Die hungrige Stadt* (1927), *Der Glücksucher und die sieben Lasten*

(1938), *Volk im Dunkel wandelnd* (1948), *Neue deutsche Volkslieder* (1950), *Glück der Ferne – leuchtend nah* (1951), *Schritt der Jahrhundertmitte* (1958). Von seinen expressionistischen Anfängen und erster proletarisch-revolutionärer Agitationslyrik über die Deutschland-Dichtung der Exilzeit bis hin zu den dem sozialistischen Aufbau gewidmeten Gedichten ist Bechers Lyrik gekennzeichnet von der Sehnsucht nach dem *»vollendeten Menschen«* und der Auseinandersetzung mit einer bürgerlichen Gesellschaft, die eine Verwirklichung dieses Ideals verhindert.

In den frühen expressionistischen Sammlungen will Becher durch die sprachliche Zertrümmerung des Bestehenden den Boden bereiten für die Erneuerung der Menschheit: diese über sein Vorbild Richard DEHMEL hinausweisende Dialektik von Verfall und Triumph zieht sich durch Bechers ganze Dichtung. Religiöser Erlösungsgedanke, ekstatische Aufbruchsstimmung und gesellschaftliche Utopie finden ihren teils hymnischen, teils elegischen Ausdruck in den von dem »Dreigestirn« BAUDELAIRE, RIMBAUD und KLEIST inspirierten Gedichten. Während Becher in dem Band *An Europa* (1916) noch allgemein von Menschheitsbefreiung träumt, bezieht er nach Kriegsende als Mitglied der KPD konkretere politische Positionen (*An Alle*, 1919). Die Enttäuschung über die fehlgeschlagene Novemberrevolution führt ihn jedoch zurück zu religiös-irrational bestimmten Aussageformen (*Um Gott*; *Der Gestorbene*; *Verklärung*; *Drei Hymnen*), in denen sich der Wille zu dichterischer Größe manifestiert; NIETZSCHE wird zur Identifikationsfigur. Durch die 1922 beginnende systematische Beschäftigung mit den Schriften LENINS löst sich Becher schließlich von der frühexpressionistischen Symbolsprache; in den Gedichtbänden *Maschinenrhythmen* (1926) und *Die hungrige Stadt* (1927) vollzieht er die Abkehr von idealistischem Denken (*»Menschheitsgedusel«*) und die Hinwendung zu politischen Inhalten. Krieg, Arbeitslosigkeit und Verelendung (*Ausweglos*; *Kriegsruf*; *Stahl*), proletarischer Alltag und moderne Produktionsprozesse werden thematisiert, der revolutionäre Kampf visionär beschworen (*Barakken*; *Sturm der Massen*; *Das rote Heer*) und die Russische Revolution in teils nüchterner, teils pathetischer Sprache verherrlicht. Beeinflußt durch die Nachdichtung von MAJAKOVSKIJS Poem *150 Millionen* geht auch bei Becher das lyrische Ich zeitweise in der Masse unter.

Der in den ersten Jahren der Emigration entstandene Gedichtband *Der Glückssucher und die sieben Lasten* (1938) reflektiert den faschistischen Terror in Deutschland; Trauer um die Heimat und Erinnerung an ihre Landschaften machen das Werk zu einem »repräsentativen Gedichtbuch« (Thomas Mann) dieser Zeit (*Die Heimat:* »*Als ich aus Deutschland ging, nahm ich mit mir ein Bild, / Oft sucht mein Auge jetzt, festzuhalten sich dort, / Wo inmitten der Hügel / Urach liegt.«*) In Hymnen, Balladen und Elegien beschwört Becher ein anderes Deutschland, indem er in Anlehnung an HÖLDERLIN »*das Freiheitliche mit dem Heimatgefühl*« zu verbinden sucht (*Das Holzhaus*; *Tränen des Vaterlandes Anno 1937*). Beeinflußt durch seine Freundschaft mit Georg LUKÁCS wendet er sich verstärkt dem klassischen Erbe zu und entwirft das Bild vom schöpferischen und sich selbst vollendenden Menschen (*Beneidenswerte Menschen:* »*Taten und Werke erstehn, zeugend davon, daß der Mensch / Schöpfer nun wird seiner Welt«*); Figurengedichte beschreiben die kulturelle Tradition, in der er sich nun sieht (*Dante*; *Riemenschneider*; *Bach*; *Hölderlin*; *Goethes Tod*; *Der Bittere/Maxim Gorki*). Auch mit der in den folgenden Jahren entstandenen umfangreichen Deutschland-Dichtung (*Deutschland ruft*, 1942; *Die Hohe Warte*, 1944) will Becher im lyrischen Zwiegespräch mit dem deutschen Volk als kritischer Mahner und literarischer Stellvertreter eine bessere Tradition verkörpern (*Wo Deutschland lag*; *Ich bin ein Deutscher*; *Bericht*). Als Reaktion auf die Erbe-Usurpation der Nationalsozialisten entdeckt Becher die Form des Sonetts – (*»Inbegriff poetischer Weisheit«*) – als eine ihm gemäße Ausdrucksweise; orientiert an DANTE, PETRARCA, SHAKESPEARE und RILKE verhilft ihm der formale Zwang zur Konzentration zu einer prägnanteren Aussage und verschafft ihm endlich die lange vermißte Resonanz. Die ersten Eindrücke nach seiner Rückkehr aus dem Exil sammelt Becher in den Bänden *Heimkehr* (1946) und *Volk im Dunkel wandelnd* (1948): »*O Volk, im Dunkel wandelnd, dir vereint / In deiner Leiden allertiefstem Leid: / Verwahrlost seh ich dich, im Bettlerkleid – / O Volk, im Dunkel wandelnd, sei beweint!*«. Sich mit Verzweiflung und Schuld identifizierend, will Becher gleichzeitig die Möglichkeit des Neuanfangs beschreiben, indem er an die Einsicht des Einzelnen appelliert; der Rückgriff auf religiöse Motive ist kennzeichnend sowohl für Bechers Erschütterung über das Elend wie auch für seinen Glauben an des »*Volkes Auferstehungskraft«*. Die politische Entwicklung in der DDR, an der Becher als Präsident des Kulturbundes und späterer Kulturminister (1954–1958) beteiligt ist, findet ihren Niederschlag in den *Neuen Deutschen Volksliedern* (1950) und dem Band *Glück der Ferne – leuchtend nah* (1951). In der Tradition des Arbeiterliedes und bewußt um Breitenwirkung bemüht, versucht Becher eine begeisterte Aufbruchsstimmung der Jugend in der DDR auszudrücken. »*Den Menschen suchend, der im Menschen sich / Verborgen hält«*, entwirft er einen dem Frieden verpflichteten und das »*Dunkel der Vergangenheit*« überwindenden neuen »*Menschen-Staat*« (*Der Staat*; *Wenn wir achten auf die Zeichen*; *Im Frühling*; *Das lachende Herz*).

Nach längerer Pause, während der er sich mehr den theoretischen Arbeiten gewidmet hatte, um den Zwiespalt zwischen dichterischem Selbstverständnis und politischer Funktion zu überwinden (vgl. *Bemühungen*), erschien kurz vor Bechers Tod sein letzter Gedichtband: *Schritt der Jahrhundertmitte* (1958). Lebensbilanz und Epochenrückblick reflektieren einerseits fortschrittsgläubig die technisch-wissenschaftliche Entwicklung, andererseits stehen Alter, Krankheit und Abschied thematisch im Vordergrund: Natur- und Liebesgedichte beklagen melancholisch das Noch-Nicht einer besseren Zeit und die Widersprüche des Übergangs (»'s war nicht die Zeit, dich, Liebste, so zu lieben, / Wie wir uns träumten: so soll Liebe sein«).

Becher verstand sein ganzes Werk in pathetischer Weise als »Dienst an der Menschheit künftiger Vollendung«. Von den expressionistischen Anfängen bis hin zur Altersdichtung sah er sich als Künder einer besseren Welt, zunächst unpolitisch, dann ideologisch orientiert. Über seine frühe Lyrik sagte er schon 1930: »Wir trugen in uns das Bild eines vollkommenen Menschen, das zu verwirklichen wir leidenschaftlich entschlossen waren.« Überzeugt, daß auf dem Boden des Sozialismus die Dichtung ein »Reich des Menschen« schaffen könne, zeichnet Bechers Lyrik dennoch in großen Teilen nur ein abstraktes Ideal vom Menschen. Den fehlenden unmittelbaren Alltagsbezügen steht sein Hang zum Pathos gegenüber, durch das er mangelnde menschliche Konkretheit zu überdecken sucht. Die angestrebte Schlichtheit von Inhalt und Form barg auch die Gefahr, in »neoklassizistische Glätte und konventionelle Verseschmiederei« (Stephan Hermlin) abzugleiten; vor allem aber ließ der Hang zu inhaltlichen und sprachlichen Wiederholungen, mit denen Becher zeitweise eine größere Eindringlichkeit erreichen wollte, viele Verse ins Klischee absinken. Der von ihm entdeckte Günter KUNERT sah in Becher deshalb zwar den Sucher nach einem »höheren Glück«, bemängelte aber die fehlende künstlerische Substanz (»Die trockenen Äste des Baumes künden von Mangel an Grundwasser«).

Während die bundesdeutsche Kritik mit Bechers Orientierung auf politische Inhalte seine poetische Potenz schwinden sieht, gründet sich Bechers unumstrittene Stellung in der DDR vor allem auf sein Spätwerk, das seine Bedeutung als normatives Vorbild für die DDR-Lyriker der jüngeren Generation erst in den sechziger Jahren allmählich verlor.   C.Kn.

AUSGABEN: *Der Ringende. Kleist-Hymne*, Bln. 1911. – *Verfall und Triumph*, Bln. 1914. – *An Europa. Neue Gedichte*, Lpzg. 1916. – *Verbrüderung. Gedichte*, Lpzg. 1916. – *Gedichte um Lotte*, Lpzg. 1919. – *Gedichte für ein Volk*, Lpzg. 1919. – *An Alle! Neue Gedichte*, Bln. 1919. – *Um Gott. Dichtungen*, Lpzg. 1921. – *Hymnen*, Lpzg. 1924. – *Der Leichnam auf dem Thron. Dichtungen*, Bln. 1925. – *Maschinenrhythmen. Gedichte*, Bln. 1926. – *Die hungrige Stadt. Gedichte*, Wien 1927. – *Graue Kolonnen. 24 neue Gedichte*, Bln. 1930. – *Der Mann, der in der Reihe geht. Neue Gedichte und Balladen*, Bln. 1932. – *Deutscher Totentanz 1933. Gedichte*, Moskau/Leningrad 1933. – *Der verwandelte Platz. Erzählungen und Gedichte*, Zürich/Moskau/Leningrad 1934. – *Der Mann, der alles glaubte. Dichtungen*, Moskau/Leningrad/Paris 1935. – *Der Glückssucher und die sieben Lasten. Ein hohes Lied*, Moskau/Ldn. 1938. – *Gewißheit des Siegs und Sicht auf große Tage. Ges. Sonette 1935–1938*, Moskau 1939. – *Wiedergeburt. Dichtungen*, Moskau 1940. – *Deutschland ruft. Gedichte*, Moskau 1942. – *Die Hohe Warte. Deutschland-Dichtung*, Moskau 1944. – *Heimkehr. Neue Gedichte*, Bln. 1946. – *Volk im Dunkel wandelnd. Gedichte*, Bln. 1948. – *Neue deutsche Volkslieder*, Bln./DDR 1950. – *Glück der Ferne – leuchtend nah. Neue Gedichte*, Bln./DDR 1951 [erw. 1952; erw. 1955]. – *Deutsche Sonette 1952*, Bln./DDR 1952. – *Liebe ohne Ruh. Liebesgedichte 1913–1956*, Bln./DDR 1957. – *Schritt der Jahrhundertmitte. Neue Dichtungen*, Bln./DDR 1958. – Bln./DDR 1952 (in *Ausw. in 6 Bdn.*, 1–3). – Bln./Weimar 1966 ff. (in *GW*, 18 Bde., 1966–1981, 1–6). – Bln./Weimar 1971 (in *Werke in 3 Bdn.*, 1; ern. 1976). – *Gedichte*, Ffm. 1975 (Ausw. u. Nachw. H. Mayer; BS).

VERTONUNGEN: H. Eisler, *Nationalhymne der DDR*, 1949. – Ders., *Mitte des Jahrhunderts. Kantate*, 1950. – Ders., *Neue deutsche Volkslieder (18 Lieder)*, 1950. – Ders., *Genesung. Gesang mit Klavier*, 1954.

LITERATUR: H. Haase, *J. R. B.s Deutschlanddichtung. Zu dem Gedichtband »Der Glückssucher und die sieben Lasten«*, Bln./DDR 1964. – D. Schiller, *Schöpferische Nachfolge. Bemerkungen über B.s Verhältnis zu Hölderlin* (in WB, 1971, H. 5, S. 195–211). – H. Richter, *Um Traumbesitz ringend: J. R. B.* (in *Schriftsteller und literarisches Erbe*, Hg. ders., Bln./Weimar 1976).

ABSCHIED. Einer deutschen Tragödie erster Teil 1900-1914

Roman von Johannes Robert BECHER. – Das nach 1935 in der Emigration in der UdSSR entstandene Werk ist einer der bekanntesten epischen Versuche Bechers und trägt, in der Tradition des deutschen Entwicklungsromans, stark autobiographische Züge.

Als einziger Sohn wächst in einem konservativen Elternhaus im München der Jahrhundertwende Hans Gastl auf. Sein Vater ist Staatsanwalt und vollendeter Repräsentant der bürgerlichen Gesellschaft. Der Schulfreund Hartinger wird als Sohn eines Schneiders und Sozialdemokraten abgelehnt; für einen gemeinsamen Streich der Freunde muß nur Hartinger büßen, den Hans und die Gesellschaft zum Anstifter stempeln. Die Freundschaft zerbricht daran, und Hans darf nur noch standesgemäße Freunde nach Hause bringen, mit deren Unterstützung er Hartinger, wo es nur möglich ist, körperlich mißhandelt und moralisch zu erledigen sucht. Obgleich Hartinger der Intelligentere und Begabtere ist, bleibt das Gymnasium ihm verschlossen. Neue Beziehungen zu ihm, der inzwischen Schlosser geworden ist, sollen der Familie dazu dienen, das Verhältnis des jungen Gastl mit einer Dirne zu erklären. Doch bleibt Hans diesmal bei der Wahrheit und widersteht den familiären Einflüsterungen, alles Hartingers Einfluß zuzuschreiben. Durch die Vermittlung eines Freundes, des Juden Löwenstein, nähert sich Hans nun immer mehr sozialistischen Anschauungen. Die von den Eltern verherrlichte Gesellschaftsordnung wird endgültig abgelehnt. Wegen des allzu ausschließlich betriebenen Studiums des Sozialismus fällt Hans schließlich durchs Abitur. Er hält den Mord von Sarajewo für den Beginn einer neuen Zeit, seinen Eltern aber bedeutet der Krieg in erster Linie Rettung vor all dem heraufziehenden Negativen, das sich für die Zukunft, die sie in ihrem Sohn repräsentiert sehen, drohend anzukündigen scheint. Der Vater verlangt, daß sich Hans freiwillig zum Wehrdienst meldet; die Widersetzlichkeit des Sohnes und eine tätliche Auseinandersetzung zwischen dem Vater und Hans führen aber zu dessen endgültigem Ausscheiden aus dem Familienverband.

Zentrales Motiv des Romans ist das *»Anderswerden«*, die Befreiung des Menschen aus den Zwängen einer bürgerlichen Gesellschaft, die sich während der Entstehung des Werks schon zum Faschismus gewandelt hatte, und die Hoffnung, daß der Sozialismus die klassischen Ideale individueller Freiheiten im gesellschaftlichen Rahmen erlaubt. Sein *Tagebuch 1950* mit dem Kapitel *Vom Aufstand im Menschen* sieht Becher als Fortsetzung seines Romans; Entwürfe unter dem Titel *Wiederanders* blieben Fragment. L.D.–KLL

AUSGABEN: Moskau 1940. – Bln. 1946. – Wiesbaden 1965. – Bln./Weimar 1971 (in *Werke in 3 Bdn.*, 2; ern. 1976). – Bln./Weimar 1975 (in *GW*, 18 Bde., 1966–1981, 11). – Bln. 1979. – Mchn. 1987 (dtv).

VERFILMUNG: DDR 1968 (Regie: E. Günther; Buch: ders. u. G. Kunert).

LITERATUR: R. C. Andrews, *»Abschied«, Novel from Eastern Germany* (in GLL, 1951/52, Nr. 5, S. 286–291). – P. Rilla, *Der Weg J. R. B.s* (in P. R., *Essays*, Bln. 1955, S. 328–403). – G. Lukács, *J. R. B.s »Abschied«* (in *Dt. Literaturkritik der Gegenwart*, Bd. 4, Ffm. 1971, S. 232–240; ern. 1983). – C. Fritsch, *»Sie werden über sich selbst schreiben...« J. R. B.s Roman »Abschied«* (in *Antifaschistische Literatur*, Hg. L. Winckler, Bd. 3, Königstein/Ts. 1979, S. 126–171). – D. Schiller, *Im Chaos der verstellten Stimmen. Entwicklungsroman als Bewußtseinsroman* (in *Erfahrung Exil*, Hg. S. Bock u. M. Hahn, Bln./Weimar 1979, S. 267–308).

AN EUROPA

Gedichtsammlung von Johannes Robert BECHER, erschienen 1916; die wichtigste Veröffentlichung aus der expressionistischen Phase des Autors. – *»Der Dichter«*, heißt es in dem berühmten Programmgedicht, *»meidet strahlende Akkorde. / Er stößt durch Tuben, peitscht die Trommel schrill. / Er reißt das Volk auf mit gehackten Sätzen«*, er zertrümmert die konventionelle Syntax und Sprache, um das Ohr des Volkes zu erreichen. Undeutlich ist von einer paradiesischen Zukunft – *»der neue, der heilige Staat«* – die Rede, doch noch bleibt alles Programm und Manifest: *»Wer, Dichter, schreibt die Hymne an die Politik!?«* Diesem Anruf *An die Dichter* folgen eine Hymne *An die Marseillaise* und Sonette *An die Zwanzigjährigen* (*»mit Bombenfäusten, der Panzerbrust, drin Lava gleich die neue Marseillaise wiegt!!«*). Bechers Anliegen war es, eine *neue*, zur Tat treibende Marseillaise in den Herzen der Mitmenschen zu wecken und ihren revolutionären Kern zu aktualisieren. Noch ist es allerdings ein die ganze Menschheit in brüderlichem Anruf umfassendes Gefühl ohne parteipolitische Fixierung, ein Appell, der WERFELS Aufforderung zur Güte und Hingabe, zur Weltfreundschaft nahesteht und dessen O-Mensch-Pathos immer wieder streift. Deshalb können auch Dichter wie RIMBAUD, WHITMAN, DÄUBLER, HASENCLEVER, HEYM, STADLER und TRAKL noch als *»Brüder«* angeredet werden. Diese Anrede greift indessen noch weiter, sie meint auch *»Völker-Bruderschaften«* und beschreibt die Sehnsucht, daß nach diesem Krieg, in dem sie sich selbst zerfleischen, die Nationen *»ineinander wiederkehren«*. Über Deutschland hinaus richtet Becher deshalb das Wort *An Europa* und *An die Völker*. *»Aus den Schlachten«* – so läßt das expressionistische Lebensgefühl, das er mit vielen zeitgenössischen Autoren teilte, ihn hoffen – ziehe *»ein fabelhafter Morgen auf«*, denn trotz aller Niederlagen der einzelnen Nationen: *»Menschheit heißt der unerhörte Sieg.«* Im dichterischen Wort gelingt das *»Erwachen«*, die *»Erweckung«* tatsächlich: der torpedierte, versenkte Dampfer »Lusitania« fliegt wieder über die Ozeane als *»erneuter Menschheit heiliger Fisch«*. Das ist utopisches Bewußtsein, und Becher weiß es; *Klänge aus Utopia* heißt folgerichtig das ersehnte Bild einer einigen Menschheit, und das Schlußgedicht, *An die Freude*, kann, SCHILLER zitierend, nur hymnisch erbitten: *»Füll, Utopia, füll des Chaos Raum«*, des Chaos, das in den zahlreichen Kriegsgedichten des Bandes dargestellt ist.

Das Faszinierende der lyrischen Produktion des jungen Becher liegt weniger in dem hier entwickelten Programm als darin, daß die formalen Konventionen der um die Jahrhundertwende und danach vorherrschenden Lyrik in einem großartigen, expressiven Sprachchaos aufgelöst wird. Die Sprache, hier von selten nachlassender Wucht, ist aus den heterogensten Elementen der großen Errungenschaften moderner Lyrik – der DÄUBLER, STRAMM, TRAKL, HEYM, RILKE, LICHTENSTEIN u. a. – zusammengeschmolzen; Kurt PINTHUS nannte sie *»fäkalischen Barock«*. Der Glaube an den Aufbruch des Proletariats, der Nationen und Völker zu ihrer *Verbrüderung* – so heißt ein ebenfalls 1916 erschienener Gedichtband – sollte in einer neuen Syntax wirksam vorgetragen werden, als deren besonderes Merkmal der Imperativ erscheint (*»Imperativ schnellt steil empor. Phantastische Sätzelandschaft überzüngelnd«*).

Der Band *An Europa* war, einer Schlußbemerkung zufolge, als »*erster Teil neuer Gedichte*« geplant. Mit zunehmendem parteipolitischem Engagement wandte Becher sich jedoch der proletarisch-revolutionären Dichtung zu, verwarf die frühe Lyrik und sah sich selbst als Antipode zu seinem Zeitgenossen Gottfried BENN. In den letzten Lebensjahren erkannte er dann den Expressionismus als Bestandteil des kulturellen Erbes und vor allem als wichtige Phase in seinem Leben wieder an.   L.D.–KLL

AUSGABEN: Lpzg. 1916. – Bln./Weimar 1966 (in *GW*, 18 Bde., 1966–1981, 1). – Lpzg. 1969 (in *Das Atelier. Ausgew. Gedichte 1914–1918*, Hg. A. Klein). – Mchn. 1973 (in *Gedichte 1911–1918*, Hg. P. Raabe).

LITERATUR: O. Loerke, *B.s »An Europa«* (in NRs, 1919, S. 1524). – K. Pinthus, *Erinnerungen an B.s Frühzeit* (in SuF, 12, 1960; Sondernr. *J. R. B.*). – G. Hartung, *B.s frühe Dichtungen und die literarische Tradition* (in WZJena, 1960/61, Nr. 10, S. 393–401). – E. Weiß, *J. R. B. und die sowjetische Literaturentwicklung 1917–1933*, Diss. Bln. 1964. – N. Hopster, *Das Frühwerk J. R. B.s*, Bonn 1969. – F. J. Raddatz, *Auf der Suche nach Deutschland* (in F. J. R., *Traditionen und Tendenzen*, Ffm. 1972, S. 69–111; ern. 1976). – D. Schubert, *Die Entwicklung wesentlicher Erkenntnisse zum Realismus im Dichter und Denker J. R. B. und ihre Bedeutung für die Formung des kulturell-künstlerischen Profils sozialistischer Menschen*, Diss. Zwickau 1977. – M. Rohrwasser, *Der Weg nach oben. J. R. B. Politiken des Schreibens*, Basel/Ffm. 1980.

BEMÜHUNGEN

Sammeltitel für die in vier Bänden erschienenen theoretischen Schriften von Johannes Robert BECHER: *Verteidigung der Poesie* (1952), *Poetische Konfession* (1954), *Macht der Poesie* (1955), *Das poetische Prinzip* (1957). – Die von Becher als »*Denkdichtung in Prosa*« bezeichneten Texte haben ihren Ausgangspunkt in dem Tagebuch von 1950, *Auf andere Art so große Hoffnung*; weite Teile des Bandes *Verteidigung der Poesie* wurden« dort bereits unter dem Kapitel *Eintragungen 1951* veröffentlicht. Ähnlich wie das Tagebuch sind auch die *Bemühungen* aus der »*Notwendigkeit der Selbstverständigung heraus*« entstanden und sollten dem ersten Kulturminister der DDR schließlich aus einer Schaffenskrise heraushelfen, in die ihn die Doppelfunktion als Dichter und Politiker gestürzt hatte. In Form von Bekenntnissen, Aphorismen und Notizen setzt Becher sich mit der Rolle der Kunst in der sozialistischen Gesellschaft und mit der Entwicklung einzelner literarischer Gattungen auseinander. Zentrales Thema sind die als »*confessio poetica*« bezeichneten Überlegungen zum Wesen der Poesie und ihrer Wirkungsweise. Ohne sie zu verabsolutieren, sieht Becher in diesen Bekenntnissen eine theoretische Grundlage für die von ihm angestrebte Veränderung des Menschen. Becher greift HEGELS Bemerkung auf, daß in der Lyrik das Subjekt Objekt der Gestaltung sei, Lyrik für den Dichter somit immer Selbstgestaltung bedeute. Und »*indem er sich selbst gestaltet, gestaltet er seine Zeit*«. Diese Einschätzung nimmt Becher sowohl für sein Werk als auch für sich selbst in Anspruch: Als Zeitzeuge zweier Weltkriege und begeisterter Agitator für den Aufbau einer sozialistischen Gesellschaft auf deutschem Boden betrachtet er sich in Anlehnung an GOETHES Bild des klassischen Nationalautors als Repräsentant seines Jahrhunderts.

Beeinflußt von Blaise PASCAL und dessen Hauptwerk *Pensées* (1669) versucht Becher, die existentielle Grundproblematik des modernen, säkularisierten Menschen zu bestimmen, um so die Widersprüche der Zeit zu erfassen: der Dualismus von »*Größe und Elend*« berge die Notwendigkeit »*eines humanistischen Sich-selber-Übersteigens*«, wozu in den Menschen »*ein unentwegter Kampf stattfindet, das Widerspruchsvolle in ihrem Wesen zu überwinden und zu einer Einheit zu gelangen – zu einem ganzen Menschen*«. Die Poesie wird deshalb für Becher zum wichtigsten Faktor der Menschenerziehung, zu einem Mittel, »*den ganzen Menschen zu ergreifen und die verschiedenen Teile in ihm einander näherzubringen*«. Dabei entwirft Becher, in Anlehnung an Georg LUKÁCS, ein von der deutschen Klassik beeinflußtes Menschen- und Geschichtsbild, dessen Bildungsideal der »*allseitig entwickelten Persönlichkeit*« auf der Basis einer sozialistischen Gesellschaftsordnung zur Grundlage der Kultur- und Bildungspolitik der DDR werden sollte. Die ständig neue Aneignung des kulturellen Erbes, insbesondere der Werke GOETHES, SCHILLERS und HÖLDERLINS, sieht Becher als Voraussetzung für die Entwicklung eines durch die Einheit von Rationalität und Emotion gekennzeichneten »*ganzen Menschen*«.

Bechers Auffassung vom Neuen in der Literatur ist beeinflußt von dieser Klassikrezeption. Im Gegensatz zu Tendenzen in der offiziellen Kulturpolitik der DDR der fünfziger Jahre sieht er in seinen *Bemühungen* die Bedeutung der Literatur nicht auf tagespolitische Themen begrenzt, und er kritisiert die Neigung, gesellschaftliche Entwicklungen zu mystifizieren. »*Eine neue Kunst beginnt immer mit dem neuen Menschen*«; deshalb verteidigt er auch solche Werke, die den ästhetischen Forderungen des Sozialistischen Realismus nicht gerecht werden, deren »*innere Aussage*« aber durchaus humanistisch sein könnte. Auch wendet er sich gegen eine Kritik, die »*in ihrer doktrinären Überheblichkeit und ihrer schon berüchtigt gewordenen Unfähigkeit, ein Kunstwerk als solches zu begreifen*« eine fruchtbare Auseinandersetzung mit Literatur unmöglich macht. Unter dem Begriff der »*Literaturgesellschaft*« entwickelt er das Modell des Zusammenspiels aller am Literaturprozeß beteiligten Gruppen wie Schriftsteller, Lektoren, Kritiker sowie Theater, Bibliotheken und Schulen.

Das problematische Verhältnis von Literatur und Politik, von Geist und Macht thematisierend, hielt

Becher auf der Grundlage des Sozialismus die Einheit des Politischen, Menschlichen und Poetischen dennoch für möglich: »*Das Reich des Menschen wird ein poetisches sein und der menschliche Mensch selber ein Wesen voll Poesie.*« Er selbst aber geriet immer mehr in den Konflikt, als Minister eine Kulturpolitik vertreten zu müssen, die er als Dichter in seinen *Bemühungen* kritisierte. In der Beurteilung seiner eigenen Rolle schwankt Becher zwischen Selbstüberschätzung und vernichtender Selbstkritik. Daß er viele Probleme »*überwiegend am Beispiel seiner eigenen Persönlichkeit exemplifizierte, gehört in Hinsicht auf die Intensität der Darstellung zu den Vorzügen, verweist jedoch bezüglich der wissenschaftlichen Verallgemeinerungsfähigkeit auch auf die Grenzen der theoretischen Bemühungen des Dichters*« (Haase). Durch die schrittweise Publizierung sollten die *Bemühungen* den »*Charakter eines öffentlichen Gesprächs*« annehmen, die Resonanz war aber eher spärlich. Erst in den sechziger Jahren begann die wissenschaftliche Beschäftigung mit Bechers theoretischem Werk, und auch junge Autoren der DDR griffen darauf zurück, um in der Auseinandersetzung mit ihm ihren Anspruch auf Subjektivität in der Literatur zu legitimieren (Volker BRAUN, Reiner KUNZE, Christa WOLF). C.Kn.

AUSGABEN: Bln./DDR 1952 *(Verteidigung der Poesie. Vom Neuen in der Literatur)*. – Bln./DDR 1954 *(Poetische Konfession)*. – Bln./DDR 1955 *(Macht der Poesie)*. – Bln./DDR 1957 *(Das poetische Prinzip*. Mit einem Anhang *Philosophie des Sonetts oder Kleine Sonettlehre* und *Ein wenig über vier Seiten* …). – Bln./Weimar 1971 (in *Werke in 3 Bdn.*, 3; ern. 1976). – Bln./Weimar 1972 (in *GW*, 18 Bde., 1966–1981, 13 u. 14).

LITERATUR: J. Rühle, *Literatur und Revolution*, Mchn. 1960; ern. 1987 [erw.]. – I. Siebert, »*Vollendung träumend* …«. *Das Menschenbild in J. R. B.s Prosa aus der Zeit des Neubeginns* (in Neue Deutsche Literatur, 1966, H. 5, S. 171–190). – H. Kähler, *Selbstbesinnung der Poesie* (in *Positionen. Beiträge zur marxistischen Literaturtheorie in der DDR*, Hg. W. Mittenzwei, Lpzg. 1969, S. 9–58). – S. Barck, *Wir wurden mündig erst in deiner Lehre. Der Einfluß G. Lukács' auf die Literaturkonzeption von J. R. B.* (in *Dialog und Kontroverse mit G. Lukács*, Hg. W. Mittenzwei, Lpzg. 1975, S. 249–285).

ULRICH BECHER

* 2.1.1910 Berlin

DER BOCKERER

Tragische Posse in drei Akten von Ulrich BECHER und Peter PRESES (1907–1961), erschienen 1946; Uraufführung: Wien, 4. 10. 1948, Neues Theater in der Scala. – Gemeinsam mit dem gleichfalls emigrierten österreichischen Schauspieler P. Preses verfaßte Becher dieses im Wiener Vorstadtmilieu angesiedelte Zeitstück unmittelbar nach Kriegsende im New Yorker Exil. Es ist eines der wenigen deutschsprachigen Theaterstücke, das sich auf komödiantische Weise mit dem Nationalsozialismus und seinen Auswirkungen auf die private Lebenssphäre auseinandersetzt. Die Autoren wählen dabei den Typus des anständigen »kleinen Mannes«, der sich der Gleichschaltung und Politisierung durch den Ungeist der Zeit mit Mutterwitz und gespielter Naivität zu entziehen versteht; mit ihrer Paraphrase des Schwejk-Motivs zielen sie – im Unterschied zu HAŠEK – allerdings weniger auf eine Satire der gesellschaftlichen Verhältnisse als auf ein durchaus resignativ getöntes Resümee von der Wirkungslosigkeit privater Scharmützel mit einem diktatorischen System.

In einer Folge von zwölf zumeist anekdotisch in sich abgeschlossenen Bildern werden Episoden aus dem Leben des Wiener Fleischhauers und Selchermeisters Karl Bockerer während der Jahre 1938 bis 1945 vorgeführt. Als Ehemann einer NS-Frauenschaftlerin, Vater eines SA-Jungen, Freund eines kommunistischen Widerstandskämpfers und Tarockpartner eines jüdischen Rechtsanwalts gerät Bockerer fortwährend in Konfrontation mit seiner phanatisierten bzw. zaghaften Umgebung. Sein geradliniger Individualismus wirkt dabei wie Anarchie, seine Renitenz gerät bisweilen in die Nähe politischen Widerstands. Beim Heurigen werden er und seine Freunde, der pensionierte Postoffizial Hatzinger und der »rote« Eisenbahner Hermann, in eine Rauferei mit lautstark den »Münchner Frieden« feiernden Berliner Parteigenossen verwickelt. Bockerer *(»ein volksfremder Querulant und Radaubruder. Ein Meckerer und Miesmacher«)* entgeht einer Verhaftung nur durch den Umstand, daß sein Sohn ein vielversprechender SA-Oberscharführer ist. Hermann kommt im KZ Dachau um. Doch Bockerers bauernschlaue, subversive Haltung bleibt ungebrochen: So rollt er eine viel zu lange Hakenkreuzfahne, die er auf polizeiliche Anordnung hissen muß, so lange auf, bis das Hakenkreuzemblem verschwindet und nur ein Stück rotes Tuch sichtbar bleibt. Der Krieg reißt auch Bockerer in seinen Strudel; der Sohn fällt an der russischen Front, die Bombenangriffe auf Wien lassen ihn um das Leben seiner Freunde fürchten, in seiner Wohnung werden ausgebombte deutsche Familien einquartiert. Zu Kriegsende tritt Hitler *in persona* in Bockerers Hinterstube, und der Fleischhauer benutzt die Gelegenheit, um sich mit Vehemenz den Befehlen des »Führers« zu widersetzen: Die Pointe, daß es sich bei diesem in Wahrheit um einen aus der Irrenanstalt entsprungenen Größenwahnsinnigen handelt, steht auch als Bild für die historisch zu spät gekommene Erkenntnis von Hitlers wahrer Natur. Zum guten Ende kehrt auch der Tarockpartner Rosenblatt in der Uniform eines amerikanischen Stabssergeanten wieder bei Bockerer ein.

Mit kabarettistischem Witz und Stilzügen des epischen Theaters benutzen die Autoren die Gattung des Wiener Volksstücks zu politischer Aufklärung; mit atmosphärischem Realismus und treffender Charakterzeichnung entsteht in den lose verknüpften Szenen ein lebensnahes Bild des Wiener Kleinbürgertums im Dritten Reich. Das auf der Bühne erfolgreiche Stück wurde 1963 für das Fernsehen bearbeitet und 1981 für das Kino verfilmt.   C.Fi.

AUSGABEN: Wien 1946. – Reinbek 1981 (rororo).

VERFILMUNG: Österreich 1981 (Regie: F. Antel).

LITERATUR: W. Beck, *Zeit auf den Brettern. Bemerkungen zu Thematik und Technik des Dramatikers U. B.* (in Theater der Zeit, 1957, H. 3, Beil., S. 8–31). – H. Schmitz, *Ein gemütvoller Totentanz* (in FRs, 16. 10. 1978). – H. Schödel, *Lotte in Mannheim: kunstlos* (in Die Zeit, 18. 4. 1980). – P. Kruntorad, *Auf den Stammtisch hauen: »Der Bockerer« in Wien* (in Theater heute, 1980, H. 7, S. 60). – Th. Thieringer, *Bockerer im Zweiten Weltkrieg* (in SZ, 28. 5. 1984). – R. Hochhuth, *Denn Klassiker beißen nicht* (in Die Weltwoche, 7. 6. 1984). – U. Naumann u. M. Töteberg, *U. B.* (in KLG, 22. Nlg., 1986).

MURMELJAGD

Roman von Ulrich BECHER, erschienen 1969. – Der vorwiegend als Bühnenautor bekannte Verfasser hat diesem Roman einen stark autobiographischen Charakter verliehen. Sein Held, der österreichische Marxist Albert Trebla, »Kopfschüßler« des Ersten Weltkriegs, Teilnehmer am Schutzbundaufstand, Aristokrat und linker Schriftsteller in einem, entkommt 1938 in das Engadin, wo sich in den Tagen nach dem Selbstmord des expressionistischen Malers Ludwig Kirchner seltsame Ereignisse in einer beklemmenden Atmosphäre abspielen.

Die drohende Kriegsgefahr lastet auch auf dem Refugium der Emigranten. Treblas psychotische Angst vor dem vermeintlichen faschistischen Liquidationskommando Krainer und Mostny wird genährt durch die zwanghafte Erinnerung an die Weltkriegsereignisse und an die ersten Erfahrungen mit dem faschistischen Österreich. Eine rätselhafte, an Kirchners Verzweiflungstat anknüpfende Serie von Todesfällen, die leitmotivische Funktion haben, wird zum Zeichen für eine undurchsichtige, bedrohliche Welt, die durch die landschaftliche und klimatische Eigenart Graubündens atmosphärisch verdichtet und in unangepaßten, unguten Charakteren sinnfällig wird: so in Men Clavadetscher, einem »murmelhaften« Bergbauern und Schmuggler, dessen Egoismus vor niemand haltmacht, auch nicht vor dem an bessere helvetische Traditionen erinnernden, aber vor der Welt resignierenden Doktor Gaudenz de Colana, der die skeptischen Einsichten des Autors – unter Abbé GALIANIS Maxime *»Was uns angeht, ist die optische Täuschung«* – ausspricht. Der Protagonist Trebla häuft Verdacht auf Verdacht, erliegt gedanklichen und sinnlichen Täuschungen und sieht seine gesellschaftlichen Beziehungen reduziert auf das – in feinen Schattierungen dargestellte – Verhältnis zu seiner Frau Roxane. Xanes Vater, der berühmte Equestrik-Clown Giaxa & Giaxa führt den Leser zur politischen Wirklichkeit zurück; er veranstaltet einen Manegenkreuzzug gegen Militarismus und »Nazozen« und entlarvt die Menschenverachtung des Faschismus durch seinen Tod: Er macht mit dem Pferd des Lagerkommandanten einen Salto mortale im wörtlichen Sinn über den Zaun des Dachauer Konzentrationslagers.

Xane und Giaxa stehen für Bechers Frau Dana und deren Vater, den österreichischen Schriftsteller Alexander RODA RODA (1872–1945); der alte Globetrotter und gewitzte Menschenfreund Kujath erinnert an Bechers anarchistischen Großvater Martin Ulrich. Kujaths Tod und das fast gleichzeitige Ende des Spanienfreiwilligen und Dachauhäftlings Tiefenbrucker zeugen für eine absolute Hilflosigkeit gegenüber der sich anbahnenden Weltgefährdung durch *»Kleinhäusler-Kleinhüttler«*.

Bechers *Murmeljagd* präsentiert sich bald als Kriminalroman voller Überraschungen, bald als Eheroman, der psychologische Analyse treibt, bald als Memoirenwerk mit breiten Assoziationen und einem österreichisch-baltischen Grundhumor – stets jedoch ist die Auseinandersetzung mit dem Faschismus vorherrschend. Treblas Intimfeind Hauptmann Laimgruber, eine Mischung aus Militarist, Spießer und Rassist, vertritt die bestialisch Vordringenden, denen die Weichenden und Sterbenden in überdeutlicher Kontrastierung gegenübergestellt werden. Die Hilflosigkeit des ausgebooteten Intellektuellen zeigt sich im »Exilfrieden« der Schweiz, die zu einer Art Narrenspital stilisiert ist. Die Milieuschilderungen erhalten einen eigenen Wert durch Bechers szenische Darstellung, den Gebrauch des inneren Monologs, die Verwendung von Dialekt/Dialektmischung und des urtümlichen »Romontsch« (Romanisch), die Einflechtung von Assonanzen, phonetischen Spielereien und preziösen Wortverknüpfungen. Dieser Lust an Sprachexperimenten entspricht Bechers Vorliebe für ausgefallene Charaktere, die durch ihre Symbolfunktion gerechtfertigt sind: Gaudenz de Colana, ein versoffener »Nietzsche« mit einer Spanielherde, der Buchhändler Zarli Zuan, der Liliputaner und Zigeunerprimas Husseindinovic oder der Transvestit »Schwarze Charlott«. Sie alle spiegeln fragmentarisch die vielfach nuancierte europäische Zivilisation und stehen gleichzeitig für die politische Ohnmacht, die in gleichem Maße zunimmt, wie ihr Heimatland in die Barbarei zurückfällt. Die zahlreichen zeitgeschichtlichen Bezüge (Weltkrieg, Schutzbund, Spanienkrieg; Schuschnigg, Pacelli, Mao) verhindern, daß der Roman als bloße Unterhaltungslektüre konsumiert werden kann.

Becher gelingt eine nuancierte Darstellung des alten Europa; zugleich bezeugt er sein politisches, stets von einer gewissen Skepsis geprägtes Engagement – dem Bemühen von George Grosz vergleichbar, dessen Schüler Becher war und dem man auch die Anregung zu diesem Buch zuschreibt. Darüber hinaus dokumentiert der Roman Bechers Selbstverständnis, sofern man in dem Bildhauer Homsa Fritz Wotruba erkennt und die Personenkonstellationen – wie schon in dem Roman *Kurz nach 4* (1957) – biographisch zu deuten vermag.   W.Ga.

AUSGABEN: Hbg. 1969. – Reinbek 1974 (rororo). – Bln./Weimar 1977.

LITERATUR: W. E. Süskind, Rez. (in SZ, 5. 4. 1969). – H. Rosendorfer, Rez. (in Stuttgarter Ztg., 19. 4. 1969). – J. Nolte, Rez. (in Die Welt der Literatur, 24. 4. 1969). – M. Gregor-Dellin, Rez. (in Die Zeit, 29. 8. 1969). – W. Nagel, *U. B.: »Murmeljagd«* (in NDH, 1969, H. 123, S. 151–153). – N. A. MacClure Zeller, *U. B. A Computer-Assisted Case Study of the Reception of an Exile*, Bern/Ffm. 1983. – U. Naumann u. M. Töteberg, *U. B.* (in KlG, 22. Nlg., 1986).

LOUIS BECKE

* 18.6.1855 Port Marquarie / New South Wales
† 18.2.1913 Sydney

THE ADVENTURES OF LOUIS BLAKE

(engl.; *Die Abenteuer des Louis Blake*). Roman von Louis BECKE (Australien), erschienen 1909. – Während die meisten australischen Autoren seiner Ära ihre Stoffe im Buschleben, im australischen *outback* fanden, suchte Becke das Ungewöhnliche, Exotische. Er wandte sich der pazifischen Inselwelt zu, die ihm aus persönlicher Anschauung so vertraut war, daß er als der beste Kenner des South Pacific im 19. Jh. gilt (A. G. Day). – Sein Roman enthält zwar reiches autobiographisches Material, ist aber in erster Linie die frei erfundene Geschichte der tollen Abenteuer eines jungen Australiers, der sich zur Zeit des Deutsch-Französischen Kriegs 1870/71 in dieser Inselwelt aufhält. Mehr als einmal hallt das Grollen dieses europäischen Ringens wie ein Echo im Roman wider, denn in dem Kampf, der um die Herrschaft über die Inseln entbrennt, werden die Auswirkungen des Kriegs konkret fühlbar. Wo immer Becke der Zeitgeschichte reale Ereignisse und Personen entnimmt, erscheinen sie, dem romantischen, bisweilen ausgesprochend sentimentalen Grundton des Buches entsprechend, reichlich verzerrt. Handlung und Struktur des Romans sind ganz auf den zufällig und recht unwahrscheinlich wirkenden Zusammenhang der Erlebnisse des Titelhelden zugeschnitten. In der bunten Vielfalt seiner Abenteuer läßt sich jedoch das Thema ohne Mühe erkennen: das Heranreifen eines unerfahrenen Knaben, der sich in mannigfaltigen Prüfungen, Versuchungen und Schicksalsschlägen zu einem edlen und äußerst tüchtigen jungen Mann entwickelt.

Als Vierzehnjähriger verläßt Louis Blake zusammen mit seinem Bruder Australien, um in San Francisco sein Glück zu suchen. Der Jüngling Louis, der die Seefahrt liebt, findet Anstellung als Zahlmeister auf dem Schiff einer amerikanischen Bodenmaklergesellschaft, die unter dem Vorwand, ein irdisches Paradies schaffen zu wollen, Wüstenparzellen im mexikanischen Teil Kaliforniens verkauft. Danach folgt ein Abenteuer dem anderen: Louis arbeitet an Bord eines amerikanischen Walfischfängers; später schließt er sich auf Cocos Island einer Schar von Schatzgräbern an, die er erst verläßt, als er unheildrohende Gerüchte vom Herannahen deutscher Kriegsschiffe vernimmt; auf Samoa verkauft er dann einem Eingeborenenhäuptling Schußwaffen zur Niederwerfung einer Revolte, die von einem deutschen Agenten angezettelt wurde. Das Glück fällt ihm in den Schoß, als es ihm gelingt, ein bei Christmas Island gestrandetes Schiff zu bergen. Als erfolgreicher, von Eingeborenen und Weißen gleichermaßen geachteter junger Mann wird er wieder mit seinem Bruder vereint. Nach einem kurzen Besuch in der australischen Heimat kehren die beiden schließlich, bereit zu neuen Abenteuern, wieder nach San Francisco zurück.

Becke hat es geschickt verstanden, die Entwicklung seines Helden von einer anfangs eher passiven Gestalt zu einem entschlossenen Mann der Tat zu schildern. Die Nebenfiguren sind dagegen recht dürftig gezeichnet, manche wirken wie Karikaturen, andere erinnern an die üblichen Typen der Vaudeville-Bühne. Becke vermag zwar die Spannung einigermaßen aufrechtzuerhalten, läßt aber die Sprachkraft und die Hintergründigkeit seiner literarischen Lehrmeister R. L. STEVENSON und Joseph CONRAD vermissen. Als ein Schriftsteller, dessen Interesse vorwiegend der Südsee und nicht dem *outback* gilt, ist er etwas abseits der Hauptentwicklungslinie des australischen Romans einzuordnen.

W.B.

AUSGABEN: Ldn. 1909. – Philadelphia 1926.

LITERATUR: R. Ingamells, *Novelists of the Pacific* (in *The Pacific*, Hg. Ch. Barrett, Melbourne o. J. [1950], S. 157–166). – F. T. Macartney u. E. M. Miller, *Australian Literature. A Bibliography to 1938; Extended to 1950*, Sydney 1956, S. 56–58. – J. A. Michener u. A. G. Day, *Rascals in Paradise*, NY 1957, Kap. 8. – J. Schulz, *Geschichte der australischen Literatur*, Mchn. 1960, S. 56/57. – H. M. Green, *A History of Australian Literature*, Bd. 1, Sydney 1961, S. 653/654. – A. G. Day, *L. B.*, NY/Melbourne 1966 (TWAS). – M. Gilbert, *Literary Buccaneering: Boldrewood, B. and »The Bulletin«* (in Adelaide Australian Literary Studies Working Papers, 2, 1977, Nr. 2, S. 24–35).

JÜRGEN BECKER

* 10.7.1932 Köln

LITERATUR ZUM AUTOR:
Über J. B., Hg. L. Kreuzer, Ffm. 1972. – D. Janshen, Opfer und Subjekt des Alltäglichen. Denkstrukturen und Sprachformen in den Prosatexten J. B.s, Köln/Wien 1976. – P. Bekes, J. B. (in KLG, 10. Nlg., 1982).

DAS LYRISCHE WERK von Jürgen BECKER. Im wesentlichen entsteht das lyrische Œuvre Beckers in den siebziger Jahren. Demonstrierten seine von JOYCE und HEISSENBÜTTEL beeinflußten experimentellen Prosatexte *Felder* (1964), *Ränder* (1968) und *Umgebungen* (1970) die Verschmelzung von disparaten Gattungen und Genres, so setzte um 1970 eine, wie Becker selbst kommentiert, »Entflechtung« der in der Prosa noch verbundenen epischen, lyrischen, szenischen und akkustisch-visuellen Momente ein. Es erschienen Hörspiele, ein Theaterstück, ein Fotoband sowie eine Reihe von Gedichtbänden: *Schnee* (1971); *Das Ende der Landschaftsmalerei* (1974); *Erzähl mir nichts vom Krieg* (1977); *In der verbleibenden Zeit* (1979); *Fenster und Stimmen* (1982); *Odenthals Küste* (1986). – Beckers Lyrikpublikationen stellen keine Sammlungen von verstreuten Gedichten dar; vielmehr zentrieren sich die Texte um einen schon im Titel angezeigten thematischen Schwerpunkt. Zudem sorgt ein formalisierter Aufbau der Bände auch für einen äußeren Zusammenhalt.

Bei aller Scheu Beckers, einmal erprobte literarische Techniken wieder aufzugreifen, knüpft der 1971 veröffentlichte erste Lyrikband *Schnee* dennoch bruchlos an sein bisheriges Verfahren einer ›offenen Schreibweise‹ an. Deren sprachkritischer Impuls bestand darin, sowohl mit der Abkehr von traditionellen Sprachschablonen, Literaturformen und Denkklischees als auch mit der Verfremdung von stereotypen Sprachritualen den ideologischen Gehalt gängiger Sprachformeln zu entlarven und neue Wahrnehmungs- und Erfahrungsweisen zu initiieren. Auch wenn Beckers Lyrik ohne die experimentellen Ansätze seiner Prosa auskommt, führt doch das auf erlesene Metaphorik, ›hohe‹ Stillage und Texttektonik moderner Dichtung verzichtende umgangssprachliche Instrumentarium von *Schnee* die Methode der ›offenen Schreibweise‹ weiter. Das assoziative Registrieren von alltäglichen Beobachtungen, Redewendungen sowie Gedanken- und Erinnerungssplittern verdichtet sich in seinen Gedichten, gleichsam in Momentaufnahmen, zu einem Wahrnehmungsstenogramm, in dem das lyrische Ich im Detail die Veränderungen seiner nächsten Umgebung kritisch aufzeigt: Naturzerstörung, Entfremdung, den Wechsel im subjektiven Erleben. Der »Kamera-Blick« des lyrischen Subjekts fungiert dabei als Medium eines ›vielstimmigen‹ Bewußtseinsprotokolls. Von der Literaturkritik vielfach abwertend als sog. »*Neuer Subjektivismus*« etikettiert und damit in eine Reihe mit Autoren wie P. HANDKE oder N. BORN gestellt, vermittelt die regionalistische Alltagsphänomenologie jedoch auch aus der Perspektive einer scheinbar bloß privaten Existenz Modelle allgemeiner Erfahrungen. Das vielperspektivische Zugleich einer Fülle von unterschiedlichsten Empfindungen, Wahrnehmungen und Reflexionen findet seinen formalen Niederschlag in einer auch räumlich und optisch vollzogenen Zertrümmerung der lyrischen Syntax: Ellipsen, Anakoluthe und Permutationen strukturieren die abrupt wechselnden Kurz- und Langzeilen, welche im Gefüge des Gedichts in zueinander und gegeneinander geordnete Vers- und Wortblöcke typographisch parzelliert werden. Die Gleichzeitigkeit verschiedener Bewußtseinsvorgänge versinnlichen überdies eingeklammerte Parenthesen, unterbrechende Einschübe und Nachträge. Besonders ausgeprägt ist dieses formale Verfahren bei den mehrere Seiten umfassenden Gedichten *Fragment aus Rom* oder *Takes*, die eine stilistische Nähe zu HÖLLERERS ›langen Gedichten‹ und R. D. BRINKMANNS Texten aus *Standphotos* (1969) oder *Gras* (1970) zeigen. Gerade aufgrund ihrer komplizierten Kompositionstechnik sind Beckers Texte, trotz ihrer unprätentiösen Diktion, vielschichtig und vieldeutig.

Ohne die lyrische Ausdrucksskala zu verändern, akzentuiert der Band *Das Ende der Landschaftsmalerei* (1974) stärker als zuvor ein zentrales Thema Beckers: die fortschreitende Urbanisierung, Vernutzung und industrielle Verplanung der Landschaft. Beckers »Naturlyrik« ist jedoch – wie der Titel schon andeutet – weder die Fortsetzung naturbeschreibender Lyrik des 18./19. Jh.s noch die beschworene Idylle einer vergangenen Harmonie von Mensch und Natur. Ebensowenig tritt sie als blankes Protokoll der Naturzerstörung auf. Natur wird vielmehr nur im Bild ihres allmählichen Verschwindens noch einmal poetisch in Erinnerung gerufen und festgehalten *(Einst im Februar*; *Zehnter Juli).* Das Naturerlebnis ist geschichtlich vermittelt und vermittelt Geschichte. Selbst das Summen der Fliegen assoziiert das lyrische Subjekt in *Mittags-Geräusch* mit dem »*Summen der Bomber*«, die Mittagshitze eines Augusttages leitet im *Gedicht mit Fragen* unwillkürlich zum Wort »*Mobilmachung*« über. Erinnerung wird aber zugleich auch als Zukunftsprojektion zur Suche nach noch unversehrter Natur *(Natur-Gedicht).* Die topographische Erschließung vorwiegend der Kölner Vorstadtlandschaft geht stellenweise über diese hinaus in die poetische Imagination einer unversehrten Natur, die Erinnerung an das Vergangene wird zum Vorgriff auf eine ersehnte Zukunft. Im *Berliner Programmgedicht; 1971* heißt es: »*manchmal/ sind Traum-Wörter/ wirkliche Dinge/ im Rest dieser Landschaft; der Sandweg,/ die Kiefern, das Schilf/ das Land/ ist nicht Eigentum der Phantasie, aber/ es verändert sich:/ eine Projektion der Erinnerung, / Ide-*

en, der Einbildung und der Schmerzen./ Und es bleibt/ ein Produkt der Geschichte, und/ es verschwindet in einer Zukunft«.

Der von Becker als »lyrisches Tagebuch« bezeichnete Band *Erzähl mir nichts vom Krieg* (1977) bringt die vormals noch vielstimmige Erkundung des Subjekts und dessen naturhafter wie gesellschaftlicher Umwelt näher mit dem persönlichen Erlebnis, der biographisch fixierbaren Vergangenheit zusammen. Die um die Erfahrung des Alterns kreisende lyrische Selbstvergewisserung bricht sich hier prismatisch in Kriegs- und Nachkriegserlebnissen *(Träume wiederholen sich; Ein ganzer Freitag; Am 21. Oktober 1944)*. Insgesamt werden die Gedichte in bemerkenswerter Weise kürzer, prägnanter; der lapidare Sprachgestus gewinnt an Intensität. Einen sich hier schon andeutenden Wandel der Naturlyrik bekunden die Bände *In der verbleibenden Zeit* (1979), *Die gemachten Geräusche* (nur in der Sammlung *Gedichte. 1965-1968*, 1981, abgedruckt) sowie *Fenster und Stimmen* (1982). Zuvor nur zaghaft gebrauchte lyrische Möglichkeiten von Naturbildern werden nun voll ausgeschöpft *(Heimfahrt [2], Erzählung)*; die ästhetische Bildsprache wird einheitlicher und hermetischer *(Möglichkeit im Garten, Spielzeit)*.

Diese Tendenz bestätigt Beckers vorerst letzte Veröffentlichung *Odenthals Küste* (1986). In dem aus sechs abgeschlossenen Abteilungen bestehenden Band, mit je anderer lyrischer Technik komponiert, gewinnt das einsame, private Naturerlebnis ästhetische Dignität. Der feste Jahreszeitenwechsel in einer begrenzten Landschaft verspricht dem Subjekt gegen eine konturenlos verfließende Zeit die Möglichkeit der Identitätssicherung und stillt seine Sehnsucht nach einer von geschichtlichen und gesellschaftlichen Zwängen befreiten Natur. Die Bilder in *Odenthals Küste* versuchen gleich der lyrischen Prosa in *Die Türe zum Meer* (1983) sich ganz in den »Text der Natur« hineinzuschreiben, wenn auch von dieser Chiffrensprache der Natur der Eingriff des Menschen nicht mehr weggedacht werden kann. Will *Die Türe zum Meer* es »mit der Landschaft versuchen, ob Traum oder nicht« und die »Sprache der Dinge« erlernen, so vergißt doch die poetische Rede »im Konjunktiv« aus *Odenthals Küste* nicht die Verquickung von Naturnutzung und Natur: *»die Spuren des Sprechens/ sind lesbar geblieben im Zeichensystem/ der Einmachgläser und kralligen Winteräste«*. Diese freilich nicht ganz unverfängliche natursemiotische Poetologie ist jedoch keinesfalls eine nostalgische Wiederbelebung spätromantischer Lehren. Auch für Beckers verinnerlichte ›neue‹ Naturpoesie gilt noch, was das *Kölner Fernseh-Gedicht* 1972 über Dichtung schreibt: *»im Selbstgespräch kämpft/ das Gedicht/ gegen die Stummheit der Einzelnen und/ das Vergessen der Mehrheit«*. N.Z.

AUSGABEN: *Schnee. Gedichte*, Bln. 1971. – *Das Ende der Landschaftsmalerei. Gedichte*, Ffm. 1974. – *Erzähl mir nichts vom Krieg. Gedichte*, Ffm. 1977. – *In der verbleibenden Zeit. Gedichte*, Ffm. 1979. – *Gedichte. 1965–1980*, Ffm. 1981 (st). – *Fenster und Stimmen. Bilder von Rango Bohne. Gedichte* von J. B., Ffm. 1982. – *Odenthals Küste. Gedichte*, Ffm. 1986. – *Das Gedicht von der wiedervereinigten Landschaft*, Ffm. 1988.

LITERATUR: R. Michaelis, Rez. (in Die Zeit, 5. 4. 1974). – H. Piontek, Rez. (in NZZ, 19. 4. 1974). – H. D. Schäfer, Rez. (in NDH, 1974, H. 3, S. 585–591). – H. Bienek, *J. B. als Lyriker* (in NRs, 1974, H. 3, S. 509–511). – H. D. Schäfer, Rez. (in Die Welt, 12. 10. 1977). – H. Gnüg, *Nachschrift 1977* (in Deutsche Literatur der Gegenwart, Bd. II, Hg. D. Weber, Stg. 1977, S. 47–55). – V. Hage, Rez. (in FAZ, 9. 10. 1977). – R. Michaelis, Rez. (in Die Zeit, 12. 10. 1979). – Ch. Linder, Rez. (in SZ, 29. 11. 1979). – S. Volckmann, *Zeit der Kirschen? Das Naturbild in der deutschen Gegenwartslyrik: J. B., Sarah Kirsch, Wolf Biermann, Hans Magnus Enzensberger*, Königstein/Ts. 1982, S. 53–94. – A. Kilb, Rez. (in Die Zeit, 7. 11. 1986).

ERZÄHLEN BIS OSTENDE

Prosatext von Jürgen BECKER, erschienen 1981. – Mit dieser Veröffentlichung meldete sich Becker nach mehr als zehn Jahren, in denen er einen Fotoband und Hörspiele publizierte, vor allem aber als Lyriker im Umfeld des sog. »Neuen Subjektivismus« hervortrat, wieder als Prosa-Autor zurück. *Erzählen bis Ostende* hat zwar offenkundig mit der sprachexperimentellen Phase der sechziger Jahre abgeschlossen, dennoch wird hier, auch wenn der Titel dies suggeriert, keine Geschichte im herkömmlichen Sinn erzählt.

Ausgangspunkt der rudimentären narrativen Rahmensituation ist die Zugreise des »Erzählers« Johann nach Ostende. Johann, den *»Kopf voll von Erinnerungen«*, läßt auf der Fahrt die Stationen seines Lebens anhand von fragmentarischen Kindheitserinnerungen, Selbstgesprächen, assoziativen Tagträumereien, Phantasien sowie Erinnerungsprotokollen von Alltagsgesprächen an sich vorüberziehen. Formal sind diese Reflexionen Johanns in 93 kurze Prosaminiaturen umgesetzt, die meist kaum zwei Druckseiten überschreiten und in deskriptivem, ironischem oder lyrischem Ton gehalten sind. Aus deren kaleidoskopartig angelegter Konstellation werden die Umrisse einer Lebensgeschichte sichtbar, ohne jedoch zu einer linear erzählbaren, kohärenten Biographie zusammenzuwachsen. Becker ist kein Epiker geworden. Die »reale« Reise nach Ostende überlagernd, wird vielmehr eine weitere, in sich gegenläufige Bewegung vollzogen; eine retrospektive ins Innere der Person Johanns, in die Widersprüche und Krisen seiner Vergangenheit, und eine prospektive Bewegung in die Zielrichtung seiner Sehnsüchte und Wünsche. Angesichts des von Irritationen und Selbstentfremdung gezeichneten Alltagslebens der Hauptfigur wird die Erinnerung zum Instrument einer Selbstbefragung, einer Identitätssuche, die der Text in mehrfacher perspektivischer Brechung vorführt. Der in viele Widersprüchlichkeiten dissoziierte »Erzähler« spricht von sich bezeichnenderweise sowohl in der ersten *(»ich«)* wie dritten Person (Johann oder *»er«*) als auch, im Selbstgespräch, in der zweiten Person. Das sich derart selbst rätselhaft gewordene Subjekt, das zumeist nicht weiß, *»wer man wo überall wann immer zu sein hat«*, und sich in den Mechanismen der Gewohnheiten und Anpassungen ebenso verliert, wie es sich in vielfältige Aktivitäten und Ortswechsel aufsplittert, konstatiert beunruhigt: *»Ich war alles gleichzeitig und gleichzeitig nichts. Oder noch einiges mehr.«* Froh darüber, *»nicht immer einunddieselbe Person«* sein zu müssen, leidet es doch gleichzeitig daran, sich *»trostlos verlassen«* zu haben.

Die ›Bewußtseinsarchäologie‹ Johanns läßt zudem nicht nur das problematische Verhältnis sich selbst, sondern auch der Wirklichkeit gegenüber erkennen. In seiner beruflichen Existenz – wahrscheinlich als Rundfunkredakteur – *»mit der Vermittlung von Neuigkeiten, von Nachrichten beschäftigt«*, muß sich Johann oft fragen, *»ob er unter dem Dach dieser Beschäftigung wahrnahm, was um ihn herum wirklich passierte«*. Der Ichverlust erweist sich letztlich als Folge des *»systematisierten Chaos«* eines auf reibungsloses Funktionieren getrimmten Berufs- und Privatlebens. Das mikrologische Protokoll von Erlebnispartikeln, als Selbstentdeckung und Selbstbehauptung des Ichs im *»Zerrinnen der Augenblicke«* gedacht, findet freilich im Bewußtsein seiner Brüchigkeit statt, und dementsprechend fügt sich der Text zu keinem geschlossenen Ganzen mehr. Gesucht ist vielmehr das Offene, Unabgeschlossene. Das belgische Seebad Ostende, schon in Beckers Prosaband *Umgebungen* (1970) und in dem Lyrikband *Erzähl mir nichts vom Krieg* (1977) als »Leit-Ort« eingeführt, wird nun in der prospektiven Bewegung des Textes zum Symbol für eine Aufbruchsreise aus der zerstörerischen Enge der Städte an die Weite des Meeres, eine Reise aus erstarrter Kultur in die Dynamik der Natur. Trotz der Nähe zu modischen Midlife-crisis-Romanen der achtziger Jahre ist der Text eher verwandt mit FRISCHS *Montauk*, BORNS *Die Fälschung* oder HANDKES *Das Gewicht der Welt*. Becker assimiliert keine Aussteiger-Philosopheme, sondern vermag, nicht zuletzt seiner variationsreichen Sprachkraft wegen, überzeugend das Psychogramm eines zwischen Anpassung und Ausbruch zerrissenen Zeitgenossen zu skizzieren – wenngleich der Text insgesamt das innovative Potential der frühen radikalen Experimentalprosa nicht erreicht. N.Z.

AUSGABEN: Ffm. 1981. – Ffm. 1984.

LITERATUR: E. Pulver, Rez. (in NZZ, 4./5.10. 1981). – W. Minaty, Rez. (in Die Welt, 14.10. 1981). – R. Michaelis, Rez. (in Die Zeit, 16.10. 1981). – P. Buchka, Rez. (in SZ, 4.11.1981). – K. Riha, Rez. (in FRs, 21.11.1981). – V. Hage, Rez. (in FAZ, 8.12.1981). – S. Sparre, Rez. (in Rheinischer Merkur, 5.2.1981). – D. Scrase, Rez. (in World Literature Today, 56, 1982, Nr. 4, S. 674–675).

RÄNDER

Prosatext von Jürgen BECKER, erschienen 1968. – Bereits in der Typographie gibt sich die Struktur dieser experimentellen Prosa zu erkennen: Von den kompakten Satzblöcken des ersten und letzten Kapitels her lichten sich die Seiten zur Buchmitte hin zu kürzeren Absätzen ohne Satzzeichen, schmalen Wortkolonnen, schließlich sind nur noch einzelne Wendungen und Wörter isoliert und scheinbar haltlos über die Seiten gestreut. Die stumme Mitte, auch nach der Seitenzahl mathematisch genau fixiert, ist das sechste Kapitel: eine leere Doppelseite. Diese Progression des Schweigens demonstriert schon rein äußerlich die Formstrenge des Buches, das an verwandte typographische Experimente bei STERNE (vgl. *The Life and Opinions of Tristram Shandy*) oder MALLARMÉ (im geplanten *Le livre*; vgl. *Variations sur un sujet*) erinnert. Eine Konstruktion wird auffällig zur Schau gestellt: Das Buch als Ganzes ist mehr als die Summe seiner Partikel; es fixiert das Punktuelle und Momentane in einem übergreifenden Ordnungsgefüge. Von solcher strengen Systematik war Beckers erstes Buch *Felder* (1964) noch frei; dort vertraute er ganz dem Zusammenhang, der sich unwillkürlich auch zwischen den spontansten Äußerungen eines Subjekts herstellt. In den *Rändern* sucht Becker – und die 1970 erschienenen *Umgebungen* setzen dies fort – entschiedenere Widerstände, so etwas wie einen Raster, der zur Auswahl der Mitteilungen zwingt und sie rechtfertigt: Er unterwirft das Buch gleichsam seiner »Idee«.

Jeder gattungsmäßigen Zuordnung sich verweigernd, bietet der Text scheinbar nur autobiographische Materialien dar: die Kölner Topographie, ein römischer Park, die Villa Massimo, Ostia, die Küste Sardiniens, die Katze Nina und der Kater Nino, Kindheitserinnerungen, Tagesereignisse, die sechste amerikanische Flotte, der Offiziersputsch in Griechenland, Illustriertenzitate. Doch darüber wird nicht detailfreudig referiert, vielmehr entzündet sich an diesen Materialien Beckers Sprache und wird zu Erkundungen ihrer Möglichkeiten in Bewegung gesetzt. Das beginnt spröde, beim Einfachsten und Nächsten, als würde der Text allmählich und spielerisch zu sich selbst kommen, zielt zur leeren Mitte hin aber immer energischer auf die Synthese des Privaten und Globalen: Anläufe, die Distanz zwischen dem Ort, wo man sich zufällig befindet, und der Welt, die sich jeder konkreten Wahrnehmung entzieht, zu überspringen, Ich und Weltgeschichte in einem Atemzug zu verschränken; immer wieder irrt der suchende Blick über Landkarten oder aus dem Flugzeugfenster hinab auf die *»entschleierte Erde«*, die doch unerkennbar bleibt. Was von innen her die rigorose, so etwas wie »Endgültigkeit« postulierende Konstruktion des Buches rechtfertigt, ist die Anstrengung, vom Sub-

jekt her *(»fremd bleibend mittendrin«)* den Kontinent des Erfahrbaren und in Sprache zu Fassenden auszumessen.
Diese Sprache – prunklose, nur zögernd und unaufdringlich aneinandergereihte Feststellungen, Sätze, die nie länger als ein Atemzug sind, Kurzformeln, Skizzen, deren Leichtigkeit, ja Verspieltheit vergessen läßt, wie genau sie einer Vorstellungsspur folgen – diese Sprache also besitzt außerordentliche Präsenz und Dichte: *»Wir sind manchmal verwirrt; was wir zu sehen glauben, verschwindet gleich wieder; im Kopf ein Rauschen; verwischte Welt. Sprichwörterzeit. Leben mit Landkarten.«* Jeder Absatz des Buches bringt eine Situation eindringlich zum Sprechen, doch in der Abfolge der Texte verflüchtigt sich jeder Augenblick, jede Erfahrung wieder in Vergänglichkeit. Blick- und Ortswechsel, Fortgehen und Wiederkommen, Sitzenbleiben und Wiederaufbrechen, erneuter Rückzug und Resignation im Verrinnen der Zeit: Dieser komplexe Gefühlsstrom spült immer wieder weg, was sich eben in Sprache kristallisiert hat, stört mit hartnäckigem Zweifel auf, was sich bei vordergründiger Gewißheit beruhigen möchte. Das haltlose Ich und sein Verlangen nach einem begreifbaren Ganzen, nach dem ideologischen Denkmodell einer haltbaren Welt – dies etwa bildet Beckers Text ab: Die Ränder sind relativ festes Terrain, aber schmal; die letzten, vereinzelten Wörter an der Grenze zum leeren Mittelfeld, der *terra incognita*, ragen auf wie fernste Gipfel einer Erfahrungstopographie, die sich der insistierenden Vermessungskunst letztlich entzieht. U.J.

AUSGABEN: Ffm. 1968. – Ffm. 1969 (es). – Ffm. 1983 (in *Felder Ränder Umgebungen*).

LITERATUR: H. Vormweg, *Das wiederentdeckte Ich* (in Merkur, 1968, S. 1160 ff.). – P. Laemmle, *Ein verkappter Realist?* (in FH, 1969, H. 1, S. 61 ff.). – W. Hinck, *Die ›offene Schreibweise‹ J. B.s* (in Basis, 1, 1970, S. 186 ff.). – W. Hildesheimer, *J. B. »Ränder«* (in Deutsche Literaturkritik, Hg. H. Mayer, Bd. 4, Ffm. 1983, S. 968–974). – P. V. Zima, *Vom Nouveau Roman zu J. B.s Prosa. Eine Studie zur Auflösung der Subjektivität* (in ZfdPh, 104, 1985, S. 244–270).

DIE TÜRE ZUM MEER

Prosa von Jürgen BECKER, erschienen 1983. – Der Text knüpft an Beckers zwei Jahre zuvor veröffentlichtes Buch *Erzählen bis Ostende* an. In einer Fülle von dichten, mitunter nur wenige Zeilen umfassenden lyrisch-assoziativen Sprachblöcken skizziert Becker wiederum aus unterschiedlichen Perspektiven (Ich-Er-Du-Sicht) ein sich und die umgebende Natur mikrologisch genau beobachtendes Subjekt. Die vier Großkapitel des Buches stehen dabei in lockerem Zusammenhang mit der Jahreszeitenfolge.
Bildete als behutsame Rückkehr zur Erzähltradition in *Erzählen bis Ostende* noch eine, wenn auch nur rudimentäre Lebensgeschichte die Rahmenhandlung, so reduziert sich das »Erzähl-Subjekt« in diesem Buch auf ein rein topographisches Registrationsmedium der nächsten Umgebung – einer Kölner Vorstadt-Landschaft – mit ihren geographischen Besonderheiten, Witterungsverhältnissen, Jahreszeitenwechseln, den sich daran anschließenden alltäglichen Ereignissen sowie den hierdurch ausgelösten Empfindungen des Subjekts. *»Zeitweise arbeitet in meinem Inneren ein Magnet. Dann werden die Dinge angezogen, die seine Kraft erkennt und erreicht. In diesem Fall liegt es an mir zu erkennen, was mich erreicht hat und was ich davon brauche, an immateriellen Dingen der Erfahrung, der Erinnerung, der Einbildung«.* Diese Passage versammelt wieder die mit erstaunlicher Kontinuität beibehaltenen Kernpunkte von Beckers bisherigem Werk: Erfahrung, Erinnerung, Vorstellung. Die im Schnittpunkt von aktueller Wahrnehmung, erinnerter Vergangenheit und imaginierter Zukunftsprojektion verorteten Texte Beckers treiben freilich ihr ideelles Zentrum unterschiedlich scharf heraus. Dominierte in *Erzählen bis Ostende* die Erinnerung, so steht nun – thematischer Hintergrund des Buches – angesichts der zunehmenden industriellen und urbanen Verwüstung der Natur, die *»Phantasie, die geheime, fast vergessene Mutter des Ausbruchs«* im Vordergrund. Auf der Suche nach einem neuen, unmittelbaren Naturverständnis führt der Text die Aufbruchsreise in die Natur, mit der *Erzählen bis Ostende* vorläufig abschloß, mittels der Phantasie weiter. Die »Türe« zur wiederzugewinnenden Natur muß nun die poetische Imagination in der Weise aufstoßen, wie der Geologe die Spuren freilegt, die das Meer vor Tausenden von Jahren in der Kölner Bucht zurückgelassen hat. – Die schon Beckers Gedichtband *Über das Ende der Landschaftsmalerei«* kennzeichnende Kritik an der Naturzerstörung wird ästhetisch transformiert. *»Etwas gegen die zunehmende Erstarrung tun ... Im Inneren die Explosionen sind sinnlos. Dein Mund sei der Krater, dein Atem sei Energie.«* Entgegen denkbaren Mißverständnissen ist Becker jedoch weit davon entfernt, literarischer Vorsprecher zeitgenössischer Umweltschutzbewegungen zu werden. Die angestrebte ästhetische Versöhnung von Mensch und Natur bleibt im Gegensatz zu idyllischen Genrebildern postromantischer Unternehmungen nicht ungebrochen. *»Langsam dem Weg der Sätze folgen, mit aller Gewißheit, daß Sätze nur die e r k e n n b a r e n Wegspuren sind.«* Diesem spätromantischen poetologischen Prinzip, diesem zaghaften Versuch einer poetischen Erneuerung der verlorenen Einheit von Mensch und Natur bringt der Text selbst Mißtrauen entgegen: *»Ein Konzept übrigens garantiert gar nichts. Es entfernt sich nämlich von der Wirklichkeit ... Ein Modell entsteht, von dem ich allenfalls sagen kann: es gefällt mir.«* Die Utopien poetischer Imagination und ästhetische Modelle, deren potentielle praktische Wirkungslosigkeit nicht ihre kritische Energie mindert. Im Symbol »Ostende«, der »Türe« zum Meer, manife-

stiert sich für Becker die stets erprobbare Möglichkeit eines realen Ausbruchs aus dem Bestehenden.

N.Z.

AUSGABE: Ffm. 1983.

LITERATUR: J. Quack, Rez. (in FAZ, 11. 10. 1983). – W. Minaty, Rez. (in Die Welt, 12. 10. 1983). – N. Schachtsiek-Freitag, Rez. (in FRs, 15. 10. 1983). – P. Buchka, Rez. (in SZ, 30. 11. 1983).

JUREK BECKER

* 30.9.1937 Lodz

LITERATUR ZUM AUTOR:
S. Lüdke-Haertel u. W. M. Lüdke, *J. B.* (in KLG, 14. Nlg., 1983).

DER BOXER

Roman von Jurek BECKER, erschienen 1976. – Das Werk steht in der Mitte jener Romanfolge, in der Becker sich mit der Judenvernichtung im Dritten Reich und den Auswirkungen der Verfolgungen bei den Überlebenden befaßt. Während *Jakob der Lügner* (1969) den Alltag in einem polnischen Ghetto schildert, befaßt sich *Der Boxer* mit der Situation ehemaliger KZ-Häftlinge in der Nachkriegszeit; in *Bronsteins Kinder* (1986) wird die jüdische Nachkriegsgeneration mit dieser Problematik konfrontiert.

Der ehemalige KZ-Häftling Aron Blank versucht, nach dem Krieg in Ostberlin wieder ein »normales« Leben aufzunehmen. Die Ausstellung erster Personalpapiere nach der Befreiung nimmt er zum Anlaß, seinen Namen in »Arno« umzuändern und sein Geburtsdatum um sechs Jahre vorzudatieren: Es sind jene sechs Jahre, die er in Lagern verbrachte und die er jetzt, gleichsam als nicht gelebte Zeit, noch einmal leben möchte. Arons Frau und zwei seiner Kinder wurden ermordet, das jüngste ist verschollen. Aron beauftragt eine Suchorganisation mit Nachforschungen, die tatsächlich einen Sechsjährigen entdeckt, der sein Sohn Mark sein könnte; definitive Gewißheit darüber wird er allerdings nie erhalten.

Das Kind veranlaßt Aron zu Zukunftsplänen und er versucht, Kontakte zur Umwelt aufzubauen. Da ist Paula, eine Mitarbeiterin der Suchorganisation, die er aber nicht zu halten vermag, als sie ihre eigene Vergangenheit wiederentdeckt; da sind Kenik und Ostwald, ebenfalls KZ-Häftlinge, die sich in der deutschen Nachkriegswelt ebenfalls nicht mehr zurechtfinden. Kenik wandert nach Palästina aus, Ostwald erhängt sich. Im Sohn, der noch in einem Kinderheim untergebracht ist, die »Lust am Leben zu wecken«, die er selbst nicht mehr besitzt, wird Arons Lebensinhalt. Da Mark im Kinderheim eine enge Bindung zur Krankenschwester Irma aufgebaut hat, nimmt Aron sie bei sich auf. Die so entstandene Familie bricht jedoch mit Marks Erwachsenwerden zunehmend auseinander. Aron kann seine bis dahin mühsam unterdrückte Lebensmüdigkeit auch durch Alkohol nicht mehr kaschieren. Der inneren folgt die äußere Isolation. Irma, seine letzte Verbindung zur Außenwelt, verläßt ihn ebenso wie sein Sohn Mark, der nach Israel auswandert. Bis zum Beginn des Juni-Krieges 1967 erhält Aron jeden Monat einen Brief; als die Nachrichten ausbleiben, nimmt er an, daß sein Sohn im Krieg gefallen ist.

Die Authentizität von Arons Lebensgeschichte wird durch das Konstruktionsprinzip von Beckers Erzählweise gleichsam wieder aufgehoben. Denn der Leser erfährt die Geschichte über den Bericht eines jungen Mannes, der sie Aron über zwei Jahre lang während freundschaftlicher Begegnungen abgefragt hat. Aron erzählt seinem Interviewer mit bitterem, zuweilen zynischem Humor nur das, was er selbst von seinen Erlebnissen und seinem Befinden preisgeben will, und raubt somit ihm wie auch dem Leser die Illusion, es handle sich um eine definitive Biographie: denn es ist *»eine Sache, was ich dir erzähle, und eine zweite, was du schreibst«.* Die dargestellte Realität wird somit immer gleichzeitig als Fiktion ausgewiesen; letztlich sind die Erlebnisse der KZ-Haft so wenig mitteilbar wie für Außenstehende erfaßbar, so daß Aron sogar behaupten kann: *»Es ist nicht meine Geschichte. Im günstigsten Fall ist es etwas, was du für meine Geschichte hältst.«*

G.Wi.

AUSGABEN: Rostock 1976. – Ffm. 1976. – Ffm. 1979 (st).

VERFILMUNG: BRD 1980 (TV; Regie: K. Fruchtmann).

LITERATUR: F. J. Raddatz, Rez. (in Die Zeit, 17. 9. 1976). – H. Vormweg, Rez. (in SZ, 25./26. 9. 1976). – K. Sauer, Rez. (in Der Tagesspiegel, 9. 1. 1977). – M. Reich-Ranicki, Rez. (in FAZ, 19. 2. 1977).

BRONSTEINS KINDER

Roman von Jurek BECKER, erschienen 1986. – Seit 1977 mit Genehmigung der DDR-Behörden im Westen lebend, führte Becker hier seine Beschäftigung mit dem Thema der Judenverfolgung und -vernichtung während der nationalsozialistischen Herrschaft fort. Erzählte er in *Jakob der Lügner* (1969) und in *Der Boxer* (1976) aus der Perspektive der Opfer, so konfrontiert er in *Bronsteins Kinder* die jüdische Nachkriegsgeneration mit der Vergangenheit ihrer Eltern: Der achtzehnjährige Hans, Sohn des ehemaligen KZ-Häftlings Arno Bronstein, ist nach dem Krieg geboren und will mit dem

besonderen Schicksal seines Vaters nichts mehr zu tun haben.
Zwei Zeitebenen strukturieren den Roman. Hans wartet 1974 in Ostberlin auf die Zulassung zum Studium und ist auf der Suche nach einem eigenen Zimmer. Noch lebt er bei der Familie seiner Freundin Marthe, die ihn nach dem Tod seines Vaters aufgenommen hat, aber die Beziehung zu dem Mädchen ist bereits gelöst. Im Mittelpunkt des Romans jedoch stehen die Erinnerungen an die Geschehnisse des vergangenen Jahres 1973, in dem Hans in Ostberlin sein Abitur macht. Mit Marthe verbringt er die Nachmittage mitunter in einem kleinen, abgelegenen Ferienhaus seines Vaters, gegen dessen Verbot. Als er eines Tages vor Marthe zum verabredeten Rendezvous eintrifft, stößt er auf seinen Vater, der mit zwei Freunden einen Fremden ans Bett gefesselt hat und ihn einem Verhör unterzieht. Bei dem Gefangenen handelt es sich um einen ehemaligen KZ-Aufseher, der sich in einer Kneipe durch seine Äußerungen verraten hat und an dem sich die einstigen Häftlinge nun rächen wollen, obgleich sie ihm während ihrer Haft nie begegnet sind; der Aufseher war in einem anderen KZ tätig gewesen.

Der Sohn fragt sich, ob »*einer, der mit dreißig geschlagen wird, mit sechzig zurückschlagen*« dürfe. Da der Vater die Einschaltung von Gerichten ablehnt, kommt es zu einer verbissenen Diskussion über die Rechtmäßigkeit dieser Form von Selbstjustiz. Hans lehnt es ab, sich als Sohn eines Opfers des Faschismus zu fühlen; er erwähnt diese Tatsache nicht einmal bei seiner Bewerbung für das Studium, da er diesen Bonus nicht in Anspruch nehmen, sondern um seiner selbst willen akzeptiert werden will. Doch so einfach ist der Bruch mit der Vergangenheit des Vaters nicht herbeizuführen. Denn die Existenz von Hans ist unauflöslich mit dem besonderen Schicksal seiner Eltern verknüpft. Sie hatten 1938 ihre dreijährige Tochter Elle bei einem Bauern versteckt, wofür sie soviel zahlen mußten, »*daß an ein eigenes Versteck nicht mehr zu denken war*«. Bei Kriegsende erhalten sie das Kind zurück, aber der Bauer fordert für die wider Erwarten lange Zeit der Betreuung eine Nachzahlung. Was das Kind in seinem Versteck erlebte, bleibt unbekannt, aber sein Verhalten ist so aggressiv, daß die Eltern es in einem Heim unterbringen müssen. Daraufhin entschließen sie sich zu einem zweiten Kind; die Geburt von Hans ist somit indirekt verbunden mit den Verfolgungen, unter denen seine Eltern im nationalsozialistischen Deutschland zu leiden hatten. Daß der Sohn versucht, seine Biographie aus der Verkettung von Vergangenheit und Gegenwart zu lösen, deutet der Vater als Gleichgültigkeit, letztlich als Verrat an den jüdischen Opfern.

Durch Zufall zum Mitwisser geworden, plant Hans, den Gefangenen zu befreien und somit auch den Vater aus seiner Fixierung auf seine eigene Geschichte zu lösen. Als er in das Haus zurückkehrt, findet er neben dem ans Bett gefesselten KZ-Wärter den toten Vater. Er ist offensichtlich an einem Herzanfall gestorben. Der ehemalige KZ-Aufseher zieht alsbald als Rentner in die Bundesrepublik und entgeht einer juristischen Verfolgung.

In die verschiedenen Erzählstränge des Romans sind die Briefe von Elle, der Schwester von Hans, eingebunden, die in ihrer Verstörung auf poetische, mitunter surreal anmutende Weise die Realität genauer wahrnimmt als die »Normalen«. Die Begegnungen mit ihr verändern Hans' Haltung gegenüber der jüngsten jüdischen Vergangenheit und führen zum Grundthema des Romans: Becker korrigiert die Auffassung, daß die Auseinandersetzung mit der nazistischen Judenverfolgung nur eine Aufgabe der betroffenen Generation sei. G.Wi.

AUSGABE: Ffm. 1986.

LITERATUR: V. Hage, Rez. (in Die Zeit, 3. 10. 1986). – K. Franke, Rez. (in SZ, 20./21. 9. 1986).

JAKOB DER LÜGNER

Roman von Jurek BECKER, erschienen 1969. – Das Werk gehört zu den gelungenen Versuchen, die Judenvernichtung während des Zweiten Weltkriegs literarisch zu bewältigen. Becker wuchs im polnischen Ghetto und im KZ auf, lernte erst nach 1945 die deutsche Sprache und lebte 1960 bis 1977 in Ostberlin, wo der Roman entstand.

Eingeleitet wird der Text durch den Ich-Erzähler, einen der wenigen Überlebenden aus dem Ghetto einer polnischen Kleinstadt, der mit dem Vorwurf nicht leben kann, die jüdischen Ghettobewohner hätten gegen ihre Folterer keinen Widerstand geleistet. Er erzählt die Geschichte vom ganz eigenen Widerstand des Ghettobewohners Jakob Heym, der vor dem Krieg »*eine kleine Restauration hatte, in der er sommers Himbeereis und winters Kartoffelpuffer verkaufte*«.

Durch Zufall hört Jakob Heym im deutschen Polizeirevier aus dem Radio die verstümmelte Nachricht, wonach die russische Armee die Deutschen bis »*zwanzig Kilometer vor Bezanika*« zurückgeschlagen habe. Er kennt den Ort nur vom Hörensagen, weiß jedoch, daß er nicht unendlich weit, »*vielleicht gute vierhundert*« Kilometer entfernt liegt; und er begreift, daß diese Nachricht den vagen Hoffnungen einen konkreten Anhalt gibt.

Um die Glaubwürdigkeit seiner Information zu unterstreichen, behauptet Jakob, selbst ein Radio zu besitzen, was streng verboten ist. Durch diese Notlüge gerät er jedoch unversehens in die Zwangslage, ständig neue Nachrichten erfinden zu müssen. Denn die Ghettobewohner beginnen wieder, Zukunftspläne zu schmieden, die Selbstmordrate geht zurück: »*Aus einem Gramm Nachrichten*« hat Jakob »*eine Tonne Hoffnung*« für alle geschaffen, auch wenn einige befürchten, die Entdeckung des Radios durch die Deutschen könne sie alle gefährden: »*Genügt es Ihnen nicht*«, entgegnet Jakob seinen Kritikern, *daß wir so gut wie nichts zu fressen haben, daß jeder fünfte von uns im Winter erfriert, daß jeden Tag eine halbe Straße zum Transport geht?*

... *Und wenn ich versuche, die allerletzte Möglichkeit zu nutzen, die sie davon abhält, sich gleich hinzulegen und zu krepieren, mit Worten, verstehen Sie, mit Worten versuche ich das! Weil ich nämlich nichts anderes habe.*« Jakobs Eingeständnis der Wahrheit wird nicht erkannt, und bis auf 146 Kilometer läßt er die russische Armee an das Ghetto herankommen, bis die Lügen seine Kräfte übersteigen. Er vertraut sich seinem Freund Kowalski an, der Jakobs Enthüllung scheinbar gleichgültig aufnimmt, in der Nacht aber Selbstmord begeht. Jakob erkennt, daß er weiterhin lügen muß, will er seinen Leidensgenossen die Kraft zum Überleben vermitteln, aber bereits am nächsten Tag werden die Ghettobewohner in das KZ und damit in den Tod transportiert. Es ist das »*blaßwangige und verdrießliche, das wirkliche und einfallslose Ende*« für Jakob, den Lügner, gegen das der Ich-Erzähler Alternativen erträumt: Jakob stirbt beim Versuch, aus dem Ghetto zu fliehen, und die tatsächlich so nah gewesene Rote Armee rächt seinen Tod.

Das Außergewöhnliche des Romans liegt darin, daß ihm jedes Pathos und jede Sentimentalität fern liegen. Becker erzählt mit distanzierter Ironie vom Alltag des Ghettos und macht damit um so deutlicher den Wahnwitz der Situation während der deutschen Besetzung Polens sichtbar. Das Werk »*gehört zu den besten Prosaarbeiten, die in den letzten zehn Jahren in der DDR geschrieben wurden*« (M. Reich-Ranicki, 1970). Es wurde mit dem Heinrich-Mann-Preis der DDR und dem Schweizer Charles-Veillon-Preis ausgezeichnet. G.Wi.

AUSGABEN: Bln./Weimar 1969. – Darmstadt/Neuwied 1970 (SLu). – Ffm. 1976 (BS). – Ffm. 1982.

VERFILMUNG: DDR 1974 (Regie: F. Beyer).

LITERATUR: F. J. Raddatz, Rez. (in SZ, 20./21. 6. 1970). – M. Reich-Ranicki, Rez. (in Die Zeit, 20. 11. 1970). – J. P. Wallmann, Rez. (in Der Tagesspiegel, 7. 3. 1971). – R. Michaelis, Rez. (in FAZ, 30. 3. 1971). – W. Werth, *Das imaginäre Radio* (in Der Monat, 1971, H. 268). – F. J. Raddatz, *Traditionen und Tendenzen*, Ffm. 1972, S. 373 bis 374. – M. Reich-Ranicki, *Roman vom Getto* (in M. R.-R., *Entgegnung. Zur dt. Literatur der siebziger Jahre*, Stg. 1979, S. 289–293).

KNUTH BECKER

* 21.1.1891 Hjørring
† 30.10.1974 Vår bei Sebbersund

ROMANEN OM KAI GØTSCHE

(dän.; *Der Roman über Kai Gøtsche*). Unvollendete Romanreihe von Knuth BECKER, erschienen ab 1932. – Knuth Beckers Werk, für das der Autor 1961 mit dem erstmals verliehenen Preis der Dänischen Akademie ausgezeichnet wurde, ist als »*der inhaltsreichste dänische Kollektivroman*« (Aage Kabell) in künstlerischer Form und Tendenz äußerst schwierig zu charakterisieren. Es sollte die sozialen Zustände Dänemarks vom Ende des 19. Jh.s bis zur Gegenwart schildern. Das Gesamtwerk erweist sich als ein autobiographischer Schlüssel- und Zeitroman, dessen Teile in ziemlich heterogenen Stillagen komponiert sind und daher den Zusammenhang nur durch die sozialreformerische Tendenz oder durch die gemeinsame Hauptperson wahren. Im ersten Band, *Det daglige Brød*, 1932 (*Das tägliche Brot*), wird Kais Kindheitsgeschichte bis zu seinem zehnten Lebensjahr berichtet. Der nahtlose Übergang vom Bericht des Erzählers zur Perspektive des Kindes lassen diesen verspäteten naturalistischen Milieuroman zum besten Teil des monumental konzipierten Œuvres werden, weil hier die soziale Absicht des Autors noch ursprünglich und unverbraucht wirkt und weil weniger die Handlung als die Zustandsschilderung im Vordergrund steht. In einer geistig und materiell beschränkten Umwelt sind der bigotte pietistische Vater und die schwache, oberflächliche Mutter geradezu prädestiniert, ihren Sohn völlig falsch zu erziehen. Kai flüchtet entweder vor der autoritären Haltung des Vaters zu der verständnisvollen Großmutter oder in eine unzugängliche Phantasiewelt, die ihn vor dem Rationalismus der Erwachsenenwelt schützen soll. – Dieses autoritäre Erziehungsprinzip wird im Missionsinternat des zweiten Bandes, *Verden venter*, 1934 (*Die Welt wartet*), weitergeführt: Verbogene Seelen, gekrümmte Rückgrate und die Lebensunfähigkeit der Zöglinge sind die Ergebnisse. Die Hauptperson Kai tritt in diesem Werk in den Hintergrund, das sich dadurch den Prinzipien des Kollektivromans nähert.

Im dritten Band, *Uroligt Foraar*, 1938/39 (*Unruhiger Frühling*), zeigen sich die ersten Früchte der falschen Erziehung. Kai scheitert bei allen Versuchen, mit der Wirklichkeit zurechtzukommen: Er kann keinen Beruf ausüben, zerbricht an der Härte des Soldatenlebens und versagt auch im erotischen Verhältnis zu einem Mädchen. Symbolisch kommt dies zum Ausdruck, indem er in den Kramladen seines Vaters zurückkehrt, der ihn immer noch für einen Taugenichts hält. – Der Zug, auf den der Titel des nächsten Bandes, *Naar Toget kører*, 1944 (*Wenn der Zug fährt*), anspielt, bringt bei Ausbruch des Weltkrieges die Einberufenen zur Landesverteidigung, unter ihnen Kai. Ein einziges Mal nur kann sich seine Phantasiewelt bewähren und durchsetzen, als nämlich eines seiner Gedichte in der Zeitung gedruckt wird. – Die Titelgestalt des vierten Bandes, *Marianne* (1956), ist der Prototyp des selbstlosen Menschen; sie öffnet Kai durch ihre Liebe die Augen für die Wirklichkeit. – *Marianne* wird heute von der Kritik als der die Romanreihe abschließende Band betrachtet, doch 1961 erschienen noch einige Kapitel aus einem *Huset* (*Das Haus*) betitelten Roman, der unvollendet blieb.

Der Typus des Entwicklungsromans wird in Knuth Beckers Werk durch verschiedene naturalistische, impressionistische und expressionistische Stillagen durchgeführt. Der modern anmutende negative Held dürfte seine Vorbilder in H. E. SCHACKS Roman *Phantasterne*, 1857 (*Die Phantasten*), und in IBSENS *Peer Gynt* (1867) haben. Die sozialreformerische Diskussion, die Beckers Romane in Dänemark zeitweilig zum Tagesgespräch machten, zeigt den Zusammenhang mit seinen älteren und berühmteren Zeitgenossen Andersen NEXØ und GOR'KIJ auf, weist aber auch auf die klassischen Vorbilder des Naturalismus und Realismus, vor allem auf BALZAC, BJØRNSON und TOLSTOJ hin. Bekkers Werk gilt als »*eines der vornehmsten in der dänischen Dichtung des 20. Jahrhunderts*« (H. M. und W. Svendsen)   KLL

AUSGABEN: 1. *Det daglige Brod*, Kopenhagen 1932. – Kopenhagen ⁵1976. – Kopenhagen 1983, 2 Bde. – 2. *Verden venter I–II*, Kopenhagen 1934, 2 Bde. – Kopenhagen ⁸1969. – Kopenhagen 1983, 2 Bde. – 3. *Uroligt Foraar I–III*, Kopenhagen 1938/39 (*Jeg som den forlorne Søn*, 1938; *Spindemaskinen*, 1938; *Flugten*, 1939). – Kopenhagen ²1972. – Kopenhagen 1983, 3 Bde. – 4. *Naar Toget kører I–II*, Kopenhagen 1944; ⁴1970. – Kopenhagen 1983, 2 Bde. – 5. *Marianne*, Kopenhagen 1956; ³1966. – Kopenhagen 1983, 2 Bde. – 6. *Huset*, Kopenhagen 1961 [unvollst.].

ÜBERSETZUNG: *Das tägliche Brot*, H. Meyer-Franck, Hbg. 1948 (Bd. 1).

LITERATUR: E. Frederiksen, *K. B. Et kritisk essay*, Kopenhagen 1970. – I. Elbirk, *Tredivernes problembørn* (in *Dansk Udsyn*, 51, 1971, S. 422–431). – D. Klysner, *Den danske kollektivroman 1928–44*, Kopenhagen 1976, S. 65–68. – *Dansk litteraturhistorie*, Bd. 5, Hg. T. Brostrøm u. J. Kistrup, Kopenhagen 1977, S. 194–201. – *Dansk Biografisk Leksikon*, 16 Bde., Kopenhagen 1979–1984; 1, S. 532–534. – A. K. Gudme, *Det sociale menneske. K. B. og H. C. Branner* (in *Tilbageblik paa 30'erne*, Hg. H. Hertel, Bd. 2, Kopenhagen ²1981, S. 118–127.) – J. Moestrup, *K. B.* (in *Danske digtere i det 20. århundrede*, Hg. T. Brostrøm u. M. Winge, Bd. 2, Kopenhagen 1981, S. 255–281.) – *Dansk litteraturhistorie*, Bd. 7, Hg. G. Agger u. a., Kopenhagen 1984, S. 403–408.

SAMUEL BECKETT

* 13.4.1906 Foxrock / Irland

LITERATUR ZUM AUTOR:
Bibliographien:
R. Federman u. J. Fletcher, *S. B., His Works and His Critics. An Essay in Bibliography*, Berkeley 1970. – R. J. Davis, *Essai de bibliographie des œuvres de S. B. (1929–1966)*; J. Bruyer u. M. J. Friedman, *Essai de bibliographie des études en langues française et anglaise consacrées à S. B. (1931–1966)*, Paris 1971 (Calepins de bibliographie, Bd. 2; m. Komplement). – R. J. Davis, *S. B. Checklist and Index of His Published Works 1967–1976*, Stirling 1979. – B. Mitchell, *A. S. B. Bibliography, New Works 1976–1982* (in MFS, 29, 1983, S. 131–152). – R. Breuer u. a., *B. Criticism in German, A Bibliography*, Mchn. 1986.
Zeitschrift:
Journal of Beckett Studies, Hg. J. Knowlson, Ldn./NY 1976 ff.
Biographien:
L. Janvier, *B. par lui-méme*, Paris 1969. – K. Birkenhauer, *S. B. in Selbstzeugnissen und Bilddokumenten*, Reinbek 1971; zul. 1987 (rm). – D. Bair, *S. B.*, Ldn. 1978.
Gesamtdarstellungen und Studien:
N. Gessner, *Die Unzulänglichkeit der Sprache. Eine Untersuchung über Formzerfall und Bezielungslosigkeit bei S. B.*, Diss. Zürich 1957. – H. Kenner, *S. B., A Critical Study*, NY 1961 (dt. Mchn. 1965). – J. Fletcher, *The Novels of B.*, Ldn. 1964; ²1972. – M. Esslin, *Das Theater des Absurden*, Reinbek 1965, S. 19–65; ern. 1985 (rde). – *S. B., A Collection of Critical Essays*, Hg. M. Esslin, Englewood Cliffs/N.J. 1965. – R. Federman, *Journey to Chaos: S. B.s Fiction*, Berkeley 1965. – P. Melèse, *B.*, Paris 1966. – L. Janvier, *Pour S. B.*, Paris 1966. – J. Fletcher, *S. B.s Art*, Ldn. 1967 (dt. Ffm. 1976; st). – K. Schoell, *Das Theater S. B.s*, Mchn. 1967. – J. Onimus, *B.*, Paris 1968. – O. Bernal, *Langage et fiction dans le roman de B.*, Paris 1969. – U. Dreysse, *Realität als Aufgabe. Eine Untersuchung über Aufbaugesetze und Gehalte des Romanwerks von S. B.*, Bad Homburg 1970. – M. Foucré, *Le geste et la parole dans le théâtre de S. B.*, Paris 1970. – *S. B. Now*, Hg. M. G. Friedman, Chicago 1970. – L. E. Harvey, *S. B., Poet and Critic*, Princeton 1970. – M. Smuda, *B.s Prosa als Metasprache*, Mchn. 1970. – D. Coulmas, *S. B.* (in *Frz. Literatur der Gegenwart in Einzeldarstellungen*, Hg. W. D. Lange, Stg. 1971, S. 623–649). – G. Croussy, *B.*, Paris 1971. – *Les critiques de notre temps et B.*, Hg. D. Nores, Paris 1971. – W. Iser, *Ist das Ende hintergehbar? Fiktion bei B.* (in W. I., *Der implizite Leser*, Mchn. 1972, S. 391–413). – A. Alvarez, *S. B.*, NY 1973 (dt. Mchn. 1975; dtv). – M. Winkgens, *Das Zeitproblem in S. B.s Dramen*, Bern 1975. – *Das Werk von S. B.*, Hg. H. Mayer u. U. Johnson, Ffm. 1975 (st). – R. Breuer, *Die Kunst der Paradoxie. Sinnsuche und Scheitern bei S. B.*, Mchn. 1976. – P. Ehrard, *Anatomie de S. B.*, Basel 1976. – W. Gölter, *Entfremdung als Konstituens bürgerlicher Literatur, dargestellt am Beispiel S. B.*, Heidelberg 1976. – G. Hensel, *S. B.*, Mchn. 1976 (dtv). – *S. B., The Art of Rhetoric*, Hg. E. Morot-Sir u. a., Chapel Hill 1976. – B. Rojtman, *B.: Forme et signification dans le théâtre de B.*, Paris 1976. –

J. Pilling, *S. B.*, Ldn. 1976. – *S. B.*, Hg. T. Bishop u. R. Federman, Paris 1976 (Cahiers de l'Herne). – V. Mercier, *B./B.*, NY 1977. – A. Tagliaferri, *B. et la surdetermination littéraire*, Paris 1977. – H. Laass, *S. B. Dramatische Form als Medium der Reflexion*, Bonn 1978. – E. Simpson, *S. B. Traducteur de lui-même. Aspects de bilinguisme littéraire*, Quebec 1978. – R. L. Admussen, *The S. B. Manuscripts. A Study*, Boston 1979. – J. Knowlson u. J. Pilling, *Frescoes of the Skull. The Later Prose and Drama of S. B.*, Ldn. 1979. – J. Martini, *Das Problem der Entfremdung in den Romanen S. B.s*, Köln 1979. – *S. B., The Critical Heritage*, Hg. L. Graver u. R. Federman, Ldn./Boston 1979. – W. Iser, *Die Artistik des Mißlingens. Ersticktes Lachen im Theater B.s*, Heidelberg 1979. – H.-H. Hildebrand, *B.s Proust-Bilder*, Stg. 1980. – E. P. Levy, *B. and the Voice of Species. A Study of the Prose Fiction*, Dublin/Totowa 1980. – W. M. Lüdge, *Anmerkungen zu einer Logik des ›Zerfalls‹: Adorno-B.*, Ffm. 1981 (es). – W. Schröder, *Reflektierter Roman*, Ffm. u. a. 1981. – G. Schwab, *B. Endspiel mit der Subjektivität*, Stg. 1981. – *Modernes französisches Theater: Adamov-B.-Ionesco*, Hg. K. A. Blüher, Darmstadt 1982 (WdF). – U. Pothast, *Die eigentliche metaphysische Tätigkeit. Über Schopenhauers Ästhetik und ihre Anwendung durch S. B.*, Ffm. 1982. – D. Schulze, *Fluchtpunkte der Negativität. Spiegelungen der Dramatik S. B.s in der marxistischen Literaturkritik*, Ffm. 1982. – A. Moorjani, *Abysmal Games in the Novels of S. B.*, Chapel Hill 1983. – A. Simon, *S. B.*, Paris 1983 (dt. Ffm. 1988). – U. Quint-Wegemund, *Das Theater des Absurden auf der Bühne und im Spiegel der literaturwissenschaftlichen Kritik*, Ffm. 1983. – C. B. Lyons, *S. B.*, Ldn. 1983. – *A S. B. Reader*, Hg. J. Calder, Ldn. 1983. – *S. B. Humanistic Perspectives*, Hg. M. Beja u. a., Ohio State Univ. Press 1983. – M. Bönisch, *Archaische Formen in B.s Romanen*, Ffm./Bern 1984. – *B.'s Theaters – Interpretations for Performance*, Hg. S. Homan, Lewisburgh (Pa.)/Ldn. 1984. – H. Laass u. W. Schröder, *S. B.*, Mchn. 1984. – R. Rabinowitz, *The Development of B.'s Fiction*, Univ. of Illinois 1984. – *S. B.*, Hg. H. Engelhardt, Ffm. 1984 (st). – S. E. Gontarski, *The Intent of Undoing in S. B.'s Dramatic Texts*, Bloomington 1985. – *B. avant B.*, Hg. J. M. Rabaté, Paris 1985. – *B. in Berlin*, Hg. K. Völker, Bln. 1986. – P. Gidal, *Understanding B., a Study of Monologue and Gesture in the Works of S. B.*, Ldn. 1986. – *B. at Eighty, B. in Context*, Hg. E. Brater, NY 1986. – H.-H. Hildebrand, *B.* (in KLFG). – W. Floeck, *B.* (in KLRG). – J. Fletcher u. J. Spurling, *B. the Playwright*, Ldn. ³1985 [rev. u. erw.]. – *S. B.*, Hg. P. Chabert, Paris 1986 [Sondernr. der Revue d'esthétique]. – L. Ben-Zvi, *B.*, Boston 1986 (TWAS). – R. Endres, *Am Anfang war die Stimme. Zu B.s Werk*, Reinbek 1986. – Hermathena, Dublin 1986, Nr. 141 [Sondernr. *S. B.*]. – K. Schoell, *Exakte Beschreibung und vorsichtige Einschränkung: Bemerkungen zu B.s Prosastil* (in ZFSL, 96, 1986, S. 12–21). – J. Ch. Trilse, *Der Clown S. B. – oder: Spiele einer großen Absage* (in SuF, 38, 1986, S. 851–875). – *B.'s Later Fiction and Drama*, Hg. J. Acheson u. K. Arthur, Ldn. 1987.

COMMENT C'EST

(frz.; *Ü: Wie es ist*). Roman von Samuel BECKETT, erschienen 1961; unter dem Titel *How it is* 1964 vom Autor ins Englische übersetzt. – Wie in Becketts Roman *L'Innommable* (1953) steht auch hier ein Namenloser, dessen Identität im Stadium der Auflösung ist, unter dem Zwang, seine Situation in Worte zu fassen. Mit dem Gesicht im Dreck liegend, Konservendosen um den Hals gebunden, gibt er einen Bericht in drei Abschnitten: wie es »vor Pim«, »mit Pim« und »nach Pim« war. Pim ist jener kleine alte Mann, der sich dem Erzähler zugesellt hat und der ihn erkennen läßt, daß er nicht allein dem Schrecken des Nichts ausgesetzt ist. Bevor Pim auf der Bildfläche erschien, war der Erzähler von der Einmaligkeit seiner Einsamkeit überzeugt, nun aber wird ihm klar, daß er sich mitteilen kann. Er tut dies freilich auf eine höchst seltsame Weise: Er sticht Pim mit einem Büchsenöffner, versetzt ihm Nierenschläge, um ihn zum Sprechen zu bringen, und hämmert auf seinen Kopf ein, wenn er schweigen soll. Schließlich verläßt der so Gequälte den Erzähler. Einer Phantasmagorie von Heimsuchungen ausgesetzt, wünscht dieser sich die Rückkehr Pims. Als ein anderer ihn ebenso quält, wie er selbst es mit Pim getan hat, begreift er, daß in dieser Welt jeder einmal Schinder, einmal Geschundener ist, und akzeptiert dies als eine Art von höherer Ordnung. Am Schluß freilich gibt er zu erkennen, daß er die ganze Zeit mit seinen Worten eigentlich nur gespielt hat, daß sein Bericht vielleicht nur ein Produkt seiner Phantasie ist. Und nun beeilt er sich, das Ende seines Monologs in den Anfang einmünden zu lassen, zu jener Situation zurückzukehren, in der das einzig Gewisse die Ungewißheit ist. Obwohl auf jede Interpunktion verzichtet wird, erlaubt es der abgehackte, scharfe Rhythmus der kurzen Absätze, den Wahrnehmungsfetzen eines Bewußtseins zu folgen, das sich nicht mehr in vorgegebenen Sprachstrukturen auszudrücken vermag, das, im Bestreben, nicht mehr Sagbares zu vermitteln, immer wieder von neuem anhebt, verändert, variiert. – In *Comment c'est* werden Becketts Erkenntnisse an der informellen Malerei für die Methode seines Schreibens wichtig: Unter Verzicht auf jeden Rest einer Fabel setzt der Autor ein relativ begrenztes Wortrepertoire ein, das unaufhörlich zerlegt und in immer neuen Variationen anders zusammengestellt wird, so daß die dadurch entstehenden Textvarianten den Leser vor die Aufgabe stellen, in kaum ersichtlichen Abweichungen das (vorläufige) Ganze des Textes zu suchen. Doch angesichts der in jeweils anderen Kontexten wiederkehrenden Satzfragmente, die den Eindruck erwecken, der Text befinde sich ständig in Bewegung, verbietet es sich, diesen Roman als eine Einheit aufzufassen. Es geht nicht mehr darum, Bedeutung entstehen zu lassen, sondern darum, die Unabschließbarkeit des Schreibens durch die Variation eines begrenzten Wortschatzes vorzuführen.

J.D.Z–B.We.

AUSGABEN: Paris 1961. – Ldn. 1964 *(How it is*; engl. Übers. S. B.). – NY 1964 *(How it is)*; ern. 1970 (in *The Collected Works*, 16 Bde.). – Ldn. 1972 *(How it is)*.

ÜBERSETZUNG: *Wie es ist*, E. Tophoven, Ffm. 1961 (frz.-dt.; BS). – Dass., ders., Ffm. 1976 (in *Werke*, Hg. ders. u. K. Birkenhauer mit S. B., 4 Bde., 3; bzw. 10 Bde.; es). – Dass., ders., Ffm. 1986 (st).

LITERATUR: J. Thibaudeau (in Les Temps Modernes, 16, 1960/61, S. 1384–1392). – E. Fournier, *Pour que la boue me soit contée* (in Critique, 17, 1961, S. 412–418). – R. Cohn, *»Comment c'est«. De quoi rire* (in FR, 35, 1962, S. 563–569). – F. Kermode, *B., Snow and Pure Poverty* (in F. K., *Puzzles and Epiphanies*, Ldn. 1962, S. 155–163). – G. Brée, *B.'s Abstractors of Quintessence* (in FR, 36, 1962/63, S. 567–576). – J. R. Brown, *Mr. B.'s Shakespeare* (in Critical Quarterly, 5, 1963, S. 310–326). – R. Federman, *»How it is« with B.'s Fiction* (in FR, 38, 1964/65, S. 459–468). – J. Shadoian, *The Achievement of »Comment c'est«* (in Crit, 12, 1970, S. 5–18). – H. Kenner, *B. Translating B. »Comment c'est«* (in Delos, 5, 1970, S. 194–211). – B. Finney, *Since »How it is«. A Study of B.'s Later Fiction*, Ldn. 1972. – C. Krance, *Alienation and Form in B.'s »How it is«* (in Perspectives on Contemporary Literature, 1, 1975, S. 85–103). – H. Copeland-Case, *The Couples in »Comment c'est«* (in *B. The Art of Rhetoric*, Hg. E. Morot-Sir u. a., Chapel Hill 1976, S. 237–247). – J. Dearlove, *The Voice and its Words. »How it is« in B.'s Canon* (in Journal of B. Studies, 3, 1978, S. 56–75). – D. St. Pierre, *»Comment c'est« de B.* (in RLMod, 1981, Nr. 605–610, S. 85–113). – F. N. Smith, *Fiction as Composing Process. »How it is«* (in *S. B.*, Hg. M. Beja u. a., Ohio State UP 1983, S. 107–121). – G. Bruns, *B.s »Wie es ist«* (in *S. B.*, H. Engelhardt, Ffm. 1984, S. 147–162).

COMPANY

(engl.; *Ü: Gesellschaft*). Prosatext von Samuel BECKETT, erschienen 1980. – Mit den *Residua* (1967) schien Beckett das in seinen Prosatexten seit *Murphy* (1938) erzähltechnisch angestrebte Ziel des Verstummens weitgehend erreicht zu haben. Zweifellos überraschend für die meisten Beckett-Leser kam deshalb die Veröffentlichung des – verglichen mit den *Residua* – erstaunlich langen Prosatextes *Company*, der wie fast alle späten Beckett-Texte eigentlich die Kenntnis aller vorhergehenden voraussetzt, weil sich ansonsten die implizite Textstrategie nur schwer enthüllt. Der Autor hat dem Text den ironischen Untertitel *Eine Fabel* gegeben, ein Begriff, der laut *Duden* die »einer Dichtungsform zugrundeliegende Handlung in ihren wesentlichen Zügen« bezeichnet. In Wirklichkeit ist der Text eine Art Fabel der Fabel, nämlich die Reflexion über die Unmöglichkeit, zu einer Fabel zu finden. Es handelt sich, wie eigentlich schon seit *Molloy* (1951), erneut um einen Metatext, ein Stück *»Transzendentalpoesie«* im Sinne F. SCHLEGELS, d. h. die innerliterarische Reflexion über Bedingungen, Formen und Grenzen der Produktion und Rezeption von Literatur selbst.

Schon in *L'Innommable*, 1953 *(Der Namenlose)*, wird eigentlich nicht mehr erzählt, sondern in einem quasi transzendentalen Raum über Möglichkeit und Unmöglichkeit des Erzählens reflektiert, und zwar als einer fiktionalen Form sprachlicher Realitäts- und Ich-Konstitution. Dieser Versuch führte in einen methodischen *Regressus ad infinitum*, weil das erzählende Ich durch sprachliche Setzungen und Ich-Entwürfe sich selbst nicht näher kommt, da es stets funktionale Hervorbringung seiner selbst, Erzähler und Erzähltes, Medium und Produkt zugleich ist. Das einzig Deutliche in diesem Reflexionskontinuum ist die Existenz einer *»Stimme«*, die unaufhörlich spricht und nicht aufhören kann. Genau an diesem Punkt knüpft *Company* wieder an, wenn es im ersten Satz heißt: »*Eine Stimme kommt zu einem im Dunkeln. Erträumen* – eine Feststellung, die wenige Zeilen später präzisiert wird: »*Eine Stimme erzählt einem auf dem Rücken im Dunkeln aus einer Vergangenheit... all das erträumend, um sich Gesellschaft zu leisten.*« Wichtig an diesem Zitat sind seine unausgesprochenen Postulate: Erzählt soll werden, damit Gesellschaft möglich wird. Gesellschaft soll sein, damit der Einzelne, Sprechende sich als Subjekt erfahren kann. Erzählt werden kann immer nur von Vergangenheit. Vergangenheit jedoch ist konstitutives Moment von Ich-Identität. Und diese muß erinnert werden, ist also zugleich Imagination, Akt des Erträumens. In *Company* entfaltet sich diese hochkomplizierte Dialektik fiktionaler Ich-Konstitution im Medium literarischen Sprechens anhand der *»Stimme«* und von *»jemand«*, der zuhört. Es bleibt dabei offen, welche oder wessen Stimme zu wem spricht, stattdessen wird die Reflexion darüber mehr und mehr zum Gegenstand des Erzählens selbst, das immer wieder um die entscheidende »Leerstelle« eines ersten aufzufindenden »Ich« kreist: »*Der Gebrauch der zweiten Person kennzeichnet die Stimme. Der Gebrauch der dritten die des wuchernden anderen. Könnte er zu dem und über den sprechen, über den die Stimme spricht, so gäbe es eine erste. Er kann es jedoch nicht. Du kannst es nicht. Du wirst es nicht.*« Der quasi subjektlose Erzählvorgang verläuft deshalb durchgehend in der objektivierenden »Er«- oder »Du«-Form, wobei im Erzählvorgang selbst eine ungefähre, aber aporetische Zustandsbeschreibung des Sprechvorgangs abwechselt mit vermeintlich in sich konsistenten Erinnerungsfetzen an Geburt, Mutter, Vater, erste Liebe, Greisendasein. Diese werden aber fortlaufend als nur potentielle Ich-Projektionen, Fiktionen, *»Trugbilder«* bloßgestellt und demontiert, indem

sie ständig in die Reflexion über die Frage nach den Bedingungen und der Möglichkeit, überhaupt Realität sprachlich konstruieren zu können, eingebunden werden. Es geht also offenbar um die Uneinholbarkeit des sprechenden Ich *in actu* des Sprechens, die empirische Unerreichbarkeit des transzendentalen Subjekts: »*Erfinder der Stimme und des Hörers und seiner selbst. Erfinder seiner selbst, um sich Gesellschaft zu leisten.*« Aber der Versuch, endlich »Ich« sagen zu können, der Identitätsfindung also, scheitert; die erträumten Figuren und Erinnerungen lassen sich nicht zu einer »Fabel«, zu einer Ich-Geschichte zusammenschließen, der kreative Geist ist »*erschöpft durch ein so anstrengendes Erträumen*«. Der Text endet mit den Worten: »*Und du wie eh und je. Allein.*« Gesellschaft, und damit eine Spur von Hoffnung, verbürgt nur die »*Stimme*«, die unendliche Fortsetzung des Sprechens selbst. Denn »*die Stimme erzeugt einen Schimmer. Das Dunkel lichtet sich, wenn sie spricht.*«
Einem Autor gegenüber, der zutiefst davon überzeugt ist, daß »*Kunst nichts mit Klarheit zu tun hat, nicht im Klaren herumpfuscht und nicht klar macht*« (Beckett), blieb einer an traditionellen Interpretationsmustern orientierten Literaturkritik wenig mehr übrig, als sich »*als inkompetent zu erklären und sich mehr oder wenig anmutig vom Kampfplatz zurückzuziehen*« (J. Pilling). Da Beckett zum Zeitpunkt des Erscheinens von *Company* schon längst den Rang eines Klassikers der Moderne innehatte, wurde auch dieser Text ähnlich wie schon die *Residua* mehr gelobt als wirklich untersucht; eine breitere Leserschaft erreichte er gar nicht mehr. Zu Recht konstatiert R. Endres: »*Beckett ist mit der leidenschaftlichsten Sprache, die im Moment geschrieben wird, wirklich allein.*« H.Ve.

AUSGABEN: Ldn. 1980. – Paris 1980 *(Compagnie;* frz. Übers. S. B.).

ÜBERSETZUNG: *Gesellschaft: eine Fabel,* E. Tophoven, Ffm. 1981 (engl.-frz.-dt.). – Dass., ders., Ffm. 1983 (BS).

LITERATUR: R. Endres, *Welch ein Beitrag zur Gesellschaft* (in Die Zeit, 27. 11. 1981; ern. in R. E., *Am Anfang war die Stimme. Zu B.s Werk,* Reinbek, 1986, S. 17–27). – J. E. Dearlove, *Accomodating the Chaos: B.'s Nonrelational Art,* Durham D. C. 1982. – D. Read, *B.'s Search for Unseeable and Unmakable.* »*Company*« *and* »*Ill seen ill said*« (in MFS, 29, 1983). – J. Pilling, *Eine Kritik der Armut:* »*Schlecht gesehen schlecht gesagt*« (in *S. B.,* Hg. H. Engelhardt, Ffm. 1984, S. 302–314; st). – E. Tophoven, *B.s* »*Company*« *im Computer* (ebd., S. 280–293). – E. Barmack-Balgley, *Autoréflexivité et parodie dans* »*Compagnie*« *de B.* (in *Philosophie et littérature,* Brüssel 1985, S. 55–67). – K. Arthur, *Texts for* »*Company*« (in *B.'s Later Fiction and Drama,* Hg. ders. u. J. Acheson, Ldn. 1987). – S. E. Gontarski, *Company for* »*Company*«*. Androgynity and Theatricality in S. B.'s Prose* (ebd.).

LE DÉPEUPLEUR

(frz.; *Ü: Der Verwaiser*). Prosatext von Samuel BECKETT, erschienen 1970. – Dieser Text wurde 1966, also vor *Bing* und *Sans,* geschrieben und zunächst in Teilen *(Dans le cylindre; Séjour; L'Issue)* veröffentlicht. Der Schlußabsatz wurde erst 1970 hinzugefügt. Der französische Originaltitel, dem die deutsche Übersetzung durch E. Tophoven 1972 folgte, bezieht sich auf eine Gedichtzeile von A. de LAMARTINE: »*Un seul être vous manque et tout est dépeuplé.*« In der selbst besorgten und leicht veränderten englischen Übersetzung (1972) verzichtete Beckett auf die Lamartine-Anspielung.
Der in einem wissenschaftlich-trockenen, um mathematische Genauigkeit bemühten Stil geschriebene Text liest sich »*wie der Bericht einer Enquête-Kommission über die Situation im Purgatorium*« (A. Alvarez) und läßt literarhistorische Reminiszenzen an DANTE und KAFKA aufkommen. Schauplatz des Geschehens ist »*das Innere eines niedrigen Zylinders mit einem Umfang von fünfzig Metern und einer Höhe von sechzehn wegen der Harmonie*«, in den etwa 200 »*Körper beider Geschlechter und jeden Alters vom Greise bis zum Kleinkind*« eingepfercht sind, die »*immerzu suchen, jeder seinen Verwaiser*«. Ziel und Sinn dieser Suche bleiben unklar, »*im trüben Leuchten der Decke hütet der Zenith noch seine Legende*«. Boden und Wand des verschlossenen Zylinders bestehen aus Gummi oder Ähnlichem. Das einzige Inventar sind 15 Leitern, mit denen die eingeschlossenen »*Körper*« zu Nischen und Höhlen auf halber Höhe der kahlen Zylinderwand gelangen können, welche wabenförmig miteinander verbunden sind oder in toten Stollen enden. Das Licht innerhalb des Zylinders ist oszillierend gelblich, die Temperatur schwankt etwa alle vier Sekunden zwischen fünf und 25 Grad, der Raum ist erfüllt von einem »*insektenförmigen Gezirpe*«. Der Zylinderboden läßt sich in drei Zonen unterteilen: Zone 1 ist ein etwa ein Meter breiter Außenring, die Stellfläche für die Leitern, an denen ständig ein Teil der Körper abwechselnd Schlange steht; Zone 2 ist ein etwa 80 cm breiter Trampelpfad, auf dem sich ein Teil der Körper ständig im Gänsemarsch kreisförmig bewegt; Zone 3 ist die verbleibende Fläche in der Zylindermitte, wo sich die Mehrheit der Zylinderpopulation befindet. Offenbar existiert eine Art unausgesprochener Hierarchie: a) die »*Nichtsucher*« oder »*Besiegten*«, die Gruppe derjenigen, die mit angezogenen Knien regungslos an der Wand kauern; b) die »*Seßhaften*«, die Gruppe derjenigen, die sich nur noch bewegen, wenn sie aus ihrer Ecke vertrieben werden; c) die »*Sucher-Luger*«, die Gruppe derjenigen, die sich zumeist in Bewegung befinden, aber gelegentlich eine Ruhepause einlegen; d) die »*Kletterer*«, die Gruppe derjenigen, die sich ständig in Bewegung befinden und versuchen, die Leitern hinauf oder hinunter zu klettern. Alle Aktivitäten in diesem Gewimmel auf engstem Raum (»*ein Körper pro Quadratmeter*«) folgen einem ausgeklügelten und strengen Regelsystem, gegen das jedoch immer wieder, wenngleich vergeb-

lich, verstoßen wird, was ständig »*Wut und Gewalttätigkeit*« zur Folge hat. Die Suchenden finden offenbar nie, was sie suchen, geben irgendwann auf, schließen sich der Gruppe der »*Besiegten*« an und verfallen – ein Grundmotiv Becketts – in totale Passivität wie Dantes Belacqua. Dies scheint der Idealzustand innerhalb des Zylinders zu sein – wenn er von allen erreicht sein wird, wird der Zylinder endlich zur Ruhe kommen und ein Zustand vollkommener Ruhe und »*Ordnung*« – wie in der Physik die Entropie – erreicht sein.

Im Gegensatz zu fast allen anderen Texten Becketts läßt sich *Le Dépeupleur* weitgehend allegorisch-symbolisch lesen, insofern der Text zweifellos als Allegorie der *conditio humana* und der Menschheitsgeschichte konzipiert ist. Der Zylinder selbst bezeichnet offenbar die Erde oder das erkennbare Universum; die Zylinderdecke symbolisiert die Grenze menschlicher Wahrnehmung und Erkenntnis (*»nur im Zylinder gibt es Gewißheit, und draußen nichts als Rätsel«*); die Unbestimmtheit der schließlich aufgegebenen Suche verweist auf »*die höllische Sinnlosigkeit menschlichen Strebens*« (J. Kaiser). Daß den Eingeschlossenen ein Augenblick der Brüderlichkeit »*ebenso fremd wie das Schmetterlingen ist*«, verweist auf die Unmöglichkeit solidarischen Handelns im Horizont der Sinnlosigkeit. Die ständigen, aber vergeblichen Regelverstöße der »*Sucher*« konterkarieren die Dialektik von Freiheit und Determination in der abendländischen Philosophie. Die (scheinbare) Leidenschaftslosigkeit, mit der all das von einem a-personalen Erzähler beschrieben wird, reflektiert *ex negativo* den radikalen Nihilismus Becketts, dessen Nährboden eine nicht eingestandene existentielle Verzweiflung ist, die ihn immer wieder neue Höllenszenarios erfinden läßt.

Als ein »*furchtbares Buch, eines der grauenhaftesten der modernen Literatur*« hat zutreffend M. Kesting *Le Dépeupleur* bezeichnet. Von einem »*finsteren Höhlengleichnis*«, in dem sich »*Aufklärung und Antiaufklärung, Entzauberung und Mystifizierung berühren*«, ist bei J. Kaiser die Rede.   H.Ve.

Ausgaben: Paris 1970. – Ldn. 1972 *(The Lost Ones*; engl. Übers. S. B).

Übersetzung: *Der Verwaiser*, E. Tophoven, Ffm. 1972 (frz.-dt.; BS).

Literatur: H. Kenner, *A Reader's Guide to S. B.*, Ldn. 1973, S. 176–182. – R. Breuer, *Die Kunst der Paradoxie*, Mchn. 1976, S. 152–156. – S. Wirsing, *Eine Hölle für B.* (in FAZ, 23. 9. 1976). – *S. B. The Critical Heritage*, Hg. L. Graver u. R. Federman, Ldn. 1979, S. 313–327. – M. Kesting, *Zylinder und Schädelraum oder B. und die Verhaltensforschung. Zur Interpretation des »Dépeupleur«* (in Sprache im technischen Zeitalter, März 1980, Nr. 73). – M. Lichtwitz, *Materialien zu S. B.s »Der Verwaiser«*, Ffm. 1980 (st). – D. Porush, *Deconstructing the Machine. B.'s »The Lost Ones«* (in D. P., *The Soft Machine. Cybernetic Fiction*, NY/Ldn. 1985, S. 157–171).

EN ATTENDANT GODOT

(frz.; *Ü: Warten auf Godot*). Schauspiel in zwei Akten von Samuel Beckett, Uraufführung: Paris, 5. 1. 1953, Théâtre de Babylone; deutsche Erstaufführung: Berlin, 8. 9. 1953, Schloßpark-Theater. – Das Spiel, das der irische Autor unter dem Titel *Waiting for Godot* ins Englische übertrug, war einer der größten Erfolge der Nachkriegszeit und die Faszination, die von diesem Stück ausgeht, ist bis heute nahezu ungebrochen. Es nimmt, zusammen mit Becketts späteren Theaterstücken, eine äußerste Position innerhalb der Geschichte des Dramas ein. Nicht nur ist der Dekor auf sparsamste Elemente beschränkt, auch der Dialog, der mit den Worten beginnt: »*Nichts zu machen*«, ist in einer ganz außergewöhnlichen Weise reduziert. Eine Landstraße und ein kahler Baum – beides wesentliche Requisiten und Symbole auch des Nô-Spiels – bezeichnen den Ort des Geschehens; der Dialog ist aller Funktionen entkleidet, die ihm bislang als dramatischem Medium zukamen: Er ist nicht mehr Träger einer Handlung, weder einer äußeren noch einer inneren, er schafft und löst keine psychologischen Konflikte, er entwickelt keine ethischen oder politischen Reformprogramme, er bietet keine Deutung der Probleme menschlicher Existenz an. Ja, die außerordentliche Kunst dieses außerordentlichen Dramas liegt gerade darin, daß jedem Interpretationsansatz von seiten des Hörers oder Lesers immer wieder unversehens der Boden entzogen wird, daß die gleichen Daten und Beziehungen in immer anderen Konstellationen und Beleuchtungen erscheinen, sich gegenseitig immer aufs neue in Frage stellen, ohne sich jedoch aufzuheben. Alles bleibt, einem kaum zu erahnenden übersubjektiven Bezugssystem vage eingeordnet, in der Schwebe: Unbestimmt ist der Raum, die Landstraße kommt aus dem Irgendwo und führt ins Irgendwohin, die Zeit, obwohl von kosmischen Rhythmen – Sonnenuntergang, Mondaufgang und dem Ausschlagen des kahlen Baumes – skandiert, schwankt unzuverlässig im Bewußtsein der Personen; selbst die Identität dieser Personen ist weder objektiv noch subjektiv gesichert. Wenn aber der Dialog nicht Vehikel von Aktionen, Tendenzen, psychologischen Entwicklungen ist, was ist hier seine Funktion? Einzig die, das scheinbar Evidente, nämlich das Warten, zu registrieren und die Langeweile dieses Wartens erträglich zu machen. Der Dialog hat keinen direkten Bezug auf das eigentliche Geheimnis der Situation, die Erwartung und das (mögliche) Kommen Godots, er spart es aus und umspielt es in einem Zeremoniell knapper, straff rhythmisierter Stichomythien (einzeiliger Wechselreden), deren litaneiartige Aufzählungen und echohafte Responsorien einer hochpoetischen Liturgie gleichen. In den bald banal realistischen, bald burlesken oder von Tiefsinn und Ironie jäh durchblitzten Wechselreden der vier Hauptpersonen werden keine Erkenntnisse zutage gefördert, wird kein Ausweg aus der problematischen Situation der Wartenden gefunden. Das Denken geschieht um seiner selbst willen; es ist – Pozzo nennt es bei der Aufzählung von Luckys Talenten in einem Atem mit Tanz, Gesang, Deklamation – Spiel und Kunst und als solches der Ort möglicher Freiheit. Die Träger des Dialogs sind die beiden Tramps Estragon, genannt Gogo, und Wladimir, alias Didi, beide offensichtlich durch nichts anderes als die Langeweile des Wartens auf Godot miteinander verbunden. Sie sind nur vage charakterisiert: Gogo als egoistisch, rationalistisch, selbstgefällig, doch von Angstträumen geplagt, Didi als hilfsbereit, mitleidig, impulsiv und sangesfreudig. Als dynamisches Gegenstück zu dieser statischen Gruppe treten die beiden Reisenden Pozzo und Lucky auf, die zueinander im Verhältnis von Herr und Sklave stehen, ein Verhältnis, in dem Pozzo von seinem kadavergehorsamen Knecht nicht weniger abhängig ist als dieser von ihm (besonders, nachdem Pozzo im zweiten Akt als Blinder, Lucky als Stummer erscheint). Sie veranstalten – Pozzo mit seiner grotesken Zirkuspathetik, Lucky mit seinen grausig-komischen Tanz- und Denkvorführungen – ein Stück Theater auf dem Theater. Zweimal tritt ein namenloser Bote auf, der das Kommen seines Herrn, Godots, jeweils für den nächsten Tag ankündigt. Über Godot erfährt man nicht viel mehr, als daß Gogo und Didi sich mit ihm verabredet haben; doch über den Grund und den Zweck dieser Verabredung sind sich beide ebensowenig im klaren wie über die Person Godots. War vielleicht Pozzo jener Godot? Wird er morgen, wird er überhaupt jemals kommen? Sie wissen es nicht. Sie warten weiter. Ob der Autor dieses Warten als positive Leistung oder als Torheit wertet, bleibt gleichfalls im Ungewissen. Das einzig Sichere ist – und Wladimir-Didi nennt das ein Glück –, zu *wissen*, daß man wartet, auf Godot oder auf die Nacht, gleichviel. Es ist dieses Wissen, das in aller Unsicherheit einen Halt gibt.

G.He.

AUSGABEN: Paris 1952. – Ldn. 1956 *(Waiting for Godot;* engl. Übers. S. B.). – Ldn. 1957 *(Waiting for Godot).* – Ffm. 1963 (in *Dramatische Dichtungen in drei Sprachen,* 2 Bde., 1963/64, 1; m. dt. Übers.). – NY 1970 *(Waiting for Godot* in *The Collected Works,* 16 Bde.). – Paris 1971 (in *Théâtre,* Bd. 1). – Ffm. 1971; ern. 1976 (frz.-engl.-dt.; st).

ÜBERSETZUNG: *Warten auf Godot,* E. Tophoven, Bln./Ffm. 1953. – Dass., ders., Ffm. 1963 (es); ern. 1976 (in *Werke,* Hg. ders. u. K. Birkenhauer mit S. B., 4 Bde., 1; bzw. 10 Bde.; es).

LITERATUR: C. Chadwick, *»Waiting for Godot«: A Logical Approach* (in Symposium, 1960, 14, S. 252–257). – R. Champigny, *Interprétation de »En attendant Godot«* (in PMLA, 1960, 75, S. 329–331). – L. E. Harvey, *Art and the Existential in B.'s »Waiting for Godot«* (ebd., 1960, 75, S. 137–146). – E. Flood, *A Reading of B.'s »Godot«* (in Culture, 1961, 12, S. 257–262). – H. L. Butler, *Balzac and Godeau, B. and Godot: A Curious Parallel* (in RoNo, 1962, S. 13–20). – J. Ashmore, *Philosophical Aspects of Godot* (in Symposium, 16, 1962, S. 296–306). – R. S. Cohen, *Parallels and the Possibility of Influence between Simone Weil's »Waiting for God« and B.'s »Waiting for Godot«* (in MD, 6, 1963/64, S. 425–436). – *Casebook on »Waiting for Godot«,* Hg. R. Cohn, NY 1967. – K. Schoell, *»En attendant Godot«* (in *Das frz. Theater vom Barock bis zur Gegenwart,* Hg. J. von Stackelberg, Düsseldorf 1968, S. 322–340, 418–420). – B. Lalande, *B. »En attendant Godot«,* Paris 1970. – E. Lavielle, *»En attendant Godot« de B.,* Paris 1972. – F. Maierhöfer, *S. B. »Warten auf Godot«,* Mchn. 1973. – *Materialien zu S. B. »Warten auf Godot«,* Hg. U. Dreysse, Ffm. 1973; Bd. 2, Hg. H. Engelhardt und D. Mettler, Ffm. 1979 (st). – K. Knauth, *Luckys und Bonaventuras unglückliche Weltansichten* (in RJb, 26, 1975, S. 147–169). – R. Cormier und J. L. Pallister, *Waiting for Death. The Philosophical Significance of B.'s »En attendant Godot«,* Univ. of Alabama 1976. – R. Breuer, *The Solution as Problem. B.'s »Waiting for Godot«* (in MD, 19, 1976, S. 225–236). – B. O. States, *The Shape of Paradox. An Essay on »Waiting for Godot«,* Berkeley u. A. 1978. – G. P. u. M. Knapp, *B. »Warten auf Godot«,* Ffm. u. a. 1978. – F. Busi, *The Transformation of »Godot«,* Lexington 1979. – K. A. Knauth, *Invarianz und Variabilität literarischer Texte. Ch. Baudelaires »Spleen IV« u. S. B.s »En attendant Godot«,* Amsterdam 1980. – J. P. Little, *»En attendant Godot« and »Fin de partie«,* Ldn. 1981. – O. F. Bollnow, *B.s »Warten auf Godot«* (in *Modernes frz. Theater: Adamov – B. – Ionesco,* Hg. K. A. Blüher, Darmstadt 1982, S. 125–131). – R. Ahrens, *Kompositionsprinzipien in B.'s »Waiting for Godot« und »Endgame«* (ebd., S. 204–211). – M. Esslin, *B.s »En attendant Godot«* (ebd. S. 212–227). – J. L. Calderwood, *Ways of Waiting in »Waiting for Godot«* (in MD, 29, 1986, S. 363–375). – G. R. Strickland, *The Seriousness of B.* (in Cambridge Quarterly, 15, 1986, S. 13–32).

FIN DE PARTIE

(frz.; *Ü: Endspiel*). Schauspiel in einem Akt von Samuel BECKETT, Uraufführung: London, 3. 4. 1957, Royal Court Theatre; deutsche Erstaufführung; Berlin, 30. 9. 1959, Schiller-Theater. – Ein kahler Raum, trübes Licht. In der Mitte des Raums, in einem »mit Röllchen versehenen Sessel« sitzend, zunächst wie eine Leiche mit einem Tuch zugedeckt, blind und gelähmt, Hamm. Ihm zur Seite sein Diener Clov, der nicht sitzen kann. Beide sind aufeinander angewiesen, da einerseits nur Clov Hamm füttern, andererseits Clov sich nur aus Hamms Vorräten versorgen kann. In zwei Mülleimern stecken Nagg und Nell, Hamms Eltern, die *»verfluchten Erzeuger«,* verkrüppelt, infantil, menschliche Ruinen. In diesem Rahmen vollzieht sich und um diese vier Personen kreist das *Endspiel,* eine postapokalyptische Farce. Es legt wie alle Werke Becketts die Situation des Menschen heute als ein äußerstes Stadium der Regression aus, die zu keinem Ende kommen kann, weil das Ende schon überschritten ist. Regression, sichtbar am physischen Verfall der *dramatis personae*, manifestiert sich ebenso in der oszillierenden Unbeweglichkeit der Handlung, in den zu Belanglosigkeiten geschrumpften Ereignissen, in der Zusammenhanglosigkeit der Rede, in der Unmöglichkeit, Sinn zu bezeugen, im Zerfall der Form, die nur noch wie eine Parodie des klassischen Dramas wirkt.

»*... Ende, es ist zu Ende, es geht zu Ende, es geht vielleicht zu Ende ...*«, sagt Clov zu Beginn des Stückes, und gleich darauf Hamm: »*Ich bin dran. (...) Jetzt spiele ich.*« Im Gegensatz zu den beiden Alten im Mülleimer, die ihren Verfall zu Ende *leben*, spielen Hamm und Clov ihr auf ein Minimum (ein Aufputschmittel am Morgen, ein Beruhigungsmittel am Abend) reduziertes Leben. Ihr »Spielen« schafft, stärker als in den früheren Werken Becketts, einen gewissen Abstand zu ihrer latenten Verzweiflung, die nur hin und wieder und ohne daß dabei auch nur die Stimme erhoben würde, zum Ausdruck kommt. Das Bewußtsein ihrer Lage unterscheidet Hamm und Clov von den beiden Alten und von der Vergangenheit, die diese repräsentieren. Sie wissen, daß sie tot sind (Hamm: »*Diese Nacht habe ich in meine Brust gesehen. Darin war eine kleine Wunde.*« Clov: »*Du hast dein Herz gesehen.*« Hamm: »*Nein, es lebte*«), und sie wissen, daß sie nicht sterben können (Hamm: »*Warum tötest du mich nicht?*« Clov: »*Ich weiß nicht, wie der Speiseschrank aufgeht.*«). Es gibt keinen Ausweg. Eine Grenze ist überschritten. Jenseits dieser Grenze hat sich ein Niemandsland aufgetan, in dem Leben und Tod ineinander übergehen zu einer endlosen Agonie. Selbst die Furcht, es könnte das Leben sich noch einmal erneuern, aus einem Floh, den Clov entdeckt, könnte eine neue Schöpfung entstehen, und selbst die Hoffnung auf den Tod als Erlösung sind grundlos. Sie gehören nur zu der Clownerie, als die das Weiterspielen inszeniert werden muß; denn das Ende wird nicht dargestellt, sondern gespielt. Ausgestorben, bewegungslos, trüb wie der Innenraum ist auch die Außenwelt, die Clov auf Befehl seines Herrn ab und zu durchs Fenster mit dem Fernrohr beobachtet. »*Alles ist aus.*« Nirgends ist ausgesprochen, ob es durch eine katastrophale Zerstörung oder durch eine katastrophale Entwicklung dazu gekommen ist. Allein an der Furchtbarkeit des Endspiels läßt sich die Furchtbarkeit der vorausgegangenen Katastrophe ermessen. Die Vergangenheit mit allem, was in ihr den Menschen ausgezeichnet hat – Geist, Sprache, Geschichte, Bedeutung –, reicht nur als unbrauchbares Strandgut in die Zeit der Überlebenden. Absurd taucht die Idee von der zentralen Stellung des Menschen auf, wenn Hamm nörglerisch darauf besteht, daß Clov seinen Sessel genau in die Mitte des Raumes schiebt. Und wenn Hamm am Schluß – als Clov reisefertig erscheint, ob er ihn verlassen wollte – ein blutbeflecktes Taschentuch als einzigen Besitz behalten will, so ist in dieser Anspielung auf das Schweißtuch Christi der Erlösungsgedanke parodiert. Beckett parodiert nicht, wie z. B. Eugène Ionesco, bestimmte Aspekte des heutigen Lebens. Vielmehr erscheint bei ihm das Leben des heutigen Menschen als eine Parodie vergangenen Lebens. Indem Beckett die Vergangenheit in sein Stück hineinreichen läßt, werden mit dem Bruch zwischen ihr und der Gegenwart zugleich die Bedingungen des Absurden sichtbar. Darin geht Beckett weit über alle vergleichbaren Stücke des sogenannten »absurden Theaters« hinaus.

»*Der Prozeß der Verdichtung, den Beckett in seinem Essay über Proust als das eigentliche Ziel des Künstlers bezeichnet hat, ist hier erfolgreich zu Ende geführt worden. ›Endspiel‹ erforscht nicht die äußere Welt der Erscheinungen; es ist vielmehr ein tief in den Kern des Seins hineingetriebener Stollen, in dem die verschiedensten Stufen sichtbar werden*« (M. Esslin). A.B.

AUSGABEN: Paris 1957. – Ldn. 1958 *(Endgame*; engl. Übers. S. B.). – Ffm. 1963 (in *Dramatische Dichtungen in drei Sprachen*, 2 Bde., 1963/64, 1; m. dt. Übers.). – NY 1970 *(Endgame* in *The Collected Works*, 16 Bde.). – Paris 1971 (in *Théâtre*, Bd. 1). – Ffm. 1974 (frz.-engl.-dt.; st).

ÜBERSETZUNG: *Endspiel*, E. Tophoven, Ffm. 1957. – Dass., ders., Ffm. 1960 [frz.-dt.]; ern. Ffm. 1964 (fr.-dt.; es); ern. Ffm. 1976 (in *Werke*, Hg. ders. u. K. Birkenhauer mit S. B., 4 Bde., 1; bzw. 10 Bde.; es).

LITERATUR: J. Lemarchand, »*Fin de partie*« (in NNRF, 9, 1957, S. 1085–1089). – H. M. Enzensberger, *Die Dramaturgie der Entfremdung* (in Merkur, 11, 1957, S. 231–237). – J. Vannier, »*Fin de partie*« *et* »*Acte sans paroles*« (in Théâtre Populaire, 25, 1957, S. 68–72). – R. M. Eastman, *The Strategy of S. B.'s Endgame* (in MD, 2, 1959, S. 36–44). – R. Cohn, »*Endgame*«: *The Gospel According to Sad S. B.* (in Accent, 20, 1960, S. 223–234). – T. W. Adorno, *Versuch, das »Endspiel« zu verstehen* (in Noten zur Literatur II, Ffm. 1961, S. 188–236; ern. in *Aufsätze zur Literatur des 20. Jh.s*, 1, Ffm. 1973, S. 167–214; st). – G. Weales, *The Language of »Endgame«* (in Tulane Drama Review, 6, 1962, 4, S. 107–177). – A. Robbe-Grillet, *B. ou la présence sur la scène* (in A. R.-G., *Pour un nouveau roman*, Paris 1963, S. 95–107). – M. Esslin, *Das Theater des Absurden*, Ffm. 1964, S. 58–74. – J. D. Hainsworth, *Shakespeare, Son of B.?* (in MLQ, 25, 1964, S. 346–355). – R. Lamont, *La farce métaphysique de B.* (in RLMod, 1964, Nr. 100, S. 99–116). – W. Mittenzwei, *Endspiele der Absurden. Zum Problem des Figurenaufbaus* (in SuF, 16, 1964, S. 733–751). – *Materialien zu B.s »Endspiel«*, Ffm. 1968. – *Twentieth Century Interpretations of »Endgame«*, Hg. B. G. Chevigny, Englewood Cliffs/N.J. 1969. – *S. B. inszeniert das »Endspiel«*, Probenbericht von M. Haerdter, Ffm. 1969. – A. Cohn-Blum, »*Fin de partie*« (in *Das moderne frz. Theater*, Hg. W. Pabst, Bln. 1971, S. 260–282). – S. Cavell, *Must We Mean What We Say?*, Cambridge 1976. – F. Maierhöfer, *B. »Endspiel«*, Mchn. 1977. – M. Louzon, »*Fin de partie*« *de B.* (in Les voies de la création théâtrale, 5, 1977, S. 377–445). – S. K. Lee, *S. B. und das Nô-Theater* (in Poetica, 10, 1978, S. 88–105). – P. Lawley, *Symbolic Structure and Creative Obligation in »Endgame«* (in Journal of B. Studies, 5, 1979, S. 45–86). – H. u. S. Goeppert, *Zum Verständnis von Sprache und Übertragung in B.s »Endspiel«* (in *Psychoanalytische und psychopathologische Literaturinterpretation*, Hg. B. Urban u. W. Kudszus, Darmstadt 1981, S. 72–86). – J. P. Little, *»En attendant Godot« and »Fin de partie«*, Ldn. 1981. – G. Schwab, *B. Endspiel der Subjektivität*, Stg. 1981. – W. Füger, *B.s »Endspiel« als degeneriertes Gefangenendilemma* (in GRM, 63, 1982, S. 74–84). – M. Kesting, *B. »Endgame«* (in *Englisches Drama von B. bis Bond*, Hg. H. F. Plett, Mchn. 1982, S. 50–75). – R. Ahrens, *Kompositionsprinzipien in B.s »Waiting for Godot« und »Endgame«* (in *Modernes frz. Theater: Adamov – B. – Ionesco*, Hg. K. A. Blüher, Darmstadt 1982, S. 204–211). – J. Kott, *König Lear oder »Das Endspiel«* (ebd., S. 161–183). – K. Heitmann, *Die Welt als Wüste* (ebd., S. 228–263). – U. Meier, *B.s Endspiel Avantgarde*, Basel/Ffm. 1983. – E. Jacquart, *L'archétype bourreau-victime dans »Fin de partie«* (in TLL, 23, 1985, S. 155–195). – W. J. Mc Cormack, *Seeing Darkely: Notes on Th. W. Adorno and S. B.* (in Hermathena, 1986, Nr. 141, S. 22–44).

HAPPY DAYS

(engl.; *Ü: Glückliche Tage*). Stück in zwei Akten von Samuel BECKETT, Uraufführung: New York, 17. 9. 1961, Cherry Lane Theatre; deutsche Erstaufführung: Berlin, 30. 9. 1961, Werkstatt des Schiller-Theaters. – Die menschliche Existenz als Grenzsituation zwischen Leben und Tod, Gestalten, die auf der ewig enttäuschten Illusion des Wartens beharren oder in tragikomischer Hilflosigkeit die Gewißheit ihres Verfalls überspielen – darum geht es in allen Stücken Becketts. Im Zyklus dieser Apokalypse auf Raten zeigt *Glückliche Tage* Existenz im vorletzten Stadium der Auflösung.

Ein ältliches Paar, Winnie und Willie, vegetiert in einem zeitlichen und geographischen Vakuum seinem Ende entgegen. Winnie steckt bis zur Brust in einem Erdhaufen – ein weiblicher Torso, der so tut, als sei er ein intaktes menschliches Wesen. Vor der Gewißheit ihrer Verwesung flüchtet sie sich in das rastlos zelebrierte Ritual banaler Betätigungen, in ein albern nutzloses Spiel mit Gegenständen, die ihren Sinn verloren haben und zu austauschbaren Requisiten geworden sind. Sie schminkt sich und hält auf ihr Aussehen, während ihr Körper versinkt. Die Monologe ihrer qualvollen Isolation – durch viele Pausen markierte Sprachfetzen – balancieren am Rand des Schweigens, das ihren Partner Willie bereits umfängt. Seine seltenen schwachen Lebenszeichen elektrisieren Winnie, erfüllen sie mit einer Glückshoffnung, die in ironischen Gegensatz zu ihrer und Willies Situation steht. Meist jedoch döst die Larve des einstigen Individuums Willie unter der gleißenden Sonne, die die öde Szenerie ausleuchtet, oder verschwindet hinter dem Erdhügel. – Der zweite Akt ist, wie häufig bei Beckett, eine allerdings zugespitzte, Wiederholung des ersten. Die Frau ist nun *»bis zum Hals eingebettet«*. In dem Maße, in dem ihr Körper abstirbt, überspielt sie das Wissen um ihr baldiges Ende. Grotesker Höhepunkt des handlungsarmen Stücks: In Willie zukken Funken von Vitalität auf, letzte Reste von Erotik, die dieses fast schon leblose Bündel Mensch unvermittelt in die Karikatur eines geilen Beau verwandeln, der vergeblich den den die Frau langsam verschlingenden Hügel zu erklimmen sucht. Für Winnie jedoch wird durch diese Clownerie die Zeitwüste ein letztes Mal zum »glücklichen Tag«. Mit einer Operettenschnulze täuscht sie sich über die Unabänderlichkeit der Dinge hinweg.

In *Glückliche Tage* führt Beckett den in Mode gekommenen Existentialismus nach allen Regeln seines Endzeittheaters ad absurdum. *»Beckett stellt die Existentialphilosophie vom Kopf auf die Füße«* (Adorno). Sinn macht in dieser Tragikomödie nur noch die Sinnlosigkeit dessen, was sich auf der Bühne abspielt. Auch die Zeit als historische Dimension ist ironisch außer Kraft gesetzt: Klingelzeichen ertönen anstelle des Lichtwechsels von Tag und Nacht. Neben *Warten auf Godot* und *Endspiel* zählt *Glückliche Tage* zu den meistgespielten und erfolgreichsten Stücken des Autors. W.D.

AUSGABEN: NY 1961. – Ldn. 1962. – Paris 1963; ²1975 *(Oh les beaux jours*, frz. Übers. S. B.). – Ffm. 1964 (in *Dramatische Dichtungen in drei Sprachen*, 2 Bde., 1963/64, 2; mit dt. Übers.). – Ldn. 1966. – NY 1970 (in *The Collected Works*, 16 Bde.). – Ffm. 1975 (engl.-frz.-dt.; st). – Ldn./Boston, Hg. J. Knowlson [engl.-frz.].

ÜBERSETZUNG: *Glückliche Tage*, E. u. E. Tophoven (in *Spectaculum*, Bd. 5, Ffm. 1962). – Dass., dies., Ffm. 1963 (BS). – Dass., dies., Ffm. 1976 (in *Werke*, Hg. E. Tophoven u. K. Birkenhauer mit S. B., 4 Bde., 1; bzw. 10 Bde.; es).

LITERATUR: E. Franzen, *Der Mythos der »Glücklichen Tage«* (in *Spectaculum*, Bd. 5, Ffm. 1962, S. 269 f.). – R. M. Eastman, *S. B. and »Happy Days«* (in MD, 6, 1964, S. 417–424). – M. Beausang, *Myth and Tragicomedy in B.'s »Happy Days«* (in Mosaic, 5, 1971, S. 59–77). – J. Hoegl, *Die Krise der Verständigung. B.s »Happy Days«* (in Sprache im technischen Zeitalter, 57, 1976, S. 65–72). – *S. B. inszeniert »Glückliche Tage«*, Probenprotokoll aufgezeichnet von A. Hübner, Ffm. 1976 (es). – S. E. Gontarski, *B.'s »Happy Days«*, Columbus/Ohio 1977. – A. S. Brennan, *Winnie's Golden Treasury* (in Arizona Quarterly, 35, 1979, S. 205–227).

KRAPP'S LAST TAPE

(engl.: *Ü: Das letzte Band*). Einakter von Samuel BECKETT, Uraufführung: London, 28. 10. 1958, Royal Court Theatre; deutsche Erstaufführung:

Berlin 28. 9. 1959, Werkstatt des Schillertheaters. – Becketts Kurzstück ist ein Monodrama mit zwei Stimmen: Krapp, ein einsamer alter Mann, lauscht den Tonbändern, auf denen er alljährlich seine Erlebnisse im vergangenen Jahr aufgezeichnet hat, und kommentiert diese Aufzeichnungen immer von neuem – ein sinnloser Kreislauf von längst abgeschlossenen Erfahrungen, vergangenen Beziehungen und irreparablen Fehlschlägen. Schon seit über dreißig Jahren führt Krapp, der erfolglose Schriftsteller, dieses »Gespräch« mit seinem ihm immer fremder gewordenen Tonband-Ich. Verächtlich lacht er über die Selbsteinschätzung des einstigen Krapp (»Hörte mir soeben den albernen Idioten an, für den ich mich vor dreißig Jahren hielt«), und immer wieder spult er das an seinem 39. Geburtstag aufgenommene Band zurück, um einen glücklichen Augenblick zu rekapitulieren, eine Liebesbeziehung, die – wie man erst beim dritten Mal erfährt – von Anfang an zum Scheitern verurteilt war. – Unmittelbar nach Becketts Beschäftigung mit PROUST entstanden, mutet das Stück wie eine Travestie der *mémoire involontaire* an, die hier nicht Vergangenes in der Gegenwart einholt, sondern sich nur unaufhörlich reproduziert und auf der Suche nach der verlorenen Identität in eine mechanische Rückwärts- und Vorwärtsbewegung geraten ist, die erst im Tod zum Stillstand kommen kann (hierin ähnelt Krapp den Romanfiguren Becketts). Der Erkenntnis, daß ihm ein aktives Leben nicht mehr möglich ist, kann Krapp nicht entrinnen: Nach dem Versuch, sich eine »normale Existenz« mit geordneten menschlichen Beziehungen vorzustellen, wird er ungeduldig (»Einmal war nicht genug für dich«), reißt das Band aus dem Gerät und wirft es weg. Am Schluß ist er sich bewußt, daß die Jahre, in denen »noch Aussicht auf Glück bestand« unwiederbringlich vorbei sind, mehr noch: er hat aufgehört, sie zurückzuwünschen. Bewegungslos steht er vor dem Gerät und starrt vor sich hin, während das letzte Band leer weiterläuft.

Dieses kurze Stück vereint die meisten der für Beckett kennzeichnenden Themen in sich: Die bedeutungsleere »Metasprache« Krapps speist sich nur noch aus sich selbst, da ihr neue Erfahrungszusammenhänge nicht mehr zuwachsen können; das Gedächtnis funktioniert, aber es ist ein vom unmittelbaren Leben abgetrennter Mechanismus; was bleibt, ist ein Warten, das mit der Gestik eines Clowns und dem starren Blick eines Pantomimen ausgefüllt wird (auch für dieses Stück gibt Beckett genaue Regieanweisungen). Mehr noch als ein Endspiel ist *Krapp's Last Tape* ein Nachspiel zum eigentlichen Akt des Lebens, ein Nachspiel, das, immer von neuem geprobt, sich in Reminiszenzen an eine unglückliche Kindheit, eine gescheiterte Liebe und ein paar grotesk-absurde Ereignisse erschöpft. Die Tonbandaufzeichnungen schaffen die Möglichkeit zu Krapps Dialog mit seinem früheren Ich, die mechanische Reproduktion dieses Ich unterstreicht aber zugleich die Selbstentfremdung, die diesen Dialog unmöglich macht. In dem Hohlraum, den seine eigenen Fiktionen um ihn geschaffen haben, besteht Krapps einziges Vergnügen darin, isolierte Wörter herauszugreifen und auf ihren Klanggehalt zu prüfen. Nicht mehr um Bedeutungen geht es in Becketts Stück, sondern nur noch um den Vorgang ihrer Zerstörung. Es ist ein Vorgang, der – je nach dem Blickpunkt des Interpreten – entweder ins hoffnungslos Absurde führt oder die Sinnentleerung der Sprache als letzte Konsequenz der Selbstentfremdung erkennen läßt. J.N.S.

AUSGABEN: Ldn. 1959 *(Krapp's Last Tape and Embers.)* – Paris 1959 *(La dernière bande;* frz. Übers. S. B.). – NY 1960; ern. 1970 (in *The Collected Works,* 16 Bde.). – Ffm. 1964 (in *Dramatische Dichtungen in drei Sprachen,* 2 Bde., 1963/64, 1; mit dt. Übers.). – Ffm. 1974 (engl.-frz.-dt.; st). – Ldn. 1980, Hg. J. Knowlson.

ÜBERSETZUNG: *Das letzte Band,* E. u. E. Tophoven (in Spectaculum, Bd. 3, Ffm. 1960). – Dass., dies. (in *Glückliche Tage u. andere Stücke,* Ffm. 1963; BS). – Dass., dies., Ffm. 1974 (engl.-frz.-dt.; ⁴1985: alle 3 Fass. v. Verf. u. den Übers. rev. u. überarb.; st). – Dass., dies., Ffm. 1976 (in *Werke,* Hg. E. Tophoven u. K. Birkenhauer mit S. B., 4 Bde., 1; bzw. 10 Bde; es).

VERTONUNG: M. Mihalovici, 1961.

LITERATUR: *Das letzte Band. Regiebuch einer Berliner Inszenierung,* Hg. V. Canaris, Ffm. 1970 (es). – S. E. Gontarski, *Krapp's First Tapes* (in Journal of Modern Literature, 6, 1977, S. 61–68). – S. K. Lee, *S. B. und das Nō-Theater* (in Poetica, 10, 1978, S. 88–105). – *S. B. »Krapp's Last Tape«. A Theatre Workbook,* Hg. J. Knowlson, Ldn. 1980. – S. D. Henning, *B.'s »Film« and »La dernière bande«* (in Symposium, 35, 1981, S. 131–153). – U. Kaiser, *B., »Krapp's Last Tape«* (in Der fremdsprachliche Unterricht, 16, 1982, S. 93–101). – S. Demmer, *B.s »Das letzte Band«* (in S. D., *Untersuchungen zu Form und Geschichte des Monodramas,* Köln/Wien 1982, S. 230–243). – A. E. Quigley, *B., »Krapp's Last Tape«* (in A. E. Q., *The Modern Stage and Other Worlds,* NY/Ldn. 1985, S. 199–220).

MAL VU MAL DIT

(frz.; *Ü: Schlecht gesehen schlecht gesagt*). Prosatext von Samuel BECKETT, erschienen 1981. – Wie alle späten Texte Becketts widersetzt sich auch dieser allen überlieferten Interpretationsmustern, weil es sich erneut wie bereits in *Company* (1980) um ein Stück »Transzendentalpoesie« handelt.

Vordergründig geht es darum, das Bildnis einer alten Frau *»ganz in Schwarz«* vor den Augen des Hörers/Lesers entstehen zu lassen. Sie lebt völlig allein in einer Hütte *»in der inexistenten Mitte einer formlosen Gegend«,* umgeben von einer von *»Triften«* durchzogenen *»Steinöde«.* Ab und zu verläßt sie das Haus, offenbar, um zu einem nahegelegenen Grab und wieder zurück zu gehen. Ansonsten besteht ihre Tätigkeit »*stehend oder sitzend. Liegend oder kniend*« darin, auf den Tod zu warten. Von den zwei Fenstern der Hütte aus verfolgt sie den Wechsel der Tages- und der Jahreszeiten, wobei in ihrem Blickfeld immer wieder die »*Zwölf*« auftauchen, die ebenso eine Anspielung auf biblische Motive sind wie die »*Lämmer wegen der Weiße. Und aus anderen noch dunklen Gründen. Einem anderen Grund.*« Beobachtet (»*schlecht gesehen*«) und beschrieben (»*schlecht gesagt*«) wird sie von einem a-personalen Erzähler, der abwechselnd als »*Beobachter*«, »*Aufpasser*«, »*imaginärer Außenstehender*«, »*verwitweter Blick*«, meistens jedoch als »*das Auge*« figuriert. Dieses »*darüberschwebende Auge*« kann mit dem Kameraauge im Film verglichen werden: es versucht ständig seinen Gegenstand, die alte Frau, möglichst genau einzufangen, wobei Wahrnehmungswinkel und -perspektive von der Totale (Bewegungen der alten Frau über die Steinöde) bis zur Detailaufnahme (Hände, Mund, Haare) durchgespielt werden. Trotz wahrer Detailbesessenheit hat das Auge/der Erzähler jedoch größte Schwierigkeiten, sein Wahrnehmungsobjekt visuell und sprachlich in den Griff zu bekommen und festzuhalten. Je mehr es um Genauigkeit geht, desto unschärfer, verschwommener wird das Bild der alten Frau, die sich der Wahrnehmung zu entziehen scheint. Auch die Imagination bei »*geschlossenem Auge*« kann die damit angestrebte Vervollständigung des Bildes der alten Frau nicht bewerkstelligen, so daß das »*Auge*« immer weniger zwischen »*schlecht Gesehenem*« und Imaginiertem unterscheiden kann: »*Schon verwirrt sich alles. Dinge und Schimären. Verwirrt sich und hebt sich auf. Den Vorkehrungen zum Trotz. Wenn sie doch nur Schatten sein könnte. Unvermischter Schatten. Diese Alte. So sterbend. So tot. Im Tollhaus des Schädels und nirgends anders.*« Zwischen dem »*Auge*« als Wahrnehmungs/Erzählsubjekt und der alten Frau als konstruiertem und rekonstruiertem Wahrnehmungsobjekt besteht eine unlösbar dialektische Beziehung, die ebenso aporetisch ist wie schon die Beziehung zwischen »*Stimme*« und »*einem der auf dem Rücken im Dunkel*« zuhört in *Company*: Der Betrachter ist nur durch das Betrachtete anwesend und umgekehrt. Das eine benötigt das andere, um »existent« zu werden und sich in seiner jeweiligen Identität festhalten zu können. Die eigentliche »Erzählebene« ist deshalb erneut die Reflexion über die Unmöglichkeit, Realität und zugleich konstruiertem Wahrnehmungsobjekt sprachlich-fiktional entwerfen zu können – eine im Medium fiktionalen Sprechens unabschließbare Reflexion, weil sie ständig neue »*Schimären*« und »*Trugbilder*« hervorbringen muß. An einer zentralen Textstelle heißt es dazu: »*So wahr es ist, daß Wirklichkeit – und wie das Gegenteil sagen? Jedenfalls diese zwei. So wahr, daß die beiden, die so sehr zwei waren, sich nun vermischen – (...) So wahr ist es, daß beide Lügen sind. Wirklichkeit und wie das Gegenteil schlecht sagen? Das Gegengift.*« Endlich nichts mehr sehen, nichts mehr sagen zu müssen, endlich Schluß machen zu können mit den Worten und den damit erzeugten Bildern, diesen »*Lügen*«, das »*Schlußwort*«

zu finden, das wäre das »*Glück*«, von dem am Schluß des Textes die Rede ist.

Angesichts der Radikalität, mit der Beckett dieses sein eigentliches Thema seit *Molloy* (1951) in *Mal vu mal dit* weiterverfolgt, sah sich B. SHARE in einer der ersten Rezensionen zu der Feststellung veranlaßt: »Becketts Universum hat den Zustand erreicht, in dem es virtuell unbeschreibbar geworden ist, außer in seinen eigenen Begriffen (...) ›Mal vu mal dit‹ ist bei all seiner genau modulierten Ungewißheit, oder vielleicht ihretwegen, fast unangreifbar hermetisch. Brauchen wir eine neue Kritik, um es aufzubrechen?« In ähnlicher Richtung argumentierte R. ENDRES: »Sprache und Bilder emigrieren immer weiter ins Unfaßbare, das weit entfernt ist vom Geschmack der Gegenwart. Hier soll ja alles zum Anfassen sein, weil niemand und nichts mehr angefaßt werden kann.«

H.Ve.

AUSGABEN: Paris 1981. – Ldn. 1982 *(Ill seen ill said*; engl. Übers. S. B.).

ÜBERSETZUNG: *Schlecht gesehen schlecht gesagt*, E. Tophoven, Ffm. 1983 (frz.-dt.; es).

LITERATUR: R. Endres, *Alte Erde, genug gelogen* (in Die Zeit, 2. 12. 1983; ern. in R. E., *Am Anfang war die Stimme. Zu S. B.s Werk*, Reinbek 1986, S. 28–36). – D. Read, *B.'s Search for Unseeable and Unmakable. »Company« and »Ill Seen Ill Said«* (in MFS, 29, 1983). – J. Pilling, *Eine Kritik der Armut: »Schlecht gesehen schlecht gesagt«* (in *S. B.*, Hg. H. Engelhardt, Ffm. 1984, S. 302–314; st). – F. Rathjen, *Im Tollhaus des Schädels* (in SZ, 7./8. 1. 1984). – N. Zurbrugg, *»Ill Seen Ill Said« and the Sense of Ending* (in *S. B.'s Later Fiction and Drama*, Hg. J. Acheson u. K. Arthur, Ldn. 1987).

MERCIER ET CAMIER

(frz.; *Ü: Mercier und Camier*). Roman von Samuel BECKETT, erschienen 1970. – Dieser »*erste Roman-Versuch auf französisch*« (Beckett) dokumentiert durch den Sprachwechsel des Autors die Absicht, das selbstgewählte Exil endgültig zu machen. Während der Entstehung des Romans (1946/47) lebte Beckett als weitgehend unbekannter Autor in der Normandie, wohin ihn Krieg und Faschismus verschlagen hatten. Ein Jahr nach Vollendung von *Mercier et Camier* begann Beckett mit der Arbeit an *Molloy* (1951). Erst 1970 gab er seinen ersten französischen Roman zur Veröffentlichung frei.

Der Roman besteht aus insgesamt 12 Kapiteln, wobei jeweils das 3., 6., 9. und 12. nur eine stichwortartige Zusammenfassung der jeweils vorausgehenden zwei Kapitel liefern. Das erste Kapitel beginnt mit den Worten: »*Die Reise von Mercier und Camier kann ich erzählen, wenn ich will, denn ich war die ganze Zeit dabei.*« Nach dieser Selbstlegitimation eines angeblich am Handlungsgeschehen beteiligten Ich-Erzählers tritt dieser jedoch mehr und mehr in den Hintergrund, und das Handlungsgeschehen selbst läßt es als sehr zweifelhaft erscheinen, ob er überhaupt dabeigewesen sein kann. Denn in den meisten Romanszenen sind die beiden Protagonisten allein miteinander, und etwa 90 Prozent des Textes bestehen aus Gesprächen, wobei der Sprecherwechsel fast immer nur mit einem »*sagte Camier*« und »*sagte Mercier*« markiert ist. Zu Recht hat U. JENNY deshalb von einem »Dialogroman« gesprochen, dessen Struktur eher auf die späteren Bühnenwerke als auf die späteren Romane und Prosatexte Becketts vorausweist. Der Roman erzählt sich auf diese Weise sozusagen »von selbst« und die vermeintliche Augenzeugen-Authentizität des Ich-Erzählers entpuppt sich nach und nach als Parodie traditioneller Erzählformen. Deutlich wird dies an eingestreuten, den Erzählvorgang selbst kommentierenden Bemerkungen des Erzählers wie: »*Was für ein fadenscheiniges Machwerk*« oder »*Ende des beschreibenden Abschnitts*«, durch die im Bewußtsein des Lesers immer wieder die Romanwirklichkeit nicht als eine erlebte bzw. erfahrene, sondern als eine fiktionalkonstruierte offengelegt wird.

Erzählt wird die Geschichte einer Reise der miteinander befreundeten Protagonisten Mercier und Camier, die mit ihrer bürgerlichen Vergangenheit – Camir war offenbar Privatdetektiv, Mercier treusorgender Familienvater – gebrochen haben und seither ein Leben als Stadt- und Landstreicher führen. Motiv und Ziel der Reise bleiben bis zum Schluß unklar, genau betrachtet wird es dann auch gar keine Reise, sondern eine Kette von ständigen Aufbrüchen, die immer wieder mit einer Rückkehr enden. Der denkerische Aufwand und die skurril anmutende Akribie ihrer Reisevorbereitungen stehen in groteskem Mißverhältnis zur Ziellosigkeit und den Problemen der Reise selbst. Während der ganzen Reise verwickeln sie sich ständig in zugleich tiefgründige und absurde Diskussionen, in die immer wieder philosophische, literarische und theologische Assoziationen einfließen. Sie tun dies mit einer fast verbissenen Hartnäckigkeit und Ernsthaftigkeit, deren Grundakkord Schmerz, Trauer und existentielle Verzweiflung zu sein scheinen. Ständig geraten die beiden dabei in zugleich bedrohliche und komische Situationen, die eine gewisse Ähnlichkeit und Wiederholung zeigen. Schon beim ersten Aufbruch bekommen sie mit einem Parkwächter Probleme wegen ihres Fahrrads; auf einem ihrer Ausflüge erschlagen sie sogar einen Polizisten, von dem sie sich bedroht fühlen; eine spätere Begegnung mit einem Polizisten geht gerade noch glimpflich aus. Überhaupt scheinen ihnen gesellschaftliche Spielregeln, staatliche Autorität oder lebensnotwendige Überlebensstrategien fremd, gleichgültig oder gar ein Greuel zu sein. Selbst mit ihren wenigen, gemeinsamen Besitztümern – Fahrrad, Sack, Wettermantel und Regenschirm – haben sie derartige Probleme, daß sie sich schließlich davon trennen. Im vorletzten Kapitel trennen sie sich, im letzten Kapitel begegnen sie unabhängig voneinander dem ebenso heruntergekommenen Watt, dem Protagonisten des gleichnamigen früheren Romans, mit dem sie gemeinsam anstoßen auf Murphy, den Protagonisten von Becketts erstem Roman. Am Ende sitzt Mercier allein auf einer Bank im Park, wo die gemeinsame »Reise« begonnen hat. Die Freundschaft scheint zerbrochen zu sein. Das Motiv der Reise, die zugleich Flucht und ziellose Suche, insofern von Anfang an zum Scheitern verurteilt ist, entfaltet sich im Roman in einer absurden Dialektik von ständiger Fluchtbewegung und Nichtvonderstellekommen zur existentiellen Metapher einer sisyphusartigen Sinn- und Identitätssuche und radikaler Weltverneinung, deren Messias der betrunkene Watt im letzten Kapitel ankündigt: »*Er wird geboren, er ist aus uns geboren, derjenige, der nichts habend nichts haben will, außer, daß man ihm das Nichts, das er hat, läßt.*«

Auf diesen mit 25jähriger Verspätung erschienenen Roman reagierte die damalige Literaturkritik hinsichtlich der literarischen Qualität zwiespältig. R. BREUER sah in der »*Inkonsequenz der Erzählhaltung*« den Hauptgrund für das künstlerische Scheitern in *Mercier et Camier*; U. Jenny kritisierte vor allem, daß sich »*dieser Text ... mehr mit Literatur als mit Erfahrung herumschlägt*«. Zuzustimmen ist in jedem Fall K. BIRKENHAUER, der in *Mercier et Camier* eine Art Einführung in das Gesamtwerk Becketts sah, »*weil alte und neue Motive sich hier locker und übersichtlich verknoten*«. H.Ve.

AUSGABEN: Paris 1970. – Ldn. 1974 *(Mercier and Camier*; engl. Übers. S. B.).

ÜBERSETZUNG: *Mercier und Camier*, E. Tophoven, Ffm. 1972 (BS). – Dass., ders., Ffm. 1983 (st).

LITERATUR: *In Pursuit and Failure* (in Times Literary Suppl., 11. 12. 1970; Sammelrez.). – U. Jenny, *Ein langer Dünner und ein kurzer Dicker. S. B.s früher Roman »Mercier und Camier«* (in SZ, 7. 12. 1972). – H. Kenner, *A Reader's Guide to S. B.*, Ldn. 1973, S. 83–91. – R. Breuer, *Die Kunst der Paradoxie*, Mchn. 1976, S. 81–86. – *S. B. The Critical Heritage*, Hg. L. Graver u. R. Federman, Ldn. 1979, S. 307–312. – E. P. Levy, *B. and the Voice of Species*, Dublin 1980, S. 39–53.

MOLLOY

(frz.; *Ü: Molloy*). Erster Band einer Romantrilogie von Samuel BECKETT, erschienen 1951, fortgesetzt mit *Malone meurt*, 1951 *(Malone stirbt)*, und *L'Innommable*, 1953 *(Der Namenlose)*. – Becketts Romane sind vieldeutige, paradoxe Chiffren einer postexistentialistischen Welt- und Selbstdeutung, Dokumente eines schöpferischen Martyriums: Erzählen zu müssen im Wissen, daß es nichts substantiell Neues mehr zu erzählen gibt. Das gilt insbesondere für die Trilogie, die der Autor zwischen 1945 und 1950, fast völlig von der Außenwelt abgeschlossen, in Paris schrieb und die gewissermaßen die Quintessenz seines literarischen Schaffens darstellt. Beckett wählte die Isolation nicht aus sektiererischer Weltverachtung, sondern wandte DESCARTES' Lehre vom absoluten Primat des Geistes, dem alles sinnlich Wahrnehmbare untergeordnet sei, konsequent auf die erzählerische Praxis an. Molloy, Malone, der Namenlose und ihre diversen Gegenspieler und *alter ego* sind Inkarnationen eines Bewußtseins, das unermüdlich versucht, seiner Identität inne zu werden, indem es sich literarisch unverfälscht artikuliert, das sich bemüht, die richtigen Worte zu finden, um ein für allemal schweigen zu können.

Bereits für Molloy, Synthese und Weiterentwicklung früherer Romanfiguren Becketts wie Murphy, Watt, Mercier und Camier, geht es nur noch darum, *»zu Ende zu kommen«*. Aus diesem Grund berichtet er über die vergebliche Suche nach seiner Mutter, in deren Bett er jetzt bewegungsunfähig liegt, ohne zu wissen, wie er dorthin gelangt ist. Er erinnert sich daran, daß schon zu Beginn seiner Reise eines seiner Beine steif war – ob es das linke oder das rechte war, bereitet ihm nachträglich Kopfzerbrechen – und daß er trotzdem sein Fahrrad bestieg, um die Stadt zu suchen, in der er seine Mutter vermutete. Unterwegs überfährt er einen Hund, dessen Eigentümerin, Madame Lousse, die Festnahme des Schuldigen durch einen martialischen Polizisten verhindert, um die menschliche Ruine Molloy sozusagen an Hundes statt anzunehmen und nach bürgerlichen Maßstäben zu restaurieren. Molloy erträgt die karitative Aufdringlichkeit der Dame nicht lange und sucht bei der erstbesten Gelegenheit das Weite. Von nun an muß er sich ohne Fahrrad behelfen. Er schleppt sich über Ebenen, durchquert Wälder und macht für längere Zeit am Meer Station, wo er die Mathematik des Steinelutschens erkundet und feststellt, daß auch sein zweites Bein steif zu werden beginnt. Schließlich setzt er seine Reise fort und landet, mühsam auf dem Bauch kriechend, in einem Straßengraben, wo ihn unbekannte Samariter finden und ins Zimmer seiner inzwischen offenbar verstorbenen Mutter bringen. Molloys Geschichte endet mit ihrem Anfang, ein Formprinzip, das auch den zweiten Teil des Romans kennzeichnet, in dem der subalterne Bourgeois Jacques Moran über seine vergebliche Suche nach Molloy berichtet. Die Reise, die er im Auftrag eines mysteriösen Chefs namens Youdi (ein Vorgänger Godots?) per Fahrrad und in Begleitung seines vom ihm malträtierten Sohnes unternimmt, führt ins Leere. Am Ende kehrt Moran unverrichteter Dinge wieder an seinen Ausgangspunkt zurück, ohne Fahrrad, frustriert und mit erlahmenden Beinen. Er hat Molloy nicht gefunden, aber er ist ihm zum Verwechseln ähnlich geworden, ja er ist vielleicht nur die bürokratische Variation ein und derselben Figur.

Malone, die Titelfigur des zweiten Romans, beginnt seinen Monolog dort, wo Molloy aufgehört hat. Wie dieser befindet er sich, ans Bett gefesselt, in einem unwirtlichen Zimmer. Ein Zitat aus *Molloy* unterstreicht die Analogie (*»Wie ich hierhergekommen bin, weiß ich nicht«*). Gleich mit seinem ersten Satz – *»Ich werde endlich doch bald ganz tot sein«* – gibt Malone jedoch zu erkennen, daß der Verfall seiner physischen Existenz wesentlich weiter fortgeschritten ist als der Molloys und daß daher seine Reflexionen noch unmittelbarer um das Nichts kreisen. Was von seinem Körper übriggeblieben ist, mustert er mit der gleichen interessierten Unvoreingenommenheit, mit der er seine im Zimmer verstreuten Utensilien inspiziert. Sein Intellekt ist ein völig autonom funktionierender Apparat, für den das Gegenständliche nur als Material einer methodischen Selbstauslotung Bedeutung hat. Die meiste Zeit verbringt Malone mit dem Erzählen von Geschichten, die er, teils widerwillig, teils unverdrossen, mit abgelutschtem Bleistift in ein Schulheft einträgt. Der Wahrheitsanspruch nicht nur bestimmter historischer Erzählmethoden, sondern des Erzählens überhaupt, wird fragwürdig, wenn Malone mit jeder seiner Geschichten (*»diese stinklangweiligen Geschichten über Leben und Tod«*) Schiffbruch erleidet. Der junge, um Kontakt mit natürlichem Leben bemühte, wie eine vergilbte Attrappe Wilhelm Meisters wirkende Sapo, der alte Vagabund und Irrenhäusler Macmann und die mit ihm liierte Lustgreisin Moll – sie alle sind Bestandteile eines erzählerischen Solls, das Malone zu erfüllen hat, um dem Zustand des Schweigens näherzukommen. Schließlich läßt er Macmann sterben, und als mit einem erlösungsgewissen *»nichts mehr«* sein Sprechen verebbt, scheint in Erfüllung zu gehen, was er zu einem früheren Zeitpunkt prophezeit hatte: *»Dann wird es aus sein mit den Murphy, Mercier, Molloy, Moran und Malone und so weiter, es sei denn, daß es jenseits des Grabes weitergeht.«*

Jenseits des Grabes – diese Formel trifft auf die Situation des Namenlosen zu, der regungslos und unförmig inmitten eines unendlichen Raumes hockt und seinen Vorgängern Molloy, Malone usw., die auf Kreisbahnen um ihn rotieren, Beschimpfungen zuruft. Der Namenlose ist die äußerste Reduktion des Menschlichen auf das reine Denken. Auch er ist ein zur Erzeugung von literarischen Fiktionen verurteiltes Bewußtsein, auch er ein Erkenntnismodell von Becketts dichterischer Schaffensproblematik. Auch der Namenlose produziert Phantasiegeschöpfe, denen er Physiognomien, Eigenschaften, biographische Details andichtet, deren Identität er sich ausborgt, um seiner Namenlosigkeit zu entrinnen, während er andererseits – und darin zeigt sich die Absurdität seines Verhaltens – seiner totalen Absorbierung durch das Nichts, das Schweigen entgegenfiebert. Einer seiner Doppelgänger heißt Mahood und behauptet, einen Rundbau umkreist zu haben, aus dem die Anfeuerungsrufe seiner Familie drangen. Schließlich habe er die Tür erreicht und geöffnet – zu spät: Seine Angehörigen waren bereits an einer Fleischvergiftung gestorben. Der Namenlose bezeichnet diese Geschichte als Hirngespinst und Täuschungsmanöver. In Wirklichkeit hause Mahood in einem großen Krug, der als Blickfang für Gäste vor einem Restaurant stehe. Als der Namenlose erkennt, daß er sich mit Mahood nicht länger identifizieren kann, läßt er ihn unter den Tisch fallen. Dann erfindet er die Figuration seines künftigen Erloschenseins, den amorphen gespenstischen Worm. Das schließliche Verstummen seines Erzählens bedeutet jedoch nicht, daß er sich des Schweigens versichert hätte. Es bleibt vielmehr bei der Vision: »...es wird ich sein, es wird das Schweigen sein, da wo ich bin, ich weiß nicht, ich werde es nie wissen, im Schweigen weiß man nicht, man muß weitermachen, ich werde weitermachen.« Die Ungewißheit darüber, wann Sprechen in Schweigen übergeht, die Unmöglichkeit, das Schweigen sprachlich zu artikulieren, die Sehnsucht nach der Sprachwerdung des Schweigens – in diesem Bannkreis der unaufhebbaren Widersprüche bewegt sich der Erzähler Beckett.

Daß der Schluß des dritten Romans gewissermaßen in den Anfang des ersten mündet, verleiht dem die Trilogie durchziehenden Motiv des Kreises formale Qualität. In einem Gespräch mit Georges DUTHUIT über den Maler Bram van Velde erläuterte Beckett 1949 seine Ansichten über moderne Kunst und bezeichnete es als ihre Aufgabe, auszudrücken, »daß es nichts gibt, das auszudrücken wäre, nichts, womit sich etwas ausdrücken ließe, nichts, von wo aus sich etwas ausdrücken ließe, daß aber zugleich die Verpflichtung zum Ausdruck besteht«. Die Romantrilogie ist die literarische Konkretisierung dieser Kunstdialektik. Beckett schreibt darin voller Skepsis gegen ein jahrhundertealtes Erzähl- und Sprachritual an: »Die Trilogie ist, unter anderem, ein kurzgefaßter Abriß aller Romane, die je geschrieben wurden, auf ihre allerallgemeinsten Wesenszüge reduziert« (Hugh Kenner). Er zerlegt – vor allem in L'Innommable – die ausgeleierte, vielfach kompromittierte Sprache so konsequent in ihre Einzelbestandteile, enthüllt ihre syntaktischen Mechanismen so schonungslos, daß er gefährlich nahe an die Grenzen sprachlichen Gestaltens gerät. Mit dem Namenlosen schien Beckett einen Punkt erreicht zu haben, über den hinaus Kunst nicht mehr möglich ist, nicht einmal als Antizipation des Schweigens. Daß danach noch Werke wie Fin de partie, 1957 (Endspiel), und Comment c'est, 1961 (Wie es ist), entstehen konnten, zeigt, daß die Kunst nicht am Ende ist, solange sie ihr Ende zum Gegenstand der Kunst erhebt. W.D.

AUSGABEN: Paris 1951; ern. 1982 (Molloy). – Paris 1951; ern. 1970 (10/18) (Malone meurt). – Paris 1953 (Molloy). – Paris 1953 (L'Innommable). – NY 1955 (Molloy; engl. Übers. S. B.). – Ldn. 1958 (Malone Dies; engl. Übers. S. B.). – Ldn. 1958 (The Unnamable). – Paris 1959 [enth. ges. Trilogie]. – Ldn. 1960 [enth. ges. Trilogie]. – NY 1970 (in The Collected Works, 16 Bde.; enth. ges. Trilogie; engl.).

ÜBERSETZUNGEN: Molloy, E. Franzen, Ffm. 1954; zul. 1975 (st). – Malone stirbt, E. Tophoven, Ffm. 1958; ern. 1977 (st). – Der Namenlose, ders., Ffm. 1959; ern. 1979 (st). – Molloy, Malone stirbt, Der Namenlose, E. Franzen u. E. Tophoven, Ffm. 1976 (in Werke, Hg. E. Tophoven u. K. Birkenhauer mit S. B., 4 Bde., 3; bzw. 10 Bde.; es).

LITERATUR: H. Gregory, *B.'s Dying Gladiators* (in Commonweal, 65, 1956, S. 88–92). – E. Kern, *Moran-»Molloy«. The Hero as Author* (in Perspective, 9, 1959, S. 183–193). – G. Cmarada, *»Malone Dies«: A Round of Consciousness* (in Symposium, 14, 1960, S. 199–212). – F. Fanizza, *La parola e il silenzio nel»L'Innommable« di S. B.* (in Aut'Aut', 1960, Nr. 600, S. 380–391). – M. Gerard, *»Molloy« Becomes Unnamable* (in A Quarterly Review, 10, 1960, S. 314–319). – M. Rickels, *Existential Themes in B.'s »Unnamable«* (in Criticism, 4, 1962, S. 134–147). – B. Pingaud, *»Molloy«douze ans après* (in Temps Modernes, 18, 1962/63, S. 1283 bis 1300). – E. Franzen, *Aufklärungen*, Ffm. 1964, S. 164–167 (es). – D. Hayman, *»Molloy« à la recherche de l'absurde* (in RLM, 100, 1964, S. 131–151). – K. Schoell, *»Molloy«* (in *Der moderne frz. Roman*, Hg. W. Pabst, Bln. 1968, S. 213–230). – D. Bajomée, *Lumière, tenèbres et chaos dans »L'Innommable« de S. B.* (in LR, 23, 1969, S. 139–158). – J. Fletcher, *Interpreting »Molloy«* (in *S. B. Now*, Hg. M. J. Friedman, Chicago/Ldn. 1970, S. 157–170). – D. Hayman, *»Molloy« or the Quest for Meaninglessness* (in ebd., S. 129–156). – *Twentieth Century Interpretation of »Molloy«, »Malone dies«, »The Unnamable«*, Hg. J. D. O'Hara, Englewood Cliffs/N.J. 1970. – P. H. Solomon, *The Life after Birth. Imagery in S. B.'s Trilogy*, Mississippi University 1975. – D. Sherzer, *Structure de la trilogie de B.*, Den Haag/Paris 1976. – *Materialien zu B.s Romanen »Molloy«, »Malone stirbt«, »Der Namenlose«*, Hg. H. Engelhardt u. D. Mettler, Ffm. 1976 (st). – B. Fitch, *Dimensions, structures et textualité dans la trilogie romanesque de B.*, Paris 1977. – M. Raether, *Molloy und Tarzan* (in *Bildung und Ausbildung in der Romania*, Bd. 1, Hg. R. Kloepfer u.a., Mchn. 1979, S. 408–419). – R. Rabinowitz, *»Molloy« and the Archetypal Traveller* (in Journal of B. Studies, 5, 1979, S. 25–44). – H. Vestner, *Erzählstruktur und Erzählstrategie in S. B.s »Molloy«, »Malone Dies« und »The Unnamable«*, Diss., Mchn. 1980. – J. D. O'Hara, *Jung and the Narratives of »Molloy«* (in Journal of B. Studies, 7, 1981, S. 19–47). – G. Braun, *Norm und Geschichtlichkeit der Dichtung*, Bln./NY 1983, S. 217–300. – H. Kenner, *Die Trilogie* (in *S. B.*, Hg. H. Engelhardt, Ffm. 1984, S. 84–109). – M. Sheringham, *»Molloy«*, Ldn. 1985.

MURPHY

(engl.; Ü: *Murphy*). Roman von Samuel BECKETT, erschienen 1938. – Bevor er Dublin für immer mit seiner Wahlheimat Paris vertauschte, hielt sich Beckett von 1933 bis 1935 in London auf. Später erklärte er, er erinnere sich nur ungern an diese Zeit. Er war damals ohne feste Arbeit, litt unter Geldmangel und schweren Depressionen. In dieser

Verfassung konzipierte er *Murphy*, seinen zweiten Roman (das Manuskript des ersten, unvollendeten, *Dream of Fair to Middling Women*, hat er bisher nicht zur Veröffentlichung freigegeben), zu dem ihn ein Besuch in der Nervenheilanstalt von Bekkenham anregte.

Murphy ist die folgerichtige Weiterentwicklung des phlegmatischen Träumers Belacqua, den Beckett aus dem vierten Gesang von DANTES *Purgatorio* übernommen und zur zentralen Figur seiner Kurzgeschichtensammlung *More Pricks than Kicks* (1934) gemacht hatte. Noch qualvoller als Belacqua empfindet Murphy den Zwiespalt von Körper und Intellekt, von physischer und psychischer Existenz. Sein Bewußtsein ist eine die Wirklichkeit ausklammernde, eigengesetzliche Welt, die es ihm gestattet, seine irdische Bedingtheit mystisch zu entgrenzen: Stundenlang harrt er zu diesem Zweck nackt und bewegungslos auf einem Schaukelstuhl aus, an den er sich mit Riemen gefesselt hat. Das banale Leben schüttelt er auf diese Weise allerdings nur vorübergehend ab. In Gestalt der Dirne Celia, seiner Geliebten, stellt es ihn vor mißliche Entscheidungen. Celia droht, sie werde ihn verlassen, falls er sich nicht zum Geldverdienen entschließen könne. Da Arbeit das Ende seiner meditativen Freiheit bedeuten würde, bleibt ihm nichts anderes übrig, als Celia aufzugeben. In seiner irischen Heimat bahnt sich unterdessen neues Unheil für Murphy an: In der Absicht, den verlorenen Sohn heimzuholen, brechen Miss Counihan, deren Jungmädchenschwarm Murphy ist, Mr. Neary, Murphys Universitätslehrer, dessen Faktotum Cooper und Mr. Wylie, der es auf Miss Counihan abgesehen hat, nach London auf. Aber zum Glück hat Murphy inzwischen in der Irrenanstalt »Magdalen Mental Mercyseat«, wo gerade eine Pflegestelle frei ist, Quartier bezogen. Während seine Landsleute vergeblich nach ihm suchen, gerät er bei seinen Vorgesetzten in Mißkredit: Seine Verbrüderung mit einem Geisteskranken hat zu einem schweren Zwischenfall geführt, der seine Entlassung notwendig macht. Doch bevor es dazu kommt, befördert sich Murphy mittels einer defekten Gasleitung ins Jenseits. Miss Counihan, Celia, Neary und Konsorten wohnen seiner Einäscherung bei. In seinem Testament hat Murphy verfügt, daß seine Asche in einer Papiertüte nach Dublin gebracht werden solle (ein ironischer Seitenhieb des Autors auf den Irlandkult vieler seiner Landsleute). Durch die Unachtsamkeit Coopers landen Murphys Überreste jedoch statt in Dublin auf dem schmutzigen Boden einer Londoner Kneipe – eine »Beerdigung« ohne Gefühlsduselei und große Worte.

Murphy ist Becketts wirklichkeitsnahester und humoristischster Roman. Mit autobiographischen Bezügen durchsetzt, schildert er eines Iren »*tragikomische Suche nach Nirwana, sein Scheitern und seinen lächerlichen Tod*« (J. Fletcher). Murphys Abkehr von der Wirklichkeit weist auf spätere Romanfiguren Becketts wie Molloy und Malone voraus, die, freilich in noch weit stärkerem Maß existentiell verkrüppelt, Zerrbilder des idealistischen Glaubens an die Größe und Vollkommenheit des Menschen sind. Bereits in diesem Frühwerk zeichnet sich die Tendenz zur Sprachzertrümmerung ab: Beckett parodiert die Erzählklischees der traditionellen Romanliteratur *(»Celia liebte Murphy, Murphy liebte Celia, es war ein unverkennbarer Fall von erwiderter Liebe«)* und bezieht auch den Leser in sein ironisches Spiel ein: »*Der obige Abschnitt wurde sorgfältig darauf zugeschnitten, den gebildeten Leser zu verderben.*« W.D.

AUSGABEN: Ldn. 1938. – NY 1938. – Paris 1947; ern. 1971 (frz. Übers. S. B.; 10/18). – Ldn. 1963. – NY 1970 (in *The Collected Works*, 16 Bde.). – Ldn. 1973.

ÜBERSETZUNG: *Murphy*, E. Tophoven, Ffm. 1958. – Dass., ders., Hbg. 1959; ern. 1987 (rororo). – Dass., ders., Ffm. 1976 (in *Werke*, Hg. ders. u. K. Birkenhauer mit S. B., 4 Bde., 2; bzw. 10 Bde; es).

LITERATUR: S. J. Mintz, *B.'s »Murphy«, a Cartesian Novel* (in Perspective, 9, 1959, S. 156–165; vgl. ebd., S. 132–141). – G. Zeltner-Neukomm, *Die eigenmächtige Sprache. Zur Poetik des nouveau roman*, Olten/Freiburg i.B. 1965, S. 109–128. – R. Harrison, *B.'s »Murphy«: A Critical Excursion*, Athens/Ga. 1968. – S. Kennedy, *Murphy's Bed*, Lewisburg 1971. – S. C. Steinberg, *The External in Internal in »Murphy«* (in TCL, 18, 1972, S. 93–110). – M. J. Leisure, *»Murphy« or the Beginnings of an Esthetic of Monstrosity* (in *S. B. The Art of Rhetoric*, Hg. E. Morot-Sir u. a., Chapel Hill 1976, S. 189–200). – W. Tritt, *Statistics on Proper Names in »Murphy«* (ebd., S. 201–210). – M. E. Mooney, *Presocratic Scepticism* (in English Literary History, 49, 1982, S. 214–234). – B. Brugière, *»Murphy« de B.* (in Études anglaises, 35, 1982, S. 39–56). – R. Rabinovitz, *Unreliable Narrative in »Murphy«* (in *S. B., Humanistic Perspectives*, Hg. M. Beja u.a., Ohio State UP 1983). – T. Dylan, *»Murphy«* (in *S. B.*, Hg. H. Engelhardt, Ffm. 1984, S. 57–59). – M. Gresset, *Of Sailboats and Kites. The ›Dying Fall‹ in Faulkner's »Sanctuary« and B.'s »Murphy«* (in *Intertextuality in Faulkner*, Univ. Press of Mississippi 1985, S. 57–72). – R. Hillgärtner, *Labour, Alienation and Exile. B.'s Early Novel »Murphy«* (In WZHalle, 35, 1986, Nr. 2, S. 78–94).

RESIDUA

(frz.; *Ü: Residua*). Prosatexte von Samuel BECKETT, erschienen 1967. – Unter diesem Sammeltitel faßte Beckett die drei Prosatexte *Assez* (engl. *Enough*; dt. *Schluß jetzt*), *Imagination morte imaginez* (engl. *imagination dead imagine*; dt. *Ausgeträumt träumen*) und *Bing* (engl. *Ping*; dt. *Bing*) zusammen; 1970 fügte er den 1969 entstandenen Prosatext *Sans* (engl. *Lessness*; dt. *Losigkeit*) hinzu. Sämtliche Texte waren vorher schon im französischen Original einzeln veröffentlicht worden –

Assez 1966, *Imagination morte imaginez* 1965, *Bing* 1966, *Sans* 1969.

Diese vier Texte zeichnen sich durch auffallende Kürze aus und schwanken zwischen nur 1000 und 2000 Wörtern. Sie sind offensichtlich bewußt den Strukturprinzipien der Reduktion, Variation und Permutation unterworfen. Damit erklärt sich auch der Sammeltitel, über den Brian FERRY wie folgt berichtet: »*Beckett nennt Residua, wie er mir erklärte, das, was übrigbleibt, und zwar sowohl von größeren ursprünglichen Texteinheiten als auch von der Gesamtheit seines früheren Werkes.*« In der Tat war es seit Erscheinen von Becketts Erstlingsroman *Murphy* eine der grundlegenden Textstrategien Becketts, »*intertextuelle Beziehungen zwischen den einzelnen Texten ins Werk zu setzen*« (M. Smuda), wobei die Textproduktion unter dem Gesetz eines zunehmenden Reduktions- und Schrumpfungsprozesses steht. Diese sich im Gesamtwerk Becketts schon früh abzeichnende produktionsästhetische Strategie erzeugt ein rezeptionsästhetisches Problem, das H. H. HILDEBRANDT folgendermaßen beschrieben hat: »*Beckett fordert so den Leser auf, den Kontext der Werke mitzudenken, die Destruktionsarbeit an den Texten mitzuvollziehen, von denen sich sein Werk, sie zitierend, entfernt – es ist die umfangreiche Bibliothek der Literatur, Philosophie und Theologie einiger Jahrhunderte*«. Mit den *Residua* treibt Beckett diese intratextuelle Reflexion des literarischen Schreib- und Lesevorgangs in ein kaum noch nachvollziehbares Extrem, wo es nur noch die Frage nach den Bedingungen der Möglichkeit zu geben scheint, Realität sprachlich-imaginativ zu konstruieren.

Den früheren Texten und dem 1954/55 entstandenen Romanfragment *From an Abandoned Work* (erschienen 1957) noch am nächsten steht zweifellos *Assez*. Beide Texte sind noch konsequent durchgehaltene Ich-Erzählungen, in denen ein erlebendes und schreibendes Ich in der Vorstellung des Lesers greifbar wird; beide Texte entwerfen noch Personen, Handlung und beschriebene Realität – allerdings schon sehr reduziert, eben residual. In *Assez* erzählt eine offenbar sehr alte Ich-Erzählerin retrospektiv die Geschichte ihrer ziellosen Wanderung (das durchgängige Motiv fast aller früheren Beckett-Texte) mit einem Mann, in deren Verlauf sie »*mehrmals das Äquivalent des irdischen Äquators zurücklegen im Tempo von durchschnittlich fünf Kilometern pro Tag und Nacht.*« Im Erzählvorgang selbst wird zwar noch auf Gegenständlichkeit mittels abstrakter Kollektivbegriffe wie Himmel, Regen, Berge, Wälder, Blumen angespielt, aber sie blitzt quasi nur noch als Reflex auf im melancholischen Blick auf eine längst verschwundene Wahrnehmungswelt, die sich jedoch der Wahrnehmung des Lesers entzieht. Heißt es noch am Textanfang »*All das Vorhergehende vergessen*«, so lautet der Schluß: »*Ich mache mich nun daran, alles auszuwischen (...) Schluß jetzt.*« Im Blick auf die Texte, die Beckett vorher und nachher geschrieben hat, kann dies zugleich als eine poetologische Äußerung Becketts verstanden werden: »*Schluß jetzt*« mit jeglicher Form des Erzählens, die eine Beschreibung erlebter oder wahrgenommener Realität suggeriert, die vom Leser angeblich nur noch re-visualisiert werden muß. Denn um die Visualisierung quasi wahrnehmungsartiger Texte durch den Leser, deren referentieller Gegenstand eine wie auch immer beschaffene Außenwelt sei, ging und geht es in aller bisherigen Erzählliteratur. Damit jedoch soll im zweiten Text *Imagination morte imaginez* offenbar Schluß gemacht werden.

Der Text beginnt mit dem Satz: »*Nirgends eine Spur von Leben, sagt ihr, hm, daran solls nicht liegen, noch nicht ausgeträumt, doch, gut, ausgeträumt träumen. Inseln, Wasser, Blau, Grünes, aufpassen, pfft, futsch, eine Ewigkeit schweigen.*« Ein textinterner Erzähler ist im weiteren ebensowenig greifbar wie ein vorstellbarer Raum, in dem sich so etwas wie Handlung entfalten könnte; Außenwelt, Realität als referentieller Gegenstand der im Text evozierten Bilder und Vorstellungen ist gelöscht, nicht existent – *bis auf den Rundbau, ganz weiß im Weißen.* Im weiteren wird in Art eines wissenschaftlichen Telegrammstils, der Ähnlichkeit mit Bühnenanweisungen hat, dieser Rundbau (»*Durchmesser 80 cm*«) mathematisch genau beschrieben. Im Innern dieser Rotunda geschieht nichts außer einem ständigen Wechsel des Lichtes von Weiß zu Schwarz über verschiedene Graustufen hinweg, begleitet von einem ständigen Temperaturwechsel von großer Wärme bis etwa zum Gefrierpunkt. In der Rotunda eingeschlossen sind zwei weiße Körper, Mann und Frau, in der Fötusstellung, auf der Seite liegend, Rücken an Rücken, Kopf an Steiß. Gelegentlich öffnet eines der beiden Wesen das linke, hellblaue Auge, das dann, »*weit über Menschenmögliches hinaus offengehalten wird*«. Das »*gerade wahrnehmbare, sofort unterdrückte Zucken*« auf ein kaum hörbares »*Ah*« hin verweist darauf, daß es in dieser Welt ohne Realität, Bewegung und Farben noch residuales »Leben« zu geben scheint. Aber diese Art von »Leben« und »Welt« ist für den Leser nicht mehr verknüpfbar mit einem in seiner eigenen Wahrnehmungswelt verwurzelten Begriff von Leben und Welt; der Text verweigert durch seine Struktur jegliche »*Anschließbarkeit des Vorstellens an die uns als Wissen verfügbaren Wahrnehmungserfahrungen*« (M. Smuda). Der Text demonstriert auf diese Weise, was sein französischer und englischer Titel behaupten: Daß jegliche Art traditioneller Fiktionsbildung in der Literatur, die immer Illusionsbildung ist, »tot« ist, weil die Visualisierung der von fiktionalen Texten evozierten Bilder und Vorstellungen eine imaginative Leistung des Lesers ist. Mit *Imagination morte imaginez* hat Beckett einen Text konstruiert, der dies dokumentiert und zugleich eine Art Minimalstruktur geliefert, die den Leser zwingen will, ihre »Leerstellen« und »Weltlosigkeit« mit und mittels seiner ureigensten Imagination kreativ aufzufüllen: »*Imagination morte imaginez*«.

Noch deutlicher wird dies im dritten und kürzesten Text der *Residua*, in *Bing*. *Imagination morte imaginez* war syntaktisch und grammatikalisch noch quasi konventionell konzipiert, die Texteinheiten in *Bing* jedoch sind keine Sätze mit Subjekt, Prädikat, Objekt mehr, sondern sprachliche Sinneinheiten, die sich aus syntaktisch nicht mehr verknüpften Wörtern und Wortgruppen aufbauen, die auf ein Minimum reduziert sind und nach den Strukturprinzipien der Rekurrenz und Permutation ständig neu kombiniert und quasi seriell organisiert werden. Die rekurrenten Wörter »*hop*« und »*bing*« haben dabei offenbar eine Art Signalfunktion, um residuale räumliche und akustische Vorstellungen zu evozieren. Ansonsten konstituiert der Text nur die abstrakte Vorstellung eines einzigen, nackten, weißen Körpers in einem rechteckigen weißen Kasten, »*ein Meter mal zwei*« – offenbar eine Schrumpfform der Rotunda in *Imagination morte imaginez*. Selbst das »*kaum hellblau fast weiß*« der Augen erscheint nur noch als letzter »Widerstandsrest« in einem allgegenwärtigen »*Weiß*«, in dem »Leben« soweit ausgelöscht scheint, daß nur noch von »*vielleicht eine Natur*« gesprochen werden kann.

Auf die Spitze getrieben ist die serielle Methode der Permutation und Rekurrenz sprachlicher Setzungen im letzten, später hinzugefügten Text der *Residua*, in *Sans*. Während sich *Bing* noch aus insgesamt 70 permutierten Satzeinheiten aufbaute, werden hier nur noch 60 »Satzeinheiten« miteinander verbunden, so daß sich insgesamt 120 solcher Einheiten ergeben, die keinerlei hierarchische Binnenstruktur mehr erkennen lassen. Die programmatische Bedeutung des französischen Originaltitels erhellt aus einer Formulierung in *Bing*, wo schon die Rede von »*signes sans sens*«, Zeichen ohne Sinn, die Rede war. Das immer wiederkehrende Wort ist jetzt »*sans*« in Fügungen wie endlos, lautlos, regungslos, spurlos usw. Die in den vorherigen Texten noch zwischen Weiß und Schwarz pulsierende »Farbpalette« hat sich mittlerweile auf Grau eingependelt. Von der Rotunda in *Imagination morte imaginez* und dem sargähnlichen Kubus in *Bing* übriggeblieben sind nur noch »*in vier Stücke auseinander wahre Zuflucht ausweglos verstreute Trümmer*« übriggeblieben. Inmitten einer undeutlichen »Landschaft« aus grauen Trümmern, grauem Sand und grauem Himmel erscheint schimärenhaft »*graues Gesicht zwei blaßblau kleiner Körper Herz schlägt einsam aufrecht*«. Diese ansonsten nicht genauer faßbare Figur scheint sich an einem Raum-Zeit-Ort nach dem Zusammenbruch aller fiktionalen Gegenstandswelten zu befinden, einem »Ort«, der in ambivalenter und dubioser Weise als Nichtmehr und zugleich Noch-nicht erscheint, wobei mit dieser Figur ein eigentümlicher Heroismus assoziiert wird: »*er wird wieder Gott schmähen wie in der gesegneten Zeit gegenüber dem offenen Himmel ... Er wird wieder leben einen Schritt lang es wird wieder Tag und Nacht werden über ihm den Weiten ... Bildschön brandneu wie in der gesegneten Zeit wird das Unheil wieder herrschen*«. Wer die *Residua*, insbesondere *Sans* im Kontext von Becketts Gesamtwerk, und dieses wiederum vor dem Hintergrund der abendländischen Literaturgeschichte zu lesen bereit ist, wird dabei in der angestrebten Entropie der sprachlichen Setzungen, die nur noch sprachliche Minimalstrukturen (analog zur zeitgleichen *minimal art* und *conceptual art*) zuläßt, eine Art negativer Utopie erkennen können – nämlich einen Zustand des reflektierenden Bewußtseins, wo Zufall, Notwendigkeit und Möglichkeit wieder oder noch einmal ein produktives Chaos bilden, dessen Neugestaltung innerhalb und außerhalb der Literatur endgültig dem Leser überantwortet wird. Eben darin erblickte die Literaturkritik die einzigartige literarische Leistung Becketts, während ein breiteres Publikum weitgehend mit Verständnislosigkeit reagierte. H.Ve.

AUSGABEN: Paris 1967. – Ldn. 1967 *(No's Knife*; engl. Übers. S. B.). – Ldn. 1978 *(Six Residua*; engl. Übers. S. B.).

ÜBERSETZUNG: *Residua*, E. Tophoven m. S. B., Ffm. 1970 (BS) (engl.-frz.-dt.; BS).

LITERATUR: H. P. Abbott, *The Fiction of S. B. Form and Effect*, Berkeley 1973. – H. Kenner, *A Reader's Guide to S. B.*, Ldn. 1973, S. 176–182. – B. Finney, »Assumption« to »Lessness«. *B.'s Shorter Fiction* (in *B. the Shape Changer*, Hg. K. Worth, Ldn./Boston 1975). – W. Iser, *Die Figur der Negativität in B.s Prosa* (in *Das Werk von S. B.*, Hg. H. Mayer u. U. Johnson, Ffm. 1975; st). – J. Knowlson u. J. Pilling, *Frescoes of the Skull*, Ldn. 1979, S. 132–175. – P. J. Murphy, *Language and Being in the Prose Works of B.*, with Special Reference to the Post-Trilogy Texts, Diss. Univ. of Reading 1979. – C. C. Andonian, *After the Trilogy. A Study of B.'s Novels and Short Stories from 1955 to the Present*, Diss. Wayne State Univ. 1980. – E. P. Levy, *B. and the Voice of Species*, Dublin 1980, S. 118–125. – J. M. Coetzee, *S. B.s Lessness: Eine Aufgabe in Dekomposition* (in *S. B.*, Hg. H. Engelhardt, Ffm. 1984, S. 235–242; st). – M. Smuda, *Kunst im Kopf – B.s spätere Prosa und das Imaginäre* (ebd., S. 211–234).

WATT

(engl.; *Ü: Watt*). Roman von Samuel BECKETT, erschienen 1953. – Mit seinem dritten Roman, dem letzten, den er in englischer Sprache schrieb, löst sich Beckett noch entschiedener als mit *Murphy* (1938) von der Erzähltradition des 19. Jh.s und stößt in literarisches Neuland vor. Nur noch Rudimente einer »Handlung« sind auszumachen, das Erzählte ist bruchstückhaft und wird ständig in Frage gestellt, die Hauptfigur hat den Nimbus des Romanhelden eingebüßt und fungiert als dessen parodistisches Zerrbild. In den Augen der bürgerlichen Gesellschaft hat Watt sogar seinen Status als Mensch verloren: Mit einer »*verschmürten Zeltbahn*« bzw. einem »*Kloakenrohr*« wird er bei seinem ersten Auftritt verglichen. Watts Reise zu Mr. Knott, sein Aufenthalt in dessen Haus und seine Abreise bilden das spärliche Handlungsgerüst. In der ersten Phase seines Aufenthalts bei Knott (englische Aussprache: *not*, d. h. »nicht«, hier im übertragenen Sinn »Nichts«) tut Watt (*what* – *was?*) Dienst im Erdgeschoß, in der zweiten Phase obliegt ihm die Versorgung seines im ersten Stock »*in lautloser Leere, in luftlosem Dunkel*« hausenden Herrn. Dieser bleibt ebenso anonym wie der Urheber des Reglements, das den Arbeitsablauf in Knotts Haus bestimmt. Herrschaft und Abhängigkeit ad infinitum – auf diese Formel läßt sich Knotts Verhältnis zu seinen Dienern bringen, die ausgewechselt werden, wenn sie die vorgesehene Zeit im Parterre und im ersten Stock verbracht haben. Daß sie sich diesem autoritären Prinzip unterwerfen, es auch innerlich akzeptieren und bis zum Ende arbeiten – diese Dienermentalität kommt Knott zustatten, denn ihn bewahrt nur der Mechanismus von Herrschaft und Abhängigkeit vor dem Ende. Im Unterschied zu Watt ist Mr. Knott durch totalen Sprachverlust gekennzeichnet: Er vermag nur noch mehr oder weniger unartikulierte Laute von sich zu geben. Watt, von dem es gegen Ende des Romans heißt, er habe sich an seinen »Seinsverlust« gewöhnt, stillt mit Hilfe der Sprache sein Verlangen nach »semantischem Trost« und repariert die Stellen, an denen die Sprache brüchig und formelhaft geworden ist. Ihn interessiert nicht, was die Dinge in Wirklichkeit bedeuten, sondern »*was, zu bedeuten sie veranlaßt werden könnten, mit ein wenig Geduld, ein wenig Findigkeit*«. Watts zwanghafte Suche nach den möglichen Bedeutungen von Dingen und Ereignissen manifestiert sich in Aussagen, die über weite Strecken aus Hypothesen bestehen, Hypothesen über das Nichts: »*Denn die einzige Möglichkeit, über nichts zu sprechen, ist, darüber zu sprechen, als ob es etwas wäre.*« Im Mittelteil des Romans, der erzählchronologisch nach dem Schlußteil anzusetzen ist und der den Erzähler Sam mit seinem Gewährsmann Watt im Irrenhaus zusammenführt, macht dieser die vorgegebene Sprache zum Gegenstand eines radikalen Experiments: Er kehrt zunächst die Reihenfolge der Wörter im Satz um, dann die der Buchstaben im Wort, der Sätze in der Periode usw., und kombiniert schließlich alle diese Inversionen zu einer hermetischen Gegensyntax. So absurd dieses Sprachexperiment anmutet, es ist in sich ebenso logisch wie Watts »absurdes« Denken und Handeln insgesamt. Schemenhaft wie er am Anfang aufgetaucht ist, verschwindet Watt am Ende auf einem Bahnhof. Der Roman entstand zwischen 1942 und 1944, als sich Beckett bei Bauern im Rhonetal aufhielt, um nicht in die Hände der Nazis zu fallen. Schreibend, so erklärte er später, habe er Krieg und Besatzung entrinnen wollen. *Watt* ist ein schwieriges, aber beileibe kein humorloses Buch. Im Gegenteil: Kaum je finden sich bei Beckett Humor, Ironie, Parodie und Satire in ähnlicher Fülle. Für übereifrige Interpreten hält der Autor im Nachtrag eine Warnung bereit: »*Weh dem, der Symbole sieht!*« W.D.

AUSGABEN: Paris 1953; ern. 1969. – Paris/Ldn. 1958. – Ldn. 1963; ern. 1970. – NY 1970 (in *The Collected Works*, 16 Bde.).

ÜBERSETZUNG: *Watt*, E. Tophoven, Ffm. 1970; ern. 1972 (st). – Dass., ders., Ffm. 1976 (in *Werke*, Hg. ders. u. K. Birkenhauer mit S. B., 4 Bde., 2; bzw. 10 Bde.; es).

LITERATUR: D. H. Hesla, *The Shape of Chaos: A Reading of B.'s »Watt«* (in Crit, 6, 1963, S. 85–105). – S. Warhafft, *Threne and Theme in »Watt«* (in Wisconsin Studies in Comparative Literature, 4, 1963, S. 261–278). – S. F. Senneff, *Song and Music in S. B.'s »Watt«* (in MFS, 10, 1964, S. 137–149). – F. Martel, *Jeux formels dans »Watt«* (in Poétique, 3, 1972, S. 153–175). – M. Kesting, *Der Verweigerer* (in M. K., *Auf der Suche nach der Realität*, Mchn. 1972, S. 104–108). – J. Chalker, *The Satiric Shape »Watt«* (in *B., The Shape Changer*, Hg. K. Worth, Ldn./Boston 1975, S. 19–37). – R. Rabinovitz, *The Addenda to B.s »Watt«* (in *S. B., The Art of Rhetoric*, Hg. E. Morot-Sir u. a., Chapel Hill 1976, S. 211–223). – M. Winston, *Watt's First Footnote* (in Journal of Modern Literature, 6, 1977, S. 69–82). – A. B. Moorjani, *Narrative Game Strategies in B.s »Watt«* (in EsCr, 17, 1977, S. 235–244). – J. C. Di Pierro, *Structure in B.s »Watt«*, York/South Carolina 1981. – G. Büttner, *B.s Roman »Watt«*, Heidelberg 1981. – M. Beausang, *»Watt«* (in *B. avant B.*, Hg. J. M. Rabaté, Paris 1984, S. 153–172). – J. J. Mood, *Das persönliche System. B.s »Watt«* (in *S. B.*, Hg. H. Engelhardt, Ffm. 1984, S. 60–83). – N. Ramsay, *»Watt« and the Significance of the Mirror Image* (in Journal of B. Studies, 10, 1985, S. 21–36). – A. Beer, *»Watt«, Knott and B.s Bilinguism* (ebd., S. 37–75).

WILLIAM BECKFORD

* 1.10.1760 Fonthill / Wiltshire
† 2.5.1844 Bath

LITERATUR ZUM AUTOR:
M. P. Conant, *The Oriental Tale in England*, NY 1908. – A. Parreaux, *W. B. auteur de »Vathek«*, Paris 1960. – M. Chadourne, *Eblis ou l'enfer de W. B.*, Paris 1967. – A. Parreaux, *B.: Bibliographie sélective et critique* (in Bulletin de la Société d'Etudes Anglo-Américaines des XVIIe et XVIIIe Siècles, 3, 1976, S. 45–55). – R. J. Gemmett, *W. B.*, Boston 1977 (TEAS).

VATHEK. An Arabian Tale

(engl.; *Vathek. Eine arabische Erzählung*). Novelle von William BECKFORD, erschienen 1786 (in einer ohne Wissen des Autors publizierten Übersetzung der französischen Originalfassung); erste französische Ausgabe 1786, revidierte Ausgabe 1787. – »*Englands wohlhabendster Sohn*«, wie der ebenso reiche wie exzentrische Kunstsammler und Schriftsteller Beckford von dem sein Werk bewundernden Lord BYRON genannt wurde, schilderte als fast Achtzigjähriger das Ereignis, das zum eigentlichen Anlaß seines *Vathek* geworden war: die drei Tage und drei Nächte dauernden Festlichkeiten, die Weihnachten 1781 auf seinem Landsitz Fonthill mit orientalischem Pomp und (wie Briefen aus jener Zeit zu entnehmen ist) mit der Zelebration schwarzer Messen innerhalb eines exklusiven Freundeskreises begangen wurden. »*Es war*«, so schreibt Beckford, »*die Verwirklichung des Romantischen in seiner ausschweifendsten Form. Kein Wunder, daß mich diese Szenerie zur Beschreibung der Hallen des Eblis inspirierte.*« Nach London zurückgekehrt, schrieb Beckford, noch ganz unter dem Eindruck des Erlebten, die Erzählung auf französisch nieder, nach eigenen Angaben in zwei Tagen und einer Nacht. Die anschließende sorgfältige Überarbeitung dürfte im Mai 1782, als der Autor nach Deutschland und Italien aufbrach, abgeschlossen gewesen sein. Ende 1783 begann er mit Samuel HENLEY wegen der Übersetzung ins Englische zu korrespondieren; vom Manuskript begeistert, verfaßte Henley umfangreiche kulturhistorische Anmerkungen, die er hauptsächlich dem Koran, D'HERBELOTS *Bibliothèque orientale* und der englischen Übersetzung eines Werkes von Elias HABESCI, *The Present State of the Ottoman Empire*, entnahm. Während Beckford noch damit beschäftigt war, eine Reihe selbständiger *Episodes* zu verfassen, die gegen Schluß der eigentlichen Erzählung eingeschoben werden sollten (vollendet wurden nur drei, die erst 1912 in englischer Übersetzung erschienen), veröffentlichte Henley 1786 seine Übersetzung samt Anmerkungen und gab sie als Übertragung aus dem Arabischen aus. Daraufhin sah sich Beckford gezwungen, das französische Original mit einer Richtigstellung noch vor Abschluß der *Episodes* zu publizieren.

Beckford erzählt die Geschichte des amoralischen Kalifen Vathek (eines historisch belegten Enkels Harun-al-Raschids), der zur Befriedigung seiner Sinnenlust und seines unersättlichen Wissensdranges mit Eblis, dem Herrscher der Hölle, einen Pakt schließt: Er erfüllt die Forderung von Eblis' grauenerregendem Abgesandten, ihm fünfzig Knaben zu opfern, und erhält daraufhin das Versprechen, er werde in den Besitz unermeßlicher Schätze und zur Erfüllung aller seiner Begierden gelangen, sobald er sich aus seiner Hauptstadt Samarah nach Istakhar begeben habe. Angespornt von seiner Mutter Carathis, die seit langem der Schwarzen Kunst ergeben ist, verläßt Vathek seinen prächtigen »Palast der Fünf Sinne« und macht sich mit seinem Gefolge auf die Reise. Nach zahlreichen seltsamen und unheimlichen Abenteuern begegnet Vathek der jungen Nouronihar, der Tochter eines frommen Emirs, die er mittels eines bösen Zaubers zwingt, sich mit ihm zu verbinden. In den Ruinen von Istakhar finden die beiden schließlich Einlaß in den riesigen unterirdischen Palast Eblis', erblicken den Herrscher der Unterwelt und müssen erkennen, daß sie, wie alle Gestalten, die diese mit Schätzen gefüllten Hallen bevölkern, der Verdammnis anheimgefallen sind. Ihre Herzen entflammen in ewiger Qual, »*die kostbarste Gabe des Himmels, die Hoffnung*« ist ihnen auf immer genommen.

Das eigentliche Interesse Beckfords gilt nicht der recht unvermittelt verkündeten – Moral, daß der Mensch sich an jene Grenzen halten solle, »*die die Weisheit des Schöpfers dem menschlichen Wissen gesetzt hat*«, sondern dem orientalischen Kolorit und insbesondere den phantastisch-unheimlichen und grausamen Aspekten seines Stoffes: den bösen Lüsten und gotteslästerlichen Schreckenstaten Vatheks und den nekromantischen Exzessen Carathis'. In der Fülle der orientalischen Erzählungen, die damals in England, wie schon vorher in Frankreich, zur literarischen Mode wurden, machen die virtuose sprachliche und erzählerische Gestaltung und die außergewöhnliche Imaginationskraft das Werk Beckfords zur Einzelerscheinung. Selbst Samuel JOHNSONS – ohnehin in eindeutig moralisch-didaktischer Absicht geschriebener – *Rasselas* (1759) ist ihm nur bedingt vergleichbar. Bereits zeitgenössische Rezensenten wiesen auf den starken Einfluß hin, den *Tausendundeine Nacht* und die »orientalischen« Erzählungen VOLTAIRES und Anthony HAMILTONS auf Beckford ausgeübt haben; zweifellos haben letztere auch den oft komisch-ironischen Ton des *Vatheks* mitbestimmt. – Keine Interpretation kann außer acht lassen, daß sich Beckfords persönliche Verhältnisse, Interessen und Leidenschaften in der Erzählung spiegeln. Fraglich erscheint, ob dies Schlüsse zuläßt, wie sie André PARREAUX gezogen hat, der aus der Verdammung Vatheks, Carathis' und Nouronihars die intuitive Erkenntnis Beckfords abliest, »*daß die aristokratische Lebensweise, die sie verkörpern, in der bereits im Entstehen begriffenen modernen* [bürgerlichen] *Gesellschaft keine Zukunft hat*«. K.Hä.

AUSGABEN: Ldn. 1786, Hg. S. Henley. – Ldn. 1922 (in *Works*, 2 Bde., 1). – Ldn. 1929, Hg. G. Chapman (zus. m. *Episodes of Vathek*). – Ldn. 1970 (OUP). – Oxford 1983 (OUP).

ÜBERSETZUNGEN: *Vathek*, F. Blei, Lpzg. 1907. – *Die Geschichte vom Kalifen Vathek*, ders., rev. v. R. Picht, Lpzg. 1974. – *Die Geschichte des Kalifen Vathek: ein Schauerroman aus d. brit. Empire*, Komm. v. G. Dischner, Bln. 1975 (Wagenbachs Taschenbücherei). – *Vathek*, H. Schiebelhuth, Stg. 1983. – *Vathek. Eine orientalische Erzählung*, W. Benda, Mchn. 1987.

LITERATUR: *Bicentenary Essays on »Rasselas«*, Hg. M. Wahba, Kairo 1959. – K.W. Graham, *B.'s »Vathek«: A Study in Ironic Dissonance* (in Criticism, 14, 1972, S. 243–252). – Ders., *B.'s Adaptation of the Oriental Tale in »Vathek«* (in Enlightenment Essays, 5, 1974, H. 1, S. 24–33). – Ders., *Implications of the Grotesque: B.'s »Vathek« and the Boundaries of Fictional Reality* (in Tennessee Studies in Literature, 23, 1978, S. 61–74). – R. Craig,

B.'s Inversion of Romance in »Vathek« (in Orbis Litterarum, 39, 1984, H. 2, S. 95–106).

MATIJA BEĆKOVIĆ

* 29.11.1939 Senta / Vojvodina

LITERATUR ZUM AUTOR:
Lj. Simonović, *Epske poeme M. B.* (Nachw. zu M. B., *Međa vuka manitoga*, Belgrad 1976, S. 255–269). – S. Kordić, *(Narodni) jezik kao (umjetnička) pjesma. Pjesništvo M. B., jezičko stvaralaštvo i izražajnost riječi – Od života koji bi da bude pjesma, do pjesme koja bi da bude život* (in Književne novine, 1981, 630, S. 25f). – G. Schubert, *Im Spannungsfeld von Tradition und Innovation: Montenegrinische Lyriker der Gegenwart* (in »*Slavisches Spektrum*«. *Festschrift für Maximilian Braun zum 80. Geburtstag*, Hg. R. Lauer u. B. Schultze, Wiesbaden 1983).

MEĐA VUKA MANITOGA

(serb.; *Das Steingehege des rasenden Wolfes*), Gedichtsammlung von Matija BEĆKOVIĆ (Montenegro), erschienen 1976. – Der in Belgrad lebende Lyriker ist aufgrund seiner Kindheitserlebnisse – er wuchs im Rovca-Gebirge in Montenegro auf – mit dem montenegrinischen Kulturkreis verbunden. – In Montenegro entfaltete sich während der fünf Jahrhunderte dauernden Osmanenherrschaft auf dem Balkan, im Zusammenhang mit dem seit 1479 mit besonderer Zähigkeit geführten Abwehrkampfes der Montenegriner, die Hochburg des balkanischen Patriarchats. Die ständigen militärischen Auseinandersetzungen und die fehlende Schriftsprachlichkeit schufen während dieser Zeit im dinarischen Raum ideale Voraussetzungen für die Entstehung und Pflege der zumeist im epischen Zehnsilber *(deseterac)* verfaßten Heldenepik, die über die Jahrhunderte mündlich tradiert wurde und noch heute eine der besterhaltenen epischen Überlieferungen der Welt darstellt. Sie hat auch die Kunstliteratur der Montenegriner geprägt. In diesem Zusammenhang muß vor allem das kirchliche und weltliche Oberhaupt der Montenegriner in der 1. Hälfte des 19. Jh.s, Petar Petrović NJEGOŠ, erwähnt werden, der in seinem epischen Werk *Gorski vijenac*, 1847 *(Bergkranz)*, die epische Tradition seines Volks aktualisierte.
An die epische Tradition Montenegros knüpft auch Matija Bećković an. Ihr widmet er drei Bände epischer Gedichte: *Reće mi jedan čoek*, 1970 *(Es sagte mir ein Mann)*; *Međa vuka manitoga*, 1976 *(Das Steingehege des rasenden Wolfes)*; *Lele i kuku*, 1978 *(Wehklagen und Gejammer)* – letzterer als Epilog zu den erstgenannten konzipiert.

In ihnen entwickelt er neue Formen epischen Denkens, eine höchst eigenständige Synthese von Tradiertem und Neuem. Ausgangspunkt seines Experiments ist die im Rovca-Gebirge, in einem patriarchalischen Milieu mit reicher Stammesgeschichte, gesprochene Volkssprache mit ihren festgefügten Konventionen (von Bećković »Stammessprachbibel«, *plemenska govorna biblija*, genannt). Diese war offenbar nicht nur für die Ausdrucksmittel der epischen Gedichte Bećkovićs bestimmend, sondern suggerierte auch deren Inhalte. – Bećković rekurriert auf die patriarchalisch-heldische Lebensweise der montenegrinischen Stammesgesellschaft. Diese hatte einst, unter den beschriebenen politischen und sozialen Gegebenheiten ihre Berechtigung und vermittelte dem einzelnen ein Kollektivbewußtsein, das als Mechanismus für jede Lebenssituation hilfreich war und ein Gefühl der Sicherheit vermittelte. Unter den veränderten Lebensbedingungen der Gegenwart sind die einstigen Werte und Normen indessen fragwürdig geworden. Die Sicherheit und das Selbstbewußtsein von einst sind in Unsicherheit, Furcht und Verlorensein umgeschlagen. Diese Grundidee zieht sich leitmotivisch durch Bećkovićs epische Dichtung; vgl. z. B. »*Wieso gibt es das Land der Vergessenheit,/doch nirgendwo das des Seins?/Es besteht heute nicht,/doch einst war es ganz da/und vermochte alles./... Habenichtse sind wir alle geworden. Es gibt keine festere Burg, als die des Nichthabens.*« (aus *Bišće i nebišće – Sein und Nichtsein* – in *Međa vuka manitoga*).
Diese, von deutlich zeitkritischen Zügen gekennzeichnete Distanz des Autors zum Darstellungsgegenstand schlägt sich in der Verwendung ungleicher darstellerischer Mittel in Ausdruck und Inhalt nieder: solcher, die zum Inventar der tradierten Volksepik gehören und solcher, die für das moderne Drama und die moderne Lyrik kennzeichnend sind. Die erstgenannten dienen dazu, die ruhmvolle Vergangenheit in epischer Manier, mit Hilfe mythologisierender, pathetischer Sprache, einer Sprache der Glorifizierung, zu evozieren. Letztere hingegen drücken in einer antimythischen, verspottenden Grundhaltung, mit Ironie und Satire sowie einer nahezu häretischen Sprache die Distanz gegenüber dem aus, was einst groß war und nun unwiderruflich der Vergangenheit angehört, ohne daß in der Gegenwart an seine Stelle etwas Gleichwertiges getreten wäre.
Die Vermittlungsform der einzelnen Poeme ist die Narration. Rhapsoden berichten über das Stammesleben im Rovca-Gebirge. Sie gehen in ihrer Erzählung zurück in die Vergangenheit, reflektieren aber zugleich ihr eigenes Leben und betrachten die Zukunft aus der Perspektive und als Vertreter der Stammesgesellschaft. Sie berichten über Einzelheiten des Stammeslebens: Einzelschicksale wie das des Krsto Mašanov, des Ochsenhirten, des Friedhofgräbers; über elitäre Vertreter und Ausgestoßene, über Helden und Spione, Baumeister, Totengräber und viele andere, dem Stammesleben inhärente Figuren. In ihrer Erzählung kommt es ständig zu Zusammenstößen zwischen gegensätzlichen

Erscheinungen wie Licht und Dunkelheit, Wachzustand und Traumvision, Erde und Himmel, Menschen und Bestien, Helden und Feiglingen, ja auch Gott und Teufel. Sie tragen im Stammesleben einen ewigen Kampf aus. In diesem Satyrtreiben fließt in Shakespearescher Manier, hier aber derber und grausamer, Blut; Menschen stöhnen unter Schlägen, haßerfüllte Schreie werden ausgestoßen. Jedoch wird all dieses in das erzählende Wort des Rhapsoden hineingelegt und gewinnt über die Narration mythische Dimensionen. Die einstigen Helden bzw. elitären Vertreter der Stammesgesellschaft sind von ihren Podesten gestürzt worden und erleiden nun von denen, die sie einst unterdrückt haben, Greueltaten. Auf der Sippenbühne verwandeln sich Menschen in Bestien (so in *Ne daj se junacki sine* – Erlaube nicht, Heldensohn oder *Ne znaš ti njig* – Du kennst sie nicht). Es stellt sich Armut ein, die Berge beginnen zusammenzuwachsen, und die Tapferkeit von einst verwandelt sich in Angst und Unsicherheit. Alles wird degradiert und karikiert – so etwa die Unterschrift, die sich der Gewalt des Menschen entzogen und verselbständigt hat (in *Potpis* – Unterschrift), oder das Heldentum, das sich bei der Jagd nach einem entlaufenen Hasen im gegenseitigen Niederschreien erschöpft (in *Bez nide nikoga* – Nirgendwo niemand). Dieses Schicksal wird sogar Gott und dem Satan zuteil. Im Traum des Erzählers in *Bogojavljanje (Erscheinung Gottes)*, erscheint Gott im Rovca-Gebirge und wird hier wie ein irdischer Machthaber empfangen. Nur das Bild der Frau hat sich relativ wenig verändert. Sie ist die seit altersher bekannte starke Mutter- und Schwesternfigur.

Das hervorstechendste darstellerische Mittel in Bećkovićs epischer Dichtung ist die Dramatisierung der Narration. Ruhig, fast verhalten, beginnen die Erzähler mit ihrem Bericht, doch wird dieser mit fortschreitender Erzählung immer dramatischer. Die Rhapsoden verhalten sich dabei, als seien sie selbst Handelnde in jenen dramatischen Szenen, von denen sie berichten. Dramatische Effekte werden auf verschiedene Weise erzielt, z. B. durch den Wechsel vom Monolog zum Dialog. Monologisch deutet und kommentiert der Erzähler die von ihm berichteten Ereignisse, die oftmals dialogisch wiedergegeben werden. Hierbei kommt es häufig vor, daß der Dialogpartner schweigt (auch wenn er klar zu erkennen ist) oder daß sein Text vom Erzähler mitgesprochen wird; vgl.: »*Heda, Tanasko!/He, Tanasko, höre, he!/Warum hast du mich gerufen,/Und warum antwortest du nicht?*« (*Bez nide nikoga* – Nirgendwo niemand). Hierzu dient auch die stellenweise Einfügung des epischen Zehnsilbers oder eines Refrains, der die Erzählung unterbricht und dadurch die Spannung erhöht.　　　　G.Schu.

AUSGABE: Belgrad 1976 (in Savremenik, 15).

LITERATUR: B. A. Popović, *Drugi glas iz Rovaca*. M. B.: »*Meda Vuka Manitoga*« (in Knjževne novine, 523, 16. 11. 1976, S. 8f).

HENRY FRANÇOIS BECQUE

* 9.4.1837 Paris
† 12.5.1899 Paris

LITERATUR ZUM AUTOR:
E. Dawson, *B., sa vie et son théâtre*, Paris 1923. – A. Arnaoutovitch, *H. B.*, 3 Bde., Paris 1926. – K. Damianov, *L'œuvre de H. B. au théâtre*, Grenoble 1927. – P. Blanchart, *H. B. Son œuvre*, Paris 1930. – A. Behrens, *B. als Kritiker*, Würzburg 1935 [zugl. Diss. Mchn.]. – M. Descotes, *H. B. et son théâtre*, Paris 1962. – L. B. Hyslop, *H. B.*, NY 1972.

LES CORBEAUX

(frz.; *Die Raben*). Drama in vier Akten von Henry François BECQUE, Uraufführung: Paris 14. 9. 1882, Comédie-Française. – Mit bitterer Ironie zeigt Becque in diesem zu den *comédies rosses* gehörenden Stück die üblen Praktiken einer der Raffsucht verfallenen Geschäftswelt auf.

Nach dem plötzlichen Tod des Industriellen Vigneron stürzen sich seine ehemaligen Geschäftspartner wie die Raben auf die verwaiste Familie und berauben sie nach und nach des gesamten von Vigneron hinterlassenen Vermögens. Der Sohn des Hauses, vom Vater nie zu ernsthafter Arbeit angehalten, entzieht sich den Auseinandersetzungen und wird Soldat. Die Witwe und ihre drei Töchter, unerfahren in Geldangelegenheiten, sind den Machenschaften der drei raffgierigen Männer hilflos ausgeliefert. Als der Reichtum der Familie schwindet und der Verlobte und Verführer eines der Mädchen nicht mehr mit einer Mitgift rechnen kann, läßt er seine Braut im Stich. Blanche verliert darüber den Verstand. Die beiden anderen Mädchen versuchen vergeblich, Arbeit zu finden. Die finanzielle Situation wird zunehmend schwieriger, besonders, als die von dem verschlagenen Teissier, dem gerissensten der drei »Raben«, begehrte Marie es ablehnt, seine Geliebte zu werden. Unter dem allseitigen Druck entschließt sie sich jedoch endlich, den Alten zu heiraten, um Mutter und Geschwister vor der äußersten Not zu bewahren.

Beques um 1875 entstandenes Schauspiel erregte bei seiner Uraufführung einen Theaterskandal. Pessimismus und Sarkasmus, durch die sich sein Werk von den vergleichsweise harmlosen gesellschaftskritischen Theaterstücken eines DUMAS FILS, AUGIER und SARDOU unterscheidet, stießen auf heftige Ablehnung. Erst später erkannte man die Bedeutung von *Les courbeaux*, worin Becque radikal mit dem traditionellen Intrigenstück bricht, die Alltagssprache ins Drama einführt und einen Inszenierungsstil fordert, wie er in der Folge von André Antoine im »Théâtre libre« praktiziert wurde. Von Jules LEMAÎTRE in seinen *Impressions de théâtre* als »*comédie de premier ordre*« beurteilt, gilt dieses Stück noch heute als eines der besten des französischen Naturalismus, dessen Theorien und Positionen der Autor selbst jedoch eher distanziert gegenüberstand. KLL

AUSGABEN: Paris 1882. – Paris 1924 (in Œuvres complètes, 7 Bde., 1924–1926, 2). – Paris 1934. – Paris 1984 [Comédie Française].

ÜBERSETZUNG: Die Raben (in La Revue Rhénane, Rheinische Blätter, 5, 1924/25, S. 354/355, Ausz.).

LITERATUR: L. Ganderax, »Les corbeaux« (in RDM, 1882, S. 694–707). – J. Lemaître, Impressions de théâtre, Bd. 3, Paris 1889. – E. Faguet, »Les corbeaux« (in Les Annales, 9. 10. 1910). – J. M. Carré, Sur la première représentation des »Corbeaux« (in MdF, 1. 6. 1924.) – C. W. Wooten, »The Vultures«, B.'s Realistic Comedy of Manners (in MD 4, 1961/62, S. 72–79). – N. Araujo, The Role of Death in B.s »Les corbeaux« (in Revue des langues vivantes, 36, 1970, S. 621–631). – P. Chardin, Quelques problèmes idéologiques posés par »Les corbeaux« (in Les Cahiers naturalistes, 25, 1979, S. 81–92). – P. Gripani, »Les corbeaux« (in Écrits de Paris, 426, 1982, S. 115–120). – P. Sénart, »Les corbeaux« (in RDM, Okt.–Dez. 1982, S. 187–192). – R. Saurel, »Les corbeaux« (in Les Temps modernes, 1982/83, S. 614–635).

LA PARISIENNE

(frz.; Die Pariserin). Komödie in drei Akten von Henry François BECQUE, Uraufführung: Paris, 7. 2. 1885, Théâtre de la Renaissance. – Dieses Konversationsstück greift das klassische Dreiecksverhältnis der Komödie auf und hält sich eng an die gesellschaftliche Wirklichkeit in ihrer alltäglichen Banalität. Die unmittelbaren Vorbilder des Autors waren DANCOURTS Parisienne (1691) und Le plus heureux des trois (1870) von LABICHE.
Clothilde Du Mesnil, eine weltgewandte Frau, unterhält schon seit längerer Zeit ein in den Bahnen der Gewohnheit verlaufendes Verhältnis mit Lafont, dem Freund des Hauses, und weiß diese Verbindung geschickt und kapriziös vor ihrem ahnungslosen Gatten zu verbergen. Das Leben zu dritt wird in dem Augenblick empfindlich gestört, als Clothilde dem Freund plötzlich abweisend und kühl begegnet und ihn fernzuhalten sucht. Lafonts Eifersucht ist nicht unbegründet, doch sie versteht es, seinen Verdacht zu entkräften, und erst als er sie heimlich beobachtet und verfolgt, beginnt sie trotzig, ihn zu verwirren und zu quälen. Ihr Abenteuer mit dem jungen und snobistischen Simpson ist jedoch nur von kurzer Dauer, da dieser, unbeeindruckt von ihrem Engagement, Paris verläßt, um das Landleben und die Jagd der für ihm langweilig gewordenen Großstadt vorzuziehen. Clothilde gewinnt darauf Lafont ohne Schwierigkeiten zurück, das alte Dreiecksverhältnis ist wiederhergestellt.

»Es scheint, daß Becque, als er dieses Komödie schrieb, sich vor allem vorgenommen hat, die strengsten Beschränkungen der klassischen Kunst zu übertreffen«, schrieb Jacques COPEAU. Diese Äußerung bestätigt sich in dem handlungsarmen Konflikt, der räumlichen Begrenzung auf einen beliebigen Salon und in dem vordringlichen Interesse des Autors an den psychologischen Verhaltensweisen der drei Personen. Von den mittelmäßigen Charakteren hebt sich allein die geschickte und kluge Clothilde ab, die mit sicherem Instinkt allen Schwierigkeiten aus dem Wege zu gehen versteht, den Mann und den Freund zu lenken weiß und ihre weibliche Raffinesse auch dann einsetzt, als es gilt, durch ihre Beziehungen dem in seinen beruflichen Bemühungen enttäuschten Du Mesnil einen höheren Posten zu verschaffen.
Die Gesellschaft, in der man sich so leicht, so problem- und konfliktlos arrangiert, ist allerdings mit den Augen des Pessimisten gesehen, dem Oberflächlichkeit und seelische Armut zum Ausweis der menschlichen Natur geworden sind. Becque, der es ablehnte, zu den Naturalisten gerechnet zu werden, der die sozialkritischen Ambitionen dieser Schule nicht teilte, konstatiert »mit einer eisigen Weltverachtung das Schlechte als den einzigen und unabänderlichen Weltzustand« (V. Klemperer). R.L.

AUSGABEN: Paris 1885. – Paris 1898 (in Théâtre complet, 3 Bde., 2). – Paris 1924 (in Œuvres complètes, 7 Bde., 1924–1926, 3; Vorw. J. Robaglia; Nachdr. Genf 1980).

ÜBERSETZUNG: Die Pariserin, A. Langen, Paris/Lpzg. 1894; Mchn. ²1901.

VERTONUNG: P. Mascagni, Parigina (Text: G. D'Annunzio; Oper; Urauff.: Mailand 1913).

LITERATUR: G. Bauer, »La parisienne« (in Conférencia, 38, 1949, 11, S. 457–472). – G. Marcel, »La parisienne« (in NL, 1140, 1949). – G. Dumur, »La parisienne« à la Comédie Française (in Théâtre Populaire, 37, 1. Trim. 1960, S. 104–106). – R. Schober, B.s »Pariserin« (in R. S., Von der wirklichen Welt in der Dichtung, Bln./Weimar 1970, S. 267–276, 438–443).

GUSTAVO ADOLFO BÉCQUER

eig. Gustavo Adolfo Domínguez Bastida
* 17.2.1836 Sevilla
† 22.12.1870 Madrid

LITERATUR ZUM AUTOR:
Bibliographien:
R. Benítez, Ensayo de bibliografía razonada en

G. A. B., Buenos Aires 1961. – D. J. Billick u. W. A. Dobrian, *Bibliografía selecta y comentada de estudios becquerianos, 1960 bis 1980* (in Hispania, 69, 1986, S. 278–302).
Biographien:
J. P. Díaz, *G. A. B. Vida y poesía*, Montevideo 1953. – R. Brown, *G. A. B. en dos tiempos* (Vorw. V. Aleixandre), Barcelona 1963. – R. Múgica, *G. A. B.*, Madrid 1972. – R. Montesinos, *B. Biografía e imagen*, Barcelona 1977.
Gesamtdarstellungen und Studien:
Cruz y Raya, 1935, Nr. 32 [Sondernr. *G. A. B.*]. – E. L. King, *G. A. B.: From Painter to Poet*, Mexiko 1953. – RFE, 52, 1969 [Sondernr. *G. A. B.*]. – REH, 4, 1970 [Sondernr. *G. A. B.*]. – CHA, 1970, Nr. 248–249 [Sondernr. *G. A. B.*]. – C. J. Barbachano, *B.*, Madrid 1970. – Quaderni Iberoamericani, 1971, Nr. 39–40 [Sondernr. *G. A. B.*]. – G. Celaya, *G. A. B.*, Madrid 1972. – M. Alonso, *Segundo estilo de B.*, Madrid 1972. – *Estudios sobre G. A. B. Homenaje a G. A. B. en el centenario de su muerte*, Madrid 1972 [m. Bibliogr.]. – D. Alonso, *Originalidad de B.* (in D. A., *Obras completas*, Madrid 1978, Bd. 4, S. 511–545). – S. Moratiel Villa, *G. A. B. Antecesor de Saussure y de los »estructuralismos«*, León 1979. – R. P. Sebold, *Trayectoria del romanticismo español: desde la ilustración hasta B.*, Barcelona 1983. – Ders., *G. A. B.*, Madrid 1985.

LEYENDAS

(span.; *Legenden*). Erzählungssammlung von Gustavo Adolfo Bécquer, erschienen 1871. – Der Titel *Leyendas* verweist bereits auf den Inhalt der Geschichten, der meist eine Synthese märchenhafter Elemente mit christlichen Zügen anstrebt. Die an Volkserzählungen erinnernde Schlichtheit seiner fast lyrischen Sprache rückt Bécquer in die Nähe der Werke von T. Gautier (1811–1872). Im Gegensatz dazu steht seine oft verschachtelte Erzähltechnik, welche die unglaublichen und wunderbaren Geschehnisse durch eingelegte Berichte, aufgefundene Manuskripte und vor allem durch das Verfahren der Rahmenerzählung aus der Erzählgegenwart entrückt. Auch die erzählerische Gestaltung läßt lediglich die Konturen der dargestellten Welt ahnen: Lokales und historisches Kolorit und Naturschilderung dienen eher dem atmosphärischen Charakter der Handlung als ihrer absichtsvollen geographischen und zeitlichen Einordnung. Von zwei Erzählungen abgesehen – *La creación (Die Schöpfung)* und *El caudillo de las manos rojas (Der Feldherr mit den roten Händen)*, die aus der indisch-brahmanischen Literatur stammen, schöpft Bécquer seine Themen einerseits aus der maurisch-spanischen und jüdisch-spanischen Tradition, andererseits aus dem reichen Sagenschatz vor allem des abendländischen Mittelalters.
La cruz del diablo (Das Teufelskreuz) erzählt von den Schandtaten eines mittelalterlichen Feudalherren, der mitsamt seinen Spießgesellen von den aufgebrachten Untertanen seines Territoriums hingerichtet wird, und von seiner Ritterrüstung, die, offenbar vom Teufel besessen, auch nach dem Tod des Besitzers dessen unheiliges Treiben fortsetzt. Erst durch den Rat eines Bischofs wird man der verhexten Rüstung Herr, indem man sie einschmilzt, um aus ihr das »*Teufelkreuz*« zu gießen, welches fortan an einer verrufenen Stelle in der Wildnis der Pyrenäen von den teuflischen Machenschaften kündet. – Auch der Protagonist von *Creed en Dios (Glaubt an Gott)*, Teobaldo de Montagut, ist ein Adliger, der durch seinen gotteslästerlichen Lebenswandel den Zorn des Himmels auf sich zieht. Ein auf merkwürdige Weise erschienenes Pferd entführt den Grafen ins Jenseits, wo er zunächst der himmlischen Heerscharen, dann der Hölle ansichtig wird. Er erwacht aus dieser Vision vor seiner eingestürzten Burg, die nunmehr von frommen Männern bewohnt wird, und tut Buße, um bei den Mönchen Aufnahme zu finden. – *El miserere (Das Miserere)* handelt ebenfalls von der Buße eines reuigen Sünders und Musikers und dessen letztlich scheiterndem Versuch, den Engeln das »*Miserere der Berge*« abzulauschen. – *Los ojos verdes (Die grünen Augen)* ist Bécquers Version des Undinestoffs. Hier verliebt sich Fernando de Argensola in eine grünäugige Wasserfee, die ihn für immer auf den Grund eines Sees mit sich zieht. – *Maese Pérez, el organista (Meister Pérez, der Organist)* ist eine an die Figuren E. T. A. Hoffmanns erinnernde Musikergestalt. So kann der Geist eines weithin berühmten Organisten, der dem alten Instrument einer Sevillaner Kirche berückend schöne Klänge zu entlocken vermochte, auch nach dessen Tod nicht von der Orgel lassen, die von unsichtbarer Hand gespielt wird, bis sie sich aus Altersschwäche auflöst. – *La corza blanca (Das weiße Reh)* ist zum einen durch deutliche Bezüge zu den Legenden des Heiligen Hubertus und Julian des Gastfreundlichen bestimmt, zum anderen nimmt sie das Thema der »mystischen Jagd« nach einem gottähnlichen Wesen aus der religiösen Literatur auf. Aus Liebe zu seiner adeligen Herrin Constanza geht der Jäger Garcés auf die Pirsch nach einem sagenhaften weißen Reh, beobachtet dabei jedoch die Erscheinung jener Constanza, umgeben von einer Gruppe junger Mädchen. Als Garcés sich nähern will verwandelt sich die Gruppe in ein Rudel Rehe. In der Überzeugung, daß hierbei Teufelswerk im Spiel sein müsse, und um dem Ehrgeiz seiner tatsächlichen angebeteten Constanza zu imponieren, erlegt Garcés das weiße Reh, muß jedoch erkennen, daß er ein zweites Mal vom Teufel genarrt wurde; denn das sterbende weiße Reh verwandelt sich in die wirkliche Constanza zurück und haucht in seinen Armen ihr Leben aus. – Die Heldinnen von *El gnomo (Der Gnom)* erliegen der Faszination der Erzählung eines Alten und machen sich auf die Suche nach dem Wassergeist, der als Gnom eine Quelle und angeblich verborgene Schätze bewacht. Marta, eine der beiden Schwestern, wird ein Opfer dieses verwegenen Unternehmens. – In der Erzählung *La ajorca de oro (Das goldene Armband)* fällt María der

Verblendung durch das kostbare Geschmeide anheim, das eine Madonnenstatue in der Kathedrale von Toledo schmückt. So nötigt sie ihren Verehrer Pedro, für sie das Juwel zu stehlen. Als Pedro nachts das Armband an sich bringt, glaubt er plötzlich, die steinernen Heiligenstatuen erwachten zum Leben, worüber er den Verstand verliert. – Auch der Jäger Alonso in *El monte de las ánimas (Der Geisterberg)* wird durch Liebe zur schönen Beatriz wider bessere Einsicht dazu veranlaßt, in der Allerseelennacht auf dem unheimlichen »Geisterberg«, der einst Schauplatz eines Massakers zwischen Templern und kastilischen Edelleuten war, die verlorene Schärpe, ein Liebespfand, zu suchen, was ihm zum Verhängnis wird. – *La promesa (Das Heiratsversprechen)* handelt von dem Grafen Gómara, der seiner Geliebten Margarita nach einer Liebesnacht die Ehe verspricht, bevor er in den Krieg gegen die Mauren zieht. Über den militärischen Erfolgen vergißt er dies jedoch, bis ihm das Lied eines Troubadours in Andalusien vom Tod der durch diese Schmach entehrten Geliebten berichtet: deren Hand rage zur Erinnerung an das nicht eingelöste Eheversprechen im fernen Kastilien noch aus dem Grab. Der Graf läßt sich, als er von dem Wunder erfährt, mit der Toten trauen. – Aus Liebe zur schönen Inés de Tordesillas werden in *El Cristo de Calavera (Das Bild mit dem Totenkopf)* zwei Freunde zu Rivalen, die sich nachts duellieren und nur durch eine überirdische Erscheinung sich ihres Tuns bewußt werden. Als sie beschließen, ihrer Angebeteten selbst die Wahl zu überlassen und sie zu diesem Zweck heimlich aufsuchen, werden sie Zeugen, wie Inés gerade ihren tatsächlichen Liebhaber verabschiedet. – *El beso (Der Kuß)* ist, wie die wenige Jahre zuvor erschienene phantastische Novelle *La Vénus d'Ille* von P. Mérimée (1803–1870), eine Variation über das Thema des »Steinernen Gastes«. Ein Rittmeister der französischen Revolutionsarmee verliebt sich bei einem Zechgelage in der Kathedrale von Toledo in die Grabesstatue einer schönen Kastilierin. Da er die Statue ihres Gatten provoziert – unter anderem fordert er sie auf, mit ihm zu trinken –, stirbt er von der Steinhand des Edelmanns, als er die Frauenstatue zu küssen versucht.

Deutlich spürbar ist der Einfluß der romantischen Erzählungen, vor allem der dem Autor wohl über französische Übersetzungen bekannten Werke E. T. A. Hoffmanns und E. A. Poes, aber auch der Erzählungen T. Gautiers. In ihrer Nachfolge kann man die *Leyendas* als bedeutende Beispiele der phantastischen Erzählung in der spanischen Literatur des 19. Jh.s ansehen. Zugleich sind sie damit Dokumente der romantischen Mittelalterbegeisterung, die sowohl die Themen der Geschichten als auch ihre Gestaltung erfaßt. Anders als bei Poe und Hoffmann erreicht die Darstellung des Wunderbaren, Phantastischen und Geheimnisvollen bei Bécquer aber niemals deren rhetorische Überhöhung.

S.L.

Ausgaben: Madrid 1871 (in *Obras*). – Madrid 1942 (in *Obras completas*, Hg. J. u. S. Alvarez Quintero; 111964). – Madrid 1973 (in *Obras completas*, Hg. u. Einl. D. Gamallo Fierros). – Barcelona 1984, Hg. u. Einl. E. Rull Fernández. – Madrid 1986, Hg. u. Einl. P. Izquierdo (Cátedra).

Übersetzungen: *Die grünen Augen. Das weiße Reh*, J. Speier (in J. S., *Fern im Süd*, Bln. 1885; unvollst.). – *Das Kreuz des Teufels. Der Gnom. Das weiße Reh. Der Rajah mit den roten Händen*, M. Spiro (in M. S., *Meisternovellen spanischer Autoren*, Bln. 1915; unvollst.). – *Legenden*, O. Stauf von der March, Bln. 1907. – *Legenden*, R. Caltofen, Zürich 1946 [Ausw.]. – Dass., H. Baltzer, Mchn. 1954 [Ausw.]. – *Die grünen Augen: Phantasiestücke*, F. Vogelsang, Stg. 1982. – Dass., ders., Bln. 1984.

Literatur: R. Balbin Lucas, *B., fiscal de novelas* (in Revista de Bibliografía Nacional, 3, 1942, S. 133–165). – M. Baquero Goyanes, *Las »Leyendas« de G. A. B.* (in M. B. G., *El cuento español en el siglo XIX*, Madrid 1949). – C. Gallaher, *The Predecessors of B. in the Fantastic Tale*, Hammond 1949. – J. E. Englekirk, *E. A. Poe in Hispanic Literature*, Mexiko 1953. – M. R. Lida de Malkiel, *La leyenda de B. »Creed en Dios« y su presunta fuente francesa* (in CL, 5, 1953, S. 235–246). – J. Alcina Franch, *Estudio en G. A. B. Leyendas*, Barcelona 1967. – M. García Viñó, *Mundo y trasmundo de las »Leyendas« de B.*, Madrid 1970. – Y. Montalvo, *Las voces narrativas en las »Leyendas« de G. A. B.*, NY 1983. – L. M. Willem, *Folkloric Structure and Narrative Voice in B.'s »Leyendas«* (in Mester, 1, 1984, S. 351–380).

RIMAS

(span.; *Gedichte*). Gedichtzyklus von Gustavo Adolfo Bécquer, erschienen 1871. – Einige der seit 1856 entstandenen Gedichte wurden ab 1859 in verschiedenen Zeitschriften veröffentlicht. Die von Bécquer besorgte, zur Publikation bestimmte Zusammenstellung aller *Rimas* ging 1868 in den Wirren der Revolution verloren; Dichterfreunde publizierten die *Rimas* unter Rückgriff auf das sog. *Libro de los Gorriones (»Spatzenbuch«)*, das 79 Gedichte enthielt, postum 1871 unter Ausschluß von drei Gedichten und unter Neuanordnung der Texte, die der Verfasser des Vorworts, R. R. Correa (vor 1840–1894), maßgeblich verantwortete. In den heutigen Ausgaben sind neben den drei in der Erstausgabe ausgeschiedenen sieben weitere, später aufgefundene Gedichte abgedruckt.

In Anlehnung an den bedeutendsten europäischen Liebeslyrikzyklus, Petrarcas *Canzoniere (Le Rime)*, sind die *Rimas* zu einer fiktiven Liebesgeschichte angeordnet. Nach einleitender dichtungstheoretischer Reflexion (I–VIII), in der Poesie, Liebe und dichterisches Genie verbunden werden, kommt die Liebe des Sprechers zu einer idealisierten, zunächst unerreichbaren Frau zum Ausdruck, die jedoch, anders als im petrarkistischen System, zur Erfüllung führt (IX–XXIX). Darauf folgt der

Bruch mit der Geliebten; Erinnerung an das vergangene Liebesglück, nie endender Schmerz des Liebenden, bittere Vorwürfe an die entidealisierte Geliebte, Einsamkeit und Resignation sind fortan die Themen (XXX–LXVII). Reflexionen über die Nichtigkeit des Lebens, die Unstillbarkeit des Verlangens, den Tod und die Sehnsucht nach dem Tod schließen die *Rimas* ab (LXVIII–LXXVI). – Nicht zuletzt gefördert durch das Vorwort von Correa zur Erstausgabe herrschte auch in der Wissenschaft lange Zeit die Überzeugung vor, die *Rimas* seien authentische und spontane Verdichtung des (Liebes-)Lebens des Autors (»Erlebnislyrik«): *No finge nunca... habla según siente. (Er erfindet nie... er redet, wie er fühlt).* Heute geht man mit Recht davon aus, daß es sich um eine geschickte Authentizitäts- und Spontaneitätsfiktion handelt und es von zweitrangiger Bedeutung ist, nach den Entsprechungen von Dichtung und Leben zu suchen. Bécquers prinzipieller Schaffensprozeß aus der Distanz zum »Erlebnis« (*»cuando siento no escribo«* – *»wenn ich fühle, schreibe ich nicht«*), seine bezeugte intensive Korrekturarbeit, seine Absicht, das Material zum Zyklus zu ordnen, die deutliche Rhetorisierung seiner Texte und die zum Teil enge intertextuelle Bezugnahme auf Vorbilder wie H. HEINE und V. HUGO bestätigen diese neuere Sicht.

Der sensible Vielleser Bécquer verarbeitet in seiner Liebeslyrik die beiden großen Traditionslinien der europäischen Liebesdichtung: die petrarkistisch-neoplatonistische der Renaissance und des Barock und die subjektiv-expressive der Romantik. Sowohl in der Thematik (petrarkistischer Frauenpreis, Idealisierung der Geliebten, Ineinssetzung von Liebe und Dichtung, Vereinigung der Seelen der Liebenden versus romantisches Selbstbewußtsein des Dichtergenies, Darstellung des Ungenügens am Sein, der unstillbaren Sehnsucht nach dem Unerreichbaren, schauerromantische Verbindung von Liebe, Mysterium und Tod) als auch in der diskursiven Vermittlung (lobpreisende Beschreibung, topische Metaphorik des *siglo de oro* versus balladeskes Erzählen von Geschichten, Dialogisierung) sind die beiden Traditionen deutlich sichtbar. Die Leistung Bécquers liegt in ihrer Verbindung und Transformation. Durch die Entlastung von pomphaft-oratorischer Rhetorik und die Verwendung weitgehend einfacher Naturmetaphorik erreicht Bécquer eine für die Zeit ungewöhnliche Intimität und Verknappung des lyrischen Diskurses. Die Vorliebe Bécquers gehört nicht der *»poesía magnífica y sonora ... que se englana con todas las pompas de la lengua«* (*»einer prunkhaften und sonoren Dichtung ... die sich mit allem Pomp der Sprache putzt«*), sondern deutlich der zweiten Form von Lyrik, wie er sie in der Rezension zur Gedichtsammlung *La Soledad* seines Freundes A. FERRAN (1835–1880) definiert: *»einer natürlichen, kurzen, nüchternen Poesie, die der Seele wie ein elektrischer Funke entspringt, die das Gefühl mit einem Wort verletzt und flieht und ohne jede Künstlichkeit, zwanglos in freier Form, die tausend Ideen aufweckt, die im grundlosen Ozean der Phantasie schlafen«*. Die freilich stark rhetorisch geprägte Strukturiertheit der meisten *Rimas*, die Vorliebe für Vergleiche, Parallelismen, zwei- und dreigliedrige Korrelationen, die Beachtung metrischer Zwänge (Romanzenvers, Silva, *octava real*) offenbaren zwar allzu deutlich die Konstruiertheit der Gedichte. Gleichwohl kommt Bécquer in seiner dichterischen Praxis durchaus dem gepriesenen zweiten Lyriktyp, der *»poesía de los poetas«* (*»der wahrhaft poetischen Poesie«*), nahe, und zwar im Bereich der Metrik, wo er sich von den herrschenden Regeln vorsichtig löst (generelle Vorliebe für assonantische Reime gegenüber konsonantischen; plurimetrische Verse), und im Bereich der Bedeutungsebene, wo es ihm gelingt, mit einfachsten Naturbildern, unterstützt durch die Musikalität und den Klangzauber der Sprache, immer neu das Glück der Vereinigung bzw. den Schmerz über die Unaufhebbarkeit des Getrenntseins auszudrücken und prekäre Seelenzustände, Stimmungen der unbestimmten Trauer, der Sehnsucht und des Verlorenseins zu evozieren. Aufgrund der geschickten Verschmelzung der lyrischen Traditionen, vor allem des *siglo de oro* und der englischen, deutschen, französischen und spanischen Romantik, der Anregung durch die andalusische Volkspoesie und das deutsche Kunstlied und der Überformung dieser Traditionsstränge durch die autorspezifische Ästhetik der Reduktion und der Evokation kann Bécquer in bezug auf die spanische Lyrik als Romantiker gelten, der die Romantik überwindet und damit den Weg bereitet für die Moderne. Nicht nur der *modernismo* des ausgehenden 19. Jh.s, sondern vor allem die Dichter der *generación del 27* (wie J. GUILLÉN, R. ALBERTI und L. CERNUDA) sehen in ihm einen entscheidenden Neuerer und Anreger. H.We.

AUSGABEN: Madrid 1871 (in *Obras*; Vorw. R. R. Correa). – Madrid 1963, Hg., Vorw. u. Anm. J. P. Díaz. – Madrid 1965, Hg. u. Vorw. J. M. Díez Taboada. – Madrid 1971 (*Libro de los Gorriones*, Hg. R. de Balbín Lucas u. A. Roldán). – Madrid 1972, Hg., Vorw. u. Anm. R. Pageard. – Madrid 1974, Hg., Vorw. u. Anm. J. C. de Torres. (Castalia).

ÜBERSETZUNGEN: *G. A. B.s Gedichte*, U. Darapsky, Lpzg. 1902 [unvollst.]. – *Spanische Lieder von G. A. B.*, R. Jordan, Halle o. J. [um 1920].

LITERATUR: L. Cernuda, *B. y el romanticismo español* (in Cruz y Raya, 26, 1935, S. 45–73; auch in L. C., *Críticas, ensayos y evocaciones*, Barcelona 1970, S. 99–114). – J. Guillén, *La poética de B.* (in Revista Hispánica moderna, 8, 1942, S. 1–42). – D. Alonso, *Originalidad de B.* (in D. A., *Ensayos sobre poesía española*, Madrid 1944, S. 261–304). – C. Bousoño, *Las pluralidades paralelísticas de B.* (in C. B. u. D. Alonso, *Seis calas en la expresión literaria española*, Madrid 1951, S. 187–227). – J.M. de Cossío, *B.* in J. M. de C., *Cincuenta años de poesía española (1850–1900)*, Bd. 1, Madrid 1960, S. 392 bis 415. – J.M. Díez Taboada, *La mujer ideal*,

Aspectos y fuentes de las »Rimas« de G. A. B., Madrid 1965. – C. Zardoya, *Las »Rimas« de G. A. B. a una nueva luz* (in C. Z., *Poesía española contemporánea*, Madrid 1961, S. 19–89). – *Estudios sobre G. A. B.*, Madrid 1972. – J. Casalduero, *B.* (in J. C., *Estudios de literatura española*, Madrid ³1973, S. 206–244). – R. Cotrait, *Sur la Rima LIII de B.* (in Recherches sur le monde hispanique au dix-neuvième siècle, Lille/Paris 1973, S. 165–197). – Hg. R. P. Sebold, *G. A. B.*, Madrid 1982. – P. J. de la Peña, *El B. no romántico* (in CHA, 1983, Nr. 402, S. 51–68). – J. M. Díez Taboada, *El tema de la unión de las almas y las fuentes de la Rima XXIV de B.* (in Revista de literatura, 46, 1984, S. 43–87).

BEDA VENERABILIS

* 673/674 im Gebiet des Klosters Wearmouth (Northumbrien) / County Tyne and Wear
† 25.5.735 Kloster Jarrow / County Tyne and Wear

LITERATUR ZUM AUTOR:
A. H. Thompson, *Bede. His Life, Times and Writings*, Oxford 1932; ²1966.– Manitius, Bd. 1, S. 70–87. – C. W. Jones, *Bedae Pseudepigrapha. Scientific Writings Falsely Attributed to Bede*, Ithaca 1939. – F. W. Bolton, *A Bede Bibliography 1935–1960* (in Traditio, 18, 1962, S. 436–445). – P. H. Blair, *The World of Bede*, Ldn. 1970. – G. Bonner, *Bede and Medieval Civilization* (in Anglo-Saxon England, 2, 1973.) – F. Brunhölzl, *Geschichte der lateinischen Literatur des MA.s*, Bd. 1, Mchn. 1975, S. 207–227; 539–543. – H. J. Diesner, *Fragen der Macht und Herrschaftsstruktur bei B.*, Wiesbaden 1980.

DE TEMPORUM RATIONE

(mlat.; *Über die Zeitrechnung*). Mathematisch-naturwissenschaftliche Schrift von BEDA VENERABILIS, verfaßt um 725. – In Beda ist gewissermaßen der Höhepunkt frühmittelalterlicher Bildung auf den Britischen Inseln personifiziert, die – vermittelt durch Mitglieder des Karolingischen Hofes wie ALKUIN – den Anfängen der mitteleuropäischen Zivilisationsgeschichte Pate stand. Schon in jungen Jahren hatte Beda zum Nutzen seiner Zöglinge ein »Schulbuch« *De temporibus (Über die Zeit)* niedergeschrieben, das er nun in reifen Jahren, einer Bitte seiner Studenten nachkommend, überarbeitete und wesentlich erweiterte. Er hatte das Thema außerdem schon in seiner kosmologischen Schrift *De natura rerum (Über die Natur der Dinge)* behandelt. Die Widmung von *De temporum ratione* an Abt Hvaetberht von Jarrow deutet auf das vornehmliche zeitgenössische Motiv für eine derartige Abhandlung hin: Sie entspringt nicht einer abstrakten naturwissenschaftlichen Neugier, sondern zuerst dem praktischen Bedürfnis, die kirchliche Kult- und Gottesdienstordnung auf eine solide Basis zu stellen; deshalb nehmen Themen wie die Berechnung des Osterfestes einen prominenten Platz darin ein.

Dieses praktisch-kultische Motiv wird auch im Aufbau des Werkes noch einmal deutlich. Während der erste Teil der Schrift (Kap. 1–65) sich mit der Tages- und Stundeneinteilung und den Kalenderordnungen verschiedener Kulturen (der Römer, Griechen, Juden, Ägypter und Angeln) beschäftigt sowie deren kosmologische Grundlagen behandelt, geht Beda im zweiten Teil (Kap. 66–71) auf das Konzept der Weltalter für die Darstellung der menschlichen Geschichte ein. Der erste Teil bietet damit eine unschätzbare praktische Grundlage zur Berechnung der Gebetzeiten im klösterlichen Alltag sowie der Festzeiten im kirchlichen Jahreskreis, aber erst im zweiten Teil gibt der Autor diesen Gebräuchen sowie der Weltgeschichte insgesamt ihre christliche Perspektive; diese Verbindung erst macht das Werk zu dem wohl einflußreichsten Quellentext des Mittelalters für die Zeitrechnung. Der überwältigende Eindruck, den das hier entwickelte Konzept auf die Folgezeit machte, wird auch daraus deutlich, daß Beda in späteren Jahrhunderten eine Reihe von naturwissenschaftlichen Schriften fälschlich zugeschrieben wurden.

Die scheinbare Ungleichgewichtigkeit in der Kapitelzahl der beiden Teile ist dadurch ausgeglichen, daß Beda das 66. Kapitel zu einer nahezu eigenständigen Abhandlung geriet, in der er die ganze Weltgeschichte bis in seine Gegenwart aus christlicher Sicht vorstellte. Das Kapitel hat in den Manuskripten den Sondertitel *Chronicon sive De sex huius saeculi aetatibus (Chronik oder Von den sechs Weltaltern)*. Das von Beda aufgegriffene Konzept von den sechs Epochen der Geschichte der diesseitigen Welt stammt aus der Geisteswelt von AURELIUS AUGUSTINUS und ISIDORUS aus Sevilla. Für die historischen Inhalte und Vorstellungen bezieht Beda sich vor allem auf EUSEBIOS aus Kaisareia; daneben orientiert er sich aber nicht nur an Kirchenvätern und kirchlichen Geschichtsschreibern wie PROSPER aus Aquitanien (um 390–465) und OROSIUS (um 400) sowie der anonymen Papstchronik *Liber pontificalis*, sondern auch auf römische Schriftsteller wie EUTROPIUS (um 370), MACROBIUS und PLINIUS den Älteren; für die Darstellung der britischen Geschichte greift er vor allem auf GILDAS SAPIENS (um 500–570) zurück. Die Geburt Jesu markiert natürlich in einem solchen christlichen Geschichtskonzept einen besonders markanten Wendepunkt, so daß es wenig verwunderlich ist, daß Beda mit diesem Werk dazu beitrug, daß sich die Konvention der Zeitrechnung *»nach Christi Geburt«* durchsetzen konnte. – In den abschließenden Kapiteln 67–71 geht Beda dann noch auf die zukünftige Geschichte ein. Er behandelt den apokalyptischen Endkampf zwischen Christus und dem Antichrist sowie das Jüngste Gericht. Daran schließt sich dann die Schilderung des siebten Zeitalters des Friedens, umschrieben als der »*ewige Sabbat*«, in dem der Messias mit den Heiligen uneingeschränkt herrschen wird (siehe *Offenbarung 20*). Dieses wird dann durch das achte Zeitalter abgelöst, in dem auf die Auferstehung aller Verstorbenen die Neuschöpfung einer Welt in aller Vollkommenheit folgen wird (siehe *Offenbarung 21*). Damit ist dann der Kreis von christlicher Lebenspraxis über Menschheitsgeschichte zur Heilserwartung hin geschlossen. H.Sta.

AUSGABEN: Basel 1529 (*De natura rerum et temporum ratione libri duo*, Hg. J. Sichardus). – ML, 190, Sp. 522–578. – Cambridge/Mass. 1943 (in *Opera de temporibus*, Hg. C. W. Jones). – CCL 123B, S. 263–544.

LITERATUR: C. J. Fordyce, *A Rhythmical Version of B.'s »De ratione temporum«* (in Archivum Latinitatis Medii Aevi, 3, 1927, S. 59–73; 129–141). – C. W. Jones, *A Note on Concepts of the Inferior Planets in the Early Middle Ages* (in Isis, 24, 1936, S. 397ff). – A. Cordoliani, *Notes sur le ms.lat. 7418 de la Bibliothèque Nationale* (Bibliothèque de l'École des Chartes, 103, 1942, S. 61–68). – Ders., *A propos du chapitre premier du »De temporum ratione« de Bède* (in MA, 54, 1948, S. 209–223). – M. Dillon *Vienna Glosses of B.* (in Celtica, 3, 1955, S. 340–344). – W. Bonser, *An Anglo-Saxon and Celtic Bibliography (450–1087)*, Oxford 1957, S. 201–207. – A. Cordoliani, *Contribution à la littérature du comput ecclésiastique au moyen âge* (in Studi Medievali, 1, 1960, S. 107–137; 2, 1961, S. 169–208).

HISTORIA ECCLESIASTICA GENTIS ANGLORUM

(mlat.; *Kirchengeschichte des Volkes der Angeln*). Historisches Werk in fünf Büchern von BEDA VENERABILIS, beendet 731. – Auf Wunsch des Abtes Albinus von Canterbury nahm der berühmte Theologe Beda die schwierige Aufgabe in Angriff, eine Kirchengeschichte seines Vaterlandes zu schreiben. Da die literarischen Quellen dazu nicht ausreichten, wandte er sich, wie er in dem der Schrift vorangehenden Widmungsbrief an König Ceowulf von Northumbrien darlegt, an die Kirchenfürsten seines Landes um Mithilfe. Das ermöglichte es ihm, eine ausführliche und unverfälschte Darstellung der Entfaltung des christlichen Lebens auf der Insel bis zum Jahr 731 zu geben.

Nach einer kurzen geographischen Beschreibung des Landes legt Beda zunächst kurz die Vorgeschichte dar, von dem ersten Kontakt Englands mit Rom bei der Landung der Römer auf der Insel bis zum Beginn der Christianisierung. Der Rest des ersten Buches ist der Missionierung unter GREGOR DEM GROSSEN (ab 596) gewidmet und führt bis knapp vor dessen Tod (605 oder 604), mit dem das zweite Buch einsetzt. Auch die weiteren Bücher sind so angelegt, daß ein jedes mit einem bedeutenden Ereignis schließt. Für die ältere Zeit stützte sich Beda vor allem auf OROSIUS und GILDAS SAPIENS; für die spätere Zeit benützte er Heiligenleben, Aktenstücke, die er oft im Wortlaut wiedergeben und dadurch erhalten hat, sowie mündliche Berichte. Dabei beschränkte er sich nicht auf die Kirchengeschichte, sondern ging auch auf politische und kulturelle Ereignisse ein. Mit einem Überblick über sein eigenes Leben und seine literarische Tätigkeit beschließt Beda das in klarer und einfacher Sprache geschriebene Werk, dessen besonderer Wert darauf beruht, daß der Autor als erster Historiker bei jedem bedeutenden Ereignis das Inkarnationsjahr (das Jahr nach Christi Geburt) hinzufügt, d.h. nicht mehr nur nach Jahren seit der Weltentstehung rechnet. Die *Historia* fand im Mittelalter sehr große Verbreitung und ist bis heute die Hauptquelle für die ältere Geschichte Englands geblieben. M.Ze.

AUSGABEN: o.O. u. J. [Eßlingen 1471]. – Eßlingen 1475, Hg. C. Fyner. – Freiburg i.B. 1882, Hg. A. Holder. – Oxford 1896, Hg. C. Plummer, 2 Bde.; ern. 1946. – NY 1954 (in *Opera historica*, Hg. J. E. King; m. engl. Übers.). – Oxford 1969, Hg. B. Colgrave u. R. A. B. Mynors [m. engl. Übers.]. – Darmstadt 1982, Hg. G. Spitzbart, 2 Bde. (*B.'s des Ehrwürdigen Kirchengeschichte des englischen Volkes*; lat.-dt.).

ÜBERSETZUNG: *Beda des Ehrwürdigen Kirchengeschichte*, M. M. Wilden, Schaffhausen 1866.

LITERATUR: P. F. Jones, *Concordance to the »Historia ecclesiastica« of B.*, Cambridge/Mass. 1929. – D. R. Druhan, *The Syntax of B.'s »Historia ecclesiastica«*, Washington 1938. – H. Blasche, *Angelsachsen und Kelten im Urteil der »Historia ecclesiastica gentis Anglorum« des B.*, Göttingen 1940. – W. Levison, *B. als Historiker* (in W. L., *Aus rheinischer und fränkischer Frühzeit*, Düsseldorf 1948, S. 347 bis 382). – Wattenbach-Levison, H. 2, S. 169/170. – M. W. Pepperdene, *B.'s »Historia ecclesiastica«* (in Celtica, 4, 1958, S. 253–262). – P. H. Blair, *B.'s »Ecclestical History of the English Nation« and Its Importance Today*, Newcastle upon Tyne 1959. – D. Whitelock, *The Old-English Bède* (in Proceedings of the British Academy, 48, 1962, S. 57–90). – S. B. Greenfield, *A Critical History of Old-English Literature*, NY 1965. – T. J. M. van Els, *The Kassel Manuscript of Bede's »Historia ecclesiastica gentis Anglorum« and Its Old English Material*, Assen 1972 [zugl. Diss. Nijmegen]. – R. A. Markus, *Bede and the Tradition of Ecclesiastical Historiography*, Jarrow on Tyne 1975. – H. J. Rector, *The Influence of St. Augustine's Philosophy of History on the Venerable Bede in the »Ecclesiastical History of the English People«*, Ann Arbor 1976. – D. Bogs, *Bekehrungsgeschichten und Bekehrungsmotive in B.'s Berichten zur Englandmission* (Forschungsarbeit), Bielefeld 1981 [Selbstverlag].

THOMAS LOVELL BEDDOES

* 20.7.1803 Clifton
† 26.1.1849 Basel

DEATH'S JEST-BOOK, OR: THE FOOL'S TRAGEDY

(engl.; *Das Schwankbuch des Todes oder Die Narrentragödie*). Versdrama von Thomas Lovell BEDDOES, erschienen 1850. – Die Brüder Wolfram und Isbrand, Hauptgestalten des im Mittelalter spielenden Dramas, treten in die Dienste Melverics, des Herzogs von Münsterberg: Wolfram als Ritter, Isbrand als Hofnarr. Sie wollen sich an Melveric rächen, der ihren Vater getötet und ihre Schwester geschändet hat. Wolframs Ritterpflicht gebietet ihm jedoch, seinen Racheplan fallenzulassen und den von den Mauren gefangengesetzten Herzog zu retten. Melveric aber tötet seinen edlen Befreier, als er in ihm seinen Nebenbuhler bei Sybilla erkennt. Isbrand zettelt in Münsterberg eine Revolte gegen seinen Herrn an, die jedoch blutig niedergeschlagen wird. In den Kämpfen kommt Isbrand um. Der Geist des ermordeten Wolfram verfolgt den Herzog und treibt ihn schließlich in den Tod. Auch seine Söhne Athulf und Adalmar, die sich zunächst gewaltsam des väterlichen Thrones bemächtigen wollen, nehmen ein böses Ende: Athulf tötet den Bruder, der um dieselbe Frau warb wie er, und begeht danach Selbstmord.

Death's Jest Book ist das namhafteste Werk des im allgemeinen wenig bekannten Dichters. Wie viele andere englische Romantiker nahm sich auch Beddoes die elisabethanischen Dramatiker zum Vorbild. So finden sich in dem Schauspiel unüberhörbare Anklänge an die Stücke von FORD, WEBSTER und TOURNEUR. Das Rachethema wie auch die Darstellung von makabren Gewalttaten und übernatürlichen Ereignissen entsprechen ganz dem Geschmack der elisabethanischen Renaissance in der ersten Hälfte des 19. Jh.s. In der Ausformung des keineswegs originalen Stoffes beweist Beddoes allerdings bemerkenswertes lyrisches Talent. Die wehmütige Schönheit mancher seiner Blankverse – z. B. Wolframs Klagelied: »*If thou wilt ease thine heart...*« (»*Willst du dein Herz befreien...*«) – vermag noch heute tief zu beeindrucken. – Wie die meisten Werke von Beddoes wurde auch dieses erst nach dem Selbstmord des Dichters veröffentlicht.

J.v.Ge.

AUSGABEN: Ldn. 1850, Hg. T. F. Kelsall. – Oxford 1935 (in *The Works*, Hg. H. W. Donner; krit.). – Ldn. 1950 (1. Fassg. v. 1829; Muses' Library; krit.).

LITERATUR: U. Neuburger, *Die Todesauffassung bei B.*, Diss. Tübingen 1921. – G. Moldauer, *T. L. B.*, Wien 1924. – R. H. Snow, *T. L. B. Excentric and Poet*, NY 1928. – G. Wagner, *Centennial of a Suicide: B.* (in Horizon, 19, 1949, S. 417–435). – J. Heath-Stubbs, *The Darkling Plain*, Ldn. 1950, S. 21–61. – C. A. Hoyt, *Theme and Imagery in the Poetry of T. L. B.* (in Studia Neophilologica, 35, 1963, S. 85–103). – A. Harrex, »*Death's Jest-Book*« *and the German Contribution* (ebd., 39, 1967, S. 15–37).

ALFONZ BEDNÁR

* 13.10.1914 Rožňová Neporadza

LITERATUR ZUM AUTOR:
M. Tomčík, *Súčasná slovenská literatúra*, Prag 1960. – A. Matuška, *Človek v slove*, Preßburg 1967, S. 177–181. – I. Kusý, *Nevyhnutnosť kontinuity*, Preßburg 1971, S. 218–240. – Ders., *Premeny povstaleckej prózy*, Preßburg 1974, S. 121–131. – J. Noge, *Pokusy o epickú syntézu* (in Slovenská literatúra, 22, 1975, S. 327–345). – V. Mináč, *Súvislosti*, Preßburg 1976, S. 333–337. – A. Bagin, *Literatúra v premenách času*, Preßburg 1978, S. 172–187. – J. Noge, *Hľadanie epickej syntézy*, Preßburg 1980. – M. Pišút u. a., *Dejiny slovenskej literatúry*, Preßburg 1984, S. 755–758. – P. Plutko, *A. B.*, Preßburg 1986.

CUDZÍ

(slovak.; *Die Fremden*). Erzählung von Alfonz BEDNÁR, erschienen 1960. – Aus einer Reihe von Briefen wird ersichtlich, daß Viktor Michel seine Mutter, seine Frau Marcela (Ella) und seine dreizehnjährige Tochter Ivana für immer verlassen hat – wodurch unbarmherzig der Selbstbetrug dieser im tschechischen Kostelec lebenden »Familie« aufgedeckt wird: »*Großmutter, Vater – das ist alles nur Täuschung! Das ist ja alles gar nicht wahr, Fremde sind wir, Fremde sind sie...*« Dieser Satz (aus einem inneren Monolog Ellas) sowie ein Telegramm, das die Familie von Viktors Tod im slowakischen Olšovic unterrichtet, sind Ausgangspunkte einer Untersuchung, die bis in die Tage des slowakischen Aufstands zurückgeht. Zu dieser Zeit rettete Viktors Vater, damals Kastellan auf Schloß Olšovic, die jüdische Spionin Marcela Fuchsová dadurch vor der SS, daß er sie als seine taubstumme Tochter Justína ausgab. Außerdem schützte er das Mädchen vor seinem ihm verhaßten, weil deutschfreundlichen Sohn Viktor und förderte die aufkeimende Liebe zwischen Ella und seinem illegitimen Sohn, dem Partisan Peter Zavarský. Als Ella sich von ihm schwanger fühlte, sollte sie dem Partisan in die Wälder folgen. Sie jedoch blieb, um Peter nicht zu belasten, trotz aller Gefahr auf Schloß Olšovic. In den letzten Kämpfen fiel der Partisan, und Ella heiratete um ihres Kindes willen Viktor. Jetzt, nach Viktors Weggang und Tod, wird ihr und der Familie die Selbsttäuschung offenbar. Ella erkennt, daß sie damals falsch gehandelt hat und daß sie jetzt mit ihrer Familie nach Olšovic zurückkehren muß, um dort »*den Fremden zu helfen, die sie dort finden wird*«.

Diese sibyllinische Lösung gewährt der marxistischen Kritik viel Spielraum für gesellschaftsphilosophische Interpretationen. Daß jedoch Bednár »*den Menschen für die slowakische Literatur polemisch entdecken*« (Kusý) wollte, dafür bietet die Erzählung keine Anhaltspunkte. Auch die Deutung, daß »*ein Mensch, in sich und für sich einsam, fremd unter den Seinen ist*« (Števček), wird der Novelle nur dann gerecht, wenn man darauf verzichtet, die »Fremden« unter dem Aspekt einer gesellschaftlichen Bewußtseinsentwicklung zu sehen. Das Werk will weder direkt noch polemisch den Leser belehren: Es lebt von Ellas innerem Monolog, der mit dem Muschkotengeschwätz der auf Schloß Olšovic liegenden deutschen Landser abwechselt (die der »Taubstummen« gegenüber kein Blatt vor den Mund nehmen). In diesen Passagen erinnert die Erzählung an einen dichtgearbeiteten surrealistischen »Dialog«. Das Ergebnis ist die nahezu abstrakte Analyse eines Menschen, der seiner Seele beraubt worden ist. Ellas Taubstummenrolle ist Realität und Allegorie zugleich; ihre Rückkehr nach Olšovic sollte man nicht als Lösung des Problems, sondern als novellistische Koda verstehen.

W.Sch.

AUSGABEN: Preßburg 1960. – Preßburg 1962 (in *Novely*).

LITERATUR: M. Bahula, *Novela bez idey* (in Protifašistický bojovník, 1960, Nr. 7, S. 10). – O. Marušiak, *Talent, ale pomýlený* (in Pravda, 25. 4. 1960). – A. Matuška, *Zápas o klad* (in Kultúrny život, 1960, Nr. 18). – M. Nadubinský, *O jednom experimente* (in Mladá tvorba, 1960, Nr. 6–7, S. 195–196). – R. Turňa, Rez. (in Slovenské pohl'ady, 1960, Nr. 5, S. 547–549).

HODINY A MINÚTY

(slovak.; *Stunden und Minuten*). Novellenzyklus von Alfonz BEDNÁR, erschienen 1956. – Der Zyklus besteht aus vier Novellen (*Hodiny a minúty, Susedia – Nachbarn, Kolíska – Die Wiege, Rozostavaný dom – Das unfertige Haus*). Die ersten drei behandeln das gleiche Sujet, den antifaschistischen slowakischen Volksaufstand im Jahre 1944. Bednár ist allerdings nicht daran gelegen, heroische Abziehbildchen in der Manier des sozialistischen Realismus zu verfertigen, wozu das Thema manchen Autor vor ihm verführte. Die Handlung, die sich nicht auf historische Vorgänge gründet, sondern aus fiktiven, mit der Realität allerdings korrespondierenden Ereignissen zusammengebaut ist und in der komplizierten Konstruktion der Fabel manchmal an Detektivgeschichten erinnert, dient dem Autor allein dazu, die Helden der einzelnen Erzählungen in die Falle einer bestimmten, unausweichlichen Situation zu locken, die ihnen die Geschichte stellt. Bednár glaubt offensichtlich nicht daran, daß das Verhalten der Menschen als bloß mechanischer Reflex auf gesellschaftliche Vorgänge oder Verhältnisse zu deuten sei; keine seiner Gestalten läßt sich einem jener Schemata einpassen, wie sie der sozialistische Realismus in verschiedener Musterung und Farbe produziert und kanonisiert hat. Seine Menschen sind nicht Typen einer Serie, sondern höchst diffizile, ja rätselhafte Individuen, die, im Widerstreit mit sich selbst liegend, ihre existentielle Bestimmung erst zu erfahren suchen und deren Schicksale weder vorherbestimmt noch manipulierbar sind. In ihrer kaum eindeutig bestimmbaren, eher pessimistischen als optimistischen Haltung erinnern sie – was auch die slowakische Kritik nicht übersah – stark an die Helden der *lost generation* eines HEMINGWAY, deren Skepsis angesichts der Zerstörung aller Ideale sie teilen. Dies kommt vor allem in der letzten Novelle zum Ausdruck, die den beziehungsvollen Titel *Rozostavaný dom* trägt (wörtlich: *Das im Bau befindliche Haus*). Hier führt die Handlung bis in die Gegenwart, die von den Baumeistern des Sozialismus ebenso geprägt ist wie von dessen Parasiten, deren Moral durch die Macht, die sie haben, korrumpiert wurde.

Stets auf kritische Sichtung und Wertung der Fakten bedacht, hält Bednár es für einen der unabdingbaren Grundsätze seines künstlerischen Schaffens, im Namen des Menschen und der Humanität stets von neuem die Frage an die Gegenwart zu richten, ob sie das hält, wofür in der Vergangenheit gekämpft wurde: »*Hatte all das einen Sinn, oder nicht? Waren die großen Opfer vergeblich, oder nicht?*« Diese Tendenz, das ursprünglich Angestrebte kritisch mit dem gegenwärtig Erreichten zu konfrontieren, ist eines der wesentlichen Merkmale der sogenannten »Literatur der Fragen« in den sozialistischen Ländern. Als slowakischer Vertreter dieser neuen, skeptischen und kritischen Literatur hat Bednár mit diesem Novellenzyklus einen der ersten und in seiner Bedeutung für die weitere Entwicklung der tschechoslowakischen Literatur nicht zu überschätzenden Beiträge zur Selbstbesinnung und damit zur Wiedergeburt des Humanismus im Sozialismus geschaffen: »*Der Mensch ist kein Versuchskaninchen zum Testen politischer Manien.*« P.S.

AUSGABEN: Preßburg 1956. – Preßburg 1964. – Preßburg 1980 (in *Vybrané spisy*, Bd. 3).

LITERATUR: M. Chorváth, *Novely A. B.* (in Slovenské pohl'ady, 1957, 5, S. 461–465). – V. Mináč, *Česť hl'adania* (in Mladá tvorba, 1957, Nr. 2, S. 40–41). – L. Mňačko, *Spisovatel' musí pracovat's mnohofarebnou paletou* (in Pravda, 25. 4. 1957). – J. Rozner, *Nový pohl'ad a čo je pravda?* (in Kultúrny život, 1957, Nr. 24, S. 3–4). – T. Štraus, *Estetický ideál a jeho realizácia* (in Kultúrny život, 1957, Nr. 24). – K. Tomiš, *Svetonázor a tvorba* (in Slovenská literatúra, 4, 1957, S. 446–458). – B. Truhlář, *Bednárovy novely o povstání a současnosti* (in Nový život, 1957, 5, S. 542–544).

SKLENÝ VRCH

(slovak.; *Der gläserne Berg*). Roman von Alfonz BEDNÁR, erschienen 1954. – In der Form eines Tagebuchs schildert der Roman das Leben der Ema Klaasová, insbesondere ihre Beziehungen zu dem Partisanen Milan Kališ, dem Rechtsanwalt Zoltan Balla und dem Ingenieur Jožo Solan, ihrem jetzigen Ehemann. Die Aufzeichnungen Emas beginnen Jahre nach dem Zweiten Weltkrieg. Die Vergangenheit wird in assoziativ aneinandergereihten Rückblenden lebendig; aus ihnen erwächst das Romangeschehen.
Durch ihren Arbeitskollegen Tretina wird Ema fortwährend an ihre Vergangenheit erinnert, die sie bis in ihre Ehe mit Solan verfolgt. Der Ingenieur leidet unter der Verschlossenheit seiner Frau. Er wird mißtrauisch, als Tretina immer offener gegen ihn und Ema zu intrigieren beginnt. So entschließt sich Ema, um das Vertrauen ihres Mannes wiederzugewinnen, und weil sie nicht die Kraft für ein Gespräch aufbringt, ihr Leben niederzuschreiben.
Ema ist die Tochter eines Deutschen, der seine slovakische Frau als Kommunistin der Gestapo auslieferte. Als Ema nach der Verhaftung der Mutter in die Berge floh, half ihr Kališ, Menschenhaß und Verzweiflung zu überwinden. Obwohl sie Kališ liebt, hat sie nicht den Mut, sein Kind zur Welt zu bringen. Die Abtreibung verläuft so, daß es ihr nie mehr möglich sein wird, ein Kind zu bekommen. Erst nach dem Krieg erfährt sie von Tretina Näheres über das unmenschliche Ende des Geliebten. Nach dem Zusammenbruch des Faschismus wegen ihres Vaters eingesperrt, wird Ema von Balla, einem Opportunisten der neuen Zeit, aus dem Lager befreit. Balla vermittelt ihr eine Anstellung und plant, mit ihr nach Amerika auszuwandern. Aber während Ema einen Urlaub in den Bergen verbringt, verlobt sich Balla mit einer anderen. Der Aufenthalt im Gebirge macht Ema bewußt, wie stark die Begegnung mit Kališ immer noch in ihr nachwirkt. Später folgt Ema dem Ingenieur Solan zur Aufbauarbeit in eine abgelegene Gegend. Anonyme Saboteure, deren Werkzeug der Intrigant Tretina ist, behindern die Arbeit. Die Rehabilitierung Solans verhindert die Katastrophe. Nach den schweren Erlebnissen, die Solan und Ema einander nähergebracht haben, erkennen beide, daß man in der Arbeit Antwort auf die Fragen des Lebens zu finden vermag. Das Tagebuch endet mit Emas Entschluß, in die Berge zu fahren. – Solan liest die Aufzeichnungen, nachdem Ema während der Besorgungen für die Reise einen schweren Unfall erlitten hat. Die Nachricht von ihrem Tod erreicht ihn am Ende der Lektüre. Sie enthebt ihn der Stellungnahme.
Der erste Roman des Autors erregte großes Aufsehen. Er tritt offen gegen die herrschenden Ungerechtigkeiten und gegen die Verniedlichung der Fehler auf, welche die Errungenschaften der Befreiung des Landes vom Faschismus zunichte zu machen drohten. Die vertiefte Individualisierung der Helden, ihr betont singuläres Erleben der Liebe und der Natur sind die Antwort des Autors auf den literarischen Schematismus der Zeit. E.P.N.

AUSGABE: Preßburg 1954; ²1959; ⁴1968 [Nachw. M. Gašparík]; ⁸1984 (in *Vybrane spisy*, Bd. 4).

LITERATUR: J. Gregorec, *Kniha poézie a života* (in Práca, 1954, Nr. 277, S. 5). – M. Gregorová, *O prvotine A. B.* (in Kultúrny život, 1954, Nr. 39, S. 11). – J. Rozner, *Ludia a život v »Sklenom vrchu« A. B.* (ebd., Nr. 48, S. 4 u. 8). – P. Števček, *B. »Sklený vrch« a jeho problemy* (in Čitatel', 1955, Nr. 2, S. 68). – J. Kusý, *Vel'ký talentvel'ké nároky* (in Slovenské pohl'ady, Nr. 12, 1960). – *O románe, ktorý hodno prečítat'* (in Smena, 1954, Nr. 266, S. 4).

ZA HRSŤ DROBNÝCH ...

(slovak.; *Eine Handvoll Kleingeld...*), Romantrilogie von Alfonz BEDNÁR, erschienen 1970–1981. – In seiner nach über zehn Jahren abgeschlossenen Trilogie setzt der Autor das bereits im Kurzroman *Balkón bol prevysoký*, 1968 *(Der Balkon war zu hoch)*, begonnene Experimentieren mit der Erzählperspektive fort: Als Erzähler fungiert der Hund Flip, mit amtlichem Namen Dagobert zo Šošovičného (D. von Linsenfeld), der in mehreren Etappen seiner Hundekarriere seinen Hunde»kollegen« die Erlebnisse mit den verschiedenen Menschen»meuten« erzählt, denen er angehört und deren Zerfall er miterlebt hat.
Im ersten Teil der Trilogie, *Za hrsť drobných (v kazete z Péšávaru)*, 1970 *(Eine Handvoll Kleingeld [in der Kassette aus Peschawar])*, schildert Flip seinen Kollegen in der Hundepension der Frau Gerda den Zerfall »*seiner ersten Meute*«, der Familie des Parasitologen Jozef Kamenický und seiner Frau Judita, einer Journalistin. Obwohl es sich um gebildete Menschen handelt, sieht der Hund ihr Privatleben in seiner ganzen Banalität und Scheinheiligkeit als Jagd nach materiellen Gütern und billigem Genuß. Flip ist ständiger Zeuge der sich daraus ergebenden Familienkrisen. Nach dem Tod der einzigen eindeutig positiven Figur, der Großmutter Katerína Kamenická, kommt es denn auch zum Zerfall der ganzen Familie: Zunächst verbindet sich die Tochter Marta mit dem primitiven Straßenbauarbeiter Dodo Molnár, von dem sie einen Sohn bekommt und der sie daraufhin bald verläßt; die Tochter Paula heiratet in ein abgelegenes Forsthaus und der Sohn Štefan, mit Spitznamen Cintl'a, verliert bei seiner hilflosen Suche nach dem Sinn des Lebens jeden Gefühlskontakt zu den Mitgliedern seiner Familie. Die Mutter Judita trennt sich von ihrem Mann und heiratet ihren langjährigen Hausfreund Dr. Rapovec, den Prototyp eines raffgierigen Geschäftemachers. Zurück bleiben als Flips *»zweite*

Meute« der *»Chef«* Jozef Kamenický, seine inzwischen zurückgekehrte Tochter Marta mit ihrem Söhnchen Dodek, sowie Cintl'a, der sich meistens mit einer Gruppe ausgeflippter Altersgenossen herumtreibt. Doch auch diese Meute *»war nicht gut, sie zeichnete sich aus durch einen ununterbrochenen Strom gereizter Konversationen.«*

Im zweiten Teil der Trilogie, *Za hrsť drobných (v umelom Cézarovi)*, 1974 *(Eine Handvoll Kleingeld [im künstlichen Cäsar])*, befindet sich Flip in einem Zwinger des *»Instituts zur Instandhaltung und Vervollkommnung des Menschengeschlechts«*, offensichtlich einer Forschungseinrichtung, in der Hunde zu Tierversuchen mit tödlichem Ausgang benutzt werden. Hier erzählt Flip seinen Hundekollegen, vor allem seinem alten Bekannten aus Frau Gerdas Hundepension, dem Wachhund Argus, seine weiteren Erlebnisse. Seine *»dritte Meute«* ist dadurch entstanden, daß Jozef Kamenický sein Verhältnis zu einer alten Geliebten, der Restauratorin Eva Javorská, legalisiert, mit der er schon die halb erwachsene Tochter Mima hat. Aber auch in dieser Ehe steht die Jagd nach Geld und Genuß an der Spitze der Werte jedes einzelnen: Eva restauriert in einem Dorf die Malereien in einem Schloß und betrügt ihren Mann dort mit dem Invaliden Viktor Kuzma. Jozef Kamenický benutzt eine Dienstreise in den Westen, um sich dort mit seinem wissenschaftlichen Opus, einem Atlas der Parasiten, abzusetzen. Auch die *»alte Chefin«* Judita, die inzwischen mit ihrem Mann Braňo Rapovec in dem Anwesen der Frau Gerda eine einträgliche Hundezucht eröffnet hat, wird von diesem betrogen, und zwar mit Evas Tochter, Mima. Die Groteske gewinnt immer neue Facetten: Jozef Kamenický gibt in Amerika seinen Parasitenatlas heraus und heiratet eine reiche Amerikanerin, nach deren Tod er ein großes Vermögen erbt. Judita Rapovcová verliert ihren Mann durch eine Explosion in Evas Haus, bei der auch Evas Mann Viktor Kuzma umkommt. Auch Marta ist inzwischen berechnend geworden und heiratet den schon betagten Dr. Vyšný, der Teilhaber an Frau Juditas Hundezucht wird. Nur Cintl'a zieht weiter mit seiner Songgruppe durch die Lande und grölt verzweifelte Songs über die Liebe. Der Hund Flip erlebt ein groteskes Panoptikum immer neu entstehender Verbindungen und bald darauf folgender Tragödien des Zerfalls.

Eine besondere Stellung nimmt der dritte Teil der Trilogie ein, *Za hrsť drobných (z rozvojovej planéty Tryfé)*, 1981 *(Eine Handvoll Kleingeld [vom Entwicklungsplaneten Tryphe])*. Hier erzählt der inzwischen körperlose Flip den Hunden in Frau Juditas Zuchtzwinger, wo mittlerweile auch der kastrierte Argus sein Gnadenbrot erhält, seine Erlebnisse auf dem Entwicklungsplaneten Tryphe, auf den er durch das Denken der Menschen (vor allem Cintl'as) emporgehoben wurde. Der Planet Tryphe ist einst *»aus dem menschlichen Leiden und den nicht eingehaltenen Versprechungen«* auf der Erde entstanden. Flip versucht hier nun als Gott und Herrscher seinen Mann zu stehen. Er führt mutige, großzügige, aber leider manchmal voreilige Reformen durch, die dann natürlich scheitern müssen, weil er übersieht, daß die Bewohner seines Planeten, auch wenn sie bequem und gut leben, bestimmte rationale, bewährte, objektive und, sozusagen, axiologische Regeln beachten müssen. Das Geschehen auf dem Planeten Tryphe steht im Kontrast zu den weiteren Geschicken der uns aus den ersten beiden Teilen bekannten Erdbewohner: Inzwischen hat auch Cintl'a geheiratet und betrügt seine Angetraute mit einer Frau aus seiner früheren Songgruppe.

Bednár malt in seinem *»bizarren epischen Theater«* (P. Števček) ein wenig schmeichelhaftes Bild des Lebens in der heutigen Slowakei. Dabei zeichnet er die konkreten Deformationen der menschlichen Beziehungen unter den Bedingungen des real existierenden Sozialismus, die sich aber kaum von denen in der westlichen Konsumgesellschaft unterscheiden. In dem Gleichnis von der Organisation des Lebens auf dem Planeten Tryphe geht er aber darüber hinaus und berührt das Schicksal der Menschheit in der zweiten Hälfte des 20. Jh.s, das sich im Schatten des allmächtigen Dämons *»Chemie«* und des noch mächtigeren Dämons *»Atom«* abspielt. In diesem Sinne kann man Bednár mit Recht als den *»führenden Vertreter der diskursiven, parodistisch-grotesken Linie in der Entwicklung des slowakischen Romanschaffens aus der Gegenwart«* (I. Sulík) bezeichnen. W.An.

AUSGABEN: Preßburg 1970 *(Za hrsť drobných [v kazete z Pésávaru])*. – Preßburg 1974 *(Za hrsť drobných [v umelom Cézarovi])*. – Preßburg 1981 *(Za hrsť drobných [z rozvojovej planéty Tryfé])*. – Preßburg 1985 (in *Vybrané spisy*).

VERFILMUNG: Tschechoslowakei 1978 (u. d. T. *Penelopa*; nach einem Motiv des II. Teils der Trilogie).

LITERATUR: R. Kuznecovová, *Groteska v románe A. B.* (in Slovenské pohl'ady, 95, 1979, Nr. 10, S. 51–55). – I. Sulík, *Pravý uhol pohl'adu* (in Slovenské pohl'ady, 95, 1979, Nr. 10, S. 43–50). – Ders., *Próza kontra súčasnosť* (in Slovenské pohl'ady, 99, 1983, Nr. 12, S. 43–52). – V. Petko, *K trilógii A. B. »Za hrsť drobných«* (in Slovenské pohl'ady, 102, 1986, Nr. 3, S. 105–108). – P. Plutko, *A. B.*, Preßburg 1986, S. 126–141.

JOHANN BEER

* 28.2.1655 St. Georgen / Attergau
† 6.8.1700 Weißenfels

LITERATUR ZUM AUTOR:
R. Alewyn, *J. B. Studien zum Roman des 17. Jh.s*, Lpzg. 1932. – M. Kremer, *Die Satire bei J. B.*, Diss.

Köln 1964. – M. Bircher, *Neue Quellen zu J. B.s Biographie* (in ZfdA, 100, 1971, S. 230–242). – J. Seitz, *Die Frau und ihre Stellung im Werk J. B.s*, Diss. Minnesota 1971. – M. Roger, *»Hiermit erhebte sich ein abscheulich Gelächter«. Untersuchungen zur Komik in den Romanen von J. B.*, Bern/Ffm. 1973. – R. Alewyn, *J. B.* (in R. A., *Probleme und Gestalten*, Ffm. 1974; ern. 1982, S. 59–74; st). – J. Hardin, *J. B. Eine beschreibende Bibliographie*, Bern/Mchn. 1983.

DER BERÜHMTE NARREN-SPITAL. Darinnen umschweiffig erzehlet wird/was der faule Lorentz hinter der Wiesen vor ein liederliches Leben geführet/und was vor ehrliche Pursche man im Spital angetroffen habe.

Roman von Johann BEER, erschienen 1681 unter dem Pseudonym »Hanß guck in die Welt«. – Gleich zu Beginn versichert der Erzähler, er wolle niemand traurig machen, sondern den Lesern nur »*die langweiligen Stunden und die wunderlichen Grillen*« vertreiben. Die Lebensbeschreibung seiner Jugendjahre beginnt er mit der Schilderung seines Lehrers, eines »*Arschguckers*«, der den Schülern nichts beibrachte, sondern ihnen nur dauernd »*den Arsch auskehrte*«, d. h. sie verprügelte. Deshalb läuft der Erzähler mit einem Schulkameraden von zu Hause weg und tritt, nachdem sein Freund Arbeit bei einem Pfarrer nahm, in den Dienst des Lorentz hinter der Wiesen, eines stinkfaulen Landedelmannes von gargantuesken Schlage, der ihm als Handgeld gleich »*einen großen Furz*« schenkt und dem er nun Tag und Nacht den Rücken kraulen und die Läuse aus den dreckigen Kleidern lesen muß. Zunächst gefällt es ihm gut bei Lorentz, der sich mit Unflätereien die Zeit vertreibt, mit seinem Diener wettet, wer wohl »*während der Nacht mehr Luftstreicher aus dem hintern Feuermörser werfen könnte*«, nie zur Kirche geht und statt dessen den Tag im Bett oder hinter dem Ofen verbringt, einen Kapuziner, der ihn »*aus dem Catechismo examiniert*«, an der Nase herumführt und sich in höchst souveräner Weise keinen Deut um Religion, adliges Benehmen und Ehre schert: »*Ich weiß, was die rechte Gemütsruhe ist, warum sollte ich mir meinen Kopf mit vielen Sorgen zerreißen?*« Herr und Diener veranstalten rüpelhafte Streiche, führen närrische Disputationen und besuchen schließlich die Hochzeit von Lorentzens Bruder, wo Lorentz zunächst die Anwesenden wegen ihrer französelnden Sprachmode verspottet; sodann zieht die ganze Gesellschaft zu einem Narrenspital, wo »*allerlei schnackische und von der menschlichen Vernunft entfernte Gemüter anzutreffen sind*«, die nun vorgeführt werden und die teilweise wirklich geistesgestört sind, zum Teil aber auch eine satirische Galerie von Toren und Spintisierern darstellen. Da gibt es verliebte Narren, theologische Narren, Narren scholastischer Gelehrsamkeit, die mit Latein durchsetzten Irrsinn reden, schließlich auch Musiker, die sich »*über Komposition und Auszählung des Tons zu Narren studiert und meditiert haben*«. Sowohl diese musikalischen Narren als auch die zwei Weiber, die sich beklagen, sie seien von einem Autor (nämlich von Beer in seiner satirischen Schrift *Die wolausgepolierte Weiber-Hächel* von 1680) wegen ihres Lebenswandels angeprangert worden, sich aber gleich danach hinter einem Busch »*wacker abstöbern lassen*«, deuten auf literarisch-satirische Privatfehden des Autors hin. Doch am Ende bemerkt der Erzähler, daß er als junger Mann bei Lorentz, der auch bei und nach seiner Hochzeit sein unflätiges Verhalten fortsetzt, nichts lernen wird als »*Rülpsen und Farzen*«; er nimmt daher Abschied von seinem Lasterleben und zieht fort, nun auf sein ewiges Heil und das Ablegen der Narrenkappe bedacht, um »*bey dem damaligen Organisten zu Weyden auf dem Clavier spielen zu lernen*« und sich »*in Musicis zu exerzieren*«.

Das schmale Werk beginnt als pikaresker Abenteuer-Roman, geht dann aber zur Gattung des satirisch-pädagogischen, moralisch belehrenden Romans über. Diese Unentschiedenheit des Erzählungstypus deutet schon auf die geringe Bemühung des Autors um die künstlerische Organisation seines Werks; doch wird diese Schwäche durch die Frische und Unmittelbarkeit des Fabulierens wettgemacht, durch die große »*Freyheit des Gemüts*«, mit der der Autor ein realistisches Bild der unteren Schichten der Bevölkerung und des Adels entwirft. Trotz der geistlichen Schlußwendung und der moralischen Verurteilung des Lorentz durch den zurückblickenden Erzähler ist doch diese Gestalt des »*Unflats im Großfolio*« die kraftvollste und überzeugendste Figur des Buches und gemahnt an Falstaff und Gargantua; selbst die derb skatologischen Partien unterstreichen nur die Souveränität, mit der der Lorentz dem À-la-mode-Wesen seiner Zeit und der ganzen gesitteten Welt eine Absage erteilt. J.Dr.

AUSGABEN: o. O. 1681; Nachdr. Hbg. 1957, Hg. R. Alewyn (RKl). – Nördlingen 1987.

LITERATUR: P. Rusterholz, *Die Weisheit in J. B.s »Narrenspital«* (in *From Wolfram and Petrarch to Goethe and Grass*, Hg. D. H. Green, Baden-Baden 1982, S. 511–528).

DIE KURTZWEILIGEN SOMMER-TÄGE Oder ausführliche Historia In welcher umständlich erzählet wird Wie eine vertraute Adeliche Gesellschafft sich in heißer Sommers-Zeit zusammen gethan: Und Wie sie solche in Auffstossung mancherley Abentheuer und anderer merckwürdiger Zufälle kurtzweilig und ersprießlich hingebracht. Zum allgemeinen Nutzen und Gebrauch des Teutschen Lesers entworffen auch mit saubern Kupffern gezieret an den Tag gegeben Durch Wolffgang von Willenhag Oberösterreichischen von Adel.

Roman von Johann BEER, erschienen 1683. – Das Werk ist als Fortsetzung des unter dem gleichen

Pseudonym (Wolfgang von Willenhag) veröffentlichten Romans *Zendorii à Zendoriis Teutsche Winternächte* (1682) angelegt und bildet mit seinen Figurenkonstellationen und seinem landschaftlich-gesellschaftlichen Kolorit die unverwechselbare Einheit eines Doppelromans, dem im Rahmen der epischen Literatur des Barock ähnliche Bedeutung zukommt wie etwa den »simplizianischen Schriften« GRIMMELSHAUSENS. Der Autor, österreichisch-protestantischer Herkunft, Kapellmeister und Sänger im Dienst des Herzogs von Sachsen-Weißenfels, war als Verfasser einer Reihe bedeutender musikalischer Schriften, die in lexikalischen Kompendien des 18. und noch des 19. Jh.s vielfach Erwähnung finden, durchaus bekannt; seine unter verschiedenen Pseudonymen (z. B. Jan Rebhu) veröffentlichten literarischen Arbeiten, deren eindeutige Zuordnung allerdings erst sehr viel späteren literarhistorischen Untersuchungen – vor allem jenen R. ALEWYNS (1932) – vorbehalten blieb, sind jedoch ungleich wertvoller. Die Willenhag-Romane, die beiden reifsten Werke des Autors neben dem bekannteren *Narren-Spital* (1681), entwikkeln eine eigenständige Roman-Konzeption, in der die beiden Hauptformen der Barock-Epik, die des heroisch-galanten und des pikarischen Romans, eine zwanglose Verbindung eingehen. In seinen ersten erzählerischen Schriften, so in *Ritter Spiridon aus Perusina* (1679) oder *Jucundi Jucundissimi Wunderliche Lebens-Beschreibung* (1680), hatte Beer dem Einfluß Grimmelshausens nachgegeben und darüber hinaus die ältere Schwank- und Sagenliteratur, zumal die der Ritterromane, mit ihrem episodischen Reihencharakter einbezogen.

Auch in den *Kurtzweiligen Sommer-Tägen* ist das pikarisch-derbe Element noch stark; es wird jedoch an die Randfiguren (wandernde Gaukler, Bänkelsänger, Pagen, Lakaien, fahrende Studenten, Schreiber, Bediente, Mönche und ausgediente Soldaten) und ihre zumeist als selbständige Berichte eingeschobenen Lebensläufe abgegeben, während im Vordergrund eine »*vertraute adeliche Compagnie*« von jungen Landedelleuten steht. Deren freundschaftliche Verbindungen zueinander, gesellige Besuche bei Hochzeiten, Kindtaufen und Begräbnissen, Neckereien und gelegentliche Fehden mit anderen Landjunkern bilden die ruhende Schicht des Werkes. Ein *Notwendiger Unterricht und allgemeiner Eingang zur folgenden Histori* stellt in Kürze die bereits aus den *Winter-Nächten* bekannten zehn Freunde vor (Georg und seinen Bruder Christoph, Friedrich, Dietrich, Philipp von Oberstein, Wilhelm von Abstorff, den Erzähler Wolfgang selbst und seinen Vater Alexander, Sempronio und einen Advokaten), die sich bald darauf der Bußübung des Eremitendaseins unterziehen, zumeist jedoch wenig Geschmack daran finden und nach ausgiebigen Erzählungen ihrer mehr oder weniger erfolgreichen Anstrengungen, der mönchischen »*Melancholey*« Herr zu werden, ihr früheres, munter-aufgeräumtes Leben fortsetzen. Friedrich wirbt um Amalia von Ocheim, die er endlich auch als Gemahlin heimführt, trotz zahlreicher Hemmnisse wie einer Entführung und eines heimtückischen Nebenbuhlers, der die Gesellschaft sogar in einen Bauernaufstand verstrickt. Philipp nimmt »*Hofdienste*« an, Sempronio zieht als Offizier in den Krieg, Dietrich und Christoph entschließen sich zu einer Reise nach Italien. Der Erzähler selbst – trotz der Ichform des Werkes ebensowenig Hauptperson wie ein anderer – muß schmerzlich den Tod seines Vaters und bald darauf – weitaus weniger schmerzlich – den seiner kränklichen Gattin Sophia betrauern. Eine zweite, bereits leidenschaftlich ersehnte Ehe mit der schönen Elisabeth von Buchberg führt ihn jedoch vom Regen in die Traufe: Sein zänkisches Weib macht ihn zum Hahnrei, bis er sie mit einem ihrer Liebhaber ertappt und maßregelt. Ihr früher Tod erlöst ihn vom Joch der Ehe; aufs neue »*valediciert er dieser Eitelkeit*« und widmet sich dem Eremitendasein, zieht sich sogar vor der neugierigen Menge weiter in ein entlegenes Gebirge zurück, gerade rechtzeitig, um die aus Italien zurückkehrenden Christoph und Dietrich aus den Händen von Straßenräubern zu retten, verbringt den Winter auf seinem Anwesen bei Karten- und Brettspiel oder »*Comödie Agieren*« und findet schließlich, nachdem er einen bei ihm lebenden alten Soldaten als seinen verschollenen Bruder Emanuel wiedererkannt hat, in seiner Eremitenhütte endgültigen Frieden.

Diese ländlich-feudale Dimension des Romans, die im Gegensatz zum größten Teil der zeitgenössischen epischen Produktion durch das Milieu des österreichischen Alpenrandgebietes atmosphärisch genau lokalisiert ist, wird überwuchert von einem Rankenwerk von Schnurren, Schwänken, grotesken Anekdoten, landstörzerischen Personen und Begebenheiten, in denen ein vitales, vom barocken *Vanitas*-Pathos nur formelhaft-konventionell beeinflußtes Erzähler-Talent sich auslebt, das die grell-naturalistischen Elemente des pikarischen Romans zu echtem, sinnlichem Realismus steigert, wie er im 17. Jh. nicht häufig ist. KLL

AUSGABEN: o. O. 1683. – Halle 1958, Hg. u. Vorw. W. Schmitt (NdL). – Ffm. 1963 (*Die teutschen Winter-Nächte und Die kurzweiligen Sommer-Täge*, Hg. R. Alewyn; Nachw. S. Streller; ern. 1985; Insel Tb).

LITERATUR: F. Habeck, *Der verliebte Österreicher, J. B.*, Graz 1961. – K. G. Knight, *The Novels of J. B.* (in MLR, 1961, S. 194–221). – J. Müller, *Studien zu den Willenhag-Romanen J. B.s*, Marburg 1965.

DER SYMPLICIANISCHE WELT-KUKKER ODER ABENTHEUERLICHE JAN REBHU, bestehend in einer Historischen Erzehlung/ Welche den Lauff seines geführten Lebens der gantzen Welt vor Augen stellet/ verfasset in ein Satyrisches-Gedichte/ In welchem unter verdecktem Nahmen warhafftige Begebenheiten gewisser Stands-Personen entworffen/

und mit Confuser Ordnung an den Tag gegeben worden

Schelmenroman in vier Teilen von Johann BEER, anonym erschienen 1677 bis 1679. – Die pikareskabenteuerliche Lebensgeschichte Jan Rebhus – sie weist am Anfang Parallelen zur Jugendgeschichte des *Simplicius* von GRIMMELSHAUSEN auf – schildert in loser Folge Ereignisse aus dem Leben Beers. Der im »Tyrolischen Gebürg« aufgewachsene kleine Rebhu kommt nach dem Tod seiner Eltern zur Ausbildung seiner Gesangsstimme in eine kleinere Residenzstadt. Im Haus seines Lehrers, eines »Copauns« namens Procelli, gerät er in den Bann einer lasziven italienischen Gräfin, die ihn mit einem Schlaftrunk sich gefügig macht. Von dem intriganten Kastraten verstoßen, gelangt er auf das Schloß eines lebenslustigen Landedelmanns, der den Jüngling zum Genossen seiner verrückten Streiche macht. Dort verliebt er sich in die junge Gräfin Squallora, der er aber aus Standesgründen entsagen muß. Zwischen den beiden Frauen verläuft sein weiteres Leben: Die eine zieht ihn auf ihr Stammschloß, um ihn dort zu erotischen Ausschweifungen zu verleiten, die andere, die noch immer in seinem Herzen wohnt, gewährt ihm zwar ihre Liebe, heiratet aber nach einem mißglückten Entführungsversuch einen Fürsten. Die Beziehungen werden fortgesetzt, bis Rebhu ertappt und grausam bestraft wird. Nach einer Episode als zurückgezogen lebender »Waldbruder« tritt eine dritte Frau in sein Leben: Cassiopäa, die Schwester des jungen Ritters Orbato, den er bei seinen Studien an italienischen Universitäten begleitet. Aber am Hochzeitstag stirbt sie vor seinen Augen. Rebhu begibt sich ein zweites Mal in die Einsamkeit – auf die Bergspitze einer Insel. Nacheinander erlebt er den Tod der italienischen Gräfin, Orbatos, Procellis und schließlich auch Squalloras, die als fromme Äbtissin stirbt. Zuletzt geht Rebhu eine zweite Ehe ein und beschließt in bäuerlicher Geruhsamkeit sein Dasein als Landedelmann: Er *»starb endlich gantz vergnüglich nachdem er sich an einem Rebhuhn zu Tode gefressen«.*

Dieser erste und zugleich bekannteste Schelmenroman des Herzoglich Sachsen-Weißenfelsischen Hofmusikus Johann Beer, dessen Verfasserschaft durch die Forschungen Richard ALEWYNS (1932) als gesichert gelten kann, offenbart seine Eigenart im Vergleich mit dem Werk Grimmelshausens, seinem berühmten Vorbild. Es zeigt sich, daß Beer – unter Beibehaltung der niederen, volkstümlichen Stilebene, der episodischen Kompositionstechnik und des Pikaro-Modells – der Eleganz, Klarheit und »Witz«-Kultur der Aufklärung um vieles näher steht. Die allegorische Überhöhung der empirischen Wirklichkeit im Barockroman wird hier abgelöst von einer diesseitsfreudigen, humoristischen und gänzlich unpathetischen Sicht auf den Lauf der Welt. Eine spontane, künstlerisch kaum kontrollierte Fabulierlust überwältigt Beer, der seinen – durchaus publikumswirksamen – Einfällen nicht den leisesten Zwang antut: *»Ich sitze ... nicht an meinem Schreib-Tisch, daß ich mit absonderlichen Red-Arthen die Welt erfüllen solte, sondern was ich schreib, schreib ich zur Lust, dann es juckt mich immer zu eine lustige Caprizzen zwischen den Ohren, daß ich also ohne Unterlaß mit diesen Frettereyen zu thun kriege«* (2. Teil, Einleitung). KLL

AUSGABEN: Halle 1677–1679, 4 Tle. – Wien o. J. [1953], Hg. J. F. Fuchs. – Bern u. a. 1981 (*SW* Bd. 1, Hg. F. v. Ingen u. H.-G. Roloff).

LITERATUR: H. F. Menck, *Der Musiker im Roman*, Heidelberg 1931, S. 8–29. – C. P. Stehr, *J. B.s »Symplicianischer Welt-Kucker«: Picaroroman – verwildertes Experiment – oder Lit. satire?* Diss. Oregon 1975. – M. Koschlig, *Die »simplicianische Arbeit« des J. C. B.* (in M. K., *Das Ingenium Grimmelshausens u. das »Kollektiv«*, Mchn. 1977, S. 297–534).

ZENDORII À ZENDORIIS TEUTSCHE WINTERNÄCHTE Oder Die ausführliche und denckwürdige Beschreibung seiner Lebens-Geschicht. Darinnen begriffen werden allerley Fugnissen und seltsame Begebenheiten Curiöse Liebes- Historien und Merckwürdige Zufälle etlicher von Adel und anderer Privat-Personen. Nicht allein mit allerley Umständen und Discursen ausführlich entworffen sondern auch mit tauglichen Sitten-Lehren hin und wieder ausgespicket

Roman von Johann BEER, erschienen 1683. – Durch die Forschungen R. ALEWYNS (1932) und H. MENCKS wurde der gebürtige Oberösterreicher und spätere weißenfelssche Konzertmeister Johann Beer als Verfasser zahlreicher, unter wechselnden Pseudonymen erschienener Romane bekannt. Die bedeutendsten sind zweifellos *Die Teutschen Winternächte* und *Die kurtzweiligen Sommer-Täge* (1683), die trotz verschiedener Verfasserfiktion durch ihren analogen Personenkreis und die Kontinuität der Handlung eine Art Doppelroman bilden, der nach dem Verfasser-Pseudonym der *Sommer-Täge* als *Willenhag-Dilogie* bezeichnet wird. Die *Teutschen Winternächte* weisen sich mit ihrem Haupttitel und der Übersetzerfiktion als ein Konkurrenzunternehmen zu der bei den Zeitgenossen beliebten und mehrmals aufgelegten Übersetzung der *Noches de invierno* (1610, übersetzt 1649) des Antonio ESLAVA aus. Beer wollte mit seinem Roman, zu deren Autorschaft er sich namentlich nie bekennt, ein breites Publikum, *»wes Standes oder Condition«* es auch sein mag, vornehmlich zu dessen Belustigung ansprechen, wenn auch der obligatorische Hinweis auf den moralischen Nutzen in den Titelankündigungen nicht fehlt.

Zendorii à Zendoriis Teutsche Winternächte sind als Lebensgeschichte des Ich-Erzählers Zendorius à Zendoriis konzipiert, wobei aber Schilderungen über das Vorleben, die Streiche, Abenteuer und kuriosen Liebes-Historien seiner Freunde die Eigenberichte vielfach unterbrechen und überlagern.

Entsprechend der pikarischen Erzähltradition führt Zendorius, der seine wahre Herkunft nicht kennt, ein Vagabundenleben; rasch macht er die Bekanntschaft des jungen Edelmanns Isidoro, der ihn in seinen Freundeskreis aufnimmt und ihn so seinem Vagantenleben entreißt. Nach anfänglichen lustigen Streichen, die mit Saufen, Jagen, Spielen und Lesen abwechseln, gerät Zendorius infolge seiner Liebe zu Caspia und seiner ungeklärten sozialen Abkunft in eine Krise und wendet sich erneut dem Vagantenleben zu. Isidoro gewinnt ihn nach der Klärung seiner adligen Herkunft zurück, schließlich kann Zendorius auch seine Caspia dem Nebenbuhler Faustus ausspannen, der seinerseits seine eigentliche Geliebte, eine angebliche Bauernmagd, heiratet. Es bleiben dies nicht die einzigen Hochzeiten, die als laute Feste, auf denen mit Vorliebe die verschiedenen Lebensgeschichten vorgetragen werden, die kurzen Krisen abschließen. Letztere sind durch Ausfahrten, Rückzug in die Einsamkeit und vor allem durch Einsiedlerromantik gekennzeichnet. So redet am Schluß der *Winternächte* der irische Eremit der Schlemmer- und Säuferrunde bei einem der Hochzeitsfeste ins Gewissen, und kurzerhand beschließt die ganze Gesellschaft, die am Anfang der *Sommer-Täge* unter vertauschten Namen vorgestellt und charakterisiert wird, nicht zuletzt auch des heißen Sommers wegen, in den schattigten Wäldern Einsiedler zu spielen. Doch keinem behagt die Ruhe lang, und bald trifft sich die Runde wieder zu den alten Streichen, dem Austausch von Erzählungen und lauten Festen, bis schließlich der Erzähler Wolffgang von Willenhag sich von dem pikaresken Treiben als Einsiedler ins Gebirge zurückzieht, ohne daß er dabei aber sagen könnte, ob er so sein Leben beschließen möchte.

Im Unterschied zu GRIMMELSHAUSENS »Simplizianischen Schriften«, in denen das pikarische Erzählschema zu einer streng konzipierten Abfolge von typologisch bedeutsamen Einzelsituationen des Ich-Erzählers vertieft ist, wird dieses Schema bei Beer schon bald nach Romanbeginn von kurzatmigen, aspektgebundenen Sekundärerzählungen überlagert, die der »Kurtzweil« der Adelsgesellschaft dienen, die den pikarischen Helden rasch integriert und damit die von ihm ausgehende Beunruhigung und Störung ausschaltet. Die mit dem Pikaro verbundene Gefahr der Selbstvergessenheit und Selbstverlorenheit wird nicht in ernsthafter Selbstbesinnung und Selbsteinkehr aufgehoben, sondern in geselliger Lustigkeit überspielt, für die das Eremitendasein allenfalls eine kurzweilige Abwechslung darstellen kann. Dominierend ist die Flucht vor der Langeweile und der Melancholie des Schloßlebens, dafür – und nicht aufgrund tieferer Beziehungen – bildet sich der Freundeskreis mit seiner bunten Abfolge von Streichen, Abenteuern, Festgelagen und unermüdlich aneinandergereihten Einzelgeschichten. Mit der virtuosen Beherrschung der erzählerischen Kleinform, zu der eine Fülle von stark zeitbedingten Einlagen kommt, wird Beer seinem Konzept der fehlenden »großen Dimension« künstlerisch gerecht. Um den Effekt ungebrochener Erzählgegenwart zu erreichen, hat Beer das gattungsgeschichtlich interessante Experiment unternommen, die höfische »Historia« mit ihrem Tugendpathos, ihrer streng geordneten Personenfülle und ihrem Festglanz so mit dem pikarischen satirischen Roman zu verbinden, daß er *»allen Liebhabern der Zeit-verkürtzenden Schrifften ... zu sonderlicher Belustigung«* dient. V.Ho.

AUSGABEN: o. O. 1683. – Halle 1958, Hg. W. Schmitt (NdL). – Ffm. 1963 *(Die teutschen Winter-Nächte und Die kurzweiligen Sommer-Täge*, Hg. R. Alewyn; Nachw. S. Streller; ern. 1985, Insel Tb). – Göttingen 1965, Hg. A. Schmiedecke *(J. B. Sein Leben von ihm selbst erzählt*; Nachw. u. Vorw. R. Alewyn).

LITERATUR: H. Fr. Menck, *Der Musiker im Roman*, Heidelberg 1931. – A. Hirsch, *Bürgertum u. Barock im dt. Roman*, Ffm. 1934; Köln ²1957. – J. Müller, *Studien zu den Willehag-Romanen J. B.s*, Marburg 1965.

MICHAEL BEER

* 19.8.1800 Berlin
† 22.3.1833 München

DER PARIA

Trauerspiel in einem Akt von Michael BEER, Uraufführung: Berlin, 22. 12. 1823, Königl. Theater. – Michael Beer, der jüngere Bruder des Komponisten Giacomo Meyerbeer, vom Bayernkönig Ludwig I. als junges Dichtergenie geschätzt (dieser protegierte die Inszenierung von Beers bekanntestem Trauerspiel *Struensee*, 1829, mit einer Orchestrierung von Giacomo Meyerbeer) und von dessen Minister E. v. Schenk in einer Gesamtausgabe seiner Schriften verewigt, gehört heute, wie viele der Epigonen der deutschen Klassik, zu den vergessenen Dichtern des frühen 19. Jh.s.

Nur notdürftig bietet die ärmliche Hütte dem Paria Gadhi und seiner Frau Maja Schutz vor dem tobenden Unwetter. Aber Gadhis Angst gilt weit mehr den Menschen, die von den Priestern aufgehetzt, die Parias als Freiwild und Opfertiere betrachten. Stolz verkündet er, einem nach Indien versetzten Goetheschen Helden gleichend, auch er wolle *»Mensch sein unter Menschen«*, auch ihn beflügle die Sehnsucht nach kriegerischen Taten für das trotz allem geliebte Vaterland. Doch jäh wird sein Traum von freier Menschlichkeit zerstört, als Maja ihm gesteht, sie habe die verborgene Hütte gegen sein Verbot verlassen, um ihr verirrtes Kind zu suchen. Daß sie der leidenschaftlichen Zudringlichkeit eines Jägers nur mit Mühe entkommen waren, vermag das Verhängnis jedoch nicht aufzuhalten. Ein verwundeter Radscha rettet sich mit seinen Begleitern vor dem Unwetter in die Hütte; doch als er entsetzt feststellt, wo er sich befindet, läßt er die Brahmanen zur »Säuberungsaktion« rufen. Auch der Umstand, daß Gadhi – »*dem gewalt'gen Drang, / Dem lauten Schlag des tiefbewegten Herzens*« folgend – ihn mit heilkräftigen Kräutern dem Tod entreißt, hält ihn nicht von seinem Vorhaben ab, um so weniger, als nun eine unselige Erkennungsszene der anderen folgt. Maja erkennt in Benascar den gefürchteten Jäger wieder, dieser die begehrte Frau; Gadhi ringt sich das Geständnis ab, daß Maja die Tochter eines Radschas ist, die er einst als junge Witwe eines reichen Greises vor dem Verbrennungstod gerettet habe. Das tragische Verkettungsschema will es schließlich, daß Benascar Majas Bruder ist, der nun auch noch die befleckte Familienehre wiederherzustellen hat. Aber der gemeinsame Selbstmord Gadhis und Majas nimmt ihm die Entscheidung im schweren Kampf zwischen der Pflicht des dogmatischen Brahmanen und »*der Stimme der Natur, der Menschlichkeit*« ab. Die Szene weitet sich zum opernhaften Schlußtableau: Die Hütte wird niedergerissen und gibt den Blick frei auf ein »*reizendes Tal*«, durch das sich der Zug der Brahmanen bei »*rauschender Musik*« nähert. »*Von seinem Gefühl überwältigt*«, reicht Benascar dem sterbenden Gadhi die Hand, angewidert und sichtlich geläutert die Priester ihren traurigen »Amtsgeschäften« überlassend.

Der Paria, Beers bestes Drama – die frühen Trauerspiele *Klytemnestra* (Uraufführung 1819) und *Die Bräute von Aragonien* (1823) fanden geringere Resonanz –, wurde auf allen großen deutschen Bühnen seiner Zeit mit Erfolg aufgeführt, von GOETHE wohlwollend mit einer Einleitung versehen und ins Repertoire des Weimarer Hoftheaters aufgenommen; ECKERMANN pries es in einer Rezension als gelungene symbolische Darstellung der unterdrückten Menschenwürde gesellschaftlicher Außenseiter. Der von Beer wohl intendierte konkrete Protest gegen die Herabsetzung und Verfolgung der Juden verflüchtigt sich freilich weitgehend angesichts des exotischen Dekors und der epigonalen klassizistischen Sprach- und Formgebung des in fünfhebigen Jamben geschriebenen Stücks, das Adolf VOGL als Vorlage zu dessen Drama *Maja* (1905) diente. M.Schm.

AUSGABEN: Lpzg. 1826 (in Urania). – Stg. 1829 (zus. m. *Struensee*). – Lpzg. 1835 (in *SW*, Hg. u. Einl. E. v. Schenk). – Lpzg. o. J. [um 1913] (RUB).
LITERATUR: H. Hettner, *M. B.* (in ADB, 2, 1875, S. 250). – G. F. Manz, *M. B.s Jugend und dichterische Entwicklung bis zum »Paria«*, Diss. Freiburg i. B. 1891. – E. Goetze, *M. B.* (in K. Goedeke u. E. G., *Grundriß zur Geschichte der dt. Dichtung*, Bd. 8/1, Dresden ²1905, S. 564–571; m. Bibliogr.). – J. W. Smith, *M. B. and »Struensee«: A Reevaluation*, Diss. Univ. of Cincinnati 1983 (vgl. Diss. Abstracts, 44, 1984, S. 3702 A).

SIR MAX BEERBOHM

d.i. Henry Maxwell Beerbohm
* 24.8.1872 London
† 20.5.1956 Rapallo

LITERATUR ZUM AUTOR:
J. G. Riewald, *Sir M. B., Man and Writer. A Critical Analysis with a Brief Life and a Bibliography*, Den Haag 1953. – S. C. Roberts, *The Incomparable Max*, Ldn. 1962. – A. Schöne, *M. B., ein Meister der literarischen Kurzform* (in NSp, 1962, S. 81–85). – D. Cecil, *Max. A Bibliography*, Ldn. 1964, S. 340–347. – B. R. McElderry Jr., *M. B.*, NY 1972 (TEAS). – Sir H. Acton, *M. B.: A Dandy among English Classics* (in Essays by Divers Hands, 38, 1975, S. 1–14). – R. Viscusi, *MaxAnd.* (in English Literature in Transition, 27, 1984, Nr. 4, S. 304–319).

THE DREADFUL DRAGON OF HAY HILL

(engl.; *Der schreckliche Drachen von Hay Hill*). Parabel von Sir Max BEERBOHM, erschienen 1928. – Die beschwingt-phantastische Erzählung spielt im Jahr 39 000 v. Chr. in der Gegend, wo sich heute das als Hochburg der eleganten Welt bekannte Londoner Westend befindet. Sie berichtet vom häßlichen und närrischen jungen Thol, der einen furchtbaren Drachen erlegt, weil dieser das Leben seines Volkes ständig bedrohte. Seiner Tapferkeit wegen wird Thol wie ein Gott verehrt, und so gewinnt er auch die Liebe des Mädchens seiner Träume. Unglücklicherweise muß er entdecken, daß seine Leute träge und schwerfällig werden, und der Glanz seiner wagemutigen Tat verblaßt, nachdem das Element der Gefahr aus ihrem Leben verschwunden ist. Um diesem Zustand abzuhelfen und seinen eigenen Einfluß wieder zu stärken, versucht Thol, einen falschen Drachen zu fabrizieren und tötet sich dabei aus Versehen selbst. – Diese satirische Parabel, die u. a. die Entstehung religiöser Bewegungen aufs Korn nimmt, ist mit leichter Hand, mit beträchtlichem Charme und mit jenem sicheren Stilgefühl geschrieben, das dem berühmten Essayisten, Kritiker und Karikaturisten Beerbohm auch einen Ruf als Erzähler eintrug. Für sein Talent, besorgniserregende Entwicklungen mit eleganter Ironie zu kommentieren, ist dieses Werk ein charakteristisches Beispiel. J.v.Ge.

AUSGABE: Ldn. 1928.

THE HAPPY HYPOCRITE. A Fairy Tale for Tired Men

(engl.; *Der zärtliche Betrüger*). Parabel von Sir Max BEERBOHM, erschienen 1897. – Dieses Frühwerk –

Ein Märchen für Müde nannte es der Autor im Untertitel – zeigt deutlich den Einfluß des Wilde-Beardsley-Kreises der neunziger Jahre und ist kennzeichnend für die literarische Atmosphäre der von 1894 bis 1897 erschienenen Ästhetenzeitschrift ›The Yellow Book‹. Die anspruchslose Handlung (um die Frau, die er begehrt, zu gewinnen, muß ein böser Mensch die Maske der Güte tragen, wird aber von der Macht der Liebe so grundlegend verwandelt, daß er schließlich die Maske abnehmen kann) zählt in dieser Parabel weit weniger als der raffinierte Stil, in dem sie erzählt wird. Beerbohm, der glänzende Essayist, formt seine Sätze mit der Präzision des Mathematikers, der eine Gleichung aufstellt, erzielt damit aber eine Wirkung, die in nichts an die Nüchternheit einer Gleichung erinnert. Beschwingtheit, leichte Ironie und ein bewußt anachronistischer Hauch von Romantik teilen sich aus diesem schmalen Buch mit, zu dessen besonderem Reiz geschickt eingeflochtene Nebenbemerkungen beitragen, in denen der Autor andeutet, er habe auf ein gewichtigeres Thema verzichtet, um der Freude seiner Leser am Kunstvoll-Spielerischen entgegenzukommen. J.v.Ge.

AUSGABEN: NY/Ldn. 1897. – Ldn. 1948. – San Diego 1985.

ÜBERSETZUNG: *Der zärtliche Betrüger*, K. Kuhn, Mchn. 1957.

ZULEIKA DOBSON, OR AN OXFORD LOVE STORY

(engl.; *Suleika Dobson oder Eine Liebesgeschichte aus Oxford*). Roman von Sir Max BEERBOHM, erschienen 1911. – Nicht als eine Satire auf Herdeninstinkt, weibliche Koketterie, Snobismus oder gar Taschenspielerkunst habe er sein wohl bekanntestes Buch konzipiert, erklärt Beerbohm in einer 1946 geschriebenen Vorbemerkung, sondern einzig als *fantasy*. Die Geschichte der Zuleika Dobson ist tatsächlich weit eher ein Traumgebilde, das Produkt eines launischen Einfalls, als ein exakt durchkonstruierter Roman mit thematischer Aussage. In vielem kann das Buch als karikaturistisch überzeichnete Umkehrung von *The Happy Hypocrite* (1897) betrachtet werden.
Die Zauberkünstlerin Zuleika Dobson, Enkelin des Rektors des Judas-College (fiktiver Name), kehrt vom Kontinent, wo sie ihr männliches Publikum im Sturm erobert hat, nach Oxford zurück. Hier geraten die Studenten so rasch in den Bann ihrer faszinierenden Weiblichkeit, daß sie bereits tags darauf während der Ruderregatta aus unglücklicher Liebe ins Wasser der »Isis« springen und ertrinken. Eine seltsame Mischung aus dämonischer Lamia und aufgeklärter Verführerin des Fin de siècle, kann Zuleika selbst nor Männer lieben, die ihrem Charme widerstehen (deshalb ist sie noch Jungfrau), oder aber durch ihre Unerreichbarkeit diejenigen zerstören, die ihr verfallen. Zu ihnen zählt der Herzog von Dorset, ein jugendlicher Dandy, der nach vergeblicher Werbung als erster stirbt. Sein Bemühen, selbst in aussichtslosen Situationen aristokratische Haltung zu bewahren, wird vom Autor ad absurdum karikiert, etwa wenn er ihn kurz vor seinem Tod mit heiterer Miene Chopins Trauermarsch spielen oder als Hinterlassenschaft für seine Wirtin ein Sonett im Oxfordshire-Dialekt verfassen läßt. Seine Kontrastfiguren sind der plebejische, hart arbeitende Noaks (auch er ein Opfer Zuleikas) und der amerikanische Forschungsstipendiat Oover.
Obgleich die Lehrer des College in ihrer Weltfremdheit von Beerbohm mit beißendem Spott geschildert werden, ist das Werk nicht als Attacke gegen die Eliteuniversität Oxford aufzufassen, sondern als ironisch gebrochene Dekadenzerzählung, die Reales und Phantastisches geschickt verwebt und in der Nachfolge der Zeitschrift ›The Yellow Book‹ (1893–1897) steht, deren Mitarbeiter Beerbohm war. Der Ästhetizismus des Autors, sein Sinn für sprachliche Stilisierung und Ornamentik machen *Zuleika Dobson* zu einem »*essay on decorative art*« (J. G. Riewald). Der Erfolg bei der zeitgenössischen Kritik und Leserschaft war überwältigend, und noch dreißig Jahre später erschien eine in Cambridge spielende Fortsetzung von S. C. ROBERTS; hier sterben die Studenten allerdings nicht mehr für Zuleika, sondern »*stehen herum und machen harmlose Witze*«. J.N.S.

AUSGABEN: Ldn. 1911. – Baltimore/NY 1960, Hg. D. Cleverdon. – Ldn. 1966. – Oxford 1975 [m. Ill.; Nachdr. d. Ausg. v. 1911]. – Harmondsworth 1983 (Penguin).

LITERATUR: E. M. Forster, *Aspects of the Novel*, Ldn. 1927, S. 152–156. – H. Nicolson, *»Zuleika Dobson«, a Reevaluation* (in Listener, 25. 9. 1947, S. 521/522). – R. Viscusi, *A Dandy's Diary: The Manuscripts of M. B.'s »Zuleika Dobson«* (in Princeton University Library Chronicle, 40, 1979, S. 234–256). – H. W. Liebert, *Proof Corrections in the First Edition of »Zuleika Dobson«* (in Papers of the Bibliographical Society of America, 76, 1982, Nr. 1, S. 75–77).

RICHARD BEER-HOFMANN

* 11.7.1866 Rodaun bei Wien
† 26.9.1945 New York

LITERATUR ZUM AUTOR:
Th. Reik, *Das Werk B.-H.s*, Bln. 1919. – S. Liptzin, *R. B.-H.*, NY 1936. – A. Werner, *R. B.-H. Sinn und Gestalt*, Wien 1936. – O. Oberholzer, *R. B.-H. Werk und Weltbild des Dichters*, Bern 1947 [m. Bibliogr.]. – E. N. Elstun, *The Aesthetics of*

R. B.-H., Diss. Rice Univ. 1969. – H. Neumann, R. B.-H., Mchn. 1972. – K. Harris u. R. M. Sheirich, R. B.-H.: A Bibliography (in Modern Austrian Literature, 15, 1982, Nr. 1, S. 1–60). – E. N. Elstun, R. B.-H., His Life and Work, University Park/Tex. u. a. 1983. – R. Hank, Mortifikation und Beschwörung. Zur Veränderung ästhetischer Wahrnehmungen in der Moderne am Beispiel des Frühwerks R. B.-H.s, Ffm. 1984.

DER GRAF VON CHAROLAIS

Tragödie in fünf Akten von Richard BEER-HOFMANN, Uraufführung: Berlin, 23. 12. 1905, Neues Theater. – Den Stoff zu dieser Tragödie fand Beer-Hofmann in einem Stück der Elisabethaner Philip MASSINGER und Nathaniel FIELD, *The Fatall Dowry*, 1632 *(Die verhängnisvolle Mitgift)*, dessen Fabel er weitgehend übernahm; die Motivierungen jedoch verlegte er ins Seelische, in den Charakter der handelnden Personen. – Der alte Graf von Charolais, ein siegreicher Heerführer, hat sein ganzes Vermögen und, da dieses nicht ausreichte, auch geborgtes Geld unter die Soldaten verteilt, als deren Sold ausblieb. Am Tag des Friedensschlusses fällt Charolais, und die Gläubiger bemächtigen sich des Toten als Pfand bis zur Schuldentilgung. Völlig verzweifelt darüber, ihn nicht auslösen zu können, bietet sich der Sohn gegen Freigabe des Leichnams als Gefangener an. Der greise Gerichtspräsident, der die Verhandlung gegen Charolais leitet, ist von der Sohnesliebe des jungen Mannes tief bewegt und bürgt, als die Gläubiger unnachgiebig bleiben, mit seinem Hab und Gut für den Angeklagten. Dessen dankbares Angebot, als Diener in das Haus des Präsidenten zu kommen, lehnt der Greis ab und verlobt ihn Fassungslosen mit seiner achtzehnjährigen Tochter Désirée, zufrieden, sie in der Hut eines wahren Edelmannes zu wissen. – Drei Jahre währt die glückliche, mit einem Kind gesegnete Ehe, bis Désirées Vetter Philipp, der die junge Frau schon seit langem liebt, eine kurze Abwesenheit Charolais' und des Präsidenten ausnutzt, die zunächst widerstrebende Désirée zu einem gemeinsamen Gang ins Dorf zu überreden. Dem heimkehrenden Charolais entdeckt sein Freund Romont, er habe die beiden in ein verrufenes Wirtshaus eintreten sehen. Empört stürzt der Graf dorthin, tötet in rasender Wut den Verführer und nötigt den herbeigerufenen Präsidenten, gegen die eigene Tochter das Todesurteil zu sprechen. Désirée, die dem Gatten ihre Unschuld und ihre unverbrüchliche Liebe beteuert, muß schließlich einsehen, daß seine Erbarmungslosigkeit übergroßer Liebe und einem tief verletzten Gefühl für die Familienehre entspringt; sie gibt sich selbst den Tod.
Die wilde, bühnenwirksame Handlung – im englischen Vorbild dramaturgisch oft einleuchtender motiviert, etwa durch die bereits vor der Ehe mit Charolais bestehende Liebe Désirées zu ihrem Vetter – faßte Beer-Hofmann in lyrisch gestimmte Blankverse. Neuromantisch getönte Bilder und Reflexionen, bedeutungsträchtige Anspielungen und ein starkes erotisches Fluidum, das den Einfluß FREUDS erkennen läßt, können die Brüche der Fabel nicht mildern, so daß Alfred KERR in seiner zugespitzten Weise Kritik übte: »*Erstens die Verpfändung eines väterlichen Leichnams, zweitens die davon ganz getrennte Verführung einer Frau. Das eine dieser Dramen war von Beer, das andere von Hofmann – zu dem ersten war der Schluß nicht gedichtet, zu dem zweiten war der Anfang nicht gedichtet.*« Das Drama, das dem Autor, gemeinsam mit Carl und Gerhart HAUPTMANN, den Volks-Schillerpreis eintrug, hatte jedoch einen sensationellen Erfolg, den es nicht zuletzt der Regiekunst Max Reinhardts verdankte. KLL

AUSGABEN: Bln. 1905. – Bln. [11]1923. – Ffm. 1963 (in *GW*; Geleitw. M. Buber).

LITERATUR: F. H. Schwarz, *Nicholas Rowe's »Fair Penitent«. A Contribution to Literary Analysis with a Side-Reference to R. B.-H.s »Graf von Charolais«*, Diss. Bern 1907. – E. Rader, *R. B.-H.s »Der Graf von Charolais« und seine Vorläufer*, Diss. Wien 1911. – F. H. Schwarz, *Deutsche Anleihen bei englischen Dramatikern mit bes. Berücksichtigung von B.-H.s »Graf von Charolais«* (in Jb. d. Vereins Schweizer. Gymnasiallehrer, 54, 1925). – I. A. Warheit, *Jung-Wien as a Literary School: Schnitzler, B.-H., Hofmannsthal, 1890–1914*, Diss. Univ. of Michigan 1939/40. – H. Bissinger, *Die ›erlebte Rede‹, der ›erlebte innere Monolog‹ in den Werken von H. Bahr, R. B.-H. u. A. Schnitzler*, Diss. Köln 1953.

JAÁKOBS TRAUM

Dramatische Dichtung von Richard BEER-HOFMANN, Uraufführung: Wien, 5. 4. 1919, Burgtheater. – Diesem von 1909 bis 1915 entstandenen Stück, das ursprünglich als Vorspiel zu einer – unvollendet gebliebenen – Dramentrilogie, *Die Historien von König David*, geplant war, liegt die Geschichte Jaákobs (Jakobs) im *Alten Testament (1. Mose)* zugrunde. Durch eine List seiner Mutter Rebekah (Rebekka) erhält Jaákob anstelle seines Zwillingsbruders Edom (Esau) den väterlichen Segen, der ihm göttliche Erwählung verheißt. Als der Erstgeborene, dem Jizchak (Isaak) den Segen zugedacht hat, von dem Betrug erfährt, verflucht er seine Mutter und schwört, so lange weder Speise noch Trank zu sich zu nehmen, bis er Jaákobs Blut gesehen habe. In einer einsamen, zerklüfteten Felsenlandschaft findet er den Bruder, der in seinen Armen schützend ein junges Lamm hält, und schießt einen Pfeil auf ihn ab; er trifft aber nur das Tier (das symbolisch für Jaákob stirbt). Edom, aufs äußerste verwirrt und erregt durch diese für ihn unerwartete und an ein Wunder grenzende Wendung, fordert daraufhin den Bruder zum Zweikampf heraus. Da Jaákob jedoch seinem Widersacher nicht als Feind, sondern als wirklicher Bruder voll Güte, Milde und Hoheit entgegentritt, kapituliert Edom schließlich vor ihm als dem von Gott Erwählten. Dieser verwundet sich selbst, um den Bruder von seinem Bluteid zu lösen, und Edom geht versöhnt und innerlich gewandelt fort. Im Traum öffnet sich nun vor Jaákob der Himmel, aus dem die Erzengel Gabriel, Raphaél, Uriel und Michaél herabsteigen, um den Sohn Jizchaks zu demütigen. Er weist sie jedoch, durchdrungen vom Gefühl seiner Erwähltheit, stolz zurück: *»Gott wählt mich aus – Gott will mich stolz und wahr!«* Er fordert Gott als Versucher heraus, bis ihm schließlich die Engel eine göttliche Botschaft verheißen: Er soll, Haß, Qual, Elend und Tod auf sich nehmend, den Leidensweg gehen, der seinem Volk bevorsteht. Als Ausdruck von Jaákobs innerem Widerstreit spielt sich ein Kampf ab zwischen Samáel, dem Dämon, der Jaákob abrät, und den Engeln, die am Ende der Gegner besiegen. Der Erwählte nimmt den Auftrag Gottes an *(»Mag mein Los es sein«)* und fordert für seine Sendung die *»drei heiligen Ströme«*: Kraft, Stolz und Geduld. Aus dem Traum erwacht, ergreift er den Hirtenstab und steigt königlich hinab zu seinen Stammesfreunden: *»Nicht Jaákob! Nieder zu Euch steigt – der mit Gott rang – Jisro-El!«*

Der Autor deutet in dieser Dichtung den in der *Bibel* geschilderten Kampf Jaákobs mit Gott als Symbol für den Aufstand und Sieg des auserwählten Volkes Israel. Es handelt sich jedoch weniger um ein Bekenntnisstück des überzeugten Zionisten Beer-Hofmann als vielmehr um ein kontemplatives Mysterienspiel, das, vor allem im zweiten Teil (im Gegensatz zu dem mehr realistisch-dramatischen ersten Teil), mit bedeutungsvollen Symbolismen – mitunter allzu schwer – befrachtet ist, wodurch dem Werk die Bühnenwirkung versagt bleiben muß. Das Besondere dieser dramatischen Dichtung ist ihre lyrische Sprache, die dem religiösen Inhalt einen bewußt stilisierten Ausdruck verleiht. Auf das »Vorspiel« erschien fünfzehn Jahre später nur noch der weniger bedeutende erste Teil der Trilogie, *Der junge David* (1933). W.P.-KLL

AUSGABEN: Bln. 1918. – Ffm. 1956. – Ffm. 1963 (in *GW*; Geleitw. M. Buber).

LITERATUR: Th. Lessing, *Über »Jaákobs Traum«* (in DD, 4, 1921, S. 16–32). – A. Polgar, *Über »Jaákobs Traum«* (in A. P., *Auswahlband erzählerischer u. kritischer Schriften*, Bln. 1930, S. 293–297). – H. Bissinger, *Die ›erlebte Rede‹, der ›erlebte innere Monolog‹ und der ›innere Monolog‹ in den Werken von H. Bahr, R. B.-H. u. A. Schnitzler*, Diss. Köln 1953. – Th. Wilder, *Mythos u. Dichtung. Zu »Jaákobs Traum«* (in Almanach des S. Fischer-Verlags, 77, 1963, S. 66–73). – A. Kleinwefers, *Das Problem der Erwählung bei R. B.-H.*, Hildesheim, NY 1972.

DER TOD GEORGS

Erzählung von Richard BEER-HOFMANN, erschienen 1900. – Beer-Hofmanns in den letzten Jahren vor 1900, in engem Kontakt mit den Freunden des »Jung-Wiener-Kreises« (HOFMANNSTHAL, SCHNITZLER, BAHR, ANDRIAN) geschriebene Erzählung versammelt die wichtigsten Themen des Ästhetizismus und der Dekadenz, die in der Zeit der Jahrhundertwende für einen großen Teil der europäischen, besonders auch der Wiener Literatur verbindlich waren. Bei Beer-Hofmann erfahren sie eine formal wie inhaltlich eigenständige Behandlung, die seine Bedeutung als Mentor und kritischer Anreger, vor allem von Hofmannsthal, verständlich macht.

Die Handlung der umfangreichen Erzählung ist aufs äußerste reduziert. Georg, ein junger, erfolgreicher Arzt, stirbt nachts beim Besuch seines Freundes Paul in Ischl, während Paul, im Traum verheiratet, den Tod seiner unfruchtbaren Frau erlebt, zu der er in nur egoistisches Verhältnis gehabt hat. Paul fährt zu Georgs Bestattung nach Wien, dann nach Ischl und kehrt schließlich nach Wien zurück. Dies Geschehen ist nur Anlaß zu assoziativen, gleichwohl genau durchkomponierten Ketten von Gedanken, Empfindungen, Eindrücken, Bildern und Träumen, die – vom realen und geträumten Erlebnis des Todes ausgelöst – ständig aufeinander bezogen werden. Der in der Figur Pauls repräsentierte solipsistische Ästhet, Produkt des seinen sozialen Funktionen entfremdeten Spätbürgertums, das sich vor der bedrohenden und zusammenhanglosen Wirklichkeit auf die eigene Innerlichkeit zurückzieht, hat an der Realität nur insofern teil, als er ihre Bruchstücke zu Bausteinen seines künstlichen Seelenreiches verwandeln kann. So ist Pauls Glücksvorstellung geprägt von der *»ruhevolle[n] Schönheit der Dinge, über die das Leben noch nicht gekommen war«*.

Die dem Bereich von Traum und Mythos entspringenden Bilder und Symbole (hier berührt sich Beer-Hofmanns dichterisches Verfahren mit der Psychoanalyse) stellen durch ihre vom konkreten Erzählinhalt unabhängige Eigenbedeutung eine Beziehung zu ontologischen oder metaphysischen Prinzipien her, von denen aus das Erzählte unter kritischem Aspekt erscheinen kann. So läßt sich den Symbolen, Bildern und Leitbegriffen eine dekadente bzw. aszendente Tendenz zuordnen, entsprechend dem Entwicklungsgang Pauls von ästhetizistischer Realitätsflucht zu Schicksalsbejahung und Lebensverbundenheit. Knotenpunkt der sich dualistisch gegenüberstehenden Auffassungen ist die in Pauls Traum eingeschlossene Vision eines kultischen Festes, in die Elemente des Mythos der Astarte (Göttin der Zeugung und Fruchtbarkeit) eingegangen sind.

Diese Vision, verbunden mit Pauls Traum vom Sterben seiner kinderlosen Frau, spiegelt in Bildern des Unbewußten die Problematik der Hauptfigur in zeittypischer Polarisierung: Leben und Tod, Lebensfeindschaft und dionysische Feier der Einheit von Leben und Tod, Traum und Wirklichkeit. Zugleich ist darin der Weg der Lösung angedeutet, zu der die Erzählung strebt, ohne sie eigentlich zu erreichen. Zunächst erkennt Paul im Traum das Falsche seiner nur dem Selbstgenuß und der eigenen

Subjektivität verpflichteten Existenz. Die vordem unzusammenhängende und daher ausgesperrte Realität offenbart sich ihm nun, aufgrund seines Traumerlebnisses, vor dem Horizont des Mythos und seinen ›ewigen Gesetzen‹, als lebendige Einheit, in die auch er einbezogen ist. So wird ihm die Teilhabe am Leben möglich, indem sich sein egozentrisches Bewußtsein aufhebt in einer ursprünglichen, dem Logos entzogenen Lebenseinheit, der der einzelne durch ein unausweichliches, gerechtes Schicksal verbunden sei.

Die Annahme solchen Schicksals erscheint unter zwei Aspekten. Sie gestattet Paul durch tätige Selbstfestlegung die Überwindung seiner weltlosen, im eigenen Ich gefangenen Existenz. Sie gehorcht auch der an den Gedanken des »neuen Lebens« geknüpften Auffassung von der Zeit und Vereinzelung überwindenden Verbundenheit mit den Ahnen, die schon in dem seinerzeit berühmten *Schlaflied für Mirjam* (1897) vorgeprägt war. Darauf gründet die Idee, die Beer-Hofmanns Spätwerk beherrscht und die ebenfalls der durch Theodor HERZLS zionistische Bewegung zu neuem Selbstbewußtsein erstarkten jüdischen Tradition entstammt, die Idee der Exkulpation Gottes durch den Menschen. Die Verwandtschaft dieses Gedankenkomplexes zu Hofmannsthal ist nicht nur in der Parallele des *Salzburger Großen Welttheaters* evident, wo der Bettler die Notwendigkeit und Richtigkeit des zugrundeliegenden Begriffs von göttlicher Ordnung dadurch bestätigen muß, daß er seine Rolle akzeptiert, sondern vor allem in der grundsätzlich gemeinsamen Intention, durch Erneuerung von Tradition und Mythos der als chaotisch erfahrenen Gegenwart sinntragende Kräfte entgegenzustellen. Mythos und Tradition, aus denen auch eine Revolution der Dichtung hervorgehen soll, sind hier noch nicht auf ihre Tragfähigkeit hin geprüft (wie dann bei Th. MANN oder H. BROCH, deren Blick für falsche Tradition und mißbrauchten Mythos durch die politische Entwicklung geschärft war).

Unverlierbar bleibt die stilistische Errungenschaft, die Beer-Hofmann mit dem *Tod Georgs* in die deutsche Literatur einführte: der innere Monolog, der es erlaubt, das Denken epischer Figuren unvermittelt zu erzählen, die Zeit vom »*absolute[n] Maß des äußeren Vorgangs*« zu lösen, sie am subjektiv-relativen Maß des inneren Erlebnisses zu orientieren (Kahler). M.Ni.

AUSGABEN: Bln. 1900. – Ffm. 1963 (in *GW*; Geleitw. M. Buber). – Stg. 1980 (Nachw. H. Scheible; RUB).

LITERATUR: G. Lukács, *Die Seele u. die Formen*, Bln. 1911. – H. Bissinger, *Die ›erlebte Rede‹, der ›erlebte innere Monolog‹ u. der ›innere Monolog‹ in den Werken von H. Bahr, R. B.-H. u. A. Schnitzler*, Diss. Köln 1953. – W. Kraft, *R. B.-H.* (in W. K., *Wort u. Gedanke*, Bern/Mchn. 1959, S. 188–215). – J. M. Fischer, *R. B.-H.*, »*Der Tod Georgs*«. *Sprachstil, Leitmotive u. Jugendstil in einer Erz. der Jahrhundertwende* (in Sprachkunst, 2, 1971, S. 211–227). – M. Nickisch, *R. B.-H. u. H. v. Hofmannsthal: zu B.-H.s Sonderstellung im »Wiener Kreis«*, Diss. Mchn. 1972 [Druck 1980]. – E. v. Kahler, *R. B.-H.s »Der Tod Georgs«* (in Modern Austrian Literature, 17, 1984, Nr. 2, S. 43–58).

MILAN BEGOVIĆ

* 19.1.1876 Vrlika
† 13.5.1948 Zagreb

PUSTOLOV PRED VRATIMA

(kroat.; *Ü: Der Abenteurer vor der Tür*). Tragikomödie in neun Bildern von Milan BEGOVIĆ, Uraufführung: Zagreb 1926. – Neben *Svadbeni let*, 1922 *(Der Hochzeitsflug)*, *Božji čovjek*, 1924 *(Der Mann Gottes)*, und *Bez trećega*, 1931 *(Ohne den Dritten)*, ist dieses Stück eines der erfolgreichsten Dramen des Autors. Es beschreibt die unterbewußten erotischen Erlebnisse eines kranken Mädchens in den letzten Augenblicken vor dem Tod. Die Kranke liegt auf der Terrasse ihrer Villa. Sie wird von einer Krankenschwester betreut, der sie ihre unerfüllbaren Wünsche an das Leben anvertraut. Sie ist überzeugt, »*daß es immer jemanden gibt, der vor der Tür wartet, jemanden, der eine Änderung bringt*«, einen Abenteurer, der ihr in eben diesen Minuten nahe ist. Allein gelassen, schließt sie die Augen. Es erscheint der erwartete Unbekannte, der gekommen ist, sie mit sich zu nehmen. Die Heldin darf einen Wunsch äußern, der ihr Jahre des Lebens ersetzen soll. Sie möchte in einer guten Ehe von einem rein und selbstlos Liebenden geliebt werden. Der Unbekannte verspricht, den Wunsch zu erfüllen, besteht jedoch darauf, daß an dem Geschehen ein »*tertius gaudens*«, der Schuft, teilnimmt. Die folgenden Bilder blenden über in die Ehe der jungen Agneza (erst im Traumgeschehen erhält die Heldin einen Namen) mit ihrem gütigen, verständnisvollen Gatten. Die Liebesbeteuerungen ihres leichtlebigen Vetters weist sie gleichmütig zurück. Den flammenden Liebesbrief eines Unbekannten liest sie ihrem Gatten vor, doch verschweigt sie ihm schon die folgenden Schreiben, da sie beginnen hat, sich in den geheimnisvollen Verehrer zu verlieben. Fast krankhaft trachtet sie in jedem Mann, der ihr begegnet, den unbekannten Liebhaber zu entdecken. Während einer nächtlichen Bahnfahrt sucht sie ihren Vetter zum Geständnis zu bewegen: Dieser nimmt die Gelegenheit wahr, gibt sich als Absender der Briefe aus und vermag Agneza zu erobern. Als sie nach Tagen ihren Irrtum erkennt, beginnt sie in ihrem Hotel eine fieberhafte Suche nach dem Geliebten. Jedem, der ihr versichert, die Briefe geschrieben zu haben, schenkt sie ihre

Gunst, um jedesmal enttäuscht aus ihrer Verblendung zu erwachen. Als ein Fremder vor ihrem Hotelzimmer Selbstmord verübt, tritt sie die Heimreise an, in der quälenden Ungewißheit, ob nicht gerade der Selbstmörder der Gesuchte gewesen sei. Ihre Vermutung bestätigt ein Freund des Toten: Der Liebende, der durch die dünnen Hotelwände Agnezas Gespräche mit ihren Liebhabern anhören mußte, habe den Tod gewählt, um seine Liebe nicht zu verlieren. Agneza bricht zusammen. Es bedarf nur eines geringen Anstoßes – eines lieblosen Wortes des Unbekannten, der die Heldin in wechselnder Gestalt durch das Geschehen begleitet –, daß auch sie sich das Leben nimmt. Das Schlußbild zeigt wiederum die Kranke, erschöpft und »des Lebens müde«. – »Sie haben nicht umsonst gelebt. Dies war die letzte Erfahrung«, sagt ihr der Unbekannte. Als Arzt und Krankenschwester zurückkehren, finden sie die Kranke tot.

Das bühnenwirksame Schauspiel verrät die Vertrautheit des Autors mit dem dramatischen Schrifttum der zeitgenössischen europäischen Literaturen. Das Charakteristikum der Komposition, die doppelte Spielebene, die den Wechsel zwischen Traum und Wirklichkeit erlaubt, knüpft an Gerhart HAUPTMANNS Drama *Hanneles Himmelfahrt* (1893) an. Die Funktion des Todes als Arrangeur und Regisseur der Traumerlebnisse der Heldin erinnert an die Technik PIRANDELLOS. Die Darstellung subtiler Regungen des Unterbewußten in einer lyrischen Atmosphäre findet ihr Vorbild in Ivo VOJNOVIĆS symbolistischem Drama *Maškerate ispod kuplja*, 1923 *(Maskentreiben unter dem Dachgeschoß)*, dessen Heldin Anica manche Gemeinsamkeiten mit Agneza aufweist. Begovićs Drama besticht durch die Einheit seiner Konzeption, seine auch in den irrealen Passagen dynamische Handlungsführung und das Gespür des Autors für dramatische Effekte. *»In seinen dramaturgischen wie in seinen literarischen Qualitäten ist der ›Pustolov‹ eine der größten Kostbarkeiten unserer modernen Dramatik und zugleich ein wertvoller Beitrag zur gemeineuropäischen dramatischen Literatur«* (J. Bogner).

B.Gr.

AUSGABEN: Zagreb 1926. – Belgrad 1934 (in *Tri drame*). – Belgrad 1958 (in *Antologija hrvatske drame*, Bd. 2). – Zagreb 1964 (in *Pjesme. Drame. Kritike i prikazi*, Hg. B. Hećimović; Pet stoljeća hrvatske književnosti, Bd. 75). – Belgrad 1966 (in *Izabrana djela*, Bd. 1).

ÜBERSETZUNG: *Der Abenteurer vor der Tür*, P. v. Preradovic, Bln. 1925 [Erstaufführung: Wien 1928].

LITERATUR: B. Gavella, *Inscenacija snovidenja* (in M. B., *Pustolov pred vratima*, Zagreb 1926). – A. Wenzelides, *Književne studije*, Zagreb 1928. – J. Bogner, *M. B.* (in Srpski književni glasnik, 1936, Nr. 2, S. 134–145). – B. Hećimović, *Dramski rad M. B.* (in Rad SAZU 1962, Nr. 326, S. 195–221). – Ders., *M. B.* (in M. B., *Pjesme. Drame. Kritike i prikazi*, Zagreb 1964, S. 3–27; m. Bibliogr.). – S. Vučetić, *M. B.* (in Izraz, 1963, Nr. 1, S. 61–73).

MAḤMUD BEHAḎIN EʿTEMĀDZĀDE

* 1914 Rascht / Prov. Gilan

MOHRE-YE MĀR

(iran.-npers.; *Zauberstein*). Erzählungen von Maḥmud BEHAḎIN EʿTEMĀDZĀDE, erschienen 1965. – M. Behadin, Autor einiger Prosawerke und Übersetzer (von Werken SHAKESPEARES, R. ROLLANDS, BALZACS und ŠOLOCHOVS) setzt sich in den dreizehn Erzählungen und märchenhaften Geschichten der Sammlung kritisch mit den sozialen Verhältnissen im Iran auseinander.

Er skizziert Bilder aus dem Leben der ärmsten Schichten der Bevölkerung, zeigt deren Sorgen und Nöte: Das junge Ehepaar baut sich aus Lehm und Feldsteinen eine Hütte, während ihr Kind auf der Suche nach Schmetterlingen im Schlamm versinkt und stirbt. Der aus Sorge um seinen Lebensunterhalt in die Stadt ziehende Bauer kehrt als Invalide – ein Bein wurde ihm amputiert – ins Dorf zurück und begegnet seiner Braut, die er, nun verheiratet, mit einem Kind im Arm antrifft. Der Trauersänger hat durch Krankheit seine klangvolle Stimme verloren. Auf einer Feier wird er von den Anwesenden derart begeistert empfangen, daß er mit seiner wiedergewonnenen Stimme tief in die Herzen der Menschen eindringt. In der Erzählung *Gereh-e kur (Der unlösbare Knoten)* wird die Diskriminierung der Frau und ihre Emanzipation in einer eindrucksvollen Weise erörtert.

Das für mohammedanische Verhältnisse kühne Denken Behadins ist bemerkenswert. Ein junger Leutnant verliebt sich in eine Krankenschwester, und als er nach vier Monaten feststellt, daß sie schwanger ist, heiratet er sie aus Gewissensbissen, obwohl er einsieht, daß sie ihm, der durch seinen Offiziersrang in immer höhere Kreise aufsteigt, gesellschaftlich nicht ebenbürtig ist. Soziale Vorurteile zwingen ihn, sich von ihr, die ihm unterdessen drei Kinder geboren hat, scheiden zu lassen. Der Offizier heiratet nun ein anderes Mädchen aus seinen eigenen Kreisen. Diese Begebenheiten erfährt der Leser aus dem Tagebuch eines jungen Mädchens, der ältesten Tochter des Herrn Oberst, die zum Studium ins Ausland geschickt worden ist. Eine kritische Betrachtung seines eigenen Lebens liest der Vater aus der Feder seiner eigenen Tochter. Die junge Generation verurteilt die Lebensweise ihrer Väter. Aber auch jetzt, nach zwanzig Jahren, scheint sich der Knoten, in den sich der Lebensfaden der Familie verstrickt hat, nicht auflösen zu wollen. Denn nun verliebt und verlobt sich die Tochter aus der ersten Ehe, doch dem Bräutigam gefällt es nicht, daß seine Schwiegermutter einst einen Fehltritt begangen hat, wogegen die Braut gerade von der Kühnheit der Mutter, der Stimme ihres Herzens gefolgt zu sein, begeistert ist. Das neue Glück scheitert an gesellschaftlichen Gegensätzen und an sozialen Vorurteilen. – Klarheit und Genauigkeit von Behadins Stil sowie die lyrischen Passagen in seinen Erzählungen haben großen Anklang gefunden. B.A.

AUSGABE: Teheran 1965.

LITERATUR: H. Kamshad, *Modern Persian Literature*, Cambridge 1966. – B. Alavi, *Geschichte und Entwicklung der modernen persischen Literatur*, Bln. 1964, S. 218.

BRENDAN BEHAN

* 9.2.1923 Dublin
† 20.3.1964 Dublin

LITERATUR ZUM AUTOR:
A. Simpson, *Beckett and B. and a Theatre in Dublin*, Ldn. 1962. – B. Kiely, *That Old Triangle. A Memory of B. B.* (in Hollins Critics, 2, 1965, S. 1–12). – *The World of B. B.*, Hg. S. McCann, Ldn. 1965. – R. Jeffs, *B. B. Man and Showman*, Ldn. 1966. – S. McCann, *The Wit of B. B.*, Ldn. 1968. – T. E. Boyle, *B. B.*, NY 1969 (TEAS). – P. R. Gerdes, *The Major Works of B. B.*, Ffm. 1973. – B. Behan, D. Hickey u. G. Smith, *My Life with Brendan*, Los Angeles 1974. – *The Art of B. B.*, Hg. E. H. Mikhail, Totowa/NJ 1979. – Ders., *B. B.: An Annotated Bibliography of Criticism*, Ldn. 1980. – *B. B.: Interviews and Recollections*, Hg. ders., Ldn. 1982.

BORSTAL BOY

(engl.; *Ü: Borstal Boy*). Autobiographischer Bericht von Brendan BEHAN, erschienen 1958. – Borstal ist der Name einer britischen Zwangserziehungsanstalt für straffällige Jugendliche. Der irische Dramatiker Behan, der mit seinen Stücken *The Quare Fellow (Der Mann von morgen früh)* und *The Hostage (Die Geisel)* internationalen Ruhm erlangte, berichtet in *Borstal Boy* von den Erlebnissen, die er dort während der ersten Jahre des Zweiten Weltkriegs als junger Häftling hatte. Als Sohn einer Familie, in der der Kampf gegen die englische Herrschaft zur Tradition geworden war, hatte er sich bereits als Fünfzehnjähriger der illegalen irischen Freiheitsarmee angeschlossen. Im Jahr 1939 hatte man bei ihm Sprengstoff zu Sabotagezwecken entdeckt und ihn zu drei Jahren Haft in Borstal verurteilt.

Seine Gefängnis-Erinnerungen vermitteln das Bild eines temperamentvollen, zähen und freimütigen Halbwüchsigen und unterscheiden sich von thematisch verwandten Werken durch die ungewöhnlich faire Betrachtungsweise und die starke literarische Begabung ihres Autors. Unter den Mithäftlingen Behans waren Zuhälter, Diebe, ja sogar Mörder. Ganz gleich, ob er sich mit ihnen anfreundete oder herumschlug – er schildert sie alle mit derselben Mischung aus scharfem Beobachtungsvermögen und Objektivität, die auch seine Beschreibung der Polizisten und Gefängniswärter kennzeichnet. Der Autor bemüht sich nach Kräften, die Angestellten von Borstal als verständnisvolle und tolerante Menschen zu schildern, auch wenn er das System generell negativ darstellt. Man kann Behan als schriftstellerisches Naturtalent bezeichnen; er verwendet mit Vorliebe irische Spracheigenheiten. Als Dialoggestalter ist er den meisten seiner Zeitgenossen überlegen. Selbst in den Passagen seines *Borstal Boy*, in denen er grob wird, tobt und flucht, besitzt er jene Farbigkeit und überschäumende Phantasie, die sowohl seinem ganzen Werk als auch seinem stürmischen Leben immer wieder den Vergleich mit RABELAIS eingebracht haben. J.v.Ge.

AUSGABEN: Ldn. 1958. – NY 1959.

ÜBERSETZUNG: *Borstal Boy*, C. Meyer-Clason, Köln/Bln. 1963. – Dass., ders., Köln 1977. – Dass., ders., Ffm. 1980 (FiTb).

LITERATUR: Rez. (in New Statesman, 20. 9. 1958, S. 384). – G. Woerner, *Ein Poet im Erziehungsheim* (in Christ und Welt, 14. 6. 1963). – C. Phelps, *Borstal Revisited* (in ICarbS, 2, Carbondale/Ill. 1975, S. 39–60). – C. Kearney, *»Borstal Boy«: A Portrait of the Artist as a Young Prisoner* (in Ariel, 7, Calgary 1976, Nr. 2, S. 47–62).

THE HOSTAGE

(engl.; *Ü: Die Geisel*). Schauspiel in drei Akten von Brendan BEHAN, Uraufführung: London, 14. 10. 1958, Theatre Royal Stratford; deutsche Erstaufführung: Ulm 1961. – Wie sein erfolgreiches Erstlingsstück *The Quare Fellow (Der Mann von morgen früh)* stand auch dieses Werk des nonkonformistischen irischen Dramatikers unter dem Bühnenprotektorat Joan Littlewoods und ihres »Theatre Workshop«. Schauplatz der knappen Handlung, für die Behan erneut seine Erlebnisse in der irischen Aufstandsbewegung verwertet hat, ist eine von Dirnen, Strichjungen und anderen Außenseitern der Gesellschaft frequentierte Absteige in Dublin. Dorthin bringen Mitglieder der IRA (Irish Republican Army) den jungen englischen Soldaten Leslie, den sie als Geisel festhalten, um die Hinrichtung eines jungen Iren im Gefängnis von Belfast zu verhindern. Das unterschiedliche, menschlich entlarvende Verhalten der Wächter und Bordellinsassen gegenüber dieser Geisel bestimmt die innere

Dramatik des zweiten Aktes. Die meisten zeigen menschliches Mitgefühl, weil sie selbst in irgendeiner Weise Opfer sind. Das arme Stubenmädchen Teresa setzt sich sogar über alle patriotischen Vorbehalte hinweg und erlebt mit dem Gefangenen ein kurzes Liebesglück. Während eines Kampfes mit der plötzlich eindringenden englischen Polizei, die der Verräter Mulleady über das Versteck informiert hat, wird der Soldat – fast beiläufig – erschossen. Pat, der alte Hotelpächter, zieht das Fazit dieses sinnlosen Geschehens: »*Keiner hat Schuld. Keiner wollte ihn töten.*«

Eigentliches Thema des Schauspiels ist, ähnlich wie in *The Quare Fellow*, der leidende Mensch als unschuldiges Opfer von Institutionen und Ideologien. Behan kritisiert jede Form der politischen und religiösen Institutionalisierung, von der katholischen Kirche über die englische Monarchie bis zum überholten Nationalismus der IRA und ihrer Gefolgsleute. Diese Kritik präsentiert sich dem Zuschauer im typischen Workshop-Stil Joan Littlewoods als eine bunte Revue von satirischen Couplets, Tanzeinlagen, Pantomimen, direkten Ansprachen an das Publikum, parodistischen Schlagern, Kirchenliedern und Balladen – als eine Show über das sinnlose Sterben in einer verrückten Welt. Künstlerisch ist dieser Verfremdungseffekt allerdings nicht ganz bewältigt: Das Spiel der Bordellbewohner verselbständigt sich bisweilen derart, daß die Geisel und damit der eigentliche dramatische Vorgang in den Hintergrund gedrängt wird. Für den Mangel an formaler Geschlossenheit entschädigt Behan wie stets durch die pralle Vitalität seiner Figuren und die ungeschminkte Vehemenz ihrer Sprache. KLL

AUSGABEN: Ldn. 1958. – Ldn. 1962. – Ldn. 1978 (in *The Complete Plays of B. B.*; Methuen).

ÜBERSETZUNGEN: *Die Geisel*, A. u. H. Böll (in *Stücke fürs Theater*, Neuwied/Bln. 1962). – Dass., dies., Bln. 1982 (in *Stücke/B. B.*, Einf. H. Böll; Nachw. U. Nyssen).

LITERATUR: K. Tynan, *Curtains: Selections from the Drama Criticism and Related Writings*, Ldn. 1961, S. 218–220. – J. Jordan, *The Irish Theatre – Retrospect and Premonition* (in *Contemporary Theatre*, Ldn. 1962, S. 165 ff.; Stratford-upon-Avon Studies). – W. Kerr, *The Theatre in spite of Itself*, NY 1963, S. 108–112. – J. R. Taylor, *Anger and After. A Guide to the New British Drama*, Harmondsworth 1963, S. 108–111. – R. Fricker, *Das moderne englische Drama*, Göttingen 1964, S. 55/56. – J. Kleinstück, *B. B.'s »The Hostage«* (in Essays and Studies by Members of the English Association, 24, 1971, S. 69–83). – P. M. Levitt, *Hostages to History: Title as Dramatic Metaphor in »The Hostage«* (in NSp, 24, 1975, S. 401–406). – B. Cardullo, *B.'s »The Hostage«* (in Explicator, 43, 1984, Nr. 1, S. 56–57). – B. Cardullo, *»The Hostage« Reconsidered* (in Eire, 20, 1985, Nr. 2, S. 139–143).

THE QUARE FELLOW

(engl.; Ü: *Der Mann von morgen früh*, auch: *Der Spaßvogel*). Schauspiel in drei Akten von BRENDAN BEHAN, entstanden 1955 aus dem Einakter *The Twisting of Another Rope*, Uraufführung: London, 24.5. 1956, Theatre Royal Stratford (Theatre Workshop); deutsche Erstaufführung: Berlin, 13.3. 1959, Schillertheater. – Schon der Titel (im Dubliner Strafgefangenenjargon wird ein zum Tod Verurteilter als »*quare fellow*« bezeichnet) verweist auf Schauplatz und Thematik des Stücks: In episodischer Szenenreihung wird vor dem Hintergrund einer bevorstehenden Exekution das Leben in einem Gefängnis beschworen. Aus dem Kontrast zwischen dem tragischen Vorgang einer Hinrichtung, deren Vorbereitung ritualistische Züge trägt, und der Trivialität des Gefängnisalltags bezieht das Schauspiel seine tragikomische Spannung, die sich auch in der Bezeichnung »*A Comedy-Drama*« andeutet. – Brendan Behan, der als aktives Mitglied der illegalen irischen Freiheitsarmee (IRA) fast sechs Jahre seines Lebens im Gefängnis verbrachte, stellt hier, wie später in seinem autobiographischen Bericht *Borstal Boy* (1958), seine genaue Kenntnis der Gefangenenwelt in den Dienst eines faktentreuen Realismus. Anhand einer Galerie von Insassen und Wärtern (bei deren Darstellung er den drastischen Gefangenenjargon virtuos nachahmt und die selbstgefälligen Sprachklischees des Gefängnispersonals entlarvt) charakterisiert Behan das besondere Milieu einer Strafanstalt, das Wächter wie Bewachte dem Leben »draußen« entfremdet. Da sind etwa die beiden routinierten Zuchthäusler Dunlavin und Neighbour, die alle Schliche kennen und sich mit dem zum Einreiben ihrer angeblich rheumatischen Beine bestimmten Alkohol vollaufen lassen; da sind die jungen Sträflinge, die nichts anderes im Sinn haben, als die weiblichen Gefangenen beim Wäscheaufhängen zu beobachten; da ist »Silver-top«, der ursprünglich mit dem »*quare fellow*« hingerichtet werden sollte, dann aber begnadigt wird und angesichts einer lebenslänglichen Zuchthausstrafe versucht, sich das Leben zu nehmen. Die Skala des Gefängnispersonals reicht vom karrieresüchtigen, subalternen Donelly bis zum heimwehkranken jungen Wärter Crimmin, der jede Gelegenheit nutzt, um sich mit einem Häftling von der irischen Westküste auf Gälisch zu unterhalten; von den Vorgesetzten, die jede mitleidige Regung unterdrücken oder sich, wie Inspektor Healy, in salbungsvolle Worte flüchten, bis zur positiven Kontrastfigur Regan, der als Kommentator die Argumente des Autors gegen die Todesstrafe ausspricht und die schizophrene Haltung der Öffentlichkeit zu diesem Problem aufdeckt: »*Der Henker hat doch nicht mehr damit zu tun als du oder ich oder die Leute, die uns bezahlen, nicht mehr als jeder Mann oder jede Frau, die Steuern zahlen oder wählen. Wenn sie es nicht wollten, dann wär's auch nicht so.*«

Im Mittelpunkt des Stückes steht die Hinrichtung des »*quare fellow*«, der selbst nie auftritt, aber in den Gesprächen der Wärter und Gefangenen ständig gegenwärtig ist. Das Schauspiel (das sich trotz der lockeren Szenenfügung streng an die klassische Einheit der Zeit hält, indem es sich auf den letzten Tag und die letzte Nacht vor der Hinrichtung beschränkt) entgeht gerade durch diese Technik der indirekten Darstellung der Gefahr melodramatischer Sentimentalisierung. Das Verbrechen des zum Tod Verurteilten – er hat seinen Bruder mit der Axt zerstückelt – wird in keiner Weise beschönigt, die bevorstehende Exekution aber als institutionalisierter Mord enthüllt. Die Figuren des ewig betrunkenen Henkers und seines fromme Lieder singenden Gehilfen machen, ebenso wie die Kommentierung des Gangs zur Hinrichtung im Stil einer Sportreportage die letzten Szenen zu einer »von schwarzem Humor gefärbten Ballade« (S. Melchinger). Den episch-balladesken Ton unterstreicht auch das Lied vom »ollen Triangel«, das leitmotivisch die Akte eröffnet oder beschließt.

Dieses erste erfolgreiche Werk des aggressiven und sprachgewaltigen irischen Dramatikers verdankt seine letzte Ausformung Joan Littlewoods *Theatre Workshop*-Inszenierung mit ihren revueartigen Elementen, ihren satirischen Liedeinlagen und ihrer Betonung gestischer Komik. In Deutschland wurde es nach der etwas enttäuschenden Berliner Erstaufführung erst in Peter Zadeks Bremer Inszenierung (1964) adäquat präsentiert. M.Pf.

AUSGABEN: Ldn. 1956. – NY 1956. – Ldn. 1961. – NY 1964 (zus. m. *The Hostage*). – Ldn. 1978 (in *The Complete Plays of B. B.*; Methuen).

ÜBERSETZUNG: *Der Mann von morgen früh*, H. u. A. Böll (in *Stücke fürs Theater*, Neuwied/Bln. 1962). – *Der Spaßvogel*, dies. (in Theater heute, 5, 1964; dt. Bühnenbearb. P. Zadek u. R. Becker). – Dass., dies., Bln. 1982 (in *Stücke/B. B.*, Einf. H. Böll; Nachw. U. Nyssen).

LITERATUR: K. Tynan, *Curtains. Selections from the Drama Criticism and Related Writings*, Ldn. 1961, S. 136–138. – J. Jordan, *The Irish Theatre-Retrospect and Premonition* (in Contemporary Theatre, Ldn. 1962, S. 165 ff.; S. 180; Stratford-upon-Avon Studies). – J. R. Taylor, *Anger and After. A Guide to the New British Drama*, Harmondsworth 1963, S. 104–108. – W. Kerr, *The Theatre in Spite of Itself*, NY 1963. – *Der Spaßvogel ist tot – es lebe der »Spaßvogel«. zum Tode B. B.s* (in Theater heute, 5, 1964, S. 57). – R. Fricker, *Das moderne englische Drama*, Göttingen 1964, S. 155/156. – R. Hogan, *After the Irish Renaissance. A Critical History of the Irish Drama since »The Plough and the Stars«*, Ldn. 1968, S. 200–203. – P. C. Hogan, *Class Heroism in »The Quare Fellow«* (in Études Irlandaises, 8, Dez. 1983, S. 139–144).

RICHARD'S CORK LEG

(engl.; *Ü: Richards Korkbein*). Stück in zwei Akten von Brendan BEHAN, Uraufführung: Dublin, 14. 3. 1972, Peacock Theatre; deutsche Erstaufführung: Frankfurt, 14. 2. 1973, Städtische Bühnen. – Dieses Stück basiert auf einem Einakter, *Lá Breá san Roilg* (engl. *A Fine Day in the Graveyard; Ein schöner Tag auf dem Friedhof*), den Behan zuerst in irischer Sprache verfaßte und dann um 1960/61 ins Englische übersetzte und bearbeitete. Als Behan 1964 starb, existierten verschiedene Entwürfe, die Alan Simpson ›im Sinne Behans‹ bearbeitete, vervollständigte und zur Aufführung brachte. Die akademische Kritik hat an dem Stück bislang wenig Beachtenswertes finden können, man stieß sich an der mangelnden dramatischen Kohärenz, dem schlechten Geschmack und den faden Witzen und sah das Stück als kennzeichnend für Behans letzte Schaffensphase, die von rascher physischer und psychischer Desintegration begleitet war. Theaterleute sehen das anders, sie schätzen den Revuecharakter des Stücks – zuweilen ist ihm der Untertitel *An Irish Entertainment (Eine irische Unterhaltung)* beigegeben. Auf deutschen Bühnen wurde es das meistgespielte Behan-Stück.

In der irischen Volkstradition ist es seit jeher Brauch gewesen, daß die Hinterbliebenen ihren Toten zu Ehren ein Fest *(wake)* veranstalten und die Totenklage mit ausgelassener Geselligkeit verbinden. Behan steht in dieser Tradition, die das Nebeneinander von Leben und Tod betont, wenn er als Schauplatz der Handlung einen Friedhof in den Dubliner Bergen wählt. Zwei Prostituierte, Maria Concepta und Rose von Lima, sind auf dem Weg zur alljährlichen Ehrung einer ermordeten Kollegin. Sie treffen Cronin und den »Helden« Hogan, die sich als blinde Bettler verkleidet haben. Cronin ist ein sympathischer Tunichtgut, der die Arbeit scheut und dem weiblichen Geschlecht sehr zugetan ist. Der Held Hogan ist ein ehemaliger Angehöriger der Irisch-Republikanischen Armee (IRA), der im Spanischen Bürgerkrieg auf der Seite der Kommunisten und Republikaner gekämpft hatte. Er wartet auf die faschistischen Blauhemden, deren Kundgebung zu Ehren ihrer auf Francos Seite gefallenen Kameraden er stören will. Es stellen sich ferner ein: ein Schwarzer mit Namen Bonnie Prince Charlie als Vertreter eines amerikanischen Luxusbestattungsunternehmens (von der Art, wie sie Evelyn WAUGH in ihrem Kurzroman *The Loved One*, 1948, karikierte) sowie die bigotte Protestantin Mrs. Mallarkey und ihre Tochter Deirdre. Mrs. Mallarkey verstreut die Asche ihres im Kongokrieg umgekommenen Bruders, und Cronin verführt Deirdre auf einer Grabplatte. Als die Blauhemden aufmarschieren, kommt es zu einer Auseinandersetzung, in deren Verlauf Hogan einen der Blauhemden erschießt. Die Szene wechselt in das Haus von Mrs. Mallarkey, in das die Gruppe der Friedhofsbesucher flüchtet. Dort machen zwei Polizisten Hogan ausfindig; als er flüchten will, eröffnen sie das Feuer und töten den unbeteiligten Cronin. Ähnlich wie Behans früheres Stück *The Hostage*, 1958 *(Die Geisel)*, endet *Richard's Cork Leg* mit Auferstehung und Verklärung des unschuldigen Opfers und mit einem Schlußlied.

Der Revuecharakter des Dramas wird hauptsächlich durch die witzig-frechen Dialoge und die zahlreichen Songeinlagen bestimmt. (Bei den ersten Aufführungen in Dublin und London waren die Mitglieder der bekannten irischen Folkgruppe »The Dubliners« in das dramatische Personal integriert.) Wie spärlich und spannungsarm die Handlung auch sein mag, die Aussage läßt sich recht deutlich und klar abstrahieren. Verschiedene ideologische Positionen sind in der Konstellation der dramatischen Figur angelegt und werden in der Begegnung der Figuren auf witzige, wenn auch oberflächliche Weise gegeneinander ausgespielt. Das Stück ist beherrscht von einem Dualismus, der sich in Oppositionen äußert: Katholiken – Protestanten, Faschisten – Kommunisten, Amerikaner – Iren, Iren – Engländer, Politik – Leben, Sexualität – Tod. Im Aufeinandertreffen und dem Wechselspiel zwischen diesen Positionen scheint sich alles zu relativieren. Das Stück wendet sich gegen jeglichen Fanatismus, indem es die Vorurteile und Prätentionen, die sich mit eingefahrenen Positionen verbinden, als Heuchelei demaskiert. Was bleibt, ist eine eindrucksvolle, wenn auch bizarre Feier des Lebens und der Lebensfreude. W. Hub.

AUSGABEN: Ldn. 1973/NY 1974, Hg. u. Einl. A. Simpson. – Ldn./NY 1978 (in *The Complete Plays*, Einl. A. Simpson).

ÜBERSETZUNG: *Richards Korkbein*, J. u. A. Fischer (in Theater heute, Dez. 1974, S. 42–53). – Dass., dies. (in *Stücke*, Bln. 1977).

LITERATUR: U. O'Connor, *B. B.*, Ldn. 1970. – C. Kearney, *The Writings of B. B.*, Dublin 1977. – J. Kaestner, *B. B.: Das dramatische Werk*, Ffm./Bern 1978. - 3 Rez. in *The Art of B. B.*, Hg. E. H. Mikhail, Ldn. 1979, S. 180–183. – Chr. W. Thomsen, *B. B.: Literat zwischen Revolution und Showbusiness* (in *Einführung in die zeitgenössische irische Literatur*, Hg. J. Kornelius, E. Otto u. G. Stratmann, Heidelberg 1980, S. 93–106). – *B. B.: Interviews and Recollections*, Hg. E. H. Mikhail, 2 Bde., Ldn./Dublin 1982.

SIMIN BEHBEHĀNI

* 1927 Teheran

ČELČERĀĠ

(iran.-npers.; *Kronleuchter*). Gedichtsammlung von Simin BEHBEHĀNI, erschienen 1957. – Zuvor erschienen von der Dichterin die Gedichtbände *Setār-e šekaste* (*Die gebrochene Mandoline*), *Ǧā-ye pā* (*Spur*), *Marmar* (*Der Marmor*) und *Rastāhiz* (*Auferstehung*). In einer geistig regen und literarisch aktiven Familie aufgewachsen, erlebte sie in ihrer Kindheit und Jugend bittere Erfahrungen, die in ihrer früheren Poesie Spuren hinterlassen haben. Ehezwistigkeiten der Eltern und deren Trennung, schließlich ihre eigene Heirat – auf Drängen des Vaters – und ihre Scheidung konnten nur damit überwunden werden, daß sie ihr Studium fortsetzte, sich neu verheiratete, den Lehrerberuf ergriff und an höheren Schulen persische Literatur lehrte. – Simin Behbehāni gehört zu den Dichterinnen der Zeit, die unbeeinflußt von NIMĀ YUŠIǦ (1897 bis 1960) und dessen die iranische Lyrik stark prägende Verstechnik die klassische Poesie verehrte und deren metrische Regeln beachtete, ohne jedoch Vokabular und Metaphorik nachzuahmen. Neue aus dem täglichen Leben entnommene Bilder verleihen ihren Gedichten Frische und Anmut: »*In Erinnerung an deine hellen und leuchtenden Augen / wie oft hat mein Talent Poesiekristalle geschliffen, / um die sieben Farben deiner Liebe darin zu schauen. / Wie oft hat meine Kunst Strahlen aus Erinnerungen gespendet!*« (aus *Čelčerāġ*). Wehmütig endet das Gedicht mit dem Satz: »*Aber in meinem inneren Ohr flüstert jemand: Dieser Lüster ist trotz seiner Gediegenheit brüchig.*« Behbehānis Schilderungen sind realistisch, obgleich in ihrer früheren Lyrik manche romantische und sentimentale Ergüsse zu finden sind. Sie ist der Meinung, daß die Ghaseldichtung nicht überaltert und ihre Zeit längst vorüber sei, vielmehr ist sie überzeugt, daß man auch in einem Ghasel Tagesprobleme einflechten kann. In der Vergangenheit sei es den Klassikern gelungen, in ihren Ghaselen über Dinge zu sprechen, worüber die Historiker geschwiegen haben. Es gibt in ihrem Diwan manche Hinweise auf das Schicksal der Unglücklichen, die infolge der sozialen Ordnung irregeleitet und verkommen sind. Sie hat Mitleid mit Prostituierten, Taschendieben, Trunkenbolden und Arbeitslosen. Der Dieb erzählt, warum er im Zuchthaus sitzt: Er kenne seinen Vater nicht und wisse nicht, wann und wo er zur Welt gekommen sei. Nie habe er einen mütterlichen Kuß genossen. Als er gebrechlich auf dem Krankenbett gelegen habe, habe sich niemand um ihn gekümmert, und wenn, dann um ihn zu mißbrauchen. Deswegen habe er Kunststücke gelernt, wie man Silberlinge aus anderen Taschen schnappen könne. Auf diese Weise versucht die Dichterin, ihre Leser für das Schicksal der Gestrauchelten zu interessieren. Wenn sie vom Bauern spricht, sieht sie, wie er, den Blick auf die Felder gerichtet, nur Kummer fühlt und Schweigen vernimmt.

Große Aufmerksamkeit schenkt Behbehāni der Befreiung der mohammedanischen Frau von mittelalterlichen und sozialen Zwängen. Angeprangert wird vor allem die Vielweiberei. Auch die besitzende Frau ist in ihrem Reichtum und ihrer Schmuckpracht eine Gefangene des Ehemanns. »*Meine Lippen sind verschlossen / was macht mit aus, ob das Schloß aus Gold oder Eisen ist. Das Vöglein im Netz brüstet sich nicht, / seine Fußschlingen wären aus Seide.*« In Behbehānis Dichtung ist besonders interessant, wie das Thema der Liebe aus der Sicht einer Frau dargestellt ist. Bei den persischen Klassikern nahm die Liebe neben Wein und Naturschilderung eine höchst wichtige Stellung ein. Es war stets das Vorrecht der Männer, die Geliebten zu verherrlichen und zu besingen. In der modernen Literatur haben einige Frauen gewagt, zaghaft ihre Liebesempfindungen auszudrücken. Während bei den alten Meistern die Liebe in ihrer mystischen Natur gesehen wurde und romantisch erschien, klingt in Behbehānis Lyrik das Zusammensein mit dem Geliebten und sogar die Einladung zu körperlichem Beisammensein unverhüllt durch. Aber derart »radikale« Äußerungen charakterisieren nicht ihre Denkweise. Gefühlsbetont sucht sie die Schönheit und Wahrheit in einer phantastischen Welt außerhalb von Raum und Zeit, einer Gesellschaft voller Konflikte, die sie nicht zu lösen vermag. B.A.

Ausgaben: Teheran 1957. – Teheran 1971.

Literatur: ʿAli Akbar Mošir Salimi, *Zanān-e sohanwar*, Bd. 1, Teheran 1956, S. 263. – ʿA. H. Halḥāli, *Tadkere-ye šoʿarā-ye moʿāṣer-e Irān*, Bd. 2, Teheran 1958, S. 166. – W. B. Kljastorina, *Sowremennaja persidskaja poesija*, Moskau 1962, S. 63–74.

MICHEL BEHEIM

auch Michel Beham
* 29.9.1416 oder 1421 Sülzbach bei Weinsberg
† zwischen 1474 und 1478 Sülzbach

Literatur zum Autor:
J. Caspart, *M. B.s Lebensende* (in Germania, 22, 1877, S. 412–420). – A. Kühn, *Rhythmik und Melodik M. B.s*, Bonn 1907. – O. C. L. Vangensten, *M. B.s reise til Danmark og Norge i 1450*, Christiania 1908. – F. Morré, *Die politische und soziale Gedankenwelt des Reimdichters M. B.* (in Archiv für Kulturgeschichte, 30, 1941, S. 4–26). – E. Lauer, *M. B.: Ein Heidelberger Meistersinger* (in Ruperto-Carola, 23, 1958, S. 220–227). – U. Müller, *Beobachtungen und Überlegungen über den Zusammenhang von Stand, Werk, Publikum und Überlieferung mhd. Dichter: Oswald v. Wolkenstein und M. B.* (in Innsbrucker Beiträge zur Kulturwiss., Germ. R. 1, 1974, S. 167–181). – Ders., Art. *M. B.* (in VL², Sp. 672–680).

MEISTERLIEDER von Michel Beheim.

Beheim oder Beham, nach seinem Geburtsort mit dem Beinamen »Poeta Weinsbergensis« versehen, ist einer der letzten Vertreter jener Gruppe von Meistersingern, die von Fürstenhof zu Fürstenhof zogen. Er hinterließ ein umfangreiches Werk, das 452 Lieder und 3 Reimchroniken umfaßt. Obgleich Beheim auf seinen Reisen mit den Ideen des neuzeitlichen Humanismus in Berührung kam, blieb er – wie sein wichtigster Gönner, Kaiser Friedrich III. – der von Kirche und Kaisertum geprägten Vorstellungswelt des ausgehenden Mittelalters verhaftet.

Den überwiegenden Teil seines Werkes stellen religiöse Lieder dar, in denen er sich vehement gegen zeitgenössische Reformbestrebungen (Hussiten) wie gegen »Ungläubige«, gegen Türken und Juden wendet. Er verband seine Dichtung mit dem Anspruch, seinen Zuhörern den Weg zum Heil zu weisen und überfrachtete seine Lieder mit Zitaten aus den Schriften der Kirchenväter und anderer Autoritäten, um ihnen damit mehr Nachdruck zu verleihen. Ob Beheim deren Werke im Original kannte, läßt sich nicht mit letzter Sicherheit sagen. Beeinflußt wurde er vor allem durch Heinrich von Langenstein, Nikolaus von Dinkelsbühl (besonders durch eine deutsche Bearbeitung von dessen *Jahrespredigten*) sowie durch Thomas Peutner; deren Werke lernte er während seines Aufenthaltes am Wiener Hof kennen. Der für Beheim so typische Eklektizismus findet sich bereits bei seinen Vorbildern und ist kennzeichnend für die gesamte »Wiener Schule«. Da er unter dichterischer »*maisterschaft*« nicht nur das Reimen und Komponieren von Liedern verstand, sondern auch das Sammeln, Auswählen und Übersetzen von Vorlagen, lehnte er sich in der Bearbeitung eng an seine Quellen an, was von der Literaturkritik zumeist sehr abfällig vermerkt wurde. Häufig setzte er Prosatexte einfach in Verse um und versah sie mit eigenen Einleitungs- und Schlußversen.

Das religiöse Element dominiert auch in Beheims weltlichen Werken so stark, daß eine exakte Abgrenzung schwerfällt. Seine ethisch-moralischen Lieder führen der Zuhörerschaft einen Sünden- und Sittenspiegel vor Augen, wobei seine Adressaten jedoch so unbestimmt bleiben, daß kaum zu entscheiden ist, wo er sich mit seinen Klagen gegen aktuelle Mißstände ausspricht und wo er literarische Traditionen fortführt: »*Ach menschait, wie pistu so tum, / in deinen sinnen also chrum, / das du dich nit erchennest*« (150,1 ff.).

Daneben zählt Beheim zu den wichtigsten Fabeldichtern des 15. Jh.s und war auch als Verfasser politischer Lieder sehr produktiv. Als Anhänger der augustinischen Geschichtsphilosophie, wonach alle Geschichte göttlichen Ursprungs sei, ging es ihm in seinen historisch-politischen Liedern nicht um die faktentreue Darstellung von Ereignissen, sondern um die Aufdeckung des in ihnen aufscheinenden göttlichen Heilsplans, wozu er das Material entsprechend seinen didaktischen Bedürfnissen modellierte, wie besonders seine Türkenlieder und sein *Drakula*-Gedicht (99) zeigen. Politisch vertrat Beheim einen ausgesprochen konservativen Standpunkt, die Gliederung der Gesellschaft erschien ihm durch Gott legitimiert, und er verteidigte das

Gottesgnadentum der Herrscher gegen kirchliche Ansprüche, womit er in der Regel immer auch die Haltung seiner Gönner, vor allem des habsburgischen Kaisers Friedrichs III., unterstützte.

Die Lebensdaten Beheims sind hauptsächlich aus seinen autobiographischen Liedern rekonstruierbar, vor allem aus seinem Karrierelied *Von Michel Pehams gepurt und seinem her chomen in dis Land* (24) sowie aus *Von meiner mervart* (327), der Beschreibung seiner Reise an den Hof des dänischen Königs Christians I. Obwohl in seinen Liedern die Kluft zwischen lyrischem und historischem Ich nicht allzu groß zu sein scheint, müssen die Schilderungen doch mit der bei dichterischen Selbstaussagen gebotenen Vorsicht bewertet werden.

Beheims Werk ist größtenteils in Autographen erhalten, und auch jene elf Melodien, die er für seine Lieder und Chroniken verwendete, benannt nach Art der Meistersinger, sind handschriftlich erhalten, darunter die bekanntesten Weisen »*hohe guldin weise*« und die »*verkerte weise*«. Seit mit der 1972 abgeschlossenen Gesamtausgabe auch eine fundierte Untersuchung seines musikalischen Schaffens vorliegt, bahnt sich eine Änderung der negativen Einschätzung an, die Beheim zuteil wurde, solange nur das *Buch von den Wienern* und die *Pfälzische Reimchronik* publiziert waren. Der musikalische Vortrag mildert die schon von Ludwig UHLAND bemängelten Verstöße gegen Satzbau und Betonung und bringt Beheims Lieder, wie dies bei allen mittelalterlichen Dichtern der Fall ist, erst zur Geltung. Musikalisch nimmt Beheim eine Mittelstellung zwischen Minne- und Meistersang ein: »*Seine Kunst setzte hochmittelalterliche Tradition fort, z. T. recht archaische Züge bewahrend.*« (Ch. Petzsch). Beheim blieb auch hier Traditionalist und lehnte die neue Polyphonie, die aus Burgund und aus den Niederlanden kam, ab. Vom städtischen Meistersang vor Hans FOLZ unterscheidet er sich darin, daß er keine Melodien anderer Meister verwendete; wie er in seinen Texten den »geblümten« Stil vermied, so lehnte er auch die im späten Meistersang so beliebten Koloraturen und Melismen ab.   A.V.

AUSGABE: *Die Gedichte des M. B.*, Bln. 1968–1972, Hg. H. Gille u. I. Spriewald, 3 Bde. (DTM).

LITERATUR: Th. G. v. Karajan, *Zehn Gedichte M. B.s zur Geschichte Österreichs und Ungarns* (in Quellen u. Forschungen zur vaterländischen Geschichte, Lit. u. Kunst 1, Wien 1849, S. 1–65). – G. C. Conduratu, *M. B.s Gedicht über den Woiwoden Wlad. II. Drakul*, Diss. Lpzg. u. Bukarest 1903. – J. Bolte, *Zehn Meisterlieder M. B.s* (in Fs. für J. v. Kelle, 1908; Nachdr. Hildesheim 1975, S. 401–421). – H. Gille, *Die historischen und politischen Gedichte M. B.s* (in Palaestra, 96, Bln. 1910). – Ders., *Die handschriftl. Überlieferung der Gedichte M. B.s* (in Beitr., 79, 1957, S. 234–301). – I. Spriewald, *Grundzüge des Werkes von M. B. Ein Beitrag zur Problematik der Reimdichtung im 15. Jh.* (in WZHalle, 10, 1961, S. 947–950). – Dies., *Die Ausgabe der Gedichte des M. B.* (in WZGreifswald, 15, 1966, S. 577–580). – B. Wachinger, *M. B. Prosabuchquellen, Liedvortrag, Buchüberlieferung* (in *Poesie u. Gebrauchsliteratur im dt. MA*, Hg. V. Honemann u. a., Tübingen 1979, S. 37–75). – W. C. MacDonald, ›*Whose Bread I Eat*‹. *The Song-Poetry of M. B.* (in *Fs. für George Fenwick Jones*, Hg. ders., Göppingen 1983, S. 321–346).

REIMCHRONIKEN von Michel BEHEIM.

In seinen drei Reimchroniken – *Buch von den Wienern*, *Buch von der Stadt Triest* und *Pfälzische Reimchronik* schildert Beheim Selbsterlebtes und Gehörtes in chronologischer Form. Auch hier, wie in seinen Liedern, erweist der Autor sich nicht als faktentreuer Chronist seiner Zeit, sondern als Geschichtsdidaktiker mit politisch-religiösen Interessen.

Das *Buch von den Wienern* schildert den Bruderzwist zwischen den Habsburgern Friedrich III. und Albrecht VI. um die Kaiserkrone, der nach dem Tode Königs Ladislaus' Postumus von Böhmen (1457) entbrannte und aus dem Friedrich III., ein Gönner Beheims, als Sieger hervorging. In mehr als 13 000 Versen berichtet Beheim von den Ereignissen zwischen 1462 und 1465, darunter von der Belagerung der Wiener Hofburg durch Albrechts Verbündete, die Beheim selbst miterlebte. Des Autors beherrschendes Anliegen ist es, mit seiner Chronik die Gunst Friedrichs III. zu gewinnen und zur Erneuerung der kaiserlichen Autorität beizutragen; die getreue Darstellung des geschichtlichen Ablaufs steht für ihn nicht im Vordergrund. Die Schilderung ist daher inhaltlich unausgewogen, allein die Hälfte des Werks befaßt sich mit den Ereignissen des Jahres 1462, unwesentliche Details werden ausführlich berichtet, wichtige Zusammenhänge dagegen kaum erwähnt, und immer dient die *Bibel* dazu, die Sache Friedrichs III. in Übereinstimmung mit dem göttlichen Heilsplan zu zeigen, während die Feinde des Kaisers mit Beleidigungen attackiert werden.

Im *Buch von der Stadt Triest* erzählt Beheim von der Belagerung des kaisertreuen Triest durch die Stadt Venedig. Als Quelle diente ihm der Augenzeugenbericht Veit Perlins, eines Vertrauten des Triester Hauptmanns Kosiak. Auch hier erscheint, wie im *Buch von den Wienern*, das Thema Gehorsam und Ungehorsam als Leitmotiv.

Die *Pfälzische Reimchronik* hatte Friedrich I. von Wittelsbach in Auftrag gegeben, um seinen Anspruch auf die Kurfürstenwürde zu rechtfertigen. In ihr verquickt Beheim die *Chronik von den Fürsten zu Baiern* des ANDREAS VON REGENSBURG mit der *Chronik Friedrich I. des Siegreichen* von MATTHIAS VON KEMNAT und setzte sie in Verse um. Er hebt die militärischen Erfolge hervor, die Friedrich von Wittelsbach in den Jahren 1455 bis 1471 errang, und unterstützt ihn in seinem Konflikt mit den Habsburgern nun ebenso bedingungslos, wie er einst die Stärkung des Kaisertums betrieben hatte. Lieder und Chroniken unterscheiden sich in Strophenform und Melodie deutlich voneinander. Die

»angstweise«, die er für seine Chroniken komponiert hatte, hielt Beheim im Gegensatz zu den Tönen der Lieder für den gesungenen wie für den gesprochenen Vortrag gleichermaßen geeignet.

Im 19. Jh. lagen nur das *Buch von den Wienern* und die *Pfälzische Reimchronik* als Ausgaben vor. Diese Chroniken, die als reine Propagandaschriften betrachtet werden müssen, waren der Grund für Beheims Renommee in der Literaturgeschichte, das Ulrich Müller als »mässig bis miserabel« bezeichnet. Auch warf man ihm Charakterlosigkeit vor, da er die Ziele seiner Brotherrn stets vorbehaltlos unterstützte. Besonders die berühmten Verse aus der *Pfälzischen Reimchronik* »*Der furst mich hett in knechtes miet, / ich ass sin brot und sang sin liet. / ob ich zu einem andern kum, / ich ticht im auch, tut er mir drum, / ich sag lob sinem namen*« (1485,1 ff.) schienen die Käuflichkeit Beheims zu dokumentieren, der bei den wichtigsten, miteinander rivalisierenden Herrscherhäusern seiner Zeit im Dienst stand, bei den Luxemburgern, den Habsburgern und bei den Wittelsbachern. Heute neigt man dazu, diese Zeilen als unverblümte und realistische Charakterisierung der tristen Situation des lohnabhängigen Dichters im 15. Jh. zu betrachten.

Da Beheim schon zu seiner Zeit von der literarischen Mode überholt war, konnte er, wenn überhaupt, nur innerhalb des Meistersangs eine gewisse Nachwirkung haben. In einer Zeit, in der eine immer stärkere Hinwendung zur Prosa, so in der Prosaauflösung alter Artusepen, und zur Instrumentalmusik stattfand, blieb er der Versdichtung und Vokalmusik verhaftet. Vielleicht war Beheims häufiger Rückgriff auf Prosavorlagen und deren Umsetzung in Reime, wie bei den *Reimchroniken* geschehen, bereits eine Konzession an den Zeitgeschmack. A.V.

AUSGABEN: *M. B.s Buch von den Wienern*, Hg. Th. G. v. Karajan, Wien 1843. – K. Christ, *Zur Baugesch. des Heidelberger Schlosses im Anschluß an des Weinsberger Meistersängers M. B. Lob auf Heidelberg v. J. 1470 von dem in der Heidelberger Univ. Bibl. befindlichen Orig. der ›Reimchronik‹ kopiert und mit erklärenden Anm.en versehen*, Heidelberg 1884. – K. Wassermannsdorff, *Die Erziehung Friedrichs des Siegreichen, Kurfürsten von der Pfalz: Aus M. B.s Reimchronik mitgeteilt*, Heidelberg 1886. – *Buch der Wiener*, Hg. F. Bobertag, Stg. 1887. – *von der statt triest*, Hg. H. Oertel, Schweinfurth 1916 Tl. 1. – *von der statt triest*, Hg. M. de Szombathely, Triest 1967 (in Archeografo Triestino, Ser. 4, 27/28, 1965/66). – *Quellen zur Geschichte Friedrichs I. des Siegreichen Kurfürsten von der Pfalz: M. B. Reimchronik, Eickhart Artzt Vom Weissenburger Krieg*, Nachdr. Aalen 1969, S. 1–258.

LITERATUR: H. Gille, *M. B.s Gedicht »Von der statt Triest«* (in ZfdPh, 77, 1958, S. 259–281; 78, 1959, S. 50–71, 291–309; 82, 1963, S. 90/91). – Ch. Petzsch, *M. B.s »Buch von den Wienern«. Zum Gesangsvortrag eines spätmittelalterl. Gedichts* (in AWA, 109, 1972, S. 266–315). – D. Kratochwill,

Die Autographe des M. B. (in Litterae Ignotae, Hg. U. Müller, 50, Göppingen 1977, S. 109–134).

MARTIN BEHEIM-SCHWARZBACH

* 27.4.1900 London
† 7.5.1985 Hamburg

DIE MICHAELSKINDER

Roman von Martin BEHEIM-SCHWARZBACH, erschienen 1930. – Der Roman spielt um die Mitte des 15. Jh.s und schildert die Voraussetzungen und den tragischen Verlauf einer Kinderwallfahrt. Der Bildschnitzer Georg Heding hat sich in die Einsamkeit der Heide zurückgezogen, um »*die wahre Gestalt und das Aussehen des Sankt Michael*« darzustellen. Manchmal besuchen ihn die Kinder aus seinem nahegelegenen Heimatdorf Buchholz. Als sie wieder einmal von einem Besuch bei Heding nach Hause zurückkehren, sind alle Erwachsenen tot – erschlagen von einer Handvoll ehemaliger Dorfbewohner, die vor Jahren vertrieben worden waren, weil sie es ablehnten, für eine Pilgerfahrt zu spenden. Nachdem sie einen der Täter umgebracht haben, der verwundet zurückgeblieben ist, beschließen die Kinder, in die Normandie zum Erzengel Michael zu pilgern, von dem Heding ihnen oft erzählt hat. Heding begleitet sie zwar ein Stück, kehrt aber bald wieder um, getrieben vom Schaffensfuror des Künstlers. Unterwegs müssen die Kinder Gefahren, Angst und Raubüberfälle ausstehen, die kleine Elke, Hedings Liebling, wird vergewaltigt. Schließlich lockt Kaspar Schües sie mit seinem betörenden Flötenspiel vor die Stadt Hameln, wo sie in bitterkalter Nacht erfrieren. Heding findet auf der Suche nach den Kindern nur noch den kleinen Jark am Leben, mit dem er sich niedergeschlagen auf den Heimweg macht.

Das Verhältnis von mystischer Kunstbesessenheit und mitmenschlicher Verantwortung entfaltet der Autor in diesem frühen Hauptwerk vor dem düsteren Hintergrund des späten Mittelalters. Heding wird in dem Maße schuldig am Tod der Kinder, in dem er sie um seiner Kunst willen ihrem Schicksal überläßt. Mittelbar wird damit ein Kunstideal verworfen, das auf der Isolation des Künstlers von der Gesellschaft beruht. Beheim-Schwarzbachs Sprache ist klar und ohne falsches Pathos, ein prägnantes Abbild des Leidens, das sie beschreibt. C.Cob.

AUSGABEN: Lpzg. 1930. – Hbg. 1952.

LITERATUR: H. Günther, *Ein neuer Dichter* (in Die Literatur, 32, 1929/30, S. 79–81). – *M. B.-S.*, Hg. J. Maass u. R. Maack, Hbg. 1968 [Bibliogr.]. – J. Wikitzky, *Zum Tode von M. B.-S.* (in Der Literat, 27, 1985).

APHRA BEHN

* 10.7.1640 (?) Wye (?) / Kent
† 16.4.1689 London

LITERATUR ZUR AUTORIN:
V. M. Sackville-West, *A. B.*, Ldn. 1927. –
E. Woodcock, *The Incomparable A.*, Ldn. 1948. –
E. Hahn, *A. B.*, Ldn. 1951. – R. L. Root Jr., *A. B., Arranged Marriage, and Restoration Comedy* (in Women & Literature, 5, 1977, Nr. 1, S. 3–14). –
M. Duffy, *The Passionate Shepherdess: A. B. 1640–89*, Ldn. 1977.

OROONOKO, or The Royal Slave. A True History

(engl.; *Oroonoko oder Der königliche Sklave. Eine wahre Geschichte*). Erzählung von Aphra BEHN, erschienen 1688. – Das Werk ist ein Markstein in der Geschichte der englischen Erzählkunst. Aphra Behn, eine sehr produktive (u. a. schrieb sie nahezu 20 heute vergessene Schauspiele) und legendenumwobene Autorin, oft als »erste freie Schriftstellerin Englands« bezeichnet, war zwar im exotischen Stoff und der heroisch-idealisierenden Überzeichnung der Helden noch deutlich der Tradition der *romance*, des romantisch-unwirklichen Idealromans französischer Abkunft, verpflichtet, fügte aber realistische Details ein und bemühte sich um einen straffen, einheitlichen Handlungsaufbau. Wegen dieser Neuerungen und wegen der Kürze des Werks wählte sie, terminologisch an die Gattung der italienischen *novella* anknüpfend, für *Oroonoko* die Bezeichnung *novel*.
Held der Geschichte ist ein junger afrikanischer Prinz, der aufgrund seines Charakters und seiner Bildung eher einem europäischen Fürsten als einem Negerhäuptling gleicht. Er stellt damit einen *noble savage* dar, wie er ähnlich auch in den *heroic plays* eines John DRYDEN zu finden ist. Oroonoko verliebt sich in Imoinda, eine schwarze Schönheit, die Tochter des königlichen Generals. Als sein Großvater, der regierende Fürst, von der heimlichen Heirat der beiden erfährt, entführt er, rasend vor Eifersucht, Imoinda, hält sie in seinem Harem gefangen und verkauft sie schließlich als Sklavin nach Surinam in Südamerika. Dorthin gelangt auch Oroonoko als Gefangener eines englischen Sklavenhändlers. Über das glücklich wiedervereinte Paar bricht die Katastrophe herein, als Oroonoko, der seiner königlichen Abstammung wegen von den anderen Sklaven verehrt wird und aufgrund seines herrscherhaften Wesens auch von seinem weißen Herrn den Beinamen »Caesar« erhalten hat, die Schwarzen zum Aufstand gegen die grausamen Plantagenbesitzer bewegt. Nach dem Fehlschlag der Rebellion tötet Oroonoko die bereitwillig aus dem Leben scheidende Imoinda, um sie vor Schande und Folterung zu bewahren. Bevor er sich selbst das Leben nehmen kann, wird er gefaßt und unter qualvollen Martern hingerichtet.

Erstmals in der zeitgenössischen Erzählprosa Englands wird in diesem Werk das Hauptgewicht auf die Handlung mit ihren dramatischen Höhepunkten und sensationellen Episoden gelegt. In der traditionellen *romance* wurde das Geschehen immer wieder von Gesprächen und Beschreibungen an den Rand des Interesses gedrängt. Auffällig ist auch der bis in Einzelheiten genau beschriebene exotische Schauplatz, der seit über fünfzig Jahren Anlaß zu einem wissenschaftlichen Streit darüber gibt, ob die Autorin Surinam – (seit 1667 Niederländisch-Guayana) aus eigener Anschauung gekannt oder ob sie ihr Wissen aus Büchern geschöpft hat. Sie selbst behauptete, Augenzeugin des Geschehens gewesen zu sein und das Heldenpaar persönlich gekannt zu haben – vermutlich wie der Detailrealismus eine die Illusion der Wirklichkeit fördernde Erzählerpose, wie sie einige Jahre später von Daniel DEFOE immer wieder mit großem Erfolg eingenommen wurde.

Oroonoko wurde rasch populär, nicht zuletzt auch durch die Dramatisierung von Thomas SOUTHERNE, die das ganze 18. Jh. hindurch immer neue Aufführungen erlebte. Im 19. Jh. erfuhr Aphra Behns Erzählung eine Umdeutung im Sinn von Harriet Beecher STOWES *Uncle Tom's Cabin*, 1852 (*Onkel Toms Hütte*). Das Werk als Aufruf zur Befreiung der schwarzen Sklaven zu verstehen, scheint allerdings insofern abwegig, als die Empörung der Autorin lediglich der Versklavung eines Menschen von so vornehmer Herkunft und edlem Charakter gibt, als der Oroonoko dargestellt wird.

W. Kl.

AUSGABEN: Ldn. 1688. – Ldn. 1759. – Ldn. 1871 (in *The Plays, Histories, and Novels*, Hg. R. H. Shepherd, 6 Bde., 5). – Ldn. 1905 (in *Novels*, Hg. E. A. Baker). – Ldn. 1915 (in *The Works*, Hg. M. Summers, 6 Bde., 5). – Ldn. 1930 (in *Shorter Novels*, Bd. 2). – Tema 1977 (Ghana Publ. Corp.).

ÜBERSETZUNGEN: *Lebens- und Liebes-Geschichte des königlichen Schlaven Oroonoko in West-Indien*, an on., Hbg. 1709. – *Oroonoko oder Die Geschichte des königlichen Sklaven*, Ch. Hoeppener, Lpzg. 1966 (IB; Nachw. u. Anm. G. Weise). – Dass., ders., Ffm. 1966 (Slg. Insel; Nachw. K. Reichert). Dass., dies., Lpzg. 1981 (IB).

LITERATUR: E. D. Seeber, *Oroonoko and Crusoe's Man Friday* (in MLQ, 12, 1951, S. 286–291). – J. A. Ramsaran, *»Oroonoko«: A Study of the Factual Elements* (in NQ, 7, 1960, S. 142–145). – R. T. Sheffey, *Some Evidence for a New Source of A. B.'s »Oroonoko«* (in StPh, 59, 1962, S. 52–63). – G.-M. Laborde, *Du nouveau sur A. B.* (in Études Anglaises, 16, 1963, S. 364–368). – H. A. Hargreaves, *New Evidence of the Realism of Mrs. B.'s »Oroonoko«* (in Bulletin of the NY Public Library, 74, 1970,

S. 437–444). – M. W. Brownley, *The Narrator in »Oroonoko«* (in Essays in Literature, 4, 1977, S. 174–181). – W. C. Spengemann, *The Earliest American Novel: A. B.'s »Oroonoko«* (in NCF, 38, 1984, Nr. 4, S. 384–414).

SAMUEL NATHANIEL BEHRMAN

* 9.6.1893 Worcester / Mass.
† 9.9.1973 New York

LITERATUR ZUM AUTOR:
Ch. Kaplan, *S. N. B.: The Quandary of the Comic Spirit* (in CE, 11, 1950, S. 317–323). – J. Gassner, *The Theatre in Our Times*, NY ³1960, S. 329–334. – U. Kessely, *S. N. B.s Komödien: Spiel und Konflikt. Untersuchungen zu einem Gattungsbegriff und zum Verhältnis der Geschlechter*, Bern u. Ffm. 1972. – T. K. Reed, *S. N. B.*, NY 1975 (TUSAS). – W. R. Klink, *S. N. B.: The Major Plays*, Amsterdam 1978. – R. R. Jorge, *S. N. B.* (in *Twentieth-Century American Dramatists*, Hg. J. MacNicholas, DLB, Detroit 1981, S. 68–89). – H. Fellenberg, *Figuren zwischen Distanz und Engagement: Eine Untersuchung zum dramatischen Werk S. N. B.s*, Diss. Münster 1987.

BIOGRAPHY

(amer.; *Ü: Biographie und Liebe*). Komödie von Samuel Nathaniel BEHRMAN, Uraufführung: New York, 12. 12. 1932, Guild Theatre. – Der Gesellschaftschronist Behrman schneidet in dieser Komödie wie in seinen meisten Stücken Moralprobleme der Großstadtgesellschaft an. Marion Froude, eine frei und unabhängig lebende New Yorker Kunstmalerin, war mit prominenten Männern aus den verschiedensten Wirkungskreisen liiert. Noch immer ist sie eine Frau, die Herzenswärme ausstrahlt und die dem Grundsatz »Leben und leben lassen« folgt. Zu Beginn des Stückes bittet der junge, zynische Redakteur Richard Kurt die Malerin, ihre Lebenserinnerungen seiner Illustrierten zum Abdruck zu überlassen. Ihr erster Liebhaber, Leander Nolan, der gerade eine vielversprechende politische Karriere beginnt, versucht – zusammen mit seinem zukünftigen, einflußreichen Schwiegervater – Marion von ihrem Vorhaben abzubringen. Den fanatischen Radikalen Kurt reizt der Widerstand der beiden »Reaktionäre«, und er versucht nun erst recht, die Memoiren zu veröffentlichen. Inzwischen haben er und Marion sich ineinander verliebt. Obwohl die Malerin zwischen beiden Parteien charmant zu vermitteln sucht, spitzt sich die Situation immer mehr zu. Als Marion erkennt, daß Kurt nicht ohne seinen Haß leben kann, zerstört sie ihr Manuskript und vollzieht damit den Bruch.

In *Biography* sprengt Behrman den Rahmen der *drawing-room comedy* (Salonkomödie) nicht allein durch seine scharfen Charakterporträts, sondern auch durch die ernste Absicht, die Gefahr extremer Positionen in Politik und Gesellschaft aufzuzeigen und seinem Publikum Toleranz zu empfehlen. Er tut dies mit ungewöhnlich leichter Hand, hält ein flüssiges Spieltempo durch und verbirgt seine moralische Absicht hinter amüsanten Dialogen.   B.F.

AUSGABEN: NY 1933. – Ldn. 1936.

ÜBERSETZUNG: *Biographie und Liebe*, K. Janecke u. G. Blöcker, Nauheim 1948.

LITERATUR: C. Kaplan, *S. N. B., the Quandary of the Comic Spirit* (in College English, 11, 1950, S. 317–323). – J. W. Krutch, *The American Drama since 1918*, NY 1957, S. 186–195. – M. J. Levin, *S. N. B., the Operation and Dilemmas of the Comic Spirit*, Diss. Univ. of Michigan 1958.

NO TIME FOR COMEDY

(amer.; *Ü: Der Elfenbeinturm*). Schauspiel in drei Akten von Samuel Nathaniel BEHRMAN, Uraufführung: New York, 17. 4. 1939, Ethel Barrymore Theatre. – Man hat Behrman, der sich neben der Arbeit an eigenen Stücken auch der Adaption von Werken europäischer Autoren für die amerikanische Bühne widmete (u. a. WERFELS *Jacobowsky und der Oberst*, GIRAUDOUX' *Amphitryon 38*, PAGNOLS *Fanny*, MAUGHAMS Kurzgeschichte *Jane*) gelegentlich einen amerikanischen Noël COWARD genannt. Der Vergleich hinkt insofern, als es Behrman weniger darum ging, ein Feuerwerk witziger Einfälle abzubrennen, als im Rahmen der Charakterkomödie (einem in Amerika seltenen Genre) Zeitprobleme darzustellen. In *No Time for Comedy* setzt er die Schaffenskrise eines Bühnenautors – eine Krise, wie er sie ähnlich selbst erlebt hatte – in enge Beziehung zur politischen Wirklichkeit der dreißiger Jahre. Gay Esterbrook, Verfasser mehrerer Lustspiele, denen vor allem das komödiantische Talent seiner Frau Linda zu Erfolg verholfen hat, glaubt, er könne es nicht mehr verantworten, Komödien zu produzieren, während die Welt von politischen und menschlichen Tragödien erschüttert wird. In seinem Entschluß, künftig nur noch engagierte Dramen zu schreiben, bestärkt ihn, wenn auch aus ganz anderen Gründen, die attraktive Amanda Smith, die, wie ihr zweiter Mann, ein Bankier, es ausdrückt, darauf versessen ist, die schlummernden Talente anderer Menschen zur Entfaltung zu bringen, oder, falls solche nicht vorhanden, sie zu erfinden. Bei Esterbrook, der sich ausgerechnet während seiner schriftstellerischen Krise von ihr bercircen läßt, hat Amanda leichtes Spiel. Sie überredet ihn dazu, ein vor dem Hintergrund des Spanischen Bürgerkriegs spielendes Ideendrama zu beginnen. Daraufhin kommt es zwischen ihr und Linda zu einer Kraftprobe, die im Stil der *comedy of manners* ausgespielt wird. Linda vertritt den Standpunkt, daß jeder Künstler die Grenzen seiner Begabung erkennen müsse und, falls es zu mehr nicht reiche, solide Gebrauchsware produzieren solle anstatt nebulösen Tiefsinn zu verzapfen. Ihre Kritik am neuen Werk ihres Mannes ist ironisch, aber konstruktiv. Amanda dagegen ist eines objektiven Urteils nicht fähig, da ihre Vorstellungen von Kunst und Künstler nichts als romantische Klischees sind. Linda liebt Gay, wie er ist, Amanda versucht ständig, ihn in ihr Denkschema zu pressen und ist am Schluß die Unterlegene. Gay sieht ein, daß sein neues Schauspiel nichts taugt und beginnt mit der Niederschrift eines Stückes, das er *No Time for Comedy* nennt und das von einem Lustspielautor handelt, der sich plötzlich verpflichtet fühlt, ernste Dramen zu schreiben.

Das Stück, dessen pointenreiche Dialoge das Vorbild Oscar WILDES erkennen lassen und dessen Paraderollen die der beiden Frauen sind, fand beim Publikum der späten dreißiger und frühen vierziger Jahre großen Beifall. Man erkannte im Dilemma Esterbrooks das Problem, mit dem jeder, der ernsthaft über seinen eigenen Standort in einer aus den Fugen geratenen Welt nachdenkt, konfrontiert wird. – Als Linda brillierte die berühmte amerikanische Schauspielerin Katharine Cornell in ihrer ersten Komödienrolle, ihr Partner war der junge Laurence Olivier. J.v.Ge.

AUSGABEN: NY 1939. – NY/Los Angeles 1941.

ÜBERSETZUNG: *Der Elfenbeinturm*, M. Teichs, Nauheim 1947.

VERFILMUNG: USA 1940 (Regie: W. Keighley).

LITERATUR: F. H. O'Hara, *Comedies without a Laugh* (in F. H. O'H., *Today in American Drama*, Chicago 1939, S. 53–141). – J.M. Brown, *Miss Cornell in Mr. B.'s Comedy* (in J. M. B., *Broadway in Review*, NY 1940, S. 83–87). – J. W. Krutch, *The American Drama Since 1918*, NY 1957.

ḌABIḤ BEHRUZ

* 1890
† 1971

ĠIĠAK ʿALI ŠĀH

(iran.-npers.; *Ali Schah der Blühende*). Lustspiel in fünf Akten von Ḍabiḥ BEHRUZ, erschienen 1924. – Das Werk ist eine Satire auf die zu Beginn unseres Jahrhunderts am Hofe der Könige aus der Kadscharen-Dynastie (1779–1925) in Iran herrschenden Zustände. Der Spott richtet sich in erster Linie gegen die Selbstherrlichkeit, Willkür und hemmungslose Genußsucht des Monarchen, den die ihn umgebenden Höflinge, der Gouverneur, der Minister, der Dichter, der Chronist, der Narr, die Pfaffen und die Schergen, in seinem ausschweifenden Leben noch bestärken. Die auftretenden Personen, zum Teil als komische Figuren charakterisiert, sind arm an Geist, aber sie leben frei von Sorgen, und ihr Hauptstreben geht dahin, sich zu amüsieren. Der König findet Gefallen an den Lobhudeleien seiner Gefolgsleute, die ihm die Lage so darstellen, als ob sich – dank seiner vorbildlichen Staatskunst – alles im Land in bester Ordnung befände; er ergötzt sich an den schwülstigen Lobpreisungen des Versemachers, der seinem Herrn den Rat erteilt, zur Festigung seiner unumschränkten Macht Truppen nach dem Lande Rum (Kleinasien) zu entsenden und den indischen Fürsten, den er als dreisten Räuberhäuptling bezeichnet, in Ketten legen zu lassen. Ganz besonders freut sich der Schah, als es dem Hofnarren gelingt, durch anrüchige und zotige Sticheleien einen klobigen und humorlosen Höfling zur Raserei zu treiben.

In geschickt eingeflochtenen Szenen zeigt der Autor, wie der allmächtige Herrscher seinen Getreuen in allem als Vorbild dient. Auch sie haben ihren – wenn auch kleineren – Hofstaat, und im Bereich ihrer Machtbefugnisse schalten und walten sie genau so willkürlich wie ihr Monarch. Sie verachten das unwissende Volk, dessen Klagen über die herrschende Mißwirtschaft und Tyrannei weder von den weltlichen Machthabern noch von der Geistlichkeit ernstgenommen werden. Es soll sich in sein trauriges Schicksal fügen.

Das Schauspiel ist trotz seines stellenweise sarkastischen Humors von tiefem Ernst durchdrungen, denn der Verfasser will die Verderbtheit der damaligen Machthaber anprangern und die Morschheit ihres dem Untergang entgegeneilenden Regimes aufzeigen. Auch historisch ist das Werk von Bedeutung, weil es in der Zeit nach der Revolution von 1905–1911 mit dazu beigetragen hat, die Volksmassen aufzuklären und die Gebildeten in Iran für die demokratische Idee zu gewinnen. B.A.

AUSGABE: Teheran 1924.

LITERATUR: D. Ṣafā, *Tārīḫ-e adabiyāt dar Irān*, Bd. 2, Teheran 1957, S. 311 u. 993. – *Esfandyārī-ye dīgar*, A. Āzād, Teheran 1972 [Anthologie].

HÉLÉ BÉJI

* 1.4.1948 Tunis

L'ŒIL DU JOUR

(frz.; *Das Auge des Tages*). Roman von Hélé BÉJI (Tunesien), erschienen 1985. – In ihrem vielbeachteten Essay *Le désenchantement national*, 1982 *(Die nationale Entzauberung)* hatte die Autorin mit scharfen Worten den politischen Verfall eines tunesischen Staats gegeißelt, der viele durch die Unabhängigkeit ausgelösten Hoffnungen enttäuscht habe, und der jetzt die Entstehung eines nur allzusehr an die gröbsten Auswüchse des Kolonialismus erinnernden staatlichen Nationalismus erlebe: »*Sobald man von Volk, Gerechtigkeit, Gleichheit, Fortschritt, Eigenständigkeit sprechen will, haben diese Worte schon geistig und real ihre Funktion verloren und sind ohne Einfluß auf die staatliche Gestaltung, die Verwaltung, die nationale Denkungsart.*« Das wahre Tunesien können Béjis Meinung nach nur noch die gefühlvollen, zwischenmenschlichen Beziehungen des Alltags retten, die jahrtausendalten Traditionen, die jedes Wort, jede einfache Geste prägen. Diese Beziehungen zwischen einfachen Menschen, »*auch wenn sie zugleich ein Gefühl der Hoffnungslosigkeit und Sinnlosigkeit ausdrücken, bewahren vor der Ideologie und der Verfälschung; ohne sie wäre die Isolierung eines jeden viel totaler und unwiderruflich.*«

Vor diesem Hintergrund ist Béjis autobiographisch gefärbter Roman *L'œil du jour* zu lesen, der die Idylle einer für immer verlorenen Zeit heraufbeschwört. Die Ich-Erzählerin des Romans, die gewöhnlich in Paris lebt, kommt nur in den Ferien in ihr Heimatland, erreicht die Straße El-Marr in Tunis, und schon ist der Leser vom geheimnisvollen Charme eines Familienlebens umgeben, in dem jede Handlung, jeder Gegenstand Teil einer poetischen, zauberhaften Harmonie ist. So stellt die Erzählerin die ihr vertraute Atmosphäre des elterlichen Hauses vor, in dem sich die Zimmer auf einen Innenhof mit plätscherndem Wasser öffnen, alte Möbelstücke mit ihren Gerüchen von vergangenen Zeiten und den Gewohnheiten der Menschen in diesem phantastischen Königreich erzählen, »*vom Innenleben einer tatsächlich bestehenden Welt ohne Makel, die voller Kostbarkeiten und verschlossen zugleich ist*«. In dieser Idylle herrscht die Großmutter der Erzählerin »*als Fee mit dem Zauberstab, aber in totaler Unkenntnis ihrer Macht*« nach den Regeln der alten islamischen Überlieferung über das gesamte Hauswesen. Doch diese feinfühlige Welt, der ein vorbildlich geführtes Leben die beruhigende Sicherheit verleiht, gehört einer vergangenen Zeit an. Während ihres Aufenthalts in Tunis entdeckt die Erzählerin nicht ohne Nostalgie die Wärme familiärer Verbundenheit. Ihre Freude wird jedoch getrübt, als sie feststellen muß, daß das Haus ihrer Großmutter inzwischen zu einer Insel geworden ist, nicht mehr in diese sich wandelnde, unstete Welt gehört, denn die Neubauten der sich der westlichen Lebensweise zugehörig fühlenden Reichen haben nichts mehr mit der alten Lebensform und ihren Geheimnissen zu tun. Die Großmutter betrachtet die Gegenwart voller Bewunderung; wer lesen und schreiben kann, findet ihre Achtung. Der Enkelin wird klar, daß die glorreiche Zeit ihrer Großmutter unwiderruflich vergangen ist, daß sich das Rad der Geschichte nicht zurückdrehen läßt.

Überall drängt sich die Gegenwart vor, geraten traditionelle und moderne Lebensformen miteinander in Konflikt: »*Ausgeschlossen, aber nur scheinbar getrennt von dieser Welt, die nicht mehr meine war …, betrat ich dieses Universum, berührte und betrachtete es, ohne aber in ihm aufzugehen und mich darin zu verlieren.*«

Béjis Roman macht es möglich, die paradoxe Situation des Orientalen in der Gegenwart zu verstehen, wie sie die Autorin in ihrer in der Zeitschrift ›Le Débat‹ 1986 veröffentlichten Studie *L'Occident intérieur (Das innere Abendland)* analysiert. Zum einen stützt sich der orientalische Mensch auf die Erhabenheit der islamischen Kultur und ihre Geschichte, zum anderen fasziniert ihn der Okzident, dessen Werte er verinnerlicht. Die politischen Herrscher haben das Abendland als Vorbild akzeptiert, seine Symbole angenommen, wobei sie sich vermutlich nicht bewußt, aber wie in vielen ehemaligen Kolonialländern zum Negativen hin verändert haben; denn wenn sie von Gerechtigkeit sprechen, meinen sie einen autoritären und willkürlich herrschenden Staat. Es sollte eine Republik werden, aber sie schufen eine Diktatur. So ist zu verstehen, daß die Menschen unter einer solchen Führung sich als Opfer fühlen, Hoffnungen und Ideale verlieren und manchmal dazu neigen, sich einer islamischen Tradition anzuschließen, die nicht frei von Übertreibungen ist und die in einigen Ländern des Islams die unheilvolle Gestalt des Integrismus annimmt. Andere wieder sehen nur ihre ausweglose Verlassenheit. Schonungslos erörtert die Autorin in *L'œil du jour* diese Probleme, wobei doch auch die melancholischen Erinnerungen an ein verlorenes Paradies mitschwingen. L.H.G.

Ausgabe: Paris 1985.

BALTHASAR BEKKER

* 20.3.1634 Metsalwier / Prov. Friesland
† 11.7.1698 Amsterdam

DE BETOVERDE WERELD, zijnde een grondig ondersoek van't gemeen gevoelen aangaande de geesten, derselver aart en vermogen. Bewind en bedrijf: als ook't gene de menschen door derselver kraght en gemeinschap doen

(ndl.; *Die bezauberte Welt oder eine gründliche Untersuchung des allgemeinen Aberglaubens, betreffend die Art und das Vermögen, Gewalt und Wirkung des Satans und der bösen Geister über den Menschen, und was durch derselben Kraft und Gemeinschaft tun*). Philosophisch-zeitkritische Untersuchung von Balthasar Bekker, erschienen 1691. – Bekkers frührationalistische, auf Descartes' Philosophie basierende Streitschrift wendet sich als eines der ethisch und geistesgeschichtlich wertvollsten Werke der wissenschaftlichen Barockliteratur gegen jegliche Art von Aberglauben seiner Zeit, ausgehend von der Erkenntnis, daß man »ohne die Vernunft oder den Verstand mitzunehmen, nur ein unvernünftig Tier bei Gott« sei und daß die zeitgenössischen Vorstellungen über Magie und Zauberei »auf sehr losen Grunden schweben«. – »Die gemeine Meinung, die man von dem Teufel, seiner großen Erkenntnis, Kraft und Wirkung hat, und von den Menschen, die man dafürhält, daß sie mit ihm in Gemeinschaft stehen, kam mir bei dem Licht, das ich mit anderen Menschen von der Natur habe..., sehr zweifelhaftig für.«

Die gründliche Systematik der insgesamt vier Bücher gliedert sich in einen theoretischen und einen praktischen Teil. Das erste Buch behandelt die »Ursprünge des Geisterglaubens bei den Heiden« und dessen Infiltration in das christliche Gedankengut, die der Autor im zweiten Buch spezifiziert, wo er die in der Bibel auftauchenden übersinnlichen Erscheinungen ad absurdum führt; er schließt mit der These, daß jede Annahme einer vielgestaltigen Geisterwelt das Fundament des Monotheismus antaste. Der theologische Beweis dieser These füllt das dritte Buch, während das sittengeschichtlich interessanteste vierte einen Katalog ausgewählter Tricks und »Zaubereien« der mittelalterlichen und zeitgenössischen Gaukler enthält, bei denen Bekker stets nachweist, daß sie »durch eigene Kräfte, durch eigenen Verst.nd und nicht durch Hilfe eines Höllengeistes« entstünden. – Den sehr umständlichen Vortrag wird man der Untersuchung nachsehen, wenn man bedenkt, daß sie zu jenen seltenen Werken gehört, welche die Entwicklung des menschlichen Denkens um einen bedeutsamen Schritt vorwärtsgebracht haben, und zwar auf Kosten des Autors: Die Publikation seiner »Enthüllungsschrift« brachte Bekker um sein Amt als Pfarrer und um sein akademisches Ansehen. W.Sch.

AUSGABEN: Leeuwarden 1691. – Deventer 1739.

ÜBERSETZUNGEN: *Die bezauberte Welt oder eine gründliche Untersuchung des allgemeinen Aberglaubens, betreffend die Art und das Vermögen, Gewalt und Wirkung des Satans und der bösen Geister über den Menschen, und was diese durch derselben Krafft und Gemeinschaft thun*, anon., Amsterdam 1693. – *Bezauberte Welt*, J. M. Schwager, 3 Bde., Hbg. 1781/82.

LITERATUR: J. G. Walch, *Einleitung in die Religionsstreitigkeiten außerhalb der lutherischen Kirche*, 3/3, Jena 1734, S. 499 ff. – J. M. Schwager, *Beytrag z. Geschichte der Intoleranz oder Leben, Meynungen u. Schicksale des ehem. Doctor der Theologie B. B.*, Lpzg. 1780. – D. Lorgion, *B. B. in Franeker*, Den Haag 1848. – Ders., *B. B. in Amsterdam*, 2 Bde., Groningen 1850. – A. v. der Linde, *B. B.*, Den Haag 1869 [m. Bibliogr.]. – Hagenbach u. Rogge, *B. B.* (in A. Hauck, *Realencyklopädie f. protest. Theologie u. Kirche*, Bd. 2, Lpzg. 1897, S. 545/546). – W. P. C. Knuttel, *B. B., de bestrijder van het bijgeloof*, Den Haag 1906. – Ders., *B. B.* (in *Nieuw Nederlandsch' biografisch woordenboek*, Bd. 1, Leiden 1911, Sp. 277–279). – *B. B.* (in *Biografisch woordenboek van Protestantsche godgeleerden in Nederland*, 5 Bde., Den Haag 1931–1943; 1, S. 389–412). – W. Reuning, *B. B.* (in ZfKg, N. F. 8, 1926, S. 562 ff). – W. F. Dankbaar, *B. B.* (in RGG³, 1, Sp. 1017).

RABAH BELAMRI

* 11.10.1946 Bougaa / Guergour

REGARD BLESSÉ

(frz.; *Verletzter Blick*). Roman von Rabah BELAMRI (Algerien), erschienen 1987. – Der bisher einzige Roman des seit langem erblindeten Autors führt den Leser in ein Dorf in der Nähe von Sétif, das seit sieben Jahren stark unter dem Krieg zu leiden hat. Der junge Hassan, der allmählich wegen einer Netzhautablösung erblindet, soll in Algier operiert werden. Doch zwei Monate lang versucht seine Mutter, ihn mit Hausrezepten, Zauberei und Beschwörungen nach altbekannter Medizin zu heilen, denn »*die bösen Geister, nur sie können ihrem Sohn auf die Augen geschlagen haben. Der Weissager sah sie in seinem inneren Spiegel, wie sie agierten: sie gehörten zu einer im Wasser lebenden Art, der sicherlich schlimmsten Sorte*«. Für die Wahrsagerin kam das Übel vom bösen Blick. War Hassan nicht seiner Tante Lineb einmal begegnet, ohne sie zu grüßen? Darüber mußte die Tante sehr betrübt sein und hatte vielleicht gewünscht, er solle mit Blindheit geschlagen werden. Also muß Hassan einen Talisman tragen, den Duft getrockneter Tabak- und Oleanderblätter inhalieren, den Kopf in Eimer kalten Wassers halten, sich Porzellanpulver in die Augen spritzen, die Nacht über auf dem Kopf eine Packung aus Öl, Alkohol, Essig, Zwiebeln, Knoblauch, Cayennepfeffer, Gewürznelken, Ingwer, Muskatnuß, Thymian, Schießpulver und tausend anderen ungewöhnlichen Ingredienzien tragen. Inzwischen tobt der Krieg immer heftiger und hindert Hassan daran, zur Behandlung nach Algier zu fahren. So läßt er die Heilversuche der Mutter über sich ergehen, nicht weil er an Besserung glaubt, sondern weil sie mehr als er unter dieser Krankheit leidet. Auch der Krieg bleibt ohne klare Umrisse, blind wie ein Kind. Auf der einen Seite stehen die Franzosen und die von ihnen rekrutierten und gegen die Aufständischen geschickten algerischen Kampfgenossen, die Harkis: »*Die Uniform machte sie arrogant, sie sprachen laut, lachten laut, gingen in die Kneipen, ohne sich zu schämen.*« Auf der anderen Seite kämpfen die aufständischen, oft blutrünstigen Fellagas für die Unabhängigkeit ihres Landes. Zwischen beiden Fronten leben, verwirrt und verängstigt, die Dorfbewohner; und über allen liegt die Angst vor dem Tod. Mal findet der Zufall sein Opfer, mal handelt es sich um Familienstreitigkeiten, die durch Mord bereinigt werden und mit dem Krieg nichts zu tun haben. Manchmal desertieren auch Harkis, schließen sich ihren kämpfenden Landsleuten an und vergrößern damit noch die allgemeine Verwirrung. Einige Tage vor den Unabhängigkeitsfeiern kommt Hassan nach Algier. Kranke Leidensgenossen erzählen ihm: »*Die Unabhängigkeit, ihr Kinder, ist etwas sehr schönes... Paläste wird man in großer Zahl bauen, mit Marmor, Gold und Wasserspielen. Auch Gärten, Beete, Herden und Minarette werden zahlreicher sein als die Sterne am Himmel. Alles wird wie früher werden. Wie im Paradies wird es sein. Jeder von euch wird auf dieser Erde die Erfüllung seiner Wünsche erleben.*« Inmitten der letzten blutigen Kämpfe träumen die Kinder von dem, was in einem unabhängigen Algerien anders sein wird: Niemand soll mehr krank werden. Doch kaum ist die Freiheit errungen, beginnt die Verfolgung der Kollaborateure, versuchen viele, Eigentum und Macht zu ergattern, während Hassan wieder in sein Dorf zurückkehrt, die traditionelle Medizin über sich ergehen lassen muß, die ihn unwiderruflich erblinden läßt.

Belamri, der bislang nur durch Erzählungen hervorgetreten war, schildert hier eine Tragödie im doppelten Sinn: die zunehmende Blindheit Hassans, dessen Schicksal zugleich das blinde Los symbolisiert, dem die Menschen in jenen wirren Jahren bis zur Unabhängigkeit des Landes ausgesetzt waren – und die enttäuschten Hoffnungen in der Zeit danach. Einige Passagen erinnern dabei an die autobiographische Erzählung Le soleil sous le tamis, 1982 *(Die Sonne unter dem Sieb)*. Der Stil des Autors weicht entscheidend vom üblichen, oft leidenschaftlichen Ton anderer maghrebinischer Schriftsteller ab. Hier stehen das Wunderbare und das Lachen neben der Grausamkeit; Zuneigung und Zärtlichkeit entdeckt der junge Hassan in seiner Begegnung mit dem Leben. Die Blindheit, der Hassan nicht entgehen kann, wird eine Quelle, in der Himmel und Erde verschwimmen, aber die totale Dunkelheit »*erstrahlt farbig in unzählig vielen greifbaren Lichtpunkten*«. L.H.G.

Ausgabe: Paris 1987.

FEO BELCARI

* 1410 Florenz
† 1484 Florenz

LITERATUR ZUM AUTOR:
Gamba, *Notizia intorno alle opere di F. B.*, Mailand 1808. – F. Ceccarelli, *F. B. e le sue opere*, Siena 1907.
 – A. Cioni, *Bibliografia delle »Sacre rappresentazioni«*, Florenz 1961. – G. E. Viola, *F. B.* (in Cultura e Scuola, 23, 1984, Nr. 92, S. 15–22). – M. Marti, Art. *F. B.* (in Branca, 1, S. 247–249).

ABRAMO E ISACCO

(ital.; *Abraham und Isaak*). Geistliches Spiel von Feo BELCARI, Uraufführung: Florenz 1449, in der Kirche Santa Maria Maddalena in Cestelli; erschienen 1485. – In der Reihe der Geistlichen Spiele versucht der zu den »*Scrittori devoti*« zählende Belcari, die Passionsspiele des Mittelalters wiederzubeleben. – *Abramo e Isacco* ist in der italienischen Literatur die bekannteste Dramatisierung des biblischen Stoffs, der sich in Belcaris Ausführung eng an die biblische Vorlage anlehnt. Das Stück beginnt mit dem Prolog des Engels, der den biblischen Inhalt und den Gang der Handlung erläutert. Während Abraham mit seinem Sohn Isaak den Weg zum Opferaltar geht, wird seine Gewissensnot geschildert, die sich auflöst, nachdem er den Beweis seines Gehorsams erbracht, Gott auf das Opfer verzichtet hat und Abraham glücklich zu seinem Haus zurückkehrt. Die Nähe zum mittelalterlichen Passionsspiel zeigt sich auch in der während der ganzen Handlung unveränderten Simultanbühne, auf der alle beteiligten Personen – Abraham, Isaak und Sara, die ihn auf der Schwelle des Hauses erwartet – gleichzeitig anwesend sind. Die Bühne ist mit einfachsten Mitteln ausgestattet: ein Tor stellt das Haus Abrahams, eine aus wenigen Stufen bestehende Erhöhung die Opferstätte dar.

Die geistlichen Spiele Belcaris waren mit der Absicht der geistlichen Erziehung geschrieben worden, auf einer Ebene, auf der sich der Zuschauer wiedererkennen konnte. Sie weisen sich durch die Verwendung der achtzeiligen Stanze, durch klare Sprache und einfache Handlungsführung aus und beziehen gerade aus der Einfachheit ihren Reiz. Belcari wirkte in Florenz, dem kulturellen Zentrum seiner Zeit, und bereitete durch die Verbindung von Latein und italienischer Hochsprache dem Drama der Renaissance den Weg. Indem Belcari in seinen *sacre rappresentazioni* eine Art Erbauungsliteratur religiösen Inhalts mit Verbindungen zur gebildeten Literatur des 13. und 14. Jh.s schuf, wandte er sich an ein neues, breites Publikum, das vom Kleinbürgertum und der Handwerkerschicht bis zu Hofkreisen reichte. Zu seinen zahlreichen Nachahmern zählte nicht nur LORENZO DE' MEDICI, an dessen Hof Belcari verkehrte, sondern auch L. PULCI (1432–1484) und T. FOLENGO (1491 bis 1544). D.De.

AUSGABEN: Florenz 1485. – Venedig 1525. – Turin 1920 (in *Sacre rappresentazioni e laude*, Hg. O. Allocco-Castellino; krit.). – Florenz 1943 (in *Laude dramatiche e rappresentazioni sacre*, Hg. V. de Bartholomaeis, Bd. 2). – Turin 1963 (in *Sacre rappresentazioni del quattrocento*, Hg. L. Banfi); [2]1968.

– Mailand 1974 (in *Sacre rappresentazioni del Quattrocento*, Hg. G. Ponte).

VERTONUNG: I. Pizetti (Uraufführung: Rom 1917, Politeanea).

LITERATUR: S. Riva, *Da F. B. a Giovanni Leopardi* (in La Rassegna, 24, 1916). – F. Galdenzi, *Eco di vita, di fede, di arte* (in *Fuori dell'ombra*, Sora 1920). – B. Croce, *Poesia popolare e poesia d'arte*, Bari 1946. – P. Puliatti, *Letteratura ascetica e mistica del Quattrocento*, Catania 1953. – G. Guccini, *Retoriche e società nell' »Abramo e Isacco« di F. B.* (in Biblioteca teatrale, 19, 1977). – N. Newbiggin, *Il testo e il contesto dell' »Abramo e Isacco« di F. B.* (in Studi e problemi di critica testuale, 23, Okt. 1981).

LA FESTA DELLA ANNUNTIATIONE DI NOSTRA DONNA

(ital.; *Das Fest Mariä Verkündigung*). Geistliches Spiel in Oktaven von Feo BELCARI, erschienen um 1495. – Das geistliche Spiel, das vermutlich bereits im Jahr 1471 entstanden ist und zu Ehren eines Besuchs des Grafen Galeazzo Sforza in Florenz auf dem Platz der Kirche San Felice uraufgeführt wurde, ist eines der *sacre rappresentazioni* Belcaris, zu denen neben dem vorliegenden Stück sein Hauptwerk *Abramo e Isacco* sowie eine Reihe kleinerer geistlicher Spiele gehören. *La festa della Annuntiatione di nostra Donna* begründete nicht nur den literarischen Ruhm Belcaris, sondern machte ihn in seiner öffentlichen Funktion endgültig zu einem der angesehensten und wichtigsten Repräsentanten der Florentiner Kultur seiner Zeit. In dem Werk verbindet sich die religiöse Erbauungsliteratur mit einer Rückbesinnung auf soziale Zustände. Zu weiten Teilen besteht das geistliche Spiel aus Prophezeiungen der Geburt Christi, in denen Belcari christliche Tradition, kirchliches Dogma und Elemente heidnischen Gedankenguts miteinander verbindet. – Die Szene beginnt mit einem Chor der Sibyllen und Propheten, die in Gegenwart der Jungfrau Maria, die sich im Hintergrund der Bühne aufhält, einzeln aufgefordert werden, ihre Prophezeiungen der Geburt Christi zu verkünden. Danach öffnet sich der Himmel und der Erzengel Gabriel verkündet der Jungfrau Maria ihre Auserwählung zur Gottesmutter. Um den Höhepunkt der Handlung hervorzuheben, geht Belcari an dieser Stelle nunmehr zum liturgischen Latein über und fügt in die Handlung Teile aus der zweiten Lesung des Offiziums der Hl. Jungfrau im Advent ein. Das Stück schließt mit zwei Gesängen in Terzinen zu Ehren der Jungfrau Maria und der Engel.

Belcari begründete seinen literarischen Ruhm mit seinen *sacre rappresentazioni*, das heißt einem dramatisierten geistlichen Spiel, das Teil des liturgischen Gottesdienstes wurde, und seinen *laudi (Lauden)*, wobei er sich auf die Tradition der bereits im 13. Jh. dramatisierten mittelalterlichen Lauden und Passionsspiele bezieht. Belcaris geistliche Spiele lassen sich als Werk mit stark religiöser Inspiration bezeichnen, die den moralischen Anspruch erheben, das soziale Gewissen des Zuschauers anzusprechen und ihn auf den Weg des Guten zu führen. Es handelt sich im allgemeinen um eine Verbindung von biblischen, liturgischen und hagiographischen Elementen, die durch kein vorgegebenes strukturelles Schema behindert wird; gleichsam eine Erzählung, die am wichtigsten Punkt der Handlung dramatisiert ist. Als geistliche Erziehung könnte man somit das Hauptanliegen von Belcaris Schaffen bezeichnen: nicht zuletzt seiner besonderen Fähigkeit wegen, das Wunder und den Höhepunkt der biblischen Handlung in einer vertrauten, fast alltäglichen Umgebung anzusiedeln, in der sich der Zuschauer wiederfinden kann. Belcari war der bekannteste Vertreter dieser Gattung, die in seiner Bearbeitung Aspekte der angenehmen Unterhaltung annahm, sich so der neuen Zeit anpaßte, damit zum Wegbereiter des Renaissance-Dramas wurde und vor allem in seiner Heimatstadt Florenz große öffentliche Resonanz fand. In einer zweiten Bearbeitung des Stoffes *(La rappresentazione dell'annunciazione)* erschien die Handlung zugunsten der dramatischen Wirkung wesentlich erweitert. D.De.

AUSGABEN: Florenz 1495 (?). – Florenz 1554 *(La representatione: Festa della annuntiatione di nostra Donna)*. – Florenz 1833 *(Rappresentazioni)*. – Florenz 1872 (in *Sacre rappresentazioni dei secoli XIV, XV e XVI*, Bd. 1, Hg. A. D'Ancona). – Turin 1920 (in *Sacre rappresentazioni e laude*, Hg. O. Allocco-Castellino; krit.). – Mailand 1942 (in *Le sacre rappresentazioni italiane*, Hg. M. Bonfantini).

LITERATUR: A. D'Ancona, *Origini del teatro italiano*, 2 Bde., Turin ²1891. – B. Maier, *Due »Sacre rappresentazioni« del Quattrocento* (in Ansonia, 11, 1956).

VISSARION GRIGOR'EVIČ BELINSKIJ

* 11.6.1811 Sveaborg / Finnland
† 7.6.1848 Petersburg

LITERATUR ZUM AUTOR:
V. S. Nečaev, *V. G. B.*, Moskau/Leningrad 1940. – P. I. Lebedev-Poljanskij, *V. G. B., Literarno-kritičeskaja dejatel'nost'*, Moskau/Leningrad 1945. – N. L. Brodskij, *V. G. B.*, Moskau 1946. – *B.-istorik i teoretik literatury*, Hg. N. L. Brodskij, Moskau/Leningrad 1949. – N. Mordovčenko, *B. i russkaja literatura ego vremeni*, Moskau/Leningrad 1950. – P. Mezencev, *B.*, Moskau 1957. – S. Fasting, *V. G. B. Die Entwicklung seiner Literaturtheorie*, Bergen

1972. – E. I. Kijko, *V. G. B. Očerk literaturno-kritičeskoj dejatel'nosti*, Moskau 1972. – V. G. Berezina, *B. i. voprosy istorii russkoj žurnalistiki*, Leningrad 1973. – J. Schillinger, *The Evolution of Artistic Criteria in the Criticism of V. B.*, Diss. Univ. of Wisconsin 1973. – V. Terras, *B. and Russian Literary Criticism. The Heritage of Organic Aesthetics*, Madison 1974 – P. V. Sobolev, *Estetika B.*, Moskau 1978. – V. R. Ščerbina, *Revoljucionno-demokratičeskaja kritika i sovremennost'. B., Černyševskij, Dobroljubov*, Moskau 1980.

VZGLJAD NA RUSSKUJU LITERATURU 1847 GODA

(russ.; *Blick auf die russische Literatur des Jahres 1847*). Literaturtheoretische Abhandlung von Vissarion G. BELINSKIJ, erschienen 1848. – In dieser letzten großen Abhandlung umreißt der streitbare Kritiker noch einmal sein nach der Hegel-Krise zu Beginn der vierziger Jahre nun nicht mehr den »apriorischen Systemen« und Ideen, sondern dem sozialen Fortschritt und der Veränderung einer als unvernünftig begriffenen Wirklichkeit verpflichtetes ästhetisches und literarisches Programm. Angesichts der wichtigsten Neuerscheinungen des Jahres 1847 – GERCENS *Kto vinovat? (Wer ist schuld?)*, GONČAROVS *Obyknovennaja istorija (Eine gewöhnliche Geschichte)* und TURGENEVS *Zapiski ochotnika (Aufzeichnungen eines Jägers)* – hält Belinskij den Sieg der »natürlichen Schule« *(natural'naja skola)* über die »rhetorische«, d. h. über die ästhetisierende Richtung der russischen Literatur und damit zugleich den Triumph der Prosagattungen Roman, Erzählung, literarische Skizze für ausgemacht. Die Idee der »reinen Kunst« des interesselosen Wohlgefallens sei ein typisches Produkt des zur abstrakten Spekulation neigenden deutschen Geistes. Sie entspreche weder den gesellschaftlichen Erfordernissen Rußlands noch dem Wesen der Kunst überhaupt. Nicht einmal die Antike, an der die Ästhetik des Idealismus sich orientiere, habe eine Kunst um ihrer selbst, d. h. um der Form willen, gekannt. Vielmehr beruhe sie auf einem Gleichgewicht von Inhalt und Form. Der progressive Gang der Geschichte destabilisiere dieses Gleichgewicht und führe unausweichlich zum Primat des Inhalts über die formalen Komponenten des Kunstwerks. Damit ist nicht nur ein höheres Maß an Reflexion und Selbstreflexion im Kunstwerk, sondern auch die verstärkte Rückkoppelung des ästhetischen Zeichens an die Empirie gemeint. Seit GOGOL', dessen Werk den ersten Höhepunkt der »natürlichen Schule« markiert habe, sei sich die russische Literatur ihrer wahren Bestimmung bewußt geworden: *»der Wiedergabe der Wirklichkeit in ihrer ganzen Wahrheit«*. Dies bedeutet in erster Hinsicht die Wiedergabe jener sozialen Wirklichkeit, die vom Klassizismus und von der Romantik ebenso tabuisiert worden ist wie von der zeitgenössischen Unterhaltungsliteratur. Kunst und Wissenschaft verfolgen dasselbe Ziel, indem sie der Gesellschaft helfen, sich ihrer selbst bewußt zu werden. Sei jene aber auf das logische Argument und auf Spezialsprachen angewiesen und daher nur einer Minderheit zugänglich, so bestehe der Vorteil der Kunst darin, daß sie durch die Hervorbringung von allgemeinverständlichen, typischen Bildern breiteste Leserschichten erreiche. Um dies zu gewährleisten, dürfe sich die Kunst bei der ästhetischen Reproduktion der Wirklichkeit allerdings auch nicht auf die fotomechanische Wiedergabe des Einmaligen und Zufälligen – das bloße *»Malen nach der Natur«* – beschränken, sondern bleibe sie auf die beflügelnde, verallgemeinernde Kraft der Phantasie angewiesen.

In die Forderung nach verstärkter Selbstreflexion bezieht Belinskij ausdrücklich auch die literarische Kritik mit ein. Deren Aufgabe sei es, die jeweils »führende Richtung« der Gegenwartsliteratur aufzuzeigen und sich auf diese Weise zum Agenten des »Fortschritts« zu machen. Kennzeichnend für Belinskijs Ansatz ist es, daß er literarische Kommunikation damit nicht mehr auf die intime und unmittelbare Beziehung zwischen Text und Leser beschränkt, sondern diese im Rahmen einer breiten literarischen Öffentlichkeit definiert, an der neben Autoren, Texten und Lesern auch Kritiker, Verlage und Zeitschriften maßgeblich beteiligt sind. – Nach dem Tode Belinskijs, auf den sich die Theoretiker des sozialistischen Realismus stalinistischer Prägung als ihren Ahnherren immer wieder, aber nicht immer zu Recht beriefen, wurde sein Programm einer *littérature engagée* erheblich radikaler von seinen Schülern N. A. DOBROLJUBOV und N. G. ČERNYŠEVSKIJ fortgeschrieben. A.Gu.

AUSGABEN: Moskau 1848 (in Sovremennik, Nr. 1 und 3). – Moskau 1956 (in *Poln. sobr. soč.*, Hg. N. F. Belčikov, 1953–1959, Bd. 10).

ÜBERSETZUNG (Ausz.): *Über Kritik. Ein Blick auf die russische Literatur des Jahres 1846 (1847)*, F. Frisch (in *Russische Kritiker*, Mchn. 1921). – *Betrachtungen über die russische Literatur des Jahres 1847* (Ausz. *»Das Programm des russischen kritischen Realismus«*, in W. B., *Aus ästhetischen Schriften*, Hg. G. Ziegengeist, Dresden 1953).

CLIVE BELL

* 16.9.1881 East Shefford / Bedfordshire
† 18.9.1964 London

CIVILIZATION

(engl.; *Zivilisation*). Essay von Clive BELL, erschienen 1928. – Der Autor, führendes Mitglied des

»Bloomsbury-Kreises«, widmete diese Schrift seiner Schwägerin Virginia WOOLF. Er hatte schon in jungen Jahren den bis zur Undurchführbarkeit ambitiösen Plan gefaßt, in einem Werk, das *The New Renaissance* heißen sollte, ein umfassendes Bild von Kunst, Denken und Gesellschaftsstruktur der Gegenwart zu entwerfen. Es sollte so beschaffen sein, daß die Geschichte dieser »Zivilisationsäußerungen« von den frühesten Zeiten bis heute den Zustand der zeitgenössischen Kultur verständlich machen würde. Teile des für dieses Projekt zusammengetragenen Materials spaltete Bell in separaten Publikationen ab, deren erste *Art*, 1914 *(Kunst)*, und deren letzte seine Arbeit über den Begriff und die Merkmale der »Zivilisation« ist (auf deutsch wohl besser mit »Kultur« wiederzugeben). Äußerer Anlaß der Untersuchung war Bells befremdetes, fast amüsiertes Staunen über jene Kriegsziel-Formulierung von 1914 bis 1918, die besagte, daß man den Krieg »*zur Verteidigung der Zivilisation*« führe. Was war das für ein hohes Gut, für das man »*stolz und erfreut war, andere Leute sterben zu lassen*«? Wo und wann in der Weltgeschichte war eine *civilization* verwirklicht worden, für die zu leben – oder gar zu sterben – gelohnt hätte? Bell nennt drei Epochen, die im wesentlichen seiner Idee einer allseitig entwickelten Kultur nahekommen: Athen von Marathon bis Alexanders Tod, also 480–323 v. Chr.; die Renaissance von Boccaccios Tod bis zur Plünderung Roms, 1375–1527; und Frankreich vom Ende der Fronde bis zur Revolution, 1660–1789. Seine Kriterien machen deutlich, wie sehr der »Bloomsbury-Kreis« der Philosophie G. E. MOORES verpflichtet ist, vor allem seinen *Principia Ethica*: An der Spitze stehen Wertgefühl *(»sense of values«)* und kritischer Geist; als Werte, die *»gut als Selbstzweck«* sind, gelten nur Seelen- oder Bewußtseinszustände des Menschen – alles andere, auch Kultur selbst, kann nur »*gut als Mittel*« sein; »Vernunft« im höchsten Sinn herrscht in einer wahren Kultur, und ihre Abkömmlinge sind Toleranz, Sinn für Humor, Nichtanerkennung von Tabus, Würdigung der Freude, ohne dabei ein schlechtes Gewissen zu haben. Eine Vorbedingung von »Kultur« ist die Existenz einer »*leisured class*«, einer in wirtschaftlicher Sicherheit lebenden »müßigen« Schicht, die aber keineswegs identisch mit der »*ruling class*«, der herrschenden Schicht, sein sollte.

Wer das Fehlen »sozial-ethischer« Gesichtspunkte in diesem Werk bemängeln zu müssen glaubt, sollte berücksichtigen, mit welch erstaunlicher Hellsicht Bell schon damals – als die »Freizeitgestaltung« der befreiten Massen noch nicht als Anschauungsmaterial dienen konnte – erkannte, daß die Erreichung eines menschenwürdigen Lohnniveaus noch nicht den kleinsten Schritt in Richtung des unwahrscheinlichen Wunders einer echten Kultur bedeutet. Der Konflikt zwischen einer moralischen und einer letztlich ästhetischen Lebensanschauung muß in einer Kulturbetrachtung Bellscher Prägung ein ungelöstes Problem bleiben und weist auf die Begrenztheit der zugrundeliegenden Philosophie hin – was freilich nicht den Reichtum des Buches an »zivilisierten«, geistreichen, witzigen Beobachtungen und »unzeitgemäßen« kritischen Einsichten in Frage stellt.   H.L.

AUSGABEN: Ldn. 1928. – Ldn. 1947. – Chicago/Ldn. 1973 (zus. m. *Old Friends*).

LITERATUR: J. K. Johnstone, *The Bloomsbury Group*, Ldn. 1954. – Qu. Bell, *Bloomsbury*, Ldn. 1968. – *The Bloomsbury Group*, Hg. S. P. Rosenbaum, Ldn. 1975, S. 194–201. – R. Shone, *Bloomsbury Portraits*, Oxford 1976. – R. G. Robinson, *The Bloomsbury Group: A Selective Bibliography*, Kenmore/Wash. 1978, S. 15–24. – L. Edel, *Bloomsbury: A House of Lions*, Philadelphia/NY 1979, S. 101–108. – D. A. Laing, *C. B. An Annotated Bibliography of the Published Writings*, NY/Ldn. 1983.

GERTRUDE BELL

* 14.7.1868 Washington / Durham
† 11.7.1926 Bagdad

THE DESERT AND THE SOWN

(engl.; *Ü: Durch die Wüsten und Kulturstätten Syriens*). Reisebericht von Gertrude BELL, erschienen 1907. – Die Verfasserin beschreibt ihre ungefähr drei Monate dauernde Reise von Jerusalem nach Alexandrette. Wie sie im Vorwort erklärt, geht es ihr nicht um einen Reisebericht im landläufigen Sinn. Sie will vielmehr wiedergeben, mit welchen Augen die Menschen des Vorderen Orients die Welt, in der sie leben, betrachten. Aus diesem Grund übernimmt sie besonders aufschlußreiche Äußerungen der Eingeborenen oft wörtlich in ihre eigenen Schilderungen. – Mit einer kleinen Karawane verläßt die Reisende Jericho, und nun tut sich das Jordantal in seiner unheimlichen Kargheit vor ihr auf. Sie beobachtet, wie russische Pilger im Jordan baden und getauft werden, sie besucht die Klöster Kurutul und Mar Sabe; sie begegnet Juden und abessinischen Priestern, türkischen Bauern und syrischen Beamten, belka-arabischen Hirten und adwan-arabischen Feldhütern, drusischen Pilgern und kurdischen Kaufleuten. Der anstrengenden Wüstendurchquerung folgt die Besichtigung der Kunststätten an den Ufern des Orontes, in Damaskus, Baalbek und Aleppo. Auf ihre Fragen nach den politischen Verhältnissen reagieren die meisten Einheimischen mit großer Vorsicht, eine Haltung, die die Autorin anhand eines geschichtlichen Rückblicks zu erklären sucht: das Agrarland Syrien, seiner geographischen Lage nach ein Durchgangsland, wurde immer wieder die Beute von Eroberern – ein Schicksal, das die Bevölkerung zu Anpassung oder Zurückhaltung zwang. Die Autorin glaubt feststellen zu können, daß es der zur Zeit ihrer Reise in Syrien herrschenden türkischen Verwaltung einigermaßen gelungen ist, die Bevölkerungsgruppen der verschiedensten Rassen und Religionen in Schach zu halten. Trotzdem ist ihr persönlicher Eindruck der eines ungeeinigten Landes, in dem die einzelnen Volksgruppen auf verschiedenen Zivilisationsstufen nebeneinander leben, von der seit dem Altertum kaum veränderten der Nomaden und Steppenbewohner bis zu der des 20. Jh.s. Oft hat die Verfasserin Gelegenheit, die stoische Lebenshaltung der Orientalen, ihre Passivität und ihre Bedürfnislosigkeit kennenzulernen. Bei den höheren Gesellschaftsschichten fallen ihr die tadellosen Umgangsformen, die Großherzigkeit und Ehrerbietung, die Tapferkeit und Ruhmredigkeit auf, und die orientalische Gastfreundschaft beeindruckt sie tief. Für europäische Begriffe erschreckend erscheint ihr dagegen die Grausamkeit und Willkür der Agas. In diesem Zusammenhang zitiert sie die aufschlußreiche Aussage eines einheimischen Kenners: »*Oh, Mylady, die Herzen der Menschen sind die gleichen überall, aber Sie haben in Ihrem Land eine starke und gerechte Regierung, der jeder, auch der Reiche, gehorchen muß. Bei uns dagegen gibt es keine Gerechtigkeit: der Große verschlingt den Kleinen, der Kleine den noch Kleineren, und die Regierung verschlingt sie alle.*«

Das flüssig geschriebene Buch, eine Mischung aus Reisebericht, kulturhistorischen und anthropologischen Betrachtungen, galt lange als eines der Standardwerke über Syrien. Die Verfasserin war auf Grund ihrer außergewöhnlichen Kenntnis des Vorderen Orients und der arabischen Sprache während des Ersten Weltkriegs Mitarbeiterin des berühmten Archäologen und Nahost-Experten David G. Hogarth im »Arab Bureau of Cairo«.   R.B.

AUSGABEN: Ldn. 1907. – Ldn. 1908 *(Syria. The Desert and the Sown)*. – Salem 1986 [Nachdr. d. Ausg. v. 1908].

ÜBERSETZUNG: *Durch die Wüsten und Kulturstätten Syriens*, anon., Lpzg. 1908; ²1910.

LITERATUR: M. R. Ridley, *G. B.*, Ldn. 1941. – J. Kamm, *Daughter of the Desert. The Story of G. B.*, Ldn. 1956. – E. Burgoyne, *G. B.*, Ldn. 1958.

EDWARD BELLAMY

* 26.3.1850 Chicopee Falls / Mass.
† 22.5.1898 Chicopee Falls / Mass.

LITERATUR ZUM AUTOR:
A. E. Morgan, *E. B.*, NY 1944. – S. E. Bowman, *The Year 2000: A Critical Biography of E. B.*, NY 1958; ern. 1979. – *E. B. Abroad: An American Prophet's Influence*, Hg. S. E. Bowman, NY 1962. – A. Lipow, *Authoritarian Socialism in America: E. B. and the Nationalist Movement*, Berkeley u. a. 1982. – S. E. Bowman, *E. B.*, Boston 1986 (TUSAS). – N. S. Griffith, *E. B.: A. Bibliography*, Metuchen 1986.

LOOKING BACKWARD: 2000–1887

(amer.; *Ein Rückblick aus dem Jahre 2000 auf das Jahr 1887*). Roman von Edward BELLAMY, erschienen 1888. – Julian West, ein reicher junger Mann aus Boston, leidet an chronischer Schlaflosigkeit und läßt sich häufig von seinem Arzt hypnotisieren, um in seinem schalldichten unterirdischen Schlafzimmer die ersehnte Ruhe zu finden. In einer Nacht des Jahres 1887 brennt das Haus über dem Schlafenden ab, sein Diener kann ihn nicht mehr aus der Hypnose wecken, und als Julian gefunden wird und erwacht, sind 113 Jahre vergangen. Im Boston des Jahres 2000 findet sich Julian in der Obhut des gütigen Dr. Leete und dessen schöner Tochter Edith, die sich später als eine Nachfahrin von Julians einstiger Braut entpuppt. Die sich aus dieser Begegnung entspinnende Liebesgeschichte, ja die Romanhandlung als solche, ist für das Buch als Ganzes von sekundärer Bedeutung. Bellamy geht es in erster Linie um den Entwurf eines utopischen Staats. Dabei verlängert er nicht, wie HUXLEY, ORWELL, BRADBURY u. a. es später getan haben, gefährliche politische und gesellschaftliche Entwicklungen in die Zukunft, sondern schildert den idealen Staat, wie er ihm vorschwebte.

Wie dieser utopische Zustand erreicht worden ist, wird nur vage angedeutet: Irgendwann im 20. Jh. ist die Menschheit von einer Welle der Vernunft und des Gemeinsinns erfaßt worden, und damit war der Errichtung eines genossenschaftlichen Staatswesens der Weg geebnet. In der Welt des Jahres 2000 gibt es nur noch »industrielle Republiken«, die wie ein riesiger Bundesstaat zusammenarbeiten und dadurch über genügend materiellen Reichtum verfügen, um jedem Bürger ein sorgenfreies Dasein zu sichern. Arbeit muß zwar geleistet werden, aber durch sinnvolle Organisation und durch gerechte Verteilung der produzierten Werte ist dafür gesorgt, daß keiner ausgebeutet oder übervorteilt wird. Jedermann wird entsprechend seinen Fähigkeiten ausgebildet, muß aber, falls er nicht krank ist, drei Jahre lang manuell arbeiten. Auf diese Weise erreicht der Staat, daß wenig beliebte Tätigkeiten verrichtet werden und niemand sich benachteiligt fühlt. Mit Ausnahme dieser Durchgangsperiode ist alle Arbeit freiwillig, da ja der vernunftbeherrschte Mensch im eigenen Interesse den Beruf ergreifen wird, für den er am besten geeignet ist. (Selbst Julian, das Relikt aus dem Jahr 1887, findet eine passende Aufgabe: Er wird Professor für Geschichte des 19. Jh.s.) Mit Ausnahme eines für Forschung, Regierung und Verwaltung wichtigen Personenkreises wird jeder Bürger, der das 45. Lebensjahr erreicht hat, aus dem Erwerbsleben entlassen und kann sich seinen persönlichen Neigungen widmen. Statt Geld gibt es Kreditkarten, von denen jeder die gleiche Menge erhält. Wenn – so Bellamys Theorie – die Welt nach dem Prinzip, daß alle Menschen gleich sind, organisiert würde, müßten die Gier nach Geld und Macht und alle üblen Folgeerscheinungen zwangsläufig verschwinden, gäbe es keinen Grund mehr für Lüge, Neid und Verbrechen. Da jeder zum Besten des Ganzen handelt, kann diese Gesellschaft stark zentralisiert, können ihre Verwaltungsgremien und Arbeitsheere nach betriebswirtschaftlichen und militärischen Gesichtspunkten organisiert sein. Private Verantwortlichkeit im Wirtschaftsleben ist nicht mehr erforderlich, Konkurrenzkampf daher nicht mehr möglich. Nur eine kleine Elite der über Fünfundvierzigjährigen hat Einfluß auf die Besetzung der Führungsämter, und auch hier kann jeder nur innerhalb seines Spezialgebiets abstimmen.

Daß diese utopische Welt, in der alle Produktionsmittel Staatseigentum sind, in vielem der klassenlosen Gesellschaft marxistischer Prägung gleicht, ist darauf zurückzuführen, daß Bellamy sie als Antithese zu den Mißständen des Frühkapitalismus konzipierte, von denen er die christlich-demokratischen Ideale Amerikas gefährdet sah. Dies sollte sich der heutige Leser vor Augen halten, der Bellamys Fortschrittsglauben für naiv halten und Anstoß daran nehmen mag, daß der Autor weder die Gefahren des Managertums und der perfektionierten Bürokratie in einem allmächtigen Staat noch die unterschiedlichen Triebkräfte des Menschen einkalkuliert und sich nicht an dem offensichtlichen Materialismus seiner utopischen Gesellschaft gestoßen hat. Gerade Bellamys Idealismus war es, der in einer Zeit, da der Triumph der Maschine und der freie Wettbewerb sich für weite Bevölkerungskreise nachteilig auswirkten, den überwältigenden Erfolg seines Buchs auslöste.

Der Roman wurde in über zwanzig Sprachen übersetzt, soll u. a. Thorstein VEBLEN (vgl. *The Theory of the Leisure Class*) beeinflußt haben und stand in Amerika höchstens *Uncle Tom's Cabin* an Popularität nach. In den USA wurden über 150 Bellamy-Clubs mit dem Ziel gegründet, die in *Looking Backward* geschilderte Gesellschaft zu verwirklichen. Eine Flut utopischer Schriften führte um die Jahrhundertwende die Gedanken des Buchs fort. Bellamy selbst veröffentlichte 1897 eine Fortsetzung, *Equality (Gleichheit)*, mehr Traktat als Roman, die die künstlerische Geschlossenheit des vorausgegangenen Buches nicht erreichte. J.v.Ge.–KLL

AUSGABEN: Boston 1888; [17]1889. – Boston 1931 [Einl. S. Baxter]. – NY 1942 [Einl. H. Broun]. – NY 1959 (Einl. J. Schiffman). – Boston 1966, Hg. R. C. Elliott. – Cambridge/Mass. 1967, Hg. J. L. Thomas. – NY 1979, Hg. F. R. White. – Harmondsworth 1982, Hg. C. Tichi.

ÜBERSETZUNGEN: *Alles verstaatlicht. Sozialpolitischer Roman*, G. Malkowsky, Bln. 1889. – *Ein Rückblick aus dem Jahre 2000 auf 1887*, G. v. Gizycki, Lpzg. 1890; ern. 1937 (RUB). – *Im Jahr 2000. Ein Rückblick auf das Jahr 1887*, R. George, Halle 1890. – *Ein Rückblick aus dem Jahre 2000 auf das Jahr 1887*, K. Zetkin, Stg. [2]1914; ern. Bln. 1949, Bearb. H. Duncker. – *Ein Rückblick aus dem Jahre 2000*, dies., Lpzg. 1965; ern. 1980 (RUB). – *Ein Rückblick aus dem Jahre 2000 auf das Jahr 1887*, dies., Bln./Bonn 1978. – Dass., G. v. Giżycki, Hg. W. Biesterfeld, Stg. 1983 (RUB).

LITERATUR: H. Fraenkel, *Gegen B.! Eine Widerlegung des sozialistischen Romans »Ein Rückblick aus dem Jahre 2000«*, Würzburg 1891. – O. Weichmann, *E. B.s »Ein Rückblick aus dem Jahre 2000 auf 1887« im Zusammenhang mit den Staatsromanen der Gegenwart*, Calw 1908. – C. A. Madison, *E. B., Social Dreamer* (in New England Quarterly, 15, 1942, S. 444–466). – E. Sadler, *One Book's Influence. E. B.'s »Looking Backward«* (ebd., 18, 1944, S. 530–555). – A. W. Levi, *E. B., Utopian* (in Ethics, 55, 1945, S. 131–144). – T. M. Parssinen, *B., Morris, and the Image of the Industrial City in Victorian Social Criticism* (in Midwest Quarterly, 14, 1973, S. 257–266). – R. J. Wilson, *Experience and Utopia: The Making of E. B.'s »Looking Backward«* (in Journal of American Studies, 11, 1977, S. 45–60). – N. Khour, *The Clockwork and Eros: Models of Utopia in E. B. and W. Morris* (in CLA, 24, 1981, S. 376–399). – W. Kluge, *Sozialismus und Utopie im späten 19. Jh.* (in *Alternative Welten*, Hg. M. Pfister, Mchn. 1982, S. 197–215). – R. Jehmlich, *Cog-Work: The Organization of Labor in E. B.'s »Looking Backward« and in Later Utopian Fiction* (in *Clockwork Worlds: Mechanized Environments in SF*, Hg. R. D. Erlich u. a., Westport 1983, S. 27–46). – K. M. Roemer, *»Looking Backward«: Popularität, Einfluß und vertraute Verfremdung* in *Literarische Utopien von Morus bis zur Gegenwart*, Hg. K. L. Berghahn u. U. Seeber, Königstein/Ts. 1983, S. 146–162). – O. Hansen, *E. B.: »Looking Backward«: 2000–1887 (1888)* (in *Die Utopie in der angloamer. Literatur: Interpretationen*, Hg. H. Heuermann, Düsseldorf 1984, S. 103–119).

ROBERTO FRANCESCO ROMOLO BELLARMINO

* 4.10.1542 Montepulciano
† 17.9.1621 Rom

DISPUTATIONES DE CONTROVERSIIS CHRISTIANAE FIDEI ADVERSUS HUIUS TEMPORIS HAERETICOS

(nlat.; *Disputationen über Streitfragen des christlichen Glaubens, gerichtet gegen die Häretiker dieser*

Zeit). Theologische Kampfschrift von Roberto BELLARMINO. Die unvollständige Erstausgabe dieses umfassenden Standardwerks der Gegenreformation wurde 1586–1593 in Ingolstadt in drei Bänden aufgelegt; in der Pariser Werkausgabe umfaßt die Schrift sechs Bände. – Roberto Bellarmino, dessen Mutter eine Schwester von Papst Marcellus II. war, schloß sich 1560 dem Jesuitenorden an und begann seine philosophischen Studien am Collegium Romanum, denen eine kurze theologische Ausbildung in Padua folgte, bis er 1569 als erster jesuitischer Professor nach Löwen gesandt wurde. Seine Vorlesungen basierten auf der *Summa theologica* (1267–1273) von THOMAS VON AQUIN, aber gleichzeitig begann er sich ausführlich mit der *Bibel*, den biblischen Sprachen und der Patristik vertraut zu machen. 1576 wurde er dann von Gregor XIII. ans Collegium Romanum nach Rom berufen. Seine Erhebung in den Kardinalsrang durch Klemens VIII. im Jahr 1599 brachte Roberto Bellarmino in das Zentrum praktischer Kirchenpolitik. In dieser Funktion war er sowohl am Prozeß gegen Giordano BRUNO (1600) als auch an der Abmahnung von Galileo GALILEI (1616) beteiligt; in beiden Fällen erwecken die Protokolle den Eindruck, daß er nur widerstrebend die Entscheidungen des Heiligen Offiziums mitvertrat. Von 1602 bis 1605 residierte Bellarmino als Erzbischof in Capua, danach wieder an der Kurie in Rom, wo er als Diplomat und Schriftsteller vor allem mit der Verteidigung der päpstlichen (kirchlichen) Gewalt befaßt war.

Die Grundlage der *Disputationes* bildeten Vorlesungen Bellarminos am Collegium Romanum. Neuauflagen des Werks im 18. und 19. Jh. deuten darauf hin, daß seine Stellungnahmen über den aktuellen Anlaß hinaus als theologisch gültig erachtet wurden. Die Bedeutung des Werks wird auch durch die protestantischen Reaktionen darauf bestätigt: an deren theologischen Fakultäten wurden Anti-Bellarmistische Lehrstühle errichtet, und die Verbreitung seiner Schrift wurde in ihrem Einflußbereich verboten. – Die *Disputationes* oder *Controversiae*, wie dieses Werk in der Sekundärliteratur häufig benannt wird, kommen in ihrer Anlage als auch im Gesamtschaffen Bellarminos dem Konzept einer mittelalterlichen »*Summa*« nahe, indem sie die Gesamtheit der dogmatischen Grundlagen des römisch-katholischen Bekenntnisses zu behandeln suchen. Praktisch alle späteren theologischen Schriften des Autors können auf dieses Kompendium zurückgeführt und als klärende Erweiterungen darin umrissener Grundlagen interpretiert werden. Die Methoden der Argumentation heben das Werk allerdings deutlich von mittelalterlichen Vorbildern ab, ja erscheinen selbst als eine Reaktion auf die von Reformatoren entwickelten kritischen Ansätze.

Methodisch griff Roberto Bellarmino die von Matthias FLACIUS-ILLYRICUS für die *Magdeburger Centurien* entwickelten und von Cesare BARONIO für seine *Annales ecclesiastici* adaptierten Ansätze nun auch für die systematische Theologie auf. Dies trug ihm zeitweise sogar den Verdacht eines Bruches mit der kirchlichen Tradition ein, insbesondere unter dem Pontifikat Sixtus' V. Tatsächlich werden aber solche »Neuerungen« durchaus in Schach gehalten durch Bellarminos striktes Festhalten am römischen Kirchenverständnis, das er eher noch deutlicher herausgearbeitet hat als die Traditionalisten seiner Zeit. Dies zeigt sich nicht zuletzt in seiner Rückwendung der Angriffe der Reformatoren gegen diese selbst, wenn er im vierten Teil seiner Schrift die protestantischen Entwicklungen mit den Vorhersagungen über die Herrschaft des Antichrist in der *Offenbarung des Johannes* verknüpft. In diesem Teil bemüht er sich hauptsächlich um eine Klärung der Gnadenlehre, deren Rückbindung in die Theologie des Apostels Paulus sowie des Kirchenvaters Aurelius AUGUSTINUS den Ausgangspunkt für Martin LUTHERS Kritik an der Alten Kirche gebildet hatte. Das Menschenbild, das Bellarmino entfaltet, rückt ihn in die Nähe der vom Zweiten Vatikanischen Konzil (1962–1965) entwickelten Anthropologie, die auch in der Gnadenlehre von Karl RAHNER repräsentiert wird.

In den vorangehenden Teilen des Werks bildet das Kirchenverständnis eine kontinuierliche Basis der Argumentation. Zuerst arbeitet er gegen reformerische Betonung der Schriftautorität die Quellen des Glaubens und der Kirchenverfassung heraus, nämlich die *Bibel*, ergänzt durch die Schriften der Kirchenväter sowie die Entscheidungen der Konzilien, aber auch die Unterscheidungsfähigkeit menschlicher Vernunft. Das bietet ihm auch Gelegenheit, die göttliche Einsetzung der sichtbaren Kirche als Monarchie unter den Päpsten in der Nachfolge des Apostels Petrus zu rechtfertigen. Die Einheit und Apostolizität kann nur durch Anerkennung dieser monarchischen Autorität gewahrt werden. In einem weiteren Schritt behandelt Bellarmino die notwendige Gliederung der Kirche in Geistliche und Laien sowie die Funktion klösterlicher Lebensformen. Der Abschnitt schließt eine Würdigung der Beziehungen der »*kämpfenden Kirche*« hier auf Erden mit den büßenden Seelen im Fegefeuer und den Heiligen im Himmel ein, der insbesondere gegen die aus Luthers Beschäftigung mit dem Ablaß hervorgegangene Ablehnung der Lehre vom Fegefeuer gerichtet ist. Ein weiterer Schwerpunkt in diesem Zusammenhang ist die Diskussion des Verhältnisses zwischen kirchlicher (päpstlicher) und weltlicher Gewalt. Bellarminos Bemühen, dieses Thema so klar wie möglich darzustellen, führte dazu, daß hier die päpstliche Monarchie zum erstenmal eine Art von konstitutionellem Rahmen erhielt; rückwirkend können seine Forderungen, etwa daß ein Konzil der Approbation durch den Papst bedürfe, kaum als Einschränkungen angesehen werden. In seiner Zeit jedoch brachten ihm Erklärungen wie die von der »*indirekten*« Oberhoheit des Papstes über säkulare Herrscher nicht nur Ablehnung durch die französischen Stände, die die Staatssouveränität gefährdet sahen, sondern ebenso Mißtrauen durch Sixtus V. ein. Ähnlichen Widerspruch erfuhr er, als er in den Auseinan-

dersetzungen zwischen Anglikanismus und römisch-katholischer Kirche (1605–1612) in der diplomatischen Korrespondenz mit Jakob I. sowie in kleineren Traktaten diesen Gedanken von den Beschränkungen königlicher Gewalt weiter entwickelte.
Methodisch fällt an den *Disputationes* Bellarminos neben der ausführlichen Fundierung seiner Darstellung auf biblischen Quellen und den Texten der Kirchenväter seine rationale Argumentationsweise ins Auge, sein Vertrauen in die Fähigkeit menschlicher Vernunft, solche Quellen richtig zu beurteilen. Folge dieser Haltung ist es wohl auch, daß Roberto Bellarmino die Reformatoren ausführlich in seinem Text zitiert und auch erstaunlich vorurteilsfrei ihre Anliegen interpretiert, bevor er ihre Widerlegung unternimmt. H.Sta.

AUSGABEN: Ingolstadt 1586–1593, 3 Bde. [unvollst.]. – Venedig 1596, 4 Bde. – Prag 1721, 4 Bde. – Rom 1832–1838, 3 Bde. – Mainz 1842/43, 2 Bde., Hg. F. Sausen. – Neapel 1858 (in *Opera omnia*, 6 Bde., 1858–1862, 4). – Paris 1870–1874 (in *Opera omnia*, Hg. J. Fèvre, 12 Bde., 1–6; Nachdr. Ffm. 1963). – Ffm. o. J. (*Auctuarium Bellarminianum. Supplément aux œuvres du cardinal Bellarmin*, Hg. X. M. Le Bachelet; Nachdr. d. Ausg. Paris 1913).

ÜBERSETZUNGEN: *Robert Bellarmins Abhandlung von der Macht des Papstes in zeitlichen Dingen*, anon., Mchn. 1768 [unvollst.]. – *Streitschriften über die Kampfpunkte des christlichen Glaubens*, V. P. Gumposch, 14 Bde., Augsburg 1842–1853.

LITERATUR: E. Timpe, *Die kirchenpolitischen Ansichten und Bestrebungen des Kardinals B.*, Breslau 1905 (Kirchengeschichtliche Abhandlungen, 3). – J. de La Servière, *La théologie de B.*, Paris 1909; ²1928. – G. Domenici, *La genesi, le vicende e i giudizi delle »Controversie« bellarminiane* (in Greg, 2, 1921, S. 513–542). – S. Merkle, *Grundsätzliche und methodologische Bemerkungen zur B.-Forschung* (in ZKG, 45, 1926, S. 26–73). – A. M. Fiocchi, *S. R. B. della Compagnia di Gesù, cardinale di S. romana chiesa*, Isola del Liri 1930. – J. Gemmel, *Die Lehre B.s über Kirche und Staat* (in Scholastik, 5, 1930, S. 357–379). – H. v. Laak, *De Bellarmini doctrinae praestantia*, Rom 1931. – P. Polman, *L'élément historique dans la controverse religieuse du 16e siècle*, Gembloux 1932. – F. X. Arnold, *Die Staatslehre des Kardinals B. Ein Beitrag zur Rechts- und Staatsphilosophie des konfessionellen Zeitalters*, Mchn. 1934. – E. A. Ryan, *The Historical Scholarship of Sainte Bellarmine*, o. O. 1936. – A. di Giovanni, *La grazia del primo uomo e la perdita di essa nelle »Controversie« di S. R. B.*, Messina 1941. – T. Bozza, *Scrittori politici italiani dal 1550 al 1650. Saggio di bibliografia*, Rom 1949, S. 62–64. – J. Hardon, *A Comparative Study of B.'s Doctrine on the Relation of Sincere Non-Catholics to the Catholic Church*, Rom 1951. – J. Brodrick, *R. B., Saint and Scholar*, Ldn. 1961; ern. 1966.

LOUIS BELLAUD DE LA BELLAUDIÈRE

* 1543 Grasse
† 1588 Grasse

OBROS ET RIMOS PROUVENSSALOS

(okzit.; *Provenzalische Dichtwerke*), Lyriksammlung von Louis BELLAUD DE LA BELLAUDIÈRE, erschienen 1595. – Zu Lebzeiten des Autors war bereits ein Teil der Gedichte unter dem Titel *Lou Don Don infernau (Das höllische Gebimmel)* veröffentlicht worden (1585). Diese Gruppe hat auch in formaler Hinsicht eine Sonderstellung: Es handelt sich hier um Zehnsilbler in Strophen von je sechs Versen, während die übrigen *Obros* fast durchwegs aus Alexandrinersonetten bestehen. Hauptthema des lyrischen Schaffens von Bellaud ist das Leben im Gefängnis. Die Anschuldigungen, deretwegen der Autor 1572, als er sich nach dem Ende seiner Soldatenzeit auf dem Heimweg in die Provence befand, verhaftet und für 19 Monate eingekerkert wurde, sind ebensowenig überliefert wie die Gründe zweier weiterer Gefängnisaufenthalte in Aix-en-Provence.

In den ersten Sonetten der Sammlung schildert der Autor zwar Festnahme, Einlieferung und Verhöre, läßt aber die Ursachen seiner mißlichen Lage im Dunklen. Man darf annehmen, daß der größte Teil der Gedichte im Gefängnis entstanden ist. Nicht ohne Galgenhumor und Selbstironie schildert der Dichter seine Depressionen, macht die Zustände im Gefängnis und den Justizapparat zur Zielscheibe satirischer Ausfälle (das aufdringliche Geläute des Don-Don, der Gefängnisglocke, wird zum Symbol eines qualvollen Daseins) und sucht Trost in den Gedanken an die Heimat und die Freunde. Nur im letzten, mit *Passa-Tems (Zeitvertreib)* betitelten Abschnitt finden sich Gedichte, die nicht mit der Haftzeit zusammenhängen. Hier werden galante Komplimente gedrechselt, fröhliche Stunden im Freundeskreis evoziert, Huldigungen an Gönner dargebracht. Den sozialen Hintergrund dieser Gelegenheitslyrik bildet der Kreis um den bildungsfreudigen Gouverneur der Provence Henri d'Angoulême, der 1577 sein Amt angetreten hatte. Eines der Gedichte ist an den jungen François de MALHERBE gerichtet, der dem Gouverneur als Sekretär diente: Bellaud bedauert den Freund wegen des ohrenbetäubenden Lärms, den eine Gauklertruppe in unmittelbarer Nähe seiner Wohnung vollführt. Diese karnevaleske Störung unter den Fenstern des Wegbereiters der französischen Klassik kann als Symptom fundamentaler Anliegen und Tendenzen des Dichters Bellaud gelten. Auf Schritt und Tritt finden sich in diesem Schaffen Anklänge an Französisch schreibende Vorläufer oder Zeitgenossen. Die Gefängnisgedichte lehnen sich mitunter sehr eng an Clément MAROTS *Enfer* (1526) an, zahlreich sind auch die Bezüge zur Lyrik der Pléiade, vor allem zu RONSARD. Dennoch ist Bellaud kein Nachahmer und Mitläufer. Seine Bedeutung liegt in der Konsequenz, mit der er sich den subalternen Status seiner Sprache dichterisch zunutze macht. Seitdem das Okzitanische aus dem Amtsgebrauch verbannt wurde, befinden sich die Sprecher, vor allem jene der gebildeten Schichten, in einem permanenten Zwiespalt zwischen dem realen Dialektstatus der Sprache, die dem Französischen gegenüber auf allen Gebieten ins Hintertreffen gerät, und einem mehr oder weniger vagen Bewußtsein ursprünglichen Kulturprestiges. Was Bellaud betrifft, so akzeptiert er die Vormachtstellung des Französischen, statt sie wie seine gaskognischen Zeitgenossen ADER und GARROS in Frage zu stellen. Seine Muse hat das Gepräge einer armen Bäuerin, welche niemals die Gipfel der Kunst erklommen hat (vgl. *A Monseignour lou grand priour de Fransso*). Und doch, so fügt Bellaud hinzu, verdient sein Dichten Respekt, da es »*im Verborgenen*« heranreift und auf seine Weise nach Vollkommenheit strebt.

Statt dem Idealbild einer autonomen okzitanischen Literatur nachzujagen, wie es Jean de NOSTRE DAME mit seinem Versuch einer Neubelebung der Trobadortradition getan hatte, richtet Bellaud sein Schreiben nach der Vorrangstellung der französischen Literatur aus, um in der schöpferischen Konfrontation mit den Vorbildern die verfremdenden Kräfte des gesprochenen Dialektes freizusetzen und zugleich den Spielraum des geschriebenen Okzitanisch zu erweitern bzw. abzusichern. Der burlesk-parodistische Zug reicht daher keineswegs aus, um diese Lyrik zu charakterisieren. Bellaud gebraucht die urwüchsig-volkstümlichen Mächte seiner Sprache, um sich vom Prestigedruck der französischen Kultur zu lösen und sich einer Schreibweise zu nähern, die jenseits komisch-pathetischer Überhöhungen das Schlichte und Alltägliche eines Menschenlebens sucht. Bellaud ist kein tiefer Denker und kein Formkünstler, aber hinter der charmierend-geschwätzigen Oberfläche seines Stils verbirgt sich ein nachdenklicher Ernst, der im scheinbar Banalen eines Allerweltschicksals, einer angeblich inferioren Sprache, den Grundbestand an menschlicher Würde sichtbar macht. Damit gehört er zweifellos zu den markantesten Dichterpersönlichkeiten, welche der kurzen Blütezeit der okzitanischen Literatur gegen Ende des 16. Jh.s ihren Stempel aufdrückten. Sein Werk wurde in der ersten Druckerei von Marseille als erstes Buch gedruckt, in einer Zeit separatistischer Bestrebungen, in der die Hafenstadt versuchte, sich von Frankreich zu lösen und unter der Regierung von Charles de Cazaulx eine autonome Republik zu bilden.

F.Ki.

AUSGABEN: Marseille 1595, Hg. P. Paul. – *Proben aus den Obros et Rimos provenssalos des Bellaud de la Bellaudière* (in ZfrPh, 47, 1927, S. 545–575). – *Obros et Rimos. Don-Don infernau, Passa-temps*, Hg. A. Brun, Avignon 1954 (Ausw.).

LITERATUR: A. Brun, *B. de la B., poète provençal*, Aix-en-Provence 1952. – C. Camproux, *B. et la Pléiade* (in Annales de l'Institut d'Estudis Occitans, 22, 1960). – R. Lafont, *Renaissance du Sud*, Paris 1970. – F. Garavini, *La letteratura occitanica moderna*, Florenz 1970, S. 26–32.

RÉMY BELLEAU

* 1528 Nogent-le-Rotrou
† 6.3.1577 Paris

LITERATUR ZUM AUTOR:
A. Eckhardt, *R. B., sa vie, sa »Bergerie«*, Budapest 1917; Nachdr. Genf 1969. – H. Chamard, *Histoire de la Pléiade*, 3 Bde., Paris 1939/40. – H. W. Wittschier, *R. B.* (in H. W. W., *Die Lyrik der Pléiade*, Ffm. 1971, S. 113–130). – M. Tetel, *La poétique de la réflexivité chez B.* (in StF, 29, 1985, S. 1–18).

LES AMOURS ET NOUVEAUX ESCHANGES DES PIERRES PRÉCIEUSES, VERTUS ET PROPRIÉTÉS D'ICELLES

(frz.; *Der Edelsteine Liebschaften und neue Wandlungen, ihre Kräfte und Eigenschaften*). Wissenschaftlich-didaktische Dichtung (*poésie scientifique*) von Rémy BELLEAU, erschienen 1576, mit einer zweiten, erweiterten Auflage postum erschienen 1578. – Das Werk bestand ursprünglich aus einer Prosaabhandlung und 21 Gedichten, denen schließlich eine Versabhandlung gleichen Inhalts, weitere 10 Gedichte sowie ein einleitendes Gedicht auf Prometheus, den ersten Steinsetzer und Erfinder der Ringe, hinzugefügt wurde. Beide Ausgaben leitet eine Widmung an König Heinrich III. von Frankreich ein sowie lateinische, griechische und französische Verse auf den Autor, die von Freunden, darunter dem Humanisten Jean DORAT (1508–1588), verfaßt wurden. Die Abhandlung (»*Discours*«) erklärt Thema und Zweck des Gesamtwerks. Es handelt sich bei *Les amours* um einen dichterischen *lapidaire*, ein *Steinbuch*, wie es schon in der Antike (z. B. THEOPHRASTOS, *De lapidibus – Über die Steine*, PLINIUS SECUNDUS der Ältere, *Historia naturalis*), im Mittelalter (MARBOD VON RENNES, *De lapidibus pretiosis enchiridion – Handbuch über die Edelsteine*, VINCENZ VON BEAUVAIS, *Speculum maius – Der größere Spiegel*, Pseudo-JEAN DE MANDEVILLE, *Le grand lapidaire – Das große Steinbuch*) oder im Humanismus (Georg AGRICOLA, *De ortu et causis subterraneorum – Über den Ursprung und die Ursachen der unterirdischen Dinge*) üblich war, und von welcher Gattung es auch im italienischen und französischen 16. Jh. Vertreter gab (Girolamo CARDANO, *De subtilitate rerum* –

Über die Feinheit der Dinge, François de la RUE, *De gemmis aliquot – Einiges über die Edelsteine*, Jean LEMAIRE DES BELGES, *La Couronne Margarithique – Die Margaretenkrone*, Jean de la TAILLE, *Blason des pierres précieuses – Wappenschild der Edelsteine*). Doch nennt Belleau von allen benutzten antiken und neueren Quellen nur (Pseudo-) ORPHEUS (*Lithica*, 4.–6. Jh. n. Chr.).
Inhalt des *Discours* (Vorrede) ist neben der Erklärung des Themas die christliche Rechtfertigung des heidnisch-antiken Gegenstands in eleganter humanistischer Harmonisierung: der Autor schreibt über die Steine »*nicht um Euch das Falsche unter dem Scheine der Wahrheit zu verbergen, sondern um immerdar die Werke des Allmächtigen zu preisen, der in göttlicher Weise so mannigfaltige Schönheiten und Vortrefflichkeiten in diese kleinen Geschöpfe eingeschlossen hat*«. Zudem unterrichtet er den Leser über die Beschaffenheit (*matière*), die Farben (*couleurs*), die Fehler (*vices*) oder Qualitäten (*naïvetés*) der Steine sowie über Hinweise zur Feststellung ihrer Echtheit (*différences*). Die Gedichte selbst, in verschiedenen Metren, Reimformen und Strophenformen verfaßt, sind eine unterschiedlich strukturierte Akkumulation von Wissenschaft, Überlieferung und Mythos, wobei alchimistisches und homöopathisches Kulturgut (z. B. *La pierre laicteuse ditte Galacticés*, der »Milchstein« wird empfohlen, um Ammen milchreich zu machen) sich mit leichter Hand eingeflochtener humanistischer Gelehrsamkeit mischt. Häufig wird der Ursprung des Steins in ovidischer Manier in einer Menschen- oder Götterliebschaft gesehen, die in eine Metamorphose mündet (*Bacchus et Améthyste, Hyacinthe et Chrysolithe, Iris et Oppale*) oder aber in einer Verwandlungsanekdote (z. B. der Hexe Héliotropé in *L'Héliotrope*) bzw. in Wandlungen eines göttlichen oder menschlichen Körperteils. So werden Venus' Nägel zu Onyx (*L'Onyce*), Amors Blut versteinert zu Jaspis (*Le Jaspe*), Auroras Tränen werden zu Perlen (*La Perle*), der Augenglanz einer ertrunkenen Schäferin wandelt sich in Flußspat (*La pierre acqueuse ditte Enhydros*). Oft sind diese Mythen eigene dichterische Schöpfungen Belleaus. Elf der Gedichte sind hochgestellten Damen gewidmet, so *Le Diamant* der Königin Louise de Vaudemont, der Gattin Heinrichs III., oder *La Perle* der Königin Marguerite von Navarra. Hier konstruiert der Dichter Entsprechungen zwischen den Eigenschaften des Steins und denjenigen der Damen. Die meisten dieser Frauen waren Besucherinnen des von Claude-Cathérine de Retz (1543–1606) gehaltenen *Salon Vert*, wo Belleau häufiger Gast war: Man glaubt, in der Gastgeberin die unerreichbare Liebe des Dichters identifizieren zu können: In der Tat durchzieht ein wehmütig-petrarkistischer Ton das ihr gewidmete Gedicht *La Turquoise (Der Türkis)* oder das wohl als Selbstzeugnis gedachte Gedicht *La pierre inextinguible ditte Asbesthos (Der unauslöschliche Stein, der Asbest heißt*; in Anspielung auf die unauslöschliche Flamme der Liebe) mit vielen versteckten Anspielungen auf Name und Person der Marschallin von Retz. Doch ist es nicht nur die Liebe, durch die ein tief empfundenes menschliches Anliegen den wissenschaftlich-didaktischen Bau des Werks durchbricht: eindringlich klagt Belleau in *La pierre du Coq ditte Gemma Alectoria. A la France (Der Hahnenstein genannt G. A., Frankreich gewidmet)* das Schicksal seines von Unruhen, Religions- und Bürgerkriegen zerfleischten Landes an. In den vielen politischen Anspielungen des Werks (*La Pierre d'Aymant – Der Magnetstein, Le Saphir – Der Saphir, La Turquoise – Der Türkis, La pierre sanguinaire – Der Hämatit* u. a.) ergreift Belleau nicht mehr, wie in früheren Werken, Partei für die eine oder andere Sache, sondern beklagt Gewalt und Krieg und beschwört Eintracht und Friede.
Belleau ist ein Musterbeispiel für den Wandel der Rezeption eines Dichters: zu seinen Lebzeiten wurde er, nicht zuletzt wegen seiner gelehrten Übertragungen der Oden ANAKREONS (1556), hoch gefeiert, dann jedoch war er jahrhundertelang fast vergessen, bis ihn 1828 C.-A. SAINTE-BEUVE *(in Tableau historique et critique de la poésie française et du théâtre français au XVIe siècle)* wiederentdeckte, allerdings hauptsächlich wegen seines anderen großen dichterischen Werks, der *Bergerie (Schäferdichtung)* von 1565, ein bukolisches Prosa- und Dichtungsgeflecht, aus dessen zweiter, erweiterter und korrigierter Ausgabe von 1572 das Gedicht *Avril* den Weg in zahlreiche Anthologien fand. Heute wirkt Belleau, »*étoile variable*« der *Pléiade*, Freund und dichterisch etwas konventionellerer Zeitgenosse P. RONSARDS (1524–1585), im wesentlichen durch *Les Amours* weiter. Das Werk ist nicht nur ein bedeutender Beitrag zur wissenschaftlichen Deutung der französischen Renaissance (es ist der wichtigste *lapidaire* seiner Zeit), sondern liefert auch einen geradezu exemplarischen Fall späthumanistischen Denkens und Dichtens in Zeichen, Sinnbildern und mythisch-kosmologischen Entsprechungen. Als wacher Zeuge der Pracht- und Schmuckliebe des späten Hofs der Valois »malt« Belleau in Worten, mittels einer Fülle von präzisen technischen Ausdrücken – die bei ihm teilweise zum ersten Male literarisch aufgeführt werden – in Einklang mit dem Zeitgeschmack der französischen Renaissance ansprechende und kunstvolle Wiedergaben von kostbaren Gegenständen (z. B. *La Coupe de Crystal – Der Kristallkelch*) und beschwört lebendige Szenen: »*Niemals gab ein Mann seiner Zeit getreulicher die Gegenstände in belebten Bildern wieder, so daß man lesend die Dinge vor sich zu sehen meint*« (G. Colletet). M.G.D.

AUSGABEN: Paris 1576. – Paris 1578. – Paris 1867 (in *Œuvres complètes*. 3 Bde., Hg. A. Gouverneur; krit.). – Paris 1878 (in *Œuvres poétiques*, 2 Bde., Hg. Ch. Marty-Laveaux; Nachdr. Genf 1967). – Paris 1953 (in *Poètes du 16e siècle*, Hg. A. M. Schmidt, S. 521–659; Pléiade). – Genf 1973, Hg. M. F. Verdier (krit.; TLF).

LITERATUR: A. M. Schmidt, *La poésie scientifique en France au XVIe siècle*, Paris 1940. – U. T. Holmes, *The Background and Sources of R. B.'s »Pierre pré-*

cieuses« (in PMLA, 61, 1946, S. 624–635). – H. Dale, *B. et la science lapidaire* (in *Lumière de la Pléiade*, Paris 1966, S. 231–242). – I. Silver, *The ›Commentaries‹ of the »Amours« by Muret and B.* (in I. S., *Three Ronsard Studies*, Genf 1978, S. 109 bis 167). – G. Demerson, *Poétique de la métamorphose chez B.* (in *Poétique de la métamorphose*, Hg. ders., Saint-Étienne 1981, S. 125–142).

CARL MICHAEL BELLMAN

* 4.2.1740 Stockholm
† 11.2.1795 Stockholm

LITERATUR ZUM AUTOR:
Bibliographien:
C. Fehrman, *B. Research and B. Exegesis* (in Scandinavian Studies, 44, 1972, Nr. 3, S. 336–363). – *Tio forskare om B.*, Hg. H. Engdahl, Stockholm 1977. – T. Ahlstrand, *I sällskap med B.*, Borås 1981.
Gesamtdarstellungen und Studien:
A. Blanck, *C. M. B.*, Stockholm 1948. – N. Afzelius, *Myt och bild. Studier i B.s dikt*, Stockholm 1964. – A. Kjellén, *B. som bohem och parodiker*, Stockholm 1971. – B. Nordstrand, *B. och Bacchus*, Lund 1973. – P. B. Austin, *C. M. B. The Life and Songs of C. M. B.*, Stockholm ²1979. – J. Massengale, *The Musical Poetic Method of C. M. B.*, Uppsala 1979. – N. Schagerström, *Kring Selma Lagerlöf och C. M. B.*, Norrköping 1981.

FREDMANS EPISTLAR

(schwed.; *Fredmans Episteln*). Lieder- und Gedichtsammlung von Carl Michael BELLMAN, erschienen 1790 mit einem Vorwort des schwedischen Dichters Johan Henrik KELLGREN. – Die Trink- und Liebeslieder entstanden vor allem um das Jahr 1770 und begründeten den bis heute fortdauernden Ruhm Bellmans, der zu den begabtesten Dichtern nicht nur des schwedischen, sondern des europäischen Rokoko zählt. Bellman schrieb seine Gedichte alle im Hinblick auf ihre Sangbarkeit. Manche wurden – von ihm oder vom Volk – beliebten französischen, italienischen und schwedischen Arien und Liedern unterlegt. Zumeist stammen die noch heute in Schweden gesungenen, tänzerisch-graziösen oder volksliedhaften Melodien jedoch von Bellman selbst und sicherten seinen Gedichten eine ungleich beständigere Popularität, als sie eine ausschließlich zum Lesen bestimmte Poesie je zu erreichen vermag.
Der erste Teil der *Epistlar* besteht aus Trinkliedern, die dem Uhrmacher Fredman, einem Stockholmer Original und Zechkumpan Bellmans, in den Mund gelegt sind. Er starb 1767 an den Folgen der Trunksucht. Die Ausdrucksskala dieser Dithyramben reicht von derbem Realismus bis zu weinseliger, liebenswerter Melancholie. In der 30. Epistel etwa beschreibt Bellman die Leiden eines von der Schwindsucht befallenen Trinkers in allen Einzelheiten, ohne jedoch gegen den guten Geschmack zu verstoßen. Andere Stücke wiederum sind von humorvoll-pikanter Frivolität, wie jene Szene, in der der lüsterne Schankwirt die schlafende nackte Ulla – Bellmans Freundin Ulla Winblad – beobachtet (Epistel 36). In diesen kleinen Meisterwerken zeigt sich Bellmans Könnerschaft, auch dort Poet zu bleiben, wo er ganz Realist ist – und umgekehrt. Stets bewegen sich seine Lieder auf dem freilich etwas schwankenden Boden eines fröhlichen Lebens in der Gefolgschaft des Bacchus. Seine Genreszenen haben selbst dann das Flair lebendiger Wirklichkeit, wenn sie, dem Geschmack der Zeit entsprechend, von Göttern und mythologischen Figuren der Antike bevölkert werden. Bellmans Venus und Bacchus sind handfeste Götter, denen er in den Straßen Stockholms oft genug begegnet sein mag. – Der zweite Teil des Werks ist der Liebe gewidmet. In Pastoralen und Idyllen feiert Bellman die Reize der hübschen Ulla, die Schönheiten der Natur, die Freuden festtäglichen Lebens. Hier fließen die Verse lyrischer, zärtlicher, zuweilen auch eleganter, klingen aber darum nicht weniger ursprünglich als im ersten Teil. Vor allem in der Landschaftsschilderung offenbart sich eine Poesie von strahlender Leuchtkraft.
Bellman, der Liebling des schwedischen Volkes, konnte trotz seines Rufs als Volkssänger und trotz der Freundschaft und Gunst König Gustavs III. erst spät offizielle Anerkennung erringen. Für die *Epistlar* sprach ihm die Schwedische Akademie einen Preis von fünfzig Silbertalern zu.   H.Fa.

AUSGABEN: Stockholm 1790. – Stockholm 1856 (in *Samlade skrifter*, Hg. J. G. Carlén, 4 Bde., 1). – Stockholm 1916 (in *Dikter*, Hg. R. Steffen, Tl. 1; krit.). – Stockholm 1922 (in *Skrifter*, 8 Bde., 1; Standarduppl. hg. v. Bellmanssällskapet). – Stockholm 1945/46 (in *Dikter*, Tl. 2/1–2; Komm. O Byström; SFSV). – Stockholm 1962 (Svalans svenska klassiker). – Stockholm 1962 [Musikarrangement R. Bengtsson]. – Stockholm 1984, Hg. P. Dahl.

ÜBERSETZUNGEN: in *Der schwedische Anakreon*, A. v. Winterfeld, Bln. 1856 [Ausw.]. – *Fredmans Episteln*, F. Niedner, Jena 1909. – *Bellman-Brevier. Aus Fredmans Episteln und Liedern*, H. v. Gumppenberg, Mchn. 1909 [Ausw.]. – *Bacchanal im Grünen*, C. Willmer u. a., Darmstadt 1941. – *Das trunkene Lied*, H. v. Gumppenberg, F. Niedner u. G. Schwarz, Mchn. u. a. 1958 [Ausw.]. – *Fredmans Episteln an diese und jene, aber hauptsächlich an Ulla Winblad*, P. Hacks, H. Kahlau, H. Lange u. H. Witt, H. M. Marquardt, Hanau 1965 [Ausw.]; ern. Wiesbaden 1978. – *Der Lieb zu gefallen*, H. C. Artmann u. M. Korth, Mchn. 1976 [Ausw.; schwed.-dt.]. – Dass., P. Hacks, Lpzg. 1978. –

Sauf-, Liebes- und Sterbelieder, Ffm. 1980 (m. Noten; FiTb).

LITERATUR: G. Ljunggren, *B. och »Fredmans epistlar«*, Stockholm 1867. – L. Huldén, *Ordstudier i »Fredmans epistlar«*, Helsingfors 1963. – C. Clover, *Improvisation in »Fredmans epistlar«* (in Scandinavian Studies, 44, 1972, Nr. 3, S. 310–335). – C. Fehrman, *Vin och flickor och Fredmans stråke. B. och visens vägar*, Stockholm 1977. – S. Opitz, *Zur literarischen Verwendung der Fremdsprache Deutsch in C. M. B.s »Fredmans epistlar«* (in Samlaren, 105, 1984, S.48–57).

ANDRÉS BELLO

* 29.11.1781 Caracas
† 15.10.1865 Santiago de Chile

LITERATUR ZUM AUTOR:
J. C. Ghiano, *A. B.*, Buenos Aires 1967. – R. Caldera, *A. B. Philosopher, Poet, Philologist, Educator, Legislator, Statesman*, London 1977. – A. de Avila Martel, *A. B. Su vida y su obra*, Santiago de Chile 1981. – P. Grases, *Estudios sobre A. B.*, Caracas 1981.

SILVA A LA AGRICULTURA DE LA ZONA TÓRRIDA

(span.; *Über den Ackerbau der heißen Zone*). Odische Dichtung von Andrés BELLO (Venezuela), erschienen 1826. – Diese »Silva« – d. i. eine Versfolge aus Elf- und Siebensilbern in freiem Wechsel mit beliebiger Reimordnung und eingestreuten reimlosen Versen – gehört ebenso wie *Alocución a la Poesía*, 1823 *(Ansprache an die Poesie)*, zu dem großen Gesamtplan einer Dichtung, die den Titel *América* tragen sollte, aber unvollendet blieb. Die klassische Verherrlichung des Landlebens, für die VERGIL in den *Georgica* das unerreichbare Vorbild geschaffen hat, wird in der »Silva« Bellos verwandelt und gesteigert zum Lobpreis der Neuen Welt und des Landlebens in den Tropen. Das Gedicht beginnt mit einem Lobgesang auf die Pracht und Fruchtbarkeit der heißen Zone (V. 1–63), wendet sich danach mahnend, im Stil Horazischer Oden, an die Grundbesitzer, die das ererbte Land leichtfertig den Pächtern überlassen, um in der Stadt ein üppiges Leben zu führen (Vers 64–132), und beschreibt unter dem Motto: »*Das Land ist euer Erbteil, freuet euch seiner*«, die Freuden und Annehmlichkeiten des Landlebens fern der Stadt (V. 133–201). Der letzte Teil enthält eine idyllische Schilderung der Landarbeit (V. 202–268), die in der Bitte um Gottes Segen für die jungen Nationen Amerikas gipfelt, und schließt mit einem Preislied auf den Freiheitskampf der amerikanischen Völker.

Bello, neben HEREDIA (vgl. *El Niágara*) und OLMEDO (vgl. *La victoria de Junín*) eine der großen Dichtergestalten der vormodernistischen Zeit, ist in erster Linie Humanist und Gelehrter – Grammatiker, Philosoph, Literaturkritiker und Jurist. Seine *Gramática de la lengua castellana destinada al uso de los Americanos*, 1847 *(Grammatik der spanischen Sprache für den Gebrauch der Amerikaner)*, gilt noch heute als Standardwerk; des weiteren wirkte er an der Abfassung des 1855 entstandenen chilenischen bürgerlichen Gesetzbuches mit. Er dichtet als *poeta rhetor*, als Erzieher und Warner einer Gemeinschaft, der er Erfahrung und Einsicht, Rat und Mahnung zuteil werden läßt. Alle Kunstmittel der antiken Rhetorik – Nachahmung, Abwandlung, Wiederholung, Erinnerung, Anspielung und Zitat – sind in seiner Dichtung gegenwärtig, in der das poetische Wort der Beschreibung und Deutung des Seienden im Sinne des ewig Gültigen und Überlieferten dient. In der Anlage folgt Bellos Gedicht den *Georgica* des Vergil; wie dieser die Völker Italiens, so spricht Bello die Völker Amerikas an und beschwört sie, nach den blutigen Wirren des Kampfes um die Unabhängigkeit das Schwert gegen den Pflug zu vertauschen. Das moralisch-didaktische Grundmotiv, der Preis des Landes gegenüber der Stadt, geht auf HORAZ zurück; es war durch Humanismus und Renaissance zum literarischen Topos geworden. Auch sonst schließt sich Bello an römische Vorbilder an und ist selbst in seiner scheinbar ganz neuen Thematik, z. B. in der Begeisterung für die exotische Pracht der amerikanischen Natur, nicht originell. Hier können in größerer zeitlicher Ferne BALBUENA (um 1568–1627; vgl. *Grandeza mexicana*), in unmittelbarer Nähe LANDÍVAR (1731–1793; vgl. *Rusticatio mexicana*) als Vorbilder gelten. Bellos eigene Leistung ist die aus der Vielfalt der Quellen geschaffene Synthese, die kompositorische Harmonie und das beseelte Pathos, durch das so nüchtern-prosaische Dinge wie Arbeit, Ordnung, Gesetz und Friede als begeisternde Ideale erscheinen. A.F.R.

AUSGABEN: Ldn. 1826 (in Repertorio Americano). – Madrid 1881 (in *Obras completas*, 15 Bde., 1881–1893, 1; Einl. M. A. Caro). – Caracas 1951 (in *Obras completas*, 5 Bde., 1). – Valencia 1972. – Barcelona 1978 (in *Silvas americanas y otros poemas)*. – Caracas 1979 (in *Obra literaria*, Hg. P. Grases.)

LITERATUR: C. A. Caparroso, *Las Silvas americanas de B.* (in Boletín Cultural y Bibliográfico, 8, Bogotá 1965, S. 1213–1217). – J. C. Ghiano, *Análisis de las Silvas Americanas de B.*, Buenos Aires 1967. – R. Gutiérrez Girardot, *Para una interpretación de las »Silvas« de A. B.* (in Romanica Europaea et Americana, Fs. für H. Meier, Hg. H. D. Bork u. a. Bonn 1980, S. 232–234). – M.-A. Vila, *Notas a la »Silva a la agricultura de la zona tórrida«, de A. B.* (in Cultura Universitaria, 105, Caracas 1983, S. 85–96).

HILAIRE BELLOC

* 27.7.1870 La Celle St. Cloud bei Paris
† 16.7.1953 Guildford / Surrey

LITERATUR ZUM AUTOR:
H. Link, *H. B.s Weltanschauung, dargestellt auf Grund seiner wichtigsten Romane u. Essays*, Diss. Erlangen 1929. – W. Woelwer, *H. B. u. sein Eintreten f. d. Katholizismus in Engl.*, Diss. Bonn 1937. – R. Haynes, *H.B.*, 1953. – J. Koschmieder, *H. B. als Essayist u. Erzähler*, Diss. Freiburg i. B. 1956. – *B.: A Biographical Anthology*, Hg. H. Van Thal, NY 1970. – D. Jago, *The Stoicism of H. B.* (in Renascence, 27, 1975, S. 89–100). – A. N. Wilson, *Boiling B.* (in Essays by Divers Hands, 43, 1984, S. 117–138).

BUT SOFT - WE ARE OBSERVED

(engl.; *Vorsicht – wir werden beobachtet*). Roman von Hilaire BELLOC, erschienen 1928. – Das Buch führt ins Jahr 1979. Geleitet von der Ministerpräsidentin, Mrs. Mary Bullar, regiert die kommunistische Partei das Land; die anarchistische Partei, sonst in Opposition, ist diesmal unter Führung von Lady Caroline Balcombe als Koalitionspartei in die Regierung eingetreten, Lady Caroline selbst ist Außenminister. Die Satire nimmt die Politik, den Geheimdienst und die hohe Diplomatie in einer Weise aufs Korn, als sei sie von einem anarchistischen Steuerzahler geschrieben. Ein wichtiges Handlungselement des Buches ist ein Fall von Identitätsverwechslung: Ein harmloser junger Millionär wird überall für einen einflußreichen Geheimagenten gehalten. – Wenn Belloc versucht, beruhigende Schlußfolgerungen aus der Annahme zu ziehen, daß sich auch die kommunistische und die anarchistische Partei in das traditionsgebundene Leben Englands eingliedern lassen, glaubt man ihm das nicht ganz. Seine Beurteilung englischer Verhältnisse erscheint fast oberflächlich, wenn man sein Buch etwa mit dem Roman *Decline and Fall (Auf der schiefen Ebene)* des jungen Evelyn WAUGH vergleicht, der im gleichen Jahr erschienen ist. Zum Anfangserfolg des Buches mögen die Illustrationen von G. K. CHESTERTON beigetragen haben.
J.v.Ge.

AUSGABEN: Ldn. 1928. – Ldn. 1930. – Ldn. 1955 (in *Essays*, Hg. A. Forster).

THE CRISIS OF OUR CIVILIZATION

(engl.; *Die Krise unserer Kultur*). Abhandlung von Hilaire BELLOC, erschienen 1937. – In diesen kulturpolitischen Betrachtungen (ursprünglich an der Fordham-Universität gehaltene Vorlesungen) faßt der streng katholische Autor seine wichtigsten Erkenntnisse zusammen. Seiner Meinung nach erreichte die abendländische Kultur, die nach dem Untergang des römischen Imperiums in die Pflege der christlichen Kirche Roms übergegangen war, zur Zeit der größten Machtentfaltung des Papsttums – im 13. Jh. – ihre volle Blüte. Belloc versucht außerdem zu beweisen, daß die Reformation die Entstehung eines städtischen Proletariats, den Beginn des Kapitalismus und damit letztlich des Kommunismus bewirkte, indem sie die Machtstellung Roms und seine durch Überlieferung gefestigten und – wie er behauptet – damals noch allgemeingültigen Glaubens- und Moralgrundsätze unterminierte.
Die Abhandlung, die man eher als journalistisch-propagandistische Schrift denn als geschichtliche Studie bezeichnen kann, fordert die Rückkehr zu einem Christentum unter der Frühung Roms und die Wiedergeburt einer Geisteshaltung, die der des Hochmittelalters entsprechen sollte. – Bellocs Darstellung ist alles andere als unparteiisch; aufgrund ihrer Simplifikationen und Auslassungen dürfte sie einer exakten wissenschaftlichen Nachprüfung kaum standhalten. Doch ist sie interessant als späterer Nachklang jener langen, von Belloc und CHESTERTON gemeinsam geführten literarischen und journalistischen Kampagne, deren Ziel es war, die Religion wieder zu einem allgemeinen Diskussionsthema zu machen – einer Kampagne, die zur Zeit des Ersten Weltkriegs in der polemischen Auseinandersetzung mit SHAW, WELLS und anderen ihren Höhepunkt erreicht hat.
J.v.Ge.

AUSGABEN: Ldn. 1937. – NY 1973 [Nachdr. d. Ausg. v. 1937].

LITERATUR: Anon., »*The Crisis of Our Civilization*« (in Times Literary Suppl., 4. 12. 1937, S. 920). – E. Quinn, »*The Crisis of Our Civilization*« (in Dublin Review, 203, 1938, S. 189–191).

EMMANUEL BURDEN

(engl.; *Emmanuel Burden*). Roman von Hilaire BELLOC, erschienen 1904. – Die als Biographie getarnte Satire auf die Großindustrie und die Hochfinanz richtet sich indirekt auch gegen Englands Rolle innerhalb eines Empires, das nach Bellocs Ansicht nur den Interessen zwielichtiger Finanziers dient. Der Titelheld, ein angesehener Eisenwarenexporteur, wird im Zusammenhang mit den Entwicklungsplänen für eine obskure afrikanische Kolonie ohne sein Verschulden in eine Betrugsaffäre verwickelt, aus der ihn erst sein vorzeitiger Tod befreit. Die Ironie des Zufalls will es, daß Burdens eigener Sohn ihn mit den Betrügern in Berührung gebracht hat. – Bei Erscheinen wurde der Roman als eine ernsthafte Attacke gegen angesehene Institutionen verstanden. Daran, daß die Satire heute recht gekünstelt und schwerfällig wirkt, sind vor allem die Widersprüche im Charakterbild des Protagonisten schuld. Zwar verlangt es die Rolle Burdens, daß dieser als ein Mensch von lauterer Gesinnung dargestellt wird, dem ein Mißgeschick widerfährt, das er nicht begreifen kann, doch gibt der Autor auf allzu sentimentale Art sein Mitgefühl mit seinem Helden zu erkennen. Es bleibt unklar, warum ein Mann wie Burden, der geschickt genug war, ein Vermögen anzuhäufen, sich durch Machenschaften täuschen läßt, die unschwer als lügnerische Zeitungspropaganda zu erkennen sind. Da Belloc an die Behandlung des bis heute aktuell gebliebenen Themas keine allgemeingültigen ethischen Folgerungen zu knüpfen vermochte, blieb die Wirkung seines Romans zeitlich begrenzt. J.v.Ge.

AUSGABEN: Ldn. 1904. – Ldn. 1927 (in *Selected Works*, 9 Bde., 1).

SAUL BELLOW

* 10.6.1915 Montreal

LITERATUR ZUM AUTOR:
Bibliographien:
B. A. Sokoloff u. M. E. Possner, *S. B.: A Comprehensive Bibliography*, Folroft 1971. – F. Lercangée, *S. B.: A Bibliography of Secondary Sources*, Brüssel 1977. – M. Nault, *S. B.: His Works and His Critics: An Annotated International Bibliography*, NY 1977. – R. G. Noreen, *S. B.: A Reference Guide*, Boston 1978.
Zeitschrift:
Saul Bellow Journal, 1981 ff.
Sondernummern:
Crit, 7, 1965. – Salmagundi, 30, 1975. – MFS, 25, 1979, Nr. 1.
Forschungsbericht:
P. Bischoff, *Protagonist und Umwelt in S. B.s Romanen: Ein Forschungsbericht* (in LWU, 8, 1975, S. 257–276).
Gesamtdarstellungen und Studien:
J. J. Clayton, *S. B.: In Defense of Man*, Bloomington 1967; ern. 1979. – *S. B. and the Critics*, Hg. I. Malin, Ldn./NY 1967. – K. M. Opdahl, *The Novels of S. B.*, Univ. Park./Pa. 1967. – I. Malin, *S. B.'s Ficition*, Carbondale u. a. 1969. – R. P. Dutton, *S. B.*, NY 1971 (TUSAS; ern. Boston 1982). – B. Scheer-Schäzler, *S. B.*, NY 1972. – E. Manske, *Das Menschenbild im Prosaschaffen S. B.s: Anspruch u. Wirklichkeit* (in ZAA, 21, 1973, S. 270–288; 360–383). – S. B. Cohen, *The Enigmatic Laughter of S. B.*, Urbana 1974. – M. G. Porter, *Whence the Power? The Artistry and Humanity of S. B.*, Columbia 1974. – E. Schraepen, *Comedy in S. B.'s Work*, Liège 1975. – *S. B.: A Collection of Critical Essays*, Hg. E. Rovit, Englewood Cliffs 1975. – W. Hasenclever, *S. B.*, Köln 1978. – *S. B. and His Work*, Hg. E. Schraepen, Brüssel 1978. – *Critical Essays on S. B.*, Hg. S. Trachtenberg, Boston 1979. – H. Knop-Buhrmann, *Die Romane S. B.s*, Ffm. u. a. 1980. – E. L. Rodrigues, *Quest for the Human*, Ldn./Toronto 1981. – H. Zapf, *Der Roman als Medium der Reflexion*, Ffm./Bern 1981. – M. Bradbury, *S. B.*, Ldn. 1982. – L. H. Goldman, *S. B.'s Moral Vision: A Critical Study of the Jewish Experience*, NY 1983. – H. Ridley, *S. B.* (in KLFG, 1983). – J. Braham, *A Sort of Columbus*, Athens 1984. – D. Fuchs, *S. B.: Vision and Revision*, Durham/N. C. 1984. – C. Maurer, *Die Idee der Liebe: Die Frau in S. B.s Romanen*, Ffm. u. a. 1984. – J. Newman, *S. B. and History*, Ldn. 1984. – J. Wilson, *On B.'s Planet*, Rutherford u. a. 1985. – *S. B.*, Hg. H. Bloom, NY 1986.

THE ADVENTURES OF AUGIE MARCH

(amer.; Ü: *Die Abenteuer des Augie March*). Roman von Saul BELLOW, erschienen 1953. – Der Titelheld erzählt in der Rückschau die Geschichte seiner Kindheits-, Jugend- und frühen Mannesjahre. Er wuchs in den Slums von Chicago als Sohn einer jüdischen Mutter auf, die von seinem Vater verlassen wurde. Augie geht verschiedenen untergeordneten Beschäftigungen nach, hält sich ein paarmal nur mit Mühe aus einem Verbrechen heraus und kommt in Berührung mit der Welt der oberen Zehntausend. Er beginnt ein Universitätsstudium und lebt während dieser Zeit von Bücherdiebstählen, er betätigt sich in der Gewerkschaftspolitik und verliebt sich in ein reiches, exzentrisches Mädchen, mit dem er nach Mexiko geht, um dort mit Hilfe eines abgerichteten Adlers Rieseneidechsen und Schlangen zu jagen. Sein Bericht endet mit seinen Erlebnissen während des Zweiten Weltkriegs.
Dies ist nur ein sehr komprimierter Überblick über einige Stationen im Leben des Protagonisten dieses äußerst ereignis- und personenreichen Buchs. Nach den introvertierten frühen Romanen *Dangling Man*, 1944 (*Mann in der Schwebe*), und *The Victim*, 1947 (*Das Opfer*), kann *Augie March* als bewußter Versuch Bellows gelten, seinen Gestaltungsbereich zu erweitern. Das ist ihm, wenn auch um den Preis eines gewissen Verlustes an psychologischem Tiefgang, zweifellos gelungen. Die frühen Episoden aus dem Leben seines Helden in den Elendsvierteln von Chicago sind der DREISERschen Schule des sozialen Realismus zuzurechnen und zeigen Parallelen zu FARRELL und ALGREN. Aber selbst in diesem Stadium neigt Bellow mehr zu komisch-realistischer Gestaltung als zur Formulierung eines sozialen Protestes: Augie ist stets ein Symbol der Lebensfreude, der Aufnahmebereitschaft und des Dranges, die *terra incognita* zu erforschen, und erinnert damit an Gestalten aus Henry FIELDINGS, aber auch aus Thomas WOLFES Werken. Wo sich der Schauplatz aus der »finsteren Stadt« Chicago in die Welt der heimatlosen Schiffbrüchigen des Lebens, der Exzentriker und Degenerierten verlagert, ist das Werk eher eine Art Resümee der amerikanischen Literatur der letzten fünfzig Jahre als der

Niederschlag eigener Erfahrung. Andere Passagen wiederum sind von großer Originalität, so etwa der Bericht über das rücksichtslose Streben von Augies Bruder Simon nach Reichtum und Macht und die merkwürdige Geschichte von dem feigen Adler, der mit den mexikanischen Eidechsen nicht fertig wird. In den zahlreichen Nebenfiguren hat Bellow ein Arsenal faszinierender Charaktere geschaffen. Verglichen mit seinem sechs Jahre später erschienenen Roman *Henderson the Rain King (Der Regenkönig)* zeigt *Augie March* deutlich, wie Bellows Absicht, seinem Helden überlebensgroße, ja mythische Dimensionen zu verleihen, stellenweise noch an seiner wuchernden Rhetorik scheitert. Dennoch ist dieser Roman nicht allein ein Markstein in der Entwicklung des Autors, er darf auch als einer der beachtlichsten modernen Entwicklungsromane im pikaresken Stil gelten. J.v.Ge.-KLL

AUSGABEN: Einzelne Kap. in versch. Zs. vorabgedruckt (u. a. in The New Yorker, Harper's Bazaar, Partisan Review). - NY 1953. - Ldn. 1958. - NY 1960. - NY 1977; ern. 1984.

ÜBERSETZUNG: *Die Abenteuer des Augie March*, A. Koval, Köln/Bln. 1956. - Dass., ders., Zürich 1977. - Dass., ders., Mchn. 1979 (dtv).

LITERATUR: S. Bellow, *How I Wrote Augie March's Story* (in New York Times Book Review, 31.1. 1954, S. 3, 7). - P. Levine, *S. B., the Affirmation of the Philosophical Fool* (in Perspective, 10, 1959, S. 163-176). - G. J. Goldberg, *Life's Customer: Augie March* (in Crit, 3, 1960, S. 15-27). - B. Way, *Character and Society in »The Adventures of Augie March«* (in British Association for American Studies Bulletin, 8, 1964, S. 36-44). - A. J. Guerard, *S. B. and the Activists: On »The Adventures of Augie March«* (in Southern Review, 3, 1967, S. 582-596) [dt. Fassung in *Der amerikanische Roman im 19. und 20. Jahrhundert*, Hg. E. Lohner, Bln. 1974, S. 353-365]. - D. R. Jones, *The Disappointments of Maturity: B.'s »The Adventures of Augie March«* (in *The Fifties: Fiction, Poetry, Drama*, Hg. W. French, DeLand 1970, S. 83-92). - A. Roşu, *The Picaresque Technique in S. B.'s »The Adventures of Augie March«* (in Analele Universităţii, 22, 1973, S. 191-197). - J. Meyers, *Brueghel and »Augie March«* (in AL, 49, 1977, S. 113-119). - D. Fuchs, *»The Adventures of Augie March«: The Making of a Novel* (in Americana-Austriaca, 5, 1980, S. 27-50). - M. O. Bellamy, *B.'s More-or-Less Human Bestiaries: »Augie March« and »Henderson the Rain King«* (in Ball State Univ. Forum, 23, 1982, S. 12-22). - R. Decap, *Picaresque et nouveau roman: »The Adventures of Augie March«* (in Caliban, 22, 1983, S. 69-81).

DANGLING MAN

(amer.; *Ü: Mann in der Schwebe*). Roman von Saul BELLOW, erschienen 1944. - Der Erstlingsroman Bellows ist in Form eines Tagebuchs geschrieben. Inmitten der Propaganda, die zu Beginn des Zweiten Weltkriegs mit Begriffen wie Vaterlandsliebe und Heldentum gemacht wird, nimmt sich die grüblerische Selbstbeobachtung des Schreibers, eines jungen Chicagoers namens Joseph, höchst unzeitgemäß aus. Wie er selbst ironisch feststellt, ist er alles andere als einer jener hartgesottenen Typen, die HEMINGWAY und seine Imitatoren zu Idolen einer ganzen Epoche gemacht haben. Josephs Situation ist die eines »baumelnden« Mannes (wie die wörtliche Übersetzung des Titels lautet): Er sieht seiner Einberufung entgegen, die - da die Mühlen der Bürokratie langsam mahlen - Monate auf sich warten läßt. Er hat seine Stellung und seine Wohnung aufgegeben und haust mit seiner Frau in einer Pension. Nicht mehr Zivilist und noch nicht Soldat, hat er zum erstenmal Zeit, Fragen an sich selbst und an die Gesellschaft, in der er bisher gelebt hat, zu stellen. Seine Selbstprüfung führt ihn im Grund immer wieder zu der Frage nach dem wahren Wesen des modernen Großstadtmenschen und nach dem Zweck seines eigenen Lebens. Er wird sich rasch klar darüber, zu welcher Art von Zeitgenossen er nicht gehört: weder zu denen, die, wie sein eigener selbstzufriedener und erfolgreicher Bruder, aus purer Ignoranz die moderne Gesellschaft akzeptieren, noch zu denen, die, wie viele seiner Freunde, die Krankheissymptome dieser Gesellschaft zwar ständig analysieren und erregt diskutieren, ihnen aber nicht auf den Grund gehen. Weder dem Stoizismus Hemingwayscher Prägung noch den radikalen Zielen der Kommunisten, zu denen er sich einst bekannte, kann Joseph in diesem Stadium etwas abgewinnen: Er befindet sich äußerlich und innerlich im Niemandsland, völlig allein, einer Umwelt entfremdet, die keine seiner bohrenden Fragen beantworten kann. Für ihn gibt es in diesem Zustand nicht einmal mehr eine Erklärung dafür, warum der Mensch im Großstadtbetrieb bestimmte alltägliche Dinge tut, warum er diese und nicht eine andere Bahn, diese und nicht eine andere der gleichförmigen Straßen benutzt. Seine Suche nach einem Sinn - und letzten Endes nach Freiheit für sich selbst - ist zum Scheitern verurteilt. Er bittet um Beschleunigung seiner Einberufung, nicht etwa, weil er die Lebensform seiner Gesellschaft gegen die Diktatur verteidigen will, sondern weil er nicht länger in einem Vakuum leben möchte. Die letzten Worte des Romans sind Josephs bitterer Willkommensgruß an das Reglement, dem in Zukunft sein Leben und sein Geist unterworfen sein werden.

Dangling Man steht in einer literarischen Tradition, die bis zu DOSTOEVSKIJS *Aufzeichnungen aus einem Kellerloch* zurückverfolgt werden kann. Die Verwandtschaft zwischen Bellows Protagonisten und Gestalten von KAFKA und CAMUS ist offensichtlich. Auch in seinen späteren Werken gab Bellow nie die Form des großen Selbstgesprächs auf, die er im *Dangling Man* gewählt hatte, selbst nicht in vergleichsweise extrovertiert wirkenden Romanen wie *The Adventures of Augie March* und *Henderson the Rain King*. Die Würdigung und das Echo, die dem Roman bei seinem Erscheinen zuteil wurden, sprechen dafür, daß das seinerzeit allgemein propagierte Klischee vom »positiven Kriegshelden« weder den Kritikern noch dem ernsthaften Lesepublikum den Blick verstellen konnte. J.v.Ge.

AUSGABEN: NY 1944. – NY 1960. – NY 1984.

ÜBERSETZUNG: *Mann in der Schwebe*, W. Hasenclever, Köln/Bln. 1969. – Dass., ders., Reinbek 1971 (rororo).

LITERATUR: P. Levine, *The Affirmation of the Philosophical Fool* (in Perspective, 10, 1959, S. 163 bis 176). – J. C. Levenson, *B.'s Dangling Men* (in Crit, 3, 1960, 3, S. 3–14). – D. D. Galloway, *The Absurd Hero in Contemporary American Fiction: The Works of J. Updike, W. Stryon, S. B., and J. D. Salinger*, Diss. Buffalo 1963 (vgl. Diss. Abstracts, 23, 1962/63, S. 4356/57). – D. Donoghue, *Commitment and »The Dangling Man«* (in Studies, 53, Dublin 1964, S. 174–184). – R. M. V. R. Rao, *Chaos of the Self: An Approach to S. B.'s »Dangling Man«* (in Osmania Journal of English Studies, 8, 1971, S. 89–102). – J. Mellard, *»Dangling Man«: S. B.'s Lyrical Experiment* (in Ball State University Forum, 15, 1974, S. 67–74). – G. David, *Leiden im Exil: S. B.s »Dangling Man«* (in LWU, 9, 1976, S. 231–243). – K. H. Schönfelder, *S. B.s »Dangling Man«: Bemerkungen zum Tagebuchroman* (in Erzählte Welt: Studien zur Epik des 20. Jahrhunderts, Hg. H. Brandt u. N. Kakabadse, Bln. 1978, S.359–383). – J. S. Saposnik, *»Dangling Man«: A Partisan Review* (in Centennial Review, 26, 1984, Nr. 2, S. 388–395). – D. D. Anderson, *The Room, the City and the War: S. B.'s »Dangling Man«* (in Midwestern Miscellany, 11, 1983, S. 49–58). – J. Brans, *The Dialectic Hero and Anti-Hero in »Rameau's Nephew« and »Dangling Man«* (in Studies in the Novel, 16, 1984, S. 435–447). – L. L. Melbourne, *Double Heart: Explicit and Implicit Text in B. Camus and Kafka*, NY 1986.

THE DEAN'S DECEMBER

(amer.; *Ü: Der Dezember des Dekans*). Roman von Saul BELLOW, erschienen 1982. – In seinem neunten Roman zeichnet der Nobelpreisträger Bellow den Vergleich zweier Städte mit den dazugehörigen Lebenswelten: dem trüben, grauen, durch unmenschliche bürokratische Vorschriften und eine autoritäre Gesellschaftsstruktur lebensunfreundlichen kommunistischen Bukarest einerseits und dem zwar bunt-chaotischen und beweglichen, aber durch Armut, Korruption und willkürliche Gewaltausübung auch verdorbenen, gefährlichen und menschenunwürdigen kapitalistischen Chicago andererseits.

Die Handlung des Romans setzt damit ein, daß Dekan Albert Corde, Ende fünfzig, seine rumänische Frau Minna, eine berühmte Astrophysikerin, nach Bukarest begleitet, wo ihre Mutter, Valeria, selbst eine berühmte Psychiaterin, die anfangs begeisterte Marxistin war, dann aber in Ungnade fiel und nur bedingt rehabilitiert wurde, im Sterben liegt. Der Direktor des Krankenhauses erlaubt aus Schikane den Besuchern keinen freien Zugang zu der Sterbenden, weil er Minna dafür bestrafen will, daß sie während einer Forschungsreise im Westen blieb. Während sie auf Besuchserlaubnis warten, hat Corde genügend Zeit, über seine Vergangenheit nachzudenken. Seinen Erfolg als Journalist hatte er früh, als er, dank Familienbeziehungen, über die Potsdamer Konferenz für den ›New Yorker‹ berichten konnte. Danach schrieb er lange Zeit in Paris für die ›Herald Tribune‹ Kulturberichte. Sein Entschluß, nach Chicago zurückzukehren, um dort an einer Universität Professor für Journalistik und später Dekan zu werden, hing mit dem Wunsch zusammen, sich aus der oberflächlichen Welt der Nachrichten zu befreien, um sich wichtigeren Fragen widmen zu können. Um seine Mitmenschen dazu zu bringen, der grausamen Wirklichkeit ihrer Erlebnisse nicht auszuweichen oder sie mit verschönernder Rhetorik zu verbergen, hatte Corde, ein Sprachrohr für Bellow selbst, zwei Artikel über Chicago in der Zeitschrift ›Harper's‹ veröffentlicht, in denen er Mißstände und Kriminalität in der schwarzen Slum-Innenstadt, in den Krankenhäusern und Gefängnissen wie auch die politische und juristische Korruption aufzeigte. Als die einzigen beiden integren Männer der Stadt schilderte er den schwarzen Gefängnis-Direktor Rudolph Ridpath, der versuchte, gewalttätige Sträflinge zu disziplinieren, und dafür von der Presse angegriffen wurde und zudem Bestechungsgelder ablehnte, weswegen er seinen Posten verlor, und den Ex-Heroinsüchtigen Toby Winthrop, der ein Zentrum für Drogensüchtige errichtet hatte. Mit diesen halb moralisch anklagenden, halb poetischen Artikeln hatte Corde alle Fronten beleidigt: Die Linken sahen in ihnen eine rassistische Darstellung der Lebenswelt der Schwarzen, die Rechten eine lästige Aufwirbelung von unangenehmen Tatsachen. Cordes prekäre Lage verschlimmerte sich noch dadurch, daß er eine führende Position in der Anklage in einem Mordprozeß gegen zwei Schwarze einnahm, weil diese einen weißen Studenten aus dem Fenster seiner Wohnung gestürzt hatten – wobei ungeklärt bleibt, ob sie ihn ausrauben wollten oder ob er sie aus erotischem Interesse zu sich eingeladen hatte. Cordes Neffe Mason, der gegen ihn einen Argwohn hegt, engagiert sich für die Angeklagten und läßt sie durch Cordes Cousin Maxie Detillion verteidigen. Während er noch in Bukarest wartet, werden die beiden Schwarzen zwar verurteilt und sein Handeln in der Affäre von seinen Kollegen als richtig erkannt. Doch der Journalist Dewey Spangler, der sich immer als sein Rivale verstanden hatte, veröffentlicht, auf eine z. T. verfälschende Weise, das zynische Gespräch über die Langeweile und moralische Lethargie der wissenschaftlichen Institutionen, das Corde mit ihm am Tag von Valerias Begräbnis führte. Corde erkennt nach seiner Rückkehr in die USA, daß er seinen Rücktritt einreichen muß, und entschließt sich erneut, eine journalistische Tätigkeit aufzunehmen. Sein nächster Artikel soll die Entdeckung des Geologen Beech, daß die Quelle für die Langeweile und den Wahnsinn in der modernen Gesellschaft auf Bleivergiftung zurückzuführen sei, einem breiteren Publikum nahebringen. In Bukarest hatte Corde erlebt, wie die politische Sterilität und die Düsterkeit des Alltags durch solidarisches Verhalten der Menschen gemildert werden konnte. Die Sterilität des Westens besteht laut Bellow darin, daß wir uns von allen Einflüssen und Eindrücken abschirmen, die auf eine beunruhigende Wirklichkeit verweisen. So warnt Bellow auf moralische, obgleich nicht moralisierende Weise vor einer liberalen Selbstzufriedenheit, die humanitäre Klarsicht, ethische Wachheit und die Bereitschaft, sein Leben zu ändern, ausschließt. E.Br.

AUSGABE: NY 1982.

ÜBERSETZUNG: *Der Dezember des Dekans*, W. Hasenclever, Köln 1982. – Dass., ders., Reinbek 1984.

LITERATUR: A. Weinstein, »*The Dean's December*«: *B.'s Plea for the Humanities and Humanity*« (in S. B. Journal, 2, 1983, S. 30–41). – A. Chavkin, *The Feminism of* »*The Dean's December*« (in Studies in American Jewish Literature, 3, 1983, S. 113–127). – M. C. Roudané, *A Cri de Coeur: The Inner Reality of S. B.'s* »*The Dean's December*« (in Studies in the Humanities, 11, 1984, S. 5–17). – J. Newman, *B. and Nihilism.* »*The Dean's December*« (in Studies in Literary Imagination, 17, 1984, S. 111–122).

HENDERSON THE RAIN KING

(amer.; *Ü: Der Regenkönig*). Roman von Saul BELLOW, erschienen 1959. – Ein Mensch auf der Suche nach seiner eigenen Identität steht auch in diesem Roman Bellows im Mittelpunkt. Eugene Henderson, im Unterschied zu den anderen Protagonisten Bellows weder Jude noch Großstädter, ist mehrfacher Millionär, Vater von fünf Kindern aus zwei Ehen, ein hünenhafter, extrovertierter Mittfünfziger. Er ist dem hektischen Großstadtleben entronnen und aufs Land gezogen, aber auf seiner Farm in Connecticut fühlt er sich plötzlich bedrängt von Umwelt und Verpflichtungen, beginnt er, den von ihnen geprägten Eugene Henderson wie einen Fremden zu betrachten, beunruhigt ihn eine innere Stimme, die immer wieder ruft: »Ich will haben!« Was er haben will, kann er selbst nicht genau definieren – vielleicht eine tiefere Lebensweisheit, vielleicht eine klarere Erkenntnis des eigenen Standortes im dichten Netz menschlicher Beziehungen oder der eigenen Aufgabe im großen Schöpfungsplan, vielleicht aber auch nichts weiter als die Möglichkeit, intensiver zu leben. In der komplexen Zivilisation Amerikas – das weiß er genau – kann er nicht finden, was er vermißt. So sucht er es in einem anderen Land, in Afrika. Es ist ein Afrika, das Bellows Phantasie entsprungen ist und doch nicht konstruiert wirkt, das mythische Züge trägt und doch aus der Konfrontation mit dem Sohn des modernen Amerika eine greifbare Realität gewinnt. In diesem Afrika meint Henderson in die »*wirkliche Vergangenheit ... die vormenschliche Vergangenheit*« einzudringen, und seine Reise ins Innere des Landes wird zu einer Reise in sein eigenes Inneres. Denn seine tragikomischen Abenteuer bei den Stämmen der Arnewi und Wariri gewähren ihm nicht nur Einblicke in die Terra incognita »primitiver« Kulturen, sie bringen ihn, der sein Amerikanertum gleichsam im Reisegepäck mit sich führt und in dessen Bewußtsein Unbekanntes und Vertrautes sich ständig durchdringen, zu größerem Selbstverständnis. Er findet Freunde und Bewunderer, aber er erlebt auch Niederlagen, die ihn und andere leiden machen. Sein Lehrmeister ist Dahfu, der weise König der Wariri, jenes Stammes, der Henderson den Titel »Sungo, der Regenkönig« verleiht, nachdem der bärenstarke Amerikaner in überschäumendem Tatendrang die riesige Statue der Wolkengöttin von ihrem Platz gerückt und damit, wie die Wariri glauben, den langersehnten Regen herbeigezwungen hat. Dahfu weiht Henderson in die Riten seines Stammes ein und enthüllt ihm das Schicksal der Wariri-Herrscher. Wie seinen Vorfahren ist Dahfu nach der Tradition des Stammes der Tod gewiß, falls es ihm nicht binnen kurzer Zeit gelingt, den jungen Löwen zu fangen, in dem der Geist seines königlichen Vaters weiterlebt. Es ist Dahfu, der König, und später der Geist Dahfus in Löwengestalt, die Henderson Bewährung abfordern und ihn lehren, mit Löwen zu leben anstatt mit Schweinen, wie er sie in Amerika gezüchtet hat. Als Henderson schließlich in seine Heimat und zu seiner Familie zurückkehrt, ist die Stimme, die nach mehr verlangt hat, zum Schweigen gebracht. Die Zeit seiner Siege und Niederlagen in einem fernen Land ist vorüber. Die Erinnerung daran aber wird ihn immer von neuem bedrängen, in jenem Amerika, in dem – wie er an einer Stelle seines großen Selbstgesprächs sagt – alle bedeutenden Taten und alle großen Siege bereits vor seiner Zeit vollbracht wurden.

Henderson, dessen unbändiger Drang nach Taten und Antworten auch den Sprachstil des Buchs prägt, ist wie Augie March (*The Adventures of Augie March*, 1953) eine überlebensgroße Figur, in der eines der großen Themen der amerikanischen Literatur, die Selbstentfremdung und Selbstfindung, mythische Züge annimmt. Daß diese Züge weniger »aufgesetzt« wirken als bei Augie March, ist vor allem der Verwendung eines mit mythologischen Attributen ausgestatteten Schauplatzes zu verdanken. Die realistische und die symbolischphantastische Ebene der Erlebnisse von Bellows modernem Gulliver gelangen auf diesem Schauplatz immer wieder zur Deckung, eine erzählerische Leistung, der dieser Roman einige der hintergründigsten komischen Szenen in der modernen Literatur Amerikas verdankt. KLL

AUSGABEN: NY/Ldn. 1959. – NY 1965. – NY 1983. – Harmondsworth 1984.

ÜBERSETZUNG: *Der Regenkönig*, H. A. Frenzel, Köln/Bln. 1960. – Dass., ders., Mchn. 1964; ern. 1985 (dtv).

LITERATUR: R. Freedman, *S. B. The Illusion of Environment* (in Wisconsin Studies in Contemporary Literature, 1, 1960, S. 50–65). – D. J. Hughes, *Reality and the Hero: »Lolita« and »Henderson the Rain King«* (in Modern Fiction Studies, 4, 1960, S. 345–364). – C. Arnavon, *Le roman africain de S. B.: »Henderson the Rain King«* (in Études Anglaises, 14, 1961, S. 25–35). – R. Detweiler, *Patterns of Rebirth in »Henderson the Rain King«* (in MFS, 12, 1966, S. 405–414). – J. Baim u. D. P. Demarest, *»Henderson the Rain King«: A Major Theme and a Technical Problem* (in *A Modern Miscellany*, Hg. D. P. Demarest u. a., Pittsburgh 1970, S. 53–63). – J. P. Moss, *The Body as Symbol in S. B.'s »Henderson the Rain King«* (in Literature and Psychology, 20, 1970, S. 51–61). – B. D. Hull, *»Henderson the Rain King« and William James* (in Criticism, 13, 1971, S. 402–414). – D. Majdiak, *The Romantic Self and »Henderson the Rain King«* (in Bucknell Review, 19, 1971, Nr. 2, S. 125–146). – D. W. Markos, *Life Against Death in »Henderson the Rain King«* (in MFS, 17, 1971, S. 193–205). – E. L. Rodrigues, *B.'s Africa* (in AL, 43, 1971, S. 242–256). – L. M. Cecil, *B.'s Henderson as American Image of the 1950's* (in Research Studies, 40, 1972, S. 296–300). – D. Edwards, *The Quest for Reality in »Henderson the Rain King«* (in Dalhousie Review, 53, 1973, S. 246–255). – E. L. Rodrigues, *Reichianism in »Henderson the Rain King«* (in Criticism, 15, 1973, S. 212–233). – M. Steig, *B.'s »Henderson« and the Limits of Freudian Criticism* (in Paunch, 36–37, 1973, S. 39–46). – E. L. Rodrigues, *S. B.'s Henderson as America* (in Centennial Review, 20, 1976, S. 189–195). – V. Pribanic, *The Monomyth and Its Function in »Henderson the Rain King«* (in *Itinerary 3: Criticism*, Hg. F. Baldanza, Bowling Green 1977, S. 25–30). – B. Michelson, *The Idea of »Henderson«* (in TCL, 27, 1982, Nr. 4, S. 309–324). – G. L. Cronin, *Henderson the Rain King«: A Parodic Exposé of the Modern Novel* (in Arizona Quarterly, 39, 1983, S. 266–276). – E. L. Rodrigues, *S. B.'s Henderson as Mankind and Messiah* (in Renascence, 35, 1983, Nr. 4, S. 235–246).

HERZOG

(amer.; *Ü: Herzog*). Roman von Saul BELLOW, erschienen 1964. – Wie die introvertierten Hauptgestalten früherer Romane Bellows (Joseph in *Dangling Man*, Asa Loewenthal in *The Victim*, Tommy Wilhelm in *Seize the Day*) ist auch der Held dieses Buchs, Moses Elkanah Herzog, ein in endlose Monologe verstrickter Mensch, ein Kind der modernen Großstadt, ein Mann, der versucht, zu sich selbst zu finden. Er, der einer aus Rußland nach Kanada eingewanderten einfachen jüdischen Familie entstammt, in Chicago aufgewachsen und Collegeprofessor geworden ist, hat Menschen aus den verschiedensten Schichten kennengelernt. Daß viele von ihnen im Roman als Nebenfiguren auftreten, bereichert das soziale Spektrum und das Kolorit des Buchs; daß Herzog durch sie in so unterschiedlichen Lebensbereichen Erfahrungen sammelt, macht ihn (und darin ist er wiederum Bellows Augie March und Eugene Henderson verwandt) fast zu einem modernen Picaro.

Sein Vagantentum ist gleichwohl von hoher Intellektualität; Herzog, Professor für Philosophie und Geschichte, Verfasser einer glänzenden Dissertation über Probleme des Naturrechts im 17. und 18. Jh., berühmt geworden durch sein Buch *Romantik und Christentum*, erlebt sein Leben mit allen Höhe- und Tiefpunkten zugleich als geistiges Abenteuer, als Auseinandersetzung mit der Geschichts- und Existentialphilosophie. Die Krise des etwa Fünfundvierzigjährigen, deren entscheidende Phase der Roman vorführt, wird also auf intellektueller Ebene ausgetragen, ihre Ursache hat sie freilich in Herzogs Scheitern an der banalen Alltagswirklichkeit: Madeleine, seine kalte, egozentrische zweite Frau, hat sich vor kurzem von ihm scheiden lassen, nachdem sie ihn längst mit einem seiner engsten Freunde betrogen hatte; seine Kinder, die er liebt, denen er aber, wie er selbst einräumt, ein schlechter Vater war, wachsen getrennt von ihm auf; er ist nicht mehr imstande, seinen akademischen Verpflichtungen nachzukommen; die Arbeit am zweiten Band seines Buchs stockt. Und nun fühlt Herzog immer stärker die Notwendigkeit, »zu erläutern, auszufechten, zu rechtfertigen, ins rechte Licht zu rücken, zu klären, gutzumachen«. In seiner Vereinsamung beginnt er, Notizen aufs Papier zu werfen, »Bruchstücke – unsinnige Silben, Ausrufe, verdrehte Sprichwörter und Zitate«, und schließlich geht er dazu über, Briefe zu schreiben, an Lebende und Tote, an Philosophen, Politiker, Familienmitglieder, Freunde und an Gott selbst, Briefe, die er selten vollendet und nie abschickt. Es sind Memoranden, in denen er kurz oder ausführlich seine Meinung darlegt, die Ansichten anderer interpretiert, philosophische Reflexionen anstellt, sich zu entschuldigen oder zu rechtfertigen sucht und sich bemüht, Unrecht, das er an anderen begangen zu haben glaubt, nachträglich gutzumachen.

Fast jeder dieser »Briefe« enthält eine geballte Ladung brillant und aggressiv formulierter Gedanken über Politik, Soziologie, Psychoanalyse, Liebe, Leben und Tod, jeder Brief löst aber gleichzeitig in Herzog Erinnerungen an seine Vergangenheit, an Freunde, Ehefrauen, Geliebte aus. Im Roman fungieren diese Kritzeleien als *»notwendige Schaltstellen, die der Erzählung die geschmeidige Übergänge aus dem reflektierenden in den erzählerischen Prozeß und umgekehrt ermöglichen«* (G. Blöcker). Parallel zu dieser gedanklichen Auseinandersetzung verlaufen Herzogs Versuche, sein gestörtes Verhältnis zur Wirklichkeit zu korrigieren und seine verfahrenen persönlichen Angelegenheiten in Ordnung zu bringen. Er erörtert mit seinem Anwalt die rechtlichen Möglichkeiten, zeitweise die Aufsicht über seine Kinder zu übernehmen, borgt bei seinem Bruder Geld, unternimmt eine Reise nach Chicago, um seine Tochter zu besuchen, wird in einen Verkehrsunfall verwickelt und verhaftet, weil er ohne Waffenschein die Pistole seines verstorbenen Vaters bei sich trägt, die er, mit dem Gedanken spielend, den jetzigen Mann seiner zweiten Frau zu erschießen, an sich genommen hat. Die Stunden auf der Polizeistation, wo er sich von dem rüden Benehmen der Polizisten gedemütigt und gegenüber seiner kleinen Tochter aller menschlichen und väterlichen Autorität beraubt sieht, bilden den Tiefpunkt seiner Irrfahrten.

Am Ende des Romans findet sich Herzog – in doppeltem Sinne – in seinem verfallenden Landhaus in Massachusetts wieder, wo er auch zu Anfang, unrasiert, briefeschreibend, altes Brot essend, gehaust hat – nun aber überraschend in Einklang mit sich selbst, vorsichtig wieder Verbindung aufnehmend mit Ramona, der einzigen wirklich ausgeglichenen und natürlichen Frau, die er kennt, gerettet aus seiner Verstörtheit, seine Neigung zu Verzweiflung, Selbstmitleid und Einsamkeit nicht länger kultivierend, entschlossen, jede Möglichkeit zu menschlichen Kontakten wahrzunehmen. »Ich will nichts mehr dazu beitragen, die Absurditäten des Lebens zu verwirklichen. Das geschieht auch ohne meine besondere Hilfe schon in genügendem Maße.« Herzog, der »Existentialist«, führt – wenigstens für seine Person – die existentialphilosophische Kategorie des Scheiterns ad absurdum. »Aber was wünschst du dir, Herzog?« fragt er sich selbst, und er antwortet: »Das ist es ja eben – nichts in der Welt. Ich bin's durchaus zufrieden, zu sein, zu sein, wie es gewollt ist, und für so lange, wie ich Wohnrecht habe.«

Die menschlichen Grundfragen, auf die sich Bellows Held in seiner Krise zurückgeworfen sieht, die Fragen nach Wesen, Möglichkeit und Bestimmung des Mannes in einer Welt, die mit der grausamen Geschwindigkeit des technischen Fortschritts die Lebensformen überrannt hat, denen Herzog sich nach Herkunft, Charakter und Bildung noch verpflichtet fühlt (»Mein Gefühlstyp ist archaisch«), diese Fragen bleiben letzten Endes unbeantwortet, und daß Herzog aus dem Chaos herausfindet, ist nicht als exemplarische Lösung, sondern eher als privater Glücksfall zu verstehen. Doch liegt die Stärke des Buchs gerade in der auf gedanklich und erzähltechnisch hohem Niveau durchgeführten Konfrontation des humanen, liberalen und intelligenten Helden mit einer Welt, für deren Bewältigung allgemein verbindliche Maximen und Lebenstechniken ohnehin kaum mehr zur Verfügung stehen. Herzog weicht weder der Situation aus, noch findet er eine zu einfache oder zu geistreiche Antwort auf ihre Komplexität. – Die geistige Problematik des Romans, dessen intellektueller Held eher europäischen als amerikanischen Erzähltraditionen entstammt, wird nicht nur in der Gestalt Herzogs glaubhaft konkretisiert, sondern erhält Substanz und erzählerischen Hintergrund auch durch die Rückblenden in die Geschichte seiner an ausgeprägten Individualitäten reichen jüdischen Familie und durch die scharfe Ausleuchtung der großstädtischen Wirklichkeit. – Der vielfach ausgezeichnete Roman brachte Bellow seinen bisher größten Publikumserfolg. J.Dr.

AUSGABEN: NY/Toronto 1964. – Harmondsworth 1972. – NY 1976. – NY 1976 (*Herzog: Text and Criticism*, Hg. I. Howe).

ÜBERSETZUNG: *Herzog*, W. Hasenclever, Köln/Bln. 1965. – Dass., ders., Mchn. 1978 (dtv).

LITERATUR: M. Bradbury, *S. B.'s »Herzog«* (in Critical Quarterly, 7, 1965, S. 269–278). – U. Brumm, *S. B.s »Herzog«* (in NRs, 76, 1965, 4, S. 693–698). – L. A. Fiedler, *S. B.* (in *On Contemporary Literature*, Hg. R. Kostelanetz, NY 1965, S. 286–295). – G. Garrett, *To Do Right in a Bad World: S. B.'s »Herzog«* (in The Hollins Critic, 2, 1965, H. 2, S. 1–12). – D. D. Galloway, *Moses-Bloom-Herzog: B.'s Everyman* (in Southern Review, 2, 1966, S. 61–76). – H. Fisch, *The Hero as Jew: Reflections on »Herzog«* (in Judaism, 17, 1968, S. 42–54). – D. Vogel, *S. B.'s Vision Beyond Absurdity: Jewishness in »Herzog«* (in Tradition, 9, 1968, S. 65–79). – B. Scheer Schäzler, *A Taste for Metaphors: Die Bildersprache als Interpretationsgrundlage des modernen Romans, dargestellt an S. B.s »Herzog«*, Wien 1968. – G. Cordesse, *L'unité de »Herzog«* (in Caliban, 7, 1970, S. 99–113). – E. Löfroth, *Herzog's Predicament: S. B.'s View of Modern Man* (in Studia Neophilologica, 44, 1972, S. 315–325). – N. Weinstein, *»Herzog«, Order and Entropy* (in ES, 54, 1973, S. 336–346). – S. M. Gerson, *Paradise Sought: The Modern American Adam in B.'s »Herzog«* (in McNeese Review, 24, 1977–1978, S. 50–57). – A. Chavkin, *B.'s Alternative to the Wasteland: Romantic Theme and Form in »Herzog«* (in Studies in the Novel, 11, 1979, S. 326–337). – R. Hermans, *The Mystical Element in S. B.'s »Herzog«* (in Dutch Quarterly Review, 11, 1981, S. 104–117). – R. Högel, *Gegenwart und Vergangenheit: Ihre synchrone Darstellung in S. B.s Roman »Herzog«* (in LWU, 14, 1981, Nr. 2, S. 103–115). – A. Chavkin, *B.'s Investigation of the ›Social Meaning of Nothingness‹: Role-Playing in »Herzog«* (in Yiddish, 4, 1982, S. 48–57). – D. Fuchs, *B. and Freud* (in Studies in the Literary Imagination, 17, 1984, Nr. 2, S. 59–80).

HUMBOLDT'S GIFT

(amer.; Ü: *Humboldts Vermächtnis*). Roman von Saul BELLOW, erschienen 1975. – In seinem stark autobiographischen achten Roman, für den er den Pulitzer-Preis erhielt, beschäftigt sich Bellow in einer Mischung aus Realismus und Ironie mit der Situation des Schriftstellers im zeitgenössischen Amerika und den Schwierigkeiten, die aus der spannungsreichen Verknüpfung von Geld, Macht und Kunst in der modernen Welt entstehen.

Der Protagonist Charlie Citrine, ein angesehener Bühnenautor und Biograph um die fünfundfünfzig, beschreibt als Ich-Erzähler, wie er durch eine Kette von Ereignissen aus seinem von Geld, Erfolg und anderen bürgerlichen Werten sowie von eingeschliffenen Gewohnheiten bestimmten Lebenstrott gerissen wird und welche zentralen Erlebnisse aus seiner Vergangenheit durch diese Ereignisse wieder wachgerufen werden. Geboren in Appleton/Wisconsin, studierte er in Chicago und zog Ende der dreißiger Jahre nach New York, um den damals berühmten Dichter Von Humboldt Fleischer, der viele Züge des Dichters Delmore SCHWARTZ (1913–1966) trägt, als Mentor und später als Freund zu gewinnen. Humboldt verhalf Citrine zu einem Lehramt in Princeton wie auch zu den Kontakten in der New Yorker Kulturwelt, die ihm eine Broadwayproduktion seines Theaterstückes »Von Trenck«, für dessen Hauptfigur er Modell stand, ermöglichten. Humboldt selbst strebte eine Professur für Lyrik in Princeton an und sollte für Adlai Stevenson, Präsidentschaftskandidat der Demokraten, nach dessen Wahlsieg Kulturarbeit leisten. Mit dem Sieg Eisenhowers jedoch beginnt Humboldts Bedeutung in der Öffentlichkeit abzunehmen. Zudem werden die finanziellen Mittel für die Professur nicht gebilligt. Im Zuge dieser Niederlagen setzt bei Humboldt eine Paranoia ein: Er stellt Citrine, der mit seinem Bühnenstück großen Erfolg hat, als Verräter dar, verfällt dem Alkohol und versucht, seine eigene Frau Kathleen mit dem Auto zu überfahren; sie reist bald darauf nach Nevada und reicht die Scheidung ein. Weil Humboldt gewalttätig zu werden droht, wird er von einem jungen Dramatiker, den er beschuldigt, der Liebhaber seiner Frau zu sein, angezeigt und von der Polizei in die Irrenanstalt Bellevue eingeliefert.

Diese Ereignisse führen zum Bruch zwischen den beiden Schriftstellern, der zu Humboldts Lebzeiten nicht mehr überwunden wird. Während dieser vereinsamt, verarmt und verkommen in New York langsam stirbt, wächst Citrines Ruhm und Reichtum. Sein Theaterstück wird ein Filmerfolg, er schreibt zwei erfolgreiche Biographien (über Woodrow Wilson und Harry Hopkins), erhält zwei Pulitzer-Preise und eine französische Ehrenauszeichnung, wird von John F. Kennedy ins Weiße Haus eingeladen und schreibt Reportagen für ›Life‹ und ›Look‹, u. a. über Robert Kennedy. Mit seiner Frau Denise kehrt er nach Chicago zurück, läßt sich von ihr scheiden und wird in einen langwierigen Prozeß verstrickt, der sein ganzes Vermögen zu verzehren droht. Zudem bedrängt seine junge Geliebte Renata ihn, eine neue Ehe einzugehen. Weil er eine Poker-Schuld an den Mafia-Gauner Rinaldo Cantabile nicht begleicht, bedroht dieser ihn und läßt seinen Mercedes zertrümmern. Zugleich lösen diese Erlebnisse Citrines Erinnerungen an Humboldt aus und damit die Verarbeitung seiner alten Schuldgefühle, denn Cantabiles Frau Lucy sucht für ihre Dissertation Auskünfte über den Dichter. Zur gleichen Zeit erfährt Citrine von Kathleen, daß der vor fünf Jahren verstorbene Humboldt ihm ein Vermächtnis hinterlassen habe. In dem Briefumschlag findet Citrine einen verzeihenden Abschiedsbrief und einen Drehbuchentwurf, von dem Humboldt sich großen Erfolg versprochen hatte. Citrine verläßt, durch die Geldklagen seiner Frau fast bankrott, die Vereinigten Staaten und will sich mit Renata in Europa niederlassen, doch diese läßt ihn in Spanien im Stich, um einen reichen Leichenbestatter zu heiraten. Aus seiner finanziellen Lage hilft ihm unerwarteterweise Cantabile, denn er entdeckt, daß ein Drehbuchentwurf über Kannibalismus, den Humboldt und Citrine in ihrer Princeton-Zeit zusammen verfaßten, erfolgreich verfilmt worden ist, und fordert finanzielle Entschädigung von der Filmgesellschaft. Diese läßt sich nicht nur auf das Angebot Cantabiles ein, sie kauft auch den zweiten Drehbuchentwurf.

Diese Ereignisse haben Citrine jedoch von einem krankhaften Festklammern an materiellen Werten wie Ruhm und Reichtum befreit. Inspiriert durch die Lehren des Anthroposophen Rudolf Steiner (1861–1925) glaubt Citrine an die Überwindung der eigenen Körpergebundenheit, an ein zentrales, unsterbliches Bewußtsein und somit an die Unsterblichkeit jeder einzelnen Seele. Er hat gelernt, daß er durch die Verbindung mit seinem eigentlichen, über dem Alltagsbewußtsein stehenden Ich mit Gelassenheit schwierige Situationen bewältigen kann. Zudem erkennt er, daß seine Pflicht gegenüber dem verstorbenen Freund darin besteht, ihm durch die »Tore des Todes« zu helfen, nicht nur indem er sich seiner erinnert und seine Arbeit vollendet, sondern vor allem indem er Humboldts selbstzerstörerischer Besessenheit von Geltung und Macht die eigene weltliche Entsagung entgegensetzt. Mit dem Erlös der Filmrechte läßt er in einer symbolischen Geste der Wiedergutmachung und der Versöhnung Humboldt zusammen mit seiner Mutter im Walhalla-Friedhof in New York in einem repräsentativen Doppelgrab nochmals beerdigen. Danach kehrt er nach Europa zurück.   E.Br.

AUSGABE: NY 1975.

ÜBERSETZUNG: *Humboldts Vermächtnis*, W. Hasenclever, Köln 1976. – Dass., ders., Mchn. 1980 (dtv).

LITERATUR: B. Siegel, *Artists and Opportunists in S. B.'s Humboldt's Gift* (in ConL, 19, 1978, S. 143–164). – E. Schraepen, *»Humboldt's Gift«: A New B.* (in English Studies, 62, 1981, S. 164–170). – M. Goldman, *»Humboldt's Gift« and the Case of the Split Protagonist* (in MLS, 11, 1981, S. 3–16). – M. Weistein, *Charles Citrine: Bellow's Holy Fool* (in Saul Bellow Journal, 3, 1983, S. 28–37). – A. Chavkin, *»Humboldt's Gift« and the Romantic*

Imagination (in PQ, 62, 1983, S. 1–19). – E. Rodrigues, *Beyond All Philosophies: The Dynamic Vision of S. B.* (in Studies in Literary Imagination, 12, 1984, S. 97–110).

MR. SAMMLER'S PLANET

(amer.; *Ü: Mr. Sammlers Planet*). Roman von Saul BELLOW, erschienen 1970. – In seinem siebten Roman versucht Bellow wiederum, Werte in der entwerteten Welt aufzuspüren und darzustellen. Er erfindet einen Protagonisten, der als sein Sprachrohr eine Gegenposition zu den modischen Kulturkritikern mit ihrem schalen Untergangsgetue einnehmen soll. Doch da er selbst den Untergang des Abendlandes für besiegelt hält, fällt es ihm schwer, seinen Optimismus zu propagieren. Artur Sammler fehlt die Vitalität früherer Helden Bellows wie Augie March oder Henderson: Ein gebildeter polnischer Jude, über siebzig Jahre alt, halbblind, arm, nach zwanzig Jahren Emigrantendasein noch immer ein Fremder, erlebt er Manhattan, Abbild der aus den Fugen geratenen Welt, aus großer Distanz. Er hält an dem Grundsatz fest, ohne Werturteile zu fällen, den Ideen- und Erfahrungsvorrat der Welt zu durchsieben, um intuitiv zum Wesen der Dinge vorzudringen, das er schließlich in der Mystik Meister Eckharts ebenso zu erkennen glaubt wie in der Güte seines verstorbenen Neffen Dr. Elya Gruner – und das er letztlich in Gott findet. Stärker als diese Erleuchtung scheint ihn freilich seine Abneigung gegen nahezu alles zu bewegen, was die moderne Welt ausmacht, die ihn immer wieder in ihren Strudel zieht. Sei es die Problematik der Jugend, die sexuelle und geistige Emanzipation der Frau, die Politik oder das Rassenproblem – für Sammler sind sie Zeichen der Verrücktheit und Misere seines Planeten, Erscheinungen, die er herablassend belächelt.

Die episodische, drei Tage umspannende Handlung des Romans wirkt konstruiert. Mr. Sammler wird von einem ertappten schwarzen Taschendieb bedroht, aber als dieser vom »neuen Typ« des Juden, dem schizophrenen Schwiegersohn Sammlers, beinahe umgebracht wird, trauert der alte Mann um die verletzte animalische Vitalität und den zerstörten primitiven Adel. Mr. Sammler hält einen Vortrag über den utopischen Sozialismus im England der dreißiger Jahre (wo er als Auslandskorrespondent lebte und mit H. G. Wells befreundet war) und wird von radikalen Studenten verjagt. Seine Tochter stiehlt das Manuskript eines Essays über die Besiedlung des Mondes, angeblich um ihrem Vater Material für eine eigene utopische Studie zu beschaffen, in Wirklichkeit aber, um den Verfasser, einen indischen Biochemiker und Intellektuellen, näher kennenzulernen. Während Mr. Sammler und der Inder in der Villa des neureichen Arztes Elya Gruner (der zu dieser Zeit bereits im Krankenhaus liegt) ihre Ansichten über den Zustand der Welt austauschen, beschädigt auf dem Dachboden der Villa Gruners Sohn, der zu Recht vermutet, daß sein Vater im Auftrag der Mafia illegale Abtreibungen vorgenommen hat, auf der Suche nach Beweismaterial ein Wasserrohr und überflutet das Haus. Wenig später stirbt sein Vater an einem Bluterguß im Gehirn. Elya Gruners Leben endet in Einsamkeit: Seine Tochter ist zwar zu ihm gekommen, denkt aber nur über eine unglückliche Liebesaffäre nach, sein Sohn kümmert sich nicht um ihn, weil es ihm wichtiger ist, noch vor dem Tod des Vaters eine eigene Existenz zu gründen. Mr. Sammler, der einzige, der wirklich um den Sterbenden besorgt ist, kommt zu spät. Nur er mißt dem familiären Zusammenhalt noch Bedeutung bei, nur in ihm lebt die alte Tradition fort. (In einer vergleichbaren Situation kommt es in Bellows Kurzgeschichte *The Old System*, 1967, noch rechtzeitig zur Zusammenkunft am Sterbebett.) Rückblicke des alten Sammler auf zentrale Ereignisse seines Lebens, z. B. auf seinen Einsatz als Partisan, seine Leiden im KZ während des Zweiten Weltkriegs und seine Tätigkeit als Berichterstatter während des israelischen Siebentagekriegs, wirken trotz erschütternder Einzelszenen (etwa jener, in der Sammler blutverschmiert aus einem Massengrab kriecht) im ganzen doch wie die Reportage eines innerlich unbeteiligten Beobachters.

Den Roman als Schwanengesang auf untergehende Werte, als elegische Klage um das Ende des alten Planeten Erde zu interpretieren, stände zwar im Widerspruch zur ausdrücklichen Intention des Autors, doch drängt sich dem Leser diese melancholische Grundstimmung auf. Obwohl die Absurdität des äußeren Geschehens und manche skurrile Züge der Romanfiguren gelegentlich für leicht komische Akzente sorgen, obwohl die brillanten Aphorismen und Kommentare, mit denen das Buch gespickt ist (tatsächlich mutet es auf weite Strecken wie eine Aphorismensammlung mit eingebloßeten Handlungsfetzen an), ihm einen prickelnd-geistreichen Anstrich geben, obwohl die Milieu- und Charakterschilderung betont prall und farbig ist und obwohl von der trotz allem weltverbesserischen Hoffnung des Protagonisten eine gedämpft positive Wirkung ausgeht, ist *Mr. Sammler's Planet* eine Gedankenkonstruktion voller *tristesse*. Grelle Farben erscheinen matt im blinden Spiegel der altersmüden, kulturgesättigten Reflexion, resignierende Weisheit dominiert. Bei der kritischen Auseinandersetzung mit diesem Werk Bellows hielten Lob und Tadel einander ungefähr die Waage. Während manche Kritiker das autobiographisch geprägte Porträt des Titelhelden von *Herzog* (1964) und die gedankliche Ambivalenz dieses Romans für eine geglücktere Leistung hielten, empfanden andere die Gestalt Sammlers als klarer konturiert und das um sie ausgebreitete Ideenpanorama als erregenderes geistiges Abenteuer. H.Hei.

AUSGABEN: NY 1970. – Harmondsworth 1984.

ÜBERSETZUNG: *Mr. Sammlers Planet*, W. Hasenclever, Köln 1971. – Dass., ders., Reinbek 1973 (rororo).

LITERATUR: K. J. Atchity, *B.'s »Mr. Sammler's Planet«: The Last Man Given for Epitome* (in Research Studies of Washington State University, 38, 1970, S. 46–54). – J. N. Harris, *One Critical Approach to »Mr. Sammler's Planet«* (in TCL, 18, 1972, S. 235–250). – M. R. Satyanarayana, *The Reality Teacher as Hero: A Study of S. B.'s »Mr. Sammler's Planet«* (in Osmania Journal of English Studies, 8, 1971, Nr. 2, S. 55–68). – E. Alexander, *Imagining the Holocaust: »Mr. Sammler's Planet« and Others* (in Judaism, 22, 1973, S. 288–300). – D. Galloway, *»Mr. Sammler's Planet«: B.'s Failure of Nerve* (in MFS, 19, 1973, S. 17–28). – A. Guttman, *S. B.'s Mr. Sammler* (in ConL, 14, 1973, S. 157–168). – S. R. Maloney, *Half-way to Byzantium: »Mr. Sammler's Planet« and the Modern Tradition* (in South Carolina Review, 6, 1973, S. 31–40). – M. F. Schulz, *Mr. B.'s Perigree, or, the Lowered Horizon of »Mr. Sammler's Planet«* (in Contemporary American-Jewish Literature, Hg. I. Malin, Bloomington 1973, S. 117–133). – D. Bolling, *Intellectual and Aesthetic Dimensions of »Mr. Sammler's Planet«* (in Journal of Narrative Technique, 4, 1974, S. 188–203). – H. Bus, *S. B.: »Mr. Sammler's Planet«* (in Amerikanische Erzählliteratur 1950–1970, Hg. F. Busch u. R. Schmidt-von Bardeleben, Mchn. 1975, S. 170–185). – K. Cushman, *Mr. B.'s »Sammler«: The Evolution of a Contemporary Text* (in Studies in the Novel, 7, 1975, S. 425–444). – G. F. Manning, *The Humanizing Imagination: A Theme in »Mr. Sammler's Planet«* (in ESC, 3, 1977, S. 216–222). – M. C. Loris, *»Mr. Sammler's Planet«: The Terms of the Covenant* (in Renascence, 30, 1978, S. 217–223). – J.-P. Vernier, *Mr. Sammler's Lesson* (in Les Américanistes: New French Criticism on Modern American Fiction, Hg. I. D. u. C. Johnson, Port Washington 1978, S. 16–36). – S. Glickman, *»The World as Will and Idea«: A Comparative Study of »An American Dream« / N. Mailer / and »Mr. Sammler's Planet«* (in MFS, 28, 1982–1983, Nr. 4, S. 569–582). – C. Berryman, *S. B.: Mr. Sammler and King Lear* (in Essays in Literature, 10, 1983, S. 81–92). – G. L. Cronin, *Faith and Futurity: The Case of Survival in »Mr. Sammler's Planet«* (in Literature and Belief, 3, 1983, S. 97–108). – J. Newman, *»Mr. Sammler's P¹anet«: Wells, Hitler and the World State* (in Dutch Quarterly Review, 13, 1983, S. 55–71). – E. Pifer, *›Two Different Speeches‹: Mystery and Knowledge in »Mr. Sammler's Planet«* (in Mosaic, 18, 1985, Nr. 2, S. 17–32).

SEIZE THE DAY

(amer.; Ü: *Das Geschäft des Lebens*). Erzählung von Saul BELLOW, erschienen 1956. – Nach einer längeren Krise ist für Tommy Wilhelm der Tag der Abrechnung gekommen. Er lebt, von seiner Frau und seinen Söhnen getrennt, in einem New Yorker Hotel, das zumeist alte Leute im Ruhestand beherbergt, darunter auch seinen wohlhabenden Vater, den ehemaligen Arzt Dr. Adler. Tommy, ein Mittvierziger, ist seit einigen Monaten arbeitslos, da ihn seine Firma aus der langjährigen Stellung eines Handlungsreisenden hinausgedrängt hat. Sein egoistischer Vater lehnt es ab, ihm unter die Arme zu greifen, und seine Frau willigt nicht in die Scheidung ein, um mehr Geld aus ihm herauszupressen. Die letzten 700 Dollar vertraut er einem Bekannten, Dr. Tamkin, an, der sich als Psychiater und Börsenexperte ausgibt. Tamkin verliert den Betrag durch Spekulationen an der Warenbörse, und so entpuppt sich der einzige Mensch, der Tommy Sympathie entgegenbringt, als Schwindler. Von allen im Stich gelassen, gerät Tommy auf der Suche nach dem flüchtigen Tamkin in einen Trauergottesdienst und bricht an der Bahre eines unbekannten Toten in befreiendes Schluchzen aus.
Zunächst erscheint die Erzählung als die Geschichte eines Schlemihls, jener typischen Figur der jüdischen Tradition, wie sie z. B. bei SCHOLEM ALEJCHEM oder I. B. SINGER auftritt. Tommy trifft nach reiflicher Überlegung immer die falsche Entscheidung: wenn er als junger Mann wider besseres Wissen die Universität verläßt und seinen Namen ändert, um in der Scheinwelt Hollywoods als Filmschauspieler Karriere zu machen; wenn er eine Frau heiratet, vor der ihn eine innere Stimme warnt; und wenn er sich in die Hände eines windbeuteligen Schwätzers begibt. Man kann sein Schicksal aber auch als Anklage gegen die moderne Gesellschaft interpretieren, deren auf Gelderwerb basierende Struktur nur mühsam die menschlichen Aggressionstriebe verdeckt und die den finanziellen Versager rücksichtslos ausstößt. (Ein abstoßendes Beispiel dieser Gesellschaft ist der greise, halbblinde Mr. Rappaport, der als Hühnerschlächter Millionen verdient hat, es aber noch immer nicht lassen kann, an der Börse zu spekulieren.) Aber wie die andern Werke Bellows führt die Erzählung über das Einzelschicksal des Protagonisten und über die Gesellschaftskritik hinaus zu der Frage, wie der Mensch in einer enthumanisierten Welt menschlich leben soll, ohne sich entweder an die Welt zu verlieren oder sich entfremdet aus ihr zurückzuziehen. Tommy wird durch den beredten Pseudo-Weisheitslehrer Dr. Tamkin mit philosophischen Ideen überschüttet, die, weil sie aus dem Mund eines phantastischen Betrügers kommen, trotz eines Wahrheitskerns vulgär entstellt wirken. So erfährt er, daß er das Geschäft des Lebens im Hier-und-Jetzt betreiben müsse, wobei er nicht auf die »falsche Seele« hören dürfe, die die Anpassung an die Gesellschaft verlangt, sondern auf die »echte Seele«, die das wohl des wahren Selbst beabsichtigt. Was dieses wahre Selbst eigentlich ist, verrät Tamkin nicht, aber wie alle Helden Bellows gibt Tommy die Suche danach nicht auf. In seltenen Augenblicken ahnt er, daß es tief in der menschlichen Gemeinschaft verwurzelt ist. In diesem Sinn ist der lyrisch überhöhte Schluß zu verstehen, der vielen Kritikern als schwache Lösung erschien. Wenn sich an der Bahre des Fremden der Knoten in Tommys Brust löst, so weint er nicht aus Selbstmitleid, sondern weil er, durch den andern mit dem eigenen

Tod konfrontiert, erkennt, daß das Geschäft des Lebens nicht das Geschäft des Erfolgs ist, dem er bis zu diesem Tag vergebens nachgelaufen ist. Wie immer bei Bellow wird auch Tommys Suche nach einem menschlichen Selbst durch die Mittel der Ironie, der Komik und der mit farbigem Slang durchsetzten Sprache vor der Gefahr der Sentimentalität und der philiströsen Lehrabsicht bewahrt.

C. Schw.

AUSGABEN: NY 1956 (in Partisan Review, 23). – NY 1956. – NY 1961; ern. 1965. – Harmondsworth 1976; ern. 1984. – Ffm. u. a. 1979, Hg. G. David.

ÜBERSETZUNG: *Das Geschäft des Lebens*, W. Hasenclever, Köln/Bln. 1962. – Dass., ders., Ffm. u. Hbg. 1966 (FiBü). – Dass., ders., Mchn. 1976.

VERFILMUNG: USA 1986 (Regie: F. Cook).

LITERATUR: D. A. Weiss, *Caliban on Prospero. A Psychoanalytic Study on the Novel »Seize the Day«* (in I. Malin, *Psychoanalysis and American Fiction*, NY 1965, S. 279–307). – C. W. Trowbridge, *Water Imagery in »Seize the Day«* (in Crit, 9, 1967, Nr. 3, S. 62–73). – L. J. Richmond, *The Maladroit, the Medico, and the Magician: S. B.'s »Seize the Day«* (in TCL, 19, 1973, S. 15–26). – A. Jefchak, *Family Struggles in »Seize the Day«* (in Studies in Short Fiction, 11, 1974, S. 297–302). – R. Gianonne, *S. B.'s Idea of Self: A Reading of »Seize the Day«* (in Renascence, 27, 1975, S. 193–205). – C. M. Sicherman, *B.'s »Seize the Day«: Reverberations and Hollow Sounds* (in Studies in the Twentieth Century, 15, 1975, S. 1–31). – J. R. Raper, *Running Contrary Ways: S. B.'s »Seize the Day«* (in Southern Humanities Review, 10, 1976, S. 157–168). – A. Chavkin, *›The Hollywood Thread‹ and the First Draft of S. B.'s »Seize the Day«* (in Studies in the Novel, 14, 1982, Nr. 1, S. 82–94). – G. L. Cronin, *S. B.'s Quarrel with Modernism in »Seize the Day«* (in Encyclica, 57, 1980, S. 95–102). – J. N. Sharma, *»Seize the Day«: An Existentialist Look* (in *Existentialism in American Literature*, Hg. R. Chatterji, Atlantic Highlands 1983, S. 121–133).

THE VICTIM

(amer.; *Ü: Das Opfer*). Roman von Saul BELLOW, erschienen 1947. – Asa Leventhal, Redakteur bei einer New Yorker Fachzeitschrift, glaubt, im Kampf um seine Existenz »davongekommen« zu sein. Doch während eines drückend heißen Sommers, als seine Frau gerade verreist ist, taucht plötzlich ein gewisser Kirby Allbee bei ihm auf und beschuldigt ihn, einst aus Rache für eine antisemitische Bemerkung seine Entlassung und damit seine berufliche und private Misere verursacht zu haben. Allbee, Sohn angesehener Neuengländer, jetzt aber ein heruntergekommener Vagabund, verlangt Wiedergutmachung, verfolgt Leventhal hartnäckig und quartiert sich schließlich bei ihm ein. Obwohl er die Wohnung in Unordnung bringt, sich betrinkt und seinen Gastgeber (der im Zwiespalt zwischen seinem Judentum und dem Bemühen, sich einer im Grund antisemitisch eingestellten Gesellschaft anzupassen, lebt) mit rassistischen Ausfällen quält, setzt Leventhal, von Unentschlossenheit gelähmt, sich nicht gegen den Schmarotzer zur Wehr, sondern empfindet zeitweilig sogar Mitleid mit ihm. Erst als er Allbee mit einer Prostituierten in seinem eigenen Bett ertappt, wirft er ihn wütend aus dem Haus. In der folgenden Nacht kommt es zu einer tätlichen Auseinandersetzung zwischen ihm und Allbee, der sich eingeschlichen und den Gashahn geöffnet hat. Mordanschlag oder Selbstmordversuch? – In diesen Wochen lastet ein weiterer Alpdruck auf Leventhal: Während sein Bruder Max in Texas arbeitet, erkrankt dessen jüngster Sohn. Gegen den Widerstand seiner Schwägerin besteht Leventhal auf Einweisung ins Krankenhaus, wo das Kind bald darauf stirbt. Nun wird er – grundlos, wie sich später herausstellt – von der Furcht gequält, die Schwägerin könnte ihn für den Tod des Kleinen verantwortlich machen. – Im Herbst kann sich Leventhal beruflich verbessern, und allmählich überwindet er seine Schuldgefühle. Als er nach Jahren Allbee im Theater wiederbegegnet, gibt dieser zu, ihm etwas schuldig zu sein. Ein Zitat aus *Tausendundeine Nacht*, in dem ein racheheischender Geist einen Kaufmann anklagt, durch achtlos weggeworfene Dattelkerne seinen Sohn getötet zu haben, ist dem Roman vorangestellt. Leventhal muß sich eingestehen, daß er unbewußt zu Allbees Entlassung beigetragen hat. Soll er, der die Konsequenzen nicht ahnen konnte, sich deswegen jetzt von Allbee unterjochen lassen? Ist dieser oder ist Leventhal das Opfer? Im Grund sind sie beide Opfer – nämlich der Angstvorstellung, in der Massengesellschaft keinen sicheren Platz für sich selbst finden zu können. Die Furcht, im Existenzkampf zu verlieren, macht jedes Mitglied dieser Gesellschaft zum potentiellen Feind des anderen, wächst angesichts der riesigen Bevölkerung New Yorks ins Unerträgliche und äußert sich sowohl in dem an Verfolgungswahn grenzenden Argwohn Leventhals wie in Allbees Wahnidee einer jüdischen Verschwörung. Allbees Herausforderung drängt Leventhal die Frage auf, wieweit er für seine Mitmenschen verantwortlich ist. Die Frage Kains, ob er seines Bruders Abel Hüter sei, klingt in Leventhals Schuldgefühlen gegenüber der Familie seines Bruders ebenso an wie in denen, die er gegenüber Allbee empfindet. Zugleich ist dieser für ihn eine Art *alter ego*, das ihn an die aus seinem Bewußtsein verdrängte Existenz des *»Schrecklichen und Bösen«* erinnert, ihn zwingt, sein Ich zu erforschen und zu erkennen, daß sein Bemühen um Selbsterhaltung ihn der Mitwelt entfremdet hat. Das Problem der gestörten zwischenmenschlichen Beziehungen in der modernen Gesellschaft, das Bellow in seinem ersten Roman *Dangling Man* (1944) in Tagebuchform mehr theoretisch behandelt hat, gewinnt in *The Victim*, seinem zweiten

Roman, durch die Konfrontation der beiden Hauptfiguren dramatisch-allegorische Gestalt. Die Handlungsführung weist Parallelen zu DOSTOEVSKIJS Erzählung *Der ewige Gatte* auf, an die auch der halluzinatorisch-fiebrige Großstadthintergrund erinnert. Die an FLAUBERT und Henry JAMES orientierte Romanform empfand Bellow bald als beengend; in *The Adventures of Augie March* suchte er daher die Freiheit der pikaresken Episode, stellte aber auch hier und in seinen späteren Werken die Beziehung des Ich zum Mitmenschen und die Suche nach der eigenen Identität in den Mittelpunkt. C.Schw.

AUSGABEN: NY 1947. – Ldn. 1965. – Harmondsworth 1966. – NY 1984.

ÜBERSETZUNG: *Das Opfer*, W. Hasenclever, Köln/Bln. 1960, ern. 1966. – Dass., ders., Reinbek 1968; ern. 1976 (rororo).

LITERATUR: M. Bradbury, *S. B.'s »The Victim«* (in The Critical Quarterly, 5, 1963, S. 119–127). – J. Baumbach, *The Double Vision: »The Victim« by S. B.* (in J.B., *The Landscape of Nightmare*, NY 1965, S. 35–54). – T. Tanner, *S. B.*, Edinburgh/Ldn. 1965. – Y. Le Pellec, *New York in Summer: Its Symbolical Function in »The Victim«* (in Caliban, 8, 1971, S. 101–110). – H. N. Nilsen, *Anti-Semitism and Persecution Complex: A Comment on S. B.'s »The Victim«* (in ES, 60, 1979, S. 183–191). – T. B. Gilmore, *Allbee's Drinking* (in TCL, 28, 1982, Nr. 4).

VASILIJ IVANOVIČ BELOV

* 23.10.1932 Timonicha / Gebiet Vologda

LITERATUR ZUM AUTOR:
O. Vojtinskaja, *Proza V. B.* (in Znamija, 1967, 37, S. 239–44). – T. G. Panikarovskaja, *Tak toskovali ruki...* (in Russkaja Reč', 1972, 6, S. 42–48). – G. H. Hosking, *V. B., Chronicler of the Soviet Village* (in Russian Review, 1975, 34, S. 165–85). – T. V. Krivoščapova, *Rol' prozaičeskich fol'klornych žanrov v tvorčestve V. B.* (in Vestnik Moskovskogo Universiteta, 1976, S. 33–44). – W. Piłat, *Problematyka moralna w twórczości W. B.* (in Przegląd Humanistyczny, 1976, 20, S. 59–77). – L. Kuznecova, *Semejnaja žizn' Konstantina Zorina* (in Literaturnoe Obozrenie, 1977, S. 56–60). – A. Streljanyj, *Perestavilsja li svet?* (in Literaturnoe Obozrenie, 1977, S. 51–55). – D. Štok, *Zemlja moja rodnaja...* (in Grani, 1978, 110, S. 182–198). – B. Tessmer, *W. B.: Sind wir ja gewöhnt* (in Weimarer Beiträge, 1980, 26, S. 105–117). – A. Hiersche, *Ungewohntes aus Wologda: W. B.s nordrussische Ansichten* (in *Was kann denn ein Dichter auf Erden. Betrachtungen über moderne sowjetische Schriftsteller*, Hg. A. H. u. E. Kowalski, Bln./DDR 1982, S. 13–33). – M. Lobanov, *Mužestvo talanta* (in Oktjabr', 1982, 10, S. 179–186). – A. McMillin, *Town and Country in the Work of V. B.* (in *Russian Literature and Criticism*, Hg. u. Einl. E. Bristol, Berkeley 1982, S. 130–142). – A. Ovčarenko, *Tvorčestvo V. B. v vosprijatii sovetskoj i zarubežnoj kritiki* (in Voprosy Literatury, 1983, 8, S. 31–53). – B. Tessmer, *Mensch, Natur, Gesellschaft in der Prosa V. B.s u. Valentin Rasputins* (in ZfSl, 1983, 28, S. 194–203). – A. Petrik, *Glubiny krest'janskoj kultury* (in Novyj mir, 1984, 8, S. 246–249). – A. Ovčarenko, *V. B.: As Seen by Soviet and Foreign Critics* (in Soviet Literature, 1984, 12, S. 126–132). – L. Wangler, *V. B. Menschliche und gesellschaftliche Probleme in seiner Prosa*, Mchn. 1985. – B. Tessmer, *Zu V. B.s literarischem Funktionsverständnis* (in WZGreifswald, 35, 1986, Nr. 1/2, S. 129/130).

KANUNY

(russ.; Ü: *Vorabende*). Roman von Vasilij I. BELOV, erschienen 1972–1987. – In seinem als »Chronik« bezeichneten Werk, das mit dem 1987 erschienenen dritten Teil noch nicht abgeschlossen ist, beschreibt Belov am Beispiel eines nordrussischen Dorfes in den Jahren 1928 (Teil I und II) und 1929 (Teil III) den »Vorabend« und Beginn der Zwangskollektivierung der Landwirtschaft in der UdSSR. Er veranschaulicht die in vielen Jahrhunderten gewachsenen Traditionen und die organische Gemeinschaft des Dorfes im Kontrast zu den zerstörerischen Maßnahmen der sowjetischen Behörden mit dem Ziel, diese entscheidende historische Phase möglichst wahrheitsgetreu wiederzugeben und zudem die Erinnerung an das russische Dorf, das in der ursprünglichen Form heute nicht mehr besteht, seine Lebensweise und ethischen Werte zu bewahren. Chronikartig zeigt Belov das gemeinsame Schicksal als Summe von Einzel- und Familienschicksalen, die als Handlungslinien miteinander verflochten sind.

Die ersten beiden Teile bestehen aus 17 bzw. 18 Kapiteln, der dritte Teil ist mit nur 8 Kapiteln erheblich kürzer. Der Haupthandlungsort ist das Dorf Šibanicha im Gouvernement Vologda, daneben spielt ein Teil der Handlung in der sowjetischen Hauptstadt. Belov eröffnet den Roman mit der Nebenfigur des Nosopyr' (Stülpnase), eines kauzigen alten Bettlers, der von einem Kobold geplagt wird, und führt damit sogleich in den wichtigen Themenbereich des russischen Volksglaubens und Brauchtums ein, an den er auch in der Darstellung des wilden Treibens der Maskierten in der Neujahrsnacht anknüpft. Die hier bereits angelegte Handlungslinie um den von Neid und Haß getriebenen Kreisbevollmächtigten Ignatij Sopronov und seinen Kampf gegen die Bauern leitet über zur Handlung in Moskau. Hier suchen der Dorfpope und ein Bauer aus Šibanicha Gerechtigkeit, nachdem ihnen aufgrund von Sopronovs Denunziation das Wahlrecht entzogen worden ist. Ein junger Bursche aus ihrem Dorf, der hier als Kurier für die Partei arbeitet und im Zentrum der Moskau-Handlung steht, ist aber zu sehr der Willkür seiner Vorgesetzten ausgeliefert, um anderen helfen zu können. Die wichtigste unter mehreren Hauptfiguren ist Pavel Pačin, dessen Hochzeit einen Schwerpunkt im ersten Teil bildet. Bei der kirchlichen Eheschließung, die – wie christlich-orthodoxer Glaube und Ritus überhaupt – den Dorfbewohnern noch völlig selbstverständlich ist, tritt Sopronov als Störenfried in Erscheinung. Mit der Familiengründung verbindet Pavel den Plan, eine Windmühle zu bauen; eine sagenumwobene Riesenkiefer, die Pavel zuvor im Traum gesehen hat, wird zu diesem Zweck gefällt. Bei einer Versammlung bekommt die Familie Pačin erneut Sopronovs Haß zu spüren, als dieser sie bei der Klasseneinteilung der Dorfbevölkerung willkürlich als Kulaken einstuft, was bei den damit verbundenen Abgaben ihren Ruin bedeuten würde. Die Bauern setzen sich jedoch zunächst gegen Sopronov durch und entheben ihn seines Postens.

Der zweite Teil ist durch einige weitere Untaten Sopronovs bestimmt: seinen Versuch, Pavels Getreide zu beschlagnahmen, dessen Erlös dieser für den Bau der Mühle braucht, seine Denunziation gegen den ehemaligen Gutsbesitzer Prozorov, den Dorfpopen, den Geistlichen Irenej und sogar eine Reihe alter Männer – darunter den eigenen Vater –, die Sopronovs Bruder für seine üblen Streiche verprügelt haben. Prozorov, ein Materialist, der den Wandel sozialer Verhältnisse befürwortet, dem aber angesichts der fortschreitenden Zerstörung der Lebenssinn entgleitet, wird in dem Moment verhaftet, als er neuen Halt in der Liebe zu einem Bauernmädchen zu finden beginnt. Auch der Dorfpope wird verschleppt; Irenej dagegen stirbt, ehe ihm das gleiche Schicksal zuteil wird. Durch die eindrucksvolle Schilderung seines Sterbens im Einklang mit Natur und Gott wird zugleich das absurde Tun der Staatsmacht bloßgestellt. Ebenso entlarvend ist die eher komische Darstellung der Verhaftung und späteren Freilassung der Alten. In höherem Auftrag, aber eigenmächtig in der Durchführung setzt Sopronov schließlich um ein Vielfaches erhöhte Steuern fest, durch die viele Familien ruiniert und gezwungen sind, die Landwirtschaft aufzugeben und ihr Heimatdorf zu verlassen. Am Ende des ersten Buches steht Sopronovs fehlgeschlagener Versuch, Pavel zu töten – äußerster Ausdruck seines Hasses und seiner Zerstörungswut. Der mit erheblichem zeitlichen Abstand erschienene dritte Teil führt einige Handlungslinien im Jahr 1929 weiter. Pavel kann seine unter großen Mühen gebaute Windmühle in Betrieb nehmen, doch dieser Erfolg wird überschattet durch die Einführung des Kolchos in Šibanicha und den Nachbardörfern. Sopronov, dessen krankhafter Haß sich noch steigert, nachdem ihn Pavels Kusine Palaša vor dem Ertrinken rettet, treibt die Kollektivierung um so ehrgeiziger voran, als seine Parteikarriere davon abhängt. Zunächst will kaum jemand dem Kolchos beitreten, doch bald geben die meisten dem Druck von Beschlagnahmungen und drohender neuerlicher Erhöhung der Steuern nach. Am Ende wird den wohlhabenderen unter den Bauern als »Kulaken« und »Rechtsabweichlern« die Beteiligung am Kolchos verweigert.

Das erste Buch von Belovs wichtigstem Werk fand nur wenig und zumeist zurückhaltende bis negative Aufnahme seitens der sowjetischen Literaturkritik. Dies ist politisch-ideologisch durchaus erklärlich, denn so deutlich ist der Antagonismus zwischen den positiven Werten des alten russischen Dorfes – Naturverbundenheit, Verwurzelung im christlichen Glauben, soziale Verantwortung innerhalb der Gemeinschaft, Lebensfreude – und den destruktiven Kräften der Sowjetmacht unter Stalin bis dahin nicht herausgearbeitet worden. Darüber hinaus hat Belov hier mehr als in anderen Werken historische, folkloristische, religiöse und ethisch-menschliche Elemente zu einer großen epischen Fiktion verschmolzen. F.G.

AUSGABEN: Wologda 1972 (in Sever, 4–5). – Moskau 1976 u. 1979. – Moskau 1987.

ÜBERSETZUNGEN: *Vorabende*, E. Ahrndt, Bln./DDR 1983. – Dass., ders., Ffm. 1987.

LITERATUR: L. Ėmel'janov, *Razrušenie tišiny* (in Zvezda, 1972, 11). – Ju. Surovcev, *O nacional'noj samobytnosti i »fantastičeskoj vyčurnoj ljubvi« k nej* (in Literaturnoe obozrenie, 1973, 2). – W. Kasack, Rez. (in NZZ, 29. 4. 1987). – P. Uljašov, Rez. zu Teil III (in Literaturnaja Rossija, 16. 10. 1987, S. 14). – V. Rasputin, Rez. zu Teil III (in Literaturnaja gazeta, 21. 10. 1987, S. 4).

PLOTNICKIE RASSKAZY

(russ.; Ü: *Zimmermannsgeschichten*). Erzählung von Vasilij I. BELOV, erschienen 1968. – Belov, der die lyrische Richtung der sowjetischen »Dorfprosa« vertritt und in seinem Werk die noch unberührte Landschaft des nordrussischen Dorfes und den Charakter von dessen Bewohnern festzuhalten versucht, gestaltet in seiner Erzählung *»einen ebenso endlosen wie überflüssigen Streit zweier Nachbarn«* (W. Kasack).

Der im Dorf aufgewachsene Ich-Erzähler Sorin hat seine Heimat schon vor langer Zeit verlassen und sich in der Stadt zum Ingenieur ausbilden lassen. Während seines dreiwöchigen Urlaubs kehrt er an den Ort seiner Kindheit zurück, wo *»wie die Schneebrocken vom verwitterten Dach die vielschichten Brocken«* seiner Vergangenheit ihm von der Seele gleiten. Um das Vaterhaus nicht ganz verfallen zu lassen, nimmt er sich die Ausbesserung des Badehauses vor. Sein Nachbar Oleša Smolin, ein alter Zimmermann, hilft ihm dabei und erzählt während der Arbeit aus seinem Leben. Ergänzt und bisweilen korrigiert werden seine Erinnerungen durch einen anderen Nachbarn, Aviner Kozonkov. Beide sind seit ihrer Kindheit in einer Art Haßliebe verbunden. Fasziniert beobachtet Sorin das ambivalente Verhältnis der beiden Männer, die in ihren so eng miteinander verflochtenen Biographien ein Stück Dorfgeschichte aus zwei unterschiedlichen Perspektiven vor ihm ausbreiten. Oleša erzählt von seiner Kindheit, der ersten großen Liebe, gemeinsamen Streichen, frühen Demütigungen durch Aviner, der immer gewissenlos und ein Ränkeschmied war. Oleša erinnert sich auch an die Mühsal der Kollektivierung, die harte Arbeit als Kolchosbauer. Politische Denunziationen des Opportunisten Aviner hatten dem gewissenhaften und rechtschaffenen Oleša oft das Leben schwer gemacht. Auch jetzt noch wird dem Alten viel abverlangt – während Aviner sich unter fadenscheinigen Vorwänden zu drücken weiß –, denn die Jungen sind fast alle in die Stadt gezogen. Als Sorin versuchen will, den verbalen Duellen der beiden Rivalen, diesem endlosen »Lamento zweier Greise über die Ungereimtheit des Schicksals« (H. v. Ssachno), ein Ende zu setzen und sie miteinander auszusöhnen, kommt es zwischen den beiden alten Männern zu Handgreiflichkeiten. Doch schon am nächsten Tag sitzen sie gemeinsam am Tisch, in der Gewißheit versöhnt, daß sie beide in absehbarer Zeit in der gleichen Erde liegen werden, und singen ein altes, einzig ihrer Generation bekanntes Lied.

Diese handlungsarme Fabel, die von der Erinnerung der alten Männer getragen wird, ist alles andere als ein Bild dörflicher Idylle. Belov läßt den Leser Zugang finden zu den widerborstigen, doch verläßlichen und liebenswerten Charakteren der Dorfbewohner; er läßt ihn die Natur entdecken und das Gefühl, in dieser Landschaft verwurzelt zu sein. Belovs gesamtes Werk ist von dem Bemühen bestimmt, die Strukturen des Dorfes, seine Lebensformen festzuschreiben, sieht er doch darin die einzige Möglichkeit, sie der Zukunft zu erhalten. Denn auf dem Dorf selbst ist die Kontinuität der Generationen durchbrochen. Was früher an dem Verhältnis »Vater-Sohn, Mutter-Tochter« Überlieferung und zugleich kreative Erneuerung war, wird mit den alten Leuten verlorengehen. Belov sieht damit wesentliche Wertvorstellungen verfallen, die eine Nation geprägt haben. Er gehört der letzten Generation an, die diese traditionelle Lebensordnung noch selbst gekannt hat. Sein Erinnern und Festhalten ist deshalb »in die Gegenwart und in die Zukunft gerichtet« (Belov). G.Wi.

AUSGABEN: Moskau 1968 (in Novyj mir, 7). – Archangelsk 1968. – Moskau 1971 (in Sel'skie povesti).

ÜBERSETZUNGEN: Zimmermannsgeschichten, E. Panzig, M. Wiebe, Mchn. 1974. – Dass., dies. (in Frühlingsnacht. Ausgewählte Prosa, Bln./DDR 1982).

LITERATUR: H. v. Ssachno, Russische Prosa heute, Mchn. 1972. – G. Hildebrandt, Ein Beitrag zur sowjetischen Dorfprosa der Gegenwart (in WdS, 1973, 18, S. 196). – H. Pross-Weerth, Rez. (in FAZ, 12. 2. 1975). – D. Brown, Soviet Russian Literature Since Stalin, Cambridge 1978, S. 246 f. – G. Hosking, Beyond Socialist Realism. Soviet Fiction Since Ivan Denisovich, Ldn. 1980, S. 62–65. – I. Mulushinska, The Role of the Story-Teller in V. B.s »Carpenter's Tales« (in Vestnik leningr. univ., 1984).

PRIVYCNOE DELO

(russ.; Ü: Sind wir ja gewohnt). Erzählung von Vasilij I. BELOV, erschienen 1966. – Belovs Novelle gehört zu den Klassikern der modernen sowjetischen Literatur. Die Geschichte des herzensguten, doch nicht sehr willensstarken und dem Alkohol zugetanen Ivan Afrikanovič führte zu heftigen Diskussionen: Manch linientreuer Kritiker vermißte die Idealisierung dörflicher Lebensverhältnisse, den stilisierten positiven Helden. Befremdlich schien vielen, wie unerschrocken Belov die wirtschaftlichen und sozialen Verhältnisse in den Kolchosdörfern aufdeckte. Das Schicksal der jungen Kolchosbäuerin Katerina, die sich in den fünfziger Jahren buchstäblich zu Tode arbeitet, um ihre große Familie durchzubringen, löste eine Betroffenheit aus, die letztlich auch eine konkrete Veränderung der Lebens- und Arbeitssituation auf dem Land bewirkte. Die unverhältnismäßig harten Lebensbedingungen in der Landwirtschaft führten dazu, daß die Anziehungskraft der Stadt auf die jüngere Generation überaus stark war. Die Jungen wollten die Entbehrungen der Alten nicht mehr auf sich nehmen und versprachen sich in der Stadt ein besseres Leben. Die Vertreter der modernen russischen »Dorfprosa« – F. ABRAMOV, V. RASPUTIN und nicht zuletzt Belov – sind keineswegs starrsinnige Befürworter der patriarchalischen Dorfstruktur, wie ihnen die Kritik zum Teil vorwarf. Sie machen es sich lediglich zur Aufgabe, das Bewahrenswerte an der Tradition zu überliefern. Sie warnen vor der Eigengesetzlichkeit der technischen Entwicklung, die bei aller Fortschrittlichkeit geistige und moralische Werte irreparabel zerstört.

Mit der Lebensgeschichte von Ivan Afrikanovič erzählt Belov zugleich die Geschichte von dessen Heimatdorf. Ivan ist kein Held, was schon im Alltag augenfällig ist – als er zum ersten Mal einen Hahn schlachten soll, nimmt ihm schließlich seine Frau Katerina das Beil aus der Hand, um sein Ansehen bei der Schwiegermutter zu wahren. Katerina erscheint es verwunderlich, daß ihr Mann im Krieg bis nach Berlin gekommen ist und Orden erhalten hat, wenn er hier im Dorf nicht einmal einen Hahn töten kann. Der sensible und gütige Ivan Afrikanovič ist anstellig bei der Arbeit, aber ohne Durchsetzungsvermögen und Ehrgeiz. Er braucht auch Zeit zum Träumen, vor allem aber braucht er die Nähe seiner mütterlichen und verständnisvollen Frau. Denn sein großer Feind ist der Alkohol, dem er trotz aller guten Vorsätze nicht widerstehen kann. Katerina, die für eine große Kinderschar sorgen muß, hat lernen müssen, mit beiden Beinen fest auf der Erde zu stehen, und sich dennoch die Zartheit des Gefühls für ihre Familie bewahrt. Von drei Uhr morgens bis zehn Uhr nachts versorgt sie im Kolchos das Vieh, wobei sie sich bis zur Erschöpfung verausgabt – eine Tatsache, die Ivan Afrikanovič kaum bewußt ist. Als sie nach der Geburt des neunten Kindes sofort wieder die Arbeit aufnimmt, erleidet sie einen Schlaganfall. In der Hoffnung, besser für seine Familie sorgen zu können, läßt ihr Mann sich wodkatrunken von seinem Schwager überreden, mit in den Norden zu fahren, wo sich das Geld viel leichter verdienen lasse als im Dorf. Die Sorge um die Kinder bleibt bei Katerina, die nun auch noch die Arbeit ihres Mannes übernimmt. Beim Mähen erleidet sie einen zweiten Schlaganfall, den sie nicht überlebt.

Ivan Afrikanovič indessen gelangt gar nicht bis in den Norden. Schon nach drei Tagen verspürt er Heimweh und die Sehnsucht nach seiner Frau. Auf dem Heimweg erfährt er von einem Fremden, daß in seinem Dorf »*irgendeine Frau*« gestorben sei, die viele Kinder hinterlassen habe. Erst nachdem er eine Strecke zurückgelegt hat, überfällt ihn wie ein Blitz die Gewißheit, daß es sich um Katerina handle; die böse Vorahnung reißt ihn aus der erträumten Glücksvorstellung seiner Heimkehr in die Familie. Von Verzweiflung und dem Gefühl der Ausweglosigkeit ergriffen, irrt er tagelang durch den Wald. Als er schließlich, völlig entkräftet, den Weg in sein Dorf wiedergefunden hat, ist er innerlich verändert. Er besucht das Grab der Verstorbenen und hält mit ihr eine imaginäre Zwiesprache: Reuevoll, daß er seine Pflichten als Familienvater vernachlässigt habe, berichtet er ihr, daß er für die Kinder gut sorge und seit ihrem Tod keinen Tropfen Alkohol mehr trinke.

Belov fügt die tragischen und komischen Ereignisse im Leben seiner Figuren in den Kreislauf des Jahres ein und zeigt die harmonische Verbundenheit der Menschen mit der Landschaft. Feindselig erscheint die Natur erst dann – ein Beispiel dafür ist der durch den Wald irrende Ivan Afrikanovič –, wenn man ihr innerlich orientierungslos ausgeliefert ist. Belov vermittelt die Poesie dieser anspruchslosen und undramatischen Landschaft im Norden Rußlands und zeichnet in lyrischen Bildern den von natürlichen Gesetzmäßigkeiten bestimmten Wechsel der Jahreszeiten.   G.Wi.

AUSGABEN: Vologda 1966 (in Sever, 1). – Moskau 1967. – Moskau 1971 (in *Sel'skie povesti*). – Moskau 1986.

ÜBERSETZUNG: *Sind wir ja gewohnt*, H. Angarowa, Bln./DDR 1978. – Dass., dies. (in *Frühlingsnacht. Ausgew. Prosa*, Bln./DDR 1982).

LITERATUR: E. Doroš, *Ivan Afrikanovič* (in Novyj mir, 1966, 8). – O. Voitinskaja, *Prosa V. B.* (in Znamja, 1967, 1). – D. Brown, *Soviet Russian Literature Since Stalin*, Cambridge 1978, S. 245. – G. Hosking, *Beyond Socialist Realism. Soviet Fiction Since Ivan Denisovich*, Ldn. 1980, S. 59–62.

ALBERTS BELS

d.i. Jānis Cīrulis
* 6.10.1938 Ropažciems

IZMEKLĒTĀJS

(lett.; *Der Untersuchungsrichter*). Roman von Alberts BELS, erschienen 1967. – Im Haus des jungen Bildhauers Juris Rıgers ist eingebrochen worden. Mehrere Statuen wurden gestohlen und unweit des Hauses zerstört. Ein Untersuchungsrichter stellt dem Künstler in dessen Haus eingehende Fragen und läßt ihn ausführlich darüber berichten, wie und mit wem er den vorhergehenden Tag verbracht hat. Zum Schluß stellt sich heraus, daß Rıgers die Statuen selbst zerstört hat, allerdings nur in Gedanken. Es bleibt unklar, ob der Untersuchungsrichter nicht überhaupt sein *alter ego* ist. In der Fabel des Romans sind Realität und Gedankenwelt absichtlich so miteinander verschränkt, daß ihre Abgrenzung voneinander kaum möglich ist.

Das Sujet des Romans thematisiert das Verhältnis des Künstlers zu seinem Werk und zu Leben und Tod. In der Erzählung des Bildhauers tut sich ein verworrenes Netz komplizierter Familienverhältnisse auf. Sein Vater ist seit längerer Zeit mit einer Frau verheiratet, die er seinen Söhnen bis zum vorhergehenden Abend nicht vorgestellt hat. Juris' älterer Bruder Rūdolfs stirbt am darauffolgenden Morgen. Er hatte im Krieg in der Roten Armee gekämpft und war schwer verwundet worden. Seinen Vater, der aus politischen Gründen mit ihm gebrochen hatte, hatte er 17 Jahre nicht gesehen. Ein anderer älterer Bruder, Haralds, war auf Seiten der Deutschen gefallen. Das Schicksal der unglücklich verheirateten Mutter lastete düster über ihren Söhnen. Durch diese bedrückende Vergangenheit kämpft Rıgers sich nach der Nachricht vom Tode seines Bruders hindurch. Die Frage nach dem Wert seiner Kunst erscheint ihm zunächst belanglos, wenn es nicht möglich ist, den Tod abzuwehren. Schließlich kommt er zu der Einsicht, daß die Werke eines Künstlers für ihn nicht zu unantastbaren Werten werden dürfen; das führte zu seinem geistigen Tod. Ihre Vernichtung bietet die Chance für einen neuen Anfang. Seine heimkehrende Frau Ieva führt ihn ins Leben zurück. In ihr und in seinen künftigen Kindern wird er Halt finden. Die durchweg realistische Sprache ist in inneren Monologen hin und wieder lyrisch überhöht.   F.Scho.

AUSGABEN: Riga 1967. – Riga 1969.

LITERATUR: I. Bērsons, *Padomju Latvijas rakstnieki*, Riga 1976, S. 36–38. – A. Priedītis, *Stila oriģinalitāte un perspektīvas* (in Literatūra un Māksla, 30. 9. 1977). – Ders., *A. B.* (in Karogs, 1983, 8, S. 135–142). – *Mūsdienu latviešu padomju literatūra 1960–1980*, Riga 1985, S. 187–198.

ANDREJ BELYJ

d.i. Boris Nikolaevič Bugaev
* 26.10.1880 Moskau
† 8.1.1934 Moskau

LITERATUR ZUM AUTOR:
K. V. Močul'skij, *A.B.*, Paris 1955. – A. Hönig, *B.s Romane. Stil und Gestalt*, Mchn. 1965. – L. Hindley, *Die Neologismen A. B.s*, Mchn. 1966. – J. D. Elsworth, *A. B.*, Letchworth 1972. – S. D. Cioran, *The Apocalyptic Symbolism of A. B.*, Den Haag/Paris [enth. Bibliogr.]. – Th. Beyer, *A. B.s »real'nyj« Criticism. Precursor of Russian Formalism*, Diss. Univ. of Kansas 1974. – K. V. Močul'skij, *A. B. His Life and Works*, Ann Arbor 1977. – J. Holthusen, *Weltmodelle moderner slavischer Dichter. A. B. und Miroslav Krleža*, Innsbruck 1978. – R. E. Peterson, *A. B.'s Short Prose*, Birmingham 1980. – K. N. Bugaeva, *Vospominanija o B.*, Berkeley 1981. – F. Kozlik, *L'influence de l'anthroposophie sur l'œuvre d'A. B.*, 3 Bde., Ffm. 1981 [enth. Bibliogr.]. – M. Deppermann, *A. B.s ästhetische Theorie des schöpferischen Bewusstseins. Symbolisierung und Krise der Kultur um die Jahrhundertwende*, Phil. Diss. Freiburg 1981.

DAS LYRISCHE WERK (russ.) von Andrej BELYJ.
Während Andrej Belyj durch seine Leistungen als Prosaiker und Theoretiker die meisten russischen Symbolisten überragt, fügt sich sein lyrisches Werk eher nahtlos in die Bewegung um Konstantin BAL'MONT (1867 bis 1942), Valerij BRJUSOV (1873 bis 1924), Vjačeslav IVANOV (1866–1949) und Aleksandr BLOK (1880–1921) ein. In der Hinwendung zur in der russischen Literatur lange vernachlässigten Lyrik liegt die literaturhistorische Bedeutung des russischen Symbolismus begründet. Der Kreis der sogenannten »jüngeren« Symbolisten um Blok, Ivanov und Belyj stand zunächst vor allem unter dem Einfluß des russischen Religionsphilosophen und Dichters Vladimir SOLOV'ËV (1853 bis 1900). Der junge Belyj verkehrte im Hause des Bruders Vl. Solov'ëvs, Michail Solov'ëv, der es auch war, der Boris Bugaev zur Veröffentlichung seiner Gedichte ermutigte und ihm das Pseudonym »Andrej Belyj« (»Andreas der Weiße«) vorschlug. Mit der Annahme dieses Pseudonyms kommt das religiöse Element in Belyjs Kunstauffassung zum Ausdruck, da Weiß die Farbe des Lichtes und der Reinheit, die Farbe der Engel ist. Darüberhinaus symbolisiert es das Empfinden der Unschuld des jungen Naturwissenschaftlers und Sohnes eines Mathematikprofessors, dessen Dichterexistenz dem in Wissenschaftskreisen vorherrschenden Positivismus kraß entgegenstand.

Das lyrische Werk Belyjs ist vor allem auf seine frühe Schaffensphase bis 1909 konzentriert, in welcher die drei wichtigsten Sammlungen erschienen, die seinen Ruf als innovatorischer Sprachexperimentator begründeten. Vorausgegangen war die Publikation (ab 1902) zweier von insgesamt vier *Symphonien*, deren durchstrukturierter, an musikalischen Prinzipien wie Fuge und Leitmotiv orientierter Sprachstil die Grenze zwischen Prosa und Lyrik aufhob.
Der erste Lyrikband, *Zoloto v lazuri (Gold in Azur)*, erschien 1904 und stand thematisch ganz unter dem Eindruck der freudigen Aufbruchsstimmung der noch jungen symbolistischen Bewegung. Die Gedichte drücken die optimistische Erwartung eines neuen Zeitalters aus, in dem sich die Erscheinung der Sophia, der Verkörperung des Ewig-Weiblichen in der Philosphie Vl. Solov'ëvs, vollziehen wird. Der Titel der Sammlung ist dem berühmten Poem Solov'ëvs *Tri svidanija (Drei Begegnungen)* entnommen, und die oft anzutreffende »Sonnenthematik« weist, außer auf K. Bal'monts Gedichtsammlung *Budem kak solnce*, 1903 *(Laßt uns wie die Sonne sein)*, auch auf die *»mit der Sonne bekleidete«* Sophia hin.
Die Gedichte dieser ersten Sammlung sind in einer für Belyj typischen Weise nicht chronologisch, sondern – unter kompositorischen Gesichtspunkten – zyklisch angeordnet. So greift das letzte Gedicht *Razdum'e (Nachdenklichkeit)* wieder das Thema der Erwartung der Morgenröte auf, das schon zu Beginn den Zyklus charakterisiert hatte (*»Es fliegt der trügerische Schatten nach Westen/Und immer näher, immer klarer erscheint das Leuchten der Morgenröte«*). Außer den Solov'ëv-Reminiszenzen gibt es ironische Gedichte über das Alltagsleben im Abschnitt *Prežde i teper' (Einst und jetzt)*, und im Abschnitt *Obrazy (Bilder)* kommen wieder die schon aus der *Ersten Symphonie* (1904) bekannten phantastischen Fabelwesen vor. Sprachlich fallen in *Zoloto v lazuri* besonders die schon in den Symphonien verwendeten Edelstein- und Farbepitheta auf.
Die, trotz einiger ironisierender Einschübe, insgesamt helle, sonnige, erwartungsvolle Stimmung aus *Zoloto v lazuri* ist in den beiden folgenden Lyriksammlungen *Pepel'*, 1909 *(Asche)* und *Urna*, 1909 *(Die Urne)* in das absolute Gegenteil umgeschlagen. Die gescheiterte Revolution von 1905 und die damit verbundene Desillusionierung auch der russischen Intellektuellen finden darin ihr Echo. Rußland und das Schicksal seines Volkes stehen thematisch im Mittelpunkt von *Pepel'*, den hellen Sonnen- und Morgenröten-Epitheta des ersten Bandes folgen hier die Farben grauer Asche und des Staubes; Sturmwolken und Zerstörung sind die vorherrschenden, bedrohlichen Bilder. In *Urna* wird diese Stimmung weitergeführt, nur weicht das nationale Pathos hier einer eher philosophischen Reflexion, und auf formaler Ebene finden sich zahlreiche Lautmalereien und eine stärkere Rhythmisierung.
Die späteren Gedichtbände *Korolevna i rytsari*, 1919 *(Die Königstochter und die Ritter)*, *Zvezda*,

1922 *(Der Stern)* und *Posle razluki*, 1922 *(Nach der Trennung)*, sind von geringerer Bedeutung im lyrischen Werk Belyjs, da sie zwar die in seiner ersten Schaffensphase begonnenen formalen Experimente in Rhythmik, Onomatopoesie und typographischen Kunstgriffen fortführten, aber nichts substantiell Neues boten. Erwähnenswert ist jedoch das häufige Vorkommen anthroposophischer Grundgedanken. Wie schon in den Prosawerken ab 1912 gibt sich Belyj hier als Anhänger Rudolf Steiners zu erkennen. Die Kenntnis anthroposophischen Denkens erleichtert das Veständnis des gesamten Belyj'schen Œuvres.

Mit den beiden Versepen *Christos voskres*, 1918 *(Christ ist erstanden)* und *Pervoe svidanie*, 1921 *(Erste Begegnung)* legte Belyj dann noch Beispiele der lyrischen Großform des Poems vor. In *Christos voskres* setzt er das Revolutionsgeschehen von 1917 als Mysterium mit der Erlösung der Menschheit durch Christus gleich und gibt so – wie zur gleichen Zeit A. Blok in dem zu größerer Bekanntheit gelangten Poem *Dvenadcat'* *(Die Zwölf)* – der Hoffnung auf eine geistige und religiöse Erneuerung im nachrevolutionären Rußland Ausdruck.

In *Pervoe svidanie* vereint Belyj noch einmal in ausgefeilter formaler Sicherheit seine Erkenntnisse der Poetik, Sprachtheorie und Philosophie mit autobiographischen Erinnerungen an die Zeit der Jahrhundertwende und das Leben in der Familie M. Solov'ëvs. Durch die Verbundenheit mit Vladimir Solov'ëv, dessen Idee vom Ewig-Weiblichen hier, in der Gestalt der schönen Zarina, nochmals verkörpert wird, schließt sich der 1904 mit *Zoloto v lazuri* begonnene zyklische Kreis des lyrischen Gesamtwerks. Durch Wiederholungstechniken, Lautmalerei und rhythmische Gestaltung erreicht Belyj in *Pervoe svidanie* einen Höhepunkt musikalischer Wiedergabemöglichkeit mit sprachlichen Mitteln.

Das Denken in Gedichtzyklen, in dem jeder Zyklus als literarischer Gesamtausdruck der jeweiligen inneren Gestimmtheit des Dichters gemeint ist, führte bei Belyj dazu, daß er seine Gedichte ständig überarbeitete und neu anordnete. Die mehrfachen Versuche, Ausgaben seiner »Gesammelten Gedichte« herauszugeben, sind gescheitert, obwohl Belyj schon Vorworte dazu geschrieben und Bearbeitungen der Gedichte vorgenommen hatte. Einen umfassenden Überblick über die Varianten bietet die ab 1982 im Westen herausgegebene Sammlung. Die häufigen Änderungen der Gedichte offenbaren ein Ganzheits- und Vollkommenheitsdenken bei Belyj, das sich auch in der Vielseitigkeit seines Schaffens als Theoretiker und Praktiker des russischen Symbolismus widerspiegelt. J.Bec.

AUSGABEN: *Zoloto v lazuri*, Moskau 1904. – *Pervoe svidanie*, Petrograd 1921; Nachdr. Mchn. 1972. – *Christos voskres* (in Znamja truda, 1918, Nr. 199). – *Stichotvorenija i poëmy*, Moskau 1966. – *Stichotvorenija I–III*, Hg. J. E. Malmstad, Mchn. 1982–1984.

LITERATUR: A. Knigge, *Die Lyrik Vl. Solov'evs und ihre Nachwirkung bei A. B. und A. Blok*, Diss. Kiel 1972. – B. Christa, *Music as Model and Ideal in A. B.'s Poetic Theory and Practice* (in Russian Literature, 4. 4. 1976, S. 395–413). – B. Christa, *The Poetic World of Andrey Bely*, Amsterdam 1977.

KOTIK LETAEV. Pervaja čast' romana »Moja žizn'«

(russ.; *Kotik Letaev. Erster Teil des Romans »Mein Leben«*). Roman von Andrej BELYJ, entstanden 1915/16, erschienen 1917/18. – Der Lyriker, Prosaist und Literaturtheoretiker Belyj, einer der hervorragendsten Vertreter der mystisch-religiöser Erfahrung zuneigenden zweiten Generation russischer Symbolisten, hatte ursprünglich unter dem Einfluß von SOLOV'ëvs Idee des Panmongolismus und theosophisch-okkultem Gedankengut eine Romantrilogie mit dem Titel *Vostok ili Zapad (Osten oder Westen)* geplant. Die ersten beiden Teile dieser Trilogie – *Serebrjanyj golub*, 1909 *(Die silberne Taube)*, und *Peterburg* (1912 bzw. 1922) – zählen zu den bedeutendsten Beispielen der russischen Romanliteratur des 20. Jh.s. Der zunächst als dritter Teil gedachte Roman *Kotik Letaev* aber durchbrach die geplante Konzeption und leitete über zur »autobiographischen« Schaffensphase des Autors, der auch die Fortsetzung *Prestuplenie Nikolaja Letaeva*, 1921 *(Das Verbrechen des Nikolaj Letaev)* bzw. (in umgearbeiteter Form) *Kreščënnyj kitaec*, 1927 *(Der getaufte Chinese)* entstammt und die in dem 1929–1933 publizierten dreibändigen Memoirenwerk Belyjs ihren Abschluß findet.

Kotik [Katerchen] *Letaev* (von *letat'*: fliegen) ist eine dichterisch-philosophisch-anthroposophische Deutung von Kindheitseindrücken, die abwechselnd von dem drei- bis vierjährigen Kotik und dem inzwischen Erwachsenen (einem 35jährigen Mann) als Ich-Erzählung in Form eines einzigen langen Bewußtseinsstroms wiedergegeben werden. Das Kind, dessen Sprache vor allem durch den Gebrauch zahlreicher Diminutiva und das Fehlen des Kausalzusammenhangs gekennzeichnet ist, spricht im Präsens, das erinnernde Ich des Mannes erzählt und kommentiert in der Vergangenheitsform. Der Dichter, der einen neuen »alexandrinischen« Eklektizismus befürwortet und an die mystische Gegenwart aller vergangenen Kulturen glaubt, läßt – unter dem Einfluß der Steinerschen Vorstellung von Präexistenz und Wiedergeburt und im Sinne Hegelscher und Platonscher Ideen – den jungen Kotik nicht nur seine Erfahrungen im Mutterleib und in seinen ersten Lebensjahren schildern, sondern auch die Entwicklungsphasen des Kosmos und der Erde aus eigenem Erleben andeuten (die Ausbildung der Kugelgestalt der Erde; die Zeit der Mythen, der schlangenfüßigen Riesen, der urzeitlichen Reptile, der Höhlenmenschen, des alten Ägyptens, der Heilsgeschichte samt Kreuzigung). Zunächst fühlt sich das Kind noch eins mit der »Weltseele«, entwickelt aber allmählich ein Eigenbewußtsein und versucht, sich in der von den Eltern, dem Kindermädchen, Verwandten und Bekannten der Familie, aber auch Fabeltieren und Ungeheuern bevölkerten Umwelt zurechtzufinden. Kotik vermag die tote Dingwelt (vom Dichter in einer Art Panpsychismus verfremdend belebt) noch nicht von der menschlichen Sphäre zu trennen: Zimmerfluchten, Korridore, Spiegel und Stuckverzierungen sind in (kosmischer) Bewegung begriffen; bei einem Gewitter bewerfen Titanen einander mit Wolken; aus einer dunklen Holzwand treten Mohren hervor usw. Der Kommentator gibt für vieles eine rationale Erklärung: Kotiks Erleben der Erdkrustenbildung wird hervorgerufen durch eine Folge von Kinderkrankheiten (Scharlach, Masern); der stierköpfige Gott mit Stab ist in Wirklichkeit der Arzt, der sich um das kranke Kind bemüht; der vermeintliche Löwe der Fieberträume nur ein Bernhardiner, der Lev (Löwe) gerufen wird. Kotik sucht unverständlichen Wörtern aus Gesprächen der Erwachsenen selbst eine Bedeutung zu geben (das Wort »Kreml'« z. B. leitet er von *krem* – »Creme« ab); Metaphern nimmt er wörtlich (für den Dichter ein willkommenes Spiel mit den Möglichkeiten der Sprache).

Mit Andrej Belyj hat die symbolistische Prosa zweifellos ihren Höhepunkt erreicht. Wie schon in seinen vorhergehenden Werken zeigt sich der Dichter auch in *Kotik Letaev* als ein Meister literarischer Kunstgriffe. Seine an GOGOL' und NIETZSCHE geschulte rhythmisch-ornamentale Prosa ist reich an Alliterationen, Assonanzen, »Lautmetaphern« und Neologismen und wird durch eine der Tradition TOLSTOJS, DOSTOEVSKIJS und WAGNERS verpflichtete Leitmotivtechnik gebändigt. – Der wohl bemerkenswerteste Zug an *Kotik Letaev* ist die vollendete Bewußtseinsstrom-Technik, deretwegen Belyj stets mit JOYCE verglichen wird, wenn auch eine gegenseitige Beeinflussung völlig ausgeschlossen ist. – Für das Jahr 1919 findet sich in Belyjs Tagebuchnotizen eine Stelle, die zeigt, weshalb die anthroposophische Anschauung von der Außenwelt als Projektion des eigenen Bewußtseins dem umfassend ichbewußten Denken des Dichters entgegenkommen mußte: *»Es gibt nur ein Thema – die Beschreibung eigener Bewußtseinspanoramen, eine Aufgabe – die Konzentrierung auf das eigene Ich.«* Und nicht umsonst steht als Leitzitat über dem ersten Kapitel die berühmte Verszeile aus TJUČEVS Gedicht *Sumerki*, 1854 *(Dämmerungen)*: *»Vsë – vo mne ... I ja – vo vsëm.«* (*»Alles ist in mir ... und ich bin in allem.«*)

D.Bu.

AUSGABEN: Petrograd 1917/18 (in Almanach Skify 1, 2). – Petrograd/Bln. 1922; Nachdr. Mchn. 1964 (Einl. D. Tschižewskij u. A. Hönig; Slav. Propyläen. Texte in Neu- u. Nachdrucken, 3).

LITERATUR: V. Chodasevič, *Ableuchovy – Letaevy – Korobkiny* (in V. Ch., *Literaturnye stat'i i vospominanija*, NY 1954). – G. Janecek, *Poetic Devices and Structure in A. B.'s »Kotik Letaev«*, Diss. Univ. of Michigan 1971 [enth. Bibliogr.]. – S. Cioran, *The Eternal Return: A. B.'s »Kotik Letaev«* (in SEEJ, 1971, 15, S. 22–37). – P. R. Hart, *Psychological Primitivism in »Kotik Letaev«* (in Russian Literature Triquarterly, 1972, 4, S. 319–330). – C. Anschuetz, *Word Creation in »Kotik Letaev« and »Kresčënnyj Kitaec«*, Diss. Princeton Univ. 1972 [enth. Bibliogr.]. – H. Smilga, *Syntax und Stilisierung in A. B.s Roman »Kotik Letaev«* (in WdS, 1972, 17, S. 358–395). – G. Janecek, *Anthroposophy in »Kotik Letaev«* (in Orbis Litterarum, 1974, 29, S. 45–67). – F. Ph. Ingold, *Zu A. B.s »Schweizer Roman« »Kotik Letaev«* (in Die Literarische Tat, 1974, Nr. 121). – C. Anschuetz, *Recollection as Metaphor in »Kotik Letaev«* (in Russian Literature, 1976, 4, S. 345–355). – G. Janecek, *The Spiral as Image and Structural Principle in A. B.'s »Kotik Letaev«* (ebd., S. 357–364).

PETERBURG

(russ.; *Ü: Petersburg*). Roman von Andrej BELYJ, erschienen 1912 und 1913/14 beziehungsweise in gekürzter Neufassung 1922. – Der Roman, der in der ursprünglichen Konzeption als zweiter Teil einer *Vostok ili Zapad (Osten oder Westen)* betitelten, geschichtsphilosophisch-symbolistischen Romantrilogie geplant war, durchbrach die durch den ersten Teil *(Serebrjanyi golub'*, 1909 – *Die silberne Taube)* gesteckten Grenzen. Zwar sollte zunächst auch in *Peterburg* die Kollision der Kräfte des rationalen Westens und des okkulten Ostens auf der historischen Bühne der »westlichsten« aller russischen Städte, dem Schauplatz der ersten russischen Revolution von 1905, dargestellt werden, doch erlag im Laufe der Entstehung des Romans der beabsichtigte ideologische Kern den dominierenden poetischen Komponenten des Werks. Dies gilt auch für die den Roman ursprünglich bestimmenden anthroposophischen Ideen (samt der von Rudolf STEINER übernommenen Terminologie), die dem künstlerischen Zugriff untergeordnet wurden und nur noch verschlüsselt greifbar sind. Elemente der symbolischen, realistischen, satirisch-ironischen und ideologischen Sphäre integrierend, verläuft die facettenartig zersplitterte »Handlung« weitgehend auf der Bewußtseinsebene – Identität von Außenwelt und Innenwelt bzw. Existenz der physischen Welt als bloße Projektion der psychischen postulierend.

Das Stadtphantom Petersburg, ein auf feuchten Granitblöcken erbautes, nebliges, von giftig grünem Wasser zerfressenes *»Geisterreich«* mit endlosen Prospekten und gespenstischem architektonischem Zierat, ein von rasender Bewegung erfüllter *»adimensionaler Punkt«*, der sich jeden Augenblick ins Unendliche ausweiten kann, ist nicht nur der die einzelnen Geschehenskreise konjugierende Raum, sondern auch der eigentliche Protagonist der Erzählung, der sich seinerseits seine Gestalten – *»Bewohner der vierten Dimension«*, Schatten und Chimären – schafft. In dem gleichen Maße, wie die Großstadt Petersburg zu einer nur noch halluzinatorischen Existenz reduziert ist, wird auch der *plot* – ein von quälender Spannung erfülltes Gemisch aus

Fieberträumen, Wahnsinn, Mord, enttäuschter Liebe, Betrug, Verwechslungen, Zufällen, Revolution und Reaktion – zu einem Panorama psychischer Manifestationen »entrealisiert«.

In die Bewußtseinssphäre transponiert ist einerseits das durch das zentrale Attentatsmotiv diktierte Geschehen: Nikolaj Ableuchov, ein neurotischer, mutterfixierter junger Intellektueller, der sich vergebens um Sof'ja (offensichtlich eine Parodie von SOLOV'ĖVS »Sophia«, der Reinkarnation des Hl. Geistes in weiblicher Gestalt), die dümmlich-aufreizende Frau seines Freundes Lichutin bemüht, hat sich revolutionären Kreisen – verkörpert durch den brutal-sentimentalen Provokateur Lippančenko, den von ihm abhängigen, in seinen Gefühlen aber zwiespältigen Psychopathen und Alkoholiker Dudkin, der Lippančenko schließlich tötet, die Terroristin Varvara und den Doppelagenten Morkovin-Voronkov – angeschlossen und soll in ihrem Auftrag seinen verhaßten Vater, mit dem er bereits seit Jahren einen wortlosen Kampf führt, mit einer Zeitbombe ermorden. Der Anschlag – Ironie der Fabel – mißlingt jedoch: Nikolaj taucht im Ausland unter; Apollon, der Vater, zieht sich aufs Land zurück. Auch das Kräftespiel der in mystisch-okkulten und kosmischen Erscheinungsformen auftretenden Mächte des »Ostens« und des »Westens«, der *»schwarzen und weißen Magie«*, vollzieht sich – durch Leitmotiv- und Symboltechnik erzählerisch realisiert – weitgehend auf der Ebene von *»zerebralen Spielen«*, Träumen, *»astralen Reisen«* und Fieberphantasien: Nikolaj und Apollon, obwohl scheinbare Opponenten, sind in Wirklichkeit – Homoiusie (Wesensähnlichkeit) des Sohnes mit dem Vater – beide Exponenten des *»mongolischen Chaos«, »Turanier«*, die denselben destruktiven Nihilismus vertreten: Apollon möchte die russischen Weiten mit ihren anarchischen Strömungen durch einen ins Kosmische ausgeweiteten Bürokratismus und eine universale Staatsplanimetrie zähmen; Nikolaj hofft auf Überwindung des Chaos durch Rationalismus und intellektuelle Schemata. Gemeinsam mit den der Kraft des *»revolutionären Schauers«* verfallenen Terroristen sind die Ableuchovs, von tatarischen Vorfahren abstammend und durch die Kraft des *»Eises«* geblendet, Vertreter des *»Mongolismus«*, des *»Ostens des Antichrist«*, des *»Reiches des Drachens«*, während Gestalten wie der naiv-gläubige Offizier Lichutin, der Sektierer Stepka, die okkulte Christusfigur (der »weiße Domino«, der an Handlungsknotenpunkten auftretende »unbekannte Alte«) und vermutlich auch die rätselhafte Geistererscheinung Peters des Großen, des »Ehernen Reiters«, als Exponenten des westlichen, *»arischen Prinzips«* zu deuten sind.

Von einem im Grunde unpolitischen Schriftsteller wie Belyj, der zwar ein seismographisches Gespür für Umbruchszeiten besaß, die Revolution aber – als rein emotionales Erlebnis ästhetisierend – lediglich als heilsamen apokalyptischen Sturm und Zusammenbruch der alten, morschen bürgerlichen Kultur begrüßte, war keine politisch-sozialpsychologische Zeitanalyse zu erwarten. So gibt er nicht die Realität, sondern nur die »Obertöne« des Revolutionsgeschehens (vor allem in Leitmotiven und Symbolen: der *»zirkulierende Browning«*, der *»menschliche Tausendfüßler«*, die *»Provokation«*, die auf dem Nevskij spazierengeht, die sich sträubenden Fabrikschlote, die Bombe, die *»roten Skandalblätter«* usw.) wieder, Reflexe der revolutionären Ereignisse auf der Bewußtseinsebene. Trotzdem gelang es Belyj bis zu einem gewissen Grad, das Typische innerhalb der historischen Situation zu erfassen: Seine Romangestalten, vor allem die Vertreter der bürgerlichen Schicht, sind keine Charaktere, sondern austauschbare Charaktermasken, Stützen der dem Untergang geweihten zaristischen Gesellschaft.

Daß der Roman zu einem Zeitpunkt entstanden ist, als der russische Symbolismus seinen Höhepunkt bereits überschritten hatte und von neuen literarischen Strömungen abgelöst worden war, erklärt Belyjs Romantechnik: ein nur noch artistisches Jonglieren mit Versatzstücken des zu einer mystischen Weltanschauung gewordenen Symbolismus, mit Elementen des Okkultismus und Bausteinen der traditionellen russischen Geschichtsphilosophie. Folgerichtig erweist sich bei Belyj, dem *vielleicht größten russischen Humoristen seit Gogol'«* (Mirskij), das Satirisch-Parodistisches als das beherrschende Strukturelement. Indem er die Welt in Fragmente zerlegt, »verfratzt« und in einer Reihe von possenhaften Situationen neu zusammensetzt, gerät ihm der Roman zur Groteske.

Die Bedeutung des von KANT, NIETZSCHE, SCHOPENHAUER, den Neukantianern, WAGNER, Steiner und Solov'ëv beeinflußten Eklektikers Belyj, der an die mystische Präsenz aller vergangenen Kulturen in der Gegenwart glaubte, liegt nicht im gedanklichen Bereich, sondern in seinem höchst originellen Beitrag zur russischen Literatursprache: Sein an Allusionen, Assonanzen, etymologischen Wortspielen, kühnen Neologismen, ironischen Aperçus und musikalischen Elementen reicher, ornamentaler (in der Terminologie der russischen Formalisten »schwerer«) Prosastil, seine polyphone, konsequent rhythmisierte, auf »Lautmetaphern« und »Wortinstrumentierung« aufbauende Sprache hat zahlreiche Nachahmer (PIL'NJAK und seine Schule, ZAMJATIN u. a.) gefunden. Unabhängig von JOYCES *Ulysses* (1922), mit dem Belyjs Roman häufig verglichen wird, stellt sich *Peterburg* als Paradigma eines auf der Technik des *stream of consciousness* basierenden, chronologische und Kausalzusammenhänge ignorierenden sprachlichen Surrealismus. Literarische Reminiszenzen an PUŠKIN (vor allem den des *Mednyj Vsadnik*, 1846 – *Der eherne Reiter*) weckend und zum Vergleich mit GOGOL' (vor allem dem der *Petersburger Erzählungen*) und DOSTOEVSKIJ (dem des *Dvojnik*, 1846 – *Der Doppelgänger*, und der *Belye noči*, 1848 – *Weiße Nächte*) herausfordernd, erweist sich Belyj als ein Meister der absoluten Poetisierung und Musikalisierung der Sprache: *Peterburg* als komplexe, atonale Wortsymphonie. D.Bu.

AUSGABEN: Jaroslavl' 1912. – Petersburg 1913/14 (im Almanach des Sirin-Verlags). – Petrograd 1916. – Bln. 1922 [gek. Neufassg.]. – Moskau 1928; Nachdr. Mchn. 1967, 2 Bde. [Einl. D. Tschižewskij]. – Moskau 1935.

ÜBERSETZUNGEN: *Petersburg*, N. Strasser, Mchn. 1919. – Dass., J. Ladyschnikow, Bln. 1922. – Dass. G. Drohla, Wiesbaden 1959. – Dass., dies., Ffm. 1976. – Dass., G. Dalitz, Bln. 1982.

LITERATUR: V. Chodaševič, *Ableuchovy – Letaevy – Korobkiny* (in *Literaturnye stat'i i vospominanija*, NY 1954). – D. Burkhart, *Leitmotivik u. Symbolik in A. B.s Roman »Peterburg«* (in WdS, 9, 1964). – P. R. Hart, *A. B.'s »Petersburg« and the Myth of the City*, Diss. Univ. of Wisconsin 1969. – H. Hartmann, *A. B. and the Hermetic Tradition. A Study of the Novel »Petersburg«*, Diss. Columbia 1969 [enth. Bibliogr.]. – L. K. Dolgopolov, *Obraz goroda v romane A. B. Peterburg* (in Izvestija Akademii Nauk, 1975, 34, S. 46–59). – A. Voroncov, *A. B.'s »Petersburg« and James Joyce's Ulysses. A Comparative Study*, Los Angeles 1975. – R. DiCarlo, *A. B.'s »Petersburg« and the Modern Aesthetic Consciousness*, Diss. Brown Univ. 1979. – E. Kulešova, *Erotika i revoljucija v »Peterburge« B.* (in Russian Language Journal, 110, 1977, S. 77–88). – N. Berberova, *A Memoir and a Comment: the »Circle« of Petersburg* (in *A. B., A critical review*, Hg. G. Janecek, Lexington 1978, S. 115–120). – J. Holthusen, *A. B. »Peterburg«* (in *Der russische Roman*, Hg. B. Zelinsky, Düsseldorf 1979, S. 265–289). – Ch. Castellano, *Synthesia. Imagination's Semiotic in A. B.'s »Petersburg«*, Diss. Cornell Univ. 1980 [enth. Bibliogr.]. – H.-J. Gerigk, *B.s »Petersburg« und Nietzsches »Geburt der Tragödie«* (in Nietzsche-Studien, 1980, 9, S. 356–373). – J. Holthusen, *Spielerische Strukturen in A. B.s »Peterburg«* (in Andrey Bely Centenary Papers, Hg. B. Christa, Amsterdam 1980, S. 146 bis 156).

SEREBRJANYJ GOLUB'

(russ.; Ü: *Die silberne Taube*). Roman von Andrej BELYJ, erschienen 1909. – Der Roman war ursprünglich gedacht als 1. Teil der geplanten Trilogie *Vostok ili Zapad (Ost oder West)*, von der allerdings mit *Peterburg* (1912 bzw. 1922) nur noch der 2. Teil verwirklicht wurde. Der Gegensatz zwischen Orient und Okzident wird hier vor allem in der Figur des Romanhelden Petr Darjal'skij realisiert. Dieser ist verlobt mit Katja Gugoleva, der Enkelin der Baronin Todrabe-Graaben, deren Familie das europäische, westliche Prinzip eines in Etikette erstarrten Lebens verkörpert, während der Tischler Kudejarov, Führer einer geheimen Sekte, die ein Reich des Heiligen Geistes auf Erden erwartet, und dessen Magd Matrena das östliche Prinzip vertreten. Darjal'skij, seiner Erziehung und seinem Milieu nach ein Westler, glaubt an die Geburt eines durch die orthodoxe Kirche vermittelten neuen Hellenentums in Rußland. Seine Neigung zum Okkultismus macht ihn anfällig für die Heilserwartung der *»Golubi«* (Tauben), wie sich die Anhänger Kudejarovs nennen. Psychologisch motiviert wird Darjal'skijs Bruch mit Katja und sein Eintritt in den Dienst Kudejarovs, bei dem er sich als Geselle verdingt, durch sein Verfallensein an Matrena, die hexenhafte, pockennarbige Magd des Tischlers. Kudejarov glaubt, daß Darjal'skij dazu auserwählt sei, mit Matrena einen neuen Christus zu zeugen und fördert daher, seine eigene Eifersucht überwindend, das erotische Verhältnis zwischen den beiden. Als die Zeugung des erwarteten Kindes jedoch ausbleibt, beschließt er, Matrenas Liebhaber zu töten. Darjal'skij schöpft Verdacht; ein Fluchtversuch mißlingt jedoch. Im Hause der Fekla Eropegina, einer reichen Gönnerin Kudejarovs, wird er von den *»Golubi«* erdrosselt.

Belyjs erster Roman weist bereits alle charakteristischen Merkmale seines späteren Erzählwerkes auf. Elemente der *skaz*-Technik GOGOL's und DOSTOEVSKIJS mischen sich mit ekstatisch-visionären Passagen. Eine besondere Rolle spielen bestimmte Signalfarben (Rot, Weiß, Grün), Schlüsselsymbole (Tauben, Fliegen; Netze, Fäden, Stricke usw.), wiederkehrende Lieder, Satzphrasen und Lautgruppen, die – ähnlich wie in Belyjs *Sinfonien* der Jahre 1901–1908 – den Text wie eine musikalische Komposition organisieren. Kaum eines dieser Elemente ist semantisch genau festgelegt. Die Bedeutungen sind kontextabhängig und außerordentlich dynamisch. So z. B. steht die Farbe Rot mal für das westliche Prinzip der Revolution (die Handlung spielt vor dem Hintergrund der Ereignisse der Jahre 1905/06), mal für das östliche Prinzip der Morgenröte *(ex oriente lux)*; mal für Sinnen- und Lebensfreude, mal für Gewalt und Tod. Dieser Relativismus macht es dem Leser schwer herauszufinden, für welche Alternative, Ost oder West, sich der Autor entscheidet. Neben der Musikalisierung des Textes und der Dynamisierung seiner Bedeutungen trägt schließlich auch die eminent komische Anlage des Romans dazu bei, daß dieser sich eindeutigen Interpretationen entzieht. Jede Figur wird doppelt entworfen: als tragische und als komische, als erhabene und als burleske Rolle. Wesentlichen Anteil an der Erzeugung haben sprachkomische Elemente in der Tradition Gogol's wie groteske Namen, Wortspiele und Kalauer. Die »ornamentale« Erzähltechnik, die Belyj damit schuf, hat später besonders PIL'NJAK in seinen Romanen aufgegriffen und weiterentwickelt.   A.Gu.

AUSGABEN: Moskau 1909 (in Vesy, Nr. 3/4; 6/7; 10–12). – Moskau 1910. – Bln. 1922, 2 Bde.; Nachdr. Mchn. 1967 [Einl. A. Hönig].

ÜBERSETZUNG: *Die silberne Taube*, G. Drohla, Ffm. 1961. – Dass., dies., Mchn./Zürich 1964.

LITERATUR: J. L. Rice, *A. B.'s »Silver Dove«: the Black Depths of Blue Space, or Who Stole the Baroness's Diamonds* (in *Mnemozina: Studia Litteraria*

Russica in Honorem Vsevolod Setchkarev, Hg. J. Baer u. N.W. Ingham, Mchn. 1974, S. 301–316). – Th. Beyer, *B.'s »Serebrjanyj Golub'«: Gogol' in Gugolevo* (in Russian Language Journal, 107, 1976, S. 79–88). – J. D. Elsworth, *»The Silver Dove«: an Analysis* (in Russian Literature, 1976, 4, S. 365–393). – J. Holthusen, *Erzähler und Raum des Erzählens in B.'s »Serebjanyj Golub'«* (in Russian Literature, 1976, 4, S. 325–344). – Th. Beyer, *A. B.'s »The Magic of Words« and »The Silver Dove«* (in SEEJ, 22, 1978, S. 464–472).

EMIL BELZNER

* 13.6.1901 Bruchsal
† 8.8.1979 Heidelberg

KOLUMBUS VOR DER LANDUNG. Eine Legende

von Emil BELZNER, erschienen 1934; als *»vollständige Fassung«* erschienen 1956 u. d. T. *Juanas großer Seemann*. – Kolumbus durchlebt, als er *»nach vielwöchiger Seefahrt endlich Land sah«* in einer *»Sekunde der Erleuchtung«* alle Stationen seines Lebens noch einmal. In zwölf Kapiteln beschreibt Belzner den Weg seines Helden vom kindlichen Glauben an die Güte der Welt und den Versuchen, ein reines Leben zu führen, über die fortschreitende Einsicht in die Heillosigkeit alles Irdischen und in die eigene Verschuldung, bis zur gewissenlosen Ausnutzung aller Vorteile im Hinblick auf sein großes Ziel, den Seeweg nach Indien zu finden und damit Einfluß und Berühmtheit zu erlangen. Der Anblick eines hungernden, verdreckten Krüppels bringt ihm, dem Kind reicher Eltern, erstmals zu Bewußtsein, daß soziale Unterschiede zwischen den Menschen bestehen. Die brutale Wuchertaktik eines jüdischen Geldleihers scheint ihm in diesem Alter noch unbegreiflich; später aber handelt er selbst ganz ähnlich. Die Begegnung mit Aussätzigen, in deren Asyl Kolumbus eingedrungen ist, führt zum Bruch mit den Eltern und den Freunden: Durch die Macht der Umstände wird er – nun selbst ein Ausgestoßener – zum Seefahrer, Sklavenhändler und Betrüger.
Belzner stellt die Fragwürdigkeit starrer ethischer und moralischer Kategorien dar; am Beispiel der Kolumbus-Legende zeigt er, daß Treue, Menschlichkeit und Glauben auch in Formen existieren können, die der herrschenden Moral unzulässig erscheinen. Juana etwa, die Freundin der Kinderzeit, der Kolumbus auf seinem Weg mehrmals begegnet, hält Kolumbus noch im Alter, auch als verkommene Hafenhure, auf ihre Weise die Treue. Als Sklavenhändler bedient sich Kolumbus skrupellos aller Praktiken, die geeignet sind, sein Vermögen zu vermehren. Die von der Kirche sanktionierte Grausamkeit wird in der Schilderung eines makabren Autodafés, dessen Opfer am Ende seine Veranstalter sind, mit böser Ironie gegeißelt. An die Stelle institutionalisierter Frömmigkeit wird eine aus heidnischen, jüdischen und christlichen Elementen gemischte Naturmystik gesetzt.
Belzner streut in die realistische Schilderung der Vorgänge innere Monologe ein; das hohe epische Pathos, das in den Gebeten des Kolumbus sich bis zu lyrischem Psalmodieren steigert, wird immer wieder ironisch gebrochen. Amerika erscheint als Symbol für eine – latent schon vorhandene – bessere Welt, wenn auch Kolumbus bis zuletzt verkennt, *»daß er, trotz genauester Berechnung und trotz treuesten Festhaltens an den alten Bräuchen und an dem bisherigen Glück und Jammer des Lebens, eine neue Welt entdeckt hatte«*. H.Hä.

AUSGABEN: Ffm. 1934. – Bln. 1949. – Wien/Mchn./Basel 1956 (u. d. T. *Juanas großer Seemann*).

LITERATUR: L. Weltmann, *E. B.* (in *Hb. d. deutschen Gegenwartslit.*, Bd. 1, Mchn. ²1969, S. 95 f.). – H. Bender, *Nachruf auf E. B.* (in Akad. d. Wiss. u. Lit. Mainz, Jb., 1979, S. 75 f).

PIETRO BEMBO

* 20.5.1470 Venedig
† 19.1.1547 Rom

LITERATUR ZUM AUTOR:
V. Cian *Il maggior petrarchista del Cinquecento, P. B.*, (in Annali della cattedra petrarchesca, Arezzo 1938). – G. Santangelo, *Il B. critico e il principio d'imitazione*, Florenz 1950. – P. Floriani, *B. e Castiglione. Studi sul Classicismo del Cinquecento*, Rom 1976. – D. Perocco, *Rassegna di studi bembiani (1964–1985)* (in Letteratura italiana, 37, 1985, 512–540). – G. Santangelo, *P. B.* (in Branca, 1, S. 255–269).

GLI ASOLANI

(ital.; *Asolaner Gespräche*). Liebestraktat in Dialogform von Pietro BEMBO, erschienen 1505, überarbeitete Fassung 1530. – Bembos Jugendwerk, dessen Entstehung bis in das Jahr 1497 zurückreicht, ist Lucrezia Borgia, der Frau des Herzogs Alfonso d'Este, gewidmet. Der Traktat unternimmt am Thema der Liebe den für die Renaissancekultur typischen Versuch, antikes Gedankengut mit christlich geprägten Auffassungen der Neuzeit zu verschmelzen. In seiner Argumentation verzichtet Bembo weitgehend auf die Verarbeitung persönlicher Erfahrungen, entfaltet vielmehr seine umfassende humanistische Bildung und gibt den dialektisch aufeinander bezogenen Standpunkten eine idealtypische Klarheit.

Den fiktionalen Rahmen des Traktats bildet ein Gespräch zwischen drei jungen Männern, Perottino, Gismondo und Lavinello, das in Gegenwart von drei Edelfräulein und der ehemaligen Königin von Zypern, Catarina Coronaro, auf deren idyllischem Landsitz in Asolo stattfindet. Anläßlich der Hochzeit einer der Edeldamen wird die Frage nach dem Wesen wahrer Liebe gestellt und an drei aufeinanderfolgenden Tagen, die der Aufteilung des Traktats in drei Bücher entsprechen, diskutiert. Bereits zu Beginn des ersten Buches klingt in drei Gedichten, die von den Damen vorgetragen werden, der dialektische Bezug zwischen der leidvollen, der glücklichen und der geläuterten Liebeserfahrung an. Diesem Schema folgen die drei männlichen Redner. Perottino verdammt am ersten Tag die Liebe als die Wurzel allen menschlichen Leids, während Gismondo am nächsten Tag Amor als eine göttliche und daher ihrem Wesen nach beseligende Kraft preist. Am dritten Tag zeigt Lavinello, daß die Liebe sowohl gut als auch verwerflich sein kann. Zur Unterscheidung verweist er auf das Phänomen der Begierde, an das die Liebe notwendigerweise gekoppelt ist. Begierde führt in ihrer naturhaften Form zum Glück, doch kann sie, wenn sie vom menschlichen Willen geleitet ist, sich auf ein schlechtes Objekt beziehen und Leid erzeugen. Überboten wird diese Lösung des Konflikts noch durch einen christlichen Einsiedler, dessen Auffassung Lavinello seinen Zuhörern referiert. Für jenen ganz dem Geist lebenden Menschen ist die Liebe in ihrer höchsten, platonisch-christlichen Ausformung nicht mehr an Begierden gebunden, sondern sie bedeutet Freude an der unvergänglichen Schönheit des Göttlichen, von dem die irdischen Reize nur ein Abglanz sind. Daher trifft er die Unterscheidung zwischen »*bellezza*« (Schönheit) und »*vera bellezza*« (wahrer Schönheit), welche nur in der Kontemplation erfahrbar ist. Das Erreichen letzterer auf Erden hat Bembo schon in einem der einleitenden Gedichte mit dem Mythos des Goldenen Zeitalters verknüpft: »*e tornerian con la prima beltade / gli anni de l'oro e la felice etade*« (»mit der ursprünglichen Schönheit kehren die goldenen Jahre und das Zeitalter des Glücks zurück«).

Bembo vereint in diesem inhaltlich keineswegs originellen Werk, das an den lateinischen Traktaten der Humanisten geschult ist, die wichtigsten geistigen Strömungen seiner Epoche. Dominant ist die von Marsilio FICINO (1433–1499) und Giovanni PICO DELLA MIRANDOLA (1463–1494) vertretene neuplatonische Auffassung, daß der Mensch frei sei, sich entweder der Macht der Leidenschaften zu unterwerfen oder durch die Kraft seines Geistes sich zum Göttlichen zu erheben. Doch ebenso bedeutend ist der Rückgriff auf PETRARCAS Liebeslyrik, an die sich die zahlreich in den Traktat eingefügten Gedichte (meist Kanzonen) inhaltlich und stilistisch eng anlehnen. Antithetische Klage prägt das erste, die Sehnsucht nach der abwesenden Geliebten das zweite Buch. Die *Asolani* werden dadurch zum frühesten Zeugnis des Petrarkismus im 16. Jh., der in Bembos *Rime* und seinen *Prose della volgar lingua* zur höchsten und fundiertesten Ausformung gelangt. U.P.

AUSGABEN: Venedig 1505. – Venedig 1530. – Venedig 1729. – Mailand 1808 (in *Opere*). – Turin 1932, Hg. C. Dionisotti; m. Einf.; ern. Turin 1960 (in *Prose e Rime*; m. Einf.). – Florenz 1961 (in *Opere in volgare*, Hg. M. Marti; m. Einf.).

LITERATUR: M. Tamburini, *La gioventù di P. B. e il suo dialogo »Gli Asolani«*, Triest 1914. – H. Rabow, *Die »Asolanischen Gespräche« des P. B.*, Bern/Lpzg. 1933. – M. Aurigemma, *La teoria dei modelli e i trattati d'amore* (in *La letteratura italiana. Storia e testi. Il Cinquecento*, Bd. 4/1, Bari 1973). – G. Dilemmi, *Escordi asolani di P. B. (1496–1505)* (in Studi di Filologia italiana, 36, 1978). – P. Sabbatino, *La dimensione del petrarchismo lirico negli »Asolani«* (in Misure Critiche, 12, 1982).

PROSE DELLA VOLGAR LINGUA

(ital.; *Abhandlung über die Volkssprache*). Sprachkritischer Traktat von Pietro BEMBO, erschienen 1525. – Bembos Hauptwerk, das zugleich ein Wendepunkt in der italienischen Renaissanceliteratur ist, vollzieht den Übergang vom »*Lateinhumanismus*« zum »*Nationalhumanismus*« (H. Friedrich). Als erstes bedeutendes sprachtheoretisches Werk seit Dante ALIGHIERIS *De vulgari eloquentia* versucht es den Stellenwert des Italienischen als Literatursprache zu bestimmen und durch eine am Imitationsbegriff ausgerichtete Stiltheorie zu untermauern. Der Traktat ist in italienischer Sprache abgefaßt, doch benutzt er alle Register humanistischer Gelehrsamkeit und läßt dabei auch persönliche Lektüreerfahrungen des Autors über zahllose Beispiele einfließen.

Den Rahmen des Werks bildet ein Dialog, der im Dezember 1502 zwischen Bembos Bruder Carlo (dem Sprachrohr des Autors), Ercole Strozzi, Giuliano de'Medici und Federico Fregoso in Venedig stattgefunden haben soll. Strozzi, ein versierter Latinist, gibt durch seine Geringschätzung des Italienischen den Anstoß für eine Diskussion, die zunächst zur Unterscheidung zwischen der natürlichen, gesprochenen und einer künstlich geschaffenen Sprache führt, sich dann jedoch auf die Wechselwirkung zwischen gesprochener und geschriebener Sprache konzentriert. Der Wert einer vom Volk gesprochenen Sprache ist für Bembo erst gegeben, wenn hervorragende Schriftsteller sich ihrer bedienen. Daher gibt der Traktat in seinem ersten Buch einen Überblick über die Ursprünge der italienischen Literatur und geht im zweiten Buch zu den toskanischen Dichtern aus dem Umfeld Dantes über, um schließlich die »*drei Kronen von Florenz*«, Dante, PETRARCA und BOCCACCIO, als die Vollender der italienischen Literatursprache zu preisen. Es folgt eine normative Stillehre, die Petrarca zum

Vorbild für die Lyrik, Boccaccio zum Musterautor für die Prosa erklärt. Beide gelten gemäß Bembos Nachahmungskonzept, das sich am Leitbild des *optimus* ausrichtet, als stilistisch so vollkommen, daß sie den besten Schriftstellern des Lateinischen, CICERO und VERGIL, gleichzustellen sind. Unter völliger Vernachlässigung des Inhalts werden anschließend Einzelabschnitte aus Petrarcas *Canzoniere* und verschiedenen Werken Boccaccios stilistisch analysiert und kommentiert, wobei Bembo sich als differenzierter und einfühlsamer Leser erweist. Das dritte Buch enthält eine ebenfalls an Beispielen verdeutlichte »Grammatik« der literarischen Sprache, die tief in Einzelheiten eindringt. – Bembos Traktat hat einen zentralen Platz in der *Questione della lingua*«, dem Sprachenstreit, der die italienische Literatur bis in die Gegenwart hinein bewegt. Doch ebenso wichtig wird er, besonders durch seine Bewertung von Petrarcas Lyrik, für die Stiltheorie des 16. Jh.s, die seiner rein stilistisch begründeten und auf klassisches Maßhalten bedachten Literaturauffassung viel verdankt. U.P.

AUSGABEN: Venedig 1525. – Venedig 1538. – Venedig 1729. – Mailand 1808 (in *Opere*). – Padua 1955. – Turin 1960 (in *Prose e Rime*, Hg. C. Dionisotti; ern. 1966). – Florenz 1961 (in *Opere in volgare*, Hg. M. Marti).

LITERATUR: G. Petrocchi, *La dottrina linguistica del Bembo*, Messina 1959. – G. Santangelo, *P. B. e la questione della lingua* (in *Letteratura italiana. I minori*, Bd. 1, Mailand 1961). – P. Sabbatino, *La codificazione della scrittura volgare nelle »Prose« del B.* (in Lingua e Stile, 20, 1985, S. 333–370).

RIME

(ital.; *Gedichte*). Gedichtsammlung von Pietro BEMBO, erschienen 1530, erweitert 1535 und 1548. – Bembos lyrisches Werk, das neben der Sammlung der *Rime* auch noch Stanzen und lateinische Gedichte umfaßt, ist die Frucht einer lebenslangen Beschäftigung mit Literatur, die sowohl von der humanistischen Bildung des Autors als auch von seiner herausragenden Stellung im zeitgenössischen höfischen Leben gefördert und beeinflußt wurde. Seine *Rime* wollen nicht Spiegelung persönlichen Erlebens oder Ausdruck von Originalität sein, sondern sie streben nach stilistischem Ebenmaß und einer Stilreinheit, zu der Bembo vor allem durch eine intensive und sensible Lektüre der italienischen Dichtungen PETRARCAS angeregt wurde.
Die mehr als 160 Gedichte der *Rime*, zumeist Sonette, Kanzonen und Ballaten, stehen, im Gegensatz zu Petrarcas *Canzoniere*, in einem nur sehr lockeren inhaltlichen Zusammenhang. Im Einleitungssonett *(Piansi e cantai lo strazio e l'aspra guerra)* blickt der Dichter reuevoll auf sein Liebesleid zurück, dessen Bedichten ihm allerdings Unsterblichkeit bringen und zugleich die der Liebe erlegenen Leser auf den Pfad christlicher Tugend weisen soll. Das folgende Sonett hat bereits das *innamoramento*, d. h. den Moment des sich Verliebens, zum Thema, ohne daß jedoch die geliebte Herrin individualisiert würde. Sie bleibt, weit stärker als Petrarcas Laura, eine unpersönliche und idealisierte Frauengestalt. Auf die Modellierung einzelner Stationen der Liebesgeschichte verzichtet Bembo fast ganz. Statt dessen bedichtet er Ereignisse des Hoflebens, so die Geburt eines Thronfolgers in Urbino, oder er wendet sich an persönliche Freunde. Erst am Ende der Sammlung, wo der Tod seines Bruders und anderer Zeitgenossen beklagt wird, drängt sich wieder eine Parallele zu Petrarcas Dichten nach dem Tode Lauras auf. Die Bezugnahme auf Petrarca vollzieht sich insgesamt weniger im Rahmen der inhaltlichen Grobgliederung als vielmehr auf der Ebene handwerklicher Kleinarbeit. Bembo lotet hier einzelne Verse und Wortgruppen aus dem *Canzoniere* seines großen Vorbildes stilistisch aus, um sie, quasi im Mosaikverfahren, zu neuen Gedichten zusammenzufügen. Dies ist für die Nachahmungspoetik der Zeit kein Plagiat, sondern ein rhetorisches Verständnis von Dichtung, das über die *imitatio* zur Überbietung des Vorbildes und damit zu zeitlosem Ruhm gelangen will. Wie Petrarca unterwirft Bembo die Lyrik den rhetorischen Regeln des mittleren Stils, an dem er besonders die *gravitas* (Würde) und die *piacevolezza* (Anmut) hervorhebt. So gelingen ihm fast immer stilsichere, handwerklich saubere Gedichte (am bekanntesten sind die Sonette *Picciol cantor, ch'al mio verde soggiorno* und *Solingo augello, se piangendo vai*), die allerdings nicht an einem romantisierenden Lyrikverständnis gemessen werden dürfen. In späteren Epochen, vor allem seit der Zeit der italienischen Aufklärung, sah sich das Werk Bembos allerdings einer in dieser Weise motivierten Kritik ausgesetzt. Weitgehend unbestritten blieb jedoch Bembos Petrarca-Exegese, die den dichterischen Wert seiner *Rime* überdauert hat. U.P.

AUSGABEN: Venedig 1530. – Venedig 1535. – Venedig 1548. – Bergamo 1745. – Bergamo 1753. – Mailand 1808 (in *Opere*). – Turin 1933 (in *Gli Asolani e le Rime*, Hg. C. Dionisotti). – Turin 1960 (in *Prose e Rime*, Hg. C. Dionisotti; ern. 1966). – Florenz 1961 (in *Opere in volgare*, Hg. M. Marti).

LITERATUR: W. Th. Elwert, *Il Bembo imitatore; Bembismo, poesia latina e petrarchismo dialettale* (in W. Th. E., *Studi di letteratura veneziana*, Venedig/Rom 1958, S. 111–176). – A. Noyer-Weidner, *Lyrische Grundform und episch-didaktischer Überbietungsanspruch in B.s Einleitungsgedicht* (in RF, 86, 1974, S. 314–358). – Ders., *Zu Tassos binnenpoetischer Auseinandersetzung mit B.* (in *Italien und die Romania in Humanismus und Renaissance, Festschrift E. Loos*, Hg. K. W. Hempfer u. E. Straub, Wiesbaden 1983, S. 177–196). – P. Sabbatino, *Sulla tradizione a stampa delle Rime del B.* (in *Studi e Problemi di Critica Testuale*, 28, 1984, S. 57 bis 98).

Myriam Ben

* 10.10.1928 Algier

SABRINA, ILS T'ONT VOLÉ TA VIE

(frz.; *Sabrina, sie haben dir dein Leben geraubt*). Roman von Myriam Ben (Algerien), erschienen 1986.
– Im Zentrum von Myriam Bens Roman steht die entscheidende Phase im Leben einer moslemischen Frau: die Heirat als Übergang vom väterlichen Haushalt in den des Ehemanns. Einem ethnographischen Bericht vergleichbar, ist das Buch ein sozio-kulturelles Dokument und Beispiel einer neuen Orientierung maghrebinischer Literatur, die heute die folkloristische, exotische Beschreibung hinter sich läßt und Probleme des Übergangs von traditionellen zu modernen Lebensformen realistisch darstellt. Sabrina, die Romanheldin, ist eine junge algerische Frau aus Tlemcen, für die die Auseinandersetzung mit ihrem in starre Traditionen eingebundenen Leben zu einer persönlichen Herausforderung wird. Die Wahl des Ehemanns, die Rolle der Liebe, die Sexualität, der Einfluß der Schwiegermutter, die Bedeutung der Kinder, die Angst vor der Verstoßung durch den Mann, wenn Nachkommen ausbleiben: All diese Themen spricht der spannend erzählte Roman an.

Wie in einem Märchen beginnt die Erzählung, bricht aber schnell aus dem bekannten fabulierenden Rahmen aus. »*Schwöre mir, schwöre, daß du nie heiratest: Die Männer sind Hunde, die alles in den Dreck ziehen*« – mit diesen Worten will Sabrinas Vater das Mädchen vor ihrem unausweichlichen Schicksal bewahren. Doch erwartungsgemäß beachtet sie seine Ratschläge nicht und heiratet Saber, einen jungen Mann aus einem kleinen Dorf in der Nähe Tlemcens. Der Entschluß dazu geht nicht von dessen Eltern aus, die auch die Braut nicht kennen, was einen eindeutigen Bruch mit der Tradition bedeutet. Eines Tages war Saber mit der Ehestifterin Llala Fatma auf Empfehlung eines Freundes vor der Wohnung erschienen, wo er von Sabrina eingelassen wurde: Saber hatte hinreichend Zeit, sich seine zukünftige Frau in aller Ruhe anzusehen – auch dies ein flagranter Bruch der Tradition, ein Skandal in den Augen der Großmutter, die zornig ihrem Unmut Luft macht: »*Was ist das für eine Enkelin? Was? Ein Freudenmädchen, das sich egal wer ansehen kann, so einfach?*« Zwar reagiert die Familie Sabrinas schon etwas verständnisvoller; immerhin hat sie die Tochter zur Schule geschickt, wenngleich die Brüder sie trotz vielversprechender Erfolge mit Beginn ihrer Pubertät aus der Klasse holten. Wie üblich wollte man sie verheiraten, aber sie konnte sich diesem Ansinnen bis dahin widersetzen. Diesmal ist es etwas anderes, da die beiden beim ersten Sehen »*sich wiedererkannten, da sie schon immer voneinander gewußt hatten*«; sie bedrängen die Eltern der beiden Familien, sich zu treffen und die Heirat zu beschließen. Verliebt wie sie sind, tauschen sie bei der Verlobung mehr als nur den rituellen Kuß aus, übertreten auch hier wieder die Sitte. Als Sabrina nach dem Kuß die Augen öffnet, »*trifft sie auf den dunklen Blick, der starr auf sie gerichtet ist: den Blick ihrer zukünftigen Schwiegermutter*«. Auch beim anschließenden Tanz mit Saber, bei dem »*ihr ganzes Wesen zu schweben schien, ein unsägliches Glücksgefühl sie überkam, trafen ... ihre Augen auf die ihrer Schwiegermutter, die sie fixierte, mit ihrem starren, fixen Blick fixierte*«. Dieser nichts Gutes verheißende Blick ist Ausdruck des Vorwurfs, die Tradition mißachtet, sie verletzt zu haben. Wie soll denn noch der Mann seine Frau zur Sklavin machen können, wenn sie den Verliebten ihrem Willen unterwerfen kann, wenn er in der Liebe die Erfüllung findet, die nur in der Verehrung Allahs erreicht werden soll? Droht nicht an der Liebe des Mannes zur Frau die Herrschaft der Mutter über ihren Sohn zu zerbrechen? Gefährdet ist das »*Dreieck Mutter–Sohn–Ehefrau, die hierarchische Krönung der traditionellen Familie*« (F. Mernissi).

Wie eine Prinzessin kommt Sabrina in das Haus ihrer zukünftigen Schwiegereltern, herrlich geschmückt, mit ihrem Brautschatz: Decken aus Tlemcen, dicke Teppiche, Kleider aus Seide oder besticktem Samt, Matratzen und Kopfkissen, Bettvorleger, Laken, Tischtücher, Servietten, feinste Taschentücher usw. Dies alles »*mißachten, verwerfen die Gäste, als sie sich setzen, zerknittern, zerdrükken, zerknautschen, zertreten alles ...; die Schwiegermutter war immer da, Ungeheuer mit drei Köpfen, Höllenhund, den nie die Leier eines Orpheus je hat betören können*«. Wie von der Tradition vorgeschrieben, hat Sabrina dem Kadi ihre Unschuld versichert, wird nach der Hochzeitsnacht das blutbefleckte Nachthemd der Braut vorgezeigt, um allen die verlorene Jungfräulichkeit und die Männlichkeit des Bräutigams zu beweisen; auch dauert das Fest wie üblich sieben Tage. Doch nichts vertuscht den Skandal: Ist nicht die einzige Frau, die ein Mann lieben kann, ohne sich lächerlich zu machen, seine Mutter? Saber aber liebt Sabrina, und seine Mutter erkennt umgehend die Gefahr. Sie bestimmt, was gegessen wird; sie verteilt das Essen an Sohn und Mann, während sie es ihrer Schwiegertochter vorenthält: »*Immer, wenn Sabrina sich bedienen wollte, stand die Schwiegermutter auf, beobachtete sie mit ihrem starren Blick, schüchterte sie so ein, daß sie die Speise wieder hinstellte, die die Schwiegermutter umgehend wegtrug.*« Die Frau des Sohnes soll um Nahrung betteln! So verfällt Sabrina zusehends, die Schwiegermutter tyrannisiert sie, nimmt ihren Schmuck, läßt sie waschen, reinigen, schälen, kochen, denn »*hatte man sich nicht eine Frau gekauft, damit sie die Familie des Mannes bediene?*«

Anfangs läßt sich Sabrina ihrem Mann zuliebe alles gefallen, obwohl sie wegen der Sterilität Sabers ohne Kinder bleibt, obwohl Schwager und Schwiegervater sie vergewaltigen wollen. Saber bleibt trotz alledem ihre große Liebe, weil er sich über die

Tradition hinwegsetzt, mit ihr ausgeht, nicht auf dem Schleier besteht, abends bei ihr bleibt und sich mit ihr unterhält. Eines Tages aber bittet der Vater Saber, in Anwesenheit von Gästen irgendeine Aussage zu bestätigen: Saber kann sich vor Glück kaum fassen; denn zum ersten Mal in seinem Leben nimmt ihn sein Vater ernst, ihn, der zu Sabrina gesagt hatte, um seinen Bruch mit der Tradition zu betonen: »Wir leben im 20. Jahrhundert und wir sind jung.« Er übernimmt wieder die strengen Normen der Tradition, vernachlässigt Sabrina, vergißt seine Liebe zu ihr. Sabrinas Entschluß, aus diesem Grund das Haus zu verlassen, kommentiert Saber nur höhnisch: »Wenn du am Ende der Straße bist, schick mir eine Postkarte, damit ich dich abholen kann.« Doch Sabrina geht tatsächlich weg, einen weiten Weg. Sie träumt von der Freiheit, wenn sie Frauen begegnet, »die ihr so frei und glücklich vorkamen! Welch ein Glück, zur Arbeit gehen zu können: jeden Tag ausgehen zu können, nicht im krankhaften Saft einer Familie schmoren zu müssen, sein Leben selbst verdienen zu können, nicht von einem Mann abhängig zu sein«. Schließlich bricht sie vor Erschöpfung tot zusammen.

Sabrina ist die Geschichte unzähliger Frauen, die in der Umklammerung der Tradition förmlich ersticken. Einigen gelingt es trotzdem, um den Preis ihres Lebens, sich aufzulehnen, um in der Gesellschaft als menschliche Wesen anerkannt zu werden. Myriam Ben zeichnet in ihrer ruhigen Art ein literarisches Bild, dessen Wirkung die der analytischen Gedankengänge einiger Soziologen zur gleichen Thematik (vgl. Literaturhinweise) weit übertrifft, weil es den Leser vielfältiger beeinflußt, emotional stärker wirkt. Dabei ist die algerische Autorin letztlich nur eine jener »erstickten, verschleierten, verschütteten Stimmen« (J. Déjeux) wie Zoubeïda BITTARI (O mes sœurs musulmanes, pleurez, 1964), Aicha LEMSINE (La chrysalide, 1976) oder Assia DJEBAR (L'amour, la fantasia, 1985), die sich in den Ländern des Maghreb zunehmend Gehör verschaffen. In der maghrebinischen Gesellschaft ist seit dem Ende der kolonialen Fremdherrschaft auch insofern ein Wandel eingetreten, als die Frauen weit radikaler für einen Modernismus eintreten, während die Männer vielfach vergangenheitsbezogen argumentieren, Halt in der Tradition suchen. Der algerische Schriftsteller Mouloud MAMMERI (* 1917) hat diese Situation charakterisiert: »Sehr früh werden wir Teil der Sitten und Gebräuche der Alten ... Um ihnen zu entkommen, braucht es mehr als Mut oder Gedankenlosigkeit, braucht es außergewöhnlicher Gaben.« L.H.G.

AUSGABE: Paris 1986.

LITERATUR: H. Vandevelde-Daillière, Femmes algériennes, Algier 1980. – A. Mosteghanemi, Femmes et écritures, Paris 1985. – F. A. Sabbah, La femme dans l'inconscient musulman, Paris ²1986 [erw.]. – C. Delcroix, Espoirs et réalité de la femme arabe, Paris 1986. – F. Mernissi, Geschlecht, Ideologie, Islam, Mchn. 1987.

TORIBIO DE BENAVENTE

genannt Motolinía
* 1490 Benavente / Zamora
† 10.8.1569 Mexiko

LITERATUR ZUM AUTOR:
J. F. Ramirez, Fray T. de Motolinía y otros estudios, Mexiko 1957. – L. Gómez-Caneda, Motolinía, enigma historiográfico (in Boletín del Instituto de Investigaciones Bibliográficos, 4, 1970, S. 155–177). – E. O'Gorman, Memoriales de Motolinía, Mexiko 1971.

HISTORIA DE LOS INDIOS DE LA NUEVA ESPAÑA

(span.; Geschichte der Indianer Neuspaniens). Ethnographische Aufzeichnungen von Toribio de BENAVENTE, entstanden 1541. – Unter den zahlreichen Werken spanischer Franziskaner über Neuspanien (Mexiko) – bisher kennt man rund 140, von denen die meisten nie gedruckt worden sind – ist die Schrift Benaventes bedeutungsvoll, weil sie erstmals eingehend Sitten, Lebensweise und Religion der unterworfenen Indianer schildert, wie es der ursprüngliche Titel genauer bezeichnete: Relación de los ritos antiguos, idolatrias y sacrificios de los Indios de la nueva España y de la maravillosa conversión que Dios en ellos ha obrado (Bericht über die alten Riten, Götzendienste und Menschenopfer der Indianer Neuspaniens und über die wunderbare Bekehrung, die Gott bei ihnen bewirkt hat).

Der Verfasser gliedert sein Werk in drei Teile. Im ersten behandelt er die Religion der Azteken, ihre Riten und ihre kultischen Opfer; im zweiten berichtet er über die Bekehrung der Indianer zum Christentum und schildert ihre Art, christliche Feste zu begehen; im dritten geht er auf bestimmte Wesenszüge der Indianer ein, daneben enthält dieser Teil Angaben über ihre Zeitrechnung, Astrologie und Schrift sowie geographische und wirtschaftliche Einzelheiten. Benavente ist bemüht, möglichst vielseitig zu informieren; er notiert alles, was ihm merkwürdig und wissenswert erscheint, vermag seine Aufzeichnungen aber weder kritisch zu prüfen noch übersichtlich zu gliedern. Neben leichtgläubig übernommenen Legenden und Wundergeschichten und den Anekdoten aus seiner eigenen Missionsarbeit finden sich jedoch zahlreiche wichtige Hinweise und Beobachtungen, die das Werk zu einer heute noch wertvollen ethnologischen und kulturgeschichtlichen Quelle machen. Obgleich ohne literarischen Anspruch geschrieben, hat die Historia dank ihrer umgangssprachlichen Diktion in weiten Teilen die Frische und Spontaneität des mündlichen Berichts. So werden, wie kaum bei einem anderen Chronisten dieser Epoche, in dieser Schilderung der ersten Begegnung der Indianer mit dem Christentum die Probleme und geistigen Auseinandersetzungen deutlich, die sich aus dem Zusammentreffen zweier derart gegensätzlicher Kulturen ergeben. Lebendig stellt Benavente die Schwierigkeiten dar, mit denen die Missionare zu kämpfen haben: Sie müssen das dogmatisch starre Christentum der fremden Mentalität der Indianer anpassen, sie müssen eine Religion der Demut einem Volk predigen, das seine einstige Größe noch nicht vergessen hat, und vor allem müssen sie ihren Schützlingen die hohen ethischen Forderungen des Christentums nahebringen, während diese die Habgier und Rücksichtslosigkeit der christlichen Konquistadoren als ständiges Ärgernis vor Augen haben. Aus Benaventes Werk spricht wärmste Sympathie für die Eingeborenen, was auch zugleich der Anlaß zu den Unstimmigkeiten zwischen ihm und dem Indianerapostel B. de Las Casas war, die sich zur Feindschaft steigerten. In seinem Brief an Karl V. aus dem Jahr 1555 verdammt der ansonsten friedfertige und bescheidene Benavente in erstaunlich harter Form Las Casas. Beide gehörten rivalisierenden Orden an. Benavente, der Franziskaner, verstand die Evangelisierung als vorbildliches Leben in der Nachahmung Christi. Für den Dominikaner Las Casas stellte die Theologie eine Art Waffe für die Verteidigung und Ausbreitung des kirchlichen Christentums dar. Zudem besaß er durch seine Stellung als Bischof und durch seine vielen Reisen in der neuentdeckten Welt eine gründlichere Kenntnis der negativen Aspekte der Missionierung und Kolonialisierung, während Benavente aufgrund seines Charakters und seiner zurückgezogenen Lebensweise verborgen blieb, daß das Vorgehen der Spanier in der Neuen Welt einer »*Destrucción de las Indias*« (»Zerstörung von Westindien«) gleichkam. Benavente steht damit am Anfang einer Tradition, die von anderen Chronisten seines Ordens, wie Bernardino de Sahagún und Jerónimo de Mendieta, fortgesetzt wurde.   A.F.R.

Ausgaben: Ldn. 1848 (in E. K. Kingsborough, *Antiquities of Mexiko*, Bd. 7). – Mexiko 1858 (in *Colección de documentos para la historia de México*, Hg. J. García Icazbalceta, Bd. 1). – Barcelona 1914, Hg. D. Sánchez García [m. Bibliogr.]. – Mexiko 1941, Hg. Chávez Hayhoe. – Mexiko 1979, Hg. u. Einl. E. O'Gorman [krit.]. – Madrid 1985, Hg. u. Einl. G. Baudot (m. Brief an Karl V.; Castalia). – Madrid 1986, Hg. u. Einl. C. Esteva Fabregat.

Literatur: J. Asencio, *Cronistas franciscanos* (in Memorias de la Academia Mexicana de la Historia, 93, Mexiko 1952, S. 220–248). – M. M. Martínez, *El obispo Marroquín y el franciscano M., enemigos de Las Casas* (in Boletín de la Real Academia de Historia, 132, Madrid 1953, S. 173–199). – V. Diego Carro, *España en América ... sin leyendas*, Madrid 1963. – S. J. Banks, *A Critical Edition of the Escorial Manuscript of The »Historia de los Indios de la Nueva España« of Fray T. de B. (Motolinía)*, Diss. Univ. of Southern Calif. 1970 (vgl. Diss. Abstracts, 30, 1970, S. 4442 A). – G. Baudot, *Les premiers enquêtes ethnographiques américaines. Fray T. Motolinía: quelques documents inédits et quelque remarques* (in CMHLB, 17, 1971, S. 7–35). – L. Gómez-Canedo, *T. Motolinía and his Historical Writings* (in The Americas, 29, 1973). – G. Baudot, *Utopie et Histoire de Mexique. Les premiers chronistes mexicaines (1520–1569)*, Toulouse 1977, S. 241–386. – E. O'Gorman, *La incógnita de la llamada »Historia de los indios de la Nueva España« atribuida a Fray T. de Motolinía. Hipótesis acerca de la fecha, lugar de composición y razón de ser de esa obra*, Mexiko 1982.

JACINTO BENAVENTE Y MARTÍNEZ

* 12.8.1866 Madrid
† 14.7.1954 Madrid

Literatur zum Autor:
F. de Onís, *J. B.*, NY 1923. – W. Starkie, *J. B.*, Ldn. 1924. – A. Lázaro, *Vida y obra de B.*, Madrid 1925, ern. 1964. – M. Roggendorf, *J. B. und sein Werk*, Diss. Köln 1951. – J. Vila Selma, *B., fin de siglo*, Madrid 1952. – A. Guardiola, *B. Su vida y su teatro portentoso*, Barcelona 1954. – F. C. Saínz de Robles, *J. B.*, Madrid 1954. – J. Sánchez Estevan, *J. B. y su teatro. Estudio biográfico y crítico*, Barcelona 1954. – C. Pörtl, *Die Satire im Theater B.s von 1896 bis 1907*, Mchn. 1966. – M. Peñuelas, *J. B.*, NY 1968 (TWAS). – J. Mathias, *B.*, Madrid 1969. – M. Sánchez de Palacios, *J. B.*, Madrid 1969. – R. L. Sheehan, *B. and the Spanish Panorama 1894–1954*, Madrid 1976. – H. Tzitsikas, *La supervivencia existencial de la mujer en las obras de B.*, Barcelona 1982.

LA CIUDAD ALEGRE Y CONFIADA

(span.; Ü: Die frohe Stadt des Leichtsinns). Drama von Jacinto Benavente y Martínez, Uraufführung: Madrid, 18. 5. 1916, Teatro de Lara. – Der Verfasser bezeichnet das Drama als zweiten Teil von *Los intereses creados* (wörtl. *Die Interessensgemeinschaft*), einer Intrigenkomödie, die im 17. Jh. spielt und Elemente der Commedia dell'Arte und des spanischen Theaters des Siglo de Oro kombiniert, obwohl beide Werke außer den *personae dramatis* wenig gemeinsam haben. Neu eingeführt ist in *La ciudad alegre* der Verbannte, dessen Reden die Meinung Benaventes wiedergeben und die Ereignisse interpretieren. Diese Figur tritt bald als Philosoph oder Richter, bald als Mahner von prophetischer Eindringlichkeit auf. Ein biblisches Wort bildet auch das Motto des ganzen Werks: »*Dieses aber ist die frohe Stadt des Leichtsinns, und sie sagte in ihrem Herzen: ich und niemand anderes, wie tief bin ich gefallen!*« (Zephanja) Ohne große Mühe kann man in dem »Nirgendwo« genannten Handlungsort Züge des Spaniens um 1916 erkennen, das durch seinen einträglichen Handel mit den kriegführenden Mächten eine Wirtschaftsblüte wie nie zuvor erlebte. – Der begnadigte Verbannte (er soll das gute Gewissen und die gesunde Seele des Volkes verkörpern) kommt in seine Heimatstadt zurück, die sich sorglos amüsiert und den Reichtum genießt, den sie dem Geschäft mit den kriegführenden Städten Genua und Venedig verdankt (1. Akt). Doch inmitten des Freudentaumels wird ihr von Venedig ein entwürdigendes Ultimatum gestellt, das der Stadtregent (der Crispín aus *Los intereses creados*) sehr zur Unzufriedenheit der Bürgerschaft ablehnen muß, die sich in ihrem fröhlichen Treiben nicht stören lassen will (2. Akt). Die schlecht bewaffnete, verweichlichte und gesinnungslos gewordene Stadt wird unter beschämenden Umständen besiegt, die an die Niederlage im spanisch-amerikanischen Krieg (1898) erinnern. Seiner Herrlichkeit dem Regenten wird die Schuld daran zugeschoben, und er wird von der aufgewiegelten Masse getötet (3. Akt). Die frohe Stadt des Leichtsinns mußte untergehen, weil keiner ihrer Söhne sie mehr liebte und weil jeder nur seine eigenen Interessen verfolgte.

Mit diesem vielleicht problematischsten seiner Stücke nähert sich Benavente jener Skepsis, die für die »Generation von 98« kennzeichnend ist. In den marionettenhaft stilisierten, zugleich aber dramatisch höchst wirkungsvollen Personen werden alle Gesellschaftsklassen angeklagt: das wandelbare und leicht beeinflußbare Volk; die Geldaristokratie; das Bürgertum, das dem Wohlstand und Genuß huldigt; die Künstler und Intellektuellen, die hybriden Abstraktionen nachjagen; die Söhne der oberen Zehntausend, parasitäre und snobistische Müßiggänger; und das zur säbelrasselnden Militärkaste degenerierte Soldatentum.

In der Figur des Desterrado setzt sich Benavente als erhabener Moralist selbst in Szene, der mit Ironie, Satire und sarkastischer Selbstdistanz Laster und Unzulänglichkeiten der spanischen Gesellschaft bloßstellt. So mitreißend unterhaltend er im Theater war, so war er andererseits zusammen mit den »Achtundneunzigern« ein besorgter Sozialkritiker und Reformer. A.F.R.

AUSGABEN: Madrid 1916. – Madrid ⁵1956 (in *Obras completas*, Bd. 3; Col. Joya).

ÜBERSETZUNG: *Die frohe Stadt des Leichtsinns*, A. Haas (in *Spanische Bücherei*, Bd. 2, Mchn. 1919). – Dass., ders., Zürich 1974.

LITERATUR: R. Pérez de Ayala, *Las máscaras*, Bd. 1, Madrid 1924. – M. Roggendorf, *J. B. und sein Werk*, Diss. Köln 1951. – D. Pérez Minik, *Debates sobre el teatro español contemporáneo*, Santa Cruz de Tenerife 1953. – J. D. Oñate, *The Inner Reality in the Dramatic Works of B.*, Diss. Boston 1962 (vgl. Diss. Abstracts, 23, 1963, S. 1708/1709).

COMIDA DE LAS FIERAS

(span.; *Der Fraß der wilden Tiere*). Prosadrama in drei Akten von Jacinto BENAVENTE Y MARTÍNEZ, Uraufführung: Madrid, 7. 9. 1898, Teatro de la Comedia. – Der Titel ist symbolisch gemeint und bezieht sich auf den volkstümlichen Spruch, wonach der Dompteur die begehrteste Beute der Tiere ist. Das zentrale Thema des Stückes wird in den Sätzen formuliert, die der Autor einer seiner Figuren in den Mund legt: »*Die Gesellschaft ist von Natur aus demokratisch. Sie sieht nicht gern, daß irgend jemand über das Mittelmaß hinausragt. Die wenigen Menschen, die das vermögen, müssen über besondere Kräfte verfügen: entweder über Macht, Schönheit, Geist oder Geld. Sie lassen, Dompteuren gleich, andere Menschen um sich kreisen. Einmal jedoch versagt ihre Kraft, und die Dompteure werden zum köstlichsten Fraß der wilden Tiere.*« Von einem solchen Fall handelt das Drama: Der erste Akt spielt im Palast des finanziell ruinierten Herzogs von Cerinola, dessen kostbarster Besitz in den Sälen zum öffentlichen Verkauf ausgestellt ist. Unter den Interessenten sind die Alcinas, ein steinreiches südamerikanisches Ehepaar, das dank seines Geldes Eingang in die vornehme spanische Gesellschaft gefunden hat. Im pompös eingerichteten Haus der Alcinas findet (im zweiten Akt) eine kostspielige und aufsehenerregende Festlichkeit statt, zu der alle, die in Madrid Rang, Namen und ein hohes Bankkonto haben, erschienen sind. Sogar zwei »noble« Kokotten und zwei fromme Priester beteiligen sich an der Fledderei, womit Benavente sagen will, daß »*unser Nächster, den man christlich lieben sollte, eine köstliche Mahlzeit abgibt, sobald er stürzt.*« Im dritten Akt stellt sich heraus, daß die Alcinas infolge fehlgeschlagener Börsenspekulationen nun selbst bankrott, also zum »Fraß der wilden Tiere« geworden sind, daß sie allerdings in der Liebe zueinander Trost finden. In ihr Haus zieht die Tochter ihres früheren Börsenagenten ein, der nicht mehr daran denkt, daß die Alcinas ihn selbst einmal vor dem Ruin gerettet haben.

In dieser Gesellschaftssatire sind bereits die Stileigenheiten zu erkennen, die die späteren Stücke Benaventes kennzeichnen. Von den meisten Geschehnissen erfährt man indirekt aus Berichten und Gesprächen. In theatralisch wirksamen, technisch perfekt gebauten, geistreichen Konversationsszenen, die hinter vordergründigem Amüsement und scheinbarer Zweckfreiheit den sozialkritischen Moralisten spüren lassen, drückt sich Benaventes skeptische, pragmatisch gefärbte Lebensanschauung aus. Seine boshafte, doch keineswegs umstürzlerische Gesellschaftskritik richtet sich vor allem gegen den heruntergekommenen Adel und das höhere Bürgertum. Scharfe Hiebe treffen aber auch andere Klassen, Zeiterscheinungen oder literarische Richtungen wie etwa den Symbolismus (das bevorzugte Ziel seiner Spötteleien). Zuletzt glaubt der Autor jedoch trotz aller Skepsis an die Macht der Liebe, als einer Kraft, die einer aus den Fugen geratenen Gesellschaft einen neuen Lebenssinn geben kann. Hipolito: »*Verzeihen wir ihnen. Sie wußten nicht, daß wir aus dem Ruin unser Gewissen gerettet haben.*« Victoria: »*Und unsere Liebe.*« A.F.R.

AUSGABEN: Madrid 1898. – Madrid 1940 (in *Obras completas*, 11 Bde., 1940–1958, 1). – Madrid 1969 (Austral).

LITERATUR: *Cuadernos de literatura contemporánea*, 3, 1944–1946 [Sondernr. m. Bibliogr.]. – J. Vila Selma, *B. fin del siglo*, Madrid 1952. – J. Calvo Sotelo, *El tiempo y su mudanza en el teatro de B.*, Madrid 1955.

LO CURSI

(span.; *Das Spießbürgerliche*). Komödie in drei Akten von Jacinto BENAVENTE Y MARTÍNEZ, Uraufführung: Madrid, 19. 1. 1901, Teatro de la Comedia. – Agustín, der Sohn des Marqués de Villa-Torres, lebt nicht nur in der ständigen Sorge, ob er auch immer nach der letzten englischen Mode gekleidet sei und eine geeignete Büglerin für seine Hemden finden werde usw.; er verschont auch seine Frau Rosario nicht mit dieser Manie. Diese fühlt sich ihm gegenüber unsicher, als armselige Provinzlerin, in der steten Furcht, nicht »vornehm« genug zu sein und »spießig« zu wirken. Ihre unverheiratete Tante Flora verkörpert mit ihrer strengen Moral die traditionelle spanische Lebensart. Sie wehrt sich gegen alles »Moderne«, das nur den Verlust der gesunden Sitten von früher verdeckt. Ganz anders dagegen sind Agustíns Kusinen Lola und Asunción mit ihren Hündchen, ihren Sätzchen in französisch und englisch, ihrer Sportbegeisterung, ihrem Gefallen an pikanter Literatur. Mit ihrem Vetter teilen sie die Vorliebe für alles Vornehme und den Abscheu vor allem, was spießbürgerlich wirken könnte. Vergebens warnt der Marqués, daß ihr Tun ein schlechtes Ende nehmen werde, denn »*schlecht sein bedeutet, die Gefühle maskieren, und um nicht spießig zu wirken, maskieren wir sie oftmals und zwingen die anderen, dasselbe zu tun*«. Agustín beginnt einen Flirt mit Lola, da es nicht zum guten Ton gehört, sich allzu abhängig von seiner Frau zu zeigen. Er ermutigt Rosario sogar, sich ihrerseits mit Carlos, seinem besten Freund, einzulassen, der aber die Lage zu seinem Vorteil zu nutzen und sich nicht mit frivolem Spiel zu begnügen gedenkt. Als das Spiel scheinbar ernst zu werden beginnt, wird Agustín – obwohl das nicht sehr »vornehm« ist – eifersüchtig. Doch in der letzten, vom Marqués geschickt vorbereiteten Szene versöhnen sich die Eheleute, und Agustín kommt zu dem Schluß, daß »*das Gute niemals spießig ist*«. Rosario hat einen zu aufrechten Charakter, als daß ihr das Spießertum wirklich etwas anhaben könnte.

Mit Vorliebe befaßte sich Benavente mit diesen ihm wohlvertrauten Kreisen der begüterten Klasse Madrids, denn sie gaben ihm die Möglichkeit, Figuren zu zeichnen, die andere Probleme beschäftigten als die Sorge um das tägliche Brot. Zwar ist D. Gasparito, der Vater Lolas und Asunciónˋs, ein Parvenü, der nur an sein Geld und seine eingebildeten Krankheiten denkt, doch besitzen die übrigen Personen genügend Bildung und Esprit, die es dem Autor erlauben, seine geistreichen Dialoge zur Geltung zu bringen, die zwar ein wenig bitter, spöttelnd, zuweilen verletzend, aber stets elegant, liebenswürdig und von feinem Humor sind. Benavente scheut zurück vor heftigen dramatischen Situationen, vor Verzweiflungsschreien und tragischen Gesten. Die Gefühlsäußerungen sind eher verhalten. Rosario bricht nicht in Tränenströme aus, als sie sieht, daß es ihrer aufrichtigen Liebe nicht gelingt, die Gefühlskälte und den Dünkel ihres Gatten zu überwinden. Sie protestiert wohl, aber sanft, schmeichelnd und immer zur rechten Zeit abbrechend. Die allzu rasche Lösung am Schluß entbehrt der Glaubwürdigkeit, aber Benavente will eher unterhalten als irgendeine Moral predigen. Er zeichnet ein Bild der eleganten Madrider Gesellschaft und macht sich lustig über ihren Drang, übermäßig »modern« zu erscheinen. Die Dinge sind nun einmal so, warum sollte man sie übertreiben, schreckliche Probleme daraus machen?

Diese Einstellung hebt sich von den dramatischen Effekten, ausladenden Gesten und aufgebauschten Situationen ECHEGARAYS ebenso ab wie von den schwierigen Problemstellungen eines PÉREZ GALDÓS. Benavente verspottet zwar diejenigen, die keine anderen Sorgen haben, als »elegant« zu sein oder, besser gesagt, zu erscheinen (ein Thema, das von einem anderen großen Kenner der Madrider Gesellschaft, Pérez Galdós, in seinen Romanen behandelt wurde). Aber der Esprit des Autors, seine scharfsinnigen und intelligenten Beobachtungen und sein Humor hindern ihn daran, eine Lektion zu erteilen; er macht auf subtile Weise darauf aufmerksam, daß diesen lächerlichen Spießbürgern eine ernsthafte Arbeit fehlt. A.A.A.

AUSGABEN: Madrid 1904 (in *Teatro*, Bd. 4). – Madrid 1957 (Austral). – Madrid 1958 (in *Obras completas*, 11 Bde., 1). – Madrid 1964. – Madrid 1979 (Austral).

LITERATUR: R. Gómez de la Serna, »*Lo cursi« y otros ensayos*, Barcelona 1948. – J. Vila Selma, *B. fin del siglo*, Madrid 1952.

LA GOBERNADORA

(span.; *Die Frau des Gouverneurs*). Komödie von Jacinto BENAVENTE Y MARTÍNEZ, Uraufführung: Madrid, 8. 10. 1901, Teatro de la Comedia. – Ähnlich wie Orbajosa für Benito PÉREZ GALDÓS (vgl. *Doña Perfecta*) oder Castro Duro für PÍO BAROJA (vgl. *César o nada*) verkörpert das fiktive Moraleda für Benavente die typische spanische Provinzstadt, die unter der Fuchtel der wachsamen Kirche, längst überholten Traditionen verhaftet, zwischen historischen Monumenten dahinschlummert. In Moraleda ist es die »Damenkommission«, die unter dem Vorsitz des Bischofs die Normen diktiert und jede Neuerung von vornherein zum Scheitern verurteilt. Heuchelei und Scheinheiligkeit führen das Regiment.

Gouverneur der Stadt ist Don Santiago, ein gebildeter, gutmütiger, aber charakterschwacher Mann, der sich selbst in politischen Dingen seiner Frau Josefina beugt. Anläßlich des Patronatsfestes soll unter anderem ein Theaterstück mit dem Titel »Obskurantismus« aufgeführt werden, das sich gegen eben jene starre Traditionsgebundenheit richtet, wie sie in Moraleda herrscht. Der im Grund liberal denkende Gouverneur will die Aufführung gestatten, doch die Damenkommission wittert Gefahr und erwirkt durch Josefina ein Verbot. (Die Szene, in der diese ihren Mann davon überzeugt, daß es seine Pflicht sei, die Aufführung zu untersagen, rechtfertigt in jeder Hinsicht den Ruf Benaventes als eines Autors, der die Technik des szenischen Dialogs perfekt beherrschte.) Dem Sekretär des Gouverneurs, Manolo, über dessen freundschaftliches Verhältnis zu Don Santiago und Josefina in der Stadt getuschelt wird, gelingt es, Josefina von der Wichtigkeit des Stückes zu überzeugen. Von starker Komik ist die folgende Szene, in der die beiden versuchen, dem Gouverneur klarzumachen, daß er nun plötzlich genau das Gegenteil von dem zu verfügen habe, was er kurz zuvor auf Drängen seiner Frau angeordnet hat. Als dann schließlich die Aufführung stattfindet, reagiert das Volk mit lauten Vivatrufen. Tags darauf jubelt es beim Stierkampf dem Gouverneur seiner liberalen Haltung wegen zu, während es Don Baldomero Remolinos, den wohlhabendsten und einflußreichsten Mann der Stadt, mit Buhrufen vom Platz jagt.

Wie in den meisten seiner Stücke läßt Benavente auch hier vor allem Vertreter des Großbürgertums und der Aristokratie auftreten, Anhänger – natürlich – der überlieferten Lebensform. Ihnen stellt er in Manolo den ernsthaften jungen Mann gegenüber, der sich arbeitend seinen Weg bahnen muß: *»Ich wäre ein Verräter und Feigling, wenn ich nicht ... gegen diese Gesellschaft von Scheinheiligen wäre, die uns glauben machen wollen, daß sie Ideen verteidigen, wenn es um ihre Interessen geht. Freiheit, Religion, Vaterland! Das sind große Worte, die ihnen als Schützengraben oder Barrikade dienen, um ihre egoistischen Interessen, eine gesellschaftliche Stellung, ein Gehalt ... zu verteidigen.«* Hier klingt bereits das Hauptthema der sechs Jahre später uraufgeführten Komödie *Los intereses creados (Der tugendhafte Glücksritter)* an. Hinter dem äußeren Anlaß – die Rolle der Josefina wurde für die berühmte Schauspielerin Rosario Pino geschrieben, der das Stück gewidmet ist – steht also ein tieferer Beweggrund. Am Schluß des Werks sagt Don Santiago: *»Wie soll man wohl ein Volk regieren, das innerhalb einer halben Stunde mich auspfeift, mir applaudiert, die Freiheit hochleben läßt, einen Torero und hübsche Frauen bejubelt, wieder pfeift, und wieder Beifall klatscht ...«,* worauf Manolo sehr klug bemerkt: *»Nichts leichter als das: Wenn man es schon nicht regieren*

kann, so läßt es sich wenigstens unterhalten mit tapferen Toreros und hübschen Frauen.« Der das schrieb, kannte die spanische Politik und war um sein Vaterland besorgt. Mit Recht zählt man ihn zur »Generation von 98«. A.A.A.

AUSGABEN: Madrid 1901. – Madrid 1956 (in *Obras completas*, 11 Bde., 1942–1966, 1).

LITERATUR: J. Vila Selma, *B. Fin de siglo*, Madrid 1952. – J. M. Viqueira, *Así piensan los personajes de B.*, Madrid 1958.

LOS INTERESES CREADOS. Comedia para Polichinelas

(span.; Ü: *Der tugendhafte Glücksritter oder Crispín als Meister seines Herren*). Komödie in zwei Akten, einem Prolog und drei Bildern von Jacinto BENAVENTE Y MARTÍNEZ, Uraufführung: Madrid, 9. 12. 1907, Teatro de Lara. – Der Autor bezeichnet sein Werk als »Puppenkomödie« und sagt im Prolog, seine Personen seien keine Menschen, sondern Marionetten, Hampelmänner aus Pappe und Lumpen; doch an diesen Figuren, deren Namen der italienischen *commedia dell'arte* entnommen sind, demonstriert und kritisiert er höchst menschliche Verhaltensweisen. Im Prolog zu seiner als Fortsetzung dieses Stücks gedachten Komödie *La ciudad alegre y confiada* wird seine Absicht deutlich: *»Die Puppen sind ganz Federn, Falten und Gelenke; wie sie sich aufrichten und beugen, wie sie sich wenden und kriechen! ... Diese Puppen sind Menschen, die zu leben wissen: die schlauen Menschen, die wir alle kennen. Der wahre Mensch wird euch dagegen starr und unbiegsam vorkommen, ohne Gelenke ...«* In dieser eleganten und witzigen Komödie, einem seiner besten Werke, geht Benavente mit seinen eigenen Zeit- und Standesgenossen ins Gericht, mit den materialistisch-positivistischen Bürgern, die sich so leicht am Faden ihrer banalen finanziellen oder gesellschaftlichen Interessen gängeln lassen, wenn man sich mit ihrer Mechanik auskennt. Aber Benavente will nicht den finsteren Moralapostel spielen, er will unterhalten. Deshalb rückt er die Handlung in eine ferne Zeit und läßt sie zwischen stilisierten Gestalten in einer stilisierten Landschaft spielen. Im 17. Jahrhundert kommen zwei Spitzbuben, Leandro und Crispín, ohne Geld und auf der Flucht vor der Justiz in eine Stadt, wo sie – zum Glück – niemand kennt. Der pfiffige und tatkräftige Crispín führt seinen Kumpan als vornehmen Herrn bei den Bürgern ein und gibt sich als dessen Diener aus. Im Handumdrehen hat er überall Kredit. Durch Schenkungen, die andere bezahlen, und Versprechen, um deren Einlösung er sich vorerst keine Sorgen macht, nimmt er die Leute für sich ein und weiß seine und seines Herrn Interessen so eng mit denen der Bürger zu verknüpfen, daß, als sein Schwindel platzt, niemand die Bestrafung der beiden Gauner wollen kann – im Gegenteil: Alle bestehen darauf, daß Leandro seine geliebte Silvia heiratet, die Tochter des reichen Herrn Polichinela, denn nur so ist ihnen das versprochene oder geschuldete Geld sicher. Und Polichinela muß zähneknirschend zustimmen – seine dunkle Vergangenheit ist Crispín zu gut bekannt.

Benavente mischt ironische Charakterisierungskunst mit Schelmentum und einer Dosis Romantik. Crispín hat Erfolg, weil er die Menschen kennt und ihre Motive durchschaut: »*Wer nicht gibt, der nimmt nicht; Handelsbörse, Wechselstube ist die Welt.*« Auf den Einwand des durch Liebe gewandelten Leandro, außer den Interessen habe auch seine Liebe zu Silvia zum glücklichen Ende beigetragen, antwortet er: »*Ja ist diese Liebe ein geringes Interesse? Ich habe dem Ideal immer sein Teil zukommen lassen und immer mit ihm gerechnet.*« Doch das Schlußwort behält Silvia: Wohl seien es die groben Fäden der Interessen, die die Menschen bewegen, doch zuweilen senke sich auch der zarte Faden der Liebe vom Himmel ins Menschenherz, der »*uns sagt, daß es etwas Göttliches in unserem Leben gibt, das ewig ist und nicht vorbei sein kann, wenn die Posse endet*«. Benavente erweist sich hier als glänzender Dramaturg, sein Stück ist technisch nahezu perfekt, in den eleganten Dialogen entfaltet sich eine bissige Ironie und Gesellschaftskritik.   A.A.A.

AUSGABEN: Madrid 1908. – Madrid 1956 (in *Obras completas*, 11 Bde., 1950–1958, 3). – Madrid 1963. – Madrid 1980 (Austral). – Barcelona 1983. – Madrid 1986, Hg. u. Einl. F. Lázaro Carreter.

ÜBERSETZUNG: *Der tugendhafte Glücksritter oder Crispin als Meister seines Herren*, A. Haas u. E. Domínguez Rodiño, Mchn. 1917; Zürich 1974.

LITERATUR: S. Aznar, *J. B. »Los intereses creados«* (in Cultura Española, 1, 1908, S. 70–77). – E. Gómez de Baquero, *»Los intereses creados«* (in La España Moderna, 229, 1908, S. 169–177). – E. Buceta, *En torno de »Los intereses creados«* (in Hispania, 4, 1921, S. 211–222). – J. H. Allred, *A Comparison of B.'s »Los intereses creados« and »La ciudad alegre y confiada« with Beaumarchais' »Le barbier de Séville« and »Le mariage de Figaro«*, Diss. Univ. of North Carolina 1929. – D. Alonso, *De »El caballero de Illescas« a »Los intereses creados«* (in RFE, 50, 1967, S. 1–24). – J. Vila Selma, *Notas en torno a »Los intereses creados« y sus posibles fuentes* (in CHA, 1970, Nr. 243, S. 588–611). – R. J. Young, *»Los intereses creados«: Nota estilística* (in NRFH, 21, 1972, S. 392–399). – G. Dufour, *Note sur le personnage de »Leandro« dans »Los intereses creados« de J. B.* (in Cahiers d'Études Romanes, 8, 1982, S. 85–92). – A. M. Peñuel, *Form, Function and Freud in B.'s »Los intereses creados«* (in Hispano, 3, 1985, S. 71–82).

LA NOCHE DEL SÁBADO. Novela escénica en cinco cuadros

(span.; *Die Nacht des Samstags*). Schauspiel von Jacinto BENAVENTE Y MARTÍNEZ, erschienen 1903; Uraufführung: Madrid, 17. 3. 1903, Teatro Español. – Mit diesem als »szenischer Roman« bezeichneten Bühnenwerk erzielte Benavente nicht nur einen seiner größten Erfolge, sondern verhalf auch dem modernistisch-symbolistischen Theater gegenüber den noch immer gängigen Dramen von José ECHEGARAY zum entscheidenden Durchbruch. Schon durch den vom »Leser« des Romans gesprochenen Prolog wird die Handlung ins Gleichnishafte gehoben, zumal durch das beschwörende Zitat der Inschrift über dem Höllentor in DANTES *Inferno*. Die ironisch-phantastische Fiktion einer irgendwo an der Côte d'Azur gelegenen Luxusherberge für die dekadente internationale Hautevolee und die Typen der Protagonisten unter den insgesamt 44 auftretenden Gestalten unterstreichen zusammen mit den späteren Dialogszenen die Intention des »Ideentheaters«.

Das erste Bild zeigt, in einer die Perversion enthüllenden, karikaturhaften Selbstdarstellung, jene Welt, in der Erbprinz Florencio von Suevia lebt, umgeben von Snobs wie dem englischen adeligen Ehepaar Seymour, dem Dichterling Harry Lucenti als Maître de plaisir und der mannstollen Gräfin Rinaldi, der es gelungen ist, sich zu dieser zynischen, ausschweifenden Gesellschaft Zutritt zu verschaffen. Das zweite Bild stellt – voller komischer Effekte – die Welt des Zirkus vor, in dessen zu einer Grotte verkitschtem Erfrischungsraum sich Artisten und Zuschauer im Gespräch begegnen. Mit dem wirkungsvoll verzögerten Auftritt der Hauptfigur Imperia, die von niedriger Herkunft ist, schlägt das Stück in tragische, von pessimistischem Lebensgefühl bestimmte Bilder um. Imperia, die die feine Gesellschaft mit dem Bericht über ihre Jugend und mit ihrer Liebe zu einem Mörder schokkiert hat, dient dem lebensuntüchtigen Fürsten Miguel als Halt, an den er sich hilflos klammert. Getreu ihrem Namen und ganz im Gegensatz zu der schizophrenen alten Maestá, läßt sich Imperia bei ihren Handlungen nur vom Willen, nicht vom Gefühl leiten. Ursprünglich eingegeben hat ihr diesen Willen freilich der weltfremde Bildhauer Leonardo, dessen Modell und Phantasiegebilde sie war. Der Tod ihrer Tochter erspart Imperia, die Herrin von Suevia werden will, den Konflikt zwischen Muttergefühlen und Machtgier. Nachdem Florencio ermordet worden ist, erpreßt sie skrupellos die Polizei, die Tatzeugen und die Verwandtschaft, um den wahren Sachverhalt zu verbergen: »*Um etwas Großes im Leben zu verwirklichen, muß man die Wirklichkeit vernichten, ihre Trugbilder beseitigen, die uns den Weg verstellen, und als einziger Wirklichkeit dem Weg unserer Träume zum Ideal folgen.*« Auf der Flucht vor der Wirklichkeit aber bleiben alle Gefangene ihrer Träume: »*Sie fliehen die Kälte und bringen die Kälte ihres Lebens mit, sie fliehen ihr Leben, und ihr Leben verfolgt sie. Für sie sind alle Wege eine Hölle.*«   D.B.

AUSGABEN: Madrid 1903. – Madrid 1956 (in *Obras completas*, 11 Bde., 1950–1958, 1). – Madrid 1972. – Madrid 1983 (Austral).

LITERATUR: J.-P. Borel, *Teatro de lo imposible*, Madrid 1966.

PEPA DONCEL

(span.; *Pepa Doncel*). Komödie in drei Akten von Jacinto BENAVENTE Y MARTÍNEZ, Uraufführung: Madrid, 21. 11. 1928. – Schauplatz dieser Satire auf eine bestimmte, von Geldgier und Geltungsdrang beherrschte spanische Gesellschaftsschicht ist die vom Autor erfundene Stadt Moraleda, Symbol der rückständigen, engstirnigen Denk- und Lebensweise der spanischen Provinz (vgl. *La Gobernadora*, 1901). Trotz ihrer keineswegs einwandfreien Vergangenheit gehört die Witwe Felisa zur »guten Gesellschaft« von Moraleda, denn ihr Mann genoß dort hohes Ansehen und hat ihr ein beträchtliches Vermögen hinterlassen. So gelingt es ihr, sich durch großzügige fromme Spenden die Protektion des Bischofs zu sichern. Vor ihrer Heirat hatte Doña Felisa (damals nannte man sie »Pepa Doncel«) ein leichtes Leben geführt; einem ihrer zahlreichen Abenteuer entstammt eine Tochter, Genoveva, die sie mit in die Ehe gebracht und die Cifuentes, ihr Mann, adoptiert hat. Nun kommt die verwitwete Marquesa de los Arenales, eine der einflußreichsten Persönlichkeiten von Moraleda, auf den Gedanken, ihren phlegmatischen und schon etwas ältlichen Bruder Silverio mit Genoveva zu verheiraten und auf diese Weise die unsicher gewordene finanzielle Grundlage ihres altadeligen Namens wieder zu festigen. Da dem jungen Mädchen dieser Plan nicht zusagt und Felisa ihr ein solches Opfer nicht zumuten will, erbietet sie sich selbst, Silverio zu heiraten, der auch ganz damit einverstanden ist, denn er bewundert Felisa. Aber die Marquesa und ihre Schwester, Doña Zoila, widersetzen sich diesem Vorhaben. In der Tat gelingt es ihnen, durch gezielte Verleumdungen und üble Nachrede Felisa so zu isolieren, daß sie ihre jahrelangen Bemühungen, der Tochter eine ungetrübte Zukunft zu sichern, zunichte werden sieht. Doch wieder bringt sie es fertig, dank ihrem Geld den Bischof auf ihre Seite zu ziehen, so daß sie ihr Ansehen in der Gesellschaft zurückgewinnt. Und so hat sie erreicht – wie sie selbst sagt – »*durch den falschen Respekt für mich, von dem ich sehr gut weiß, wie wenig er wert ist und was es gekostet hat, den wirklichen Respekt für meine Tochter zu erlangen.*«
»*Glücklich der ehrliche Ehemann der Tochter eines Diebes*«, lautet die Devise dieser korrupten Gesellschaft, wie uns der Autor an anderer Stelle sagt. Schließlich ist die Marquesa doch damit einverstanden, daß Silverio und Felisa heiraten, während Genoveva die Frau des jungen, sympathischen Leo werden darf. Die Heldin des Stücks erinnert an andere Protagonisten bei Benavente (Crispín in *Los intereses creados*, Imperia in *La noche del sábado*), die die gleichen Mittel anwenden, um sich Vorteile zu verschaffen und sozial aufzusteigen: Menschenkenntnis, die Kunst, Schwächen (Ambition, Eitelkeit, Egoismus, Skrupellosigkeit etc.) auszunutzen und alles aufs Spiel zu setzen, wenn sich die Gelegenheit ergibt. Sie kennen die anderen und ihre dunklen Machenschaften zu gut. Wenn sie sich entscheiden, das Schweigen oder die Konformität der anderen zu kaufen, bleibt diesen daher keine andere Wahl, als sich zu fügen.
Das Stück ist eine der vielen Salonkomödien dieses äußerst fruchtbaren Autors – er hinterließ rund zweihundert Theaterstücke –, in denen er alles Gewaltsame, direkt Verletzende vermeidet und trotzdem »trifft«. Mit feiner Beobachtungsgabe und glänzender Ironie zeichnet er jene verlogene, doppelgesichtige Gesellschaft, die hinter der Fassade der Ehrbarkeit ihre niedrigen Zwecke und Begierden verbirgt. Die Repräsentanten dieser Schicht besitzen vorbildliche Manieren und sprechen eine gewählte Sprache. Leicht und elegant, geistvoll und graziös fließt in diesem wie in allen anderen Stücken Benaventes der Dialog, doch zwischen den Zeilen lauert boshafte, beißende Ironie.   A.A.A.

AUSGABEN: Madrid 1928. – Madrid 1929 (in *Teatro*, 38 Bde., 1904–1931, 35). – Madrid 1956 (in *Obras completas*, 11 Bde., 1950–1958, 5).

VERFILMUNG: Spanien 1969 (Regie: L. Lucía).

LITERATUR: M. L. Pinto Alvarez, *Mujeres benaventianas* (in Boletín de la Universidad Nacional de la Plata, 6, 1934). – R. Lemaire, *Le théâtre de B.*, Paris 1937. – J. de Entrambasaguas, *Don J. B. en el teatro de su tiempo* (in Cuadernos de Literatura Contemporánea, 15, Madrid 1944). – J. Mallo, *La producción teatral de J. B. desde 1920* (in Hispania, 34, 1951, S. 21–29). – J.-P. Borel, *El teatro de lo imposible*, Madrid 1966, S. 91–124.

SEÑORA AMA

(span.; *Die Herrin*). Schauspiel von Jacinto BENAVENTE Y MARTÍNEZ, Uraufführung: Madrid, 22. 2. 1908, Teatro de la Princesa. – Dieses Stück gehört zusammen mit *La malquerida*, 1913 (*Die sündhafte Geliebte*), zu den »ländlichen Stücken« Benaventes, die neben der Gruppe seiner boshaft-ironischen Salonkomödien (vgl. *Los intereses creados*; *Pepa Doncel*) stehen. Typisch ist für diese Dramen, daß der Autor darin den bäuerlichen Dialekt Neukastiliens anwendet.
Den Typ der reichen Bäuerin, deren Mann ein Don Juan ist und jedes Mädchen verführt, das ihm begegnet, hatte der Autor in Aldeaencabo (Toledo), wo er ein Landhaus besaß, kennengelernt. Das Stück zeigt die schwierige Situation einer solchen Frau. Feliciano, der Bauer, pflegt die Mädchen, die er verführt hat, mit seinen Knechten zu verheiraten, wenn die Verhältnisse Folgen zu haben drohen. Anstatt sich zu wehren, behandelt Dominica, seine Frau, die selbst kinderlos ist, die Kinder der Verführten, als seien es die eigenen. Das macht man ihr im Dorf zum Vorwurf. Erst als sie bemerkt, daß auch ihre Schwester, María Juana, in Feliciano ver-

liebt ist, versucht Dominica die Ehe der Schwester mit José, einem Bruder Felicianos, zu hintertreiben, da sie unabsehbare Verwicklungen befürchtet. Doch wendet sich alles zum Guten, als sich herausstellt, daß Dominica guter Hoffnung ist. Voll Freude erwartet sie die Rückkehr ihres Mannes, der in Geschäften unterwegs ist. Statt seiner kommt die Nachricht, er sei verunglückt. Doch war nicht, wie Dominica zunächst befürchtet, ein Streit der Brüder die Ursache. Feliciano ist bei einem nächtlichen Abenteuer vom Pferd gestürzt und leicht verletzt. Mit der Hochzeit Josés und María Juanas, neuer Eintracht der Eheleute Feliciano und Dominica und einigen *coplas* (Verse) der Dorfburschen auf ihre Dienstherren endet das Stück.

In einem Vortrag über *Die Psychologie des dramatischen Autors* verteidigt Benavente die Titelgestalt seines Stückes gegen den Vorwurf der Unglaubwürdigkeit. Sie sei die weiblichste seiner Frauengestalten, denn: *»Jede liebende Frau sieht es gern, wenn der Erwählte ihres Herzens auch anderen Frauen gefällt.«* Eben in diesem Sinn sagt Dominica im Stück: Die Frauen *»sind es, die ihn haben wollen, und das ist trotz allem eine Befriedigung für mich«*. In der Unwandelbarkeit und Unbedingtheit ihrer Liebe, die dem Mann seine Leichtfertigkeit verzeiht, besteht die innere Größe dieser Frauengestalt. A. A. A.

AUSGABEN: Madrid 1908. – Madrid 1951 (in *Obras completas*, 11 Bde., 1950–1958, 3). – Madrid 1958. – Madrid 1966. – Madrid 1983 (Austral).

LITERATUR: J. Francos Rodríguez (in *Teatro de España 1908*, Madrid 1909, S. 15–19). – E. Juliá Martínez, *El teatro de J. B.* (in Cuadernos de Literatura Contemporánea, 15, 1944, S. 165–218). – J. Vila Selma, *B. fin de siglo*, Madrid 1952.

JULIEN BENDA

* 26.12.1867 Paris
† 7.6.1956 Fontenay-aux-Roses

LITERATUR ZUM AUTOR:
R. J. Niess, *J. B.*, Ann Arbor 1956. – J. Sarocchi, *B., portrait d'un intellectuel*, Paris 1968. – J. Benda, *La jeunesse d'un clerc*, Paris 1968. – R. L. Nichols, *Treason, Tradition and the Intellectual*, Lawrence 1978.

LA TRAHISON DES CLERCS

(frz.: Ü: *Der Verrat der Intellektuellen*). Kulturkritische Untersuchung von Julien BENDA, erschienen 1927. – Nach der Meinung Bendas haben die *clercs*, d. h. die philosophisch und literarisch tätigen Intellektuellen, im Gegensatz zu den in die weltlichen Händel und Leidenschaften verstrickten »Laien« die Aufgabe, die universalen geistig-rationalen Werte der Menschheit gegen die Übergriffe des jeweiligen politischen Zeitgeists zu bewahren. Bis in die zweite Hälfte des 19. Jh.s haben die Intellektuellen diese ihre Mission auch stets erfüllt. Seit 1890 etwa beginnen sie an ihr jedoch Verrat, insofern als sie, darin bestärkt vor allem von NIETZSCHE, BERGSON und SOREL, sich mit den die politisch-weltliche Szenerie beherrschenden Mächten verbanden und ihre Feder in den Dienst von Gruppierungen stellten, die partikuläre Interessen verfolgten. Obwohl Benda in sein Verdikt den Marxismus mit einschloß, richtete sich die Hauptstoßkraft seiner Argumentation gegen diejenigen intellektuellen Strömungen, die die bürgerliche Demokratie von rechtsradikalen Standpunkten aus bekämpften. In Frankreich bezog sich Bendas Angriff vor allem auf die nationalistische »Action Française« und deren geistige Wortführer MAURRAS, BARRÈS und BOURGET. Als einer der ersten wandte sich Benda in seinem Buch gegen die in der Mitte der zwanziger Jahre schon sichtbare Bereitschaft der besitzenden Klassen, ihre Privilegien notfalls mit faschistischen, antisemitischen und militaristischen Mitteln und Methoden zu verteidigen. Außer für Italien, dessen faschistisches Regime unter Mussolini er in seinem Buch kompromißlos bekämpfte, sah er die Gefahr einer solchen Entwicklung vor allem für Deutschland gegeben. Seine Kritik richtete sich außerdem gegen alle geistigen Strömungen, die das Übergewicht des Instinkts, des Unbewußten, der Intuition, des Voluntarismus, der irrationalen »Lebensmächte« gegenüber der Fähigkeit der Menschen betonten, ihr Leben nach rationalen Maßstäben einzurichten. Die Basis, von der aus Benda gegen die zeitgenössischen Intellektuellen polemisierte, war ein aufgeklärter humanitärer Rationalismus. Die Denunziation des intellektuellen Verrats endet daher nicht, wie man vermuten könnte, in einer pessimistischen Kulturphilosophie, sondern in der mit Zuversicht formulierten Gewißheit, daß die *»universelle Brüderlichkeit«* aller Menschen am Ende triumphieren werde.

Der Mut, mit dem Benda geistige Fragen von höchster politisch-philosophischer Aktualität behandelte, widerlegt die seinem Werk zugrundeliegende Prämisse, wonach der Intellektuelle Verrat an sich selbst begehe, wenn er in die Arena des politischen Tageskampfes hinabsteige. Es wäre daher auch völlig falsch, das Buch im Sinne einer Legitimation für politische Abstinenz zu interpretieren. Vielmehr muß *La trahison des clercs* als ein freilich mit unzulänglichen analytischen Mitteln unternommener Versuch angesehen werden, die Notwendigkeit eines intellektuellen Engagements gegen jede Form eines intellektuell getarnten Obskurantismus zu erweisen. Das Buch erregte in Frankreich sofort nach seinem Erscheinen ein sensationelles Aufsehen; und das zu Recht. Es war, wie die geschichtlichen Entwicklungen nach 1933 zeigten, bei aller Widersprüchlichkeit im einzelnen ein genialer Wurf, ein prophetisches Buch. M. N.

AUSGABEN: Paris 1927. – Paris 1981.

ÜBERSETZUNGEN: *Der Verrat der Geistigen*, C. A. Weber (in Literarische Revue, 3, 1948; Ausz.). – *Der Verrat der Intellektuellen*, A. Merin, Mchn. 1978 [Vorw. J. Améry]. – Dass., ders., Ffm./Bln. 1983 (Ullst. Tb).

LITERATUR: Guiberteau, *Notes sur M. B. et sur »La trahison des clercs«* (in Cahiers de la Quinzaine, 20, 1930, Nr. 2, S. 1–64). – C. Mauriac, *»La trahison d'un clerc«*, Paris 1945. – A. Kies, *M. J. B. et la mission du clerc* (in Miscellanea J. Gessler, Bd. 1, Deurne 1948, S. 656–662). – G. Wenderoth, *Zur Erinnerung an J. B.s »La trahison des clercs«* (in Neuphilologische Zeitschrift, 2, 1950, S. 361–365). – R. Kirk, *»The Treason of the Clerks«* (in Modern Age, 1, 1957, S. 97g.). – M. Doisy, *Belphégor et le clerc*, Paris 1960. – E. Piel, *B. »Verrat der Intellektuellen« nach fünfzig Jahren* (in Merkur, 33, 1979, S. 398–401). – H. Abosch, *Intellektuelle Gewissensprüfung* (in NRs, 90, 1979, S. 281–284). – S. Richter, *B., der Intellektuelle und seine gesellschaftliche Verantwortung* (in BRP, 19, 1980, S. 59–64). – Dies., *B. der Weg eines ›Unzeitgemäßen‹ nach links* (in WB, 31, 1985, S. 1026–1029).

MARIO BENEDETTI

* 14.9.1920 Paso de los Toros / Uruguay

LITERATUR ZUM AUTOR:
J. Ludmer, *Nombres femeninos como asiento del trabajo ideológico de dos novelas de M. B.*, Buenos Aires 1972. – *Recopilación de textos sobre M. B.*, Hg. A. Forest, Havanna 1976. – *Bibliografía de y sobre M. B.*, Hg. F. Pérez Beberfall (in RI, 47, 1981, S. 359–411). – T. G. Escajadillo, *B.: Crítico comprometido de nuestra América mestiza* (in Revista de Crítica Literaria Latinoamericana, 8, 1982, Nr. 16, S. 143–151). – B. L. Lewis, *M. B. and the Literature of Crisis* (in Chasqui, 11, 1982, Nr. 2/3). – C. S. Mathieu, *Los cuentos de M. B.*, NY 1983.

LA TREGUA

(span.; Ü: *Die Gnadenfrist*). Roman von Mario BENEDETTI, erschienen 1960. – *La tregua* ist in Form eines Tagebuchromans konzipiert. Grundlage sind die Tagebuchaufzeichnungen eines fünfzigjährigen leitenden Angestellten, der auf seine Versetzung in den Ruhestand wartet. Von der ersten Eintragung an – ein Montag, 11. Februar, in der uruguayischen Hauptstadt Montevideo – zählt Martín Santomé die verbleibenden Monate und Tage bis zu diesem Stichtag, an dem für ihn die langersehnte Mußezeit beginnt, über deren Ausgestaltung er immer wieder nachsinnt. Hinter einer Fassade von unauffälliger Korrektheit und Zuverlässigkeit im Arbeitsalltag verbirgt sich *»ein anderes, träumendes, fiebriges, frustriert leidenschaftliches Wesen«*, ein *»trauriger«*, aber *»zur Freude berufener«* Mensch, dessen Hoffnungen und Träume durch alle Routine hindurch lebendig geblieben sind. Den Ruhestand sieht der Witwer mit drei erwachsenen Kindern als letzte Gelegenheit, *»zu sich selbst zu finden«*.
Die ereignislose Zeit des Wartens endet schlagartig, als Martín Santomé sich in eine neue Mitarbeiterin seiner Abteilung verliebt. Die Liebe zur jungen Laura Avellaneda verändert sein Leben und gibt ihm einen neuen Sinn. Der große Altersunterschied – Laura und Santomés Tochter Isabel sind etwa gleichaltrig – weckt Ängste, Eifersucht und ein schmerzliches Empfinden über das Verrinnen der Zeit. Martín Santomé steht dem plötzlichen Glück zunächst durchaus mißtrauisch gegenüber. Je intensiver sich ihre Beziehung gestaltet, desto mehr lernt er, sein neues Glück anzunehmen. Er ist schließlich überzeugt, einen Zustand absoluter, wunschloser Glückseligkeit erlangt zu haben. Als er das bisher heimliche Verhältnis beenden und Laura heiraten will, geschieht die unfaßbare Katastrophe. An einer harmlosen Grippe erkrankt, erliegt die junge Frau einem Herzversagen. Nach dem Tag, an dem Martín Santomé von Lauras Tod erfährt, setzen seine Tagebuchaufzeichnungen für vier Monate aus. Er mimt weiterhin den *»vorbildlichen Angestellten«*, verrichtet korrekt seine Arbeit und läßt von seiner innerlichen Zerrüttung nichts nach außen dringen. In den weiteren Eintragungen bis zu seinem letzten Arbeitstag – dem 28. Februar – rekapituliert er noch einmal alle Stationen des kurzen Glücks mit der Geliebten. Den lange erwarteten und nun sinnlos scheinenden Ruhestand vor Augen, zieht Martín Santomé bitter Bilanz: *»Offenbar hat Gott mir ein düsteres Schicksal auferlegt. . . . Offenbar hat er mir eine Gnadenfrist gewährt. Anfangs wehrte ich mich, zu glauben, daß dies die Glückseligkeit sein könnte. Ich weigerte mich mit aller Kraft, dann gab ich mich geschlagen und glaubte daran. Aber es war nicht die Glückseligkeit, es war nur eine Gnadenfrist. Jetzt hat mich mein Schicksal wieder. Und es ist düsterer als zuvor. Viel düsterer.«*
La tregua ist entsprechend den Aufzeichnungen des Protagonisten ein knapper, »karger« Roman. Martín Santomé erweist sich als zögernder, skeptischer und ungemein sensibler Beobachter der Menschen seiner Umgebung, sei es der Arbeitskollegen, der wenigen Freunde oder seiner Kinder, denen er stets Ansprechpartner und Vertrauter zu sein trachtet. Die Liebe zu Laura, die im Mittelpunkt dieses letzten Lebensjahres vor seiner Pensionierung steht, erfährt darin eine ebenso nüchterne, ungeschwätzige Behandlung wie die weniger persönlichen Themen. Gerade die Tatsache, daß nicht alles ausgesprochen, nicht alle Details bloßgelegt werden, daß der Protagonist eine Privatsphäre für sich reklamiert, zu der der Leser keinen Zutritt erhält,

machen *Die Gnadenfrist* zu einem Roman von großer Eindringlichkeit und Glaubwürdigkeit. Auf diese Weise überwindet *La tregua* zweifellos alle Grenzen eines oberflächlich betrachtet sentimentalen Sujets, das auch in triviale Bahnen hätte münden können. E.G.R.

AUSGABEN: Montevideo 1960. – Mexiko 1969. – Santiago de Chile 1970. – Buenos Aires 1972. – Barcelona 1973. – Madrid 1978. – Havanna 1979.

ÜBERSETZUNG: *Die Gnadenfrist*, W. Zurbrüggen, Bornheim-Merten 1984.

VERFILMUNG: Argentinien 1975/76 (Regie: S. Renán).

LITERATUR: R. Latcham, »*La tregua*«, *por M. B.* (in R.L., *Carnet crítico, ensayos*, Montevideo 1962, S. 148–152). – J. M. Ibáñez Lonelas, *M. B.: »La tregua«*, Madrid 1971. – O. Collazos, *B. y las treguas* (in O. C., *Textos al margen*, Bogotá 1978, S. 79–84). – J. V. Ricapito, *Sobre »La tregua« de M. B.* (in CHA, 1978, Nr. 331, S. 143–151). – R. Fontaine, Rez. (in RI, 46, 1980, Nr. 110/111, S. 325/326). – G. Ploetz, Rez. (in FAZ, 15. 1. 1985). – G. Sütterlin, Rez. (in NZZ, 29. 11. 1985).

RUTH BENEDICT

* 5.6.1887 New York
† 17.9.1948 New York

PATTERNS OF CULTURE

(amer.; *Ü: Urformen der Kultur*). Ethnologisches Werk von Ruth BENEDICT, erschienen 1934. – Die Schülerin von Franz BOAS wurde im gleichen Sinn zur Meisterin neuer ethnologischer Forschung, in dem einst etwa Iwan BLOCH (*Das Sexualleben unserer Zeit in seinen Beziehungen zur modernen Kultur*, 1907) die »Sexualwissenschaft« aus dem vorbehaltserfüllten Verband von Psychiatrie und Venerologie herausgelöst und zur wissenschaftlichen Eigendisziplin erhoben hatte. Der gedankliche Weg verlief so: Anerkannt wird die Macht des Prägungsgedankens in Sitte und Brauchtum wie in der Verhaltensforschung. Aufgegeben wird der Primitivenvergleich, gefordert die Bruderschaft mit dem Fremden. Unsere Kultur hat keinen Universalitätswert. Es gibt viele Sozialsysteme, deren Gewohnheiten verkannt werden. Die Sitte, nicht der Instinkt, formt den Menschen. Annahme biologischen Zwangs ist zu eng gefaßt. Romantische Urtypgedanken sind gefährlich. So wird klar, daß Pubertätsriten (Initiationen) keinen biologischen Aspekt zeigen, sondern als Investitur »*Aufgaben und Pflichten*« stellen. Hierbei kommt es zu gegensätzlichen Sinnbezügen zu beiden Geschlechtern in breiter Skala vom Ignorieren des Geschlechts überhaupt über Dämonenfurcht bis zum charismatischen Charakter des menstruierten Mädchens. Die Vorstellung vom Inzesttabu richtet sich nach anderen Verwandtschaftssystemen, die zu freiheitseinschränkenden Rigorismen führen. Kunst kann mit Religion zu tun haben, aber auch die Trennung von ihr erzeugt Kulturwerte von höchster Entwicklung. Eheschließungen bestehen auch außerhalb der Kirche auf merkantiler Basis. Vor allem betont Benedict die Wichtigkeit der Betrachtung möglichst lebender Kulturen, jedenfalls auf den Hintergrund ihrer jeweiligen Motivation, ihres Gemütslebens und ihrer Werte: Einzelmodelle, wie sie B. MALINOWSKI in den Mittelpunkt seiner Forschungen gerückt hatte, reichen nicht aus. Wilhelm STERNS Persönlichkeitsstruktur, W. WORRINGERS Ästhetik und die Gestaltenpsychologie sind neben W. DILTHEY und dem frühen O. SPENGLER für den Neuansatz wegweisend. Benedict behandelt unter diesen neuen Gesichtspunkten drei völlig verschieden strukturierte Primitive Kulturen.

Die hochgelegenen Siedlungen der zuerst beschriebenen Puebloindianer Nordamerikas sind wasserlos, von großer Schönheit und besitzen stets eine auf ihre theokratische Ordnung ausgerichtete unterirdische Kiwa als Zeremonienraum. Es gibt drei Stämme, von denen die Zuñi in Sitte und Brauchtum geschildert werden, weil ihr außergewöhnlich emotionsarmes, fast stoisches Gleichmaß des kollektiven Verhaltens, das jede individualistische Regung als unbeachtlich ansieht, sich von den triebhaften Verhaltensweisen der Prärieindianer völlig unterscheidet. Dementsprechend ist das Zeremoniell der Zuñi rigoros; Sonnenkult und Verehrung der heiligen Fetische werden von zwei Priesterarten bewahrt, die alle Feste kalendarisch festgelegt haben. Dieses eigenartig besonnene und freundliche, unekstatische Verhalten vergleicht die Verfasserin in freilich zu weitgehender Identifikation mit NIETZSCHES Begriff des Apollinischen. Die soziologische Ordnung der Zuñi ist matrilinear und matrilokal. Der Ehemann genießt nur geringes Ansehen, obgleich er die Bau- und Feldarbeit zu erledigen hat. Ehebruch und Eifersucht sind belanglos. Ödipale Interpretationen wären unmöglich und falsch. Die männliche Initiation ist trotz beängstigender Vorgänge des Stäupens, der Schreckerzeugung, harmlos. Es gibt Medizinkollektive, aber keine Schamanen. Auch die rituellen Tänze sind ohne Regung und Erregung Sache eines Geheimbundes. Öffentlicher und persönlicher Ehrgeiz sind verpönt. Der einzelne geht in der Gruppe auf. Opfergaben und Beschwörungen versöhnen die Gottheiten; verboten ist Zauberei. Mädchen treffen eigene Heiratswahl und sind erotisch meist unerfahren. Die Zuñi kennen weder den Dualismus zwischen Leib und Seele noch den Begriff der Sünde.

Anderes Verhalten zeigen die an der Ostspitze Neuguineas hausenden Dobu, deren Daseinsstruktur die Verfasserin den Forschungsergebnissen

R. FORTUNES entnimmt: Sie leben in hinterlistiger Gesetzlosigkeit ohne Häuptlinge in matrilinearer Sippe. Die schöne, heimlich polygame Pubertätszeit des Bräutigams endet damit, daß er der Schwiegermutter in die Falle geht und in seiner Ehe hart zu arbeiten hat. Er bleibt als Ehemann Außenseiter. In seiner ausweglosen Situation spielt der Selbstmord eine große Rolle. Es gibt für beide Teile keine eheliche Treue, wohl aber einen starren Eigentumsbegriff; sie ängstigen sich vor zauberischer Magie. Betrügerischer Handel ist selbstverständlich. Der von der Verfasserin verwendete Hexenbegriff ist, wie Forschungen von W. und A. LEIBBRAND erweisen, die sich an MURRAY anschließen, irreführend, ebenso undeutlich ist die Schilderung der »Prüderie«, da die sexuelle Vitalität der Dobu-Frau stark ist.
Als drittes Beispiel werden die Indianer der Nordwestküste Nordamerikas beschrieben, die Benedict – wieder vergröbernd – mit dem Begriff des »typischen Dionysiers« charakterisiert. Einerseits sind sie Fischer, andererseits Holzfäller. Tänze sind ekstatisch und verraten Gehalt an Dämonenglauben. Bei den Kwakiutl gilt der Menschenfresser als vornehmste Klasse, die Opfer sind Sklaven. Sozial herrscht striktes Eigentumsrecht. Mit der Thesaurierung im Zusammenhang steht der Adelstitel. Schamanen genießen Vorrechte. Tod gilt als zu tilgende Schande; dazu dient Verschenken eigenen Gutes und Kopfjagd als Kompensation.
In der Schlußauseinandersetzung erscheint von Wichtigkeit, daß Ethnologie und Anthropologie nicht psychologisch-individuell beschreibbar werden, sondern daß im Zentrum der Forschungsmethode die Geschichte zu stehen hat, da sie übergreifende Ergebnisse zeitigt. Biologische Erklärungsweisen entbehren fester wissenschaftlicher Grundlagen. Auch typologische Gesichtspunkte scheitern. Das soziale Denken führt für den Forscher in der Anerkennung des Relativitätsbegriffs zu einer »Lehre der Hoffnung«. W.Le.

AUSGABEN: Boston/NY 1934. – NY 1956. – NY 1959; Einl. F. Boas. – Cambridge 1959 [Einl. M. Mead; m. Bibliogr.]. – Ldn. 1961. – Ldn. 1971.

ÜBERSETZUNG: *Urformen der Kultur*, R. Salzner, Hbg. 1955 (rde; zul. Reinbek 1963).

LITERATUR: I. Bloch, *Das Sexualleben unserer Zeit in seinen Beziehungen zur modernen Kultur*, Bln. 1907; ern. 1909. – F. Boas, *General Anthropology*, NY 1938; ern. 1965. – Ders., *Race, Language and Culture*, NY 1955; ern. 1961. – C. Lévi-Strauss, *Anthropologie structurale*, Paris 1958 (dt.: *Strukturale Anthropologie*, Ffm. 1967). – *An Anthropologist at Work. Writings of R.B.*, Hg. M. Mead, Ldn. 1959; ern. NY 1966. – *Man, Culture, and Society*, Hg. H. L. Shapiro, Fair Lawn/N.J. 1960. – F. Boas, *The Mind of Primitive Man*, NY 1961. – A. Kardiner u. E. Preble, *R. B. Science and Poetry* (in A. K. u. E. P., *They Studied Man*, NY 1961, S. 204–223; ern. Ldn. 1962). – M. Mead, *R. B.*, NY 1974.

DAVID BENEDICTUS

* 16.9.1938 London

THE FOURTH OF JUNE

(engl.; *Ü: Der vierte Juni*). Roman von David BENEDICTUS, erschienen 1962. – Der Titel bezieht sich auf das Datum, an dem im Eton-College, der über fünfhundert Jahre alten berühmtesten und teuersten englischen Privatschule, in Anwesenheit der Eltern und hoher Gäste das jährliche Schulfest gefeiert wird. Im Erstlingsroman des jungen Autors, der selbst Eton-Schüler war, erreicht gerade am »glorreichen vierten Juni« eine Schulkrise ihren Höhepunkt, deren Entstehung den Hauptteil der Handlung ausmacht. Ähnlich wie Alec WAUGH in *Loom of Youth* (1917) und Bruce MARSHALL in *George Brown's Schooldays* (1946) es am Beispiel fiktiver Lehranstalten getan hatten, prangert Benedictus am Beispiel Etons das Erziehungssystem der englischen Privatschulen an. Die Zentralfigur des Buchs ist Scarfe, der Sohn eines zu Wohlstand gelangten Farmers. Seiner außergewöhnlichen Leistungen wegen hat der Junge ein Stipendium erhalten und ist von einer staatlichen Schule ins Eton-College übergetreten. Dadurch, daß man dort eine kleine Zahl von Stipendiaten aus der »unteren Schicht« aufnimmt, hat man, wie der Autor es formuliert, »*ein nützliches Argument entwickelt gegen die Provokationen der ›liberalen‹ Wohltätigkeitstanten oder die neidischen Angriffe der unterdrückten Massen – vorausgesetzt, daß die je ihren Wortführer fanden*«. Der Schüler Scarfe wird durch die Erziehung in Eton nicht nur seiner Familie entfremdet; seine Herkunft, sein Akzent und selbst sein Interesse an religiösen Fragen prädestinieren ihn geradezu dafür, von den privilegierten jungen »Gentlemen« schikaniert zu werden, die demselben Schülerwohnheim zugeteilt sind wie er selbst. Den Riten und Tabus der altehrwürdigen Anstalt entsprechend fällt ihm von vornherein die Rolle eines jener »Versuchskaninchen« zu, mit denen man dort zu experimentieren gewohnt ist. »*Was haben wir zu fürchten*‹, hatte einer [der Lehrer] bemerkt, ›*wir können uns darauf verlassen, daß die Jungen sie in Schach halten*‹ – als redete er von einer besonders unangenehmen *Fliegenart.*« Als die angemessenste Methode, Scarfe in Schach zu halten, erscheint es dem Hausältesten Defries und den unter seinem Einfluß stehenden Vertrauensschülern, den Außenseiter – mit der stillschweigenden Duldung des Aufsichtslehrers Mannigham – drei Nächte lang so brutal zu verprügeln, daß schließlich der Arzt geholt werden muß. Scarfe wird nach Hause geschickt. Dort erholt er sich zwar von den körperlichen, nicht aber von den seelischen Schäden und kehrt, da der Rektor es seinem Vater »im Interesse« des Jungen rät, nicht nach Eton zurück. Erst als durch den Arzt der Vorfall bekannt wird, sieht sich die Schulleitung gezwungen, Defries zu relegieren, der dessenungeachtet im Garderegiment eine militärische Karriere beginnen kann. Den anderen beteiligten Schülern droht dasselbe Schicksal, aber der Einfluß ihrer finanzkräftigen Eltern bewahrt sie davor. Im Fall des Vertrauensschülers Berwick schreckt dessen Mutter (eine deutlich an Mrs. Beste-Chetwynde aus Evelyn WAUGHS *Decline and Fall* erinnernde Figur) nicht davor zurück, den altjüngferlichen Aufsichtslehrer zu verführen.

Es ist nicht verwunderlich, daß man sich in England von einem Roman, dessen Autor sein Angriffsziel so unverblümt beim Namen nannte, von vornherein einen literarischen Skandal erwartete. Die Kontroverse entzündete sich nach Erscheinen des Buchs vor allem an der Frage, ob Benedictus den seit Jahren in Gang gekommenen Modernisierungs- und Liberalisierungsbestrebungen im englischen Privatschulsystem, auch in Eton, einen guten oder einen schlechten Dienst erwiesen habe. Darüber, daß der »*zornige junge Etonianer*«, wie man ihn prompt nannte, ein Erstlingswerk von literarischer Qualität vorgelegt hatte, waren sich die meisten der führenden Kritiker im englischen Sprachbereich einig. Der Autor selbst, dessen zwischen Empörung und Anhänglichkeit schwankende Einstellung gegenüber seiner alten Schule in einigen Szenen des Buchs deutlich wird, bekannte sich auch später zu seiner Kritik am Snobismus und an der für Jungen im Pubertätsalter ungesunden Atmosphäre des mönchisch-abgeschiedenen engen Zusammenlebens in Eton, betonte aber, daß sein Buch vorwiegend als Satire auf eine überlebte Tradition verstanden sein wolle. J.v.Ge.

AUSGABEN: Ldn. 1962. – Ldn. 1977.

ÜBERSETZUNG: *Der vierte Juni*, E. v. Cramon, Mchn. 1964.

LITERATUR: N. Ascherson, Rez. (in Observer, 3. 6. 1962). – I. Fleming, Rez. (in The Sunday Times, Ldn., 3. 6. 1962). – O. Prescott, Rez. (in The New York Times, 17. 10. 1962). – R. Gruenter, *Mut und Genie. Ein Roman über Eton erregt Aufsehen in England*, Rez. (in FAZ, 10. 4. 1963). – D. Droese, Rez. (in Die Weltwoche, 6. 11. 1964). – DLB, 14, 1983, S. 86–90.

EINAR BENEDIKTSSON

* 31.10.1864 Elliðavatn bei Reykjavik
† 21.1.1940 Herdísarvík bei Reykjavik

DAS LYRISCHE WERK (isl.) von Einar BENEDIKTSSON.

Einar Benediktsson gilt als erster und führender Neuromantiker Islands und gehört mit der Originalität, Tiefe und Formstrenge seiner Produktion zu den herausragenden Gestalten der neueren isländischen Lyrik.

Wie sein Vater, Oberrichter und eloquenter Politiker, wurde Einar Benediktsson zunächst Jurist, gab aber seine Stelle als Bezirksvorsteher in Südisland mit 42 Jahren auf, um sich ganz der Dichtung und seinen phantastischen Plänen zur industriellen Entwicklung Islands zu widmen. Als wirklicher Weltmann lebte er lange Jahre im Ausland, vor allem in England und Dänemark, und unternahm zahlreiche Reisen, die ihren literarischen Niederschlag in impressionistisch gefärbten Gedichten wie *Kvöld í Róm* (Abend in Rom), *Colosseum*, *Kirkjan í Mílanó* (Der Mailänder Dom) und *Fimmtatröð (Fifth Avenue)* fanden. Die Liebe zu seiner isländischen Heimat wurde aber durch das Erlebnis fremder Länder und Literaturen keineswegs vermindert, sondern steigerte sich eher von Jahr zu Jahr. Bereits die erste Gedichtsammlung *Sögur og kvæði*, 1897 *(Erzählungen und Gedichte)* enthält eine größere Zahl von patriotischen Gedichten, die sich für das Ziel einsetzen. Island wieder die Rolle unter den freien Völkern zuzuweisen, welche es im Mittelalter besessen hatte – u. a. *Íslandsljóð (Islandgedicht), Bréf í ljóðum (Brief in Gedichten), Á Þingvöllum (Auf ingvellir)* und *Reykjavík*. Sie rufen das isländische Volk zur Einheit im Kampf gegen Armut und Knechtschaft auf, mit deutlichen Spitzen gegen den „guten Bruder" Dänemark. Auch in den weiteren Sammlungen von *Hafblik*, 1906 *(Meeresglanz)* über *Hrannir*, 1913 *(Wogen)* und *Vogar*, 1921 *(Buchten)* bis zu *Hvammar*, 1930 *(Talsenken)* entfalten immer wieder Huldigungs- und Festgedichte das nationale Thema, wiederum meist unter Hinweis auf die kulturelle Blüte des Mittelalters, an die es anzuknüpfen gelte. Einar Benediktsson war davon überzeugt, daß Island als dem Bewahrer der »Asensprache« eine geistige Führungsrolle unter den Völkern zukam, daß es sich seinen Platz aber nicht mit Waffengewalt, sondern mit den »*Wikingern des Geistes*« (*Væringjar*) erobern müsse. Für ihn ist Island »*Sóley*« (Sonneninsel), das Thule der Antike, das wiederaufgetauchte Atlantis *(Landsýn)*. Auch wenn Einar Benediktsson, wie so häufig, den Blick in die Vergangenheit zurücklenkt und Themen und Gestalten der Sagazeit behandelt *(Grettisbæli; Kórmakur; Snorraminni; Sigmundur Brestisson; Kveðja Skírnis; Egill Skallagrímsson* u. a.), wird doch immer deutlich, daß die eigentliche Zielrichtung in die Zukunft weist, daß die Tugenden und Leistungen der Vorfahren die moralische Kraft für den Kampf um die politische Unabhängigkeit und den wirtschaftlichen Fortschritt liefern sollen. Dieser aber war für Einar Benediktsson nur denkbar durch modernste Technologie, durch eine Ausnutzung des Energiereichtums, der in Wasserfällen, heißen Quellen und in der Erde seiner Erschließung harrte. Im Gedicht *Dettifoss* wird dieser Gedanke exemplarisch entfaltet: der Dettifoss, »*König der Wasserfälle*«, wird als starker Troll anthropomorph vorgestellt und soll mit der Kraft in seinen »*Magnetadern*« als Verbündeter des Fortschritts gewonnen werden. Der Dichter war sich bewußt, daß solche kühnen Pläne einen hohen Einsatz ausländischen Kapitals erforderten: »*Nei stórfé! Hér dugar ei minna!*« (»*Nein, Großkapital! Weniger hilft hier nicht!*«) ruft er im Gedicht *Aldamót (Jahrhundertwende)* aus. Trotz zeitweiliger Erfolge bei der Kapitalbeschaffung für Aktiengesellschaften, die ihm den Ruf einbrachten, er sei imstande, das Nordlicht zu verkaufen, endeten übrigens alle Vorhaben letztlich in einem Fiasko.

Für den Realismus, wie Georg BRANDES ihn prägte, den er in seiner Studienzeit in Kopenhagen (1884–1892) kennengelernt hatte, konnte Einar Benediktsson sich nicht erwärmen, sondern wandte sich schon bald neuromantischen, symbolistischen und idealistischen Vorstellungen zu, die er in ganz persönlicher Weise fortentwickelte. Komponenten der Schauerromantik (Wiedergängermotiv) begegnen wir zwar in einigen frühen Gedichten aus dem Jahr 1897 (*Draumur – Traum* und *Hvarf séra Odds frá Miklabæ – Das Verschwinden Pfarrer Odds aus Miklabær*), vereinzelt auch noch später *(Fróðarhirðin*, 1921 – *Die Männer von Fróða*, nach einer Episode aus der *Eyrbyggja saga)*, charakteristisch für den Dichter war aber eine Auffassung, die den Menschen nicht durch die Kräfte der Natur bedroht sah, sondern als deren Teil, eingebunden in ein gemeinsames höheres Ganzes. Die meisten der Gedichte Einar Benediktssons, darunter seine besten, nehmen zumindest ihren Ausgang in einem Naturbild oder einem Naturphänomen. Wichtige Beispiele sind *Undir stjörnum (Unter Sternen), Norðurljós (Nordlicht), Í Slútnesi (In Slútnes), Nótt (Nacht), Skógarilmur (Waldduft), Brim (Brandung)*, das bereits erwähnte *Dettifoss, Útsær (Tiefsee), Bláskógarvegur (Blauwaldweg)* u.a. Sie beginnen mit einer konkreten Naturschilderung voll poetischer Kraft, dann weitet sich der Horizont, Meer, Berge und Himmel geraten ins Blickfeld, der Mensch wird einbezogen, Leben und Tod, die göttliche Hand hinter den Erscheinungen: All dies mündet in ein Gefühl der Harmonie mit der ganzen Schöpfung, deren geheimen Gesetzen auch der Mensch unterworfen ist. Immer wiederkehrendes Symbol der Seele in der Natur sind die elektromagnetischen Wellen, die dem Kosmos wie dem Menschen gemeinsam sind. Die mystische Aufgehobenheit des Menschen in einer pantheistisch-beseelten Natur ist freilich meist nur als angestrebtes Ideal gegenwärtig, läßt aber auch »*in der Nacht / unser Heimatrecht im Reich des Lichts (erkennen)*« *(Norðurljós)*. In der Natur sucht der Dichter nach der Lösung der innersten Rätsel des Daseins, nach der Erkenntnis seiner selbst, in der Natur verschmelzen die Gegensätze von Leben und Tod, Glaube, Wissenschaft und Kunst im Bild einer allumfassenden Einheit. Ansätze dieser philosophischen Gedankengänge finden sich bereits in den frühen Gedichten, sie werden aber erst in den späteren zum beherrschenden Thema.

Die Gedankenlyrik Einar Benediktssons tritt in Entsprechung zum anspruchsvollen Inhalt in einer stilistisch stark überhöhten und von der Alltagsrede syntaktisch und lexikalisch abgehobenen, fast majestätischen Sprache auf. Die komprimierte, sentenzenhaft zugespitzte Ausdrucksweise, die Verwendung von seltenen bzw. selbstgebildeten Substantiven und Paronomasien aller Art machen es häufig schwer, den bedeutungsschweren Gedichten zu folgen. Vorherrschend ist ein gravitätisch und feierlich wirkender Zeilenstil mit silbenreichen Versen in alternierenden Rhythmen. Einar Benediktsson sah die Dichtung als Wissenschaft (einmal spricht er von *skáldavísindi – Dichtwissenschaft*) in einer letztlich bis in die Zeit der Skalden zurückgehenden Formtradition. Ein Abweichen von den Forderungen nach Alliteration und Endreim hätte er als Verrat am kulturellen Erbe angesehen. In diesem selbstgesetzten strengen Rahmen entwickelte er ein beeindruckendes Spektrum neuer Vers-, Strophen- und Reimformen, und als er mit der *Óláfs ríma Grænlendings (Ríma von Olaf, dem Grönländer)* die jahrhundertealte Tradition der lyrisch-epischen Rímurform neu zu beleben versuchte, tat er dies in einem Versmaß, das er mit einigem Recht als das schwierigste der Welt bezeichnete: dem *sléttubönd*, bei dem zur festen Silbenzahl und dem überreichen Reimschmuck die Forderung hinzutritt, daß die Strophen wortweise auch rückwärts(!) gelesen werden können.

Zu Einar Benediktssons besten Schöpfungen gehören auch einige Gelegenheitsgedichte, z.B. die Nachrufgedichte auf seinen Vater *(Eftir föður höfundarins)* und auf ein Kind *(Eftir barn)*. Von seinen Übersetzungen aus verschiedenen Sprachen kommt vor allem der Übertragung von IBSENS *Peer Gynt (Pétur Gautur)* nachhaltige Bedeutung zu. Der Figur Peer Gynts mit ihren Widersprüchen mag er sich wohl auch seelenverwandt gefühlt haben. Die hohe Anerkennung seines Landes kommt am besten darin zum Ausdruck, daß man Einar Benediktsson als erstem Dichter ein Ehrengrab im Herzen von Þingvellir zugestanden hat. Dies kann freilich nicht darüber hinwegtäuschen, daß er zu Lebzeiten wegen seiner hochfliegenden Pläne und übertriebenen Versprechungen nicht unumstritten war und daß man seine Dichtung vielfach auch heute noch als übermäßig schwer und dunkel ansieht. Wer sich mit seinen Gedichten intensiver beschäftigt, wird freilich erkennen, daß viele von ihnen zum besten gehören, was in der Neuzeit in isländischer Sprache gedichtet worden ist.　G.Kr.

AUSGABEN: *Sögur og kvæði*, Reykjavík 1897; [2]1935 [erw.]. – *Hafblik*, Reykjavík 1906. – *Hrannir*, Reykjavík 1913. – *Vogar*, Reykjavík 1921. – *Óláfs ríma Grænlendings*, 1930. – *Hvammar*, Reykjavík 1930. – *Ljóðmæli*, Hg. P. Sigurðsson, Reykjavík 1945, 3 Bde. – *Kvæðasafn*, Reykjavík 1964. – *Ljóðasafn*, Hg. K. Karlsson, Hafnarfjörður 1979, 4 Bde.

ÜBERSETZUNGEN: Sieben Übersetzungen einzelner Gedichte, nachgewiesen in: P.M. Mitchell and K.H. Ober, *Bibliography of Modern Icelandic Literature in Translation*, Ithaca/Ldn. 1975, S. 24–27.

LITERATUR: K. E. Andrésson, *E. B. sjötugur*, Reykjavík 1934 (auch in K. E. A., *Um íslenzkar bókmenntir*, Reykjavík 1976, S. 45–58). – Ders., *Útsær Einars Benediktssonar* (ebd., S. 95–111; nach einem Ms. v. 1935). – V. Benediktsson, *Frásagnir um E. B.*, 1942. – G. Finnbogason, *Um skáldskap Einars Benediktssonar* (in *Ljóðmæli*, 1945; auch in *Ljóðasafn*, Bd. 3, Reykjavík 1979, 205–254). – St. J. Þorsteinsson, *Æviágrip Einars Benediktssonar* (in *E. B., Laust mál*, Hg. ders., Reykjavík 1952; S. 525–726). – St. Einarsson, *Íslensk bókmenntasaga 874–1960*, Reykjavík 1961, S. 344–348. – S. Nordal, *E. B.* (in *Kvæðasafn*, Reykjavík 1964, S. XV–LVIII u. ö.). – *Seld norðurljós*. Björn Th. Björnsson ræðir við fjórtán fornvini Einars Benediktssonar, Reykjavík 1982.

BENEDIKT VON NURSIA

* um 480 Norcia bei Spoleto
† um 560 Monte Cassino

LITERATUR ZUM AUTOR:
Benedictus. Eine Bildbiographie nach dem zweiten Buch der Dialoge Gregor des Großen, Hg. E. Jungclaussen, Regensburg 1980. – *Benedictus. Eine Kulturgeschichte des Abendlandes*, Genf 1980. – I. Herwegen, *Der hl. B.*, Hg. E. v. Severus, Düsseldorf [5]1980. – W. Nigg u. H. N. Loose, *B. v. N.*, Freiburg i. Br. [2]1980. – G. Sartory u. Th. Sartory, *B. v. N. Weisheit des Maßes*, Freiburg i. Br. 1981. – E. v. Severus, *Gemeinde für die Kirche. Gesammelte Aufsätze zur Gestalt und zum Werk B.s v. N.*, Münster 1981. – *Benedictus – Bote des Friedens. Papstworte zu den B.-Jubiläen von 1880 bis 1980*, Hg. F. Renner, Mchn. 1982. – A. Zeiler, *Auf dem Weg B.s v. N.*, Mchn. 1984. – S. Gloning, *B. v. N.*, Aschaffenburg 1985.

REGULA BENEDICTI

auch *Regula monasteriorum* (lat. Patr.; *Die Regel Benedikts*, auch *Klosterregel*). Mönchsregel des BENEDIKT von Nursia, entstanden im vierten oder fünften Jahrzehnt des 6. Jh.s auf Monte Cassino. – Die im lebendigen, von den mittleren und oberen Bevölkerungsschichten Italiens gesprochenen Latein des 6. Jh.s geschriebene Benediktinische Mönchsregel ist teils aus älteren Quellen (vor allem der *Regula magistri*) redigiert, teils von Benedikt selbst ausgearbeitet. Sie gibt in fünf organisch ineinander übergehenden Teilen einen systematischen Überblick über das klösterliche Leben und seine Formen: Der erste Teil legt die Grundstruktur des Klosters dar – Abt und brüderliche Gemeinschaft (Kap. 2–3); Lehre des geistlichen Lebens (Kap. 4–7); Ordnung des Gottesdienstes (Kap. 8–20); Gehilfen des Abtes, Strafkodex (Kap. 21–30); Verwaltung des Klosters (Kap. 31–57) –, der zweite enthält die Aufnahmeordnung (Kap. 58–63), der dritte regelt die Bestellung des Abtes und des Priors als seines Vertreters (Kap. 64 u. 65), der vierte handelt von der Klosterpforte (Kap. 66); die restlichen Kapitel (67–72) bringen ergänzende Nachträge. Das ganze »Gesetzbüchlein« ist eingerahmt von einem nach Art einer antiken Mahnrede gehaltenen Prolog und einem Nachwort des Schöpfers der *Regel*.

Kirchengeschichtlich liegt die Bedeutung des *Regelbuches* in der für die folgenden sieben Jahrhunderte gültigen Anpassung der vor allem im christlichen Osten entfalteten Idee des Mönchtums an das im 6. Jh. aus der zerfallenden Einheit der antiken Kultur sich bildende christliche Abendland, dessen mittelalterliche Gestalt die *Regel* mitbegründet und wesentlich beeinflußt hat. Kulturgeschichtlich hat die *Regula* vor allem zur Erhaltung und Überlieferung der klassischen Literatur der Antike und der kirchlichen Schriftsteller unschätzbare Dienste geleistet. Ihre Anordnungen zur Lesung der *Bibel* und Kirchenväter in der Liturgie und im Tageslauf des mönchischen Lebens setzen einen gewissen Bildungsstand der Mönche, das Vorhandensein einer Bibliothek im Kloster und eine rege Abschreibetätigkeit von seiten der Mönche voraus. Diese Umstände führten nach der Ausbreitung der *Regel* in den nichtlateinischen europäischen Kernländern zu einer intensiven Beschäftigung mit den lateinischen Klassikern, besonders den Grammatikern. Durch diese Pflege der Wissenschaft konnten sich insbesondere auf den Britischen Inseln und in der sogenannten ersten und zweiten Karolingischen Renaissance unter Karl dem Großen und Karl dem Kahlen auch auf dem Festland wesentliche Teile der antiken Literatur erhalten und dem Mittelalter überliefert werden.

Durch die Abschreibetätigkeit der Mönche wurde die *Regel* Benedikts, der bald auch Übersetzungen der *Regel* selbst (erste althochdeutsche Interlinearübersetzung in St. Gallen) sowie anderer Werke zur Seite traten (in Fulda, St. Gallen, Prüm, Reichenau), zu einer der belebenden Kräfte der mittelalterlichen Literaturgeschichte. Von nicht geringer Bedeutung für die mittelalterliche Literatur ist die Aufnahme des Hymnengesangs in das klösterliche Stundengebet geworden, wodurch die *Regula* zum ungeahnt fruchtbaren Ausgangspunkt der mittelalterlichen lateinischen Hymnendichtung wurde. Aufs engste mit der Literaturgeschichte verknüpft ist auch die in der *Regel* (Kap. 32, 2) getroffene Anordnung, daß der Abt ein Verzeichnis über den gesamten Besitz des Klosters an beweglichen und unbeweglichen Gütern anzulegen habe: Dieser Verfügung verdanken wir die frühesten und seit dem 9. Jh. nicht mehr abreißenden Bibliothekskataloge des Mittelalters. – Die *Regel* Benedikts ist in etwa 300 Handschriften erhalten, die R. HANSLIK in der neuesten textkritischen Ausgabe gesichtet, geordnet und aufgearbeitet hat. Seit dem 9. Jh. wurde die *Regel* in alle Kultursprachen übersetzt, so ins Französische, Italienische, Deutsche, Spanische, Englische, Portugiesische und Polnische; bis 1932 wuchs die Zahl der Übersetzungen auf rund 500, und seither sind noch Übertragungen in die Sprachen der asiatischen Hochkulturen sowie einzelner afrikanischer Dialekte hinzugekommen. Heute leben in der Welt rund 150 Klöster für Männer und eine noch weit größere Zahl weiblicher Ordensgenossenschaften des Benediktinerordens nach der *Regel* Benedikts; dazu kommen noch die mittelalterlichen Reformzweige des Ordens wie die Zisterzienser allgemeiner und strenger Observanz, die Olivetaner, Camaldulenser, Silvestriner und andere. E.v.S.

AUSGABEN: Augsburg 1759, Hg. L. Holstenius u. M. Brockie. – Bonn 1928, Hg. B. Linderbauer (Florilegium patristicum, 17). – Ldn. 1952 (*The Rule of Saint Benedict*, Hg. J. McCann; m. engl. Übers.). – Florenz 1958, Hg. G. Penco [m. Einl., ital. Übers. u. Komm.]. – Wien 1960; ²1977, Hg. R. Hanslik (CSEL, 75). – Beuron 1963, Hg. B. Steidle [lat.-dt.].

ÜBERSETZUNGEN: *Des hl. Benediktus Mönchsregel*, P. Bihlmeyer, Kempten/Mchn. 1914 (BKV², 20). – *Die Regel St. Benedikts*, B. Steidle, Beuron 1968. – *Benediktiner-Regel*, B. Probst, Mchn. 1977; ²1982 [Ausz.].

LITERATUR: A. M. Albareda, *Bibliografia de la regla benedictina*, Montserrat 1933. – I. Herwegen, *Sinn und Geist der Benediktinerregel*, Köln/Einsiedeln 1944. – Ph. Schmitz, *Geschichte des Benediktinerordens*, 4 Bde., Einsiedeln 1948–1960 (bes. Bd. 1, S. 23–27; Bd. 2, S. 333–345). – LThK, 2, Sp. 194/195. – E. v. Hippel, *Der Krieger Gottes. Die Regel des Benedikt als Ausdruck frühchristlicher Gemeinschaftsbildung*, Paderborn ²1953. – E. Franceschini, *La questione della regola di s. Benedetto* (in Aevum, 30, 1956, S. 213–238). – I. M. Gómez, *El problema de la regla de san Benito* (in Hispania Sacra, 9, 1956, S. 5–61). – H. Neuhold, *Die ahd. Interlinearversion der Benediktinerregel u. ihre lateinischen Vorlagen*, Diss. Wien 1956. – *Commentationes in regulam s. Benedicti*, Hg. B. Steidle, Rom 1957 (Studia Anselmiana, 42). – *Die ahd. Benediktinerregel des Cod. Sang. 916*, Hg. U. Daab, Tübingen 1959 (ATB). – *Regula Magistri – Regula Benedicti*, Hg. ders., Rom 1959 (Studia Anselmiana, 44). – W. Hafner, *Der Basiliuskommentar zur Regula s. Benedicti. Ein Beitrag zur Autorenfrage karolingischer Regelkommentare*, Münster 1959. – H. van Zeller, *The Holy Rule. Notes on St. Benedict's Legislation for Monks*, Ldn. 1959. – A. de Vogüé, *La communauté et l'abbé dans la règle de saint Benoît*, Paris 1961 [Vorw. L. Bouyer]. – B. Egli, *Der 14. Psalm im Prolog der Regel des hl. Benedikt. Eine patrologisch-monastische Studie*, Sarnen 1962. – E. M. Heufelder, *Der Weg zu Gott nach der Regel des hl. Benediktus*, Würzburg 1964. – G. Köbler, *Verzeichnis der Übersetzungsgleichungen der ahd. Benediktinerregel*, Hg. K. Kroeschell, Göttingen 1970. – *Regulae Benedicti Studia. Annuarium Internationale*, Hg. B. Jaspert u. E. Manning, Hildesheim 1972 ff. – M. C. Sullivan, *A Middle High German Benedictine Rule*, Hildesheim 1976 (m. Komm. u. Glossar; Regulae Benedicti Studia; Suppl. 4). – B. Jaspert, *Die Regula Benedicti–Regula Magistri–Kontroverse*, Hildesheim ²1977 (Regulae Benedicti Studia; Suppl. 3). – E. Petri, *Eine mhd. Benediktinerregel. Hs. 1256/587 Staatsbibl. Trier*, Hildesheim 1978 (Regulae Benedicti Studia; Suppl. 6). – E. Kasch, *Das liturgische Vokabular der frühen lat. Mönchsregel*, Hildesheim ²1978 (Regulae Benedicti Studia; Suppl. 1). – J. D. Broekart, *Bibliographie de la Règle de S. Benoit*, Rom 1980. – Th. Coun, *De oudste Middelnederlandse vertaling van de Regula S. Benedicti*, Hildesheim 1980 (Regulae Benedicti Studia; Suppl. 8). – A. Lentini, *S. Benedetto e la regola, testo, versione e commento*, o. O. ²1980. – A. de Vogüé, *Die Regula Benedicti. Theologisch-spiritueller Kommentar*, Hildesheim 1983 (Regulae Benedicti Studia; Suppl. 16). – *Aus Benediktinerregeln des 9. bis 20. Jh.s*, Hg. F. Simmler, Heidelberg 1985. – B. Steidle, *Regula Benedicti. Ausgewählte Aufsätze*, Hg. U. Engelmann, Sigmaringen 1985. – U. K. Jakobs, *Die Regula Benedicti als Rechtsbuch. Eine rechtshistorische u. rechtstheologische Untersuchung*, Köln/Wien 1987.

JULIUS RODERICH BENEDIX

* 21.1.1811 Leipzig
† 26.9.1873 Leipzig

DAS BEMOOSTE HAUPT ODER DER LANGE ISRAEL

Schauspiel in vier Aufzügen von Julius Roderich BENEDIX, erschienen 1840; Uraufführung: Wesel 1841. – Patriotisch gefärbte studentische Ehrenhaftigkeit und christlich moralisierende Bürgerlichkeit geben diesem noch im beginnenden 20. Jh. oft gespielten und sehr beliebten Lustspiel den nur schwer erträglichen Beigeschmack jener rührseligen, reichs- und gottestreuen Hochstimmung, die den deutschen traditionsgeschulten Kleinbürger zu Beifallsstürmen und die Literaturgeschichtsschreibung teilweise zu lobenden Worten hinriß.
Das formal gut gebaute, an IFFLANDS und KOTZEBUES Dramaturgie orientierte und zu seiner Zeit äußerst erfolgreiche Schauspiel hat eine einfache, unproblematische Handlung, der das in fast allen Benedixschen Stücken abgehandelte Thema der konventionell-bürgerlichen (Braut- und Ehepartner gewinnenden) Liebe zugrunde liegt. Das »bemooste Haupt« Alsdorf, Student der Theologie im dreißigsten Semester, seit zehn Jahren mit der Näherin Hannchen Nebe verlobt (daher der Spitzname »Langer Israel« nach dem biblischen Jakob, der

um Rahel diente) und ohne die Aussicht, daß ihm das »Schicksal« eine gute Stellung verschafft, ist der tugendsame, duellgewohnte, deutsch-fromme, trinkfeste und bis zum Überdruß ehrenhafte Held des Stücks. Er löst erzwungene Verlöbnisse, legt einer bösen und korrupten verwitweten Gerichtspräsidentin das Handwerk, führt so ein füreinander bestimmtes Paar zusammen und wird schließlich *»wegen Beleidigung einer anständigen Dame«* (eben der Gerichtspräsidentin) vom Universitätsgericht aus der Stadt gewiesen. Er verläßt sie, zusammen mit dem treuen, inzwischen ihm anvermählten Hannchen, als ein Märtyrer der Gerechtigkeit und Ehre, begleitet vom Gesang seiner trauernden Kommilitonen: *»Ewig bleiben wir die Alten, bis wir jenseits einst vereint.«* Doch da holt ihn schon das frischgebackene, dankerfüllte Brautpaar ein und bietet ihm die langersehnte Pfarre an. Jetzt kann Alsdorf – *»Und ob alles im ewigen Wechsel kreist, es beharret im Wechsel ein gütiger Geist«* – endlich an der Seite seines Hannchens einem trauten Lebensabend entgegenblicken.

Unüberhörbar und die deutsche Trivialliteratur um die Jahrhundertwende überaus nachhaltig inspirierend wird in diesem »Lustspiel« das deutsche bürgerliche Liebespaar charakterisiert, das sich nicht zur leidenschaftlichen Liebe, sondern zur Eheschließung zusammenfindet: *»Es ist die Seligkeit des Mädchens, den Mann zu lieben, vor dessen Gemüt und Geist sie sich in tiefer Achtung beugt, und das Bewußtsein, von ihm geliebt zu werden, gibt ein Bewußtsein innern Wertes, das über alle Leiden erhebt.«* Ebenso unüberhörbar – und die politische Stimmung der Zeit wiedergebend – ist die überheblichnationale, chauvinistische, franzosen- und englandfeindliche Tendenz des Schauspiels (der Schurke ist ein Elsässer), die von späteren Bearbeitern noch verstärkt wurde. Dies sicherte dem *Bemoosten Haupt* einen festen Platz auf den deutschen Bühnen während der Gründerjahre. B.B.

AUSGABEN: Wesel 1840. – Lpzg. 1846–1874 (in *Ges. dramat. Werke*, 27 Bde., 1). – Lpzg. 1904 (RUB).

LITERATUR: W. Schenkel, *R. B. als Lustspieldichter*, Diss. Ffm. 1916. – J. Walter, *Das B.sche Lustspiel*, Diss. Wien 1919. – L. Pickel, *Die poet. Namengebung bei R. B.*, *E. Bauernfeld*, *G. Raeder*, *A. L'Arronge*, Diss. Graz 1941.

SEM BENELLI

* 10.8.1877 Prato
† 18.12.1949 Zoagli

LITERATUR ZUM AUTOR:
G. Antonini, *S. B.* (in G. A., *Il teatro contemporaneo in Italia*, Mailand 1927). – C. Lari, *S. B., il suo teatro, la sua compagnia*, Mailand 1929. – J. Tragella-Monaro, *S. B., l'uomo e il poeta*, Mailand 1953. – D. Spoleti, *S. B. e il suo teatro*, Reggio di Calabria 1956. – A. Basotti, *Il ›teatro di poesia‹* (in Rivista Italiana di Drammaturgia, 3, 1978, Nr. 9/10, S. 15–59).

L'AMOROSA TRAGEDIA

(ital.; *Die Tragödie der Liebe*). Historische Tragödie in drei Akten von Sem BENELLI, Uraufführung: Rom, 14. 4. 1925, Teatro Valle. – Die Handlung spielt in Pistoia zu Beginn des 14. Jh.s und evoziert in Ton und Gehalt die Poesie des *dolce stil nuovo* (dem Drama ist ein Vers von CINO DA PISTOIA vorangestellt) sowie gleichzeitig, mit angeblich lehrhaft-zeitbezogener Absicht, den Unsegen der von Haß und Bruderzwist bestimmten Politik jener Zeit. – In Pistoia herrscht Krieg zwischen den beiden als »Bianchi« und »Neri« unterschiedenen Parteien. Angewidert durch das von Haß und Mordlust bestimmte Handeln ihrer Väter und Brüder, beschließen Vanna, Maddalena und Matelda, die drei Töchter Ubertos, des Anführers der »Bianchi«, sich in Begleitung ihres Onkels Simone aufs Land zu begeben, um abseits vom Kriegsgeschehen ein Leben in Frieden und Ruhe zu führen. Maddalena aber ist in unglücklicher Liebe zu ihrem Neffen Arrigo entbrannt, dem unerbittlichsten Haudegen der »Bianchi«. Arrigo verspricht ihr zwar die Heirat, will aber vorher seinen Hauptfeind Dore, den Anführer der »Neri«, vernichten. Dore dagegen, der heimliche Liebhaber Vannas, ist zur Versöhnung bereit und erscheint unbewaffnet am Hofe Ubertos, um seinen Gegnern den Frieden anzubieten. Weil er aber Arrigos Neffen Vanni unlängst im Kampf verletzt hat, werden ihm zur Vergeltung beide Hände abgehackt. Der 2. Akt spielt auf dem Lande und hat weitgehend pastoralen Charakter. Vanna, Maddalena und Matelda haben ihr Elternhaus verlassen und leben nun zusammen mit Simone und der alten erblindeten Mutter Arrigos auf einer einsamen Burg im Gebirge. Matelda befindet sich in Gesellschaft ihres Bräutigams Guido. Die beiden haben in der Stadt nicht heiraten können, da Guido einer Familie der »Neri« entstammt. Auf der Burg erscheint Dore, um von Vanna Abschied zu nehmen, bevor er für immer das Land verläßt. Er wird jedoch zum Bleiben bewogen, und man feiert die Hochzeit von Matelda und Guido, Vanna und Dore. – In Pistoia haben inzwischen die »Bianchi« gesiegt. Die »Neri« wurden vertrieben, ihr Hab und Gut eingeäschert. Auf der einsamen Burg im Gebirge erscheint eines Tages Arrigo, um auch an Dore die Rache des Siegers zu vollziehen. Er spielt sich zunächst als Freund und Retter auf und gibt vor, Dore werde von den ehemaligen »Bianchi« verfolgt und müsse fliehen. Dore glaubt ihm und läuft in die Arme seiner Henker. Als aus der Ferne Dores Todesschrei den Verrat offenbar werden läßt, ergreift Vanna den Degen, den ihr Dore zum

Schutz und Andenken hinterlassen hat, und ersticht Arrigo, der sterbend vor seiner blinden Mutter bekennt, daß all sein Haß allein seiner unglücklichen, uneingestandenen Liebe zu Vanna, der Geliebten und Gattin Dores, entsprang.

Sem Benelli wurde um 1910 vor allem durch die beiden Tragödien *La cena delle beffe (Das Mahl der Spötter)* und *La maschera di Bruto (Die Maske des Brutus)* als Erneuerer des italienischen Versdramas bekannt. Man lobte an seinen Stücken das dramatische Temperament, die Intensität der tragischen Effekte, die dichterische Ausgewogenheit des Dialogs. Weniger Anklang fanden dagegen die späteren Werke, in denen sich Benellis Bühnenkunst unter dem Einfluß WAGNERS immer betonter dem Melodrama zuwandte. In *L'amorosa tragedia* haben die akustischen und optischen Stilmittel der Oper die dramatischen Elemente des Schauspiels weitgehend verdrängt. Zu spät kommt als thematische Pointe Arrigos Schlußmonolog, der die grobe Schwarzweißmalerei der Charaktere einigermaßen differenziert und die pathetische Glorifizierung der wahren Liebe ad absurdum führt.　C.H.

AUSGABE: Mailand 1925.

LA CENA DELLE BEFFE

(ital.; *Ü: Das Mahl der Spötter*). Verstragödie in vier Akten von Sem BENELLI, Uraufführung: Rom, 16. 4. 1909, Teatro dell'Argentina. – Das Stück gilt als Benellis Hauptwerk und brachte ihm Erfolge in der ganzen Welt (in der Pariser Erstaufführung spielte Sarah Bernhardt die Rolle des Giannetto). – Der intrigenreiche Stoff ist einer Novelle des Florentiners GRAZZINI (1503–1584) entnommen; die Handlung spielt in Florenz zur Zeit Lorenzos des Prächtigen. Die Hauptpersonen sind Giannetto Malespini und Neri Chiaramantesi; sie streiten um die schöne Ginevra, die von Neri verführt wurde, während Giannetto liebend um sie warb. Neri (den sein Glaube an die Unbesiegbarkeit seiner Körperkräfte zu Fall bringen wird) ist ein Gegner des Hauses Medici. Giannetto (in dessen schließlichem Sieg über Neri die zur weibischen Tücke pervertierte Liebestollheit über männliche Muskelkraft triumphiert) wird daher bei seiner Rache von Lorenzo heimlich unterstützt. Er inszeniert zunächst (1. Akt) im Haus des Cavalier Tornaquinci eine Versöhnung, um Neri zu täuschen. Während des anschließenden Festmahls läßt sich Neri, vom Wein befeuert, zu einem Abenteuer verleiten: Noch in derselben Nacht will er in den belebtesten Straßen von Florenz die Mediceer beschimpfen. Er ist überzeugt, daß allein die Zurschaustellung seiner Kräfte die Anwesenden hindern wird, die Ehre des Herrscherhauses zu verteidigen. Während er sich zu seinem Unternehmen rüstet, sendet Giannetto heimlich einen Diener aus, der in der Stadt verkünden soll, Neri sei vom Wahnsinn befallen und müsse arretiert werden. Giannetto selbst aber macht sich, in Neris Mantel gehüllt, auf, seinen Rivalen bei der schönen Ginevra auszustechen. In ihrem Haus wird er am folgenden Morgen (2. Akt) aus seinem Liebesschlummer geschreckt: Neri ist zwar plangemäß am Abend festgenommen worden, jedoch inzwischen aus der Gefangenschaft entkommen. Bevor Giannetto fliehen kann, erscheint der vermeintlich Wahnsinnige, von seinen Häschern verfolgt. Die erschreckte Ginevra flüchtet sich vor seinem Zorn in die Arme ihres neuen Liebhabers. Unter den Augen des Paares wird Neri von neuem gebunden und in den Verliesen des Palazzo dei Medici (3. Akt) gemäß den damaligen Heil- und Strafmethoden dem Spott des Volkes ausgeliefert. Kurz darauf aber läßt man ihn als harmlosen Fall wieder laufen. In der folgenden Nacht (4. Akt) schleicht er in Ginevras Schlafgemach, um Giannetto auf ihrem Lager zu erdolchen. Doch auch Neris Rache wird durch Giannettos Schlauheit irregeleitet: Er tötet seinen Bruder Gabriello, der seinerseits, von Giannetto ermuntert, in eben dieser Nacht sein Liebesverlangen an Ginevras Seite zu stillen gehofft. Sein Brudermord läßt Neri nun wirklich den Verstand verlieren. Er »taumelt ins Nichts«, während der siegreiche Giannetto Gott um die Gnade der Reue bittet.

Benelli wird als Vorläufer von PIRANDELLO und Epigone von D'ANNUNZIO sowohl gerühmt als auch getadelt. In der poetischen Sprache, in der virtuosen Handhabung des traditionellen Elfsilbers macht sich zweifellos der Einfluß D'Annunzios bemerkbar, während die temperamentvolle Dialogführung Benellis eigene Leistung ist. »Antidannunziano« ist Benelli in der ironisch-analytischen Konzeption seiner Helden, die seinen Tragödien neben den dramaturgischen Qualitäten ein gewisses thematisches Interesse verleiht. Trotz dieser ironischen Untertöne werden seine Stücke als unzeitgemäß, theatralisch und pathetisch empfunden und daher heute kaum mehr aufgeführt.　C.H.

AUSGABEN: Mailand 1909. – Mailand 1951.

ÜBERSETZUNG: *Das Mahl der Spötter*, H. Barth, Stg. 1912.

MUSIKALISCHE BEARBEITUNG: U. Giordano, Mailand 1924.

VERFILMUNG: Italien 1941 (Regie: A. Blasetti).

LITERATUR: A. de Vico, »Cena delle beffe«. *Da due novelle del cinquecento a un dramma moderno* (in *Eco della cultura a III fasc.*, 1923).

TIGNOLA

(ital.; *Die Motte*). Schauspiel in drei Akten von Sem BENELLI, Uraufführung: Genua, 10. 2. 1908, Teatro Paganini. – Giuliano, ein junger Buchhändler mit Ambitionen, gesteht in einem Augenblick der Selbsterkenntnis: »*Ich bin gleich einer ihres bitteren Kerns beraubten Mandel. In der Praxis bin ich,* was man einen Kerl nennt, mit dem man Pferde stehlen kann, in der Theorie hingegen bin ich ein Mann ohne Eigenschaften.« Zunächst mokiert er sich über die eitle Borniertheit des Philosophieprofessors Battaglia, dann kündigt er dem Geschäftsinhaber Teodoro Gonnella, um in die politisch interessanten Dienste des Herzogs von Malo zu treten (Akt 1). Nun aber verliert er seine Geliebte Adelaide, eine stadtbekannte Salondame und Mätresse, an seinen Freund, den Herzog, der ihn fallen läßt, ohne mit der Wimper zu zucken (Akt 2). Fünf Jahre später schließlich verkauft er in dem Laden, in dem seine Karriere begann, an ausländische Touristen bibliophile Raritäten, speziell seltene Erotika. Enrichetta, Gonnellas Tochter, die er geheiratet hat, betrügt ihn mit einem hergelaufenen Studenten, den er zu allem Überfluß, ohne es zu ahnen, finanziell aushält.

Giuliano, der Bücherwurm, ist der in den Buchregalen lebenden Motte gleich, die »sich von Träumen nährt, mit Fantasie befruchtet. Sie ist kein Abbild der Poesie, sondern ist mehr als diese, denn sie lebt von ihr. In besonderer Weise ist sie vom Dichter erwählt, der ihr die Nahrung bereitet.« Was Giuliano mit solchen Worten seiner Anteilnahme heuchelnden Geliebten vorträumt, enthüllt seine eigene Unzulänglichkeit, seine Unreife, mit der er sich eine Scheinwelt zurechtzimmert. Denn wie jene Motte ist er selbst im Grunde schäbig, mediokar, an den Bezug zu einer Welt glaubend, die ihm verschlossen bleibt, weil er für sie nicht geschaffen ist. Da sich dieses Persönlichkeitsbild bereits bei Giulianos erstem Auftritt deutlich abzeichnet, ist er sofort festgelegt und keiner weiteren psychologischen Entwicklung fähig, deren auch die übrigen Figuren absolut entbehren. Benellis frühes Schauspiel ist darum eher Thema mit drei Variationen denn echtes Drama. Diesen offensichtlichen Leerlauf hat dem Autor die Kritik zwar angekreidet, aber die Gunst des Publikums entschied sich eindeutig für ihn. So konnte das im Dialog ungemein lebendige, milieugetreue und hinter manchem komischen Aspekt der leisen Tragik nicht entbehrende Werk zu einem großen Erfolg werden. M.S.

Ausgaben: Mailand 1907. – Mailand 1951.

Literatur: F. Palazzi, *S. B.*, Ancona 1913.

JAN BENEŠ

* 26.3.1936 Prag

DO VRABCŮ JAKO KDYŽ STŘELÍ

(tschech.; *Als hätt' wer auf Spatzen geschossen*). Erzählungszyklus von Jan Beneš, erschienen 1963. – In elf Erzählungen, die stark autobiographische Züge tragen, beschreibt der Autor alltägliche, aber als typisch erkennbare Begebenheiten aus dem Leben junger Männer, die ihre Dienstzeit beim Militär ableisten müssen. Beneš erweist sich als Sprecher einer Generation, der jegliches Pathos fremd ist, die genau beobachtet und hinter dem Schein die Wirklichkeit zu erkennen sucht. Seine Helden sind frei von Illusionen. Sie hassen die Phrasen, vor allem die heroischen, und verhalten sich kritisch gegenüber einer Umwelt, die man ihnen lange Zeit als die beste aller Welten hingestellt hat, vor deren Unzulänglichkeit, Egoismus und Opportunismus sie aber jetzt die Augen nicht mehr verschließen. Den Bürokraten und Karrieremachern sagt Beneš unerbittlich den Kampf an, wenn er schreibt: »*Das alles waren sie ... Jene, denen alles, aber auch absolut alles klar war, sobald sie in das entsprechende Handbuch geschaut hatten, und die niemals zauderten. Jene, die ihr Leben hüteten, ihre Teppiche, damit niemand sie beschmutze, und die dazu bereit waren, jederzeit wen auch immer zu opfern. Jene, die stets vernünftig waren und immer Schweine.*« Dennoch sind – im Unterschied zu den »zornigen jungen Männern« westlicher Prägung – die antiheroischen Helden Jan Beneš' von einem gesellschaftlichen Auftrag erfüllt: sie protestieren nicht nur, sondern sie suchen die Welt, in der sie leben, zu verändern, so wie es sich beispielsweise in den Gedanken des jungen Leutnants Hájek abzeichnet: »*Er ... dachte ... man müsse etwas unternehmen ... damit es nur noch durchlöcherte Zielscheiben gibt und keine durchschossenen Menschen*«.

Beneš, einer der begabtesten tschechischen Erzähler, steht seinem Stoff auch dann ironisch distanziert gegenüber, wenn er von der mittelbar beschreibenden Darstellungsweise zur Unmittelbarkeit der Ich-Erzählung überwechselt. Wie etwa Hemingway oder Mailer benutzt er vorwiegend die Umgangssprache, die bei ihm ihre charakteristische Färbung durch eingeflochtene Wendungen aus dem Soldaten- und Teenagerjargon erhält. H.Ga.

Ausgaben: Prag 1963. – Prag 1965.

Literatur: E. Charous, *Nové nikoli jen datem vydání* (in Nové knihy, 1963, Nr. 28). – M. Suchomel, *Pohyb s překážami* (in Host do domu, 1964, 11). – M. Jungman, *Prosaik proti konvencím* (in Lidové noviny, 12, 7. 9. 1965). – J. Petrmichl, *Mládí v uniformách* (in Rudé Právo, 27. 9. 1965).

KAREL JOSEF BENEŠ

* 21.2.1896 Prag
† 27.3.1969 Rožmitál bei Třemšín

Literatur zum Autor:
J. Kunc, *Slovník soudobých českých spisovatelů*, Prag

1945, S. 32–35. – E. Brokešová, *Ty a já*, Prag 1947; ern. u. d. T. *Žila jsem s nadějí*, Prag 1972. – B. Polan, *Šedesátiletý K. J. B.* (in Nový život, 1956, Nr. 2, S. 181–183). – M. Jungmann, *Rozhovor s K. J. B. o řemesle prozatérském* (in Literární noviny, 7, 1958, Nr. 7, S. 3). – *Slovník českých spisovatelů*, Prag 1964, S. 24–25. – G. Jarosch, Nachw. zu K. J. B., *Die Vergeltung*, Bln 1964. – *Čeští spisovatelé 20. století*, Hg. M. Blahynka, Prag 1985, S. 29–31.

KOUZELNÝ DŮM

(tschech.; *Das Zauberhaus*). Roman von Karel J. BENEŠ, erschienen 1939. – Der Krämer Venta findet in einer nebligen Nacht, als er mit dem Motorrad nach Hause fährt, ein junges Mädchen schwer verletzt und bewußtlos am Boden liegen. Man erfährt auch, daß in der gleichen Nacht in der Nähe ein Flugzeug abgestürzt ist. Da aber einer Funkmeldung zufolge alle Passagiere ums Leben gekommen sind, denkt niemand daran, das fremde Mädchen, das durch den Unfall das Gedächtnis verloren hat, mit dem Unglück in Verbindung zu bringen. Marie aber beginnt nach ihrer Vergangenheit zu fahnden, obwohl sie weiß, daß sie dadurch ihre Liebe zu Ventas Schwager Martin aufs Spiel setzt. Aber »*ohne Personalausweis zu sein, ist soviel wie nicht sein*«. Eines Tages kommt ein fahrender Gaukler ins Dorf und hypnotisiert sie; urplötzlich erinnert sie sich wieder an ihr vergangenes Leben und an jenen Tag, an dem sie ein Opfer des Flugzeugunglücks wurde. Inzwischen hat auch ihr Vater sie nach einer in Prag veröffentlichen Fotografie erkannt und trifft mit einem Rechtsanwalt ein, um sie zurückzuholen. Marie, die wieder zu dem Mädchen wird, das sie vor der Katastrophe war, fährt ohne ein Wort des Abschieds davon. Eine Verbindung zwischen ihr, die aus reichem Hause stammt, und dem in bescheidenen Verhältnissen lebenden Martin wäre ohnehin schwer vorstellbar gewesen. Die Thematik des Romans erinnert an ČAPEKS *Povětroň*, 1934 *(Der Meteor)*: Auch dort verliert ein Mensch nach einem Flugzeugabsturz sein Gedächtnis. Beneš, der sich nicht immer über das Niveau guter Unterhaltungsliteratur erhob, trat mit dem *Zauberhaus* den Beweis an, daß ihm künstlerische Gestaltungsmittel sehr wohl zu Gebote stehen. D.Pe.

AUSGABEN: Prag 1939. – Prag [10]1958 [Nachw. M. Petříček]. – Prag [11]1963 [Nachw. K. J. Beneš]. – Prag [12]1966 [Nachw. A. Hájkova]. – Prag [14]1977.

VERFILMUNG: ČSSR 1939 (Regie: O. Vávra).

LITERATUR: B. Jedlička, Rez. (in Lidové noviny, 19. 6. 1939). – A. M. Píša, Rez. (in Národní práce, 2. 7. 1939). – K. Polák, Rez. (in Kritický měsíčník, 1939). – K. Sezima, Rez. (in Lumír, 1939/40, S. 91). – V. Cháb, *Spisovatelé o sobě a o svém díle* (in Nár. osvobození, 24. 1. 1948, S. 5) – K. J. Beneš, *O próze z vlastních zkušeností* (in Nový život, 1955, Nr. 10, S. 1078–1082). – B. Polan, *Dvě jubilejní miniatury* (in Palmen, 3, 1961, Nr. 2, S. 129/130). – G. Svobodová, *Jde o každé slovo* … [Gespräch m. K. J. Beneš] (in Svoboda, 16. 6. 1963, S. 4). – V. Polák, *Díky Kouzelnému domu* (in Blansko, 1974.).

OHNIVÉ PÍSMO

(tschech.; *Die Flammenschrift*). Roman von Karel Josef BENEŠ, erschienen 1950. – Der Autor, Verfasser einiger Unterhaltungsromane, wie *Uloupený život*, 1935 *(Das geraubte Leben)*, oder *Červená pečeť*, 1940 *(Das rote Siegel)*, wurde 1939 als nationaler Widerstandkämpfer von den Nazis verhaftet und bis Kriegsende gefangengehalten. Die Erlebnisse aus dieser Zeit wurden bestimmend für das spätere Schaffen von Beneš. Sein Roman *Dítě pro štěstí*, *(Ein Kind fürs Glück)*, erinnert z. B. – obwohl früher entstanden – thematisch an *Nackt unter Wölfen* (1958) von Bruno APITZ.
In *Ohnivé písmo* schildert der Autor die abenteuerliche Rückkehr nach Deutschland verschleppter tschechischer Häftlinge in ihre Heimat. Der Idealismus der Heimkehrer, die in ihrem vom Krieg ausgelaugten Land ein neues Leben aufbauen wollen, wird mit der nüchternen Realität konfrontiert: Sie müssen erleben, wie Spekulanten in die Reihen der Kommunisten einsickern, um aufrechte Widerstandskämpfer, die ihnen unangenehm oder gefährlich sind, zu beseitigen; sie begegnen konservativen Ansichten und Leuten, die wegen feigen Stillhaltens während der Okkupation oder ihrer Kollaboration mit dem Feind ein schlechtes Gewissen haben und die die Heimkehrer mit scheelen Blicken verfolgen. – Im Mittelpunkt des Geschehens steht eine Gruppe tschechischer Häftlinge aus dem Zuchthaus Grüntal, die von den Amerikanern befreit wurde. Auf dem Weg nach Hause treten sie in Freising mit einem deutschen Kommunisten in Verbindung, dessen Sohn bei der Gestapo gedient hatte und, als er heimkehrte, von seinem todkranken Vater verstoßen wurde. Auf die Nachricht vom Prager Volksaufstand eilen die befreiten Häftlinge der bedrohten Hauptstadt zu Hilfe. Einer von ihnen, Choura, der zu Fuß den Böhmerwald überquert, wird in den letzten Kriegstagen von Angehörigen der Organisation »Werwolf« ermordet. Vier andere schlagen sich nach Prag durch, wo sie sich für die von Kollaborateuren bedrohten Familienangehörigen ihrer KZ-Kameraden einsetzen. Die schweren Erlebnisse des Autors führten zu einer spürbaren Vertiefung seines literarischen Schaffens. Zur professionellen Routine der früheren Werke gesellt sich ein humanistisches Anliegen, das mit moralischem und gesellschaftskritischem Engagement vorgetragen wird. P.Bu.

AUSGABE: Prag 1950; [4]1962 [Nachw. V. Běhounek]; Prag [5]1975.

LITERATUR: K. J. Beneš, *Na okraj románu »Ohnivé písmo«* (in Lit. noviny, 1950). – J. Pecháček, *Písmo, které nesmí vyblednout* (in Hlas revoluce, 15, 1962, Nr. 14, S. 3).

ULOUPENÝ ŽIVOT

(tschech.; *Das geraubte Leben*). Roman von Karel Josef BENEŠ, erschienen 1935. – In dem bekanntesten seiner zahlreichen Erzählwerke variiert Beneš das traditionelle Motiv eines physisch zum Verwechseln ähnlichen, psychisch jedoch bis zur Feindschaft gegensätzlichen Zwillingspaares. Schauplatz der Handlung ist das mondäne Europa in der Zeit um den Ersten Weltkrieg, zumal die Welt des tschechischen Besitz- und Bildungsbürgertums der Habsburger Monarchie. In diesem detailliert und ohne kritische Ambition geschilderten Milieu entwickelt sich der versteckte Konkurrenzkampf zwischen Sylva und Martina, den Zwillingstöchtern eines Wiener Bankdirektors tschechischer Abstammung. Die in allen Lebensbereichen glücklichere Sylva, der alles mühelos zufällt, auch der von Martina leidenschaftlich geliebte junge Naturwissenschaftler Vladimír Toman, kommt durch einen Unfall ums Leben. Martina nimmt den Namen der Schwester an, um dieser alles, was ihr selbst, wie sie meint, durch deren Existenz bisher vorenthalten geblieben ist, nachträglich wieder zu entreißen. Der Verwirklichung ihres Planes stellen sich jedoch nicht allein äußere, sondern mehr und mehr auch innere Widerstände entgegen. Die wiederholte Erfahrung, ein Ziel nur unter Verleugnung der eigenen Persönlichkeit erreichen zu können, erschüttert Martinas Identitätsbewußtsein, ja das Ziel selbst entspricht, ist es endlich erreicht, nicht mehr den ursprünglichen Wunschprojektionen. Der Einblick in das »geraubte Leben« der toten Schwester offenbart eine ganz andere Person als die, der Martina hatte gleichen wollen. Auch der geraubte Mann – er war der wichtigste Grund für den Identitätswechsel – wird ihr durch seine instinktive, wohl aus unbewußter Ahnung des Betrugs erwachsende Abneigung unwiderruflich entfremdet. Dieses Erlebnis ist die letzte, entscheidende Station eines Desillusionierungsprozesses, an dessen Ende die Einsicht steht, daß menschliche Individualität unwiederholbar und »un-entwendbar« ist. Martina beschließt, ein neues, eigenes Leben zu beginnen. Der Ausgang des Romans verteidigt den – problematischen – Glauben und die Einmaligkeit des Individuums gegen die in der zeitgenössischen Literatur häufig dargestellte These von der Auswechselbarkeit und reinen Funktionalität des Menschen (vgl. BRECHTS *Mann ist Mann*, 1926). Die Verschränkung psychologischer Grenzsituationen mit einer sie motivierenden kolportagehaften Fabel stellt das Werk entfernt in die Nachfolge DOSTOEVSKIJS, wenngleich es, wie die Mehrzahl der zeitgenössischen psychologischen Romane, nicht »polyphon«, sondern streng monologisch strukturiert ist: Der Roman wird fast ausschließlich aus der Sicht der Zentralfigur Martina erzählt. *Uloupený život*, das mehrfach verfilmt wurde, verdankt seine Publizität nicht so sehr der eher konventionellen Erzählweise als vielmehr den Möglichkeiten seiner psychologisch motivierten Rahmensituation.

E.Pá.

AUSGABE: Prag 1935; [10]1973 [Nachw. B. Polan]; [11]1984.

VERFILMUNGEN: *A Stolen Life*, England 1939 (Regie: P. Czinner). – *A Stolen Life*, USA 1946 (Regie: C. Bernhardt).

DRAMATISIERUNG: *Uloupený život*. Hörspielbearbeitung, ČSR April 1946.

LITERATUR: F. X. Šalda, *Hromádka moderní české beletrie II: K. J. B., »Uloupený život«* (in Šaldův zápisník, 7, 1935, Nr. 9/10; auch in F. X. Š., *Kritické glosy k nové poezii české*, Prag 1939) – A. M. Píša, Rez. (in Právo lidu, 15. 6. 1935). – B. Jedlička, Rez. (in Lidové noviny, 30. 9. 1935). – J. Matouš, Rez. (in Nové Čechy, 1935). – K. Sezima, Rez. (in Lumír, 1935/36, S. 286). – K. J. Erben, *O próze z vlastních zkušeností* (in Nový život, 1955, Nr. 10, S. 1078–1082). – M. Petříček, *Nad dílem K. J. B.* (in Literární noviny, 5, 1956, Nr.7, S. 5).

BOŽENA BENEŠOVÁ

* 30.11.1873 Neutitschein
† 8.4.1936 Prag

LITERATUR ZUR AUTORIN:
M. Pujmanová, *B. B.*, Prag 1935. – F. X. Šalda, *B. B.* (in Listy pro umění a kritiku, 4, 1936, S. 176–184 und in Šaldův zápisník, 8, 1936, S. 267–280; ern. in F. X. Š., *České medailóny*, Prag 1959, S. 242–253). – J. Kunc, *Slovník soudobých českých spisovatelů*, Prag 1945, S.36–40. – D. Moldanová u. O. Svejkovská, *Neznámé povídky a prozaická torza B. B.* (in Sborník Národního muzea v Praze, Reihe C, Bd. 7, 1962, Nr. 3, S. 128–152). – *Slovník českých spisovatelů*, Prag 1964, S. 26–28. – D. Moldanová, *B. B.*, Brünn 1976. – *Čeští spisovatelé 19. a počátku 20. století*. Hg. K. Homolová, M. Otruba und Zd. Pešat, Prag 1982, S. 20–24.

ČLOVĚK

(tschech.: *Ein Mensch*). Roman von Božena BENEŠOVÁ, erschienen 1919/20. – Wie ihre Lehrmeisterin Růžena SVOBODOVÁ versuchte die Autorin als Reaktion auf den zeitgenössischen Skeptizismus mit ihrem ersten Nachkriegswerk eine neue geistige

Basis für eine positivere Lebenskonzeption zu finden. Für dieses Experiment benutzt sie einen Stoff aus der gesellschaftlichen Sphäre eines Künstlers. Der sensible Komponist Cyril Trojuš hat sich von seiner Frau Hana getrennt, weil er zu wissen glaubt, daß sie ihn lange betrogen hat und das Mädchen Jelva nicht seine Tochter ist. Er zieht sich auf das südmährische Gut seines Freundes Jan Vanský zurück. Hier verknüpft sich sein Schicksal mit dem von Vanskýs Braut Marie und dem des Juden Silbermann, die in seinem ferneren Leben die größtmögliche gegenseitige Liebe (Marie) und den größtmöglichen gegenseitigen Haß (Silbermann) verkörpern. Während Vanský aus dem Verlust Maries seelischen Gewinn zieht und in seiner demütigen Achtung vor dem Glück seiner Mitmenschen über sich selbst hinauswächst, wahrt Trojuš »*die Maske des Stolzes*«. Obwohl sich Marie bei ihm dafür verwendet, die Tochter Jelva ins Haus zu nehmen (die lebenslustige Hana will das Mädchen ihrem ehemaligen Mann abtreten), bleibt er hart und unversöhnbar. Silbermann läßt sich die »*metaphysische Rache*« nicht entgehen und nimmt Jelva in seine Obhut. Darüber kommt die zwischen den beiden Männern jahrelang schwelende Feindschaft zum offenen Ausbruch; ihr Haß vernichtet beide. »*Es gibt keine anderen Straßen als die Straßen zu IHM und von IHM und durch IHN zum Menschen*«, sagt Jan Vanský. Diese metaphysische Daseinsethik Dostoevskijs bildet die Sinnmitte des auch in seiner dramatischen Handlungskonzeption dem Russen verpflichteten Romans. Da das Werk seiner gedanklich-psychologischen Anlage nach wenig Raum bietet, in dem die Autorin Eigenes entwickeln könnte, bleibt nur das Künstlerthema übrig, um den Eindruck völligen Epigonentums zu verwischen. Das gelingt nur mit Mühe, da hier die Substanz sehr dürftig ist und selten mehr bringt als Meditationen über Trojuš' unvollendete Oper »Oldřich a Božena.« W.Sch.

Ausgaben: Prag 1919/20 (2 Bde.) – Prag 1933 ff. (in *Sebrané spisy*). – Prag 1955 ff. (in *Dilo*). – Prag ⁴1957 [Nachw. J. Honzík].

Literatur: A. Novák, *Román mravního rozhodnutí* (in Venkov, 11. 11. 1919). – J. Knap, *Růst člověka v díle B. B.* (in Cesta, 1919/20). – K. Č. (= Čapek), *Člověk* (in Lidové noviny, 21. 5. 1921; ern. in K. Čapek, *Na břehu dnů*, Prag 1966). – M. Rutte, *Skrytá tvář*, Prag 1925. – K. Sezima (in Krystaly a průsvity, 1928). – M. Pujmanová, *B. B.* (in Postavy a dílo, 2, Prag 1935). – J. Rozendorfský, *A. M. Tilschová e B. B.* (in L'Europe Orientale, 17, Rom 1937). – J. Ochsner, *Der psychologische Roman bei B. B.*, Diss. Prag 1939.

DON PABLO, DON PEDRO A VĚRA LUKÁŠOVÁ

(tschech.; *Ü: Don Pablo, Don Pedro und das Mädchen Věra*). Erzählung von Božena Benešová, erschienen 1936. – Die Erzählung, letzte Veröffentlichung der Benešová, beschreibt eine entscheidende Phase in der psychischen und physischen Entwicklung des frühreifen elfjährigen Mädchens Věra Lukášová. Věra, die weder Vater und Mutter noch eine Freundin hat, wächst vereinsamt bei ihrer Großmutter auf. Sie leidet darunter, »*bald nach der Hochzeit* [ihrer Eltern] *geboren worden zu sein*« – ein Makel, den ihr die spießig moralische Großmutter immer wieder vor Augen hält. In ihrer Backfischphantasie träumt Věra sich in die Welt der spanischen Ritterromane hinein, verwandelt sich in die Heldin Elvira und stellt den sie umwerbenden Caballeros Don Pablo und Don Pedro die Frage, was gut und was böse sei. Mit der gleichen Frage, die sie unaufhörlich beschäftigt, wendet sie sich auch an Herrn Láb, einen vereinsamten alten Adligen, mit dem sie auf Grund seiner Spanischkenntnisse bekannt wird: »*Für das tiefste Geheimnis des Lebens halte ich, wenn jemand Gut und Böse zu unterscheiden weiß.*« Herr Láb dagegen sieht in Věra ein altes Idol wieder lebendig werden und faßt zu dem Mädchen eine krankhafte Zuneigung, die sichtlich sexueller Natur ist. Věra flieht vor ihm zu dem Gymnasiasten Jarka Kohout, der zufällig von »Elviras« spanischer Traumwelt erfahren hat, und ihm entdeckt sie ihre seelischen Nöte. Jarka wird ihr zum wirklichen Freund, der sie die erdachten Caballeros vergessen läßt und der überdies die großmütterliche Lebensansicht von der »*Freundschaft mit dem Betrug hinterdrein*« widerlegt.

Die Erzählung bildet in gewisser Hinsicht ein Korrektiv zu dem Roman *Člověk (Ein Mensch)*, in dem die Autorin ihre Helden ebenfalls vor die Frage nach Gut und Böse stellt, als Antwort aber nur eine abstrakte christliche Moral zu bieten hat. Hier gelingt es der kleinen Heldin, sich aus dem monologischen Dasein des in sich eingeschlossenen Menschen zu befreien und zum fruchtbaren, erlösenden Dialog zu finden. Der Konflikt zwischen Illusion und Wirklichkeit wird damit zugunsten der Wirklichkeit entschieden. Allerdings wäre es verfehlt, hierin eine letztgültige Aussage der Autorin zu sehen, wie es gegenwärtig vielfach geschieht: die Behauptung, die Benešová habe ihr ganzes umfangreiches Œuvre mit dieser Erzählung, die zwar ihre letzte, aber wohl nicht ihre gewichtigste ist, revidieren wollen, läßt sich kaum begründen. W.Sch.

Ausgaben: Prag 1936. – Prag 1946. – Prag 1959 [Nachw. J. Janů]. – Prag 1962 [Nachw. D. Moldanová]. – Prag ¹³1979.

Übersetzung: *Don Pablo, Don Pedro und das Mädchen Věra*, E. Borchardt, Prag 1961.

Dramatisierung: E. F. Burian, *Věra Lukášová*, Prag 1938; ersch. Prag 1957. – Ders., dass., Hörspiel, Prag 1965.

Verfilmungen: *Věra Lukášová*, ČSSR 1939 (Regie: E. F. Burian). – Dass., ČSSR 1966 (TV; Regie: ders.).

LITERATUR: A. N. (= Novák), *Poslední povídka B. B.* (in Lidové noviny, 18. 10. 1936). – J. Ochsner, *Der psychologische Roman bei der B. B.*, Diss. Prag 1939. – V. Lišková, *Význam themat mladí a dětství u B. B.* (in Lidové noviny, 20. 6. 1938 und in *Morava Arnu Novákovi*, 1941: ern. in *Posmrtný odlitek z prací V Liškové*, Prag 1945, S. 96–120). – L. Fikar, *»Věra Lukášová« ještě žije* (zur Dramatisierung; in Mladá fronta, 11. 10. 1945). – E. F. Burian, *Proč jsem točil ·Věru Lukášovou?* (zur Verfilmung; in Kulturní politika, 1, 1945/46, Nr. 4, S. 2.) – D. Šafaříková, *Rozhlasový experiment* (zum Hörspiel; in Práce, 14. 5. 1965). – D. Havlíček, *Naplněné dny* (zur Fernsehbearbeitung; in Kulturní tvorba, 4, 1966, Nr. 12, S. 13).

VÁCLAV BENEŠ-TŘEBÍZSKÝ

eig. Václav Beneš
* 27.2.1849 Třebíz bei Slaného
† 20.6.1884 Marienbad

LITERATUR ZUM AUTOR:
J. Neruda, *V. B. T.* (in Humoristické listy, 18. 12. 1880; ern. in J. N., *O umění*, Prag 1950, S. 99–100 und in J. N., *Podobizny*, Prag 1951, Bd. 1, S. 287–288). – K. V. Rais, *V. B. T.*, Prag 1885 [m. Bibliogr.]. – J. Braun, in V. B. T., *Sebrané spisy*, Prag 1889, Tl. 5, Bd. 9. – F. Strejček, *V. B. T.*, Prag 1925. – V. Polívka, *Život a dílo V. B. T.*, Prag 1934. – V. Tichý, *V. B. T.* (in Český kulturní Slavín, Prag 1948). – J. Šach und Fr. Stuchlý, *Nedokončená pouť*, Prag 1959. – J. Beneš, *V. B. T.*, in J. B., *Ač zemřeli, ještě mluví*, Prag 1964. – B. Hofmeisterová, *Osm let s T.*, Prag 1969. – H. Hudíková, *V. B. T. Personální bibliografie*, Pilsen 1975.

BLUDNÉ DUŠE

(tschech.; *Irrende Seelen*). Historischer Roman von Václav BENEŠ-TŘEBÍZSKÝ, erschienen 1879. – Das reifste und beliebteste Werk des volkstümlichen Autors, der als geschicktester Nachahmer und Fortsetzer Walter SCOTTs in Böhmen dem tschechischen historischen Roman neue Bedeutung verlieh. An die *Bludné duše* hat vor allem Alois JIRÁSEK in seinen großen historischen Romanen angeknüpft. Als Thematik wählte Beneš die soziale und nationale Unterdrückung der tschechischen Landbevölkerung gegen Ende des 18. Jh.s. Diese Gesellschaftsschicht war dem Schneiderssohn und Dorfkaplan Beneš auch am besten bekannt.
Der Roman schildert ausführlich die positiven und negativen Auswirkungen des Josephinismus und das bäuerlich-ländliche Volk Böhmens, doch gesellen sich zu der Forderung nach religiöser Freiheit und sozialer Hebung des Bauernstandes auch schon die ersten nach nationaler Wiedergeburt rufenden Stimmen. Herrschaftlicher Übermut, stillschweigende Unterschlagung oder eigenwillige Auslegung der kaiserlichen Patente seitens der Beamten, Anwendung der längst abgeschafften Folter bei Gericht, Mißachtung der Fronarbeitsvorschriften durch die Gutsverwalter und nicht zuletzt das Versagen der örtlichen Geistlichkeit *(»Pfarrer und Gutsherrschaft müssen einer Meinung sein!«)* lösen im Dorf Jiřice und Umgebung einen blutigen Aufstand der Bevölkerung gegen die Obrigkeit aus. Der Einsatz kaiserlicher Truppen vermag die Ruhe nach außen hin wiederherzustellen; erst als der Feudalherr – aus Freude darüber, daß sein Sohn die lebensbedrohende Pestkrankheit überstanden hat – seinen Bauern die Freiheit schenkt, kehrt der ländliche Frieden zurück.
Nicht die Ratio des Gesellschaftskritikers, vielmehr das Mitleid des Christen führt Beneš die Feder. Das zeigt sich nicht nur in der Art der Darstellung, sondern auch in dem elegischen, emotionalen Stil, der mitunter sogar sentimentale Züge aufweist. Gerade das aber hat *Bludné duše* und anderen Beneš-Romanen zu ihrer Beliebtheit verholfen. J.H.

AUSGABEN: 1879 (in Osvěta, 9, Nr. 1–7). – Prag 1882. – Prag 1889 (in *Sebrané spisy*). – Prag 1950 [Nachw. R. Skřeček; ern. 1955]. – Prag ⁹1976.

LITERATUR: F. Bílý, Rez. (in Osvěta, 1883). – E. Miřiovský, Rez. (in Lumír, 1883.) – Č. Zíbrt, *Hubený »fest« v provídce V. B. T. »Bludné duše«* (in Český lid, 13, 1913, S. 286/287). – V. Hadač, *Basnická fantasie a historická pravda v románu V. B. T. »Bludné duše«* (in Tradice, 1934, Nr. 1).

STEPHEN VINCENT BENÉT

* 22.7.1898 Bethlehem / Pa.
† 13.3.1943 New York

LITERATUR ZUM AUTOR:
Ch. A. Fenton, *S. V. B.: The Life and Times of an American Man of Letters, 1898–1943*, New Haven 1958. – P. Stroud, *S. V. B.*, NY 1962 (TUSAS; vgl. korr. Anm. in Notes and Queries, 13, 1966, S. 420/421). – *S. V. B. on Writing: A Great Writer's Letters of Advice to a Young Beginner*, Hg. G. Abbe, Brattleboro 1964. – J. Griffith, *Narrative Technique and the Meaning of History in B. and MacLeish* (in Journal of Narrative Technique, 3, 1973, S. 3–19). – L. Benét, *When William Rose, S. V. and I Were Young*, NY 1976. – R. Bromley, *S. V. B.* (in *Supernatural Fiction Writers: Fantasy and Horror, 2: A. E. Coppard to R. Zelazny*, Hg. E. F. Bleiler, NY 1985, S. 797–803).

THE DEVIL AND DANIEL WEBSTER

(amer.; *Ü: Daniel Webster und die Seeschlange*). Erzählung von Stephen Vincent BENÉT, erschienen 1937. – Neben dem Bürgerkriegsepos *John Brown's Body* ist diese Geschichte das bekannteste Werk Benéts. Der Rückgriff auf volkstümliche amerikanische Sagenstoffe und legendenumwobene historische Persönlichkeiten, aber auch das damals in den USA wiederauflebende Interesse an einer Erneuerung des literarischen »Regionalismus« prägen auch diese Erzählung. Sie spielt im Neuengland-Staat New Hampshire im 19. Jh. Der Farmer Jabez Stone hat seine Seele dem Teufel verkauft, um eine Zeitlang in Reichtum leben zu können. Als der Böse am Tag der Abrechnung erscheint, weigert sich Stone, den Kontrakt einzuhalten. Er bittet den berühmten Advokaten und Volksredner Daniel Webster um Beistand (das historische Vorbild ist der von 1782 bis 1852 lebende Senator und spätere Außenminister, einer der größten amerikanischen Rhetoren). Vor einem höllischen Gerichtshof, der sich aus notorischen Verrätern der amerikanischen Geschichte zusammensetzt, wird der Fall verhandelt, und Websters Eloquenz zwingt sogar den Teufel zur Kapitulation.

Die heiter-phantastische Erzählung, in der Benét das Lokal- und Zeitkolorit ebenso wie die spezifisch neuenglische Sprechweise glänzend getroffen hat, gehört heute ebenso zum Bestand der amerikanischen Folklore wie etwa Washington IRVINGS *Rip van Winkle*. G.Be.–KLL

AUSGABEN: NY/Toronto 1937. – NY/ Toronto 1937 (in *Thirteen o'Clock Stories of Several Worlds*). – NY 1960.

ÜBERSETZUNG: *Daniel Webster und die Seeschlange*, M. v. Schweinitz u. U. Piper, Mchn. 1948.

VERTONUNG: D. Moore (Text: S. V. Benét; Oper; Uraufführung: NY 1939).

LITERATUR: F. B. Millet, *Contemporary American Authors*, NY 1940, S. 246–249 [m. krit. u. bibliogr. Material]. – A. MacLeish, *As We Remember Him* (in Saturday Review of Literature, 26, 1943, S. 7–11). – C Becker, *B.'s Sympathetic Understanding* (in Mark Twain Quarterly, 6, 1943, S. 13). – C. LaFarge, *The Narrative Poetry of S. V. B.* (in Saturday Review of Literature, 27, 1944, S. 106–108).

JOHN BROWN'S BODY

(amer.; *Ü: Er war ein Stein. Eine amerikanische Iliade*). Verserzählung in einem Vorspiel und acht Büchern von Stephen Vincent BENÉT, erschienen 1928. – Den Titel hat diese Dichtung mit einem im amerikanischen Bürgerkrieg populär gewordenen Lied über John Brown (1800–1859), einen fanatischen Gegner der Sklaverei, gemeinsam. In der Überzeugung, als Werkzeug Gottes zu handeln, hatte Brown bereits in Kansas einige Gewalttaten begangen, bevor er mit einundzwanzig Gleichgesinnten im Oktober 1859 das U.S.-Arsenal in Harpers Ferry/Virginia überfiel und besetzte, um von dort aus den bewaffneten Kampf zur Befreiung der Negersklaven zu beginnen. Doch eine von Robert E. Lee (dem späteren Oberbefehlshaber der Südstaatenstreitkräfte) geführte Truppe eroberte das Arsenal zurück und nahm Brown gefangen. Man machte ihm den Prozeß und henkte ihn Anfang Dezember 1859. Als knapp eineinhalb Jahre später der Bürgerkrieg ausbrach, war John Brown – vor allem in den Nordstaaten – bereits zur legendären Figur geworden, galt er bereits als Märtyrer. Mehrere amerikanische Autoren befaßten sich mit seinem Schicksal, unter ihnen THOREAU (der Brown persönlich gekannt hatte und ihn in drei Vorträgen verherrlichte) und WHITTIER.

In Benéts großangelegtem Bürgerkriegsepos nehmen die Ereignisse in Harpers Ferry zwar nur wenig Raum ein (erstes Buch), John Browns vermodernder Leib aber wird zum Leitmotiv des ganzen Werks. Mit dem Ausbruch des Kriegs, dem Beginn der Selbstzerfleischung einer Nation, sieht Benét ein Gesetz erfüllt, das seit der Zeit, als aneinandergekettete Sklaven auf Yankeeschiffen nach Nordamerika gebracht wurden (das »Vorspiel« berichtet davon), nach dieser Erfüllung gedrängt hat. »*Nenne es Sitte, nenne es Gott oder Schicksal, / Nenne es Menschenseele, Naturgesetz – / Dieses Gesetz ist da und bewegt sich. / Und wenn es sich bewegt, / Benützt es einen harten, einen wirklichen Stein, / Um eine wirkliche Wand in Stücke zu schlagen.*« Für Benét ist John Brown ein solcher »Stein« gewesen. – Die Bücher 2 bis 8 schildern in chronologischer Folge die wichtigsten Ereignisse des Krieges vom Überfall der Konföderierten auf Fort Sumter (April 1861) bis zur Kapitulation des Generals Lee in Appomatox/Virginia (April 1865). Neben den politischen und militärischen Führern beider Lager (eindrucksvoll vor allem die Gestalt Lincolns) treten fiktive Personen auf, deren Schicksal der quer durch die Staaten verlaufende Riß verwandelt. Die Schlachtenschilderungen sind geprägt vom Wissen des Nachgeborenen um die unauslöschlichen Spuren, die dieser blutige Konflikt hinterließ.

Benéts Standpunkt ist der eines Nordstaatlers, der die tragische Verstrickung der Südstaaten mitleidend erkennt. »*Siech von ihrer tödlichen Krankheit lebt sie* [die Konföderation] *weiter, / Sinkt durch einundzwanzig Monate von Stolz und Verzweiflung, / Halben Hoffnungen, ausgelöscht im Licht heldenhafter Kämpfe, / Die zu nichts führen. Und Tod häuft sich auf Tod!*« Im Ende des Sezessionskriegs sieht Benét den Beginn eines neuen, von der Maschine beherrschten Amerika, mit dessen gewandelter Gestalt man sich abzufinden habe, ohne um Vergangenes zu klagen. Nicht weil der Bruderzwist sinnlos war, sondern weil es sinnlos ist, ihn immer neu anzufechten, ruft der Dichter seiner Nation zu: »*Begrabt den Süden, das entschwundene Reich ... die kranke Magnolie der falschen Romantik.*«.

Benét läßt Verse in freien Rhythmen, lyrische Zwischenstücke stark balladesken Charakters und kurze Abschnitte in rhythmisierter Prosa ineinandergreifen, ordnet bestimmte Metren bestimmten Personen bzw. Inhalten zu und «montiert« Bilderfolgen, als gelte es, ein Filmepos zu schaffen. Innerhalb der amerikanischen Dichtung der zwanziger Jahre ist diese Sage eine einmalige Erscheinung: eine Mischung aus Naturalismus und Romantik, nicht frei von pathetischen und nationalistischen Untertönen, Sentimantalität und krampfhaften Lyrismen, im ganzen aber Zeugnis einer starken Gestaltungskraft. *»Es ist das große Verdienst Benéts, daß er fähig war, das Rauhe, das Wirre, das Süße und Bittere einer Epoche mit moderner Vorstellungskraft neu zu schaffen und doch alles einem großen Thema unterzuordnen«* (H. S. Canby). Die Dichtung erhielt 1929 den Pulitzerpreis und zählt zu den Standardwerken der amerikanischen Literatur.   G.Ba.

AUSGABEN: Garden City/N.Y. 1928. – NY/Toronto 1941, Hg. M. A. Bessey [Einl. B. J. Loewenberg]. – NY 1942 (in *Selected Works*, 2 Bde., 1). – NY 1948 [Einl. D. S. Freeman]. – NY 1968 [Einl. J. L. Capps. u. C. R. Kemble].

ÜBERSETZUNG: *Er war ein Stein. Eine amerikanische Iliade*, T. u. E. Schnieder u. N. Langer, Wien 1964 [Nachw. H. S. Canby].

DRAMATISIERUNG: Ch. Laughton, *John Brown's Body* (Urauff.: NY, 14. 2. 1953, New Century Theatre).

LITERATUR: J. Donner-Esch, *Amerika im Spiegel von S. V. B.s »John Brown's Body«*, Diss. Bln. 1940. – P. L. Wiley, *The Phaeton Symbol in »John Brown's Body«* (in AL, 17, 1945, S. 231–242). – Ch. A. Fenton, *The Writing of »John Brown's Body«. S. V. B. in Paris* (in Atlantic Monthly, 102, 1958, H. 9, S. 45–51). – R. D. Richardson Jr., *Epic on an American Theme. A Study of »John Brown's Body«*, Diss. Harvard University 1961. – M. L. Richardson, *The Historical Authenticity of John Brown's Raid in S. V. B.'s »John Brown's Body«* (in West Virginia History, 24, 1963, S. 168–175). – J. T. Flanagan, *Folk Elements in »John Brown's Body«* (in New York Folklore Quarterly, 20, 1964, S. 243–256).

MARTIN BENETOVIĆ

auch Martin Benetević
* um 1550 Hvar
† 1607 Venedig

HVARKINJA

(kroat.; *Die Hvarerin*). Komödie in fünf Akten mit einem Prolog von Martin BENETOVIĆ, erschienen 1915. – Die in einer jüngeren Abschrift (Split, 1663) überlieferte Komödie ist eine kroatische Tochter der *commedia dell'arte*. Ihre Handlung ist nicht psychologisch motiviert, dramatische Konflikte werden mit Hilfe von Intrigen, vielfältigen Verwechslungen und Verkleidungen geschaffen; die Situationskomik ist vordergründig. Die Personen des Stücks sprechen die urwüchsige, zum Teil recht derbe Mundart ihrer Heimat, der Insel Hvar. Sie lassen sich in drei Gruppen zusammenfassen. Zur ersten gehören der alte Rechtsanwalt Nikola, seine blutjunge, untreue Frau Isabella, ihr Liebhaber Fabricio (ein »Findling« aus Dubrovnik), Nikolas Sohn aus erster Ehe, Karlo, und die listige Zofe Goja; die zweite Gruppe bilden der alte, reiche Mikleta aus Dubrovnik, der sich in Lobgesängen auf die Insel Hvar und die Gastfreundschaft ergeht, und sein nur auf gutes Essen und Trinken bedachter Diener Bogdan; in die letzte Gruppe gehören die tugendhafte Witwe Polonija, ihre verschämte Tochter Perina und deren Zofe Dobra. Außerhalb dieser drei Gruppen stehen die Kupplerin Barbara und der Tölpel Radoje. Die Handlung des Stücks ergibt sich daraus, daß sich Karlo in Perina und Mikleta in Polonija verlieben, wobei Dobra, Bogdan und die Kupplerin Barbara mit mehr oder weniger Geschick Vermittlerdienste leisten. Um die Zofe Goja entbrennt überdies eine blutige Auseinandersetzung zwischen Bogdan und Radoje, die von Mikleta erst im letzten Augenblick geschlichtet werden kann. Nach Überwindung zahlreicher Hindernisse finden endlich alle Paare glücklich zusammen, und das Stück endet mit einem glänzenden Fest, auf dem Mikleta in Fabricio seinen verlorenen Sohn erkennt. – Benetović zählt – zusammen mit H. LUCIĆ und P. HEKTOROVIĆ – zu den bekanntesten und populärsten Dichtern der Insel Hvar. Daß der Autor vor allem in dem Ragusaner (Dubrovniker) Dramatiker Marin DRŽIĆ (um 1508–1567) sein Vorbild sah, machen Anspielungen auf das Werk des Schöpfers der kroatischen Renaissancekomödie deutlich.   N.P.

AUSGABEN: Zagreb 1915, Hg. P. Karlić (in Grata, Bd. 8). – Zagreb 1965 (in N. Nalješković, M. B., J. Palmotić, *Djela*, Hg. R. Bogišić; Pet stoljeća hrvatske književnosti, Bd. 9).

LITERATUR: P. Karlić, *M. B. »Hvarkinja«* (in Grata, Bd. 8, 1915, S. 247–327). – F. Fancev, *Seljačka komedija u starijoj hrvatskoj drami* (in Godišnjak Sveučilišta u Zagrebu za školsku godinu 1924/25–1928/29, Zagreb 1929, S. 140–156). – R. Bogišić, *O hrvatskim starim pjesnicima*, Zagreb 1968, S. 221–242. – Ders., *M. B. i Dubrovnik* (in R. B., *Književne rasprave i eseji*, Split 1977, S. 93–102). – Ders., *Pučki i društveni odnosi u »Hvarkinji«* (ebd., S. 103–114). – Ders., *M. B.* (in N. Nalješković, M. B., J. Palmotic, *Djela*, Zagreb 1965, S. 119–136; m. Bibliogr.). – M. Franičević, *Pučka varijanta M. B.* (in Dani hvarskog kazališta, Bd. 3, Split 1976). – Ders., *Eseji o starima i novijim*, Zagreb 1977, S. 140–156.

JUAN BENET Y GOITIA

* 7.10.1927 Madrid

LITERATUR ZUM AUTOR:
J. Ortega, *Estudios sobre la obra de J. B.* (in CHA, 1974, Nr. 284, S. 229–258). – J. Rodríguez Padrón, *Apuntes para una teoría benetiana* (in Insula, 1979, Nr. 396/397, S. 3 u. 5). – J. L. Sandarg, *The Role of Nature in J. B.'s Novels of Region*, Diss. Univ. of North Carolina at Chapel Hill 1980 (vgl. Diss. Abstracts, 41, 1981, S. 3606A). – J. L. Wescott, *Creation and Stucture of Enigma. Literary Conventions and J. B.'s Trilogy*, Diss. Univ. of Massachusetts 1982 (vgl. Diss. Abstracts, 42, 1982, S. 5142A) – V. Cabrera, *J. B.*, Boston 1983 (TWAS). – D. K. Herzberger, M. A. Compitello, *Critical Approaches to the Writings of J. B*, Hannover/Ldn. 1984. – R. Gullón, *Sombras de J. B.* (in CHA, 1985, Nr. 417, S. 45–70).

VOLVERÁS A REGIÓN

(span.; *Du wirst nach Región zurückkehren*). Roman von Juan BENET, erschienen 1967. – Die hermetisch abgeschlossene Welt von Región ist von außen unzugänglich. »*Im einen oder anderen Moment erkennt man das befremdende Gefühl, daß jeder Schritt nach vorn einen ein wenig mehr von diesen unbekannten Bergen entfernt.*« Die unsichtbare Gegenwart von Numa, »*alt und roh*« – durch gelegentliche Echos von Schüssen aus einem alten Karabiner wahrnehmbar – wacht über den »*verbotenen Wald*« und sein Schweigen. Wie G. GARCÍA MÁRQUEZ' Macondo in *Cien años de soledad*, 1967 (*Hundert Jahre Einsamkeit*) sucht man Región vergeblich auf der Landkarte, es ist ein mystisches Universum, der Raum, in dem das paralysierte Nachkriegsspanien vegetiert.

Gegen Ende des spanischen Bürgerkriegs flüchten einige überlebende Kämpfer – unter ihnen der Pflegesohn des Arztes Sebastian –, die wegen Rebellion zum Tode verurteilt wurden, nach Región. Sebastian vergräbt sich in seiner Klinik, sein einziger Patient ist ein Junge, der die Abwesenheit seiner Mutter nicht verkraftet und verrückt geworden ist. Nach langer Zeit erhält Sebastian den Besuch von Marré Gamallo, Tochter eines im Bürgerkrieg getöteten Generals der Falangisten, die Luis Timoner, Sebastians Pflegesohn und republikanischer Offizier, wiedersehen will. Während des Bürgerkriegs war sie dessen Geliebte gewesen, bis dieser in den letzten Kriegstagen in die Berge flüchten mußte. Jetzt kommt sie nach Región zurück, um diese Leidenschaft wieder aufleben zu lassen. Das eine ganze Nacht dauernde Gespräch zwischen Marré und Sebastian erweckt noch einmal die Gespenster der Vergangenheit. Als die Frau schließlich am Morgen die Klinik wieder verläßt, stürzt sich der junge Patient, der an die Rückkehr seiner Mutter geglaubt hatte, da diese einst in einem dem schwarzen Auto Marrés sehr ähnlichen Wagen verschwunden war, im Delirium auf Sebastian und tötet ihn.

Das labyrinthische und rätselhafte Región, dessen undurchdringliche Topographie Benet minutiös beschreibt – »*unentwirrbare Dschungel*«, »*gespenstische Wege und öde Felder*« – prägt Charakter und Lebensweise seiner Bewohner, die wie Gespenster in einer abgeschiedenen Welt leben, in der Raum und Zeit zur Unbeweglichkeit erstarrt sind: »*Ihr ganzes Leben hatten sie sich von Ruinen ernährt, nie haben sie gelernt, wie man einen Stein auf den anderen setzt.*« Es sind physische und moralische Ruinen, die das traumatische Erlebnis des spanischen Bürgerkriegs zerstört hat. Dieses zentrale Thema wird auf zwei Erzählebenen zur Sprache gebracht: Zum einen ermöglicht der subjektive Blickwinkel Marrés und Sebastians eine psychologische Bestandsaufnahme der Ereignisse, zum anderen genügt der Autor in der exakten Beschreibung der militärischen Vorgänge um Región seiner Chronistenpflicht. Die Zeitebenen vor, während und nach dem Krieg fließen ineinander; im Bewußtsein der Personen scheinen alle Ereignisse gleichzeitig zu existieren. Die Zeit bleibt auf eine taumelnde, gespenstische und labyrinthische Gegenwart reduziert. Auch der Krieg war und ist eine verhaßte und unbesiegbare Gegenwart, eine unsichtbare und unwirkliche Gegenwart. Die Zeit »*ist die Dimension, in der das menschliche Wesen nur unglücklich sein kann ... Die Zeit zeigt sich im Unglück, deswegen ist das Gedächtnis nur das Register des Leidens ... Deshalb gibt es keine Zukunft und nur ein infinitesimaler Teil der Gegenwart ist keine Vergangenheit*«, sagt Sebastian im nächtlichen Gespräch. Bilder der Vergangenheit entstehen in verwirrender Folge und dominieren die Gegenwart, häufig wechseln die Sichtweisen, Vorwegnahmen und Sprünge zurück symbolisieren sprachlich das Labyrinth, aus dem es für die Personen des Romans kein Entweichen gibt. Lange Beschreibungen paralysieren den Fluß der Zeit; der sich über zwei Drittel des Buches erstreckende Dialog ist kein Zwiegespräch, sondern eine Aneinanderreihung von Monologen, mit Sätzen, oft länger als eine Seite, in derselben unpersönlichen, komplizierten und ausgefeilten Sprache wie die Autorenrede. Es gibt in Región keine Kommunikation, nur Angst, Verzweiflung und Einsamkeit. Nach dem Tode Sebastians stellt unter den extatischen Schreien des verrückten Jungen »*mit dem Licht des Tages, zwischen zwei Bellen eines einsamen Hundes, das Echo eines entfernten Schusses das gewohnte Schweigen wieder her.*« Auch ein sorgfältiges Nachlesen von *Volverás a Región* löst das vom Autor beabsichtigte Labyrinth von Rätseln nicht. Die Lösung besteht darin, daß es keine Lösung gibt. Kunst besitzt nach Benets eigenem literarischen Credo nur dann einen Wert, wenn sie den Bereich des menschlichen Geistes anspricht, »*der jenseits aller Dogmen liegt*«, jene »*Schattenzonen der enigmatischen Realität*«. Mit dieser Auffassung wird Benet auch dem »neuen (spanischen) Roman« (*novela nueva)* zugeordnet, der sich »*um eine Betrachtung der universellen, unsichtbaren Realität, statt um photographische Wiedergabe des Unmittelbaren und Sichtbaren bemüht*« (M. García-Vinó). » ›*Volverás a Región‹ ist neben ›Tiempo de silencio‹ und ›Señas de identidad‹ von J. Goytisolo eines der hoffnungslosesten und nihilistischsten Bücher, die in den letzten Jahren über den Zustand unseres Landes geschrieben wurden*« (P. Gimferrer).

In den 1983–1986 erschienenen zwölf Büchern des Romanzyklus *Herrumbrosas lanzas (Rostige Lanzen)* kehrt Benet noch einmal nach Región zurück. Anhand einer Gruppe von Personen, die zumeist schon in *Volverás a Región* auftraten, schildert der Autor in exemplarischer Weise den spanischen Bürgerkrieg und den Krieg schlechthin als überzeitliches Phänomen. Das republikanische Región plant eine militärische Kampagne gegen das benachbarte nationalistische Macerta. Der Rost an den Lanzen symbolisiert dabei das Anachronistische des Kriegs in einer Gesellschaft, die sich zivilisiert nennt und darüber hinaus die Lächerlichkeit und das Groteske von Gewalt in jeder ihrer Erscheinungsformen. Der mystische Raum *Región* wird hier erweitert und gefestigt, auch wenn viele Rätsel ihre Auflösung finden. Jedenfalls ist das *Región* von *Herrumbrosas lanzas* weniger hermetisch, man kann sich in ihr leichter zurechtfinden, nicht zuletzt mit Hilfe einer dem ersten Band beigefügten minutiösen Landkarte. W.Ste.

AUSGABEN: Barcelona 1967. – Barcelona 1984.

LITERATUR: M. A. Compitello, »*Volverás a Región*«*, the Critics and the Spanish Civil War: A Solo-Poetic Reappraisal* (in The American Hispanist, 4, 1979, S. 11–20). – L. F. Costa, *El lector viajero en* »*Volverás a Región*« (in Anales de la narrativa española contemporánea, 4, 1979, S. 9–19). – E. W. Nelson, *Narrative Perspective in* »*Volverás a Región*« (in The American Hispanist, 4, 1979, S. 3–6). – M. A. Compitello, *Region's Brazilian Backlands: The Link Between* »*Volverás a Región*« *and Euclides da Cunha's* »*Os Sertões*« (in Hispanic Journal, 1, 1980, S. 25–45). – Ders., *Ordering the Evidence:* »*Volverás a Región*« *and Civil War Fiction*, Barcelona 1983. – M. E. Bravo, *Región: Una crónica del discurso literario* (in MLN, 98, 1983, S. 250–258).

FRANS GUNNAR BENGTSSON

* 4.10.1894 Tåssjö
† 19.12.1954 Stockholm

LITERATUR ZUM AUTOR:
E. Ehnmark, *F. G. B.*, Stockholm 1946. – E. H. Linder, *Fyra decennier av nittonhundratalet*, Stockholm 1952. – C. Ordell, *Studies in F. G. B.'s Style*, Berkeley 1955. – I. Harrie, *Legenden om Bengtsson*, Stockholm 1971. – S.-E. Fagerlund, *Nytt ljus över F. G. B.* (in Finsk tidskrift, 1972, S. 427–436). – S. Delblanc, *F. G. B.* (in Författarnas Litteratur Historia, Bd. 3, Stockholm 1978, S. 118–126). – R. Arvidsson, *F. G. B. och* »*Legenden*« (in Svensk Litteraturtidskrift, 43, 1980, Nr. 1, S. 3–23).

KARL XII'S LEVNAD

(schwed.; *Ü: Karl XII.*). Historischer Roman von Frans Gunnar BENGTSSON, erschienen 1935/36. – Erst fünfzehnjährig, gelangt Karl 1697 nach einer kurzen sorglosen Kindheit auf den schwedischen Thron. Verwandtschaftliche und politische Verpflichtungen zwingen den jungen König eines Riesenreichs, das an Rußland, Polen, Sachsen und Dänemark grenzt, im Konflikt zwischen Dänemark und Holstein-Gottorp zu intervenieren. Angriffe auf die kontinentalen Ostseeprovinzen von russischer und sächsisch-polnischer Seite treiben ihn zum Krieg gegen August von Sachsen und Peter von Rußland. Nach großen militärischen Erfolgen in Lettland, Livland, Polen und Sachsen, mit denen Karl sein überragendes Feldherrntalent beweist, kann er 1706 den Frieden von Altranstädt schließen. Mit diesem Höhepunkt in der Laufbahn des Königs schließt der erste Band, *Till uttåget ur Sachsen (Bis zum Auszug aus Sachsen)*. – Der zweite Teil, *Från Altranstädt till Fredrikshald (Von Altranstädt bis Frederikshall)*, schildert den Niedergang der schwedischen Macht. Das Schlachtenglück bleibt dem König zunächst noch treu, als er 1707 gegen Rußland marschiert, aber bei Tatarsk tritt die tragische Wende ein. Durch die Verkettung widriger Umstände und unglücklicher Zufälle kommt es schließlich zur Katastrophe von Poltawa (1709) und zur völligen Auflösung des schwedischen Heeres. Abrupt endet so die russische Expedition Karls. Dem kranken und verwundeten König gelingt es, mit einem Häuflein Soldaten in die Türkei zu fliehen, die er erst nach fünf Jahren wieder verlassen wird. Seine Versuche, Verbündete zu gewinnen und ein letztes Aufgebot gegen Rußland zu sammeln, scheitern. Als er nach vierzehnjähriger Odyssee wieder schwedischen Boden betritt, findet er einen nach Ausdehnung und Bedeutung erheblich reduzierten Staat, der aufgehört hat, auf dem Kontinent eine Rolle zu spielen. Der König, der in den einundzwanzig Jahren seiner Herrschaft fast nichts anderes gekannt hat als Kampf, Krieg und Soldatenleben – er ist eine der tragischen Gestalten der schwedischen Geschichte –, fällt 1718 während der Belagerung von Frederikshall.

Mit großer Einfühlungsgabe schildert Bengtsson seinen Helden und dessen Umgebung, die Zeitsituation und die Machtverhältnisse des 17./18. Jh.s (ein beliebter Topos in der schwedischen Literatur; vgl. auch *Karolinerna*), und es ist berechtigt, wenn der schwedische Literarhistoriker E. H. LINDER das Werk, das seinem Autor 1938 den Königlichen

Preis der Schwedischen Akademie einbrachte, ein mit der Technik des wissenschaftlichen Essays geschriebenes Epos nennt. Alle schriftstellerischen Qualitäten Bengtssons findet Linder hier vereint: »*Lebendigkeit, Gelehrtheit, Heldenliebe, psychologischen Realismus, die Vorliebe für Krieg, glanzvolles Auftreten und pittoreske Gegenstände.*« R.P.

AUSGABEN: Stockholm 1935/36, 2 Bde. (Tl. 1: *Till uttåget ur Sachsen*; Tl. 2: *Från Altranstädt till Fredrikshald*; [8]1948). – Stockholm 1954, 2 Bde. (in *Samlade skrifter*, 10 Bde., 1950–1955; [2]1959). – Stockholm 1968, 2 Bde. – Stockholm 1980.

ÜBERSETZUNGEN: *Karl XII. 1682–1707*, K. Reichardt, Zürich 1939 [Tl. 1]. – *Karl XII.*, T. Baur, Stg. 1957 [für dt. Ausg. gekürzt von G.Bengtsson].

LITERATUR: G. Hertzman-Ericson, *A New Biography of Charles XII* (in The American-Scandinavian Review, 25, 1937, S. 354ff.)

RÖDE ORM

(schwed.; Ü: *Die Abenteuer des Röde Orm*). Roman in zwei Teilen von Frans Gunnar BENGTSSON, erschienen 1941–1945. – Dieser burleske Roman schildert in pittoresker Manier das Leben und die Abenteuer des schonischen Wikings Orm Tostesson, genannt Röde Orm (»Rote Schlange«), um das Jahr 1000 und vermittelt ein authentisches, aber auch humorvolles Bild von der Welt der Wikinger in der Zeit des Übergangs vom Heidentum zum Christentum.

Orm, der jüngste Sohn des tapferen Toste, der bis nach England und Irland Beutezüge unternahm, muß auf Verlangen seiner Mutter zu Hause bleiben. Zu seiner ersten Wikingfahrt bricht er unfreiwillig auf, als der Häuptling Krok mit seinen Mannen den elterlichen Hof überfällt und Orm als Gefangenen mitnimmt. Bald bewährt er sich als tapferer Kämpe und guter Kamerad. In Kastilien machen die Eroberer reiche Beute, erliegen aber schließlich der maurischen Übermacht; die Überlebenden, unter ihnen Orm und sein tapferer Waffenbruder Toke, werden gefangengenommen und als Rudersklaven auf ein Schiff des mächtigen Kalifen Almanzur nach Córdoba gebracht. Bei der unmenschlich harten Arbeit als Galeerensträfling erweist sich die urwüchsig starke, unbeugsame Wikingnatur Orms: Nach Kroks Tod wird er der Häuptling der Nordmänner, und er wie Toke kann sich während der Gefangenschaft Kenntnisse der arabischen Sprache aneignen. Nach einigen endlos scheinenden Jahren werden schließlich die nordischen Galeerensträflinge auf Fürsprache der Gemahlin eines hohen maurischen Würdenträgers, die früher die Geliebte Tokes war, aus ihrem Sklavendasein befreit und erhalten nun die ehrenvolle Aufgabe, als Leibwächter dem Kalifen Almanzur zu dienen. Dem gewaltigen Herrscher zuliebe – eine der reizvollsten Episoden des Romans – bekennen sich die wackeren Kämpen zu Allah und seinem Propheten. Orm erhält von seinem Herrn ein kostbares Geschenk, das ihm später noch oft von Nutzen ist, das Schwert »Blauzunge«, aber er und die Seinen nutzen die Vertrauensposition bei Almanzur weidlich aus: Nach einem siegreichen Feldzug unter der Flagge Allahs entfliehen sie auf dem Schiff mitsamt dem ihnen anvertrauten Raubgut, der großen Glocke des hl. Jakob, und landen mit dieser Last glücklich bei irischen Mönchen, die in den von Süden kommenden Wikingern eine willkommene Beute für ihren missionarischen Eifer sehen – allerdings vergebens.

Nach Dänemark heimgekehrt, werden Orm und seine Mannen samt ihrer Glocke von dem siechen König Harald Blauzahn, der im Christentum die letzte Chance zur Heilung seiner Zahnschmerzen sieht, willkommen geheißen. Im Verlauf des Julfestgelages, zu dem sie geladen sind, erregen Orms und Tokes reichverzierte Waffen derart große Mißgunst bei Kriegern von Haralds Sohn Sven Zweibart, daß es zum doppelten Zweikampf kommt, der für die Gegner zwar tödlich endet, bei dem indes auch Orm stark verletzt wird. Unter der liebevollen Pflege von Yrsa, einer der zahlreichen Töchter König Haralds, genest Orm wieder, obwohl er sich schon vom Tod gezeichnet glaubte, da beim Auskämmen seines Haars nicht einmal eine einzige Laus zum Vorschein kam, und er schenkt ihr seine wertvolle Goldkette. Schließlich brechen die Rekken in ihre Heimat auf, Orms Freund entführt jedoch eine Sklavin von König Harald, die er liebgewonnen hat, und so ist den Flüchtigen der Zorn des Königs sicher. – Orm zieht sodann wieder auf Wikingfahrten aus; in England findet er endlich – dank der Vermittlung des Mönchs Willibald – seine Braut Yrsa wieder. Um sie zu gewinnen, läßt er sich taufen, bezahlt sogar noch dafür, listet aber das verausgabte Geld geschickt wieder von einem anderen Wiking ab. In seine Heimat zurückgekehrt, zieht Orm sich, um der Rache König Svens zu entgehen, ins Landesinnere auf den Erbhof seiner Mutter zurück und macht diesen Hof zusammen mit seinem Bruder Willibald zu einem Missionszentrum. Nach Jahren geruhsamen Lebens als seßhafter Bauer unternimmt Orm schließlich erneut eine abenteuerliche Fahrt, diesmal nach Osten, über die Stromschnellen des Dnjepr hinauf, um des Bulgarenschatzes habhaft zu werden, den sein aus Byzanz heimgekehrter, verstümmelter und geblendeter Bruder dort versteckt hat. Trotz zahlreicher Gefahren können Orm und seine Mannen den Schatz glücklich heben und kehren mit ihm in die Heimat zurück. Lange leben sie noch, die Helden Orm und Toke, und sie werden nicht müde, die abenteuerlichen Geschichten aus der Zeit zu erzählen, da sie das Schiff des Kalifen gerudert und dann in dessen Diensten gestanden haben.

Mit glänzender Fabulierkunst gelang es dem Autor in diesem breitangelegten Roman, ein Bild der Wikingerzeit zu geben, das geradezu authentisch anmutet. Die stilistische Mischung von Sagaton und

Causerie kommt dem Werk nur zugute, denn es gelingt dem Verfasser dadurch, seine Personen über das Historische hinaus auch mit menschlicher Anteilnahme zu gestalten. Das rauhe Leben der Wikinger, ihre Sitten, ihre Weltanschauung erfahren hier eine selten exakte und gleichzeitig persönliche Darstellung, bei der auch der Humor nicht zu kurz kommt – und sei es nur bei der Schilderung der rigorosen christlichen Missionierungsarbeit. Die phantasievolle Erzählweise hat dem Buch zu einem großen Publikumserfolg, auch in Deutschland, verholfen. F.J.K.

AUSGABEN: Stockholm 1941 (Tl. 1: *Röde Orm, sjöfarare i västerled. En berättelse från okristen tid*; [16]1947). – Stockholm 1945 (Tl. 2: *Röde Orm hemma och i österled*; [10]1946). – Stockholm 1959, Hg. H. Gullberg. – Stockholm 1963 [Tl. 1]. – Stockholm 1972, 2 Bde. – Stockholm 1985.

ÜBERSETZUNGEN: *Die rote Schlange. Abenteuer eines Seefahrers ums Jahr 1000*, E. Carlberg, Mchn. 1943 [Tl. 1]. – *Die Abenteuer des Röde Orm*, dies., Mchn. 1951 [vollst.]. – Dass., dies., Mchn. [5]1986.

VERFILMUNG: *The Long Ships*, England/Jugoslawien 1963 (Regie: J. Cardiff).

LITERATUR: E. G. Ewerth, »*Röde Orm« om gott öl. Några aktuella synpunkter kring ett litterärt 20års jubileum* (in Svensk bryggeritidskrift, 1961, S. 293-300). – W. Friese, *Das Bild des Wikingers im modernen skandinavischen Roman* (in Scandinavica, 1970, S. 24–33). – G. Larson, »*Röde Orm« och vikingarna. Studiehandledning*, Stockholm 1979.

VALENTÍN BENIAK

* 19.2.1894 Chynorany
† 6.11.1973 Preßburg

DAS LYRISCHE WERK (slovak.) von Valentín Beniak.
Beniak war zwar der älteste unter den slowakischen Dichtern, die erst nach Gründung des gemeinsamen Staates der Tschechen und Slowaken ihr lyrisches Debüt gaben, veröffentlichte aber seinen ersten Lyrikband *Tiahnime d'alej, oblaky (Ziehen wir weiter, Wolken)* erst relativ spät (1928). Er hatte noch vor dem Krieg mit Publikationen in ungarischer Sprache begonnen, hatte sich nach dem Umsturz aber der slowakischen Schriftsprache zugewandt und Gedichte geschrieben, die seit 1923 in der Zeitschrift ›Slovenské pohl'ady‹ und seit dem Jahre 1924 in ›Slovenský denník‹ erschienen waren. Der erste Lyrikband vereint sehr unterschiedliche Gedichte aus dem Lebens- und Erfahrungsbereich des Dichters. Er besingt die Heimat und die Familie als Garanten von Geborgenheit, das slowakische Dorf, das Leben und das Schicksal seiner Bewohner, ohne dabei einem unkritischen Lobgesang zu verfallen.

Durch die gute Aufnahme dieser ersten Lyriksammlung ermuntert, publizierte Beniak 1931 seinen zweiten Sammelband, *Ozveny krokov (Widerhall der Schritte)*. Hier rückt das Ich des Dichters gegenüber den früheren Gedichten deutlich in den Vordergrund, wird begriffen als philosophische und soziale Kategorie. Die Grenzen des engen slowakischen Lebens- und Erfahrungsraumes werden verlassen; philosophische Orientierung, Selbstreflexion, die Verarbeitung erster Reiseeindrücke aus Italien bestimmen diese Lyrik. Das eigene Fühlen, Denken und Erleben wird symbolisch überhöht zu einer expressionistischen Aussage über existentielle Unausweichlichkeit und Tragik. In den poetischen Gestaltungsmitteln (Metaphorik und Reim) sind hier erstmals Anklänge an den tschechischen Poetismus unverkennbar. Einige slowakische Literaturkritiker (ROSENBAUM, FELIX) sehen in Beniaks Gedichten eine slowakische Variante des Poetismus, die die formalen Gestaltungsmittel, die poetistische Verstechnik und die Auffassung von Wort und Bild als Spiel übernimmt, die im Gegensatz zum tschechischen Poetismus jedoch nicht im Spielerischen verharrt, sondern immer ein Empfinden für die Tragik menschlicher Schicksale und eigenen Seins, die Liebe zum Menschen und das Mitgefühl für sein Unglück bewahrt. – 1933 erschien *Král'ovská ret'az (Die Königskette)*. Der Titel dieser Sammlung steht »als Symbol der Erhabenheit, des Ruhmes von Geschichte und Kulturen« (Rosenbaum). Diese Lyriksammlung umfaßt Verse, in denen Beniak Eindrücke seiner Auslandsreise nach Italien und Frankreich, die Begegnung mit alten und fremden Kulturen, verarbeitet, Verse aus der Heimat und Gedichte, zu denen ihn Geschichte und Literatur inspirierten. Bezeichnend ist für diesen Band eine depressive, existentialistische Grundstimmung, eine subjektive, symbolistisch überhöhte Sicht. – Im Jahre 1936 erschien *Lunapark*, eine Sammlung, in der Beniak philosophisch vertiefte Gedichte über seine Eindrücke in Frankreich zusammengefaßt hat und an der die Vielfalt der Strophen und die Meisterschaft der dichterischen Sprache beeindruckt. Dabei ist besonders interessant, daß Beniak sich nicht nur inhaltlich, sondern auch formal mit Frankreich auseinandersetzt, indem er hier dem Rondell, einer ursprünglichen französischen Form, einen besonderen Platz einräumt. Sowohl *Král'ovská ret'az* als auch *Lunapark* weisen in ihrer poetischen Gestaltung, in Metaphorik und Reim, unverkennbare Einflüsse des tschechischen Poetismus auf.

Mit der 1936 erschienenen Lyriksammlung *Poštový holub (Die Brieftaube)* beginnt eine neue Phase in Beniaks lyrischem Schaffen: Beniak verharrt nicht mehr nur in einer subjektiven, emotionalen, symbolisch-philosophisch überhöhten Perspektive; er bezieht in diesem Band erstmals kritisch Stellung zu den Ereignissen des politischen Weltgesche-

hens. – Auch die 1938 erschienene Lyriksammlung *Bukvica (Die Buchecker)* zeigt persönliches Engagement und Betroffenheit angesichts der weltpolitischen Konstellation und der Situation seines Landes in ihr, die Sehnsucht nach Ruhe und Frieden. – In den Sammlungen *Vigília*, 1939 *(Vigilie)* und *Druhá Vigília*, 1942 *(Zweite Vigilie)* setzte Beniak sein politisches Engagement fort und äußerte sich positiv zu dem neuen unabhängigen slowakischen Staat unter Andrej Hlinka, was wohl mit ein Grund dafür war, daß er als Lyriker erst seit dem Jahre 1964 in der slowakischen literarischen Öffentlichkeit wieder zur Kenntnis genommen wurde. *Žofia*, 1941 *(Sofie)* und *Popolec*, 1942 *(Aschermittwoch)*, zwei Werke, in denen Beniak seiner Furcht um sein Heimatland und seiner Sehnsucht nach Frieden und nach dem Anbruch eines »Goldenen Zeitalters« Ausdruck verleiht, sind unbestrittene Hauptwerke seines lyrischen Schaffens. Beniak wendet sich hier von der direkten vordergründigen weltanschaulichen Stellungnahme zum politischen Weltgeschehen ab und konzentriert sich wieder auf die eigentliche spezifische Funktion von Kunst – und damit auch von Lyrik –, auf »*die allgemein menschliche, humane Transzendenz der Wirklichkeit*« (Hamada). Mit *Žofia* und *Popolec* gelang Beniak eine einzigartige Synthese der drei für ihn typischen Quellen dichterischen Ausdrucks: des folkloristisch-volkstümlichen, des biblischen und des intellektuellen Bereichs. Neu für die metrische Struktur dieser Gedichte ist die Kombination des 12- und 13-silbigen Verses, der in *Žofia* eine daktylische und in *Popolec* eine jambische Tendenz hat und nicht immer konsequent reimt. Dieser Vers wurde in der Folgezeit von mehreren Dichtern, darunter auch von den Surrealisten Rudolf FABRY und Štefan ŽÁRY, übernommen. – Mit *Strážcovia a ochránkyne Slovenska (Wächter und Hüterinnen der Slovakei)* erschien im Jahre 1942 ein Zyklus von Sonetten, die Beniak zu einem Bildzyklus des Malers Martin Benko verfaßt hatte. – In seinem Lyrikband *Igric*, 1944 *(Der Barde)* kehrt Beniak zu einer reinen Lyrik zurück, die wieder anknüpft an die für seine ersten Lyrikbände typische Grundstimmung tiefer Depression und Hoffnungslosigkeit angesichts der Tragik, des existentiellen Ausgeliefertseins der Menschheit. Abgesehen von einigen in der Zeitschrift ›Verbum‹ (1946/47) abgedruckten Auszügen aus den 1945 entstandenen lyrischen Werken *Igric* und *Maria, Márnica* blieb der 1944 veröffentlichte Gedichtband *Igric* für lange Jahre die letzte Publikation eigener Lyrik. – *Nové igricové spevy (Neue Bardenlieder)*, die Beniak nach der Befreiung schrieb, wurden erst im Jahre 1968 publiziert. – Nach Kriegsende widmete sich Beniak vor allem der Übersetzung von hervorragenden Werken der Weltliteratur (GOETHE, SHAKESPEARE, WILDE, MADÁCH u. a.). 1957 gab er eine Anthologie ausgewählter ungarischer Lyrik unter dem Titel *Večerná blyskavica (Abendliches Wetterleuchten)* heraus.
Erst ab der Mitte der sechziger Jahre konnte Beniak wieder eigene Lyrik publizieren (u. a. den Band *Hrachor*, 1967 – *Die Platterbse*). – Das Jahr 1969 brachte mit einer dem 75. Geburtstag des Dichters gewidmeten Nummer der slowakischen Literaturzeitschrift ›Romboid‹ den eindeutigen offiziellen Bruch des Schweigens um diesen Dichter. 1969 erschien *Plačúci Amor (Der weinende Amor)*. Liebe, Tod und Dichtung sind die Hauptmotive der in den beiden Bänden *Hrachor* und *Plačúci Amor* enthaltenen, sehr intimen Lyrik. – Im Jahre 1970 erschien unter dem Titel *Sonety podvečerné (Vorabendsonette)* eine Sammlung intimer, von Todeserwartung dominierter Lyrik. Mit seinen Sonetten steht Valentín Beniak in der von Ján KOLLÁR, HVIEZDOSLAV und Janko JESENSKÝ gepflegten Tradition des slowakischen Sonetts. Mit seinem letzten Lyrikband *Medailóny a medailónky*, 1971 *(Medaillons und Medaillonchen)*, in dem Beniak Porträts von Persönlichkeiten aus Geschichte, Kultur und Literatur *(Medailóny)* und Bildnisse unterschiedlicher Frauen *(Medailónky)* zeichnete, nahm Beniak insbesondere die Poetik seiner *Sonety podvečerné* wieder auf, wobei er jedoch das Inventar seiner Motive vertiefte und bereicherte. In seinem späten Schaffen kehrte er zu einer reinen, intimen, symbolistisch überhöhten Lyrik zurück und erreichte damit eine Vollendung seiner künstlerischen Entwicklung.
E.A.

AUSGABEN: *Tiahnime d'alej, oblaky*, Topoľčany 1928. – *Ozveny krokov*, Martin 1931. – *Kráľovská reťaz*, Trnava 1933. – *Lunapark*, Martin 1936. – *Poštový holub*, Prag/Preßburg 1936. – *Bukvica*, Prag/Preßburg 1936. – *Vigília*, Martin 1939. – *Žofia*, Martin 1941. – *Druhá Vigília*, Martin 1942. – *Popolec*, 1942. – *Strážcovia a ochrankyne Slovenska*, Martin 1942. – *Igric*, Preßburg 1944; 2. erw. Ausg. Preßburg 1968. – *Reťaz*, Preßburg 1966 (Ausw.). – *Hrachor*, Preßburg 1967. – *Klásky zo zberu*, Dolný Kubín 1968 (Ausw.). – *Plačúci Amor*, Preßburg 1969. – *Sonety podvečerné*, Preßburg 1970. – *Medailóny a medailónky*, Preßburg 1971. – *Domov a dialky*, Preßburg 1975 (in *Vybrané spisy*, Bd. 1). – *Piesne podvečerné*, Preßburg 1976 (ebd., Bd. 2). – *Igricové spevy*, Preßburg 1981 (ebd., Bd. 3).

LITERATUR: M. Hamada, *Dve reťaze poézie V. B.* (in V. B., *Reťaz. Z básnickej tvorby*, Preßburg 1966, S. 313–330). – *V. B. 75-ročný* (in Romboid, 4, 1969, Nr. 1, S. 1–32). – V. Kochol, *Nad Beniakovým veršom* (in Slovenská literatúra, 16, 1969, S. 385–403). – J. Gregorec, *Básnický svet V. B.*, Preßburg 1970. – V. Surová, Nachwort (in V. B., *Sonety podvečerné*, Preßburg 1970, S. 115–122). – J. Gregorec, *Poézia V. B. (Prvá faza)* (in Universitas Comeniana, Facultas Paedagogica Tyrnaviensis, Preßburg 1971, S. 147–183). – I. Kusý, *Nové diely V. B.* (in I. K., *Nevyhnutnosť kontinuity*, Preßburg 1971, S. 117–118; zuerst ersch. in Elán, 13, 1942/1943, Nr. 9, S. 8–9). – V. Turčány, *Rým v slovenskej poézii*, Preßburg 1975. – A. Bagin, *Literatúra v premenách času*, Preßburg 1978, S. 33–40; zuerst ersch. in Romboid, 1971, Nr. 6, S. 70–74. – F. Miko u. L. Zeman, *Zmysel básne a jeho realizácia v originali a v prekladu* (in Slavica Slovaca, 14, 1979, S. 175–191). – St. Šmatlák, *Dve storočia slovenskej lyriky*, Preßburg 1979. – K. Rosenbaum, *Básnická tvorba V. B.* (in V. B., *Igricové spevy*, Preßburg 1981, S. 235–251). – M. Tomčik, *Poézia na križovatkách času*, Preßburg 1983. – P. Plutko, *Poézia, čas, hodnota. Štvrťstoročie súčasnej slovenskej lyriky*, Preßburg 1985.

WALTER BENJAMIN

* 15.7.1892 Berlin
† 26.9.1940 Port Bou / Spanien

LITERATUR ZUM AUTOR:
Bibliographien:
B. Lindner, *Kommentierte Bibliographie (1950–1970) und B.-Bibliographie 1971–1978* (in *W. B.*, Hg. H. L. Arnold, Mchn. ²1979, S. 107–120; Text + Kritik). – G. Smith, *W. B.: A Bibliography of Secondary Literature* (in New German Critique, 1979, Nr. 17, S. 189–208). – M. Broderson, *W. B.: Bibliografia critica generale (1913–1983)*, Palermo 1984.
Biographien:
W. Fuld, *W. B. Zwischen den Stühlen*, Mchn. 1979. – B. Witte, *W. B. in Selbstzeugnissen und Bilddokumenten*, Reinbek 1985 (rm).
Gesamtdarstellungen und Studien:
Über W. B., Ffm. 1963; ²1968. – R. Tiedemann, *Studien zur Philosophie W. B.s*, Ffm. 1965; ²1973. – Alternative, 1967, H. 56/57 u. 1968, H. 59/60 [Sonderh. *W. B.*]. – Th. W. Adorno, *Über W. B.*, Hg. R. Tiedemann, Ffm. 1970. – *W. B.*, Hg. H. L. Arnold, Mchn. 1971; ²1979 (Text + Kritik). – *Zur Aktualität W. B.s*, Hg. S. Unseld, Ffm. 1972 (st). – H. Pfotenhauer, *Ästhetische Erfahrung und gesellschaftliches System. Untersuchungen zum Spätwerk W. B.s*, Stg. 1975. – P. Gebhard u.a., *W. B. – Zeitgenosse der Moderne*, Kronberg/Ts. 1976. – »*Links hatte noch alles sich zu enträtseln...*«. *W. B. im Kontext*, Hg. B. Lindner, Ffm. 1978; ²1985. – Alternative, 1980, H. 132/133 [Sonderh. *W. B.*]. – E. Krückeberg, *Der Begriff des Erzählens im 20. Jh. Zu den Theorien B.s, Adornos und Lukács'*, Bonn 1981. – *W. B. Profane Erleuchtung und rettende Kritik*, Hg. N. W. Bolz u. R. Faber, Würzburg 1982; ²1985 [erw. u. verb.]. – R. Dieckhoff, *Mythos und Moderne. Über die verborgene Mystik in den Werken W. B.s*, Köln 1987.

BERLINER KINDHEIT UM NEUNZEHNHUNDERT

Prosastücke von Walter BENJAMIN, entstanden 1932/33 als Umarbeitung der *Berliner Chronik* (postum 1970 veröffentlicht); einzeln veröffentlicht seit 1932 in der ›Frankfurter‹ und der ›Vossischen Zeitung‹, als vollständige Sammlung postum erschienen 1950. – Will man Stil und Absicht dieser kleinen Publikation des bedeutenden Philosophen und »Literators« erfassen, muß man sie vor dem Hintergrund seiner philosophischen Schriften lesen, etwa der Thesen *Über den Begriff der Geschichte*, deren sechste lautet: »*Vergangenes historisch artikulieren heißt nicht, es erkennen ›wie es denn eigentlich gewesen ist‹. Es heißt, sich einer Erinnerung bemächtigen, wie sie im Augenblick einer Gefahr aufblitzt ... In jeder Epoche muß versucht werden, die Überlieferung von neuem dem Konformismus abzugewinnen, der im Begriff steht, sie zu überwältigen. Der Messias kommt ja nicht nur als der Erlöser; er kommt als der Überwinder des Antichrist. Nur dem Geschichtsschreiber wohnt die Gabe bei, dem Vergangenen den Funken der Hoffnung anzufachen, der davon durchdrungen ist: auch die Toten* werden vor dem Feind, wenn er siegt, nicht sicher sein. Und dieser Feind hat zu siegen nicht aufgehört.«
Die Miniaturen der *Berliner Kindheit* entsprechen diesem Geschichtsbegriff aufs genaueste, indem sie die »*Spuren des Kommenden*« zusammentragen, auf die die eigene Vergangenheit verweist, darin PROUSTS Romanzyklus vergleichbar, mit dem Benjamin mehr verband als nur die Tatsache, daß er sein erster deutscher Übersetzer war. In diese Kindheit, die noch in jenes »*unvordenkliche Gefühl von bürgerlicher Sicherheit*« eingebettet war, das Benjamin von seiner wohlhabenden, im Berliner Westen ansässigen jüdischen Familie vermittelt wurde, ragen über die Jahrhundertschwelle noch Klassizismus und Biedermeier mit ihren Prunkbauten, Möbeln, Lebensgewohnheiten und Spielzeugen, mit ihrem Zauber herein, »*dessen letztes Publikum die Kinder sind*« und dessen Restbestände in den Titeln der Sammlung wie in Versteinerungen bewahrt werden: *Tiergarten, Kaiserpanorama, Siegessäule, Telephon, Das Karussell, Zwei Blechkapellen, Hallesches Tor* usw. Der Blick des Autors sucht Situationen und Zeichen, deren Versprechungen das spätere Leben einlöste oder enttäuschte. Eines der schönsten Stücke – *Der Lesekasten* – beschreibt diese Suche so: »*Für jeden gibt es Dinge, die dauerhaftere Gewohnheiten in ihm entfalten als alle andern. An ihnen formen sich die Fähigkeiten, die für sein Dasein mitbestimmend werden. Und weil das, was mein eigenes angeht, Lesen und Schreiben waren, weckt von allem, was mir in früheren Jahren unterkam, nichts größere Sehnsucht als der Lesekasten ... So mag manch einer davon träumen, wie er das Gehn erlernt hat. Doch das hilft ihm nichts. Nun kann er gehen; gehen lernen nie mehr.*« So führt etwa das kindliche Mißverständnis des Namens einer Märchenfigur, der Mummerehlen (aus Muhme Rehlen), in das Innere seiner Welt: »*Wenn ich dabei mich und das Wort entstellte, tat ich nur, was ich tun mußte, um im Leben Fuß zu fassen.*« Die ruckartig wechselnden Gucklochfotografien des Kaiserpanoramas entfalten ihren verstaubten Reiz: »*Dies war an den Reisen sonderbar: daß ihre ferne Welt nicht immer fremd und daß die Sehnsucht, die sie in mir weckte, nicht immer*

eine lockende ins Unbekannte, vielmehr bisweilen jene lindere nach einer Rückkehr ins Zuhause war.« Und am Ende der Sammlung stehen sphinxhaft jene Kinderverse vom »*bucklicht Männlein*« aus *Des Knaben Wunderhorn*, die schon Thomas MANN den kleinen Hanno Buddenbrook im Schlaf murmeln läßt: *»Will ich in mein Küchel gehn, / Will mein Süpplein kochen; / Steht ein bucklicht Männlein da, / Hat mein Töpflein brochen.«* H.H.H.

AUSGABEN: Ffm. 1950 (BS; ern. 1975); Nachw. G. Scholem. – Ffm. 1955 (in *Schriften*, Hg. Th. W. u. G. Adorno u. F. Podszus, 2 Bde., 1). – Ffm. 1961 (in *Illuminationen*; Ausw.; ern. 1977; st). – Ffm. 1972 (in *GS*, Hg. R. Tiedemann u. H. Schweppenhäuser, 6 Bde., 1972–1985, 4/1). – Ffm. 1980 (in *GS*, Hg. dies., 12 Bde., 10; es). – Ffm. 1987 (BS).

LITERATUR: P. Szondi, *Hoffnung im Vergangenen. W. B. und die Suche nach der verlorenen Zeit* (in *Zeugnisse. Th. W. Adorno zum 60. Geburtstag*, Ffm. 1963, S. 241–256). – Ders., *Nachwort* (in W. Benjamin, *Städtebilder*, Ffm. 1963, S. 79–97). – Chr. L. Hart Nibbrig, *Das déjà vu des ersten Blicks. Zu W. B.s »Berliner Kindheit um 1900«* (in DVLG, 47, 1973, S. 711–729). – A. Stüssi, *Erinnerung an die Zukunft. W. B.s »Berliner Kindheit um 1900«*, Göttingen 1977. – B. Witte, *Bilder der Endzeit. Zu einem authentischen Text der »Berliner Kindheit« von W. B.* (in DVLG, 58, 1984, S. 570–592).

BRIEFWECHSEL 1933-1940

zwischen Walter BENJAMIN und Gershom SCHOLEM (1897–1982), erschienen 1980. – Die chronologische Sammlung des intensiven Briefverkehrs zwischen W. Benjamin und G. Scholem, die sich 1915 an der Berliner Universität kennenlernten und die bis zum Tod Benjamins auf der Flucht vor dem faschistischen Terror über Fragen der jüdischen Mystik und Theologie, über ihre eigenen schriftstellerischen Tätigkeiten und deren Umfeld miteinander im Gespräch blieben, liefert aufschlußreiche Ergänzungen zu Scholems Erinnerungsbuch *Walter Benjamin – die Geschichte einer Freundschaft* (1975). Stand dort die Annäherung an die Person und die philosophische Haltung des Freundes unter Zuhilfenahme einiger ausgesuchter und zum Teil gekürzter Briefe Benjamins im Vordergrund, so findet sich hier die fast lückenlose Dokumentation des gegenseitigen Gedankenaustauschs seit dem im März 1933 beginnenden Exil Benjamins. Als Einleitung stellt der Herausgeber elf Briefe und Karten Benjamins voran, datiert vom Juni 1932 bis Februar 1933, um einen Einblick in dessen Lage in Deutschland vor der Machtergreifung Hitlers zu ermöglichen. Die in der Berliner Wohnung Benjamins zurückgelassenen Papiere aus früherer Zeit wurden von der Gestapo vernichtet, während der Bestand der Pariser Wohnung durch einen Zufall ins Archiv der Pariser Tageszeitung, von dort in die Sowjetunion und schließlich in die DDR gelangte, die Scholem erst 1977 die ihn betreffenden Dokumente aushändigte. Das erklärt die nun vorliegende späte Veröffentlichung, die 61 Briefe von Benjamin, 55 von Scholem und einen von Dora, der geschiedenen Frau Benjamins, enthält.

Der Briefwechsel dieser beiden so verschiedenen und doch geistig eng verbundenen jüdischen Schriftsteller gibt weniger Aufschluß über Privates – Benjamin war hierin noch zurückhaltender als Scholem –, dafür um so mehr über die politische Situation im Europa und Palästina der dreißiger Jahre. Benjamins anhaltende finanzielle Not in Paris, sein Angewiesensein auf die Unterstützung durch Freunde, vor allem durch seine ehemalige Frau Dora und Bertolt BRECHT, die ihm jeweils kostenlos mehrmonatige Aufenthalte in San Remo bzw. Svendborg ermöglichen, seine oft aussichtslosen Bemühungen um Publikationsmöglichkeiten und die mit inhaltlichen und äußeren Schwierigkeiten verbundene Arbeit für das »Institut für Sozialforschung« tauchen immer wieder auf. Ebenso die nie zustande gekommene Reise nach Palästina zu Scholem, die einmal an dessen Scheidung, dann an Geldmangel und schließlich an der ungeklärten und bürgerkriegsähnlichen Lage im englischen Mandatsgebiet kurz vor Kriegsausbruch scheiterte – vor allem aber wohl am mangelnden Willen Benjamins. Scholems erklärte Absicht mit der Herausgabe dieses Bandes war es, den Eindruck zu zerstreuen, er hätte Benjamin zu einer Auswanderung »überreden« wollen. Den Hauptakzent bilden jedoch die gegenseitige Information über schriftstellerische Projekte und – rezeptionsgeschichtlich sehr interessant – die Hinweise und kritischen Bemerkungen zum gemeinsamen literarischen Bekanntenkreis. Benjamins intensive Beziehungen zu Ernst BLOCH, ab 1920 getrübt durch Plagiatsbefürchtungen seinerseits, Begegnungen mit Werner KRAFT, Max HORKHEIMER und Theodor W. ADORNO – um nur einige zu nennen – werden diskutiert. Arbeiten Benjamins, wie beispielsweise *Berliner Kindheit um 1900; Zum gegenwärtigen gesellschaftlichen Standort des französischen Schriftstellers; Franz Kafka; Eduard Fuchs, der Sammler und der Historiker; Das Kunstwerk im Zeitalter seiner technischen Reproduzierbarkeit*, erfahren in den Erklärungen an den Freund literaturwissenschaftlich bedeutsame Interpretationen. So schreibt er über den Plan des *Passagen-Werks*, es stelle *»sowohl die philosophische Verwertung des Surrealismus – und damit seine Aufhebung – dar wie auch den Versuch, das Bild der Geschichte in den unscheinbarsten Fixierungen des Daseins, seinen Abfällen gleichsam festzuhalten«* (9. 8. 35). Insbesondere die Diskussion über KAFKA, dessen Verbindung zur jüdischen Hagada und gleichzeitiger Bruch mit dieser Erzähltradition sowie die scharfe Polemik gegen Kafkas Freund, Herausgeber und Biographen Max BROD nimmt einen großen Raum ein. Sie gipfelt in einer kleinen Abhandlung Benjamins vom 12. 6. 38, die er Scholem als Ergänzung eines bereits für die ›Jüdische

Rundschau‹ geschriebenen Artikels schickt. Auch seine 1934 einsetzende Beschäftigung mit dem Marxismus und die Kritik Scholems an dieser »*Betrachtungsweise, über deren Problematik der Leser Walter Benjamins auch gegen den Willen des Autors immer wieder zu düsteren Betrachtungen veranlaßt wird*« (10./12. 11. 37), erfährt einige Präzisierungen, die Scholems Aufzeichnungen über seinen Parisbesuch vom Frühjahr 1938 ergänzen, die in der oben erwähnten Benjamin-Biographie zu finden sind.

Hilfreich für die Lektüre dieses Briefwechsels sind die zahlreichen Kommentare und Querverweise Scholems in den Fußnoten, die dem Leser manche Anspielungen verständlich machen. Mit dem Band liegt ein Zeitdokument, eine Sammlung interpretatorischer und biographischer Ansätze zum Werkverständnis des Geschichtsphilosophen Walter Benjamin und zur umstrittenen Freundschaft mit dem jüdischen Theologen und Geschichtsprofessor Scholem vor, das erstaunlicherweise außer in den Anmerkungen der Herausgeber zu den *Gesammelten Schriften* Benjamins in der Sekundärliteratur kaum Eingang gefunden hat.　　　　　　C.Pp.

AUSGABEN: Ffm. 1980, Hg. G. Scholem. – Ffm. 1985 (st.).

LITERATUR: W. Benjamin, *Briefe*, Hg. u. Anm. G. Scholem u. Th. W. Adorno, 2 Bde., Ffm. 1966; ern. 1978 u. 1987 (es). – G. Scholem, *W. B. – Die Geschichte einer Freundschaft*, Ffm. 1975 (BS). – I. Wohlfahrt, *»Die eigene, bis zum Verschwinden reife Einsamkeit«. Zu W. B.s Briefwechsel mit G. Scholem* (in Merkur, 35, 1981, S. 170–191).

DEUTSCHE MENSCHEN. Eine Folge von Briefen

Kommentierte Briefsammlung von Walter BENJAMIN, veröffentlicht unter dem Pseudonym Detlev Holz; die einzelnen Briefe und Kommentare erschienen erstmals vom April 1931 bis Mai 1932 in unregelmäßigen Abständen in der ›Frankfurter Zeitung‹, dann als Buch 1936 in der Schweiz. – Der scheinbar so nationalistisch-pathetische Titel des Buches ebenso wie das auf dem Einbanddeckel der Erstausgabe abgedruckte Motto »*Von Ehre ohne Ruhm / Von Größe ohne Glanz / Von Würde ohne Sold*« sind aus der Absicht Benjamins zu verstehen, seiner Briefsammlung die Verbreitung im nationalsozialistischen Deutschland zu ermöglichen, zugleich aber dem genauer Lesenden einen Hinweis auf den oppositionellen Geist dieses Buches zu geben, dessen Briefe *»zeigen, wo heut wie damals jenes Deutschland steht, das, leider, noch immer ein geheimes ist«* (aus Benjamins Entwurf eines Vorworts). Benjamin hatte die Sammlung ursprünglich auf 60 Briefe mit Kommentaren angelegt, mußte sich aber dann auch bei der Buchpublikation auf 27 Briefe beschränken, die programmatisch den Zeitraum des Jahrhunderts von 1783–1883 umfassen, zu dessen Anfang »*das Bürgertum seine großen Positionen bezog*« und an dessen Ende, in den Gründerjahren, »*das Bürgertum nur noch die Positionen, nicht mehr den Geist bewahrte, in welchem es diese Positionen erobert hatte*« (Vorwort).

Die Briefe sind, wie Benjamin in einem Memorandum, das sich in seinem Nachlaß fand, schreibt, »*klassische Texte*«, die aber »*noch in keiner Weise der Ausschrotung durch den üblichen Bildungsbetrieb anheimgefallen sind*«; er wählte sie aus als Zeugnisse für den asketisch-moralischen Geist des aufsteigenden deutschen Bürgertums und hoffte damit, in einem ebenso sublimen wie natürlich wirkungslosen Akt des Widerstandes gegen die maßlose Großmannssucht des offiziellen Nazi-Deutschland, »*lebendige Überlieferung*« zu stiften und die Erinnerung wachzuhalten an »*die Haltung..., die sich als humanistisch im deutschen Sinne bezeichnen läßt und die wieder hervorzurufen um so angezeigter erscheint, je entschiedener diejenigen sie preisgeben, die heute in Deutschland das Wort führen*« (Entwurf eines Vorworts). Die Sammlung wird eingeleitet von einem Brief, in dem Karl Friedrich ZELTER 1832, genau in der Mitte des von den Briefen umspannten Zeitraums, dem Kanzler von MÜLLER für seine freundschaftliche Anteilnahme an seinem Schmerz über den Tod GOETHES dankt; es folgen dann in chronologischer Reihe Briefe von LICHTENBERG, Johann Heinrich KANT an seinen Bruder Immanuel, Georg FORSTER, Samuel COLLENBUSCH, PESTALOZZI, SEUME, Johann Heinrich VOSS, HÖLDERLIN, Friedrich SCHLEGEL, BRENTANO, Johann Wilhelm RITTER, Johann Baptist BERTRAM, Christian August Heinrich CLODIUS, Annette von DROSTE-HÜLSHOFF, GÖRRES, Justus LIEBIG, Wilhelm GRIMM, Zelter, David Friedrich STRAUSS, Goethe, BÜCHNER, Johann Friedrich DIEFFENBACH, Jacob GRIMM, Fürst Klemens von METTERNICH, KELLER und Franz OVERBECK. Die Auswahl enthält zwar einige berühmte Briefe, wie etwa den Hölderlins an BÖHLENDORFF, worin er sich als einen, den »*Apollo geschlagen*«, bezeichnet, oder das verzweifelte Bittschreiben Büchners an GUTZKOW, worin er diesen um Unterstützung beim Druck von *Danton's Tod* bittet, doch hat Benjamin diese Briefe ebenso wie die vielen unbekannteren nicht als psychologische oder philologische Dokumente aufgeführt, sondern interpretiert sie in den ihnen jeweils vorangestellten Kommentaren als Zeugnisse für den jeweiligen Stand der bürgerlichen Epoche, für die hohe Kultur der brieflichen Kommunikation und für die Bescheidenheit, Gefaßtheit und Entsagung, mit der Verfasser und Adressaten ihr Leben führten. Die meist beschränkten, sogar ärmlichen, oft auch kurios-versponnenen Lebensverhältnisse der Briefschreiber und Empfänger stehen in scharfem Kontrast zu den ausgreifenden geistigen Leistungen, mit denen sie zum Ruhm der bürgerlichen Kultur und Deutschlands beitrugen, und entsprechen ihnen doch in ihrer unprätentiösen Reinheit und Unbedingtheit bruchlos und genau. Durch die Briefe nähert sich Benjamin den Großen dieser Epoche gewissermaßen auf einem Seitenweg, indem er sie als Privatleute zeigt, die aber noch in persönlichen Dokumenten Zeugnis ablegen von Würde und Charakter ihrer Klasse, selbst wo sie an unbedeutendere Partner über Beiläufiges sich zu äußern scheinen; die Briefschreiber erscheinen in der Sammlung »*als Sozialcharaktere, nicht als individuelle. Sie verbindet eine Sprache, die so unvereinbar ist mit der zurichtenden des Befehls wie mit der hochtrabenden Phrase*« (Theodor W. Adorno).

Zu einem Zeitpunkt, an dem er selbst, ins Exil vertrieben, Zeuge und Opfer von Entartung und Verfall des deutschen Bürgertums geworden war, läßt Benjamin noch einmal ein versöhnendes Licht auf dessen Vergangenheit fallen. Dazu Adorno in einem Brief an Benjamin (7. 11. 1936): »*Der Ausdruck von Trauer, der von dem Buch ausgeht, scheint mir merkwürdig verwandt dem der Berliner Kindheit ... Stellte jene die Bilder eines Lebens wieder her, dem die eigene Klasse sich verhüllt, ohne daß schon die andere sich enthüllte – so gibt der Blick, der auf die Briefe fällt, gleichsam den Verhüllungsprozeß selber wieder, als objektiven, von dem die ›Kindheit‹ das subjektive Zeugnis ist. Man könnte auch sagen: der Verfall des Bürgertums ist am Verfall des Briefschreibens dargestellt: In den Briefen von Keller und Overbeck ist die Klasse in der Tat schon verhüllt und die Gebärde, mit der sie sich wegwendet – weg vom Brief als der Form der Kommunikation – ist die ihrer eigenen Entsagung zugleich.*« Die Briefe fungieren als Zeugnisse der besten, aufklärerisch-humanistischen Traditionen des Bürgertums; sie waren zum Zeitpunkt ihres einzelnen Erscheinens in der Zeitung und später in der Buchpublikation als Dokumente des Widerspruchs gegen die pompösen nationalistischen und dann nationalsozialistischen Phrasen vom »deutschen Geist« zu lesen. *Deutsche Menschen* kann noch heute als eine der bewegendsten und originellsten Sammlungen zur »*deutschen Bildungsgeschichte des fraglichen Zeitraums*« (Entwurf eines Vorworts) gelten. J.Dr.

AUSGABEN: Luzern 1936; ²1937. – Ffm. 1962 (Nachw. Th. W. Adorno; BS). – Ffm. 1972 (in *GS*, Hg. R. Tiedemann u. H. Schweppenhäuser, 6 Bde., 1972–1985, 4/1). – Ffm. 1980 (in *GS*, Hg. dies., 12 Bde., 10; es). – Ffm. 1983 (st).

LITERATUR: R. J. Humm, Rez. (in Maß und Wert, 1937, H. 1, S. 156/157). – T. Rexroth, *Anmerkungen zu »Deutsche Menschen«* (in W. B., *GS*, Bd. 4/2, Ffm. 1972, S. 942–963). – J.-M. Gagnebin, *Zur Geschichtsphilosophie W. B.s*, Diss. Erlangen 1978, S. 99ff.

EINBAHNSTRASSE

Sammlung philosophischer Fragmente von Walter BENJAMIN, erschienen 1928. – Wenn Benjamins philosophische »Lesestücke« und Skizzen in nichts den klassifikatorisch-deduktiven Darstellungsformen ähneln, die die Philosophie der letzten Jahrhunderte entwickelt hat, so erklärt sich diese ironische Standhaftigkeit des Autors gegenüber den herkömmlichen »*Prinzipien der Kunst, dicke Wälzer zu schreiben*«, nicht zuletzt aus einem ungewöhnlichen Begriff von »*philosophischem Stil*«. Was darunter nach dem Untergang der idealistisch-diskursiven Systeme und in direktem Gegensatz zu ihnen zu verstehen sei und aus welchen stilistischen Postulaten er hervorgehe, hat der Autor im Einleitungskapitel seiner ebenfalls 1928 veröffentlichten Abhandlung über den *Ursprung des deutschen Trauerspiels* eindeutig formuliert: Es ist »*die Kunst des Absetzens im Gegensatz zur Kette der Deduktion; ... die Wiederholung der Motive im Gegensatz zum flachen Universalismus; die Fülle der gedrängten Positivität im Gegensatze zu negierender Polemik*«.

Diesen stilistischen Postulaten kommt die alte Form des Traktats entgegen. Dessen Formgesetz beschreibt ein Aphorismus der *Einbahnstraße* mit der Überschrift *Innenarchitektur* als das der »*ornamentalen Dichtigkeit*«, in dem der »*Unterschied von thematischen und exkursiven Ausführungen*« aufgehoben sei: »*Sein Äußeres ist unabgesetzt und unauffällig, der Fassade arabischer Bauten entsprechend, deren Gliederung erst im Hofe anhebt. So ist auch die gegliederte Struktur des Traktats von außen nicht wahrnehmbar, sondern eröffnet sich nur von innen.*«

Diesem Formgesetz gehorchen auch die kleinen Prosastücke der *Einbahnstraße*. Benjamin plante seit einem Aufsatz über Pariser Passagen – jene Durchbrüche und Querverbindungen zwischen parallel verlaufenden Straßenzügen und Häuserblocks – eine größere Arbeit, von der er jedoch lediglich einzelne Kapitel – darunter das Exposé *Paris, die Hauptstadt des neunzehnten Jahrhunderts* – abschloß. Das gesamte fragmentarische Material wurde unter dem Titel *Das Passagen-Werk* postum 1982 veröffentlicht. Der Begriff der »Passage«, die überraschende Durchblicke auf Vertrautes erlaubt, spielt in seiner Philosophie eine bildlich-bezeichnende Rolle. Die Fragmente, Skizzen und Aphorismen der *Einbahnstraße* mit Titeln wie *Tankstelle, Frühstücksstube, Nr. 113, Normaluhr, Tiefbauarbeiten, Coiffeur für penible Damen, Galanteriewaren, Bürobedarf, Maskengarderobe, Stehbierhalle, Briefmarkenhandlung* usw. formieren sich – unter dem Oberbegriff der »Straße«, des »Basars« – zu bildhaften Bruchstücken einer philosophischen Landschaft, in der Benjamins enger Freund Ernst BLOCH, dessen 1930 veröffentlichte *Spuren* der *Einbahnstraße* nahestehen, den Typus einer »*surrealistischen Denkart*«, einer »*Revueform in der Philosophie*« verwirklicht sah: »*Dieser Sprachstil hat jene Fülle von Verkopplungen gedanklich, welche von Max Ernst bis Cocteau den Surrealismus ausmacht: Die Verkopplung von Dort und nächstem Hier, von brütenden Mythen mit dem exaktesten Alltag.*«

Benjamins Vorliebe für die kruden, erstarrten, nur noch halb verständlichen, beinahe archaischen Restbestände von »*Kultur*«, zumal jener des 19. Jh.s, wie sie Jahrmarkts- und Schießbudendekorationen, Banknotenornamente, Briefmarkenlandschaften, mechanische Spiegel- und Puppenkabinette, Modellierbilderbogen oder das »*bürger-*

liche Pandämonium« orientalisch-üppiger, mit Palmen, Ottomanen, riesigen Büfetts, kaukasischen Dolchen und milchig-weißen Ampeln bestückter Wohnungsinterieurs aufbewahren, entspricht seiner Neigung, »Leben« gerade dort aufzusuchen, wo ihm ein *»Einschlag von Verwesung«* beigemengt ist, *»zum Zeichen, daß es aus Abgestorbenem sich zusammensetzt«.* Diese Neigung korrespondiert wiederum mit einem der zentralen Begriffe des Autors, den er im Trauerspielbuch und in späteren Schriften (z.B. in *Zentralpark*) entfaltete, dem der – barocken – Allegorie: *»Das von der allegorischen Intention Betroffene wird aus den Zusammenhängen des Lebens ausgesondert: es wird zerschlagen und konserviert zugleich. Die Allegorie hält an den Trümmern fest. Sie bietet das Bild der erstarrten Unruhe.«* Die krause Rätselhaftigkeit und klägliche Banalität solcher Szenerien, wie etwa der einer Schießbude, in deren Hintergrund sich, sobald der Besucher mit dem Gewehr ins Schwarze trifft, ein mit der Aufschrift *»Les délices du mariage«* versehenes Kästchen öffnet und Einblick in ein dürftiges Zimmer gewährt, in dem ein junger Vater ein Kind auf den Knien hält und ein zweites in einer Wiege schaukelt, haben für Benjamin denselben Reiz wie für die Surrealisten (so fügt etwa André BRETON seinem ebenfalls 1928 veröffentlichten Roman *Nadja* eine Anzahl von Fotos bei, die zum großen Teil dieselben verstaubten »Stilleben« – Denkmäler des 19. Jh.s, Werbeplakate, Auszüge aus Kinderlesebüchern, Szenenfotos abstruser Schauerstücke usw. – zeigen).

Die materiale Dichte zahlreicher Abschnitte der Sammlung und die Konzentration des Autors auf signifikative Details, auf *»Konfigurationen«*, in denen sich Elemente der *»Urgeschichte der Moderne«* verbergen, haben ihren bestimmten Sinn: Dem einzelnen wahrgenommenen Konkretum soll seine Bedeutung nicht gewaltsam entrissen werden, vielmehr sollen die Phänomene selbst reden. Der Bedeutungsbereich eines Gegenstands, seine *»Aura«*, ist nicht definitorisch abschließbar, sondern nur durch wiederholte Umkreisung, durch *»Passagen-Denken«* (E. Bloch) zu *»entfalten«.* So bestimmt Benjamin das Vermögen der Phantasie als die *»Gabe, im unendlich Kleinen zu interpolieren, jeder Intensität als Extensivem ihre neue gedränge Fülle zu erfinden, kurz, jedes Bild zu nehmen, als sei es das des zusammengefalteten Fächers, der erst in der Entfaltung Atem holt ...«* Ein charakteristisches und für die Richtung seines philosophischen Denkens bezeichnendes Beispiel gibt ein Aphorismus im Abschnitt *Reiseandenken:* »*Florenz Baptisterium. – Auf dem Portal die ›Spes‹ Andrea de Pisanos. Sie sitzt, und hilflos erhebt sie die Arme nach einer Frucht, die ihr unerreichbar bleibt. Dennoch ist sie geflügelt. Nichts ist wahrer.«* Der Begriff »Utopie«, der auch im Zentrum des philosophischen Hauptwerks von Bloch, *Das Prinzip Hoffnung* (1954–1959), steht, erscheint hier in einem widerspruchsvoll-dialektischen Bild, das Benjamins spätere philosophische Entwicklung vorwegnimmt.

»Utopie« wird hier bereits, nach und im Gegensatz zu einer theologisch-eschatologischen, dem jüdischen Messianismus bestimmten Frühphase, unter dem Einfluß des historischen Materialismus, dem der Autor sich zugewendet hat, als »innerweltliche« Versöhnung gedacht und von ihren theologischen Voraussetzungen (als messianischer »Erlösung«) emanzipiert. Wenn Benjamins Philosophie, die alle bündigen, losungsähnlichen Resultate verschmäht, eine Forderung erfüllt, so ist es die, die sein Freund Th. W. ADORNO in seinen *Minima Moralia* (1951) an alles dialektisch-kritische Denken richtet: *»In einem philosophischen Text sollen alle Sätze gleich nahe zum Mittelpunkt stehen.«* (§ 44) Diese Forderung ist verbunden mit der nach *»Abschaffung des Unterschiedes von These und Argument«*, die Benjamin schon in der Beschreibung der Traktatform stellte und in den Fragmenten der *Einbahnstraße* verwirklichte. H.H.H.

AUSGABEN: Bln. 1928. – Ffm. 1955 (in *Schriften*, Hg. Th. W. u. G. Adorno u. F. Podszus, 2 Bde., 1). – Ffm. 1955 (BS; ern. 1973). – Ffm. 1972 (in *GS*, Hg. R. Tiedemann u. H. Schweppenhäuser, 6 Bde., 1972–1985, 4/1). – Ffm. 1980 (in *GS*, Hg. dies., 12 Bde., 10; es).

LITERATUR: E. Bloch, *Revueform in der Philosophie. Zu W. B.s »Einbahnstraße«* (in Vossische Ztg., 1. 8. 1928; ern. in E. B., *Erbschaft dieser Zeit*, Ffm. ²1962, S. 368–371). – H. H. Holz, *Prismatisches Denken. Über W. B.: aus Anlaß der Veröffentlichung seiner ausgewählten Schriften* (in SuF, 8, 1956, S. 514–549). – J. Selz, *Une expérience de W. B.* (in J. S., *Le dire et le faire*, Paris 1964, S. 66–72). – F. J. Raddatz, *Sackgasse, nicht Einbahnstraße* (in Merkur, 27, 1973, S. 1065–1075). – R. Wolin, D. Harth u. M. Grzimek, *Aura und Aktualität als ästhetische Begriffe* (in P. Gebhard u. a., *W. B. Zeitgenosse der Moderne*, Kronberg/Ts. 1976, S. 131-142). – R. Wolin, *From Messianism to Materialism: The Later Aesthetics of W. B.* (in New German Critique, 9, 1982, S. 91–100).

DAS KUNSTWERK IM ZEITALTER SEINER TECHNISCHEN REPRODUZIERBARKEIT

Essay von Walter BENJAMIN, entstanden 1935, erstmals – in einer gekürzten Fassung in französischer Sprache – 1936 veröffentlicht, vollständig und in deutscher Sprache 1963. – Benjamins Versuch einer Theorie des entmythologisierten Kunstwerks der gegenwärtigen Epoche, die von ihm als Ära des im Kampf gegen den Faschismus stehenden Kommunismus verstanden wird, beruht auf zwei Annahmen: erstens, daß die modernen Reproduktionstechniken der Kunst nicht äußerlich sind, sondern deren Wesen verändert haben, so daß überkommene Begriffe zum Verständnis von Kunst wie *»Schöpfertum und Genialität, Ewigkeitswert und Geheimnis«* entweder unbrauchbar geworden sind oder zur *»Verarbeitung des Tatsachenmate-*

rials in faschistischem Sinn« führen; zweitens, daß »die Masse eine matrix [ist], aus der gegenwärtig alles gewohnte Verhalten Kunstwerken gegenüber neugeboren hervorgeht.« Dem Vorwort zufolge soll der Essay nicht Erörterungen über die Kunst des Proletariats nach der Machtergreifung, sondern Prognosen über die Entwicklungstendenzen der Kunst unter den gegenwärtigen Produktionsbedingungen geben.

Benjamin zeichnet zunächst die veränderten künstlerischen Produktionsbedingungen nach; es habe auch in frühen Zeiten schon (manuelle) Reproduktionstechniken gegeben (Guß, Prägung, Holzschnitt, Kupferstich), aber erst mit der Erfindung der Lithographie und dann vor allem der Fotografie, die zeitgleich mit dem Sozialismus und dem Phänomen der Massen im 19. Jh. auftrat, sei die massenhafte technische Verbreitung von Bildern und Abbildern möglich geworden. Durch die Fotografie und später dann durch den Film ist die Einmaligkeit des Kunstwerks tendenziell aufgehoben: Es läßt sich vervielfältigen und wird transportabel. Das nur einmal existierende, »echte« Kunstwerk, dessen kostbare Einmaligkeit ihm zugleich Dauer sicherte, wird entwertet, wenn es nun flüchtig und wiederholbar wird wie ein Film oder ein Foto, von denen es keine »echte« Kopie geben kann, weil alle Kopien gleich authentisch sind. Das alte Kunstwerk, in wie auch immer vermittelter Verbindung mit Magie, Kult und Ritual entstanden, hatte die Autorität der Einzigartigkeit, die den Betrachter in Distanz hielt; es hatte eine »Aura«, was Benjamin definiert als die »einmalige Erscheinung einer Ferne, so nahe sie sein mag«. An die Stelle des Kultwerts des Kunstwerks, der auch noch im »profanen Schönheitsdienst« der Kunst des 18. und 19. Jh.s in säkularisierter Form da ist, tritt sein Ausstellungswert und sein Warencharakter. Zum letztenmal trat das Phänomen der Aura in den Porträtfotografien um 1850 auf (deren Bedeutung für den Wandel im Wesen der Kunst Benjamin schon 1931 in dem Aufsatz Kleine Geschichte der Photographie untersucht hatte); danach zerfällt die Aura mit der Emanzipation der Kunst vom Ritual immer mehr; die »Ferne« von Kunstwerken wird durch die massenhafte Verbreitung von Reproduktionen aufgehoben. Beim Film, der nicht auratischen Kunstgattung par excellence, an der Benjamin zufolge die wichtigsten Einsichten zur Entwicklung der Kunst zu gewinnen sind, ist der von der Filmindustrie lancierte Star-Kult nur ein Aura-Ersatz; der Schauspieler spielt nicht mehr vor einem Publikum, sondern vor einem Apparat, der Kamera, die ihn technisch »testet«, ebenso wie seine Leistung dann von den Zuschauern getestet wird. Deren Haltung ist damit keine kultische mehr, vielmehr eine »Rezeption in der Zerstreuung«. Forderte ein Gemälde tendenziell noch die Betrachtung durch einen quasi »asozial« sich darauf Konzentrierenden, darin sich Versenkenden, so wird der Film in simultaner Kollektivrezeption betrachtet, die nicht mehr Kontemplation verlangt, ja gar nicht mehr ermöglicht, da der Film durch den schockartigen Wechsel der Bilder die Sammlung des Betrachters gerade sabotiert: »Das Publikum ist ein Examinator, doch ein zerstreuter.«

Benjamins Kunstwerk-Aufsatz dokumentiert, wie auch seine Essays *Der Autor als Produzent* (1934) und *Eduard Fuchs, der Sammler und der Historiker* (1937), seine mit Beginn der dreißiger Jahre einsetzende Wendung von einer esoterisch-theologischen zu einer materialistischen Kunsttheorie und allgemein zu einer marxistischen Geschichtstheorie. Den Zusammenhang mit dem *Passagen-Werk* bezeichnete Benjamin als methodischen, »*da jeder geschichtlichen Arbeit, besonders wenn sie beansprucht, vom historischen Materialismus sich herzuschreiben, eine genaue Fixierung des Standorts der Gegenwart in den Dingen vorhergehen muß, deren Geschichte dargestellt werden soll: ... das Schicksal der Kunst im neunzehnten Jahrhundert*« (Brief an W. Kraft vom 27. 12. 1935). Der Essay muß zugleich auch als Wendung gegen die »*Ästhetisierung der Politik*« im Faschismus gelesen werden, die in ästhetischen Glorifikationen des Krieges gipfelt, wie sie der italienische Futurist und Faschist MARINETTI 1936, anläßlich des italienisch-äthiopischen Kolonialkrieges lieferte und worin Benjamin die perverse Vollendung des L'art-pour-l'art-Prinzips sieht, den Ausdruck einer Selbstentfremdung der Menschheit, die sie »*ihre eigene Vernichtung als ästhetischen Genuß ersten Ranges erleben läßt*«. Statt dessen fordert Benjamin die Fundierung der Kunst auf Politik (statt aufs Ritual); auf die faschistische Ästhetik »*antwortet der Kommunismus mit der Politisierung der Kunst*«.

Zu den Aporien des Kunstwerk-Aufsatzes gehört es aber gerade, daß Benjamin zwar dem Verlust der Autonomie des Kunstwerks als einer historischen Notwendigkeit zustimmt, daß aber am Ende seines Essays nicht klar wird, worin denn nun die Progressivität, das auch politisch Zukunftweisende der neuen, »zerstreuten« Art der Apperzeption von Kunst durch die Massen liege; auch wird an einigen Stellen spürbar, daß Benjamin, so radikal er das Verschwinden auratischer, autonomer Kunstwerke bejahte, doch auch befürchtete, es könnte an die geräumte Stelle dann nichts mehr treten, was von kritischer Aussagekraft wäre. Theodor W. ADORNO, der Briefpartner Benjamins in den Jahren des Exils, hat auch schon 1936 (unter anderem in einem Brief an Benjamin vom 18. März) sein Mißtrauen gegen Benjamins undialektische Handhabung materialistischer Kategorien geäußert und später – insbesondere in dem Aufsatz *Über den Fetischcharakter in der Musik und die Regression des Hörens* von 1938 – die neuen, kollektiven, von Benjamin positiv bewerteten Rezeptionsweisen am Beispiel des Jazz indirekt als regressiv, neobarbarisch und primitiv dargestellt; viele kunsttheoretische Äußerungen Adornos bis hin zu seiner aus dem Nachlaß edierten *Ästhetischen Theorie* sind in Auseinandersetzung mit Benjamins Thesen geschrieben. Die Neue Linke der Bundesrepublik dagegen, soweit sie sich für ästhetische Probleme interessierte, reklamierte Benjamins Kunstwerk-Aufsatz umstandslos als Teil einer marxistischen Ästhetik, die dann allerdings in sich sehr problematisch und inkonsistent wäre. Dennoch enthält der kaum 50 Seiten umfassende Essay eine Fülle von präzisen Analysen der gegenwärtigen Produktions- und Rezeptionsbedingungen von Kunst, die insbesondere auf die westdeutsche Filmkritik und die Kunsttheorie vor allem der siebziger Jahre von kaum zu überschätzendem Einfluß waren. J.Dr.

AUSGABEN: Ffm. 1936 (in Zs. für Sozialforschung, 5; frz. Übers.; gek.). - Ffm. 1955 (in *Schriften*, Hg. Th. W. u. G. Adorno u. F. Podszus, 2 Bde., 1; unvollst.). - Ffm. 1961 (in *Illuminationen*; unvollst.; ern. 1977; st). - Ffm. 1963 (in *Das Kunstwerk im Zeitalter seiner technischen Reproduzierbarkeit. Drei Aufsätze zur Kunstsoziologie*; vollst.; es). - Ffm. 1974 (in *GS*, Hg. R. Tiedemann u. H. Schweppenhäuser, 6 Bde., 1972–1985, 1/2; vollst.). - Ffm. 1980 (in *GS*, Hg. dies., 12 Bde., 2; vollst.).

LITERATUR: R. Tiedemann, *Studien zur Philosophie W. B.s*, Ffm. 1965; ²1973, S. 99–127. - M. Scharang, *Zur Emanzipation der Kunst*, Darmstadt 1971, S. 7–25 (SLu). - J. Habermas, *Bewußtmachende oder rettende Kritik - die Aktualität W. B.s* (in *Zur Aktualität W. B.s*, Hg. S. Unseld, Ffm. 1972, S. 175–221; st). - W. Kemp, *W. B. und die Kunstgeschichte* (in Kritische Berichte der Ulmer Vereins für Kunstwissenschaft, 1, 1973, S. 30–50; 3, 1975, S. 5–25). - L. Wawrzyn, *W. B.s Kunsttheorie. Kritik einer Rezeption*, Darmstadt 1973. - A. Hillach, *Allegorie, Bildraum, Montage. Versuch, einen Begriff avantgardistischer Montage aus B.s Schriften zu begründen* (in ›*Theorie der Avantgarde*‹. *Antworten auf Peter Bürgers Bestimmung von Kunst und bürgerlicher Gesellschaft*, Hg. W. M. Lüdke, Ffm. 1976, S. 105–142). - R. Thiessen, *Kritik der kapitalistischen Moderne* (in *W. B. Profane Erleuchtung und rettende Moderne*, Hg. N. W. Bolz u. R. Faber, Würzburg 1982, S. 207–218). - C. Kambas, *W. B. im Exil: Zum Verhältnis von Literaturpolitik und Ästhetik* (in *Studien und Texte zur Sozialgeschichte der Literatur*, Hg. W. Frühwald u.a., Bd. 11, Tübingen 1983, S. 105–157).

DAS PASSAGEN-WERK

Fragmentarische geschichtsphilosophische Arbeit von Walter BENJAMIN, entstanden zwischen 1927 und 1940, erschienen 1982. - Dreizehn Jahre lang beschäftigte sich Benjamin mit diesem Projekt, vom ersten Plan eines Essays über die *Pariser Passagen. Eine dialektische Feerie* (1927–1929), der zwar nicht ausgeführt, dessen Ausrichtung aber den *Ersten Notizen* zu entnehmen ist, über die beiden Exposés zu *Paris, die Hauptstadt des XIX. Jahrhunderts* (dt. 1935, frz. 1939) bis hin zu dem umfangreichen Material der Konvolute, die thematisch gegliederte Zitat- und Notizensammlungen beinhalten, an denen er bis zu seinem Tod arbeitete. Ursprünglich wollte Benjamin mit Franz HESSEL zusammen einen Zeitschriftenartikel über die Passage, die »*geile Straße des Handels*« und »*Vorläufer der Warenhäuser*« (Benjamin) verfassen. Diese glasüberdachten Verbindungsstraßen zwischen den großen Pariser Boulevards wurden hauptsächlich in der ersten Hälfte des 19. Jh.s gebaut und verdrängten den Einzelhandel zugunsten eines massenhaften, gebündelten Angebots der Waren. Der Text *Passagen* in den *Frühen Entwürfen* wurde möglicherweise von Hessel und Benjamin gemeinsam verfaßt, *Pariser Passagen II* stellt Benjamins Versuch zu dem 1928/29 im Alleingang geplanten Essay dar. Mit *Der Saturnring oder Etwas vom Eisenbau* dokumentieren diese kurzen, durchformulierten Abschnitte das erste Arbeitsstadium, in dem es Benjamin vor allem darum ging, die entlegene, nicht beachtete Dingwelt der Vergangenheit, wie sie ihm im Moment ihres Absterbens vor Augen trat, durch literarische Darstellung in die Gegenwart einzubringen. Passagen, Panoramen und Weltausstellungen, Mode, Reklame und Prostitution, Sammler, Flaneure und Spieler - das sind einige der »*Lumpen*«, der Details, deren Montage in der Passagenarbeit eine »*Urgeschichte der Moderne*« konstituieren sollte. Von der *Mythologie moderne* der Surrealisten, vor allem dem Großstadtporträt ARAGONS, *Le paysan de Paris* (1926), inspiriert, geht Benjamin jedoch weit über die Intention hinaus, den Traum gegen die Wirklichkeit auszuspielen: Es soll »*die Konstellation des Erwachens gefunden*«, Mythologisches in metaphysisch-geschichtliches Denken aufgelöst werden. Unmittelbar theologisch wird die Moderne mit ihrer Sensationsgier nach dem Neuesten bei gleichzeitiger, geschichtsloser Sehnsucht nach der »*ewigen Wiederkehr alles Gleichen*« als »Zeit der Hölle« gesehen.

Infolge seiner Auseinandersetzung mit dem Kommunismus - angeregt durch Asja LACIS und Bertolt BRECHT las er MARX, LUKÁCS und den Theoretiker Karl KORSCH -, aber auch, weil er die literarische Form einer geschichtlich orientierten Arbeit nicht mehr verantworten konnte, unterwarf Benjamin den ursprünglichen Plan einem »*Umschmelzungsprozeß*«, der zwar keines der alten Motive aufgab, aber Kapitalismusanalyse und Sozialgeschichte in stärkerem Maße miteinbezog. Den Ausschlag hierfür gaben die Briefwechsel mit HORKHEIMER und ADORNO. Das inzwischen zum Buch avancierte Projekt sollte das »*Schicksal der Kunst im neunzehnten Jahrhundert*« darstellen und die Gegenstände, die »*Urphänomene*« des kulturellen Überbaus um das Zentrum der marxistischen Kategorie des »*Warenfetischs*« kreisen lassen. In stark konzentrierter Verdichtung geben die sechs Kapitel des Exposés von 1935 die Intention dieses zweiten Arbeitsstadiums wieder. Das ebenfalls für das Institut für Sozialforschung verfaßte französische Exposé von 1939 ist wohl in seinem Verzicht auf klassenkämpferische Begriffe als Konzession Benjamins auf Einwände von seiten Horkheimers und Adornos zu sehen, die beide regen Anteil an der Entstehung des Buches nahmen.

Der erste Abschnitt, *Fourier oder die Passagen*, beschäftigt sich mit den Entstehungsbedingungen dieser Verkaufsstraßen, in denen Masse und Luxus Konsumrausch produzierten. Die Entdeckung des künstlichen Baustoffs Eisen nutzte man in der Architektur nicht zu funktionalem Bauen, sondern verband sie mit Glas und antikisierenden Formen zur Errichtung von Prunkstätten für das öffentliche Leben, für Passagen, Ausstellungshallen, Bahnhöfe. *Daguerre oder die Panoramen* beleuchtet die fotografische Verklärung des Neuen mit Hilfe tradierter Formen zu alten »*Wunschbildern*«: »*Diese Bilder ... in denen das Neue sich mit dem Alten durchdringt ... sind Wunschbilder, und in ihnen sucht das Kollektiv die Unfertigkeit des gesellschaftlichen Produkts sowie die Mängel der gesellschaftlichen Produktionsordnung sowohl aufzuheben wie zu verklären.*« Auch die Weltausstellungen, »*Wallfahrtsstätten zum Fetisch Ware*«, in Verbindung mit SAINT-SIMON, GRANDVILLE und der Reklame erfahren ihre Deutung als »*Phantasmagorie*« im dritten Abschnitt *Grandville oder die Weltausstellungen*. Hier schwindet der Gebrauchswert der ausgestellten Gegenstände zugunsten einer Lobeshymne auf Fortschritt und Kapitalismus; der Tauschwert der Ware tritt in den Vordergrund. Vergnügungsindustrie und Mode bilden den zerstreuenden Rahmen, in dem der Mensch »*seine Entfremdung von sich und den andern genießt*«. In *Louis-Philippe oder das Interieur* analysiert Benjamin die zunehmende politische Macht des Bürgertums anhand der aufkommenden Trennung von Arbeits- und Lebensraum: Im Interieur, dem Universum des Privatmanns, verdrängt dieser sowohl seine Arbeitswelt wie auch deren gesellschaftliche Bedingungen. Der Sammler läßt sich zwar nicht vom Tauschwert der Ware blenden, verleiht ihr aber statt ihres Nutzens für den Menschen einen abstrakten Liebhaberwert. In einem Exkurs über den Jugendstil entlarvt Benjamin dessen Antwort auf den bürgerlichen Rückzug ins Private als »*letzten Ausfallversuch der in ihrem elfenbeinernen Turm von der Technik belagerten Kunst*«. BAUDELAIRE als Repräsentant des neuen Großstadtmenschen, der als melancholischer Allegoriker und Flaneur seine trostlose Zukunft »*noch mit einem versöhnenden Schimmer umspielt*«, wird zusammen mit der Kategorie der Nouveauté, der Mode und der Hure zum Thema des fünften Abschnitts, *Baudelaire oder die Straßen von Paris*. Zweideutigkeit ist auch hier das Zeichen der Epoche: Im »*Schein des Neuen*« reflektiert sich der »*Schein des immer wieder Gleichen*« und produziert so eine verselbständigte Kulturgeschichte, die von falschem Bewußtsein zeugt. Der sechste Abschnitt, *Haussmann oder die Barrikaden*, legt als wahre Absicht hinter der Stadtverschönerung durch breite Prachtboulevards die Verhinderung des Barrikadenbaus und die strategische Erschließung der Arbeiterviertel bloß.

Allen aufgezeigten Phänomenen gemeinsam ist ihr Schwellencharakter, die Übergangsform. Sie ist für Benjamin der Schlüssel ihrer Deutung: Als »*Rückstände einer Traumwelt*« tragen diese Erzeugnisse die Vorstellungen einer besseren Welt, einer klassenlosen Gesellschaft in sich, die es gilt, aus der verklärenden Kompensierung zu lösen und im geschichtlichen Erwachen einer gereinigten, revolutionären Verwertung zuzuführen.

Von den Konvoluten, die zu jedem der im Exposé erwähnten Phänomene Zitate aus dem literarischen Umfeld des 19. Jh.s und Anmerkungen Benjamins in losem Stoffsammlungscharakter enthalten und unter einer willkürlichen, alphabetischen Ordnung von Benjamin im Laufe seiner Beschäftigung mit dem Thema stets erweitert wurden, gibt vor allem das Konvolut »*N. Erkenntnistheoretisches, Theorie des Fortschritts*« Aufschluß über Benjamins Intention. Die Montagetechnik ermöglicht es ihm, »*gesteigerte Anschaulichkeit mit der Durchführung der marxistischen Methode zu verbinden*«, wobei die dargestellten Kulturphänomene als Ausdruck, nicht als Widerspiegelung der ökonomischen Bedingungen verstanden werden. Im Moment ihres Veraltens können sie »*zur Lesbarkeit kommen*«; von der Vorstellung einer zeitlosen Wahrheit, wie sie noch in der Abhandlung über den *Ursprung des deutschen Trauerspiels* im Begriff der »*Monade*« aufscheint, rückt Benjamin hier ab. Zentrale Bedeutung erhält nun das »*Jetzt der Erkennbarkeit*«, eine flüchtige Konstellation zwischen Vergangenem und Gegenwärtigem, in der das dialektische Bild sich in seiner Zweideutigkeit offenbart – Benjamin prägte dafür den Ausdruck der »*Dialektik im Stillstand*« – und vom historischen Materialisten zum geistesgegenwärtigen Sprung aus dem Kontinuum der Geschichte genutzt werden kann. Eine neue Art von Geschichtsschreibung liegt hier beschlossen wie auch eine Abkehr vom theoretischen Diskurs hin zu einem Denken in Bildern (vgl. *Denkbilder, Lehre vom Ähnlichen*) und, was bei den Interpreten Benjamins immer noch kontrovers diskutiert wird, eine ambivalente Haltung zwischen Materialismus und Theologie: In der kulturgeschichtlichen Dialektik werden die untersuchten Gegenstände so lange in ihren positiven und negativen Teil geschieden, »*bis die ganze Vergangenheit in einer historischen Apokatastasis in die Gegenwart eingebracht ist*«.

Aus der Position des marxistischen Intellektuellen heraus konstruiert Benjamin im *Passagen-Werk* ein mosaikartiges Bild, in dem das falsche Bewußtsein der Bourgeoisie im 19. Jh. über seine eigene ökonomische, politische, gesellschaftliche und künstlerische Stellung anhand seiner Produkte entlarvt wird; in Auseinandersetzung mit MARX, FREUD, JUNG und den Surrealisten versucht er, das revolutionäre Potential aus dem mythischen Verblendungszusammenhang zu retten. Kritik erfuhr er vor allem von seiten ADORNOS, der Benjamins Auffassung von Warenfetischismus und vom dialektischen Bild als »*undialektisch*« verurteilte und Benjamin in seinem berühmten Hornberger Brief vom 2. 8. 1935 vorwarf, er verkenne die »*objektiven Konstellationen*« und habe damit die gesellschaftliche Bewegung, der er das »*Opfer der Theologie*« gebracht habe, ebenfalls verfehlt. Er empfahl eine Betonung der theologisch-metaphysischen Elemente und eine stärkere, direkte Arbeit mit dem Material. Benjamin antwortete zurückhaltend, aber bestimmt, und versuchte, seine Version des dialektischen Bildes zu verteidigen: Es enthalte »*die Instanzen, die Einbruchsstelle des Erwachens*«, wohl aber müsse auch hier »*noch ein Bogen gespannt, eine Dialektik bezwungen werden: die zwischen Bild und Erwachen*«.

Aus der Arbeit am *Passagen-Werk* gingen eng mit ihm zusammenhängende Aufsätze hervor: Der Aufsatz *Das Kunstwerk im Zeitalter seiner technischen Reproduzierbarkeit* stellt den Versuch dar, die Gegenwart als Ausgangspunkt zur Analyse der Vergangenheit zu fixieren; die Thesen *Über den Begriff der Geschichte* fassen die erkenntnistheoretischen Überlegungen zusammen, die während der Jahre bis 1940 den Passagenentwurf begleiteten; das BAUDELAIRE-Buch schließlich, das den Titel *Baudelaire. Ein Lyriker im Zeitalter des Hochkapitalismus* tragen sollte und von dem nur der zweite der geplanten drei Teile, *Das Paris des Second Empire bei Baudelaire*, fertiggestellt wurde, entstand direkt aus einem Teil des Exposés und den Notizen *(Konvolut J)*.

Obwohl mittlerweile zum Projekt des *Passagen-Werks* umfangreiches Material zur Verfügung steht, scheint der Streit innerhalb der Geisteswissenschaften darüber noch nicht beendet. Dem Herausgeber der *Gesammelten Schriften*, Rolf TIEDEMANN sowie Adorno wird von marxistischer Seite, vor allem von Christoph HERING vorgeworfen, Benjamin einseitig gedeutet und für ihre sprachphilosophisch-metaphysisch orientierte Richtung ausgebeutet zu haben. Des weiteren versuchen Theologen, Marxisten, Benjamin-Exegeten und -Interpreten verschiedenster Prägung, den »wahren Benjamin« in ihrem Sinne zu beleuchten. Der Streit um die »*Janusköpfigkeit*« Benjamins (G. Scholem) würde auch durch den Fund der ominösen Manuskripttasche, die 1940 bei Benjamins Flucht nach Spanien verschwand und in der man letzte Aufschlüsse vermutet, kaum eine Lösung finden. Festzuhalten bleibt der nicht zu unterschätzende Einfluß, den Benjamins konkrete Kulturgeschichte immer noch ausübt und der sich nicht zuletzt im unentwegten Zitieren seiner bildhaften und dichten, aphorismenartigen Überlegungen äußert. C.Pp.

AUSGABEN: Ffm. 1982 (in *GS*, Hg. R. Tiedemann u. H. Schweppenhäuser, 6 Bde., 1972–1985, 5/1 u. 2; m. Anm. v. R. Tiedemann, Bd. 5/2, S. 1067–1350). – Ffm. 1983, 2 Bde. (es).

LITERATUR: F. J. Raddatz, *Gigantische Palette seiner Süchte. Überlegungen zu W. B.s »Passagen-Werk«* (in Die Zeit, 16. 7. 1982). – S. Buck-Morss, *B.'s »Passagen-Werk«* (in New German Critique, 29, 1983, S. 211–240). – H.-T. Lehmann, *Die Kinderseite der Geschichte. Zu W. B.s »Passagen-Werk«* (in Merkur, 1983, H. 1, S. 188–196). – W. Menninghaus, *Zur Schwellenkunde. W. B.s Passage des Mythos*, Ffm. 1983 (es). – R. Tiedemann, *Dialektik im Stillstand: Versuche zum Spätwerk W. B.s*, Ffm. 1983. – *Passagen. W. B.s Urgeschichte des 19. Jh.s*, Hg. N. W. Bolz u. B. Witte, Mchn., 1984. – G. Musik, *Die erkenntnistheoretischen Grundlagen der Ästhetik W. B.s und ihr Fortwirken in der Konzeption des »Passagen-Werks«*, Diss. Ffm. 1985. – *Antike und Moderne. Zu W. B.s »Passagen«*, Hg. N. W. Bolz u. R. Faber, Würzburg 1986. – *W. B. et Paris*, Hg. H. Wisman, Paris 1986. – J. Fürnkäs, *Surrealismus als Erkenntnis. W. B. – Weimarer Einbahnstraße und Pariser Passagen*, Stg. 1988. – R. M. Schaper, *»Der gläserne Himmel«. Die Passage des 19. Jh.s als Sujet der Literatur*, Ffm. 1988.

ÜBER DEN BEGRIFF DER GESCHICHTE

Geschichtsphilosophische Überlegungen von Walter BENJAMIN in Form von 18 Thesen auf elf Seiten, entstanden frühestens Ende 1939, wahrscheinlich Anfang 1940, postum erschienen 1942. – In dieser letzten abgeschlossenen Arbeit Benjamins zum Verhältnis von Theologie und historischem Materialismus, aber auch zur Kritik an Fortschrittsdenken, Historismus und Sozialdemokratie vor dem Hintergrund des Zweiten Weltkriegs finden sich Gedanken, von denen Benjamin in einem Brief an Gretel ADORNO sagte, »*daß ich sie an die zwanzig Jahre bei mir verwahrt, ja, verwahrt vor mir selber gehalten habe*« (April 1940). Zur Formulierung drängte ihn die Beschäftigung mit dem *Passagen-Werk*, als dessen erkenntnistheoretische Grundlage die Thesen – zusammen mit dem dort enthaltenen Konvolut »*N. Erkenntnistheoretisches, Theorie des Fortschritts*« – angesehen werden können, sowie die Arbeit an dem Aufsatz *Eduard Fuchs, der Sammler und der Historiker*, aus dem einzelne Stellen zur historischen Dialektik wörtlich in die Thesen übernommen werden. Verbindungen führen auch zum BAUDELAIRE-Buch, das sich »*auf anderer Ebene*« mit dem »*Problem der Erinnerung (und des Vergessens)*« auseinandersetzt.

Schon in der ersten These veranschaulicht Benjamin das für ihn einzig mögliche Verhältnis von Theologie und Materialismus im Bild vom Schachautomaten: Die Puppe, die jede Partie gewinnt, wird von einem unter dem Tisch verborgenen Zwerg an Schnüren gelenkt. »*Gewinnen soll immer die Puppe, die man ›historischen Materialismus‹ nennt. Es kann es ohne weiteres mit jedem aufnehmen, wenn sie die Theologie in ihren Dienst nimmt, die heute bekanntlich klein und häßlich ist und sich ohnehin nicht darf blicken lassen.*«

Die Thesen II bis VI führen in die materialistische Geschichtsbetrachtung Benjamins ein: Demnach ist die Vergangenheit nicht abgeschlossen, kein fester, unveränderlicher Bestandteil der Tradition, sondern trägt durch einen historischen Index, den es zu entdecken gilt, einen Anspruch auf Erlösung durch die Gegenwart in sich. Dieser Anspruch kann nur vom historischen Materialisten und nur in einem bestimmten Augenblick erkannt werden: »*Denn es ist ein unwiederbringliches Bild der Vergan-*

genheit, das mit jeder Gegenwart zu verschwinden droht, die sich nicht als in ihm gemeint erkannte.« Die Tendenz der historischen Geschichtsschreibung, zum Instrument der herrschenden Klasse zu werden, hat der historische Materialist in Verbindung mit der »schwachen messianischen Kraft«, die jeder Gegenwart innewohnt, zu zerschlagen. Die Kritik am Historismus als Einfühlung in den Sieger und konformistische Überlieferung der als Beute betrachteten Kulturgüter an denselben endet in These VII mit der Kennzeichnung der gegenläufigen Vorgehensweise des Materialisten: »*Er betrachtet es als seine Aufgabe, die Geschichte gegen den Strich zu bürsten.*«
These IX deutet Paul Klees Bild *Angelus Novus* als Engel der Geschichte, der, das Gesicht zur Vergangenheit gewendet, von einem aus dem Paradies wehenden Sturm unaufhaltsam rückwärts in die Zukunft getrieben wird, während »*der Trümmerhaufen vor ihm zum Himmel wächst. Das, was wir den Fortschritt nennen, ist dieser Sturm*«. Die hier ausgedrückte Kritik am Fortschrittsdenken beziehen die Thesen X und XI auf die Politik der Sozialdemokratie, die mit ihrer protestantischen Arbeitsethik und dem Glauben an eine Natur, die »*gratis da ist*«, zum Wegbereiter des Faschismus wurde, anstatt ihn zu verhindern. Daß das Subjekt historischer Erkenntnis nur die unterdrückte Klasse sein kann und dies nur im Blick auf die »*geknechteten Vorfahren*«, nicht auf die »*befreiten Enkel*«, betonen Thesen XII und XIII in einer Zusammenfassung der Kritik des falschen sozialdemokratischen Fortschrittsbegriffs, der die Menschheitsgeschichte in einer selbsttätigen und unendlich perfektionierbaren Verbesserung ihren Weg durch eine homogene und leere Zeit hindurch gehen sieht.
Den Gegenentwurf deutet Benjamin in den Thesen XIV bis XVIII an: An die Stelle des historischen »*Es war einmal*« tritt die materialistische Geschichtskonstruktion, die das Kontinuum der Überlieferung sprengt, die Zeit nicht als Übergang sieht, sondern anhält – wie man beispielsweise in der Pariser Juli-Revolution nach den Turmuhren schoß –, um den »*Tigersprung ins Vergangene*«, die Revolution, zu wagen. Messianisch heißt diese einmalige Konstellation zwischen Vergangenem und Gegenwärtigem, die »*Jetztzeit*«, weil sie der jüdischen Tradition des Eingedenkens entspricht: Hier »*war jede Sekunde die kleine Pforte, durch die der Messias treten konnte*« (Anhang A und B).
Das Zusammenspiel von Theologie und Materialismus stellt sich in diesen Thesen als wechselseitiges Lernverhältnis dar: die Unabgeschlossenheit und Erlösungsbedürftigkeit der Geschichte einerseits, die Notwendigkeit zum revolutionären Kampf, zum marxistischen Ausnahmezustand andererseits. Dazu kommt die anarchistische Tradition eines BLANQUI, eines SOREL und BAKUNIN (vgl. *Zur Kritik der Gewalt*). Die säkularisierte messianische Erlösung stellt für Benjamin die marxistische klassenlose Gesellschaft dar, von der er die Politik der Sozialdemokratie, aber auch die russischen Zustände seiner Zeit ebenso weit entfernt sieht wie das 19. Jh. Trotz des Faschismus gibt er jedoch die Hoffnung auf einen Sieg des historischen Materialismus nicht auf, wobei er dessen dialektische Geschichtskonstruktion als Verweis auf reale politische Praxis betrachtet. Eine Einheit von Theorie und Praxis, vergleichbar dem politischen Bild- und Leibraum im Surrealismus-Aufsatz, wird hier assoziativ in Bildern, Analogien und Gleichnissen entwickelt, um ein Denken zu entfachen, das imstande sein könnte, die Katastrophe aufzuhalten.
Nicht ganz zu unrecht befürchtete Benjamin, eine Veröffentlichung dieser Thesen würde »*dem enthusiastischen Mißverständnis Tor und Tür öffnen*« (Brief an Gretel ADORNO, April 1940). Interpreten sowohl von marxistischer als auch von theologischer Seite versuchen seit Jahren, Benjamin zur Legitimation ihrer jeweiligen Position zu verwenden, man vereinnahmt ihn einseitig für die Gegenaufklärung (Henning GÜNTHER, Jürgen HABERMAS) oder für den orthodoxen Marxismus (Christoph HERING, Heinz-Dieter KITTSTEINER). Wie die materialistische Geschichtskonstruktion als Erlösung der Vergangenheit mit einer revolutionären Chance für die Gegenwart praktiziert werden kann, deutet das inzwischen veröffentlichte *Passagen-Werk* an, in dem Benjamin in geschichtsphilosophischer Hinsicht seinen eigenen Anspruch einzulösen versuchte. Wer jedoch in den Thesen Anweisungen für eine politische Praxis sucht, wird an Benjamins theologischer Metaphorik, die »*sich der Einholung durch die diskursive [Sprache] hartnäckig verweigert*« (R. Tiedemann), scheitern.   C.Pp.

AUSGABEN: Ffm. 1974 (in *GS*, Hg. R. Tiedemann u. H. Schweppenhäuser, 6 Bde., 1972–1985, 1/2). – Ffm. 1980 (in *GS*, Hg. dies., 12 Bde., 12; es).

LITERATUR: *Materialien zu B.s Thesen »Über den Begriff der Geschichte«*, Hg. P. Bulthaup, Ffm. 1975 (stw). – J.-M. Gagnebin, *Zur Geschichtsphilosophie W. B.s*, Diss. Erlangen 1978. – K. Greffrath, *Metaphorischer Materialismus. Untersuchungen zum Geschichtsbegriff W. B.s*, Mchn. 1981. – J. Ebach, *Der Blick des Engels. Für eine ›Benjaminische‹ Lektüre der hebräischen Bibel* (in *W. B. Profane Erleuchtung und rettende Kritik*, Hg. N. W. Bolz u. R. Faber, Würzburg 1982, S. 59–84). – Chr. Hering, *Die Rekonstruktion der Revolution: W. B.s messianischer Materialismus in den Thesen »Über den Begriff der Geschichte«*, Mchn. 1983.

URSPRUNG DES DEUTSCHEN TRAUERSPIELS

Kunstphilosophische Abhandlung von Walter BENJAMIN, entstanden 1925, erschienen 1928. – Als Habilitationsschrift von der Universität Frankfurt abgelehnt, später ohne nennenswerte Resonanz im Rowohlt-Verlag veröffentlicht, leitet Benjamins Frühschrift bereits jene Revolte gegen philosophische und philologische Tradition ein, die er in seiner materialistischen Spätphase noch schärfer konturieren sollte. Denn nicht als neue Variante induktiver Einfühlungsästhetik versteht sich die Abhandlung über das barocke Trauerspiel, sondern als sprachtheoretisch und geschichtsphilosophisch fundierter Neuentwurf von Erkenntnistheorie, dem die Barocktragödie lediglich Material zur Bewährung des methodischen Ansatzes ist: Die zentrale Funktion, die die Allegorie in der Analyse des Trauerspiels einnimmt, bedeutet demnach nicht lediglich Rehabilitation eines bislang vernachlässigten ästhetischen *terminus technicus*, sondern Allegorie wird hier zur erkenntnistheoretischen Kategorie: »*Es ist der Gegenstand der philosophischen Kritik, zu erweisen, daß die Funktion der Kunstform eben dies ist: historische Sachgehalte, wie sie jedem bedeutenden Kunstwerk zugrunde liegen, zu philosophischen Wahrheitsgehalten zu machen.*« Benjamins geschichtlich verstandener, sprachphilosophischer Wahrheitsbegriff zielt darauf, die Subjekt-Objekt-Spaltung dialektisch auseinanderzufalten, um sie schließlich zu synthetisieren in der Wahrheit der Idee, in der subjektives Erkennen und objektives Sein zur Deckung kommen.

Gegen den seit der Kantischen Wende tradierten Bruch zwischen begrenztem subjektivem Erkenntnisvermögen und unerkennbarem objektivem Wahrheitsgehalt wendet sich Benjamins Kritik. Erkenntnis – als intentionales Haben – wird abgegrenzt gegen Wahrheit – als intentionsloses Sein. Wahrheit ist nicht im erkennenden Subjekt zu lokalisieren, sondern im objektiven Sein. Das methodische Auffinden der Wahrheit vollzieht sich nicht als Erzeugung der Einheit im Bewußtsein, sondern als sprachliches Aufhellen einer vorgegebenen (nicht erst erzeugten) »*Einheit im Sein*«, die im Reich der Ideen angesiedelt ist – so die sprachphilosophische Akzentuierung der platonischen Anamnesis. Funktion der philosophischen Kritik ist die Wiederentdeckung der verlorengegangenen Identität von Name (benennender Erkenntnis) und Sache (objektive Wahrheit) im »*symbolischen Charakter des Wortes, in welchem die Idee zur Selbstverständigung kommt*«. Die Ideen – als »*vergöttliche Worte*« – sind durch ein »*aufs Urvernehmen allererst zurückgehendes Erinnern*« in ihrer Unmittelbarkeit wiederherzustellen. Wahrheitsfindung gelingt daher nur als nichtintentionale Erkenntnis, als »*Eingehen und Verschwinden*« in die sich selbst darstellenden Ideen: »*Das Sein der Ideen kann als Gegenstand einer Anschauung überhaupt nicht gedacht werden, auch nicht der intellektuellen … Wahrheit tritt nie in eine Relation und insbesondere in keine intentionale. Der Gegenstand der Erkenntnis als ein in der Begriffsintention bestimmter ist nicht die Wahrheit. Die Wahrheit ist ein aus Ideen gebildetes intentionsloses Sein. Das ihr gemäße Verhalten ist demnach nicht ein Meinen im Erkennen, sondern ein in sie Eingehen und Verschwinden. Die Wahrheit ist der Tod der Intention.*« In diesem Sinn hat alle Kunstkritik die Funktion, die Selbstdarstellung der Idee, welche jede Kunstform ist, zum sprachlichen Aufleuchten zu bringen: »*Das Trauerspiel im Sinn der kunstphilosophischen Abhandlung ist eine Idee.*« Solche Selbstdarstellung der Idee des barocken Trauerspiels gewinnt sprachliche Gestalt in der Allegorie als ihrer adäquaten Ausdrucksform.

Die Allegorie – gebrochen und unvollendet, jedoch ihre eigene Vollendung aus sich heraustreibend, in diesem Sinn jeweils Zweifaches bedeutend – hat dialektische Struktur. Dialektik kennzeichnet das »*Trümmerhafte*« des allegorischen Trauerspiels, sofern es hinweist auf seine eigene Vollendungsbedürftigkeit und damit in der ständigen dialektischen Spannung von Todesverfallenheit und Ewigkeit, von Vergänglichkeit und Auferstehung, von Bruckstück und Totalität steht: »*Ist doch die Einsicht in die Vergänglichkeit der Dinge und jene Sorge, sie ins Ewige zu retten, im Allegorischen eins der stärksten Motive.*« Solche aufbrechende Dialektik der Allegorie problematisiert zugleich den »*falschen Schein von Totalität*«, der dem klassizistischen Symbolverständnis zugrunde liegt.

Was den spezifischen Unterschied der barocken Tragödie zu ihrer antiken Vorläuferin ausmacht, ist ihr geschichtlicher Gehalt. Allegorisch ist das barocke Trauerspiel, sofern es Geschichte als »*Leidensgeschichte der Welt*« darstellt, jedoch nicht im Sinne einer zeitlichen Dynamik politischen Geschehens, sondern als Naturkatastrophe permanenten Verfalls. Der Hof als Zentrum des barocken Trauerspiels ist solchermaßen die »*Projektion des zeitlichen Verlaufs in den Raum*« – was einem allegorischen Geschichtsverständnis entspricht, dem Geschichte nur in den erstarrten Stationen ihres Verfalls bedeutsam wird und als solche in das zeitlose Kontinuum des Raums gebannt bleibt: »*Denn nicht die Antithese von Geschichte und Natur, sondern restlose Säkularisierung des Historischen im Schöpfungsstande hat in der Weltflucht des Barock das letzte Wort. Dem trostlosen Verlauf der Weltchronik tritt nicht Ewigkeit, sondern die Restauration paradiesischer Zeitlosigkeit entgegen.*« Dem großen dialektischen Spannungsbogen zwischen geschichtlichem Verfall und messianischer Erlösung, wie sie die allegorische Struktur der Barocktragödie kennzeichnet, entspricht die dialektische Typik der auftretenden allegorischen Figuren. Zentralfiguren, die weniger tragische Charaktere darstellen (wie in der griechischen Tragödie), als daß sie historische Verfallssituationen repräsentieren, sind der absolute Souverän und der Höfling.

Die antithetische Rolle des Königs – »*Tyrann und Märtyrer sind im Barock die Janushäupter des Gekrönten*« – soll die inhaltliche Plausibilität der im erkenntniskritischen Vorwort theoretisch dargelegten Subjekt-Objekt-Spaltung erweisen. Als ordnende, »*den Wechselfällen der Geschichte Einhalt tuende Instanz*« verfügt der Souverän – als Tyrann – willkürlich über geschichtliche Objekte wie Subjekte und gleicht hierin dem erkennenden Subjekt, das sich kraft seiner scheinbaren Erkenntnisfähigkeit der Dinge willkürlich bemächtigt. Selbst jedoch der Objektwelt zugehörig – als schwacher kreatürlicher Mensch – erliegt der Tyrann dem Mißverhältnis zwischen »*sakrosankter Gewalt seiner Rolle*« und »*Ohnmacht und Verworfenheit seiner Person« – und wird so zum Märtyrer. Entsprechend sucht der Höfling – als »*Heiliger und Intrigant*« – sich der Dinge zu bemächtigen, nicht in der Form gewaltsamen herrscherlichen Zugriffs, sondern in Form »*absoluter Geistigkeit*«. Erkenntnis in dieser absoluten Subjektivität ist trauerauslösend, sofern sie – einseitig im Subjekt lokalisiert – nicht der Wahrheit des Objekts gerecht wird, sondern dem sich selbst aussagenden Sachgehalt des Objekts entfremdet ist. Das allegorische »*Überbenennen*« ist Frucht des Baumes der Erkenntnis und als solches Sündenfall, sofern es den Verlust des adamitischen Paradieszustandes, in dem Sache und Name noch identisch waren – im Wort Gottes – anzeigt (vgl. dazu auch den frühen, 1916 entstandenen Aufsatz *Über Sprache überhaupt und über die Sprache des Menschen*). Benjamin definiert das »*schlechthin Materialische und jenes absolute Geistige*« als »*Pole des satanischen Bereiches*« und »*das Bewußtsein als ihre gauklerische Synthesis, mit welcher sie die echte, die des Lebens, äfft*«. Die echte Synthesis, die nicht nur begriffliche Einheit des Bewußtseins, sondern unmittelbare Einheit des Seins ist, gelingt nur im heilsgeschichtlichen Einbruch, der die abstrakte Subjektivität in ihrer Abstraktion aufhebt (und damit als allegorisches Benennen überflüssig macht) und die erstarrte dinghafte Materie sprechen läßt.

Die Versöhnung erwies sich als in der dialektischen Struktur der Allegorie bereits angelegt, sofern die Allegorie gerade in ihrer Bruchstückhaftigkeit auf ihre eigene Vollendungs- und Erlösungsbedürftigkeit hinweist. Das Wunder, die *ponderación misteriosa*, mit der die barocke Tragödie schließt, ist die Vollendung und Aufhebung der Allegorie zugleich. Als scheinhaft entlarvt sie allegorische Benennung und deren »*geheimes privilegiertes Wissen, die Willkürherrschaft im Bereich der toten Dinge*«. Die scheinhafte abstrakte Subjektivität der Erkenntnis wie auch die tote Materialität erwies sich jedoch in ihrer Scheinhaftigkeit als notwendig, um einen damit kontrastierenden, nicht mehr scheinhaften Sinn aufleuchten zu lassen: Die Wahrheit als Identität von Sache und Bedeutung als Überwindung der Subjekt-Objekt-Spaltung.

Was im theologischen Geschichtsverständnis des frühen Benjamin noch nicht anders gelingen konnte denn als heilsgeschichtliche Versöhnung, wird im Spätwerk Benjamins säkularisiert zur konkreten Utopie, die die Subjekt-Objekt-Entfremdung der warenproduzierenden Gesellschaft aufhebt in der revolutionären Aktion – mit der Voraussetzung jedoch, diese Entfremdung zunächst schockhaft erlebbar gemacht zu haben, damit sie selbst Impuls wird für ihre eigene Vollendung – und damit Auflösung, so wie auch die Allegorie im Trauerspiel in ihrer Struktur erst durchsichtig geworden sein muß, um ihrer eigenen Erlösung entgegenzutreiben. Dem späten materialisierten Kern der Benjaminschen Heilserwartung entspricht zudem ein materialisierter Wahrheitsbegriff, der nunmehr nicht mehr aus seiner Intentionslosigkeit seine Würde bezieht, sondern kommunizierbar geworden ist. U.Ba.

AUSGABEN: Bln. 1928. – Ffm. 1955 (in *Schriften*, Hg. Th. W. u. G. Adorno u. F. Podszus, 2 Bde., 1). – Ffm. 1963, Hg. R. Tiedemann. – Ffm. 1974 (in *GS*, Hg. ders. u. H. Schweppenhäuser, 6 Bde., 1972–1985, 1/1). – Ffm. 1978 (stw). – Ffm. 1980 (in *GS*, Hg. R. Tiedemann u. H. Schweppenhäuser, 12 Bde., 1; es).

LITERATUR: J. Habermas, *Bewußtmachende oder rettende Kritik – die Aktualität W. B.s* (in *Zur Aktualität W. B.s*, Hg. S. Unseld, Ffm. 1972, S. 175–221; st). – R. Tiedemann, *Studien zur Philosophie W. B.s*, Ffm. ²1973, S. 15–99. – J.-M. Gagnebin, *Zur Geschichtsphilosophie W. B.s*, Diss. Erlangen 1978, S. 92–98, 105–142. – F. Lönker, *B.s Darstellungstheorie. Zur »Erkenntniskritischen Vorrede« zum »Ursprung des dt. Trauerspiels«* (in *Urszenen*, Hg. F. A. Kittler u. H. Turk, Ffm. 1978, S. 293–322). – W. Menninghaus, *W. B.s Theorie der Sprachmagie*, Ffm. 1980, S. 79–133. – M. Rumpf, *Spekulative Literaturtheorie. Zu W. B.s Trauerspielbuch*, Ffm. 1980. – R. Wolin, *W. B.: An Aesthetic of Redemption*, NY 1982.

BENJAMIN BEN JONA

2. Hälfte 12. Jh. Tudela/Spanien

MASSAOT BINJAMIN MI-TUDELA

(hebr.; *Reisen des Benjamin aus Tudela*). Reisebericht von BENJAMIN BEN JONA, verfaßt um 1172/1173. – Der Autor, ein wissenschaftlich gebildeter Kaufmann aus Tudela am Ebro, bereiste von seiner Heimatstadt aus in den Jahren 1160–1173 ganz Südeuropa sowie Teile von Asien und Afrika. Sein Reisebericht enthält eine Fülle von Informationen sowohl über das Leben der Juden jener Zeit in den Gemeinden, die Benjamin besuchte, als auch über Beobachtungen, die er machen konnte und die nicht nur die Geschichtswissenschaft bereichert, sondern auch wichtige geographische Kenntnisse vermittelt haben. – Benjamins Werk ist einer der wenigen Reiseberichte der jüdischen Literatur. Seine Angaben sind zuverlässig und haben sogar der geographischen Forschung späterer Perioden als Quelle gedient, obwohl hin und wieder Zweifel an der Zuverlässigkeit der Berichte geäußert worden sind. Der Stil ist sachlich und trocken, an manchen Stellen sind freilich Legenden und Fabeln eingeflochten, die zwar dem Geist der damaligen Zeit Rechnung tragen, den Verfasser aber in den Verdacht des Phantasten gebracht haben. Die Forschung hat jedoch ergeben, daß die Erzählungen dem Munde der Menschen entstammen, denen Rabbi Benjamin begegnet ist, so daß sie selbst Teil des Berichts sind.

Das Buch ist in seiner endgültigen Form offenbar nicht vom Verfasser selbst geschrieben worden, denn er starb kurz nach seiner Rückkehr im Jahre 1173. Mordechai ADLER, der 1907 eine kritische Ausgabe des Werks besorgte, benutzte eine Handschrift aus Pisa, die aus dem Jahr 1429 stammt und von der er sagt, daß dies der vollständigste Text sei, der zur Verfügung stehe, auch wenn er nicht komplett zu sein schiene. H.I.G.

AUSGABEN: Konstantine 1543. – Ferrara 1556. – Amsterdam 1691, Hg. Chajim ben Jakob [hebr.-dt.]. – Ldn. 1907 (M. N. Adler, *The Itinerary of Benjamin of Tudela*; m. Übers. u. Komm.; krit.; Nachdr. 1964).

ÜBERSETZUNGEN: *The Itinerary of Rabbi Benjamin of Tudela*, A. Asher, 2 Bde., Bln./Ldn. 1840/1841; Nachdr. NY 1927 [engl.]. – *Reisetagebuch des Rabbi Benjamin von Tudela. Ein Beitrag zur Kenntnis der Juden in der Diaspora während des 12. Jh.s*, A. Martinet, Progr. Bamberg 1858; ern. Bln. 1918.

LITERATUR: L. Zunz, *GS*, Bd. 1, Bln. 1875, S. 163 ff. – R. Luria, *Sul l'Itinerario di B. da T.* (in Il Vessillo Israelitico, 36, 1888, S. 56 ff.). – G. Karpeles, *Geschichte der jüdischen Literatur*, Bd. 1, Bln. 1920, S. 433/434; Nachdr. Graz 1963. – P. Borchardt, *Der Reiseweg des Rabbi Benjamin von Tudela u. des Rabbi Petachia aus Regensburg*, Ffm. 1924. – C. Roth, Art. *B. B. J. of Tudela* (in EJ², 4, Sp. 535–538). – D. Henze, *Enzyklopädie der Entdecker u. Erforscher der Erde*, Bd. 1, Graz 1978.

TAHAR BEN JELLOUN

* 21.12.1944 Fes

L'ENFANT DE SABLE

(frz.; Ü: *Sohn ihres Vaters*). Roman von Tahar BEN JELLOUN (Marokko), erschienen 1985. – Wie ein orientalisches Märchen ist der Roman in Erzählabschnitte unterteilt: So machen es die Erzähler auf den Plätzen des Maghreb, die Zuhörer um sich scharen und von ihnen auch Geld bekommen wollen. Pro Tag erzählen sie eine Episode und laden darauf ihre Hörer ein, am nächsten Tag wiederzukommen, wenn sie die Fortsetzung erfahren wollen.
In *L'enfant de sable*, das ganz im Zeichen der moslemischen, vom Mann bestimmten Zivilisation steht, läßt Ben Jelloun einen dieser Märchenerzähler auf dem Platz *Djemaa el Fna* in Marrakesch von einer marokkanischen Familie erzählen, die bereits mit sieben Töchtern »geschlagen« ist: »*Der Vater hatte kein Glück; er war überzeugt, über seinem Leben läge eine ferne und dumpfe Verwünschung: bei sieben Geburten hatte er sieben Mädchen, ... sieben, das war zuviel, das war sogar tragisch ... Er wohnte zu Hause, wie wenn er keine Nachkommenschaft hätte. Er tat alles, um sie zu vergessen, um sie nicht zu sehen.*« Ein Vater, der nur Töchter hat, schämt sich vor seinen Mitbürgern. Jede Geburt ist für ihn kein Fest, sondern vielmehr ein Grund zur Trauer. Um seine Ehre wiederherzustellen und seinen Besitz zu retten, der ohne männliche Nachkommenschaft an die bereits gierig darauf wartenden Brüder fallen würde, beschließt der Vater, das nächste Kind der Öffentlichkeit in jedem Fall als Jungen zu präsentieren und erklärt seiner Frau: »*Ich habe beschlossen, daß die achte Geburt ein Fest wird, das größte Fest, das sieben Tage und sieben Nächte dauern soll. Du wirst Mutter, eine wahre Mutter sein, eine Prinzessin; denn du wirst einen Jungen zur Welt bringen. Das neugeborene Kind soll ein Mann werden, Ahmed heißen, selbst wenn es ein Mädchen wird ... Dieses Kind ist als Mann willkommen, und es wird durch seine Gegenwart Licht in dieses trübe Haus bringen.*«
Wie vorausgesehen, kommt tatsächlich wieder ein Mädchen zur Welt, das als Junge in die menschliche Gemeinschaft aufgenommen wird. Außer der Mutter und der alten Hebamme kennt niemand den wahren Sachverhalt. Als »Ahmed« ins Pubertätsalter kommt, beschließt »er« – diesmal aus eigenem Antrieb – weiter wie ein Mann zu leben, den Schein zu wahren, wie es sein Vater gewollt hat. Dieses Abenteuer treibt er selbst nach dem Tod des Vaters noch so weit, daß er Fatima, ein hinkendes und epileptisches Mädchen heiratet, das wie er unter dem gespannten Verhältnis zwischen Seele und Körper zu leiden hat. Zuletzt schließt er sich einer Truppe von Seiltänzern in einem kleinen Wanderzirkus an. – Am Ende des Romans läßt der Erzähler seine Zuhörer im Stich, nachdem er sie mehrere Tage um sich geschart hatte. So treten andere an seine Stelle und erzählen – jeder auf seine Art – das Ende dieser eigenartigen Geschichte, verschiedene Lösungsansätze werden diskutiert, bis auf einmal eine alte Frau sich in den Kreis der Erzähler einreiht: Fatouma, »*der Sohn ihres Vaters*«.
Exemplarisch verweist der Roman auf das Problem der Identität des Menschen in der Auseinandersetzung mit seiner Geschlechtlichkeit: »*Bin ich ein Wesen oder ein Traumbild, ein Körper oder eine Autorität, ein Gebet in einem welken Garten oder ein Baum ohne Früchte?*« Die Sensibilität dieser feinfühligen psychologischen Analyse wird von der Tragik und Grausamkeit eines gierigen Verlangens überschattet, immer tiefer in die Geheimnisse des Lebens vorzudringen. Dabei bedient sich Ben Jelloun in *L'enfant de sable* einer nichtlinearen Erzählweise, die dem Vortragsstil des Märchenverkünders einen großen Platz einräumt. Besonders deutlich wird dies in der Verwendung von Zauberformeln, die lyrisch die Erzählung unterbrechen. Der Autor läßt sich von seinem Publikum leiten, das den Rhythmus des mündlichen Vortrags kennt und die Heiligen mit magischen Formeln anruft. Den manchmal etwas naiven, fast trivialen, aber stimmungsvollen

und emphatischen Vortragston des Erzählers ergänzt Ben Jelloun jedoch durch eine komplizierte, »moderne« Erzählhaltung. Im ständigen Wechsel der Perspektiven und Stilebenen liegt der besondere Reiz dieses Romans, dessen Technik Vorstellungen des *»Nouveau Roman«* verwirklicht. L.H.G.

AUSGABE: Paris 1985.

ÜBERSETZUNG: *Sohn ihres Vaters*, Ch. Kayser, Bln. 1986.

LA NUIT SACRÉE

(frz.; *Ü: Die Nacht der Unschuld*). Roman von Tahar BEN JELLOUN (Marokko), erschienen 1987. – Als erstes Werk eines maghrebinischen Schriftstellers erhielt dieses Werk den Prix Goncourt und erreichte in Frankreich sofort eine außergewöhnliche Popularität. *La nuit sacrée* knüpft an den zwei Jahre zuvor erschienenen Roman *L'enfant de sable* an, der damit endet, daß der Haupterzähler auf dem Platz *Djemaa El Fna* in Marrakesch, dem Platz der Gaukler und Märchenerzähler, die Geschichte von dem *»Kind aus Sand und Wind«* abbricht und davongeht. Eine alte Frau, von anderen »Mutter Fadila« genannt, beobachtet diesen Märchenerzähler, wie er ihre eigene Geschichte den Zuhörern begreiflich machen will; er gibt jedoch auf, und sie selbst übernimmt nunmehr das Erzählen.

In der 27. Nacht des Fastenmonats Ramadan stirbt ihr Vater. Im Koran wird diese Nacht »Die Nacht des Schicksals« genannt, da in ihr dem Propheten Mohammed der Beginn des Korans offenbart wurde. Für die Erzählerin ist es die *»Heilige Nacht«* (so der frz. Titel), die Nacht der Befreiung und des Übergangs von einem Sein in ein anderes. Denn in der Stunde seines Todes bereut der Vater, daß er sie zwanzig Jahre lang als Junge erzogen hat, um seine Ehre und sein Erbe zu retten, und gibt ihr endlich die Freiheit, Frau zu sein, und sich statt Ahmed nunmehr »Zahra, Blume der Blumen« zu nennen. Noch während der Beerdigung des Vaters entflieht Zahra in eine Phantasiewelt: von einem Scheich wird sie auf einem weißen Pferd in ein unterirdisches Reich voller Kinder getragen, die sich selbst regieren, wie in dem klassisch-arabischen Gedicht *Risālat al-ǧufrān (Der Traktat der Vergebung)* des syrischen Dichters Abū l-ʿAlā AL-MAʿARRĪ (973 bis 1057). Danach kehrt sie in die »Realität« zurück, vergräbt alle Zeichen ihrer falschen Männlichkeit, wie Personalausweis, die Fotos von ihrer (fingierten) Beschneidung und ihrer Hochzeit mit der epileptischen Kusine Fatima, sowie ihre männliche Kleidung. Befreit und ohne Maske geht sie nun auf Wanderschaft, nur um sogleich im Wald von einem Unbekannten vergewaltigt zu werden. Im *hamman* der nächstgelegenen Stadt sucht sie Zuflucht und Reinigung und wird von der korpulenten Badeaufseherin nach Hause eingeladen, um deren blindem Bruder Gesellschaft zu leisten. Die Schwester, allegorisch *»Die Sitzende«* genannt, umhegt ihren Bruder wie eine Mutter oder Geliebte; sie nennt ihn »Konsul« einer imaginären Botschaft, doch er ist Lehrer und unterweist Kinder im Koran, den er als Poesie schätzt, aber als politische Waffe ausdrücklich ablehnt. Auch er lebt zeitweise in einer Phantasiewelt; so erzählt er von einem *»außergewöhnlichen Land«* mit einer Bibliothek der Meisterwerke, die jeweils von einer schönen Frau erzählt und dargestellt würden.

Nach und nach übernimmt Zahra die Betreuung des Blinden, auch bei seinen Gängen ins Bordell. Eines Tages schickt sie die Prostituierte, die er nach ihren Beschreibungen auswählt, weg und stellt sich ihm selbst zur Verfügung. In dieser Liebe findet sie vorübergehend eine feste Identität: *»Ich war nicht mehr ein Wesen aus Sand und Staub mit einer unsicheren Identität, das beim geringsten Windstoß zerfiel.«* Doch die Schwester des Blinden wird mißtrauisch, informiert sich bei Zahras Familie und erfährt, daß Zahra dort als »Mann« galt und die Brüder ihres Vaters um das Erbe betrogen habe (da nach islamischem Gesetz zwei Drittel des Vermögens eines Mannes ohne Söhne an seine Brüder fallen). Bald darauf taucht ein habgieriger Onkel auf, um sein Erbteil zurückzufordern und die Ehre seiner verstorbenen Tochter Fatima, Zahras »Frau«, zu retten. Zahra erschießt ihn und erhält dafür 15 Jahre Haft. Im Gefängnis suchen sie fünf ihrer inzwischen fanatisch islamisierten, haßerfüllten Schwestern auf und rächen sich für die zwanzigjährige Usurpation einer männlichen Herrschaft im Haus, indem sie sie beschneiden und ihr auf ägyptisch-sudanesische Art die Vagina zunähen. Zahras Fieber- und Höllenvisionen sind eine neue Variante des Poetisch-Phantastischen und Brutal-Surrealen in dieser Geschichte. Wieder genesen, nimmt sie im Gefängnis als *écrivain public* (öffentlicher Schreiber) erneut eine männliche Rolle an. Schließlich wird sie vorzeitig entlassen und fährt in Männerkleidung zielstrebig mit dem Bus nach Süden, der Erfüllung ihres Schicksals entgegen. In einem weißen Marabut (Grabstätte eines Heiligen, die zugleich Wallfahrtsort ist) begegnet sie dem Blinden wieder, der inzwischen zu einem berühmten Wunderheiler geworden ist. Dieser erkennt sie in der Reihe der männlichen Bittsteller mit seinen Händen und heißt sie willkommen: *»Endlich sind Sie da!«* Die Erzählerin gelangt also nach der Dunkelheit der menschlichen Beziehungen und der des Gefängnisses in das weiße Reich des Todes.

Eine mögliche Deutung ihrer ungesicherten Identität, ihrem ständigen Schwanken zwischen Frau- und Mann-Sein, gibt sie selbst. Wenn sie im Gefängnis mit den Verwaltern kollaboriert oder wenn sie für die Mitgefangenen schreibt oder ihnen vorliest, benutzt sie die männliche Kleidung als *habit de fonction* (Amts- und Berufskleidung), nicht mehr als Maskierung. Für diesen Wechsel findet sie einen aufschlußreichen Vergleich: *»Ich bewegte mich zwischen den beiden Lagern wie in zwei Sprachen.«* Demnach wäre *La nuit sacrée* eine märchenhafte Parabel von der Situation der Dekolonisierten, die zwischen zwei Sprachen, einer mütterlichoralen, unterdrückten Sprache (hier dialektales Arabisch oder Berbersprachen) und einer männlich-rationalen, dominierenden Schriftsprache (hier Französisch) hin- und hergerissen werden *(déchirure)*. Im ständigen Zwiespalt zwischen zwei oder sogar drei Sprachen, Kulturen, Welten und Religionen haben die Maghrebiner ihre kulturelle »Unschuld« verloren, zu Hause und vor allem im Ausland als Gastarbeiter und Intellektuelle. Sie laufen einerseits Gefahr, ihre Identität zu verlieren, wieder ein »weißes Blatt« zu werden wie das Manuskript des Erzählers, oder andererseits vom militanten Islam und der neuen Arabisierungswelle in ihrer europäischen (Gedanken-) Freiheit »beschnitten« zu werden. Selbstbestimmung bleibt ein Traum. Der Autor selbst weist aber auch darauf hin, daß *La nuit sacrée* einen Selbstfindungsprozeß zeige, *»eine Identitätssuche, in der sich die gesellschaftliche Wirklichkeit der Mittelmeerländer widerspiegelt, wo die Frau einerseits eine äußerst wichtige Rolle spielt, ihre Rechte andererseits aber noch nicht anerkannt werden.«* – Hervorzuheben ist die besondere literarische und sprachliche Qualität dieses Werks, das dem Französischen durch Anklänge an die arabische Poesie neue Bereiche erschlossen hat.

I. Schw.

AUSGABE: Paris 1987.

ÜBERSETZUNG: *Die Nacht der Unschuld*, E. Moldenhauer, Bln. 1988.

LITERATUR: *T. B. J. La suite d'un fabuleux Goncourt* (in Lire, April 1988, Nr. 151, S. 45–55). – G. Ortlepp, Rez. (in Der Spiegel, 19, 9. 5. 1988). – U. Wittstock, Rez. (in FAZ, 28. 5. 1988). – *Zwischen Marokko und Paris. Zwei Gespräche* (in Tageszeitung, 10. 6. 1988).

LA PRIÈRE DE L'ABSENT

(frz.; *Das Gebet für den Abwesenden*). Roman von Tahar BEN JELLOUN (Marokko), erschienen 1984. – Wie viele Bücher des Autors stützt sich dieser Roman auf die mündliche Überlieferung, die in den Ländern des Maghreb noch sehr lebendig ist und ist ein gutes Beispiel für die Schreibweise Ben Jellouns, der diese Erzählungen mit der Romanhandlung zu verbinden weiß. So erfährt der Leser die Geschichte des ehrwürdigen Scheichs Ma-al-Aynayn, eines legendären Helden der marokkanischen Geschichte, der sich im Süden des Landes ausgezeichnet hat, während Abd-el-Krim, der sagenhafte Held aus dem Rifgebirge im Norden, eine andere Gestalt ist, über die zahlreiche Erzählungen im Umlauf sind. Darüber hinaus versteht es Ben Jelloun, in seinen Büchern religiöse und abergläubische Vorstellungen zu verarbeiten, sie mit den uralten Riten zu verknüpfen, die in Marokko jede alltägliche Handlung begleiten.

Schon der Titel des Buchs umschreibt die orthodoxe Tradition des Islam; denn nach dem feierlichen Freitagsgebet bittet jemand die Versammlung der Gläubigen, für die Seele eines Abwesenden zu sprechen, eines Menschen, der spurlos verschwunden ist: ein kurzes Gebet, ein Augenblick der Erinnerung vor dem allgemeinen Vergessen. Die Handlung spielt in Fès, im Jahre 1944. Der Leser wird Zeuge der Geburt eines Kindes, bei der das marokkanische Ritual beachtet wird: Während der Wehen werden zum Wohle der Mutter und des Kindes Gebete gesprochen, Heilige angerufen. Der Vater hat *»Geld und Zucker einem Hirten von Sefrou gegeben, um sich ein Schaf reservieren zu lassen, für das Opfer zur Namensgebung ...; der ältere Bruder hat sich darum gekümmert, Olivenöl in ausreichendem Maße bereit zu halten; der jüngere Bruder hat einen Sack Mehl und fünf Zuckerhüte besorgt«*. (Zucker symbolisiert ein gutes Leben, und die Zahl 5 schützt vor dem bösen Blick). Als das Kind zur Welt kommt, läßt die Hebamme einen Tropfen einer durchgeschnittenen grünen Zitrone in jedes Auge fallen, denn das Kind soll klug und einsichtig werden. Dann steckt sie den Zeigefinger in seinen Mund und prüft, ob es nicht mit einem Zahn geboren wurde, was ein schlechtes Omen wäre. Schließlich präpariert sie eine Mischung aus einer getrockneten und gemahlenen grünen Pflanze *(fengel)*, Öl und Zitrone, die die Nachwehen der Mutter abkürzen soll. Sieben Tage nach der Geburt findet das Schafopfer statt, um das Kind vor allem Übel zu bewahren, während man zahlreiche Gebete spricht und ihm einen Namen gibt. Damit ist das Kind bereit, ein Leben als Mensch zu beginnen. – Das Neugeborene wird auf dem Friedhof von Fès ausgesetzt, von Yamna, einer ehemaligen Prostituierten und nun Bettlerin, und zwei Landstreichern, Sindibad und Body, aufgenommen. Mit dem Kind ziehen sie von Norden nach Süden durch Marokko und gelangen, wie auf einer Pilgerschaft, über Städte und Dörfer, zum Grab des Scheichs Ma-al-Aynayn, des berühmten Helden des marokkanischen Widerstands (1830–1910): *»Wie alle Scheichs war Ma-al-Aynayn ein Prophet mit Säbel und Feder. Als Mann des Südens, Sohn der Dünen, hatte er gelernt, die Majestät der Wüste und des Himmels zu achten. Er war Teil ihrer Stille und Würde.«* Jeden Abend erzählt Yamna dem Kind die Geschichte von dem ehrwürdigen Scheich, nicht nur damit es einschläft, sondern auch, um seine Phantasie anzuregen.

Dieser Roman steht ganz im Zeichen des legendären Kämpfers, ist aber nie eine Kopie im Stil von *Tausendundeine Nacht*. Es zeigt sich hier, wie bedeutsam für das tägliche Leben Erzählungen von Ereignissen sind, die Männer und Frauen immer wieder vortragen und so die mündliche Überlieferung ihrer nationalen Vergangenheit wachhalten: Man lauscht ihnen abends im Familienkreis, im Harem, auf den Plätzen, z. B. *Bab Guissa* in Fès und besonders *Djemaa el Fna* in Marrakesch. Die Tradition, dieser Glaube, diese Legenden führen zu einem mystischen Sprachrhythmus auf einer eigenartigen Reise, auf die sich nicht Helden, sondern Gestalten des täglichen Lebens begeben, arme Menschen mit ihrem schweren Schicksal. Ihnen ist der tiefere Sinn der Symbolik vertraut, mit dem jedes Wort verbunden ist, aus dem uralte Weisheit spricht. Denn »*die Männer und die Frauen dieser Welt sind flüchtige Schatten ... Es ist die Eigentümlichkeit dieser Frage, der Zauber der Poesie, die uns in ihren Bann schlagen, und von neuem hören wir auf dem Platz die Stimme des Erzählers, der den Lauf der Dinge verändert*« (J. M. G. Le Clézio). L.H.G.

Ausgabe: Paris 1984.

MATITJA BEN MOSCHÈ

15. Jh.

ACHITUV WE-ZALMON

(hebr.; *Achituv und Zalmon*). Versnovelle eines Matitja Ben Moschè, dessen Identität nicht genau feststellbar ist; wahrscheinlich zwischen 1414 und 1453 in Spanien verfaßt. – Das etwa 80 Seiten umfassende Werk ist in mehreren Handschriften erhalten, aber noch nie gedruckt worden. In ihm dokumentiert sich die Zuversicht des spanischen Judentums nach der erzwungenen religiösen Disputation in Tortosa (1413/1414) und den darauffolgenden Zwangstaufen. Es stellt ein Religionsgespräch dar, in welchem – im Gegensatz zu dem ungünstigen Verlauf der Disputation von Tortosa – der jüdische Glaube als überragend anerkannt wird, und zwar von unparteiischen Richtern.
Im Indischen Ozean liegt in einem brennenden Strom eine Insel; auf ihr leben Menschen, deren Körper lediglich aus Feuer und Luft bestehen, jedoch keines der niederen Elemente, also weder Wasser noch Erde, enthalten. Sie werden von einer gütigen und gerechten Königin, einer Nachfahrin der Königin von Saba, regiert. Die Königin und einige ihrer Untertanen sind bereits zur Gotteserkenntnis gelangt, während die übrigen – trotz ihrer Rechtschaffenheit – das Wasser oder die Gestirne anbeten. Daher wird beschlossen, drei Boten auszuschicken, um zu erfahren, auf welche Weise man Gott dienen soll, denn es gebe keine Religion ohne Vorschriften. Die drei heißen »Zalmon« (der mit dem Abbild, d. h. mit dem Ka'aba-Stein), »Eker hakorchi« (der Unfruchtbare mit der Tonsur) und »Achituv« (der dem Guten anhängt). Diese drei erfahren, daß es drei monotheistische Glaubensweisen gibt. Zalmon gelangt nach Palästina und wird in Hebron Moslem. Eker reist über Arabien nach Konstantinopel; er sieht in der Hagia-Sophia-Kirche das wahre Kreuz und die Dornenkrone; dann reist er weiter nach Rom, sieht in der Peterskirche das Schweißtuch der hl. Veronika, tritt ein Kloster ein und wird Priester. Achituv sucht von Land zu Land die Verwirklichung seines Traums, in dem ihm ein niedriger Baum erschienen war, der aber viele Äste und gute Früchte trug. In einer Stadt stößt er auf ein Bethaus, hört dort inbrünstiges Gotteslob und eine eindringliche Predigt über die Einheit Gottes, wird dann aber Zeuge, wie der alte Prediger von Christen überfallen und erpreßt wird. Doch der Prediger erträgt alles in Demut, und daraus schließt Achituv, nun einen Juden gefunden zu haben. Auf seine Bitte unterweist ihn der Alte nach den 13 Artikeln des Maimonides im jüdischen Glauben. – Alle drei Boten kehren am gleichen Tag heim: der Moslem in langem Gewand und Kopftuch, der Christ in schwarzem Habit, der Jude mit Gebetsmantel und Gebetsriemen. Die Königin stellt ihnen Fragen über die drei Glaubensweisen, und es folgt eine Disputation, in der Eker – nunmehr »*der christliche Priester*« genannt – sich als unsachlich erweist und daher die Königin nicht überzeugen kann. Die Königin und ihr Gefolge – ebenso wie der Moslem – nehmen das Judentum an, weil sie dies als die reinste Weise erkennen, dem Schöpfer zu dienen (es handelt sich dabei nicht etwa um das biblische, sondern um das rabbinische Judentum des 15. Jh.s). Aus Enttäuschung darüber nimmt sich Eker das Leben.
Der Autor, der sich eine Kompensation für die Leiden seiner Zeit erträumte, stützte sich teilweise auf historische Tatsachen, so kannte er z. B. aus dem klassischen Buch *Kusari* den Übertritt des mächtigen Königreichs der Chasaren am Schwarzen Meer zum Judentum. Der eigentliche Zweck der Novelle war wohl, die Zwangschristen (Marannen) Spaniens in ihrem Judentum zu stärken. P.N.

Ausgabe und Literatur: Jerusalem 1956; ²1960 (in *Die hebräische Dichtung in Spanien u. d. Provence*, Hg. Schirmann, 2, 2; hebr.; Fragm.).

GOTTFRIED BENN

* 2.5.1886 Mansfeld / Westpriegnitz
† 7.7.1956 Berlin

Literatur zum Autor:
Bibliographien:
E. Lohner, *G. B. Bibliographie 1912–1956*, Wiesbaden 1958; bearb. und ergänzt von T. Zenner, Morsum/Sylt 1985. – J. Vahland, *Teils-Teils, Neue Literatur zu G. B.* (in GGA, 277, 1975). – B. Hillebrand, *Bibliographie* [bis 1977] (in *G. B.*, Hg. ders., Darmstadt 1979; WdF).
Forschungsbericht:
E. Buddeberg, *Probleme um G. B. Die Benn-Forschung 1950–1960*, Stg. 1962.
Biographien:
T. Koch, *G. B. Ein biographischer Essay*, Mchn. 1957; ern. Ffm. 1986 (FiTb). – N. P. Soerensen, *Mein Vater G. B.*, Wiesbaden 1960; ²1984; Mchn. 1975 (Überarb.; dtv). – W. Lennig, *G. B. in*

Selbstzeugnissen und Bilddokumenten, Reinbek 1962; [15]1984 (rm); H. Brode, *B. Chronik. Daten zu Leben und Werk*, Mchn./Wien 1978. – J. Dyck, *G. B.: Das Nichts und der Herr am Nebentisch. 50 Gedichte, m. einer Einl. u. einem biographischen Essay*, Bln. 1986. – H. E. Holthusen, *G. B. Leben, Werk, Widerspruch. 1886–1956*, Bd. 1, Stg. 1986. – P. Raabe, *G. B. in Hannover, 1935–1937*, Seelze 1986. – K. Heintel, *Block II, Zimmer 66. G. B. in Landsberg 1943–1945*, Stg. 1988.
Gesamtdarstellungen und Studien:
E. Gürster-Steinhausen, *G. B., ein Abenteuer der geistigen Verzweiflung* (in NRs, 58, 1947, S. 215–226; ern. in *B. – Wirkung wider Willen*, Hg. P. U. Hohendahl, Ffm. 1971). – M. Rychner, *G. B. Züge seiner dichterischen Welt* (in Merkur, 3, 1949; ern. in M. R., *Zur europäischen Literatur zwischen zwei Weltkriegen*, Zürich 1951, S. 239–290). – M. Bense, *Ptolemäer und Mauretanier oder die theologische Emigration der dt. Literatur*, Köln/Bln. 1950. – P. de Mendelssohn, *Der Geist in der Despotie*, Bln. 1953, S. 236–282 (ern. Ffm. 1987; FiTb). – H. E. Holthusen, *G. B. Rede zu seinem 70. Geburtstag* (in H. E. H., *Das Schöne und das Wahre*, Mchn. 1958). – W. Muschg, *Der Ptolemäer. Abschied von G. B.* (in W. M., *Die Zerstörung der deutschen Literatur*, Bern 1956, S. 47–70; [3]1958). – W. Jens, *Sektion und Vogelflug. G. B.* (in W. J., *Statt einer Literaturgeschichte*, Pfullingen 1957; [7]1978). – E. Nef, *Das Werk G. B.s*, Zürich 1958. – D. Wellershoff, *G. B. Phänotyp dieser Stunde*, Köln 1958; ern. 1986. – R. Minder, *Das Bild des Pfarrhauses in der dt. Lit. von Jean Paul bis G. B.*, Wiesbaden 1959, S. 53–78. – E. Buddeberg, *G. B.*, Stg. 1961. – G. Loose, *Die Ästhetik G. B.s*, Ffm. 1961. – *Die Kunst im Schatten des Gottes. Für und wider G. B.*, Hg. R. Grimm u. W.-D. Marsch, Göttingen 1962. – F. W. Wodtke, *G. B.*, Stg. 1962; ern. 1970 (erg.; Slg. Metzler). – B. Allemann, *G. B. Das Problem der Geschichte*, Pfullingen 1963. – F. W. Wodtke, *Die Antike im Werk G. B.s*, Wiesbaden 1963. – J. P. Wallmann, *G. B.*, Mühlacker 1965. – *B. – Wirkung wider Willen. Dokumente zur Wirkungsgeschichte B.s*, Hg. P. U. Hohendahl, Ffm. 1971; ern. 1975. – J. M. Ritchie, *G. B. The Unreconstructed Expressionist*, Ldn. 1972. – P. Schünemann, *G. B.*, Mchn. 1977. – O. Sahlberg, *G. B.s Phantasiewelt. Wo Lust und Leiche winkt*, Mchn. 1977. – *G. B.*, Hg. B. Hillebrand, Darmstadt 1979 (WdF). – O. Sahlberg, *G. B.* (in KLG, 18. Lfg., 1984). – *G. B.*, Hg. H. L. Arnold, Mchn. 1985 (Text + Kritik). – *G. B. 1886–1956*, Hg. L. Greve u. a., Marbach 1986 [Ausst.kat.]. – J. Schröder, *G. B. und die Deutschen*, Tübingen 1986 [Aufsätze]. – *Über G. B. Kritische Stimmen 1957–1986*, Hg. B. Hillebrand, Ffm. 1987 [m. Bibliogr.]. – J. Dyck, *G. B.*, Stg. 1989 (Slg. Metzler).

DAS LYRISCHE WERK von Gottfried BENN. Als 1912 im Berliner Verlag des Schriftstellers Alfred Richard MEYER ein Heft mit neun Gedichten unter dem Titel *Morgue* (vgl. dort) erschien, begann mit dieser Lyrik eines unbekannten Berliner Arztes das Lebenswerk eines Dichters, der als »*der größte europäische Lyriker seit Rilke und Valéry*« (Frank Maraun) gefeiert wurde. »*Wenn einem Ruhm gebührte, so diesem*« (Klaus Mann). Benns frühe Wirkung blieb auf avantgardistisch-literarische Zeitschriften (›Die Aktion‹, ›Pan‹) beschränkt, deren Rezensenten als Autoren und Freunde zum Expressionismus gehörten (STADLER, LASKER-SCHÜLER, LOERKE, STERNHEIM). Nur wenige bürgerlich-konservative Blätter nahmen von seinen frühen Veröffentlichungen ablehnend Kenntnis (›Die schöne Literatur‹, ›Augsburger Abendzeitung‹): Benn erschien als Verächter der Moral und des guten Geschmacks, als zynischer Exzentriker. In den zwanziger Jahren vergrößerte sich zwar seine Publizität, blieb sie mit wenigen Ausnahmen auf Kulturzeitschriften beschränkt (›Neue Rundschau‹, ›Querschnitt‹, ›Weltbühne‹). Erst nach 1930 räumen auch bedeutende Tageszeitungen (›Vossische Zeitung‹, ›Berliner Tageblatt‹) für Besprechungen Platz ein. Anlaß war hauptsächlich die Uraufführung des von Paul Hindemith vertonten Oratoriums *Das Unaufhörliche* (1931). Der musikalische Erfolg war groß, während Benns geschichtsphilosophischer Text von der linken wie der rechten Tagespresse als zu nihilistisch abgelehnt wurde; doch äußerten sich etwa Peter Hamecher und Klaus Mann anerkennend. Auch Benns Wahl in die Preußische Akademie der Künste und seine Auseinandersetzungen mit der politischen Linken (Egon Erwin KISCH, Werner HEGEMANN) um das Verhältnis von Politik und Kunst verschafften ihm größere Publizität. Schließlich rief sein Eintreten für den Nationalsozialismus (*Der neue Staat und die Intellektuellen*, 1933) und die Rundfunkansprache *Antwort an die literarischen Emigranten* (1933) eine beachtliche Zahl von Stellungnahmen in regionalen und überregionalen Zeitungen sowie in einigen wichtigen Publikationsorganen der Emigranten (›Die Sammlung‹, Amsterdam; ›Neue Deutsche Blätter‹, Prag; ›Das Wort‹, Moskau) hervor.

1934 verließ Benn Berlin und trat als Sanitätsoffizier wieder in die Wehrmacht ein: Der Weg in die »*innere Emigrierung*« (an Oelze, 18. 11. 1934) hatte begonnen. Zu seinem fünfzigsten Geburtstag (2. Mai 1936) legte die Deutsche Verlagsanstalt die *Ausgewählte Gedichte* vor. Das Buch löste am 7. Mai eine gefährliche Kritik der SS-Zeitschrift ›Das Schwarze Korps‹ aus (»*widernatürliche Schweinereien*«), die am 8. Mai im ›Völkischen Beobachter‹ in verkürzter Form nachgedruckt wurde. Am 18. März 1938 erhielt Benn dann – obwohl er außer sechs Gedichten im Januarheft 1937 der Zeitschrift ›Die Literatur‹ nichts mehr veröffentlicht hatte, – Schreibverbot, verursacht wohl durch das Buch von Wolfgang WILLRICH, *Säuberung des Kunsttempels* (Lehmanns Verlag, München 1937). Da Benn im August 1943 nur noch einen illegalen Privatdruck *(Zweiundzwanzig Gedichte. 1936–1943)* herstellen ließ, blieb er bis zum Zu-

sammenbruch des NS-Staats aus dem Bewußtsein der literarischen Öffentlichkeit verschwunden.
Benns eigentlicher Ruhm begann bald nach dem Krieg. Der Verleger Max NIEDERMAYER, Inhaber des Limes-Verlages in Wiesbaden, war entschlossen, Benn auf dem Markt durchzusetzen und brachte 1949 gleichzeitig vier neue Bücher des Verschollenen heraus: Im Februar erschien *Der Ptolemäer*, im März die Lizenzauflage der *Statischen Gedichte*, (Erstausg. Archeverlag, Zürich 1948), im Juni der Prosaband *Ausdruckswelt. Essays und Aphorismen* und im Oktober der Gedichtband *Trunkene Flut*. Binnen kurzem füllte die junge Generation von Kritikern, die um 1950 – nachdem die Emigranten und Kommunisten an Einfluß verloren hatten – das literarische Leben der BRD bestimmte (Max BENSE, Curt HOHOFF, Ernst KREUDER u. a.), die Zeitungen mit ihrem Lob, und Friedrich SIEBURG bestimmten die Höhenlinie, die in Zukunft die Kritik des Bennschen Werkes bestimmte: »*Mit einem einzigen Flügelschlage reißt uns eine neue Dichtung Gottfried Benns* [Statische Gedichte] *über das Stimmengewirr der um lyrischen Ausdruck bemühten Gegenwart hoch hinaus*« (1949).
Seit dem Erscheinen der Bücher Benns wurde überraschend klar, »*daß es für unsere Generation in Zukunft ohne Benn keine Kunst wird geben können*«. Diese Prognose von Georg Rudolf LIND (›Europakurier‹, 1949) hat sich bewahrheitet, die deutsche Nachkriegslyrik (RÜHMKORF, ENZENSBERGER, HÖLLERER) ist ohne seinen Einfluß nicht zu denken. Benns Spätwerk, in dem die geschichtspessimistische und apolitische Haltung noch einmal zusammengefaßt wurde, hat einer Lebenseinstellung Ausdruck gegeben, »*mit der sich die von der eigenen geschichtlichen Erfahrung enttäuschte Intelligenz identifizieren konnte*« (P. U. Hohendahl).
Diese Verehrung fand ihren offiziellen Ausdruck in der Verleihung des Georg-Büchner-Preises 1951. Benn wurde Mitglied der Bayerischen Akademie der Künste und erhielt 1952 das Bundesverdienstkreuz erster Klasse. Zu seinem siebzigsten Geburtstag (2. Mai 1956) wurde er in einer Feierstunde des Berliner Senats geehrt, zahlreiche Zeitungsartikel, Rundfunksendungen und Zeitschriftenaufsätze bewiesen, daß er den Gipfel seines Ruhmes erreicht hatte.
Bis zum Tode Benns am 7. 7. 1956 lag das lyrische Werk vollständig in einzelnen Ausgaben vor. Ein Jahr später kam bereits ein Band *Ausgewählte Briefe. Mit einem Nachwort von Max Rychner* (Limes Verlag) heraus. Neben dem schmalen lyrischen Nachlaß (*Primäre Tage*, 1958) erschien 1958 bis 1961 die erste, durch Dieter WELLERSHOFF besorgte vierbändige Gesamtausgabe, die eine Kanonisierung Benns einleitete. Sie blieb zwanzig Jahre lang verbindlich, bis 1982 die *Gesammelten Werke in der Fassung der Estdrucke* (Hg. Bruno HILLEBRAND) und ab 1986 die *Sämtlichen Werke* in der Stuttgarter Ausgabe (Hg. Gerhard SCHUSTER in Verbindung mit Ilse BENN) erschienen. Es handelt sich um Editionsvarianten, die bisher unbekannte Gedichte und Fragmente nur in ganz geringem Umfang enthalten. Die Wirkungsgeschichte des Bennschen Werks wurde 1971 von Peter Uwe HOHENDAHL ausführlich dargestellt und wissenschaftlich kommentiert.
Über die Einteilung des Bennschen lyrischen Werks bestehen keine übereinstimmenden Urteile. Für einen Überblick bietet sich die chronologische Einteilung an, die Benn selbst dem in seinem letzten Lebensjahr erschienenen Band *Gesammelte Gedichte* zugrunde gelegt hat. Er gliedert sein lyrisches Werk in vier Abschnitte: 1912–1920; 1922–1936; 1937–1947; 1949–1955. Der Abschnitt von 1922–1936 umfaßt aber zwei Phasen, »*die durch eine längere Unterbrechung im lyrischen Schaffen getrennt sind*« (H. Steinhagen).

Die expressionistische Phase. 1912–1920

Auf den Zyklus *Morgue* folgte im Oktober 1913 ein zweites Heft bei Alfred Richard Meyer in Berlin-Wilmersdorf unter dem Titel *Söhne*. Mit ihm versucht der Verleger an den Erstlingserfolg anzuknüpfen, wie das Titelblatt beweist: »Neue Gedichte von Gottfried Benn, dem Verfasser der ›Morgue‹«. Die Gedichte sind Else Lasker-Schüler zugeeignet, mit der Benn von 1912–1913 ein Liebesverhältnis verband. An sie ist nachweislich *Hier ist kein Trost* gerichtet, die ins Surreal-Visionär gesteigerte Sprache und Bildlichkeit (»*Mir träumte einmal, eine junge Birke/schenkte mir einen Sohn*«) dieser Dichtungen zeigt ihren Einfluß.
Der Titel der Sammlung nimmt das für die Expressionisten typische Vater-Sohn-Problem auf, wobei die Verachtung der Vätergeneration und der Ausbruch eines gesteigerten Ich-Gefühls der Generation der Söhne (»*das ganze Land/ein Grab voll Väter*«; *Schnellzug*), das an den Sturm und Drang des 18. Jh.s anknüpft (»*Ich bringe Pest. Ich bin Gestank*«; *Räuber-Schiller*), sich verbinden mit der völligen Absage an die vorhergehende Nuancenkunst der Impressionisten und Symbolisten in dem Programmgedicht *Der junge Hebbel* (»*Ich bin mir noch sehr fern./Aber ich will Ich werden*«).
In den Visionen südlich-antiken Glücks am Mittelmeer (»*Dämmert ein Tal mit weißen Pappeln/ein Illyssos mit Wiesenufern*«; *Hier ist kein Trost*), in der Pathetik der Sprache und im ersten Auftauchen des Nihilismus-Begriffs macht den Einfluß der Lyrik NIETZSCHES, vor allem seiner *Dionysos-Dithyramben*, deutlich.
In der Folgezeit läßt die lyrische Produktion nach, die Gedicht-Zyklen *Morgue II* und *Finish* (1913) zeigen bereits die Gefahr bloßer Wiederholung der krassen Zeitkritik. Diese schöpferische Krise ist zum Teil durch äußere Umstände bestimmt: Benn wird 1914 als Sanitätsoffizier eingezogen und arbeitet bis 1917 als Oberarzt im besetzten Brüssel. Hier setzt seine dichterische Arbeit wieder ein.
Bis 1916 entstanden die fünf bedeutenden *Rönne*-Novellen der Sammlung *Gehirne*. Der lyrische Ertrag der Brüsseler Jahre war eher spärlich: Etwa zwanzig neue Gedichte, vereint mit der Lyrik seit 1917 erschienen im Verlag der Aktion unter dem Titel *Fleisch. Gesammelte Lyrik*.

Schon der einleitende Gedichtzyklus *Der Arzt I–III* mit seiner lapidaren Feststellung: »*Die Krone der Schöpfung, das Schwein, der Mensch*« schlug den Ton schroffster Menschenverachtung an, der die ganze Sammlung bestimmte und Benns Reaktion auf die Greuel des Krieges zeigte, eine ähnliche Abrechnung wie bei anderen Expressionisten (Franz WERFEL, Wilhelm KLEMM, Albert EHRENSTEIN). Die Sammlung wird beherrscht vom Prinzip der Kontrastierung gegensätzlicher Bilder und Stimmungen. Auf die Klage über Leiden und Tod der Mutter und die *Gesänge* mit ihrer regressiven Sehnsucht (»*Oh, dass wir unsre Ur-ur-ahnen wären./Ein Klümpchen Schleim in einem warmen Moor*«) folgt das zynisch-desillusionierende »*Da fiel uns Ikarus vor die Füsse*«, das den ekstatischen Aufschwung als bloß fleischliche Erregung entlarvt. Das aggressive Gedicht *Der Psychiater* leitet den dritten Teil ein, der die Gedichte der Brüsseler Zeit sammelt. Die ersten vier *(Das Instrument; Notturno; Das Plakat; Ball)* drücken ihre Menschenverachtung durch die Reduktion der Phantasien auf den Geschlechtsverkehr aus (»*Der Mann im Sprung, sich beugend vor Begattung,/Straußeneier fressend, daß die Schwellung schwillt*«). Mit dieser krassen Polemik kontrastiert Benn eine Reihe stiller, monologischer Gedichte, in denen sich weiterführende Themen ankündigen: die stärkere Einbeziehung des lyrischen Ichs, das Hervortreten antiker Mythen als Anlaß dichterischer Visionen *(Kretische Vase)*, schließlich die Drogenwirkung im Erlebnis der Ich-Erhöhung *(O Nacht)* und des Ich-Zerfalls *(Kokain)*.

Von 1918 bis 1920 erscheinen keine neuen Gedichte und nur noch wenige Prosa-Arbeiten. Benn scheint also 1917 gespürt zu haben, daß er zum Epigonen seiner selbst werden würde, wenn er sich nicht vor der leeren Wiederholung seiner 1912 gefundenen Ausdrucksformen bewahrte.

Als verspäteter Nachklang der expressionistischen Phase ließ Benn 1921 in der Zeitschrift ›Der Anbruch‹ zwölf Gedichte erscheinen *(Curettage; Café; Der späte Mensch 1–3; Puff; Innerlich 1–6)*, deren Form regelmäßiger geworden ist: Alle bestehen aus vierzeiligen Strophen, die metrisch frei behandelt werden, aber durchweg nach dem Reimschema *abab* gebaut sind. Benn überarbeitete einige dieser Gedichte – was für ihn ungewöhnlich ist und den Beginn einer neuen Entwicklungsphase anzeigt – und nahm sie in die *Gesammelten Schriften* auf (Verlag Erich Reiss, 1922). Diese Ausgabe bildete den endgültigen Abschluß der expressionistischen Phase. Als sie ausgeliefert werden sollte, erhob der Verleger Kurt Wolff gerichtlich Einspruch, die *Rönne*-Novellen mußten entfernt werden. In der zweiten Ausgabe ist an deren Stelle der Zyklus *Schutt* (1922) aufgenommen, dem vorausweisende Bedeutung zukommt. Denn Benn fand nun einen neuen Gedichttypus von achtzeiligen Reimstrophen mit weiblich-männlich alternierenden Kreuzreimen *(ababcdcd)* und wechselnder Taktfüllung bei fallendem Rhythmus, der sich durch stärkere Formstrenge und größere Geschlossenheit auszeichnet. Das in dem kurzen, dreiteiligen Zyklus *Schutt* stichwortartig angeschlagene Thema von archaisch-mythischem Daseinsglück des Ichs in exotischen Südseekulturen *(Palau)* entfaltet sich in den Gedicht-Zyklen der folgenden Jahre, wobei Benns Fremdwort-Ekstasen (» *–Schluchzend Hyper-malade/ Letztes Pronom jactif*«; *Spuk*) bereits die Grenze der Selbstparodie streifen.

Krise und neuer Anfang

Die expressionistische Phase endete mit einer Krise, die Benn im »Epilog« der *Gesammelten Schriften* (1922) auf die Formel gebracht hat: »*Wie soll man da leben? Man soll ja auch nicht. Fünfunddreißig Jahre und total erledigt, ich schreibe nichts mehr – man müßte mit Spulwürmern schreiben und Koprolalien*«. Aber 1925 erschien der Zyklus *Betäubung*, in dem Benn zum erstenmal im Gedicht selbst die Frage nach dem Ursprung des dichterischen Schaffensprozesses stellt. Damit erreicht er, ähnlich wie VALÉRY und RILKE zur gleichen Zeit, die Ebene absoluter Poesie. Die *Gesammelten Gedichte*, die 1927 im Verlag Die Schmiede erschienen, enthalten eine repräsentative Auswahl aus der expressionistischen Lyrik und fast alle Gedichte seit 1912. Im ersten Teil (1912–1920) eröffnet der lange *Prolog 1920* eine nochmals die zynisch-provokanten Motive und Themen der Frühzeit zusammenfassende Montage. Der zweite Teil (1922–1927) zeichnet sich durch thematische Vielseitigkeit und vor allem durch strenge formale Einheitlichkeit aus. Von den zweiundvierzig Gedichten gehören neununddreißig zum Typus der achtzeiligen Reimstrophe aus dem Problemkreis des Mythischen und Absoluten *(Trunkene Flut; Osterinsel; Mediterran)*. In ihnen trug Benn die Ergebnisse seiner geistigen Auseinandersetzung mit den Geschichtstheorien Oswald SPENGLERS, dem »kollektiven Unbewußten« C. G. JUNGS sowie ethnologischen Studien in der von ihm neu geschaffenen Form des monologisch-didaktischen Ideen-Gedichts vor.

Zwischen 1928 und 1933/34 ruht die lyrische Produktion. Benn entwickelt in diesen Jahren in seiner Essayistik die Auseinandersetzung mit der modernen Medizin und Naturwissenschaft, konzentriert seine geschichtsphilosophische Zeitkritik auf das Nihilismus-Problem und faßt seine Essays in den Sammlungen *Fazit der Perspektiven* (1930) und *Nach dem Nihilismus* (1932) zusammen. Zum idealen Vorbild einer Synthese von Dichter und Naturwissenschaft wurde ihm GOETHE, den er im April 1932 mit einem Essay, der Benns Rang als Essayist festigte, in der ›Neuen Rundschau‹ ehrte *(Goethe und die Naturwissenschaften)*.

1933–1936: Übergang zur neuen Lyrik

»*Mit meiner ganzen brutalen Energie, die ich im Geistigen zur Verfügung habe, versuche ich durchzustoßen zu einem neuen Gedicht, einer neuen lyrischen Strophe, aber vorläufig vergeblich,*« schreibt Benn am 31. Juli 1933 an Käthe von Porada resigniert. Aber schon im Oktober 1933 läßt er in der Zeitschrift ›Die Literatur‹ zwölf neue Gedichte erscheinen, die eine Entwicklungsphase mit deutlichem Formwandel einleiten: Die achtzeilige Strophe tritt immer mehr zugunsten der vierzeiligen zurück, angeregt vielleicht durch Stefan GEORGE, mit dessen Werk er sich zu dieser Zeit beschäftigte. Der Ton der Untergangsbestimmtheit alles Menschlichen in Geschichte, Kultur und Glauben bleibt weitgehend erhalten: »*Über allem steht die Doppelschwinge/einer zehrenden Unendlichkeit:/Welten-, Werke-, letzte Dinge-:/totgeweiht*« (Entwürfe zum Oratorium *Das Unaufhörliche*). Daneben finden sich Aufforderungen zur Schicksalsbejahung *(Dennoch die Schwerter halten)* und zur männlich-heroischen Größe (»*schweige und habe gelitten,/sammle dich und sei groß!*«; *Mann*). Im Zeichen dieses heroischen Nihilismus wird Nietzsche als heldenhaft leidender gefeiert *(Sils-Maria-I-II)*, 1936 aber als der in hoffnungslosem Wahnsinn Versinkende *(Turin)* gesehen. Im Zyklus *Am Brückenwehr* (1934) gelingt es Benn zum erstenmal, die Antinomie zwischen der Sehnsucht nach rauschhafter Auflösung und der Begrenzung durch formale Disziplin im Gedicht selbst zu bewältigen.

Zum fünfzigsten Geburtstag des Dichters 1936 erscheinen die *Ausgewählten Gedichte*, die in der SS-Zeitschrift ›Das Schwarze Korps‹ scharf angegriffen werden. Benn muß die Gedichte *Mann und Frau gehen durch die Krebsbaracke; D-Zug; Untergrundbahn; O, Nacht* und *Synthese* herausnehmen und durch andere ersetzen. *(Wer allein ist; Spät im Jahr; Anemone; Einsamer nie)*. Dann darf der Band »stillschweigend und ohne Propaganda« weiter vertrieben werden. Benns Kommentar: »*Mir wäre es lieber, sie verböten es ganz*«. Unter dem Einfluß der Auseinandersetzungen mit dem Regime arbeitet Benn immer deutlicher jene theoretischen Begriffe heraus, die dann die Grundlage seines Spätwerks bilden: »*Der Geist und die Kunst kommt nicht aus sieghaften, sondern aus zerstörten Naturen, dieser Satz steht für mich fest, u. auch, daß es eine Verwirklichung nicht gibt. Es gibt nur die Form u. den Gedanken. Geist und Macht . . . es sind zwei Reiche*« (an Ina SEIDEL, 30. 9. 1934). Dem Reich der Macht – an anderen Stellen spricht Benn von Geschichte, Handeln, Leben oder Werden (im Gegensatz zum Sein) – setzt er das autonome Reich des Geistes, der Kunst oder auch die »*Ausdruckswelt*« entgegen. Einige Naturgedichte, die Benn in der Hannoverschen Stadthalle verfaßt *(Tag, der den Sommer endet; Astern; Die weißen Segel)* gehören zu den schönsten und berühmtesten Strophen aus der Zeit des »Doppellebens«, das Benn als Militär und Dichter führte.

1941–1945: »Statische Gedichte«

Benns These von der »*Statik*« des Kunstwerkes ist das Ergebnis der Zeit seiner »inneren Emigration« ab 1936, in der er seine Lyrik auf eine neue Stufe hob. Am Anfang dieser Entwicklungsstufe stehen einfache, meist nur drei- oder vierstrophige Reimgedichte, die in herbstlichen Bildern negative Daseinserfahrungen von Melancholie und Todesgefühlen fassen. Am 21. 12. 1941 schickt Benn an den Bremer Freund Dr. Friedrich Wilhelm OELZE ein Typoskript von sieben »biographischen« Gedichten (darunter *Verse; Ein Wort; Abschied*). Sie sind die Keimzelle der späteren Sammlung *Statische Gedichte* und zeigen bereits das Nebeneinander verschiedener Formen: die achtzeilige und die vierzeilige Strophe sind gleichmäßig vertreten. Wichtiger ist aber, daß fünfhebige jambische Verse dominieren, (»*Im Namen Dessen, der die Stunden spendet*«; *Gedichte)*, die Benn früher nur sehr selten gebraucht hat. Im Vergleich zur früheren Lyrik mit ihren extremen Darstellungen zeigt sich nun eine Begrenzung in Ausdrucksformen und Themen: Die Kunst selbst und ihr Verhältnis zur Wirklichkeit ist der eigentliche Gegenstand, den Benn in sieben Variationen lyrisch darstellt.

Im August 1943 läßt Benn dann illegal *Zweiundzwanzig Gedichte* drucken, die er als den Abschluß seines lyrischen Werks ansieht. Der Umfang der Gedichte reicht vom einstrophigen Vierzeiler *(Henri Matisse: »Asphodèles«)* bis zu Gedichten von acht Strophen *(Verlorenes Ich)*, die Länge der Verse von zwei bis fünf Hebungen. Die Sammlung ist eine Erweiterung der »Biographischen Gedichte« um so wesentliche Gedichte wie *Verlorenes Ich*, in dem die Situation des modernen Menschen im Zeitalter der Atomphysik, des Völkermordens und des Nihilismus mit der Geborgenheit des mittelalterlichen Menschen in der religiösen Bindung konfrontiert wird. Das Haßgedicht *Monolog* gegen den Nationalsozialismus (»*Den Darm mit Rotz genährt, das Hirn mit Lügen, /erwählte Völker Narren eines Clown's*«) steht zwischen Gedichten, die rein individuelle Stimmungen, Erinnerungen an erfülltere Jahre behandeln.

Die lyrische Ernte der Landsberger Zeit (August 1943–Dezember 1944) schließlich, die Benn als Sammlung von vierzehn Gedichten am 3. Januar 1945 an Oelze sendet, war besonders beachtlich durch das Bekenntnis zur strengen Form. Das Titelgedicht *Statische Gedichte* definiert Statik als »*Entwicklungsfremdheit*«: »*Statik also heißt Rückzug auf Maß und Form, es heißt natürlich auch ein gewisser Zweifel an Entwicklung und es heißt auch Resignation, es ist antifaustisch*«. (An SCHIFFERLI, 23. 11. 1947)

Die beiden Sammlungen von 1943 und 1944 bilden den Grundstock der *Statischen Gedichte*, die im September 1948 im Schweizer Arche Verlag erscheinen und Benns späten Ruhm begründen. Benn versuchte auch in dieser Sammlung von vierundvierzig Gedichten das Kompositionsprinzip der Kontrastierung und Stimmungsbrechung anzuwenden, mußte sich aber den Vorbehalten des Verlegers fügen, der »*alles Düstere und Kalte*« eliminierte, so die Gedichte *Monolog; Clemenceau; 1886*. Das dadurch entstehende einseitige Bild der späten Lyrik konnte Benn erst in der deutschen Ausgabe (Limes-Verlag 1949) korrigieren, indem er »*Tragik und Schärfe*« durch die 1946 entstandenen *Gewisse Lebensabende* (Rembrandts und Shakespeares) und die Totenklage *Acheron* betonte.

Die *Statischen Gedichte* bilden ein geschlossenes Werk: Sie sind während des Schreibverbots entstanden und gehören derselben Stilphase an. Liebesmotive und Gefühlsaussagen fehlen in dieser gedanklich geprägten Lyrik fast völlig, die Naturmotive *(Anemone)* dienen als Kontrast zur Selbstdarstellung des lyrischen Ichs *(September)*. Zentrale Themen sind die Beziehung von Kunst und Wirklichkeit *(Gedichte)* oder das Verhältnis des Künstlers zu seinem Leben, das am Beispiel historischer Figuren *(Chopin; Nietzsche)* reflektiert wird.

Das Spätwerk 1948–1956

Noch vor der Zusammenstellung der *Statischen Gedichte* 1946 formulierte Benn die ästhetischen Grundsätze seiner Alterslyrik, die an die Realitätsbeschreibung der expressionistischen Ausdrucksformen anknüpft: *»Man will ja mit einem Gedicht nicht ansprechend sein, gefallen, sondern es soll die Gehirne spannen und reizen, aufbrechen, durchbluten, schöpferisch machen.«*
Denn die Sinnfrage ist nach zwei Weltkriegen als Kinderfrage entlarvt, die Geschichte nichts weiter als ein fades *da capo*, und die Würde des Menschen besteht darin, mit der Erkenntnis der Aussichtslosigkeit zu leben. In den Gedichten nach 1945 erweist sich Benn als bedeutender Realist: *»Lassen wir das Höhere, bleiben wir empirisch«*. Angelpunkt dieses Realismus sind Erfahrungen des Großstadtbewohners, seine Bewußtseinszustände: *»Nur noch flüchtig alles/ Neuralgien morgens,/ Halluzinationen abends/ angelehnt an Trunk und Zigaretten« (Nur noch flüchtig alles)*. In diesen Gedichten der Nachkriegszeit, die in den Sammlungen *Fragmente* (1951), *Destillationen* (1953) und *Aprèslude* (1955) erscheinen, entwickelt Benn den modernen Stil, der dem gesellschaftlichen Zustand gewachsen ist. Da der bisherige Mensch bankrott ist, *»Biologie, Soziologie, Familie, Theologie, alles verfallen und ausgelaugt, alles Prothesenträger«*, nicht mehr wie früher sein: *»Die edle einfältige Lyrik fasst das Heute in keiner Weise ... Wir sind böse und zerrissen u. das muss zur Sprache kommen.«*
Zur Sprache kommt die Moderne in einer Collagentechnik von Sätzen, die der Dichter etwa im Radio oder am Biertisch hört, und die in ihrer Banalität so typisch sind für die *»ontologische Leere«* der modernen Gesellschaft, daß man sich fragen muß: Ist die Sprache *»nur noch Material für Geschäftsbesprechungen«*?
Diese analytisch-kritische Haltung legt Benn gegenüber der *»Biedermannsjovialität und Christentumsrenaissance«* der Nachkriegszeit an den Tag, deren restaurative Aufwärmung abendländischer Kulturwerte ihm verhaßt ist. Die Gegenwartsanalyse führt er aber hauptsächlich in seinen Prosaarbeiten weiter *(Der Ptolemäer. Berliner Novelle 1947*, 1949; *Der Radardenker*, 1949), von denen besonders der Band *Ausdruckswelt. Essays und Aphorismen* (1949) durch seine ästhetisch-literaturkritischen Bemerkungen Aufsehen erregte. An Wirkung und Bedeutung übertraf diese Veröffentlichungen aber sein Marburger Vortrag *Probleme der Lyrik* (1951). Diese Ausführungen, die er vorher dem Bonner Romanisten Ernst Robert CURTIUS zur Stellungnahme übersandt hatte, beginnen mit der Betonung des *»Artistischen« (»ein Gedicht wird gemacht«)* der modernen Lyrik, ihrem Charakter als *»Kunstprodukt«*. Benn weist auf die Gleichrangigkeit von Lyrik und Essay bei modernen Dichtern hin und entwickelt nach einem kurzen Überblick den Weg der modernen Lyrik von MALLARMÉ und BAUDELAIRE bis zum Expressionismus, Surrealismus und Dadaismus, den zentralen Begriff der *»Ausdruckswelt«*, die den Versuch darstellt, gegen den allgemeinen Nihilismus der Werte die *»Transzendenz der schöpferischen Lust«* zu setzen. Dieser Vortrag, der sich bis ins Detail auf Ideen stützt, die auch von MARINETTI, VALÉRY, T. S. ELIOT oder ELUARD vorgetragen wurden, ist als Theorie der Gegenwartslyrik zu einer *ars poetica* geworden, mit der sich die meisten deutschen Lyriker der fünfziger und sechziger Jahre von Wilhelm LEHMANN über Karl KROLOW und Heinz PIONTEK bis zu Walter HÖLLERER und Peter RÜHMKORF auseinanderzusetzen hatten.

Benn-Forschung

Noch zu Lebzeiten Benns erschienen die ersten Dissertationen über sein lyrisches Werk (Dieter WELLERSHOFF, Astrid CLAES). Die Monographie von Edgar LOHNER (1961) entstand noch in Zusammenarbeit mit dem Dichter. Else BUDDEBERG legte dann 1960/61 den ersten zusammenfassenden Forschungsbericht vor. In den nächsten Jahren standen Interpretationen einzelner Gedichte im Vordergrund, die Ästhetik Benns wurde in der Monographie von Gerhard LOOSE 1961 gewürdigt. 1962 erscheint die erste bio-bibliographische Übersicht über das Gesamtwerk von Friedrich Wilhelm WODTKE, die sich durch umfassende Informationen auf der Höhe der damaligen Kenntnisse auszeichnet. Sie erscheint 1970 in einer zweiten Auflage, ein eigenes Kapitel verweist auf *»Aufgaben und Probleme der Benn-Forschung«*. Die für die Lyrik wichtigste Publikation der folgenden Jahre ist das Buch von Harald STEINHAGEN über die *Statischen Gedichte* (1969), in dem aufgrund bis dahin unbekannter Quellen die Genese dieser bedeutenden Sammlung beschrieben wird. Für den Zusammenhang von lyrischer Entwicklung und Zeitgeschichte legte Jürgen SCHRÖDER eine Untersuchung vor (1978). Seit Beginn der achtziger Jahre ist die Benn-Forschung sehr umfangreich geworden, allerdings liegen zur Lyrik nur einzelne Aufsätze von ALLEMANN, GRIMM, HILLEBRAND, HOHENDAHL, MICHELSEN, SCHRÖDER u. a. vor, eine propädeutische Monographie stammt von Dieter LIEWERSCHEIDT (1980). Für die Entwicklung der Nachkriegszeit und ihren Realismus ist jetzt zu konsultieren: Gottfried WILLEMS (1981), für die psychoanalytische Interpretation Oskar SAHLBERG (1977). Der bisher wichtigsten Benn-Bibliographie von Edgar LOHNER (1958; neu bearb. 1985) steht jetzt zur Seite eine Bibliographie zur Gottfried-Benn-Literatur 1957–1985, in der auch die wissenschaftlichen Werke der Germanistik der letzten zwanzig Jahre erscheinen (*Über Gottfried Benn*,

Hg. Bruno Hillebrand, 1987). Eine umfassende biobibliographische Darstellung von Joachim DYCK, erscheint 1989. J.Dy.

AUSGABEN: *Morgue und andere Gedichte*, Bln. 1912. – *Söhne. Neue Gedichte*, Bln. 1913. – *Fleisch. Gesammelte Lyrik*, Bln. 1917. – *GS*, Bln. 1922. – *Schutt*, Bln. 1924. – *Spaltung. Neue Gedichte*, Bln. 1925. – *Betäubung*, Bln. 1925. – *Gesammelte Gedichte*, Bln. 1927. – *Gedichte*, Hbg. 1936. – *Ausgewählte Gedichte 1911–1936*, Stg. 1936. – *Zweiundzwanzig Gedichte*, 1943 [Privatdruck des Autors]. – *Statische Gedichte*, Zürich 1948; ern. Wiesbaden 1949. – *Trunkene Flut. Ausgewählte Gedichte*, Wiesbaden 1949. – *Fragmente. Neue Gedichte*, Wiesbaden 1951. – *Destillationen. Neue Gedichte*, Wiesbaden 1953. – *Aprèslude*, Wiesbaden 1955. – *Gesammelte Gedichte*, Wiesbaden 1956. – *GW*, Hg. D. Wellershoff, 4 Bde., Wiesbaden 1958–1961; Bd. 3: *Gedichte*, 1960. – *GW in der Fassg. der Erstdrucke*, Hg. B. Hillebrand, 5 Bde., Ffm. 1982 ff.; Bd. 1: *Gedichte*, 1982. – *SW Stuttgarter Ausg.*, Hg. G. Schuster u. I. Benn, Stg. 1986 ff.; Bd. 1/2: *Gedichte*, 1986.

LITERATUR: F. Sieburg, »*Wer allein ist –* « (in Die Gegenwart, 4, 1949, H. 4; ern. in *B. – Wirkung wider Willen*, Hg. P. U. Hohendahl, Ffm. 1971, S. 221–223). – D. Wellershoff, *Untersuchungen über Weltanschauung und Sprachstil G. B.s*, Diss. Bonn 1952. – A. Claes, *Der lyrische Sprachstil G. B.s*, Diss. Köln 1953. – R. Grimm, *G. B. Die farbliche Chiffre in der Dichtung*, Nürnberg 1958; ²1962. – C. Heselhaus, *Die rhythmische Ausdruckswelt von G. B.* (in C. H., *Dt. Lyrik der Moderne von Nietzsche bis Yvan Goll*, Düsseldorf 1961, S. 258–285). – E. Lohner, *Passion und Intellekt. Die Lyrik G. B.s*, Neuwied u. a. 1961; ern. Ffm. 1986 (FiTb). – P. Rühmkorf, *Das lyrische Weltbild des Nachkriegsdeutschen* (in *Bestandsaufnahme. Eine dt. Bilanz*, Hg. H. W. Richter, Mchn. u. a. 1962, S. 447–476; ern. in P. R., *Die Jahre die Ihr kennt*, Reinbek 1972). – E. Buddeberg, *Studien zur lyrischen Sprache G. B.s*, Düsseldorf 1964. – H. Steinhagen, *Die Statischen Gedichten von G. B.*, Stg. 1969. – J. K. Lyons u. C. Inglis, *Konkordanz zur Lyrik G. B.s*, Hildesheim 1971. – J. Schröder, *G. B. Poesie und Sozialisation*, Stg. u. a. 1978. – P. U. Hohendahl, *G. B.s Poetik u. die dt. Literaturtheorie nach 1945* (in Jb. der dt. Schiller-Gesellschaft, 24, 1980, S. 369 bis 398). – D. Liewerscheidt, *G. B.s Lyrik. Eine kritische Einführung*, Mchn. 1980. – J. Østbø, *Espressionismus und Montage. Über G. B.s Gedichtstil bis 1932*, Oslo 1981. – G. Willems, *Großstadt- und Bewußtseinspoesie*, Tübingen 1981. – R. Rumold, *G. B. und der Expressionismus: Provokation des Lesers, absolute Dichtung*, Ffm. 1982. – E. Huber-Thoma, *Die triadische Struktur in der Lyrik G. B.s*, Würzburg 1983. – U. Meister, *Sprache u. lyrisches Ich. Zur Phänomenologie des Dichterischen bei G. B.*, Bln. 1983. – Chr. Eykman, *Die Funktion des Häßlichen in der Lyrik Georg Heyms, Georg Trakls u. G. B.s: Zur Krise der Wirklichkeitserfahrung im dt.*

Expressionismus, Bonn ³1985 [erg.]. – C. Schmiele, *Die lyrische Frage bei G. B.*, Ffm. u. a. 1985. – E. Huber-Thoma, *Lyrische Novitäten im Trend der Tradition. G. B.s literarische Anfänge* (in *Romantik u. Moderne, Fs. f. H. Motekat*, Hg. ders. u. G. Adler, Ffm. u. a. 1986, S. 247–278). – J. Dyck, *G. B.: Das Nichts und der Herr am Nebentisch. 50 Gedichte, m. einer Einl. u. einem biographischen Essay*, Bln. 1986. – Vgl. auch *Literatur zum Autor*.

AUSDRUCKSWELT. Essays und Aphorismen

Essaysammlung von Gottfried BENN, erschienen 1949. – Diese »*Gedankengänge aus den Jahren 1940–1945*« gehören zu den ersten Publikationen des Dichters, mit denen er nach dem Zweiten Weltkrieg wieder an die Öffentlichkeit trat. Mit welcher Skepsis der Autor der Publikation des Werkes – und dem Publizieren überhaupt! – gegenüberstand, geht aus dem Nachwort hervor, als welches der Brief an den Herausgeber der Monatsschrift ›Merkur‹ (Hans PAESCHKE) gewählt worden ist: »*... wenn man wie ich die letzten fünfzehn Jahre von den Nazis als Schwein, von den Kommunisten als Trottel, von den Demokraten als geistig Prostituierter, von den Emigranten als Renegat, von den Religiösen als pathologischer Nihilist öffentlich bezeichnet wird, ist man nicht so scharf darauf, wieder in diese Öffentlichkeit einzudringen.*« Doch hält diese Skepsis der Hoffnung die Waage, daß der Wert jener Gedankengänge darin bestehen möge, »*die durch Nationalsozialismus und Krieg mißbildete Jugend an Probleme heranzuführen, die einmal Europa erfüllten und die meiner Generation geläufig waren, also ihr Wert könnte darin bestehen, dieser Jugend eine Art Anschlußhilfe zu bieten*«.

Der Titel *Ausdruckswelt* ist programmatisch; das Wort findet sich zwar erst seit 1934 in Benns Terminologie, taucht aber seither häufig auf und ist geeignet, auch die frühen Arbeiten und ästhetischen Intentionen des Dichters zu charakterisieren: die Welt als Ausdruck, der ästhetische Ausdruck als die einzig mögliche und denkbare Rechtfertigung und »Rettung« der Welt und ihrer Geschichte. NIETZSCHES Thesen also sind es, die Benns Gedankengänge bestimmen, und auf Nietzsche beruft sich Benn ausdrücklich an zentralen Stellen seiner Essays, z. B. im ersten, *Kunst und Drittes Reich*: »›*Du hättest singen sollen, oh, meine Seele*‹ –: nicht: glauben, züchten, geschichtlich-pädagogisch denken, nicht so positiv sein –: und nun kommt der Zusammenbruch. Singen – das heißt Sätze bilden, Ausdruck finden, Artist sein, kalte einsame Arbeit machen, dich an niemanden wenden, keine Gemeinde apostrophieren ...« »*Kunst als Wirklichkeitserzeugung: ihr Herstellungprinzip.*« Diese Tendenz, die Intention, im artistischen Ausdruck Welt zu gewinnen, »Wirklichkeit« eigentlich allererst hervorzubringen – sie wird als Thema in den Essays der *Ausdruckswelt* stets und immer neu variiert. Stoff für diese Gedankengänge ist das Aktuelle *(Kunst und Drittes Reich)* so gut wie das scheinbar Fernliegende: die mythische und die griechische Welt *(Pallas)*. Kehrseite der These von der ästhetisch-artistischen Erzeugung der Welt ist der prononcierte Geschichtsekel, der die Gedankengänge der *Ausdruckswelt* charakteristisch färbt: »*Fünf schwerbewaffnete Hopliten mit Maschinengewehr überfallen einen Knaben, dem sie vorher versprochen hatten, ihm nichts zu tun, dann ziehen sie irgendwo ein –: Geschichte. Mohammed begann als Karawanenräuber, später kam das Weltanschauliche hinzu; selbst die Wüstenbrunnen vergiftete er, ein unvorstellbares Verbrechen durch Jahrhunderte, nun adelte es das Erfordernis des Gottes und der Rasse: erst der Diebstahl, dann das Religiöse, schließlich die Geschichte.*« So antihistorisch Benns Gedankengänge sind – ahistorisch sind sie nicht, sondern stets will der Geschichtsekel der Essays sich beweisen durch die subjektive Einsicht des Autors in den Lauf der Geschichte, durch den »universalen« Blick auf die historischen Gegebenheiten, der die Nutzlosigkeit dieser Gegebenheiten erkennt und zugleich die Nutzlosigkeit des Versuchs, die Geschichte geschichtlich zu korrigieren zu wollen.

Benns Gedankengänge sind nie als zwingendes Denken gemeint (dann wären sie größtenteils ausgesprochen flüchtig und falsch!), sondern ihre Präzision ergibt sich als artistische Präzision, und diese steigert sich, je mehr auf den Schein von Diskursivität verzichtet wird – ein Verzicht, der in *Pallas*, dem Schlußstück der *Ausdruckswelt*, am weitesten vorgetrieben scheint. Mit Recht hat man darum dieses letzte Stück als einen der schönsten Essays deutscher Sprache bezeichnet. O.E.

AUSGABEN: Wiesbaden 1949. – Wiesbaden 1959 (in *GW*, Hg. D. Wellershoff, 4 Bde., 1958–1961, 1). – Wiesbaden ⁴1962. – Ffm. 1985 (in *GW in der Fassg. der Erstdrucke*, Hg. B. Hillebrand, 5 Bde., 1982–1987, 3).

LITERATUR: C. Hohoff, *Hyperbeln d. Ausdrucks* (in C. H., *Geist u. Ursprung*, Mchn. 1954, S. 87–101). – G. Loose, *Die Ästhetik G. B.s*, Ffm. 1961. – B. Hillebrand, *Artistik u. Auftrag. Zur Kunsttheorie von B. u. Nietzsche*, Mchn. 1966. – T. Meyer, *Kunstproblematik und Wortkombinatorik bei G. B.*, Köln/Wien 1971. – S. H. Ray, *G. B.: Geschichtspessimismus u. Moralvorstellung*, Diss. NY 1976. – H. Kunisch, *»Artistenevangelium«. G. B.s »Ausdruckswelt«* (in *Wirklichkeit u. Dichtung. Fs. für F. Link*, Bln. 1984, S. 419–442). – O. Sahlberg, *Die Wiedergeburt G. B.s aus dem Geiste des Faschismus* (in *Freiburger literaturpsychologische Gespräche*, Bd. 3, 1984, S. 101–112).

BRIEFE AN F. W. OELZE 1932–1945

Sammlung von 749 Briefen von Gottfried BENN, gerichtet an den Bremer Großkaufmann Friedrich Wilhelm OELZE (1891–1978), erschienen 1977–1980 in drei Bänden (1932–1945; 1945–1949; 1950–1956), herausgegeben von Harald STEINHAGEN und Jürgen SCHRÖDER. – Benns Briefwechsel mit F. W. Oelze begann 1932 und endete kurz vor seinem Tod im Jahr 1956. Publiziert sind die nahezu vollzählig erhaltenen Briefe Benns, wogegen die Briefe Oelzes aufgrund einer testamentarischen Verfügung nicht für die Veröffentlichung freigegeben wurden. Die hier dokumentierten Äußerungen Benns stellen die wohl aufschlußreichste Quelle für jede Beschäftigung mit seiner Person und seinem Werk dar, da sie nicht nur einen sonst konsequent verweigerten Einblick in den privaten Alltag des Schriftstellers erlauben; man erfährt von seinen Affären und Ehen, von Ausflügen, Reisen, von seiner anhaltenden Depression und von seiner Beurteilung der politischen Ereignisse der Zeit. Die Briefe geben zugleich Aufschluß über Benns Situation in den Jahren der NS-Diktatur, über sein anfängliches Engagement für den Faschismus bis hin zu seinem Rückzug in die sog. »innere Emigration«; aufgrund der fast völligen Vereinsamung findet in dieser Zeit zwischen 1934 und 1945 der intensivste Austausch mit Oelze statt. Der Leser ist Zeuge der Schwierigkeiten Benns mit dem NS-Regime, die 1938 zum Schreibverbot führen (Nr. 137), und der langsamen, von Oelze betriebenen, von Benn zunächst verweigerten Rückkehr in die Öffentlichkeit nach dem Krieg, die einer Rehabilitation gleichkommt. Wichtiger noch ist, daß die Korrespondenz mit Oelze für Benn ein wesentlicher Bestandteil seiner literarischen Arbeit war. Fortlaufend berichtet er Oelze, der ihm oft Werke empfiehlt oder einfach übersendet, in Mitteilungen und Betrachtungen von seiner Lektüre. Oelze verhält sich entsprechend, so daß sich die Briefe streckenweise wie ein Literaturgespräch meist über die zeitgenössische, im faschistischen Deutschland verfemte Moderne lesen. Und immer wieder erscheint der Verweis auf GOETHE und NIETZSCHE, die geistigen Bezugsgrößen für Benn wie für Oelze. Dabei dient die Beschäftigung mit Nietzsche nicht nur der gemeinsamen Selbstverständigung und wechselseitigen Bestätigung ihres nihilistischen Welt- und Geschichtsbildes; sie ist für Benn auch eine indirekte Selbstkritik am eigenen Verrat an der Sache des »Geistes« in den Jahren 1933/34, dem Oelze verständnislos gegenüberstand. Benn weiß sich verstanden und wahrt doch sein Gesicht, wenn er Oelze gegenüber ein Fazit Nietzsches betont: »*es gibt keine Verwirklichung des Geistes im Leben, es sind zwei Kreise, zwei Ausdrucksformen, erst hinter beiden steht, weit hinter ihnen die sammelnde, strömende ordnende einigende Kraft*« (Nr. 134). Und er formuliert beider Direktive, wenn er schreibt: »*Gewöhnen wir uns überhaupt bei Leibe nicht an, positiv zu werden! Bleiben wir ruhig u. um Himmels willen immer dabei, dass das Ganze ein grosser Dreck ist, die Menschheit, ihre Gesellschaft, ihre Bio- und Soziologie, dieser ganze stinkige Zinnober um uns herum! Fangen wir – und ich brauche Sie nicht zu beschwören – bloss nicht an, auf unsere alten Tage in irgend etwas ›was zu sehn‹, o Gott, ich sehe, je länger, je weniger!*« (Nr. 152) Die Konsequenz solcher Verweigerung stellen Benns fünf Gebote dar: »*1) Erkenne die La-*

ge. 2) *rechne mit Deinen Defekten* 3) *bleibe reserviert in Deinen Dir gegebenen Bezirken* 4) *wolle nichts, was gegen die Lage ist u. dann* 5) *ertrage das Leben.«* (Nr. 102) *Amor fati,* geschichtsphilosophischer Pessimismus, das ästhetizistische Credo eines Dualismus von Leben und »Form«, die Vision einer die Geschichte aufsprengenden biologischen Verwandlung: diese zentralen Motive des Bennschen Werks sind Gegenstand des Dialogs, in dem der Schriftsteller seinem Briefpartner als dem ersten und zeitweise einzigen Leser seine literarische Produktion mitteilt und sich seiner Kritik stellt.

Benns Sprache ist über weite Strecken spontan und unstilisiert. Vieles ist mit flüchtiger Hand geschrieben und gehorcht dem momentanen Einfall. Dies gilt vor allem für die privaten Mitteilungen, aber kennzeichnend hierfür sind auch die kurzen Briefe, die Benn auf den Rand von Zeitungsausschnitten schrieb. Andere Briefe tragen überlegte, auch in Vorstufen überlieferte Formulierungen vor, die sich meist auf das Grundsätzliche der Weltsicht beziehen und die er dann als Rohstoff für sein Werk weiterverwendet. Sie sind die eigentliche Sphäre dessen, was Benn Oelzes *»mitproduzierende Teilnahme«* (Nr. 259) nennt.

Bei aller schnoddrigen Kürze ist Benns Ton Oelze gegenüber von einer tiefen Verbundenheit und freundschaftlichen Wärme; nie verletzt er jene respektierende Distanz, die die Integrität und Einsamkeit des anderen wahrt und achtet. Obwohl nur die eine Seite des Briefwechsels vorliegt, erscheint in ihr doch die intellektuelle und menschliche Intensität des ganzen Verhältnisses. Deren Grundlage ist eine weit über die Ähnlichkeit der Charaktere hinausgehende geistige Verwandtschaft, die – beiden bewußt – in der Kultur des Bürgertums des 19. Jh.s wurzelt. Ihre existentielle Signatur ist das *»Doppelleben«*, das den Zwiespalt austrägt zwischen der gesellschaftlichen Konvention und einem anarchischen Individualismus, der jeder Sicherheit, jedem vermeintlich »Objektiven« mißtraut. Nicht allein Benn, der Geistesaristokrat und »Paria«, auch Oelze führt ein Doppelleben, indem er gegen seine Wohlsituiertheit im Dialog mit Benn einen unbedingten Nonkonformismus lebt; der Unterschied zwischen beiden besteht darin, daß Benn den Bruch mit der Gesellschaft konsequenter vollzieht und ins Produktive wendet. Auf diese Verwandtschaft bezieht sich seine Charakterisierung Oelzes als *»Synthese aus Oxford und Athen«* (Nr. 273) ebenso wie die zart ironische Stilisierung Oelzes als des formvollendeten Gentlemans, um damit auf das Konventionelle an seinem Briefpartner anzuspielen, auf die geheime Spannung zwischen äußerer Angepaßtheit und geistigem Grenzgängertum.

Daß Benn seine Briefe an Oelze nicht zur Veröffentlichung vorgesehen hat, ist angesichts seiner entschiedenen Trennung von Werk und Biographie selbstverständlich. Doch durchbrechen die Briefe selbst diese Scheidung. In ihnen eröffnet sich der Reichtum der sprachlichen Welt Benns; durch die Spontaneität und Nuanciertheit des Tons, die aus der Offenheit und unbedingten Wahrhaftigkeit gegenüber seinem Vertrauten herrühren, schlägt das Kunstlose um in einen ungemein dichten, fast sprechenden Ausdruck. Schon deshalb gehören diese Briefe zum literarischen Werk. Und sie bilden einen einzigartigen Kommentar zum prätendiert Abgeschlossenen seiner ästhetizistischen Produkte. Vermittelt über die Auseinandersetzung mit der Geschichte, eröffnen diese Briefe einen Zugang zum Erfahrungskern des Denkens Benns, durch den der absoluten Kunst auch historische Authentizität zuwächst. Sichtbar wird hier die verzweifelte Resignation angesichts einer Zeit, die der Kultur ein wissenschaftlich-technisch-militärisches Ende bereitet. Das Bekenntnis zur kalten »Form«, zum »Stil« zeigt sich gebannt von der Gewalt, die Benn selbst als zerstörerische erkennt. B.Fi.

AUSGABE: Wiesbaden/Mchn. 1977–1980, Hg. H. Steinhagen u. J. Schröder, 2 Bde. in 3 Tln. [Vorw. F. W. Oelze]. – Ffm. 1979–1982 (FiTb).

LITERATUR: H. Paeschke, *Der Erdgeist und sein Echo. Zu den Briefen G. B.s an F. W. Oelze* (in Merkur, 35, 1981, S. 730–745).

DOPPELLEBEN. Zwei Selbstdarstellungen

Autobiographische Schriften von Gottfried BENN, erschienen 1950. – Dieses autobiographische Werk vereinigt den *Lebensweg eines Intellektualisten* aus dem 1934 erschienenen Sammelband *Kunst und Macht* und die Fortsetzung der Selbstdarstellung mit dem für das ganze Werk programmatischen Titel *Doppelleben* von 1950. Der erste Teil umfaßt Benns Leben bis zum Beginn des Dritten Reiches, der zweite Teil die Zeit von 1933 bis in die Nachkriegsjahre.

Doppelleben ist nicht die Entwicklungsgeschichte einer Persönlichkeit in Form einer Selbstobjektivierung, sondern stellt Benns Verteidigung und die Rechtfertigung seiner geschichtlichen und geistigen Existenz dar. In scheinbar lose aneinandergefügten Kapiteln schildert Benn seinen Lebensweg, erläutert seine expressionistische Dichtung und späte Prosa und äußert sich zu Fragen der Kunst und des Kunstschaffenden. Die drei Themen werden in beiden Selbstdarstellungen in analoger Abfolge behandelt. Das Autobiographische ist für Benn der Anlaß, die Kunst gegenüber dem Leben, das schöpferische Ich gegenüber dem empirischen Ich geltend zu machen, indem er die Kunst und ihre Probleme im Verlauf der Darstellung immer mehr in den Vordergrund rückt. Der Struktur des *Doppellebens* als gezieltem Fortschreiten vom Leben zur Kunst, vom Mitteilen zum Ausdrücken, entspricht Benns Existenzmodell »Doppelleben«, das ein radikales, *»bewußtes Aufspalten der Persönlichkeit«* und das Verhalten *»vor dem Unvereinbaren«* von Denken und Handeln, von Geist und Tat, von Kunst und Macht postuliert.

Schon vor 1933 forderte Benn die Trennung von Leben und Kunst, die er dann nach dem Scheitern seines Versuches einer Synthese im Sinne der nazistischen Ideologie noch rigoroser vollzog und verwirklichte. »Doppelleben« bedeutet für Benn in den Jahren seiner »inneren Emigration« von 1935 bis 1945 eine von ihm bewußt kultivierte Lebensform, die es ihm ermöglichte, als Militärarzt zu »handeln« und zugleich als Künstler tätig zu sein. Den Menschen bestimmte er in dieser Zeit als »*Wille zum Geist*« (im Gegensatz zu NIETZSCHES »*Willen zur Macht*«) und die »*Gestaltungssphäre*« als den Bereich seines Wirkens. Handeln und Denken sind unvereinbar, lautet Benns Maxime. (»*Kunst und die Gestalt dessen, der sie macht, ja sogar das Eigenleben von Privaten sind völlig getrennte Wesenheiten.*«) Daß Benn in dieser Autobiographie dennoch seinen Lebensweg mit seinem künstlerischen Schaffen in Verbindung brachte, hängt mit den äußeren Umständen zusammen, die ihn zur Niederschrift der beiden Selbstdarstellungen nötigten. Benn blieb im März 1933 Mitglied der Preußischen Akademie, nachdem viele seiner Freunde aufgrund der nationalsozialistischen Einflußnahme austraten oder ausgeschlossen wurden. In einer Rundfunkrede vom 24. 4. 1933 (*Der neue Staat und die Intellektuellen*) legte er ein Bekenntnis zu den neuen Machthabern ab und wandte sich einen Monat später in einem weiteren Rundfunkvortrag (*Antwort an die literarischen Emigranten*) ablehnend und hochmütig gegen die Emigranten. Im selben Jahr noch geriet Benn jedoch selbst in Bedrängnis, als ihn der Balladendichter Börries von MÜNCHHAUSEN mit den Expressionisten unter die »*Deserteure, Zuchthäusler und Verbrecher*« einreihte und als »*reinblütigen Juden*« bezeichnete. Benn suchte sich zu behaupten, indem er im *Lebensweg eines Intellektualisten* im Anschluß an die Darlegung seiner *Erbmasse* (so der Titel eines Kapitels im *Doppelleben*), seine frühen Werke (in den Abschnitten *Rönne, Pameelen, Das lyrische Ich*) und damit die gesamte Kunstbewegung des Expressionismus als notwendig und sinnvoll rechtfertigte. In den kunsttheoretischen Erörterungen zieht er sich auf seine geistige Position von vor 1933 zurück. Er bekennt sich zur »*Eigengesetzlichkeit der Kunst*«, zur »*Ausdruckswelt*« (im Gegensatz zur geschichtlichen Welt) und zum Intellektualismus. Gegen die Verketzerung seiner Künstlergeneration als »Intellektuelle« gerichtet, schreibt Benn: »*Am liebsten würden sie eine Notverordnung für Deutschland sehen: Denken ist zynisch, es findet hauptsächlich in Berlin statt, an seiner Stelle wird das Weserland empfohlen.*« Nach dem Zusammenbruch des Hitler-Regimes war Benn wegen seines Verhaltens im Jahr 1933 heftiger Kritik von seiten der Emigranten ausgesetzt. Sein Verleger Max Niedermayer drängte ihn 1949 zur Fortsetzung seiner Autobiographie von 1934.

Benns Stellungnahme zu seinem vorübergehenden Eintreten für die Nazis und gegen die Emigranten gibt dem *Doppelleben* die Bedeutung eines Dokuments. Es ist »*wohl die einzige autobiographische Rechtfertigungsschrift ihrer Art, die von einem hervorragenden Geist seit dem Zusammenbruch der Hitler-Despotie vorgelegt worden ist*« (P. de Mendelssohn). Benn erklärt sein Verhalten gegenüber den Emigranten, vor allem die Voraussetzungen seiner Antwort auf den im *Doppelleben* abgedruckten Brief von Klaus MANN vom 9. 5. 1933, und gibt Aufschluß über seinen Konflikt mit der Reichsschrifttumskammer. Er berichtet über sein persönliches Schicksal nach dem Zugriff der national-sozialistischen Kunstpolitik in der »inneren Emigration« (»*Die Armee ist die aristokratische Form der Emigration*«) und über die Nachkriegsjahre in Berlin. Der Rückblick auf sein Verhalten im Jahre 1933 kommt allerdings über den Verweis auf das »Allgemein-Menschliche« nicht hinaus: »*Immer alles gewußt zu haben, immer recht behalten zu haben, das alleine ist nicht groß. Sich irren und dennoch seinem Innern weiter Glauben schenken müssen: – das ist der Mensch.*«

Unmißverständlich aber ist Benns Ablehnung der Nazi-Machthaber in der Zeit seines dichterischen Schweigens, wie aus dem Gedicht *Monolog* hervorgeht, das er 1943 an Bekannte verschickte und dann im *Doppelleben* veröffentlichte: »*Den Darm mit Rotz genährt, das Hirn mit Lügen / erwählte Völker, Narren eines Clowns...*« Im folgenden erläutert Benn dann in einer Deutung seines *Romans des Phänotyp* das Problem der »*absoluten Prosa*«, einer Prosa, die rein formal bestimmt und nur den Gesetzen der Schönheit verpflichtet ist. Eine »*Prosa außerhalb von Raum und Zeit, ins Imaginäre gebaut, ins Momentane, Flächige gelegt, ihr Gegenspiel ist Psychologie und Evolution*«. In dem Abschnitt *Doppelleben*, der den zwei Selbstdarstellungen den Obertitel gab, entwickelt Benn die Bedeutung des Existenzmodells »Doppelleben« an seinem Prosawerk *Der Ptolemäer*. Sein eigenes Leben als Arzt und Dichter entsprach weitgehend jenem »Doppelleben«, wie er es in dieser Novelle darstellte: »*In diesem Institut sind Handeln und Gedanken streng separiert, Leben und Geist zwei völlig verschiedene Dinge...*« »Doppelleben« war für Benn die Chance, vor der Wirklichkeit bestehen zu können. Die Aufspaltung des Ichs in ein empirisch-handelndes und ein geistig-schöpferisches ist über Benns eigene innere Problematik hinaus Ausdruck einer Wirklichkeit, in der die Einheit der Persönlichkeit fragwürdig geworden ist.

Doppelleben ist wichtig als Informationsquelle über Benns Lebensweg und über seine Kunstauffassung, aber auch als Zeugnis für die problematische Stellung eines großen Künstlers, dem eine bewußt antipolitische und antimoralische Haltung samt ihrer scheinbaren Souveränität für sich als Antwort auf Krieg und Terror genügte. Gerade die auf den ersten Blick provokante Radikalität dieser Position begründete nach 1945 die erneute Popularität Benns, der stets betonte, daß ihm die Verlautbarung des schöpferischen Ichs, daß ihm künstlerisches Gestalten mehr bedeute als die Welt der politischen oder gesellschaftlichen Tatsachen. In diesem Sinne erhebt *Doppelleben* selbst den Anspruch, ein Kunstwerk zu sein, das die objektiven Fakten dem dichterischen Ausdruck unterwirft. S.E.–KLL

AUSGABEN: Wiesbaden 1950. – Wiesbaden 1961 (in *GW*, Hg. D. Wellershoff, 4 Bde., 1958–1961, 4). – Stg. 1984. – Ffm. 1984 (in *GW in der Fassung der Erstdrucke*, 5 Bde., Hg. B. Hillebrand, 2).

LITERATUR: P. de Mendelssohn, *Der Geist in der Despotie*, Bln. 1953, S. 236–282. – P. Michelsen, *Das »Doppelleben« und die ästhetischen Anschauungen G. B.s* (in DVLG, 35, 1961, S. 247–261). – H.-D. Balser, *Das Problem d. Nihilismus im Werk G. B.s*, Bonn 1965. – B. Hillebrand, *Artistik und Auftrag. Zur Kunsttheorie von B. und Nietzsche*, Mchn. 1966 (Slg. Dialog, 7). – D. Rossek, *Tod, Verfall u. das Schöpferische bei G. B.*, Diss. Münster 1969. – R. Alter, *G. B. The Artist and Politics, 1910–1934*, Bern 1976. – W. Kaußen, *Spaltungen. Zu G. B.s Denken im Widerspruch*, Bonn 1981.

DREI ALTE MÄNNER. Gespräche

von Gottfried BENN, erschienen 1949; häufig als Hörspiel gesendet. Die zweite Auflage (1955) trägt den Vermerk: »*Dies ist das erste Buch Gottfried Benns, das nach zwölfjähriger Unterbrechung wieder in Deutschland erschien.*« – Dieses dialogische Prosastück verfolgt die Frage nach dem Sinn der menschlichen Existenz. Im Zentrum der Reflexionen steht das Problem der »*unerträglichen Spannung zwischen Ich und Welt*«, mit dem sich der Autor immer wieder auseinandersetzte. Benn verteilt auf einzelne Stimmen gedankliche Positionen und Denkweisen, wie er sie in verschiedenen, zu dieser Zeit noch unveröffentlichten Arbeiten, so in *Der Ptolemäer*, dargelegt hatte.

Das fingierte Gespräch, in Wirklichkeit ein Dialog des Autors mit sich selbst, ermöglicht es, im Gegeneinander verschiedener Ansichten und Argumente, die Widersprüchlichkeit seines Weltbilds und sein antithetisches Denken vorzuführen. »Drei alte Männer« sitzen mit einem »jungen Mann« in der Dämmerung eines Herbstabends zusammen und ziehen die Summe ihrer Existenz. Es ist eine symbolische Situation: »*Und das Ganze ist wohl ein Herbstabend und gewinnt sich Symbol?*« Die sparsamen Szenenanweisungen täuschen ein dramatisches Geschehen nur vor. Die drei Alten sind in der Dunkelheit und in ihrer geistigen Position, die sie vertreten, nicht zu unterscheiden. »*Jeder könnte alles sprechen. Die Individualitäten differenzieren sich nicht mehr voneinander durch ihre Sentenzen.*« Der junge Mann wirft in das Gespräch nur gelegentlich, als Ausdruck seiner Verwunderung, ironischschnodderige Bemerkungen ein.

Benn entwirft ein Bild der Wirklichkeit und der Geschichte, das den »*ganzen Nonsens*« des menschlichen Lebens vor Augen führt. »*Wirklichkeiten einer Masse, aber ich bin nicht schlau aus ihr geworden!*« Mit der Virtuosität seiner sprachlichen Mittel veranschaulicht Benn, voller Spott und Zynismus, durch ein faszinierendes Arrangement von Erkenntnissen aus Wissenschaft und Technik, von persönlichen Erlebnissen und kulturhistorischen Erscheinungen, von faktischen Details aus verschiedenen Zeiten und Kontinenten die Geschichte der Menschheit als einen »*Schulfall von Massenstürzen*«. Zugleich aber überwindet er deren Sinnlosigkeit in der »*formalen Sphäre*« der Kunst, indem durch die kunstvolle Zusammenfügung von heterogenen Elementen in der Sprache eine Sinngebung des Sinnlosen erreicht wird. »*Material heranbringen im Fluß, nicht mehr in systematischen, psychologischen, taktischen Zusammenhängen, reines Magma, das heiße Gestein der Seele, dies beugen, dies zu Farbe machen, dies melodisch machen, in Sätze fassen, kurz dies in jene formale Sphäre sich bewegen lassen...*« In dieser Sphäre allein, so Benn, schafft sich der Mensch »*eine Grundlage für seine Existenz*«. Der Mensch von heute ist die »*Gestalt im Dunkel*«; Leben bedeutet für ihn »*proviziertes Leben*«, als die Steigerung des Lebens zu geistigen Formen; sein Denken ist »*Ausdrucksdenken*«, ein Denken ohne Zweck und Ziel. Er gehorcht nur seinem inneren Zwang zum Produktiv-Schöpferischen. Es sind »*zweifelhafte Zustände, aber nicht zweifelhafter als das ganze menschliche Gewebe*«. Gegen das Leben als »*Auflösung und Verderben, wohin sie sehen*« stellt Benn die »*formale Sphäre*« als die »*einzige rechtmäßige Wirklichkeit*«. Die Kunst ist »*die letzte uns gebliebene Erfahrbarkeit des Glücks*«; nur im Kunstwerk verwirklicht sich der Geist und gibt es »*Erkenntnisse von Dauer*«.

Benn resümiert in diesen Reflexionen erneut seine Auffassung von der Kunst, die für ihn das allein Bleibende darstellt in einer Welt, die er als »*Krankengeschichte von Irren*« qualifizierte; in den harmoniesüchtigen Nachkriegsjahren fand diese provokante Haltung den Beifall so unterschiedlicher Autoren wie W. JENS, H. Egon HOLTHUSEN, H. M. ENZENSBERGER oder P. RÜHMKORF, der sich in seiner *Strömungslehre* 1978 nochmals mit Benns Kunstbegriff auseinandersetzte: »*Wo ein Ich sein Bewußtsein vor noch als Entfremdungsschauder erlebt, ohne daß Vertrauen auf dialektische Bewegungsprinzipien ihm einen gewissen Hoffnungsspielraum nach vorn eröffnen, dort flüchtet sich das gesteigerte Verlangen nach Anteilnahme und Zusammenhang gern in archaische und mythische, vielleicht sogar protozoische Einheitsvorstellungen.*« S.E.–KLL

AUSGABEN: Wiesbaden 1949; ³1959. – Wiesbaden 1958 (in *GW*, Hg. D. Wellershoff, 4 Bde., 1958–1961, 2). – Stg. 1982 (in *Frühe Lyrik u. Dramen*). – Ffm. 1986 (in *GW in der Fassung der Erstdrucke*, 5 Bde., Hg. B. Hillebrand, 4).

LITERATUR: J. Maass, *Zwei wertvolle kleine Bücher* (in NRs, 1949, S. 287/288). – G. Schulz, »*Der Ptolemäer*« und »*Drei alte Männer*« (in Rhein-Neckar-Ztg., 13. 4. 1949). – T. S. Eliot, *Die drei Stimmen der Poesie* (in Akzente, 5, 1955, S. 463–479). – H.-D. Balser, *Das Problem d. Nihilismus im Werk G. B.s*, Bonn 1965. – B. Hillebrand, *Artistik und Auftrag. Zur Kunsttheorie von B. und Nietzsche*, Mchn. 1966 (Slg. Dialog, 7). – M. Adams, *G. B.'s Critique of Substance*, Assen 1969. – D. Rossek,

Tod, Verfall u. das Schöpferische bei G. B., Diss. Münster 1969. - R. Weber, *G. B. Zwischen Christentum u. Gnosis*, Ffm. 1983.

GEHIRNE

Novellenzyklus von Gottfried BENN, entstanden 1914–1916, zum Teil einzeln veröffentlicht 1915 in ›Die weißen Blätter‹, gesammelt erschienen 1916 in der expressionistischen Schriftenreihe »Der jüngste Tag«. - Dieses frühe Prosawerk Benns, das einen wichtigen Schritt in der künstlerischen Entwicklung des Dichters bedeutet, ist ein Zyklus von fünf thematisch zusammenhängenden Novellen. *Gehirne, Die Eroberung, Die Reise, Die Insel, Der Geburtstag*. Im Mittelpunkt dieser sogenannten »Rönne-Novellen«, von Benn auch als »Rönne-Komplex« bezeichnet, steht die Figur des jungen Arztes Rönne, an der der Autor den Verlust einer die Verbindung zwischen Ich und Wirklichkeit herstellenden Anschauungsform in verschiedenen Modellsituationen darstellt. Wie in der Figur des Pameelen in den gleichzeitig entstandenen dramatischen Szenen *Der Vermessungsdirigent* und *Karandasch* findet in Rönne nicht nur Benns persönliche Problematik, sondern darüber hinaus die veränderte Bewußtseinslage des modernen Menschen, der sich einer mit den herkömmlichen Denkkategorien und Erlebnisformen nicht mehr zu erfassenden Welt gegenübersieht, ihren konzentrierten Ausdruck. Künstlerisch entspricht diesem »*ontologischen Mißtrauensvotum*« (A. Gehlen) eine die logische und syntaktische Ordnung auflösende Dynamisierung der Sprache und die assoziative Verknüpfung ihrer Elemente. Diese Zerstörung eines in der Sprache verfestigten Welt- und Menschenbildes verbindet *Gehirne* mit der revolutionären Sprachkunst des Expressionismus.

In Benns Novellen gibt es keine Fabel, keinen novellistischen »Falken« und keine festumrissene Person. Das sind bereits Symptome der Problematik, um die es geht; denn Rönnes Krise besteht gerade darin, daß die Auflösung seines Ichs ihn handlungsunfähig macht. In der ersten Novelle *Gehirne* wird er sich des »*Wirklichkeitsverlusts, der Entfremdung von Ich und Welt*« (D. Wellershoff) in einer Art Selbstdiagnose bewußt. Er soll an einem Krankenhaus den Chefarzt vertreten, aber er versagt schon bei den einfachsten Verrichtungen. »*Namentlich aber, wenn er sich gesprächsweise zu dem Verwalter oder der Oberin über irgendeinen Gegenstand äußern sollte ... brach er förmlich zusammen.*« Die Subjekt-Objekt-Beziehung ist abgebrochen, alles Selbstverständliche wird somit fragwürdig und außergewöhnlich. Das nicht mehr zentral, d. h. vom Gehirn, geleitete und stabilisierte Ich sieht sich an eine chaotische Wirklichkeit ausgeliefert, in der keine Orientierung mehr möglich ist: »*Es schwächt mich etwas von oben. Ich habe keinen Halt mehr hinter den Augen. Der Raum wogt so endlos.*« Daß es aus diesem Bewußtseinszerfall keinen Ausweg gibt, verdeutlicht Benn in den darauffolgenden Novellen. Rönne ist unentwegt bemüht, seinem Ich Stabilität zu verleihen, indem er verzweifelte Versuche unternimmt, einen Bezug zur Wirklichkeit herzustellen: »*Dies Land will ich besetzen, dachte Rönne, und seine Augen rissen den weißen Schein der Straße an sich.*« Alles wird registriert, besprochen und bedacht: »*Aufzunehmen gilt es, rief er sich zu, einzuordnen oder prüfend zu übergehen.*« In ausgesprochen grotesken Situationen glaubt er Halt zu finden an den erstarrten Formen einer bürgerlichen Welt, die Benn in ihrer Lächerlichkeit und Borniertheit satirisch entlarvt. Rönne wird dabei zur tragikomischen Figur, da seine vermeintliche Erlösung immer schon Auflösung, seine Macht Ohnmacht bedeutet. Seine »Eroberungen« enden alle wieder im Zerfall des Ichs: »*Anfang und Ende, aber ich geschehe.*« Die Unvereinbarkeit von Ich und Wirklichkeit ist nach Benns eigener Deutung im *Lebensweg eines Intellektualisten* (1934) ein anthropologischer Befund: »*Wir sehen, die Frage nach der anthropologischen Substanz liegt unmittelbar hier vor, und sie ist identisch mit der Frage nach der Wirklichkeit.*« Der einzige Ausweg aus diesem Dilemma ist der Weg nach Innen, zur schöpferischen Evokation des lyrischen Ichs. Dieses »*Irrealitätsprinzip*« der dichterischen Imagination deutet sich bereits in der Novelle *Die Insel* an, und in *Der Geburtstag* bedient Rönne sich seiner bewußt und methodisch, um vor der Wirklichkeit zu bestehen: »*Den Überschwang galt es zu erschaffen gegen das Nichts.*« Dies gelingt ihm jedoch nur selten und nur in der rauschhaften Beschwörung einer mittelmeerischen Welt. Dann versinkt er wieder in seine innere Zerrüttetheit: »*Manchmal eine Stunde, da bist du; der Rest ist das Geschehen. Manchmal die beiden Fluten schlagen hoch zu einem Traum.*«

Die Bedeutung dieser Prosa liegt vor allem in der sprachlichen Vergegenwärtigung der dargestellten Problematik. Dem intakten Ich-Welt-Bezug, den Rönne für sich vergeblich wiederherzustellen sucht, entspricht ein in der Sprache stabilisiertes Welt- und Menschenbild der objektiven Tatsachen, der Ordnung, der festumrissenen Inhalte, der Wertnormen und des eindeutigen, selbstsicheren Verhaltens, vorzugsweise repräsentiert durch die »*starke, geschlossene Gestalt*« der »Herren«. Typisch für die Darstellung dieser Seinsform sind die Verwendung des substantivischen Begriffs und der Vorstellungsbereich des Statischen und Vertikalen: »*Er war der geachtete Mann, dem im Umfang seines Faches Vertrauen zukam, eine bodenständige Natur, festen Schrittes und aufrechter Art.*« Demgegenüber soll die Charakterisierung Rönnes die Assoziation des Horizontalen wecken: »*Es zog ihn nieder, auf den Rasen zog es ihn, leicht hingemäht.*« Ihn kennzeichnen Begriffe und Bilder, die ein Wortfeld des Dynamischen bilden, des Chaotischen, Formlosen, Dionysisch-Rauschhaften und Organisch-Vegetabilischen. Das alles in Bewegung setzende, lösende und verbindende Verbum ist für den Stil dieser frühen Prosa Benns bezeichnend: »*Die Türen sanken nieder, die Glashäuser bebten, auf einer Kuppel aus Kristall zerbarst ein Strom des unverlier-*

baren Lichts.« Es ist Ausdruck der Befreiung einer in Begriffen erstarrten Welt. Rönnes bis ins Groteske gesteigerte Gedanken- und Bildassoziationen sind als Emanationen seines zerfallenden Bewußtseins zu verstehen. *»Auf Flügeln geht dieser Gang – mit meinem blauen Anemonenschwert – in Mittagsturz des Lichts – in Trümmern des Südens – in zerfallendem Gewölk – Zerstäubungen der Stirne – Entschweifungen der Schläfe.«*
Benns künstlerische Leistung besteht darin, daß er, indem er Rönnes Problem im wörtlichen Sinne zur Sprache bringt, dieses bereits überwindet – ein schöpferischer Akt, der seiner Figur erst gegen Ende des Zyklus gelingt; indem der Erzähler durch Deformation und Destruktion der gewohnten Sprache die herkömmlichen Formen des Welterlebens auflöst, gewinnt er zugleich die Freiheit, im Kunstwerk (nämlich in den Rönne-Novellen) konstruktiv eine neue Welt, die des dichterischen Ausdrucks, zu schaffen. In *Gehirne* veranschaulicht Benn die existentiellen Voraussetzungen des sein ganzes späteres Werk beherrschenden Dogmas von der Überwindung des Lebens durch die Kunst. An Rönne wird dieser Weg vom Realität erfahrenden zum Ausdruck schaffenden Ich demonstriert, jenes Ich, in dem Figur und Autor letztlich identisch werden. Die Novellen gehören in den Zusammenhang einer Literatur (BAUDELAIRE, RIMBAUD, MALLARMÉ, VALÉRY, GIDE, T. S. ELIOT, JOYCE u. a.), die durch Destruktion der Wirklichkeit die Autonomie des schöpferischen Ichs in einer »Ausdruckswelt« ermöglicht. S.E.

AUSGABEN: Lpzg. 1915/16 (in Die weißen Blätter, 2, 1915, H. 2 u. 8; 3, 1916, H. 6). – Lpzg. 1916 (vollst.; Der jüngste Tag, 35). – Wiesbaden 1950 (in *Frühe Prosa u. Reden*; Einl. M. Bense). – Wiesbaden 1958 (in *GW*, Hg. D. Wellershoff, 4 Bde., 1958–1961, 2). – Ffm. 1984 (in *GW in der Fassung der Erstdrucke*, 5 Bde., Hg. B. Hillebrand, 2).

LITERATUR: I. Jens, *Studien zur Entwicklung der expressionistischen Novelle*, Diss. Tübingen 1954, S. 251–286. – H. Liede, *Stiltendenzen expressionistischer Prosa*, Diss. Freiburg i. B. 1960. – E. Oehlenschläger, *Provokation und Vergegenwärtigung. Eine Studie zum Prosastil G. B.s*, Ffm. 1971. – W. Krull, *Die Welt – hinter den Augen des Künstlers. Eine Skizze zu G. B.s »Gehirne«* (in *G. B.*, Hg. H. L. Arnold, Mchn. ²1985; Text + Kritik).

MORGUE und andere Gedichte

Zyklus von neun Gedichten von Gottfried BENN, erschienen 1912 als »21. Flugblatt des Verlages Alfred Richard Meyer«. – Mit diesem Zyklus – *Kleine Aster; Schöne Jugend; Kreislauf; Negerbraut; Requiem; Saal der kreißenden Frauen; Blinddarm; Mann und Frau gehn durch die Krebsbaracke; Nachtcafé* – stellte der damals in der literarischen Öffentlichkeit noch unbekannte sechsundzwanzigjährige Mediziner Gottfried Benn die herkömmliche Vorstellung von Lyrik radikal in Frage. Die Gedichte lösten bei ihrem Erscheinen vor allem durch die für die konventionelle Poesie neuartige Stoffwahl, die *»gründlich mit dem lyrischen Ideal der Blaublümeleinritter aufräumt«* (E. Stadler), einen Sturm der Entrüstung aus. In einer wesentlich bürgerlichen Epoche, in der Kunst nur ein schöngeistiger Lebensschmuck war, wirkten Benns Bilder aus dem Leichenschauhaus und Sektionssaal, die genaue Fixierung des organischen Siechtums und Verfalls als eine zynische Herausforderung des geltenden Geschmacks. Die Presse reagierte, wie der *Morgue*-Verleger A. R. Meyer später feststellte, *»wohl nie in Deutschland in so expressiver, explodierender Weise auf Lyrik«* wie damals bei Benns erster Gedichtsammlung, die in 500 Exemplaren erschien, nach acht Tagen verkauft war und 1916 nachträglich beschlagnahmt wurde. Benn berichtet im *Lebensweg eines Intellektualisten* (1934), daß ihm der Zyklus, der vor allem bei Ernst STADLER und Else LASKER-SCHÜLER spontane Bewunderung hervorrief, von Seiten der Öffentlichkeit den Ruf eines *»brüchigen Roués«*, eines *»infernalischen Snobs und des typischen Kaffeehausliteraten«* einbrachte.

Die Provokation der Gedichte beruht vor allem auf der Zerstörung der traditionellen Vorstellung vom Menschen als der »Krone der Schöpfung«: *». . . laßt doch euer ewiges ideologisches Geschwätz, euer Gebarme um etwas ›Höheres‹, der Mensch ist kein höheres Wesen«* (*Vorwort* zu *Frühe Lyrik und Dramen*, 1952). Im Gegensatz dazu zeigt Benn den Menschen in seiner erbärmlichen Kreatürlichkeit und im physischen Zerfall (*»Hier diese Reihe sind zerfallene Schöße / und diese Reihe ist zerfallene Brust«*), ausgeliefert dem willkürlichen Geschehen (*»Irgendeiner hatte ihm eine dunkellila Aster / zwischen die Zähne geklemmt«*) und dem Prozeß rein vitaler Lebensvorgänge (*»Schließlich in einer Laube unter dem Zwerchfell / fand man ein Nest von jungen Ratten«*). Er ist nur noch ein *»etwas, das winselt«*, ein *»Klumpen Fett und faule Säfte«* und einzig von seinen Krankheitssymptomen her als menschlich erkennbar. Seine Bedeutung ist reduziert auf die zufällige Zweckmäßigkeit und Verwertbarkeit seiner Körperteile. Der *»ersoffene Bierfahrer«* wird wie ein Gegenstand *»auf den Tisch gestemmt«*, und seine Brusthöhle dient als Vase für eine kleine Aster. In einem Mädchen, *»das lange im Schilf gelegen hatte«*, leben junge Ratten von Leber und Niere der Toten. Die Identität der Person und der Sinnzusammenhang jeglicher Lebensordnung sind aufgehoben.

Die revolutionäre Bedeutung der Gedichte liegt jedoch nicht in dem von Benn entworfenen Menschenbild, sondern vielmehr in der künstlerischen Methode, mit der hier die wahre Situation des Menschen in einer veränderten Wirklichkeit aufgezeigt wird. Durch Isolation und paradoxe Zuordnung besonders religiöser Glaubensinhalte entlarvt Benn die Sinnentleertheit verbindlicher Wertsetzungen. Nicht der Bierfahrer wird in *Kleine Aster* christlich bestattet, sondern die Blume in der Leiche: *»Trinke dich satt in deiner Vase! / Ruhe sanft,*

kleine Aster!« Das *Requiem* gilt den Leichenteilen auf dem Sektionstisch, und der *»Rosenkranz von weichen Knoten«* ist die *»Narbe an der Brust«* einer Krebskranken. Auch die allzu geläufigen Themen, Motive und Aussageweisen der poetischen Überlieferung enthüllt Benn als sinnentleert, indem er sie mit den makabren und abstoßenden Vorgängen aus der klinischen Praxis konfrontiert. In *Schöne Jugend* wird ein uraltes Thema als Klischee verwendet, aber nicht das junge Mädchen, das sich ertränkte, hatte eine schöne Jugend in der Geborgenheit und einen schönen Tod, sondern die jungen Ratten *»in der Laube unter dem Zwerchfell«* haben *»hier eine schöne Jugend verlebt. Und schön und schnell kam auch ihr Tod.«* Gänzlich sinnentstellt werden die vertrauten Bestandteile einer *»zum reproduzierbaren Bildungsgut gewordenen Poesie«* (W. Killy) wie etwa *»Der Mund des Mädchens«*, *»Glück der ersten Liebe«*, *»Rausch und Heimat«*, *»Der Frauen Liebe und Leben«* (Titel eines Liederzyklus von CHAMISSO), *»Glaube, Liebe, Hoffnung«*.
Daß die in den Gedichten dargestellte Wirklichkeit gerade die *»Auflösung, den Zusammenbruch der alten Ordnung«*, der *»ideellen und moralischen Werte«* (E. v. Kahler) kennzeichnet, demonstriert Benn durch die Sprengung der traditionellen Kunstformen und der eindeutigen, in der Sprache festgelegten Vorstellungsbereiche sowie durch die Verknüpfung von scheinbar Unvereinbarem bis zur völligen Sinnverkehrung im Absurden und Grotesken: *»auf Kissen dunklen Bluts gebettet«* – *»Brust an Brust auf eines Kübels Boden / begrinsen Golgatha und Sündenfall«* – *»Das Cello trinkt rasch mal. Die Flöte / rülpst tief drei Takte lang: das schöne Abendbrot. / Die Trommel liest den Kriminalroman zu Ende.«* Das Mißverhältnis von Gedichtüberschrift und Gedichtinhalt ist dafür ebenso typisch wie die befremdende Zusammenstellung der einzelnen, disparate Vorstellungen assoziierenden Titel zu einem Zyklus, in dessen Bezeichnung *Morgue* nach dem berühmten Pariser Leichenschauhaus sich das Makabre mit einem fremdartig schönen Klang verbindet. Alles kann mit allem verbunden werden, das Hohe mit dem Niedrigen, das Schöne mit dem Häßlichen, das Tote mit dem Lebendigen, der Slang mit dem Pathos, die medizinische Fachsprache mit dem süßen Sentiment. In der Sprache spiegelt sich das Chaos der Wirklichkeit, der zerstückelte Mensch entspricht den isolierten Sprachelementen. Diese Zerstörung der erstarrten, verbrauchten, leeren und morschen Sprachformen erweist sich als eine schöpferische; die Sprache wird frei verfügbar, aus der zwar nicht für das Leben, aber für die Kunst eine neue, lebendige Form entsteht.
Mit dem *Morgue*-Zyklus begann für Benn nach ersten lyrischen Versuchen im spätimpressionistischen Stil *(Rauhreif; Gefilde der Unseligen; Herbst)* eine künstlerische Entwicklung, für die die *»Zusammenhangsdurchstoßung, das heißt die Wirklichkeitszertrümmerung«* in der Sprache kennzeichnend ist, wie Benn in *Probleme der Lyrik* (1951) selbst ausführt. Benn erhebt damit zum zentralen Thema seiner Lyrik ein Kunstproblem – die Unvereinbarkeit von Sprache und Wirklichkeit – das bereits in HOFMANNSTHALS *Chandos-Brief* (1902; vgl. *Ein Brief*) vorweggenommen ist: *»Es gelang mir nicht mehr, die Menschen und Handlungen mit dem vereinfachenden Blick der Gewohnheit zu erfassen. Es zerfiel mir alles in Teile, die Teile wieder in Teile, und nichts mehr ließ sich mit einem Begriff umspannen.«* – Benns Gedichte, deren Thema in einem späteren Zyklus *Morgue II* (in ›Die Aktion‹, 1913) wieder aufgenommen und ins Groteske verzerrt wird, haben ihre Vorläufer in den Schreckensbildern des Todes und des düsteren Verfalls bei BAUDELAIRE *(La Charogne)*, auf den sich RILKE bezieht (in seinem Gedicht *Morgue* und in *Die Aufzeichnungen des Malte Laurids Brigge*, 1910), und bei Georg HEYM *(Der ewige Tag*, 1911). Dennoch besaß Benns Zyklus im Hinblick auf Sprache und Thematik den Rang einzigartiger Modernität – die Sprengung der gewohnten lyrischen Ausdrucksmittel und die rücksichtslose Revolte gegen eine bürgerliche Weltanschauung bestimmten nachhaltig die expressionistische Lyrik. Es war *»das Manifest eines Mannes, der die Brücken zur Vergangenheit wie kein anderer vor ihm abgebrochen hatte und als erster die Sprache seines Jahrhunderts schrieb«* (W. Jens). S.E.

AUSGABEN: Bln. 1912. – Bln. 1913 *(Morgue II,* in Die Aktion, 3, 8. 1.). – Mchn. 1926. – Wiesbaden 1960 (in *GW,* Hg. D. Wellershoff, 4 Bde., 1958–1961, 3). – Ffm. 1982 (in *GW in der Fassung der Erstdrucke,* 5 Bde., Hg. B. Hillebrand, 1). – Stg. 1986 (in *SW,* Bd. 1, Hg. G. Schuster).

LITERATUR: A. R. Meyer, *Die maer von der musa expressionistica,* Düss. 1948, S. 14–24. – B. Blume, *Das ertrunkene Mädchen* (in GRM, 35, 1954, S. 108–119). – Chr. Eykman, *Die Funktion des Häßlichen in der Lyrik G. Heyms, G. Trakls und G. B.s. Zur Krise der Wirklichkeitserfahrung im deutschen Expressionismus,* Bonn 1965; [3]1985 [erg.]. – H. Fritz, *G. B.s Anfänge* (in Jb. d. dt. Schillerges., 12, 1968, S. 383–402; ern. in *G. B.,* Hg. B. Hillebrand, Darmstadt 1979). – H. J. Schmitt, *Über das dichterische Verfahren in der Lyrik G. B.s,* Diss. Würzburg 1970. – P. Rühmkorf, *Bemerkungen zu G. B.s »Mann und Frau gehn durch die Krebsbaracke«* (in P. R., *131 expressionistische Gedichte,* Bln. 1976). – Th. Meyer, *G. B. und der Expressionismus. Unter bes. Berücksichtigung der Lyrik* (in *G. B.,* Hg. B. Hillebrand, Darmstadt 1979, S. 279–408). – U. Meister, *Sprache u. lyrisches Ich. Zur Phänomenologie des Dichterischen bei G. B.,* Bln. 1983. – Vgl. auch den Beitrag *Das lyrische Werk.*

NACH DEM NIHILISMUS

Essay von Gottfried BENN, erschienen 1932 unter dem Titel *Der Nihilismus und seine Überwindung.* – »Nihilismus« ist eines der Schlüsselworte, mit denen das Gesamtwerk Gottfried Benns ebenso grundlegend erhellt wie verfehlt werden kann. Nur scheinbar vollzieht sich in Benns begrifflichem Selbstverständnis eine extreme Wandlung, wenn er 1931 den »Nihilismus« als ein »Glücksgefühl«, 1953 jedoch als einen inhaltlosen Begriff bezeichnete (in *Nihilistisch oder positiv?*). Hier wie dort zeichnet sich dieses Schlüsselwort durch eine unauflösbare Doppeldeutigkeit aus. Zugleich bekundet sich darin die für Benn charakteristische, fatale Verschränkung von künstlerischem Bewußtsein und politischer Gesinnung.

Einleitend spricht Benn von den Leitbegriffen seiner gleichnamigen Aufsatzsammlung, der »*progressiven Zerebration*« und dem »*Nihilismus*«, zu denen sich der Gegenbegriff des »*konstruktiven Geistes*« geselle, als »*Ausdruck für Kräfte und Versuche, den lethargisierenden Strömungen jener entgegenzugehen*«. Die hieran anknüpfende Entfaltung des Nihilismus-Begriffs versteht diesen als Endpunkt einer anthropologisch-historischen Entwicklung, die Benn mit dem von dem Wiener Neurologen Konstantin Frh. v. Economo (1876–1931) geprägten Begriff der »*progressiven Zerebration*« als einen »*Zuwachs an Intellektualisierung*« und als eine »*Frigidisierung des Ich*« (*Akademie-Rede*) umschreibt. Kühl distanziert und zugleich mit so effektvollen wie affektgeladenen saloppen Schlagworten skizziert er den historischen Hintergrund. Die auf den Glauben an Gott beruhende geistige Geschlossenheit des 17. und 18. Jh.s sei nach GOETHES Tod durch den absolut diesseitigen Glauben an die Natur aufgebrochen, und die mystische Spannung zum Jenseits von der »*völligen Begreiflichkeit der Welt*« abgelöst worden. Mit der Entwicklung der modernen Naturwissenschaften sei ein neuer Menschentyp entstanden, der »*materialistisch organisierte Gebrauchstyp*«. Hinter dessen Parole »*Der Mensch ist gut*« – Benn spielt hier polemisch auf den programmatischen Titel von Leonhard FRANKS Novellensammlung (1917) an – verberge sich nur die Banalität eines Weltbildes, das mit der rationalistischen Entwertung und Entmystifizierung der Schöpfung wie durch die Auflösung aller Bindungen fast zwangsläufig in den »Nihilismus« münde. Dessen Kronzeugen, NIETZSCHE *(Wille zur Macht)* und TURGENEV *(Väter und Söhne)*, dokumentieren aber nach Benn gerade das Platte und Reaktionäre des Materialismus (»*fades Rokoko*«), den es mit einem ganz anders gearteten Menschentyp zu überwinden gelte: mit dem »*höheren*«, dem »*tragisch kämpfenden Menschen*«. Es sei der »*Übermensch*«, aber nicht der rassisch vollkommene Mensch Nietzsches; ihn bestimmen vielmehr die »*bionegativen Werte*«: die Kunst, das Geniale, die Auflösungsmotive des Religiösen – die »*Attribute des Produktiven*« also. Ihm sei die »*Überwindung, nämlich eine artistische Ausnutzung des Nihilismus*« vorbehalten, eine neue »*Moral und Metaphysik der Form*«, die die konstruktiven Kräfte des Geistes »*bildend zu züchten*« habe. Damit spitzt sich die Doppeldeutigkeit von Benns Nihilismus-Begriff in einem aktuell zeitgenössischen Sinne zu. Die Vision einer anthropologischen Wendung, die dieser neue Menschentyp herbeiführen und die eine biologische »*Wiedererweckung der Mythe*«, einen dynamischen Gegenzug des Irrationalen zum platten Rationalismus und Materialismus, einleiten soll, sah Benn später von der Ideologie des Nationalsozialismus propagiert und verwirklicht. Noch vor seiner berüchtigten Rundfunkrede von 1933 ist das faschistische Vokabular in Benns Essay komplett, wenn er vom »*Raumgefühl*«, von der »*volkhaften Verpflichtung*« des Deutschen, von »*Rausch*« und »*Züchtung*«, »*verschleudernd Europas genormte Massen*«, spricht. Zugleich aber meldet sich neben dieser eindeutigen Ideologisierung die artistische Gegenposition des sich bald vom Nationalsozialismus abkehrenden Dichters Benn zu Wort: Aus den »*letzten Spannungen des Formalen*«, aus der »*Steigerung des Konstruktiven*« werde sich eine »*neue ›ethische‹ Realität bilden – ›nach‹ dem Nihilismus!*« M.Schm.

AUSGABEN: Bln. 1932 (*Der Nihilismus und seine Überwindung*, in Der Vorstoß. Wochenschrift für die deutsche Zukunft, 2, Nr. 28). – Bln. 1932 (in *Nach dem Nihilismus*; enth. außerdem: *Irrationalismus und moderne Medizin; Goethe und die Naturwissenschaften; Gebührt Carleton ein Denkmal?; Die neue literarische Saison; Rede auf Heinrich Mann; Akademie-Rede*). – Wiesbaden 1959 (in *GW*, Hg. D. Wellershoff, 4 Bde., 1958–1961, 1). – Ffm. 1986 (in *GW in der Fassung der Erstdrucke*, 5 Bde., Hg. B. Hillebrand, 3).

LITERATUR: R. Kayser, »*Nach dem Nihilismus*« (in NRs, 43, 1932, S. 855). – F. Märkel, *G. B. u. der europäische Nihilismus* (in Zeitwende, 29, 1958, S. 308–322). – H. D. Balser, *Das Problem des Nihilismus im Werk G. B.s*, Bonn 1965. – B. Hillebrand, *Artistik u. Auftrag. Zur Kunsttheorie von B. u. Nietzsche*, Mchn. 1966. – T. Meyer, *Kunstproblematik u. Wortkombinatorik bei G. B.*, Köln u. Wien 1971. – W. Kaußen, *Spaltungen. Zu G. B.s Denken im Widerspruch*, Bonn 1981. – R. Weber, *G. B. Zwischen Christentum u. Gnosis*, Ffm. 1983.

PROBLEME DER LYRIK

Vortrag von Gottfried BENN, gehalten am 21. 8. 1951 an der Universität Marburg. – Seit ihren Anfängen im 19. Jh. ist die moderne Lyrik untrennbar verbunden mit der Reflexion ihrer poetischen Verfahrensweise. Poetiken, Manifeste, Dokumente, zu Systemen sich ausweitende oder in Aphorismen keimhaft angelegte Programme beschreiben die dichterische Praxis und wirken zugleich nachhaltig auf sie zurück. Auf diese »Doppelsichtigkeit« von Produktion und Reflexion führt Benn nicht nur die »*Gleichrangigkeit in einem Autor von Lyrik und Essay*« zurück – sie ist für ihn auch ein spezifisches Symptom der modernen Lyrik selbst: »*Die Herstellung des Gedichtes selbst ist ein Thema, nicht das einzige Thema, aber in gewisser Weise klingt es überall an.*« Für diese höchst bewußte und selbstkritische Lyrik, die als »*Kunstprodukt*« das »*Emotionelle, das Stim-*

mungsmäßige, das Thematisch-Melodiöse« ausschließt, gebraucht Benn den »*gefährlichen Ausdruck*« »Artistik« und versteht sie als einen »*Versuch der Kunst, innerhalb des allgemeinen Verfalls der Inhalte sich selbst als Inhalt zu erleben und aus diesem Erlebnis einen Stil zu bilden*« – als einen »*Versuch, gegen den allgemeinen Nihilismus der Werte eine neue Transzendenz zu setzen: die Transzendenz der schöpferischen Lust*«.

Mit dem Schein literarhistorischer Objektivität wendet sich Benn der Vorgeschichte dieser modernen »Artistik« zu, ohne freilich mehr als einen umfangreichen Autorenkatalog zu bieten. Da wird etwa MALLARMÉ als der erste bezeichnet, »*der eine Theorie und Definition seiner Gedichte entwickelte und damit die Phänomenologie der Komposition begann*«; mit ELIOT, AUDEN, Henry MILLER und Ezra POUND trete der »*neue Stil in den angloatlantischen Raum*«, und unübersehbar sei »*in USA eine große lyrische Bewegung im Gange*«. MAJAKOVSKIJ und Vitězslav NEZVAL »müssen« genannt werden – »*beide bevor sie bolschewistisch wurden und Oden auf Väterchen Stalin dichteten*«. Nur begrenzt gehören GEORGE, RILKE und HOFMANNSTHAL in diese Ahnenreihe – verweilt doch ihr »*Innenleben*« noch »*in der Sphäre der gültigen Bindungen und der Ganzheitsvorstellungen, die die heutige Lyrik kaum noch kennt*«. Die lyrische Produktion der »*allerletzten Zeit*« endlich wird als »*eine Art Neutönerei*« skeptisch beurteilt: »*Im Augenblick wird man ... sagen müssen, daß das abendländische Gedicht immer noch von einem Formgedanken zusammengehalten wird und sich durch Worte gestaltet, nicht durch Rülpsen und Husten.*«

Wichtiger als dieser pseudophilologische Exkurs ist Benns Versuch einer Phänomenologie moderner Lyrik. *Ex negativo* argumentierend, beschreibt er zunächst »*vier diagnostische Symptome*« mißlungener Gedichte. Das veraltete »*Andichten*« sei charakteristisch für ein »*Gedicht mit Trennung und Gegenüberstellung von angedichtetem Gegenstand und dichtendem Ich, von äußerer Staffage und innerem Bezug*«; Vergleiche mit »wie« signalisierten »*ein Nachlassen der sprachlichen Spannung, eine Schwäche der schöpferischen Transformation*«; die allzu üppige Verwendung von Farbadjektiven finde »*besser beim Optiker und Augenarzt ihr Unterkommen*«, während der »*seraphische Ton*« schließlich eine »*billige Spekulation auf die Sentimentalität und Weichlichkeit des Lesers*«, eine »*Flucht vor dem Irdischen*« sei. Gegenüber der Vielzahl mißlungener gebe es im Leben eines Lyrikers nur etwa sechs bis acht »*exorbitante*« Gedichte, deren exemplarischem Werdegang Benn nachgeht. Der Autor besitze zunächst »*einen dumpfen schöpferischen Keim, eine psychische Materie*« – den Gegenstand des künftigen Gedichts also, der niemals objektiv sei, sondern immer Gegenstand des Autors. Letztlich bedeute das: »*Es gibt keinen anderen Gegenstand für die Lyrik als den Lyriker selbst.*« Zu diesem Gegenstand in einer »*bipolaren Spannung*«, aus der erst das fertige Gedicht herausführt, stehen die Worte, die das »*lyrische Ich*«, Flimmerhaaren niederer Organismen vergleichbar, herantaste: Chiffren einer »*Zwischenwelt zwischen Natur und Geist*«. Dieses lyrische Ich aber sei kein Träumer, kein Ästhet, unvergleichbar auch den Himmelsstürmern und »*Titaniden*« vergangener Epochen – ein »*Kleinbürger mit einem besonderen, halb aus Vulkanismus und halb aus Apathie geborenen Drang*«, lebe es verschwiegen, für die Gesellschaft völlig uninteressant und an ihr auch nicht interessiert nur seiner »*monologischen Kunst*«, die sich allenfalls dem nicht minder verinnerlichten Leser erschließt.

Benns Vortrag, der bald Gegenstand lebhafter Diskussionen war und teilweise nachhaltig auf die zeitgenössische Lyrik (W. LEHMANN, K. KROLOW, H. PIONTEK, W. HÖLLERER und H. BENDER) wirkte, propagiert aus heutiger Sicht eine, wenn auch sublimierte, Variante der Erlebnisdichtung. Er charakterisiert das Gedicht als Reflex der individuellen Situation des Lyrikers, ohne in Rechnung zu stellen, daß noch das scheinbar autonomste, ganz für sich seiende künstlerische Gebilde durch die spezifischen Inhalte der umgreifenden geschichtlichen Situation bedingt ist, in der es entsteht. Mittlerweile sieht die Forschung den Dichter mit dieser poetologischen Konzeption, die seine lyrische Produktion selbst kaum je einzulösen vermochte, in der Tradition jener melancholischen Dichtung, wie sie in Europa seit dem 18. Jh. erscheint und deren Ursachen zurückzuführen sind auf die Kluft zwischen intellektueller Einsicht in die Verhältnisse und der fehlenden Macht, die Realität entsprechend dieser Einsicht zu verändern; der Soziologe W. LEPENIES hat die Merkmale dieser bürgerlichen Melancholie als zumeist regressive Fluchtbewegung bestimmt (*Melancholie und Gesellschaft*, 1972), und auch zu Benns Haltung lassen sich entsprechende Analogien ziehen: »*Mit seiner Kunsttheorie meldet Benn einen spekulativen Macht- und Herrschaftsanspruch an, der genau jenen erzwungenen realen Macht- und Herrschaftsverzicht und den damit verbundenen Weltverlust zu kompensieren hat, aus dem sein Rückzug in das ›Unangreifbarste‹ der Poesie entstanden ist und sich speist.*«
(J. Schröder) M.Schm.–KLL

AUSGABEN: Wiesbaden 1951; ern. 1961. – Wiesbaden 1959 (in *GW*, Hg. D. Wellershoff, 4 Bde., 1958–1961, 1). – Ffm. 1986 (in *GW in der Fassung der Erstdrucke*, 5 Bde., Hg. B. Hillebrand, 3).

LITERATUR: K. Krolow, *Das »absolute Gedicht« u. das »lyrische Ich«. Zu G. B.s Lyrik-Theorie* (in Die Neue Ztg., 27./28. 10. 1951). – T. S. Eliot, *The Three Voices of Poetry*, Ldn. 1953 (dt. in Akzente, 5, 1955, S. 463–479). – G. Loose, *Die Ästhetik G. B.s*, Ffm. 1961. – B. Hillebrand, *Artistik u. Auftrag. Zur Kunsttheorie v. B. u. Nietzsche*, Mchn. 1966. – R. Grimm, *Die problematischen »Probleme der Lyrik«* (in *Festschrift G. Weber*, 1967, S. 299–328; ern. in *G. B.*, Hg. B. Hillebrand, Darmstadt 1979). – T. Meyer, *Kunstproblematik u. Wortkombinatorik bei G. B.*, Köln/Wien 1971. – J. Schröder, *G. B.s späte Lyrik u. Lyriktheorie* (in *Bild u. Gedanke*, Hg.

G. Schnitzler, Mchn. 1980; ern. in J. S., *G. B. und die Deutschen*, Tübingen 1986, S. 58–72). – U. Meister, *Sprache u. lyrisches Ich. Zur Phänomenologie des Dichterischen bei G. B.*, Bln. 1983.

DER PTOLEMÄER. Berliner Novelle 1947

Essay von Gottfried BENN, entstanden April bis September 1947, erschienen 1949. – Die Diskrepanz zwischen Sein und Denken, die Benn in seinen unter dem Titel *Doppelleben* (1950) erschienenen autobiographischen Aufzeichnungen als Signatur des modernen Menschen bezeichnet, ist das strukturierende Prinzip dieser eigentümlichen Mischform aus fiktiven und reflektiven Elementen. Denn das Ich, das hier andeutungsweise seine persönlichen Lebensumstände erzählt und zugleich vehemente Zeitkritik übt, ist der Besitzer eines nicht eben florierenden Schönheitsinstituts, der mit den Versatzstücken der abendländischen Kultur ebenso virtuos umgeht wie mit seinen Kosmetika und Massagegeräten.
Die trostlose Lage im Berlin der Besatzungszeit provoziert Verhalten und Denken zur *tabula rasa*. Lästige Kunden werden mit dem Maschinengewehr abgeschossen, ihre Leichen im Schnee liegengelassen: »*... die Vorübergehenden fanden das natürlich ... das konnten auch Ratten oder Keilkissen sein.*« Bedenkenlos wird der Kanon moralischer Werte in den Abfalleimer geworfen, werden epochemachende Leistungen des abendländischen Geistes abgewrackt. GALILEIS und KEPLERS naturwissenschaftliches Weltbild schrumpft zum »Strickstrumpf« alter Tanten zusammen: »*Heute dreht sich alles um alles, und wenn sich alles um alles dreht, dreht sich nichts mehr außer um sich selber.*« Dem egozentrischen, ptolemäischen Weltbild entspricht die Reduktion auf das isolierte Ich, die Flucht ins »*Lotosland*«, »*in dem nichts geschieht und alles stillsteht*« – eine »*streng mathematisch-physikalische Imagination*«, die auf den Physiker W. de Sitter zurückgehe, von fern her aber auch an Meister ECKHARTS »*stille Wüste der Gottheit*«, an das Weltbild des »*Intellektualverbrechers*« DESCARTES wie an fernöstliche Meditationspraktiken erinnere. In dieser Welt, in der das Zusammenhang suchende Denken als zwanghafter Mechanismus erscheint, der »*interindividuelle Konflikt*« ausgestorben oder im Leerlauf der Soziologie aufgehoben ist und das Plädoyer für die »*politische Welt*« als »*Kaprice*« abgetan wird – in dieser Welt also ist der »*Glasbläser*«, der Künstler, der »*einzige, der mit den Dingen fertig wird, der über sie entscheidet*«. Gelassen arbeitet er an der Vollendung seiner Werke und geht unbeirrt den »*Weg zur ästhetischen Welt*«, der Welt des »*Ptolemäers*«, dessen Denk- und Verhaltensweise die Schlußsätze formulieren: »*Ich drehe eine Scheibe und werde gedreht ... Sich abfinden und gelegentlich auf Wasser sehen ... Alles ist, wie es sein wird, und das Ende ist gut.*«
Der Vorwurf des »pathologischen Nihilismus«, der nach Kriegsende gegen den Autor erhoben wurde, ist ebenso zeitbedingt wie Benns These vom Endstadium des Quartär – »*Die Materie war Strahlung und die Gottheit Schweigen, was dazwischen lag, war Bagatelle*« – und darf heute als sekundär gelten. Benn wehrte ihn seinerzeit im *Berliner Brief* (1948) ab, in dem er die schon im *Ptolemäer* anklingenden Erneuerungstendenzen Europas – den »*Zusammenhangsversuch ... zwischen Mythenrealität, Paläontologie und Hirnstammanalyse*« – positiver beurteilte. Adäquater und schwerwiegender jedoch ist die Kritik an dem hier propagierten individualistischen Ästhetizismus, der seine Ausformulierung bereits in dem *Roman des Phänotyp, Landsberger Fragment 1944* gefunden hatte; eine Kritik, die in der »Novelle« selbst mit einem süffisanten Seitenhieb auf den Schönheitssinn des »Höhlenmenschen« diffamiert werden soll. In Verbindung mit dem selbstgenießerischen Pathos der Untergangsvision steht dieses ästhetizistische Weltbild in einem unmittelbaren Traditionszusammenhang mit NIETZSCHE und SPENGLER. Hier wie dort verzichtet die rhetorisch brillierende Beschreibung der abendländischen Geistesgeschichte auf deren exakte Analyse, sucht der pessimistische Visionär Zuflucht in der Ersatzreligion Kunst: »*... es bleibt nur der Blick, der Stil, zu sehen.*« Diese essayistische Sehweise freilich, in der sich saloppe Schlagwortcollage und lyrische Bildfeldvariation kunstvoll verbinden, hat auch heute nichts von ihrer formalen Suggestivkraft eingebüßt. M. Schm.

AUSGABEN: Wiesbaden 1949; ern. 1956. – Wiesbaden 1958 (in *GW*, Hg. D. Wellershoff, 4 Bde., 1958–1961, 2). – Ffm. 1984 (in *GW in der Fassung der Erstdrucke*, 5 Bde., Hg. B. Hillebrand, 2).

LITERATUR: J. Maass, *Zwei wertvolle kleine Bücher* (in DRs, 60, 1949, S. 287/288). – M. Bense, *Ptolemäer u. Mauretanier, oder der theologischen Emigration der deutschen Literatur*, Köln/Bln. 1950. – F. Martini, »*Der Ptolemäer*« (in F. M., *Das Wagnis der Sprache. Interpretationen deutscher Prosa von Nietzsche bis B.*, Stg. 1954, S. 468–517). – H.-D. Balser, *Das Problem des Nihilismus im Werke G. B.s*, Bonn 1955. – B. Bleinagel, *Absolute Prosa. Ihre Konzeption u. Realisierung bei G. B.*, Bonn 1969. – E. Oehlenschläger, *Provokation u. Vergegenwärtigung. E. Studie zum Prosastil G. B.s*, Ffm. 1971.

ROMAN DES PHÄNOTYP. Landsberger Fragment, 1944

Prosatext von Gottfried BENN, erschienen 1949. – Der Text führt Benns essayistische Zeitanalyse, die er nach seinem von den Nazis erzwungenen Rückzug aus dem literarischen Leben mit *Weinhaus Wolf* 1937 begonnen hatte, zu einem vorläufigen Höhepunkt. In 19 Abschnitten versammelt er »*die Eindrücke, Erinnerungen und Taten des Phänotyps während eines Vierteljahres, vom 20. 3. 1944 bis zum 20. 6. 1944 – ein Zeitraum, der genügt, um sein Verhalten zu beschreiben. Er wohnte in einer östlichen Ka-*

serne, bekam Truppenverpflegung, wöchentlich zwei Kommißbrote...«. Damit ist die Situation des Autors umrissen, der bis Januar 1945 als Militärarzt in Landsberg/Warthe stationiert ist und in diesem Zeitraum neben diesem »Roman« auch die Prosatexte *Provoziertes Leben, Bezugssysteme, Pessimismus* verfaßt sowie, als Beschreibung seines Kasernenlebens, *Block II, Zimmer 66*, den er in die autobiographische Schrift *Doppelleben* aufnimmt.

Der Begriff »*Phänotyp*« entstammt der Genetik und meint die Verbindung von Anlagen und den tatsächlichen, meist durch Umweltbedingungen hervorgebrachten Ausprägungen eines Lebewesens. Benn kennzeichnet damit das schöpferische Individuum in der Mitte des 20. Jh.s, »*das die charakteristischen Züge der Epoche evident zum Ausdruck bringt*«. Es ist vor allem die Möglichkeit aktiver, unmittelbarer Anteilnahme, die dem modernen Phänotyp verlorengegangen ist; das »*Moralische*« ist von ihm »*abgeglitten und durch Legislative, Hygiene ersetzt*«, Natur »*hat für ihn nicht mehr die Lyrik und Spannung*«, die sie dem Betrachter des 18. und 19. Jh.s gab, Liebe »*schafft Surrogate für eine Individualität, die nicht mehr vorhanden ist*«. Das letzte, verbleibende Ziel ist die »*Herrichtung des Ichs zu einer durchlebten, geistig überprüften Form, zu einer Haltung, aus der interessiertes Entgegenkommen gegenüber fremden Wesen und keine Furcht vor dem Ende spricht.*« Gemeint ist die gelassen-distanzierte Herrenattitüde des Aristokraten, des Offiziers, der bei allen Katastrophen die Form zu wahren weiß, weil er immer schon mit dem Schlimmsten gerechnet hat, ohne zu dessen Abwendung etwas beizutragen; denn letztlich ist jeder Versuch einer sinnhaften Existenz ebenso zum Scheitern verurteilt wie der Versuch, eine vernünftige Haltung zu den Gegensätzlichkeiten und Widersprüchlichkeiten der Zeit einzunehmen. Einen »*Roman im Sitzen*« nennt Benn das Werk, dessen Ich handlungs- und entscheidungsunfähig ist: »*Der Phänotyp des zwölften und dreizehnten Jahrhunderts zelebrierte die Minne, der des siebzehnten vergeistigte den Prunk, der des achtzehnten säkularisierte die Erkenntnis, der heutige integriert die Ambivalenz, die Verschmelzung eines jeglichen mit den Gegenbegriffen.*« Der moderne Phänotyp läßt die Widersprüche der Verhältnisse bestehen; was über Jahrhunderte hinweg als Antrieb und Ziel von Erkenntnis galt, die Aufhebung und Auflösung von Ambivalenzen, erscheint nun als fruchtloses Bemühen, das letztlich aus dem Unvermögen entspringt, die letzten Wahrheiten ertragen zu können. Historischer Fortschritt und Aufklärung haben sich im 20. Jh. dementiert, was bleibt ist die »*Gewißheit, daß niemand mehr kommen würde, zu deuten und zu raten, nicht mehr, etwas aufzuklären, das man nicht selbst erklärte. Alles trat in eine helle Beleuchtung, in feststehende Verhältnisse, in Beziehungen, die im Rahmen ihrer Lage gültig waren – nur im Rahmen ihrer Lage: denn im Hintergrund stand die große Disharmonie als Gesetz des Alls.*« Der Disharmonie der äußeren Ordnung entspricht die Disharmonie der künstlerischen Form; der Text beschreibt keine objektive Wirklichkeit, sondern die Schöpfung seiner selbst: »*Ein Held, der sich wenig bewegt, seine Aktionen sind Perspektiven, Gedankengänge sein Element. Das erste Wort schafft die Situation, substantivistische Verbindungen in Stimmung. Fortsetzung folgt aus Satzenden, die Handlung besteht in gedanklichen Antithesen. Selbstentzündung, autarkische Monologe.*« In aphoristischen Sätzen (»*Es hat sich allmählich herumgesprochen, daß der Gegensatz von Kunst nicht Natur ist, sondern gut gemeint...*«) und assoziativ-analogisierenden Skizzen, durchbrochen von kurzen, beschreibenden Einschüben, umkreist Benn die Frage nach den künstlerischen Ausdrucksmöglichkeiten, die sich dem modernen Phänotyp bieten, nach den Orientierungspunkten, deren Existenz verneint wird: »*Welches ist nun der Standpunkt des Ichs? Es hat keinen.*« Dementsprechend ironisch ist die Bezeichnung »Roman« gemeint, denn »*... es ist natürlich kein Roman in irgendeinem schon bekannten Sinne... Es ist ein Roman nach Innen, der Roman der tatsächlichen inneren Schichten in uns... eine Art Roman (ohne Handlung) und vor allem ohne tragende Figur, er geht ja davon aus, daß es individuelle Züge nicht mehr gibt, warum also durch Gestalten etwas ausdrücken, wenn gerade die Gestalt abhanden gekommen ist?*«, schreibt Benn am 3. 5. 1944 an F. W. Oelze.

Nach dem Zweiten Weltkrieg faszinierte Benns »absolute Prosa«, die scheinbar teilnahmslos-souverän auf die Zeitereignisse zu reagieren schien; Benn selbst vermerkt in einem Brief an Oelze vom 30. 3. 1949: »*Dies Princip der ›absoluten Prosa‹, in der kein Satz im Zusammenhang mit psychologischen und erlebnismässigen Herkunftsäusserungen mehr steht, war das Princip, das mir wahrhaft erschien. In jedem Satz: Alles*«. Allerdings ließ Benn den *Roman des Phänotyp* rückblickend nicht als Verwirklichung seines Ideals »absoluter Prosa« gelten: »*Eine reine Materialanhäufung, ungegliedert u. inkohärent.*« (An Oelze, 22. .1. 1948). Trotz dieser Distanzierung durch den Autor und trotz der Tatsache, daß mittlerweile die larmoyanten Züge in Benns Selbststilisierung, im Kult seiner »*Phantasiewelt*« (O. Sahlberg) gesehen werden (Benn selbst hatte in einem Brief an Max Niedermayer vom 18. 9. 1948 von einer »*Ausdrucks- und Darstellungsneurose*« gesprochen), bleibt die avantgardistische Leistung dieses Textes bestehen. Er reagiert auf eine als chaotisch empfundene Zeit mit einer schöpferischen Setzung, die sich jenen Ordnungsmustern zu verweigern sucht, die gemeinhin, als Logik oder Weltanschauung, Wirklichkeit konstituieren: »*Geblieben in seiner faszinierenden Autarkie ist der Bildcharakter dieser Dichtung, diese in freier Assoziation erstellte Welt, diese poetische Wirklichkeit, die rein ästhetisch konstelliert ist, und die von der Intensität ihrer strukturalen Gesetze lebt. Diese Strukturen sind weder beschreibend noch funktional als Aussage aufzufassen, schon gar nicht folgen sie grammatischer Logik. Sie suggerieren Bilder auf der Basis substantivischer Setzung, umgehen die Ratio, um evokativ zu entzünden, expressiv zu erregen die Bereiche mystischer Bildschau*« (B. Hillebrand). M.Pr.

AUSGABEN: Wiesbaden 1949 (m. *Weinhaus Wolf* u. *Der Ptolemäer*; ern. Stg. 1988). – Wiesbaden 1956. – Wiesbaden 1958 (in *GW*, Hg. D. Wellershoff, 4 Bde., 1958–1961, 2). – Ffm. 1984 (in *GW in der Fassung der Erstdrucke*, Hg. B. Hillebrand, Bd. 2).

LITERATUR: M. Bense, *Ptolemäer u. Mauretanier oder die theologische Emigration der dt. Literatur*, Köln/Bln. 1950. – D. Wellershoff, *G. B., Phänotyp dieser Stunde*, Köln 1958, S. 237–239; ern. 1986. – B. Bleinagel, *Absolute Prosa, ihre Konzeption u. Realisierung bei G. B.*, Bonn 1960. – R. Grimm, *Romane des Phänotyp* (in *Positionen des Erzählens*, Hg. H. L. Arnold u. Th. Buck, Mchn. 1976). – O. Sahlberg, *G. B.s Phantasiewelt. »Wo Lust und Leiche winkt«*, Mchn. 1977, S. 169–175. – H. Ridley, *Botschaften aus dem ›untergangsgeweihten‹ Dritten Reich. Zur Entstehungs- u. Rezeptionsgeschichte von B.s »Roman des Phänotyp«* (in *G. B.*, Hg. H. L. Arnold, Mchn. ²1985; Text + Kritik). – *Literatur des Seins. Kommentar zum »Roman des Phänotyps« von G. B.* (in Horizonte, 10, 1986, H. 46/47, S. 22 bis 27). – B. Hillebrand, *G. B.s Prosa – ein Höhepunkt des experimentellen Modernismus* (in B. H., *G. B.*, Ffm. 1986).

JIZHAK BEN-NER

* 1937

SH'KIA'H KAFRIT

(hebr.; *Ländlicher Sonnenuntergang*). Erzählungen von Jizhak BEN-NER, erschienen 1976. – Die acht in diesem Band versammelten Erzählungen kreisen um Kindheit und Reife, das städtische und das ländliche Leben, um Liebe, Einsamkeit und Tod. Die Vergangenheit spielt in ihnen eine wichtige Rolle – als Thema sowie als Stilmittel. Eine unbewältigte Schuld, eine verlorene Liebe, die Verankerung in der Gegenwart kennzeichnen das Schicksal von Ben-Ners tragikomischen Figuren. Ähnlich wie in der Detektivstory oder im psychologischen Roman werden die Geschehnisse nach und nach aufgerollt und dann zusammengefügt, bis die einzelnen, oft ohne Zusammenhang scheinenden Teile ein geschlossenes Bild ergeben.
In den ersten beiden Erzählungen, *Mis'chakim bachoref (Winterspiele)* und *Kolnoa (Kino)* blickt ein Erwachsener auf seine Kindheit und Jugend zurück. In *Roman za'air (Groschenroman), Shmona-asar chodashim (Achtzehn Monate)* und *Nikol (Nicole)* werden Figuren – Rechtsanwälte, Studenten, Professoren und hohe Offiziere – beschrieben, die direkt oder indirekt vom Jom-Kippur-Krieg betroffen sind. *Kokomo (Kokomo)* spielt in den Vereinigten Staaten und erzählt von einem hoffnungslos optimistischen jungen Mann, der sehnsüchtig darauf wartet, das idealisierte Gelobte Land einzuwandern. Die Titelgeschichte *Ländlicher Sonnenuntergang* handelt von einem Mann, der vom Tod umgeben und besessen ist; er hat es auf sich genommen, die Toten eines geliebten Dorfes zu beerdigen und die Trauernden zu trösten. Die letzte Kurzgeschichte, *Avi mesaper al achiv (Sein Vater erzählt von seinen Brüdern)*, hat die Form einer kurzen, auf mündlicher Überlieferung basierenden Chronik einer russisch-jüdischen Familie, die über drei Kontinente verstreut ist.
Neben der Titelgeschichte ist es vor allem die Erzählung *Nikol (Nicole)*, die als typisch für den Erzählstil Ben-Ners gelten kann. In der Form des inneren Monologs erfährt der Leser die Geschichte der Beziehung zwischen der jungen Nicole und ihrem viele Jahre älteren Geliebten, dem Offizier Adar Berko. Das von Anfang an komplizierte Verhältnis zwischen den beiden Liebenden wird dadurch zusätzlich belastet, daß Berko im Jom-Kippur-Krieg als Offizier versagt und vom Dienst suspendiert wird. Doch die Armee braucht er wie die Luft zum Atmen. Nicole wird in ein Wechselbad von Gefühlen getaucht. Sie ist fähig zu unbändiger Wut, fürchterlicher Rache, aber auch zu grenzenlosem Mitleid und leidenschaftlicher Zärtlichkeit. In einer ihrer Rachephasen bringt sie es sogar fertig, den vom Kommando enthobenen Geliebten anzurufen und sich als eine Kriegerwitwe auszugeben, deren Mann in Berkos Einheit gefallen ist.
Ein breites Spektrum von Charaktertypen kennzeichnet nicht nur diese Erzählung, sondern alle acht der in diesem Band versammelten Geschichten. Ben-Ners Erzählungen zeichnen sich gleichermaßen durch sprachliche Genauigkeit und die Vermeidung von Pathos aus. *Nikol* ist übigens das erste Prosawerk in hebräischer Sprache, das die traumatische Erfahrung des Jom-Kippur-Krieges thematisiert. A.F.

AUSGABE: Tel Aviv 1976.

ÜBERSETZUNG: *A Village Death*, D. Spicehandler (in *New Writing in Israel*, Hg. ders., NY 1976).

LITERATUR: R. Whitehill, *Stories of compelling realism* (in Modern Hebrew Literature, 3, 1977, Nr. 4, S. 35–38).

ARNOLD BENNETT

* 27.5.1867 Hanley
† 27.3.1931 London

LITERATUR ZUM AUTOR:
H. James, *Notes on Novelists*, Ldn. 1914. – F. J. H. Darton, *A. B.*, Ldn. 1915. – V. Woolf, *Mr. B. and*

Mrs. Brown, Ldn. 1924 (ern. in V. W., *The Second Common Reader*, NY 1932). – E. M. Forster, *Aspects of the Novel*, Ldn. 1928 (dt.: *Ansichten des Romans*, Bln/Ffm. 1949; ern. Ffm. 1962). – E. Drabert, *Frauengestalten in A. B.s Romanen*, Bonn 1936 – E. Massoulard, *Die romantischen Elemente in A. B.*, Bonn 1938. – G. Lafourcade, *A. B. A Study*, Ldn. 1939 – W. Allen, *A. B.*, Ldn. 1948. – F. Swinnerton, *A. B.*, Ldn. 1950. – A. Kettle, *An Introduction to the English Novel*, Bd. 2, NY 1953, S. 87–92. – J. Hall, *A. B. Primitivism and Taste*, Seattle 1959, – J. G. Hepburn, *The Art of A. B.*, Bloomington 1963 [m. Bibliogr.]. – D. Barker, *Writer by Trade: A View of A. B.*, Ldn. 1966. – J. Wain, *A. B.*, NY 1967. – W. F. Wright, *A. B.: Romantic Realist*, Lincoln 1971. – M. Drabble, *A. B.: A Biography*, Ldn. 1974. – J. Lucas, *A. B.: A Study of His Ficton*, Ldn. 1974. – W. W. Riemer, *A. B.: A Checklist of Secondary Literature* (in Bull. of the New York Public Library, 77, 1974, S. 342–357). – A. Miller, *Introduction to A. B. Bibliography* (in The A. B. Newsletter, 2, 1977, Nr. 2). F. Swinnerton, *A. B.: A Last Word*, Garden City/N.Y. 1978. – O. R. R. Bromfield, *A. B.*, Boston 1984 (TEAS).

THE CARD. A Story of Adventure in the Five Towns

(engl.; *Ü: Eine tolle Nummer*). Roman von Arnold BENNETT, erschienen 1911. – Edward Henry Machin, genannt Denry, einziger Sohn einer Waschfrau in dem kleinen Industriestädtchen Bursley (auf der Landkarte: Burslem) ist weder ein begabter noch ein besonders fleißiger junger Mann. Mit seiner Gerissenheit und Unverfrorenheit düpiert er jedoch die Bourgeoisie seines Heimatortes und schwindelt sich allmählich zum angesehenen und vermögenden Bürger empor. Er beginnt mit der eigenmächtigen Korrektur seines Schulzeugnisses; später, als er ein kleiner Angestellter im Büro eines Rechtsanwalts ist, erwirbt er sich den Ruf eines sympathischen Schwerenöters, als er ohne Einladung auf dem Ball der Countess of Chell erscheint und die Gräfin zum ersten Tanz führt. Kurz danach macht er sich selbständig als Mieteintreiber für eine Klientin seines früheren Arbeitgebers, eine Beschäftigung, die er durch Stundung kleinster Beträge (bei 500 Prozent Jahreszinsen) für sich doppelt lukrativ gestaltet. Seine Affäre mit Ruth Earp, der attraktiven und verschwenderischen Tanzlehrerin des Ortes, nimmt im Badeort Llandudno ihren Fortgang, wo der geschäftstüchtige Denry die Sensationsgier der Touristen so auszunutzen versteht, daß binnen drei Monaten der Gegenwert von 20 000 Mark durch das Pärchen erwirtschaftet wird. Nun befreit er sich von seiner kostspieligen Freundin. Er gründet in seiner Heimatstadt und den angrenzenden Orten einen »Sparklub«, als dessen Manager der erst Dreißigjährige ein Jahreseinkommen von umgerechnet 80 000 Mark bezieht. Er läßt sich ein eigenes Haus bauen, wird Stadtrat und, nach einigen kleinen Rückschlägen, einflußreichster Bürger des Ortes. Schließlich heiratet er Nellie, die Tochter des Architekten Cotterill, die er unter dramatischen Umständen von dem Dampfer zurückgeholt hat, auf dem sich ihre bankrotten Eltern mit ihr nach Amerika einschiffen wollten. Als er sich – nach einem amüsanten Zwischenspiel in der Schweiz – auch noch unter persönlichen Opfern erfolgreich für den heimatlichen Fußballverein eingesetzt hat, avanciert Denry fast zwangsläufig zum jüngsten Bürgermeister Englands.

Die anspruchslose Geschichte dieses Tausendsassas hat Bennett mit viel Ironie, Einfallsreichtum und sichtlichem Vergnügen geschrieben. *The Card* ist der beste seiner Abenteuer- und Schelmenromane und bestätigt die sowohl in seinen Werken als auch in seinem Leben zutage tretende Vorliebe für erfolgreiche Finanziers und Spekulanten. Anders als in seinen Hauptwerken gestattet die sprunghafte, sich bis ins Groteske steigernde Schilderung nicht viel mehr als eine typisierende Charakterisierung der Figuren; eine Ausnahme bilden allerdings die Passagen, in denen Bennett mit Haßliebe Menschen seiner eigenen Domäne, des Kleinbürgermilieus, beschreibt. R.G.

AUSGABEN: Ldn./Lpzg. 1911. – NY 1911 *(Denry the Audacious)*. – Ldn. 1926 (in *The Minerva Edition of the Works*, 7 Bde.). – Ldn. 1953. – Ldn. 1985.

ÜBERSETZUNG: *Eine tolle Nummer*, H. Mayer, bearb. G. Wandel, Konstanz 1962. – Dass., H. Mayer, Bergisch-Gladbach 1977.

VERFILMUNG: England 1952 (Regie: R. Neame).

LITERATUR: H. G. Wells, *The Contemporary Novel* (in Atlantic Monthly, 109, 1912, S. 1–11).

THE CLAYHANGER FAMILY

(engl.; *Ü: Die Familie Clayhanger*). Romantrilogie von Arnold BENNETT; zunächst in Einzelbänden erschienen unter den Titeln *Clayhanger* (1910), *Hilda Lessways* (1911) und *These Twain*, 1916 *(Diese Beiden)*; als Trilogie zusammengefaßt 1925. – Auch in dieser Trilogie, die als sein Hauptwerk gilt, stellt Bennett die Romanfiguren in ein detailliert gezeichnetes Milieu, vor einen genau beschriebenen zeitgeschichtlichen Hintergrund. Dieser wird durch Angaben exakter Daten zu Beginn der drei Teile des 1. Bandes (Juli 1872, April 1880, April 1886) oder etwa durch die Schilderung der Reaktion auf Gladstones »Home Rule Bill« (eine auf die Autonomie Irlands abzielende Gesetzesvorlage von 1886) ebenso fixiert wie durch die minuziöse Beschreibung der »fünf Städte«: Turnhill (Turnstall), Bursley (Burslem), Hanbridge (Hanley, Bennetts eigene Heimat), Knype (Stoke-upon-Trent) und Longshaw (Longton) – alle in einem verschandelten Kleinindustriebezirk (Töpfereiwaren) im nördlichen Staffordshire gelegen.

Die Trilogie behandelt – teils in parallel entwickelten, teils in zeitlich verschieden einsetzenden, aber doch stets auf einen gemeinsamen Fortgang hin konvergierenden Handlungsabläufen – dem Aufstieg von Darius Clayhanger vom Hilfsarbeiter zum reichen Druckereibesitzer in Bursley und den Konflikt zwischen ihm und seinem Sohn Edwin. Dieser versucht vergeblich, sich von dem dominierenden Einfluß seines kleinbürgerlich-provinziellen, sparsamen Vaters zu befreien, der alle Träume von Bildung und höherem Glück verachtet. Für Edwin sind der Architekt Osmond Orgreave und dessen Familie faszinierende Vertreter eines kulturellen Niveaus, das ihm unerreichbar erscheint. Doch Orgreave, Edwins »zweiter Vater«, geht auch nach dem Tod des wirklichen Erzeugers aus diesem Konflikt nicht als Sieger hervor: Edwin, inzwischen selbst fast eine »alte Jungfer«, heiratet nicht Janet Orgreave, sondern, zu einer Art Kompromiß gedrängt, die eigenwillige junge Hilda Lessways, eine Freundin der Orgreaves. Allerdings erst, nachdem Hilda mit George Cannon, einem charmanten, geistreichen Mann von nicht ganz durchsichtiger Vergangenheit, in Bigamie gelebt hat: Sie mußte erfahren, daß Cannon, dessen Lebensform Hilda als idealer Kontrast zu ihrer eigenen kulturlosen isolierten Häuslichkeit erschien, bereits verheiratet ist und ihr Vermögen verspekuliert hat. Mit der Sorge für Cannons kranke Stiefschwester, Sarah Gailey, zusätzlich belastet, schlägt Hilda sich mit dem kleinen George, ihrem und Cannons Sohn, als Besitzerin einer schäbigen Pension im Seebad Brighton durch, bis sich schließlich Orgreaves und Edwin ihrer annehmen, Cannon die Flucht nach Amerika ermöglicht wird und Edwin Hilda heiratet. – Im letzten Band berichtet Tertius Ingpen (ein autobiographische Züge tragender Erzähler), wie Edwin nach seiner Heirat – Ironie der menschlichen Irrationalität – eben jene aggressive und provinziell-milieubefangene Haltung einnimmt, die er zuvor an seinem Vater gehaßt hat; wie er aber gleichzeitig von seiner Frau beherrscht wird, ihr zuliebe sogar von Bursley auf einen Landsitz zieht und dulden wird, daß sein Stiefsohn George in London Architektur studiert. Allein Edwins alte Tante, Mrs. Hamps, bleibt den »fünf Städten« treu: ein Symbol für den Triumph der Provinzialität.

Edwins Landhaus und seine Jacht bleiben allzu handfeste Sinnbilder jener wenigstens teilweise errungenen Freiheit zu »Höherem«; denn der wirkliche Kampf könnte wohl nur außerhalb der »fünf Städte« geführt und gewonnen werden, eine Evolution an Ort und Stelle wäre hoffnungslos (J. Hall). Hier lag auch Bennetts eigenes Problem, und er löste es auf ähnliche Weise: Nach der Vollendung von *These Twain* ist er nicht mehr in seine Heimat zurückgekehrt.

Bennetts Hauptwerk verdankt seine Wirkung vor allem der Präzision und Lebendigkeit der Milieuschilderung und der wortgewandten, beißenden Ironie, mit der er – in einer Art von Haßliebe – die kleinbürgerlichen Charaktere beschreibt. Keine andere Schilderung der Familienbeziehungen oder des Generationenproblems in jener Epoche ist ähnlich direkt und genau. Allerdings läßt die Intensität der Darstellung nach dem erzählerischen Höhepunkt, dem Tod des alten Clayhanger, sichtlich nach. R.G.

AUSGABEN: Ldn. 1910 *(Clayhanger)*. – NY 1911 *(Hilda Lessways)*. – NY 1916 *(These Twain)*. – Ldn. 1926 (in *The Minerva Edition*, 7 Bde.). – Ldn. 1952. – Ldn. 1976 (Methuen). – Harmondsworth 1986 (Penguin).

ÜBERSETZUNG: *Die Familie Clayhanger*, D. Bródy, 2 Bde., Zürich 1930 [Bd. 1 *Clayhanger*; Bd. 2 *Hilda*].

LITERATUR: W. D. Howells, *Speaking of Mr. B.* (in Harper's Monthly, 122, 1911, S. 633–636). – J. G. Johnson, *A. B. of the Five Towns*, Ldn. 1921. – J. G. Hepburn, *The Two Worlds of Edwin Clayhanger* (in Boston University Studies in English, 5, 1961, S. 246–255). – D. Ball, *Some Sources for B.'s »Clayhanger« Trilogy* (in English, 21, 1972, S. 13–17). – A. Lincoln, *The Sociology of B.'s »Clayhanger«* (in English in Transition, 27, 1984, Nr. 3, S. 188 bis 200).

THE GRAND BABYLON HOTEL. Fantasia on Modern Themes

(engl.; Ü: *Das Grandhotel Babylon*). Roman von Arnold BENNETT, erschienen 1902. – Bennett, der zeit seines Lebens Hochachtung und Sympathie für erfolgreiche Abenteurer und Finanziers empfand, erregte mit diesem bewußt als spannender Kolportageroman angelegten Werk zum erstenmal das Interesse weiterer Kreise. Theodore Racksole, ein amerikanischer Millionär, und seine Tochter Nella werden während zweier Urlaubsmonate in allerlei kriminalistische und gänzlich unwahrscheinliche Affären verwickelt. Einem Spleen nachgebend, kauft Racksole in London für 400 000 Pfund das am Themseufer gelegene Grandhotel Babylon, weil ihm das Benehmen des Oberkellners Jules (der eigentlich Jackson heißt) mißfällt. Nun ereignen sich mysteriöse Dinge: Ein Bekannter Nellas, Reginald Dimmock, Vertrauter des Prinzen Aribert von Posen, wird vergiftet, und seine Leiche bleibt verschwunden, bis Racksole von einem geheimen Zugang zur Fürstensuite aus beobachtet, wie dort der weltbekannte Küchenchef Rocco (in Wirklichkeit ein Amerikaner namens Elihu P. Rucker) Dimmocks Leichnam delikat einbalsamiert, um verräterische Gerüche zu verhüten. Miss Spencer, die langjährige Hausdame des renommierten Hotels, gibt über Nacht ihre Stellung auf und kleidet alsbald, verkleidet als Baronesse Zerlinski, zurück, entweicht dann aber – offenbar stets in Kontakt mit dem inzwischen entlassenen Jules – nach Ostende. Währenddessen wartet man vergeblich auf den regierenden Erzherzog von Posen,

Prinz Ariberts gleichaltrigen Neffen Eugen, dessen Eintreffen zu einem bestimmten Zeitpunkt unerläßlich ist, da der Börsenmakler und Geldgeber des Fürsten, Sampson Levi, ihm den zur Begleichung seiner Schulden dringend benötigten Millionenbetrag später nicht mehr beschaffen kann – und nur schuldenfrei wird Eugen die vermögende Erzherzogin Anna gewinnen können, die gleichzeitig vom König von Bosnien umworben wird. Dessen Minister sind es denn auch, die Jules, Rocco, Miss Spencer und Dimmock – der jedoch abtrünnig geworden war und deshalb beseitigt werden mußte – zu recht kulanten Bedingungen angeworben hatten, Herzog Eugens Erscheinen in London zu verhindern. Nella, Prinz Aribert und Mr. Racksole decken unter Lebensgefahr das Komplott auf, befreien den in Ostende gefangengehaltenen Fürsten und entwirren – nach einem neuerlichen Mordanschlag Jules' – die scheinbar ausweglose Situation. Zum guten Schluß finanziert der reiche Amerikaner Eugens standesgemäße Ehe mit Anna und gibt seine mit zehn Millionen Pfund ausgestattete Tochter dem Prinzen Aribert; der Hauptübeltäter Jules stürzt sich zu Tode, und Félix Babylon, der einstige Eigentümer des Hotels, kauft das Etablissement zurück.

Das Buch unterscheidet sich in Aufbau und Stil kaum vom modernen Kriminalroman: Hier wie dort ein steter Wechsel der Handlungsorte, um die Spannung zu steigern, hier wie dort einige eigenwillige Helden, die vorzugsweise am Rande der Legalität und ohne Wissen der eher stümperhaften Polizei alles zum Besten wenden. Das in diesem Genre so beliebte fiktive Balkanmilieu schildert Bennett mit einer gekonnten Mischung aus Sarkasmus und Sentiment allerdings sehr viel witziger als die meisten seiner literarischen Nachfahren.   R.G.

AUSGABEN: Ldn./Lpzg. 1902. – Ldn. 1926. – Ldn. 1952. – Harmondsworth 1976 (Penguin).

ÜBERSETZUNG: *Das Grandhotel Babylon*, W. Schaeffer, Stg. 1919. – Dass., ders., Bln. 1930.

THE OLD WIVES' TALE

(engl.; Ü: *Konstanze und Sophie oder Die alten Damen*). Roman von Arnold BENNETT, schon 1903 als *The History of Two Old Women* geplant, entstanden 1907/08, erschienen 1908. – Bennetts ambitioniertester und am sorgfältigsten gestalteter Roman – am Tag seines Erscheines erklärte der Autor: »*Ich werde nie Besseres zustande bringen*« – versucht die Thematik von MAUPASSANTS *Une vie* (1883), das qualvolle Altern einer Frau, durch eine Verdopplung dieses Motivs noch zu intensivieren und differenzieren. Daß er als Hintergrund für die Lebensgeschichte der Schwestern Constance und Sophia Baines das Industriegebiet der »fünf Städte« (den heutigen Städteverband Stoke-on-Trent) wählt, dessen Analyse einen breiten Raum in seinem umfangreichen Romanwerk einnimmt, zeigt sein Bemühen, ein spezifisch »*englisches* ›*Une vie*‹« zu schaffen (vgl. dazu sein Vorwort zur Ausgabe von 1927). Denn Bennett geht es nicht nur um die Biographie seiner beiden »Heldinnen«, sondern um die weitergespannten historischen Zusammenhänge eines Zeitromans, in dem geschichtliche Vorgänge wie die Belagerung von Paris 1870/71 oder die Veränderung der Produktionsbedingungen in den »fünf Städten« den Entwicklungsgang der Romanfiguren unmittelbar beeinflussen. Freilich ist das angestrebte Gleichgewicht von detaillierter Milieustudie und faktengetreu beschriebenem historischem Hintergrund einerseits und der Darstellung von Charakter und Psyche der Heldinnen andrerseits nicht immer gewahrt, so daß sich vor allem in den Paris-Kapiteln um Sophia die zeitgeschichtliche Studie gelegentlich verselbständigt (W. ALLEN).

Schon die Gliederung des Romans in vier etwa gleich lange »Bücher«, die in symmetrischer Anordnung die Lebensgeschichten der beiden Schwestern einander gegenüberstellen, zeigt Bennetts bewußten Formwillen. Buch 1 *(Mrs. Baines)* schildert in episodischer Szenenfolge die Jugend der beiden Mädchen in dem bescheidenen Tuchgeschäft ihres Vaters in Bursley und entwirft das triste, beengende Milieu dieser Industriestadt, gegen das Sophia, die aufgeweckte, eigenwillige jüngere Tochter von Mrs. Baines, schon früh revoltiert, während sich die freundliche, einfache Constance ihm problemlos einfügt. Ihr Lebensweg wird in Buch 2 *(Constance)* dargestellt: Als Frau des phantasielosen, aber gewissenhaften und strebsamen Verwalters des väterlichen Geschäfts, verfließen ihr die Jahre in ruhiger Alltäglichkeit, bis der von tragischen Umständen begleitete Tod ihres Mannes und die geniale Künstlernatur ihres Sohnes Cyril ihr bescheidene Glück beunruhigen und gefährden. Mit diesem gleichmäßigeren Fluß der Ereignisse kontrastiert Buch 3 *(Sophia)*, an dessen Beginn Sophias spektakuläre Flucht mit dem ebenso anziehenden wie unzuverlässigen Handelsvertreter Gerald Scales steht, der für das junge Mädchen den Glanz der großen Welt außerhalb Bursleys verkörpert. Jahre turbulenter Ausschweifungen in Paris – dem Gegenbild ihrer Heimatstadt – zehren jedoch nur zu bald die Erbschaft ihres Gatten auf, der sie schließlich fast mittellos in einem schäbigen Pariser Hotel zurückläßt. Nun erweist sich, daß Sophia trotz ihres anfänglichen Aufbegehrens und trotz ihrer von der Jugendzeit in Bursley so verschiedenen Lebensumstände den Wertvorstellungen und Verhaltensnormen ihrer Familie und ihres Milieus noch immer verhaftet ist: Mit zähem Fleiß arbeitet sie sich zur wohlhabenden, geschäftstüchtigen Besitzerin einer Pension in Paris empor. Buch 4 *(What Life Is)* führt die gealterten Schwestern wieder in Bursley zusammen. In kleinlichen Sorgen und häufigem Zank, der vor allem durch Sophias immer engstirnigere Herrschsucht ausgelöst wird, vergeht der Lebensabend der beiden, bis sich Sophia kurz vor ihrem Tod am Sterbebett Geralds der tragischen Verfehltheit und Nichtigkeit ihres Lebens bewußt wird. Der Tod Constances schließlich, die, isoliert von den gesellschaftlichen Veränderungen und kränklich, ihre jüngere Schwester um einige Jahre überlebt, wird nur von ihrem Pudel beklagt. »*Die Zeit ist der wirkliche Held von* ›*The Old Wives' Tale*‹«, schreibt E. M. FORSTER, und Bennett selbst charakterisiert in seinem Roman, der die Jahre von 1863 bis 1907 umspannt, den Menschen als das »*arglose Opfer . . . des Minotaurus Zeit*«. Dies ist seine Antwort auf die Frage nach dem, »*was das Leben ist*«, und wie begrenzt auch immer der Wahrheitsgehalt dieser Antwort sein mag, so wirkt sie doch innerhalb des gewählten epischen Rahmens überzeugend. Inwieweit jedoch Bennetts stillschweigende Identifikation von Sophias und Constances tragischer Lebenserfahrung mit dem Leben als Ganzen gerechtfertigt ist, muß dahingestellt bleiben (A. KETTLE). – Bennett ist in diesem Werk nicht nur von den großen französischen Realisten MAUPASSANT und BALZAC beeinflußt, sondern setzt gleichzeitig die Tradition des englischen humoristischen Romans fort, so daß seine Weltsicht der Resignation und Desillusion noch Raum für komische Charaktertypen und Situationen hat, die an DICKENS oder die frühen Romane von H. G. WELLS erinnern. In *The Old Wives' Tale* stehen Pathos und Groteske, Ergreifendes und Triviales oft eng nebeneinander, qualifizieren sich wechselseitig und reflektieren so Bennetts Thema – das Ineinander von Trivialität und Tragik in der alltäglichen Erfahrung der Zeit und des Alterns. M.Pf.

AUSGABEN: Ldn. 1908. – Ldn. 1927 (in *Collected Works*, 7 Bde.). – Ldn. 1954. – Harmondsworth 1983 (Penguin).

ÜBERSETZUNG: *Konstanze und Sophie oder Die alten Damen*, D. Bródy, Mchn. 1932. – *Constance und Sophia oder Die Geschichte der alten Damen*, dies., Bln./Weimar 1971.

LITERATUR: P. N. Siegel, *Revolution and Evolution in B.'s »The Old Wives' Tale«* (in Clio, 4, 1975, S. 159–172). – J. E. Dearlove, *Artistic Control and an All-Embracing Compassion in »The Old Wives' Tale«* (in The A. B. Newsletter, 2, 1977, Nr. 2, S. 76–89). – A. Denjean, *Euphorie et dysphorie dans »The Old Wives' Tale« d' A. B.* (in Cahiers Victoriens et Edouardiens, 15, April 1982, S. 79–86).

LOUISE BENNETT

* 1919 Jamaika

JAMAICA LABRISH

(engl.; *Jamaica Creole*). Gedichtsammlung von Louise BENNETT (Jamaika), erschienen 1966. – Seit den vierziger Jahren gehört Louise Bennett zu den Repräsentanten und Befürwortern einer spezifisch jamaikanisch-creolischen Kultur und Literatur. Zu einem Zeitpunkt, als Creole als »schlechtes Englisch« mißverstanden wurde und daher als Literatursprache auch von der jamaikanischen Mittelschicht nicht akzeptiert wurde, hat Louise Bennett aufgehört, in Englisch zu schreiben und sich nur noch des »Dialekts« (wie sie selber ihre Sprache linguistisch inkorrekt oft bezeichnete) als sprachlichem Medium bedient.

Als ausgebildete Journalistin und Volkskundlerin fühlte sie sich der präzisen Recherche, als Schauspielerin und Schriftstellerin der künstlerischen Wiedergabe ihres jamaikanischen Milieus verpflichtet. Somit ist Louise Bennetts künstlerische Entscheidung für ihr heimatliches Lokal, für den jamaikanischen Stoff und für ihre Sprache in der Spätphase des englischen Kolonialismus eine kulturpolitische, antikolonialistische Entscheidung. Mit ihren Personenporträts, ihren Situationsskizzen, ihren dörflichen Genreszenen, ihren kritischen Kommentaren zum Leben in den »shanty towns« von Kingston oder den Vierteln der Mittelschicht gibt Louise Bennett zu erkennen, daß eine für die Jamaikaner bedeutungsvolle Lyrik nicht die Lyrik der englischen Romantik und der Viktorianer sein kann, die die jamaikanischen Schulbücher beherrschten, sondern nur eine Lyrik, die sprachlich und stofflich eine ebenso harmonische Einheit bildet, wie WORDSWORTHS englische Naturlyrik dies für englische Verhältnisse tut.

Die Ernsthaftigkeit und vor allem die Tragweite von Louise Bennetts Anliegen ist zu lange unterschätzt worden. Das kulturbeflissene jamaikanische Publikum der Mittelschicht blickte bewundernd zur Herrschaftskultur des »Mutterlandes« auf und verachtete die ländliche Volkskultur als primitiv. Es akzeptierte Louise Bennett als Humoristin, als Performance-Künstlerin; es glaubte im dramatischen Vortrag ihrer Dialektgeschichten die eigene koloniale Mentalität wiederzuerkennen, die sich mit dem Hintergrund der Hochsprache und der Hochkultur über die Schlichtheit der Volkskultur und auf Kosten des »einfachen Dörflers« lustig macht. Zu diesem Mißverständnis hat Louise Bennetts bevorzugte Form des dramatischen Monologs mit beigetragen. Als lyrische Erzählerin und Vortragende präsentiert sie sich dem Zuhörer als scheinbar naiver als er selbst. Sie nimmt eine ironische Erzählattitüde ein, die sie ebenfalls aus dem lakonisch verschlagenen Humor des volkstümlichen Erzählens gewinnt.

In den Gedichten dominiert der aktuelle gesellschaftskritische und politische Kommentar wie z. B. in *Passa fi White* und *Independence*. Über den unmittelbaren Kommentar hinaus gibt Louise Bennett ihren Gedichten durch Bilder, leitmotivische Wiederholung oder auch parodistische Imitation der englischen Klassiker eine tiefere Bedeutungsdimension. *Independence* imitiert die Ballade von Charles Wolfe, *The Burial of Sir John Moore at Corunna*, die jedes jamaikanische Schulkind auswendig lernen mußte. Das Pathos des Originals wird durch das Creole ironisiert, zugleich die Assoziation mit dem Begräbnis eines großen Engländers mit der eigenen Unabhängigkeit verquickt, d. h. das große England wird im unabhängigen Jamaika zu Grabe getragen. *Passa fi White* kommentiert ein ganzes Geflecht von sozialen Aspirationen der jamaikanischen Mittelschicht. Miss Janes Tochter schreibt stolz aus Amerika, daß sie zwar in ihrer Prüfung durchgefallen sei, aber für weiß gehalten werde. Den Stolz der Eltern über diesen Erfolg kommentiert Louise Bennett mit einem komplexen Bild, das nur aus seinem jamaikanischen Hintergrund verständlich wird: »*Five year back dem Jim-Crow him, now dem pass him pickney white*«. Jim Crow bezeichnete den amerikanischen Rassismus der dreißiger Jahre, *John* Crow ist der pechschwarze Geier in Jamaika. Aber seine Jungen schlüpfen schneeweiß aus dem Ei (*pickney* = Bastard-Kind). Die schon beinahe verflogene Wut über eigene rassistische Erfahrungen, das bauernschlaue Austricksen des Systems mit seinen eigenen Waffen, aber auch die Überschätzung der Möglichkeiten der eigenen Kinder und die Fixierung auf die feinsten Schattierungen der Hautfarbe als einzig gültigem Statusanzeiger, dieses breite Spektrum an Assoziationen ist in diesem knappen Bild eingefangen.

Louise Bennett hat in den sechziger Jahren mit *Jamaica Labrish* gegen den Widerstand der britischen Puristen eine Entwicklung der karibischen Lyrik eingeleitet, die heute zu deren Markenzeichen geworden ist. Sie hat ein originales lyrisches Idiom und den Vortragsstil der Performance geschaffen. Ohne sie wäre die heutige Rap Poetry, Performance Poetry in der Karibik und den anglo-karibischen Zentren Notting Hill oder Brixton/London nicht möglich. Sie ist die Vorläuferin zu Michael SMITH wie auch Lynton Kwesi JOHNSON.   E.Bre.

AUSGABEN: Kingston 1966. – Kingston 1982 (in *Selected Poems*, Hg. M. Morris; m. Einl. u. Komm.).

LITERATUR: Rez. (in Times Literary Supplement, 15. 12. 1966).– M. Morris, *On Reading L. B., Seriously* (in Jamaica Journal, 1, Dez. 1967, S. 69–74; Nachdr. aus Sunday Gleaner, Juni 1964). – D. Scott, *Bennett on Bennett* (in Caribbean Quarterly, 14, März–Juni 1968, S. 97–101; Interview). – C. Cooper, *Noh Lickle Twang: An Introduction to the Poetry of L. B.* (in World Literature Written in English, Apr. 1978, S. 317–327). – L. Brown, *The Oral Tradition: Sparrow and L. B.* (in L. B., *West Indian Poetry*, Boston 1978, TWAS; ern. Ldn. 1984, S. 100–117). – C. R. Cobham-Sander, *The Creative Writer and West Indian Society: Jamaica 1900-1950*, Diss. Univ. of St. Andrews (Großbritannien) 1982 (vgl. Diss. Abstracts, 43, 1983, S. 3314/15 A; vgl. Nachdr. Ann Arbor/Mich. 1983, v. a. S. 158–168; S. 241 f.). – E. K. Braithwaite, *History of the Voice; The Development of Nation Language in Anglophone Caribbean Poetry*, Ldn. 1984, S. 26–30. – M. Morris, L. B. (in *Fifty Caribbean Writers*, Hg. D. C. Dance, Westport/ Conn. 1986, S. 35–45).

STEFANO BENNI

* 12. 8. 1947 Bologna

TERRA!

(ital.; *Ü: Terra!*). Roman von Stefano BENNI, erschienen 1983. – Paris, 31. August 2039. In der amerikanischen Raketenstation ist eine Mäuseplage ausgebrochen. Eine kleine Maus erscheint im geheimen Bunkerraum und fällt aus Versehen auf den roten Knopf. Bevor der Techniker die Entscheidung annullieren kann, fällt die Maus vor Schreck von Knopf 15 weiter auf Knopf 12: Direktangriff auf die Sowjetunion. Der dritte Weltkrieg bricht aus. Die eigentliche Geschichte beginnt etwa hundert Jahre später, im Jahr 2157. Nach drei Atomkriegen ist die Erde unbewohnbar geworden, die Menschen leben in Städten, die zwanzig Meter tief unter der Erde liegen, es herrscht die neue Eiszeit. Die Welt wurde nach den Kriegen von den übriggebliebenen Mächten neu aufgeteilt: Es gibt die Japaner, eine Föderation aus Amerikanern und Russen – inzwischen Amerussen genannt –, die Araber mit den sieben Scheichs und den sineuropäischen Block. In Paris, der Hauptstadt Sineuropas, ist nun eine rätselhafte Nachricht aus dem All eingetroffen: Der Weltraumabenteurer Van Cram behauptet, einen unbekannten Planeten entdeckt zu haben. Die neue Welt, genannt Terra 2, wird sofort zum Gegenstand aller Hoffnungen und Phantasien der Eiszeitmenschen: Ein Paradies soll Terra 2 sein, mit Bäumen, Blumen, Luft und Meer – also ein genaues Abbild dessen, was die Erde vor den Atomkriegen war. Van Cram ist allerdings nach der Übermittlung der Nachricht spurlos verschwunden. – Sofort machen sich die drei Mächte mit bemannten Raumschiffen auf, um die neue Welt zu entdecken. Es beginnt ein Wettlauf im All zwischen dem japanischen Mini-Raumschiff, an Bord ein General und sechzig abgerichtete Mäuse, die sich über Micky-Morse verständigen, dem Luxus-Raumschiff Calalbakrab der Araber und Amerussen und die altersschwache sineuropäische Proteus Tien. Terra 2 ist die letzte Hoffnung der Menschen, nicht mehr in der unterirdischen Kälte leben zu müssen, sondern die Sonne wiederzusehen. Gleichzeitig macht sich auf der Erde das zwölfjährige Computergenie Frank Einstein, begleitet von seinem Computer Genius und dem weisen Chinesen Fang auf zu einer Reise in die Vergangenheit: Die Entdeckung des neuen Planeten ist nämlich an ein Geheimnis der Inka in der peruanischen Stadt Cuzco geknüpft. Van Cram hatte, bevor er verschwand,

als letztes noch die Koordinaten angegeben, die auf die alte Inkastadt weisen. Im Herzen eines Berges soll dort nämlich eine riesige Energiequelle aus Sonnenstrahlen lagern.
In der Art eines Fortsetzungsromans, aufgeteilt in mehrere Erzählstränge, beschreiben die Kapitel des Buches nun abwechselnd den Stand der Dinge in den einzelnen Raumschiffen: König Akrab, der Tyrann, leidet an Verfolgungswahn und tötet seinen engsten Vertrauten; auf dem japanischen Raumschiff herrscht ein Aufstand der Mäuse, die Alarm zur Beseitigung des Menschen gegeben haben und deren Geheimorganisation nun mit zwei Katzen bekämpft werden soll. Auch auf der Erde tut sich einiges: In altbekannter Manier streiten die Mächte der ersten Welt hinter den Kulissen um die Aufteilung der zweiten, bevor sie überhaupt entdeckt ist. Die zwischen den parallel erzählten Reiseetappen eingefügten Fabeln, Märchen und Geschichten geben ein buntes Mosaik der alten und neuen Welt: Aus Kuba ist inzwischen Disney-Island geworden, und im unterirdischen Paris sind hinter Glaskästen Relikte der alten Welt zur Besichtigung für Schulkinder ausgestellt. Roboter haben menschliche Gefühle, und dem Computer Genius gelingt am Ende sogar, Rektor der Universität Oslo zu werden.
Aber die Reisen durchs All sind letztlich ohne Erfolg, der Traum vom Paradies erfüllt sich nicht: Der junge Einstein und der weise Chinese Fang entdecken am Ende das Geheimnis: Der Weltraumabenteurer Van Cram hatte keinen neuen Planeten entdeckt, sondern war in einem Zeitloch um tausend Jahre zurückgefallen, der paradiesische Planet war nichts anderes als die alte Erde vor den Atomkriegen.
Terra! ist eine Mischung aus Satire, Fabel, Märchen, Comic und Science-Fiction-Roman, der wie ein ununterbrochener Bilderstrom vor den Augen des Lesers abläuft. Trotz der satirisch-grotesken Elemente enthält das Buch eine klare politische – pazifistische – Aussage und warnt in jedem Bild, das der Autor von der unterirdischen Eiszeitwelt zeichnet, vor der Entwicklung einer Technologie, die in ihrer extremen Konsequenz unweigerlich auf den Zustand von »Terra 1« hinführen würde; angesichts der neueren Erkenntnisse der Wissenschaft, nach denen ein nuklearer Konflikt zwischen den Großmächten tatsächlich eine neue Eiszeit, den nuklearen Winter, hervorrufen würde, eine durchaus realistischen Vision. *Terra!*, der erste Roman des Journalisten Stefano Benni, wurde von Kritik und Lesern begeistert aufgenommen und gehört inzwischen zur Pflichtlektüre an italienischen Schulen.

D.De.

AUSGABEN: Mailand 1983. – Mailand 1985.

ÜBERSETZUNG: *Terra!*, P. Biermann, Mchn. 1985.

LITERATUR: U. Stempel, Rez. (in SZ, 19. 3. 1986). – M. Zawodsky, Rez. (in NZZ, 18. 1. 1986). – B. Kessel, Rez. (in Welt am Sonntag, 6. 10. 1986).

BENOÎT DE SAINTE-MORE

2. Hälfte 12. Jh.

CHRONIQUE DES DUCS DE NORMANDIE

(afrz.; *Chronik der Herzöge der Normandie*). Verschronik von BENOÎT DE SAINTE-MORE, entstanden ab 1174. – In dem fast gleichzeitig entstandenen *Roman de Rou*, der ebenfalls die Geschichte der normannischen Herzöge, insbesondere die des Herzogs Rollo, beschreibt, beklagt sich der Autor WACE bitter darüber, daß nicht ihm, sondern Benoît der offizielle Auftrag Heinrichs II. von England zuteil wurde; vermutlich deshalb, weil Benoît sich mittlerweile mit seinem im wesentlich raffinierteren Stil geschriebenen *Roman de Troie* (1165), einem bedeutenden höfischen Roman mit antikem Stoff (vgl. *Trojaromane*), einen Namen gemacht hatte. (Die Identität der beiden Benoît, von L. CONSTANS noch bestritten, wird seit den Studien von C. FAHLIN nicht mehr in Frage gestellt) Benoît schöpft aus lateinischen Quellen wie ORDERICUS VITALIS (1075 bis nach 1142) und WILHELM VON MALMESBURY (um 1080–1142), die er romanhaft erweitert. – Die Geschichte der Herzöge der Normandie beginnt nach der Art mittelalterlicher Weltchroniken, mit einer an der *Bibel* orientierten historischen und geographischen Einführung, die von der Erschaffung der Welt bis zur Geschichte der Normannen führt. Mit größter Genauigkeit schildert Benoît die Taten der Herzöge seit ihrer Auswanderung aus Dänemark, ihre verwickelten Kämpfe bei der Landnahme bis hin zur Eroberung Englands und die erste Festigung der normannischen Königsmacht in England. Das Werk schließt mit dem Tod Heinrichs I., blieb also unvollendet. – Die aus über 44 000 Achtsilbern bestehende Chronik ist in zwei ausgezeichneten Handschriften überliefert, wobei das Manuskript von Tours wegen seines hohen Alters – die Niederschrift erfolgte kurz nach Entstehung des Werks – wie auch wegen seiner Länge und lückenlosen Überlieferung als einmalig in der altfranzösischen Literatur gelten darf.

B.L.-KLL

AUSGABEN: Paris 1836–1844 [Hs. B]. – Uppsala/Stockholm 1951–1979, Hg. C. Fahlin [Hs. T]. – Bayeux 1976, Hg. P. Fichet [neufrz. Übers.].

LITERATUR: F. Settegast, *Benoît de Saint-More, eine sprachliche Untersuchung über die Identität des Verfassers des »Roman de Troie« und der »Chronique des Ducs de Normandie«*, Breslau 1876. – H. Andresen, *Über die von Benoît in seiner normannischen Chronik benutzten Quellen* (in RF, 1, 1883, S. 327–412; 2, 1886, S. 477–538). – Ders., *Zu Benoîts »Chronique des Ducs de Normandie«* (in Zfrph, 11, 1887, S. 231–246; 345–370). – C. Fahlin, *Étude sur le manuscript de Tours de la »Chronique des ducs de Normandie«*, Diss. Uppsala 1937. – G. A. Beckmann, *Trojaroman und Normannenchronik*, Mchn. 1965. – S. Sandqvist, *Études syntaxiques sur la »Chronique des Ducs de Normandie« par Benoît*, Lund 1976. – E. M. C. van Houts, *The Adaptation of the »Gesta Normannorum Ducum« by Wace and Benoît* (in *Non Nova, Sed Nove*, Hg. M. Gosman u. J. van Os, Groningen 1984, S. 115–124).

HENRY BENRATH

d.i. Albert Heinrich Rausch
* 5.5.1882 Friedberg / Hessen
† 11.10.1949 Magreglio bei Como

BALL AUF SCHLOSS KOBOLNOW

Roman von Henry BENRATH, erschienen 1932. – Der Roman spielt in der Welt des preußischen Adels östlich der Elbe in der Zeit nach dem Ersten Weltkrieg. Da an einer Stelle vom Polnischen Korridor die Rede ist, darf man annehmen, daß die damalige Provinz Posen den landschaftlichen Hintergrund des Geschehens bildet, das sich an rein fiktiven Schauplätzen abspielt, an denen der rheinische Dichter Benrath als Gast weilt. Aus der Spannung zwischen der Weltoffenheit und dem Esprit des kritischen Beobachters Benrath und dem steifen, der feudalen Tradition des ostpreußischen Junkertums verhafteten Verhalten seiner Gastgeber lebt der Roman. Benrath tritt als Ich-Erzähler auf, der als eine Art Spiritus rector das Geschehen in Gang bringt und lenkt.
Der Roman beginnt mit einem Vorspiel, einem *Lunch auf dem Lande*. Auf dem Schloß des Freiherrn Friedrich von Schönfeld-Wöllendorf hat sich eines Morgens überraschend die alte Fürstin Kaatzenstein, *»die unumschränkte Herrscherin über alle Adelsfamilien der Provinz«*, zum Lunch angesagt. Diese Nachricht versetzt das Schloß in Aufregung. Man fürchtet die beißende, auf einer scharfen Beobachtungsgabe beruhende Kritik der Fürstin, die sich auch in noch so private Angelegenheiten rücksichtslos einmischt. Der Besucher Benrath aber bewirkt eine erstaunliche Veränderung bei ihr. Über seinen Vornamen (Henry) kommt man auf England zu sprechen. Angenehme Erinnerungen der Fürstin werden wach; sie beginnt, sich mit Benrath auf englisch zu unterhalten und sieht sich unversehens in eine glücklichere Vergangenheit versetzt. Beim Abschied sagt sie, sehr zum Erstaunen der Schloßherrin: *»Euer Haus ist im weiten Umkreis das einzige, in dem man atmen kann«*, und lädt Benrath für den nächsten Sommer auf ihr Schloß Selnau ein.
Diesem Vorspiel folgt der eigentliche Roman. Die Kusine Friedrichs von Schönfeld-Wöllendorf, Baronin Laura von Lagosch-Kobolnow, gibt einen Ball und will daraus ein besonders originelles Ereignis machen. Benraths Vorschlag, ein Bekannter namens Herr von Elten, solle als Frau verkleidet die Rolle von Benraths Gattin, einer angeblich berühmten französischen Schauspielerin namens Yvonne Parat, spielen, nimmt sie begeistert auf. Die Maskerade wird ein großer Erfolg: Junker und Honoratioren machen der vorgeblichen Yvonne den Hof. Natürlich gesteht niemand ein, den Namen der berühmten Aktrice noch nie gehört zu haben. Als Elten sich zu erkennen gibt, ist die Stimmung so, *»wie sie nie ein ostdeutsches Fest auf einem Schloß gesehen hatte«*. Doch schon nach kurzer Zeit ist sie umgeschlagen. Zwei der Gäste, Graf Michael Solduan-Schömschö und Baronesse Blanche von Berry, haben zueinandergefunden und wollen heiraten, was die Schloßherrin Laura von Lagosch-Kobolnow zutiefst erschüttert, da sie sich zu beiden hingezogen fühlt und ihre Liebe nun verraten sieht. Zum guten Schluß gelingt es jedoch Henry, die Verwirrung aufzulösen und Laura in einem Gespräch unter vier Augen zur Einsicht zu bringen. Der Roman zeichnet die untergehende Welt des preußischen Adels, der sich an Traditionen klammert und die veränderte, durch Krieg und Revolution entstandene Lage nicht wahrhaben will. Benrath als typischer Vertreter der neuen Zeit bleibt im Grunde ein Außenseiter.
Im Anschluß an *Ball auf Schloß Kobolnow*, des ersten Romans des Autors Albert Heinrich Rausch mit dem Pseudonym »Henry Benrath«, entstehen neben weiteren gesellschaftskritischen (*Die Geschenke der Liebe*, 1952) vor allem historische Romane, die Stoffe aus der spätrömischen Zeit (*Die Kaiserin Galla Placidia*, 1937) oder aus dem Mittelalter (*Die Kaiserin Konstanze*, 1935; *Die Kaiserin Theophano*, 1940; *Der Kaiser Otto III.*, 1951) aufgreifen. Mit seinen anfangs an Stefan GEORGE und seinem Kreis geschulten Versbüchern (z.B. *Stoa* 1933; *Der Gong*, 1939), die von einer stoischen Haltung zu einer eigenartigen buddhistischen Weltsicht führen, versucht Benrath, eine Synthese zwischen der Welt des antiken Griechenland und dem Nirwana des Buddhismus herzustellen. F.U.

AUSGABEN: Stg. 1932; [8]1952. – Ffm. 1954 (FiBü).

LITERATUR: F. Usinger, *Die dichterische Welt H. B.s* (in *H. B. in memoriam*, Hg. R. Italiaander, Stg. 1954, S. 131–164.; m. Bibliogr.). – G. R. Hocke, *Der historische Roman als Kunstwerk (bei H. B.)* (ebd., S. 105–115). – R. Breuer, *Der historisch-politische Roman H. B.s Geschichte, Dichtung, Sprache*, Diss. Bonn 1955. – M. Obermayer, *Frauengestalten im Werk H. B.s*, Diss. Innsbruck 1962. – R. Scherzer, *Das Bild der Gesellschaft bei H. B.*, Diss. Innsbruck 1970. – S. Hagen, *H. B. Der Dichter und sein Werk*, Bonn 1978. – Ders., *Der Dichter und die Gesellschaft. Zum 100. Geburtstag H. B.s am 5. Mai 1982* (in NDH, 29, 1982, S. 338–345).

EDWARD FREDERICK BENSON

* 24.7.1867 Wellington College / Berkshire
† 29.2.1940 London

DODO. A Detail of the Day

(engl.; Ü: *Dodo. Eine Einzelheit des Tages*). Roman von Edward Frederick BENSON, erschienen 1893. – Der erste der zahlreichen Romane Bensons hatte sofort bei seinem Erscheinen einen Sensationserfolg und erlebte danach zahlreiche Neuauflagen. Die lose verknüpfte, episodische Handlung folgt dem Weg der reichen, schönen und geistreichen Titelheldin, die vor einer traumhaft luxuriösen Kulisse von einem Ball zum anderen, von einem vornehmen Landsitz zum anderen eilt und zwei Ehen hinter sich bringt – ein Weg, der mit gebrochenen Herzen übersät ist. Jeder – nicht zuletzt der Autor selbst – verzeiht ihr alles, ja ihre schamlose Rücksichtslosigkeit und ihr Egoismus scheinen die Anziehungskraft der Heldin nur noch zu erhöhen. Dodo selbst wie auch das Milieu, in dem sie sich bewegt, werden von Benson mit überhitzter, heute etwas lächerlich wirkender Romantik geschildert.

Der Name der Titelheldin hat Symbolcharakter; er bezeichnete ursprünglich eine heute ausgestorbene Vogelart von exotischer Schönheit. Die einstige Popularität des Werks mag zum Teil der pikanten Tatsache zuzuschreiben sein, daß Benson, der Autor eines so wenig kirchenfrommen Buches, ein Sohn des Erzbischofs von Canterbury war, zum Teil wohl auch dem Gerücht, daß viele der Romanfiguren deutlich die Züge prominenter Persönlichkeiten trügen. Trotzdem ist dies keine ausreichende Erklärung für die vielen Neuauflagen und für den ebenfalls überwältigenden Erfolg der Fortsetzung *Dodo the Second*, in der Dodo und ihre Tochter auftreten. – Mehr als mit seinen Romanen fand Benson mit seinen Biographien Anerkennung bei der Kritik, vor allem mit der Lebensbeschreibung von *Queen Victoria's Daughters* (1939). Er schrieb auch vielgelesene Erinnerungsbücher (u. a. *As We Were*, 1930). J.v.Ge.

AUSGABEN: Ldn. 1893; Fortsetzungen: *Dodo the Second*, Ldn. 1914; *Dodo Wonders*, Ldn. 1921. – Lpzg. 1894 (in *Works*, 38 Bde., Lpzg. 1894–1929, 1).

ÜBERSETZUNG: *Dodo. Eine Einzelheit des Tages*, E. Becher, Stg. 1895.

DRAMATISIERUNG: E. F. Benson, *Dodo: A Detail of Yesterday* (Urauff.: Ldn. 1905).

LITERATUR: C. Weygandt, *The Lesser Late Victorians: The Three B.* (in C. W., *A Century of the English Novel*, Ldn. 1927). – C. Poisel, *Die Brüder B.*, Diss. Wien 1944. – H. N. Wethered, *The Curious Art of Autobiography*, NY 1956, S. 211–217.

JEREMY BENTHAM

* 15.2.1748 London
† 6.6.1832 London

AN INTRODUCTION TO THE PRINCIPLES OF MORALS AND LEGISLATION

(engl.; *Einführung in die Prinzipien der Moral und Gesetzgebung*). Rechtsphilosophisches Werk von Jeremy BENTHAM, gedruckt 1780, erschienen 1789. – Der Autor, der erste konsequente Systematiker des Utilitarismus, entwirft in diesem Buch den Umriß seiner gesamten Lehre, die er in späteren Werken mehr oder weniger eingehend ausgeführt hat. Da der Begriff der Nützlichkeit, das Hauptprinzip der Theorie des Verfassers, rein instrumentaler Natur ist, mußte klargestellt werden, wozu etwas nützlich ist. Dieses Ziel ist, da nach Ansicht Benthams und wohl aller Utilitarier die Menschheit »*unter der Herrschaft zweier souveräner Meister, Schmerz und Lust*« steht, das Glück *(happiness)*. Um einen ethischen Wert mit dem Begriff des Nutzens zu verknüpfen, wird dieser – schon vor Bentham durch BECCARIA und PRIESTLEY – mit der berühmten Formel, das höchste moralische Gut sei »*das größte Glück der größten Zahl* [von Menschen]« in den sozialen Bereich gehoben. Demzufolge sieht der Verfasser in der Gerechtigkeit nicht einen Zweck, sondern lediglich das Mittel, die Maximierung des Glücks zu erreichen. Eine Rechtsprechung im Staat erscheint dem Autor deshalb notwendig, weil für den einzelnen keine logische Notwendigkeit besteht, außer dem eigenen Glück auch das des andern zu erstreben. Bentham hilft sich hier mit dem Begriff der *sanctions*: mit Tatbeständen oder Maßnahmen, die das individuelle »hedonistische Kalkül« zugunsten des Glücks der übrigen beeinflussen – positiv wirkende Kräfte, wie Zuneigung, Wohlwollen, Dankbarkeit der anderen, gehören ebenso dazu wie negative, etwa Unbeliebtheit, Verachtung, Strafe.

Bentham entwickelt in diesem Zusammenhang ein in zehn Abteilungen gegliedertes Schema des gesamten Gesetzgebungsverfahrens, das zeigen soll, wie ein utilitaristisches Rechtssystem, besonders in seiner strafrechtlichen Funktion, sich der Vielfalt des Lebens gegenüber verhalten muß, wenn der Zweck des Staats, möglichst vielen ein größtmögliches Glück zu sichern, erfüllt werden soll. Lediglich diese Prolegomena zu einem neuen Strafrecht wollte der Autor ursprünglich darstellen; erst im Verlauf der Arbeit dehnte er die Untersuchung auf das gesamte Gebiet der Moral aus. Neu an diesem Werk war nicht, daß das Prinzip des Nutzens aufgestellt, sondern daß es systematisch auf Rechtssystem und Moral angewandt wurde. Daraus läßt sich – trotz der trivialisierenden Psychologie Benthams – seine Wirkung bei den Zeitgenossen erklären. H.L.

AUSGABEN: Ldn. 1789. – Edinburgh 1838 (in *The Works*, Hg. J. Bowring, 11 Bde., 1838–1843, 1; Einl. J. H. Burton). – Oxford 1948 (*A Fragment on Government and an Introduction to the Principles of Morals and Legislation*, Hg. W. Harrison). – Ldn. 1968 (in *The Collected Works*, Hg. J. H. Burns).

ÜBERSETZUNG: *Prinzipien der Gesetzgebung*, F. E. Beneke, Hg. E. Dumont, Köln 1833; Nachdr. Rugell 1966.

LITERATUR: L. Stephen, *The English Utilitarians*, Bd. 1, Ldn. 1900. – H. R. G. Greaves, *B. on Legislative Procedure* (in Economica, 11, 1931, S. 308–327). – J. Busch, *Die moralische u. soziale Arithmetik B.s*, Neisse 1937. – *J. B. and the Law. A Symposium*, Hg. G. W. Keeton u. G. Schwarzenberger, Ldn. 1948. – D. Baumgardt, *B. and the Ethics of Today*, Princeton/N. J. 1952, S. 165–320. – M. P. Pack, *J. B.: An Odyssey of Ideas*, NY/Ldn. 1963. – D. J. Manning, *The Mind of J. B.*, Ldn. 1968. – M. A. Sakankiri, *La philosophie juridique de J. B.*, Paris 1970. – D. Lyons, *In the Interest of the Governed. A Study in B.'s Philosophy of Utility and Law*, Oxford 1973. – B. Parekh, *J. B. 10 Critical Essays*, Ldn. 1974. – D. G. Long, *B. on Liberty. J. B.'s Idea of Liberty in Relation to his Utilitarianism*, Toronto 1977. – L. d'Alessandro, *Utilitarismo morale e scienza della legislazione. Studio su J. B.*, Neapel 1981. – R. Harrison, *B.*, Ldn. 1983. – F. Rosen, *J. B. and Representative Democracy. A Study of the Constitutional Code*, Oxford 1983. – P. J. King, *Utilitarian Jurisprudence in America. The Influence of B. and Austin Legal Thought in the 19th Century*, NY 1986. – G. J. Postema, *B. and the Common Law Tradition*, Oxford 1986. – *Actualité de la pensée juridique de J. B.*, Hg. P. Gérard, Brüssel 1987.

SIMCHA BEN-ZION

eig. Simcha Guttmann
* 1870 Felenešty / Bessarabien
† 1932

NEFESCH REZUZA

(hebr.; *Die unterdrückte Seele*). Roman von Simcha BEN-ZION, erschienen 1914. – Ben-Zion beschreibt in vielen seiner Romane und Erzählungen das Leben der Juden im russischen Ghetto zu Ausgang des 19. Jh.s. Hier geht es um das Schicksal der Kinder, die in einem solchen Ghetto zu leben gezwungen sind und deren oft traurige Existenz den Verfasser besonders auch als Pädagoge (er war Lehrer) berührt. Die »unterdrückte Seele« ist die eines Jungen, der – wie alle gesunden Kinder – spielen und sich austoben möchte, dem aber diese Freuden sowohl durch äußere Umstände als auch – und hier offenbart der Roman seine gesellschaftskritische Tendenz – durch das wohlmeinende, aber unpädagogische Verhalten von Eltern und Lehrern verwehrt sind: Der Vater, arm, aber von edler Abkunft, setzt seinen Ehrgeiz darein, in Weiterführung der Familientradition aus seinem Sohn schon in jugendlichem Alter ein Muster an Gelehrsamkeit zu machen. Die Lehrer bedienen sich zur Verwirklichung dieses Ziels ausgiebig des Rohrstocks sowie des Verbots, kostbare Zeit mit »Faulenzen« und Spielen zu verbringen. Der kindliche Spieltrieb läßt sich natürlich nicht aus der Welt schaffen, er wird nur unterdrückt. Die »unterdrückte Seele« reagiert indirekt, z. B. durch Zerstreutheit im Unterricht, die noch wächst, als sich der Junge in seine kleine Kusine verliebt.

Viele tendenziöse Übertreibungen, die den Eindruck erwecken, als habe es zu der Zeit, in der der Roman spielt, nur tyrannische Grundschullehrer gegeben, mindern nicht nur den historischen, sondern auch den künstlerischen Wert des Romans. Heute, nachdem S. J. AGNON in seinen Romanen die jüdische Wirklichkeit in allen ihren Nuancen und Schattierungen dargestellt hat und auch die scheinbar primitive »Cheder«-(Grundschul-)Methode nicht mehr einseitig verdammt wird, wirkt die Schwarzweißmalerei Ben-Zions antiquiert. Zur Zeit des Erscheinens befruchtete der Roman *Nefesch rezuza* jedoch sehr nachhaltig die Diskussion um die Gestaltung des autonomen jüdischen Schulwesens; überdies besitzt er als ein charakteristisches Produkt des modernen Realismus in der hebräischen Literatur (vgl. auch *Neged ha-serem*, 1901 ff., v. Jesaja BERSCHADSKY) einen unbestrittenen literarischen Wert. L.Pr.

AUSGABEN: Jaffa 1914. – Tel Aviv 1952.

LITERATUR: M. Waxman, *A History of Jewish Literature*, Bd. 4, NY/Ldn. ²1960, S. 71 ff. – G. Kressel, *Lexikon der hebräischen Literatur*, Bd. 1, Jerusalem 1965, S. 293/294. – G. Elkoshi, Art. *B.-Z.* (in EJ², 4, Sp. 575).

GONZALO DE BERCEO

* 1197/98 Berceo / Logroño
† nach 1246 Berceo / Logroño

LITERATUR ZUM AUTOR:
R. Lanchetas, *Gramática y vocabulario de las obras de B.*, Madrid 1900. – P. Corrodel Rosario, *G. de B. Estudio crítico literario*, São Paulo 1933. – J. Artiles, *Los recursos literarios de B.*, Madrid 1964. – D. Devoto, *Tres notas sobre B. y la literatura eclesiástica española* (in BHS, 70, 1968, S. 261–299). – J. E. Keller, *G. de B.*, NY 1972

(TWAS). – G. Giménez Resano, *El mester poético de G. de B.*, Logroño 1976. – *II Jornadas de estudios berceanos. Actas*, Logroño 1978. – *Actas de las III Jornadas de Estudios berceanos*, Hg. García Turza, Logroño 1981. – F. Carrera de la Red, *Las expresiones causativas en las obras de G. de B.*, Logroño 1982. – J. Saugnieux, *B. y las culturas del siglo XIII*, Logroño 1982. – R. Sala, *La lengua y el estilo de G. de B.*, Logroño 1983. – J. Saugnieux u. A. Varaschin, *Ensayo de bibliografía berceana* (in Berceo, 104, 1983, S. 103–119). – T. M. Capuano, *The Seasonal laborer: Audience and Actor in the Works of G. de B.* (in Corónica, 14, 1984, S. 15–22). – D. Devoto, *Locos y locura en B.* (in NRFH, 34, 1985/86, S. 599–609).

MILAGROS DE NUESTRA SEÑORA

(span.; *Wunder unserer Lieben Frau*). – Sammlung von 25 Marienmirakeln von Gonzalo de BERCEO, die der älteste namentlich bekannte spanische Dichter wohl vor 1246 für das Kloster San Millán de la Cogolla (bei Logroño) schrieb, dessen Notar er möglicherweise war. Da das Kloster Marienreliquien besaß, verfolgte die Sammlung vermutlich die Absicht, die Bewohner der Region und die Pilger, die über Logroño und Burgos nach Santiago de Compostela zogen, zum Besuch des Sanktuariums zu veranlassen. Sie ist in der Form der *cuaderna vía* abgefaßt, die Berceo als erster verwendet: insgesamt 911 vierzeilige Alexandriner-Strophen mit gleichem Reim. Bis auf ein (nach 1252 hinzugefügtes) Stück gehören die *Mirakel* zu den bekanntesten Wundergeschichten um Maria, die im mittelalterlichen Europa kursierten. Berceo benutzte eine vielleicht in Deutschland entstandene lateinische Sammlung als Quelle, die auch in Spanien verbreitet war; hinzugefügt hat er eine allegorische Einleitung (40 Strophen), die schildert, wie der Dichter auf der »Pilgerfahrt« des Lebens zu einer schönen Wiese kommt. Diese steht für die Gottesmutter, die schattenspendenden Bäume sind die von ihr bewirkten Wunder, die Blumen ihre heiligen Namen etc. Möglicherweise folgt der Dichter auch hier einer verlorenen lateinischen Quelle, jedenfalls lassen sich für alle Einzelelemente zahlreiche Parallelen aus der patristischen und mittelalterlichen Überlieferung nachweisen.

Die *Mirakel* zeigen, wie Maria ihre treuen Diener belohnt: Sie erscheint Bischof Ildefonso von Toledo, der das Fest Mariä Verkündigung eingeführt hat, um ihm ein Meßgewand zu schenken; einen Geistlichen, der regelmäßig die fünf Freuden Marias gebetet hat, holt sie in seiner Todesstunde ins Paradies; sie verhindert, daß ein unwissender Priester, der nur eine, der Gottesmutter geweihte, Messe zu lesen vermag, vom Bischof abgesetzt wird. (Die Sprache, in der der Dichter seine Figuren reden läßt, ist wohl im Hinblick auf ein wenig gebildetes Zielpublikum bewußt derb gewählt: Der Bischof nennt den Priester einen »Hurensohn«, und Maria drückt sich oft ähnlich drastisch aus.) Sie verhindert auch, daß ein Marienbild bei einem Kirchenbrand zerstört wird, und hindert Diebe, die den Schmuck einer Marienfigur stehlen wollten, an der Flucht (im einzigen nur bei Berceo bezeugten Mirakel, das er in Spanien und in seiner Gegenwart ansiedelt). Andere Wunder zeigen, wie Sünder, die Maria treu ergeben waren, von ihr gerettet werden. Selbst dem Teufelsbündner Theophilus holt sie (im weitaus längsten Stück der Sammlung) den von ihm unterschriebenen Pakt persönlich aus der Hölle zurück. Nur wenig ist erforderlich, um selbst für schwere Vergehen Gnade zu erlangen: Als ein Dieb, der regelmäßig das *Ave Maria* betet, gehängt werden soll, hält sie ihn mit ihren Händen fest, so daß ihn der Strick nicht erdrosselt. In solchen Geschichten macht der Dichter, der natürlich wußte, daß nach der kirchlichen Lehre Maria nur durch die von Christus verliehene Macht Wunder tun kann, gewisse Konzessionen an die Volksfrömmigkeit, die die Gottesmutter neben oder über Christus stellt: Besonders in direkter Konfrontation mit dem Teufel scheint sie oft aus eigenem Antrieb zu handeln. In den Teufelsszenen wird auch der Humor besonders deutlich, der die kurzen, volksnahen Stücke insgesamt auszeichnet; so etwa, wenn Maria ihrem Erzfeind, der einen betrunkenen Mönch in Gestalt eines Löwen erschreckt hat, mit einem Stock entgegentritt und ihn tüchtig verprügelt.

A.Gi.

AUSGABEN: Madrid 1780 (in *Colección de poesías anteriores al siglo XV*, Bd. 2). – Madrid 1922, Hg. A. García Solalinde (Clás. Cast; ern. 1982). – Madrid 1929, Hg. C. Carroll Marden (*Veintitrés Milagros*, in RFE, 10). – Saragossa ⁴1949, Hg. G. Menéndez Pidal. – Ldn. 1980 (in *Obras completas*, Hg. u. Einl. B. Dutton, 5 Bde., 1975–1984, 2). – Madrid 1982, Hg. u. Einl. D. Devoto (Castalia). – Madrid 1985, Hg. u. Einl. M. Gerli (Cátedra). – Granada 1986, Hg. J. Montoya Martínez.

LITERATUR: R. Becker, *G. de B.s »Milagros« und ihre Grundlagen*, Straßburg 1910. – J. Loveluck, *En torno a los »Milagros« de G. de B.*, Concepción 1952. – E. Lorenz, *B., der ›Naive‹. Über die Einleitung zu den »Milagros de Nuestra Señora«* (in RJb, 14, 1963, S. 255–268). – C. Gariano, *Análisis estilístico de los »Milagros de Nuestra Señora« de B.*, Madrid 1965. – J. Saugnieux, *Sur l'économie du salut dans les »Milagros de Nuestra Señora« de B.* (in LR, 28, 1974, S. 13–48). – J. M. Rozas, *Los »Milagros« de B. como libro y como género*, Cadiz 1976. – J. Saugnieux, *La tradition mariale et les »Milagros« de B.* (in LR, 31, 1977, S. 32–65). – J. E. Keller, *Pious Brief Narrative in Medieval Castilian and Galician Verse. From B. to Alfonso X*, Lexington 1978. – J. Montoya Martínez, *Las colecciones de milagros de la Virgen en la edad media (el milagro literario)*, Madrid 1981. – E. Drayson, *Some Possible Sources for the Introduction of B.'s »Milagros de Nuestra Señora«* (in MAevum, 2, 1981, S. 274–283). – S. Kantor, *Semiotic Analysis of a Medieval Miracle: G. de B., The Fornicating Sexton* (in Poetics Today, 4, 1983, S. 723 bis

771). – J. Montoya Martínez, *El alegorismo, premisa necesaria al vocabulario de los »Milagros de nuestra Señora«* (in Studi Mediolatini e Volgari, 30, 1984, S. 167–190). – Ders., *El prólogo de G. de B. al libro de los »Milagros de Nuestra Señora«* (in Corónica, 2, 1985, S. 175–189). – E. M. Gerli, *La tipología bíblica y la introducción a los »Milagros de Nuestra Señora«* (in BHS, 62, 1985, S. 7–14). – A. Gier u. J. E. Keller, *Les formes narratives brèves en Espagne et au Portugal*, Heidelberg 1985, S. 40–45. – F. Rico, *La clerecía del mester* (in HR, 53, 1985, S. 1–23 u. 127–150). – H. M. Wilkins, *Dramatic Design in B.'s »Milagros de Nuestra Señora«* (in *Hispanic Studies in Honor of A. D. Deyermond*, Hg. J. S. Miletich, Madison 1986, S. 309–324).

VIDA DE SAN MILLÁN

(span.; *Leben des heiligen Aemilianus*). Heiligenlegende von Gonzalo de BERCEO, entstanden um 1230. – Die Legende erzählt nach der Vorlage der lateinischen *Vita Sancti Aemiliani* des heiligen BRAULIO (6. Jh.) die Lebensgeschichte des Priesters und Eremiten Millán, des Schutzheiligen des Klosters San Millán de la Cogolla bei Logroño. In dieser wie in allen seinen späteren Dichtungen verwendet Berceo die Form des *mester de clerecía*. Der Vers der französischen *Alexander-Romane* (Ende 12. Jh.) wird zum spanischen Alexandriner (zwei Halbverse, insgesamt 12–16 Silben); der Dichter (in dem frühere Forschergenerationen einen schlichten Landpfarrer haben sehen wollen) muß folglich die neuere französische Dichtung gekannt haben. Nach der überzeugenden Hypothese von B. DUTTON hat er an der neugegründeten Universität Palencia studiert, an der französische Professoren unterrichteten; sie mögen den Alexandriner nach Spanien gebracht haben. Dort entsteht die *cuaderna vía*, vierzeilige Alexandrinerstrophen mit gleichem Reim, für die es in Frankreich kein Vorbild gibt.
Die *Vida de San Millán* (drei Bücher, 481 Strophen) folgt dem traditionellen Schema der Heiligenvita: Der kleine Millán hütet Schafe, bis ihm eines Tages Gott in einer Vision den Wunsch eingibt, nach Unterweisung in der Heiligen Schrift und der Theologie zu streben. Er erwirbt die entsprechenden Kenntnisse, dann lebt er als Eremit in der Wildnis von Cogolla. Sein wachsender Ruhm lockt Pilger an, schließlich ist er gezwungen, in die Zivilisation zurückzukehren; er wird zum Priester geweiht und tritt im Dorf Berceo in ein Kloster ein; vor der Eifersucht der Mönche flieht er erneut in die Wildnis. Damit endet das erste Buch. – Das zweite Buch schildert die Wunder, die der Heilige zu Lebzeiten wirkte; im Zentrum steht die direkte Konfrontation mit (ganz vermenschlicht dargestellten) Teufeln. Am Ende wird der Tod des Heiligen geschildert; das kurze dritte Buch (42 Strophen) behandelt das Eingreifen Milláns in einer Schlacht, die Fernán Gonzalez (einer der Helden der spanischen Reconquista) 934 gegen die Mauren geführt haben soll; zum Dank für die Hilfe des Heiligen erläßt Fernán Gonzalez danach ein Privileg, das alle Bewohner der Region verpflichtet, einen (bescheidenen) jährlichen Tribut an das Kloster San Millán zu zahlen. Diese Legende ist apokryph, das lateinische Privileg ist eine Fälschung aus dem ersten Drittel des 13. Jh.s; die Mönche von San Millán versuchten durch diese und andere Erfindungen, den Rang ihres Klosters gegenüber anderen, im Aufstieg begriffenen religiösen Zentren zu behaupten. Auch Berceos *Vida* verfolgt offenbar einen propagandistischen Zweck: Es geht darum, die Bewohner der Region zur Zahlung des Tributs zu animieren und Pilger ins Kloster zu locken.
Weitgehende strukturelle und inhaltliche Ähnlichkeiten mit der *Vida de San Millán* weist Berceos *Vida de Santo Domingo de Silos* (ca. 1236) auf, die (wiederum einer lateinischen Vorlage folgend) das Leben eines anderen Eremiten schildert, der später Abt des Klosters von Silos wurde; dieses Kloster stand in enger Verbindung zu dem von San Millán de la Cogolla, die *Vida de Santo Domingo de Silos* mag ein offizielles Geschenk der Mönche dort an ihre Brüder in Silos gewesen sein. – Einem anderen Schema folgen die letzten hagiographischen Werke Berceos, die *Vida de Santa Oria* und das unvollständig überlieferte *Martírio de San Lorenzo*; es schildert das Martyrium des heiligen Laurentius auf dem glühenden Rost; auf einem Berg nahe dem Kloster San Millán lag eine diesem Heiligen geweihte Einsiedelei. A.Gi.

AUSGABEN: Madrid 1780 (in *Colección de poesias anteriores al siglo XV*, Hg. T. A. Sánchez; Bd. 2). – Münster 1964 (*Estoria de San Millán*, Hg. G. Koberstein). – Ldn. 1967, Hg. B. Dutton [krit.]. – Ldn. 1978 (in *Obras completas*, Hg. B. Dutton).

LITERATUR: A. Varaschin, *San Millán de la Cogolla: Le temps du monastère ou l'imaginaire de G. de B.* (in Ccm, 24, 1981, Nr. 3/4, S. 257–267). – C. J. Wyatt, *Representation of Holiness in Some Spanish Hagiographical Works: The 13th through the 17th Centuries*, Diss. Univ. Stanford 1983 (vgl. Diss. Abstracts, 44, 1984, S. 2787A). – Th. M. Capuano, *The Seasonal Laborer: Audience and Actor in the Works of G. de B.* (in Corónica, 14, 1985, S. 15–22). – A. Gier u. J. E. Keller, *Les formes narratives brèves en Espagne et au Portugal*, Heidelberg 1985, S. 34–38 (GRLMA, 5, 1/2, Fasz. 2).

VIDA DE SANTA ORIA, VIRGEN

(span.; *Leben der hl. Jungfrau Oria [oder Auria]*). Hagiographisches Gedicht von Gonzalo de BERCEO. – In seinem Alter »übersetzte« der Kleriker Berceo als letztes Werk die heute verlorene Vita, die der Mönch MUNNIO aus der Benediktinerabtei San Millán zwischen Burgos und Logroño über das Leben der etwa 1142–1170 lebenden hl. Auria geschrieben hatte, mit den Kunstmitteln des *mester de clerecía* in die Volkssprache. Entgegen dem üblichen und der Gattungstradition entsprechenden dreiteiligen Aufbauschema hagiographischer Berichte, die Herkunft, Leben und Taten sowie die Verehrung von Heiligen darstellen, gestaltet Berceo die mystisch-visionären Erfahrungen, nicht die Wunderberichte der Ortsheiligen.

Nach einer ungewöhnlich langen Einleitung, die vorausgreifend die Herkunft, das schon früh dem Gebet und geistlichen Übungen gewidmete Leben der Jungfrau und ihren Eintritt als Einsiedlerin in das Doppelkloster des hl. Aemilianus schildert, dem der Dichter nahestand, geben die Strophen 25–108 die erste Entrückung Aurias zur Weihnachtszeit wieder. Die heiligen Jungfrauen Agathe, Eulalia und Caecilia geleiten sie stufenweise, der Taube des Heiligen Geistes folgend, über liebliche Gefilde in die göttliche Herrlichkeit. Inmitten der Schar der Seligen erblickt sie zahlreiche bekannte Gestalten aus ihrer irdischen Heimat und fragt unbefangen nach ihrer Amme Urraca sowie ihrem Biographen Munnio. Auf diese Schau des Jenseits hin verschärft sie ihre Bußübungen, bis ihr fast ein Jahr später die Gottesmutter erscheint und der Einsiedlerin in ihrer Zelle den nahen Tod ankündigt (Str. 116–136). Vor ihrem Hinscheiden erlebt sie noch eine dritte Vision des Ölbergs (Str. 139–143). Bewegt läßt Berceo hier teilweise Munnio unmittelbar erzählen. Auch Amunna, die Mutter des frommen Mädchens, wird ein übernatürliches Gesicht zuteil (Str. 161–168), in dem ihr verstorbener Mann den Tod der Tochter mitteilt. Mit Tod und Begräbnis Aurias und der Beschreibung ihres Grabmals endet das Gedicht eigentlich, doch schließt Berceo noch die Erzählung einer zweiten Vision Amunnas an, in der ihr die Tochter die Aufnahme unter die Seligen ankündigt. Das Gedicht endet nach der erneuten Versicherung, einen quellengetreuen Bericht über die Heilige gegeben zu haben, mit einer Gebetsformel. Es macht sich in einzigartiger Weise »*die Anschauung der christlichen Seele im Kastilien des 13. Jh.s dichterisch zu eigen*« (J. Guillén).

Berceo, der trotz seiner Bescheidenheit als einfacher »Versemacher« die rhetorischen Stilmittel wirkungsvoll verwendet, versteht es, seine persönliche Teilnahme ebenso verhalten wie ursprünglich und malerisch-plastisch zum Ausdruck zu bringen. Die von ihm als erbauliches Exemplum geschilderten Visionen gehören mit ihrem allegorisch-symbolischen Aussagegehalt zu den eindringlichsten dichterischen Jenseitsdarstellungen der altspanischen Literatur und spiegeln neben der weltflüchtigen Haltung des *contemptus mundi* in jener Zeit sehr durchdacht und keineswegs naiv benediktinische Spiritualität. D.B.

AUSGABEN: Madrid 1780 (in *Colección de poesías castellanas anteriores al siglo XV*, Hg. T. A. Sánchez, Bd. 2). – Madrid 1928 (in *Cuatro poemas*, Hg. C. C. Marden). – Mexiko 1965, Hg. A. Bolaño e Isla. – Madrid 1981, Hg. u. Einl. J. Uria Maqua (Castalia). – Ldn. 1984 (in *Obras completas*, Hg. u. Einl. B. Dutton, 5 Bde., 1975–1984, 5).

LITERATUR: L. Pfandl, *Studien zu Prudencio de Sandoval* (in ZfrPh, 54, 1934, S. 385–423; 55, 1935, S. 88–125). – M. R. Lida de Malkiel, *Notas para el texto de la »Vida de santa Oria«* (in RPh, 10, 1956/57, S. 19–33). – J. Peña de San José, *Glosas a »La vida de santa Oria« de G. de B.* (in Berceo [Logroño], 60, 1961, S. 371–382). – G. Maritano, *La »Vida de santa Oria«*, Varese/Mailand 1964 [m. Text]. – *Bibliotheca sanctorum*, Bd. 2, Rom 1962, Sp. 614f. – T. A. Perry, *Art and Meaning in B.'s »Vida de santa Oria«*, New Haven 1968. – J. K. Walsh, *A Possible Source for B.'s »Vida de Santa Oria«* (in MLN, 87, 1972, S. 300–307). – J. F. Burke, *The Four »Comings« of Christ in G. de B.'s »Vida de Santa Oria«* (in Spektrum, 48, 1973, S. 293–312). – P. Cherchi, *La »Siella di Santa Oria«* (in Cultura Neolatina, 33, 1973, S. 208–216). – J. G. Casalduero, *»La vida de Santa Oria« de G. de B.: Nueva interpretación y nuevos datos* (in Anales de la Literatura española, 3, 1984, S. 235–281). – S. M. Farcasin, *The Exegesis and Iconography of Vision in G. de B.'s »Vida de Santa Oria«* (in Speculum, 61, 1986, S. 305–329). – J. K. Walsh, *The Other World in B.'s »Vida de Santa Oria«* (in Hispanic Studies in Honor of A. S. Deyermond, Hg. J. S. Miletich, Madison 1986, S. 291–307).

GIOVANNI BERCHET

* 23.12.1783 Mailand
† 23.12.1851 Turin

SUL ›CACCIATORE FEROCE‹ E SULLA ›ELEONORA‹ DI GOFFREDO AUGUSTO BÜRGER. Lettera semiseria di Grisostomo al suo figliuolo

(ital.; *Über den ›Wilden Jäger‹ und die ›Lenore‹ von Gottfried August Bürger. Halberster Brief des Grisostomo an sein Söhnchen*). Poetik von Giovanni BERCHET, erschienen 1816. – Anfang des 19. Jh.s wurden in Italien durch Übersetzungen u. a. die Werke von GOETHE, SCHILLER, HERDER, den Brüdern SCHLEGEL, BÜRGER, CHATEAUBRIAND, BYRON und SCOTT einem breiteren Leserkreis zugänglich gemacht. Im Januar 1816 veröffentlichte die Mailänder Literaturzeitschrift ›Biblioteca Italiana‹ in ihrer ersten Nummer einen von GIORDANI übersetzten Beitrag der Mme. de STAËL, *Über die Nützlichkeit von Übersetzungen*. Berchet, neben MANZONI einer der größten patriotischen Lyriker der – regional weitgehend auf die Lombardei beschränkten – italienischen Romantik, griff die aus dem Ausland kommenden Anregungen auf und legte sie seiner Poetik zugrunde. Das Werk ist in die Form eines Briefes gefaßt, den Grisostomo, zwei Balladen von Bürger interpretierend, an seinen studierenden Sohn schreibt.

Der erste, vorwiegend polemische Teil der *Lettera semiseria* greift den Klassizismus als antiquierte Geisteshaltung an, die sich in pedantischer Weise mit Formalem beschäftige und den Dichter zwinge, Vokabular und Diktion auf die Werke der Antike abzustimmen. Die sklavische Bindung an diese Vorbilder bedeute zwangsläufig Abschirmung gegenüber allen fortschrittlichen geistigen Strömungen und Erschöpfung in sterilem Provinzialismus. Dieser herben – und einleuchtend begründeten – Kritik stellt Berchet im zweiten Teil ein konstruktives Programm gegenüber, das in erster Linie die grundlegende Erneuerung der Ausdrucksmittel fordert. Da der Dichter weder für die Analphabeten noch für den zahlenmäßig ebenso begrenzten Kreis der Intellektuellen zu schreiben habe, sondern die breite Volksmasse ansprechen solle, die ein Anrecht auf Förderung und auf die Befriedigung ihrer in hohem Maß vorhandenen geistigen Bedürfnisse habe, müsse er sich in seinen Dichtungen mit Alltagsproblemen befassen und Themen aufgreifen, die der Umwelt entnommen oder zeitgeschichtlich aktuell sind: »*Tut eurem Volk genüge! Erforscht seine Seele und speist sie mit Gedanken, aber nicht mit Wind!*« Dazu müsse der Dichter sich freimachen von den Fesseln antiker Poetiken und sich von überholten literarischen Idealen lösen. Die klassische Dichtkunst sei eine Poesie der Toten; die Romantik hingegen spreche, so etwa in den richtungweisenden Balladen Bürgers, die Lebenden an. »*Wenn Poesie die lebende Natur wiedergibt, dann muß sie selbst lebendig sein wie der Gegenstand, den sie zum Ausdruck bringt, frei wie der Gedanke, der sie beflügelt, und entflammt wie der Geist, an den sie sich richtet.*« Eine solche formale wie inhaltliche Neubesinnung subordiniert die Dichtkunst erzieherischen und ethischen Forderungen, die in der lombardischen Regionalliteratur – vor allem bei PARINI – schon beachtet wurden. Berchet (der neben Schiller auch FÉNELON und GOLDSMITH übersetzte) macht sich damit zum Sprecher seines Freundes PELLICO und des mit dem liberalen Mailänder ›Conciliatore‹ verbundenen Kreises, dem u. a. BORSIER und Hermes VISCONTI angehörten. Darüber hinaus bereitet Berchet durch seine Kritik auch die künstlerischen Prinzipien des ihm befreundeten Manzoni vor und erscheint als direkter Inspirator des Verfassers der *Promessi sposi* und als Vorbild für alle späteren Rebellen gegen literarische Orientierung an der Vergangenheit. M.S.

AUSGABEN: Mailand 1816. – Bari 1912 (in *Opere*, Hg. E. Bellorini, 2 Bde., 1911/12, 2; Scrittori d'Italia, 31). – Lanciano 1913 (*Lettera semiseria di Grisostomo*, Hg. u. Einl. A. Galletti; ²1941). – Mailand 1936 (*Lettera semiseria di Grisostomo*, in *Poesie*; Hg., Einl. u. Anm. G. Lazzeri). – Turin 1951 (in *I manifesti romantici del 1816*..., Hg. C. Calcaterra; ern. 1979, Hg. M. Scotti). – Mailand 1977, Hg. L. Reina.

LITERATUR: C. De Lollis, *B.* (in C. De L., *Saggi sulla forma poetica italiana dell'ottocento*, Bari 1929, S. 34–54). – Ders., *G. B.*, Messina 1917; ern. Turin 1941. – E. Li Gotti, *G. B. La letteratura e la politica del risorgimento nazionale*, Florenz 1933. – A. Gustarelli, *G. B. e il romanticismo italiano*, Mailand 1934. – G. A. Borgese, *Storia della critica romantica in Italia*, Mailand 1949. – *Studi sul B.*, Hg. J. Colombo, Mailand 1950 (vgl. dazu M. Marcazzan, *Nostro ottocento*, Brescia 1955, S. 293–322). – A. Lepre, *Mito e realtà nelle polemiche del B.* (in Belfagor, 14, 1959, S. 146–159). – B. Croce, *B.* (in B. C., *Poesia e non poesia*, Bari ⁷1963, S. 150–163). – G. Innamorati, *G. B.* (in *Dizionario biografico degli Italiani*, Bd. 8, Rom 1966, S. 790–798; m. Bibliogr.). – D. Consoli, *Critici romantici*, Rom 1979. – A. M. D'Ambrosio Mazziotti, *L'aprendistato poetico di G. B.* (in Critica letteraria, 43, 1984). – A. Balduino, Art. *G. B.* (in Branca, 1, S. 275–278).

NIKOLAJ ALEKSANDROVIČ BERDJAEV

* 6.3.1874 Obuchovo bei Kiew
† 24.3.1948 Clamart bei Paris

LITERATUR ZUM AUTOR:
Bibliographie:
T. Klepinina, *Bibliographie des œuvres de N. B.*, Paris 1978.
Gesamtdarstellungen und Studien:
E. Dennert, *Die Krisis der Gegenwart u. die kommende Kultur. Eine Einführung in die Geschichtsphilosophie B.'s*, Lpzg. 1928. – E. Porret, *N. B. u. die christliche Philosophie in Russland*, Heidelberg 1950. – R. Rössler, *Das Weltbild N. B.'s. Existenz u. Objektivation*, Göttingen 1956. – E. Klamroth, *Der Gedanke der ewigen Schöpfung bei N. B.*, Hbg.-Bergstedt 1963. – N. P. Poltorackij, *B. i Rossija*, NY 1967. – St. D. Panos, *Der Gottesbegriff bei B.*, Diss. Mchn. 1969. – J. Story, *Journey through Paradox. A Critical Analysis of the Thoughts of N. B., 1899–1914*, Diss. Columbia Univ. 1971. – R. Redlich, *Filosofija ducha N. A. B.*, Ffm. 1972 [m. Bibliogr.]. – W. Dietrich, *Provokation der Person, N. B. in den Impulsen seines Denkens*, Gelnhausen/Bln. 1975. – P. Klein, *Die »kreative Freiheit« nach N. B. Zeichen der Hoffnung in einer gefallenen Welt*, Regensburg 1976. – V. A. Kuvakin, *Kritika ėkzistencializma B.*, Moskau 1976. – P. Champell Murdoch, *Der sakramental-philosophische Aspekt im Denken N. A. B.'s*, Erlangen 1981. – I. Devcic, *Der Personalismus bei N. A. B. Versuch einer Philosophie des Konkreten*, Rom 1981. – A. Köpcke-Duttler, *N. B. Seine Philosophie und sein Beitrag zu einer personalistischen Pädagogik*, Ffm. 1981 [enth. Bibliogr.]. – Ders., *N. B.s Weg einer schöpferischen Bildung*, 2 Bde., Ffm. 1982.

DUCH I REAL'NOST'. Osnovy bogočelovečeskoj duchovnosti

(russ.; *Ü: Geist und Wirklichkeit*). Religionsphilosophisches Werk von Nikolaj A. BERDJAEV, erschienen 1937. – Das mit dem Preis der französischen Akademie ausgezeichnete Spätwerk des Religionsphilosophen versucht, wie der Untertitel anzeigt, die *»Grundlagen der gottmenschlichen Geistigkeit«* zu beschreiben. Im ersten Kapitel *(Die Realität des Geistes. Geist und Sein)* untersucht Berdjaev die Begriffe »Geist« und »Sein« und wirft kritische Streiflichter auf die Theorien repräsentativer philosophischer Lehrsysteme (auch einiger russischer Denker, denen er *»Hypostasierung abstrakter Begriffe«* vorwirft); eine Geschichte des Wortes »Geist« in den verschiedenen Sprachen und philosophischen Schulen trägt er ergänzend nach.

Die Frage, ob die durch rationales Denken erarbeitete Kategorie des Seins auf den Geist und auf Gott anzuwenden sei, wird von Berdjaev verneint. Ähnlich wie in der apophatischen Theologie müsse man vielmehr zu dem Ergebnis gelangen: Die Philosophie des Geistes ist Philosophie nicht des Seins (Ontologie), sondern der Existenz. Die – selbstverständliche – Realität des Geistes sei Realität der Freiheit, nicht der Natur. Geist stehe über den Gegensätzen Realismus-Idealismus, Denken-Sein, Objekt-Subjekt usw., er ist bei Berdjaev Lebensprinzip, ursprüngliche Wirklichkeit, In-Sich-Sein, Sinn des Seins, Hauch Gottes, transzendent und immanent, revolutionäre Kraft, Schönheit, Güte, Wahrheit der Seele, der er höchste Qualität und Würde, Einheit und Gerechtigkeit verleihe; er ist Tätigkeit des Überbewußtseins im Bewußtsein, und er hat – als Freiheit – den Primat über das Sein. Geist sei individuell, enthülle sich konkret und universal in der persönlichen Existenz, existiere nur im (von Gott geschaffenen) Subjekt, das nicht nur Denken und Bewußtsein sei, sondern als aktiver Wille schöpferisch und objektivierend wirke. Das Reich des Geistes sei das Reich der Freiheit und der Liebe; die pneumatologische Weltanschauung sei dynamisch – Im zweiten Kapitel lehnt Berdjaev Versuche ab, die Eigenschaften des Geistes in Worten zu definieren. Geist als göttliches Element sei im Menschen mit dem menschlichen Element verbunden, da der Mensch eine geistig-seelische Einheit in der Fülle (das »Herz« im ostkirchlichen Sinn) darstelle. Vergeistigung beruhe auf dem Kampf des männlichen gegen das chthonisch-tellurische und kosmische weibliche Prinzip. – Das dritte Kapitel behandelt die Tragödie des Geistes, die darin bestehe, daß der Geist niedersteige und in die gefallene zeitliche Welt der Zivilisation und Gesellschaft nur unter Veränderungen eintreten könne: Verbürgerlichung, Erkaltung, Erstarrung, Selbstentfremdung des Menschen. Kollektiv könne er sich real manifestieren nicht als objektiver, sondern nur als objektivierter Geist, dessen schöpferische Leistungen – Kultur, Geschichte – immer hinter den schöpferischen Absichten zurückbleiben. Darin besteht nach Berdjaev die Problematik der schöpferischen Aktivität. Die Objektivierung mildere und verberge im Interesse des Nützlichen den destruktiv-anarchischen Aspekt der nur subjektiv zu erlebenden religiösen Wahrheit, im Falle der christlichen Offenbarung z. B. durch die Institution der gegenwärtigen Kirche, durch ihre konventionell-sakralisierten Formen (mit Hinweis auf DOSTOEVSKIJS Großinquisitor; vgl. *Brat'ja Karamazovy – Die Brüder Karamazov*). Daß statt einer Realisierung der evangelischen Gebote ihre sakramentale Symbolisierung stattgefunden habe, darin erweise sich die Tragödie des Christentums; doch könne freilich diese Symbolisierung durch geistige Besinnung, Rückführung, Gehaltserfüllung eine positive Seite gewinnen. In diesem Zusammenhang deutet Berdjaev auch die Gefahren an, die die Technik berge: den Übergang des Organischen zum Organisierten, wenn der Mensch der Technik nicht Herr werden könne.

Auf der Suche nach dem Sinn der Askese (Kapitel 4) lehnt Berdjaev den dualistisch-pessimistischen Asketismus ab, der als Furcht- und Verdienstreligiosität auch ins Christentum eingedrungen sei. Das Christentum sei aber nicht eigentlich asketisch, sondern prophetisch und messianisch. Christliche Askese in ihren verschiedenen Formen müsse positiv sein, dürfe nicht Zerstörung oder Verdrängung bedeuten, sondern Lenkung der Affekte im Dienst der Mystik, ausgerichtet auf Weltverklärung, wirksam als inspiratorisch-schöpferischer Eros. – Im fünften Kapitel diskutiert Berdjaev das Böse (die Sünde) und das Leiden: Das Leid (auch das scheinbar sinnlose, schicksalhafte) und das Mitleid sind für ihn geistige Phänomene (oder Wirkungen des Geistes); in beiden sieht er ein verklärendes Mysterium, das durch bloßen Optimismus oder Pessimismus (wie in manchen Erlösungsreligionen) nicht zu enträtseln sei. Die Fragen nach Wesen und Ursache des Bösen führen Berdjaev gegen seinen Willen zu einem neuen Dualismus, da er nicht Gott als den Urheber des Bösen sehen will (Theodiceeversuch): der Geist und seine Willensfreiheit und damit auch das Böse stammen nicht von Gott, sondern von einer uranfänglichen »vorseienden« Freiheit (Freiheit auch von Gott), dem »Ungrund« (den BÖHME annimmt). Im Folgenden widmet sich Berdjaev den Begriffen Tragik und Glück: Tragik im christlichen Sinn ist nicht mehr Verhängnis, sondern Liebesopfer. Glück im rein irdischen Sinn ist nicht möglich, eine (durchführbare) Verwirklichung sozialer Utopien (zu denen Berdjaev auch den Marxismus rechnet) läßt die geistigen Probleme nur deutlicher werden. – Im sechsten Kapitel konstatiert Berdjaev die Schwierigkeit, die Mystik, ihre Stufen, Formen und Gefahren, die Typen ihrer Vertreter in die theologische Sprache zu übertragen. Wahre Mystik ist nach ihm objektiv, realistisch, ist Erwachen des Geistes, Beziehung zwischen Gott und Seelengrund, ist negative Erkenntnis Gottes und der zwei Akte des theogonischen Prozesses: das göttliche Nichts (die Gottheit, der Ungrund usw.) realisiert sich in der Ewigkeit in Gott – der dreieinige Gott schafft die Welt. Theoria und Theosis (*theosis*: Vergöttlichung, Vergottung, ein Begriff der griechischen Kirchenväter) sind Wesenselemente der ontologisch-ganzheitlichen ostchristlichen Mystik.

Im siebenten Kapitel umreißt Berdjaev in optimistischer Zusammenschau, das Eschatologische gelegentlich vernachlässigend, Aufgaben und Ziel: echte Realisation des Geistes und »Vergeistigung« des Menschen durch Gnade und freie Tat, durch die schöpferische Kraft der Kontemplation (vgl. das »Herzensgebet«, das »geistige Tun« der orthodoxen Kirche); Durchgeistigung aller und des einzelnen (der Mensch hat Geist, soll aber Geist werden) und Verklärung durch den Parakleten (Tröster); durch Subjektivierung des Objektiven endlich Übergang in die Sphäre reiner Existenz; somit eine neue, kommunizierend-personalistische Geistigkeit, ein pneumatologisches Christentum: der Geist objektiviert nicht mehr, sondern inkarniert sich in der integralen Menschheit. So entsteht das Gottmenschentum – ein z. T. in der Ikonentheologie wurzelnder zentraler Begriff der russischen Religionsphilosophie. M.G.R.

AUSGABE: Paris 1937.

ÜBERSETZUNG: *Geist und Wirklichkeit*, R. Kirchner, Lüneburg 1948.

O RABSTVE I SVOBODE ČELOVEKA.
Opyt personalističeskoj filosofii

(russ.; Ü: *Von des Menschen Knechtschaft und Freiheit. Versuch einer personalistischen Philosophie*). Philosophische Abhandlung von Nikolaj A. BERDJAEV, erschienen 1939. – Der Autor, der in seinen nach 1902 entstandenen Schriften eine ausgesprochen antimarxistische Haltung einnahm, entwickelte in der Folgezeit – vor allem unter dem Einfluß V. SOLOV'ËVS, S. BULGAKOVS und S. L. FRANKS – eine Kultur- und Geschichtsphilosophie, in der nicht das Kollektiv, sondern – im Sinne einer religiösen Erneuerung der Welt – der Mensch als freie Persönlichkeit die zentrale Rolle spielt.

Berdjaevs Personalismus geht aus von einer Definition der Persönlichkeit als »Mikrokosmos«, als »ganzes Universum«, die aufgrund dieser Voraussetzung keinem größeren Ganzen untergeordnet sein kann. Der Mensch ist zwar ein Teil von Natur und Gesellschaft, aber nur als Individuum, nicht als Persönlichkeit: »*Persönlichkeit ist der Sieg des Geistes über die Natur, der Freiheit über die Notwendigkeit.*« Persönlichkeit und Freiheit sind untrennbar miteinander verbunden, deshalb lehnt Berdjaev jegliches Herr-Knecht-Verhältnis ab, auch in der Beziehung zwischen Gott und Mensch. Eine von J. BÖHME ausgehende, aber originell weiterentwickelte Hauptidee der Berdjaevschen Philosophie gipfelt in der These, Freiheit sei nicht von Gott gegeben, sondern »*gründe im Nichts, im Ungrund*«, sei »*primär und uranfänglich*«. Auf den sozialen Bereich angewandt, ergibt sich für Berdjaev u. a. die Forderung nach einer »*wahrhaft humanen*«, klassenlosen Gesellschaft, die auf dem absoluten Primat der Persönlichkeit über Gesellschaft und Staat, der Freiheit über die Gleichheit aufgebaut ist; die allen Menschen Brot bietet, ohne sie der Freiheit zu berauben und ihrem Gewissen zu entfremden (»*personalistischer Sozialismus*« im Gegensatz zum »*kollektivistischen*«, den Berdjaev als eine der mannigfaltigen Formen menschlicher Knechtschaft ablehnt). Auch eine solche Gesellschaft führt noch nicht zur vollkommenen Realisierung der Persönlichkeit: ist sie doch selbst nur Resultat einer geistigen Revolution und bedeutet keineswegs Erfüllung und Ziel. Denn der Mensch ist geknechtet nicht nur durch die Gesellschaft, durch Nationalismus, Besitzdenken, Krieg, Revolution, Kollektivismus, nicht nur durch die Natur, durch die eigenen Triebe, durch Zivilisation und Kultur; auch die Liebe zu Gott und zur »*höchsten Idee*« versetzt den Menschen in »*schrecklichste Sklaverei*«. Dies geschieht, weil der Mensch in dem Drang nach Überwindung seiner Subjektivität der Versuchung nach Objektivierung erliegt. Damit ist eine der Zentralideen Berdjaevs (u. a. in *O naznačenii čeloveka – Die Bestimmung des Menschen*, 1931; *Ja i mir ob-ektov – Das Ich und die Welt der Objekte*, 1934; besonders in *Opyt eschatologičeskoj metafiziki – Versuch einer eschatologischen Metaphysik*, 1947) bezeichnet, um deren Deutung sich u. a. F. STEPUN bemüht hat: »*Der Geist, den der Mensch im Innenraum seines Ichs weiß und fühlt, ist mit dem ganzen in der Welt vorhandenen Sein identisch. Die Vorstellung eines anderen, vom Menschen getrennten Seins ist... Illusion. Dieses illusionäre Sein... entsteht durch sündhafte Spaltung der urgegebenen Einheit von Geist und Sein. Das Sein wird gleichsam aus dem Ich verstoßen, wodurch sich der Geist zum Subjekt und das verstoßene Sein zur verobjektieten Scheinwelt wandelt.*« Im Akt der Objektivierung sieht Berdjaev den Ursprung aller Knechtschaft des Menschen. Die vollkommene Realisierung der freien Persönlichkeit aber geschieht »*durch den Übergang aus der abgeschlossenen Subjektivität ins Transsubjektive*«, auf dem Weg existentieller Gemeinsamkeit mit einem anderen Menschen, mit dem inneren Sein der Welt, mit Gott.

Mit diesem Gedanken wird die Verbindung zum Problem des Schöpfertums (seit *O smysle tvorčestva – Sinn des Schaffens*, 1916, einer der Berdjaevschen Zentralideen), zum Problem von Kunst und Liebe und weiter zu den »letzten Fragen« hergestellt, die der Autor in dem Abschnitt *Aktiv-schöpferischer Eschatologismus* behandelt. Die geistige Befreiung des Menschen bedeutet Sieg über Angst und Tod, Sieg über die Zeit, Auferstehung alles Lebenden und Gestorbenen, zweite Ankunft Christi, Eintritt ins Reich der Freiheit. Voraussetzung dafür ist ein gemeinsamer schöpferischer Akt von Gott und Mensch. G.v.S.

AUSGABEN: Paris 1939. – Paris 1972.

ÜBERSETZUNG: *Von des Menschen Knechtschaft u. Freiheit*, R. v. Walter, Darmstadt/Genf 1954.

SAMOPOZNANIE. Opyt filosofskoj avtobiografii

(russ.; *Ü: Selbsterkenntnis. Versuch einer philosophischen Autobiographie*). Philosophisch-autobiographisches Werk von Nikolaj A. BERDJAEV, erschienen 1949 in Paris. – Das wichtige Spätwerk entstand aus dem Bestreben des Autors, seine geistige Entwicklung umfassend und in all ihrer Widersprüchlichkeit zu deuten und verständlich zu machen. Die Form der Autobiographie wird diesem Anliegen Berdjaevs in besonderer Weise gerecht, weil seine Philosophie, wie kaum eine andere, im persönlichen Erleben und Fühlen ihren Ursprung hat und weniger Resultat diskursiven Denkens als vielmehr aphoristische Darlegung intuitiver Erkenntnisse und mystischer Erfahrungen ist. Im Sinne des unlösbaren Zusammenhangs zwischen seiner philosophischen Weltschau und seiner »*seelischen und geistigen Struktur*« versteht sich denn auch der Religions- und Geschichtsphilosoph, der Moralist und Verkünder eines personalistischen Sozialismus mit eschatologischen, transzendentalen Perspektiven als existentieller Denker; die Arbeit an seiner Autobiographie war für ihn ein »*Akt existentieller philosophischer Selbsterkenntnis*«. Zwar ist in *Samopoznanie* das eigentlich Biographische nur Mittel zum Zweck, erhält aber eben durch diesen Zweck wieder besondere Bedeutung. Das gilt für die oft schonungslos scharfsichtige Selbstanalyse, der sich Berdjaev als Mensch und Autor unterzieht (u. a. in den Abschnitten *Ursprung und Abstammung; Ich und die Umwelt; Abschließende Worte über mich selber*), ebenso wie für die Rückschau auf das gelebte Leben (vgl. die Abschnitte *Die Welt der Aristokratie; Die russische Revolution und die kommunistische Welt; Jahre der Verbannung*).

Daß die Erinnerungen an Ereignisse und Personen, neben ihrer Relevanz für das philosophische Anliegen des Autors, von hohem menschlichem und historischem Interesse sind, versteht sich angesichts des langen und wechselvollen Lebenswegs, den Berdjaev zurückzulegen hatte. Als Sproß einer alten russischen Adelsfamilie mit französisch-polnischem Einschlag geboren, durchlief er – nach frühem Bruch mit Familientradition und Adelsgesellschaft – eine revolutionär-marxistische Periode, fand Anschluß an die religionsphilosophische Renaissance des »Silbernen Zeitalters« der russischen Kulturgeschichte, wurde 1922 aus dem nunmehr kommunistisch regierten Lande gewiesen und durchlebte schwer ertragene, schöpferisch allerdings sehr fruchtbare Jahre des Exils zuerst in Berlin, dann seit 1924 in Paris.

Die Radikalität und Unabhängigkeit seiner Anschauungen, seine totale Unfähigkeit zum Konformismus machten Berdjaev stets zum Rebellen und Außenseiter. »*Ich befinde mich in einem vollkommenen Bruch mit meiner Epoche. Ich besinge die Freiheit, während die Epoche sie haßt; ich liebe den Staat nicht, . . . während die Epoche den Staat vergöttert; ich bin extremer Personalist, während die Epoche kollektivistisch denkt . . .; ich liebe den Krieg . . . nicht, während die Epoche vom Pathos des Krieges lebt; ich liebe philosophisches Denken, während die Epoche sich dazu gleichgültig verhält.*« Leidenschaftlich verteidigte er seine geistige und persönliche Freiheit gegen jegliche Art von Orthodoxie und Gruppenmoral, lebte im Konflikt mit seiner Kirche und der Mehrheit seiner Landsleute in der Emigration, wurde nach dem Krieg von sowjetischer Seite hofiert, lehnte es aber ab, nach Rußland zurückzukehren, tief enttäuscht von der anhaltenden Unterdrückung der Geistesfreiheit in seinem Heimatland, an dessen Sendung er bis zuletzt glaubte. Das politische Geschehen verwandelte sein Leben, soziale Fragen brannten ihm zeitlebens auf der Seele, immer wieder wurde er aktiv auf gesellschafts- und kulturpolitischem Feld. Wohl erlebte er »*alles Geschehen dieser Welt als eigenes Geschick*«, empfand aber gleichzeitig »*quälend die Fremdheit, Entferntheit der Welt*«. Sein »*ganzes Sein stand unter dem Zeichen der Sehnsucht nach dem Transzendentalen*«. Im Nichtverwurzeltsein in dieser Welt erkennt Berdjaev den »*tiefsten Grund seines Weltgefühls*«; daraus resultiert die »*Ablehnung der Gegebenheit dieser Welt*«, gegen die er seine Freiheit verteidigt, und im gleichen »*existentiellen Grundgefühl*« wurzelt auch seine Idee von der »*verobjektierten Welt*« (vgl. die Abhandlung *O rabstve i svobode čeloveka*).

Es sind immer wieder dieselben Grundprobleme, um die das Denken Berdjaevs kreist und die in seiner *Selbsterkenntnis* in ihrer Entwicklung, in ihrem Zusammenhang mit ursprünglichen Intuitionen, aber auch mit vielfältigen philosophischen und religiösen Quellen – antiken und zeitgenössischen, russischen und »westlichen« – dargestellt werden: das Problem der Freiheit, der Persönlichkeit, des Schaffens, des Bösen, der Theodizee. Bei alldem geht es Berdjaev letztlich um die Bestimmung des Menschen, um den Sinn menschlichen Schaffens. Er versteht auch das Christentum als »*vertieften Anthropozentrismus*«. Den Gedanken, daß die Erlösung des Menschen nicht ein einseitiger Akt Gottes sein kann, sondern die schöpferische Tat des Menschen voraussetzt, bezeichnet er als seine »*den Menschen betreffende Grundintuition*«. Der Primat der Freiheit vor dem Sein ist Berdjaevs »*grundlegende metaphysische Idee*«. Zentrale Bedeutung kommt im Denken Berdjaevs der Idee von der Objektivation zu, bei der es sich um eine »*gnoseologische Interpretation der Gefallenheit der Welt*« handelt. Der Mensch hat zu wählen zwischen dem Reich der Objektivation, der »*Fesselung an scheinbare Macht und Massigkeit*« und dem »*schöpferisch-aktiven Eschatologismus*«, dem Transzendieren ins »*Reich der existentiellen Subjektivität und Geistigkeit, ins Reich . . . der Gottmenschlichkeit*«. G.v.S.

AUSGABEN: Paris 1949. – Paris 1983 (in *Sobr. soč.*, Bd. 1: *Samopoznanie*).

ÜBERSETZUNG: *Selbsterkenntnis. Versuch einer philosophischen Autobiographie*, R. v. Walter, Darmstadt/Genf 1953.

BERECHJA HA-NAKDAN

13. Jh. Frankreich

MISCHLEJ SCHUALIM

(hebr.; *Fuchsfabeln*). Fabelsammlung von BERECHJA HA-NAKDAN. – Der Terminus *ante quem* für die Abfassung der Fuchsfabeln ist 1286, da dieses Jahr in einer Handschrift als Verkaufsdatum eingetragen ist. Der Titel *Mischlej schualim* ist dem Talmud-Traktat *Sanhedrin* (38 b) entlehnt, wo es von Rabbi ME'IR (Palästina, 2. Jh.) heißt, er habe 300 *Mischlej schualim* gekannt, die bis auf drei verlorengegangen seien. (Von diesen dreien nennt der *Talmud* auch nur die Überschrift.) Bei Berechja ha-Nakdan (der Beiname bedeutet Bibeltextkopierer) steht der entlehnte Titel *Fuchsfabeln* für Tierfabeln überhaupt, da, wie der Autor – von LESSING zitiert – selbst sagt, »die Füchse unter den Tieren, die ihre Rollen in der Fabel spielen, die allerklügsten wären«. Da die Motive der Tierfabeln von Volk zu Volk wanderten, kann nicht bei jeder Fabel des Berechja mit Bestimmtheit festgestellt werden, ob und von wem sie entlehnt ist. Immerhin hat man für etwa die Hälfte der insgesamt 107 Fabeln Ähnlichkeit mit Motiven der äsopischen Tiersagensammlung (vgl. *Ysopet*) der französischen Dichterin MARIE DE FRANCE (12. Jh.) festgestellt, die ihrerseits auf ein englisches Vorbild zurückgegriffen hat. Ohne nachweisbare Vorbilder, daher wohl vom Autor erfunden, scheinen achtzehn Fabeln zu sein. Aber auch bei den anderen ist, wenn nicht der Inhalt, so doch die Form originell: leicht dahinfließende hebräische Reimprosa mit witziger Verwendung von Bibelversen. Am Ende folgt jeder Fabel kurz die moralische Nutzanwendung. L.Pr.

AUSGABEN: Mantua 1557 [unvollst.]. – Prag 1661 [m. lat. Übers. v. M. Hanel]. – Warschau 1874. – Bln. 1921 [Einl. L. Goldschmidt; m. Ill.]. – Jerusalem/Tel Aviv 1946, Hg. A.M. Habermann [vollst.].

ÜBERSETZUNGEN: in S. Wininger, *Jüdische National-Biographie*, Bd. 1, Cernanji 1925, S. 320/321 [Ausz.]. – In J. Winter u. A. Wünsche, *Jüdische Literatur seit Abschluß des Kanons*, Bd. 3, Trier 1896, S. 187–190 [Ausz.]. – *Fables of a Jewish Aesop*, M. Hadas, NY/Ldn. 1967 [Einl. W. I. H. Jackson; Ill. F. Kredel; engl.].

LITERATUR: G. E. Lessing, *Briefe die neueste Literatur betreffend. Dreißigster Brief*, Bd. 1, Bln. 1759, S. 186 ff. [m. sieben v. Lessing übers. Fabeln]. – J. Jacobs, *Aesop's Fables*, Bd. 1, Ldn. 1889, S. 97 ff. – M. Waxman, *A History of Jewish Literature*, Bd. 2, NY/Ldn. 1933, S. 597–600. – A. M. Habermann, Art. *B. Ben Natronai Ha-Nakdan* (in EJ[2], 4, Sp. 596–598).

ALICE BEREND

eig. Alice Breinlinger
* 30.6.1875 Berlin
† 2.4.1938 Florenz

DIE BRÄUTIGAME DER BABETTE BOMBERLING

Roman von Alice BEREND, erschienen 1915. – In dem mit viel Mutterwitz und Situationskomik ausgestatteten Roman bleibt die Autorin zwar dem altbewährten Schema der bürgerlichen Unterhaltungs- und Trivialliteratur treu – naives Mädchen findet sein Glück bei einem edlen Mann, den der Leser gleich zu Anfang als den einzig Richtigen zu identifizieren vermag –, doch wird die kleinbürgerliche Idylle nicht mehr sentimental nachempfunden, sondern liebevoll ironisiert und zum Mittelpunkt eines burschikos-heiteren Spiels gemacht, ohne daß sich ein Leser aus dieser sozialen Schicht verletzt oder angegriffen fühlen könnte, denn der Witz ist nicht ironisch-beißend, sondern gemütlich, geht allerdings da verloren, wo die Autorin die Grundeigenschaften ihrer Bürger – Treue, Ehrlichkeit, Arbeitseifer, provinzielle moralische Unantastbarkeit, Herzenswärme, stille Einfalt – nur noch rührselig zu loben vermag. Frisch und munter vorgetragen, episodenreich und intelligent aufgebaut, gehört der Roman zu dem Teil der deutschen Unterhaltungsliteratur, der die Ansprüche jener Leserschaft zu befriedigen vermag, die die Liebesromane der MARLITT als zu altmodisch, die Romane der Vicky BAUM als zu »frei« ablehnt. M.Gru.

AUSGABEN: Bln. 1915. – Hbg. 1960.

BERENGAR VON TOURS

* um 1000 Tours
† 10.1.1088 Saint-Côme bei Tours

DE SACRA COENA ADVERSUS LANFRANCUM

(mlat.; *Vom Abendmahl, gegen Lanfranc*). Theologische Streitschrift von BERENGAR VON TOURS, verfaßt zwischen 1062 und 1070; Anfang und Ende sind nicht erhalten. – Ein Kernproblem der mittelalterlichen Theologie ist die Frage der Eucharistie; im Abendmahlstreit des 11. Jh.s behauptete LANFRANC, Abt von Bec und später Erzbischof von Canterbury, die leibliche Präsenz Christi im Sakrament des Abendmahls. Berengar wandte sich gegen diese allgemein geteilte Ansicht und legte seinem Sakramentsbegriff die Ansicht AUGUSTINS zugrunde, derzufolge die unsichtbare Gnade im Gefäß des Sakraments sichtbar werde. Dabei stützte sich Berengar auf RATRAMNUS, der im Abendmahlsstreit des 9. Jh.s eine ähnliche Ansicht vertreten hatte. – Gegen Berengars Lehre schrieb Lanfranc seine Schrift *De corpore et sanguine Domini (Vom Fleisch und Blut des Herrn)* mit zum Teil sehr persönlichen Angriffen. Berengar, der seine Lehre hatte widerrufen müssen, antwortete mit *De sacra coena*. Etwa ein Drittel der Schrift ist dem Versuch gewidmet, die Zurücknahme jenes Widerrufs zu rechtfertigen; in einem weiteren Drittel setzt sich Berengar eingehend mit Lanfranc auseinander, im letzten Drittel gibt er eine Darstellung seiner Lehre. Berengar leugnet die Möglichkeit, Substanz und Akzidenz zu trennen; daraus folgt: dort, wo die Akzidenzien, Brot und Wein, sind, ist auch die Substanz gegenwärtig. Brot und Wein sind aber nicht materiell der Leib Christi, sondern in geistiger Qualität. Christus ist das Konsekrierende, und durch die Konsekration wird die Abendmahlsspeise *figura*, Symbol, des Leibes Christi.

De sacra coena ist nahezu die einzige Quelle für Berengars Lehre; außer ihr sind von ihm nur einige Briefe überliefert. Berengars Schrift ist voll von Wiederholungen, der Mangel an Disposition wird indessen durch die Intensität und Leidenschaft der Argumentation aufgewogen. J.Bo.

AUSGABEN: Göttingen/Wolfenbüttel 1820, Hg. C. F. Stäudlein u. J. T. Hemsen [unvollst.]. – Bln. 1834, Hg. A. F. u. F. Th. Vischer. – Den Haag 1941, Hg. W. H. Beekenkamp.

LITERATUR: A. J. McDonald, *B. and the Reform of Sacramental Doctrine*, Ldn. 1930. – W. H. Beekenkamp, *De avondmaalsleer van B. van T.*, Den Haag 1941. – Ch. E. Sheedy, *The Eucharistic Controverse of the 11th Century*, Washington 1946. – P. G. Meuß, *Die Abendmahlslehre B.'s*, Diss. Tübingen 1955. – LThK, 2, S.215 f. – B. Neunheuser (in *Handbuch der Dogmengeschichte*, Bd. 4/4 b, Freiburg i. B. u. a. 1963, S. 11–24). – J. de Montclos, *Lanfranc et Bérengar. La controverse eucharistique du XIe siècle*, Löwen 1971. – O. Capitani, *L'»affaire bérengarienne«, ovvero dell'utilità delle monografie* (in Studi Medievali, 3. Ser., 16, 1975, Nr. 1).

JOSEFA BERENS-TOTENOHL

* 30.3.1891 Grevenstein / Sauerland
† 6.9.1969 Meschede

DER FEMHOF

Roman von Josefa BERENS-TOTENOHL, erschienen 1934. – Die Handlung, die im bäuerlichen Leben des 14. Jh.s spielt, entwickelt sich aus einem für den Bauernroman typischen Motiv: der tragischen Liebe zwischen einer Hoferbin und einem Knecht. Der Bauernsohn Ulrich rettet auf der Wanderschaft im Sauerland ein junges Mädchen, Magdlene, unter Lebensgefahr aus den reißenden Fluten der Lenne. Aus Dankbarkeit nimmt ihn ihr Vater, der reiche Wulfbauer, als Knecht auf seinen Hof. Zwischen Magdlene und Ulrich entwickelt sich eine tiefe Zuneigung; um sein Gewissen zu erleichtern, gesteht er ihr eines Abends eine alte Schuld: Nach dem Tod seines Vaters hat Ulrich den Familienhof übernommen, dessen Besitz ihm jedoch der benachbarte Gutsherr Bruno, ein hochmütiger Junker, streitig machte. In einer heftigen Auseinandersetzung hat Ulrich ihn getötet und ist geflohen. Durch die Rettung Magdlenes glaubt er, einen Teil seiner Schuld gebüßt zu haben. Das Mädchen fühlt sich durch das erwiesene Vertrauen noch stärker mit seinem Retter verbunden; doch der Vater widersetzt sich einer Heirat, da er einen reichen Bauernsohn zum Ehemann Magdlenes bestimmt hat, und vertreibt Ulrich schließlich vom Hof. Von einem hinterhältigen Kräuterhändler erfährt der Wulfbauer, warum der Liebhaber seiner Tochter seine Heimat verlassen mußte, und verlangt, daß ihn Graf Gottfried von Arnsberg, der Gerichtsherr, sofort aburteile. Dieser leitet ein ordentliches Femegerichtsverfahren ein. Ulrich, der sich inzwischen zusammen mit Magdlene im unwegsamen Hochsauerland versteckt hat, erscheint nicht zur Verhandlung, da er ahnt, daß sich kein Schöffe auf seine Seite stellen werde. Man spricht ihn schuldig und erklärt ihn für vogelfrei. Der Wulfbauer stellt ihm nach und tötet ihn; Magdlene mißachtet das Femeurteil und läßt die Leiche des Geliebten bestatten. Als sie nach Hause zurückkehrt, liegt der Vater im Sterben. Aber der Wulfshof bleibt nicht lange verwaist: Magdlene gebiert einen Knaben, der das Gut, das nun den Namen »Femhof« trägt, weiterführen wird.

Die Autorin debütierte mit dem Roman *Der Femhof* erfolgreich als Schriftstellerin; später vereinigte sie das Werk mit dem Roman *Frau Magdlene* (1935) zu *Die Leute vom Femhof*. Mit der mythischen Verklärung der »Heimat«, der geradezu kultischen Legitimation des Bodenbesitzes wie der Schilderung eines zeitlos-archaischen bäuerlichen Lebens gehört Berens-Totenohl neben Autoren wie Hans Friedrich BLUNCK oder Hans GRIMM (vgl. *Volk ohne Raum*, 1926), Emil STRAUSS, Richard BILLINGER und Friedrich GRIESE zu den populärsten Vertretern der »Blut-und-Boden«-Literatur während der NS-Zeit. A.Ge.

AUSGABEN: Jena 1934. – Düsseldorf 1961 (in *Die Leute vom Femhof*).

LITERATUR: G. Bäumer, *J. B.-T.* (in Die Frau, 48, 1940/41, S. 166 ff.). – E. Starkloff, *J. B.-T.* (in Berliner Börsenzeitung, 1941, 150/151). – K. Ziesel, *J. B.-T.* (in Die Literatur, Sept. 1941). – P. Zimmermann, *Der Bauernroman*, Stg. 1975.

WACŁAW BERENT

* 28.9.1873 Warschau
† 20.11.1940 Warschau

LITERATUR ZUM AUTOR:
W. Studencki, *O W. B.*, 2 Bde., Oppeln 1968–69. – P. Hultberg *Styl wczesnej prozy fabularnej W. B.*, Breslau 1969 [Übers. aus dem englischen MS I. Sieracki]. – S. Pigoń, *Trzy słowa o W. B.* (in S. P., *Wiązanka historyczno-literacka*, Warschau 1969). – M. Danilewiczowa, *W. B. – wielki zapomniany. Na trzydziestą rocznicę zgonu* (in Wiadomości, Ldn. 1970, Nr. 48). – A. Konkowski, *Na drogach graalowego szukania. Studium o twórczości W. B.* (in Życie i Myśl, 1970, Nr. 3). – A. Fijałkowska, *Powieści dramatyczne B.* (in Przegląd Humanistyczny, 1970, Nr. 3,). – J. T. Baer, *Nitzsche's Influence in the Early Work of W. B.* (in Scando-Slavica, 1971, Nr. 17, S. 93–111). – A. Grzymała-Siedlecki, *W. B.* (in A. G.-S., *Nie pożegnani*, Krakau 1972). – J. Garbaczowska, *Nad listami W. B.* (in Rocznik Towarzystwa Literatury im. Adama Mickiewicza, 1973, Nr. 8). – Dies., *W. B.* (in *Obraz literatury polskiej XIX i XX w.*, Ser. V, *Literatura okresu Młodej Polski*, Krakau 1973, Bd. 3). – J. T. Baer, *Juliusz Słowacki and W. B. in Their Artistic Relationship* (in *American Contributions to the Seventh International Congress of Slavists*, Warschau 21.–27. 8. 1973, Bd. 2, *Literature and Folklore*, Hg. V. Terras, Den Haag/Paris 1973, S. 23–37). – Ders., *W. B., His Life and Work* (in Antemurale, Bd. 18, 1975, S. 75–239). – J. Paszek, *Styl powieści W. B.*, Kattowitz 1976. – Z. Mołotcówna, *Opowieści biograficzne W. B.*, Warschau 1978. – J. Paszek, *Sztuka aluzji literackiej. Żeromski – B. – Joyce*, Kattowitz 1984. – *Studia o B.*, Hg. J. Paszek, Kattowitz 1984 m. Bibliogr. 1967–1984]. – H. Muszyńska-Hoffmannowa, *W. kręgu B.*, Lodz 1986.

PRÓCHNO

(poln.; *Ü: Edelfäule*). Roman von Wacław BERENT, erschienen 1901. – Das charakteristischste Werk des jungpolnischen Schriftstellers, der sich im Sinne NIETZSCHES die Errettung des Abendlandes von einer Art geistigem und biologischem Adel, einem als Künstler, Denker und Lehrer verstandenen Übermenschen, versprach, ist – ohnegleichen in der europäischen Literatur – eine der ausdrucksvollsten Darstellungen der Dekadenz in Kunst und Leben gegen Ende des 19. Jh.s. Den thematisch verwandten Romanen PRZYBYSZEWSKIS vergleichbar, verzichtet das Werk auf eine konsequent durchgeführte zentrale Handlung. Es stellt eine Aneinanderreihung verschiedenartiger Beschreibungen, Analysen, Dialoge und Szenen dar, deren Helden – Polen, Deutsche, Russen und Juden – vor allem aus dem zeitgenössischen Künstler- und Journalistenmilieu stammen. Sie alle tragen die charakteristischen Züge der Dekadenz: Skeptizimus und Mutlosigkeit, Willensschwäche und das verzweifelte Bemühen, eine Ideologie zur Erklärung und Rechtfertigung des eigenen Scheiterns zu finden. Ihre Existenz ist die gänzliche Negation ihrer objektiven Umwelt, ihr Leben ein unrealistischer Traum, in dem die Funktionen des Alltags rein mechanisch erfüllt werden. Ihre wesentliche Beschäftigung besteht in endlosen Diskussionen über die eigene Seele und das Innenleben ihrer Mitmenschen, in einer krankhaften Selbstzergliederung bis zur Exhibition, die in Alkoholismus und Selbstmord endet. – Der Stil ist in den narrativen Partien ebenso wie in den Dialogen und Selbstgesprächen der handelnden Personen bis zur Eintönigkeit bewußt und kunstvoll ausgefeilt. Das Werk bildet mit den Romanen *Fachowiec*, 1895 *(Der Spezialist)*, und *Ozimina*, 1911 *(Wintersaat)*, eine thematische Einheit; kritisch, doch mit tragischer Anteilnahme verfolgt Berent in diesen Romanen durch drei Zeitphasen hindurch die Entwicklung des dekadenten Typus des polnischen Intellektuellen. Ihre minuziöse Gewissenhaftigkeit trug dem Autor, der von Hause Naturwissenschaftler war, den Namen eines »Biologen der polnischen Generation des Fin de siècle« ein. S.H.

AUSGABEN: Warschau 1901. – Warschau 1933 (in *Pisma*, Bd. 2/3). – Warschau 1956. – Krakau 1971. – Breslau 1979, Hg. J. Paszek.

ÜBERSETZUNG: *Edelfäule*, J. Tenner, Bln. 1908.

LITERATUR: P. Chmielowski, *»Próchno«* (in Nowa ref., 1903, Nr. 126/127). – T. Gałecki, *»Próchno«* (in Ogniwo, 1903, Nr. 31–33). – H. Galle, *O »Próchnie« w książce*, Warschau 1903. – W. Gomulicki, *»Fachowiec« i »Próchno«* (in Kraj, 1903, Nr. 31). – A. Nowaczyński, *O »Próchnie«* (in Wczasy liter., 1906, S. 202–223). – J. A. Kisielewski, *O »Próchnie«* (in Panmusaion, 1906, S. 131–148). – K. Wyka, *»Pałub·a« a »Próchno«* (in K. W., *Modernizm polski*, Krakau 1959; ern. 1968). – M. Wyka-Hussakowska, *O »Próchnie« W. B.* (in *Z problemów literatury polskiej XX wieku*, Bd. 1, *Młoda Polska*, Warschau 1965). – R. Marszałek, *»Próchno«* (in Literatura, 1973, Nr. 42). – J. Paszek, *Symboliczne triady »Próchna«* (in Pamiętnik Literacki, 1973, H. 4). – Ders., *Iryzujące aluzje »Próchna«* (in Pamiętnik Literacki, 1978, H. 4). – Ders., *Iryzujące aluzje »Próchna«* (in Pamiętnik Literacki, 1978, H. 4). – Ders., *Jak powstało »Próchno«?* (in *W kręgu przemian. polskiej prozy XX wieku*, Hg. T. Bujnicki, Breslau 1978, S. 5–26). – Ders., *Aluzje plastyczne w »Próchnie« B.* (in Ruch literacki, 1979, H. 2). – M. Zaczyński, *Repetycje i rewizje. Nad twórczością B.* (in Ruch literacki, 1980, H. 3). – B. Parzyjagła, *Czas, przestrzeń, dramatis personae w »Próchnie« W. B. O nowatorstwie powieści*, Lodz 1981. – M. Zaczyński, *Niemoc serdeczna. O człowieku w »Próchnie« B.* (in *Studia o Berencie*, Hg. J. Paszek, Kattowitz 1984).

JOHN DAVYS BERESFORD

* 7.3.1873 Castor bei Peterborough
† 2.2.1947 Bath

THE EARLY HISTORY OF JACOB STAHL. - A CANDIDATE FOR TRUTH. - THE INVISIBLE EVENT

(engl.; *Die Jugend des Jakob Stahl. - Ein Wahrheitskandidat. - Das unsichtbare Ereignis*). Romantrilogie von John Davys BERESFORD (1873-1947), erschienen 1911 (1. Band), 1912 (2. Band), 1915 (3. Band). - Inhalt dieser Trilogie ist der Werdegang des Architekten und späteren Schriftstellers Jacob Stahl. Die Tatsache, daß Beresford selbst diese beiden Berufe ausübte und wie sein Protagonist körperlich behindert war, läßt auf den autobiographischen Charakter des Werks schließen.

Jacob, zweiter Sohn eines Kaufmanns deutsch-jüdischer Herkunft und einer irischen Mutter, ist nach einem Unfall in der Kindheit viele Jahre lang gelähmt. Er steht im Schatten seines älteren Bruders Eric, einer von Jugend an dominierenden Persönlichkeit. Tante Hester, die unverheiratete Schwester des Vaters, nimmt sich geduldig des verkrüppelten Jacob an und lehrt das träumerische und rasch entmutigte Kind laufen. Seine Jugenderlebnisse wirken sich im weiteren Verlauf von Jacobs Leben hemmend aus. Die selbstsüchtige Aristokratin Madeline Fermersdale spielt mit den Gefühlen des jungen Idealisten und läßt ihn kaltherzig fallen, als er ernste Absichten äußert. Tief verletzt schließt er sich Tony Farrell an, der ihn bei der Londoner Halbwelt einführt. Aber bald wendet sich Jacob von diesem Leben ab und erfällt schließlich wieder der Einsamkeit. Der Architekt Owen Bradley, dem er sich während seiner Studienzeit anschließt, prophezeit ihm, daß er es im Architektenberuf nicht weit bringen werde, und rät ihm, seine schriftstellerische Begabung weiterzuentwickeln. Doch Jacob hat sich inzwischen in die charmante Lola Wilmot, eine junge geschiedene Frau, verliebt und muß dem erlernten Beruf treu bleiben, um sie heiraten zu können. Aber er findet nicht nur in der Arbeit keine Befriedigung, auch die Ehe mit Lola, die sich immer mehr als gefühlsarm, egoistisch und herrisch entpuppt, wird für den sensiblen Mann zu einem Martyrium. Noch einmal taucht die unvergessene Madeline - inzwischen Ehefrau eines Lords - in seinem Leben auf, aber die kurze, sentimentaler Erinnerungen wegen begonnene Liebschaft hinterläßt in ihm ein Gefühl des Ekels. Er steht vor dem finanziellen Ruin, und Lola verläßt in schließlich um eines anderen willen. Verbittert und vereinsamt quält er sich mit Vorwürfen und spielt mit dem Gedanken an Selbstmord. Nach diesem Tiefpunkt seines Lebens gelingt es ihm, sich aufzuraffen und einen klaren Schlußstrich unter das Vergangene zu ziehen. Zum erstenmal ist er wirklich frei. Er erkennt, daß alle Erfahrungen notwendig waren, um seine wahren Fähigkeiten reifen zu lassen, und beginnt ein neues Leben als Schriftsteller.

Beresfords Trilogie ist eine mit realistischen Darstellungsmitteln (und allzu hochgreifenden psychologischen Ambitionen) unternommene Auseinandersetzung mit und zugleich eine Abkehr von den Konventionen und dem geistigen Erbe der viktorianischen Ära. Die Geschichte des Jacob Stahl wurde zu einem Lieblingsbuch der damaligen jungen Generation Englands, die in den Schwierigkeiten dieser Romangestalt viele ihrer eigenen Probleme wiedererkannte.   R.B.–KLL

AUSGABEN: Ldn. 1911 *(The Early History of Jacob Stahl)*. - Ldn. 1912 *(A Candidate for Truth)*. - Ldn. 1915 *(The Invisible Event)*.

LITERATUR: W. F. Schirmer, *Der englische Roman der neuesten Zeit*, Heidelberg 1923. - R. Hoops, *Der Einfluß der Psychoanalyse auf die englische Literatur*, Heidelberg 1934. - F. Swinnerton, *The Georgian Literary Scene, 1910–1935*, NY 1950.

BERGADÌS

um 1500 Kreta

APOKOPOS

(ngriech.; *Apokopos*). Lehrhafte Dichtung in 556 (in den Venezianer Drucken) gereimten Versen von dem kretischen Dichter BERGADÌS, erschienen 1519. - Im Traum erblickt der Erzähler, auf der Jagd nach einem Hirsch, plötzlich einen ungewöhnlich schönen Baum. Er klettert hinauf; doch da schüttelt sich der Baum, und er stürzt in einen Abgrund – in den Hades. Dort löst sein Erscheinen bei den Seelen der Gestorbenen einen Tumult aus. Zwei Jünglinge aber sondern sich von den andern ab und richten das Wort an ihn. Erstaunt darüber, daß er »mit Leib und Seele« in die Unterwelt gelangt sei, fragen sie ihn nach der Oberwelt und erzählen ihm sodann ihre eigene Geschichte. Auf Erden waren sie Fürstensöhne. Ihr Vater hatte ihnen mit aller Pracht ein Schiff ausgerüstet, mit dem sie ihre auswärts verheiratete Schwester besuchen wollten. Während der Fahrt bricht plötzlich ein Sturm los, das Schiff sinkt, und sie finden sich beide in der Unterwelt wieder. Gleichzeitig erscheint dort auch ihre Schwester mit ihrem neugeborenen Kind. – Nach dieser Erzählung versammeln sich alle Toten, um dem Dichter Briefe an die Lebenden mitzugeben.

Die Absicht des Autors war es, ein »Mahngedicht« zu schreiben, eine »Höllenfahrt«, die die Menschen an den Tod, ihre Sünden und an ihre Verpflichtungen gegenüber den Toten erinnern sollte. Die Verse, in denen die Verstorbenen um das Verlorene klagen, verwandeln sich jedoch in einen Hymnus auf das Leben, in ein Lied von den tausend Schönheiten und Freuden der Oberwelt – eine helle, strahlende Weltauffassung, die rein hellenisch ist. Anstatt sich in erbaulichen Ermahnungen und Reflexionen zu erschöpfen, gruppiert Bergadìs das Werk um die Geschichte der beiden Jünglinge, die auch dem Umfang nach den größten Teil des Gedichts ausmacht. Mit allen Einzelheiten wird die Pracht der irdischen Welt vorgeführt, der die beiden Jünglinge in der Blüte ihres Lebens für immer entrissen wurden. Der Bau des Schiffs, die Abschiedsfeier, die Reise, die Fürsten, die Vornehmheit der Jünglinge: das alles wird in den leuchtendsten und wärmsten Farben beschrieben, in Tönen, die an Bilder der Frührenaissance erinnern. – Über den Dichter ist nichts überliefert, und seine Vorbilder sind nicht sicher: die Forscher haben in manchen Details Anklänge an orientalische Erzählungen oder an den fünften Gesang des *Purgatorio* in der *Göttlichen Komödie* festgestellt. Das Gedicht, eines der frühesten der neugriechischen Literatur, steht zwischen den mittelalterlichen Romanen des 14./15. Jh.s und den Werken der kretischen Blütezeit (17. Jh.). Es war weit verbreitet, wie seine zahlreichen volkstümlichen Ausgaben zeigen. Auch einige Volkslieder scheinen von ihm beeinflußt zu sein. L.P.

AUSGABEN: Venedig 1519, 1534, 1543, 1553, 1627 u. ö. – Paris 1881 (in E. Legrand, *Bibliothèque grecque vulgaire*, Bd. 2, S. 94–122; krit.). – Heraklion 1964, Hg. St. Alexiou (in Kretika Chronika, 17, 1964/65, S. 183–251; krit.). – Athen 1971 u. ö., Hg. u. Einl. ders. – Athen 1982 (in G. Kechajoglu, *Laiká logotechniká éntipa*, S. 47–63; Faks. d. Ausg. Venedig 1534).

LITERATUR: A. F. van Gemert (in *Fs. Linos Politis*, Thessaloniki 1979, S. 29–38). – G. Kechajoglu, *Laiká logotechniká éntipa*, Athen 1982, S. 27–46 [vgl. *Antichari. Fs. Stamatis Karatzas*, Athen 1984].

DAVID BERGELSON

* 12.8.1884 Ochrimovo / Ukraine
† 12.8.1952 Moskau

BAJM DNJEPR

(jidd.; *Am Dnjepr*). Autobiographischer Roman in zwei Bänden von David BERGELSON, erschienen 1932 und 1940. – Der in einem kleinen Ort bei Kiew geborene Autor floh 1920 unter dem Eindruck des russischen Bürgerkriegs und der wieder aufflackernden Pogrome ins Ausland und lebte von 1921 an in Berlin. Nach Jahren des Zweifelns und Schwankens bekannte er sich 1926 zum Kommunismus, wobei er die Ansicht vertrat, daß nur die Sowjetunion der jiddischen Literatur echte Möglichkeiten zur Entfaltung bieten könne. Bergelson blieb jedoch zunächst weiterhin in Berlin und kehrte erst 1933, als Hitler die Macht ergriff, endgültig in sein Geburtsland zurück, von Optimismus erfüllt und bereit, sich dem Neuen in festem Glauben und voller Vertrauen zu verbinden.

Der erste Band des Romans *Bajm Dnjepr*, dem bereits mehrere Sammlungen von Erzählungen vorausgegangen waren, erschien 1932 unter dem Titel *Penek*. Das Werk, ein breitangelegter Entwicklungs- und Gesellschaftsroman, ist stark dem Sozialistischen Realismus verpflichtet. Die Handlung spielt in der Zeit vor dem Ersten Weltkrieg. Der jugendliche Held Penek, seinem wohlhabenden und einflußreichen Elternhaus entfremdet, sucht Gerechtigkeit und sozialen Ausgleich; seine Sympathie gilt den Armen und Unterdrückten. Als sein Vater im Sterben liegt, finden sich am Lager des reichen Mannes mehrere Ärzte ein, aber sie können ihn nicht mehr retten. Für die kranken Armen indes, die sich draußen vor der Tür versammelt haben, würde ärztliche Hilfe nicht zu spät kommen. Peneks Mutter weigert sich jedoch, sich ihrer anzunehmen und die Ärzte zu ihnen hinauszuschicken. Der Sohn fühlt: »Das wird nie verziehen werden.« – Im *Junge jorn (Junge Jahre)* betitelten zweiten Band rückt Penek noch stärker in den Mittelpunkt. Er macht sich mit den Ideen des Zionismus und des Sozialismus vertraut und wird schließlich ein überzeugter Kommunist. Zu den Idealen der Revolution bekennt er sich, weil – wie er meint – die jüdischen Nationalisten, d. h. die Anhänger des Zionismus, die Interessen der Juden über die der ganzen Nation stellen. Beim Verteilen von Flugblättern wird er von der zaristischen Polizei verhaftet. Fraglos hatte Bergelson die Absicht, den Romanzyklus vom Untergang einer Gesellschaftsklasse weiterzuführen, wenngleich über seine Pläne nichts bekannt ist. Wenn auch nicht frei von grellen propagandistischen Schlaglichtern, bietet *Bajm Dnjepr* alles in allem eine eindrucksvolle realistische Schilderung von Gesellschaft und Stimmung am Vorabend der Revolution sowie lebendige Charakterporträts, aus denen das der Hauptgestalt in ihrer duldenden Demut und aktiven Suche nach »Erlösung« herausragt. Trotz seines Bemühens um Verschmelzung von jüdischem und marxistischem Messianismus, trotz seiner Loyalität gegenüber dem kommunistischen Regime wurde Bergelson 1949 verhaftet, wie damals üblich als Verschwörer angeklagt und schließlich 1952 hingerichtet.

O.F.B.

AUSGABE: Moskau 1932–1940, 2 Bde.; ⁵1947/48.

LITERATUR: R. Wisse, Art. *D. B.* (in EJ², 4, Sp. 608–610).

NOCH ALEMEN

(jidd.; *Ü: Das Ende vom Lied*). Roman von David BERGELSON, erschienen 1919. – Dieser vor Ausbruch des Ersten Weltkriegs entstandene Roman, der zu Bergelsons frühen, noch dem Schaffen SCHOLEM ALEJCHEMS verpflichteten Werken gehört, entwirft das Psychogramm eines jungen jüdischen Mädchens, das vergeblich einen Sinn in seinem Leben sucht. Kein jiddischer Dichter hatte die Psyche einer Frau bislang auf so feinsinnige, konsequente Weise enthüllt. Mirel Hurwitsch, ein selbstsüchtiges, grüblerisches, alles unter dem Blickwinkel der Vergeblichkeit sehendes Wesen, gehört zu den Menschen, die sich, ähnlich wie ČECHOVS Gestalten, ständig mit der Frage herumquälen: »Was soll ich tun?« Sie fühlt *»eine Trauer, die sich von Tag zu Tag vertieft«*, eine *»furchtbare innere Leere«*. Sie sehnt sich nach etwas, glaubt es zu finden, *»entdeckt aber immer wieder, daß ihre Zukunft ganz anders aussehen müsse«*. Alles, was sie anrührt, wendet ihr ein vom Nichts gezeichnetes Antlitz zu. Es beginnt damit, daß Mirel, einzige Tochter eines gelehrten, in Geschäften aber unglücklichen, zerstreuten »Luftmenschen«, der *»immer neue großartige Pläne«* entwickelt, nach vier Jahre sich hinziehenden Eheunterhandlungen ihrem Verlobten den Verlobungspakt zurückschickt. (Das Geld des lebenstüchtigen, wenn auch ungebildeten Emporkömmlings hätte ihren Vater vor dem Ruin bewahren können.) Nach selbstquälerischer Abwehr resigniert sie schließlich und heiratet doch, obwohl sie weiß, daß es nicht ihr Wille ist, sondern aus Mitleid geschieht, um dem Vater zu helfen. Am Ende stehen Ausbrechen – nach bewußtem Verzicht auf das Kind, das vielleicht eine Brücke zum Leben hätte sein können –, haltloses Schweifen, Flucht. Der Roman schließt mit einem Brief. Dort heißt es: *»Noch ehe ich geboren wurde, hat jemand für mich meinen Frühling gehabt.«* Mirels Unglück besteht also darin, daß ihrem Leben Ziel, Plan und Hoffnung fehlen. Das ist etwas Neues in der jiddischen Literatur. Denn auch der (so gut wie nicht erwähnte) Glaube an den jüdischen Gott versagt der Leere gegenüber. Hinter Mirels Lebensproblemen steht TURGENEVS Nihilismus: ein radikaler Skeptizismus, der dennoch unausgesprochen von der Verwirklichung des Paradieses im Diesseits träumt. Wenn Bergelson sagt, Mädchen wie Mirel gingen entweder zum Varieté oder verübten Selbstmord, ohne daß er jedoch seine Heldin diesen Weg beschreiten läßt, so äußert sich darin die Ahnung eines dritten Weges – des der Revolution. In diesem Sinne verlegt der Autor zwar die Trauer in die Seele eines Einzelwesens, doch geht es ihm zugleich um das Bild einer Zeit. Wie Čechov ist auch Bergelson nicht verständlich ohne den Hintergrund der russischen Zustände. *»Vielleicht wäre es Zeit, daß alle Menschen aussterben und statt ihrer neue Menschen geboren werden«*, meint Mirel. *»Sie alle sind mit ihrem Leben unzufrieden, und doch versucht keiner, etwas daran zu ändern.«* In diesen Worten liegt die ahnungsvolle Aufforderung zur Revolution. In der Stimmung von Ende, von gottesfernem Untergang spiegeln sich die Gefühle jener, die 1910 in Rußland machtlos miterlebten, wie ihre Emanzipation rückgängig gemacht, mit Strenge wieder der alte antijüdische Gesetzkodex angewandt wurde: Revolution würde ihnen die Freiheit verheißen, welche die Französische Revolution den Juden im Westen bereits gebracht hatte. Doch das alles bleibt zwischen den Zeilen, Versprechen, wie es der Herbst für den Frühling ist. In diesem Sinne ist Bergelsons Roman *Noch alemen* (wörtliche Übersetzung: *Nach allem*) ein elegisches Gleichnis vom Sterben, in dem ein neues Werden sich ankündigt. Fraglos hat Bergelson, der Schöpfer des psychologischen Romans in der jiddischen Literatur, vieles mit Anton P. Čechov gemeinsam; fast wörtliche Anklänge finden sich. Wie Čechov ist Bergelson eher Maler, der lyrische Stimmung drängender Handlung vorzieht, Landschaft in Melodie verwandelt. Meister der Andeutung leiser, unaufdringlicher Töne, gelingt es ihm, das Schweigen beinah körperlich spürbar zu machen. O.F.B.

AUSGABEN: Wilna 1919; ²1929. – Moskau 1935.

ÜBERSETZUNG: *Das Ende vom Lied*, A. Eliasberg, Bln. 1923; ern. Ffm. 1965. – Dass., ders., bearb. v. V. Hacken, Stg. 1986.

LITERATUR: N. Meisel, *D. B.* (in Die Bücherwelt, Warschau, 1922, S. 239–243).

WERNER BERGENGRUEN

* 16.9.1892 Riga
† 4.9.1964 Baden-Baden

LITERATUR ZUM AUTOR:
G. Klemm, *W. B.*, Wuppertal/Barmen 1949. – E. Sobota, *Das Menschenbild bei B. Einführung in das Werk des Dichters*, Zürich/Mchn. 1962. – P. Meier, *Die Romane W. B.s*, Bern 1967. – C. J. Burckhardt, *Über W. B. Mit vollständiger Bibliographie u.a.*, Zürich 1968. – A. Hofstetter, *W. B. im Dritten Reich*, Diss. Fribourg 1968. – W. Wilk, *W. B.*, Bln. 1968. – H. Bänziger, *W. B. Weg und Werk*, Bern/Mchn. 1983.

DAS LYRISCHE WERK von Werner BERGENGRUEN.
Bergengruens Lyrik ist, ebenso wie sein erzählerisches Werk, geprägt von christlicher Weltanschauung, verbunden mit einem letztlich religiös begründeten Selbstverständnis von der Rolle des Dichters. In seinen autobiographischen Aufzeichnungen und Bekenntnissen *Das Geheimnis verpflichtet* (1952) charakterisiert Bergengruen den Dichter als *»Mitwisser Gottes«*, dem eine *»abbildhaf-*

te Teilhabe an der göttlichen Allwissenheit« zukommt. Huldigt Bergengruen damit bereits traditionellen Vorstellungen von der Dichtkunst, so bleibt sein lyrisches Werk auch formal in konventionellen Mustern befangen: volksliedhafte Balladen stehen neben pathetisch-mystischen Preisungen der Schöpfung, mitunter gefaßt in Alexandrinern und Hexametern, in denen die Rezensenten der fünfziger Jahre zumeist »*Adel*« und »*männlichen Mut*« zum Ausdruck kommen sahen. Vor allem in den fünfziger und beginnenden sechziger Jahren fand Bergengruens Lyrik mit ihren idealistisch-religiösen Wertvorstellungen und ihrem Verweis auf eine göttliche Ordnung in Natur und Geschichte, die zu offenbaren Aufgabe der Dichtung sei, in der Bundesrepublik ein aufnahmebereites Publikum.

Nach einem ersten Gedichtband über Impressionen der Insel *Capri* (1930) deutet sich schon in der Sammlung *Der Wanderbaum* (1932) und *Die Rose von Jericho* (1934, Reinhold SCHNEIDER gewidmet) jenes religiös fundierte Weltbild an, das nach Bergengruens Konversion zum Katholizismus 1936 auch die Gedichtsammlungen *Der ewige Kaiser* (anonym 1937) und *Die verborgene Frucht* (1938) in barocker Expressivität prägt. Im Gedichtzyklus *Der ewige Kaiser* erscheint die Idee eines Heiligen Reiches, in dem sich »*die beseelte Ordnung der Welt*« offenbart und bestätigt. Der »*echte Herr der Erde*« ist Jesus Christus, der der Menschheit eines Tages den endgültigen Frieden bringen wird. Ein Leitmotiv der gesamten Lyrik Bergengruens klingt hier bereits an: der Glaube an ein »heiles«, allem menschlichen Denken und Tun zugrundeliegendes und damit die Welt einigendes Prinzip. Diese Beschwörung einer universellen Harmonie der Welt, die im Kleinen wie im Großen sichtbar wird, findet ihren Widerpart in den Mächten des Bösen, die auf magische Weise die Lyrik Bergengruens bevölkern: »*Kobolde, Lemuren, greuliches Ungeziefer, schwarzer Tod, bleiche Gespenster, Nebel, Irrlichter, schlimme Verstrickungen bedrohen den Menschen auf Schritt und Tritt*« (H. Bänziger). Sie zu bannen steht in der Macht der dichterischen Sprache, in ihrer Anrufung des Göttlichen; nicht zufällig trägt ein Gedichtband den Titel *Zauber- und Segenssprüche* (1947), und das Leitmotiv des Bandes *Die Rose von Jericho* ist jener dürre Zweig, der durch den Glauben wieder zum Blühen gebracht wird. Aber Bergengruens Lyrik kennt auch einen »*balladesken Realismus*« (H. Bänziger), wie er in dem Gedicht *Leben eines Mannes* zum Ausdruck kommt und vor allem im späten Werk vorherrschend wird: »*Gestern fuhr ich Fische fangen,/Heut bin ich zum Wein gegangen,/-Morgen bin ich tot-/Grüne, goldgeschuppte Fische,/Rote Pfützen auf dem Tische,/Rings um weißes Brot.*«

Im Jahre 1937 wurde Bergengruen aus der Reichsschrifttumskammer ausgeschlossen, er zählte zu den Vertretern der sogen. »Inneren Emigration« und in den achtzehn Gedichten des Bandes *Dies Irae* (1946) deutet er die Jahre der nationalsozialistischen Herrschaft als Katastrophe im biblischen Sinn: als Versuchung eines ganzen Volkes durch den »*Widergott*«. Der Lyriker erhebt sich selbst zum Ankläger: »*Ihr aber habt die Stimme nicht gehört*«, heißt es in dem Sonett *Die Stimme*, und die Sühne der Verbrechen wird beschworen, wenn auch nicht in dieser Welt: »*Doch wir sühnen nicht zu Zeiten,/nicht auf diesem blinden Stern./Es geschieht in Ewigkeiten/und vorm Angesicht des Herrn.*« Der unverbindliche, die monströsen Verbrechen der NS-Zeit immer noch in einen göttlichen Sinnzusammenhang einzubinden bemühte Tonfall dieser Lyrik wirkt heute befremdend, aber gerade darauf beruhte wohl ihr Erfolg in der Nachkriegszeit, in der Bergengruen eine Reihe weiterer Gedichtbände publizierte (*Zauber- und Segenssprüche*, 1947; *Dir zu gutem Jahrgeleit*, 1949; *Lombardische Elegie*, 1951; *Mit tausend Ranken*, 1956). Bereits 1940 hatte ihn der Schweizer Germanist Emil STAIGER »*als größten lebenden Lyriker Deutschlands*« bezeichnet und noch 1967 ergab eine Umfrage des Nachrichtenmagazins ›Der Spiegel‹, daß unter Studenten Bergengruen neben HESSE zu den beliebtesten Autoren gehörte.

Programmatisch für sein Werk kann der Titel des 1950 erschienenen Sammelbandes *Die heile Welt* gelten, dessen Gedichte vorrangig die Vergänglichkeit irdischen Lebens zum Thema haben. Bevorzugt im Naturgedicht und in Versen mit persönlichem Bekenntnischarakter findet Bergengruen eindringliche Metaphern, die die völlige Verwiesenheit des Menschen auf Gott hin zum Ausdruck bringen (*Großer Herbst; Das Korn im Acker; Der Vogelkirschenbaum; Das silberne Land*). In der Natur bekundet sich das Göttliche als »Geheimnis« – ein Schlüsselwort in Bergengruens Lyrik – von magisch-mystischer Aussagekraft. Dem gläubigen Menschen wird die Fähigkeit zuerkannt, die Geheimnis zu »erspüren« (»*Spür tief in den Geweben/ die heilige Ursubstanz,/ und das zerstückte Leben/ ist allerwegen ganz.*«). Der Titel der Gedichtsammlung ist gleichfalls vom religiösen Ansatz des Autors her zu verstehen: »Heil« ist diese Welt allein deshalb, weil sie vom göttlichen Willen gelenkt wird und der Mensch, als Teil dieser Welt, auf die Güte Gottes hoffen darf (»*Felsen wachsen, Ströme gleiten,/ und der Tau fällt unverletzt./ Und dir ist von Ewigkeiten/ Rast und Wanderbahn gesetzt.*«). In einer Reihe von Gedichten über südliche Landschaftsmotive spiegelt sich Bergengruens Italienerlebnis (*Süden; Tempeltrümmer; Römische Erde; Die Ruinen von Rom*). Die Sammlung enthält auch Balladen (*Ballade vom Wind; Efeuballade*) und Skurril-Humoristisches (*Die Hexe; Der Hund in der Kirche; Zuspruch auf alle Fest-, Pest-, Jahres- und Wochentage*). Eine Besonderheit Bergengruens, die Verbindung von Dichtung und Gebet, zeigt das Gedicht *Gotthirte, Hirtengott*. Es handelt sich hierbei um eine in hymnisch-pathetischer Sprache (angereichert mit archaisierenden Wendungen) vorgetragene, poetische Darstellung des biblischen Bildes vom »guten Hirten« (Jesus Christus), wobei auch Elemente des katholischen *Credo* in den dichterischen Text aufgenommen wurden (»*daß wir unter den*

flammenden Zügen/ des, der auf Wolken/ beim Ton der Posaunen am schrecklichen Tage/ zu richten kommt/ die Lebendigen und die Toten – «.). In den letzten Versen des Buches bekundet sich eine für Bergengruens Spätwerk charakteristische Harmonisierungstendenz gegenüber zeitgeschichtlichen Erfahrungen: »*Was aus Schmerzen kam,/ war Vorübergang./ Und mein Ohr vernahm/ nichts als Lobgesang*« *(Frage und Antwort)*.
Formal und sprachlich orientiert sich Bergengruens lyrisches Werk am Vorbild der Symboldichtung GOETHES. Alles Gesehene und Erlebte gewinnt für ihn symbolische Kraft auf der Basis einer Glaubenshaltung, die sich nicht im (Katholisch-) Dogmatischen erschöpft, sondern aus der immer wieder erfahrenen Wechselwirkung von Christlichem und »Heidnischem« heraus bedeutsam wird. In *Das Geheimnis verbleibt* schreibt Bergengruen: »*Der Dichter wird immer wieder versucht und genötigt sein, die heidnische Welt in die christliche Verklärung heimzuholen ... Ich bekenne mich dazu, ein christlicher Heide zu sein.*« Bergengruens Gedichtwerk wird heute gemeinhin dem »*lyrischen Traditionalismus*« (O. Knörrich) eines R. A. SCHRÖDER oder H. CAROSSA zugeordnet, die ihm eigene Harmonisierungstendenz wurde in den sechziger Jahren jedoch zunehmend problematisiert. Th. W. ADORNO interpretierte 1964 die Schlußverse des Bandes *Die heile Welt* als Ausdruck eines Gefühls »*dankbarer Zustimmung zum Dasein ... Der Band von Bergengruen ist nur ein paar Jahre jünger als die Zeit, da man Juden, die man nicht gründlich genug vergast hatte, lebend ins Feuer warf, wo sie das Bewußtsein wiederfanden und schrien. Der Dichter, dem man bestimmt keinen billigen Optimismus nachsagen könnte, und der philosophisch gestimmte Pädagoge* (O. F. Bollnow), *der ihn auswertet, vernahmen nichts als Lobgesang*« *(Jargon der Eigentlichkeit)*. Seither hat sich die Literaturwissenschaft mit dem idealistischen Gehalt dieser Lyrik vorwiegend ideologiekritisch auseinandergesetzt und dabei herausgestellt, »*wie wenig diese Literatur zur Aufarbeitung der geistigen, politischen, gesellschaftlichen Erschütterungen von Faschismus und Weltkrieg beitrug*« (K. J. Kuschel). K.H.G.

AUSGABEN: *Capri*, Bln. 1930 [auch in *Die verborgene Frucht*, Bln. 1938]. – *Der Wanderbaum*, Bln. 1932 [auch in *Die verborgene Frucht*, Bln. 1938]. – *Die Rose von Jericho*, Bln. 1934; ern. Zürich 1946. – *Der ewige Kaiser*, Graz 1937 [anon]; 1951. – *Die verborgene Frucht*, Bln. 1938; ern. Zürich 1947. – *Dies irae. Eine Dichtung*, Zürich 1946. – *Lobgesang*, Basel 1946. – *Der hohe Sommer*, 1946. – *Zauber- und Segenssprüche*, Zürich 1947; ern. 1968. – *Dir zu gutem Jahrgeleit. Eine Glückwunschgabe*, Zürich 1949. – *Die heile Welt*, Zürich 1950. – *Lombardische Elegie*, Zürich 1951. – *Mit tausend Ranken*, Zürich 1956. – *Figur und Schatten*, Zürich 1958 [enth. *Die Rose von Jericho*, *Die verborgene Frucht*, *Dies irae*, *Zauber- und Segenssprüche*, *Lombardische Elegie* sowie *Mit tausend Ranken*]. – *Herbstlicher Aufbruch*, Zürich 1965.

LITERATUR: H. Bänziger, *W. B. Weg und Werk*, Thal (St. Gallen) 1950. – O. F. Bollnow, *Unruhe und Geborgenheit*, Stg. 1953. – H. Kunisch, *Der andere B.*, Zürich 1958. – M. W. Weber, *Zur Lyrik B.s*, Diss. Zürich 1958. – O. Knörrich, *Die deutsche Lyrik der Gegenwart. 1945–1970*, Stg. 1971, S. 118 f. – K. J. Kuschel, *Jesus in der deutschsprachigen Gegenwartsliteratur*, Zürich/Köln 1978, S. 27 ff.

AM HIMMEL WIE AUF ERDEN

Roman von Werner BERGENGRUEN, erschienen 1940. – Am Sankt-Heinrichs-Tag 1524 soll nach Voraussagen des brandenburgischen Hofastrologen Carion eine Flutkatastrophe die Städte Berlin und Kölln, vielleicht auch ganz Brandenburg treffen. Kurfürst Joachim I. ordnet Maßnahmen an, die Flucht und Massenhysterie verhindern sollen, erreicht jedoch eher das Gegenteil. Der scheinbar bevorstehende Untergang versetzt die Menschen in Angst und Schrecken, und niemand bleibt unangefochten: der Kammerjunker Ellnhofen, der aus Liebe zu seiner Braut einen Vertrauensbruch begeht, verwirkt sein Leben; der Astrologe Carion erliegt vorübergehend der Feigheit, und selbst der Kurfürst bringt sich, was jedem anderen verboten ist, in letzter Minute auf nahen Berghöhen in Sicherheit. Die Aussätzigen verlassen das Spital, Weltuntergangsstimmung verbreitet sich, falsche Prophezeiungen finden Gehör, es herrschen Plünderung und Totschlag. Erst als ein schweres Gewitter, das die Voraussage zu bestätigen scheint, nachläßt und der Kurfürst, der sich auf seine Pflichten besonnen hat, in die Stadt zurückkehrt, tritt eine Beruhigung ein. Eine Amestie für alle unter der Bedrohung begangenen Straftaten schafft wieder normale Verhältnisse.

Werner Bergengruen gibt in diesem Roman, der in Gehalt und Form für sein erzählerisches Schaffen charakteristisch ist, Darstellung und Deutung zugleich. Ähnlich wie in dem Werk *Der Großtyrann und das Gericht* (1935) geht es um das Verhalten des Menschen, der sich in einer Grenzsituation befindet und seine Fehlbarkeit offenbart. Die drohende Sintflut ist gleichsam nur ein Mittel, die Furcht, die im einzelnen Menschen jederzeit ausgelöst werden kann, und ein für alle Menschen und Zeiten typisches Verhalten sichtbar zu machen. Damit möchte Bergengruen die Aufgabe der Dichtung erfüllen, die er »*in der Schließung der Kluft zwischen dem Himmel und der Erde*« sieht (*Das Geheimnis verbleibt*). So steht, nachdem die Bedrohung überwunden ist, am Schluß des Romans das Bekenntnis des Menschen zur zufallslosen Ordnung, zu jedem von Gott verhängten Schicksal und zum Wohlgefallen an allen Werken Gottes »*am Himmel wie auf Erden*«. Das evangelische Motto des Romans »*Fürchtet euch nicht*« zeigt den Weg, den der Mensch aus der Gottferne seiner Furcht in die Gottergebenheit zu gehen hat, die ihn der Gnade Gottes entgegenführt. Auch der Stoff ist für den Dichter charakteristisch. Neben dem italienischen

Süden bevorzugt er den nordostdeutschen Raum, der es ihm erlaubt, die Atmosphäre dieser Landschaft und historische oder sagenhafte Züge einzuarbeiten, so hier Details aus dem Leben und Schicksal der Wenden; und er bevorzugt gut übersehbare Schauplätze und Zeitalter mit noch hierarchischer Gesellschaftsstruktur, Schauplätze, die »*in kleinem Maßstabe die Welt*« abbilden (*Das Geheimnis verbleibt*). – Trotz ihres Umfangs zeigt auch diese Dichtung Bergengruen als einen Meister der epischen Kleinform, den sein Fabulierbedürfnis zu Großformen unterschiedlichster Prägung führt. Viele Kennzeichen erweisen die novellenhafte Struktur des Romans, die nur »*durch die Vielfalt der Menschenkreise*« (H. Bänziger) ausgeweitet erscheint. Die Sprachgestaltung wurzelt stark in der erzählerischen Tradition des 19. Jh.s. K.M.

AUSGABEN: Hbg. 1940. – Mchn. 1947. – Ffm./Bln. 1980 (Ullst.Tb).

LITERATUR: W. B., *Genesis eines Romans* (in Die Literatur, 43, 1940/41, S. 216–219). – J. Bentz, *Die Idee der ewigen Ordnung im Werke W. B.s*, Diss. Wien 1950. – H. Motekat, »*Am Himmel wie auf Erden*«. *Versuch einer Interpretation* (in Jb. der Albertus-Universität zu Königsberg, 1953, S. 128 bis 147). – L. Kirchberger, *B.s Novel of the Berlin Panic* (in MDU, 46, 1954, S. 199–206). – G. A. Konitzky, *Mensch und Verantwortung in den Romanen W. B.s*, Diss. Univ. of Indiana 1954 (vgl. Diss. Abstracts, 14, 1954, S. 1413). – M. Gallhammer, *Bibelzitate im Werk W. B.s*, Diss. Wien 1969. – H. Genre-Gärtner, *Dämonie u. Gnade in W. B.s Roman »Am Himmel wie auf Erden«*, Diss. Zürich 1971. – A. v. Schirnding, *Rückkehr zu Büchern. W. B., seine Zeit und Adornos Verdikt* (in Merkur, 1982, H. 7, S. 699–707).

DIE DREI FALKEN

Novelle von Werner BERGENGRUEN, erschienen 1937. – Im *Decamerone* des BOCCACCIO wird als neunte Novelle des fünften Tages die Geschichte von Federigo und dem Falken erzählt. Auf sie geht die im 19. Jh. von Paul HEYSE formulierte Theorie zurück, daß jede Novelle einen klar herausgearbeiteten, einfach auch »Falke« genannten Wendepunkt haben müsse. In Bergengruens *Drei Falken* wird diese formale Regel auf eigentümlich unvermittelte Weise mit dem jahrhundertealten Symbol des Falken als eines göttlichen, alle irdischen Bedingtheiten frei überfliegenden Sendboten verbunden: »*Man stellt sich die Seele wohl gern unter dem Bild eines Falken vor als eines dem Himmel zuschießenden Geschöpfes voll ursprüngliches Adels.*«
In einer Stadt des Königreichs Neapel hat ein berühmter Falknermeister als kostbarsten Besitz drei wertvolle Falken hinterlassen. Die Bruderschaft zu St. Georg vom edlen Falken übernimmt unter dem Vorsitz ihres Mitglieds Albinelli seine Bestattung und die Regelung des Nachlasses. In seinem Testament hat er verfügt, daß die Falken versteigert werden und der Erlös des ersten seinen Gläubigern und den Armen der Stadt, der des zweiten dem Kloster zum Heiligen Geist und der des dritten den Erben zufallen soll. Die Schwiegertochter des Falkners, Witwe seines frühverstorbenen Sohnes und jetzt mit einem vermögenden Seidenhändler verheiratet, versucht sogleich, den Anteil zu verringern, den das Testament Cecco, einem natürlichen Sohn des Falkners, zuspricht. Cecco, ein junger, hinkender, wenig geachteter Puppenspieler, der auf Grund seiner »*vogelhaften Freiheit*« dennoch eine rätselhafte Beliebtheit genießt, wird durch seine überraschende Erbschaft bald Gegenstand des öffentlichen, vor allem geschäftlichen Interesses. Der Streit um die Aufteilung der Erbschaft verschärft sich durch die Nachricht, daß einer der Falken entflogen sei, und zieht sich bis zur Versteigerung hin. Sie beginnt schließlich unter großer Anteilnahme vermögender Falkenliebhaber aus der Umgebung. Als der zweite Falke gerade ausgeboten wird, bringt ein Jägerbursche den zufällig wieder eingefangenen dritten zurück. Cecco nimmt ihn auf seinen Handschuh, betrachtet ihn lange und gibt ihm, aus Ekel davor, »*daß vielleicht sein ganzes künftiges Leben von dieser Welt der Kaufpreise und Marktgängigkeiten eingesogen werden sollte*«, in einem plötzlichen Entschluß die Freiheit. Die zuschauende Menge ist entrüstet. Auch Albinelli, der sich sehnlichst den Besitz des dritten Falken wünschte, ist zunächst betroffen, nimmt dann aber beschämt die silberne Kette der Falkenbruderschaft ab und legt sie Cecco um.
Den konstruierten Gegensatz zwischen einem Erwerbsgeist, der jedes Ding auf seinen »angemessenen« Preis zu reduzieren versucht, und menschlicher Würde, die sich dem reinen »Tauschwert« gegenüber gleichgültig zeigt, hat Bergengruen durch den freien Entschluß des Individuums symbolisch aufgelöst: der Außenseiter Cecco läßt seinen Falken entkommen, der als Symbol »*königlicher Herzensfreiheit*« nicht zur »Ware« werden darf, die sich gewinnbringend veräußern ließe. – Bergengruens Neigung, alle Gestalten und Vorgänge von einer zentralen Idee her symbolisch zu stilisieren, verdankt die Novelle ihre gedankliche und formale Ausgewogenheit und Geschlossenheit, wenngleich die allzu glatte und betont exemplarische Handhabung des traditionellen Formschemas manchmal etwas gekünstelt wirkt. H.H.H.

AUSGABEN: Dresden 1937. – Zürich 1946. – Zürich 1966; ern. 1983.

LITERATUR: H. Bänziger, *Eine Novelle W. B.s* (in Trivium, 5, 1947, S. 130–144). – K. Migner, *Formprobleme der Erzählkunst W. B.s*, Diss. Mchn. 1956. – I. Jordan, *Aufbauformen in den Novellen und Erzählungen W. B.s u. ihr Zusammenhang mit seinem Begriff des Charakters, der Entscheidung u. des Schicksals*, Diss. Mchn. 1958. – G. Rief, *Die Form der Novelle bei W. B.*, Diss. Innsbruck 1959. – H. Aust, *Von der Vornehmheit. Zu B.s Novelle »Die drei Falken«* (in Stimmen der Zeit, 1959/60, 165,

S. 18–25). – W. Zimmermann, *W. B.* »*Die drei Falken*« (in W. Z., *Deutsche Prosadichtungen der Gegenwart*, Bd. 3, Düsseldorf 1961, S. 135–155). – S. S. Weiss, *Das Überraschungsmoment in der Novellistik W. B.s*, Diss. Pennsylvania 1972.

DAS FEUERZEICHEN

Roman von Werner BERGENGRUEN, erschienen 1949. – Der Gastwirt und Bauer Hahn aus einem Dorf an der Ostsee hat während eines Unwetters in Seenot geratenen Sommergästen mit einem Feuerzeichen den Weg zum rettenden Ufer gezeigt; er hat jedoch mit dem Entzünden dieses Strandfeuers zugleich gegen ein Gesetz zum Schutze der Schiffahrt verstoßen. Ihn erwartet deshalb ein Strafprozeß, der zwar nichts anderes als seine Verurteilung bringen kann, an die sich aber selbstverständlich eine Begnadigung anschließen wird. In nahezu krankhafter Engstirnigkeit ist Hahn indessen weder fähig noch willens einzusehen, daß hier Recht und Gerechtigkeit zusammenstoßen und ein Ausgleich nur durch Begnadigung gefunden werden kann. Ohne von den zwingenden Gegebenheiten Notiz zu nehmen, will er sein subjektiv richtiges Empfinden, kein Unrecht begangen zu haben, über jede objektive Rechtsnorm setzen und erkennt nicht, daß damit der Willkür Tür und Tor geöffnet würde. Diese einfache Frage rationaler Erkenntnisfähigkeit wird zu einem religiösen Problem ausgeweitet. Auch als Hahn vorübergehend nachgibt, hat er sachlich nichts begriffen; er ist nur zu demütiger Unterwerfung bereit: »*Er hatte gemeint, die Welt auf die Probe stellen zu dürfen, aber die Schöpfung hatte ihn auf die Probe gestellt, auf die Probe der Richtigkeit, und er hatte sie nicht bestanden.*« Auf diese Einsicht folgt jedoch kein endgültiger Wandel, sondern eine Steigerung: am Ort seiner strafbaren Handlung wird ihm die durch den Nebel brechende Sonne zum Feuerzeichen dafür, daß in seiner Gestalt »*die ganze Schöpfung um ihre Richtigkeit*« kämpft. Nach der vom Autor selbst ausgesprochenen Deutung erliegt Hahn damit der satanischen Versuchung und kommt zu nichts Geringerem als zu einem »*Pakt mit dem Teufel*«. Selbstverständlich kann Hahn trotz aller Bemühungen den Prozeß nicht verhindern, und so erhängt er sich einen Tag vor dessen Beginn, nachdem er sein Haus angezündet hat, um durch dieses neue Feuerzeichen zu demonstrieren, daß eine andere, bessere Welt geschaffen werden müsse.

Werner Bergengruen benutzt die Fabel, um sich zur Richtigkeit der Schöpfung zu bekennen (»*die Welt ist hell, bei allem Kummer und Jammer, der über einen kommen kann*«) und um die Notwendigkeit zu zeigen, daß der grundsätzlich unzulängliche und schuldige Mensch sich unterwirft und der Gnade Gottes anheimgibt. Die Handlung des Romans beschränkt sich ganz auf die Geschichte der Hauptfigur Hahn, entwickelt sich gradlinig und läuft nach jener schicksalhaften Steigerung mit noch größerer Zielstrebigkeit auf das alles abschließende unerhörte Ereignis zu. Das Feuerzeichen wird als Ausgangs-, Wende- und Endpunkt zum Leitmotiv, ausschmückende Details fehlen völlig; zahlreiche Überlegungen und Gespräche, in denen Hahns Haltung diskutiert wird, weiten das erzählte Geschehen entscheidend aus. Diese Reflexionen geben der Dichtung zudem einen stark lehrhaften Charakter, der auch durch die meist klare, aber im Konventionellen erstarrte Sprache nicht abgemildert wird. K.M.

AUSGABE: Mchn. 1949.

LITERATUR: B. Grell, *Grundzüge d. Menschenbildes in d. epischen Dichtung W. B.s*, Diss. Bln. 1951. – G. A. Konitzky, *Mensch und Verantwortung in d. Romanen W. B.s*, Diss. Bloomington 1954 (vgl. Diss. Abstracts, 14, 1954, S. 1413). – E. Hofacker, *B.'s »Das Feuerzeichen« and Kleist's »Michael Kohlhaas«* (in MDU, 47, 1955, S. 349–357). – S. T. Samples, *Characters and Their Conflicts in Selected Novels of W. B. and E. Wiechert 1932-1950*, Diss. Yale Univ. 1982 (vgl. Diss. Abstracts, 43, 1982, S. 1561A).

DER GROSSTYRANN UND DAS GERICHT

Roman von Werner BERGENGRUEN, erschienen 1935. – Das Werk ist in fünf Bücher eingeteilt: *Nespoli, Vittoria, Diomede, Der Färber* und *Der Großtyrann und das Gericht*, benannt jeweils nach einer Hauptfigur. Ein Motto – »*Ne nos inducas in tentationem*« (»*Führe uns nicht in Versuchung*«) – weist ebenso deutlich auf das Thema des Romans hin wie die Präambel: »*Es ist in diesem Buche zu berichten von den Versuchungen der Mächtigen und von der Leichtverführbarkeit der Unmächtigen und Bedrohten. Es ist zu berichten von unterschiedlichen Geschehnissen in der Stadt Cassano, nämlich von der Tötung eines und von der Schuld aller Menschen. Und es soll davon auf eine solche Art berichtet werden, daß unser Glaube an die menschliche Vollkommenheit eine Einbuße erfahre. Vielleicht, daß an seine Stelle ein Glaube an des Menschen Unvollkommenheit tritt; denn in nichts anderem kann ja unsere Vollkommenheit bestehen als in eben diesem Glauben.*« Im Kern enthalten diese Sätze bereits das Geschehen und seine Problematik.

In Cassano, einem italienischen Stadtstaat der Renaissance, ist Fra Agostino, ein gelegentlich als Diplomat verwendeter Mönch, ermordet worden. Der Großtyrann fordert Aufklärung des Verbrechens innerhalb von drei Tagen. Das hat zur Folge, daß sich ein Netz von Lügen, Intrigen und gegenseitigen Verdächtigungen immer enger um zahlreiche hochgestellte Bürger zusammenzieht: Nespoli, der Polizeichef, fürchtet um seinen Kopf und beschuldigt deshalb eine junge Selbstmörderin der Untat; Vittoria Confini, seine Geliebte, läßt eine Schrift anfertigen, in der ihr Mann auf dem Sterbelager den Mord an Fra Agostino gesteht; Diomede, ihr Stiefsohn, nimmt den Kampf um die Ehre des verstorbenen Vaters auf und stiftet eine Dirne zu der Aussage an, Confini sei in der Mordnacht bei ihr gewesen; der Färber Sperone endlich, ein frommer Mann, kann der Versuchung nicht widerstehen, die vergiftete Atmosphäre zu reinigen und durch Selbstbezichtigung die Bewohner der Stadt vor weiterem Umsichgreifen des Bösen zu bewahren. Da, auf dem Höhepunkt der Verstrickung, als der Ekel über die eigene Verführbarkeit schon die meisten der in den Fall Verwickelten ergriffen hat, löst der Großtyrann selbst in einer Gerichtsverhandlung die scheinbar unerklärlichen Widersprüche mit dem Geständnis, er selber habe den Mönch ermordet, um die Herzen seiner Untertanen zu prüfen. Weil das Ergebnis so beschämend ausgefallen sei, wolle er nun über sie Gericht halten. Doch Don Luca, der Priester, erhebt nun flammende Anklage gegen den Großtyrannen, zeiht diesen selbst des größten Frevels: »*Du hast mit deinem freien Willen dies widergöttliche Spiel angehoben ... in Gleichheit Gottes die Schicksale der Menschen zu bewegen und zu beschauen und endlich als ein Weltenrichter über sie zu befinden.*« Erschüttert erkennt der Herrscher, daß er sich versündigt hat: ein Schuldbekenntnis aller und gegenseitige Vergebung schließen diese Parabel menschlicher Unzulänglichkeit ab.

Ursprünglich als Novelle geplant, trägt der Roman noch deutliche novellistisch-dramatische Züge, die an C. F. Meyers Erzähltechnik erinnern: strafferer, zugespitzter Verlauf der Handlung, Konzentration auf eine einzige »unerhörte Begebenheit« und übersichtlicher, bühnenhafter Wechsel der Schauplätze kennzeichnen seine durchdachte, überaus spannungsgeladene Komposition. Sprachlich gehört das Werk nicht zu den besten des Dichters; der Stil verrät eine gewisse epigonale Starre und gesuchte Originalität. Doch seiner packenden Thematik wegen ist das Buch, das man auch (nach H. Bänziger »*irrtümlicherweise*«) als Schlüsselroman gegen die NS-Diktatur verstanden hat, eins der meistgelesenen von Bergengruen. KLL

Ausgaben: Hbg. 1935. – Mchn. o. J. [1965]. – Zürich 1971. – Ffm./Bln. 1980 (Ullst.Tb).

Dramatisierung: G. Fleckenstein, *Der Großtyrann u. das Gericht* (Urauff.: Baden-Baden 1963).

Literatur: G. A. Konitzky, *Mensch u. Verantwortung in den Romanen W. B.s*, Diss. Bloomington 1954 (vgl. Diss. Abstracts, 14, 1954, S. 1413). – K. Migner, *Formprobleme der Erzählkunst W. B.s*, Diss. Mchn. 1956. – W. B., *Rückblick auf einen Roman* (in Abh. d. Akad. d. Wiss. u. Lit., Mainz, 3, 1961,2). – K. Brinkmann, *Erläuterungen zu W. B.s Roman »Der Großtyrann u. das Gericht«*, Hollfeld 1963. – R. H. Paslick, *The Tempter. B.s »Großtyrann« and the Hermetic Tradition* (in Neoph, 57, 1973, S. 66–73). – A. v. Schirnding, *Rückkehr zu Büchern. W. B., seine Zeit und Adornos Verdikt* (in Merkur, 1982, H. 7, S. 699–707). – S. T. Samples, *Characters and Their Conflicts in Selected Novels of W. B. and E. Wiechert 1932–1950*, Diss. Yale Univ. 1982 (vgl. Diss. Abstracts, 43, 1982, S. 1561A).

DER LETZTE RITTMEISTER

Erzählband von Werner Bergengruen, erschienen 1952. – Der Band bildet zusammen mit *Die Rittmeisterin* (1954) und *Der dritte Kranz* (1962) eine locker gefügte, durch die Titelgestalt zusammengehaltene Trilogie. Die Hauptfigur wird zunächst in Gesprächen mit dem Erzähler in einem Tessiner Kaffeehaus vorgestellt; aus einer Vielzahl von Einzelzügen und Episoden entsteht dabei nach und nach ein deutliches Bild von ihr. Der zweite Teil des Bandes bestätigt und ergänzt dieses Bild durch *Die Erzählungen des letzten Rittmeisters*. Sie umspannen die verschiedensten Gattungen epischer Kleinkunst (»*Manchmal waren es ... epische Aphorismen, manchmal Anekdoten, manchmal richtig ausgesponnene Erzählungen, ja, Novellen*«) und lassen das »ritterliche« Leben auf historischen Kriegsschauplätzen Europas gegenwärtig werden. Betrachtungen des Erzählers über *Das Ende des letzten Rittmeisters und aller Rittmeisterschaft* fügen sich dem dritten, abschließenden Teil zusammen. – Im zweiten Band der Trilogie wird der Rittmeister in den Erinnerungen seiner Freundin Musa Petrowna lebendig. Auch hier dient eine Gesprächssituation – der Erzähler ist einer Einladung der Rittmeisterin nach Genf gefolgt – als Rahmen für zahllose Geschichten und Geschichtchen, die mitunter weit von ihrem Ausgangspunkt, dem Rittmeister, wegführen. Dem letzten Band der Trilogie liegt eine Mappe aus dem Nachlaß des Rittmeisters zugrunde, die Stichworte für neue Augenblicksgemälde und essayistische Exkurse liefert.
In der Zentralfigur des »*rittmeisterlichsten aller Rittmeister*« versucht Bergengruen das Bild eines »*wohlgearteten*« Menschen zu zeichnen, in dem Weltfreude und Edelmut, Fröhlichkeit und Glaube vereinigt sind. Er ist Weltmann und Don Quixote zugleich, an Liebe, Wein und Waffen ebenso interessiert wie am Phänomen des Wunderlichen und Wunderbaren und an metaphysischen Fragen. Als anachronistische Gestalt in einer nicht mehr »*heilen Welt*« kann er freilich nur in wehmütiger Erinnerung weiterleben, als »*der in Wahrheit gegenwärtige, mit sich selbst einträchtige Mensch, der eine Absicht der Schöpfung ausdrückt, ohne es zu wissen.*«. Durch das Medium dieser Erinnerung will Bergengruen dabei von Geschichte zu Geschichte »*das Flüchtige fixieren*«, »*das Ewige im Augenblick sichtbar werden*« lassen, »*das Leben still verherrlichen*«. Hier klingt sein zentrales Thema vom Einverständnis des Menschen mit der Schöpfung an.
Mit dem Untertitel des zweiten Bandes, *Wenn man so will, ein Roman*, weist Bergengruen selbst auf die offene Struktur dieser Trilogie hin. Die verschiedenen Gesprächsgegenstände und Geschichten werden assoziativ oder relativ willkürlich miteinander verbunden (»*Übrigens, habe ich Ihnen einmal von ...*

erzählt?«), und ausführliche Kommentare lassen den Leser nicht im Zweifel über die beabsichtige Aussage. Eingeschobene Berichte, Kochrezepte, allgemeine Lebensregeln, Anmerkungen im Kleindruck und steter Wechsel der Erzählerperspektive lösen jeden Ansatz zu einer linearen Darstellungsweise auf, die nur eine »*Absage an die Bezauberung der Augenblicke*« bedeuten würde. Mit dem Goethewort »*Nach einem selbstgesteckten Ziel mit holdem Irren hinzuschweifen*« charakterisiert Bergengruen diese Darbietungsform; eine Tendenz zum Erzählen um seiner selbst willen, zum unreflektierten und formlosen Fabulieren ist dabei unverkennbar. Zu dieser Problematik tritt die Sprache: Sie wirkt oft konventionell und allzu korrekt; dies mag mit Bergengruens traditionsgebundener Perspektive, seiner Beschwörung einer unzeitgemäßen Existenzweise zusammenhängen. Der damit verbundenen Gefahr rückwärtsgewandter Sentimentalität versucht er dadurch zu begegnen, daß er seine Rittmeistergeschichten aus humorvoller Distanz erzählt. K.M.–KLL

AUSGABEN: Zürich 1952 (*Der letzte Rittmeister*). – Mchn. 1954 (*Die Rittmeisterin. Wenn man so will, ein Roman*). – Zürich ⁸1974.

LITERATUR: K. Migner, *Formprobleme der Erzählkunst W. B.s*, Diss. Mchn. 1956. – I. Jordan, *Aufbauformen in den Novellen u. Erzählungen W. B.s u. ihr Zusammenhang mit seinem Begriff des Charakters, der Entscheidung u. des Schicksals*, Diss. Mchn. 1958. – K. Migner, *B.s »Rittmeister«-Trilogie* (in Welt u. Wort, 18, 1963, S. 267/268). – H. P. Reinkordt, *Das Problem des Heimatverlustes in der »Rittmeister«-Trilogie von W. B.*, Diss. Lincoln 1972. – S. S. Weiss, *Das Überraschungsmoment in der Novellistik W. B.s*, Diss. Pennsylvania 1972.

JOHN BERGER

* 5.11.1926 London

LITERATUR ZUM AUTOR:
J. H. McMahon, *Marxist Fictions: The Novels of J. B.* (in ConL, 23, 1982, S. 202–224). – A. R. Bras, *A Sense of the Future: The Work of J. B.* (in Crit, 25, 1984, S. 125–135). – A. Maack, *Der experimentelle englische Roman der Gegenwart*, Darmstadt 1984 (WdF). – G. Dyer, *The Ways of Telling: The Work of J. B.*, Ldn. 1986; *J. B. at 60* (in Edinburgh Review, 75, 1987, S. 110–127).

G.

(engl.; *G.*). Roman von John BERGER, erschienen 1972. – G., der illegitime Sohn einer amerikanischen Mutter und eines reichen italienischen Kaufmanns, gezeugt vier Jahre nach Garibaldis Tod (1882), geboren in Paris, erzogen in England, stirbt an dem Tag in Triest, an dem Italien Österreich den Krieg erklärt. Nationale Zugehörigkeit und Identität von G. sind ebenso schwer zu bestimmen wie sein Name, der erst spät mit G(iovanni) angegeben wird.

Ereignisse seines Lebens werden mit Ereignissen der europäischen Geschichte in Verbindung gebracht. Die Mutter engagiert sich für den Fabianismus und überläßt G.s Erziehung ihren Geschwistern in England, die eine inzestuöse Beziehung zueinander haben. Mit elf Jahren begegnet G. zum ersten Mal seinem Vater in Mailand und gerät in die Wirren des blutigen Arbeiteraufstands 1898, wo er Tote und Verwundete sieht. Der aufgrund des väterlichen Erbes reiche und privilegierte G. ist eine wurzellose, isolierte Figur, ein Produkt der bürgerlichen Gesellschaft. Er lebt ganz in der Gegenwart: Viele Passagen des Romans sind daher im Präsens geschrieben. Bei den geschilderten Ereignissen aus G.s Leben handelt es sich vornehmlich um sexuelle: Sie umfassen die erste schwärmerische Liebe zu seiner Gouvernante, die Verführung durch seine Tante, Verhältnisse mit Zimmermädchen und Bankiersgattinnen und schließlich dem bosnischen Arbeitermädchen Nusa. Der Erzähler, der in diskursiven Passagen über Sex, Geschichte und Romantheorie immer wieder die Fiktion durchbricht, deutet diese Begegnungen als einzigartige, die durch ihre Singularität ermöglichen, die eigene Subjektivität zu erfahren. Im sexuellen Akt, so kommentiert der Erzähler, zählt nur das Hier und Jetzt, der zeitlose Augenblick, in dem Erfahrung geteilt wird. Seine Einzigartigkeit bewirkt auch, daß diese Erfahrung literarisch kaum vermittelt werden kann. Durch seine zahlreichen sexuellen Abenteuer wird G. zu einer überindividuellen Don-Juan-Figur. Die ganz individuellen Erfahrungen von G. werden mit historischen Ereignissen kontrastiert, wenn der unbedeutende G. mit historischen Figuren, dem Volksheld Garibaldi oder dem von den Massen bewunderten Geo Chavez, der 1910 als erster die Alpen überflog, verglichen wird. Ereignisse aus G.s und Chavez' Leben werden parallel erzählt: Während Chavez' historischem Flug verführt G. ein Zimmermädchen; als Chavez nach seiner Bruchlandung im Sterben liegt, wird G. im gleichen Krankenhaus wegen einer Schußwunde behandelt, die ihm ein eifersüchtiger Ehemann beigebracht hat. Neben die Erzählung von sexuellen Begegnungen und individuellen geschichtlichen Ereignissen werden kollektive historische Erfahrungen, Massenerlebnisse, gestellt: die Revolution in Livorno 1840, die Besetzung Neapels durch Garibaldis Armee 1860, der Arbeiteraufstand in Mailand 1898, Ereignisse aus dem Vierten Kaffernkrieg oder dem Burenkrieg, die Verschwörung bosnischer Nationalisten in Triest 1915. Bezugspunkt beim Vergleich sexueller Begegnungen und historischer Vorgänge ist das Konzept der Freiheit, die G.s sexuelles Verhalten bestimmt und die in sozialen und politischen Umwälzungen erreicht werden soll. Bei einem Aufenthalt in Triest 1915 wird er von Österreichern und Italienern als Spion verdächtigt. Er provoziert beide Seiten, als er mit der Bosnierin Nusa einen Ball besucht und sich zum ersten Mal politisch engagiert, indem er sich für den Freiheitskampf der unterdrückten völkischen Minderheiten einsetzt: Er übergibt Nusa seinen Paß, um ihrem Bruder damit zur Flucht zu verhelfen. So wie sich Don Juan der Rache des Komtur, an den im letzten Kapitel erinnert wird, nicht entziehen kann, wird G. in den Sog der historischen Ereignisse hineingezogen: Er gerät in die plündernde Menschenmenge von Irredentisten, die sich am Tag der Kriegserklärung Italiens an Österreich bildet, und nimmt an deren Brandstiftungen aktiv teil. Schließlich wird er für einen österreichischen *agent provocateur* gehalten, getötet und ins Meer geworfen.

Die historischen Ereignisse werden nicht in chronologischer Folge berichtet, sondern dem Erfahrungshorizont der Figuren entsprechend eingeblendet. Ziel der Montagetechnik von Berger ist es, nicht einen Zeitverlauf, sondern gleichzeitig verfügbare Momente der Erinnerung wiederzugeben, Augenblicke der Vergangenheit, die im Bewußtsein eines Erlebenden vergegenwärtigt werden. Berger lehnt sich an R. G. COLLINGWOODS (1889–1943) Geschichtsverständnis an, das im Text paraphrasiert wird. Auch der Einfluß von Walter BENJAMIN, für den Vergangenheit sich nur in erinnerten Momenten vergegenwärtigt, wird deutlich, wenn Berger es als Aufgabe der Massen ansieht, das Kontinuum der Geschichte aufzusprengen. Die Verbindung von Erzählung und Vergangenheit nachvollziehenden Bewußtseinsakten, Historie und Romantheorie machen *G.* zu einem »metahistorischen« Roman. Im Jahr seines Erscheinens erhielt das Buch den Booker Prize.

A.Maa.

AUSGABEN: Ldn. 1972. – NY 1980.

LITERATUR: D. Caute, *What We Might Be and What We Are: J. B. and the Artist's Duty to Transcend Despair* (in TLS, 9. 6. 1972).

PIG EARTH

(engl.; *Ü: Sau-Erde*). Gedichte, Erzählungen und Essays von John BERGER, erschienen 1979. – Das Buch beruht auf den Erfahrungen, die Berger sammelte, als er sich fünf Jahre lang in einem Bauerndorf in Savoyen aufhielt und gemeinsam mit den Bauern arbeitete. Daß zwischen ihnen und dem Maler, Schriftsteller und marxistischen Kunstkritiker Berger jedoch eine Distanz bleibt, erläutert der Essay *Explanation (Eine Erläuterung)*. Die Sammlung unterschiedlicher Genres, von Erzählungen, Gedichten und Essays will die Arbeit und Erfahrungen der Bauern schildern, ihr hartes Leben und die Leiden einzelner darstellen und so eine historisch gewachsene Lebensweise, die durch soziale Umschichtungen und ökonomische Veränderungen vom Aussterben bedroht ist, vor der Vernichtung bewahren.

Die Gedichte verbinden den zyklischen Ablauf des Lebens der Menschen mit dem der Natur und der Jahreszeiten. – Die Erzählungen sind Augenzeugenberichte, die das Portrait eines Dorfes entstehen lassen, dessen Lebensweise durch Traditionen bestimmt wird. Wie Berger selbst erweist sich ein alter Mann, dessen überliefertes Wissen mehr als 100 Jahre zurückreicht, als Geschichtenerzähler, der ein fiktionales Bild des Dorfes entwirft: Geschichte und Geschichten vermischen sich wie Vergangenheit und Gegenwart, Wirkliches und Erfundenes. Die Erzählungen beschreiben in präziser, emotionsloser Sprache wichtige Arbeitsabläufe im Dorf, in *A Question of Place (Eine Frage des Platzes)* wie eine Kuh geschlachtet, in *A Calf Remembered (Erinnerung an ein Kalb)* wie ein Kalb geboren wird, in *Addressed to Survivors (An Überlebende)* wie eine Kuh auf der Alm einen Abhang herabstürzt und abtransportiert werden muß. In *The Wind Howls Too (Auch der Wind heult)* ist das Schlachtfest im Winter Anlaß, über die Familiengeschichte nachzudenken und zu fragen, ob in der Zukunft noch Platz für die Lebensweise der Bauern sein wird. *The Value of Money (Vom Wert des Geldes)* illustriert den Generationenkonflikt zwischen dem traditionsbewußten Bauern Marcel und seinen Söhnen, die das Dorf verlassen haben. Den Traktor, den einer seiner Söhne ihm kauft, lehnt er ab. Für Marcel sind Maschinen ein Mittel, das ihn seiner ländlichen Umgebung entfremdet, ihm Schulden aufbürdet und ihn schließlich von seinem Hof vertreibt. Als er für seinen aus der eigenen Apfelernte destillierten Schnaps Steuern zahlen muß, rebelliert er, indem er die staatlichen Inspektoren kidnappt und sie einige Tage die Entbehrungen des Bauernlebens spüren läßt. Die Gefängnisstrafe, zu der er dafür verurteilt wird, empfindet er deshalb als ungerecht, weil er durch sie seiner harten Lebensweise entwöhnt wird und Arbeiten für ihn bedeutet, tradiertes Wissen zu bewahren.

Die weitaus längste Erzählung, *The Three Lives of Lucie Cabrol (Die drei Leben der Lucie Cabrol)* besteht aus der Lebensgeschichte der zwergwüchsigen Bauerntochter Lucie von ihrer Geburt 1900 bis zu ihrem Tod 1967. Der Erzähler ist Jean, den Lucie im Alter von 20 Jahren verführt, der aber die von allen als *cocadrille*, eine Art Wechselbalg, bezeichnete Lucie nicht heiratet. In ihrem »ersten Leben«, das bis zum Ende des Zweiten Weltkriegs dauert, arbeitet Lucie wie ein Mann auf dem Hof, der der Familie gehört. Als zwei Widerstandskämpfer, denen sie geholfen hat, von ihren Brüdern verraten und von den Deutschen hingerichtet werden, zieht sie sich von der Familiengemeinschaft zurück und lebt von kleinen Diebereien. Sie wird beschuldigt, Feuer an die Scheune der Familie gelegt zu haben, vom Hof gejagt und enterbt. – In ihrem »zweiten Leben« wohnt sie in einem baufälligen Haus, außerhalb der Dorfgemeinschaft, die sie wegen ihres

Wuchses und wunderlichen Verhaltens als Hexe betrachtet. Sie trifft nach über 40 Jahren Jean wieder, der aus der Ferne, aus Paris und Amerika, wo er hart gearbeitet hat, aber nicht reich geworden ist, ins Dorf zurückgekehrt ist. Ihm erzählt Lucie, wie sie in 20 Jahren ein Vermögen angehäuft hat, indem sie wilde Blumen und Früchte gesammelt, jenseits der Grenze in der Stadt verkauft und auf dem Rückweg Zigaretten geschmuggelt hat. Sie hat den Wert und die Wirkung des Geldes kennengelernt. Die alte Lucie bittet Jean, sie zu heiraten. Bevor er ihr seine Antwort überbringt, wird Lucie – vermutlich von einem Dorfbewohner wegen ihres Vermögens – ermordet. – Lucies »drittes Leben« beginnt nach ihrer Beerdigung. Jean hört ihre Stimme und sieht sie und die Toten des Dorfes, die gemeinsam ein Bergchalet aufbauen. Die Botschaft, die die Toten den Lebenden vermitteln, ist, für das Überleben der bäuerlichen Gemeinschaft zu kämpfen.

Im *Historical Afterword (Historisches Nachwort)* kommentiert Berger sein Verständnis von den Bauern, die er als eine »Klasse von Überlebenden« bezeichnet. Er reflektiert über die ökonomischen Grundlagen, die Kultur und den Wandel, dem diese Form des dörflichen Zusammenlebens unterliegt. Bereits in *A Fortunate Man* (1967) hatte Berger das Leben eines Landarztes dokumentiert, in *A Seventh Man* (1975) das Schicksale von Wanderarbeitern in Europa beschrieben. *Pig Earth* schildert eine Dorfgemeinschaft, aus der eine große Zahl solcher Arbeiter stammt. Es ist der erste Teil eines auf drei Bände geplanten Projekts mit dem Titel *Into Their Labours*, das die Lebensweisen in der bäuerlichen Gemeinschaft und in der Hauptstadt darstellen soll. A.Maa.

AUSGABEN: Ldn. 1979. – NY 1982.

ÜBERSETZUNG: *Sau-Erde: Geschichten vom Lande*, J. Trobitius, Mchn. 1982. – Dass., ders., Ffm./Bln. 1984 (Ullst.Tb).

LITERATUR: T. Eagleton, Rez. (in New Statesman, 15. 6. 1979, S. 876). – R. Mazurek, *Totalization and Contemporary Realism: J. B.'s Recent Fiction* (in Crit, 25, 1984, S. 136–146).

THOMAS LOUIS BERGER

* 20.7.1924 Cincinnati / Oh.

LITTLE BIG MAN

(amer.; *Ü: Der letzte Held*). Roman von Thomas BERGER, erschienen 1964. – Bergers Parodie auf den »Wilden Westen« ist einer seiner besten Romane. Der sprachliche Gegensatz im Namen des Titelhelden verweist auf ein Thema, das der Tradition klassischer, d. h. trivialer Western generell fremd ist: Überlegenheitsansprüche der einen oder anderen Kultur (Weiße oder Indianer), wie sie das Denken zur Zeit der konfliktreichen Landnahme im amerikanischen Westen (ca. 1830–1890) prägten, sind absolut unangebracht. Es gehört zum Wesen eines jeden Menschen, daß er in sich Größe *und* Niedrigkeit vereint. So gesehen zeichnen sich die beiden Hauptakteure Jack Crabb, alias Little Big Man, und der Häuptling der Cheyenne-Indianer, Old Lodge Skins, durch tiefe Menschlichkeit aus. Die Bezeichnung »New Western«, die L. FIEDLER für diesen Romantypus schuf, erklärt sich auch aus dessen narrativen Besonderheiten. Jack Crabb ist nicht der furchtlose *macho*, der in formelhaften Handlungsabläufen an der *frontier* für *law and order* sorgt. Sein einziger Zweck ist vielmehr das Überleben in einer kulturell und sozial sich rasch wandelnden Umwelt. Dadurch gleicht er mehr dem *Picaro*, der sich durch Schläue und mit Glück gegen widrige Umstände durchzusetzen vermag. Insofern der Held dabei rastlos den amerikanischen Westen von St. Louis bis San Francisco und von Arizona bis Montana durchstreift, kann *Little Big Man* auch als zeitgenössische, amerikanische Pikareske eingestuft werden.

Untrügliches Charakteristikum des (meist jugendlichen) Picaro ist die Diskrepanz zwischen seiner Sicht der Dinge und der Sicht der Welt, wie sie der (erwachsene) Leser aufgrund der geschilderten Erlebnisse einnimmt. Da Jack Crabb zum Zeitpunkt seiner Erzählung allerdings schon 111 Jahre alt ist, und jugendliche Naivität also nicht mehr angebracht erscheint, greift Berger zu einem Trick: Er führt einen effeminierten, dandyhaften Weichling und Möchtegern-Literaten namens Ralph Fielding (!) Snell ein, der Jacks auf Tonband gesprochene Erinnerungen herausgibt und der in Sprache, Lebensauffassung und Weltsicht im absoluten Gegensatz zu Crabb steht. Sind dessen Erlebnisse nun die ergötzlichen *tall tales* eines alten Mannes, der einem jungen »Literaten« einen Bären aufbinden will, oder kommt in der Anspielung auf Fielding nicht vielmehr die satirische Absicht des Autors Berger zum Ausdruck, nämlich einen mit allen Klischees dieser Gattung überladenen »Superwestern« zu schreiben, »to end all Westerns«? Eine willkommene Folge dieser Absicht wäre dann die Aufhebung der künstlichen Trennung von Geschichte und Mythos des amerikanischen Westens, weil dieser Mythos inzwischen fester Bestandteil der amerikanischen Geschichte geworden ist.

Die unglaublichen Abenteuer des Jack Crabb beginnen, als dieser mit 10 Jahren nach einem Überfall auf den Treck seiner Familie von den Cheyenne entführt wird. Als Adoptivsohn des Häuptlings Old Lodge Skins wächst er die nächsten fünf Jahre bei den Indianern auf. Dann wechselt er während eines Kampfes gegen US-Kavallerie die Front, wird in die Obhut der Pfarrersleute Pendrake gegeben und wieder in die weiße Kultur eingeführt. Die moralischen Zwänge dieses Lebens ersetzt er jedoch bald mit der Freiheit der *frontier*: als Goldsucher, Büffeljäger, Falschspieler, Maultiertreiber, Händler und Eisenbahnbauarbeiter führt er ein risikoreiches Leben im Grenzbereich zwischen Zivilisation und Wildnis. Mehrfach trifft er dabei Mitglieder seiner versprengten natürlichen Familie, so seine halbverrückte, mannstolle Schwester Caroline, die sich für die berüchtigte Calamity Jane hält. Seine Wanderungen lassen ihn auch Bekanntschaften machen mit *frontier*-Sagengestalten wie Kit Carson, Wild Bill Hickok und Wyatt Earp. Immer wieder wechselt er die Fronten zwischen »Weiß« und »Rot«. Als er zuletzt mit Squaw und Kind wieder bei den Cheyenne lebt, werden er und sein Stamm von General Custer überfallen, der alle Lebewesen, einschließlich 800 Ponys, niedermetzeln läßt. Crabb schwört, an Custer persönlich Rache zu nehmen. Um in seine Nähe zu gelangen, läßt er sich als Maultiertreiber auf Custers Feldzug zum Little Bighorn anheuern. Widrige Umstände, aber auch eine ambivalente Faszination für Custers autarke Persönlichkeit, vereiteln Crabbs Plan. Er kämpft vielmehr sogar an dessen Seite in der legendären Schlacht von 1876 und überlebt als einziger Weißer. Die Cheyenne nehmen ihn zunächst gefangen, adoptieren ihn dann aber erneut. Der Bericht endet mit dem Tod von Jacks indianischem Mentor Old Lodge Skins bald nach der Schlacht.

Custers »*Last Stand*«, oder »*one of America's legends of total annihilation*« bildet in erzähltechnischer wie in menschlich dramatischer Hinsicht den Höhepunkt des Romans. Er erlaubt bei aller satirischer Stipulation historischer Plausibilität *(»so war der Westen wirklich«)* die Darstellung des konträren Weltbilds der Roten und der Weißen und des daraus zwangsläufig folgenden Konflikts der beiden Kulturen. Es ist ein feiner ironischer Zug, daß die zentralen Metaphern für die beiden Kulturen (*»wheel«* für die Weißen und *»circle / center of the world«* bei den Indianern) sich so ähnlich sind und doch so Gegensätzliches meinen. Während das Rad für den geradlinigen, vor allem technischen, Fortschritt ins Unendliche, vielleicht Sinnlose steht, erzeugt *»circle«* den Eindruck, als Mensch mit sich und der Welt im Einklang, eben im *»center of the world«* zu stehen. Die Kultur der Weißen ist also dynamisch, auf Veränderung und Unterwerfung bedacht, die der Indianer statisch in dem Sinne, daß alles einen Eigenwert besitzt, dem der Mensch seinen Willen nicht aufzwingen darf. Das besonders Reizvolle an der Perspektive ist nun, daß Crabb, obwohl intellektuell durchaus zu differenzierter Darstellung fähig, nie ein Werturteil zugunsten der moralisch überlegenen Kultur der Indianer abgibt. *»I am a white man and never forgot it«*, sagt er gleich eingangs. Dennoch bleibt der Leser nicht unschlüssig. Schuldvorwürfe gegen die eine oder andere Seite allein zu erheben, wäre nicht Bergers Absicht. Das impliziert die zwingende pikareske Struktur und vor allem der auffallend häufige Frontenwechsel des Protagonisten zwischen Weißen und Indianern. Berger sieht letztlich beide Seiten gleichermaßen gefangen in einem ewigen Kreislauf von psychischer Gewalt, Arroganz und gegenseitigem Unverständnis. (*»Indians never understood whites and vice versa«.*) Niemand fragt nach Motiven, keiner will auf den Rat des anderen hören – und sei es, um das größte Massaker in der Geschichte der USA zu verhindern. – Dies ist also Bergers historische Wahrheit: Die »Eroberung« des Westens war nie das großartige *manifest destiny*, sondern *»made up of little particulars which sound ridiculous when repeated«*. Bei aller Eigenständigkeit einer köstlichen Parodie auf den Mythos Wilder Westen überzeugt der Roman doch in erster Linie als Dramatisierung eines Mikrokosmos menschlicher Absurditäten und grotesker Züge. Er läßt sich von daher, auch durch die Unaufdringlichkeit der sprachlichen Umsetzung dieses Themas, durchaus in die Tradition von TWAIN und FAULKNER einreihen. H.Geh.

AUSGABEN: NY 1964. – NY 1979.

ÜBERSETZUNG: *Der letzte Held: Ein Superwestern*, J. Piron, Köln 1970; ern. 1980. – Dass., ders., Mchn. 1972 (dtv).

VERFILMUNG: USA 1969 (Regie: A. Penn).

LITERATUR: U. Bruhns, *Th. B. »Little Big Man«* (in *Amerikanische Erzählliteratur 1950–1970*, Hg. F. Busch u. R. Schmidt v. Bardeleben, Mchn. 1975, S. 113–125). – M. Cleary, *Finding the Center of the Earth: Satire, History and Myth in »Little Big Man«* (in Western American Literature, 15, 1980/81, S. 195–211). – R.A. Betts, *Th. B.'s »Little Big Man«: Contemporary Picaresque* (in Critique, 23, 1982, S. 85–96).

YVES BERGER

* 14.1.1931 Avignon

LE FOU D'AMÉRIQUE

(frz.; *Ü: Großer Traum Amerika*). Roman von Yves BERGER, erschienen 1976. – Der Ich-Erzähler von Bergers zweitem Roman – sein Erstling *Le Sud (Der Süden)* war 1962 mit dem »Prix Fémina« ausgezeichnet worden – träumt im Alter von zehn Jahren, während des Zweiten Weltkriegs, von einer besseren, reicheren und schöneren Welt. In seiner Vorstellung nimmt diesen Platz Amerika ein. Er liest Bücher über den Kontinent, lernt amerikanische Soldaten kennen und erweitert so sein Amerikabild, was seine Sehnsucht weiter anfacht. Als dreißigjähriger, verheirateter Arzt mit zwei Kindern, der zu einem Kongreß nach New York eingeladen ist, gelangt er schließlich ins Land seiner Träume. Auf einer Bootsrundfahrt lernt er Luronne, eine junge Amerikanerin halb französischer Abstammung kennen. Luronne, die an einer New

Yorker Universität über amerikanische Geschichte arbeitet, geht mit dem Franzosen nicht nur ein leidenschaftliches Liebesverhältnis ein, sie führt ihn auch durch sein »gelobtes Land«. Durch das Studium von Geschichtsbüchern, Besuche einschlägiger Museen, durch Reisen nach Kansas, Texas, Mexiko, Louisiana, Québec, Ontario usw., vor allem aber durch die das Buch mehr und mehr dominierenden historischen Erläuterungen Luronnes taucht der Ich-Erzähler in eine ihn faszinierende Welt ein. Gemeinsam mit Luronne durchstreift er die sogenannten Höhepunkte der amerikanischen Geschichte, so zum Beispiel die Landung Kolumbus', die Eroberung Québecs durch die Engländer, oder die Sezessionskriege und die Unabhängigkeitserklärung, insbesondere jedoch lernt er die ihm bislang unbekannten Schattenseiten dieser Geschichte kennen. Im Mittelpunkt von Luronnes Ausführungen stehen die Greuel der Kolonisierung durch die Weißen: die Ausbeutung, Versklavung, Vernichtung der Indianer, schließlich sogar die Ausrottung ganzer Stämme. Der *»Große Traum Amerika«* verwandelt sich so nach und nach zu einer Geschichte der brutalen Eroberung, der besinnungslosen Unterwerfung und des Genozids. Der *»fou d'Amérique«* (= »der nach Amerika Verrückte«) erlebt so die Desillusionierung seiner Träume und muß resignierend die Diskrepanz zwischen seinen Wunschvorstellungen und der geschichtlichen Realität erkennen. Er, der nur für drei Wochen angereist war, aber wegen Luronne und seiner langjährigen »Geliebten« Amerika mehrere Monate geblieben ist, reist nun ab, da er den Eindruck gewonnen hat: Amerika ist entdeckt. Von seiner Frau will er sich trennen und fortan allein leben.

Im Text sind die Liebesgeschichte des Erzählers mit Luronne und seine »Entdeckung Amerikas« ineinander verschränkt: In dem Maße, in dem der Erzähler Luronne näherkommt, lernt er auch die Geschichte und Gegenwart Amerikas kennen. Seine naive Vorstellung von dem Kontinent wird auf diese Weise entmythisiert. Individual- und Kollektivgeschichte, romaneske Fiktion und historische Erkenntnis werden in Bergers Roman dauernd ineinandergeblendet. Im Unterschied zum historischen Roman jedoch ist die Handlung hier nicht primär auf den Aufbau romanesker Spannung ausgerichtet. Luronnes ausführliche historische Darstellungen und die stellenweise schleppenden Dialoge der beiden Hauptpersonen verleihen dem solchermaßen entdramatisierten Text eine epische Breite.
G.Schw.

AUSGABEN: Paris 1976. – Paris 1978 (Poche).

ÜBERSETZUNG: *Großer Traum Amerika*, G. Heller, Ffm. 1978.

LITERATUR: J.-J. Brochier, Rez. (in Mag. litt, 1976, Nr. 111, S. 12). – J. Chessex, Rez. (in NRF, 47, 1976, Nr. 282, S. 89/90). – B. Singer, *On B.'s »Le fou d'Amérique«. An Essay-Review* (in French-American Review, 2, 1977/78, S. 71–79). – E. Schwarz, Rez. (in FAZ, 22. 5. 1978). – J. Lander, Rez. (in Der Tagesspiegel, 24. 9. 1978).

OL'GA FËDOROVNA BERGGOL'C

* 16.5.1910 St. Petersburg
† 13.11.1975 Leningrad

LITERATUR ZUR AUTORIN:
G. Curikova, *O. B.*, Moskau/Leningrad 1962. – E. S. Dobin, *Geroj. Sjuzet. Detal'*, Leningrad 1962. – E.-M. Fiedler-Stolz, *O. B. Aspekte ihres lyrischen Werkes*, Mchn. 1977. – D. T. Chrenkov, *Ot serdca k serdcu. O žizni i tvorčestve O. B.*, Leningrad 1979. – *Vospominanija O. B.* Hg. G. M. Curikova u. I. S. Kuz'mičev, Leningrad 1979.

FEVRAL'SKIJ DNEVNIK

(russ., *Februartagebuch*). Verspoem von Ol'ga F. BERGGOL'C, erschienen 1942. – Die inhaltliche Geschlossenheit des gesamten lyrischen Werks der Leningrader »Berufsrevolutionärdichterin« – wie sie sich selbst nannte – basiert auf ihrem Entschluß, sich selbst und ihr Werk in den Dienst des Aufbaus eines neuen kommunistischen Staates zu stellen. Inspiriert von der außerliterarischen Wirklichkeit nahm Berggol'c aktuelle politische und persönliche Ereignisse zum Anlaß, aus ihrer Sicht vorbildhafte Personen darzustellen und direkt zu bestimmten Denk- und Handlungsweisen aufzurufen. Die von dem Leitgedanken *»Ol'ga Berggol'c und ihre Generation auf dem Weg der Bewährung«* durchdrungenen Themen finden ihre dichterische Umsetzung in der Darstellung von individuellem Mut und Tapferkeit, von heldenhaften Verhaltens- und Handlungsweisen einzelner anonymer Personen, die stets nur als Glied der Gemeinschaft für dieselbe lebten und handelten. Die aus der dreifachen Motivation der historischen Ereignisse, des persönlichen Erlebens sowie der Parteizugehörigkeit getroffene Auswahl der Themen und Motive zeigt besonders deutlich das tiefe Einfühlungsvermögen der Autorin in menschliche Bedrängnis und Tragik.

Die künstlerischen Fähigkeiten der Dichterin zeigen sich in dem steten Bemühen um Geschlossenheit des Werkganzen, sei es im einzelnen Gedicht, im Zyklus oder in einer Gedichtsammlung, wobei sie sich epischer und lyrischer Bauformen bedient, bezogen auf den historischen Zeitpunkt des jeweiligen Anlasses. Der besonders in der Kriegsdichtung augenfällige bild- und symbolhafte Stil verdeutlicht, daß ihre Gedichte auch sprachliche Kunstwerke und nicht bloß dichterisch verbrämte, journalistische Reporte sind. Ein weiteres typisches

Stilmerkmal ist die Darbietungsweise von »Beichte« und »Predigt«, die politisches Interesse und persönliche Überzeugung der Figuren glaubwürdig verbindet und die dichterische Gestaltung erheblich verfeinert.

Nahezu alle Aspekte der Berggol'cschen Lyrik vereinigen sich in dem 1942 entstandenen *Fevral'skij dnevnik (Februartagebuch)*. Das aus sechs Teilen bestehende Poem weist Leningrad als Ort des Geschehens aus. Der Zeitraum umfaßt einen Abend, die folgende Nacht und den Morgen. Zwei Witwen verbringen diese Zeit mit Gesprächen über die allgemeine Situation in der belagerten Stadt und über ihr eigenes Schicksal. Diese im ersten Teil des Werks eingeführte Konstellation lebt im dritten Teil mit dem Hinweis auf das nächtliche Schweigen der beiden Frauen wieder auf, um dann im sechsten Teil im Ausdruck ihrer Hoffnungen einen optimistischen Schlußsatz zu finden. In dieses zeitlich und personell begrenzte Gerüst bettet Olga Berggol'c in knappen und prägnanten Worten das gedankliche Grundmotiv ihrer Kriegslyrik ein: die Gegenwartsbewältigung mit Hilfe optimistischer Zukunftsbilder (»*Ein doppeltes Leben leben wir nun: / eingeschlossen, in Kälte, Hunger und Verzweiflung, / wir atmen aber schon den morgigen, den glücklichen und reichen Tag, – / wir allein haben diesen Tag erobert.*«) Dieses Wissen um den Sieg soll den Bewohnern Leningrads Kraft für ihren Kampf geben, der in den Teilen 2, 4 und 5 durch die Kernmotive »Leningrad« (Stadtmotiv) und »Leningrader« (Typus und Situationsmotiv) verdeutlicht wird. Der Typus des sich stets positiv verhaltenden Durchschnittsbürgers entstammt allerdings nicht eigens der Berggol'cschen Dichtung, sondern er wurde von den Kulturbehörden der gesamten sowjetischen Literatur vorgegeben. Seine künstlerische Gestaltung zerfällt bei Olga Berggol'c in ein äußeres und ein inneres Erscheinungsbild. Das äußere, stark situativ geprägte Bild bilden die mutigen, gar heldenhaften Taten der Bevölkerung, das innere – ihre Wünsche und Prophezeihungen, die die entschlossene, kämpferische und pflichtbewußte (parteiliche) Gesinnung des »Leningraders« demonstrieren sollen. Während Olgas Berggol'c das Heldentum dieses Menschentypus in ausführlichen Passagen beschreibt, findet sie für seine Tragik nur kurze, knappe Worte. Das Motiv des Todes, ein spezifisches Kriegsmotiv, wird daher auch von ihr nahezu ausnahmslos nur im Sinne des sozialistischen Realismus, d.h. in der Sonderform des Heldentodes angewandt. Ergänzt werden diese Kernmotive durch die Rahmenmotive »Feind«, »Haß«, »Sieg« und »Stille«, die den zweipoligen Stimmungsgehalt der Gegenwarts- und Zukunftsbezogenheit noch vertiefen.

Die Symbol- und Bildhaftigkeit der Berggol'cschen Sprache, die im Februartagebuch nur in kargen Begriffen wie »Dunkelheit«, »Feindliches Feuer«, »Hunger«, »Kälte« und »Tod« anklingen, entfalten dennoch ihren vollen symbolischen Charakter vor all denen, die die Tragödie Leningrads miterlebt bzw. sich mit ihr befaßt haben (vgl. H. E. SALISBURYS *900 Tage*). Gerade in diesem Poem offenbart sich – auf der Grundlage einer »beichthaften Predigt« – die pragmatische Ausrichtung dieser Lyrik, in der neben unverkennbar propagandistischen und belehrenden Zielsetzungen auch die eigene Überzeugung der »Berufsrevolutionärdichterin« immer wieder durchklingt: »*Ich war niemals eine Heldin, / mich dürstete weder nach Ruhm noch Auszeichnung / ... / ich war nicht heldenhaft, ich lebte ganz einfach nur.*« E.M.F.

AUSGABEN: Moskau 1942 (in *Leningradskaja tetrad'. Stichi*). – Moskau 1964 (in *Stichi i poėmy*). – Leningrad 1966 (in *Stichotvorenija*). – Leningrad 1970 (in *Vernost'. Stichi i proza*). – Moskau 1972 (in *Pamjat'. Kniga stichov*). – Leningrad 1973 (in *Sobr. soč. v trech tomach*).

LITERATUR: A. Sinjavskij, *Poėzija i proza O. B.* (in Novyi mir, 1960, 5, S. 225–236). – A. Jaščin, *Poėzija podviga. Tvorčeskij portret poėtessy O. F. B.* (in Literaturnaja Rossija, 17. 2. 1967, S. 14–15). – A. Abramov, *Lirika i ėpos Velikoj Otečestvennoj Vojny. Problematika – Stil' – Poėtika*, Moskau ²1975. – H. E. Salisbury, *The 900 Days. The Siege of Leningrad*, NY 1969; Ldn. 1971.

PERVOROSSIJSK

(russ.; *Pervorossijsk*). Verspoem von Ol'ga F. BERGGOL'C, erschienen 1950. – Ol'ga Berggol'c, die schon Mitte der dreißiger Jahre durch Gedichte über den sozialistischen Aufbau in der Sowjetunion hervorgetreten, einem breiteren Publikum jedoch vor allem durch ihre lyrischen Kriegstagebücher und Rundfunkfeuilletons während der Belagerung Leningrads bekannt geworden war, greift wie in fast allen Werken auch in *Pervorossijsk*, das 1950 mit einem Stalinpreis ausgezeichnet wurde, auf klassische russische Formtradition zurück. Dabei verläßt sie den für sie charakteristischen Themenkreis der Belagerung Leningrads durch die Wahl eines Stoffs aus der ersten, »heroischen« Phase der Sowjetunion: der Zeit des Bürgerkriegs.

Eine Gruppe bolschewistischer Arbeiter unter der Führung Vasilij Rebjakins beschließt im Winter 1917 im Altaj-Gebiet die Erste Russische Landarbeiterkommune *(Pervaja Rossijskaja Kommuna Zemlerobov)* zu gründen. Die vorausgeschickten Kundschafter teilen den Petersburger Genossen mit, daß sie ein geeignetes Stück Land gefunden haben. Bevor sie aufbrechen, holen sich die Kommunarden bei Lenin Rat. Dieser befürchtet, daß die Euphorie der Arbeiter angesichts der drohenden Konterrevolution rasch verfliegen könnte, andererseits sieht er in ihrem Enthusiasmus die beste Voraussetzung für ein Gelingen ihres Plans, den er daher schließlich gutheißt. Die Reise der Kommunarden nach Sibirien verläuft ohne Zwischenfälle, an Ort und Stelle treten jedoch Schwierigkeiten auf. Die zunehmenden Spannungen mit den einheimischen Kosaken finden einen Höhepunkt, als diese die Häuser der Kommmune zerstören. Auf Anweisung Rebjakins löst sich die Kommune zunächst wieder auf und verteilt sich auf die Kosakendörfer der Umgebung, um dort die Arbeit im Untergrund fortzusetzen. Im Herbst 1918 sieht Rebjakin die Zeit für einen offenen Kampf gekommen. Als er und seine engsten Vertrauten bei einer konspirativen Zusammenkunft von Kosaken überrascht und ermordet werden, bricht in den umliegenden Dörfern ein Aufstand aus, der nach langen Auseinandersetzungen die Macht der Weißen beseitigt. An dem Ort, wo Rebjakin und seine Genossen die Kommune gründen wollten, entsteht 1930 im Zuge des ersten Fünfjahresplans der Kolchos Pervorossijsk.

Ähnlich wie die Entstehung des Wasserkraftwerks in EVTUŠENKOS *Bratskaja GĖS* wird auch das Schicksal der Kommune Pervorossijsk im Zusammenhang mit den allgemeinen Entwicklungsbedingungen der Revolution gesehen. Rebjakins »perspektivischem« Bewußtsein vom Sinnzusammenhang zwischen Pariser Kommune, Pervorossijsk und der künftigen Weltkommune entspricht die von Berggol'c hergestellte Analogie zwischen den Rebjakinschen »Urkommunarden« und der Bevölkerung Leningrads im Zweiten Weltkrieg. Anders jedoch als bei Evtušenko, der das revolutionäre Pathos mit einer Wiederbelebung revolutionär-avantgardistischer Formen (MAJAKOVSKIJ) verbindet, ist Berggol'c bemüht, im Rückgriff auf klassische Formtradition der zeitlosen »Erhabenheit« des Sujets ein formales Gewand von nicht minder erhabener Zeitlosigkeit anzupassen. Am deutlichsten kommt dies zum Ausdruck in dem an LERMONTOVS *Kosakisches Wiegenlied (Kazač'ja kolybel'naja pesnja)* angelehnten Schlaflied der Frau Rebjakins, einer Vision vom revolutionären Kampf und vom sozialistischen Frieden. A.Gu.

AUSGABEN: Moskau 1950. – Moskau 1951. – Moskau 1952. – Leningrad 1955 (in *Poėmy*). – Moskau 1958 (in *Sočinenija*, 2 Bde., 1). – Leningrad 1967 (in *Izbrannye sočinenija*, 2 Bde., 1). – Leningrad 1973 (in *Sobr. soč. v trech tomach*, 3).

LITERATUR: D. Grinberg, *Lico poėta* (in Znamja, 1956, H. 8, S. 151-165). – A. Pavlovskij, *Poėzija narodnogo mužestva i gneva* (in Russkaja literatura, 1959, Nr. 3).

HJALMAR BERGMAN

* 19.9.1883 Örebro
† 1.1.1931 Berlin

LITERATUR ZUM AUTOR:
Bibliographien:
E. Lund, *Korta bibliografier. 2. H. B.*, Stockholm 1939. – E. Lilliehöök, *H. B. Bibliografi 1938–1958* (in H. B. Samfundet Årsbok, 1959, S. 71–115; mit fortgeführter B.-Bibliogr. in den weiteren Jahrgängen).
Gesamtdarstellungen und Studien:
H. B. Samfundet Årsbok, Stockholm 1959 ff. – G. Qvarnström, *I lejonets tecken. En studie i H. B.s symbolkonst*, Lund 1959 (Skrifter utg. av Kungl. Humanistiska Vetenskapssamfundet i Lund). – G. Axberger, *Den brinnande skogen. En studie i H. B.s diktning*, Stockholm 1960. – E. H. Linder, *Sju världars herre: H. B.s liv och diktning till och med En döds memoarer*, Stockholm 1962. – J. Kulling, *H. B.s människoideal. Några konturer*, Stockholm 1964. – S. R. Ek, *Verklighet och vision. En studie i H. B.s romankonst*, Stockholm 1964. – Ders., *Der Prosaist H. B.* (in Nordeuropa 2, 1967, S. 141–154). – E. H. Linder, *Kärlek och fadershus farväl: H. B.s liv och diktning från »Markurells i Wadköping« till »Farmor och Vår Herre«*, Stockholm 1973. – Ders., *H. B.*, Boston 1975 (TWAS). – Ders., *Se fantasten: H. B.s liv och diktning från »Eros' begravning« till »Clownen Jac«*, Stockholm 1983. – Ders., *Fem decennier med H. B.*, Stockholm 1984. – K. Dahlbäck, *Forskningen kring H. B.. Ett försök till en kritisk översikt* (in H. B. Samfundet Årsbok, 1985, S. 104–118).

CLOWNEN JAC

(schwed.; *Jac, der Clown*). Roman von Hjalmar BERGMAN, erschienen 1930. – Dieser Roman aus der Zirkuswelt ist als letztes Werk des schwedischen Schriftstellers zwei Jahre vor seinem Tode in Berlin entstanden. Er ist mehr als eine geistreiche und turbulente Schilderung des Zirkuslebens: Bergman hat darin Rechenschaft abgelegt über seine Kunst und über das zutiefst tragische, von Angst bestimmte Lebensgefühl, dem diese Kunst entsprang. In der Gestalt des Jac Tracbac, alias Jonathan Borck – sie war fast ein Jahrzehnt zuvor bereits in dem Roman *Farmor och Vår Herre (Der Eindringling)* aufgetreten –, schildert der Autor sich selbst. Bergman war die bunte Welt der Vergnügungsindustrie, vor allem die des Films, nicht fremd. Er hatte die Jahre 1923 und 1924 in Hollywood verlebt und dort manche bittere Erfahrung gemacht. In den Kapiteln des Romans, die in Amerika spielen, kommt die Enttäuschung über die Leere und Sinnlosigkeit des Filmgeschäfts – an einer Stelle des Romans spricht er von der »*Kunst, Gefühle zu verkaufen*« – deutlich zum Ausdruck. Diese Kapitel gehören freilich, rein künstlerisch gesehen, nicht zu den besten des Buches, denn Bergman erliegt in ihnen teilweise der Versuchung, die grotesken Zustände übertrieben darzustellen und sie damit zur unverbindlichen Karikatur zu entwerten. Dennoch sind diese Abschnitte in autobiographischer Hinsicht aufschlußreich. Bergman-Jac, der Einsame, Gehetzte, am Leben Leidende, hat ihnen aber ein künstlerisch ungleich befriedigenderes Gegengewicht in den idyllischen Szenen um den

Gutsbesitzer Längsäll auf Sanna gegeben. Hier kann er seiner ganzen Sehnsucht nach der Geborgenheit, Ruhe und Erdverbundenheit des bäuerlichen Lebens Ausdruck verleihen. Die beiden gegensätzlichen Welten, die lärmerfüllte, hektische Welt des Zirkus und die in sich ruhende, an den ewig gleichbleibenden Rhythmus der Jahreszeiten gebundene bäuerliche Welt, stehen gleichsam kontrapunktisch miteinander in Beziehung. Für den trotz allen äußeren Erfolges einsam gebliebenen Clown Jac, der außer dem Verfasser selbst auch Charlie Chaplin und dem großen schwedischen Schauspieler Gösta Ekman, einem nahen Freund Bergmans, nachgebildet ist, bleibt das friedliche Landgut Sanna freilich ein für immer unerreichbarer Hafen.

Der Roman war zunächst als Feuilletonsendung im Rundfunk geplant, erst später arbeitete der Autor die einzelnen Fortsetzungen zum Buch aus.

H.Fa.

AUSGABEN: Stockholm 1930. – Stockholm 1952 (in *Samlade skrifter*, Hg. J. Edfelt, 30 Bde., 1949–1958, 26). – Stockholm 1963 (Delfinbökkerna). – Stockholm 1979. – Stockholm 1985.

LITERATUR: P. Lindberg, *»Clownen Jac«* (in BLM, 1941, S. 24–36). – E. Leiser, *H. B. och »Clownen Jac«* (in OoB, 1946, S. 51–58). – B. Forslund, *Chaplin och »Clownen Jac«* (in H. B. Samfundet Årsbok, 1960, S. 85–93). – S. R. Ek, *Verklighet och vision. En studie i H. B.s romankonst*, Stockholm 1964, S. 379–455. – G. Qvarnström, *»Clownen Jac«s kärleksbekymmer* (in H. B. Samfundet Årsbok, 1976, S. 80–93). – E. H. Linder, *Se fantasten: H. B.s liv och diktning från »Eros' begravning« till »Clownen Jac«*, Stockholm 1983, S. 290–321.

HERR VON HANCKEN

(schwed.; *Ü: Herr von Hancken*). Roman von Hjalmar BERGMAN, erschienen 1920. – Der fiktive Erzähler des Romans ist Bror Benjamin Carlander, der in seiner Jugend ein *»natürlicher Philosoph«* war und eine *»Theodizee oder Welterklärung«* verfaßt hat. Im Sommer 1806 wurde er als Hauslehrer bei der Familie von Hancken Zeuge der Begebenheiten, die den Höhepunkt des Buches bilden, und ist jetzt, da er die damals gemachten Aufzeichnungen *»ohne Beschönigung«* zusammenfaßt, *»Probst, Ehemann und Vater«*.

Herr von Hancken, die Hauptperson des Romans, ist ein abgedankter Hauptmann, der sich immer und überall benachteiligt fühlt. Doch Carlander, der Erzähler, *»soll nicht glauben, daß er in mir etwas wie einen Märtyrer oder anderen Heroen sehe. Nein, ich weiß genau, welcher Knirps ich bin. Aber wenn ein Hund winselt, streichelt man ihm die Schnauze ... Aber nie wurde mir die Schnauze gestreichelt ... Der gute Gott hat mir die meisten natürlichen Vorzüge versagt: das weiß ich schon. Aber warum soll er mir auch die Achtung meiner Mitmenschen und ihr Mitgefühl versagen?«* Herrn von Hanckens *»Unglücke begannen schon im Mutterleib«*; ein schweres Leben hat in ihm, wie er selbst sagt, *»jede große Anlage erstickt«*. Der Grund: *»Der Herrgott hat mich nie richtig verstanden.«* Unzufrieden mit dem ihm zugeteilten Schicksal, errichtet er sich ähnlich wie sein großer Vorgänger Don Quijote ein Traumreich. Er ist ein hoffnungsloser Narr, seine Versuche, die ihm seiner Meinung nach gebührende Achtung zu erringen, arten in lächerliche Farcen aus. Seine grotesk-komischen Narreteien wirken fast rührend, wenn er etwa angesichts seiner Dulcinea, der *»Vicomtesse d'Aiguille di Rocca Antica«*, alias Anna-Lisa Carlsdotter, *»ein Geschöpf nicht vom schwachen, sondern vom schwächsten Geschlecht«*, zum echten Kavalier und zum Troubadour wird und sie in entsagender Minne umschwärmt, und vor allem, wenn er am Schluß des Buches resignierend seinen Adelstitel nebst allen Wünschen und Hoffnungen dem Allmächtigen zu Füßen legt, damit dieser aus den Resten seines verpfuschten Lebens ein neues schaffen kann, *»mit allen Vollkommenheiten, wenn es ihm so gefällt: Als ein leerer Hauch kam ich zur Welt, und ins Wasser ritzte ich meinen Namen«*.

Zu diesem heroischen Verzicht vor alle weiteren Ambitionen führen die Begebnisse in Bad Iglinga, wohin Herr von Hancken zur Kur kommt; der Stadtphysikus bewundert zunächst seine *»Krankheit«* als *»einzigartig in den Annalen der Medizin«*, nimmt sie aber zur Enttäuschung des Betroffenen später nicht mehr ernst – *»auch das noch!«*. Um sein gesellschaftliches Prestige zu sichern, kündet Herr von Hancken die – nie geplante – Ankunft des regierenden Königs Gustav IV. Adolf an und leitet als eifriger Royalist die Vorbereitungen zu dessen glänzendem Empfang. Die hochangesehenen Kurgäste – nicht nur der Adel und die Mittelklasse sind vertreten, auch die Kirche – fallen insgesamt auf Herrn von Hancken herein und helfen begeistert mit, den Monarchen würdig zu begrüßen. Aber dieser trifft nicht ein, und jetzt feuert der zutiefst enttäuschte und zum Jakobiner gewordene von Hancken seine Mitbürger zur Revolution an. Zu dieser idyllisch anmutenden Revolte zieht Carlander eine welthistorische Parallele: *»Wenn es wahr ist, daß jede Umwälzung in der Geschichte von einer großen und allgemeinen Unzufriedenheit verursacht wird, dann hatte der Vorfall am Brunnen von Iglinga die gleiche Mutter wie die Französische Revolution und andere schreckliche Ereignisse.«* – Auch von der Kritik wurde bei Erscheinen des Romans darauf hingewiesen, daß Herr von Hancken und alles, was in einem Land am Rand der Welt um ihn und mit ihm geschieht, nur ein provinzieller Miniaturabklatsch dessen sei, was sich in der großen Welt ereignet.

Neben der Titelfigur treten noch andere stark karikierte Personen hervor, außer Bror Benjamin Carlander vor allem der junge Kaufmann Tomson, sein glücklicher Nebenbuhler um die Gunst Noras, der Tochter des Helden von den traurigen Gestalt, und Monsieur Juste Lesage, *»ein Desperat wie Herr von Hancken«*, nur daß er im Gegensatz zu diesem nicht von seinen eigenen Illusionen lebt, sondern von denen der anderen. – In seinem burlesken Roman voll Galgenhumor, Selbstironie und Tragikomik, nimmt Bergmann, wie er in einem Brief schreibt, Abschied »*von Ehrgeiz und allerhand Utopien*«. Der Sarkasmus, mit dem er seine Gestalten zeichnet, ist oft fast zu bitter und schonungslos; ohne Rücksicht werden alle Stände vom König bis zu den Bauern lächerlich gemacht; nur mit der liebenswerten Nora macht der Autor eine Ausnahme. – *Herr von Hancken* ist ein Roman, »*dessen psychologische Problematik und bemerkenswert lebendige Charaktere und Szenen noch lange die Forschung beschäftigen werden*« (J. Edfelt). F.J.K.

AUSGABEN: Stockholm 1920. – Stockholm 1931 (in *Skrifter*. Ser. 2. *Romaner*). – Stockholm 1952 (in *Samlade skrifter*, Hg. J. Edfelt, 30 Bde., 1949–1958, 16). – Stockholm 1965, Hg. ders. (Delfinböckerna). – Stockholm 1979.

ÜBERSETZUNG: *Herr von Hancken*, W. Koller, Olten 1972.

VERTONUNG: K.-B. Blomdahl, 1965 (Oper).

LITERATUR: P. Gumbel, *H. B.s roman »Herr von Hancken«: »En etisk traktat«* (in Svensk Litteraturtidskrift, 27, 1964, S. 171–180). – G. Qvarnström, *»Herr von Hancken«. Ett analytiskt referat* (in BLM, 33, 1964, S. 410–418). – M. Bergom-Larsson, *Diktarens demaskering. En monografi över H. B.s roman »Herr von Hancken«*, Stockholm 1970. – K. Petherick, *Stilimitation i tre av H. B.s romaner. En undersökning av den roll pastisch, parodi och citat spelar i Knutsmässomarknad, En döds memoarer och »Herr von Hancken«*, Uppsala 1971. – E. H. Linder, *Kärlek och fadershus farväl*, Stockholm 1973, S. 158–211.

JAG, LJUNG OCH MEDARDUS

(schwed.; *Ich, Ljung und Medardus*). Roman von Hjalmar BERGMAN, erschienen 1923. – Ich, das ist Love, der Sohn von Direktor Arnfelt; Ljung und Medardus sind zwei seiner Schulkameraden. Der Ich-Erzähler Love schildert Erlebnisse und Streiche der drei. Schauplatz ist, wie in zahlreichen Büchern von Bergman, das imaginäre Städtchen Wadköping mit seinen teils liebenswerten Originalen, teils ins Groteske karikierten Spießertypen: Da ist der Studienrat Barfot, der Baron auf Rogershus, der Wirt Markurell, der geschäftstüchtige Jude Gawenstein, Loves drei »Patinnen« – die Fräulein Pflöke und Utter sowie Frau Holländer – und nicht zuletzt der Pfarrer, bei dem die Jungen Konfirmationsunterricht bekommen und dessen Stolz eine silberne Schnupftabakdose ist, die sein »*hochseliger Herr Vater, der Hofprediger, von seinem höchstseligen Herrn Freund, König Oscar dem Ersten*«, zum Geschenk bekommen hat und die für einige Zeit spurlos verschwindet.

Der Roman setzt ein an dem denkwürdigen 13. April 1886, an dem der Ich-Erzähler sieben Jahre alt wird. Die Schilderung des Familienlebens aus seiner Perspektive, der Eifersucht des Kleinen auf den Vater, mit dem er die Mutter teilen muß, wirkt zwingend und authentisch. Der Heranwachsende gewinnt den Klassenkameraden Ljung und den etwas älteren und welterfahrenen Medardus zu Freunden. Alle drei huldigen sie einem nicht allzu sittenstrengen Serviermädchen, werden allerdings bitter enttäuscht, und immer wieder stehen sie im Mittelpunkt von Wadköpings Geklatsch. Schließlich kommt Medardus' Vater, der Schauspieler Tiliander, mit seiner Truppe in das von den Musen nicht allzu verwöhnte Städtchen. Nach einer Aufführung von Sophokles' Oedipus, die bei den biederen Bürgern wenig Zuspruch findet, kommt es zum großen Skandal, als ein dramatisches Experiment mit Hanneles Himmelfahrt von Hauptmann gewagt wird und das arme Hannele realistisch in einem dünnen und für die Wadköpinger Moralisten zu kurzen Hemdchen auftritt. Erbittert stehen sich die beiden Fronten, die entrüsteten Anstandswächter auf der einen und die fortschrittlichen Verfechter der Freiheit in der Kunst auf der anderen Seite, gegenüber. Selbstverständlich gehören die drei Freunde zur zweiten Gruppe, und sie sind es, die am tapfersten und leidenschaftlichsten für Hannele im Hemd eintreten. Dazu kommt, daß alle drei in die junge Schauspielerin verliebt sind und sie gar nicht genug umsorgen können. – Bei aller Idylle und trotz treffsicherer Ironie gelingt es Bergman nicht immer, hinter dem bizarren Humor sein im Grunde tragisches Lebensgefühl zu verbergen: Hannele erliegt am Schluß des Romans einer Lungenkrankheit.

Nach eigener Aussage hat Bergman in diesem Werk »*einige Erinnerungen aus Kindheit und Jugend*« gesammelt, ist aber bemüht, sie nach literarischen Gesichtspunkten zu formen. Obwohl er mit seiner schöpferischen Phantasie und seiner »*epischen Karikaturmethode*« (J. Edfelt) den Stoff auch umgeformt hat, hat er doch in keinem andern Buch auf so direkte Weise die traumatische Welt seiner frühen Jahre in Örebro nachgezeichnet und freudianisch gedeutet. Vor allem das für sein ganzes Leben entscheidende ambivalente Verhältnis zum Vater hat hier unmittelbaren Niederschlag gefunden. Doch trotz zahlreicher, unschwer herauszulösender autobiographischer Momente wird das Buch zu einem »*freistehenden künstlerischen Ganzen, bemerkenswert lebendig in all seinem Humor, seiner Scharfsichtigkeit, seiner inneren Wahrheit*«, und »*die tiefschürfende, geniale Psychologie des Romans, seine einzigartige Einsicht in die Welt der Kindheit und der Pubertätsjahre, gibt ihm eine Sonderstellung unter schwedischen Schilderungen jungen Seelenlebens*« (Edfelt). F.J.K.

AUSGABEN: Stockholm 1923. – Stockholm 1931 (in *Skrifter*. Ser. 2. *Romaner*). – Stockholm 1937 (Svensk litteraturspegel, 9). – Stockholm 1952 (in *Samlade skrifter*, Hg. J. Edfelt, 30 Bde.,

1949–1958, 19). – Stockholm 1961. – Stockholm 1979.

LITERATUR: S. R. Ek, *Verklighet och vision. En studie i H. B.s romankonst*, Stockholm 1964, S. 86–93. – K. Petherick, *»Hu! Den har varit svår.« Eller »omstuvningen« av minnen i »Jag, Ljung och Medardus«* (in H. B. Samfundet Årsbok, 1982, S. 25–69). – E. H. Linder, *Se fantasten*, Stockholm 1983, S. 86–102.

MARKURELLS I WADKÖPING

(schwed.; *Ü: Skandal in Wadköping*). Roman von Hjalmar BERGMAN, erschienen 1919. – Markurell hat in seinem ganzen Leben nur ein einziges Ziel vor Augen gehabt: Geld anzuhäufen, um es später seinem Sohn vermachen zu können. Doch eines Tages erfährt er, daß Johan gar nicht sein eigenes Kind ist. Seine Frau, der Eigensucht und Brutalität des Gatten müde, hat sich eines Tages einem verarmten Grafen aus der Nachbarschaft hingegeben, und aus diesem Verhältnis ist Johan hervorgegangen. Als Markurell davon erfährt, bricht eine Welt für ihn zusammen. Seinem cholerischen Temperament entsprechend ist seine Reaktion heftig und äußerst ungerecht: Auf Johan, den er bis dahin vergöttert hat, entlädt sich nun sein Zorn, und der Junge existiert für ihn nicht mehr.

Aber die katastrophale Enthüllung hat ihm doch auch über sich selbst die Augen geöffnet. Er erkennt, daß er in Wirklichkeit ein egoistischer, überheblicher, vulgärer und habgieriger Mensch ist. Einen Trost in seiner Verzweiflung findet er im Verständnis der Gräfin, einer sensiblen Frau, die ihrerseits bittere Erfahrungen in ihrer Ehe gemacht hat. Eines Tages kommt es in der Schule zum Streit zwischen Johan und dem Sohn der Gräfin, der wütend den alten Markurell einen üblen Wucherer nennt. Da aber tritt Johan für den Vater ein und verteidigt ihn mit allem Nachdruck. Als Markurell davon hört, sieht er allmählich in seinem Leben einen neuen Sinn, weil er begreift, daß die Sohnesliebe nicht eine Frage der Blutsverwandtschaft ist, vielmehr aus Verständnis und einer rational nicht zu ergründenden Sympathie erwächst. Derart gewandelt, wird Markurell nach diesen Erschütterungen zum wirklichen Familienvater. – *Markurells i Wadköping* ist einer der bedeutendsten Romane von Hjalmar Bergman. Er ist reich an überraschenden Wendungen, offenbart trotz der ernsthaften Thematik einen sprühenden Witz und enthält brillante, mit erstaunlich leichter Hand geschriebene Dialoge. Die Lebendigkeit des Buchs wird noch durch eine Fülle prächtig gezeichneter Kleinstadttypen erhöht. Den Roman arbeitete der Autor zu einer Komödie um, die 1929 uraufgeführt und seither auf zahlreichen Bühnen des In- und Auslands mit größtem Erfolg gespielt wurde. H.Fa.

AUSGABEN: Stockholm 1919; 20 1953. – Stockholm 1931 (in *Skrifter*. Ser. 2. *Romaner*). – Stockholm 1952 (in *Samlade skrifter*, Hg. J. Edfelt, 30 Bde., 1949–1958, 14). – Stockholm 1979. – Höganäs 1982. – Stockholm 1983 (Bonniers svenska klassiker). – Höganäs 1984.

ÜBERSETZUNGEN: *Markurell*, M. Franzos, Mchn. 1935. – Dass., F. Saul, Mchn. 1935 [Übers. d. Dramafassg.]. – *Skandal in Wadköping*, G. Dallmann, Olten 1969. – Dass., ders., Bln./DDR 1974.

DRAMATISIERUNGEN: H. Bergman, *Markurell* (Urauff.: Stockholm 1929). – *Markurells i Wadköping. Radiokomedi*, Stockholm 1929 (Hörspiel).

VERFILMUNG: Schweden 1930 (Regie: V. Sjöström).

LITERATUR: Ö. Lindberger, *Herr Markurell och livslögnen* (in *Studier tillägnade Henry Olsson*, Stockholm 1956). – T. Klackenberg, *Småstaden. Markurell och Spinoza* (in Edda, 1961, S. 261–275). – E. H. Linder, *Wadköpingsvandring. Tre kåserier om H. B.s Örebro*, Örebro 1966. – W. E. Mishler, *A Reading of H. B.'s »Markurells i Wadköping«*, Diss. Univ. of Minnesota 1971. – E. H. Linder, *Kärlek och fadershus farväl*, Stockholm 1973, S. 53–103. – C.-O. Gierow, *Wadköping och La comédie humaine* (in H. B. Samfundet Årsbok, 1973, S. 38–60). – S. A. Stevenson, *Comedy and Tragedy in »Markurells i Wadköping«* (in Edda, 74, 1974, S. 191–200). – K. Petherick, *H. B.: »Markurells i Wadköping«*, Hull ²1976.

SWEDENHIELMS

(schwed.; *Ü: Der Nobelpreis*). Komödie in drei Akten von Hjalmar BERGMAN, Uraufführung 1925; deutsche Erstaufführung: Mainz, März 1934. – Professor Swedenhielm, ein bekannter Wissenschaftler, ist Witwer mit drei Kindern. Einer der Söhne ist wie der Vater Wissenschaftler, der andere Pilot, und die Tochter ist Schauspielerin. Der alte Swedenhielm ist ein Professor wie aus dem Bilderbuch: zerstreut, den Realitäten des täglichen Lebens gegenüber völlig unempfindlich, ganz und gar introvertiert, von skrupelhafter, beinahe naiver Ehrlichkeit. Sowohl er wie auch seine Kinder, die auch nicht gerade praktisch veranlagt sind, wären längst zugrunde gegangen, wenn nicht Swedenhielms Schwägerin, eine äußerst resolute, von Ordnungsliebe besessene Frau, den ganzen Haushalt mit fester Hand zusammenhielte. In einer der gelungensten Szenen des Stücks ruft sie ein ganzes Besenregiment zu Hilfe und stellt das Haus in einer wahren Orgie der Putzwut auf den Kopf: Alles geht drunter und drüber, und den armen Swedenhielms bleibt nichts anderes übrig, als das Feld zu räumen, irgendwo Unterschlupf zu suchen und erst dann zurückzukehren, wenn Ruhe und Ordnung wiederhergestellt sind.

Mitten in diesem Trubel trifft die Nachricht ein, daß dem alten Professor der Nobelpreis zuerkannt wurde. Sie wird mit gebührender Begeisterung aufgenommen, und alles ist eitel Freude und Zufriedenheit. Da erscheint plötzlich ein Geldverleiher, um eine Schuld einzutreiben, von welcher der alte Swedenhielm nicht die geringste Ahnung hat. Die Schuldscheine sind mit seinem Namen gezeichnet, nur die Unterschrift ist offensichtlich gefälscht. Wer konnte das getan haben? Swedenhielm, der Fanatiker der Ehrlichkeit, entschließt sich nach einem schweren Kampf, der Gerechtigkeit freien Lauf zu lassen, obwohl er einen seiner Söhne verdächtigt. Doch stellt sich schließlich die Schwägerin als die wahre Schuldige heraus. Aus reiner Gutmütigkeit, um den in Bedrängnis geratenen Jungen zu helfen, hatte sie die Unterschrift des Professors gefälscht, ohne die Tragweite dieser Handlungsweise ganz zu begreifen. So ist zu guter Letzt alles wieder ins Lot gekommen, und der alte Swedenhielm kann leichten Herzens und voller Stolz aus den Händen des Königs seinen Nobelpreis entgegennehmen. – Diese außerordentlich geglückte Komödie Bergmans bedeutet den Höhepunkt in seinem Bühnenschaffen. Derart entwaffnend komische Szenen sind ihm nie wieder gelungen. Der mit leichter Hand hingeworfene Dialog zeugt in seiner komödiantischen Wirkung von souveräner Meisterschaft. KLL

AUSGABEN: Stockholm 1925. – Stockholm 1931 (in *Skrifter.* Ser. 4. *Noveller och dramatik*). – Stockholm 1935 [Filmversion med filmbilder av S. B.]. – Stockholm 1957 (in *Samlade skrifter*, Hg. J. Edfelt, 30 Bde., 1949–1958, 22). – Stockholm 1966, Hg. D. Hjorth (Svalans svenska klassiker).

DRAMATISIERUNGEN: (Hörspiele): *Swedenhielms*, Stockholm 1929. – Dass., Stockholm 1937. – Dass., Stockholm 1939.

ÜBERSETZUNGEN: *Der Nobelpreis*, H. Goebel, Mchn. 1940 [Bühnenms.]. – Dass., H. A. Frenzel, Bln. 1977 [Bühnenms.].

VERFILMUNGEN: Schweden 1935 (Regie: G. Molander). – *Ein glücklicher Mensch*, Deutschland 1943 (Regie: P. Verhoeven). – *Familien Swedenhielm*, Dänemark 1946 (Regie: L. Lauritzen jun.).

LITERATUR: S. af Geijerstam, »*Swedenhielms*« (in Studiekamraten, 1942, S. 102ff.). – P. Lindberg, *H. B. Dramatikern* (in Svensk litteraturtidsskrift, 5, 1942, S. 12–30). – G. Qvarnström, *I lejonets tecken. En studie i H. B.s symbolkonst*, Lund 1959 (Skrifter utg. av Kungl. Humanistiska Vetenskapssamfundet i Lund). – G. Axberger, *Den brinnande skogen. En studie i H. B.s diktning*, Stockholm 1960. – J. Kulling, »*Swedenhielms*« budskap (in *Modersmålslärarnas Föreningens Årsskrift*, 1961, S. 178 bis 195). – M. Wirmark, *Nåd före rätt? Hedersbegrepp och könsrollsmönster i H. B.s komedi »Swedenhielms«* (in H. B. Samfundet Årsbok, 1980, S. 11–42).

ANTON BERGMANN

* 29.6.1835 Lier
† 21.1.1874 Lier

ERNEST STAES, ADVOCAAT. Schetsen en beelden

(fläm.; *Advokat Ernest Staes, Skizzen und Bilder*). Autobiographische Skizzen von Anton BERGMANN, erschienen 1874 unter dem Pseudonym Tony. – Bergmanns besinnlich-humorige Autobiographie zählte im belgischen Kultur- und Sprachkampf des ausgehenden 19. Jh.s zu den beliebtesten Büchern in flämischer Sprache. In fünf Kapiteln werden jeweils drei kleinere Begebenheiten festgehalten, die den Entwicklungsgang des retrospektiv erzählenden Rechtsanwalts Ernest Staes – des Autors selbst – motivieren. Die ersten Skizzen haben Nicolaas BEETS' *Camera obscura* zum Vorbild und machen sich, Ernsthaftigkeit vortäuschend, über skurrile Bürgertypen lustig. In den *Drei Gestalten aus der Vergangenheit* wird vor allem das Bild der gutherzigen Tante Minna heraufbeschworen, die bei »Ernstchen« Mutterstelle vertreten hat; *Drei Skizzen aus der Jünglingszeit* lassen Mijnheer van Bottel wiedererstehen, dessen Gerechtigkeitsfanatismus Ernest zum Jurastudium bewog; *Drei Erinnerungen aus der Probezeit* und *Drei Eindrücke aus den ersten Jahren* berichten vom Existenzkampf des frischgebackenen Advokaten und von der Problematik der belgischen Rechtsprechung; in den *Späteren Bekanntschaften* schließlich erinnert sich der Erzähler an einige seiner Klienten, deren Rechtsfälle ein bezeichnendes Licht auf die gesellschaftlichen Mißstände in Belgien seiner Zeit werfen: »*Es wird noch mancher Tropfen ins Meer fließen, bis man unseren jungen Advokaten klargemacht haben wird, daß sie besser daran tun, auf flämisch zu plädieren.*«
Obwohl Bergmann seine Sympathie für die Flaminganten-Bewegung nicht verhehlt, bringt er sie selten so konkret wie im obigen Zitat zum Ausdruck. Meist ergreift er indirekt Partei, indem er allgemein verbindliche sozialrechtliche Überlegungen anstellt, deren Zusammenhang mit dem belgischen Nationalitätenproblem jedoch insofern klar ersichtlich ist, als für die Flaminganten der sozial benachteiligte Bevölkerungsteil gleichbedeutend mit dem flämischen war. Hinzu kommt die Benutzung der niederländischen Schriftsprache, die in der damaligen Kampfstimmung bereits die Position eines Autors kennzeichnete. Die reflexiven und philosophischen Betrachtungen sind zum Teil sentimentale Ergüsse über die bedauernswerte Lage der niederen Klasse, zum Teil leidenschaftliche Spekulationen über die Möglichkeiten moralischer Rechtsfindung. W.Sch.

AUSGABEN: Antwerpen 1874. – Antwerpen 1954, Hg. Bert Decorte.

ÜBERSETZUNGEN: *Ernst Staas, Advokat. Skizzen und Bilder*, H. Pottmeyer, Lpzg. 1902 (RUB). – *Advokat Ernst Staas*, A. Kippenberg, Lpzg. 1916.

LITERATUR: M. Rooses, *Schetsenboek*, Antwerpen 1877. – A. W. Stellwagen, *T. B.*, Haarlem 1883. – O. v. d. Hallen, *T. B.* (in Vlaamsche Arbeid, 1927–1929). – F. Verschoren, *T. B.*, Antwerpen [2]1937. – R. F. Lissens, *De Vlaamse letterkunde van 1780 tot heden*, Amsterdam [2]1954, S. 51. – A. Lens, *A. B. 1835–1874*, Antwerpen 1974. – Ders., *A. B. en Lier* (in Autotoerist, 27, 1974, S. 586; 603 f.). – K. Jonckheere, *Een eeuw »Ernest Staas«* (in *Herdenking van T. B.*, Lier 1975). – G. Schmook, *T. B. op de draaischijf van zij generatie* (in Verslagen en mededelingen van de Koninklijke Academie voor Nederlandse taal- en letterkunde, 1978, S. 104–147; 149–185).

VILHELM BERGSØE

* 8.2.1835 Kopenhagen
† 26.6.1911 Kopenhagen

FRA PIAZZA DEL POPOLO. Livsbilleder, samlede i Rom

(dän.; *Von der Piazza del Popolo. Lebensbilder, gesammelt in Rom*). Roman von Vilhelm BERGSØE, erschienen 1867. – Aufgrund einer Wette hat Verner, ein dänischer Arzt, das nächtliche Rom verlassen, vor dessen Toren – wir befinden uns in der Zeit der italienischen Freiheitskämpfe, Mitte des 19. Jh.s – eine vom Papst begünstigte Räuberbande ihr Unwesen treibt. Die Freunde und Bekannten Verners aus dem skandinavischen Künstlerkreis Roms warten mehrere Abende vergebens auf seine Rückkehr und erzählen einander währenddessen Geschichten aus ihrem Leben. Nach einigen Tagen kommt Verner zurück. Er war den Banditen in die Hände gefallen, wurde unter abenteuerlichen Umständen befreit und rettete später selbst einen jungen französischen Offizier namens Léon de Ville. Bald ergibt sich, daß ein Teil der vorher erzählten Novellen Erlebnisse Verners zum Gegenstand haben, der sich als Student in das Mädchen Harriet verliebt, sie aber verlassen hat und seither von der Nemesis verfolgt wird. »Nemesis« bedeutet hier Rache für den Verrat an den eigenen Idealen, bedeutet aber auch Belohnung für den Menschen, der durch ein tätiges Leben Buße leistete: so findet Verner nach langen Jahren des Unglücks in der Frau des Fürsten, der Léon de Ville auf unmenschliche Weise töten wollte und schließlich selbst durch die Hand eines von ihm mißhandelten Pächters fiel, Harriet und damit das Glück seines Lebens wieder.
Die umfangreichen Erzählungen innerhalb dieser Rahmenhandlung spielen teils in Dänemark, teils in Rom. Einer der Höhepunkte des Buches ist das Kapitel *Die Gewitterwolke*, das ein Bild vom Wüten der Cholera in Kopenhagen im Sommer 1853 gibt. Die ausführliche Schilderung des Lebens der skandinavischen Künstler in Rom lehnt sich eng an die Abschnitte *Wie man in Rom erzählt* und *Wie man in Rom lebt* in *Fortællinger og Skildringer*, 1863–1865 (*Erzählungen und Schilderungen*), von M. A. GOLDSCHMIDT (1819–1887) an, die denselben Künstlerkreis zum Mittelpunkt haben. Auch die Auffassung des Begriffs »Nemesis«, die Farbigkeit der Darstellung und der klare Stil zeigen, daß Bergsøe vielfach diesem Dichter verpflichtet ist. – Dank der spannenden und weitverzweigten Handlung, dem Reichtum an interessanten, wenn auch bisweilen schematisch gezeichneten Charakteren und den effektvoll wechselnden, abenteuerlichen, schaurigen und rührenden Szenen zählt *Fra Piazza del Popolo* noch heute zu den meistgelesenen dänischen Romanen. A.H.–KLL

AUSGABEN: Kopenhagen 1867: [20]1962. – Kopenhagen 1966. – Kopenhagen 1979 [Nachw. H. P. Rhode].

ÜBERSETZUNGEN: *Von der Piazza del Popolo*, A. Strodtmann, 3 Bde., Bln. 1870. – Dass., F. Busch, 3 Bde., Bremen 1871.

LITERATUR: J. V. Bergsøe, *H. Ibsen pa Ischia og »Fra Piazza del Popolo«*, Kopenhagen 1907. – P. V. Rubow, *V. B. og hans store Roman*, Kopenhagen 1948. – H. P. Rhode, *Digt og sandhed om en beromt roman* (in *Fund og Forskning i det kgl. Biblioteks Samlinger*, Bd. 19, Kopenhagen 1972). – *Dansk Biografisk Leksikon*, 16 Bde., Kopenhagen 1979 bis 1984; 1, S. 624 f.

HENRI BERGSON

* 18.10.1859 Paris
† 4.1.1941 Paris

LITERATUR ZUM AUTOR:
Bibliographie:
P. A. Y. Gunter, *B. A. Bibliography*, Bowling Green/Oh. 1974; [2]1986 [rev.].
Gesamtdarstellungen und Studien:
J. Maritain, *La philosophie bergsonienne*, Paris 1914; [3]1948. – C. Péguy, *Note sur B. et la philosophie bergsonienne*, Paris 1914. – A. Thibaudet, *Le bergsonisme*, 2 Bde., Paris 1923. – V. Jankélévitch, *B.*, Paris 1931; [3]1975. – L. Husson, *L'intellectualisme de B., genèse et développement de la notion bergsonienne d'intuition*, Paris 1947. – R.-M. Mossé-Bastide, *B. éducateur*, Paris 1955. – R. Arbour, *B. et les lettres françaises*, Paris 1955. –

G. Pflug, *H. B., Quellen und Konsequenzen einer induktiven Metaphysik*, Bln. 1959. – J. Guiton, *La vocation de B.*, Paris 1960. – H. Gouhier, *B. et le Christ des Évangiles*, Paris 1961. – M. Barthélemy-Madaule, *B. et Teilhard de Chardin*, Paris 1963 (dt. Olten/Freiburg i. B. 1970). – Ders., *B. adversaire de Kant*, Paris 1966. – G. Deleuze, *Le bergsonisme*, Paris 1966. – P. Trotignan, *L'idée de vie chez B. et la critique de la métaphysique*, Paris 1968. – R. Violette, *La spiritualité de B.*, Toulouse 1968. – J. Theau, *La critique bergsonienne du concept*, Paris/Toulouse 1968. – V. Mathieu, *B.*, Neapel 1971. – G. Lafrance, *La philosophie sociale de B.*, Ottawa 1974. – G. Bretonneau, *Création et valeurs éthiques chez B.*, Paris 1975. – A. E. Pilkington, *B. and His Influence*, Cambridge 1976. – M. Cariou, *B. et le fait mystique*, Paris 1976. – J. N. Megay, *B. et Proust*, Paris 1976. – M. Austermann, *Die Entwicklung der ethischen und religionsphilosophischen Gedanken bei H. B.*, Ffm. 1981 [Diss. Münster 1968]. – N. Frieden-Markevitch, *La philosophie de B.*, Fribourg 1982. – L. Kołakowski, *H. B. Ein Dichterphilosoph*, Mchn. 1985.

LES DEUX SOURCES DE LA MORALE ET DE LA RELIGION

(frz.; *Ü: Die beiden Quellen der Moral und der Religion*). Philosophische Abhandlung von Henri BERGSON, erschienen 1932. – In diesem letzten seiner vier großen Werke wendet sich Bergson der Frage nach den Ursprüngen und dem Wesen von Moral und Religion zu, wobei die Thesen seines beinahe dreißig Jahre früher verfaßten Werks *L'évolution créatrice (Die schöpferische Entwicklung)* als Ausgangspunkt dienen. Der *élan vital* (»Lebensschwung«), so Bergson in *L'évolution créatrice*, ist als Impuls zu denken, der am Anfang der Evolution stand. Als schöpferische Urkraft, die alles Lebendige von innen her treibt, immer höhere Seinsstufen anzunehmen, brachte er die verschiedenen Pflanzen- und Tiergattungen hervor und lebt in ihnen fort. Auch der Mensch hat an der Bewegung des *élan vital* teil. Im Gegensatz zum Tier ist er mit Geist *(esprit)* ausgestattet und kann dadurch die Steigerung der eigenen Seinsstufe bewußt verfolgen. In diesem Sinne hatte Bergson in *L'évolution créatrice* die Gattung Mensch als der Schöpfer *(créateurs)* bestimmt.
In *Les deux sources...* versucht Bergson nunmehr, den komplizierten Standort des Menschen zwischen Sozialem und Individuellem festzumachen. Da der Mensch primär ein soziales Wesen ist, sieht sich das Individuum folglich zunächst einem geschlossenen, für den Zusammenhalt der Gesellschaft notwendigen System moralischer Werte gegenüber. Diesem System muß sich der Mensch als Individuum fügen, es stellt eine moralische Verpflichtung *(obligation morale)* dar. Die Moral als gesellschaftlich fest konventionalisierter Kodex bleibt für Bergson jedoch unvollständig. Erst einzelne Individuen vermögen es, auf das dem Menschen durch seine Teilhabe am *élan vital* eingeschriebene Bedürfnis nach Aufstieg *(aspiration)* zu antworten. Bergson spricht vom Ruf des Heros: »Weshalb haben die Heiligen Nachahmer und warum haben die edlen großen Männer die Massen hinter sich hergezogen? Sie verlangen nichts, und doch empfangen sie. Sie brauchen nicht zu ermahnen; sie brauchen nur zu existieren; ihre Existenz ist ein Appell. Denn das ist eben der Charakter dieser anderen Moral. Während die naturhafte Verpflichtung Druck oder Stoß ist, gibt es bei der vollständigen und vollkommenen Moral einen Appell.« Außergewöhnliche Individuen, die diese Moral verkörpern, sind für Bergson beispielsweise die christlichen Heiligen und Propheten, die für eine Moral stehen, die zunächst punktuell über die gesellschaftlich eingeengte Moral hinausreicht und gleichzeitig dann auch Modell sein kann für den moralischen Aufstieg der Gesellschaft insgesamt.
Analog zu den zwei Ausprägungen der Moral, die Bergson hier differenziert, unterscheidet er auch zwei Formen der Religion. Seinem Kategorisierungsversuch geht eine phänomenologische Bestimmung der Religion voraus: Der Geist erlaubt es dem Menschen einerseits, seine Vervollkommnung im Sinne des *élan vital* selbst bewußt voranzutreiben. Auf der anderen Seite ist die Intelligenz, die zum Geist gehört, auch eine Gefahr für die eigentliche Bestimmung des Menschen, wie Bergson sie sieht. Erstens bedroht sie in ihrem Egoismus den Menschen als soziales Wesen. Zweitens muß der Mensch sich seiner Intelligenz wegen zwangsläufig mit den Grenzen seiner Möglichkeiten der Vervollkommnung befassen. Hier setzt nach Bergson die fabulatorische Funktion *(fonction fabulatrice)* ein, die das Erfinden von Mythen usw. bewirkt: Das Fabulieren ist eine Art Trick des Unterbewußten, die instinktive Dimension des *élan vital* gegen übermäßige Intelligenz auszuspielen: »Es sind die Verteidigungsmaßnahmen der Natur gegen die aus der Intelligenz stammende Vorstellung eines mutlos machenden Spielraums für das Unvorhergesehene, der zwischen der unternommenen Initiative und dem ersehnten Ergebnis liege.« Dadurch, daß die geschaffenen Mythen den gesellschaftlichen Zusammenhalt garantieren und der isolationistischen Intelligenz ein Gegengewicht bieten sollen, haben sie die Tendenz, die Entfaltung des *élan vital* aufzuhalten. Deshalb klassifiziert Bergson diese erste Form der Religion als »*statische Religion*«, der die »*dynamische Religion*« gegenübersteht, eine Art Religion der Liebe, deren Quelle der *élan vital* als Ursprungskraft selbst darstellt. Wieder sind es einzelne, die jenseits von gesellschaftlichen Zwängen diese Form der Läuterung empfangen. Bergson führt als eindrucksvollste Vertreter dieser »*dynamischen Religion*« die Mystiker an: Bei ihnen geht das religiöse Erlebnis über die Trostfunktion und die gesellschaftliche Bindung hinaus. Es ist die gesteigerte Teilhabe am *élan vital*. Der »*dynamischen Religion*« erst schreibt Bergson die Möglichkeit zu, die Menschheit in höhere Seinsstufen zu transponieren.

Zwei Quellen werden also für die Moral als auch für die Religion angeführt und entwickelt: »... *einerseits ein System unpersönlicher, von den Erfordernissen der Gemeinschaft diktierter Normen, auf der anderen Seite eine Vielzahl von Appellen an das Gewissen jedes einzelnen, ausgehend von Personen, die das repräsentieren, was es an Bestem in der Menschheit gibt«.* T.T.

AUSGABEN: Paris 1932. – Paris 1959 (in *Œuvres*, Hg. A. Robinet, Einl. H. Gouhier). – Paris 1970 (in *Œuvres*). – Paris 1982.

ÜBERSETZUNG: *Die beiden Quellen der Moral und der Religion*, E. Lerch, Jena 1933; Nachdr. Olten/ Freiburg i. B. 1980.

LITERATUR: L.-P. Quint, »*Les deux sources de la morale et de la religion*« (in Revue de France, 3, 1932, S. 324–347). – A. Loisy, *Y a-t-il deux sources de la religion et de la morale?*, Paris 1933. – M. Donadille, *Essai sur le problème moral à propos des »Deux sources de la morale et de la religion«*, Diss. Genf 1936. – L. Lavelle, *La pensée religieuse de H. B.*, Paris 1943. – J. Maritain, *De B. à Thomas d'Aquin. Essais de métaphysique et de morale*, NY 1944 (dt.: *Von B. zu Thomas von Aquin. Acht Abhandlungen über Metaphysik und Moral*, Cambridge 1945). – H. Sundén, *La théorie bergsonienne de la religion*, Paris 1947. – F. C. Copleston, *B. on Morality* (in Proceedings of the British Academy, 41, 1955, S. 247–266). – *Enciclopedia filosofica*, Bd. 1, Venedig/Rom 1957, S. 643–651 [m. Bibliogr.]. – A. Vevaldi, *B.* (in A. V., *Cinque profili di filosofi francesi*, Turin 1958, S. 127–213). – P. Merlan, *Le problème de l'irrationalisme dans le* »*Deux Sources*« *d. B.* (in Revue Philosophique de la France et de l'Étranger, 84, 1959, S. 305–319).

L'ÉNERGIE SPIRITUELLE. Essays et conférences

(frz.; *Ü: Die seelische Energie. Aufsätze und Vorträge*). Sammlung philosophischer Essays von Henri BERGSON, erschienen 1919. – Der Band enthält die Aufsätze: *La conscience et la vie* (Bewußtsein und Leben), *L'âme et le corps* (Leib und Seele), *Fantômes de vivants et recherches psychiques* (Geistererscheinungen und psychische Forschungen), *Le rêve* (Der Traum), *Le souvenir du présent et la fausse reconnaissance* (Die Erinnerung des Gegenwärtigen und das falsche Wiedererinnern), *L'effort intellectuel* (Die geistige Anstrengung), *Le cerveau et la pensée. Une illusion philosophique* (Hirn und Denken. Eine philosophische Illusion).

Gemeinsam ist allen Aufsätzen die introspektiv psychologische Betrachtungsweise, wie sie sich, stellvertretend für die ganze Sammlung, aus *La conscience et la vie* ablesen läßt. Bergson untersucht hier das für ihn zentrale Problem: die Rolle des Bewußtseins im Leben. Als Mittel, die Beziehung zwischen beiden zu erkennen, dient ihm die Intuition. Sie gibt dem Philosophen die Freiheit, nicht objektivieren und differenzieren zu müssen, wie es die rationale Verfahrensweise des Verstandes *(entendement)* verlangt. Ja die freie schöpferische Intuition gehört geradezu zum Wesen des Bewußtseins *(conscience)*. (»*Conscience est synonyme d'invention et de liberté*«, heißt es in *L'évolution créatrice*). Deshalb kann das Bewußtsein keineswegs eindeutig definiert werden: Es existiert für den Menschen allein durch die unmittelbare und immer neue Erfahrung. Bewußtsein heißt zunächst Erinnerung; ein Bewußtsein, das sich selbst vergäße, wäre mit Bewußtlosigkeit gleichzusetzen. Bewußtsein ist aber ebenso auch Antizipation und Vorbereitung des Kommenden. Diese Betrachtungsweise, die das Bewußtsein als eine Bewegung zwischen Vergangenheit und Zukunft auffaßt (wobei diese Bewegung nahezu übergangslos in den großen Strom des Lebens mündet), ist bestimmend für Bergsons Denken.

Eine weitere Frage, die sich nach dem Vorhergehenden wie von selbst stellt, lautet: Besitzt jedes Lebewesen Bewußtsein, ist das Bewußtsein unlösbar mit dem Leben verbunden? Bergson antwortet: Da jedes Leben Schöpfung ist, diese Schöpfung aber, will sie Zukünftiges hervorbringen, auf bereits Geschaffenem aufbauen muß, ist Erinnerung und damit Bewußtsein jedem Lebewesen eigen; den Menschen allein aber zeichnet das freie, schöpferische Bewußtsein aus. Bergsons Definition des Bewußtseins schließt die Annahme einer fixierbaren Gegenwart aus, weil die Bewegung zwischen Vergangenem und Kommendem niemals zum Stehen kommt. Auch dieser Gedanke entspricht der in Bergsons Denken immer wieder auftauchenden Unterscheidung zwischen *temps* (äußerlich feststellbare, erstarrte Zeit) und *durée* (innerlich bewegend-bewegte, unfaßbare Dauer); vgl. *L'évolution créatrice*.

Wesentliches Charakteristikum aller Untersuchungen dieses Werks ist die – revolutionierend wirkende – Behauptung der Identität von Bewußtsein und Leben: Beide sind unaufhörliche Bewegung. Bergsons Philosophie, die selber stark ästhetische Züge trägt, entsprach mit dieser radikalen Absage an den rationalistischen und empiristischen Positivismus dem Bedürfnis seiner Zeit nach Aufhebung der Grenzen zwischen materiellem und geistigem Sein, das auf dem Gebiet der Literatur unter anderem in der symbolistischen Dichtung und den Romanen von Marcel PROUST seinen Ausdruck fand.

M.Schö.–KLL

AUSGABEN: Paris 1919. – Paris 1959 (in *Œuvres*, Hg. A. Robinet; Einl. H. Gouhier). – Paris 1962. – Paris 1970 (in *Œuvres*). – Paris 1982.

ÜBERSETZUNG: *Die seelische Energie. Aufsätze und Vorträge*, E. Lerch, Jena 1928.

LITERATUR: M. Pradines, *Spiritualisme et psychologie chez H. B.*, Paris 1943. – E. Rideau, *Matière et esprit chez B.* (in La Revue Nouvelle, 31, 1960,

S. 337–354). – A. Robinet, *B. et les métamorphoses de la durée*, Paris 1965. – J. N. Megay, *B. et Proust*, Paris 1976.

L'ÉVOLUTION CRÉATRICE

(frz.; *Ü: Die schöpferische Entwicklung*). Philosophisches Werk von Henri BERGSON, erschienen 1907. – Nachdem Bergson in seinen Schriften über die Gegebenheiten des Bewußtseins (*Essai sur les données immédiates de la conscience*, 1889) und über Materie und Gedächtnis (*Matière et mémoire*, 1896) bereits den Weg für eine neue Erkenntnistheorie und Metaphysik vorgezeichnet hatte, griff er mit diesem Werk in die Diskussion über die Abstammungstheorie von Charles DARWIN und den Neo-Lamarckismus ein, die die Biologie um die Jahrhundertwende beherrschte. Die entscheidende Frage nach der Weiterentwicklung und möglichen Höherentwicklung des Lebens, besonders des Menschen, die in jener Zeit die Gemüter erregte, glaubte der Philosoph dem alleinigen Zugriff der Naturwissenschaften entziehen zu müssen. Es galt also, die Diskussion mit der Biologie der Zeit aufzunehmen und zugleich die Berechtigung und Kompetenz der Philosophie für dieses Unternehmen nachzuweisen: Dies war nur möglich durch eine neue Sinngebung der Philosophie selbst.

L'évolution créatrice beginnt und endet mit dem Versuch einer Wesensbestimmung des Lebens, das sich von der unbelebten Materie durch eine dauernde fließende Veränderung *(durée)* unterscheidet. Wirklichkeit und Wirksamkeit des Lebens sind mit dem üblichen mechanischen und statischen Zeitbegriff (*temps* im Gegensatz zur *durée*) nicht zu erfassen. Der bloße Verstand des Menschen *(entendement)*, der mit diesem Zeitbegriff operiert und das Leben durch physikalische und chemische Gesetze erfassen will, ist viel zu unbeweglich, als daß er das Rätsel des Lebendigen zu begreifen vermöchte. Zur Bestätigung dieser These werden zahlreiche Beispiele aus der Biologie der Pflanzen und Tiere angeführt – z. B. die Entwicklung des Auges und die verschiedenen Formen der Fortpflanzung –, an denen Bergson in ausgezeichneter Sachkenntnis die Schwierigkeiten und Widersprüche allzu starrer biologischer Theorien demonstriert. Er bestreitet, daß der denkende Mensch nur die Wahl zwischen einem Finalismus, der alle Entwicklungen einem Endziel zustreben sieht, und einem Mechanismus habe, der annimmt, daß diese Entwicklungen nach einem vorher festgelegten Plan automatisch ablaufen; in beiden Fällen handle es sich um Konstruktionen des Verstandes, die an dem Wesen und der Ursache aller Veränderungen, dem ursprünglichen Lebensimpuls *(élan vital)* vorbeigehen. Die Harmonie aller Lebenskräfte liege nicht wie bei LEIBNIZ in der Zukunft, sondern in der Vergangenheit, d. h. in dem gemeinsamen Ursprung, aus dem heraus sich der *élan vital* unter ständiger innerer Wechselwirkung entfaltet und differenziert: »*L'élan se divise de plus en plus en se communiquant.*« (»Der Elan teilt sich mehr und mehr, indem er sich mitteilt.«) Diese »*évolution créatrice*«, die schöpferische Entwicklung, die unendlich viele Formen entwirft und zur Zukunft hin offen ist, führe aber auch zu einer wachsenden Uneinigkeit und Unvereinbarkeit der verschiedenen Arten und der Individuen, von denen jedes seinen Teil an der Gesamtenergie beanspruche. Doch trotz der Kämpfe, die sie auslöst, sei diese Fruchtbarkeit, dieses schöpferische Leben, nach dessen Bild NIETZSCHE seinen neuen Menschen entworfen habe, stark genug, um den Dissonanzen, die ihr Reichtum schafft, gewachsen zu sein, auch wenn die Disharmonie der Arten ständig an Schärfe zunimmt.

Eine der Realisierungen des Lebensimpulses ist nach Bergson der Intellekt, das feinste und vielseitigste Werkzeug, das sich das Leben schuf. Der Vergleich mit der perfekten Sicherheit des Instinkts zeigt jedoch die Schwäche des Intellekts, der im Grunde nur im Bereich des Anorganischen und Bewegungslosen (z. B. der Geometrie) seine Aufgaben erfüllt und gegenüber der Beweglichkeit des Lebens im Gegensatz zum Instinkt versagt. Der Mensch, dessen Bewußtsein *(conscience)* in schöpferischer und freier Bewegung sein soll wie der unendliche Strom des Lebens selbst, muß sich aus den Erstarrungen des Verstandes lösen, um sich kraft der Intuition »*mit dem Ganzen neu zu verschmelzen*« und in die reine kontinuierliche Zeit *(durée)* zurückzutauchen. Hierin sieht Bergson die Aufgabe einer neuen Philosophie. Sie muß es darauf anlegen, die intellektuellen Kräfte und das Übermaß an Bewußtheit, das aus ihnen resultierte, wieder zu absorbieren, um bewußt den Elan zurückzugewinnen, dem der Instinkt in seiner Unbewußtheit (»*inconscience routinière*«) folgt. In der Kontinuität des Bewußtseinsstroms, der nur durch Intuition zu erfassen ist und einer strömenden Melodie gleicht, verfließen die Verfestigungen des Lebens: Materie und Zustand sind im Grunde Täuschungen, die keine »metaphysische Realität« besitzen. In einem Rückblick auf typische Denkformen der Antike und der Neuzeit gibt Bergson zu erkennen, daß er bewußt die Grenze, die KANTS *Kritik der reinen Vernunft* jedem philosophischen Denken gezogen hatte, überschreitet: Er lehnt die Kategorien der Quantität, Dinglichkeit, des Zustandes und der Räumlichkeit, ohne die der Verstand nicht auskommen kann, ab. Das »*Hineintauchen in den ungeteilten Strom des Lebens*«, das Bergson mit vielen lyrischen Bildern umschreibt, tendiert vielmehr zur Mystik, da der in allem spürbare Lebensimpuls letztlich mit Gott gleichzusetzen ist.

Der Einfluß der Philosophie Bergsons reichte dank der Faszination, die von seinen brillanten, rhetorisch ausgefeilten Formulierungen ausgeht, weit über den Kreis der »Lebensphilosophen« hinaus. Stärker als auf die Philosophie wirkte die *Évolution créatrice*, deren zahlreiche Übersetzungen Bergson weltberühmt machten, auf Literatur und Ästhetik der Folgezeit. So verschiedene Autoren wie PROUST, GIDE, CLAUDEL, PÉGUY, T. S. ELIOT, Friedrich GUNDOLF verdanken der Auseinandersetzung mit ihm viel, auch wo sie ihn, wie VALÉRY und MUSIL, zu überwinden trachteten. Geistesverwandt mit Bergson sind der expressionistische Aufstand gegen das reglementierte und für das intuitive, rauschhafte, chaotische Leben, aber auch die sogenannten Lebensphilosophen, wie z. B. Ludwig KLAGES.   V.R.–KLL

AUSGABEN: Paris 1907. – Paris 1959 (in *Œuvres*, Hg. A. Robinet; Einl. H. Gouhier). – Paris 1962 [Einl. K. Strömberg; enth.: Rede anläßl. der Verleihung des Nobelpreises an H. B. am 10. 11. 1928 von P. Hallström u. J. Guitton, *La vie et l'œuvre de H. B.*]. – Paris 1970 (in *Œuvres*). – Paris 1983.

ÜBERSETZUNG: *Schöpferische Entwicklung*, G. Kantorowicz, Jena 1912; ^{6}1921.

LITERATUR: H. Mavit, *Bergson et l'existence créatrice* (in Études Bergsoniennes, 3, 1952, S. 139–148). – J. S. Fulton, *B.'s Religious Interpretation of Evolution* (in Rice Institute Pamphlets, 43, Okt. 1956, S. 14–27). – G. Plékhanov, *Sur »L'évolution créatrice«* (in Pensée, 80, 1958, S. 103–107). – C. Tresmontant, *Deux métaphysiques bergsoniennes? Métaphysique de la création. Le néoplatonisme de B.* (in Revue de Métaphysique et de Morale, 67, 1959, S. 180–193). – A. Robinet, *B. et les métamorphoses de la durée*, Paris 1965. – J. N. Megay, *B. et Proust*, Paris 1976. – G. Bretonneau, *Création et valeurs éthiques chez B.*, Paris 1975.

MATIÈRE ET MÉMOIRE. Essai sur la relation du corps à l'esprit

(frz.; Ü: *Materie und Gedächtnis. Eine Abhandlung über die Beziehung zwischen Körper und Geist*). Philosophisches Werk von Henri BERGSON, erschienen 1896. – In *Matière et mémoire* untersucht Bergson die Beziehung zwischen Geist und Körper anhand des Gedächtnis-Phänomens. Methodisch geht er dabei von der Theorie der Intuition aus, die er in seiner ersten Schrift *Données immédiates de la conscience*, 1889 (*Unmittelbare Bewußtseinsinhalte*), formuliert hatte. Wirklichkeit bestimmt er dort als erlebte Zeit *(durée)*, die der mit numerischen Kategorien definierten Zeit entgegensteht. Zur Beschreibung der sich ständig wandelnden Wirklichkeit reichen die begrifflichen Abstraktionen der analytischen Intelligenz nicht aus. Vielmehr muß sich das erfahrende Ich in die *durée* hineinversetzen – Bergson nennt dies die Methode der Intuition – und erst aus den jeweils beobachteten Elementen der Wirklichkeit deren Beschreibung immer wieder neu entwickeln.

Unter Berufung auf die introspektive Methode der »*données immédiates de la conscience*« will Bergson in *Matière et mémoire* eine Methode gewinnen, die mehr leistet als ein bruchstückhaftes Aufnehmen der Außenwelt. Die subjektive Wahrnehmung ist zwar vom wahrgenommenen Gegenstand geschieden, trotzdem gibt es eine tiefere Einheit zwischen Wahrnehmung und Gegenstand, Geist und Materie. So kann weder die Auffassung des Idealismus einleuchten, nach der Materie nur durch den Geist besteht – schließlich bleibt Materie sinnlich erfahrbar und die Qualitäten wie Farbe, Beschaffenheit etc., gehören zum Objekt, nicht zum wahrnehmenden Subjekt –, noch kann vom Allgemeinverständnis aus die Auffassung des Realismus genügen, nach der Materie völlig unabhängig von ihrer Wahrnehmung besteht. Eine vorurteilslose Betrachtung ergibt nach Bergson, daß die Materie aus Bildern besteht, wobei diese Kategorie zwischen dem Objekt und der Repräsentation des Objekts im Geist angesiedelt ist: »*Für das allgemeine Verständnis existiert das Objekt für sich, aber andererseits ist das Objekt für sich genommen bildlich in dem Maße, wie wir es aufnehmen: es ist ein Bild, aber ein Bild, das für sich besteht.*« Mit dieser Definition wendet sich Bergson der zentralen Frage nach dem Zusammenhang von Geist und Körper zu. Die Untersuchung des Phänomens der Erinnerung *(mémoire)*, so Bergson, vermag am besten über diese Beziehung Aufschluß zu geben, da hier der Treffpunkt von Geistigem und Körperlichem liege. Bergson sieht den Menschen als handelndes Wesen und versucht die Gegebenheiten des Geistes über ihre Handlungsbezogenheit zu bestimmen. Der Vorgang der Wahrnehmung besteht darin, aus der Vielfalt der Bilder, aus denen sich die Materie zusammensetzt, diejenigen auszusortieren, die für das Handeln, für das Wirken des Subjekts auf die Welt, von Relevanz sein können. Hier formuliert Bergson erneut seine Kritik am Realismus wie am Idealismus, da beide Strömungen den Aspekt der Handlungsbezogenheit vernachlässigen und die Wahrnehmung dem reinen Erkennen zuordnen: »*Die Unverständlichkeit des Realismus sowie des Idealismus rührt daher, daß hier unsere bewußte Wahrnehmung und deren Bedingungen dem reinen Erkennen und nicht dem Handeln zugeordnet werden.*« Die angesammelten Bilder in der Wahrnehmung stehen nun geistig für verschiedene Handlungsmöglichkeiten, und erst hier setzt das Gehirn als körperliches Phänomen ein. Es hat nach Bergson die Aufgabe, die Bilder zur konkreten Handlung hin zu filtern und auszuführen: »*Die Wahrnehmung ist unsere mögliche Handlung, und der Gehirnzustand unsere begonnene Handlung.*« Auch die Erinnerung setzt sich aus Bildern zusammen, allerdings von abwesenden Dingen. Bergson bestimmt die reine Erinnerung *(mémoire pure)* als Ansammlung von Bildern, die nicht zweckgerichtet sind. Wie die Wahrnehmung ist aber auch die Erinnerung handlungsbezogen zu denken: Denn die Bilder der *mémoire* im Gedächtnis haben insofern eine Lebensnützlichkeit *(utilité vitale)*, als sie vom Gehirn aktualisiert und für eine spezifische Handlung eingesetzt werden können. Bergson bestimmt den Geist als über den Körper hinausgehend. Das Gehirn, das Körperliche also, hat nach Bergson lediglich die Aufgabe, die Vielfalt geistiger Bilder zu filtrieren und ist keinesfalls als Speicher von Wahrnehmung und Erinnerung zu denken. Bergson bestimmt das

Verhältnis von Körper und Geist nicht in örtlichen, sondern in zeitlichen Kategorien: Die körperliche Umsetzung von Bildern folgt auf deren Entstehen. Die Lebendigkeit des Geisteslebens ist nach Bergson bewußt beeinflußbar und so ein Zeichen menschlicher Freiheit: Der Mensch kann sowohl seine Wahrnehmung als auch seine Erinnerung aus den Zwängen der reinen Handlungsbezogenheit befreien und somit die Lebensintensität steigern.

T.T.

AUSGABEN: Paris 1896. – Paris [13]1917. – Paris 1959 (in Œuvres, Hg. A. Robinet; Einl. H. Gouhier). – Paris 1970 (in Œuvres). – Paris 1983.

ÜBERSETZUNGEN: *Materie u. Gedächtnis. Essay zur Beziehung zwischen Körper u. Geist*, anon., Jena 1908 [Einl. W. Windelband]. – *Materie u. Gedächtnis. Eine Abhandlung über die Beziehung zwischen Körper u. Geist*, J. Frankenberger, Jena 1919. – *Materie und Gedächtnis*, R. von Bendemann u. a., Ffm. 1964. – Dass., J. Frankenberger, Ffm./Bln. 1982 (Ullst.Tb).

LITERATUR: P. L. Couchoud, *La métaphysique nouvelle à propos de »Matière et mémoire« de H. B.* (in Revue de Métaphysique et de Morale, 10, 1902, 2, S. 225–243). – J. Chevalier, *Discussion avec J. Maritain, B. »Matière et mémoire«* (in Revue des Cours et Conférences, 15. 6. 1926). – E. Rideau, *Les rapports de la matière et de l'esprit dans le bergsonisme*, Paris 1933. – I. W. Alexander, *B., Philosopher of Reflection*, Ldn. 1957. – G. Morélos, *B. et les niveaux de la réalité*, Paris 1964. – L. Giroux, *»Matière et mémoire« de B.* (in Dialogue, 12, 1973, S. 670–675).

LE RIRE. Essai sur la signification du comique

(frz.; *Ü: Das Lachen*). Essay von Henri BERGSON, erschienen 1900 in der Zeitschrift ›Revue de Paris‹. – In drei Aufsätzen versucht Bergson, die Kategorien des Komischen zu bestimmen und die Gesetze zu analysieren, die seinen Erscheinungen zugrunde liegen. Der erste handelt vom Komischen im allgemeinen *(Du comique en général)*, der zweite von der Situations- und Wortkomik *(Force d'expansion du comique* und *Le comique de situation)*, der dritte von der Charakterkomik *(Le comique de caractère)*. Bergson geht von der Überzeugung aus, daß es Komik nur in der menschlichen Sphäre gibt und daß das Komische vor allem einen eigentümlichen Mangel in der Anpassung eines Menschen an die Gesellschaft zum Gegenstand hat. Das Lachen, als Replik auf das Komische, hat demgemäß eine soziale Funktion: auf Mängel, Schwächen, Automatismen und habituell gewordene Verstocktheiten der Menschen aufmerksam zu machen und sie zu bessern oder wenigstens geschmeidiger zu machen. Das Komische wendet sich an den Intellekt des Menschen. Bergson betont die Gefühllosigkeit, die dem durch das Komische erzeugten Lachen eignet; es braucht nicht aus guter Gesinnung zu kommen und kann durchaus boshaft sein. *»Was an dem einen wie dem anderen lächerlich ist, ist eine gewisse mechanische Starrheit, da wo wir geistige Rührigkeit und Gelenkigkeit fordern.«* Stellungen, Gebärden und Bewegungen des Menschen sind (ihm selber unbewußt) in dem Maße komisch, als er uns dabei an einen bloßen Automatismus erinnert; jemanden nachahmen heißt, den Teilmechanismus herausstellen, der sich bei ihm eingenistet hat.

Für die Situations- und Wortkomik gilt, daß jede Verkettung von Handlungen und Ereignissen komisch ist, die uns die Illusion des Lebens und zugleich das Gefühl eines mechanischen Arrangements verschafft. Um welche Lustspieltechniken (z. B. Springteufel, Marionette) es sich auch handelt, immer ist es das Mechanische im Lebendigen, das die Komik erzeugt. Stete Veränderung des Aussehens, Unumkehrbarkeit der Erscheinungen, vollkommene Individualität sind die Merkmale, die das Lebendige vom einfachen Mechanismus unterscheiden. Das Gegenteil hiervon bezeichnet drei verschiedene Verfahren der Mechanisierung von Ereignisreihen des Lebens, die im Lustspiel angwandt werden: die Repetition, die Inversion und die Interferenz von Ereignisreihen. Ähnliche Denkfiguren wiederholen sich beim Wortwitz oder Wortspiel.

In seiner Analyse der komischen Charaktere sieht Bergson eine der Hauptquellen des Komischen in einer gewissen Steifheit und Zerstreutheit, die dahin führt, daß man sagt, was man nicht sagen wollte, oder tut, was man nicht tun wollte. Jede Zerstreutheit ist komisch. *»Eine systematische Zerstreutheit wie die Don Quichotes ist das Komischste, was man sich auf der Welt denken kann; sie ist die Komik selber, unmittelbar aus der Quelle.«* Aus Starrheit, Automatismus, Zerstreutheit baut sich die Komik der Charaktere auf. Bergson sieht den Grundunterschied zwischen Komödie und Tragödie darin, daß sich diese mit ihrer Art einzigen Individualitäten, jene mit allgemeinen Typen befaßt. Die Komödie schildert Charaktere, wie wir sie aus dem Leben kennen, sie will, wie man schon an den Titeln der großen Komödien MOLIÈRES *(Der Menschenfeind; Der Unbesonnene; Der Geizige)* ablesen kann, Typen vorführen, d. h. Charaktere, die wiederholt werden können. – Mit dem rein ästhetischen Interesse verbindet sich für Bergson hier schon die Idee, daß das wirkliche Leben ständig in Fluß ist, sich nie wiederholt und sich der begrifflichen Erkenntnis entzieht. Dieser Gedanke weist bereits auf die *Évolution créatrice* voraus.

H.J.M.

AUSGABEN: Paris 1900 (in Revue de Paris). – Paris 1900. – Paris 1958. – Paris 1959 (in *Œuvres*, Hg. A. Robinet; Einl. H. Gouhier). – Paris 1970 (in *Œuvres*). – Paris 1972.

ÜBERSETZUNGEN: *Das Lachen*, J. Frankenberger u. W. Fränzel, Jena 1914; ern. 1921. – Dass., dies., Meisenheim/Glan 1948. – *Das Lachen, ein Essay über die Bedeutung des Komischen*, R. Plancherel-

Walter, Zürich 1972. – Dass., dies; Darmstadt 1988 (Nachw. K. Witte; SLu).

LITERATUR: É. Faguet, »*Le rire*« *de B.* (in Journal des Débats, 16. 9. 1904 u. 3. 10. 1904). – J.-H. Bornecque, *Une source du* »*Rire*« (in Revue Universelle, 25. 9. 1942, S. 304–311). – J. Jones, *Emerson and B. on the Comic* (in CL, 1949, S. 63–72). – W. B. Fleischmann, *J. Conrad's* »*Chance*« *and B.'s* »*Laughter*« (in Renascence, 14, 1961/62, S. 66–71). – P. J. Johnson, *B.s* »*Le rire*« (in FR, 47, 1973/74, S. 46–56). – A. Peres, *L'essence du comique dans* »*Le rire*« *de B. et* »*Le mot d'esprit*« *de Freud* (in L'École des lettres, 74, 1982, Nr. 2, S. 41–50).

GUÐBERGUR BERGSSON

* 16.10.1932 Grindavík

TÓMAS JÓNSSON, METSÖLUBÓK

(isl.; *Thomas Jonsson, ein Bestseller*). Roman von Guðbergur BERGSSON, erschienen 1966 als erster Band einer Trilogie; es folgten *Ástir samlyndra hjóna*, 1967 *(Eine harmonische Ehe)* und *Anna* (1969). – Mit *Tómas Jónsson, metsölubók* erreichte Bergsson einen entscheidenden Erfolg in Island. Die Tagespresse bezeichnete den Roman als ein großes Ereignis in der isländischen Literatur. In 17 sogenannten »Büchern« läßt Bergsson das Erzähler-Ich, Tómas Jónsson, aus seinem Leben berichten. Formal kennzeichnend für den Roman ist die Diskrepanz zwischen dem geordneten Leben des Tómas Jónsson und der chaotischen Struktur des Werks. Die einzelnen Bücher stehen weder formal noch inhaltlich in Beziehung zueinander, sondern bieten dem Leser einen grotesken Wirrwarr.

In einer Kellerwohnung Reykjaviks haust der altersschwache Tómas Jónsson, ohne Kontakt zur Außenwelt und nur von seinen Erinnerungen und dem schematischen täglichen Einerlei am Leben gehalten. Die einzigen Lebenszeichen, die von außen zu ihm hineindringen, sind die seiner Mieter, denen er die Wohnung bis auf sein eigenes Zimmer vermietet hat. In dieser Abgeschiedenheit macht sich Tómas Jónsson daran, seine Biographie zu schreiben – für ihn die einzig legitime Form von Literatur. In Tagebuchform reihen sich so die einzelnen Bücher des Romans aneinander, dabei ist jedoch keine chronologische Reihenfolge zu erkennen. Auch auf der inhaltlichen Ebene sucht man vergebens nach dem roten Faden. Statt dessen ergibt sich eine wunderliche Mischung aus Erzählbrocken und Erlebnisfetzen – Erinnerungen aus Tómas Jónssons Leben, allgemeine Lebensregeln, Betrachtungen über die eine oder andere technische Errungenschaft, Volkssagen und groteske Berichte über ungewöhnliche Dinge oder Vorkommnisse. Sogar die Zeit versinkt im Chaos: Vergangenheit, Gegenwart und Zukunft bilden ein unentwirrbares Gemenge. Gleichzeitig mit der Auflösung der Zeit geht eine Auflösung der Person einher. Tómas Jónsson wird allmählich in surrealer Verwandlung zu seinem eigenen Zimmer und verschmilzt mit den Dingen, die ihn umgeben.

Ólafur JÓNSSON bezeichnet Tómas Jónsson in ›Skírnir‹, 1970, als »*Zeichen der Zeit, als ersten vollendeten Antihelden der isländischen Literatur*«. Die Frage, wie die Person Tómas Jónsson gedeutet werden kann, wird auch im Roman selbst schon aufgeworfen. »*Für den Leser stellen sich viele Fragen, die der Autor unbeantwortet läßt... Wer ist Thomas. Ist er in Allem. Ist er ein Abbild des isländischen Volkes, so wie es heute ist, geistig und körperlich altersschwach? Über diese und andere Fragen habt ihr euch den Kopf zu zerbrechen, wenn ihr euer diesjähriges Weihnachtsbuch lest.*« Diese pessimistischen Fragen, die gleichzeitig entsprechende Antworten implizieren, stehen in einem Spannungsverhältnis zum positiven Anfangsfragment des Buches, wo es heißt, »*Ich bin ein Nachfahre mutiger blauäugiger Wikinger. Mein Geschlecht reicht zurück zu großen Skalden und siegreichen Königen. Ich bin ein Isländer.*« Doch diese Geschichte des Tómas Jónsson ist in drei Zeilen erzählt, noch vor Beginn des ersten Buches. Das, worauf es ankommt, hat nichts mehr zu tun mit dem Stolz, ein Isländer zu sein.

Mit *Tómas Jónsson, metsölubók* folgt Bergsson der Tradition des französischen *nouveau roman*. Aber auch Günter GRASS sowie der Argentinier Jorge Luis BORGES haben offensichtlich bei diesem Werk Bergssons Vorbildfunktion gehabt. A.Es.

AUSGABE: Reykjavik 1966.

LITERATUR: S. Daðason, »*Tómas Jónsson*« *eftir G. B.* (in Tímarit Máls og Menningar, 27, 1966, S. 423–426). – S. A. Magnússon, *Absúrd bókmenntir og* »*Tómas Jónsson Metsölubók*« (in S. A. M., *Sáð í vindinn*, Reykjavik 1968, S. 74–79). – N. P. Njarðvík, *Den isländska romanen under 60-talet* (in Norsk Litterær Årbok, Hg. L. Mæhle, 1968, S. 154–166). – Ó. Jónsson, *G. B.:* »*Anna*« (in Skírnir, 144, 1970, S. 234–237). – S. Þorgrímsson, *G. fimmtugur* (in Lystræninginn, 6, 1982, S. 24–27). – E. Jónsson, *Íslenzk skáldsagnaritun 1940–1970*, Reykjavik 1971, S. 151–165.

GEORGE BERKELEY

* 12.3.1685 Disert Castle / Irland
† 14.1.1753 Oxford

LITERATUR ZUM AUTOR:
Bibliographien
Th. E. Jessop u. A. A. Luce, *A Bibliography of*

G. B., Ldn. 1934; Nachdr. NY 1968; Den Haag ²1973 [rev.u.erw.]. – G. Keyes, *A Bibliography of G. B.*, Oxford 1976.
Biographien:
A. A. Luce, *The life of G. B.*, Ldn. 1949. –
A. Kulenkampff, *G. B.*, Mchn. 1987.
Gesamtdarstellungen und Studien:
E. Cassirer, *B.s System*, Giessen 1914. – R. Metz, *G. B. Leben und Lehre*, Stg. 1925; Neudr. 1968. – M. M. Rossi, *Saggio su B.*, Bari 1955. – A. L. Leroy, *G. B.*, Paris 1959. – Ch. R. Morris, *Locke, B., Hume*, Ldn. 1959; Nachdr. Westport/Conn. 1980. – J. Wild, *G. B.*, NY ²1962. – G. J. Warnock, *B.*, Harmondsworth 1969 [rev.]. – H. M. Bracken, *B.*, Ldn. 1974. – G. Pitcher, *B.*, Ldn. 1977. – *B. Critical and Interpretative Essays*, Hg. C. M. Turbayne, Minneapolis 1982 [m. Bibliogr.]. – *Essays on B. A Tercentennial Celebration*, Hg. J. Foster, Oxford 1985. – P. Dubois, *L'œuvre de B.*, Paris 1985. – J. O. Urmson, *B.*, Oxford 1985 (OUP).

ALCIPHRON, OR THE MINUTE PHILOSOPHER

(engl.; *Alciphron oder Der winzige Philosoph*). Werk von George BERKELEY, erschienen 1732. – Die Abhandlung besteht aus sieben »Dialogen« im platonischen Stil (eigentlich: Gesprächen zwischen mehreren Teilnehmern) und ist bei weitem die umfangreichste Schrift Berkeleys; er verfaßte sie unmittelbar nach der Rückkehr von seinem verunglückten amerikanischen Missionsunternehmen, rund zwei Jahrzehnte nach jenen Jugendwerken (*Principles of Human Knowledge* und *Three Dialogues between Hylas and Philonous*), in denen er seine philosophische Doktrin bereits endgültig formuliert hatte. Der *Alciphron* bringt denn auch philosophisch nichts Neues, sondern stellt eine polemisch-satirische Auseinandersetzung mit dem damaligen »Freidenker«-Typ dar, der im Titel nach einem Ausdruck CICEROS »*der winzige Philosoph*« genannt wird und der hier vor allem in der Titelfigur repräsentiert ist; sein Hauptgegner, der die Ansicht des Verfassers vertritt, ist Euphranor. Die Freidenkerposition wird mit überraschender Radikalität zum Ausdruck gebracht – überraschend, weil der hier zu Wort kommende Atheist, Libertin, Fatalist, Skeptiker, Spötter usw. nach gewöhnlichen philosophiegeschichtlichen Vorstellungen damals noch gar nicht (jedenfalls nicht in publizierten Schriften) vorhanden war: LA METTRIES Schriften etwa lagen noch in der Zukunft. Da nicht anzunehmen ist, daß Berkeley sich Gegner zum Zweck der Polemik erfunden hat, scheint also in der *sophisticated society* jener Zeit – in hauptstädtischen Kaffeehäusern und anderswo – ein aufklärerischer Radikalismus vorhanden gewesen zu sein, der sich erst viel später schriftlich niederschlug. Nur zum Thema Tugenden und Laster und ihre öffentliche und private Bewertung lag ein berühmtes Stück kühner, geistreicher und ketzerischer Literatur seit einigen Jahren

vor: MANDEVILLES *Fable of the Bees (Bienenfabel)*. Berkeley widmet ihrem Problemkreis (»*private Laster – öffentlicher Nutzen*«) den zweiten Dialog des *Alciphron*. Im ganzen ist zu sagen, daß er – trotz oft heftig satirischer Stilmittel – den gegnerischen Standpunkt mit großer Fairness zu einem oft überzeugenden Ausdruck kommen läßt. Daß er der eigenen christlichen Position zuletzt doch immer die siegreiche Argumentation an die Hand gibt, kann bei einer Schrift mit apologetischer Absicht nicht verwundern; aber er macht sich den Sieg nie allzu leicht und läßt echte, lebendige Dialoge zustande kommen. H.L.

AUSGABEN: Ldn. 1732, 2 Bde. [anon.]. – Ldn. 1897 (in *Works*, Bd. 2, Hg. G. Sampson). – Ldn. 1950 (in *Works*, Hg. A. A. Luce u. Th. A. Jessop, 9 Bde., 1948–1957, 3).

ÜBERSETZUNGEN: *Alciphron*, W. Kahler, Lemgo 1737. – Dass., L. u. F. Raab, Lpzg. 1915.

LITERATUR: G. A. Johnston, *The Development of B.'s Philosophy*, 1929. – N. Baladi, *La pensée religieuse de B.*, Kairo 1946. – G. B. – *Symposia: B and Modern Problems*, Ldn. 1953. – R. H. Popkin, *B.'s Influence on American Philosophy* (in Hermathena, 82, 1953).

THREE DIALOGUES BETWEEN HYLAS AND PHILONOUS

(engl.; *Drei Dialoge zwischen Hylas und Philonous*). Philosophisches Werk von George BERKELEY, erschienen 1713. – Das Buch enthält die populäre, in manchen Punkten auch weiterführende Darstellung des bereits in Berkeleys *Treatise Concerning the Principl.·· of Human Knowledge* (1710) entwickelten »subjektiven Idealismus« oder »Immaterialismus«.

Hylas (»Materialist«) und Philonous (»Freund des Geistes«) unterhalten sich an drei aufeinanderfolgenden Tagen miteinander. In einer Auseinandersetzung über das wirkliche äußere Dasein der sinnlich wahrgenommenen Dinge wird bewiesen, »*daß nichts der Art besteht, was die Philosophen als materielle Substanz bezeichnen*«: Nicht nur die sekundären Qualitäten (Farben, Töne, Gerüche usw.) sind Bewußtseinsinhalte des Wahrnehmenden, die sich ändern können, ohne daß das Objekt sich ändert, auch die primären Qualitäten (vor allem Ausdehnung, Gestalt, Bewegung, Zahl) sind durch das Subjekt gesetzte Bestimmungen, entstehend durch die Verbindung der Gegebenheiten von Gesichts- und Tastsinn zu einem System von Zeichen *(Erster Dialog)*. Gleichwohl liegt es »*nicht in meiner Macht zu bestimmen, welche besonderen Vorstellungen beim Öffnen meiner Augen oder Ohren erweckt werden sollen*«. Eine untätige materielle Substanz kann dies jedoch nicht bewirken, sie müssen vielmehr »*in einem andern Geist bestehen, dessen Wille ist, daß sie mir gezeigt würden*«. Die Wirklichkeit der sinnlichen Welt führt so zur Annahme eines ewig dauernden Geistes von unermeßlicher Weisheit, Macht und Güte *(Zweiter Dialog)*. Aus der Leugnung einer subjektunabhängigen materiellen Substanz folgt darum nicht der Skeptizismus. Vielmehr wird dadurch nur der gemeine Menschenverstand bestätigt, der annimmt, »*daß die wirklichen Dinge eben jene Dinge sind, welche ich sehe und fühle und durch meine Sinne wahrnehme*«. Ihr Sein besteht in ihrem Wahrgenommenwerden, aber ihre Vorstellung ist darum nicht auch von meinem Willen abhängig wie die Geschöpfe meiner Phantasie. Durch Selbstwahrnehmung und vernünftiges Nachdenken über diese Zusammenhänge kann ich Gott erkennen. Diese Theorie steht auch keineswegs im Widerspruch zum Schöpfungsglauben: Das Dasein der Dinge begann, »*als Gott gebot, daß sie verständigen Geschöpfen wahrnehmbar wurden in der Reihenfolge und Weise, die er damals aufstellte und die wir jetzt die Naturgesetze nennen*« *(Dritter Dialog)*. H.Z.

AUSGABEN: Ldn. 1713. – Ldn. 1949 (in *The Works*, Hg. A. A. Luce u. Th. E. Jessop, 9 Bde., 1948 bis 1957, 2). – NY 1954. Hg. C. M. Turbayne. – Indianapolis 1979.

ÜBERSETZUNGEN: *Unterredungen zwischen Hylas und Philonous*..., J. Ch. Eschenbach (in *Sammlung der vornehmsten Schriftsteller*, Rostock 1756). – *Drei Dialoge zwischen Hylas und Philonous*, R. Richter, Lpzg. ²1926 (Phil. Bibl.). – *Drei Dialoge über Raum, Zeit u. Kausalität*, G. Jaffé, Bln. 1954. – *Drei Dialoge zwischen Hylas und Philonous*, R. Richter., bearb. v. E. Pracht, Hg., Einl. u. Anm. G. Mende, Bln. 1955; Hbg. ³1980.

LITERATUR: L. Cahn, *Die Stellung u. Kritik von B.s »Drei Dialogen«*, Diss. Gießen/Marburg 1915. – I. Hedenius, *Sensationalism and Theology in B.'s Philosophy*, Uppsala, 1936. – A. A. Luce, *L'essai sur la vision de B. et sa défense et explication de la théorie de la vision* (in Revue Philosophique, 143, 1953). – H. M. Bracken, *The Early Reception of B.'s Immaterialism 1710–1733*, Den Haag 1959. – D. M. Armstrong, *B.'s Theory of Vision*, Melbourne 1960. – G. J. Stack, *B.'s Analysis of Perception*, Den Haag/Paris 1970.

TREATISE CONCERNING THE PRINCIPLES OF HUMAN KNOWLEDGE

(engl.; *Abhandlung über die Prinzipien der menschlichen Erkenntnis*). Philosophisches Hauptwerk von George BERKELEY, erschienen 1710. – Als später Nachkomme der alten idealistischen Philosophie an der Schwelle der Aufklärung sagt der spätere Bischof von Cloyone in dieser Abhandlung den damals rasch erstarkenden Strömungen des Skeptizismus, Materialismus und Atheismus den Kampf an. Hatte LOCKE gelehrt, daß sich die Wahrnehmung immer nur in Vorstellungen *(ideas)* vollziehe, daß aber hinter diesen verursachende (materiel- le) Dinge stünden, so konzentriert sich Berkeley in erster Linie auf den Nachweis, daß das Sein der Körperwelt ausschließlich durch den Geist bedingt sei und überdies die Existenz Gottes eindeutig bewiesen werden könne. Die gemeinsame Wurzel des religiösen Skeptizismus eines BAYLE und der freigeistigen Moral eines MANDEVILLE und SHAFTESBURY sieht er nicht zuletzt in dem Postulat der realen Existenz der Materie. Diese Auffassung von einer materiellen Substanz begegnet Berkeley mit der grundsätzlichen Ablehnung der Allgemeinbegriffe: Abstrakte Begriffe wie »den Menschen«, »den Kreis«, »die Materie« gibt es nach seiner Ansicht nicht, sondern immer nur Vorstellungen, deren Inhalt ein bestimmter Mensch, ein bestimmter Kreis usw. ist. Ebensowenig könne man von einer substantiellen Außenwelt sprechen, denn alle Dinge würden ausschließlich als Ideenkomplexe wahrgenommen. Jedes Ding ist ein Bündel von Vorstellungen, von dem nichts Substantielles mehr bleibt, wenn man alles abzieht, was gesehen, gehört, gerochen, geschmeckt oder ertastet wird. Nach dieser nominalistischen Interpretation gibt es keine Substanz außer dem Geist als aktivem Prinzip, das die Dinge in ihrem Sein erst durch die Wahrnehmung begründet: »*Esse est percipi.*« Doch darf wiederum nicht angenommen werden, daß die Dinge vor unserer aktuellen Wahrnehmung nicht existierten; denn es gibt – und hier tritt die Nachwirkung DESCARTES' und seiner Schule wohl am deutlichsten hervor – ein göttliches Sein, das im Menschen die Ideen gemäß einer konstanten und einheitlichen Ordnung, der Naturgesetze, produziert. Diese von Gott verursachte Wahrnehmung ist wiederum nicht von der Art, daß das Prinzip *esse – percipi* die Möglichkeit der Unterscheidung von Wahrem und Falschem, von Realem und Imaginärem aufhebt, sondern die Urheberschaft Gottes konstituiert gerade die objektive Realität jenseits des Zufälligen und der Grenzen des menschlichen Wissens. Untrügliche Beweise für die Existenz Gottes sind die Schönheit und Ordnung des Kosmos, wie auch die tief im Menschen verwurzelte religiöse und wissenschaftliche Unruhe.

Diese Konzeption Berkeleys markiert in ihrer Distanzierung vom zeitgenössischen naiven Realismus einen deutlichen Fortschritt. Allerdings entfernte sich die gleichzeitig erstarkende Philosophie der Enzyklopädisten auch rasch von Berkeleys Lehre: Materialismus, Sensualismus und Atheismus waren für längere Zeit die dominierenden Richtungen der europäischen Ideengeschichte.

F.C.–KLL

AUSGABEN: Dublin 1710; ⁶1920. – Ldn. 1897 (in *Works*, Hg. G. Sampson, 2 Bde., 1). – Ldn./NY 1942 (*The Principles of Human Knowledge*, Hg. Th. E. Jessop; m. Komm. u. Anh.). – Ldn. 1949 (*The Principles of Human Knowledge*, in *The Works*, Hg. A. A. Luce u. Th. E. Jessop, 9 Bde., 1948–1957, 2). – NY 1969 (in *Philosophical Writings*, Hg. Th. E. Jessop; Ausw.).

ÜBERSETZUNGEN: *Abhandlungen über die Principien der menschlichen Erkenntnis*, F. Ueberweg, Bln. 1868–1870 (Phil. Bibl.; m. Erl. u. Anm.). – Dass., ders., Lpzg. ⁶1920. – *Eine Abhandlung über die Prinzipien der menschlichen Erkenntnis*, ders., Hg., Einl. u. Anm. A. Klemmt, Hbg. 1957; Nachdr. Hbg. 1979.

LITERATUR: A. Hedenius, *Sensationalism and Theology in B.'s Philosophy*, Uppsala/Oxford 1936. – A. A. Luce, *B.'s Immaterialism. A Commentary on »A Treatise Concerning the Principles of Human Knowledge«*, Ldn. 1945; Nachdr. NY 1968. – J. O. Wisdom, *The Unconscious Origin of B.'s Philosophy*, Ldn./Toronto 1953. – E. A. Sillem, *G. B. and the Proofs for the Existence of God*, Ldn. 1957. – H. M. Bracken, *The Early Reception of B.'s Immaterialism, 1710-1733*, Den Haag 1959. – D. M. Armstrong, *B.'s Theory of Vision. A Critical Examination of Bishop B.'s Essay towards a New Theory of Vision*, Melbourne 1960. – *New Studies in B.'s Philosophy*, Hg. W. E. Steinkraus, NY 1966. – A. D. Ritchie, *G. B. A Reappraisal*, Hg. u. Einl. E. Davie, Manchester/NY 1967. – G. Ardley, *B.'s Renovation of Philosophy*, Den Haag 1968. – Ch. B. Martin u. D. M. Armstrong, *Locke and B. A Collection of Critical Essays*, Ldn./Melbourne 1968 (Modern Studies in Philosophy; m. Bibliogr.). – J. Bennett, *Locke, B., Hume. Central Themes*, Oxford 1971. – I. A. Tipton, *B. The Philosophy of Immaterialism*, Ldn. 1974. – J. W. Browne, *B.'s Intellectualism*, NY 1975. – R. A. Mall, *Der operative Begriff des Geistes. Locke, B., Hume*, Freiburg i. B./Mchn. 1984. – T. A. Young, *Completing B.'s Project. Classical versus Modern Philosophy*, Lanham 1985.

W. Bush, *Souffrance et expiation dans la pensée de B.*, Paris 1962. – A. Espiau de la Maëstre, *G. B. und die menschliche Freiheit*, Salzburg 1963. – M. Padberg, *Das Romanwerk von G. B. als Vision des Untergangs*, Hbg. 1963. – G. Blumenthal, *The Poetic Imagination of G. B.*, Baltimore 1965. – H. Deblüe, *Les romans de G. B. ou le défi du rêve*, Neuchâtel 1965. – Y. Bridel, *L'esprit d'enfance dans l'œuvre romanesque de G. B.*, Paris 1966. – W. Burkhard, *La genèse de l'idée du mal dans l'œuvre de G. B.*, Zürich 1967. – R. Pons, *B.*, Montreuil 1967. – J. Jurt, *Les attitudes politiques de G. B. jusqu'en 1931*, Fribourg 1968. – M. Milner, *G. B.*, Paris 1967. – J. C. Whitehouse, *Le réalisme dans les romans de B.*, Paris 1969. – B. Fitch, *Dimensions et structures chez B.*, Paris 1969. – W. Bush, *G. B.*, NY 1969. – C. W. Nettelbeck, *Les personnages de B., romancier*, Paris 1970. – T. Yücel, *L'imaginaire de B.*, Istanbul 1971. – M. L. Chênerie, *Pour un bestiaire de B.*, Paris 1972. – *G. B., Colloque de Cérisy*, Hg. M. Milner, Paris 1972. – R. Speaight, *G. B.*, Ldn. 1973. – J. P. van Santen, *L'essence du mal dans l'œuvre de B.*, Leiden 1975. – H. Schramm, *Der Geistliche und seine Dorfgemeinde bei G. B.*, Würzburg 1975. – H. Guillemin, *Regards sur B.*, Paris 1976. – Y. Rivard, *L'imaginaire et le quotidien*, Paris 1978. – P. le Touzé, *Le mystère du réel dans les romans de B.*, Paris 1979. – M. Gosselin, *L'écriture du surnaturel dans l'œuvre romanesque de G. B.*, 2 Bde., Lille/Paris 1979. – J. Jurt, *La réception de la littérature par la critique journalistique. Lecture de B., 1926-1935*, Paris 1980 [Hab. Schr. Regensburg 1978]. – S. Albouy, *B. et la politique*, Toulouse 1980. – M. Estève, *G. B., un triple itinéraire*, Paris 1981. – J. E. Cooke, *G. B. A Study of Christian Commitment*, Amersham 1981. – A. R. Clark, *La France dans l'histoire selon B.*, Paris 1983. – L. Peeters, *Une prose du monde: Essai sur le langage de l'adhésion dans l'œuvre de B.*, Paris 1984. – P. Gille, *B. et l'angoisse*, Nancy 1984.

GEORGES BERNANOS

* 20.2.1888 Paris
† 5.7.1948 Neuilly

LITERATUR ZUM AUTOR:
Zeitschrift:
Revue des Lettres Modernes [mehrere Sondernr. zu G. B.]
Gesamtdarstellungen und Studien:
L. Estang, *Présence de B.*, Paris 1947. – L. Chaigne, *G. B.*, Paris 1954. – A. Béguin, *B. par lui-même*, Paris 1954 (dt. *G. B. in Selbstzeugnissen und Bilddokumenten*, Reinbek 1958; rm). – H. U. von Balthasar, *G. B.*, Köln/Olten 1954. – G. Gaucher, *Le thème de la mort dans les romans de B.*, Paris 1955; ²1967. – G. Scheidegger, *G. B. romancier*, Neuchâtel 1956. – H. Aaraas, *B.*, Oslo 1959. – M. Estève, *Le sens de l'amour dans les romans de B.*, Paris 1959. – J. L. Gillespie, *Le tragique dans l'œuvre de G. B.*, Genf/Paris 1960. – G. Gaucher *G. B. ou l'invincible espérance*, Paris 1962. –

UN CRIME

(frz.; *Ü: Ein Verbrechen*). Roman von *Georges* BERNANOS, erschienen 1935. Der Roman ist von seiner Entstehungsgeschichte und vom Sujet her eng mit dem postum erschienenen Werk *Un mauvais rêve* (1950) verknüpft, welches von Bernanos ursprünglich als Fortsetzung von *Un crime* konzipiert war. Im Mittelpunkt beider Werke steht ein Kriminalgeschehen, dem psychologische Motive zugrunde liegen.

In dem entlegenen Dorf Mégère unweit Grenoble, »inmitten eines der düstersten und rauhesten Landstriche«, wartet man bis tief in die Nacht auf die Ankunft des neuen Pfarrers. Dieser steht plötzlich kurz vor Morgengrauen vor dem Pfarrhaus und wird von Céleste, der alten Haushälterin, empfangen. Erschöpft, mit einem von der Kälte geröteten Gesicht, das sehr jugendliche, fast feminine Züge trägt, berichtet er ihr von der beschwerlichen Reise und zieht sich dann bald auf sein Zimmer zurück.

Es dauert nicht lange, bis er Céleste aus dem Schlaf reißt mit der Nachricht, er habe Schreie und einen Schuß aus der Richtung des nahegelegenen Schlosses gehört. Das Dorf wird alarmiert, und ein Suchtrupp findet schließlich im Gestrüpp des Schloßparks einen durch einen Revolverschuß schwer verwundeten jungen Mann, im Koma liegend, nur mit Hemd und Hose bekleidet. Von der Oberbekleidung und den Schuhen fehlt jede Spur. Ein weiteres Verbrechen hatte sich während der Nacht im Schloß ereignet: Die Schloßherrin, Madame Beauchamps, eine reiche Offizierswitwe, die nur mit ihrer Gesellschafterin, Madame Louise, einer ehemaligen Nonne, und einer jungen Dienstmagd das herrschaftliche Haus bewohnt, wird erschlagen in ihren Gemächern aufgefunden. Die polizeilichen Untersuchungen beginnen vor Ort unter der Leitung des Untersuchungsrichters Frescheville und eines morphiumsüchtigen Staatsanwalts aus Grenoble, der, wie sich bei der Vernehmung der Dienstmagd herausstellt, mit dieser einst ein Liebesverhältnis hatte und sich bald vom Schauplatz zurückzieht. Die Zeugenaussagen bringen jedoch kaum Licht in die Affäre; am merkwürdigsten bleibt die Aussage des halbverrückten, an Epilepsie leidenden Fuhrmanns Mathurin, der zur Zeit des Verbrechens ein junges Mädchen in der Nähe des Schlosses gesehen haben will. Der Pfarrer von Mégère, der auch in der Angelegenheit vernommen wurde, erhält gegen Ehrenwort von Frescheville die Erlaubnis, den Ort für drei Tage zu verlassen, um einer Spur nachzugehen. Zusammen mit seinem Ministranten André Gaspard, der ihm treu ergeben ist, reist er ab.

War dieser erste Teil des Romans vor allem von lebhaften Dialogen, Gesprächen der Dorfbewohner, Verhören, die ergebnislos blieben, geprägt, so ist der zweite Teil von der Reflexion über das Geschehen bestimmt. Frescheville, mittlerweile wegen einer schweren Grippe an sein Hotelzimmer gebunden, läßt im Wachzustand das Geschehen Revue passieren. Trauminhalte fügen sich wie Mosaiksteine in intuitive Erkenntnisse ein, und der Untersuchungsrichter ist bereit, diese »andere« Logik des Traums als Schlüssel des Rätsels zu akzeptieren. Neben der Frage »Wer ist der Täter?« beschäftigen Frescheville von nun an vor allem die psychologischen Motive, die möglicherweise das Verbrechen verursacht haben könnten; dabei rückt die Frage nach der Persönlichkeitsstruktur des Täters in den Mittelpunkt, wobei sich seine Verdachtsmomente auf die Person des Pfarrers konzentrieren.

Ein dritter Teil, räumlich und zeitlich von den ersten beiden abgesetzt, bringt eine zumindest bruchstückhafte Aufklärung durch den Täter selbst. Der Pfarrer von Mégère hat sich mit seinem Ministranten in ein Hotel im Baskenland geflüchtet und erhält dort von einem baskischen Priester die Nachricht, daß Frescheville in der Gegend sei, um sich bei einer Kur von seiner Krankheit zu erholen. Daraufhin gibt der Pfarrer von Mégère André gegenüber seine wahre Identität zu erkennen, worauf der kleine Ministrant aus Enttäuschung und Verzweiflung Selbstmord begeht. Der Pfarrer ist in Wahrheit eine Frau; nämlich die siebenundzwanzigjährige Evangéline, uneheliche Tochter der ehemaligen Nonne Madame Louise aus ihrer unglückseligen Verbindung mit einem Priester. Da die Mutter ihr Kind in geradezu krankhafter Angst, sich zu kompromittieren, vor aller Welt verborgen hielt, verlebte Evangéline unter der Maske der Lügenhaftigkeit eine unglückliche Kindheit voller Haß auf den unbekannten Vater. Um ihrer heranwachsenden Tochter materielle Vorteile zu sichern, brachte die Mutter sie heimlich mit der namensgleichen Großnichte und Erbin von Madame Beauchamps, Evangéline Souricet, zusammen, einer fromm erzogenen, naiven jungen Waisen. Die näheren Verhältnisse des Zusammenlebens der beiden Mädchen bleiben im unklaren; homoerotische Beziehungen werden angedeutet. Als Louise erfährt, daß Madame Beauchamps ihr Vermögen der Kirche und nicht ihrer Großnichte überschreiben will, beauftragt sie ihre Tochter, nach Mégère zu kommen, um die Schloßherrin umzustimmen. Welche Beweggründe im einzelnen dazu führten, daß Evangéline Madame Beauchamps dabei tötete, bleibt ungewiß. Bei der Tat von dem ankommenden Priester überrascht, ermordet sie diesen ebenfalls auf seiner Flucht durch den Schloßpark, um keinen Zeugen zu hinterlassen. Gleichzeitig entlädt sich dabei ihr Haß auf die Vaterfigur, den unbekannten Priester. Sie kleidet sich mit dessen Soutane und begibt sich in dieser perfekten Maske in den Strudel der Ereignisse. Um ihre Tochter nicht zu belasten, bringt sich die Mutter mit einer Überdosis Morphium um. Evangélines eigener Selbstmord am Ende scheint gewiß: In Erwartung eines heranrollenden Zuges legt sie sich auf die Geleise. In dieser bedrohenden und bedrohten Welt glaubt Evangéline, schonungslos gegen sich selbst, in vermeintlicher Freiwilligkeit, ihr Schicksal selbst zu wählen, das in Wahrheit tief mit der Geschichte ihrer verlorenen Kindheit verknüpft ist.

Die neuere Kritik hat vor allem diese Frage nach der – erst ganz am Ende in einer Art Selbstbeichte offengelegten – psychologischen Motivation des Verbrechens als das Spezifische dieses Romans herausgestellt. Es ist das »*déséquilibre psychologique*« (J. N. Marie) der Heldin, in einer Welt der »*dénaturisation*« (M. Gosselin), die jegliches Verbrechen ermöglicht, zur Quelle des Bösen wird. S.L.

AUSGABEN: Paris 1935. – Paris 1959. – Paris 1962 (in *Œuvres romanesques*, Hg. A. Béguin; Pléiade). – Paris 1985.

ÜBERSETZUNG: *Ein Verbrechen*, J. Hegner, Lpzg. 1935. – Dass., ders., Köln ²1952. – Dass., ders., Mchn. 1964 (dtv). – Dass., ders., Zürich 1977.

LITERATUR: W. Bush, *Un problème de structure. »Un mauvais rêve« conclusion d'»Un crime«* (in RLMod, 1970, Nr. 228–233, S. 7–13). – C. Foucart, *»Un crime« de B. ou l'art d'observer le crime* (in Nord, 5, Juni 1985, S. 85–93).

DIALOGUES DES CARMÉLITES

(frz.: *Ü: Die begnadete Angst*). Theaterstück von Georges BERNANOS, erschienen 1948; Uraufführung: Paris 6. 6. 1952, Théâtre Hébertot. – Mit diesem seinem einzigen Werk für die Bühne – das übrigens ursprünglich als Drehbuch geplant war – wurde der Romancier Bernanos neben MAURIAC, MARCEL und GREEN zum Hauptvertreter des »Nouveau théâtre catholique« in Frankreich.
Den historischen Hintergrund der Handlung bildet das Martyrium der sechzehn Karmeliterinnen von Compiègne, die am 17. Juli 1794 im Zuge der Säkularisierung Frankreichs während der »Schreckensherrschaft der Revolution« hingerichtet wurden. Gertrud von LE FORT hatte den Stoff bereits in ihrer Novelle *Die Letzte am Schafott* (1931) dargestellt, und Bernanos entnahm dieser Vorlage nicht wenige Züge, vor allem die Gestalt der kleinen Blanche de la Force, eines zarten Mädchens, das, in einer Atmosphäre des Terrors geboren, seit frühester Kindheit beim leisesten Geräusch zu erschrecken pflegt und von den Dienstboten »*petit lièvre*« (Angsthäschen) genannt wird. In jungen Jahren tritt Blanche in das Kloster der Karmeliterinnen ein, um sich dem schweren Alltag in einer Welt, für deren kleine und große Pflichten sie sich nicht stark genug fühlt, zu entziehen. Die Priorin, die die Zerbrechlichkeit der jungen Seele bald erkennt, bietet Gott am Tage der Ankunft Blanches ihren eigenen Tod als Opfer an, damit dieses schwache Wesen nicht versage, wenn die Hingabe seines Lebens als Zeugnis der Stärke und des Glaubens von ihm verlangt werden sollte; denn gegen das Wüten der Revolution werden auf Dauer selbst Klostermauern keinen Schutz mehr bieten. – Angesichts der Verfolgung legen die Karmeliterinnen das Gelübde ab, sich dem Martyrium nicht zu entziehen, wenn es von ihnen gefordert werde. Nur Blanche findet einen Weg, sich diesem heiligen Versprechen zu versagen: Sie will lieber als »*elender Feigling*« betrachtet werden. Doch als dann ihre Mitschwestern das Schafott besteigen, wird auch sie der großen Gnade teilhaftig. Gott hat das Gebet der Priorin erhört und läßt Blanches ihres Klosternamens »*Schwester Blanche vom Todeskampf Christi*« würdig werden. Von einer ungeahnten Kraft befähigt, tritt sie aus der Menge, die ihre Anonymität geschützt hat, heraus und folgt den Mitschwestern zur Guillotine, um mit ihnen das Martyrium zu teilen.
Bernanos will in seinem Werk zeigen, wie Menschen von Fleisch und Blut, zarte Frauen, die Schrecken des Todes besiegen. Die Antwort auf die Frage, wie dies möglich wird, gibt die kleine Blanche, die »*Tochter der Angst*«, die durch Gnade von ihrer Angst befreit wird. »*Selbst die Angst ist ein Geschöpf Gottes, das am Karfreitag erlöst worden ist.*«
Bernanos entwirft zugleich ein Bild von der wunderbaren Gemeinschaft der Heiligen; er läßt die Schwestern sagen: »*Wir sterben einer für den anderen, oder vielleicht sogar einer anstelle des anderen!*« In sich auf das Notwendigste beschränkender, schlichter Sprache – fernab etwa der glänzenden Rhetorik von MONTHERLANTS *Port-Royal* – läßt Bernanos die Heldinnen seines Stückes ein ergreifendes Zeugnis ablegen für die Kraft des Glaubens und das Mysterium christlicher Liebe und Gnade. Angesichts des eigenen Todes fand er in diesem Drama zu einer Ausgeglichenheit, einer maßvollen Konzentration, wie er sie in seinen Romanen und Essays kaum je erreichte. J.H.K.

AUSGABEN: Paris 1948 [1949]. – Paris 1961 (in *Œuvres romanesques*, Hg. A. Béguin; krit.; Pléiade). – Paris 1984.

ÜBERSETZUNG: *Die begnadete Angst*, E. Peterich, Köln 1951; Bln. u.a., 1960. – Dass., ders., Zürich 1975.

VERFILMUNG: Frankreich/Italien 1959 (Regie: L. Bruckberger u. P. Agostini).

VERTONUNG: F. Poulenc (Oper; Uraufführung: Mailand, 26. 1. 1957, Teatro alla Scala).

LITERATUR: X. Tilliette, *B. et Gertrud von Le Fort* (in Études, 300, 1959, S. 353–360). – A. Doppler, *Zweimal »Begnadete Angst«* (in Stimmen der Zeit, 166, 1959/60, S. 356–365). – P. Boly, »*Dialogues des carmélites*«. *Étude, analyse et commentaire*, Paris 1960. – M. Estève, *Métamorphose d'un thème littéraire. A propos des »Dialogues des carmélites«* (in RLMod, 1960, S. 269–298; vgl. J. Pfeifer, ebd., 1963, Nr. 81–84, S. 139–169). – P. Bertrand, *Le »Dialogues des carmélites« jugé par la presse française* (in Bulletin de la Société des Amis de B., 42, Juli 1961, S. 3–14). – S. M. Murray, *La genèse de »Dialogues des carmélites«*, Paris 1963. – J. Pfeifer, *La passion du Christ et la structure de »Dialogues des carmélites«* (in RLMod, 1963, Nr. 81–84, S. 139 bis 169). – H. Davignon, *Du »Carmel« de B. au »Port-Royal« de Montherlant* (in H. D., *De »La princesse de Clèves« à »Thérèse Desqueyroux«*, Brüssel 1963, S. 97–117). – F. Rauhut, *B.*, »*Dialogues des carmélites*« (in *Das moderne frz. Drama*, Hg. W. Pabst, Bln. 1971, S. 220–236). – C. Quarta-Calcagnile, *L'angoscia del dramma umano-religioso delle Carmelitane »Die Letzte am Schafott« (Gertrud von le Fort), »Dialogues des carmélites«* (in Quaderni dell'Istituto die Lingue e Letterature straniere dell'Università di Lecce, 1, 1979, S. 153–182). – P. J. Salazar, *Rhétorique de la voix* (in French Studies in Southern Africa, 12, 1983. S. 68–75).

LES GRANDS CIMETIÈRES SOUS LA LUNE

(frz.; *Ü: Die großen Friedhöfe unter dem Mond*). Politisch-zeitkritische Streitschrift von Georges BERNANOS, erschienen 1938. – Der Autor, leidenschaftlicher Katholik und von 1908–1914 Mitglied der »Action Française« von Charles MAURRAS, einer extrem rechtsgerichteten, royalistischen Organisation, verließ Frankreich 1934 aus Protest gegen die Politik von Doumergues Kabinett der »Nationalen Einigung«, das aus den bürgerkriegsähnlichen Unruhen hervorgegangen war, die in Paris zu Beginn des Jahres 1934 zu Straßenkämpfen und Streiks geführt hatten. Bernanos wurde auf Mallorca ansässig, wo ihn im Juli 1936 der Ausbruch des Spanischen Bürgerkriegs überraschte. Der Autor, zunächst Anhänger der Falange, erlebte diesen Krieg und seinen im Zeichen einer christlichen Kreuzzugsideologie ausgeübten Terror mit wachsender Bestürzung, die angesichts der opportunistischen Haltung des spanischen Klerus schließlich in helle Empörung umschlug. Unter dem entmutigenden Eindruck des Münchener Abkommens emigrierte er 1938 zunächst nach Paraguay, später nach Brasilien, wo er bis zum Ende des Zweiten Weltkriegs blieb. In *Les grands cimetières sous la lune* (der Titel spielt auf die ungezählten Opfer politischer Willkür in Spanien und ebenso auf Frankreichs Tote im Ersten Weltkrieg an) setzt sich Bernanos unnachsichtig mit Erscheinungsformen eines religiösen Totalitarismus auseinander, wie er sie gerade am katholischen Faschismus Spaniens beobachten konnte.

Sein Widerstand richtet sich vor allem gegen die Verbürgerlichung einer christlichen Kirche, die, unter dem Deckmantel der Verfälschung dieses Terrors in einen »*heiligen Krieg*«, der systematischen Ausrottung politisch verdächtiger Elemente zustimme oder ihr doch zumindest nicht entschieden entgegentrete. Die »Säuberung« etwa der Insel Mallorca, die Bernanos aufgrund ihrer Abgeschlossenheit und geringen Ausdehnung als verkleinertes, repräsentatives Modell für das gesamte Spanien wählt, forderte in kaum sieben Monaten mehr als dreitausend Menschenleben. »*Ich nenne Terror jedes Regime, unter dem die Bürger dem Schutz des Gesetzes entzogen sind und die Entscheidung über Leben und Tod nur vom Ermessen der Staatspolizei abhängt.*« Durch ein solches Prinzip der Machtausübung sei das herrschende Regime nicht nur imstande, willkürlich zu entscheiden, welche politischen Delikte als strafbar zu bezeichnen seien; es maße sich darüber hinaus sogar das Recht an, »verdächtige Personen«, das heißt Personen, die ihm möglicherweise einmal gefährlich werden könnten, schon vorsorglich zu liquidieren. Daß Polizeiaktionen dieser Art wohlwollende Duldung seitens des Klerus zu erwarten hatten, daß die Kirche sich mit Dankprozessionen und Segnung der Waffen in den Dienst einer Bewegung stellte, die in Spanien neue, radikale Formen des Hasses hervorbrachte, schreibt Bernanos der vom Katholizismus selbst geforderten christlichen Gehorsamspflicht zu, die sich im weltlichen Bereich auf unselige Weise mit staatsbürgerlichen »Tugenden«, wie Resignation, Furcht und Unterwürfigkeit vor der bestehenden Macht, verbinde. Der gemeinsame Brief des spanischen Episkopats an General Franco sei ein deutlicher Beweis jener politischen Servilität, die stets nur die Überlegenheit des Stärkeren, soweit sie sich politisch manifestiert, anerkenne und mit »*milden*

und segnenden Gesichtern einem so brutalen Spiel wie dem Poker« vorsitze. Es geht Bernanos vor allem darum, sowohl »rechte« als auch »linke« Ideologien als »*grobe Schöpfungen des Parteigeistes*« zu entlarven und ihnen gegenüber an einem christlichen Begriff der »*freien Persönlichkeit*« festzuhalten. Die Übereinstimmung der Methoden, die sich an so konträren Ideologien wie denen Hitlers und Stalins beobachten lasse, deren eine die »*Mystik der Rasse*«, deren andere die der »*Klasse*« mit einem gemeinsamen Ziel – der »*rationellen Ausnützung der menschlichen Arbeit und des menschlichen Geistes im Dienste rein menschlicher Werte*« – ausbeute, muß durchschaut und bewußt gemacht werden.

Der Christ Bernanos erhofft sich eine radikale Wandlung Europas im 20. Jh. weniger von sozialpolitischen Maßnahmen als von einer Erneuerung des franziskanischen Geistes der Armut und der christlichen Ehre, der »*geheimnisvollen Verschmelzung der menschlichen Ehre und der christlichen Liebe*«, der gegen die Barbarei jener totalitären »*Reformatoren*« eine »*neue Ritterschaft*« zu formen imstande sei, »*die, wie jene alte Ritterschaft, aus dem in Strömen vergossenen Blut der Märtyrer erstehen wird.*«   H.H.H.

AUSGABEN: Paris 1938. – Genf 1947 (in *Œuvres*, 6 Bde., 5). – Paris 1962. – Paris 1972 (in *Essais et écrits de combat*, Hg. M. Estève; Pléiade).

ÜBERSETZUNGEN: *Die großen Friedhöfe unter dem Mond*, W. v. Schöfer, Mchn. 1949. – Dass., W. Heist, Köln/Olten 1959. – Dass., ders., Zürich 1983.

LITERATUR: W. Warnach, *G. B. s polemische Schriften* (in Hochland, 42, 1949, S. 57–78). – H. U. v. Balthasar, *B.*, Köln/Olten 1954. – H. Colleye, *Le message de B.* (in H. C., *Visages*, Brüssel 1956, S. 9–52). – Ch. Schwerin, *B., der Polemiker* (in Ekkart, 27, 1958, S. 363–365). – H. Aaraas, *B.*, Oslo 1959. – Th. Molnar, *B. His Political Thought and Prophecy*, Ldn. 1959. – R. Caltofen, *Apokalyptische Vision. Gedanken zu unserer Zeit an Hand des Buches »Die großen Friedhöfe unter dem Mond«* (in Begegnung, 15, 1960, S. 43–46). – E. v. Kühnelt-Leddihn, *B. als politischer Denker* (in Hochland, 53, 1960/61, S. 384–387). – *Études bernanosiennes, 13: »Les grands cimetières sous la lune«*, Hg. M. Estève, Paris 1972 (RLMod, Nr. 290–297). – S. Albouy, *B. et la politique*, Toulouse 1980.

JOURNAL D'UN CURÉ DE CAMPAGNE

(frz.; *Ü: Tagebuch eines Landpfarrers*). Roman von Georges BERNANOS, erschienen 1936. – Der junge katholische Geistliche von Ambricourt aus einer «kirchentreuen» flandrischen Gemeinde, die »*vom Stumpfsinn geradezu aufgefressen wird*«, unternimmt den kühnen, schier aussichtslos erscheinenden Versuch, die Gottesfeindlichkeit der konventionellen Frömmigkeit aufzudecken, den Wider-

spruch bloßzulegen zwischen einer Institution, die nur mehr als willige Handlangerin der weltlichen Ordnungsmacht fungiert, und dem wahren Christentum, das sie zu repräsentieren vorgibt. Unter Einsatz seiner ganzen – äußerst zarten, anfälligen und im Umgang mit den Menschen unbeholfenen – Persönlichkeit wirkt er mit dem Ziel, den Funken eines unmittelbaren Glaubenserlebnisses in den verstockten und verständnislosen Herzen seiner Gemeindemitglieder zu entzünden. Der Pfarrer des benachbarten Torcy, ein undogmatischer, unmystischer und mit einem nüchternen Sinn begabter Mann, erkennt die seelische Not des Jüngeren, der im Bewußtsein eigener Unzulänglichkeit an den selbstgestellten Anforderungen zu zerbrechen droht, und versucht, ihn aus seinen schwärmerischen Illusionen herauszureißen, ihm einen Begriff von der Sisyphusarbeit in einer Landgemeinde zu vermitteln. Er tut es behutsam, um den seelsorgerlichen Eifer nicht zu lähmen, dessen der junge Pfarrer vor allem im Umgang mit der zu seiner Gemeinde gehörenden gräflichen Familie bedarf. Als es diesem vergönnt ist, der unglücklichen Gräfin, die den Tod eines geliebten Kindes nicht hat verwinden können und in schrecklichem Haß gegen Gott und Menschen erstarrt ist, einen Tag vor ihrem unerwarteten Tod den Frieden zu geben, weiß er sich nach allen Rückschlägen und Enttäuschungen der Gnade teilhaftig. Auch zu dem merkwürdig verstörten und heftigen Wesen der Tochter Chantal findet er schließlich Zugang. Doch der Graf, der seine Bemühungen als unschickliche Indiskretion deutet, betreibt bereits beim Bischof seine Abberufung; ihr kommt der Tod des jungen Geistlichen zuvor. Er stirbt in der Wohnung eines befreundeten dispensierten Priesters an einem Krebsleiden. Versöhnt mit der Welt und in Frieden mit seinem Gott ergibt er sich in sein Schicksal.
Der Roman, der 1936 mit dem »Prix du roman« ausgezeichnet wurde, gehört zu den wichtigsten Schöpfungen des sogenannten christlichen Existentialismus. Beeinflußt vom protestantischen Rigorismus KIERKEGAARDS, vertritt Bernanos die Überzeugung, daß das Böse in der Welt »*erst in seinen Anfängen ist*«: Nur die völlige Selbstpreisgabe des Ichs an den unbekannten Gott, wie sie dem reinen und keuschen Herzen im Gebet möglich ist, vermag aus der »*Herzensangst*«, der Angst vor Tod und Sünde, zu erretten. »*Es ist leichter als man glaubt, sich zu hassen. Die Gnade besteht darin, daß man sich vergißt. Wenn aber aller Stolz in uns gestorben wäre, dann wäre die Gnade der Gnaden, sich selbst demütig zu lieben als irgendeinen, wenn auch noch so unwesentlichen Teil der leidenden Glieder Christi*«, lauten die letzten Worte des *Tagebuchs*. Für Bernanos, selbst in der Bewegung des *renouveau catholique* stehend, bewährte sich christliche Existenz in dieser Welt aber nicht so sehr in der Hingabe an eine Gebets- und Glaubensmystik als in der täglichen Anteilnahme am sozialen Geschehen. Der Pfarrer von Torcy, der stolz darauf ist, den Vornamen Luthers, des Fürsprechers der Armen und Machtlosen, zu tragen, wird hier zum Sprachrohr des enga-

gierten Autors und Kritikers der historischen Kirche. Der durchweg in der Form von Tagebuchaufzeichnungen abgefaßte Roman ist in Erzähltechnik und Aufbau traditionell, dennoch verleiht ihm die Unbedingtheit, die vor allem die »Bekehrung« der Gräfin als den Höhepunkt des ganzen Werks kennzeichnet, einen Zug der Größe. R.M.

AUSGABEN: Paris 1936. – Paris 1963 (in *Œuvres romanesques*, Hg. A. Béguin; Pléiade). – Paris 1984.

ÜBERSETZUNGEN: *Tagebuch eines Landpfarrers*, anon., Wien 1936; ²1937. – Dass., J. Hegner, Mchn. ⁵1949. – Dass., ders., Köln/Olten ¹¹1966 [verb.]. – Dass., ders., Zürich 1975. – Dass., ders., Ffm. 1986 (FiTb).

VERFILMUNG: Frankreich 1950 (Regie: R. Bresson).

LITERATUR: M. Lebeurt, *Die Realität der Kirche in B.' »Journal d'un curé de campagne«*, Diss. Mainz 1957. – M. Estève, *Genèse du »Journal d'un curé de campagne«* (in RLMod, 8, 1961, S. 499–511). – H. Giordan, *La réalité sociale et politique dans le »Journal d'un curé de campagne«* (ebd., S. 581–617). – E. -A. Hubert, *Quelques aspects de l'expression romanesque du surnaturel dans le »Journal d'un curé de campagne«* (ebd., S. 513–549). – N. Winter, *Conception bernanosienne du sacerdoce à partir du »Journal d'un curé de campagne«* (ebd., S. 551–579). – H. Aaraas, *A propos de »Journal d'un curé de campagne«. Essai sur l'écrivain et le prêtre dans l'œuvre romanesque de B.*, Paris 1966. – Y. Bridel, *L'esprit d'enfance dans l'œuvre romanesque de G. B.*, Paris 1966. S. 141–182. – N. Sarate, *La santa agonia*, Turin 1970. – R. Mathé, *B. »Journal d'un curé de campagne«*, Paris 1970. – J. E. Flower, *G. B. »Journal d'un curé de campagne«*, Ldn. 1970. – G. Hoffbeck, *»Journal d'un curé de campagne«*, Paris 1972. – M. Estève, *B. et Bresson* (in Archives des Lettres Modernes, 178, 1978, S. 33–110). – W. Chao, *Le style du »Journal d'un curé de campagne« de G. B.*, Washington D. C. 1981. – V. Raoul, *Narcisse prêtre* (in Texte, 1, 1982, S. 97–111). – S. M. Kushnir, *Le héros et son double*, Paris 1984. – H. Aaraas, *Littérature et sacerdoce: essai sur »Journal d'un curé de campagne« de B.*, Paris 1984. – J. Renou, *Dieu n'est pas géomètre* (in Recherches sur l'imaginaire, 15, 1986, S. 166–184).

MONSIEUR OUINE

(frz.; Ü: *Die tote Gemeinde*). Roman von Georges BERNANOS, erschienen 1943, ergänzt 1955. – 1931 begann Bernanos mit einem Roman, der zunächst *La paroisse morte* heißen sollte. Doch dann wählte der Autor, der ursprünglich mit diesem Roman eine Satire auf André GIDE plante, den Mann, der gleichzeitig »oui« und »non« sagt (daher der Name »Oui-ne«) zur Titelfigur. Im Verlauf der mühseligen Arbeit (Bernanos: »*Der Misthaufen Hiobs*«)

verselbständigte sich die Figur zusehends und entwickelte sich in einer von der ersten Intention ganz und gar abweichenden Weise. Im Winter 1933/34 arbeitete Bernanos nach einem Unfall unter seelischen Qualen weiter (*»Mein Roman ist ein finsteres Pissoir...«*). Immer wieder durch andere Projekte, u. a. das *Journal d'un curé de campagne*, unterbrochen, wurde der Roman im Mai 1940 endlich vollendet, aber erst Jahre später zur Veröffentlichung freigegeben. Zahlreiche gravierende Fehler und Streichungen dieser Ausgabe von 1943 entdeckte erst ein Jahrzehnt später Albert Béguin, dem die vollständige Veröffentlichung des Romans zu verdanken ist.

An keinem seiner Werke hat Bernanos so zäh und verbissen geschrieben wie gerade an der *Toten Gemeinde*, zu der er anmerkte, daß *»nichts wirklicher, nichts objektiver als ein Traum«* sei. Damit ist die Atmosphäre jedoch nicht hinreichend erfaßt: Es ist ein bitterböser Traum, aus dem es kein Erwachen gibt, ausgenommen den Tod. Ein frühreifer Junge, Philippe, von der Erzieherin Steeny genannt, wird zum fragenden Herausforderer des Monsieur Ouine, eines alten Sprachenlehrers. Als Dauergast des Schloßherrn Anthelme und seiner exzentrisch-verzweifelten Frau Ginette wird dieser zu einer geachteten Persönlichkeit im Dorf Fenouille, obgleich er den »Tod der Gemeinde« magisch heraufzubeschwören scheint. Diese verhängnisvolle Beziehung wird offenbar an einzelnen Bewohnern von Fenouille, die das Dorf mit ihrem Tod in einen höllischen Abgrund reißen: an Anthelme, der an den Folgen seines ausschweifenden Lebens stirbt; an einem Hirtenjungen, der ermordet wird, einem jungen Paar, das daraufhin Selbstmord begeht; am Bürgermeister, der wahnsinnig wird. Während der Beerdigung des ermordeten Hirtenjungen, dessen Tod dem Pfarrer zum Anlaß dient, der verrotteten Gemeinde den Spiegel vorzuhalten, wird die als Hexe verschriene Schloßherrin Ginette gelyncht. Nach der infernalischen Lynchszene endet das Buch in einer ausführlichen Beschreibung des Todeskampfes von Monsieur Ouine, dem Steeny beiwohnt. Ouine nimmt sein *»leeres Geheimnis«* mit ins Grab.

Bis hin zum letzten Kapitel des Romans werden immer wieder neue Figuren eingeführt, um das seelische Chaos, das in diesem Mikrokosmos herrscht, zu schildern. Dieses Chaos vereint die Anti-Helden des Buches, die, ganz im Präsens geschrieben, blitzlichterhellte Szenen aneinandergereiht und keinen logischen Aufbau erkennen läßt. Ein gnadenloses Buch, von dem auch Bernanos wußte, daß es dunkel ist; heftig wehrte er sich gegen den *»von einigen armseligen Kerlen ausgesprochenen Vorwurf«*: *»Monsieur Ouine ist das Beste, das Vollständigste, was ich je gemacht habe.«* In der Tat sieht sich der Leser ausschließlich mit teuflischen Verbrechen, mit Verderben, Gottlosigkeit, mit dem verschwiegenen, aber spürbaren Spiel mit der Perversität konfrontiert. Fragen, die der Inhalt nahelegt, werden hingegen nicht beantwortet: Wer ermordete den Hirtenjungen? Wer ist Ouine? Welche Absichten hat er? Warum wird Ginette gelyncht? Warum werden Kirche und Friedhof von Fenouille zum Schauplatz des düstersten Gottesdienstes, den Bernanos je beschrieben hat? Die Schilderung dieser Totenmesse und der anschließenden Beerdigung stellt einen Höhepunkt im Werk des Autors dar: das Abgründige und Böse wird hier mit halluzinatorischem Pathos beschworen.

Trost, Gnade oder Erlösung kennt dieses Buch nicht; auch die Natur wird völlig dämonisiert. Jedes Dialogwort ist Bestandteil einer die Hölle mit all ihren Schrecken beschwörenden Vision. Die Worte sind austauschbar, es spricht im Grunde immer nur der Autor. Die Individualität der Personen, deren Äußeres akribisch genau beschrieben wird, ist nur vorgeschützt, um den Leser bei diesem einzigen großen Monolog nicht allzusehr zu ermüden. Dennoch führt die Beschränkung auf Bilder und Zustandsschilderungen zu einer langatmigen Spannungslosigkeit, die noch dadurch verstärkt wird, daß der Untergang der Gemeinde von Anfang an feststeht und nur noch eine quantitative Steigerung der Schreckensvisionen möglich ist.

Vielleicht hat Bernanos geahnt, daß Monsieur Ouine bei aller Farbigkeit im Detail doch kaum Leben gewinnen und eine Spukgestalt bleiben würde, als er vorbeugend feststellte: *»Sehr wünschte ich mir freilich, daß nicht ein hergelaufener Kritiker mein Buch als surrealistisch bezeichnet... Aber es gibt viele engstirnige Leute, die keine anderen Wirklichkeiten kennen als die eines Zola. Versteht man denn nicht, daß logische Dinge traumhaft werden können, logischerweise unter Hypnose geraten? Und gibt es etwas Bewußteres als den künstlerischen Rausch?«* M.Th.

AUSGABEN: Paris 1943 [unvollst.]. – Paris 1947 (in *Œuvres*, 6 Bde., 6). – Paris 1955, Hg. A. Béguin. – Paris 1963 (in *Œuvres romanesques*, Hg. A. Béguin; Pléiade). – Paris 1969.

ÜBERSETZUNG: *Die tote Gemeinde*, E. Peterich, Köln 1962. – Dass., ders., Zürich 1976. – Dass., ders., Ffm. 1987 (FiTb).

LITERATUR: A. Béguin, *Histoire d'un roman* (in La Table Ronde, 50, Febr. 1952, S. 1952, S. 17–21). – A. Sonnenfeld, *The Hostile Phantoms of B.:* »Sous le soleil de Satan« and »Monsieur Ouine« (in EsCr, 4, 1964, S. 208–221). – W. Bush, *L'angoisse du mystère, essai sur B. et »Monsieur Ouine«*, Paris 1966. – W. M. Frohock, *Coherence and Incoherence in B.'s »Monsieur Ouine«* (in W. M. F., *Style and Temper*, Oxford 1967). – *Études bernanosiennes, 5: Autour de »Monsieur Ouine«*, Hg. M. Estève, Paris 1964 (RLMod, Nr. 108–110). – *Études bernanosiennes, 10: Autour de »Monsieur Ouine«, 2*, Hg. Estève, Paris 1969 (RLMod, Nr. 203–208). – J. Gaugeard, *Une révolution romanesque, »Monsieur Ouine«* (in Mag.litt., 36, Jan. 1970, S. 17). – R. Pittelkow, *L'univers de la mort. Analyse structurale de »Monsieur Ouine«* (in RRo, 5, 1970, S. 173–204). – D. Wilhelm, *Le funzioni narrative in »Monsieur Ouine« di B.* (in Stc, 4, 1970, S. 202–229). – P. R.

Leclercq, *Introduction à »Monsieur Ouine« de B.*, Paris 1978. – P. le Touzé, *»Monsieur Ouine« et le mythe du mal* (in *Mythe, symbole, roman*, Hg. J. Bessière, Paris 1980, S. 56–64). – J. Chéry-Aynesworth, *Approche rhétorique de la dialectique des sens chez B., 2: Structure de »Monsieur Ouine«*, Paris 1983. – W. Rupolo, *B. o la poesia del divenire* (in W. R., *Stile, romanzo, religione*, Rom 1985). – J. Chery-Aynesworth u. H. Kalb, *Journal, conjoncture, structure: analyse stylistique de »Monsieur Ouine«* (in RLMod, 1986, Nr. 771–776).

NOUVELLE HISTOIRE DE MOUCHETTE

(frz.; *Ü: Die neue Geschichte der Mouchette*). Roman von Georges BERNANOS, erschienen 1937. – »Ich möchte versuchen, das verzweifelte Erwachen des Gefühls der Reinheit in einem vom Elend geprägten Mädchen darzustellen – einer ganz und gar sinnlichen Reinheit wohlverstanden...«, schrieb Bernanos am 3. Juni 1936 in Palma. Ort der Handlung ist, wie in allen Romanen des Autors, eine trostlose Gegend im nördlichen Frankreich. Das Geschehen, dessen dramatischer Ablauf sich in weniger als vierundzwanzig Stunden vollzieht, beginnt an einem trüben Märzabend. Regen und Wind verstärken bald noch den Eindruck des Unheilvollen. Mouchette, ein dreizehnjähriges Kind aus einer Trinkerfamilie, wild und verschlossen, flieht aus der Musikstunde. Sie haßt die Musik und verachtet die Lehrerin. »Alles, was ganze Geschlechterfolgen von Unglückseligen in ihrem Herzen an unvernünftiger, an tierischer Aufsässigkeit angesammelt haben, kommt ihr im wahrsten Sinne des Wortes in den Mund, denn ihre Zunge scheint sich nicht in Speichel, sondern in einem scharfen, brennenden gallebittern Gebräu zu bewegen.« Auf dem Heimweg durch den Wald verirrt sie sich im Unwetter und sucht erschöpft Schutz im Dickicht. Arsène, ein junger Wilderer – Mouchette kennt ihn von dunklen Geschäften des Vaters her – entdeckt sie und nimmt sie in seinen Unterschlupf mit. Obwohl er offensichtlich betrunken ist, faßt Mouchette Vertrauen zu ihm, läßt sich verzaubern von seinen phantastischen Geschichten, die in der Erzählung gipfeln, sie befänden sich in einem Wirbelsturm und er habe den Wildhüter Matthieu im Streit erschlagen. Als ein epileptischer Anfall den Wilderer zu Boden wirft, überkommt Mouchette ein ihr unfaßbares Gefühl der Liebe zu Arsène, der genau wie sie der Gesellschaft fernzustehen scheint. Doch Arsène versteht sie nicht, sondern vergewaltigt sie. In ihrem reinen Gefühl betrogen, tödlich getroffen in ihrem Stolz und von Haß gegen ihren Körper erfüllt, flieht Mouchette. Noch ehe sie sich überwinden und der sterbenden Mutter ihr Leid mitteilen kann, erlöst der Tod die arme Frau von einer quälenden Krankheit. Die Reden einer alten Glöcknerin lassen Mouchette das Sterben als die Verheißung von etwas Wunderbarem erscheinen, dessen Versuchung sie nicht widerstehen kann. In einer Wassergrube ertränkt sie sich.

Weder die Gesellschaft, der sie bewußt feindlich gegenübersteht, noch die Brutalität Arsènes sind letztlich schuld an ihrem Untergang, sondern der Verlust einer Illusion. Mouchette hatte an die Hingabe ihrer Jungfräulichkeit die Hoffnung auf Überwindung ihrer Einsamkeit geknüpft. Mit der Erkenntnis, daß ihre Liebe auf einer Täuschung beruhte, ist die Grundlage ihres Lebens zerstört. Im Gegensatz zu Donissan in *Sous le soleil de Satan* (1926) kennt Mouchette keinen Gott, dessen Willen sie sich anvertrauen könnte. Ihre Verlassenheit ist vollkommen, ihr einziger Ausweg der Tod. Sterben bedeutet für sie dennoch kein Ende, sondern die Erwartung dessen, was ihr im irdischen Leben versagt blieb. – Der Roman entstand 1936, zu Beginn des Spanischen Bürgerkriegs. Die Tapferkeit, mit der zum Tode verurteilte Männer ihr Schicksal ertrugen, obwohl sie in ihrer Einfachheit und Armut nicht fähig waren, es zu begreifen, erschütterte Bernanos zutiefst. Sie gab ihm den Anstoß zur Niederschrift der *Neuen Geschichte der Mouchette*, deren Titelheldin mit der gleichnamigen Figur aus *Sous le soleil de Satan* die *»tragische Einsamkeit«* gemeinsam hat, *»in der ich sie beide leben und sterben sah« (Vorwort)*. E.E.

AUSGABEN: Paris 1937. – Paris 1959 (in *Romans*). – Paris 1960. – Paris 1963 (in *Œuvres romanesques*, Hg. A. Béguin; Pléiade). – Paris 1969.

ÜBERSETZUNGEN: *Die Geschichte der Mouchette*, anon., Wien/Lpzg. 1937. – *Die neue Geschichte der Mouchette*, J. Hegner, Köln 1951. – Dass., ders., Zürich 1975; ern. Ffm./Bln. 1981 (Ullst.Tb).

VERFILMUNG: *Mouchette*, Frankreich 1966 (Regie: R. Bresson).

LITERATUR: S. Raymond, *La simplicité des humbles et des petits – »Nouvelle histoire de Mouchette«* (in Culture, 20, 1959, S. 315–336; 403–419). – *Études bernanosiennes, 9: »Nouvelle histoire de Mouchette« de B. à Bresson*, Paris 1968 (RLMod, Nr. 175–179). – M. Estève, *De »Nouvelle histoire de Mouchette« à »Mouchette«* (in EsCr, 8, 1968, S. 268–283). – H. Giordan, *L'idéologie impossible. La »Nouvelle histoire de Mouchette«* (ebd., 1969, S. 381–406). – P. M. Mesnier, *Univers imaginaire et poétique du surnaturel dans »Nouvelle histoire« de Mouchette« de B.*, Paris 1974. – M. Estève, *B. et Bresson* (in Archives des Lettres Modernes, 178, 1978, S. 33–110). – F. D. Asti, *Failures in Communication in »Nouvelle histoire de Mouchette« by B.* (in Nottingham French Studies, 20, 1981, S. 42–62). – J. Chery-Aynesworth, *Approche rhétorique de la dialectique des sens chez B., 1: Structure de »Nouvelle histoire de Mouchette«*, Paris 1982.

SOUS LE SOLEIL DE SATAN

(frz.; *Ü: Die Sonne Satans*). Roman von Georges BERNANOS, erschienen 1926. – Bereits mit diesem

Erstlingswerk, das von namhaften Kritikern, darunter Léon DAUDET von der »Action Française«, Robert VALLERY-RADOT und Jacques MARITAIN, begeistert aufgenommen wurde, gelang dem achtunddreißigjährigen Autor der Durchbruch zum literarischen Erfolg: Er gab nun seinen ungeliebten Beruf als Versicherungsinspektor auf und widmete sich seither ganz der Schriftstellerei. – Bernanos, nach A. BÉGUIN ein »*priesterlicher Schriftsteller*«, will am leibhaften Beispiel seiner Romanfiguren zeigen, was christliche Existenz heißt. Sie ist ein immerwährender, unerbittlicher Kampf zwischen »Gott« und »Satan« im Herzen des Menschen, der von der Person des »Heiligen« exemplarisch erlebt wird.

Im Vorspiel des Romans, der *Histoire de Mouchette*, wird das erbärmlich-spießige Milieu dargestellt, in dem Germaine Malorthy, genannt Mouchette (sie ist nicht identisch mit der gleichnamigen Heldin aus der *Nouvelle histoire de Mouchette*), aufwächst. Wegen einer unehelichen Schwangerschaft aus dem Elternhaus verstoßen, tötet sie den einen ihrer beiden skrupellosen Liebhaber; ihr Kind wird schließlich tot geboren. – Einen völlig neuen Erzählzusammenhang setzt der erste Hauptteil, *La tentation du désespoir*. Er enthält das Wirken des Kaplans Donissan, sein inneres Ringen, seine Verzweiflung und seine Entwicklung zum Heiligen. Zwei Ereignisse kristallisieren sich in diesem Teil zu Höhepunkten. Donissan begegnet dem personifizierten Bösen in der Gestalt eines Pferdehändlers: »*Zum ersten Mal sah, hörte und berührte der Heilige von Lumbres ihn, der zum schändlichen Begleiter seines schmerzlichen Lebens werden sollte.*« Es bleibt jedoch für den Leser in der Schwebe, ob es sich um eine tatsächliche Erscheinung Satans oder nur um einen Traum Donissans handelt. Unmittelbar darauf erfolgt die Begegnung mit Mouchette, der »*heiligen Brigitte des Nichts*«. Sie ist eine ebenbürtige Gegenspielerin des Kaplans, die sich Satan verschrieben hat. Nicht wegen ihrer kriminellen Handlungen ist sie eine Gefallene, sondern weil sie in der Verzweiflung verharrt und Selbstmord begeht: Sich selber nicht mehr lieben ist die Hölle. – In dem zweiten Hauptteil *Le saint de Lumbres*, der zuerst vorgelegen hat, opfert sich Donissan, der in seiner dörflichen Umwelt als wundertätiger Heiliger gilt, weiterhin für das Seelenheil seiner Beichtkinder auf. Ihm bleibt die ärgste Versuchung, der ein Heiliger ausgesetzt sein kann, nicht erspart. Er lehnt sich gegen den Tod auf, indem er sein eigenes Heil für das Leben eines bereits verstorbenen Kindes opfern will, das er von den Toten aufzuerwecken sucht. Sein Scheitern ist unausweichlich; er stirbt in völliger Verlassenheit, verlassen wie Christus am Kreuz. – Jeder dieser drei Teile ist in sich abgerundet, eine epische Verklammerung entfällt. Denn unverbunden, unversöhnlich stehen sich die vom Bösen beherrschte Welt und die Welt des Religiösen und Heiligen gegenüber.

Für die Kirche ist dieser Heilige eher ein Ärgernis, beinahe ein Skandal. Ungeschlacht, schüchtern und linkisch, voller Angst im Augenblick der Entscheidung, kasteit er sich, um Selbstzweifel und Sündenbewußtsein loszuwerden. Diese asketischen Züge entnahm Bernanos dem Leben des heiligen Vianney, des Pfarrers von Ars. Paul CLAUDEL erschrak vor solch einem archaischen Christentum und kritisierte an Donissan, daß er als Heiliger »*Furcht vor dem Teufel*« habe und »*keinen klaren Eindruck*« hinterlasse (Brief an Bernanos vom 25. Juni 1926.). Für den Dichter ist jedoch die Angst Donissans das Zeichen der Gnade. Sie bewirkt, daß sich dieser dem Übernatürlichen, dem Absoluten um so vollständiger hingibt. Der ängstliche Priester mit seiner Kinderseele, der selbst nie Frieden finden wird, ist dazu ausersehen, anderen Frieden und Trost zu spenden.

Als Erzähler benutzt Bernanos die Mittel des konventionellen Romans, wobei jedoch die Hauptfigur in vielfach gebrochener Perspektive erscheint: in Selbstdarstellungen, im Urteil der Mit- und Gegenspieler, im Dialog, in eigenen und fremden Aufzeichnungen sowie in den Kommentaren des Erzählers, der immer wieder die religiöse Dimension der Geschehnisse verdeutlicht. In der Sprache erweist sich die unbestreitbare Meisterschaft Bernanos'. Seine Sätze gleichen mitunter spannungsvoll durchrhythmisierten Wortausbrüchen, die an die Sprachmagie seines Lieblingsdichters RIMBAUD erinnern oder die visionäre Leidenschaftlichkeit PÉGUYS, von dem er am stärksten beeinflußt wurde, erreichen. Der Ton des Erzählers ist bald erbarmungslos spöttisch oder zornig, bald von Mitleid bewegt, immer brüderlich, nie preziös. Die Stimmungen in der Natur, die gleichförmig öde normannische Landschaft, Sturm und Regen, Nacht und Finsternis, werden mit der seelischen Gestimmtheit der Menschen verflochten, die unter der »Sonne Satans« leiden. Trefflich ist dem Autor die Schilderung des Priestermilieus gelungen, so in der Gestalt des Seelsorgers Menou-Segrais, der die Berufung Donissans erkennt, oder in der Figur des Pfarrers von Luzarnes, der den Typ des – von Bernanos abgelehnten – »fortschrittlichen Theologen« darstellt und sich im Grunde »geniert«, der Kirche anzugehören. – In der Darstellung des religiösen Dramas, das sich im Menschen abspielt, liegt der spezifische Beitrag Bernanos' zum sogenannten *renouveau catholique*, zu dessen hervorragendsten Vertretern er neben Charles Péguy, Paul Claudel und Léon BLOY zählt. D.Lg.

AUSGABEN: Paris 1926. – Paris 1947 (in *Œuvres*, 6 Bde., 1). – Paris 1963 (in *Œuvres romanesques*, Hg. A. Béguin, Pléiade). – Paris 1973, Hg. M. Estève. – Paris 1982. – Paris 1985.

ÜBERSETZUNGEN: *Die Sonne Satans*, F. Burschell, Hellerau 1927. – Dass., ders., Köln 1952; ern. 1966. – Dass., ders. u. J. Hegner, Zürich 1975. – Dass., dies., Ffm. 1985 (FiTb).

VERFILMUNG: Frankreich 1987 (Regie: M. Pialat).

LITERATUR: L. Daudet, *Révélation d'un grand romancier »Sous le soleil de Satan«* (in Action Française, 7. 4. 1926). – G. Marcel, *»Sous le soleil de Satan«* (in NRF, 1. 6.1926). – A. Giacometti, *Le »Soleil de Satan« et le manichéisme* (in Nef, 50, 1949, S. 49–57). – J. -L. Prévost, *B. et le combat contre Satan* (in J. -L. P., *Le roman catholique a cent ans*, Paris 1958, S. 90–105). – J. Vier, *»Sous le soleil de Satan«* (in J. V., *Littérature à l'emportepièce*, Paris 1959, S. 170–178). – M. Molinari, *Donissan, le champion de Dieu* (in RLMod, 1963, Nr. 81–84, S. 107–137). – A. Sonnenfeld *The Hostile Phantoms of B.: »Sous le soleil de Satan« and »Monsieur Ouine«* (in EsCr, 4, 1964, S. 208–221). – Y. Guers-Villate, *Les deux Mouchettes* (in Revue de l'Université Laval, 20, 1965/66, S. 746–756). – A. Sonnenfeld, *The Art of B.: The Prologue to »Sous le soleil de Satan«* (in OL, 21, 1966, S. 133–153). – F. Baude, *Essai critique sur le roman de G. B. »Sous le soleil de Satan«*, Diss. Münster 1968. – *Études bernanosiennes, 12: »Sources de »Sous le soleil de Satan«*, Hg. M. Estève, Paris 1971 (RLMod, Nr. 254–259). – R. Guise u. P. Gille, *»Sous le soleil de Satan« Sur un manuscrit de B.*, Nancy 1973 (dazu J. Jurt in NZZ, 14. 4. 1974, S. 50). – V. Kapp, *Die Romanstruktur als Problem der Poetik des Christentums in »Sous le soleil de Satan«* (in LJb, 16, 1975, S. 221–242). – J. Jurt, *B. et Jouve* (in Archives des Lettres Modernes, 178, 1978, S. 3–32). – A. Not, *La galérie des médiocres dans le prologue de »Sous le soleil de Satan«* (in Littérature, 8, 1983, S. 81–96). – M. Guiomar, *B. »Sous le soleil de Satan« ou les ténèbres de Dieu*, Paris 1984.

CLAUDE BERNARD

* 12.7.1813 Saint Julien
† 10.2.1878 Paris

INTRODUCTION À L'ÉTUDE DE LA MÉDECINE EXPÉRIMENTALE

(frz.; *Ü: Einführung in das Studium der experimentellen Medizin*). Medizinisch-methodologischer Traktat von Claude BERNARD, erschienen 1865. – Als Einleitung zu den *Principes de Médecine expérimentale* (1947 veröff.; Fragmente) konzipiert, gehört die *Introduction* zum theoretischen Teil des wissenschaftlichen Werks Claude Bernards, das auch konkrete medizinische Fragen (u. a. Glykogenese im tierischen Körper, deren Entdecker Bernard war) behandelt.
Der erste Teil des Werks, *Das experimentelle Denken*, bestimmt zunächst das Verhältnis von Beobachten und Experimentieren, zeigt die Schwäche von Definitionsversuchen, die einen grundsätzlichen Unterschied zwischen beiden Verfahrensweisen postulieren, und zeigt, daß Beobachtung und Experiment aufeinander bezogene Schritte im experimentellen Vorgehen sind. Der vollständige experimentelle Vorgang umfaßt vier Schritte: die Feststellung eines Faktums; das Erscheinen eines Gedankens aufgrund dieses Faktums; die in der Perspektive dieses Gedankens erfolgende reflektierte Vorbereitung und Durchführung des Experiments; die beobachtende Feststellung der sich ergebenden Fakten. – Die experimentelle Methode sei keine primitive oder natürliche Methode, sondern Frucht des Entwicklungsprozesses des menschlichen Geistes vom »Gefühl« über das »Denken« *(raison)* zum »Experimentieren«, Stufen, die auch die Entwicklungsschritte des Experiments bestimmen. Unterstrichen wird die in diesem Prozeß bedeutsame Rolle des Gefühls bzw. der Intuition bei der Formulierung der Hypothese. Die Form des experimentellen Denkens insgesamt sei, wie letztlich bei jedem Denken, insofern es folgert, deduktiv. – Wesentliche Bedingungen des experimentellen Denkens sind ein immerwährender Zweifel und ein fester Glaube: grundsätzlicher Zweifel an der »Wahrheit« jeder noch so kleinen Einzelerkenntnis bzw. gewonnenen Theorie, die jeweils nur eine vorläufige sein kann; Glaube an die notwendige Determiniertheit (*»déterminisme«*) der Phänomene als das absolute Prinzip des experimentellen Denkens. Der Forscher »*muß an die Wissenschaft glauben.*« Unmittelbares Ziel des experimentellen Forschens ist der Nachweis und die Formulierung des Determinismus zwischen Erscheinung und bedingendem Umstand; seine Konsequenz ist die Beherrschung der Natur.
Der zweite Teil handelt von experimentellen Gegebenheiten bei unbelebten und belebten Körpern. Gemeinsam ist diesen die Determiniertheit, der materielle, letztlich auf eine chemisch-physikalische Basis zurückführbare Zusammenhalt und die Erkenntnisgrenze, die nur das *Wie* der Erscheinungen einschließt. Den lebenden Körper zeichnet *»eine besondere Solidarität der Phänomene«*, ein *»harmonisch hierarchisierter Determinismus«* aus und – auch dem Leben schlechthin eigen – *»die Gerichtetheit seiner Entwicklung«*. Der hochentwickelte lebende Körper neigt in der Ausbildung eines nach festen Regeln funktionierenden *»inneren Milieus«* zur Unabhängigkeit von unmittelbaren äußeren Gegebenheiten. – Im Hinblick auf die Praxis wird die Vivisektion bei Tieren und, unter besonderen Bedingungen, auch der Versuch am lebenden Menschen befürwortet. – Der dritte Teil behandelt die experimentelle Methode im Zusammenhang mit dem konkreten Experiment (Beschreibungen) und ihre Stellung innerhalb der zur Wissenschaft zu entwickelnden Medizin, und verteidigt sie gegen grundsätzliche Einwände und ablehnende Haltungen seiner Zeitgenossen.
Die *Introduction*, die schon vorher geäußerte Gedanken sammelt und systematisiert, sollte der methodologischen Orientierung der sich entwickelnden medizinischen Wissenschaft dienen. Über den medizinischen Bereich hinaus wirkte sie als Kompendium und Apologie positivistischen Denkens

in der Tradition A. COMTES, und dies sowohl im Hinblick auf die Methodik positivistischen Vorgehens als auch auf gewisse inhaltliche Aspekte (Determinismus; postulierte Rückführbarkeit aller Prozesse auf chemisch-physikalische Vorgänge; zumindest implizite Bewertung der Wissenschaft als höchste geistige Aktivität; postulierte philosophische Neutralität bei erkennbarer humanitärer Zielsetzung). Implizit erscheint die Schrift als Ausdruck der wissenschaftlichen Integrität des positivistischen Forschers. – Die literarhistorische Bedeutung der *Introduction* liegt in ihrer Wirkung auf ZOLA, der sich durch sie in grundsätzlichen Perspektiven seines Werks bestätigt sehen konnte, sich in *Le roman expérimental* (1880) auf Bernard beruft und sich, soweit dies bei der Verschiedenheit der Anliegen möglich ist, an ihm orientiert, wobei er auch den nach Bernard in der Physiologie herrschenden Determinismus auf die Psychologie überträgt. W.Kre.

AUSGABEN: Paris 1865. – Paris 1881 (in *L'œuvre*; Einl. M. Duval m. Anm. u. Bibliogr.). – Paris 1938 (Einl. u. Anm. M. Durolle). – Paris 1963, Hg. L. Binet. – Brüssel 1965. – Paris 1984.

ÜBERSETZUNG: *Einführung in das Studium der experimentellen Medizin*, P. Szendrö, Lpzg. 1961.

LITERATUR: J. L. Faure, *C. B.*, Paris 1925. – P. Lamy, *L'»Introduction à l'étude de la médecine expérimentale«. C. B., le naturalisme et le positivisme*, Paris 1931. – H. Bergson, *La philosohie de C. B.* (in H. B., *La pensée et le mouvement*, Paris 1934). – A. D. Sertillanges, *La philosophie de C. B.*, Paris 1943. – J. M. D. u. E. H. Olmsted, *C. B. and the Experimental Method in Medicine*, NY 1952. – P. Mauriac, *C. B.*, Paris ⁴1954. – A. Cresson, *C. B., sa vie et son œuvre, sa philosophie*, Paris 1960. – R. Virtanen, *C. B. and His Place in the History of Ideas*, Lincoln 1960. – R. Clarke, *C. B.*, Paris 1961. – G. Canguilhem, *L'idée de la médecine expérimentale selon C. B.*, Paris 1965. – J. Schiller, *C. B. et les problèmes scientifiques de son temps*, Paris 1967. – M. D. Grmek, *Catalogue des manuscrits de C. B. Avec la bibliographie de ses travaux imprimés et des études sur son œuvre*, Paris 1967. – *C. B. and Experimental Medicine*, Hg. M. R. Vischer u. F. Grande, NY 1967. – M. di Giandomenico, *Filosofia e medecina sperimentale in C. B.*, Bari 1968. – J. Tarshis, *C. B. Father of Experimental Medicine*, NY 1968. – G. Canguilhem, *Étude d'histoire et de philosophie des sciences*, Paris 1970. – M. D. Grmek, *Raisonnement expérimental et recherches toxicologiques chez C. B.*, Genf 1973. – F. Holmes, *C. B. and Animal Chemistry*, Cambridge/ Mass. 1974. – P. Q. Hirst, *Durkheim, B. and Epistemology*, Ldn. 1975. – H. J. Müller, *Der Roman des Realismus-Naturalismus in Frankreich. Eine erkenntnistheoretische Studie*, Wiesbaden 1977. – R. Virtanen, *B.'s Prophecies and the Historical Relation of Science to Literature* (in Journal of the History of Ideas, 47, 1986, S. 275–286).

MANUEL BERNARDES

* 20.8.1644 Lissabon
† 17.8.1710 Lissabon

LITERATUR ZUM AUTOR:
Biographien:
A. F. de Castilho, *Notícia da vida e obras do Padre M. B.* (in Livraria Clássica Portuguesa, 7, Lissabon 1845, S. 71–142). – A. M. F. de Sampaio, *M. B. – a sua vida e a sua obra*, Lissabon 1927. – E. de Lima, *O Padre M. B. Sua vida, obra e doutrina espiritual*, Lissabon 1969 [m. Bibliogr.].
Gesamtdarstellungen und Studien:
C. Vieira, *M. B., clássico e místico*, Rio 1945. – M. da Piedade M. Alves, *Padre M. B.*, Diss. Lissabon 1963. – J. D. Pinto, *»Luz e calor« do Padre M. B.: estrutura e discurso. Contribuição para o estudo da prosa literária do século XVII*, Coimbra 1978 [m. Bibliogr.]. – *Imagens da obra do Padre M. B.*, Lissabon 1978 [Vorw. L. G. Pires]. – Saraiva/Lopes, S. 537–541.

NOVA FLORESTA ou Sylva de vários apophthegmas e ditos sentenciosos, espirituaes e moraes com reflexões em que o útil da doutrina se acompanha com o vário da erudição, assim divina como humana

(portug.; *Neuer Hain oder Blütenlese mancherlei Apophthegmen und lehrhafter Aussprüche geistlicher und sittlicher Art mit Betrachtungen, in denen der Nutzen der Lehre sich mit der Vielfalt göttlicher sowie menschlicher Gelehrsamkeit verbindet*). Sammelwerk von Manuel BERNARDES, erschienen in fünf Bänden 1706–1728. – Dieses unvollendete Sammelwerk eines gelehrten Oratorianermönchs enthält, nach Stichworten in alphabetischer Folge geordnet, Aussprüche von bekannten oder auch unbekannten Männern und Frauen – Kirchenfürsten, weltlichen Großen, Ordensleuten, Einsiedlern und Philosophen – über Themen mancherlei Art: Freundschaft und Gottesliebe, List, Geiz und Tanz, Verleumdung und Keuschheit, Selbsterkenntnis und Neugier, Hoffnung, Demut, Gerechtigkeit. Manchmal sind gegensätzliche oder verwandte Begriffe zu einem einzigen Titel zusammengefaßt: *Alegria, tristeza* (Freude, Trauer), *Constância e inconstância* (Beständigkeit und Unbeständigkeit), *Ira, mansidão* (Zorn, Sanftmut) oder *Anos, idade, tempo* (Jahre, Alter, Zeit), *Fé católica, religião cristã* (Katholischer Glaube, christliche Religion), *Honra, fama, opinão* (Ehre, Ruhm, Meinung). In die ausgedehnten Kommentare zu den einzelnen Sprüchen, in denen sich des Autors scholastische Kasuistik sein latinisierender Stil entfalten (wobei er wiederholt die *Bibel*, die Kirchväter und Werke antiker und mittelalterlicher Autoren zitiert), sind zahlreiche erbauliche Erzählungen eingeflochten, die den eigentlichen literarischen Wert des Werks ausmachen. In ihnen erweist sich Bernardes als ebenbürtiger Nachfahre Fernandes TRANCOSOS (vgl. *Contos e histórias de proveito e exemplo*, 1585), als Fortführer und Vollender der im Mittelalter so beliebten und verbreiteten literarischen Gattung des Exempels. Die Gelehrsamkeit tritt darin zurück hinter naiver christlicher Gottgläubigkeit, der das Übernatürliche und Wunderbare selbstverständlich sind, und zugunsten einer lebendigen, einfachen, kindlich-spontanen Sprache, wie sie bei keinem seiner Zeitgenossen anzutreffen ist. Die tief pessimistische Überzeugung von der Verderbnis der Welt, die in der *Nova floresta* zutage tritt, erscheint hierdurch gemildert, und der Gesellschaftskritik, die Bernardes übt (z.B. im Hinblick auf Lebensweise und Gewohnheiten der Frau) fehlt die kämpferische, suggestive Note der Reden und Schriften seines Zeitgenossen António de VIEIRA (1608–1697; vgl. *Cartas; Sermões*).

K.H.D.

AUSGABEN: Lissabon 1706–1728, 5 Bde. – Porto 1909–1911, 5 Bde. – Lissabon 1919, Hg. A. de Campos [Ausw.; m. Einl.]. – Lissabon 1942, Hg. A. do Prado Coelho [Ausw.; m. Einl.]. – Porto 1949, Hg. Sampaio Bruno [m. Einl.]. – Lissabon 1965 [Ausw., Einl. u. Anm. J. R. da Silva]. – Porto 1974 (in *Obras*, 5 Bde., 2/3; Einl. A. Lopes Rodrigues).

LITERATUR: L. A. Rebello da Silva, *Bosquejos historico-litterarios*, Bd. 2, Lissabon 1909, S. 93–139. – A. Gonçalves Neto, *O vocabulário e a frase na »Nova Floresta« do Padre M. B.*, Diss. Lissabon 1965.

JACQUES-HENRI BERNARDIN DE SAINT-PIERRE

* 19.1.1737 Le Havre
† 21.1.1814 Eragny-sur-Oise

LITERATUR ZUM AUTOR:
M. Souriau, *B. d'après ses manuscrits*, Paris 1905; ern. 1930. – J. J. Simon, *B. de S.-P. ou le triomphe de Flore*, Paris 1955; ern. 1967. – K. Wiedemeier, *La religion de B.*, Fribourg 1986.

LA CHAUMIÈRE INDIENNE

(frz.; *Die indische Hütte*). Erzählung von Jacques-Henri BERNARDIN DE SAINT-PIERRE, erschienen 1791. – Das Werk berichtet von der seltsamen Reise eines englischen Gelehrten, der auf der Suche nach der Wahrheit zunächst die Bibliotheken und Akademien aller europäischen Länder durchstöbert, alle Gelehrten befragt, alle wissenschaftlichen Texte durchforscht und endlich nach Bengalen gelangt, wo er sich von einem hohen Brahmanen-Priester eine gültige Definition der Wahrheit erhofft. Er wird jedoch sehr enttäuscht, da für den edlen Brahmanen Wahrheit offensichtlich nur das ist, was den Interessen seiner Kaste dient. Von einem Unwetter überrascht, findet der englische Gelehrte eines Tages Schutz und gastliche Aufnahme in der Hütte eines Paria. Im Gespräch mit diesem Ausgestoßenen, einem ungelehrten, doch weisen Mann, wird dem Gast klar, daß die Wahrheit nicht im Geist der von Ruhmsucht und Neid verblendeten Gebildeten zu finden ist, sondern in der schlichten, selbstlosen Seele des naturnahen Menschen.

Das für Bernardins ganzes Werk bezeichnende Thema der Erzählung findet sich auch in dem populärsten Roman des Autors, in *Paul et Virginie* (1787), ja schon in seinen *Études de la nature*, 1784 *(Naturstudien)*: es ist der seit ROUSSEAU durch die Literatur des 18 Jh.s geisternde Mythos von der sittlichen Erneuerung und Verjüngung der zivilisierten Menschheit durch die Berührung mit der Natur oder dem einfachen naturverbundenen Menschen – bei CHATEAUBRIAND ist es der edle Wilde in den Wäldern Nordamerikas. Der in den *Naturstudien* entworfene Naturbegriff, den Chateaubriand übernahm, besagt, daß die Natur ein von der Vorsehung kunstvoll gefügter Mechanismus sei, dessen einzige Funktion darin bestehe, dem Wohle der Menschheit zu dienen. Damit wird zugleich die Existenz eines allgütigen Gottes bewiesen, der für alle Bedürfnisse der Menschen vorgesorgt hat. Diese Philosophie ist im Grunde nur eine Karikatur der im ersten *Discours* dargelegten Naturanschauung Rousseaus. Sieht man aber von der dem Werk zugrundeliegenden anfechtbaren Ideologie ab, so bezaubert es den Leser mit einer Fülle von intensiven Naturbeobachtungen und glänzender Beschreibungen. Bernardin sieht mit dem Auge des Malers und ist zugleich ein Meister des Wortes, der für Farb-, Klang- und Duftnuancen eine eigene Sprache erfindet, sich nie mit einem Ungefähr zufrieden gibt, wenn nötig, sogar neue Wörter formt und auf diese Weise Bilder von faszinierender Schönheit schafft.

J.H.K.

AUSGABEN: Paris 1791. – Paris 1830/31 (in *Œuvres complètes*, 12 Bde., 6). – Mailand 1955, Hg. G. Maccone [krit.]. – Paris 1961 (in *Paul et Virginie*; Coll. Classiques). – Paris 1974 [Ill.].

ÜBERSETZUNGEN: *Die indische Strohhütte*, A. L. P. Schröder, Neuwied/Lpzg. 1791. – Dass., A. Wittstock, Lpzg. ca. 1880 (RUB). – *Die indische Hütte*, G. Fink, Mchn. 1986.

LITERATUR: C. W. Bird, *Une source de »La chaumière indienne«* (in RHLF, 45, 1938, S. 520–526). – R. Runte, *»La chaumière indienne«* (in FR, 53, 1979/80, S. 557–565; u. MLR, 75, 1980, S. 774–780).

ÉTUDES DE LA NATURE

(frz.; *Naturstudien*). Naturphilosophisches Werk in drei Bänden von Jacques-Henri BERNARDIN DE SAINT-PIERRE, erschienen 1784. – Trotz seines »wissenschaftlichen« Titels ist das Werk weniger eine exakte Beschreibung der Natur als vielmehr eine Apologie des philosophischen Optimismus. Durch den Aufweis einer Reihe von Entsprechungen zwischen Naturphänomenen, die auf den ersten Blick disparat erscheinen, möchte Bernardin de Saint-Pierre den Rückschluß auf einen göttlichen Schöpfer der Natur glaubhaft machen. Nachdem er im ersten Teil den Plan seines Werks erläutert, entwirft der Autor im zweiten Teil das Bild eines anthropozentrischen Kosmos, dessen Organisation allein das Wohl der Menschen zum Ziel hat. In den Teilen 3–9 werden die Argumente der Gegner des philosophischen Optimismus widerlegt. Einige der Naturgesetze, die Bernardin de Saint-Pierre in Teil 10 anführt, werden im 11. Teil in ihrer Anwendung auf die vegetative Natur untersucht. Der Autor überschreitet schließlich die Grenzen, die der Titel zu ziehen scheint, wenn er im 12. Teil aus dem Studium der Natur »moralische Gesetze« ableitet, die er in der Folge auf die menschliche Gesellschaft überträgt. Daraus resultieren eine Kritik der zeitgenössischen Sozialstruktur und ein Reformplan zur Erziehung (Teil 13/14).

Mit Recht sind Bernardin de Saint-Pierres Naturbeobachtungen häufig Gegenstand ironischer Kritik geworden. In dem Konflikt zwischen Skepsis und philosophischem Optimismus, der anläßlich des Erdbebens von Lissabon (1755) VOLTAIRE (vgl. *Poème sur le désastre de Lisbonne*) und Jean-Jacques ROUSSEAU (vgl. *Lettre sur la Providence*, 1756) entzweite, verficht Bernardin de Saint-Pierre die optimistische Position seines Meisters Rousseau, gleicht aber allzusehr Pangloss, mit dem Voltaire in *Candide ou L'optimisme* dem optimistischen Philosophen Leibniz-Wolffscher Prägung ein ironisches Denkmal gesetzt hat. Der anthropozentrische Standpunkt führt in der Konsequenz dazu, daß zum Beispiel das Weiß der Meeresbrandung keine andere Funktion hat als die, den Seeleuten den Weg zwischen gefährlichen Klippen hindurch zu weisen. Bernardin de Saint-Pierre lehnt neue Entdeckungen wie die Elektrizität oder die Newtonsche Gravitationslehre ab; es finden sich aber auch zukunftsweisende Ansätze in seinem Werk, so zum Beispiel zur Mikrobiologie. Dem aufklärenden Geist des vorrevolutionären Frankreich entsprechen seine Gesellschaftskritik und seine Erziehungslehre; auch hier folgt er Rousseaus Gedankengängen bis hin zu konkreten humanitären Zielsetzungen (z. B. eine fast sozialistisch anmutende Eigentumspolitik oder die Vorstellungen über die Pflege der Alten und Kranken).

Weder die naturwissenschaftliche Konzeption Bernardin de Saint-Pierres noch die Aufdeckung gewisser Analogien, sondern der künstlerische Rang seiner Naturbeobachtungen bestimmen den Wert der *Études*. Rousseaus Naturempfinden verbindet sich hier mit einer genauen Kenntnis vor allem der tropischen Flora; durch eine neue Terminologie zur Kennzeichnung der zahllosen Farbnuancen versucht der Autor der Erweiterung und Präzisierung der naturwissenschaftlichen Erkenntnis gerecht zu werden. Das Pathos und die religiöse Komponente seiner Naturbeschreibung, seine Analyse der Melancholie, die ihn angesichts einer Burgruine oder eines Friedhofs erfaßt, machen ihn zu einem wichtigen Bindeglied zwischen Rousseau und CHATEAUBRIAND und präludieren Grundthemen der romantischen Literatur. – Der 1788 als vierter Band der *Études* erschienene Roman *Paul et Virginie* sollte ursprünglich stärker in das Werk integriert werden, die kühle Aufnahme der *Études* durch BUFFON, Mme. de STAËL und andere Kritiker verzögerte jedoch zunächst die Vollendung des Romans. – In den *Harmonies de la nature*, 1796, geht Bernardin de Saint-Pierre bei seiner Suche nach harmonischen Entsprechungen in der Natur noch weit über die Ansätze der *Études* hinaus.

K.En.

AUSGABEN: Paris 1784, 3 Bde. – Paris 1818 (in *Œuvres complètes*, Hg. L Aimé-Martin, 12 Bde., 1818–1820, 6). – Paris 1825, 5 Bde., Hg. P.-L. Lemontey.

ÜBERSETZUNG: *Betrachtungen über die Natur*, anon., 2 Tle., Görlitz 1795/96.

LITERATUR: L. Roule, *B. de S.-P. et l'»Harmonie de la nature«*, Paris 1930. – S. P. Baridon, *Le »Harmonies de la nature« di B. de S.-P.*, Mailand 1958. – B. R. Pollin, *Poe's Use of Material from B. de S.-P.s »Études de la nature«* (in RoNo, 12, 1970/71, S. 331–338).

PAUL ET VIRGINIE

(frz.; *Paul und Virginie*). Roman von Jacques-Henri BERNARDIN DE SAINT-PIERRE, erschienen 1788. – Auf der Île de France (der heutigen Mauritius-Insel) begegnet der Autor einem alten Mann, der zugleich als Erzähler, Kommentator und Zeuge der Ereignisse innerhalb des kurzen Romans fungiert. Der Autor selbst tritt als Zuhörer nur zu Anfang und am Schluß kurz in Erscheinung.

Enttäuscht von den gesellschaftlichen Zuständen in ihrem Heimatland Frankreich führen Mme. de la Tour und Marguerite zusammen mit ihren treuen Sklaven Domingue und Marie und ihren gleichaltrigen Kindern Paul, dem Sohn Marguerites, und Virginie, der Tochter von Mme. de la Tour, auf der Île de France ein ruhiges und zurückgezogenes Leben. Paul und Virginie wachsen in einer Atmosphäre gegenseitiger Zuneigung und Liebe wie Geschwister heran; nichts trübt den Frieden der kleinen Gemeinschaft, bis eine in Paris lebende Erbtante Mme. de la Tour in einem Brief anbietet, der nunmehr fünfzehnjährigen Virginie in Frankreich eine standesgemäße Erziehung angedeihen zu lassen. Mme. de la Tour – völlig mittellos – glaubt, ihrer Tochter die Annahme dieses scheinbar so glänzenden Angebots schuldig zu sein, und willigt widerstrebend ein. Virginie reist mit dem nächsten Schiff nach Frankreich. Alle, besonders Paul, leiden schwer unter der Trennung. Allein gelassen, glaubt er sich um sein größtes Glück betrogen; seinen einzigen Trost findet er in der Unterhaltung mit dem alten Mann – dem Erzähler –, der ihn Lesen und Schreiben lehrt, damit er wenigstens schriftlich mit Virginie in Verbindung treten kann. Seine Lieblingslektüre bildet bald FÉNELONS *Télémaque* (1699) »*wegen seiner Beschreibung des ländlichen Lebens und der natürlichen Leidenschaften des Herzens*«. In scharfem Gegensatz dazu stehen die korrupten Sitten des zeitgenössischen Frankreich, wie sie aus einem Brief Virginies deutlich werden. Nach zwei Jahren endlich kehrt Virginie, die sich nicht an das europäische Leben gewöhnen konnte und von ihrer Großtante enterbt wurde, auf die Île de France zurück. Doch kurz vor der Küste gerät das Schiff in Seenot. Virginie, der es das in Europa anerzogene Schamgefühl verbietet, die Kleider abzulegen und zur Küste zu schwimmen, ertrinkt vor den Augen Pauls und ihrer Angehörigen, die das sinkende Schiff von der Küste aus beobachten. Paul, Mme. de la Tour und Marguerite überleben diesen Verlust nur kurze Zeit: Zurück bleibt allein der alte Mann, der das Los seiner unglücklichen Freunde beklagt.

Die minuziösen und anschaulichen Schilderungen der subtropischen Natur – Bernardin de Saint-Pierre hielt sich von 1768 bis 1770 auf der Île de France als technischer Offizier auf – machen den Roman zum ersten Dokument des *exotisme* in Frankreich. Als Teil der theoretischen *Études de la nature* (1784) sollte die Erzählung die Harmonie im Walten der Natur, die gefühlsmäßige, nicht vom Verstand bestimmte Erkenntnis ihrer Gesetze anschaulich verdeutlichen und eine große Utopie von der idealen Gesellschaft entwerfen. Doch der tragische Schluß beweist es: »*Dem Problem der Zerstörung der Harmonie, das sich dem Denker stellt, gibt der Dichter im Untergang der »société idéale« dramatische Gestalt. So wird das pastorale Idyll zum Bericht eines Abfalls: die Verlockung der Zivilisation führt mit ihren traurigen Folgen zur alles auflösenden Katastrophe*« (G. Hess). Bernardin de Saint-Pierre war nachhaltig von ROUSSEAU beeinflußt. Kulturfeindschaft und antikartesianisches Denken verbanden die beiden auch persönlich befreundeten Autoren. In den Gestalten der Sklaven Domingue und Marie wird der Topos vom »edlen Wilden« wiederaufgenommen, ein Gedanke, dem manche Aufklärer, besonders VOLTAIRE, eher mißtrauisch gegenüberstanden. Während Voltaire die Idealisierung des Naturzustandes in dem berühmten Brief vom 30. 8. 1755 an Rousseau – eine Antwort auf den *Discours sur l'origine et les fondements de l'inégalité* (1754) – ironisierend zurückweist, wird das Thema von MARMONTEL (*Les Incas ou La destruction de l'empire du Pérou*, 1778), Sébastien MERCIER (*L'homme sauvage*, 1767) und von Bernardin de Saint-Pierre selbst auch in seinem späteren Werk *La chaumière indienne* (1791) immer wieder berührt.

Der Hauptgrund für die zeitgenössische Beliebtheit des exotischen Liebesromans war wohl die Idee der *sensibilité*, deren vollkommene Verkörperung Virginie darstellt – hierin eine Verwandte der Heldinnen RICHARDSONS. Sorgfältige Datierung und Lokalisierung der Ereignisse – 1735–1762 bei Port-Louis auf der Île de France – sollte deren Wahrheitscharakter unterstreichen. In dem zum Verständnis des Romans unerläßlichen Vorwort betont der Autor sein tiefes Mißtrauen gegen jede andere Bildung als die »natürliche« Herzensbildung. Entgegen der *raison* der Aufklärer nennt er im Anschluß an die Erziehungsideale des *Émile* (1762) die weibliche »Empfindsamkeit« den entscheidenden kulturstiftenden Faktor.

Paul et Virginie fand rasch weite Verbreitung, wurde in zahlreiche Sprachen übersetzt und häufig nachgeahmt. Selbst CHATEAUBRIAND, der Bernardin de Saint-Pierre geringschätzig einen mittelmäßigen Charakter von durchschnittlicher Intelligenz nannte, ist von ihm, besonders in der Darstellung eines mit religiösen Empfindungen durchsättigten Naturgefühls, abhängig. In der zweiten Hälfte des 19. Jh.s verblaßte der Ruhm des Romans, dessen Naturbeschreibungen freilich noch ein LECONTE DE LISLE bewunderte. A.Mar.

AUSGABEN: Paris 1788 (in *Études de la nature*, 4 Bde., 1784–1788, 4). – Paris 1789. – Paris 1818 (in *Œuvres complètes*, Hg. L. Aimé-Martin, 12 Bde., 1818–1820, 6). – Paris 1930, Hg. M. Souriau. – Paris 1958, Hg., Einl. u. Anm. P. Trahard. – Paris 1967 (Class. Garn.). – Paris 1966 (GF). – Paris 1975 (*Édition critique du manuscrit intitulé »Histoire de Mlle. Virginie de la Tour«*, Hg. M. T. Veyrenc). – Paris 1984. – Paris 1984 (Folio).

ÜBERSETZUNGEN: *Paul und Virginie*, J. L. Hadermann, Ffm. 1795. – *Paul und Virginie und Die Indische Hütte*, G. Fink, Pforzheim 1840. – *Paul und Virginie*, Ch. Schüler, Darmstadt/Weimar 1912. – Dass., F. Hörlek, Lpzg. 1922. – Dass., Hg. W. Dreecken, Lahr 1947.

VERTONUNGEN: J. F. Le Sueur, *Paul et Virginie ou Le triomphe de la vertu* (Urauff.: Dubreuil, 13. 1. 1794). – V. Massé, *Paul et Virginie* (Urauff.: Paris, 15. 11. 1876, Théâtre National Lyrique; Oper).

LITERATUR: S. Cambray, *Les origines d'un chef-d'œuvre: »Paul et Virginie«* (in Correspondant, 110, 1878, S. 696–714). – G. Hess, *Bemerkungen zu »Paul et Virginie«* (in ZfrzSp, 64, 1940–1942, S. 313–320). – J. Fabre. *Une question de terminologie littéraire: »Paul et Virginie«, pastorale* (in Annales de la Faculté des Lettres, Toulouse. Littérature, 1953, S. 167–200; auch in J. F., *Lumières et romantisme*, Paris 1963, S. 167–199). – A. Sauro, *Études sur la littérature française du 18e siècle, 3: »Paul et Virginie«*, Bari 1956. – P. Toinet, »*Paul et Virgi-*

nie«. *Répertoire bibliographique et iconographique*, Paris 1963. – R. Flahaut, *»Paul et Virginie« comme mythe* (in Revue philosophique, Juli–Sept. 1968). – J. Schulze, *Das Paradies auf dem Berge* (in RJb, 25, 1974, S. 123–138). – G. Pinkernell, *Die Aristokratie als oppressive und destruktive Macht in B. de S.-P.'s »Paul et Virginie«* (in GRM, 25, 1975, S. 32–46). – H. Hudde, *B. de S.-P., »Paul et Virginie«*, Mchn. 1975. – Ders., *Zum Einfluß von B. de S.-P.s »Paul et Virginie« auf Romane über die Negersklavenproblematik* (in *Romanische Literaturbeziehungen im 19. u. 20. Jh.*, Hg. A. San Miguel u. a., Tübingen 1985, S. 157–167). – G. Benrekassa, *Fables de la personne*, Paris 1985. – J.-M. Racault, *»Paul et Virginie« et l'utopie* (in StV, 1986, Nr. 242, S. 419–471). – Ders., *Système de la toponymie et organisation de l'espace romanesque dans »Paul et Virginie«* (ebd., S. 377–418).

BERNARDUS SILVESTRIS

auch Bernhard von Tours

* in Tours
† wahrscheinlich nach 1159

DE MUNDI UNIVERSITATE LIBRI DUO SIVE MEGACOSMOS ET MICROCOSMOS

(mlat.; *Zwei Bücher über die Universalität der Welt oder Makrokosmos und Mikrokosmos*). Diese zwischen 1145 und 1153 entstandene Abhandlung über Naturphilosophie von BERNARDUS SILVESTRIS widmete der Autor seinem Freund, und wohl auch ehemaligen Lehrer, THIERRY (Theoderich) VON CHARTRES. Deshalb wohl wurde sie zeitweise fälschlich BERNHARD VON CHARTRES zugeschrieben. – Solche schon im Mittelalter auftretenden Verwechslungen gehen wohl darauf zurück, daß über das Leben des Autors so gut wie nichts bekannt ist. Es erscheint lediglich gesichert, daß er Papst Eugen III. auf dessen Frankreichreise 1147/48 getroffen hatte, und daß er für einige Zeit in Tours als Lehrer gewirkt hat, weshalb er manchmal auch Bernhard von Tours genannt wird. In seinem Hauptwerk *De mundi universitate*, dessen Abschriften häufig unter dem Kurztitel *Cosmographia* überliefert wurden, erweist sich seine Nähe zu den platonischen Gedankengängen der Schule von Chartres. Nicht nur gedanklich, sondern auch stilistisch verbindet Bernardus Silvestris in dieser Abhandlung die Spekulation des Philosophen mit der Phantasie des Dichters, Prosa mit Lyrik. Naturwissenschaftliche Anschauung und mythologische Überlieferung verknüpft der Autor zu einem einheitlichen Ganzen, indem er die Welt sich aus dem Handeln allegorischer Personen entwickeln läßt. Vorbilder dieser ganzheitlichen und harmonisierenden Weltsicht sind vor allem die klassischen Überlieferungen von PLATONS *Timaios*, wie sie in Werken von CALCIDIUS, MACROBIUS, BOETHIUS und MARTIANUS CAPELLA vorliegen und auch von Thierry of Chartres aufgegriffen worden waren. Dieses Werk bildet damit einen reizvollen Kontrast zur *Philosophia mundi* des WILHELM VON CONCHES, seines ein wenig älteren Zeitgenossen, der für seine Darstellung – obwohl inhaltlich ebenso am *Timaios* orientiert – eine abstrakt-wissenschaftliche Form wählte, die die Erfahrungswelt in formale Sachgebiete gliedert.

Im ersten Buch entfaltet der Autor sein Verständnis der physischen Welt, Sterne, Planeten und Erde, wobei eine in einem christlichen Autor bedeutsame Akzentverschiebung vom Erschaffen zum Ordnen des Makrokosmos stattfindet. Im zweiten Buch erreicht dieses Ordnen gewissermaßen seine Vollendung in der Erschaffung des Mikrokosmos, nämlich des Menschen, dem kreativen Zusammenfügen der Seele mit dem aus den vier Elementen bestehenden Körper. Neben den in diesem Bereich wirkenden allegorischen Personen, Urania (Astronomie; Himmel) und Physis (Natur), stellt auch eine Schicksalstafel (*tabula fati*) die Verbindung zwischen Mikro- und Makrokosmos her. Hier beschreibt Bernardus den Einfluß der Gestirne auf das Leben der Menschen; seine medizinisch-astrologischen Vorstellungen gehen offenbar auf CONSTANTINUS AFRICANUS und ABU MA'SCHAR zurück. Diese Abhandlung ist damit die erste mittelalterliche Darstellung des Schöpfungsmythos, in der der Natur eine besondere, positive Rolle in der Hervorbringung des Menschen zugeschrieben wird. Seine Darstellung zeugt von Originalität und läßt sich eigentlich nicht mit den traditionellen Konzepten von Auslegen oder Kommentieren, die sich beide auf ein gefestigtes Überlieferungsverständnis beziehen, vereinbaren. Es ist sicher ein Zeichen der geistigen Flexibilität im Frankreich des 12. Jh.s, daß Autor und Schrift nicht als heterodox angefeindet wurden. Eine langfristige Wirkungsgeschichte bezeugen die Hinweise und Zitate in den Werken von DANTE ALIGHIERI, Giovanni Boccaccio und Geoffrey CHAUCER. H.Sta.

AUSGABEN: Innsbruck 1876, Hg. C. S. Barach u. J. Wrobel [m. Einl.]. – Aalen 1963 [Nachdr.] – Leiden 1978, Hg. P. Dronke [m. engl. Einl. u. Anm.].

ÜBERSETZUNG: *Über die allumfassende Einheit der Welt, Makrokosmos und Mikrokosmos*, W. Rath, Stg. 1953; ²1983.

LITERATUR: L. Thorndike, *A History of Magic and Experimental Science*, NY 1947, Bd. 2, S. 99–123. – T. Silverstein, *The Fabulous Cosmogony of B. S.* (in MPh, 46, 1948/49. S. 92–116). – M.-D. Chenu, *Naturalisme et théologie au XIIe siècle* (in Recherches de Science Religieuse, 7, 1950, S. 5–21). – T. Gregory, *Anima mundi. La filosofia di Guglielmo di Conches e la scuola di Chartres*, Florenz 1955. –

C. Mazzantini, *Il platonismo della scuola di Chartres*, Turin 1958. – R. Lemay, *The »De mundi universitate« of B. S.* (in *Abu Ma'shar and Latin Aristotelianism in the Twelfth Century*, Beirut 1962, S. 258–284). – E. R. Curtius, *Europäische Literatur und lateinisches Mittelalter*, Bern/Mchn. ⁴1963, S. 118–123. – Manitius, Bd. 3, S. 205–207. – B. Stock, *Myth and Science in the Twelfth Century. A Study of B. S.*, Princeton 1972.

CARLO BERNARI

d.i. Carlo Bernard

* 13.10.1909 Neapel

LITERATUR ZUM AUTOR:
W. Mauro, *C. B.* (in *Letteratura italiana. I minori*, Bd. 2, Mailand 1963, S. 1587–1601). – E. Ragni, *Invito alla lettura di B.*, Mailand 1968. – E. Pesce, *B.*, Florenz 1970 [m. Bibliogr.]. – R. Capozzi, *B. tra fantasia e realtà*, Neapel 1984. – E. Ragni, Art. *C. B.* (in Branca, 1, S. 280–284).

ERA L'ANNO DEL SOLE QUIETO

(ital.; *Es war das Jahr der ruhigen Sonne*). Roman von Carlo BERNARI, erschienen 1964. – Die Handlung spielt in Apragopoli, einem fiktiven Ort im Süden Italiens. Der aus dem Norden des Landes kommende Professor Orlando Rughi will eine nach modernsten wissenschaftlichen Erkenntnissen geplante chemische Musterfabrik bauen. Er glaubt damit den Grundstein zu einer von einer neuen Gesellschaft beherrschten besseren Welt legen zu können, in der die humanitären Ideale des Sozialismus sich mit den rationellen Methoden und der perfektionierten Technik des Kapitalismus verbinden sollen. Allerdings hat Rughi die Rechnung ohne den Wirt gemacht. Das kühne Unternehmen endet in einer Farce; jeder persönliche Einsatz geht in der Anonymität unter, höchstes Ethos muß der Korruption unterliegen: »*Jetzt wußte ich, daß ich betrügen konnte, ja daß ich betrügen mußte, und je mehr ich mich von dem Betrug zu befreien suchte, desto stärker ergriff er von mir Besitz.*« Noch tragischer als sein effektives Scheitern ist Rughis Erkenntnis, daß sein eigentliches Anliegen, nämlich »*aus diesem Morast eine physisch, moralisch und beruflich geschulte Arbeiterklasse*« heranzubilden, nicht auf die überlieferte Moral verzichten kann. Er sieht seine humanitäre Intention untergehen in dem seelenlosen Mechanismus ökonomischer und finanzieller Manipulationen, deren unheilvolle Auswirkungen niemand mehr aufzuhalten vermag. Bernari sieht die Sozialreform Süditaliens mit den scharfen Augen eines unbestechlichen Beobachters. Er erkennt die Gefahren, die sich hinter den materiellen Vorteilen des nicht zu bestreitenden Fortschritts verbergen, und weist warnend darauf hin, wie utopisch dieses beispielhafte Apragopoli ist, das wie ein Labyrinth wirkt, zu dem der Schlüssel fehlt. Manches in diesem Roman mag an KAFKA erinnern, so etwa das suggestive Bild der aus dem Boden des unterentwickelten Südens aufschießenden Wolkenkratzer, die anscheinend unwirkliche, doch stets machtvolle Anwesenheit des Herrn Puntillo, dem die finanzielle Realisierung von Rughis Plänen obliegt. Das Werk ist als eine Art Bekenntnis des Professors in der Ichform abgefaßt. Seine 27 Kapitel stehen fast unverbunden nebeneinander, und ihre Austauschbarkeit symbolisiert den blinden Zufall, der die jeglicher menschlichen Selbstbestimmung entglittenen Ereignisse wahllos aneinanderreiht. Die Sprache ist nüchtern, kommentierend, stellenweise geht sie völlig in der technischen Terminologie auf. Dadurch erhält Bernaris Realismus, der in früheren Arbeiten – etwa in dem Roman *Tre operai*, 1934 *(Drei Arbeiter)* – über eine lebendige Schilderung des neapolitanischen Volkslebens kaum hinausging, einen beklemmenden Akzent.
M.S.

AUSGABE: Mailand 1964; ern. 1982.

LITERATUR: P. Dallamano, Rez. (in Paese Sera, 29. 5. 1964). – C. Bo, Rez. (in Corriere della Sera, 31. 5. 1964). – M. Prisco, Rez. (in Il Mattino, 18. 6. 1964). – M. Vecchi, Rez. (in Il Popolo, 26. 6. 1964). – L. Baldacci, *Apragopoli e i sogni impossibili del professor Rughi* (in Epoca, Mailand, 28. 6. 1964). – G. F. Venè, Rez. (in Il Giorno, 8. 7. 1964). – C. Salinari, Rez. (in Vie Nuove, 10. 9. 1964). – A. Bocelli, Rez. (in Il Mondo, 13. 10. 1964). – S. Salvi, Rez. (in Letteratura, 69–71, Mai/Okt. 1964, S. 275–277).

TRE OPERAI

(ital.; *Drei Arbeiter*). Roman von Carlo BERNARI, erschienen 1934. – Der junge Hilfsarbeiter Teodoro will sich in einer neapolitanischen Großwäscherei nicht unterordnen, wie er auch nicht fähig ist, dem Mädchen Anna, das er dort kennengelernt hat, treu zu sein. Auf seine persönliche »Freiheit« bedacht, sucht er mit seinem Kollegen Marco in Tarent in der dortigen Stahlindustrie Beschäftigung. Doch jetzt scheitert er, da es ihm an der Protektion fehlt, mit der Marco den stellenlosen Ortsansässigen vorgezogen wird. Hat Teodoro einerseits die Arbeitgeber gegen sich, die das von ihm geltend gemachte Recht auf Arbeit und Unterstützung nicht zu akzeptieren bereit sind, so distanzieren sich andererseits die Arbeiter von ihm, als er in der Gewerkschaft als Quertreiber unbequem wird. Nach einer blutigen Schlägerei taucht er in Neapel bei Anna unter, die inzwischen ergebnislos ihr Glück in Rom versucht hat und von dort mit einem Kind zurückkehrte. Gemeinsam mit Marco mieten sie ein kleines Haus; Anna stirbt jedoch bald. Teodoro macht in einer Konservenfabrik eine kleine Karriere, wird aber, als die Arbeiter dort streiken, als ihr Wortführer verhaftet und wegen Gewalttätigkeit zu einer Gefängnisstrafe verurteilt.

In den frühen Jahren des Faschismus war es ein geradezu selbstmörderisches Unterfangen, einen Roman zu schreiben, dessen Vokabular – etwa »Klassenbewußtsein«, »Streik«, »Aufbegehren« – von vornherein suspekt erscheinen mußte. So gewann Bernari über Nacht den Namen eines Revolutionärs, dessen Buch man von Hand zu Hand weiterreichte. Daß es trotzdem der Zensur nicht zum Opfer fiel, war zum einen dem damals noch recht unorganisierten Regime, zum anderen der Tatsache zu danken, daß hier die Welt des Arbeiters Eingang gefunden hatte in die italienische Literatur. (GUIDO PIOVENE etwa schrieb, daß »*allein das Argument uns schon Hoffnung verleiht*«, und die Moskauer ›Prawda‹ versäumte es nicht, auf das Erscheinen des Romans als ein ›*positives Zeichen*‹ hinzuweisen.) Aus Paris zurückkehrend, stand Bernari unter dem Einfluß des französischen Realismus, dessen Milieubezogenheit er auf neapolitanische Verhältnisse übertrug, die selbst in Italien weithin nur in verkitschten Farben und unter dem Zeichen des *dolce far niente* bekannt waren. In Bernaris Neapel hingegen scheint es ständig zu regnen, sommerliche Temperaturen und alle leuchtenden Farben sind eliminiert, das Meer ist nicht einen Moment blau, sondern immer nur »trüb«, »schmutzig«, »verschlammt«. Dieser beklemmenden Atmosphäre entspricht die seelische Verfassung der »drei Arbeiter« Teodoro, Marco und Anna, die letztlich deshalb scheitern, weil sie kleinlich denken und handeln, weil sie jeder spontanen Bindung wie auch der entscheidenen Aktion nicht fähig sind, weil sie, immer zwischen den Fronten stehend, sich mehr dem Abenteuer verschreiben als dem Engagement.
M.S.

AUSGABEN: Mailand 1934; ²1951. – Mailand 1965. – Mailand 1979.

LITERATUR: R. Radice, Rez. (in L'Ambrosiano, 27. 2. 1934). – A. Petrucci, Rez. (in Il Tevere, 28. 3. 1934). – G. Bellonci, Rez. (in Il Giornale d'Italia, 29. 3. 1934). – G. Piovene, Rez. (in Pan, 1. 4. 1934). – E. Vittorini, Rez. (in Il Bargello, 22. 7. 1934). – C. Bo, Rez. (in Fil, 23. 9. 1951). – G. De Robertis, Rez. (in Tempo, 13. 10. 1951). – L. Gigli, Rez. (in Gazzetta del Popolo, 27. 10. 1951). – C. Salinari, Rez. (in L'Unitá, 4. 12. 1951). – T. Fiore, Rez. (in Avanti, 21. 12. 1951). – E. Falqui, *Tra racconti e romanzi del novecento*, Messina/Florenz 1950, S. 252–258. – S. Battaglia, *Occasioni critiche* (in Filologia e letteratura, 1965, 4, S. 337–359).

VESUVIO E PANE

(ital.; Ü: *Der Vesuv raucht nicht mehr*). Roman von Carlo BERNARI, erschienen 1952. – Bernari versucht, den weitgehend erstarrten *neorealismo* vom sozialpolitischen Engagement zu befreien und entwickelt hier ein ironisch-satirisches Spiel der Phantasie, in das er exakte Daten mischt. Neapel, die klassische Heimat des Betrugs und die Vaterstadt gerissener Betrüger, ist einer immensen Gaunerei aufgesessen: Es heißt, die Stadt sei für zwei Groschen zu haben. Unter den von allen Enden der Welt herbeieilenden Söhnen Neapels, die bei dem Ausverkauf dabeisein wollen, ist auch Espedito Esposito, ein Landstreicher, der, am Ziel angekommen, schließlich die Ursache des tollen Gerüchts erfährt: Im Hafen sind drei Kriegsschiffe zu bergen, ein Bombengeschäft für den, der das notwendige Kapital besitzt. Vergebens versucht Esposito sein Glück bei der stadtbekannten Wucherin Rosaria, die ihren Laden längst schließen mußte, da bereits jedermann bei ihr sein letztes Hab und Gut verpfändet hat. Auch auf dem schwarzen Markt hat Esposito kein Glück; bei einer Razzia wird er verhaftet und kommt ins Gefängnis. Neben ihm sind noch zahlreiche andere Personen in die turbulenten Geschehnisse verwickelt, wie etwa Ugo, der Sohn des Notars Quantara, dessen junge Frau sich ertränkt, weil sie die feindliche Atmosphäre in der Notarsfamilie nicht mehr ertragen konnte und von ihrem Mann auf offener Straße geschlagen wurde.

Als Esposito aus der Untersuchungshaft entlassen wird, durchstreift er mit seinem Freund Domenico, den er bei der Geldsuche kennengelernt hat, abschiednehmend die noch nicht wieder ganz zur Ruhe gekommene Stadt, ihnen schließt sich ein schrulliges älteres Fräulein an, das sein Leben den hungernden Katzen der Hafenstadt widmet. Domenicos Sohn, der seine Braut auf einem Lkw entführt, um die Kosten für die Hochzeit zu sparen, nimmt das abgerissene Dreigespann nach Rom mit. Dort will man beim Schriftsteller Bernari vorsprechen, der die Armut und die Schwächen seiner Landsleute wie kaum ein anderer kennt und ihnen helfen wird.

Der Vergleich von *Vesuvio e pane* mit dem sechzig Jahre früher entstandenen »Schlaraffenlandroman« der großen Landsmännin Bernaris, Matilde SERAO (vgl. *Il paese di cuccagna*), ist unvermeidlich. Hier wie dort ist das Thema der geradezu süchtige Traum des Südländers vom großen Glück. Doch wo die Serao allzu tendenziös warnend den Zeigefinger erhebt, beschränkt sich Bernari weitgehend auf die Beschreibung bizarr anmutender Situationen, die freilich aus der besonderen Mentalität des Neapolitaners zu erklären sind, und nicht zufällig sagt er von den Bewohnern Neapels, sie seien »*allezeit bereit, sich in den Kampf um das tägliche Brot zu stürzen, einen Kampf, der stets damit endet, daß Sieger wie Besiegte noch am gleichen Abend dem Nichts gegenüberstehen*«.
M.S.

AUSGABE: Mailand 1952; ern. 1953.

ÜBERSETZUNG: *Der Vesuv raucht nicht mehr*, P. Eckstein u. W. Lipsius, Mchn. 1956.

LITERATUR: C. Bo, Rez. (in FiL, 25. 11. 1952). – F. Cerutti, Rez. (in Il Popolo di Roma, 6. 12. 1952). – M. De Michelis, Rez. (in L'Unità, 16. 12. 1952). – G. Bertolucci, Rez. (in Avanti, 20. 12. 1952).

BERNART DE VENTADORN

auch Bernard de Ventadour

* vor 1147 Schloß Ventadour / Limousin (?)
† nach 1170 Abtei Dalon / Dordogne (?)

DAS LYRISCHE WERK (aprov.) von BERNART DE VENTADORN.
Der vermutlich aus dem Limousin stammende Trobador Bernart de Ventadorn genießt seit jeher eine Vorzugsstellung in der Forschung, die in ihm stets eine Ausnahmeerscheinung unter den Dichtern der von strengen Formalismen geprägten mittelalterlichen Lyrik sah. Schon Friedrich DIEZ, der Begründer der deutschen Romanistik, glaubte in ihm die romantische Konzeption eines »wahren Dichters« verwirklicht: »*Bernart ist ohne Zweifel einer der trefflichsten Liederdichter, die das Mittelalter hervorgebracht hat; seine Lieder athmen eine schmelzende Innigkeit der Empfindung so wie eine ganz eigenthümliche Kindlichkeit des Ausdrucks; seine Strophen sind einfach und harmonisch.*« Dieses Urteil begründete die erst in jüngerer Zeit heftig angefochtene Legende eines Erlebnisdichters, der unter den *»tyrannischen Regeln einer literarischen Mode«* (A. Jeanroy) zu leiden hatte und dessen unvergleichlichen Rang erst die modernen Interpreten erkennen konnten. Über die Person Bernarts ist in der Tat nur wenig bekannt. Die in der berühmten Trobadorsatire *Cantarei d'aquestz trobadors (Ich werde über diese Trobadors singen)* aufgestellte Behauptung PEIRE D'ALVERNHAS, die auch von der – vermutlich von dem Trobador UC DE SAINT CIRC verfaßten – *Vida (Lebensbeschreibung)* übernommen wurde, Bernart sei der Sohn eines Dieners und einer Bäckerin auf dem Schloß von Ventadorn gewesen, läßt zumindest auf eine niedere Herkunft schließen, umso mehr, als der Dichter in keinem offiziellen Dokument erwähnt wird. Die altprovenzalische Trobadorbiographie, deren Wahrheitsgehalt mit gewisser Skepsis zu begegnen ist, berichtet weiterhin, daß Bernart zunächst die Vizegräfin von Ventadorn, die seine Liebe erwiderte, besungen habe und später sein Augenmerk sogar auf Eleonore von Aquitanien richtete, die bald darauf Heinrich II. von England heiratete, woraufhin sich der Dichter schließlich, wie übrigens auch sein Zeitgenosse BERTRAN DE BORN, in die Abtei Dalon zurückgezogen habe.
Die 45 Gedichte Bernarts (von denen ihm 41 sicher zugeschrieben werden können) sind fast alle in einer größeren Anzahl von Handschriften (20 Lieder mit Melodie) erhalten; an der Überlieferung beteiligen sich die wichtigsten Liederhandschriften der Trobadors. Von zwei Streitgedichten abgesehen (eines mit Peire d'Alvernha, das andere mit PEIROL), sind es ausnahmslos Kanzonen *(cansos)*, die normalerweise aus fünf bis sieben *coblas* (Strophen) bestehen und von einer, bisweilen auch zwei weiteren, kürzeren Strophen *(tornadas)* beschlossen werden, die sich an einen, nur mit einem Pseudonym *(senhal)* bezeichneten Adressaten wenden. Zumeist ist dies die angebetete Dame, bisweilen auch der persönliche Spielmann *(joglar)* des Trobadors. Bernarts Kanzonen behandeln die traditionellen Themen der höfischen Liebe *(fin amors)* mit *»bezaubernder Einfachheit«* (M. de Riquer) und weisen den Dichter als entschiedenen Vertreter des *trobar leu*, eines »leichten Dichtens« aus, das, im Gegensatz zum *trobar clus*, dem »verschlossenen/ dunklen Dichten«, ein allgemeines Verständnis nicht durch die Verwendung gesuchter Reime und seltener Reimwörter verwehrt. Bernarts oft diskutierte Auffassung von Dichtung als Ausdruck persönlicher Ergriffenheit drückt sich in seiner Kanzone *Chantars no pot gaire valer (Wenig kann das Singen taugen)* aus; das Singen müsse aus dem Innern des Herzens kommen: »*... ni chans no pot dal cor mover, / si no i es fin'amors coraus. / Per so es mos chantars cabaus / qu'en joi d'amor ai et enten / la boch'e ·ls olhs e ·l cor e ·l sen*« (»*und der Sang kann nicht aus dem Herzen kommen, wenn dort nicht echte Herzensliebe ist. Deshalb ist mein Singen erlesen, weil ich Mund und Augen und Herz und Sinn auf Liebesfreude gesetzt habe und halte*«; Prosaübers. C. Appel).
Wenngleich diese poetologische Konzeption den rein formalen Charakter des poetischen Spiels nicht grundsätzlich in Frage stellt, ist die Darstellung der eigenen Gefühlswelt und das Reflektieren der Erfahrungen, in denen der Sprecher seine persönliche Liebe durchlebt, bei Bernart wesentlich eindringlicher als in der Trobadorlyrik allgemein üblich. Das schmerzhafte Bewußtsein einer unüberwindbaren Distanz zu seiner Herrin ruft im Liebenden eine stets zwischen Freude und Qual schwankende Sehnsuchtsstimmung hervor, die ihn zur höchsten Stufe des Selbst führen soll. Die damit verbundene Selbstaufgabe ist bei Bernart mit besonderer Eindringlichkeit gestaltet. Die durch die Liebe hervorgerufene Hochstimmung *(joi)* hebt den Menschen aus dem Naturzyklus heraus (»*tot me desnatura*«) und macht ihn unempfindlich gegenüber der Kälte: »*Anar posc ses vestidura / nutz en ma chamiza, / car fin'amors m'asegura / de la freja biza*« (»*Ohne Kleidung kann ich gehen, nackt in meinem Hemde, denn echte Liebe schützt mich vor dem kalten Nord*«). Sogar Räuber könnten ihn in seinem melancholischen Zustand der Selbstversunkenheit, den die Trennung von der Dame hervorruft, unbemerkt davontragen: »*Ai las! com mor de cossirar! / que manhtas vetz en cossir tan: / lairo m'en poiran portar, / que re no sabria que ·s fan*« (»*Wehe, wie sterbe ich vor Liebesgedanken! denn so tief bin ich oft im Denken versunken: Diebe würden mich davontragen können und ich würde nichts davon wissen*«).

Die Stilisierung der höfischen Liebe zum feudalen Lehnsverhältnis gelangt bei Bernart zu voller Entfaltung. Wie der Lehnsmann seinem Herrn Ergebenheit schwört, so versichert der Sänger der Dame seine unverbrüchliche Treue: «... *mas jonchas estau aclis, / e genolhos et en pes, / el vostre franc senhoratge*» (»Mit gefalteten Händen, kniend oder aufrecht, bin ich demütig in Eurem edlen Dienst«). Unverkennbar ist jedoch auch der sinnliche Aspekt in Bernarts Liebesauffassung. So begehrt der Liebende den schneeweißen Leib seiner Dame zu sehen: »*Las! e viure que.m val, /s'eu no vei a jornal / mo fi joi natural / en leih, sotz fenestral, /cors blanc tot atretal / com la neus a nadal...*« (»Ach! was hilft mir zu leben, wenn ich nicht immer meine gute wahrhafte Freude im Bett sehe, unter dem Fenster, ein Körper ganz ebenso weiß wie der Schnee zur Weihnacht«). Unverhüllt erotischer Natur ist der Wunsch nach einem fast gewalttätigen Kuß: »*E baizera·lh la bocha en totz sens, / si que d'un mes i paregra lo sens*« (»Und den Mund würde ich ihr nach allen Seiten küssen, so daß einen Monat lang dort das Zeichen zu erkennen wäre«).

Am formvollendetsten bringt das berühmte »Lerchenlied« die wesentlichen Inhalte der Minnekanzone, besonders das Motiv des *amar desamatz (Liebe ohne Gegenliebe)*, zur Sprache. Schon die erste Strophe besticht durch die originelle Abwandlung des Natureingangs, der ohne die sonst übliche Vergleichsstruktur eine direkte Beziehung zwischen Natur und Mensch herstellt: »*Can vei la lauseta mover / de joi sas alas contral rai, / que s'oblid'e·s laissa chazer / per la doussor c'al cor li vai, / ai! tan grans enveya m'en ve / de cui qu'eu veya jauzion, / meravilhas ai, car desse / lo cor de dezirier no·m fon*« (»Wenn ich sehe, wie die Lerche aus Freude ihre Flügel gegen den Sonnenstrahl bewegt und sie um ihrer Süße willen, die ihr zum Herzen dringt, sich vergißt und sich fallen läßt, ach, so großer Neid kommt mir dann auf wen ich immer fröhlich sehe, Wunder nimmt mich, daß nicht sogleich das Herz mir vor Sehnsucht schmilzt«). So wird der Flug der Lerche zum »*Sinnbild einer Sehnsucht, die sich für den Dichter nicht erfüllt*« (E. Köhler); der Liebende erstrebt das Glück dieser Lerche, die ihren eigenen Willen und die faktische Unerreichbarkeit der Sonne vergißt, und deren Höhenflug immer wieder in freiwilliger, als Erfüllung empfundener Unterordnung endet; denn sein eigener Zustand ist verzweifelt, da die geliebte Dame ihm alles nahm, und ihm nur hilfloses Begehren bleibt: »*... tout m'a mo cor, e tout m'a me, / e se mezeis e tot lo mon; / e can se·m tolc, no·m laissat re / mas dezirer e cor volon*« (»Mein Herz hat sie mir genommen, und mich, und sich selbst und die ganze Welt, und da sie sich mir nahm, ließ sie mir nichts als Sehnsucht und begieriges Herz«). Die völlige Selbstaufgabe des Liebenden hatte schon der erste Blick in die Augen, die Fenster des Herzens der Dame ausgelöst, einen abwehrenden Spiegel, in dem er sich wie Narziß verlor: »*... miralhs, pus me mirei en te, / m'an mort li sospir de preon, / c'aissi·m perdei com perdet se / lo bels Narcisus en la fon*« (»Spiegel, seitdem ich in Dir mich spiegelte, haben mich die Seufzer aus der Tiefe getötet, so daß ich mich verlor, wie sich der schöne *Narziß in der Quelle verlor*«). Vergeblich hofft der Liebende auf Lohn für seine hingebungsvollen Dienste, seine Anmaßung, eine sozial weit über ihm stehende Dame den Idealen wahrer Liebe zu verpflichten, wird bestraft, »*mas car trop puyei contra mon*« (»weil ich mich zu hoch verstieg«). So bleibt ihm nur noch die Aufkündigung des Dienstes und Absage an die Liebe und das Dichten – hier mündet die Kanzone in das trobadoreske Abschiedslied *(comjat)* ein: »*... aiss·m part de leis e·m recre; /mort m'a, e per mort li respon, / e vau m'en, pus ilh no·m rete, / chaitius, en issil, no sai on*« (»So scheide ich und lasse von ihr. Getötet hat sie mich, und mit Tod antworte ich ihr; und da sie mich nicht hält, gehe ich davon, elend, in die Verbannung, ich weiß nicht wohin«). Doch kann dies nur ein Abschied auf Zeit sein, »*da der Zwang zum Lieben sich aus der Gleichung Leben = Lieben existentiell ergibt*« (D. Rieger).

Die »Lerchenkanzone« ist nicht nur die bekannteste Dichtung Bernarts, sie darf als eines der hervorragendsten Beispiele der trobadoresken Dichtung, die *»Idealkanzone«* (E. Köhler) schlechthin gelten. Ihre schon im Mittelalter beeindruckende Popularität dokumentiert die hohe Zahl der Handschriften, in denen sie überliefert ist. Dante ALIGHIERI, der Bernart namentlich nie erwähnt, scheint sich hier die Inspiration für einige *Paradiso*-Verse geholt zu haben (XX, 73–75), auch sind mehrere altfranzösische Fassungen des Liedes bekannt; ihr Einfluß auf das Liebeslied *D'Amors qui m'a tolu a moi* von CHRÉTIEN DE TROYES kann als gesichert gelten. Außerordentlich beliebt muß auch die Melodie des Liedes gewesen sein, auf die neue Texte gedichtet wurden. Bernarts Popularität läßt sich allerdings auch an einer anderen, für den Dichter wohl weniger schmeichelhaften Tatsache ablesen: Auf das Lied *Can la frej'aura venta (Wenn die kalte Luft weht)* wurde eine Parodie mit derselben metrisch-musikalischen Struktur und denselben Reimen gedichtet, die in ihrem skatologischen Gehalt an Unflätigkeit wohl kaum zu überbieten sein dürfte.
W.R.

AUSGABEN: *B. von V. Seine Lieder*, mit Einleitung und Glossar, Hg. C. Appel, Halle 1915 [krit.; m. dt. Prosaübers.]. – *The Songs of B. de V.*, Hg. S. G. Nichols Jr., Chapel Hill 1962 [m. engl. Übers.]. – *B. de V., troubadour du XIIe siècle: chansons d'amour*, Hg. M. Lazar, Paris 1966 [krit.; m. Einl., Anm. Glossar u. frz. Übers.].

LITERATUR: II. Bischoff, *Biographie des Troubadours B. von V.*, Bln. 1873. – N. Zingarelli, *Ricerche sulla vita e le rime di B. de V.* (in Studi Medievali, 1, 1904/05, S. 309–393; 594–611). – K. Vossler, *Der Minnesang des B. von V.*, Mchn. 1918. – O. Schultz-Gora, *Zum Texte des B. von V.* (in ZfrPh, 42, 1922, S. 350–370). – K. Lewent, *Weitere textkritische Bemerkungen zu den Liedern des B. von V.* (ebd., 43, 1923, S. 657–674). – V. Crescini, *Romanica Fragmenta, scritti scelti dall'autore*, Turin 1932, S. 408–463. – A. Roncaglia, *Can la frej'aura venta* (in Cultura Neolatina, 12, 1952, S. 255–264). – Ders., *Carestia* (ebd., 18, 1958, S. 121–137). – J. Frappier, *Variations sur le thème du miroir, de B. de V. à Maurice Scève* (in CAIEF, 11, 1959, S. 134–153). – M. Lazar, *Classification des thèmes amoureux et des images poétiques dans l'œuvre de B. de V.* (in Filologia romanza, 6, 1959, S. 371–400). – S. Battaglia, *La coscienza letterario del medioevo*, Neapel 1965, S. 171–214. – E. Köhler, *Zur Struktur der altprovenzalischen Kanzone* (in E. K., *Esprit und arkadische Freiheit*, Ffm./Bonn 1966; ern. Mchn. 1984, S. 28–45). – P. Bec, *La douleur et son univers poétique chez B. de V.: essai d'analyse systématique* (in Ccm, 11, 1968, S. 545–571; 12, 1969, S. 25–33). – Ph. Ménard, *Le cœur dans les poésies de B. de V.* (in *Présence des troubadours*, Hg. P. Bec, Toulouse 1970, S. 119–130). – A. Viscardi, *Gli studi sulla poesia di B. de V. e i nuovi problemi della critica trobadorica* (in A. V., *Ricerche e interpretazioni romanze*, Mailand/Varese 1970, S. 213–250). – P. Bec, *L'antithèse poétique chez B. de V.* (in *Mélanges J. Boutière*, Lüttich 1971, S. 107–137). – F. R. P. Akehurst, *Les étapes de l'amour chez B. de V.* (in Ccm, 16, 1973, S. 133–147). – G. Scherner Van Ortmessen, *Die Text-Melodiestruktur in den Liedern des B. de V.*, Münster 1973. – M. S. Regan, ›*Amador*‹ *and* ›*Chantador*‹*: The Lover and the Poet in the Cansos of B. de V.* (in PQ, 53, 1974, S. 10–28). – J.-C. Payen, ›*Lo vers es fis e naturaus*‹ (in *Mélanges C. Rostaing*, Lüttich 1974, S. 807–817). – M. Mancini, *Antitesi e mediazione in B. de V.* (in *Attualità della retorica*, Padua 1975, S. 131–152). – Ders., *Il principe e il* ›*joi*‹*, Sul canzoniere di B. de V.* (in *Studi filologici, letterari e storici in memoria di G. Favati*, Padua 1977, S. 369–395). – E. Köhler, ›*Can vei la lauseta mover*‹ (in *Miscel·lània Aramon i Serra I*, Barcelona 1979, S. 337–349). – M. de Riquer, *B. de V.* (in M. de R., *Los trovadores. Historia literaria y textos*, Barcelona 1983, S. 342–417). – D. Rieger, *B. e V.:* ›*Can la frej'aura venta*‹ (in *Lyrik des Mittelalters I*, Hg. H. Bergner, Stg. 1983, S. 276–292; RUB). – M. Kaehne, *Studien zur Dichtung B.s von V.*, 2 Bde., Mchn. 1983. – J. Gruber, *Die Dialektik des Trobar*, Tübingen 1983, S. 91–97. – I. Kasten, *Die Feudalisierung der Liebe und der Frauendienst bei B. de V.* (in I. K., *Frauendienst bei Trobadors und Minnesängern im 12. Jh.*, Heidelberg 1986, S. 170–188).

zum Ausgang des 18. Jh.s von Simon Bernfeld, erschienen 1924–1926. – Der Verfasser war einer der fruchtbarsten hebräischen Schriftsteller der modernen Zeit auf dem Gebiet der Judaistik. Sein besonderes Interesse galt der jüdischen Geschichte und Kulturgeschichte, der jüdischen Religionsphilosophie und der Bibel-Wissenschaft. In dem vorliegenden Werk hat Bernfeld gedruckte und handschriftliche Augenzeugenberichte, Martyrologien und Klagelieder in hebräischer Sprache über Judenverfolgungen fast aller Zeiten und Länder zusammengestellt und – zusätzlich zu dem allgemeinen, 77 Seiten umfassenden Vorwort – jeden Bericht mit einer Einleitung versehen. Der Inhalt des Werks wirkt wie eine Illustration zu der von Leopold Zunz, dem Vater der Wissenschaft vom Judentum, in seiner Schrift *Die synagogale Poesie des Mittelalters* (1855–1859) geäußerten Meinung: »Wenn es eine Stufenleiter von Leiden gibt, so hat Israel die höchste Staffel erstiegen; wenn die Dauer der Schmerzen und die Geduld, mit der sie ertragen werden, adeln, so nehmen es die Juden mit den Hochgeborenen aller Länder auf; wenn eine Literatur reich genannt wird, die wenige klassische Trauerspiele besitzt, welcher Platz gebührt dann einer Tragödie, die anderthalb Jahrtausende währt, gedichtet und dargestellt von den Helden selber?«
In Anbetracht der Tatsache, daß die äußere Geschichte der Juden oft identisch ist mit der Geschichte ihrer Verfolgung, hat der Verfasser hier einen bedeutsamen Beitrag zur jüdischen Historiographie geliefert. Die insgesamt 1381 Seiten des Werks geben nicht nur einen Eindruck vom Ausmaß der Verfolgungen (die allein in Deutschland und Polen in der Zeit nach den Kreuzzügen über eine Million jüdischer Opfer forderten), sondern erschüttern vor allem durch die detaillierte Schilderung von Quälereien und Mordszenen. Im Gegensatz zu den (von Bernfeld nicht mehr erlebten) nazistischen Verfolgungen waren die hier geschilderten meist nicht rassisch, sondern religiös oder vielmehr pseudoreligiös bedingt. L.Pr.

Ausgabe: Bln. 1924–1926, 3 Bde.

Literatur: M. Waxman, *A History of Jewish Literature*, Bd. 4, NY/Ldn. ²1960, S. 809 ff. – J. Klausner, Art. *S. B.* (in EJ², 4, Sp. 676).

SIMON BERNFELD

* 6.1.1860 Stanislau / Galizien
† 1940

SEFER HA-DEMAOT

(hebr.; *Buch der Tränen*). Quellensammlung zu den Judenverfolgungen von der Makkabäerzeit bis

THOMAS BERNHARD

* 9.2.1931 Heerlen bei Maastricht /
Niederlande

Literatur zum Autor:
Über Th. B., Hg. A. Botond, Ffm. 1970 (es). – *Th. B.*, Hg. H. L. Arnold, Mchn. 1974; ²1982 (erw.; Text + Kritik). – C. Strebel-Zeller, *Die*

Verpflichtung der Tiefe des eigenen Abgrunds in Th. B.s Prosa, Zürich 1975. – H. Gamper, *Th. B.*, Mchn. 1977 (dtv). – B. Sorg, *Th. B.*, Mchn. 1977. – H. Höller, *Kritik einer literarischen Form. Versuch über Th. B.*, Stg. 1979 [zugl. Diss. Salzburg 1973]. – M. Jurgensen, *Th. B. Der Kegel im Wald oder Die Geometrie der Verneinung*, Bern u. a. 1981. – Bernhard. Annäherungen, Hg. M. Jurgensen, Bern u. a. 1981. – *Th. B. Werkgeschichte*, Hg. J. Dittmar, Ffm. 1981 (st). – *In Sachen Th. B.*, Hg. K. Bartsch u. a., Königstein/Ts. 1983. – N. J. Meyerhofer, *Th. B.*, Bln. 1985. – B. Sorg, *Th. B.* (in KLG, 19. Nlg., 1985). – V. Struck, ›*menschenlos‹: Die Notwendigkeit der Katastrophe. Der utopische Schein im Werk Th. B.s*, Ffm. u. a. 1985. – Th. Fraund, *Bewegung–Korrektur–Utopie. Studien zum Verhältnis von Melancholie und Ästhetik im Erzählwerk Th. B.*, Ffm. 1986. – W. Schmidt-Dengler, *Der Übertreibungskünstler. Zu Th. B.*, Wien 1986. – I. Petrasch, *Die Konstitution von Wirklichkeit in der Prosa Th. B.s*, Ffm. u. a. 1987.

AUSLÖSCHUNG. Ein Zerfall

Prosawerk von Thomas BERNHARD, erschienen 1986. – Als »opus magnum«, als »Summe seines literarischen Werks« wurde die bislang umfangreichste Prosaarbeit Bernhards von der Literaturkritik gewürdigt, aber auch polemisch als »Wiederaufbereitungsprosa« abgetan. Konsens besteht darin, daß Bernhard mit *Auslöschung* eine weitere Kombinationsvariante seiner Themen und Stileigenheiten vorgelegt habe. In der Tat entwickelt Bernhard in seinem Œuvre aus der rhetorischen Figur der Wiederholung ein ästhetisch-philosophisches Prinzip: alles, was geschieht, ist eine Wiederholung, stets ist das Leben die Krankheit zum Tode. Findet sich also in Erzählstruktur (Zweiteiligkeit, Rollenprosa mit kompliziertem Ineinander von direkter und indirekter Redeform), Stilistik (kreisförmige Syntax, die Hyperbel als dominantes Stilmittel) und Thematik kaum Neues, so manifestiert sich gerade in den zahlreichen Anspielungen und Verweisen auf frühere Arbeiten die Eigengesetzlichkeit von Bernhards Schreiben, gewinnt die *Auslöschung* topischen Charakter.

Der in Rom lebende 46jährige österreichische Privatgelehrte und Schriftsteller Franz Josef Murau erhält ein Telegramm von seinen beiden Schwestern, in welchem ihm Mitteilung von Unfalltod seiner Eltern und des Bruders gemacht wird. Er reist zur Beerdigung nach Oberösterreich auf das Familiengut in Wolfsegg. Während seines Aufenthalts wird ihm bewußt, daß er sich von dem verhaßten Erbe trennen muß: Er faßt den Entschluß, über Wolfsegg zu schreiben, mit dem Ziel der Auslöschung des inneren, geistigen Erbes (»*tatsächlich bin ich dabei, Wolfsegg und die Meinigen auseinanderzunehmen und zu zersetzen, sie zu vernichten, auszulöschen und nehme mich dabei selbst auseinander, zersetze mich, vernichte mich, lösche mich aus.«*); den bedeutenden Landbesitz macht Murau der von seinem »*Geistesbruder*« Rabbi Eisenberg geführten Israelitischen Kultusgemeinde in Wien zum Geschenk. »*Auslöschung*« ist denn auch der Titel der Aufzeichnungen, die er während seines letzten Lebensjahres verfaßt hat: Der Prozeß der Selbstzerstörung – von dem alle Werke Bernhards handeln – findet seinen Ausdruck in der Vernichtung der eigenen Existenzgrundlagen durch den Protagonisten und in dessen Untergang, der »*Selbstauslöschung*«. Übrig bleibt das Werk, das dem Verfall abgetrotzt wurde.

Diese äußere Handlung wird über das Bewußtsein des Erzählers Murau gefiltert, ja das Denken selbst wird zum eigentlichen Thema des Geschehens. Movens des Gedankenflusses ist dabei die Aufarbeitung des »*Herkunftskomplexes*« von Murau, die Summe jener Einflüsse, die seine Persönlichkeit und Existenz bestimmen und letztlich zerstören. Dabei findet die für Bernhard typische Philippika gegen den österreichischen Staat und dessen gesellschaftliches Klima, gegen Tradition und Kultur, Photographie, Leitz-Ordner und Goethe ebenso Raum wie Muraus persönliche Auseinandersetzung mit seiner Familie (»*meine Mutter ist widerwärtig, meine Schwestern sind es ebenso, der Vater ist schwach, mein Bruder ist ein Narr, alle sind sie Dummköpfe*«). Die einzige Möglichkeit einer »*Existenzüberbrückung*« sieht Murau in der maßlosen Übertreibung, in der Stilisierung zum »*größten Übertreibungskünstler*«. Nur gegenüber wenigen Figuren – jenen Menschen, die er seine Freunde oder Lehrer nennt – schlägt er einen schlichten Ton an: es sind dies sein gleichaltriger Vetter Alexander, die Dichterin Maria (in deren Porträt unschwer Ingeborg BACHMANN zu erkennen ist) und sein Onkel Georg. Diesem verdankt Murau sein »*Geistesvermögen*«, seine künstlerischen und philosophischen Neigungen und die Hinführung »*auf den tatsächlichen Weg, auf den Gegenweg*«. Der Gegenweg mündet in einen Gestus der Verweigerung und Entäußerung; das Motiv der Wegschenkung des Erbes wurde schon in Interpretationen früherer Werke Bernhards als Aufgabe von Geschichte und Identität bewertet und der Autor aufgrund der von ihm gestalteten radikalen Weltverwerfung als moderner Gnostiker (H. Zelinsky) ausgewiesen.

Mit der virtuosen Kongruenz von Idee und sprachlicher Form stellt *Auslöschung* einen bedeutenden Beitrag zur avancierten modernen Prosa dar: »*Ist in diesem Kunstwerk vielleicht etwas gelungen, was die Kunst schon seit langem probt: sich selbst aufzuheben, die perfekte Negation?*« (V. Hage) C.Fi.

AUSGABE: Ffm. 1986.

LITERATUR: F. J. Görtz, Rez. (in FAZ, 30. 9. 1986). – W. Schreiber, Rez. (in SZ, 22. 11. 1986). – H. Jacobi, Rez. (in NZZ, 5. 12. 1986). – R. Michaelis, Rez. (in Die Zeit, 3. 10. 1986). – H. F. Schafroth, Rez. (in FRs, 4. 10. 1986). – Volker Hage, *Sirenenklänge, Unheilsgesänge. Deutsche Literatur 1986* (in Die Zeit, 12. 2. 1987).

FROST

Roman von Thomas BERNHARD, erschienen 1963. – Nach Versuchen als Journalist und Lyriker gelang Bernhard mit diesem ersten Roman der literarische Durchbruch. Noch steht, wie auch im folgenden Roman, *Die Verstörung* (1967), ein Ich-Erzähler den Monologen und wahnhaften Weltbildern eines gesellschaftlichen Außenseiters gegenüber: Ein Student, der bei einem Chirurgen in einer Kleinstadt famuliert hat und von diesem nach dem entlegenen Ort Weng gesandt wird, wo er den Bruder des Chirurgen beobachten soll, den Maler Strauch, der als krank oder verrückt gilt. Das Hochtal im Salzburger Land, die Menschen und die Gegenstände erhalten rasch scharfe Kontur. Zum größten Teil besteht der fast handlungslose Roman aus Berichten des Studenten über seine Begegnungen mit Strauch, der Wiedergabe ihrer Gespräche und der heftigen, maßlosen Monologe des Malers, seiner Wortkaskaden, die er nur aus Erschöpfung abbricht. Daß der Student von Strauchs Reden immer stärker ergriffen wird, hat wenig Bedeutung. Das Buch ist angelegt nach dem Prinzip sich steigernder Wiederholungen; der Schluß könnte auch früher oder später angesetzt worden sein. Strauch geht unter, er verschwindet einfach, das heißt, er verirrt sich im winterlichen Gebirge und wird nicht mehr gesehen; vielleicht hat er Selbstmord begangen.

Dieser Mann, für die Dorfleute ein Verrückter, ist ein Leidender; er leidet am »Frost«, dem Frost in der ganzen Welt, der in die Seelen gedrungen ist. Doch ist Strauch noch der erbitterten Anklage fähig. Seine Grundgeste ist die des Zeigens: »*Sehen Sie*«, »*Hören Sie*« – immer ist es eine Hindeutung auf das Böse. Er spricht also nicht ins Leere, sondern braucht jemand, der ihm zuhört, er ist nicht völlig in sich verfangen. Andererseits lebt er freilich nur im Reden, auf ein erahnbares Ende zu. Alle seine Wahrnehmungen und Reflexionen stehen im Zeichen des Entsetzens. Aus der Realität entwickeln sich Bilder des Grauens (»*Fetzen von Kindern auf den Bäumen*« – in der Zeit kurz nach dem Krieg), noch aber sind die formalen Mittel des Romans durchaus konventionell. Die Lebensphänomene – auch die Kunst – werden ausschließlich in ihren negativen Momenten erfaßt und verworfen. So erscheinen am Ende die Menschen als Besessene (sie »*gehen da in ihren furchtbaren Fiebern herum*«), die Welt wird zur Hölle (»*Alles ist die Hölle. Himmel und Erde und Erde und Himmel sind die Hölle*«), der Wahnsinn zur letzten Rettung vor dem »*Schwachsinn*«, der in der Bevölkerung grassiert: ein negativer Heimatroman somit, die Rückseite gleichsam der gängigen Postkartenidyllen, und ein Roman, in dem die Natur keine Zuflucht mehr bietet.

Für diese wahnhaft verengte, aber höchst intensive Grunderfahrung einer kalten und höllischen Welt werden immer neue Beispiele aufeinandergetürmt, bis zu grotesken Übersteigerungen. *Frost* bildet einen »Anti-Hymnus«, der seine Konsistenz aus der Dichte und Heftigkeit der Sprache und aus der Konzentration auf eine symbolische Figur empfängt. Die Rezensenten zogen Parallelen zu BECKETT, aber auch, in aphoristischer Zuspitzung, zu KAFKA (»*Das Leben ist ein Prozeß, den man verliert, was man auch tut und wer man auch ist*«). H.O.

AUSGABEN: Ffm. 1963. – Ffm. 1972; ern. 1987 (st).

LITERATUR: J. Berthier-Verondini, *Trilogia dell'intellettuale. »Frost«, »Verstörung«, »Das Kalkwerk« di Th. B.* (in Studi Germanici, 1974, S. 69–97). – M. C. Eben, *Th. B.s »Frost«. Early Indications of an Austrian Demise* (in Neoph, 69, 1985, S. 590 bis 603).

DER IGNORANT UND DER WAHNSINNIGE

Theaterstück von Thomas BERNHARD, Uraufführung: Salzburger Festspiele, 29. 7. 1972. – Die im erzählerischen Werk Bernhards immer wiederkehrende Metapher von der Welt als Bühne, auf der die Menschen ihre ›Todesrolle‹ spielen, wird hier vom Autor inhaltlich, formal und stilistisch konsequent in das Medium des Schauspiels transponiert. Die Absage an die Möglichkeit einer sinnhaften Existenz, ein zentrales Thema zeitgenössischer Literatur, entwickelt Bernhard auf originäre Weise, indem er dem Individuum eine energische Manifestation seines Existenzwillens im »naturgemäß« scheiternden Versuch, eine Gegen-Welt zu schaffen, zugesteht. Die Radikalität dieser pessimistisch-nihilistischen Weltauffassung, die letztlich auf den Stillstand der Geschichte zielt, hat für das Drama eine extreme Reduktion der szenischen Dynamik zur Folge: Die Figuren sprechen vorzugsweise in Monologen, in denen sie ihre Obsessionen ausbreiten und die den Stücken Bernhards den Charakter einer monotonen Sprechpartitur verleihen.

Die in zwei Teile gegliederte Handlung des Fünfpersonenstücks spielt unmittelbar vor Beginn der Vorstellung von Mozarts »Zauberflöte« in der Operngarderobe der Darstellerin der »Königin der Nacht« sowie nach der Aufführung im Restaurant »Drei Husaren«. Der beinahe erblindete, seit dem Beginn der künstlerischen Laufbahn seiner Tochter dem Alkoholismus verfallene Vater der »*berühmtesten aller Koloratursängerinnen*« wartet bereits zwei Stunden in Gesellschaft des »Doktors« auf das Eintreffen der Sopranistin. Der Arzt, eine weltweit anerkannte Kapazität im Bereich der Anatomie, vertreibt dem immer nervöser werdenden Trunkenbold (er ist der »Ignorant« des Titels, der Arzt der »Wahnsinnige«) die Zeit, indem er ihm detailliert die Sektion einer menschlichen Leiche erklärt; in seine Ausführungen flicht er Bemerkungen über Karriere und Kunst der »Königin der Nacht«, dem »*vollkommen künstlerischen Geschöpf*« ein. Die Gerühmte ist ihm die Verkörperung seiner Überzeugung, daß Kunst, um ihrem eigenen Anspruch gerecht zu werden, radikal künstlich werden muß und damit den einzig möglichen Ausweg vor der Bedrohung durch das Zerstörerische der Natur bietet. Die Ouverture ist bereits intoniert, da betritt die Sängerin, eine gefühllose Marionette, die Garderobe, wird kostümiert und weiß geschminkt (*»das unterstreicht die Künstlichkeit«*) und enteilt auf die Bühne. – Während des abendlichen Diners gewinnt die Künstlerin menschlichere Züge, in einer plötzlichen Aufwallung des Gemüts beschließt sie, ihre nächsten Termine abzusagen und in die Berge zu fahren. Der Doktor setzt indessen seine ausführlichen Erläuterungen zur Leichenöffnung und seine Reflexionen zum Verhältnis von Kunst und Natur fort. Dabei wird er immer wieder vom Husten der Sängerin unterbrochen, dem Symptom ihrer tödlichen Erkrankung. Nachdem der Doktor Leben und Kunst zu Ende seziert hat, senkt sich totale Finsternis auf die Szene, das Schlußwort hat das Kunstgeschöpf: *»Erschöpfung/nichts als Erschöpfung«*.

Innerhalb von Bernhards monothematischen Stükken schlägt das Werk, ebenso wie das davor entstandene *Ein Fest für Boris* (1970), das erste der sogenannten »Salzburger Stücke«, einen groteskmakabren Ton an: Ignoranz und Wahnsinn fungieren als Randmarken einer Existenzbetrachtung, die den Tod stets mitdenkt. Als einziges Mittel menschlicher Selbstbehauptung läßt der Autor künstlerische Perfektion gelten, die allerdings in ihrer absoluten Form nicht erreicht werden kann und daher das Scheitern impliziert. So birgt die exakte Mechanik der Koloraturmaschine bereits den Keim der Vernichtung in sich, die Heilkunde ist zur Obduktionslehre pervertiert, die Trunksucht führt zum völligen Erblinden. Das Motiv der totalen Finsternis – eine sinnstiftende Konstante in Bernhards Gesamtwerk – steht für die Auswegslosigkeit der menschlichen Existenz. Insofern kann der Skandal anläßlich der Uraufführung des Stücks – die Theaterleitung weigerte sich, die Notbeleuchtung im Zuschauerraum abzuschalten, das Stück wurde vom Spielplan der Salzburger Festspiele 1972 abgesetzt – als exemplarisch für das weitverbreitete Unverständnis gegenüber Bernhards Werk gelten. C.Fi.

AUSGABEN: Ffm. 1972 (BS). – Ffm. 1973 (in *Spectaculum*, Bd. 19). – Ffm. 1975 (in *Die Salzburger Stücke*; st). – Ffm. 1988 (in *Stücke 1*; st).

LITERATUR: B. Sorg, *Th. B.*, Mchn. 1977, S. 193–195. – J. Donnenberg, »*In der Finsternis wird alles deutlich«. Über Th. B.* (in German Studies in India, 1980, Nr. 4, S. 215–221). – B. Hannemann, *Totentanz der Marionetten. Monotonie und Manier bei Th. B.* (in Modern Austrian Literature, 1980, Nr. 2, S. 123–150). – S. Steinmann, *Sprache, Handlung, Wirklichkeit im deutschen Gegenwartsdrama. Studien zu Th. B., B. Strauß und B. Kirchhoff*, Ffm. 1985. – C. Klug, *Simultane Widersprüche. Ein Interpretationsvorschlag zum Werk Th. B.s, dargestellt am Beispiel der ›Finsternis‹-Metapher* (in LiLi, 64, 1986, S. 132–136).

DAS KALKWERK

Roman von Thomas BERNHARD, erschienen 1970. – Beschrieben wird der Versuch, den Mord zu rekonstruieren, den Konrad, die Zentralfigur des Buches, in der Nacht vom 24. auf den 25. Dezember an seiner verkrüppelten, an den Rollstuhl gefesselten Frau begangen hat. Doch die analytische Rückschau auf die Hintergründe und Motivationen der Tat gewinnt ein immer stärkeres Eigengewicht und büßt ihre aufklärende Funktion mehr und mehr ein. Das kriminalistische Interesse weicht der monomanischen Faszination an der Krankengeschichte eines Monomanen. Dabei kommt Konrad selbst nur vermittelt zu Wort; die Geschichte setzt sich zusammen aus Mutmaßungen und Berichten, die polyperspektivisch ein widerspruchsvolles, hauptsächlich auf den Aussagen der »Zeugen« Wieser und Fro basierendes Bild ergeben. Die Bruchstückhaftigkeit – angedeutet durch zahlreiche Auslassungszeichen – vollzieht formal die Thematik des Experimentierens nach, die Konrad die Welt als eine einzige große Vorlage für seine Studie über das Gehör, *»das philosophischste aller Sinnesorgane«*, sehen läßt.

Der Plan dazu verbindet sich mit dem stillgelegten Kalkwerk, in das sich Konrad zurückgezogen hat und das zur Chiffre für solipsistische Abgeschlossenheit wird. Als *»frühester Kinderspielplatz«* ist es ein Ort der Regression, ein Leben lang angestrebt. Immer schon von der »Krankheit zum Tode« gezeichnet, geht Konrad in diese *»Falle«*, in der alles »*naturgemäß tödlich*« endet. Die Kommunikation mit der Außenwelt bricht allmählich ab. Besessen von der Idee seiner Studie, erscheint Konrad seine Umgebung als bloße Natur, die es zu sezieren gilt; seine Frau wird zum Objekt naturwissenschaftlicher Versuche degradiert; bei ihm selbst führen *»Organstillegungen zu einer Sensibilisierung des Gehörs«*. Konrad reduziert nicht nur Geschichte auf Natur, und mortifiziert darüber hinaus alles Organische. Trotz seiner ständigen Beschäftigung mit der Natur, so heißt es, sei er *»ein geradezu leidenschaftlicher Naturhasser und also ... Kreaturhasser«*. Das Sinnliche und das Unvollkommene werden in Konrads verkrüppelter Frau identisch und stehen dem Postulat des reinen Geistes manichäisch entgegen. Die Paranoia wendet sich gegen die Studie selbst, die Konrad zwar vollständig im Kopf hat, die niederzuschreiben er jedoch nicht in der Lage ist. Die sakrale Tötung der Frau am Weihnachtsabend ist zugleich der Versuch, die Studie umzubringen; die zwanzigjährige Krankheit soll durch die Liquidierung einer Kranken magisch geheilt werden. Wo *»die Lüge ... als das einzige Kontaktmittel zu beinahe allen Menschen«* erscheint, läßt der verzweifelt Kommunikation Suchende die Waffe sprechen. Wissenschaft fällt mit dem Tod zusammen, verbale Realisierung wird unmöglich: *»Die Wörter ruinieren, was man denkt.«* Die ständig zutage tretende Verzerrung der Proportionen, das Mißverhältnis zwischen Zielen und Mitteln, gewinnt zentrale Bedeutung.

Der nicht zu Papier gebrachten Studie entspricht der nicht geschriebene Roman. *Das Kalkwerk* gehört in die Reihe der Bücher, die das Schreiben selbst und die Schwierigkeiten damit zum Inhalt haben. Der Roman wird zum Experimentierfeld, das keine Ergebnisse außer der Ergebnislosigkeit mehr zeitigt und sich in einer Versuchsanordnung erschöpft. Eingriffe von außen dringen in die hermetisch abgeschlossene Welt der Figuren in Bernhards Romanen nicht mehr ein, deren Denken damit keine Relativierung mehr erfährt und sich in endlosen Monologen unaufhörlich reproduziert: »*In Bernhards Prosa verspricht die potenziert-schreckliche ländliche Umgebung keine Bergungsmöglichkeit mehr, auch nicht die Ersatzschutzgehäuse à la Kalkwerk. Der Ort der Heimatsuche verschiebt sich in die Individuen selbst. Ihre Tragödien sind Schlußpunkte einer Hoffnung.*« (Renate Fueß) Die Subjektlosigkeit des Romans verweist auf die Subjektlosigkeit der Gesellschaft, über die Aussagen nur in Form von Hypothesen möglich sind, die sich als nicht überprüfbar herausstellen, da der Maßstab fehlt. In der Geschichte des »Wahrheitsfanatikers« Konrad wird jedem emphatischen Wahrheitsanspruch abgeschworen. Der konjunktivische Modus bezeichnet die Unmöglichkeit von Erkenntnis.

Es bleibt zu fragen, ob nicht die Struktur des Romans seine Thematik zu bruchlos reproduziert und *Das Kalkwerk* eher ideologisches Symptom einer entfremdeten, den eigenen Objekten widerstandslos verfallenen Gesellschaft ist als deren kritisch zu nutzendes Modell; Ria Endres hat diesen Vorbehalt im feministischen Sinne umgedeutet und dem Werk Bernhards eine Tendenz zu zwanghaften Männerporträts zugeschrieben, die sich in diesem Roman offenbare. U.E.-KLL

AUSGABEN: Ffm. 1970. – Ffm. 1973; ern. 1987 (st).

LITERATUR: K. Bohnert, *Ein Modell der Entfremdung. Eine Interpretation des Romans »Das Kalkwerk« von Th. B.*, Wien 1976. – J. König, *Schöpfung und Vernichtung. Über die Kopf-Metaphorik in Th. B.s Roman »Das Kalkwerk«* (in Sprache im technischen Zeitalter, 1977, H. 63, S. 231–241). – R. Endres, *Am Ende angekommen. Dargestellt am wahnhaften Dunkel der Männerportraits von Th. B.*, Ffm. 1980. – R. Fueß, »*Wo hab ich jemals einen Kontakt haben wollen?« (B.) Vom Mythos des ›Einsamen in der Bergwelt‹ und seinem Ausverkauf* (in Literaturmagazin, 14, 1981, S. 78–92). – H. Lindenmayr, *Totalität und Beschränkung. Eine Untersuchung zu Th. B.s Roman »Das Kalkwerk«*, Königstein/Ts. 1982. – K. Rossbacher, *Th. B.: »Das Kalkwerk« (1970)* (in Dt. Romane des 20. Jh.s, Hg. P. M. Lützeler, Königstein/ Ts. 1983).

DIE MACHT DER GEWOHNHEIT

Komödie von Thomas BERNHARD, Uraufführung: Salzburger Festspiele, 27. 7. 1974. – »*Wir wissen nicht, handelt es sich um die Tragödie um der Komödie, oder um die Komödie um der Tragödie willen (...) aber alles handelt von der Fürchterlichkeit, von Erbärmlichkeit, von Unzurechnungsfähigkeit (...) Wir sind (und das ist Geschichte, und das ist der Geisteszustand der Geschichte) die Angst, die Körper- und die Geistesangst und die Todesangst als das Schöpferische*«, so der Autor in seiner Rede zur Verleihung des Georg-Büchner-Preises 1970. Die Kennzeichnung des Stücks als Komödie durch den Autor muß im Zusammenhang mit Bernhards ästhetisch-poetologischen Auffassungen verstanden werden, die sich wiederum konsequent aus seiner Lebensphilosophie ableiten. *Die Macht der Gewohnheit* variiert die Einstellung Bernhards gegenüber der Sinnlosigkeit der Kunst wie des Lebens (vgl. andere seiner »Künstlerdramen« wie *Der Ignorant und der Wahnsinnige*, 1972, *Die Berühmten*, 1976, *Der Theatermacher*, 1984), wobei in diesem Stück der Zirkus als Metapher für Artistik schlechthin und damit für jene ohne jegliche Rücksichtnahme auszuübende Perfektion erscheint, die im Kampf gegen den Tod die einzige Waffe darstellt.

Schauplatz der in drei Szenen gegliederten Handlung ist der Wohnwagen des von Altersgebrechen und Konzentrationsschwäche geplagten Zirkusdirektors Caribaldi, der verzweifelt bemüht ist, eine perfekte Aufführung von Schuberts *Forellenquintett* zustande zu bringen. Zu diesem Zweck nötigt er seit zweiundzwanzig Jahren seine Truppe – den Jongleur, den Spaßmacher, den Dompteur und die seiltanzende Enkelin – Tag für Tag, dieses Stück zu proben. Die Übungen, bei denen man über das Stimmen der Instrumente kaum jemals hinauskommt, sind zu einem qualvoll-dilettantischen Ritual geworden, auf das die Mitspieler mit Disziplinlosigkeit, Aggression, Trunkenheit und Sabotage reagieren. Caribaldi läßt in seinem Perfektionszwang jedoch nicht davon ab, seinen Traum zu verfolgen (»*Wir wollen das Leben nicht/aber es muß gelebt werden/Wir hassen das Forellenquintett/ aber es muß gespielt werden*«), und übt seine »Schreckensherrschaft« über die vier ihm ausgelieferten Existenzen aus, die er mit seiner Idee von der großen Kunst peinigt. Die Dialektik von Macht und Unterwerfung strukturiert das Stück nicht nur innerhalb der Figurenkonstellation, sondern auch im Sinne einer »Tücke des Objekts«: triviale Requisiten, wie das ständig vermißte Kolophonium, das Schuhfetzchen des Jongleurs oder die permanent rutschende Haube des Spaßmachers, entwickeln Züge eines metaphysischen Verhängnisses, vor dem der Geist kapituliert. Die Macht der Gewohnheit führt das jämmerliche Ensemble auch in der dritten Szene des Stücks zur notwendig scheiternden Probe zusammen: Während die vier Streicher – Caribaldi/Cello, Spaßmacher/Baßgeige, Enkelin/ Viola, Jongleur/Violine – ihre Instrumente stimmen, traktiert der stumpfsinnige, wie üblich betrunkene Dompteur mit seinem wegen einer Bißwunde einbandagierten Arm das Klavier. Auf dem Höhepunkt des orgiastischen Lärms wirft der Direktor die Truppe hinaus: Parabelhaft endet die

Probe wieder in Kakophonie, ein Bild für den täglich vergeblichen Versuch einer Sinngebung des Daseins. Erschöpft läßt sich Caribaldi in ein Fauteuil fallen, da tönen wie zum Hohn aus dem Radio die ersten fünf Takte des Forellenquintetts – erneut ein Anlaß für den Versuch, den Traum vom vollendeten Kunstwerk zu realisieren.

Das Stück, das in der dreigeteilten szenischen Gliederung der musikalischen Struktur von Schuberts op. 144 *(Forellenquintett)* folgt – die energisch-heiteren Außensätze schließen einen ruhigen Mittelteil ein – gilt als eines der geglücktesten Bühnenwerke Bernhards. Im Unterschied zu den früheren, stilistisch im Bereich des Grotesk-Makabren angesiedelten »Salzburger Stücken« führt Bernhard in *Die Macht der Gewohnheit* sein Thema von der Unmöglichkeit einer Selbstverwirklichung im Außerordentlichen in lustspielhafte Dimensionen: durch seinen Sentenzenstil mit stehenden Wendungen *(»Morgen in Augsburg«)* wie durch seine possen- und slapstickhaften Elemente gewinnt das Stück komisch-absurde Qualität. C.Fi.

AUSGABEN: Ffm. 1974 (BS). – Ffm. 1975 (in *Spectaculum*, Bd. 22). – Ffm. 1975 (in *Die Salzburger Stücke*; st). – Ffm. 1988 (in *Stücke 1*; st).

LITERATUR: B. Sorg, *Th. B.*, Mchn. 1977, S. 199–203. – A. Barthofer, *Das Cello und die Peitsche. Beobachtungen zu Th. B.s »Die Macht der Gewohnheit«* (in Sprachkunst, 1976, S. 294–311). – E. Grohotolsky, *Ästhetik der Negation – Tendenzen des dt. Gegenwartsdramas*, Königstein/Ts. 1984, S. 60–72. – U. Klingmann, *Begriff und Struktur des Komischen in Th. B.s Dramen* (in WW, 1984, H. 2).

DER THEATERMACHER

Stück in vier Szenen von Thomas BERNHARD, Uraufführung: Salzburger Festspiele, 17. 8. 1985. – Einmal mehr wählte Bernhard für dieses Auftragswerk der Salzburger Festspiele das Genre des Künstlerdramas, wie bereits mit *Der Ignorant und der Wahnsinnige* (1972), *Die Macht der Gewohnheit* (1974) und *Minetti* (1976), um die Auflehnung des radikalen Künstlers gegen die lebensfeindliche Natur und geistfeindliche Gesellschaft, gleichzeitig aber auch das notwendige Scheitern dieser Auflehnung zu thematisieren.

Trostloser Ort der Handlung ist der verstaubte Tanzsaal im Gasthof »Schwarzer Hirsch« in Utzbach, einem Provinznest mit 280 Einwohnern, wo der *»größte aller Staatsschauspieler«*, Bruscon, mit seiner lungenkranken Frau Agathe und ihren Kindern Sarah und Ferruccio in der von ihm verfaßten Menschheitskomödie *»Rad der Geschichte«* gastiert. Die Exposition markiert bereits das für Bernhards Theaterstücke charakteristische, szenisch-thematische Spannungsfeld zwischen dem radikalen künstlerisch-ideellen Anspruch des Protagonisten und der schäbigen Wirklichkeit. Die Handlung lebt aus diesem Mißverhältnis, eine eigentliche dramatische Entwicklung findet nicht statt, kann nach der philosophischen Prämisse des Autors Bernhard, wonach das Individuum in einer auf Lebensvernichtung angelegten Welt »naturgemäß« bei seinem Versuch, eine sinnvolle Gegen-Welt zu schaffen, scheitern muß, auch gar nicht stattfinden. Die Absage an die Geschichtsmächtigkeit des Menschen und eine sinnhaft gestaltbare Existenz führt zur äußersten Reduktion des szenischen Geschehens.

Die ersten drei Szenen zeigen die Schauspielertruppe damit beschäftigt, den Saal für die abendliche Vorstellung herzurichten, die Requisiten herbeizuschaffen, die Kostüme von Nero, Churchill, Hitler, Einstein, Madame de Staël auf Kleiderständer zu hängen. Die Familie nimmt eine karge Mahlzeit zu sich, Bruscon erteilt den Mitwirkenden letzte Regieanweisungen, sieht aber ein, daß dies ein vergebliches Bemühen ist. Die quälende Dummheit seiner Leute, ein permanentes, jegliche Konzentration verhinderndes Schweinegrunzen von draußen, ein sich ankündigendes Gewitter und die bis zuletzt anhaltende Ungewißheit, ob die Vorstellung denn überhaupt stattfinden könne, da der Feuerwehrhauptmann bislang keine Genehmigung zum Abschalten der Notbeleuchtung am Schluß der Aufführung erteilt hat *(»In meiner Komödie hat es/am Ende/vollkommen finster zu sein«)* – eine mokante Anspielung Bernhards auf tatsächliche Vorkommnisse anläßlich der Uraufführung seines Stücks *Der Ignorant und der Wahnsinnige* bei den Salzburger Festspielen 1972 –, verursachen schließlich einen nervösen Schwächeanfall des Theatermachers. Das Finale gerät, wie nicht anders zu erwarten, zum Fiasko: Unmittelbar vor Vorstellungsbeginn beschwört Bruscon noch einmal seinen unerschütterlichen Glauben an die Schauspielkunst als einzigen Existenzgrund, er schminkt das Gesicht seiner Frau schwarz *(»das ganze Atomzeitalter/muß in diesem Gesicht sein«)*, als plötzlich das Gewitter über Utzbach zu toben beginnt; in Panik verlassen die Zuschauer den Saal, zurück bleiben allein die Schauspieler, auf die es durch die undichte Decke herabregnet. Bruscon, im Kostüm des Napoleon, sinkt auf seinem Stuhl zusammen.

Das eigentliche Handlungsinteresse gilt dem Selbstverständnis des Theatermachers, der als Schauspieler, Stückeschreiber und Prinzipal in einer Person Inbegriff des autonomen Bühnenschaffenden ist. In seinen monologischen Tiraden spricht sich einmal mehr die für Bernhards dichterische Welt charakteristische Existenzauffassung aus: Der perfektionistische, in seinem Absolutheitsanspruch zwangsläufig zum Scheitern verurteilte Behauptungswille des Künstlers steht in einem tragikomischen Verhältnis zum Provinzialismus, Stumpfsinn und Dilettantismus seiner Umgebung. C.Fi.

AUSGABE: Ffm. 1984 (BS).

LITERATUR: C. B. Sucher, Rez. (in SZ, 19. 8. 1985). – B. Henrichs, Rez. (in Die Zeit, 23. 8. 1985).

DER UNTERGEHER

Roman von Thomas BERNHARD, erschienen 1983. – Der Roman stellt eine Variante der für Bernhard so charakteristischen egotistischen Schreibweise dar, wobei das für seine Texte der achtziger Jahre typische Stilmittel der Einbindung empirischer Fakten innerhalb des Fiktionszusammenhanges (so auch in *Holzfällen*, 1984, oder in *Wittgensteins Neffe*, 1982) in besonders geglückter Weise einer indirekten Selbstdarstellung des Autors Raum gibt; in den Monologen des Ich-Erzählers fügen sich erdichtetes und authentisches Material – die Person des 1982 verstorbenen Pianisten Glenn Gould – zu einem existenzphilosophischen Entwurf.

Auf drei ineinander kunstvoll verschränkten, synchron geführten Zeitebenen (Vorgeschichte, Augenblick der Erinnerung der Vorgeschichte, Zeitpunkt der Niederschrift dieser Erinnerung) führt Bernhard aus der Perspektive des Ich-Erzählers drei künstlerische Lebenswege vor: Dieser erinnert sich bei Betreten des Gasthauses von Wankham seiner beiden verstorbenen Künstlerfreunde Glenn Gould und Wertheimer. Die beinahe statische Vordergrundhandlung des Romans ist die äußere tragende Konstruktion für ein detailliertes Protokoll der Augenblicksregungen und -gedanken des Erzählers: Vor 28 Jahren hatten sich die drei angehenden Pianisten in Salzburg bei einem Kurs von Horowitz kennengelernt und in ihrem gemeinsamen Bestreben, nur »das Höchste« zu wollen, als geistesverwandt empfunden. Ihr künstlerisches Schicksal entschied sich allerdings bereits damals: Wertheimer, der hinter geschlossener Tür Gould die Aria der Goldbergvariationen spielen hörte, war in diesem Moment als Künstler »tödlich« getroffen; zwar begann er noch eine außerordentlich erfolgreiche Pianistenkarriere, doch das Bewußtsein von der unerreichbaren Genialität des Freundes ließ ihn schließlich das Klavierspielen aufgeben. Der »*Untergeher*« (so Goulds Charakteristik von Wertheimer) zog mit seiner Schwester zusammen und wandte sich, finanziell abgesichert durch ein immenses Familienerbe, den »*Geisteswissenschaften*« zu. Der Erzähler seinerseits hatte bereits nach diesem Sommer des Jahres 1953 die Konsequenz aus der Begegnung mit Goulds Genialität gezogen, seinen Steinway verschenkt und sich für eine Existenz als »Weltanschauungskünstler« entschieden. Gould hingegen, diese »*klavieristische Weltverblüffung*«, habe, wie der Erzähler sinniert, als »*geborener Verrammelungsfanatiker*« in größter Einsamkeit die allerhöchste Perfektion erreicht, mit 51 Jahren sei er schließlich »*tot umgefallen am Klavier*«. Als der »*Sensibilist*« Wertheimer, der sich nach der Eheschließung seiner Schwester mit einem Schweizer Industriellen in die Einsamkeit seines Jagdhauses in Traich zurückgezogen hatte, die Nachricht vom Tode Goulds erhält, reist er kurze Zeit später nach Zitzers bei Chur und erhängt sich vor dem Haus der Schwester. Der Erzähler hat seine Rückreise vom Begräbnis Wertheimers unterbrochen und begibt sich, nachdem er ein Zimmer im Gasthof bezogen hat, zum Landhaus des Verstorbenen, um Einsicht in den schriftlichen Nachlaß des Freundes – Tausende von Zetteln mit Aphorismen mathematisch-philosophischen Inhalts – zu nehmen. In Traich erfährt er schließlich vom Holzknecht, Wertheimer habe sich kurz vor seinem Selbstmord ein wertloses, verstimmtes Klavier kommen lassen und seine ehemaligen Studienkollegen nach Traich eingeladen; dann habe er, nachdem er zuvor alle seine Aufzeichnungen verbrannt hatte, beinahe bis zur Bewußtlosigkeit Bach gespielt, auf dem Plattenspieler die nicht zu erreichende Inkarnation pianistischer Genialität stets präsent: Goulds Einspielung von Bachs *Goldbergvariationen*.

Die philosophierende Distanzhaltung des »Weltanschauungskünstlers« erweist sich in Abgrenzung zu Wertheimer und Gould als Überlebensstrategie: zwar sind seine Ansprüche um nichts weniger radikal als die seiner beiden Freunde, doch kann er in fortwährender Reflexion der tödlichen Gefährdung Stand halten. So auch jetzt: Im Gedenken an Wertheimer entwickelt der Erzähler die entscheidende Idee zu dem immer wieder ent- und verworfenen Essay »*Über Glenn Gould*«, seine Erinnerungsarbeit verschmilzt mit der projektierten Studie *(»Wenn ich meine Beschreibung von Glenn Gould wirklich noch einmal versuche, dachte ich, dann werde ich in dieser auch seine Beschreibung Wertheimers vorzunehmen haben und es ist fraglich, wer der Mittelpunkt dieser Beschreibung sein wird, Glenn Gould oder Wertheimer, dachte ich. Von Glenn Gould werde ich ausgehen, von den Goldbergvariationen und dem Wohltemperierten Klavier, aber Wertheimer wird in dieser Beschreibung eine entscheidende Rolle spielen, was mich betrifft, denn für mich war Glenn Gould immer mit Wertheimer verbunden gewesen, gleich in was für einer Beziehung und umgekehrt Wertheimer mit Glenn Gould und vielleicht alles in allem spielt doch Glenn Gould in Beziehung auf Wertheimer die größere Rolle, als umgekehrt«)*. Diese »Glenn- und Wertheimerabschweifungen« des erzählenden Ichs, in ihrer Projektionsfunktion von Bernhard mit sprachlich-grammatikalischen Mitteln *(»sagte er, dachte ich«)* kenntlich gemacht, dienen im Grunde nur der indirekten Selbstcharakterisierung des Protagonisten.

Die komplizierte Erzählstruktur erlaubt es Bernhard nicht nur, die Hauptmotive seines Werks – das Leben als lebenszerstörende »*Existenzmaschine*«, Selbstmord oder geniale Perfektion als letzte Manifestation des einzelnen – erneut einzubringen, sondern auch in der Anverwandlung (schein)empirischer Fakten innerhalb der Fiktion die Grenzen zwischen Realität und Phantasie bewußt zu vermischen. Dies gilt für die solcherart vollzogene Stilisierung der Person Glenn Goulds ebenso wie auf der Ebene der Textkonstituierung für jene Zirkelbewegung, in deren Verlauf der Autor mit einem erzählerischen Kunstgriff die Prämissen seiner eigenen Fiktion untergräbt und den projektierten Text zu einem real vorliegenden deklariert: ein

Spiel mit dichterischer und außerdichterischer Wirklichkeit, dessen Verständnis die Einsicht in den absoluten Kunstcharakter der Bernhardschen Texte voraussetzt. C.Fi.

AUSGABEN: Ffm. 1983. – Ffm. 1985 (BS). – Ffm. 1988 (st).

LITERATUR: H. Burger, Rez. (in Die Weltwoche, 17. 11. 1983). – H. Graf, *Erwünschtes Unglück* (in Merkur, 1984, H. 2, S. 86ff.). – A. Ehrentreich, *»Der Untergeher«* (in NDH, 1984, H. 2, S. 400–402). – W. M. Lüdke, Rez. (in FRs, 4. 2. 1984).

DIE URSACHE. Eine Andeutung

Erster Band der in fünf Teilen veröffentlichten autobiographischen Erzählprosa von Thomas BERNHARD, erschienen 1975; es folgten *Der Keller. Eine Entziehung* (1976), *Der Atem. Eine Entscheidung* (1978), *Die Kälte. Eine Isolation* (1981) und *Ein Kind* (1982). – Die Bände leuchten den zeitgeschichtlichen wie persönlichen Hintergrund von Bernhards Kindheit und Jugend aus, wobei die einzelnen Etappen der Entwicklungsgeschichte als Aufeinanderfolge extremer existentieller Bedrohungen dargestellt werden, die, auf einer jeweils höheren Stufe der Bewußtwerdung, in eine willentliche Entscheidung für das Leben münden. Die Erzählstrategie wird geprägt durch eine Verknüpfung der in den einzelnen Lebensaltern herrschenden Bewußtseinsstufen und Empfindungsweisen mit denen des schreibenden Ichs, das sich der Forderung nach wahrheitsgetreuem Bericht stellt, die Möglichkeit dazu im selben Augenblick jedoch problematisiert und in Abrede stellt. Die indirekt vermittelte Erzählweise zeigt den Protagonisten immer auch aus der Perspektive des beobachtenden, denkenden, notierenden Erzähl-Ichs und führt so zu einer genuinen Qualität autobiographischen Schreibens, die den subjektiven Gehalt dieser Gattung auf spezifische Weise sublimiert.

Der Untertitel des ersten Bandes kann als programmatisch für die Erzählhaltung Bernhards in allen Teilen seiner Autobiographie gelten: dokumentarisch belegbar ist für *Die Ursache* das dürre Faktengerüst der Schulzeit des 12- bis 15jährigen Knaben im Salzburger Internat. 1944 erfolgt seine Einschulung als Zögling in die vom nationalsozialistischen Erziehungssystem geprägte Hauptschule, Ende 1944 holt die Großmutter den Enkel aus dem Inferno der von den Alliierten bombardierten Stadt hinaus auf das geschützte Land nach Ettendorf. In der Nachkriegszeit nimmt er den Unterricht im selben, nunmehr unter katholischer Aufsicht stehenden Institut wieder auf, bricht aber 1947 aus eigenem Entschluß den Bildungsweg ab und läßt sich vom Arbeitsamt eine Lehrstelle bei einem Lebensmittelkaufmann vermitteln. Dieser äußere biographische Weg wird vom Er-Erzähler, der im Lauf des Textes in die Position des Ich-Erzählers überwechselt, die in den Folgebänden durchgehend beibehalten wird, in einer Aneinanderreihung subjektiver Urteile und Impressionen zu einer inneren Biographie aufbereitet: *»Die Schwierigkeit ist, in diesen Notizen und Andeutungen die Empfindung von damals und das Denken von heute zu Notizen und Andeutungen zu machen, die den Tatsachen von damals, meiner Erfahrung als Zögling damals entsprechen.«* Auf die autoritäre Kollektiverziehung und den ideologisch manipulierten Lehrstoff reagiert der Schüler mit einer Abwehrhaltung, die sich bis zum Gedanken an Selbstmord steigert. Durch seine Kriegserlebnisse, aus der Bedrohung durch den Bombenhagel, der Konfrontation mit den Opfern und den Zerstörungen der Stadt, erfährt der Knabe eine Schärfung seines Realitätssinnes und überwindet auf diese Weise die Selbstgefährdung. Mit schonungsloser Beobachtung begegnet der Gymnasiast seiner Umgebung nach der neuerlichen Einschulung in das katholische »Johanneum«; seine Erkenntnis von der nur unter anderen ideologischen Vorzeichen stehenden, sonst aber völlig identischen *»pädagogischen Unterdrückungsmaschinerie«* führt schließlich zur *»Entziehung«* (so der Untertitel des chronologisch unmittelbar anschließenden zweiten Teils *Der Keller*) aus dem *»staatlichen Kerker«* und zur autonomen Entscheidung für einen Lebensweg in *»entgegengesetzter Richtung«*.

Dieser eruptive Akt von Selbstbestimmung setzt in dem Jugendlichen Fähigkeiten frei, die in der bisherigen Erziehung weitgehend vernachlässigt worden waren: Der die Vaterstelle vertretende, *»in allem lebens- und existenzentscheidende«* Großvater hatte sich in erster Linie um die geistig-philosophische Schulung des Enkels gekümmert, im Lebensmittelhändler Podlaha findet der Fünfzehnjährige nun einen Lehrer, der ihm die *»Gegenwart als Realität«* vermittelt: Hier, im Kellerladen in der Scherzhauserfeldsiedlung, einem Elendsviertel am Rande der Stadt Salzburg, entdeckt der Jugendliche Vergnügen an nützlicher Tätigkeit, entfaltet Fröhlichkeit und Lebensfreude. Der Keller wird dem kaufmännischen Lehrling solcherart zum *»Überlebensmittel«*, ein vom Großvater finanzierter privater Gesang- und Musikunterricht bewirkt im Protagonisten einen *»Idealzustand in Kopf und Körper«*; das als faszinierend erlebte Ineinander von proletarischem Vorstadtmilieu und der kultivierten Welt seiner Musikpädagogen umschreibt aber auch gleichzeitig die innere Zerrissenheit des Jugendlichen, die in einer existentiellen Prüfungssituation zum Ausbruch kommt: Eine verschleppte Rippenfellentzündung wird zur Ursache von vier Jahren schwerster Krankheit.

Dem Verlauf der Krankheitsgeschichte gelten die beiden folgenden Bände; *Der Atem. Eine Entscheidung* umfaßt als Berichtszeitraum die ersten Monate des Jahres 1949, in die der Aufenthalt des noch nicht Achtzehnjährigen im Landeskrankenhaus Salzburg und in einem Erholungsheim in Großgmain fällt, der Folgeband *Die Kälte. Eine Isolation* hat die Lungenheilstätte Grafenhof zum Schauplatz. Die etappenweise Heranbildung des Jugendlichen zur Selbstbestimmung findet in dieser »*Biographie des Schmerzes*« ihre gesteigerte Fortsetzung. Der von den Ärzten bereits aufgegebene Kranke entwickelt mit Hilfe des Großvaters, der zur gleichen Zeit im Spital behandelt wird, einen energischen Lebenswillen: In einem psychosomatischen Gewaltakt entscheidet sich der Sterbenskranke für den »*Atem*«, das Leben. Der Großvater stilisiert dieses existentielle Erlebnis des Jugendlichen nachträglich zum Beweis für die künstlerische Veranlagung des Enkels, er erklärt das Krankenhaus, den »*existenznotwendigen Denkbezirk*«, zum Purgatorium für außerordentlich begabte Menschen. Der Rekonvaleszent tritt in eine intensive geistige Beziehung zu seinem Erzieher, so daß selbst dessen überraschender Tod zu einem »*vorher nicht gekannten, unglaublichen Existenzantrieb*« für den jungen Mann wird: Die Erfahrung der Eigenverantwortlichkeit mobilisiert die Selbstbehauptung, ist ein weiterer Impuls für die Entscheidung zur Gesundung. Die Einlieferung des Genesenden in ein »*Erholungsheim für die an Atmungsorganen Erkrankten*« stellt sich allerdings als folgenschwere ärztliche Fehlentscheidung heraus, handelt es sich bei diesem ehemaligen Hotel Vötterl in Großgmain in Wirklichkeit doch um eine abgelegene Sterbeklinik für Tuberkulosekranke. In beständiger Angst vor einer Infektion entwickelt der Achtzehnjährige mit Hilfe von Musik und Literatur eine Selbstheilungstherapie; er entwirft für sich die Zukunftsvorstellung einer künstlerischen Karriere, weite Spaziergänge festigen seine körperliche und geistige Konstitution. Doch als er von der Krebserkrankung seiner Mutter erfährt, zu der er erstmals nach dem Tod des Großvaters in verständnisvolle Beziehung getreten war, kann er dem neuerlichen Leidensdruck nicht standhalten. Kurz nach seiner Entlassung aus dem »*Erholungsheim*« entdeckt der Internist ein Infiltrat auf dem rechten Lungenflügel und stellt einen Einweisungsschein für die Lungenheilstätte Grafenhof aus.

Der vierte Band seiner autobiographischen Erzählungen, dem Bernhard ein Novalis-Zitat als Motto voranstellt: »*Jede Krankheit kann man Seelenkrankheit nennen*«, schließt die Chronologie der Jugenderinnerungen mit dem Ausgang der Krankheitsgeschichte ab. Der Jugendliche, dessen labiler geistiger und körperlicher Zustand eng mit dem Sterben der Mutter und dem Moribundenmilieu des Sanatoriums Grafenhof verknüpft ist, wird kurz nach seiner Einlieferung mit der Diagnose offener Tbc konfrontiert. Dieser Befund wird allerdings neuerlich zum Stimulans für seinen Abwehrwillen, wobei sich die Lebensratschläge des Großvaters in zunehmendem Maße als Bewältigungshilfen erweisen. Der bereits »*gut ausgebildete Skeptiker*« übt sich in argwöhnischem Widerstand gegen die dilettierenden Ärzte, geht aus »*reinem Selbsterhaltungstrieb auf Distanz*« zur Umwelt und verarbeitet in einem analytischen Prozeß kompromißlos Vergangenes und Gegenwärtiges, »*den Krieg und seine Folgen, die Krankheit des Großvaters, den Tod des Großvaters,* *meine Krankheit, die Krankheit der Mutter, die Verzweiflung aller Meinigen, ihre bedrückenden Lebensumstände, aussichtslosen Existenzen...*« (Die Kälte). Auf diese Weise erarbeitet sich der Jugendliche eine auch seine Identität bestimmende Interpretation menschlicher Existenz: Er lernt die Welt, gleich dem Sanatorium, als ein makabres Theater sehen, die Menschen als zum Tod verurteilte Marionetten. Der Erfolg der bereits in Großgmain erprobten selbsttherapeutischen Maßnahmen bewirkt schließlich seine Entlassung. Sein Überlebenswille wird auch durch einen neuerlichen Rückfall nicht gefährdet: Mit kritischer Beobachtung, Sarkasmus und Ironie reagiert der Gequälte auf die stümperhaften chirurgischen Eingriffe. Auf der letzten Stufe seiner Persönlichkeitsentwicklung, nach dem Tod der Mutter, nimmt der Erzähler sein Leiden und Leben selbst in die Hand, er betreibt seine Heilung eigenständig als »*Kopfarbeit*«, setzt trotz der Lungenkrankheit sein Gesangsstudium fort und geht an die literarische Aufarbeitung seiner Ichwerdung – ein Prozeß, der als ein bis zum Tag der Niederschrift fortdauernder dargestellt wird.

Es ist die Gewinnung dieses distanzierten Beobachtungsstandpunktes, die dem heranwachsenden Protagonisten eine eigenständige, in sich geschlossene Erkenntnis von Existenz und Welt ermöglicht. Der letzte Band der Jugenderinnerungen, *Ein Kind*, der die Kindheitsgeschichte nachreicht und solcherart den Ring des »*Entwicklungsromans*« in Form einer Rückblende kompositorisch abschließt, ist in seinem gelösten Erzählduktus Beweis für die dem Ich-Erzähler zu eigen gewordene intellektuelle Souveränität: Seine »*Sicherheit und Gleichgültigkeit*« gegenüber der tödlichen Natur (sie ist in der konsequent durchgeführten Metaphernsprache, den insistierenden Bildern der Hölle, des Todes und der Welt als Bühne, literarisch überformt) manifestieren sich in einer ironisch-humorvollen Stilhaltung, die dem – trotz Episoden glückhaften Erlebens von jeder Idylle weit entfernten – Bericht von der Kindheit einen besonderen Erfolg bei Kritik und Publikum einbrachte.

In assoziativer Verknüpfung werden die wichtigsten Ereignisse aus dem Leben des achtjährigen Ich-Erzählers vorgeführt, wobei bereits die Eingangsgeschichte vom übermütigen Streich des Knaben, der in Überschätzung seiner Kräfte beschließt, mit dem Fahrrad seines Vormunds nach Salzburg zu radeln, die Identität und die Familienverhältnisse der Hauptfigur exponiert: Der Euphorie folgt prompt das Fiasko, der Bub landet im Straßengraben und flüchtet vor dem Zorn der Mutter zum »*wie nichts auf der Welt geliebten*« Großvater. Dieser, der Schriftsteller, Schopenhauer-Verehrer und Zuckmayer-Freund Johannes Freumbichler, hatte das 1931 unehelich geborene Kind seiner Tochter in bürgerlich-ärmlichen Verhältnissen zunächst in Wien, später auf dem Land aufgezogen. Die nie verwundene traumatische Erfahrung der frühesten Kindheit – die Mutter war gezwungen gewesen, den Säugling zu einer Frau zu geben, die auf ihrem Fischkutter in Rotterdam

»Pflegekinder in Hängematten unter Deck hatte« – wird vom Erzähler zwar schonungslos dargestellt, doch reflektiert er auch die Ursachen des mütterlichen Verhaltens. Die labile Psyche des Knaben sucht zwischen den Ausbrüchen der Mutter (*»scheussliches Teufelskind«*) und der fürsorglichen Zuwendung des Großvaters, dessen Erziehung nach Prinzipien eines geistigen Anarchismus ausgerichtet ist, vergeblich nach Orientierung. Die Schule wird dem Außenseiter zur Qual, der Gruppenzwang in nationalsozialistischen Jugendorganisationen dem Einzelgänger unerträglich. Die Flucht in sportliche Ertüchtigung bringt die ersehnte Anerkennung ebensowenig wie der vom Großvater lancierte Violinunterricht eine positive Wirkung auf das strapazierte Gemüt des Knaben zeitigt. Schließlich wird das schwierige Kind auf einen *»Erholungsurlaub«* in ein Heim im Thüringischen verschickt; als es nach Hause kommt, ist der Krieg ausgebrochen. Der Großvater bestimmt den Zwölfjährigen aus Gründen der *»Bildungsnotwendigkeit«* für das Internat in Salzburg. Alle diese Enttäuschungen und prägenden Verletzungen ziehen in der Folge die Entwicklungs- und Identitätskrise des Pubertierenden nach sich, wie sie Gegenstand der vorausgegangenen Bände ist.

Die Besonderheit der von Thomas Bernhard geschaffenen Form des autobiographischen Entwicklungsromans beruht auf einer Position, von der aus das schreibende Ich das gelebte Leben ohne jegliche Rücksichtnahme nachvollzieht und mit seiner spekulativen Philosophie interpretiert. Eine höchst artifizielle Prosa steht in Kongruenz zur geistig-emotionalen Betrachtungsweise des Berichtenden: Die hypotaktische Satzstruktur, mechanische Wiederholungsformeln, hyperbolische Aufgipfelungen, Neologismen, Paradoxien und ein dichtes Metaphernnetz ermöglichen eine Erzähltechnik ironisch-distanzierter Wahrnehmung ebenso wie teilnehmender Beobachtung, dienen der philosophischen, ästhetischen und poetologischen Reflexion, sind Mittel der Stilisierung oder auch der Wiedergabe höchst subjektiver Impressionen. Aus der Komplexität dieser Strukturen ergeben sich nicht zuletzt die verschiedenen Interpretationsansätze: Diese reichen von der psychoanalytischen Deutung der Bände als Schreibtherapie eines verletzten Ichs (U. Bugmann) bis zu deren Bewertung als Denkexperiment, wobei der autobiographische Charakter des Textes gering veranschlagt wird im Vergleich zum poetisch-ästhetisch-philosophischen Konstrukt (H. J. Piechotta). C.Fi.

AUSGABEN: *Die Ursache*: Salzburg 1975. – Mchn. 1977 (dtv). – *Der Keller*: Salzburg 1976. – Mchn. 1979 (dtv). – *Der Atem*: Salzburg 1978. – Mchn. 1981 (dtv). – *Die Kälte*: Salzburg 1981. – Mchn. 1984 (dtv). – *Ein Kind*: Salzburg 1982. – Mchn. 1985 (dtv).

LITERATUR: K. Thorpe, *The Autobiographical Works of Th. B.* (in Acta Germanica, 13, 1980, Nr. 2, S. 189–200). – U. Bugmann, *Bewältigungsversuch. Th. B.s autobiografische Schriften*, Bern u. a. 1981. – P. Friedl, *»Die Kälte« von Th. B.* (in Literatur und Kritik, 1981, H. 159, S. 531–544). – W. M. Lüdke, *Ein »Ich« in der Bewegung: stillgestellt. Wegmarken der B.schen Autobiographie* (in Merkur, 1981, H. 11, S. 1175–1183). – P. Laemmle, *Karriere eines Außenseiters. Vorläufige Anmerkungen zu Th. B.s fünfteiliger Autobiographie* (in *Th. B.*, Hg. H. L. Arnold, Mchn. ²1982; Text + Kritik). – H. J. Piechotta, *»Naturgemäß«. Th. B.s autobiographische Bücher* (ebd.). – G. vom Hofe, *Ecce Lazarus. Autor-Existenz und Privat-Metaphysik in Th. B.s autobiographischen Schriften* (in Duitse kroniek, 32, 1982, H. 4). – J. Strutz, *»Wir, das bin ich.«* – *Folgerungen zum Autobiographienwerk von Th. B.* (in *In Sachen Th. B.*, Hg. K. Bartsch u. a., Königstein/Ts. 1983). – E. Schirhuber, *Verfremdete Authentizität. Studien zum Werk Th. B.s*, Diss. Wien 1983. – N. L. Thomas, *The Structure of a Nightmare: Autobiography and Art in Th. B.'s »Der Keller«* (in Quinquereme, 6, 1983). – R. Tschapke, *Hölle und zurück. Das Initiationsthema in den Jugenderinnerungen Th. B.s*, Hildesheim 1984. – H. A. Glaser, *Die Krankheit zum Tode oder der Willen zum Leben – Überlegungen zu Th. B.s Autobiographie* (in *Sehnsuchtsangst*, Hg. A. v. Bormann, Amsterdam 1987, S. 65–74).

VERSTÖRUNG

Roman von Thomas BERNHARD, erschienen 1967. – Folgt die Erzählung *Amras* (1964) dem Wort von NOVALIS, daß das Wesen der Krankheit so dunkel sei wie das Wesen des Lebens selbst, so stellt Bernhard seinem zweiten Roman, der die Themen von Krankheit und Tod, Wahnsinn und Selbstmord konsequent weiterführt, ein Wort PASCALS voran: *»Das ewige Schweigen dieser unendlichen Räume macht mich schaudern.«*

Der Sohn eines steiermärkischen Landarztes, für wenige Tage aus Leoben, wo er an der *»Montanistischen Hochschule«* studiert, nach Hause gekommen, begleitet seinen Vater, der sich als *»Opfer einer durch und durch kranken, zur Gewalttätigkeit sowie zum Irrsinn neigenden Bevölkerung«* fühlt, bei seinen Visiten. Es ist ein deprimierender Tag, der ihn mit dem absonderlichen Menschenschlag unterhalb der Gleinalpe und der Koralpe, im Kainach- und Gröbnitztal bekanntmacht, *»Musterbeispiele für eine von den Jahrmillionen und Jahrtausenden auf die ordinärsten Körperexzesse hin konstruierte Steiermark«*. Seine Schwester, in unheilbarer Schwermut versinkend, verbringt ihr Leben mit Selbstmordgedanken und Selbstmordversuchen; sie lebt inmitten einer fortschreitenden Verstörung, die der Arzt allenthalben und überall diagnostiziert. Eine *»grauenhafte Irritation«* breitet sich in einer sich selbst vernichtenden Welt aus. Das *»unendliche Naturlabyrinth«* zeigt sich am unheimlichsten dort, wo es rein und unberührt scheint – die Natur atmet Tod und Verwesung, die Abfallprodukte einer ungeheueren Erschöpfung: *»Wohin ich* schaue, nur Sterbende, Abtreibende, die zurückschauen. Die Menschen sind nichts anderes als eine in Milliarden gehende ungeheure auf die fünf Kontinente verteilte Sterbensgemeinschaft.« Alles treibt in »stumpfsinniger Agonie« dahin, in »unvorstellbarer Verwüstung«. Vater und Sohn durcheilen eine düstere Todesszenerie, reflektierend und monologisierend, immer die Exzesse von Brutalität und Verbrechen, Wahnsinn und Morbidität vor Augen. Sie werden Zeuge, wie eine Gastwirtsfrau als Opfer eines Totschlags stirbt, stehen am Krankenbett der dahinsiechenden Lehrerwitwe Ebenhöh und lauschen den unendlichen Monologen des den Wahnsinn methodisch pflegenden Fürsten Saurau auf Schloß Hochgobernitz, dessen Tiraden den zweiten Teil des Romans (mit dem Titel *Der Fürst*) füllen. Der Arzt weiß, wie gefährlich es ist, sich der Medizin als einer Pseudowissenschaft auszuliefern, »*dem Zufall und der völligen Gefühllosigkeit... Nichts ist unheimlicher als die Medizin*«. Keiner schaut über seine »*primitive Vokabelwelt*«, über den »*Zustand der Verzweiflungsanfälligkeit*« hinaus in das Inferno einer trostlos infamen Schöpfung. Das steiermärkische Gebirgstal wird zum Topos einer universalen Krankheitsgeschichte, die ein hilfloser Arzt mißverständlich, weil sprachlich unzulänglich kommentiert: »*Jeder spreche immer eine Sprache, die er selbst nicht versteht, die aber ab und zu verstanden wird. Dadurch könne man existieren und also wenigstens mißverstanden werden.*«

Bernhards Erzählstil, aufs äußerste angespannt, fast überspannt wirkend, diagnostiziert das Elend der menschlichen Existenz in einer Art Grammatik des Pathologischen, die einen universalen Katastrophenzusammenhang indiziert. Die Sprache ist von außerordentlicher, rhythmischer Suggestion und latenter Bedrohlichkeit. Die gedankliche wie stilistische Figur der Wiederholung dominiert diesen radikalen Text, der monomanisch ein einziges Thema variiert: Wahnsinn und Zerfall, Verstörung und Schizophrenie einer sinnentleerten Welt, die »*als seelische und physische Folterkammer vorgestellt wird*« (H. Dittberner). Bernhards Protagonisten wiederholen alles, weil sich alles wiederholt: Sie können nicht anders, als sich im Gefängnis der Worte und Bilder ihre Stirn blutig zu schlagen.

M.Ke.

AUSGABEN: Ffm. 1967. – Ffm. 1969 (BS). – Ffm. 1988 (st).

LITERATUR: H. J. Fröhlich, *Verstörung unten und oben* (in Neues Forum, 1968, S. 351–356). – J. Donnenberg, *Gehirnfähigkeit der Unfähigkeit der Natur. Zu Sprache, Struktur und Thematik von Th. B.s Roman »Verstörung«* (in Peripherie und Zentrum, Hg. G. Weiss u. K. Zelewitz, Salzburg u. a. 1971, S. 13–42). – C. Magris, *Geometrie und Finsternis. Zu Th. B.s »Verstörung«* (in EG, 33, 1978, S. 282–297). – H. Dittberner, *Die heimliche Apologie der Macht. Kritisches zu Th. B.s »Verstörung«* in Th. B., Hg. H. L. Arnold, Mchn. ²1982, S. 46–53 (Text + Kritik).

BERNHARD VON CLAIRVAUX

* 1090 Schloß Fontaines-lès-Dijon
† 20.8.1153 Clairvaux

LITERATUR ZUM AUTOR:
Bibliographien:
J. de la Croix-Bouton, *Bibliographie bernardine 1891–1957*, Paris 1958. – J. Leclercq, *Recueil d'études sur saint Bernard et ses écrits*, 3 Bde., Rom 1962–1969. – E. Manning, *Bibliographie bernardine 1957–1970*, Paris 1972. – H. Bach, *B. Ein bibliographischer Hinweis für den dt.sprachigen Raum* (in Cisterziensische Chronik, 86, 1979, S. 129–132).
Biographien:
Vita prima (ML, 185, Sp. 225–368). – *Vita secunda* (ebd., Sp. 470–524). – *Das Leben des hl. B.*, Hg. u. Einl. P. Sinz, Düsseldorf 1962 (*Vita prima*; gek.). – H. Rochais u. E. Manning, Art. *Saint Bernard* (in *Biographie Générale de l'Ordre Cistercien*, Paris 1979).
Gesamtdarstellungen und Studien:
E. Gilson, *Die Mystik des hl. B. v. C.*, Paderborn ³1954. – *B. v. C. Mönch und Mystiker. Internationaler B.-Kongreß Mainz 1953*, Wiesbaden 1955. – A. H. Bredero, *B. im Widerstreit der Historie*, Wiesbaden 1966. – A. van Duinkerken, *B.*, Wien u. a. 1966. – A. Pfaffrath u. B. Lymant, *B. v. C. Leben und Wirkung*, Köln 1970. – R. M. Saur, *Glühen ist mehr als Wissen. B. v. C. (1090–1153)*, Stein/Rhein 1977. – G. Binding, Art. *B. v. C.* (in LM, 1, Sp. 1992–1998). – G. Duby, *Der hl. B. und die Kunst der Zisterzienser*, Stg. 1981. – *B. v. C.*, Hg. B. Schellenberger, Freiburg i. Br. 1982.

DE CONSIDERATIONE LIBRI V AD EUGENIUM PAPAM III

(mlat.; *Fünf Bücher über die Betrachtung, an Papst Eugen III.*). Um 1150 verfaßte politisch-asketische Abhandlung von BERNHARD VON CLAIRVAUX. – Bernhard entstammte einer burgundischen Adelsfamilie und erhielt im Chorherrenstift Saint Vorles/Châtillon, eine offenbar sehr gediegene Ausbildung. Seine Fähigkeiten zur geistlichen Führung fanden schon früh Anklang und 1112 traten mit ihm dreißig seiner Freunde in das Kloster von Cîteaux ein. Drei Jahre später wurde er mit zwölf weiteren Zisterziensermönchen ausgesandt, das Kloster Clairvaux zu begründen. Seine geistige Ausstrahlung und der Ansturm von Novizen war so groß, daß unter seiner Leitung von Clairvaux aus siebzig neue Klöster gegründet wurden. Seine tiefe Verwurzelung in der traditionellen benediktinischen Spiritualität wurde vorteilhaft durch seine Freundschaft mit Scholastikern wie WILHELM VON CHAMPEAUX, PETRUS LOMBARDUS, HUGO VON ST.

Viktor und Johannes von Salisbury ergänzt. Seine engagierte Sorge um die mönchische Lebensweise war eingebunden in allgemeine kirchenpolitische Aktivitäten wie etwa die Verwirklichung der Anliegen des Reformpapsttums, das Gregor VII. († 1087) initiiert hatte. Das kommt auch in der vorliegenden Schrift zum Ausdruck. Weniger liebenswerte Züge der Persönlichkeit Bernhards kommen in seiner Rolle bei der Verurteilung von Lehren von Petrus Abaelardus (1140) und von Gilbert von Poitiers (1148) zum Vorschein. Wieweit seine Vorstellungen von Kreuzzügen, für die er zweifellos warb, mit den militärischen Konzepten seiner Zeitgenossen übereinstimmten, ist ungeklärt; in manchen Äußerungen scheint er einer Bekehrung durch Predigt vor einer Überzeugung durch das Schwert den Vorzug zu geben.

Die Schrift *De consideratione* widmete der Autor Papst Eugen III., der für einige Zeit Mönch in Clairvaux und sein Schüler gewesen war; es handelt sich um das wohl letzte Werk Bernhards, das er zwischen 1148 und seinem Tode fertigstellte. Schon das Wortspiel im Titel macht deutlich, daß er hier eine Art Summe seiner Anliegen angestrebt hat; *consideratio* kann sich sowohl auf (geistliche) Meditation als auch auf bedächtiges, überlegtes Handeln beziehen. In der Tat muß man das Werk wohl als seine bedeutsamste selbständige Schrift anerkennen. Als Mensch mit Herrscherfunktionen ist der Papst für Bernhard immer in der Gefahr, menschlichen Schwächen und insbesondere den üblichen Untugenden eines Fürsten zu erliegen. Deshalb ist das Streben nach einem heiligmäßigen persönlichen Leben vordringliche Aufgabe eines Papstes. Also bietet Bernhard im ersten und zweiten Buch seinem Schüler eine umfassende Anleitung zur Meditation, um seine persönliche Frömmigkeit zu entfalten. Die Themen, die er dafür anbietet, sind vollkommen auf Amt und Persönlichkeit Eugens zugeschnitten. Dennoch behandelte er den gesamten Bereich der Meditation so grundlegend, daß eine Adaption für andere Positionen in der Hierarchie der christlichen Gemeinschaft ohne Schwierigkeiten möglich erschiene. Wie in den Büchern drei und vier deutlich wird, stellen die Betonung von Demut und Dienst als Charakteristiken von Person und Amt allerdings keine Einschränkung der päpstlichen Autorität dar. Vielmehr scheint die persönliche Integrität des Papstes Vorbedingung und notwendige Grundlage einer erfolgreichen Reform sowie erneuerten Kirchendisziplin zu sein. Seine hier hervortretende Auffassung, daß Besserung nur durch und mit dem Papste erzielt werden könne, ist wohl auch der Hintergrund für Bernhards scharfe Verurteilung Arnolds von Brescia und der aufständischen Römer in den Jahren 1144/45.

Das traditionell säkulare Gepränge päpstlicher Herrschaft scheint Bernhards besonderes Mißfallen zu erregen. In Anlehnung an den Bericht im *Johannes-Evangelium* (2,14/15) schlägt er vor, den Krämergeist gegebenenfalls mit der Peitsche aus der Kirche zu bannen. Die wirtschaftliche Erhaltung der Kirche erscheint ihm als Aufgabe der Könige und Fürsten, und deshalb solle der Papst sich in seiner Kurie mit Männern umgeben, die sich ausschließlich um die geistigen Anliegen kümmern, sowie seine Legaten zu entsprechendem Verhalten auffordern, damit sie die geistige Autorität der Kirche und nicht die Geldgier des römischen Hofes verkörpern. In ähnlicher Weise griff Bernhard auch das Bild von den beiden Schwertern (*Lukas-Evangelium*, 22,38) auf und wandte es auf die Beschreibung der Unterschiede zwischen päpstlichem und kaiserlichem Amt an. Obwohl beide Schwerter dem Papst eigen sind, kann er nur das des Wortes benutzen; das stählerne Schwert gehört ausschließlich in die Hand des Kaisers. Auch wenn ein Kaiser sich gegen den Papst wenden sollte, darf dieser nicht mit Gewalt antworten, damit deutlich wird, daß der Angriff nicht ihn als weltlichen Herrscher, sondern Gott selbst verletzt – in anderen Worten, daß Gebet und Predigt der Kirche die letztlich wirksameren Waffen sind. In dieses Bild paßt auch, wenn Bernhard hier betont, daß das Schwert des Wortes die bessere »*Kreuzzugswaffe*« und Vergeltungsschläge nur als Reaktion auf Gewalttaten der Ungläubigen angemessen seien.

Das Werk endet mit einer Anleitung zur Überhöhung der Meditation durch mystische Kontemplation (Buch V); auch hier ergänzt Bernhard seine allgemeine Darstellung wieder durch konkrete Hinweise auf geeignete Themen der Betrachtung. Bernhards kompromißlose Kritik kirchlicher Institutionen wird häufig mit Martin Luthers Angriffen gegen kuriale und bischöfliche Praktiken in seiner Zeit in Beziehung gesetzt. In sprachlicher Schärfe kommt er Luther offensichtlich gleich, aber seine religiösen Beweggründe und theologischen Argumente trennen ihn doch deutlich von den Reformatoren. Solche Unterschiede sind nur natürlich und bedeuten keineswegs eine Schmälerung seiner mutigen Kritik, wenn man bedenkt, daß er noch nicht einem ausgefeilten System scholastischer Theologie gegenüberstand.   H.Sta.

Ausgaben: Utrecht ca. 1473. – Paris 1854 (ML, 182). – Rom 1963 (in *Opera*, Bd. 3, Hg. J. Leclercq, C. H. Talbot u. H. M. Rochais).

Übersetzungen: *Papst und Papstthum nach der Zeichnung des hl. B. v. C.*, J. H. Reinkens, Münster 1870. – *Was ein Papst erwägen muß*, H. U. v. Balthasar, Einsiedeln 1985 [m. Einl.].

Literatur: B. Hänsler, *Die Pastoralregel Gregors des Großen und die Bücher B.s über die Betrachtung* (in Cistercienser-Chronik, 16, 1904, S. 147–151). – Manitius, 3, S. 124/125. – I. Geraedts, *Gedachten rond »De consideratione«* (in *Sint Bernardus van Clairvaux. Gedenkboek ... bij het achtste eeuwfeest van sint Bernardus' dood*, Achel 1953, S. 141–152). – P. de Voogt, *Du »De consideratione« de s. B. au »De potestate Papae« de Wiclef* (in Irenikon, 26, 1953, S. 114–132). – B. Jacqueline, *S. B. de C. et la Curie romaine* (in Rivista di Storia della Chiesa in

Italia, 7, 1953, S. 27–44). – Ders., *Le pouvoir pontifical selon s. B. de C.* (in Collectanea Ordinis Cisterciensium Reformatorum, 17, 1955, S. 130–138).

DE DILIGENDO DEO

(mlat.; *Über die Liebe zu Gott*). Theologisch-asketische Abhandlung von BERNHARD VON CLAIRVAUX, in der Erstfassung um etwa 1126 vollendet und um 1141 neuerlich bearbeitet. Eine solche Arbeitsweise ist recht typisch für Bernhard und zeugt von bewußter Planung seiner schriftstellerischen Tätigkeit. – Er behandelt in *De diligendo Deo* die Formen christlicher Askese als Ausdruck menschlicher Liebe zu Gott, indem er zunächst aufzeigt, daß eine solche Liebe wohlbegründet ist, und schließlich nachzuweisen versucht, daß sie eine Notwendigkeit menschlicher Selbsterfüllung darstellt. In dieser Schrift stehen gewissermaßen historische und anthropologische Faktoren im Vordergrund einer Betrachtung, die in *De gratia et libero arbitrio (Von der Gnade und vom freien Willen)*, geschrieben um 1127/1128, unter theologisch-dogmatischen Gesichtspunkten weiter ausgeführt werden.

Liebe zu Gott ist nach Bernhard in Gott selbst begründet; und ihr sind keine Grenzen gesetzt, da Gott keinerlei Einschränkungen kennt (Kap. 1). Grundgelegt ist diese Liebe im Menschen in seiner Erfahrung der Güte Gottes aus der Schöpfung im allgemeinen (Kap. 2). Solche Motivation wurde für den Christen noch vertieft durch die besonderen Gaben der Offenbarung und Erwählung aus einer ursprünglich heidnisch-säkularen Umwelt (Kap. 3 u. 4). Von entscheidender Bedeutung für die Ausformung des Verhältnisses des Christen zu seinem Gott ist ein umfassendes Verständnis des Geheimnisses des gekreuzigten Jesus. Bernhard stellt dies im Verlauf seiner Betrachtung nicht nur als den Akt der Erlösung heraus, sondern betont zugleich, daß Gott durch Menschwerdung und stellvertretendes Leiden sich ein Anrecht auf die Liebe der Menschen erworben habe, das nicht hinwegdiskutiert werden kann (Kap. 7). Außerdem ermöglicht erst und gerade die Menschwerdung des Wortes Gottes eine wirklichkeitsnahe Gestaltung der Liebe des Gläubigen zum Schöpfergott. Die aus solcher Einsicht erwachsende Dankbarkeit des Menschen für Schöpfung und das Wirken Gottes in der Menschwerdung Jesu wird für Bernhard zum Angelpunkt der Askese, die nichts anderes ist als der Ausfluß bzw. Ausdruck überschwenglichen Dankes durch den Gläubigen.

Das asketische Leben sieht er zugleich auch als eine Methode der Entfaltung und Vervollkommnung der Gott geschuldeten Liebe. In dieser Frage erweist sich Bernhard als ein realistischer Beurteiler der menschlichen Natur. Zunächst liebt der Mensch lediglich sich selbst; dies ist ein angeborenes, gewissermaßen rein instinktives Verhaltensmuster, das die Basis emotionaler Erfahrung und Entwicklung bildet. Auf der nächsten, schon reflexiven und bewußten Ebene beginnt er bereits Gott mit Liebe zu begegnen, aber seine Beweggründe sind berechnender Natur, gründen auf der Erwartung von Vorteilen für sich selbst, also auf Eigenliebe. Erst wenn der Mensch sich über diese Ebene zu erheben vermag, kann von seiner Liebe zu Gott im eigentlichen Sinne gesprochen werden.

Die höchste Stufe der Gottesliebe im diesseitigen Leben beschreibt Bernhard als jene Haltung, in der Gott den ausschließlichen Orientierungsrahmen im Leben eines Menschen bildet und Selbstliebe oder Sorge um sich selbst nur noch als Ausfluß der Achtung vor sich selbst als Gottes Geschöpf einen Platz behalten. Erst in der verklärten Existenz nach der Auferstehung werden die Grenzen dieser Liebe und Erfahrung Gottes aufgehoben, die hier selbst von Heiligen nicht überwunden werden können, und der neue Zustand, in den der Mensch dann eintritt, wird in Kapitel zehn des Werkes mit Vergöttlichung gleichgestellt; das bedeutet – so Bernhard – vor allem ein Ende der Spannung zwischen menschlichem und göttlichem Willen, da mit der durch die Gnade gewirkten Vervollkommnung des Menschen jede Differenz zwischen den beiden für immer aufgehoben sein wird. Mit diesem Gedanken schließt Bernhard auf geglückte Weise den Bogen zwischen göttlicher Gnade und christlicher Lebensführung, was die vorliegende Schrift zu einem herausragenden Dokument der neuen Spiritualität des 12. Jh.s macht. H.Sta.

AUSGABEN: Köln ca. 1478 (in *Opuscula*). – Paris 1854 (ML, 182). – Rom 1963 (in *Opera*, Bd. 3, Hg. J. Leclercq, C. H. Talbot u. H. M. Rochais).

ÜBERSETZUNGEN: *Ein Buch von der Liebe Gottes*, R. Riepl, Paderborn 1892. – *Abhandlung über die Gottesliebe*, K. Hartmann, Mainz 1921.

LITERATUR: J. M. Bover, *La contemplación para alcanzar amor y la doctrina de san Bernardo sobre el amor de Dios* (in Manresa, 6, 1930, S. 320–326). – E. Gilson, *Maxime, Érigène et saint B.* (in *Aus der Geisteswelt des Mittelalters, Fs. M. Grabmann*, Bd. 1, Mchn. 1935, S. 188–195). – *Dictionnaire de spiritualité ascétique et mystique*, Bd. 1, Paris 1937, S. 1463f.; 1474–1481 u. ö. – P. Delfgaauw, *La nature et les degrés de l'amour selon saint B.* (in *Saint B. théologien. Actes du Congrès 15–19 sept. 1953*, Analecta Sacri Ordinis Cisterciensis, 9, 1953, S. 234–252). – C. Butler, *Western Mysticism. The Teaching of Augustine, Gregory and Bernard on Contemplation and the Contemplative Life*, NY 1966.

DE GRADIBUS HUMILITATIS ET SUPERBIAE

(mlat.; *Über die Stufen der Demut und des Stolzes*). Theologisch-asketische Lehrschrift von BERNHARD VON CLAIRVAUX, in der er vor 1124 seine Unterweisung der ersten Mönche im Kloster von Clairvaux zusammenfaßte; er widmete die Schrift

Gottfried, dem Bischof von Langres, und machte damit deutlich, daß seine Beschreibung christlicher Lebenspraxis keineswegs auf die klösterliche Lebensweise beschränkt bleiben sollte. – Daß Erziehung und geistliche Führung junger Mönche der Entstehungshintergrund dieses Werkes war, bleibt allerdings unübersehbar, denn all die illustrativen Beispiele, mit denen Bernhard Haltungen der Demut und des Stolzes erklärt, entstammen dem Leben der klösterlichen Gemeinschaft. Auch in diesem Werk fällt vor allem eine realistische Einschätzung menschlicher Schwächen auf, die übrigens in allen bedeutenderen Schriften Bernhards psychologische Menschenkenntnis offenbart; er begründet diese vorsichtige Einschätzung menschlicher Leistungsfähigkeit auf dem Weg zur Untadeligkeit der Lebensführung eines Christen mit persönlicher Erfahrung von Unzulänglichkeit und Mangel an Beständigkeit. Dieses Eingeständnis seiner eigenen Fehlbarkeit bringt ihn in Übereinstimmung mit der Grundforderung spiritueller Lebensführung. Demut ist nämlich die unverzichtbare und unersetzbare Grundlage geistiger Vervollkommnung des Christen. Der Aufstieg zu Gott kann nur auf einer Basis gelingen, die die selbstgewählte Erniedrigung und Demütigung Jesu bewußt nachzuvollziehen versucht. Bernhard stellt fest, daß Menschwerdung und Leiden Gottes in Jesus das zentrale Mysterium des Glaubens bilden, wodurch wir der Tatsache gewahr werden sollten, daß demütige Anerkennung unserer menschlichen Schwächen und Leidensbereitschaft und -erfahrung uns erst befähigt, die Stufe wirklicher Nächstenliebe zu erklimmen und damit Gott einen Schritt näher zu kommen. Erst von hier kann der Mensch dann fortschreiten zur tatsächlichen Betrachtung der ewigen, himmlischen Dinge, der unvergänglichen Wahrheit Gottes. Demut, Nächstenliebe und Kontemplation sind für Bernhard also nicht nur Stufen einer asketischen Lebensweise, sondern zugleich unersetzbare Elemente der Erweiterung menschlicher Erkenntnis, sozusagen die natürliche, anthropologische Grundlage der gnadenhaften Teilhabe an den Mysterien der Offenbarung.

Diese positive Darstellung ergänzt er im zweiten Teil seiner Schrift mit einer Beschreibung der zwölf Grade menschlicher Selbstherrlichkeit; die verschiedenen Ausformungen des Stolzes erscheinen hier als Verzerrungen des Erkenntnisvermögens. Sie alle beruhen auf der Weigerung, die Beschränkungen und Unzulänglichkeiten der menschlichen Natur für sich selbst anzuerkennen. Die Abstufungen solch unangemessenen Verhaltens reichen von ungezügelter Wißbegierde bis zu verstocktem Beharren auf einem lasterhaften Lebenswandel. Dieser Kontext gibt Bernhard reiche Gelegenheit, Formen des Stolzes durch verbreitetes Mißverhalten in der Lebensweise von Mönchen zu illustrieren. So kritisiert er beispielsweise jene, die ihre Frömmigkeitsübungen gern so ansetzen, daß sie auffallen und denen imponieren, die solche Taktiken nicht durchschauen: sie fasten etwa an Tagen, an denen die Klostergemeinschaft vom Fasten entbunden ist, oder sie ziehen sich zum Gebet zurück, wenn die übrigen sich zur Erholung im Kreuzgang sammeln. Bernhard spielt in seinen Beispielen deutlich auf Jesu Kritik am Verhalten von Pharisäern an (etwa *Lukas-Evangelium*, 18,9–14) und bindet damit seine theologisch-philosophischen Überlegungen zur asketischen Lebenspraxis in den schlichten Kontext der Parabeln Jesu bzw. der neutestamentlichen Lehren im allgemeinen ein. H.Sta.

AUSGABEN: Modena 1491 (in *Opuscula*). – Paris 1854 (ML, 182). – Rom 1963 (in *Opera*, Bd. 3, Hg. J. Leclercq, C. H. Talbot u. H. M. Rochais).

ÜBERSETZUNG: *Über die Gnade der Demuth*, J. B. Mayer, Landshut 1842 (in *Drei kleinere Schriften*).

LITERATUR: J. Ries, *Das geistliche Leben in seinen Entwicklungsstufen nach der Lehre des hl. B. v. C.*, Freiburg i. B. 1906. – *Dictionnaire de spiritualité ascétique et mystique*, Bd. 1, Paris 1937, S. 1462f. u. ö. – J. Leclercq, *Le premier traité authentique de saint B.?* (in Revue d'Histoire Ecclésiastique, 48, 1953, S. 196–210). – P. Fuentes Crespo, *Vida espiritual religiosa según san Bernardo de Claraval*, Madrid 1961. – I. Vallery-Radot, *Bernhard de Fontaines, abbé de Clairvaux ou Les noces de la gráce et de la nature*, Tournai 1963.

FRANCESCO BERNI

* 1497(?) Lamporecchio / Prov. Pistoia
† 26.5.1535 Florenz

DAS LYRISCHE WERK (ital.) von Francesco BERNI.
Die Dichtungen Bernis zählen zu den lebendigsten Werken der italienischen Literatur im 16. Jh., und sie haben bis heute nichts von ihrer Komik und ihrem parodistischen Geist eingebüßt. Der Autor knüpft mit seinen Gedichten an die burlesken Traditionen des 13. bis 15. Jh.s an und distanziert sich damit zugleich vom Klassizismus P. BEMBOS (1470–1547), der die literarische Szene beherrschte. Bernis umfangreiches, erst von seinem Florentiner Landsmann Antonio Francesco GRAZZINI gen. Il Lasca (1503–1584) zusammenhängend publiziertes lyrisches Werk besteht hauptsächlich aus Sonetten, geschweiften Sonetten und sogenannten Capitoli, d. h. längeren Terzinengedichten. Seine Themen sind vielfältig, sie stammen entweder aus dem politischen und höfischen Leben (Berni stand längere Zeit in kirchlichen Diensten in Rom) oder greifen alltägliche Begebenheiten und Objekte auf, um durch das parodistische Bedichten niederer Gegenstände Komik zu erzeugen. Besonders berühmt sind die Capitoli über eine Überschwemmung (*Capitolo del diluvio*), über die Aale (*Capitolo*

dell'anguille) und über den Nachttopf *(Capitolo dell'orinale)*. Ein Sonett *(Il papa non fa altro che mangiare)* stellt die Ärzte des Papstes bloß, weil sie diesen, obwohl er sich bester Gesundheit erfreut, zu Tode kurieren. Auch Obszönes und erotische Anspielungen läßt Berni vielfach einfließen. Stilistisch pflegt er spielerische Variationen und Überraschungseffekte, streut gelehrte oder deftige Wendungen ein und arbeitet, obwohl er sich als Faulpelz stilisiert, akribisch an der endgültigen Fassung der Texte. Den Einzug Karls V. in Bologna bedichtet Berni, indem er die Verse jeweils mit dem Vornamen der dabei anwesenden Fürsten beginnen und sie dann auf ein völlig unpassendes, aber die Einzelverse verklammerndes Attribut enden läßt, ohne daß ein einziges Verb gebraucht wird.
Einige frauenfeindliche Gedichte und besonders das Sonett *Chiome d'argento fino, irte e attore (Locken von feinem Silber, struppig und zerzaust)* haben die Kritik dazu veranlaßt, den Autor der Strömung des Anti-Petrarkismus zuzuordnen. Bei dem Sonett handelt es sich um eine Verballhornung des petrarkistischen Frauenlobes und gleichzeitig um eine Parodie auf ein Gedicht Bembos, denn Berni besingt mit den Kostbarkeitsmetaphern des traditionellen Schönheitskatalogs eine häßliche Alte. Haupthaar wie Silber, Lippen wie Milch oder Zähne wie Ebenholz sind die grotesken Bilder, die den Leser erfreuen wollen, ohne eine ernsthaften Umsturz der petrarkistischen Tradition zu beabsichtigen. Berni partizipiert lediglich parodierend an den Verfahren einer Dichtungsauffassung, die sein Jahrhundert weitgehend bestimmt und neben der sein eigenes burleskes Dichten eine untergeordnete Rolle spielt.
Obwohl sich Berni nicht der Sprachauffassung Bembos unterwirft, verfügt er doch über eine hohe sprachliche Kompetenz, die sich, neben der Virtuosität seiner Gedichte, vor allem in der Umarbeitung von BOIARDOS *Orlando innamorato* auf der Basis des Toskanischen des 16. Jh.s niederschlägt. Diese Arbeit hat dem Autor bei seinen Zeitgenossen den größten Ruhm eingetragen. Als Lyriker fand er neben Grazzini in Agnolo FIRENZUOLA (1493–1543) und Annibal CARO (1507–1566) durchaus nicht unbedeutende Nachahmer, so daß von einer burlesken, durch Berni geprägten Dichtungstradition im 16. Jh. gesprochen werden kann. U.P.

AUSGABEN: Florenz 1548 u. 1552 (in *Il primo e il secondo libro dell'opere burlesche del Berni e d'altri autori*, Hg. Il Lasca). – Florenz 1865 (in *Poesie e lettere*, Hg. G. Gargiolli). – Florenz 1934 (in *Poesie e prose*, Hg. E. Chiòrboli). – Rom 1945, Hg. G. Macchia. – Turin 1969, Hg. G. Bárberi Squarotti [m. Einl.].

LITERATUR: A. Graf, *Petrarchismo e antipetrarchismo* (in A. G., *Attraverso il Cinquecento*, Turin 1888). – E. Sorrentino, *F. B., poeta della scapigliatura del Rinascimento*, Florenz 1933. – A. Momigliano, *Il B. e i Berneschi* (in A. M., *Elzeviri*, Florenz 1945). – E. Loos, *Die italienischen Dichtungen*

F. B.s (in RJb, 11, 1960). – M. Marti, *F. B.* (in *Letteratura italiana. I minori*, Bd. 2, Mailand 1961, S. 1085–1110). – R. Lefevre, *L'impareggiabile conte F. B.* (in L'osservatore romano, 2. 3. 1966). – C. Mutini, *Idee per B.* (in C. M., *L'autore e l'opera. Saggi sulla letteratura del Cinquecento*, Rom 1973). – S. Longhi, *Le rime di F. B.* (in Studi di filologia italiana, 34, 1976, S. 249–299). – E. Mazzali, Art. *F. B.* (in Branca, 1, S. 284–288).

BEROALDE DE VERVILLE

d.i. François Brouart
* 28.4.1558 Paris
† 15.12.1626 Tours

LE MOYEN DE PARVENIR, œuvre contentant la raison de tout ce qui a esté, est et sera

(frz.; *Das Mittel zum Erfolg, mitsamt den Gründen für alles, was war, ist und sein wird*). Lukianischer Dialog von BEROALDE DE VERVILLE, entstanden um 1580, Erstdruck 1610. – Beroalde de Verville schildert in diesem Buch ein fiktives Gastmahl; als Gastgeberin fungiert Dame Sagesse, der Hausherr ist Beroalde selbst. Die Gäste des Symposiums sind berühmte Männer und Frauen aus Antike und Gegenwart. Es kommt zu heiter gelehrten Tischgesprächen, bei denen in wechselnden Konstellationen Herodot mit Erasmus, Pythagoras mit Leone Ebreo oder Alkibiades mit Martial und Marguerite de Valois diskutieren. Diktion und Inhalt der Äußerungen sind dem jeweils Sprechenden angepaßt, sei es, daß sein Stil parodiert, seine Lehrmeinung hinterhältig ad absurdum geführt oder ihm schlichtweg das Gegenteil dessen in den Mund gelegt wird, was seinen tatsächlichen Ansichten entspricht. Nichtiges und Ungereimtes wird scheinbar ernsthaft und mit argumentativen Finessen behandelt. Eingestreut sind eine Fülle von Bonmots, Anekdoten und Novellen.
Beroalde erzählt flüssig und gewandt, in gutmütig spöttischem Ton, bisweilen auch weitschweifiger als erforderlich. Das mutwillige Unterbrechen der Rede ist zum Strukturprinzip erhoben. Die Anekdoten und Schwänke sind durchweg derb, an urwüchsiger Obszönität stehen sie den *Facetien* POGGIOS in nichts nach. – Welchen Wert man diesem in der Tradition der menippäischen Satire Lukians stehenden Werk beimaß, geht daraus hervor, daß man es lange Zeit RABELAIS zuschrieb, beziehungsweise annahm, Beroalde habe das Manuskript in Rabelais' Nachlaß gefunden und, mit einigen Änderungen versehen, abgedruckt. K.Rei.

AUSGABEN: o. O. 1610. – Paris 1841, Hg. P.-L. Jacob. – Paris 1896, Hg. Ch. Royer [m. Glossar u.

Index]; Faks. Genf 1970. – Paris o. J. [1947]. – Aix-en-Provence 1984, Hg. H. Moreau u. A. Tournon [krit.]. – Nizza 1985, Hg. u. Anm. I. Zinguer.

ÜBERSETZUNG: *Der Weg zum Erfolge*, M. Spiro, Bln. 1914.

LITERATUR: H. Reiche, *»Le moyen de parvenir«, mit besonderer Berücksichtigung der Verfasserfrage*, Diss. Lpzg./Coburg 1913. – V.-L. Saulnier, *Étude sur B. de V.* (in BdHumR, 5, 1944, S. 209–326). – R. D. Valette, *»Le moyen de parvenir« de B.* (in Cahiers du Sud, 60, 1965, S. 283–294). – *»Le moyen de parvenir«*, prés. par M. Chaillou (in NRF, I. 1. 78, S. 184–192). – A. Tournon, *La composition facétieuse du »Moyen de parvenir«* (in Réforme, Humanisme, Renaissance, 7, Mai 1978). – I. Zinguer, *Structures narratives du »Moyen de parvenir« de B.*, Paris 1979. – M. Giordano u. J. L. Pallister, *B. »Le moyen de parvenir«. Bibliographic Notes*, Paris/Tübingen 1981. – B. C. Bowen, *Words and the Man in French Ren.iissance Literature*, Lexington 1983, S. 110–129). – M. Renaud, *Pour une lecture du »Moyen de parvenir«*, Clermont-Ferrand 1984. – A. A. Renaud, *Quest and Process in »Moyen de parvenir«* (in OCrit, 11, 1986, S. 95–116).

PETĂR BERON

d.i. Petăr Chadžiberovič

* Oktober 1800 Kotel
† 21.3.1871 Craiova / Rumänien

LITERATUR ZUM AUTOR:
C. Minkov, *P. B.* (in *Istorija na bălg. literatura*, Sofia 1966, Bd. 2, S. 129–144). – G. Schischkoff, *P. B. (1798–1871). Forscherdrang aus dem Glauben an die geschichtliche Sendung der Slawen*, Meisenheim am Glan 1971. – N. Băčvarova u. M. Băčvarov, *D-r P. B. Život – dejnost – naturfilosofija*, Sofia 1975. – G. Petkov, *Dokumenti za d-r P. B. ot Archiva na gr. Krajova* (in Izv. dărž. Arch., 39, 1980, S. 169–199). – K. Topalov, *P. B.* (in *Tvorci na bălgarskata literatura*, Sofia 1980, Bd. 1, S. 242–251). – Ch. Părvev, *Das Verdienst von Dr. P. B. und Dr. Ivan Bogorov beim Aufbau der neubulgarischen Schriftsprache* (in *Bulgarische Sprache, Literatur und Geschichte*, Neuried 1980, S. 141–156). – Ders., *Mjasto i rolja na d-r P. B. v istorijata na bălgarskija nacionalen knižoven ezik* (in Bălg. Ezik, 32, 1982, S. 287–295).

RIBEN BUKVAR

(bulg.; *Fischfibel*). Didaktisches Werk von Petăr BERON, erschienen 1824. – Lag die Realisierung eines nationalen Bildungsprogramms (nach der Parole »Durch Bildung zur Freiheit«) zur Zeit der bulgarischen »Wiedergeburt« (1762–1878) zunächst in Händen von Geistlichen wie PAISIJ CHILENDARSKI und SOFRONI VRAČANSKI, so erhielt die Aufklärung nun in Beron ihren ersten und einen der führenden weltlichen Vertreter. Mit dem ursprünglich *Bukvar s različni poučenija (Fibel mit verschiedenen Unterweisungen)* betitelten Büchlein, das aber wegen der Abbildung eines Delphins am Ende des Textes ausschließlich unter dem Titel *Riben bukvar* Eingang ins Volk fand und äußerst populär wurde, löste der Verfasser eine Revolution auf dem Gebiet des gesamten bulgarischen Bildungswesens aus. Eher eine kleine Enzyklopädie als ein Elementarschulbuch, vertritt die *Fischfibel* die Auffassung einer umfassenderen, vor allem mehr weltlich orientierten Bildung sowie humanerer Erziehungsmethoden. Der weitgereiste Arzt, Kaufmann und Naturphilosoph Beron suchte durch sein Pädagogikwerk Anschluß an die europäische Bildung zu gewinnen, die über die griechische Aufklärung in immer stärkerem Maß in Bulgarien Eingang fand und somit die Gefahr einer zunehmenden Hellenisierung des Bürgertums mit sich brachte.

In seinem programmatischen Vorwort fordert Beron, daß in der Schule nicht Kirchenslavisch, sondern die lebende Volkssprache gelehrt und geübt werden solle (Beron selbst bedient sich der ostbulgarischen Mundart und wird damit einer der Schöpfer der modernen bulgarischen Schriftsprache, die auf der ostbulgarischen Volkssprache basiert). Für das Lesenlernen schlägt er die zeitgemäßere Lautiermethode (statt der veralteten Buchstabiermethode) vor. Weiter lehnt er es ab, die Schüler mit dem mechanischen Erlernen von Gebeten zu belasten, bevor sie *»nicht einmal ihren Namen schreiben lernten«*. Er empfiehlt eine Reform des Elementarunterrichts durch Einführung der von BELL und LANCASTER erarbeiteten (und in rumänischen Schulen bereits realisierten) allelodidaktischen Methode, die besagt, daß fortgeschrittene Schüler den Lehrer – in einer Art Arbeitsgemeinschaft – bei der Unterrichtung der jüngeren unterstützen und dabei selbst – nach dem Prinzip der Wechselseitigkeit – wissensmäßig profitieren. In acht Abschnitten bietet Beron eine Beispielsammlung leicht faßlichen, d.h. dem kindlichen Auffassungsvermögen angepaßten Lehrmaterials. Nach einem kurzen Abriß der bulgarischen Grammatik folgen neubulgarische Gebete, Sprichwörter, Aussprüche griechischer Klassiker, Belehrungen, Fabeln und Märchen. Unter anderem werden *Die Bürgschaft* und *Die Kraniche des Ibikus* von SCHILLER nacherzählt. Zum ersten Mal macht Beron seine Schüler aber auch mit naturkundlichen Stoffen, z.B. der Salz- und Zuckergewinnung bekannt. Durch die Abbildung exotischer Tiere will er eine anschaulichere Vorstellung zoologischer Begriffe vermitteln. Schließlich führt der letzte Abschnitt mit Beispielen der vier Grundrechnungsarten in die Arithmetik ein.

Dem Autor standen russische, serbische und griechische Vorlagen zur Verfügung, die er geschickt für seine *Fischfibel* zu benutzen wußte. Besonders das *Eklogarion* (1804) des Griechen Dimitrios DARVARIS scheint ihm wichtige Anregungen vermittelt zu haben. Berons Ideen verwirklichten sich 1835 mit der Eröffnung der ersten weltlichen bulgarischen Grundschule in Gabrovo, die Vasil E. APRILOV, ein Vertreter des ökonomisch erstarkenden Bürgertums und selbst Autor einer progressiven Schrift über das Bildungswesen in Bulgarien, durch seine finanzielle Unterstützung ermöglichte.

D.Ku.

AUSGABEN: Kronstadt 1824. – Sofia 1964 [Hg. S. Stojkov].

LITERATUR: Ch. Negencov u. N. T. Balabanov, *Sbornik Dr. P. B. po slučaj stogodišninata na »Riben bukvar«*, Sofia 1926. – B. Penev, *P. B.* (in *Istorija na novata bǎlg. literatura*, Bd. 3, Sofia 1933, S. 408–437). – V. Pundev, *»Riben bukvar« Istorikoliteraturna studija* (in Spisanie na BAN, 63, 1942, H. 3, S. 37–81). – M. Vǎglenov, *Filoložkite zanimanija i vǎzgledi na Dr. P. B.* (in Bǎlg. Ezik, 1959, H. 2, S. 141–153). – *P. B. Izsledvanija i materiali*, Sofia 1962. – K. Genov, *»Ribnijat bukvar« na B. i »Eklogarǎt« na Darvaris*, Sofia 1962. – L. Andrejčin, *Ezikǎt na »Riben bukvar« i bǎlg. knižoven ezik* (in Bǎlg. Ezik, 1964, H. 2/3, S. 101–104). – Ž. Atanasov, *P. B. i »Riben bukvar«*, Sofia 1964. – R. Rusinov, *Redakcionnite promeni v »Ribnija bukvar« i izgraždaneto na bǎlgarskija knižoven ezik* (in Ezik i Literatura, 29, 1974, 2, S. 1–11). – J. Roth, *P. B. und seine »Fischfibel«. Ein Beitrag zur geistigkulturellen Entwicklung Bulgariens im 19. Jh.* (in Heidelberger Jahrbücher, 26, 1982, S. 113–133). – V. P. Vasilev, *Ezikǎt na Bukvara na P. B. ot XIX v. v srǎvnenie s rakopisi ot načaloto ot XVII i XVIII v.* (in Palaeobulgarica, 8, 1984, 2, S. 111–118).

BÉROUL

12. Jh.

LE ROMAN DE TRISTAN

(afrz.; *Der Roman von Tristan*). Höfischer Roman von BÉROUL. – Diese nur fragmentarisch überlieferte Tristandichtung zerfällt in zwei deutlich voneinander abgesetzte Teile. Vom Verfasser ist lediglich der Name bekannt. Dabei bleibt umstritten, ob Béroul, wie sich der Autor an einer Stelle des Versromans nennt, nur den ersten, archaischer wirkenden Teil verfaßt hat oder beide Teile des Fragments. Umstritten wie die Frage der Autorschaft ist die Datierung. Die Annahme, das Werk sei »um 1191« entstanden, stützt sich auf eine Konjektur im Text; wird diese – wie von der neueren Forschung – in Zweifel gezogen, so kann der erste Teil bis in die Jahre »vor 1170« zurückdatiert werden. – Der Inhalt des ersten Teils deckt sich mit der Version des Tristanstoffs, wie ihn der *Tristrant* des EILHART VON OBERG bietet. Béroul folgt damit der älteren, sogenannten spielmännischen Version und nicht der modernen höfischen, wie sein Zeitgenosse THOMAS D'ANGLETERRE in seinem Tristanroman musterhaft inaugurierte.

Die Handlung setzt mit dem belauschten Stelldichein im Baumgarten ein. Die vorausgehenden Abenteuer (Kampf mit Morolt, Irlandfahrten, Drachenkampf), die ihren Höhepunkt und Abschluß in der Minnetrankszene finden, fehlen also. Das Stelldichein endet mit einem Triumph der Liebenden, die vor den Lauschern, Marke und einem Zwerg, Feindschaft heucheln, um damit ihre Unschuld unter Beweis zu stellen. Doch das nachfolgende Bettsprungabenteuer führt zur Aufdeckung des ehebrecherischen Verhältnisses und zur Verurteilung des Paars. Tristan, vom Liebesdrang besessen, springt in Isoldes Bett, obwohl Mehl zwischen ihre Betten gestreut wurde; eine alte Wunde bricht auf und hinterläßt auf Bett und Mehl ihre blutige Spur. Tristan kann sich der Hinrichtung entziehen und Isolde aus der Hand der Aussätzigen befreien, mit denen sie, einem grausigen Urteil Markes folgend, ihre verbotene Lust büßen soll. Das Paar entflieht vor den Häschern in den wilden Wald, wo es ein Leben in Liebeseinheit, doch ohne deren gesellschaftliche Repräsentation führt – die Dialektik von Minneleid und Minnefreude kann selbst hier nicht aufgehoben werden. – Ans Ende des Waldlebens schließt sich jener zweite Teil des Fragments an, der eine nur hier überlieferte Episode enthält. Marke lädt Isolde vor das Gericht des Artus, wo sie ihre Unschuld beeiden soll. Tristan, verkleidet als Aussätziger, erscheint, um der Geliebten beizustehen. Es schickt sich, daß er sie, als ihr Pferd in einem sumpfigen Graben versinkt, auf die Schultern nimmt und durch die Furt trägt. Nun kann Isolde vor Artus schwören, nie habe sie einen Mann zwischen den Schenkeln gehabt außer Marke, ihrem Gemahl, und diesem Aussätzigen.

Das Aussätzigenmotiv und das Motiv vom betrügerischen Eid, das in anderer Ausformung auch die höfische Version kennt, verschränken sich in dieser Episode. An ihr wird die Maxime exemplifiziert, daß der Liebende der Geliebten wegen krank wird und zum Lasttier. Daß das Aussätzigenmotiv diese extensive Ausformung erfuhr, mag von seiner unterschwelligen Faszinationskraft herrühren. Die Schöne im Arm des Aussätzigen evoziert, was meist an der Minne verhüllt bleibt: die krasse Sexualität und die Ambivalenz der Gefühlsregungen, die sie hervorruft. – Im Hang zum Sensationellen, in den formelhaften Anreden ans Publikum, den Anspielungen auf allgemein bekannte Sentenzen und Erzählmotive erkennt man den spielmännischen Dichter und die Erwartungen seines Publikums. Kausale Verknüpfungen und psychologische Durchdringung der Handlung, wie sie die höfischen Tristandichter anstreben, ist seine Sache nicht. Und dennoch: Das gut erfaßte sinnliche Detail, das rasche, zuweilen hektische Tempo der Erzählung, die Leidenschaft, die aus den Versen schlägt, machen die Béroulsche Fassung zur vielleicht angemessensten Gestaltung des Tristanstoffes. Stoffgeschichtlich stellt sie eine weiterentwikkelte spielmännische Fassung dar, das einzige greifbare Zwischenglied zwischen dem frühen Roman Eilharts von Oberg und dem programmatischen Neubeginn des Thomas. G.Schi.

AUSGABEN: Paris 1902–1905, Hg. J. Bédier, 2 Bde. – Paris 1903, Hg. E. Muret; 41974 (CFMA). – Oxford 1939, Hg. A. Ewert (Bd. 1; m. Einf., Glossar u. Index). – Paris 41947, Hg. M. L. Defourgues. – Paris 1956, Hg. P. d'Espezel [Vorw. J. Marx]. – Mchn. 1962 [frz.-dt.; Übers. U. Mölk]. – Paris 1978, Hg. J. C. Payen (Class. Garn.).

LITERATUR: M. K. Pope, *Note on the Dialect of B.'s »Tristan« and a Conjecture* (in MLR, 8, 1913, S. 189 ff.). – G. Schoepperle, *Tristan and Isolt.A Study of the Sources of the Romance*, Ffm. 1913, 2 Bde.; ern. Hg. R. S. Loomis, NY 1960. – F. M. Williams, *Notes on the »Tristan Romance«* (in Arthuriana, 2, 1920, S. 36–43). – S. Hofer, *Streitfragen zur altfranzösischen Literatur: Die Komposition des »Tristanromans«* (in ZfrzSp, 65, 1949, S. 256–288). – P. Le Gentil, *La légende de »Tristan« vue par B. et Thomas* (in RPh, 7, 1953/54, S. 11–129; dt. in *Der arthurische Roman*, Hg. K. Wais, Darmstadt 1970, S. 134–164). – Ders., *L'épisode du Morois et la significance du »Roman de Tristan« de B.* (in *Studia in honorem L. Spitzer*, Bern 1957, S. 267–274). – J. Caulier, *Glossaire complet du »Tristan« par B.*, Lüttich 1958. – G. Raymond de Lage, *Faut-il attribuer à B. tout le »Tristan«?* (in MA, 64, 1958, S. 249–270). – J. Frappier, *Sur deux passages du »Tristan« de B. I. vers 1909–1911; II. vers 3928–3954* (in Rom, 83, 1962, S. 251–258). – Ders., *Structure et sens du »Tristan«: version commune, version courtoise* (in Ccm, 6, 1963, S. 225–280; 441–454). – A. Vàrvaro, *Il »Roman de Tristan« di B.*, Turin 1963. – G. Raymond de Lage, *Du style de B.* (in Rom, 85, 1964, S. 518–530). – T. B. W. Reid, *On the Text of the »Tristan« of B.* (in *Medieval Miscellany Presented to E. Vinaver*, Ldn./NY 1965, S. 263–288). – G. Whitteridge, *The »Tristan« of B.* (ebd., S. 337–356). – J. Frappier, *La reine Iseut dans le »Tristan« de B.* (in RPh, 26, 1972, S. 215–228). – T. B. W. Reid, *The »Tristan« de B.*, Oxford 1972. – G. Andricu u. a., *Le roman de »Tristan« de B. Concordancier complet des formes graphiques occurrentes*, Aix-en-Provence 1974. – D. Poirion, *Le »Tristan« de B.* (in Inf. litt, 26, 1974, S. 199–207). – E. Baumgartner, *Du »Tristan« de B. au »Roman de Tristan en prose«* (in *Der altfranzösische Prosaroman*, Hg. E. Ruhe u. R. Schwaderer, Mchn. 1979, S. 11–25; Diskussion S. 26–45). – J.-C. Payen, *Le peuple dans les romans de »Tristan«* (in Ccm, 23, 1980, S. 187–198). – *La légende de Tristan au moyen âge*, Hg. D. Buschinger,

Göppingen 1982. – P. S. Noble, *B.s »Tristan« and the »Folie de Berne«*, Ldn. 1982. – J.-C. Huchet, *Les masques du clerc* (in Médiévales, 5, 1983, S. 96–116). – K. Holzermayr, *B. »Le roman de Tristan«* (in K. H., *Historicité et conceptualité de la littérature médiévale*, Mchn. 1984). – B. N. Sargent-Baur, *Between Fabliau and Romance* (in Rom, 105, 1984, S. 292–311). – V. Roloff, *Der Märchenwald als Traum* (in *Artusrittertum im späten Mittelalter*, Hg. F. Wolfzettel, Gießen 1984, S. 146–158). – J. Ribard, *Pour une interprétation théologique du »Tristan« de B.* (in Ccm, 28, 1985, S. 235–242).

JOHN BERRYMAN

* 25.10.1914 McAlester / Okla.
† 7.1.1972 Minneapolis / Minn.

DAS LYRISCHE WERK (amer.) von JOHN BERRYMAN.
Das Werk des primär als Lyriker hervorgetretenen John Berryman, das häufig kontrovers diskutiert und als idiosynkratisch, exzentrisch, manieriert bezeichnet wurde, aber auch wegen seiner unverkennbaren Sprache viele Leser fasziniert hat, steht unter dem Zeichen eines sich seit den fünfziger Jahren in der englischsprachigen Dichtung abzeichnenden Paradigmawechsels: von der modernistischen Poetik der »Impersonalität« T. S. ELIOTS und der »akademischen« form- und traditionsbewußten Lyrik, die am *New Criticism* TATES, RANSOMS oder BROOKS orientiert ist, zur sog. »*confessional poetry*« (etwa »bekenntnishafte Dichtung«). Wie ihre romantischen Vorgänger oder WHITMAN treten die vor allem dem POUND der *Cantos* verpflichteten Autoren (OLSON, GINSBERG, LOWELL u. a.) für eine erfahrungsnahe Lyrik der offenen, experimentellen Form und für die Priorität von Expressivität, Spontaneität und Intuition ein, demgegenüber der distanzierende und das dichterische Ich maskenhaft verhüllende Intellekt eine sekundäre Rolle spielt. Nicht mehr das künstlerische Artefakt, sondern das gelebte Leben steht im Vordergrund.
Berryman, der während seiner Studienzeit an der Columbia University (wo er Mark VAN DOREN als Lehrer und Freund begegnete) zu dichten begonnen hatte, orientierte sich zunächst vor allem an YEATS und AUDEN, die er beide – sowie D. THOMAS – während eines Forschungsaufenthalts in Cambridge und einer Irlandreise kennenlernte. In Buchform erschienen die Gedichte Berrymans, der 1939 D. SCHWARTZ als Freund gewann, kurzzeitig Lyrikredakteur von ›Nation‹ war, an den Universitäten von Detroit (1939), Harvard (1940) und (seit 1943) Princeton (mit R. BLACKMUR als Kollegen, W. S. MERWIN als Schüler) lehrte, 1940 in der Anthologie *Five Young American Poets (Fünf junge amerikanische Dichter)*. 1942 veröffentlichte er seine *Poems (Gedichte)*, 1948 erschien von Berryman,

der in der Zwischenzeit auch Kurzgeschichten sowie Essays über JAMES, FITZGERALD und eine psychoanalytisch konzipierte Studie über St. CRANE (1950) geschrieben hatte, die Sammlung *The Dispossessed (Die Enteigneten)*.

Während der bis etwa 1948 reichenden Schaffensphase schrieb Berryman im eher symbolistisch-unpersönlichen Stil, obwohl er andererseits immer wieder auch – von einer linksliberalen Position aus – politisch-gesellschaftliche Themen aufgriff. So zeigte sich etwa in dem Erfahrungen einer Deutschlandreise verarbeitenden Gedicht *Letter to His Brother (Brief an seinen Bruder)* das Bewußtsein einer auch in anderen Texten in Bildern der Dunkelheit oder der Nacht manifesten Bedrohung durch elementare Gewalten. Berryman sieht sich aber nicht nur durch den Faschismus, die Atombombe oder generell den Krieg bedroht, sondern versteht sich – wie die Modernisten insgesamt, insbesondere die Amerikaner – als ein ins geistige Exil getriebener Dichter, der sich allerdings, wie in *The Traveller (Der Reisende)*, subjektiv gar nicht so sehr von seinen Mitmenschen unterscheiden mag.

Während sich der Einfluß des politisch aktiven AUDEN vor allem in der teilweise als überzogen bezeichneten Rhetorik und dem zuweilen sardonischen Ton zeigt, ist Berryman in formaler Hinsicht Yeats verpflichtet, den er weniger nachahmen, der er vielmehr »*sein*« wollte (Berryman 1965). Vor allem die meditativen Gedichte wie *The Statue (Die Statue)* oder *Meditation* sind der Yeatsschen achtzeiligen Strophe und der Technik unterschiedlicher Zeilenlängen und Reimarten verpflichtet. Yeats habe ihn zwar vor dem Einfluß von Eliot und Pound bewahrt, aber auch daran gehindert, eine eigene Sprache zu entwickeln.

Wie die Gedichte in *The Dispossessed* (1948) verraten, entspricht jedoch dem Gefühl einer allgemeinen, durch Krieg und Gewalt bedingten Verlorenheit das eines persönlichen Verlustes. Dies Bewußtsein, das sich offensichtlich, wie das spätere Werk verrät, aus dem Selbstmord des Vaters (1926) herleitet, findet man etwa in *The Ball Poem (Ballgedicht)*: Der davonspringende Ball ist für den Jungen ein Lernprozeß, den Berryman aus einer charakteristisch distanzierten Perspektive verallgemeinernd einer »*Epistemologie des Verlustes*« gleichsetzt. Trotzdem spürt man in den letzten Gedichten von *The Dispossessed* – in den oft schwer verständlichen Inversionen, den syntaktischen Inversionen und einem exzentrisch anmutenden Stil – den Übergang zur unverwechselbar persönlichen und autobiographisch fundierten Diktion des Spätwerks. Dies gilt vor allem für *The Nervous Songs*, neun dramatische Monologe mit Anklängen an RILKE.

Der Umschwung zeichnet sich in *Berryman's Sonnets* ab, die – 1947 entstanden – erst 1967 veröffentlicht wurden. Die 115 Sonette nach petrarkistisch-elisabethanischem Muster (Reimschema *abba abba cde cde*) sind zyklusartig, wie ein Tagebuch und im wesentlichen chronologisch, angeordnet. Sie erzählen rückschauend oder im Präsens von der leidenschaftlichen Liebe eines verheirateten Mannes (in Nr. 84 Berryman genannt) zu einer ebenfalls verheirateten Frau namens Lise zwischen März und August des Jahres 1947. Sonettform, klassische Anspielungen, Vergleiche zwischen Liebe und Seefahrt in einem PETRARCA und WYATT nachahmenden Gedicht (Nr. 15) oder die Bilder von Wind, Regen, Sturm, die ein inneres, emotionales Klima umschreiben, sind konventionelle Elemente, auch wenn Berryman die Metapher des gebrochenen Herzens auf ihren Realitätsgehalt befragt (Nr. 103). Andererseits mündet die Liebesbeziehung im Unterschied zum petrarkistischen Vorbild in den Ehebruch, der Berryman in Schuldgefühle stürzt (in Nr. 73 umschreibt er sie mit der KAFKAschen Parabel von der Strafkolonie). Das Wechselspiel zwischen physischem Verlangen und moralischen Skrupeln ist Basis für die nunmehr deutlich erkennbar werdende Berrymansche Diktion. Die variabel gehandhabte Sonettform ist der Rahmen, innerhalb dessen Berryman häufig durch parataktische Reihungen, deren Stakkato durch Folgen von einsilbigen Wörtern verstärkt werden, den Eindruck einer drängenden, emotional intensiven Sprechweise erreicht, die durch syntaktische Brüche, Regelverstöße, Wortneuschöpfungen, Assonanzen, unreine Reime, enjambementartig zerrissene Komposita zum Zeilenwechsel verstärkt wird: »*Gefangen in meinem Rippenkäfig pocht und schmerzt etwas*«; und »*Ich will einen Vers frisch wie die Luftblase, die zerplatzt*« (Nr. 23).

Wenn Berryman in den Sonetten ein Dichter mit zwei Stimmen (einer öffentlichen und einer privaten) ist (J. M. Linebarger), dann trifft das gleicherweise auf *Homage to Mistress Bradstreet* zu, 1948 begonnen, 1953 ohne Anmerkungen in der ›Partisan Review‹, 1956 in einer mit feinen Zeichnungen ausgestatteten Buchausgabe erschienen. R. LOWELL hat diese »Huldigung« an die erste amerikanische Dichterin Anne BRADSTREET als »*das einfallsreichste historische Gedicht unserer Literatur*« bezeichnet, u. E. WILSON hat vom »*bemerkenswertesten langen Gedicht eines Amerikaners seit Eliots* ›*Waste Land*‹« gesprochen. Die 57 den Yeatsschen Achtzeiler frei variierenden Gedichte (die Zeilen weisen häufig jeweils 5-3-4-5-5-3-6 Hebungen auf, die erste und letzte reimen immer, die zweite und siebte manchmal) setzen thematisch die Sonette fort. Im Zentrum, dem allerdings formal nicht abgesetzten dritten Teil (Nr. 25–39), beginnt ein Liebesdialog zwischen der Dichterin des 17. Jh.s – Kinderstimmen mahnen sie schließlich wieder an ihre Pflichten – und dem modernen Autor mit der Vision zum Schluß von Männern »*in Schützenlöchern. Reaktorstäbe wirken still wie Raufrost Hirnödem*«. Im zweiten und vierten Teil (Nr. 4–25 bzw. 39–53) spricht Anne über ihre ersten Erfahrungen in der Neuen Welt, die durch Entbehrungen und Gefahren gekennzeichnet sind, sowie über die Zeit bis zu ihrem Tode. Berryman hat selbst von einer »*Folge von Rebellionen*« Annes gegen ihre Umwelt, die Ehe, ihr »*Leben der Krankheit, des Verlustes und des Alterns*«, gesprochen, Rebellionen, die stets in Unterwerfung einmündeten. Das Werk beginnt mit einer Invokation (Nr. 1–4), mit der der Dichter Anne imaginativ aus den Jahrhunderten heraufbeschwört, und endet mit einer Coda (Nr. 54–57) – *»Ich muß so tun, als ließ ich dich«*. Insgesamt handelt es sich um ein auch Originalzitate integrierendes erzählendes Gedicht. Wichtig sind dabei jedoch vor allem die emotionalen Entsprechungen zwischen Berryman und seiner poetischen *Persona* Anne Bradstreet: Sie teilen miteinander das Bewußtsein der äußeren und inneren Bedrohung des Individuums, auch wenn sie letztlich unterschiedliche Antworten finden. Sprachlich geht Berryman in seiner Huldigung den eingeschlagenen Weg einer eigenwillig sprunghaften, zuweilen an HOPKINS erinnernden Diktion und einem Sprachrhythmus weiter, *»so stark komprimiert und vorwärtsdrängend, daß er für sich aussagekräftig ist«* (J. Ciardi). Fünf der 1954 begonnenen *Dream Songs (Traumlieder)*, Berrymans Hauptwerk, erschienen 1959 im ›Times Literary Supplement‹; für die erweiterten *77 Dream Songs* erhielt er 1964 den Pulitzer-Preis, für *His Toy, His Dream, His Rest (Sein Spielzeug, sein Traum, seine Ruhe)* 1968 den National Book Award und die breite Anerkennung der Kritik; die 385 Gedichte erschienen 1969 dann gesammelt als *The Dream Songs*.

Berryman nennt die »fiktive Figur« dieser Gedichte Henry: Es ist *»ein weißer Amerikaner im mittleren Alter, manchmal mit schwarzem Gesicht* [wie in der *minstrel show*], *der einen nicht umkehrbaren Verlust erlitten hat und der manchmal über sich selbst in der dritten, manchmal in der ersten, manchmal sogar in der zweiten Person spricht«*. Während R. Lowell auf den am Vorbild Pound orientierten *»umfassenden«* Stil verwies, meinten andere, aufgrund des vermeintlichen *»sprachlichen Chaos«* mangele die Figur Henrys der ästhetisch erforderlichen Geschlossenheit (L. Bogan). Erst nachdem Berryman 1969 weitere Gedichte veröffentlicht hatte, wurde auch die Organisationsform dieses immer wieder Pounds *Cantos* an die Seite gestellten »Epos« allmählich klarer, eines zweifellos ambitionierten Werks, dessen Thema die Seinsweise des modernen Dichters und dessen Struktur die Offenheit der gelebten Existenz sein sollte.

Die *Dream Songs* bestehen aus jeweils drei sechszeiligen Strophen (Vorbild sind Yeats' *Words for Music Perhaps*) mit einem relativ festen metrischen Schema (5-5-3-5-5-3); Berryman hat selbst von »*erweiterten Sonetten*« gesprochen. Auch in diesem Falle ist das formale Ordnungsgefüge der Rahmen, innerhalb dessen Berryman die emotionale und psychische Vitalität kontrastierender Seiten eines Ichs artikulieren kann, das im Sinne des von ihm für eine postmoderne Poetik als wegweisend bezeichneten W. WHITMAN und nach dem Vorbild des *»Song for Myself«* die Funktion der Selbstanalyse und des Ichausdrucks erfüllt, diametral also der Eliotschen Poetik der »Impersonalität« des dichterischen Ichs entgegengesetzt. Henry ist insofern eine *Persona*, mit Hilfe derer Berryman die Gesamtheit individueller Persönlichkeitsaspekte und insbesondere die Zusammenhänge mit der traumatischen Erfahrung des väterlichen Selbstmords gestalten kann, um zugleich die übergreifenden kulturellen, religiösen und metaphysischen Implikationen vor allem für die amerikanische Kultur zu verdeutlichen. Die Fiktion des Traumartigen erlaubt es, Unbewußtes, konkret Wahrgenommenes und reflexive Elemente zwanglos miteinander zu verknüpfen (es gibt nur wenige tatsächliche Traumdramatisierungen). Berryman versucht dementsprechend auch stilistisch die unterschiedlichsten Arten modernen Empfindungsvermögens und Reagierens auf Krisen zu registrieren; die sprachliche Palette reicht von der gewählten und gelehrten Diktion über das Kolloquiale und den Slang bis hin zur kindlichen Redeweise. Darüber hinaus entwickelt Berryman seine an A. RIMBAUDS *Je est un autre (Ich ist ein anderer)* anknüpfende Technik wechselnder Pronomina für ein und dieselbe Person weiter, und er konzipiert im Rückgriff auf die *minstrel show* mit Mr. Bones und Mr. Interlocutor zwei Dialogpartner, die gleicherweise die Aspektvielfalt des Ich sinnfällig machen sollen. Obwohl in den beiden letzten Abschnitten der insgesamt siebenteiligen *Dream Songs* die dichterische Stimme einheitlicher wird, bleibt es doch bei einer *»dissonanten Musik einander widersprechender Gefühle und Stimmungen, die Hoffnung und Verzweiflung, Euphorie und Depression miteinander verbinden«* (B. Gustavsson).

Die *Dream Songs* geben in ihrer Gesamtheit wie WORDSWORTHS *The Prelude* oder Whitmans *Song of Myself* das Abbild eines reifenden dichterischen Ichs. Während für G. Q. ARPIN dieses Ich das in Verlusten – etwa verstorbener Dichterfreunde – manifestierte universelle Leiden auf sich nimmt und gleichzeitig poetisch verkörpert, um schließlich in der Familie Werte des Überlebens zu finden, verweist B. GUSTAVSSON auf die auch durch die Epigraphe programmatisch angedeutete Situation der Krise, in der sich Henry nach dem Selbstmord des Vaters und dem daraus resultierenden Glaubensverlust sowie, genereller, die Menschheit im 20. Jh. für Berryman befindet; aus dem Trauma und dem damit verknüpften Suizidverlangen könne sich Henry nur durch eine exorzistische Bannung seines toten Vaters befreien, um auf diese Weise dann auch die Unsicherheit menschlicher Existenz zu akzeptieren.

Eine Auswahl weiterer *Dream Songs* erschien 1977 unter dem Titel *Henry's Fate and Other Poems (Henrys Schicksal und andere Gedichte)*, herausgegeben von Berrymans Biographen John HAFFENDEN. Sie sind zur gleichen Zeit entstanden wie die späten, in die Sammlungen *Love & Fame (Liebe & Ruhm, 1970)* sowie *Delusions, Etc. (Täuschungen, Etc.*, 1972) aufgenommenen Gedichte, die teilweise die Schwächen der *»confessional poetry«* zeigen. Am 7. 1. 1972 beging Berryman, der seit langem Alkoholiker war, Selbstmord. U.Bö.

AUSGABEN: *Twenty Poems* (in *Five Young American Poets*, Hg. J. Laughlin, Norfolk, Conn., 1940). – *Poems*, Norfolk, 1942. – *The Dispossessed*, NY 1948.

– *Homage to Mistress Bradstreet*, NY 1956. – *Huldigung für Mistress Bradstreet* (engl. u. dt., üb. G. C. Schwebell, Nachw. v. W. Hasenclever, Hamburg 1967). – *Berryman's Sonnets*, NY 1967. – *The Dream Songs*, NY 1969 [enthält *77 Dream Songs*, 1964, und *His Toy, His Dream, His Rest*, 1968]. – *Love & Fame*, NY 1970, 2. Aufl. 1972. – *Delusions, Etc.*, NY 1972. – *Selected Poems 1938–1968*, Ldn. 1972. – *Recovery*, NY 1973 [Roman]. – *Henry's Fate and Other Poems*, NY 1977, Ldn. 1978. – *The Freedom of the Poet*, NY 1976 [Essays].

LITERATUR: L. Bogan, *Verse* (in The New Yorker 7. 11. 1964, S. 238–243). – R. Lowell, *The Poetry of J. B.* (in New York Review of Books, 28. 5. 1964, S. 2–3). – W. J. Martz, *J. B.*, Minneapolis 1969. – R. J. Kelly, *J. B. A Checklist*, Metuchen, N.J. 1972. – J. M. Linebarger, *J. B.*, Boston 1974. – E. C. Stefanik, Jr., *J. B. A Descriptive Bibliography*, Pittsburgh 1974. – S. G. Berndt, *B.'s Baedeker. The Epigraphs to The Dream Songs*, Derry 1976. – J. Conarroe, *J. B. An Introduction to the Poetry*, NY 1977. – G. Q. Arpin, *The Poetry of J. B.*, Port Washington, N.Y. 1978. – J. Haffenden, *J. B. A Critical Commentary*, NY 1980. – J. MacGuire, *J. B. Making a Poem of Self* (in Modern Poetry Studies 10, 1981, S. 174–189). – J. Haffenden, *The Life of J. B.*, Boston 1982. – P. Kameen, *Madness and Magic. Postmodernist Poetics and the Dream* (in Criticism, 24, 1982, S. 36–47). – R. J. Kelly, *J. B. A Ten Year Supplementary Checklist* (in Literary Research Newsletter, 7, 1982, S. 65–115). – B. Gustavsson, *The Soul Under Stress. A Study of the Poetics of J. B.'s Dream Songs*, Uppsala 1984. – L. Spencer, *Politics and Imagination in B.'s Dream Songs* (in Literature and History, 12, 1986, S. 38–47). – J. Haffenden, *J. B.* (in *American Poets, 1880–1945*, Second Series, Hg. P. Quartermain, Detroit 1986, S. 20–38).

JESAJA BERSCHADSKY

eig. Jesaja Domaschewitzky

* 25.10.1871 Samosz bei Grodno / Weißrußland
† 1908 Warschau

NEGED HA-SEREM

(hebr.; *Gegen den Strom*). Roman von Jesaja BERSCHADSKY, erschienen in vier Teilen 1901 ff. – *Neged ha-serem* ist der zweite Roman des Autors und stellt neben dessen erstem Roman *Be-en matara*, 1899 *(Ohne Ziel)*, insofern ein Novum in der hebräischen Literatur der Neuzeit dar, als die Personen nicht mehr wie bisher als bloße Träger von Ideen und infolgedessen als marionettenhafte Figuren erscheinen, sondern als ausgeformte Charaktere auftreten, die – ebenso wie ihr Denken, Fühlen und Handeln – realistisch beschrieben werden, so daß Berschadsky mit Recht als der Begründer des Naturalismus in der hebräischen Literatur gilt, die erst durch ihn den Anschluß an die zeitgenössische europäische Literatur gefunden hat. Entwickelt hat sich der Naturalismus in der hebräischen Literatur hauptsächlich unter dem Einfluß von DOSTOEVSKIJ und TOLSTOJ, nachdem der von romantischem Idealismus getragene Kampf der religiösen Freigeister des 19. Jh.s gegen die angeblichen Fesseln der Orthodoxie (vgl. auch *Megaleh temirin – Enthüllen des Verborgenen*, 1819, v. Joseph PERL) allmählich einer objektiveren, mehr realistischen Betrachtungsweise gewichen war, die auch in den Gegenwartsromanen Berschadskys ihren Ausdruck fand. Bei Berschadsky selbst kam als wichtiges Element noch hinzu, daß er seinem ganzen Naturell nach mehr zu realistischer als zu emotionaler Betrachtung der Dinge neigte.

Isaak Israelson, der »Held« des Romans, ein saturierter, wohlhabender Kaufmann, sieht sein Ideal weder in der Ultra-Orthodoxie noch im areligiösen Aufklärertum, sondern in der Harmonisierung althergebrachter Frömmigkeit mit dem modernen Leben. Es gelingt ihm jedoch nicht, seine Kinder nach seinen Vorstellungen zu erziehen, da sie sich für keinerlei Ideale begeistern können. Als sein Sohn Joseph in schlechte Gesellschaft gerät und ein liederliches Leben führt, beginnt der Vater an seinen eigenen bisherigen Idealen zu zweifeln und wählt als Verlobten für seine Tochter Lea einen jungen Mann mit zionistischer Weltanschauung, einer damals neuen geistigen Richtung, der Israelson bisher ferngestanden ist. Lea kann sich aber weder für den Mann noch für dessen Ideale erwärmen, und die Verlobung geht in die Brüche. So gelingt es Israelson nicht, »gegen den Strom« zu schwimmen, d. h. die Flut der Schwierigkeiten zu überwinden, die sich der Verwirklichung seiner Ideale entgegenstellen. – Die traurigen Lebenserfahrungen des Isaak Israelson werden in Berschadskys Roman nüchtern und realistisch dargestellt, fast allzu schmucklos und trocken.

Der Autor selbst fand keine Befriedigung in seinem Lehrerberuf. Kurz vor seinem Tod vernichtete er seine fast 2000 Seiten umfassenden Tagebuchaufzeichnungen. Seine letzten Kurzgeschichten und Skizzen wie seine frühen und bis dahin unveröffentlichten Texte wurden 1910 postum unter dem Titel *Ketavim Aharonim (Letzte Schriften)* zusammengefaßt. L.Pr.

AUSGABE: Warschau 1901 ff., 4 Bde.

LITERATUR: A. Ben-Or, *Geschichte der zeitgenössischen hebräischen Literatur*, Bd. 2, Tel Aviv 1955, S. 382/383 [hebr.]. – M. Waxman, *A History of -Owish Literature*, Bd. 4, NY/Ldn. 1960, S. 85–92. – G. Kressel, *Lexikon der hebräischen Literatur*, Bd. 1, Jerusalem 1965, S. 387/388. – G. Elkoshi, Art. *J. B.* (in EJ², 4, Sp. 694/695).

VITTORIO BERSEZIO

* März 1828 Peveragno
† 30.1.1900 Turin

LE MISERIE 'D MONSSÙ TRAVET

(ital.; *Die Leiden des Herrn Travetti*). Dialektkomödie in fünf Akten von Vittorio BERSEZIO, Uraufführung (unter dem Pseudonym Carlo Nugelli): Turin, 4. 4. 1863. – MANZONI bestätigte seinem Freund Bersezio, dieser habe im *Monssù Travet* »*die Wahrheit wiedergegeben, und zwar nicht jene, die sich ›Realismus‹ zu nennen pflegt*«. Diese »Wahrheit« ist die leidliche Misere des als »Faulpelz« (der Name »Travetti« spielt darauf an) verschrienen Beamten, der seinen Vorgesetzten auf Gnade und Barmherzigkeit ausgeliefert ist, bei dem die Festtage auf den Monatsersten fallen und der, ehe er vor einem Superioren katzbuckelt, ihm eines Tages alle Schikanen heimzuzahlen verspricht.
In diesem Teufelskreis der Mediokrität ist auch Signor Travetti (im Piemontesischen »Monssù Travet«) gefangen. Schon der erste Akt ist eine Tragikomödie für sich: Da steht kein Frühstück auf dem Tisch, denn »Madama«, die nach »Höherem« strebende Frau Gemahlin, liegt noch zu Bett, das Dienstmädchen muß auf den Markt, und Marianin, die Tochter, ist durch häusliche Arbeiten in Anspruch genommen. So kommt Travet verspätet ins Büro (Akt 2), versäumt es dort prompt, den neuen Vorstand mit dem ihm gebührenden Titel anzusprechen, und muß sich noch die – ihm allerdings ziemlich unverständlichen – Hänseleien seiner Kollegen gefallen lassen. Denn was alle Welt weiß, davon hat Travet noch keine Ahnung – der Herr Ministerialdirigent persönlich macht seiner Frau den Hof. Um seinen eindeutigen Absichten ein ehrbares Mäntelchen umzuhängen, lädt er das Ehepaar Travet ins Theater ein. Ihr Sohn, der kleine Carlin, will unbedingt mit, doch da er sich beim Essen zuviel zugemutet hat, mißlingt der festliche Abend (Akt 3). Bei der verfrühten Rückkehr in die Wohnung überrascht der geplagte Mann dort Marianin, den Bäcker Giacchètta und dessen Kompagnon Paolin, obgleich er doch diesem den nicht »standesgemäßen« Umgang mit seiner Tochter strikt verboten hat. Am nächsten Tag (Akt 4) kommt es zu einem Aufruhr im Ministerium: Travet wird vorgeworfen, er verkupple, um Karriere machen zu können, seine Frau. Jetzt platzt dem Ärmsten der Kragen, aber sein Ausbruch wird mit einer Strafversetzung nach Sizilien geahndet. Schließlich gerät alles wieder ins Gleichgewicht (Akt 5): Travet wird rehabilitiert, seine Frau verzichtet auf ihre gesellschaftlichen Ambitionen, Marianin darf ihren Bäcker heiraten, und Travet selbst findet nichts dabei, die Buchführung der Bäckerei zu übernehmen.
CROCE hat moniert, die sozialkritische Tendenz trete hier, falls überhaupt beabsichtigt, nicht deutlich genug in Erscheinung. Doch wollte Bersezio in dem an SCRIBE (*L'intérieur d'un bureau*) und COSTETTI (*Le mummie*) angelehnten Stück nicht anklagen, sondern – im Sinn des späteren *verismo* – einen Zustand schildern. Sein *Monssù Travet*, die Epopöe des kleinen Beamten, wurde zum großen Erfolgsstück des naturalistischen Theaters in Italien. Als Bühnenfigur wurde Travet – zumindest in Italien – nicht minder populär als sein tragischer russischer Amtskollege aus GOGOL's *Šinel'* (*Der Mantel*). Das der Tradition der dialektalen Stegreifkomödie entsprechende, von goldonianischem Realismus geprägte und darum weit über jeden Regionalismus hinausgreifende Stück mußte von Bersezio schon bald in die Hochsprache übersetzt werden; auch im Beamtenstaat Deutschland fand »Herr Travetti« Mitgefühl und begeisterten Beifall. PIRANDELLO, der gleichfalls seinen Beitrag zum Dialekttheater geleistet hat (vgl. *Liolà*), setzte sich eingehend mit *Monssù Travet* auseinander und entdeckte die dem Werk innewohnende tiefe Tragik. GARELLI benutzte Bersezios Stück als Vorlage für seine *Felicità 'd Monssù Guma*; Bersezio selbst schrieb eine – ziemlich schwache – Fortsetzung: *Le prosperità del signor Travetti*, 1871 (*Die steile Karriere des Herrn Travetti*). M.S.

AUSGABEN: Mailand 1871. – Mailand ²1876. – Turin 1945, Hg. R. Laguzzi [Dialektfassg.]. – Bari 1945 (in *Teatro italiano della seconda metà del-l'ottocento*, Hg. A. Croce, 2 Bde., 2). – Turin 1960 (in *Il teatro del secondo ottocento*, Hg. C. Bozzetti). – Mailand 1961 (*Le miserie e le prosperità del signor Travetti*, Hg. A. Jeri. – Turin 1980, Hg. G. Rizzi u. A. Malerba [krit.].

VERFILMUNGEN: Italien 1914 (Produktion: Ambrosio, Turin). – Italien 1946 (Regie: M. Soldati).

LITERATUR: D. Orsi, *»Monssù Travet« e la commedia in Piemonte*, Turin 1898. – G. Deabate, *Il giubileo di »Monssù Travet«* (in Letteratura, 13, Mai 1913). – B. Croce, *Letteratura della nuova Italia*, Bd. 1, Bari 1921. – G. Petrocchi, *V. B.* (in G. P., *Scrittori piemontesi del socondo ottocento*, Turin 1948, S. 9–21). – G. Calendoli, *Per una interpretazione de »Le miserie 'd Monssù Travet«* (in Dialoghi, 1954, Nr. 3–6). – G. Pullini, *Teatro italiano del Ottocento*, Mailand 1981. – A. Bozzoli, Art. *V. B.* (in Branca, 1, S. 290/291).

BERTHOLD VON HOLLE

13. Jh.

CRANE

(nd.; *Kranich*). Ritterepos in annähernd 5000 Versen von BERTHOLD VON HOLLE, entstanden um

1250. – Berthold stand dem Braunschweiger Hof nahe. Das Werk ist bis auf wenige Lücken in einer Handschrift aus Pommersfelden (1470) vollständig überliefert. Die fehlenden Stücke lassen sich aus anderen bruchstückhaften Überlieferungen ergänzen. – Das Thema des im höfischen Bereich spielenden Epos klingt in den ersten Vesen an: »*Nu wil ich iu tón bekant, wú ein getrúwe trúwe vant.*« – Der ungarische Königssohn Gayol flieht mit zwei Gefährten an den deutschen Kaiserhof. Durch Fürsprache finden sie dort Anstellung und verbergen sich unter den Namen Crane, Valke und Stare. Crane wird von tiefer Zuneigung zur Kaiserstochter Acheloyde ergriffen. Durch eine List erfährt ihr Vater von dem Verhältnis. Doch bevor er der Heirat der Liebenden zustimmen will, muß sich Crane in einem Turnier als Ritter erweisen. Wortreich malt der Dichter die Pracht des Turniers aus, an dem sich Ritter von fast allen europäischen Höfen beteiligen. Crane nimmt in der Verkleidung seines Marschalks daran teil und gewinnt den Preis. Trotzdem versagt der Vater seine Einwilligung zu dieser Verbindung, die ihm unstandesgemäß erscheint. Erst als Crane sich als der Königssohn Gayol zu erkennen gibt, kann die glänzende Hochzeit stattfinden, die – wie schon das Turnier – besonders phantasievoll und wortreich dargestellt wird.
In der Schilderung zahlreicher Abenteuer und Turniere wird der Grundgedanke der »Treue« in den verschiedenen Formen von Gefolgschaftstreue, Freundestreue und der Treue Liebender so vielfach variiert, daß man das Epos als eine »*Beispielsgeschichte zur Erläuterung des Begriffes Treue*« bezeichnet hat. Dabei gelang es Berthold, das Formelle der höfisch-ritterlichen Standeswelt zu überwinden und Treue als allgemein-menschliche Eigenschaft in den Mittelpunkt zu stellen. Die daraus gewonnene Lehre faßt der Dichter in den letzten fünfzig Versen zusammen.
Obgleich Form und Sprache das Vorbild der großen Artusromane von HARTMANN, WOLFRAM und RUDOLF VON EMS (letzterer mit seinem *Wilhelm von Orlens*) vermuten lassen, kann für Berthold keine direkte Quelle genannt werden. Der mit niederdeutschen Lauten stark durchsetzte Dialekt ist eine an das Mitteldeutsche angelehnte Literatursprache. Zwar eignet dem Epos Fabulierfreudigkeit und Beweglichkeit der Phantasie, es steht jedoch den Werken aus der höfischen Blütezeit nicht gleichwertig zur Seite. – Eine Nachwirkung dieser Dichtung zeigt sich im Lübecker Fastnachtsspiel *Crane, Valke und Stare* (1444) und in einer niederrheinischen Prosabearbeitung des 15. Jh.s. W. L.

AUSGABE: Nürnberg 1858 (in *B. v. Holle*, Hg. K. Bartsch, S. 17–188).

LITERATUR: J. Bolte, *Zum »Crene« B.s v. H.* (in NdJb, 18, 1892, S. 114 ff.). – A. Leitzmann, *Untersuchungen über B. v. H.* (in Beitr., 16, 1892, S. 1–48). – G. Cordes, *B. v. H.* (in Korrespondenzblatt d. Ver. f. Niederdt. Sprachforschung, 1938, 51, S. 19). – F. Urbanek, *Der sprachl. u. literar. Standort B.s v. H. u. sein Verhältnis z. ritterl. Standessprache am Braunschweiger Welfenhof*, Diss. Bonn 1952. – K. Stackmann, *B. v. H.* (in NDB, 2, 1955, S. 163). – De Boor, 2, S. 210–213. – G. v. Malsen-Tilborch, *Repräsentation und Reduktion. Strukturen späthöfischen Erzählens bei B. v. H.*, Mchn. 1971 [m. vollst. Bibliogr.]. H. Fromm, Art. *B. v. H.* (in VL², Sp. 813–816).

GIUSEPPE BERTO

* 27.12.1914 Mogliano Veneto
† 2.11.1978 Rom

LITERATUR ZUM AUTOR:
C. Piancastelli, *B.*, Florenz 1970. – E. Esposito, *Rassegna di studi su G. B.* (in Critica letteraria, 1, 1973). – O. Lombardi, *Invito alla lettura di B.*, Mailand 1974. – L. Giontella, *Il ›realismo simbolico‹ di G. B.* (in Letteratura italiana contemporanea, 5, 1984, Nr. 12, S. 403–433). – E. Ragni, Art. *G. B.* (in Branca, 1, S. 292–296).

IL BRIGANTE

(ital.; *Ü: Der Brigant*). Roman von Giuseppe BERTO, erschienen 1951. – Michele Rende, ein junger Soldat, kommt während des Zweiten Weltkriegs für vier Wochen auf Urlaub in sein Heimatdorf in Süditalien, weil sein Vater gestorben ist. Er hat auf verschiedenen Kriegsschauplätzen gekämpft und dabei ein Stück von der Welt gesehen. Nun kann er sich in der Enge und Beschränktheit des Milieus, aus dem er stammt, nicht mehr zurechtfinden. Den Leuten seines Dorfes, die noch ganz in ihrem alten Brauchtum leben, erscheint sein Verhalten oft sonderbar und kränkend. Doch auch er hat trotz allem noch etwas von der überkommenen Tradition im Blut, besonders, wenn es um Liebe, Ehre und Rache geht. Da zeigt sich, daß er ein Sohn dieser Erde ist, mit einem Hang zur Gewalttätigkeit, dessen er nicht Herr wird. So tötet er einen reichen Unternehmer des Dorfes, der seine, Micheles, Schwester verführt und ausgehalten hat. Michele wird zu dreizehn Jahren Zuchthaus verurteilt, kann aber in den Wirren des Zusammenbruchs entfliehen und in sein Dorf zurückkehren. Er tut so, als sei er begnadigt worden, und macht sich zum Anführer der armen, von den Großgrundbesitzern ausgebeuteten Pächter und Landlosen, um mit ihnen brachliegendes Land zu besetzen und neu zu verteilen. Bevor er sein Ziel erreicht, wird er wieder verhaftet, und die Bauern fallen in ihre alte Lethargie zurück. Michele, der den Menschen Gerechtigkeit bringen wollte, muß erkennen, daß ihm dies versagt ist, weil er selbst das Recht verletzt hat. Er entkommt noch einmal, setzt seinen privaten Feldzug der Blutrache fort, wird schließlich gestellt und von einem Gendarmen erschossen.

Der Erzähler des Romans, der in der Ichform berichtet, war zur Zeit der Handlung dreizehn Jahre alt und sah in Michele einen mythischen Helden, warb um seine Freundschaft und überwand mit seiner Hilfe die schmerzliche Einsamkeit der Zeit zwischen Kindheit und Reife. Das Vorbild des Freundes öffnet ihm die Augen für die sozialen Probleme seiner Heimat, und als Erwachsener fühlt er sich berufen, die unvollendete Landreform zu Ende zu führen. Durch diese Rahmenhandlung wird *Il brigante* zu einer Art Entwicklungsroman in der Atmosphäre der süditalienischen *miseria*. Mit beachtlicher Einfachheit des Stils wird hier ein Stück italienischer Wirklichkeit dargestellt. Die Tendenz zur sozialpolitischen Erziehung des Lesers ist freilich unüberhörbar. C.D.S.-KLL

AUSGABE: Turin 1951. – Mailand 1961. – Mailand 1974. – Mailand 1985, Hg. F. Roncoroni.

ÜBERSETZUNGEN: *Mein Freund, der Brigant*, Ch. Birnbaum, Hbg. 1952.– *Der Brigant*, dies., bearb. H. Malchow, Köln 1987.

LITERATUR: C. Bo, Rez. (in Fiera Letteraria, 4. 3. 1951). – L. Piccioni, »*Il brigante« di G. B.* (ebd., 31. 3. 1951). – P. Chiaro, Rez. (in Italia, 14. 4. 1951).

IL CIELO È ROSSO

(ital.; *Ü: Der Himmel ist rot*). Roman von Giuseppe BERTO, erschienen 1946. – Vier Halbwüchsige – Carla, Giulia, Tullio und Daniele – haben sich gegen Ende des Zweiten Weltkriegs in einer zerbombten norditalienischen Stadt in den Trümmern eines ehemaligen Bordells eingenistet. Verwaist und entwurzelt, suchen sie Halt und Hilfe in einer Art Familienleben, das sie miteinander führen. »*Von all der Verwüstung war ihnen im Bewußtsein geblieben, sie sei ein Unrecht. Auch ohne daß sie es wußten, wer die Schuld daran trüge, konnten sie sagen, das alles war ein Unrecht. Und dieses Bewußtsein machte sie frei von der Bindung an die Gesetze Gottes und die der Menschen.*« – Wie Tausende, die ziellos und verloren durch die zerstörten Städte Europas irrten, sind sie schon als Kinder mit Schwarzmarkt und Prostitution vertraut. Nur Daniele, der nach dem Tod seiner Eltern einem Internat entlaufen ist und von den andern hilfsbereit aufgenommen wurde, erkennt, daß es noch andere Wege geben muß. Er setzt sich von den Gefährten ab und geht mutig einer ungewissen Zukunft entgegen. Glück, Liebe und überwältigenden Schmerz hat er in dem Zusammenleben mit ihnen erfahren; kaum sechzehnjährig, hat er ein Leben gelebt.

Berto schrieb den Roman während seiner Kriegsgefangenschaft in Texas. Im Lager hatte er die moderne amerikanische Literatur kennengelernt, und seine Prosatechnik verrät den Einfluß des unpathetischen, Gefühlsäußerungen peinlich vermeidenden Realismus von Sherwood ANDERSON und HEMINGWAY. Allerdings beeindruckt das Thema des Romans stärker als sein Stil; ein italienischer Vertreter der *lost generation* erzählt, was er in den Straßen einer zerstörten Stadt gesehen hat: das Leben jener Kinder, die Curzio MALAPARTE die »*einzigen wahren Helden des Zweiten Weltkriegs*« nannte. *Il cielo è rosso* wurde in fast alle Weltsprachen übersetzt. 1947 wurde der Roman mit dem »Premio Strega« und 1948 mit dem »Premio Firenze di Letteratura« ausgezeichnet. M.S.

AUSGABEN: Mailand 1946. – Mailand 1957; [8]1980.

ÜBERSETZUNG: *Der Himmel ist rot*, C. Birnbaum, Hbg. 1949.

LITERATUR: E. Falqui, *G. B.*, »*Il cielo è rosso*« (in E. F., *Tra racconti e romanzi del novecento*, Messina/Florenz 1950, S. 186–190). – F. Casnati, »*Il cielo è rosso*« (in F. C., *Favole degli uomini d'oggi*, Mailand 1952, S. 2–124).

IL MALE OSCURO

(ital.; *Ü: Meines Vaters langer Schatten*). Roman von Giuseppe BERTO, erschienen 1964. – In seinem großen »Schmerz-Essay« (vgl. *La cognizione del dolore*) untersuchte GADDA am Beispiel des Mittvierzigers Gonzalo die Auseinandersetzung des Menschen mit sich selbst, die allmähliche Bewußtwerdung der »Krankheit zum Tode«. Denn um sie handelt es sich bei Gaddas *male oscuro*, dem »*unbekannten Leiden, dessen Ursache und dessen Äußerungen die Geschichte und die Gesetze und die universalen Lehrstühle beharrlich zu kennen verweigern: und das man in sich trägt durch den ganzen eiligen Ablauf eines Lebens, schwerer mit jedem Tag, ungeheilt*«. Dieses dunkle, geheimnisvolle Böse (»Leiden« und »Übel« sind im Italienischen identisch) greift Berto in seinem Titel auf, explizit es aber nicht, wie Gadda, an der alles Autobiographische barmherzig verhüllenden fiktiven Romanfigur, sondern mittels einer an eigener Person vollzogenen Bewußtseinsanalyse.

Der Ich-Erzähler (zu dem sich Berto offen bekannt hat), der als Kind wie ein artiges kleines Mädchen gekleidet wurde und der Mutter abgöttisch liebte, leidet – wie Gaddas Gonzalo – an der Allgegenwart des Vaters. Die Geschichte dieses Leidens ist die eines »*langen Kampfes mit dem Vater*«, dessen Schatten auf das Leben des Sohnes gefallen war. Der Vierzigjährige, ein erfolgreicher Filmautor, setzt sich nach dem Tod des Vaters mit diesem »Schatten« auseinander, mit dem Schuldkomplex, mit der sich folgerichtig zum Pathologischen steigernden fixen Idee, er habe die gewiß spürbare Liebe des Vaters nur deshalb nicht bemerkt, weil jener ihm stets »*auf der Seele herumtrampelte*«. Im Verschiebungsmechanismus der Zwangsneurose artet sein labiler Seelenzustand zur Hypochondrie aus. Besorgt, der jeweils behandelnde Arzt könne »*das einzig Wahre*« finden, nämlich »*die geistige Gegenwart des Vaters*«, treibt es ihn von Konsultation zu Konsultation. Praxisräume, Untersuchung, Operation, chinesische Akupunktur und homöopathische Therapie werden fortan zu seinem Lebensinhalt; sein Vokabular konzentriert sich auf Urologie, Radiologie, Zystokopie, Agraophobie, Klaustrophobie. Der physische Schmerz, der sich immer dann prompt einstellt, wenn er sich in eine Konfliktsituation hineinmanövriert hat (und zur fortwährenden Konfliktsituation wird die Ehe), wird ausgemacht als ein Gegner, »*der zum Angriff auf mein Ich ausging mit dem Ziel, es aufzulösen*«. Mit dem Scharfsinn des Hochintelligenten dringt der Kranke in das *mysterium tremendum* ein, in das alle Tiefen und Abgründe erschütternde Mysterium des Daseins; Morphium und Liebesrausch vermögen nur vorübergehend den physischen Schmerz zu betäuben. Wenn der Erzähler schließlich unter Anleitung eines Psychotherapeuten sich mit dem Vater identifizieren und sich so von dessen Autorität zu lösen vermag, dann hat er den schmerzlichsten Prozeß seiner psychischen Entwicklung überlebt.

Gadda hat den mit mehreren Literaturpreisen ausgezeichneten, ambitiösen Roman eingehend untersucht, gewürdigt und sich beeindruckt erklärt von der »*wildzerklüfteten und niederstürzenden Masse der erzählerischen Inspiration*«, aber auch von Bertos Technik, die »*den Angstzustand durch die Beschreibung der Neurose ausdrückt, die den Wahnsinn durch das scharfsinnige, rationale Einbohren zum Ausdruck bringt*«. Der durch Interpunktion kaum skandierte Wortstrom hält das natürliche Spannungsverhältnis zwischen dem unbestechlich beobachtenden Intellekt und dem, was an Unkontrollierbarem das Bewußtsein untergräbt, aufrecht: »*Die chronologische Aneinanderkoppelung der Satzperioden, die geradewegs zum Keuchen wird, vermittelt die Unruhe der landläufigen Vorstellungen, die kinematographische Treue der Personen und Charaktere, die unaufhaltsam in Bewegung sind, physisch wie psychisch.*« M.S.

AUSGABEN: Mailand 1964. – Mailand 1966; [22]1974. – Mailand 1985, Hg. u. Einl. C. E. Gadda.

ÜBERSETZUNG: *Meines Vaters langer Schatten*, S. Hurni-Maehler, Düsseldorf 1968.

LITERATUR: G. Vigorelli, Rez. (in Il Tempo, 18. 4. 1964). – O. del Buono, Rez. (in Icom, 15, 1964). – S. Salvi, Rez. (in Letteratura, Mai/Okt. 1964). – D. Buzzati, Rez. (in Corriere della Sera, 30. 8. 1964). – C. E. Gadda, Rez. (in Terzo Programma, 1, 1965). – A. Bassan, *G. B. tra inconscio e incoscienza* (in *Profili di scrittori V*, Mailand 1965). – A. P. Lanapoppi, *Immanenza e trascendenza nell'opera di G. B.* (in MLN, 85, 1970; 87, 1972). – E. Ragni, *Divagazioni romane di G. B.* (in Studi Romani, 22, 1974). – F. Monterosso, *Come leggere »Il male oscuro«*, Mailand 1977.

AURELIO DE' GIORGI BERTOLA

* 4.8.1753 Rimini
† 30.6.1798 Rimini

LITERATUR ZUM AUTOR:
A. Roffi, *Studi su A. de G. B.* (in La Romagna, 11, 1914, S. 257–310). – *Studi su A. B. nel secondo centenario della nascita*, Bologna 1953 [m. Bibliogr.]. – A. Piromalli, *A. B. nella letteratura del settecento* (in Archivum Romanicum, 59, 1959, S. 133–150).

IDEA DELLA BELLA LETTERATURA ALEMANNA

(ital.; *Abriß der schönen Literatur in Deutschland*). Literaturkritische Schrift von Aurelio de' Giorgi BERTOLA, erschienen 1784. – Zu einer Zeit, als die französische und die englische Literatur aller Gattungen in Italien ebenso tonangebend und geschmackbestimmend waren wie im übrigen Europa, interessierte sich Bertola als erster für die deutsche Literatur (E. v. KLEIST, WIELAND, GOETHE u. a.), die ihm aus französischen Handbüchern bekannt geworden war. 1779 erschien unter dem Titel *Idea della poesia alemanna* eine erste Probe seiner Studien: Kurzmonographien von deutschen Dichtern des 18. Jh.s sowie kritisch ausgewählte Übersetzungsbeispiele. Der erste Band des späteren Hauptwerks stellt im wesentlichen eine Überarbeitung dieser frühen kleineren Schrift dar. Der zweite, ebenfalls eine Folge chronologisch geordneter Monographien, enthält Ergänzungen und neue Arbeiten, darunter ausgewählte *Idyllen* GESSNERS, einen *Versuch über die Schäferpoesie* und acht »Literaturbriefe«, in denen Bertola während seines Wiener Aufenthalts (1783) das literarische Treiben in der Donaumetropole schilderte.

Bertolas Werk ist insofern bedeutend, als darin – auf Unkenntnis beruhende – Vorurteile gegen die deutsche Dichtung überwunden werden. Dennoch bleibt der Autor stets dem Literaturideal verpflichtet, das jenem Vorurteil zugrunde liegt. Selbst ein typischer Repräsentant des 18. Jh.s unter den *hommes de lettres* Italiens, ein »aufgeklärter«, »geistreicher« und »empfindsamer« Schriftsteller, bewundert Bertola vor allem diejenigen deutschen Dichter, die den französisch-aufklärerischen oder englisch-empfindsamen Tendenzen am meisten entgegenkommen. Der Einfluß der literarischen Zirkel Wiens, des damaligen Zentrums des französischen Geschmacks, mag dabei eine Rolle spielen. So wird zunächst nur ein äußerst oberflächliches Bild der deutschen Literatur vor 1700 gegeben; das persönliche Interesse des Autors, die breite behagliche Darstellung, die aus einer engen Vertrautheit mit dem Gegenstand resultiert, setzen erst ein, sobald die Schwelle zum 18. Jh. überschritten wird. So nimmt gerade Gessner den überragenden Platz ein, kommt es zu ehrfürchtigen Verbeugungen vor KLOPSTOCK und wird auch Wieland, der sich allerdings manche Kritik gefallen lassen muß, recht ausführlich behandelt. (LESSING wird zuletzt nicht einmal eine Seite gewidmet.) So drückt sich schließlich eine tiefe Abneigung gegen den speziell »deutschen« Geniekult der Zeit aus, der auch der junge Goethe zum Opfer fällt. (Der *Werther* wird als *»ein höchst sonderbarer Roman, um den viel Lärm entstand«* abgetan, der *Götz*, wie alle *»regellosen«* Tragödien, auch diejenigen SHAKESPEARES, strenger Kritik unterzogen). Trotz dieser Einseitigkeit kommt Bertolas *Idea* ein fester Platz in der Literaturgeschichte des 18. Jh.s zu: als einem originellen und mutigen Stück Aufklärungspoetik, das überhaupt den ersten Anstoß zur Anerkennung der deutschen Literatur in Europa gab. R.M.

AUSGABE: Lucca 1784, 2 Bde.

LITERATUR: F. Flamini, *A. B. e i suoi studi intorno alla letteratura tedesca*, Pisa 1895. – B. Croce, *S. Gessner e un suo ammiratore italiano* (in Quaderni della Critica, 6, 1950, S. 118–125). – W. Zaunmüller, *A. dei G. B. und die deutsche Literatur*, Diss. Graz 1950.

VIAGGIO SUL RENO E NE' SUOI CONTORNI FATTO NELL'AUTUNNO DEL 1787

(ital.; *Reise auf dem Rhein und in seine Umgebung, unternommen im Herbst 1787*). Essayistische Reisebeschreibung in Briefen von Aurelio de' Giorgi BERTOLA, erschienen 1795. – Ursprünglich in fünf Briefen konzipiert, die 1790 in BRUGNATELLIS *Biblioteca fisica* veröffentlicht wurden, erweiterte der am deutschen Kulturraum stark interessierte Autor seinen Bericht über eine mit dem Dichter Joseph von BEROLDINGEN durchgeführte Ferienreise zu einer Folge von 46 Briefen, vermutlich unter dem Einfluß der 1791–1794 erschienenen *Ansichten vom Niederrhein* von Georg FORSTER.
Wenngleich das Werk den Stempel wissenschaftlicher Ambitionen trägt und in der Tradition des vom Autor häufig zitierten Jean André de LUC und seiner *Lettres physiques et morales sur l'histoire de la terre* (1778) steht, gelangt Bertola auch in der Einbeziehung geographischer, volkswirtschaftlicher und religiöser Überlegungen nicht über das Dilettantische hinaus. In der Nachfolge ROUSSEAUS stehend, preist er die Verbundenheit der Bewohner des Rheinufers mit der Natur, durch die ihre moralische Integrität gewährleistet werde, während, wie am Beispiel der Schweiz ersichtlich, die Zivilisation und insbesondere der Handel zerstörend wirkten. In der Würdigung der landschaftlichen – von TACITUS, wie Bertola bemängelt, vernachlässigten – Schönheit der rheinischen Landschaft liegt die eigentliche Originalität des Werks. Schwärmerisch genießend dehnte der italienische Tourist die Route, die er mühelos in drei Tagen hätte bewältigen können, auf zehn Tage aus.
Scheint Bertola auch die Ästhetik eines anderen berühmten Rheinreisenden, Victor HUGO (*Le Rhin*, 1842), vorwegzunehmen, wenn er etwa die bei Andernach aufragenden Felsen als *»erhabene Monstrosität«* reflektiert, so bleibt er dennoch als Kind seiner Zeit dem Geist des Rokoko verhaftet. Die bizarren Formen der von Bergen eingesäumten Ufer mit ihren »Baumkaskaden« sind für ihn Ausdruck einer verspielten Natur, und das »Schreckliche« und »Furchtbare« der Ruinen des Heidelberger Schlosses entspricht der damals modischen Ruinenpoesie. Sich an den Überraschungen der immer neuen Prospekte ergötzend, sucht er das zu *»freudiger Festlichkeit«* wie zu *»süßer Melancholie«* einladende Bukolische. Die Nähe zu dem naturbeschreibenden Gedicht *The Seasons* von James THOMSON wie auch zu den von ihm selbst übersetzten *Idyllen* seines Freundes GESSNER, der ursprünglich an Bertolas Rheinreise teilnehmen sollte, ist ebenso deutlich wie die Reminiszenzen an die *Georgica* VERGILS, der oft zitiert wird, und die zeitgenössischen niederländischen Maler und Radierer. So darf das Werk als Zeugnis der europäischen Frühromantik gelten, deren wachsende Naturliebe sich von der Ästhetik des Rokoko zu lösen begann. Dabei kommt Bertola, der literarisch als erster eine bedeutende Mittlerrolle zwischen Italien und Deutschland übernommen hat (vgl. *Idea della bella letteratura alemanna*), das Verdienst zu, seinen fast ausschließlich an England und Frankreich orientierten Landsleuten ein Auge für die landschaftlichen Schönheiten Deutschlands und den, wie er zeigte, im Grunde gutmütigen Charakter seiner Bewohner geöffnet zu haben. W.Dr.

AUSGABEN: Rimini 1795. – Mailand 1817. – Florenz 1943. – Florenz 1986, Hg. M. Stäuble [krit.].

ÜBERSETZUNG: *Malerische Rheinreise von Speier bis Düsseldorf*, anon., Mannheim 1796; ern. Wuppertal 1980, Hg. B. Fuchs [ill.].

LITERATUR: O. Saccozzi, *Il migliore B.* (in Rivista di Sintesi Letteraria, 3, 1937, S. 431–463). – J.-U. Fechner, *Erfahrene und erfundene Landschaften. A. de G. B.s Deutschlandbild und die Begründung der Rheinromantik*, Opladen 1974. – M. u. A. Stäuble, *»I piaceri del creator paesista«: la nuova sensibilità in A. B.* (in Lettere Italiane, 37, 1985, Nr. 3).

PRUDENCI BERTRANA

* 19.1.1867 Tordera / Maresme
† 21.11.1941 Barcelona

LITERATUR ZUM AUTOR:
A. Bertrana, *P. B. i la seva obra*, Barcelona 1965

[Vorw. zu P.B., *Obres completes*]. – Dies., *Una vida*, Barcelona 1965 [Vorw. zu P.B., *Proses bàrbares*]. – D. Guansé, P.B. (in *Abans d'ara*, Barcelona 1966). – *P. B. per ell mateix*, Hg. J. Triadú, Barcelona 1967. – A. Bertrana u.a., *En el centenari de P. B.*, Barcelona 1968. – J. L. Marfany, *Els greuges de P. B.* (in *Aspectes del Modernisme*, Barcelona 1978). – *Història de la literatura catalana*, Hg. J. Molas, Bd. 8, Barcelona 1986.

ENTRE LA TERRA I ELS NÚVOLS

(kat.; *Zwischen Erde und Wolken*). Romantrilogie von Prudenci BERTRANA, erschienen 1931-1948. – Dieses autobiographisch geprägte Werk schildert als Bildungsroman das Leben und Schaffen des Autors unter dem Decknamen Innocenci Aspriu. Der schon ungewöhnliche Vorname Bertranas wird hier durch einen ähnlichen, für einen Mann ebenso seltenen Namen Innocenci (der Unschuldige, Naive) ersetzt. Der Nachname der Romanfigur Aspriu (»wilde Natur«) war in Wirklichkeit der Name des verlorenen Guts der Familie Bertrana und spielt auf das ungestüme Temperament des Protagonisten an.

Der erste Teil der Trilogie, *L'hereu*, 1931 *(Der Erbe)*, eine beeindruckende Naturdichtung zum Thema des verlorenen Paradieses, befaßt sich sehr eingehend und wahrheitsgetreu mit den Ereignissen und Erlebnissen Bertranas insbesondere auf den ländlichen Gütern seines Vaters. Dabei geht es dem Autor nicht um eine psychologische Zeichnung seiner Protagonisten, der Akzent liegt auf der liebevollen Naturbeschreibung; besonders eingehend schildert Bertrana dabei den Prozeß der Korkgewinnung auf dem heimatlichen Gut sowie farbige Jagdszenen. Während der kurzen Teil seines Aufenthalts in Barcelona, wo er ein Ingenieurstudium beginnt, das er allerdings bald abbrechen wird, verliebt sich Aspriu in die Tochter seiner Wirtin; später wird er sie gegen den Willen seiner Eltern heiraten. Zum Zeitpunkt ihres Todes ist Aspriu bereits Vater zweier Töchter. Der gutmütige Grundbesitzer erleidet durch die Untreue seines Verwalters und infolge der Prozesse, die er erfolglos gegen ihn führt, große finanzielle Einbußen und sieht sich gezwungen, alle seine Ländereien unter Preis zu verkaufen, um die Forderungen begleichen zu können. – Der zweite Teil, *El vagabund*, 1933 *(Der Vagabund)* folgt noch enger der Vita Bertranas und beschreibt voller Sehnsucht und Wehmut die unberührten Landschaften seiner Jugend, um dann zur genauen Schilderung der Häuser, Kirchen und Plätze Gironas überzugehen, die der Autor auf seinen nächtlichen Streifzügen kennengelernt hat. Seiner Güter verlustig, fühlt sich Aspriu in Girona wie »*ein Matrose, der sein Schiff verloren hat, und mit dem Schiff auch die Seekarte*«. Er findet weder zu sich selbst, noch gelingt es ihm, wieder einen Platz in der Gesellschaft einzunehmen. Dank seiner Kontakte mit den führenden Literaten seiner Heimatstadt erhält er einen Einblick in den Literaturbetrieb; diese helfen ihm auch bei seinen ersten Veröffentlichungen. Anfangs schreibt er ohne Wissen seiner Familie und malt weiter Porträts, um den Lebensunterhalt zu bestreiten. Bald aber erhält er gute Kritiken und Preise, und man bietet ihm sogar die Direktion einer Zeitung republikanischer Tendenz an. Wegen der Veröffentlichung eines antimilitaristischen Artikels wird Aspriu jedoch vor ein Militärgericht gestellt, aufgrund seiner Beziehungen allerdings in zweiter Instanz freigesprochen. Darauf beschließt er, das Angebot der Leitung zweier satirischer Zeitungen in Barcelona anzunehmen.

Der postum erschienene dritte und letzte Band *L'impenitent*, 1948 *(Der Unbeugsame)*, gilt, obwohl weniger geglückt, als geschichtlich-literarisches Dokument des intellektuellen Lebens in Barcelona und läßt sich als die Klage eines Reisenden am Ende seines Wegs begreifen. Hier finden wir Aspriu in Barcelona als miserabel bezahlten Leiter der satirischen Zeitschriften wieder. Sein ländliches Gemüt kann sich nur schwer den großstädtischen Lebensverhältnissen anpassen; hinzu kommen Neid, Konkurrenzkampf, Verlogenheit und Ausbeutung seiner Arbeitskraft. Die Lage wird immer schwieriger, da er seine Familie kaum mehr ernähren kann. In diesem nahezu rein autobiographischen Teil der Trilogie werden die Tragödien geschildert, die Bertrana am meisten betroffen haben: der Tod seines Sohnes (im Roman der Sohn eines Freundes) und zweier (seiner drei) Töchter. Nachdem er die Krankheit (Diphtherie) der Tochter Cèlia (im Roman Angelina) mit großer Genauigkeit beschrieben hat, ist die innere Sperre des Schriftstellers zu spüren, auch den tödlichen Ausgang der Erkrankung kundzutun; er läßt offen, wie es weitergeht, und erwähnt jene Tochter im Roman nicht mehr.

Bertranas Haltung zu seinem schriftstellerischen Schaffen illustriert das Nachwort zu *L'impenitent*: Aspriu kehrt nach einem Gespräch mit einem jungen Schriftsteller, der ihn bewundert, nach Hause zurück und betrachtet auf seinem Zimmer die Photographien seiner drei Töchter, vor denen immer wilde Blumen stehen. Manchmal hatte er geglaubt, gewisse schüchterne Anklagen in ihren Augen lesen zu können und sich deshalb oft gefragt, ob es nicht richtig wäre, als Wiedergutmachung seine gesamten Werke vor ihnen zu verbrennen und die Asche in den Wind zu streuen. An diesem Tag erkennt er jedoch den liebevollen und vergebenden Blick seiner Töchter und stellt fest, daß er, obwohl er sein ganzes Leben und seine Familie der Literatur geopfert hat, »*unbeugsam*« geblieben ist. Zusammenfassend bereut er nicht, die Schriftstellerei trotz aller Widrigkeiten zum Beruf und Zentrum seines Lebens gemacht zu haben. L.M.S.

AUSGABEN: *L'hereu*: Barcelona 1931. – Barcelona 1965 (in *Obres completes*). – *El vagabund*: Barcelona 1933. – Barcelona 1965 (in *Obres completes*). – *L'impenitent*: Barcelona 1948. – Barcelona 1965 (in *Obres completes*).

LITERATUR: J. L. Marfany, »*Entre la terra i els núvols*« *de P. B.* (in *Guia de literatura catalana contemporània*, Barcelona 1973).

JOSAFAT

(kat.; *Ü: Josaphat*). Roman von Prudenci BERTRANA, erschienen 1906. – Bertrana nahm mit diesem Frühwerk an dem Wettbewerb um den Preis der *Festa de la Bellesa (Schönheitsfeier)* von Palafrugell teil und kam damit in die Endausscheidung. Den ersten Preis erhielt indes der Roman *L'home bo (Der gute Mann)* von Josep POUS I PAGÈS (1873–1952), da die Jury zwar den literarischen Wert von *Josafat* anerkannte, sich gleichwohl aus moralischen Gründen dazu entschloß, das Werk nicht zu prämieren. Dennoch fand Bertrana sofort einen Verleger, der das Buch veröffentlichte.

Josafat, ein einfacher Mann aus dem Volk, der nicht gebildet genug ist um seinen Wunsch, Priester zu werden, zu verwirklichen, begnügt sich damit, als Glöckner weiter im Dienst der Kirche bleiben zu dürfen. Seines Berufs wegen wohnt er im Kirchturm selbst, der wie der ortskundige Leser aufgrund der präzisen Schilderungen sofort erkennt, zur Kathedrale von Girona gehört. Josafat lebt auf seine Art glücklich und zufrieden, wenn er auch gegen zwei Leidenschaften, den Zorn und die Wollust, ankämpfen muß. Die eine versucht er in Gottes Dienst zu stellen, während er die andere mit rein gedanklichen Vorstellungen zu befriedigen sucht, wobei ihm die flüchtige Observation eines der Kathedrale benachbarten Bordells hilft. Seine erste und einzige Liebe war Pepona, eine Schweinehirtin aus seinem Heimatdorf, der er nie gewagt hatte, seine Gefühle zu gestehen, und die er nach dem mißglückten Besuch des Priesterseminars aus den Augen verloren hatte. Von einem ihrer entfernten Verwandten erfährt er nun, daß sie sich als Dienstmädchen in Girona aufhält. Als Pepona den Glöckner einige Tage in Begleitung ihrer Freundin Fineta aufsucht, stellt sich heraus, daß beide in dem benachbarten Bordell als Dirnen arbeiten. Trotzdem wird Josafats nie ganz erloschene Liebe zu Pepona neu erweckt. Als er sich ihr offenbaren will, stellt sich jedoch Fineta zwischen die beiden und verhindert eine Aussprache. Fineta, die sich mit Männern stets gelangweilt hat, erkennt in Josafat instinktiv den ursprünglichen, wilden Mann, nach dem sie sich immer gesehnt hat. Obwohl Josafat dem Werben Finetas zunächst gleichgültig begegnet, kann er auf Dauer seine Begierde nicht unterdrücken. Der Konflikt zwischen seiner echten, noch nicht offenbarten Liebe zu Pepona und dem sinnlichen, unwiderstehlichen und triebhaften Verlangen, mit dem er Fineta begehrt, steigert sich noch durch seine unüberwindliche Angst vor der göttlichen Strafe, die er erwartet, weil er durch seine sexuellen Beziehungen zu Fineta den heiligen Raum der Kirche entweiht hat. Gironas Kathedrale ist hier nicht bloße Kulisse, vielmehr wird sie zur Hauptdarstellerin des Romans: Geheimnisvoll und heilig wohnt sie den Orgien zwischen Fineta und Josafat bei. Die Hauptpersonen der Handlung und das Thema einer unersättlichen, beinahe tierischen Liebe dienen fast nur als Vorwand, um das teils romanische, teils gotische Bauwerk mit seinem strahlenden Frieden, seinem überirdischen Licht, seiner seligen Ruhe und seinem Duft nach Weihrauch zu vergegenwärtigen; über allem dominiert die mystische Atmosphäre des Jenseits. Das Gotteshaus wird bewundernd und bis ins Detail geschildert, jede Glocke mit ihrem Namen, ihrer Aufgabe und ihrem Klang vorgestellt. So nimmt es nicht wunder, daß der Glöckner sein Tun immer unerträglicher als kirchenschänderisch und gotteslästerlich empfindet, bis er schließlich Fineta brutal ermordet und nach einigen Tagen, die er mit der Leiche in dem ehrfurchtgebietenden Raum verbringen muß, den Verstand verliert.

Trotz des ununterbrochenen Erfolgs seit seinem Erscheinen blieb das Werk umstritten. Indessen ist *Josafat* wegen der genauen und naturgetreuen Darstellung der Kathedrale und der tiefen Schuldgefühle Josafats, die die Spannung zwischen der individuellen Leidenschaft und dem räumlichen Druck einer in sich geschlossenen überirdischen Welt sinnfällig macht, einer der repräsentativsten Romane des katalanischen Modernismus. L.M.S.

AUSGABEN: Palafrugell 1906. – Barcelona 1929. – Barcelona 1986.

ÜBERSETZUNG: *Josaphat*, E. Vogel, Mchn. 1918 [Autor auf d. Titelblatt fälschlicherweise J. Pons y Pagès].

LITERATUR: E. Sullà, *Pròleg a P. B.*, »*Josafat*«, Barcelona 1972. – P. Farrés, »*Josafat*« *de P. B.*, Barcelona 1985. – M. L. Julia i Capdevila, *L'espai: principal element simbòlic a* »*Josafat*« (in Els marges, 34, 1986, S. 120–125).

ALOYSIUS BERTRAND

eig. Louis-Jacques-Napoléon Bertrand
* 20.4.1807 Ceva / Piemont
† 29.4.1841 Paris

LITERATUR ZUM AUTOR:
C. Sprietsma, *Louis B., dit Aloysius B.*, Paris 1926. – P. Moreau, *La tradition française du poème en prose avant B.*, Paris 1959. – S. Bernard, *Le poème en prose de Baudelaire jusqu'à nos jours*, Paris 1959. – M. Parent, *Saint John Perse et quelques dévanciers*, Paris 1960. – F. Nies, *Poesie in prosaischer Welt*, Heidelberg 1964. – F. Rude, *B.*, Paris 1971. – H. Corbat, *Hantise et imagination chez A. B.*, Paris 1975.

GASPARD DE LA NUIT. Fantaisies à la manière de Rembrandt et de Callot

(frz.; *Gaspard de la Nuit. Phantasien nach der Art Rembrandts und Callots*). Sammlung von Prosagedichten von Aloysius BERTRAND, erschienen 1842. – Obwohl der romantische Dichterkreis in Paris die zum Teil schon einzeln in Zeitschriften veröffentlichten Gedichte begeistert las und SAINTE-BEUVE für die erste Buchausgabe eine ausführliche Einführung schrieb, blieb das eigentümliche Werk fast unbekannt, bis BAUDELAIRE in der Vorrede von 1868 zu seinem *Spleen de Paris* Bertrand als einen Vorläufer der *L'art pour l'art*-Dichtung ehrte und bekannte: »*Als ich, mindestens zum zwanzigsten Mal, den herrlichen ›Gaspard de la Nuit‹ durchblätterte ... ist mir der Gedanke gekommen, etwas Ähnliches zu versuchen und auf die Beschreibung des modernen Lebens oder vielmehr eines modernen und abstrakten Lebens das gleiche Verfahren anzuwenden, das er auf die so seltsam malerische Darstellung des Lebens früherer Zeiten angewendet hat.*«
Die Sammlung besteht aus bildhaften »kleinen Prosagedichten«, einer Mischform zwischen dichterischer Prosa und freiem Vers, die in der Romantik vereinzelt verwendet wurde (z. B. von CHATEAUBRIAND). Bertrand, der erstmals ein ganzes Buch dieser neuen literarischen Gattung widmete, kann als ihr eigentlicher Initiator gelten. In der Einführung erzählt der Autor, daß er eines Tages einem seltsamen Dichterling begegnet sei, der ihm von seinen mystischen Forschungen über das Wesen der Kunst erzählt habe. Plötzlich sei dieser geheimnisvolle Gaspar de la Nuit spurlos verschwunden, habe ihm aber ein Manuskript hinterlassen, das den Titel trug »Fantaisies à la manière de Rembrandt et de Callot«. In diesem Gaspard, der trotz aller Nachforschungen unauffindbar bleibt, schildert Bertrand, Prototyp des armen verkannten Poeten, sich selbst; die nachfolgenden Gedichte hingegen enthalten kaum autobiographische Züge. In einem zweiten, mit »Gaspard de la Nuit« unterzeichneten Vorwort versucht der Dichter, den ungewöhnlichen Charakter seines Werks damit zu erklären, daß er es zur bildenden Kunst in Beziehung setzt. Die Gedichte seien bewußt im Rembrandtschen Geist geschaffen und wollen gemäldehafte Wirkungen erzielen. Der Untertitel ist also keineswegs nur eine spielerische Nachbildung von E. T. A. HOFFMANNS *Phantasiestücken in Callots Manier*, sondern verkündet ein Programm.
Das Werk ist in sechs Bücher, jeweils sieben bis elf Prosagedichte umfassend, eingeteilt: *Flämische Schule, Das alte Paris, Die Nacht und ihr Blendwerk, Die Chroniken, Spanien und Italien, Sylvae*. In einem Anhang folgen noch *Einzelne Stücke, dem Portefeuille des Autors entnommen*. Die Gedichte, denen jeweils ein Zitat als Motto vorangestellt ist, haben fast alle die gleiche Struktur; sie bestehen aus sechs »Strophen« *(couplets)* von meist nur drei bis vier Zeilen. Diese knappe Form erfordert äußerste Dichte der Darstellung und sprachliche Präzision. Die Stoffe entstammen durchweg dem Arsenal der Romantik und sind oft von Victor HUGO übernommen. Gotische Dome und Erker, Teufel und Hexen, Alchimisten und Salamander, Narren und Gespenster, Ritter und Zigeuner werden eindringlich beschworen und gemahnen an die Zauberwelt NODIERS und E. T. A. Hoffmanns.
Größere Bedeutung noch als dem Inhalt kommt den formal-stilistischen Prinzipien des Werks zu. Bertrands Wiederbelebung und Neuschöpfung seltener und prägnanter Ausdrücke in der Absicht, »*die französische Sprache vor dem Verfall in philosophisch abstrakte Verflachung zu retten und den gewählten seltenen Ausdruck zu pflegen, um besondere Wirkungen von Klang, Farbe und Plastizität zu erzielen*« (C. Asselineau), ließen ihn zu einem Wegbereiter der Wortkunst des 19. und 20. Jh.s (MALLARMÉ, BANVILLE, HUYSMANS, Stefan GEORGE) werden. KLL

AUSGABEN: Paris 1842 [Vorw. C.-A. Sainte-Beuve]. – Paris/Brüssel 1868, Hg. C. Asselineau. – Paris 1920 [Anm. E. Port]. – Paris 1925, Hg. B. Guégan [krit.]. – Paris 1953, Hg. R. Prévost. – Paris 1962, Hg. J. Palon. – Paris 1972. – Paris 1980.

ÜBERSETZUNGEN: *Junker Voland. Phantasie in der Art von Rembrandt und Callot*, P. Hansmann, Mchn. 1911. – *Gaspard de la Nuit*, J. Buchmann, Ffm. 1978 (ill.). – Dass., C. Schad, Stg. 1982.

LITERATUR: A. Breton, »*Gaspard de la Nuit*« par L. B. (in NRF, N. S., 7, 1920, 84). – F. Rauhut, *Das franz. Prosagedicht*, Hbg. 1929, S. 13–22. – F. Banner, *A. B.s »Gaspard de la Nuit« als Wortkunstwerk*, Diss. Mchn. 1931. – A. Lebois, *Aloysius, le malaimé* (in A. L., *Admirable 19e siècle*, Paris 1958, S. 51–65). – R. R. Hubert, *The Cult of the Visible in »Gaspard de la Nuit«* (in MLQ, 25, 1964, S. 76–85). – A. Detalle, *Du procédé descriptif à l'imagination libérée. »Gaspard de la nuit«* (in A. D. *Mythes, merveilles et légendes dans la poésie française de 1840 à 1860*, Paris 1976, S. 51–58). – G. Vanhese Cichetti, *L'archaisme stylistique dans »Gaspard de la nuit«* (in Micromégas, 6, 1979, S. 1–25). – K. Slott, *B.s »Gaspard de la nuit«* (in Francofonia, 8, 1985, S. 69–92). – R. Sieburth, »*Gaspard de la nuit*« (in Studies in Romantisme, 24, 1985, S. 239–255). – R. Blanc, *La quête alchimique dans l'œuvre d'A. B.*, Paris 1986.

BERTRAND DE BAR-SUR-AUBE

Anfang 13. Jh.

AIMERI DE NARBONNE

(afrz.; *Aimeri von Narbonne*). Chanson de geste (4708 gereimte Zehnsilber) aus dem ersten Viertel des 13. Jh.s von BERTRAND DE BAR-SUR-AUBE, veröffentlicht 1887 nach Handschriften aus London und Paris. – *Aimeri de Narbonne*, zusammen mit *Girart de Vienne*, einem Epos des gleichen Verfassers, bildet eine Art Einleitung zum *Wilhelmszyklus (Geste de Guillaume)*. Bertrand hat zur zyklischen Ausarbeitung dieses Volksepos wohl am meisten beigetragen und mit seinem *Aimeri* eines der bedeutendsten Werke der französischen Poesie des Mittelalters geschaffen. Es »*hat noch den einfachen und grandiosen Charakter der primitiven Epopöe*« (Demaison). Der Beginn des Gedichtes zeigt König Karl, der noch um die in der Schlacht bei Roncevaux gefallenen Helden trauert, auf dem Rückweg nach Frankreich. Am Fuß eines Gebirges erblickt er eine stolze Stadt mit Türmen und Zinnen, vom Meer umspült: das von den Sarazenen besetzte Narbonne. Er bietet die Stadt der Reihe nach jedem seiner Helden als Lehen an, doch sie lehnen alle ab, da sie der langen Kämpfe müde sind und in die Heimat drängen. Als sich keiner der Gefolgsleute die Stadt erobern will, ruft König Karl erbost aus: »*Geht nur fort, ihr Burgunder, Franzosen, Vläminder und Bretonen! Ich bleibe hier und belagere Narbonne, und wenn man euch zu Hause fragt, wo König Karl geblieben ist, dann sagt nur, ihr habet ihn vor Narbonne im Stich gelassen!*« Da aber tritt Ernaut de Baulande hervor und tut kund, daß sein Sohn Aimeri sich das Lehen erobern wolle. Der König gewährt ihm den Wunsch, worauf Aimeri mit großer Tapferkeit die Stadt den Feinden entreißt. Nun folgt eine ausführliche Erzählung seiner Werbung um Ermenjart von Pavia, die Schwester des Lombardenkönigs, dann werden weitere Kämpfe mit den Sarazenen und endlich das große Hochzeitsfest geschildert. Dieser Teil des Epos war ursprünglich eigenständig und wurde erst später auf Aimeri und Ermenjart übertragen. Dadurch vereinigt das Werk in sich den heroisch-ritterlichen Geist mit der Freude der Zeit an höfischem Zeremoniell. Der Stoff wurde später noch oftmals aufgegriffen, zuletzt von Victor HUGO in *Aymerillot (La légende des siècles)*. P.F.

AUSGABEN: Paris 1887, Hg. L. Demaison. – Paris 1931 [neufrz. v. C. Chacornac].

LITERATUR: H. Weiske, *Quellengeschichtliches z. »Aimeri de Narbonne«* (in ASSL, 107, 1901, S. 129–132). – W. Scherping, *D. Prosafassungen d. »Aymeri de Narbonne« u. d. »Narbonnais«*, Diss. Halle 1911. – P. A. Becker, *D. Werden d. Wilhelm- u. d. Aimeri Geste*, Lpzg. 1939 (ASAW, phil. hist. Kl., 44, 1). – W. Calin, *The Woman and the City. Observations on the Structure of »Aimeri de Narbonne«* (in RoNo, 8, 1966, S. 116–120). – Ders., *Aspects of Realism in the Old French Epic »Aimeri de Narbonne«* (in Neoph., 50, 1966, S. 33–43). – W. W. Kibler, *B., Author of »Aymeri de Narbonne«* (in Speculum, 48, 1973, S. 277–292). – R. Lejeune, *La question de l'historicité du héros épique »Aimeri de Narbonne«* (in R. L., *Littérature et société occitane au moyen âge*, Sondernummer MR, 1979, S. 3–14). – B. Guidot, *Recherches sur la chanson de geste au 13e siècle*, Aix-en-Provence 1986.

GIRART DE VIENNE

(afrz.; *Girart von Vienne*). Heldenepos von BERTRAND DE BAR-SUR-AUBE, entstanden Anfang des 13. Jh.s. – Diese *chanson de geste* ist in fünf Handschriften überliefert, außerdem in Prosaversionen des 14. Jh.s, die in Einzelheiten von dem Versepos abweichen. Der Verfasser, der sich im Prolog als »vornehmer Geistlicher« vorstellt, teilt zu Beginn die »nationalen«, d. h. karolingischen, Epen in drei Gruppen: die *Königsgeste (Geste du roi)*, die *Mainzer Geste (Geste de Doon de Mayence)* und die *Monglane-Geste (Geste de Garin de Monglane)* – eine Gliederung, die die Wissenschaft ebenso übernahm wie Jehan LODELS Dreiteilung der gesamten altfranzösischen Epik (vgl. *Cycle carolingien*).

Dieses erste der zwei erhaltenen Werke Bertrands erzählt die Geschichte der vier Söhne des armen alten Garin de Monglane, die in die Welt hinausziehen, um ihr Glück zu machen. Hernaut, der älteste, beerbt einen kinderlosen Onkel, heiratet und wird der Vater Aimeris (vgl. *Aimeri de Narbonne*). Der zweite, Milon, zieht nach Apulien, und die beiden jüngsten, Girart und Renier, gehen an den Hof Karls des Großen. Dort bewähren sie sich als Ritter und werden vom Kaiser belohnt. Renier erhält die Erbin des Herzogs von Gennes (Genf) zur Frau, die ihm die Kinder Olivier und Bellaude (auch Aude oder Alda, wie UHLAND sie nennt) schenkt. Girart verspricht der Kaiser die verwitwete Herzogin von Burgund, auf die er dann jedoch zugunsten Karls, der sich anders besinnt und sie selbst heiraten will, verzichten muß. Ein ähnliches Motiv bildete bereits im *Girart de Roussillon*-Epos den Ausgangspunkt der Fehde zwischen dem Kaiser und seinem Vasallen. – Da sich die Herzogin von Girart, den sie Karl vorgezogen hätte, verschmäht glaubt, rächt sie sich an ihm, indem sie ihn und seine Sippe demütigt und verhöhnt. Der Krieg, der daraufhin zwischen Girart und dem Kaiser entbrennt, führt zu einer siebenjährigen Belagerung von Girarts Burg Viane (Vienne). Des zermürbenden Streits müde, suchen die tapfersten Krieger, Karls Neffe Roland und auf seiten Girarts dessen Neffe Olivier, die Entscheidung durch einen Zweikampf herbeizuführen. Er dauert schon vier Tage, als ein Engel eingreift, zur Versöhnung mahnt und gleichzeitig zum Kreuzzug gegen die Heiden aufruft. Girart bittet den Kaiser um Verzeihung, und Roland wird mit Oliviers Schwester Aude verlobt. Die Heirat muß jedoch verschoben werden, da die Sarazenen die Gascogne bedrohen (vgl. *La chanson de Roland*). Das Epos endet mit dem Aufbruch des kaiserlichen Heeres nach Spanien und der Ankündigung der *Aimeri-Geste*, die zusammen mit *Girart de Vienne* gewissermaßen die Vorgeschichte zum *Rolandslied* nachliefert.

Trotz der eingeflochtenen zarten Liebesgeschichte von Roland und Aude, die später u. a. von Uhland und von Victor HUGO (in *La légende des siècles*) weiter ausgestaltet wurde, bestimmen die Kampfszenen die Handlung des etwa 6000 Zehnsilber umfassenden Liedes, in dem Bertrand fast durchweg ältere Motive der Gattung wiederaufgreift. Besonders verpflichtet ist er dem *Girart de Roussillon*, dessen Titelheld das gleiche historische Vorbild hat wie Girart de Vienne. Es ist Gerardus, Graf von Lyon und Vienne, der zur Zeit Karls des Kahlen – also hundert Jahre später als der Girart des Epos – ausgedehnte Besitzungen u. a. in Burgund hatte, Regent der Provence war und um 860 das Kloster Vézelay gründete. Sein abenteuerreiches Leben hat mehreren, zum Teil verlorengegangenen Epen Stoff gegeben: *Girart de Roussillon, Girart de Vienne* und *Girart de Fraite* handeln mit vielen Abwandlungen und unterschiedlichen literarischen Ambitionen von den Taten desselben Mannes. Von einer älteren *Girart-de-Vienne-Geste*, die möglicherweise Bertrand als Vorlage gedient hat, wissen wir nur noch aufgrund einer in der altnordischen *Karlamagnús saga* überlieferten Inhaltsangabe.

Während Léon GAUTIER *Girart de Vienne* als das rauheste der altfranzösischen Epen bezeichnete, hob E. R. CURTIUS gerade seine heitere Stimmung und seinen Humor hervor. Als weiteres Charakteristikum führt Curtius an, daß Girart *»keinen Schritt ohne das Einverständnis aller Brüder«* unternimmt und genaugenommen die ganze Monglane-Sippe »Held« dieser *chanson* sei. – Auffällig ist Bertrands Vorliebe für Sentenzen und aus der Handlung abgeleitete Lebensregeln. Er wendet sie vielleicht etwas zu oft an, doch weiß er ihnen *»eine gehaltvoll knappe, an Shakespeares Ausdrucksweise gemahnende Form zu geben«* (H. Suchier). KLL

AUSGABEN: Bln. 1829 (in *Der Roman von Fierabras*, Hg. I. Bekker; unvollst.) – Reims 1850 (*Le roman de Girard de Viane*, Hg. P. Tarbé; Faks. Genf 1974). – Paris 1911 (*L'épopée carlovingienne. Girard de Vienne*, Hg. G. Armelin; neufrz.). – NY 1930, Hg. F. G. Yeandle. – Paris 1977, Hg. W. van Emden (SATF).

ÜBERSETZUNGEN: *Roland und Aude*, L. Uhland (in J. Kerner, *Poetischer Almanach f. d. Jahr 1812*, Heidelberg 1812, S. 243–248; Ausz.). – *Aus dem Heldengedicht von Viane*, ders. (in Die Musen, 4. Quartal, 1812, S. 101–155).

LITERATUR: Ph. A. Becker, *Das Werden der Wilhelms- und der Aimeri-Geste*, Lpzg. 1939 (ASAW, phil.-hist. Kl., 44, 1). – R. Louis, *De l'histoire à la légende*, 3 Bde., Auxerre 1946/47. – F. Lot, *Études sur les légendes épiques françaises*, Paris 1958, S. 166–178. – E. R. Curtius, *Ges. Aufsätze z. roman. Philologie*, Bern/Mchn. 1960, S. 283–293. – D. M. Dougherty, *The »Girart de Vienne« of B. and that of the Cheltenham Manuscript* (in RoNo, 1964/65, S. 200–208). – P. Aebischer, *Bavardages érudits sur Oliver, Aude et leur père Rainier, d'après les chansons de geste ayant Girart de Vienne comme protagoniste* (in *Mélanges R. Lejeune*, Gembloux 1969, S. 709–737). – W. van Emden, *Hypothèse sur une explication historique du remaniement de »Girart de Vienne« par B.* (in Société Rencesvals. IVe congrès international Heidelberg, Heidelberg 1969, S. 63–70). – Ders., *»Girart de Vienne«* (in Ccm, 13, 1970, S. 281–290). – P. Aebischer, *Oliveriana et Rolandiana: Sur le résumé du »Girart de Vienne« conservé par la première branche de la »Karlamagnús saga«* (in Revue belge de philologie et d'histoire, 51, 1973, S. 517–533). – B. Guidot, *L'empereur Charles dans »Girart de Vienne«* (in MR, 30, 1980, S. 127–141). – A. G. Elliott, *The Double Genesis of »Girart de Vienne«* (in Olifant, 8, 1980/81, S. 130–160). – J. Subrenat, *Fief ou alleu?* (in *Mélanges J. Larmat*, Hg. M. Accarie, Paris 1982, S. 309–318). – Ders., *Dénominations de l'empereur dans »Girart de Vienne«* (in *La chanson de geste et le mythe carolingien*, Fs. R. Louis, Vézelay 1982, S. 691–702). – W. G. van Emden, *»Girart de Vienne« devant les ordinateurs* (ebd., S. 663–690). – Ders., *»Girart de Vienne«: Epic or Romance?* (in Olifant, 10, 1984/85, S. 147–160). – B. Guidot, *Recherches sur la chanson de geste au 13e siècle*, Aix-en-Provence 1986.

BERTRAN DE BORN

* um 1140 Schloß Hauterive bei Salignac
† vor 1215 Abtei Dalon / Dordogne

DAS LYRISCHE WERK (aprov.) VON BERTRAN DE BORN.

Bertran de Born gehört zu den wenigen Dichtern des Mittelalters, die über Jahrhunderte hinweg einer Mystifizierung anheimgefallen sind. Schon Dante ALIGHIERI, der in *De vulgari eloquentia*, II, 2 (*Über das Lob der Volkssprache*) exemplarisch ein Gedicht Bertrans zitierte, festigte den Ruf des aus dem Périgord stammenden Trobadors als »Sänger der Waffen«. In der Tat sind Politik und Krieg wesentliche Inspirationsquellen seines poetischen Werks. Zwei altprovenzalische *Vidas* (Trobadorbiographien) schildern Bertran als einen streitsüchtigen Feudalherren, der stets mit seinen Nachbarn in Fehde lag, den Sohn Heinrichs II. von England zur Rebellion gegen seinen Vater aufstachelte und sogar den französischen König Philippe Auguste gegen Heinrich II. und Richard Löwenherz aufhetzte. Bertrans Lieder kamen in den Genuß außergewöhnlich zahlreicher altprovenzalischer Kommentare *(razos)*, welche die literarische Fiktion als Wirklichkeit deuteten und so Bertrans politischen Einfluß weit überschätzten, wie übrigens auch Dante, der den Trobador als Zwietrachtstifter in den vorletzten Höllenkreis des *Inferno* verbannte – und damit Bertrans Ruhm noch vergrößerte. In zahlreichen Handschriften sind rund 47 Dichtungen (nur wenige mit Melodie) von Bertran erhalten (davon einige unsicherer Zuschreibung), in der Mehrzahl *sirventes*, moralische und politische Rügelieder, die sich durch kräftige Farbgebung und lebendige Aktualität auszeichnen und die Bertran, um größtmögliche Verbreitung zu erzielen, metrisch und stilistisch der *canso* (Minnelied) anglich. Letztere besteht normalerweise aus fünf bis sieben *coblas* (Strophen) und wird von einer weiteren, kürzeren Strophe *(tornada)* beschlossen, die sich an einen Adressaten wendet, der nur mit einem Pseudonym *(senhal)* bezeichnet wird und die angebetete Dame oder ein Gönner des Dichters sein kann. Den Prozeß der Adaption an die Kanzone und damit der »*Nobilitierung des Sirventes*« (D. Rieger) veranschaulicht das Sirventes *Quan vei pels vergiers despleiar (Wenn ich durch die Gärten sich entfalten sehe)*, in dem sich Bernart schmähend gegen seinen Intimfeind König Alfons von Katalonien-Aragon wendet, und dessen Einleitungsstrophe das topische Motiv des trobadoresken Frühlingseingangs aufnimmt, aber das frische Grün der Wiesen und Bäume und die bunte Farbe der Blüten durch die gelben und blauen Wimpel der Zeltlager der zum Kampf aufgebotenen Heerscharen ersetzt, wobei das Gewieher der kampfbereiten Pferde dem Dichter ebenso gefällt wie der Vogelsang dem Liebenden in der Minnekanzone. Auch das Sirventes *Be·m platz lo gais temps de pascor (Wohl gefällt mir die fröhliche Osterzeit)* ist ein typisches Beispiel für Bertrans Verherrlichung des Krieges mit seinen gewappneten Pferden, belagerten Burgen und durchbrochenen Schutzwällen: »*Massas e brans, elms de color, / escutz trauchar e desguarnir / veirem a l'entrar de l'estor / e maintz vassals ensems ferir, / don anaran arratge / chaval dels morts e dels nafratz. / E quan er en l'estorn entratz, / chascus om de paratge / no pens mas d'asclar chaps e bratz, / que mais val mortz que vius sobratz*« (»Keulen und Schwerter, farbige Helme, / Schilde werden wir beim Beginn des Kampfes durchlöchern und zerschlagen sehen / und manche Ritter gleichzeitig zuschlagen, / weswegen die Pferde der Toten und der Verwundeten umherirren werden. / Und wenn er in den Kampf eingetreten sein wird, / soll jeder Mann von Abkunft nichts denken als an Köpfe und Arme zu zerspalten, / denn mehr wert ist ein Toter als ein lebendiger Besiegter«; Übers. D. Rieger). Dabei geht es Bertran nicht um den hier besungenen ästhetischen Reiz des Krieges; er braucht die bewaffneten Konflikte, um seine eigene Existenz – der arme Vasall mußte zeitlebens um seinen einzigen Besitz Hauterive kämpfen – zu wahren und zu verbessern. So ist der Trobador ständig darum bemüht, mit politischer Agitation die mächtigen Herrn zu neuen Kriegen aufzustacheln, in denen er ausgiebig von der Freigiebigkeit des nunmehr auf ihn angewiesenen Hochadels profitieren kann, denn »*ein großer Krieg macht aus einem geizigen Herrn einen freigiebigen*« (»*quar grans guerra fai d'eschars senhor larc*«) und ermöglicht dem Vasallen die vollständige Entfaltung seiner höfisch-ritterlichen Tugenden, »*si qu'apres nos en chan hom de la gesta*« (»so daß man nach uns deswegen von der Heldentat singe«).

Den bei Bertran zentralen Begriff *joven (jung)*, der die idealen Eigenschaften von Ritter und Dame umschreibt und weniger physische als moralische Qualitäten beinhaltet, erläutert der Dichter in dem Sirventes *Belh m'es quan vei camjar lo senhoratge (Ich liebe es, wenn die Macht den Besitzer wechselt)*. Will ein Mann der Kategorie *joven* zugerechnet werden, muß er kriegerische Heldentaten vollbringen, sich dem höfischen Liebesdienst widmen und stets Freigiebigkeit zeigen. Auch die Dame ist nur dann *joven*, wenn sie sich den Vorschriften höfischer Liebe unterwirft. Sie soll sich der Liebe nicht verweigern, diese aber auch nicht mehreren zugleich zugestehen, darf keinen unwürdigen Liebhaber akzeptieren oder in der Liebe Zaubermittel anwenden (ein Bezug auf die Tristan-Thematik), muß auf ihre Schönheit achten und sich stets untadelig verhalten. Es versteht sich fast von selbst, daß Bertran, für den Liebe und Waffen die hervorragendsten Leidenschaften eines wertvollen Mannes darstellen, nicht der schüchterne Liebhaber der Lieder seines Zeitgenossen BERNART DE VENTADORN ist. Selbstbewußt verkündete er, was seiner Ansicht nach einen guten Liebhaber auszeichnet: Ein guter Reiter muß er sein, waffen- und redegewandt, höfische Umgangsformen pflegen und sich auch sonst nicht gerade unbeholfen zeigen:. »*E domna c'ab aital drutz jaz / es monda de totz sos pecats*« (»*Eine Dame, die mit so einem Liebhaber schläft, ist all ihrer Sünden ledig*«). Die genannten Vorzüge schreibt er natürlich in erster Linie sich selbst zu. So schildert er in *Rassa, tant creis e mont'e poia (Rassa, so sehr wächst und erhebt sie sich)* dem Grafen Geoffroy de Bretagne nicht nur die moralischen, sondern auch die körperlichen Vorzüge der Dame Na Maeuz, auch deren Hinterteils (»*e sembla conil de l'espina*« – »und ihr Rücken scheint der eines Kaninchens«) so unverblümt, daß er, so interpretiert es auch die ausführliche *razó*, bewußt den Eindruck fördert, er habe die stolze Dame nackt gesehen und besessen. Bertran besingt seinen Frauendienst des öfteren mit humoristischen Einlagen, wie die Erfindung einer *domna soisseubuda (imaginäre Dame)* in *Dompna, puois de mi no·us cal (Herrin, weil ich euch nicht kümmere)* zeigt, deren Eigenschaften der Dichter sich aus den anspielungsreich angedeuteten Vorzügen mehrerer Damen zusammensetzt. In der deutschen Romantik bleibt Bertrans Persönlichkeit jedoch vor allem mit der *razó* zum Sirventes *Puois lo gens terminis floritz (Nun wo die Jahreszeit der Blumen)* verbunden. Diese berichtet, daß Bertran nach dem Tode des *Rei Joven*, den er zur Rebellion gegen seinen Vater Heinrich II. von England aufgestachelt hatte und auf den er das Poem *Si tuit li dol e·lh plor e·lh marrimen (Wenn all das Leid, die Tränen und die Bitterkeit)* verfaßte, das zu den schönsten Klageliedern *(planh)* der Trobadorlyrik zählt, sich schließlich vor dem englischen König verantworten mußte. Dabei sei es ihm gelungen, Heinrich so zu Tränen zu rühren, daß ihm alles verziehen wurde. Diese Begebenheit inspirierte zunächst Ludwig UHLAND, dann Heinrich HEINE zu einer Ballade. Heine schildert Bertran als einen Ma-

gier, der Heinrich mit »süßen Tönen« behext: »Wie er den Vater selbst betörte! / In Tränen schmolz des Königs Zorn / Als er ihn lieblich reden hörte, / Den Troubadour, Bertrand de Born.« Im 20. Jh. inspirierte Bertran den amerikanischen Dichter Ezra POUND zu fünf Gedichten, wobei besonders *Near Perigord (Nahe Perigord)* hervorzuheben ist, in dem Pound über den politischen Gehalt von Bertrans Lied über die *domna soisseubuda* nachsinnt: *»Is it a love poem? Did he sing of war?«.* Louis ARAGON sah in ihm gar ein heldenhaftes Vorbild der französischen Résistance und den Verfechtern okzitanischer Eigenständigkeit galt der doch stets nur auf seinen eigenen Vorteil bedachte Bertran de Born, der schwerlich in nationalen Kategorien dachte, geradezu als politischer Propagandist eines freien Okzitanien.
W. R.

AUSGABEN: *B. v. B., sein Leben und seine Werke, mit Anmerkungen und Glossar*, Hg. A. Stimming, Halle 1879. – *B. v. B.*, Hg. ders., Halle 1892; ²1913 [rev.; Nachdr. Genf 1975]. – *Poésies complètes de B. de B.*, Hg. A. Thomas, Toulouse 1888; Nachdr. NY 1971. – *Die Lieder B.s v. B.*, Hg. C. Appel, Halle 1932; Nachdr. Genf 1973. – *L'amour et la guerre. L'œuvre de B. de B.*, Hg. G. Gouiran, Aix-en-Provence/Marseille 1985 [krit.]. – *The Poems of the Troubadour B. de B.*, Hg. W. D. Paden Jr. u. a., Berkeley u. a. 1986 [krit.].

LITERATUR: R. Boysson, *Études sur B. de B.*, Paris 1902; Nachdr. Genf 1973. – S. Stronski, *La légende amoureuse de B. de B.*, Paris 1914. – E. Levy, *Textkritische Bemerkungen zu B. de B.* (in ASSL, 1921, Nr. 141, S. 265–270; 1922, Nr. 143, S. 89–98; 1922, Nr. 144, S. 92–100). – P. Rajna, *B. de B. nelle briccche di un canzoniere provenzale* (in Rom, 50, 1924, S. 233–246). – Ders., *I due pianti per la morte del Re Giovane* (ebd., S. 254–265). – C. Appel, *Beiträge zur Textkritik der Lieder B.s v. B.* (in NAG, 1929, S. 233–263; 1930, S. 33–64). – L. Kastner, *Notes on the Poems of B. de B.* (in MLN, 27, 1932, S. 398–419; 28, 1933, S. 37–49; 29, 1934, S. 142–149; 31, 1936, S. 20–33; 32, 1937, S. 169–221). – Ders., *B. de B.'s Sirventes against King Alphonso of Aragon* (in MPh, 34, 1937, S. 225–248). – K. W. Klein, *The Political Message of B. de B.* (in StPh, 65, 1968, S. 612–630). – E. Köhler, *Die Sirventes-Kanzone: ›genre bâtard‹ oder legitime Gattung?* (in *Mélanges Rita Lejeune*, Bd. 1, Gembloux 1969, S. 159–183). – A. Viscardi, *›E per chamis non anara saumiers jorn afiats ni borges ses doptanza ni merchadiers‹* (in *Mélanges Frappier*, Genf 1970, S. 1085–1093). – R. Ehnert, *Wer ist Na Tempra? Zu zwei Gedichten B.s de B.* (in GRM, 54, 1973, S. 153–169). – W. Kellermann, *B. de B. und Herzogin Mathilde von Sachsen* (in *Études de civilisation médiévale, IXe–XIIe siècles*, Poitiers 1974, S. 447–460). – W. D. Paden, Jr., *B. de B. in Italy* (in *Italian Literature, Roots and Branches: Essays in Honor of T. G. Bergin*, Hg. G. Rimanelli u. K. J. Atchity, New Haven/Ldn. 1976, S. 39–66). – R. Ehnert, *Les amours politiques de B. de B.* (in NphM, 77,

1976, S. 128–143). – Ders., *Möglichkeiten politischer Lyrik im Hochmittelalter: B. de B. und Walther von der Vogelweide*, Ffm./Bern 1976. – D. Rieger, *Gattungen und Gattungsbezeichnungen der Trobadorlyrik. Untersuchungen zum altprovenzalischen Sirventes*, Tübingen 1976. – W. Paden, *De l'identité historique de B. de B.* (in Rom, 101, 1980, S. 192–224). – P. H. Stäblein, *The Convergence of Lyric and Epic Forms: B. de B. and »Raoul de Cambray«* (in Olifant, 8, 1980, S. 3–28). – M. de Riquer, *Los trovadores. Historia literaria y textos*, Bd. 2, Barcelona 1983, S. 679–750. – D. Rieger, *B. de B. ›Quan vei pels vergiers despleiar‹* (in *Lyrik des Mittelalters*, Hg. H. Bergner, Stg. 1983, S. 310–323).

PIERRE DE BÉRULLE

* 1575 Sérilly / Aube
† 1629 Paris

LITERATUR ZUM AUTOR:
J. Dagens, *B. et les origines de la restauration catholique*, Paris 1952. – M. Dupuy, *B. Une spiritualité de l'adoration*, Tournai 1964. – J. Orcibal, *Le cardinal de B., évolution d'une spiritualité*, Paris 1965. – F. Guillén-Preckler, *›Etat‹ chez le cardinal de B.*, Rom 1974. – Ders., *B. aujourd'hui, 1575–1975*, Paris 1978.

DISCOURS DE L'ESTAT ET DES GRANDEURS DE JESUS par l'union ineffable de la divinité avec l'humanité, et de la dépendance et servitude qui luy est deue, et à sa tres-saincte Mère

(frz.; *Abhandlungen über Sein und Erhabenheit Jesu durch die unaussprechliche Vereinigung der Gottheit mit der Menschheit und über die ihm und seiner allerheiligsten Mutter gebührende Unterwerfung und Knechtschaft*). Theologischer Traktat von Pierre de BÉRULLE, erschienen 1623. – Als Visitator der französischen Karmelitinnen hatte Bérulle 1615 mit der Einführung eines Mariengelöbnisses bei den im Geist der heiligen TERESA DE ÁVILA lebenden Nonnen seine kirchenrechtliche Befugnis überschritten. Aufgrund ungenauer Abschriften sowie eines mißverstandenen Weihegebetes kam es 1620 zu einem aufsehenerregenden theologischen Disput mit anonymen Pamphleten, in das der Gründer des Pariser Oratoriums für Weltpriester jedoch persönlich nicht eingriff. Den Verdacht der Häresie vermochte das Heilige Offizium in Rom ebensowenig zu bestätigen wie die Universitäten Paris und Löwen, so daß der sowohl zum reformerischen Seelsorger wie zum politischen Handeln berufene spätere Kardinal, beraten von dem feinsinnigen und gelehrten Abt von SAINT-CYRAN (Jean Duvergier de Hauranne), 1622 mit der ausgewogenen, reich dokumentierten theologischen Grundlegung seiner *spiritualité* begann. Dem schließlich zwölf Abhandlungen umfassenden Werk sollten dreiundzwanzig Approbationen, u. a. von Kardinal RICHELIEU und Bischof JANSEN, sowie der Bericht über den Streit um die erneut überarbeiteten Gebetsformeln den Charakter einer Synthese und Rechtfertigung geben.

Das Gelübde geistlicher Knechtschaft gegenüber Jesus, dem »Gottesknecht«, und Maria, der »Magd des Herrn« – zunächst als methodische Übung zur mystischen Initiation erfahren und in hierarchischer Vermittlung gedacht als Weg von der Teilnahme an den Gnaden der Gottesmutter über Jesus zur göttlichen Fülle der Dreifaltigkeit – wird nun als nicht bloß von wenigen Auserwählten freiwillig gesetzte Glaubensverwirklichung, sondern als folgerichtige Auswirkung des Taufgelübdes im religiösen Leben dargestellt. Knechtsein bezeichnet die Verfassung der Kreatur vor Gott und ist zugleich Ausdruck der in der Kenosis vollendeten Liebe Christi. Der Heilsplan stellt Knechtschaft und Nachahmung Christi in ein dialektisches Verhältnis. Gott wird in seiner Erhabenheit nur erfahren, wenn sich der Mensch der Nichtigkeit seiner Natur demütig bewußt ist und dem Schöpfer so dient, wie der in die Knechtsgestalt entäußerte Christus. Durch die anbetende, in Entsagung besiegelte geistliche Einverleibung in Jesus hindurch gelangt der Gläubige zur vergöttlichten »Gleichförmigkeit«.

Gegenüber dem beim früheren Bérulle bemerkbaren Einfluß der niederländisch-rheinischen Mystik und neuplatonisierenden Spekulation betont dieses ausgesprochen christologische Frömmigkeitsdenken Inkarnation und Trinität. Formal noch uneinheitlich, wechselt der *Discours* zwischen Gebet, Betrachtung und spekulativem Denken. Mit seiner komplexen philosophisch-scholastischen Begrifflichkeit begründet Bérulle eine bedeutende Schule der französischen *spiritualité* im 17. Jh.., ohne rein systematischer Theologe noch mystisch-charismatischer Seelenratgeber zu sein. Den Plan, das Leben des Menschensohnes in seiner geheimnisvollen Exemplarität für die religiöse Existenz in einem weniger spekulativen, psychologischen Ansatz zu deuten, konnte er in *Vie de Jésus* nur noch für den Zeitraum der Erwartung vor der Geburt Jesu ausführen.   D.B.

AUSGABEN: Paris 1623. – Paris 1629 (zus. m. *La vie de Jésus*). – Paris 1644 (in *Œuvres*; Faks. Montsoult 1960, in *Œuvres complètes*, 2 Bde., 1).

LITERATUR: R. Bellemare, *Le sens de la créature dans la doctrine de B.*, Paris 1959. – H. Bremond, *Heiligkeit u. Theologie. Vom Karmel zu Kardinal B.s Lehre*, Regensburg 1962. – P. Cochois, *B. et l'école française*, Paris 1964. – J. Moioli, *Teologia della devozione bérulliana al verbo incarnato*, Varese 1964. – L. Cognet, *Histoire de la spiritualité chrétienne*, Bd. 3,

2, Paris 1966. – W. M. Thompson, *The Christic Universe of B. and the French School* (in American Benedictine Review, 29, 1978, S. 320–347).

SIR WALTER BESANT

* 14.8.1836 Portsea
† 9.6.1901 London

LITERATUR ZUM AUTOR:
W. G. Urlaub, *Der spätviktorianische Sozialroman von 1800–1890: W. B., George Gissing, Margaret Harkness und Constance Howell*, Bonn 1977. – M. P. Dean, *Henry James, W. B., and »The Art of Fiction«* (in Publications of the Arkansas Philological Association, 10, 1984, Nr. 2, S. 13–24).

CHILDREN OF GIBEON

(engl.; *Kinder von Gibeon*). Roman von Sir Walter BESANT, erschienen 1886. – Der Titel bezieht sich vermutlich auf die im Buch *Josua* des *Alten Testaments* erwähnten Einwohner von Gibeon, die von den Kindern Israels zu ständiger Knechtschaft bestimmt waren. – Der Roman beginnt mit der Adoption der kleinen Marla, Kind der armen Londoner Waschfrau Hester Monument, durch Lady Mildred Eldridge. Marlas Ähnlichkeit mit deren eigener Tochter Beatrice macht es möglich, die Mädchen unter den Namen Violet und Valentine aufwachsen zu lassen, ohne daß bekannt wird, welches das Kind aus den Slums und welches die aristokratische Erbin ist. Die Mädchen erfahren ihre Herkunft erst an ihrem gemeinsamen einundzwanzigsten Geburtstag. Marlas Bruder Claude erhält ebenfalls eine vornehme Erziehung und wird Rechtsanwalt. Zwei weitere Brüder, Joe und Sam, bleiben sich selbst überlassen; der eine wird Schmied, der andere ein Schullehrer mit sozialistischen Neigungen. Ihre Schwester Melenda verdient sich ihr Brot als Näherin. Die Haupthandlung schildert die Bemühungen des Mitgiftjägers Jack Conyers, der die reiche Erbin Beatrice heiraten möchte, aber nicht weiß, welche der beiden Schwestern sie ist; ferner die Entwicklung der Valentine-Marla, die sich in den Slums von Hoxton bemüht, die Lebensbedingungen zu verbessern, unter denen ihre Schwester Melenda und deren Freund leben; und schließlich Hesters Erblindung und die Rückkehr von Marlas wirklichem Vater, einem Gewohnheitsverbrecher, der von der Erpressung seiner Kinder leben will.

Besant wollte mit diesem sozialkritischen Roman zeigen, daß die Klassenunterschiede willkürlich und künstlich errichtete Schranken sind. Obwohl in dem Buch der Zufall eine allzu große Rolle spielt, entbehren Besants Argumente nicht der Überzeugungskraft. Seine Ansichten über die sozialen und wirtschaftlichen Mißstände sind nicht allzuweit entfernt von denen DICKENS'; auch Besant geht von der Binsenwahrheit aus, daß, wenn nur alle Menschen anständig wären, die Welt erfreulich sein könnte und die Not von selbst verschwinden würde. Für die Arbeiterklasse erhofft er eine bessere Zukunft weit eher durch die Verwirklichung solcher Erziehungsideale als durch die Bestrebungen des Sozialismus. J.v.Ge.

AUSGABEN: Ldn. 1886, 3 Bde. – Ldn. 1886 (in *The Works*).

DOROTHY FORSTER

(engl.; *Dorothy Forster*). Roman von Sir Walter BESANT, erschienen 1884. – Schauplatz ist das England des frühen 18. Jh.s. Nach dem Tod der Königin Anna haben die Engländer den Kurfürsten von Hannover als Georg I. zu ihrem König gewählt, um nicht unter katholische Herrschaft zu geraten. In Schottland und Nordengland wird von katholischer Seite ein Aufstand vorbereitet, der aufgrund politischer Interessen auch von einigen protestantischen Grundbesitzern unterstützt wird. Die Rebellion ist schlecht organisiert. Zwar fehlt es ihren Anführern nicht an Mut, um so mehr aber an militärischer Erfahrung; dazu kommt die Uneinigkeit zwischen Schotten und Engländern. König Georgs Truppen erringen einen raschen Sieg, und fast alle Anführer der Aufständischen enden auf dem Schafott, im Exil oder im Elend. Im Mittelpunkt der Handlung steht das Schicksal eines führenden Rebellen, des geachteten Landedelmanns Thomas Forster, dessen Geschichte von seiner Schwester, der Titelheldin, berichtet wird. – Anders als in London und Südengland, wo sich die Bevölkerung noch an die religiösen Verfolgungen unter der katholischen Königin Maria erinnert, leben im Norden Englands Katholiken und Protestanten friedlich nebeneinander. Obwohl Dorothys Liebe zu dem katholischen Lord Derwentwater am Konfessionsgegensatz scheitert, stehen die Forsters der Sache der Aufständischen wohlwollend gegenüber, nicht zuletzt, weil sich der verarmte Thomas im Falle ihres Sieges finanzielle Vorteile erhofft.Nach der Niederlage gelingt es Dorothy, mit Hilfe ihres Vormunds den Bruder vor dem Galgen zu retten und seine Flucht ins Exil zu bewerkstelligen.
Der Roman kann als typisches Beispiel des im 19. Jh. in England florierenden historischen Romans gelten, der unweigerlich dem Scottschen Modell folgte. Der Autor vermied es im Gegensatz zu manch anderen Imitatoren SCOTTS (etwa H. AINSWORTH), die Horroreffekte und die romantischen Elemente allzusehr zu betonen. In der Durchformung des Stoffes kann sich sein Roman freilich nicht mit Scotts Hauptwerken messen.
J.v.Ge.

AUSGABE: Ldn. 1884, 3 Bde.

JOHANNES BESSARION

* 2.6.1403 Trapezunt
† 18.11.1472 Ravenna

ENKŌMION TRAPEZUNTOS

(griech.-byzant.; *Lobpreis der Stadt Trapezunt*). Überlieferter Titel einer Festrede von Johannes BESSARION. – Bessarion, der berühmte Metropolit von Nikaia (Nicäa), hielt diese Rede anläßlich der Fünfzehnhundertjahrfeier der Zugehörigkeit der Stadt Trapezunt zum »Römischen« Reich. Der Redner, der sich auch als Teilnehmer am Konzil von Florenz und Ferrara (1438/39) auszeichnete und später zum Kardinal der römischen Kirche ernannt wurde, weilte im Jahre 1436 als Gesandter des byzantinischen Kaisers Johannes VIII. in Trapezunt. – Diese uralte, seit dem 6. Jh. v. Chr. bestehende griechische Siedlung an der kleinasiatischen Küste des Schwarzen Meers hatte sich schon früh zu einem blühenden Kulturzentrum entwickelt und war Hauptstadt des unter dem Namen »Pontus« bekannten Küstengebiets geworden. In sprachlich blendender Darstellung skizziert Bessarion die Entstehungsgeschichte Trapezunts und rühmt sodann die geographische ›Mittellage‹ der Stadt am Schwarzen Meer und deren außerordentlich günstiges Klima. Er streift deren Geschicke zur Zeit der Perserkriege und schildert im weiteren auch die Befreiung der Stadt von der Gewaltherrschaft des Mithridates durch den römischen Feldherrn Pompeius und preist die Eingliederung der Hauptstadt Trapezunt sowie des Landes Pontus in das Römische Imperium (64 v. Chr.). In Pompeius erblickt der Redner einen Ahnherrn der anderthalbtausend Jahre alten Kultur Trapezunts, einer Stadt, welche im Gegensatz zu vielen anderen seiner Zeit, sich im stetigen Aufschwung zu noch größerer Blüte begriffen finde. Nie sei sie, im Gegensatz zu vielen anderen Städten, von Feinden erobert worden. Der Autor lobt deren herrschende Dynastie, das Haus der ›Großkomnenen‹, und läßt seine Elogen auf die Stadt in die üblichen Wünsche für das Herrscherhaus ausklingen. P.W.

AUSGABE: Athen 1916, Hg. S. Lambros (in Neos Ellinomnimon, 13).

LITERATUR: L. Mohler, *Kardinal B. als Theologe, Humanist und Staatsmann*, Bd. 1, Paderborn 1923, S. 50 ff; Neudr. Aalen 1967. – Chrysanthos, Metropolit von Trapezunt, *I Ekklisia tis Trapezuntos* (in Archion Pontu, 4/5, 1933, S. 293 f.). – O. Lampsides, *Datierung des »Enkōmion Trapezuntos« von Kardinal B.* (in ByZ, 48, 1955, S. 291 f.). – Beck, S. 767–769. – J. Gill, *East and West in the Time of B., Theology and Religion* (in Rivista di studi bizantini e neoellenici, N. S., 5, 1968, S. 3–27). – Hunger, Bd. 1, S. 175/176.

GYÖRGY BESSENYEI

* 1747 Bercel
† 24.2.1811 Pusztakovácsi

LITERATUR ZUM AUTOR:
F. Belohorszky, *A B. irodalom*, Nyîregyháza 1941. – L. Vajthó, *B.*, Budapest 1947. – R. Galos, *B. Gy. életrajza*, Budapest 1951. – J. Szauder, *B.*, Budapest 1953. – F. Bíró, *A fiatal B. és íróbarátai*, Budapest 1976. – F. Bíró, *La philosophie des Lumières et G. B.* (in Acta litteraria Academiae Scientiarum Hungaricae, 1982, S. 255–264). – Gy. Kókay, *B. Gy.* (in Gy. K., *Könyv, sajtó és irodalom a felvilágosodás korában*, Budapest 1983, S. 9–33).

ÁGIS TRAGÉDIÁJA

(ung.; *Die Tragödie des Agis*). Versdrama in fünf Akten von György BESSENYEI, erschienen 1772. – Bessenyeis Frühwerk, geschrieben während seiner Dienstzeit als Leibgardist in Wien und der Kaiserin Maria Theresia gewidmet, geht auf PLUTARCHS *Agis*-Biographie in den *Lebensbeschreibungen (Bioi paralleloi)* zurück: Agis, spartanischer Mitkönig des Leonidas, erstrebt zur Wiederherstellung von Spartas Größe eine Sozialreform, die die berechtigten Forderungen des aufständischen Volkes befriedigen soll: Befreiung vom Wucherjoch der Reichen, Wiedereinführung der Lykurgischen Gesetze, gerechte Verteilung des Grundbesitzes. Der »wahre Patriot« Agis scheitert nicht nur am Widerstand der Ephoren, die den König Leonidas zu ihrem Werkzeug machen konnten, indem sie Agis beschuldigten, aus egoistischen Motiven zu handeln und nach der Alleinherrschaft zu streben; auch das Volk, dessen Interessen er zu den seinen gemacht hat, bringt ihm keine Hilfe, da der Idealist Agis diesem fremd ist. Zum Eingeständnis seiner Schuld aufgefordert, antwortet Agis: »*Ich erkenne mich schuldlos in Sparta . . . Lieber steige ich hinab in die Unterwelt, als daß ich selber mich als sündig verdamm'.*« Im *Nachspiel* erscheint der hingerichtete Agis seiner Frau, die sich an seinem Grabe töten will. Er fordert sie auf, für die Wahrheit zu leben, der er sein Leben zum Opfer gebracht hat, und so seinen Tod zu rächen. Mit ihrem Versprechen, dem letzten Willen des Gatten zu gehorchen, schließt das Drama.
Bessenyeis *Ágis tragédiája* ist – ähnlich der *Agis*-Tragödie (1745) des von ihm bewunderten GOTTSCHED – ein Diskussionsstück, das die Lehren VOLTAIRES und ROUSSEAUS vorträgt und z. B. das Gemeinwohl definiert, ein staatliches und gesellschaftliches System auf der Grundlage des Naturrechts gefordert, die Pflicht gebildeter Männer in einem Staatswesen demonstriert. Formal steht Bessenyei ganz unter dem Einfluß des französischen Klassizismus: Einheit von Zeit, Raum und Handlung; die paarweise gereimten zwölfsilbigen Verse sind dem französischen Alexandriner nachgebildet, die Sprache ist der pathetisch-rhetorischen Diktion des französischen Dramas angeglichen. Obwohl das Werk das Schicksal der meisten Bessenyei-Stücke teilte und nicht aufgeführt wurde (einzige Ausnahme: das Lustspiel *Philosophus*), blieb es dennoch nicht ohne Wirkung, es leitete die Literatur im Zeitalter der Aufklärung in Ungarn ein.

E.K.-KLL

AUSGABEN: Wien 1772. – Budapest 1899 (in *Régi Magyar Könyvtár*, Nr. 13). – Budapest 1953 (in *Válogatott müvei*, Hg. J. Szauder). – Budapest 1983 (in *Összes müvei*).

LITERATUR: Závodszky K., *G. B.*, Budapest 1872. – Gálos R., *B. G., életrajza*, Budapest 1951. – J. Szauder, *B.*, Budapest 1953. – J. Waldapfel, *A magyar irodalom a felvilágosodás korában*, Budapest 1954. – O. Elek, *Ágis tragédiája* (in Filológiai közlöny, 1957, S. 193–209, 393–413). – L. Németh, *Die Revolution der Qualität*, Stg. 1962, S. 266 ff. – D. Baróti, *Ágis tragédiája* (in A Petőfi Irodalmi Múzeum évkönyve, 1962, S. 15–32 und D. B., *Írók, érzelmek, stílusok*, Budapest 1971, S. 136 bis 160). – I. Bánszky, *B. eredetisége az »Ágis-kérdés« tükrében* (in Acta Academiae Paedagogicae Nyiregyhaziensis, Irod., 8, 1980, S. 27–51).

TARIMÉNES UTAZÁSA

(ung.; *Die Reise des Tariménes*). Utopischer Staatsroman von György BESSENYEI, entstanden 1804, vollständig erschienen 1930. – In diese für das 18. Jh. so charakteristische literarische Form kleidete der erste bedeutende Vertreter der ungarischen Aufklärung seine an französischen Vorbildern – vor anderen an VOLTAIRE – orientierten geschichtsphilosophischen Ideen.
Tariménes, ein junger Adliger, unternimmt in Begleitung seines Erziehers Kukumedonias eine Reise in das Land Totopos. Hier gesellt sich ein aus Afrika stammender Wilder, Kirakades, zu ihnen, dessen naive und vorurteilsfreie Lebenseinstellung die Fragwürdigkeit der feudalen Gesellschaftssystems von Totopos mit satirischer Schärfe hervortreten läßt. Die Reisenden werden von der Königin Artenis wohlwollend empfangen; bald aber kommt es zwischen Kirakades und dem weisesten Ratgeber der Königin, Trezeni, der die Fremden durchs Land führen soll, zu heftigen Meinungsverschiedenheiten und Wortgefechten, bei denen schließlich der Wilde die Oberhand gewinnt: Selbst Trezeni muß zugeben, daß die Zustände im schönen Lande Totopos alles andere als ideal sind. Hierauf ruft die Königin eine Versammlung von Volksvertretern zusammen, unter denen sich allerdings kein einziger »*wollhäutiger Totoposer*« befindet, obwohl gerade über deren Schicksal – die Befreiung aus der Leibeigenschaft – entschieden wer-

den soll. Immerhin werden vom Parlament zufriedenstellende Reformen beschlossen. Auch Kirakades, der sich taufen läßt und von der Königin ein beträchtliches Vermögen erhält, gewöhnt sich allmählich an das ihm ursprünglich so fremde Leben. Da erklärt der König des Nachbarlandes, Buzorkam, Artenis den Krieg. Tariménes nimmt am Feldzug teil, der mit dem Sieg der Königin endet; sein Erzieher hat mehr Glück als Voltaires Meister Pangloss (vgl. *Candide*): Er verliert dabei lediglich ein Ohr. Nach der Heirat mit Tomiris, einer Tochter des Landes Topopos, kehrt Tariménes schließlich in seine Heimat zurück.

Bessenyei hat die Ideen der Aufklärung ganz in den Dienst der ungarischen Reformbestrebungen gestellt (Auflehnung gegen Habsburg, Kampf um die Gleichberechtigung der ungarischen mit der lateinischen und deutschen Sprache). Daß er nicht an sein Vorbild Voltaire heranreicht, liegt wohl vor allem daran, daß ihm die Gabe der sprühenden Ironie fehlt. Die Handlung ist überdies zu mager, zu sehr mit philosophischen Erörterungen befrachtet, als daß der Roman auch heute noch einen Leserkreis finden könnte. Eine gewisse Schwerfälligkeit des sprachlichen Ausdrucks mag daher rühren, daß das Ungarische damals noch keine dem Französischen oder anderen europäischen Sprachen vergleichbare philosophische Terminologie besaß, so daß Bessenyei häufig Neuschöpfungen verwenden mußte.

M.Sz.

AUSGABEN: Pest 1853 (in Szépirodalmi Lapok; Ausz.). – Budapest 1930. – Budapest 1953 (in *Válogatott müvei*, Hg. J. Szauder; Ausz.). – Budapest 1961 (in *Válogatott írásai*, Hg. L. Vajthó). – Budapest 1983 (in *Összes müvei*).

LITERATUR: Nagy S., *»Tariménes utazása«* (in Egyetemes Philologiai Közlöny, 1885). – Gy. Dorogi-Ortutay, A *»Tariménes« kialakulásához* (ebd., 1937). – K. Baranyai, *B. Gy.: Tariménes utazása* (in Studium, 1978, Nr. 9, S. 11–22). – I. Fried, *Jegyzetek B. Gy. Tariménes utázása címü regényéhez* (in Irodalomtörténeti közlemények, 1981, S. 210 bis 220).

GÉRARD BESSETTE

* 25.2.1920 Sainte-Anne-de-Sabrevois / Québec

L'INCUBATION

(frz.; *Inkubation*), Roman von Gérard BESSETTE (Kanada), erschienen 1965. – Dieser vierte Roman des quebecischen Autors zeugt von dessen zunehmendem Interesse für experimentelle Erzähltechniken. An die Stelle des linearen Ablaufs inmitten einer für menschliche Deutungen und Ordnungsbestrebungen offenen Welt tritt die Überantwortung des Schreibens an die assoziative Dynamik der Sprache und den Bewußtseinsstrom. Allerdings setzt die Bemühung des Autors um Erneuerung seines formalen Instrumentariums das für sein frühes Schaffen kennzeichnende Engagement im Sinne radikaler Sozialkritik keineswegs außer Kraft. Darüber hinaus ist eine starke Anteilnahme Bessettes an menschlichen Verhaltensweisen und Schicksalen auf seine Beschäftigung mit der Psychoanalyse, die auch die meisten seiner Literaturstudien geprägt hat, zurückzuführen.

Lagarde, der Ich-Erzähler, sowie alle anderen Personen leben im permanenten Zwiespalt zwischen einer scheinbar harmonischen Gegenwart (Universitätsmilieu der Kleinstadt Narcotown) und einer gleichzeitig lähmenden und beunruhigenden Vergangenheit, die allen Versuchen rationaler Aufarbeitung widersteht. In einer Bar von Montréal folgt Lagarde schlecht und recht den vom Alkohol vernebelten Ausführungen seines Freundes Gordon Blackwell, der sich mühsam durch das Dickicht seiner Erinnerungen kämpft. Während des Krieges hat Gordon im von Bombenangriffen heimgesuchten London die Rotkreuzangestellte Antinéa geliebt. Diese Beziehung hat in Gordon und »Néa« Schuldgefühle hinterlassen, welche mit der Erinnerung an ihren kriegsversehrten, mittlerweile verstorbenen Ehemann Jack zusammenhängen. In der Gegenwart führt Gordon mit seiner Frau Maggie und den Kindern ein »normales« Leben im bürgerlichen Haushalt, das durch Néas Auftauchen in Frage gestellt wird. Gordon kann sich nicht entschließen, sein Leben mit Maggie aufzugeben und bittet den als Universitätsbibliothekar tätigen Lagarde, Néa als seine Assistentin einzustellen. Ein alter, skurriler Gelehrter, der aus Wien stammende Professor Weingerter, nimmt sich väterlich um Néa an. Aber niemand kann verhindern, daß Néa in Einsamkeit und Schwermut versinkt, weder Gordon noch Lagarde, aber auch nicht Weingerter, der selbst mit unbewältigten Erinnerungen zu kämpfen hat (seine jüdische Frau ist im Konzentrationslager umgekommen). Schließlich wird Néa tot aufgefunden. Sie hat alle Schlaftabletten, die ihr Weingerter im Laufe der Zeit wohlmeinend zugesteckt hatte, auf einmal eingenommen.

Dieses Ende war nicht unbedingt vorhersehbar und stört daher die Erwartungen jener Leser, die sich vom Erzähler verleiten ließen, ihre Aufmerksamkeit vorwiegend auf die Geschichte des Dreiecksverhältnisses Gordon-Néa-Maggie zu richten. Bei genauerer Lektüre wird klar, daß die Vergangenheitstraumata Néas viel tiefer sitzen als jene der anderen Personen, da sie als Kind die Mutter verloren hat und vom Vater in ein Heim geschickt wurde. Nicht an der unerfüllten Beziehung zu Gordon geht sie zugrunde, sondern an einer sozial bedingten Störung des seelischen Gleichgewichts, die sie zur permanenten Suche nach Vaterfiguren zwingt. Zugleich führt ihre mangelnde Liebesfähigkeit immer neue Trennungserlebnisse herbei (R. Leduc-

Parc). Der Diskurs der anderen Personen hat die grausame Wahrheit dieses Lebens und Sterbens durch oberflächliche, der jeweiligen Interessenlage angepaßte Deutungen überlagert und damit verhüllt. Wenn Jean RICARDOU über *La Route des Flandres* von Claude SIMON geschrieben hat, dieser »Nouveau roman« illustriere ein Streben nach Ordnung inmitten des Chaos, so gilt dies sicherlich auch für *L'Incubation*, dessen Sprache sich in ebenso fruchtlosen wie starrsinnigen Präzisierungsversuchen totzulaufen scheint (zwischen Klammern gesetzte Synonyme sollen Gesagtes verdeutlichen), während unabsehbar wuchernde Neologismen jeden Versuch rationaler Bewältigung illusorisch machen.

Bessette läßt seinen Erzähler das Bild des prähistorischen Menschen heraufbeschwören: Dieser hat einen Fehler gemacht, als er sich aufrichtete und glaubte, auf diese Weise sein Schicksal beherrschen zu können. Wer nicht ausschließen kann, daß die Entwicklung des Menschen und der Menschheit auf einer Fehlleistung des Schöpfers beruhen, gelangt fast zwangsläufig zu jenem Vergleich des *Homo sapiens* mit einer Milbe, den bereits Blaise PASCAL in seinen *Pensées* gebrauchte, und der hiermit auf Québecs jansenistisches Erbe verweist. Allerdings zeigt der Roman auch, wo sich die Grenzen von Unzulänglichkeit und Hilflosigkeit abzeichnen. Immerhin bringt Néas Ankunft eine gewisse Unruhe in die kleine starre Welt von Narcotown. Ihr Tod aber markiert das Ende der Inkubationszeit und den »Ausbruch« der psychosozialen Leiden, an die sich die Romanfiguren nur allzu bereitwillig gewöhnt hatten. Mit diesen Personen zusammen sieht sich der Leser herausgefordert, über das Krankheitsbild des Konformismus, der Kommunikationshemmung und des Kleinmuts nachzudenken bzw. nach Heilmitteln Ausschau zu halten. Beachtenswert ist, daß Bessette die Romanhandlung nicht in einem frankophonen Milieu ablaufen läßt. Getragen vom Elan der *Révolution tranquille* transponiert der Autor die Problematik des »kranken« Kollektivbewußtseins der ethnischen Minderheit auf die Ebene der *Conditio humana*. F.Ki.

AUSGABEN: Montreal 1965. – Montreal 1981.

LITERATUR: P. Smart, *Notes et documents. Relire »L'incubation«* (in EF, Mai 1970, S. 193–213). – A. Brochu, *»L'incubation«* (in A. B., *»L'instance critique*, Québec 1974, S. 107–111). – R. Leduc-Parc, *L'incubation psychologique ou »L'incubation«, roman à suspense* (in Voix et Images, April 1978, S. 421–431). – *Lectures de G. B.*, Hg. J.-J. Hamm, Montreal 1982.

LE LIBRAIRE

(frz.; *Der Buchhändler*), Roman von Gérard BESSETTE (Kanada), erschienen 1960. – Dieser bedeutendste Frühroman des frankokanadischen Schriftstellers ist noch unter der Provinzregierung Duplessis entstanden, also in einer von traditionalistischen Defensivhaltungen geprägten Periode der Sozial- und Kulturgeschichte Québecs, deren herrschende Tendenz zu öffentlicher und verinnerlichter Zensur und der mit ihr verbundenen Heuchelei der Autor satirisch aufs Korn nimmt; die Zwiespältigkeit des Ich-Erzählers entschärft die Kritik allerdings doch erheblich.

Hervé Jodoin ist ein ehemaliger Lehrer, der seinen Posten im katholischen Bildungswesen Québecs verlassen hat und nun einen bequemen Job sucht, um sein Leben im Sinne der ihm eigentümlichen Egozentrik und menschenverachtenden Gleichgültigkeit gestalten zu können. Ein Besuch beim Arbeitsamt bringt die Begegnung mit einem ehemaligen Schulkameraden, der ihn an den Buchhändler Chicoine in dem kleinen Ort Saint-Joachin verweist. Bald verbringt Jodoin seine Tage als Angestellter, in gelangweilter Erwartung des Dienstschlusses, um hierauf bis spät in die Nacht im Gasthaus zu sitzen. Mit der Vermieterin ergibt sich ein banales Verhältnis. Etliche Kritiker haben diesen Antihelden mit Romanfiguren von A. CAMUS *(L'Étranger)* und J. P. SARTRE *(La Nausée)* verglichen. Allerdings zeigt sich nach und nach immer deutlicher, daß Jodoins Passivität und Lebensverneinung keinen existenzphilosophischen Hintergrund hat, sondern nur Maske ist: Simulation und Verstellung sind ihm zur zweiten Natur geworden. Was hinter dieser Fassade steckt, kommt am ehesten sonntags zum Vorschein, wenn er sein Tagebuch schreibt, angeblich um sich vor der Langeweile zu retten (das Wirtshaus ist ja geschlossen). Dieses Schreiben steht in direktem Widerspruch zu Jodoins Beteuerungen, so gut wie nie zu lesen und an den von ihm verkauften Büchern keinerlei Interesse zu haben.

Der Widerspruch von Maske und wahrem Gesicht ist nicht allein Sache des Protagonisten. Chicoine, der Dienstgeber Jodoins, besitzt ein »Sammelsurium« *(capharnaüm)*, das an jenes des Apothekers Homais in FLAUBERTS *Madame Bovary* erinnert. Allerdings handelt es sich in dem quebecischen Roman nicht um einen Giftschrank, sondern um eine finstere, staubige Geheimkammer, wo »verbotene« Bücher von Zola, Gide, Maeterlinck, Renan, Voltaire usw. unter Verschluß gehalten werden. Jodoin soll derlei Werke diskret an interessierte Kunden abgeben. Eines Tages verletzt der Verkäufer dieses Diskretionsgebot, indem er einem Gymnasiasten den *Essai sur les mœurs* von Voltaire verkauft. Diese zum Teil auf Indifferenz, zum Teil auf lange unterdrücktem Widerspruchsgeist beruhende Infragestellung des kirchlichen Bildungsmonopols bleibt nicht ohne Folgen. Der Pfarrer von Saint-Joachin bekommt Wind von der Sache und setzt eine Untersuchung in Gang, durch die trotz Jodoins Hinhaltetaktik das Geheimnis des Buchladens ans Licht zu kommen droht. Chicoine bekommt es mit der Angst zu tun und beauftragt seinen Angestellten, die Sammelsurium-Bücher bei einem Bauern im Nachbarort zu verstecken. Jodoin löst das Problem jedoch zum eigenen Nutzen, indem er den vollbeladenen Lastwagen nach Montréal dirigiert, das unfromme Schrifttum an einen anderen Buchhändler verkauft und die Geld einsteckt. Mit diesem Erlös, vermehrt um die Summe, die ihm Chicoine zusteckte, um ihn als Komplizen zu gewinnen, hat er nun eine Barschaft, die ihm für mindestens ein Jahr ein sorgloses Leben ermöglicht.

Manches an dieser Handlung erinnert an die Novellentradition mit ihrem reichen Repertoire an amüsanten Gaunerstücken. Aber Bessettes Interesse gilt nicht dem Ingenium, jener eleganten Durchtriebenheit, die Boccaccios Leser verzaubert, sondern einer Atmosphäre dumpfer Hinterhältigkeit, die für das dargestellte Milieu ebenso kennzeichnend ist wie für den Protagonisten. Gewiß hat Jodoin einen kleinen Sieg über ein auf Heuchelei gegründetes Sozialsystem errungen, schwerer ins Gewicht fällt aber zweifellos der persönliche Vorteil, den er sich verschafft hat. Auch in Montréal werden die Bücher in einem Depot auf bessere Zeiten warten. Was die Schriftstellerei des Helden betrifft, so wird er sie alsbald aufgeben, da die Großstadt auch am Sonntag ein ausreichendes Angebot an Zerstreuungen bietet. Am Ende des Romans eröffnet sich keine Perspektive, die über passives Überdauern ohne Ziel und Zweck hinausweist. Wissend, daß eine kleine Unterschlagung kein Risiko birgt, wenn das Vertuschen und Verdrängen Hauptanliegen der ganzen Gesellschaft ist, bleibt Jodoin Gefangener einer Selbstverachtung, die durch den geglückten Streich und sein Schreiben kurzfristig außer Kraft gesetzt worden war. Der Romantext gewinnt so den Habitus eines Zeichens, das ein Einsamer inmitten psychosozialer Miseren gesetzt hat. Bessette, der gerade hier mit Entschiedenheit für die geistige Liberalisierung in seinem seit je vom katholischen Klerus gegängelten Land eintritt, zielt ganz offensichtlich auf die inneren und äußeren Widerstände, welche künstlerische Betätigung im Québec der Überlebensideologie *(Survivance)* beeinträchtigen (daher auch der spröde, auf Anschaulichkeit und Farbe weitgehend verzichtende Stil). Dabei trifft er voll ins Schwarze der soziokulturellen Verhältnisse. F.Ki.

Ausgaben: Paris/Montreal/NY 1960. – Montreal 1966. – Montreal 1970.

Literatur: J. Allard, *»Le libraire« de G. B.* (in Voix et images du pays, 1, 1970, S. 51–62). – F. Iqbal, *Précieux et préciosité chez. G. B.: Demi-mesure et démesure* (in Voix et Images, 1, April 1976, Nr. 3, S. 338–364). – J.-P. Boucher, *Illégitime défense. »Le libraire« de G. B.* (in J.-P. B., *Instantanés de la condition québécoise*, Montreal 1977). – G. Bessette, *Mes romans et moi*, Vorw. J. Allard, Montreal 1979. – C. Fratta, *La metafora della scrittura ossessiva nel »Libraire« di B.* (in Quaderni di Francofonia, Letteratura francofona del Canada 1, Bologna 1982, S. 135–144). – *Lectures de G. B.*, Hg. J. Hamm, Montreal 1982.

ALEKSANDR ALEKSANDROVIČ BESTUŽEV-MARLINSKIJ

* 3.11.1797 Petersburg
† 19.6.1837 Adler (heute zu Soči)

Literatur zum Autor:
N. Stepanov, *Romantičeskie povesti A. B.-M.* (in Literaturnaja učeba, 1937, 9, S. 25–59). – N. A. Kotljarevskij, *Dekabristy A. I. Odojevskij i A. A. B.-M., ich žizn' i literaturnaja dejatel'nost'*, Moskau 1951. – N. I. Mordovčenko, *A. A. B.-M.* (in N. I. M., *Russkaja kritika pervoj četverti 19 veka*, Moskau/Leningrad 1959, S. 314–375). – V. K. Vinogradov, *Stil' istoričeskich romanov B.* (in V. K. V., *O jazyke chudožestvennoj literatury*, Moskau 1959, S. 538–541; 564 ff.). – H. v. Chmielewski, *A. B.-M. Kritische Betrachtungen*, Mchn. 1966. – L. G. Leighton, *Marlinizm: istorija odnoj stilistiki* (in Russian Literature, 1975, 12, S. 29–60). – Ders., *Puškin and M.: Decembrists Allusions* (ebd., 1983, 14, S. 351–382).

AMMALAT-BEK. Kavkazskaja byl'
(russ.; *Ammalat-Bek. Historische Sage aus dem Kaukasus*). Roman von Aleksandr A. Bestužev-Marlinskij, erschienen 1832. – Den Stoff zu diesem Roman fand der Autor in einem dramatischen Vorfall, der sich zwischen 1819 und 1823 im kaukasischen Grenzgebiet zugetragen hat: Der junge Thronprätendent von Dagestan, Ammalat-Bek, zunächst ein erbitterter Gegner der Russifizierung seines Landes, findet in dem russischen Oberst Verchovskij einen idealistischen brüderlichen Freund, der den Aufrührer vor der ihm drohenden Hinrichtung bewahrt und ihn in jeder Weise geistig und sittlich fördert. Dennoch ermordet der Tatar seinen Wohltäter aus historisch unbekannten Gründen meuchlings auf einem Ausritt: *»Bis heute spricht niemand seinen Namen ohne Schaudern aus.«* – Mittels zweier Indizien versucht der Autor, die mysteriöse Unbegreiflichkeit dieses Verbrechens in eine logische Kausalität zu bringen. Er entwirft eine aus Folklore und Sitten gedeutete allgemeine Charakterologie der Tataren – *»Der barbarische Despotismus Persiens, das so lange von Aserbeidschan beherrscht wurde, hat in den kaukasischen Tataren dieselben niederen Leidenschaften erzeugt, hat in den Ehrbegriff dieselben verächtlichen Ränke eingeführt«* – und entwickelt daraus eine spezielle Konfliktsituation: Ammalat-Bek, der die Tochter des russenfeindlichen Avaren-Chans liebt, schenkt, heißblütig wie er ist, einer intriganten Verleumdung seines russischen Freundes Glauben, zumal er mit dem Mord aus Eifersucht das Jawort der Geliebten erkaufen kann.

Diesem ganz im Sinne von Walter Scott ausgestalteten Vorwurf entspricht des Autors durchaus romantische Vorliebe für extrem leidenschaftliche Charaktere, gefühlvolle Landschaftsmalerei, rhetorisch-schillernde, fast mit sich selbst kokettierende Diktion. Die Aufteilung des Sujets in »*Briefe Verchovskijs an seine Braut*« und »*Auszüge aus dem Tagebuch von Ammalat-Bek*« (durch die gleichzeitig die Fiktion der historischen Treue gestützt wird) sowie das Gottesurteilmotiv im Epilog weisen den Roman formal als Bindeglied zwischen Sentimentalismus und Romantik aus. Thematisch gehört *Ammalat-Bek* zu den Werken jener russischen Kaukasus-Exotik, wie sie auch PUŠKIN und LERMONTOV pflegten; innerhalb dieses Genres aber besticht es durch ethnographisch genaue Milieuschilderung. Nicht zu bestreiten ist des Autors »*wunderschöne Kenntnis von Sitten und Landschaft dieses Landes, in dem er fast sieben Jahre zuzubringen hatte*« (Alekseev). W.Sch.

AUSGABEN: Petersburg 1832. – Petersburg 1847 (in *Poln. sobr. soč.*, 4 Bde.). – Moskau 1958 (in *Sočinenija*, 2 Bde.).

ÜBERSETZUNG: *Ammalat Bek*, P. Löbenstein (in *GS*, 4 Bde., 1, Lpzg. 1845).

ISPYTANIE

(russ.; *Die Versuchung*). Psychologischer Gesellschaftsroman von Aleksandr A. BESTUŽEV-MARLINSKIJ, erschienen 1830. – Dem wohl besten unter Bestužev-Marlinskijs feuilletonistischen Salonromanen liegt als Fabel die gefällige Variante des Rokoko-Motivs der »Liebesprobe« zugrunde: Fürst Gremin, der die Treue seiner Freundin, der Gräfin Zvezdič, prüfen will, beauftragt seinen Freund Strelinskij, ihr zum Schein den Hof zu machen. (»*Teuer ist eine unerfahrene Liebe, doch eine erprobte Liebe ist unschätzbar.*«) Als der Fürst bemerkt, daß Strelinskijs Gefühle nicht geheuchelt sind, fordert er den Freund zum Duell. (»*Liebesglut und Blut sind ein alter Reim*«.) Doch Ol'ga, der in Strelinskij verliebten Schwester Gremins, gelingt noch rechtzeitig die Versöhnung der Zerstrittenen, und eine Doppelhochzeit besiegelt den neugeschlossenen Freundschaftsbund.
Bestužev-Marlinskij erzählt seine unproblematische Geschichte in dem saloppen Plauderton, der ihn zu einem beliebten Autor seiner Zeit machte. Immer wieder unterbricht er jedoch den Gang der Handlung, um sich in abschweifende philosophische Erörterungen einzulassen. »*Ich habe einen Hang zur Philosophie wie Sancho Pansa zu Sprichwörtern.*« Bemerkenswert ist eine – in der russischen Literatur hier erstmalig auftretende – romantisch-selbstironische Erzählhaltung, wie sie Laurence STERNE in die europäische Prosa eingeführt hatte. Das zweite Kapitel, ein von der Fabel völlig gelöstes, kritisch-spöttisches Genrebild des Petersburger Marktes im Weihnachtstrubel, schließt mit einem fingierten Disput zwischen dem »Leser« und dem »Schriftsteller«. Jener beschwert sich, daß der Autor ihn und die Helden anscheinend völlig vergessen habe, und der »Schriftsteller« rät ihm, zwei oder drei Kapitel weiterzulesen: »*Jedem Baron seine Grillen, jedem Schriftsteller seine Erzählung.*«
W.Sch.

AUSGABEN: Petersburg 1830 (in *Syn otečestva*). – Petersburg 1832–1834 (in *Russkie povesti i rasskazy*, 8 Bde.). – Leningrad 1937 (in *Izbrannye povesti*). – Moskau 1958 (in *Sočinenija*, Hg. N. N. Maslin u. a., 2 Bde., 1).

MIKLÓS BETHLEN

* 1.9.1642 Kisbun
† 27.10.1716 Wien

LITERATUR ZUM AUTOR:
F. Deák, *Gróf B. M. életrajza*, Preßburg, Budapest 1885. – E. Gyárfás, *B. M. kancellár*, Dicsöszentmárton 1924. – I. Lukinich, *A bethleni gróf Bethlen család története*, Budapest 1927, S. 273–458. – K. Benda, *B. M. kancellár* (in Hitel, 1942, S. 389–403). – G. Tolnai, A. Anygal, *Ein siebenbürgischer Staatsmann und Schriftsteller der Barockzeit*, Budapest-Leipzig 1943. – G. Tolnai, *B. M.* (in G. T., *Tanulmányok*, Budapest 1970, S. 55–75, 383–389).

ÖNÉLETIRÁS

(ung.; *Autobiographie*). Memoiren von Graf Miklós BETHLEN, entstanden 1708–1710, erschienen 1858–1860. – Der Verfasser, eine hervorragende Gestalt im politischen und religiösen Leben seiner Heimat, des Fürstentums Siebenbürgen, wurde wegen eines habsburgfeindlichen Flugblattes, das die staatliche Unabhängigkeit des Fürstentums und die Wahl eines reformierten deutschen Fürsten zum Herrscher von Siebenbürgen forderte, im Jahr 1704 gefangengesetzt. In der Haft schrieb er die seiner Frau und seinem Sohn gewidmeten Memoiren. AUGUSTINUS, PETRARCA und J.-A. de THOU waren seine literarischen Vorbilder.
Das chronologisch geordnete Werk besteht aus einem Vorwort und zwei Hauptteilen. In der Form einer Unterweisung an den Sohn legt Bethlen im Vorwort seine von der Theologie der reformierten Kirche geprägten, der Philosophie des frühen Kartesianismus nahestehenden Gedanken über die Ehre, den Ruhm, die Ewigkeit und das Leben der Seele nach dem Tode dar. Im ersten Teil, der mit dem Jahr 1666 abschließt, folgt auf eine ausführliche Selbstanalyse die Beschreibung des Elternhauses, der Jugendzeit und der Studienaufenthalte im Ausland (Wien, Brandenburg, Holland, England, Frankreich, Venedig). Im zweiten, den Zeitraum

von 1667 bis 1710 umfassenden Teil tritt die Schilderung der politischen Ereignisse stärker in den Vordergrund. Die leidenschaftliche Aufrichtigkeit Bethlens macht das an Charakterbildern und anschaulich dargestellten Szenen reiche Werk zum bedeutendsten psychologischen Dokument der ungarischen Literatur dieser Epoche. K.Si.

AUSGABEN: Pest 1858–1860, Hg. L. Szalay, 2 Bde. – Budapest 1943, Hg. G. Tolnai. – Budapest 1955, 2 Bde. – Budapest 1980, Hg. E. Windisch.

LITERATUR: K. Szatmáry, *Gróf B. M. tragédiája* (in Történelmi Tár, 1891). – L. Szádeczky-Kardoss, *Gróf B. M. rabságában írt emlékiratai, imádságai* (in Budapesti Szemle, 1923). – K. Máté, *A magyar önéletírás kezdetei* (in Minerva, 1926). – L. Németh, *B. M.* (in Tanú, 1934). – G. Tolnai, *Végzetes esztendök. Tanulmányok és jellemrajzok*, Budapest 1945. – Zs. Vita, *Egy erdélyi főúr önéletírása* (in Zs. V., *Tudománnyal és cselekedettel. Tanulmányok*, Bukarest 1968, S. 105–122, 291–292). – G. Tolnai, *M. B. Un classique des anciens mémoires hongrois* (in Acta litteraria Academiae Scientiarum Hungaricae, 1970, S. 251–272). – A. Sápi, *B. M. önéletírása* (in A. S., *Tanulmányok 1977–1979*, Budapest 1980, S. 170–206).

MONGO BETI

d.i. Alexandre Biyidi, weiteres Pseud. Eza Boto

* 30.6.1932 Akométan / Kamerun

LITERATUR ZUM AUTOR:
R. Mercier u. a., *M. B., écrivain camerounais. Textes commentés*, Paris 1964. – Th. Melone, *M. B., l'homme et le destin*, Paris 1971. – B. Mouralis, *Comprendre l'œuvre de M. B.*, Issy-les-Moulineaux 1981. – J. Riesz, *M. B.* (in KLFG, 4. Nlg., 1984).

MISSION TERMINÉE

(frz.; *Ü: Besuch in Kala*). Roman von Mongo BETI (Kamerun), erschienen 1957. – Nach Mongo Betis engagiert-antikolonialistischem Erstling *Ville Cruelle* (1954) und dem den Zusammenhang zwischen christlicher Mission und kolonialem Ausbeutungssystem anprangernden *Le Pauvre Christ de Bomba* (1956) ist dieser dritte Roman des Autors von vergleichsweise heiterer Stimmung und verzichtet auf direkte politische Anklage. Das Alter des 20jährigen Protagonisten Jean-Marie Medza (der gerade durchs mündliche Abitur gefallen ist), die Ich-Form und die Tatsache, daß sich die Geschichte Anfang der fünfziger Jahre spielt, geben ihr eine stark autobiographische Komponente, die auch vom Autor selbst unterstrichen wird: »*Während alle meine anderen Erinnerungen dahinschwinden, verblassen und schließlich wie Schnee in der Sonne meines erwachsenen Alters dahinschmelzen, wie ein Eisbrocken unterm Sonnenhimmel, läßt mich dieses eine Abenteuer meiner Jugend, nur dieses eine, nicht los, widersetzt sich standhaft allen Auflösungstendenzen, füllt auch noch die Leere, die meine Vergangenheit zurückgelassen hat, überfällt mich, durchdringt mich durch und durch. Weshalb?*« – Der bloße Handlungsverlauf gibt keine eindeutige Antwort: Jean-Marie Medza erhält den Auftrag (die »*Mission*«), die entlaufene Frau seines Cousins Niam, seit deren Weggang alle Arbeit im Hause liegen bleibt, wieder an den häuslichen Herd zurückzuführen. Mit einem geliehenen Fahrrad macht er sich nach Kala auf, wo er die Sommerferien verbringen wird. Nach einer Reihe glücklich bestandener Abenteuer kann er den Auftrag erfolgreich erledigen und die entlaufene Frau ihrem Ehemann zurückbringen. Aber Jean-Marie hat sich inzwischen selbst so gründlich verändert, daß er zu Hause nicht mehr bereit ist, sich seinem tyrannischen Vater unterzuordnen und ein neues Leben beginnen will.

Die Krise, welche diesen Wandel ausgelöst hat, läßt sich auf verschiedene Ursachen zurückführen: das Prestige, das er als Stadtbewohner und einer der die Schule besucht hat, im Dorf genießt, wo ihn nicht nur die Altersgenossen (und besonders -genossinnen) wie einen kleinen König behandeln, sondern auch die Alten gebannt seinen Worten lauschen; die Erfahrung und das Glück des Zusammenlebens mit seinen Altersgenossen und die Erfahrung der Freundschaft, insbesondere mit seinem Cousin Zambo; den Prozeß des Nachdenkens über die Schule, der durch die unablässigen Fragen der Dorfbewohner ausgelöst wird und Medza bewußt macht, was alles die Schule ihn gelehrt und vor allem: was sie ihm verschwiegen und vorenthalten hat; das Gefühl, vor einer ungewissen Zukunft eine letzte Periode der Freiheit und jugendlicher Sorglosigkeit erleben zu dürfen; den Traum von einer Zukunft als »*Künstler oder Mann der Tat*«, für deren Verwirklichung die von ihm geliebte und ihm während seines Aufenthalts im Dorf angetraute Edima nur hinderlich sein würde; schließlich den Haß auf den tyrannischen Vater, der sich von seinem Haß auf den von der Kolonialverwaltung eingesetzten und mit ihr kollaborierenden Dorftyrannen ableitet und zu einem der Leitmotive des politischen Schriftstellers Mongo Beti werden wird: »*Mein Haß [...] erstreckt sich heute nicht nur auf diejenigen, welche die Vielweiberei praktizieren, sondern auf alle Arten von Wucherern und Raffern, die sich an der Not der anderen mästen.*«

So wird auch in diesem Roman, trotz seiner scheinbar pikaresken Unbekümmertheit, der viele Kritiker *Mission Terminée* als »humoristisch« mißverstehen ließ, der Grundantrieb des Autors deutlich, den die Erinnerung an den Todesschrei eines Arbeiters beim Einsturz eines Hauses wachruft: »*Solange ich lebe, werde ich mich an seinen Schrei erinnern, der ein Schrei des Aufbegehrens und ein Todesschrei zugleich* war; er dröhnt ewig in meinen Ohren und wird mich nie mehr loslassen.« Und die Ungewißheit vor der Zukunft des Ich-Erzählers hat ihre Entsprechung in der »*Tragödie seines ganzen Volkes*«; dieses »*ist einem Manne vergleichbar, den man in einer Welt allein gelassen hat, die ihm nicht gehört, die er nicht gemacht hat, wo er nichts versteht. Es ist die Tragödie eines Mannes ohne geistigen Kompaß*«. Dennoch ist auch das Ende dieses Romans, der heute überall in Afrika (auch im anglophonen Bereich) als Schulklassiker gelesen wird, letztlich ein optimistischer Aufruf, nicht klein beizugeben, sondern die Möglichkeiten der Selbstbestimmung und Selbstverwirklichung zu nutzen: »*A nous la liberté!*« J.R.

AUSGABE: Paris 1957 u. ö.

ÜBERSETZUNG: *Besuch in Kala*, W. v. Grünau, München 1963.

LITERATUR: D. Diop, Rez. (in Présence Africaine, 16, 1957, S. 186–187). – G. Moore, Rez. (in Black Orpheus, 9, 1961, S. 68–69). – A. C. Brench, *The novelist's inheritance in French Africa*, London 1967, S. 63–74. – E. Palmer, *An interpretation: Mongo Beti's »Mission to Kala«* (in African Literature Today, 1969, H. 3, S. 27–43).

LE PAUVRE CHRIST DE BOMBA

(frz.; Ü: *Der arme Christ von Bomba*). Roman von Mongo BETI (Kamerun), erschienen 1956. – Hochwürden Drumont von der katholischen Mission in Bomba ähnelt den Christusbildern, die er an die Kinder verteilt, und heißt daher »Jésus-Christ«. Er hat in zwanzig Jahren seine Mission mit den besten Absichten aufgebaut, und – wie er glaubt – die Afrikaner zu Christen gemacht. Patriarchalisch leitet er Gottesdienst, Mission und Sixa, die Schule der Bräute.
Mit seinem Koch Zacharias und seinem Diener Denis, der die ganze Geschichte in Form eines Tagebuchs erzählt, unternimmt Drumont eine vierzehntägige Reise ins Gebiet des Tala-Stammes, den er längere Zeit nicht besucht hat. Er findet dort erschreckende Zustände vor. Die christlichen Gemeinden sind dezimiert, getaufte Männer haben zweite und dritte Frauen genommen, junge Mädchen bekommen Kinder, und das Gesetz, als Christ nicht mit Heiden zu verkehren, wird nicht befolgt. In Ekotot zwingt Drumont den Medizinmann Sango Boto in der Kapelle, dem Teufel abzuschwören. Kurz darauf kentert das Boot des Geistlichen, der zwar gerettet wird, es sich aber gefallen lassen muß, daß die Leute schadenfroh lachen und an einen Zauber des Medizinmanns glauben. Wenig später wird auf Drumont ein Attentat verübt: Ein junger Mann, dessen Braut ohne seine Einwilligung in die Sixa gesteckt wurde, bedroht den Geistlichen. Zacharias überwältigt den jungen Mann, den der französische Bezirkskommissar Vidal mit Gefängnis bestraft. Drumont aber erbittet die Freilassung des Übeltäters, denn er selbst fühlt sich schuldig. In Gesprächen mit Vidal wird sein Gefühl zur Gewißheit: Er ist im Grunde nie etwas anderes gewesen als ein Handlanger der Kolonialmacht. Wo Vidal die Bevölkerung zur Zwangsarbeit preßte, um eine Straße bauen zu lassen, füllten sich die Kirchen, Stätten, an denen die Unzufriedenen abgelenkt und unter Kontrolle gebracht werden sollten. Bei der Rückkehr erkennt Drumont, daß seine eigene Missionsstation die Wurzel aller Übel ist: In der Sixa, der »Bräuteschule«, herrscht nicht nur das System der Zwangsarbeit: Lehrer, Katecheten, Köche und Diener durften seit Jahren mit den Mädchen verkehren, wenn sie dem Vorsteher Gebühren entrichteten, und Mädchen, die sich weigerten, erhielten die niedrigsten Arbeiten zugeteilt. Zwei Drittel der Mädchen sind geschlechtskrank, und, ausgehend von der »Schule der Bräute«, verbreiten sich die Krankheiten in den christlichen Ehen des Landes. Drumont, der sich seines Versagens bewußt geworden ist, schließt aus christlicher Verantwortung die Mission und kehrt nach Frankreich zurück.
Beti geißelt nicht nur die Praktiken des Kolonialismus, er zeigt, daß selbst lautere Absichten Unheil anrichten, wenn das Verständnis für die Wertvorstellungen und sozialen Eigenarten der einheimischen Kultur fehlt. Als Drumont fragt, warum die Leute sich dem Christentum nicht mehr öffnen wie noch vor zwanzig Jahren, antwortet ihm sein Koch Zacharias: »*Die ersten von uns strömten eurer Religion zu, als sei sie eine Schule, wo sich ihnen euer Geheimnis offenbaren würde, das Geheimnis eurer Macht, die Macht eurer Flugzeuge, eurer Eisenbahnen und all das. Statt dessen habt ihr ihnen von Gott erzählt, von der Seele, dem ewigen Leben und so weiter. Glaubst du denn wirklich, sie hätten das nicht alles zuvor schon gewußt, vor eurer Ankunft?*« J.H.J.

AUSGABE: Paris 1956.

ÜBERSETZUNG: *Der arme Christ von Bomba*, H. Meyer u. J. R. Klicker, Wuppertal 1980.

LITERATUR: S. Hertlein, *Christentum und Mission im Urteil der neoafrikanischen Prosaliteratur*, Münsterschwarzach 1962, S. 64–66. – G. Moore, *B. The Voice of the Rebel* (in G. M., *Seven African Writers*, Ldn. 1962, S. 73–91). – Y. Benot, *B. et les chemins du romancier africain* (in Europe, 414, Okt. 1963, S. 150–158).

PERPÉTUE ET L'HABITUDE DU MALHEUR

(frz.; Ü: *Perpétue und die Gewöhnung ans Unglück*). Roman von Mongo BETI (Kamerun), erschienen 1974. – Nach seiner ersten Schaffensperiode, in der er zwischen 1954 und 1958 vier Romane veröffentlicht hatte, war Mongo Beti, der seit 1958 ununterbrochen in Frankreich lebte und seine afrikanische Heimat nicht mehr gesehen hatte, als Autor verstummt und griff erst wieder zur Feder, als Anfang der siebziger Jahre die politische Opposition in Kamerun erbarmungslos verfolgt wurde und die demokratische Presse in Frankreich dazu nicht nur schwieg, sondern wichtige Blätter wie ›Le Monde‹ für das Ahidjo-Regime Partei ergriffen. Mongo Beti reagierte darauf zunächst mit *Main basse sur le Cameroun (Die Plünderung Kameruns)*, einer Autopsie des neokolonialen Ausbeutungssystems, die 1972 erschien, aber gleich danach vom französischen Innenminister für fünf Jahre aus dem Verkehr gezogen wurde, und den beiden Romanen *Remember Ruben (Gedenke Rubens)* und *Perpétue*, die beide 1974 erschienen und den Beginn der zweiten Schaffensperiode des Autors markieren. Der im Exil lebende Autor, dem die direkte Erfahrung seines Landes verwehrt ist, muß aus der geographischen Distanz seine Informationen sammeln und eine literarische Perspektive erarbeiten. Beti versteht es, aus diesem Manko ein »*Privileg*« zu machen und daraus eine »*doppelte Kenntnis*« der Verhältnisse abzuleiten: einmal die auf Kindheit und Jugend zurückgehende persönliche Vertrautheit mit dem Land und seinen Menschen, zum andern die Perspektive des von außen Beobachtenden, »*zwei Perspektiven, die sich nicht nur gegenseitig ergänzen, sondern auch beide gleich unverzichtbar sind*«.

Die Situation des Exils liegt dem Roman *Perpétue* strukturbildend zugrunde, der Sachverhalt wird detektivisch rekonstruiert, und der Leser wird in den Vorgang der Spurensicherung und der Aufdeckung des Tathergangs mit einbezogen. Der Ich-Erzähler Essola kehrt nach sechsjähriger Haft in den Lagern des Diktators Baba Toura in seinen Heimatort zurück. Sein politischer Widerstandswille scheint gebrochen – die Freiheit wurde ihm um den Preis des Beitritts zur Regierungspartei gewährt – doch läßt ihm die Vergangenheit keine Ruhe. Essolas Nachforschungen über die Ursachen des Todes seiner Schwester fördern einen Sachverhalt zutage, der nicht nur für den Leidensweg vieler afrikanischen Frauen stehen mag, sondern zur Parabel für das Ganze des neokolonialen Unterdrückungssystems in einem afrikanischen Land wird: Die schöne und begabte Perpétue wird 16jährig von ihrer Mutter von der höheren Schule genommen, weil sich ein Bewerber eingefunden hat, der einen hohen Brautpreis zahlen kann. An der Seite Edouards, des ihr geistig unterlegenen Manns, fristet Perpétue ein armseliges, abhängiges Dasein in einer afrikanischen Vorstadt. Erst als Edouard seine Frau zu einem Verhältnis mit dem Polizeikommissar zwingt, geht es mit seiner eigenen Karriere vorwärts. Perpétues Glücksstreben und ihre bescheidenen Versuche, etwas aus eigenem Antrieb zu tun – die Arbeit an der Nähmaschine, die ihr ein kleines Maß wirtschaftlicher Unabhängigkeit sichern soll, und die Liebe zu einem Fußballstar, durch den sie erstmals in ihrem Leben echte Zuneigung erfährt –, werden brutal unterbunden und enden tragisch. Perpétue, der jede Aussicht auf eine bessere Zukunft verstellt ist, stirbt kurz vor der Geburt ihres dritten Kindes: »*So schied Perpétue mit zwanzig Jahren und verließ das sogenannte Festmahl des Lebens in dem Alter, in dem andere, andernorts, erst im Jugendglanz schöner Bräute erscheinen dürfen.*«

Der Roman fördert am Beispiel des Schicksals von Perpétue (die Namensgleichheit mit der frühchristlichen afrikanischen Märtyrerin Perpetua ist nicht zufällig) grundsätzliche Einsichten in ein neokoloniales Terror-System zutage, wo »*alles mit allem zusammenhängt*«: der Kampf zwischen den Generationen, der Perpétues Mutter zur »*Mörderin*« ihrer Tochter macht; der Kampf gegen den Aberglauben: »*Geister gehören nicht in unsere Zeit*«; die »*Geißel*« des Alkoholismus, die schuld daran ist, daß »*wir Schwarzen immer noch nicht weiter sind*«; die Fortsetzung des kolonialen Ausbeutungssystems mit den alten Methoden, aber unter dem neuen Namen der »*wirtschaftlichen Kooperation*«; die Berufung auf die »*zivilisatorische Mission*«, welche Europa in Afrika zu erfüllen habe, für welche in der ehemals französischen Kolonie zeichenhaft die »*Alleinherrschaft der französischen Sprache*« steht: Sie ist für den Autor »*gleichsam ein vergifteter Boden, aus dem nichts anderes als Unkraut sproß; die lange Zeit, die das Eindringen in ihre Finessen erforderte, hemmte unsere geistige Entwicklung. Da die große Mehrheit der Bevölkerung unvermeidlich oder mit Vorbedacht aus diesem Paradies ausgeschlossen war, kam es zu finsterem Aberglauben, sozialem und politischem Stillstand und zu Enttäuschung*«. – Das Paradox des Romans wie des Autors Mongo Beti insgesamt liegt u. a. darin, daß er selbst einer der größten Meister dieser französischen Sprache in der zweiten Hälfte des 20. Jh.s ist, deren Funktion er in Afrika so hart attackiert und erbarmungslos bloßstellt.

J.R.

AUSGABE: Paris 1974.

ÜBERSETZUNG: *Perpétue und die Gewöhnung ans Unglück*, H. Beltz, Bln./DDR 1977. – Dass., ders., Ffm. 1980.

LITERATUR: L. Hesbois, »*Perpétue et l'habitude du malheur*« ou M. B. et la révolution avortée (in Présence Francophone, 14, 1977, S. 57–71). – B. Mouralis, *Aspects de l'écriture dans »Perpétue et l'habitude du malheur*« (in Présence Francophone, 17, 1978, S. 45–68). – T. M. Bestman, *Une lecture de »Perpétue« de M. B.* (ebd., 24, 1982, S. 29–46). – E. Ruhe, »*Du songe à la réalité ou de la réalité au songe*« – *Die jüngsten Romane Mongo Betis* (in RZL, 1982, H. 1/2, S. 236–259).

VILLE CRUELLE

(frz.; *Ü: Die grausame Stadt*). Roman von Mongo BETI (Kamerun), erschienen 1954 unter dem vom Autor zeitweise benutzten weiteren Pseudonym Eza Boto. – Nach der kurzen, 1953 erschienenen Novelle *Sans haine et sans amour (Ohne Haß und oh-*

ne Liebe), ist *Ville Cruelle* der erste von vier Romanen aus der ersten, bis 1958 reichenden Schaffensperiode des weltweit bekanntesten Kameruner Autors. Der Roman ist als Gegenentwurf zu dem ein Jahr zuvor veröffentlichten *L'enfant noir (Einer aus Kurussa)* von Laye CAMARA aus Guinea zu sehen, dem Eza Boto vorwarf, ein clichéhaftes und unwahres Bild von Afrika gezeichnet zu haben, in dem alle realen Konflikte der Kolonialsituation ausgespart seien. Demgegenüber betont der damals noch studierende, gerade erst 22jährige Autor die »Authentizität« seiner Darstellung, die er öfter mit der Gattungsbezeichnung »Chronik« versieht.

Schon der Titel *»Grausame Stadt«* will die Illusion von einer einheitlich geschlossenen und heilen afrikanischen Welt zerstören, wie sie von den Autoren der »Négritude« propagiert worden war. Mehrere Ebenen des Konflikts bestimmen das Geschehen des Romans: zwischen Kolonialherren und Kolonisierten, die sich zunehmend der Unterdrückung und Ausbeutung durch das ihnen auferlegte Zwangssystem bewußt werden; zwischen der alten Generation, die vor den fremden Herren noch zu Kreuze kroch, und der jungen, die sich auflehnt; zwischen der Landbevölkerung und der auf ihre Kosten sich bereichernden Händlerschicht in den Städten; zwischen dem europäischen Teil der Stadt, Tanga-Süd, wo Industrie und Handel angesiedelt sind, wo gearbeitet wird und die Gesetze des weißen Mannes gelten, und dem afrikanischen Teil, Tanga-Nord, der erst am Abend zum Leben erwacht und in der Sicht der Weißen ein Ort der Gewalt, ungezügelten Lebensgenusses und der Gesetzlosigkeit ist.

Nach seiner Grundstruktur ist *Ville Cruelle* die Geschichte zweier Opfer und Rächer des kolonialen Systems: Banda, der die Kakaoernte in die Stadt bringt und hofft, mit dem Verkaufserlös das Geld für den Brautpreis zu bekommen, um endlich, wie es der sehnlichste Wunsch seiner alten Mutter ist, heiraten zu können. Als er um den Preis der Ernte betrogen wird, sucht er die Verbindung zu Koumé, der als Anführer einer Gruppe von Streikenden seinen Vorgesetzten im Handgemenge getötet hat und polizeilich gesucht wird. Mit Hilfe von Odilia, der Schwester Koumés, findet er den Gesuchten, der dann aber bei der Flucht aus der Stadt im Fluß ertrinkt. Mit dem Geld Koumés und dem Finderlohn für einen Koffer, den ein reicher Grieche verloren hat, kann Banda mit Odilia, die auch ihrer zukünftigen Schwiegermutter gefällt, eine bessere Zukunft in Fort Nègre, der großen Stadt am Meer, planen.

Man hat in der »grausamen Stadt« Tanga Mbalmayo, die Geburtsstadt des Autors identifiziert, wie in Fort Nègre Douala, die größte Stadt Kameruns. Trotz ihrer »Grausamkeit« übt die Stadt auf die Bewohner des umliegenden Landes eine unwiderstehliche Anziehungskraft aus. Den jungen Frauen, welche die Kakaoernte in die Stadt tragen, bietet sie Gelegenheit zu fröhlich-ausgelassenen Spaziergängen, zum Besuch der Bars und Gaststätten der Griechen, Gelegenheit zu Bekanntschaften. Auch eine Liebe außerhalb der gewohnten Stammesbindungen, wie die zwischen Banda und Odilia, ist nur in dem durch die Stadt gegebenen Freiraum möglich. Anders als mit der nostalgischen Rückwendung anderer afrikanischer Romane zu einer verklärten Vergangenheit endet *Ville cruelle* mit der unbedingten, fast ekstatischen Zuwendung zur Gegenwart, zum Hier und Jetzt. Trotz aller erlittenen Härte und Grausamkeit ist das Ende des Romans an einer positiven Zukunftserwartung orientiert. Die Kindheit auf dem Dorf und die Erfahrung der (Klein-)Stadt werden als notwendige Etappen auf dem weiteren Lebensweg des Protagonisten begriffen, der diese Stadien hinter sich läßt.

Der Roman ist von der Kritik zunächst nicht sehr freundlich aufgenommen worden und galt auch lange Zeit als ästhetisch nicht besonders gelungen. Erst im Lichte der späteren Romane Mongo Betis und mit dem wachsenden Ruhm des Autors zeigte sich, wie in *Ville cruelle* bereits die zentralen Themen und grundlegenden Strukturen seines Werks vorhanden sind und zukunftsweisend für die neoafrikanische Literatur entwickelt werden: die Adoleszenz-Thematik, wonach der jugendliche Protagonist aus einem Zustand der durch den kolonialen oder neokolonialen Kontext bestimmten Abhängigkeit (Eltern, Schule, Dorf, Mission) über die Erfahrung einer Krise (erlittenes Unrecht, sexuelle Initiation, Entdeckung eines neuen gesellschaftlichen Umfeldes) ein neues Stadium seiner persönlichen Entwicklung und Reifung erreicht, indem er sich auflehnt (gegen die Familie, Autoritäten, den christlichen Glauben) und darüber seinen neuen Platz in der Gesellschaft findet. Der Roman gilt heute als »Klassiker« der afrikanischen Literatur in französischer Sprache. J.R.

AUSGABEN: Paris 1954. – Paris 1971 u. ö.

ÜBERSETZUNG: *Die grausame Stadt*, K. Heinrich, Bln./DDR 1963.

LITERATUR: Ph. A. Noss, *The cruel city* (in RLC, 1974, H. 3/4, S. 462–474). – Ch.-G. MBock, *Comprendre »Ville Cruelle«*, Issy-les-Moulineaux 1981.

JOHN BETJEMAN

* 28.8.1906 London
† 19.5.1984 Trebetherick

DAS LYRISCHE WERK (engl.) von John BETJEMAN.

Der hochgeachtete englische Lyriker entwickelte seit den dreißiger Jahren, weitgehend unberührt von der Bewegung des Modernismus, auf der Grundlage traditioneller Vers-, Strophen- und Gattungsformen seine eigene, unverwechselbare

Formensprache. Als Vorbilder können u. a. gelten Thomas MOORE (1779–1852), Alfred Lord TENNYSON (1809–1892), William COWPER (1731 bis 1800), Ernest DOWSON (1867–1900) und vor allem Thomas HARDY (1840–1928). Der einzige modernistische Dichter, dessen Wirkung er selbst bekannte, ist T. S. ELIOT (1888–1965), aber nur eines seiner wenigen experimentellen Gedichte, *Clash Went the Billiard Balls* (1958), weist Spuren des Einflusses von Eliot auf.

Betjemans erster Lyrikband, *Mount Zion*, erschien 1931. Ihm folgten die Einzelbände *Continual Dew* (1937), *Old Lights for New Chancels* (1940), *New Bats in Old Belfries* (1945), *Slick But Not Streamlined* (1947), *A Few Late Chrysanthemums* (1954) und *Poems in the Porch* (1954), bis 1958 mit *Collected Poems* ein entscheidender Durchbruch beim Publikum gelang. Von den *Collected Poems*, die vielmals nachgedruckt wurden und 1962, 1970 und 1979 jeweils in erweiterter Form erschienen, wurden insgesamt mehr als eine Million Exemplare verkauft. Ähnlich erfolgreich war Betjemans in Blankversen geschriebene Autobiographie *Summoned by Bells* (1960). 1972 wurde er zum Hofdichter (poet laureate) ernannt.

Zwischen Betjemans Lyrik und seiner Arbeit als Kultur- und Kunstkritiker, vor allem als Architekturkritiker, bestehen enge Beziehungen. Betjemans Liebe gehörte der viktorianischen Architektur, den englischen Kleinstädten und Vororten und den Lebensgewohnheiten des Mittelstandes. Aus dieser Grundeinstellung erwächst eine Eigenschaft seiner Dichtung, die er selber als »topographisch« kennzeichnet. Gebäude und Stadt- und Naturlandschaften werden aber nicht isoliert in der Art der Dinglyrik dargestellt, sondern stets in ihrem Zusammenhang mit den Menschen und sozial- und kulturgeschichtlichen Wandlungen. Betjeman wird gemeinhin als ein Nostalgiker bezeichnet, aber seine Verurteilung von Bürokratie, Profitgier und Umweltzerstörung und seine Rückwendung zum 19. und frühen 20. Jh. ist kritische Nostalgie ohne weltfremde oder eskapistische Tendenzen.

Ein Beispiel für das topographische Gedicht ist *Essex* (1954), wo der Dichter die idyllische Landschaft seiner Jugend beschwört. Auch stärker autobiographische Gedichte wie *Trebetherick* (1940), *Beside the Seaside* (1958) und *North Coast Recollections* (1958) bleiben an eine intensiv erinnerte Örtlichkeit gebunden. Stadtgedichte sind auch topographisch und teilweise autobiographisch konzipiert, wobei die Fahrt im Bus oder Zug vielfach ein strukturierendes Element bildet wie in *Parliament Hill Fields* (1945). Ein eindrucksvolles Stadtgedicht ist *Monody on the Death of Aldersgate Street Station* (1958), wo die Form der Totenklage (monody) auf einen vor dem Abbruch befindlichen Londoner Bahnhof bezogen und das Topographische mit dem Elegischen verbunden wird. Vom Bild des Bahnofs gelangt Betjeman rasch zu dem »vieltürmigen Kirchenwald« (»the steepled forest of churches«) und er beschwört Glockengeläut und Gottesdienste vergangener Epochen.

Mit seinen elegischen Gedichten knüpft Betjeman an eine große Tradition der englischen Lyrik an. Ein originelles Beispiel ist das von Sympathie und milder Ironie getragene Gedicht auf den Tod eines Oxforder Gelehrten, *I. M. Walter Ramsden, ob. March 26, 1947, Pembroke College, Oxford* (1958). Krankheit und Tod sind häufige Themen. Betjemans erstes Gedicht *Death in Leamington* (1931) kontrastiert das einsame Sterben einer Frau im Krankenhaus mit der perfekten Routine der Arbeit der Krankenschwester. *Inevitable* (1958), eines seiner letzten Gedichte, ist ein bewegendes lyrisches Zeugnis des Abschieds vom Vater. Aus der Religion schöpft Betjeman in seiner Todeslyrik keinen Trost. Angesichts der Realität des Sterbens kommt der Gedanke an ein Weiterleben nach dem Tod nicht auf. Dennoch war Betjeman ein überzeugter Anglokatholik, der zwar kaum religiöse Lyrik schrieb, sein Bekenntnis zum Glauben aber ohne Scheu formulierte, z. B. am Schluß von *St. Saviour's, Aberdeen Park, Highbury, London, N.* (1948).

Betjemans Liebeslyrik gewinnt viel von ihrem Reiz aus ironischen und humoristischen Wendungen. In *Lake District* (1940) wird die ichbezogene Liebe durch Hinweise auf triviale Dinge wie »nonalcoholic wine«, »H. P. Sauce« und »Heinz's ketchup« ironisch gebrochen. In *A Subaltern's Love-Song* (1945) wird das Glücksgefühl des Sprechers beim Tennisspiel mit der Geliebten durch den komischen dreifachen Binnenreim, der beim dritten Mal abbricht (»How mad I am, sad I am, glad that you won«) ins Humoristische gewendet. Das topographische Element tritt auch in der Liebeslyrik zutage, etwa in *Love in a Valley* (1948).

Mit Mitgefühl, das meist nicht ohne eine Beimischung von Ironie bleibt, stellt Betjeman die Schicksale der Einsamen und Enttäuschten in der seelenlosen Arbeitswelt und Betonwüste der Moderne dar, z. B. in *Eunice* (1954) und *Devonshire Street W. 1* (1954). Ins Spöttische reicht die Zeichnung der modischen Elaine in *Middlesex* (1954). Scharf ist die Satire auf die Entartungen des Großstadtlebens (Normierung der Lebensform, Korruption, Gewinnsucht, Rücksichtslosigkeit, Verschandelung der Landschaft durch Beton) in *Slough* (1937), *The City* (1937), *The Planster's Vision* (1958), *Inexpensive Progress* (1970) etc. Aggressiv ist *Slough* mit der oxymoronischen (einen Choral parodierenden) Anrede an die Bomben: »Come, friendly bombs, and fall on Slough«. Auch gesellschaftliche Prätentionen (*The ›Varsity Students‹ Rag*, 1931) und Scheinheiligkeit (*In Westminster Abbey*, 1940) werden angegriffen.

Als Formkünstler bewegt sich Betjeman in traditionellen Bahnen. Seine Lyrik ist von formaler Eleganz, aber nicht nur oberflächlich schön, oder, wie W. H. AUDEN sagt, »slick but not streamlined«. Betjeman verwendet meist überkommene Metren und Strophenformen, variiert diese aber mit großer Kunst und erfindet auch eigene Strophenformen wie in *Trebetherick*. Experimente mit dem freien Vers sind Ausnahme *(Clash went the Billard Balls)*.

Kunstvoll geht Betjeman mit dem Reim um (z. B. mit dreiteiligen Reimen in *Senex*, 1940, oder ungewöhnlichen Reimen in *Pot Pourri from a Surrey Garden*, 1940), mit der Assonanz *(Treberethick)*, der Alliteration *(Love in a Valley)*, Zäsuren und Enjambements *(Devonshire Street W. 1.)*. Wirkungsvoll verwendet er die Balladenform in ernster (*The Arrest of Oscar Wilde at the Cadogan Hotel*, 1948) und humoristischer Weise (*In the Public Gardens*, 1958). Er ist ein Meister der Schlußpointe. Seine Lyrik ist vielfach parodistisch (z. B. *Longfellow's Visit to Venice*, 1958).

Betjemans Dichtung ist überwiegend subjektivpersönlich geprägt, obwohl ironische Brechungen stets möglich sind. Er bedient sich auch des Rollenlieds *(A Subaltern's Love-Song)* und des dramatischen Monologs, z. B. in dem komischen Monolog einer »Hochkirchenmaus« (*Diary of a Church Mouse*, 1954) oder in dem, am Stil von Robert Browning orientierten Stück *Bristol and Clifton* (1940). Ein wesentlicher Zug seiner Lyrik ist ihr Anspielungs- und Evokationsreichtum. Mit den Eigennamen für charakteristische Nahrungsmittel und Einrichtungsgegenstände der Mittelschicht wird in den folgenden Versen ein ganzes Milieu ins Bewußtsein gerufen: »*Oh! Fuller's angel-cake, Robertson's marmalade, / Liberty lampshade, come, shine on us all.*« (*Myfanwy*, 1940) Oder der dramatische Monolog *Winthrop Mackworth Redivivus* (1958) fängt durch die Verwendung sprachlicher Besonderheiten der *upper-middle class* typische Einstellungen, Prätentionen und Vorurteile einer Gesellschaftsschicht ein. Mit seiner formschönen, gefühlsbetonten und doch immer auch ironischen und wirklichkeitsbezogenen Lyrik fand Betjeman, unabhängig von den revolutionären Entwicklungen der modernistischen Kunst, sein eigenes Terrain, auf dem er Beachtliches leistete. W.G.M.

Ausgaben: *Mount Zion*, Ldn. 1931. – *Continual Dew*, Ldn. 1937. – *Old Lights for New Chancels*, Ldn. 1940. – *New Bats in Old Belfries*, Ldn. 1945. – *Slick But Not Streamlined*, Hg. W. H. Auden, NY 1947. – *A Few Late Chrysanthemums*, Ldn. 1954. – *Poems in the Porch*, Ldn. 1954. – *Collected Poems*, Ldn. 1958; erw. 1962, 1970, 1979. – *Summoned by Bells*, Ldn. 1960. – *High and Low*, Ldn. 1966. – *A Nip in the Air*, Ldn. 1974. – *Church Poems*, Ldn. 1981. – *Uncollected Poems*, Ldn. 1982.

Literatur: B. Bergonzi, *Culture and Mr. B.* (in Twentieth Century, 165, 1959, Nr. 984, S. 130–137). – D. Stanford, *J. B.: A Study*, Ldn. 1961. – R. E. Wiehe, *Summoned by Nostalgia : J. B.'s Poetry* (in Arizona Quarterly, 19, 1963, Nr. 1, S. 37–49). – J. Sparrow, *The Poetry of J. B.* (in J. S., *Independent Essays*, Ldn. 1963, S. 166–179). – H.-J. Zimmermann, *J. B.: »Devonshire Street W. 1«* (in *Zeitgenössiche engl. Dichtung*, Hg. H. Meller, Ffm. 1966, S. 118–125). – Ders., *J. B.* (in *Engl. Dichter der Moderne*, Hg. R. Sühnel u. D. Riesner, Bln. 1971, S. 510–519). – R. Schröder, *Die Lyrik J. B.s*, Hbg. 1972 [zugl. Diss.]. – J. Press. *J. B.*, Ldn. 1974. – M. L. Stapleton, *Sir J. B.: A Bibliography of Writings by and about Him*, Metuchen/N. J. 1974. – A. T. Tolley, *The Poetry of the Thirties*, Ldn. 1975. – F. Delaney, *B. Country*, Ldn. 1983. – P. Taylor-Martin, *J. B., His Life and Work*, Ldn. 1983. – G. Harvey, *The Romantic Tradition in Modern English Poetry*, NY 1986. – H. Viebrock, *Totenklage u. Topographie in J. B.s Gedicht »Monody on the Death of Aldersgate Street Station«* (in *Gattungsprobleme in der anglo-amerikanischen Literatur*, Hg. R. Borgmeier, Tübingen 1986, S. 172 bis 183).

UGO BETTI

* 4.2.1892 Camerino
† 9.6.1953 Rom

Literatur zum Autor:
A. Fiocco, *U. B.*, Rom 1954 [m. Bibliogr.]. – Ch. Ambros, *U. B. als Dramatiker*, Diss. Mchn. 1959. – F. Cologni, *U. B.*, Bologna 1960 [m. Bibliogr.]. – A. Alessio, *U. B.*, Genua 1963. – G. Rizzo, *Regression-Progression in U. B.s Drama* (in TDR, 8, 1963, Nr. 1, S. 101–128). – E. Betti, *Der Dichter U. B. im Licht seiner Lyrik, Erzählkunst und Dramatik*, Mchn. 1968. – G. Moro, *Il teatro di U. B.*, Mailand 1973. – E. Kanduth, *U. B.* (in *Italienische Literatur der Gegenwart in Einzeldarstellungen*, Hg. J. Hösle u. W. Eitel, Stg. 1974, S. 119–141; KTA). – *U. B.*, Hg. Istituto di studi pirandelliani, Rom 1981. – R. Radice, Art. *U. B.* (in Branca, 1, S. 308–310).

CORRUZIONE AL PALAZZO DI GIUSTIZIA

(ital.; *Ü: Korruption im Justizpalast*). Schauspiel in drei Akten von Ugo Betti, entstanden 1944; Uraufführung: Rom, 7. 1. 1949, Teatro delle Arti. – Es ist das bekannteste und erfolgreichste unter den »rechtsmetaphysischen« Dramen Bettis: Etwas ist faul im Justizpalast. Gerüchte und vertuschte Skandale deuten darauf hin, daß die Justiz der Stadt nicht mehr unbestechlich arbeitet. Der Untersuchungsrichter Erzi ist beauftragt worden, nach dem »*Aussätzigen*«, wie er genannt wird, zu suchen. Aus Furcht schieben die Richter, die nun alle verdächtig sind und von denen keiner sich ohne Fehl weiß, die Schuld auf den betagten Präsidenten Vanan, allen voran der hochintelligente, mephistophelische Cust, der durchschaubare, aber nicht zu überführende Schuldige, der im folgenden ein kaltes Vabanquespiel um seine Ehrenhaftigkeit spielt. Um an sein Ziel zu gelangen, richtet er Vanan zugrunde und treibt dessen Tochter in den Tod. Da bezichtigt sich Croz, der älteste unter den Richtern, sterbend der Schuld, und das falsche Bekenntnis ist der letzte »Scherz« dieses Zynikers, der weder an Gut noch an Böse und also auch nicht an Gerechtigkeit glaubt. Die Untersuchung ist damit abgeschlossen, Cust hat sein Spiel gewonnen: Er wird als Nachfolger Vanans zum Präsidenten ernannt. Aber mehr als sein falsches Spiel hat der Tod der unschuldigen Tochter Vanans, der von Erzi zynisch als gewöhnlicher Unfall abgetan wird, Custs Kraft erschöpft. Der Gedanke, daß nun von der Wahrheit des Geschehenen keine Spur bleiben werde, daß Geschehenes und Ungeschehenes, Gut und Böse ein und dasselbe und beide null und nichtig sein sollen, ist ihm unerträglich. So geht er zuletzt, einsam, aber erlöst, zum Revisor, um sich selbst anzuklagen und die Gerechtigkeit gegen Erzi und gegen sich selbst zu verteidigen.

Das Thema erinnert an KAFKA. Im Werk beider Autoren ist Gericht identisch mit Erlösung. Aber die Romangestalten Kafkas sind Angeklagte, die weder ihre Schuld noch ihre Richter noch den Weg ihrer Sühne kennen. Sie verlangen, immer vergeblich, nach dem Urteil, weil sie in ihm den Sinn ihres Daseins zu enträtseln hoffen. Auf Bettis Bühne dagegen ist die Schuld gleichzeitig anonym (im Leben an sich) vorhanden und persönlich (durch eigenmächtiges Entscheiden und Handeln) bedingt. Seine Gestalten sind sich ihrer Schuld bewußt und wissen auch den Weg der Sühne zu finden. Cust sucht das Urteil, weil er ahnt, daß ohne Gerechtigkeit das Leben verloren und alles in Gleichgültigkeit, im Nichts, versinkt. Mit seinem Geständnis rettet er für sein Teil die Welt vor dem Chaos. – Die Handlung ist spannend wie die eines Kriminalreißers. Aber sie ist nur Gerüst eines wesentlicheren, inneren Geschehens, das vom Schein zur objektiven Wahrheit und schließlich zur metaphysischen Erkenntnis führt. Die Sprache ist vorwiegend realistisch, die Charaktere sind psychologisch glaubwürdig profiliert. Aber ebenso wie die einzelnen Gestalten bestimmte Weisen menschlichen Verhaltens vor Gott verkörpern und dadurch philosophisch, ja eigentlich theologisch zu verstehen sind (wie der Ästhet und der Ethiker bei KIERKEGAARD), so ist auch ihre Sprache in den wesentlichen Aussagen von der metaphysischen Frage bestimmt, die in der Herausforderung oder in der Angst ihren unmittelbaren Ausdruck findet. A.B.

AUSGABEN: Mailand 1949 (in Sipario, 8). – Bologna 1955 (in *Teatro*; Vorw. S. D'Amico). – Bologna 1957 (in *Teatro completo*; Vorw. ders. u. A. Fiocco). – Bologna ³1966.

ÜBERSETZUNG: *Korruption im Justizpalast*, C. M. Ludwig, o. O. 1950 [Bühnenms.].

LITERATUR: E. Ferrieri, »*Corruzione al palazzo di giustizia*« (in E. F., *Novità di teatro*, Mailand 1941, S. 161–171). – R. Simoni, *U. B.* (in R. S., *Trent' anni di cronaca drammatica*, 2 Bde., Turin 1951). – L. Mac'Clitock, *U. B.* (in MLJ, 35, 1951, S. 251–257).

DELITTO ALL'ISOLA DELLE CAPRE

(ital.; *Ü: Die Ziegeninsel*). Drama in drei Akten von Ugo BETTI, Uraufführung: Rom, 20. 10. 1950, Teatro delle Arti; deutsche Erstaufführung: Berlin, 21. 5. 1954. – Mit diesem Stück erwarb sich Betti erste große Erfolge außerhalb Italiens, vor allem in Paris. Es ist – nicht zuletzt aufgrund seiner naturalistischen Züge – das kraftvollste, vielleicht aber auch das düsterste seiner Bühnenwerke: Auf einem abgelegenen Gütchen, das die »Ziegeninsel« genannt wird, leben drei Frauen: die Witwe, die Schwester und die Tochter eines Professors, der vor Jahren Haus und Familie verlassen hat und als Kriegsgefangener in der Fremde gestorben ist. Sein Freund Angelo besucht die drei Frauen und beschließt, bei ihnen zu bleiben. Sie dienen und gehorchen ihrem neuen Hausherrn, der gleich einem Satyr heiter und sorglos in ihrer Mitte lebt, und schenken ihm ihre Liebe: Er ist der Hirte, sie sind seine Herde geworden. Agata aber, eine dunkle, starke, kompromißlose Natur, eine Artgenossin Medeas, die sich ihm als erste hingab und in ihrem schrankenlosen Gehorsam gegenüber dem Manne geduldet hat, daß er auch die Liebe der Schwägerin und selbst ihrer Tochter genoß, rächt am Ende die Unordnung, deren unschuldiges Opfer die noch mädchenhafte Jüngste geworden ist. Als Angelo die Hilfe der Frauen braucht, um aus einem tiefen Ziehbrunnen wieder herauszukommen, verbietet Agata den beiden anderen, ihm zu helfen. Durch sie wird ein Zufall zum Schicksal und zum Gericht; indem sie aber den Mann richtet, richtet sie auch sich selbst und ihre schuldige Liebe.

Erinnert Angelos sorglose, heidnisch-animalische Sinnlichkeit an die antiken Naturmythen, so verkörpert Agata jenen dem Ideal der modernen Existenzphilosophie entsprechenden Menschen, der im Bewußtsein seiner autonomen Vernunft frei über sich entscheidet und zugleich die Verantwortung für sein Leben allein sich selber zuerkennt. Sie ist nicht die einzige Gestalt in Bettis Gesamtwerk, die als »Widerpart Gottes« auftritt, wohl aber die einzige, die sich auch im Scheitern nicht dem Gericht oder der Gnade Gottes anheimgibt. Dennoch kann dieses Stück nicht – wie z. B. das Orest-Drama *Les mouches*, 1947 *(Die Fliegen)*, von SARTRE – als ein Manifest der menschlichen Freiheit und Autonomie ausgelegt werden. Vielmehr erscheint das Verlangen nach Erlösung als indirekte, unausgesprochene Folgerung dieses Dramas. Angedeutet ist es in dem verzweifelten Schrei, mit dem Agata, ehe der Vorhang fällt, den Mann anruft, unter dessen Tod zu leiden ihre Sühne ist. Es ist der Schrei *de profundis* nach reiner Liebe und nach der Unschuld, die die ursprüngliche Heimat und das ersehnte Paradies der Bühnengestalten Bettis ist. A.B.

AUSGABEN: Turin 1950 (in Teatro, 15. 1.). – Bologna 1955 (in *Teatro*; Vorw. S. D'Amico). – Bologna 1957 (in *Teatro completo*; Vorw. ders. u. A. Fiocco).

ÜBERSETZUNG: *Die Ziegeninsel*, C. M. Ludwig, o. O. 1954 [Bühnenms.].

VERFILMUNG: *Les possédées*, Frankreich 1955 (Regie: Ch. Brabant).

LITERATUR: L. MacClintock, *U. B.* (in MLJ, 35, 1951, S. 251–257).

IL DILUVIO

(ital.; *Die Sintflut*). Farce in drei Akten von Ugo BETTI, entstanden 1931; Uraufführung: Rom, 29. 1. 1943, Teatro Argentina. – Professor Arcibaldo, ein trauriger Philister, der vor seinen Gläubigern und vor den Frauen seines Hauses zittert, hat ein Drama mit dem Titel »Il diluvio« verfaßt und in dieses das »Nitroglyzerin« seiner Weltverachtung gegossen. Nach seiner Vorstellung ist die Welt eine Pyramide von Miasmen, auf deren Spitze als konzentrierter »Maximalmiasmus« der Mensch thront. Durch eine »Sintflut« von Sarkasmen will Arcibaldo diese Welt vernichten, sie im üblen Sud ihrer Verworfenheit ertränken, um sie dann eigenhändig neu aufzubauen. Damit Fatma, die Kusine seiner Frau, zu ihrem Millionär kommt, muß er aus Repräsentationsgründen die Rolle des selbstlosen Familienoberhauptes spielen. Aber der Millionär, ein aufgeblasener Wichtigtuer, das goldene Kalb, das alle umtanzen, ignoriert Fatma und verführt statt dessen die Frau Arcibaldos – quasi *coram publico* – unter dem Jubel der Gläubiger, die schon den Goldregen voraussehen, der nun über den betrogenen Ehemann, ihren Schuldner, kommen wird. Arcibaldo erwacht aus der Euphorie, in die das »goldene Kalb« alle Anwesenden versetzt: Die Sintflut des Zynismus, die er zu erzeugen hoffte, ist schon hereingebrochen, und er selbst gehört zu ihren Opfern. Seine Verwandten, die sich aus ihrer Kleinbürgerwelt in das Dorado des Reichtums retten zu können glaubten, scheitern zwar, aber auf Kosten des Metaphysikus von der traurigen Gestalt, Arcibaldo. Über ihn fallen nun alle her: die Verwandten, die Gläubiger, die Ehefrau und selbst der erbärmliche Millionär. Nach einem grotesken Selbstmordversuch mit einer Kinderpistole trifft Arcibaldo der Schlag; er stirbt den lächerlichen Tod des ohnmächtigen Weltverbesserers.

Das Stück hat die Form einer klassischen Komödie. Seine Gestalten, der tyrannisierte, gehörnte Ehemann, die böse Schwiegermutter, der Millionär, der für die Tochter »gekapert« werden soll, und die intriganten Gläubiger entstammen dem traditionellen Komödienrepertoire; das übliche Quiproquo schürzt den Knoten der Handlung. Dennoch ist *Il diluvio* keine echte Komödie; als tragische Farce entspricht sie der Tendenz der modernen Bühnendichtung, Komisches und Tragisches nicht mehr getrennt, sondern in gegenseitiger Überblendung erscheinen zu lassen. ANOUILH, IONESCO, Christopher FRY und DÜRRENMATT sind Vertreter dieses tragikomischen Theaters. Gerade durch die bittere Komik, durch den Zerrspiegel des Grotesken wirkt Bettis *Sintflut* düsterer und beklemmender als seine ernsten Bühnenwerke. A.B.

AUSGABEN: Turin 1943 (in Il Dramma, März 1943). – Bologna 1957 (in *Teatro completo*; Vorw. S. D'Amico u. A. Fiocco).

LITERATUR: R. Simoni, *U. B.* (in R. S., *Trent'anni di cronaca drammatica*, Turin 1951, 2 Bde.). – L. MacClintock, *U. B.* (in MLJ, 35, 1951, S. 251–257). – C. Brunner, *La condizione umana nel teatro di U. B.* (in Studium, 56, 1960, S. 759–766).

LA FUGGITIVA

(ital.; *Ü: Die Flüchtende*). Drama in drei Akten von Ugo BETTI, postum uraufgeführt: Venedig, 30. 9. 1953, Teatro la Fenice (Compagnia V. Gassman). – In diesem letzten, *»in unseren Tagen«* spielenden Bühnenwerk faßt Betti noch einmal seine großen Themen – die Beziehung zwischen Mensch und Mensch und zwischen Mensch und Gott, Daseinsangst und Jenseitshoffnung, Gericht und Sühne – in der entscheidenden Frage nach dem Sinn des Menschseins zusammen. Die Handlung hat nur die Funktion einer Parallele zu den wesentlichen inneren Vorgängen; sie ist symbolisch, wie auch die Gestalten symbolisch sind.

Eine Art Haßliebe verbindet das Ehepaar Daniele und Nina Manniscoli. Auf ihrer kopflosen Flucht vor einer gewalttätigen, immer fordernden Welt glaubt sich Nina auch von ihrem Mann verfolgt – und doch ist er zugleich ihre einzige Zuflucht. Daniele seinerseits will sich von ihr, da sie ihm lästig geworden ist, lösen; aber immer wieder hält ihn ihr Angstschrei zurück: die wahre Stimme des Menschen, die – *de profundis* – um Erbarmen fleht. Nina hat sich dem Spiel ergeben. Während sie gegen Giulio ihren letzten Einsatz, ihre Frauenehre, verspielt, gewinnt Daniele sein eigenes gewagtes Spiel. Er ist vor seiner Frau und seiner Verantwortung für sie, also vor sich selbst, geflohen. An der Landesgrenze trifft er Ferzi, den teuflischen Versucher im Gewand des »Doktors«. Der ewige Neinsager rät ihm zur Vollendung seiner Flucht: Alles im Leben sei doch nur Zufall, jede Bindung Illusion und nicht der Mühe oder gar des Leidens wert. Daniele erliegt der Versuchung jedoch nicht, sondern kehrt zu seiner Frau zurück. Ihr »Spiel« in der Stadt und ihres Mannes »Spiel« an der Landesgrenze gehen auf der Bühne ohne Szenenwechsel ineinander über; der Raum ist aufgehoben, immer deutlicher tritt die Parallelität der beiden Schicksale hervor: Bei Nina wie bei Daniele handelt es sich – sowohl im Bereich der äußeren Wirklichkeit als auch auf dem Gebiet der moralischen Entscheidung – um die Auseinandersetzung des Schuldners mit dem Gläubiger. Nina vergiftet aus Verzweiflung Giulio; Daniele, den letztlich Mitleid zu ihr zurückgetrieben hat, ertränkt den Sterbenden im See und flieht, als Nina verfolgt wird, mit ihr. Ein Schuß verwundet die Frau. – Gehetzt und erschöpft haben sie die Grenze erreicht: die Grenze ihres Handelns. Traumgestalten, Projektionen ihres Gewissens, stellen sich ihnen in den Weg: der Kommissar als Vertreter der irdischen Gerichtsbarkeit, der Jedermann (eine der beiden Stimmen des reduzierten, die Dialoge verbindenden Chores), der die Ordnung der Welt und damit die Vernunft vertritt, Giulio und seine Mutter, die den Mördern vergibt, der Versucher Ferzi, der Daniele ein letztes Mal überredet, seine Frau zu verlassen. Da ertönt der Donner des Allmächtigen. Ihn, den wahren Gläubiger, klagt Daniele an: Ungerecht sei es, daß Gott dem Menschen nicht die Kraft gegeben habe, das Leben zu bestehen. Als Nina mit einer letzten angstvollen Frage nach dem Warum stirbt, gibt Daniele der »Flüchtenden« die tröstliche Gewißheit mit, daß ihr Leidensschrei nicht im Leeren verhallt ist; ein Echo sei ihm gefolgt, die Stimme des barmherzigen Gottes.

Ähnlich wie bei PIRANDELLO (vgl. *I giganti della montagna*) steht auch bei Betti am Ende des literarischen Schaffens die Parabel. Richter von Beruf, hat dieser Autor in allen Dramen die tieferen Zusammenhänge von Verfehlung und Sühne untersucht. Typisch für seine »Angeklagten« ist die Sehnsucht nach Läuterung, die sie nur im Einssein mit Gott erfahren können. *La fuggitiva* ist ein modernes Mysterienspiel vom ruhelosen, angsterfüllten Menschen unserer Zeit. Freilich hat das Stück nichts mehr von der Glaubenssicherheit und Einfalt jener frühen geistlichen Spiele; es unterscheidet sich von ihnen ebenso durch die raffinierten Stilmittel des surrealistischen Theaters wie durch die komplizierte Psychologie und die dialektische Gedankenführung. In seinen metaphysischen Erörterungen wendet sich Betti nicht an den Gläubigen, sondern an den reflektierenden, intellektuellen Menschen. Er spricht die Sprache der Menschen seiner Zeit, um ihnen jene Erkenntnis zu vermitteln, die der (das Stück abschließende) Chor vorträgt: daß nämlich der Mensch, von Gott und nur für ihn geschaffen, stets auf diesen zugehe, selbst dann, wenn er ihn zu fliehen glaubt. A.B.-KLL

AUSGABE: Bologna 1957 (in *Teatro completo*; Vorw. S. d'Amico u. A. Fiocco).

ÜBERSETZUNG: *Die Flüchtende*, C. M. Ludwig, Ffm. 1956 [Bühnenms.].

MARITO E MOGLIE

(ital.; *Ehemann und Ehefrau*). Drama in drei Akten von Ugo BETTI, Uraufführung: Rom, 21. 11. 1947, Teatro delle Arti. – In diesem 1943 entstandenen, teils psychologischen, teils metaphysischen Drama wird am Beispiel einer Durchschnittsehe die Fragwürdigkeit jeder menschlichen Verbindung überhaupt aufgezeigt. In jedem der drei Akte entspricht die Situation einem bestimmten Stadium der Erkenntnis, so daß die Handlungsentwicklung zur fortschreitenden Einsicht führt. Im ersten Akt sind die Personen, die sich zu einem Picknick am Fluß gelagert haben, nur von außen gesehen: Olga ist die schöne, ein wenig verspielte, ein wenig törichte Ehefrau, die sich in unschuldiger Koketterie von dem halbwüchsigen Filippo den Hof machen läßt. Der zärtlich um sie besorgte Luigi ist ganz der bürgerliche Ehemann, der seine Frau leitet und beschützt. Mit Hilfe eines geringfügigen Zwischenfalls wird im zweiten Akt, der in der Wohnung der Eheleute spielt, der Knoten der Handlung geschürzt. Olga will sich von Filippo vor dessen Abreise verabschieden. Obgleich ihr Luigi anfangs davon abrät, läßt er sie schließlich doch gehen. Wie wir im dritten Akt erfahren, ist sie nach einem von ihr und Filippo halb zufällig, halb spielerisch begangenen Ehebruch nie zurückgekehrt und in der Fremde gestorben.

Betti läßt im zweiten Akt die Dialoge der Eheleute mit kurzen inneren Monologen Olgas und Luigis alternieren. Auf diese Weise wird deutlich, daß sich hinter scheinbarer Harmonie mangelndes Verständnis füreinander, Einsamkeit und sogar brutaler Egoismus verbergen. Damit bereitet der zweite den dritten Akt vor, in dem Olga als Tote erscheint und spricht und in dem durch den surrealistischen Effekt die ganze (bisher noch verborgen gebliebene) Wirklichkeit offenkundig wird. Was sich im zweiten Akt als »Wahrheit« zu erkennen gab, stellt sich dabei wiederum als Täuschung heraus. Luigi, vor Gericht über das Geschick seiner Frau befragt, weiß nun, daß Olga aus Angst, in seinem ereignislosen Haus ihre Jugend und ihre Schönheit zu vergeuden, immer von ihm fortgestrebt ist, während er selbst, egoistisch wie sie, in seinem Bedürfnis nach Ruhe sie vor der Umwelt abschirmte und ganz für sich allein haben wollte. Einsam haben beide nebeneinander gelebt, doch begreift Luigi jetzt, daß sie gerade wegen dieser Einsamkeit aufeinander angewiesen waren und deshalb einander unverlierbar angehören. Seine tote Frau bestätigt ihm die späte Einsicht, daß jeder, damit sein Leben nicht verloren sei, einen andern Menschen braucht, der sein ganzes Wesen aufbewahrt, der ihn bei der letzten Begegnung in einer andern Welt wiedererkennt und dort, vor dem obersten Richter, als Zeuge für ihn aussagt. – Betti hat das Thema dieses Stücks in dem Drama *Ispezione* (1947) nochmals behandelt; als »Wahrheit« einer großen Familie erweist sich darin, daß alle einander hassen, einander im Weg sind, daß jeder im stillen den Tod des andern wünscht. Aber vom Gesamtwerk aus gesehen, scheint diesem Dramatiker die versöhnliche Erkenntnis, die Luigi in *Marito e moglie* formuliert, gemäßer als die in *Ispezione* postulierte Hoffnungslosigkeit, denn es besteht kein Zweifel daran, daß nicht der Nihilismus, sondern der Humanismus Bettis letztes Wort ist. A.B.

AUSGABEN: Turin 1949 (in *Teatro*, 15. 11.). – Bologna 1957 (in *Teatro completo*; Vorw. S. D'Amico u. A. Fiocco).

VERFILMUNG: Italien 1952 (Regie: E. De Filippo).

NOTTE IN CASA DEL RICCO

(ital.; *Nacht im Haus der Reichen*). »Moderne Tragödie mit Prolog und drei Akten« von Ugo BETTI, Uraufführung: Rom, 15. 11. 1942, Teatro Eliseo.
– Obgleich dieses lyrische Drama in der Mitte des 19. Jh.s spielt, hat es Betti ausdrücklich als »moderne« Tragödie bezeichnet, denn das Motiv, der Versuch eines Mannes, sich das Richteramt Gottes anzumaßen, schien ihm besonders aktuell.
Als alter, gebrochener Mann kehrt Mauro aus dem Gefängnis zurück, in dem er allein die Strafe für ein Verbrechen verbüßte, das er zusammen mit seinem Jugendfreund Valerio begangen hatte. Valerio, der immer vom Glück begünstigt war *(»für ihm war die Sonne, der Schatten war für mich«)*, ist der Justiz entkommen, hat Anna geheiratet, Mauros Mädchen, und ist zu Reichtum und Ansehen gelangt. Nicht Haß oder Neid treiben Mauro, nun mit dem Freund abzurechnen, sondern die Sorge, eine Welt verlassen zu müssen, die ohne Gerechtigkeit ist, in der dem einen alles, dem anderen nichts gegeben wird. Wie ihm Valerio das Mädchen wegnahm, will er diesem nun die Tochter nehmen, damit sie ihn in der Stunde der Angst und des Todes stärke und stütze. Durch sie will er sich selbst wiederfinden, den *»verrückten Jungen«*, der er einst war, voller Zutrauen zu allen und glücklich, wenn er den Freund in der Nähe wußte. Aber ein anderes Geschick erfüllt sich in der Nacht, in der die Freunde sich nun auf Leben und Tod begegnen. Valerio, der sich vergeblich vor seinem Freund zu rechtfertigen sucht, durch die Angst und die Einsamkeit, in der er seit dem frühen Tod seiner Frau gelebt hat, wird schuldig am Tod seines »Richters«, wird, ohne es zu wissen, Mauros Mörder. Valerios Schuld sühnt letztlich stellvertretend die unschuldige Tochter, Adelia, die sich in dieser chaotischen Nacht das Leben nimmt.
Notte in casa del ricco ist nicht eine Tragödie der Leidenschaft, sondern des Leidens am Wissen um die Schuld. Die nachdenklichen Gespräche, in denen die Handlung stagniert und die eine deutliche Zäsur setzen zwischen erregenden Begebenheiten, sind Meditationen zu dem einen großen Thema des Autors, den metaphysischen Zusammenhängen von Schuld und Sühne im Opfer. Dieser Forderung nach einem neuen Selbstverständnis des Menschen im Zeichen der Läuterung durch das Jasagen zu seiner Gebrechlichkeit entspricht die Würde, die der Autor seinen Personen, Menschen von einfacher Herkunft, verliehen hat. Die Melancholie dieser Leidenden wirkt nachhaltiger als die düsteren Geschehnisse jener »Nacht im Haus des Reichen«.

A.B.

AUSGABEN: Mailand 1942 (in Scenario, Dez.) – Bologna 1957 (in *Teatro completo*; Vorw. S. D'Amico u. A. Fiocco).

LA PADRONA

(ital.; *Die Herrin*). Drama in drei Akten von Ugo BETTI, Uraufführung: Livorno, 14. 8. 1926, Teatro Politeama. – Schon in diesem ersten Bühnenwerk vertieft Betti den Oberflächenrealismus einer banal anmutenden Handlung, in deren Verlauf Menschen aus dem Volk und deren einfache Schicksale gezeigt werden, durch eine lyrisch überhöhte Sprache und durch die für sein gesamtes dramatisches Schaffen charakteristische metaphysische Symbolhaftigkeit der Darstellung. Realismus und Symbolismus sind darin, die Wirklichkeit und ihre verborgenen Hintergründe widerspiegelnd, zur Einheit verschmolzen.
Die Handlung vollzieht sich in dem ärmlichen Haus des Witwers Francesco, den die Freunde als einen Sonderling hinnehmen. Er ist keiner von den Lebenskünstlern, für die, *»sobald sie das Fenster öffnen, die Sonne nur einfach die Sonne ist«*. Hintersinnig, unsicher und stammelnd sucht Francesco nach dem bitteren »Kern der Dinge«; er verkörpert die *Conditio humana*, die das Leiden einschließende Existenz des Menschen, der diesen Weg wohl geduldig auf sich nimmt, zugleich aber die Frage nach seinem tieferen Sinn stellt. Er hat spät die junge, heißblütige Marina geheiratet, ein zärtliches und zugleich grausames Weib, betörend und wankelmütig wie das Leben selbst. Zu ihnen beiden ist Anna gezogen, Francescos schwindsüchtige Tochter. Sie weiß, daß sie statt des Brautschmucks, der ihrem Alter ansteht, bald den Totenkranz empfangen wird. Auf leisen Sohlen geht sie im Haus umher, damit sie an dem Leben teilhabe, von dem sie ausgeschlossen ist.
In einer grandiosen Szene bringt Betti wie in einer Totentanzstation den latenten Konflikt der beiden Frauen, ihren Kampf um die Vorherrschaft zum Ausdruck: Marina, ihrer Schönheit, ihrer Lebensfülle bewußt und dennoch in der Angst vor dem Sterben erschauernd, und Anna, die schon vom Tod Gezeichnete, deren Macht das Wissen ist, daß alles in Staub zerfallen wird wie sie selbst. Das Kind, das Marina gebären soll, versöhnt Francesco mit dem Leben. Aber sein Glück dauert nicht. Er erfährt, daß dieses Kind, das tot zur Welt kommen wird, nicht seines ist und daß Marina ihn verlassen will. Von der Tochter aufgehetzt, schickt er sich an, Marina – und in ihr seine eigene Begierde und seine Qual – zu töten. Doch sterbend heißt Anna ihn die Tür öffnen: Marina entflieht.
Obwohl der Dichter in diesem Drama seine Überzeugung von der Grausamkeit des Lebens und der Unausweichlichkeit des Leidens dargestellt hat, verbindet er damit kein anklagendes Pathos. Vielmehr kommt in diesem Stück eher ein schmerzlicher Fatalismus zum Ausdruck und darüber hinaus der Glaube an die tröstende Kraft des Erbarmens.

A.B.

AUSGABEN: Turin 1929 [Vorw. U. Betti]. – Bologna 1957 (in *Teatro completo*; Vorw. S. D'Amico u. A. Fiocco).

LITERATUR: F. M. Martini, *U. B.* (in F. M., *Cronache del teatro di prosa 1926–1927*, Rom 1928). – E. Bevilacqua, *Il teatro di U. B.* (in Convivium, 1, 1929, Nr. 5/6, S. 649–652). – E. Barbetti, *Il teatro di U. B.*, Florenz 1943.

IL VENTO NOTTURNO

(ital.; *Der Nachtwind*). Schauspiel in drei Akten von Ugo BETTI, Uraufführung: Mailand, 17. 10. 1945, Teatro Olimpia. – Gegen die notorischen Streitereien des Ehepaars Maccio empören sich die Einwohner des alten Palazzo, der nun schon lange als Mietshaus dient. Nur einer von ihnen, Antonio, ein älterer Justizangestellter, widersetzt sich dem Kollektivstreben, die Störenfriede auszuweisen zu lassen. Elisa Maccio, reichlich verblüht und etwas hysterisch, sucht diesen mysteriösen Beschützer auf, von dem sie zuerst glaubt, er interessiere sich nur deshalb für sie, weil er ihr Liebhaber werden wolle. Doch bald redet sie den anderen und auch sich selbst ein, Antonio sei ihr Vater, jener Beschützer, der ihr als Kind gefehlt, der sie geliebt und geleitet hätte, jener Mensch, auf den sie ihr Leben, wäre es anders verlaufen, hätte gründen können. In einer Geste inniger Menschlichkeit bestätigt ihr Antonio diese Lüge. Doch appellieren sein Vorgesetzter wie auch seine Mutter an sein Pflichtbewußtsein, und er ist tatsächlich bereit, die übelbeleumdete Elisa abzuweisen, obwohl er schon lange nicht mehr an den so wenig konkreten Begriff Pflicht glaubt – diese Routine des Alltags, in der die Liebe, die Menschlichkeit und die Verbindung zu den wesentlichen Dingen untergehen. Elisa selbst weiß, daß sie sich nur an eine verzweifelte Lüge klammert, und als sie ihre Illusion zerstört sieht, sucht sie den Tod. Aber nicht Maccio, der bereit ist, ein neues Leben mit ihr zu beginnen, sondern allein Antonio vermag sie zum Leben zurückzurufen mit der Hoffnung, die Erwachsene auszusprechen sich meist schämen: »*Die Hoffnung auf jenen paradiesischen Ort, an dem wir alle zufrieden und fröhlich sein werden, wo sich alles erfüllen wird, was wir uns wünschen. Dort wird Elisa am Arm ihres Vaters spazierengehen und sich nicht mehr genieren, weil ihr ein Zahn fehlt. Dort wird sie sein, wie sie als Fünfzehnjährige war: unschuldig und anmutig...*«
Dem einfachen Milieu des Dramas – ein Mietshaus, Durchschnittsmenschen – entspricht sein simpler Aufbau und die bildhafte, unkomplizierte und fast kindliche Vorstellungswelt der Gestalten. Die Sprache, dem Umgangston angepaßt, wird aber in den entscheidenden Passagen verinnerlicht und stark lyrisch, wird zur reinen Sprache des Herzens. In ihr kommt die dem Menschen angeborene Sehnsucht nach dem Stand der Unschuld und nach Liebe zum Ausdruck: jener Wahrheit, der gegenüber Hartherzigkeit oder Indifferenz nur wie ein tiefes Mißverständnis, wie ein Traum erscheinen, aus dem es zu erwachen gilt. *Vento notturno*, nicht Bettis meistgespieltes, aber doch ein ungemein klar konzipiertes und unschwer nachzuvollziehendes Stück, ist ein Drama der menschlichen Einsamkeit, des Leidens und der Paradieseshoffnung, dem das Apostolat des Dichters zugrunde liegt, der den Sinn des Leidens interpretieren und den Menschen aus einer humanitären Verantwortung christlicher Provenienz Trost schenken wollte. A.B.

AUSGABEN: Turin 1946 (in Il Drama, 22). – Bologna 1957 (in *Teatro completo*; Vorw. S. D'Amico u. A. Fiocco).

LITERATUR: A. Capasso, *Il teatro di U. B. nella sua seconda fase* (in Umana, Sept. 1952). – C. Brunner, *La condizione umana nel teatro di U. B.* (in Studium, 56, 1960, S. 759–766). – G. B. De Sanctis, *Senso della drammaturgia in U. B.* (in Italica, 37, 1960, S. 197–202).

SAVERIO BETTINELLI

* 18.7.1718 Mantua
† 13.9.1808 Mantua

LETTERE DI PUBLIO VIRGILIO MARONE scritte dagli Elisi all'Arcadia di Roma sopra gli abusi introdotti nella poesia italiana

(ital.; *Briefe des Publius Vergilius Maro, aus dem Elysium an die »Arcadia« in Rom geschrieben über die Mißbräuche, die sich in der italienischen Dichtkunst breitgemacht haben*). Literaturkritische Abhandlung von Saverio BETTINELLI, anonym erschienen 1757. – Seitdem MURATORI in seiner 1706 erschienenen Poetik (vgl. *Della perfetta poesia italiana*) ästhetischen Problemen eine neue Bedeutung beigemessen hatte, verfeinerte sich, noch verstärkt durch die gegen Mitte des 18. Jh.s einsetzende politische Selbstbesinnung, in Italien der weitgehend brachliegende literarische Geschmack. Die Werke der Vergangenheit wurden einer kritischen Betrachtung unterworfen, so auch von dem Jesuiten Bettinelli. Weit berühmter als seine bedeutende Untersuchung *Risorgimento d'Italia negli studi, nelle arti e nei costumi dopo il mille*, 1773 (*Wiederaufleben Italiens in den Studien, Künsten und Sitten nach dem Jahre 1000*), wurden die *Lettere virgiliane*, die eine der erbittertsten Fehden in der an Polemiken überreichen Geschichte der italienischen Literatur entfachten. Es sind zehn Briefe, in denen die Dichter des klassischen Altertums den Ausschluß Dantes aus ihrer Gemeinschaft fordern. Um diesen rigorosen Beschluß rückgängig machen zu können, schlägt Vergil vor, man möge aus der *Divina Commedia* die besten Stücke auswählen und daraus einen Band von drei oder vier Gesängen kompilieren; einzelne wichtige Verse, die sich nicht aneinanderreihen lassen, seien in einer Sentenzensammlung zu verwerten. Im zehnten Brief, der sich nicht mit Dante befaßt, werden andere große Dichter erbarmungslos zerpflückt, unter ihnen Ariost und Tasso. Auch Petrarca, der über alle anderen Poeten erhoben wird, muß sich den Vorwurf »holpriger Reime«, »abgeschmackter Wörter« und »fehlerhafter Wendungen« gefallen lassen.

In dieser unorthodoxen Betrachtung macht sich Bettinelli zum Sprecher der »Arkadier«, die für eine Wiederbelebung der Dichtung der Antike eintraten und jenes sterile Epigonentum ablehnten, dem jede Kritik an Italiens vergöttertem DANTE als Sakrileg erschien. Bettinellis extremistische Stimme wurde vor allem in Frankreich gehört, und VOLTAIRE stützte auf sie seine ausgefallene Dante-Kritik im Dictionnaire philosophique. In Italien kam es jedoch zum offenen Kampf. Angeregt von dem venezianischen Verleger Zatta, der um den kommerziellen Erfolg seiner gerade erscheinenden kostbaren Dante-Ausgaben bangte, wandte sich Gasparo GOZZI 1758 in einer Difesa di Dante (vgl. Giudizio degli antichi poeti) entschieden gegen Bettinelli, der heute als wichtiger Vorläufer der modernen italienischen Literaturkritik zu gelten hat, obgleich noch CARDUCCI ihn als »jesuitischen Verfälscher des Vergil« abtun zu können glaubte. M.S.

AUSGABEN: Venedig 1757 (in Versi sciolti di tre eccellenti moderni autori, cioè C. I. Frugoni, C. F. Algarotti e S. B.). – Bassano 1770 (ebd). – Venedig 1801 (Lettere di Virgilio ed inglesi, in Opere edite e inedite, 24 Bde., 1799–1801, 12). – Città di Castello 1913, Hg. u. Einl. P. Tommasini Mattiucci (Collezione di opuscoli danteschi inediti o rari). – Bari 1930 (in Lettere virgiliane e inglesi e altri scritti critici, Hg. V. E. Alfieri; Scrittori d'Italia). – Mailand 1962, Hg. G. Finzi. – Mailand/Neapel 1969, Hg. E. Bonora. – Turin 1977 (in Lettere virgiliane e lettere inglesi, Hg. ders.).

LITERATUR: L. Capra, L'ingegno e l'opera di S. B., Asti 1913. – G. Federico, L'opera letteraria di S. B., Rom 1918. – C. Calcaterra, La questione storica delle »Lettere virgiliane« (in GLI, 97, 1931, S. 108 bis 120). – M. Fubini, Introduzione alla lettura delle »Virgiliane« (in M. F., Dal Muratori al Baretti, Bari 1946, S. 133–143). – F. Tateo, Medioevo e rinascimento nel giudizio del B. (in Dialoghi, 3, 1956, S. 271 bis 286). – E. Bonora, L'abate B. (in E. B., La cultura illuministica in Italia, Turin 1957, S. 87–101). – Ders., F. Algarotti e S. B., Turin 1962. – W. Hempel, Per la storia delle polemiche fra B., Tiraboschi, Napoli-Signorelli e i Gesuiti spagnoli (in Problemi di lingua e letteratura italiana del Settecento, Bearb. W. Th. Elwert, Wiesbaden 1965). – E. Alfieri, B. e l'illuminismo (in Atti del Convegno sul Settecento parmense . . ., Parma 1969). – F. Betti, B., Algarotti, Frugoni e la polemica delle ›Virgiliane‹ (in Atti dell'Istituto Veneziano di scienze, lettere ed arti, 130, 1972). – E. Bonora, Le tragedie e la poetica del tragico di S. B. (in GLI, 157, 1980). – G. da Pozzo, Art. S. B. (in Branca, 1, S. 310–313).

ALBERTO BEVILACQUA

* 27.4.1934 Parma

LITERATUR ZUM AUTOR:
C. Toscano, B., Mailand 1974. – L. Scorrano, A. B., Florenz 1982.

L'OCCHIO DEL GATTO

(ital.; Das Auge der Katze). Roman von Alberto BEVILACQUA, erschienen 1968. – Hauptfigur dieser Geschichte ist der Ich-Erzähler Marcello, von Beruf Photoreporter, der zusammen mit einem Piloten in einem mit »la mia terra« bezeichneten Land, das man als Vietnam identifizieren kann, unterwegs ist, um dort Bilder des Todes und des Grauens aufzunehmen. Als er von einer seiner Reisen zurückkehrt, findet er sich mit einer neuen Lebenssituation konfrontiert, die den Wert seiner bisherigen und privaten Erfahrungen radikal in Frage stellt: Marcello erfährt, daß ihn seine Frau Giulia mit den beiden Kindern verlassen hat, um mit einem anderen Mann, Federico, zu leben. Die Todesbilder Vietnams, die Marcello entwickelt, auswählt und zum Kauf anbietet, vermischen sich im Roman fortan mit den inneren Bildern des persönlichen Leids. In der nun einsetzenden monologisierenden Reflexion über seine berufliche und private Situation spiegelt sich für Marcello die Welt in den Augen der Katze, die zum einzigen stummen Zuhörer seines Selbstgesprächs wird.

Von der Entscheidung seiner Frau fühlt sich Marcello zutiefst getroffen. Um die Gründe Giulias zu verstehen und mit der Vergangenheit seiner Ehe abzuschließen, nimmt er das Freundschaftsangebot Federicos und die Einladung Giulias an, zeitweise in deren Haus zu leben. Die Zeit dort, ein ganzes Jahr, verbringt er als freiwilliger Gefangener und gleichzeitig als Spion im Leben der beiden, der sich wie ein schleichendes Gift in ihre tägliche Existenz einmischt. Im Haus Giulias, wo er das Paar Tag und Nacht beobachtet, erlebt Marcello eine masochistische Form der Rache und die klassischen Formen der männlichen Rivalität, aus der er als Sieger hervorgeht. Dabei wird der verbissene Konkurrenzkampf der beiden Männer zunehmend zum Selbstzweck, hinter dem die Person Giulias nach und nach verschwindet. Teil seiner Rache ist auch der »Streich«, den er seiner reichen Schwiegermutter spielt, deren mit kostbaren Antiquitäten angefüllten Dachboden er nach und nach ausräumt und am Ende, quasi als Schlußstrich unter die eigene Vergangenheit, nach einem Treffen mit Journalistenkollegen von diesen plündern läßt. Nachdem Marcello seine »Aufgabe« gegenüber seiner Ehefrau erfüllt hat, fühlt er sich leer und als Individuum negiert. In diesem Augenblick verlieren auch die Bilder ihren Wert, die er in allen Teilen der Welt als Dokumente des Kriegs und des Grauens aufgenommen hat. Das Auge hat seinen Kreis geschlossen und sich von den Bildern – des eigenen und des fremden Lebens – befreit. Der Selbstmord, den das Ende des Buchs vermuten läßt, ist keine tragische Geste mehr, sondern nur noch die Bewegung des Auges, das sich schließt.

Die Zerrissenheit und Verzweiflung des Protagonisten Marcello offenbart eine Krise des Individuums, das am Zerfall von sozialen Strukturen – in diesem Fall der Institution Ehe – scheitert. In dieser Hinsicht verweist sie nicht zuletzt auf die politische Problematik des Jahres 1968, in dem der Roman erschien. Bevilacqua selbst sah den Roman als Alarmzeichen für eine Gesellschaft, »*in der man nicht lebt, sondern überlebt*«, und in der die Ehekrise, die das Buch beschreibt, lediglich Ausdruck einer längst fortgeschrittenen allgemeinen Zerstörung von sozialen Strukturen ist. »*L'occhio del gatto« schien aus einer Art eisiger Verzweiflung über das Schicksal des Menschen zu entstehen, in dessen grauem Stil sich die Abwesenheit von Hoffnung und die Unfähigkeit widerspiegeln, der grauen Vision der Existenz eine andere Farbe zu geben.*« D.De.

AUSGABEN: Mailand 1968. – Mailand 1977.

LITERATUR: G. Gramigna, Rez. (in La Fiera Letteraria, 13. 6. 1968). – O. Lombardi, Rez. (in NAn, 503, 1968, fasc. 2011). – G. Sobrino, *»L'occhio del gatto« vede il centro delle cose* (in Cronistoria, 6, 1968). – G. Amedeo, *La coraggiosa misura di A. B.* (in Il Mattino, 20. 2. 1973). – G. Catalano, Rez. (in NAn, 517, 1973, fasc. 2068). – V. G. Stacchini, *Letteratura e società fra il benessere e il malessere* (in *L'età presente. La letteratura italiana. Storia e testi*, Bd. 10, Rom/Bari 1980, S. 395 ff.).

QUESTA SPECIE DI AMORE

(ital.; *Diese Art der Liebe*). Roman von Alberto BEVILACQUA, erschienen 1966. – Federico, Journalist und Pressechef einer großen römischen Filmfirma, wird trotz beruflichen Erfolgs und glücklicher Ehe mit vierzig Jahren von einer scheinbar unerklärlichen Krise erfaßt. Die Welt erlebt er nur noch als außenstehender Beobachter, jeder Versuch der Verständigung erscheint sinnlos. Die Suche nach Wahrheit in seinen sozialen Beziehungen wird Anlaß zum Versuch seiner Selbstfindung und Motiv des Schreibens. Die Leere, die ihn umgibt, äußert sich in allen Stadien innerer Unruhe und in Gleichgültigkeit und endet mit der Flucht in belanglose Abenteuer. Als er erkennt, daß der Grund seiner Krise in der Beziehung mit seiner Ehefrau Giovanna zu suchen ist, versucht er sich Rechenschaft über seine Ehe abzulegen.

Zwischen Federico und Giovanna besteht ein scheinbar unüberbrückbarer sozialer Gegensatz, zu dessen Folgen es auch gehört, daß Federico seine geisteskranke Mutter vor ihr versteckt. Giovanna stammt aus einer großbürgerlichen Familie und wird in ihrer Untätigkeit und satten Selbstgenügsamkeit von Federico mit einer Ameise verglichen; in ihrem Sie-Selbst-Sein erlebt sie eine Autonomie, die Federico, aus bescheidenen Verhältnissen stammend, nicht besitzt, und um die er sie beneidet. Die Suche nach Aufrichtigkeit in der Beziehung zu Giovanna mündet in eine Vergegenwärtigung der eigenen Kindheit, die vor allem von der Figur des Vaters, Held des antifaschistischen Widerstands, geprägt ist. Für den Vater, der an den Barrikadenkämpfen im Jahr 1922 in Parma vor der Machtergreifung Mussolinis und am Spanischen Bürgerkrieg teilnahm, bedeutete der politische Kampf Jahre der Haft und Verbannung. Die Mutter, die die lange Abwesenheit und die Repression, der sie selbst ausgesetzt ist, nicht mehr erträgt, flieht in den Wahnsinn. Für Federico ist der Vater der Held, der an »*den letzten großen Bildern der Geschichte Europas*« teilnahm und nie seine soziale Identität verlor. Verglichen mit ihm fühlt sich Federico als Handlanger des schönen Scheins, als Mann, der nie etwas riskiert hat. Als er in seiner Heimatstadt Parma zusammen mit dem Vater die Mutter in der Nervenklinik besucht, erlebt er beide in der Erinnerung des gemeinsamen Kampfes und Leids in einer Harmonie vereint, die er mit Giovanna nie erlebt hat. In der an das »Du« Giovannas gerichteten Niederschrift aller ihn von seiner Frau trennenden Faktoren sieht Federico jedoch die Möglichkeit eines Neubeginns. In der Erinnerung findet er auch die notwendige Distanz, den Vater ohne Vergleich mit sich selbst zu bewundern. Das Buch endet mit dem positiven Ausblick auf den möglichen Neubeginn und Frieden mit der eigenen Vergangenheit.

In seinen Hauptzügen läßt sich *Questa specie di amore* als Polemik gegen eine geschichtslos gewordene Gegenwart und als Analyse der bürgerlichen Institution Ehe bezeichnen. Das Buch, das 1966 den angesehenen ›Premio Campiello‹ erhielt, wurde von der Kritik sehr unterschiedlich aufgenommen: Moniert wurde vor allem die regionalistische Verklärung des Vaters als antifaschistischen Helden im »roten« Parma sowie die Analyse einer Ehekrise in zum Teil pseudopsychologischen Begriffen. Insgesamt erscheint die Krise des Protagonisten, der es in der Großstadt zu Ansehen gebracht hat und am Widerspruch zwischen seinem Aufstieg und bescheidener, aber antifaschistischer Herkunft leidet, als typisch italienisches Gesellschaftsbild. Der Selbstfindungsprozeß Federicos äußert sich zudem in Begriffen einer Innerlichkeit, denen etwas Künstliches anhaftet. D.De.

AUSGABEN: Mailand 1966. – Mailand 1978 [Einl. O. Cecchi]. – Mailand 1982 (in *La mia Parma*).

VERFILMUNG: Italien 1971 (Regie: A. Bevilacqua).

LITERATUR: M. Grillandi, Rez. (in La Fiera Letteraria, 28. 4. 1966). – S. Quasimodo, Rez. (in Tempo, 18. 5. 1966). – M. Vecchi, Rez. (in La Fiera Letteraria, 2. 6. 1966). – O. Lombardi, Rez. (in NAn, 497, 1966, fasc., 1987). – Ders., *La narrativa italiana nelle crisi del Novecento*, Caltanisetta/Rom 1971. – F. Vincenti, *Narrativa contemporanea. Orientamenti degli anni '70* (in Uomini e Libri, 6, 1972).

FRANCE BEVK

* 17.9.1890 Zakojca / Cerkno
† 17.9.1970 Ljubljana

LITERATUR ZUM AUTOR:
F. Koblar, *F. B.* (in Dom in svet, 1933, S. 183–190). – Ders., *F. B.* (in Novi svet, 1950, S. 865–879, 969–985, 1078–1096; m. Bibliogr.). – A. Budal, *O F. B.* (in Ljubljanski zvon, 1940, S. 281–285, 384–388). – Ders., *F. B.*, (in Razgledi, 1950, S. 433–450, 530–558; m. Bibliogr.). – B. Terceg-Jug, *Die slowenische Literatur von 1918–1940*, Diss. Graz 1947. – M. Brecelj, *F. B.* (in *Primorski slovenski biografski leksikon*, Gorica 1975). – H. Glušič, *F. B. v besedi in sliki*, Ljubljana 1978. – *F. B. borec in pisatelj*, Ljubljana 1978.

KAPLAN MARTIN ČEDERMAC

(sloven.; *Kaplan Martin Čedermac*). Roman von France BEVK, erschienen 1938 unter dem Pseudonym Pavle SEDMAK. – Als nach der Abstimmung von 1866, in der sich das bis dahin zu Österreich gehörende Venetien für den Anschluß an Italien entscheidet, den Veneter Slovenen der Gebrauch ihrer Muttersprache in Unterricht und Gottesdienst verboten wird, steht der alte Geistliche Čedermac vor einer schweren Gewissensentscheidung. Weltliche und kirchliche Macht sind in Italien miteinander verbündet, und das Verbot nicht beachten heißt gegen die Gehorsamspflicht verstoßen. Als der Kaplan es dennoch wagt, im Gottesdienst von der italienischen in die slovenische Sprache überzuwechseln, wird er zunächst von der Behörde verwarnt. Der politische Druck verstärkt sich, als bekannt wird, daß der Geistliche weiterhin die Kinder in ihrer Muttersprache unterrichtet. Ein Bauer hinterbringt ihm, daß er in der Nacht von Gendarmen verhaftet werden soll. Vom Erzbischof in Udine, den er daraufhin aufsucht und um Hilfe bittet, erhält er nur eine laue, ausweichende Antwort. Inzwischen aber hat der tatkräftige Schmied Vranc die Gemeinde organisiert. Tatsächlich verfehlt die entschlossene Haltung der Slovenen ihre Wirkung auf die italienische Polizei nicht. Am folgenden Sonntag kann der Kaplan unter lebhafter Beteiligung der Pfarrkinder die Predigt – über die Muttersprache – in slovenisch halten. Da erkrankt er. Als er die slovenischen Katechismen verbergen will, befällt ihn eine Ohnmacht. Nach Monaten erst erholt er sich wieder, doch der Erzbischof und seine Freunde legen ihm nahe, um seine Pensionierung zu ersuchen. Die Bauern seiner Gemeinde begleiten ihn ein Stück Wegs, als er für immer in seinen Geburtsort zurückkehrt.

Der Verlauf der seelischen Bewegung ist in diesem Werk von größerer Relevanz als die äußere Handlung. Deshalb nutzt der Autor kaum die naheliegenden dramatischen Möglichkeiten des Stoffs. Ihm geht es allein um den Konflikt zwischen dem naturgegebenen Recht der Minderheit und dem ungerechtfertigten Machtanspruch der Obrigkeit. Daß Bevk dennoch nie in platte Schwarzweißmalerei verfällt, beweist seine maßvolle Gesinnung und zeugt von der Vorsicht, die zur Zeit der Veröffentlichung geboten war. H.Ber.

AUSGABEN: Ljubljana 1938. – Triest 1946. – Ljubljana 1965 (in *Izbrani spisi*, Hg. F. Bevk u. F. Koblar, Bd. 12; komm.). – Ljubljana 1966 (R. *Klasje*, Bd. 41). – Maribor 1971 (R. *Iz slovenske kulturne zakladnice*, Bd. 13). – Celje 1975 (R. *Slovenske večernice*, Bd. 126). – Ljubljana 1977 (R. *Kondor*, Bd. 1). – Ljubljana 1978.

DRAMATISIERUNG: Ljubljana 1968, B. Grabnar.

LITERATUR: A. Budal, *Ob drugi izdaji »Kaplana Martina Čedermaca«* (in F. B., *Kaplan Martin Čedermac*, Triest 1946, S. I–VI). – F. Koblar, *F. B. in »Kaplan Martin Čedermac«* (in F. B., *Kaplan Martin Čedermac*, Maribor 1971, S. 210–246).

VELIKI TOMAŽ

(sloven.; *Der große Tomaž*). Erzählung von France BEVK, erschienen 1933. – Der »große Tomaž« ist Besitzer des größten Hofes in dem slovenischen Bergbauerndorf Ravnica. Seine Frau Polona leidet unter der Herrschsucht und dem Starrsinn ihres Mannes, der seinen ältesten Sohn Štefan vom Hof vertreiben will, weil er sich von ihm aufs Altenteil gedrängt fühlt. Aber Tomaž selbst war nicht von Anfang an Besitzer des Hofes; er mußte einst den väterlichen Hof dem älteren, doch schwächeren Bruder überlassen und, als er heiratete, jahrelang sein Brot in der Fremde verdienen. Erst nach Jahren hatte er soviel erspart, um das Anwesen ersteigern zu können, das er in kurzer Zeit zur Blüte brachte. Als Štefan gegen den Willen des Vaters die Müllerstochter Gabrijela heiratet und im Hause des Müllers Arbeit findet, beginnt Tomaž zu trinken und seine Arbeit zu vernachlässigen. Vergeblich versucht Polona, den Hof allein zu bewirtschaften. Die Hälfte des Landes bleibt unbestellt. Štefan weigert sich, den väterlichen Besitz zu retten. Erst als Polona plötzlich erkrankt und stirbt, sieht Tomaž ein, daß er die Arbeit nicht allein bewältigen kann. Er holt Štefan nach Hause, doch bessert sich das Verhältnis zwischen Vater und Sohn nur vorübergehend. Wegen einiger Neuerungen und aus Neid auf die Tüchtigkeit Štefans überwirft sich Tomaž erneut mit ihm. Heimlich verkauft er Holz, um

Geld zum Trinken zu bekommen. Als ihn Štefan zur Rede stellt, schwört er Rache. Eines Tages bricht Štefan von einem Schuß getroffen zusammen. Als sich herausstellt, daß Tomaž der Täter ist, muß er für eineinhalb Jahre ins Gefängnis. Gleichwohl nimmt Štefan den entlassenen Vater wieder in sein Haus auf. Auch jetzt nicht bereit sich anzupassen, verschließt sich Tomaž, verweigert die Nahrungsaufnahme und stirbt. Endlich ist Štefan unangefochtener Herr auf dem eigenen Hof.

Eher ein Kurzroman als eine Erzählung, gehört das Werk zu den besten Zeugnissen der umfangreichen Prosa des Autors. In schmucklosem, einfachem Stil zeichnet er das realistische, psychologisch überzeugende Bild einer slovenischen Bauernfamilie. Daneben thematisiert die Erzählung die Darstellung des Verhältnisses von Mensch und Natur, die dem Autor im slovenischen Dorf noch intakt erscheint. An diesem Punkt jedoch setzt seine sozialkritische Tendenz ein. Grundbesitz und dessen Veräußerung stört die harmonische Naturverbundenheit des Menschen: Er verändert den Charakter des Helden und zerstört das soziale Gleichgewicht des dörflichen Gemeinwesens. Erst der jungen Generation gelingt es, die Gegensätze zu überbrücken. Daß Bevk die Ereignisse nicht als irrational schicksalhafte Verflechtung von Schuld und Sühne dargestellt hat, sondern die Möglichkeit betonte, soziale Konflikte bewußt zu bewältigen, wurde seinerzeit nicht allein in der slovenischen Literatur als Neuerung empfunden. P.Sche.

AUSGABEN: Gorica 1933. – Celje 1933. – Ljubljana 1962 (in *Izbrani spisi*, Hg. F. Bevk u. F. Koblar, Bd. 10).

LITERATUR: A. Budal, *Veliki Tomaž* (in Ljubljanski zvon, 1933, S. 480–482).

THÉODORE DE BÈZE

* 14.6.1519 Vézelay
† 13.10.1605 Genf

LITERATUR ZUM AUTOR:
F. Gardy, *Bibliographie des œuvres théologiques, littéraires, historiques et juridiques de T. de B.*, Genf 1960. – P. F. Geisendorf, *T. de B.*, Genf 1967. – W. Kickel, *Vernunft und Offenbarung bei T. B.*, Neukirchen-Vluyn 1967. – J. S. Bray, *T. B.s Doctrine of Predestination*, Niewkoop 1975.

ABRAHAM SACRIFIANT

(frz.; *Das Opfer Abrahams*). Religiöses Drama von Théodore de BÈZE, erschienen 1550. – Neben seiner theologischen Tätigkeit und seinem Eintreten für die Genfer Kirche als engster Mitarbeiter und späterer Nachfolger CALVINS machte sich Bèze als Bibelübersetzer, Psalmenübersetzer und Ausleger des *Neuen Testaments* einen Namen. Für die Stadt Lausanne schrieb er sein *Opfer Abrahams*, das dort in einer Atmosphäre akademischer Feierlichkeit von seinen Schülern aufgeführt wurde. Das Stück erfreute sich bei den Reformierten großer Beliebtheit: unter den zahlreichen Editionen ist sogar eine Übersetzung ins Lateinische. In den Anfängen des klassischen französischen Theaters waren verschiedene Traditionen wirksam – des Volkstheaters, der humanistischen Gelehrtenbühne und des religiösen Theaters –, von denen sich die klassische Tragödie und Komödie erst freimachen mußten. Das religiöse Drama – und ein solches ist *Abraham sacrifiant* – war ein Bindeglied zwischen Mysterienspiel und Tragödie.

Bèze hat die Verteilung der wichtigsten »Szenen« einem älteren Mysterienspiel entnommen und dem Geschmack des 16. Jh..s und der Gedankenwelt der Reformierten angepaßt. Von einer Handlung kann keine Rede sein: es ging dem Autor nicht um die Unterhaltung des Publikums, sondern einzig um die theologische Didaktik. Er wollte nicht nur die Gedanken des *Alten Testaments* aufnehmen, sondern mit Nachdruck das Lob Gottes singen. Deshalb auch setzte Théodore de Bèze die Bibelstelle, in der Abraham von Gott aufgefordert wird, seinen einzigen Sohn Isaak zu opfern, in Verse. Bühnenwirksame Veränderungen der Vorlage sind selten. Als Personen treten neben Abraham nur Sarah und Isaak auf, alle drei gleichermaßen gehorsam und gottesfürchtig. Dazu kommt noch ein zweigeteilter Chor von Hirten und endlich Satan, der im Mönchsgewand auftritt und über die Standhaftigkeit Abrahams verzweifeln muß, dessen unbeirrbares Gottvertrauen das eigentliche Thema des Dramas ist. Das Werk umfaßt 1015 Verse und wird von Prolog und Epilog eingeschlossen, zwei »Pausen« trennen die Szenen zu dem Zweck, durch drei choralähnliche Lieder den religiösen Charakter des Werks zu betonen. P.F.

AUSGABEN: Genf 1550 [Faks. NY 1969]. – Genf 1552 *(Le sacrifice d'Abraham)*. – Genf 1599 *(Abrahamus sacrificans*, in Th. de B., *Poemata varia)*. – Paris 1945. – Genf 1967, Hg. K. Cameron (krit.; TLF).

LITERATUR: P. Keegstra, *»Abraham sacrifiant« de Th. de B. et le théâtre calviniste de 1550–1566*, Den Haag 1928. – R. Lebègue, *La tragédie religieuse en France*, Paris 1929. – K. Loukovitch, *L'évolution de la tragédie religieuse classique en France*, Paris 1933. – K. M. Hall, *A Study of the Variants in the »Abraham sacrifiant« of T. de B.* (in MLR, 63, 1968, S. 824–831). – R. Campagnoli, *Tragicomicità dell' »Abraham sacrifiant« di B.* (in StF, 14, 1970, S. 1–10). – S. Stelling-Michaud, *La confession de B. et la genèse de l'»Abraham sacrifiant«* (in Musées de Genève, April 1983, S. 13–17).

PETR BEZRUČ

d.i. Vladimír Vašek
* 15.9.1867 Opava
† 17.2.1958 Olomouc

LITERATUR ZUM AUTOR:
J. V. Sedlák, *P. B.*, Prag 1931. - A. Cronia, *P. B.*, Rom 1932. - M. Hýsek, *Tři kapitoly o P. B.*, Prag 1934. - F. Sekanina, *P. B.*, Prag 1937; ²1947. - J. L. Fischer u. a., *Pět studií o P. B.*, Prag 1957. - J. Hrabák, *P. B. a jeho doba*, Prag 1947. - J. Janů, *P. B.*, Prag 1947. - V. Ficek u. A. Kučík, *Bibliografie P. B.*, Bd. 1, *Dílo*, Prag 1953; Bd. 2, *Literatura o životě a díle*, Prag 1958. - F. Buriánek, *P. B.*, Prag 1957. - D. Šajtar, *Pět studií ve znamení P. B.*, Mährisch-Ostrau 1958. - *Bezručiana 1967. Sborník prací*, Hg. V. Justl u. J. Opelík, Mährisch-Ostrau 1967. - J. Urbanec, *Mladá léta P. B. Život a dílo 1867–1903*, Mährisch-Ostrau 1969. - J. Polák, *P. B.*, Prag 1977. - A. Závodský, *V blízkosti básníka*, Brünn 1978.

SLEZSKÉ PÍSNĚ

(tschech.; *Ü: Die Schlesischen Lieder*). Gedichtsammlung von Petr BEZRUČ, erschienen seit 1899, erste relativ vollständige Ausgabe 1909. - Der umfangreichste Teil dieses Werks entstand wahrscheinlich in den Jahren 1899/1900, davon wurden einzelne Gedichte sogleich in Zeitschriften publiziert. Eine noch fragmentarische Sammlung von 31 Gedichten kam 1903 unter dem Titel *Slezské číslo (Schlesische Zahl)* heraus. Von 1909 an erscheinen die Lieder mit dem heutigen kompositorischen Grundriß und Titel, werden jedoch ständig weiter ergänzt, so daß die Ausgabe von 1937 schon 82 Gedichte umfaßt. Auch der Text wird immer aufs neue redigiert, wenn auch in späteren Jahren meist nicht sehr glücklich. Ihre im Prinzip gültige Gestalt erhielt die Sammlung in der Ausgabe von 1928.
Hauptthema der Gedichte ist der Protest gegen die soziale und nationale Unterdrückung, die im oberschlesischen Industriegebiet außerordentlich scharfe Formen annahm. Bezruč, der selbst aus dieser Gegend stammte und in den Jahren 1891/92 dort als Postbeamter tätig war, kehrte in der Entstehungszeit der *Slezské písně* noch einmal für kurze Zeit nach Oberschlesien zurück. Die aus den Liedern sprechende Empörung ist spontan und nicht ideologisch begründet. Sie entsteht aus konkreten Anlässen und wendet sich gegen konkrete Personen. Unmerklich aufgestaut und lange zurückgehalten durch die Rückständigkeit der Umgebung und die äußere Übermacht der Herrschenden, führt die Rebellion, wenn sie schließlich ausbricht, zu Verzweiflung, Tod und Resignation. Gleichzeitig aber wird die Erinnerung an sie Teil eines Mythos, der die Unterdrückten davor bewahrt, wieder in Ergebenheit zu versinken. Hierin besteht sein Beitrag zum Prozeß der Selbsterneuerung der Menschheit. Bezruč betrachtete auch den Dichter als Teil dieses Mythos - daher seine pathetische Selbststilisierung zum Volksbarden und sein Festhalten am Pseudonym, das für ihn ein unentbehrliches Attribut dieser Rolle war. Die Aufdeckung des Pseudonyms bedeutete eine schwere Erschütterung für den Dichter, die seine schöpferischen Möglichkeiten in ihrem Kern traf und den Charakter seiner späteren Gedichte (*Stužkonoska modrá*, 1930 - *Das blaue Ordensband; Labutinka*, 1961 - *Das Schwanenfell*) wesentlich veränderte.
Die Landschaften der *Slezské písně* liegen auf der Grenze zwischen dokumentarischem Bild und symbolischer Vision. Der ständige Wechsel von bildlicher und gegenständlicher Bedeutung, von Konfession zur Selbststilisierung, vom faktischen Bericht zum Mythos geschieht in Form einer Synthese der wichtigsten poetischen Strömungen der Jahrhundertwende. Bezruč vereint symbolistische Metaphern und antike Gleichnisse in einem pathetischen daktylischen Vers, der beeinflußt ist von den freien Rhythmen der neunziger Jahre. Er schmilzt auch realistische Details wie Dialektelemente in die Personen- und Autorenrede ein und verbindet topographische und ethnographische Treue mit liedhaften Anklängen. - Dominieren in der frühen und bedeutenderen Schaffensperiode des Dichters symbolistische Elemente, liedhafte Pamphlete und Balladen, so überwiegt später die realistische Verserzählung. Während des Ersten Weltkriegs entstanden Nachahmungen von Volksliedern und wieder später balladenhafte Gedichte. Dies alles verbindet sich in einer freien, fast zufälligen Komposition. Indem sie das Lebenswerk des Autors begleitete, wandelte sich die Sammlung von einem eindeutig sozial engagierten Werk zum Ausdruck einer vielseitigen Lebenserfahrung. In dieser Gestalt hat sie einen festen Platz im tschechischen Kulturbewußtsein. M.Č.

AUSGABEN: Prag 1903 (*Slezské číslo*; unvollst.). - Prag 1909 (*Slezské písně*; unvollst.). - Prag 1928. - Prag 1956. - Prag 1960, Hg. B. Štorek. - Prag ²⁸1967, Hg. M. Červenka u. B. Štorek [krit.]. - Ostrau 1967 (*Slezské písně, historický vývoj textu*, Hg. O. Králík). - Prag 1977.

ÜBERSETZUNG: *Die Schlesischen Lieder*, R. Fuchs, Lpzg./Mchn. 1917 [Vorw. F. Werfel]. - Dass., ders., Bln. 1963.

LITERATUR: F. X. Šalda, *O básnické autostylizáci, zvláště u B.* (in Slovo a slovesnost, 1, 1935). - D. Šajtar, *Prameny »Slezských písní«*, Prag 1954. - O. Králík, *Kapitoly o »Slezských písních«*, Ostrau 1957. - J. Hrabák (in *Studie o českém verši*, Prag 1959, S. 343–358). - J. Opelík, *Kompozice »Slezských písní«* (in Slezský sborník, 62, 1964, Nr. 2, S. 200–206). - M. Červenka u. B. Štorek, *»Slezské písně« jako problém textologický a ediční* (in Literárněvědní sborník památníku P. B., Bd. 1,

Ostrau 1966). – O. Králík u. a., *Slezské písně P. B. Historický vývoj textu*, Mährisch-Ostrau 1967. – M. Červenka u. B. Štorek, *O soudobý text Slezských písní* (in Česká literatura, 1969). – V. Macura, *K typologii autostylizací v Slezských písních* (in Česká literatura, 1972).

ALEKSANDR IL'IČ BEZYMENSKIJ

* 19.1.1898 Žitomir / Wolhynien
† 26.6.1973 Moskau

LITERATUR ZUM AUTOR:
A. Selivanovskij, *A. B.* (in A. S., *V literaturnych bojach, Izbrannye stat'i i issledovanija (1927–1936)*, Moskau 1959). – O. P. Presnjakov, *Poèt iz strany Komsomolija. Ob A. B.*, Moskau 1974.

VYSTREL

(russ.; *Der Schuß*). Satirische Verskomödie in drei Akten von Aleksandr I. BEZYMENSKIJ, erschienen 1930. – Das aufsehenerregende Drama des kommunistischen Autors, das eine grundsätzliche Diskussion über die Methoden der proletarischen Literatur auslöste, ist eine vehemente Invektive gegen jede Form des Bürokratismus in der Sowjetunion. Eine Stoßbrigade des Komsomol ist in einem Straßenbahndepot mit der Generalüberholung des Wagenparks beschäftigt. Bereits der erste reparierte Wagen versagt jedoch den Dienst. Als man der Brigade die Schuld dafür aufzubürden versucht, beginnen die in ihrem Arbeitsethos gekränkten Komsomolzen, mit den *»Parteitanten«* aufzuräumen. Ein abgefangener Brief bestätigt den Verdacht der aufgebrachten Jugendlichen: Die Betriebsführung sucht den zunehmenden Arbeitswillen der Belegschaft zu hintertreiben und hat den leitenden Ingenieur des Depots angewiesen, die Komsomolzen um den Erfolg ihrer Arbeit zu bringen. Die Brigade entlarvt jedoch den Betriebsleiter Prišelcov, den technischen Sekretär Dundja und andere *»Bleistiftspitzer«* als Schädlinge und stellt gemeinsam mit den Depotarbeitern eine neue Arbeitsordnung auf. Inhaltlich wenig anspruchsvoll und naiv im Aufbau des Konflikts, wirkt das Stück durch Situationsgroteske und epigrammatische Wortkomik, die einander effektvoll unterstützen. Die Charaktere sind schablonenhaft als leicht übertragbare Typen des Sowjetalltags konzipiert. Auf innere Motivation verzichtet das bewußt apsychologische Stück, das ganz im Gefolge des satirischen Schaffens von MAJAKOVSKIJ steht, jedoch Brillanz und Präzision des Vorgängers vermissen läßt. W.Sch.

AUSGABEN: Moskau 1930. – Moskau 1952 (in *Stichi, Poèmy, P'esa Vystrel*). – Moskau 1953 (in *P'esy sovetskich pisatelej*, Bd. 2). – Moskau 1958 (in *Izbrannye proizvedenija 1918–1958*, 2 Bde., 2).

LITERATUR: N. Usačev, *O »Vystrele« i koe-čto po povodu* (in Pečať i revoljucija, 1929, Nr. 11, S. 58–68). – P. Markov, *Očerki sovremennogo teatra* (in Novyj mir, 1930, Nr. 2, S. 219–226). – V. Ermilov, *O nastroenijach melkoburžoaznoj ›levizny‹ v chudožestvennoj literature* (in Na literaturnom postu, 1930, Nr. 4, S. 6–13).

BHĀMAHA

Anfang 8. Jh. Kashmir

KĀVYĀLAMKĀRA

(skrt.; *Schmuckmittel des Kunstgedichts*). Handbuch der Sanskrit-Poetik *(alamkāraśāstra)* von BHĀMAHA, zweifellos nach dem *Bhāratīya Nāṭyaśāstra* das älteste Werk dieser Gattung. Die Lebenszeit Bhāmahas ist nur mittelbar zu erschließen; daß er später als KĀLIDĀSA (4./5. Jh.) gelebt haben muß, ergibt sich z. B. aus einer Anspielung auf dessen *Meghadūta* in Kap. I, 42.
Von den sechs Kapiteln des in Doppelversen abgefaßten Werks behandelt das erste den »Körper« *(śarīra)*, d. h. die Substanz des Kunstgedichts. Kapitel 2 und 3 sind den »Schmuckmitteln« *(alamkāras)* gewidmet, die sich in zwei Gruppen gliedern: die Wortschmuckmittel *(śabdālamkāra)* wie Stabreim usw. und die Sinnesschmuckmittel *(abhidheyālamkāra)* wie Gleichnis, Metapher, Hyperbel usw. Kapitel 4 nennt die Fehler *(doṣa)* eines Kunstgedichts, doch betont Bhāmaha hier, daß manche der Fehler es nicht von vornherein wertlos machen. Die letzten beiden Kapitel behandeln die Logik der Dichtung *(nyāyanirnaya)* und die grammatische Korrektheit *(śabdaśuddhi)*. Bezeichnend für die Selbständigkeit Bhāmahas in einer Kultur, in der vor allem der *poeta doctus* große Anerkennung genoß, sind die Verse I, 4–5, in denen er die Bedeutung der dichterischen Inspiration hervorhebt:
»Was ist Reichtum ohne feine Sitte, / Und die Nacht, was ist sie ohne Mond, / Und was ist die Kunst der schönen Rede, / Wenn nicht Dichtergabe in ihr wohnt, / Dichtungsregeln lernen auch die Toren, / Wenn ein Lehrer klug sie unterweist, / Ein Gedicht wird aber nur geboren, / Wenn erleuchtet ist des Dichters Geist«
(Ü: H. v. Glasenapp). H.H.

AUSGABEN: Bombay, 1909, Hg. K. P. Trivedi (Bombay Sanskrit Series, 65). – Mylapore 1956 [m. engl. Übers.]. – Paṭanā 1962. – Delhi ²1970 [m. engl. Übers.]. – Varanasi ²1981.

LITERATUR: H. Jacobi, *Schriften zur indischen Poetik und Aesthetik*, Darmstadt 1969, S. 338–354. –

A. K. Warder, *Indian Kāvya Literature*, Bd. 1, Delhi 1972, S. 82 ff. - E. N. Tëmkin, *Mirovozzrenie Bchamachi i datirovka ego traktata »Kav'jalankara«*, Moskau 1975. - E. Gerow, *Indian Poetics*, Wiesbaden 1977, S. 227 ff.

BHĀRATCANDRA RĀY»GUṆĀKAR«

* um 1712 Distrikt Bhūrśit Parganā / Westbengalen
† 1760 Mūlājoṛ am Hoogly / Westbengalen

ANNADĀMAṄGAL

(bengali; *Lobpreis auf die Speise gebende Göttin*). Epos von BHĀRATCANDRA RĀY Guṇākar, vollendet 1753. - Mit Bhāratcandra erreichte die traditionelle Bengali-Literatur einen letzten Höhepunkt, bevor sich im 19. Jh. unter englischem Einfluß neue Strömungen in ihr geltend machten. Europäischer Einfluß deutet sich bereits in der Entstehungsgeschichte des vorliegenden Werkes an: Der Autor, der - dem Bildungsideal seiner Zeit entsprechend - Sanskrit und Persisch gelernt hatte, mußte wegen eines Rechtsstreits mit seinem autokratischen Grundherrn die Heimat verlassen. Er fand eine Anstellung beim Gouverneur der kleinen französischen Besitzung Chandernagor am Unterlauf des Hoogly (Mündungsarm des Ganges). Eine Empfehlung des Gouverneurs verschaffte ihm den Schutz und die Gönnerschaft des Rāja (Fürst) Kṛṣṇacandra von Krischnanagar (in Bengalen). Zu Ehren der Hausgöttin dieses Fürsten dichtete er das Epos *Annadāmaṅgal* (auch *Annapūrṇamaṅgal*), ein Auftragswerk in traditionellem Sinn. Zum Dank schenkte ihm sein Mäzen ein Landgut in Mulajor am Hoogly.

Der erste Teil des Epos bringt - sich an die älteren bengalischen Maṅgal-(Lobpreis-)Dichtungen (vgl. *Manasāmaṅgala*) anlehnend - die Legende der zu preisenden Göttin Pārvatī (auch als Durgā oder Kālī bekannt), die - weil sie dem hungernden Gott Śiva einst gekochtes Essen opferte - auch Annadā (die Speise gebende) oder Annapūrṇa (die Speise spendende) genannt wird. Im zweiten Teil seiner Dichtung berichtet Bhāratcandra u. a., daß Bhavānanda Majumdār, ein Vorfahr von Bhāratcandras Auftraggeber, einst den Mogul-General Mān Singh von Bengalen auf einem Kriegszug gegen den Rāja Pratāpāditya von Jessore begleitete. Unterwegs erzählt Bhavānanda dem General die Geschichte von der Liebe zwischen Vidyā, der Tochter des Königs Vīrsingh, und dem Prinzen Sundar: Nachdem es Sundar gelungen ist, der im Palast eingeschlossenen Prinzessin durch die Kupplerin Hīrā eine Botschaft zukommen zu lassen, gräbt er unter den Mauern hindurch einen Gang, so daß die Liebenden sich heimlich treffen können. Als die Prinzessin schwanger wird, stellt man ihrem heimlichen Geliebten nach, faßt ihn und will ihn töten. Doch die Göttin Kālī rettet ihn, indem sie Sundars königliche Abstammung durch einen Zeugen beweisen läßt. - Der dritte Teil des Epos nimmt den Bericht über die Erlebnisse Bhavānandas wieder auf und schließt mit dem glücklichen Ende des Kriegszugs ab.

Berühmt geworden ist der *Annadāmaṅgal* vor allem durch die Erzählung von Vidyā und Sundar. Obwohl das Motiv bereits vor Bhāratcandra von mehreren Dichtern des 17. und 18. Jh.s behandelt worden war, sicherte der Autor durch humorvolle Erzählweise, Gewandtheit des Ausdrucks und eingestreute volkstümliche Lieder seinem Werk eine so weite Verbreitung, daß er noch im 19. Jh. als der beste Bengali-Dichter galt. Die Tatsache, daß das Epos wiederholt nachgeahmt wurde, läßt nicht nur Bhāratcandras Einfluß auf viele spätere Dichter und Erzähler erkennen, sondern beweist auch seine Bedeutung als Vermittler urbaner poetischer Traditionen für die moderne Bengali-Literatur. P.G.

AUSGABEN: Kalkutta 1889 *(Bhārat-candrer granthāvalī)*. - Kalkutta ³1963 *(Bhāratcandrer granthāvali*, Hg. B. N. Bannerji u. S. K. Das). - *Bhāratcandrer Annadāmaṅgal*, Hg. Śrīkārtik Bhadra, Kalkutta 1969. - *Bhāratcandrer racanā saṁgraha*, Hg. K. Gupta u. B. Basu, Kalkutta 1974.

LITERATUR: Nibaran Chandra Basu, *The Symbolism of Vidyasundara*, o. O. 1935. - Madanmohan Gosvāmī, *Rāyguṇākar Bhāratcandra*, Kalkutta 1955 [m. Bibliogr.]. - S. K. Sen, *History of Bengali Literature*, Neu Dehli 1960, S. 164 ff.

BHĀRAVI

6. Jh. (?) Kañcīpuram / Südindien

KIRĀTĀRJUNĪYA

(skrt.; *Arjuna und der Kirāta*). Von den Indern hochgeschätztes Kunstepos *(mahākāvya)*, dessen Verfasser BHĀRAVI schon in einer Inschrift aus dem Jahr 634 nach und neben KĀLIDĀSA als bedeutender Kunstdichter *(kavi)* erwähnt wird. - Die Fabel der Dichtung ist einer Episode des *Mahābhārata* (III, 25-42) entnommen und handelt vom Kampf des Helden Arjuna gegen einen Kirāta (Angehöriger eines nichtarischen Primitivstamms an den Südabhängen des Himalaja), hinter dem sich aber in Wirklichkeit der Gott Śiva verbirgt. Śiva offenbart sich denn auch schließlich dem Arjuna in seiner wahren Gestalt und schenkt dem Helden eine göttliche Waffe. Aber nur in zehn der achtzehn Gesänge *(sarga)* seines Epos folgt Bhāravi der im *Mahābhā-*

rata dargebotenen Handlung; denn das, was der Inder bei der Lektüre einer Kunstdichtung *(kāvya)* genießen möchte, ist nicht so sehr der Gang der Handlung, vielmehr sind es die kunstreichen Naturschilderungen, die Beschreibungen von Trinkgelagen, Liebesfesten und erotischen Szenen (Gesang 4–11), auf die es ankommt und zu denen die Handlung dem Dichter lediglich den Vorwand liefert. Berühmt geworden sind vor allem die Beschreibung des Himalaja (Gesang 5) sowie die Schilderung des Sonnenuntergangs und der Nacht (Gesang 9). Auch Wortartistik nach indischem Geschmack spielt bei Bhāravi eine große Rolle; sein Werk enthält z. B. Verse, deren vier Teile phonetisch gleichlauten, aber verschiedene Bedeutungen haben, eine Dichtungsart, die *śleṣa* (Doppelsinn) genannt wird. Ähnlich wie im *Daśakumāracarita* gibt es Partien (z. B. in Gesang 15), in denen sich der Dichter auf Wörter mit bestimmten Konsonanten beschränkt. H.H.

AUSGABEN: Kalkutta 1814, Hg. Vidyākara Misra u. Bābū Rāma. – Mylapore 1959–1962, 2 Bde. –Varanasi ⁵1968. – Allahabad ²1972. – Kathmandu 1972.

ÜBERSETZUNGEN: *B.s Kirātārjunīya, der Kampf mit dem Kiraten, Gesang 1 u. 2.*, C. Schütz, Bielefeld 1945 [unvollst.]. – *B.'s Poem Kiratarjuniya, or Arjuna's Combat with the Kirata*, C. Cappeller, Cambridge/Mass. 1912 [dt.]. – *Kirātārjunīyam, Cantos I–III*, M. R. Kale, Delhi ⁴1966 [rev. u. erw.; skrt.-engl.].

LITERATUR: H. Jacobi, *On B. and Māgha* (in WZKM, 3, 1889; ern. in H. J., *Kleine Schriften*, Tl. 1, Wiesbaden 1970, S. 447–471). – A. K. Warder, *Indian Kāvya Literature*, Bd. 3, Delhi 1977, S. 198 ff. – S. Har, *B. and Kirātārjunīyam*, Kalkutta 1983. – S. Lienhard, *A History of Classical Poetry, Sanskrit – Pali – Prakrit*, Wiesbaden 1984, S. 184 ff.

BHARTṚHARI

um 400 (?)

BHARTṚHARI-ŚATAKA

(skrt.; *Zenturien des Bhartṛhari*), auch *Śatakatraya* und *Triśatī*. Sammeltitel dreier Gedichtsammlungen in Sanskrit vom Typus der »Zenturie« *(śataka)*. Die Namen der einzelnen Zenturien sind: *Śṛṅgāra-Śataka* (Hundert Liebesstrophen), *Nīti-Śataka* (Hundert Strophen von der Weltklugheit) und *Vairāgya-Śataka* (Hundert Strophen von der Weltentsagung). Jede dieser Zenturien enthält ungefähr hundert Strophen, die teils der Lyrik, teils der Spruchdichtung zuzuweisen sind und in ihrer Gesamtheit ein hochgeschätztes Dichtwerk der klassischen indischen Literaturperiode repräsentieren.

Von den drei Zenturien zeigt das *Śṛṅgāra-Śataka* am deutlichsten eine Dichterpersönlichkeit mit bedeutenden individuellen und poetischen Qualitäten. Es ist gleichzeitig auch diejenige Zenturie, die am wenigsten durch spätere Zusätze verändert worden ist. Im Unterschied zu den lebendigen Genrebildchen aus dem Liebesleben im *Amaruśataka* enthält die Zenturie des Bhartṛhari mehr allgemeine Betrachtungen über die Frauen und die Liebe, wie das Beispiel des folgenden Verses in Friedrich RÜCKERTs Nachbildung zeigt:

»Sieht man sie nicht, begehrt man sie zu sehen nur, Und sieht man sie, wünscht man sie bloß zu küssen, Und wenn man dann sie küßt, die Großgeaugte, Verlangt man völlig mit ihr zu verwachsen.«

Der erste Teil der Zenturie beschäftigt sich vornehmlich mit den Freuden der Liebe, dem weiblichen Liebreiz und der unwiderstehlichen Gewalt der Leidenschaft. Dann folgen Strophen, die den Liebesfreuden den heiteren Frieden gegenüberstellen, den ein Mann auf Grund von Askese und Wissen erwirbt. Die Schlußstrophen stellen die Nichtigkeit und trügerischen Verlockungen der Frauen und der Liebe dar und preisen demgegenüber das Glück der Weltentsagung. Das *Nīti-Śataka* behandelt die Pflichten des Mannes, preist die Tugenden und tadelt Fehler und Nichtwissen. Die dritte Zenturie, das *Vairāgya-Śataka*, umreißt das höchste Ziel, nach dem der Mensch zu streben hat, die innere Sammlung in der Meditation über das Ewige und die Lösung von allen irdischen Banden. Die Grundkonzeption der drei Zenturien des Bhartṛhari befindet sich in völliger Übereinstimmung mit der Hindu-Lehre von den drei Lebenszielen *(trivarga)*, nämlich Sinnenlust *(kāma)*, Gelderwerb *(artha)* und pflichtgemäßes Verhalten *(dharma)*, die, unter sich ausgewogen, den Menschen zur Erlösung *(mokṣa)* aus dem Kreislauf der Geburten führen.

Von den drei Zenturien waren das *Nīti-Śataka* und das *Vairāgya Śataka* die ersten Sanskrit-Werke, die in eine europäische Sprache übertragen wurden. Sie erschienen in dem Buch des holländischen calvinistischen Missionars Abraham ROGER, *Offene Tür zu dem verborgenen Heydenthum*, das 1651 auf niederländisch in Leiden publiziert wurde und 1663 in einer deutschen Übersetzung in Nürnberg herauskam. Aus dem Werk Abraham Rogers, der sich die Verse von dem Brahmanen PADMANĀBHA hatte erklären lassen, lernte HERDER die Dichtungen kennen und übernahm verschiedene Strophen in seine *Gedanken einiger Brahmanen*. H.H.

AUSGABEN: Bln. 1833 *(Bhartṛharis sententiae et carmen)*, Hg. u. lat. Übers. P. v. Bohlen [skrt.-lat.; vgl. dazu C. Schütz, *Kritische und erläuternde Anmerkungen*, Bielefeld 1835 sowie A. Schiefner u. A. Weber, *Variae lectiones*, Bln. 1850]. – Athen 1845, Hg. D. Galanos. – Bombay 1948, Hg. D. D.

Kosambi [krit.]. – Varanasi 1987 *(Subhāṣitatriśati)*.

ÜBERSETZUNGEN: A. Olearius (in *Des Welt-berümten Adami Olearii colligirte und viel vermehrte Reise-Beschreibungen*, Hbg. 1696). – *B.s Sprüche*, P. v. Bohlen, Hbg. 1835. – F. Rückert (in *Indische Liebeslyrik*, Hg. H. v. Glasenapp, Baden-Baden 1948; Teilübers.). – *Poems*, B. S. Miller, NY 1967 [skrt.-engl.]. – *The Hermit and the Love Thief*, dies., NY 1978 [engl.].

LITERATUR: K. A. Subramania Iyer, *B.*, Poona 1969. – L. Sternbach, *Subhāṣita, Gnomic and Didactic Literature*, Wiesbaden 1974, S. 48–54. – A. K. Warder, *Indian Kāvya Literature*, Bd. 4, Delhi 1983, S. 121 ff. – S. Lienhard, *A History of Classical Poetry, Sanskrit-Pali-Prakrit*, Wiesbaden 1984, S. 88 ff.

BHĀSA

2.Jh. (?) Ujjayinī

LITERATUR ZUM AUTOR:
M. Lindenau, *B.-Studien*, Lpzg. 1918. –
M. Winternitz, *Der indische Dramendichter B.* (in Ostasiatische Zs., 9, 1922, S. 282–299). –
H. Śāstri, *B. and the Authorship of the Thirteen Trivandrum Plays*, Kalkutta 1926. – G. K. Bhat, *Collected Papers 1. B. studies*, Kolhapur 1968. – A. D. Pusalker, *B., a Study*, Delhi ²1968. – A. K. Warder, *Indian Kāvya Literature*, Bd. 2, Delhi 1974, S. 262 ff. – R. T. Vyas, *Style of B.* (in Bharatiya Vidya, 35, 1975, S. 113–120). – M. S. Poti, *Dramatic Perspective in the Plays of B. and Aeschylus* (in Indian Literature, 21, 1978, S. 46–77). – N. P. Unni, *New Problems in B. Plays*, Trivandrum 1978. – Ders., *A Survey of B. Manuscript* (in Recent Studies in Sanskrit and Indology. J. Agrawal felicitation volume*, Delhi 1982, S. 107–113). – T. Ganapati Śāstri, *B.'s Plays, a Critical Study*, Delhi ²1985. – V. Venkatachalam, *B.*, Delhi 1986.

DARIDRACĀRUDATTA

auch *Cārudatta* (skrt.; *Der arme Cārudatta*). Bürgerliches Schauspiel in vier Akten, ohne die sonst üblichen Anfangs- und Schlußverse, verfaßt von BHĀSA. – Das unvollendete Drama gilt als letztes Werk des Autors.
Im Prolog bereiten der Schauspieldirektor und die erste Schauspielerin ein Mahl vor, zu dem sie den armen Brahmanen Maitreya einladen, den Freund des einstmals reichen Brahmanen Cārudatta. Dieser hat, um seinen Freunden zu helfen, sein gesamtes Vermögen vergeudet und befindet sich nun – wie Timon, der Athener – selbst in bitterster Not. Auf einem Kultfest hat er sich in die schöne und reiche Hetäre Vasantasenā verliebt. – Im ersten Akt verfolgt Saṃsthāna, ein Schwager des Königs, aber ein grober Kerl, in Gesellschaft eines Schmarotzers die gleiche Vasantasenā, die, ohne es zu wissen, Zuflucht in der Nähe von Cārudattas Haus sucht. Durch eine Geheimpforte des Hauses erscheint eine Dienerin, die Blumen als Opfergaben für die Götter herausträgt. Diese Gelegenheit benutzt Vasantasenā, ins Haus zu schlüpfen. Draußen bemächtigen sich der Schwager des Königs und der Parasit der Dienerin, die sie zunächst für Vasantasenā halten, dann aber zu ihrem Werkzeug machen: sie soll in ihrem Auftrag von Cārudatta verlangen, am nächsten Tag die Hetäre und deren Goldschmuck auszuliefern. Ahnungslos übergibt Vasantasenā der Dienerin den Schmuck zur Aufbewahrung. Mittlerweile ist der Hausherr in seinem Hause Vasantasenā begegnet, und beide ergehen sich im Mondschein. – Vasantasenā verrät der Dienerin, daß sie Cārudatta liebt, obwohl er arm ist. Spätestens hier wird klar, daß der Dichter in ihr die Gestalt einer edlen Kurtisane schaffen wollte. Das Auftreten eines Knechtes und eines Masseurs, die von der Mildtätigkeit Cārudattas erfahren haben, gestattet es ihm, auch den edlen Charakter des männlichen Helden in ein helles Licht zu setzen. (2. Akt) – Zu Beginn des dritten Aktes kehrt Cārudatta mit einem anderen Brahmanen, dem sogenannten Vidūṣaka (lustige Person), nachts von einem Konzert zurück, noch ganz erfüllt von der Musik. Während er schläft, schleicht sich ein Dieb ins Haus und stiehlt Vasantasenās Goldschmuck. Als der Diebstahl entdeckt wird, schenkt Cārudattas Ehefrau ihr zur Entschädigung eines ihrer Perlenkolliers. – Im vierten Akt schickt der Schwager des Königs einen Wagen, um Vasantasenā zu entführen. Aber sie weigert sich, Cārudatta zu verlassen. Inzwischen bietet der Dieb seinerseits der Dienerin den gestohlenen Schmuck als Geschenk an; doch diese dringt darauf, daß er ihn der Hetäre zurückgibt. Vasantasenā, nunmehr im Besitz zweier Schmuckstücke, schickt in ihren Kleidern und an ihrer Statt die Dienerin zum Schwager des Königs. Hier bricht das Werk ab.
Das bürgerliche Schauspiel, dessen Typ Bhāsa für Indien schuf, ist nur durch ŚŪDRAKA – der das Sujet des *Daridracārudatta* in seinem Drama *Mṛcchakaṭikā (Das irdene Wägelchen)* wiederaufnahm – weiterentwickelt worden. Sieht man von der Gattung der Posse *(prahasana)* ab, so suchten die späteren Dichter ihre Helden lieber im Kreise der hochedlen Gestalten des Epos als unter dem gewöhnlichen Volk. H.H.

AUSGABEN: Trivandrum 1912, Hg. G. Śāstri (Trivandrum Sanskrit Series). – Poona 1943, Hg. C. R. Devadhar [krit.; m. engl. Übers.]. – Poona ²1951 (in *Bhāsanāṭakacakra*; ern. Benares 1970, 2 Bde.). – Poona ²1962, Hg. C. R. Devadhar (in *Plays Ascribed to B.*; krit.); ern. Delhi 1987.

ÜBERSETZUNGEN: *Carudatta in Poverty*, A. C. Woolner u. L. Sarup (in *Thirteen Trivandrum Plays Attributed to B.*, 2 Bde., Ldn. 1930/31, 1; ern. Delhi 1985, 2 Bde.; engl.).

LITERATUR: G. Morgenstierne, *Über das Verhältnis zwischen Cārudatta und Mṛcchakaṭikā*, Lpzg. 1921. – F. Belloni-Filippi, *Note critiche ed exegetiche al »Cārudatta«* (in Rivista degli Studi Orientali, 9, 1923, S. 581–590).

PRATIJÑĀ - YAUGANDHARĀYAṆA

(skrt.; *Yaugandharāyaṇa und sein Versprechen*). Schauspiel in vier Akten von BHĀSA. – Der Stoff dieses Dramas entstammt – wie der der *Svapnavāsavadattā* (mit der es einen Teil der handelnden Personen gemeinsam hat) – dem Erzählungskreis der *Bṛhatkathā* (vgl. dort). Während aber in der *Svapnavāsavadattā* die Liebe im Mittelpunkt steht, wird hier das Thema *nīti* (Politik) behandelt. Das Ringen der beiden feindlichen Minister Yaugandharāyaṇa und Bharatarohaka könnte das Vorbild für die entsprechenden Entwicklungen zwischen den beiden Ministern in VIŚĀKHADATTAS Schauspiel *Mudrārākṣasa* abgegeben haben.

Durch eine an Odysseus erinnernde List des Ministers Bharatarohaka (Soldaten im Innern eines künstlichen Elefanten) ist der König Udayana auf der Elefantenjagd in die Gefangenschaft des Königs Pradyota Mahāsena geraten. Udayanas kluger und tapferer Minister Yaugandharāyaṇa schwört daraufhin Rache und verkündet, er wolle nicht mehr Yaugandharāyaṇa heißen, wenn er seinen Herrn nicht befreie. Am Hof Pradyotas wird inzwischen beschlossen, daß die Königstochter Vāsavadattā bei dem gefangengesetzten Udayana, der künstlerisch ausgebildet ist, Musikstunden nehmen soll. Dem verkleideten Yaugandharāyaṇa und seinen Helfern gelingt es jedoch, Udayana und Vāsavadattā zur Flucht zu verhelfen. Yaugandharāyaṇa selbst aber wird nach tapferer Gegenwehr von den Truppen Pradyotos gefangengenommen. Stolz und todesmutig tritt Yaugandharāyaṇa dem feindlichen Minister gegenüber, worauf König Pradyota – wohl beeindruckt von dem treuen Minister der Gegenseite – sich mit der Sachlage zufriedengibt und in die Ehe des geflohenen Liebespaars Udayana und Vāsavadattā einwilligt. H.H.

AUSGABEN: Trivandrum 1912, Hg. G. Śāstri (Trivandrum Sanskrit Series). – Poona 1939, Hg., Einl., Anm. u. Übers. C. R. Devadhar [krit.; skrt.-engl.; ²1962]. – Poona ²1951 (in *Bhāsanāṭakacakra*; ern. Varanasi 1970, 2 Bde.). – Poona ²1962, Hg. C. R. Devadhar (in *Plays Ascribed to B.*; krit.).

ÜBERSETZUNG: *The Minister's Vows*, A. C. Woolner u. L. Sarup (in *Thirteen Trivandrum Plays Attributed to B.*, 2 Bde., Ldn. 1930/31, 1; ern. Delhi 1985, 2 Bde.; engl.).

SVAPNAVĀSAVADATTĀ

auch *Vāsavadatta* (skrt.; *Die ihrem Gatten im Traum erscheinende Vāsavadattā*). Das wohl bedeutendste Drama von BHĀSA. – Dieses sechsaktige Schauspiel, das von führenden Poetikern wie VĀMANA (um 800), RĀJAŚEKHARA (um 900) u. a. gerühmt wird, ist eine Art Fortsetzung des von demselben Autor verfaßten Dramas *Pratijñā-Yaugandharāyaṇa*. Der Stoff ist der *Bṛhatkathā* des GUṆĀḌHYA entnommen, aber von Bhāsa mit großer Kunst verfeinert.

Im ersten Akt erfahren wir, daß Yaugandharāyaṇa, der kluge Minister des Köngis Udayana, aus politischen Gründen eine eheliche Verbindung seines Fürsten mit der Prinzessin Padmāvatī von Magadha anstrebt. Da aber der König seine Gemahlin Vāsavadattā innig liebt, greift der Minister zu Täuschungen: Er sorgt dafür, daß scheinbar ein Palastbrand ausbricht, und gibt vor, Vāsavadattā sei in den Flammen umgekommen. In Wirklichkeit bringt er sie aber, als Wanderasket verkleidet, ins Land Magadha zu Padmāvatī, der er die Gemahlin des Königs als seine Schwester vorstellt. Vāsavadattā bleibt in der Obhut der Padmāvatī zurück, und die beiden Frauen freunden sich an. Im zweiten Akt spielen Vāsavadattā und Padmāvatī Ball und sprechen dabei über Udayana. Padmāvatī ist bereit, Udayana zu heiraten, während Vāsavadattā innerlich leidet, sich aber damit tröstet, daß der König ja nur der Staatsräson wegen eine zweite Frau nehmen werde. Im dritten und vierten Akt erleben wir die Hochzeitsfeierlichkeiten anläßlich der Vermählung des Udayana und der Padmāvatī, wobei Vāsavadattā die schmerzliche Aufgabe zufällt, den Brautkranz zu flechten. Heitere Stimmung in das gefühlvolle Drama bringen die Szenen, in denen der *vidūṣaka* (lustige Person), hier ein naschhafter Brahmane und Freund des Königs, auftritt. Im Gespräch mit dem Vidūṣaka wird deutlich, daß der König die totgeglaubte Vāsavadattā immer noch liebt. Die beiden Frauen belauschen mit großer Rührung die Unterredung der Freunde. Im fünften Akt heißt es, daß sich Padmāvatī, weil sie an Kopfschmerzen leidet, im Badegemach auf ein Ruhebett gelegt habe. Als aber der König dort eintritt, ist sie nicht anwesend; er legt sich daher selbst auf das Bett und schläft ein. Da erscheint Vāsavadattā, um Padmāvatīs Kopfschmerzen lindern zu helfen. Sie setzt sich auf das Bett, in dem sie die Freundin vermutet, wo aber in Wahrheit der König ruht. Erst als er im Traum nach Vāsavadattā ruft, merkt sie den wahren Sachverhalt; sie antwortet ihm mit einigen Worten, wobei er sie für eine Traumfigur hält, und enteilt dann. Dieser berühmten Szene verdankt das Drama seinen Namen. Im sechsten Akt treten Boten auf – ein häufiges Motiv in der dramatischen Literatur – und melden dem König, daß seine Truppen gesiegt haben; gleichzeitig bringen sie ein bei der Vermählung des Udayana und der Vāsavadattā angefertigtes Gemälde mit. Bei der Betrachtung dieses Bildes erkennt Padmāvatī, wer in Wirklichkeit die angebliche Schwester des Yaugandharāyaṇa ist; der hinzukommende Minister erklärt zur allgemeinen Zufriedenheit die von ihm angewendeten Manipulationen. H.H.

AUSGABEN: Trivandrum 1912, Hg. G. Śāstri (Trivandrum Sanskrit Series). – Poona ⁶1946, Hg. C. R. Devadhar [krit.; m. engl. Übers.]. – Poona ²1951 (in *Bhāsanāṭakacakra*; ern. Varanasi 1970, 2 Bde.). – Kalkutta ³1961 [m. engl. Übers.]. – Poona ²1962, Hg. C. R. Devadhar (in *Plays Ascribed to B.*; krit.). – Bombay ²1964 [krit.; m. engl. Übers.].

ÜBERSETZUNGEN: *Vāsavadattā*, H. Jacobi (in Intern. Monatsschrift für Wiss., Kunst u. Technik, 7, 1913, S. 654–690). – *Vāsavadattā*, V. S. Sukthankar, Ldn. 1923 [engl.]. – *Wāsawadattā*, H. Weller, Lpzg. 1926. – *The Vision of Vāsavadattā*, A. C. Woolner u. L. Sarup (in *Thirteen Trivandrum Plays Attributed to B.*, 2 Bde., Ldn. 1930/31, 1; ern. Delhi 1985, 2 Bde.; engl.).

LITERATUR: F. W. Thomas, *The Date of the »Svapna-Vāsavadattā«* (in JRAS, 1928, S. 877–890). – S. K. Sharma, *Āruṇi of Svapnavāsadattam of B.* (in Journal of the Oriental Institute, 29, 1980).

BHĀSKARA

* 1114 Bījapur / Karnaṭa

LĪLĀVATĪ

(skrt.; *Die Spielerische*). Erster Teil des astronomischen Werks *Siddhāntaśiromaṇi* von BHĀSKARA, verfaßt 1150. Es ist eine Abhandlung in dreizehn Kapiteln über Arithmetik; doch werden auch Probleme der Geometrie behandelt.
Nach der Überlieferung soll Līlāvatī der Name der Tochter des Verfassers gewesen sein. Inhalt der Zahlensysteme sind die acht Operationen (Addition, Subtraktion usw.), Brüche, Dreisatz, Zinsrechnen, Progressionen, Schattenprobleme bei der Sonnenuhr u. a. Mathematisch besonders interessant sind die Kapitel über die Null, Geometrie, Messungen, unbestimmte Gleichungen ersten Grades und Permutationen. Bhāskara verwendete in der Algebra bereits Buchstaben für unbekannte Größen. Den Wert für die Größe π berechnete er mit 3927:1250 = 3,1416. – Das Werk ist berühmt wegen der klaren Darstellung und der pädagogisch geschickt gewählten und poetisch gestalteten Beispiele. Der Autor selbst preist sich als Dichter. Das Werk erlangte eine gewisse Breitenwirkung, wie die zahlreichen Kommentare dazu beweisen. Auf Befehl des Moghul-Kaisers Akbar wurde das Werk 1587 ins Persische übersetzt. Der Autor darf nicht mit dem älteren Mathematiker Bhāskara verwechselt werden. G.Gr.

AUSGABEN: Kalkutta 1832. – Darbhanga 1959. – Hoshiarpur 1975, Hg. u. Einl. K. V. Sarma [krit.].

ÜBERSETZUNG: *Colebrooke's Translation of the Lilavati*, 2 Tle., Kalkutta ²1927 [skrt.-engl.]; Nachdr. Allahabad 1967 [engl.].

LITERATUR: H. Brockhaus, *Über die Algebra des B.* (in Ber. der Sächs. Gesellschaft der Wiss., Phil.-hist. Kl., 4/1, Lpzg. 1852). – N. Kanickaidaikkadar, *B.'s Mathematical Works*, Diss. Ldn. 1961. – S. N. Sen, *A Bibliography of Sanskrit Works on Astronomy and Mathematics*, Tl. 1; Delhi 1966, S. 23–27. – C. N. Srinivasiengar, *The History of Ancient Indian Mathematics*, Kalkutta 1967, S. 79 ff. – *A Concise History of Science in India*, Delhi 1971, S. 98 u. 168 f.

BHAṬṬA NĀRĀYAṆA

auch Nārāyaṇa Bhaṭṭa
7. Jh. (?)

VEṆĪSAṂHĀRA

(skrt.; *Das Aufbinden des Zopfes*). Drama in sechs Akten von BHAṬṬA NĀRĀYAṆA, der bereits in dem aus dem 9. Jh. stammenden *Dhvanyāloka* (vgl. dort) als bekannter Dichter erwähnt wird.
Der Stoff dieses wegen seiner kunstvollen Sprache bei den indischen Gebildeten sehr geschätzten Dramas hohen Stils ist dem Heldenepos *Mahābhārata* entnommen. Die dramatischen Verwicklungen setzen damit ein, daß Draupadī, die Gattin der fünf Pāṇḍava-Helden (Polyandrie!), von den feindlichen Kauravas, die sie an den Haaren herbeischleppten, beleidigt wurde. Daraufhin will sie ihr Haar nicht wieder aufbinden, bis ihre Schmach gerächt worden ist. Der Recke Bhīma schwört, er werde für sie an Duryodhana, dem Oberhaupt der Gegenpartei, Rache nehmen. Nach zahlreichen Kämpfen zwischen den beiden feindlichen Parteien kommt es zu dem berühmten Keulenkampf: Bhīma tötet Duryodhana, indem er ihm mit der Keule den Schenkel zerschmettert, worauf er mit seinen noch blutigen Händen Draupadīs Haar wieder hochbindet. – Eigenartig und etwas überraschend wirkt in dem sonst so ernsten Drama der heitere Schluß, der Schäkereien zwischen Draupadī und ihren beiden Gatten Bhīma und Yudhiṣṭhira bringt. H.H.

AUSGABEN: Poona 1856. – Lpzg. 1871, Hg. J. Grill [krit.] – Poona 1922, Hg. K. N. Dravid [krit.] – Madras ²1961 [m. engl. Übers.] – Paris 1971, Hg. F. Bourgeois [m. frz. Übers.] – Delhi 1977 [m. engl. Übers.]

LITERATUR: A. K. Warder, *Indian Kāvya Literature*, Bd. 4, Delhi 1983, S. 101 ff. – A. Chatterjee, *Bhattanarayana*, Delhi 1986.

Kāvya Literature, Bd. 4, Delhi 1983, S. 118 ff. – S. Lienhard, *A History of Classical Poetry, Sanskrit-Pali-Prakrit*, Wiesbaden 1984, S. 180 ff.

Bhaṭṭi

6./7. Jh. (?)

RĀVAṆAVADHA

(skrt.; *Die Tötung des Rāvaṇa*). Kunstepos von BHAṬṬI, auch oft unter der Bezeichnung *Bhaṭṭi-kāvya (Das Kunstepos des Bhaṭṭi)* zitiert. Der Autor ist vielleicht identisch mit Bhartṛhari. – Das Epos ist für den abendländischen Literaturhistoriker vor allem deswegen bedeutsam, weil es nicht nur nach allen Regeln der Kunstdichtung glanzvoll die Geschichte des Helden Rāma nach dem *Rāmāyaṇa* erzählt, sondern gleichzeitig auch als ein in Indien hochangesehenes didaktisches Werk angesprochen werden muß. Die 22 Gesänge, die in vier Gruppen *(kāṇḍa)* eingeteilt werden, exemplifizieren nämlich jeweils verschiedene grammatische und stilistische Regeln, und zwar enthalten die Gesänge 1–5 vermischte grammatische Regeln, die Gesänge 6–9 die grundlegenden Regeln der Sanskritgrammatik *Aṣṭādhyāyī*, die Gesänge 10–13 die Regeln der Poetik *(alaṅkāraśāstra)* mit ihren Wort- und Sinnesschmuckmitteln *(śabdālaṅkāra, arthālaṅkāra)*, und die restlichen Gesänge (14–22) erläutern praktisch den Gebrauch der Tempora und Modi (so ist z. B. Gesang 15 in Aoristen abgefaßt). Die Tatsache, daß das *Rāvaṇavadha* in Indien in so hohem Maße geschätzt wird, ist ein Beweis dafür, wie weit in der indischen Literatur Dichtung und Gelehrsamkeit *(śruta)* Hand in Hand gehen, während im Abendland seit der Zeit GOETHES eine gelehrte Dichtung, die mit ihrem Wissen prunkt, als unangemessen gilt. Für den hohen Ruhm des *Rāvaṇavadha* in Indien zeugt die Tatsache, daß nicht weniger als 13 Kommentare sich mit seiner Erklärung befassen. – Das Werk wurde statt dem richtigen *Rāmāyaṇa* ins Altjavanische übersetzt. H.H.

AUSGABEN: Kalkutta 1808. – Den Haag 1955, Hg. C. Hooykaas *(Old Javanese Rāmāyaṇa Kakawin)*. – Delhi 1982 [m. engl. Übers.].

ÜBERSETZUNGEN: *Fünf Gesänge des Bhaṭṭi-kāvya*, C. Schütz, Bielefeld 1837 [Gesang 18–22] – Leiden 1972, G. G. Leonardi [ndl.].

LITERATUR: J. Nobel, *Studien zum zehnten Buch des Bhatti-kāvya* (in Muséon, 37, 1924, S. 281 ff.). – H. R. Dikewar, *Bhāmaha, B. and Dharmakīrti* (in JRAS, 1929, S. 825 ff.). – S. P. Narang, *Bhaṭṭi-kāvya, a Study*, Delhi 1969. – A. K. Warder, *Indian*

Bhavabhūti

* um 680 Padmanagara / Vidarbha

LITERATUR ZUM AUTOR:
Bibliographie:
N. Schuyler, *Bibliography of the Sanskrit Drama*, NY 1906, S. 27–31.
Biographien:
V. V. Mirashi, *B.*, Delhi 1974. – G. K. Bhat, *B.*, Delhi 1979.
Gesamtdarstellungen und Studien:
A. Borooah, *B. and His Place in Sanskrit Literature*, Kalkutta 1878; Nachdr. Gauhati 1971. – J. Hertel, *A Note on B. and on Vakpatiraja* (in AM, 1, 1924, S. 1–23). – R. G. Harshe, *Observations on the Life and Works of B.*, Delhi 1974. – P. B. Acharya, *The Tragicomedies of Shakespeare, Kālidāsa and B.*, Delhi 1978. – P. Ramakrishna Pillai, *A Note on the Name of B.* (in Journal of the Kerala Univ. Oriental Research Inst., 22, 1978, S. 1–8). – A. K. Warder, *Indian Kāvya Literature*, Bd. 4, Delhi 1983.

MĀLATĪMĀDHAVA

(skrt.; *Mālatī und Mādhava*). Schauspiel in zehn Akten von BHAVABHŪTI. – Der von den Indern neben KĀLIDĀSA am höchsten geschätzte Dramatiker Bhavabhūti war Hofdichter des Königs Yaśovarman von Kanauj. Das vorliegende Drama – sein bedeutendstes Werk – ist ein Spiel über die Liebe. Dabei erscheint die Auffassung des Autors von der Erotik weniger konventionell als in den meisten anderen indischen Dramen jener Zeit.
Die Fabel des Stücks hat der Dichter frei erfunden. Die kluge buddhistische Nonne Kāmandakī erhält von dem Minister Bhūrivasu den Auftrag, zwischen seiner Tochter Mālatī und Mādhava, dem Sohn Devarātas, des Ministers von Vidarbha, eine Ehe zu vermitteln. Da Nandana, der Günstling des Königs, ebenfalls die schöne Mālatī nachstellt, versucht Kāmandakī, Mālatī und Mādhava dazu zu bewegen, ohne Wissen ihrer Eltern zu heiraten; denn damit wären vollendete Tatsachen geschaffen. Sie bringt es auch tatsächlich zuwege, daß die beiden sich sehen und verlieben; gleichzeitig verliebt sich Makaranda, der Freund Mādhavas, in Madayantikā, die Schwester des königlichen Günstlings. Bei einer Zusammenkunft der beiden Liebespaare gerät Madayantikā durch einen Tiger in Lebensgefahr, aber der tapfere Makaranda rettet sie. Inzwischen hat der König beschlossen, Mālatī mit Nandana zu verheiraten. Daraufhin schließt

sich Mādhava der grausigen Sekte der Śākta an, da er bei ihnen Zauberkräfte zu erlangen hofft; aber auf einer Leichenstätte muß er für die Sekte Menschenfleisch verkaufen. Das schaurige Treiben der Zauberer und Hexen und der Durgā-Kult mit seinen Menschenopfern werden überaus eindrucksvoll dargestellt; diese Episoden sind von großem religionsgeschichtlichem Interesse und stehen den Hexenszenen SHAKESPEARES nicht nach.

In seiner neuen Umgebung muß Mādhava plötzlich erleben, daß Mālatī von dem Zauberer Aghoraghanta ergriffen wird, um der grausamen Göttin Durgā (Kālī) geopfert zu werden. Mādhava befreit die Geliebte, zieht sich damit aber die Feindschaft einer Schülerin des Aghoraghanta, der Hexe Kapālakundalā, zu. Dennoch gelingt es Kāmandakī – wie geplant – Mālatī und Mādhava heimlich zu verheiraten. Der Freund Makaranda aber wird, als Mālatī verkleidet, dem Nandana als Braut zugeführt. In der Hochzeitsnacht verhält sich die vorgebliche Mālatī ihrem Bräutigam gegenüber so ablehnend, daß Nandana wütend das Gemach verläßt. Als Madayantikā erfährt, was geschehen ist, beschließt sie, ebenfalls heimlich und ohne Erlaubnis ihrer Eltern zu heiraten. Im weiteren Verlauf kommt es zu einer Prügelei zwischen den Stadtwächtern und Makaranda, der von seinem Freund Mādhava unterstützt wird. Dem König, der Zeuge des Gefechts wird, gefallen dabei die beiden tapferen jungen Männer so sehr, daß er die beiden heimlich geschlossenen Ehen sanktioniert. Zwar fällt Mālatī noch einmal in die Hände der Durgā-Anhängerin Kapālakundalā, so daß Mādhava sie erneut retten muß (diese Szene ist dem vierten Akt von Kālidāsas *Vikramorvaśīya* nachgebildet). Doch am Ende werden alle Liebenden glücklich vereint. Obwohl viele Szenen des Dramas sehr effektvoll ausgestaltet sind, beruht seine Wirkung vor allem auf den kunstvollen und bilderreichen Versen, die ganz den Idealen der indischen Kunstdichtung *(kavya)* entsprechen. H.H.

AUSGABEN: Bonn 1832, Hg. C. Lassen. – Poona 1935, Hg. C. R. Devadhar [krit.; m. engl. Übers.]. – Bombay [6]1936. – Delhi [3]1967 [m. engl. Übers.].

ÜBERSETZUNGEN: *Malati und Madhava*, L. Fritze, Lpzg. 1884; ern. 1910 (RUB). – *Madhava et Malati*, G. Strehly, Paris 1885 [frz.].

LITERATUR: S. Konow, *Das indische Drama*, Bln./Lpzg. 1920, S. 81 (BühlerG, 2, H. 2).

OLYMPE BHELY-QUENUM

* 26.9.1928 Cotonou / Benin

LITERATUR ZUM AUTOR:
R. Mercier u. a., *O. B.-Q., écrivain dahoméen*, Paris 1964. – W. Fenser, *L'œuvre d'O. B.-Q.* (in Présence Africaine, 1983, Nr. 125, S. 186–201).

UN PIÈGE SANS FIN

(frz.; *Eine endlose Falle*). Roman von Olympe BHELY-QUENUM (Bénin), erschienen 1960. – Der erste einer ganzen Reihe von Romanen des Lehrers, Diplomaten und Publizisten, der auch einer der bedeutendsten Literaturkritiker des frankophonen Afrika ist, besteht aus zwei Teilen: nach einer kurzen Präsentation des Protagonisten Ahouna erzählt dieser selbst sein Leben bis zu seiner Gefangennahme (Kap. I–IX), wonach Monsieur Houénou (der Adressat der Erzählung im ersten Teil), ein Historiker und Archäologe, der Kunstgegenstände aus der Vergangenheit Dahomeys sammelt, die Geschichte bis zum tragischen Tode Ahounas berichtet (Kap. X–XVII).

Mit den ersten Sätzen wird Ahouna vorgestellt: »*mittelgroß, welke, vom Hunger ausgetrocknete Haut; der Körper zum Skelett abgemagert, der Schädel mit stark vorspringenden Knochen; das Gesicht gleicht dem eines rachitischen Kindes; es mündet in ein schmutziges, von Staub, Schweiß und Speichel verklebtes Ziegenbärtchen*«. Wie Ahouna so elend wurde, erzählt seine episch weit ausholende Lebensgeschichte, die nacheinander in drei verschiedenen Bereichen spielt: 1. Darstellung der afrikanischen Kindheit als einer friedlichen, in sich ruhenden Zeit, die nur unterbrochen wird von einzelnen Naturkatastrophen. – 2. Die Liebe zu der schönen Anatou und die Ehe mit ihr, die 13 Jahre währt und aus der drei Kinder hervorgehen, ehe Anatous unerklärliche Eifersucht den Mann ins Elend treibt und ihm schließlich zum Verderben wird. In einem Anfall von Wahnsinn wird Ahouna an einer fremden Frau, in deren Hilfeschreien er die Stimme Anatous zu erkennen glaubte, zum Mörder und damit zum Verfolgten (ab hier wird die Geschichte von Monsieur Houénou erzählt). 3. Nach der Festnahme und Gefangensetzung Ahounas wird der Roman zum »Krimi«, der den Leser in Spannung hält, ihm dabei die angsterfüllte Sicht des Opfers aufnötigt: Der Clan der von Ahouna getöteten Frau »befreit« diesen aus dem Gefängnis und verbrennt ihn auf dem Scheiterhaufen in jenem Dorf, in dem sich der Mord ereignete. Der 35jährige Ahouna stirbt, den Namen Anatous auf den Lippen. Seine Asche wird zusammen mit den von ihm meisterhaft gespielten Musikinstrumenten am Fuße jenes Berges begraben, wo Ahouna ehemals eine glückliche Zeit verlebt hatte.

Die im Titel enthaltene Rezeptions-Vorgabe des nicht enden-wollenden Unglücks (im Bild der »*endlosen Falle*«) wird bereits im ersten, scheinbar noch glücklichen Teil des Lebens Ahounas eingelöst: die erste Katastrophe, welche Ahounas Familie trifft, ist ein schreckliches Viehsterben, es folgt eine Heuschreckenplage und schließlich das von der Kolonialmacht (die freilich auch wie eine Naturgegebenheit in Erscheinung tritt) bewirkte Unglück: Ahounas Vater wird zur Zwangsarbeit im Steinbruch gepreßt, obgleich er am Ersten Weltkrieg auf französischer Seite teilgenommen hatte. Die ihm öffentlich zugefügte Schmach überlebt er nicht und begeht Selbstmord. Das Kind Ahouna sieht diese Szene in ohnmächtiger Wut und Hilflosigkeit. Bis zu seinem Tod auf dem Scheiterhaufen setzt sich die Serie unerklärlicher Unglücksfälle fort. Die Erfahrung und literarische Verarbeitung des nicht enden wollenden Unglücks geschieht auf drei bildlichen und kategorialen Ebenen: in Anklängen und Verweisen auf die Bibel; in Begriffen der Existentialphilosophie SARTRES und vor allem CAMUS'; in afrikanischen Bildern und Gleichnissen, wie in jener Geschichte von der nicht tot zu kriegenden Kröte, die der Autor als eine dahomeyische Geschichte aus dem 11. Jh. erzählt.

Unvereinbar erscheinen afrikanische Lebensweise und der Einbruch der europäischen Zivilisation: Kommt nicht Ahounas ganzes Elend daher, daß seine Schwester mit einem Weißen zusammengelebt und von ihm Kinder geboren hat? In einer Parallel-Episode zur Hauptgeschichte, der Erzählung vom Dieb Affognon, dessen Selbstmord mit großer Umständlichkeit beschrieben wird, heißt es: »*Die schwarze Rasse erscheint als das grausamste und beunruhigendste Rätsel, das sich der weiße Mann vorstellen kann, eine [...] Rasse, welche die Natur ständig der europäischen Logik entgegenstellt.*« Die interpretatorisch somit vom Autor vorgegebene »*Absurdität*« läge demnach vor allem im Nicht-Verstehen einer Kultur durch die andere. So lebt auch der Roman von dem spannungsreichen Widerspruch zwischen dem »*mysteriösen*« Afrika auf der einen Seite und den anhand europäischer philosophischer Kategorien gegebenen (vergleichen) Erklärungen auf der anderen. Der Roman irritiert europäische Lesererwartungen, spielt mit ihnen, ist aber gerade in seiner »*proteischen Vielfalt*« (W. Soyinka) viel »*afrikanischer*« als manches andere Werk der neueren afrikanischen Literaturen. J.R.

AUSGABEN: Paris 1960. – Paris 1978.

LITERATUR: G. G. Pigeon, *Le thème de la fatalité dans le roman d'O. B.-Q. »Un piège sans fin«* (in Présence Francophone, 1973, Nr. 7, S. 54–59). – F. Salien, Art *O. B.-Q.* (in *Dictionnaire des Œuvres Littéraires Négro-Africaines de Langue Française*, Hg. A. Kom, Sherbrooke-Paris 1983, S. 601–604).

CHAJIM NACHMAN BIALIK

* 9.1.1873 Rady / Ukraine
† 4.7.1934 Wien

LITERATUR ZUM AUTOR:
P. Lachower, *Bialik-Chajaw wijtsirotaw*, 3 Bde., Jerusalem 1934. – E. Simon, *Ch. N. B. Eine Einführung in sein Leben und Werk*, Bln. 1935. – F. Efros, *Ch. N. B.*, NY 1940. – M. Duwschani, *Das Werk B.s*, Tel Aviv ²1957 [hebr.]. – E. Spicehandler, Art. *Hayyim Nahman Bialik* (in EJ², 4, Sp. 795–803). – H. Barzel, *Meshorerei B'sorah*, Tel Aviv 1983. – Y. Bahat, *Bein Lashon le-Sifrut*, Tel Aviv 1984. – D. Miron, *Imagination and Myth in B.'s Poetry* (in ha-Sifrūt, 1984, Nr. 33; hebr.).

BE-IR HA-HAREGA

(hebr.; *In der Stadt des Würgens*). Dichtung von Chajim Nachman BIALIK, verfaßt 1903 nach einem Pogrom in Kischinew. Die Eindrücke, die der Verfasser als Mitglied einer Untersuchungskommission am Tatort empfing, veranlaßten ihn dazu, seinen Gefühlen zunächst in dem kurzen Gedicht *Al ha-schechita (Über das Schlachten)* und dann in der Dichtung *Be-ir ha-harega* Ausdruck zu geben. – Gott spricht den Dichter – wie den Propheten Ezechiel – mit »Menschensohn« an, schickt ihn überall in der Stadt umher, zeigt ihm schonungslos, was geschehen ist, und läßt ihm die Wahl, entweder ein Strafprediger oder ein Einsiedler in der Wüste zu werden: »*Und ich selber, ich fahre nächstens hinab in die Gräber, / Blick' auf die Opfer und trage selbst heimlich Schändung. / ... Kehrst du aber zum Volke zurück, nicht leer sollst du kommen. / Nimm meines Vorwurfs Geißel mit dir und triff ihren Scheitel ...*« – Wegen der strengen russischen Zensur durften die Kischinewer Vorkommnisse nicht erwähnt werden; deshalb sollte der Untertitel *Massa Nemirow (Zornrede über Nemirow)* den Eindruck erwecken, die Dichtung beziehe sich auf die Kosakenpogrome von 1648, bei denen allein in Nemirow 6000 Juden ums Leben kamen, während die Zahl der Opfer in Koschinew »nur« 50 betrug. Der Zorn des Dichters über die Wehrlosigkeit der Überfallenen trug mit dazu bei, daß bald darauf im zaristischen Rußland die geheime jüdische Selbstwehr *(Hagana)* entstand. P.N.

AUSGABEN: 1903 (in ha-Schiloach). – Bln. 1923 (in *GW*, 4 Bde.).

ÜBERSETZUNGEN: *Das Schlachten*, C. Weinberg (in *Gedichte*, Bd. 1, Bln. 1920). – *In der Stadt des Schächtens*, L. Strauß (in *Gedichte*, Bd. 2, Bln. 1921). – *In der Stadt d. Würgens*, E. Müller (in *Ausgew. Gedichte*, Lpzg./Wien ³1935, S. 157–163).

LITERATUR: M. Madoff, *»B'ir Ha-Harégāh« – »In the City of Slaughter« : Sources of Rhetorical Tension in A. M. Klein's »Hitleriad«* (in *Translation in Canadian Literature*, Hg. C. R. La Brossière, Ottawa 1983, S. 83–100).

SAFÍACH

(hebr.; *Der Spätling*, auch: *Spätlese*). Autobiographische Kindheitserzählung von Chajim Nachman

Bialik, erschienen 1912 (Einzelabschnitte), 1919 (vollständige Fassung). – Das in fünfzehn Kapitel gegliederte Erzählwerk ist eine der wenigen belletristischen Prosaschöpfungen des in der Ukraine geborenen und von 1924 ab in Palästina lebenden Lyrikers. Doch ist auch *Safiach* nur der Form nach ein Prosawerk. »*Dem Stil nach sowie nach der Intensität der zum Ausdruck kommenden Gefühle ist die Erzählung ein einziges großes Gedicht, einzigartig an Schönheit, Bilderreichtum, Tiefe und Unergründlichkeit*« (M. Duwschani). Früh verlor der »Spätling« seinen Vater und wurde im Hause des alten Großvaters erzogen, der ihn nicht verstand: »*Zart, klein und mir selbst überlassen war ich. Konnte die Dinge nicht beim Namen nennen und es gab keinen, der mich da führte und belehrte. (...) Wie ein verwaistes Küken hüpfte ich einsam um mein Nest herum.*« Als eine Art Kompensation war er mit einer künstlerischen Seele begabt und mit der, ihn von der Gemeinschaft ausschließenden Fähigkeit, »*das Verborgene im Offenbaren*« zu sehen in einem intuitiven Begreifen, wie es ihm als Erwachsener später niemals mehr in diesem Maß beschieden sein sollte. In einem symbolischen Kindheitstraum gleich im ersten Kapitel der Erzählung trottet der kleine Bialik auf einer unendlich langen, staubigen Landstraße hinter den von einem Jahrmarkt zurückkehrenden Handelskarawanen einher. Plötzlich wird er zu seiner Rechten einer Wiese ansichtig, hinter der sich, nur von ihm allein erkannt, eine »*andere Welt*« verbirgt, eine Welt des Glanzes und der Sorglosigkeit. Der Junge folgt zwar weiterhin den Karawanen, gewahrt aber jenseits der Wiese eine einsam am Ufer eines Bächleins sitzende Gestalt, die ihm den Rücken zukehrt. »*Wer war die wundersame Gestalt? Kannte ich sie denn nicht? War sie denn nicht ich selbst? Und trotzdem blieb ich im Schlepptau der Karawanen...*« Dieser Traum mag übrigens den Schlüssel zum Verständnis der viel diskutierten Tatsache liefern, daß Bialik etwa seit 1908 kaum mehr Gedichte verfaßte: Während für den jungen Bialik der bloße Anblick seines zweiten Ichs (d. h. seiner Muse) noch ein atemberaubendes Erlebnis war, begann der zur Selbstkritik veranlagte Dichter allmählich an seiner lyrischen Begabung zu zweifeln, was bei dem erst Fünfunddreißigjährigen schließlich zum fast gänzlichen Verstummen führte. – Im übrigen enthält *Safiach* glänzend geschriebene Erinnerungen an Haus und Schule, Eltern, Erzieher und Spielgefährten sowie eine anschauliche Darstellung des Lebens in einem kleinen ukrainischen Dorf. L.Pr.

AUSGABEN: Odessa 1919. – Jerusalem 1955.

ÜBERSETZUNG: *Mein Daumen u. die Welträtsel. Ein Kapitel aus der Jugendgeschichte des Nachkömmlings*, E. Bin Gorion (in *Der Mandelstab. Jüdische Geschichten aus drei Jahrtausenden*, Hg. ders., Olten/Freiburg i. B. 1963, S. 228 ff.; Ausz.).

LITERATUR: C. N. Bialik, *Al J. L. Gordon*, Tel Aviv 1934, S. 159–167.

MIRON BIAŁOSZEWSKI

* 30.6.1922 Warschau
† 17.6.1983 Warschau

LITERATUR ZUM AUTOR:
A. Sandauer, *Poezja rupieci* (in A. S., *Liryka i logika*, Warschau 1971). – M. Głowiński, *Małe narracje M. B.* (in M. G., *Gry powieściowe*, Warschau 1973). – S. Barańczak, *Język poetycki M. B.*, Breslau 1974. – K. Wyka, *Na odpust poezji*, (in K. W., *Rzecz wyobraźni*, Warschau ²1977). – M. Fleischer, *Die polnische Lyrik von 1945–1985*, Essen 1986. – Z. Taranienko, *Szacunek dla każdego drobiazgu, Rozmowa z M. B.* (in Z. T., *Rozmowy z pisarzami*, Warschau 1986, S. 397–424). – M. Lubelska, *M. B.* (*in Autorzy naszych lektur*, Hg. W. Maciąg, Breslau u. a. ⁴1987, S. 140–157). – L. Soliński, *W cztery lata po śmierci B. (Dając do druku pisaninę Mirona)* (in Poezja, 1987, Nr. 9, S. 77–80).

DAS LYRISCHE WERK (poln.) von Miron BIAŁOSZEWSKI.
Der polnische Lyriker und Prosaautor gehört zur sog. »Generation '56«, einer literarischen Bewegung, deren Programm eine unmittelbare Reaktion auf den sozialistischen Realismus (1949–1956) war. Das Bedürfnis, der Eindimensionalität und dem Dogmatismus der »offiziellen« Literatur entgegenzutreten, brachte eine große Debütwelle mit sich. Die Vielfalt der neuen Lyrik reichte vom Klassizismus (RYMKIEWICZ, SITO), über den Turpismus (bewußt »häßliche« Texte – GROCHOWIAK, IREDYŃSKI) und die sog. »Poesie der freien Imagination« (HARASYMOWICZ, CZYCZ) bis zur avangardistischen Strömung (KARPOWICZ), der auch Białoszewski zuzurechnen ist.
Białoszewski und Karpowicz, deren Poetiken und Lyrik-Programme sich ziemlich deutlich voneinander unterscheiden, gehören der Strömung der sog. »linguistischen« Poesie an, einer der interessantesten und schwierigsten Erscheinungen in der modernen polnischen Lyrik, die anderswo keine Entsprechung findet. Ihr wichtigstes Theorem ist die Betrachtung der Sprache als Gegenstand der Literatur. Białoszewski vertrat die Meinung, daß die Sprache zur Kodierung der Informationen diene und aufweisbare Regeln ihrer inneren Organisation besitze. Sie habe ihre eigene Dynamik und ihr Eigenleben, das, ähnlich wie eine Geschichte aus der außersprachlichen Wirklichkeit auch »erzählt« werden könne. Mehr noch: Was in und mit der Sprache geschehe, sei ein Ausdruck dessen, was mit der Gesellschaft, in der sie funktioniere und die sie hervorgebracht habe, passiere. Die Transparenz der Sprache müsse so weit wie möglich verringert werden, die sprachliche Organisation des Textes solle so dicht, unüberschaubar und undurchdringbar sein, daß sie auf sich selbst hinweise, sie solle gleichzeitig zum Ausdruck und zum Inhalt des Textes werden.

Białoszewski debütierte im Jahre 1956 mit dem Band *Obroty rzeczy (Die Drehungen der Dinge)*, in dem von dieser Konzeption allerdings noch wenig zu spüren ist. Es zeichnet sich aber schon die Thematik ab, die sein gesamtes späteres Werk beherrscht: »der einfache Mensch« und die Welt, in der er lebt, die alltäglichen Situationen und Gegenstände. Es ist ein Stadtmensch, der die neu entstehenden Betonsiedlungen der Vorstadt bewohnt, es sind Miniaturszenen aus seinem Leben: Einkäufe, Gespräche mit den Nachbarn im Treppenhaus und auf der Straße, zufällig aufgegriffene Wort und Dialogfetzen. Bereits der Titel einzelner Gedichte deuten auf deren Inhalt hin: *Zadumanie o sieni kamienicznej (Das Nachsinnen über den Hausflur), O obrotach rzeczy (Über die Drehungen der Dinge), Podłogo, błogosław (O Fußboden, segne), Sztuki piękne mojego pokoju (Die Schönen Künste meines Zimmers), Ballada o zejściu do sklepu (Die Ballade vom Hinuntergehen in den Laden)*.

Erst seit seinem zweiten Gedichtband (*Rachunek zachciankowy*, 1959 – *Krähwinklige Rechnung*) wendet sich Białoszewski der Sprache dieser Vorstadtmenschen zu und unterzieht sie einer enthüllenden Analyse. Auch in den darauffolgenden Gedichtbänden – *Mylne wzruszenia*, 1961 *(Falsche Gemütsbewegungen)* und *Było i było*, 1965 *(Es war und war)* – entwickelt Białoszewski seine sprachkritische Poetik weiter. Die erwähnten Themen werden nun durch die Analyse der auf der Straße und in den Wohnungen gesprochenen Sprache unmittelbar gezeigt. Den Schwerpunkt vom Białoszewskis Lyrik bildet von nun an die Analyse der Störungen im alltäglichen Kommunikationsprozeß. Die Vieldeutigkeit der Wörter tritt in den Vordergrund; in konventionell eingeschliffenen Wortverbindungen, in sprachlichen Klischees und Phrasen, deren Bedeutung und Aufbau sich kaum jemand bewußt macht, werden die Mechanismen der Verfälschung aufgespürt. Durch die Analyse der Sprache zeigt Białoszewski einerseits, welche Möglichkeiten der Verfälschung in ihr selbst liegen, und andererseits, welche Formen des »falschen« Funktionierens der Gesellschaft sich darin widerspiegeln. Die Grundtendenz dieser Lyrik läßt sich als Versuch definieren, eine Aussage weniger durch die Sprache zu machen als diese in der Sprache selbst in Erscheinung treten zu lassen. Die grammatische Beschaffenheit des Wortes ist daher nicht das Instrument der Mitteilung, sondern die Mitteilung selbst ist ein Zweck für sich. »*Also ein Sprach-Laborant. Seine Experimente mit der historischen Grammatik, seine phonetischen Stammeleien und schrulligen Wortverrenkungen sind kaum übersetzbar. Man kann sie erahnen, wenn man den russischen Futurismus und französischen Existenzialismus für die Eltern hält, angesiedelt in einer Warschauer Vorstadtwohnung mit Blick auf den Hinterhof, voller seltsamer Winkel und Klamotten.*« (S. Kryska) Inmitten dieser Vorstadt-Landschaft läßt die Warschauer Białoszewski die Stationen seines Lebens Revue passieren: »*Schon steige ich / die erste Leiter / meines Lebens / Jede Sprosse / singt das Heilslied / meiner Geburt / Die vier Etagen / sind meine Evangelien / gestapelt / im riesigen / Holzfach / eines wundersamen Schranks / eines Morgenddämmerschranks / des allerschönsten Schranks / wo rund um mich / so viele Leute wohnen …*« (*Lebenslauf*).

M.F.-KLL

AUSGABEN: *Obroty rzeczy*, Warschau 1956. – *Rachunek zachciankowy*, Warschau 1959. – *Mylne wzruszenia*, Warschau 1961. – *Było i było*, Warschau 1965. – *Wiersze*, Warschau 1976. – *Odczepić się*, Warschau 1978. – *Trzydzieści lat wierszy*, Warschau 1982.

ÜBERSETZUNGEN: (in Anthologien): *Lektion der Stille. Neue polnische Lyrik*, K. Dedecius, Mchn. 1959. – *Polnische Poesie des 20. Jahrhunderts*, ders., Mchn. 1964. – *Neue polnische Lyrik*, ders., Darmstadt, 1965. – *Nach der Sintflut. Eine Auslese neuer polnischer Lyrik*, ders., Mchn. 1968. – *Polonaise erotique. Thema mit Variationen für männliche und weibliche Stimmen*, ders., Ffm. 1968. – *Polnische Lyrik der Gegenwart*, ders., Stg. 1973. – *Polnische Lyrik aus fünf Jahrzehnten*, Hg. H. Bereska u. H. Olschowsky, Bln./DDR 1975.

LITERATUR: Cz. Milosz, *Dar nieprzyzwyczajenia* (in Kultura, 1956, Nr. 10). – S. Dan-Bruzda, *O »Obrotach rzeczy« M. B.* (in Pamiętnik Literacki, 1961, H. 4). – J. Sławiński, *M. B. – Ballada od rymu* (in *Liryka polska. Interpretacje*, Hg. J. Sławiński u. J. Prokop, Krakau 1966). – Ders., *B. – sukces wycofania się* (in M. B., *Wiersze*, Warschau 1976). – T. Sobolewski, *O M. B.* (in Tygodnik Powszechny, 1983, Nr. 29).

JOSÉ BIANCO

* 21.11.1909 Buenos Aires

LAS RATAS

(span.; *Die Ratten*). Roman von José BIANCO (Argentinien), erschienen 1943. – Der Verfasser dieses Romans gehört zu einer Gruppe argentinischer Erzähler, die unter dem Einfluß von Jorge Luis BORGES (1899–1986) und Eduardo MALLEA (1903 bis 1982) bestrebt ist, durch Einbeziehung der Psychoanalyse dem von Henry JAMES (1843–1916) zur höchsten Vollendung entwickelten »psychologischen Realismus« neue Bereiche des Seelenlebens und eine neue Darstellungstechnik zu erschließen. Borges hatte allerdings bereits 1940 im Vorwort zu *La invención de Morel (Morels Erfindung)* von A. BIOY CASARES dessen Literatur der »*vernunftgerechten Phantasie*« den Vorzug gegenüber der zur Formlosigkeit tendierenden »*Umschreibung der Realität*« des psychologischen Realismus gegeben.

Geschrieben als endloser Monolog, enthält Biancos Roman die Selbstbekenntnisse Delfín Heredias, eines in sich gekehrten, psychisch labilen jungen Mannes, der mit selbstquälerischer Akribie seine Gefühle analysiert und die Ursachen und Antriebe seines Tuns aufzudecken sucht. Dabei treten die Ereignisse und Personen, um die es geht, nur indirekt und andeutungsweise und nur in dem Maße hervor, als die erinnernde Reflexion des Protagonisten sie berührt. Die Personen sind Delfíns Vater, Antonio Heredia, und seine Mutter, eine zurückhaltende, schweigsame Frau, sein Halbbruder Julio und seine Tante Isabel, die ebenso wie die junge Witwe Cecilia bei den Heredias wohnt und die Familie finanziell unterstützt. Die Fassade bürgerlicher Wohlanständigkeit, deren friedvolle Atmosphäre eines freundlichen Gewährenlassens durch keinen Streit, keine lauten Auseinandersetzungen gestört wird, verdeckt freilich häßliche Leidenschaften und beschämende Verfehlungen. Der ehrenwerte Hausherr, ein Mitglied des Magistrats, betrügt seine Frau, deren Beziehungen zu Julio, ihrem Stiefsohn, verdächtig erscheinen, während es andererseits so aussieht, als habe Julio ein Verhältnis mit Cecilia, von der gesagt wird, sie besitze das Aussehen jener Frauen, »*denen die Männer die Rechnungen bezahlen*«. Die Beobachtung dieser Verwirrungen und Verstrickungen treiben Delfín Heredia schließlich dazu, seinen Halbbruder zu vergiften. Die Rechtfertigung dieses Mordes, der von der Umgebung nicht als solcher erkannt, sondern als Selbstmord gedeutet wird, durch die Schilderung der Motive sowie der Vorbereitung und Ausführung des Verbrechens, bildet den eigentlichen Inhalt des Romans.

Der Titel mag als eine Anspielung auf die lichtscheuen Bereiche der Leidenschaft und Begierde verstanden werden, der schamlosen Wünsche und krankhaften Vorstellungen, die sich durch bewußte oder unbewußte Verdrängung der Analyse entziehen und aus denen Delfín nur durch eine Verzweiflungstat auszubrechen vermag. So gestaltet Bianco hier das Drama der Vereinsamung, des Mißtrauens und der Kontaktlosigkeit; die Ereignisse vollziehen sich im seelischen Halbdunkel des Bekennenden, dessen gleichsam flüsternd geführtes Selbstgespräch nur leise nach außen dringt. A.F.R.

AUSGABEN: Buenos Aires 1943. – Buenos Aires 1973. – Buenos Aires 1981.

LITERATUR: *Historia de la literatura argentina*, Hg. R. A. Arrieta, Bd. 5, Buenos Aires 1959. – *Diccionario de la literatura latinoamericana. Argentina*, Bd. 1, Washington 1960. – J. Beverly Gibbs, *Spatial Treatment in the Contemporary Novel of Argentina*, (in Hispania, 45, 1962, S. 410–414). – G. Yúdice, *Decaracterización y desconstrucción en »Las ratas« de J. B.* (in *William Plomer, Turbott Wolfe*, Hg. S. Gray, Johannesburg 1980, S. 150–161). – A. Gai, *Lo fantástico y su sombra : doble lectura de un texto de J. B.* (in Hispamérica, 12, 1983, Nr. 34/35, S. 35–50).

BIBBIENA

d.i. Bernardo Dovizi
* 4.8.1470 Bibbiena
† 9.11.1520 Rom

LA CALANDRIA

(ital.; *Die [Komödie] des Calandro*), auch *La Calandra*. Prosakomödie in fünf Akten von BIBBIENA, Uraufführung 6. 2. 1513 am Hof von Urbino. – Die *Calandria* ist eine Wiederaufnahme des Zwillingsmotivs, das der PLAUTUS-Komödie *Menaechmi (Die Zwillinge)* zugrunde liegt, wobei in der *Calandria* zum ersten Mal Zwillinge verschiedenen Geschlechts auftreten. Die Zwillinge Santilla und Lidio, die in ihrer Kindheit getrennt wurden, sind beide nach Rom gelangt, ohne daß einer von der Anwesenheit des anderen weiß. Aus unterschiedlichen Motiven nimmt jeder die Identität seines Zwillings an: Santilla, um der beengten Situation des alleinstehenden Mädchens zu entgehen, Lidio, um – als Freundin getarnt – leichter Zugang zum Haus der jungen Fulvia zu erlangen, deren tölpelhafter Mann Calandro sich auch prompt in die hübsche »Freundin« seiner Frau verliebt.

Zu Beginn der Komödie spitzt sich die Situation zu, und der Geschlechterwechsel droht aufzufliegen, weil Santillas Gastgeber den vermeintlichen Jüngling mit seiner Tochter verheiraten möchte, und Fulvia in Panik gerät, da Lidio Rom verlassen will, um seine Schwester zu suchen. Lidios Diener Fessenio, der sich im Interesse seines Herrn auch bei Calandro verdingt hat, verspricht diesem ein Rendezvous mit der vermeintlichen Santilla (d. h. dem als Frau verkleideten Lidio), das aber immer wieder vereitelt wird. Inzwischen hat Fulvias Dienerin Samia bereits die als Mann verkleidete Santilla auf der Straße angesprochen und zu Fulvia gebeten, in der Annahme, es handle sich um Lidio. Samia kann Santillas abweisende Haltung nur als erkaltete Liebe erklären, worauf sich die »verlassene« Fulvia in ihrer Verzweiflung an den Zauberer Ruffo wendet, der mit Hilfe der Magie den treulosen Geliebten wieder »in Frauengestalt« zurückholen soll. Da die echte Santilla inzwischen erkannt hat, daß sie durch diese ihr unerklärliche Verwechslung Zeit gewinnen kann, willigt sie in das von Ruffo arrangierte Treffen mit Fulvia ein; diese muß dabei aber zu ihrem Schrecken feststellen, daß der Zauberer ihre Bitte, der Geliebte möge wie immer »in Frauengestalt« erscheinen, zu wörtlich genommen hat: die ihr zugeführte Person in Frauenkleidern sieht zwar genau wie Lidio aus, ist aber tatsächlich eine Frau. Auf Fulvias Protest hin unternimmt der Zauberer einen zweiten Versuch, der erfolgreicher verläuft, da nun wieder der wirkliche Lidio in Frauenkleidern herbeigeeilt ist. Doch diesmal werden die beiden Liebenden von den Brüdern des gehörnten Ehemanns überrascht, die das Paar einsperren, um Fulvia der Untreue zu überführen. Inzwischen haben jedoch die Diener der Zwillinge die Ursache der Verwirrung erkannt und kommen dem bedrängten Lidio zu Hilfe; ein Fenster ermöglicht den letzten Rollentausch der Zwillinge, und so müssen die »Verleumder« schließlich Fulvias Unschuld bekennen. Damit sind die Geschwister wieder vereint, und das Gleichgewicht ist hergestellt: Fulvia verspricht Santilla ihren Sohn, während Lidio die Tochter von Santillas Gastgeber zur Frau nimmt.

Der Autor, kein Literat, sondern ein Diplomat im Dienste der Familie Medici, hat außer dieser Komödie kein literarisches Werk hinterlassen. Er wurde kurz nach der Uraufführung der *Calandria* von dem gerade (auf sein Betreiben hin) gewählten Papst Leo X. (der ein Mitglied der Familie Medici war) zum Kardinal ernannt, obgleich er kein geweihter Priester war. Die Aufführung in Urbino im Rahmen eines höfischen Festes wurde zu einem Meilenstein in der europäischen Theatergeschichte und der Text zu einem der erfolgreichsten Stücke seiner Zeit, das die nachfolgenden Autoren inspirierte. Im Unterschied zu Ludovico ARIOSTO (1474–1533), der bei seiner *Cassaria*, 1508 *(Die Kastenkomödie)*, der ersten volkssprachlichen Komödie der Neuzeit, ganz der antiken Tradition verhaftet blieb, gelang es Bibbiena, ein zukunftsträchtiges neues Modell für die Komödie zu schaffen, indem er den »Mechanismus« der Plautus-Komödie übernahm, ja ihn verbesserte (F. Ruffini) und gleichzeitig seinen Text durch sprachliche und inhaltliche Entlehnungen aus BOCCACCIOS *Decamerone* wirklichkeitsnäher gestaltete. Dabei besitzt die *Calandria* weit weniger Lokalkolorit als die etwa gleichzeitig entstandenen Komödien von Ariosto, MACHIAVELLI (1469–1527) und RUZZANTE (1502 bis 1542), die alle eine mehr oder weniger stark gefärbte Sprache verwenden, während Bibbiena einen überregionalen, lockeren höfischen Konversationsstil wählt. Die unverhüllte Sinnlichkeit des Stücks, seine Unmoral und die Doppeldeutigkeit der Sprache wurden unterschiedlich interpretiert. Einmal verstand man sie als Niederschlag des hedonistischen Lebensgefühls der Renaissance (L. Russo u. a.), dann wieder als Umsetzung neuplatonischen Gedankenguts; damit wird das Stück (vor allem mit den ursprünglich dazugehörigen Intermezzi) zu einer Darstellung des Kampfes zwischen Gut und Böse, zwischen hoher Liebe und niedriger Sinnlichkeit, wobei das höchste Ideal in der Vereinigung der Gegensätze besteht: So trägt der dumme, geile Calandro, den Ruffini als ironisches Selbstporträt des Autors interpretiert, den Namen der »Calandra« (»Kalenderlerche«), eines Vogels also, der in den zeitgenössischen Tierbüchern der Inbegriff der Tugend ist. Aus dieser Sicht werden die Zwillinge in ihrem Geschlechtswechsel zur Inkarnation des Hermaphroditen, der in der neuplatonischen Philosophie als Idealmensch galt, da er Mann und Frau zugleich ist (F. Ruffini, G. Ferroni). Eine weitere umstrittene Frage ist die Autorschaft der Prologe der *Calandria*. Einer Angabe CASTIGLIONES zufolge (er führte die Regie bei der Uraufführung) war Bibbienas Prolog nicht rechtzeitig in Urbino eingetroffen, so daß Castiglione selbst einen Text verfassen mußte; daher wurde immer der in der postum erschienenen Erstausgabe abgedruckte Prolog, der eine selbstbewußte Haltung gegenüber den antiken Autoren zeigt, Castiglione zugeschrieben, während ein zweiter Prolog, ein erst 1875 entdecktes Autograph von Bibbiena, als der ursprünglich geplante, verspätet eingetroffene Prolog zur *Calandria* angesehen wurde. In jüngster Zeit konnte jedoch recht überzeugend Bibbienas Autorschaft an dem ersten Prolog nachgewiesen werden (G. Padoan, F. Ruffini), während der zweite Prolog (mit dem Traummotiv) als beliebig verwendbares Versatzstück eingestuft wird, das Bibbiena auf Vorrat verfaßt hat. K.Hr.

AUSGABEN: Siena 1521 *(Commedia elegantissima improsa nuovamente composta per Mess. Bernardo da Bibbiena, intitulata Calandria)*. – Venedig 1522 u. ö. – Bari 1912 (in *Commedie del cinquecento*, Hg. I. Sanesi; krit.). – Florenz 1947 (in Biblioteca del Leonardo: *Commedie fiorentine*, Hg. L. Russo; krit.). – Turin 1967, Hg. P. Fossati. – Bibbiena 1970, Hg. G. Padoan (krit. m. Bibliogr.; ern. Padua 1985).

ÜBERSETZUNG: *Die Calandria*, P. Seliger, Lpzg. 1903.

LITERATUR: B. Croce, *»La Calandria«* (in La Critica, 28, 1930). – L. Russo, *»La Calandria« del B.* (in L. R., *Commedie fiorentine del Cinquecento*, Florenz 1939, S. 141–196; mit Textausg.). – G. L. Moncallero, *Il cardinale Bernardo Dovizi da Bibbiena umanista e diplomatico (1470–1520)*, Florenz 1953, S. 521–619. – A. Fontes-Baratto, *Les fêtes à Urbin en 1513 et la »Calandria« de Bernardo Dovizi da Bibbiena* (in *Les écrivains et le pouvoir en Italie à l'époque de la Renaissance*, Paris 1974, S. 45–79). – M. Baratto, *La commedia del Cinquecento*, Vicenza 1975, S. 92–105; ²1977. – R. Alonge, *Struttura e ideologia nel teatro italiano fra '500 e '900*, Turin 1978, S. 9–31. – G. Ferroni, *Il testo e la scena. Saggi sul teatro del Cinquecento*, Rom 1980, S. 43ff., bes. 85–98. – F. Ruffini, *Commedia e festa nel Rinascimento. La »Calandria« alla corte di Urbino*, Bologna 1986 [m. Bibliogr.].

PETER BICHSEL

* 24.3.1935 Luzern

LITERATUR ZUM AUTOR:
H. F. Schafroth, *P. B.* (in KLG, 5. Nlg., 1980). – *P. B.: Auskunft für den Leser*, Hg. H. Hoven,

Darmstadt/Neuwied 1984. – H. Bänziger, *Über P. B.*, Bern 1984.

EIGENTLICH MÖCHTE FRAU BLUM DEN MILCHMANN KENNENLERNEN

Erzählband von Peter BICHSEL, erschienen 1964. – Der Umfang dieses in einer limitierten, bibliophilen Erstauflage erschienenen Sammelbandes von *»21 Geschichten«*, viele nicht länger als eine Druckseite, und die Aufmerksamkeit, die der junge Schweizer Autor Bichsel 1964 damit auf sich ziehen konnte, markieren ein ganz singuläres Ereignis in der deutschsprachigen Nachkriegsliteratur: Eine seltene Einstimmigkeit unter den Rezensenten, die den Debütanten in Zusammenhang brachten mit zwei Klassikern kleiner Prosaformen, Johann Peter HEBEL und Robert WALSER nämlich, und ein fulminanter Erfolg bei den Lesern machten Peter Bichsel schnell zu einem der wichtigsten Vertreter der deutschsprachigen Kurzgeschichte, ablesbar auch an den vielen Nachdrucken seiner Geschichten in kanonbildenden Anthologien und Lehrwerken. Diesen Ruf verfestigten auch die weiteren Kurzprosa-Bände *(Kindergeschichten,* 1969; *Der Busant,* 1985), wohingegen Bichsels bisher einziger Roman, *Die Jahreszeiten* (1967), mit seiner eher mißlungenen Form den Rezensenten ein Beweis mehr war, in diesem Autor vorrangig einen *»Meister der kleinen Form«* zu sehen.

Aus heutiger Sicht wirkt der Erfolg der überaus lakonischen Geschichten aus *Eigentlich möchte Frau Blum den Milchmann kennenlernen* eher unverständlich, da diese Art, als *»aufmerksamer Beobachter ohne Neugier (...) die Bereiche des Gewöhnlichen, den Alltag der kleinen Leute«* (W. Werth) zu durchforschen, manche Nachfolger gefunden hat und mittlerweile vertraut ist. Bei seinem Erscheinen hingegen stellte der Band eher ein irritierendes Novum dar: Da wurden Geschichten präsentiert, die mit einer beinahe lyrischen Knappheit an Sätzen und Wörtern auskommen, um einen scheinbar episch unergiebigen Alltagsausschnitt oder Dialogfetzen sachlich kühl festzuhalten. Doch quasi als Gegenbewegung zu dieser Reduktion weiten sich die beschriebenen Augenblicksmomente zu für die Biographie der erzählten Figuren ganz typischen Existenzmustern aus: Die Geschichten zeigen Situationen, in denen Bilanz gezogen wird über ein Leben, meist ist das Ergebnis ein Defizit. Wenn etwa in der Titelgeschichte von Frau Blums Wunsch erzählt wird, einmal wenigstens nur ihren Milchmann, der ihr täglich um vier Uhr morgens die Milch bringt, kennenzulernen, um mit ihm in näheren Kontakt zu kommen, als ihn die kleinen beschriebenen Zettel ermöglichen, auf denen die Abrechnung der gelieferten Ware erfolgt, dann stellt diese – vielleicht lebenslang – verhinderte Begegnung eine Grunderfahrung dar: den beschwerlichen, wenn nicht gar unmöglichen Versuch, aus einer existentiellen Einsamkeit in Kommunikation mit einem anderen Individuum zu treten.

Die Bilanzen, die hier gezogen werden, schließen meist auch das Eingeständnis ein, einen Lebensplan oder -wunsch nicht erfüllt zu haben. So etwa in der Geschichte *San Salvator,* wo ein Ehemann mit einer eben gekauften Füllfeder Schriftproben macht und ganz unbewußt seinem Lebenstraum Ausdruck gibt. »›*Mir ist hier zu kalt, (...) ich gehe nach Südamerika.*‹« Doch noch während er über die Konsequenzen, die Reaktionen seiner Frau nachdenkt, kommt diese nach Hause, und das Alltagsleben setzt sich fort. Die Geschichte *Die Löwen* beginnt mit dem Satz: »*Auch der Großvater wollte Dompteur werden, um all die zu ärgern, die ihm nichts zutrauten, um alle zu ärgern.*« Dieser Satz verrät viel über Bichsels Verhältnis zu seinen Figuren: Es ist ein distanziertes Mitleiden. Das ganz unspektakuläre Scheitern der Figuren liegt ja auch in ihren eigenen überzogenen Vorstellungen begründet, aber Bichsel hat, bei aller vorsichtigen Distanz, viel Mitgefühl für solche Donquijoterien, die ja, oft verschütteter, Bestandteil jedes Lebens sind.

Es ist vor allem aber auch die Sprache Bichsels, die die erstaunliche Wirkung dieser »Minimal-Geschichten« ausmacht: Sie weist dieselbe Reduktion und Kargheit auf wie das Erzählte selbst, sie vergegenwärtigt die existenzbedrohende Sprachunfähigkeit seiner Figuren. So wie die Figuren vereinsamt nebeneinander her leben, ohne echte Beziehung, so stehen die einzelnen Sätze ohne Überleitung, ohne sofort ersichtlichen Kausalzusammenhang gegeneinander, so in *Sein Abend,* der Geschichte zweier einander entfremdeter Eheleute: »›*Ich möchte, daß du von nun an ein Haushaltsbuch führst*‹*, sagte er. Die Frau wußte, daß ihm sein Vorgesetzter Bühlmann verhaßt war.*« Gleichlautende Reihungen und Satzwiederholungen – oft werden die Anfangssätze der Geschichten nur leicht variiert am Ende wiederholt –, zeichnen auch sprachlich einen *Circulus vitiosus,* der die beschriebenen Situationen kennzeichnet: Am Ende von *San Salvator* sitzt der Ehemann, wie schon zu Beginn des Textes, da und wartet auf seine Frau; dazwischen der leise Wunsch nach Ausbruch aus diesem Kreislauf, der aber unerfüllt bleibt. Wie die Titel der Geschichten nichts vorwegnehmen, keine Erwartungen wecken (etwa *Stockwerke, Die Männer, November, Holzwolle),* so ist auch die übrige Sprache der Texte so chiffriert, daß die Mitarbeit des Lesers unerläßlich ist, um alle Sinnzusammenhänge aufzudecken. Die Texte erklären sich an keiner Stelle selbst.

»*Diese gefrorenen Idyllen, die dennoch so herzerwärmend wirken*« (P. Hamm), sind, und darin haben sie mit der Naivität eines Robert Walser nur wenig gemein, in ihrer Verdichtung höchst bewußte Kunstprodukte, die sich nicht »*bloß auf die vorgegebene äußere Wirklichkeit (...) beziehen*« (O. F. Walter), sondern auch eine deutlich skeptische Weltdeutung in »*poetischen Miniaturen*« darstellen, womit sie gleichzeitig einen neuen Maßstab für diese Prosagattung schufen. B.S.

AUSGABEN: Olten/Freiburg i. Br. 1964. – Zürich 1965. – Stg. 1974 (in *Stockwerke. Prosa;* Ausw.).

LITERATUR: R. Michaelis, Rez. (in FAZ, 7.11. 1964). – W. Werth, *Einbruch in die Realität. Texte von P. B. und Ror Wolf* (in Der Monat, 1965, H. 197, S. 80–84). – M. Reich-Ranicki, *P. B. »Eigentlich möchte Frau Blum ... «* (in M. R. -R., *Literatur der kleinen Schritte*, Mchn. 1967, S. 90–95). – R. A. Meier, *P. B.s Kurzprosa in »Eigentlich möchte Frau Blum ... «* (in Theorie und Kritik, 1974, S. 141–148). – H. -Ch. Graf v. Nayhauss, *P. B.: »Stockwerke«, »Die Löwen«, »San Salvator«, »Die Tochter«*, Stg. 1978.

JAKOB BIDERMANN

* 1578 Ehingen bei Ulm
† 20.8.1639 Rom

CENODOXUS

(nlat.; *Cenodoxus*), Jesuitendrama in fünf Akten von Jakob BIDERMANN, Uraufführung: Augsburg 1602. – Angeregt worden war der schwäbische Theologe und Philosoph durch die Legende vom hl. Bruno von Köln, der sich – als er miterleben muß, wie sich während der Seelenmesse für einen verstorbenen akademischen Lehrmeister plötzlich die Leiche aus dem Sarg emporrichtet und in schreckliche Selbstanklagen ausbricht – zu Weltabkehr und Buße entschließt und den Kartäuserorden stiftet (1086). Bidermann verarbeitet diesen Stoff ganz selbständig, und die Figur des lasterhaften Doktors von Paris ist, wie er selbst betont, seine ureigene Schöpfung.
Dargestellt wird Leben und Sterben eines gelehrten und berühmten Professors der Medizin, den Eigensucht, Überheblichkeit und Stolz der ewigen Verdammnis preisgeben, nachdem sein Schutzengel und sein Gewissen vergeblich versucht haben, ihn zu einer Gesinnungsänderung zu bewegen. Sein Leben lang haben die auf der Bühne personifiziert auftretenden Mächte des Guten, Cenodoxophylax und Conscientia, mit den Mächten des Bösen, der Gleisnerei (Hypocrisis) und der Eigenliebe (Philautia), um seine Seele gerungen. Im letzten Akt, einer apokalyptischen Gerichtsszene, stehen sie sich noch einmal gegenüber, dazu ihre Auftraggeber – auf der einen Seite die Richter: Christus, Petrus, Paulus und der Erzengel Michael, auf der anderen die Ankläger: der Hauptteufel Panurgus und seine Gehilfen. Hinzu kommen die Zeugen: Eigenliebe und Schutzengel, der Angeklagte und der Vollstrecker – der Tod, der mit teilnahmsloser Selbstverständlichkeit seines Amtes waltet: »Bei diesem hier hat es kein Bleiben,/ Ich gehe, noch mehr aufzutreiben,/ Es gilt mir eben alles gleich,/ Hoch oder Nieder, arm und reich.« Von den spärlichen Tugenden und guten Werken weiß der Schutzengel nicht viel Positives zu berichten: »Davon ich zwar was wenig's find',/ Das aber auch dahin verschwind't,/ Denn ob er schon was Gutes tät',/ Mit Almosen und mit Gebet,/ Seh ich, das wieder austilgt sei,/ Durch Hoffahrt und durch Gleißnerei.« Daß Zuschauer und Leser bis zum Schluß noch daran glauben, daß das peinliche Verhör nur der Zerknirschung des Sünders diene und einer um so gnadenvolleren Erbarmung weichen werde, erhöht die Wirkung des unerbittlichen, die Gerechtigkeit Gottes dokumentierenden Strafgerichts: des Höllensturzes. Den »Chorus mortualis«, mit dem der himmlische Urteilsspruch eingeleitet wird, führt zum Schluß der Teufel selbst an: »*Sic transit mundi gloria!*« Die letzte Szene zeigt den Entschluß Brunos (hier diente der historische Name als Vorbild) und anderer Freunde des Doktors, Abschied von den Geschäften dieser Welt zu nehmen. Es ist überliefert, daß nach der Aufführung in München 1609 vierzehn adelige Hofbeamte, wie jene von Reue und Bußgedanken ergriffen, sich in die Einsamkeit des Klosterlebens zurückzogen.
Die Zielstrebigkeit, mit der der dramatische Vollzug auf das effektgeladene, wegen seiner folgerichtigen Geradlinigkeit ganz und gar untragisch zu nennende Ende hin angelegt ist, wirft ein Licht auf die Tendenz, die Bidermann im Auge hatte: die der religiösen und moralischen Erweckung im Sinne der Gegenreformation. – Formal steht das Werk noch stark in den Traditionen des spätmittelalterlichen Humanistendramas, obgleich seine Gliederung in fünf Akte im geistlichen Spiel des 16. Jh.s bereits eine Neuerung darstellt, und auch sein Gehalt weist bereits in die Zukunft und eröffnet das »Barocke Welttheater« gleichsam mit einem »*Fanfarenstoß für den neuen Barockgeist*« (J. Müller). Die »*Eigensucht des stoisch sich selbst behauptenden und genießenden Humanisten*« (M. Wehrli) wird hier einer scharfen Kritik unterzogen. Cenodoxus, äußerlich ein Vorbild der Tugend und Frömmigkeit, hochgelehrt und weltberühmt, in Wirklichkeit jedoch heuchlerisch, eitel und von Hochmut zerfressen, täuscht mit überheblicher Pose über die Nichtigkeit seines Charakters hinweg. Treibende Kraft auch seiner wenigen guten Taten sind Eigenliebe und Hochmut, und so ergeht denn die Anklage: »Siehst du wohl die Überheblichkeit,/ Lies tausendmal, du liesest Überheblichkeit./ Du liesest zehnmal, hundertmal und tausendmal./ Gibst du es zu?« Aber Cenodoxus will nicht erkennen, obgleich ihm die guten Mächte ständig ins Gewissen reden und er die Fähigkeit dazu hätte, denn sein Wille ist frei. Selbstverblendung, genährt von den Einflüsterungen des Teufels, versperrt ihm den Weg zu selbstverantwortlicher Entscheidung für sein Seelenheil. Der Schutzengel fleht: »Wenn er doch sähe! – Der Mensch sieht nichts .../ Fallstricke überall auf diesem Weg,/ Die, wer nicht tausend Augen hat, nicht meiden kann.« Cenodoxus geht blind in die Irre. Er bleibt seiner Eigensucht verhaftet, obwohl ihm alle Mächte der Hölle auf Befehl des Schutzengels im Traum eine Vorahnung zukünftiger Qualen geben. Wenn das Stück schließlich mit der Mahnung zu Weltflucht endet, so ist das zugleich eine radikale

Verurteilung jeglicher Selbstverherrlichung, die Gottes Autorität leugnet.
Humoristische Einlagen lockern das Drama auf, dienen jedoch auch dazu, die äußere und innere Handlung zu fördern. Die Sprache ist noch nicht voll ausgestaltet, alles wird direkt gesagt und nicht etwa ins Bild umgesetzt, d.h., das Ganze bleibt reflektorisch und abstrakt, die tiefere Bedeutung des Geschehens wird in der dramatischen Handlung nicht unmittelbar sinnfällig. W.v.S.-KLL

AUSGABEN: Mchn. 1666 (in *Ludi theatrales sacri*, 2 Bde., 1). – Tübingen 1963, Hg. R. C. Tarot (krit.; m. Bibliogr.; NdL, N. F. 6).

ÜBERSETZUNGEN: *Cenodoxus, der Doctor von Pariß*, J. Meichel, Mchn. 1635. – Dass., ders. (in DL, R. Barock, 2, Hg. W. Flemming, Lpzg. 1933). – Dass., ders. (in *Dt. Dichtung d. Barock*, Hg. E. Hederer, Mchn. 1957). – Dass. ders., Mchn. 1958 [Nachw. E. Hederer]. – *Cenodoxus*, J. Meichel, Hg. R. Tarot, Stg. 1965; ern. 1974 (RUB).

LITERATUR: K. v. Reinhardstœttner, *Jesuitendrama in Mchn.* (in Jb. f. Münchener Geschichte, 3, 1889, S. 88–97). – J. Sadil, *J. B.s »Cenodoxus«*, Progr. Wien 1899/1900. – J. Müller, *Das Jesuitendrama i. d. Ländern dt. Zunge vom Anfang (1555) bis zum Hochbarock (1665)*, 2 Bde., Augsburg 1930. – D. G. Dyer, *J. B. A Seventeenth Century German Jesuit Dramatist*, Diss. Cambridge 1950. – S. Juhnke, *B.s »Cenodoxus« in Ingolstadt. E. Studie z. Publizistik d. früh. Jesuitenbühne*, Diss. Bln. 1957. – M. Wehrli, *B.s »Cenodoxus«* (in *Das dt. Drama*, Bd. 1, Hg. B. v. Wiese, Düsseldorf 1958, S. 13–34). – R. G. Tarot, *J. B.s »Cenodoxus«*, Diss. Köln 1960. – T. W. Best, *J. B.*, Boston 1975 (TWAS). – P.-P. Lenhard, *Religiöse Weltanschauung u. Dialektik im Jesuitendrama. Interpretationen zu den Schauspielen J. B.s*, Ffm./Bern 1976. – G. Hers, *Spectator-Lector-Actor. Zum Publikum von J. B.s »Cenodoxus«. Mit Materialien zum lit. u. sozialgeschichtlichen Kontext der Handschriften* (in Internat. Archiv für Sozialgeschichte der dt. Literatur, 1, 1976, S. 30–106).

MANFRED BIELER

* 3.7.1934 Zerbst

LITERATUR ZUM AUTOR:
B. H. Weder, *M. B.* (in KLG, 22. Nlg., 1986).

DER BÄR

Roman von Manfred BIELER, erschienen 1983. – In diesem mit autobiographischen Zügen ausgestatteten Roman erzählt Bieler ein Stück deutscher Geschichte zwischen 1912 und 1966, deren Schauplatz sein Geburtsort Zerbst in der heutigen DDR ist. Schon lange vor Erscheinen des Buches hatte Bieler sich mit diesem Stoff auseinandergesetzt, eine erste ausführlichere Fassung, die nur im Jahr 1952 spielte, entstand zwischen 1968 und 1971 und sollte *Die rote Provinz* heißen. Da er aber nicht »mit gesträubten Haaren« vom Sozialismus schreiben wollte, arbeitete Bieler in der Folgezeit das Manuskript immer wieder um, so daß schließlich daraus eine »*Ablösung vom Vater in Liebe*« wurde und ein Abschied vom Sozialismus, in den er einmal seine Hoffnungen gesetzt hatte.

Hauptfigur des Romans ist Hermann Donath, dessen Vater, der Zimmermann Otto, wegen seiner Statur der »*Bär*« genannt wird, und dem der Sohn nicht nur äußerlich, sondern auch in der politischen Haltung und in seinem geradlinigen, kauzigen Wesen ähnelt. Hermann wählt den Beruf seines Vaters, geht als Geselle auf Wanderschaft, studiert anschließend und wird im Jahr der Machtergreifung Baumeister. Da er sich weigert, dem Nationalsozialismus Zugeständnisse zu machen, muß er auf eine berufliche Karriere verzichten. Bei der Musterung bestätigt sich ein Tuberkuloseverdacht, so daß Hermann den Großteil des Krieges in einem Sanatorium verbringt und anschließend in Zerbst Luftschutzwart wird. Nach Kriegsende setzen ihn zunächst die Amerikaner, dann auch die Russen als Stadtbaurat ein, und er widmet seine ganze Kraft dem Wiederaufbau. Dabei überzeugt er durch Offenheit und unbürokratisches Vorgehen, er kann glaubwürdig für die neue Politik eintreten. Die Vereinigung von SPD und KPD sieht er als historische Chance, den Sozialismus in Deutschland aufzubauen, und obwohl er sich nicht nach einem Amt drängt, wird er zum Bürgermeister ernannt. Die Verhaftung seines Freundes Schenk, der – wie sich erst später herausstellt – mit einem gleichnamigen SS-Standartenführer verwechselt wird, und von dessen Unschuld Hermann immer überzeugt ist, zwingt ihn, dessen Posten als Landrat zu übernehmen. Als aber sein Jugendfreund Lothar Witte sich in die Bundesrepublik absetzt und Hermann ihm nachreist, um ihn zur Rückkehr zu bewegen, wird er selbst zu Hause vom Staatssicherheitsdienst erwartet und verhaftet. Ein relativ mildes Urteil wird am Ende der »Tauwetter«-Periode in eine achtjährige Zuchthausstrafe verwandelt, nach deren Verbüßung Hermann – innerlich gefestigt und als »*Herr Landrat*« von seinen Mitbürgern unvergessen – nach Zerbst zurückkehrt.

Bieler erzählt den mitunter in ironischer Distanz gehaltenen Roman seiner Heimat als eine Geschichte vergeblicher wie fragwürdiger Pflichterfüllung. Das Wappentier der idyllischen Kleinstadt Zerbst ist der Bär, ein Sinnbild der Kraft, aber auch der Strenge, und an seinem Beispiel erfährt Hermann schon früh, daß der Mensch in diesem Land nicht dazu geboren sei »*um glücklich zu werden*«, sondern »*um zu arbeiten*«. Die Gliederung der Lebensgeschichte Hermann Donaths in vier große

Abschnitte deckt sich mit den historisch-politischen Hauptphasen seines Landes: zunächst die Zeit bis zum Ende des Zweiten Weltkriegs, in der Hermann die »Doppelnatur« der Menschen kennenlernt, ihre heimlichen Fluchten in Ersatzwelten, denen ihre eigentlichen Leidenschaften gelten; dann die antifaschistisch-demokratische Phase bis zur Gründung der DDR, eine Zeit, in der Hermann aktiv am politischen Leben teilnimmt, dabei aber langsam beginnt, sich umzukrempeln »wie einen Handschuh« und nur noch der offiziellen Parteilinie zu folgen. In seiner Entfernung von Gewissen und Überzeugung spiegelt sich die dogmatische Erstarrung des entstehenden, staatlich verordneten Sozialismus. Im dritten Teil, in der Zeit des kalten Krieges bis zur Entstalinisierung und »Tauwetter«-Periode, besinnt sich Hermann auf seine alten Ideale und versucht, seine Vorstellung von Vertrauen und Aufrichtigkeit wieder zu leben; und zum Schluß entspricht die Konsolidierung der etablierten Staatsform Hermanns »Reise zu sich selbst« während seiner Zuchthausjahre. Hinter der Frage nach Schuld und Versagen steht das Problem der menschlichen Identität, die auch aufgrund ideologischer Überzeugungen und politischer Opportunität nicht geopfert werden darf. Am Schluß wendet sich Hermann gegen solch eine blinde Auffassung von Treue und Pflichterfüllung; um allerdings diesen Bewußtwerdungsprozeß nachvollziehbar zu machen, muß Bieler am Ende des Romans zwei reflektierende Kapitel anfügen, in denen Hermann und sein Freund Lothar Witte Resümee ziehen. C.Kn.

AUSGABEN: Hbg. 1983. – Mchn. o. J.

LITERATUR: B. Gajek, Rez. (in NZZ, 6. 9. 1983). – W. Hinck, Rez. (in FAZ, 3. 9. 1983). – M. Jäger, Rez. (in Deutsches Allgemeines Sonntagsblatt, 30. 10. 1983). – H. Köpke, Rez. (in FRs, 12. 10. 1983). – D. Schwarzenau, *Glorioser Mädchenkrieg und andere Pyrrhussiege* (in Rheinischer Merkur/Christ und Welt, 28. 10. 1983).

DER MÄDCHENKRIEG

Roman von Manfred BIELER, erschienen 1975. – Der dritte Roman des aus der DDR stammenden, in München lebenden Autors ist seine bislang umfangreichste und bekannteste Veröffentlichung. Im Titel klingt bereits die durchgängige Verknüpfung historischer Ereignisse mit den privaten Schicksalen der drei weiblichen Hauptfiguren in den Jahren 1932 bis 1946 an, in deren Lebensläufen sich die politischen und nationalen Konflikte der Tschechoslowakei widerspiegeln.

Die Familie des deutschen Bankdirektors Dr. Sellmann zieht im September 1933 von Dessau nach Prag, da Sellmann das Angebot des jüdischen Bankiers Lustig angenommen hat, in die Leitung der Böhmischen Landesbank einzutreten. Die drei Töchter, Christine, Sophie und Katharina, beginnen schon bald, sich der Obhut der Eltern zu entziehen und ihre eigenen Wege zu gehen. Christine, die Älteste, »*war eine Dame geworden, bevor sie Zeit gehabt hatte, ein Mädchen zu sein*«. Sie verinnerlicht als einzige die ihr anerzogene großbürgerliche Lebensform und heiratet den Porzellanfabrikbesitzer Jan Amery, der aber schon bald mit ihrer Schwester Sophie ein leidenschaftliches Verhältnis beginnt, während sie selbst sich in eine Krankheit flüchtet. Sophie, die »*ein Schicksal, kein Stelldichein*« wollte, verrät in einem anonymen Brief ihrer Schwester die Beziehung zu Jan, verunglückt aber mit ihm, bevor es zu einer Aussprache kommt. Nach ihrer Genesung zieht sie sich in ein Kloster zurück, wo sie die Kriegsjahre verbringt, während Jan sich neben seiner Frau und ihren nun wechselnden Liebhabern scheinbar isoliert. Gegen Ende des Krieges verläßt Sophie das Kloster und schlägt sich zu ihrem Jugendfreund Sixta durch, mit dem sie dann in Prag zusammenlebt. Katharina, für die die Beziehung zu Karól, dem Sohn eines slowakischen Kommunisten, lebensbestimmend wird, kehrt mit diesem aus dem Widerstand nach Prag zurück. Ihrer Nationalität wegen muß sie aber nach der Befreiung selbst als ehemalige Partisanin im Hintergrund bleiben, um Karóls Parteikarriere nicht zu gefährden. Dr. Sellmann, der während der Nazizeit sowohl seinem alten Arbeitgeber in Deutschland als auch dem Bankier Lustig als Informant und Berater dient, gerät zwar wegen der zunehmenden Judenverfolgung in Gewissenskonflikte, kann sich aber nicht gegen sein Vaterland entscheiden. Er wird schließlich mit seinem Sohn als Kollaborateur verhaftet und in den letzten Kriegswirren erschossen. Inzwischen sind sich Jan und Sophie in Prag wiederbegegnet; bevor sie aber ihr Verhältnis wieder aufnehmen können, wird Jan von Sixta im Affekt erschlagen. Nach dessen Verurteilung folgen Sophie und Katharina den übrigen Familienmitgliedern nach Deutschland.

Der Roman ist in drei Bücher gegliedert, wobei kommentierende Kapitelüberschriften die vielsträngige Handlung in eine Sphäre unausweichlicher Schicksalshaftigkeit heben. Als Leitmotiv für die familiären und politisch-nationalen Verfallserscheinungen taucht das Gemälde einer schiefen, aus der Horizontalen rutschenden Landschaft auf; in der skurrilen Figur des alternden Sprachwissenschaftlers Vavra, der seine Identität durch die Flucht in die Sprachen der ehemaligen Garantiemächte der Tschechoslowakei, England und Frankreich, wiederzugewinnen sucht, wird die Tragödie dieses Volkes verdeutlicht. Bieler, dessen Ziel es ist »*in der Anlage symbolisch, in der Ausführung realistisch*« zu schreiben, verknüpft die Handlungsabläufe mit markanten historischen Daten, um so die Verflechtung des Privaten mit dem Politischen zu dokumentieren. In dem Tschechen Jan und dem Slowaken Sixta treffen nicht nur zwei rivalisierende Liebhaber aufeinander, sondern Vertreter zweier ökonomisch und kulturell divergierender Nationalitäten, deren Annäherung aber in der Liebe zu Sophie utopisch vorweggenommen wird. Sie verkörpert die Hoffnung auf eine Zu-

kunft, in der das Leben sich selber lebt: »*Einmal leben wir. Einmal drehen wir uns um uns selbst und breiten die Arme aus. Einmal wird alles leicht.*«
Die Kritik hob das niveauvolle Lesevergnügen hervor, das Bielers Roman durch bildhafte Sprache und spannungsreiche Handlung bereite, kritisierte aber die vorherrschende private Schicksalsphilosophie als anekdotisch und unverbindlich. C.Kn.

AUSGABEN: Hbg. 1975. – Mchn. 1980 (dtv).

VERFILMUNG: BRD 1977 (Regie: A. Brustellin u. B. Sinkel).

LITERATUR: B. Bondy, Rez. (in SZ, 8. 10. 1975). – K. H. Kramberg, Rez. (in Die Zeit, 5. 9. 1975). – E. Nef, Rez. (in NZZ, 8. 10. 1975). – St. Reinhardt, Rez. (in FH, 1976, H. 2, S. 57ff.). – G. Ueding, Rez. (in FAZ, 9. 12. 1975).

MARIA MORZECK ODER DAS KANINCHEN BIN ICH

Roman von Manfred BIELER, erschienen 1969. – Der Roman des damals noch in der DDR lebenden Autors lag als Manuskript bereits 1963 unter dem Titel *Das Kaninchen bin ich* vor und wurde, obwohl nicht zur Veröffentlichung freigegeben, 1965 von der DEFA verfilmt. Zu einer Austrahlung kam es aber nicht, da der Film auf dem 11. Plenum des ZK der SED im Dezember 1965 von offizieller Seite scharf kritisiert und daraufhin verboten wurde. Nach seiner Übersiedlung in die Bundesrepublik (1968) straffte Bieler den Roman durch eine Reduzierung der Personen und die Beschränkung des Handlungsorts auf Ost-Berlin.
Der Roman spielt Anfang der sechziger Jahre: Die knapp zwanzigjährige Ich-Erzählerin Maria Morzeck lebt nach dem Tod ihrer Eltern mit ihrem Bruder Dieter und ihrer Schwester Antje bei einer Tante. Als Dieter zu vier Jahren Zuchthaus verurteilt wird, weil er über den Betriebsfunk ein Tonband mit einer Rede Adenauers abgespielt hatte, nimmt sie das als unabänderliche Tatsache hin. Ernsthaft über ihre Situation nachzudenken beginnt sie erst, als sie wegen der Straffälligkeit ihres Bruders nicht zum Studium zugelassen wird. Ihre Schwester bleibt nach dem Mauerbau in West-Berlin, und Maria findet schließlich Arbeit als Kellnerin in einem Nachtlokal. Sie begegnet dem Richter Paul Deister, der Dieter zu einer weit über den Antrag des Staatsanwalts hinausgehenden Strafe verurteilt hatte, und der sich, obwohl verheiratet, für sie zu interessieren beginnt. Zunächst plant Maria noch, diesen Kontakt zugunsten ihres Bruders auszunützen, aber mit der Zeit wird eine intensive Liebesbeziehung daraus. Kurz vor Dieters Entlassung versucht Deister, gegen Marias Willen, ein Revisionsverfahren in Gang zu bringen. Seine sachlichen Beweggründe werden aber nicht ernstgenommen, da man inzwischen von der privaten Beziehung zu Maria weiß. Als er vorübergehend beurlaubt wird, unternimmt er einen Selbstmordversuch, kehrt jedoch nach der Genesung zu seiner Frau und an seinen Arbeitsplatz zurück. Maria aber wird von ihrem mittlerweile entlassenen Bruder wegen ihres Verhältnisses mit Deister brutal zusammengeschlagen. Sie beginnt ihre Geschichte aufzuschreiben, um »*nicht wahnsinnig*« zu werden.
Der Roman, dessen Autorenschaft ausdrücklich der Ich-Erzählerin Maria zugeschrieben wird, hat dokumentarischen Charakter. Zwischen ihrem individuellen Lebensanspruch und der Liebe zu dem das Gesellschaftssystem der DDR symbolisierenden Richter hin und her gerissen, erkennt Maria langsam, daß sie sich der politischen Realität ihres Staates nicht entziehen kann. Sie lehnt sich auf gegen bürokratische Schikanen, Mißtrauen, Heuchelei und opportunistische Anpassung und entlarvt politische Parolen, indem sie sie auf ihre konkrete Lebenssituation bezieht. Aber je intensiver die Beziehung zu Deister sich entwickelt und je öfter Maria seine abstrakten politischen Argumente zu hören bekommt, desto stärker wird für sie das beklemmende Gefühl der Wehrlosigkeit. Wie das Kaninchen von der Schlage – auf diese Fabel spielt der Untertitel des Romans an – fühlt sich Maria von Deister sowohl angezogen als auch bedroht. In der Figur des Richters nimmt Bieler ein Motiv seines späteren Romans *Der Bär* vorweg: Deister, der nach dem Krieg mit einem Nazi verwechselt wurde, verbüßt stellvertretend dessen Haftstrafe. Nach seiner Rehabilitierung fügt er sich dann um so perfekter in das neue System ein; idealistisch und skrupulös zugleich, vertritt er dessen Forderungen. Dabei ist er aber »*nicht identisch, weder mit sich, noch mit der Sache ... Er ist ein Knecht*«.
Der Roman findet seine Grenzen in der strengen Rückbindung an den Erkenntnisstand seiner jungen Hauptfigur. So wird etwa die Persönlichkeit des Richters nicht durch den Fortgang der Handlung, sondern lediglich durch die kunstvoll eingeflochtene Erklärung eines Freundes charakterisiert. Der zwar entlarvende und für Marias Milieu typische assoziative Redestil gibt dem Text gleichzeitig eine Unkompliziertheit, die in deutlichem Kontrast zu den geschilderten Konflikten und der dadurch ausgelösten Lebenskrise steht. Bieler selbst empfand die formale Anlage der Ich-Erzählung als Verlegenheitslösung; eine solche Konzeption konnte aber schließlich rechtfertigen, daß trotz der zeitgeschichtlichen Brisanz des Stoffes die gesellschaftlich-politischen Zusammenhänge nicht transparent werden. C.Kn.

AUSGABEN: Mchn. 1969. – Mchn. 1972 (dtv) – Hbg. 1976.

VERFILMUNGEN: DDR 1965 (Regie: K. Maetzig). – BRD 1976 (*Maria Morzeck*; ZDF).

LITERATUR: J. Bilke, Rez. (in Rheinischer Merkur, 10. 10. 1969). – H. Hartung, Rez. (in NDH, 1969, H. 4, S. 155–159). – K. H. Kramberg, Rez. (in SZ, 20./21. 9. 1969). – M. Reich-Ranicki, Rez. (in

Die Zeit, 10. 10. 1969). – H. Vormweg, Rez. (in Merkur, 1969, H. 252, S. 1165–1167).

ALFONSAS BIELIAUSKAS

* 5.10.1923 Naujieji Neveroniai / Bez. Kaunas

LITERATUR ZUM AUTOR:
MA. *Lietuvių literatūros istorija*, Bd. 4, Wilna 1968. – V. Areška, *Tradicija ir ieškojimai*, Wilna 1973. – *Istorija litovskoj literatury (Akad. Nauk)*, Wilna 1977. – A. Bučys, *Literatūros atvaizdai*, Wilna 1979. – *MA. Lietuvių tarybinė literatūra*, Bd. 2, Wilna 1982.

KAUNO ROMANAS

(lit.; *Ü: Kreuze weiß wie Kerzen*). Roman von Alfonsas BIELIAUSKAS, erschienen 1966. – Der Held des Romans, Sigitas Sėlis, Leiter der Personalabteilung im Stadtkomitee Wilna, ist gezwungen, in die Stadt seiner Jugend, Kowno, eine Dienstreise zu unternehmen, um ein Gerücht, das eine der führenden Persönlichkeiten in Kowno betrifft, aus der Welt zu schaffen. Vor einem Monat hat Sėlis seine kleine Tochter Giedrė zu Grabe getragen. Es war ein Septembertag, gelbe Ahornblätter bedeckten den Boden, und über der Stadt lag »*jener süßliche Nebel, der auf die Menschen, Bäume und Kreuze fiel; die Kreuze waren weiß wie Kerzen; die gelben Tropfen des Harzes hingen in den Rillen des Holzes wie Tränen*«. Leitmotivisch tauchen immer wieder der Nebel, die Holzkreuze, die Harztränen und die gelben Ahornblätter vom Tage der Beerdigung im Roman auf. Am Abend wird Sėlis von Raminta eingeladen, die ihn vor langen Jahre verlassen hat. Die hier einsetzende Rückblende ist insofern charakteristisch für den Helden, als die Vergangenheit für ihn wirklicher ist als die gegenwärtige Wirklichkeit. Nach der Trennung von Raminta trat damals Geda, eine junge, zarte Ballettschülerin in sein Leben. Sie ist die verwaiste Tochter des früheren Postdirektors von Kowno, die von ihrem Onkel erzogen wurde, einem ehemaligen Staatsminister des alten Litauen, der sich weigert zu erkennen, daß Litauen inzwischen eine Sowjetrepublik geworden ist. Dieser Onkel wird Sėlis, einen Funktionär des neuen Staats, nie anerkennen. Durch Lügen und Intrigen werden Sėlis und Geda voneinander getrennt. Enttäuscht bittet Sėlis um Versetzung nach Wilna. Trotz der Aufdeckung der Lüge und der Versöhnung der beiden durch die Vermittlung Ramintas verläßt er am nächsten Morgen die Stadt, ohne sich von Geda zu verabschieden. Nochmals kehrt er über ein Wochenende zu Geda zurück. Aber wieder vermag er die äußeren Schwierigkeiten nicht zu überwinden. Inzwischen verhaftet und verschleppt man Geda und ihren Onkel als ehemalige Angehörige des alten Regimes. Sėlis selbst wird wegen seinen Beziehungen zu Geda verhört. Er heiratet Alvina, die Tochter eines hohen Parteifunktionärs, und macht politische Karriere, doch in seinen Gedanken lebt nur Geda. Er wird den Untersuchungsfall, dessentwegen er nach Kowno gekommen ist und der immer wieder seine eigene Vergangenheit aufrührt, nicht so, wie sein Vorgesetzter von ihm erwartet, entscheiden, sondern im Sinne des Versprechens, das er vor dem Bild seiner verstorbenen Tochter Giedrė ablegt: »*Dein Vater wird ein Mensch sein, Giedrė.*« Dabei verschmilzt Giedrė mit Geda, Alvina und Raminta zu einer einzigen Gestalt, zum Symbol seines Lebens. Sėlis ist entschlossen, auch sich selbst und allen, denen er im Lauf seines Lebens begegnete, nichts zu verzeihen, nichts von all dem zu vergessen, was sein Leben ausmacht. – Der Autor des Romans ist einer der wenigen litauischen Prosaautoren der Nachkriegszeit, die das Thema der Liebe und die Wirrnis der menschlichen Gefühle in den Vordergrund stellen.

L.Ba.

AUSGABEN: Wilna 1966. – Wilna 1973.

ÜBERSETZUNG: *Kreuze weiß wie Kerzen*, I. Brewing, Bln./DDR 1975.

DRAMATISIERUNG: 1967 (Akad. dramos teatras).

LITERATUR: E. Knipovič, Rez. (in Družba narodov, 1967, Nr. 7). – M. Hiršas, Rez. (in Literatūra un Moksla, 1967, Nr. 40). – A. Bučys, *Žmogaus teisė – žmogaus pareiga* (in Literatūra ir menas, 16. 7. 1966). – J. Lankutis, *Kaltės problema »Kauno romane«* (in Pergalė, 1966, Nr. 6). – V. Kubilius, *Vidinis monologas* (ebd., 1968, Nr. 5). – E. Bukelienė, *Dar kartą apie psichologizmą* (ebd., 1976, Nr. 5). – V. Galinis, *Vidinio monologo tipai lietuvių romane* (in *Socialistinis realizmas ir šiuolaikiniai meniniai ieškojimai*, Wilna 1981). – M. Sluckis, *Kodėl romanas pavadintas taip* (in *Rašytojas apie rašytojus*, Wilna 1984).

ROŽĖS ŽYDI RAUDONAI

(lit.; *Die Rosen blühen rot*). Roman von Alfonsas BIELIAUSKAS, 1958 veröffentlicht in der Zeitschrift ›Pergalė‹, erschienen 1959. – Dieses Werk ist einer der ersten litauischen Nachkriegsromane, in dem sich nicht das ganze Volk, sondern ein einzelner mit der neuen sozialen Ordnung auseinandersetzt. Der Autor läßt die historischen Prozesse sich im menschlichen Bewußtsein widerspiegeln und gibt eine dramatische Schilderung der Atmosphäre der Zeit mit ihren Komplikationen. Schauplatz der Handlung ist eine große litauische Stadt im ersten Jahr nach Kriegsende, und das zentrale Thema ist der Kampf um den Menschen: um sein soziales Bewußtsein und seine Ethik, um das Überhandnehmen der Prinzipien des sozialen Humanismus, um die Befreiung und Verwirklichung der eigenen Persönlichkeit. In diesem Kampf stehen sich zwei Welten gegenüber, und die Auseinandersetzung vollzieht sich in den intimen menschlichen Beziehungen und formt das persönliche Schicksal der Beteiligten. Der Roman wirkte somit bahnbrechend für eine Tiefenanalyse der neuen Weltanschauung in der litauischen Nachkriegsliteratur.

Vytas Čeponis, der Hauptheld des Romans, ist Leiter des Jugendkomitees und gehört zu jenen jungen Leuten, die mit Enthusiasmus ein neues Litauen erstehen lassen. Mit ganzer Hingabe widmet er sich dieser Aufgabe, die er als Berufung betrachtet und in der er seine Persönlichkeit entfaltet. Čeponis liebt Asta Girčytė, die Tochter eines der neuen Ordnung gegenüber feindlich eingestellten Bourgeois. Der Verfasser schildert die Konflikte dieser beiden Liebenden aus zwei verschiedenen Gesellschaftsschichten; ihr Verhältnis sieht er nicht isoliert, sondern als Teilaspekt des gesamten Lebens, nicht als Problem, das nur die beiden angeht, sondern als allgemeines Problem. Vytas, der sich zu einer Führerpersönlichkeit entwickelt hat, glaubt einen Kontakt mit der Gegenpartei – also auch mit Asta – seiner politischen Ideale wegen nicht verantworten zu können, und die äußeren Umstände erzwingen eine Trennung: Er wird verletzt, muß für längere Zeit ins Krankenhaus, und die Geliebte heiratet inzwischen einen anderen. Wie diese Nachricht auf Vytas wirkt, erfährt der Leser nur indirekt: »*Er sah Funken vor den Augen. Nein, nicht Funken, nur rot wie Blut fielen Rosenblättchen irgendwoher von oben. Hunderte, Tausende roter, die Augen sengender Blättchen.*« Vytas verwindet den Verlust Astas nicht, er ist fortan nur noch ein Statist, den man hinschicken kann, wo man ihn gerade benötigt. Auch Danguolė, die später an seine Seite tritt, bleibt lediglich eine Nebengestalt. Was Vytas, treu seinen sozialistischen Anschauungen, mit dem Verzicht auf Asta erreichen wollte – sich von den Kreisen der Bourgeoisie ganz zu trennen –, ist ihm gelungen, aber dies Opfer mußte er mit dem Verlust seiner eigenen Persönlichkeit bezahlen. L.Ba.

AUSGABEN: 1958 (in Pergalė, Nr. 1–3). – Wilna 1959. – Wilna 1965.

DRAMATISIERUNG: *Rožės ir laimė* (Klaipėdos dramos teatras, 1961).

VERTONUNG: V. Baumilas, *Rožės žydi raudonai*, 1967 (Oper).

LITERATUR: B. Raguotis, *A. B. romanas »Rožės žydi roudonai«* (in *Literatūros ir meno metraštis*, Wilna 1960). – J. Lankutis, *Literatūra ir humanistiniai idealai*, Wilna 1963. – A. Makarov, *Oni stali boicami* (in Literaturnaja gazeta, 16. 11. 1965). – V. Galinis, *Literatūra, dabartis, žmogus*, Wilna 1966. – J. Tornau, *Romano autoriaus rūpesčiai*, Wilna 1966. – A. Baltrūnienė, *Romane pirmieji pokario metai* (in Literatūra ir menas, 28. 6. 1958). – J. Bielinis, *Žmogaus koncepcijos bruožai dabartinėje lietuvių literatūroje*, Wilna 1968. – E. Bukelienė, *Kai kurie žmogaus vaizdavimo ypatumai dabartiniame mūsų romane* (in Pergalė, 1964, Nr. 2).

HORST BIENEK

* 7.5.1930 Gleiwitz / Schlesien

LITERATUR ZUM AUTOR:
B. lesen. Materialien zu seinem Werk, Hg. M. Krüger, Mchn. o. J. [1980]. – K. Sauerland, *H. B.* (in KLG, 15. Nlg. 1983).

GLEIWITZER TETRALOGIE

Romanzyklus von Horst BIENEK, bestehend aus den Bänden *Die erste Polka* (1975), *Septemberlicht* (1977), *Zeit ohne Glocken* (1979) und *Erde und Feuer* (1982). – Bienek erzählt die Geschichte seiner oberschlesischen Heimat- und deutsch-polnischen Grenzstadt Gleiwitz während der Kriegsjahre 1939–1945, wobei die historischen Ereignisse vornehmlich in Familienchroniken gespiegelt sind. Das Romanwerk beschreibt Kindheit und deutsche Hybris; Prägung durch dumpfe Volksfrömmigkeit, Sinnenfreude, Heimatliebe und schließlich Heimatverlust. Die Aufnahme dieser Thematik bildete für den Autor einen (in Gedichten vorbereiteten) Neuanfang, nachdem sein Werk zuvor wesentlich vom Gefangenschaftsmotiv geprägt gewesen war (*Traumbuch eines Gefangenen*, 1957; *Die Zelle*, 1968).

Die erste Polka seines Lebens tanzt am 31. August 1939 der junge Josel Piontek bei der Hochzeit seiner Schwester mit einem einquartierten deutschen Soldaten – ein fröhlicher ›Totentanz‹, während ein deutsches SS-Kommando den »polnischen« Überfall auf den Sender Gleiwitz fingiert, um einen propagandistisch verwertbaren Kriegsanlaß herbeizuführen. Aufblühendes und erlöschendes Leben sind aufs engste verflochten in dieser Nacht. Josel erschlägt einen Feldwebel, der seine Freundin vergewaltigen will; sein asthmatischer Vater Leo Maria stirbt – eine ähnlich sensible Außenseiterfigur wie der als Nichtarier zwangspensionierte Jurist Georg Montag, der als getaufter Katholik angesichts antisemitischer Terrorakte zum Judentum zurückfindet. Er schreibt eine Biographie des polnischen Politikers Wojciech Korfanty, der ein autonomes Oberschlesien propagiert hatte. Doch der Untergang der kulturellen Identität jener Grenzregion, in der seit Generationen Deutsche und Polen in Symbiose lebten, ist vorgezeichnet. Montag, der wahrhaft Heimatlose, begeht Selbstmord; während selbst Geschützdonner die Gleiwitzer Normalbürger kaum beunruhigt. Mit Schrecken läßt der Autor den Leser wahrnehmen, wie ahnungslos diese Menschen gegenüber der sich ankündigenden Katastrophe sind – »*jeder dachte, das ist ein Krieg, der nur die andern was angeht.*«

Nach dieser Maxime leben weiterhin die meisten der farbigen Charaktere des Bandes *Septemberlicht*, situiert auf den 4. September 1939, an dem die deutschen Armeen bereits tief in Polen stehen. Im Zentrum der Schilderungen steht wiederum die Familie Piontek, als Pendant kommen insbesondere die einfachen Ossadniks hinzu (in deren Kinderreichtum sich der Autor für seine Romanfolge verschiedene Kindheits- und Pubertätsperspektiven sichert). Auch *Septemberlicht* ist um eine typisch turbulente Feier gruppiert: beim Leichenschmausgelage für Leo Maria P. entladen sich lang angestaute Feindschaften und politischer Opportunismus. Schon beginnt man, in den eroberten Gebieten zu investieren, wie bisher zuhause – »*da wo ein Jude rausgeht, kriegt man's billiger*«. Auch Mutter Valeska P. beteiligt sich, wiewohl selbst aus dem polnischen Teil Oberschlesiens stammend. Ein vermeintlich polnischer Junge wird von deutschen Kindern mißhandelt und stirbt. In diese Ereignisse hinein kehrt der jüdische Dichter Arthur Silbergleit aus Berlin nach Gleiwitz, seiner Geburtsstadt, zurück; eine authentische Figur, deren Lebensgeschichte Bienek dem Vergessen entrissen hat. Die Schilderung der untergehenden jüdischen Welt in Deutschland, in den verzweifelten Anstrengungen des Berliner Kulturbunds wie provinzstädtischer Ghetto-Demut, gehört zu den eindrucksvollsten Passagen des Buches.

Eine Zeit ohne Glocken setzt ein am Karfreitag des Jahres 1943. Ausgerechnet an diesem Tag werden die Glocken der bedeutendsten Gleiwitzer Kirche für den »Endsieg« beschlagnahmt, werden die Gleiwitzer Juden in Auschwitz ermordet. Einzig der Glockenraub fordert den (stummen) Protest der streng katholischen Bürger heraus; nicht der Abtransport der Juden, nicht die Verhaftung von Valesk Pionteks Haushaltshilfe Halina, einer polnischen Verwandten, wegen unerlaubter Beziehung zu einem »Ostarbeiter«. Auch der redliche Lokomotivführer Franz Ossadnik, neuerdings gegen innere Skrupel NSDAP-Mitglied und nun zum eigenen Grauen auf den Todeszügen nach Auschwitz eingesetzt, bricht sein Schweigen nur einmal – gegenüber seiner Frau, die jedoch nichts wissen will: »*Sieh nicht hin, Franzek (...) Man muß zusehen, daß man durchkommt, Franzek, das ist alles. Überleben muß man. Weißt du, jetzt, wo es uns endlich einmal etwas besser geht!*«

In der Gaskammer endet auch die Handlung um Arthur Silbergleit. Bienek legte der beklemmenden Schilderung die nackte Brutalität der protokollierten Selektions- und Tötungspraktiken zugrunde und wagte es, noch in die letzten Gedankenfolgen des Todgeweihten Biographisches zu verweben, etwa die enttäuschte Hoffnung auf die Hilfe Gerhart Hauptmanns: »*Der Herr vom Wiesenstein war unpäßlich und empfing nicht. Bei diesem Namen auf der Visitenkarte... Sie rückten auf der Rampe weiter vor.*

Der Himmel war jetzt fast wolkenlos und die Sonne wärmte sie. Es war beinahe drei Uhr und sie hatten noch nichts zu essen bekommen. Sofort nach der Entlausung, wurde ihnen gesagt, würden sie in die Baracken eingewiesen...«

Agonie und Ende des Nationalsozialismus in Oberschlesien in den Januar- und Februartagen 1945 schildert der letzte Band des Zyklus, *Erde und Feuer*. NS-Bonzen und wohlhabendes Bürgertum haben sich abgesetzt, kurz vor dem Einmarsch der Roten Armee schließen sich auch die Pionteks einem der endlosen Flüchtlingstrecks nach Westen an. Die weniger Bemittelten bleiben und erleben wie die Ossadniks die Besetzung ihrer Stadt, Plünderung und Verhaftung. »*Anna machte nur noch ein Kreuzzeichen. Von rechts nach links, wie sie sich das in den letzten Tagen selbst beigebracht hatte. Muj Bosche (...) Die Stadt brannte. Gleiwitz brannte unterm Schnee.*«

Sein Oberschlesien der kleinen Leute ergänzte Bienek erneut – wie zuvor in den Figuren Montags und Silbergleits – durch einen pointiert kulturellen Erfahrungsträger, diesmal den im schlesischen Agnetendorf zurückgezogen lebenden Gerhart HAUPTMANN – als theatralisch-zeitentrückten greisen Dichterfürsten, Goethes universell-deutschem Bewußtsein nachlebend, der schließlich als Kurgast in Dresden fassungslos das Inferno der Zerstörung durch alliierte Bombenserien mitansehen muß.

In allen vier Büchern wird »*Verlorenes noch einmal erinnernd in Besitz genommen*«, die autobiographische Grundierung nicht kaschiert. Aus der Vergegenwärtigung eigenen Erlebens und präzise nachrecherchierten Fakten entstand nach dem Vorbild FAULKNERS und Th. WOLFES eine phantasievolle Verknüpfung privater und politischer Entwicklung; Geschichte wird in Geschichten anschaulich gemacht.

Der Autor moralisiert nicht, er klagt niemanden an, vermeidet strikt auktoriale Attitüden. So bleibt selbst größtes Leid hinter Beiläufigem verborgen – nur dem »wissenden« Leser ermeßbar, denn die Pionteks, Ossadniks, Mazuras haben ebenso kaum realistische Vorstellungen vom Ausmaß des Zusammenbruchs wie G. Hauptmann oder wie die in einem Güterwaggon ihrer vermeintlichen Umsiedlung entgegenrollenden Juden von den Dimensionen menschlicher Bestialität. Bieneks Durchschnittscharaktere spüren das Unrecht, aber sie arrangieren sich, eine erlittene Verbiegung recht zu merken. Sie sind glaubwürdig, weil schlicht auf ihr privates Fortkommen reduziert. Sie fühlen stark und sinnieren viel, doch nichts ist ihnen fremder als theoretische Reflexion oder politischer Diskurs. Die wenigen Außenseiter bleiben isoliert oder finden den Tod.

Bienek setzt auf die Originalität eigentlich banaler Existenzen. Vor allem in der Konzentration auf ihre scheinbar belanglosen kleinen Lebenstricks und Obsessionen entsteht eine *Comèdie humaine* bis in charakteristische Miniaturen, unterstützt durch vitalen, erinnerungssüchtig-ausgreifenden Erzählstil und drastisch-pralle (amouröse) Episoden. In

Orts- und Familiennamen, in Sprichworten, Flüchen, spezifischer Syntax, Slawisierungen, sprachlichen Mischformen (»Wasserpolnisch«) entfaltet sich schlesische Sprachmelodik. Zum Volksgut gehörten aber ebenso die einmontierten Verse EICHENDORFFS von der Brüchigkeit menschlicher Ordnung, den »*tausend Stimmen im Grund*«. Erweitert wird der Erzählrahmen zudem durch dokumentarisches Material, das vor allem historische Rückblenden eröffnet. Die Handlungsbündelung der drei ersten Bände auf einen Tag ermöglicht synchronoptische Intensivierung, die für *Erde und Feuer*, in dem die Erosion aller Bindungen stattfindet, nicht mehr geboten war.

Bienek hat mit seinem Epos der seines Erachtens »*ungewöhnlichsten, seltsamsten, fiebrigsten, ja verrücktesten Provinz des alten Deutschland*« ein Denkmal gesetzt – in Form eines poetischen Realismus, der Authentizität beansprucht wie sinnliche Erfahrung entschwundener Zeit ermöglicht. Als einer jener Autoren, die – wie etwa G. GRASS oder S. LENZ – aus dem Osten stammen, hat auch er eine Welt beschworen, die vergangen ist: ohne Sentimentalität und ohne den Hauch nationaler Tendenz, weshalb er sich von der Vertriebenen-Presse heftig attackiert sah. Desungeachtet erlebten die Bände der *Gleiwitzer Tetralogie* rasche Neuauflagen und wurden von der Literaturkritik fast einhellig als zeitgeschichtlich überzeugende epische Chronik und bezwingender Epitaph gewürdigt. R.Bz.

AUSGABEN: *Die erste Polka*, Mchn. 1975; ern. 1979 (dtv); *Septemberlicht*, Mchn. 1977; ern. 1980 (dtv); *Zeit ohne Glocken*, Mchn. 1979; ern. 1982 (dtv); *Erde und Feuer*, Mchn. 1982; ern. 1985 (dtv); *Gleiwitzer Tetralogie*, Mchn. 1986 (dtv).

VERFILMUNG: *Die erste Polka*, BRD 1979 (Regie: K. Emmerich).

LITERATUR: H. B., *Drei Fragmente zu Arthur Silbergleit* (in Jahresring 77/78, S. 129–148).

DIE ZELLE

Roman von Horst BIENEK, erschienen 1968. – Nach früher Prosa (*Nachtstücke*, 1959) und dem mehrfach ausgezeichneten Lyrikband *was war was ist* (1966) erschien Bieneks erster, vielbeachteter Roman. Der Titel des verschlüsselt autobiographischen Buchs (Bienek verbrachte als politischer Gefangener vier Jahre im sowjetischen Zwangsarbeitslager Workuta) kennzeichnet sowohl das Kompositionsprinzip – die kunstvoll in einzelne »Zellen« gegliederte Erzählstruktur – als auch die Gestalt des Erzählers, der sich in diesen Jahren seiner Lagerhaft allmählich in eine Zellenexistenz verwandelt.

Dieser achtundfünfzigjährige Zeichenlehrer kennt nicht einmal die Gründe, die zu seiner Verhaftung geführt haben; nur vage erinnert er sich daran, wie ihn zwei Männer aufgrund eines ebenso vagen Verdachts auf konspirative Umtriebe festnahmen. Auch die sporadischen Verhöre klären nicht, für welches Vergehen der Mann in eine Einzelzelle gesperrt worden ist. Exakt beschreibt der Erzähler diese Zelle, von der er langsam Besitz ergreift. Er lernt, »*wie man sich ausdehnt in der Zelle, wie man sie erobert, wie man sie sich einverleibt, wie man selbst zur Zelle wird und Zellen ausstößt und neue Zellen erzeugt.*« Seine Geschichte, seine Biographie verblaßt: Alles verflüchtigt sich ins Ungewisse, Ungefähre. Sein Körper wird zum Gefängnis – der Erzähler leidet an einer ekligen, von einem Bein auf den ganzen Körper übergreifenden Furunkulose. Der Weg von der Pritsche zum Kübel wird zu einem schmerzhaften »*Gleichnis der Veränderung*«. Ständig kreisen seine Reflexionen und Monologe um dieses eine zentrale Thema: Wiederholung und Veränderung. Er bemüht sich, keine Geschichten zu erzählen, um jede Wiederholung zu vermeiden, und versucht, seine Erinnerungen zu verdrängen. Die Zelle läßt seine Existenz zusammenschrumpfen, erstickt seinen Willen zur Veränderung – Anfang und Ursprung fallen mit jenem Augenblick zusammen, als die Zellentür hinter ihm zufiel: »*... die Geräusche der Zellentür waren das Signal, mit dem meine Welt der Veränderung von der Welt der Erstarrung abgelöst wurde.*« Er ist eingemauert in Zellenzeit, Zelleneinsamkeit. Die ungreifbare Existenz seines Zellennachbarn Alban, mit dem er Klopfzeichen tauscht, verliert sich wie seine eigene Existenz in einem Vakuum: »*... wahrscheinlich wird auch meine Existenz eines Tages abbrechen, mitten in einer Geschichte*«. Am Ende glaubt er, daß er Alban nur erfunden hat, um nicht allein zu sein. Die Hoffnung, die Zelle verlassen zu können, um das Erlittene schriftlich zu fixieren, weicht mehr und mehr starrer Resignation; die Zukunft bleibt in der Zelle eingeschlossen, Anfang und Ende decken sich mit dem Quadrat ihrer Mauern.

Dem Roman vorangestellt ist eine Passage aus Jean CAYROLS Essay *Pour un romanesque lazaréen* (1950), demzufolge es in der »lazarenischen« Literatur keine Handlung, keine Spannung und keine Intrige gebe, der Held keine Entwicklung durchlaufe, immer auf dem Sprung sei, »*hin und her geworfen in einer Vielfalt von Episoden, in ein Hin und Her der Handlung und eine Art von Korruption der Wirklichkeit hineingerissen ...*«. In eine derart korrumpierte Wirklichkeit, in eine extreme, ohne Handlung und Spannung geschilderte Situation hineingezwungen, existiert Bieneks Romanfigur, sprunghaft, nüchtern, gehetzt, immer aber mit der exemplarischen Prägnanz einer sich in der totalen Isolation der Zelle selbst erfahrenden, selbst reflektierenden Existenz. M.Ke.

AUSGABEN: Mchn. 1968. – Mchn. 1970 (dtv).– Stg. 1979 (RUB).– Mchn. 1982.

VERFILMUNG: BRD 1971 (Regie: H. Bienek).

LITERATUR: H. Vormweg, *In der Zelle* (in Merkur, 1968, H. 5, S. 468–470). - J. Améry, *Lebensraum* (in Merkur, 1972, H. 6, S. 601–603). – J. J. White, *H. B.'s »Die Zelle« – Novel and Film* (in GLL, 1978/79, S. 229–247).

OTTO JULIUS BIERBAUM

* 28.6.1865 Grünberg / Schlesien
† 1.2.1910 Kötzschenbroda / Dresden

LITERATUR ZUM AUTOR:
A. v. Klement, *O. J. B.-Bibliographie*, Wien u.a. 1957. – D. Stankovich, *O. J. B. Eine Werkmonographie*, Bern/Ffm. 1971. – R. L. Ackermann, ›*Bildung*‹ *and* ›*Verbildung*‹ *in the Prose Fiction Works of O. J. B.*, Bern/Ffm. 1974. – W. H. Wilkening, *O. J. B.'s Relationship with His Publishers*, Göppingen 1975. – Ders., *O. J. B.: The Tragedy of a Poet. A Biography*, Stg. 1977.

PRINZ KUCKUCK. Leben, Taten, Meinungen und Höllenfahrt eines Wollüstlings. In einem Zeitroman

Roman von Otto Julius BIERBAUM, erschienen 1906/07. – Der voluminöse Roman erzählt den Lebensweg des Wollüstlings Felix Henry Hauart, der sein Dasein durch die Kunst fortwährender Selbsttäuschung zu einer Komödie der Eitelkeit stilisiert und auf dem Gipfel des Reichtums an hybrider Geltungssucht zugrunde geht.

Prinz Kuckuck, der uneheliche Sohn einer mondänen Amerikanerin jüdischer und eines russischen Kavallerie-Generals tatarischer Abstammung, verkörpert prototypisch den reichen Parasiten der Gründerzeit: Er ist eine Karikatur der Hautevolee unter Wilhelm II. Dem elternlosen Jungen, der bei fremden Leuten aufwächst, bleibt seine Herkunft verborgen. Nach einem ländlichen Intermezzo am Starnberger See adoptiert ihn der in München lebende Hamburger Millionär Henry Hauart, der den künftigen Alleinerben seiner Millionen im Geiste absolut freien Herrenmenschentums erziehen läßt, eine Maßnahme, die in groteskem Mißverhältnis zur intellektuellen und moralischen Mittelmäßigkeit seines Sprößlings steht. Nach dem tragischen Tod seiner Stiefeltern kommt der verwöhnte Adoptivsohn ins Haus seines Hamburger Vormunds, eines spießbürgerlichen, bigotten Eiferers, der ihn vorübergehend unter die Knute gottgefälliger Demut zwingt. Bei heimlichen Bordellbesuchen lernt der durchschnittliche Schüler sein großes erotisches Talent schätzen. Als Couleur-Student in Jena delektiert er sich an zügellosen Ausschweifungen, bis die erste Mensur ihn als kläglichen Versager entlarvt. Seine Stiefgeschwister, der homoerotische Ästhet Karl und die schöne Berta, verfolgen ihn mit dem Haß derer, die bei der Verteilung des Erbes leer ausgegangen sind. Nur der vermeintliche Halbbruder Hermann, ein idealistisch gesinnter Sozialist und führendes Haupt der modernen »gründeutschen« Literatur, steht ihm mit Rat und Tat selbstlos zur Seite, obwohl auch er sein affektiertes Wesen verachtet. Die Volljährigkeit macht Henry Felix reich und unabhängig. In Leipzig setzt der vermögende Müßiggänger seinen orgiastischen Lebenswandel fort und spielt als Zeitschriftengründer nebenbei die Rolle eines Literaturmäzens, bis ihn der hochbegabte Karl in seinem eigenen Organ der Lächerlichkeit preisgibt. Der Verdacht des Verhöhnten fällt auf Hermann. In Begleitung Karls unternimmt Henry Felix nun, als Dandy, Don Juan und Bonvivant brillierend, große Kavaliersreisen nach England und Frankreich, wo ihm der Ruf sagenhaften Reichtums Zugang zu den vornehmsten Kreisen verschafft. In Wien gerät er für kurze Zeit in die Einflußsphäre der Jesuiten: Karl arrangiert schleunigst die Verlobung mit seiner Schwester, wird aber während einer Italienreise von dem gewissenlosen Parvenü ermordet. Nach Deutschland zurückgekehrt, avanciert der bürgerliche Halbjude zum Offizier und wird in den Grafenstand erhoben. Als Rennstallbesitzer und Herrenreiter feiert er auf allen Turfplätzen Europas Erfolge; er trifft Berta wieder und führt sie als Gemahlin auf sein fürstliches Schloß. Der Selbstmord seiner heimlichen Geliebten, einer vornehmen Gräfin, stellt ihn vor die Wahl, entweder ein Duell zu riskieren oder sich unehrenhaft aus dem Staub zu machen. Der Graf läßt seine Offizierskarriere fahren und reist im Morgengrauen nach Berlin, wo er als Abgott der Damen rasch zum Salonlöwen aufsteigt. Während der Flitterwochen in Italien weiß er Berta so geschickt zu kompromittieren, daß er ihr den Laufpaß geben kann. Da tritt seine Mutter, die als eine Art Schutzgöttin sein Leben aus der Ferne verfolgt hat, auf den Plan und klärt den Scharlatan über seine Herkunft auf, darüber, was er nicht geworden ist: »*die harmonische, aus dem Edlen vereinigte Doppelbildung, sondern die Fratze zweier Rassen*«. Der borniere Antisemit gerät in furchtbare Raserei und zieht sich, halb wahnsinnig, in ein Genfer Sanatorium zurück. Kaum genesen, flüchtet er sich wieder nach Wien unter die Fittiche der Jesuiten, ohne sein ausschweifendes Leben aufzugeben. Er bewirbt sich um die österreichische Staatsangehörigkeit und kandidiert für die Partei des christlichen Antisemitismus, ein Seitensprung in die Politik, der schmählich scheitert, als seine Gegner ihn öffentlich als Juden identifizieren. Sein Gebäude aus hohlen Phrasen und selbstgefälliger Hybris stürzt zusammen: Am Steuer eines Rennwagens rast er in den Tod.

Mit den literarischen Stilformen des Grotesken und der Satire zeichnet Bierbaum die oberen Gesellschaftsschichten um die Jahrhundertwende und kolportiert wirkungsvoll den brüchigen Glanz des zweiten Kaiserreichs. In einer Zeit, deren Fetisch das Kapital ist, gelingt es dem reichen Helden, sich ohne große Mühe über Recht, Moral und Sittlichkeit hinwegzusetzen. Der breite Erfolg dieses Zeitromans, der in gekürzter Fassung viele Auflagen erlebte, beruht – neben einer Anzahl erotisch-pikanter Szenen – vor allem auf der bunten Stoffülle, der mosaikartigen Vielfalt der Personen, Ereignisse und Episoden, die das gesellschaftliche, politische und kulturelle Zeitgefüge in ein gefälliges Handlungspanorama umsetzt. Man hat das Buch des zwischen Spätnaturalismus und Neuromantik einzuordnenden Autors auch als Schlüsselroman, die Hauptfigur als Konterfei des Mitbegründers der »Insel«, A. W. Heymel, verstanden. Ob Schlüsselroman oder Roman einer Epoche, einer Gesellschaft, eines Lebensstils – das Werk besticht weniger durch literarische Qualitäten als durch die authentische Wiedergabe einer morbiden, krisenhaften Zeitatmosphäre und einer exemplarischen Biographie. M.Ke.

AUSGABEN: Mchn. 1906/07, 3 Bde. – Mchn. 1912 (in *GW*, Hg. M. G. Conrad u. H. Brandenburg, 10 Bde., 1912ff., 5/6). – Mchn. 1918, 2 Bde. [gek. Fssg.]. – Mchn. 1960.

STILPE. Ein Roman aus der Froschperspektive

Roman von Otto Julius BIERBAUM, erschienen 1897. – Das beherrschende Literatenproblem der Jahrhundertwende, aus dem prekären Verhältnis von Kunst und Leben neue Impulse für eine Kunst zu gewinnen, die sich nicht mehr mit dem vordergründigen Realitätsbegriff der Naturalisten zufriedengab, von Thomas MANN mit gelassener Distanz und virtuos beherrschter Novellentechnik in *Tonio Kröger* (1903) formuliert, umspielt auch Bierbaums Parodie eines Bildungsromans mit humoristischer Schnoddrigkeit.

Der Prototyp der europäischen Bohemeliteratur, der Roman *Scènes de la vie de bohème* (1847–1849) von Henri MURGER, und die groteske Verkehrung des klassischen Bildungsroman-Schemas bestimmen den Lebenslauf des verkommenen Genies Stilpe, der *»ins Leben wirken«* will *»und nicht blos in die Literatur«*, aber über den alkoholischen und erotischen Exzessen eines Literatenlebens die Literatur vergißt und schließlich sich selbst auf der Bühne eines Vorstadtkabaretts das Leben nimmt. Vier »Bücher« *(Der Knabe Willibald, Das Jünglinglein, VIR IVVENIS DOMINVS STILPE* und *Ecce poeta)* vergegenwärtigen in chronologischer Folge seinen tragikomischen Aufstieg und Fall. Im sächsischen Leisnig als Sohn eines Lepidopterologen (Schmetterlingskundlers) geboren, gerät er im Dresdener »Freimaurerinstitut« in die Anpassungsmühlen einer wilhelminischen Erziehungsanstalt, wandelt sich aber schnell auf der Leipziger Thomasschule vom »*Vaterlandsschwärmer*« unter dem Eindruck von BÖRNES Schriften zum feurigen »Revolutionär«. Sein Freiheitsdrang führt ihn jedoch nicht an das geplante Fluchtziel Griechenland, sondern nur wieder in das Gymnasium einer sächsischen Kleinstadt, wo er in einer erneuten Metamorphose als Bohemien Schaunard mit einigen gleichgesinnten Mitschülern Murgers »Cénacle« nachzuleben versucht. Während er als verbummelter Student von der Universität Leipzig *»cum infamia«* relegiert wird, erlebt er in Berlin eine steile Karriere als gefürchtetster Kritiker. Aus einem unersättlichen Drang, *»außer mir geraten«* zu können, überwirft er sich mit Freund und Feind und gründet mit den *»Eigentlichen«* (hinter deren Spitznamen sich Paul SCHEERBART, Peter HILLE, Stanislaus PRZYBYSZEWSKI und Julius MEIER-GRAEFE verbergen) ein neues »Cénacle«. Ihr großartiger Plan, das »Literatur-Variété-Theater MOMUS«, eine *»ästhetische Anstalt im weitesten Sinn«*, ins Leben zu rufen, scheitert indes an Stilpes unrealistischen Einfällen und seinem profunden Mangel an produktiver Disziplin. In einer makaber-grotesken Brettlszene, in der er die Rolle des alten, versoffenen Genies und damit sich selbst spielt, erhängt sich Stilpe schließlich vor den Augen des ahnungslos begeisterten Publikums.

Schlüsselroman (vgl. das postum erschienene »Gymnasiastentagebuch« *Die Leiden des jungen Bierbaum*, 1925) und interessantes Dokument des studentischen und literarischen Lebens um die Jahrhundertwende zugleich, bleibt *Stilpe* gleichwohl die umfassende Zeit- und Gesellschaftskritik schuldig, die in entschärfter Form in brillanten Aperçus und saloppen Seitenhieben angelegt ist. Was seinem Romanhelden versagt blieb, die Gründung des literarischen Kabaretts (*Wir werden den Übermenschen auf dem Brettl gebären!*«), gelang Bierbaum zusammen mit Frank WEDEKIND, wenngleich die für E. v. WOLZOGENS Berliner »Überbrettl« geschriebenen »Stilpe-Komödien« nur dünne Aufgüsse des Romans sind. M.Schm.

AUSGABEN: Bln. 1897. – Mchn. 1921 (in *GW in 10 Bänden*, Hg. M. G. Conrad u. H. Brandenburg, 7 Bde., 2). – Bln. 1923. – Mchn. 1963 (dtv).

LITERATUR: J. Bab, *Die Berliner Bohéme* (in *Großstadt-Dokumente*, Hg. H. Ostwald, Bd. 2, Bln. 1904).

AMBROSE GWINNETT BIERCE

* 24.6.1842 Meigs County / Oh.
† 11.1.1914 (?) Ojinaga / Mexiko (?)

LITERATUR ZUM AUTOR:
Bibliographien:
A. G. B.: *Bibliography and Biographical Data*, Hg. J. Gaer, Folcroft 1935; ern. NY 1968. – P. Fatout, *A. B. (1842–1914)* (in American Literary Realism, 1, 1967, S. 13–19). – G. E. Fortenberry, *A. B. (1842–1914?): A Critical Bibliography of Secondary Comment* (ebd., 4, 1971, S. 11–56). – C. N.

Davidson, *Selected Bibliography of Works By and About A. B.* (in *Critical Essays on A. B.*, Hg. dies., Boston 1982, S. 228–237).
Forschungsbericht:
J. F. Thomas, *A. B.* (in American Literary Realism, 8, 1975, S. 198–201).
Biographien: C. McWilliams, *A. B.: A Biography*, NY 1929; ern. 1967. – P. Fatout, *A. B.: The Devil's Lexicographer*, Norman 1951. – Ders., *A. B. and the Black Hills*, Norman 1956. – R. O'Connor, *A. B.: A Biography*, Boston 1967. – R. Saunders, *A. B.: The Making of a Misanthrope*, San Francisco 1985.
Gesamtdarstellungen und Studien:
V. Starrett, *A. B.*, Chicago 1920. – C. H. Grattan, *Bitter B.: A Mystery of American Letters*, Garden City 1929. – A. M. Miller, *The Influence of E. A. Poe on A. B.* (in AL, 4, 1932, S. 337–349). – C. D. Hall, *B. and the Poe Hoax*, San Francisco 1943. – R. H. Behrens, *A. B. (1842–1914)*, Diss. Tübingen 1951. – O. Friedrich, *The Passion of Death in A. B.* (in Zero, 2, 1956, S. 72–94). – H. W. Bahr, *A. B. and Realism* (in Southern Quarterly, 1, 1963, S. 309–331). – E. Solomon, *The Bitterness of Battle: A. B.'s War Fiction* (in Midwest Quarterly, 5, 1963/1964, S. 147–165). – R. A. Wiggins, *A. B.*, Minneapolis 1964. – S. C. Woodruff, *The Short Stories of A. B.*, Pittsburgh 1964. – M. E. Grenander, *A. B.*, NY 1971 (TUSAS). – S. B. Field, *A. B. as a Comic* (in Western Humanities Review, 31, 1977, S. 173 bis 180). – *Critical Essays on A. B.*, Hg. C. N. Davidson, Boston 1982. – C. N. Davidson, *The Experimental Fictions of A. B.*, Lincoln/Ldn. 1984.

THE CYNIC'S WORD BOOK

(amer.; *Aus dem Wörterbuch des Teufels*). Epigramme und Maximen von Ambrose BIERCE, einzeln veröffentlicht seit 1881, in Buchform erschienen 1906. – Als ein Wörterbuch geistreicher und geschliffener Definitionen, gewürzt mit Scheinzitaten, Spottgedichten, Aussprüchen völlig frei erfundener Gelehrter und von Bitterkeit und Nihilismus erfüllten Wortspielen bietet sich diese eigenartige Mixtur dar, die Bierce der Öffentlichkeit zunächst unter dem Titel *The Cynic's Word Book*, später als *The Devil's Dictionary (Wörterbuch des Teufels)* präsentierte.
Der Verfasser dieses »Lexikons« war offensichtlich ein Misanthrop und Zyniker. Boshaft und tiefsinnig zugleich wendet er sich gegen jede Art von Kauderwelsch und Humbug, gegen Heuchelei, geistige Trägheit und Selbstbetrug aller Schattierungen. Zwar gleitet er gelegentlich ins rein Persönliche ab, läßt seinem Zynismus die Zügel schießen und verfällt hie und da der Routine – aber in seinen besten Epigrammen (und damit im größten Teil des Werkes) beweist er immer wieder, daß er zu den interessantesten Vertretern jener Gruppe amerikanischer Journalisten zählt, die Engstirnigkeit und Spießbürgermoral im öffentlichen Leben ihres Landes an den Pranger stellten. Auch der Kritiker H. L. MENCKEN, der seine Geistesverwandtschaft mit dem »*bitteren Bierce*« offen zugab, gehörte dieser Gruppe an, deren erklärtes Ziel es war, das Niveau des amerikanischen Geisteslebens zu heben und ihm neue Impulse zu geben. Wie alle diese Publizisten war auch Bierce bisweilen gezwungen, sein Talent und seine anarchistischen Neigungen mit Rücksicht auf die Leserschaft zu zügeln. Im großen und ganzen sicherte er sich jedoch als eine Art tolerierter Hofnarr genügend Spielraum für seinen beißenden, bewußt verletzenden Witz. Seine Opfer attackierte er erbarmungslos, oft sogar jenseits aller Regeln des guten Geschmacks und einer gewissen sportlichen Fairness. Zur Zielscheibe seines Spottes machte er vor allem Geistliche und Politiker, überhaupt jene Vertreter einer Autorität, die sich in Ausübung ihrer Macht auf eine besondere göttliche oder irdische Fügung berufen zu können glaubten. Aber auch sonst kannte er in seinem Mißtrauen und in seiner Bitterkeit kaum Grenzen.
Einige seiner Definitionen:
»*Egoist: Eine Person von schlechtem Geschmack, die sich für sich mehr als für mich interessiert.*
Schicksal: Die Rechtfertigung eines Tyrannen für seine Verbrechen und eines Narren für sein Versagen.
Politik: Ein Interessenwettstreit, getarnt als ein Streit der Grundsätze. Die Abwicklung öffentlicher Angelegenheiten zum Vorteil einzelner.
Ein Heiliger: Ein toter Sünder, revidiert und redigiert.« J.v.Ge.-KLL

AUSGABEN: Ldn./NY 1906. – NY 1911 (*The Devil's Dictionary*, in *Collected Works*, Bd. 7). – NY 1946 (in *The Collected Writings*; Vorw. C. Fadiman; [4]1968). – Harmondsworth 1967 (*The Enlarged Devil's Dictionary*, Hg. E. J. Hopkins). – Owing Mills 1978 (*The Devil's Dictionary*).

ÜBERSETZUNGEN: *Aus dem Wörterbuch des Teufels*, A. Kuoni, Zürich 1964; ern. 1970 [Ill. W. Rieser; Nachw. H. Loetscher]. – Dass., D. E. Zimmer, Ffm. 1966; ern. 1983 (Insel Tb). – Dass., R. Fenzl, Mchn. 1981 (Ausw.; engl.-dt.; dtv). – *Des Teufels kleines Wörterbuch*, H. Petersen, Bln. 1984.

LITERATUR: W. Follett, *A. B., An Analysis of the Perverse Wit That Shaped His Work* (in Bookman, 68, Nov. 1928, S. 284–289). – J. M. Highsmith, *The Forms of Burlesque in »The Devil's Dictionary«* (in Satire Newsletter, 7, 1970, S. 115–127). – L. Harris, *Satan's Lexicographer* (in American Heritage, 28, 1977, S. 56–63).

FANTASTIC FABLES

(amer.; *Phantastische Fabeln*). Satirische Skizzen von Ambrose BIERCE, erschienen 1899. – Einer reichen Dame, die im Begriff steht, eine schmutzige Straße zu überqueren, wird bedeutet, dieser Tortur brauche sie sich nicht zu unterziehen, denn Dutzende von Journalisten wären nur allzu bereit, ihr in der Hoffnung, später einmal davon zu profitieren, den Weg mit ihren eigenen Körpern zu pflastern. – Ein Millionär besucht seinen Vater im Armenhaus einzig zu dem Zweck, ihn einen für den Sohn sehr lukrativen Lebensversicherungsvertrag unterschreiben zu lassen. – Ein kranker alter Mann läßt zwei Ärzte kommen, die ihm völlig verschiedene Medikamente verschreiben; als sie sich über ihre gegensätzlich Diagnosen streiten, erklärt der Alte, daß er in Wirklichkeit schon längst genesen sei, und zwar ohne jede ärztliche Hilfe. – Im Himmel erheben zwei Frauen, die eine als Ehegattin, die andere als Geliebte, Anspruch auf denselben Mann, der eben eingetroffen ist; der weise Petrus schickt den Mann in die Hölle *(»the other place«)* mit der Begründung, er wolle seine Leiden auf Erden nicht auch noch im Himmel verlängern.

In diesen und einer Reihe ähnlicher Fabeln, die meist nicht mehr, oft sogar weniger als eine Druckseite einnehmen, gibt sich Bierce bewußt von seiner journalistischen Seite. Verglichen mit dem sieben Jahre später veröffentlichten *The Cynic's Word Book* – später als *The Devil's Dictionary* bekannt – gehen ihm in den *Phantastischen Fabeln* die Sarkasmen und provokativehn Bitterkeiten eines Außenseiters, der ganz Kind seiner Zeit und Nation, aber nirgendwo in ihr zu Hause war, noch allzu glatt von den Lippen und wirken häufig wie die billigen Zynismen des von Berufs wegen »hartgesottenen« Journalisten. Beliebte Angriffsobjekte des Autors sind Fachleute, deren Wissen und Können in keinem Verhältnis stehen zu ihrer Selbstgefälligkeit, Journalisten, Millionäre und das weibliche Geschlecht. Es ist offensichtlich, daß Bierce diese kurzen Stücke als eine zeitbezogene und zeitgebundene Attacke gegen soziale, politische und wirtschaftliche Mißstände veröffentlichte und damit, im Unterschied zu seinen teilweise brillanten Erzählungen, von vornherein keine literarischen Ambitionen verfolgte. J.v.Ge.

AUSGABEN: NY/Ldn. 1899. – NY 1909–1912 (in *Collected Works*, Hg. W. Neale, 12 Bde., 6). – NY 1946 (in *The Collected Writings*; Vorw. C. Faridan; ⁴1968). NY 1970. – NY 1976.

ÜBERSETZUNG: *Die Spottdrossel*, J. Uhlmann, Zürich 1963; ern. 1976 (Ausw. u. Einl. M. Hottinger; Ill. T. Ungerer; detebe).

LITERATUR: G. Snell, *Poe Redivivus* (in Arizona Quarterly, 1945, S. 49 bis 57). – Th. L. Wymer, A. B. (in *Supernatural Fiction Writers: Fantasy and Horror, 2: A. E. Coppard to Roger Zelazny*, Hg. E. F. Bleiler, NY 1985, S. 731–737).

AN OCCURRENCE AT OWL CREEK BRIDGE

(amer.; *Eine Begebenheit an der Owl-Creek-Brücke*). Kurzgeschichte von Ambrose BIERCE, erschienen 1891. – »*Ein Mann stand auf einer Eisenbahnbrücke im nördlichen Alabama und sah ins Wasser, das zwanzig Fuß unter ihm dahinschoß. Die Hände des Mannes waren auf seinem Rücken mit einer Schnur zusammengebunden. Ein Strick umschloß eng seinen Hals.*« Der Mann ist Peyton Farquhar, ein Pflanzer aus den Südstaaten, der im Sezessionskrieg wegen versuchter Sabotage von Yankeesoldaten hingerichtet werden soll. Das Brett wird ihm unter den Füßen weggezogen, er fällt. Da scheint das Seil zu reißen, und Farquhar spürt das Wasser über sich zusammenschlagen. Er befreit sich von seinen Fesseln, schwimmt im Kugelregen des Hinrichtungskommandos ans Ufer, flüchtet weiter durch die Wälder, erreicht sein Haus, erblickt seine herbeieilende Frau, als plötzlich »*ein blendendes Licht alles um ihn herum auslöscht, mit einem Donner wie von einem Kanonenschuß – dann ist alles dunkel und still. Peyton Farquhar war tot, mit gebrochenem Hals schwang sein Körper sanft unter den Balken der Owl-Creek-Brücke hin und her.*« Die überraschende Schlußwendung, die die Flucht des Delinquenten als Phantasie in den wenigen Augenblicken zwischen Leben und Tod entlarvt, ist über den erzählerischen Effekt hinaus bezeichnend für die Situation des Menschen, wie sie der Autor, zwischen Mitleid und fast zynischer Ironie schwankend, sah: Wie Farquhar in einem letzten Aufbäumen seines Lebenswillens dem Tod noch einmal zu entfliehen sucht, dabei aber nur einer Selbsttäuschung zum Opfer fällt, so besiegelt der Tod die Vergeblichkeit aller auf das Leben gerichteten Anstrengungen und Träume des Menschen. Gerade weil Bierce die Geschichte ohne jedes Pathos erzählt, ist sie als Darstellung der Vergeblichkeit des menschlichen Lebenswillens um so wirkungsvoller. Dabei steht Farquhars Fluchtphantasie in engem Konnex zu seiner realen Situation: Ähnlich wie bei einem Träumenden physische Empfindungen bestimmte Traumbilder auslösen können, so stehen bei dem Gehängten die physischen Reaktionen und die Details der imaginären Flucht in enger Beziehung zueinander. In dem Augenglick zum Beispiel, als ihm die Zunge aus dem Mund tritt, scheint sie ihm in seiner Phantasie »*vor Durst geschwollen*«; und »*er kühlte ihre Fieberhitze, indem er sie zwischen den Zähnen hindurch in die kalte Luft streckte*«.

Die Erzählung, eine der berühmtesten des Autors, erschien damals in *Tales of Soldiers and Civilians* (*Erzählungen von Soldaten und Zivilisten*) und stellt zusammen mit den anderen Stücken des Bandes den Niederschlag von Bierces eigenen Erfahrungen im Bürgerkrieg dar, den er – allerdings ohne politisches oder humanitäres Engagement – auf der Seite der Nordstaaten erlebte und gerade dank seiner ideologischen Ungebundenheit als sinnlose, barbarische Raserei erkannte und darstellte. Seine Erzählungen zeigen »*Menschen, deren letztes Ziel es zu sein schien, mit dem unfaßbar Grausigen konfrontiert zu werden und ihm zu erliegen*« (K. B. Leder). Das immer wiederkehrende Thema des Autors ist das Sterben, seine Absicht, sich mit dem Sterbenden zu identifizieren, entspringt seinem Mit-Leiden.

J.v.Ge.-KLL

AUSGABEN: San Francisco 1891 (in *Tales of Soldiers and Civilians*; Privatdr.). – Ldn. 1892 (in *In the Midst of Life*; erw.). – NY 1909 (in *Collected Works*, 12 Bde., 1909–1912, 2; ern. 1966). – NY 1943 (in *Tales of Soldiers and Civilians*, Hg. u. Einl. J. H. Jackson; Ill. P. Landacre). – NY 1946 (in The *Collected Writings*; Vorw. C. Fadiman; 41968). – Stg. o. J. (in *Great American Short Stories*, Hg. H. Bodden u. H. Kaussen). – Ldn. 1988 (in *Collected Writings*).

ÜBERSETZUNGEN: *Der Vorfall an der Eulenbachbrücke*, T. Noah (in *Physiognomien des Todes, Novellen*, Mchn. 1920). – *Die Brücke über dem Eulenfluß*, G. Günther (in *Mein Lieblingsmord u. a. Erzählungen*, Ffm. 1963). – *Der Zwischenfall auf der Eulenflußbrücke*. A. Dangel (in *Bittere Stories*, Bremen 1965). – *Eine Begebenheit an der Owl-Creek-Brücke*, K. B. Leder (in *Der Gnadenstoß. Geschichten des Grauens*, Reinbek 1965; m. Nachw.). – *Zwischenfall auf der Eulenfluß-Brücke: Erzählungen*, W. Beyer u. a., Leipzig 1966. – *Mitten im Leben sind wir vom Tod umfangen: Erzählungen von Soldaten und Zivilisten aus dem amerikanischen Sezessionskrieg*, E. Schnack, Ffm. 1978.

VERFILMUNG: *La rivière du hibou*, Frankreich 1961 (Regie: R. Enrico).

LITERATUR: D. R. Weimer, *A. B. and the Art of War* (in French Essays, Hg. R. Kirk u. C. F. Main, New Brunswick 1960, S. 229–238). – E. Wilson, *A. B. on the Owl Creek Bridge* (in E. W., *Patriotic Gore; Studies in the Literature of American Civil War*, Oxford 1962). – F. H. Marcus, *Film and Fiction: »An Occurrence at Owl Creek Bridge«* (in California English Journal, 7, 1971, S. 14–23). – R. Schöwerling, *A. B.: »An Occurrence at Owl Creek Bridge«* (in *Die amerikanische Kurzgeschichte*, Hg. K. H. Göller u. G. Hoffmann, Düsseldorf 1972, S. 149–158). – F. J. Logan, *The Wry Seriousness of ›Owl Creek Bridge‹* (in American Literary Realism, 10, 1977, S. 101–113). – J. W. Palmer, *From Owl Creek to »La Rivière du Hibou«: The Film Adaptation of B.'s »An Occurrence at Owl Creek Bridge«* (in Southern Humanities Review, 11, 1977, S. 363 bis 371). – E. Pelletier, *La Théorie des fonctions du langage au cinéma: Un Essai d'application* (in Études Littéraires, 13, 1980, Nr. 1, S. 42–70). – K. Fabó, *A. B.: »An Occurrence at Owl Creek Bridge«* (in Acta Litteraria Academiae Scientiarum Hungaricae, 24, 1982, Nr. 1/2, S. 225 bis 232). – J. G. Powers, *Freud and Farquar: An Occurrence at Owl Creek Bridge?* (in Studies in Short Fiction, 19, 1982, Nr. 3, S. 278–281).

A RESUMED IDENTITY

(amer.; *Eine wiedergewonnene Identität*). Kurzgeschichte von Ambrose BIERCE, erschienen 1893. – Ein Leutnant der Unionsarmee aus dem Stab von General Hazen findet sich plötzlich am Stone River, dem Schauplatz einer der Schlachten, die Hazens Brigade im amerikanischen Bürgerkrieg schlug, wieder. In der Morgendämmerung glaubt er eine geschlagene Armee auf dem Rückzug lautlos vorbeimarschieren zu sehen. Als sie verschwunden ist, hält sich der Leutnant für einen Nachzügler der Truppe, als deren Marschziel er Nashville vermutet. Auf dem Weg dorthin trifft er einen Arzt, den er nach der Truppe fragt. Diesem fällt auf, daß der Leutnant wesentlich älter aussieht als ein angeblich Dreiundzwanzigjähriger; er versichert, keine Armee gesehen zu haben, und macht den verblüfften Soldaten darauf aufmerksam, daß er Zivilkleider trägt. Der Leutnant behauptet, in der Schlacht eine Kopfverletzung erlitten zu haben, wenn auch offenbar nur eine leichte, da an seinen immer wieder den Kopf betastenden Händen kein Blut zu sehen sei. Die Erwähnung dieser Verwundung liefert dem Arzt die Erklärung für das Verhalten des Soldaten: Gedächtnis- und Identitätsverlust durch Kopfverletzung. Als der Leutnant allein weitergeht, kommt er zu einem verwitterten Denkmal, dessen Inschrift an die hier gefallenen Soldaten der Brigade Hazens erinnert. Erschüttert von der Erkenntnis, daß seit der Schlacht Jahrzehnte vergangen sein müssen, schleppt er sich zu einer Pfütze, um zu trinken, und sieht im Wasser sein Gesicht: Es ist das eines alten Mannes, voller Falten und Runzeln. »*Er stieß einen furchtbaren Schrei aus. Seine Arme versagten, er fiel mit dem Gesicht in die Pfütze und gab das Leben auf, das ein anderes Leben überdauert hatte.*« Wie und wo er die Jahre zwischen der Schlacht und dem plötzlichen, tödlichen Wiederfinden seiner Identität verbrachte, bleibt offen. Die bittere, makabre Geschichte ist charakteristisch für Bierces Erzählungen von gespenstischen und übernatürlichen Erlebnissen, in denen das Entsetzliche und das Halluzinatorische stets eine rationale Erklärung finden. Anders als POE, mit dem er zu seinem Unwillen immer wieder verglichen wurde, läßt Bierce der symbolischen Deutung keinen Raum; die tiefere Bedeutung ergibt sich bei ihm allein aus der Verknüpfung des Imaginierten mit der Wirklichkeit. Was seine Prosastücke unverwechselbar macht, ist ihre »*kurze, aber ausgereifte Form, die in einer überraschenden Schlußwendung dem Dargestellten eine Pointe, ja oft einen völlig neuen schockierenden Aspekt abgewinnt, ohne daß der Erzähler selbst mit einer Moral oder einer Aufklärung eingreifen müßte*« (K. B. Leder). Auch *A Resumed Identity* zeichnet sich durch einen Erzählstil von äußerster Knappheit und fast zynischer Teilnahmslosigkeit aus. J.v.Ge.

AUSGABEN: NY 1893 (in *Can Such Things Be?*). – Washington 1903 (ebd.). – NY 1946 (in *Collected Writings*; Einl. C. Fadiman; 41968). – NY 1966 (in *Collected Works*, 12 Bde., 3). – Ldn. 1988 (in *Collected Writings*).

ÜBERSETZUNG: *Eine wiedergewonnene Identität*, G. Günther (in A. B., *Mein Lieblingsmord u. a. Erzählungen*, Ffm. 1963).

LITERATUR: H. L. Sheller, *The Satire of A. B., Its Objects, Forms, Devices and Origins*, Diss. Southern California College 1945.

A SON OF THE GODS. A Study in the Present Tense

(amer.; *Ein Sohn der Götter. Eine Studie im Präsens*). Kurzgeschichte von Ambrose BIERCE, erschienen 1891. – Während des amerikanischen Bürgerkriegs hat ein Regiment, das den im Rückzug befindlichen feindlichen Truppen folgt, an einem Waldrand haltgemacht und sich vor einem langgestreckten Hügel postiert, hinter dem sich offenes, keinerlei Deckung bietendes Gelände erstreckt. Um Standort und Stärke des Feindes auszumachen, läßt man einen jungen Freiwilligen auf einem weißen Pferd mit leuchtend roter Satteldecke auf den Hügel reiten und sich als lebende Zielscheibe anbieten. Als das Feuer auf ihn eröffnet wird, bleibt er zunächst wie durch ein Wunder unverletzt und reitet heldenmütig den Hügelkamm entlang. Erst als der Feind durch die Heftigkeit des Beschusses seine Stärke verraten hat, trifft den Reiter die tödliche Kugel. Der Zweck des Unternehmens scheint erreicht: Statt eines Stoßtrupps hat das Regiment nur einen Mann verloren. Aber die Opfertat dieses *»soldatischen Christus«* war umsonst. Seine Kameraden erliegen dem *»Magnetismus von Mut und Hingabe«* und greifen ohne Befehl an. Als zum Rückzug geblasen wird, sind viele gefallen.

Für den Leser mag diese Schlußwendung überraschend kommen, für den Autor, der als Offizier der Unionstruppen am Bürgerkrieg teilnahm, solche Extremsituationen kannte und sie später immer wieder literarisch verarbeitete, ist sie die einzig mögliche. Seine Erzählung, deren paradigmatischer Charakter durch das konstant durchgehaltene Präsens betont wird, zielt von Anfang an auf die bitter ironische Enthüllung der heroischen Geste als Tollkühnheit, die unweigerlich eine Massenhysterie auslöst und damit das strategisch sinnvolle Unternehmen zu Sinnlosigkeit verurteilt. *A Son of the Gods* ist ein Musterbeispiel für Bierces Kunst, auf wenigen Seiten die psychologischen Auswirkungen des Fronterlebnisses deutlich zu machen, und hat, wie viele seiner Kurzgeschichten über die Komplexität und Ambivalenz der Einstellung des Menschen zum Krieg, dessen realistische Darstellung in der amerikanischen Literatur entscheidend gefördert.

J.v.Ge.

AUSGABEN: San Francisco 1891 (in *Tales of Soldiers and Civilians*). – NY 1909 (in *The Collected Works*, 12 Bde., 1909–1912, 2; ern. 1966). – NY 1943 (in *Tales of Soldiers and Civilians*k, Hg. u. Einl. J. H. Jackson; Ill. P. Landacre). – NY 1946 (in *The Collected Writings*; Einl. C. Fadiman; 4 1968). – Ldn. 1988. (in *Collected Writings*).

ÜBERSETZUNGEN: *Ein Sohn der Götter*, H. Poeschel (in *Physiognomien des Todes. Novellen*, Einl. G. Scheffauer, Mchn. 1920). – Dass. W. Beyer u. J. Marten (in *Bittere Stories*, Ausw. K.-H. Wirzberger u. Nachw. A. Weber, Bremen 1965; Slg. Dieterich).

WOLF BIERMANN

* 15.11.1936 Hamburg

DAS LYRISCHE WERK von Wolf BIERMANN. Ohne jemals in der DDR ein Buch oder eine Schallplatte veröffentlicht zu haben, wurde Biermann vielleicht der wirksamste, zumindest der bekannteste literarische Kritiker des ersten sozialistischen Staates auf deutschem Boden, zu dessen Gesellschaftsordnung er sich aber stets solidarisch bekannte. Der Sohn eines 1943 in Auschwitz ermordeten Kommunisten übersiedelte 1953 von Hamburg in die DDR, wo er nach einem Philosophiestudium und seiner Tätigkeit als Regieassistent am »Berliner Ensemble« (1957–1959) in Gedichten, Liedern und Balladen ironisch-sarkastisch die Diskrepanz zwischen Anspruch und Wirklichkeit der DDR anprangerte, was ihm, nach der Publikation einiger Gedichte in DDR-Zeitschriften und Anthologien sowie nach einem Auftritt im Ost-Berliner Kabarett »Die Distel« 1965 auf dem 11. Plenum des ZK der SED zusammen mit Autoren wie Manfred BIELER, Werner BRÄUNING, Peter HACKS, Stefan HEYM, Günter KUNERT, Heiner MÜLLER und dem Naturwissenschaftler Robert HAVEMANN ein Publikations- und Aufführungsverbot einbrachte. »*Unsere DDR ist ein sauberer Staat. In ihr gibt es unverrückbare Maßstäbe der Ethik und Moral, für Anstand und gute Sitte«*, so der damalige Berichterstatter der Sitzung, Erich Honecker, wogegen den kritisierten Autoren »*anarchistische«*, »*liberalistische«* und »*pornographische«* Neigungen vorgehalten wurden.

In den elf Jahren, in denen Biermann in der DDR zum Schweigen verurteilt war, erschienen seine Lieder und Gedichte in der Bundesrepublik: *Die Drahtharfe* (1965), *Mit Marx- und Engelszungen* (1968), *Deutschland. Ein Wintermärchen* (1972) sowie *Für meine Genossen* (1972). 1976 konnte Biermann vor der evangelischen Kirchengemeinde in Prenzlau im Rahmen eines Gottesdienstes zwar erstmals wieder auftreten, aber im November desselben Jahres wurde ihm, während einer von der IG Metall organisierten Konzerttournee durch die Bundesrepublik, die Staatsbürgerschaft der DDR entzogen. Der Vorgang führte zu einem offenen Protestbrief von zwölf DDR-Autoren, darunter Christa WOLF, Heiner MÜLLER, Stephan HERMLIN und Jurek BECKER und in der Folgezeit zu einem Exodus vieler, vor allem junger DDR-Künstler in den Westen, womit die in den frühen siebziger Jahren sich andeutende Liberalisierung in der Kulturpolitik der SED ein jähes Ende fand. Seit 1976 veröffentlichte Biermann in der Bundesrepublik die Bände *Preußischer Ikarus* (1978), *Verdrehte Welt – das seh' ich gerne* sowie *Affenfels und Barrikade* (1986).

Biermann war für die DDR-Behörden von jeher ein Ärgernis, weil er sich auf die besten Traditionen des Marxismus bezog: Kritik an den bestehenden Verhältnissen mit dem Maßstab, wieweit die sinnlich-spontanen, die existentiellen Bedürfnisse und Interessen des einzelnen zu ihrem Recht kommen. Immer wieder reklamiert er dafür sein politisches Idol Rosa LUXEMBURG: »*Die DDR braucht endlich – und wie! – / Rosas ›rote Demokratie‹*«, immer wieder wendet er sich gegen Untertanengeist und staatliche Bestrebungen, sich eine unbedingte Verfügungsgewalt über die Bürger zu sichern. Es gehört zu den paradoxen Begleitumständen der Biographie Biermanns, daß er seine eigentlichen Adressaten, das Publikum der DDR, aufgrund der Aufführungs- und Publikationsverbote nicht erreichen konnte, während seine erste Sammlung *Die Drahtharfe* (1965) zu einem der erfolgreichsten Lyrikbände der bundesdeutschen Nachkriegsliteratur avancierte. Der Band enthält neben sinnlichfrecher Natur- und Liebeslyrik, die ihre Vorbilder VILLON und BRECHT *(Die Buckower Elegien)* nicht verleugnet, die politisch-provokativen *Beschwichtigungen und Revisionen*; opportunistische Auftragsdichtung bezeichnet er als »*Schweinefraß*«, seine Aufgabe als Dichter sieht er darin, den konfliktscheuen Parteifunktionären den »*Bittersaft meiner Wahrheit*« zu präsentieren. Wie Heiner Müller weiß auch Biermann, daß hier ein grundsätzlich verändertes Verhältnis zweier Generationen zum sozialistischen Staat vorliegt: Während den alten Genossen mit den »*müden ... verhärteten Augen*« die DDR das Ziel politischer Kämpfe war, ist sie der jungen Generation der »*bittre Anfang nur*«, der nach Veränderung »*schreit*«. Das Vorwärtsstreben der Revolution, die Demokratisierung und Entstalinisierung des sozialistischen Alltags beherrschen auch die Thematik der Sammlung *Mit Marx- und Engelszungen* (1968), in der Biermann seine Sympathie für den Prager Frühling nicht verhehlt: »*Die Revolution macht sich wieder frei / Marx selber und Lenin und Rosa und Trotzki / stehen den Kommunisten bei*« (*In Prag ist Pariser Kommune*).

Es hängt mit den Publikationsbedingungen zusammen, unter denen der Kommunist Biermann zu leiden hatte, daß er auch im Westen bevorzugt als Kritiker des DDR-Staates gelesen wurde, obgleich er aus seiner grundsätzlichen Ablehnung der kapitalistischen Verhältnisse kein Hehl machte, wie seine *Hetzlieder gegen den Krieg und Lobpreisungen des Friedens* bezeugen, die in dem Band *Mit Marx- und Engelszungen* enthalten sind, vor allem aber sein Poem *Deutschland. Ein Wintermärchen* (1972). Bereits Ende 1964 in Anspielung auf Heinrich HEINE entstanden, kritisiert Biermann die Relikte preußischen Staatsdenkens in der DDR und das Überdauern faschistoider Züge in der Bundesrepublik und beschwört die Tradition der deutschen Arbeiterbewegung. Auf der Suche nach Hamburgs Schutzgöttin Hammonia trifft er den von den Nazis ermordeten Ernst (»Teddy«) Thälmann; er befreit ihn von seinen stalinistischen Vorstellungen und gemeinsam brechen sie auf, noch einmal ihren revolutionären »*Menschheitstraum*« zu wagen: »*Die Zukunft, Freunde, ist ja längst / Und schmerzlich angebrochen!*«, der abschließende »*Gesang für meine Genossen*« feiert die Befreiungsbewegung des Westens und die tschechischen Reformer von 1968, ohne aber eine konkrete Perspektive in der deutschen Gegenwart benennen zu können. Dieses Gedicht ist dem ebenfalls 1968 veröffentlichten Band *Für meine Genossen* vorangestellt, dessen *Hetzlieder und Gedichte* einen zunehmend resignativen Ton aufweisen. Mit zunehmender Bitternis porträtiert Biermann die *Monopolbürokraten* (»*In deinem Land ist die Revolution / Lebendig / Begraben, Genosse, du feierst zu früh*«) und entlarvt BRECHTS »*Nachgeborene*« (aus dessen Gedicht *An die Nachgeborenen*) als »*nachgestorbene Vorgestorbene / Voller Nachsicht nur mit sich selber / Öfter noch als die Schuhe die Haltung wechselnd*«.

Biermanns Gedichte und Balladen sind zumeist als Lieder konzipiert, ihre eigentliche Wirkung gewinnen sie im unverwechselbaren Vortrag des Autors selbst, der sein Publikum direkt aktivieren will (»*Ach verzagt nicht, Freunde...*«, »*Warte nicht auf bessere Zeiten...*«), der aber auch über dem politischen Kampf den Genuß, die Emotionen nicht vergessen lassen will: »*Rote Zeit, Zeit der Revolution, Zeit der Liebe*«. Mit seiner Musik, deren Eingängigkeit den Text nicht reduziert, sondern ihn gegen den Strich bürstet, die Pausen, Einschübe, Reflexionen erlaubt und doch über den Refrain den Zusammenhalt herstellt, und mit seinen Texten, in denen Vulgarismen und Zärtlichkeiten, Öffentliches und Privates unvermittelt nebeneinanderstehen, traf Biermann vor allem den Nerv der Zeit der Studentenbewegung. Bei seiner Ausbürgerung 1976 stand er mit diesem Gestus jedoch außerhalb des Trends der bundesdeutschen Gesellschaft. Der 1978 erschienene Band *Preußischer Ikarus* enthält zunächst noch in der DDR entstandene Liebeslieder und Gedichte und beschreibt dann, nach einem erläuternden Prosatext *(Vorworte)*, Biermanns neue Erfahrungen in der Bundesrepublik. Von Deutschland nach Deutschland »*in das Exil*« gekommen, sieht er sich keineswegs in einer besseren Situation: »*Hier fallen sie auf den Rücken / Dort kriechen sie auf dem Bauche / Und ich bin gekommen ... vom Regen in die Jauche*« (*Deutsches Miserere*).

Biermann hat Schwierigkeiten, innerhalb der westdeutschen Linken seinen Platz zu finden, teils, weil diese nach seiner Einschätzung in »*linkem Sektenzwist*« zerfallen ist, weshalb er sich mehr zu den kommunistischen Parteien Frankreichs, Spaniens und Italiens hingezogen fühlt, teils auch, weil seine bekenntnishaften Auftritte nicht frei waren von Larmoyanz und Sentimentalität. Schon 1965, nach dem über ihn verhängten Publikationsverbot in der DDR, war sich Biermann der möglichen persönlichen Folgen durchaus bewußt, der Gefahr, sich »*mit der Dornenkrone des Märtyrers zu schmücken*«, des Wissens um die »*Pose des ›pomphaft weinerlichen‹ Sozialismus ... in mir‹*, und als er 1980 eine Tournee gegen den CDU/CSU-Kandidaten Franz Josef Strauß unternahm, resümierte der ›Spiegel‹-Autor Chr. SCHULTZ-GERSTEIN ebenso treffend wie böse, Biermann singe »... *nicht politische Lieder, sondern Lieder, deren ganzer Inhalt sich darin erschöpft, zu beweisen, daß er nach wie vor ein linker Barde ist.*« In den späteren Gedichtbänden *Verdrehte Welt – das seh' ich gerne* (1982) und *Affenfels und Barrikade* (1986) blickt Biermann selbstkritisch auf die Protestbewegung der siebziger Jahre, in der er dem »*eigentlich unpolitisch politischen Pöbel*« oftmals als Alibifigur gedient hatte, sich aber auch gerne hatte andienen lassen. Neben die politischen Texte treten nun traurig-private Gedichte, Reiseerfahrungen in der westlichen Welt *(Vom Lesen in den Innereien: »noch nie sah ich menschen so freundlich und / verhältnisse nirgendwo so brutal«)*. Seine Position zwischen utopischem Anspruch und gesellschaftlicher Wirkungslosigkeit reflektiert Biermann in Gedichten über HÖLDERLIN *(Hölderlin in Bordeaux; Hölderlin im Turm)*, illusionslos und gleichzeitig »*hoffnungsblind*« setzt er aber weiterhin »*auf die sanfte Gewalt / der Vernunft*« *(Geständis)*. C.Kn.-KLL

AUSGABEN: *Die Drahtharfe. Balladen, Gedichte, Lieder*, Bln. 1965. – *Mit Marx- und Engelszungen. Gedichte, Balladen, Lieder*, Bln. 1968. – *Für meine Genossen. Hetzlieder, Gedichte, Balladen*, Bln. 1972. – *Deutschland. Ein Wintermärchen*, Bln. 1972. – *Nachlaß I. Noten, Schriften, Beispiele*, Köln 1977 [enth. alle bisher ersch. Sammlungen]. – *Preußischer Ikarus. Lieder/Balladen/Gedichte/Prosa*, Köln 1978; Mchn. 1981. – *Verdrehte Welt – das seh' ich gerne. Lieder/Balladen/Gedichte/Prosa*, Köln 1982; Mchn. 1985. – *Affenfels und Barrikade. Gedichte, Lieder, Balladen*, Köln 1986.

SCHALLPLATTEN: *W. B. (Ost) zu Gast bei Wolfgang Neuss (West)*, 1965. – *Vier neue Lieder*, 1968. – *Chausseestraße 131*, 1969. – *Warte nicht auf beßre Zeiten*, 1973. – *aah-ja!*, 1974. – *Liebeslieder*, 1975. – *Es gibt ein Leben vor dem Tod*, 1976. – *Es geht sein' sozialistischen Gang*, 1976. – *Der Friedensclown*, 1977. – *Trotz alledem*, 1978. – *Hälfte des Lebens*, 1979. – *Eins in die Fresse, mein Herzblatt*, 1980. – *Wir müssen vor Hoffnung verrückt sein*, 1982. – *Im Hamburger Federbett*, 1983. – *Die Welt ist schön*, 1985. – *Seelengeld*, 1986.

LITERATUR: *W. B.*, Hg. H. L. Arnold, Mchn. 1975; erw. 1980 (Text u. Kritik). – *W. B., Liedermacher und Sozialist*, Hg. T. Rothschild, Reinbek 1976. – M. Reich-Ranicki, Rez. (in FAZ, 17. 10. 1978). – D. P. Meier-Lenz, *Heinrich Heine – W. B.: Deutschland. Zwei Wintermärchen*, Bonn 1979; erw. 1985. – B. Allenstein u. M. Behn, *W. B.* (in KLG, 5. Nlg., 1980). – P. Demetz, Rez. (in FAZ, 6. 11. 1982). – J. Haupt, *Sozialistische Naturlyrik bei W. B.* (in die horen 126, 1982, H. 2, S. 25–42). – P. Zimmermann, *Der Sturz des preußischen Ikarus. – Zur Wirkungsgeschichte eines deut-* *schen Sängers* (in *Deutsche Misere einst und jetzt*, Hg. P. G. Klussmann u. H. Mohr, Bonn 1982, S. 177–198). – M. Jäger, »*Am liebsten*«: *eine melancholische Ermutigung. Zu W. B.s Lied »Und als wir ans Ufer kamen«* (in *Gedichte und Interpretationen*, Bd. 6, Hg. W. Hinck, Stg. 1983, S. 319–327). – T. Rothschild, Rez. (in FRs, 1. 10. 1986). – R. Baumgart, Rez. (in FAZ, 10. 1. 1987).

J. M. A. BIESHEUVEL

eig. Jacobus Martinus Arend Biesheuvel
* 23.5.1939 Schiedam

IN DE BOVENKOOI

(ndl.; *In der oberen Koje*). Erzählungsband von Jacobus M. A. BIESHEUVEL, erschienen 1972. – Der von Publikum und Kritik mit großem Beifall bedachte Band – das literarische Debüt des Autors – erfuhr in rascher Folge etliche Neuauflagen. 1981 erschien eine überarbeitete Ausgabe, gekürzt um *Suzanne* und *De vijver (Der Weiher)*. Neu aufgenommen wurde die Erzählung *Schip in dok (Schiff auf dem Dock)*, die 1980 entstand und thematisch eng an die älteren Texte anschließt.

Die meisten der achtundzwanzig Texte verarbeiten, überwiegend in der Ich-Form geschrieben, Autobiographisches. Ereignisse aus Bisheuvels von calvinistischer Erziehung geprägten Jugend zählen dazu, Alltagserfahrungen, Probleme des Schreibens und Erlebnisse, die sein Dasein als Gehilfe auf Tankern und Werften oder als Klient in einer psychiatrischen Anstalt mit sich brachte. Neben den autobiographisch geprägten Prosastücken finden sich Erzählungen mit surrealistischen Zügen sowie, als literarische Kabinettstückchen, virtuose Bearbeitungen schon bekannter Stoffe und Anekdoten. Stilistisch zeugen die Texte von großer Vielfalt. Ironisierende und ausschweifende, an romantischer Tradition geschulte Erzählweise mit langen, verschachtelten Sätzen und archaisierender Wortwahl löst sich ab mit einem eher schlichten, zielgerichteten Erzählduktus. Biesheuvel erweist sich als ein Meister der Situationskomik und überraschender Pointen sowie als einfallsreicher Erfinder skurriler Typen.

Ein vorherrschendes Thema, das in nahezu allen Erzählungen anklingt, ist die Unwägbarkeit des Lebens in einer absurden Welt, die alle menschlichen Anstrengungen, sinnhaft zu handeln, als Sisyphusarbeit erscheinen läßt. Der Gewißheiten des christlichen Glaubens beraubt, sieht sich der Mensch nurmehr als Opfer von Zufälligkeiten. »*Leben heißt suchen, und wenn man gefunden hat, was man vermißte, scheint es keinerlei Bedeutung mehr zu besitzen*« – diese Klage legt Biesheuvel der

Schriftstellerin J. Vreugdenhil in einem großartigen inneren Sterbemonolog in den Mund. Ihre Verzweiflung teilt sie mit anderen Protagonisten. Fast immer handelt es sich um mit großer Sympathie gezeichnete sonderliche Einzelgänger, die vergebens nach Geborgenheit und Anerkennung streben. Gewidmet ist das Buch dem Prototyp eines vom Schicksal gebeutelten Außenseiters: Marinus von der LUBBE, dem als Tatverdächtigen im Reichstagsbrandprozeß verurteilten holländischen Kommunisten.

In den melancholischen, von H. MELVILLE beeinflußten Seefahrtserzählungen figurieren die Schiffsjungen als die geschundenen Anti-Helden. In *Brommer op zee (Moped auf hoher See)* ist es Isaak, den seine aus seiner Einsamkeit resultierende Verzweiflung an den Rand des Wahnsinns treibt. Die tragikomische Szene am Ende der Erzählung, in der Isaak selbstvergessen den Flügelschlag der über ihm fliegenden Albatrosse nachahmt, ist typisch für Biesheuvels melancholisch getönten Humor. Isaaks Pendant, der Schiffsjunge aus der Titelerzählung, findet nur nachts in seiner engen Koje (im Mutterbauch des Schiffes, der als Ort regressiver Zuflucht in mehreren Episoden leitmotivische Funktion erfüllt) vorübergehende Erlösung von den Demütigungen, die ihm die anderen Seeleute zufügen. Immer, wenn Biesheuvels Figuren Zustände erfüllter Geborgenheit überhaupt erleben, sind es gleichsam nur Atempausen zwischen den alltäglich wiederkehrenden Qualen zunehmender Vereinsamung und Beziehungslosigkeit.

Der große Erfolg von Biesheuvels Erzählungen ist in entscheidendem Maße auf »*die ungewöhnliche Lebendigkeit des Fabulierens*« (Manthey) zurückzuführen, die trotz der häufigen Variation weniger thematischer Grundmuster nie Eintönigkeit aufkommen läßt. M.Bah.

AUSGABEN: Amsterdam 1972. – Amsterdam [13]1981 [erw]. – Amsterdam [18]1987 [Tb.].

ÜBERSETZUNG: *Moped auf hoher See* und *Oculare Biesheuvel* (in J. M. A. B., *Schrei aus dem Souterrain*, S. Mrotzek, Ffm. 1986; ausgew. Erz.).

LITERATUR: G. Komrij, *K. van het Reve als B.s sinterklaas* (in G. K., *Daar is het gat van de deur*, Amsterdam 1974, S. 18–21). – H. Buurman, *B. in de ban van sisyfus* (in Maatstaf, 26, 1978, Nr. 11, S. 1–9). – W. de Moor, *Een Reve in het vel van Bomans* (in W. de M.,*Wilt U mij maar volgen?*, Amsterdam 1980, S. 172–176). – A. Korteweg, Art. *J. M. A. B.* (in *Kritisch lexikon van de Nederlandstalige literatuur na 1945*, Hg. A. Zuiderent u. a., Alphen aan den Rijn u. a., Nlg. 1981). – R. Brockschmidt, *Ungezügelte Fabulierlust. Eine Auswahl aus dem Gesamtwerk des Erzählers J. M. A. B.* (in Der Tagesspiegel, 4. 5. 1986). – A. Hüfner, *Bergsteiger im Hochhaus. Erzählungen des Niederländers J. M. A. B.* (in FAZ, 12. 8. 1986). – J. Manthey, *Verdammt, wir gehen zugrunde. J. M. A. B. und sein »Schrei aus dem Souterrain«* (in Die Zeit, 24. 10. 1986). – T. Lohman, *De wereld van M. B.*, Amsterdam 1986.

BIĠAMI

d.i. Maulānā Šaiḫ Ḥāǧi Moḥammad ebn-e Šaiḫ Aḥmad ebn-e Maulānā ʿAli ebn-e Ḥāǧi Moḥammad

15. / 16. Jahrhundert

DĀRĀB-NĀME

(iran.-npers.; *Buch über Dārāb*). Volkstümlicher Liebes und Abenteuerroman, nacherzählt von BIĠAMI, veröffentlicht 1960–1963. – Enthält die sagenhafte Geschichte von Dārā(b), einem mythologischen iranischen König, dessen Legende später unter dem Einfluß der historischen Ereignisse (Sieg Alexanders über Dareios III.) weiter ausgestaltet worden ist. Das voluminöse zweibändige Werk befaßt sich vor allem mit den wunderbaren Abenteuern von Dārābs Sohn Firuz. Im Traum verliebt sich dieser in ʿAin oʾl-Ḥayāt, genannt Šāh-e Hubān (Königin der Schönen), die Tochter des Königs von Yemen, und er verläßt Thron und Krone, um sich auf die Suche nach der Geliebten zu begeben. Daher wird das Werk gelegentlich auch *Firuz-nāme (Buch über Firuz)* genannt. – Die Kriege des Helden gegen feindliche Völker, seine Kämpfe mit bösen Geistern und Dämonen, mit Zauberern und Hexen bilden den Hauptinhalt dieses Volksromans, der im wesentlichen auf vorislamischen Überlieferungen beruht, die von Mund zu Mund weitererzählt und schließlich um 1482 von Biġami schriftlich niedergelegt wurden.

Schon seit dem Beginn der Herrschaft der Safawiden (150⊥) sind schriftliche Belege darüber vorhanden, daß in den *qahwe-hānes* (Kaffeehäusern) Märchenerzähler solche Abenteuergeschichten vorgetragen haben. Es scheint, daß Biġami seine schriftliche Nacherzählung der Wundertaten des Firuz-Šāh hauptsächlich deshalb angefertigt hat, um für weniger begabte und weniger wortgewandte Berufsgenossen eine Vorlage zu schaffen. – Im ganzen Werk preist der Nacherzähler Tugenden wie Gerechtigkeit, Freigebigkeit, Edelmut usw., während er Heimtücke, Betrug, Treuebruch und Engherzigkeit mit aller Schärfe rügt und den Bösewichten gerechte Strafe widerfahren läßt. – Das *Dārāb-nāme* enthält eine Fülle von Berichten, die einen tiefen Einblick in das orientalische Leben im Mittelalter mit all seinen Eigenarten und Gepflogenheiten gewähren. Mit erstaunlicher Genauigkeit werden Szenen und Situationen beschrieben, so daß sich daraus sogar entnehmen läßt, welche Tricks und Kniffe bei Zauberei und Hexerei angewandt wurden. Nach ausführlicher Beschreibung der Waffen und Gewänder der Krieger werden die Vorgänge bei der Austragung von Zweikämpfen geschildert. Die Lebensweise der Libertiner gelangt ebenso zur Darstellung wie die der Nachtwächter. Auch vom Vorgehen der Spione wird gesprochen und von den Maßnahmen, die getroffen werden, um eine Festung einzunehmen. Diese Beispiele mögen genügen, um die Vielseitigkeit der Thematik dieses Werkes anzudeuten. – Auch in sprachlicher Hinsicht ist es eine Fundgrube, vor allem, da es nicht von einem Literaten abgefaßt wurde, sondern von einem Mann des Volkes, der die Redewendungen seiner eigenen Gesellschaftsschicht, für die er diese Geschichten erzählte, genau kannte. Leider ist der persische Text unvollendet geblieben; eine arabische Nacherzählung ist dagegen vollständig vorhanden. B.A.

AUSGABEN: Teheran 1960–1963, 2 Bde., Hg. D. Ṣafā.

LITERATUR: in Rāhnamā-ye Ketāb, 4, 1961/1962, S. 45–50; 148–154.

ZAGIR BIGEEV

kasan.-türk. Bigi
* 1870 Rostow
† 1902 Rostow

LITERATUR ZUM AUTOR:
N. Ašmarin, *»Smertnyi grēch« Bigēeva* (in N. Ašmarin, *Očerk literaturnoj dejatel'nosti kazanskich tatar-mochammadan za 1880–1895 gg.*, Moskau 1901, S. 35–39). – M. Gajnullin, *Zahir Bigiev* (in Sovet edebijaty/Kasan, 9, 1944). – ders. *Tatar ädäbijaty XIX jöz*, Kasan 1957. – ders. Art. *Zagir Bigeev* (in *Kratkaja literaturnaja ènciklopedija*, Bd. 1, Moskau 1962, Sp. 612). – A. Battal-Taymas, *La littérature des Tatars de Kazan* (in PhTF, 2, S. 762–778).

MEŃNAR JAKI GÜZAL KYZ CHADIČA

(kasan.-türk.; *Die Tausende oder Das schöne Mädchen Chadidscha*). Erzählung – nach der tatarischen Literaturgeschichtsschreibung Roman – von Zagir BIGEEV (kasan.-türk. Bigi), erschienen 1887. – Bigī kann als der erste tatarische Prosaist im eigentlich literarischen Sinne gelten, obwohl er, in Rostow am Don geboren und gestorben (offenbar ermordet), den größten Teil seines Lebens außerhalb des tatarischen Siedlungsgebiets verbracht hat. Nach dem *Medrese*-Studium, u.a. in Kasan, war er als Molla in seiner Heimatstadt tätig. Seine literarischen Werke, von denen außer dem vorliegenden eine weitere romanartige Erzählung – *Gönahe kabair*, in neuerer Titelfassung *Zur gönahlar*, 1890 (*Die schweren Sünden*) – und ein Turkestan-Reisebuch von 1893 (postum 1908 erschienen) bekannt sind, weisen den Autor als gemäßigten Fortschrittsanhänger mit starken ethischen Antrieben aus, der zugleich den wachsenden Materialismus und den moralischen Verfall im tatarischen Bürgertum Kasans anklagt. Bigī versteht sich dabei als Warner, der seine Landsleute vor den Gefahren der neuen Zeit bewahren will, einer Zeit, der er an sich positiv und optimistisch gegenübersteht und an deren Fortschritten durch Bildung und Aufklärung auch die Muslime Anteil haben sollen. (*»Unsere Tage sind nicht die Tage der Unwissenheit; unser Jahrhundert ist nicht das Jahrhundert von Blei und Dolch – es ist das Jahrhundert der Wissenschaft und der Aufklärung«*, schreibt er in dem genannten Reisebuch.)

Die Fabel ist die eines simplen Kriminalfalls: Im besten Gasthof der Stadt Kasan wird eine junge Frau von auffallender Schönheit mit einer Schußwunde am Kopf tot aufgefunden. Polizei und (russischer) Untersuchungsrichter treten in Aktion. Die Tote, die allein im Gasthof gewohnt hat, heißt Zöläjcha. Selbstmord erscheint ausgeschlossen. Spuren führen zum mutmaßlichen Mörder, Musa Efendi, dem jungen Erben einer Kasaner Fabrik. Musa steht kurz vor der Heirat mit einer Tochter aus angesehener Familie, der Titelheldin Chadiča, die 100 000 Rubel Mitgift in die Ehe einbringen soll. Der Verdächtigte nimmt sich einen angesehenen Advokaten, den Russen Andreev, den er vom gemeinsamen Studium in Petersburg kennt. Ihm berichtet Musa, er habe Zöläjcha geliebt und ihr einmal die Ehe versprochen, der Heiratsantrag sei aber vom Vater des Mädchens abgelehnt worden; inzwischen sei sie mit ihren Eltern in die Krim zurückgekehrt. Nach dem Tod des Vaters sei sie jedoch allein nach Kasan gefahren, um ihn – der nun mit der reichen Erbin Chadiča verlobt ist – an sein Eheversprechen zu erinnern. Musa wird zunächst des Mordes für schuldig befunden und zu zehn Jahren Zwangsarbeit verurteilt, bis sich herausstellt, daß die verschmähte Zöläjcha sich doch selbst das Leben genommen hat. Ein vermeintlicher Freund Musas hatte den Verdacht auf den Rivalen in der Gunst Chadičas gelenkt.

Die reichlich kolportagehafte Handlung, die von tatsächlichen Begebenheiten, aber auch von zeitgenössischen russischen Detektivgeschichten beeinflußt sein dürfte, bietet ungeachtet der künstlerisch anspruchslosen Verarbeitung wertvolle Einblicke in das tatarische Leben während einer kulturhistorisch sonst kaum erfaßten Übergangszeit. – Das Genre der moralisierenden Kriminalliteratur – mit gewissen vulgärsoziologischen Ansätzen einer Gesellschaftskritik – hat in der tatarischen Prosa außer Bigī keinen Vertreter gefunden. Besonders bemerkenswert ist, wie selbstverständlich der Autor als Molla und Imam – eine Tätigkeit, die schon sein Vater ausübte – mit Themen des profanen Alltagslebens im europäisierten Stadtmilieu umgeht und wie er die weitgehende Emanzipation der Frau hinnimmt, wenn nicht sogar bejaht. H.W.Br.

AUSGABEN: Kasan 1960 (in *Povest'lar*). – Kasan 1964 (in *Tatar ädäbijatynnan chrestomatija*).

BIHĀRĪ LĀL

eig. Vihārî Lāla
* um 1595 Gwalior / Indien
† 1664 Brindaban (?) / Indien

SATSAĪ

(braj-bhāṣā; *Siebenhundert [Strophen]*). Sammlung von Strophen im Dohā-Metrum von BIHĀRĪ-LĀL. – Obwohl die *Satsaī* eines der bekanntesten Werke der neuindischen Literaturen ist, gibt es über ihren Verfasser nur wenige gesicherte Nachrichten. Wahrscheinlich wurde er in Gwalior geboren, lernte die Dichtkunst von den berühmten Dichter und Meister der Poetik KEŚAVDĀS (etwa 1561–1621) in Orcha und machte sich einen Namen als Dichter am Hof des Kaisers Śāhjahān in Agra. Den Höhepunkt seines Ruhmes erreichte er als Hofdichter des Rājā Jaysinha in Jaypur, der ihn beauftragte, die *Satsaī* zu schreiben.
Zwar hatte die lyrisch-epigrammatische Verskunst in Indien mit der *Sattasaī* von HĀLA (1. oder 2. Jh.), dem *Amaruśataka* von AMARU (7./8. Jh.?), der *Āryāsaptaśatī* von GOVARDHANA (11. Jh.) und anderen Sammlungen zahlreiche Meisterwerke in Sanskrit und Prakrit hervorgebracht, doch Bihārī-Lāl gelang es, mit seiner *Satsaī* eine Sammlung von Strophen zu schaffen, die sich ebenso durch Schönheit und Eleganz der Sprache wie durch Prägnanz des Ausdrucks auszeichnen und den genannten klassischen Werken in keiner Weise nachstehen. Hauptsächlich behandelt er in seinen Epigrammen die Standardmotive der manieristischen »Rīti«-Zeit. So befassen sich die meisten seiner Doppelverse *(dohās)* mit den Themengruppen *nakh-śikh* (Beschreibung eines Mädchens vom Zehennagel bis zum Kopfhaar) und *nāyikābheda* (Typen liebender Frauen), ferner Beschreibung von Kleidung, Schmuck und Liebesspielen sowie der sechs indischen Jahreszeiten *(ṣaṭṛtuvarṇan)*; außerdem schrieb er Epigramme der Weltklugheit *(nīti)* und der Entsagung *(vairāgya)*. P.G.

AUSGABEN: Kalkutta 1896, Hg. u. engl. Einl. G. A. Grierson. – Agra ⁴1967. – Rāmkumārī Miśra, *Bihārī vibhūti*, Illāhābād o. J. [krit.]. – Nemīcand Jain, *Bihārī satsaī*, Jaypur 1969.

ÜBERSETZUNGEN: in H. v. Glasenapp, *Der Hinduismus*, Mchn. 1922 [Ausw.]. – *The veiled moon*,

Amar Nath Jha, Hg. G. K. Mathur, Delhi 1973. – *Bihari: an anthology*, Hg. Nagendra, Delhi 1981.

LITERATUR: G. A. Grierson, *The Modern Vernacular Literature of Hindustan*, Kalkutta 1889, S. 75/76. – V. B. Miśra, *B.*, Benares 1956. – G. Gupta, *B. »Satsaī« vaijñānik samīkṣā*, Candigarh 1966. – Rāmāśaṅkar Tivārī, *Bihārī kā kāvya-lālitya*, Kānpur 1970. – Randhawa Mohendar Singh, *Kangra paintings of the Bihari Sat Sai*, Delhi 1981.

OLAVO BILAC

eig. Olavo Brás Martins dos Guimarães Bilac
* 16.12.1865 Rio de Janeiro
† 28.12.1918 Rio de Janeiro

DAS LYRISCHE WERK (portug.) von Olavo Brás Martins dos Guimarães BILAC (Brasilien).
Bilac, der 1907 zum »Principe dos Poetas«, zum Dichterfürsten, nominiert wurde, gilt als der bedeutendste Vertreter des brasilianischen *Parnasianismo*. Unter dem Einfluß der Vertreter des französischen *Parnasse*, vor allem C. M. R. LECONTE DE LISLE (1818–1894) und Théophile GAUTIER (1811–1872) ist der brasilianische *Parnasianismo*, wie sein französisches Vorbild, als eine Reaktion auf die Epoche der Romantik, vor allem der epigonenhaft überladenen Literatur der Spätromantik, zu verstehen.
Bilac, der sich mehr zur Poesie als zum Studium der Medizin und Rechtswissenschaft, das er vorzeitig abbrach, hingezogen fühlte, veröffentlichte erste Gedichte bereits 1883 in der ›Gazeta Académica‹. Seine bedeutendste Sammlung von Gedichten, die zwischen 1884–1887 entstanden, erschien 1888 unter dem Titel *Poesias* und ist in drei Abschnitte unterteilt: *Panóplias, Via Láctea (Milchstraße)* und *Sarças de fogo (Feuerdornen)*. Die bevorzugte Versform der Gedichte ist, wie allgemein in der Dichtung des Parnaß, die strenge Metrik des Sonetts. In *Panóplias* finden sich vorwiegend Themen aus der klassischen Antike, vor allem aus der römischen Geschichte wie schon die Titel der Gedichte ankündigen: *A Sesta de Nero (Siesta Neros)*, *O Incêndio de Roma (Der Brand Roms)*, *O Sonho de Marco António (Der Traum des Markus Antonius)*, *Messalina*. Die 35 titellosen Gedichte aus *Via láctea* orientieren sich in ihrem schlichten Stil und gefühlsbetonten Inhalt dagegen an literarischen Vorbildern, die in der Tradition der portugiesischen *Cancioneiros* stehen, und sind Ausdruck der *Nova poesia (Neue Poesie)* in Brasilien, die sich bewußt vom überladenen Schwulst der Romantik distanziert. *Sarças de fogo* schließlich behandelt die Themen Liebe und Erotik, so z. B. in dem Gedicht *Beijo eterno (Ewiger Kuß)*: »Queiro um beijo sem fim / Que dure a vida

inteira e aplaque o meu desejo! / Ferve-me o sangue. Acalma-o com teu beijo, / Beija-me assim!« (»Ich möchte einen Kuß, der nie endet / der ein ganzes Leben andauert und meine Sehnsucht besänftigt! / Es verbrennt mir das Blut. Beruhige es mit deinem Kuß, / Küsse mich!«). Neben der exaltierten Liebeslyrik finden sich auch Beispiele einer zarten, verhaltenen Poesie wie z. B. in *Nel Mezzo del Camin* ... « (In der Mitte des Weges): »*Cheguei, Chegaste, Vinhas fatigada / E triste, e triste e fatigado eu vinha. / Tinhas a alma de sonhos povoada, / E a alma de sonhos povoada eu tinha* ...« (»Ich kam, Du kamst, erschöpft kamst Du an / Und traurig, traurig und erschöpft kam ich / Deine Seele voll von Träumen / und voller Träume auch meine Seele ...«).

1902 erschien eine um zwei Sammlungen erweiterte zweite Auflage der *Poesias*. Während *Alma inquieta (Unruhige Seele)* vorwiegend Liebesgedichte vereinigt, sind in *As viagens (Die Reisen)* vor allem *O Brasil (Brasilien)* und *O caçador de esmeraldas (Der Smaragdjäger)* hervorzuheben, die beide die Entdeckung und Eroberung Brasiliens behandeln. So tritt in *O Brasil* als Symbol der jungfräulichen Erde Brasiliens die Indianerin, »*virgem morena e pura*«, (»die dunkle und unschuldige Jungfrau«) auf, mit der sich der Eroberer in Liebe vereinigen soll; ein Hinweis auf die von den Portugiesen tolerierte Rassenvermischung. Mit *O Caçador de Esmeraldas* schuf Bilac ein episches Gedicht von ausgeprägt nationalem Charakter. Es besteht aus vier Gesängen und umfaßt insgesamt 46 Sechszeiler in Alexandrinern. Erzählt wird eine Episode aus der Geschichte des *Sertão*, in den die Portugiesen, vor allem *Bandeirantes*, Abenteurer und Goldsucher eindringen. Der Held des Epos ist Fernão Dias Pais Leme, dessen Besessenheit, die grünen Smaragde zu finden, zur Wahnvorstellung wird, so daß alles, was ihn umgibt, in seinen Fieberträumen in grüner Farbe erscheint: » ... *em esmeraldas verdes flui a água verde do rio / E do céu, todo verde, as esmeraldas chovem* ... « (»aus grünen Edelsteinen floß das grüne Wasser des Flusses dahin / und vom grünen Himmel regneten grüne Smaragde herab«). Die Leiden des Helden sind nicht vergeblich. Die Ankunft der *Bandeirantes* bedeutet die Erschließung des *Sertão*. In seinen Träumen hat der Held die Vision großer Städte, zu deren Entstehung er beigetragen hat: »*Violador de sertões, plantador de cidades, / Dentro do coração da pátria viverás!«* (»Schänder des Sertão, Städtegründer / im Herzen des Vaterlandes wirst Du leben«). – 1919, ein Jahr nach Bilacs Tod, erschien sein zweiter bedeutender Gedichtband, *Tarde (Abend)*, eine Zeitrückblende. Todesahnungen, Trauer um die verlorene Jugend, Melancholie des Alterns drücken sich schon in den Titeln aus: *Hino à tarde (Hymne an den Abend), Crepúsculo da beleza (Vergänglichkeit der Schönheit), Marcha fúnebre (Trauermarsch)*. Nicht im Fühlen, im Ausdruck liegt für Bilac die Begabung, die einen Dichter auszeichnet: »*Todos podem sentir, nem todos saberão exprimir«* (»Fühlen können alle, aber nicht alle können es ausdrücken«). In dem Gedicht *Profissão de fé* (Glaubensbekenntnis), das die *Poesias* einleitet, erläutert Bilac seine Vor-stellung vom poetischen Handwerk: den Reim wenden, verfeinern, perfektionieren und ihn in den Vers einfassen wie den Rubin in eine goldene Fassung. Der kristallklare Vers, unter den Händen des Goldschmiedes entstanden, »*saia da oficina sem um defeito*«, soll die Werkstatt fehlerlos verlassen. Auch stark inhaltsbetonte Gedichte wie etwa *O Indio (Der Indianer)* oder *A morte do tapir (Der Tod des Tapirs)*, mit denen Bilac im Kielwasser der *Poesias americanas* eines A. Gonçalves DIAS (1823–1864) und dessen nationaler indianistischer Lyrik schwimmt, geraten bei ihm zur reinen Stilübung. Bilacs Dichtung ist auf Effekt ausgerichtet, wobei der Mangel an künstlerischer Phantasie und tieferer menschlicher Dimension durch eine brillante Technik und rhetorische Kunst ersetzt wird. Ein hervorstechendes Merkmal seiner Poesie ist der heroischpatriotische Tonfall, der viele Gedichte prägt und maßgeblich zu Bilacs großer Popularität innerhalb des *Parnasianismo* beitrug. Erst mit Beginn des Modernismus (1922) sollte sich die Situation ändern. Die moderne Kritik sieht denn auch in Bilac weniger einen großen brasilianischen Dichter, als vielmehr einen sprachgewaltigen Techniker der Poesie. M.Gr.

AUSGABEN: *Poesias*, São Paulo 1888. – *Poesias*, Rio ²1902 [erw.]. – *Poesias infantis*, Rio 1904. – *Tarde*, Rio 1919. – *Poesias*, Rio ³⁰1970. – *Poesias*, Belo Horizonte 1985.

LITERATUR: A. de Carvalho, *Poética de O. B.*, Rio 1934; ²1945 [erw.]. – E. Pontes, *A vida exuberante de O. B.*, 2 Bde., Rio 1944. – A. de Carvalho, *B., o homem, o poeta, o patriota*, Rio 1945. – M. Bandeira, *O. B.* (in M. B., *Apresentação da poesia brasileira*, Rio 1946, S. 108–113; ²1954). – M. Rio-Branco, *Etapas da poesia brasileira – três momentos da poesia brasileira (Goncalves Dias, O. B., M. Bandeira)*, Lissabon 1955. – A. A. Lima, *Apresentação* (in O. B., *Poesias*, Rio 1957, S. 5–13). – F. Jorge, *Vida e poesia de O. B.*, São Paulo 1963. – Carpeaux, S. 255–260. – Moisés, 2, S. 501–512.

KEMAL BİLBAŞAR

* 1910 Çanakkale
† 22.1.1983 Istanbul

LITERATUR ZUM AUTOR:
B. Necatigil, *Edebiyatımızda isimler sözlüğü*, Istanbul 1977. – A. Özkırımlı, *K. B.* (in Milliyet sanat dergisi, 65, 1983, S. 24/25). – A. Oktay, *İki taşralı: B. ve Atılgan'da yabancılaşmış birey üstüne notlar* (in Yazko edebiyat, 5, 1983, H. 29, S. 92–99). – D. Hızlan, *K. B.* (in Hürriyet gösteri, 3, 1983, H. 27, S. 22). – O. Önertoy, *Türk roman ve öyküsü*, Ankara 1984, S. 236/237.

CEMO

(ntürk.; *Cemo*). Roman von Kemal BİLBAŞAR, erschienen 1966. – Eine Vorstudie veröffentlichte der Autor bereits 1953 in der Zeitschrift ›Yeditepe‹ unter dem Titel *Çancının Karısı (Die Frau des Glokkengießers)*. – Das Schicksal der Titelheldin, der jungen Kurdin Cemo, wird aus dem Blickwinkel zweier Beteiligter geschildert. Zuerst erzählt Cemos Vater, der Müller Cano: Cemos Mutter Kevi war die Tochter eines reichen Grundbesitzers (Aga); Cano wiederum war Leibeigener eines anderen Aga, für den er Kevi entführen sollte. Er behält das schöne Mädchen jedoch für sich und muß daher mehrere Jahre lang Zuflucht in den Bergen suchen. Beider Tochter Cemo wird geboren, als der große Kurdenaufstand von 1925 ausbricht, bei dem Kevi ums Leben kommt. Unter der argwöhnischen Obhut ihres Vaters wächst Cemo »*wie ein junger Held*« auf. Von vielen Bewerbern soll nur der würdigste sie zur Frau erhalten. Nach einem Stammesbrauch wird die Auswahl durch einen mörderischen Hundekampf entschieden. Während die halbwilden Tiere einander zerfleischen, läßt jedoch Cemo den Kampf abbrechen; sie folgt Memo, den sie schon zuvor liebgewonnen hat.

Im zweiten Teil des Romans berichtet Memo die Geschichte seiner Jugend. Als Waise wurde er von einem Onkel erzogen, der ihn drei wichtige Dinge lehrte: die alte Volksmusik zu spielen und zu singen, Glocken für die Weidetiere zu gießen und zu kämpfen. Mit achtzehn Jahren verliebt er sich in die Agatochter Senem, die ihm aber des Standesunterschieds wegen verweigert wird. Als er sie später entführen will, sagt man ihm, sie sei gestorben. Memo begibt sich daraufhin auf die Wanderschaft und zieht als Glockenmacher durchs Land. Bald nachdem er Cemo kennengelernt und geheiratet hat, erhält sein Heimatdorf einen neuen Grundherrn, der auf der Seite der kurdischen Stammesfürsten steht. Es kommt zu schweren Ausschreitungen gegen die regierungstreuen Einwohner; Cemo wird verschleppt, Memo niedergestochen, aber nicht lebensgefährlich verletzt. Auf der Suche nach Cemo findet er Senem, seine totgeglaubte erste Geliebte, wieder, die einen Sohn von ihm hat. Memo, inzwischen zum Dorfältesten gewählt, erfährt, daß seine Frau bei Trinkgelagen vor dem Grundherrn und dem Landrat tanzen muß. Er zieht mit den ihm ergebenen Dorfbewohnern zur Residenz der Unterdrücker, um Rache zu nehmen. Cemo selbst tötet ihren Peiniger; der korrupte Verwaltungsbeamte stürzt auf der Flucht in einen Abgrund.

Die recht verschlungene Handlung ist in eine romantisch-poetische Atmosphäre eingebettet, wie man sie in der türkischen Gegenwartsliteratur selten findet. Der Autor hat sich hier die Aufgabe gestellt, traditionelle Volksdichtung mit modernen Stilmitteln fortzusetzen. Dies hatte vor ihm schon YAŞAR KEMAL (vgl. *Ince Memed*) mit großem Erfolg versucht; Bilbaşars Ansatz ist allerdings differenzierter, sein künstlerischer Anspruch höher, wobei zu berücksichtigen bleibt, daß sich der türkische Roman in dem Jahrzehnt zwischen den Erscheinungsdaten der beiden thematisch vergleichbaren Werke weiterentwickelt hat. Die Verknüpfung historisch-authentischer, folkloristischer und sozialkritischer Elemente – beispielhaft für letzteres ist die Behandlung der Kurdenfrage nicht einfach als Nationalitätenproblem, sondern im Zusammenhang mit der unumschränkten Macht der Grundherrn auf türkischer wie auf kurdischer Seite, die im Bunde mit klerikalreaktionären Kreisen die Kurdenaufstände von 1925 und 1930 zum Sturz des kemalistischen Revolutionsregimes benutzen wollten – läßt *Cemo* zum »*Prototyp des Roman-Dokuments über Ostanatolien*« werden (B. Necatigil). Als Fortsetzung des Werks, das 1967 mit dem Romanpreis der Türk Dil Kurumu ausgezeichnet wurde, ist der zweibändige Roman *Memo*, 1968/1969 *(Memo)* angelegt, der die Jahre 1925 bis 1938 behandelt. Hier geht der Autor noch stärker auf Zeitereignisse und die sozialen Strukturen Ostanatoliens ein, jener Provinzen, die »*in der Osmanenzeit vernachlässigt waren und in der Republik trotz guter Absichten noch nicht von den Überbleibseln des Mittelalters befreit und einer der heutigen Zeit angemessenen sozialen Ordnung zugeführt werden konnten...*« (Bilbaşar). H.W.Br.

AUSGABEN: Istanbul 1966; ³1974. – Istanbul 1969 [m. Ill.].

ÜBERSETZUNG: *Gemmo: A Novel*, E. B. Rey u. M. Fitzpatrick, Ldn. 1976 [engl.].

VERFILMUNG: Türkei 1967 (Regie: A. Yılmaz).

LITERATUR: R. Mutluay, Rez. (in Yön, 1966 H. 155). – M. Seyda, Rez. (in Papirüs, 1966, H. 5). – T. Alangu, Rez. (in Varlık yıllığı, 1967). – M. Buyrukçu, Rez. (in Papirüs, 1967, H. 18). – M. Belge, *Cemo-Memo ve ulusal gelenekten yararlanma sorunu* (in Halkın dostları, 1971, H. 16). – B. Necatigil, *Edebiyatımızda eserler sözlüğü*, Istanbul 1971, S. 77–80; 220–222. – O. Önertoy, *Türk roman ve öyküsü*, Ankara 1984, S. 67–72.

YEŞİL GÖLGE

(ntürk.; *Der grüne Schatten*). Roman von Kemal BİLBAŞAR, erschienen 1970, hervorgegangen aus der Erzählung *Cevizli Bahçe*, 1940 *(Der Garten mit den Walnußbäumen)*, die der Verfasser 1945 zu einem Schauspiel umgearbeitet hatte. – Der für dieses Stück ursprünglich verliehene zweite Preis der »Republikanischen Volkspartei« (»Cumhuriyet Halk Partisi«, CHP) wurde von der Parteispitze annulliert, weil man dem damals bereits bekannten Autor – einem späteren Wahlkandidaten der sozialdemokratischen »Arbeiterpartei« (»Türk İşçi Partisi«, TİP, 1971 verboten) – »Tendenzen gegen die Staatsordnung« unterstellte.

Der Roman schildert, am Modell des Alltagslebens

einer Kreisstadt im Gebiet der Schwarzmeerküste, die skrupellosen Machenschaften der herrschenden Familien und lokalen Interessengruppen, die weitgehend in das Konzept korrupter Ortspolitik passen. Die Zeit der Handlung fällt in die Jahre nach dem Zweiten Weltkrieg, während derer das Erbe Atatürks gegen neue, durch internationale Bindungen der türkischen Republik auf den Plan getretene Strömungen zu verteidigen war. Zugleich findet in dem Buch der – in einem Großteil der neueren türkischen Literatur aller Gattungen evident werdende – Streit zwischen Tradition und Fortschritt seinen Niederschlag. Landbesitzer (Agas), bürgerliche Honoratioren und religiöse Fanatiker kämpfen verbissen und listig um ihre Privilegien und suchen das Volk, dessen alte und echte Tradition in Leid, Spiel und Witz hier äußerst treffend charakterisiert ist, zu übervorteilen. Restaurative und reaktionäre Tendenzen, die sich hinter dem zu Kemal Atatürks Lebzeiten dominierenden Reformprogramm lange verbergen konnten, werden am Beispiel eines provinziellen Mikrokosmos in ihren bis zur Kriminalität reichenden Konsequenzen illusionslos bloßgestellt. Dabei kommt dem Autor sein Verständnis für soziologische Gegebenheiten und Zusammenhänge sehr zustatten. – Das Werk erhielt 1969 den Literaturpreis des türkischen Verlagshauses May. H.W.Br.

Ausgabe: Istanbul 1970.

Literatur: B. Necatigil, *Edebiyatımızda eserler sözlüğü*, Istanbul ⁵1971.

WILLEM BILDERDIJK

* 7.9.1756 Amsterdam
† 18.12.1831 Haarlem

Literatur zum Autor:
I. da Costa, *De mensch en de dichter B.*, Haarlem 1859. – R. A. Kollewijn, *B., zijn leven en zijn werken*, 2 Bde., Amsterdam 1891. – H. Bavinck, *B. als denker en dichter*, Kampen 1906. – J. Romein u. A. Romein-Verschoor, *Erflaters van onze beschaving*, Bd. 3, Amsterdam 1939; ¹¹1976. – G. Knuvelder, *Handboek tot de geschiedenis der Nederlandse letterkunde*, Bd. 3, Herzogenbusch 1950, S. 143–164; ⁶1976. – C. de Deugd, *Het metafysisch grondpatron van het romantische literaire denken*, Groningen 1971. – W. Lagerwey, *B. and the German Enlightenment*, Ann Arbor 1978.

DE ONDERGANG DER EERSTE WARELD

(ndl.; *Der Untergang der ersten Welt*). Unvollendetes Versepos in fünf Gesängen von Willem Bilderdijk, erschienen 1820. – Der Titel des Werks ist Joost van den Vondels Drama *Noah, of Ondergang der eerste Weereld* (1667) entlehnt, die Anregung zum Stoff boten der Bibeltext *Genesis*, 6, 2–4 und eine Abhandlung über *Die Riesen der alten Welt* (1790) von J. H. van der Palm. Bilderdijks Absicht war es, die Ereignisse zu schildern, die Gott zur Vertilgung der ersten Welt durch die Sintflut veranlaßten.

In einer imaginären, vom Ozean umströmten Urwelt – eine Karte ist dem Epos beigefügt – leben die Riesen, die nach dem Bibeltext von den ersten, im Paradies geborenen Kindern Adams und Evas abstammen, und die Menschen, die nach dem Sündenfall und nach der Vertreibung aus dem Garten Eden geboren wurden. Die Riesen bedrohen fortwährend die von Gott abtrünnig gewordenen Menschen, ohne zu wissen, daß sie gleicher Abstammung sind. In der Luft schweben die Paradiesgeister, die Väter der Riesen, deren Wohnung sich auf den Sternen befindet. Die Abkommen Kains erheben sich zum Kampf gegen die Riesen. Die Paradiesgeister indes entschließen sich, den Riesen gegen die Menschen zu helfen. Als der Führer der Kainiter, Argostan, sein Heer versammelt, verrät er, daß ein Kampf gegen die Riesen auch Krieg mit den von den Menschen verehrten Paradiesgeistern bedeutet. Daraufhin töten ihn die erzürnten Priester. Nun entsteht im Heer ein Aufruhr, wobei nur dreihundert der neuntausend Kainiter überleben (erster und zweiter Gesang).

Im dritten Gesang bietet die Hölle den Geistern Hilfe an, die von diesen angenommen wird. Einer der Teufel, ein Lügengeist, erscheint dem Halbbruder Argostans, Segol, im Traum und ruft ihn auf, die Führung der Kainiter zu übernehmen. Segol stimmt zu und führt die Kainiter siegreich in die Schlacht. Ein vier Jahrhunderte alter Unterbefehlshaber erinnert sich noch »der Weisheit unserer Väter« und öffnet Segol die Augen für den einzigen wahren Gott (vierter Gesang). Im fünften Gesang schlägt Segol, obwohl die Hölle sein Heer mit der Pest zu vernichten versucht, die Riesen endgültig. Dann wird er plötzlich von einer geheimnisvollen Hand von der Erde weggenommen und in den Himmel geführt. Hier bricht das Gedicht ab.

Mit diesem Heldengedicht setzte Bilderdijk eine an der Renaissance orientierte epische Tradition fort, allerdings ohne das Niveau Miltons oder Vondels zu erreichen. Obwohl er immer Interesse für das Heldengedicht gehegt hatte, wie seine Übersetzungen des »Ossian« und von Homer zeigen, kam er erst im Jahr 1809 dazu, selbst seine Kräfte mit den Anforderungen eines Heldengedichts zu messen, als Ludwig Napoleon, der erste König von Holland, ihn dazu aufforderte. In diesem Jahr schrieb er in einem Zug die ersten vier Gesänge des Epos, 1810 die Hälfte des fünften und letzten Gesangs. – Die moderne Literaturkritik stößt sich an der eigenwilligen, oft ungenauen Wortwahl, die *»mit gewaltigen Wörtern schmeißt wie mit Felsbrocken, aber gerade neben das Ziel oder gerade darüber hinweg«* (G. Knuvelder). L.Rs.

AUSGABEN: Amsterdam 1820. – Zwolle ²1959, Hg. J. Bosch [m. Einl., Anm. u. Bibliogr.]. – Zwolle 1967.

LITERATUR: E. Rau, *Het ontwerp van B.s epos* (in W. B., *De ondergang der eerste wereld*, Haarlem o. J., S. 106–137).

BILHAṆA

* 1040 Khonamukha / Kaschmir
† 1095 Kalyāṇa

KARṆASUNDARĪ

(skrt.; *Karṇasundarī*). Ein nach der Heldin benanntes Haremsdrama vom Typus der *Ratnāvalī* und *Karpūramañjarī*, von BILHAṆA, wahrscheinlich zwischen 1080 und 1090 verfaßt. – Ehe Bilhaṇa Hofpoet und Panegyriker des Königs Vikramāditya VI. (1076–1127) aus der westlichen Cālukya-Dynastie wurde, bekleidete er das gleiche Amt bei Karṇadeva Trailokyamalla (reg. 1064–1094), einem König von Anhilvād, dessen Heirat mit Miyānalladevī, einer Prinzessin von Karnāṭa, er in seiner *Karṇasundarī* feiert. Das Drama wurde anläßlich eines Festes, das seinerzeit zu Ehren des JainaTīrthaṅkara Ṛṣabha gegeben wurde, zum erstenmal aufgeführt.
Der Dichter stellt die heimliche, schließlich zur Hochzeit führende Liebe zwischen dem Cālukya-Fürsten und Karṇasundarī, einer Tochter des Königs der Vidyādhara-Luftgeister, dar. Das Motiv der Vidyādhara-Ehe stammt letztlich aus der *Bṛhatkathā* des GUṆĀḌHYA; ebenso wie dort soll die Heirat dem König zur Stellung eines Weltherrschers (*cakravartin*) verhelfen. Seine zukünftige Frau erblickt er zuerst im Traum und dann auf einem Bild, wie es dem historischen König Karṇadeva auch tatsächlich ergangen ist. Als er sich in die Prinzessin verliebt, erregt er die Eifersucht seiner Hauptgemahlin, die ein Stelldichein der beiden stört und ein andres Mal sich selbst als Karṇasundarī verkleidet. Dann verfällt sie auf die List, den König mit einem als Karṇasundarī ausgeputzten Knaben zu vermählen. Diesen Plan kann jedoch der treue Minister des Königs rechtzeitig vereiteln, indem er die echte Prinzessin an Stelle des Knaben erscheinen läßt. Mit der endgültigen Vereinigung der Liebenden und einer Siegesmeldung schließt das Drama. H.H.

AUSGABE: Bombay 1888; ³1932.

LITERATUR: S. Konow, *Das indische Drama*, Bln./Lpzg. 1920, S. 112 (Bühler G, 2, H. 2).

VIKRAMĀṄKADEVACARITA

(skrt.; *Die Taten des Königs Vikramāṅka*). Nachklassisches Kunstepos von BILHAṆA. – Typisch für dieses achtzehn Gesänge (*sarga*) umfassende Epos ist, daß die Historie vor dem Mythos weit zurücktritt. Nicht nur die Anfänge der Dynastie der Cālukyas werden in der Sprache der Mythen dargestellt, sondern auch die Ereignisse der Zeit Vikramādityas und seiner zwei Vorgänger (Someśvara I. und Someśvara II.) werden mythisch verbrämt, besonders dann, wenn ein moralisch nicht ganz einwandfreies Verhalten des Helden kaschiert werden soll. Im übrigen folgt Bilhaṇa den Vorbildern des klassischen Kunstepos, nur neigt er zu starken Übertreibungen (*atiśayokti*) und strapaziert die Kunstgriffe des *kāvya* (Kunstepos) fast übermäßig. Auch viele stereotype literarische Motive tauchen bei ihm auf, wie z. B. die Gattenselbstwahl (*svayaṃvara*) einer Frau in einer ritterlichen Welt mit ihren Wettkämpfen, die thematisch bis auf das *Mahābhārata* und die dort behandelte Geschichte der Pāṇḍavas und der Draupadī zurückgeht, während das direkte dichterische Vorbild in einer entsprechenden Schilderung in KĀLIDĀSAS *Raghuvaṃśa* zu suchen ist. Kulturhistorisch interessant ist besonders der letzte Gesang, in dem der Autor seine eigene Biographie gibt, Einblicke in den Literaturbetrieb der Zeit vermittelt und von seinen Reisen durch die geistigen Zentren Nordindiens berichtet. H.H.

AUSGABEN: Bombay 1875, Hg. G. Bühler. – Varanasi 1958–1964, 3 Bde.

ÜBERSETZUNGEN: *Vikramāṅkadevacarita*, Ratibor 1897, A. Haack [m. Anm.; dt.] – *Indische Stimmungsbilder*, A. Haack, o. O. 1899 [Ausz.]. – *Glimpses of the History of the Calukyas of Kalyāṇa*, S. Ch. Banerji u. A. K. Cupka, Kalkutta 1965.

LITERATUR: B. N. Misra, *Studies on B. and his »Vikramankadevacarita«*, Neu Delhi 1976 [m. Bibliogr.]. – C. Prabha, *Historical mahākāvyas in Sanskrit*, Delhi 1976, S. 45 ff. – M. L. Nagar, »*Alaṅkāraratnākara« and »Vikramaṅkadevacarita«* (in Mysore Orientalist, 12, 1979, S. 38–44). – S. Lienhard, *A history of Classical Poetry, Sanskrit-Pali-Prakrit*, Wiesbaden 1984, S. 21

JONAS BILIŪNAS

* 11.4.1879 Niūroniai / Bez. Anykščiai
† 8.12.1907 Zakopane

LIŪDNA PASAKA

(lit.; *Trauriges Märchen*). Novelle von Jonas BILIŪNAS, erschienen 1907. – Die Erzählung schildert das Schicksal zweier litauischer Leibeigener, der schönen Juozapota und ihres Mannes Petras. Um seinen langgehegten Traum von einem eigenen Stück Land zu verwirklichen, schließt sich Petras dem litauischen Aufstand gegen die zaristische Herrschaft (1863) an, der durch Gerüchte über die Aufhebung der Leibeigenschaft ausgelöst wird. Der Aufstand wird jedoch niedergeschlagen. Juozapota hört lange nichts mehr von ihrem Mann und macht sich auf die Suche nach ihm. Sie sieht ihn schließlich in der nahe gelegenen Stadt am Galgen hängen. Fortan geistesgestört, führt sie ein einsames, unstetes Leben und verbreitet, wo immer sie auftaucht, Unruhe und Trauer unter den Menschen.

Die Gestalt Juozapotas ist ein Symbol des Verhängnisses und des Todes. Dieses Motiv wird gleich zu Anfang der Erzählung eingeführt: Die schäbig gekleidete, von Leid und Wahnsinn gezeichnete alte Juozapota erscheint auf einer eleganten Kurpromenade – gleichsam als *memento mori* unter den vielen heiteren Menschen. Mit verstörtem Blick spricht sie die Kurgäste an: »*Soviel Herren ... Wie schön sind sie alle ... Haben Sie meinen Petriukas* [d. i. Peterchen] *nicht gesehen?*« Es sind dieselben Worte, die sie auf der Suche nach ihrem Mann ständig wiederholt hat. Die Alte wendet sich auch an den unter den Kurgästen weilenden Erzähler der Novelle, der ihr »*trauriges Märchen*« rekonstruiert. – Biliūnas hat in seinem letzten Werk den eigenen Todesahnungen Ausdruck verliehen. Autobiographische Züge trägt auch die dem Werk vorangehende Widmung an eine frühere Geliebte, das Prosagedicht *Baltasai Šešėlis (Der weiße Schatten)*. Der Autor, Begründer der litauischen Kurzgeschichte und ein Vertreter des kritischen Realismus, läßt in dieser Novelle seine frühere Thematik, die soziale und nationale Unterdrückung des litauischen Volkes, hinter dem Einzelschicksal Juozapotas zurücktreten und verzichtet damit auf eine dramatische Handlungsführung. Der elegisch-lyrische Stil – zu den Darstellungsmitteln gehören die Wiederholung einzelner Sätze und Wörter ebenso wie das Aussparen wesentlicher Handlungsmomente – verleiht der Novelle eine stark emotionale Färb

V.N.-KLL

AUSGABEN: Wilna 1907. – Wilna 1954 (in *Raštai*). – Wilna 1963. – Wilna 1973.

ÜBERSETZUNG: *Eine traurige Geschichte*, W. Ehrner, Kaunas 1934.

LITERATUR: K. Korsakas, *J. B.* (in Literatūra ir kritika, 1949). – Ders., *J. B. minint* (in Literatūra ir menas, 28. 6. 1953). – J. Šimkus, *J. B. grožinė proza* (in Tiesa, 1. 7. 1953). – M. Sluckis, *Satyros elementai J. B. prozoje* (in Literatūra ir menas, 28. 6. 1953). – P. Galiliūnas, *B. apsakymų kalbos analizė* (in Tarybinė mokykla, 1954, Nr. 7). – M. Lukšienė, *Keli J. B. estetinių pažiūrų bruožai* (in Lietuvių literatūra, 1954). – Ders., *J. B. kūryba*, Wilna 1956. – K. Umbrasas, *J. B.*, Wilna 1956. – B. Pranskus-

Žalionis, *1863 metų sukilimo atspindžiai lietuvių literatūroje* (in LTSR MA darbai, Ser. A, Bd. 1, 1957). – *MA. Lietuvių literatūros istorija*, Bd. 2, Wilna 1958, S. 451–478. – I. Korsakaite, Antrasis knygos gimimas (in Literatūra ir menas, 21. 9. 1963). – A. Zalatorius, *Lietuvių apsakymo raida ir poetika*, Wilna 1971. – *Istorija litovskoj literatury (Akad. Nauk)*, Wilna 1977, S. 176–178; 227–242. – A. Zalatorius, *J. B.* (in *MA. Lietuvių literatūros istorija*, Bd. 1, Wilna 1979). – J. Zekaite, *Jonas Biliūnas* (in *MA. Lietuvių tarybinė literatūra*, Bd. 2, Wilna 1982).

VLADIMIR NAUMOVIČ BILL'-BELOCERKOVSKIJ

eig. Vladimir N. Bill'
* 9.1.1885 Aleksandrija / Ukraine
† 1.3.1970 Moskau

LITERATUR ZUM AUTOR:
B. Al'pers, *Dramaturg revoljucii B.-B.* (in Literaturnaja gazeta, 1935, 16). – K. Rudnicki, *V. B.-B.* (in Teatr, 1957, Nr. 11). – Ders., *Portrety dramaturgov*, Moskau 1961, S. 31–46.

ŠTORM

(russ.; *Ü: Sturm*). Drama in vier Akten von Vladimir N. BILL'-BELOCERKOVSKIJ, Uraufführung: Moskau 1925, Theater des städt. Gewerkschaftssowjets. – Das erste authentische Revolutionsdrama der Sowjetliteratur spielt zur Zeit des russischen Bürgerkriegs in einer unbedeutenden Provinzstadt in der Etappe. Die Macht liegt in der Hand der Bolschewiken, doch ist die Konterrevolution noch nicht geschlagen. Sie sammelt in der Stille ihre Kräfte, dringt in Partei, Verwaltung und Armee ein und weiß Hungersnot und Typhusepidemie zum Kampf gegen die Revolution zu nutzen. Der Sturm bricht los, als unter den Führern einer Roten-Armee-Einheit eine Verschwörung aufgedeckt wird. Die Weißen dringen in die Stadt ein. Die Kommunisten verlieren den besten Genossen. Ein alter Revolutionär, der vor Überanstrengung den Verstand verliert, muß von den eigenen Leuten erschossen werden. Mit übermenschlichem Einsatz erringen die Roten endlich den Sieg. Das erfolgreiche Drama steht in der Tradition des Agitationstheaters der Revolutionszeit, dessen Plakativität vor allem in der Eindimensionalität der Charaktere und der schroffen Ausschließlichkeit der Konflikte zutage tritt. Diese holzschnittartige Konzeption ist jedoch bereits in die realistisch-detaillierte Wiedergabe der Bürgerkriegszeit eingebettet. Mit dem sowjetischen Theater der frühen zwanziger Jahre ist das

Drama durch seine chronistische Struktur verbunden, die das Dramengeschehen unter Verzicht auf durchgehende Intrige und konzeptionelle Einheitlichkeit des Sujets in dynamischem Wechsel handlungsgesättigter Szenen nach Art einer dramatischen Chronik entfaltet.

Zeitgenössische Kritiker haben die Aufspaltung der Dramenhandlung in eine Vielzahl von Einzelepisoden als Mangel empfunden. Genrebedingt ergibt sie sich jedoch aus der Intention des Autors, Revolution und Bürgerkrieg von der Seite des revolutionären Alltags zu beschreiben. Das ganze Drama steht unter dem Gedanken der Einheit der zerstörerischen Klassenauseinandersetzung und des Aufbaus der sozialistischen Gesellschaft: Eine der bedeutendsten Szenen des Stücks spielt an einem kommunistischen *subbotnik* (freiwilliger, unbezahlter Arbeitstag). Das revolutionäre Pathos des Dramas ist insbesondere an die überzeugenden Gestalten der revolutionären Kämpfer gebunden, welche, überwiegend typenhaft, allein in ihrer Funktion hervortreten: der Parteisekretär, der Vorsitzende, der Rotarmist usf. Dem heroisch-romantischen Pathos auf der Seite der Revolutionäre steht die satirisch-groteske Demaskierung des konterrevolutionären Gegners und seiner Parteigänger gegenüber. Der eigentliche Held des Stücks ist die Masse des russischen Volkes, deren Handeln nicht als chaotischer Aufstand einer blinden Menge, sondern als bewußtes Zusammenwirken einer im Kampf um die Existenz geeinten Klasse geschildert wird. So ist dieses Werk das erste sowjetische Drama, das die historische Gesetzmäßigkeit des revolutionären Geschehens und die führende Rolle der Kommunistischen Partei beim Sturz der alten und der Konsolidierung der neuen Gesellschaft herauszuarbeiten sucht. M.Gru.-KLL

AUSGABEN: Moskau 1925. – Moskau 1962 (in *Izbrannye proizvedenija*, 2 Bde., 2). – Moskau 1976 (in *Izbrannye proizvedenija*, 2 Bde., 2).

ÜBERSETZUNG: *Sturm*, K. Seeger, Lpzg. 1959. – Dass., ders., Bln. 1960.

VERFILMUNG: Rußland 1957 (M. Dubson).

LITERATUR: B. Mlečin, *Dramaturg revoljuc. štorma* (in Prožektor, 7/8, 1933).

FRANÇOIS BILLETDOUX

* 7.9.1927 Paris

TCHIN-TCHIN

(frz.; *Ü: Tschin-Tschin*). Komödie in vier Akten von François BILLETDOUX, Uraufführung: Paris 26. 1. 1959, Théâtre de Poche Montparnasse. – Billetdoux arbeitete am französischen Rundfunk und schrieb Varietéprogramme, Hörspiele, Einakter und Romane. Daneben trat er durch eher geistreiche als sachbezogene theoretische Äußerungen über das Theater hervor. In *Tchin-Tchin*, einer Komödie gehobeneren Boulevardniveaus, führt er nicht ohne Finessen den Abstieg eines Paares aus geordneten Verhältnissen zum Obdachlosen- und Trinkerdasein vor. Er bedient sich dabei der Mittel des psychologischen Realismus: Eine ungeheure Geschwätzigkeit schiebt sich zwischen die Partner und ihre Wünsche nach Kommunikation und Befriedigung; die Dialoge sind oft nur Begleitung für eine freizulegende »Unter-Handlung«.

In einem Pariser Teesalon im englischen Stil treffen sich Mrs. Pamela Puffy-Picq und M. Cesareo Grimaldi. Sie ist eine vornehme Engländerin und mit einem Franzosen verheiratet; er ist Italiener, Katholik und mit einer Französin verheiratet. Aus ihrem Gespräch ist zu entnehmen, daß die beiden Opfer eines Ehebruchs sind: Dr. Picq hat sich mit Mme. Grimaldi zusammengetan. Eifersüchtig tauschen die Geschädigten ihre Erfahrungen aus. Cesareo ist dem Trübsinn und dem Whisky verfallen, während Pamela Haltung bewahrt und im Rahmen der allgemeinen Wohltätigkeit Zigarettenstummel sammelt. Als ihre Gespräche erfolglos bleiben, nimmt Pamela den Leidensgenossen mit nach Hause, damit der dem Dr. Picq männlich gegenübertrete. Aber zu dieser Begegnung kommt es nicht, statt dessen lernt Cesareo den Sohn Bobby kennen. Vom Alkohol schwer angeschlagen, räumt er das Feld. – Der folgende Akt zeigt die beiden – unentschieden und ratlos wie immer – in einem Wartezimmer der Picqschen Klinik, wo Cesareos Frau offensichtlich mit den Folgen des Ehebruchs niedergekommen ist. Später treffen sie sich in einem zweitklassigen Hotelzimmer. Pamela kämpft standhaft mit ihren Skrupeln. Aber bevor es zum Ehebruch aus Rache kommt, fällt Cesareo wie ein Baum aufs Bett, durch unmäßigen Kognakgenuß zu anderem Genuß unfähig geworden. – Nach einem Vorschlag Bobbys, den Partnertausch offiziell zu sanktionieren, sowie nach einem mißlungenem Fluchtversuch Cesareos nach Italien ziehen er und Pamela schließlich zusammen, um sich isoliert von der Außenwelt mittels subtilen Psychoterrors zusammenzuraufen. Cesareo verschenkt sein Geschäft; das Paar erschreckt und beleidigt Außenstehende und versteht es, unterstützt vom Alkohol, seine verdrängten Aggressionen abzureagieren. – Im letzten Akt sind beide nur noch auf der Straße; sie wagen es nicht, ihre ehemaligen Ehepartner in einem eleganten Mietshaus zu besuchen. Zum Schluß bestehlen sie nachts auf den Kais der Seine den volltrunkenen Sohn Bobby.

Diese Geschichte einer Liebe zeigt nicht die Liebenden sondern deren Opfer. Aber die beiden Betrogenen reihen sich nicht in den bürgerlich sanktionierten Reigen von Ehebruch – Scheidung – Heirat ein, sondern durchleben eine persönliche Krise. Auf dem Höhepunkt bürgerlicher Standardbiographien lernen sie plötzlich zu fragen, was man mit einem Menschen, mit einem Leben machen sollte und könnte. Sie versinken nicht in Tragik, sondern finden mit Charme heraus, wie sinnlos es sein kann, gemeinsam den Mittelpunkt der Existenz zu suchen. Ihre Absage an Besitz und bürgerliche Tugenden bekommt Katharsisfunktion: In den sogenannten besten Jahren beginnen sie in wachsender Heiterkeit und Gelassenheit ein Clochard oder Hippie-Dasein, um nur eines zu tun – endlich ihren Bedürfnissen zu leben. J.Jo.

AUSGABE: Paris 1961 (in *Théâtre*).

ÜBERSETZUNG: *Tschin-Tschin*, M. La Roche, Ffm. o. J. [ca. 1960].

LITERATUR: B. L. Knapp, *Two Plays of B. [»Tchin-tchin«, »Va donc chez Törpe«]* (in MD, 7, 1964/65, S. 199–203). – Dies., *B.* (in B. L. K., *Off-Stage Voices*, Troy/NY 1975, S. 187–196).

RICHARD BILLINGER

* 20.7.1890 St. Marienkirchen / Oberösterreich
† 7.6.1965 Linz

RAUHNACHT

Schauspiel in vier Akten und einem Vorspiel von Richard BILLINGER, Uraufführung: München, 10. 10. 1931, Kammerspiele. – Der bereits mit seinem »Tanz- und Zauberspiel« *Das Perchtenspiel* (1928) hervorgetretene Autor fand durch die von Otto Falckenberg inszenierte und von Alfred Kubin ausgestattete Uraufführung von *Rauhnacht* vollends Anerkennung als Dramatiker: 1932 ging der Kleistpreis zur Hälfte an Billinger.
Die heidnisch vitale Welt des Fruchtbarkeitszaubers um die Wintersonnwende ist mit dem Weihnachtsfest und der Geburt Christi in einem »*Dorf in Oberösterreich, nahe der Mündung des Inn in die Donau*« kontrastiert. Die in die Gegenwart versetzte Handlung beginnt am 23. Dezember und endet am Morgen des »Heiligen Abends«. Dazwischen liegt die »Rauhnacht«, deren gespenstische Atmosphäre bereits das Vorspiel charakterisiert: »*In der Rauhnacht muß der Wolf heulen, der Wind beten, der Böse die Messe lesen.*« Im Mittelpunkt des Stücks steht die mit ausgeprägt autobiographischen Zügen des Dichters versehene Figur des Simon Kreuzhalter. Er ist nach einer abgebrochenen Priesterausbildung und einem gescheiterten Versuch als Missionar in Afrika ins Dorf zurückgekehrt. Gerüchte über Exzesse in seinem Vorleben machen ihn zum Verfemten. Als »Götzenpriester« wird er von den streng kirchengläubigen Dorfbewohnern gemieden. Im Gemischtwarenladen der Frau Waldhör, der als Kontrastbereich zum einsamen Bauernhof Kreuzhalters fungiert, erscheint das Dorfleben in seiner Mischung von Bigotterie, Geschäftstüchtigkeit, Heuchelei und Brutalität. »*Kerzen, Rosenkränze, lederne Peitschenriemen, auch Rauhnachtsmasken (Teufels- und Hexengesichter)*« baumeln von der Decke des Ladens herab und charakterisieren die zwiespältige Atmosphäre des Stücks. Das Fieber der Rauhnacht ergreift auch die Krämerstochter Kreszenz, die ihre Internatsferien im Dorf verbringt: »*Ewig den Kramergstank da! Draußen ists heut anders! Fein! D'Rauhnacht is!*« Simon Kreuzhalter lädt Kreszenz, ihren Bruder Alexander, einen am Leben verzagenden Kriegskrüppel und die wild tobenden Knechte und Mägde zu sich ein. Als Türkenprinz vermummt und fasziniert von den exotischen »*Negersachen*«, die Kreuzhalter ihr zeigt, steigert sich Kreszenz in rauschhafte Ekstase. Auch Kreuzhalter, eine ›*Negerteufelsmaske*« vor das Gesicht gestülpt und die Todestrommel schlagend, »*gerät in Raserei*«, die »*Rauhnächtler erscheinen wie im Triumphzuge des Satans*«. In jähem Blutrausch ersticht Kreuzhalter Kreszenz mit einem afrikanischen Opfermesser und zündet sein Haus an. Der Fliehende wird von den Rauhnächtlern in den nahen Inn gehetzt: »*Ins Wasser! Ha! – Ins Wasser!! – Hetzt! Hetzt ihn! Hetzt! Ins Wasser! (Ein Schrei): Er ist drin!!*« Die gespenstische Szene endet mit dem frenetischen Jubeln und Tollen der Rauhnächtler um das Feuer, das für sie Symbol des wiedererstehenden Rauhnachtzaubers ist. – Am nächsten Morgen singen die »Weihnachtsbettler« die Geschichte von Josef und Marie. Alexander, erschüttert über die Vorgänge der Nacht, bekennt sich nun zu Cilli, der achtzehnjährigen Ladnerin, die ein Kind von ihm erwartet. In aufdringlich sentimentaler Symbolik wird die Geburt Christi auf das »*Kindel*« Cillis bezogen. Zum Schluß erklingen »*fernewo im Himmel noch die Jubelmelodie der Weihnachtssinger ... und die Chöre der Engel*«.
Heterogene Elemente vereinigen sich in *Rauhnacht* zu einer fatalen, zudem nicht immer geglückten Synthese. Heidnisch-germanisches Brauchtum wird der christlichen Dorfwelt gegenübergestellt und soll verdeutlichen, daß unkontrollierbar triebhafte Urkräfte im Menschen auch dort noch zerstörerisch wirksam werden, wo Zivilisation und Gesellschaft sich scheinbar längst auf ordnende Regeln berufen. Kreuzhalter und Kreszenz, die beide dem Heimatboden entfremdet sind (vor allem Kreuzhalters gespreizte Sprache dient im Gegensatz zum Dialekt der Dorfbewohner als Signal dafür), verfallen der Orgiastik der Rauhnacht, während die Dorfbewohner imstande sind, die rauschhafte Entfesselung der Leidenschaften mit dem christlichen Bereich der Weihnacht bedenkenlos zu vermischen. Billinger verherrlicht die ungebrochene Verbundenheit des Menschen mit den elementaren Kräften der Natur, während die »Entwurzelten« zugrunde gehen müssen. Unübersehbar propagiert das Schauspiel die nationalsozialistische Programmatik des erdgebundenen Volkstums – ei-

ne »Blut-und-Boden-Mystik«, die L. SCHMIDT 1939 begeistert auf Billingers »*brutales, aber vollsaftiges Temperament*«, das etwas »*durchaus Innviertlerisches*« verkörpere, zurückführt. Das Stück verzichtet auf jegliche Analyse irrationaler Mechanismen und rauschhafter Exzesse und bemüht sich ausschließlich um theatralische Wirkung, die das Publikum faszinierte, die aber vor dem Hintergrund des Dritten Reichs ins Demagogische pervertiert: Die auf vagen Vorurteilen und Gerüchten basierende Hetzjagd des Dorfs auf Kreuzhalter erweist sich als erschreckende Vorwegnahme der faschistischen Judenpogrome.   G.R.

AUSGABEN: Lpzg. 1931. – Emsdetten 1953 (Dramen der Zeit, 3). – Graz/Wien 1956 (in *GW*, 3 Abt., 12 Bde., 1955–1960; Abt. C, Bd. 1, Hg. u. Nachw. H. Gerstinger).

LITERATUR: L. Benninghoff, »*Rauhnacht*« (in Der Kreis, 10, 1933, S. 82–94). – L. Schmidt, *Wurzeln u. Wege der dichterischen Gestaltung volkhaften Lebens in Österreich* (in Dichtung u. Volkstum, 40, 1939, S. 8–31). – F. Pirklbauer, *R. B. Dramen u. Brauchtum*, Diss. Wien 1940. – E. Reinemer, *Form u. Stil in den Werken R. B.s*, Diss. Wien 1940. – H. Gerstinger, *R. B. als Dramatiker*, Diss. Wien 1947. – R. J. Cadigan, *R. B., H. Johst u. E. Moeller: 3 Representative National Socialist Playwrights*, Diss. Univ. of Kansas 1979. – G. Scheit, *Die Zerstörung des Volksstücks. R. B. u. die Tradition des Volkstheaters* (in Wespennest, 1984, H. 56, S. 4–12). – *R. B. Leben und Werk* (in R. B., *Nachlass*, Hg. W. Bortenschlager, 8 Bde., Wels 1979–1985, 5).

RUDOLF GEORG BINDING

* 13.8.1867 Basel
† 4.8.1938 Starnberg

LITERATUR ZUM AUTOR:
T. Stenner, *R. G. B. Leben u. Werk*, Potsdam 1938. – H. Millotat, *R. G. B.s erzählerisches Werk*, Würzburg 1939. – H. Seeger, *Die Frau im Werke R. G. B.s*, Diss. Erlangen 1949. – E. Radlmaier, *Das Menschenbild bei R. G. B.*, Diss. Mchn. 1953. – R. L. Cole, *The Ethical Foundations of R. G. B.'s Gentleman-Concept*, Den Haag 1966. – J. Améry, *A propos »Haltung« u. »Zersetzung«* (in J. A., *Bücher aus der Jugend unseres Jahrhunderts*, Stg. 1981, S. 65–79).

MOSELFAHRT AUS LIEBESKUMMER.
Novelle in einer Landschaft

Novelle von Rudolf G. BINDING, erschienen 1932. – Die Erzählung sorgte neben Novellen wie *Der Opfergang* oder *Die Waffenbrüder* (beide 1911) für die außerordentliche Beliebtheit, deren sich der Autor zwischen den beiden Weltkriegen in Deutschland erfreute. Binding schildert keine »unerhörte Begebenheit«, sondern geht von der Physiognomie einer Landschaft aus. Er verzichtet daher auf den prägnanten novellistischen Sprachduktus und setzt an seine Stelle einen ausladenden und eher besinnlichen Erzählstil. Die nur sparsam skizzierte, auf den Zeitraum eines Tages begrenzte Handlung und die Landschaft verschmelzen zu einer Atmosphäre von »*leichter Ruhe, ruhiger Leichtigkeit*«. Diese gelockerte, moselweinselige Stimmung ist das eigentliche Thema der Novelle.
In einem Gasthaus in Cochem macht der Erzähler die Bekanntschaft einer jungen Dame, die durch ihre Vertrautheit mit der Gegend und durch ihr ungemein sicheres Auftreten seine Aufmerksamkeit erregt. Auf seine Frage nach dem Zweck ihrer Moselreise erklärt sie nach einigem Zögern: »*Ich fahre eigentlich – aus Liebeskummer an die Mosel.!*« Da sie sich für »völlig ungefährlich« hält, setzen die beiden die Reise im Auto gemeinsam fort. Der Tag vergeht unter Besuchen in kleinen Moseldörfchen und unter Geplauder über den eigentümlichen Zauber dieser Landschaft. Die bisweilen aufkommende erotische Spannung wird von einer »heilsamen« Natur immer wieder gelöst. Als am Ende des Tages in Trier das unbeschwerte Verhältnis in Verliebtsein umzuschlagen droht, trennt man sich und bewahrt heitere Ausgeglichenheit. Der Schwebezustand des Erzählers deutet sich in der Frage an: »*War sie geheilt? War ich verliebt?*« Mit einem Rundgang durch das alte Trier, mit der Rückfahrt im Zug am nächsten Tag schließt der Erzähler die Novelle, ohne noch mit einem Wort die junge Dame vom Vortag zu erwähnen – als habe sie sich in die Landschaft aufgelöst, die sie für ihn verkörperte. Schon im Verlauf der Erzählung war sie immer mehr zum Naturwesen stilisiert worden *(»Sind Sie nicht wirklich wie die Landschaft, die Sie so sehr lieben – ?«)*. Den Erzähler fasziniert seine Begleiterin, »*weil sie keinen Schmuck, keine Schminke, keinen Puder, keinen Spiegel, kein Zigarettenetui, ja nicht einmal eine Uhr in Anwendung bringe, gar nichts Künstliches – wie das Tal, das wir gemeinsam durchfahren hatten*«.
Obwohl Binding seine Novelle von der üblichen »Romantik der Mosel« abzugrenzen sucht und sich zu »Sachlichkeit« und »Wirklichkeitssinn« bekennt, gerät die idealisierende Identifikation von Natur und Mensch bisweilen in bedenkliche Nähe zum Kitsch der Heimat und Bauerngeschichten. Anderseits hebt sich der Humor, der den Erzählton bestimmt, bemerkenswert von der düsteren Klassizität anderer Erzählungen des Autors ab.
   G.Le.

AUSGABEN: Ffm. 1932. – Hbg. 1954 (in *GW*, Einl. R. Bach, 2 Bde., 1). – Mchn. 1967.

VERFILMUNG: Deutschland 1953 (Regie: K. Hoffmann).

DER OPFERGANG

Novelle von Rudolf G. BINDING, erschienen 1911.
– Der Erzähler behandelt den Konflikt des Mannes zwischen zwei Frauen, von denen die eine *»den Gegenstand seiner Mannesleidenschaft«*, die andere den *»seiner unaufhörlichen Verehrung«* bildet. Nach zehn Jahren ruhelosen Suchens kehrt Albrecht zu seiner schönen, kühl-vornehmen Jugendliebe Octavia zurück. Er glaubt in ihrer Ruhe und beherrschten Sicherheit einen Ausgleich für sein unstet-vitales Temperament zu finden. Octavia *»liebte sicherlich weniger ihn als seine Art, seine Frische, seinen Mut, seine nach tausend jungen Torheiten doch immer wieder besinnliche Kraft«*. Tatsächlich wird Albrecht in der Ehe mit Octavia ausgeglichener, fällt aber zugleich in eine gewisse Passivität. Die Begegnung mit der fröhlichen, sinnlich-lebendigen Joie gibt ihm, nach fünfjähriger Ehe, neue Arbeitskraft. Aber die Liebe und Verehrung für Octavia behält ihr Gewicht, so daß der Konflikt der Wahl ihm den neuen Schwung wieder zu rauben beginnt. Der Ausbruch einer Choleraepidemie verändert die Situation auf überraschende Weise. Auf Bitte der schwererkrankten Joie rettet Albrecht ein kleines Mädchen aus der choleraverseuchten Stadt, infiziert sich dabei und stirbt. Octavia unternimmt nach Albrechts Tod einen heroischen Opfergang, indem sie unter äußerster Selbstüberwindung der erkrankten Joie allabendlich in den Kleidern Albrechts dessen Gruß aus der Ferne vortäuscht, um sie am Leben zu erhalten. Als die genesende Joie von dieser Täuschung erfährt, *»war ihr Schmerz gewißermaßen überboten durch eine Tat, deren Größe sie ganz erfüllte und ein herrliches Aufrichten in ihr gebar«*.
In Bindings Erzählung sollen die miteinander kontrastierenden Frauengestalten Octavia und Joie (beides sehr charakteristische Namen) den *»mittelbar lebenden Menschen«* und den *»unmittelbar lebenden«* repräsentieren. Durch die Selbstüberwindung des »Opfergangs« gewinnt Octavia, die durch Joie zur leidend-unterlegenen, liebesunfähigen Frau herabgesetzt zu werden drohte, Größe und Bedeutung. Die Liebe, in Joie zur naturhaften Vitalität, in Octavia zum distanzierten, ethisch sublimierten Eros stilisiert, wird als das sinngebende Element menschlichen Daseins aufgefaßt.
Die klar aufgebaute Novelle ist auf eine dramatische Steigerung hin angelegt. Daraus erklärt sich zum Teil das ungewöhnliche Echo, das sie lange Zeit beim deutschen Lesepublikum fand. Allerdings verrät der bis zur letzten Seite verzögerte Höhepunkt allzu deutlich das angestrengte Bemühen des Autors um eine bedeutende Schlußwendung. Die Atmosphäre der Erzählung, die Beschreibung der Personen, des Lokals, die Ereignisse und die Metaphorik der Sprache lassen eine unsichere, halb realistische, halb neuromantische Stilhaltung erkennen. Noch dort, wo Binding sich um distanzierten Bericht bemüht, drängen sich ihm preziöse und gefühlsbeladene Wendungen auf. Neuromantisch ist zumal der von NIETZSCHE übernommene Gegensatz von geistigem Adel und natürlicher Vitalität, der in zahlreichen literarischen Werken der Zeit, von Thomas MANN und Hermann HESSE bis in die Trivialliteratur hinein, entfaltet wurde.

C.Cob.

AUSGABEN: Lpzg. 1911 (in *Die Geige. Vier Novellen*). – Lpzg. 1912, ern. Wiesbaden 1954 (IB, 23). – Ffm. 1927 (in *GW*, 4 Bde., 1). – Potsdam 1937 (in *GW*, 5 Bde., 1). – Hbg. 1954 (in *GW*, 2 Bde., 1; Geleitw. R. Bach). – Ffm. o. J. (IB).

VERFILMUNG: Deutschland 1943 (Regie: V. Harlan).

LITERATUR: W. Renwanz, *Primanerinnen sprechen über B.s »Opfergang«* (in Zs. f. deutsche Bildung, 6, 1930, H. 4, S. 203–209). – H.-J. Neumann, *Studien zum Prosastil R. G. B.s*, Diss. Erlangen 1950. – J. Pfeiffer, *Über B.s Novelle »Der Opfergang«* (in Die Sammlung, 6, 1951, S. 475–479).

MICHA JOSEF BIN GORION

eig. Micha Josef Berdyczewski
* 7.8.1865 Międzyboż / Ukraine
† 18.11.1921 Berlin

DER BORN JUDAS

Sammlung jüdischer Märchen, Legenden und Volkserzählungen, von Micha Josef BIN GORION aus Hunderten von hebräischen Quellenwerken der rabbinischen Literatur (9.–18. Jh.) erschlossen, zusammengetragen und nach Zyklen geordnet; von Rahel Bin Gorion (geb. Ramberg, 1879 bis 1955) aus dem Manuskript ins Deutsche übersetzt, 1916–1923 in sechs Bänden erschienen. – *Der Born Judas* ist das jüdische Gegenstück zu Sammlungen wie *Der Weise und der Tor, Tausendundeine Nacht, Gesta Romanorum* und wurde, in der Übersetzung, zu einem bleibenden Literaturwerk der deutschen Sprache. Der Herausgeber umschrieb in der Einleitung zum zweiten Band (1916) Weg und Zielsetzung: *»Bei bloßen Anthologien kommt es nur auf die Herbeischaffung des Materials an ... Anders gestaltet sich die Aufgabe, wo es gilt, die Fäden zu suchen, die sich durch die verschiedenen Geschichten ziehen, und verlorengegangene Zusammenhänge wieder herauszufinden. Es handelt sich in unserem Falle darum, getrennte Teile organisch zu verbinden, Volksbücher im Sinne der Alten zu konstruieren.«*
Der Born Judas reflektiert, soweit seine Erzählungen in einem historischen Rahmen stehen, die mehr als dreitausend Jahre umfassende jüdische Geschichte als Gesamtheit. Die 330 Lese- und Lehrstücke sind nach der Zeitfolge der erzählten

Ereignisse in neun Bücher eingeteilt. Den Anfang bilden die *Biblischen Mären*, die an sich späteren Ursprungs sind: mittelalterliche und nachmittelalterliche Geschichten, deren Helden biblische Figuren sind. Es folgen die nachbiblischen *Historien*, die in der Hauptsache die Epoche des zweiten Tempels begleiten; zu ihnen gehört auch Außerjüdisches, aber im Judentum legitim Fortlebendes, wie der Geschichtenkreis um Alexander den Großen. Die Bücher *Aus dem Reiche der mündlichen Lehre* und *Legenden* spiegeln die Zeit der nur geistig-religiösen Souveränität wider, welche die Zeit der nationalen Souveränität des ersten und zweiten Tempels am Ausgang des Altertums abgelöst hat. In diesen Geschichten hat die nachbiblische jüdische Fabulierkunst ihre spezifischste Form erreicht; mit ihrer herben Ethik und dem Verzicht auf epische Breite sind sie im eigentlichen Sinn original. Die Bücher *Märchen* und *Weisheit und Torheit* enthalten Geschichten aus allen Epochen. *In den Ländern der Zerstreuung* schildert die ersten Etappen der Diaspora und die Meister der Exegese, Philosophie und Mystik und ist mit seinen sagenhaften – und nicht nur sagenhaften – Berichten über Märtyrer und Marterorte das Spiegelbild einer unendlichen Leidensgeschichte, die der Geistes- und Glaubensgeschichte parallel geht. Unter diesem Zeichen stehen auch die späteren *Volksgeschichten*, die bis an die Schwelle des 19. Jh.s führen. Einen besonderen Kreis bildet das letzte Buch, *Im heiligen Lande*, Ausdruck der nationalen Sehnsucht der vom »Tische des Vaters« verbannten Söhne. KLL

AUSGABEN: Lpzg. 1916–1923, 6 Bde. – Bln. 1934. – Wiesbaden 1959, Hg. u. Nachw. E. Bin Gorion. – Ffm. 1981, Hg. u. Nachw. ders. (Insel Tb).

LITERATUR: M. Heimann, »Der Born Judas« (in M. H., *Prosaische Schriften*, Bd. 2, Bln. 1918). – D. Almayer u. A. J. Band, Art. *M. J. Berdyczweski* (in EJ², 4, Sp. 592–596).

KAZYS BINKIS

* 4.11.1893 Gudeliai
† 27.4.1942 Kaunas

LITERATUR ZUM AUTOR:
Lietuvių literatūros istorija, Bd. 3/1, Wilna 1961, S. 505–541. – *Istorija litovskoj literatury*, Wilna 1977, S. 466–482. – V. Kuzmickas, *K. B., Gyvenimas ir kuryba*, Kaunas 1985.

DAS LYRISCHE WERK (lit.) von Kazys BINKIS.
Die frühen Gedichte von Kazys Binkis, die in Zeitschriften und Sammelbänden seit 1912 erschienen, waren thematisch und formal noch ganz der litauischen spätromantischen Schule (vgl. MAIRONIS) verpflichtet. Es überwiegen Bilder der litauischen Landschaft und Genrebilder aus dem Dorfleben, von einer stillen, den Volksliedern nachempfundenen Melancholie durchzogen. Hin und wieder ist eine Nähe zum zeitgenössischen litauischen (SRUOGA) und russischen (BLOK) Symbolismus und Akmeismus spürbar. Der Durchbruch zu einer modernistischen Dichtung erfolgt um 1919, als Binkis den russischen Futurismus kennenlernt. Besonders V. MAJAKOVSKIJ fasziniert ihn. In die gleiche Richtung geht der Einfluß, den er während eines Aufenthalts in Berlin (1920–1923 mit Unterbrechungen), wo er an der Universität Literaturwissenschaft und Philosophie studiert, von seiten der deutschen Expressionisten (BENN, BECHER, GOLL, LASKER-SCHÜLER) erfährt. Er wird zum ersten und bedeutendsten Vertreter des Futurismus und Expressionismus in Litauen. 1920 und 1923 erscheinen zwei kleine Gedichtbände (*Eilėraščiai-Gedichte* und *100 pavasarių-Salem aleikum – 100 Frühlinge-Salem aleikum*). 1924 gründet er die Gruppe der »Vier Winde«, die »unter dem Banner der Neuen Kunst« eine gleichnamige Zeitschrift herausgibt, die bis 1928 existiert. Aber sein revolutionärer Elan, der nie eigentlich politisch motiviert, sondern lediglich gegen das etablierte Spießbürgertum gerichtet war, erlahmt sehr rasch, und schon seit 1928 wendet er sich vor allem der Parodie, der Satire und der Kinderliteratur, besonders mit kleinen und größeren Versepen, zu. Seit 1937 verfaßt er auch Theaterstücke.

In *Vejavaikis (Das Windkind)* spannt der Dichter zunächst »den jungen Wind« und den »tollkühnen Sturm« ein, um mit ihrer Hilfe »mit dem Frühling um die Wette« dahinzujagen. Mond und Sterne müssen ihm Platz machen. Aber gegen Schluß des Gedichts wird das neoromantische Bild in Frage gestellt. Der Dichter fährt allein »den großen Wolkenweg« dahin. Den Frühling läßt er »auf den Wiesen seine Frösche und Regenwürmer fangen«, den »müde werdenden Vögeln« sagt er Adieu, denn er überholt alles und läßt alles hinter sich zurück. Der selbstherrliche futuristische Dichter braucht den Sturmwind, die Mächte der Natur nicht. Ihn beflügeln die Kraft der Phantasie und die Gewalt des dichterischen Wortes.

Ein expressionistisches Bild der Großstadt Berlin (*Vokiškas pavasaris*, 1921 – *Deutscher Frühling*), ein Aufruf, die Friedensbotschaft auf die Straße hinauszutragen (*Salem Aleikum*, 1922), der Dichter als Prophet vom Lande, der den Menschen in der Stadt ihre Gefräßigkeit und ihren Stumpfsinn vorhält (*Pranašas*, 1922 – *Der Prophet*), der Frühling als Sinnbild einer Revolution kosmischen Ausmaßes (*Keturvėjiškas*, 1928 – *Der Vierwindler*), überschäumende Lust am Leben (*Kol jaunas, o broli...*, 1930 – *Solang du jung bist, o Bruder...*) sind Themen, die Binkis während seiner expressionistisch-futuristischen Phase behandelt. Bilder, Metaphern und Vergleiche sind gegen die bis dahin herrschende, von der Neoromantik geprägte Ästhetik gerichtet: »*Der Mond, der alte Idiot, lächelt, von einer Stromleitung aufgezäumt.*« Man soll nicht demonstrieren, »*indem man einzeln mit dem Kopf die Mauer einzuschlagen oder den Körper der dicken Tante zu Gefühlswallungen zu bringen versucht.*« Aber auch Hinweise auf poetische Praktiken und auf die zeitgenössische Malerei und Literatur bilden Elemente seiner Poetik: »*Der Frühling ist rücklings zu Boden gestürzt / Mit allen seinen Frühlingsattributen.*« – »*Schau, wie der Frühling die Straße geschmückt hat / Mit einer Kolonnade von Kuben und Prismen.*« – »*Leben möchte man einfach wie Kiplings Kim, / Man möchte einfach im Himmel anrufen.*« Neologismen verwendet Binkis im Gegensatz zu den russischen Futuristen verhältnismäßig selten. Kontrastierend verwendet er traditionelle Figuren wie Personifizierung u. a. und neoromantische Metaphern und Vergleiche: »*Nicht so gut ist es, daß die Seele wie roter Mohn verblüht ist.*« Aus solchen Kontrastierungen, die abgegriffene Verfahren wieder aktualisieren, aus Hyperbeln und eindringlichen Bildern, die den Leser Alltägliches mit neuen Augen erblicken lassen, gewinnt Binkis' Dichtung ihre faszinierende Ausdruckskraft, die ihr im Rahmen des europäischen Futurismus und Expressionismus ihren eigenen Platz zuweist.

Metrisch bevorzugt Binkis einen dynamisch seinen Aussagen angepaßten, freien Vers, häufig mit regelmäßig oder unregelmäßig verteilten Reimen. Aber auch traditionelle Versmaße und Reimtechniken benutzt er. Seine Lautinstrumentierung weist nur selten kakophone Elemente auf.

Trotz seines geringen Umfangs kommt dem lyrischen Werk von Kazys Binkis ein wichtiger Stellenwert in der Geschichte der litauischen Lyrik zu. In die von Neoromantik und Symbolismus geprägte litauische Lyrik der zwanziger Jahre brechen hier jäh Futurismus und Expressionismus mit ihren antiästhetischen und kakophonen Tendenzen und ihrem marktschreierischen und politischen, bzw. antibürgerlichen Pathos ein und hinterlassen im Schaffen der jüngeren Generation (AISTIS) deutliche Spuren.   F. Scho.

AUSGABEN: *Eilėraščiai*, Kaunas 1920. – *100 pavasarių*. – *Salem aleikum*, ebd. 1923 (2. Aufl. ebd. 1926). – *Raštai*, 2 Bde., Wilna 1973.

LITERATUR: P. Janeliūnas, *Kazio Binkio pavasaris* (in *Lietuvių literatūros kritika*, Bd. 2, Wilna 1972, S. 539–550).

ATŽALYNAS

(lit.; *Junges Leben*). Schauspiel in fünf Akten von Kazys BINKIS (1893–1942), Uraufführung: 1938. – Die Gesellschaftskritik des ehemaligen Futuristen Binkis richtet sich in diesem Stück gegen das verknöcherte litauische Schulwesen, das von kleinbürgerlichen, lebensfremden Kräften getragen wird. Das auf der Bühne statuierte Exempel zeigt, wie ein armer Gymnasiast sich für einen fälschlich des Diebstahls bezichtigten Schulkameraden opfert, indem er die Schuld auf sich nimmt; er wird vom Gymnasium verwiesen und verliert die Unterstützung seiner reichen Verwandten. Einem Zufall bleibt es vorbehalten, nicht nur die Unschuld beider Schüler, sondern auch die Fehler der Lehrerschaft ans Licht zu bringen. Der Schluß des Stückes spricht klar die Absicht des Autors aus: die Jugend vertraut einander, während für die Erwachsenen soziale Unterschiede zugleich moralische sind. Das Schauspiel, das viele Litauer an ihre eigene Schulzeit erinnerte, wurde nicht nur in Litauen, sondern auch in Estland, Lettland sowie in den litauischen Kolonien in Deutschland und den USA gespielt.

J.Gr.

AUSGABE: Kaunas 1938

ADOLFO BIOY CASARES

* 15.9.1914 Buenos Aires

LITERATUR ZUM AUTOR:
O. Kovacci, *A. B. C.*, Buenos Aires 1963. – J. Gounard, *B. C.: Entre R. L. Stevenson et Robbe-Grillet* (in Le Monde, 9. 8. 1973). – R. Puig Zaldívar, *Bibliografía de y sobre A. B. C.* (in RI, 40, 1974, S. 173–178; vgl. A. A. Borello, ebd., 41, 1975, S. 367 f.). – D. P. Gallagher, *Die Romane u. Kurzgeschichten von A. B. C.* (in *Materialien zur lateinamerikanischen Literatur*, Hg. M. Strausfeld, Ffm. 1976, S. 43–69; st). – J. Matas, *B. C. o la aventura de narrar* (in NRFH, 27, 1978, S. 112–123). – S. J. Levine, *Guía de B. C.*, Madrid 1982. – A. Avellaneda, *El habla de la ideología*, Buenos Aires 1983. – O. H. Villordo, *Genio y figura de A B. C.*, Buenos Aires 1983. – M. I. Tamargo, *La narrativa de B. C.*, Madrid 1983. – M. Camurati, *B. C. y el lenguaje de los argentinos* (in RI, 49, 1983, S. 419–432). – J. Rest, *Las invenciones de B. C.* (in *El realismo mágico en el cuento hispanoamericano*, Hg. A. Flores, Tlahuapan 1985, S. 149–153).

DIARIO DE LA GUERRA DEL CERDO

(span.; *Ü: Tagebuch des Schweinekrieges*). Roman von Adolfo BIOY CASARES (Argentinien), erschienen 1969. – Nach *El sueño de los héroes*, 1954 *(Der Traum der Helden)*, ist dies Bioys zweiter Roman, dessen Szenarium statt tropischer Inselexotik die vertraute Umgebung eines beliebigen Viertels von Buenos Aires präsentiert, und dessen Handlung auf die phantastischen Mechanismen von *La invención de Morel* und *Plan de evasión* verzichtet: kein phantastischer Roman also, wohl aber (nach Bioys eigener Definition) ein irrealer.

Das Leben Isidoro Vidals, Hauptfigur des Romans, ist bisher eher gleichförmig verlaufen. Seit ihn vor Jahren seine Frau mit dem damals noch kleinen Sohn Isidorito sitzen ließ, lebt er mit diesem allein in derselben Zweizimmerwohnung einer typischen Mietskaserne in Buenos Aires. Nun aber stören immer bedrohlichere Ereignisse diese bisher nur durch das abendliche Trucospiel mit den Freunden und die monatliche Pensionszahlung unterbrochene Monotonie: Da ist zunächst der brutale Totschlag an dem alten Zeitungsausrufer Don Manuel, verübt von einer rasenden Meute junger Burschen; später trifft es den harmlosen Nachbarn Huberman, dann eine nette ältere Dame und schließlich gar Nestor, der zu Vidals engstem Freundeskreis gehört. Keiner der Alten (Vidal als Jüngster geht auch schon auf die Sechzig zu) ist mehr sicher angesichts dessen, was sich allmählich als systematischer Vernichtungsfeldzug der Jungen gegen die Alten herausstellt: der »Schweinekrieg«. Dessen (nie näher definierte) ideologische Basis liefert der demagogische Farrell, Kopf der ominösen »Jungtürken«-Bewegung, der sich vor allem des Rundfunks bedient. Als verheerender noch denn die konkrete Gefahr erweist sich die latente, die namenlose Bedrohung bis ins Privateste hinein, angesichts derer sich bei den Freunden, alle potentielle Opfer, die negativen Auswirkungen des Alterungsprozesses noch verstärken. Nur Isidoro Vidal geht den umgekehrten Weg: Nach anfänglichen Versuchen, sich für nicht betroffen zu erklären, findet er nach und nach zu Selbstachtung und einer Haltung, die ihm auch über den gewaltsamen Tod seines letztlich solidarischen Sohnes hinweghilft. Schließlich beginnt Vidal auch die Liebe der jungen Nélida nicht mehr wie bisher vor allem als ausschließlich moralische Stütze zu sehen, und der »Schweinekrieg« endet derweil so unvermittelt, wie er begonnen hat: Die Jungen begreifen, daß die Ausrottung der Alten letztlich nur auf sie selbst – die Alten von morgen – zurückfallen wird.
Die Aktionen Farrells und seiner Anhänger weisen derart viele Parallelen zu der von Bioy verabscheuten Politik des langjährigen argentinischen Staatspräsidenten Perón auf, daß etliche Kritiker das Buch als engagierte Stellungnahme zur politischen Situation Argentiniens gelesen haben; andere sahen darin eine unmittelbare Reaktion auf die Pariser Mai-Ereignisse von 1968. Bei näherer Betrachtung entsprechen beide Lesarten aber nicht der eigentlichen Absicht Bioys, der sich immer wieder gegen Literatur als Vehikel politischer Thesen ausgesprochen hat. *Diario* war ursprünglich als Essay über die Unvollkommenheit der Waffen konzipiert, mit denen der Mensch gegen das Altern ankämpft. So müssen die deutlichen politischen und sozialen Anspielungen vor allem als einer Welt eigen gelesen werden, die sich erst im Roman konstituiert und die trotz sprachlicher wie räumlicher Entsprechungen auf ein reales Buenos Aires verweist. Der Anschein einer traditionellen Erzählweise täuscht auch hier, wie in den vorangegangenen Romanen, nur die Referenz auf eine außerhalb der Lektüre liegende, fest definierte Realität vor, um doch zunächst vor allem auf sich selbst als Verfahren zu verweisen. Und auch thematisch läßt sich der Bogen zum dreißig Jahre vorher entstandenen Romanerstling *La invención de Morel* schlagen: Schon dort (und noch in Bioys bislang letztem Roman, *La aventura de un fotógrafo en La Plata – Das Abenteuer eines Fotografen in La Plata*, 1985) geht es um die insuläre Existenz des Menschen, seine zwangsläufige Einsamkeit, die besonders in Augenblicken der Liebe schicksalsbestimmend wird. Wo Bioys Romane sich engagieren, tun sie dies nicht für eine Ideologie, sondern immer für diesen zutiefst verunsicherten Helden eines alltäglichen Kampfes gegen seine Isolation. R.St.

AUSGABEN: Buenos Aires 1969; [8]1970. – Madrid 1973. – Madrid 1983.

ÜBERSETZUNG: *Der Schweinekrieg*, K. A. Horst, Mchn. 1971. – *Tagebuch des Schweinekrieges*, ders., Ffm. 1978 (st).

VERFILMUNG: *La guerra del cerdo*, Argentinien 1975 (Regie: L. Torre Nilsson).

LITERATUR: E. Pezzoni, Rez. (in Los Libros, 1970, S. 4). – A. M. Barrenechea, *El conflicto generacional en dos novelistas hispanoamericanos* (in *Textos hispanoamericanos*, Hs. ders., Buenos Aires 1978). – A. Ruiz Diaz, *Una isla en el tiempo: »Diario de la guerra del cerdo«* (in Revista de literaturas modernas, 15, 1982, S. 23–40).

HISTORIAS DE AMOR

(span.; *Ü: Liebesgeschichten*). Erzählungssammlung von Adolfo BIOY CASARES (Argentinien), erschienen 1972. – Zusammen mit einem zweiten Band, *Historias fantásticas (Die fremde Dienerin. Phantastische Geschichten)* können die *Historias de amor* als repräsentative Auswahl aus dem umfangreichen, bis dahin in Zeitschriften und Erzählbänden publizierten Œuvre Bioys an Kurzgeschichten gelten, an dem der Autor kontinuierlich weiterarbeitet, wie die Sammlungen *El héroe de las mujeres*, 1978 (*Der Frauenheld*), und *Historias desaforadas*, 1987 (*Ungeheuerliche Geschichten*), zeigen.
Bereits im Titel dieser vorläufigen *summa* seiner Kurzprosa verweist Bioy auf Konstanten seines Erzählens, die sich seit seinen frühesten literarischen Gehversuchen herauskristallisiert haben. Da ist zunächst die Liebe zwischen Mann und Frau als der am weitesten gehende Versuch, sich aus der Isolation des Ichs zu befreien; daneben gibt es die phantastischen Konstruktionen, nicht nur Spielformen des Intellekts sondern vor allem Metaphern für die Vielfalt der nebeneinander existierenden Wirklichkeiten (»*Die Welt ist unendlich; sie besteht aus endlos vielen Welten, nach Art der russischen Püppchen*«). Und auch der Terminus *historias* hat programmatischen Charakter: »*Meine Aufgabe im Leben ist ...*

die, Geschichten zu erzählen.« Da es Bioy immer wieder darum geht, die alltägliche Illusion einer festgefügten, »realen« Welt zu entlarven, die Unmöglichkeit zu zeigen, den Nächsten oder nur sich selbst zu verstehen *(»Wissen sie denn nicht, daß die Verständigung trügerisch ist, und daß letzten Endes jeder einzelne in seinem Geheimnis ganz allein bleibt?«)*, ist die thematische Zuordnung nicht schematisch zu verstehen: So versucht der Protagonist von *Eine Tür geht auf (Historias de amor)* vergeblich, seiner ihn unterdrückenden Geliebten zu entkommen, indem er sich für hundert Jahre einfrieren läßt. Während also auch in den *Historias de amor* Elemente der phantastischen Erzählung enthalten sind, spielt die Liebe gerade in den *Historias fantásticas* eine beherrschende Rolle: In *Paulina zum Gedenken* muß ein verlassener Liebhaber erkennen, daß er in der noch einmal zu ihm zurückgekehrten Geliebten nur eine phantasmagorische Ausgeburt der Eifersucht seines Rivalen umarmt hat, denn dieser hatte sie bereits zwei Jahre zuvor ermordet; in *Die fremde Dienerin* kommt es zu einer verhängnisvollen Dreiecksbeziehung zwischen Rafael Urbina, der rätselhaften Rosa Larquier und Rudolf, den während eines Aufenthalts bei den Pygmäen ein Zauber zum Winzling hatte schrumpfen lassen; in *Fliegen und Spinnen* zerstört eine reizlose Alte durch Hexerei die Liebe zwischen Raúl und Andrea (die sogar sterben muß), weil sie selbst Anspruch auf Raúl erhebt. Die *Historias fantásticas* sind generell nur schwer zu resümieren, weil noch die ausgefallensten »Erfindungen« durch konsequent logischen Aufbau, Einbettung in ein (psychologisch wie geographisch) realistisches Umfeld und nicht zuletzt den für Bioy typischen, unprätentiös zurückgenommenen und zugleich prägnanten Stil als glaubhaft akzeptiert werden.

Mehr leistet die inhaltliche Zusammenfassung der *Historias de amor*. In *Hinterhalt* glaubt der Held bis zum Schluß, genüßlich zwischen zwei begehrenswerten Frauen wählen zu können, nur um dann mit der Erkenntnis, von keiner wirklich etwas gewußt zu haben, desillusioniert allein zurückzubleiben. In *Gruß aus den Bergen* muß ein in die Frau seines Freundes verliebter Mann in einer Art realem Alptraum mitansehen, wie die zur Unerreichbaren hochstilisierte Violeta einem beliebigen Zufallsbekannten freigebig gewährt, was er für sich selbst kaum im stillen zu begehren wagte: *»Es liegen Welten zwischen uns und der Frau an unserer Seite.«* In *Vertrauliches von einem Wolf* schließlich »erobert« Rivero, ein durchtriebener argentinischer Frauenheld auf Pauschalreise durch Europa, siegesgewiß eine Dame, die dann allerdings nicht nur sogleich ihren Stundenlohn einfordert, sondern auch das vollkommene kleine Liebesabenteuer, das er zuvor erlebt hat, als Illusion entlarvt.

Die Reise als Flucht auf der Suche nach dem Unbekannten, die Frivolität menschlicher (Nicht-)Beziehungen, einsame Hotelhallen als Orte des inneren Exils, großbürgerliche Leerformeln und Lebenslügen – das sind für Bioy nur einige der Sinnbilder, welche die moderne Welt kennzeichnen.

Schon CORTÁZAR bewunderte Bioys Technik der Personencharakterisierung, fast immer ironisch-distanziert und doch menschlich anteilnehmend. Diese Sympathie mit dem immer wieder an der Komplexität der Welt scheiternden Individuum ist die vielleicht bemerkenswerteste Konstante in Bioys Geschichten, Klammer zugleich, die sein über Jahrzehnte entstandenes Werk bei aller Vielfalt geschlossen erscheinen läßt. R.St.

AUSGABEN: *Historias de amor:* Buenos Aires 1972. – Madrid 1975; ³1985. – *Historias fantásticas:* Buenos Aires 1972. – Buenos Aires 1976. – Madrid ³1982.

ÜBERSETZUNGEN: *Die fremde Dienerin. Phantastische Geschichten*, J. A. Frank, Ffm. 1983 (st). – *Liebesgeschichten*, R. Strien, Ffm. 1987.

VERFILMUNGEN: *El crimen de Uribe*, Argentinien 1950 (Regie: L. Torres Ríos u. L. Torre Nilsson; nach d. Erz. *El perjurio de la nieve*). – *In memoriam*, Spanien 1977 (Regie: E. Brasó).

LITERATUR: E. Pezzoni, *Prólogo* (in A. B. C., *Adversos milagros*, Caracas 1969). – J. P. Quinonero, *B. C. y el amor como forma de exilio* (in Destino, 1975, Nr. 1992, S. 34). – T. Vaca Prieto, Rez. (in Anales de literatura hispanoamericana, 5, 1976, S. 420–422). – H. Brode, Rez. (in FAZ, 18. 7. 1987). – J. Drews, Rez. (in SZ, 16. 8. 1987).

LA INVENCIÓN DE MOREL

(span.; *Ü: Morels Erfindung*). Roman von Adolfo BIOY CASARES (Argentinien), erschienen 1940. – Nur gelegentlich haben Autoren des spanischen Sprachraums sich der phantastischen Literatur gewidmet – u. a. Leopoldo LUGONES in einigen Erzählungen der Sammlung *Las fuerzas extrañas*, 1906 *(Die seltsamen Kräfte)*, und Horacio QUIROGA, dessen Erzählung *El vampiro* aus *Más allá*, 1934 *(Jenseits)*, Bioy Casares angeregt haben mag. Mit diesem Roman hat Bioy Casares ein vollendetes Modell geschaffen und eine besonders in Argentinien fruchtbare Entwicklung eingeleitet, an der er selbst weiterhin als Autor von Romanen und Erzählungen beteiligt ist. Jorge Luis BORGES, der seinem Freund bei der Niederschrift beratend zur Seite stand, stellt in seinem Vorwort die Literatur der »vernunftgerechten Phantasie« – vorbildlich sind ihm in erster Linie CHESTERTON und KAFKA – der des psychologischen Realismus gegenüber. Er sieht den Vorteil der ersteren darin, daß sie als Kunstprodukt strengeren Formgesetzen unterworfen sei als die zur Formlosigkeit tendierende *»Umschreibung der Realität«*.

Der als fiktives Tagebuch angelegte und von dem »Herausgeber« Bioy Casares gelegentlich in Fußnoten kommentierte Roman spielt auf einer kleinen unbewohnten Pazifikinsel, auf die sich der unschuldig zum Tode verurteilte Protagonist geflüchtet hat. Eines Tages erscheint dort eine größere Menschengruppe, deren geselliges Treiben er mißtrauisch beobachtet. Bald verliebt er sich in die attraktive Faustine und versucht, sich ihr zu nähern. Doch seltsamerweise scheint sie ihn nicht zu bemerken oder übersieht ihn absichtlich. Es stört ihn, daß ein gewisser Morel Faustine ebenfalls umwirbt, und er registriert eifersüchtig jede Veränderung des Verhältnisses zwischen beiden. Dann hört er zu seiner Überraschung, wie Morel seinen Freunden eröffnet, er habe die Zeit ihres Zusammenseins auf der Insel, ihrem »Privatparadies«, verewigt. Mit seinen Apparaten, die in der Lage seien, alle körperlichen Eigenschaften aufzunehmen, zu speichern und zu projizieren, habe er während einer Woche sämtliche Handlungen der Anwesenden festgehalten. Von nun an werde diese Woche in ewiger Wiederkehr abgespielt werden. Als fatal für die von den Apparaten Aufgenommenen erweist sich, daß ihr künstliches »ewiges Leben« mit dem baldigen Verfall ihrer Körper verbunden ist. Der Flüchtling erkennt nun, daß die Gesellschaft die Insel bereits vor mehreren Jahren besucht hat und daß alle, auch die geliebte Faustine, inzwischen gestorben sind. Er beschließt, seine befristete, hoffnungsarme Existenz der Ewigkeit in der Nähe Faustines zu opfern, erlernt den Gebrauch der Apparate und bezieht sich nachträglich in die immer wiederkehrende Woche ein.

Wie Borges im Vorwort ausführt, ähnelt der Roman im Aufbau einer Kriminalgeschichte. *»Er entfaltet eine Odyssee von Wundern, die keinen anderen Schlüssel zuzulassen scheinen als die Halluzination oder das Symbol, und er löst sie völlig auf mittels eines einzigen phantastischen, jedoch nicht übernatürlichen Postulats.«* Der Autor treibt mit diesen »Wundern« ein raffiniertes, oft ironisches Spiel: Sein Held erklärt sie erst rational, ist dann aber gezwungen, seine subtilen Theorien nacheinander wieder zu verwerfen. Realist, der er ist, muß er zu mystischen, theosophischen und parapsychologischen Argumenten greifen, um seine Umwelt zu enträtseln, und erkennt, daß die wahre Lösung – die komplizierte Apparatur Morels – weit simpler ist als seine ausgeklügelten Spekulationen. D.R.

AUSGABEN: Buenos Aires 1940 [Vorw. J. L. Borges]. – Buenos Aires 1953. – Buenos Aires 1969. – Madrid 1972; ⁵1986 [Vorw. J. L. Borges]. – Madrid 1982, Hg. T. Barrera (zus. m. *El gran Serafín*; Cátedra). – Buenos Aires 1982.

ÜBERSETZUNG: *Morels Erfindung*, K. A. Horst, Mchn. 1965 [Nachw. J. L. Borges]. – Dass., ders., Ffm. 1975. – Dass., ders., Ffm. 1983 (Nachw. J. L. Borges; st].

VERFILMUNG: Italien 1974 (Regie: L. Greco).

LITERATUR: A. Robbe-Grillet, *A. B. C., »L'invention de Morel«* (in Critique, 1953, Nr. 69, S. 172–174). – H. Heissenbüttel, Rez. (in SZ, 13. 10. 1965). – M. Tamargo, *»La invención de Mo-* *rel«: lectura y lectores* (in RI, 42, 1976, S. 485 bis 495). – R. Forgues, *»La invención de Morel« de A. B. C.: una metáfora de la creación literaria* (in Hispamérica, 8, 1979, S. 159–162). – M. L. Snook, *The Narrator as Creator and Critic in »The Invention of Morel«* (in LALR, 7, 1979, Nr. 14, S. 45–51). – T. C. Meehan, *Preocupación metafísica y creación en »La invención de Morel« por A. B. C.* (in *Actas del Sexto Congreso Internacional de Hispanistas*, Hg. A. M. Gordon u. E. Rugg, Toronto 1980, S. 503–506; auch in T. C. M., *Essays on Argentine Narrators*, Valencia 1982). – S. J. Levine, *Science Versus the Library in »The Island of Dr. Moreau«, »La invención de Morel« and »Plan de evasión«* (in LALR, 9, 1981, Nr. 18, S. 17–26).

PLAN DE EVASIÓN

(span.; *Ü: Fluchtplan*). Roman von Adolfo BIOY CASARES (Argentinien), erschienen 1945. – Dieser zweite Roman Bioys schien seinem »Klassiker« *La invención de Morel* so nahe verwandt, daß man erst mit Verspätung die Eigenständigkeit und teilweise radikale Konsequenz dieser Inselutopie erkannte, die zunächst nur als eine Variante von H. G. WELLS' *The Island of Dr. Moreau* (1896) gelesen werden konnte.

In vielfacher Brechung (der Roman präsentiert sich als eine von einem Beteiligten vorgelegte, willkürliche Auswahl unvollständiger Briefe und Dokumente) erfährt der Leser nach und nach, daß Henri Nevers, literarisch ambitionierter Leutnant zur See, wegen einer ihm angelasteten, unklaren familiären Verfehlung für ein Jahr nach Guayana geschickt wurde, um dem Gouverneur des dortigen Sträflingsarchipels als Adjutant zu dienen. Pierre Castel, seinen mysteriösen Vorgesetzten, bekommt Nevers erst spät zu Gesicht, und dann erweist er sich als höchst sonderbar. So haust er auf der Nevers verbotenen Teufelsinsel in rätselhaften Baulichkeiten, die mit einer Art Tarnanstrich versehen sind, widmet sich dort der medizinischen Betreuung weniger, ausgesuchter Gefangener und vernachlässigt darüber die Tagesgeschäfte. Nevers wittert subversive Machenschaften, doch geht er seinem Verdacht nur widerwillig und unsystematisch nach, um nicht die erhoffte vorzeitige Rückkehr zu seiner angebeteten Irène zu gefährden. In keinem Moment ist er Herr einer Situation, die immer bedrohlicher und undurchsichtiger erscheint. Gleich ihm erfährt der Leser erst nach zahllosen Irrwegen, daß Castel in philanthropischem Wahn (nach einer Reihe synästhetischer Experimente an Tieren) vermittels chirurgischer Eingriffe und bestimmter optischer Veränderungen die Wahrnehmung seiner Gefangenen (und zuletzt die eigene) so manipuliert hat, daß sie in ihren Zellen der vollkommenen Illusion eines freien Daseins in einem Inselparadies unterliegen. Doch kommt diese Entdeckung zu spät, um den gewaltsamen Tod Castels und seiner Versuchsobjekte sowie eine Sträflingsrevolte zu verhindern, in deren Verlauf Nevers um-

kommt oder, auch hierüber wird der Leser im Unklaren gelassen, als verschollen gelten muß.
Dieser Handlungsstrang ist eingebettet in einer überaus komplex wirkenden Bedeutungsstruktur, die auf eine Fülle von Wahrheiten hinzudeuten scheint und zuletzt doch nur immer wieder auf sich selbst verweist. Dazu bemüht Bioy den Abenteuerroman, setzt sich in spielerischer, gelehrter und parodistischer Weise mit DEFOE, STEVENSON, den französischen Symbolisten, ZOLA, KAFKA, WELLS, BORGES und nicht zuletzt mit seinen eigenen Werken auseinander. Muster des Detektivromans zieht der Autor ebenso heran wie die des philosophischen Thesenromans, der BERKELEYS konsequenten Idealismus (im Sinne von SCHOPENHAUERS »Die Welt ist meine Vorstellung«) zu illustrieren scheint, und neben all dem immer wieder die Metapher der eigenen Fabrikation: ein beispielhafter Kommentar über das Wesen von Kunst.
Das geschriebene Wort als eigene, ja als einzige, künstlich erschaffene Wirklichkeit; ein konsequent offener Text, der sich auf keiner Deutungsebene festlegen läßt (nicht zufällig endet der Roman mit den Worten »Et cetera«); mit dieser Technik der Darstellung – in *Plan de evasión* vielleicht noch stärker als in *La invención de Morel* – erweist sich Bioy als einer literarischen Avantgarde zugehörig, wie sie zunächst vor allem in Frankreich Gehör fand. Auch in seinem späteren Werk trat dies nie wieder in den Vordergrund; mit ein Grund dafür, daß Bioy zum Teil noch heute (neben seiner Anerkennung als wichtigster Weggefährte von J. L. Borges) als guter, aber einer traditionellen Schreibweise verhafteter Autor unterschätzt wird.   R.St.

AUSGABEN: Buenos Aires 1945. – Barcelona 1977.

ÜBERSETZUNG: *Fluchtplan*, J. A. Frank, Ffm. 1977.

LITERATUR: E. Sábato, »*Plan de evasión*« (in Sur, 1945, Nr. 133, S. 67–69). – J. Rest, *Las invenciones de B. C.* (in Los libros, 1969, Nr. 2, S. 8). – A. Borinsky, »*Plan de evasión*« *de A. B. C.: la representación de la representación* (in *Memoria del XVI congreso internacional de literatura iberoamericana*, East Lansing 1975, S. 117–119). – A. J. MacAdam, *Modern Latin American Narratives*, Chicago 1977, S. 37–43. – E. L. Revol, *Sobre una novela de B. C.* (in Eco, 1978, Nr. 196, S. 428–433).

CHARLOTTE BIRCH-PFEIFFER

* 23.6.1800 Stuttgart
† 25.8.1868 Berlin

DIE GRILLE. Ländliches Charakterbild

Schauspiel in fünf Akten von Charlotte BIRCH-PFEIFFER, Uraufführung: Berlin, 22. 12. 1856, Kgl. Schauspielhaus. – Die Verfasserin, unermüdliche Produzentin von Gebrauchsware für die deutschsprachigen Bühnen in der Mitte des 19. Jh.s, entnahm den Stoff George SANDS Roman *La petite Fadette* (1849) und bearbeitete ihn zu einem melodramatischen Stück. – Die Handlung spielt in zwei benachbarten französischen Dörfern. Unter deren Bewohnern lebt eine als Hexe verschriene Greisin, die alte Fadet, mit ihrer Enkelin Fanchon, die wegen ihrer häßlichen Erscheinung »die Grille« genannt wird und deren Ruf bei den wohlhabenden, dünkelhaften und abergläubischen Bauern nicht besser ist als der ihrer Großmutter. Landry Barbeaud, ein reicher Bauernsohn, gelangt auf der Suche nach seinem davongelaufenen Zwillingsbruder Didier zur Hütte der beiden Frauen, wo die Grille ihm unter der Bedingung, daß er ihr jeden Wunsch erfülle, das Versteck seines Bruders verrät. Auf einem Fest verlangt sie nun, Landry solle mit ihr tanzen, woraufhin alle glauben, sie habe den begehrten Junggesellen verhext. Doch dieser, der eigentlich in die schöne Madelon verliebt ist, nimmt die Geschmähte in Schutz. Verärgert verlassen sie das fröhliche Treiben. Landry, der dem Mädchen erklärt hat, daß man sie wegen ihrer spöttischen Art und ihrer wunderlichen Aufmachung verachte, gewinnt allmählich Gefallen an ihr und bittet sie um einen Kuß, aber die Grille verweist ihn an die reiche Madelon, weil sie sich von ihm verhöhnt glaubt. Als der nun ganz und gar in sie verliebte Landry sie eines Tages mit Madelon zusammen herankommen hört, versteckt er sich, um die beiden zu belauschen. Während Fanchon den jungen Mann begeistert lobt, urteilt Madelon abfällig über ihn, so daß er aufgebracht sein Versteck verläßt und sich offen zu Grille bekennt, die ihr Glück immer noch nicht fassen mag. Vater Barbeaud, der inzwischen als Brautwerber bei den Eltern Madelons gewesen ist, versucht die alte Fadet mit einer großen Summe zur Verbannung der Enkelin in die Stadt zu bewegen, doch die Grille geht freiwillig, nachdem sie Landry versprochen hat, zurückzukommen und seine Frau zu werden, falls er sie dann immer noch liebe. Als sie nach Jahresfrist heimkehrt, liegt die alte Fadet im Sterben, so daß Fanchon sich gezwungen sieht, den Vater Landrys zu bitten, die Vormundschaft für sie zu übernehmen. Der Bauer, durch das Gespräch mit der Grille von deren lauterem Wesen überzeugt, willigt ein: ihrer Heirat mit Landry steht nun nichts mehr im Wege. Daß sich das Mädchen am Ende noch als wohlhabende Erbin entpuppt, steht zwar in keinerlei Zusammenhang mit dem verdienten und erlangten Glück – dazu sind alle Beteiligten viel zu edel –, doch dürfte es auf ein bürgerliches Publikum beruhigend gewirkt haben, das ja eine Ehe auch finanziell gern gesichert sieht.
Charlotte Birch-Pfeiffers Theaterstücke sind sich überaus ähnlich mit ihren Rühreffekten, den simplen Charakteren und der einprägsam-schlichten »Moral von der Geschicht'«; als Schauspielerin jedoch kannte sie die handwerklichen Kniffe der Bühnenwirkung genau, so daß ein Stück wie *Die*

Grille allein am Wiener Burgtheater in den siebzehn Jahren von Heinrich LAUBES Intendanz 123 Aufführungen erlebte. KLL

AUSGABEN: Hbg. 1857. – Lpzg. 1876 (in *Gesammelte dramatische Werke*, 23 Bde., 1863–1880, 15). – Lpzg. o. J. [1915] (RUB).

LITERATUR: G. Meske, *Die Schicksalskomödie. Trivialdramatik in der Mitte des 19. Jh.s am Beispiel der Erfolgsstücke von Ch. B.-P.*, Diss. Köln 1972. – C.A. Evans, *Ch. B.-P.: Dramatist*, Diss. Cornell Univ. 1982. – »*Das Kind ist tot, die Ehre gerettet.*« *Ein Briefwechsel aus dem 19. Jh. zwischen Ch. B.-P. (1800–1868), Dichterin kitschiger Dramen, ihrer Tochter Minna v. Hillern, Verfasserin der »Geier-Wally«, und dem Kammerjunker und Hofgerichtsrat H. v. Hillern über ein zur Unzeit geborenes Kind*, Hg. G. Ebel, Dülmen 1985.

SIXTUS BIRCK

auch Sixt Birck, lat. Xystus Betuleius
* 24.2.1501 Augsburg
† 19.6.1554 Augsburg

LITERATUR ZUM AUTOR:
J. F. Schöberl, *Über die Quellen des S. B.*, Diss. Mchn. 1919. – E. Messerschmid, *S. B.*, Diss. Erlangen 1923. – H. Levinger, *Augsburger Schultheater unter S. B.*, Diss. Bln. 1931. – E. Ermatinger, *Dichtung und Geistesleben der dt. Schweiz*, Mchn. 1933. – A. Hartmann, Art. *S. B.* (in NDB, 2, S. 256 f.).

BEEL. Ain herrliche Tragoedi wider die Abgötterey (auß dem Propheten Daniel). Darinn angezeigt wirt, durch was mittel ain rechte Religion in ainem Regiment oder Policey mög angericht werden

Geistliches Schauspiel in drei Akten von Sixtus BIRCK, erschienen 1535; in erweiterter Fassung 1539; Uraufführung: Basel, 9. 5. 1535. – Die Handlung spielt in Babylon. Dort verehren Bürger und Priester den Götzen Beel. Daniel und die in der Babylonischen Gefangenschaft lebenden Juden weigern sich, ihrem Gotte abzuschwören und Beel zu huldigen. Es gelingt Daniel, vor König Cyrus nachzuweisen, daß Beel nur ein Götzenbild ohne göttliche Macht sei. Cyrus läßt daraufhin einige Götzenpriester in die Löwengrube werfen. Als Daniel noch den Götzen Track vernichtet und den Beelstempel zerstört, zettelt das Volk, von Priestern aufgehetzt, einen Aufstand gegen den König an, der diese Maßnahmen Daniels gebilligt hatte. Um dem König, der von den Aufrührern gefangengenommen werden soll, das Leben zu retten, liefert sich Daniel schließlich selber den Aufständischen aus und wird in die Löwengrube geworfen, doch die Löwen lassen ihn unbehelligt. Als Daniel nach sieben Tagen noch am Leben ist, läßt Cyrus ihn herausholen und dafür die Anführer der Aufständischen in die Grube werfen. Auch er huldigt nun dem »Judengott« und gestattet den Israeliten, in ihre Heimat zurückzukehren.

Im Gegensatz zu den meisten Schuldramen der Reformationszeit, in denen – wie z. B. in REBHUHNS *Hochzeit zu Kana* – das Element der Reflexion sehr stark hervortritt, hat Bircks *Beel* eine lebhaft bewegte Handlung. Massenauftritte wie Priester- und Volkschöre sorgen für Schaugepränge. Zur Festlichkeit tragen auch zahlreiche Chöre bei, die zum Teil in kunstvollen sapphischen Strophen geschrieben sind. – Das Exemplarische des Geschehens wird vor allem in diesen Chören sowie in der Vorrede und in den »Beschlußreden« nach den einzelnen Akten betont; die Dialoge hingegen sind kurz gehalten und nur selten mit didaktischen Elementen belastet. Birck will in seinem Schuldrama zeigen, »*durch was Mittel ein rechte Religion mög angericht werden*«. Vorbildlich erscheint ihm Daniels »*Bestendigkeit wider der Pfaffen Gewalt und List und deren Btrug und Bschiß*«. Unverkennbar ist die Bezugnahme auf die Reformation: Der evangelische Pädagoge Birck vergleicht ohne Zweifel die Tat Daniels mit der LUTHERS. Cyrus ist ihm ein vorbildlicher Monarch, der dem »*klaren Licht göttlicher Lehr*« in seinem Reiche Eingang verschafft: auf die damaligen Verhältnisse übertragen ein Landesfürst, der sein Territorium reformiert. Bircks Verdienst besteht vor allem darin, der biblischen Erzählung eine bühnenwirksame Fassung gegeben zu haben. A.Sch.

AUSGABEN: Basel 1535 (*Ein herrliche Tragedi wider die Abgötterey ...*; anonym). – Augsburg 1539 [erw. Fassg.]. – Bln./NY 1969 (in *Sämtliche Dramen*, Hg. M. Brauneck, 3 Bde., 1969–1980, 1).

LITERATUR: E. Weller, *Das alte Volkstheater der Schweiz*, Frauenfeld 1863, S. 13–20. – H. Holstein, *Die Reformat. i. Spiegelbild d. dramat. Lit.*, Halle 1886, S. 99.

DIE HISTORY VON DER FROMEN GOTTSFÖRCHTIGEN FROUWEN SUSANNA

Schauspiel von Sixtus BIRCK, Uraufführung: Kleinbasel 1532 »*offentlich ... durch die jungen Burger*«. – Die Handlung des Stücks, das Paul REBHUNS *Geistlich spiel, von der gotfurchtigen und keuschen frawen Susannen* (1535) beeinflußte, schließt sich an das apokryphe *Buch Daniel*, Kap. 13, 1–64 (vgl. *Deuterokanonische Bücher, Zusätze zum Daniel*), an: Die Richter Achab und Sedechias treffen sich im Garten bei dem Hause der Susanna und gestehen einander ihre Leidenschaft für diese schöne und tugendhafte Frau. Als Susanna erscheint und sich zum Bade richtet, bedrängen die Richter sie mit ihren Anträgen: »*Ach neyn, myn aller schönstes wyb! / Gantz sicher ist allhie dyn lyb; / Dyn läben bgeren wir gantz nit: / Der liebe wun ist unser bit. / Pflig unser lieb! wir bitten dich: / Das magst du thun gantz sicherlich.*« Als Susanna standhaft bleibt, drohen sie mit Verleumdung und rufen schließlich das Gesinde zusammen, vor dem sie Susanna des Ehebruchs mit einem Fremden bezichtigen, der entflohen sei. Sie finden jedoch bei den Hausknechten, den Mägden und Susannas kleinen Geschwistern keinen Glauben. Die Handlung wird mit einer Gerichtssitzung fortgeführt. Achab beschuldigt Susanna, und die acht Ältesten beschließen, Susanna zum Verhör vorführen zu lassen. Nach einem kurzen Zwischenspiel im Hause Susannas wird die Gerichtsverhandlung fortgesetzt. Achab und Sedechias wiederholen ihre Anklage, und Susanna wird mit fünf Stimmen gegen drei verurteilt. Als man sie zum Richtplatz führt, greift jedoch der von Gott gesandte Daniel ein. Er überführt die beiden heimtückischen Ankläger in getrennten Verhören und läßt sie steinigen. Mit Bittgebeten der Verleumder (»*Achab in dem, so man jn versteyniget, uß dem 38. Psalm*«) und freudigem Jubel bei Susannas Hausgenossen endet die Handlung. Eine *Beschlußred* trägt die moralische Nutzanwendung vor.

Das Stück, das weder Akt- noch Szeneneinteilung aufweist und keine Regieanweisungen hat, ist in der Handlungsanlage äußerst unbeholfen und von recht unausgewogenen Proportionen. So ist sein dritter Teil weit umfangreicher als die ersten beiden zusammen, und die Choreinschübe, welche die einzelnen Handlungsteile abschließen, sind zwar um Reflexion über das Geschehen und szenische Verknüpfung bemüht, bilden jedoch dennoch kein wirkungsvolles Gliederungselement. Die Sprache (in vierhebigen Reimpaarversen) ist oft dunkel, ja unverständlich, die Gedankengänge sind stellenweise offensichtlich unlogisch; so bezichtigt Daniel den Achab bereits der Lüge, bevor er Sedechias verhört hat. Hier verfehlt der Autor das Prinzip von Daniels geschickter Beweisführung, der die beiden Alten in Widersprüche verwickelt, indem er sie getrennt nach den Vorgängen um Susanna fragt, wobei jeder der beiden einen anderen Baum nennt, unter dem er Susannas ehebrecherisches Treiben beobachtet haben will. Die einzelnen Figuren sind ohne feinere Nuancierungen und Mühe um psychologische Glaubwürdigkeit gezeichnet.

Ein nicht genau datierbarer Zweitdruck des Stücks aus Zürich ist um 660 Verse erweitert und hat einen sprachgewandteren Bearbeiter gefunden, als es der Autor des Originals war. Viele Textpassagen dieser Fassung dienen jedoch mehr einer breiten Ausschmückung als der besseren Motivierung der Handlung. Die lateinische Bearbeitung des Susannenstoffs durch Sixtus Birck von 1537 ist keine Übersetzung des deutschen Stücks; sie ist neu in der Handlungsanlage und von weitaus gewandterer Sprachgestaltung.

M.Br.

AUSGABEN: Basel 1532. – Augsburg 1537 (*Susanna, comoedia tragica*; lat. Fassg.). – Zürich o. J. [1540] (*Ein schön Geystlich spyl, von der frommen und gottsförchtigen Frouwen Susanna, Gott zu Lob, und allen frommen frouwen und Jungfrouwen zu Eeren und Bestendigkeit ihrer Küschheit*). – Zürich 1891 (in *Schweizerische Schauspiele des 16. Jh.s*, Hg. J. Bächtold, 2 Bde., 1890/91, 2; bearb. v. A. Geßler). – Bln. 1894 (*Susanna*, Hg. J. Bolte; LLD, 8; lat. Fassg.). – Bln./NY 1976 (in *Sämtliche Dramen*, Hg. M. Brauneck, 3 Bde., 1969–1980, 2).

LITERATUR: R. Pilger, *Die Dramatisierungen der Susanna im 16. Jh.* (in ZfdPh, 11, 1880, 1, S. 129–217).

ROBERT MONTGOMERY BIRD

* 5.2.1806 New Castle
† 23.1.1854 Philadelphia

NICK OF THE WOODS; OR, THE JIBBENAINOSAY

(amer.; *Der Teufel der Wälder oder Der Jibbenainosay*). Roman von Robert Montgomery BIRD, erschienen 1837. – Nachdem er sich in Dramen und Romanen vornehmlich mit dem antiken Rom und Griechenland (in *The Gladiator*, 1831, oder *Pelopidas*, 1830) und der neuzeitlichen Geschichte Südamerikas (in *Calavar; or, The Knight of the Conquest*, 1834, oder *The Infidel; or, The Fall of Mexico*, 1835) befaßt hatte, wandte sich der als Arzt in Philadelphia lebende Autor der Vergangenheit seiner engeren Heimat – Pennsylvania und New Jersey – zu und hatte dann mit seinem Kentucky-Roman *Nick of the Woods* den nachhaltigsten Erfolg. Mit dieser Abenteuergeschichte aus der Zeit der blutigen Kämpfe zwischen Grenzern und Indianern wollte er, wie er im Vorwort zu der Ausgabe von 1853 ausdrücklich erklärte, gegen die Vorstellung vom »edlen Wilden« protestieren, insbesondere gegen das Indianerblut, das James Fenimore COOPER durch Gestalten wie Uncas, den »letzten Mohikaner«, populär gemacht hatte. Bird entmythologisierte allerdings nicht nur den Indianer, der für ihn ein Barbar war, von dem man nichts anderes als eben barbarische Kampfmethoden erwarten konnte, sondern auch den weißen Grenzer, den er als kaum weniger grausam schilderte.

Die Handlung selbst weist gewisse Parallelen zu Coopers *The Last of the Mohicans* auf. Im Sommer 1782, also gegen Ende des Unabhängigkeitskriegs, verlassen Captain Roland Forrester und seine Kusine Edith ihre Heimat Virginia, wo der skrupellose Advokat Braxley sie um ihr Erbe gebracht hat. Die beiden lieben einander und wollen in Kentucky neu beginnen, werden aber auf der beschwerlichen

Reise durch die Wildnis weiter vom Haß Braxleys verfolgt, der sich die Hilfe der Indianer und vor allem des unter dem Namen »Abel Doe« bei ihnen lebenden Jack Atkinson gesichert hat. Roland und Edith werden überfallen, befreit und von neuem gefangengenommen, bis schließlich der durch seine Heldentaten im Kampf gegen Engländer und Indianer berühmt gewordene (historische) George Rogers Clark und seine Männer sie endgültig retten und der tödlich verwundete Abel Doe ihnen das Testament aushändigt, das ihnen die Rückkehr nach Virginia ermöglicht. Die dominierende Gestalt des Romans ist der Quäker Nathan Slaughter, von seinen Landsleuten spöttisch »Blutiger Nathan« genannt, weil er sich nicht an den Kämpfen beteiligt. Doch gerade er ist, wie sich schließlich herausstellt, identisch mit jenem »Nick« (Spitzname für den Teufel), der in den Wäldern sein Unwesen treibt, den die Rothäute »Jibbenainosay« nennen und der sie in Angst und Schrecken versetzt: Er verfolgt sie und macht sie erbarmungslos nieder, um den Tod seiner Familie zu rächen. Erst als er den Alleinschuldigen, einen Shaawnee-Häuptling, entdeckt und umgebracht hat, gibt er sein blutiges Handwerk auf.

Wie in den meisten damals entstandenen amerikanischen Romanen dieses Genres liegt auch in Birds Werk der Akzent mehr auf der abenteuerlich-sensationellen Handlung (die hier bemerkenswert übersichtlich aufgebaut ist) als auf der psychologischen Motivierung. Der Quäker Nathan allerdings gehört zu den gelungensten Charakterporträts der Romanliteratur jener Jahre, und seine Doppelrolle hat bis heute Leser in aller Welt in Spannung versetzt. KLL

AUSGABEN: Philadelphia 1837, 2 Bde. – Ldn. 1837, 3 Bde., Hg. W. H. Ainsworth. – NY 1853 [rev.]. – NY 1939, Hg., Einl. u. Bibliogr. C. B. Williams. – New Haven 1967, Hg. C. Dahl.

ÜBERSETZUNGEN: *Der Waldteufel. Ein Roman aus Kentucky*, (in *Ausgew. amerikan. Romane*, Ffm. 1841). – *Die Gefahren der Wildnis*, F. Hoffmann, Stg. 1847. – *Der Waldteufel. Eine Erzählung aus dem Urwalde Kentuckys*, G. Hoecker, Stg. 1881; 41928.

DRAMATISIERUNGEN: J. T. Haines, *Nick of the Woods; or, The Attar of Revenge*, Ldn. o. J. [Urauff.: 1839]. – L. H. Medina, *Nick of the Woods*, Melodrama in 3 Akten, Boston 1856. – Dies., dass., neu bearb. v. T. Taggart, NY 1940.

LITERATUR: C. E. Foust, *The Life and Dramatic Works of R. M. B.*, NY 1919; ern. 1971. – C. Dahl, *R. M. B.*, NY 1963 (TUSAS). – J. J. Hall, *»Nick of the Woods«: An Interpretation of the American Wilderness* (in AL, 35, 1963, S. 173–182). – J. C. Bryant, *The Fallen World in »Nick of the Woods«* (ebd., 38, 1966, S. 352–364). – R. P. Winston, *B.' Bloody Romance: »Nick of the Woods«* (in Southern Studies, 23, 1984, Nr. 1, S. 71–90).

BIRGITTA VON SCHWEDEN

eig. Birgitta Birgersdotter
* um 1303 Finsta gård / Uppland
† 23.7.1373 Rom

LITERATUR ZUR AUTORIN:
Bibliogaphien:
B. I. Kilström u. C.-G. Frithz, *Bibliographia Birgittina. Skrifter av och om den Heliga Birgitta samt om birgittinska kloster och birgittinskt fromhetsliv, i urval*, Strängnäs 1973. – A. Sträng, *den svenska Birgittalitteraturen 1945–1972* (in *B. och hennes tid*, Hg. S. Göransson, Stockholm 1973, S. 159–167). – C.-G. Undhagen, *Bibliography* (in *Revelaciones Lib. I*, Uppsala 1978, S. 9–32; Einl.).
Gesamtdarstellungen und Studien:
Acta et processus canonizacionis beate Birgitte, Hg. I. Collijn, Uppsala 1924–1931 (Samlingar utg. av Svenska Fornskriftsällskapet. Ser. 2. Latinska skrifter, 1). – P. Damiano, *La spiritualità di Santa Brigida di Svezia*, Florenz 1964. – M. Posse u. G. v. Stotzingen, *B. Birgerstochter. Ein Lebensbild...*, Freiburg i. Br. u. a. 1966. – *B. och hennes tid*, Hg. S. Göransson, Stockholm 1973 (Kyrkohistorisk Årsskrift). – A. Andersson, *B. och det heliga landet*, Stockholm 1973. – B. Klockars, *B. och böckerna. En undersökelse av den heliga B.s källor*, Stockholm ²1973. – Dies., *B.s värld*, Stockholm ²1973. – E. Fogelclou, *B.*, Stockholm 1973 [Neuausg.]. – H. Sundén, *Den heliga B. Ormungens moder som blev Kristi brud*, Stockholm 1973. – B. Klockars, *B.s svenska värld*, Stockholm 1976. – B. Bergh, *A saint in the Making: St. Bridgets Life in Sweden (1303–1349)* (in *Papers of the Liverpool Latin Seminar*, Hg. F. Cairns, Bd. 3, 1981, Arca. 7, S. 371–384). – F. Holböck, *Gottes Nordlicht. Die hl. B. v. Schweden und ihre Offenbarungen*, Stein am Rhein 1983. – S. Stolpe, *B. i. Sverige och i Rom*, Stockholm 1985.

REVELATIONES

(mlat.; *Offenbarungen*). Sammlung des literarischen Nachlasses der schwedischen Heiligen BIRGITTA SVECA. – Die *Revelationes* sind in ihrer religiösen und künstlerischen Kraft das bedeutendste Literaturwerk aus dem skandinavischen Mittelalter. Der größte Teil des Textes enthält Offenbarungen im engeren Sinn, in denen Birgitta beschreibt, wie Gott, Jesus Christus, die Jungfrau Maria oder verschiedene Heilige sich geoffenbart und zu ihr gesprochen haben. In anderen Teilen ist Birgitta die Zuhörerin bei Gesprächen anderer; so besteht das theologisch besonders interessante fünfte Buch, mit Ausnahme einiger eingeschobener Offenbarungsberichte, aus einem Gespräch zwischen einem ketzerischen Mönch und Jesus Christus. Einige Stücke haben die Form von Gerichtsszenen, bei denen der Ankläger-Teufel und der Verteidiger-Engel vor dem göttlichen Richter um die Seele eines Entschlafenen kämpfen. In der Sammlung finden sich auch Briefe und Botschaften an verschiedene Personen, die oft tiefschürfende und durch ihre psychologische Intuition bemerkenswerte Analysen über den Seelenzustand anderer Personen enthalten. Außerdem wurde durch die spätere Redaktionsarbeit den Offenbarungsbüchern Material hinzugefügt, das offenbar nicht von Birgitta stammt (z.B. Rubriken und erklärende Zusätze).

Ein durchgehendes Thema in Birgittas Werk ist ihre Entrüstung über den kirchlichen Verfall und die Mängel im Ordenswesen, was sie mit Beispielen aus eigener Anschauung belegt – sowohl in Schweden wie auch in Italien, wohin sie, nachdem ihr Ehemann 1344 gestorben war, 1349 reiste und wo sie bis zu ihrem Tod blieb. Birgitta übt offene Kritik an Priestern, Bischöfen und Päpsten und engagiert sich stark für die Rückführung des Päpstlichen Stuhls aus Avignon nach Rom. Auch zu politischen Fragen nimmt sie Stellung, ebenso wie sie die verschiedenen zeitgenössischen theologischen Lehrmeinungen freimütig diskutiert. Es entspricht Birgittas auffallendem Sinn für das Praktische, daß das Sponsa-Christi-Motiv, die Brautsymbolik, bei ihr (die übrigens acht Kinder zur Welt gebracht hat) nie die überspannt romantische Färbung annimmt, wie sie für mehrere andere spätmittelalterliche Mystikerinnen bezeichnend ist. Auffällig ist statt dessen Birgittas Mütterlichkeit, die in den *Offenbarungen* hauptsächlich in der Einfühlung zum Ausdruck kommt, mit der das Leben der Jungfrau Maria aufgefaßt wird; eine derartige Identifizierung offenbart sich bereits in den verschiedenen, künstlerisch gesehen äußerst seltsamen Passionsbetrachtungen sowie in der wegen ihres späteren Einflusses auf die bildende Kunst sehr bekannt gewordenen Geburtsvision im siebten Buch der Sammlung.

Birgittas Stil zeichnet sich durch eine nüchterne und realistische Betrachtung aus: Sie entlehnt ihre Bilder durchgehend dem Alltagsleben und verleiht auf diese Weise ihrer Darstellung Anschaulichkeit und handgreifliche Gegenständlichkeit. Ein eingehenderes Studium von Birgittas Stil, das noch nicht begonnen wurde, hätte allerdings mit der Komplikation zu rechnen, daß der schwedische Originaltext der Aufzeichnungen fast vollständig verlorengegangen ist. Unsere Kenntnisse der *Revelationes* beruhen auf der lateinischen Übersetzung, die von Birgittas schwedischen Beichtvätern ausgeführt wurde, einem Text, der seinerseits von dem ehemaligen spanischen Bischof Alfons korrigiert wurde, der Birgitta während ihrer letzten Lebensjahre sehr nahestand und von ihr den Auftrag erhielt, eine erste Ausgabe der *Revelationes* zu redigieren.   B.Be.

AUSGABEN: Lübeck 1492. – Rom 1628. – Mchn. 1680. – Uppsala 1956 (*Reuelaciones extrauagantes*, Hg. L. Hollman; Samlingar utg. av Svenska Fornskriftsällskapet. Ser. 2. Latinska skrifter, 5). – Malmö 1957–1959 (T. Lundén, *Den heliga Birgitta. Himmelska uppenbarelser*, 4 Bde.; schwed. Übers.; beruht auf der Ghotan-Edition, Lübeck 1492). – Uppsala 1967 (*Revelaciones. Lib. VII*, Hg. B. Bergh; Samlingar utg. av Svenska Fornskriftsällskapet. Ser. 2. Latinska skrifter, 7/7). – Mchn. 1968 (in U. Montag, *Das Werk der hl. Birgitta von Schweden in oberdeutscher Überlieferung*; Münchner Texte u. Untersuchungen zur dt. Lit. d. MAs). – Uppsala 1971 (*Revelaciones. Lib. V. Liber questionum*, Hg. B. Bergh; Samlingar utg. av Svenska Fornskriftsällskapet. Ser. 2. Latinska Skrifta, 7/5). – Uppsala 1978 (*Revelaciones. Lib. I. Cum prologo magistri Mathie*, Hg. C.-G. Undhagen; ebd., 7/1).

ÜBERSETZUNGEN: *Das puch der Himlischen offenbarung der heiligen wittiben Birgitte von dem künigreich Sweden*, anon., Nürnberg 1502. – *Leben u. Offenbarungen der hl. Birgitta*, L. Clarus, 4 Bde., Regensburg 1856; ²1888. – *Die Offenbarungen der hl. Birgitta von Schweden*, S. Huber u. R. Braun, Ffm. 1961 [Ausw. u. Einl. S. Stolpe].

LITERATUR: S. Kraft, *Textstudier till Birgittas revelationer*, Uppsala 1929. – T. Schmid, *Birgitta och hennes uppenbarelser*, Lund 1940. – A. Mancini, *S. Brigida di Svezia. Le celesti rivelazioni, passi scelti*, Mailand 1960. – G. Carlsson, *Heliga Birgittas upprorsprogram* (in Samlingar och studier utg. av Svenskt Arkivsamfund. I., Stockholm 1965, S. 86–102). – T. Nyberg, *Offenbarungen Birgittas über die Ordensregel* (in Kyrkohistorisk årsskrift, 1973, S. 40–57). – A. Andersson, *Die hl. Birgitta in ihren Offenbarungen und Botschaften*, St. Augustin 1981.

SIGMUND VON BIRKEN

* 5.5.1626 Wildenstein bei Eger
† 12.6.1681 Nürnberg

LITERATUR ZUM AUTOR:
J. Tittmann, *Die Nürnberger Dichterschule. Harsdörffer, Klaj, B., Beitrag zur dt. Literatur- u. Kulturgeschichte des 17. Jh.s*, Göttingen 1847; ern. 1965. – A. Schmidt, *S. v. B., genannt Betulius* (in *Fs. zur 250jährigen Jubelfeier des Pegnesischen Blumenordens*, Nürnberg 1894, S. 475–532). – J. Kröll, *S. v. B. dargestellt aus seinen Tagebüchern* (in Jb. für Fränkische Landesforschung, 32, 1972, S. 111–150). – K. Garber, *S. v. B.: Sächsischer Ordenspräsident u. höfischer Dichter* (in *Sprachgesellschaften, Sozietäten, Dichtergruppen*, Hg. M. Bircher u. F. v. Ingen, Hbg. 1978, S. 223–254). – H. Braun, *Zum 300. Todestag von S. v. B.*, Marktredwitz 1981.

PEGNESIS: oder der Pegnitz Blumgenoß-Schäfere FeldGedichte in Neun Tagzeiten: meist verfasset und hervorgegeben durch Floridan

Gesammelte Prosa-Eklogen von Sigmund von BIRKEN, erschienen 1673. – Im Oktober 1644 verfaßten die beiden Freunde Georg Philipp HARSDÖRFFER (1607–1658) und Johann KLAJ (1616–1656) zu einer adligen Doppelhochzeit in Nürnberg gemeinsam ein Schäfergespräch. Dieser poetische Wettstreit wurde zum Anlaß der Gründung einer Dichtervereinigung, die sich der »Löbliche Hirten- und Blumen-Orden an der Pegnitz« nannte und die als dritte deutsche »Sprachgesellschaft« neben die 1617 in Weimar gegründete »Fruchtbringende Gesellschaft« und die 1643 in Hamburg durch Philipp von ZESEN ins Leben gerufene »Deutschgesinnte Genossenschaft« trat. Dem Pegnesischen Blumenorden gehörten sowohl Männer als Frauen an; die Mehrzahl der Mitglieder entstammte dem Bürgertum oder dem niederen Adel; der erste Vorsteher war Harsdörffer, dem nach seinem Tode Birken folgte. Ein gesellig-literarischer Zirkel entstand: man legte sich Schäfernamen bei, traf sich in einem »Poeten-Wäldlein« vor der Stadt, las einander dort Übersetzungen oder eigene Gedichte vor, verabredete, welche Gegenstände bei der nächsten Zusammenkunft behandelt werden sollten *»oder was, bey einer vorseyenden vornehmen Hochzeit für eine Materie zu einem auszuführenden Hirten-Gespräche möchte erwählet werden«* (Johannes Herdegen).
In diesem Kreis entstanden bis 1669 die hier vereinigten *Feldgedichte* (zu denen 1679 noch ein zweiter Teil erschien): in Prosa mit eingelegten Versen, nach dem Vorbild der *Schäfferey von der Nimfen Hercinie* (1630), mit der Martin OPITZ die von dem europäischen Humanismus in der Nachfolge VERGILS ausgebildete Gattung der Ekloge in Deutschland eingeführt hatte. Die Mehrzahl der Gespräche stammt von Birken selber, nur bei dem vorletzten *(Die vermählte Silvia)* wird Martin LIMBURGER (1637–1692) als Mitverfasser genannt; das die Sammlung eröffnende *Pegnesische Schäfer-Gedicht in den Berinorgischen Gefilden* stellt eine Bearbeitung der Ekloge von Harsdörffer und Klaj aus dem Jahre 1644 dar, und in dem zweiten Gespräch *(Der Pegnitz-Schäfere Gesellschaft-Weide und Frühlings-Freude)* finden sich Reste der seinerzeit von Birken und Klaj verfaßten *Fortsetzung der Pegnitz-Schäferey* (1645). Dennoch sind auch die übrigen Eklogen insofern Gemeinschaftsarbeiten, als die Mitglieder des Ordens zu jeder eigene Verse, insbesondere die eingestreuten Huldigungsgedichte und die jeweils abschließenden gereimten Hochzeitswünsche, beigesteuert haben.
Man geht vor den Toren Nürnbergs spazieren, unterredet sich, »singt« um die Wette, ergötzt sich an Feld und Wald und den wechselnden Jahreszeiten, alles in der Maske unschuldiger Hirten und Landleute. Zu dieser literarischen Spazierlust treten als weitere Ingredienzen der Nürnberger Bukolik

mehr oder minder versteckte biographische Anspielungen, die Erörterung von Zeitereignissen und allerlei Ruhm-, Ehren- und Huldigungsveranstaltungen. – Die überzierlich spielende, gern klangmalende Diktion der Nürnberger hat ihnen später meist Tadel zugezogen; im Zusammenhang mit der neuerlichen Würdigung des Barock und seiner Ausläufer durch die Kunstgeschichte hat man den Kunstreizen ihrer Dichtung größere Gerechtigkeit widerfahren lassen; die Forschung hat zeitweise die politische Unverbindlichkeit des Schäferwesens kritisiert, auch die Flucht in eine Scheinwelt bemängelt, dennoch darf nicht übersehen werden, daß hier erste Variationen bürgerlich gestimmter Naturerfahrung, wenn auch in höfisch anmutendem Rollenverhalten, erprobt werden, verbunden mit ersten Ansätzen der Entfaltung jener Privatheit, die sich durch den Gegensatz zur öffentlichen Rolle des Staatsbürgers definiert und die das bürgerliche Leben seit der Barockzeit zunehmend prägt.
F.Ke.

AUSGABE: Nürnberg 1673.

LITERATUR: J. Herdegen (Amarantes), *Historische Nachricht von deß löblichen Hirten- und Blumen-Ordens an der Pegnitz Anfang und Fortgang...*, Nürnberg, 1744. – H. Jürg, *Das »Pegnesische Schäfergedicht« von Strefon und Clajus*, Diss. Wien 1947. – B. L. Spahr, *The Pastoral Works of S. v. B.*, Diss. Yale Univ./Connecticut 1951. – Ders., *The Archives of the Pegnesischer Blumenorden. A Survey and Reference Guide*, Berkeley/Los Angeles 1960 (Univ. of California Publications in Modern Philology, 57). – K. Garber, *Pegnesisches Schäfergedicht*, Tübingen 1966 [Nachw.].

ABŪ R-RAIḤĀN MUḤAMMAD IBN AḤMAD AL-BĪRŪNĪ

* 4.9.973 Khwarizm
† 12.12.1048 Ghazna (?)

LITERATUR ZUM AUTOR:
EI s.v. al-Bīrūnī [mit ausführlicher Bibliographie]. – F. Rosenthal, *Al-Biruni between Greece and India* (in *Biruni Symposium*, Iran Center, Columbia Univ. 1978, S. 1–12).

(KITĀB) AL-ĀṮĀR AL-BĀQIYA ʿAN AL-QURŪN AL-ḤĀLIYA

(arab.; *Die von den verflossenen Jahrhunderten übriggebliebenen Spuren*). Sachbuch des Gelehrten Abū r-Raiḥān Muḥammad Ibn Aḥmad AL-BĪRŪNĪ, verfaßt um 1000. – Al-Bīrūnīs Darstellung der

chronologischen Systeme der alten Welt, die Kābūs Ibn Wašmgīr Šams al-Maʿālī, dem damaligen Fürsten von Ǧurǧān, gewidmet ist, setzt sich mit wichtigen mathematischen, astronomischen, naturwissenschaftlichen und meteorologischen Problemen auseinander; mehr als Nebenprodukte, aus dem jeweilig behandelten Sujet erwachsen, resultieren Abschnitte zur vergleichenden Religionsgeschichte, sowie zur Zeit- und Kulturgeschichte.
Die Anfangskapitel gelten der Klärung der allgemeinen Zeiteinteilungsgrößen Tag, Monat und Jahr, sowie den verschiedenen Ären. Al-Bīrūnī vergleicht die einzelnen Terminologien und führt die Unterschiede in der Festlegung der chronologischen Einheiten und Systeme (Sonnenjahrsysteme, Mondjahrsysteme usw.) aus. Der Abschnitt über die Ären der verschiedenen Völker gibt al-Bīrūnī Gelegenheit zu vielen Abschweifungen, vor allem in die Historie. Er kommt auf die Gestalt des Dū l-Qarnain/Alexander d. Gr. zu sprechen und von da auf Stammbäume, echte und usurpierte. Im Zusammenhang mit den Ären der Juden und Christen bringt er einen Exkurs über die Religionsgeschichte mit Anmerkungen zur Überlieferung der Thora und der Evangelien. Besonders problematisch war stets die Monatseinteilung. Al-Bīrūnī versucht in dem Kapitel »kaifīyat aš-šuhūr« eine alle Ären umfassende Darstellung und bringt die verschiedenen Monatseinteilungen und Monatsbenennungen, die Bestimmung des Neumondes durch Beobachtung oder Berechnung, die Schaltordnungen sowie eine 17teilige vergleichende Tabelle der Monatsnamen der verschiedenen Völker und Religionsgemeinschaften.
Im folgenden Kapitel über die Abfolge der einzelnen Ären mit hauptsächlich historisch-chronologischen Tabellen schweift al-Bīrūnī von der biblischen Chronologie (von Adam bis Christi Geburt und Muḥammad) ab zum Thema »Menschliches Lebensalter« und zu naturwissenschaftlichen Themen, ausgehend von verschiedentlich vorgebrachten Zweifeln an den überlieferten langen Lebenszeiten. Verzeichnisse der römischen und byzantinischen Kaiser, von Königen (der Assyrer, Babylonier, Ägypter u. a.), Fürsten und Staatsmännern mit ihren Titeln ergänzen das Kapitel. – Breiten Raum nehmen anschließend die Berechnung der Zyklen sowie die Beschreibung und Berechnung der verschiedenen Jahres- und Monatsanfänge, komplizierte astronomische Berechnungen und die Erklärung astronomischer Zusammenhänge ein, mit zahlreichen Tabellen und Verzeichnissen (z. B. der Planetennamen, Tierkreiszeichen usw.). – Ein Kapitel über acht Pseudopropheten, vom Gründer der ḥarrānischen Ṣābiʾa bis zu religiösen Eiferern des 10. Jh.s, das deren Auftreten und Wirkung behandelt, leitet über zu der ausführlichen Darstellung der »besonderen Tage« – das sind astronomische Feste, wie das Neujahrsfest, Jahrmärkte oder Messen, Heiligengedenktage und Fastentage – der Perser, Sogdianer, Khwarizmier, Juden, Melkiten, Nestorianer, Magier und Ḥarranier, mit einem besonderen Kapitel über die allen Christen gemeinsame Fastenzeit und Ostern. Im Zusammenhang mit den Festen der Khwarizmier berichtet al-Bīrūnī über die Kalenderreform des Khwarizmschahs Abū Saʿīd Aḥmad, anschließend über den griechischen Wetterkalender. Im letzen Teil des Buches beschäftigt sich al-Bīrūnī mit den arabischen Monatsnamen und deren Etymologie, dem Jahresablauf der vorislamischen Araber einschließlich der Märkte, die zu bestimmten Zeiten und an verschiedenen Orten stattfanden, dem islamischen Jahresablauf und den Mondstationen.
Al-Bīrūnī bemüht sich stets um wissenschaftliche Exaktheit und Ehrlichkeit. Er unterwirft seine Quellen einer sorgfältigen und kritischen Prüfung, diskutiert bisweilen Behauptungen, deckt Unstimmigkeiten auf, korrigiert Fehlinterpretationen und Irrtümer von Vorgängern und läßt Fragen offen, wenn ihm eine zweifelsfreie Klärung nicht möglich ist. Mit seinem *Kitāb al-āṯār al-bāqiya* kommt al-Bīrūnī seinem eigenen Vorwort zufolge der diesbezüglichen Bitte eines *adīb* (›Gelehrten‹) nach. Mit dieser konventionellen Formel sagt er, daß er nicht für ein breites Publikum schreibt. Er gibt keine Einführung in die Probleme, sondern setzt die Kenntnis der Problematik im allgemeinen voraus. Seine Zielgruppe waren also Gelehrte seiner Zeit, das Dargestellte ein Beitrag zur wissenschaftlichen Diskussion. S.Gr.

AUSGABE: Lpzg. 1878 (*Chronologie oriental. Völker v. al-Bīrūnī*, Hg. E. Sachau; Neudr. Lpzg. 1923).

ÜBERSETZUNGEN: *The Chronology of Ancient Nations*, E. Sachau, Ldn. 1879 (engl.). – Auszug: *Les fêtes des Melchites, par Abou Rihān al-Birouni*, Hg. R. Griveau (in Patrologie Orientale, 10, 1915, S. 289–312; Text u. frz. Übers.).

LITERATUR: K. Garbers, *Eine Ergänzung zur Sachauschen Ausg. v. al-Bīrūnī's »Chronologie d. oriental. Völker«* (in Der Islam, 30, 1952, S. 39–80).

FRIEDRICH BISCHOFF

* 26.1.1896 Neumarkt / Schlesien
† 21.5.1976 Großweier / Baden

DAS LYRISCHE WERK von Friedrich BISCHOFF.
Das lyrische Werk steht zumindest gleichrangig neben dem vier Romane und etwas mehr als ein Dutzend Erzählungen umfassenden Prosawerk des schlesischen Dichters. Sieben Lyriksammlungen erschienen zwischen 1921 und 1965 in zum Teil großen zeitlichen Abständen. Der Schwerpunkt liegt, nach spätexpressionistischen Anfängen 1918 bis 1924 (1925 wurde Bischoff Leiter der »Schlesi-

schen Funkstunde« und publizierte bis 1933 nur wenig), in den Jahren von 1933 bis 1940 und dem ersten Nachkriegsjahrzehnt. Die umfangreiche Sammlung mit dem für Bischoffs lyrisches Werk so bezeichnenden Titel *Sei uns Erde wohlgesinnt* von 1955, leicht verändert und mit wenigen neuen Texten 1965 noch einmal aufgelegt, vereint fast alle Gedichte der dreißiger und der beginnenden vierziger Jahre sowie eine Reihe zumeist in den ersten Nachkriegsjahren entstandener Texte.

Die ersten Gedichte Bischoffs, der in Breslau einem Künstler- und Dichterkreis um Walther RILLA angehörte, erschienen in expressionistischen Zeitschriften. Seine erste Buchveröffentlichung, der Lyrikband *Gottwandrer* (1921), kam im Münchner O. C. Recht Verlag heraus, für den er von Breslau aus lektorierte. *Gottwandrer* ist in drei Abschnitte eingeteilt: »Traumfahrer«, »Gottheimat« und »Die Beschwörung«. Während Bischoff sich formal noch überwiegend der hymnischen Langzeile bedient, sind bereits einige charakteristische Themen, Stoffe und Motive versammelt, vornehmlich an Traditionen der schlesischen Mystik und der deutschen Romantik orientiert: Kindheit, Wanderschaft, magische Natursicht, mystische Versenkung, Gottsuche. Der spätexpressionistische Sprachgestus erscheint modifiziert, von wenigen Ausnahmen abgesehen *(Der Abend:* »Die wunde Sonne krümmt sich vor dem Himmelshaus/Wie eine gelbe Katze, die im Sprung verreckt«). Inhaltlich dominant sind Elemente der Mystik, der Rekurs auf mythologische Gestalten und Traumsequenzen (»Mit dem Traumschiff fuhr ich Atlantis entgegen im Sommerwind«). Motive wie die »Erdenmutter«, die »Sonnensichel« oder die »Mittagshexe«, jener »Gott der Kindheit«, weisen bereits auf die Gedichte der dreißiger Jahre voraus.

Der Band *Gezeiten* (1924) leitet den Übergang zu einfacheren, zum Teil volksliedhaften Strophenformen ein und exponiert die Motivik der Natur- und Kindheitsdichtung *(Traumspur; Landschaft; Die Auferstehung der Wälder; Erdgeist; Vampyr)*. Alte Märchen-, Legenden- und Sagenmotive werden in unterschiedlichen Gedichtformen, einschließlich der Ballade, entwickelt. In den *Gezeiten* offenbart sich Bischoffs spezifisches Naturverständnis, das den »Magischen Realismus« der Naturlyrik der dreißiger Jahre in manchem antizipiert. Die Anthropomorphisierung der Natur ist hier schon stark vorangetrieben; Ich-Subjektivität und Reflexion spielen kaum eine Rolle. Die plastische, sprachliche Vermittlung sinnlicher Anschauung steht im Vordergrund.

Bischoff transformiert in der Folgezeit – wie schon an einigen Gedichten aus *Gezeiten* zu erkennen – seine lyrische »*Symbiose aus Mystik und Expressionismus*« (Lubos) entschieden in Richtung einer auf Schlesien bezogenen Landschafts- und Naturdichtung. Mit ihr hatte er, auch in der Öffentlichkeit beachtet, teil an der allgemeinen Entwicklung der deutschen Lyrik seit Ende der zwanziger Jahre, die im Zeichen einer literarischen Aufwertung von Landschaft und Natur gegenüber der Großstadt stand, seit 1933 auch unter dem Diktat des nationalsozialistischen Regimes mit jener Beschränkung literarischer Kommunikation, die Bischoff zu einem Repräsentanten der sogenannten »Inneren Emigration« werden ließ.

Die beiden lyrischen Hauptwerke Bischoffs, *Der schlesische Psalter* und *Das Füllhorn*, erschienen 1936 und 1939, fanden breite Zustimmung, sogar bei völkisch-nationalen Literaturkritikern (*Das Füllhorn* erreichte 1944 das 23. Tausend). Obwohl diese Natur- und Kindheitslyrik keineswegs den gängigen Stereotypen der nationalsozialistischen Literaturpolitik entsprach, paßte sie doch formal und thematisch ins Bild einer literarischen Landschaft, die wesentlich durch einen ästhetischen Traditionalismus geprägt war. *Der schlesische Psalter* beschwört Geschichte und Natur der schlesischen Landschaft sowie die Kindheit des Dichters *(Auskunft; Schlesisches Rondell)* – ein »*Vermächtnis der verlorenen Heimat*«, wie Bischoff später selbst sagte; es sind »*Strophen eines Weltliedes aus Schlesien*« (W. Bauer). Hatte sich Bischoff 1925 zum Traditionsbezug auf die »*Wollüstigen des Todes, der Spruchmeister der Gotteskindschaft und die Künder des reinen Lebens*« bekannt (gemeint waren Angelus SILESIUS, NOVALIS, HÖLDERLIN, Stefan GEORGE und TRAKL), so reihte er sich nun noch stärker in eine spezifisch schlesische Traditionslinie von Martin OPITZ bis hin zu Carl HAUPTMANN ein; den führenden schlesischen Dichtern gilt denn auch jeweils ein Gedicht in dem Zyklus »*Werkstatt zwischen Himmel und Erde*«. Vor allem Eichendorffs *Lied der Ewigkeit*, dessen Lyrik der Einfachheit und der Musikalität, wird zum Paradigma.

Die Sammlung *Das Füllhorn* (1939) ist die geschlossenste Lyrikveröffentlichung Bischoffs. Eingerahmt von zwei programmatischen Gedichten, *Das Füllhorn* und *Gesang vom Leben*, enthält der Band einen ersten, dominanten Teil *Lieder der Kindheit*, sowie einen zweiten, kürzeren, überschrieben *Geschichten in der Dämmerung*, in dem vorwiegend Balladenmotive, zumeist im Ton der Kinderlieder, geboten werden. Im Hauptteil wird, autobiographisch inspiriert, der Raum kindlicher Phantasie und kindlichen Erlebens ausgemessen: Luftballon und Regenbogen, Jahrmarkt und Tanzbär, Drachensteigen und Kinderfrau. Gefaßt in einfache, trochäische, volksliedhafte Verse (seltener jambische) mit zumeist schlichten Reimpaaren in vier- oder achtzeiligen Strophen, entfalten die Gedichte starke sinnlich-lautmalerische, klangliche Qualitäten, die auf Alliterationen und Assonanzen, aber auch auf den Wirkungen mancher pointierter Neologismen beruhen. Ein Traditionsbezug auf *Des Knaben Wunderhorn* ist dabei zwar offensichtlich, der Sprachrealismus bei Bischoff freilich stärker ausgeprägt. Nur in einigen wenigen, meist auch späteren Gedichten, geht Bischoff den Weg vom eindringlichen, symbolischen Naturbild zum Gleichnis (*Hagebuttenlied* aus *Sei uns Erde wohlgesinnt*).

Freilich lassen die Fabulierlust Bischoffs, die durchgängige Einfachheit und Leichtigkeit der

Verse, der manchmal sich verselbständigende Charakter des Lautmalenden, der Märchenton und die große Zahl an Bildern und mythologischen wie literarischen Gestalten ein Problem deutlich werden: der »allzu lockeren Kontur« (Krolow), die nichts mehr von den Brüchen und Dissonanzen der (Zeit-)Geschichte spüren läßt. Bischoff entging nicht immer der seiner Lyrik immanenten Gefahr, antigeschichtlichen und geistfeindlichen Tendenzen in der partiell idyllisierenden Zeichnung bäuerlich-ländlicher Verhältnisse zu erliegen. Andererseits konnte die extreme Form der Poetisierung von Geschichte und Kindheitserfahrung, die Beschwörung von Figuren und Motiven *»aus dem Lande Rübezahls«* (H. v. Cube) auch als *»Gegenbild«* zur Herrschaft *»der vorschriftsmäßigen Gesinnung«* (Horkheimer) aufgefaßt werden. In seinen besten Gedichten präsentiert sich Bischoff, durchaus frei in der Verwendung und Verarbeitung von Formen und Motiven der literarischen Tradition, als eine Art *»Merlin«* (als den er selbst 1941 Georg BRITTING charakterisierte), der die erstarrte und ideologisch instrumentalisierte Sprache unter der Diktatur wieder zum Leben zu erwecken und die für die dreißiger Jahre so bezeichnende provinzielle Beschränktheit eines großen Teils der deutschen Naturlyrik zu überwinden suchte. W. Hae.

AUSGABEN: *Gottwandrer*, Mchn. 1921. – *Die Gezeiten. Gedichte*, Trier 1924. – *Schlesischer Psalter. Ein Dank- und Lobgesang mit einem Epilog: Werkstatt zwischen Himmel und Erde*, Bln. 1936. – *Das Füllhorn. Lieder und Balladen der Kindheit mit einem Nachgesang*, Bln. 1939. – *Der Fluß. Eine Gedichtfolge*, Breslau 1942. – *Sei uns Erde wohlgesinnt. Neue Gedichte mit den Liedern und Balladen der Kindheit und die ausgewählten Gedichte des »Schlesischen Psalters«*, Tübingen 1955. – *Sei uns Erde wohlgesinnt. Der schlesische Psalter. Lieder und Balladen der Kindheit. Neue Gedichte*, Mchn. 1965 [mit leichten Veränderungen].

VERTONUNGEN: Liedkompositionen v. Christian Lahusen, Ernst Lothar von Knorr und Albrecht, Prinz von Hohenzollern; großes Orchesterstück v. Mark Lothar *(Gesang vom Leben)*.

LITERATUR: H. Günther, *F. B.* (in Welt und Wort 7, 1952, S. 41–43). – E. Johann, Rez. (in FAZ, 16. 7. 1955). – *Linien eines Lebens. F. B., Gestalt, Wesen und Werk*, Hg. E. Johann, Tübingen 1956 [darin v. a. die Beiträge von E. Alker, W. Bauer, W. Bergengruen, H. v. Cube, O. Heuschele, M. Horkheimer, K. Krolow, R. Minder, J. Nadler, L. E. Reindl, F. Schnack, F. Sieburg; Bibliogr. v. F. Grieger]. – J. Hoffbauer, *Aus den Träumen glänzt das Wort. F. B. 75 Jahre* (in Der Wegweiser, 24, 1971, Nr. 1, S. 12). – A. Lubos, *Geschichte der Literatur Schlesiens*, Bd. 3, München 1974, S. 278–282. – J. Hoffbauer, *Schlesischer Psalter. Zum Tode von F. B.* (in Schlesien 21, 1976, H. 2, S. 127–128). – K. Hildebrandt, *Zum lyrischen und erzählerischen Schaffen F. B.s* (in Jb. d. Schlesischen Friedrich-Wilhelm-Univ. zu Breslau, 26, 1985, S. 152–172).

DIE GOLDENEN SCHLÖSSER

Roman von Friedrich BISCHOFF, erschienen 1935. – Obwohl die Handlung gegen Ende des 19. Jh.s spielt, sind Titel und Vorgänge des Werks einer schlesischen Sage entnommen. Ihr Kern ist die Vorstellung, daß das Innere eines Berges im Riesengebirge von Goldadern durchzogen sei, die in bestimmten Nächten als zwar deutlich wahrnehmbare, doch keinem menschlichen Wesen erreichbare »goldene Schlösser« erstrahlen.
Aus jener magischen Bergregion – Symbol einer reicheren und klareren Zukunft für die armen und in kauzigem Aberglauben befangenen Bewohner eines kleinen Dorfes – soll das »Agnetlein« stammen, ein Findelkind, das der reiche Fendlerwirt als Tochter aufnimmt; denn ihm sind in der gleichen Stunde, als man das Mädchen fand, seine Frau und sein neugeborenes Kind gestorben. Diese Gleichzeitigkeit der Ereignisse genügt den Bauern, Agnete als Geisterkind anzusehen, begabt gleichermaßen mit glückbringenden wie bösen Kräften. Und in der Tat erfüllen sich die in Agnete gesetzten Erwartungen: Während der Ziehvater unter dem Einfluß des zarten und rätselhaften Mädchens sein Leben zum Besseren wendet und auch das Dorf allgemein an Wohlstand und erfreulichen Verhältnissen gewinnt, feinden doch viele der Bauern in giftigem Aberglauben das versonnene, sich immer mehr zurückziehende Wesen an, so daß bald ein heftiger Widerstreit von Angst, Mißgunst, Begierde, wundersüchtiger Anbiederung und Liebe das gesamte Dorf beherrscht. Besonders der junge, geistig zurückgebliebene Paul Kobsch fühlt sich, getrieben von seinem dunklen Charakter, zu dem Mädchen hingezogen, das er gefährlich zu umgarnen vermag. Als die Verwirrungen und Spannungen um Agnete immer undurchdringlicher geworden sind, vollendet sich das Geschick des Mädchens in dem Augenblick, in dem der Ziehvater seine Liebe einer anderen Frau zuwendet: Agnete verschwindet auf die gleiche geheimnisvolle Weise, wie sie damals im Dorf erschienen war, die erst jetzt zur Besinnung kommenden Bauern zurücklassend.
Bischoff verwob in seinem romantisch-märchenhaften Geschichte das schlesische Sagenerbe mit eigener dichterischer Ausformung. Wirkliches und Überwirkliches vermag er kraftvoll und anschaulich zu vergegenwärtigen. In teils chronikartigem, teils lyrischem Stil wird die Auseinandersetzung zwischen der Vernunft- und der Triebwelt – ein Hauptthema in den Werken des Autors – in einer eng umgrenzten Gemeinschaft vergegenwärtigt, deren dichte, kunstvolle Darstellung das Geschehen zu allgemeiner Geltung erhöht. – *Die goldenen Schlösser* und der ebenfalls in Bischofffs schlesischer Heimat spielende Roman *Der Wassermann* (1937) sollten mit einem weiteren Werk zur Trilogie abge-

rundet werden; das Manuskript des dritten Romans ging jedoch 1945 auf der Flucht verloren.
KLL

AUSGABEN: Bln. 1935. – Tübingen 1953.

LITERATUR: G. Gabetti, *Presentazioni, F. B.* (in Studi Germanici, 3, 1940, S. 345–362). – W. Bauer, *Dichtung aus Schlesien: F. B.* (in W. B., *Die zweite Erschaffung der Welt*, Recklinghausen 1947). – H. R. Fritsche, *Laudatio auf F. B.* (in Schlesien, 22, 1977, S. 50–55). – K. Hildebrandt, *Zum lyrischen u. erzählerischen Schaffen F. B.s* (in Jb. der Schlesischen Friedrich-Wilhelm-Univ. zu Breslau, 26, 1985, S. 152–172).

ELIZABETH BISHOP

* 8.2.1911 Worcester / Mass.
† 6.10.1979 Boston / Mass.

DAS LYRISCHE WERK (amer.) von Elizabeth BISHOP.
Sollte einmal eine amerikanische Poetik des Spezifischen und der Empirie geschrieben werden, dann könnte sie im 19. Jh. mit Gedichten Henry David THOREAUS einsetzen, die nicht unter dem Einfluß von Ralph Waldo EMERSON entstanden, und würde ihren ersten Höhepunkt in den »Konkretionen« (T. A. Riese) Emily DICKINSONS markieren. Im 20. Jh. wäre die faktensammelnde magische Nüchternheit Marianne MOORES zu nennen. Ein zweiter Höhepunkt wäre das schmale und exquisite Werk Elizabeth Bishops. Sie gehört damit zu jenen einflußreichen, aber Zeit ihres Lebens von einer größeren Leserschaft wenig beachteten Lyrikern, die sich nicht in den Mantel des Visionärs kleiden, die nicht vom Partikulären zum Allgemeinen schreiten, sondern dem exakt beobachteten spezifischen Detail seine heimliche Unvertrautheit zurückgeben. Bishops Einfluß auf amerikanische moderne und postmoderne Lyriker, wie etwa A. R. AMMONS, John ASHBERY und Robert LOWELL, ist jedoch – wie sie selbst bekannten – groß und besteht nicht zuletzt in dieser Aufmerksamkeit fürs Detail, den Verzicht auf die große Geste und ein unbestechliches Ohr für das Potential nüchterner Alltagssprache als poetisches Erkenntnismittel.
Bishop veröffentlichte lediglich vier separate Gedichtbände: *North and South*, 1946 *(Nord und Süd)*; eine Neuausgabe dieses Bandes mit einer Sammlung neuer Gedichte: *Poems: North and South – A Cold Spring*, 1955 *(Gedichte: Nord und Süd – Ein kalter Frühling)*, *Questions of Travel*, 1965 *(Reisefragen)*, und *Geography III*, 1976 *(Geographie III)*. Aspekte des Geographischen, Kartographischen und Anthropologischen sind die zentralen Anlässe und Gegenstände der meisten Gedichte. Doch sind es keine Reisegedichte. Aufenthalte Bishops in Neu England, Neuschottland, Paris, Algier, Key West (Florida), Mexiko und vor allem Brasilien (1952–1971) geben vielmehr dem Werk – trotz lokaler Details – einen internationalen Charakter, weil Bishop an den zeitgenössischen literarischen Entwicklungen progressiv teilhatte, ja sie antizipierte. Zu nennen ist etwa scharfsichtige (aber niemals belehrende) Sozialkritik in ihren Brasilien-Gedichten. Hier ist die Ballade *The Burglar of Babylon (Der Einbrecher von Babylon)* hervorzuheben, in der – in Ironisierung nordamerikanischer Räuberballaden – ein authentischer Fall aufgegriffen wird. Literarisch, so H. BLOOM, ist sie den Dichtern ihrer Generation (John BERRYMAN, Robert Lowell, Theodore ROETHKE u. a.) durch ihre hintergründig-naive und bescheidene Subjektivität der Sehweise, die jeder Versuchung zur Konfession widersteht, ein Vorbild geworden. Bishop entdeckt das Leben der Dinge, aber sie legt nicht ihr Herz bloß. Alles in ihren Gedichten scheint sichtbar und einsehbar an der Oberfläche zu liegen. Es findet sich kein bohrendes Fragen, kein den Gedanken treibender inquisitiver Wille. Ihre Aufmerksamkeit beleuchtet Objekte und Gedanken scheinbar beiläufig in einer Strategie des Indirekten. Erst die nähere Analyse zeigt, daß die vermeintliche Selbstverständlichkeit des Gesagten bis in die Tiefenstrukturen der gebrauchten Sprache wirkt, die die anscheinende Beiläufigkeit als geradezu schlafwandlerische Sicherheit in der Wortsetzung erweist. »Selbstverständlichkeit« – bei letztlicher Unergründlichkeit der zu dieser Wirkung gebrauchten Mittel – ist hier höchste Qualität.
In diesem Sinne gehen ihre Gedichte häufig auf subjektives Erleben zurück. Bishop ist eine amerikanische Dichterin, für die Amerika nicht nur den Norden des Kontinents bedeutet, in dem sie aufwuchs, sondern auch Südamerika, das sie für die nordamerikanische Lyrik entdeckte. Andere Ergebnisse dieser Entdeckung sind ihre Lyrikübersetzungen aus dem Spanischen und Portugiesischen (Texte von Carlos Drummond de ANDRADE, Octavio PAZ, Vinícius de MORAES u. a.). Ein Buch über Brasilien in der *Time-Life*-Länderserie und die dichterische Übersetzung der Autobiographie einer Brasilianerin, *The Diary of »Helena Morley« (Das Tagebuch »Helena Morleys«)*, sind weitere Früchte ihres Lebens in Brasilien.
Elizabeth Bishops Geographie als Leitthema ihres Werks ist zunächst eine innere Geographie, die den Meditationsanweisungen der puritanischen Tradition, etwa Thomas HOOKERS, verpflichtet ist. Wenn Hooker sagt: »*Meditation geht auf Entdeckung, legt an jeder Küste an, bemerkt jeden Bach, nimmt den täglichen Verlauf der Gespräche und der Befindlichkeit eines Menschen auf*«, so erfaßt dies auch Bishops Vorgehen. Bishops Gedicht *The Map*, 1946 *(Die Landkarte)*, das ihren ersten Band (sowie die postumen *Collected Poems*) einleitet, ist Programm. Es beginnt mit der sachlich-kritischen Beschreibung der Darstellung von Land und Was-

ser auf einer Karte: »*Land lies in water; it is shadowed green. / Shadows, or are they shallows, at its edges / showing the line of long sea-weeded ledges / where weeds hang to the simple blue from green*« (»Land liegt in Wasser; es ist grün schattiert. / Schatten – oder sind es Untiefen? – / zeigen die lange Linie seegrasiger Riffe, / wo aus dem Grün der Tang dem schlichten Blau anhängt.«) Bereits die Zeichensprache der Karte ist dem, für den sie als Zeichen Realität repräsentiert, im wörtlichen Sinne *fragwürdig*. Die Relationen der Zeichen zueinander bedeuten nicht auf eindeutige Weise, wenn sie für die Realität genommen werden. Der Kartograph hat lediglich eine konventionelle Festlegung getroffen, die der Befragung nicht standhält. »*Or does the land lean down to lift the sea from under, / drawing it unperturbed around itself? / Along the fine tan sandy shelf / is the land tugging at the sea from under?*« (»Oder lehnt sich Land hinab, hebt auf die See von unten / und zieht sie unbewegt um sich herum? Am Schelf entlang, braun und fein besandet, / zerrt da das Land am Meer, von unten?«) Die einfache, geradezu kindlich anmutende Hinterfragung der Befindlichkeit des Dargestellten läßt das Fixierte als Abbild und Dokument in Bewegung geraten, verlebendigt es auf eine Weise, die auch die Realität übertrifft, und erzeugt Umrisse einer magischen poetischen Karte *als* Gedicht, die schwindeln macht. Bei Bishop ist eine Sprachmagie in der Beschreibung und Befragung von Befindlichkeiten am Werk, die dem unverstellten Blick und dem unverdorbenen Ohr eines Naiven entstammen könnte, sei es ein Kind oder ein unverbildeter, naturnaher Mensch.

In der Tat enthalten all ihre Bände Kindheitsszenen, so etwa in den Gedichten *Large Bad Picture (Großes schlechtes Bild), In the Waiting Room (Im Wartezimmer)*. Das zweite Gedicht enthält beides und fügt so Nord und Süd zusammen: Das Kind sitzt im Wartezimmer eines Zahnarztes, während seine Tante behandelt wird, blättert in einem geographischen Magazin und sieht Bilder, auf denen u. a. ein Mann, in seinen Fesseln an einem Pfahl hängend, und nackte Eingeborenenfrauen mit Hängebrüsten zu sehen sind. Der Schrei der Tante im Behandlungsstuhl weckt das Kind aus der Faszination des Exotischen und Fremden – und es entdeckt, daß es geschrien hat: »*I was my foolish aunt, / I – we – were falling, falling, / Our eyes glued to the cover of the* National Geographic *Februar 1918*« (»Ich war meine alberne Tante, / Ich – wir – fielen, fielen, / die Augen auf den Umschlag / des National Geographic *geheftet*, / *Februar 1918*.«) Die Alltagsbanalitäten führen zur Flucht ins Fremde, das sich als grausig und heimisch herausstellt – und zur Selbstentdeckung führt, zum Ich, das über das Mitleiden seine Mitmenschlichkeit im Banalen entdeckt und die Bodenlosigkeit alltäglicher Existenz (es ist der Erste Weltkrieg).

Kindern sind Beschwörungsriten natürlich. Bishop berichtet von solchem Zauber in ihrer autobiographischen Erzählung *In the Village (Im Dorf)*. Nicht nur daheim, sondern auch in Brasilien lebte Bishop auf dem Land und lernte in ihrer Umgebung und auf Reisen Eingeborenendörfer kennen und die Riten der Bewohner. Eines ihrer eindrucksvollsten Brasiliengedichte ist *The Riverman (Der Flußmensch)*, in dem ein Einwohner eines Amazonasdorfes versucht, ein »*sacaca*« (Zauberer) zu werden, um herauszufinden, was in dem »magischen Schlamm« des Flusses verborgen liegt, wobei er von einem Delphin geleitet wird. Das narrative Gedicht wird aus der Perspektive des »*sacaca*« erzählt, der seine Initiation schildert. Mit dem Kunstgriff, den Zauberer zur Persona zu machen, entgeht Bishop der Gefahr, als Touristin ihren Lesern von einer anthropologisch interessanten Kuriosität zu berichten. Die Stärke des Gedichts liegt in der Unmittelbarkeit des Berichts. Sie verdankt sich der Fähigkeit Bishops zur Empathie, zum subjektiven Mitfühlen, Mitdenken und Mitsprechen in der Haut eines anderen Wesens, sei es ein Kind, ein Erwachsener, ein »halbzivilisierter Wilder« oder ein Tier, wie in den Prosagedichten unter dem Titel *Rainy Season; Sub-Tropics (Regenzeit, Subtropen)*, in denen sich – empfunden aus der Perspektive der Tiere – die Wege einer »Riesenkröte«, eines »Verirrten Krebses« und einer »Riesenschnecke« kreuzen, ohne daß sie, ein jedes gefangen in seiner eigenen Vorstellungswelt, sich in der gemeinsamen Lebensmühsal erkennen.

Geography III, ihrem letzten Band, stellt Bishop zwei Auszüge aus einem Schulbuch für Geographie aus dem 19. Jh. voran. Einfache Fragen (»Was ist Geographie?«) und einfache Antworten (»Eine Beschreibung der Erdoberfläche.«) sind in der ersten zitierten Lektion enthalten. Die zweite Lektion ist für Fortgeschrittene und enthält wenig Antworten und um so mehr Fragen nach Ort, Himmelsrichtung, Namen und Beschaffenheit. Es kommt auf den Beobachtenden und seinen subjektiven Standpunkt an. Im Zentrum des Bändchens steht das Langgedicht *Crusoe in England*. Bishop gibt dem Leser eine neue Perspektive zur Betrachtung von Daniel DEFOES fiktivem Helden, indem sie ihn als alten Mann, der seit vielen Jahren zurück in England ist, auf seine Erlebnisse zurückblicken läßt. Obwohl nominell daheim, hat er Heimweh nach der Insel, die er und die ihn formte. Im Mittelpunkt steht die Erinnerung an die Hilflosigkeit des einzelnen dem magischen Eigenleben der fremden Natur und seiner eigenen kreatürlichen Befindlichkeit gegenüber, bis es ihm gelingt, ein prekäres Zuhause (und damit *sich* selbst) zu verfertigen: »*Home-made, home-made! But aren't we all?*« (»Hausgemacht, hausgemacht! Sind wir's nicht alle?«) Robinson wird zum Geographen und Botaniker, der sich seine Welt durch Beschreibung und Benennung anzueignen sucht, obwohl auch in dieser Existenz unentschieden bleibt, ob etwa ein Berg »*Mont d'Espoir or Mount Despair*« zu taufen sei. Hoffnung und Verzweiflung werden austauschbar; doch das Ungesicherte ist das Leben. Die allegorischen Bezüge dieses bewegenden Gedichts zu Bishops eigener Ausfahrt und Heimkehr sind unüberhörbar.

Elizabeth Bishops Gedichte bewegen sich häufig in meisterhaft beherrschten klassisch durchkomponierter Form, wie der Sestine. In Gedichten freierer Formen finden sich unaufdringlich gehandhabte Anapher, Alliteration und alle Spielarten des Reims. Bishops weitreichende Wirkung beruht nicht auf formalen oder sprachlichen Experimenten, sondern in ihrer auf äußerste Einfachheit und Klarheit reduzierten Sprache und Gedankenführung, denen jeder bloß ornamentale, auf Wirkung bedachte Zug fremd ist. Ihr mythopoetisch beschreibendes und so beiläufig wirkendes Verfahren bedient sich der Metapher zu poetisch-heuristischen Zwecken (J. Hollander). K.Ma.

AUSGABEN: *North & South*, Boston 1946. – *Poems: North & South – A Cold Spring*, ebd. 1955; 1965. – *Poems*, Ldn. 1956. – A. D. Brant, *The Diary of »Helena Morley«*. Ü: EB, NY 1957; 1977. – *Brazil*, NY 1962. – *Questions of Travel*, NY 1965; 1967. – *Selected Poems*, Ldn. 1967. – *The Ballad of the Burglar of Babylon*, NY 1968. – *The Complete Poems*, NY 1969; 1970. – *An Anthology of Twentieth-Century Brasilian Poetry*, Hg. E. B. u. E. Brasil. Middletown, CT 1972. – *Geography III*, NY 1976; 1978. – *The Complete Poems 1927–1979*, NY 1983. – *The Collected Prose*, NY 1984.

ÜBERSETZUNGEN: *Brasilien*, H.-H. Herrmann, 1969. – *Der imaginäre Eisberg*, R. Exner (in *Ensemble 7*, Hg. H. Piontek, Mchn. 1976). – *Gedichte*, K. Martens (in Akzente, 4, 1986). – *Das Meer und sein Strand*, K. Martens (in Akzente, 4, 1986).

LITERATUR: A. Stevenson, *E. B.*, NY 1966. – B. Schiller, *E. B. A Poesia que Nasceu do Sofrimento* (in Revista do Domingo, Jornal do Brasil, Rio de Janeiro, 8. 5. 1977). – *E. B. and Her Art*, Hg. L. Schwartz u. S. P. Estess, Ann Arbor 1983. – K. Martens, *Das Ich des Auges, oder die Lust an der Geographie: E. B.* (in Akzente, 4, 1986).

OTTO VON BISMARCK

* 1.4.1815 Schönhausen
† 30.7.1898 Friedrichsruh

LITERATUR ZUM AUTOR:
Bibliographie:
W. Hertel u. H. Henning, *B. Bibliographie*, Hg. K. E. Born, Köln/Bln. 1966.
Zeitschrift:
Bismarck-Jahrbuch, Hg. H. Kohl, 6 Bde., Bln. 1894–1899.
Forschungsberichte:
Das B.-Problem in der Geschichtsschreibung nach 1945, Hg. L. Gall, Köln/Bln. 1971. – *Revision des B.-Bildes. Die Diskussion der deutschen Fachhistoriker 1945–1955*, Hg. H. Hallmann, Darmstadt 1972. – H. König, *B. als Reichskanzler. Seine Beurteilung in der sowjetischen und in der DDR-Geschichtsschreibung*, Köln/Wien 1978 (Diss. Göttingen 1975). – F. Grützner, *Die Politik B.s 1862–1871 in der deutschen Geschichtsschreibung. Eine kritisch historiographische Betrachtung*, Ffm./Bern/New York 1986 (Diss. Bremen 1985).
Biographien:
H. Kohl, *Fürst B., Regesten zu einer wissenschaftlichen Biographie des ersten deutschen Reichskanzlers*, 2 Bde., Lpzg. 1891/1892 (Nachdr. 1977). – E. Marcks, *B.s Jugend 1815–1848*, Stg. 1915. – E. Eyck, *B., Leben und Werk*, 3 Bde., Zürich 1941–1944. – A. O. Meyer, *B. Der Mensch und der Staatsmann*, Stg. [2]1949. – E. Marcks, *B. Eine Biographie 1815–1851*, Stg. 1951. – A. J. P. Taylor, *B. The Man and the Statesman*, Ldn. 1955 (dt. *B. Mensch und Staatsmann*, Mchn. 1981). – L. Reiners, *B.*, 2 Bde., Mchn. 1956/1957. – H. Vallotton, *B.*, Paris 1962. – O. Pflanze, *B. and the Development of Germany, The Period of Unification 1815–1871*, Princeton 1963. – W. Richter, *B.*, Ffm. [2]1971. – A. Hillgruber, *O. v. B. Gründer der europäischen Großmacht Deutsches Reich*, Göttingen/Zürich/Ffm. 1978. – E. Ludwig, *B. Eine Biographie*, Mchn. 1978. – L. Gall, *B. Der weiße Revolutionär*, Ffm./Bln. 1980, [3]1987 (umfassende Bibliogr. im Anhang). – W. Mommsen, *O. v. B. in Selbstzeugnissen und Bilddokumenten*, zahlr. Aufl., Hbg. 1980. – E. Verchase, *O. v. B.*, Mchn./Zürich 1981. – E. Crankshaw, *B. Eine Biographie*, Mchn. 1983. – B. Waller, *B.*, Oxford 1985. – E. Engelberg, *B. Urpreuße und Reichsgründer*, Bln. 1985. – R. Carstens, *B. Anekdotisches*, Mchn. [3]1985. – H. Wolter, *O. Fürst v. B. Dokumente seines Lebens 1815–1898*, Lpzg. 1986.
Gesamtdarstellungen und Studien:
J. Penzler, *Fürst B. nach seiner Entlassung. Leben und Politik des Fürsten seit seinem Scheiden aus dem Amt auf Grund aller authentischer Kundgebungen*, 7 Bde., Lpzg. 1897/98. – L. Bamberger, *B. Posthumus*, Bln. 1899. – A. Graf zu Stolberg Wernigerode, *B.-Lexikon. Quellenverzeichnis zu den in seinen Akten, Briefen, Gesprächen und Reden enthaltenen Äußerungen B.s*, Stg./Bln. 1936. – L. v. Muralt, *Die Voraussetzungen des geschichtlichen Verständnisses B.s* (in *Der Historiker und die Geschichte*, Fs. für *L. v. Muralt*, Hg. F. Büsser, H. Helbling, P. Stadler, Zürich 1960, S. 277–294). – E. Zechlin, *B. und die Grundlagen der deutschen Großmacht*, Stg. 1960. – W. N. Medlicott, *B. and Modern Germany*, London 1965. – W. Bussmann, *O. v. B., Geschichte – Staat – Politik*, Wiesbaden 1966. – H. G. Zmarzlik, *Das B.bild der Deutschen gestern und heute*, Freiburg/Br. o. J. (1967). – H. Kissinger, *The White Revolutionary. Reflections on B.* (in Daedalus, 97, 1968, S. 888–924). – H. Rothfels, *B. Vorträge und Abhandlungen*, Stg. 1970. – A. S. Jerusalimski, *B. Diplomatie und Militarismus*, Ffm. 1970, [2]1984. – O. Pflanze, *Towards a Psychoanalytic Interpretation of B.* (in American Historical Review, 77, 1972). – A. Hillgruber, *B.s Außenpolitik*, Freiburg/Br.

1972. – H.-U. Wehler, *B. und der Imperialismus*, Mchn. 1976, ³1985 (Bibliogr. O. v. B. S. 520–570). – M. Hank, *Kanzler ohne Amt. Fürst B. nach seiner Entlassung 1890–1898*, Mchn. 1977, ²1980. – G. O. Kent, *B. and His Times*, Carbondale/Ill. 1978. – L. Reiners, *B.s Aufstieg 1815–1864*, Mchn. 1980, – H. J. Schoeps, *B. über Zeitgenossen. Zeigenossen über B.*, Ffm./Bln./Wien ²1981 (über *Gedanken und Erinnerungen* besonders S. 11–19). – E. Eyck, *B. und das Deutsche Reich*, Mchn. 1981, ²1983. – O. Pflanze, *B.s Herrschaftstechnik als Problem der gegenwärtigen Historiographie*, Mchn. 1982. – A. R. Deluca, *Personality, Power and Politics. Observations on the Historical Significance of Napoleon, B., Lenin and Hitler*, Cambridge 1983. – D. G. Williamson, *B. and Germany 1862–1890*, Ldn. 1986. – H. Kühn, *Auf den Barrikaden des mutigen Wortes. Die politische Redekunst von Ferdinand Lasalle und O. v. B.*, ..., Bonn 1986. – M. Stürmer, *B. Die Grenzen der Politik*, Mchn. 1987. – S. Haffner, *Von B. zu Hitler. Ein Rückblick*, Mchn. 1987.

GEDANKEN UND ERINNERUNGEN

Memoiren des Reichskanzlers Otto von BISMARCK, entstanden 1890/1891. Der erste Band erschien in zwei Teilen 1898, der zweite Band 1921 unter dem von Bismarck dem Gesamtwerk zugedachten Titel *Erinnerung und Gedanke*. – Unmittelbar nach seiner Entlassung (20. 3. 1890) entschloß sich Bismarck, den schon in den siebziger Jahren erwogenen Plan eines Memoirenwerks zu verwirklichen. In vierzehn Monaten, von Oktober 1890 bis Dezember 1891, diktierte er in Friedrichsruh dem im Ruhestand lebenden Geheimrat Lothar Bucher, einem seiner engsten Mitarbeiter im Außenministerium, seine Erinnerungen. Die ungeordnete Masse dieser in zufälliger Folge entstandenen Diktate brachte Bucher dann in mühsamer redaktioneller Arbeit unter Hinzufügung von Briefen und anderen Dokumenten bis Mai 1892 in eine chronologische Ordnung. Die Reinschriften des Manuskripts, wie auch die schon im Oktober 1893 vorliegenden Druckfahnen des ersten Bandes unterzog Bismarck nochmals einer teilweise detaillierten Überarbeitung, die sich bis 1897 hinzog, an der sprachlichen und sachlichen Substanz des Werks allerdings kaum etwas änderte. Nach Buchers Tod (1892) war ihm dabei sein Hausarzt und Sekretär Rudolf Chrysander behilflich. Trotz dieser weit fortgeschrittenen Vorbereitungsarbeiten konnte Bismarck sich nicht zur Veröffentlichung entschließen. Erst als nach dem Tod des Kanzlers (30. 7. 1898) sein Sohn Herbert den Historiker Horst KOHL mit der Herausgabe betraute und dieser einen mit allen bisherigen Korrekturen versehenen Fahnensatz hergestellt hatte, erschienen die Memoiren noch im November 1898 unter dem von Kohl stammenden Titel *Gedanken und Erinnerungen*. Der zweite Band sollte wegen der darin enthaltenen Polemiken gegen Kaiser Wilhelm II. erst nach dessen Tod publiziert werden, erschien dann aber nach der Abdankung des Kaisers unter zivilprozessualen Begleitumständen schon 1921. Die bald nach Erscheinen des ersten Bandes beginnende Auseinandersetzung mit dem Werk führte zu berechtigter Kritik an der Herausgebertätigkeit Kohls. Den endgültigen Text bot dann erst die auf das gesamte Handschriftenmaterial zurückgreifende Ausgabe von Gerhard RITTER und Rudolf STADELMANN (1932), der alle späteren Editionen folgen.

Der Anlaß zur Entstehung dieses Werks, das nicht in gelassener Rückschau, sondern unter dem Eindruck der ungerechtfertigten Entlassung aus dem Staatsamt geschrieben wurde, erklärt es, daß nicht das kontinuierlich erzählte Erinnerungsbuch eines »älteren Staatsmannes« entstand, sondern einige große staatspolitische Reflexionen und eine Reihe von teils polemisch, teils didaktisch akzentuierten Darstellungen politischer Ereignisse oder persönlicher Erlebnisse, deren historische Glaubwürdigkeit im einzelnen oft fragwürdig ist, denen aber nach Sprache und sachlichem Gehalt ein einzigartiger Quellenwert für die Beurteilung der Persönlichkeit Bismarcks zukommt.

Im ersten Buch des ersten Bandes gibt Bismarck kurze Einblicke in seine Jugendentwicklung und widmet sich dann den Jahren unter der Regierung Friedrich Wilhelms IV. (reg. 1840–1857) vor seiner Berufung zum preußischen Ministerpräsidenten (1862), dem eigentlichen Beginn seiner politischen Wirksamkeit. Die Revolution von 1848, Bismarcks Tätigkeit als Bundestagsgesandter in Frankfurt (1851–1859), als preußischer Gesandter in Petersburg (1859–1862) und in Paris (1862) werden in farbiger, oft dramatisch zugespitzter Schilderung erzählt. Den folgenreichen Ereignissen während seiner Ministerpräsidentschaft ist das zweite Buch des ersten Bandes gewidmet. Der Verfassungskonflikt zwischen König Wilhelm I. (reg. 1861–1888) und dem Preußischen Abgeordnetenhaus, auf dessen Höhepunkt der König Bismarck zum Ministerpräsidenten ernannte (23. 9. 1862); die preußisch-österreichische Allianz und der Krieg gegen Dänemark um Schleswig-Holstein (1864); der die deutsche Frage im großpreußischen Sinn entscheidende preußisch-österreichische Krieg und die Gründung des Norddeutschen Bundes (1866); der Deutsch-Französische Krieg von 1870/1871 und die Proklamation Wilhelms I. zum Deutschen Kaiser in Versailles (18. 1. 1871) – diese außenpolitischen Gipfelpunkte seiner Laufbahn nehmen in Bismarcks Darstellung den breitesten Raum ein. Daneben behandelt er in einzelnen Kapiteln seinen Konflikt mit der katholischen Kirche *(Culturkampf)*, den Berliner Kongreß von 1878, die Erweiterung des Zweibunds mit Österreich zum Dreibund durch den Beitritt Italiens (1882) sowie die inneren Verhältnisse in Preußen *(Bruch mit den Konservativen, Intrigen* und *Die Ressorts)*. Den ersten Band beschließen ein Porträt Kaiser Wilhelms I., die Schilderung der Zusammenarbeit Bismarcks mit dessen Nachfolger, Kaiser Friedrich III. (reg.

9. 3.–15. 6. 1888), endlich Erwägungen über die »*zukünftige Politik Rußlands*«. Der zweite Band, dem Bismarck die Widmung »*Den Söhnen und Enkeln zum Verständnis der Vergangenheit und zur Lehre für die Zukunft*« vorangestellt hat, ist ausschließlich den Ereignissen vorbehalten, die den Konflikt mit Kaiser Wilhelm II. herbeigeführt und Bismarcks Entlassung verursacht haben.

Bismarcks Befürchtung, unter Wilhelm II. werde das von ihm kunstvoll erbaute Allianzensystem auseinanderbrechen und vor allem dem russischen Partner nicht mehr die nötige Aufmerksamkeit zugewandt bleiben, war sicherlich einer der stärksten Antriebe zur Abfassung der *Gedanken und Erinnerungen*. Daraus erklärt sich die Eindringlichkeit, mit der er immer wieder die Grundlinien des deutsch-russischen Verhältnisses zeichnet – Passagen, in denen der Stil seiner Denkschriften kraftvoll zum Ausdruck kommt. Nach der Reichsgründung stand Bismarcks Außenpolitik stets im Zeichen der Notwendigkeit, die Einkreisung Deutschlands durch Koalitionen der besiegten Mächte zu verhindern. In dieser Situation, da ein republikanisches Frankreich als Koalitionspartner undenkbar, England wegen seiner parlamentarischen, durch Wahlen veränderbaren Regierungen ein unsicherer und mißtrauischer Partner, der österreichische Vielvölkerstaat in seiner inneren Stabilität stets gefährdet schien, sah Bismarck in Rußland den stärksten Garanten einer stabilen Bündnispolitik. Die Verbindung mit Rußland »*hatte mir früher auch als sicherer gegolten, weil ich die traditionelle dynastische Freundschaft, die Gemeinschaft des monarchischen Erhaltungstriebes und die Abwesenheit aller eingeborenen Gegensätze in der Politik für sicherer hielt als die wandelbaren Eindrücke der öffentlichen Meinung in der ungarischen, slavischen und katholischen Bevölkerung der habsburgischen Monarchie*« (Buch II, Kap. 8). Ziel seiner Politik sei es, »*das Vertrauen nicht nur der mindermächtigen europäischen Staaten, sondern auch der großen Mächte zu erwerben, daß die deutsche Politik, nachdem sie die injuria temporum, die Zersplitterung der Nation, gut gemacht hat, friedliebend und gerecht sein will*« (Buch II, Kap. 19). Die Befürchtungen, die Bismarck für das ganz aus seiner Einsicht in die Voraussetzungen, Möglichkeiten und Grenzen deutscher Politik erwachsene Bündnissystem hegte, nachdem er die Charaktereigenschaften des jungen Kaisers erkannt hatte, treten im zweiten Band des Werkes immer schärfer zutage. In den persönlichen Anlagen Wilhelms II., seinem »*populären Absolutismus*«, der prahlerischen, für Bismarck unerträglichen Rhetorik, seinem in dessen Augen unbesonnenen, ja verderblichen sozialpolitischen Impuls (Arbeiterschutzgesetze), den »*Cliquen und Personen*« schließlich, die »*sich der Protektion des Thronerben zu versichern suchten*« und deren Einflüssen der Kaiser leicht nachgab, seiner Neigung, »*durch Konzessionen an seine Feinde die Unterstützung seiner Freunde entbehrlich zu machen*«, lagen die tieferen Ursachen für den Bruch. Der natürlichen Neigung und Begabung Bismarcks, die Dinge konkret und unverblümt beim Namen zu nennen, verdankt diese Beschreibung eines konstitutionellen Gegensatzes zweier Persönlichkeiten die eindringliche sprachliche Form.

Im Wechsel von brillant-anekdotischer Erzählung zu ausgedehnter politischer Reflexion liegen Reiz und Eigenart des Werkes beschlossen. Bismarcks Persönlichkeit tritt dem Leser darüber hinaus in ihrer ganzen Vielschichtigkeit gegenüber, ein Charakter, in dem sich höchste, bis zum Krankhaften gesteigerte seelische Reizbarkeit mit unbeugsamer Willenskraft vereinigte, ein Politiker, der alle Mittel höfischer Intrige und diplomatischen Raffinements virtuos beherrschte und den zugleich ein nur aus ältesten Traditionen erklärbares Vasallenverhältnis mit seinem König verband. Das Bild eines ganz aus seinen persönlichen Voraussetzungen lebenden politischen Menschen, der sich stets an den Situationen steigerte, denen er gegenübertrat, und die zwingende Kraft, mit der er innere Spannungen immer wieder fruchtbar zu machen verstand, machen diese Erinnerungen zum bedeutendsten Zeugnis politischer Memoirenliteratur in der deutschen Geschichte. R.Rr.

AUSGABEN: Stg. 1898, 2 Bde., Hg. H. Kohl; Stg. 1919 [recte 1921] (Bd. 3: *Erinnerung und Gedanke*). – Stg./Bln. 1928. – Bln. 1932 (*Erinnerung und Gedanke*, Hg. G. Ritter u. R. Stadelmann; hist.-krit.; *GW*). – Bln. 1951, Hg. R. Jaspert [Einl. Th. Heuss]. – Stg. 1959 [Nachw. E. Friedlaender]; ern. 1965. – Stg./Bln. 1975, Hg. u. Einl. G. A. Rein (in *Werke in Ausw., Jh.ausg. zum 23. Sept. 1862*; Bd. 8: *Erinnerung und Gedanke*, Hg. R. Buchner u. G. Engel). – Mchn. 1982 [Text folgt der Erstausg. von 1898/1919].

LITERATUR: H. Kohl, *Wegweiser durch B.s »Gedanken und Erinnerungen«*, Lpzg. 1899. – F. Meinecke, *Die »Gedanken und Erinnerungen« B.s* (in HZ, 82, 1899, S. 282–295). – M. Lenz, *Zur Kritik der »Gedanken und Erinnerungen« des Fürsten B.* (in DRs, 99, 1899, S. 405–427; 100, 1899, S. 109–140; vgl. dazu Th. Schiemann in HZ, 83, 1899, S. 447–458, u. M. Lenz in HZ, 84, 1900, S. 39–71). – E. Marcks, *Fürst B.s »Gedanken und Erinnerungen«. Versuch einer kritischen Würdigung*, Bln. 1899. – O. Kaemmel, *Kritische Studien zu Fürst B.s »Gedanken und Erinnerungen«*, Lpzg. 1899. – R. Fester, *Zur Entstehungsgeschichte der »Gedanken und Erinnerungen« des Fürsten B.* (in Allgemeine Ztg., 1899, Beil. zu Nr. 298). – *Zu B.s Gedächtnis*, Lpzg. 1899 [Beitr. von G. Schmoller, M. Lenz, E. Marcks]. – R. Fester, *Über den historiographischen Charakter der »Gedanken und Erinnerungen« des Fürsten O. v. B.* (in HZ, 85, 1900, S. 45–64). – H. Ulmann, *Kritische Streifzüge in B.s »Gedanken und Erinnerungen«* (in Historische Vierteljahrschrift, 5, 1902, S. 48–78). – R. Fester, *Lothar Bucher und die »Gedanken und Erinnerungen« B.s* (in Allgemeine Ztg., 1904, Beil. zu Nr. 44). – R. Pahncke, *Die Parallel-Erzählungen B.s zu seinen »Gedanken und Erinne-*

rungen«, Halle 1914. – W. Schüssler, *B.s Sturz,* Lpzg. 1921. – M. Spahn, *Der 3. Band der »Gedanken und Erinnerungen« und die Problematik der inneren Politik B.s* (in Hochland, 19/I, 1921/1922, S. 687–699). – J. Bauermann, *Ein quellenkritischer Beitrag zum 3. Band von B.s »Gedanken und Erinnerungen«* (in HZ, 127, 1922, S. 273–277). – G. Grundmann, *Der heutige Stand der historischen Kritik an B.s »Gedanken und Erinnerungen«*, Bln. 1925. – F. Gundolf, *B.s »Gedanken und Erinnerungen« als Sprachdenkmal* (in Europäische Revue, 7/I, 1931, S. 259–271; ern. in O. v. B., *Mensch und Staat*, Hg. G. Buchheit, Mchn. 1956; List-Tb.).

OKOT P'BITEK

* 1931 Gulu
† 19.7.1982 Nairobi (?)

SONG OF LAWINO

(engl.; *Ü: Lawinos Lied*). Gedicht von Okot p'Bitek (Uganda), erschienen 1966. – Dieses ursprünglich in Atscholi – der Muttersprache des Autors – verfaßte, dann von ihm selbst ins Englische übertragene lange Gedicht gilt als Markstein der Literatur Ostafrikas, auf deren Entwicklung es entscheidenden Einfluß hatte. Okot p'Bitek greift Elemente der traditionellen oralen Literatur auf und verwebt sie mit Eigentümlichkeiten der modernen europäischen Dichtung, womit er für viele Autoren Ostafrikas zum Vorbild wurde. Diese Verschränkung von Tradition und Moderne findet sich schon in der ersten, 1956 in Atscholi geschriebenen Fassung *(Wer pa Lawino)*, für die sich aber kein Verleger fand. Dort benutzt der Autor einen nicht ganz konsequent eingehaltenen Reim nach dem Schema *abab*; da sich in der traditionellen Atscholidichtung Reime nur zufällig ergeben und ihnen geringer poetischer Wert beigemessen wird, hat Okot p'Bitek hier ein neues Element eingeführt. Für die englische Neufassung des Gedichts verzichtete der Autor auf den Reim, um die stilistischen Merkmale der Atscholi-Dichtung umso klarer hervortreten lassen zu können: Alliterationen, Reduplikationen, Wiederholungen bestimmter Phrasen, sprichwörtliche Redensarten, Sprichwörter und die direkte Anrede.

Song of Lawino ist die Klage und Anklage der der Atscholitradition verhafteten Lawino darüber, daß ihr Mann Ocol sich von der eigenen Kultur abgewendet und sich ganz und gar der Übernahme europäischer Werte verschrieben hat. In dreizehn Abschnitten, die jeweils in Strophen unterschiedlicher Länge gegliedert sind, beklagt Lawino, daß Ocol sich eine europäisierte Nebenfrau, Clementine, genommen hat; doch nicht die Nebenfrau ist das Problem, nicht Eifersucht spricht aus Lawino – wie sie, nicht ganz glaubhaft, zu versichern sucht –, sondern Trauer darüber, daß Ocol, der geliebte Mann, mit ihr, der analphabetischen und deshalb von ihm als dumm und rückständig verachteten Lawino, nichts mehr zu tun haben will. Europäischen Sitten und Bräuchen werden jeweils die afrikanischen Äquivalente mit ihren – aus Lawinos Sicht natürlich positiven – Aspekten gegenübergestellt. Die europäische Weise sich zu kleiden, zu schminken, zu tanzen, europäische Eßgewohnheiten, Regeln der Kindererziehung, Formen der Ausbildung, der Freizeitgestaltung, der gesamten Lebensweise, bringt Lawino zur Sprache und häuft Hohn und Verachtung auf ihre Nebenbuhlerin und ihren Mann Ocol, jene Verkörperungen europäischer Verhaltensweisen, mit denen Lawino nichts anzufangen weiß und die ihr sittliches Empfinden verletzen.

In der Komplexität und Widersprüchlichkeit der Gedanken und Gefühle Lawinos gestaltet Okot p'Bitek die Problematik der kulturellen Überfremdung Afrikas und artikuliert die Trauer über Verlust und Leugnung der alten Werte. Doch indem Lawino das Neue und Andersartige verspottet, beschimpft, ablehnt, ohne es wirklich zu kennen, es verdammt, ohne dessen mögliche Nützlichkeit oder Sinnhaftigkeit zu hinterfragen, nimmt sie eine Haltung ein, die der des Europäers gleicht, der die afrikanischen Werte in gleicher Weise verdammt und verachtet. Der Autor regt somit durch die Gegenüberstellung zweier gleichermaßen verhärteter Haltungen zum Nachdenken an; er redet sowenig einer unreflektierenden Glorifizierung und Beibehaltung afrikanischer Tradition das Wort, wie einer unüberlegten Übernahme alles Europäischen, noch einer Abschaffung und Ausrottung der einen oder anderen Ideenwelt. Durch die Stimme Lawinos erweist sich Okot p'Bitek als scharfer Beobachter, der mit spitzer Zunge die Hohlheit aller unüberlegt albernen Nachäfferei europäischer Sitten bloßlegt; indem er seine Heldin selbst aber als starrköpfig, vorurteilsbehaftet und uneinsichtig darstellt, regt er zur kritischen Auseinandersetzung an, zur Abwägung und zur Suche nach möglichem Ausgleich. Diesem Aspekt trägt auch die Tatsache Rechnung, daß Okot p'Bitek mit seinem 1970 veröffentlichten Gedicht *Song of Ocol* das argumentative, auf Ocol bezogene Gegenstück zu *Song of Lawino* vorlegte. I.U.

AUSGABEN: Nairobi 1966. – Cleveland/Oh. 1969.

ÜBERSETZUNG: *Lawinos Lied*, M. Welter, Tübingen 1972. – Dass., dies., Ffm./Bln. 1982.

LITERATUR: G. A. Heron, *The Poetry of O. p'B.*, Ldn. 1976. – K. Goodwin, *Understanding African Poetry. A Study of Ten Poets*, Ldn. 1982, S. 154–173. – Al Imfeld, *Vision und Waffe. Afrikanische Autoren, Themen, Traditionen*, Zürich 1981, S. 91–111.

ANDREJ GEORGIEVIČ BITOV

* 27.5.1937 Leningrad

LITERATUR ZUM AUTOR:
B. Anašenkov, *Vyedennoe jajco: seredina, sedina* (in Literaturnoe Obozrenie, 1977, S. 59–61). – I. Dedkov, *Sladkie, sladkie slezy* (in Literaturnoe Obozrenie, 1977, S. 57–59). – W. Schmid, *Materialien zu einer Bitov-Bibliographie* (in WSlA, 1979, 4, S. 481–495). – Ders., *Nachtrag zur Bitov-Bibliographie* (in WSlA, 1980, 5, S. 327–334). – Ders., *Verfremdung bei A. B.* (in WSlA, 1980, 5, S. 25–53). – O. Hassanoff Bakič, *A New Type of Character in the Soviet Literature of the 1960s: the Early Works of A. B.* (in Canadian Slavonic Papers, 1981, 23, S. 125–133). – M. Klefter, *Rejsemotivet hos A. B.* (in Slavica Othiniensia, 1981, 4, S. 27–37).

PUŠKINSKIJ DOM

(russ.; *Ü: Das Puschkinhaus*). Roman von Andrej G. BITOV, erschienen 1978. – Die Geschichte des dreißigjährigen Doktoranden der Literaturwissenschaft Lev Odoevcev wird nicht geradlinig erzählt. Bitov geht vielmehr spielerisch mit der Biographie seines Helden um; in komplexer Erzählweise spielt er die Möglichkeiten eines Lebenslaufs durch. Jeden für die Entwicklung des jungen Gelehrten entscheidenden Lebensabschnitt überprüft er auf seine Alternativen, indem er immer wieder – jeweils mit gleicher, verwirrender Bestimmtheit – eine andere Version des Geschehens erzählt. In den zwischen diesen narrativen Part eingeschobenen Kommentaren, den sogenannten »*Hervorhebungen*«, in denen Bitov auf den Entstehungsprozeß seines Romans zurückblickt, vermerkt er lakonisch, bei den verschiedenen Biographie-Varianten gehe es »*um die Desorientiertheit*«.

Lëva, als Kind mit den Eltern nach Sibirien verbannt, nach dem Krieg nach Moskau zurückgekehrt, entstammt einem alten Adelsgeschlecht. Die von Kollegen spöttisch-spielerisch verwendete Anrede »Fürst« stellt ebenso den Bezug zu einer Tradition her wie sein Vor- und Vatersname Lev Nikolaevič (Lëva als Koseform), den er mit TOLSTOJ, dem Übervater der russischen Literatur, gemeinsam hat. Auch Lëvas Vater und Großvater waren angesehene Literaturwissenschaftler. Allerdings erfährt der Enkel von der Existenz des Großvaters erst als Erwachsener: Dieser hatte dreißig Jahre in Arbeitslagern verbracht und wurde bis zu seiner Rehabilitierung in den späten fünfziger Jahren von Lëvas Eltern totgeschwiegen.

Odoevcev setzt als angehender Literaturwissenschaftler die Familientradition fort. Aufgewachsen in einem intellektuellen Elfenbeinturm, versucht er zu verdrängen, was in der Außenwelt geschieht. In seiner Weltfremdheit unterscheidet er sich kaum von seinen Eltern: »*Sie brachten ihm bei, was sie konnten, und verschwiegen dabei das, was sie wußten.*« Mit seinem elitären Lebensstil harmoniert der museale Arbeitsplatz: das Puškin-Haus, ein abseits gelegenes altes Palais, das als Puškin-Museum und Literaturinstitut eingerichtet ist. Lëva gilt nicht nur als vielversprechender Literaturwissenschaftler, auch sein Privatleben ist intakt. Er lebt bei den Eltern und hat drei Freundinnen: »*Die er stürmisch liebt, ... – liebt ihm nicht; die ihm entsagungsvoll liebt, liebt er nicht und die, an der er in einem unverbindlichen Nützlichkeitsverhältnis hängenbleibt, liebt ihm ebensowenig wie er sie. Hier ist noch alles spätpubertär und daher ohne Konsequenz*« (H. v. Ssachno). – Erst jener 8. November 1961, an dem der Roman endet, bringt sein Leben aus dem Gleichgewicht. Am Jahrestag der Oktoberrevolution muß er im Institut Wache halten. Vergeblich versucht er in dem menschenleeren Haus, sich auf die bevorstehende Verteidigung der Dissertation vorzubereiten. Unter Freunden, die schließlich kommen, um ihm Gesellschaft zu leisten, ist auch Mitišatev, fast ein E. T. A. HOFFMANNscher Doppelgänger Lëvas, der ihn um sein Aristokratentum beneidet und ihm vorwirft, von der Realität keine Ahnung zu haben. Wodkatrunken versucht er Lëva klar zu machen, daß es widerliche Charaktere gibt und daß er, Mitišatev, einer davon ist: ein Emporkömmling, erfüllt von sozialen Ressentiments, Minderwertigkeitskomplexen, Neid und Haß, der höchstens mit »*kollektiver Unaufrichtigkeit*« im Leben etwas erreichen kann. Der Streit mündet in eine Schlägerei, in deren Verlauf alle Museumsexponate, darunter Puškins Totenmaske, zerstört werden. Dies löst ein Duell mit Puškins Pistolen aus, in dem Lëva den Tod findet – möglicherweise, denn die vom Autor angewandte Variantentechnik ermöglicht es ihm, Lëva am Leben bleiben und mit Hilfe von Freundin und Verwandten die Ordnung im Museum wiederherstellen zu lassen. Es stellt sich dabei heraus, daß die verhängnisvolle Totenmaske stapelweise im Magazin gelagert wird. Die Realität erhält auch hier einen ambivalenten Zug.

Bitov erweitert Sprachspielerei zur Literaturspielerei, indem er die russische Literatur in Form von Zitaten, Anspielungen und Reflexionen in sein Buch einbringt. Im Widerstreit zwischen den Generationen beispielsweise klingt sehr direkt TURGENEVS *Otcy i deti*, 1862 *(Väter und Söhne)*, an; Titel und Motto des Buches sind wiederum BLOKS letztem Gedicht *(Puškinskij dom, 1921 – Das Puschkinhaus)* entliehen, in dem der große Dichter, und in ihm die gesamte russische Klassik, als geistige Existenzbedingung Rußlands beschworen werden. – Der vollständige Text des Romans erschien nur im Ausland; in der Sowjetunion wurden lediglich Fragmente in den Zeitschriften ›Zvezda‹ und ›Voprosy literatury‹ veröffentlicht. G.Wi.

AUSGABEN: Ann Arbor 1978. – Ffm. 1978.

ÜBERSETZUNG: *Das Puschkinhaus*, N. Spitz-Wdowin und S. List, Darmstadt/Neuwied 1983.

LITERATUR: J. Karabčevskij, Rez. (in Grani, 1977, 106, S. 141–203). – E. J. Brown, *Russian Literature Since the Revolution*, Cambridge/Mass. 1982, S. 333. – J. Rühle, Rez. (in Die Welt, 14. 5. 1983). – H. J. Fröhlich, Rez. (in FAZ, 6. 8. 1983). – T. Rothschild, Rez. (in FRs, 23. 8. 1983). – J. R. Döring-Smirnov, Rez. (in SZ, 27./28. 8. 1983). – H. Pross-Weerth, Rez. (in Die Zeit, 30. 9. 1983). – H. Stehli, Rez. (in NZZ, 7. 10. 1983). – H. v. Ssachno, *Raunen aus dem russischen Wald. Der Erzähler A. B. und sein zyklisches Werk* (in Die Zeit, 17. 4. 1987).

ZMITROK BJADULJA

d.i. Samuil Plaŭnik
* 23.4.1886 Pasadzec
† 3.11.1941 Uralsk / Kasachstan

LITERATUR ZUM AUTOR:
E. Karskij, *Geschichte der weißrussischen Volksdichtung und Literatur*, Bln./Lpzg. 1926, S. 187–190. – A. Luckevič, *Die weißruthenische Literatur in der Vergangenheit u. Gegenwart* (in JbKGS, 1931, 7, S. 382). – U. Hlybinny, *Vierzig Jahre weißruthenischer Kultur unter den Sowjets*, Mchn. 1959, S. 69–71. – A. Semjanovič, *Z. B.*, Minsk 1960. – M. Smolkin, *Z. B.*, Minsk 1961. – *Jasakar-B. na pazycyjach »nutranoe emihracyi«* (in Bač'kaŭščyna, 3, 25. 3. 1963). – V. Kavalenka, *Pośuki i zdzjajsnenni*, Minsk 1963. – F. Neureiter, *Weißrussische Anthologie*, Mchn. 1983, S. 93. – M. Hil', *Ne zahasla jaho zorka* (in Polymja, 1986, 4, S. 201–206).

SALAVEJ

(wruth.; *Die Nachtigall*). Roman von Zmitrok BJADULJA, erschienen 1927, später unter dem Druck der Zensur verstümmelt. – Bjadulja, ein starkes Talent bildhafter, poetischer Prosa, kritisiert in seinem besten Werk die sowjetische Zwangsherrschaft im historischen Gewand der Leibeigenschaft (Adamovič). Im Roman gibt es vieles, was im 18. Jh. in Weißruthenien unbekannt war, aber für die Sowjetära typisch ist: Die Bauern haben keine Zeit für die Bebauung eigenen Bodens, und ihre Wiesen wurden ihnen weggenommen; Nachbarn unterhalten sich miteinander nur noch im Flüsterton, damit niemand ihr Gespräch belauschen kann; als erste Darbietung im Theater wird obligatorisch ein langweiliges Mysterium aufgeführt.
In den karikierten, satirischen Gestalten des Gutsherrn Vašamirski, der Priester Marcevič und Kuračkovič, der Schlachtschitzen Zavišša und Vol'ski lassen sich wie in einem Schlüsselroman Vertreter der sowjetischen Nomenklatura erkennen. Der brutale und selbstgefällige Vašamirski, der alles Weißruthenische haßt und mit seinen Leibeigenen ein Theater gründet, ähnelt dem ersten Sekretär der KP Weißrutheniens, dem Russen Krinickij, der die bolschewistische Politik im Bereich der Kunst und der nationalen Entwicklung durchsetzte. Der Autor verurteilt Vašamirski, der seine unbegrenzte Macht ausnutzt, indem er versucht, sich die Kunst unterzuordnen (Kavalenka), und seine Schauspieler wie Vieh behandelt. Er verbietet ihnen, selbständig zu denken und eigene Gedichte vorzutragen, drosselt des Regisseurs eigene Idee. Als er Anzeichen einer Revolte unter den Akteuren bemerkt, schließt er sein Theater. Zwei weitere Figuren, die betrügerischen, ideenlosen, feilen Priester Marcevič und Kuračkovič, die das Theater in die Obhut der Kirche nehmen, alles Weißruthenische ausrotten und Vašamirski liebedienerisch umschmeicheln, tragen deutlich erkennbare Züge opportunistischer Parteiideologen. Marcevič schreibt dramatische Werke, protestiert jedoch nie, wenn Vašamirski sie ablehnt. In seinem intriganten Rivalen, dem Doktor der Philosophie und Theologie Kuračkovič porträtiert Bjadulja den marxistischen Professor der weißruthenischen Literatur PIJATUCHOVIČ. Hinter zwei talent- und charakterlosen Dichtern Zavišša und Vol'ski verbergen sich schließlich der konservative Redakteur der Zeitung ›Saveckaja Belarus'‹ und der Poet VOL'NY, der in den Kreis der Parteipanegyriker eindringen wollte. Der Titelheld des Romans, der stolze und mutige Bauernjunge Symon, der in Vašamirskis Theater wie ein Häftling behandelt wird, ist eine der besten romantischen Gestalten der weißruthenischen Literatur. Ein vielseitiges Schauspieltalent, kann er bellen, krähen, miauen, muhen, heulen wie ein Wolf, rufen wie ein Kuckuck, quaken, singen wie eine Nachtigall. Doch er will nicht Vašamirskis »Nachtigall« sein und flieht zu den Aufständischen im Wald. Sie setzen Vašamirskis Gut in Brand, wobei der Gutsbesitzer in den Flammen ums Leben kommt.
Symon-»Nachtigall« verkörpert einen weißruthenischen Freiheitskämpfer aus der Zeit der Leibeigenschaft. Der Autor zeigt, daß ein Schreckensregime echte Kunst nicht unterjochen kann, und fordert die Künstler auf zu rebellieren. Das Werk, in dem realistische und romantische Farben gut harmonieren, fällt auf durch die meisterhafte Darstellung von Symons Seelenzustand und der Natur (Smolkin), die metaphorische Bedeutung hat. Die Hauptfiguren kommen fast Phantasiegestalten gleich. – Der Roman wurde in der Zeit geschrieben, als die Partei geschichtlichen Rückblick für nicht wünschenswert hielt. Als Bjadulja Anfang der dreißiger Jahre den Vorschlag der OGPU, ein V-Mann zu werden, ablehnte, wurden seine Werke aus den Bibliotheken entfernt. Die sowjetische Kritik beschuldigte ihn der Feindseligkeit gegenüber dem proletarischen Moskau und allem Russischen.

A. Gaj.

AUSGABEN: Minsk 1927 (in Uzvyšša, 1–4). – Minsk 1928. – Minsk 1953 (in *Zbor tvoraŭ*, 4 Bde., 3; gek.). – Minsk 1987 (in *Zbor tvoraŭ*, 5 Bde., 3).

LITERATUR: T. Hlybocki, *Litaraturnae balota* (in Polymja, 1928, 1, S. 187–188). – A. Babareka, *Pra B. apovesc' »Salavej«* (in Uzvyšša, 1929, 2, S. 95–97). – V. Seduro, *The Byelorussian Theater and Drama*, NY 1955, S. 140, 144, 155. – A. Adamovich, *Opposition to Sovietization in Byelorussian Literature (1917–1957)*, NY 1958, S. 89–90. – V. Kavalenka, *Sćasce – služyc' narodu* (in Z. B., *Zbor tvoraŭ*, 5 Bde., Minsk 1985, 1, S. 17–18).

BJÁRNI KOLBEINSSON

† 1222

JÓMSVÍKINGADRÁPA

(anord.; *Jómsvíkinger-Lied*). Preislied von BJÁRNI Kolbeinsson, der von 1188 bis zu seinem Tod Bischof auf den Orkaden war, auf die sagenberühmten Wikinger von der Jómsburg und ihre heldenhafte Niederlage gegen den norwegischen Jarl Hákon 986 im Hjörungenfjord (vgl. *Jómsvíkinga saga*), verfaßt um 1200. – Das größtenteils im *Codex Regius* der *Edda* SNORRI Sturlusons überlieferte Gedicht ist im sogenannten *munnvǫrp* (»Mundwurf«) abgefaßt, einer einfacheren Form des *Dróttkvætt*-Versmaßes (vgl. *Glymdrápa*), in der zum Stabreim nur halbe Binnenreime in den Zeilen 2, 4, 6 und 8 treten. Der dreigliedrig symmetrische Bau des Gedichts deutet darauf hin, daß am Ende vier Strophen fehlen; erhalten sind vierundvierzig Strophen. Sechs Refrainstrophen umrahmen bzw. gliedern den Mittelteil (vgl. *Harmsól*): Str. 15, 19, 23, 27, 31 und 35; der Refrain bildet dabei jeweils die erste und vierte Zeile beider Halbstrophen. Inhaltlich hebt sich die *Jómsvíkingadrápa* von der älteren skaldischen Preisdichtung durch eine leichte Ironisierung der steifen Feierlichkeit ab, die gewöhnlich den Ton angab, besonders aber durch den zum kriegerischen Inhalt seltsam kontrastierenden Refrain, der ganz dem Geist der zeitgenössischen europäischen Minnelyrik entspricht: »*Es tötet mir einzig... eines Vornehmen Weib meine ganze Freude. Eines edlen Geschlechtes Sproß... schafft mir grimmigen Schmerz.*« G.W.W.

AUSGABEN: Lund 1879 (*Jómsvíkinga Saga samt Jómsvíkinga Drápa*, Hg. C. af Petersens). – Kopenhagen 1915 (in *Den norsk-islandske skjaldedigtning*, Hg. F. Jónsson, Bd. 2). – Lund 1949 (in *Den norsk-isländska skaldediktningen*, Hg. E. A. Kock, Bd. 2).

LITERATUR: A. Holtsmark, *B. K. og hans forfatterskap* (in Edda, 37, 1937, S. 1–17). – J. de Vries, *Alt-nordische Literaturgeschichte*, Bd. 2, Bln. ²1967, S. 33–37. – R. Frank, Art. *B. K.* (in *Dictionary of the Middle Ages*, NY 1981ff., Bd. 2).

JENS INGVALD BJØRNEBOE

* 9.10.1920 Kristiansand
† 9.5.1976 Veierland bei Tønsberg

FRIHETENS ØYEBLIKK

(norw.; *Ü: Der Augenblick der Freiheit*). Roman von Jens Ingvald BJØRNEBOE, erschienen 1966 als erster Teil einer Trilogie, die außerdem die Bände *Kruttårnet*, 1969 *(Der Pulverturm)* und *Stillheten*, 1976 *(Die Stille)* umfaßt. Die drei Romane, die auch unter dem Titel *Geschichte der Bestialität* bekannt sind, bilden im Werk Bjørneboes einen Höhepunkt. Zuvor hatte er sich einen Namen als Gesellschaftskritiker gemacht. In mehreren Romanen und Schauspielen kritisierte er das Schulsystem (*Jonas*, 1955 – *Jonas und das Fräulein*), die norwegische Auseinandersetzung mit Kriegsverbrechern (*Under en hårdere himmel*, 1957 – *Unter einem härteren Himmel*) und das Rechtssystem in Norwegen (*Den onde hyrde*, 1960 – *Ü: Viel Glück, Tonnie*). Parallel zu diesen polemischen Werken gab Bjørneboe auch mehrere Gedichtbände heraus (*Dikt*, 1951 – *Gedichte; Den store by*, 1958 – *Die große Stadt; Aske, vind, jord*, 1968 – *Asche, Wind, Erde*), die im Gegensatz zu seiner Prosa und Dramatik auch eine Neigung zur Introversion und zur metaphysischen Spekulation offenbaren.

Der Ich-Erzähler in *Frihetens øyeblikk* ist Gerichtsdiener in Heiligenberg, einem Ort in den Alpen. In untergeordneter Stellung und isoliert von den Einwohnern der Stadt lebend, arbeitet der unscheinbare Mensch im verborgenen an einem gigantischen Lebenswerk: mühsam schreibt er an einer Chronik der Menschheit unter dem Titel *Geschichte der Bestialität*. In diesem Werk werden die animalischen Seiten des menschlichen Lebens beschrieben: Mord, Krieg, Folter, Unterdrückung und Hinrichtungen füllen die Protokolle des Gerichtsdieners. Niemand wird ausgelassen; russische Kommunisten, deutsche Faschisten und französische Folterknechte erhalten alle ihren Platz.

In *Frihetens øyeblikk* liefert die europäische Geschichte des 20. Jh.s Beispiele für menschliche Grausamkeit. Auch die Erfahrungen des Gerichtsdieners gehen in die Protokolle ein. Sein Lebensweg bildet neben der Schilderung menschlicher Brutalität einen zweiten thematischen Schwerpunkt. Der Gerichtsdiener malt seine Erinnerungen in düsteren Farben: »*Denke ich zurück, kann ich mich an fast nichts anderes erinnern als an Mord, Krieg, Konzentrationslager, Folter, Sklavenarbeit, Hinrichtungen, zerbombte Städte und halbversengte*

Kinderleichen«. – Seine Erlebnisse während des Zweiten Weltkriegs, Reisen in Deutschland, verschiedene Begegnungen mit Menschen, illustrieren jeweils dieselbe These: daß Grausamkeit und Bosheit schon immer die wesentlichen Charaktereigenschaften der Menschen gewesen seien. Gleichzeitig ist die psychologische Entwicklung des Gerichtsdieners ein weiteres Hauptthema des Buches. Obwohl er unbeirrbar seine Protokolle weiterführt, quälen ihn Unsicherheit und Gedächtnisschwäche, sobald er sich seinem eigenen Leben zuwendet. Die offenen Wunden, die bei seinem Versuch der Erinnerung spürbar werden, sind Indiz dafür, daß er sich an einem bestimmten Punkt seines Lebens trotz besseren Wissens der Lüge hingegeben hat. Nur indem er Gewißheit über die Welt und sich selbst erlangt, kann er jenen Zustand abgeklärter Ruhe und Gefaßtheit erreichen, nach dem er sich sehnt. Durch mühselige Erinnerungsarbeit versucht er, sich von lügenhaften Bindungen zu befreien. Dieser selbsttherapeutische Prozeß steht im Zentrum von *Frihetens øyeblikk*.

Im zweiten Band der Trilogie, *Kruttårnet*, setzen sich die Aufzeichnungen aus der *Geschichte der Bestialität* variationsreich fort. Der Ich-Erzähler nimmt hier die Rolle eines Hausmeisters an einer Anstalt für psychisch Kranke in Frankreich ein. Diesmal ist von Hexenverfolgungen, Ketzerprozessen und Hinrichtungsmethoden die Rede. Die Patienten des Krankenhauses sind moderne Repräsentanten autoritären Denkens und repressiver Gesellschaftssysteme: ein amerikanischer General, ein Sexualverbrecher aus begüterten Kreisen in Belgien, ein russischer Botschafter und ein französischer Folterscherge.

In *Kuttårnet* hat der innere Entwicklungsprozeß des Ich-Erzählers an Intensität nachgelassen; sein Leben als Hausmeister ist von äußerer Ruhe und innerer Abgeklärtheit geprägt. Ihm obliegen nicht nur praktische Aufgaben, sondern er fungiert auch als eine Art geistiger Chefarzt. Zusammen mit Gleichgesinnten, dem Oberarzt Lefèvre und dessen Assistenten al-Assadun, führt er philosophische Gespräche und hält Vorträge vor seinen Patienten. In einem kleinen Gartenhaus auf dem Gelände des Hospitals findet er die Ruhe und Harmonie, die ihm Distanz zur Wirklichkeit ermöglichen. Besser als je zuvor kann er seine Protokolle über die Grausamkeit der Menschen weiterführen.

Der abschließende Roman, *Stillheten*, thematisiert das Verhältnis zwischen Europa und der Dritten Welt. Der Ich-Erzähler befindet sich nun in Nordafrika, wo er in langen Gesprächen mit dem Revolutionär Ali die von Europa ausgehende Unterdrückung erörtert, die sich in Kolonisation, Sklavenhandel und Plünderung der Ressourcen manifestiert. Über der Landschaft und der Stadt, in der die Gespräche stattfinden, liegt eine Stille, die jedoch nicht Ruhe und Harmonie bedeutet – in der sich vielmehr die kommende Weltrevolution ankündigt: »*Das Unwiderrufliche wird eintreten. Diesmal wird es geschehen. Aber vorläufig höre ich nur die Stille. Nur die Stille gibt es noch. Nichts geschieht. Alles wartet nur. Auf etwas, was nie zuvor da war und von dem niemand weiß, was es ist. Wir ahnen nicht, was passieren wird – wir wissen nur, daß es kommt. Nach der Stille kommt die große Veränderung.*«

Dieser letzte Teil der Romantrilogie beschäftigt sich wie *Frihetens øyeblikk* stärker mit der Lebensgeschichte, den Krisen und dem Erkenntnisfortgang des Ich-Erzählers. Dies unterstreicht, daß die *Geschichte der Bestialität* nicht nur als eine Art Katalog der Gemeinheiten der Weltgeschichte verstanden werden will, sondern ebenso sehr als Diskussion der existentiellen Probleme des modernen Menschen. Die Lebenshaltung, zu der sich der Ich-Erzähler allmählich durchringt, besteht in der Freiheit, in entscheidenden Situationen des Lebens der Wahrheit folgen zu können.

Nach Erscheinen des Zyklus hat vor allem die Schilderung der menschlichen Brutalität Interesse gefunden. Dabei kam es Bjørneboe in seinem ganzen Werk darauf an, die Beschreibung äußerer, gesellschaftlicher Verhältnisse mit der inneren Wirklichkeit einer Menschenseele zu vereinen. Hierin beeinflußten ihn sowohl Rudolf S‍TEINERS Anthroposophie, wie auch C. G. J‍UNGS Psychologie sowie Anarchismus und Existentialismus. Diese Elemente verschmolz er zu einem ganzheitlichen Bild vom Menschen und der Gesellschaft, in dem das Individuum wie die soziale Gemeinschaft einen Platz erhalten. Die Spannung zwischen gesellschaftlichem Engagement und individuellem Erkenntnisdrang sichert dem Werk Bjørneboes einen zentralen Rang in der modernen norwegischen Literatur.   K.Sk.

A‍USGABEN: *Frihetens øyeblikk:* Oslo 1966; ern. 1970. – *Kruttårnet:* Oslo 1969; ern. 1974. – *Stillheten:* Oslo 1973; ern. 1975.

Ü‍BERSETZUNG: *Der Augenblick der Freiheit*, A. Dröge, Hbg. 1968.

L‍ITERATUR: S. Lem, *B.s menneskesyn i »Frihetens øyeblikk«*, Oslo 1981. – L. Mjøset, *En kjøligere livsanskuelse* (in H. Rønning, *Linjer i norsk prosa*, Oslo 1977, S. 49–74). – F. Wandrup, *J. B., Mannen, myten og kunsten*, Oslo 1984. – Y. Risdal Otnes, *Frihet! Sannhet!*, Oslo 1977. – Y. Risdal Otnes, *B., Norske forfattere i nærlys*, Oslo 1974. – K. Skagen, *J. B. om seg selv*, Oslo 1984. – J. Garton, *J. B., Prophet Without Honor*, Westport/Conn. 1985.

B‍JØRNSTJERNE B‍JØRNSON

* 8.12.1832 Kvikne / Østerdal
† 26.4.1910 Paris

L‍ITERATUR ZUM A‍UTOR:
Bibliographien:
A. Thuesen, *B.-bibliografi*, 5 Bde., Oslo

1948–1957. – H. S. Næss, *Norwegian Literature Bibliography 1956–1970*, Oslo 1975. – B. B. *1832–1982. En filmografi*, Hg. Norsk filminstitutt, Oslo 1982.
Gesamtdarstellungen und Studien:
H. H. Höhne, *B. B.*, Halle 1960. – H. Møller, *Fem år. Studier i B.s ungdomsdiktning*, Oslo 1968. – P. Amdam, *B. og kristendommen 1832–1975. Selvhevdelse, selverkjennelse*, Oslo 1969. – E. Beyer, *Norges litteraturhistorie*, 6 Bde., 3, Oslo 1975, S. 92–225. – T. Hegna, *B. B. og norsk samfunsutvikling* (in H. Rønning, *Sosialisme og litteratur*, Oslo 1975, S. 61–89). – P. Amdam, *B. og kristenarven 1875–1910. Selvhevdelse, selverkjennelse*, Trondheim 1977. – W. Dahl, *B.* (in W. D., *Norske forfattere i nærlys*, Bd. 7, Oslo 1977). – W. Pasche, *Skandinavische Dramatik in Deutschland: B. B., Henrik Ibsen, August Strindberg auf der dt. Bühne 1867–1932*, Basel/Stg. 1979. – W. Baumgartner, *Triumph des Irrealismus. Rezeption skandinavischer Literatur im ästhetischen Kontext: Deutschland 1860–1910* (in Skandinavische Studien, 10, 1979). – P. Amdam, *B. B. – han som ville dikte et nytt og bedre Norge*, Oslo 1979. – F. Bull, *B. B.*, Oslo 1982. – P. Houm, *En mann forut for vår tid. B. B. og vi*, Oslo 1982. – *B. in Deutschland. Ein Materialienband*, Hg. A. Keel, Ffm./Bern 1985.

ARNE

(norw.; *Arne*). Bauernerzählung von Bjørnstjerne BJØRNSON, erschienen 1858. – Die Erzählung ist Ole Bull gewidmet, der Bjørnson 1857 als Regisseur und Nachfolger IBSENS an das Theater nach Bergen holte. – Nils Kampen ist der beste Geigenspieler und Tänzer seines Dorfes, von allen Mädchen bewundert und heimlich geliebt. Ganz besonders verehrt ihn Birgitt, der Nils große Zuneigung entgegenbringt. Nachdem jedoch Margit von Nils ein Kind bekommt, zerreißt die Verbindung mit Birgitt, und diese wird an den wohlhabenden Bauern Bård Bøen verheiratet. Nils wird zum Trinker, der Sohn Arne wächst bei seiner Mutter auf. Als Nils bei einem Tanzfest Birgitt verhöhnt, wird er von ihrem Mann Bård so geprügelt, daß er eine erhebliche Rückenverletzung davonträgt. Und nun ist es Margit, die ihn aufnimmt und gesund pflegt. Endlich heiraten sie. Der heranwachsende Arne hat schwere Jahre durchzumachen, denn sein Vater haßt ihn und seine Mutter. Als Arnes einziger Freund Kristian, mit dem er die Liebe zu den Büchern teilt, Seemann wird, steht Arne wieder allein. Auch er möchte jetzt am liebsten hinaus aus der Begrenztheit des bäuerlichen Hofs und der Enge des Dorfs. Als sein Vater wieder einmal in bestialischer Weise seine Mutter mißhandelt, erschlägt ihn Arne mit der Axt. Arne wird freigesprochen; für ihn geht das eintönige Leben weiter: im Sommer hütet er Schafe, im Winter liest er die Bücher, die sein Freund Kristian ihm zum Abschied geschenkt hat. Einige Wochen arbeitet er auf dem Hof von Bård Bøen und verliebt sich in dessen Tochter Eli. Diese Liebe läßt ihn sein anfänglich unbezwingbar erscheinendes Fernweh überwinden. Als die beiden schließlich heiraten, finden auch Bård und Birgitt, zwischen denen unsichtbar immer Nils stand, wieder zueinander.

In den zügigen Schwung der Handlung sind einige lyrische Gedichte eingestreut, die mit zum Schönsten gehören, was in norwegischer Sprache geschrieben wurde. – Im Gegensatz zu Bjørnsons gleichzeitigen Sagadramen haben seine Bauernerzählungen meist einen versöhnlichen Ausgang. Im Mittelpunkt stehen immer Personen, die eine ihnen angeborene Charakterschwäche oder einen sonstigen Fehler überwinden müssen, um dadurch für das Leben brauchbar zu werden. Die Erzählung *Arne* steht ganz in der nationalromantischen Strömung der Zeit; durch die teilweise Verwendung des Dialekts verlieh Bjørnson ihr Lokalkolorit. Stilistisch sind Anklänge an die Märchennacherzählungen von ASBJØRNSEN-MOE vorhanden. H.Ue.

AUSGABEN: Bergen 1858. – Kopenhagen 1900 (in *Samlede værker*, 11 Bde., 3). – Oslo 1960 (in *Samlede verker*, Hg. D. A. Seip, 5 Bde., 1). – Oslo 1982 (in *Bondefortellinger*; Anm. H. Sørensen).

ÜBERSETZUNGEN: *Arne*, O. Lübbert, Bergen 1860. – Dass., H. Helms (in *Aus Norwegens Hochlanden*, 3 Bde., 2, Bln. 1861). – Dass., M. Mann, Lpzg. 1913. – Dass., Hg. J. Elias (in *GW*, Bd. 1, Bln. 1911; [29]1927). – Dass., A. Scholz (in *Meisternovellen*, Zürich 1963).

LITERATUR: I. H. Johnson, *B.s »Arne« og Eikesdal* (in Samtiden, 66, 1957, S. 401ff.). – A. Øverås, *B.s bondeforteljing »Arne« blir til* (in Nordisk Tidskrift, 1958, S. 436ff.). – H. Møller, *Fem år. Studier i B.s ungdomsdiktning*, Oslo 1968. – H. K. Sehmsdorf, *The Self in Isolation: A New Reading of B.'s »Arne«* (in Scandinavian Studies, 45, 1973, S. 310–323). – O. Øyslebø, *B.s bondefortellinger. Kulturhistorie eller allmennmenneskelig diktning?*, Oslo 1982.

ARNLJOT GELLINE

(norw.; *Arnljot Gelline*). Epos von Bjørnstjerne BJØRNSON, erschienen 1870. – Die in 15 Gesänge gegliederte Handlung spielt in Norwegen in den Jahren 1027–1030, in denen die Christianisierung des Landes unter der Herrschaft des heiligen Olaf vorangetrieben wurde. Auf einem Thing der Heiden wird Arnljot Gelline schwerer Übeltaten angeklagt. Da erscheint er selber auf dem Thingplatz, um sich zu rechtfertigen, und erzählt seine Vorgeschichte: Vater und Bruder wurden einst von den hier versammelten Thingmännern erschlagen, er selbst seines väterlichen Erbes beraubt. Seit dieser Zeit ist er heimatlos. Neunundzwanzig der Mörder hat Arnljot bereits erschlagen, nur der Anführer der Bande ist ihm noch entkommen: Es ist Trand, der Wortführer des Thing. Zur Versöhnung will Arnljot nun Ingigerd, die Tochter Trands, zur Frau haben. Trand lehnt dieses Ansinnen ab, denn Ingigerd ist sein einziges Kind. Darauf raubt Arnljot die Geliebte und zündet den Hof ihres Vaters an. Ingigerd, die Arnljot früher geliebt hatte, will ihm jetzt aus Trauer um ihren Vater nicht mehr folgen. Ihre Liebe ist in Haß umgeschlagen. Widerwillig läßt Arnljot sie in ein Kloster ziehen. Er selbst wandert rastlos umher. Eines Tages verkündet ihm eine Vision, daß Olaf – aus Rußland zurückgekehrt – sein Land, aus dem er vertrieben ist, zurückerobern will. Ihm will Arnljot sich anschließen. Ehe jedoch die Getreuen Olafs dem Heiligen folgen dürfen, müssen sie sich taufen lassen, und so muß auch Arnljot sich kurz vor dem Kampf der Taufzeremonie unterziehen. In der entscheidenden Schlacht bei Stiklestad fallen Olaf und seine Getreuen, auch Arnljot.

Den Stoff zu seinem Epos entnahm Bjørnson dem großen Geschichtswerk *Heimskringla*, einer Geschichte der norwegischen Könige von SNORRI Sturluson (1179–1241). Die ersten vier Gesänge behandeln die Taten Arnljots, drei weitere vorwiegend lyrische Gesänge leiten zum zweiten Teil über, der Schilderung der Schlacht, die den Höhepunkt des Ganzen bildet. Das Epos hat denselben weltanschaulichen Hintergrund wie Bjørnsons Bauernerzählungen und Sagadramen: Erst das Leid vermag den Helden so zu läutern, daß er sich mit vollem Bewußtsein in den Dienst der guten Kräfte stellen kann. H.Ue.-KLL

AUSGABEN: Kopenhagen 1870. – Kopenhagen 1901 (in *Samlede værker*, 11 Bde., 6). – Oslo 1960 (in *Samlede verker*, Hg. D. A. Seip, 5 Bde., 2).

ÜBERSETZUNG: *Arnljot Gelline*, M. Bamberger, Mchn. 1904.

LITERATUR: H. Logeman, B.s »*Arnljot Gelline*« (in Onze Eeuw, 1912, Nr. 2, S. 370–419). – F. Bull, *Norges litteratur. Fra februarrevolusjonen til første verdenskrig*, Oslo 1963, S. 574ff. – P. Amdam, *B. og kristendommen 1832–1875. Selvhevdelse, selverkjennelse*, Oslo 1969.

DET FLAGER I BYEN OG PÅ HAVNEN

(norw.; *Man flaggt in der Stadt und am Hafen*). Roman von Bjørnstjerne BJØRNSON, erschienen 1884. – John Kurt, degenerierter Sproß eines alten Geschlechts, vereint in sich alle schlechten Anlagen seiner Familie: Gewalttätigkeit, Herrschsucht und zeitweise aufflackernden Wahnsinn. Seine Ehe mit der in England modern erzogenen Tomasine Rendalen ist unglücklich. Nach seinem frühen Tod nimmt Tomasine ihren Mädchennamen wieder an und widmet sich fortan ausschließlich der Erziehung ihres Sohnes Tomas. Aus Furcht davor, daß in ihm das unheilvolle Erbe seines Vaters durchbrechen könne, vernichtet sie alles, was an Johns Familie erinnert, und versucht mit erzieherischen Maßnahmen, die vermuteten negativen Erbanlagen des Kindes zu unterdrücken. – Den Hof, auf dem sie leben, läßt Tomasine zu einer Schule ausbauen, in der sie auch die Kinder ihrer Freundinnen nach modernen Grundsätzen unterrichtet. Später übernimmt Tomas die Schule und führt sie – angefeindet von konservativen Mitbürgern – im gleichen Geist weiter, als Institution, die der Aufklärung und Ausbildung des menschlichen Gewissens dienen soll. Seine Überzeugung gründet, wie er in einer großen Rede ausdrücklich betont, auf den Lehren des englischen Philosophen Herbert Spencer. Immer wieder muß Tomas gegen die eigene Unbeherrschtheit ankämpfen, und erst nach langen Jahren der Selbstüberwindung gelingt es ihm, sich völlig davon zu befreien. Sein kompromißloses Eintreten für Anstand und Sittlichkeit gewinnt ihm nach und nach die Anerkennung der ganzen Stadt. Dem Volkserzieher Bjørnson ging es vor allem darum, die verantwortungsvolle Aufgabe der Schule als einer moralischen Anstalt zur Höherentwicklung der Menschheit darzustellen. Seinen Fortschrittsglauben verdankte er den Werken DARWINS und ganz besonders SPENCERS. Bezeichnend ist, daß bei ihm die Schule jenen Platz einnimmt, der üblicherweise der Kirche eingeräumt wurde. Für ihn ist die Schule das wichtigste Instrument des Fortschritts; durch sie können die Ziele erreicht werden, nach denen die Kirche vergeblich strebte. – Der norwegische Schriftsteller Jonas LIE wies auf gewisse Parallelen zwischen Bjørnsons Erziehungsroman und ROUSSEAUS *Émile* hin. Es war Bjørnsons Absicht, mit seinem Werk sowohl der von IBSEN in *Gengangere (Gespenster)* vertretenen Vererbungstheorie entgegenzutreten als auch der Boheme den Kampf anzusagen, die sich besonders um Hans JÆGER geschart hatte. Ihrer Moralauffassung hielt er, wie schon in *En hanske*, 1883 (*Ein Handschuh*), seine hohen ethischen Grundsätze entgegen. Der programmatische Charakter der Exkurse und das leidenschaftliche persönliche Engagement des Autors ließen freilich künstlerische Gestaltungskriterien zurücktreten. H.Ue.

AUSGABEN: Kopenhagen 1884. – Kopenhagen 1900 (in *Samlede værker*, 11 Bde., 1). – Kristiania/Kopenhagen 1919 (in *Samlede digter-verker*, Hg. F. Bull, 9 Bde., 5). – Oslo [10]1975 (in *Samlede verker*, Hg. D. A. Seip, 5 Bde., 4).

ÜBERSETZUNGEN: *Flaggen über Stadt und Hafen*, C. Greverus Mjöen, Mchn. 1904. – Dass., J. Elias (in *GW*, Bd. 2, Bln. 1911; [29]1927). – *Es flaggen Stadt und Hafen*, bearb. H.-J. Hube, Rostock 1964.

LITERATUR: H. Lervik, *B. B.s politiske agitasjon 1880–1884*, Oslo 1969. – A. Øverland, *Om bøker og forfattere. Taler og artikler i utvalg ved P. Houm*, Oslo 1972. – P. Amdam, *B. og kristenarven 1875–1910. Selvhevdelse, selverkjennelse*, Trondheim 1977. – W. Dahl, *B*. (in W. D., *Norske forfattere i nærlys*, Bd. 7, Oslo 1977). – I. Iversen, *B. B. og kvinnens frigjøring* (in Vinduet, 37, 1983, S. 65–77).

EN FALLIT

(norw.; *Ein Bankrott*). Schauspiel in vier Akten von Bjørnstjerne BJØRNSON; Uraufführung: Stockholm, 18. 1. 1875; deutsche Erstaufführung: München, 12. 6. 1875, Residenztheater. – Der Industrielle Tjælde, ein typischer Erfolgsmensch, der es mit nicht immer ganz reellen Methoden zu Reichtum und Ansehen gebracht hat, führt in seiner Luxusvilla mit seiner Familie ein aufwendiges Leben. Signe, seine Lieblingstochter, hat sich gemäß der gesellschaftlichen Stellung ihres Vaters mit einem Kavallerieoffizier verlobt, während die etwas hochnäsige Valborg noch keine Bindung eingegangen ist. Doch so rosig, wie Tjælde es seiner Umwelt weismachen will, ist es um die Finanzlage seines Unternehmens nicht bestellt. Der Kaufmann befindet sich vielmehr in großen wirtschaftlichen Schwierigkeiten, weil die Banken zögern, ihm weitere Kredite einzuräumen. Um die einflußreichen Geldgeber von seiner Liquidität zu überzeugen und günstig zu stimmen, gibt er ein glanzvolles Abendessen, zu dem alle maßgeblichen Persönlichkeiten der Gegend geladen sind. Das Fest scheint ein voller Erfolg zu werden, als unvermutet Rechtsanwalt Berent, der Beauftragte der Banken, erscheint und ihm mitteilt, daß die Fälschung der Unterlagen, mit deren Hilfe Tjælde Geld zu erlangen hoffte, entdeckt worden ist und die Banken daher alle Kredite gesperrt haben. Berent zwingt den erregten, mit der Waffe drohenden Industriellen, den wahren Stand seiner Finanzen zu offenbaren, und bewegt ihn schließlich mit logischen Argumenten dazu, die Firma zur Eröffnung des Konkursverfahrens den Banken zu übereignen. – Nun erst erfährt Tjældes Familie, um die er sich als ganz in seinem Beruf aufgehender Geschäftsmann nur wenig gekümmert hat, von der Katastrophe. Seine tapfere Frau versucht vergeblich, ihm die Flucht zu ermöglichen; Signes Bräutigam macht sich aus dem Staub. In Valborg aber und in dem schüchternen Prokuristen Sannæs, der sie heimlich verehrt, findet Tjælde unerwartet zwei tatkräftige Helfer. Sannæs stellt ihm seine gesamten Ersparnisse zur Tilgung der Schulden zur Verfügung. Er und Valborg erklären sich bereit, ihm beim Aufbau eines neuen, auf redlicher Basis gegründeten Unternehmens zur Seite zu stehen. – Der letzte Akt spielt drei Jahre später. Tjælde hat sich dank seiner Tüchtigkeit und der aufopfernden Mitarbeit Valborgs und ihres zukünftigen Gatten Sannæs wieder emporgearbeitet und wird bald auch den letzten Gläubiger befriedigen können.

Bereits 1868 hatte Bjørnson das Schauspiel in großen Zügen fertiggestellt; seine endgültige Fassung erhielt es jedoch erst während eines Italienaufenthaltes im Jahr 1874. Mit der Hauptfigur schuf der Autor den für die skandinavische Literatur neuen Typus des Industriellen als ein schädliches oder nützliches Glied der Gesellschaft. In der Tochter Valborg brachte er die Gestalt einer im idealen Sinn emanzipierten Frau auf die Bühne – in ihrer Konzeption nicht unähnlich der Tora aus dem Schauspiel *Paul Lange og Tora Parsberg* (1898). Der vierte Akt erscheint zwar überflüssig, aber dem Dichter lag daran, in ihm die völlige Abkehr Tjældes von seiner Vergangenheit zu zeigen; trotzdem bleibt der letzte Akt im Rahmen der Gesamtkomposition fragwürdig. Dieses Stück, das Bjørnsons literarischen Ruhm begründete, steht am Anfang des Gesellschaftsdramas im skandinavischen Realismus, der später von Bjørnson selbst und von IBSEN – wenn auch von letzterem mit anderen Voraussetzungen und Zielen, vor allem mit größerer Gestaltungskraft – fortgeführt wurde. H.Ue.-KLL

AUSGABEN: Kopenhagen 1875. – Kopenhagen 1901 (in *Samlede værker*, 11 Bde., 9). – Kristiania/Kopenhagen 1919 (in *Samlede digter-verker*, Hg. F. Bull, 9 Bde., 3). – Oslo [8]1965. – Oslo [2]1971. – Oslo [10]1975 (in *Samlede verker*, Hg. D. A. Seip, 5 Bde., 3).

ÜBERSETZUNGEN: *Ein Bankrott*, Mchn. 1875. – *Ein Fallissement*, W. Lange, Lpzg. o. J. [1876] (RUB). – Dass., C. Greverus Mjöen, Mchn. 1903. – Dass., E. Jonas, Halle 1908. – *Ein Bankrott*, Hg. J. Elias (in *GW*, Bd. 4, Bln. 1911; [29]1927).

LITERATUR: P. Lindau, Rez. (in Die Gegenwart, 4. 12. 1875). – H. Noreng, *B. B.s dramatiske diktning*, Oslo 1954. – Ö. Lindberger, *Kring urpremiären på »En fallit«* (in Nordisk Tidskrift, 34, 1958, S. 148–158). – H. Noreng, *B. B.s »En fallit«* (in *Norsk dramatikk*, Oslo 1973, S. 35–37). – J. K. Sanaker, *B. B.s »En fallit« som realistisk drama* (in *Drama-analyser fra Holberg til Hoem*, Hg. L. Longum, Bergen u.a. 1977, S. 29–40). – B. Gentikow, *Skandinavien als präkapitalistische Idylle. Rezeption früher gesellschaftlicher skandinavischer Dramen in Deutschland. B. B.s »En fallit« und Henrik Ibsens »Stützen der Gesellschaft«* (in Skandinavische Studien, 9, 1978, S. 28–92).

EN GLAD GUT

(norw.; *Ein fröhlicher Bursch*). Bauernnovelle von Bjørnstjerne BJØRNSON, erschienen 1860. – Øyvind, der Häuslerssohn aus dem Tal, hat schon als kleiner Bub die Bekanntschaft des Mädchens Marit vom Heidehof in den Bergen gemacht, wo sie unter der Obhut ihres Großvaters, des reichen Ole Nordistuen, aufwächst. Später begegnen sie sich in der Schule wieder und schließen Freundschaft, aus der allmählich eine unbewußte, zarte Liebe wird. Vorerst aber muß Øyvind beim Tanz noch hinter Jon zurückstehen, der die Ackerbauschule besucht hat und einmal Marit heiraten und den Hof übernehmen soll. Øyvind ist sich klar darüber, daß er nur durch eifriges Lernen und sichtbaren Erfolg im Leben Marit für sich gewinnen kann. Der gütige Schulmeister lenkt seinen Ehrgeiz in richtige Bahnen und verschafft ihm nach der Konfirmation einen Platz auf der Ackerbauschule. Ihm gelingt es auch, den abgerissenen Kontakt zwischen den beiden jungen Leuten wiederherzustellen. Marit hat zum Ärger ihres Großvaters alle anderen Verehrer abgewiesen und wartet auf Øyvind, der eines Tages mit guten Zeugnissen aus der Stadt zurückkehrt und nun glaubt, Marits sicher zu sein. Der alte Ole Nordistuen lehnt indessen jede Verbindung zwischen den beiden ab; er wünscht für seine Enkelin eine bessere Partie als einen Häuslerssohn. Aber die Beharrlichkeit der beiden Liebenden und die Tüchtigkeit Øyvinds werden endlich doch belohnt. Der Alte, nicht mehr in der Lage, den Hof allein zu führen, begibt sich selbst ins Tal, um für seine Enkeltochter die Werbung auszusprechen. Fünf Wochen später werden Øyvind und Marit getraut.

Die Novelle mit ihrer typisch romantischen Natur- und Menschenschilderung stammt aus der ersten Schaffensperiode des Autors. Bjørnson war zu dieser Zeit noch Anhänger des lebensfrohen, nationalbewußten Grundvigianismus, der im betonten Gegensatz zum düsteren norwegischen Pietismus stand. Daher der optimistische, helle Grundton dieser Novelle. Die meisten Figuren sind positiv gezeichnet, und ganz besonders in dem Naturburschen Øyvind verbinden sich Selbstbewußtsein und unerschütterliches Gottvertrauen auf die glücklichste Weise. Sein unbeugsamer, trotziger Charakter bedarf jedoch der Erziehung, seine natürliche Vitalität der Veredelung. Die erste Aufgabe übernimmt mit viel Güte und Einfühlungsvermögen der Schulmeister, während die Liebe zu Marit jenen Veredelungsprozeß in dem Jungen bewirkt, der zur menschlichen Reife führt. Die Menschen entsprechen in vieler Hinsicht der Landschaft, in der sie leben, den schroffen Felsen und unwirtlichen Höhen mit den rauhen Wintern, aber auch dem lieblichen Tal an der Meeresbucht. Bei aller trotzigen Verschlossenheit ist ihnen eine beinah grenzenlose Gefühlswärme eigen, die sich in der Lyrismen ihrer Sprache widerspiegelt. Die Erzählweise Bjørnsons bezieht stets die umgebende Landschaft mit ein, und an den Kulminationspunkten hochgestimmter Erwartung werden im Volkston gehaltene Lieder eingefügt. So entsteht das Bild norwegischer Menschen, wie sie Bjørnson im Bewußtsein seiner eigenen bäuerlichen Herkunft gern romantisch idealisierte. M.Kl.

AUSGABEN: Kopenhagen 1860 (in *Smaastykker*). – Kopenhagen 1868. – Kopenhagen 1901 (in *Samlede værker*, 11 Bde., 4). – Kristiania/Kopenhagen 1919 (in *Samlede digter-verker*, Hg. F. Bull, 9 Bde., 1). – Oslo 9 1971. – Oslo 10 1975 (in *Samlede verker*, Hg. D. A. Seip, 5 Bde., 1).

ÜBERSETZUNGEN: *Ein frischer Bursche*, H. Helms, Bln. 1861. – *Ein fröhlicher Bursch*, H. Denhardt, Lpzg. 1884; ern. 1942. – Dass., Hg. J. Elias (in *GW*, Bd. 1, Bln. 1911; 29 1927).

LITERATUR: A. Øverås, *I B.s fote-far. »Faderen« og »En glad gut«*, Oslo 1936. – S. Rudberg, *B.s forællinger. En studie i prosastil*, Stockholm 1939. – W. Baumgartner, *Poetischer Realismus als Ideologie*.

Zur Rezeption von B.s Bauernerzählungen in Deutschland 1860–1880 (in *Literature and Reality*, Hg. A. Bolckmans, Ghent 1977, S. 213–250). – S. Time, *To glade gutar finn si livsform. Struktur- og ideologianalyse av B.s »En glad gut« og Øklands novelle »Black and Decker«* (in Norsklæreren. Tidsskrift for Språk og litteratur, 1, 1980, S. 14–19). – O. Øyslebø, *B.s bondefortellinger. Kulturhistorie eller allmennmenneskelig diktning?*, Oslo 1982.

EN HANSKE

(norw.; *Ein Handschuh*). Schauspiel in drei Akten von Bjørnstjerne BJØRNSON, erschienen 1883. – Svava, die Tochter des wohlhabenden Geschäftsmannes Riis, hat sich mit Alf Christensen verlobt, der wie sie aus bestem Hause stammt. Als sie erfährt, daß Alf bereits ein intimes Verhältnis hatte, fühlt sie sich nicht nur hintergangen; eine derartige »Vergangenheit« ist auch unvereinbar mit ihren Vorstellungen von Sittlichkeit. Sie will daher die Verlobung wieder lösen und schleudert Alf als Zeichen ihrer Verachtung ihren Handschuh ins Gesicht. Weder ihre eigene Familie noch die Alfs haben Verständnis für ihre Forderung nach Reinheit. Die Ideale des Mädchens stehen im Gegensatz zur heuchlerischen Moral der Gesellschaft, die von der Frau voreheliche Enthaltsamkeit fordert, dem Mann dagegen uneingeschränkte Freiheit gewährt. Für Svava bricht eine Welt zusammen, als sie erfährt, daß sogar ihr Vater seine Frau betrog. Am Ende des Schauspiels mäßigen jedoch sie wie Alf ihre Forderungen, und Svava läßt ihren Verlobten hoffen.

En hanske war ein wichtiger Beitrag zu der leidenschaftlichen Sexual- und Sittlichkeitsdebatte in den achtziger Jahren des vorigen Jahrhunderts. Am radikalsten traten dabei Hans JÆGER mit *Fra Kristiania-Bohémen* (1885) und Christian KROGH mit *Albertine* (1886) hervor. Bjørnson nimmt jedoch einen gänzlich entgegengesetzten Standpunkt ein; im Grunde steht er auf seiten Svavas und ihrer idealistischen Auffassung von der Liebe. – Dem Stück wurde von verschiedenen Seiten heftig widersprochen: die Kirche war entrüstet, da ihrer Ansicht nach das Problem der Gleichberechtigung von Mann und Frau, auch wenn es, wie hier, erst andeutungsweise diskutiert wird, die öffentliche Moral untergrabe, und die radikalen Bohemiens lehnten die »Handschuhmoral« ab, weil sie eine weit freiere und offenere Behandlung sexueller Fragen forderten. – Arne GARBORG machte Svava in der Erzählung *Ungdom* lächerlich. Die Tendenz des Schauspiels vermag heute noch weniger zu überzeugen als damals. 1883 fiel es bei der Erstaufführung in Hamburg durch, eine leicht umgearbeitete Fassung war 1886 in dem damaligen Kristiania ein ungewöhnlicher Erfolg. H.Ue.

AUSGABEN: Kopenhagen 1883. – Kopenhagen 1902 (in *Samlede værker*, 11 Bde., 10). – Kristiania/Kopenhagen 1919 (in *Samlede digter-verker*, Hg.

F. Bull, 9 Bde., 5). – Oslo [10]1975 (in *Samlede verker*, Hg. D. A. Seip, 5 Bde., 3).

ÜBERSETZUNGEN: *Svava*, E. Jonas, Bln. 1888. – *Ein Handschuh*, E. Klingenfeld, Lpzg. o.J. [1888] (RUB). – Dass., Hg. J. Elias (in *GW*, Bd. 4, Bln. 1911; [29]1927).

LITERATUR: H. Lervik, *B. B.s politiske agitasjon 1880–1884*, Oslo 1969. – P. Amdam, *B. B. – han som ville dikte et nytt og bedre Norge*, Oslo 1979. – R. K. Nitschke, *Der Figurenaufbau in B. B.s Dramen*, Poznań 1980. – I. Iversen, *B. B. og kvinnens frigjøring* (in Vinduet, 37, 1983, S. 65–77).

KONGEN

(norw.; *Der König*). Schauspiel in vier Akten, einem Vorspiel, drei Zwischenspielen und einem Nachspiel von Bjørnstjerne BJØRNSON, erschienen 1877; Uraufführung: 1902; deutsche Erstaufführung: Nürnberg, 22. 8. 1903, Intimes Theater. – Das Schauspiel, ein heftiger Angriff gegen die von Bjørnson als unzeitgemäße Staatsform bekämpfte Monarchie, behandelt die Frage, *»warum der Träger der Krone selten sich zum Reformator eignet«*. – Der ideal gesinnte König hat sich von den traditionellen, ihm anerzogenen Vorstellungen von seinem Amt frei gemacht. Er will nicht länger ein abstraktes Symbol sein, ein Aushängeschild für die reaktionären Kräfte des Landes, eine Marionette in einem antiquierten Zeremoniell, ein Opfer der Erblichkeit einer Würde, deren Verlogenheit er erkannt hat. So unternimmt er den Versuch, die Monarchie zu demokratisieren, verlobt sich mit einer jungen Lehrerin, der Tochter eines fanatischen Republikaners, und ernennt seinen Jugendfreund, den liberalen Fabrikbesitzer Gran, zum Innenminister.

Gegen die revolutionären Ideen des Königs kämpfen jedoch einerseits der Adel und die »Stützen des Throns« (Kirche, Generalität und höhere Verwaltungsaristokratie), die »Ausgeburten des Königtums«, andererseits fordern seine Maßnahmen ebenso den Widerstand der radikalen Antimonarchisten heraus, weil sie in allen Reformvorschlägen nur Teillösungen sehen, Kompromisse, die eine totale republikanische Neuordnung des Staats nur verzögern. Auch bei der breiten Masse des Volks, das an den althergebrachten Schablonen hängt und den Lobbyisten Gefolgschaft leistet, findet der König keine Gegenliebe, und seine gutgemeinte Reform scheitert schließlich vollständig: Die Braut bricht tot zusammen, als sie ihren sterbenden Vater, einen unversöhnlichen Feind der Monarchie, als Gespenst erblickt, und der Minister Gran wird wegen seiner Vermittlungsversuche von den Sozialisten als Verräter liquidiert. In bitteren Worten rechnet der König mit den »staatstragenden« Institutionen ab, vor allem mit der Staatskirche: *»Gäb' es hier ein Christentum im Lande, so schwände dieses Seligkeitsgeschäft dahin, wie Gestank in der Luft ver-*

weht. – Das Christentum lebt von Dogmen und Formeln statt von Idealen.« Er hatte gehofft, das Christentum *»würde eines Tages das gewaltige Lügengebäude der modernen, sogenannten christlichen Gesellschaft stürmen und es einnehmen und würde mit dem Königtum den Anfang machen, weil dazu der größte Mut gehört … würde einst den Ehrgeiz haben, das Salz der Gesellschaft zu sein«*. Angeekelt von dem Pharisäertum der »Stützen der Gesellschaft« und ihren Phrasen, erschießt sich der König.

Im Vorwort zur dritten, um ein Zwischenspiel erweiterten Auflage des Schauspiels (1885), das bei seinem Erscheinen eine äußerst negative, ja böswillige Kritik erfahren hatte, rechtfertigt sich Bjørnson. Seine Absicht sei es gewesen, *»die Grenzen freien Meinungsaustauschs zu erweitern«*. Nicht gegen das Christentum habe er polemisieren wollen, sondern gegen die geradezu christentumsfeindliche Institution der Staatskirche, während er allerdings bekennt, nach wie vor und auch weiterhin die Monarchie bekämpfen zu wollen, deren zum Scheitern verurteilte Reformen ihren Untergang nicht aufhalten können. – Das äußerst bühnenwirksame Schauspiel zählt technisch nicht zu den vollendetsten Werken Bjørnsons; seine Bedeutung liegt aber in der unverblümten Aggressivität und der scharfen Polemik. Zwar ist die Tendenz bisweilen aufdringlich, doch das läßt sich mit der Thematik des Werks und dem leidenschaftlichen Engagement des Dichters entschuldigen. Die mythischen Zwischenspiele, in denen Geister aus den Wolken ihre Stimmen ertönen lassen – eine Art antiker Chor –, belasten allerdings das Stück und wirken in diesem realistischen Zusammenhang wenig überzeugend. F.J.K.

AUSGABEN: Kopenhagen 1877; [3]1885 [erw.]. – Kopenhagen 1901 (in *Samlede verker*, 11 Bde., 9). – Kristiania/Kopenhagen 1919 (in *Samlede digterverker*, Hg. F. Bull, 9 Bde., 4). – Oslo [10]1975 (in *Samlede verker*, Hg. D. A. Seip, 5 Bde., 3).

ÜBERSETZUNGEN: *Der König*, E. v. Enzberg, Mchn. 1896. – Dass., A. H. Graf, Halle 1903. – Dass., E. Klingenfeld o.J. [1903] (RUB). – Dass., J. Elias (in *GW*, Bd. 4, Bln. 1911; [29]1927).

LITERATUR: H. Noreng, *B. B.s dramatiske diktning*, Oslo 1954. – T. Hegna, *B. B. og norsk samfundsutvikling* (in H. Rønning, *Sosialisme og litteratur*, Oslo 1975, S. 61–89). – W. Pasche, *Skandinavische Dramatik in Deutschland: B. B., Henrik Ibsen, August Strindberg auf der dt. Bühne 1867–1932*, Basel/ Stg. 1979. – R. K. Nitschke, *Der Figurenaufbau in B. B.s Dramen*, Poznań 1980.

LEONARDA

(norw.; *Leonarda*). Schauspiel in vier Akten von Bjørnstjerne BJØRNSON, Uraufführung: Kristiania, 22. 4. 1879, Christiania Theater. – In einer norwegischen Kleinstadt wohnt Leonarda Falk mit ihrer Nichte und Pflegetochter Ågåt. Frau Falk ist geschieden, und ihr Fernbleiben von der Kirche sowie ihr Umgang mit dem heruntergekommenen ehemaligen General Rosen tragen nicht dazu bei, ihren Ruf zu verbessern. Die kleinbürgerlichen Vorurteile, die gegen sie bestehen, verkörpert vor allem der Bischof. Dessen Neffe Hagbard, der früher Leonarda in jugendlichem Ungestüm wegen ihrer »Vergangenheit« öffentlich angegriffen hatte, hat auf einer Reise Ågåt kennengelernt, sich mit ihr verlobt und gerade auch Frau Falk derart schätzen gelernt, daß sie es schließlich ist, die er in Ågåt liebt. Ågåt ist ihrer Pflegemutter mit kindlicher Anhänglichkeit zugetan und lehnt daher die Forderung des Bischofs brüsk ab, diese müsse, um der Verbindung zwischen den beiden Liebenden nicht im Weg zu sein, die Stadt verlassen – ein gesellschaftlicher Verkehr mit ihr sei unmöglich. Leonarda jedoch, die ihr eigenes Glück nicht auf das Unglück ihrer Pflegetochter gründen will, entfernt sich nach einem entscheidenden Gespräch mit dem Bischof aus der Stadt und überläßt ihr ganzes, nicht unbedeutendes Vermögen Ågåt. Diese Unterredung bildet den Höhepunkt des Dramas: Der Bischof muß einsehen, daß er Frau Falk unrecht getan hat. Denn sie hat »*den Weg der Arbeit und Pflichterfüllung vorgezogen*«: »*Man soll einen Menschen richten nicht nach dem, was er gefehlt, sondern nach dem, was er erreicht hat – nicht nach dem, was er glaubt, sondern nach seinem Willen zum Guten und Wahren.*« Der aus seiner Voreingenommenheit aufgerüttelte Bischof erkennt schließlich, als er erfährt, daß General Rosen Frau Falks geschiedener Mann ist: »*Wer von uns brächte dieses Maß von Selbstverleugnung auf?*«

Das Recht einer Frau auf selbständige Entscheidung und freie Entfaltung ihrer Persönlichkeit ist das Thema dieses vom Geist der Frauenemanzipation stark geprägten Stücks. Wenn auch Leonarda am Schluß das Feld räumt, um die Verbindung Ågåts mit Hagbard zu ermöglichen, so bleibt doch sie die Siegerin. Das Schauspiel stand immer im Schatten von IBSENs im gleichen Jahr erschienenen *Et dukkehjem (Nora – Ein Puppenheim)*, wurde jedoch sogleich nach seiner Vollendung aufgeführt und war ein nachhaltiger Publikumserfolg. H.Ue.

AUSGABEN: Kopenhagen 1879. – Kopenhagen 1902 (in *Samlede værker*, 11 Bde., 10). – Kristiania/Kopenhagen 1919 (in *Samlede digter-verker*, Hg. F. Bull, 9 Bde., 4). – Oslo [10]1975 (in *Samlede verker*, Hg. D. A. Seip, 5 Bde., 3).

ÜBERSETZUNGEN: *Leonarda*, E. Lobedanz, Lpzg. 1879 (RUB). – Dass., C. Mjöen, Mchn. 1901. – Dass., ders., Hg. J. Elias (in *GW*, Bd. 4, Bln. 1911; [2]1927).

LITERATUR: H. Noreng, *B. B.s dramatiske diktning*, Oslo 1954. – W. Pasche, *Skandinavische Dramatik in Deutschland: B. B., Henrik Ibsen, August Strindberg auf der dt. Bühne 1867–1932*, Basel/Stg. 1979. – R. K. Nitschke, *Der Figurenaufbau in B. B.s Dramen*, Poznań 1980.

OVER ÆVNE I

(norw.; *Über die Kraft*). Schauspiel in zwei Akten von Bjørnstjerne BJØRNSON, erschienen 1883; Uraufführung: Stockholm, 2. 1. 1886, Nya Teatern; norwegische Erstaufführung: Kristiania, 21. 10. 1899, Nationaltheatret. – Das Stück ist das erste Werk einer geplanten, aber nicht verwirklichten Dramenreihe mit derselben Grundidee: Der Mensch muß scheitern, wenn er Ziele erreichen und Ideale verwirklichen will, die »über seine Kraft« gehen und jenseits aller Möglichkeiten liegen. Bjørnson selbst beschied sich mit dem erreichbaren Kompromiß; darin liegt auch – bei aller Konsequenz seiner Stücke – die poetische Botschaft der *Over-ævne*-Dramen. Der Wirklichkeitssinn des Dichters, seine Lebenserfahrungen und inneren Wandlungen, besonders seine religiöse Krise in den siebziger Jahren und seine Abkehr vom Christentum, stehen im Hintergrund dieses dramatischen Schaffens.

Schauplatz des Dramas ist die eindrucksvolle nordnorwegische Landschaft Nordland, wo ungeheure Gegensätze der Natur sich in Denken und Handeln der Menschen widerspiegeln: der Winter, eine einzige unendliche Finsternis, nur von Nordlichterscheinungen unterbrochen; der Sommer, ein ununterbrochener hellichter Tag, erfüllt von vielfältiger Naturschönheit. – In zwei aufeinanderfolgenden Sommertagen entwickelt sich die spannungsvolle Handlung. Dem mit der Natur des Nordlands eng verbundenen Ortspastor Adolf Sang werden Wundertaten nachgesagt, durch die unheilbar Kranke ihre Gesundheit wiedererlangt haben sollen. Schließlich beginnt der tief religiöse Geistliche selbst daran zu glauben, daß er imstande sei, seine seit Jahren an einer neurotischen Lähmung leidende Frau Klara mit Gottes Hilfe zu heilen; »*...glauben, das heißt: wissen, daß für den Glauben kein Ding unmöglich ist*«. Je deutlicher die Skepsis seiner Kinder Elias und Rahel wird, um so entschlossener strebt Sang seinem Ziel nach.

Pastor Sangs Beschluß, den Heilungsversuch zu wagen, hat eine goße Zahl Neugieriger herbeigelockt, darunter auch eine Gruppe von Priestern samt ihrem Bischof, in deren Gesprächen Bjørnsons polemische Kritik an der bornierten Selbstsicherheit der kirchlichen Amtsträger zum Ausdruck kommt. Für den ruhelos suchenden Pastor Bratt, einen weiteren Augenzeugen des Geschehens, ist das erwartete Wunder von grundlegender Lebenswichtigkeit. Alles scheint die außerordentlichen Fähigkeiten von Pastor Sang zu bestätigen: Während Klara Sang tatsächlich den lang ersehnten Schlaf findet, löst sich ein gewaltiger Bergsturz und donnert in unmittelbarer Nähe des Dorfes zu Tal, ohne Schaden anzurichten. Pastor Sang betet in seiner Kirche inbrünstig um die Genesung seiner Frau. Plötzlich erhebt sich die Kranke unter dem ehrfürchtigen Staunen der Zuschauer von ihrem Lager und wandelt in tiefer Trance ihrem in der Kirchentür wartenden Mann entgegen. Als sie ihn erreicht, sinkt sie vor ihm nieder. Als er erkennen muß, daß sie tot ist, bricht der Pastor an ihrer Seite zusammen und stirbt.

Bjørnson, als dessen Meisterwerk dieses Schauspiel gilt, hat darin am Fall einer religiösen Hysterie die Glaubensproblematik seiner Zeit gestaltet. So wie es »über die Kraft« des Pastors Bratt geht, an Gott zu glauben, ohne daß dieser Glaube durch das Wunder bestätigt wird, so überschreitet Sang die Grenzen zur Vermessenheit, weil er das Wunder erzwingen will und doch nur seine hypnotischen Kräfte zur Geltung bringen kann, die zum Tod der geliebten Gattin führen. Diese katastrophale Folge seiner von ihm selbst als Glaubenszuversicht mißdeuteten Selbstüberhebung wirft ihn am Ende nieder. Aber Bjørnson hat in seine radikale Kritik christlicher Glaubenshaltungen auch den Dogmatismus der offiziellen Kirche einbezogen, deren Repräsentanten von jedem Verständnis der hier angeschnittenen Fragen am weitesten entfernt sind. In diesem Angriff führte Bjørnson den theologiefeindlichen Denkansatz KIERKEGAARDS weiter.

J.B.M.

AUSGABEN: Kopenhagen 1883. – Kristiania/Kopenhagen 1919 (in *Samlede digter-verker*, Hg. F. Bull, 9 Bde., 5). – Oslo ²1959. – Oslo ³1965. – Oslo ¹⁰1975 (in *Samlede verker*, Hg. D. A. Seip, 5 Bde., 4).

ÜBERSETZUNGEN: *Über die Kraft*, L. Passarge, Lpzg. 1886. – *Über unsere Kraft*, anon., Paris/Lpzg./Mchn. 1896. – Dass., Hg. J. Elias (in *GW*, Bd. 5, Bln. 1911; ²⁹1927).

LITERATUR: Ch. Collin, »*Over ævne*« *og den græske tragedie* (in Ch. C., *Studier og portrætter*, Kristiania 1901, S. 105–137). – K. Elster, *B.s* »*Over ævne*«, *første og andet stykke* (in OoB, 28, 1919, S. 52–57; 112–122). – H. Koht, »*Over ævne*« (in Syn og Segn, 38, 1932, S. 433–445). – J. Nome *B.s dikterproblem. Studier omkring* »*Over ævne*«*-idéen*, Oslo 1934. – A. Heggen, *B.s kamp med dogmene som bakgrunn for* »*Over ævne I*« (in Edda, 51, 1951, S. 220–229).– H. Noreng, *Over ævne I« på svenske scener* (in Edda, 60, 1960, S. 228–253). – P. Amdam, *Over ævne. Første stykke* (in P.A., *Tre litterære analyser*, Oslo 1963, S. 46–77). – B. Hemmer, *B.s* »*Over ævne I*«: *Konflikten mellom intensjon og dramaturgi, Ibsen og B.*, Oslo 1978, S. 211–236. – W. Baumgartner, *Provokasjonen som ble borte. B.s* »*Over ævne I*«, *litteraturhistorien og resepsjonsestetikken* (in Norskrift, 18, 1978, S. 1–25). – A. Keel, *Zum Aufbau von B.s* »*Over ævne I*« (in Edda, 84, 1984, S. 219–225).

OVER ÆVNE II

(norw.; *Über unsere Kraft*). Schauspiel in vier Akten von Bjørnstjerne BJØRNSON, erschienen 1895; Uraufführung: Paris 1897, Théâtre de l'Œuvre; norwegische Erstaufführung: Kristiania, 23. 11. 1899, Nationaltheatret. – Bjørnsons Grundidee wird hier auf sozialpolitische Probleme angewandt, die den Dichter seit Jahren beschäftigt hatten. Er forderte Gerechtigkeit für »*die vielen Kleinen in der Gesellschaft*« und verkündete 1892 seine Hinneigung zum Sozialismus, wobei er jedoch anarchistische Tendenzen der Zeit ablehnte. Die innere Beziehung des Stücks zu *Over ævne I* wird durch einige der Hauptgestalten hergestellt: Elias Sang, der Sohn des wundergläubigen Pastors Sang, und der völlig enttäuschte ehemalige Pastor Bratt stehen an der Spitze der streikenden Arbeiter, Rakel Sang, die Tochter des Geistlichen, und Pastor Falk bemühen sich vergebens, zwischen den unüberbrückbar gewordenen Gegensätzen zu vermitteln.

In einem tiefen Schluchtental ohne Sonne können die ärmsten Arbeiterfamilien eines norwegischen Industriegebiets kaum ihr Leben fristen; Hunger und Not werden durch einen umfassenden Streik noch drückender und die Menschen dadurch bis an den Rand der Verzweiflung getrieben. Die erschütternde Tragödie einer Mutter, die ihre Kinder tötet und dann Selbstmord begeht, ist für die Situation bezeichnend. Hoch über dem Tal, in der Sonne und im Grünen, prangt das burgähnliche Schloß des Fabrikbesitzers Holger, der die Interessen der Großindustriellen des Landes vertritt und der mit der Arroganz des machtbewußten »Übermenschen« alle sozialen Forderungen der streikenden Arbeiter unnachgiebig zurückweist. Er will bedingungslosen Gehorsam erzwingen; in einer bewegten Sitzung der Arbeitgeber gibt er seinen unbeugsamen Willen kund, notfalls mit Waffengewalt das verarmte und halbverhungerte, für ihn insektenähnliche Proletariat daran zu hindern, seine Drohungen wahrzumachen. Elias Sang, der, als Diener verkleidet, dieser Sitzung beiwohnt, hat mit seinen Helfern die Stollen und Gänge der alten Kellerräume mit Dynamit gefüllt und läßt schließlich das Gebäude samt der Versammlung in die Luft sprengen. Höhnend fordert er zuvor alle Anwesenden auf, sich auf die »Luftreise« vorzubereiten, und wird dabei von Holger niedergeschossen. – Im vierten und letzten Akt wird die Versöhnung der Gegensätze angedeutet, damit aber die Schlußwirkung des Dramas geschwächt: Rakel ist von den symbolischen Gestalten von »Credo« (Glaube) und »Spera« (Hoffnung), Holgers Schwesterkindern, umgeben und träumt von der Zukunft, in der alle sozialen Probleme durch technische Erfindungen und Errungenschaften gelöst sein werden. Gemeinsam wollen sie Holger aufsuchen, der die Katastrophe überlebt hat, aber nun ein Krüppel ist, und ihn bitten, die Arbeiter zu empfangen und mit ihnen über ihre berechtigten Forderungen zu verhandeln, denn »*einer muß den Anfang machen mit dem Verzeihen*«.

Im Gegensatz zur wirkungsvollen Gedrängtheit von *Over ævne I* ist die Komposition des zweiten Dramas uneinheitlicher und wirkt besonders am Ende unsicher und vage. Im dritten Akt des Dramas porträtiert Bjørnson in leicht verschlüsselter Form Persönlichkeiten des öffentlichen Lebens in Norwegen. Trotz seiner offensichtlichen Schwächen wurde dieses Schauspiel nicht immer ganz gerecht eingeschätzt, teils weil man es stets mit *Over ævne I* verglich, teils weil der hier dargestellte Stoff von besonderer politischer Brisanz war. Bjørnson leistete mit dem Stück einen gewichtigen Beitrag zum Kampf der Arbeiterklasse um soziale Gerechtigkeit, er hat darin aber auch eine Zukunftsvision entworfen, die angesichts der technischen Revolution des 20. Jh.s von besonderem Interesse ist.

Die seltsame Gespaltenheit von Elias Sang, in dessen Gestalt sich Menschenliebe und Menschenhaß mischen, versucht H. NORENG auf eine originelle Weise zu deuten: ein tragisches, unerfüllbares Gefühlsverhältnis (Inzestneigung) zur Schwester Rakel treibe ihn zur Selbstvernichtung, aber lasse ihn auch andere Menschen kaltblütig opfern. – Der Titel des Werks ist wahrscheinlich der *Bibel* entnommen (*1. Kor.* 10, 13; *2. Kor.* 8, 3). J.B.M.

AUSGABEN: Kopenhagen 1895. – Kristiania/Kopenhagen 1920 (in *Samlede digter-verker*, Hg. F. Bull, 9 Bde., 7). – Oslo [10]1975 (in *Samlede verker*, Hg. D. A. Seip, 5 Bde., 5).

ÜBERSETZUNGEN: *Über unsere Kraft. Schauspiel in zwei Teilen*, anon., Paris/Lpzg./Mchn. 1896. – Dass., Hg. J. Elias (in *GW*, Bd. 5, Bln. 1911; [29]1927).

LITERATUR: Vgl. *Over ævne I*. – G. Gran, *Over ævne. 2et stykke* (in Samtiden, 6, 1895, S. 448–457).

PAUL LANGE OG TORA PARSBERG

(norw.; *Paul Lange und Tora Parsberg*). Schauspiel in drei Akten von Bjørnstjerne BJØRNSON, erschienen 1898; Uraufführung: Stuttgart 1900, Hoftheater; norwegische Erstaufführung: 1901. – Der Minister Paul Lange hat um seine Demission nachgesucht; das Kabinett, dem er angehört, droht gestürzt zu werden. Durch einen Kammerherrn läßt der König ihn bitten, sich bei der entscheidenden Diskussion über das Mißtrauensvotum, das im Storting, dem norwegischen Parlament, eingebracht werden soll, für den alten Ministerpräsidenten einzusetzen: Zur Belohnung werde er den vakanten Gesandtschaftsposten in London erhalten. Kaum nachdem der Kammerherr Lange verlassen hat, besucht ihn sein alter Parteifreund Arne Kraft, mit dem sich Lange in politischen Ansichten immer einig war, der aber die gegenwärtige Regierungspolitik mißbilligt. Kraft dringt in ihn, wenigstens durch seine Abwesenheit im Storting am Sturz der Regierung mitzuwirken. Langes nächster Besuch ist seine Freundin Tora Parsberg, um deren Hand er gefreit hat. Nach einer intensiven Unterredung, während der sie zu erkennen gibt, daß sie die Intelligenz und Sensibilität, aber auch den labilen Charakter Langes nahezu besser versteht als er selbst, gibt sie ihm ihr Jawort.

Im zweiten Akt veranstaltet Tora Parsberg eine große Gesellschaft, an der zahlreiche Politiker teilnehmen. Die Stimmung wird von der Tatsache überschattet, daß Paul Lange sich während der Sitzung des Stortings auf die Seite des Ministerpräsidenten gestellt hat: Er wird nun von allen gemieden und ist den bittersten Vorwürfen ausgesetzt, zumal das Angebot des Königs, Lange zum Gesandten zu ernennen, mittlerweile publik geworden ist. Mit diesem Eklat ist Paul Langes politische Karriere endgültig beendet; von der Presse wird er wegen seines Wankelmuts, und weil man ihn der Korruption verdächtigt, aufs heftigste angegriffen. In dieser Stunde der größten Erniedrigung, als sich Lange selbst für einen Feigling hält, unternimmt Tora Parsberg den Versuch, ihn wiederaufzurichten, ihm wieder Mut zu machen. Während sie jedoch die Koffer packt, um gemeinsam mit ihm zu verreisen, erschießt er sich.

Zehn Jahre lang beschäftigte sich Bjørnson mit diesem Stoff, der einen sehr realen Hintergrund hat: Der Minister Ole Richter, ein Freund des Dichters, hatte diesem nie seine Abneigung gegen den Ministerpräsidenten Johan Sverdrup verhehlt und ihm versprochen, auf dessen Sturz hinzuarbeiten. In der entscheidenden Parlamentsdebatte (Februar 1888) ergriff Richter indessen die Partei Sverdrups und unterstützte somit dessen Kabinett. Bjørnson war darüber sehr verärgert und veröffentlichte in einem gegen Sverdrup gerichteten Artikel die Briefe Richters, in denen dieser sich über den Regierungschef beklagt hatte. Richter verlor daraufhin seinen Ministerposten und beging Selbstmord.

Was Bjørnson an dem Stoff faszinierte, war die Möglichkeit, in die Psychologie eines schwachen, aber sensiblen und intelligenten Politikers einzudringen. Diese labilen und zugleich edlen, vornehmen Naturen dürften nach der Meinung des Dichters nicht dem Haß des Volkes und der Parteien geopfert werden, sondern sie müßten die Führung in der Politik übernehmen, denn die Politik solle die höchste Form der Nächstenliebe sein und dürfe nicht zu einer primitiven Menschenjagd pervertieren. In der frei erfundenen Gestalt der Tora Parsberg endlich wächst das Drama über das rein Historische hinaus, weil damit die Problematik des Schwachen in die menschliche Sphäre, in die grundlegenden Beziehungen zwischen Mann und Frau versetzt wird. Tora, eine warmherzige und offene Frau, die Lange vor der katastrophalen Selbstaufgabe zu bewahren versucht, diesen Kampf jedoch verliert, steht über den Gehässigkeiten des politischen Tageskampfs.

Das Stück ist symmetrisch aufgebaut; zwischen den ersten und dritten Akt, in deren einzelnen Szenen jeweils nur zwei Personen agieren, schiebt sich der zweite Akt mit seiner gewaltigen Menschenansammlung. Bjørnson selbst hielt dieses Schauspiel für eines seiner besten, und es gehört neben *Sigurd Slembe* und *Over ævne I* zu den Höchpunkten in seinem dramatischen Schaffen. Bei seinem Erscheinen erregte das Drama einen heftigen Streit, da man darin nur die Verschlüsselung von Bjørnsons Verhältnis zu Richter und Sverdrup sah und den poetischen Gehalt völlig negierte. H.Ue.

AUSGABEN: Kopenhagen 1898. – Kopenhagen 1902 (in *Samlede værker*, 11 Bde., 11). – Kristiania/Kopenhagen 1920 (in *Samlede digter-verker*, Hg. F. Bull, 9 Bde., 7). – Oslo 1954. – Oslo [10]1975 (in *Samlede verker*, Hg. D. A. Seip, 5 Bde., 5).

ÜBERSETZUNGEN: *Paul Lange und Tora Parsberg*, M. Mann, Paris/Lpzg./Mchn. 1899. – Dass., Hg. J. Elias (in *GW*, Bd. 5, Bln. 1911; [29]1927).

LITERATUR: F. Bull, *Ole Richter, B. B. og »Paul Lange«* (in F.B., *Mennesker*, Oslo 1938. S. 64–104). – H. Noreng, *B. B.s dramatiske diktning*, Oslo 1954. – B. W. Downs, *B. and Tragedy* (in Scandinavica, 1, 1962, S. 17–28). – S. Bødtker, *B. B.s »Paul Lange og Tora Parsberg«* (in S. Å. Aarnes, *Norsk litteraturkritikk*, Oslo 1970, S. 205–209). – W. Pasche, *Skandinavische Dramatik in Deutschland: B. B., Henrik Ibsen, August Strindberg auf der dt. Bühne 1867–1932*, Basel/Stg. 1979. – R. K. Nitschke, *Der Figurenaufbau in B. B.s Dramen*, Poznań 1980.

SIGURD SLEMBE

(norw.; *Sigurd Slembe*). Dramentrilogie von Bjørnstjerne BJØRNSON, erschienen 1862; Uraufführung (der ganzen Trilogie): Meiningen 1869, Hoftheater; norwegische Erstaufführung des Gesamtwerks: Kristiania 1885, Christiania Theater (mit Bjørn Bjørnson, dem Sohn des Dichters, in der Titelrolle). – Schauplätze der Handlung sind Norwegen und die Orkneyinseln in den Jahren 1122–1139. Im ersten Teil, *Sigurds første Flugt (Sigurds erste Flucht)*, erfährt Sigurd nach heftigem Drängen von seiner Mutter, daß er ein Halbbruder des regierenden Königs Harald sei. Die Mutter warnt ihn indessen vor dem Versuch, seinen Anspruch auf die Hälfte des Reiches durchzusetzen, da ihm dabei kein Glück beschieden sein werde. – Der unstete, ehrgeizige und von unstillbarem Tatendrang erfüllte Sigurd gelangt zunächst nach Schottland und von dort auf die Orkneys. Hier schlichtet er einen Streit zwischen zwei miteinander verfeindeten Brüdern, doch ist er von solch ungestümer Sinnesart, daß ihn selbst die hingebungsvolle Liebe Audhilds nicht festzuhalten vermag. Bald bricht er zu einem Kreuzzug ins Heilige Land auf (zweiter Teil: *Sigurds anden Flugt – Sigurds zweite Flucht*).
Im abschließenden Schauspiel der Trilogie, *Sigurds Hjemkomst (Sigurds Heimkehr)*, fordert Sigurd, nach Norwegen zurückgekehrt, von seinem Bruder die Hälfte des Reichs. Dieser erkennt zwar Sigurds Anspruch an, doch die Häuptlinge wollen Sigurd ohne Wissen des Königs umbringen lassen. Dem Helden gelingt es zu fliehen. Er kehrt unerkannt zurück und ersticht den König. Nach dieser Tat stellen sich auch diejenigen Häuptlinge gegen ihn, die ihm bisher wohlgesonnen waren. So muß er erneut entweichen und kehrt mit einer Horde von Räubern und Plünderern zurück. Am Tag vor der entscheidenden Schlacht erfährt er, daß ihn seine Leute verlassen wollen. Den sicheren Tod vor Augen, kann er nun endlich den ersehnten inneren Frieden finden.

Den Stoff zu diesem seinem bedeutendsten und umfangreichsten historischen Schauspiel, dessen erster Teil in Blankversen abgefaßt ist, während der Dichter im zweiten und dritten Teil eine – allerdings mit stark lyrischen Partien durchwobene – Prosa bevorzugte, entnahm Bjørnson der *Heimskringla* (vgl. dort), der Geschichte der norwegischen Könige des Isländers SNORRI Sturluson (1179–1241) sowie dem Geschichtswerk des norwegischen Historikers und Dichters Peter Andreas MUNCH (1810–1863). Im äußeren dramatischen Aufbau hat sich Bjørnson an SCHILLERS *Wallenstein* angelehnt, außerdem hat er auch von SHAKESPEARE starke Impulse empfangen; so hat der Jarl Harald von den Orkneys sein Vorbild in Hamlet. Eine weitere Quelle ist (für den ersten Teil der Trilogie) die norwegische Volksballade *Ivar Elison*. Bjørnson schrieb das Stück während einer mit einem öffentlichen Stipendium finanzierten Italienreise, die für seine künstlerische Entwicklung außerordentlich bedeutsam war. In seinem Gesamtschaffen beansprucht die Trilogie einen hervorragenden Platz innerhalb seiner nationalromantischen Periode, in der Bjørnson abwechselnd Dramen mit Stoffen aus der älteren norwegischen Geschichte (um die Galerie nationaler Ahnen dichterisch zu vergegenwärtigen) und Bauernerzählungen schrieb (um das Standesbewußtsein und das Traditionsgefühl der Bauern zu heben). Sigurd Slembe – der Beiname kommt bereits bei Snorri vor und bedeutet etwa: »der Unruhestifter« – benutzt seine ganze Tüchtigkeit (im Sinne etwa der griechischen *aretē*) und sein Ansehen nur, um seinen Herrscherdrang zu befriedigen. Es ist also nicht die innere Berufung, die ihn so handeln läßt. In dieser Problematik hat die Trilogie eine gewisse Ähnlichkeit mit IBSENS *Kongs-Emmnerne (Die Kronprätendenten)*. Parallelen zwischen Sigurd und Herzog Skule sind unverkennbar, doch ist jener ein unbesonnener Mensch, während Skule als introvertierter und zweiflerischer Charakter erscheint. Wenn auch Ibsens Psychologie in tiefere Schichten der Persönlichkeit vordringt, so war er doch einer der ersten, der Bjørnsons Kunst der historischen Weiträumigkeit anerkannte. KLL

AUSGABEN: Kopenhagen 1862. – Kopenhagen 1901 (in *Samlede værker*, 11 Bde., 7). – Kristiania/Kopenhagen 1919 (in *Samlede digter-verker*, Hg. F. Bull, 9 Bde., 2). – Oslo [10]1975 (in *Samlede verker*, Hg. D. A. Seip, 5 Bde., 1).

ÜBERSETZUNGEN: *Sigurd Slembe*, C. Mjöen, Mchn. 1903. – Dass., Hg. J. Elias (in *GW*, Bd. 4, Bln. 1911; [29]1927).

LITERATUR: H. Eitrem, *B.s forhold til kilderne i »Sigurd Slembe«* (in Nordisk Tidskrift, 1907, S. 545ff.). – H. Noreng, »*Sigurd Slembe«s plass i B.s diktning* (in Edda, 47, 1947, S. 265–273). – Ders.,

B. B.s dramatiske diktning, Oslo 1954. – P. Larsen, *B.s »Sigurd Slembe« 100 år efter* (in Samtiden, 72, 1963, S. 554–563). – H. Noreng, *B. B. – »Sigurd Slembe«* (in *Norsk dramatikk*, Oslo 1973, S. 35–37). – R. K. Nitschke, *Der Figurenaufbau in B. B.s Dramen*, Poznań 1980.

SYNNØVE SOLBAKKEN

(norw.; *Synnöve Solbakken*). Erzählung von Bjørnstjerne BJØRNSON, erschienen 1857. – Auf der einen, der Sonne zugewandten Hügelseite eines Tals liegt der Hof Solbakken (»Sonnenhügel«), dessen Besitzer, Guttorm mit seiner Frau Karen, Haugianer sind, Angehörige einer pietistischen Sekte. Ihr einziges Kind – ein Sohn ist früh verstorben – ist Synnöve, das schönste Mädchen weit und breit. Auf der anderen Seite des Tals befindet sich der Hof Granliden (»Tannwald«), dessen Bauern *»seit schier undenklichen Zeiten«* abwechselnd die Namen Sämund und Thorbjörn tragen. *»Aber es ging die Sage, nur immer der in der Reihenfolge zweite Mann habe auf Granliden Glück, und zwar kein ›Thorbjörn‹.«* Trotz dieser Vorurteile läßt der Bauer Sämund seinen Sohn auf den Namen Thorbjörn taufen und hofft, den Jungen, der sich schon früh als Hitzkopf erweist, so zu erziehen, daß das Gerede vom »schwarzen Schaf« in der Familie ein Ende nimmt. Die schlimmen Ahnungen scheinen sich dennoch zu bestätigen, zumal der böse Knecht Aslak einen negativen Einfluß auf die Entwicklung des Heranwachsenden ausübt. Bereits als Kind erwächst in Thorbjörn eine tiefe Zuneigung zu der anmutigen und sanften Synnöve, die mit seiner Schwester Ingrid befreundet ist. Ihr zuliebe sucht er sein hitziges Temperament zu zügeln, doch immer wieder wird er in Raufereien verwickelt und ist somit für die frömmlerischen Eltern Synnöves als Schwiegersohn nicht akzeptabel. Als das Mädchen ihm schließlich insgeheim sein Jawort gegeben hat, verzichtet er auf dessen Wunsch hin darauf, an einer Hochzeit, zu der er eingeladen ist, teilzunehmen, wird jedoch, weil sein Pferd vor dem betrunkenen Aslak durchgeht, als unfreiwilliger Gast bei dem Gelage in ein Handgemenge verwickelt und durch einen Messerstich lebensgefährlich verletzt. Während des langen Krankenlagers gelangt Thorbjörn zur inneren Einsicht, und sein Vater erkennt, wie lieb ihm sein Sohn in Wirklichkeit ist. Trotz seines Abschiedsbriefs hält Synnöve in scheuer Liebe mehr denn je zu ihm, und als er schließlich genesen ist, hat sich sein Charakter so positiv gewandelt, daß auch Synnöves Eltern kein Hindernis mehr sehen, ihm ihre Tochter zur Frau zu geben. Sämund übernimmt selbst in der Schlußszene die Rolle des Brautwerbers; er weiß, daß er für seinen Sohn, der inzwischen zur Verantwortlichkeit gereift ist, bürgen und nun, entgegen der Sage, auch ein »Thorbjörn« sein Glück finden kann.

Synnøve Solbakken, das seinen Weltruhm begründende und erste ins Deutsche übertragene Werk, ist der gewichtige Auftakt zu einer Reihe von Bauernerzählungen Bjørnsons und darf vorbehaltlos als eine seiner unsterblichen Dichtungen bezeichnet werden. Wurde bisher das norwegische Bauerntum einseitig idealisiert oder als primitiv und amoralisch gezeichnet, ist es Bjørnson hier wie auch in *Arne* (1859) und *Brude Slaaten*, 1872 *(Der Brautmarsch)* gelungen, einen völlig neuen Aspekt zu literarischer Geltung zu bringen, indem er seine Gestalten ganz realistisch und individuell ausformt. Zwar sind auch seine Bauern Glieder einer jahrhundertelangen Tradition, doch sind sie psychologisch äußerst feinfühlig differenziert; bei aller Idylik der Fabel hat der Dichter die Tiefen in den psychischen Regungen der handelnden Personen ausgelotet. Dies geschieht im Medium einer Sprache, die in der Knappheit und unterkühlten Sprödigkeit der Dialoge derjenigen der altnordischen Sagas nachempfunden ist; das Zurückhaltende, Karge, Andeutende in der Diktion der Bauern, die nur ungern von Gefühlen sprechen, ist hier eindrucksvoll vergegenwärtigt. Außerdem weist Bjørnson bereits in dieser berühmten Erzählung auf die Kluft zwischen extrem-schwärmerischer christlicher Religiosität und einem noch immer zutiefst im Wesen des norwegischen Bauern verwurzelten Heidentum hin, die es zu überwinden gilt: Die milde christliche Lehre soll die eruptiven Krisen der leidenschaftlichen Wikingercharaktere besänftigen.

R.D.P.

AUSGABEN: Kristiania/Kopenhagen 1857. – Kopenhagen 1900 (in *Samlede værker*, 11 Bde., 1900–1902, 3). – Kristiania/Kopenhagen 1919 (in *Samlede digter-verker*, Hg. F. Bull, 9 Bde., 1). – Oslo [2]1971. – Oslo [10]1975 (in *Samlede verker*, Hg. D. A. Seip, 5 Bde., 1).

ÜBERSETZUNGEN: *Synnöve Solbakken*, O. Lübbert, Bergen 1859. – *Schön Synnöv*, H. Helms (in *Aus Norwegens Hochlanden*, 2 Bde., 1, Bln. 1861). – *Synnöve Solbakken*, W. Lange, Lpzg. 1874 (RUB). – Dass., N. Hoyer, Wiesbaden 1911. – Dass., Hg. J. Elias (in *GW*, Bd. 1, Bln. 1911; [29]1927). – Dass., M. Mann, Lpzg. 1913 (IB). – Dass., dies., Wiesbaden 1947. – Dass., bearb. U. Gunsilius, Rostock 1963.

VERFILMUNG: Norwegen 1980 (Regie: T. Ibsen).

LITERATUR: S. Rudberg, *B.s fortællinger. En studie i prosastil*, Stockholm 1939. – P. Amdam, *Den unge B. Diktningen og barndomslandet*, Oslo 1960. – P. Amdam, *»Synnøve Solbakken«* (in P. A., *Tre litterære analyser*, Oslo 1963, S. 9–26). – H. Møller, *Fem år. Studier i B.s ungdomsdiktning*, Oslo 1968. – A. Tvinnereim, *Vurderinger av »Synnøve Solbakken«*, Oslo 1970. – W. Baumgartner, *Poetischer Realismus als Ideologie. Zur Rezeption von B.s Bauernerzählungen in Deutschland 1860–1880* (in *Literature and Reality*, Hg. A. Bolckmans, Ghent 1977, S. 213–250). – O. Øyslebø, *B.s bondefortellinger. Kulturhistorie eller allmennmenneskelig diktning?*, Oslo 1982.

ANDREW J. BLACKBIRD

indianisch Mack-Am-De-Be-Nessy
* 1825
† 1898

HISTORY OF THE OTTAWA AND CHIPPEWA INDIANS OF MICHIGAN

(amer.; *Geschichte der Ottawa- und Chippewa-Indianer von Michigan*). Historischer Bericht von Andrew J. BLACKBIRD, erschienen 1887. – Diese Zusammenfassung von Stammeserinnerungen und persönlichen Reminiszenzen stammt von einem schreib- und sprachkundigen Häuptling der Ottawa. (Blackbird war während des amerikanischen Bürgerkriegs als staatlicher US-Dolmetscher tätig.) Seinem schmalen Buch fügte er eine Grammatik der Ottawasprache an. Die beiden Stämme, von denen er berichtet, sind eng miteinander verwandt und berufen sich, zusammen mit den Potawatomi, auf eine gemeinsame Herkunft (daher ihr Beiname »Drei Feuer«). Sie lebten im Norden Michigans und Minnesotas an den Großen Seen, und es gelang ihnen, die Sioux über den Mississippi abzudrängen und sogar den mächtigen Irokesen ein Stück Land zu rauben. Kanufahrer, Jäger und schon frühzeitig Ackerbauern, waren sie in ihrer wald- und wasserreichen Heimat ein nicht zu unterschätzender Faktor im Kampf der beiden Kolonialmächte Frankreich und England um Nordamerika. Sie wünschten den Sieg der Franzosen und stellten sich ihnen als Streitmacht zur Verfügung. Tatsächlich konnte der große Ottawa-Häuptling Pontiac im Jahr 1763 einige bedeutende Siege über die Briten erfechten und ihnen u. a. durch einen Handstreich das wichtige Fort Michilimackinac entreißen. Blackbird behauptet in seinem Bericht, die Briten hätten diese Stämme so gehaßt, daß sie einen Bakterienkrieg gegen sie geführt hätten. Er verficht die Meinung, die große Blatternepidemie, die die Stämme dezimierte, gehe auf eine Intrige der Engländer zurück. In Montreal hätten diese den Ottawa ein »glückbringendes« Kistchen übergeben, das sie erst zu Hause öffnen sollten. Die Indianer seien töricht genug gewesen zu gehorchen, und sofort sei jene Epidemie ausgebrochen, die den 25 Kilometer langen Hauptort der Ottawa entvölkerte. – Nachdem die Franzosen von den Briten und diese von den Amerikanern besiegt waren, schlossen die Ottawa eine Reihe von Verträgen, die ihnen ihren Heimatboden sichern sollten. Der Verfasser, der seine Ausbildung den Amerikanern verdankte, überredete seine Stammesgenossen, in den Vereinigten Staaten zu bleiben und nicht nach Kanada zu ziehen. Trotzdem hegte auch er ein tiefes Mißtrauen gegenüber den Amerikanern und ging sogar so weit, sie des Mordes an seinem hochtalentierten Bruder William zu bezichtigen, der nach absolviertem Theologiestudium in Rom als erster Indianer zum Priester geweiht werden sollte, aber am selben Tag tot aufgefunden wurde. Entgegen der Ansicht, er sei eines natürlichen Todes gestorben, vermutete Blackbird einen amerikanischen Anschlag, der verhindern sollte, daß ein Indianer in eine einflußreiche Stellung aufstieg. G.Haf.

AUSGABEN: Ypsilanti/Mich. 1887. – Harbour Springs/Mich. 1897 *(Complete Both Early and Late History of the Ottawa and Chippewa Indians of Michigan)*; Nachdr. Petosky/Mich. 1977.

ÜBERSETZUNG: In *Ruf des Donnervogels*, A. Witthoefft, Hg. Ch. Hamilton, Zürich 1960 [Ausz.].

LITERATUR: W. C. MacCleod, *The American Indian Frontier*, NY 1928.

BLACK ELK

* Dez. 1863 am Little Powder River / Dakota
† Aug. 1950 Pine Ridge / S.D.

BLACK ELK SPEAKS: Being the Life-Story of a Holy Man of the Oglala Sioux

(amer.; *Ü: Schwarzer Hirsch: Ich rufe mein Volk. Leben, Traum und Untergang der Oglala-Sioux*). Autobiographie von BLACK ELK (Schwarzer Hirsch), aufgeschrieben von John G. NEIHARDT, (1881–1973), erschienen 1932. – Erzählt wird die Lebensgeschichte eines Sioux-Indianers, der letzten Kämpfe seines Volkes miterlebte und sich zu dessen Rettung berufen fühlte. »Schwarzer Hirsch« hatte als neunjähriger Knabe eine Vision, die ihn noch im Mannesalter an seine große Mission glauben ließ. John G. Neihardt, ein Kenner des Indianerlebens, den die Rothäute »Flammender Regenbogen« nannten und dem Schwarzer Hirsch sein Geheimnis anvertraute, nennt diesen indianischen Propheten einen wahrhaft heiligen und einen wahrhaft gebildeten Mann, der den ganzen Erfahrungsschatz seiner Rasse in seiner Persönlichkeit verkörpere. Daß sich das seherische Erlebnis des Indianers nicht auf ein Einzelschicksal bezog, sondern auf das Schicksal seines ganzen Volkes, verrieten unmißverständlich die Bilder seiner Vision, in denen sich die beiden ewigen Schicksalslinien in der Mitte des Stammessymbols kreuzten, einem Ring oder Kreis, der einen grünenden Stab oder Lebensbaum umschließt: die eine Linie bedeutete den guten Weg des Lebens und des Friedens, die andere den bösen Weg des Kriegs. Aber nicht alle Oglala wollten diesen bösen Weg gehen: Eine Gruppe um den Häuptling »Rote Wolke« wünschte, mit den mächtigen Weißen in Frieden zu leben. Black Elk jedoch und seine Anhänger waren zum Widerstand entschlossen und nannten die an-

deren Verräter. Zur kriegerischen Gruppe gehörte auch der berühmte Krieger »Crazy Horse«, der sich bei dem großen Sieg der Indianer über General Custer in der Schlacht von Little Big Horn (1876) hervortat. Diesem Triumph folgte jedoch der endgültige Niedergang von Black Elks Volk.
Als er die Aussichtslosigkeit seines prophetischen Auftrags erkannt hatte und bitter resignierte, schloß er sich der Wildwestschau Buffalo Bills an, um auch die Weißen jenseits des »Großen Wassers« kennenzulernen. Unterwegs hatte er düstere Visionen, die er nach seiner Rückkehr bestätigt finden sollte: Nachdem sein Volk in einem Vertrag seine Gebiete abgetreten hatte, stellte es sich zur Schau, um nicht zu verhungern. Das Schicksal des Roten Mannes war besiegelt. G.Haf.

AUSGABEN: NY 1932; Nachdr. Lincoln 1979 [Einl. V. Deloria jr.]. – NY 1979.

ÜBERSETZUNG: *Schwarzer Hirsch: Ich rufe mein Volk. Leben, Traum u. Untergang d. Oglala-Sioux*, S. Lang, Freiburg i. B./Olten 1955.

LITERATUR: G. P. Grant, *The Poetic Development of J. G. N.*, Diss. Pittsburgh 1958. – R. Sayre, *Vision and Experience in »Black Elk Speaks«* (in College English, 32, 1971, S. 509–535). – S. McClusky, *Black Elk Speaks: And So Does John Neihardt* (in Western American Literature, 6, 1972, S. 231–242). – H. Carol, *»Black Elk Speaks« and the Making of Indian Autobiography* (in Genre, 12, 1979, S. 117 bis 136). – P. A. Olson, *»Black Elk Speaks« as Epic and Ritual Attempt to Reverse History* (in *Vision and Refuge: Essays on the Literature of the Great Plains*, Hg. V. Faulkner u. F. C. Luebke, Lincoln 1982, S. 3–27). – M. Castro, *J. G. N.* (in *Interpretating the Indian: Twentieth Century Poets and the Native American*, Albuquerque 1983, S. 79–99). – K. Lincoln, *Native American Renaissance*, Berkeley u. a. 1983, S. 82–121. – B. Rigel-Cellard, *La religion des Sioux Oglalas* (in *Le facteur religieux en Amérique du Nord*, Hg. J. Béranger u. P. Guillaume, Bd. 5, Talence 1984, S. 245–267). – A. Krupat, *For Those Who Come After. A Study of Native American Autobiography*, Berkeley u. a. 1985.

BLACK HAWK

* 1767 am Rock River bei Rock Island / Ill.
† 3.10.1838 am Des Moines River bei Iowaville / Ia.

LIFE OF MA-KA-TAI-ME-SHE-KIA-KIAK, OR BLACK HAWK

(amer.; *Das Leben des Ma-Ka-Tai-Me-She-Kia-Kiak, auch Schwarzer Falke genannt*). Autobiographie von BLACK HAWK, aufgeschrieben von Antoine LE CLAIRE, erschienen 1833. – Kaum eine andere Indianer-Biographie wurde so oft gewürdigt und neu aufgelegt wie die von Black Hawk, einem Häuptling der verbündeten Algonkinstämme Sauk und Fox am oberen Mississippi. Dem Krieg, den er 1832 gegen die Truppen der amerikanischen Union führte, kommt in der Militärgeschichte der USA Bedeutung zu, weil die Indianer in dieser Auseinandersetzung erstmals zu Pferde kämpften und damit einen entscheidenden Anstoß zum Ausbau der amerikanischen Kavallerie gaben und weil kein anderer Indianerkrieg einen ähnlichen Truppenaufwand der Weißen erforderte.
Black Hawk berichtet, daß er schon vor seinem zwanzigsten Lebensjahr bei den Nachbarstämmen als Krieger gefürchtet war. Bedeutungsvoll für seine künftige Einstellung sei der Vertrag gewesen, den sein Volk 1804 in St. Louis abschließen und in dem es sein östlich des Mississippi gelegenes Wohngebiet an die Weißen abtreten mußte. 1812 kämpfte Black Hawk zusammen mit vielen gleichgesinnten Indianern auf britischer Seite gegen die Amerikaner. Deren Sieg führte dazu, daß 1828 durch Verfügung des Präsidenten das Gebiet, in dem Black Hawks Geburtsort lag, der Besiedlung geöffnet wurde. Die Anhänger des Häuptlings weigerten sich, den Weißen zu weichen, doch als sie im folgenden Frühjahr aus ihren Winterdörfern an die Mündung des Rock River (Illinois) zurückkehrten, befand sich ein großer Teil ihrer Felder bereits im Besitz weißer Ansiedler. Nach einem anfänglichen Ausgleich kam es zu Meinungsverschiedenheiten, und 1831 erbaten die Siedler Regierungsschutz. Die Truppen, die gegen das Sauk-Dorf vorrückten, fanden es verlassen und brannten es nieder. Trotz des ihm aufgezwungenen Friedensvertrags suchte Black Hawk indianische Verbündete und bat auch die Briten um Hilfe. Als diese Bemühungen fehlschlugen, trat er mit fünfhundert berittenen Kriegern gegen die amerikanische Streitmacht an, die ihn im August 1832 besiegte. Seine Stammesbrüder wurden getötet oder über den Fluß gejagt, an dessen anderem Ufer feindliche Sioux-Krieger darauf warteten, die überlebenden Sauks niederzumachen. Black Hawk selbst wurde gefangengenommen, durfte dann aber eine Reise durch die wichtigsten Städte im Osten der USA machen, wo er, wie er berichtet, überall von der weißen Bevölkerung bestaunt wurde. – Noch dem Leichnam des Häuptlings war übrigens eine abenteuerliche Irrfahrt beschieden: Er wurde ein Jahr nach der Beisetzung gestohlen und nach St. Louis gebracht. Später wurden die Gebeine in einer Sammlung der »Burlington Historical Society« aufbewahrt, wo ein Brand sie vernichtete.
Black Hawk diktierte seine Lebensgeschichte, die auch eine Schilderung der Sitten und Überlieferungen seines Volkes enthält, nach seiner Gefangennahme dem Dolmetscher Le Claire. Von besonderem Interesse sind seine Auslegung des Vertrags von 1804 und seine Verteidigung der kriegerischen Haltung seines Stammes. G.Haf.

AUSGABEN: Rock Island 1833. – Ldn. 1836. – St. Louis 1884 [erw.]. – Chicago 1916, Hg. M. Milton Quaife. – Urbana 1964, Hg. D. Jackson.

ÜBERSETZUNG: in *Ruf des Donnervogels*, A. Witthoefft, Hg. Ch. Hamilton, Zürich 1960 [Ausz.].

LITERATUR: B. Drake, *The Life and Adventures of B. H.*, Cincinnati 1838; ern. 1954. – F. E. Stevens, *The B. H. War*, Chicago ²1903. – C. H. L. Johnston, *B. H., Chief of the Sacs and Foxes and Leader of the B. H. Rebellion* (in C. H. L. J., *Famous Indian Chiefs*, Boston 1909, S. 353–367). – A. Britt, *B. H., the Sauk Who Fought for His Village* (in A. B., *Great Indian Chiefs. A Study of Indian Leaders in the 200 Year Struggle to Stop the White Advance*, NY 1938, S. 156–187). – C. Cole, *I Am a Man. The Indian B. H.*, Iowa City 1938. – W. T. Hagan, *The Sac and Fox Indians*, NY 1958. – A. Krupat, *For Those Who Come After. A Study of Native American Autobiography*, Berkeley u. a. 1985, S. 44–53.

RICHARD DODDRIDGE BLACKMORE

* 7.6.1825 Longworth / Berkshire
† 20.1.1900 Teddington (heute zu London)

LORNA DOONE. A Romance of Exmoor

(engl.; *Lorna Doone. Eine romantische Erzählung aus Exmoor*). Roman in drei Bänden von Richard Doddridge BLACKMORE, erschienen 1869. – Held dieser zur Zeit der englischen Restauration spielenden melodramatischen Liebes- und Abenteuergeschichte ist der wackere Bauernsohn John Ridd, der in der Ichform erzählt, wie er mit dem finsteren Raubrittergeschlecht der Doones abrechnet, das seine Heimat Devonshire unsicher macht und seinen Vater ermordet hat. Sein Rachedurst hindert ihn nicht daran, zarte Bande zu Lorna Doone anzuknüpfen, obwohl er die holde Maid für die Tochter des Mörders hält. (Später stellt sich allerdings heraus, daß sie das Kind eines schottischen Adligen ist und von den Schurken geraubt wurde.) Da der Oberbösewicht Carver Doone ein Auge auf sie geworfen hat, führt Lorna das Leben einer Gefangenen und kann sich nur heimlich mit dem Geliebten treffen. John reist nach London, um gerichtliche Schritte gegen die Verbrecher einzuleiten. Aber unter der Regierung des mit den Katholiken sympathisierenden Karl II. mahlen die Gesetzesmühlen langsam, und ehe man sich zum militärischem Eingreifen entschließt, vergeht kostbare Zeit. Verschiedene Interventionsversuche einflußreicher Persönlichkeiten scheitern am Selbstbewußtsein der Banditen, die davon profitieren, daß es im Langen gärt und der König die Armee zu seinem eigenen Schutz benötigt. Die Handvoll Soldaten, die schließlich nach Devonshire beordert wird, kann den Doones nur deshalb Paroli bieten, weil John Ridd eine kleine Bauernstreitmacht organisiert hat und sie in der entscheidenden Schlacht zum Sieg führt. Doch Carver Doone entkommt und macht das Hochzeitsglück des inzwischen vom König geadelten (und somit Lorna ebenbürtigen) Rivalen zunichte, indem er die Braut vor der Kirche niederschießt. In einer abenteuerlichen Hetzjagd verfolgt John ihn übers Moor und besiegt ihn in einem Zweikampf, der damit endet, daß der Attentäter im Moor versinkt. Damit alles gut ausgeht, darf Lorna am Leben bleiben und ihren Ritter ohne Furcht und Tadel in die Arme schließen.

Das Buch zählt zu den populärsten viktorianischen Trivialromanen. In epigonaler Anlehnung an Walter SCOTT gibt der Autor den Klischees dieses Genres einen historischen Anstrich, indem er sie in vagen Zusammenhang mit den politischen Verhältnissen unter Karl II. und Jakob II. bringt. Aber so treffend Blackmore das Zeitkolorit auch im einzelnen wiedergibt, die geschichtliche Wirklichkeit bleibt bloßes Dekor und ist für die Handlungsweise des Helden ohne Bedeutung.   J.v.Ge.-KLL

AUSGABEN: Ldn. 1869, 3 Bde. – Ldn. 1908, Hg., Einl. u. Anm. H. Snowden Ward *(Dooneland Ed.)*. – Ldn. 1914, Hg., Einl. u. Anm. R. O. Morris. – Ldn. 1959 (Einl. L. A. G. Strong; New Collins Classics). – Ldn. 1966 [Einl. R. L. Blackmore]. – Ldn. 1979. – Oxford 1979 (OUP). – Greenport/NY 1981.

ÜBERSETZUNGEN: *Lorna, die Königin der Geächteten. Ein Sittengemälde aus dem 17. Jh.*, J. Flach, Köln 1880. – *Lorna Doone. Romantische Erzählung*, M. Jacobi, 2 Bde., Stg. 1894 (Lutz' romantische Bibliothek). – *Das Tal der Verfehmten*, anon., Wien/Heidelberg 1959 [Ill. W. Rieck].

VERFILMUNGEN: USA 1911 (Prod.: Thanhouser). – England 1913 (Prod.: Clarendon). – USA 1922 (Regie: M. Tourneur). – England 1934 (Regie: B. Dean). – USA 1951 (Regie: Ph. Karlson).

LITERATUR: W. L. Phelps, »*Lorna Doone*« (in W. L. Ph., *Essays on Modern Novelists*, Ldn. 1910, S. 229–244). – E. Bernbaum, *On B. and »Lorna Doone«. A Selected Bibliography with Brief Comments* (in Library Journal, 15. 6. 1925). – J. L. Garvin, *One Hundred Years of »Lorna Doone«* (in The Observer, 7. 6. 1925). – M. Elvin, »*Lorna Doone*« (in M. E., *Victorian Wallflowers*, Ldn. 1937, S. 254–281). – W. H. Dunn, *R. D. B., the Author of »Lorna Doone«*, Ldn. 1956, S. 126–143 [m. Bibliogr.]. – K. Budd, *The Last Victorian, R. D. B. and His Novels*, Ldn. 1960. – M. K. Sutton, *The Mythic Appeal of »Lorna Doone«* (in NCF, 28, 1974, S. 435–449). – Ders., *R. D. B.*, Boston 1979 (TEAS). – J. B. Smith, *Possible Sources for the Legend of Wizard's Slough in R. D. B.'s »Lorna*

Doone« (in Lore and Language, 3, 1980, Nr. 2, S. 36–41). – M. K. Sutton, *»The Prelude« and »Lorna Doone«* (in The Wordsworth Circle, 13, 1982, Nr. 4, S. 193–197).

RICHARD PALMER BLACKMUR

* 21.1.1904 Springfield / Mass.
† 2.2.1965 Princeton / N.J.

LITERATUR ZUM AUTOR:
D. Schwartz, *The Critical Method of R. P. B.* (in Poetry, 53, 1938, S. 28–39). – W. H. Pritchard, *R. P. B. and the Criticism of Poetry* (in Massachusetts Review, 8, 1967, S. 633–649). – R. Wellek, *R. P. B. Re-Examined* (in Southern Review, 7, 1971, S. 825–845). – G. J. Pannick, *R. P. B.: A Bibliography* (in Bull. of Bibliography, 31, 1974, S. 165–169; vgl. ebd., 35, 1978, S. 190/191). – R. Fraser, *The Poetry of R. P. B.* (in Southern Review, 15, 1979, S. 86–100). – R. Boyers, *R. P. B.: Poet-Critic: Toward a View of Poetic Objects*, Columbia 1980. – R. Fraser, *R. P. B. at Fiction* (in Michigan Quarterly Review, 20, 1981, Nr. 4, S. 323–337). – W. S. Merwin, *Affable Irregular: Recollections of R. P. B.* (in Grand Street, 1, 1982, Nr. 2, S. 151–164).

LANGUAGE AS GESTURE. Essays in Poetry

(amer.; *Sprache als Gebärde*). Essays über moderne Dichtung von Richard Palmer BLACKMUR, erschienen 1952. – Im Titelaufsatz beschäftigt sich Blackmur, einer der Hauptvertreter des »New Criticism« und selbst Verfasser von Lyrik, grundsätzlich und eingehend mit einer Wesensbestimmung der Dichtkunst, mit *»jenem gesteigerten, erregten Lebensgefühl, das wir in der Dichtung finden«*. In ihrer wirkungsvollsten Form, so schreibt er, wird Sprache zum Gestus; ihre höchste Ausdruckskraft gewinnt sie erst, wenn es ihr gelingt, die Gebärde einzufangen. Für Blackmur ist Sprachgebärde Ausdruck der Verschmelzung von Form und Thema, das äußere, dramatische Spiel von inneren, bildhaften Bedeutungen, eine Kraft, die Worte und Leser bewegt. Sprache als Gebärde *»erzeugt Bedeutung durch das Zusammenzwingen von Dingen«*, ist so der erste Schritt zur Findung von Symbolen und nähert Sprache gleichzeitig dem Zustand der Musik an. Gebärde als Zusammenspiel und Verstrebung der lautlichen und semantischen Potenzen von Wörtern ist eine mögliche Beschreibung des ganzen Handwerks des Sprachkünstlers.
Dieser mit großer Vehemenz eingeführte Begriff der »Gebärde«, den man gern an mehr als ein paar flüchtigen Beispielen illustriert gesehen hätte, taucht in den übrigen Aufsätzen dieses Bandes nur selten und dann kursorisch auf. Allerdings liegt das Entstehungsdatum des Titelessays (1942) später als das der meisten anderen (zwischen 1930 und 1951 geschriebenen) Essays. Fast alle beschäftigen sich mit jeweils einem zeitgenössischen Dichter. Bei der Untersuchung von Sprachstil und Sensibilität eines Dichters zieht Blackmur einen *»technical approach«* vor, d. h., er verzichtet weitgehend auf historische Interpretation und konzentriert sich auf Struktur- und Stilanalyse – eine Methode, die vieles mit derjenigen der englischen Kritiker RICHARDS und OGDEN (vgl. *The Meaning of Meaning*) und EMPSON (vgl. *Seven Types of Ambiguity*) sowie der von einigen seiner amerikanischen Kollegen, etwa BROOKS (vgl. *The Well-Wrought Urn*), praktizierten Methode gemeinsam hat. Wie Blackmurs Essays über HARDY, ELIOT und YEATS *(Between Myth and Philosophy)* zeigen, verliert er jedoch die den verschiedenen Dichtungen zugrunde liegenden Geisteshaltungen keineswegs aus den Augen. Seine Argumentation ist vielleicht am brillantesten, das Resultat seiner Analyse wohl am interessantesten in dem Essay *The Masks of Ezra Pound*: Blackmur kommt zu dem Ergebnis, daß Pounds ideographische Verwendung der englischen Sprache unvereinbar mit deren geistiger Struktur und daher verwirrungstiftend und ausdrucksleer sei, ein Defekt, der durch die Musikalität von Pounds Versen nur teilweise ausgeglichen werde, und ferner, daß Pound dort, wo er übersetzt und paraphrasiert, wo seine Sensibilität also in eine vorgegebene Form einfließen könne, am besten sei. Auch in anderen Aufsätzen, etwa denen über D. H. LAWRENCE und E. E. CUMMINGS, gelangt Blackmur zu ähnlich kritischen Einsichten. – Auf weitere Essays über mehr oder weniger bekannte amerikanische Lyriker folgt u. a. eine »Kritik an der Kritik«, d. h. an zeitgenössischen Kritikern, deren Dichtungsinterpretation sich nicht auf das Kunstwerk als solches beschränkt, sondern es in einen größeren Zusammenhang stellt *(A Critic's Job of Work)*. Den Abschluß bildet ein kurzer Überblick über die Entwicklung der modernen englischen Dichtung, deren Hauptkrisen Blackmur im Zusammenklang von Prosatradition und musikalischer Phrase sieht und als deren bedeutendste Vertreter ihm der aus der christlichen Tradition dichtende T. S. Eliot und der aus der heidnisch-keltischen schöpfende Yeats gelten.
Der Wert von Blackmurs oft bahnbrechenden Einsichten und präzisen Bestimmungen wird bisweilen von seiner Neigung zu orakelhaften grundsätzlichen Erwägungen geschmälert, denen oft ein elliptisch komprimierter Sprachstil entspricht. Als Ganzes gehört der Band aber zweifellos zu den bedeutenden Leistungen der modernen Literaturkritik. K.E.

AUSGABEN: NY 1952. – Ldn. 1954. – Westport 1977.

LITERATUR: S. E. Hyman, *The Armed Vision. A Study in the Methods of Modern Literary Criticism*, NY 1948, S. 239–271; ern. 1955, S. 197–236. –

W. Carrier, Rez. (in Western Review, 17, 1953, S. 329–334). – H. Kenner, Rez. (in Poetry, 78, 1953, S. 238–244). – J. C. Ransom, Rez. (in Partisan Review, 20, 1953, S. 108–111). – J. P. Pritchard, Criticism in America, Norman 1956, S. 256–261. – R. J. Foster, R. P. B. The Technical Critic as Romantic Agonist (in Western Review, 23, 1959, S. 259–270). – R. J. Foster, The New Romantics. A Reappraisal of the New Criticism, Bloomington 1962, S. 82–106. – W. Sutton, Modern American Criticism, Englewood Cliffs/N.J. 1963. – R. Fraser, R. P. B.: The Politics of a New Critic (in SR, 87, 1979, S. 557–572). – Ders., My Two Masters (ebd., 91, 1983, S. 614–633).

JEAN-FRANÇOIS BLADÉ

* 1827 Lectoure
† 1900 Paris

CONTES POPULAIRES DE LA GASCOGNE

(frz.; *Märchen aus der Gascogne*). Dreibändige Sammlung von okzitanischen Märchen in französischer Übersetzung, herausgegeben von Jean-François BLADÉ, erschienen 1886. – Dieser Gesamtausgabe gehen zwei Teilveröffentlichungen voran, die auch Originaltexte im gaskognischen Dialekt enthalten: *Contes et Proverbes recueillis en Armagnac*, 1867, und *Contes populaires recueillis en Agenais*, 1874. Bladé gibt bei jedem Text den Namen einer Gewährsperson an (manchmal auch mehrere Namen), der er das betreffende Märchen verdankt. Meist handelt es sich um Altbauern oder Dienstboten aus seiner engeren Heimat, dem Marktflecken Lectoure. Seine eigene Rolle charakterisiert Bladé als jene des bescheidenen Heimatforschers (er ist auch als Verfasser zahlreicher Schriften zur Volkskunde und Geschichte der Gaskogne hervorgetreten), der die mündlich überlieferten Texte getreulich aufzeichnet und damit vor dem Vergessen rettet. Neben umfangreichen Erzählungen umfaßt die Sammlung auch kürzere Texte, in denen magische Praktiken oder Fabelwesen beschrieben werden, sowie kleine Legenden und Schwänke.
Die stärkste Wirkung auf die zahlreichen Leser, welche die Sammlung inner- und außerhalb Frankreichs gefunden hat, geht jedoch seit je von jenen Märchen aus, die Bladé selbst als »episch« bezeichnet hat. Dieses Attribut bezieht sich nicht nur auf die beträchtliche Länge dieser Texte, sondern auch auf ihre Strukturierung gemäß dem Schema von Herausforderung, Abenteuerfahrt und Bewährung. Mehrfach fällt die thematische Übereinstimmung mit antiken Sagenstoffen auf. Der Krähenkönig erlebt mit seiner Gemahlin die Liebesgeschichte von Amor und Psyche, in der Höhle des einäugigen Menschenfressers gebraucht ein Hirtenjunge jene List, die einst den Odysseus gerettet hatte; das große Tier mit dem Menschenkopf tötet alle Wanderer, die seine Fragen nicht beantworten können, bis es selbst von einem Klügeren überwunden wird und das Schicksal der Sphinx erleidet. Da es nicht von der Hand zu weisen ist, daß sich diese Überlieferungen aus sehr alten Quellen nähren, hat man im Laufe der Rezeptionsgeschichte der Märchen immer wieder nach dem Schlüssel einer esoterischen Symbolik gesucht, die man in den Märchen zu erkennen glaubte. D. ROCHÉ hat als erster versucht, Zusammenhänge zur Lehre der Albigenser herzustellen. In jüngster Zeit wurden Bezüge zur Gralsmystik gesehen (R. Aribaut). Aber das Interesse für verschlüsselte Heilsbotschaften, bzw. die spezifisch ethnologische Erforschung der Themen und Strukturen haben niemals bewirkt, daß der Sinn für die überwältigende Schönheit dieser Märchen verlorenging. Mit packender Dramatik werden hier elementare Konfliktsituationen der Menschen zwischen Verirrung, Schuld und Sühne dargestellt. Im Zeichen der Freiheit einer unbändigen Phantasie entfaltet sich eine Welt der Schrecken und Wunder rund um Manifestationen heroischen Opfermutes; groß ist jedoch die Macht des Bösen, das vor allem in Form von menschlicher Machtgier, Neid und Herzenskälte auftritt und sich nicht selten über den Sieg des Guten hinaus behauptet. Mehrmals findet sich das Thema der verbrecherischen Mutter, die von ihrem über alle Anschläge triumphierenden Sohn bestraft werden muß. Wenn am Ende von *Das singende Meer, der tanzende Apfel und das Vöglein, das alles sagt*, der Gericht haltende König die Sünden seiner Mutter auf sich nimmt und mit dem versammelten Volk über Recht und Unrecht Zwiesprache hält, wird eine verhalten pessimistische Grundstimmung fühlbar, die auch durch das harmonische Ende nicht ganz verdrängt wird. Anderseits ist der Mensch nie definitiv verloren, wie der Fall des Joan de Calés zeigt, der so lange ein unbelehrbarer Nichtsnutz bleibt, bis ihn der Anblick eines unbestatteten Leichnams erschüttert und auf den rechten Weg bringt.
In einer Sprache, die oft streng und nüchtern wirkt, aber immer wieder hohe poetische Intensität und lapidarische Wucht erreicht, wird hinter der Fassade der Schwarzweißmalerei ein subtil differenziertes Bild menschlicher Hoffnungen und Gefährdungen entworfen. Es ist daher nicht erstaunlich, wenn Bladés bescheidene Selbstdarstellung bei der Kritik immer wieder auf Vorbehalte stieß. Immerhin hat er selbst zugegeben, von verschiedenen Fassungen eines Märchens die jeweils vollständigste und dichterisch ansprechendste Version gewählt zu haben. Dem Sammler ist aber wohl auch der unverwechselbare Stil zuzuschreiben, jene Härte und verhaltene Leidenschaft, die in jedem einzelnen Text aufs neue begegnet und wohl nur zum Teil gewissen Grundtendenzen der gaskognischen Volksdichtung entspricht. Bezeichnend für die prekäre Lage einer Minderheitenkultur im Frankreich des

19. Jh.s ist die Tatsache, daß diese Sammlung, die nicht nur wegen ihres dokumentarischen Werts Beachtung verdient, sondern auch wegen Bladés schriftstellerischer Leistung, nur in der französischen Fassung bekanntgeworden ist (auf diese Fassung stützt sich die unbefriedigende deutsche Übersetzung K. Sandkühlers). Angesichts der neuesten Ausgaben der gaskognischen Texte in der Ortographie des Institut d'Estudis Occitans ist jedoch kein Zweifel mehr erlaubt: Bei Bladés Märchen handelt es sich um ein Meisterwerk der okzitanischen Literatur des 19. Jh.s.   F.Ki.

AUSGABEN: *Contes et proverbes populaires recueillis en Armagnac*, Paris 1867. – *Contes populaires recueillis en Agenais*, Paris 1874 [okzit./frz.]. – *Contes populaires de la Gascogne*, 3 Bde., Paris 1886. – Paris 1895. – *Contes de Gasconha, Prumèra causida*, Lavit-de-Lomagne 1966. – *Contes de Gasconha, Seconda Garba, Contes mistics e legendas*, Montpellier/Orthez 1976.

ÜBERSETZUNG: *Märchen aus der Gascogne*, K. Sandkühler, 2 Bde., Stg. 1953/54.

LITERATUR: H. Guillaumie, *J.-F. B. et les contes populaires de la Gascogne*, Bordeaux 1943. – D. Roché, *Contes et légendes du catharisme*, o.O. 1966. – *J.-F. B. (1827–1900). Actes du Colloque de Lectoure (20 et 21 octobre 1984)*, Hg. J. Arrouye, Béziers 1985.

LUCIAN BLAGA

* 9.5.1895 Lancrǎm / Sebeș
† 6.5.1961 Cluj (Klausenburg)

LITERATUR ZUM AUTOR:
Bibliographien:
D. Vatamaniuc, *L. B. 1895–1961. Biobibliografie*, Bukarest 1977. – A. Alucăi, *L. B. Bibliografie*, Iași 1979.
Gesamtdarstellungen und Studien:
V. Băncilă, *L. B., energie românească*, Cluj 1938. – O. S. Crohmălniceanu, *L. B.*, Bukarest 1963. – D. Micu, *Lirica lui L. B.*, Bukarest 1967. – D. Micu, *Estetica lui L. B.*, Bukarest 1970. – P. Bellu, *B. în marea trecere*, Bukarest 1970. – N. Corteanu-Loffredo, *Profili di estetica europea. L. B., Gaston Bachelard, Carl Gustav Jung*, Rom 1971. – L. Gáldi, *Contributions à l'histoire de la versification roumaine. La prosodie de L. B.*, Budapest 1972. – B. Gruia, *B. inedit. Amintiri și documente*, Cluj 1974. – M. Livadă, *Inițiere în poezia lui L. B.*, Bukarest 1974. – A. Indries, *Corola de minuni a lumii. Interpretare stilistică a sistemului poetic a lui L. B.*, Timișoara 1975. – M. Vaida, *L. B. Afinități și izvoare*, Bukarest 1975. – G. Ganǎ, *Opera literară a lui L. B.*, Bukarest 1976. – P. Motzan, *L. B. und Rainer Maria Rilke* (in Neue Literatur, 27, 1976, S. 54–60). – A. Tănase, *L. B. Filosoful poet, poetul filosof*, Bukarest 1977. – Șt. Doinas, *Lectura poeziei. Urmată de tragic și demonic*, Bukarest 1980. – A. Indries, *Sporind a lumii taină. Verbul în poezia lui L. B.*, Bukarest 1981. – E. Todoran, *L. B. Mitul poetic. Mitul dramatic*, 3 Bde., Timișoara 1981–1985. – I. Pop, *L. B., universul liric*, Bukarest 1981. – D. C. Mihăilescu, *Dramaturgia lui L. B.*, Cluj 1984. – L. Rugescu, *Cu L. B.*, Cluj 1985. – *L. B. – cunoaștere și creație. Culegere de studii*, Hg. D. Ghișe u. Ă. u. V. Botez, Bukarest 1987.

CRUCIADA COPIILOR

(rum.; *Der Kinderkreuzzug*). Drama in drei Akten von Lucian BLAGA, erschienen 1930. – Blagas Drama spielt im Jahre 1212 in einer Grenzstadt an der unteren Donau. Der römische Mönch Teodulo, ein mit magischen Kräften begabter Fanatiker, ruft die Kinder zu einem Kreuzzug gegen die Sarazenen auf. Auch Radu, der zwölfjährige Sohn der Fürstin, will Teodulo folgen, verheimlicht aber auf dessen Anweisung seine Absicht. Der Abt Ghennadie, Vertreter der orthodoxen Geistlichkeit und Vertrauter der Fürstin, fordert diese auf, das gottesläsrerliche Treiben des Teodulo zu unterbinden, da es gelte, das »Ewige Jerusalem« zu gewinnen, das die Heiden nicht erobern können. Das Volk aber lebt in abergläubischer Furcht vor dem unheimlichen Mönch, und auch die Fürstin ist von Angst erfüllt und bleibt untätig. Da erfährt sie von Radu, daß auch er entschlossen ist, Teodulo zu folgen. Voller Entsetzen entreißt sie ihm das Kreuzzugsgewand und befiehlt, alle Tore zu schließen, um nicht den einzigen Sohn, das Vermächtnis ihres auf einem Kreuzzug gestorbenen Gemahls, zu verlieren. In der Nacht dringt der Mönch auf geheimnisvolle Weise bei der Fürstin ein, um sie zu beschwören, ihren Sohn mit den anderen ziehen zu lassen. Als die Fürstin sich weigert, warnt er sie, daß sie ihren Sohn doppelt verlieren werde, wenn sie ihn zurückhalte. Als am nächsten Tag die Kinder aus der Stadt ziehen, bleibt Radu verzweifelt zurück. – Der letzte Akt spielt ein halbes Jahr später. Der Kreuzzug ist gescheitert, die Kinder sind umgekommen. Da taucht Teodulo wieder in der Stadt auf. Die Mütter kommen zur Fürstin und klagen sie an, nur ihren eigenen Sohn gerettet zu haben. Verzweifelt weist die Fürstin auf Radu, der seit dem Auszug der Kinder an einer geheimnisvollen Krankheit dahinsiecht. Erschüttert vom Leid der anderen Mütter, gibt sie ihm die Erlaubnis, seinem Gewissen zu folgen. Aber in dem Augenblick, in dem er die Freiheit erlangt hat, bricht Radu zusammen und geht nun gleich den vorausgezogenen Kindern in das ersehnte »Himmlische Jerusalem« ein. Teodulo wird von den aufgebrachten Müttern erschlagen.
Die Dynamik der dramatisch geballten Handlung erfährt durch die tektonische Exaktheit des Drei-Akte-Schauspiels noch eine eindrucksvolle Steigerung. In der Verführbarkeit des Kindes, im Miß-

brauch seiner reinen Gläubigkeit durch sektiererischen Fanatismus, in der Ohnmacht der Einsichtigen, diesem Frevel Einhalt zu gebieten, und in der dumpfen Angst der Eltern, die ihre Kinder opfern, entfaltet sich das unerbittliche Unheil. E.T.

AUSGABEN: Bukarest 1930. – Hermannstadt 1942 (in *Opera dramatică*, 2 Bde., 2). – Bukarest 1970 (in *Teatru*, Hg. E. Todoran). – Bukarest 1977 (in *Opere*, Bd. 5).

LITERATUR: G. Călinescu, *L. B.* (in Rev. Fund. Reg., Bukarest 1940, Nr. 2). – V. Ierunca, *La moartea lui L. B.* (in România, 6, 1961, 58, S. 6–8). – Ders., *L. B. şi marea trecere a poemului* (in Fiinţa românească, 1, Paris 1963, S. 91–94). – G. Ganã, *L. B., poet dramatic* (in Teatru, 12, 1967, Nr. 9, S. 33–44; Nr. 10, S. 90–95; Nr. 11, S. 75–80). – O. S. Crohmălniceanu, *L. B. Teatrul său şi drama expresionistă a »vestirii«* (in Luceafărul, 12, 1969, Nr. 49, S. 1–3). – D. Vatamaniuc, *L. B. şi Marcel Schwob* (in Steaua, 22, 1971, Nr. 2, S. 58–63).

ÎN MAREA TRECERE

(rum.; *Im großen Übergang*). Gedichtzyklus von Lucian BLAGA, erschienen 1924. – Die 21 Gedichte entstanden in der für die gesamte europäische Lyrik der Moderne so entscheidenden Zeitspanne von 1921 bis 1924. Ähnlich wie Mihail EMINESCU steht der als Dichter und Philosoph gleichermaßen bedeutende Blaga vorwiegend unter dem Einfluß der deutschen Philosophie (KLAGES, SPENGLER, SCHELER, NIETZSCHE) und der Lyrik des deutschen Expressionismus, aber auch von dem Antirationalismus BERGSONS und seinem Kult der Intuition lassen sich wichtige Impulse herleiten. Die thematisch einheitlichen Gedichte des Zyklus können als »Gedankenlyrik« bezeichnet werden, sind aber alles andere als intellektualistische, versifizierte Philosophie. Die geistigen und existentiellen Fragestellungen der Zeit werden bei Blaga verinnerlicht und durch diesen Bezug auf das Ich dramatisiert, gleichzeitig aber auch durch mythische Ausdeutungen ins Allgemeingültige überhöht. Die Elemente der Natur werden zu Parabeln und Zeichen einer inneren, wesentlichen Wirklichkeit. Dem Zyklus liegt die der *condition humaine* immanente dialektische Spannung zwischen Leben und Tod, Licht und Dunkel zugrunde. Die menschliche Existenz ist nichts als ein »großer Übergang« vom Noch-nicht-Sein zum Nicht-mehr-Sein, und das lyrische Ich schwankt zwischen der Verzweiflung darüber, daß ihm ein Leben in einer sinn- und verständnislosen Welt aufgezwungen wurde, und einer unstillbaren Sehnsucht nach dem Tode. Die Schlüsselmetaphern »Wasser«, »Meer«, »Brunnen«, »Quelle« werden zu *»objective correlatives«* (T. S. Eliot) eines Gedankenkomplex, der die Flüchtigkeit und Vergänglichkeit alles Lebendigen und die Desintegration der Welt zum Inhalt hat. Im Gegensatz zu seinen Mitmenschen, die sich mit der Fatalität ihres Daseins und Soseins abgefunden haben, erstrebt der Dichter in seiner Funktion als *poeta vates* eine tiefere, transzendentale Erkenntnis – zerbricht aber an der Unbeirrbarkeit der Numinosen: »*Nahe deinen Wurzeln begrabe ich mich, / Oh Gott, fluchbeladener Baum.*« Das göttliche Prinzip wird in pantheistischem Sinn mit der Natur identifiziert, bedeutet aber auch die letzte, unteilbare Wahrheit. Der Dichter erlebt seinen Erkenntnisdrang als Fluch, als Sünde. Er ist einsam inmitten sich selbst genügender Wesen, isoliert durch seine Sehnsucht nach präexistentieller Reinheit und nach einer vollkommenen Identifikation mit dem Universum. Die Geschlossenheit des Zyklus wird nicht nur durch diese thematische Einheit erreicht, sondern auch, wie im *Waste Land*, durch eine ständige Bezugnahme auf die mythologische Gestalt des Sehers Teiresias, des *»großen Blinden«*. Gleich Teiresias besitzt der Dichter die Fähigkeit, die Zeichen der Zeit (Vogel-Metapher) zu deuten, Vor- und Rückschau zu halten. Seinen dichterischen Höhepunkt erreicht dieser mythologische Sinnbezug in zwei apokalyptischen Visionen. In dem Gedicht *Auf dem Wasser* wird eine dem durchgängigen Tenor des Zyklus angepaßte Ausdeutung der Fabel von der Sintflut gestaltet: Noah sieht sich auf ewig einer unendlichen Wasserfläche gegenüber. In dem Gedicht *Zeichen* entwirft Blaga das prophetische Bild der künftigen Endzeit. Aus der verbrannten und vergifteten Welt, wo »*der wilde Wein des Lebens im Staub versiegte*«, gibt es nur noch den Ausweg in den Mythos.

Anders als die spätere Lyrik Blagas, die eine Rückkehr zu traditionellen Vers- und Strophenformen bedeutet, ist dieser Zyklus in freien Rhythmen verfaßt. Diese so elastische poetische Form gestattet den Übergang von einem kolloquialen Ton – vielen Gedichten liegt eine fiktive Dialogsituation zugrunde – zu der Stilhöhe der mystischen Inkantation, des Hymnus oder des Gebets. Durch den sporadischen Gebrauch des Reims, durch Alliterationen und Wortspiele werden Sinnbezüge hervorgehoben. Die Originalität Blagas liegt vor allem in seinem Bildgebrauch, der eine Synthese zwischen abstrakt-metaphysischen Ideen und deren sinnlichen Entsprechungen darstellt. Diese Synthese wird durch die syntaktische Zusammenschaltung eines konkret-evokativen und eines abstrakten Begriffs realisiert (»*die Furchen des Jahrhunderts, das Summen des Geheimnisvollen, die Sense des Zweifels«*), vor allem aber durch den poetischen Vergleich: »*Meine Seele fällt in die Tiefe / so wie ein Ring / von krankheitsverzehrtem Finger gleitet.*« – »*Meine Schritte verhallen im Schatten / als wären es faule Früchte, / von unsichtbaren Bäumen fallend!*« Solche Kühnheit der Metaphorik und des metrischen Experiments ließ Blaga, neben ARGHEZI und Ion BARBU, zu einer der markantesten Gestalten der rumänischen Moderne werden. A.Ga.

AUSGABEN: Cluj 1924. – Bukarest 1942. – Bukarest 1966 (in *Poezii*). – Bukarest 1972 (in *Poezii*, Bd. 1). – Bukarest 1974 (in *Opere*, Bd. 1).

ÜBERSETZUNG: *The great transition*, R. MacGregor-Hastie, Bukarest 1975 [rum.-engl.].

LITERATUR: M. Ralea, *L. B.*: »*În marea trecere*« (in Viaţa Românească, 16, 1924, 5). – I. Breazu, *Opera poetică a lui L. B.* (in Cosînzeana, 10, 1926, 8). – I. Barbu, *Legenda şi somnul în poezia lui B.* (in Ultima oră, 1, 1929, 49, S. 2).

LAUDA SOMNULUI

(rum.; *Ü: Lob des Schlafes*). Gedichtzyklus von Lucian BLAGA, erschienen 1929. – Wie die gesamte als Gedankenlyrik zu bezeichnende Dichtung Blagas steht auch dieser Zyklus unter dem Einfluß der deutschen Philosophie, vor allem KLAGES', SPENGLERS, SCHELERS und NIETZSCHES, sowie der Lyrik des deutschen Expressionismus. Die Besonderheit dieser Gedichte besteht darin, daß Blaga die Problematik der menschlichen Existenz in Metaphern und Symbolen, die der rumänischen Volkskunst und Mythologie entlehnt sind, gleichsam verschlüsselt darbietet. Besonders eng ist der gedankliche Zusammenhang mit dem 1924 erschienenen Zyklus *În marea trecere (Im großen Übergang)*. Schon in dem ersten, prologartigen Gedicht weist der Dichter deutlich auf diese Beziehung hin: »*Mit Worten, die mir in der Kehle verlöschten, / besang ich, besinge ich immer noch / den großen Übergang, den Schlaf der Welt.*« Während der Autor jedoch in dem früheren Zyklus zwar die Vergänglichkeit aller Dinge und die Sinnlosigkeit des menschlichen Daseins zutiefst empfindet, gleichzeitig aber versucht, in seiner Eigenschaft als Dichter und Seher zum Absoluten vorzudringen, steht *Lauda somnului* im Zeichen der Verneinung, der Auflösung und der Zerstörung alles Seienden. Selbst die Identität des lyrischen Ichs wird in Frage gestellt – es mündet letztlich in Namenlosigkeit und Identifikation mit dem Universum. Zeit und Raum der »*schlafenden Welt*« werden im Sinne einer rein poetischen Gesetzmäßigkeit umgedeutet. Die Elemente der Wirklichkeit werden auf phantastisch-mythische Weise verfremdet, der Fluß der Zeit wird aufgehoben. Im Ich des Dichters laufen die Fäden der Vergangenheit, der Gegenwart und der Zukunft zusammen. Alle Phasen seines als Metempsychose erlebten Daseins sind dem Dichter gleichermaßen gegenwärtig, und die Bilanz dieses Daseins ist zutiefst pessimistisch: »*Überall ist Traurigkeit. Ist Absage. Ist ein Ende.*« Ihm verbleibt nur die resignierende Erkenntnis, sein Leben nicht wirklich erlebt zu haben, und die quälend wehmütige Erinnerung an eine unerfüllte Liebe. Auch Transzendenz im christlichen Sinne wird verneint: Das in der *Bibel* verheißene Paradies ist ebenso in Auflösung begriffen wie die diesseitige Welt *(Paradis în destrămare – Zerstörtes Paradies)*. Selbst wenn die Erkenntnis des Daseinsmysteriums, der »Legende«, durch die Kunst (symbolisiert durch den »Goldenen Vogel«, eine Skulptur des Bildhauers Brâncuşi) möglich wäre, so ist diese Erkenntnis nicht mitteilbar. Die diesseitige Wirklichkeit wird aufgehoben, die Hoffnung auf eine jenseitige Existenz zunichte gemacht – das einzig Bleibende und Absolute ist die abstrakte Schönheit des dialektischen Prinzips: »*Nacht. Unter den Sphären, den mächtigen, / schlafen Monaden. / Verdichtete Welten, / lautlose Tränen im Raum, / schlafen Monaden. / Ihre Bewegung – Lob des Schlafes*« *(Perspectivă – Perspektive)*.

Die Grundspannung dieser Gedichte beruht auf der Diskordanz von inhaltlicher Aussage und formaler Gestaltung. Die gedankliche Konsequenz des Zyklus ist eine eindeutige Absage an ein Dasein, das der kritische Verstand als Übergang, Schlaf, Illusion erkannt hat, doch diese Erkenntnis wird in der Dichtung als der einzig möglichen Transzendenz überwunden: Sie wird zum Lobpreis des Lebens. A.Ga.

AUSGABEN: Bukarest 1929. – Bukarest 1942. – Bukarest 1966 (in *Poezii*). – Bukarest 1972 (in *Poezii*, Bd. 1). – Bukarest 1974 (in *Opere*, Bd. 1).

ÜBERSETZUNGEN (Ausz.): *Schlaflob*, G. Drozdowski (in *Die Gezeiten der Seele*, Freiburg i. Br. 1963; rum.-dt.). – *Lob des Schlafes*, W. Aichelburg (in *Poeme – Gedichte*, Bukarest 1974; rum.-dt.).

LITERATUR: I. Barbu, *Legenda şi somnul în poezia lui L. B.* (in Ultima oră, 1, 1929, 49, S. 2). – B. Munteanu, *La poésie de L. B.* (in *Mélanges de linguistique et de littérature romanes offerts à M. Roques*, Bd. 1, Paris 1950, S. 179–196).

PAŞII PROFETULUI

(rum.; *Ü: Die Schritte des Propheten*). Gedichtzyklus von Lucian BLAGA, erschienen 1921. – Während sich Blagas erster, 1918 erschienener Gedichtband *Poemele luminii (Die Poeme des Lichts)* einer enthusiastischen und ungeteilten Anerkennung erfreute, fand der zweite Zyklus von 1921 eine differenziertere Aufnahme. Der Historiker Nicolae IORGA (1871–1940), welcher den ersten Zyklus des Dichters begeistert gepriesen hatte, zeigte sich nun schockiert und desorientiert. Die inhaltliche und formale Neuheit, die Iorga mißfiel, wurde jedoch von einigen anderen Kritikern, wie Emil ISAC (1886–1954) und Eugen LOVINESCU (1881 bis 1943), lobend hervorgehoben. Noch stärker als in den späteren Gedichtzyklen Blagas ist in *Paşii profetului* der Einfluß des geistigen und dichterischen Klimas zu spüren, welches seine Entwicklung geprägt hat. Die Beeinflussung durch die zeitgenössische deutsche Lyrik (RILKE, TRAKL, Stefan GEORGE, DÄUBLER, HEYM und WERFEL) war dabei ebenso entscheidend wie die Impulse, die von NIETZSCHE, SCHELLING und KLAGES einerseits, BERGSON andererseits ausgegangen sind. Blaga war Dichter und Philosoph zugleich. Dasjenige geistige Phänomen, das ihn faszinierte, weil es zugleich gedankliche Tiefe und sinnliche Konkretheit besitzt, war der Mythos. *»Ich ersinne auf Schritt und Tritt mythische Motive, denn ohne mythisches Denken kann, bedauerlicher- oder glücklicherweise, kein Gedicht entstehen.«*

In dem Zyklus *Paşii profetului* entwirft Blaga das Bild der Menschheit im Zwiespalt von dionysischem und apollinischem Lebensgefühl, verkörpert in Pan, der heidnischen Gottheit, und dem christlichen Erlöser. Bereits in der römischen Mythologie wurde der Tod des »großen Pan« als Zeichen des Übergangs von einer überholten zu einer neuen Epoche der Menschheit interpretiert. Der Gegenüberstellung von heidnischem und christlichem Mythos entspricht die Antinomie von Körper und Geist, deren überzeitliche Gültigkeit der Dichter durch Anspielungen auf ANAKREON, HAFIS, den Dichter der biblischen *Psalmen* und auf einen Mystiker belegt.

Das dichterische Ich dieses Zyklus dient nicht einer persönlichen Aussage, sondern formuliert stellvertretend die Zweifel und Sehnsüchte der ganzen Menschheit. Der Dichter ist erfüllt von der dionysischen Vision seines Einswerdens mit der Natur und von der rückhaltlosen Bejahung einer Körperlichkeit. Diesem Wunschbild steht jedoch die klare Einsicht in die Inkommensurabilität von Körper und Seele gegenüber: *»Du allein gehörst mir, mein vergänglicher Leib, / und doch / werde ich Stirn und Haar dir nicht mit weißen und roten Blüten schmükken, / denn der Lehm, aus dem du geformt bist / ist zu eng für die großartige Seele, / die in mir wohnt«* (*Daţi-mi un trup voi munţilor – Leiht mir euren Leib, ihr Berge*). Weder die Suche nach der verlorenen Traumwelt seiner Kindheit (*Leagănul – Die Wiege*) noch das Erlebnis einer idealen Liebesbeziehung kann die Lösung dieses Konflikts für den Dichter herbeiführen. In seiner Verzweiflung ruft er das Universum (Pan) an und fleht um Erlösung von seiner Qual. Bemerkenswert ist in diesem Gedicht die originale Umformung biblischer Reminiszenzen, die schon in dem Titel – *Strigăt în pustie (Schrei in der Wüste)* – angedeutet sind: *»Komme, / Welt, / komm! / Und kühle / meine Stirn, die fiebert / wie der glühende Sand, / auf dem leise der Prophet / in der Wüste entlangschreitet.«* – In dem Gedicht *Gândurile unui mort (Gedanken eines Toten)* erschließt sich die zeitlose, allgemeingültige Perspektive von Blagas dichterischer Aussage. Sein Denken empfindet er als identisch mit dem ewigen Fluß der Zeit. Der Fruchtbarkeitsmythos, der diesem Gedicht zugrunde liegt, bildet den gemeinsamen Nenner für den Tod Pans und die Kreuzigung Christi, die in dem Gedicht *Flori de mac (Mohnblumen)* gestaltet wird. Der Dichter empfindet sich selbst als Märtyrer und seinen Tod als Opfergabe für die Menschheit, die immer noch auf ihre Erlösung und Erneuerung wartet: *»Oft läßt mich ein Laut erschauern. / Sind es vielleicht die flinken Schritte meiner Geliebten, / oder ist sie auch schon tot / seit hunderten, tausenden von Jahren? / Sind es ihre kleinen, geschwätzigen Schritte, / oder ist es Herbst auf der Erde, / und reife, saftige Früchte fallen schwer auf mein Grab / sich lösend vom dem Baum, der mir entsproß?«*

Die Gedichte des Zyklus sind – abgesehen von drei Prosagedichten – in freien Rhythmen geschrieben. Blaga verfügt bereits voll und ganz über die formale Meisterschaft seiner späteren Zyklen. Seine Originalität liegt vor allem in der Metaphorik. Die Komplexität der Bildersprache Blagas beruht nicht nur auf der synästhetischen Verbindung heterogener Sinneseindrücke *(»Schreie des Lichts«)*, sondern auch auf der überraschenden Zusammenfassung scheinbar disparater Begriffe und Bilder *(»Schwere Schlitten des Schweigens gleiten durch das Dorf«*; *»Die Zeit dehnt ihre Augenblicke / und fällt zwischen den Mohnblüten in Schlummer«)*. A.Ga.

AUSGABEN: Cluj 1921. – Bukarest 1942. – Bukarest 1966 (in *Poezii*). – Bukarest 1972 (in *Poezii*, Bd. 1). – Bukarest 1974 (in *Opere*, Bd. 1).

ÜBERSETZUNGEN: (Ausz.): *Die Schritte des Propheten*, G. Drozdowski (in *Die Gezeiten der Seele*, Freiburg i. Br. 1963; rum.-dt.). – Dass., W. Aichelburg (in *Poeme – Gedichte*, Bukarest 1974; rum.-dt.).

LITERATUR: N. Iorga, *Versuri ca pentru ziua de azi* (in Gazeta Transilvaniei, 10. 4. 1921). – E. Isac, *»Paşii profetului«, versuri de L. B.* (in Adevărul literar şi artistic, 10. 4. 1921). – E. Lovinescu, *L. B.* (in Sburătorul literar, 1, 1921, 8). – Ders., *Critica şi literatura, IV* (ebd., 1, 1922, 22).

TRILOGIA CULTURII

(rum.; *Die Trilogie der Kultur*). Kulturphilosophische Essays von Lucian BLAGA, gesammelt erschienen 1944. – Die einzelnen, die Trilogie bildenden Essays wurden zuerst gesondert veröffentlicht – *Orizont şi stil (Horizont und Stil)* im Jahre 1935, *Spaţiul mioritic (Die Seele des rumänischen Dorfes)* 1936 und *Geneza metaforei şi sensul culturii (Die Entstehung der Metapher und der Sinn der Kultur)* 1937. – In seiner 1943 veröffentlichten *Trilogie der Erkenntnis (Trilogia cunoaşterii)* hatte der als Lyriker und Philosoph gleichermaßen bedeutende Blaga schon die erkenntnistheoretischen Grundlagen für seine kulturphilosophischen Reflexionen entwickelt.

In der Sicht Blagas werden die einzelnen historisch gewachsenen Kulturen von jeweils spezifischen, im Unterbewußtsein der Völker verankerten Strukturen bestimmt. *Spaţiul mioritic* ist der sowohl für die rumänische Geistesgeschichte als auch für das Selbstverständnis der Rumänen wichtigste Essay der Trilogie. Blaga versucht darin, die »stilistischen Urformen« der rumänischen Kultur zu definieren. Bei seiner Analyse stützt er sich auf die von ihm selbst formulierten »tiefenpsychologischen Kategorien«, welche seiner Meinung nach die unbewußte Grundstruktur jeder Kultur darstellen. Diese Kategorien sind: der räumliche und zeitliche Horizont, der axiologische Aspekt, die Haltung dem Schicksal gegenüber und der Formwille. Den für die »rumänische Seele« typischen räumlichen

Horizont sieht Blaga in der unendlichen Aufeinanderfolge von Hügeln und Tälern *(»plai«)*, deren rhythmischen Charakter man in der bekanntesten rumänischen Volksballade *Miorița (Das Lämmchen)* wiederfindet. Der exemplarische Wert, den Blaga dieser Volksballade im Hinblick auf die Interpretation der kulturellen Eigenart der Rumänen beimißt, ist auch aus seiner Nennung im Titel des Essays zu ersehen. Als kennzeichnend für die Kategorie des zeitlichen Horizonts sieht Blaga die von ihm »ahistorisch« genannte Tendenz, sich zeitweilig aus der Geschichte zurückzuziehen und sie zu boykottieren. In axiologischer Sicht scheint die rumänische Geisteshaltung weitgehend von der diesseitsorientierten Transzendenz des Orthodoxismus geprägt zu sein.

Als charakteristisch für den Formwillen der Rumänen betrachtet Blaga den Drang zu geometrischer Stilisierung und zur Abstraktion. Zwischen dem archaischen Kubismus der rumänischen Volkskunst und der modernen abstrakten Kunst sieht der Autor einen engen strukturbedingten Zusammenhang. Diesen die stilistische Eigenart der rumänischen Kultur bestimmenden Kategorien ordnet Blaga noch zwei weitere sekundäre Charakteristika zu: den Hang zur pittoresken Darstellung und einen ausgeprägten Sinn für Formen und Proportionen.

Blaga wurde von Oswald SPENGLER, Leo FROBENIUS und Wilhelm WORRINGER angeregt und beeinflußt; aus diesen Ansätzen gelang ihm eine originelle philosophische Schöpfung. An Blagas Stil beeindruckt die gleichzeitig gedanklich präzise und poetisch überhöhte Sprache. G.Sc.

AUSGABEN: Bukarest 1944. – Bukarest 1969. – Bukarest 1985 (in *Opere*, Bd. 9).

ÜBERSETZUNG: *Die Seele des rumänischen Dorfes*, Bukarest 1943.

LITERATUR: C. Noica, *Filozofia lui B. după »Trilogia culturii«* (in Revista Fundațiilor, 1938, Nr. 2). – H. H. Stahl, *O discuție de filozofie și sociologie a culturii* (in Sociologia Românească, 1937, Nr. 11/12; 1938, Nr. 1–3). – Al. Tănase, *Introducere în filozofia culturii*, Bukarest 1968, S. 209–222. – A. Lillin, *Seducțiile unui sistem de filozofia culturii* (in Orizont, 20, 1969, Nr. 7, S. 57–62). – A. Posescu, *Probleme de filosofia culturii la L. B.* (in *Filosofia și sociologia românească în prima jumătate a secolului al XX-lea*, Bukarest 1969, S. 193–233). – N. Tertulian, *Rund um eine Erkenntnisphilosophie* (in Rumänische Rundschau, 24, 1970, Nr. 4, S. 84–87). – E. Pop, *Idei de antropologie filosofică în opera lui L. B.* (in Studia Universitatis Babeș-Bolyai, Ser. Philosophia, 19, 1974, S. 125–137).

ZAMOLXE. Mister păgîn

(rum.; *Zamolxe. Ein heidnisches Mysterienspiel*). Schauspiel in drei Akten von Lucian BLAGA, erschienen 1921. – Zamole, der Titelheld des Dramas, ist die zentrale Göttergestalt der heidnisch-dakischen Mythologie, von der wenig mehr als die Namen der einzelnen Gottheiten überliefert wurden. Die Handlung des Dramas sowie ihre religionsphilosophische Interpretation ist, Blagas eigenen Worten zufolge, eine Erfindung des Autors. Das dramatische Geschehen rollt vor dem Hintergrund einer paradiesischen, von einer zechenden Menschenmenge bevölkerten Landschaft ab. Zamolxe, der Prophet, lebt zurückgezogen in einer Felshöhle und sinnt über geistliche und weltliche Fragen nach. Den Glauben an die Götter hat er verloren, doch glaubt er an »den großen Blinden«, die den Kosmos symbolisierende Gottheit. In der gesamten beseelten und unbeseelten Natur inkarniert sich für Zamolxe der – Pan ähnliche – »große Blinde«. Dieser pantheistische Grundgedanke des Dramas läßt sich auch in dem zur gleichen Zeit entstandenen Gedichtzyklus Blagas *Pașii Profetului (Die Schritte des Propheten)* nachweisen. Um dem von Zamolxe gehegten Naturglauben entgegenzuwirken, beschließen der Weise und der Zauberer, im dakischen Volk das Gerücht zu verbreiten, daß Zamolxe die Inkarnation eines Gottes sei. Um das Volk noch nachhaltiger zu täuschen, lassen sie eine Statue des Zamolxe anfertigen und neben den Statuen der übrigen dakischen Gottheiten aufstellen. Zamolxe zerstört sein eigenes Standbild, wird jedoch von der aufgebrachten Menge der Gläubigen mit den Resten der Statue erschlagen. Der Sinn dieser symbolischen Handlung ist, daß Zamolxe als Mensch geopfert werden mußte, um in den Pantheon der Götter eingehen zu können.

Eine Verbindung ließe sich zwischen Blagas »heidnischem Mysterienspiel« und den orphischen Mysterien herstellen; der rumänische Kritiker George CĂLINESCU (1899–1965) kennzeichnete *Zamolxe* als den ersten Versuch innerhalb der rumänischen Literatur, der rumänischen Mythologie Elemente des »Dionysischen« einzuverleiben. Nicht nur auf der Grundlage von inhaltlichen, sondern auch von formalen Kriterien läßt sich eine Verbindung zwischen dem in freien Rhythmen abgefaßten Drama Blagas und der dramatischen Konzeption von T. S. ELIOT, Paul CLAUDEL und J. M. SYNGE herstellen. G.Sc.

AUSGABEN: Cluj 1921. – Hermannstadt 1942 (in *Opera dramatică*, Bd. 1). – Bukarest 1970 (in *Teatru*, Hg. E. Todoran). – Bukarest 1977 (in *Opere*, Bd. 4).

LITERATUR: T. Vianu, *Teatrul lui L. B.* (in Masca Timpului, 1926). – D. Protopopescu, *L. B., și mitul dramatic* (in Gîndirea, 8, 1934). – O. Șuluțiu, *Schiță de studiu asupra teatrului lui L. B.* (Revista Fundațiilor, 11, 1942). – A. Paleologu, *Teatrul lui L. B.* (in *Studii și cercetări de istoria artei*, Seria Teatru, Bd. 1, 1966). – G. Gană, *L. B., poet dramatic* (in Teatru, 12, 1967, Nr. 9, S. 33–44). – E. Todoran, *Mitul lui Zamolxe în teatrul lui L. B.* (in Folclor literar, 1, 1967, S. 25–38). – A. Lillin, *Sarpele cu solzi de ispită* (in Orizont, 19, 1968, Nr. 9, S. 54–60). – R. Teposu, *Funcția spațiului în »Zamolxe«* (in Echinox, 1975, Nr. 4/5, S. 7).

ROBERT BLAIR

* 17.4.1699 Edinburgh
† 4.2.1746 Athelstaneford / East Lothian

THE GRAVE

(engl.; *Das Grab*). Blankversdichtung von Robert BLAIR, erschienen 1743. – Das knapp achthundert Zeilen umfassende Lehrgedicht, das einzige bedeutende literarische Werk des presbyterianischen Geistlichen aus Edinburgh, verrät den militanten Prediger, der es, wie Zeitgenossen bezeugen, verstand, die Kirchgänger aufzurütteln. Mit der Schilderung der *»grausigen Schrecken des Grabes«*, die den Menschen an die Vergänglichkeit erinnern sollen, wurde Blair zum Vater der englischen »Friedhofspoesie« *(graveyard school)*, deren berühmteste Vertreter Edward YOUNG (*The Complaint, or Night Thoughts on Life, Death, and Immortality*, 1742–1745) und Thomas GRAY (*Elegy Written in a Country Churchyard*, 1750) waren.
In düsteren Bildern beschwört Blair Sünde, Tod, Auflösung und Auferstehung, wobei er nicht mit melodramatischen Mitteln spart, um eine makabre Stimmung zu erzeugen. Die Eibe, sagt er, lebt *»zwischen Totenköpfen, Särgen, Grabinschriften und Würmern«*, das Grab ist *»dumpf und gehässig«*, der Wind heult, und der Totenvogel schreit klagend im Mondschein. Der Tod wird als gewaltiger *»Menschenfresser«* dargestellt, der den Freund von der Freundesbrust reißt und überall nur Kummer und Pein hinterläßt. In rhetorischen Fragen wird die menschliche Vermessenheit angeprangert: Wo sind jetzt die jungen Feuerköpfe von einst, die griechischen Helden, die römischen Cäsaren? Wo ist der Stolz auf adlige Geburt oder erworbenen Reichtum? Was ist aus der Schönheit, der Eitelkeit und der Genußsucht geworden, die diesen Skeletten früher eigen waren? Werden die aufdringlichen Liebhaber auch jetzt noch an das feuchte, dunkle Lager der Schönen eilen und ihrer verwesenden Hülle Tribut zollen? Warum konnte der Jünger Äskulaps den von Krankheit Gezeichneten nicht mit seiner Schulweisheit heilen? *»Oh, was sind wir doch für Toren, nicht an uns zu denken, wenn wir vom Tode sprechen. Als ob das Sterben uns nichts anginge …«* Blair nennt die Sünde *»ein schändliches Ungeheuer«*, das den Menschen bewußt in die Irre führt, weil es seine Schwächen kennt. Dieser pessimistische Grundton weicht am Schluß der Dichtung der Freude auf die sichere Auferstehung, wenn Seele und Körper sich *»in neuer Anmut«* wiedervereinen. In den letzten Zeilen wird der Körper in einer eindringlichen Metapher mit einem müden Vogel verglichen, der dem Tag entgegenschläft und bei seinem Anbruch mit neuen Kräften gen Himmel fliegt:
*»Thus, at the shut of even, the weary bird
Leaves the wide air, and in some lonely brake
Cowers down, and dozes till the dawn of day,
Then claps his well-fledged wings, and bears away.«*
Das Werk wurde, entgegen den Befürchtungen des Verlegers, sofort überaus populär. 1808 erschien eine von William BLAKE illustrierte Ausgabe. R.B.

AUSGABEN: Ldn. 1743. – Ldn. 1794 (in *The Poetical Works*). – Ldn. 1808 [Ill. W. Blake]. – Stourport 1814 (in *The Works*). – Edinburgh 1854 (in *Poetical Works of Beattie, B. and Falconer*, Hg. G. Gilfillan). – NY 1903. – Cambridge/Mass. 1927, Hg. G. Keynes [Ill. W. Blake]. – Ldn. 1982.

ÜBERSETZUNGEN: *Das Grab*, F. C. A. Berg, Hbg. 1784. – Dass., F. W. Gotter, Regensburg 1793.

LITERATUR: C. Müller, *R. B.s »Grave« und die Grabes- und Nachtdichtung*, Weimar 1909 [zugl. Diss. Jena]. – J. W. Draper, *The Funeral Elegy and the Rise of English Romanticism*, NY 1929, S. 225 ff. – J. A. Means, *An Early Version of R. B.'s »The Grave«* (in NQ, 18, 1971, S. 51). – Ders., *The Composition of »The Grave«* (in Studies in Scottish Literature, 10, 1972, S. 3–9). – Ders., *»The Grave« in America: 1753–1860* (in Studies in Scottish Literature, 13, 1978, S. 57–62).

RON BLAIR

* 1942 Sydney

THE CHRISTIAN BROTHERS

(engl.; *Die Schulbrüder*). Drama von Ron BLAIR, erschienen 1976, Erstaufführung: Sydney, 1. 8. 1975, Nimrod Theatre. – Das Einpersonenstück, das sechs Jahre auf dem Spielplan des Nimrod Theaters stand, spielt im Klassenzimmer eines Gymnasiums der Schulbrüder Mitte der fünfziger Jahre. Über der Tafel hängt ein Kreuz. Auf dem Podium steht das Lehrerpult, in der Mitte des Klassenzimmers befindet sich ein einsamer schwarzer Stuhl, und an der Wand hängt eine Präsentationsvitrine mit der Muttergottesstatue und einer kleinen Blumenvase. Vor dieser sparsamen und realistischen Kulisse spielt das Stück.
Rezitierend stürzt der Lehrer ins Klassenzimmer, hält bald inne und fragt nach der Bedeutung von »Dryade«. Währenddessen schleudert er seine Schultasche aufs Pult und nimmt den Lederriemen heraus. Damit beginnt das imaginäre Gespräch des Schulbruders mit einem Schüler, der ein Gedicht

von J. KEATS auswenig lernen sollte, dies aber aus Faulheit versäumte und nun Ausreden vorbringt, auf die der Lehrer jedoch nicht hereinfällt; vielmehr bestraft er ihn, indem er mit dem Lederriemen drei Schläge auf die ausgestreckten Finger verabreicht. – Diese Schläge gelten an der Schule als probates Mittel pädagogischer Sanktion, werden aber in diesem Stück mehr und mehr zum Symbol katholischer Schulzucht.

Danach sinnt der Bruder über frühere Schüler nach: Was aus ihnen geworden sein möge, ob sie den Glauben bewahrt hätten. Die Erfolgreichen kämen zurück, zeigten ihre Autos vor, ihre Frauen, ihre Kleider; doch was er wissen wolle, sei, wie viele Kinder sie hätten. Das sei Ausweis ihres Glaubens, für den er verantwortlich sei. Nach dem Klingelzeichen beendet ein »Ave Maria« die Stunde. Und wie schon diese erste Stunde in englischer Literatur zu einem moralisierenden »Konvolut« mißriet, so geschieht es in ähnlicher Weise in allen folgenden: Aus der Erörterung der Französischen Revolution wird eine Moralpredigt über die Sündhaftigkeit von Pin-up-Girls und die Ewigkeit der Höllenstrafen für die Sünden des Fleisches. In der Französischstunde geht es um das reflexive Verb »deshabiller« (sich ausziehen) und seine möglicherweise schmutzigen Konnotationen; im Religionsunterricht dreht sich alles um die Geschichte der Schulbrüder, die drei Gelübde, die sie ablegen (Armut, Keuschheit und Gehorsam), um das Sechste Gebot und die dem Lehrer selbst zuteilgewordene Erscheinung der allerseligsten Jungfrau Maria; die Physikstunde schließlich geht bald über in die Darlegung der Namen-Jesu-Verehrung. Das Stück endet mit der Aufforderung an die Klasse, den Glauben zu bewahren, wie der Tagesheilige, der Bischof und Märtyrer Oliver Plunkett, es trotz der Folterung durch die Engländer getan habe. Danach erheben sich alle, um feierlich die Lauretanische Litanei zu beten.

Das Stück wirft ein grelles Licht auf die Situation der Konfessionsschulen im Australien der vierziger und fünfziger Jahre. Im Gegensatz zu den staatlichen Schulen mit anglikanischer oder presbyterianischer Ausrichtung mußten sie sich selbst finanzieren und im Wettstreit um Stipendien und Stellen behaupten. Dabei fühlten sich die nur mäßig ausgebildeten Lehrer und ihre Schüler als entfremdete Bürger zweiter Klasse. Der Glaube der irischen Vorfahren verpflichtete sie auf Rom und den Papst, die anderen bekannten jeden Morgen vor dem Unterricht ihre Liebe zum englischen König und zum britischen Empire. Ron Blair unterzieht diese katholischen Privatschulen, ihre pädagogischen Ziele, Methoden und Mechanismen einer kritischen Analyse und porträtiert als Ehemaliger den Schulbruder (im Sinne der pluralischen Formulierung des Titels) als Verkörperung nicht nur der Eigenheiten einer Vielzahl von Lehrern, sondern auch trotz der karikierenden Überzeichnung auch als einen fühlenden, kämpfenden, engagierten und religiös ernsthaft motivierten Ordensmann, der angesichts der gefallenen Natur des Menschen gegenüber den Schülern – verkörpert durch den leeren Stuhl – nicht auf physische Bestrafung und Züchtigung (»the straps«) verzichten zu können glaubt. Mal agiert er wie ein Schmeichler, mal wie ein Tyrann, mal probiert er es mit freundschaftlichen Worten, mal mit Drohgebärden. Für die einen ist er das Ziel des Hasses, für die anderen eine den Spott herausfordernde Scherzfigur. So gelingt es Blair, die Komplexität dieses trotz der Fragwürdigkeit eines bigotten Unterrichtsstils überzeugenden Pädagogen glaubwürdig zu machen und ihn als einen menschlichen, mit sich selbst, seinem Beruf und seinem Glauben ringenden Charakter lebendig werden zu lassen.

Die Klingelzeichen strukturieren das Stück und lenken die Aufmerksamkeit auf die einzelnen Unterrichtsstunden. Sie bilden je eine Einheit und gewähren Einblick in die Vergangenheit und Gegenwart des Bruders, der nahe daran ist, seine fachliche Inkompetenz und seine persönliche Unzulänglichkeit zu erkennen. Daher wirkt er in seiner Allgemeingültigkeit erschütternd und belustigend zugleich (N. Jillett). Die Ausstrahlung und Wirkung des Stücks liegen in der Tat darin begründet, daß jeder Zuschauer, welcher Glaubensrichtung auch immer, sich in der Institution Schule, in ihren Lehrern und Schülern, wiedererkennt. Dabei vermögen die physischen und moralischen Einschüchterungsmöglichkeiten des Lehrers zu erschüttern; seine emotionale Abhängigkeit von den Schülern und der Schule, denen er seine ganze Kraft widmet, seine emotionale Bindung an die Ehemaligen, seine Erinnerungen an die Fußballstars von gestern usw., usw., kurz, seine glühende und vielschichtige Menschlichkeit ist gleichermaßen dazu angetan, ihm Sympathie und Respekt einzutragen (P. Fitzpatrick).

Nach allgemeiner Überzeugung hat der langjährige und bekannteste Darsteller dieses Einmannstücks, Peter Carroll, der Figur des Schulbruders zusätzliche Dimensionen des Menschseins verliehen, indem er sie durch die Erfahrung eines einzigen Mannes filtert. Begünstigt durch die erstaunlich komplexe Sprache und die exakt wiedergegebenen Rhythmen des Unterrichtsgesprächs scheint das leere Klassenzimmer das Publikum immer näher an den Akteur auf der Bühne heranzuziehen, ja gar in die imaginativ vorgestellte Klasse umzuwandeln, so daß ein Höchstmaß an Interaktion erzielt wird, der sich kaum ein Zuschauer entziehen kann.

W.Ar.

AUSGABE: Sydney/Ldn. 1976.

LITERATUR: P. Fitzpatrick, *After »The Doll«*, Ldn. 1979, S. 171/172. – A. Rutherford, *A Vision or a Walking Dream? R. B.'s »The Christian Brothers«* (in Kunapipi, 2, 198, Nr. 2, S. 23–31). – N. Jillett, Rez. (in *Contemporary Australian Drama*, Hg. P. Holloway, Sydney 1981, S. 411/412). – Ch. Johnson, *R. B.'s »The Cristian Brothers« in Performance* (in WLWE, 21, 1982, S. 283–287).

MARIE-CLAIRE BLAIS

* 5.10.1939 Québec

UNE SAISON DANS LA VIE D'EMMANUEL

(frz.; *Ü: Schwarzer Winter*), Roman von Marie-Claire BLAIS, erschienen 1965. – Nach ersten Versuchen, die vor allem der romanhaften Gestaltung von existentiellen Krisensituationen junger Menschen gegolten hatten (z. B. *La Belle Bête*, 1959; *Le Jour est noir*, 1962), gelang der Autorin mit diesem Werk der Durchbruch, sowohl in ihrer frankokanadischen Heimat als auch international (der Roman erhielt 1966 den Prix Médicis und wurde bisher in 14 Sprachen übersetzt). Durch Vorbilder wie W. FAULKNER, V. WOOLF und F. KAFKA inspiriert, gleichzeitig aber auch getragen vom Schwung der quebecischen *Révolution tranquille* der frühen sechziger Jahre, setzt Blais die Konventionen des *Roman de la terre* (Landromans), einer für die literarische Tradition Québecs besonders repräsentativen Subgattung, parodistisch außer Kraft und leistet damit einen bedeutenden Beitrag zur Überwindung der bäuerlich-klerikalen Leitideologie, die bis zur Mitte des 20. Jh.s im Kollektivbewußtsein der frankophonen Volksgruppe Kanadas eine beherrschende Rolle gespielt hatte.

Hauptthema des Romans ist das Leben einer jener kinderreichen Unterschichtfamilien, deren Verwurzelung im Boden ihrer ländlichen Heimat lange als die sicherste Garantie für das Überleben der Minderheit gegolten hatte. Der Pakt mit der Erde, den der traditionelle Bauernroman gefeiert hatte, hat sich hier in kollektive Sklaverei entwurzelter Menschen verwandelt; an die Stelle der Vorvätertugenden treten extreme Ausprägungen materiellen und moralischen Elends. Freilich ist die Tradition präsent und sogar dominant, nämlich in Gestalt der Großmutter Antoinette, die den ruhenden Pol und zugleich das autoritäre Ordnungsprinzip der Familie darstellt. Der Erzähler trägt der Kraft, die von dieser enormen Persönlichkeit ausgeht, Rechnung, indem er streckenweise die Romanwelt aus Antoinettes Perspektive schildert. Das abgerakkerte und stumpfsinnige Elternpaar wird hingegen nur von außen gesehen. Allerdings tritt der Erzähler sein Privileg des Darstellens und Beurteilens auch an die Kinder ab, deren Sehweise die Ansichten ihrer Großmutter Antoinette ständig in Frage stellt.

Gleich zu Beginn wird die alte Tyrannin aus der Perspektive Emmanuels gesehen, des erst vor kurzem in den schwarzen Winter eines Armeleutelebens hineingeborenen sechzehnten Kindes: So erscheint die Großmutter als ein Paar riesiger, ungeschlachter Füße, Symbole der Geduld, aber auch des Autoritarismus. Diese verfremdende und entlarvende Perspektivik der Kinder setzt sich nach und nach immer zwingender durch, verhindert ein linear-kausalitätsgerechtes Ablaufen der Handlung und verleiht dem Roman eine poetische Dimension, die mit der fundamentalen Grausamkeit einer Romanwelt, in der den jungen Menschen nur Hunger, Unwissen, Ausbeutung und früher Tod erwarten, schärfste Kontraste bildet und den Leser zur Aufgabe von Erwartungshaltungen zwingt, die am traditionellen Realismus orientiert sind. Im Widerspruch zu den Eltern und zur Großmutter präsentieren sich die Kinder als geborene Anarchisten: Ihre unverbrauchte Vitalität, aber auch ihre unbelastete Einstellung zu Leben und Tod befähigen sie zur permanenten Rebellion. An das armselige und kurze Leben, das ihnen beschieden ist, verschenken sie sich im Zeichen einer Sinnen- und Daseinsfreude, die hemmungslose Amoralität ebenso umfaßt wie schöpferische Impulse und Zärtlichkeit. Die älteste Tochter, Héloïse, sublimiert zunächst ihr Liebesbedürfnis in klösterlichen Träumen vom himmlischen Bräutigam, entdeckt aber schließlich, daß der Unterschied zwischen dem geistlichen Haus, das sie verstoßen hat, und dem Bordell, wo man sie freundlich aufnimmt, nur ein relativer ist. Die kleinen Jungen erproben in »sündigen« Spielen ihre Geschlechtlichkeit, zünden die Schule an, betrinken sich, werden dafür vom brutalen Vater bis aufs Blut geprügelt, von sadistischen Schulmännern gefoltert. Im späteren Leben werden sie der Kriminalität anheimfallen oder einer inhumanen Arbeitswelt. Aber ihr illusionsloser Übermut widersetzt sich dem täglichen Horror, der seinen stärksten Widersacher in Jean-Le Maigre findet, dem jugendlichen Dichter, der sein durch Tuberkulose verkürztes Leben zur Abfassung einer Autobiographie nutzt.

Der Mittelteil des Romans wird von der Erzählung des Jean-Le Maigre beherrscht, der das Inferno seiner Kindheit mit unbarmherziger Hellsicht, aber auch liebevoll und selbstironisch schildert. Selbst in der Schreckensgestalt des Bruders Théodule Crapula, der die ihm anvertrauten Novizen sexuell mißbraucht und ihn, Jean-Le Maigre, zu Tode pflegen wird, vermag der Held den armen Teufel zu erkennen. Durch sein Schreiben wird er über den Tod hinaus zum Gegenspieler und zugleich zum Lehrer der Großmutter, die bei der Lektüre seiner Manuskripte das ganze Ausmaß ihrer Liebe zu ihm entdeckt und allmählich beginnt, ihre starr-inhumane Haltung als Traditionsbewahrerin abzulegen. Trotz allen Wintergrauens kommt der Frühling, so versichert Großmutter Antoinette dem Baby Emmanuel, und Hoffnung ist erlaubt.

Die Ambivalenz dieses Schlusses hat zu gegensätzlichen Deutungen geführt. Aber im Lichte des weiteren Romanschaffens der Autorin, deren Aufmerksamkeit sich unvermindert den marginalen Gruppen der Gesellschaft und den Problemen einer sich im Exil fühlenden Jugend zuwendet (z. B. *Le sourd dans la ville*, 1981), wirkt ein offenes Ende keineswegs unpassend.   F.Ki.

AUSGABEN: Montreal 1965. – Paris 1966. – Montreal 1968. – Montreal 1980.

ÜBERSETZUNG: *Schwarzer Winter*, O. B. Fischer, Köln/Bln. 1967. – Dass., dies., Mchn. 1970 (dtv).

VERFILMUNG: Frankreich 1973 (Regie C. Weisz).

LITERATUR: J. Ethier-Blais, *Entre femmes seules - M. C. B.* (in *Signets*, Bd. 2, Montreal 1967, S. 228–232). – P. Stratford, *M.-C. B.* Toronto 1971. – T. Fabi, *Le monde perturbé des jeunes dans l'œuvre de M.-C. B.*, Montreal 1973. – V. Nadeau, *M.-C. B.: Le noir et le tendre*, Montreal 1974. – G. Marcotte, *Le roman à l'imparfait*, Montreal 1976. – H. Mitterand, *Coup de pistolet dans un concert: »Une saison dans la vie d'Emmanuel«* (in Voix et Images, April 1977, S. 407–414). – F. Maccabée-Iqbal, *Sur-vivre et sous-vivre: La sexualité dans »Une saison dans la vie d'Emmanuel«* (in Coincidences, Mai-Dez. 1980, S. 85–99). – F. Laurent, *L'œuvre romanesque de M.-C. B.*, Montreal 1986. – J. Kwaterko, *Démythifier, remythifier: L'intertextualité chez M.-C. B. et Jacques Ferron* (In Rapports de recherche, 3, Dez. 1987, S. 38–54).

WILLIAM BLAKE

* 28.11.1757 London
† 12.8.1827 London

LITERATUR ZUM AUTOR:
Bibliographien:
G. E. Bentley u. M. K. Nurmi, A. B. Bibliography, Minneapolis 1964; Oxford ²1977 (B. Books, rev.). – Foreman u. a., *A Checklist of B. Scholarship October 1970–March 1972* (in B. Newsletter, 5, 1972, S. 214–219). – T. L. Minnick u. D. W. Doerrbecker, *A Checklist of Recent B. Scholarship 1976/77* (in B., 11, 1977, S. 104–109). – Dies., *A Checklist of Recent Scholarship* (ebd., 12, 1978, S. 142–149). – Dies., *B. and His Circle: A Checklist of Recent Scholarship* (ebd., 13, 1979, S. 91–99; 14, 1980, S. 85–93; 15, 1981, S. 83–93; 16, 1982, S. 111–124; 17, 1983, S. 62–76). – Dies., *B. and His Circle: A Checklist of Recent Publications* (ebd., 18, 1984, S. 100–115).
Zeitschriften:
Blake Studies, Tulsa/Ok. 1968 ff. – Blake Newsletter, Albuquerque/NM 1967 ff. [ab Bd. 10 u. d. T. Blake: An Illustrated Quarterly].
Biographie:
M. Wilson, *The Life of W. B.*, NY 1971, Hg. G. Keynes [erw.].
Gesamtdarstellungen und Studien:
A. C. Swinburne, *W. B. A Critical Essay*, Ldn. 1868. – W. B. Yeats, *W. B. and the Imagination* (in W. B. Y., *Ideas of Good and Evil*, Ldn. 1903). – S. F. Damon, *W. B. His Philosophy and Symbols*, Boston/NY 1924. – N. Frye, *Fearful Symmetry*, Princeton 1940. – G. M. Harper, *The Neoplatism of W. B.*, Chapel Hill 1961. – G. Keynes, *W. B.: Poet, Printer, Prophet*, Clairvaux u. a. 1964. – *W. B. A Collection of Critical Essays*, Hg. N. Frye, Englewood Cliffs/N. J. 1966. – J. B. Beer, *B.'s Visionary Universe*, Manchester 1970. – R. Jakobson, *On the Verbal Art of W. B. and Other Poet-Painters* (in Linguistic Inquiry, 1, 1970, S. 3–23). – D. Wagenknecht, *B.'s Night: W. B. and the Idea of Pastoral*, Cambridge/Mass. 1973. – *W. B.: The Critical Heritage*, Hg. G. E. Bentley Jr., Ldn. 1975. W. B. 1757–1827, Hg. W. Hofmann, Mchn. 1975 [Aust.kat.]. – V. N. Paananen, *W. B.*, Boston 1977 (TEAS). – G. D. Hume, *B. and Freud*, Ithaca 1980.

AMERICA: A PROPHECY

(engl.; *Amerika: Eine Prophezeiung*). Episches Gedicht von William BLAKE, erschienen 1793. – *America* ist eines von vier prophetischen Büchern, in denen Blake geschichtliche Vorgänge als Symbole eines allgemeinen, kosmisch-geistigen Prozesses darstellen wollte, nachdem er vorher schon in *The French Revolution (Die Französische Revolution)* geschichtliches Geschehen aus visionärer Sicht geschildert hatte. Die (später geschriebenen) ersten beiden Bücher des Zyklus, *Africa* und *Asia*, faßte er in *The Song of Los* (1795) zusammen; in ihnen verfolgt er die Geschichte von den Anfängen Ägyptens bis zur »Boston Tea Party« (1773), dem Vorspiel zum amerikanischen Unabhängigkeitskrieg. – In *America* wird die amerikanische Revolution als ein Ereignis von größter kosmischer Bedeutung beschrieben, nämlich als die seit dem Sündenfall erste Bewegung der Menschheit auf ihre geistige Befreiung hin. Darin berührt sich seine Vision mit den politischen Ansichten der Radikalen im ausgehenden 18. Jh., die in den Revolutionen in Amerika und Frankreich eine Zeitenwende sahen. Außerdem bedeutet *America* eine Anwendung der in *The Marriage of Heaven and Hell (Die Hochzeit von Himmel und Hölle)* entwickelten Weltsicht auf zeitgenössische Ereignisse. Das »Preludium« stellt die Revolution in einen mythologischen Rahmen: die ins Materielle abgesunkene Natur (die »*schattenhafte Tochter Urthonas*«, Vala) wird befreit und belebt durch Orc, den roten Geist der Revolte gegen die Herrschaft Urizens (des in starren Denksystemen verharrenden Verstandes); Blake wählt dafür das charakteristische Bild einer sexuellen Überwältigung, eines Wiedererwachens zum Leben nach dem Tod durch Selbstaufgabe. – Das kosmische Drama der Revolution spielt sich zwischen dem »*Wächterfürsten von Albion*« und den freiheitlichen Geistern Amerikas (Washington, Paine, Warren u. a.) ab. Auf das erste Zeichen des Widerstandes in Amerika antwortet Englands Geist der Unterdrückung mit einer warnenden Kraftdemonstration, symbolisiert in einem Drachen, ruft damit auf der anderen Seite jedoch nur den Geist der Empörung (»*red Orc*«) auf den Plan, den »*Antichrist*«, in Blakes umgekehrter Werttafel der »*Übertreter von Got-*

tes Gesetz«, der Feuer (Leidenschaft), nicht Licht (Verstand im Sinne von Urizen) ausströmt, der *»das steinerne Gesetz«* und alle äußerliche *»Religion«* zerstören will, um die *»feurige Freude«* des befreiten Lebendigen, das heilig ist, zu erneuern und die *»Energien der Natur«* von aller Scheinheiligkeit zu reinigen. Orc ruft die *»Dreizehn Engel«* der amerikanischen Kolonien zum Kampf auf, die dem Ruf erst folgen, als Bostons Engel sie zum Aufstand mitreißt; gemeinsam vertreiben sie dann Albions Gouverneure und Soldaten. Wäre Amerika unterlegen, dann *»wäre noch ein Stück Ewigkeit verlorengegangen«*. So jedoch wird Urizen von seinem Thron gestürzt und kann nur noch zwölf Jahre lang (bis zur Französischen Revolution) den Geist der Rebellion von Europa fernhalten, der auch die fünf (Sinnes-)Tore des *»gesetzbegründeten Himmels«* aufreißen wird. K.E.

AUSGABEN: Lambeth 1793. – Ldn. 1887 [Faks.]. – Ldn./NY 1957 (in *Collected Works*, Hg. G. Keynes, 3 Bde.). – Oxford 1966 (in *Complete Works of W. B., with Variant Readings*; OUP. – Harmondsworth 1981 (in *The Complete Poems of W. B.*; Penguin). – Berkeley 1981 (in *The Complete Poetry & Prose of W. B.*).

LITERATUR: T. L. Tebbetts, *Harmonious Spheres: The Relation of Preludium and Prophecy in B.'s »America«* (in Publications of the Arkansas Philological Association 1, 1975, Nr. 3, S. 49–55). – M. Doskow, *W. B.'s »America«: The Story of a Revolution Betrayed* (in B. Studies, 8, 1979, S. 167–186). – D. E. James, *Angels out of the Sun: Art, Religion and Politics in B.'s »America«* (in Studies in Romanticism, 18, 1979, S. 235–252). – M. Ferber, *Mars and the Planets Three in »America«* (in B., 15, 1981/82, S. 136/137). – E. Larrissy, *B.'s »America«: An Early Version?* (in NQ, 30, Juni 1983, S. 217–219).

THE BOOK OF AHANIA

(engl.; *Das Buch Ahania*). Episches Gedicht von William BLAKE, erschienen 1795. – *The Book of Ahania*, vermutlich als *The Second Book of Urizen* entworfen, führt die Vorgänge aus dem *Book of Urizen* weiter: Fuzon, *»der erstempfangene, letztgeborene Sohn«* Urizens, war der Tyrannei seines Vaters entflohen. Als Verkörperung der Leidenschaft und der lebendigen Energie führt er nun den Kampf gegen Ratio und Konvention (Urizen). Mit dieser mythischen Allegorie übersetzt Blake die biblische Geschichte von der Befreiung Israels aus der ägyptischen Gefangenschaft bis zur Errichtung des Dekalogs und zur Kreuzigung Christi in seine Kosmologie. Fuzon weigert sich, Urizen, *»diesen Dämon aus Rauch, dieses abstrakte Un-Wesen«* und *»König der Sorge«*, zu verehren, und schleudert seine *»Kugel aus Zorn«* gegen ihn. Trotz seines *»breiten Schilds«*, in den Mühlen des *»unaufhörlichen Winters«* (seiner Logik) geschaffen, wird Urizen in seinen *»kalten Lenden«* getroffen. Daraufhin wirft er Genuß (oder Vergnügen) von sich ab, um nicht an dieser Wunde zu leiden, und bringt als Symptom der mit sich zerfallenden Welt (der Welt im Abfall von der Ewigkeit) seine Emanation Ahania hervor (unterdrücktes Verlangen), *»die Mutter der Pestilenz«* im Sinne von Blakes Doktrin aus *The Marriage of Heaven and Hell (Die Hochzeit zwischen Himmel und Hölle)*. Nicht zufrieden damit, will Urizen auch die Leidenschaft (Fuzon), die ihm diese Wunde zufügte, zerstören; er formt aus der Schlange des Materialismus den *»Bogen des Fluchs«* und schießt den vergifteten Felsen des moralischen Gesetzes auf Fuzon ab, der diesen mitten in seinem Triumph über den totgeglaubten Urizen trifft und in seine Brust dringt. Als Berg Sinai fällt der Felsen des Dekalogs (der prohibitiven Moral-Gesetze) auf die Erde. Als Urizen einst aus der Ewigkeit gestürzt worden war, hatten seine Tränen auf seinem Felsen den *»Baum des Geheimnisses«* wachsen lassen, der schnell groß wurde und *»immer noch ein endloses Labyrinth von Jammer«* hervortreibt. An diesem Baum (der für Blake ein zentrales Symbol in seiner Kritik und Umwertung des orthodoxen Christentums ist) kreuzigt Urizen den Körper Fuzons und begründet so eine neue Mysterien-Religion. Sofort beginnen *»die Pfeile der Pestilenz«* und die Schwaden aus dem See Udan-Adan (dem Unbestimmten) sich von dem Kreuz aus zu verbreiten und die Welt mit *»Krankheit um Krankheit«*, mit Formen von *»Blut und Qual«* zu erfüllen, Los, der ewige Prophet, in seinen Netzen einzufangen versucht. Vierzig Jahre fliegen die Pfeile um den *»lebendigen Leichnam«* am Kreuz und lassen die Geister der Söhne und Töchter Fuzons sich verhärten, bis Asien (für Blake der Kontinent der den natürlichen Menschen unterdrückenden Religionen) sich aus der Tiefe erhebt.
Den Abschluß des Gedichts bildet die das Kreuz umschwebende Klage Ahanias (der sinnlichen und geistigen Freude) über ihre Einsamkeit und die Trennung von ihrem ehemaligen Geliebten und Gemahl Urizen. In ihrer an das *Hohelied* erinnernden Bildintensität und Melodik gehört diese Passage zu den poetischsten Stellen in Blakes »prophetischen Büchern«. K.E.

AUSGABEN: Lambeth [Engl.] 1795. – Ldn. 1925 (in *Poetry and Prose*; krit.). – NY 1925 [Faks.]. – Ldn./NY 1957 (in *Collected Works*, Hg. G. Keynes, 3 Bde.). – Oxford 1966 (in *Complete Works of W. B., with Variant Readings*; OUP. – Harmondsworth 1981 (in *The Complete Poems of W. B.*; Penguin). – Berkeley 1981 (in *The Complete Poetry & Prose of W. B.*).

LITERATUR: D. W. Lindsay, *»The Book of Ahania«: An Interpretation of the Text* (in Durham University Journal, 37, 1976, S. 144–147). – P. Cramer, *The Role of Ahania's Lament in B.'s »Book of Ahania«: A Psychoanalytical Study* (in JEGPh, 83, 1984, Nr. 4, S. 522–533).

THE BOOK OF LOS

(engl.; *Das Buch Los*). Episches Gedicht von William Blake, erschienen 1795. – Das Buch schildert die in *The Book of Urizen* beschriebenen Vorgänge aus der Perspektive von Los, dem »*ewigen Propheten*« (Poesie). In fünf einleitenden Strophen klagt Eno (Enion), die Erdmutter, über den Fall des Menschen: aus einem ursprünglich vollkommenen Dasein sank er in einen Zustand hinab, in dem seine zurückgestauten und mißgeleiteten Energien sich als Neid, Zorn und Lüsternheit äußern. In den folgenden Strophen erscheint Los (nach dem Abfall von Urizen), der mit dem schmerzhaften Bewußtsein des Dichters zum Zustand der Erfahrung erwacht und »*den Schatten Urizens betrachten muß*« (d. h. unter den Einfluß der Ratio gerät). Er erlebt, wie sein lebendig fluktuierendes Element, das Feuer, in einer marmornen, dunklen Erstarrung verlischt. In Auflehnung gegen diesen Zustand sprengt er den ihn umgebenden Felsen, fällt jedoch kopfabwärts (wie ein Kind bei der Geburt) in das bodenlose »*Vakuum des Irrtums*«, wobei sich »Zorn« in »Kontemplation« verwandelt, sein Geist sich fängt und »*mühsam sich zu organisieren beginnt*«. In seiner Selbstentfaltung nimmt Los langsam einen für den Umgang mit der Welt nötigen Körper an, indem er das Feste vom Flüssigen (Feuer, Licht) trennt. Im neugewonnenen Licht erblickt Los »*das Rückgrat Urizens*« und baut »*seine Essen*« (d. h. seine Methode zur Weltrettung), um mit der Fesselung Urizens beginnen zu können. In »*neun Zeitaltern*« schmiedet er die Sonne, an die er Urizen ketten will. Doch kann Urizen die zeitliche Illusion dieser Sonne verdunkeln und auf ihrem »*glühenden Bett*« die Illusion des Menschen als Naturwesen (Adam) gestalthaft herausbilden, mit einem Gehirn aus Fels und einem Herzen in Form der vier Flüsse von Eden (den späteren *Four Zoas* Blakes), gleichzeitig »*die unendliche Feuersphäre*« seiner (des Menschen) ursprünglichen Vollkommenheit »*verdunkelnd*«.

The Book of Los verwendet ähnlich unregelmäßige, kurze Versformen wie *The Book of Urizen*. Aus der großen Zahl seiner symbolischen Gestalten und Vorgänge sind einige nur schwer zu interpretieren.
K.E.

Ausgaben: Lambeth 1795. – Ldn./NY 1957 (in *Collected Works*, Hg. G. Keynes, 3 Bde.). – Oxford 1966 (in *Complete Works of W. B., with Variant Readings*; OUP). – Harmondsworth 1981 (in *The Complete Poems of W. B.*; Penguin). – Berkeley 1981 (in *The Complete Poetry & Prose of W. B.*).

Literatur: D. V. Erdman, *The Symmetries of »The Song of Los«* (in Studies in Romanticism, 16, 1977, S. 179–188). – D. W. Lindsay, *»The Song of Los«: An Interpretation of the Text* (in FMLS, 13, 1977, S. 1–5). – J. McCord, *Historical Dissonance and W. B.'s »The Song of Los«* (in Colby Library Quarterly, 20, 1984, Nr. 1, S. 22–35).

THE BOOK OF THEL

(engl.; *Das Buch Thel*). Episches Gedicht von William Blake, erschienen 1789. – Die Jungfrau Thel, Tochter der Seraphim (für Blake Geister der Liebe und Imagination), eine noch ungeborene Seele, klagt in den Tälern des Har (einer Personifikation der Poesie aus Blakes Dichtung *Tiriel*) über die vorausgeahnten Leiden der Vergänglichkeit. Maiglöckchen tröstet sie damit, daß auch es selbst, von der Hitze des Sommers verdorrt, in ewigen Tälern wiedererblühen werde. Die Wolke preist ihre Auflösung im Kreislauf der Natur, und die Erdscholle erzählt Thel von der unerklärlichen Lebenskraft, die ihr, so dunkel und kalt sie auch ist, verliehen wurde. »*Alles Lebendige lebt nicht für sich selbst allein*« – die Wolke vergeht für die Blume und die Blume für das Lamm. Selbstaufopferung ist das Prinzip des Lebens und des Todes. Schließlich lädt »*Mutter Erdscholle*« (»*the Matron Clay*«) Thel ein, ihr Haus, d. h. die Welt der Geborenen, zu besuchen mit der Gewähr, daraus wieder zurückkehren zu können. Thel betritt sie durch die »*nördliche Schranke*«, durch die sie in Homers Epos die Seelen verlassen, und hört das Jammern der Sterblichen, bis sie zu ihrem eigenen Grab (d. h. ihrem sterblichen Körper) kommt und aus ihm eine glühende Klage über das Trügerische und Unzulängliche der Sinne, ihre Grenzen im Materiellen vernimmt, eine Klage, die in der Frage gipfelt, »*warum ein kleiner Vorhang von Fleisch das Bett unseres Verlangens*« bedecken müsse, wobei Verlangen für Blake eine Emanation der von ihm als höchstes positives Prinzip gesetzten Energie darstellt. Im Erschrecken über die gehörten Klagen – einem Erschrecken, das auf jeder psychischen Übergangsschwelle wartet (S. F. Damon) – flieht Thel mit einem Schrei aus der irdischen Welt zurück in die Täler des Har. Ihre Geschichte kann als dem Proserpina-Mythos verwandt gesehen werden. Sie fand in den *Visions of the Daughters of Albion (Visionen der Töchter Albions)* eine Fortsetzung. – *Thel* ist eines der frühesten von Blakes sogenannten prophetischen Büchern und verbindet die Thematik der *Songs of Innocence (Gesänge der Unschuld)* und der *Songs of Experience (Gesänge der Erfahrung)* mit den langen siebenhebigen Verszeilen und den hier allerdings noch keimhaften und verhältnismäßig leicht entschlüsselbaren mythologischen Allegorien der späteren längeren prophetischen Werke. Ihrer dichterischen Qualitäten wegen galt die Dichtung stets als eines der besten episch-lyrischen Werke Blakes.
K.E.

Ausgaben: Ldn. 1789. – Ldn. 1925 (in *Poetry and Prose*; krit.). – Kioto 1934, Hg. Jugaku [Faks.]. – Ldn./NY 1957 (in *Collected Works*, Hg. G. Keynes, 3 Bde.). – Oxford 1966 (in *Complete Works of W. B.*). – NY 1971. – Harmondsworth 1981 (in *The Complete Poems of W. B.*; Penguin). – Berkeley 1981 (in *The Complete Poetry & Prose of W. B.*).

Literatur: R. F. Gleckner, *B.'s »Thel« and the Bible* (in Bull. of the New York Public Library, 64,

1960, S. 573–580). – A. K. Mellor, *B.'s Designs for »The Book of Thel«: An Affirmation of Innocence* (in PQ, 50, 1971, S. 193–207). – S. Price, *From What Does B.'s Thel Flee?* (in Publications of the Missouri Philological Association, 4, 1979, S. 39–45). – E. Kauvar, *The Sorrows of Thel: A Freudian Interpretation of »The Book of Thel«* (in Journal of Evolutionary Psychology, 5, 1984, Nr. 3/4, S. 210–222).

THE BOOK OF URIZEN

(engl.; *Das Buch Urizen*). Episches Gedicht von William BLAKE, geschrieben und erschienen 1794. – Blake eliminierte das Wort *first* aus dem ursprünglichen Titel *(The First Book of Urizen)*, dessen Fortsetzung das *The Book of Ahania* genannte Gedicht bilden sollte.

Urizen steht in Blakes System für den verabsolutierten Verstand, der natürliche Instinkte unterdrückt, moralische Systeme aufzwingt und der die Urthona (dem Geist in seiner Totalität) gebührende Herrschaft über die geschaffene Welt usurpiert hat. »*Unfruchtbar*«, »*abstrakt*«, als »*ein Vakuum*« ohne Imagination, »*ein der Selbstkontemplation hingegebener Schatten*«, so versucht Urizen die ihm als Chaos entgegentretende Schöpfung in Raum und Zeit zu ordnen. Er will »*Freude ohne* [komplementären] *Schmerz*«, »*das Feste ohne Fließen*« begründen und führt mit der besten Absicht, doch als schreckliche Einschränkung aller lebendigen Energie, das »*eine Gesetz*«, »*das Buch von Erz*« (die prohibitiven Gebote) ein. In seiner »*dunklen Absonderung*« wird Urizen von der Ewigkeit ausgeschieden, die ihre lebendigen Feuer über ihn ergießt, gegen die er sich »*ein riesiges, steinernes Dach*« (den Schutzmantel der Materie) baut, unter dem er in »*steinernem Schlaf*« liegt. Los (Poesie, »*der ewige Prophet*«) gibt dem »*formlosen, unermeßlichen Tod*« in seiner Schmiede feste Umrisse, damit der Irrtum, den Urizen darstellt, sichtbar gemacht und bekämpft werden kann. Doch in den sieben Phasen, in denen Los Urizens Körperlichkeit erschafft, büßt er durch den Anblick des gefesselten Unsterblichen sein eigenes ewiges Leben ein und gebiert aus seiner erschreckten Seele ein neues Gefühl: seine Emanation Enitharmon, die ursprünglich als Inspiration ein Teil von ihm war, doch jetzt zum »Mitleid« erniedrigt ist. Aus der Vereinigung von Los mit dieser aus ihm entsprungenen Frau entsteht Orc (Revolte). Los wird auf den Heranwachsenden eifersüchtig (Inspiration und Revolte ergab für Blake vermutlich eine unfruchtbare demagogische Art von Poesie, wie sie ihm aus seiner Zeit wohl bekannt war) und bindet ihn an den Fels des Dekalogs. Urizen seinerseits sieht, daß »*weder Fleisch noch Geist seine eisernen Gesetze halten konnten*«, daß »*das Leben vom Tode lebt*«, und aus seiner »*sorgenvollen Seele*« bildet sich ein unzerstörbares, feines, »*weibliches Gewebe*«, »*verschlungen wie das menschliche Gehirn*«, »*das Netz der Religion*«. Unter diesem Netz »*zogen sich alle Sinne nach innen zurück*«, bis sie »*die gewobene Scheinheiligkeit nicht mehr durch-*

schauten« und in ihren »*verengten Wahrnehmungen*« »*ihr ewiges Leben vergaßen*«. In den dreißig Städten Ägyptens, dem Ursprungsland der Zivilisation, errichteten sie »*Gesetze der Vorsicht und nannten sie die ewigen Gesetze Gottes*«. Der Feuergeist Fuzon (eine Art Orc, die biblische Feuersäule) führte die dem Fluch nicht Verfallenen aus Ägypten und ließ eine in Materie und den Kategorien von Zeit und Raum erstarrte Welt zurück. – Urizen ist also zwar der Weltschöpfer im herkömmlichen Sinn, doch ganz unorthodox nicht als das absolut Gute, sondern vielmehr als sondernder, gesetzgebender Verstand ohne das Feuer des Geistes (die Poesie) und der Leidenschaft, d. h. als tyrannischer Machtherr. Laut S. F. DAMON hat Blake für diesen Weltengott viele Einzelzüge aus PLATONS *Timaios* aufgegriffen und, sie in seinem Sinn umwertend, seiner Vision eingefügt. K.E.

AUSGABEN: Lambeth 1794. – Ldn./NY 1957 (in *Collected Works*, Hg. G. Keynes, 3 Bde.). – Ldn. 1958 [Faks.]. – Oxford 1966 (in *Complete Works of W. B., with Variant Readings*; OUP). – Ldn. 1979. – Harmondsworth 1981 (in *The Complete Poems of W. B.*; Penguin). – Berkeley 1981 (in *The Complete Poetry & Prose of W. B.*).

LITERATUR: M. Rosenberg, *Style and Meaning in »The Book of Urizen«* (in Style 4, 1970, S. 197–212). – J. Riehl, *Was Origen Urizen? Another Possible Source for the Name* (in Publications of the Arkansas Philological Association, 11, 1985, Nr. 2, S. 65–71).

EUROPE: A PROPHECY

(engl.; *Europa: Eine Prophezeiung*). Episches Gedicht von William BLAKE, erschienen 1794. – *Europe* folgte *America* als zweites der vier Werke, denen Blake die Namen der Kontinente gab und in denen historische Ereignisse kosmische Vorgänge widerspiegeln. Die Versform ist hier freier und wechselnder, die Mythologie dunkler als im ersten Gedicht. In einem graziös-humorvollen Vorspiel wird berichtet, wie der Dichter, mit seinen fünf Sinnen zu dem hinter der Natur verborgenen geistig Bedeutungsvollen vordringend, in seinem Hut eine Elfe fängt, die ihm dann zu Hause das Gedicht *Europe* diktiert. Das »Preludium« knüpft thematisch an das entsprechende Stück in *America* an: die als weibliche Gestalt verstandene Natur gebiert aus der Umarmung mit Orc, dem Geist der Rebellion, unzählige Gestalten und Formen und führt bei ihrer Mutter Enitharmon (Inspiration, Raum) Klage darüber, daß »*diese kraftvollen Geburten des Feuers*« sich in die »*feste Form*« materieller Dinge verwandelt haben. Damit wird thematisch die Erniedrigung der Erscheinungen in eine materielle Fixierung angedeutet. Eine ähnliche Verfälschung hat Enitharmon seit 1800 Jahren, nämlich seit der Geburt des »geheimen Kindes« (Jesus), der Welt aufgezwungen, indem sie die Herrschaft der Frau

(d. h. weiblicher Ideale) errichtete, die sexuelle Liebe zur Sünde erklärte, das Leben nur als Brücke in eine allegorische Heimat gelten ließ und über die Türen das »Du sollst nicht« schrieb. Ihre Kinder verkörpern diese falschen Doktrinen als Emanationen ihres verkümmerten (oder schlafenden) Ursprungs (der wahren Inspiration, die Enitharmon erst in der Vereinigung mit Los, dem Geist der Poesie, wieder erreichen kann) und herrschen als Rintrah (Zorn) und Palamabron (Mitleid) mit ihren Emanationen Elynittria (als Diana der sexuellen »Reinheit«) und Ocalythron (weibliche Eifersucht), ferner als Ethinthus (der weibliche Geist des Materialismus), Manatha-Varcyon (Inspiration als Vortäuschung), Leutha (Göttin des Sexus und der weiblichen Scheinheiligkeit), Antamon (der falsche »moralische« Künstler, z. B. des *Koran*), Sotha (der zur falschen Schlacht aufrufende Musiker) mit seiner Braut Thiralatha und Oothoon samt ihrem eifersüchtigen Liebhaber Theotormon. Die Perversionen des europäischen Geistes läßt Blake an der Gestalt Newtons, des Erzwissenschaftlers, sichtbar und in konkreter Form angreifbar werden. Bei den ersten Anzeichen der aufsteigenden Revolution (Orc) schart die erwachende Enitharmon diese Kräfte um sich; doch sie werden vom anbrechenden Morgen zerstreut, der das Reich Urizens (des definierenden und fixierenden Verstandes, gekennzeichnet vom »Stein der Nacht«, dem Dekalog) von der »düsteren Jugend Englands« lösen soll und dessen Licht von Amerika her *»in die Weingärten des roten Frankreich eindringt«* und die Dichter, die Söhne des Los, zum blutigen Kampf aufruft.

Die politische und körperliche Befreiung ist in diesem Gedicht wiederum Symbol für den Anbruch einer geistigen Erneuerung. Die Zeitumstände zwangen Blake dazu, seine radikalen politischen und antikirchlichen Gedanken oft nur in verhüllter und vorsichtiger Weise vorzutragen. K.E.

AUSGABEN: Lambeth 1794. – Edmonton 1887 [Faks.]. – Ldn./NY 1957 (in *Collected Works*, Hg. G. Keynes, 3 Bde.). – Oxford 1966 (in *Complete Works of W. B., with Variant Readings*; OUP). – Harmondsworth 1981 (in *The Complete Poems of W. B.*; Penguin). – Berkeley 1981 (in *The Complete Poetry & Prose of W. B.*).

LITERATUR: A. W. J. Lincoln, *B.'s »Europe«: An Early Version?* (in NQ, 25, 1978, S. 213). – M. Anderson, *Why Is That Fairy in »Europe«?* (in Colby Library Quarterly, 21, 1985, Nr. 3, S. 122–133).

THE EVERLASTING GOSPEL

(engl.; *Das ewige Evangelium*). Gedichtfragment von William BLAKE, vermutlich um 1810 entstanden, in dem sogenannten *MS. Book (Rossetti Manuscript)* gefunden; erschienen 1818. – Das Gedicht richtet sich gegen die christliche Religion als Moraltugendlehre im konventionellen Sinn und setzt an ihre Stelle die Neuinterpretation der Gestalt Christi, die Blake auch in vielen anderen Werken gegeben hat und die sich in ähnlich direkter Form vor allem in *The Marriage of Heaven and Hell*, 1790 *(Die Hochzeit von Himmel und Hölle)*, findet. Blakes Christusbild läßt keinen Raum für die alttestamentliche Vorstellung von einem selbstgerechten, furchterregenden Gott Jehovah und verkörpert in idealer Weise die Doktrin des Autors von der Göttlichkeit des Menschen im allgemeinen. Er hat alle konventionellen Gesetze umgestoßen, war weder mild noch demütig, sondern sagte sich noch als Kind von seinen irdischen Eltern los; von Maria Magdalena wendete er die Bestrafung nach dem Gesetz der moralischen Tugend ab und nahm sie in Schutz vor der falschen Religion, die Unschuld mit Enthaltung (oder Keuschheit) gleichsetzt; und wenn er zu den Lehren anderer großer Menschen (wie PLATON oder CICERO) etwas Neues hinzufügte, so war dies kein Moralgesetz, sondern die Vergebung der Sünden, durch die er sich dem Menschen gleichstellte und das Licht einer neuen Vision, eines neuen Evangeliums in die *»Tore des Todes«* einbrechen ließ, das *»die begrabene Seele des Menschen und alle ihre Edelsteine«* aufwecken soll. Er war kein friedfertiger Dulder, sondern ein radikaler Revolutionär im *»geistigen Kampf«* (*»spiritual strife«*), in welcher Form sich seit je dem Dichter Blake die Welt darstellte. Dieses Bild eines männlichen, streitbaren, energischen Geistes schleudert der Dichter dem blassen Abbild Christi in der orthodoxen Vorstellung des durchschnittlichen Christen entgegen.

Die epigrammatische Wucht und sarkastische Schärfe der Formulierungen und der kurzen, hart akzentuierten Verse schockieren und wirken aufrüttelnd, ohne daß man je versucht wäre, die ernste Absicht eines Angriffs auf den unter höchstem Namen verehrten falschen Gott mit Blasphemie zu verwechseln. Das Werk atmet den Geist einer ungemein energischen und tiefen geistigen Überzeugung, die mit den Waffen gezielter Ironie und pointierter Argumentation virtuos zum Ausdruck gelangt. Das Gedicht bedient sich derselben prosodischen Prinzipien, die durch COLERIDGES *Christabel* berühmt wurden; jedoch dürften die beiden Dichter diese reich variierten Kurzverse unabhängig voneinander entwickelt haben. Blakes Gedicht, in dem das Polemische im Dienst einer kraftvoll und klar ausgesprochenen Doktrin zwar stark überwiegt, das aber dennoch ganz vom Lyrischen getragen und moduliert wird, zeigt in offengelassenen Versschlüssen, unregelmäßigen Wiederholungen und dem offensichtlichen Fehlen verschiedener Passagen deutlich fragmentarischen Charakter.

K.E.

AUSGABEN: Ldn. 1818. – Ldn./NY 1957 (in *Collected Works*, Hg. G. Keynes, 3 Bde.). – Oxford 1966 (in *Complete Works of W. B., with Variant Readings*; OUP). – Harmondsworth 1981 (in *The Complete Poems of W. B.*; Penguin). – Berkeley 1981 (in *The Complete Poetry & Prose of W. B.*).

LITERATUR: M. F. Bottrall, *The Divine Image: A Study of B.'s Interpretation of Christianity*, Rom 1950. – H. Meissner-Wichert, *W. B.s Konzeption des »Ewigen Evangeliums«*, Diss. Freiburg i. B. 1955. – A. L. Morton, *»The Everlasting Gospel«. A Study in the Sources of W. B.*, Ldn. 1958.

JERUSALEM. The Emanation of the Giant Albion

(engl.; *Jerusalem. Die Emanation des Riesen Albion*). Episches Gedicht von William BLAKE, entstanden zwischen 1804 und 1820. – Im selben Jahr begonnen wie *Milton*, ist *Jerusalem* unter den langen didaktisch-prophetischen Büchern Blakes das zuletzt vollendete, das am breitesten angelegte und obskurste. Thema der Dichtung ist, in großen Umrissen skizziert, der Fall des Menschen in den Zustand des Irrtums, sein Erwachen daraus und schließlich sein Wiedereingehen in die Ewigkeit (für Blake gleichbedeutend mit dem *»Reich der Imagination«*). Der mythologische britische Riese Albion verkörpert in diesem für Blake das Schicksal der Welt symbolisierenden kosmisch-geistigen Drama den Menschen.

Das erste der vier Kapitel zeigt das Abgleiten des vom *»ewigen Evangelium«* bereits abgerückten Menschen in den vor der geistigen Erneuerung liegenden Todesschlaf (»Beulah«). »Los« (der Dichter) zerfällt mit sich selbst, sieht sein »Gespenst« (Vernunft) und »Enitharmon« (seine Inspiration) von sich getrennt, kann jedoch noch, unter großen Mühen, »Golgonooza«, die Stadt der Kunst, erbauen (die in dem Gedicht ausführlich beschrieben und mit der sie umgebenden Einöde der Wissenschaft kontrastiert wird). Inzwischen ist der Mensch, um den »Jerusalem« (Freiheit im geistigen und moralischen Sinn) vergebens klagt, in den Herrschaftsbereich von »Vala« (Natur, Naturreligion) geraten. Nach weiteren Verblendungen sinkt er in den durch Beulah symbolisierten Schlaf. Im zweiten Kapitel werden zunächst die Illusionen dargestellt, denen Albion während dieses Schlafs erliegt. Er verfällt rasch dem Irrtum (»Ulro«), kehrt sich von der *»göttlichen Vision«* ab und gehört nun als der sterbliche Mensch »Reuben« in den Bereich des Materiellen. Obwohl er sich noch mehrmals gegen das Regime der Natur auflehnt, unterliegt er und erlaubt den Leidenschaften, sich auszubreiten. Doch sein zum letzten Mal fallender Körper wird vom Heiland aufgefangen. So steht am Ende dieses Kapitels die Hoffnung, der Heiland werde die Idee der Sünde zerstören. Das dritte Kapitel schildert den Triumph des Irrtums. Selbst Los gewährt nun der Moraltugend *(moral virtue)* Einlaß, Vernunft wird zum Gott erklärt. Das weibliche Prinzip in der Natur obsiegt im Moralgesetz, die menschliche Grausamkeit (im moralisch-geistigen Sinn) feiert Orgien, während der Tempel des Puritanismus errichtet wird. Nun sind »Rahab« (sexuelle Ausschweifung) und »Tirzah« (sexuelle Unterdrückung) Tür und Tor geöffnet. Im vierten Kapitel schließlich wird der tiefste Punkt des menschlichen Sturzes erreicht: selbst die vom Dichter behütete *»schlafende Humanität«* des Menschen wird vom Irrtum befallen, die Kunst degeneriert unter dem Einfluß von Vergnügungssucht und Sentimentalität. Doch dank der erneuerten Energie von Los beginnt nun die geistige Wiedergeburt des Menschen. In plötzlicher Erkenntnis tötet er den herrschenden Gott »Selfhood« (selbstisches Getrenntsein), und während Albion sich mit Jesus und Jerusalem zusammenfindet, weichen die alten Irrtümer dieser himmlischen Vereinigung.

Ein so gerafftes Resümee kann nur eine schwache Vorstellung von der verwirrenden Vielfalt der in diesem Werk auftauchenden Symbole und Gestalten geben, deren Bedeutung in vielen Fällen ohne Kenntnis der früheren Werke Blakes kaum zu enträtseln ist. Dazu kommen ein wie zufällig eingeflochtenes System von geographischen Symbolen, freie Abwandlungen biblischer Motive und die weitere Ausarbeitung der Hauptdoktrinen Blakes, zu denen in *Jerusalem* einige neue treten (etwa die Synthese von *Altem* und *Neuem Testament*, die Schöpfung als Beginn der Regeneration Albions, die Definition der Irrtümer als lokalisierbare und vermeidbare Kräfte). Im Vergleich zu den andern langen Epen Blakes sind in *Jerusalem* lyrische Passagen verhältnismäßig selten. Der nicht sehr kontinuierliche erzählerische Zusammenhang wird noch mehr verwischt durch die starke Betonung auch der Splittersymbole, die nicht immer mit den symbolisierten geistigen Prozessen in Verbindung gebracht werden können. Die Diskrepanz zwischen dem prophetisch-symbolischen, fast hermetischen Gedankensystem Blakes und der poetischen Gestaltung dieser Ideen ist in *Jerusalem* besonders eklatant. Im Kontrast zu der vielschichtigen Verschlüsselung stehen die jedes Kapitel einleitenden klaren Prosastücke (im dritten Kapitel um ein besonders geschlossenes Einzelgedicht bereichert: *»I saw a Monk of Charlemaine / Arise before my sight: / I talk'd with the Grey Monk as we stood / In beams of infernal light...«*). – In das Werk sollen auch persönliche politische Erfahrungen Blakes eingeflossen sein (vgl. S. F. Damon). Zu Lebzeiten des Dichters gelangte *Jerusalem* nicht an die Öffentlichkeit, nach seinem Tod war es lange Zeit nur in wenigen, von ihm selbst hergestellten Exemplaren (eines davon mit farbigen Illustrationen Blakes) bekannt. K.E.

AUSGABEN: Ldn. 1820 [1. vollst. Handabzug]. – Ldn. 1877, Hg. J. Pearson [Faks.-Ausg.]. – Ldn. 1893 (in *The Works*, Hg. E. J. Ellis u. W. B. Yeats, 3 Bde.). – Ldn. 1925 (in *The Writings*, Hg. G. Keynes, 3 Bde., 3). – Oxford 1926 (in *Prophetic Writings*, Hg. D. J. Sloss u. J. P. R. Wallis, 2 Bde., 2). – Ldn. 1952, Hg. u. Vorw. G. Keynes. – Ldn. 1953, Hg. J. Wicksteed [Faks.-Ausg.]. – Ldn. 1957 (in *The Complete Writings*, Hg. G. Keynes). – Ldn. 1966 (in *The Complete Writings*, Hg. ders.). – Oxford 1966 (in *Complete Works of W. B., with Variant Readings*; OUP). – NY 1970. – Harmondsworth 1981 (in *The Complete Poems of W. B.*; Penguin). – Berkeley 1981 (in *The Complete Poetry & Prose of W. B.*).

LITERATUR: D. V. Erdman, *Lambeth and Bethlehem in B.'s »Jerusalem«* (in MPh, 48, 1951, S. 184–192). – J. Wicksteed, *W. B.'s »Jerusalem«*, Ldn. 1953. – M. E. Rudd, *Organiz'd Innocence. The Story of B.'s Prophetic Books*, Ldn. 1956, S. 187–260. – K. Kiralis, *The Theme and Structure of W. B.'s »Jerusalem«* (in *The Divine Vision. Studies in the Poetry and Art of W. B.*, Hg. V. del Sola Pinto, Ldn. 1957, S. 139–162). – W. H. Stevenson, *B.'s »Jerusalem«* (in EIC, 9, 1959, S. 254–264). – E. J. Rose, *The Structure of B.'s »Jerusalem«* (in Bucknell Review, 11, 1963, H. 3, S. 35–54). – D. V. Erdman, *The Suppressed and Altered Passages in B.s »Jerusalem«* (in Studies in Bibliography, University of Virginia, 17, 1964, S. 1–54). – E. J. Rose, *B.'s Hand: Symbol and Design in »Jerusalem«* (in Texas Studies in Literature and Language, 6, 1964, S. 47–58). – J. Witke, *»Jerusalem«: A Synoptic Poem* (in CL, 22, 1970, S. 265–279). – R. Helms, *Ezekiel and B.'s »Jerusalem«* (in Studies in Romanticism, 13, 1974, S. 127–140). – J. McClellan, *Dramatic Movement as a Structuring Device in B.'s »Jerusalem«* (in Colby Library Quarterly, 13, 1977, S. 195–208). – D. E. Latané Jr., *The Door Into Jerusalem* (in Romanticism Past and Present, 7, 1983, Nr. 2, S. 17–26).

THE MARRIAGE OF HEAVEN AND HELL

(engl.; *Die Hochzeit von Himmel und Hölle*). Ideenschrift von William BLAKE, eigenhändig graviert und illustriert erschienen 1790 bis 1793. – Das zu den sogenannten *Prophetischen Büchern* zählende kurze Werk enthält in abwechslungsreicher, ungemein kondensierter Form die klarste Darstellung der Grundpositionen Blakeschen Denkens. Nach einem in freien Versen verfaßten symbolischen »Eingangsargument«, das die Usurpation und scheinheilig-moralische Pervertierung der mühsam errungenen vollen Wirklichkeitserkenntnis des Gerechten durch den ursprünglich im oberflächlichen Genuß beheimateten Gewissenlosen darstellt, spricht der Dichter in kräftiger, prägnanter Prosa seine Überzeugung von der Zusammengehörigkeit der Gegensätze Vernunft–Energie und Körper––Seele aus und erklärt in einer radikalen Umwertung herkömmlicher Werte Energie zum Hauptprinzip des Lebens *(»Energie ist Ewige Freude«)* und die Sinne zu *»Fenstern der Seele«* zur Außenwelt. Dem »Guten« (oder dem »Himmel«) – als Einschränkung *(restraint)* und als prohibitive Vernunft *(reason)* – setzt er das »Böse« (oder die »Hölle«) – als Energie – entgegen.

Die *Sprichwörter aus der Hölle* illustrieren in bildstarken Aphorismen und Paradoxen die verborgenen Gefahren unterdrückter Wünsche und *»stehender Wasser«*, die Perversionen einer eindämmenden Religion, die jeder freien Energieentfaltung, jedem heilsamen Exzeß abhold ist. *(»Der Weg der Maßlosigkeit führt in den Palast der Weisheit.« »Wer begehrt ohne zu handeln, brütet Pestilenz aus.«* usw.) An die *Sprichwörter* schließt ein neuer, wieder mehr argumentativ gefaßter Gedanke an: daß nämlich am Anfang *»die Dichter alle Dinge mit Göttern und Genien belebt«* hätten, die später von den Priestern willkürlich verselbständigt und von ihren Bezugsobjekten *»abstrahiert«* worden seien, so daß aus *»poetischen Vorstellungen«* Religionen entstanden und *»die Menschen vergaßen, daß alle Götter ihren Sitz in der menschlichen Brust haben«*. Die dem Menschen dadurch auferlegten Einschränkungen würden die Vision des Unendlichen in allen Dingen erst wieder freigeben, wenn *»die Türen der Wahrnehmung«* durch eine *»Verbesserung des sinnlichen Genießens...gereinigt«* wären. Auch Jesus Christus sei nicht gekommen, um den Konventionen des »Guten« Folge zu leisten, sondern um ihre starren Formen zu brechen, indem er gegen die Zehn Gebote verstieß. In fünf großartig burlesken Prosastücken (jedes trägt, in ironischer Abwandlung der in SWEDENBORGS *Diarium spirituale* verwendeten Überschrift *Denkwürdige Erzählungen*, den Titel *Denkwürdige Phantasien*) exemplifiziert Blake diese Gedanken, etwa in einem Gespräch mit den Propheten Jesaja und Ezechiel über den moralischen Gott der Juden, der sich die ganze Welt unterworfen hat, oder in der Schilderung eines Besuchs in der Hölle, bei dem der Dichter von einem Engel begleitet wird, der ihm die Schrecken des Fegefeuers zeigen will; dessen Szenarium entpuppt sich jedoch als die bloße Vorspiegelung einer gewalttätigen Metaphysik und verschwindet vor dem freien Blick des Dichters. Auch Swedenborg, mit dessen Werken sich Blake eingehend auseinandersetzte und dem er viele Impulse verdankte, wird als Anhänger der Konvention gebrandmarkt und MILTON gegenübergestellt, der *»ein echter Dichter und, ohne es zu wissen, ein Parteigänger des Teufels«* gewesen sei (eine Charakteristik, mit der Blake die Interpretationsschule der sogenannten Satanisten begründete). – Das Buch klingt in dem kraftvollen Chor des *Song of Liberty* aus. Hier wird in den für die epischen Dichtungen Blakes kennzeichnenden Langversen und unter Benutzung einiger darin enthaltener mythologischer Namen die sich in den politischen Revolutionen der Zeit manifestierende Regeneration der Welt (im Sinn von *Europe* und *America*) besungen und das Ende der Herrschaft des Gottes der Zehn Gebote prophezeit.

Die Knappheit und dialektische Schärfe der Argumentation, die Treffsicherheit des aphoristischen Stils, die Prägnanz der Bildvorstellung und die originelle Anordnung der einzelnen Teile geben dem Werk eine ganz ungewöhnliche künstlerische Modernität und eine Gedankenkraft in der Neuerteilung von Werten, die den Vergleich mit NIETZSCHE nahelegt. *The Marriage of Heaven and Hell* zeigt Blake als Meister der von ihm nicht oft benutzten Prosaform und nimmt gedanklich wie stilistisch eine Schlüsselstellung in seinem Gesamtwerk ein.
K.E.

AUSGABEN: Edmonton 1790–1793 [24 gravierte Druckplatten]. – Ldn. 1868 [Farb-Faks.]. – Ldn. 1893 (in *The Works*, Hg. E. Y. Ellis u. W. B. Yeats, 3 Bde.). – Ldn. 1925 (in *The Writings*, Hg. G. Keynes, 3 Bde.). – Oxford 1926 (in *Prophetic Writings*, Hg. D. J. Slon u. J. P. R. Wallis, 2 Bde., 1). – Ldn. 1960, Hg. G. Keynes [Farb-Faks.]. – Ldn./NY/Toronto 1966 (in *The Complete Writings*, Hg. ders.). – Oxford 1966 (in *Complete Works of W. B., with Variant Readings*; OUP). – Ldn. 1975 (OUP). – Berkeley 1931 (in *The Complete Poetry & Prose of W. B.*).

ÜBERSETZUNG: *The Marriage of Heaven and Hell/ Die Vermählung von Himmel und Hölle*, L. Schacherl, Mchn. 1975 [Einl. G. Keynes; engl.-dt.].

LITERATUR: F. G. Stokes, *Introduction to »The Marriage of Heaven and Hell« and »Song of Liberty«*, Ldn./NY 1911. – M. Plowman, *Notes on »The Marriage of Heaven and Hell«*, Ldn. 1927. – M. K. Nurmi, *B.'s »The Marriage of Heaven and Hell«. A Critical Study*, Kent/O. 1957. – M. Bloom, *Dialectic in »The Marriage of Heaven and Hell«* (in PMLA, 73, 1958, S. 501–504). – M. V. Jackson, *Prolific and Devourer: From Nonmythic to Mythic Statement in »The Marriage of Heaven and Hell« and »A Song of Liberty«* (in JEGPh, 70, 1971, S. 207–219). – G. Peckey, *»The Marriage of Heaven and Hell«: A Text and Its Conjuncture* (in The Oxford Literary Review, 3, 1979, Nr. 3, S. 52–76).

MILTON

(engl.; *Milton*). Episches Gedicht von William BLAKE, privat vervielfältigt zuerst 1809. – Der Text, von Blake selbst gestochen und koloriert, liegt in vier Kopien vor; A und B basieren auf 45 Druckplatten, C hat zusätzliche 5 Platten (es fehlt allerdings die zweite Platte mit dem Prosavorwort), die D-Kopie weist 50 Platten auf (ebenfalls ohne das Prosavorwort). Das Werk ist teilweise in Felpham entstanden, wo Blake 1800–1803 für seinen Mäzen W. HAYLEY (einen unbedeutenden Dichter und Autor eines Milton-Buches) arbeitete, sowie nach Blakes Rückkehr in London. Das Titelblatt ist 1804 gestochen, A, B und mit großer Sicherheit auch C sind auf Papier mit Wasserzeichen von 1808, D ist auf solchem von 1815 gedruckt. *Milton* folgt damit auf das fragmentarisch gebliebene Epos *The Four Zoas* (1797), in dem Blake Fall und Auferstehung Albions gestaltet, und geht dem visionären epischen Meisterwerk *Jersualem* (1804 bis 1820) voraus.
Der Titelheld des Werks ist der englische Dichter und Staatsmann John MILTON (1608–1674), der nicht nur mit der Sprachgewalt seiner Epen *Paradise Lost* (1667) und *Paradise Regained* (1671) die nachfolgende englische Literatur inspirierte und nach BODMERS Übersetzung von 1732 den Prozeß der ästhetischen Reorientierung in Deutschland einleitete, sondern auch mit seinen politischen Schriften (z. B. der *Areopagitica*, 1644, über die Pressefreiheit) zu den Begründern des neuzeitlichen Liberalismus gehört. Milton wird in Blakes Epos zu einer exemplarisch-mythischen Figur: der inspirierte Seher muß – um wirklich vorbildhaft zu sein – jedoch erst dem rationalistischen Erbe der materialistischen »Naturreligion« abschwören.
Milton basiert zwar auf einer Kosmologie, die im Sinne des Mythos aus Geschichten zusammengefügt ist, die wie die Aufeinanderfolge ikonographischer und verbaler Zeichen eine raum-zeitliche Ordnung des Vorher und Nachher zu erfordern scheinen. Andererseits sind jedoch die Gesetze chronologisch-kausaler Linearität und kohärenter räumlicher Ordnung, wie sie etwa Miltons *Paradise Lost* kennzeichnen, zugunsten einer in der poetischen Vision realisierten Gleichzeitigkeit aller Geschehnisse, Figuren und Sachverhalte aufgehoben. Trotz der Interpretationsschwierigkeiten, die durch die Einfügung weiterer Text-Bild-Teile, die eigenwillige Zeichensetzung, die Kombination von Bildlichem und Sprachlichem und die Blakesche Technik der additiv-kontextuellen Bedeutungsfestlegung der aus heterogenen (biblischen, klassischen) Quellen stammenden, teilweise aber auch selbstgeschöpften Mythologeme bedingt sind, lassen sich Aufbau und Inhalt des überaus komplexen Werkes – freilich nur unvollkommen – wiedergeben.
Milton besteht aus zwei Büchern, die über vielfältige bildliche und sprachliche Parallelen aufeinander bezogen sind. Beispiel dafür sind etwa zwei Illustrationen, die jeweils eine zurückgebeugte, vor Treppenstufen stehende und nach links bzw. rechts gewandte männliche Figur zeigen, die als William bzw. Robert (Blakes toter Bruder) identifiziert werden; auf deren rechten bzw. linken Fuß fällt ein Stern nieder, ein Vorgang, der im Text selbst als imaginative Vereinigung etwa Blakes mit Milton gekennzeichnet wird.
Das erste Buch beginnt mit einem polemischen *»Vorwort«* Blakes. Er setzt der imitativen Kunst des Klassizismus und dem Kommerzialismus der *»unwissenden Mietlinge«* in der Stecherzunft eine auch formal an der Werkstruktur ablesbare visionäre Kunst entgegen, deren Paradigma die prophetischen Bücher des *Alten Testaments* sind. In diesem Zusammenhang ist auch Milton als vorbildhaftes Beispiel des inspirierten, im sublimen Stil schreibenden Dichters zu sehen, der für die englische Romantik generell wegweisend die präskriptiven Regeln der klassizistischen Poetik überschritten hat und zugleich politische Radikalität verkörpert. Auf diesen Rezeptionsansatz verweist neben Blakes Prosavorwort, das aber in C und D fehlt, auch jenes berühmte vierstrophige Gedicht, das mit den oft zitierten Worten endet: *»Ich werde den geistigen Kampf erst beenden, ... wenn wir Jerusalem in Englands grünem und lieblichen Land errichtet haben«.*
Das *Lied des Barden* – wesentlicher Teil des ersten Buches – berichtet dann vom Streit zwischen Satan und Palambron. Die pharisäische Milde des einen und die Nachgiebigkeit des anderen führen zum

Chaos, an dem auch der Vater von beiden, Los, Blakes Verkörperung der dichterischen Imagination, mit schuld ist; Folge ist schließlich der Fall Satans, den Blake im Unterschied zu Milton als Prozeß der Individuation und der rationalistisch-moralistischen Fragmentierung einer göttlichen Ganzheit deutet, wie sie in der kalvinistischen Trennung zwischen Erwählten, Erlösten und Verdammten vorliegt. Andererseits ist das auf spirituelle Wahrheit abzielende Lied des Barden Vorbedingung dafür, daß Milton in sich Satan erkennen und seinem Irrtum, d. h. der Vergötzung der Vernunft, abschwören kann. Die Verkörperung der Vernunft ist Urizen, dessen Rationalismus für die Schaffung der Todsünden und der Moralgesetze verantwortlich gemacht wird. Die Figur Miltons steht deshalb zunächst in Blakes Versepos für eine spezifisch holistische Sicht der englischen Kultur des 17. und 18. Jahrhunderts, nämlich einer alle Aspekte der Existenz bestimmenden materialistischen »Naturreligion«. Im Gegensatz zu den polemisch verurteilten *»Bacon, Locke & Newton«* ist aber der vom göttlichen Barden inspierte Milton zur regenerativen Umkehr in der Lage.

Der zweite Teil des ersten Buches erzählt deshalb vom Abstieg Miltons in die *»Welt der Vegetation«*, d. h. in die natürliche Welt, mit dem Ziel der *»Selbstvernichtung«*, also der Revision seiner Irrtümer. Auf diesem geistigen Weg wird er mit den verschiedenen fragmentierten Aspekten seines Ich konfrontiert: mit dem *»Düsteren Weiblichen«*, der Vision politischer Tyrannei unter dem Deckmantel der religiösen Reformation; mit Urizen, der Verkörperung der abstrakten und rationalen Moral; mit Rahab und Tirzah, der durch die falsche Religion entstellten Sexualität. Schließlich verteidigt Los, der ebenso in den prophetischen Erzähler Blake eingeht wie der Barde in Milton, den nunmehr geläuterten gegenüber seinen Söhnen. Am Schluß des ersten Buches steht dann eine apokalyptische Vision von Golgonooza, Los' Stadt göttlicher Imagination, die als mentale Kraft dem bis dahin Ungeschaffenen erst eine körperliche Form zu geben vermag.

Das kürzere zweite Buch berichtet dann vom Abstieg der Söhne und Töchter Ololons (des Wahren in Miltons Irrtümern über die Rolle des Weiblichen) nach Beulah (dem Bereich des Unterbewußten, der Quelle poetischer Inspiration), die als zwölfjährige Jungfrau Ololon in Blakes Garten in Felpham erscheint; sie ist auf der Suche nach Milton, für dessen Fall aus der Ewigkeit die durch sie verkörperte Trennung in Leib und Geist verantwortlich gemacht wird. Milton kann nun jedoch den *»satanischen«* Fall in den rationalistischen Materialismus rückgängig machen, so daß auch Albion als Sinnbild der Menschheit erwacht. Der inspirierte Milton sagt schließlich den Irrtümern des Skeptizismus, des Rationalismus, der Naturreligion und der nicht göttlich inspirierten Dichtung ab.

Ein derartiges Resumée vermag nur einen unzulänglichen Eindruck von der Blakeschen Schreibweise zu geben. Zahlreiche Symbole wie etwa der Polyp, der Strudel, der Feuerofen oder auch die bildliche Darstellung des Kosmos in Form von vier einander überschneidenden, von Flammen umgebenen Kreisen, deren Mittelpunkt das »irdische Ei« bildet und durch das der bei »Adam« beginnende Erneuerungsweg Miltons geht, sind seit der ersten wegweisenden Interpretation im Anhang der Werkausgabe von W. B. YEATS und E. J. ELLIS (1893) entschlüsselt worden. Da *Milton* jedoch häufig als spiritueller *»Erlöser für Blake und England und deshalb für die Menschheit«* (H. Bloom) gelesen wird, verstellt die Sekundärliteratur durch ihre sich häufig nicht von der Blakeschen Diktion und Bildlichkeit freimachende Ausdrucksweise zusätzlich den Zugang zu einem Werk und einem Autor, der für viele Dichter insbesondere des Modernismus – von JOYCE über UNGARETTI bis GINSBERG – zu einer wesentlichen Inspirationsquelle geworden ist. U.Bö.

AUSGABEN: Edmonton 1886, Hg. W. Muir u. a. [Faks. d. A-Version]. – Ldn./NY 1950 (in *Poems and Prophecies*, Hg. M. Plowman; Einl. K. Raine). – Ldn. 1966 (in *The Complete Writings*, Hg. G. Keynes; ern. 1972). – Paris/Ldn. o. J. [1967], Hg. ders. [Faks. d. D-Version]. – Ldn. 1971 (in *The Poems of W. B.*, Hg. W. H. Stevenson u. D. V. Erdman). – Oxford 1979 (in *W. B.s Writings*, Hg. G. E. Bentley Jr., Bd. 1). – Ldn. 1979, Hg. K. P. u. R. R. Easson [Faks. d. B-Version; m. Komm.].

ÜBERSETZUNG: *Milton*, W. Wilhelm (in *Werke*, Hg. u. Einl. G. Klotz, Bln./DDR 1958).

LITERATUR: D. Saurat, *B. and Milton*, Ldn. 1935. – N. Frye, *Notes for a Commentary on »Milton«* (in N. F., *The Divine Vision*, Ldn. 1957). – H. Bloom, *B.'s Apocalypse. A Study in Poetic Argument*, NY 1963. – E. J. Rose, *B.'s »Milton«. The Poet as Poem* (in Blake Studies, 1, 1968, S. 16–38). – E. Teitelbaum, *Form as Meaning in B.'s Milton* (ebd., 2, 1969, S. 37–64). – J. A. Wittreich, Jr., *Angel of Apocalypse. B.'s Idea of Milton*, Cambridge/Mass. 1973. – W. J. T. Mitchell, *Style and Iconography in the Illustrations of B.'s »Milton«* (in Blake Studies, 6, 1973, S. 47–71). – *B.'s Sublime Allegory. Essays on »The Four Zoas«, »Milton«, »Jerusalem«*, Hg. S. Curran u. J. A. Wittreich, Jr., Madison 1973. – S. Fox, *Poetic Form in B.'s »Milton«*, Princeton 1976. – J. Howard, *B.'s »Milton«. A Study in the Selfhood*, Rutherford (N. J.)/Ldn. 1976. – D. E. James, *Written Within and Without. A Study of B.'s »Milton«*, Ffm. 1977. – A. M. Cooper, *B.'s Escape from Mythology. Self-Mastery in »Milton«* (in Studies in Romanticism, 20, 1981, S. 85–110). – J. D. Hogan, *B.s Orpheus: Theory of Poetry, Poetry as Theory*, Diss. Univ. of Colorado, Boulder 1982. – A. J. Rivero, *Typology, History, and B.s »Milton«* (in JEGP, 81, 1982, S. 30–46). – J. DiSalvo, *War of Titans: B.s Critique of Milton and the Politics of Religion*, Pittsburgh 1983.

SONGS OF INNOCENCE. – SONGS OF EXPERIENCE

(engl.; *Lieder der Unschuld. Lieder der Erfahrung*). Zwei Gedichtfolgen von William BLAKE, erschienen 1789 und 1794. – Blakes frühe Lyrik, zu der diese beiden komplementären Bände gehören, ist noch weitgehend frei von den okkultistischen Privatmythologemen, den kosmisch-epischen Systemen und dem visionären Pathos der späteren Werke, die dem Autor den Ruf eines esoterischen Dichterpropheten einbrachten. Das Metrum der *Songs* ist das der traditionellen Lieder und Hymnen; vom Blankvers der *Poetical Sketches* (1783) rückt Blake, der später jede durchgehende metrische Bindung als Einengung empfand (vgl. das Vorwort zu *Jerusalem*), bereits in diesen Gedichten ab. Das Programm der *Songs* ist auf dem Titelblatt der ersten Gesamtausgabe festgehalten: »*showing the two contrary states of the human soul*«. Diese Dialektik entspricht der Maxime des Dichters, daß es ohne Gegensätze keinen Fortschritt gebe, und bildet eine beide Gedichtfolgen zusammenhaltende Klammer. Daß sich hinter der formalen Einfachheit und leichten Verständlichkeit der *Songs* ein überaus komplexes Strukturprinzip verbirgt, wurde zunächst nicht erkannt. Noch SWINBURNE sprach von einer »*Seitenkapelle*« in Blakes Gesamtwerk, und A. E. HOUSMAN konnte den Versen nur eine »*armselige Bedeutung*« abgewinnen. Erst die Blake-Forschung des 20. Jh.s hat über die Interpretation der Einzelgedichte hinaus die Korrespondenzen der Sammlungen genauer untersucht und ist dabei zu differenzierteren Wertungen gelangt.

Die *Songs of Innocence* sind, nach Blakes eigenen Worten, »*happy songs*«. Der Verzicht auf jede individuelle Metaphorik, die zahlreichen Wiederholungen in Wortwahl, Rhythmus und Lautmalerei sowie die vornehmlich statische Beschreibung unschuldig-kindlichen Glücksgefühls zeugen von einer – freilich nur scheinbaren – naiven Grundhaltung. In Blakes Pastorale eines von Erfahrung noch unbeschädigten Lebens wird das sinnlich Wahrnehmbare zum Ausdruck des Ewigen, das sich jeder dichterischen Originalität widersetzt. Häufig wiederkehrende Symbole unschuldiger Liebe evozieren eine von Konflikten, Ängsten und Zweifeln freie Welt, in der es noch keine Entfremdung zwischen Mensch und Natur gibt. In *Night* liegt der Löwe friedlich beim Lamm, und beschützende Engel halten Wolf und Tiger vom Raub der Schafe ab. Kraft einer überpersonalen Imagination, die Blake einmal als »*divine body in every man*« beschrieb, entstehen Bilder und Situationen, die in ihrem absoluten Glücksversprechen ganz auf sich selbst zurückweisen und weder bedeutungsträchtiger Bezüge noch komplizierter Aussagen bedürfen. – In *Songs of Experience*, zu denen *The Tiger*, Blakes meistzitiertes und -interpretiertes Gedicht, gehört *(»Tiger! Tiger! burning bright/In the forest of the night, / What immortal hand or eye/Could frame thy fearful symmetry?...«)*, werden Motive der *Songs of Innocence* aufgenommen und mehrmals identische oder leicht abgewandelte Gedichttitel verwandt, doch schildert der Dichter nun, wie die Erfahrungen des erwachsenen Lebens die Unschuld immer mehr korrumpieren und schließlich zerstören. Ein sinnfälliges Beispiel für die antithetische Gegenüberstellung sind die beiden *Nurse's Songs*: Dürfen sich die Kinder im ersten Lied noch uneingeschränkt dem Spiel hingeben, so werden sie im zweiten von der säuerlich-desillusionierten Amme an die Vergänglichkeit des Lebens und die Nutzlosigkeit ihres Spiels gemahnt – an die Stelle von Freude und Freiheit tritt die kalte, einengende Furcht. Die Wirkung der unversöhnlichen Gegensätze in der inhaltlichen Aussage wird durch die Beibehaltung des Rhythmus und der Naturszenerie noch verstärkt. Die Verbote im *Garden of Love* – ein angesichts der geschilderten Zwänge höchst zynischer Titel – stehen in scharfem Kontrast zur paradiesischen Ungebundenheit in *The Echoing Green*: Hier gehen die Kinder noch ganz in ihrer eigenen und der sie umgebenden Natur auf, während dort eine von religiösen und sozialen Restriktionen denaturierte Welt mit ihrem »*Thou shalt not*« alle Freuden und Wünsche unterdrückt.

Blakes wütendes Aufbegehren gegen institutionalisierten Zwang und gesellschaftliche Versklavung, das ihn für die Französische Revolution Partei ergreifen ließ, richtet sich ebenso gegen heuchlerische Liebeskonventionen *(Love)* und kirchliche Versprechungstaktiken *(Little Vagabond)* wie gegen soziales Elend *(Holy Thursday, Infant Sorrow)* und den Privilegienmißbrauch des englischen Frühkapitalismus *(London)*. Gleichsam als Symbolfiguren der Unterdrückung erscheinen immer wieder der jugendliche Kaminkehrer, der Soldat und die Hure – alle drei gezeichnet von der Unmenschlichkeit einer Welt, die ihre Unschuld endgültig eingebüßt hat. Einzig der Barde in den Einleitungsgedicht der *Songs of Experience* kündet in seiner Apostrophe an die »abgefallene Seele« von einer möglichen Überwindung des Zwiespalts zwischen *innocence* und *experience*: Er ruft die in Dunkelheit versunkene Erde auf, sich im Anblick der Sterne und des Meeres wieder der Ewigkeit der Schöpfung bewußt zu werden.

J.N.S.

AUSGABEN: Ldn. 1789 (*Songs of Innocence*; m. Ill.). – Ldn. 1794 (*Songs of Innocence and Experience*; m. Ill.). – Ldn. 1866 (*Songs of Innocence and Experience, with Other Poems*, Hg. R. H. Shepherd; ern. 1868). – Ldn. 1893 (in *The Works*, Hg. E. J. Ellis u. W. B. Yeats, 3 Bde., 3). – Ldn. 1927 (in *Selected Poems*; Einl. B. De Sélincourt). – Boston/NY 1928 [Einl. W. B. Yeats; Ill. J. Parsons]. – Ldn./NY 1957 (*Songs of Experience*, in *The Complete Writings*, Hg. G. Keynes). – Ldn. 1956, Hg. G. H. Cowling. – Ldn. 1958 [Einl. u. Anm. A. M. Wilkinson]. – Ldn./NY/Toronto 1966 (in *The Complete Writings*, Hg. G. Keynes). – NY 1967 [Einl. u. Komm. ders.]. – NY 1971 (*Songs of Innocence*). – Ldn. 1977 (*Songs of Innocence and Experience*; m. Ill.; OUP). – NY 1984 (*Songs of Experience*). – NY 1986 (*Songs of Innocence and Experience*).

ÜBERSETZUNGEN: *Lieder der Unschuld und Erfahrung*, W. Wilhelm (in *Werke*, Hg. u. Einl. G. Klotz, Bln. 1958). – *Unschuld und Erfahrung. Die beiden Kontraste der Menschenseele*, K. Wolf-Gumpold, Wien 1966. – *Lieder der Unschuld und Erfahrung*, W. Wilhelm, Ffm. 1975 (Insel Tb).

VERTONUNG: G. Jacob, *Songs of Innocence* (Kammermusik-Werk für Sopran u. Streichtrio; Urauff.: Ldn. o. J. [1922]).

LITERATUR: J. H. Wicksteed, *B.'s Innocence and Experience. A Study of the Songs and Manuscripts*, Ldn./NY 1928. – N. Frye, *B.'s Introduction to Experience* (in Huntington Library Quarterly, 21, 1957, S. 57–67). – E. D. Hirsch Jr., *Innocence and Experience. An Introduction to B.*, New Haven/Ldn. 1964. – D. G. Gillham, *B.'s Contrary States. The »Songs of Innocence and Experience« as Dramatic Poems*, Cambridge 1966. – *Twentieth Century Interpretations of »Songs of Innocence and of Experience«*, Hg. M. D. Paley, Englewood Cliffs/N.J. 1969. – B. Wilkie, *B.'s »Innocence and Experience«: An Approach* (in B. Studies, 6, 1975, S. 119–137). – C. Davidson, *B.'s »Songs of Experience« and »Rebel Nature«* (in Research Studies, 44, 1976, S. 35–41). – M. L. Stepto, *Mothers and Fathers in B.'s »Songs of Innocence«* (in The Yale Review, 67, 1978, S. 357–370).

VISIONS OF THE DAUGHTERS OF ALBION

(engl.; *Visionen der Töchter Albions*). Episches Gedicht von William BLAKE, erschienen 1793. – Blakes prophetisches Gedicht, das zweite der kleinen symbolischen Bücher mit Illustrationen des Autors (auch *Lambeth Books* genannt), ist eine Art Interludium zwischen den frühen *Songs* und den späteren mythologischen Allegorien, von denen es sich durch seine Kürze und argumentatorische Knappheit unterscheidet. In jambischen Heptametern – zwei in jeder Verszeile – wird von der Jungfrau Oothoon (*»die sanfte Seele Amerikas«*) erzählt, die Theotormon liebt und für ihn im Tal der Leutha (Symbol der puritanischen Restriktionen) die Blume der irdischen Erfahrung pflückt. Doch bevor sie zum Geliebten gelangt, wird sie von Bromion ergriffen, vergewaltigt und zu seiner »Hure« erklärt. Theotormon, der als Ideenfigur eine sublimierte Synthese aus Bromion und Oothoon darstellt, spült *»seine schwarzen Wasser der Eifersucht um das ehebrecherische Paar«* und sitzt weinend und wehklagend vor Bromions Höhle, wo die beiden Rücken an Rücken gekettet verharren. In den nun folgenden ineinander verschränkten Monologen der drei Figuren gehen private, politische und mythische Allegorien eine höchst komplexe Symbiose ein. Oothoon, Symbol des Instinkts in seiner natürlichen Reinheit, kann das falsche Gesetz von Bromions Gott Urizen nicht anerkennen, nach dem alles im Kosmos einem einzigen Ziel zugeordnet sei und das den verschiedenen Aspekten des Lebens jede notwendige Relativierung verweigert (die Beispiele, die Oothoon vor allem der sozialen Sphäre entnimmt, sind ätzend kritisch und von großer Anschaulichkeit). Dem eifersüchtigen, zwischen lähmender Vernunft, starrer Glaubensbefangenheit und brennendem Verlangen schwankenden Theotormon hält sie die Unmöglichkeit der konventionell-moralischen Trennung von Körper und Seele entgegen: *»Kann ich geschändet sein, wenn ich dein Bild vollkommen widerspiegle?«* Ihre Seufzer werden von den Töchtern Albions, den Verkörperungen unterdrückter Weiblichkeit, erwidert. Oothoon fühlt sich eingeengt von Urizens »Gesetz«, das nicht Raum läßt für eine Vielfalt *»heiliger, ewiger, unbegrenzter Freuden«*, und der Verleugnung natürlicher Instinkte, die dem Individuum Erfüllung verweigert und ihm moralische Fesseln anlegt; an Stelle des *»gefrorenen Bettes der Ehe«* stellt sie Theotormon die Utopie einer von sexuellen Zwängen und lustfeindlichen Vorurteilen freien Lebensweise in Aussicht. Aber Oothoons emphatische Beschwörung einer von Egoismus unbelasteten Liebe bleibt unerwidert.

Blakes *prophecy* ist reich an schmückenden Reihungen, Amplifikationen und rhythmischen Wiederholungen, die deutliche Anklänge an die Bibelsprache zeigen. Die Aufschlüsselung der allegorischen Handlung hat die Kritik lange beschäftigt und zu immer neuen Lesarten geführt: Ist das Werk vornehmlich eine dichterische Illustration der für ihre Zeit anarchisch-revolutionären Ideen von Mary WOLLSTONECRAFT, der Vorkämpferin der Frauenemanzipation? Sind die *Visions* eine versteckte Anklage gegen die Versklavung der amerikanischen Neger, wie es eine der Illustrationen und viele Textstellen nahelegen? Oder ist das eigentliche Thema die Fortführung früherer Versuche Blakes über die Dialektik von Unschuld und Erfahrung, Freiheit und Zwang, Gesetz und Auflehnung? Die Struktur des Gedichts, ein enggeknüpftes Netz unauflösbarer inhaltlicher Beziehungen, scheint alle diese Deutungen zu erlauben. J.N.S.

AUSGABEN: Ldn. 1793; Faks. Ldn. 1932, Hg. J. M. Murry, u. Ldn. 1959. – Ldn. 1893 (in *The Works*, Hg. E. J. Ellis u. W. B. Yeats, 3 Bde.). – Ldn./NY 1957 (in *The Complete Writings*, Hg. G. Keynes; ern. 1966). – Harmondsworth 1981 (in *The Complete Poems of W. B.*; Penguin). – Berkeley 1981 (in *The Complete Poetry & Prose of W. B.*).

LITERATUR: J. G. Moss, *Structural Form in B.'s »Visions of the Daughters of Albion«* (in Humanities Association Bull., 22, 1971, Nr. 2, S. 9–18). – J. E. Peterson, *The »Visions of the Daughters of Albion«: A Problem of Perception* (in PQ, 52, 1973, S. 252–264). – G. J. Butler, *Conflict between Levels in B.'s »Visions of the Daughters of Albion«* (in Recovering Literature, 5, 1976, Nr. 2, S. 39–49). – M. Bracher, *The Metaphysical Grounds of Oppression in B.'s »Visions of the Daughters of Albion«* (in Colby Library Quarterly, 20, 1984, Nr. 3, S. 164–176).

ANNA BLAMAN

d.i. Johanna Petronella Vrugt
* 31.1.1905 Rotterdam
† 13.7.1960 Rotterdam

LITERATUR ZUR AUTORIN:
H. Haasse u. A. Kossmann, *A. B. Twee lezingen*, Amsterdam 1961. – B. Bakker u. a., *A. B. Schrijvers prentenboek*, Amsterdam 1962. – H. Haasse, *Over A. B.* (in H. H., *Leestekens*, Amsterdam 1965). – K. Fens, *A. B.*. (in K. F., *Loodlijnen*, Amsterdam 1967). – H. Struyker Boudier, *Speurtocht naar een onbekende. A. B. en haar eenzaam avontuur*, Amsterdam 1973. – C. J. E. Dinaux, *A. B.* (in C. J. E. D., *Herzien bestek*, Amsterdam 1974). – C. Lührs, *Mijn zuster A. B.*, Amsterdam 1976. – Literama, 13, Nov./Dez. 1978 [Sondernr. *A. B.*]. – L. Ross, Art. *A. B.* (in *Kritisch lexikon van de Nederlandstalige literatuur na 1945*, Alphen aan den Rijn u. a., Nlg., Juni 1981). – A. Meinderts, *A. B. 1905–1960* (in *'t Is vol van schatten hier*, Hg. J. Kruithof, Bd. 2, Amsterdam 1986).

EENZAAM AVONTUUR

(ndl.; *Ü: Einsames Abenteuer*). Roman von Anna BLAMAN, erschienen 1948. – Nach ihrem Romanerstling *Vrouw en vriend*, 1941 *(Frau und Freund)*, gelang Anna Blaman mit *Eenzaam avontuur* ein Werk, das ihr neben begeisterter Anerkennung fortschrittlich denkender Kritiker und mehreren Romanpreisen auch heftige Angriffe eintrug. Besonders an ihren freimütigen Schilderungen erotischer Phänomene (vor allem der lesbischen Liebe) schieden sich in den Niederlanden die Geister, obzwar das Buch keine pornographischen Züge trägt. – Der Protagonist des Romans ist Kosta, Verfasser von Detektivromanen und Verfechter einer typisch männlichen Liebes- und Geschlechtsmoral. Er lebt mit Alide zusammen, die ihn eines Tages wegen eines Friseurs verläßt. Seine unablässigen Versuche, sie zurückzugewinnen, scheitern schließlich an der immer offenkundigeren Tatsache, daß sie einander fremd geworden sind.
In dieses karge Handlungsgerüst ist das innere Drama verwoben, das sich zwischen den beiden Liebenden abspielt. Die Darstellung bewegt sich auf zwei Ebenen: dem in der Ichform gehaltenen Erlebnisbericht Kostas und dessen literarischer Spiegelung im fortschreitenden Konzept seines Kriminalromans, in dem das Erlebte tröstlich-illusionärer Lesestoff wird. Wo der Autor Kosta im Leben und Lieben versagt, behält King, der Held des Romans-im-Roman, die Oberhand. Wo Alide ihrer verwirrten Gefühle nicht mehr Herr wird, da ersteht im »Binnen-Roman« an ihrer Stelle Julietta, das Wunschbild geheimnisvoll dämonischer Weiblichkeit. – Trotz der ironischen Distanz dieser Erzähltechnik und des nüchternen, beinahe simplen Stils mit seiner zuweilen trocken-humorigen Genauigkeit der Schilderung entbehrt das Werk nicht einer melancholischen Poesie. H.Ho.

AUSGABEN: Amsterdam 1948. – Amsterdam 1960.

ÜBERSETZUNG: *Einsames Abenteuer*, M. Csollány, Zürich 1988.

LITERATUR: L. Th. Lehmann, *A. B. »Eenzaam avontuur«* (in Libertinage, März/April 1949). – W. J. C. Buitendijk, *Roman van het bankroet* (in W. J. C. B., *Op de keper beschouwd. Essays*, Kampen 1951). – G. Stuiveling, *Op de grens*, (in G. St., *Triptiek*, Amsterdam 1952). – A. Romein-Verschoor, *Aanslag op het rozenprieel* (in A. R.-V., *Spelen met de tijd*, Amsterdam 1957). – V. E. van Vriesland, *A. B.: begrensde verdieping* (in V. E. van V., *Onderzoek en vertoog*, Bd. 2, Amsterdam 1958). – F. C. Maatje, *Die »reziproke Erhellung« als Funktion der Verknüpfung, dargestellt an dem Roman »Eenzaam avontuur« von A. B.* (in F. C. M., *Der Doppelroman*, Groningen 1964).

OP LEVEN EN DOOD

(ndl.; *Auf Leben und Tod*). Roman von Anna BLAMAN, erschienen 1954. – »*In den letzten Jahren fühlte ich mich wie ein Reisender, der einen falschen Weg eingeschlagen hatte und diesem schon so weit gefolgt war, daß keine Rückkehr mehr möglich war.*« Mit diesen Worten setzt der Roman ein, in dem der Journalist Stefan einen Ausweg aus der seine Existenz gefährdenden Lebenskrise sucht. Vor sechs Jahren hat ihn seine Frau Stella verlassen, und seitdem fühlt er sich in Vereinsamung zugrunde gehen. »*Mein Leben war einer leeren Hülle vergleichbar, in der Intimität meiner Existenz herrschte eine grausige Stille, eine Leere.*« Eines Abends begreift er, »*daß etwas Besonderes geschehen mußte, wenn ich gerettet werden wollte*«.
Er ist areligiös; mit großen metaphysischen Konzeptionen kann er nur noch spielen, und in der Begegnung mit anderen Menschen findet er lediglich Unvollkommenheit und Veränderlichkeit. Geschickt demonstriert die Verfasserin seine Lage, indem sie in Einblendungen seine Begegnungen mit anderen Menschen schildert und berichtet, wie er dabei jeweils scheitert: Nacheinander werden die Entfremdung in der Erotik (Marian und Franciska), in der Freundschaft (Paul Stermund), in der Politik (Sally und der Kommunismus) und in der Familie (Mutter und Schwester) beschrieben. In einem Herzanfall manifestiert sich schließlich seine seelische Zerrüttung, und er gelangt zu der Erkenntnis, daß man im Leben vollständig einsam ist, ja daß die unvollkommene Relation zwischen Mensch und Existenz eine wesentliche und unaufhebbare Gegebenheit ist. Erst in dieser extremen Daseinssituation will er demütig in einer neuen

Liebe innerhalb der begrenzten menschlichen Möglichkeiten zu vergessen versuchen, daß der Mensch seiner Natur nach einsam und wehrlos ist – »*die einzige Möglichkeit, die Illusion des Glücks zu bewahren, es gab nichts anderes*«.

In einer ernsthaften, aufrichtigen Sprache setzt sich die Autorin in diesem Buch mit der existentialistischen Frage auseinander, wie denn ein Mensch weiterleben soll, der jede Hoffnung auf Glück verloren hat, da der für ihn höchste Wert, die Liebe, sich nur unvollkommen realisierbar zeigt. Gerade in der Liebe, deren verschiedene Erlebnismöglichkeiten vom bloßen erotischen Abenteuer bis zur höchsten Vereinigung in raffinierter Weise dargestellt werden, erfährt der Mensch seine Beschränktheit. Dennoch führt diese schmerzlich düstere Auffassung vom Leben nicht zum Nihilismus, sondern das Leben wird schließlich trotz dieser Beschränktheit so akzeptiert, wie es ist. A.v.H.

AUSGABEN: Amsterdam 1954; [11]1967.

LITERATUR: G. Knuvelder, *A. B.*, »*Ram Horna*«, »*De kruisvaarder*«, »*Op leven en dood*« (in G. K., Spiegelbeeld, Herzogenbusch 1964). – S. Vestdijk, *De zieke mens in de romanliteratuur*, Baarn 1964.

MAURICE BLANCHOT

* 22.9.1907 Quain / Saône-et-Loire

LITERATUR ZUM AUTOR:
P. Klossowski, *Sur M. B.* (in Les Temps modernes, Sept.–Dez.1949; ern. in P. K., *Un si funeste désir*, Paris 1963, S. 159–183). – E. Levinas, *M. B. et le regard du poète* (in Monde Nouveau, 98, 1956, S. 6–19). – Critique, 22, 1966 [Sondernr. *M. B.*]. – F. Collin, *M. B. et la question de l'écriture*, Paris 1971; ern. 1986. – P. de Man, *M. B.* (in *Modern French Criticism*, Hg. J. K. Simon, Chicago/Ldn. 1972, S. 255–276). – L. Laporte u. B. Noël, *Deux lectures de B.*, Montpellier 1973. – P. Madaule, *Une tâche sérieuse?*, Paris 1973. – D. Wilhelm, *M. B., la voix narrative*, Paris 1974. – E. Levinas, *Sur M. B.*, Montpellier 1975. – F. Wolfzettel, *M. B.* (in *Französische Literaturkritik der Gegenwart in Einzeldarstellungen*, Hg. W. D. Lange, Stg. 1975, S. 27–46). – E. Londyn, *B. romancier*, Paris 1976. – Sub-Stance, 14, 1976 [Sondernr. *M. B.*]. – Gramma: écriture et lecture, 1975/76, Nr. 3–5 [Sondernr. *M. B.*]. – G. Préli, *La force du dehors*, Paris 1977. – K. Hölz, B. (in K.-H., *Destruktion und Konstruktion*, Ffm. 1980, S. 117–158). – B. Noël, *D'une main obscure*, Paris 1982. – *M. B., l'éthique de la littérature*, Hg. A. Leupin (in EsCr, 24, 1984, H. 3; Sondernr.). – K. Hölz, *M. B.* (in KLRG, 1985). – J. Derrida, *Parages*, Paris 1986.

L'ENTRETIEN INFINI

(frz.; *Das unendliche Zwiegespräch*). Literaturontologisch-kulturphilosophischer Essay- und Dialog-Sammelband von Maurice BLANCHOT, erschienen 1969. – Mit den hier versammelten, bereits zwischen 1953 und 1965 (zum Teil auch später) verstreut veröffentlichen und in einer Nachbemerkung als »*schon postum*« und »*fast anonym*« bezeichneten Texten schließt der Romancier, Literaturkritiker und Philosoph Blanchot an einige ältere seiner Schriften an (*La littérature et le droit à la mort*, 1948; *L'Espace littéraire*, 1955; *Le livre à venir*, 1959), bringt aber nun den philosophischen Aspekt seiner Sondierung der literarischen Erfahrung verstärkt ins Spiel.

In behutsamer Fühlung- wie Distanznahme zu NIETZSCHE und HEIDEGGER, MALLARMÉ und R. CHAR, nicht zuletzt im Austausch mit dem Denken seiner langjährigen Freunde G. BATAILLE und E. LÉVINAS durchmißt Blanchot den Denkraum, den die anthropologische Hegel-Interpretation von A. KOJÈVE (vgl. *Phänomenologie des Geistes*) in den dreißiger Jahren für die philosophische Theoriediskussion in Frankreich geschaffen hat. Kojève hatte die prinzipielle Überwindung aller Gegensätze im absoluten Wissen mit dem »*Ende der Geschichte*« gleichgesetzt, das den »*Tod des Menschen*« in einer dialektischen Geschichtsontologie zur Folge habe. Blanchot zieht daraus den Schluß, daß es dem Denken gerade angesichts der absoluten Präsenzform des Geistes aufgegeben sei, jene Phänomene der Depräsenz und Absenz zu befragen, die für die moderne Kunst und Literatur seit der Frühromantik charakteristisch sind.

Die Titelwahl wie die Bevorzugung der Gesprächsform in vielen Texten erwachsen aber keineswegs einem Vertrauen in die einigende Kraft des dialogischen Beweisens und Argumentierens. Vielmehr soll eine gleichsam anti-sokratische Kunst des rückhaltlos ungesicherten, sich nicht aufzwingenden Denkens im Fragen erprobt werden, worin Sich-Unterhalten (*s'entretenir*) ein »Zwischen« (*entre-deux*) offenhalte, das helfe, »*das Verhältnis zum Unbekannten zu wahren, das die einzige Gabe des Wortes ist*«. Ebensowenig markiert die Gliederung in drei Hauptteile (*Das plurale Sprechen; Die Grenzerfahrung; Die Abwesenheit des Buches*) Stationen eines sich entfaltenden Denkweges, sondern bezeichnet ständig wirksame Motive, die sich in Serien von Begriffen vervielfältigen, um eine nichtkonzeptualisierbare Differenz zu umkreisen. »*La parole plurielle*« meint kein vielstimmiges Konzert, das auf die Einheit der Vernunft bezogen wäre, sondern das »*Bejahen der Unterbrechung und des Bruches*«, das heißt ein fragmentarisches, diskontinuierliches »Schrift-Sprechen« (*parole d'écriture*), das nichts realisiert und re-präsentiert, aber dafür die Intransitivität der Sprache aufblitzen läßt. Als »*Sprache des Fragens*« ist große Literatur für Blanchot der ausgezeichnete Ort der Absenz, wo das Ganze der Welt in bezug zur »Nicht-Welt« tritt, die das »Außen« des Denkens und Sprechens bildet, das die

Präsenz des Gegebenen unmerklich spaltet und in einer seriellen »Verstreuung« (*dispersion*) pulverisiert. Im Schock einer nicht-dialektischen »Grenzerfahrung« – exemplarisch in Nietzsches »Ewiger Wiederkunft« und Batailles »Überschreitung« formuliert – zerstreue sich die Eine Vernunft in das selbstherrliche Spiel eines Poly-Logos, in dem die Welt kein lesbares Buch mehr ist, sondern ein »*Text ohne Prätext*«, ohne Ursprung und interne Kohärenz. In dieser Sicht diagnostiziert Blanchot, ausgehend von Mallarmés Ausspruch »*Dieses verrückte Spiel des Schreibens*«, eine Ende des 19. Jh.s einsetzende Verschiebung von der Idee des Buches, dem privilegierten Behältnis kultureller und metaphysischer Sinnstiftung, zur Auflösung der Werkidee in der nackten Materialität der Schrift; avancierte Kunst sei »*als post-kulturell zu qualifizieren*«. Ganz in die Anonymität eines »Man spricht« eingetaucht und in der »Neutralität« eines paradox-subjektlosen Sprechens im Modus des »Ich bin tot« verschwindend, zeichne sich im Schreiben eine weder Gott noch Menschheit verpflichtete »*écriture blanche*« ab, eine heillose »*Schrift des Anderen, des Sterbens selbst*«, was Blanchot zu der Frage führt: »*Ist der Mensch einer radikalen Befragung fähig, daß heißt letztlich, ist er fähig zur Literatur, wenn diese sich der Absenz des Buches zuwendet?*«
Blanchot hat die Denkhorizonte von M. FOUCAULT (vgl. bes. *Histoire de la folie; L'Archéologie du savoir*) und J. DERRIDA (vgl. *L'Écriture et la différence, De la grammatologie*) nachhaltig geprägt. Im deutschen Sprachraum ist sein Denken allerdings bisher noch weitgehend unbekannt geblieben. W. Mi.

AUSGABE: Paris 1969.

LITERATUR: F. Collin, *Écriture et matérialité* (in Critique, 279/280, 1970, S. 747–758).

THOMAS L'OBSCUR

(frz.; Ü: *Thomas der Dunkle*). Roman von Maurice BLANCHOT, erschienen 1941; in stark veränderter Fassung 1950. – Im Vorwort zur definitiven Ausgabe von 1950 weist der Autor auf die Änderungen gegenüber der ersten Fassung von 1941 hin. Er nennt die jetzige Version »*ganz neu, aber auch ganz gleich*«. Die Handlung ist gekürzt, die Sprache gestrafft. Durch Streichung zahlreicher Attribute ist das Hauptwort nicht mehr eindeutig bestimmt, sondern enthüllt einen »*Kern von unendlichen Bedeutungen*«.
Die Handlung – falls von einer solchen noch die Rede sein darf – kann als Traum, Agonie oder als reiner Bewußtseinsstrom des Titelhelden aufgefaßt werden. Am Anfang glaubt der Leser sich noch in einer vertrauten Wirklichkeit: »*Thomas setzte sich und schaute aufs Meer*«, beginnt der Roman. »*Eine Zeitlang saß er unbeweglich... Dann, als ihn eine... Welle berührte, stieg er ... das Sandufer hinab und glitt mitten in die Wogen, die über ihm zusammenschlugen.*« Als geübter Schwimmer wagt er sich weit hinaus, gerät aber in unerwartete Strömungen, die seine Kräfte lähmen und in denen er sich wie ertrunken fühlt. Von nun an schwimmt er wie »*ein flossenloses Ungeheuer*« in einer »*unbestimmten Region*«. Mit großer Mühe gelingt es ihm, sich der neuen Möglichkeit hinzugeben und mit »*Bitternis ganz in sich zu ertrinken*«. Am Schluß des ersten Kapitels steht Thomas verwandelt wieder am Ufer. Am Horizont sieht er einen Schwimmer, mit dem er sich »*auf ganz intime Weise*« verbunden fühlt. Ist es Thomas l'obscur, sein anderes Ich, das da untergeht? Hier beginnt die Verdoppelung, die Negation des Seins und die Negation des Nichts, die »*Abwesenheit der Abwesenheit*«. Die Nacht, »*wie aus einer Wunde des Denkens hervorgegangen*«, umfängt den dunklen Thomas, der in einen Keller mit unüberwindlichen Mauern eingeschlossen ist. Als Schatten oder Phantom, seiner Sinne beraubt, nimmt er Kontakte auf mit der Leere, der fremdeste Fremdling unter den Gästen seines Hotels. In seinem Zimmer fühlt er sich bei der Lektüre eines Buches von einem Wort belauert, ja von allen Wörtern, die sich, »*einer Reihe Engel gleich, bis zur Unendlichkeit, bis zum Auge des Absoluten*« öffnen. Eines der Wörter wird zur riesenhaften Ratte, die ihn beißt und schlägt. In der zweiten Nacht begleitet ihn eine Katze durch einen Tunnel und gibt in einem Monolog ein schreckliches Bild von ihm verlorenen Ich und ihrem Tod. Thomas muß seinen eigenen Kreis immer wieder neu ausschreiten. Auch die Begegnung mit Anne wird für ihn zu einer »*entsetzlichen*« und »*ereignislosen Geschichte*«. Anne bewegt sich in einer Antiwelt aus Schweigen, Leere, Verlassenheit und Irrealität. Ihre Agonie und ihr Tod sind zugleich Thomas' eigene Erlebnisse, »*seine Realtiät in der Form des Nichts*«. Mag er auch durch eine Frühlingslandschaft gehen, so sind doch die Bäume ohne Früchte, die Blumen ohne Blüten und die Vögel singen mit stummen Stimmen. Eine Menschenflut ergießt sich »*bis zu den Enden der Welt..., indes die ungeheure Masse der Dinge unter einer Aschenwolke zusammensinkt*«. Mit dem Einsturz der Welt und Gegenwelt scheint die »*tödliche Kraft des Wortes*«, aber auch »*das Ungenügen der Sprache und des Denkens*« erwiesen.
In Blanchots Roman sammeln sich die literarischen Strömungen des Jahrhunderts. Was immer von PROUST, KAFKA, JOYCE, den Surrealisten, Existentialisten und den Vertretern des *nouveau roman* an psychologischen Gehalten, ästhetischen Formprinzipien und an geistigem Weltstoff neu in die Literatur eingebracht wurde, hier erscheint es in einer eigenwilligen künstlerischen Verarbeitung und surrealen Aufschichtung wieder. J.Th.

AUSGABEN: Paris 1941. – Paris ²1950 [veränd. Fassg.]. – Paris 1971.

ÜBERSETZUNG: *Thomas der Dunkle*, J. Laederach, Ffm. 1987 (BS).

LITERATUR: M. Arland, Rez. (in NRF, Jan. 1942, S. 94 f.). – J. Starobinski, »*Thomas l'obscur*«, cha-

pitre premier (in Critique, 22, 1966, Nr. 229, S. 498–513). – L. Keller, »*Thomas l'obscur*« (in *Der moderne französische Roman*, Hg. W. Pabst, Bln. 1970, S. 182–197). – R. Stillers, *B., »Thomas l'obscur«*, Ffm. u. a. 1979.

LE TRÈS-HAUT

(frz.; *Der Höchste*). Roman von Maurice BLANCHOT, erschienen 1948. – Der französische Titel des Werks ist die Umschreibung für Gott; von Gott aber ist in diesem Roman nirgendwo die Rede. Einmal wird der Ich-Erzähler, Henri Sorge, so genannt. Im übertragenen Sinn kann auch der machtvollkommene, allgegenwärtige Staat damit gemeint sein, in dessen Diensten der Erzähler als Verwaltungsangestellter steht. Gleich dem Titelhelden des Romans *Thomas l'Obscur* bewegt er sich auf der Schwelle zwischen Halluzination und Wirklichkeit. Er ist gerade aus dem Spital entlassen worden und kehrt nach Hause zurück. Unterwegs wird er von einem Fremden niedergeschlagen. Vor der Polizei scheint der Fall bald geklärt, aber Sorge, wie von einer Wahnidee besessen, beginnt seinen Angreifer zu verteidigen. Auch den nachfolgenden Begegnungen haftet ein Zug des Außergewöhnlichen, zuweilen Übersinnlichen. Mit seiner Schwester verbindet ihn ein geheimnisvolles, weit zurückliegendes Ereignis; die Mutter ist ihm seit ihrer Wiederverheiratung entfremdet, sein Stiefvater hingegen, ein hoher Staatsfunktionär, verkörpert für ihn die »*absolute Autorität*« wie der Vater in KAFKAS *Urteil*. Eine kafkaeske Grundlinie wird in der Zeichnung fast jeder Situation sichtbar, in die der Erzähler gerät. Bei einem Menschenauflauf nimmt ihn die Polizei fest, weil angeblich ein Stempel in seinem Ausweis fehlt. Er glaubt sich von Spionen umgeben, von Feinden verfolgt und schuldig vor dem Gesetz. Nachts dringen erregende Geräusche in sein Zimmer, die er mit halluzinatorischer Schärfe registriert. Er hat seltsame Begegnungen in dem großen Mietshaus, in dem er wohnt und das immer mehr zum Mittelpunkt der verschiedenartigen Geschehnisse wird. Denn seit die »Seuche« in der Stadt wütet, ist es Armenspital geworden, ein Pesthaus, Sammelplatz der Kranken, Asozialen und Verschwörer.

»*Pest?*« fragt der Erzähler und gibt die Antwort: »*Vielleicht ist es nicht genau das, aber für das Volk ist es die Pest.*« Die realistische Schilderung der Epidemie erhält hier den gleichen existentiellen Stellenwert wie bei CAMUS. Möglicherweise ist die »Pest« nur eine Erfindung der Behörde, ein Vorwand für den Abbruch alter baufälliger Viertel, Schlupfwinkel der Staatsgegner. Der unfehlbare, allwissende Staat, ein Gebilde wie aus ORWELLS *Nineteen Eighty-Four (1984)* schafft sich nämlich seine eigenen Gegner, um sie bekämpfen zu können und um in derart dialektischer Funktion der Obrigkeit und dem Gesetz Sinn zu verleihen. So ist der Polizei die Tätigkeit des alten Konspirateurs Bouxx genau bekannt. Er arbeitet Hand in Hand mit ihr und wird, ohne es zu wissen, sein eigener Spion. Seine geduldete Verschwörertätigkeit steht in Verbindung mit dem permanenten Aufruhr in der Stadt, den Menschenansammlungen, Gewehrsalven und Feuersbrünsten.

Die zwischenmenschlichen Beziehungen des Erzählers stehen im Zwielicht seiner Persönlichkeitsspaltung, seiner Krankheit und seines Verfolgungswahns. Sein Verhältnis zu der Krankenschwester trägt die Merkmale jener schizophrenen Bindung der Geschlechter, die zwischen knechtischer Hörigkeit und tiefstem Abscheu nie zu einem liebenden Ausgleich gelangt. Im Gegenteil: Die Umarmungen arten aus in unerbittliche Kämpfe bis hin zur Verwesung und Auflösung der physischen Person. In einer apokalyptischen Weltuntergangsstimmung endet der Bericht. Blanchots Erzähler, im Kerker der Ereignisse gefangen, versucht mit seinem Redestrom verzweifelt, sich daraus zu befreien, verstrickt sich indes immer tiefer in sie hinein. Die einfachsten Dinge erfahren eine traumhafte Verfremdung. In dem kompakten Text gibt es keine durchlässige Stelle, die als Öffnung in dieser zugemauerten Welt gedeutet werden könnte.

J.Th.

AUSGABE: Paris 1948.

LITERATUR: G. Préli, »*Le très haut« de B.* (in Trente quatre/quarante quatre, 2, 1977, S. 67–85).

RUFINO BLANCO-FOMBONA

* 17.6.1874 Caracas
† 16.10.1944 Buenos Aires

EL HOMBRE DE HIERRO

(span.; *Der Mann aus Eisen*). Roman von Rufino BLANCO-FOMBONA (Venezuela), erschienen 1907. – Dieser erste Roman des venezolanischen Lyrikers und Romanciers wurde 1905 innerhalb von zwei Monaten im Gefängnis von Ciudad Bolívar geschrieben, in das der Autor wegen angeblichen Amtsmißbrauchs als Gouverneur des Territoriums Amazonas eingeliefert worden war. Der »Mann aus Eisen«, wie Crispín Luz von seinem Arbeitgeber Perrín, einem gewissenlosen Großkaufmann, in einem Anflug von Spott und guter Laune genannt wird, entstammt einer alten Familie aus Caracas; er ist fleißig, bieder, aber schwächlich und muß schon als Kind für die Unarten seiner kräftigeren und schlaueren Geschwister büßen. Später, als verheirateter Mann, nimmt er die Schläge des Schicksals ohne den geringsten Versuch einer Auflehnung hin. Er vergöttert seine Frau María; in ihr erwecken jedoch seine Häßlichkeit, seine Pedanterie, lästige Eifersüchteleien und seine Nachgiebigkeit gegenüber den Geschwistern und der despotischen Mutter eine immer heftigere Abneigung gegen ihn. Bei der ersten Gelegenheit betrügt sie ihn mit einem jungen Dandy. Crispín, der seine Frau noch immer blind liebt, wird von dem Wunsch nach einem Kind verzehrt. Der Sohn, den María nach einem Erdbeben zur Welt bringt, ist kränklich und mißgestaltet. Während der Vater sich mit rührender Liebe um das Neugeborene bemüht, überträgt María den Haß gegen ihn auch auf das Kind. Ein anonymer Brief, in dem ihm die Untreue seiner Frau mitgeteilt wird, und das wirtschaftliche Unglück, das infolge der waghalsigen Spekulationen seines Bruders Ramón über die Familie hereinbricht, verbittern vollends das Leben Crispíns. Durch Tuberkulose geschwächt, bricht er nach einem erfolglosen Erholungsaufenthalt auf der Hacienda seines Bruders Joaquín endgültig zusammen. Zum Empfang der Sterbesakramente mit einem gefühlsrohen Mönch allein gelassen, verhallen seine Rufe nach Frau und Kind ungehört.

Schon dieser erste Roman bringt den tiefen Pessimismus Blanco-Fombonas zum Ausdruck; seine satirische Kritik richtet sich jedoch vorerst nur gegen die bürgerliche Gesellschaft von Caracas und greift noch nicht auf die Sphäre der Politik über, wie das in seinem zweiten Roman *El hombre de oro*, 1916 *(Der Mann aus Gold)* der Fall ist. Im Gegensatz zu der polemischen Verzerrung von Charakteren und Verhältnissen – ein Verfahren, das spätere Werke dieses Autors, etwa *La máscara heroica*, 1923 *(Die heroische Maske)*, nahezu zum politischen Pamphlet werden läßt – werden in *El hombre de hierro* Personen und soziales Milieu noch sorgfältig gestaltet; die überzeugende Darstellung verrät, daß Blanco-Fombona aus eigener Anschauung schöpft. Sieht man von einigen Stilmerkmalen des hispanoamerikanischen Modernismus ab, so wird man stark an die spanischen Naturalisten, vor allem Leopoldo Alas, erinnert. Von der Kritik wurde auf die Ähnlichkeit zwischen Crispín und der Hauptperson in Alas' Roman *Su único hijo*, 1890 *(Sein einziger Sohn)*, hingewiesen. Man hat das Werk auch mit *Madame Bovary* verglichen, aber unverkennbar ist es weniger europäischen Vorbildern als der venezolanischen Literatur verpflichtet. Es steht in der Linie des gesellschaftskritischen Romans, die mit *Nieve y lodo*, 1895 *(Schnee und Schmutz)*, von G. Picón-Febres beginnt und etwa mit Blanco-Fombonas *El hombre de oro* beendet ist.   D.R.

Ausgaben: Caracas 1907. – Madrid 1958 (in *Obras selectas*, Hg. E. Gabaldón Márquez). – Caracas 1972.

Literatur: C. R. Monticone, *R. B.-F. The Man and His Work*, Pittsburgh 1931. – A. Stelzmann, »*El hombre de hierro*«, *der Roman des Südamerikaners R. B.-F. in der Schulbehandlung* (in Neuphilologische Monatsschrift, 8, 1937, H. 3, S. 97–113). – W. Stegmann, *R. B.-F. und sein episches Werk*, Hbg. 1959 [m. Bibliogr.]. – H. Vydrová, »*El hombre de hierro*« *de R. B.-F.: ¿Una »Madame Bovary« venezo-*lana? (in Ibero-Americana Pragensia 11, 1978, S. 9–18). – R. A. Rivas Dugarte, *Fuentes documentales para el estudio de R. B.-F.*, Caracas 1979.

JOSEPH BLANCO WHITE

eig. José María Blanco y Crespo
* 11.7.1775 Sevilla
† 20.5.1841 Liverpool

LETTERS FROM SPAIN

(engl.; *Briefe aus Spanien*). Kostumbristische Briefe von Joseph Blanco White (Spanien), erschienen 1822. – Die als Hauptwerk des protestantischen Spaniers Blanco White geltende, aus insgesamt 13 Briefen und einem Anhang bestehende Sammlung kostumbristischer Skizzen ist das Resultat eines Projekts des schottischen Poeten Th. Campbell (1777–1844), der für seine Zeitschrift ›The New Monthly Magazine‹ einschlägige Artikel in Auftrag gab. Blanco White hatte sich nach der Rückkehr des absolutistisch ausgerichteten Königs Ferdinand VII. (1814) völlig von der spanischen Sprache und Kultur abgewandt, schöpfte jedoch nach dem erfolgreichen liberalen Aufstand von 1820 wieder Hoffnung für Spanien und verfaßte in Form von fiktiven Briefen die Memoiren Doblados, die von der Autobiographie eines jungen spanischen Priesters namens Leandro im dritten Brief unterbrochen werden: beide Autoren stehen – wie aus dem Vorwort zur zweiten Ausgabe hervorgeht – für Blanco White selbst.

Im ersten, mit Mai 1798 datierten Brief kehrt der Erzähler aus seinem englischen Exil nach Spanien zurück und bekundet die Absicht, dem Leser eine tiefgründige Darstellung der spanischen Sitten und eine Skizze des vorherrschenden Geisteslebens zu liefern. Im Vordergrund steht dabei eine überaus ätzende Religionskritik, die in verschiedenen Variationen den gesamten Text durchzieht. Doblado bezeichnet sich selbst als »*monacophob*« und begründet diese Haltung mit der persönlichen Kenntnis dieses »*verhaßten, wahrhaftigen Dschungels*«, den die Klöster in ihrem Inneren aufzuweisen hätten. – Im zweiten Brief steht dem obskuren Spanien England als leuchtendes Beispiel für Freiheit und sinnvolle Politik gegenüber, wobei insbesondere den spanischen Granden der Prozeß gemacht wird: Allzulang getragene Fesseln des spanischen Volkes würden den Weg in die Freiheit, in eine auf einer Verfassung beruhende Staatsform erschweren. – Den Schwerpunkt der Sammlung bildet der dritte Brief, in dem der fiktive Erzähler das Wort und damit die Religionskritik dem jungen Leandro überläßt: exemplarisch – wie Blanco White dies auch in seinen übrigen Schriften zu tun pflegt –

wird an Hand des autobiographischen Manuskripts Leandros die »*Herausbildung des intellektuellen und moralischen Charakters*« unter den spanischen Verhältnissen des ausgehenden 18. Jh.s dargestellt, um dem Leser – im Sinne ROUSSEAUS – die Verderbtheit der religiösen Institutionen unmißverständlich vor Augen zu führen. Die repressive Erziehung unter schärfster ideologischer Kontrolle der klerikalen Umgebung, die unheilvollen Auswirkungen der Beichte auf die kindliche Psyche, die Bestrafung für die Lektüre aufklärerischer französischer Texte, die inhumanen Zwänge des Zölibats: das sind die Hauptangriffspunkte des autobiographisch-didaktischen Einschubs im dritten Brief. »*Ignoranz, Fanatismus und Aberglaube*« der spanischen Gesellschaft sollen dem englischen Leser vor Augen geführt werden.

Die folgenden drei Briefe befassen sich eingehend mit den Widersprüchen und Absurditäten der Verhältnisse in Spanien und werfen die Fage auf, aus welchen Gründen ein Stierkampf moralisch weniger Schaden anrichten kann als eine Theatervorstellung, warum die Blutreinheit für die spanische Gesellschaft noch immer von Bedeutung ist und man bei Gelbfieberseuchen (Sevilla 1801) dem Übel mit Hilfe von religiösen Praktiken beikommen möchte. – Im siebenten und achten Brief richtet der Autor – Diderot folgend – heftige Invektiven gegen die verfänglichen Mechanismen der Mönchs- und Nonnenklöster und schreckt nicht davor zurück, die Ordensgründer für die aufgezeigten Auswüchse verantwortlich zu machen. Sich stets auf die eigene Erfahrung als Priester berufend, deckt Doblado die sonst undurchschaubaren Strukturen auf und demonstriert an mehreren Beispielen, wie junge, idealistische Menschen in die »*grausamste aller Maschinerien, die Klöster*«, geraten können. Nach einer äußerst kritischen Skizzierung der andalusischen Bräuche (neunter Brief) geht Doblado in den letzten drei Briefen auf die politischen Wirren Spaniens ein, die zur Katastrophe von 1808 und zur Ausweglosigkeit führten. Auch hier dominieren autobiographische Elemente: der lebhafte Augenzeugenbericht über das grausame Vorgehen der französischen Armee und die Flucht des Autors nach Sevilla dienen der Kritik an den Zuständen am spanischen Hof, dessen Korruptheit besonders unterstrichen wird. Zwischen französischer Armee und einheimischer Tyrannei eingezwängt, bleibt dem spanischen Priester nur mehr eine Möglichkeit offen: der Weg ins Exil.

Diese Grundaussage des Werks wurde von der spanischen Kritik lange Zeit hindurch negiert. Sogar Menéndez y Pelayo hatte die ideologische Ausrichtung des religiösen Abweichens noch aufs schärfste verurteilt. Erst vor einigen Jahren wurden die *Letters from Spain* im Rahmen der Rehabilitierung des Autors ins Spanische übersetzt. Blanco Whites Verdienst liegt in der Überschreitung des Rahmens der traditionellen Reiseromane seiner Zeit, indem er seine persönliche Entwicklung in mehreren Perspektiven und Varianten collagenartig und in brillantem Stil darzustellen vermochte. K.Er.

AUSGABEN: Ldn. 1822. – Ldn. 1825.

ÜBERSETZUNGEN: *Briefe aus Spanien*, E. L. Domeier, Hbg. 1824. – *Cartas de España*, A. Garnica, Madrid 1972; ern. 1983 [span.].

LITERATUR: *The Life of the Reverend J. B.-W., Written by Himself with Portions of His Correspondence*, Hg. J. H. Thom, 3 Bde., Ldn. 1845. – E. Piñeyro, *B.-W.* (in BHi, 12, 1910, S. 71–100; 163–200). – M. Méndez Bejarano, *Vida y obras de J. M. B. y C.*, Madrid 1920. – C. Palencia, *B.-W. y sus »Cartas sobre España«* (in CA, 115, 1961, S. 179–193). – V. Llorens, *B.-W. en el Instituto Pestalozziano* (in *Homenaje a A. Rodríguez-Moñino*, Bd. 1, Madrid 1966, S. 349–365). – A. Pons, *Recherches sur B.-W. et l'indépendence des colonies espagnoles d'Amérique*, Diss. Univ. de Paris III 1974. – L. Domergue, *J. B.-W. (Sevilla 1775–Liverpool 1841): L'obsession autobiographique chez un apostat* (in L. D., *l'autobiographie en Espagne*, Aix-en-Provence 1982, S. 111–133). – J. Goytisolo, *Obra inglesa de J. M. B.-W.*, Barcelona 1974. – K. Hack, *Spanien – J. M. B.-W. – ein gesellschaftskritischer Autor wird wiederentdeckt* (in Hispanorama, 1982, Nr. 32, S. 22–27). – K.-D. Ertler, *Die Spanienkritik im Werk J. M. B.-W.s*, Ffm./Bern 1985.

CHRISTIAN FRIEDRICH VON BLANKENBURG

* 24.1.1744 Moitzlin bei Kolberg
† 4.5.1796 Leipzig

VERSUCH ÜBER DEN ROMAN

Romantheorie von Christian Friedrich von BLANKENBURG, anonym erschienen 1774. – Das im Erscheinungsjahr von GOETHES *Werther* veröffentlichte Werk stellt den umfassendsten Beitrag zur Theorie und Technik des Aufklärungsromans in Deutschland dar. In seiner eher dialogisierenden als systematisierenden Abhandlung möchte Blankenburg, Argumente der zeitgenössischen roman- und dramentheoretischen Diskussion (DIDEROT, LESSING) aufnehmend, den Roman angesichts einer Fülle neu entstehender Werke »*zur Wahrheit und Natur zurücke führen*«. Als praktische Beispiele gelten dabei WIELANDS *Agathon* (1766/67) und FIELDINGS *Tom Jones* (1749). GOETHES *Werther* (1774) konnte Blankenburg erst ein Jahr später zur Untermauerung seiner Theorie heranziehen, »*in einer umfangreichen Rezension, die man als — teilweise korrigierenden — Nachtrag zum Text des* VERSUCHS *ansehen kann*« (K. Wölfel).

Ausgangspunkt und Grundlage von Blankenburgs Romantheorie bilden die Gegenüberstellung und wechselseitige definitorische Abgrenzung von antikem Epos und modernem Roman. Hierbei wird, parallel zur theoretischen Abhebung eines »heroischen« vom »bürgerlichen« Trauerspiel im 18. Jahrhundert, dem Epos der Bereich des Öffentlich-Repräsentativen, dem Roman dagegen der des Privaten zugewiesen. Die Gegenüberstellung »*öffentlicher Thaten und Begebenheiten des Bürgers*« (als politisches Wesen) im Epos mit den privaten »*Handlungen und Empfindungen des Menschen*« im Roman erfolgt nicht aus normativer Deduktion, vielmehr leitet Blankenburg die unterschiedlichen Bestimmungen von Epos und Roman aus den Verschiedenheiten der »*damaligen*« und »*jetzigen*« Welt ab. Diese Einsicht in die Zeitbedingtheit literarischer Gattungen erlaubt ihm eine unbefangene historische Betrachtungsweise, die dem Geschichtsdenken HERDERS verwandt ist. Nicht mehr gilt der Roman als die vom Epos abgeleitete Form. Ranggleich mit dem Epos hat der Roman aufgrund unterschiedlicher Entstehungs- und Wirkungsbedingungen andere Gegenstände der Darstellung, ein anderes Moralsystem und andere Schreibtechniken und Kunstmittel.

Die postulierte Hinwendung zur »*inneren Geschichte*« eines Menschen mit seinen »*Denkungs- und Empfindungskräften*« schafft Bedingungen für einen Typus des psychologischen Romans, bei dem »*die Begebenheiten dem Charakter untergeordnet seyn müssen*«. Das setzt nicht nur genaue psychologische Kenntnisse über die jeweilige Hauptfigur voraus, sondern die Fähigkeit, Veränderungen ihres inneren Zustands Schritt für Schritt nachzuzeichnen. Der Modus des Romans ist deshalb eine individuelle Geschichte, »*das Werden*« eines Menschen. Aufklärung und Darstellung des Innern und seiner Veränderungen, zentrale Motive der zeitgenössischen Empfindungslehre (Moses MENDELSSOHN), sind kein Selbstzweck. Die Absicht, Empfindungen im Roman darzustellen und beim Leser zu erregen, rechtfertigt sich nur im Hinblick auf einen moralischen Endzweck. Moralität jedoch bedeutet für Blankenburg kein Festhalten am überkommenen Heldenideal wie noch bei RICHARDSON. Aufgabe des Romanciers ist es vielmehr, »*mögliche Menschen der wirklichen Welt*« mit dem Ziel darzustellen, »*uns auf solche Art ... zu unterhalten, die die Vervollkommung des menschlichen Geschlechts*« befördert: Die sich im Bildungsgang vervollkommnende Hauptfigur des Romans soll der Vervollkommnung des Lesers dienen. Das kausalpsychologische Prinzip der folgerichtigen Verbindung von Ursache und Wirkung im Prozeß der inneren Entwicklung der Romancharaktere wird deshalb auch nicht als offene, sondern als teleologische Sukzession verstanden. Kausalnexus (möglichst lückenloser Motivationszusammenhang) und Finalnexus (Zielgerichtetheit des aufklärerischen Perfektibilitätsgebots) versucht Blankenburg miteinander zu verbinden. Er befindet sich damit im Umkreis jener Tradition, die den Dichter aufgrund der »*Schöpfung seiner kleinen [poetischen] Welt*« als »*Nachahmer des Schöpfers*« betrachtet; der kausalanalytische Pragmatismus vermag den teleologischen Harmoniegedanken nicht zu sprengen. – Als erzählerische Mittel empfiehlt der *Versuch* dem Romandichter insbesondere literarische Techniken der anschaulichen Vergegenwärtigung. Dazu gehören hauptsächlich Möglichkeiten dramatischen Erzählens, die das Gespräch, der Monolog oder szenische Darstellungen im Roman bieten. Vom Romanautor wird eine Umwandlung von Erzählung in Handlung gefordert. Wie im Drama sollen Techniken der unmittelbaren Veranschaulichung der Illusionierung des Lesers dienen.

Blankenburgs historisch begründete Gleichstellung des Romans mit dem Epos und seine Hinwendung zum (modernen) psychologischen Entwicklungsroman mit den Mitteln dramatischen Erzählens bilden die wichtigsten Faktoren seiner Theorie. Das Postulat einer Geschichte des sich vervollkommnenden Individuums nimmt theoretisch vorweg, was der deutsche Bildungsroman des 18. und 19. Jh.s praktisch einlöst und fortführt. Die poetologische Verengung auf einen Charakterroman des inneren Werdens hat jedoch gleichzeitig vor allem eine Ausklammerung des historischen und satirischen Romans zur Folge, worauf bereits zeitgenössische Kritiker hinwiesen. W.Vo.

AUSGABEN: Lpzg./Liegnitz 1774 [anon.]; Faks. Stg. 1965, Hg. u. Nachw. E. Lämmert.

LITERATUR: Ch. F. v. Blankenburg, Rez. (in Neue Bibl. d. schönen Wiss. u. d. freien Künste, 18, 1775, S. 46–95). – A.-L. Floersheim, *Der »Versuch über den Roman« des Freiherrn Ch. F. v. B.*, Diss. Mchn. 1926. – P. Michelsen, *L. Sterne u. der deutsche Roman des 18. Jh.s*, Göttingen 1962, S. 141–176. – W. Lockemann, *Die Entstehung des Erzählproblems. Untersuchungen zur deutschen Dichtungstheorie im 17. u. 18. Jh.*, Meisenheim 1963, S. 166–184. – J. Sang, *Ch. F. v. B. u. seine Theorie des Romans*, Diss. Mchn. 1966. – K. Wölfel, *F. v. B.s »Versuch über den Roman«* (in *Deutsche Romantheorien. Beiträge zu einer historischen Poetik des Romans in Deutschland*, Hg. R. Grimm, Ffm. 1968, S. 29–60; ern. 1974). – W. Hahl, *Reflexion u. Erzählung. Ein Problem der Romantheorie von der Spätaufklärung bis zum programmatischen Realismus*, Stg. 1971, S. 12–43. – W. Voßkamp, *Romantheorie in Deutschland von Martin Opitz bis F. v. B.*, Stg. 1973. – Ders., *F. v. B. rezeption. Probleme der Romanpoetik im 18. u. frühen 19. Jh.* (in Akten d. V. Intern. Germanisten-Kongr., 1976, 3, S. 193 bis 200). – M. Vos, *The Concept of Dramatic Narration and Its Application to Novel Theory and Criticism in Germany up to F. v. B.*, Diss. Indiana Univ. 1975 [Kurzfassg. in: *Germanist. Diss. in Kurzfassg.*, Bern u. a. 1979, S. 128–133]. – M. Wächter, *Der wirkungspoetische Aspekt in der dt. Literaturtheorie von J. J. Bodmer, J. J. Breitinger bis C. F. v. B. (1740–1774)*, Diss. Potsdam 1978. – J. Jacobs, *Die Theorie u. ihr Exempel. Zur Deutung von Wielands »Agathon« in B.s »Versuch über den Roman«* (in GRM, 31, 1981, S. 32–42).

VICENTE BLASCO IBÁÑEZ

* 29.1.1867 Valencia
† 28.1.1928 Menton / Frankreich

LITERATUR ZUM AUTOR:
E. Zamacois, *Mis contemporáneos: V. B. I.*, Madrid 1910. – J. Mas y Laglera, *B. I. y la jauría*, Madrid 1928. – R. Martínez de la Riva, *B. I., su vida, su obra, su muerte, sus mejores paginas*, Madrid 1929. – E. Gascó Contell, *Genio y figura de V. B. I.*, Madrid 1957. – E. Betoret-Paris, *El costumbrismo regional en la obra de B. I.*, Valencia 1958. – J. B. Dalbor, *The Short Stories of V. B. I.*, Ann Arbor 1961. – A. Domínguez Barberá, *El tradicionalismo de un republicano*, 3 Bde., Sevilla 1962. – J. L. León Roca, *V. B. I.*, Valencia 1967. – M. Xandró, *B. I.*, Madrid 1971. – J. L. León Roca u. J. N. Loubès, *B. I., diputado y novelista*, Toulouse 1972. – P. Smith, *V. B. I., una nueva introducción a su vida y su obra*, Santiago de Compostela 1972. – P. Tortosa, *La mejor novela de B. I.: su vida*, Valencia 1977. – C. Iglesias, *B. I. Un novelista para el mundo*, Madrid 1986.

LA BARRACA

(span.; *Ü: Valencia*). Roman von Vicente BLASCO IBÁÑEZ, erschienen 1899. – Eine Bauernhütte in der Nähe von Valencia ist wegen eines dort begangenen Verbrechens verfemt. Die umwohnenden Bauern haben sich geschworen, jeden zu vernichten, der sich anmaßen würde, dort zu wohnen oder den Boden zu bestellen. Doch Battiste Borull, ein arbeitsamer und tatkräftiger Mann, wagt es, diese Drohung zu mißachten; daraufhin sind er und seine Familie ständig den Schikanen und Verfolgungen der von Pimento, einer hinterlistigen, aber einflußreichen Kreatur, aufgewiegelten Bauernschaft ausgesetzt. Als der jüngste Sohn Borulls in einen Kanal geworfen wird und an den Folgen dieser Untat stirbt, ruht der Haß der Widersacher eine Weile. Aber als Battiste sich in einer Kneipe gegen einen heimtückischen Angriff Pimentos zur Wehr setzt und ihn niederschlägt, flammt die alte Wut um so stärker wieder auf. In der Nacht stecken die Bauern die verfemte Hütte in Brand und zerstören damit Battistes Lebenswerk.

Neben der Schönheit der üppigen Vegetation der Huerta-Landschaft bei Valencia, Schauplatz des Romans, beschreibt Blasco Ibáñez mit angeborener erzählerischer Begabung, sprachlicher Gewandtheit und dramaturgischem Geschick das Land gleichzeitig als wenig bekanntes Rückzugsgebiet von Aberglauben, Rückständigkeit, Intoleranz, Lastern aller Art und Machtmißbrauch. In allen Naturschilderungen des stets leidenschaftlichen politischen Kämpfers und unbequemen Republikaners dominiert Protest, Anklage, zugleich aber auch Selbstkritik.

Viele Kritiker halten diesen Roman für Blasco Ibáñez' Meisterwerk. Der zähe und fleißige Battiste verkörpert einen der vom Autor bewunderten Tatmenschen, die an sich selbst, an den Mitmenschen, an den Widrigkeiten der Natur oder der Lebensumstände scheitern. Battiste geht zugrunde an der dumpfen Gedankenlosigkeit und dem stumpfsinnigen Verhalten der von einem brutalen Schläger geführten Masse. Die Analogien, die man zwischen *La barraca* und ZOLAS *La terre* hat feststellen wollen, überzeugen nicht recht. Die Methodik des naturalistischen Romans ist zwar nicht ohne Nachwirkung auf Ibáñez geblieben, aber sein Naturalismus setzt vor allem die realistische Tradition der spanischen Kunst fort: Ihre Härte kam dem schroffen, kämpferischen Charakter des Verfassers, der auch in seinen Hauptfiguren zu spüren ist, am meisten entgegen. »*Das Leben ist Lebenskampf, und der Kampf ist sinnlos*« war seine Maxime, die in der klaren und einfachen Fabel dieses Romans packend veranschaulicht wird. A.F.R.

AUSGABEN: Madrid 1899. – Madrid 1958 (in *Obras completas*). – Madrid 1979–1980 (in *Obras completas*, Bd. 1). – Barcelona 1982.

ÜBERSETZUNGEN: *Valencia*, O. A. van Bebber (in *Ges. Romane*, Bd. 2, Zürich/Lpzg. 1928). – *Die Scholle*, O. A. u. E. van Bebber, Mchn. 1950.

LITERATUR: P. Gómez Martí, *Psicología del pueblo valenciano según las novelas de B. I.*, Valencia 1931. – A. Greiner, *B. I., der spanische Zola?*, Jena 1932. – A. Vázquez Cey, »*La barraca*, novela mediterránea« (in Humanidades, Universidad del Plata, 1934). – R. Edel, *B. I. in seinem Verhältnis zu einigen neueren frz. Schriftstellern*, Gütersloh 1935. – R. A. Cardwell, *B. I. »La barraca«*, Ldn. 1973. – J. Vayssiere, »*La barraca« devient »Terres maudites«* (in BHi, 76, 1974, S. 335–352). – B. Suárez, *La creación artística en »La barraca« de B. I.* (in CHA, 1981, Nr. 371, S. 371–385). – J. T. Medina, *The Valencian Novels of B. I.*, Valencia 1984, S. 51–64.

CAÑAS Y BARRO

(span.; *Rohr und Schlamm*). Roman von Vicente BLASCO IBÁÑEZ, erschienen 1902. – Schauplatz der Handlung ist das Reisanbaugebiet um Valencia. Während der junge Tonet auf Kuba seinen Militärdienst ableisten muß, heiratet die vergnügungssüchtige Neleta – seine frühere Geliebte – Canamel, den reichsten Mann der Gegend. Als Tonet wieder in seine Heimat zurückkehrt, kommt es zu einem ehebrecherischen Verhältnis zwischen ihm und Neleta. Aber nach dem Tod Canamels weigert sich diese, ihren Liebhaber zu heiraten, da sie die reiche Erbschaft nicht verlieren will. Aus demselben Grund fordert sie von Tonet, das Kind zu töten, das aus ihrer verbotenen Beziehung hervorgegangen ist. In völliger Verblendung führt er ihren Wunsch aus, wird sich dann aber seiner Schuld be-

wußt und sühnt sein Verbrechen durch Selbstmord.
Mit diesem Werk schließt Blasco Ibáñez die Reihe der »regionalistischen« Romane seiner ersten Schaffensperiode ab. Er selbst betrachtete *Rohr und Schlamm* als seinen abgerundetsten Roman. In der Tat erreichte der Autor in diesem Buch mit seinen Naturbeschreibungen und mit der Darstellung unterschiedlichster Lebensbereiche durch die Frische, Spontaneität und den Reichtum der darstellerischen Mittel einen Höhepunkt seines Schaffens. Die Figuren sind scharf konturiert, ihr Handeln vollzieht sich abseits typologischer Klischees, sie folgen inneren Zwängen und Notwendigkeiten und verstricken sich in Schuld. In der Schlußszene begräbt Tonet seinen Sohn und mit ihm seine Hoffnungen und alle Mühsal der Vergangenheit: *»Er trat anklagend gegen jene Erde, die den Sinn seines Lebens nunmehr in sich barg. Zuerst hatte er ihr seinen Schweiß, seine Kräfte und seine Illusionen hingegeben. Jetzt, da sie Früchte tragen sollte, mußte er sein Innigstes und Letztes opfern: den Sohn und Nachfolger seiner Hoffnung. Sein Lebenswerk war vollendet. Die Erde würde weiter bestehen, aber er, was sollte er noch in der Welt tun?«*
Die düstere Geschichte einer zerstörerischen Leidenschaft zwischen Menschen, die jeder echten seelischen Regung bar sind, spielt vor dem Hintergrund der bedrückenden Sumpflandschaft, deren gefährliche, aber zugleich faszinierende Atmosphäre in jeder Episode des Buchs spürbar wird. A.F.R.

AUSGABEN: Valencia 1902. – Barcelona 1959. – Madrid 1979–1980 (in *Obras completas*, Bd. 1). – Barcelona 1983.

LITERATUR: E. Levi, *V. B. I. e il suo capolavoro »Cañas y barro«*, Florenz 1922. – J. O. Swain, *The Albufera Thirty Years After, Memorias of »Cañas y barro«* (in Hispania, 18, 1935, S. 25–34). – S. H. Eoff, *The Modern Spanish Novel*, NY 1961, S. 85–119. – R. Sosa, *V. B. I. a traves de sus cuentos y novelas valencianos*, Madrid 1974, S. 113–120. – J. T. Medina, *The Artistry of B. I.'s »Cañas y barro«* (in Hispania, 60, 1977, S. 275–284). – L. Hickey, *Niveles de abstracción en »Cañas y barra«* (in Explicación de Textos Literarios, 1, 1984–1985, S. 43–51).

LOS CUATRO JINETES DEL APOCALIPSIS

(span.; *Ü: Die apokalyptischen Reiter*). Roman von Vicente BLASCO IBÁÑEZ, erschienen 1916. – Marcelo Desnoyers, gebürtiger Franzose, hat es in Argentinien schließlich zum Millionär gebracht. Er war dorthin geflohen, um nicht am Deutsch-Französischen Krieg von 1870/71 teilnehmen zu müssen. Sein Sohn Julio – die Hauptfigur des Romans – und seine Tochter Chichí sind dort geboren. Nachdem die Familie nach Paris zurückgekehrt ist, führt Julio das leichtfertige Leben des begüterten, eleganten Südamerikaners, der in Paris das nachholt, was er in seiner allzu sittenstrengen Heimat vermißt hat. Um eine Beschäftigung vorzutäuschen, hat er ein Maleratelier gemietet, doch beschäftigt ist er nur mit Margarita Laurier, die sich seinetwegen von ihrem Mann Esteban scheiden lassen will. Der Ausbruch des Ersten Weltkriegs ändert die Situation jedoch zugunsten ihres Ehemannes. Margarita kann nun das Heldentum Estebans bewundern, der an der Front verwundet wird, und schließlich söhnt sie sich mit ihm aus. Julio, der sein bequemes Leben fortsetzen möchte, stößt nicht nur bei ihr, sondern auch bei seinen früheren Freunden auf Ablehnung. So entschließt er sich, als Freiwilliger an die Front zu gehen, an der er für Frankreich fällt. Der heldenhafte Einsatz Julios, des gebürtigen Argentiniers, erfüllt seinen Vater Marcelo nicht nur mit Stolz, sondern er sieht darin geradezu seine eigene Feigheit und Untreue gegenüber seinem Vaterland wiedergutgemacht.
Die Handlung dient eigentlich nur als Gerüst für eine Reihe plastischer Kriegsschilderungen, die auch Anlaß für eine Menge ausfallender Bemerkungen über die Deutschen bieten. Im Prolog berichtet Blasco Ibáñez, daß er nach der Marneschlacht mit Poincaré gesprochen und dieser ihm geraten habe, an die Front zu gehen. *»Beobachten Sie, und vielleicht wird aus dieser Reise ein Buch entstehen, das unserer Sache dienen mag.«* Und das beeindruckbare südliche Temperament des Autors diente der Sache so sehr, daß Unparteilichkeit von vornherein kaum zu erwarten war. – Die Stärke des Werks liegt in den breit angelegten, realistischen *tableaux*, die so lebendig sind, daß die Figuren geradezu greifbar werden: so z. B. bei der Mobilisierung in Paris, den Abschiedsszenen auf dem Bahnhof, in der Marneschlacht, beim Rückzug der Truppen. Gleichwohl ist dieser Roman mit den früheren Werken des Autors kaum zu vergleichen, da er von minderer Qualität ist. Die ersten Romane Blasco Ibáñez', in denen er das valenzianische Milieu mit den sozialen Konflikten in der Stadt wie auf dem Lande beschreibt, gehören zu den besten des spanischen Naturalismus. Es mutet ironisch an, daß er mit diesem Buch zum international populärsten spanischen Schriftsteller der Zwischenkriegszeit wurde.
A.A.A.

AUSGABEN: Valencia 1916. – Madrid 1979/80 (in *Obras completas*, Bd. 2). – Barcelona 1983.

ÜBERSETZUNG: *Die apokalyptischen Reiter*, E. Koert, Bln. 1922.

VERFILMUNG: USA 1961 (Regie: V. Minelli).

LITERATUR: C. Pitollet, *V. B. I., ses romans et le roman de sa vie*, Paris 1921. – J. A. Balseiro, *V. B. I., hombre de acción y de letras*, San Juan 1935.

FLOR DE MAYO

(span.; *Maiblüte*). Roman von Vicente BLASCO IBÁÑEZ, erschienen 1895. – *Flor de Mayo* ist die

Schilderung des harten Lebens der Fischer des Cabañal, eines Stadtviertels in Valencia. Zwei Personengruppen sind einander gegenübergestellt: auf der einen Seite die Frauen, primitive Geschöpfe, die den Fisch verkaufen, den ihre Männer gefangen haben – sie sind von Elend und Entbehrungen gezeichnet und leben in der ständigen Furcht, ihre Männer und Söhne an das grausame Meer zu verlieren; auf der anderen Seite die wagemutigen Männer, die Tag für Tag dem Meer ihren Lebensunterhalt abringen müssen. Die meisten von ihnen fristen ein kümmerliches Leben und finden Trost nur im Alkohol. Nicht viele entgehen dem Schicksal, von eben dem Meer verschlungen zu werden, das ihnen das tägliche Brot gibt. Zu den wenigen, die es sogar zu einem eigenen Boot bringen, gehört Pascual. Mit Tabakschmuggel hat er in Algier einiges Geld gemacht, und so nennt er sein Boot nach der Tabakmarke, die ihm zu seinem Glück verhalf, »Flor de Mayo«. Aber wenn es ihm auch finanziell besser geht als seinen Gefährten, verfolgt ihn doch das Schicksal nicht weniger als sie. Seine Frau Dolores betrügt ihn mit seinem Bruder Tonet, mit dem sie schon vor ihrer Ehe Beziehungen unterhalten hat. Voll Verzweiflung fährt Pascual gegen den Rat der andern bei einem drohenden Sturm aus. Als die »Flor de Mayo« unterzugehen droht, versucht sich Tonet des einzigen Rettungsringes an Bord zu bemächtigen. Pascual aber will seinen Sohn retten, obwohl er weiß, daß dieser die Frucht des ehebrecherischen Verhältnisses zwischen Dolores und Tonet ist. Als Tonet sich wehrt, ersticht ihn Pascual. Doch alles ist vergeblich, niemand kommt mit dem Leben davon.

Dem fortschrittlich gesinnten Autor ging es in seinem Werk vor allem um den sozialen Aspekt, um das elende Los derer, die ihr Leben aufs Spiel setzen, damit andere gut leben können. *»Diese Leute, abgestumpft von der Gefahr, vielleicht dem Tod geweiht, fuhren aufs Meer hinaus, damit andere Wesen auf ihrem weißen Tischtuch die roten, nach Veilchen duftenden Meerestiere sähen ... die saftigen Fische mit ihrem Leichentuch appetitlicher Soßen. Die Misere begab sich in Gefahr, um die Opulenz zufriedenzustellen.«* – Auf jeder Seite zeugt der Roman von Verbitterung und Heftigkeit. Der Stil ist emphatisch, überladen mit geschwollenen und gekünstelten Metaphern. Man spürt die Absicht des Autors, einer Welt Ausdruck zu verleihen, die ihm zwar vertraut war, zu deren Beschreibung ihm jedoch die literarischen Mittel oder vielleicht auch nur Zeit und Ruhe fehlten. Im Prolog weist er darauf hin, daß dieser Roman – wie fast alle seine frühen Werke – zur Veröffentlichung in ›El Pueblo‹ gedacht war, der von ihm in Valencia herausgegebenen republikanischen Zeitung. *»Einige dieser Romane schrieb ich abschnittweise, indem ich Tag für Tag die für das Feuilleton benötigten Seiten in Druck gab.«* Blasco redigierte zu jener Zeit fast die gesamte Zeitung allein, da er sich aus Geldmangel keine Mitarbeiter leisten konnte. Im Morgengrauen, wenn die journalistischen Arbeiten beendet waren, pflegte er sich seinen Romanen zu widmen. Es ist daher nicht verwunderlich, daß *Flor de Mayo* im Fehlen von Nuancen und Feinheiten und in einer gewissen groben Oberflächlichkeit der Darstellung die Spuren der widrigen Umstände seiner Entstehung trägt.

A.A.A.

AUSGABEN: Valencia 1895. – Barcelona 1960. – Madrid 1961 (in *Obras completas*, 3 Bde., 1). – Madrid 1979–1980 (in *Obras completas*, Bd. 1). – Barcelona 1984.

LITERATUR: E. Mérimée, *B. I. et le roman des mœurs provinciales* (in BHi, 5, 1903). – J. Just Gimeno, *B. I. y Valencia*, Valencia 1929. – P. Gómez Martí, *Psicología del pueblo valenciano según las novelas de B. I.*, Valencia 1931. – J. de Entrambasaguas, Einl. (in *Las mejores novelas contemporáneas*, Bd. 2, Barcelona 1958, S. 3–80). – P. C. Smith, *V. B. I. A Critical Survey of the Novels from 1894 to 1909*, Diss. Univ. of California (vgl. Diss. Abstracts, 25, 1964/65, S. 5943). – P. Smith, *On B. I.'s »Flor de Mayo«* (in Symposium, 24, 1970, S. 55–68). – E. M. Gerli, *B. I.'s »Flor de Mayo«, Sorolla and Impressionism* (in IR, 1, 1974, S. 121–129). – R. Sosa, *V. B. I. a traves de sus cuentos y novelas valencianos*, Madrid 1974, S. 77–86. – J. T. Medina, *The Artistry of B. I.'s »Flor de Mayo«* (in Hispania, 2, 1982, S. 200–211).

ILIJA RAŠKOV BLĂSKOV

* 9.2.1839 Klisura
† 13.8.1913 Šumen

LITERATUR ZUM AUTOR:
P. Dinekov, *B.* (in *Istorija na bălg. literatura*, Sofia 1966, Bd. 2, S. 409–425). – I. Ch. Konev, *I. B. Život i delo*, Sofia 1969. – P. Dinekov, *I. B.* (in *Belezăti Bălgari*, Sofia 1969, Bd. 3, S. 499–508). – A. Aleksieva, *I. B. – pobălgaritel ot grăcki* (in Ezik i Literatura, 35, 1980, 5, S. 23–37).

IZGUBENA STANKA

(bulg.; *Stankas Entführung*). Novelle von Ilija Raškov BLĂSKOV, erschienen 1865. – Ähnlich wie DRUMEV in *Neštastna familija*, 1860 *(Eine unglückliche Familie)*, versuchte Blăskov in seinem Erstlingswerk Kritik an den für die bulgarischen Bewohner des Osmanischen Reichs immer unerträglicher werdenden innenpolitischen Verhältnissen zu üben. Da er einen offenen Angriff gegen die türkische Regierung nicht wagen konnte, veröffentlichte er die Novelle unter dem Namen seines Vaters im russischen Bessarabien. Die Fabel beruht auf einer wahren Begebenheit, die dem Autor von einem *»flüchtigen Heiducken na-*

mens Željo« berichtet wurde. Während des Krimkriegs entführten tatarische Marodeure die *»ob ihrer Schönheit bekannte«* Bauerntochter Stanka in ihr Lager am Fuß des Berges Čalá-Kavak. Verzweifelt versucht der Verlobte des Mädchens, Männer zu finden, die ihm helfen, die Braut zu befreien. Über Varna und das russische Truppenlager an der Donau führt ihn sein Weg bis Šumen, tief im Innern des Landes. Hier trifft er endlich zwei Heiducken, die ihm ihre Unterstützung nicht versagen. Nach einem Ritt durch die wildromantische Landschaft der Dobrudscha – die stofflich interessanteste und stilistisch ausgefeilteste Episode der Novelle – gelingt es den unerschrockenen Männern, Stanka ihren Entführern zu entreißen. – Erstmalig klingt hier – in Gesprächen angedeutet – ein Motiv an, das in der Folgezeit für die bulgarische Literatur (BOTEV, VAZOV, JAVOROV) bedeutsam werden sollte: die Verherrlichung des freiheitsliebenden Heidukken, des edlen Banditen, der für die Unabhängigkeit seines Volkes kämpft.

Bläskov gilt trotz seiner mundartlichen Sprachfärbung als der am stärksten überfremdete Autor der bulgarischen Literatur. Zahlreiche aus westeuropäischen Sprachen entlehnte Redewendungen geben seinem Werk weithin den Anstrich einer Übersetzung. Selbst den farbigen Schilderungen der nordostbulgarischen Landschaft, die hier zum erstenmal Gegenstand der Literatur wird, nehmen die abgegriffenen Bilder, die an französische Sensationsromane erinnern, viel von ihrem Reiz. W.Sch.

AUSGABEN: Belgrad 1865 [u. d. Namen R. I. Bläskov]. – Sofia 1866. – Sofia 1928. – Sofia 1940 (in *Izbrani proizvedenija*, 2 Bde.).

LITERATUR: B. Penev, *Istorija na novata bălgarska literatura*, Bd. 4/2, Sofia 1936, S. 1036–1125. – I. Bogdanov, *I. R. B. (1839–1913). Naroden prosvětiteľi pisateľ*, Sofia 1940. – D. Ivanova-Mirčeva, *Ezikăt na povestta »Izgubena Stanka« ot I. R. B.* (in Bălg. Ezik, 5, 1955, 3). – P. Dinekov, *Văzroždenski pisateli*, Sofia 1962. – N. D. Nikolov, *Koj e Žeľo, gerojat na »Izgubena Stanka«* (in Lit. Misăl, 1965, 1).

ERNST BLASS

* 17.10.1890 Berlin
† 23.1.1939 Berlin

DAS LYRISCHE WERK von Ernst BLASS.
Es gehört zu den Eigentümlichkeiten des deutschen Expressionismus, daß viele seiner Autoren lediglich durch ein Gedicht, eine Strophe oder gar nur eine einzige Verszeile in die Literaturgeschichte eingingen. Dies gilt für Jakob VAN HODDIS' *»Weltende«* ebenso wie für Alfred LICHTENSTEINS *»Die Dämmerung«*, Paul BOLDTS *»Junge Pferde!«* oder Friedrich Wilhelm WAGNERS *»Jungfrauen platzen männertoll«*. Auch die Erinnerung an Ernst Blass ist an eine einzige Verszeile geknüpft, die allerdings auch dem ersten von vier Gedichtbänden des gebürtigen Berliners den Titel gab: *Die Straßen komme ich entlang geweht* (1912). Dieser Vers ist der als Sonett verfaßten grotesken Idylle *An Gladys* entnommen, einem für Blass programmatischen Gedicht, in dem das lyrische Ich, ein träumerischer Dichter in der nächtlichen Weltstadt Berlin, heimwärts zieht. Was ihn die winterlichen Straßen entlangwehen läßt, ist das Ideal der Liebe – was er fürchtet, ist die Realität der Großstadt, die sein Ideal stören könnte: *»Ach, wenn jetzt nur kein Weib an mich gerät / Mit Worten, schnöde, roh und unerlaubt!«* Doch nichts stört den Heimweg des sich als Außenseiter Empfindenden, den sein Autor mit Versen eingeführt hat: *»So seltsam bin ich, der die Nacht durchgeht, / Den schwarzen Hut auf meinem Dichterhaupt. / Die Straßen komme ich entlang geweht. / Mit weichem Glücke bin ich ganz belaubt.«* /

An Gladys ist die literarische Umsetzung des poetischen Konzepts, das Ernst Blass seinem ersten Lyrikband als *»Vor-Worte«* voransetzte und das zu den wichtigsten theoretischen Dokumenten frühexpressionistischer Lyrik zählt. Zwei Jahre vor Beginn des Ersten Weltkriegs wird darin eine künftige Dichtung postuliert, deren Aufgabe es sei, *»für das Fortschreiten der Menschheit morastlosen Boden«* zu suchen; Lyrik, die um die *»große Schönheit«* weiß, die in dem Bemühen liegt, *»für die Klärung der irdischen Phänomene zu sorgen«*. Dem stellt Blass die Reize unbewußten Erlebens der *»herrlichen Weltwildnis«* gegenüber, entscheidet sich aber dennoch, und ist darin ein Vorläufer Bertolt BRECHTS, für die Sinnlichkeit politischen Erkennens und somit für politische Dichtung: *»Ich weiß indes, daß der Wille zur bewußten Erfassung des Umliegenden ein recht reicher Lustquell ist ...«* Der Dichter ist ein *»Erkennender«*, aus dessen Versen auch *»das Wissen um das Flache des Lebens, das Klebrige, das Alltägliche, das Stimmungslose, das Idiotische, die Schmach, die Miesheit«* sprechen wird. Das Alltägliche sollte nach Blass Gegenstand künstlerischer Darstellung sein, keineswegs aber sollten die Mittel künstlerischer Darstellung alltäglich sein; kein Rückfall also in den Naturalismus der neunziger Jahre, aber auch eine klare Absage an den Ästhetizismus der Jahrhundertwende. Die neue Dichtung, wie sie Blass im Herbst 1912 forderte, sollte eine kunstvolle Synthese sein aus Realismus und Idealismus: *»Der kommende Lyriker wird kritisch sein. Er wird träumerische Regungen in sich nicht niederdrücken.«*

Adäquates Stilmittel, das an Kurt HILLERS *»Ziel«*-Setzung orientierte Konzept literarisch umzusetzen, war für Blass, ähnlich wie für seine Schriftstellerkollegen Jakob VAN HODDIS, Alfred LICHTENSTEIN, Ferdinand HARDEKOPF oder Georg HEYM, die Groteske – Ludwig Meidners trunkene Großstadtstraßen, seine verzerrten Dirnen- und Kaffeehausszenerien, finden bei ihm ihre literarische Entsprechung: *»Mit einer Stirn, die Traum und Angst* *zerfraßen, / Mit einem Körper, der verzweifelt hängt / An einem Seile, das ein Teufel schwenkt, / – So läuft er durch die langen Großstadtstraßen« – »In Straßen, die sich weiß wie Küsse dehnen, / Sind Menschen viel, die sich nach Liebe sehnen«* – oder *»Stumm wurden längst die Polizeifanfaren, / Die hier am Tage den Verkehr geregelt. / In süßen Nebel liegen hingeflegelt / Die Lichter, die am Tag geschäftig waren. / / An Häusern sind sehr kitschige Figuren. / Wir treffen manche Herren von der Presse / Und viele von den aufgebauschten Huren, / Sadistenzüge um die feine Fresse«.*

Bevor in den zwanziger Jahren Erich KÄSTNER und Kurt TUCHOLSKY, Otto DIX und George GROSZ jene »Symphonie der Großstadt Berlin« komponierten, deren Eindrücke dann Walter Ruttmann in seinem gleichnamigen Film versammelte, war aus den Gedichten von Ernst Blass der Rhythmus der Großstadt schon in neuen Tönen zu vernehmen – der Verkehrslärm, die Hektik zwischen Straßenbahnen und Autobussen, das Durcheinander von Polizisten, Dirnen und Fremden, Liebenden und Künstlern, die sich an Jahreszeiten, Stimmungen und Gestirnen erfreuen oder an der Welt verzweifeln. Ernst Blass verkehrte in Berliner Bohemelokalen, in Kurt Hillers »Neuem Club« und im »Neopathetischen Cabarett«. Seine Gedichte erschienen in den wichtigsten expressionistischen Zeitschriften und Anthologien. *»Nehmen Se jrotesk – det hebt Ihnen«* – mit dieser Parole wurde Blass zu einem der wegweisenden Dichter des Frühexpressionismus. Dennoch: Auf dem Höhepunkt deutscher Kriegsbegeisterung und einer langanhaltenden persönlichen Krise, deren physische Folgen Blass möglicherweise vor dem Schicksal vieler seiner Freunde und Kollegen bewahrten, wandte sich der Vierundzwanzigjährige vom Stil seines ersten Gedichtbandes radikal ab. Die Großstadt als lyrischer Ort trat zurück, das kurz zuvor noch propagierte Alltägliche – die Influenza, der bunte Cocktail, das Kokain und die *»Wunderdirnen, schneeig und erkrankt«* – wich Referenzen an Klassik, Romantik, an RILKE und GEORGE. Kaum eine Verszeile seiner drei letzten Lyriksammlungen *Die Gedichte von Trennung und Licht* (1915), *Die Gedichte von Sommer und Tod* (1918) und *Der offene Strom* (1921) erinnert an Blass' literarische Anfänge und die ihnen vorangestellten, programmatischen *»Vor-Worte«*.

Die Hinwendung zu dem an Stefan George bewunderten *»Rein-Künstlerischen«* setzte bei Blass bereits mit der von ihm herausgegebenen literarisch-philosophischen Zeitschrift ›Die Argonauten‹ ein. Sicherlich förderten Jurastudium, Tätigkeit als Bankangestellter und Rückzug in die Provinz die Neigung des Dichters zu »reiner«, formstrenger Kunst und poetischem Eskapismus. Wo sich einst rote Haare in nächtlichen Bars gespiegelt hatten, sprach Blass nun in düsteren, ahnungsvollen Versen von *»der Liebe Stunde«*: *Ich komm' zu dir und bringe einen Trank / Und kaum bewusst führst du ihn hin zum Munde. / Die Nacht ist tiefer, als sie jemals sank. / Es ist des Todes und der Liebe Stunde.«* Sowohl mit den beiden in Kurt WOLFFS Reihe ›Der Jüngste Tag‹ erschienenen Bänden als auch mit der Ernst BLOCH gewidmeten Lyriksammlung *»Der offene Strom«* sank Blass formal wie thematisch weit hinter seine literarischen Anfänge in die Klischees des Fin de siècle zurück. Der Avantgardist von einst stammelte: *»Bin dir tief / Zugetan! / Was dich rief, / War kein Wahn. / / Glaube mir, / Meinem Muss! / Folge dir, / Deinem Kuss!«*

Nach Berlin zurückgekehrt, fand der Lyriker auch literarisch ›Gen Haus‹: *»Verworrenes Café, farbig Gewitter! / Musik und Dirnen, und die Pauke tollt! / Die Whiskey's! Diese Angostura bitter, / Die man schon trinkt, bevor man sie gewollt«*. Anfang der zwanziger Jahre arbeitete er in Berlin als Journalist und Tanzkritiker, später als Lektor bei Paul CASSIRER. Trotz einiger recht schöner, liedhafter Gedichte konnte der Kaufmannssohn jüdischer Herkunft, während des Dritten Reichs verarmt und nahezu blind, niemals mehr zur lyrischen Dynamik der Gedichte aus *Die Straßen komme ich entlang geweht* zurückfinden; diese blieben zurecht mit dem Namen des Dichters identisch. M. B.

AUSGABEN: *Die Straßen komme ich entlang geweht*, Heidelberg 1912. – *Die Gedichte von Trennung und Licht*, Lpzg. 1915. – *Die Gedichte von Sommer und Tod*, Lpzg. 1918. – *Der offene Strom*, Heidelberg 1921. – *Die Straßen komme ich entlang geweht. Sämtliche Gedichte*, Mchn. 1980.

LITERATUR: J. Picard, *E. B., seine Umwelt in Heidelberg und ›Die Argonauten‹*. (in Imprimatur, N. F., 3, 1961/1962, S. 194–201). – H. Schöffler, E. B. (in *»Der Jüngste Tag. Die Bücherei einer Epoche«*, Bd. 2, Ffm. 1970, S. 1581–1583). – T. B. Schumann: *»Eine Art deutscher Verlaine«. Einiges vom Leben und Schreiben des Poeten E. B.* (in *Die Straßen komme ich entlang geweht*, Ffm. 1975, S. 71–81). – *»Funkelnd zwischen Stahl und der Blume Viola«. Einige Hinweise zu E. B.* (in *E. B., Die Straßen komme ich entlang geweht*, Mchn. 1980, S. 163–182). – K. L. Schneider, Art. *E. B.* (in LdtG, S. 72/73).

BLATHMAC

nachgewiesen um 750–770

DÚTHRACHT DO MAIRI OCUS DIA MAC

(altir.; *Weihgesang für Maria und ihren Sohn*). Diese in einer Handschrift des 17. Jh.s entdeckten, von BLATHMAC, Sohn des Cú Brettan, verfaßten Gedichte – Hymnen auf Maria und den Gottessohn – sind als bedeutende Denkmäler des Altirischen der Zeit um 750–770 anzusehen; J. CARNEY vermutet, daß das Originalwerk aus drei Gedichten von je 150 Strophen bestanden hat; davon existieren 149 Strophen des ersten sowie 110 vollständige Strophen des zweiten Gedichts; eine Reihe weiterer Strophen dieses Gedichts ist, des Zustands der Handschrift wegen, nur fragmentarisch erhalten. In loser Folge werden im ersten Gedicht die Stationen von Christi Leben von seiner Geburt bis zu seinem Tod behandelt, immer wieder unterbrochen von Klagestrophen nach der Art des *coíniud* (»Totenklage«) oder solchen eines Preisgedichts. Daß das erste Gedicht ein abgeschlossenes Ganzes ist, von dem nur eine Strophe verlorengegangen ist, zeigt die letzte Strophe, die vorschriftsmäßig (nach aus späterer Zeit überlieferten Regeln über *dúnad*) mit der Wiederaufnahme der Anfangszeile des Gedichts endet. – Besonders deutlich wird in diesem Gedicht Blathmacs negative Meinung über die Juden: »*Ausführlich habe ich die Geschichte wiedergegeben, / um das Verhalten der Juden zu rügen.*« Der Dichter steigert sich in Haß *(»Obwohl er [Christus] ihnen ein Gesetz gab, / beugten sie es mit verdrehten Lügen; / es war [wie] etwas Heiliges für hungrige Hunde, / [wie] eine Perle für fette Schweine«)*. Judas bekam seine gerechte Strafe; die Juden erhielten, wenn auch erst nach einiger Zeit, von Titus und Vespasian einen Denkzettel. Dann erscheint ein in der irischen Literatur allgemein bekanntes Motiv: Die Juden erlaubten Jesus' eigener Familie nicht, ihn zu betrauern, hingegen »*das Vieh, die wilden Tiere und die Vögel / hatten Mitleid mit dem Sohn des lebendigen Gottes; / und jedes Tier im Meer / – sie [alle] beklagten ihn*«. Zum Schluß dankt der Autor Gott für das Geschenk dieses seines Klagegedichts und richtet drei Fürbitten an Maria: ein langes Leben, danach den Himmel für sich und Erlösung für jeden, der dieses *coíniud* aufsagt.

Das zweite Gedicht, von dem Carney 110 erhaltene Strophen vorlegt, ist ein Preisgedicht auf Maria und ihren Sohn. Wie auch im ersten Gedicht spricht Blathmac in fast der Hälfte aller Strophen Maria direkt an. Er beginnt in Dialogform mit der Erscheinung Gabriels vor Maria, die in einer Antwortstrophe ihre Jungfräulichkeit bekennt. Dieses Wunder, daß Maria vor wie nach der Geburt ihre Unversehrtheit bewahrt, wird in mehreren Strophen gepriesen und schließlich allegorisch gewendet: Christus »*tritt ein in die frommen Herzen, / [und] er verläßt sie wieder unversehrt*«. Immer wieder wendet sich der Dichter hymnisch an Maria: »*Schöne Jungfrau, selbst wenn hundert Zungen davon sprächen, könnten sie nicht das Ausmaß der Macht Deines Sohnes beschreiben.*« Beim Sakrament des Abendmahls kommt Christus mit seinem Körper zu uns. Zum Zeugnis ist er zehnmal vor seiner Himmelfahrt den Frauen und den Aposteln erschienen, und zu Pfingsten hat er ihnen den Heiligen Geist gesandt. Alles hat sich erfüllt bis auf sein Kommen zum Jüngsten Gericht. Am Teufel und den ihm Verfallenen wird furchtbare Vergeltung geübt werden. Schließlich geht Blathmac ausführlich auf die Märtyrer und ihre Leiden ein.

Die Gedichte, ungefähr 900 Jahre älter als die uns erhaltene Handschrift, sind bemerkenswert wenig verderbt überliefert, obwohl der Schreiber sie in nur beschränktem Maß verstanden haben kann. Carney hat die altirische Vorlage darin erkannt und systematisch wiederhergestellt, so daß sein *textus restitutus* wenn nicht dem Original, so doch einer spätaltirischen Abschrift davon ähnlich sein dürfte. Carney identifiziert Blathmacs Vater mit dem Cú Brettan mac Conguso aus Fir Rois (Teil der heutigen nordöstlichen Grafschaften Monaghan und Louth), der nach den Annalen 740 starb. Blathmac war weltlich und religiös gebildet; er war wohl Mönch. Sein Werk ist an ein breiteres, jedoch gebildetes Publikum gerichtet. So verwendet er z. B. Begriffe aus dem irischen Recht in direkter oder übertragener Weise. Das Werk ist inhaltlich im ganzen ohne logische Folge; seine Form ist einfach, sein Stil direkt und variabel. Es ist ein Zeugnis tiefer Frömmigkeit, »the finest product of a golden age of Irish spirituality« (J. Good). In mancher Weise ist es mit OENGUS' ungefähr 30–50 Jahre später verfaßten *Félire Oenguso* zu vergleichen. Beide gehören wahrscheinlich zur Culdee-Reform an. Blathmacs *Dúthracht* ist eine reiche Quelle für das Studium der frühmittelalterlichen Mariologie sowie für Totenkult und Totenklage, deren Symbolik und Ausdrucksformen er sich häufig zunutze macht. – Sein Metrum ist *deibide*: Die Zeilen der jeweils vierzeiligen Strophe enthalten sieben Silben, wobei das letzte Wort der ersten bzw. dritten Zeile mit den entsprechend vielen letzten Silben (unbetont) des letzten Worts der zweiten bzw. vierten Zeile reimt. Das Metrum (insbesondere der Reim) ist lose verwendet, so daß es nicht zwingend ist, orthographisch eine Sprachform zu rekonstruieren, die, weil verschieden von dem klassischen Glossen-Altirisch des 8. Jh.s, eine spätere Datierung (nicht vor 900, nach Binchy p. 27) des Werks erfordert.

Sprachgeschichtlich von gleicher Bedeutung sind die beiden kürzeren von Carney in demselben Band veröffentlichten Gedichte: eine altirische metrische Fassung des apokryphen *Thomas-Evangeliums* und ein kurzes Gedicht auf die Jungfrau Maria. Carney datiert sie früher und vorläufig in die Zeit um 700.

R.Ba.

AUSGABE: Dublin 1964 (*The Poems of Blathmac, Son of Cú Brettan, together with The Irish Gospel of Thomas and A Poem on the Virgin Mary*, Hg. [mit engl. Übers.] J. Carney; Irish Texts Society, 47). – Wichtige Rezz.: G. S. Mac Eoin (in Studia Hibernica, 7, 1967, S. 222–226). – B. Ó Cuív (in Éigse, 12, 1967/68, S. 151–156).

LITERATUR: J. Carney, *Poems of B., Son of Cú Brettan* (in *Early Irish Poetry*, Hg. J. Carney, Cork 1965, S. 45–57). – J. Good, *The mariology of the Blathmac poems* (in Irish Ecclesiastical Record, 104, 1965, S. 1–7). – D. A. Binchy, *Irish history and Irish law: II* (in Studia Hibernica, 16, 1976, S. 7–45). – B. Lambkin, *The structure of the Blathmac poems* (in Studia Celtica, 20/21, 1985/86, S. 67–77).

IVAN BLATNÝ

* 21.12.1919 Brünn

DAS LYRISCHE WERK (tschech.) von Ivan BLATNÝ.
In nur sieben Jahren, zwischen seinem Debüt 1940 und seinem vierten Gedichtband von 1947, profilierte sich der frühreife, mit den Prinzipien avantgardistischer »Ismen« in Literatur und Kunst bestens vertraute Lyriker par exellence zu einer der führenden Dichterpersönlichkeiten zeitgenössischer tschechischer Literatur. In den letzten vierzig Jahren aber, seit seiner Emigration nach England im März 1948, ist es um Blatný still geworden. Von der offiziellen Kritik wurde Blatný bis Mitte der sechziger Jahre – und dann erneut seit 1970 – totgeschwiegen; seine Freunde im Exil haben den zusehends an Schizophrenie leidenden Dichter als »hoffnungslosen Fall« abgeschrieben, spätestens seit er 1954 für immer in einer Nervenklinik in Essex interniert wurde. In all den Jahren hat Blatný weiter geschrieben, doch sind ungezählte Manuskripte vom Pflegepersonal vernichtet worden. Nur die von der Krankenschwester Miss Frances Meachem geretteten und an den Exilverlag »68 Publishers« in Toronto gesandten Manuskript-Fragmente konnten zu tschechischen Lesern zurückfinden; der 1979 edierte Auswahlband *Stará bydliště (Alte Wohnstätten)* leitete eine Wiederentdeckung Blatnýs ein.

Bereits in seinem ersten Gedichtband *Paní Jitřenka*, 1940 *(Die Frau Aurora)* präsentierte sich der erst zwanzigjährige Blatný als ein ungewöhnlich ausgereifter, unverwechselbar eigenständiger Lyriker von enormer formaler Virtuosität, in dessen Verständnis ein Gedicht keineswegs als der Ort bekenntnishafter Auseinandersetzungen mit dem eigenen Ich zu gelten hat, sondern vielmehr als der Kristallisierungspunkt einer sprachlich kunstvoll konstituierten poetischen Eigenwelt. Die herkömliche Realität erfährt in Blatnýs hypersensibler Optik, die sich gern um die Perspektive mythologischer und märchenhafter Motive anreichert, eine suggestive, magische Verzauberung in eine Realität höheren Grades, die meist in nuancenreichen, gleichsam zeitlosen Landschaftsbildern fixiert wird. Mehrfach beruft sich Blatný dabei auf die Ideogramme der altchinesischen Lyrik. Es stechen die abwechslungsreichen *»taufrischen, noch feuchten Aquarellbilder«* hervor, meist dargestellt im Dämmerlicht des Abends oder des Frühmorgens, im tristen Nieselregen oder im Schneetreiben; immer wieder werden Motive variiert wie *»verregnete Parks«*, *»zerfließende Fenster«*, *»Kulissen, in die es regnet«*, *»Stadtdächer, noch voller Haare der Wassermythologie«*, wie auch zahlreiche *»windige Landschaften«*, *»Gedichte aus Wind gewebt«*. – Völlig ungewöhnlich für einen jungen Dichter ist aber vor allem die seine Gedichte durchdringende schwermütige Melancholie, die *»Nostalgie, Sehnsucht, noch einmal dorthin wiederzukehren, wo wir noch nie gewesen sind«*. Das intensive Lebensgefühl einer von Blatný ausdrücklich als *»die große Entfremdung«* apostrophierten, nahezu endzeitlichen »Geworfenheit«, weist eine unvermittelte Affinität zum französischen Existenzialismus auf.

Die nostalgisch-pessimistische Weltsicht vertieft sich noch in Blatnýs zweitem Buch, *Melancholické procházky*, 1941 *(Melancholische Spaziergänge)* einem Zyklus von 41 rhythmisch-metrisch variabel durchstrukturierten und erfindungsreich gereimten Gedichten, die als ein pointillistisches Wanderbuch durch charakteristische Brünner Lokalitäten angelegt, in ihrer Gesamtheit eine Abschieds-Hommage an Blatnýs Heimatstadt ergeben. Die Aufmerksamkeit des Dichters gilt dabei vor allem den äußerlich wenig ansehnlichen Attributen einer Industriestadt – Motive wie *»trübselige Hinterhöfe voll von eisernem Gerümpel«*, *»Trommel des Gaswerks, die der Regen schlägt«*, wie der Rangierbahnhof, der städtische Schlachthof, verrauchte Schnapsbuden der Arbeitervorstadt u. a. –, die er fast im Sinne der Surrealisten, als magisch-unwirkliche »vorgefundene Objekte« darstellt, zumal er sie in einer ständigen Konfrontation mit typisch vorstädtischen Naturenklaven wie Gemüse- und Schrebergärten, menschenverlassenen Fußballplätzen oder dem Zentralfriedhof sieht.

Blatnýs dritter Gedichtband *Tento večer*, 1945 *(Dieser Abend)* nahm keinerlei Anteil an der Befreiungs-Euphorie, die sich nach Kriegsende der tschechischen Lyrik bemächtigte; vielmehr kommt darin eine radikale Abkehr von jeglicher Verklärung und Verzauberung der Realität unmißverständlich zum Ausdruck. Blatný verzichtet gänzlich auf sprachmelodische Harmonisierung der Verse, wie auch auf Reime, zugunsten einer paradox-pointierten Collagierung von schlaglichtartig beleuchteten Momentaufnahmen ungeschliffener Partikel der authentischen Alltagsrealität, wobei sich anstelle der vormals vorherrschenden optischen Erfassung der Wirklichkeit nunmehr deren akustische Wahrnehmung (in Gestalt von eingeblendeten mitgehörten Gesprächsfetzen) durchsetzt. In diesem Buch ist Blatný dem Surrealismus am nächsten gekommen, mit dessen französischen Vorbildern und deren tschechischen Schülern er sich seit seiner Gymnasialzeit beschäftigte.

Blatnýs Emigration nach England und seine fortschreitende psychische Erkrankung markieren eine deutliche Zäsur, doch mehr hinsichtlich der biographischen Umstände als in der inneren Kontinuität seines dichterischen Schaffens. Dies belegen sehr eindrucksvoll seine erst 1979, in *Stará bydliště (Alte Wohnstätten)* veröffentlichten Gedichte aus den fünfziger und sechziger Jahren. Die innere Spannung dieser formal streng gebauten, metaphernreichen Gedichte oszilliert zwischen dem ruhenden Pol der Harmonie, der kraft Erinnerung vergegenwärtigten, meist in Böhmen und Mähren, doch auch in zahlreichen Literatur- und Kunstreminiszenzen beheimateten Vergangenheit einerseits, und andererseits der oftmals peinigenden Gegenwart, die sich in den fremden, jedoch inzwischen wohlvertrauten Kulissen der englischen Provinzlandschaft oder im »geliebten London« abspielt. Der immer wieder erreichte versöhnliche Ausgleich zwischen diesen Antagonismen findet dann in plastisch dargestellten Traumlandschaften seinen Ausdruck, die teils von realen Personen, teils von Phantasiegestalten bevölkert werden.

Wie der Auswahlband *Pomocná škola Bixley*, 1987 *(Die Klippschule von Bixley)* anzeigt, hat sich bei Blatný im Verlauf der siebziger und achtziger Jahre eine wesentliche Veränderung vollzogen: Seine Gedichte werden immer häufiger zu einer wahren *écriture automatique*, zum permanenten *work in progress*, bestehend aus sehr ungleichwertigen, Genieblitze mit unreflektiertem Redeschwall vermengenden Textpassagen. Das Grundproblem liegt darin, daß die notwendige Fähigkeit einer zumindest nachträglichen Selbstkontrolle und Korrektur bei Blatný viel öfter als früher paralysiert wird, wenngleich er sich dagegen immer wieder aufzulehnen versteht und volle auktoriale Souveränität zurückgewinnt. Nur in solchen Momenten einer wiedergewonnenen »Normalität« entstehen, wenngleich spontan, definitive, vollgültige Gedichte von seltener Intensität und Transparenz als das Ergebnis hartnäckiger Erinnerungsarbeit. Denn »schreiben« bedeutet für Blatný erklärtermaßen *»sich ganz präzise erinnern zu können«, »aus dem trüben Bewußtsein wieder ans Licht hinaufzutauchen«*. Es sind die tief ins beschädigte Gedächtnis abgesunkenen, und dort in ihrer ursprünglichen Lebendigkeit und Frische unversehrt konservierten Schlüsselerlebnisse privater, kultureller wie gesellschaftspolitischer Natur, die Blatný in seinem Spätwerk in anschaulichen, vieldimensionalen Bildern ans Tageslicht befördert, um sie mosaikartig, als pars pro toto, zum »kleinen Universum« zusammenzufügen, d. h. zu assoziationsreichen Gedichten, die voller hintergründiger Anspielungen und pointierter Sprachspiele stecken.

Das wohl augenfälligste Merkmal von Blatnýs späten Texten ist deren Mehrsprachigkeit, die nur bedingt pathologisch begründet ist, da sie vielmehr bewußt und funktionell eingesetzt wird. An der sprachlichen Textgestaltung ist neben dem quantitativ dominierenden, kristallklaren, ja geradezu vorbildlichen Tschechisch passagenweise auch Englisch als die Sprache spontaner Auseinandersetzung mit der unliebsamen alltäglichen Anstaltsumwelt beteiligt, aber auch Deutsch als die Sprache so mancher Kindheits- und Jugenderinnerung (Blatný wuchs in einer zweisprachigen deutsch-tschechischen Familie auf), und schließlich Französisch als die Sprache zahlreicher Literaturzitate.

Im Kontext der zeitgenössischen tschechischen Literatur stellt Blatný eine völlig singuläre Ausnahmeerscheinung dar, wenngleich seine Lyrik in der Tradition des tschechischen Poetismus der zwanziger und des Surrealismus der dreißiger Jahre wurzelt. Da die Blatný-Rezeption jahrzehntelang verhindert wurde, ist auch die literaturwissenschaftliche Auseinandersetzung mit seinem Werk bis dato so gut wie ausgeblieben. Die offizielle Literaturgeschichte hat Blatný neuerdings wieder zur Kenntnis genommen, doch läßt man nur sein bis 1948 entstandenes Frühwerk gelten. In den inoffiziellen Literaturkreisen ist der Lyriker in den letzten Jahren zu einer Kultfigur avanciert, wobei man oft die ahistorische Parallele »Blatný – HÖLDERLIN« zieht und seine Mehrsprachigkeit gar als den Ausdruck eines *»wahren Europäertums«* mißversteht.

A.Bro.

AUSGABEN: *Paní Jitřenka*, Prag 1940. – *Melancholické procházky*, Prag 1941. – *Tento večer*, Prag 1945. – *Hledání přítomného času*, Prag 1947. – *Stará bydliště*, Hg. A. Brousek, Toronto 1979 – *Pomocná škola Bixley*, Hg. A. Brousek, Toronto 1987.

LITERATUR: B. Václavek, Rez. (in Lidové noviny, 8. 4. 1940). – A. M. Píša, Rez. (in Národní práce, 24. 3. 1940). – V. Černý, Rez. (in Kritický měsíčník, 1940 u. 1942). – J. Černý, *I. B., portrét* (in Lidové noviny, 12. 3. 1944). – J. Grossmann, *Lyrické profily* (in Generace, 1945/46, Nr. 3, S. 19–20). – V. Černý, *Podoby a otázky naší nové poesie* (in Kritický měsíčník, 1946, S. 84–96). – J. Machoň, *Případ I. B.* (in Svobodné noviny, 6. 4. 1946, S. 3). – A. M. Píša, *Básnický podzim 1947* (in Kytice, 1947, S. 565–566). – J. Grossmann, *Virtuozita nové lyriky* (in Listy, 1948, S. 113–115). – K. Fuksa, *Jubilující básník Brna* (in Rovnost, 19. 12. 1969). – A. Brousek, *Návrat ztraceného básníka* (in I. B., *Stará bydliště*, Toronto 1979, S. 101–124). – J. Serke, *Flucht ins Irrenhaus* (in J. S., *Das neue Exil. Die verbannten Dichter*, 2. akt. Aufl., Ffm. 1985, S. 170–183). – Z. Rotrekl, *I. B.* (in Z. R., *Skrytá tvář české literatury*, Toronto 1987, S. 19–27). – A. Brousek, *Básník nevykuchané paměti*, (in I. B., *Pomocná škola Bixley*, Toronto 1987, S. 7–32).

RŪDOLFS BLAUMANIS

* 1.1.1863 Ērgļi / Livland
† 4.9.1908 Takaharju / Finnland

LITERATUR ZUM AUTOR:
J. Veselis, *R. B.* (in *Latviešu literaturas vēsture*, Ohmstedt 1947). – A. Birkerts, *Biografija. R. B.* (in R. B., *Kopoti raksti*, Bd. 1, Waverly/Iowa 1952). – *Latviešu literaturas vēsture*, Bd. 3, Riga 1956, S. 384–387. – E. Blese, *Storia della letteratura lettone* (in G. Devoto, *Storia delle letterature baltiche*, Mailand 1957). – *Latviešu literatures vēsture*, Bd. 1, Riga 1958, S. 230–257. – *R. B. laika biedru atmiņās*, Riga 1962. – Ž. Unāms, *B. trimdas perspektīvē* (in Ž. U., *Dzīvā Latvija*. Lincoln/Nebr. 1964). – E. u. R. Drillis, *Rūdolfa Blaumaņa literāro darbu valodas informācijas teorijas gaismā* (in Ceļi. Rakstu krājums. Bd. 13. Lund 1967). – *Istorija*

latysskoj literatury, Bd. 1, Riga 1971, S. 246–267. – A. Stankevičs, *No Braku kalna. Stāsts par Rūdolfa Blaumaņa dzīvi*. Riga 1973. – A. Ziedonis, *A Study of R. B.*, Hamburg 1979. *Latviešu pirmspadomju literatūra*, Riga 1980, S. 162–213.

ANDRIKSONS

(lett.; *Andriksons*). Novelle von Rūdolfs BLAUMANIS, erschienen 1899. – Ähnlich wie KLEISTS *Michael Kohlhaas* ist Blaumanis' Held Andriksons einer der »*rechtschaffensten und zugleich entsetzlichsten Menschen*«; auch er wird aus Zorn und verletztem Rechtsgefühl zum Verbrecher. Des Waldfrevels beschuldigt, beruft er sich vor dem Grafen und Besitzer des Forstes hartnäckig darauf, daß sein Vater frei über die Eichen hatte verfügen können und sie nur deshalb nicht schlug, weil er seinem Sohn ein »*wachsendes*« Kapital hinterlassen wollte. Der Graf ist zwar zu Kompromissen bereit, doch versucht er beharrlich dem Pächter Andriksons sein Unrecht zu beweisen: Der Baumschlag ist inzwischen verboten worden, so daß die Eichen wieder in gräflichen Besitz übergegangen sind. Obwohl der Graf auf die hohe Forsttaxe verzichtet und seinem Pächter allein zur Wahrung des »*Rechts*« eine geringe Geldstrafe auferlegt, fordert Andriksons unbeirrt gänzliche Straflosigkeit, weil ihn schon die Anerkennung auch der geringsten Buße zum Dieb erniedrigen würde. So lehnt er das Angebot des Grafen ab und verlangt, »*unter das Gesetz*« gestellt zu werden.

Auf dem Heimweg durch den Forst zeigt ihm plötzlich der Zufall, auf welche Art er sich rächen könnte: Er entfacht einen erloschenen Waldbrand von neuem, und bald droht das Feuer den ganzen Forst zu vernichten. Auf seinem Hof angelangt, muß er zu seinem Entsetzen erfahren, daß seine Kinder zum Beerensuchen in den Wald gegangen sind. Sofort läßt er alle Höfe alarmieren, so daß der Brand schließlich eingedämmt werden kann; die Kinder jedoch bleiben spurlos verschwunden. Als in ihm schon alle Hoffnung erloschen ist, geschieht das Wunder: Unversehrt findet er sie an der Hand des Barons am Waldrand wieder, und jetzt, erschüttert vom Übermaß seines Glücks, will auch »*seine Seele ganz frei sein, frei und erlöst von dem schweren Geheimnis seiner Tat*«. Stammelnd fällt er nieder und gesteht sein Verbrechen, bereit, jede Strafe als gerecht anzunehmen.

Die Novelle ist ganz auf das dramatische Geschehen hin orientiert. Es geht Blaumanis nicht um die Darstellung eines inneren Konfliktes wie Kleist in seinem *Michael Kohlhaas*, sondern um das Aufzeigen des Umschlagens des Gefühls der Rachsucht in das der Dankbarkeit dem gegenüber, an dem er sich rächen zu müssen glaubte. Andriksons' Handeln ist ganz von seinen Gefühlen her bestimmt (»*Aber das Übermaß seines glückseligen Gefühls duldete jetzt keine Einengung durch den Verstand*«), und aus dem Abgrund, in den seine Seele schuldhaft gestürzt ist, kann ihn nur die Selbsterniedrigung wieder emporreißen, die er dem erschütterten Baron als Sühne entgegenbringt. Hier gerät Blaumanis in die Nähe DOSTOEVSKIJS. Als typisch realistischer Erzähler gelingt es ihm, mit wenigen, markanten Strichen ein Milieu, eine Landschaft oder einen Charakter zu umreißen. KLL

AUSGABEN: Riga 1899 (in *Jaunā Raža*). – Waverly/Io. 1952 (in *Kopoti raksti*, 1952–1958, 12 Bde., 5). – Riga 1958 (in *Kopoti raksti*, 1958–1960, 8 Bde., 2).

ÜBERSETZUNG: *Andrikson*, R. B., Riga 1921.

INDRĀNI

(lett.; *Die Indrans. Drama aus dem lettischen Volksleben*). Drama in fünf Akten von Rūdolfs BLAUMANIS, erschienen 1904. – Der alte Indrāns steht vor der Frage, welchem seiner beiden Söhne er den Hof vererben soll. Mit Hilfe eines gefälschten Briefs, den die Alten glauben macht, sein jüngerer Sohn Kārlis habe sich in Petersburg niedergelassen, gelingt es Ieva, der ehrgeizigen Frau Edvarts', des älteren Sohns, eine Entscheidung zugunsten ihres Mannes herbeizuführen. Der Vater wird diesen Schritt bald bereuen, denn er muß zusehen, wie die Herrschsucht seiner Schwiegertochter den Familienfrieden zerstört und die Atmosphäre auf dem Hof mehr und mehr vergiftet. Als der Betrug ans Licht kommt, bricht der Konflikt offen aus. Edvarts, ein Schwächling, der sich seiner Frau in allen Dingen unterwirft, stellt sich gegen die Eltern, die gezwungen werden, das Haus zu verlassen und sich im Badehaus einzuquartieren. Es kommt zum Prozeß. Als der alte Indrāns erfährt, daß seine Klage abgewiesen ist, bricht er zusammen. Zu sehr war sein Leben mit dem Schicksal des Hofes verbunden. »*Ich schied den Indranhof, der meinen Beutel füllt, von dem, der mein Herz erfreut. Die Saat kann man überall aufs Feld streuen. Erde bleibt Erde, pflüge sie in Livland oder bei den Esten. Aber der Lehmhügel dort am Weidenrand, das Bächlein in der Badstubenschlucht, das Ebereschenbäumchen hier am Wegrand, die gehören einzig dem Indranhof. Trage den Hügel ab, leite das Bächlein fort, hau das Bäumchen nieder, und du hast die Seele dieses Hofes zerstört.*«

Blaumanis ist ein typischer Vertreter des späten Realismus. Er beherrscht die Technik einer sich an der Realität orientierenden, glaubwürdigen Darstellung der einzelnen Charaktere. Lyrische Passagen und symbolisch deutbare Vorgänge (am Schluß des Dramas reißt der alte Indrāns, als er versucht, sich aus seinem Bett zu erheben, eine brennende Kerze samt einer Decke vom Nachttisch. »*Die Kerze erlischt. Es herrscht schwarze Finsternis.*«) rücken ihn wie ČECHOV aber schon in die Nähe der Moderne, die auch in den baltischen Literaturen mit dem Symbolismus beginnt. A.Schm.-KLL

AUSGABEN: Mitau 1904. – Waverly/Io. 1952 (in *Kopoti raksti*, 1952–1958, 12 Bde., 3). – Riga 1959 (in *Kopoti raksti*, 1958–1960, 8 Bde., 5). – Waverly/Io. 1964 (in *Drāma un komēdija*). – Washington 1965.

ÜBERSETZUNG: *Die Indrans. Drama aus dem lettischen Volksleben*, R. B., Riga 1921 (Nachdruck Hannover-Döhren 1972).

LITERATUR: A. Vilsons, *Latviešu literaturas klasiķis R. B.*, Riga 1956, S. 163–282. – J. Asars, *Blaumaņa »Indrāni«* (in *Latviešu literatūras kritika*, Riga 1956, Bd. 1, S. 737–742).

NĀVES ĒNĀ

(lett.; *Im Schatten des Todes*). Novelle von Rūdolfs BLAUMANIS, erschienen 1899. – Zehn Fischer werden im Winter auf einer Eisscholle ins Meer hinausgetrieben und verbringen nun fünf Tage zwischen Hoffnung und Verzweiflung. In diesem »Schatten des Todes«, in der äußersten Lebensgefahr, offenbaren sich menschliche Größe und Schwäche: Zunächst wollen die Fischer nicht wahrhaben, in welch großer Gefahr sie schweben – *»Das konnte nicht sein. Solche Dinge ereignen sich nur im Märchen, nur im Traum«* –, doch letztlich können sie sich der Realität nicht verschließen. Als endlich das Rettungsboot eintrifft, stellt sich heraus, daß es nicht alle zehn aufnehmen kann. Das Los soll darüber entscheiden, wer die drei sind, die zurückbleiben und dem sicheren Tod entgegentreiben müssen.
Psychologisch detailliert zeichnet der Autor die Charaktere der einzelnen Fischer; vier von ihnen widmet er sich besonders intensiv: Grīntāls, der an Willensstärke und Umsicht allen überlegen ist, übernimmt in der Situation äußerster Gefahr die Führung und spricht den andern Mut zu; seiner Kaltblütigkeit ist es zu verdanken, daß alle die fünf Tage in Kälte und Hunger überleben. Birkenbaums, als leichtfertiger Draufgänger bekannt, kann dank seiner kräftigen Konstitution die Strapazen leichter ertragen als die andern, doch verbirgt sich hinter seiner sorglosen Kaltblütigkeit ein mitfühlendes Herz. Er versteht die Qualen, die der arme junge Kārlēns aussteht und versucht ihm zu helfen. Kārlēns, ein sechzehnjähriger Junge, erfüllt von jugendlichem Lebenshunger und voller Hoffnungen auf Glück, versucht nicht, sich hinter einer Maske von Gelassenheit zu verbergen. Er spricht das aus, was alle fühlen. Er weiß, daß es nur Rettung oder Untergang geben kann, hofft aber trotzdem *»auf eine dritte Möglichkeit, auf etwas Unbekanntes, Unbegreifliches – auf ein Wunder, denn dem knospenden Leben ist der Tod etwas Unglaubhaftes«*. Der schwächliche Knabe, dem das Glück bisher nicht hold gewesen war, will leben, um zu erfahren, was Liebe und Glück wirklich sind. Und doch ist gerade Kārlēns unter denen, die eines der drei Unglückslose ziehen. Als vierter der mit besonderer Schärfe beobachteten Gefährten erscheint der alte, vom Schicksal heimgesuchte Zalga: Noch angesichts des Todes grübelt er darüber nach, wie er sich auf Kosten seiner ohne Lebensmittel gebliebenen Schicksalsgenossen bereichern könnte, und klammert sich an seinen Fang *»wie eine Spinne an ihre Netze, wenn sie aus ihrer Höhle zieht«*. Am Ende kann Grīntāls ihn nur mit Mühe daran hindern, sich als erster in das rettende Boot zu drängen.
In dieser Novelle erreicht Blaumanis durch eine äußerste Konzentration der sprachlichen Ausdrucksmittel in der Dialogführung, in der Darstellung der unterschiedlichen Charaktere und in der Beschreibung der dramatischen Vorgänge einen Höhepunkt seiner eigenständigen realistischen Erzählkunst. M.Ka.-KLL

AUSGABEN: Riga 1899. – Waverly/Io. 1955 (in *Kopoti raksti*, 1952–1958, 12 Bde., 6). – Riga 1956 (in *Stāsti un noveles. Izlase*). – Riga 1958 (in *Kopoti raksti*, 1958–1960, 8 Bde., 3).

ÜBERSETZUNGEN: *Im Schatten des Todes*, R. B. (in *Novellen*, Riga 1921). – *Im Schatten des Todes*, K. Roze, Berlin 1962. – *In the Shadow of Death*, A. Stūrgalvis (in A. Rubulis, *Latvian Literature*, Toronto 1964).

LITERATUR: A. Vilsons, *Latviešu literaturas klasiķis R. B.*, Riga 1956, S. 95–162.

PURVA BRIDĒJS

(lett.; *Durch den Sumpf*). Novelle von Rūdolfs BLAUMANIS, erschienen 1898. – Wie so häufig stellt der Autor auch in dieser seiner umfangreichsten Novelle die unwiderstehliche Macht der Liebe dar und ihren Sieg über die warnende Stimme der Vernunft.
Nach dreijährigem Dienst auf einem polnischen Gut ist der Stallbursche Edgar als haltloser Trinker in die Heimat zurückgekehrt und nicht mehr wiederzuerkennen. Dessenungeachtet hat seine unwiderstehliche Anziehungskraft auf Mädchen eher noch zugenommen, weshalb die hübsche Kristīne, ein Stubenmädchen, ihrer Mutter versprechen muß, Edgar zu meiden und die Werbung des wohlhabenden Landwirts Akmentiņš anzunehmen. Das vermag jedoch Kristīne nicht, denn sie liebt Edgar und sucht ihn durch gütiges Zureden von seinem Laster abzubringen. Immer, wenn sie sich endgültig von dem Unverbesserlichen abwenden will, *»überspringen [ihre] Gefühle den Schutzzaun, den der Verstand errichtet«*, und Edgar erweicht wieder ihr Herz, indem er leidenschaftlich beteuert, künftig nicht mehr derart *»durch und durch beschmutzt ... durch den Sumpf«* zu waten. Als er ihr schließlich schwört, ein Jahr lang ein solides Leben zu führen, stimmt auch Kristīnes Mutter der Verlobung zu. Wenig später indes erfährt Kristīne, daß Edgar sein Versprechen gebrochen hat und sie mit der Köchin betrügt: In ihrer Enttäuschung ist sie nun von sich aus bereit, den reichen Bewerber zu heiraten. Schon im Brautkleid, trifft sie noch einmal mit Edgar zu-

sammen, und dieser fleht sie an, nicht ihrer beider Lebensglück durch diese Heirat zu zerstören. Da gehorcht Kristīne der Stimme ihres Herzens *(»Lieben sollst du! Auch wenn du dabei leiden mußt, lieben sollst du, lieben!«)* und reicht dem *»Sumpfwater«* ihre Hand, die allein ihn aus dem Sumpf herausziehen kann.

Die Erzählung zeigt die Begabung des Verfassers für dynamische Handlungsführung und klare Charakterzeichnung der Haupt- und auch der Nebenfiguren, die sich in ihrer individuellen Redeweise deutlich voneinander unterscheiden, wodurch die Novelle auch an sprachlicher Farbigkeit gewinnt. Daneben findet sich in den Szenen, in denen das dramatische Geschehen kulminiert, aber auch schon eine lyrische Überhöhung der Sprache der Protagonisten, und mitunter wird die realistische Beschreibung ihres Äußeren von einer symbolistischen abgelöst *(»An seinem* [d. h. Edgars] *Hals leuchtete sein blutendes Herz – sein rotes Hemd im herzförmigen Ausschnitt seiner Weste. Um seine Arme wand sich die gleiche rote Farbe.«).* In der Vernachlässigung der psychologischen Motivierung zugunsten einer Hervorhebung der großen Seelenregungen wie überwältigender Leidenschaft und aufopfernder, schließlich Erlösung bewirkender Liebe, zeigt sich eine deutliche Abkehr vom psychologischen Realismus und – wie bereits in der Titelgebung angedeutet – eine Hinwendung zum Symbolismus.   M.Ka.-KLL

AUSGABEN: Riga 1898. – Waverly/Io. 1952 (in *Kopoti raksti*, 1952–1958, 12 Bde., 5). – Riga 1958 (in *Kopoti raksti*, 1958–1960, 8 Bde., 2). – Riga 1956 (in *Stāsti un noveles. Izlase*.).

ÜBERSETZUNGEN: *Durch den Sumpf*, R. B. u. O. Schönhoff, Riga 1922. – *Sumpfwanderer*, E. Thomas, Gauting b. München 1949. – *Im Sumpf*, W. Biehahn (in *Im Sumpf und andere lettische Novellen*, Leipzig 1954).

LITERATUR: A. Vilsons, *Latviešu literaturas klasiķis R. B.*, Riga 1956, S. 163–282.

VRATISLAV BLAŽEK

* 31.8.1925 Nachod
† 28.4.1973 München

LITERATUR ZUM AUTOR:
K. Nešvera, *Cesta V. B. za současnou komedií* (in Svobodné slovo, 21. 12. 1958, S. 4). – J. Werich u. a., *3x V. B.*, Vorw. zu V. B., *Třetí přání*, Brünn 1967. – P. I. Trensky in *Czech Drama Since World War II*, N. Y. 1978. – M. Goetz-Stankiewicz, *The Silenced Theatre*, Toronto 1979.

PŘÍLIŠ ŠTĚDRÝ VEČER

(tschech.; *Ü: Und das am Heiligenabend*). Lustspiel in zwei Teilen von Vratislav BLAŽEK, Uraufführung: Prag, 9. 6. 1960, Divadlo komedie. – Ebenso wie seine frühere Komödie *Třetí přání*, 1958 *(Der dritte Wunsch)* erweist das Weihnachtslustspiel über die Probleme der jungen tschechischen Nachkriegsgeneration den Autor als Meister bühnenwirksamer gesellschaftskritischer Satire. Held der Komödie ist der zwanzigjährige Thomas, den Hanka, die von ihm ein Kind erwartet, ihrem verdutzten Vater Antonín Novák unter dem Weihnachtsbaum präsentiert. Thomas macht aus seiner Ablehnung der sozialistischen Ordnung seines Landes kein Hehl. Er gefällt sich in der Rolle des verkannten, um Prinzipien leidenden und ob seiner Anständigkeit einsamen Individuums. Als guter Kommunist *(»Ich bin nämlich ein positiver Held... Ein Arbeiterdirektor. Schon neun Jahre in meiner Funktion. Das sieht man nicht oft«)* ist Novák über die Wahl der Tochter bestürzt. Der Witwer, der mit seinen beiden eben erwachsenen Kindern Karl und Hanka und der frommen Oma, die in christlicher Ergebenheit den Haushalt der Familie führt, zusammenlebt, sieht seine Hoffnung auf ein idyllisches Weihnachten enttäuscht. Gleichwohl geht er allein in die Weihnachtsnacht hinaus, um die Umstände zu klären, die Thomas zu seiner Haltung gebracht haben. Es stellt sich heraus, daß Thomas von seinem Vater, einem Geschichtslehrer, im Geiste der Humanität und der absoluten Ehrenhaftigkeit erzogen, einen Kameraden gegen falsche Anschuldigungen in Schutz genommen hatte und dadurch bei gewissenlosen Mitläufern des Systems in Ungnade gefallen war. Da er nicht zum Studium zugelassen wurde, verdient er sein Geld als Möbelpacker. Novák, selbst nicht ohne Fehler und vor allem in seinem Familienleben nicht frei von bürgerlichen Vorurteilen, erweist sich nun wirklich als positiver Held. Er nimmt den künftigen Schwiegersohn in sein Haus auf und überzeugt ihn, daß es zur Durchsetzung von Recht und Gerechtigkeit nicht genügt, schmollend zu resignieren, sondern daß man um jede Veränderung der Wirklichkeit einen harten und unerbittlichen Kampf führen muß. Wie Thomas entpuppen sich auch seine »halbstarken« Freunde als idealistisch gesonnene Menschen, die man nur in der richtigen Weise ansprechen muß, um ihren Protest und ihren Widerstand gegen die Mißstände der herrschenden Ordnung für die Gesellschaft nutzbar zu machen.

Die Komödie zeichnet sich namentlich zu Anfang durch einen ungemein witzigen Dialog aus. Der Autor bringt lebendige Gestalten des sozialistischen Alltags in ihrer ungezwungenen Sprache auf die Bühne und versucht mit komödiantischer Treffsicherheit, den modernen Jargon der tschechischen Jugend wiederzugeben. Im zweiten, retrospektiven Teil überwiegt das philosophische Zitat, der Text *à la thèse*. Die Kritik hat dem Autor daher auch den Vorwurf gemacht, er habe sein Spiel derartig mit aktuellen Problemen überladen, daß das dramatische Gerüst die ideologische und philosophische Fracht nicht mehr zu tragen vermag. Durch seine mutige Verurteilung von Opportunismus und Kleinbürgertum in der sozialistischen Gesellschaft erfreut sich Blažeks Komödie über die Grenzen der ČSSR hinaus außergewöhnlicher Anerkennung. H.Ga.

AUSGABEN: Prag 1960; ²1960 [Nachw. M. Lukeš].

ÜBERSETZUNG: *Und das am Heiligenabend*, L. Taubová, Bln. 1961.

VERFILMUNG: *Ach du fröhliche ...*, Deutschland 1962 (Regie: G. Reisch).

LITERATUR: K. Dvořák, Rez. (in Lit. noviny, 1960, Nr. 46, S. 6). – V. Havel, *B. zase jako dramatik* (in Divadlo, 1960, Nr. 8, S. 413–416). – M. Lukeš, *Když to herci maji uhrát* (ebd., S. 424–427). – S. Machonin, *Satira, která razí cesty* (in Literární noviny, 9, 1960, Nr. 25, S. 6). – J. Martinic, *Poznámka k našemu dramatu* (in Plamen, 1961, Nr. 9, S. 124/125). – L. Nový, *Dvacetiletí, křivdy a přílišná štědrost* (in Host do domu, 8, 1961, Nr. 1, S. 29/30).

JAROSLAVA BLAŽKOVÁ

* 15.11.1933 Velké Meziříčí

LITERATUR ZUR AUTORIN:
J. Mišianik u. a., *Dejiny slovenskej literatúry*, Preßburg 1962. – P. Števček, *Nová slovenská literatura*, Prag 1964. – M. Tomčík, *Slovenská literatúra 20. storočia*, Prag 1966.

NYLONOVÝ MESIAC

(slovak.; *Ü: Nylonmond*). Erzählungen von Jaroslava BLAŽKOVÁ, erschienen 1961. – Das Erstlingswerk der Schriftstellerin enthält drei Erzählungen unterschiedlicher Länge – *Nylonový mesiac, Autostop (Per Anhalter)* und *Dotyky cez stenu (Berührungen durch die Wand)* –, in denen das egozentrischungehemmte Gefühlsleben der jungen Generation dargestellt wird. Ohne Bindung an Tradition und Konvention erleben die Gestalten der Erzählungen ihre Umwelt allein nach Maßgabe der eigenen Bedürfnisse, Wünsche und Sehnsüchte. Das Leben ist ihnen Sensation und Abenteuer, nicht eine Aufgabe, die es in Verantwortlichkeit für sich und den Mitmenschen zu bewältigen gilt. Dies trifft vor allem für die junge Architektin Vanda, Heldin des *Nylonový mesiac*, und den Dramaturgiestudenten Robino Bajza aus der Erzählung *Autostop* zu. Beide gehorchen allein ihren augenblicklichen Launen und Stimmungen. Ihr Gefühlsegoismus bringt sie in einen kaum zu überbrückenden Gegensatz zu den Vertretern der älteren Generation, der Arbeit das vornehmste Mittel der Selbstverwirklichung ist. Unter dem Diktat der Leidenschaft stehen auch die Schicksale der fünf auf engem Raum zusammengedrängten Familien der dritten Erzählung. Jede von ihnen trägt an der Zerstörung ihrer Hoffnungen und Illusionen und überträgt ihre innere Spannung auf die Umwelt. Erst der plötzliche Tod des kleinen Il'juša läßt die Gegensätze zurücktreten und drängt die Menschen zu einer geschlossenen Schicksalsgemeinschaft zusammen, in der jedem Rolle und Platz bestimmt sind. In der auf die Gefühlswelt der jungen Generation eingeschränkten Perspektive der Erzählungen liegen Stärke und Schwäche des Sammelbandes zugleich. Verzichten die Erzählungen auf der einen Seite darauf, dem hemmungslosen Individualismus der jungen Generation ein gleichgewichtiges Gegenbild gesellschaftlicher Verantwortung entgegenzusetzen, so gelingt ihnen andererseits eine treffende Milieu- und Charakterzeichnung, welche einen echten Fortschritt in der jungen slovakischen Prosa bedeutet. E.P.N.

AUSGABE: Preßburg 1961; ²1961; ⁴1967.

ÜBERSETZUNG: *Nylonmond*, E. Bertleff, Wien 1962.

LITERATUR: J. Bob, *B. zadebutovala* (in Mladá tvorba, 6, 1961, Nr. 12, S. 27). – M. Gáfrik, *Prvá z mladých* (in Kultúrny život, 16, 1961, Nr. 50, S. 4). – V. Lučeničová, Rez. (in Predvoj, 5, 1961, Nr. 51, S. 20). – J. Opelík, *Proza všedního dne* (in Kultura, 1961, Nr. 45, S. 5). – J. Škvorecký, *O knižke, ktorú by si Charles Darwin iste prečítal najmenej dvakrát* (in Kultúrny život, 16, 1961, Nr. 51–52, S. 15). – M. Suchomel, *Hranice živelnosti* (in Host do domu, 8, 1961, Nr. 12, S. 568). – J. Kot, *Ako dalej* (in Slovenské pohl'ady, 78, 1962, Nr. 1, S. 136–137). – P. Števček, Rez. (in Naša práca, 12, 1962, Nr. 4, S. 239).

FRANZ BLEI

* 18.1.1871 Wien
† 10.7.1942 Westbury / N.Y.

BESTIARIUM LITERARICUM das ist: Genaue Beschreibung Derer Tiere des Literarischen Deutschlands

Literarischer Scherz von Franz BLEI, erschienen 1920 unter dem Pseudonym Dr. Peregrinus Steinhövel. – Wie schon der Titel verrät, sind diese sehr konzentrierten kleinen literarischen Karikaturen in der Form von barock stilisierten zoologischen Kurzbeschreibungen abgefaßt. Behandelt wird in dieser Weise vor allem die Literatur der Naturalisten-Generation und ihrer Antipoden: Gerhart und Carl HAUPTMANN, Thomas und Heinrich MANN, GEORGE, RILKE, HOFMANNSTHAL sowie manche der Expressionisten und ihrer Zeitgenossen: WERFEL, J. R. BECHER, MUSIL, KAFKA und viele andere Größen. Die recht ungleichen, meist aber zumindest amüsanten Stücke tendieren großenteils zur Grobheit. Sachlich trifft Blei vielfach ins Schwarze und ist dann auch witzig; am besten gelangen ihm vielleicht die brillanten Stücke über George, Hofmannsthal – und über sich selbst. Im ganzen spiegelt das Buch die Stärken und Schwächen Bleis als Artisten: er war der merkwürdige Fall eines Geistes, der über die Nuancen und Subtilitäten der literarischen Wert-Sphäre sehr genau Bescheid wußte, sein Wissen aber nur gelegentlich in adäquates Schaffen umzusetzen vermochte, ein »zufälliger Schriftsteller«, wie er sich selbst einmal nennt, mit mehr und andersartiger Wahrheit, als er vielleicht ahnte. In erweiterter Form erschien das Buch 1924 unter dem Titel *Das große Bestiarium der modernen Literatur*. H.L.

AUSGABEN: Mchn. 1920. – Bln. 1924 [erw. u. d. Titel *Das große Bestiarium der modernen Literatur*]. – Mchn. 1963 (dtv). – Ffm. 1982 (Text d. Aufl. v. 1924; Insel Tb).

LITERATUR: D. Steffen, *F. B. als Literat u. Kritiker der Zeit*, Diss. Göttingen 1966. – J. W. Joost, *Molière-Rezeption in Dtld. 1900–1930: C. Sternheim, F. B.*, Ffm. u. a. 1980. – E. Schönwiese, *Der Wegbereiter des mod. Romans: F. B.* (in *Literatur in Wien zw. 1930 und 1980*, Mchn. 1980, S. 9–27). – D. Barnouw, *B. ohne Folgen* (in *Österreichische Gegenwart*, Hg. W. Paulsen, Bern/Mchn. 1980, S. 153–170). – C. Magris, *F. B. und die Oberfläche des Lebens* (in *Literatur aus Österreich – Österreichische Literatur*, Hg. K. K. Polheim, Bonn 1981).

KARL BLEIBTREU

* 13.1.1859 Berlin
† 30.1.1928 Locarno

GRÖSSENWAHN. Pathologischer Roman

Roman von Karl BLEIBTREU, erschienen 1888. – Der Autor, der in seiner theoretischen Kampfschrift *Revolution der Literatur* (1886) forderte, die Probleme der Gegenwart als literarische Themen zu behandeln, versuchte in *Größenwahn*, die Gemeinheit des Lebens und die abgeschmackten Verhaltensweisen der Menschen zu schildern, ihre »pathologischen« Irrtümer anzuprangern.

Der österreichisch-ungarische Offizier Graf Xaver Krastinik, der sich als genial begabten Schriftsteller einschätzt, hält sich bei Verwandten in London auf. Von einer Reise nach Schottland hat er außer Gedichten und einem Tagebuch Entwürfe zu einer Novelle mitgebracht, die er nun auszuführen beginnt. In Berlin verfolgt um dieselbe Zeit der Kunstmaler Eduard Rother seine Geliebte, die Kellnerin Kathi Kreutzner – Verkörperung des dirnenhaften »Weibes«, dem die Männer verfallen und dessen Milieu Kneipe und Kaffeehaus in der verruchten Großstadt sind –, mit bohrender Eifersucht. Zunächst überzeugt davon, daß Kathi kein leichtlebiges Geschöpf ist, kommt Rother später von seinen Heiratsplänen ab, als er erfahren muß, daß Kathis neuer Arbeitgeber in Hamburg auch einer ihrer zahlreichen Liebhaber ist. Durch einen beleidigenden Brief, den Rother aus enttäuschter Liebe an die Kellnerin geschrieben hat, droht er in einen Prozeß verwickelt zu werden, so daß er sich nach London zu Krastinik begibt, von dem ihm Kathi erzählt hat. Er bittet den Grafen, notfalls vor Gericht auszusagen, daß die Kellnerin schon vor ihrem Verhältnis mit Rother einen lockeren Lebenswandel geführt habe. Die beiden Männer freunden sich an und reisen, da es nicht zum Prozeß kommt, gemeinsam nach Berlin. Doch Rother hat seine Liebe zu Kathi keineswegs überwunden: er begeht Selbstmord, als ihm zu Ohren kommt, daß seine frühere Geliebte dem Weltenbummler Eugen Wolffert nach Norwegen gefolgt ist. Wie Rother scheidet auch Krastiniks Schriftstellerfreund Friedrich Leonhart freiwillig aus dem Leben, da er sich als Künstler verkannt fühlt. Völlig korrumpiert vom Umgang mit der Berliner Literatenboheme, scheut sich der Graf nicht, ein Theaterstück Leonharts als sein eigenes Werk auszugeben, wodurch ihm endlich die ersehnte Karriere eröffnet wird. Nun aber von Ekel über sich selbst ergriffen, begräbt er seinen »Größenwahn«, ein genialer Künstler zu sein, und kehrt in die Heimat Siebenbürgen zurück, um als Landwirt ein zurückgezogenes, dem Studium der Naturwissenschaften gewidmetes Leben zu führen. Als ein Krieg auszubrechen droht, stellt er sich seinem alten Regiment zur Verfügung, »Mannestat in welterschütterndem Kampf« erwartend.

Das weit über tausend Seiten starke Werk ist als Schlüsselroman gegen den Berliner Literatenkreis um die Brüder HART zu lesen, dem Bleibtreu künstlerische Überheblichkeit vorwirft und den er zum Anlaß nimmt, die Abkehr vom Literatentum und die Beschäftigung mit den Naturwissenschaften zu predigen; er fordert überdies die »männliche Tat«, die nicht zuletzt in der Erkenntnis der eigenen Grenzen bestehe. Denn Bleibtreu glaubt, dem Hauptübel der Gründerjahre auf der Spur zu sein: *»Wir Menschen leiden ja alle an Größenwahn, indem wir uns Ameisen auf diesem planetarischen Kehrichthaufen für wichtig halten.«* Er stellt dem Größenwahn die »wahre Größe« gegenüber, freilich ohne diese überzeugend in einer Gestalt zu verkörpern. Erstaunlich ist seine politische Überzeugung: *»In* der Hohenzollernschen Weltmonarchie liegt der Schlüssel der Zukunft« – eine deutliche Selbstentlarvung der reaktionären Einstellung Bleibtreus. Von ZOLA beeinflußt, schrieb der den mit Tagebuchaufzeichnungen, Gedichten und dramatischen Fragmenten durchsetzten Roman aus der Geisteshaltung des beginnenden Naturalismus, dem er allerdings nur stofflich, etwa bei der Behandlung sexueller Fragen oder in der Wahl typischer Milieus, gerecht wird. Stilistisch zeigt der Verfasser, seiner Ablehnung der jungen Schriftstellergeneration gemäß, einen Hang zu gefühlig-romantischen Schilderungen und zu selten anschaulicher, platter Gedanklichkeit. Während das Publikum den Roman goutierte, fand er entschiedene Ablehnung bei den attackierten Schriftstellern, vor allem bei Otto Erich HARTLEBEN und Hermann BAHR. KLL

AUSGABEN: Lpzg. 1888, 3 Bde. – Jena ²1896, 3 Bde.

LITERATUR: M. Zerbst, *K. B.s Pathologischer Roman »Größenwahn«. Eine kritische Studie*, Jena 1888. – O. Stauf von der March, *C. B.*, Stg. 1920. – J. P. Bier, *J. Joyce und K. B. Sens et function d'une allusion littéraire dans »Ulysses«* (in RLC, 44, 1970, S. 215–223). – C. V. Miller, *›Weltschmerz‹ in the Writings of C. B. and H. Conradi*, Diss. Indiana Univ. 1979 [Kurzfassg. in *Diss. in Kurzfassg.*, Bern u. a. 1981, S. 117–121].

NIKEPHOROS BLEMMYDES

* 1197 Konstantinopel
† 1272 (?)

ANDRIAS

(griech.-byzant.; *Idealbild eines Kaisers*). Fürstenspiegel, d. h. Schrift über die Pflichten des Herrschers, von Nikephoros BLEMMYDES für dessen Schüler, den jungen Kaiser Theodoros II. Laskaris (*1222, reg. 1254–1258). Neben einer Anzahl ethischer Ratschläge enthält das Werk vor allem Empfehlungen für eine militärische Stärkung des seit dem Kreuzzug von 1204 auf die Besitzungen in Kleinasien geschrumpften griechischen Kaiserreichs. Das Werk steht in der großen Tradition der griechischen Fürstenspiegel, von denen – aus byzantinischer Zeit – die von AGAPETOS (6. Jh.) für Kaiser Iustinian entworfenen *Lebensmaximen (Ekthesis kephalaion parainetikon)* am bekanntesten waren. Die hoch rhetorische, von zahlreichen literarischen Anspielungen durchsetzte Sprache des Blemmydes erschien der gebildeten Welt Ostroms so gekünstelt, daß seine Schrift von Georgios GALESIOTES und Georgios OINDIOTES mit einem gemeinverständlichen Kommentar bedacht wurde. P.W.

AUSGABE: Mchn. 1906 (in K. Emminger, *Studien zu den griech. Fürstenspiegeln*, Bd. 1; m. Anm.).

LITERATUR: A. Heisenberg, *Nicephori Blemmydae curriculum vitae et carmina*, Lpzg. 1896. – S. G. Mercati, *Observations sur le texte de l'Andrias basilikos de Nicéphore Blemmydès* (in Byzantinoslavica, 9, 1948, S. 182–185). – Beck, S. 671–673. – Hunger, Bd. 1, S. 163/164. – W. Blum, *Byzantinische Fürstenspiegel*, Stg. 1981, S. 48 f. – D. Stiernon, *Nicéphore Blemmydès, écrivain byzantin et fondateur monastique* (in Dictionnaire de Spiritualité, 11, 1981, Sp. 187–198). – K. G. Niarchos, *Ta idiōmata tu hēgemona : Anaphora stin politiki dianoisi tu Theodoru II (Laskari) ke tu Nikiphoru Blemmidi* (in Philosophia ke politiki, Athen 1982, S. 237–248).

H.S. VAN BLERK

eig. Hendrik Stephanus van Blerk
* 21.11.1915

DAAROM IS DIE WINDDREUN DIEP ...

(afrs.; *Darum ist das Winddröhnen tief...*). Roman von H. S. van BLERK, erschienen 1951. – Der Titel des dritten Romans van Blerks geht auf eine Wendung zurück, die in dem Epos *Trekkerswee*, 1915 *(Trekkerweh)*, von TOTIUS eine Schlüsselstellung einnimmt. Totius schildert den Zusammenprall der Vortrekkerkultur mit dem materialistischen und volksfremden Geist der Goldstadt (Johannesburg), der zum Burenkrieg und später zur Bildung der Union führen sollte. Das Schicksal des jungen Ehepaars Dina und Willem steht dort für den Untergang eines Teils des Burenvolks. Das Gedicht schließt jedoch mit der Prophezeiung seiner möglichen Wiederauferstehung.

Van Blerk behandelt in seinem Roman ein diesem Werk nahe verwandtes Thema. Schauplatz: die Johannesburger Goldminen; Zeit: die dreißiger Jahre des 20. Jh.s. Der Protagonist, Hannes Venter, ein junger Bure mit hohen religiösen und ethischen Idealen, gibt seine wenig aussichtsreiche Laufbahn als Landpolizist auf und geht in die Goldstadt, um in den Minen mehr Geld zu verdienen. Aber die Wirtschaftskrise hat sich auf den Arbeitsmarkt ausgewirkt, und Hannes verdankt es nur seiner Zähigkeit, daß er schließlich als Lehrling in einer Mine angestellt wird. Er muß eine harte und in vieler Hinsicht ernüchternde Lehrzeit durchmachen, bis er es zum qualifizierten Minenarbeiter gebracht hat. Trotz seines beruflichen Erfolgs kann Hannes nicht recht glücklich werden; die rauhen Sitten der meisten anderen Kumpel stoßen ihn ab, und er findet keine wirklichen Freunde. Daß die schöne Lehrerin Ellie seine Liebe nicht erwidert, ist für ihn die größte Enttäuschung, vergrößert seine seelische Einsamkeit, läßt aber auch seine Grundsätze ins Wanken geraten. Sie festigen sich erst wieder, als er sich unter dem Einfluß des idealistisch gesinnten Reformators Truter um das Schicksal der afrikaansen Minenarbeiter zu kümmern beginnt und deren unwürdige soziale Stellung erkennt: während sich die Arbeiterschaft fast ausschließlich aus Buren zusammensetzt, sind die höheren Posten Fremden vorbehalten, und die Gewinne fließen Ausländern zu. Der Versuch, die Rechte der Minenarbeiter geltend zu machen, führt zu einem wilden Streik, der jedoch unter dem Druck der organisierten Geldmacht und durch das Verhalten einer die Interessen der Arbeiter verratenden Gewerkschaft zusammenbricht. Hannes, einer der Anführer des Streiks, verliert seine Stellung und sein Geld, das er für den Unterstützungsfonds gespendet hat. Schließlich findet er wieder Arbeit und beginnt, in seiner Freizeit zu studieren. Allmählich lernt er die Verpflichtungen gegenüber seinem Volk und den Arbeitern richtig einschätzen und begegnet auch der Frau, mit der sich ihm eine neue Zukunft öffnet.

Die packende Darstellung der Verhältnisse in den südafrikanischen Bergwerken sucht in der Afrikaans-Literatur ihresgleichen. Als Roman weist das Werk gewisse Schwächen auf: einerseits wird innerhalb der kaleidoskopartigen Schilderung des Minenarbeiterdaseins der eigentliche Held zu sehr aus dem Zentrum gedrängt, andererseits ergibt sich eine Diskrepanz zwischen der Anlage dieses Charakters und dem späteren Versuch, ihn zu vertiefen, so daß Venter weder als Typ des Minenarbeiters noch als eine zu wahrer menschlicher Größe herangereifte Gestalt völlig überzeugen kann. Die Absicht des Buches, nämlich der Appell an die Südafrikaner, durch fleißige Arbeit und vorbildliches Leben die fremden Machthaber auszuschalten und so den Ertrag der Minen dem eigenen Volk zuzuführen, steht mitunter so sehr im Vordergrund, daß der Erzählgang darunter leidet. Van Blerk schrieb mit *Reen van erbarming* (1953) und *Twee stuivers vir 'n mossie* (1959) zwei weitere Romane über das Leben der Minenarbeiter. P.D.v.d.W.

AUSGABE: Kapstadt 1951.

LITERATUR: R. Antonissen, *Die Afrikaanse letterkunde van 1906 tot 1966: Perspektief en profiel*, Hg. P. J. Nienaber, Johannesburg ⁵1982.

ALBERTO BLEST GANA

* 4.5.1830 Santiago de Chile
† 9.11.1920 Paris

LITERATUR ZUM AUTOR:
V. M. Valenzuela, *Chilean Society as Seen Through the Novelistic World of A. B. G.*, Diss., Columbia Univ., NY 1965. – H. Poblete Varas, *Genio y figura de A. B. G.*, Buenos Aires 1968. – G. Araya, *Historia y sociedad en la obra de A. B. G.* (in Revista de Crítica Literaria Latinoamericana 7, 1981, Nr. 14, S. 29–64). – J. S. Ballard, *El ciclo de novelas socio-críticas de A. B. G. El desarrollo de la estética realista y de la ideología liberal*, Diss., Ohio State Univ. 1983 (vgl. Diss. Abstracts, 44, 1983, S. 1466A).

DURANTE LA RECONQUISTA

(span.; *Während der Wiedereroberung*). Historischer Roman von Alberto BLEST GANA (Chile), erschienen 1897. – In der Literatur der jungen, aus kriegerischen Auseinandersetzungen mit Spanien hervorgegangenen hispanoamerikanischen Staaten ist es ein Hauptanliegen, Ursprünge, Mythen und das nationale Ideengut in epischer Form zu gestalten. Ein für Chile in dieser Hinsicht repräsentatives Werk ist der Roman *Durante la reconquista*, an dem Blest Gana von 1864 bis 1896 gearbeitet hat.

Die Handlung umfaßt die Zeit der »Reconquista« von 1814 bis 1818. Nachdem ihr Heer unter O'Higgins bei Santiago (1814) geschlagen worden war, gelang es den Chilenen 1817, die Spanier bei Chacabuco zu besiegen. Ein Jahr später wurde die spanische Macht in der Schlacht von Maipú endgültig gebrochen und General O'Higgins zum Regierungschef Chiles ernannt. Die historischen Ereignisse bereichert Blest Gana durch fiktive Personen und Begebenheiten. Einen breiten Raum nehmen die realistischen Schilderungen des Widerstands, der Kollaboration, der Unterdrückung und der Intrigen während der Besatzungsperiode ein. Im Mittelpunkt des Romans steht der junge chilenische Patriot Abel Malsira, der zuerst die leichtsinnige Violante de Alarcón, später seine ernste Kusine Luisa Bustos liebt. Obwohl mit diesem Einzelschicksal ein Handlungsfaden vorgegeben ist, gelang es Blest Gana nicht, die heterogenen Elemente des Stoffes und die zahlreichen novellistischen Episoden zu integrieren. Aber die eindrucksvollen Darstellungen der verschiedenen Gesellschaftsgruppen und die präzise Zeichnung von Einzeltypen, in denen sich die Spannungen und Unruhen einer chaotischen Zeit spiegeln, machen *Durante la reconquista*, wenn nicht zu einem geschlossenen Romanwerk, so doch zu einer farbigen Chronik der Ära, in der die koloniale Gesellschaftsordnung Hispanoamerikas einer neuen sozialen Wirklichkeit weichen mußte. A.F.R.

AUSGABEN: Paris 1897. – Santiago de Chile 1907–1909 (in *Obras completas*). – Santiago de Chile 1960. – Buenos Aires 1969/70 (in *Obras selectas*, Bd. 2).

LITERATUR: J. Zamundio, *La novela histórica en Chile*, Santiago de Chile 1949. – R. Silva Castro, *Historia crítica de la novela chilena 1843–1956*, Madrid 1960. – *Cien años de la novela chilena*, Concepción 1961, S. 5–26. – O. Fals Borda, *Las revoluciones inconclusas en America Latina 1809–1968*, Mexico 1968.

MARTÍN RIVAS

(span.; *Martín Rivas*). Roman von Alberto BLEST GANA (Chile), erschienen 1862. – In diesem ersten realistischen Roman der hispanoamerikanischen Literatur verwirklicht Blest Gana Gedanken, die er 1861 in einem Vortrag dargelegt hatte: »*Wir glauben, daß die Darstellung wahrscheinlicher, keineswegs außergewöhnlicher Vorgänge, sofern sie lebendig und wirklichkeitstreu ist, den Leser ebenso zu fesseln vermag wie die Schilderung von Ungeheuerlichkeiten, womit viele Romanschriftsteller den Geschmack der Gebildeten verdorben haben.*« Getreu diesem für die damalige Zeit revolutionären Programm, sind Handlung und Begebenheiten des Romans *Martín Rivas* der Wirklichkeit entnommen. Als mittelloser junger Mann kommt der Titelheld aus der Provinz in die Hauptstadt Santiago de Chile, um bei dem reichen Bergwerksbesitzer Dámaso Encina eine Stelle als Privatsekretär anzutreten und an der Universität zu studieren. Politisch interessiert, liberal und fortschrittlich gesinnt, steht er dem oberflächlichen Leben der Gesellschaftskreise seines Arbeitgebers zunächst ablehnend gegenüber. Doch er verliebt sich in Leonor, die schöne und stolze Tochter des Hauses. Erst als er entschlossen ist, sich im April 1851 dem Aufstand gegen den Staatspräsidenten General Bulnes anzuschließen, gesteht er ihr, überzeugt davon, daß er den Tod finden wird, brieflich seine Gefühle. Wider Erwarten kehrt er wohlbehalten zurück, heiratet Leonor und wird durch diese Ehe ein Mitglied der obersten Gesellschaftsschicht.

Diese tatsächlich nicht außergewöhnliche Geschichte eines durch Arbeit, Zielstrebigkeit und Selbstdisziplin sozial Arrivierten hat Generationen von chilenischen Lesern begeistert und gehört noch heute zu den populärsten Romanen des Landes. Blest Gana, der mit Bedauern beobachtete, daß Chile beim Übergang von der agrarpatriarchalischen Gesellschaftsordnung zur kapitalistisch bestimmten Wirtschaftsform der Pioniergeist verloren ging, hat mit Martín Rivas sicher eine Symbolfigur schaffen wollen: Inmitten einer Gesellschaft, in der sich überall Verfallserscheinungen zeigen, stellt er seinen Helden als den Inbegriff aller traditionellen bürgerlichen Tugenden, der Tatkraft und Selbstzucht, der Ehrlichkeit und Anständigkeit dar. Daß diese Figur keine psychologische Tiefenschärfe besitzt und daß der Roman stilistische und strukturelle Mängel aufweist, hat nicht verhindern können, daß Martín Rivas zu einer Art Nationalheld geworden ist. A.F.R.

AUSGABEN: Santiago de Chile 1862 (in La Voz de Chile, 7. 5.–18. 7.). – Santiago de Chile 1862; ⁹1963. – Buenos Aires 1969/70 (in *Obras selectas*, Bd. 1). – Santiago de Chile 1974. – Barcelona 1977. – Caracas 1977. – Madrid 1981.

LITERATUR: M. Rossel, *Pasado y presente de »Martín Rivas«* (in Atenea, 39, Concepción 1962). – R. Silva Castro, *El centenario de »Martín Rivas«* (in RI, 29, 1963, S. 139–146). – G. v. dem Bussche Aranda, *La persistencia de »Martín Rivas«* (in *10 conferencias*, Concepción 1964). – G. D. Schade, *Notas sobre »Martín Rivas«: evasión y vigencia* (in *La literatura iberoamericana del siglo XIX*, Univ. of Arizona Press 1974). – A. Salinas Gutiérrez, *»Martín Rivas«* (in Nueva Revista del Pacífico 1, 1976, S. 49–65).

ZACHARIAS BLETZ

* 13.12.1511 Zug
† 28.8.1570 Luzern

MARCOLFUS. Ein fassnachtspiel zuo Lucern gespillt Ao. 1546

Fastnachtspiel von Zacharias BLETZ, Aufführung 1546 auf dem Luzerner Fisch-, heute Weinmarkt. – Das Hauptwerk des Schweizer Dramatikers und Spielleiters ist eine der kraftvollsten Gestaltungen des vielschichtigen Marcolf-Themas, das neben Bletz auch Hans FOLZ *(Von dem kunig Salomon und Marckolffo und einem narn, 1513)* und Hans SACHS *(Comedi juditium Salomonis, 1550)* in Fastnachtsspielen verarbeitet haben. Der Stoffkreis geht auf frühe jüdische Sagen vom weisen König Salomon und seinem dämonischen Helfer Aschmedai zurück, aus dem später der Gegenspieler Marcolis oder Marcolf wird. Während in englischen und französischen Dialogen des 9. und 12. Jh.s Salomon als Christ gesehen ist und mit Marcolf theologische Streitgespräche führt, wandelt sich im 12. Jh. unter dem Einfluß der Fahrenden die Gestalt des Marcolf zu einem listigen, zynischen Bauern, der die höhere Weisheit des Königs mit seinen derb realistischen Späßen und Zoten überspielt. Damit war schon ein dramatisch reizvoller Gegensatz geschaffen: »*Um des Kontrastes willen mußte Marcolfus zum Bauern werden*« (E. Steiner). Das früheste erhaltene mittelhochdeutsche Zeugnis für die Figur des liebenswerten Spaßmachers Markolf liegt mit dem Spruchgedicht *Salomo und Markolf* vom Ende des 14. Jh.s vor. Nicht nur in Dialogen (Prosa) und Spruchgedichten, auch in einem Spielmannsepos (*Salman und Morolf*, Ende des 12. Jh.s) fand der volkstümliche Stoff seinen Niederschlag. Nachdem er im deutschen *Volksbuch von Salomon und Markolf* (1487) sich bereits zu einer beliebten Schwankreihe entwickelt hatte, gestaltete Bletz das Material neu und erfand zu den überlieferten Situationen noch ebenso wirksame hinzu.

Der in äußerster Armut lebende Bauer Marcolfus kommt mit seiner Frau auf den Gedanken, sich im Streitgespräch mit dem König zu messen und durch seinen Witz zu Reichtum und einer Stellung am Hof zu gelangen. Salomon sichert ihm das großmütig zu, ist aber bereits nach dem glänzenden Sprichwörterduell über die Unverfrorenheit des Bauern sehr verstimmt. Sie wetten weiter um das Leben Marcolfs, der aber mit äußerst gewagten Frechheiten, Betrügereien und Foppereien dem König immer wieder ein Schnippchen schlagen kann. Erprobte Jahrmarktspäße sorgen dafür, daß Marcolf immer die Lacher auf seiner Seite hat. Höhepunkte des Spiels sind der Streit der beiden biblischen Mütter um das Kind, der bekannte Salomonische Urteilsspruch und der Aufruhr der Weiber, die, von Marcolf aufgehetzt, den König aufs gröbste beschimpfen. Salomon, der eben noch das Ideal der Frau pries, läßt sich nun zu wilden Schmähungen gegen die Frauen hinreißen. Dadurch hat Marcolfus endlich sein Leben verwirkt; als er es aber ablehnt, sich für einen bestimmten Baum zu entscheiden, an dem er hängen soll, muß auch Salomon dem Schalksnarren nachgeben und gewährt ihm ein sorgenfreies Leben bei Hofe.

Dank straffer Handlungsführung gelang es Bletz, in seinem über 1800 Verse umfassenden Spiel eine Fülle von Situationen zwanglos zu vereinen (fünf Teile mit zwanzig Auftritten). Die ausdrucksstarke, lokal gefärbte Sprache ist in ihren gewandten Knittelversen überaus lebendig auf das Gebärdenspiel der Darsteller bezogen. Mit der echten Polarität der Gegenspieler, dem etwas schwärmerischen Idealismus Salomons und der groben Sinnlichkeit Marcolfs (hier eröffnen sich Parallelen zu Faust – Mephistopheles), und mit seinem sozialen Zündstoff – über die Majestät des Königs siegt der ungenierte Volkswitz – wächst das Stück weit über vergleichbare Werke der Zeit hinaus. P.Sch.

AUSGABE: Frauenfeld/Lpzg. 1926 (in *Die dramatischen Werke des Luzerners Z. B.*, Hg. u. Einl. E. Steiner; Die Schweiz im dt. Geistesleben, 41/42).

LITERATUR: R. Brandstetter, *Über Luzerner Fastnachtspiele* (in ZfdPh, 17, 1885, S. 421 ff.). – E. Ermatinger, *Dichtung u. Geistesleben in der dt. Schweiz*, Bonn 1933, S. 215–219. – E. Catholy, *Fastnachtspiel*, Stg. 1966 (Slg. Metzler).

STEEN STEENSEN BLICHER

* 11.10.1782 Vium
† 26.3.1848 Spentrup

LITERATUR ZUM AUTOR:
J. Aakjær, *St. St. B.s Livstragedie i Breve og Aktstykker*, 3 Bde., Kopenhagen 1903/1904. – J. Nørvig, *St. St. B.*, Kopenhagen 1943. – H. Brix, *B.-Studier*, Kopenhagen 1916; ²1967. – P. V. Rubow, *Saga og Pastiche*, Kopenhagen ²1968. – *Dansk litteraturhistorie*, Hg. F. J. Billeskov Jansen, Bd. 3, Kopenhagen 1976/1977, S. 166–190. – J. Høst, *Guldalderens værdinormer*, Odense 1979. – *Dansk Biografisk Leksikon*, 16 Bde., Kopenhagen 1979–1984; 2, S. 221–228. – B. v. Törne, *Zwischen Loyalität und Servilität*, Neumünster 1980. – H. Dehman, *St. St. B. litteraturen 1834–1982*, Roskilde 1983 [Bibliogr.]. – *Dansk litteraturhistorie*, Hg. J. Fjord Jensen, Bd. 5, Kopenhagen 1984, S. 421– 441. – K. Sørensen, *St. St. B.: digter og samfundsborger*, Kopenhagen 1984. – W. Chraska, *St. St. B. zwischen Dichtung und Wirklichkeit*, Ffm. u. a. 1986.

E BINDSTOUW

(dän.; *Die Spinnstube*). Erzählungen von Steen Steensen BLICHER, erschienen 1842. – Es sind Geschichten, die in der Spinnstube eines Lehrers von den dort versammelten Frauen und Männern reihum erzählt werden: Märchen, Anekdoten und Balladen. Ob es sich um Liebesleid (das Lied von Mari, die nach einem Jahr Dienst den Palli Kraensens Goer verlassen muß) oder Liebesglück handelt (wie Rasmus Owstrup mit dem Pferd Messingjens im Krieg seine Frau fand), um den Grund, aus dem da und dort eine Kapelle oder Kirche gebaut wurde, um Kriegs- oder andere Abenteuer (z. B. Jensens Bericht von den Kriegen Napoleons), mit immer gleich großer Kunstfertigkeit versteht es der Autor, den jeweiligen Erzähler und seine enge Verbundenheit mit der Heimat zu charakterisieren. Dabei kommt ihm die Verwendung des jütländischen Dialekts sehr zustatten, der allein schon den eigentümlich herben Charakter dieses Landstrichs sinnfällig macht und es dem Autor erlaubt, die Spinnstubenatmosphäre nur anzudeuten. So ist *E Bindstouw* nicht etwa eine der vielen Sammlungen folkloristischer Kleinkunst: Blicher steht über dem Ganzen, ironisiert auf liebenswerte Weise das Provinzielle der Geschichten und verleiht ihnen so literarischen Rang. A.H.-KLL

AUSGABEN: Randers 1842. – Kopenhagen 1930 (in *Samlede Skrifter*, Hg. J. Aakjær u. a., 33 Bde., 1920–1934, 26). – Kopenhagen 1942, Hg. J. Selskab [m. Komm.]. – Kopenhagen 1982/1983 (in *Udvalgte Værker*, Hg. u. Anm. F. Nørgaard, Bd. 4).

LITERATUR: H. Brix, *Bemærkninger til »E Bindstouw«* (in H. B., *Analyser og Problemer*, Bd. 2, Kopenhagen 1935, S. 338–362). – J. Nørvig, *St. St. B.: Hans Liv og Værker*, Kopenhagen 1943, S. 526–538. – A. Bjerrum u. a., *Studier over B.s »E Bindstouw«*, Kopenhagen 1962. – S. Baggesen, *Den blicherske novelle*, Kopenhagen 1965, S. 144–148. – J. Høgh, *Kommentarer til St. St. B.s »E Bindstouw«*, Herning 1982. – M. E. Gulddal, *St. St. B. og »E Bindstouw«*, Skelhøje 1983.

BRUDSTYKKER AF EN LANDSBYDEGNS DAGBOG

(dän.; *Bruchstücke aus dem Tagebuch eines Dorfküsters*). Novelle von Steen Steensen BLICHER, erstmals erschienen 1824 in der Literaturzeitschrift ›Læsefrugter‹. Eine überarbeitete Fassung wurde 1933 unter dem Titel *En Landsbydegns Dagbog* in *Samlede Noveller* aufgenommen. *Brudstykker af en Landsbydegns Dagbog* ist die erste Novelle des psychologischen Realismus in der dänischen Literatur und wurde gleichzeitig zu einem Wendepunkt in der Entwicklung der dänischen Prosa. Blicher schuf damit sein Hauptwerk. Die Novelle spielt im 18. Jh.; durch die Anwendung sprachlicher und stilistischer Mittel, wie sie Blicher u. a. in alten Priestertagebüchern vorfand, wird eine historische Illusion erzeugt. In der Figur der Sophie wird das Leben der historischen *Marie Grubbe*, das auch Ludvig HOLBERG, H. C. ANDERSEN und J. P. JACOBSEN zu Erzählungen angeregt hat, frei nacherzählt. Wie schon aus dem Titel hervorgeht, handelt es sich bei der Novelle um ein fiktives Tagebuch, nämlich um die zur Zeit des Großen Nordischen Krieges (1700–1721) entstandenen Aufzeichnungen des Küstersohns Morten Vinge. Das *Tagebuch* kann in fünf Abschnitte gegliedert werden. Zunächst werden die glückliche Kindheit in Føulum und die Träume des Jugendlichen von seinem zukünftigen Priesteramt geschildert (das Jahr 1708). Dieser Abschnitt endet mit dem Tod des Vaters, als der junge Morten eine Stellung als Kammerdiener auf dem Herrensitz Tjele antritt. Zuerst verlebt er hier eine glückliche Zeit (1709–1711), seine Aufzeichnungen sind noch erfüllt vom Vertrauen in das Leben, das Liebe und sozialen Aufstieg für ihn bereithält. Im folgenden Abschnitt wächst sein Ansehen, und er verliebt sich in Sophie, die Tochter des Gutsherrn. Der dritte Teil der Novelle, in dem die letzten Jahre auf dem Gut geschildert werden (1711–1713), ist dagegen von Mißgeschick und Unglück gekennzeichnet. Mortens sozialer Aufstieg nimmt ein jähes Ende, Sophie geht mit Mortens Jugendfreund, dem Jäger Jens, davon, der Gutsherr stirbt aus Gram. Morten muß seine Stellung aufgeben und in den Krieg ziehen. Die nun folgenden Aufzeichnungen über Mortens Kriegsdienst in Schweden, seine Gefangenschaft in Sibirien und die daran anschließende Zeit auf der dänischen Insel Falster umspannen drei Jahrzehnte (1716–1745). Er lebt relativ zufrieden und bescheiden auf Falster, bis er Sophie und Jens wiederbegegnet, die beide gescheitert und zu menschlichen Wracks geworden sind. Nach dieser Begegnung kehrt Morten nach Tjele und schließlich nach Føulum zurück, wo er – genau wie zuvor sein Vater – Küster wird. Das Tagebuch schließt mit einer resignierten Bestandsaufnahme dieser letzten Jahre seines Lebens (1745–1753).
In den verschiedenen Abschnitten wird eine schrittweise Veränderung Morten Vinges spürbar. Sein Optimismus und seine positive Lebenseinstellung weichen allmählich einer pessimistischen und negativen Haltung. Mit den Enttäuschungen, die Morten erlebt, ändert sich auch der Charakter des »Tagebuchs«: statt ausführlichen Aufzeichnungen am Beginn finden sich schließlich nur noch einzelne, verstreute Notizen. Thema der Novelle ist die Macht des Schicksals und damit der Vergänglichkeit über den Menschen. Zufälle sind nur scheinbar Zufälle, sie fügen sich zum Grundmuster in Mortens Leben zusammen: Er strebt nach oben, steigt auf, kommt dem Glück ganz nahe und stürzt schließlich. Zuerst träumt er von einer Pfarrstelle und bildet sich weiter. Als er nach dem Tod des Vaters das geplante Studium aufgeben muß, gelingt es ihm in Tjele, sich den neuen Erfordernissen anzupassen. Er lernt nun nicht mehr Latein, sondern Französisch und glaubt, in sozialer und erotischer Hinsicht erfolgreich sein zu können – bis er während eines Aufenthalts in Kopenhagen an der Pest erkrankt und so wieder zurückgeworfen wird. Die nächste Enttäuschung erlebt er mit Sophie, die sich seinem Jugendfreund Jens zuwendet. Kaum glaubt er, seine Verliebtheit überwunden zu haben, meint er, höchste Glücksgefühle zu erleben – aber Sophie hat ihn eines Abends in der Dunkelheit nur mit Jens verwechselt. Nachdem Morten der Irrtum klar wird, ist seine Verzweiflung immer hoffnungsloser. Nach seinem langen Aufenthalt als Gefangener in Sibirien hat er nur noch den Wunsch, bis zu seinem Tod in Frieden zu leben. Er glaubt bereits, dieses letzte Glück erreicht zu haben, als ihm auch das genommen wird: durch die erschütternde Wiederbegegnung mit Jens und Sophie. Nun bewegt sich nichts mehr in seinem Leben. Als einziges Ziel bleibt ihm der Tod, um den ihn auch das Schicksal nicht betrügen kann. Als Morten Bilanz zieht, kommt er zu dem Schluß, daß er sich 30 Jahre lang abgemüht hat »*nur da zu enden, wo ich anfing*«, und daß zuletzt nur ein Gewinn bleibt: »*ein Grab*«.
Durch die Verlegung der Ereignisse in die Vergangenheit haftet der Novelle etwas Unwiederbringliches an. Verstärkt wird dies noch durch den Lebenspessimismus Blichers, der ein grundlegendes Element der Erzählung darstellt. Deutlich wird auch Blichers gute Kenntnis der Dichtungen *Ossians*, an den der einsträngige, elegische Ton der Tagebuchaufzeichnungen erinnert. Abgesehen von diesem romantischen Einschlag ist der Stil gekennzeichnet durch die für das 18. Jh. typischen kurzen und präzis charakterisierenden Wendungen sowie das gelungene Einfließenlassen von lateinischen und französischen Zitaten und Bibelbelegen.

C.S.L.

AUSGABEN: 1824 (in *Læsefrugter*, Hg. Elmquist, Bd. 23). – Kopenhagen 1921 (in *Samlede Skrifter*, Hg. Aakjær u. a., 33 Bde., 1920–1934, Bd. 7). – Kopenhagen [14]1976, Hg. J. Nørvig. – Kopenhagen 1982, Hg. P. Brask. – Kopenhagen 1983 (in *Udvalgte Værker*, Hg. u. Anm. F. Nørgaard, Bd. 1).

ÜBERSETZUNG: *Damals in Tjele*, A. Baldus, Bonn/Mainz 1948.

VERFILMUNG: Dänemark 1974 (Regie: K. Rifbjerg/J. Cornell).

LITERATUR: H.Brix, B.-Studier, Kopenhagen 1916, S. 11–35. – P. V. Rubow, Saga og Pastiche, Kopenhagen 1923, S. 120–126. – J. Nørvig, St. St. B. Hans Liv og Værker, Kopenhagen 1943. – S. Baggesen, Den blicherske novelle, Kopenhagen 1965, S. 254–271. – K. Juul Sørensen, St. St. B.: Syntaktisk-stilistiske analyser af nogle centrale noveller i Læsefrugter og Nordlyset, Kopenhagen 1968, S. 124–140. – K. Wentzel, Et brudstykke liv. En tolkning af B.s historie om landsbydegnen (in Kritik, 24, 1972, S. 60–78). – P. Brask, Om en Landsbydegns Dagbog, 2 Bde., Kopenhagen 1983.

PRÆSTEN I VEJLBYE. En Criminalhistorie

(dän.; Der Pfarrer von Vejlby. Eine Kriminalgeschichte). Novelle von Steen Steensen BLICHER, erschienen 1829. – In Form einer fiktiven Dokumentation (Teile A und B) legt Blicher die Aufzeichnungen zweier Beteiligter an der Vorgeschichte, den widersprüchlichen Umständen und tragischen Folgen eines bekannten dänischen Justizmordes, vor. E. PONTOPPIDANS Annales Ecclesiae Danicae (Dänische Kirchengeschichte, um 1750) und mündliche Quellen berichten von dem Dorfpfarrer Søren Qvist, der angeblich im Streit seinen Kutscher erschlagen und vergraben hat, hingerichtet wird und dessen Unschuld sich Jahre später herausstellt.
Kläger in der Novelle ist Morten Bruus, der Bruder des verschwundenen Kutschers Niels und ein abgewiesener Freier der Pfarrerstochter Mette Qvist; Richter und Tagebuchschreiber in Teil A ist Søren Sørensen, Mettes Verlobter. Eine Leiche wird gefunden und identifiziert, Zeugen und Indizien zwingen den angehenden Schwiegersohn des Pfarrers, das Todesurteil auszusprechen. Qvist wird enthauptet, die Braut flieht verzweifelt zu ihrem Bruder, und Sørensen verfällt einer langen Krankheit. – Aufklärung bringt erst die zweite Jahrbucheintragung des Pfarrers von Aalsøe, der Qvists letzter Beichtiger war, 21 Jahre später (Teil B): Der Kutscher Niels ist zurückgekehrt und verrät, daß ihn sein rachsüchtiger Bruder Morten damals überredet habe zu verschwinden und daß sie beide einen Selbstmörder in Niels' Kleidern vergraben hätten. Als er erfährt, welche Folgen der Plan hatte, stirbt er auf Qvists Grab. Auch der Richter, den nur das Bewußtsein des gerechten Urteils aufrechterhalten hat, bricht unter der Erkenntnis seines Irrtums tot zusammen.
Während der historische Qvist die Tat bis zuletzt bestritt, hält der Pastor in Blichers Darstellung den Mord bis zuletzt für möglich und gesteht die Tat sogar: Er sei Schlafwandler und traue sich das Verbrechen zu. Mit diesem Geständnis wächst er während des Prozesses ethisch und religiös über seine Ankläger, Verteidiger und Richter so weit hinaus, daß demgegenüber das Dilemma seines Schwiegersohns und seiner Tochter relativiert wird. Dem Pfarrer »ist die Last der Indizien gegen sich zur Frage der Weltordnung geworden, in der er lebt. Das Problem, wie sie zu retten sei, wird für ihn größer als das Problem, wie sein Leben zu retten sei, und als sich die Möglichkeit zeigt, daß er seinen Glauben an ein geordnetes Universum und seinen Christenglauben erlösen kann, ergreift er sie und bezahlt sie freudig mit seinem Leben« (S. Baggesen). In den Aufzeichnungen des Amtsbruders kommt zugleich Blichers Plädoyer gegen die Todesstrafe und für das alleinige Recht Gottes auf Rache zum Ausdruck.
Mit der Einführung des Schlafwandlermotivs und des Geständnisses hat Blicher dem historischen Stoff eine interessante psychologische Verfeinerung abgewonnen: sprachlich schafft die Novelle durch Anklänge an den Erzählstil des 17. Jh.s und an ältere Fassungen von Bibelzitaten eine barocke jütische Atmosphäre. Durch bruchstückhafte Präsentation der Zeugnisse fördert der Dichter den Eindruck heftiger Handlungen und Emotionen, und die verschiedenen Berichterstatter bewirken einen raffinierten Wechsel der Erzählperspektive. – Præsten i Vejlbye hat wegen seiner Straffheit, Spannung, Gefühlskraft und exemplarisch novellistischen Thematik stets zu den populärsten Werken Blichers gehört und verweist, nicht nur wegen des empfindsamen Tagebuchstils, auf das frühe Meisterstück En Landsbydegns Dagbog (1824) und damit zurück auf Oliver GOLDSMITHS Roman The Vicar of Wakefield (Der Pfarrer von Wakefield, 1766, von Blicher 1827 ins Dänische übersetzt) und die englischen Sentimentalisten. B.Gl.

AUSGABEN: Randers 1829 (in Blichers Monatsschrift Nordlyset, 12 Bde., 1827–1829, 19). – Kopenhagen 1833 (in Samlede Noveller, 5 Bde., 1833–1836, 2). – Kopenhagen 1924 (in Samlede Skrifter, Hg. J. Aakjær u. a., 33 Bde., 1920–1934, 14). – Kopenhagen 1946 (in Digte og Noveller, Hg. J. Nørvig, 2 Bde., 1). – Kopenhagen 1958, Hg. S. Norrild [m. Komm.]; ⁷1964. – Århus 1966. – Esbjerg 1968. – Kopenhagen 1980 (in Noveller; Nachw. T. Skou Hansen).

ÜBERSETZUNGEN: Der Pfarrer [sic!] von Veilby, eine dänische Criminalgeschichte aus dem 16. Jahrhundert, L. Kruse, Hbg. o. J. [vor 1833]. – Der Pfarrer in Vejlby, H. v. Lenk, Wien 1916. – Der Pfarrer von Vejlby, A. F. Cohn (in Ausgewählte Novellen, 2 Bde., Bln. 1928). – Dass., S. Sapmann u. T. Staedtler (in Das Kind aus dem Meer und andere Erzählungen, Mchn. 1958). Dass. (in Der Pfarrer von Vejlby und andere Erzählungen, Lpzg. 1984; RUB).

VERFILMUNGEN: Præsten i Vejlby, Dänemark 1920 (Regie: A. Blom). – Dass., Dänemark 1931 (Regie: G. Schneevoigt). – Dass., Dänemark 1960 (TV; Buch: K. Rifbjerg; Regie: P. Kjærulff-Schmidt).

LITERATUR: H. Brix, Tragedien i Vejlby Præstegaard (in H. B., Analyser og Problemer, Bd. 4, Kopenhagen 1950, S. 183–193). – S. Baggesen, Den B.ske

Novelle, Kopenhagen 1965, S. 238–254. – J. Langballe, *»Præsten i Vejlby« – en protestant* (in *Tidenhverv*, Bd. 4, 1971). – J. Høst, *Guldalderens værdinormer*, Odense 1979, S. 137–141.

RØVERSTUEN

(dän.; *Die Räuberhöhle*). Novelle von Steen Steensen BLICHER, erschienen 1827. – Das erste der fünf Kapitel beginnt mit einer oft zitierten Beschreibung der dänischen Landschaften, von den Inseln im Osten zum westlich gelegenen jütischen Heideland, Blichers Heimat und Schauplatz der Novelle. Dem zweiten Kapitel ist ein Exkurs über die literarische Situation in Dänemark vorangestellt, das dritte wird mit einer Studie über Heinzelmännchen eröffnet. In ähnlicher Weise unterbricht Blicher mehrfach die abenteuerliche, vielfältige Handlung, die zwei Konflikte in sich vereinigt: die Maßnahmen des Gutsherrn von Ansbjerg gegen Sorte Mads, einen gutherzigen, kinderreichen und listigen Wilderer, und die Dreiecksgeschichte zwischen Ansbjergs Tochter Mette, ihrem ungeliebten Verlobten Junker Kaj und ihrem geliebten Kornett Holger. Dieser tut unerkannt als Schreiber im Gutshaus Dienst und trifft sich in der Turmkammer heimlich mit Mette. Der Höhepunkt der Verwicklung ist erreicht, als es eines Nachts im Turmzimmer spukt und Mette von Holger entführt wird: Die Jagd nach Mads gilt nun dem entflohenen Paar, und dieses findet bei ihm Unterschlupf in der »Räuberhöhle« (einer vorzeitlichen Grabkammer, nun das Versteck des Wilderers). Die beiden Verfolgten bleiben unentdeckt und heiraten. Die Versöhnung aller mit allen zeigt Blicher in einer nach vielen Jahren spielenden idyllischen Frühlingsszene: Ein pfingstliches Fest im Park von Ansbjerg vereint das glückliche Paar mit den einst an dem romantischen Abenteuer beteiligten Kontrahenten.

Größeres Interesse als der Handlung widmet Blicher hier den Mechanismen der Erzählkunst, die er in mehreren Reflexionen und Reden an den Leser, durch Ironisierung des eigenen Verfahrens und Hinweise auf dessen Struktur untersucht. Damit erschließt diese Novelle einen wichtigen Teil seiner Poetik. Zugleich steht sie an einer Wende seiner dichterischen Laufbahn. Nach Beendigung der Mitarbeit an dem Århusianer Unterhaltungsblatt ›Læsefrugterne‹ (Die Lesefrüchte) gründete er 1827 in Randers eine eigene Monatszeitschrift, ›Nordlyset‹ (Das Nordlicht, 1827–1829). *Røverstuen* enthält ihr Programm in der Form der parodierenden Absage an die trivialromantischen Fiktionsklischees und Erzähltricks, wie Spuk, Wunder und Zufall, und an die Metaphern- und Beschreibungssucht in- und ausländischer Vorbilder: »*Ich gehe meinen eigenen schiefen und ungleichmäßigen Gang*«, und »*meine einfältige Muse*« erzählt »*angemessene, glaubwürdige, alltägliche*« Geschichten: So formuliert Blicher hier zum ersten Mal seinen frühen, isolierten Realismus, der über die Kopenhagener romantische Schule hinweg direkt an die rationalistische und empfindsame Prosa des 18. Jh.s anknüpft. B.Gl.

AUSGABEN: Randers 1827 (in Blichers Monatsschrift ›Nordlyset‹, 12 Bde., 1827–1829, 2). – Kopenhagen 1846 (in *Gamle og nye Noveller*, 7 Bde., 1846/1847, 5). – Kopenhagen 1922 (in *Samlede Skrifter*, Hg. J. Aakjær u. a., 33 Bde., 1920–1934, 10). – Kopenhagen 1946 (in *Digte og Noveller*, Hg. J. Nørvig, 2 Bde., 1). – Kopenhagen [12]1960, Hg. N. Nielsen [m. Einl. u. Anm.]. – Esbjerg 1965. – Kopenhagen 1980 (in *Noveller*; Nachw. T. Skou Hansen).

ÜBERSETZUNGEN: *Die Räuberhöhle*, M. u. P. (in *Novellen*, 3 Bde., Lpzg. 1849, 1). – Dass. A. F. Cohn (in *Ausgewählte Novellen*, 2 Bde., Bln 1928). – *Ansbjerg*, anon., Bln. 1948.

LITERATUR: H. Brix, *B.-Studier*, Kopenhagen 1916; [2]1967, S. 31–40. – S. Vasegaard, *Til Belysning af B.s Liv og Digtning 1820–1836*, Kopenhagen 1926, S. 61–69. – H. Brix, *»Røverstuen«* (in H. B., *Analyser og Problemer*, Bd. 2, Kopenhagen 1935, S. 294–308). – S. Baggesen, *Den Blicherske Novelle*, Kopenhagen 1965, S. 103–107.

TELSE. Fortælling fra Ditmarskerkrigen

(dän.; *Telse. Erzählung aus dem Dithmarschenkriege*). Novelle von Steen Steensen BLICHER, erschienen 1829. – In dieser umfangreichen, mosaikartig strukturierten Erzählung bringt Blicher eine romantische Liebestragödie in Zusammenhang mit dem als historisch überlieferten Feldzug des dänischen Königs Hans und des holsteinischen Herzogs Friedrich an der Spitze eines Adelsheeres gegen die Bauern Dithmarschens. Unbeweglich schon durch die Masse, gerieten die gepanzerten Ritter und Pferde, die Kanonen und Troßwagen in einen Hinterhalt, und unter dem allseitigen Angriff der behenden Bauern versanken sie buchstäblich in der sumpfigen Marsch.

Die Schlacht bei Dusend Dyvels Werff ist die zentrale Szene der Erzählung. Als Quelle für alle Namen und historischen Details benutzte Blicher C. MOLBECHS *Historie om Ditmarskerkrigen Aar Femten Hundrede*, 1813 *(Geschichte des Dithmarscher Krieges im Jahre 1500)*. Von diesem Werk der vorwissenschaftlichen Geschichtsschreibung ist die Novelle abhängig in der Erzählperspektive, dem langsamen, breiten Fortschritt der Handlung und in den seit der Antike üblichen Elementen der Kriegsschilderung: Da gibt es Auftritte und Dispute der Führer, Reden an die Wankelmütigen, rituelle Handlungen, Reizdialoge, Beispiele kühner, listiger oder schändlicher Einzeltaten. Auf der dänischen Seite tritt neben den Regenten der hünenhafte Junker Slenitz hervor, Anführer der berüchtigten sächsischen Söldnergarde, die sich der Mordbrennerei schuldig macht; auf der Dithmarscher Seite ist es der verschlagene Carsten Holm, der anfangs die Verhandlungen führt und dann die militärische Taktik ersinnt. Den überlieferten Kontrast der Gegner ergänzt Blicher durch charakterisierende Gegensatzpaare: Glanz und Übermut der Angreifer, Not und Wankelmut der Verteidiger; der milde König und der skrupellose Landsknechtsführer; der Freudentanz einer Hochzeit und der Totentanz der Schlacht; schließlich der tragische Konflikt der Titelheldin, deren Schicksal der Dichter frei erfunden hat: Telse Hansdatter, ein sechzehnjähriges Bauernmädchen aus Wöhren, steht vor der Hochzeit mit Reimer von Wimerstedt. Dessen abgewiesener Nebenbuhler Holm fördert ihre Wahl zur Bannerträgerin der Dithmarscher. Als geweihte Jungfrau muß sie das Gelübde lebenslanger Keuschheit ablegen. Nach Kriegsende bricht sie es, und Reimer bemüht sich zunächst vergeblich in Bremen, dann aber erfolgreich in Rom um Dispens. Kurz vor Reimers Rückkehr aber führt Holms Hetze dazu, daß Telse in einer Scheune verbrennt, in die sie mit dem Neugeborenen geflohen ist.

Die Literaturkritik hat dieser Liebesgeschichte Sentimentalität und mangelnden Zusammenhang mit der Haupthandlung vorgeworfen, die Novelle jedoch wegen der realistischen Schilderung des Kriegselends gepriesen. In Deutschland gehört sie, wohl aus lokalpatriotischen Gründen, zu den meistübersetzten Werken Blichers. B.Gl.

AUSGABEN: Randers 1829 (in Blichers Monatsschrift Nordlyset, 12 Bde., 1827–1829, 11). – Kopenhagen 1833 (in *Samlede Noveller*, 5 Bde., 1833–1836, 2). – Kopenhagen 1925 (in *Samlede Skrifter*, Hg. J. Aakjær u. a., 33 Bde., 1920–1934, 15) – Kopenhagen 1958 (in *Telse og andre noveller*). – Kopenhagen 1962 (in *Præsten i Vejlbye og andre Noveller*; Komm. H. Fonsmark). – Esbjerg 1969. – Kopenhagen 1970.

ÜBERSETZUNGEN: *Telse*, L. Kruse (zus. m. *Die Episode*, Hbg. 1838). – Dass., A. F. Cohn (in *Ausgewählte Novellen*, 2 Bde., Bln. 1928). – Dass., F. Lembke, Bln. 1930. – *Telse. Erzählungen*, ders. Lpzg. 1963 [Nachw. E. Kosmalla].

LITERATUR: S. Vasegaard, *Til Belysning af B.s Liv og Digtning 1820–1836*, Kopenhagen 1926. – J. Nørvig, *St. St. B. Hans Liv og Værker*, Kopenhagen 1943, S. 307–310. – S. Baggesen, *Den Blicherske Novelle*, Kopenhagen 1965, S. 119–125.

DE TRE HELLIGAFTENER. En jydsk Røverhistorie

(dän.; *Die drei heiligen Abende. Eine jütländische Räubergeschichte*). Novelle von Steen Steensen BLICHER, erschienen 1840. – Am Abend vor Ostern betritt in dem armen jütischen Dorf Uannet ein Fremder das Haus des Bauern Ib und fordert dessen Tochter Maren, genannt Ma-Ibs, zur Frau. Da Vater und Tochter sich weigern, kündigt er seine Wiederkehr vor Pfingsten an. Ma-Ibs ist seit langem mit Sejer verlobt; die beiden können jedoch aus Not nicht heiraten. – Am Vorabend des Pfingstfestes geht Sejer zum Gutsherrn von Annsbjerg und bittet diesen, ihm einen Hof zu verpachten. Die Bitte wird unter der Bedingung gewährt, daß es Sejer gelingt, eine Räuberbande unschädlich zu machen, die das Land terrorisiert. Inzwischen beweist Ma-Ibs zweimal ihre Treue: als ein Baron um sie wirbt und als der Fremde abermals auftaucht. – Am Heiligen Abend findet ein Landstreicher bei Ib Aufnahme. Nachts öffnet er den Türriegel und läßt fünf Männer – seine Söhne – ins Haus; sie sind die gesuchten Banditen, unter ihnen der erfolglose Freier. Während sie sich über das Weihnachtsmahl hermachen, wird Sejer geholt, der den schweren Tisch auf sie kippt und sie eingeklemmt hält, bis Hilfe aus dem Gutshaus eintrifft. Sejer gewinnt Frau und Hof, die Gefangenen werden hingerichtet.

In dieser kurzen Altersnovelle baute Blicher eine Fabel aus, die er bereits in den drei *Røverhistorier*, 1824 *(Räubergeschichten)*, erzählt hatte. Er schrieb sie für einen Volkskalender, was zu der Konzentration der Handlung auf drei Jahresfeste und zu ihrem volkstümlichen Stil beitrug. Sie ist stärker dialektal gefärbt als alle seine bisherigen Novellen und steht damit zwischen *Høstferierne*, 1839 *(Die Herbstferien)*, und seinem Hauptwerk in jütischer Mundart, *E Bindstouw*, 1842 *(Die Strickstube)*. Auf das Volksmärchen verweisen die Typisierung der Personen, die dreimalige Wiederholung von Motiven und der streng chronologische, parataktische Fortschritt einer derben, simplen Handlung nach dem Muster der Geschichte vom armen Burschen, der die Prinzessin und das halbe Königreich gewinnt. Die Vorgabe mündlichen Erzählens, besonders in den Eröffnungsfloskeln, die ein nahes Heranrücken an den Leser bewirkt, verbindet die Novelle auch mit dem Kunstmärchen Hans Christian ANDERSENs, deren erstes Heft 1835 erschien. Durch zeitliche, örtliche und personelle Ökonomie, Kargheit der Dialoge und Aussparung seelischer Regungen erreicht Blicher jedoch eine Intensität, wie er sie in der altnordischen Saga vorfand. Unter politischem Aspekt sind *De tre Helligaftener* ein Preis des jütischen Bauernschlages: seiner Treue, Stärke und Schicksalsergebenheit – Eigenschaften, zu denen angesichts der drohenden schleswig-holsteinischen Erhebung der alte Dichter seit 1839 in seinen patriotischen Reden auf dem Himmelbjerg das dänische Volk aufrief. B.Gl.

AUSGABEN: Kopenhagen 1840 (in *Dansk Folkekalender 1841*). – Kopenhagen 1843 (in *Nye Noveller*). – Kopenhagen 1930 (in *Samlede Skrifter*, Hg. J. Aakjaer u. a., 33 Bde., 1920–1934, 26; ern. 1968). – Kopenhagen 1946 (in *Digte og Noveller*, Hg. J. Nørvig, 2 Bde., 2). – Kopenhagen 1962 (in *Presten i Vejlbye og andre Noveller*; Komm. H. Fonsmark). – Kopenhagen 1968 [Vorw. M. A. Hansen; Ill. P. Christensen]. – Esbjerg 1967;

²1978 (in *Tre Noveller*). – Kopenhagen 1980 (in *Noveller*; Nachw. T. Skou Hansen).

ÜBERSETZUNG: *Die drei heiligen Abende. Eine jütländische Räubergeschichte*, M. u. P. (in *Novellen*, Bd. 1, Lpzg. 1849).

VERFILMUNG: Dänemark 1975 (Regie: K. L. Thomsen).

LITERATUR: A. Bertram, »*De tre Helligaftener«. En Studie i folkelig Fortællestil* (in Edda, 1915, S. 101 bis 115). – H.Brix, *B.-Studier*, Kopenhagen 1916; ²1967, S. 114–118. – P. Engelbret Pedersen, »*De tre Helligaftener« som jysk Folkedigtning* (in DS, 1925, S. 42–55). – U. Albeck, *Stil og Teknik i B.s Noveller*, Kopenhagen 1942. – J. Nørvig, *St. St. B. Hans Liv og Værker*, Kopenhagen 1943, S. 512–516. – H. Poulsen, *St. St. B.*, Kopenhagen 1952, S. 128–132. – S. Baggesen, *Den Blicherske Novelle*, Kopenhagen 1965, S. 134–144.

KAREN BLIXEN

eig. Karen Christence Blixen-Finecke
* 17.4.1885 Rungsted
† 7.9.1962 Rungstedlund

LITERATUR ZUR AUTORIN:
Bibliographie:
L. Henriksen, *K. B. En bibliografi*, Kopenhagen 1977 [Nachträge in Blixeniana, Kopenhagen 1978-1985].
Zeitschrift:
Blixeniana, Hg. H. Andersen u. F. Lasson, Kopenhagen 1976 ff.
Biographien:
T. Dinesen, *Tanne. Min søster K. B.*, Kopenhagen 1974. – J. Thurmann, *Isak Dinesen. The Life of a Storyteller*, NY 1982 (dän. *K. B. En fortællers liv*, Kopenhagen ³1985). – A. Westenholz, *Kraftens horn. Myte og virkelighed i K. B.s liv*, Kopenhagen 1982. – O. Wivel, *K. B. Et uafsluttet Selvopgør*, Kopenhagen 1987.
Gesamtdarstellungen und Studien:
R. Langbaum, *The Gayety of Vision. A Study of Isak Dinesen's Art*, Ldn. 1964 (dän. *Mulm, stråler og latter. En studie i K. B.s kunst*, Kopenhagen 1964). – Aa. Henriksen, *Det guddommelige barn og andre essays om K. B.*, Kopenhagen 1965. – F. Lasson u. C. Svendson, *K. B. En digterskæbne i billeder*, Kopenhagen 1969; ²1985. – T. R. Whissen, *Isak Dinesen's Aesthetics*, Ldn. 1973. – *Dansk litteraturhistorie*, Hg. J. J. Billeskov Jansen, Bd. 5, Kopenhagen 1976/77, S. 257–274. – V. Schrøder, *Selvrealisation og selvfortolkning i K. B.s forfatterskab*, Kopenhagen 1979. – M. Juhl u. B. H. Jorgensen, *Dianas Hævn. To spor i K. B.s forfatterskab*, Odense 1981 (engl. *Diana's Revenge*, Odense 1985). – *Dansk litteraturhistorie*, Hg. J. Fjord Jensen, Bd. 7, Kopenhagen 1984, S. 390–397; Bd. 8, S. 96–104. – E. Brundberg, *Kvinden, kætteren, kunstneren K. B.*, Kopenhagen 1985. – *K. B./Isak Dinesen. Tradition, Modernity, and Other Ambiguities. Conference Proceeding*, Hg. P. Houe u. D. Dacus, Minneapolis 1985 [m. Bibliogr.].

EHRENGARD

(engl.; *Ü: Ehrengard*). Erzählung von Karen BLIXEN (Dänemark), unter dem Pseudonym Isak Dinesen postum erschienen 1963. – In dieser Erzählung, formal eine »*kleine Sonate*«, berichtet eine alte Dame eine Begebenheit aus der Chronik des »*großherzoglichen Hauses Fugger-Babenhausen*«. Im Vorspiel oder »ersten Satz« wird dem Großherzog der langersehnte Erbe geboren, ein außergewöhnlich anmutiges und kluges Kind, »*fast zu vollkommen für diese Welt*«. Später freilich äußert sich diese Vollkommenheit zum Bedauern aller darin, daß ihm »*der Gedanke an die Ehe ebenso fern war wie der Gedanke an den Tod*«. Anläßlich eines von dem »*großen Künstler, Geheimrat Johann Wolfgang Cazotte*«, dem »*unwiderstehlichsten Don Juan seiner Zeit*«, arrangierten Besuchs im benachbarten Leuchtenstein erwacht jedoch in dem jungen Prinzen, dem »*Idee und Handeln eins*« sind, eine so heftige Leidenschaft für die jüngste Tochter des Gastgebers, daß nach der Hochzeit der beiden der Thronfolger nur sieben Monate auf sich warten lassen wird. Um dies geheimzuhalten und die Geburt erst entsprechend später durch die Taufe bekanntzugeben – »*zum Glück ist der greise Erzbischof äußerst kurzsichtig*« –, zieht sich das Paar, unterstützt von Cazotte, eine idyllische Rokoko-Eremitage zurück. Nicht nur Cazotte und treue Diener schützen die beiden vor der Umwelt, sondern auch Ehrengard, eine »*junge Walküre*« aus dem kampfesfrohen Geschlecht derer von Schreckenstein.
Das ist die Szenerie für den »zweiten Satz«, die Pastorale *Rosenbad*. Hier nun bedient sich Cazotte aller Requisiten des Schäferspiels, um Ehrengard zu verführen – ein Plan, den er in seinen Briefen an die Großherzogin erläutert. Er träumt sich in die Rolle eines älteren Bruders hinein; mit einem »*erhabenen, geistigen Inzest*« will er Ehrengard die volle Entfaltung zur liebenden Frau ermöglichen. Da für ihn, den Künstler, »*die Wirklichkeit der Kunst über der materiellen Welt*« steht, lehnt er die üblichen Verführungspraktiken ab. Er will das Mädchen besitzen, indem er es beim morgendlichen Bad heimlich malt. Für ihn ist Ehrengard das göttliche, unbewußt lebende Mädchen, die Diana Arkadiens, Leda oder Persephone: Sinnbild des Mädchens, das sich der liebenden Hingabe zu entziehen sucht. Dieser Plan mißlingt, da Ehrengard sich seiner tiefsinnigsubtilen Konzeption des Eros verschließt und sich freiwillig als Modell zur Verfügung stellen will.

Aber im dritten und letzten »Satz«, einem derbburlesken *Rondo con furore*, erreicht Cazotte sein Ziel und die Erzählung ihren Höhepunkt. Das neugeborene Kind wird von Angehörigen einer eifersüchtigen Nebenlinie der Babenhausen entführt, nach einer wilden Verfolgungsjagd aber in einem Wirtshaus wiedergefunden. Cazotte, der als Zuschauer das Geschehen genießen will, wird mitten hineingerissen, als Ehrengard plötzlich ihrem Verlobten gegenüber (den Cazotte sich gern als *»Hahnrei im Geiste«* vorgestellt hat) das herzogliche Kind als ihr eigenes und Cazotte als den Vater ausgibt. Damit zeigt sie, daß sie begriffen hat, von wem sie zur Liebe erweckt wurde, zu einer Liebe, die sie nun ihrem Verlobten schenken wird. Ohne Rücksicht auf mögliche Komplikationen löst sich die dramatische Zuspitzung in einem heiteren Epilog.

In der Form einer kapriziösen Idylle klingen hier noch einmal die wesentlichen Erzählmotive der dänischen Dichterin auf. Der historische Rahmen mit den zahlreichen, schon in den Namen auftauchenden Anspielungen dient als Gewand für ein kunstvolles, eigenen ästhetischen Gesetzen folgendes Spiel. Das zentrale Thema der geistigen Verführung erscheint als reizvolle Variante von KIERKEGAARDS *Tagebuch des Verführers* (1843). Wie Karen Blixen kurz vor ihrem Tod in ›Ladies' Home Journal‹ schrieb, hätte ihre Erzählung eigentlich den gleichen Titel – ironisch verstanden – tragen können. Während bei Kierkegaard das Mädchen ohne individuelle Konturen bleibt und – nachdem der ästhetische Genuß des Verführers mit der körperlichen Hingabe endet – wie ein Schatten verschwindet, findet Karen Blixens Ehrengard durch die raffinierte geistige Verführung zu einem Leben als bewußt liebende Frau – in einer durchaus konventionellen Ehe. G.Hg.

AUSGABEN: NY 1963; Ldn. 1963 [u. d. Pseud. Isak Dinesen]. – Kopenhagen 1963 [dän.; Übers. v. C. Svendsen]. – Kopenhagen ²1984.

ÜBERSETZUNG: Tania Blixen, *Ehrengard*, F. Lorch, Ffm. 1965.

VERFILMUNG: Italien 1982 (Regie: E. Greco).

LITERATUR: Robert Langbaum, *The Gayety of Vision. A Study of Isak Dinesen's Art*, Ldn. 1964, S. 274–283.

LAST TALES

(engl.; Ü: *Widerhall. Letzte Erzählungen*). Erzählungen von Karen BLIXEN (Dänemark), erschienen 1957 unter dem Pseudonym Isak Dinesen; die dänische Ausgabe erschien im gleichen Jahr unter dem Titel *Sidste Fortællinger*. – Dieser Erzählband ist nicht, wie der Titel vermuten läßt, das letzte Werk der Autorin, sondern besteht aus Fragmenten eines geplanten Romans oder erzählerischen und thematischen Variationen früherer Bände, wie *Seven Gothic Tales* und *Winter's Tales*.

Die erste Erzählung des Kardinals bildet nicht nur die Introduktion des Bands, sondern ist zugleich ein Kernstück der Motivik und Erzählweise Karen Blixens und kann als stellvertretend für den ganzen Band angesehen werden. In der Form einer Rahmengeschichte bestimmt der einleitende Dialog zwischen der »Dame in Schwarz« und dem Kardinal in der Frage *»Wer sind Sie?«* das Thema der eigentlichen Erzählung *(inset story)*: Die Frage nach der Identität, die man erkennen und zu der man sich bekennen muß, damit das eigene Leben zwar kein »*Idyll*«, wohl aber eine »*Melodie ohne Mißton*« bildet. Der Kardinal antwortet auf »*klassische Manier*«, indem er eine Geschichte erzählt, die Geschichte von der fünfzehnjährigen Benedetta, die, »*auf großartige Weise unschuldig*«, mit dem bigotten, ältlichen Fürsten Pompilio verheiratet wird. Die Geburt des ersten, einäugigen Sohnes, in dem sie den »*alten Namen ihres Mannes zur Welt gebracht hatte*«, erweckt in der jungen Frau nur den »*schmerzlichen Widerhall*« schwachen Weinens. Aber in den folgenden Jahren der erzwungenen Ruhe findet sie in den alten Folianten der Bibliothek und dann im Gesang die »*überzeugende menschliche Sprache, in der man die Dinge der Wahrheit gemäß ausdrücken konnte*«. Als sie in Venedig den *soprano* Marelli hört, endeckt sie wie durch eine neue Geburt ihr wahres Wesen, und in dem Blick, in dem sich die beiden inmitten des Beifalls finden, wird die Fürstin zum ersten Mal wahrhaft von einem Mann erkannt, von einem Mann, »*der niemals der Geliebte einer Frau hätte sein können*«.

Ein Jahr später gebiert sie Zwillinge: Der eine soll, nach dem Willen ihres Mannes »*ein Pfeiler der Kirche*« werden, der andere aber – nach ihrem Wunsch »*ein Triumph der Schönheit und Poesie*«. Bei einem Schloßbrand kommt ein Zwilling um. Welcher? Man weiß es nicht. Es ist die Aufgabe des heranwachsenden Knaben – es ist der erzählende Kardinal –, »*die versöhnende Synthese*« zwischen dem herzustellen, was seine Eltern je verschieden in ihm sehen. Der Kardinal vereint also, indem er seine eigene Identität durch das Erfinden und Erzählen einer Geschichte enthüllt, in seiner Person Priester und Künstler zugleich, beide »*Sprachrohr Gottes*«. In der Geschichte und durch sie schafft er aber auch einen Helden – nicht einen »*sympathischen*« individuellen Charakter –, dessen Leben nach den von dem Künstler gesetzten Plänen verläuft. Der erzählende Künstler-Priester ist der »*Bogen des Herrn ... das gebrechliche Werkzeug, das, selbst stumm, in der Hand des Meisters alle Musik hervorbringt, die in den Streichinstrumenten steckt, so daß es also gleichzeitig Mittel und Schöpfer ist*«.

So findet diese merkwürdige Geschichte ihren thematischen Höhepunkt in der augenblickhaften und doch so folgenreichen »*seraphischen*« Liebe zwischen Benedetta und Marelli. Kritik und Ablehnung dieser kühnen Konzeption Karen Blixens, in der der Künstler als Erfinder und Erzähler von Geschichten zugleich Geschöpf und Gott ist, fängt die

Dichterin in dem selbstironischen Schlußsatz des Kardinals ab, der besagt, daß die Ungewißheit über den wahren Herrn, dem sie dienen, das Risiko sei, »das Künstler und Priester hienieden auf sich nehmen müssen«. G.Hg.

AUSGABEN: NY/Ldn. (*Last Tales*; u. d. Pseud. Isak Dinesen). – Kopenhagen 1957 (*Sidste Fortællinger*; dän. Übers. v. C. Svendsen). – Kopenhagen ²1978, 2 Bde. – Kopenhagen ³1985.

ÜBERSETZUNG: *Widerhall. Letzte Erzählungen*, W. v. d. Mülbe u. W. E. Süskind, Stgt. 1959 [u. d. Pseud. Tanja Blixen]. – *Letzte Erzählungen*, dies. u. B. Henninges, Zürich 1985 [u. d. Pseud. Isak Dinesen; Nachw. E. Klessmann].

LITERATUR: R. Langbaum, *The Gayety of Vision. A Study of I. D.'s Art*, Ldn. 1964, S. 26–31; 205–244. – Ders., *Mulm, stråler og latter. En studie i K. B.s kunst*, Kopenhagen 1964. – Aa. Hansen, *Det guddommelige barn og andre essays om K. B.*, Kopenhagen 1965. – U. Albeck, *Om K. B.s »Kappen«*, Kopenhagen 1981. – Aa. Henriksen, *De unbændige*, Kopenhagen 1984.

OUT OF AFRICA

(engl.; *Ü: Afrika, dunkel lockende Welt*). Erinnerungen von Karen BLIXEN (Dänemark), erschienen 1937 unter dem Pseudonym Isak Dinesen; die dänische Ausgabe erschien im gleichen Jahr unter dem Titel *Den afrikanske Farm*. – In fünf Abschnitten erzählt Karen Blixen von ihrem Leben im Hochland Kenyas, wo sie von 1913 bis 1931 eine am Fuße des Ngong-Gebirges gelegene Farm besaß. Im ersten Teil ihres Buches (*Kamante and Lulu – Kamante und Lulu*) berichtet sie von dem Kikujububen Kamante, dem Sohn eines ihrer Squatter, der an einer lebensgefährlichen Hautkrankheit leidet, dank ihrer Initiative in einem nahegelegenen Missionshospital geheilt werden kann und dann in ihre Dienste tritt. Lulu hingegen ist eine junge Antilope, die als kleines Kitzlein von einigen Kindern gefunden und zur Farm gebracht wird. Dort wächst das Tier zu einem edlen Geschöpf heran, bis es eines Tages verschwindet, dann aber – in Begleitung eines winzigen Kitzleins – plötzlich wieder in der Nähe des Farmhauses auftaucht um schließlich, nach jahrelangen wiederholten Besuchen, endgültig in den Busch zurückzukehren. »*Lulu kam herein aus der Wildnis, uns zu zeigen, daß wir mit ihrer Welt in Frieden lebten; mein Haus wurde durch sie so eins mit der afrikanischen Landschaft, daß niemand hätte sagen können, wo das eine zu Ende ging und das andere begann.*« – Im zweiten Abschnitt (*A Shooting Accident on the Farm – Ein Unfall auf der Farm*) ergibt sich aus der Schilderung eines schrecklichen Unglücksfalls – ein Negerjunge schießt mit der vermeintlich ungeladenen Schrotflinte des Verwalters auf seine Spielkameraden und verletzt ein Kind tödlich, ein zweites lebensgefährlich – eine Darstellung des eigentümlichen Rechtsdenkens der Afrikaner. Nicht um die Frage nach Schuld oder Unschuld, nicht um Sühne des Unrechts geht es ihnen. »*Für den Afrikaner gibt es nur ein Mittel, Unheil zu heilen: der Schaden muß ersetzt werden.*« So entwickelt sich nun eine langwierige »privatrechtliche« Verhandlung zwischen den beteiligten Familien, bis endlich der große Kikuju-Häuptling Kinanjui selbst herbeigeholt wird, um in einem feierlichen Zeremoniell den Vertrag zu legitimieren, wonach der Verletzte eine Kuh und ein Kalb vom Vater des Unglücksschützen als Entschädigungszahlung erhält.

Im dritten Teil (*Visitors to the Farm – Gäste auf der Farm*) erzählt Karen Blixen von den Festlichkeiten auf ihrer Farm – vor allem den »Ngomas«, den großen Tanzfesten der Schwarzen – und schildert einige ihrer Freunde und Gäste aus jenen Jahren: einen ehrwürdigen, hohen Priester aus Indien, die Angehörigen ihres mohammedanischen Somali-Dieners Farah, den »alten Knudsen« (ein aus Dänemark stammender ehemaliger Matrose) und Emmanuelson, den gescheiterten schwedischen Schauspieler, der als Kellner arbeitet und zu Fuß nach Tanganjika unterwegs ist. Vor allem aber erinnert sie sich an ihre beiden engsten Freunde, Berkeley Cole und Denys Finch-Hatton, zwei Menschen, die »*nicht in ihr Jahrhundert gehörten*«. Romantische Charaktere, Aristokraten nicht nur von Herkunft, waren sie nach Afrika gegangen und hier zu Pionieren geworden; nun, in der letzten Phase des kolonialen Zeitalters, erfüllt sich in ihnen das Schicksal dieser ganzen untergehenden Lebensform. »*Bis zu [Berkeleys] Tode war das Land ein Stück der seligen Jagdgründe, nun verwandelte es sich langsam und wurde ein Geschäftsunternehmen.*« – Im vierten Abschnitt (*From an Immigrant's Notebook – Lose Blätter*) versammelt die Dichterin in einer Reihe von kurzen Erzählungen und Reflexionen noch einmal die vielfältigen Aspekte dieser Welt ehe sie sich schließlich (*Farewell to the Farm – Abschied*) der letzten Phase ihres afrikanischen Lebens zuwendet. Der Tod Finch-Hattons, der mit seinem Flugzeug abstürzt und dessen Grab auf den Höhen der Ngong-Berge über der weiten Landschaft Ostafrikas gleichsam das Ende der Herrschaft des weißen Mannes symbolisiert, leitet auch den »Ausverkauf« der Farm ein. Kurze Zeit danach hat die Autorin, von zunehmenden wirtschaftlichen Schwierigkeiten genötigt, ihren Besitz liquidiert und ist nach Dänemark zurückgekehrt.

Mit *Out of Africa*, ihrem nach dem Erzählungsband *Seven Gothic Tales* (1934) zweiten Buch, schrieb Karen Blixen weit mehr als nur eine Reihe von persönlichen Erinnerungen. In einer einzigartigen Verbindung von konzisem Realismus und sensibler Beobachtung gelang es ihr, Natur und Menschen dieser Landschaft in ihrem unmitelbaren mythischen Zusammenhang darzustellen. Der untrügliche Formsinn dieser Erzählerin, der in ihrem kraftvollen, kristallklaren Stil zum Ausdruck kommt, und die aus einer reichen sinnlichen Phantasie resultierende Anschaulichkeit ihrer Landschafts- und Menschenbilder bewirken, daß sich in den vielfältigen konkreten Detailbeobachtungen doch die ganze fremdartige und faszinierende Welt des afrikanischen Lebens erschließt; und wenngleich das Problem des europäischen Kolonialismus nicht analysiert zur Sprache gebracht wird, so kommt doch in diesen zu einer beschwörenden Geste sich verdichtenden Erinnerungen eine Anschauung zum Ausdruck, die niemals mit irgendeiner Art von ausbeuterischer Barbarei identifiziert werden könnte. Es sind vielmehr die alten, in Vergessenheit geratenen Tugenden des Maßes, der Unabhängigkeit, der aus Selbstbewußtsein geborenen Toleranz, des unbefangenen Blicks, die sich hier mit einem ursprünglichen erzählerischen Genie verbunden haben, um das Ereignis einer höchst persönlichen Begegnung mit Afrika Gestalt werden zu lassen. R.Rr.

AUSGABEN: NY 1937. – Kopenhagen 1937 *(Den afrikanske Farm)*. – Kopenhagen 1964 *(Den afrikanske Farm)*; ²²1972. – Kopenhagen 1980 [Nachw. Aa. Henriksen]. – Kopenhagen 1986.

ÜBERSETZUNG: *Afrika, dunkel lockende Welt*, R. v. Scholtz, Stg./Bln. 1938; ern. Stg. 1962. – Dass., ders., Hbg. 1954 (rororo; zul. Reinbek 1985). – Dass., ders., Zürich ¹¹1987 [Nachw. J. Glauser].

VERFILMUNG: USA 1985 (Regie: S. Pollack).

LITERATUR: R. Langbaum, *The Gayety of Vision. A Study of Isak Dinesen's Art*, Ldn. 1964, S. 119–154. – L. Holst Madsen, *Skæbnemotivet i K. B.s forfatterskab*, Kopenhagen 1971, S. 2–17. – K. Sørensen, *Studier i K. B.s engelske og danske sprogform* (in *Blixeniana*, 1982, S. 263–308). – J. Thurman, *Isak Dinesen. A Storyteller*, NY 1982, S. 109–249; S. 282–292. – B. Glienke, *Fatale Präzedenz. K. B.s Mythologie*, Neumünster 1987.

SEVEN GOTHIC TALES

(engl.; *Sieben romantische Erzählungen*). Novellband von Karen BLIXEN (Dänemark), erschienen 1934 unter dem Pseudonym Isak Dinesen; die dänische Ausgabe erschien 1935 unter dem Titel *Syv fantastiske Fortællinger*. – Sämtliche Erzählungen des Bandes spielen im 19. Jh., Jahreszahlen und Schauplätze werden präzis angegeben und durch malerische Details vergegenwärtigt. Vom heutigen Standpunkt aus darf das Buch als der erfolgreichste Versuch angesehen werden, aller vorwiegend zeitnahen Problematik in der dänischen Literatur der dreißiger Jahre eine zweckfreie und der Gegenwart entschieden abgewandte Erzählkunst an die Seite zu stellen. Alle Stücke bekunden die Vorliebe der Autorin für das Erlesene, und die Auswahl der handelnden Personen ist vom Typ her begrenzt. Bereits in der ersten Geschichte, *Die Sintflut von Norderney*, findet man die vier Grundtypen, wie sie in verschiedenen Variationen, teilweise auch doppelt, später immer wieder begegnen. Die Sintflut wird 1835 durch einen Deichbruch ausgelöst. Vier Menschen, gegen Abend in einem Rettungsboot knapp dem Tod entronnen, entschließen sich freiwillig, ihre Plätze mit einer Bauernfamilie zu tauschen, die inmitten der Wasserwüste von einem Heuboden winkt. Die jetzt Zurückbleibenden erzählen einander bis zum Morgengrauen mit der Offenheit der Todgeweihten ihre Schicksale. Schließlich kündet ein Streifen dunklen Wassers auf dem Boden das Ende an. Wie das Gebäude in den Fluten versinkt, wird nicht mehr geschildert, doch ist der Leser durch früher eingestreute Bemerkungen über diesen Ausgang informiert. In den letzten Worten der Novelle, die der adeligen alten Dame in dieser Runde, Fräulein Malin, in den Mund gelegt sind, kommt ein Einverständnis mit dem Schicksal zum Ausdruck: »*A ce moment de sa narration Scheherazade vit paraître le matin, et, discrète, se tut.*«

Alleinstehende, d. h. unverheiratete oder verwitwete alte Damen aus einem großen Geschlecht spielen auch später mehrfach eine zentrale Rolle, so die Priorin in *Der Affe*, die beiden Fräulein de Coninck in *Ein Familientreffen in Helsingör*, Gräfin Charlotta in *Die Wege um Pisa*. Alle sind sie resolut, gebildet, an religiösen Fragen und am Theater interessiert, alle haben eine Schwäche für dramatische Auftritte – lauter Züge, die sie mit ihrer Schöpferin gemein haben. Karen Blixens Überdruß am Realismus wird in den Worten begründet, die Fräulein Malin bei einem Gespräch über die Kunst an den Kardinal richtet: »*Wie kommen Sie nur darauf, daß Gott die Wahrheit von uns verlangt? Die kennt er doch sowieso.*« Dieser Kardinal Hamilcar, der viele Länder kennt, trägt eine blutbefleckte Bandage um den Kopf. Als er diese gegen Morgen abnimmt, zeigt es sich, daß er den Kardinal nur gespielt hat. Er ist nämlich Kaspersen, der Kammerdiener des Kardinals, ein ehemaliger Schauspieler und Halbbruder des französischen Königs, und hat seinen Herrn am Morgen zuvor erschlagen.

Die abenteuerliche Brechung des Religiösen durch das Künstlerische hat die Dichterin immer wieder fasziniert (vgl. *Last Tales*). Auch zu den Geschichten der großen alten Herren, die in diesem Band geschildert werden und keine geistlichen Würdenträger sind, gehört es, daß sie sich im Laufe ihres Lebens in sehr unterschiedlichen Berufen versucht haben. Diese Eigenschaft teilen sie alle mit Kaspersens historischem Vorbild, dem Schweden Emanuelson, der Schauspieler war, eine Zeitlang in einem Hotel in Nairobi gearbeitet hat und dessen Besuch eine der erregenden Episoden in *Out of Africa* bildet. Einen Gegenpol dazu bildet ein junges, unschuldiges Paar, die Komtesse Calypso und der anscheinend bürgerliche Jonathan, die von ihrer Umwelt in eine Verteidigungsposition gedrängt sind. Das Mädchen ist im Haus eines Onkels aufgewachsen, in dem sonst nur schöne Jünglinge geduldet werden; nach verzweifelten Versuchen, ihre aufkeimende Weiblichkeit zu unterdrücken, ist sie ein paar Tage zuvor aus diesem Haus geflohen. (Das

Motiv von der makellos schönen Jungfrau, die durch abnorme Veranlagung anderer ins Unglück gestürzt wird oder werden soll, kommt später noch mehrmals vor.) Jonathan, als Sohn des biederen Kapitäns Mærsk aufgewachsen, ist aus der Bahn geworfen, weil sein eigentlicher Vater, Baron von Gersdorff, ihn zu seinem Erben und um jeden Preis zu einem Salonlöwen machen will. Jonathan widert die Welt an, und er ist nach Norderney gereist, um wieder zu sich selbst zu finden. Dazu kommt es nun auch, wenn auch in höchst unerwarteter Weise. Daß sich der seelische Kampf der beiden jungen Menschen tatsächlich in der Stunde löst, als das Problem ihrer Identität überwunden scheint, wird daran deutlich, daß sie wenig später – trotz der sie umgebenden tödlichen Gefahr – wie Kinder im Heu liegen und schlafen. M.M.M.

AUSGABEN: NY/Ldn. 1934 (u. d. Pseud. I. Dinesen). – Kopenhagen 1935 (*Syv fantastiske Fortællinger*); ⁶1954. – Kopenhagen 1968. – Kopenhagen ⁷1986.

ÜBERSETZUNG: *Die Sintflut von Norderney*, M. Lang u. W. E. Süskind, Stg. 1937 (u. d. Pseud. T. Blixen; Ausw.). – *Die Träumer und andere seltsame Erzählungen*, dies., Stg. 1955 [erw. Ausw.]. – *Phantastische Erzählungen*, Th. Dorenburg, Reinbek 1962 (rororo; zul. 1986). – *Sieben phantastische Geschichten*, dies., Stg. 1980.

VERFILMUNG: *Histoire immortelle*, Frankreich 1967 (Regie: O. Welles).

LITERATUR: R. Langbaum, *The Gayety of Vision. A Study of I. Dinesen's Art*, Ldn. 1964, S. 73 ff. – Ders., *Muml, stråler og latter. En studie i K. B.s kunst*, Kopenhagen 1964. – Aa. Henriksen, *Det guddommelige barn og andre essays om K. B.*, Kopenhagen 1965. – G. Rostbøl, *Om »Syv fantastiske Fortællinger«* (in *Blixeniana*, 1980, S. 29–268). – M. Juhl u. B. Håkon Jørgensen, *Dianas hævn. To spor i K. B.s forfatterskab*, Odense 1981 (engl. *Diana's Revenge*, Odense 1985). – K. Sørensen, *Studier i K. B.s engelske og dansek sprogform* (in *Blixeniana*, 1982, S. 263–308). – J. Thurman, *I. Dinesen. A Storyteller*, NY 1982, S. 263–273. – E. Bredsdorff, *I. Dinesen v. K. B.: »Seven Gothic Tales« (1934) and »Syv fantastiske Fortællinger« (1935)* (in *Facts of European Modernism. Essays in Honor of James McFarlane*, Norwich 1985, S. 275–293). – A. Westenholz, *Den glemte abe. Mand og kvinde hos K. B.*, Kopenhagen 1985.

SKYGGER PÅ GRÆSSET

(dän.; *Ü: Schatten wandern übers Gras*). Vier Kapitel Erinnerungen von Karen BLIXEN, erschienen 1960; gleichzeitig erschien unter dem Pseudonym Isak Dinesen eine englische Ausgabe *(Shadows on the Grass)*, doch ist die dänische Fassung insofern als Erstausgabe zu verstehen, als das erste dieser Stücke *(Farah)* bereits 1950 in Kopenhagen und das dritte *(Die große Geste)*, in knapperer Form, in der dänischen Zeitschrift ›Alt for damerne‹, 1957, Nr. 51, veröffentlicht worden war.

Farahs literarisches Porträt erschien erstmalig ein Jahr nachdem der Literaturprofessor Hans BRIX seine Verwunderung darüber ausgedrückt hatte, daß die Dichterin in *Out of Africa* neben den zahlreichen anderen gelungenen Personenbeschreibungen nicht auch eine Charakterisierung ihres unermüdlichen Verwalters und Zeremonienmeisters gegeben hatte. Brix' Vermutung, daß die Ursache dafür ein tiefer menschlicher Respekt war, zeigt sich bestätigt, denn bezeichnenderweise hat Karen Blixen in diesem Porträt präziser als irgendwo sonst erklärt, was sie mit dem Begriff des Aristokratischen verband: die Intensivierung des persönlichen Ehrbegriffs zum Instinkt, eine Vorliebe für die große Geste, die große Tat, die Bejahung des Schicksals und der Mangel an Furcht und Mitleid. – All die Jahre hindurch, die Karen Blixen in Afrika verlebte, setzte sich Farah, der arabischer Abstammung war, hartnäckig für die Ehre des Hauses ein und war auch dann noch unbeirrt, als die zunehmenden wirtschaftlichen Schwierigkeiten nicht mehr zu übersehen waren.

Im letzten Teil des Buchs *(Echo der Berge)* – dem einzigen, der eigens für diesen Band geschrieben wurde – erfährt der Leser, daß neben dem sporadischen Nachrichtenaustausch mit den Eingeborenen bis 1940 auch ein privater Briefwechsel zwischen Karen Blixen und Farah bestand. Als in den Jahren der Besetzung keinerlei Post aus Afrika sie erreichte, litt die Dichterin darunter derart, daß sie von ihrer Zeit in Kenya zu träumen begann, während sonst zu keiner anderen Zeit ihres Lebens Personen oder Begebenheiten der realen Welt in ihre Träume Eingang gefunden hatten. Nach Kriegsschluß erfuhr die Verfasserin, daß Farah gestorben war, und wenn auch später noch für sie bisweilen in Briefen der Eingeborenen ein Lächeln oder ein afrikanischer Sonnenuntergang aufleuchtet, so gewann doch angesichts all der Veränderungen, von denen ihr berichtet wurde, die Empfindung der Wehmut die Oberhand.

Einfacher und überzeugender als in *Out of Africa* vermag die Dichterin jetzt darzustellen, was die Jahre in Afrika ihr gegeben haben. Die Distanz von zwei Jahrzehnten läßt vieles klarer hervortreten. Dies wird nirgends deutlicher als in der Schilderung jenes Neujahrsmorgens, wo sie mit ihrem Freund Denis Finch-Hatton unterwegs ist und kurz vor Sonnenaufgang ein Prachtexemplar von einem Löwen erlegt *(Barua a Soldani)*. Während der Beute das Fell abgezogen wird, sitzt sie dankbaren Herzens in dem kurzgebrannten Gras: »*Ich glaube, daß ich, ohne darüber nachzudenken, wußte oder ahnte, daß ich mich auf dem Höhepunkt meines Daseins befand.*« Der Brief des dänischen Königs, dem sie das Fell des Löwen geschickt hatte, wird von ihr – mit Erfolg – bei einem Beinbruch als schmerzlinderndes Mittel aufgelegt, was den Brief zu einem begehrten Talisman auf der Farm macht, den man sich bei ernsten Erkrankungen leiht. – In *Die große Geste* schildert die Autorin hauptsächlich Episoden ihrer medizinischen Betätigung auf der Farm. Das Mißtrauen der Eingeborenen gegenüber moderner Medizin und besonders gegen Krankenhäuser erfährt Karen Blixen als eine letzlich berechtigte Auflehnung ihrer Schützlinge gegen Eingriffe in den innersten Bezirk ihrer Lebensauffassung. Die Einfachheit der Bilder und das deutliche Crescendo innerhalb des Kapitels machen es zum künstlerisch wertvollsten des Bandes. Für alle Stücke gilt, daß die Ironie der Dichterin im Vergleich zu den früheren Werken an Schärfe verloren hat. Anspielungen und Hinweise auf früher Erzähltes lassen erkennen, daß sie sich mit *Skygger på græsset* an ein Publikum wendet, bei dem sie ihre Geschichte als bekannt voraussetzt und bei dem sie von vornherein mit einem gewissen Einverständnis rechnen darf, ohne daß der Plauderton deshalb ins Unverbindliche abgleitet. M.M.M.

AUSGABEN: Kopenhagen 1960. – NY/Ldn. 1960 (*Shadows on the Grass*; u. d. Pseud. I. Dinesen). – Kopenhagen ³1966. – Kopenhagen 1973; ³1984. – Kopenhagen 1986.

ÜBERSETZUNG: *Schatten wandern übers Gras*, W. E. Süskind, Ffm. 1961.

LITERATUR: E. O. Johannesson, *The World of I. D.*, Seattle 1961. – *K. B. En Mindebog*, Hg. C. Svendsen u. O. Wivel, Kopenhagen 1962. – E. Balling, *K. B. 1885–1962*, Kopenhagen 1962. – R. Langbaum, *The Gayety of Vision. A Study of I. D.'s Art*, Ldn. 1964. – Ders., *Mulm, stråler og latter. En studie i K. B.s kunst*, Kopenhagen 1964. – Aa. Henriksen, *Det guddommelige barn og andre essays om K. B.*, Kopenhagen 1965. – J. Rosendahl, *K. B.*, Kopenhagen ²1968.

VINTER-EVENTYR

(dän.; *Ü: Wintergeschichten*). Elf Erzählungen von Karen BLIXEN, erschienen 1942; die englischsprachige Ausgabe des Buches, *Winter's Tales*, erschien im gleichen Jahr unter dem Pseudonym Isak Dinesen. – Diese Sammlung mit ihrem bewußt in Anlehnung an SHAKESPEARE gewählten Titel ist das einzige Buch der Autorin, in dem die Zahl der nordischen Schauplätze überwiegt. Im Hinblick darauf und auf die leitmotivisch wiederkehrende, auf SPINOZA zurückgehende Idee von der Verbundenheit aller Dinge untereinander und der Einheit von Gott und Natur ist *Skibsdrengens Fortælling (Der Falke)* ein denkbar glücklicher Auftakt. Der Schiffsjunge Simon, der hoch hinauf in die Takelage klettert, um einen Wanderfalken zu befreien, der sich darin verfangen hat, wird dadurch, daß der Falke ihm den Daumen blutig hackt, gleichsam in einen geheimen Bund aufgenommen. Jahre später, als er, unterwegs zu einem Stelldichein, in Bodø einen Betrunkenen ersticht, wird er von der alten Lappenfrau Sunniva vor seinen Verfolgern gerettet. Sie erklärt Simon, daß sie und der Falke identisch seien, »*wir Lappen fliegen oft so herum, um uns die Welt anzusehen*«. Zum befreienden Erkennen und Anerkennen der Nemesis werden alle wesentlichen Gestalten des Bandes geführt. So nimmt in *En Historie om en Perle* die immer ängstliche Jensine aufgrund besonderer Umstände das neu aufgezogene Halsband in Empfang, ohne die Perlen nachzuzählen. Monate später muß sie feststellen, daß eine Perle hinzugekommen ist, so kostbar wie alle anderen zusammen. Das sie zutiefst beunruhigende Mysterium findet schließlich eine natürliche Erklärung, Jensine aber ist geheilt von ihrer ewigen Besorgtheit, sie ist offen geworden für das Schicksal. Adam, der in *Sorg-Agre* erlebt, wie eine Mutter mit übermenschlicher Anstrengung die Freiheit ihres Sohnes erkauft, kommt zu einem »*tieferen, mehr herzergreifenden Mitgefühl mit allem Lebenden, als er es je zuvor gekannt hatte*«.

Die Erzählungen spielen in der Vergangenheit, meist im 19. Jh. Uralte poetische Motive und philosophische Leitgedanken, die als integrierende Teile erscheinen, setzen zum vollen Verständnis zuweilen mehr als alltägliche kulturhistorische Kenntnisse voraus. Wie immer bei Karen Blixen geht es nicht eigentlich um Gut und Böse, sondern um die Erfüllung einer Bestimmung. Das aristokratische Moment, das die Szenerie und die Requisiten nicht in gleichem Maß beherrscht wie in ihrer ersten Sammlung (vgl. *Seven Gothic Tales*), ist in dem idealen Punkt durchgehalten, daß nämlich der Mensch eins werde mit seinem Schicksal »*und es lieben muß wie sich selbst*«. Das gilt für den mutlosen Dichter Charlie Despard, dem sein Gott sagt, daß nicht Publikum und Kritiker, sondern er selbst, Gott, die Bücher geschrieben haben wolle (*Den unge Mand med Nelliken – Der junge Mann mit der Nelke*), ebenso wie für den Bettler, der eine Handvoll Goldstücke ausschlägt, weil sie seine wahre Existenz gefährden würden (*En opbyggelig Historie*).

Der alten Vorliebe der Dichterin für zeitweilige Verschleierung der Identität begegnet man wieder in *Skibsdrengens Fortælling, Den unge Mand med Nelliken, De standhaftige Slaveejre, Alkmene* und *En opbyggelig Historie*. Der schon früher angewandte Kunstgriff, eine Katastrophe nicht zu schildern, sie aber in scheinbar beiläufigen Bemerkungen in allem Wesentlichen vorwegzunehmen, erscheint vervollkommnet in *Fra det gamle Danmark*. – Gegenüber *Seven Gothic Tales* sind die hier gesammelten Stücke kürzer und meist streng gebaute Novellen. Wenn gesagt worden ist, daß einige der Erzählungen künstlerisch noch weit über denen der ersten Sammlung stehen (so C. M. Woel), so wohl hauptsächlich, weil ihre Transparenz bei der durch Aussparen erreichten Übersichtlichkeit deutlicher wird. Die Ereignisse, von denen Karen Blixen berichtet, sind einer Analyse unterzogen worden, bevor sie in der künstlerischen Einheit der Geschichte wiederauftauchen. Dies ist keine intellektuelle Analyse, die alles auf Grundbegriffe zurückführt, sondern ein gedankliches Abtasten zu dem Zweck, das den Ereignissen zugrunde liegende Spiel der Kräfte wahrnehmbar und darstellbar zu machen (Aa. Henriksen). Die in *Vinter-Eventyr* erscheinenden Requisiten und Gesten sind so gewählt, daß diese Intention immer wieder durchscheint.

M.M.M.

AUSGABEN: Kopenhagen 1942; 41957. – NY/Ldn. 1942 (*Winter's Tales*, u. d. Pseud. Isak Dinesen). – Kopenhagen 1964 (in *Mindeudgave*, 7 Bde., 4/5). – Kopenhagen 41985, 2 Bde.

ÜBERSETZUNGEN: *Kamingeschichten*, Th. Dohrenburg, Hbg. 1952 [Ausw.]. – *Die Träumer*, W. E. Süskind u. a., Stg. 1955. – *Wintergeschichten*, J. Schweier, Stg. 1985.

LITERATUR: H. Brix, *K. B.s Eventyr*, Kopenhagen 1959, S. 152 ff. – Aa. Henriksen, *K. B. og Marionetterne*, Kopenhagen 1952. – R. Langbaum, *The Gayety of Vision. A Study of I. D.s Art*, Ldn. 1964. – Aa. Henriksen, *Det guddommelige barn og andre essays om K. B.*, Kopenhagen 1965. – L. Holst Madsen, *Skæbnemotivet i K. B.s forfatterskab*, Kopenhagen 1971. – M. Juhl u. B. H. Jørgensen, *Dianas Hævn. To spor i K. B.s forfatterskab*, Odense 1981. – J. Thurman, *I. Dinesen. A Storyteller*, NY 1982, S. 293–305.

JÓZEF BLIZIŃSKI

* 10.3.1827 Warschau
† 29.4.1893 Krakau

PAN DAMAZY

(poln.; *Herr Damazy*). Komödie in vier Akten von Józef BLIZIŃSKI, erschienen 1878. – Das Werk, mit dem der Autor 1877 den Krakauer Dramenwettbewerb gewann, ist neben *Rozbitki*, 1881 *(Die Schiffbrüchigen)*, das einzige Drama Blizińskis, das sich bis heute auf den Spielplänen des polnischen Theaters gehalten hat.

Die Komödie kritisiert die Beschränktheit, die Geldgier und den moralischen Verfall des polnischen Adels anderthalb Jahrzehnte nach dem polnischen Aufstand des Jahres 1863. Die Handlung des Stücks spielt auf dem Grundbesitz der reichen, verschlagenen und raffgierigen Frau Żegocina, der negativen Heldin des Werkes. Sie hat soeben ihren Gatten verloren und versucht, ihre Verwandten davon zu überzeugen, der Verblichene habe ihr ein Testament hinterlassen, welches sie den »*Willen zu überleben*« nennt: In beiderseitigem Einvernehmen der Ehepartner soll das Vermögen des zuerst Gestorbenen dem trauernden Überlebenden zufallen. Der positive Gegenspieler der Żegocina ist Damazy, der Bruder des Verstorbenen. Ihm würde das hinterlassene Vermögen zustehen, wenn die Witwe ihren Anspruch nicht dokumentarisch nachweisen kann. Damazy hatte sich seinerzeit aufgrund des abscheulichen Charakters der Schwägerin mit seinem Bruder überworfen. Vor Jahren hat die Żegocina sich ihrer Neffen Antoni und Seweryn angenommen, deren Vater seine Familie wegen des Aufstandes gegen die zaristische Fremdherrschaft verlassen hatte. Einer der beiden Brüder, Seweryn, ist ein Halunke; der andere, Antoni, ein überaus tugendhafter junger Mann, liebt Damazys Tochter Helena und findet Gegenliebe. Seweryn, von der Żegocina in allem bevorzugt, doch allein von dem Gedanken an ihr Geld oder an eine reiche Heirat besessen, verführt Mańka, eine arme Verwandte des Verstorbenen. Eine Flut von Intrigen und Schwindeleien beginnt um das Testament des Hausherren. Die Żegocina wird bedenkenlos von dem Notar Bajdalski unterstützt. Jeder sucht jeden um des Geldes willen zu heiraten. Sogar Damazy erwägt, seine Tochter dem Gauner Seweryn zu vermählen. Schließlich wird der Betrug der Żegocina entlarvt. Die Ehrlichkeit siegt auf dem Umweg über neuen Schwindel. Der arme, doch aufrichtige Antoni heiratet Helena, die unversehens reich geworden ist. Die Żegocina und Seweryn werden gerecht, doch nicht grausam bestraft. Mańka schließlich heiratet Genio, den Sohn Bajdalskis, eine der erfreulichsten Gestalten der Komödie. Sensibel, klug, ehrlich und humorvoll, arbeitet er in Warschau als Journalist. Von seinem Vater ironisch »Positivist« genannt, bringt er in die stickige Atmosphäre des Gutshauses der Żegocina den frischen Wind der Ironie des bürgerlichen Intellektuellen, der das Ende des in sich zerrütteten Adels verkündet.

Blizińskis Komödie wirkt im Vergleich zum romantischen wie zum modernistischen polnischen Drama simpel und provinziell. Die einzig lebensvolle und dramatische Gestalt des Stückes – Mańka – hat in der Komödie nur eine untergeordnete Funktion. Damazy, der positive Held, ist gänzlich ungebildet und beschränkt und tritt so hinter der Nebenfigur Genio zurück; die Żegocina, die negative Heldin, scheint selbst für die Komödie überzeichnet. Dennoch legt auch dieses Drama Zeugnis ab von der Abkehr der polnischen Literatur von den Helden der polnischen Romantik, den revolutionären Idealisten eines MICKIEWICZ oder SŁOWACKI. Die Zeit des Aufstandes, der Hoffnung auf nationale Unabhängigkeit ist der Komödie nur versteckt gestreifte Vergangenheit.

J.Kz.

AUSGABEN: Lemberg 1878. – Breslau 31957, Hg. u. Einl. J. Garbaczewska [krit.]. – Warschau 1967 (in *Komedie*; Einl. dies.).

LITERATUR: T. Trzciński, »*Pan Damazy*« – *jubilatem* (in Dziennik literacki, 1947, Nr. 10, S. 9). – Z. Szweykowski, »*Pan Damazy*« *B. wobec komedii francuskiej Drugiego Cesarstwa* (in Pamiętnik literacki, 1959, S. 404–414).

BLO-BZAŇ-CHOS-KYI-ÑI-MA

* 1737
† 1802 dGon-luṅ, A-mdo / Osttibet

GRUB-MTHA' ŚEL-GYI ME-LOŇ

(tib.; *Kristallspiegel der Lehrsysteme*), mit vollem Titel *Grub mtha' thams-cad-kyi khuṅs daṅ 'dod tshul ston-pa legs bśad śel-gyi me-loṅ*. Historisch-philosophisches Werk vom dritten Thu'u-bkvan BLO-BZAŇ-CHOS-KYI-ÑI-MA, abgeschlossen 1802. – Der Autor, der als eine sogenannte Gelbmützen-Inkarnation *(tulku)* und als ein auf allen Gebieten der lamaistischen Wissenschaft tätiger Schriftsteller in hohem Ansehen steht, vollendete die Arbeit in seinem Kloster dGon-luṅ eine Woche vor seinem Tod. Das *Grub-mtha' śel-gyi me-loṅ* gehört zu den bedeutendsten theologischen Werken der späteren tibetischen Literatur. Besonders bemerkenswert ist, daß es nicht nur die religiösen Systeme Tibets behandelt, sondern sich mit allen Religionen der dem Verfasser bekannten Welt befaßt. In zwölf Kapiteln analysiert der Autor u. a. die Lehren der buddhistischen Sekten und Schulen Indiens (Kap. 1), Tibets (Kap. 2 ff.), Chinas (Kap. 9/10) und der Mongolei (Kap. 11). Dabei beschreiben etwa die China-Kapitel nicht nur die Entwicklung des Buddhismus in diesem Land, sondern geben auch einen Abriß der Lehren der Konfuzianer, der Taoisten und sogar der Hui-hui genannten chinesischen Muslime in der Provinz Kansu.

Bei aller Bemühung um wissenschaftliche Sachlichkeit kann sich der Autor allerdings nicht ganz von gewissen buddhistischen Vorurteilen lösen. So sagt er z. B. von den Hui-hui, sie würden wegen ihrer falschen Religion sicherlich als Schweine wiedergeboren und scheuten deshalb den Genuß von Schweinefleisch. LAO-TSE, der größte Meister des Taoismus, wird kurzerhand mit dem GŚEN-RAB, dem Organisator der systematisierten Bon-Religion, gleichgesetzt, ein Irrtum, der in der europäischen Wissenschaft jahrzehntelang nachgewirkt hat. – Die tibetische Urreligion »Bon«, die sich später auf dem Wege über zahlreiche Synkretismen zur antibuddhistischen Religion Tibets entwickelte, wird in Kap. 8 dargestellt. – Es gab Blockdruckausgaben in dGon-luṅ, Derge, Urga und Lhasa. Ein Teil des Werkes wurde ins Mongolische übersetzt.

H.H.

AUSGABEN: Varanasi 1963. – New Delhi 1969 (in *Collected works*, Hg. N. G. Demo, Bd. 2). – Lan-kro'u, 1984.

ÜBERSETZUNG: *A Tibetan Eye-View of Indian Philosophy*, K. K. Mittal, New Delhi 1984 [engl.].

LITERATUR: A. I. Vostrikov, *Tibetan Historical Literature*, Kalkutta 1970, S. 154 ff. – *A Study of the Grub mthaḥ of Tibetan Buddhism*, 3 Bde., Tokio 1974–1982. – Khetsun Sangpo, *Biographical Dictionary of Tibet and Tibetan Buddhism*, Bd. 11, Dharamsala 1979, S. 287–290. – K. Mimaki, *Blo gsal grub mtha'*, Kioto 1982.

BLO-BZAŇ-DPAL-LDAN-YE-ŚES

* 1738
† 1780 bKra-śis-lhun-po

ŚAMBHA-LA'I LAM-YIG

(tib.; *Der Weg nach Śambhala*), mit vollem Titel *Grub-pa'i gnas chen-po Śambha-la 'i rnam bśad 'phags yul-gyi rtogs brjod daṅ bcas-pa ño mtshar byaba'i byuṅ gnas*. Werk von BLO-BZAŇ-DPAL-LDAN-YE-ŚES, dem dritten Gelbmützenhierarchen (Paṇchen bla-ma) von Tashilhunpo, verfaßt 1775. – Während der erste Teil des Werks eine geographische Beschreibung Indiens, des Ursprungslands der buddhistischen Religion, gibt, sich aber auch mit den angrenzenden asiatischen Ländern befaßt, schildert der zweite Teil den Weg nach Śambhala. Dieses Sámbhala war ursprünglich ein reales Land, im Nordwesten von Indien (wahrscheinlich in Turkestan) gelegen, ist aber im Laufe der Jahrhunderte, als die echten Kommunikationen mit so fernen Gebieten unmöglich wurden, zu einem Phantasiegebilde geworden. In Śambhala entstand der buddhistischen Tradition zufolge das astrologisch gefärbte System des *Kālacakra* (»Rad der Zeit«), und dort sollen noch heute fromme und machtvolle buddhistische Könige herrschen, deren einer dereinst in einer eschatologischen Schlacht die verhaßten Mohammedaner ausrotten wird. Die ganze Konzeption von Sámbhala geht ursprünglich wohl auf die Zeit um 1000 n. Chr. zurück, als die Mohammedaner Indien bedrängten.

Die Wandlung Śambhalas von einem Begriff der realen zu einem solchen der mythischen Geographie bedingt es, daß sich in dem Werk des Hierarchen Vorstellungen aus den verschiedensten Zeiten miteinander vermischen, wobei der Verfasser, wie er am Ende seiner Arbeit selbst feststellt, Quellen mancherlei Art benutzt hat. Die wichtigste dieser Quellen ist die von dem Inder AMOGHĀNKUSA in Sanskrit verfaßte Schrift *Kalāpāvatāra* (*Der Herabstieg nach Kalāpa*, der Hauptstadt von Śambhala), die jedoch nur in tibetischer Übersetzung im *bsTan'gyur* überliefert ist. Die Schrift des Inders repräsentiert die alten, realen Vorstellungen von Sambhala, obwohl auch dieses frühe Werk schon zahlreiche märchenhafte Details und viel Magie des Vajrayāna- (»Diamantfahrzeug«-) Buddhismus enthält. Eine nicht unbeträchtliche Rolle als Quelle spielt der von dem Tibeter MAN-LUŇS GURU (Anfang des 14. Jh.s) verfaßte »Reiseführer«, der in Zitaten oft als *Śambhala-pa (Der Mann von Śambhala)* bezeichnet wird. Dieses Opus behandelt nach der Windrose angeordnet in vier Kapiteln die buddhistischen Pilgerstätten Chinas (Osten), Indiens (Süden), der Gebiete um Udyāna im Land Swāt (Westen) und Śambhalas, das in diesem System also den Norden repräsentiert, worauf noch ein kurzes Kpaitel über das in der Mitte liegende Tibet folgt. Diese Quelle scheint dem Pan-chen allerlei wertvolle Informationen über das alte Zentralasien vermittelt zu haben. Als Quelle des Großlamas sollten auch die mündlichen Informationen nicht vergessen werden, die ihm der britische Gesandte George Bogle (1746–1781) über Indien und Europa lieferte. H.H.

AUSGABEN: Mchn 1914, Hg. A. Grünwedel (*Der Weg nach Śambhala*, in ABAW, phil.-hist. Kl. 29,3; m. dt. Übers.). – New Delhi 1978 (in *Collected Works*, Bd. 10).

LITERATUR: A. I. Vostrikov, *Tibetan Historical Literature*, Kalkutta 1970, S. 231 f. – Khetsun Sangpo, *Biographical Dictionary of Tibet and Tibetan Buddhism*, Bd. 5, Dharamsala 1973, S. 519–544. – E. Bernbaum, *Der Weg nach Shambhala*, Hbg. 1982.

ERNST BLOCH

* 18.7.1885 Ludwigshafen
† 4.8.1977 Tübingen

LITERATUR ZUM AUTOR:
Bibliographien:
B. Schmidt, *E. B.*, Stg. 1985, S. 141–148 (Slg. Metzler). – *E. B.*, Hg. H. L. Arnold, Mchn. 1985, S. 289–301 (Text und Kritik).
Zeitschriften:
B.-Almanach, Hg. K. Wiegand, Ludwigshafen 1981 ff.
Biographien:
E. Bahr, *E. B.*, Bln. 1974. – S. Markun, *E. B.*, Reinbek 1977; zul. 1985 (rm). – P. Zudeick, *Der Hintern des Teufels. E. B., Leben und Werk*, Bühl-Moos 1985.
Gesamtdarstellungen und Studien:
H. G. Bütow, *Philosophie und Gesellschaft im Denken E. B.s*, Bln. 1963. – R. v. Diersburg, *Zur Ontologie und Logik offener Systeme. E. B. vor dem Gesetz der Tradition*, Bln. 1967. – A. Jäger, *Reich ohne Gott. Zur Eschatologie E. B.s*, Zürich 1969. – K. Kränzle, *Utopie und Ideologie. Gesellschaftskritik und politisches Engagement im Werk E. B.s*, Bern 1970. – C. H. Ratschow, *Atheismus im Christentum? Eine Auseinandersetzung mit E. B.*, Gütersloh 1970. – L. Weimer, *Das Verständnis von Religion und Offenbarung bei E. B.*, Diss. Mchn.

1971. – G. Hümmerlink, *Humanismus bei E. B.*, Diss. Mchn. 1973. – H.-J. Gerhards, *Utopie als innergeschichtlicher Aspekt der Eschatologie. Die konkrete Utopie E. B.s unter dem eschatologischen Vorbehalt der Theologie Paul Tillichs*, Gütersloh 1973. – P. Widmer, *Die Anthropologie E. B.s*, Ffm. 1974. – G. Schmitt, *Philosophie zwischen Heilsgewißheit und Verzweiflung. Die Philosophie E. B.s in ihrem Verhältnis zum Marxismus*, Diss. Bochum 1974. – L. Hurbon, *E. B. Utopie et espérance*, Paris 1974. – H. H. Holz, *Logos spermatikos. E. B.s Philosophie der unfertigen Welt*, Darmstadt/Neuwied 1975. – *E. B.s Wirkung. Ein Arbeitsbuch zum 90. Geburtstag*, Ffm. 1975. – *Utopie/Marxisme selon E. B.*, Hg. G. Raulet, Paris 1975. – H. Wiegmann, *E. B.s ästhetische Kriterien und ihre interpretative Funktion in seinen literarischen Aufsätzen*, Bonn 1976. – D. Horster, *E. B. zur Einführung*, Hannover 1977; ⁶1987 [völlig überarb.]. – R. Hoffmann, *Montage im Hohlraum. Zu E. B.s Spuren*, Bonn 1977. – G. Witschel, *E. B. Literatur und Sprache: Theorie und Leistung*, Bonn 1978. – H. Schelsky, *Die Hoffnung B.s. Kritik der marxistischen Existenzphilosophie eines Jugendbewegten*, Stg. 1979. – A. F. Christen, *E. B.s Metaphysik der Materie*, Bonn 1979. – R. Bodei, *Multiversum. Tempo e storia in E. B. Il confronto di B. con la tradizione filosofica da Platone a Heidegger*, Neapel 1979. – P. Stauder, *E. B. Kritik am lebensphilosophischen Fundament seines Systems*, Diss. Bln. 1980. – P. Zudeick, *Die Welt als Möglichkeit und Wirklichkeit. Die Rechtfertigungsproblematik der Utopie in der Philosophie E. B.s*, Bonn 1980. – G. Raulet, *Humanisation de la nature. Naturalisation de l'homme. E. B. ou le projet d'une autre rationalité*, Paris 1982. – H. E. Schiller, *Metaphysik und Gesellschaftskritik im Werk E. B.s*, Königstein/Ts. 1982. – W. Hudson, *The Marxist Philosophy of E. B.*, Ldn. 1982. – R. Bothner, *Kunst im System. Die konstruktive Funktion der Kunst für E. B.s Philosophie*, Bonn 1983. – *Seminar: Zur Philosophie E. B.s*, Hg. B. Schmidt, Ffm. 1983 (stw). – E. Simons, *Das expressive Denken B.s. Kategorien und Logik künstlerischer Produktion und Imagination*, Freiburg i.Br./Mchn. 1983. – T. Franz, *Revolutionäre Philosophie in Aktion. E. B.s politischer Weg, genauer besehen*, Hbg. 1985. – *Verdinglichung und Utopie. E. B. und Georg Lukács zum 100. Geburtstag*, Hg. A. Münster, Ffm. 1985. – K. Kreiner, ›*Exil*‹ *und* ›*Reich*‹ *als Grundpole im Denken Albert Camus' und E. B.s*, Ffm. 1985. – H. Gekle, *Wunsch und Wirklichkeit. B.s Philosophie des Noch-Nicht-Bewußten und Freuds Theorie des Unbewußten*, Ffm. 1986.

GEIST DER UTOPIE

Philosophisches Werk von Ernst BLOCH, begonnen 1915, erschienen 1918. – Das Buch gibt eine – im Sinne der Schulphilosophie – unmethodische Philosophie der Utopie bzw. des utopischen Denkens. Dabei wird unter Utopie nicht eine bestimmte Art der fabulierenden Ausmalung von Idealstaaten verstanden, sondern es ist ein Prinzip gemeint, ein geistlich-metaphysischer Zug aller Individuen und allen Seins.

Das Werk beginnt mit halb meditativen, halb reflektierenden Passagen, die allmählich das Bildliche der umkreisten »*kleinen Dinge*« (Krug, Glas, Möbel) verlassen und in die begriffliche Erörterung überleiten. In den anschließenden kunstphilosophischen Überlegungen geht es Bloch um die Scheidung von »*Zweckform*« und »*ausdrucksvollem Überschwang*«, von praktischem und ästhetischem Gestaltungsprinzip. Für die Gegenwart wird die Vermischung dieser beiden Sphären, die in der Vergangenheit im Kunstgewerbe gegeben war, abgelehnt und statt dessen gefordert: »*Große Technik regiere, ein entlastender, kühler, geistreicher, demokratischer Luxus für alle, ein Umbau des Sterns Erde mit dem Ziel abgeschaffter Armut, maschinell übernommener Mühsal.*« In den folgenden kunsthistorischen Erörterungen wird dem klassischen »*eudämonistischen Gleichgewicht zwischen Leben und Strenge*« der griechischen Kunst, dem fanatisch-starren »*Werdenwollen wie Stein*« der ägyptischen Kunst als dritte Form der künstlerisch-metaphysischen Äußerung des Menschen das »*gotisch Werdenwollen wie Auferstehn*« gegenübergestellt. Bloch stellt die Gotik (und auch den Expressionismus als eine »*Form apriorischer Gotik*«) deshalb so hoch, weil in ihr eine organisch-geistliche Transzendenz des Ich intendiert ist und sowohl Gotik als auch Expressionismus auf ein geistlich-metaphysisches »*unvollendetes Wir- und Grundgeheimnis*« hindeuten. Das »*Selbstwerden*« und das »*Wirgeheimnis*« oder »*Wirproblem*« sind überhaupt die zentralen Begriffe, zwischen denen sich Blochs Darstellung des »*Exodus*«, des Auszugs des Ich in die Utopie, zur »*apokalyptischen Gemeinde des Ingesindes Gottes*«, bewegt; das sich selbst noch verborgene Ich will »*sich inne haben*«, es will endlich »*das Menschengesicht sehen*«, und die Geschichte insgesamt wird vom Autor als immer neuer Aufbruch aus der bestehenden Welt in Richtung auf eine letzte »*christförmige Gemeinde*« gedacht. In dem umfangreichen Mittelabschnitt *Philosophie der Musik* hebt Bloch die auf diesen Exodus hinstrebende Eigenart der Musik hervor. Gerade die Bedeutungslosigkeit des Tons an sich, seine Reinheit und seine Armut an semantischem Gehalt ermöglichen es, daß »*die Musik seit alters her die andere Wahrheit verherrlicht, die pia fraus, die konstitutive Phantasie, die neue Philosophie unter den Künsten.*« Das in der Musik intendierte Unbekannte zeigt sich in der Philosophie als die »*Gestalt der unkonstruierbaren Frage*«, als die Frage also: »*Wie verstehen wir [uns]?*«

Die ethische wie die erkenntnistheoretische Seite dieses Problems ist Bloch zufolge, im Gegensatz zu HEGELS vorschnell erreichter panlogistischer Systematik, von KANT in der Bescheidung bei der Beschreibung der begrenzten Möglichkeiten der reinen und vor allem der praktischen Vernunft genauer gefaßt worden, so daß »*einerseits die Wege zur Postulatslogik und andererseits die Wege zu der ehrlichen, großen, subjektiv-ethischen Metaphysik des Zeitalters der Gottferne frei geworden*« seien; in dem »*Als ob*« des kategorischen Imperativs verberge sich ein »*Noch nicht*«, das bei Kant unter dem Aspekt der »*Hoffnung der Zukunft*« zu verstehen sei. Noch aber sei der Mensch sich selbst unklar, er stehe zwischen »*Erinnerung und Prophetie*«, er liege »*sich selbst im blinden Fleck, im Dunkel des gelebten Augenblicks*«. Die Erhellung dieses Problems aber müsse das Hauptanliegen der Philosophie sein: »*Die Frage nach uns ist das einzige Problem, die Resultante aller Weltprobleme, und die Fassung dieses Selbst- und Wirproblems in allem ... ist das letzthinige Grundprinzip der Philosophie.*« – Im letzten Hauptabschnitt, *Karl Marx, der Tod und die Apokalypse*, erkennt Bloch in vollem Umfang die kritische Leistung der ökonomischen Theorie von MARX als Fortschritt zu einem vollkommeneren Staat an, stellt jedoch dessen atheistisch-diesseitiger Weltanschauung eine metaphysische »*echte Ideologie des Reichs*« gegenüber, in dem erst die wirkliche Selbstbegnung und Freiheit des Menschen verwirklicht werden können. Bloch erblickt als apokalyptisch-utopischen Endzustand ein Reich, in dem alle Seelen versammelt sind, nachdem sie in mehreren Inkarnationen jene Reife erreicht haben, die sie in einer chiliastischen »*spirituellen Konförderation*« zusammenleben läßt. Die Welt als Geschichte und Prozeß muß, wenn sie nicht ins »*absolute Umsonst*« führen soll, in einem »*absoluten Überhaupt ihren metakosmischen Grenzpunkt finden*«. Das »*Selbst- und Wirproblem*« trägt für Bloch das Postulat der geistlich-wirklichen Lösung in sich selbst, und den Auftrag und Schlüssel zu dieser Lösung sieht er »*in die Hände unserer gottbeschwörenden Philosophie und der Wahrheit als Gebet*« gelegt.

Das Werk ist 1918, 1923 und 1964 in verschiedenen Fassungen erschienen, ohne daß sich die Grundstruktur und die Intention wesentlich verändert haben. In der strafferen, systematisch gegliederten Ausgabe von 1923 ist ein großes, aber zeitgebundeneres Kapitel der Ausgabe von 1918, *Über die Gedankenatmosphäre dieser Zeit*, weggelassen; die Edition von 1964 bietet eine leicht überarbeitete Fassung der Ausgabe von 1923. Das in einer eigenwilligen, oft sprunghaften, pathetischen und bisweilen fast prophetischen Sprache geschriebene Werk zeigt ungebrochener als die späteren Werke Blochs die metaphysischen, religiösen und zugleich sozialrevolutionären Intentionen seiner Philosophie. Im Nachwort zur Ausgabe von 1964 weist Bloch selbst im Hinblick auf sein weiteres Schaffen dem *Geist der Utopie* einen »*antizipierenden Platz*« zu.

Geist der Utopie, fragmentarisches System eines theoretischen Messianismus und spekulative Konstruktion eines neuen metaphysischen Ortes ist nicht zuletzt auch zu lesen als Manifest gegen die Leere, Ungläubigkeit und Hohlheit der Zeit um 1900; es ist Blochs beschwörende Proklamation eines neuen, reichen, frommen Lebens. Von einer ähnlichen Verzweiflung über die Barbarei des Ersten Weltkriegs getrieben wie die zeitgenössischen expressionistischen Dichter, eifert Bloch für eine umfassende Revolution, deren politischer Aspekt zwar *conditio sine qua non* ist, die aber weit darüber hinausgehen und in ein neues Zeitalter führen soll, das wieder metaphysisch, gottsucherisch und von utopisch-prinzipiellen Begriffen bestimmt sein soll: »*...das Rechte zu finden, um dessentwillen es sich ziemt, zu leben. Organisiert zu sein, Zeit zu haben, dazu gehen wir, hauen wir die phantastisch konstitutiven Wege, rufen wir was nicht ist, bauen ins Blaue hinein und suchen dort das Wahre, Wirkliche, wo das bloß Tatsächliche verschwindet – incipit vita nova.*« Das Buch ist die wichtigste, dem deutschen Expressionismus entstammende philosphische Schrift; *Geist der Utopie* ist neben dem *Prinzip Hoffnung* (1959) das Hauptwerk Blochs und hat die sog. »Frankfurter Schule« und insbesondere Theodor W. ADORNO stark beeinflußt: »*Ich meine*«, schrieb Adorno 1965, »*nie etwas geschrieben zu haben, was seiner nicht, latent oder offen, gedächte.*«

J.Dr.

AUSGABEN: Mchn. 1918. – Bln. 1923 endgültige Fassg.. – Ffm. 1964 (in *GA*, 1959ff., Bd. 3; bearb. Neuaufl. v. 1923). – Ffm. 1975 (in *GA*, 16 Bde., 1967–1976, 16; Nachdr. d. Ausg. v. 1918). – Ffm. 1985 (in *Werkausgabe*, 17 Bde., 3: bearb. Neuaufl. v. 1923 u. 16: Nachdr. d. Ausg. v. 1918; stw).

LITERATUR: F. Buschell, Rez. (in NRs, 29, 1918, S. 1483–1487). – M. Susman, Rez. (in Frankfurter Ztg., 12. 1. 1919; 17. 4. 1919). – P. Bekker, Rez. (ebd., 8. 4. 1919). – M. Martersteig, Rez. (in Zs. f. Bücherfreunde, N. F., 11, 1919, S. 18–23). – H. Schmalenbach, Rez. (in Sozialistische Monatshefte, 1919, S. 831–841). – E. Blass, Rez. (in Das junge Deutschland, 2, 1919, S. 63–67). – S. Friedländer, *Der Antichrist u. E. B.* (in Das Ziel, Jb., Hg. K. Hiller, Bd. 4, Mchn. 1920, S. 103–117). – H. Freyer, *Das Problem der Utopie* (in DRs, Juni 1920, S. 321–345). – H. G. Bütow, *Philosophie u. Gesellschaft im Denken E. B.s*, Bln. 1963, S. 77–91. – Th. W. Adorno, *Henkel, Krug und frühe Erfahrung* (in *E. B. zu ehren, Fs. zum 80. Geburtstag*, Ffm. 1965, S. 9–20). – K.-P. Steinacker-Berghäuser, *Das Verhältnis der Philosophie E. B.s zur Mystik*, Diss. Bln. 1973. – Ders., *Mystischer Marxismus? Das Verhältnis E. B.s zur Mystik* (in Neue Zs. f. systemat. Theologie und Religionsphilosophie, 75, 1975, S. 39–60). – J. Drews, *Expressionismus in der Philosophie* (in *E. B.s Wirkung. Ein Arbeitsbuch zum 90. Geburtstag*, Ffm. 1975, S. 24–30). – F. Reininghaus, *Musik wird Morgenrot. E. B. und die Musik* (in Spuren. Soz. Zs. f. Kunst und Gesellschaft, 3/4, 1977, S. 78–90). – G. Tuns, *Musik und Utopie bei E. B.*, Diss. Bln. 1981. – G. Scholtz, *Drittes Reich. Begriffsgeschichte mit Blick auf B.s Originalgeschichte* (in B.-Almanach, 2, 1982, S. 17–38). – A. Münster, *Utopie, Messianismus und Apokalypse im Frühwerk von E. B.*, Ffm. 1982.

DAS PRINZIP HOFFNUNG

Philosophisches Hauptwerk von Ernst BLOCH, entstanden 1938–1947, überarbeitet 1953 und 1959, in Auszügen vorveröffentlicht in den vierziger und fünfziger Jahren, erschienen 1954–1959. – Einen ersten expressionistisch-überschwenglichen, höchst eigenwilligen, durch bisher akzeptierte philosophische Kategorien kaum abgesicherten Entwurf seines Denkens hatte der Autor schon 1918 in *Geist der Utopie* gegeben. Nachdem er dieses Denken an der Gestalt des chiliastisch-kommunistischen Reformators *Thomas Münzer* (1921) und danach unter engerem Bezug auf die zeitgenössische Wirklichkeit in *Erbschaft dieser Zeit* (1935) exemplifiziert hatte, ging er in der Emigration in den USA daran, seine marxistisch-messianistische Philosophie der Utopie systematisch darzulegen und begrifflich, historisch und spekulativ auszubauen. In fünf Abschnitten mit den Überschriften *Kleine Tagträume (Bericht), Das antizipierende Bewußtsein (Grundlegung), Wunschbilder im Spiegel (Übergang), Grundrisse einer besseren Welt (Konstruktion)* und *Wunschbilder des erfüllten Augenblicks (Identität)* gibt er eine weitgespannte Analyse des Hoffnungsbegriffs, eine Enzyklopädie der Hoffnungsinhalte und eine teils begriffliche, teils metaphorisch-poetische Antizipation der Erfüllung der Hoffnungen in einem Weltzustand der Identität des in seinem Reichtum voll entfalteten Menschen mit sich selbst und der Natur.

Das Hoffen als »utopische Funktion«, angetrieben vom physischen wie geistigen Grundtrieb »Hunger«, dem Streben nach mehr Glück, äußert sich schon im Tagtraum, den Bloch sozusagen als die Keimzelle utopischen Denkens betrachtet: Im Tagtraum, der im Gegensatz zum nächtlichen Traum nach vorwärts gewandt ist, ist der Mensch fast ständig befangen und damit antizipierend, noch nicht Vorhandenes erträumend und erhoffend, tätig. Der Mensch spekuliert damit dauernd – wie subjektiv und befangen auch immer – auf die Möglichkeit einer Änderung zum Besseren, eines anderen Zustands seines Lebens und der Welt. In philosophischer Terminologie handelt Bloch dann die Modalitäten, die Möglichkeitsformen, die im Sein vorhandenen verschiedenen Realitätsgrade ab, die die Basis seiner »*Ontologie des Noch-Nicht-Seins*« darstellen. Dabei gilt ihm – unter Berufung auf ARISTOTELES' Dynamis-Begriff – die Materie als das »*reale Möglichkeitssubstrat des dialektischen Prozesses*«; Materie – und hierin ist er als in »*marxistischer Schelling*« (J. Habermas) zu bezeichnen – sieht er spekulativ-naturphilosophisch als »*ein noch unausgetragenes Sein; sie ist der Boden und die Substanz, worin unsere Zukunft, als ihre ebenso eigene, ausgetragen wird*«. Wie andere Vertreter der apokryphen Tradition von spiritualistischem Materialismus, die von den Pythagoräern, der Mystik, über Jakob BÖHME und PARACELSUS bis zu SCHELLING und sogar MARX reicht, zu denen Bloch sich bewußt stellt und deren Denken »*elliptisch um die beiden Zentren von Materie und historischem Prozeß*«

(Habermas) kreist, versteht Bloch das Diesseits, die *Geschichte*, als den Ort, in dem sich die Utopie, der einstige Zustand erfüllter Hoffnung am Ende »herausprozessieren« soll. Mensch und Geschichte müssen das »Alles« erreichen; zumindest theoretisch faßt Bloch allerdings ein totales Scheitern der Geschichte in einem »Nichts« ins Auge. Einen Vorschein eines solchen erfüllten Endzustands erblickt er in einer ganzen Reihe von Chiffren, Symbolen, Mythen, Kunstwerken, Träumen, Visionen und philosophischen Entwürfen, die er Revue passieren läßt. Mit stupendem historischem Wissen, doch auch nicht ohne eine gewisse Beliebigkeit wählt er diese Zeugnisse der Vergangenheit aus, in deren Gehalt er eine auf die Zukunft vorausdeutende Tendenz erkennen will. Dabei müssen ihn natürlich die schon entworfenen Utopien besonders interessieren; in seinem *Abriß der Sozialutopien* von PLATON bis HUXLEY nimmt er diese Entwürfe kritisch – ohne selbst eine ausgemalte neue Utopie zu entwerfen – unter die marxistische Lupe und analysiert sie einerseits als Produkte ihrer Zeit, zugleich aber auch als Zeugnisse eines fortwährenden, überzeitlichen menschlichen Strebens nach einem »Reich«, in dem *»die Menschheit der Selbstentfremdung ledig wird und in Freiheit ihre Geschichte lenkt«* (Habermas). Marxistisch heißt dies unter anderem: klassenlose Gesellschaft; den Beweis der Möglichkeit einer Verwirklichung dieser Utopie hält Bloch einfach für erbracht vom Historischen Materialismus. Doch darf Bloch nicht als Marxist im engen Sinn verstanden werden; religiös-messianische Elemente und spekulativ-mystische Züge sind in seinem Denken nicht zu übersehen. Das Pathos seiner Sprache zielt nicht einfach auf höhere Produktionsziffern und Vergesellschaftung der Produktionsmittel, sondern speist sich aus der Hoffnung auf *»jene Gemeinschaft, wo die Sehnsucht der Sache nicht zuvorkommt, noch die Erfüllung geringer ist als die Sehnsucht ... Der Mensch lebt noch überall in der Vorgeschichte, ja alles und jedes steht noch vor Erschaffung der Welt, als einer rechten ... Hat er sich erfaßt und das Seine ohne Entäußerung und Entfremdung in realer Demokratie begründet, so entsteht in der Welt etwas, das allen in die Kindheit scheint und worin noch niemand war: Heimat.«*

Zwar haben in der Gegenwart außer Bloch noch andere Philosophen versucht, der Hoffnung als einem der Grundtriebe und -affekte des Menschen gerecht zu werden, so vor allem Gabriel MARCEL (*Homo Viator*, 1944; dt.: *Philosophie der Hoffnung*, 1949) und O. F. BOLLNOW; während Marcel vom christlichen Glauben her eine Philosophie der Hoffnung konzipierte, versuchte Bollnow in seinem Werk *Neue Geborgenheit* (1955) die Hoffnung als eine der *»lichten Stimmungen«* stärker zu betonen und als existentielle Kategorie des Menschen einzuführen. Jedoch kommt Bloch als Marxist und spekulativer Materialist von anderen Voraussetzungen her. Hoffnung richtet sich bei ihm nicht auf ein Jenseitiges, sondern – was sich auch in seinem Verständnis Christi als Propheten eines Reiches dieser Welt zeigt – auf den historischen Prozeß selbst als die Probe auf die Möglichkeit des endlichen Eintritts der Menschheit in einen Zustand von aufgehobener Entfremdung, von Glück. Gegenüber der starken Betonung der Angst und des Scheiterns bei KIERKEGAARD und HEIDEGGER richtet Bloch den Blick nach vorn, rechnet er mit der Hoffnung als dem *»positiven Erwartungseffekt«*, dem Movens und Agens der menschlichen Weltgestaltung.

Das Hauptwerk Blochs, des *»Propheten mit Marx- und Engelszungen«* (M. Walser) wurde sehr unterschiedlich aufgenommen. Von christlicher Seite, insbesondere von protestantischen Theologen wird Bloch wachsendes Interesse zuteil, wenn auch aus katholischer Sicht seine Philosophie der Hoffnung als *»Prinzip ohne Hoffnung«* (E. Eucken-Erdsieg) verurteilt wurde. Friedrich HEER bewundert Blochs Werk als eine *»Vision der Zukunft in Rot und Gold«* und wegen des pathetischen, prophetischen Impetus, der Argumentation und Sprache des umfangreichen (1600 Seiten) Buchs erfüllt. Die Detailkritik faßte vor allem die Willkürlichkeit der Auswahl des ausgewerteten historischen Wissens ins Auge; O. K. WERCKMEISTER wies auf die oft kritiklos dem deutschen Idealismus verpflichtete Terminologie und auf das – vor allem bei der Behandlung künstlerischer Probleme – bisweilen blinde Vertrauen Blochs auf veraltete Sekundärliteratur hin. Eine umfassende kritische Auseinandersetzung mit dem Werk steht noch aus, was wohl auch damit zusammenhängt, daß sich wahrscheinlich kaum je beweisen lassen wird, ob Hoffnung – philosophisch und historisch – ein Prinzip, ein entscheidendes Konstituens des Geschichtsprozesses ist oder nicht. Festzuhalten ist bis jetzt, daß Blochs *Prinzip Hoffnung* neben Heideggers Philosophie die *»einige groß gedachte und groß formulierte Philosophie«* systemähnlichen Charakters (W. Jens) ist, die unsere Epoche hervorgebracht hat. Sie ist ein Zeugnis philosophisch kontrollierten »*Träumens nach vorwärts«* (Bloch), vorgetragen in einer Sprache, *»wie sie seit den großen Tagen Hegels und Schopenhauers ... nicht mehr erklungen ist«* (Jens). J.Dr.

AUSGABEN: Bln./DDR 1954–1959 (Bd. 1, 1954; Bd. 2, 1955; Bd. 3, 1959). – Ffm. 1959 (in *GA*, 1959 ff., Bd. 5, 1/2). – Ffm. 1968 (in *GA*, 16 Bde., 1967–1976, 5/1 u. 5/2). – Ffm. 1985 (in *Werkausgabe*, 17 Bde., 5/1, 5/2 u. 5/3; stw).

LITERATUR: H. H. Holz, *Der Philosph E. B. u. sein Werk »Das Prinzip Hoffnung«* (in SuF, 7, 1955, S. 415–447). – *E. B.s Revision des Marxismus. Kritische Auseinandersetzung marxistischer Wissenschaftler mit der B.schen Philosophie*, Bln. 1957. – M. Buhr, *Der religiöse Ursprung und Charakter der Hoffnungsphilosophie E. B.s* (in Deutsche Zs. f. Phil., 6, 1958, S. 576–598). – I. Frenzel, *Philosophie zwischen Traum und Apokalypse. E. B.s »Prinzip Hoffnung«* (in FH, 15, 1960, S. 457–466). – Ders., *E. B.s profane Eschatologie* (ebd., S. 545–549). – J. Habermas, *Ein marxistischer Schelling. Zu E. B.s spekulativem Materialismus* (in Merkur, 14, 1960,

S. 1078–1091). – W. Jens, *Was bedeutet E. B. bei uns?* (in Die Zeit, 16, 1961, Nr. 40, S. 11). – E. Eucken-Erdsiek, *Prinzip ohne Hoffnung. Kritische Betrachtungen zum Hauptwerk von E. B.* (in PhJb, 70, 1962, S. 147–156). – F. Heer, *Offener Humanismus*, Bern/Stg. 1962. – W.-D. Marsch, *Hoffen worauf? Auseinandersetzung mit E. B.*, Hbg. 1963. – *E. B. zu Ehren. Beiträge zu seinem Werk*, Hg. S. Unseld, Ffm. 1965 [m. Bibliogr.]. – H. Kimmerle, *Die Zukunftsbedeutung der Hoffnung. Auseinandersetzung mit E. B.s »Prinzip Hoffnung« aus philos. und theolog. Sicht*, Bonn 1966. – I. Müller-Stromsdörffer, *L'art pour l'espoir, E. B.s Ästhetik des Utopischen* (in *Wandlungen des Paradiesischen und Utopischen*, Hg. H. Bauer, Bln. 1966, S. 323–352). – J. Endres, *Die Hoffnung bei E. B.* (in Studia moralia, 7, 1967, S. 307–330). – *Über E. B.*, Ffm. 1968 (es). – O. K. Werckmeister, *E. B.s Theorie der Kunst* (in NRs, 79, 1968, Nr. 2, S. 233–250). – H. Jahnson, *Utopische Hoffnung in der Immanenz – Kritische Hoffnung in der Transzendenz. Ein Vergleich zwischen B. und Kant* (in Trierer theolog. Zs., 1, 1972, S. 1–25). – H. Paetzold, *Neomarxistische Ästhetik, 1: B., Benjamin*, Düsseldorf 1974, S. 22–129. – H. Vogt, *Weltimmanente Hoffnung. Zu E. B.s Hoffnungsbegriff* (in *Die Wiedergewinnung des Humanen*, Hg. ders., Stg. 1975, S. 39 bis 60). – *Materialien zu E. B.s »Prinzip Hoffnung«*, Hg. B. Schmidt, Ffm. 1978 (stw). – E. Simons, *Hoffnung als elementare Kategorie praktischer Vernunft. Kants Postulatenlehre und die kritische Verwandlung konkreten Handlungs- und Gestaltungsverständnisses durch Hegel und B.* (in PhJb, 88, 1981, S. 264–281). – B. Strohschein, *Tragträume hinter Schulmauern. Impulse aus E. B.s »Prinzip Hoffnung« für die Ästhetische Erziehung*, Ffm. 1982. – M. Djuric, *Schwierigkeiten der Kategorie Möglichkeit* (in PhJb, 89, 1982, S. 56–77). – B. Schmidt, *E. B. Die Frage nach dem Augenblick in der Geschichte* (in *Grundprobleme der großen Philosophen*, Bd. 6, Göttingen 1984, S. 9–42).

THOMAS MÜNZER ALS THEOLOGE DER REVOLUTION

Monographie von Ernst BLOCH, erschienen 1921. – Das Werk ist als geschichtsphilosophisch-historische Coda zu Blochs Frühwerk *Geist der Utopie* (1918) aufzufassen. Bloch exemplifiziert an Münzer, dem chiliastisch-reformatorischen Theologen und Anführer des deutschen Bauernkrieges von 1525 seine eigene geschichtsphilosophische Position, an einem Mann also, der zu Blochs frühem, mystisch-utopischem Sozialismus in engster Affinität steht. Münzers Wirken und sozialrevolutionär-theologisches Denken ist ihm ein wichtiges Beispiel für seine eigene Intention, die Verbindung von religiösem Chiliasmus und Sozialismus; die Münzer-Studie ist somit nicht nur ein historisches, sondern vor allem ein geschichts- und religionsphilosophisches Werk. Bloch verfolgt den Werdegang Münzers (um 1490 bis 1525), seine Herkunft, Studienzeit und Predigertätigkeit in Braunschweig, Zwickau und Allstedt, wo dann um 1523 Münzers entscheidende Aktivität beginnt: »*Münzer erscheint von hier ab wesentlich als klassenbewußter, revolutionärer, chiliastischer Kommunist.*« Nach Schilderung der ersten Attacken Münzers gegen LUTHERS ausschließlich auf der *Heiligen Schrift* und deren Auslegung basierende Theologie und seines Eintretens für die »*fortdauernd Erleuchtung der Erwählten Gottes*« stellt Bloch ausführlich den theologischen und politischen Streit Münzers mit Luther dar. Er ergreift dabei die Partei Münzers und versteht dessen mystisch-chiliastische Revolutionstheologie und seine politische Kompromißlosigkeit als weiterweisendes, sozialistisches Erbe, während er sich scharf gegen Luthers Verrat an den Bauern wendet und ihn einen »*Partisanen der Fürstenklasse*« schilt, der »*die Freiheit nach Fürstenwünschen zurechtbog*«. Nach kurzer Darstellung der Rolle Münzers im Bauernkrieg (in dem Münzer und seine Scharen unterlagen) und seines Todes interpretiert Bloch im zweiten Teil des Buchs die »*Richtung der Münzerschen Predigt und Theologie*«. Obwohl er das Thema Münzer aus sozialistischer Sicht aufgreift, betont er aber, gegen KAUTSKY und MARX sich wendend, daß ein rein ökonomisches Verstehen bei der Untersuchung dieses Phänomens nicht ausreiche, daß vielmehr die Religion nicht ein pures »Überbau«-Phänomen sei, sondern, recht verstanden, am Sozialismus selbst noch etwas von Marx Übersehenes, religiös-utopisch »*Latentes*« sei, das es mitzusehen gelte. In den folgenden Erörterungen, die die Geschichte und das Problem der notwendigen »*Kirchenkompromisse zwischen Christus und Welt*«, zwischen »christförmigem« Leben und weltlicher Gewalt behandeln, diskutiert Bloch die von Luther, Münzer, Calvin und dem Katholizismus angestrebten Lösungen dieses Zwiespalts, er nimmt am Ende Partei für den mystisch-demokratischen Chiliasmus, der gerade bequeme Kompromisse zwischen Christentum und weltlicher Macht ausschloß. In den Predigten und Taten Münzers kommen – so Bloch – die Rebellion der Bauern und Bergknappen gegen Armut und Unterdrückung zusammen mit tieferen, urchristlichen Hoffnungen: Alle sollen die Mittel und die Möglichkeit haben, Gottes Willen zu hören und zu tun: »*Auferstehung ... aus der Wüstenei des Herzens in die emsige Erwartung aufs Wort: dies ist der Sinn der Freiheit in beiderlei, in äußerer und metaphysischer Gestalt.*« Richtung für diese direkte Beziehung der Gläubigen auf das Evangelium gebe Münzer und seinen Anhängern die endzeitlich gesteigerte apokalyptische Erwartung; diese Erwartung aber speise sich aus dem »*metapolitischen, ja metareligiösen Prinzip aller Revolution: dem Anbruch der Freiheit der Kinder Gottes*«. Blochs Buch endet mit dem Pathos einer sozial-revolutionären religiösen Romantik: »*So erscheine uns – denn der Staat ist des Teufels, aber die Freiheit der Kinder Gottes ist die Substanz – mache uns hell und befestige uns der Rebell in Christo Thomas Münzer.*«

Bloch hat später die Bedeutung des Münzer-Buchs

für die Entwicklung seiner Philosophie eher heruntergespielt, vor allem dekretiert, das Werk sei unter dem Aspekt des methodisch ausgereifteren *Prinzip Hoffnung* (1959) zu lesen, welches dem Münzer-Buch überhaupt erst »*Maß und Bestimmung*« gebe. Aber das Werk ist doch als eigenständige geschichtsphilosophische Leistung zu sehen, obendrein auch als ein Stück parteiischer, die Vergangenheit von der Gegenwart her befragender Geschichtsschreibung, die sich aus dem Historismus gelöst hat. »*Wir wollen immer nur bei uns sein. So blicken wir auch hier keineswegs zurück. Sondern uns selber mischen wir lebendig ein. Münzer und das seine und alles Vergangene, das sich lohnt, aufgeschrieben zu werden, ist dazu da, uns zu verpflichten, zu begeistern, das uns stetig Gemeinte immer breiter zu stützen*« – Sätze wie dieser aus dem ersten Abschnitt des Buchs wirkten fort sowohl in den geschichtstheoretischen Konzeptionen Walter BENJAMINS wie auch in der Diskussion um die Aneignung des bürgerlichen »Erbes« bei der europäischen und sowjetischen Linken. Wichtig ist schließlich auch, daß die begriffliche Präzision vieler Ausführungen in *Thomas Münzer* viel größer ist als in *Geist der Utopie*, was sich nicht nur daraus erklärt, daß Blochs Denken hier durch einen historischen Gegenstand diszipliniert war, sondern daß seine Kenntnisse des Marxismus inzwischen erheblich gewachsen waren. Die Forschung (Karl MANNHEIM, Ch. VAN DOREN) hat bestätigt, daß Bloch in seiner Münzer-Monographie, entgegen den Anwürfen von Rezensenten in den zwanziger Jahren, die das Buch als »*apokalyptisch-kommunistisches Manifest*« abtaten, trotz einer durchaus parteiischen Behandlung des Gegenstandes Wesentliches am Phänomen des Münzerschen Chiliasmus erfaßt hat; in den siebziger Jahren machte die theologische und religionshistorische Kritik allerdings geltend (Walter NIGG, Gershom SCHOLEM), daß Bloch schon bei der Neupublikation des *Münzers* in den sechziger Jahren die neue Forschungsliteratur hätte berücksichtigen müssen, die inzwischen doch ein stark verändertes Bild von Münzer entworfen habe; obendrein sei die Inbeschlagnahme Thomas Münzers für den Sozialismus nicht ohne eine gewisse Gewaltsamkeit bei der Interpretation dieser Gestalt möglich. J.Dr.

AUSGABEN: Mchn. 1921. – Bln. 1960 [bearb. u. verb.]. – Ffm. 1962 (BS; zul. 1972). – Ffm. 1969 (in *GA*, 1959 ff., Bd. 2, erg. Ausg.). – Ffm. 1969 (in *GA*, 16 Bde.; 1967–1976, 2). – Ffm. 1986 (in *Werkausgabe*, 17 Bde., 2; stw).

LITERATUR: *Fs. E. B. zum 70. Geburtstag*, Hg. R. O. Gropp, Bln. 1955. – *E. B.s Revision des Marxismus. Kritische Auseinandersetzungen marxistischer Wissenschaftler mit der B.schen Philosophie*, Bln. 1957. – W.-D. Marsch, *Hoffen worauf? Auseinandersetzung mit E. B.*, Hbg. 1963 (Stundenbuch, 23). – H. H. Holz, *Logos spermatikos. Zur Philosphie E. B.s*, Ffm./Bonn 1965. – Th. W. Adorno, *Henkel, Krug u. frühe Erfahrung* (in *E. B. zu ehren, Fs. zum 80. Geburtstag*, Ffm. 1965, S. 9–20; m. Bibliogr.).

– K. Mannheim, *Ideologie u. Utopie*, Ffm. ⁴1965. – Ch. Van Doren, *The Idea of Progress*, NY 1967 (Concepts in Western Thought Series). – G. Bauer u.a., ›*Der schärfste Stachel des Aufruhrs*‹. *Revolutionäre und schwärmerische Geschichtsschreibung in B.s Münzer-Buch* (in Spuren. Soz. Zs. f. Kunst und Gesellschaft, 3/4, 1977, S. 51–77). – *Thomas Müntzer*, Hg. A. Friesen u. H. J. Goertz, Darmstadt 1978 (WdF). – I. Geyer, *Bs. Müntzer-Deutung* (in I.G., *Thomas Müntzer im Bauernkrieg*, Besigheim 1982, S. 41–52). – *E. B.s Vermittlungen zur Theologie*, Hg. H. Deuser u. P. Steinäcker, Mchn./Mainz 1983.

JEAN-RICHARD BLOCH

* 25.5.1884 Paris
† 15.3.1957 Paris

LITERATUR ZUM AUTOR:
Europe, Juni 1966, Nr. 446 [Sondernr. *J.-R. B.*]. – J. Albertini, *Avez-vous lu B.?*, Paris 1981.

... ET CIE

(frz.; *Ü: & Co.*). Roman von Jean-Richard BLOCH, erschienen 1918. – *... et Cie* ist die Geschichte einer aus dem Elsaß stammenden jüdischen Familie, die sich 1871 für Frankreich entscheidet. Der Tuchfabrikant Simler schickt seine beiden Söhne Guillaume und Joseph nach Frankreich, damit sie sich dort nach einer Niederlassungsmöglichkeit umsehen. In einer Kleinstadt der Normandie finden sie eine geeignete Fabrik, deren Kaufpreis allerdings recht hoch ist. Vor der Alternative stehend, ein gutverdienender Preuße oder ein am Rand des Bankrotts lebender Franzose zu sein, entscheidet sich Simler für das letztere. Nach einigen Jahren harter Arbeit hat er, dank der Anwendung moderner Arbeitsmethoden und der ihm zugute kommenden Fehlschläge bei Konkurrenzfirmen, die größten Schwierigkeiten überwunden, ja er gilt sogar als Autorität auf seinem Gebiet. Doch bald zeichnen sich neue Gefahren ab: die ausländische Konkurrenz und die Forderung nach verbesserten Sozialleistungen. Die äußeren Belastungen erschüttern das innere Gefüge der Familie. Benjamin, ein Vetter, zieht die Konsequenz aus der Niederlage Frankreichs und wandert 1872 nach Amerika aus. Der Zusammenhalt der Familie wird aber auch durch Josephs Interesse an der jungen und kultivierten Hélène Le Pleynier gefährdet. Sie glaubt, daß die verschlafene Kleinstadt junge, aktive Kräfte braucht, und sieht in Joseph einen Mann, der hier den Fortschritt einführen könnte. Doch seine Mutter widersetzt sich der Verbindung, da Hélène keine Jüdin ist. Joseph kämpft nicht lange um seine

Liebe. Um der Familie und der Fabrik willen verzichtet er und heiratet schließlich eine Verwandte. Einige Jahre später ergibt sich ein neues Problem. Justin, dem hochbegabten Sohn Guillaumes, wird die Möglichkeit zum Universitätsstudium und damit zu einer wissenschaftlichen Karriere geboten. Der junge Mann rechnet sich genau aus, was dafür und was dagegen spricht, und entscheidet sich für die Fabrik. Als im Jahr 1889 der zum Multimillionär gewordene Benjamin aus den USA zu Besuch kommt, konstatiert er zwar den zunehmenden Reichtum der Simlers, aber er erkennt auch – wie vorher Hélène –, daß sie die sozialen Probleme ignorieren und daß ihr Wahlspruch heißt: »*Tout pour le gain et la fabrique*« (»*Alles für den Gewinn und die Fabrik*«) – kurz ihr hoffnungsloses Provinzlertum.

Die Fabrik hat die Familie verschlungen. Benjamin vergnügt sich damit, den Namen Simler auf den Firmenbriefbögen auszuradieren, so daß nur noch »*... et Cie*« stehenbleibt. Vor seiner Abreise vertraut er seine Beobachtungen Louis, dem vierzehnjährigen Sohn Josephs, an, der für ihn der einzige Simler ist, der die wahre Mission des Juden wieder auf sich nehmen könnte: ein Ferment des Lebens, der Unruhe und des revolutionären Wechsels zu sein, ohne der Gefahr der Assimilation oder des Merkantilismus zu verfallen. Franzose und Bourgeois zu sein ist Benjamins Meinung nach möglich, Franzose und Jude zu sein ebenfalls, aber auf keinen Fall Jude und Bourgeois! Und auf die Frage von Louis: »*Auf der Seite des Unternehmers oder auf der des Arbeiters?*«, antwortet er: »*Auf der Seite der Gerechtigkeit, und wenn nicht dort, dann auf der Seite des Leidens.*«

Bei seinem Erscheinen fand Blochs Roman wenig Echo. Erst die zweite Auflage (1925) machte ihn bekannt. In einer der sehr unterschiedlichen Kritiken wurde er als »*eines Balzac würdig*« bezeichnet. Jedenfalls hat diese psychologisch und soziologisch gleichermaßen aufschlußreiche Familiensaga bis heute nichts an menschlichem Interesse eingebüßt.

KLL

AUSGABEN: Paris 1918. – Paris 1925 [endgültige Fassg.]. – Paris 1947.

ÜBERSETZUNGEN: *Simler & Co.*, P. Amann, Zürich 1926 [Einl. R. Rolland]. – *& Co. Roman aus der Welt der Industrie*, ders., Bln./Lpzg./Wien 1930. – Dass., ders. Bln. 1963.

LITERATUR: A. Billy, *La muse aux bésicles (»et Compagnie«)* (in L'Œuvre, 14. 4. 1918, S. 47–52). – F. Bertaux, »*Et Compagnie*« (in NRF, 1. 7. 1926). – J. Charpentier, »*Et Compagnie*« (in MdF, 15. 8. 1926). – M. Cohen, *Sur la formation de J.-R. B. dans les années d'enfance et de jeunesse* (in Pensée, 14, Sept./Okt. 1947, S. 19–24). – L. Parrot, *L'œuvre de J.-R. B.* (in Lettres Françaises, 1948, 227). – P. Parof, *B., romancier. Une famille juive d'Alsace sous la 3e République* (in Europe, März/April 1957, 135/136, s. 89-92). – V. Brett, *J.-R. B., romancier* (in Philologica Pragensia, 6, 1963, S. 124–130). – F. Skutta, *Métamorphose de la narration »Et Cie« et »La nuit kurde«* (in *J.-R. B.*, Debrecen 1984).

MARC BLOCH

* 6.7.1886 Lyon
† 16.6.1944 Département Ain

LA SOCIÉTÉ FÉODALE

(frz.; *Ü: Die Feudalgesellschaft*). Historiographisches Hauptwerk von Marc BLOCH, erschienen 1939. – Gegenstand von Blochs Untersuchung ist das Gesellschaftssystem des Feudalismus, wie es sich seit dem Zusammenbruch des weströmischen Reichs speziell in Europa herauszubilden begann: War die antike Zivilisation vor der Völkerwanderung eine auf der Seefahrt und der Besiedelung vor allem der Küstenregionen des Mittelmeers beruhende, weitgehend zentralistisch durch römische Militärgewalt geleitete Kultur, so beruhten die mittelalterlichen Lebensformen auf dem zunächst immer weitergehenden Rückzug aus den Küstenregionen und der Herausbildung kleiner und kleinster, anfangs autonomer Zentren militärischer Macht. Diese Dezentralisierung begünstigt seit dem 8. Jh. zunächst die »*letzten Völkerstürme*« der Ungarn, Araber und Wikinger, deren aggressives Vordringen anfangs zu einem noch weitergehenden Zurückweichen in entlegenste geographische Räume führt und in späterer Zeit Anlaß zur Entstehung jenes Gesellschaftssystems ist, das als Feudalismus bezeichnet wird. Dessen Institutionalisierung verdankt sich dem Bedürfnis, wirtschaftliche, kulturelle und juristische Sicherheit zumindest auf dem westeuropäischen Festland zu gewährleisten.

Das Wesen des feudalen Prinzips beruht in einem elementaren Handel zwischen zwei Partnern, deren unterschiedliche Motive durch das Feudum in ein gemeinsames Interesse kanalisiert werden. Das Feudum ist jeweils der Pakt zwischen einem Lehnsherrn und dem Lehnsmann (afrz. *vasax*). Die Leistung des Herrn besteht in der Macht zur zeitweiligen Vergabe von Land an den Vasallen und in der Garantie, diesen im Kriegsfall zu schützen bzw. als Kriegsherr zu führen. Im Gegenzug für diese Grundlegung seiner materiellen Sicherheit verpflichtet sich der Vasall zu materiellen und aktiven Hilfsleistungen: Der Lehnsherr kann darauf rechnen, vom Vasallen ernährt und im Kriegsfall durch Beratung und militärische Hilfe unterstützt zu werden. Dieses Beratungsrecht wird im 12. Jh. noch als ein Anspruch des Herrn aufgefaßt, entwickelt sich aber im Laufe des folgenden Jahrhunderts zu einem Recht der Einflußnahme durch den Vasallen. Zunächst jedoch führt die Begründung der mittelalterlichen Gesellschaftsordnung auf der Basis dieser wechselseitigen Verbindlichkeit im Lehnspakt zur Ausbildung eines Zweiständesystems, das, bestehend aus einer Kriegerschicht und dem Nährstand, die Sicherheit der am Pakt Beteiligten anfangs gegen die oben beschriebene Gefahr durch nichtchristliche Aggressoren, später auch gegen konkurrierende christliche Feudalherren gewährleisten soll.

Bloch unterscheidet sodann zwei historische Phasen des Feudalismus: Die erste reicht vom Beginn des Ansturms nichtchristlicher Invasoren seit dem 8. Jh. bis zur Mitte des 11. Jh.s. In dieser Phase ist der Feudalismus durch eine konservative, auf Verteidigung bestehender Besitz- und Machtverhältnisse gerichtete Strategie bestimmt. Es findet also keine äußere Expansion statt, sondern ein Prozeß innerer Konsolidierung, Zentralisierung und Systematisierung der feudalen Strukturen. Während diese am Beginn der ersten Phase durch klar umrissene Verbindlichkeiten, etwa zwischen einem Herrn und seinem Vasallen, oder zwischen dem Herrn und einer Gruppe niederer Adliger oder Bauern bestimmt ist, verfügt das Feudalsystem am Ende dieser Konsolidierungsphase bereits über ein differenziertes, oft schwer zu durchschauendes hierarchisches Netz wechselseitiger rechtlicher Verflechtungen, in die alle Individuen der Feudalgesellschaft integriert sind. In der zweiten Phase ändert sich das Verhältnis der christlichen Territorialherren auf dem europäischen Festland gegenüber der nicht feudal organisierten und in der Regel nichtchristlichen Außenwelt, das evident wird in der fast gleichzeitigen Expansion der Feudalsysteme des Kontinents seit dem späten 11. Jh.: Symptome hierfür sind die Schlacht von Hastings, die deutsche Ostkolonisation, die forcierte Reconquista in Spanien seit dem Sieg von Navas de Tolosa und schließlich der Beginn der Kreuzzüge in den Mittleren Osten. Diese Expansion koinzidiert mit der geistigen und kulturellen Blüte des Hochmittelalters im 12. und 13. Jh.

Das Neuartige an Blochs Werk ist die Auffassung der mittelalterlichen Gesellschaft als eines synchronen Systems, das er nicht entwicklungsgeschichtlich, sondern als Struktur beschreibt. Er verfährt weitgehend deskriptiv und sammelt Belege aus verschiedenen zeitlichen und geographischen Situationen, deren Mosaik sich zum Bild der »Mentalität« des Feudalismus fügt. Gerade die Fülle des so ausgebreiteten Materials und die stilistische Eleganz der sprachlichen Gestaltung machen *La société féodale* über den wissenschaftlichen Wert hinaus zu einem Meisterwerk der neueren Geschichtsschreibung in Frankreich. Durch seine neuartige Verbindung von historischem und strukturellem Ansatz wurde Bloch zum Begründer einer neuen Richtung der Geschichtswissenschaft, der »histoire totale«. Zugleich ist er damit Vorläufer und Wegbereiter jener neueren, vornehmlich französischen Historiker der »*nouvelle histoire*« wie Ph. ARIÈS (1914–1986), G. DUBY (*1919), J. L. LE GOFF (*1924) und E. B. LE ROY LADURIE (*1929) im Umkreis der Zeitschrift ›Annales‹.   G.Wil.

AUSGABEN: Paris 1939/40, 2 Bde. – Paris 1968. – Paris 1983.

ÜBERSETZUNG: *Die Feudalgesellschaft*, E. Bohm, Ffm. 1982.

LITERATUR: L. Fèbvre, *Combats pour l'histoire*, Paris 1953. – K. E. Born, *Neue Wege der Wirtschafts- und Sozialgeschichte in Frankreich: Die Historikergruppe der ›Annales‹* (in Saeculum, 15, 1964, Nr. 3, S. 298–309). – R. R. Davies, *M. B.* (in History, 52, 1967, Nr. 176, S. 265–282). – R. C. Rhodes, *E. Durkheim and the Historical Thought of M. B.* (in Theory and Society, 5, 1978, S. 45–73). – M. Erbe, *Zur neueren frz. Sozialgeschichtsforschung. Die Gruppe um die ›Annales‹*, Darmstadt 1979 (EdF). – E. Weber, *About M. B.* (in American Scholar, 1981/82, Nr. 1, S. 73–82). – D. Chirot, *The Social and Historical Landscape of M. B* (in *Vision and Method in Historical Sociology*, Hg. Th. Skocpol, Cambridge/NY 1984).

JACOBUS CORNELIS BLOEM

* 10.5.1887 Oudshoorn
† 10.8.1966 Kalenberg

QUIET THOUGH SAD

(engl.; *Ruhig wenn auch betrübt*). Gedichtsammlung (in niederländischer Sprache) von Jacobus Cornelis BLOEM, erschienen 1946. – Für die Dichtergeneration, die nach dem stürmischen Auftreten der großen Erneuerer der niederländischen Lyrik, den *Tachtigers (Achtzigern)* und ihren Nachfolgern, sich zwischen 1910 und 1925 eher bescheiden zu Wort meldete und der neben Bloem vor allem P. N. van EYCK, A. ROLAND-HOLST, J. A. DÈR MOUW und G. GOSSAERT angehören, fand die niederländische Literaturkritik u. a. die Bezeichnung: »*de dichters van het Verlangen*«. Damit erklärte sie den Juristen Bloem zu einer zentralen Gestalt dieser »Generation von 1910«, und sah seinen ersten Gedichtband *Het verlangen*, 1921 *(Das Verlangen)*, thematisch und formal als stellvertretend für eine ganze Richtung an. Bloem beschreibt in einem sechs Jahre zuvor erschienenen Aufsatz das Verlangen, die treibende Kraft seiner Dichtung, mit den Worten: »*Es ist die göttliche Unerfülltheit, die, weit davon entfernt, unser Leben zu beschweren, uns dagegen die sonst unduldbare Last des Lebens nicht nur tragen, sondern sogar lieben läßt.*«

In den nachfolgenden, immer knapper werdenden Bänden, nimmt gegenüber dem Verlangen die Resignation, das sich Abfinden mit der grundsätzlichen Bitterkeit der *condition humaine* zu, während die Form, von Anfang an klassisch, immer strenger wird. Diese Entwicklung erreicht ihren Höhepunkt in den zehn Gedichten von *Quiet though sad*, von denen vier in der sowohl von Bloem wie von seinen Generationsgenossen bevorzugten Sonettform geschrieben sind. Trotz des resignativen Titels und der inzwischen erreichten Einsicht, daß auch das in den frühen Gedichten schon als unstillbar erkannte Verlangen nicht einmal mehr als vorübergehende Lösung der Lebensproblematik anzusehen ist, versinkt Bloem auch hier nicht in Trostlosigkeit. Vielmehr führt eine geradezu stoische Hinnahme der menschlichen Unzulänglichkeit zu einem neuen, kaum noch erwarteten Glücksgefühl, dessen ephemerer Charakter keine Schmälerung der Erfahrung bedeutet.

Diese Tendenz wird am deutlichsten in dem vielleicht berühmtesten Gedicht von Bloem überhaupt, *De Dapperstraat*. Die Ablehnung der Natur als Trost, ein beim urbanen Dichter Bloem schon früh auftretendes Motiv, führt hier, trotz einer betont nüchternen Wortwahl und eines Verzichts auf jede poetische Metaphorik, zur Beschreibung eines plötzlich auftretenden, fast euphorischen Glücksgefühls in der Amsterdamer Dapperstraat. Der erste Satz der ersten Terzine dieses Sonetts enthält den Kern von Bloems Lebensphilosophie: Alles ist viel für den, der nicht viel erwartet. So kann die häßliche, verregnete Dapperstraat für einen Augenblick den alternden Dichter, *»domweg gelukkig«*, mit der Tragik des Lebens versöhnen. Dunklere Seiten der Bloemschen Poetik finden sich im Eröffnungsgedicht *Het gesloten kerkhof (Der geschlossene Friedhof), Herfst (Herbst)*, das noch einmal die bevorzugte Jahreszeit des Dichters beschwört und *De gelatene (Der Gelassene)*, obwohl auch dort, in der letzten Zeile –»*Es hätte noch soviel schlimmer sein können*« – Bloems Stoizismus etwas Friedvolles bekommt. Formal freier und auch inhaltlich die gedämpfte Stimmung des Bandes durchbrechend ist *Aan de geallieerde vliegers*, ein feierlicher Lobgesang auf die *»engelgleichen«* Befreier der Niederlande im Jahre 1945.

Trotz seines schmalen Œuvres – das gesamte dichterische Werk umfaßt nur etwa 150 Seiten – gehört Bloem zu den angesehensten und am meisten gelesenen Lyrikern der niederländischen Moderne. In einer 1953 gehaltenen Lesung, die ein Jahr später in Buchform erschien, nannte Bloem Giacomo LEOPARDI, Thomas HARDY und A. E. HOUSMAN als von ihm besonders bewunderte und ihm nahestehende Lyriker. R.A.Z.

AUSGABEN: Den Haag 1946. – Den Haag 1947; [10]1979 (in *Verzamelde gedichten*). – Den Haag 1979 (in *Gedichten*, Hg. A. L. Sötemann u. H. T. M. van Vliet).

LITERATUR: S. Vestdijk, *J. C. B.* (in *Muiterij tegen het etmaal II*, Den Haag 1947, S. 23–27). – P. N. van Eyck, *J. C. B.* (In *Verzameld werk*, Bd. 4, Amsterdam 1961, S. 496–525). – J. Kamerbeek, *De poëzie van P. C. B. in Europees perspectief*, Amsterdam 1967; [2]1979. – J. C. Bloem, *Poëtica*, Amsterdam 1969. – A. L. Sötemann, *Over de dichter J. C. B.*, Amsterdam 1974. – A. Roland Holst, *Bij het graf van J. C. B. / Iets over de mens J. C. B. / Over J. C. B.* (in A. R. H., *In den verleden tijd*, Amsterdam 1975). – Bzzlletin, 6/7, 1977/78 [Sondernr. J. C. B]. – C. Eggink, *Leven met J. C. B.*, Amsterdam 1977. – *J. C. B., Ongewild archief*, Hg. A. Korteweg u. S. van Faassen, Den Haag 1977. – A. L. Sötemann, *Vier opstellen over J. C. B.*, Amsterdam 1979. – J. C. B., *Brieven aan P. N. van Eyck*, Hg. G. J. Dorleijn, 2 Bde., Den Haag 1980. – K. Roelants, *Bespreking van een gedicht: J. C. B.*, »*De Dapperstraat*« (in Nova et vetera, 59, 1981/82, Nr. 4).

ALEKSANDR ALEKSANDROVIČ BLOK

* 28.11.1880 St. Petersburg
† 7.8.1921 Petrograd

LITERATUR ZUM AUTOR:
Biographien:
M. A. Beketova, *A. B. Biografičeskij očerk*, Den Haag/Paris 1969 [Nachdr. der Ausg. Petrograd 1922]. – N. S. Ašukin, *A. B. Sinchronističeskie tablicy žizni i tvorčestva. 1880–1921. Bibliografija 1903–1923*, Letchworth 1973. – A. Pyman, *The Life of A. B.*, Oxford 1979. – St. St. Lesnevskij, *Put' otkrytyj vzoram. Moskovskaja zemlja v žizni A. B. Biografičeskaja chronika*, Moskau 1980.
Gesamtdarstellungen und Studien:
P. Medvedev, *Dramy i poėmy A. B.*, Leningrad 1928. – J. v. Guenther, *A. B. Der Versuch einer Darstellung*, Mchn. 1948. – K. Močul'skij, *A. B.*, Paris 1948. – E. Mayr. *Die lyrischen Dramen A. B.s*, Diss. Wien 1950. – R. Kemball, *A. B. A Study in Rhythm and Metre*, Den Haag 1965. – R.-D. Kluge, *Westeuropa u. Rußland im Weltbild A. B.s*, Mchn. 1967. – A. B. Rubcov, *Dramaturgija A. B.*, Minsk 1968. – A. V. Fëdorov, *Teatr A. B. i dramaturgija ego vremeni*, Leningrad 1972. – L. Vl. Krasnova, *Poėtika A. B. Očerki*, Lemberg 1973. – G. Pirog, *A. B.'s Italian Poems. A Study of Compositional Form*, Diss. Yale Univ. 1975. – D. M. Pocepnja, *Proza A. B. Stilističeskije problemy*, Leningrad 1976. – J. Forsyth, *Listening to the Wind. An Introduction to A. B.*, Oxford 1977. – F. Jaeger, *Die vier Elemente im lyrischen Werk A. A. B.s*, Freiburg (Breisgau) 1978. – A. S. Pozov, *Liričeskij misticizm B.*, Stg. 1978. – B. M. Ėjchenbaum, *Sud'ba B.*, Letchworth 1979. – L. K. Dolgopolov, *A. B. Ličnost' i tvorčestvo*, Leningrad 1980. – D. E. Maksimov, *Poėzija i proza A. B.*, Leningrad 1981. – J. Peters, *Farbe und Licht, Symbolik bei A. B.*, Mchn. 1981.

BALAGANČIK

(russ.; Ü: *Die Schaubude*). Lyrische Szenen von Aleksandr A. BLOK, Uraufführung: Petersburg,

30. 12. 1906, Komissarževskaja-Theater (unter Mejerchol'd). – Durch die mißlungenen Revolutionsversuche des Jahres 1905 in seiner mystischen Haltung wankend geworden, ging Blok daran, alles einzureißen, was ihm zuvor Gegenstand höchster Verehrung gewesen war. So entstand eine Persiflage auf das Ewigweibliche, auf die eschatologischen Erwartungen Bloks, sein Ungenügen am Alltagsleben. Das Stück führt die Idee eines gleichnamigen Gedichts (vom Juni 1905) fort und machte den Autor erstmals weiteren Kreisen bekannt. Zusammen mit den später entstandenen Bühnenwerken *Korol' na ploščad' (Der König auf dem Rummelplatz)* und *Neznakomka (Die Unbekannte)* bildet es eine Trilogie. – Die Personen der Handlung: der melancholische Pierrot, sein Gegenspieler, der aktive Harlekin, und zwischen ihnen Columbina, die marionettenhafte Braut Pierrots; weiter ein geheimnisvoller Kreis von Mystikern, denen Columbina als eine Erscheinung des Todes gilt. Drei Liebespaare bieten Gelegenheit zu Allegorien auf alle Arten des Ewigweiblichen, ins Lächerlich-Banale verzerrt. Zuletzt betritt auch der Autor selbst die Bühne, um dort den Inhalt des Stücks als eine triviale Liebesgeschichte zu erklären.

Aufbau und Sprache des fast handlungslosen Stücks sind vergröbert und wirken so unbeholfen, daß im Zuschauer der Eindruck entstehen muß, er wohne tatsächlich einer primitiven Schaubudenvorstellung bei. Das Ziel Bloks ist, den Zuschauer restlos zu desillusionieren. Sehr vordergründige Komik (das aus den Wunden fließende Blut ist Fruchtsaft, die Waffen und Rüstungen bestehen aus Pappmaché, die Bewegungen der Darsteller wirken grotesk-maschinell) steht in krassem Gegensatz zu Szenen von betont gefühlvoller Traurigkeit, die ernst zu nehmen und zu deuten dem Zuschauer ebenso überlassen bleibt wie die Beantwortung der Frage, ob sich nicht doch Hintergründiges im Spiel verbirgt. War die sehnlichst erwartete und sich zum Schluß in eine leblose Puppe aus Pappmaché auflösende Columbina vielleicht ein Symbol für die Verfassung der Zarenregierung? Die dies fragten, waren zu sehr an ernst gemeinte symbolische Darstellungen gewöhnt, als daß sie nur ein plakathaft buntes, allein der Desillusionierung dienendes Puppenspiel hätten begreifen können.

Mejerchol'd ließ sich von diesem Programmwerk Bloks, dessen Prosasprache hier steif und formelhaft, dessen Reim plakativ ist, zu einem ganz neuen Inszenierungsstil anregen; neben den Schauspielern bezog er Marionetten mit in die Handlung ein und ließ – dies zum erstenmal – die Dekorationen auf offener Szene umbauen. All das diente der Absicht, den Zuschauer auch vom Bühnenbild und von der Inszenierung her vor jeder Illusion zu bewahren. J.W.

AUSGABEN: Moskau 1906. – Moskau 1960 (in *سočinenija*, Hg. V. N. Orlov, 3 Bde., 1). – Leningrad 1981 (in *Teatr*). – Leningrad 1980–1982 (in *Sobr. soč.*, 6 Bde., 3).

ÜBERSETZUNGEN: *Die Schaubude*, J. v. Guenther, Mchn. 1947. – Dass., L. u. M. Remané (in Alexander Block, *Ausgewählte Werke*, Hg. F. Mierau, 3 Bde., Mchn. 1978, 2).

LITERATUR: V. Bennett, *Russian Pagliacci: Symbols of Profaned Love in »The Puppett Show«* (in V. B. *Drame and Symbolism*, Cambridge 1982, S. 141–171).

DVENADCAT'

(russ.; Ü: *Die Zwölf*). Poem von Aleksandr A. BLOK, erschienen im April 1918. – Das Spätwerk Bloks, mit dem der Dichter Weltruhm erlangte, beschreibt den Todeskampf der durch die Revolution zertrümmerten bürgerlichen Gesellschaft. Während in der Stadt (Petrograd) der mordende und plündernde Pöbel tobt, bahnen sich zwölf Rotgardisten durch Kugelregen und Schneetreiben ihren blutigen Weg (*»Haltet den Schritt der Revolution!«*), der sie an den aufgestörten Vertretern der alten, bürgerlichen Welt vorbeiführt: ein Bourgeois verbirgt sein Gesicht hinter dem hochgeschlagenen Mantelkragen, eine alte Bürgerin fällt in den Schnee und beklagt ihr Schicksal, ein Intellektueller bejammert die Zerstörung Rußlands, ein Priester sucht in den Schneewehen Schutz, eine Aristokratin klagt einer anderen ihren Kummer und gleitet plötzlich auf dem Eis aus, ein hungriger, räudiger Hund mit eingezogenem Schwanz erscheint als Symbol der alten Welt. Für die zwölf aber gilt allein der Befehl: *»Mann der Arbeit, bleib nicht stehen, weiter mußt du, weitergehen.«* Vorbei auch an der Hure Kat'ja, die von einem der zwölf Gardisten, Petrujuška, auf der Straße niedergeschossen wird, weil sie ihn betrog. Seine Kameraden verwehren ihm (der Gardist: *»Man empfindet keine Freude über die Sünde«*) die Trauer: *»Wie sie da liegt ... Hurengeschmeiß! Dich Aas macht auch der Schnee nicht keusch.«* Der Mörder marschiert weiter, denn für private Gefühle ist die Zeit vorbei, jetzt *»werden Sachen kommen, drum, Genosse, schick dich drein«*. Grausam und zerstörerisch, *»nichts bedauernd«*, so schreitet der Zug unter der roten Fahne der Revolution vorwärts, die Jesus Christus ihm voranträgt:

»Gehn und schreiten, schreiten, gehen...
Hungerhund prescht hinterher.
Vorn die Fahne, blutig wehend,
Und, unsichtbar – denn es schneit –,
Einer noch, der ist gefeit,
Sturmfern, sanft, so schreitet er
Schneeglanz, perlend, um sich her,
Rosenweiß sein Kränzlein ist –
Vorne gehet Jesus Christ.«   (Ü. P. Celan)

Das Poem, bei seinem Erscheinen von der bolschewistischen Parteipresse gebilligt, auf zahlreichen Veranstaltungen in den ersten Jahren nach der Oktoberrevolution öffentlich vorgetragen, war Gegenstand zahlreicher Interpretationen, deren Deutungen von einem Preislied auf die Revolution bis

hin zu einer Variation über das Thema der »schönen Dame« *(Stichi o prekrasnoj dame)* reichen. Dieser »schönen Dame« scheint die Christusfigur am Ende des Poems zu gleichen, und in der Tat sagte Blok später, er schäme sich dieser *»weibischen Erscheinung«,* lieber sähe er eine andere Gestalt an ihrer Stelle, aber *»noch muß es Christus sein, da kein anderer da ist«.* »Es handelt sich nicht darum, ob sie [die Zwölf] *seiner würdig sind, schrecklicher ist vielmehr, daß er wieder mit ihnen ist und vorläufig kein anderer . . .«* Diese Aussage Bloks resultiert aus seinem permanenten Mißverständnis der Ursachen der Revolution, in der er kein gesellschaftlich-politisches Ereignis der sozialen Umwälzungen sah. Obwohl er sofort bereit war, auf seiten der Bolschewiken mitzuarbeiten – was er auch bis zu seinem Tode tat –, verstand er doch nie ihr durch die marxistische Klassenkampftheorie begründetes Handeln. Als Dichter der mystischen »schönen Dame«, die die außerweltliche Harmonie und ewige Göttlichkeit versinnbildlichen sollte, konnte er keinen Weg zu den in der proletarischen Revolution wirksamen Gesetzen gesellschaftlicher Bewegung finden. In der Revolution – für Blok kosmische Katastrophe und ein Naturereignis, das die schale, abgestandene Welt der *»alten Langeweile«* niederwarf – will er den Abglanz jener höheren, außerweltlichen Ordnung entdecken. Und wie konnte er sie anders durch das Revolutionschaos hindurchscheinen lassen als durch seine Vision von einem göttlichen Führer?
Auch dieses eine neue Geschichtsepoche einleitende Zeitereignis war also für Blok nur Abbild seines eigenen mystischen Erlebens: als er an seinem Poem arbeitete, glaubte er, wie er mitteilt, einen überwältigenden Lärm zu vernehmen, *»wahrscheinlich das Zusammenstürzen der alten Welt«.* Diese gewaltige Musik des Zusammenbruchs, die aus den Versen Bloks tönt, ist das Faszinierende an dem Werk. In den zwölf Strophen wechseln freie Rhythmen mit Tanzlied und Romanze, Revolutionslieder und -parolen mit den *častuški* des Volkslieds. Die Sprache schafft Ironie und Begeisterung. Satire steht neben Burleske und Tragödie, das Schöne neben dem Gemeinen, Straßenjargon bricht in Lyrismen ein; Dissonanzen und wechselnde Metrik erzeugen den chaotischen Rhythmus der durch den Schneesturm symbolisierten Revolution. J.W.-KLL

AUSGABEN: Moskau 1918. – Leningrad 1960 (in *Sobr. soč.*, Hg. V. N. Orlov, 3 Bde., 3). – Moskau 1978.

ÜBERSETZUNGEN: *Die Zwölf,* R. v. Walter, Bln. 1920. – Dass. J. v. Guenther (in *Gesammelte Dichtungen,* Mchn. 1947). – Dass., P. Celan, Ffm. 1958. – Dass., ders., Lpzg. 1977. – Dass., A. E. Thoss (in *Ausgewählte Werke,* Hg. F. Mierau, 3 Bde., Mchn. 1978, 1).

LITERATUR: M. Baade, *Die deutsche Literaturkritik zu dem Poem »Die Zwölf« von A. B.* (in Wiss. Zs. d. Humboldt-Univ. Bln., 1957/58 S. 107 ff.). – R. I. Smirnov, *Nekotor, voprosy idejno-chud, specifiki poëmy »Dvenadcat'«* (in Učen. zap. Irkutsk. ped. inst., 15, 1959, S. 87–129). – S. Štut, *»Dvenadcat'« A. B.* (in Novyi mir, 1959, Nr. 1). – F. D. Reeve, *Structure and Symbol in B.'s »The Twelve«* (in American Slavic and East European Review, 19, 1960, S. 259–276). – M. Baade, *Zur Aufnahme von A. B.s Poem »Die Zwölf« in Deutschland (Tl. 1: 1920 bis 1933)* (in ZfSl, 9, 1964, S. 175-195). – R. D. Kluge, *Zur Deutung der Revolution in A. B.'s Versepos »Dvenadcat'«* (in *Das Menschenbild in der Sowjetliteratur,* Jena 1969, S. 125–133). – E. Etkind, *Kompozicija poëmy A. B. »Dvenadcat'«* (in Russkaja Literatura, 1972, 15, S. 49–63). – S. Hackel, *The Poet and the Revolution. A. B.'s »The Twelve«,* Oxford 1975. – M. F. P'janych, *»Dvenadcat'« A. B. Lekcija,* Leningrad 1976 [enth. Bibliogr.]. – D. Bergstraesser, *A. B. und »Die Zwölf«. Materialien zum eschatologischen Aspekt seiner Dichtung,* Heidelberg 1979. – L. K. Dolgopolov, *Poëma A. B.'a »Dvenadcat'«,* Leningrad 1979. – A. Knigge, *Ein Tropfen Politik. Zur Rezeption des Poems »Die Zwölf« von A. B.* (in ZslPh, 1980, 41, S. 306–349). – I. Masing-Delic, *The Salvation Model of B.'s The Twelve* (in SEEJ, 1980, 24, S. 118-132). – V. Orlov, *»Die Zwölf« von A. B.* (in Kunst u. Literatur, 1980, 28, S. 1176–1196). – L. I. Eremina, *Starinnye rozy A. B.: k istolkovaniju finala poëmy »Dvenadcat'«* (in Filologičeskie Nauki, 1982, 4, S. 17–34).

NEZNAKOMKA

(russ.; *Ü: Die Unbekannte*). Lyrisches Drama in drei »Visionen« von Aleksandr A. BLOK, erschienen 1907; Uraufführung: Moskau, 3. 2. 1913, Literaturnyj Chudožestvennyi Kružok. – Das 1906 entstandene Werk gibt nach den Worten des Autors eine Weiterentwicklung der Thematik einiger Gedichte der Jahre 1905/1906 (unter ihnen ist eines, das ebenfalls den Titel *Neznakomka* trägt).
Steht das frühe, vorwiegend lyrische Schaffen des symbolistischen Dichters ganz unter dem Einfluß der idealistischen, religiös-mystischen Philosophie Vladimir SOLOV'ĖVS (1853–1900), so bezeichnet der Zyklus der lyrischen Dramen *Balagančik (Der Schaubudenbesitzer), Korol' na ploščadi (Der König auf dem Platze)* und *Neznakomka* aus dem Jahre 1906 einen Wendepunkt im Schaffen Bloks. Unter dem Eindruck der ersten russischen Revolution von 1905, an der er aktiv teilnahm, beginnt der Dichter sich von den Bindungen an die Gedankenwelt des Bürgertums zu lösen, deren dekadentester Ausprägung er bislang verpflichtet war. Es setzt jene Entwicklung ein, die ihn in seinen bekanntesten Poem *Dvenadcat',* 1918 *(Die Zwölf),* zur Bejahung der Oktoberrevolution führen sollte. Hatte Blok in seinen früheren Gedichten das Ideal der »Schönen Dame« *(Prekrasnaja Dama)* als abstraktes Prinzip besungen, in dem die Idee des Ewig-Weiblichen mit der Idee der göttlichen Weisheit, der griechisch-christlichen *sophia,* verschmolz, so konfrontiert er in *Neznakomka* dieses Ideal mit der absto-

ßenden Niedrigkeit des bürgerlichen Großstadtmilieus.

Die erste »Vision« des Stückes spielt in einer schäbigen Straßenkneipe, wo verschiedene Gäste ihre tatsächlichen oder eingebildeten Liebeserlebnisse erzählen. Inmitten der widerlichen Atmosphäre hängt der Dichter seinem Traum von der Schönen Unbekannten nach, dem Ideal überirdischer weiblicher Vollkommenheit. Seiner Phantasie sekundiert ein junger Seminarist, der einem Trinkgenossen seine Begegnung mit einer jungen Tänzerin schildert. Beide werden durch die desillusionierenden Bemerkungen eines an Verlaine erinnernden Gastes aus ihren Träumen gerissen. – Der Alkohol steigt den Trinkenden zu Kopf, und die Wände der Kneipe weiten sich zur zweiten »Vision«. Zwei Kneipendiener schleppen den völlig betrunkenen Dichter ins Freie, wo ein Astrologe einen neuen Stern am Himmel beobachtet. Der Stern, der auf die schnellbedeckte Brücke herabfällt, nimmt die Gestalt der Unbekannten an. Der Dichter, in den »Blauen«, das Sinnbild des der Erfüllung seines Traumes nahen Idealisten, verwandelt, sucht in der Fremden die überirdische Geliebte, während die Unbekannte danach trachtet, die irdische Liebe und Wirklichkeit zu erfahren. Da die Absichten beider einander zuwiderlaufen, sucht der Dichter vergeblich, sein übersinnliches Ideal gegen die sinnliche Werbung der Unbekannten zu verteidigen: »*Willst du mich umarmen? – Ich wage nicht, dich zu berühren. – Kennst du die Leidenschaft? – Mein Blut schweigt.*« Ein schäbiger Schürzenjager führt die Unbekannte, die sich Maria nennt, mit sich fort. Doppelsinnig beklagt der Astrologe das Verschwinden seines Sterns: »*Gefallen ist der Stern Maria.*«

Die dritte »Vision«, die eine Abendgesellschaft im gehobenen bürgerlichen Milieu vorstellt, zeichnet das exakte Spiegelbild des Kneipenmilieus aus dem ersten Aufzug. Als unerwartet die Unbekannte in die Gesellschaft tritt, vermag keiner der Anwesenden sie ins Gespräch zu ziehen, und auch im Dichter weckt sie keinerlei Erinnerung. Von dem Astrologen, der um seinen neuen Stern trauert, nach dem Erfolg seiner Suche nach dem Ideal gefragt, erwidert der Dichter: »*Mein Suchen war vergeblich.*« Die Unbekannte ist verschwunden. Am Himmel leuchtet ein strahlender Stern.

Obwohl Blok betont, in seinen frühen Dramen »*keinerlei gedankliche, moralische oder andere Schlußfolgerungen*« zu ziehen, ist die Absage an die metaphysische Wahrheitssuche seines früheren Schaffens, dargestellt am Scheitern des Dichters, unverkennbar. Die Abkehr von seinem früheren Programm führte zum scharfen Buch des Dichters mit Andrej Belyj und anderen Symbolisten. Obgleich der Autor keines seiner lyrischen Dramen zur Aufführung bestimmt hat, wurde das Stück nach anhaltenden Verfolgungen durch die zaristische Zensur 1913 in Moskau uraufgeführt, wobei sich die Inszenierung – in der Tradition der *Balagančik*-Aufführung Mejerchol'ds (1906) – der symbolistischen Stilbühne und der dem Puppenspiel entlehnten pantomimisch-statuarischen Darstellungsweise bediente. C.K.

AUSGABEN: Moskau 1907 (in Vesy, Nr. 5–7). – Moskau 1908 (in *Liričeskie dramy*). – Moskau ²1918 (in *Teatr*). – Moskau/Leningrad 1961 (in *Sobranie sočinenij*, 8 Bde., 4). – Leningrad 1981 (in *Teatr*). – Leningrad 1980–1982 (in *Sobr. soč.*, 6 Bde., 3).

ÜBERSETZUNGEN: *Die Unbekannte*, J. v. Guenther (in *GW*, Bd. 2, Mchn. 1947). Dass., L. u. M. Remané (in *Ausgewählte Werke*, Hg. F. Mierau, 3 Bde., Mchn. 1978, 2).

LITERATUR: G. M. Shoolbraid, *B.'s »Neznakomka«: A Note* (in Russian Language Journal, 1970, 89, S. 22-32). – E. A. Nekrasova, *Kak »sdelany« stichi A. B.?* (in Russkaja Reč', 1981, 2, S. 39–46). – S. Nolda, *B.'s Drama »Neznakomka«* (in WdS, 1983, 28, S. 155–170).

ROZA I KREST

(russ.; *Ü: Rose und Kreuz*). Drama in vier Akten von Aleksandr A. BLOK, erschienen 1913. – Bloks lyrisches Drama arbeitet mit zahlreichen Entlehnungen (z. B. aus dem südfranzösischen *Flamenca*-Roman, aus Troubadourliedern, Auszügen aus dem *Lancelot*, Geschichtsquellen zu den Albigenser-Kriegen) und schafft dadurch, daß Ort und Zeit der Handlung genau bestimmbar sind, die historische Realität des Stücks. Diese kommt auch szenisch durch eine bunte Menge von Statisten, häufigen Schauplatzwechsel und Theatereffekte (Tänze, Lieder, Ritterschlag, Überfälle usw.) sowie durch die Spiegelung der Moral des französischen Mittelalters und seiner sprachlichen Eigentümlichkeiten zum Ausdruck. Bei den Liebesintrigen ist die psychologische Motivation so weit außer acht gelassen, daß statt realistischer Charakterisierung ein Spiel von Masken im Stil der *commedia dell' arte* bzw. des symbolischen Theaters (vgl. SOLOGUB) stattfindet. Der historische Realismus erweist sich hier als Ausweitung der in früheren Stücken verzerrt gesehenen Realität (z. B. *Die Unbekannte – Neznakomka*, 1907) und wirkt aus der Sicht der zusammenhängenden lyrischen Welt Bloks fast grotesk.

Die Liebe des häßlichen Bertrand, Gefolgsmann des Grafen von Archimbauld, zu der Gattin seines Herrn, Izora, bleibt unerwidert. Der Graf wird von feindlichen Nachbarn bedrängt und schickt Bertrand als Kundschafter aus. Gleichzeitig beauftragt ihn seine Herrin, den »Wanderer« zu suchen, den fahrenden Sänger, durch dessen von allen Spielleuten gesungenes Lied über »*Freude-Leiden*« (»*radost'-stradanie*«) sie in tiefe Melancholie fiel. Der Sänger war ihr im Traum als lichte Jünglingsgestalt mit einer schwarzen Rose auf der Brust erschienen. Nur er allein kann ihre Schwermut heilen. Durch den Kapellan, einen Intriganten und Zuträger, erfährt der Graf von den Träumen seiner Gattin und sperrt sie, mißtrauisch geworden, in den »*Turm der untröstlichen Witwe*« ein. Bertrand findet den Sänger, Gaëtan, einen alten Ritter, der schwermütige Lieder von den Enttäuschungen der Liebe singt, die im Augenblick ihrer Erfüllung schon dem Untergang geweiht ist. Er nimmt ihn mit an den Hof von Archimbauld. Izora erblickt den Sänger in einer Fieberphantasie, in der sich der wirkliche Gaëtan mit ihrer Traumgestalt vermischt. Sie erschrickt vor dem strengen Kreuz auf seiner Brust und deckt es mit einer schwarzen Rose zu. Die beiden trennt die für Izora nicht begreifbare Vereinigung von Liebe und Tod, von Freude und Leiden. Bertrand findet die Rose auf der Brust des schlafenden Gaëtan, erbittet sie von diesem und birgt sie unter dem Panzer an seiner Brust. In einer Schlacht wird er schwer verwundet. Der selbstgerechte Graf jedoch bleibt ihm den Lohn für seine Treue schuldig.

Das romantisch-symbolische Stück weist keinen eigentlichen dramatischen Konflikt auf, sondern gründet auf der Überschneidung der Sphären des Traums und der Wirklichkeit. Diese Zweischichtigkeit in *Rose und Kreuz* wird durch die ganze Handlung geführt: Inmitten der dynamischen Realität des 13. Jh.s ist die Statik der imaginativen Ebene angesiedelt; als lyrische Wiederholung (z. B. Lied des Gaëtan) schafft sie einen ruhenden Pol und stiftet Querverbindungen. In der Gestalt des Bertrand vereinigen sich die beiden Ebenen: die Welt der legendären Bretagne und die des realen Languedoc. Gleichzeitig verkörpert er die paradoxe Koexistenz von Freude und Leid. Seine Freude ist der Dienst an Herr und Herrin, die Ergebnislosigkeit seines Dienstes ist sein Leiden. Doch wären Lohn und Erfüllung der Beginn neuen Leidens – so will es das in dem Drama gestaltete dialektische Prinzip. Bertrand erkennt dieses »*Gesetz des Herzens*«, als er das heimliche Zusammensein von Izora und Ritter Aliksan bewacht. Als die Nacht des Liebespaares zu Ende geht, erliegt er nach diesem letzten Dienst seinen Wunden, stirbt für den Grafen und Izora, für die er lediglich ein »*treuer Diener*« war, zugleich aber stellvertretend für alle wahrhaft Liebenden: Das Stück findet seinen Sinn im »*Mysterium der gekreuzigten Liebe*« (Močul'skij). Künstlerisch läßt Blok in seinem Drama die historisch-reale Welt mit ihren politischen Aufständen auf eine erträumte stoßen und beschreibt damit eine Kollision, die sich für ihn mit der Revolution von 1905 tatsächlich vollzogen hatte.   J.W.-KLL

AUSGABEN: Moskau 1913. – Moskau/Leningrad 1961 (in *Sočinenija*, Hg. V. N. Orlov, 8 Bde., 1960 bis 1965, 4). – Leningrad 1981 (in *Teatr*). – Leningrad 1980–1982 (in *Sobr. soč. v 6 tomach*, 3).

ÜBERSETZUNGEN: *Rose und Kreuz*, W. E. Groeger, Bln. 1922. – Dass., L. u. M. Remané (in *AW*, Hg. F. Mierau, 3 Bde., Mchn. 1978, 2).

LITERATUR: D. Sheluďko, *Ob istočnikach dramy B. »Roza i krest«* (in Slavia, 9, 1930, S. 103–138). –
R. L. Lewitter, *The Inspiration and the Meaning of B.'s »The Rose and the Cross«* (in SEER, 35, 1956, S. 428–442). – V. M. Žirmunskij, *Drama A. B. »Roza i krest«. Literaturnye istočniki*, Leningrad 1964. – E. A. Ogneva, *»Roza i krest« A. B.: Avtobiografičeskaja osnova* (in Russkaja Literatura, 1976, 19, S. 136–143).

SKIFY

(russ.; *Ü: Die Skythen*). Poem von Aleksandr A. BLOK, erschienen 1918. – Während in dem Poem *Dvenadcat'*, 1918 *(Die Zwölf)*, der sozialrevolutionäre Aspekt im Vordergrund steht, ist *Skify* betont nationalrevolutionär. Der Dichter beschwört hier Europa, das neue Rußland zu begreifen und ihm in die »*neue Epoche der Menschheitsgeschichte*« (Kluge) zu folgen. Das Schicksal der kulturell kranken europäischen Welt sei besiegelt, wenn sie sich gegen ihre eigene Erneuerung wehre. Diese scheint dem Dichter nur mit Hilfe der skytischen Urkraft des »asiatischen« Rußlands *(»Ja, Skythen sind wir! Ja, Asiaten sind wir! Asiaten mit geschlitzten und gierigen Augen«)* möglich. Rußland, das mit »*Haß und Liebe*« auf den Westen blicke, »*den scharfen gallischen Sinn und das düstere germanische Genie*« bewundere, sei zur »*friedlichen Umarmung*« bereit; noch biete es die Bruderschaft an, die die westlichen Völker nicht ausschlagen dürften, wenn sie vermeiden wollten, daß ihre »*kranke späte Nachkommenschaft*« sie noch »*Jahrhunderte lang verfluchen wird*«. Die Länder Europas werden untergehen, sollten sie sich auf einen Kampf mit den wilden mongolischen Horden einlassen, denn Rußland – bisher ein »*Schild zwischen den feindlichen Rassen*« – werde nicht mehr helfend eingreifen. »*Zum letzten Mal*« warnt die »*Barbarenleier*« die »*alte Welt*«.

Im Gegensatz zu dem rhythmisch unregelmäßigen und nervösen *Dvenadcat'* ist dieses Poem im Wechsel von vier- und fünfhebigen Jamben, die durch Paarreim zusammengefaßt sind, gleichmäßig und ruhig gestaltet. Im ersten Teil werden in scharfen Antithesen das zivilisiert-rationale, statische Westeuropa und das elementar-revolutionäre, dynamische Asiatenrußland gegenübergestellt. Zugleich greift Blok den für ihn ungewöhnlichen slavophilen Gedanken auf, daß die Feindschaft zwischen dem ausbeuterischen Westeuropa und dem mißbrauchten Rußland historisch erwiesen sei. Der zweite Teil kreist um den Gedanken DOSTOEVSKIJS von Rußlands fast unbegrenzter Aufnahmefähigkeit für alle geistig-kulturellen Werte des Westens. Diese Aufnahmefähigkeit basiere auf Rußlands besonderer emotionaler Intensität. Der letzte Teil wird beherrscht von dem schon bei Vladimir SOLEV'ËV anzutreffenden Motiv der »gelben Gefahr«, die Europa zermalmen werde, wenn es sich nicht mit Rußland vereine. Blok greift hier formal auf die Form der Ode LOMONOSOVS und DERŽAVINS zurück; inhaltlich nähert er sich PUŠKINS berühmtem Gedicht *Klevetnikam Rossii*, 1831 *(An die Verleumder Rußlands)*. Bloks »*moderne Ode der Revolution*«

(Struve), die die aktuelle politische Problematik vom Skythen-Mythos her betrachtet, beeindruckt durch Monumentalität und die beschwörende Kraft der Bilder, läßt andererseits eine inhaltlich konzentrierte Entwicklung der dualistischen Ausgangsthese vermissen. Seine besondere Anziehungskraft, die die der *Zwölf* noch überstieg, verdankt das Poem seiner lautstarken Rethorik und seinem slavophilen wie pazifistischen Tenor. Wie schon in *Die Zwölf* setzt Blok hier seinen Weg vom mythischen Symbolismus zu einem an gesellschaftlichen Problemen orientierten Realismus fort.

KLL

AUSGABEN: Petersburg 1918. - Moskau 1960 (in *Sočinenija*, Hg.V. N. Orlov, 8 Bde., 1960–1965, 3). - Leningrad 1961 (in *Stichotvorenija i poėmy*, 2 Bde., 2). - Leningrad 1980–1982 (in *Sobr. soč.*, 6 Bde., 2).

ÜBERSETZUNGEN: *Die Skythen*, R. v. Walter, Bln. o. J. [1920; zus. m. *Die Zwölf*]. - Dass., J. v. Guenther (in *Gesammelte Dichtungen*, Mchn. 1947). - Dass., H. Czechowski (in *Ausgewählte Werke*, Hg. F. Mierau, 3 Bde., Mchn. 1978, 1).

LITERATUR: E. Lo Gatto, »*Gli Sciti*« *di A. B.* (in *For Roman Jakobson. Essays on the Occassion of His 60th Birthday*, 11. 10. 1956, Hg. M. Halle u. a., Den Haag, 1956, S. 295 ff.). - J.-P. Morel, *L'orient, le commissaire et les surréalistes* (in Revue de Littérature Comparée, 1980, 216, S. 425–443).

SNEŽNAJA MASKA

(russ.; *Ü: Die Schneemaske*). Gedichtzyklus von Aleksandr A. BLOK, erschienen 1907. - Die dreißig Gedichte des in die Abschnitte *Snega (Schnee)* und *Maski (Masken)* gegliederten Zyklus entstanden innerhalb weniger Tage unter dem Eindruck der leidenschaftlichen Liebe des Autors zu der Schauspielerin Natal'ja Volochova. Der Dichter sah in der Geliebten die Verkörperung kosmischer Elementargewalten, deren Verlockungen er sich in dionysischem Rausch »*blind ergab*«. Die Frauengestalt des Zyklus, deren Konturen durch die mitreißende Bewegung der Elementarkräfte nahezu verwischt wurden, ist eine Weiterentwicklung der »Unbekannten« (Neznakomka) des Gedichtzyklus *Gorod*, 1904–1908 *(Die Stadt)*. Der Dichter faßt den Vorwurf in einer sich überstürzenden Folge von Bildern, die aus der Entfaltung und Überkreuzung nur weniger Grundmetaphern erwachsen (Žirmunskij): Durch die Verknüpfung der geläufigen Metaphern »Sturm der Leidenschaften« und »Flamme der Liebe« mit der antithetischen Metapher »kaltes Herz« wird die Liebe zum »*Schneebrand*«, zum »*schneeigen Scheiterhaufen*«, auf dem der Dichter »*verbrennt*«. In der Kreuzung mit der Metapher »Rausch der Leidenschaft« werden die Grundmetaphern weiter zu den Verbindungen »*schneeiger Wein*«, »*schneeiger Rausch*« entfaltet.

Der atemberaubenden Dynamik der Bilderfolge entspricht die Häufung von Bewegungsverben wie »*fliegen*«, »*stürzen*«, »*davonstürmen*«, »*aufwirbeln*« usf. Das aus der russischen Volksdichtung und GOGOL'S *Mërtvye duši (Tote Seelen)* entlehnte Bild der dahinjagenden Trojka vermischt sich mit den Bildern des rasenden Schneesturms und der kosmischen Sternennacht, in deren Abgründe die »*Schneejungfrau*« den Dichter reißt. Löst sich im ersten Teil des Zyklus die Landschaft in kosmischen Stürmen und zum Tosen elementarer Gewalten auf, so verdichtet sich im zweiten Teil der Hintergrund zu den wechselnden Szenenbildern eines Maskenballs, dessen Atmosphäre in impressionistischer Weise angedeutet ist.

Die Einheit des Zyklus wahrt die Identität der symbolischen Frauengestalt und die alles erfassende Bewegung des in das Geschehen einbrechenden Schneesturms. Die metrische Gestalt der Gedichte entspricht ihrer rauschhaften Grundstimmung. In den regelmäßigen Versen überwiegen Trochäen, die Blok der Volksdichtung und den volkstümlichen Liedern NEKRASOVS entlehnt. Die vierfüßigen Metren treten bald rein, bald mit zwei- und dreifüßigen oder mit Anapästen vermischt auf. Daneben stehen tonische Verse, die wirkungsvoll mit syllabotonischen untersetzt sind. Die durchgehende Strophenform ist häufig gesprengt. Der dahinstürmende Rhythmus der Gedichte hebt alle feste Ordnung auf. Auch die Reime setzen sich über die klassischen Regeln hinweg: Blok erweist sich als Meister des unreinen Reims, den er der bloßen Assonanz vorzieht.

D.Wö.

AUSGABEN: Petersburg 1907. - Moskau/Leningrad 1960 (in *Sobr. soč.*, Hg. V. N. Orlov, 8 Bde., 1960–1965, 2). - Leningrad 1980–1982 (in *Sobr. soč.*, 6 Bde., 2).

ÜBERSETZUNGEN: (Ausw.): *Die Schneemaske*, J. v. Guenther, (in *Gesammelte Dichtungen*, Mchn. 1947). - Dass., W. Berg-Papendick (in *Der Mystiker A. B. im Spiegel seiner Lyrik. Ausgewählte Dichtungen*, Ffm. 1967). - *Schneemaske*, S. Kirsch (in *Ausgewählte Werke*, Hg. F. Mierau, 3 Bde., Mchn. 1978, 1).

LITERATUR: I. Masing, *A. B.'s »The Snow Mask.« An Interpretation*, Stockholm 1971. - R.-D. Kluge, *A. B.'s »Schneemaske« oder: Wie funktioniert ein symbolistisches Gedicht?* (in ZslPh, 1982, 42, S. 261–273).

STICHI O PREKRASNOJ DAME

(russ.; *Ü: Die Verse von der schönsten Dame*). Gedichtzyklus von Aleksandr A. BLOK, erschienen 1904. - Der erste Gedichtband des Autors, ein in sechs chronologische Abschnitte gegliedertes dichterisches Tagebuch der Jahre 1901 und 1902, steht im Zeichen gespannter mystischer und eschatologischer Erwartung. Die gänzlich individualistische

Dichtung sucht der in abstrakte Symbole gefaßten irdischen Welt ein in geheimnisvoller, unaussprechlicher Ahnung geschautes Jenseits entgegenzusetzen. Befreit von den »*Fesseln*« des Konkreten, wollen die Gedichte »*in Fragmenten nebelhafter Worte andrer Welten Lauf erfassen*«. »*Überirdisch*«, »*unendlich*«, »*unsagbar*«, »*unbekannt*«, »*undeutlich*«, »*unklar*« sind die beliebtesten Epitheta der Dichtungen. In der Gestalt der »Schönen Dame« suchen sie ein Bild des geistigen Wesens der Welt zu schaffen. Ihr Erscheinen erwartet der Dichter bald in banger Furcht, bald in gläubiger Hoffnung. In mystischer Überhöhung ist die Schöne Dame dem Dichter bald Maria, bald das Ewig Weibliche, bald Sophia, die göttliche Weisheit, und erscheint vor dem Hintergrund traditioneller mystischer Landschaften, in denen selbst »*unbedeutende Details Sinn und höchste Bedeutung erhalten*«, als helle, strahlende Herrin, als strenge Göttin, als überirdische, sternenhafte Erscheinung, als unnahbare Geliebte. »*Rätselhafte Jungfrau*«, »*Weiße Herrin*«, »*Herrscherin*«, »*Unvergleichliche Frau*«, »*Ersehnte Freundin*«, »*Braut*«, »*Göttin*«, »*Heilige*« sind ihre Namen. Mit der Wärme irdischer Erfindung vorgetragen, verläßt die Anbetung des Dichters doch nirgends die Distanz religiöser Verehrung. Bilder und Symbole des Zyklus, die vor allem der hohen Minne und der Marienverehrung entstammen, zeigen die Abhängigkeit des Autors von der westeuropäischen Mystik, der romantischen Liebesdichtung und insbesondere der Philosophie und dem dichterischen Werk Vladimir SOLOV'ĒVS. Im Gegensatz zu dessen »Sophia« hat die Schöne Dame Bloks jedoch ambivalenten Charakter: In manchen Gedichten erscheint sie als dämonische Verführerin, und die bange Hoffnung des Dichters weicht bleichem Schrecken. Besondere Intensität gewinnen die Gedichte durch ihren erlebnishaften Charakter: Sie entstanden unter dem Eindruck der Liebe des Dichters zu seiner späteren Gattin. Die Schöne Dame bleibt auch in der Folgezeit Gegenstand der Dichtungen Bloks, sie verliert jedoch ihr überirdisches Wesen und tritt aus der mystischen Abstraktion in die Niederungen des menschlichen Lebens, wird Großstadtdame, ja Straßendirne (*Snežnaja maska*, 1907 – *Schneemaske*; *Nezakomka*, 1907 – *Die Unbekannte* u. a.).

Formal orientiert sich das Frühwerk des Dichters weitgehend an klassischen deutschen und russischen Vorbildern. Er bevorzugt reinen Reim und regelmäßigen Strophenbau. Auch die Klangmalerei der Verse geht trotz ihrer suggestiven Kraft nicht über das Gewohnte hinaus. Im Bereich des Versmaßes jedoch beginnt der Autor das syllabotonische System zugunsten des rein tonischen Systems aufzugeben, in welchen TJUTČEV, FET, GIPPIUS, BRJUSOV u. a. erste zaghafte Versuche unternommen hatten. Obwohl der Dichter seine Erneuerung des russischen Versmaßes nicht konsequent zu Ende führt, ist sein Einfluß auch auf Dichter, die im übrigen eigene Wege gingen (vor allem die Futuristen um Vladimir MAJAKOVSKIJ), unbestritten. »*In dieser Revolution kommt ohne Zweifel dem Schaffen Bloks die entscheidende Rolle zu*« (Žirmunskij). Die Sprache der Gedichte entspricht der Phantastik und der mystischen Rätselhaftigkeit des Dargestellten. Unpersönliche Sätze, indefinite Pronomina, die Verwendung von Attributen ohne Bestimmungswort unterstützen den Eindruck des »*Nicht-zu-Ende-Sprechens*«. Die *Verse von der schönsten Dame* nehmen im Gesamtwerk Bloks eine exponierte Stellung ein. Ihnen galt die Liebe des Autors auch dann noch, als er sich in seinem späteren Werk von der idealistischen Grundhaltung der Jugendgedichte losgesagt hat.

Der Zyklus fand bei seinem Erscheinen nur geringe Resonanz. Die zeitgenössische Kritik wertete den Band als typisches Zeugnis der modischen dekadenten Poesie. Begeisterte Anhänger erwarb sich Blok jedoch in den Kreisen der jungen russischen Symbolisten (Andrej BELYI u. a.). Sie erhoben den Dichter in einem Moment zum Führer des russischen Symbolismus, in dem Blok sich anschickte, neue Wege einzuschlagen, die ihn von der dekadenten Mystik zu einer realistischeren Sicht der gesellschaftlichen Verhältnisse im revolutionären Rußland führen sollten. D.Wö.

AUSGABEN: Moskau 1905 [recte 1904]. – Moskau 1960 (in *Sobr. soč.*, Hg. V. N. Orlov, 8 Bde., 1).

ÜBERSETZUNGEN: *Die Verse von der schönsten Dame*, J. v. Guenther (in *Gesammelte Dichtungen*, Mchn. 1947). – In *Der Mystiker A. B. im Spiegel seiner Lyrik. Ausgewählte Dichtungen*, W. Berg-Papendick, Ffm. 1967 [Ausz.]. – *Verse von der Schönen Dame*, A. Bostroem, A. Christoph, A. Endler, E. Erb (in *Ausgewählte Werke*, Hg. F. Mierau, 3 Bde., Mchn. 1978, 1).

LITERATUR: J. D. Grossman, *B., Brjusov, and the »Prekrasnaja Dama«* (in *A. B. Centennial Conference*, Hg. W. Vickery u. B. Sagatov, Columbus 1984, S. 159–177).

MAURICE BLONDEL

* 2.11.1861 Dijon
† 4.6.1949 Aix-en-Provence

LITERATUR ZUM AUTOR:
Bibliographie:
A. Hayen, *Bibliographie blondelienne, 1888–1951*, Brüssel 1953. – R. Virgoulay u. C. Troisfontaines, *M. B., Bibliographie analytique et critique*, Löwen 1975 ff.
Gesamtdarstellungen und Studien:
R. Crippa, *Il realismo integrale di M. B.*, Mailand/Rom 1954. – V. Giordano, *La scienza della pratica in M. B.*, Palermo 1955. – H. Bouillard, *B. et le christianisme*, Paris 1961 (dt.

Mainz 1963). – C. Tresmontant, *Introduction à la métaphysique de M. B.*, Paris 1963. – J. Lacroix, *M. B.*, Paris 1963. – J. J. Mc Neill, *The Blondelian Synthesis*, Leiden 1966. – R. Saint-Jean, *L'apologétique philosophique, B.*, 1893–1913, Paris 1966. – J. C. Scannone, *Sein und Inkarnation*, Freiburg i. B./Mchn. 1968. – M. Jouhaud, *Le problème de l'être et l'expérience morale chez B.*, Löwen/Paris 1970. – R. Virgouley, *B. et le modernisme*, Paris 1980. – *M. B. I.* (in Revue philosophique de la France et de l'étranger, 176, 1986, S. 419–483).

L'ACTION. Essai d'une critique de la vie et d'une science de la pratique

(frz.; *Ü: Die Aktion. Versuch einer Kritik des Lebens und einer Wissenschaft der Tat*). Philosophisches Werk von Maurice BLONDEL, erschienen 1893. – In seinem Hauptwerk versucht Blondel, die Grunddynamik menschlicher Existenz, die er »*Aktion*« nennt, nachzuzeichnen. Dieses Grundwort »*Action*« ist mit dem deutschen Wort »*Handeln*« nur unzureichend übersetzbar. Blondel geht von der Einsicht aus, daß der Mensch schon immer notwendig handelt und will und daß Wille und Handeln des Menschen ebenso notwendig auf etwas hinstreben. Doch diese Notwendigkeit selbst ist dunkel. So muß geklärt werden, was es mit ihr auf sich hat. Welches Ziel, welchen Grund hat die Aktion letztlich? Wenn es ein Problem dieser Willensbewegung gibt, dann kann auf verschiedene Art versucht werden, es zu lösen. Keinen Ausweg bietet für Blondel die Leugnung des Problems, die Gleichgültigkeit, mit der das Problem sowohl in Wissenschaft als auch im praktischen Leben behandelt wird. Durch die Leugnung dieses Problems wird es quasi gleichzeitig behauptet. Die Entscheidung zum Nichtwollen ist eben auch ein Wollen. Bejaht man dagegen dieses Problem, so genügen die Erkenntnismöglichkeiten der Wissenschaften (sowohl der sog. exakten als auch der positiven Wissenschaften) nicht, um es zu lösen, denn sie reichen nur bis zum äußeren Grund der Dinge. Die Wissenschaft genügt noch nicht einmal sich selbst, doch gerade dieses Ungenügen verleiht ihr ihre Berechtigung.

Um ihren Anspruch zu erfüllen, muß die Wissenschaft nämlich vom Subjektiven gerade absehen. Das Subjektive der Phänomene ist aber gerade nicht etwas, das dem Objektiven gänzlich getrennt gegenüberstünde und somit auch für die Wissenschaft zu vernachlässigen wäre, sondern es konstituiert das Objekt gleichermaßen, ebenso, wie es ohne das Objektive nicht wäre. Das Verhältnis zwischen dem Subjektiven und dem Objektiven ist die Aktion, die nicht nur das sinnfällige Handeln meint, sondern ebenso das unbewußte Streben des Menschen, dem sich Denken und Wollen verdanken.

Doch die Aktion erschöpft sich nicht im Individuellen und Subjektiven. Das Wollen, das beides ist – bewirkende und Zielursache (d. h. das, weshalb etwas getan wird) –, enthält auch stets das Eingeständnis subjektiven Ungenügens. So liegt im Wesen der Aktion auch die Entfaltung zur Ko-Aktion, die ihren sinnenfälligsten Ausdruck in Familie, Staat und Vaterland findet. Das hängt damit zusammen, daß die individuelle Aktion eine Antwort sucht; sie ist nicht bloß eine Aktion am Objekt, sie will vielmehr eine Entsprechung finden, sie ist bedürftige Liebe.

Doch das Bedürfnis dieser Liebe findet weder in Familie noch Staat, noch in politischen Konzepten, die die Menschheit als Ganze ins Auge fassen (Kosmopolitismus) die volle Erfüllung. Im Willen der Aktion liegt das Sich-Ausstrecken nach dem Unendlichen. Diese Bewegung auf das Unendliche hin kann sich verfehlen, wenn der Mensch abergläubisch versucht, das, was er in die Unendlichkeit projiziert hat, im Endlichen zu bannen und sich verfügbar zu machen (Magie) oder andererseits: es im Unendlichen von sich fernzuhalten. Darin sieht Blondel das vergebliche Bemühen, sich selbst in seinem Tun zu genügen. Was der Mensch mit seiner abergläubischen Aktion verfolgt, ist seine eigene Apotheose. Religionskritik, Atheismus reichen nicht aus, um diesen Aberglauben zu zerstören; sie sind selbst Aberglaube, der darin besteht, zu glauben, man habe keinen. So scheint die Aktion, die sich selbst genügen will, nicht zu ihrer Vollendung zu gelangen. Sie vernichtet sich, wenn sie der Welt der Phänomene verhaftet bleibt, trotz ihres Anspruchs, das Unendliche zu erlangen. Das menschliche Tun ist nicht in der Lage, sich selbst zu vollenden. Doch es muß eine Vollendung haben, denn das Streben nach Vollendung liegt im Wesen der Aktion. Da der Wille nicht den Weg des Nichts gehen kann – denn der Indifferentismus hatte sich als Alternative versagt – muß er seine Vollendung außerhalb der Erscheinungswelt suchen. Dort allerdings ergibt sich der Konflikt, daß der Mensch zwar alles will, noch aber nicht wollen will. Es erhebt sich der Konflikt, daß ich zwar etwas wollte, nicht aber die ungewollten Folgen will, die sich nicht mehr rückgängig machen lassen. Meine Handlungen sind irreversibel. Kann ich mich weder zurückwenden, weil der Weg des Nichts verschlossen ist, noch einfach haltmachen, weil die Aktion mich weitertreibt, noch auch allein weitergehen, weil ich allein an meine Grenzen gestoßen bin, so bleibt als Ausweg letztlich die Anerkennung Gottes übrig. Die Philosophie hat die Aufgabe, die letzten, dem einfachen Menschen nicht mehr zugänglichen Aspekte dieser jedoch allen Menschen zugänglichen und lösbaren Aufgabe zu bestimmen. Dies kann sie jedoch nur, wenn sie sich als christliche Metaphysik versteht. Gott ist der Grund aller menschlichen Aktion, in der seine eigene Aktion zur Ruhe kommt. In der Willensbewegung des Menschen liegt diese Tendenz bereits. Will der Mensch sein eigenes Wollen tatsächlich, dann muß er anerkennen, daß er die Vollendung seiner Aktion nur um den Preis selbstvergessenen Wollens erreicht.

Blondels Hauptanliegen ist damit nicht bloß Wissenschaftskritik und Bestandsaufnahme der menschlichen Sozialität in Hinblick auf ihre Bewegung auf das Unendliche in einem, es ist auch keine bloße Anthropologie, sondern gleichzeitig eine Wiederherstellung des Anspruchs der Metaphysik unter dem für ihn einzig richtigen Aspekt christlichen Glaubens. Sein Denken versteht sich aus der Opposition gegen den positivistischen Anspruch der Natur- und Gesellschaftswissenschaften ebenso wie gegen liberalistisch-politische Maximen des damaligen Frankreich. Ein paar Jahre später (1905) sollte die Trennung von Kirche und Staat erfolgen. J.Bu.

AUSGABEN: Paris 1893. – Paris 1949/50. – Paris 1963; ³1973.

ÜBERSETZUNG: *Die Aktion*, R. Scherer, Freiburg i. Br. 1965. – *Logik der Tat*, P. Henrici [bearb.], Einsiedeln 1986.

LITERATUR: C. Serrus, *L'action selon M. B.* (in Revue de Synthèse Historique, 1938/39, S. 67–78). – H. Duméry, *La philosophie de l'action. Essai sur l'intellectualisme blondélien*, Paris 1948. – A. Cartier, *Existence et vérité. Philosophie blondélienne de l'action et problématique existentielle*, Paris 1955. – P. Henrici, *Hegel u. B. Eine Untersuchung über Form und Sinn der Dialektik in der »Phänomenologie des Geistes« und der ersten »Action«*, Pullach b. Mchn. 1958. – M. Renault, *Déterminisme et liberté dans »L'action« de M. B.*, Lyon 1965. – R. Saint Jean, *Genèse de »L'action«, B., 1882–1893*, Brüssel 1965. – J. M. Somerville, *Total Commitment, B.'s »L'action«*, Washington 1968. – U. Hommes, *Transzendenz und Personalität. Zum Begriff der »Action« bei B.*, Ffm. 1972. – A. Raffelt, *Spiritualität und Philosophie. Zur Vermittlung geistig religiöser Erfahrung in M. B.s »L'action« (1893)*, Freiburg i. Br. 1978. – R. Bordeleau, *Action et vie sociale dans l'œuvre de B.*, Ottawa 1980.

HAROLD BLOOM

* 11.7.1930 New York

THE ANXIETY OF INFLUENCE

(amer.; *Die Angst vor der Beeinflussung*). Essay von Harold BLOOM, erschienen 1973. – Harold Bloom, Inhaber eines Lehrstuhls für Englische Literatur an der Universität Yale, gilt seit Ende der sechziger Jahre als einer der kenntnisreichsten und provokativsten Lyrikkritiker unserer Zeit. In Verbindung mit – und zugleich in deutlicher Unterscheidung von – anderen Mitgliedern der Gruppe »Yale Critics« (Geoffrey HARTMAN, Paul de MAN und Joseph Hillis MILLER) hat er mit seinen Lyriktheorien den seit den Arbeiten des Kanadiers Northrop FRYE wesentlichsten Beitrag zu einer neuen Sehweise der englischsprachigen poetischen Tradition geliefert. Mit einer Reihe von Studien zur Tradition John MILTONS in ihren Auswirkungen auf das Vor- und Umfeld der englischen Romantiker und Spätromantiker – zu nennen sind u. a. *Shelley's Mythmaking*, 1968 *(Shelleys Erschaffung von Mythen)*, *Yeats* (1970), *The Visionary Company*, 1961/1971 *(Die Gesellschaft der Visionäre)* sowie *The Ringers in the Tower*, 1971 *(Die Glöckner im Turm)* – setzte Bloom die grundlegende Arbeit von M. H. ABRAMS und W. J. BATE fort, wobei es ihm zunehmend auf die heuristische Funktion dieser Lyrik ankam. Seine Arbeiten gehen darüber hinaus von einer unverminderten (wenn auch oft verdeckten) Wirkung dieser englischen Poeten und ihrer Werke auf amerikanische Autoren wie Ralph Waldo EMERSON und Walt WHITMAN aus, deren Wirkung, so Bloom, unvermindert bis in die Gegenwart anhält. Es zeigt sich in dieser zugleich expansiven und integrierenden Betrachtungsweise, die nicht nur die Grenzen der Nationalliteraturen überschreitet, sondern auch die Übergänge zwischen Poesie, Philosophie und Psychoanalyse fließend macht, eine Auffassung von der Rolle der Lyrik und der Tätigkeit des Lyrikkritikers, die in ihrer Definition der Rollen des Poeten und der Poesie in unserer Zeit einzig dasteht. Es handelt sich letztlich um nichts weniger, als den Poeten, der Poesie und beider Studium jenen zentralen humanistischen Stellenwert zurückzuerobern, den SHELLEY mit Bezug auf SPENSER formulierte, als er, in *The Defence of Poetry* (1821), die Dichter »*die geheimen Gesetzgeber der Welt*« nannte, da in ihren Werken universelle Wahrheiten zutage treten. Blooms Band *The Anxiety of Influence* ist eine erste Summe seiner dichtungstheoretischen Überlegungen und der Ausgangspunkt für die in mehreren Veröffentlichungen erfolgte Weiterentwicklung und Dokumentation des darin entwickelten Konzepts.

The Anxiety of Influence fußt auf der Analyse und der Beschreibung der komplizierten ödipalen Vater-Sohn-Beziehungen zwischen Dichtern verschiedener Generationen und ihrer Werke. Bloom beabsichtigt, wie er schreibt, »*überkommene idealisierte Vorstellungen davon, wie ein Dichter einen anderen formt*«, zu korrigieren. Zugleich will der Autor der Lyrikkritik neue Werkzeuge für die praktische Kritik liefern. Bloom beginnt mit der Prämisse, daß die Geschichte der Lyrik mit der Geschichte des Einflusses von Dichtern aufeinander identisch sei. Dabei geht es ihm nicht darum, lediglich Fälle von Intertextualität auszumachen, z. B. in dichterischen Zitaten, Anspielungen oder verbalen Echos. Bloom stellt vielmehr die zunächst frappierenden Behauptungen auf, daß ein Dichter von einem Gedicht beeinflußt werden kann, das er nie gelesen hat, oder daß der Einfluß ausübende Vorgänger (»precursor«) sich aus Aspekten mehrerer Dichter und ihrer Werke zusammensetzen kann. Für letzteres gilt ihm KEATS als Beispiel, der sowohl von

MILTON als auch von WORDSWORTH beeinflußt wurde, und mitunter auf beide wie auf einen einzelnen Vorgänger reagiert. Den besten Zugang zu Blooms Buch bietet, wie S. A. ENDE schreibt, der Essay *Per Amica Silentia Lunae* (1917) des irischen Dichters W. B. YEATS, mit dessen Werk Bloom sich, wie erwähnt, ausführlich befaßt hat. Wie Blooms *Anxiety*, ist dieser Essay eine *antithetisch* zu nennende Meditation über die Funktionsmechanismen der dichterischen Imagination. Das Wort »antithetisch« ist hier von zentraler Bedeutung. Yeats unterscheidet – mit Rekurs auf Shelleys Begriff von der »Epipsyche« – zwischen dem natürlichen und dem antithetischen bzw. nicht-natürlichen Ich. Letzteres wehrt sich gegen das Bewußtsein von der eigenen Endlichkeit (im Tod). Für den Dichter bedeutet dies, so Bloom, die Vermeidung der Wiederholung durch das Streben nach Unsterblichkeit. Anders ausgedrückt: Es verlangt den Dichter nach ursprünglicher *Priorität*, die den Zwang des Nachfolgers oder des Spätgeborenen zu bloßer Wiederholung der Leistung des Vorgängers negiert.

In der Natur ist solche Priorität selbstverständlich nicht möglich, daher besteht die Anstrengung des Spätgeborenen in der Entwicklung von Strategien zur nachträglichen imaginativen Überwindung oder gar Ersetzung des (oder der) Vorgänger(s). Der Spätgeborene entwickelt also antithetische psychische Strategien, um die Bedrohung der eigenen Unsterblichkeit zu bannen und das schaffensnotwendige Gefühl der eigenen Priorität herzustellen. Damit wird nicht nur ein eigener (und eigenständiger) dichterischer Schöpfungsweg *gebahnt*, sondern der jüngere Dichter gebiert sich quasi selbst, wie es in einem Gedicht von Yeats heißt (*Stream and Sun at Glendalough*). In diesem Sinne kann das zentrale Thema des Buches als die »Melancholie« beschrieben werden, die in der »*Insistenz des kreativen Geistes auf Priorität*« besteht. Die Strategien des schöpferischen Menschen in seinem dichterischen Schaffensprozeß sind auf das Vorausahnen (»divination«) von Gefahren für die Eigenständigkeit des eigenen Werks und deren Vermeidung bestimmt, so daß das Gedicht selbst, durch diese psychischen Mechanismen geformt, nicht im herkömmlichen Sinne Einfluß *zeigt*, sondern unmittelbarer Ausdruck der »Angst vor dem Einfluß« *ist*.

F. NIETZSCHE (*Vom Nutzen und Nachteil der Historie für das Leben, Götzendämmerung*), S. FREUD (*Die Traumdeutung*) und J. H. van den BERG (*Metabletica*) haben, neben anderen, bei der Entwicklung und Begründung von Blooms antithetischer Kritik Pate gestanden, doch geht der Autor in der Anwendung ihrer Lehren auf die Lyrik über sie hinaus. Bloom entwickelt ein Sechs-Stufen-Modell revisionistischer Strategien, die jedoch nicht alle oder nicht in dieser Reihenfolge in jedem einzelnen Fall zutreffen müssen. Er entnimmt die Bezeichnungen für die einzelnen Stufen verschiedenen Quellen, im wesentlichen aber der Untersuchung von E. R. DODDS, *The Greeks and the Irrational*, 1951 (*Die Griechen und das Irrationale*). Sie lassen sich, kurz zusammengefaßt, wie folgt bestimmen: 1) *Clinamen*: Der jüngere Dichter übt eine Fehl- oder Verlesung des Vorgängergedichts aus, die sich in seinem Text als Korrektur des älteren Textes darstellt, so daß der neue Text quasi als Vorbild des älteren erscheint. 2) *Tessera*: Diese Stufe entspricht einer Vervollständigung des Vorgängertextes durch Antithese, indem den gleichen Wörtern neue (Be-)Deutungen zugeschrieben werden, ganz so, als ob der Vorgänger nicht weit genug gegangen wäre. 3) *Kenosis*: Diskontinuität zum Vorgänger wird vorgegeben, der Dichter *scheint* seinen Anspruch auf Absolutheit zu opfern, doch reduziert er damit zugleich auch den Status seines Vorgängers. 4) *Dämonisierung*: Der jüngere Dichter öffnet sich einer Mächtigkeit des Vorgängergedichts, die aber dem Vorgänger *allein* nicht zu eigen ist, so daß die Einzigartigkeit des Vorgängers relativiert wird. 5) *Askesis*: Im Gegensatz zur *Kenosis* geht es nicht darum, den Anspruch auf Absolutheit fallenzulassen, sondern darum, ihn zu reduzieren, um sich von anderen abzusetzen – und damit zugleich Vorgänger und Vorgängergedicht ebenfalls zu reduzieren. 6) *Apophrades*: Der jüngere Dichter in seiner eigenen Spätphase öffnet nun aus eigenem Willen sein Werk dem Vorgänger, so daß es das Vorgängerwerk aufnimmt, absorbiert und sich quasi an seine Stelle setzt.

Bloom hat es in weiteren Bänden unternommen, Anwendungsmöglichkeiten seiner Theorie aufzuzeigen. In *A Map of Misreading*, 1975 (*Eine Karte des Verlesens*), *Poetry and Repression*, 1976 (*Dichtung und Verdrängung*), *Figures of Capable Imagination*, 1976 (*Gestalten fähiger Imagination*) und *Wallace Stevens: The Poems of Our Climate* (1977) werden zunächst die »zentralen« Vaterfiguren der englischen und amerikanischen Lyrik in ihren Beziehungsnetzen verortet, bevor Bloom sich immer stärker der großen dichterischen Vaterfigur der amerikanischen Moderne, Wallace STEVENS, annimmt und dessen Einflußrelationen zu überragenden Vertretern der Postmoderne – wie A. R. AMMONS und J. ASHBERY – herausarbeitet. Blooms Theorie wirkt gerade in der Anwendung auf amerikanische Dichter – und dort vor allem auf Zeitgenossen – am überzeugendsten, denn das Gefühl, spät gekommen zu sein, ist ja, wie J. HOLLANDER schreibt, ein Charakteristikum vor allem der amerikanischen kollektiven Psyche. Zugleich lastet das in der Poesie bereits Erreichte und Gesagte am schwersten auf den jeweils zeitgenössischen Dichtern, so daß im Sinne Blooms gerade die zeitgenössische Poesie und Poetik als Abwehrstrategie und durch ihre Mechanismen des Ausweichens gegenüber den Älteren verstanden werden könnte.

Bloom spricht jedoch nicht nur die Situation des zeitgenössischen Dichters, sondern auch die des Kritikers an, der sich gegenüber seinen übermächtigen Gegenständen aufgerufen sieht, ähnliche antithetische Strategien zu entwickeln. In *The Anxiety of Influence* bedeutet dies für Bloom den partiellen Verzicht auf den Status des Sekundärliteraten. Eingefügte Zwischenkapitel (»interchapters«) in höchst anziehender dichterischer Prosa stellen solche Strategien dar, die den Dichter Bloom an die Stelle des Kritikers setzen. So bravourös Bloom selbst diesen (Freudschen) Transfer handhabt, so sehr schränkt er damit zugleich die allgemeine Nutzbarkeit seines Verfahrens ein. Ausnahmen bestätigen allerdings auch hier die Regel. K.Ma.

AUSGABE: NY 1973.

LITERATUR: M. J. Hoffman, *H. B.: »The Anxiety of Influence«* (in Australian Literature Studies, 1973). – L. W. Wagner, *H. B.: »The Anxiety of Influence«* (ebd.). – J. Hollander, *The Devil's Party* (in Poetry, 122, 1973). – S. A. Ende, *The Melancholy of the Decent of Poets* (in Boundary 2, 22, 1974, Nr. 3). – D. Wyatt, *B., Freud, and ›America‹* (in KR, 6, 1984, S. 59–66). – S. Barzilei, *A Review of Paul de Man's ›Review Of H. B.'s »The Anxiety of Influence«‹* (in YFS, 69, 1985, S. 134–141). – D. Fite, *H. B.: The Rhetoric of Romantic Vision*, Amherst 1985.

LEONARD BLOOMFIELD

* 1.4.1887 Chicago
† 18.4.1949 New Haven / Conn.

LANGUAGE

(amer.; *Sprache*). Sprachwissenschaftliches Werk von Leonard BLOOMFIELD, erschienen 1933. – Der Autor, der, von der Germanistik herkommend, sich besondere Verdienste um die Erforschung von Indianersprachen erwarb, konzipierte sein Werk als Zusammenfassung des aktuellen Erkenntnisstandes der Sprachwissenschaft für ein breiteres Publikum bzw. als Einführung für Studenten. Dies trifft jedoch nur für die Hälfte der achtundzwanzig Kapitel des fünfhundert Seiten starken Buches zu, in denen vor allem die historisch-vergleichende Sprachwissenschaft (mit der Bloomfield sich besonders intensiv befaßte), die Dialektgeographie sowie der Einfluß von Sprachen aufeinander behandelt werden.

Die eigentliche Bedeutung von *Language* liegt jedoch im ersten Teil, in dem der Autor seine eigenen Vorstellungen von Sprache und wissenschaftlicher Sprachbeschreibung darlegt. – Gegenstand der Sprachforschung, die primär deskriptiv sein muß, sind nach Bloomfield die materiellen Sprechakte (Äußerungen) in einer Sprachgemeinschaft, die unter Ausschluß jeder psychologischen *(mentalistischen)* Betrachtungsweise in einem behavioristischen *(mechanistischen)* Modell dargestellt werden: Wenn menschliches Verhalten generell nach dem Reiz-Reaktionsschema *(stimulus-reaction*, $S \to R$) zu beschreiben ist, so stellt das sprachliche Verhalten eine *Ersatzreaktion* (r) des Sprechers bzw. einen *Ersatzreiz* (s) beim Hörer dar, mit dem Zweck, den Hörer zu einer *praktischen* Reaktion (R) auf den ursprünglich auf den Sprecher wirkenden praktischen Reiz (S) zu veranlassen. Der Kommunikationsakt folgt also dem Schema $S \to r \ldots s \to R$, wobei S, R und die darauf bezogenen Äußerungen nach Raum und Zeit getrennt ablaufen können *(displaced/relayed speech)*.

Dieses Sprachmodell entspringt nicht so sehr einem philosophischen Materialismus als vielmehr dem Bestreben, den Aussagen einer deskriptiven Linguistik wissenschaftlichen Status zu verleihen, was für Bloomfield nur auf der Grundlage einer behavioristischen Wissenschaftstheorie möglich ist. Da er die Bedeutung *(meaning)* einer Äußerung versteht als deren Bezug zur außersprachlichen Realität einschließlich der beteiligten Personen und deren Situation, ist eine wissenschaftliche Beschreibung einer Bedeutung für die Linguistik nicht möglich. Freilich kann auch die Analyse der materiellen Manifestation der Sprechakte nicht völlig von ihrer Bedeutung absehen: Zumindest muß festgestellt werden (etwa durch Befragung eines muttersprachlichen Informanten), ob zwei gegebene Äußerungen nach Form und/oder Bedeutung gleich oder verschieden sind. Dies gilt schon für die Ebene der Sprachlaute, deren *distinktive* (bedeutungsunterscheidende) Eigenschaften von den nichtdistinktiven zu unterscheiden sind, wenngleich beide im konkreten Sprachlaut stets zusammen auftreten. Kleinste Einheiten von distinktiven Merkmalen heißen *Phoneme* (Bloomfields Phonemdefinition ist derjenigen der europäischen Phonologie im wesentlichen äquivalent; vgl. TRUBECKOJ, *Grundzüge der Phonologie*). Durch den Vergleich einer Wortform mit bedeutungsverschiedenen, aber lautlich ähnlichen Formen, d. h. durch den Austausch *(Substitution)* einzelner Laute oder Lautgruppen (z. B. engl. *pin* im Vergleich zu *sin*, *sun*, *hen*, *pig*, *push*, *fish* usf.) läßt sich experimentell die Anzahl der Phoneme im einzelnen Wort und schließlich in der gegebenen Sprache ermitteln. Die Definition und Klassifikation der Phoneme erfolgt dann nach den physikalisch-phonetischen Merkmalen der Laute, an die sie gebunden sind, aber auch nach ihren kombinatorischen Eigenschaften, aufgrund deren sie in bestimmten lautlichen Umgebungen auftreten und so Phonemstrukturen *(patterns)* bilden.

Eine Sprache besteht oberhalb der Phonemebene aus *sprachlichen Formen*, die definiert sind als Verbindung einer Phonemfolge mit einer konstanten und identifizierbaren (wenn auch nicht definierbaren) Bedeutung. Durch Weglaß- und Substitutionsproben läßt sich ermitteln, ob eine sprachliche Form nur zusammen mit einer anderen Form oder auch für sich allein als Äußerung auftreten kann (*gebundene* bzw. *freie* Form; eine kleinste freie Form ist ein *Wort*), ferner ob eine Form von anderen Formen ganz oder teilweise verschieden ist, und damit, ob sie *einfach* oder *zusammengesetzt* ist (*Morphem* bzw. *komplexe Form*). Eine komplexe

Form läßt sich zerlegen in (meist zwei) *unmittelbare Konstituenten*, die ihrerseits als komplexe Formen in weitere Konstituenten aufteilbar sein können, bis hinab zu den unteilbaren Morphemen *(ultimate constituents)*. Die Bedeutung komplexer Formen besteht teils aus den Bedeutungen ihrer lexikalischen Elemente (Morpheme, Wörter), teils aus der Zuordnung *(arrangement)* ihrer Konstituenten. Die bedeutungstragenden Zuordnungsverfahren einer Sprache ergeben deren Grammatik. Sie lassen sich wiederum in kleinste Einheiten *(Tagmeme)* bzw. Merkmale *(Taxeme)* weitergehend analysieren. Eine Form, an deren Bedeutung ein oder mehrere Taxeme beteiligt sind, ist eine *grammatische Form*.

Dieser logisch kohärente Rahmen aus exakt definierten Begriffen wird ausgefüllt durch die Erörterung und Benennung der verschiedensten Klassen und Typen grammatischer Formen, die in natürlichen Sprachen anzutreffen und einer von drei Oberklassen zuzuordnen sind, nämlich *Satz* (eine sprachliche Form, die nicht mittels einer grammatischen Konstruktion in einer größeren Form eingeschlossen ist), *Konstruktion* (eine grammatische Form bzw. deren Taxeme als Konstituente einer komplexen Form) und *Substitution* (Formen oder Merkmale, die für eine andere Formenklasse eintreten können, wie z. B. die traditionell »Pronomina« genannten Formen). Diese Klassen werden weiter unterteilt nach den Zuordnungsverfahren; deren Haupttypen sind Anordnung *(order)*, Stimmführung und Betonung, lautliche Abwandlung von Formen und *Selektion* (die Wahl einer lexikalischen Form aus allen Formen, die in einer bestimmten Stellung innerhalb einer Konstruktion zulässig sind, also aufgrund einer oder mehrerer gemeinsamer grammatischer *Funktionen* einer *Formklasse* angehören; den Formklassen entsprechen z. B. die traditionellen Wortarten). Die Beschreibung der Grammatik einer Sprache muß also auch die Formklasse(n) jeder lexikalischen Form angeben.

Die Wirkung von *Language* auf die Linguistik in den USA ist kaum zu überschätzen: Bis in die fünfziger Jahre galt das Werk trotz der z. T. stark von Bloomfield abweichenden Ansätze von E. SAPIR oder B. L. WHORF als schlechthin maßgeblich, und die hier formulierten wissenschaftstheoretischen Prinzipien fanden allgemeine Anerkennung. Eine Linguistik, die wissenschaftlich sein wollte, hatte sich auf die Beschreibung direkt beobachtbarer Daten sprachlichen Verhaltens zu beschränken *(Physikalismus)*, unter Ausschluß der Psychologie *(Amentalismus)* und, soweit möglich, auch der ja nicht physikalisch erfaßbaren Bedeutung *(Asemantismus)*. Die Beschreibung mußte mittels streng definierter Einheiten in einer Folge logisch kohärenter Aussagen alle relevanten Merkmale des sprachlichen Materials *(Corpus)* erfassen. Zugleich aber demonstrierte das in *Language* enthaltene Beschreibungssystem die Realisierbarkeit dieser Forderungen und bot damit auch für spätere deskriptive Arbeiten die methodologische Basis. Entscheidend ist dabei nicht einmal das umfängliche Begriffsgebäude, das von der Nomenklatur der traditionellen Grammatik so gut wie nichts übrig läßt und doch zu einem großen Teil Gemeingut der linguistischen Fachsprache geworden ist, sondern der Umstand, daß seine Anwendung auf formalen, durch das mechanische Testverfahren der Substitution verifizierbaren Kriterien beruht. Damit wird Bloomfield zum Begründer der in den USA ein Vierteljahrhundert lang tonangebenden *Descriptive Linguistics*, die weniger durch sprachtheoretische Fragestellungen charakterisiert ist als durch die Entwicklung und Vervollkommnung phonologisch-grammatischer Analyseverfahren auf der Basis der *Distribution*, d. h. der Kombinationsfähigkeit einer Einheit mit bestimmten anderen Segmenten (Umgebungen), in *Language* als *Funktion* vorgeprägt. Auch das weitere Bloomfieldsche Kriterium der differentiellen Bedeutung wurde zumeist übernommen, wenngleich führende Deskriptivisten den Versuch unternahmen, eine gänzlich asemantische Analysemethode auf rein distributioneller Basis zu schaffen. Bedeutende Nachfolger Bloomfields sind etwa B. BLOCH, Ch. FRIES, Z. HARRIS, Ch. HOCKETT, E. NIDA, G. TRAGER. Erst die Arbeiten des Harris-Schülers N. CHOMSKY (vgl. *Syntactic Structures*) und die von ihm begründete Generative Transformationsgrammatik sollten, wenn auch auf dem Fundament der deskriptivistischen Analyse, zu einer weitgehenden Neuorientierung der Linguistik innerhalb wie außerhalb Amerikas führen. O.G.

AUSGABEN: NY 1933. – NY 1951. – Chicago 1984.

LITERATUR: *Readings in Linguistics*, Hg. M. Joos, Bd. 1, NY 1959. – Ch. Fries, *The Bloomfield ›School‹* (in *Trends in European and American Linguistics 1930–1960*, Hg. C. Mohrmann u. a., Utrecht/Antwerpen 1966, S. 196–224). – H. Arens, *Sprachwissenschaft*, Freiburg i. B./Mchn. ²1969, S. 554–565. – G. Lepschy, *Die strukturale Sprachwissenschaft*, Mchn. 1969 [m. Bibliogr.]. – *A L. B. Anthology*, Hg. C. F. Hockett, Bloomington/Ldn. 1970. – E. F. K. Körner, *Bloomfieldian Linguistics and the Problem of Meaning* (in Jb. für Amerikastudien, 15, 1970, S. 162–183). – B. R. Stark, *The Bloomfieldian Model* (in Lingua, 30, 1972, S. 385–421). – M. R. Haas, *Boas, Sapir, and B.* (in *American Indian Languages and American Linguistics*, Hg. W. L. Chafe, Lisse 1976, S. 59–69).

LÉON-HENRI-MARIE BLOY

* 11.7.1846 Périgueux
† 3.11.1917 Bourg-la-Reine

LITERATUR ZUM AUTOR:
Bibliographien:
J. Bollery, *L. B., Essai de bibliographie avec de*

nombreux documents inédits, Paris 1947 ff. – G. Dotoli, *Situation des études bloyennes. Suivie d'une bibliographie de 1950–1969*, Paris 1970.
Zeitschrift:
Cahiers L. B., La Rochelle 1924–1952; Nachdr. Genf 1973.
Gesamtdarstellungen und Studien:
J. Bollery, *L. B.*, 3 Bde., Paris 1947–1954. – A. Béguin, *B. mystique de la douleur*, Paris 1948. – M.-J. Lory, *La pensée religieuse de L. B.*, Paris 1951. – G. Cattaui, *L. B.*, Paris 1954. – J. Steinmann, *L. B.*, Paris 1956. – R. Barbeau, *Un prophète luciférien, L. B.*, Paris 1957. – J. Petit, *L. B.*, Paris 1966. – S. Fumet, *L. B., captif de l'absolu*, Paris 1967. – R. E. Hager, *B. et l'évolution du conte cruel*, Paris 1967. – G. Vigini, *B. pellegrino dell'assoluto*, Mailand 1972. – R. Bessède, *La crise de la conscience catholique dans la littérature et la pensée française à la fin du 19e siècle*, Paris 1975, S. 500–611. – B. Sarrazin, *La Bible en éclats*, Paris 1977. – J. Petit, *L'expression de la violence chez L. B.* (in *Hommages à J. Petit*, Hg. M. Malicet, Paris 1985, S. 339–389). – J. Vier, *L. B. ou le pont sur l'abîme*, Paris 1986.

LE DÉSESPÉRÉ

(frz.; *Der Verzweifelte*). Roman von Léon-Henri-Marie BLOY, erschienen 1886. – Das literarische Werk Léon Bloys ist weitgehend Selbstdarstellung. Bis 1869 schwankte er zwischen religiöser Indifferenz und extremem Atheismus. »*Wenn die Kommune zwei Jahre früher gekommen wäre*«, schreibt er später an einen Priester, »*dann hätte ich sicher einige Priester erschossen und Häuser in Brand gesteckt.*« In *Le désespéré* schildert er außer seiner Begegnung mit der Prostituierten Anne-Marie Roulé (im Roman heißt sie Véronique) vor allem die inneren Kämpfe und die seelische Verzweiflung eines jungen Mannes, der »*vor Hunger nach dem Absoluten fast krepiert*«. Nach seiner Bekehrung zum Katholizismus (1869) wird für Bloy die Schriftstellerei zum ausschließlichen Mittel der Zeugenschaft für Christus und der Bekundung seiner eigenen Gotterfülltheit inmitten einer gottlosen Welt. »Der Verzweifelte« lernt zufällig Véronique, ein Straßenmädchen, kennen. Noch ganz erschüttert von der Errettung seiner Seele durch die Rückkehr zum Glauben, völlig im Bann des neuen Lebens und der neuen Aufgabe, nur noch Gott zu gehorchen und fremde Seelen zu retten, schließt er sich Véronique an und lebt mit ihr zusammen, um sie zu bekehren. Eine Zeit tiefster innerer Erschütterungen, Spannungen und Kämpfe beginnt für die beiden, bis Véronique zum Glauben zurückfindet und nun selbst zur Trägerin einer religiösen Botschaft wird. Am Ende aber schlägt ihr visionärer Zustand in offensichtlichen religiösen Wahnsinn um.
Bloy stellt in diesem Buch die Bedeutsamkeit seiner eigenen Gläubigkeit und seine Überzeugung, zum »*Verkünder des Absoluten*« berufen zu sein, allzusehr in den Vordergrund. Er sah sich »*in einer Gemeinschaft der Ungeduld mit allen Revoltierenden, allen Enttäuschten, allen Unerfüllten, allen Verdammten dieser Welt*« und schreibt in *Le désespéré*: »*Meiner Situation nach war ich einfach eins der zehntausend ständigen Opfer der Pariser Hungersnot.*« Seine Mutter, eine einfache, fromme Frau, die in der Provinz das Toben und Darben ihres Sohnes Léon angstvoll verfolgte, schrieb dem Dichter in der Zeit, in der der Roman entstand: »*Vielleicht straft Dich Gott, weil Du Dich, kaum zu ihm zurückgekehrt, zu großen Taten berufen fühlst.*« E.He.

AUSGABEN: Paris 1886. – Paris 1913 [vollst. Ausg.]. – Paris 1947–1949 (in *Œuvres complètes*, 19 Bde., Bd. 5/6). – Paris 1955, Hg. J. Bollery [m. Einl.]. – Paris 1962. – Paris 1964 (in *Œuvres*, Hg. J. Bollery u. J. Petit, Bd. 3). – Paris 1983 (10/18).

ÜBERSETZUNG: *Der Verzweifelte*, Alastair (d. i. H. v. Voigt), Heidelberg 1954.

LITERATUR: F. Boissin, »*Le désespéré*« (in Polyblion, 27, 1888). – G. Kahn, *Souvenirs. La première édition du »Désespéré«* (in Le Figaro, 12. 1. 1924). – J. Bollery, *En marge du »Désespéré«* (in Cahiers L. B., 2, 1926, Nr. 5). – Ders., *»Le désespéré« de L. B.*, Paris 1937. – Ders., *L. B., ses débuts littéraires*, Paris 1949. – P. Glaudes, *Du sang, de la douleur et des larmes* (in Romantisme, 48, 1985, S. 47–61).

LA FEMME PAUVRE. Épisode contemporaine

(frz.; *Die Armut und die Gier*). Roman von Léon-Henri-Marie BLOY, erschienen 1897. – Von seiner Verheiratung (1890) mit Johanne Molbeck, der Tochter eines dänischen Dichters, bis zu seinem Tode lebte Léon Bloy in großer Armut, die er durch sein unglückseliges, auch gegenüber Wohlmeinenden kraß abweisendes Wesen selbst verschuldet hatte. Dieses tiefe Elend wurde zum mystischen Grunderlebnis seines fanatischen Katholizismus und zum eigentlichen Thema des rückhaltlos autobiographischen Romans *La femme pauvre*.
Isidor Chapuis, ein heruntergekommener Trunkenbold, lebt mit seiner einst schönen, jetzt alternden und ihm nur noch lästigen Frau in trostloser Dürftigkeit dahin. Um sich einige Einkünfte zu verschaffen, beschließt er, Clotilde, die Tochter seiner Frau aus einer ihrer zahlreichen früheren Verbindungen, ein kindliches, frommes Geschöpf, einem bekannten Maler namens Gacougnol als Aktmodell zur Verfügung zu stellen. Clotilde, deren Engelhaftigkeit die materielle Misere und die Verderbtheit ihrer Eltern bisher nichts haben anhaben können, weigert sich, der unbefangenen Aufforderung des Malers, sich zu entkleiden, nachzukommen, und bricht tränenüberströmt zusammen. Der erschütterte Gacougnol verschafft ihr daraufhin eine Zuflucht, die sie dankbar annimmt, und stellt ihr einige seiner Freunde vor, darunter den Miniaturenmaler Leopold, in vielen Zügen ein Selbstporträt Bloys. Als Chapuis und seine Frau sehen müs-

sen, wie ihr Lockvogel ihnen entfremdet wird, fordern sie Clotilde zurück. Gacougnol macht sich jedoch an Clotildes Stelle auf den Weg, um zu vermitteln, und wird von dem heimtückischen Chapuis erschlagen.

Der zweite Teil des Buches setzt fünf Jahre später ein. Clotilde hat inzwischen Leopold geheiratet. Als dieser, den die ekstatische Frömmigkeit seiner Frau dem christlichen Glauben zurückgewonnen hat, wegen eines Augenleidens seinen Beruf nicht mehr ausüben kann, bricht für das Ehepaar eine Zeit grauenhafter Entbehrungen an, in deren Verlauf ihr Sohn Lazarus Hungers stirbt. Allen Widrigkeiten trotzen sie mit stoisch-christlichem Gleichmut, in ständiger Hoffnung auf die erlösende Auferstehung nach dem Tode. Leopold kommt, als er eben ein Buch, an dem er schrieb, fertiggestellt hat, bei Rettungsarbeiten während des Brands der Pariser Oper ums Leben, und Clotilde wird, armselig und mittellos, aber unbeirrt die Nachfolge Christi auf sich nehmend, aus eigenem Entschluß Bettlerin.

Bloy führte mit seiner Familie bewußt ein Leben in vollständiger Armut. Selbst die Episode des Romans, die den Hungertod des Kindes schildert, beruht auf eigenen Erfahrungen. Wie in *Le désespéré*, 1896 *(Der Verzweifelte)*, wird das Elend der frommen Armen als Heimsuchung Gottes interpretiert, mit dem Unterschied allerdings, daß dieser Roman stärker mit symbolischen Exkursen und großartigen, hymnischen Ausbrüchen eines radikalen Glaubens durchsetzt ist als die früheren Arbeiten. Bloys Sehnsucht nach einem fraglosen, alle Erfahrung übersteigenden Absoluten wird hier vollends deutlich. *»Bloy ist durch eine Kette von Ausdrucksexplosionen einer durch und durch verwirrten Existenz gejagt worden, vor lauter Panik darüber, daß sich das Absolute auf alle seine magischen Beschwörungen hin ihm genau so versagte wie denen, die von vornherein jede religiöse Sinngebung leugneten«* (K. A. Götz).

E.He.

AUSGABEN: Paris 1897. – Paris 1948. – Paris 1956. – Paris 1962. – Paris 1972 (in *Œuvres*, Hg. J. Bollery u. J. Petit, Bd. 7). – Paris 1980 (Folio). – Paris 1983 (10/18).

ÜBERSETZUNGEN: *Clotilde Maréchal*, H. Jacob, Lpzg. 1931. – *Das Wrack der Finsternis. Clotilde Maréchal*, H. Jacob, Wien 1933. – *Die Armut und die Gier. Eine zeitgenössische Episode*, C. ten Holder, Stg. 1950.

LITERATUR: R. Martineau, *Un personnage de »La femme pauvre«* (in MdF, 1. 8. 1928). – D. O'Donnell [d. i. C. C. O'Brien], *Maria Cross. Imaginative Patterns in a Group of Modern Catholic Writers*, Ldn. 1953, S. 203–222; NY ²1963. – J. Bollery, *L. B.*, Bd. 3, Paris 1954. – *Christliche Dichter der Gegenwart*, Hg. H. Friedrich u. O. Mann, Heidelberg 1955. – E. Beaumont, *B. and Mystical Feminism in the Earlier 19th Century* (in The Downside Review, 26, 1958, 246, S. 378–400). – A. Frescaroli, *Il senso del dolore e della povertà nell'opera di B.* (in Vita e Pensiero, 43, 1960, S. 324–328). – E. Beaumont, *»La femme pauvre« and Feminine Mythology* (in *Studies in French Literature presented to H. W. Lawton*, Manchester 1968, S. 29–49). – J. Bollery, *Genèse et composition de »La femme pauvre« de B.*, Paris 1969.

LE SALUT PAR LES JUIFS

(frz.; *Das Heil durch die Juden*). Essayistisches Werk von Léon-Henri-Marie BLOY, erschienen 1892. – Bloys Schrift *Le Salut par les Juifs* ist eine theologisch gefaßte Antwort auf das antisemitische Werk *La France Juive*, 1886 *(Das jüdische Frankreich)*, seines Zeitgenossen Édouard DRUMONT. Drumont hatte den Juden vorgeworfen, sie unterminierten die nationale Integrität und die religiösen Werte. Bloys Apologie des Judentums, die er als katholischer Christ schrieb, nimmt die Vorwürfe Drumonts zunächst auf. Doch er versucht zu zeigen, daß die Juden trotz ihrer andauernden Unterdrückung durch die Kirche und die Gesellschaft noch immer das auserwählte Volk sind. In theologischer Hinsicht entwickelt er eine eigenwillige Interpretation des Karfreitagsgeschehens, mit der er den Heilsbeitrag der Juden aufweisen will. Nicht nur, daß Jesus selbst Jude war und damit nicht allein Sohn Gottes, sondern durch Maria auch Sohn Abrahams; in der Kreuzigung Jesu spiegelt sich überdies die fortwährende Auseinandersetzung des jüdischen Volkes mit seinem Gott, die Auseinandersetzung zwischen dem Volk Gottes und dem Wort Gottes. Dazu zieht Bloy einige Parallelen heran: den Brudermord Kains an Abel, die Rivalität Jakobs mit Esau. Bloy weist in einem exegetischen Streifzug durch das *Alte* und *Neue Testament* auf, daß Gott sein Volk nicht auf ewig verdammt hat. Die Schuldzuweisung für den Kreuzestod Christi, an der auch er festhält, wird relativiert durch Jesu Gebet: Vater, vergib ihnen, denn sie wissen nicht, was sie tun (Lk, 23, 34).

Doch Bloy versucht nicht nur eine exegetische Verteidigung des Judentums. Er zeichnet die Spuren nach, die der Antisemitismus des Mittelalters hinterlassen hat und dem zum Trotz das Judentum überlebte. Das Volk Israel kann sich trotz der Anfeindungen der Kirche, die ihm vorwirft, in Jesus Christus einen Sohn des eigenen Volkes verkauft zu haben, auf den zugesagten Beistand Gottes berufen. Es ist die gleiche Zusage, die Gott Kain gab, daß niemand ihn ungestraft töten würde (vgl. Gen, 4, 11–16). Der Brudermörder Kain, der verdammt ist, ziellos herumzuwandern und dennoch unter Gottes Schutz steht, wird zu einem Sinnbild des jüdischen Volkes. Deshalb ist es auch zwecklos, gegen das Volk Gottes vorzugehen. Die Auseinandersetzung zwischen dem Volk Gottes und dem Wort Gottes steigert sich schließlich zur Kraftprobe zwischen Christus und dem Heiligen Geist, zwischen Liebe und Weisheit. Bloy entwickelt apokalyptische und eschatologische Züge, um die Bedeutung des Judentums noch zu erhöhen. Die Juden sind nicht auf ewig vom Heil ausgeschlossen; ihnen bleibt die Appellation am jüngsten Tag, die Appellation an die Ehre und Herrlichkeit Gottes. Die Mißachtung der Juden durch die Christen ist nicht nur unberechtigt, sie wird ihre bösen Früchte bei der Ankunft des Messias zeigen. Das Gleichnis vom unfruchtbaren Feigenbaum (vgl. Lk, 13, 6–9) wird zum eschatologischen Interpretament des jüdischen Volkes. Es wird die geforderte Frucht zur rechten Zeit bringen. Jetzt ist es den Juden unmöglich, an Jesus als den Messias zu glauben, denn ihr Glaube hängt von der Bedingung ab, daß Jesus vom Kreuz herabsteigen soll. Die Forderung der Juden, Jesus müsse vom Kreuz herabsteigen, um von ihnen als Messias anerkannt zu werden, endet jedoch in einem Dilemma: Jesus selbst kann vom Kreuz nur herabsteigen, wenn sein Volk an ihn glaubt. Die Geschichte des oft mißhandelten Volkes jedoch erweist dieses als das eigentliche Kreuz, als den Schandpfahl, den sie Jesus aufgerichtet haben. Da die Juden selbst das Kreuz Christi sind, so der überraschende Schluß, sind sie es, durch die das Heil möglich geworden ist. J.Bu.

AUSGABEN: Paris 1892. – Paris 1906 [rev.]. – Paris 1933. – Paris 1946. – Paris 1969 (in *Œuvres*, Hg. J. Petit u. J. Bollery, Bd. 9).

ÜBERSETZUNG: *Das Heil durch die Juden*, C. ten Holder, Heidelberg 1953 [zus. m. *Das Heil und die Armut*].

LITERATUR: P. Desmarins, »*Le salut par les Juifs*« (in Revue Dominicaine, Jan. 1951, S. 19–33). – R. Barbeau, *Un prophète luciférien*, Paris 1957, S. 242–277.

HANS BLÜHER

* 17.2.1888 Freiburg / Schlesien
† 4.2.1955 Berlin

DIE ROLLE DER EROTIK IN DER MÄNNLICHEN GESELLSCHAFT

Sexualwissenschaftliches Werk von Hans BLÜHER, erschienen 1917–1919. – Der Verfasser verbindet in diesem seinem bedeutendsten Werk sexualwissenschaftliche, in entscheidenden Punkten an Freudschen Prinzipien orientierte Einsichten mit einem philosophischen Problembewußtsein: PLATON ist der philosophische Leitstern des damals noch »heidnisch-humanistisch« fühlenden Autors, der in Denk- und Sprachstil zu den wenigen Fortsetzern NIETZSCHES gehört. Schon bald danach entwickelte sich die hier nur keimhaft vorhandene Selbstgewißheit in These und Argument zu einem schwer erträglichen, persönlich (nicht objektiv) begründeten Dogmatismus.

Im ersten Band – *Der Typus inversus* – sind zunächst die sexologischen Hauptprobleme dargestellt. So wird hier – was damals noch keineswegs selbstverständlich war – der Begriff Sexus von dem des Eros getrennt. Ebensowenig überholt ist ferner die Feststellung, daß physiologische Gegebenheiten als solche, etwa männliche bzw. weibliche Organformen, nicht zur Erklärung von Triebcharakteren hinreichen. Verwandt damit ist die Korrektur an O. WEININGERS (vgl. *Geschlecht und Charakter*, 1903) physiologischer Theorie der »Zwischenformen« zur Erklärung der Homosexualität: Es trifft nicht zu, daß Männerliebe in irgendeinem proportionalen Verhältnis zu »weiblicher Beimischung«, »Annäherung an den Zwittertyp« u. dgl. steht – eher erscheint Blüher das Gegenteil richtig. Nach solchen Berichtigungen landläufiger sexologischer und zuweilen auch psychoanalytischer Ansichten sowie einem Überblick über sexualpsychologische Typen formuliert Blüher die eine der zentralen Thesen seines Werks: daß das Phänomen des mann-männlichen Eros nichts mit Pathologie gemein habe, sondern zur prinzipiell tieferen Schicht »reiner«, nicht an biologischen Nützlichkeits- und Gesundheitskategorien zu messenden Triebphänomene gehöre.

Von dieser Feststellung aus gelangt der Autor dann im zweiten Band *Familie und Männerbund* zur eigentlichen Hauptthese des ganzen Werks: daß die homoerotisch bedingten Gemeinschaftsformen der Männer in schlechterdings allen uns bekannten Gesellschaften der entscheidende kultur- und staatsbildende Faktor gewesen seien. Blüher versucht diese These als allgemein-anthropologisch mit einem gewaltigen Tatsachenmaterial zu begründen – vom Wandervogel, den Kadettenanstalten, Studentenverbindungen bis hinauf zum Ritterorden und den dorischen Phratrien. Es kann nicht bestritten werden, daß vielen uns heute selbstverständlich gewordenen Einsichten in die Rolle der homoerotischen Gegebenheiten – besonders in ihrer verdrängten, neurosenerzeugenden Form – durch dieses kühne Werk zum Durchbruch verholfen wurde. H.L.

AUSGABEN: Jena 1917–1919, 2 Bde. – Jena 1919/20, 2 Bde. – Jena 1927 [Bd. 2]. – Stg. 1962, Hg. H. J. Schoeps.

LITERATUR: E. Hesse, *Von Weininger zu B.* (in Dt. Allg. Ztg., 22. 9. 1919). – J. Plenge, *Anti-B. Affenbund oder Männerbund. Ein Brief von Johann Plenge*, Hartenstein 1920. – H. Schmalenbach, *Die soziologische Kategorie des Bundes* (in Die Dioskuren, 2, 1922, S. 35–105). – H. Blüher, *Leben u. Werk* (in *Die Pädagogik der Gegenwart in Selbstdarstellungen*, Hg. E. Hahn, Bd. 2, Lpzg. 1927). – H. Thies, *H. B.s Hauptwerk: »Die Rolle der Erotik in der männlichen Gesellschaft«. Ein Plagiat. Eine Zurechtweisung*, Pfullingen 1930. – H. Blüher, *Werke u. Tage. Geschichte eines Denkers*, Mchn. 1953.

JOHANN ALOYS BLUMAUER

* 21.12.1755 Steyr
† 16.3.1798 Wien

ABENTEUER DES FROMMEN HELDEN AENEAS ODER VIRGILS AENEIS TRAVESTIERT

Unvollendetes komisches Versepos von Johann Aloys BLUMAUER, entstanden zwischen 1782 und 1788; zu Ende geführt von C. W. F. SCHABER. – Der Verfasser knüpft in seiner Travestie von VERGILS *Aeneis* an WIELANDS *Komische Erzählungen* (1765) an, die unter dem Einfluß LUKIANS stehen. Die tapferen Taten des Aeneas werden ironisch beleuchtet: Blumauers »*frommer Held*« Aeneas »*schreit und zittert*«, als er vom Sturm »*unsanft behandelt*« wird. »*Aus Troja nahm er's Fersengeld.*« Gähnend, auf »*rotdamastenem Armstuhl*« sitzend, erzählt er der Königin Dido, der er als Geschenk den Unterrock der Helena mitbringt, »*mit komischer Übertreibung*« seine »*mannhaft bestandenen Abenteuer*«, die er auf der Fahrt von Troja in die Ägäis erlebt hat. – Blumauer travestiert u. a. Aeneas' Höllenfahrt zum »*Garkoch Satanas*«: Dem Aeneas begegnen dort Luther, Hus und Rousseau (»*Hier pökelt man Prälaten, dort frikassiert man Fürsten*«). – Mythologisches wird mit Zeitgenössischem in anachronistischer Absicht vermengt: So führt man beispielsweise am Hof Didos SHAKESPEARES *Othello* auf. – Mit seiner Travestie auf die antike Mythologie verbindet Blumauer, der selber einmal kurze Zeit Mitglied des Jesuitenordens war, eine bissige Satire auf das Papsttum, die katholische Kirche und die Jesuiten: Aeneas gründet nicht nur Rom, sondern gleichzeitig den Vatikan. Er fährt mit seinem Schiff an einem feuerspeienden Berg vorbei, der Kapuzen, Rosenkränze, Folterbänke, Ketten, Scheiterhaufen und »*gebratene Menschenglieder*« auswirft (»*Hier wohnt ein Riese, den man Großinquisitor nennt*«). Im sechsten Buch seiner Travestie, das Aeneas in die Hölle führt, bringt Blumauer eine Art Lasterkatalog der Päpste, die er mit ironischem Spott überschüttet. Nur ein Papst trägt positive Züge: Clemens XIV., der 1773 den Jesuitenorden aufhob und die Zahl der kirchlichen Feiertage verminderte. Fast jedes Kapitel enthält Anspielungen und Spitzen gegen die Zeremonien der katholischen Kirche und ihre Orden.
Die Travestie ist in siebenzeiligen Strophen abgefaßt, deren Verse drei bis vier Hebungen enthalten. GOETHE rühmte ihr nach, daß die »*Vers- und Reimbildung den komischen Inhalt leicht dahinträgt:*«. – Das Werk, das in der zweiten Hälfte des 18. Jh.s sehr beliebt war, da es den säkularisierenden Tendenzen der Josephinischen Aufklärung entsprach, hinterließ Blumauer unvollendet. Abgesehen von der Ergänzung der Travestie durch C. W. F. Schaber um drei weitere «Bücher» gibt es mehrere Nachahmungen, so z. B. die *Verwandelten Ovidischen Verwandlungen* (1794). In Petersburg erschien 1793 OSSIPOVS russische Bearbeitung der Travestie. – Als bedeutendster Vorläufer des Epos gilt Paul SCARRONS *Virgile travesti en vers burlesques* von 1648. A.Sch.

AUSGABEN: Wien/Prag 1782. – Wien 1783 *(Vergils Aeneis)*. – Ffm. 1783. – Wien/Bln. 1784–1794 *(Vergils Aeneis travestiert,* 4 Bde.; 4 verfaßt von C. W. F. Schaber). – Lpzg. 1800–1802 (in *SW*, Hg. K. L. M. Müller, 8 Bde., 1–3). – Bln. 1886, Hg. F. Bobertag. – Mchn. 1910 [Ill. H. Kley]. – Mchn. 1975.

LITERATUR: P. v. Hofmann-Wellenhof, *A. B. Literaturhist. Skizze aus dem Zeitalter der Aufklärung*, Wien 1885. – P. Wagenhofer, *Die Stilmittel in A. B.s Travestie der Aeneis*, Diss. Wien 1968. – E. Rosenstrauch, *A. B.s Leben und Wirken*, Diss. Wien 1971. – B. B. Cantarino, *A. B. and the Literature of Austrian Enlightenment*, Bln./Ffm. 1973. – E. Rosenstrauch-Königsberg, *Freimaurerei im Josephinischen Wien. A. B.s Weg vom Jesuiten zum Jakobiner*, Wien 1974 [m. Bibliogr.].

HANS BLUMENBERG

* 13.7.1920 Lübeck

ARBEIT AM MYTHOS

Philosophische Abhandlung von Hans BLUMENBERG, erschienen 1979. – Das Werk macht sich zur Aufgabe, die Bedeutung des Mythos für den Menschen abzuklären, indem er den anthropologisch relevanten Leistungsaspekt herausarbeitet. Die Ausgangsbasis für die funktionelle Betrachtungsweise bildet die anthropologische These, daß der Mensch (im Gegensatz zum Tier) in keine spezifische Umwelt eingepaßt ist (GEHLEN, PLESSNER). Daraus leitet sich ab, daß der Mensch zur eigenen Stiftung seines Wirklichkeitsbezugs genötigt ist und dies nur in gelebter Erfahrung zu leisten vermag.
Die *Arbeit am Mythos* steht im thematischen Zusammenhang zu Blumenbergs Schriften über die Metapher. In *Paradigmen zu einer Metaphorologie* (1960) und in *Wirklichkeiten in denen wir leben* (1981) bietet der Autor in einer deskriptiven Entfaltung des Metaphernbegriffs die Erklärung an, daß der Mensch in den Metaphern denjenigen Wirklichkeitsbezug herstellt, der unter den anthropologischen Bedingungen der fehlenden Umweltanpassung das Lebenkönnen gewährleistet. Die Metaphern, die der Einbildungskraft des Menschen entstammen, begrenzen durch ihre bildliche Evidenz und kraft ihrer Plausibilität den Rahmen

der Wirklichkeit auf die Erfordernisse der persönlichen Situationen oder des geschichtlichen Lebens. In *Arbeit am Mythos* und davor bereits in dem Aufsatz über *Wirklichkeitsbegriff und Wirkungspotential des Mythos* (1971) bezieht er den Rahmen der geschichtlichen Sinnhorizonte mit ein, innerhalb dessen die Begriffe und das eigene Selbstverständnis des Menschen ihre Modifikationen erfahren. In mythischen Darstellungen schafft sich der Mensch eine Struktur der Wirklichkeit und der Handlungsmöglichkeit. Blumenberg kontrastiert diese Leistung des Mythos mit einem hypothetischen ›status naturalis‹, dem Absolutismus der Wirklichkeit, der als Zustand völliger Unbestimmtheit und Fremdheit vorzustellen wäre. Eine Einstellung zur Wirklichkeit geschieht durch Benennung des Unvertrauten, durch Namen und Metaphern oder durch narrative Einordnung. Dem Grenzbegriff des Absolutismus der Wirklichkeit korrespondiert der Absolutismus der Bilder und Illusionen, mit Hilfe derer das der Erfahrung noch Unzugängliche einbezogen wird. Aus der Leistungsfähigkeit des Mythos für den Wirklichkeitsbegriff folgt Blumenbergs These: »*Die Grenzlinie zwischen Mythos und Logos ist imaginär*«, denn der Mythos selbst ist bereits Arbeit des Logos, ist Humanisierung der Wirklichkeit. Die Antithese Vernunft/Mythos übersieht die Funktion des Mythos bei der Überwindung der archaischen Fremdheit der Welt. Sein Rationalitätscharakter drückt sich in seiner Leistung aus, durch Strukturierung den Absolutismus der Wirklichkeit abzuarbeiten. Indem die Unbestimmtheit in nominale Bestimmtheit überführt wird, wird das Unheimliche zum Vertrauten und Ansprechbaren. Die Geschichte des Mythos ist die Folge der Verarbeitungsformen früherer Übermachtserfahrungen. An den Wandlungen des Prometheus-Mythos veranschaulicht Blumenberg die Verschiebungen und Umbesetzungen der Problemstellungen, deren Lösung dem Mythos aufgegeben ist, und korrelativ dazu die veränderte Selbsteinschätzung des Menschen. Theodizee und spekulative Geschichtsphilosophie erfüllen nach Blumenberg die heimliche Sehnsucht des Menschen, das Machtgefälle zwischen Göttern und Mensch zu mildern und darüber hinaus, es umzukehren.

Seinem eigenen Anspruch nach muß eine philosophische Mythologie sich daran erproben lassen, ob sie die Wirkungsmächtigkeit mythischer Elemente begreifbar machen kann. Er glaubt sie in der Korrespondenz von existentieller Angst (in Anschluß an HEIDEGGER) vor dem gänzlich Unvertrauten und von Bedürfnis nach Bedeutsamkeit (mit Bezug auf ROTHACKER) in gelebter Erfahrung zu sehen. Die mythische Bedeutsamkeit zeichnet sich durch subjektive Wertsetzung und zeitlich begrenzten Horizont aus. Der Mythos bietet keine Erklärungen an, sondern schafft einen Bereich des fraglos Gültigen, in dem Beliebigkeit und Willkür außer Kraft gesetzt sind. In der Festigung des erreichten Weltzustandes als Ordnung des Kosmos und der Beschränkung jedes möglichen Absolutismus, sowohl der Wirklichkeit wie der eines Gottes, wird die Funktion des Mythos deutlich. In der Arbeit am Mythos gibt sich der Mensch die Konturen seines Selbstverständnisses und seiner Selbstformung, deren geschichtliche Veränderungen sich in der Rezeptionsgeschichte des Mythos abbilden.

Blumenbergs Untersuchungen zum Mythos weisen zahlreiche Berührungspunkte zu SCHELLING, CASSIRER und ADORNO auf. Mit Schellings *Philosophie der Mythologie* teilt er die Ansicht, die Bewegung der Mythologie artikuliere sich als eine konkrete Bildung der gelebten Erfahrung und der geformten Lebendigkeit. Anders als Schelling will er die Arbeit des Mythos nicht auf bestimmte Epochen beschränkt wissen, und im Gegensatz zu Adorno sieht er im Fortwirken des Mythos nicht eine Behinderung der aufklärenden Intentionen. Die Gemeinsamkeit mit Cassirer, die mythischen Denkformen in ihrem Zusammenhang mit den Lebensformen zu sehen, endet dort, wo Cassirer diese Erfahrungsform epochal eingrenzt und als Entwicklung auf die Ordnungsform der Wissenschaft auffaßt. Die Leistungsqualität des Mythos läßt sich nach Blumenberg erst von ihrer Ausgangsbasis her beurteilen, wodurch der Mythos anthropologisch, nicht erkenntnistheoretisch, als ein Mittel der Selbsterhaltung und Weltfestigkeit verstanden werden kann. P.Pr.

AUSGABEN: Ffm. 1979. – Ffm. ³1984 [rev.].

LITERATUR: W. Bröcker, *Dialektik, Positivismus, Mythologie*, Ffm. 1958. – G. Plumpe, *Interesse am Mythos* (in Archiv für Begriffsgeschichte, 20, 1976, S. 236). – A. Neschke-Hentschke, Rez. (in Zs. für philosophische Forschung, 37, 1983, S. 448). – J. Villwock, *Metapher und Bewegung*, Ffm. 1983. – Ders., Rez. (in Philosophische Rundschau, 32, 1985, S. 68). – A. Haferkamp, *Paradigma Metapher, Metapher Paradigma – Zur Metakinetik hermeneutischer Horizonte* (in *Epochenschwelle u. Epochenbewußtsein*, Hg. R. Herzog u. R. Koselleck, Mchn. 1987).

DIE LEGITIMITÄT DER NEUZEIT

Philosophische Abhandlung von Hans BLUMENBERG, erschienen 1966; eine erweiterte, überarbeitete und teilweise neu geschriebene Fassung erschien unter separaten Titeln in zwei Bänden 1973/74 (Teil 3: *Der Prozeß der theoretischen Neugierde*, 1973; Teil 1/2: *Säkularisierung und Selbstbehauptung*, 1974); als vierter Teil des Werks folgte 1976 der Band *Aspekte der Epochenschwelle*. – Das Werk führt unter dem Leitgedanken der menschlichen Selbstbehauptung frühere historisch-philosophische Studien Blumenbergs zur Genese der kopernikanischen Welt *(Kosmos und System)*, zur Vorgeschichte der Idee des schöpferischen Menschen *(Nachahmung und Natur)* und zur Entwicklung des philosophischen Wahrheitsbegriffes *(Licht als Metapher der Wahrheit)* weiter.

Der Titelbegriff der Legitimität markiert Blumenbergs Anspruch, die Authentizität der Neuzeit in dem ihr eigenen Selbstverständnis darzustellen. In thematischer Hinsicht schließt er an zwei gegenläufige Interpretationsthesen an: Der »Säkularisierungsthese« gemäß sind die philosophischen Ansätze der Neuzeit als Verweltlichung der christlichen Heilserwartung zu verstehen (K. Löwith) oder sind alle prägnanten Begriffe der modernen Staatslehre als säkularisierte theologische Begriffe zu sehen und erhalten nur aus diesem Fundierungszusammenhang ihre Legitimation (Carl Schmitt, Politische Theologie). In Entgegensetzung zum Säkularisierungstheorem steht die Selbsteinschätzung der Renaissance, nämlich unmittelbar an Positionen der Antike anzuschließen, ohne auf die als »dunkles Mittelalter« abqualifizierte Epoche Bezug zu nehmen. Blumenberg begründet seine Gegenposition zu beiden Interpretamenten unter methodischen Gesichtspunkten. Danach greift historisches Verstehen zu kurz, wenn es bei vordergründig als gleich erscheinenden Inhalten deren unterschiedliche Funktion außer Betracht läßt. Ein solches Verstehen bleibt der für geschichtsphilosophische und geistesgeschichtliche Betrachtungsweisen üblichen Annahme verhaftet, daß sich eine Traditionssubstanz über Epochen hinweg kontinuierlich durchhält.

Geistige Anregung für sein Denken konnte Blumenberg von E. Cassirers Schriften zur Geschichte des Erkenntnisproblems (*Das Erkenntnisproblem in der Philosophie u. Wissenschaft der neueren Zeit*, 1906 ff., und *Individuum und Kosmos*, 1927) erfahren. Aber über Cassirer hinaus ist Blumenberg um eine genealogische Entwicklung des Wirklichkeitsbewußtseins der Neuzeit bemüht, die jede geschichtliche Position in ihrem systematischen Dialog und ihrem Korrespondenzcharakter thematisiert. Seine Rekonstruktion der Logik der Argumentationsstrukturen ist Nietzsches Verfahren in *Genealogie der Moral* vergleichbar. Der geschichtlichen Betrachtung gibt er als Thematisierungsrahmen den funktionalen Zusammenhang von Gott – Welt – Mensch bzw. von Theologie – Kosmologie – Anthropologie vor. An den Umbesetzungen und veränderten Vorrangstellungen zwischen diesen einzelnen Bezugsmomenten läßt sich das jeweils epochenspezifische Wirklichkeitsbewußtsein ablesen.

Das Wirklichkeitsbewußtsein der Neuzeit ist bestimmt von »Fortschrittsidee« und »theoretischer Neugierde« als Ausdrucksformen der menschlichen Selbstbehauptung. Mit Selbstbehauptung ist nicht die biologische und ökonomische Erhaltung des Menschen mit den in seiner Natur verfügbaren Mitteln gemeint. Sie bedeutet vielmehr ein »Daseinsprogramm«, das die Vorstellungen von der Wirklichkeit und von den Möglichkeiten des Umgangs mit dieser beinhaltet. Nach Blumenberg weist sich die Neuzeit in dieser Hinsicht durch einen radikalen Bruch aus. Gegen die Säkularisierungsthese führt er die Etablierung des Fortschrittsgedankens ins Feld, der im Gegensatz zur christlichen Heilserwartung auf einen Prozeß in der menschlichen Geschichte und nicht jenseits dieser gerichtet ist. Den Weg zum Fortschrittsdenken zeichnet Blumenberg von der Antike über die spätantike Gnosis und die Eschatologie des Mittelalters bis zur Neuzeit nach: Bereits in der Antike macht sich ein Vertrauensschwund in die den Menschen umfassende Ordnung des Kosmos bemerkbar, im Zuge dessen die Skepsis den Menschen auf die reine Gegenwärtigkeit verweist und Epikur die menschliche Erkenntnis darauf beschränkt, die subjektive akute Ungewißheit zu beheben ohne objektives Wissen zu begründen. Der spätantiken Gnosis, die sowohl die Ordnungsidee des Kosmos wie die des christlichen Schöpfergottes bestreitet, stellt Blumenberg Augustinus' Ordnungsgedanken des »*guten Schöpfers*« gegenüber. Solange aber, wie bei Augustinus, die menschliche Freiheit nur als Möglichkeitsbedingung für die Sünde gesehen wird, bleibt als Restspur der Gnosis die Sinnlosigkeit der menschlichen Selbstbehauptung, die Wirklichkeit durch Handeln zu seinen Gunsten zu verändern, bestehen.

Die Überwindung des kosmologischen bzw. theologischen Ordnungsgedankens vollzog sich nach Blumenberg erst am Ausgang des Mittelalters. Gegen die Abwertung des Mittelalters durch die Renaissance spricht, daß nicht schon auf den antiken Atomismus Demokrits und Epikurs, sondern erst auf den Nominalismus eine geschichtliche Antwort vom Typus der Neuzeit gegeben werden konnte. Drei Momente des Nominalismus bereiten seiner Meinung nach den Schritt zur Neuzeit vor: 1) Das Verhältnis von Gott-Naturphilosophie/Weltvorstellung und Anthropologie ist nunmehr so strukturiert, daß aus Gott als dem unbegründeten Willen kein Ordnungsgehalt als Garant für die menschliche Vernunft ableitbar ist. Der menschliche Geist ist bei der Bewältigung auf sich allein gestellt. Die Naturwissenschaft wird das Instrument zur Selbstbehauptung und Überwindung der radikalen Verunsicherung der menschlichen Stellung in der Wirklichkeit. 2) Die Gestalt der Welt erweist sich als kontingent, als veränderungsfähig und veränderungswürdig (Ockham). 3) Die anthropologischen Konsequenzen: Die aufgehobene Kongruenz von Mensch und Natur bedeutet, daß die menschlichen Daseinsinteressen zur eigenen Aufgabe werden. Aus dem Zwang zur Selbstbehauptung entwickelt sich die Souveränität der Selbstbegründung; also nicht als Verweltlichung des Heilsgedankens, sondern als Gegenpol zum äußersten theologischen Absolutismus entsteht die humane Autonomie. Korrelativ zur Selbstbehauptung steht die »*theoretische Neugierde*«. Die Sorge um die Daseinserfüllung in der Zukunft ist die Wurzel der »*Curiositas*«. Ihre Einschätzung als verhängnisvoller Trieb verändert sich ins Positive. Als für die Neuzeit wegbereitend benennt Blumenberg Nikolaus von Kues, der die Unersättlichkeit des Forschungsdranges in Entsprechung zur Unerschöpflichkeit der Natur, des Universums der göttlichen Schöpfung setzte.

Francis BACON konnte aus diesen theologischen Prämissen die Legitimität der Neuzeit begründen: Das irrtümlich falsche Weltvertrauen führte zur geschichtlichen Trägheit und Sorglosigkeit des Menschen. Die »naive Neugierde« der Antike stand noch in Verbindung mit der transzendenten Ordnung, die »selbstbewußte Neugierde« der Neuzeit orientiert sich an der steigenden Funktion für die Selbsterhaltung des Menschen. Der Verzicht auf einen Wahrheitsanspruch der Adäquation führt zu der autonomen Dignität der Theorie. Die Wissenschaftsidee der Neuzeit kennt keine Unterscheidung von Wissenswürdigem und Beliebigem, sondern nur die Methode als unendliche Reihe, die jeden Sachverhalt auf seine potentielle Relevanz für den Menschen abfragt. Der Fortschrittsgedanke wird für Blumenberg so zu einer Struktur der menschlichen Geschichte. Die Neuzeit erhält ihre Authentizität durch das auf Selbstbehauptung aus eigener Leistung bezogene Wirklichkeitsverständnis und durch den Bezug auf eine innerweltliche Geschichte. Das macht ihren radikalen Bruch aus und verwehrt den geschichtsphilosophischen Rückbindungsversuchen HEGELS und ebenso SCHLEGELS Sichtweise des Menschen als integriertes Organ einer Entwicklung des Ganzen die Gültigkeit.

Blumenbergs Sicht der Selbstschaffung der Neuzeit und des damit einhergehenden expliziten Epochenbewußtseins war der Anstoß für eine intensive Diskussion zu historischen Fragen nach den Möglichkeiten von Epochenerfahrung versus Epochenillusion, nach faktischen, mythischen oder erst retrospektiven Abgrenzungsmöglichkeiten. Mit seinem Begriff der Epochenschwelle, der zur Erhellung der Strukturen des Epochenwandels beitragen sollte, berührt Blumenberg darüber hinaus das Problem der hermeneutischen Bedingungen der geschichtlichen Erfahrung (H. R. JAUSS, R. KOSELLECK). P.Pr.

AUSGABEN: Ffm. 1966; ²1977 [rev.]. – Ffm. 1973 (Tl. 3: *Der Prozeß der theoretischen Neugierde*; stw; ³1984; rev.). – Ffm. 1974 (Tl. 1 u. 2: *Säkularisierung und Selbstbehauptung*; stw; ²1983; rev.). – Ffm. 1976 (Tl. 4: *Aspekte der Epochenschwelle*; stw; ²1982; rev.).

LITERATUR: H.-G. Gadamer, Rez. (in Philosophische Rundschau, 15, 1968, S. 201). – K. Löwith, Rez. (ebd., S. 195). – H. Zabel, *Verweltlichung / Säkularisierung. Zur Geschichte einer Interpretationskategorie*, Diss. Münster 1968. – O. Marquard, *Schwierigkeiten mit der Geschichtsphilosophie*, Ffm. 1973. – G. Buck, *Selbsterhaltung und Historizität* (in *Subjektivität und Selbsterhaltung*, Hg. H. Ebeling, Ffm. 1976). – R. Koselleck, *Vergangene Zukunft – Zur Semantik geschichtlicher Zeiten*, Ffm. 1979. – U. Ruh, *Säkularisierung als Interpretationskategorie*, Freiburg i. B. 1980. – H. R. Jauss, »*Il faut commencer par le commencement!*« (in *Epochenschwelle u. Epochenbewußtsein*, Hg. R. Herzog u. R. Koselleck, Mchn. 1987).

HANS FRIEDRICH BLUNCK

* 3.9.1888 Altona
† 25.4.1961 Hamburg

MÄRCHEN VON DER NIEDERELBE

Kunstmärchensammlung von Hans Friedrich BLUNCK, erschienen 1923. – Der Märchenerzähler Blunck »*sieht Lebendiges weithin übers ganze Land, das unsere Zeit sonst nicht mehr erschaut, weil es über die Kraft ihres Glaubens ging*«: Die Roggenmuhme stirbt, als der junge Bauer, dessen Liebste sie im Sommer über war, sein Feld aberntet *(Der Bauer und die Roggenfrau)*; der Pastor, der eine Mahrfrau geheiratet hat, sucht sein ganzes Leben lang »*den Weg über die Sterblichkeit hinaus*« und erfährt schließlich von den Nornen, daß es »*noch keine Zeit für Unsterblichkeiten*« sei; der junge Jäger befreit seine Schwester vom Werwolfsgürtel und nimmt damit selbst den Fluch auf sich. Aus Geschwisterliebe kehrt sie zurück, um sich zum zweitenmal zu opfern *(Der Wolfsgürtel)*. Mit Über- und Unterirdischen ist die Natur bevölkert; neben Riesen und Heidengötter treten die Naturgeister Klabautermann und Nies Puk; verdächtig überschlaue Tiere wie Fuchs und Igel betrinken sich in der Kiesgrube beim »Kuhlenkröger« zusammen mit dem »Poggenschluck« aus der Regentonne und »Sniet Snitters«, dem zwielichtigen Wanderschneider. Aber auch die Welt der Technik wird dämonisiert: An den Landstraßen reihen sich die »Lattensänger« (die Telegrafenmasten), aus den Fabrikschornsteinen lugen »Hans Dampf« und »Qualmquast« hervor, die »Kolbenkerle« schieden hinter der »Keseljule« her, und die »Rullerpucker« sorgen für die Fortbewegung des Eisenbahnwaggons. Das geht so weit, daß sich die Unterirdischen in Hamburg eine eigene U-Bahn bauen wollen *(Die Unterirdischen am Millertor)*.

Nicht nur am Inhalt, auch am Stil der etwa siebzig Märchen (1926 und 1931 erschienen zwei weitere Bände) wird deutlich, daß der Autor aus der Tradition niederdeutscher Spökenkiekerei neue Impulse zu schöpfen sucht; bei aller hemdsärmelig-schwerfälligen Lustigkeit herrschen die unheimlichen Töne vor: »*Das Land wurde seltsam faltig, Hügel wie Gliedmaßen und halbvergrabene Häupter lagen zur Seite. Riesengroße Pilze moderten im Abend, alle Holzstümpfe trugen bläulichen Schimmer und dufteten faul, an allen Blättern klebten Galläpfel wie lauernde Raubaugen.*« Ungeachtet der bizarren Fabulierfreude des Erzählers hinterlassen die Märchen einen zwiespältigen Eindruck: Von zeitgenössischen Interpreten als »*vieldeutiges Abbild norddeutschen Volkstums*« aus »*heidnischem Instinkt der Rasse*« (H. Ehl) gepriesen, wirken sie heute in ihrem Streben nach einem mythischen Weltbild als Zeugnisse eines dubiosen, wenn auch damals erst in Ansätzen politisch hervortretenden Irrationalismus:

»Ich erfuhr, daß die Unterirdischen wieder zu den Menschen kommen werden; man sagte mir selbst, daß es nicht mehr lange währen wird.« Der Autor, 1933 bis 1935 Präsident der Reichsschrifttumskammer und einer der erfolgreichsten Autoren während der NS-Zeit, flüchtete sich nach 1945 erneut in die Idylle der Märchenwelten (*Neue Märchen*, 1951).

W.Cl.

AUSGABEN: Jena 1923 [III. H. Pape]. – Jena 1926 (*Von Klabautern und Rullerpuckern. Märchen von der Niederelbe*). – Jena 1926 (*Von klugen Frauen und Füchsen. Neue Folge der Märchen von der Niederelbe*). – Jena 1931 (*Sprung über die Schwelle. Allerlei Spukgeschichten*; dritte Folge der Märchen). – Hbg. 1937 (in *GW*, 10 Bde., Bd. 8/9). – Hbg. 1942 (in *AW*, 4 Bde., 1; Ausw.).

LITERATUR: O. E. Hesse, *H. F. B. Ein Beitrag zur nordischen Renaissance*, Jena 1929. – E. A. Dreyer, *H. F. B. Sicht des Werkes*, Lpzg. 1934; ern. Stg. 1938. – Ch. Jenssen, *H. F. B. Leben und Werk*, Bln. 1935; ern. Hbg. 1942. – H. Ehrke, *Der niederdeutsche H. F. B.* (in H. F. Blunck-Jb., 1963, S. 134–157). – W. Bartels, *Das Werk von H. F. B. in unserer Zeit* (ebd., 1968, S. 152–174). – J. Blunck, *Bibliographie zu H. F. B.*, Hbg. 1981

EDMUND BLUNDEN

* 1.11.1896 London
† 20.1.1974 Suffolk

UNDERTONES OF WAR

(engl.; *Untertöne des Krieges*). Sammlung von Kriegseindrücken von Edmund BLUNDEN, erschienen 1928. – Blunden, einer der bekanntesten Vertreter der englischen Dichtergeneration des Ersten Weltkriegs, hat in diesem Prosastücke und Gedichte enthaltenden Band Erfahrungen verarbeitet, die er nach seinem Eintritt ins Regiment Royal Sussex vor allem an der französischen Westfront gemacht hat. Die historische und geographische Distanz – er schrieb seine Schilderungen ab 1924 in Tokio nieder – erlaubte ihm einen stillen, meditativen Ton (der sein Werk von den satirischen Kriegsbüchern seines Landsmannes SASSOON grundlegend unterscheidet). Blunden geht es nicht darum, das heroische Pathos des Feldzugs einzufangen, sondern in der individuellen Sphäre seiner Kameraden (»ein glückliches Bataillon«) die »Untertöne« des Krieges aufzuspüren. In einigen Passagen schildert er präzis und ohne jede Selbstgefälligkeit, wie einem Achtzehnjährigen, der bis zu seiner Einberufung ein behütetes Leben geführt und starkes literarisches Interesse entwickelt hat, inmitten des Mordens und der Zerstörung und angesichts der zertretenen Menschenwürde zumute ist. Allerdings zeigt sich in der unkritischen Schilderung des Soldatenlebens die Neigung Blundens, die Kriegserfahrung auf das menschlich bereichernde Frontlerlebnis zu reduzieren, das noch genügend Raum für Humor, ja sogar für das romantische Idyll läßt. Die eingestreuten Landschaftsdichtungen und die verständnisvolle Beschreibung menschlich-allzumenschlicher Verhaltensweisen verstärken zwar den Eindruck der Authentizität, lassen aber zugleich erkennen, wie schwer Ursachen und Schrekken des modernen Materialkriegs von der traditionellen autobiographischen Erzählweise erfaßt werden können. In einem späten Vorwort (1956) akzeptierte Blunden den Vorwurf der unangemessenen Romantisierung und des Fehlens politisch-soziologischer Fragestellungen, verteidigte dann aber seine damalige Haltung mit der allgemeinen Bewußtseinslage des einfachen Soldaten.

Blundens Prosastücke wirken stets dann am überzeugendsten, wenn der lakonische Erzählton in krassem Gegensatz zur Monstrosität des Beschriebenen steht. Dort hingegen, wo er aus Episoden des Frontalltags ein *theatre of war* schaffen will, gelangt der Autor über grob typisierende Personenbeschreibung und allgemeine Situationskomik nicht hinaus. Der große Erfolg der Sammlung, die in England viele Auflagen erlebte, läßt sich nicht zuletzt aus der von vielen Angehörigen seiner Generation geteilten ambivalenten Haltung Blundens erklären: Er verurteilt den Krieg als schreckliche »*Vergeudung von Menschleben*«, gesteht ihm aber zugleich einen die menschliche Entfaltung fördernden Aspekt zu.

J.N.S.

AUSGABEN: Ldn. 1928. – Ldn. 1965. – NY 1966. – Genf 1974. – Ldn. 1978. – Harmondsworth 1982 (Penguin).

LITERATUR: F. J. Harvey, *From Surtees to Sassoon, Some English Contrasts*, Ldn. 1931. – R. Church, *E. B., Agonist* (in R. Ch., *Eight for Immortality*, Ldn. 1941, S. 55–68). – R. Salm, *Das Weltkriegserlebnis u. seine künstlerische Gestaltung im Werk B.s*, Diss. Tübingen 1947. – A. M. Hardie, *E. B.*, Ldn. 1958. – *E. B. A Tribute from Japan*, Hg. M. Hirai u. P. Milward, Tokio 1975. – T. Mallon, *E. B.*, Boston 1983 (TEAS).

ROBERT ELWOOD BLY

* 23.12.1926 Madison / Minn.

DAS LYRISCHE WERK (amer.) von Robert BLY.

Das kreative und kritische Œuvre Robert Blys hat viele Facetten: Bly arbeitete als Übersetzer europäischer (TRAKL, TRANSTRÖMER, EKELÖF, RILKE), südamerikanischer und spanischer (VALLEJO, JI-

MÉNEZ, NERUDA) sowie fernöstlicher (RUMI, KABIR, MIRABAI) Lyriker, als Redakteur eines von ihm gegründeten Kulturmagazins, als Verleger, als »postmodernistischer« lyrischer Autor, als Literaturtheoretiker des politischen Surrealismus *(leaping into political poetry)*, als Anthologist und schließlich als politischer Aktivist, der in den turbulenten sechziger Jahren den ihm zugesprochenen Lyrikpreis in einer symbolischen Geste an die damalige Antikriegsbewegung weitergab. Experten streiten, welcher Aspekt der literarhistorisch interessanteste ist.

Bly, der aus einer Familie mit skandinavischem Hintergrund stammte, wurde in Madison, Minnesota, geboren. Der Bezug zum Mittleren Westen mit seiner sowohl vom amerikanischen Osten wie vom Westen differenten Kulturtradition sollte sich seinem lyrischen Œuvre tief einprägen. Nach einem Fulbright-Stipendium in Norwegen, das ihm norwegische Lyriker erschloß, gründete Bly 1958 auf seiner Farm in Madison, Minnesota, ein Kulturmagazin mit dem Titel ›The Fifties‹, das er später in ›The Sixties‹ und – wiederum später – in ›The Seventies‹ umbenannte und dessen Editionspolitik dem Ziel galt, die amerikanische Lyrik aus der Sackgasse zu befreien, in die sie nach dem Zweiten Weltkrieg durch ihre Anbindung an die Universitäten (»Lyrik als akademische Kunst«) geraten war. Die unter den *New Critics* (RANSOM, TATE) in der Ära des Kalten Kriegs praktizierte Modernismus-Rezeption (ELIOT, POUND) hatte zur Desintegration des lyrischen Publikums geführt: eine Tendenz, die es aufzuheben galt. Bisweilen unter dem Pseudonym »Crunk« schrieb Bly Rezensionen und Kommentare zu vielen bekannten zeitgenössischen amerikanischen Lyriker/innen, u. a. zu James DICKEY und Denise LEVERTOV.

Die frühe, veröffentlichte Lyrik Blys (*Silence in the Snowy Fields*, 1962) – für seine politische Lyrik fand er zur Zeit des McCarthyismus in den fünfziger Jahren keinen Verleger – läßt ein vitales Interesse an der Rekonstruktion mittwestlichen Lokalkolorits erkennen. Der vordergründige, antielitäre und unintellektuelle Sprachduktus handelte ihm bisweilen den Vorwurf der Trivialität ein. »*Jeden Tag, den ich lebe, jeden Tag erhebt sich / ein Meer aus Licht, es ist, als ob ich / die Träne im Stein sähe / Als ob meine Augen unter die Erde schauten /...* « heißt es in einem frühen Gedicht Blys (*Each Day I Live*, 1959). Die fehlende Subtilität täuscht jedoch. Ihr steht die theoretische Orientierung der Blyschen Lyrik entgegen. In den *Silence*-Gedichten taucht die lyrische *persona* zu ihrer Revitalisierung in die physische Natur ab, versagt sich in freigewählten Exerzitien dem urbanen Kontext der amerikanischen Zivilisation. KALAIDJIAN erkannte bei aller Reduktion gesellschaftlicher Stimuli subtile Signale, die darauf hindeuten, daß die »Außenwelt« in den *Silence*-Gedichten nicht gänzlich getilgt sei. Latente Bezüge zum *Agribusiness* werden erkennbar, Wahrnehmungskonfigurationen, die sich Bly über seine Beschäftigung mit der surrealistischen Lyrik Spaniens und Lateinamerikas (Jiménez, Neruda) eröffnet haben mochten. In *Light Around the Body* (1967) gewannen, korrelativ zur Politisierung der Öffentlichkeit in der Zeit des Vietnamkriegs, die Gesellschaftsbezüge schließlich Dominanz (vgl. *The Great Society; Hatred of Men with Black Hair*).

Für seinen *Light*-Band erhielt Bly 1968 den mit 1000 Dollar dotierten National Poetry Award, den er an eine *anti-draft*-Organisation (»The Resistance«) weitergab. Obwohl die preisverleihende Jury den Band als »*Bericht der Lyriker zur Lage der Nation*« gewertet hatte, war sich Bly bewußt, daß sich die neue politische Lyrik der sechziger Jahre auf einem traditionell ungesicherten Terrain bewegte. Er schickte daher der von ihm herausgegebenen Anthologie *Forty Poems Touching on Recent American History* (1970) einen einleitenden Essay voraus *(Leaping Up Into Political Poetry)*, in dem er die neue politische Lyrik im Spannungsfeld zwischen öffentlichen und privaten Diskurshorizonten ansiedelte. Dieses neue Lyrikkonzept, das in jener Zeit u. a. auch von Denise Levertov vertreten und mit Hinweis auf Pablo Neruda theoretisch begründet wurde, veranlaßte Bly zu der vor dem Hintergrund der »roten dreißiger Jahre« *(Red Thirties)* unvorstellbaren These, daß sich authentische politische Lyrik allererst über den Sinnbereich der »Innerlichkeit« konzipieren lasse. Eine ähnliche Position sollten in den sechziger und frühen siebziger Jahren feministische Lyrikerinnen (Marge PIERCY, Adrienne RICH usf.) vertreten (vgl. das Motto der Feministinnen »*The Personal is the Political*«).

Aus der Sicht der »turbulenten 60s«, die lyrikgeschichtlich eine Renaissance der politischen Lyrik brachten, verdient *Teeth Mother Naked at Last* (1970) besondere Würdigung, das – mythologisch verbrämt – zum Vietnamkrieg Stellung nimmt. Bly arbeitet hier mit dem problematischen Mythos der vier Mütter – der fruchtbaren, der zerstörerischen, der ekstatischen und der steinernen –, um aus seiner Sicht das Kräfteverhältnis zu kommentieren, das im Vietnam-Debakel seinen perniziösen Ausdruck fand. Dieser Ansatz wurde bisweilen als Blys Kritik an patriarchalischen Denkmustern gesehen. Hinter der mythologischen Extravaganz verbirgt sich jedoch eine solide Einsicht: Der Vietnamkrieg erscheint als Apokalypse mit amerikanischer Tradition: »*Unter dem ganzen Zement des Pentagon, / hat sich ein Schnee ein Bluttropfen bewahrt / der von jenem Blutpfad herführt, / der von den Militärposten im Indianerland seinen Anfang nahm, / ein Pfad, der heute verschwunden ist.*« Bly sah die Ostasienpolitik der USA als späte Fortsetzung der historischen Indianerkriege. Auf dem Höhepunkt des Vietnamkrieges organisierte er einen kreativen *workshop*, der als Forum für Lyriker/innen geplant war, die ihre Kunst in den Dienst der Anti-Vietnambewegung stellen wollten (vgl. Bly/Ray, *Poets Against the Vietnam War*).

In *Sleepers Joining Hands* (1973) kehrte Bly jedoch wieder zur persönlichen Erfahrungswelt der »Innerlichkeit« *(inwardness)* zurück. Mit den Worten Howard NELSONS handelt es sich um eine mit »*bombastischer Selbstsicherheit*« vorgetragene

»Jungsche Extravaganz«, die die Kommunikationsnot der Selbst-Dramatisierung nur schlecht zu kaschieren vermochte. Stilistisch war sie eher bizarr als adäquat. In *This Body is Made of Camphor and Gopherwood* steuerte Bly schließlich religiöse Sinnbezirke an, worin MOLESWORTH die Zählebigkeit religiöser Mythen in der »Postmoderne« bestätigt sah.

Blys Polemik gegen die Apathie und Paralyse des durch den Eliot-Tate-Auden-Komplex vertretenen (Spät-)Modernismus ist unbestritten. Er ist jedoch im Sinne der *60s* kein »radikaler« Lyriker wie Allen GINSBERG, Lawrence FERLINGHETTI oder Gary SNYDER. Der ästhetische Populismus verbindet sich in seinem lyrischen Œuvre mit einem Eklektizismus, der nach Fredric JAMESON für die postmodernistische Kulturlogik typisch ist. Bly umgab sich – hierin Charles OLSON vergleichbar, der ihn jedoch noch übertraf – mit disparaten Gedankengebäuden: Es begegnen sich in seinem lyrischen Werk unvermittelt astrologische, Jungsche, linke, prähistorische und religiöse Diskursfragmente. Um ihre Synthetisierung bemühte er sich nicht. Mit viel Gespür für die Notwendigkeit, als Lyriker und Kulturkritiker für die eigene Publicity sorgen zu müssen, schlüpfte er in den sechziger Jahren in die Rolle des Geschäftsmanns, der sich als Verleger und Redakteur die Infrastruktur für seine Literaturpolitik selbst schuf. Er wurde hierin in der Zeit nur noch von Lawrence Ferlinghetti übertroffen. In den achtziger Jahren ließ sein gesellschaftspolitisches Engagement deutlich nach. Die Einladung zu der 1982 vom »Nuclear Freeze Movement« organisierten Dichterlesung »Lyriker/innen gegen das Ende der Welt« *(Poets Against the End of the World)*, an der u. a. Amiri BARAKA, Denise Levertov, Simon J. ORTIZ u. a. teilnahmen, nahm Bly nicht mehr an. I.K.

AUSGABEN: *Silence in the Snowy Fields: Poems*, Middletown/Conn. 1962. – *The Light Around the Body*, Scranton 1967. – *The Teeth Mother Naked At Last*, San Francisco 1970. – *Sleepers Joining Hands*, Scranton 1973. – *This Body is Made of Camphor and Gotherwood*, NY 1977. – *This Tree Will Be Here for a Thousand Years*, NY 1979.

LITERATUR: A. M. Janssens, *The Present State of American Poetry: R. B. and Richard Wright* (in ES, 51, April 1970, S. 112–137). – G. S. Lensing u. R. Moran, *Four Poets and the Emotive Imagination*, Baton Rouge 1971, S. 71–85. – H. Nelson, *Welcoming Shadows: R. B.'s Recent Poetry* (in The Hollins Critic, 12, 2, April 1975, S. 1–15). – W. D. Elliott, *Poets on the Moving Frontier: B., Whittemore, Wright, Berryman, McGrath and Minnesota North Country Poetry* (in Midamerica, 3, 1976, S. 17–38). – K. Power, *Conversation with R. B.* (in Texas Quarterly, 19, 1976, S. 80–94; Interview). – L. Komie, *Ecstasy and Poetry in Chicago* (in Harpers, 256, März 1978, S. 129–131). – C. Molesworth, *Domesticating the Sublime: B.'s Latest Poems* (in The Ohio Review, 1978, S. 56–66). – E. Faas, *R. B.* (in E. F., *Towards A New American Poetics*, NY 1979, S. 201–243; Interview). – M. Lammon, *Something to Get Rid of...* (in Ploughshares, 8, 1982, S. 11–23; Interview). – W. Kalaidjian, *From Silence to Subversion: R. B.'s Political Surrealism* (in Modern Poetry Studies, 11, 3, 1983, S. 289–306). – A. Libby, *R. B. Unknowing, Knowing* (in A. L., *Mythologies of Nothing*, Urbana 1984, S. 153–184). – *R. B.: When Sleepers Awake*, Hg. J. Peseroff, Ann Arbor 1984.

EDWARD WILMONT BLYDEN

* 1832 Saint Thomas / Virgin Islands
† 1912 Liberia

CHRISTIANITY, ISLAM AND THE NEGRO RACE

(engl.; *Christentum, Islam und die Neger-Rasse*). Essaysammlung von Edward Wilmont BLYDEN (Sierra Leone/Liberia), erschienen 1887. – Blyden wurde auf der westindischen Insel St. Thomas geboren, damals dänischer Besitz. Er ist der erste einer Reihe westindischer Autoren, die sich um eine Neudefinition der historischen Leistungen der Afrikaner bemühen und die einen Panafrikanismus progagieren, der auch die westindische und amerikanische schwarze Diaspora umfaßt. Mit seiner Konzeption einer spezifischen ›African Personality‹ wurde er zum Vordenker einer Reihe von Autoren wie Marcus GARVEY, Aimé CÉSAIRE, Frantz FANON oder Walter RODNEY. Blyden knüpfte Kontakt zur Rückwandererbewegung der Schwarzen in den USA, arbeitete für die »Methodist Colonising Society of Liberia« und kam so zunächst in das von amerikanischen Rückwanderern dominierte Liberia; von dort zog er weiter nach Sierra Leone, wo sich in Freetown befreite Sklaven niedergelassen hatten. 1869 erschien in der ›Methodist Quaterly Review‹ Blydens Artikel *The Negro in Ancient History*. Dies war der erste Artikel eines schwarzen Autors in einer Literaturzeitschrift überhaupt. Er stützt sich auf die Schriften der antiken Geographen und Geschichtsschreiber wie HERODOT und auf eine Exegese der *Genesis* und kommt zu dem Schluß, daß der Beitrag der Nubier zur Entwicklung der mediterranen Hochkultur in Ägypten weit größer ist, als bis dahin angenommen worden war. Damit stand Blyden am Beginn eines »Historikerstreits« über die Frage, woher die Zivilisation und die Entwicklung der Hochkulturen stammt; eine Diskussion, die von Cheik Anta DIOP in *Nation nègres et cultures* (1954) weitergeführt wurde, und durch die Entdeckung der frühesten Zeugnisse menschlicher Existenz in Äthiopien, Kenia und Tansania in den letzten Jahren neue Nahrung erhalten hat. Unabhängig von ihrer historischen Rich-

tigkeit mußte Blydens These in der Zeit unmittelbar vor der kolonialen Eroberung Afrikas ein Politikum darstellen, weil sie die »moralische Notwendigkeit« des Kolonialismus bewußt negiert: »*Zu den wertvollsten Schätzen der Kultur gehören die großen Pyramiden, die von den tüchtigen Söhnen Hams errichtet wurden, deren Nachkomme ich bin. Ich möchte allen Afrikanern überall auf der Welt daher zurufen: Laßt euch um euren historischen Ruhm nicht betrügen.*«
Zwischen 1871 und 1876 veröffentlichte Blyden eine Serie von Essays in ›Frazer's Magazine‹, die sich mit der unterschiedlichen Wirkung von Christentum und Islam in Afrika befassen und aus denen Blydens einflußreichstes Werk *Christianity, Islam and the Negro Race* entstand. Ein Besuch in Boporo, einem Zentrum islamischer Gelehrsamkeit im Innern Liberias, hat Blyden zu dem Artikel *Mohammedanism in West Africa* angeregt. Darin würdigt der christliche Theologe Blyden die beiden Jihadisten USMAN DAN FODIO und Sheik ALHAJI OMAR als Gelehrte, Staatsmänner, Feldherren. Blyden argumentiert, daß der Islam die Selbständigkeit der Afrikaner fördere, daß die Muslime ohne Unterstützung von außen ihre Schulen und theologischen Ausbildungsstätten unterhalten und den Mallams, den Gelehrten, auch Aufstiegschancen außerhalb Afrikas in der islamischen Weltgemeinschaft geboten werden. Die egalitäre Grundhaltung des Islam bewirke, daß sich islamische Prinzipien mit den sozialen und kulturellen Institutionen Afrikas verbinden und so die soziale und kulturelle Struktur modernisieren, ohne sie zu zerstören. Der Fortsetzungsartikel *Christianity and the Negro Race* urteilt dagegen, daß das Christentum eine Sklavenreligion sei, die Unterwerfung und rassische Inferiorität predige. Selbst die Kunst und Literatur des Christentums sei rassistisch. »*Das Christentum ist benutzt worden, um dem Neger den Glauben an seine eigene Inferiorität einzubleuen und damit den Stolz auf seine Rasse zu zerstören ... Von den Lehren, die das Christentum dem Neger tagtäglich vorsetzt, kann er nur das eine lernen, daß er, um ein großer Mann zu werden, so werden muß, wie der weiße Mann. Er wird nicht dazu erzogen, ein gleichgestellter Gefährte oder gar Kollege des weißen Mannes zu werden, sondern sein Imitator, sein Nachäffer, ja sein Parasit.*«
Auch die übrigen Essays stellen den Gegensatz von Islam und Christentum in Afrika pointiert heraus. *Christian Missions in West Africa* spricht der Mission jeden erkennbaren Erfolg ab, da die Missionare in ihren Arbeitsgebieten ignorant und arrogant vorgingen. In *Islam and Race Distinctions* und *The Mohammedans of Nigrita* geht er auf die Erfolge des jüngsten Jihad von Samori ein, ein Madinka, der ein großes Gebiet unter der Flagge des Propheten vereinigt habe. Auch hier wird Blydens Grundthese deutlich, daß der Islam über die Stammesgrenzen hinweg ein einigendes Band knüpfte und damit seiner Konzeption des Panafrikanismus entgegenkomme. Das Christentum mit seinen rivalisierenden Missionen verstärke den Tribalismus und Partikularismus und arbeite so in die Hände des Kolonialismus. Blydens Thesen sind an der Kulturphilosophie FICHTES, HEGELS, HERDERS und MAZZINIS orientiert. Er übernimmt die Argumentationsmuster der Nationalstaatstheorie und überträgt sie auf Afrika, indem er die Zusammenfassung unter einer nationalstaatlichen Verfassung fordert, so wie dies Politiker der nationalen Einigung in Europa nur wenige Jahre zuvor auch getan hatten. Er kommt auch zu dem Schluß, daß die Rassen gleichwertig, aber verschieden sind und ihnen deshalb auch verschiedene Rollen in der Menschheitsgeschichte zufallen. Im Gegensatz zu den wettbewerbsorientierten Europäern mit ihren Erfolgen in Handel, Wirtschaft, Wissenschaft und ihrer Orientierung an der materiellen Seite der Welt, komme dem Afrikaner eine geistige Rolle als Vermittler zwischen den rivalisierenden weißen Wirtschaftsmächten zu. »*Aus der Schlichtheit und Reinheit der ländlichen Arbeitsweise heraus ist der Afrikaner in der Lage, das geistige Fundament des Menschengeschlechts und dessen Menschlichkeit zu befestigen, also gerade die Eigenschaften, die von der Sucht nach materiellem Fortschritt unterdrückt und zerstört werden.*«
Hier klingen rousseauistische Vorstellungen vom edlen Wilden nach, werden Konzeptionen der Négritude vorweggenommen, aber auch die verhängnisvolle Teilung der Welt in den reichen industriellen Norden und den armen landwirtschaftlichen Süden. Blyden hat sowohl die amerikanischen Panafrikanisten William Edward Burghardt DU BOIS (1868-1963) und George PADMORE (1903 bis 1959), die Vertreter der Négritude und der Black-Consciousness-Bewegung, beeinflußt als auch die Entstehung einer spezifisch afrikanischen Historiographie von Michael CROWDER (*1934) über KI ZERBO zu Ade AYAI (*1929). E.Bre.

AUSGABEN: Ldn 1887; ²1888. – Edinburgh 1967 [Nachdr. d. Ausg. v. 1887].

LITERATUR: St. Barras, Rez. (in The Times, 8. 10. 1887). – R. Bosworth Smith, Rez. (in Nineteenth Century, 31, 1887, Nr. 793). – A. Deniga, *B., the African Educationist*, Lagos 1923. – J. Ojo Cole, *E. W. B.*, Lagos 1935. – E. Holden, *B. of Liberia. An Account of the Life and Labours of E. W. B.*, NY 1966. – H. R. Lynch, *E. W. B. – Pan-Negro Patriot (1832-1912)*, Ldn. 1967.

AUGUSTO BOAL

* 16.3.1931 Rio de Janeiro

LITERATUR ZUM AUTOR:
G. A. Doria, *Moderno Teatro Brasileiro*, Rio 1975. – H. Thorau, *Das Theater des A. B.* (in Theater heute,

18, 1978, Nr. 12, S. 44–51). – *Théâtre de l'opprimé*, Bulletin d'information du CEDITADE, Paris 1979 ff. – Ricardo Blanco, *Von Apu Ollantay bis Brecht*, Bln./DDR 1983.

MURRO EM PONTA DE FACA

(portug.; *Ü: Mit der Faust ins offene Messer*). Stück in zwei Akten von Augusto BOAL (Brasilien), Uraufführung: São Paulo, 4. 10. 1978, Teatro TAIB; deutsche Erstaufführung: Graz, 16. 10. 1982, Vereinigte Bühnen. – Unmengen von Koffern sind die einzigen Bühnenrequisiten. Sechs Personen auf der Flucht, im Exil: Sie haben ihr Land Brasilien verlassen und befinden sich seitdem auf einer »*Reise, die nie zu Ende geht*«. Sie werden von Station zu Station gehetzt: Militärputsch in Chile, Rede- und Versammlungsverbot in Argentinien, Austeritätspolitik in Portugal, Arbeitsverbot in Paris. Immer weiter entfernen sie sich von zu Hause. Sie haben keine Zukunftsperspektive; es gibt nur eine Gewißheit: »*Wenn wir bleiben, ist das der sichere Tod. Wenn wir gehen, haben wir eine Hoffnung.*« Das Land, das sie auf Zeit, mit Vorbehalt aufnimmt, kann ihnen nie Heimat sein. »*Das einzig Traurige für mich auf dieser Reise*«, so Paulo im Stück, »*ist der Augenblick, wenn ich die Schuhe ausziehe. Jedesmal fallen sie auf anderen Boden. Aber sie machen immer dasselbe traurige Gesicht.*« Das Emigranten-Schicksal hat die Gruppe zusammengeführt; man ist einander längst überdrüssig und doch aufeinander angewiesen (und sei es nur, weil man sich in dieser Situation besser gemeinsam durchschlägt). Auf engstem Raum zusammengepfercht, beraten sie die jeweilige Lage und erzählen erinnerungsselig, was sie einst besessen haben; es gibt politische Konflikte, persönliche Reibereien und Liebesgeschichten (auf Reisen, heißt es im Stück, ändert sich die Moral). Man ist aggressiv, witzig oder traurig, überspielt Depressionen, gibt sich Träumereien hin oder bekämpft aufkommenden Fatalismus. Immer wieder brechen plötzlich Angst und Verzweiflung durch, die unterschwellig ständig präsent sind.

Dem Autor gelingt es, mit wenigen charakteristischen Details den Figuren Individualität zu verleihen. Er ordnet die sechs Personen zu drei Paaren: der Doktor, dessen politische Thesen und Analysen nie mit der Realität übereinstimmen, und seine Frau Marga, die sich nach dem bourgeoisen Leben zurücksehnt; der Seemann Barra, ein halber Analphabet, der die See und seine Versammlungen vermißt, und seine Frau, die Arbeiterin Foguinho; der Musiker Paulo, der vielleicht zurück könnte, aber nicht bereit ist, den Mund zu halten, und die junge Maria, die zunehmend von der Erinnerung an die Toten, Gefolterten, Verstümmelten niedergedrückt wird, bis sie auch in den Lebenden nur noch (künftig) Verstümmelte sieht und am Ende Selbstmord begeht. Einer der Höhepunkte ist die Liebesszene zwischen ihr, die nicht mehr lieben kann, und Paulo, der, um ihr nah zu sein, einen Verstümmelten mimt. Am Ende ist Paulo allein. Die anderen sind wieder unterwegs, zur nächsten Exil-Station Schweden oder in Richtung Heimat – was sie dort erwartet, wissen sie nicht. Es folgt ein kurzes Nachspiel: Die Schauspieler stellen jetzt andere Exilanten dar – »*in einem anderen Land, zu einer anderen Zeit, unter anderen Umständen*« –, unter ihnen ist auch Paulo. Gemeinsam kocht und ißt man – ein brasilianisches Gericht, zu dem in der Fremde die notwendigen Zutaten nicht aufzutreiben sind, das also nur mit viel Phantasie ein bißchen nach Heimat schmeckt.

Das Stück will exemplarisch die Erfahrung Exil fassen. Dem Text ist der Hinweis vorangestellt, das Stück spiele »*in vielen Ländern, zu vielen Zeiten, unter vielen Umständen*«. Das Figurenensemble entwirft paradigmatisch ein Gesamtbild der – im früheren sozialen Status, in privater Motivation und der politischen Überzeugung – heterogenen Emigration. Die angestrebte Typisierung (der Werktätige, der Intellektuelle, der Künstler) wird gelindert durch die differenzierte Darstellung der verschiedenen Überlebensstrategien in der Isolation. Boal liefert eine verallgemeinerungsfähige Studie über die psychischen und sozialen Deformationen des Exils. Das Stück folgt keiner konventionellen Aktdramaturgie, sondern schiebt Szenen ineinander, arbeitet mit zeitlichen Raffungen und Überblendungen von Situationen: Der endlosen Reise entspricht die episodische Struktur. Die Außenwelt wird nicht gezeigt; das Stück konzentriert sich auf den inneren Prozeß der geschlossenen Gruppe. Bewußt einfache Chiffren wurden gewählt: der Koffer als Metapher für die Flüchtlingsexistenz, ein Schlüsselbund, den Barra bei sich führt, einziges Überbleibsel der Wohnung, die einmal sein Zuhause war. Das Stück verzichtet auf jegliche agitatorischen Untertöne. Es ist gegen das Schweigen über die Diktatur geschrieben und plädiert für Widerstand: »*Dann lieber mit der Faust ins offene Messer*«, sagt Paulo, und Foguinho ergänzt: »*Vielleicht bringt unser Blut das Messer zum Rosten.*«

Dem Theaterstück liegen autobiographische Erfahrungen zugrunde: Boal wurde im März 1971 auf offener Straße in São Paulo verhaftet und verschleppt: Erst nach drei Monaten kam er frei und mußte das Land verlassen. Er ging ins Exil nach Buenos Aires, konnte nach dem Militärputsch 1976 nicht in Argentinien bleiben und übersiedelte nach Portugal; seit 1978 lebt Boal in Paris. Die Uraufführung von *Murro em Ponta de Faca* 1978 in São Paulo signalisierte erste Liberalisierungstendenzen in der brasilianischen Militärdiktatur, die bald darauf die Theaterzensur aufhob und eine Generalamnestie für politische Gefangene und Exilanten einleitete. M.Tö.

AUSGABE: São Paulo 1978.

ÜBERSETZUNG: *Mit der Faust ins offene Messer*, H. Thorau u. P. Urban, Ffm. 1981.

LITERATUR: Y. Michalski, *B., Tão Longe e Tão Presente* (in Jornal do Brasil, 13. 10. 1978). – C. Krauß

u. W. Schulze-Reimpell, *Lateinamerika in Europa* (in Theater heute, 23, 1983, 2, S. 52). – J. Gleiß, *Partikelspiele* (in Theater der Zeit, 41, 1986, S. 2/3).

REVOLUÇÃO NA AMÉRICA DO SUL

(portug.; Ü: *Revolution auf südamerikanisch*). Stück in zwei Akten von Augusto BOAL (Brasilien), Uraufführung: São Paulo, 1960, Teatro de Arena; deutsche Erstaufführung: Düsseldorf, 16. 10. 1981, Atlantic Theater. – Das frühe Stück Boals verbindet Elemente des didaktisch-politischen Theaters mit parodistisch überdrehten Kabarett-Nummern zu einer Farce, die mit grimmigem Humor ein Bild der von Armut und Korruption geprägten Realität Lateinamerikas zeichnet. Das Stationendrama verfolgt den Leidensweg eines einfachen Mannes: José Da Silva steht dabei stellvertretend für das Volk, das an Hunger stirbt, ohne, wie es im Prolog heißt, »*den Feind zu erkennen*«.
Die erste Szene spielt während der Mittagspause in der Fabrik. Außer den üblichen Mahlzeit Reis und braune Bohnen hat Josés Arbeitskollege Zequinha diesmal einen Nachtisch dabei: Quittenkompott. Gegen Zahlung einiger Cruzeiros darf José einmal daran riechen und beim Essen zuschauen; er selbst hat nichts zu essen, und auch der neugeborene Sohn zu Hause schreit vor Hunger. Aufgestachelt von seiner Frau, spricht José beim Chef vor und bittet um eine Lohnerhöhung; man wirft ihn hinaus. Doch in diesem Moment kommt eine Meldung durchs Radio: Der Mindestlohn für alle wurde heraufgesetzt. Die nächste Szene zeigt José auf dem Markt, wo die Händler nunmehr flugs ihre Preise erhöhen. Überschrieben ist die Szene mit *Großer Preis von Brasilien. Wettrennen zwischen dem Mindestlohn und den Lebenshaltungskosten*. Auf der Suche nach dem Schuldigen für die allgemeine Preislawine wird José immer weiterverwiesen; schließlich wird er selbst und sein Wunsch nach Lohnerhöhung genannt, aber José schiebt die Verantwortung gleich weiter: Der Neugeborene ist schuld. José wird entlassen, ihm bleibt nur ein Ausweg: die Politik. – Die nächste Szene spielt im Parlament: Bei der Verteilung des Staatsvermögens denkt der Präsident zunächst an sich selbst, auch die drei »*Repräsentanten des Volkes*« erhalten Geld: für Fußball, Karneval und für die Geistlichkeit. Die Zerlumpten auf der Galerie beschließen, Revolution zu machen; Zequinha wird ihr Anführer. Als die Polizei im Versammlungslokal erscheint, ist nur noch José mit der (rüschenbesetzten) Revolutionsfahne da. Innerhalb eines Tages wird er verhaftet, gefoltert und wieder aus dem Gefängnis geworfen.
Der zweite Akt schildert den Wahlkampf. Der Präsident erläutert die Grundprinzipien der Politik: die Wahlen gewinnen, egal wie; die Freunde nicht enttäuschen; das Volk ausschalten. Regierungsmitglieder und Lobbyisten tauschen Posten und teilen Pfründen auf; sie bestehlen sich gegenseitig und bereiten die Wahlkampagne vor. Im Machtgerangel behält der Präsident die Oberhand, dafür sorgt ein Schutzengel mit amerikanischem Akzent. Millionär und Journalist verhandeln mit Zequinha, dem Kandidaten der Opposition: Schmiergeld für die »*Revolution der Ehrlichkeit*«. Die beiden Präsidentschaftskandidaten stellen ihr politisches Programm vor, wobei sich ihre Versprechungen in nichts voneinander unterscheiden. Der ausgehungerte José wird krank und geht in den Wald, um zu sterben. Währenddessen sucht der Präsident Hilfe bei überirdischen Mächten; ein materialisierter Geist aus dem Jenseits sagt ihm, wie die Wahl zu gewinnen ist: Er muß sein ramponiertes Image aufbessern und das Geld, das er dem Volk gestohlen hat, diesem zurückgeben, zumindest die Hälfte. Es folgt Josés wundersame Rettung. Der Präsident holt ihn aus dem Wald, denn er wird als Stimmvieh gebraucht; Josés Frau hat sich inzwischen von Zequinha bestechen lassen. Mit den gesammelten Bestechungsgeldern für die Wahlstimmen der Familie kann José sich ein Mittagsmahl, inklusive Quittenkompott, leisten. Das aber ist zuviel für seinen Magen, und er stirbt. Die Wahlergebnisse werden auf einer Tafel (wie im Fußballstadion) angezeigt. Beim Stand von 3 : 2 für den Präsidenten muß die Wahl abgebrochen werden: José ist tot, und damit ist niemand mehr da, der regiert werden kann. Der Präsident und Zequinha tun sich zusammen, um einen anderen Arbeiter zu finden, an dem sie sich bereichern können – ihr Blick fällt auf den Totengräber, sie stürzen sich auf ihn.
Didaktische Anlage und formale Elemente erinnern an das epische Theater BRECHTs: Boal leistet politischen Aufklärungsunterricht am Beispiel eines negativen Helden; Gesangseinlagen und Lieder unterbrechen immer wieder die Handlung, kommentieren sie und wenden sich direkt an den Zuschauer. In der *Hymne des Volks, das mit leerem Bauch gestorben ist* wird die Botschaft direkt ausgesprochen: »*Leben heißt kämpfen.*« Der Schematismus politischer Agitation, die Nüchternheit des Brechtschen Lehrtheaters wird durch spielerische und phantastische Momente aufgebrochen, die von Volkstheater, Jahrmarkt und Zirkus inspiriert sind. Die blasphemisch gewendete, mit Sarkasmus ausgemalte Passionsgeschichte entfaltet ihre Wirkung in szenischen Metaphern, die Elend und Ausbeutung sinnfällig zum Ausdruck bringen. Aus der Szenenfolge konnten einzelne Sketche herausgelöst und in das operative Theaterkonzept Boals übernommen werden. Die Fahndung nach dem Schuldigen für den Preisauftrieb (mit der Pointe, daß der hungernde Neugeborene der eigentliche Täter ist) wurde von Schauspielern im Zug oder Reisebus als »*unsichtbares Theater*« gespielt. Der Sketch *José Da Silva und der Schutzengel* wurde im ganzen Kontinent populär: Am Morgen knipst José das Licht an; ein Engel erscheint und fordert Benutzungsgebühr für die Firma Light & Power. Beim Zähneputzen kassiert er für Colgate, beim Händewaschen für Lever Sunlight, auf dem Weg zum Büro für Goodyear (die Schuhsohlen) usw.

Am Ende des Tages will der verzweifelte José sich erschießen, doch wieder hält der Engel die Hand auf: Tantiemen für Smith & Wesson. Die Szene, im Stück kaum fünf Minuten, auf Veranstaltungen weiter ausgebaut, führt die Allgegenwart des Imperialismus vor; »*eine eindrucksvollere Demonstration der vollkommenen Überfremdung des brasilianischen Lebens gibt es kaum*« (H. Adler). M.Tö.

AUSGABEN: São Paulo 1960. – São Paulo 1986 (in *Teatro*, Bd. 1).

ÜBERSETZUNG: *Revolution auf südamerikanisch*, A. Botond, Ffm. 1979. [Bühnenms.]

LITERATUR: J. Santos, *A Revolução na América do Sul* (in Revista Brasiliense, 6, 1960, Nr. 32, S. 158–164). – K. Pörtl, *Revolution und Untergang im lateinamerikanischen Gegenwartstheater: B.s Theater der Befreiung und Wolffs Theater der Angst* (in Iberoamericana, 3, 1979, Nr. 3, S. 23–43). – H. Adler, *Politisches Theater in Lateinamerika*, Bln. 1982.

TEATRO DO OPRIMIDO

(portug.; *Ü: Theater der Unterdrückten*). Theoretische Schriften von Augusto BOAL (Brasilien), erschienen 1975. – *Teatro do Oprimido* ist keine am Schreibtisch entstandene Theaterpoetik, sondern der Versuch, ein zunächst in Lateinamerika entwickeltes, später unter den veränderten Bedingungen in Europa modifiziertes Theaterkonzept zu systematisieren. Ergänzt wird das Kompendium, das gleich nach Erscheinen internationale Resonanz fand, durch die beiden Bände *Técnicas Latinoamericanas de Teatro Popular* und *Duzentos exercícios e jogos para o actor e o não actor com ganas de dizer algo através do teatro* (beide 1975), in denen Boal die von ihm praktizierten Techniken anhand von Erfahrungsberichten und Übungen darstellt; die deutsche Ausgabe, *Theater der Unterdrückten*, enthält Texte aus allen drei Büchern.

Bereits während seiner Arbeit als Regisseur, Autor und Leiter des ›Teatro de Arena‹ in São Paulo experimentierte Boal mit neuen Theaterformen. So führte er einen Joker in das Spielgeschehen ein, der die Vorgänge auf der Bühne kommentiert und Distanz zur dargestellten Fiktion schafft. Einfühlung und Katharsis werden verworfen; der Einfluß BRECHTS, den Boal verkürzt rezipiert hat, ist unverkennbar. Der Joker ist ein Mittler zwischen Bühne und Parkett: Er kann die Handlung unterbrechen, Szenen wiederholen lassen; er diskutiert mit den Zuschauern und agiert als Stellvertreter des Publikums auf der Bühne. Das Teatro de Arena verstand sich – in ausdrücklicher Opposition zum bürgerlichen Theater – als Volkstheater, was laut Boal keine Frage des Themas, sondern der Perspektive ist. Später radikalisierte er diese Definition: nicht Theater *für* das Volk, sondern Theater *mit* dem Volk. In der Emanzipation des Zuschauers ging er über Brecht hinaus: Das epische Theater ermächtige den Zuschauer zum Denken, gebe ihm aber nicht das Recht zu handeln; die im Theater gemachten Erfahrungen blieben auf die Bewußtseinsebene beschränkt. Boal dagegen will das Produktionsmittel Theater dem Zuschauer gänzlich übereignen. Handlungsmodelle werden nicht mehr vorgeführt, sondern sinnlich erfahren, weil gemeinsam durchgespielt. Inspiriert ist dieses Konzept von Paulo FREIRES *Pedagogia do oprimido (Pädagogik der Unterdrückten)*. Wie dort die Subjekt-Objekt-Beziehung herkömmlicher Erziehungsmuster aufgegeben wird, die Einheit von Aktion und Reflexion postuliert und Befreiung als ein Vorgang der Praxis definiert wird, will Boal den Zuschauer aus seiner passiven Rolle befreien und zum eigentliche Protagonisten machen. Erst dann leiste das Theater mehr als nur abstrakte Aufklärung: Was der Zuschauer als Akteur auf der Bühne erprobt hat, vermag er später in der Wirklichkeit umzusetzen.

Die Grundformen des *Teatro do Oprimido* hat Boal in Argentinien und in Peru, wo er sich an der Alphabetisierungskampagne beteiligte, erstmals erprobt. Berühmt wurde das »*unsichtbare Theater*«. Ausgangspunkt ist eine fest umrissene, bis in Detail vorbereitete Konfliktsituation. Schauspieler inszenieren eine Szene auf der Straße, in öffentlichen Gebäuden oder im Zug; vorbeikommende Passanten oder Mitfahrer wissen nicht, daß sie Zuschauer einer Theaterszene sind und beteiligen sich spontan als Akteure. Ausgelöst wird die Vorstellung durch unkonventionelles, abweichendes Verhalten; die Schauspieler ziehen die Umstehenden in die Aktion hinein und provozieren so eine Auseinandersetzung über traditionelle Rollen- und Verhaltensmuster. Die Fiktion wird nicht aufgelöst: Eine gestellte Szene wird von den Beteiligten als Realität erfahren (und die Schauspieler kamen, wenn sie sich nicht rechtzeitig davonmachten, mit der Polizei in Konflikt). Obwohl Boal mit dem »unsichtbaren Theater« zum Teil verblüffende Wirkungen erzielte, kann diese Methode leicht zum Happening verkommen (auch wenn es, anders als die Aktionen G. WALLRAFFS, nicht für die Medien inszeniert wird, sondern Bewußtseinsprozesse bei den Beteiligten stimulieren will).

Anderen Techniken Boals kann man diesen Vorwurf nicht machen. Bei der Übung »*simultane Dramaturgie*« stellen Schauspieler eine Szene bis zu dem Punkt dar, wo das zentrale Problem deutlich wird; hier unterbrechen sie und fordern die Zuschauer auf, Lösungen vorzutragen. Diese Vorschläge werden durchgespielt, wobei jeder Zuschauer berechtigt ist, einzugreifen und die improvisierten Handlungen und Äußerungen der Schauspieler zu korrigieren. Beim »*Statuentheater*« werden die Teilnehmer aufgefordert, zu einem Thema (Familie, Arbeitslosigkeit etc.) nonverbal Stellung zu beziehen. Zunächst wird – mit dem eigenen Körper oder mit Hilfe anderer Teilnehmer – ein Realbild geformt, eine Metapher für die Wirklichkeit, dann ein Idealbild, das der Wunschrealität

entspricht, und schließlich gilt es, sich Zwischenphasen zwischen beiden Bildern auszudenken. Das »*Forumtheater*« erfordert bereits selbstbewußte Teilnehmer: Eine Modellszene wird von Schauspielern gespielt, bis ein Zuschauer eingreift und den Protagonisten ersetzt; er muß nun seine Lösung auf der Bühne gegen den Widerstand der Schauspieler durchsetzen. Wenn der Zuschauer aufgibt und die Szene verläßt, schlüpft der alte Protagonist in seine Rolle und die Szene läuft weiter, bis wieder ein Zuschauer eingreift und eine neue Lösungsvariante erprobt. Mit solchen Spielen, deren Themen Boal der unmittelbaren Lebenswirklichkeit der Zuschauer entnahm, hat er in Ländern der dritten Welt soziale und politische Prozesse in Gang setzen können (in einem peruanischen Bergdorf etwa kam es zur Absetzung des Bürgermeisters). In Europa sind die Unterdrückungsmechanismen subtiler; entsprechend mußte sich die Ausrichtung des *Teatro do Oprimido* ändern. Nicht revolutionäre Umgestaltung der Gesellschaft, sondern psychosoziale Probleme (Isolation, Lebensangst, sexuelle Unterdrückung etc.) wurden zum Thema der Theateraktionen.
Eine geschlossene Theorie entwickelte Boal nicht; die Begriffe sind oft unpräzise und werden häufig neu gefaßt. Der Eklektizismus findet auch im Trainingsprogramm seiner Workshops Ausdruck: Übungen zur Körperbeherrschung, von Stanislawski und Strasberg entlehnte Schauspieler-Techniken, Rollenspiele, wie sie aus Encounter- und Sensitivity-Gruppen bekannt sind. Zu Recht ist darauf hingewiesen worden, daß das von Boal erfundene und praktizierte Instrumentarium dem Psychodrama Jacob Levy MORENOS (1892–1974) nahesteht. Boal versteht sich, obwohl er entsprechende Wirkungen nicht ausschließt, jedoch nicht als Psychotherapeut. Er vertritt die Auffassung, daß Theater eine Sprache ist, die jedermann, unabhängig von Talent und Begabung, lernen kann. In diesem Sinne stellt die Bewegung *Teatro do Oprimido*, die in Paris ihr Zentrum hat, eine spezifische Alphabetisierungskampagne dar, die die unterdrückten Fähigkeiten des sozialisationsgeschädigten Menschen wieder befreien will.   M.Tö.

AUSGABEN: Buenos Aires 1975. – Rio 1976. – NY 1985.

ÜBERSETZUNG: *Theater der Unterdrückten*, M. Spinu u. H. Thorau, Ffm. 1979.

LITERATUR: A. Saco, *De la ilusión a la reflexión, de la reflexión a la acción* (in Revista de Crítica Literaria Latinoamericana, 1, 1975, S. 115–118). – M. Lange, Rez. (in FRs, 15. 9. 1979). – G. E. Wellwarth, *The Theatrical Theories of A. B.* (in *Studies in Romance languages and literature*, Hg. S. M. Cypess, Lawrence 1979, S. 36–47). – K. Pörtl, *Revolution und Untergang im lateinamerikanischen Gegenwartstheater: Boals Theater der Befreiung und Wolffs Theater der Angst* (in Iberoamericana, 3, 1979, Nr. 3, S. 23–43). – H. Thorau, *Das Unsichtbare Theater des A. B.* (in *Die Freiheit wächst auf keinem Baum*, Hg. M. Baumgarten u. W. Schulz, Bln. 1979, S. 111–119). – H. Thorau, *A. B.s Theater der Unterdrückten in Theorie und Praxis*, Rheinfelden 1982. – D. Feldhendler, *Psychodrama und Theater der Unterdrückten*, Ffm. 1987.

YAW M. BOATENG

eig. Maurice Yaw Brunner
* 13.4.1950 Kumasi

THE RETURN

(engl.; *Ü: Die Rückkehr*). Roman von Yaw M. BOATENG (Ghana), erschienen 1977. – Boateng, dessen historisches Fernsehspiel *Katier* 1972 im ghanaischen Fernsehen uraufgeführt wurde, legte mit *The Return* seinen ersten und bisher einzigen Roman vor. *The Return* ist eine historische Fiktion, die Handlung spielt im Königreich der Aschanti (im heutigen Ghana gelegen) und bei deren Anrainern zu Beginn des letzten Jahrhunderts, zur Zeit von Tutu Kwame also, dem es 1807 gelang, die an der Küste siedelnden Fanti zu unterwerfen. Damit gewann Aschanti Zugang zur Küste und ersten direkten Kontakt mit den europäischen Sklavenhändlern, die schon seit dem 16. Jh. Sklavenhandel an der Küste Westafrikas betrieben. Ihnen hatten die Aschanti lange Zeit Sklaven zugeführt – Tributzahlungen, die sie ihrerseits von den von ihnen unterworfenen Vasallenstaaten eintrieben. Zugleich stellte Aschanti ein Bollwerk gegen den seit 750 in Afrika expandierenden und sich in mächtigen Staatsgründungen manifestierenden Islam dar.
Vor diesem historisch belegten Hintergrund entspinnt sich die fiktive Geschichte der ebenso fiktiven Charaktere: Seku Wattara, ein Gonja (Vasallenstaat der Aschanti), der schon als Kind mit seinem Bruder Jakpa und seinem Vater Zuflucht im islamischen Königreich der Mossi – nördlich von Aschanti – hatte suchen müssen, verliebt sich als junger Mann in Mbinge, die Lieblingstochter des Mossi-Königs, der sich freilich der Heirat der beiden mit Nachdruck widersetzt. Das Liebespaar beschließt zu fliehen, wobei Jakpa ihnen Hilfe leistet. Noch ehe sie den rettenden Grenzfluß erreichen, haben Krieger des Königs sie eingeholt, Jakpa wird von Pfeilen getroffen. Seku und Mbinge lassen den vermeintlich Toten am Ufer zurück, ihnen gelingt die Flucht. Bei den Aschanti finden sie freundliche Aufnahme; im Eliteregiment der Kambonse macht Seku eine steile Militärkarriere, freilich um den Preis, gegen die eigenen Landsleute, die Gonja, zu Felde ziehen zu müssen. Lediglich eine alte Blutrache belastet das Glück des Ehepaares – vor Jahren

hatte Seku bei einem sportlichen Ringkampf seinen Gegner unbeabsichtigt getötet; die Familie schwor Rache.
Jakpa, der überlebt hat, ist inzwischen auf abenteuerlichen Umwegen nach Kumasi gekommen, wo er als gebildeter Hausssklave Dienst tut und mit knapper Not dem Schicksal entgeht, an die weißen Händler verkauft zu werden. Auch Seku und Mbinge leben in Kumasi, wo Jakpa die junge Frau eines Tages auf dem Markt sieht. Er beschließt, an seinem ungetreuen Bruder Rache zu nehmen, doch ehe er sein Vorhaben ausführen kann, wird die hochschwangere Mbinge von einem Mitglied der Familie des einst von Seku getöteten Ringers tödlich verletzt. Bevor sie stirbt, bringt sie einen Sohn zur Welt. Jakpa ist entschlossen, den Bruder zu töten, sobald die Trauerzeit von 40 Tagen um ist, doch in dieser Zeit gelingt es der jungen Frau Akosua, eine Freundin der Ermordeten und spätere Ehefrau Jakpas, und dem islamischen Gelehrten Maalam Fuseini, Jakpa zu überreden, den Plan aufzugeben, und es kommt schließlich zur Versöhnung der Brüder.
Boateng steht mit seinem Roman in der Tradition Paul Hazoumés aus Dahomey (heute Benin), der 1938 mit *Doguicimi* den ersten historischen Roman Westafrikas vorlegte. Hazoumé läßt in seinem Werk das alte Königreich Dahome in der Epoche des Königs Geso wiedererstehen, und genauso wie Boateng bemüht er sich um eine objektive Darstellung der traditionellen afrikanischen Gesellschaft in einem breiten Kultur- und Sittengemälde. Anders freilich als Boateng sieht er das endgültige Heil Afrikas in der Übernahme europäischer Kultur und christlichen Gedankengutes. Bei Boateng findet sich eher eine gegenteilige Schlußhaltung: Die Darstellung alter Sitten und Bräuche – gelegentlich mit störenden belehrend-erläuternden Erklärungen durchsetzt – sollen das Verständnis für traditionelle kulturelle Werte wecken, wiederbeleben, erhalten. Dabei richtet sich der Autor ganz offensichtlich an seine Landsleute ebenso wie an den europäischen Leser. Negative Aspekte der vorkolonialen Geschichte, wie sie sich in den Auswüchsen feudaler Herrschaft und schon traditionell bestehender Sklaverei zeigen, werden weder verschwiegen noch beschönigt, doch erscheint Europa keineswegs als der Heilsbringer aus dieser Misere, vielmehr wird es letztlich als der Urheber der üblen Übersteigerungen entlarvt, als dasjenige, das durch den Sklavenhandel das Rad der Unmenschlichkeit erst in Bewegung gesetzt hat. I.U.

Ausgaben: London 1977. – NY 1977.

Übersetzung: *Die Rückkehr*, K. v. Schweder-Schreiner, Olten/Freiburg i. B. 1982.

Literatur: K. H. Jansen, *Literatur und Geschichte in Afrika: Darstellung der vorkolonialen Geschichte und Kultur Afrikas in der englisch- und französischsprachigen fiktionalen afrikanischen Literatur*, Bln. 1981.

JOHANNES BOBROWSKI

* 9.4.1917 Tilsit
† 2.9.1965 Berlin / DDR

Literatur zum Autor:
S. Streller, *J. B.* (in *Literatur der DDR in Einzeldarstellungen*, Hg. H. J. Geerdts, Stg. 1972, S. 292–315). – N. Oellers, *J. B.* (in *Deutsche Dichter der Gegenwart*, Hg. B. v. Wiese, Bln. 1973, S. 413–435). – C. Grützmacher, *Das Werk von J. B.: eine Bibliographie*, Mchn. 1974. – *J. B. Selbstzeugnisse und neue Beiträge über sein Werk*, Hg. G. Rostin, Bln./DDR 1975; Stg. 1976. – A. Behrmann, *Facetten. Untersuchungen zum Werk J. B.s*, Stg. 1976. – *Ahornallee 26 oder Epitaph für J. B.*, Hg. G. Rostin, Bln./DDR 1977; Stg. 1978. – B. Gajek u. E. Haufe, *J. B.*, Ffm. u. a. 1977. – J. P. Wieczorek, *Figures and Themes in the Works of J. B.*, Diss. Oxford 1978. – B. Leistner, *J. B.: Studien und Interpretationen*, 2 Bde., Diss. Lpzg. 1982. – G. Wolf, *J. B. Leben und Werk*, Bln./DDR 1982.

DAS LYRISCHE WERK von Johannes Bobrowski.
Der sehr stark durch die ostpreußisch-litauische Landschaft seiner Kindheit geprägte Lyriker und Erzähler begann bereits mit 24 Jahren zu schreiben, seine ersten Gedichtbände erschienen aber erst zwanzig Jahre später: *Sarmatische Zeit* (1961), *Schattenland Ströme* (1962) und *Wetterzeichen* (1967). Das Zusammenleben unterschiedlicher Nationalitäten in dem als »*Sarmatien*« bezeichneten »*weiten Land zwischen Weichsel und Wolga/Don*« wurde für Bobrowski das Thema seiner Dichtung: »*Die Deutschen und der europäische Osten. Weil ich um die Memel herum aufgewachsen bin, wo Polen, Litauer, Russen, Deutsche miteinander lebten, unter ihnen allen die Judenheit. Eine lange Geschichte aus Unglück und Verschuldung, seit den Tagen des deutschen Ordens, die meinem Volk zu Buche steht. Wohl nicht zu tilgen und zu sühnen, aber eine Hoffnung wert und einen redlichen Versuch in deutschen Gedichten.*«
Bevor Bobrowski 1960 mit einer ersten Lesung vor der »Gruppe 47« einer breiteren Öffentlichkeit in beiden Teilen Deutschlands bekannt wurde, hatte er bis auf acht frühe Gedichte, die 1944 in der Zeitschrift ›Das Innere Reich‹ erschienen waren, lediglich noch einige Gedichte in der von Peter Huchel herausgegebenen DDR-Zeitschrift ›Sinn und Form‹ (1955) veröffentlicht. Bobrowskis lyrische Anfänge gehen zwar auf das Jahr 1941 zurück, die meisten Gedichte entstanden aber erst in den Jahren 1954 bis 1962; so ließen die rasch aufeinanderfolgenden Lyrikbände kaum mehr eine literarische Entwicklung erkennen, vielmehr erweckte Bobrowski mit diesen meist ausgereiften und formal anspruchsvollen Gedichten den Eindruck, ein von Anfang an »vollendeter« Dichter zu sein.

Der 1961 erschienene Band *Sarmatische Zeit* faßt Lyrik der vergangenen zehn Jahre zusammen; beschworen wird der nordosteuropäische Landschaftsraum und die Geschichte seiner Völker *(Steppe:* »*Einer war, / der sang in den Abend. Draußen / schwer die Ebene, / baumlos, um niedres Gewächs / brennend der Sand –*«*).* Realistisch und visionär zugleich vergegenwärtigt Bobrowski die versunkene sarmatische Welt, in der Landschaft und Menschen sich wechselseitig prägten. Dabei verbindet er Kindheitserinnerungen sowohl mit den Mythen der Frühzeit *(Pruzzische Elegie; Wiederkehr; Die Daubas)* als auch mit Anzeichen der Bedrohung und des Untergangs *(Die Spur im Sand:* »*Der blasse Alte / im verschossenen Kaftan. / Die Schläfenlocke wie voreinst. Aaron, / da kannte ich dein Haus. / Du trägst die Asche / im Schuh davon*«*).*

In den überwiegend 1960/1961 entstandenen Gedichten des Bandes *Schattenland Ströme* (1962) vertieft Bobrowski die Beziehung zwischen Landschaft und Geschichte durch den Rückgriff auf historische Gestalten und Mythen ebenso wie durch die Einbeziehung der jüngsten, nationalsozialistischen Vergangenheit *(Der Adler; An den Chassid Barkan; Gedenkblatt; Wetterzeichen; Holunderblüte).* Das Kriegs- und Schuldthema tritt deutlicher in den Vordergrund, Vergangenes soll nicht in Vergessenheit geraten und wird deshalb mahnend beschworen (»*Immer zu benennen: / den Baum, den Vogel im Flug, / den rötlichen Fels, wo der Strom / zieht, grün, und den Fisch / im weißen Rauch, wenn es dunkel / über die Wälder herab*«*).* Das ursprüngliche Gefühl der Harmonie zwischen Mensch und Natur erweist sich aus der Erinnerung heraus als trügerisch, das lyrische Ich beklagt die Zerstörung dieser Einheit und die nun drohende Vereinsamung *(Abend der Fischerdörfer; Wintergeschrei).* Nach diesem zweiten Band brach Bobrowski den Versuch ab, in einer großen Gedichtsammlung *(Sarmatischer Divan)* die historische Schuld der Deutschen gegenüber den Völkern des Ostens abzutragen, da das »*mehr summierende grundsätzliche Gedicht*« diesem Anliegen nicht gerecht werden konnte und er sein Thema eher in der Prosa weiterführen wollte.

Wetterzeichen (1967) ist die letzte von Bobrowski selbst zusammengestellte Sammlung, deren Gedichte größtenteils zwischen 1961 und 1963 entstanden. Die Themen werden persönlicher, sie reflektieren Bobrowskis lyrischen Anspruch und seine Position als Dichter *(An Klopstock:* »*ich hab / aufgehoben, dran ich vorüberging, / Schattenfabel von den Verschuldungen / und der Sühnung*«*).* Die Chiffrenhaftigkeit der Naturbilder nimmt zu, Liebesgedichte stehen neben Gedanken an den Tod *(Hechtzeit; Antwort)* und Zweifeln an der Wirksamkeit des gesprochenen Worts *(An Klopstock; Sprache; Antwort).*

Bobrowskis Lyrik gilt allgemein als dunkel und hermetisch; eine eher fremde Erfahrungswelt, die Vieldeutigkeit der symbolischen Bilder und die spannungsvolle Verbindung von humanistischer Bildungstradition mit lyrischer Moderne in seinen Gedichten erschweren den unmittelbaren Zugang. Beeinflußt von seinem »*Zuchtmeister*« KLOPSTOCK, übernahm Bobrowski das reimlose antike Versmaß und verband es mit der nachsymbolistischen Lyriktradition. Die Auflösung der Syntax, häufige Inversionen und die isolierte Stellung des einzelnen Worts weisen über den konkreten Bedeutungszusammenhang des Verses hinaus *(Gegenlicht:* »*Dämmerung. / Wie das Grasland / hertreibt, die breite Strömung, / Ebenen. Kalt, unzeitig / der Mond. Ein Flügelschlag nun.*«*).* Die Unmittelbarkeit der sinnlichen Wahrnehmung drückt sich aus in der suggestiven Kraft seiner Sprache, die eine durchgängige Symbolik besitzt: *Baum* und *Vogel* stehen für Leben, Bewegung und sprachliche Verständigung, *Schnee* für Vergessen oder *Winter* für Krieg und Verfinsterung. In Anlehnung an die Stromlyrik Klopstocks, GOETHES und HÖLDERLINS entstanden Gedichte, die die historische Zeit bis in die Gegenwart sichtbar machen sollten *(Stromgedicht; Die Memel; Der Don; Im Strom; Wiesenfluß).*

Bobrowski hat, ähnlich wie Peter Huchel, keine traditionellen oder idyllischen Naturgedichte geschrieben, vielmehr suchte er die »*Geschichte menschlicher Arbeit in der Landschaft*« aufzuzeigen. Mensch und Natur vereinen sich, ihre gemeinsame Geschichte wird schließlich in der Landschaft aufbewahrt; die beschworenen Naturbilder verweisen dabei in ihrer Komplexität auf rational nicht darstellbare Zusammenhänge *(Auf der Taurischen Straße).*

Beeinflußt von den poetologisch-weltanschaulichen Positionen Johann Georg HAMANNS, dessen Vernunftskepsis er folgte, dessen Glaubensgewißheit und heilsgeschichtliche Zukunftserwartung er aber auch als Christ nicht mehr teilen konnte, griff Bobrowski zurück auf die Idee einer magischen »*Natursprache*«, die »*wahrscheinlich wieder mehr Zauberspruch, Beschwörungsformel*« werden müßte. Unter dem Eindruck von Johann Gottfried HERDERS Geschichtsverständnis und dessen »*Konzeption einer fortschreitenden Humanisierung*« des Menschen, sah Bobrowski seine Aufgabe als Dichter darin, gegen das Vergessen von Geschichte und Schuld anzuschreiben (»*Ich bin dafür, daß alles immer neu genannt wird, was man so ganz üblich als* ›*unbewältigt*‹ *bezeichnet, aber ich denke nicht, daß es damit* ›*bewältigt*‹ *ist. Es muß getan werden, nur auf Hoffnung.*«*).* Dabei gründete er »*seine Verantwortlichkeit nicht auf eine benannte Transzendenz, sondern auf menschliche Erfahrung. Um diesen Mangel an verbindlicher Autorität auszugleichen, braucht er die suggestive, beschwörende Sprache, braucht er als Instrument den unmittelbaren sinnlichen Eindruck der Chiffren der Natur, auch wenn er Geschichtliches meint*« (v. Heydebrand).

Bobrowskis zutiefst »*brüderliche*« (Hermlin) Dichtung hat Zeichencharakter, die evokative Kraft seiner Bilder will unmittelbar sinnlich auf den Leser wirken. Eine »*intensive Ich-Du-Beziehung im Gedicht*« war für ihn »*Vorbedingung für Gesellschaft*« und Grundlage für eine »*Zukunft ohne Angst*«; als Mahnung und Vermächtnis kann eines seiner letz-

ten Gedichte gelten, *Das Wort Mensch:* »*Wo Liebe nicht ist, / sprich das Wort nicht aus*«.
Zahlreiche Personengedichte, über Klopstock, Hamman, Hölderlin und LENZ, über Gertrud KOLMAR, Else LASKER-SCHÜLER und Nelly SACHS, dienten der eigenen Standortbestimmung, sie waren für Bobrowski »*keine Porträts ..., sondern Anrufe an Sternbilder, nach denen der alte Sarmate die Himmelsrichtung peilt*«. Bobrowski hinterließ Lyrik, »*in die die Bitternis erfahrener Lebenswirklichkeit, die schmerzliche Wahrnehmung von Dissonanzen zutiefst eingegangen sind und in der sich mit höchster Intensität die Sehnsucht nach existentieller Harmonie ausspricht*« (Leistner). Der Einwand, er habe von seiner elegisch-humanistischen Position aus den komplexen gesellschaftlich-politischen Hintergründen der vergangenen Katastrophen nicht gerecht werden können, verliert vor der moralischen und künstlerischen Kraft seiner Gedichte an Bedeutung. C.Kn.

AUSGABEN: *Sarmatische Zeit. Gedichte*, Stg. 1961; Bln./DDR 1961. – *Schattenland Ströme. Gedichte*, Stg. 1962; Bln./DDR 1963. – *Das Land Sarmatien. Gedichte*, Mchn. 1966 [enth. *Sarmatische Zeit* u. *Schattenland Ströme*; ern. unter d. Titel *Sarmatische Zeit*, Mchn. 1978]. – *Wetterzeichen. Gedichte*, Bln./DDR 1967; Bln. 1967. – *Im Windgesträuch. Gedichte aus dem Nachlaß*, Bln./DDR 1970; Stg. 1970. – *Gedichte 1952–1965*, Lpzg. 1974. – *Gedichte. Gedichte aus dem Nachlaß* (in *GW*, Hg. E. Haufe, Bd. 1 u. 2, Bln./DDR, Stg. 1987).

LITERATUR: R. v. Heydebrand, *Engagierte Esoterik: Die Gedichte J. B.s* (in *Wiss. als Dialog. Studien zur Lit. u. Kunst seit der Jahrhundertwende. W. Rasch zum 65. Geburtstag*, Hg. dies. u. K. G. Just, Stg. 1969, S. 389–450). – D. Deskau, *Der aufgelöste Widerspruch.* »*Engagement*« *und* »*Dunkelheit*« *in der Lyrik J. B.s*, Stg. 1975. – W. Mauser, *Beschwörung und Reflexion. B.s sarmatische Gedichte*, Ffm. 1970. – F. Minde, *J. B.s Lyrik und Tradition*, Ffm./Bern 1981. – W. Schulz, *Die aufgehobene Zeit. Zeitstruktur und Zeitelemente in der Lyrik J. B.s*, Bern u. a. 1983. – S. Reichert, *Das verschneite Wort. Untersuchungen zur Lyrik J. B.s*, Bonn 1988.

LEVINS MÜHLE. 34 Sätze über meinen Großvater

Roman von Johannes BOBROWSKI, erschienen 1964. – Der Großvater des Erzählers lebt zur Zeit der Gründerjahre als reicher Mühlenbesitzer in Westpreußen, wo (seit 1870) das nationale Selbstbewußtsein des deutschen Bevölkerungsteils systematisch gegen andersrassige Minderheiten mobilisiert wird. Die Deutschen, zu denen der Großvater trotz polnischer Vorfahren sich zählt, treten nach der Reichsgründung gegenüber Polen, Juden und Zigeunern als Herrenmenschen auf. So glaubt der Großvater ein gewissermaßen »natürliches« Recht wahrzunehmen, wenn er eines Nachts die Mühle seines jüdischen Konkurrenten Levin durch heimtückisches Öffnen einer Schleuse zerstört. Als Levin gegen den Großvater Anzeige erstattet, verbündet dieser sich mit dem großdeutsch gesinnten Dorfpfarrer, der eine Vertagung des Verfahrens erwirkt. Levin seinerseits solidarisiert sich mit den Besitzlosen und Entrechteten; herumziehende Zigeuner ergreifen für ihn Partei und prangern das geschehene Unrecht in einer zündenden Ballade an. Der Großvater reagiert darauf mit einer neuen Untat. Er legt Feuer an das herrenlose Haus, in dem Levin und einer der Zigeuner sich versteckt halten, und klagt dann Levin der Brandstiftung an. In der anschließenden Gerichtsverhandlung werden Levins Zeugen als befangen abgelehnt. Da glaubwürdige – und das heißt: deutsche – Zeugen nicht beizubringen sind, muß Levin das Dorf verlassen. Die Unterdrückten – Polen, Juden, Zigeuner und deutsches Landproletariat – halten jedoch weiter zusammen und erzielen sogar gewisse Erfolge; einmal gelingt es ihnen, einer Gruppe deutscher Nationalisten – unter ihnen der Großvater –, die im Dorfgasthaus eine Schlägerei provozieren, mit vereinten Kräften Herr zu werden. Als nach diesem Vorfall die zuständigen Behörden nicht zugunsten der Deutschen eingreifen, resigniert der Großvater, verkauft seine Mühle und verläßt den Ort. Gewandelt hat er sich nicht; er bleibt ein überzeugter Nationalist und Antisemit, der nur auf den Tag wartet, wo er wirkungsvoller zuschlagen kann. Der Erzähler gibt ihn auf – als einen hoffnungslosen Fall.

Es sind die Vorformen der großen Katastrophen, die Bobrowski in der kleinen alltäglichen Welt der westpreußischen Provinz findet, wobei er nicht als allwissender Erzähler auftritt, sondern, darin dem Mutmaßungs-Stil Uwe JOHNSONS (*Mutmaßungen über Jakob*) ähnlich, den Gang der Geschichte durch Nebensätze, Fragen und Reflexionen hemmt, sie auf Alternativen hin untersucht. Verschiedene Sprachschichten und Erzählstile stehen nebeneinander, Dialoge wechseln unvermittelt mit inneren Monologen, sachliche Berichterstattung in der Alltagssprache wird unterbrochen durch lyrisch-beschreibende Passagen. Der Versuch, die Fabel in 34 Sätzen zu erzählen, wie der Untertitel des Romans verspricht, wird scheinbar ernsthaft verfolgt, aber schließlich aus den Augen verloren. Bobrowski, in der DDR als »*bürgerlicher Humanist*« bezeichnet, hat mit diesem Roman – wohl sein meistgerühmter Prosatext – zugleich ein Beispiel für einen alternativen, sich jeder falschen Idylle entziehenden »Heimatroman« geschaffen, der durchaus in der Tradition eines Oskar Maria GRAF oder einer Anna SEGHERS zu sehen ist. KLL

AUSGABEN: Ffm. 1964. – Bln./DDR 1964; [7]1980. – Ffm. 1970; [10]1987 (FiTb). – Lpzg. 1981 (RUB). – Bln. (DDR)/Stg. 1987 (in *GW*, Hg. E. Haufe, Bd. 3).

LITERATUR: M.-T. Cadot, *Le comique sérieux dans* »*Levins Mühle*« *de J. B.* (in Recherches Germaniques, 11, 1981, S. 169–189).

LITAUISCHE CLAVIERE

Roman von Johannes BOBROWSKI, erschienen 1966. – In seinem letzten Roman, der, fertig vorliegend, aus dem Nachlaß veröffentlicht wurde, hat Bobrowski es wiederum mit seinem «Thema», dem Problem des Zusammenlebens verschiedener Volksgruppen im ostdeutschen Grenzland, zu tun. Was sich als äußere Handlung erzählen läßt, bietet nur den Rahmen für eine vielschichtige Sinnstruktur. Zwei Herren aus Tilsit, Gymnasialprofessor Voigt und Konzertmeister Gawehn, wollen eine Oper schreiben. Ihr Gegenstand ist die historische Gestalt des Kristijonas Donelaitis, der im 18. Jahrhundert Pfarrer im preußisch-litauischen Dorf Tolmingkehmen war, litauischer Nationaldichter, Barometer- und Thermometermacher und Erbauer von drei Klavieren. Auf der Suche nach Material für den Hintergrund dieser exemplarisch gemeinten Lebensstudie unternehmen die beiden am Vortag des Johannisfests 1936 eine Kleinbahnfahrt über die Memel ins derzeit litauische Willkischken zum Dorfschullehrer, Volksliedsammler und Sprachforscher Potschka. Dabei geraten sie in die zu Johanni üblichen Feiern nationaler Vereine der Deutschen und Litauer und können das bunte, spannungsreiche Mit- und Gegeneinander der Volksgruppen unmittelbar beobachten. Sie erleben, wie der schwelende Konflikt angeheizt wird, wie es – durch die noch als »Kulturverein« getarnten Nationalsozialisten – zu Mord und Totschlag kommt. Ein friedliches Zusammenleben, zu dem Voigt mit seiner Oper beitragen wollte, scheint kaum noch möglich. Auch auf Potschka soll, da er als Litauer die Liebe der Deutschen Tuta Gendrolis erwidert, ein Anschlag verübt werden. Ob und wie dieser Anschlag ausgeführt wird, läßt der Erzähler nur ahnen, da er in den letzten Kapiteln das reale Geschehen mit imaginärem fast unscheidbar durchsetzt: Potschka besteigt einen *»Turm, den es nicht gibt«* und verliert sich dort in Visionen aus dem Leben des Donelaitis, mit dem er sich auch sonst schon identifiziert hat; dabei wird er – dies die eine Version – von einem Handlanger der Nazis herabgestoßen oder – dies die andere – von seiner Tuta zu den Forderungen der Gegenwart zurückgerufen. Der Leser wird durch die Verschlüsselung des Endes vor die Aufgabe gestellt, dessen Sinn im Rückblick auf die gesamte Erzählung zu erarbeiten. Solch provozierende Dunkelheit, die Eindeutigkeit verweigert, ist für Lyrik wie Prosa Bobrowskis charakteristisch. Ebenso sind es die Stilmittel: scheinbar überflüssige Episoden und Details, Anekdoten und Bildbeschreibungen, Landschaftsschilderungen und Exkursionen in die Geschichte, all dies durch lyrische Parallelen und epische Entsprechungen verwoben zu einem Netz von sinntragenden Bezügen. Dominantes Strukturprinzip ist die Beziehung des Gegenwartsgeschens auf die Geschichte.

Damit erscheint Bobrowskis Leitfrage nach den Bedingungen humanen Verhaltens als Frage nach dem richtigen Verhältnis zur Vergangenheit. Begünstigt Naturnähe eine idyllisch-geschichtsferne Lebensform, wie sie in Leben und Brauchtum der Litauer noch greifbar ist, so stellt Geschichte in die Entscheidung zwischen gerecht und ungerecht. Zu Ungerechtigkeit führt das Streben nach Macht, Besitz und Herrschaft. An ihm haben Litauer wie Deutsche teil, glücklos und daher weniger befleckt die einen, erfolgreich und durch den Erfolg noch mehr korrumpiert die andern; Bobrowski meint mit seiner Kritik die Machtgierigen, nicht die Völker. Auf Gerechtigkeit dagegen zielt ein Handeln aus selbstloser Liebe, wie es Donelaitis vorlebte. In diesem Dichterpfarrer verbindet sich Naturnähe mit tätiger Verantwortung, auf dem Boden des Christentums; Unerschrockenheit gegenüber den Mächtigen kennzeichnet sein Leben und drückt sich aus in seinem mehrfach zitierten Hauptwerk, den Hexameter-Idyllen *Die Jahreszeiten*. Zu diesem Typus geschichtlichen Verhaltens gilt es sich zu bekennen; verkörpert wurde er bereits durch Hamann, auf den Donelaitis selbst wieder kryptisch bezogen ist. Voigt und Potschka, die durch auffällige biographische Parallelen als »Postfigurationen« des Donelaitis bezeichnet sind, lassen sowohl Gelingen als auch Verfehlen eines solchen Rückbezugs erkennen; Voigt hat die rechte Beziehung zum Vorbild, aktive Nachfolge, schon gefunden, Potschka muß – dies versinnbildlicht die Turmszene – noch lernen; romantisch-kontemplative Verehrung der Vergangenheit ist den bösen Kräften gegenüber ohnmächtig. Das Erinnern muß für die Gegenwart und die Menschen fruchtbar werden, im Handeln und im Weitersagen.

Mit dieser Einsicht hat Bobrowski auch sein Selbstverständnis umrissen. Der Dichter steht in einer Kette von Menschen, die – vormals als Christen, heute im Geist des Christentums oder doch in seiner säkularisierten Tradition – Gerechtigkeit zu fördern suchen, indem sie in furchtloser Liebe handeln und an Gerechtes erinnern. Für die bescheidene Hoffnung auf die Wirksamkeit solchen Tuns stehen, als Chiffre, die *»litauischen Claviere«* des Donelaitis, die nur ganz langsam gestimmt werden können und immer *»leicht verstimmt«* bleiben: wiederum Zeichen christlichen Weltverständnisses, das sich für die irdischen Verhältnisse mit der Annäherung an die geahnte Harmonie begnügen muß.

Das »Weitersagen« übernimmt im Text ein Erzähler, der in Satzduktus und Wortwahl mündliches Erzählen nachahmt und engsten Kontakt mit seinen «Hörern« sucht. Zugleich gibt er sich als Augenzeuge des Geschilderten, ja oft als Freund und Mahner der Figuren. Authenzität des Dargestellten, Hervortreten seiner ethischen Bedeutung und Appell an den Leser sind die Wirkungen dieses für Bobrowski typischen Verfahrens, das die Übereinstimmung von Absicht und Gestaltung bezeugt.

R.v.H.

AUSGABEN: Bln./DDR 1966; ²1967. – Bln. 1967. – Bln. 1983. – Bln. (DDR)/Stg. 1987 (in *GW*, Hg. E. Haufe, Bd. 3).

LITERATUR: B. Leistner, *Der Epiker J. B.*, Diss. Lpzg. 1971. – J. P. Wieczorek, »*Die großen Taten in verschiedenen Zungen*«. *J. B.s »Litauische Claviere«* (in GLL, 35, 1982, S. 355–367).

MANUEL MARIA BARBOSA DU BOCAGE

* 15.9.1765 Setúbal
† 21.12.1805 Lissabon

DAS LYRISCHE WERK (portug.) von Manuel Maria Barbosa du BOCAGE.
In Bocages Werk spiegelt sich der Umbruch von klassizistischer Dichtung zu den ersten Ansätzen romantischer Lyrik in Portugal. Was die Zeitgenossen als übermäßige Ich-Bezogenheit tadelten (insbes. sein Gegenspieler José Agostinho de MACEDO, 1761–1831), das machte den Dichter in den Augen des portugiesischen *Romantismo* (Alexandre HERCULANO, 1810–1877) zum Vorläufer romantischer Sensibilität. Diese Auffassung führt bis heute zu einer verengten Wahrnehmung seines Gesamtwerkes, das alle klassischen Formen durchspielt, auf die Momente, die sich als Gefühlsausdruck eines lyrischen Ichs deuten lassen.
Bocages wechselvolles Leben – Lissaboner Bohème, Indienfahrt, unglückliche Liebe, Kerkerhaft – legte es nahe, in seinen Versen vorrangig den Erlebnisgehalt zu suchen. Doch besaß er keineswegs ein romantisches Selbstverständnis, auch wenn er sein Leben nach Luís de CAMÕES stilisierte, der 1825 bei Almeida GARRETT (1799–1854) zum Modell des verkannten Dichter-Propheten werden sollte. Die Dichtungspraxis während der Endphase absolutistischer Herrschaft in Portugal folgte vielmehr der regelhaften, klassizistischen Ästhetik und wurde von der offiziell unterdrückten, aber unaufhaltsamen französischen Aufklärung (VOLTAIRE) beeinflußt. Dabei erwiesen sich die *botequins* (Schenken) in Lissabon als konspirative Nischen dichterischer und revolutionärer Aktivität, wo Bocage bereits mit 16 Jahren seine Verse deklamierte. Die Motivation des Dichtens war die Vermittlung aufklärerischen Gedankenguts in Lehr- oder Streitgedichten (Epistel) und der stilistische Wettstreit in verschiedenen »arkadischen Gesellschaften«: Bocage trat 1790 der *Nova Arcádia* bei und entwickelte einen Stil formaler Schönheit und verbaler Musikalität, der mit der in Wortwahl und Satzbau artifizielleren Dichtungsweise Filinto ELÍSIOS (1734–1819) konkurrierte. Einen nicht geringen Raum nehmen schließlich Dank- und Auftragsarbeiten (Lob- und Gelegenheitsgedichte) in Bocages Gesamtwerk ein, da er sich zeitweise von der Verskunst ernähren mußte. Diese Arbeitsbedingungen empfand Bocage selbst als »*morte do estro*« (»*Tod der künstlerischen Kraft*«) und stützt damit seine Stilisierung zum armen, unglücklichen Dichter, die er in zahlreichen klagenden Selbstanreden oder verkleidet hinter arkadischen Namen (insbes. unter dem Pseudonym Elmano Sadino) kultivierte.
So pflegt Bocage zwar nebeneinander die Vielfalt klassischer Themen und Motive (Idyll, Elegie, Kantate, Ode, Epicédium, Epigramm) und aufklärerische Moralistik (z. B. Lehrfabeln nach LA FONTAINE), doch macht sich eine Bewußtseinshaltung bemerkbar, die nach authentischem Ausdruck des Ichs jenseits der weitgehend unpersönlichen Gebrauchsdichtung strebt.
Bruchlos gehen diese einander widersprechenden Dichtungskonzeptionen in das Kernstück von Bocages lyrischem Werk ein: In den über 300 Sonetten ist es häufig unentscheidbar, wann die Umsetzung von Liebes- und Todesmotiven sowie die Überhöhung künstlerischer Inspiration (»*o estro*«) lediglich klassische Topoi neu bearbeitet – in erklärter Nachfolge von Luís de Camões –, und wann sich subjektives Erleben ankündigt. Bocage verlagert in den formvollendeten Liebessonetten die Konflikte zunehmend von äußeren Hindernissen wie der Abwesenheit der Geliebten in die Seele des »*escravo de Amor*« (»*Diener der Liebe*«). Doch statt bereits die romantische Entsprechung von Ich und Tiefenlandschaft im Stimmungsbild zu entwerfen, entwickelt er die Topik des *locus amoenus* und vor allem des *locus horrendus* weiter zu einer ausufernden personifizierenden Allegorisierung von einerseits Liebe, Glück, Frieden und andererseits Eifersucht, Nacht, Tod. Im Sinne klassischer Bildführung wird das konkrete Erlebnis im Abstraktum verallgemeinert und in gewählter Sprache überhöht, etwa in dem berühmten Sonett *Se é doce, no recente, ameno estio, / ver toucar-se a manhã de etéreas flores (Wenn es süß ist, im frischen, lieblichen Sommer / zu sehen, wie sich der Morgen mit ätherischen Blumen schmückt)*.
Daneben gibt es jedoch eine Reihe von Gedichten, die über ihre ungekünstelte Sprechweise des Affekts (Ausrufe, Auslassungen, Anaphern) direkte Emotionalität vermitteln: »*Ah! que fazes Elmano? Ah! não te ausentes...*« (»*Ah! was machst du, Elmano? Ah! geh' nicht...*«). Zusammen mit der bevorzugten Ausgestaltung von seelischem Schmerz, verderblicher Liebe und Todessehnsucht steht dies für Bocages »*romantisches Temperament*« trotz »*klassischer Bildung*« (H. Cidade). Ebenso zeigt sich in den Gelegenheitsgedichten neben dem Eintreten für die Ideale Menschlichkeit und Freiheit (»*Liberdade, onde estás?*« – »*Freiheit, wo bist du?*«) eine Vorliebe für Schauerszenen (Vatermord, Hinrichtung), die auf die schwarze Romantik vorverweisen. Am eindeutigsten klingt präromantische Subjektivität dort an, wo Bocage seinen leidvollen Zustand verbunden mit der Dichterrolle zum Thema macht. Dies geschieht verstärkt nach seiner Gefangennahme und Verurteilung auf Betreiben der Inquisition 1797, die insbesondere aufgrund des aufklärerischen Streitgedichts *A pavorosa ilusão da eternidade (Die schreckliche Illusion der Ewigkeit)* erfolgte. Aus der Erfahrung der Kerkerhaft entstan-

den neben Sonetten, die das eigene Leid beklagen, das narrative Poem *Trabalhos da vida humana (Mühsale des menschlichen Lebens)*: Hier wird bereits zu Beginn programmatisch an die Stelle dichterischen Gesangs das Weinen des verstoßenen Dichter-Ichs gesetzt, wobei sich der Text so deutlich wie nie zuvor natürlichem affektivem Sprechen annähert. Diese Haltung gipfelt im letzten Sonett, das Bocage auf dem Totenlager diktierte, in einem Einklang von lyrischem Ausdruck und stilisiertem Leben: »*Já Bocage não sou! ... À cova escura / meu estro vai parar desfeito em vento ...*« (»*Ich bin Bocage nicht mehr! ... In der dunklen Höhle / wird meine schöpferische Kraft vergehen, im Wind zerstäubt*«). Von diesem Sonett ausgehend verdeckt im 19. und frühen 20. Jh. das biographisch begründete Modell des bereits »romantischen« Bocage, der von den Zeitgenossen verkannt wurde, den aufklärerischen und formalen Anspruch eines klassizistisch geschulten Dichters. Übergangen werden bis heute die satirischen und burlesk-erotischen Dichtungen, die im 19. Jh. zur Nachtschrank-Lektüre wurden (so z. B. für den Conselheiro Acácio in Eça de Queirós' Roman *O Primo Basílio – Vetter Basílio*). Abweichend vom traditionellen Bocage-Bild entwerfen diese Texte einen »*obszönen Poeten*« (J. G. Melquior). O.Gr.

Ausgaben: *Rimas*, Lissabon 1791 [Bd. 1]. – *Rimas*, Lissabon 1799 [Bd. 2]. – *Rimas*, Lissabon 1804 [Bd. 3]. – *Obras poéticas*, Lissabon 1812 [Bd. 4]. – *Obras poéticas*, Lissabon 1813 [Bd. 5]. – *A pavorosa ilusão da eternidade*, Ldn. 1840–1850. – *Poesias*, Lissabon 1853, 6 Bde. – *Poesias eróticas, burlescas e satíricas*, Brüssel 1854. – *Obras poéticas*, Porto 1875, 8 Bde.; ern. Lissabon 1910, 3 Bde. – *Sonetos*, Lissabon 1915; ern. 1960, Hg. H. Cidade. – *Obras*, Hg. T. Braga, Porto 1968. – *Opera omnia*, Hg. H. Cidade, Lissabon 1969–1973, 6 Bde. – *Sonetos*, Lissabon 1978 [Ausw. V. Nemésio].

Literatur: T. Braga, *B.*, Porto 1902. – H. Cidade, *B.*, Porto 1936; ern. Lissabon 1965 [erw.]. – J. do Prado Coelho, *O pecado e a graça na poesia amorosa de B.* (in J. do P. C., *Problemática da história literária*, Lissabon 1961). – J. G. Melquior, *Razão do poema*, Rio 1965. – J. Mendes, *B., o pré-romântico* (in Brotéria, 81, 1965, S. 500–508). – M. de Andrade, *O poeta M. M. B. du B.* (in Ocidente, 70, 1966, S. 226–239). – E. Maia Costa, *B., poeta iluminista* (in Vértice, 26, 1966, S. 241–253). – D. Rebelo, *B. e a sua época* (ebd., S. 288–297). – M. Aparecida Santilli, *Em torno do soneto de B.* (in RLA, 8/9, 1966, S. 214–232). – M. H. da Rocha Pereira, *B. e o legado clássico* (in Humanitas, 19/20, Coimbra 1967/68, S. 267–302). – R. M. Rosado Fernandes, *Trés poetas blasfemos (B., Junqueiro, Pessoa)* (in LBR, 5, 1968, S. 35–62). – A. Coimbra Martins, *Outro Aretino fui ...* (in BEP, 32, 1971, S. 29–40). – J. do Prado Coelho, *A letra e o leitor*, Lissabon [2]1977, S. 37–55. – A. M. Machado, *B. ou o pré-romantismo alegórico* (in A. M. M., *As origens do romantismo em Portugal*, Lissabon 1979).

GIOVANNI BOCCACCIO

* Juni/Juli 1313 Florenz oder Certaldo
† 21.12.1375 Certaldo

Literatur zum Autor:
Bibliographien:
G. Traversari, *Bibliografia Boccaccesca, I: scritti attorno al B.*, Città di Castello 1907; Nachdr. NY 1973. – V. Branca, *Linee di una storia della critica al »Decameron« con bibliografia boccaccesca*, Rom 1939. – Ders., *Tradizione delle opere di G. B.*, Rom 1958 [Textüberlieferung]. – E. Esposito, *Boccacciana. Bibliografia delle edizioni e degli scritti critici (1939–1974)*, Ravenna 1976. – *Boccacciana* (in *Studi sul B.*, Hg. V. Branca, Bd. 9 ff., Florenz 1976 ff.).
Biographien:
H. Hauvette, *Boccace. Étude biographique et littéraire*, Paris 1914. – G. Billanovich, *Restauri boccacceschi*, Rom 1946. – V. Branca, *G. B. Profilo biografico*, Florenz 1977.
Gesamtdarstellungen und Studien:
H. Hauvette, *Études sur Boccace (1894–1916)*, Paris o. J.; ern. Turin 1968. – V. Branca, *Schemi letterari e schemi autobiografici nell'opera del B.*, Florenz 1946 (auch in ders., *B. medievale*, Florenz 1956; [5]1981; erw.). – *Studi sul B.*, Hg. ders., Florenz 1963 ff. – A. B. Givens, *La dottrina d'amore nel B.*, Messina/Florenz 1968. – H. J. Neuschäfer, *B. und die erzählenden Literaturen des MAs.*, Mchn. 1968. – P. Brockmeier, *Lust und Herrschaft. Studien über gesellschaftliche Aspekte der Novellistik. B., Sacchetti, Margarete von Navarra, Cervantes*, Stg. 1972. – C. Muscetta, *G. B.*, Bari 1972; [2]1981. – C. MacFarlane Carswell, *The Tranquill Heart: Portrait of B.*, Havertown/Pa. 1978. – *Il B. nella cultura inglese e anglo-americana*, Hg. G. Galigani, Florenz 1974. – C. Marchi, *B.*, Mailand 1975. – E. H. Wilkins, *Studies on Petrarch and B.*, Hg. A. S. Bernardo, Padua 1978. – W. Th. Elwert, *Die italienische Literatur des MAs., Dante, Petrarca, B.*, Mchn. 1980. – T. G. Bergin, *B.*, NY 1981. – A. Tartaro, *B.*, Palermo 1981. – J. P. Serafini-Sauli, *G. B.*, Boston 1982 (TWAS). – E. Flaig, *G. B.*, Salzburg 1984. – R. G. Ricci, *Studi nella vita e le opere del B.*, Mailand 1985. – V. Branca, Art. *G. B.* (in Branca, 1, S. 345–361).

AMETO

(ital.; *Ameto*). Idyllisch-allegorische Erzählung von Giovanni Boccaccio, entstanden um 1341 vermutlich mit dem vollständigen Titel *Ninfale d'Ameto (Ametos Nymphenspiel)* und dem Zweittitel *Commedia delle ninfe fiorentine (Komödie der Nymphen von Florenz)*; erschienen 1478. – Diese erste in der (italienischen) Volkssprache geschriebene Hirtendichtung stellt eine Stufe in dem künstlerischen Reifeprozeß dar, der Boccaccio zur Meisterschaft des *Decamerone* führte. In der Geschichte des Hirten und Jägers Ameto gestaltet der Autor das von der Dichtung des *dolce stil nuovo* übernommene Ideal der Veredelung des Mannes durch die Liebe zu einer edlen Frau. Die Liebesgöttin trägt selbst zur Wandlung des halbwilden Naturburschen bei: Unter gewaltigem Brausen fährt sie am Ende in einer Feuersäule hernieder; die Nymphe Lia reißt, gleichsam als ihre Priesterin, dem liebenden Ameto die unreinen Kleider vom Leib und läutert ihn, indem sie ihn in eine Quelle taucht, vom Tier zum Menschen. Der Dichter, der sich formal wie thematisch eng an literarische Muster hält, greift in dieser Episode nicht nur auf ein Motiv seiner *Caccia di Diana (Jagd der Diana)* zurück, sondern scheint sich auch der im 31. *Purgatorio*-Gesang geschilderten Läuterung DANTES im Lethe zu erinnern. Als Prosawerk mit eingestreuten Gesängen in Terzinen folgt die Erzählung unmittelbar dem Vorbild von Dantes *Vita nuova (Das neue Leben)*. Das Bemühen, den kunstvollen lateinischen Satzbau in die Volkssprache zu übernehmen, führt oft zu pedantisch-unbeholfenen syntaktischen Konstruktionen. Ja, seine Verehrung der Klassiker und sein Bildungsstolz verleiten Boccaccio, dem ungebildeten Ameto Zitate aus der klassischen Literatur und Vergleiche aus der antiken Mythologie in den Mund zu legen. Schauplatz der Handlung ist in diesem ersten mit Sicherheit nach des Dichters Rückkehr aus Neapel entstandenen Werk das Gebiet bei seiner Heimatstadt Florenz, wo sich der Mugnone in den Arno ergießt. Hier erblickt der von der Jagd heimkehrende Ameto, durch melodischen Gesang angelockt, sieben Nymphen, die in den klaren Fluten baden; von ihrer Schönheit hingerissen, entbrennt er in Liebe zu Lia. Trotz ihres vorgeblichen autobiographischen Inhalts folgt die Erzählung doch durchaus der literarischen Konvention: das legt schon des Dichters doppelte Selbstspiegelung in zweien der erwähnten liebenden Hirten nahe. Der Umstand, daß die Nymphen immer gemeinsam auftreten, deutet zudem auf ein Interesse an der Frauenschönheit im allgemeinen hin. Wir begegnen in ihrer Schar bis auf einzelne Namen getreu dem Jagdgefolge der Diana wieder, mit dem Boccaccio einst ein nicht weniger stilisiertes Bild der Damengesellschaft am Hof der Anjou zu Neapel entworfen hatte und das sich im *Decamerone* zur heiteren Runde der Novellenerzähler wandeln sollte. Das numerische Verhältnis zwischen den Damen und Herren entspricht schon hier dem des Hauptwerks; ja man kann den *Ameto* selbst auch als eine Art Rahmenerzählung bezeichnen, besteht er doch zum großen Teil aus den Erzählungen der Nymphen, die an einem klaren Quell, im Schatten eines Lorbeerbaums gelagert, reihum die Geschichte ihrer Liebe zum besten geben.

Wie ein nachträglich aufgeklebtes Etikett wirkt dagegen die christlich-allegorische Deutung, die Boccaccio etwa durch die Identifizierung der Venus mit der göttlichen Liebe, der Nymphen mit den drei theologischen und vier Kardinaltugenden und Ametos mit der erlösten Menschheit zu geben versucht. Der Dichter vermag hier Transzendenz und Sinnenwelt nicht mehr zum echten Einklang zu bringen und läßt in einzelnen Episoden bereits die autonome Wertung diesseitiger Erscheinungen ahnen, wie sie für die Renaissance bezeichnend sein wird. In der lebensvollen Schilderung des mit seinen Hunden tollenden Ameto verzichtet er nicht nur auf jeden allegorischen Bedeutungsgehalt, sondern befreit sich auch von allem Symbolzwang. Als endlich die Liebe des Jägers durch die Erzählungen der Nymphen zur Begierde aufgestachelt wird, scheint selbst das Ideal des vergeistigten Eros vorübergehend vergessen. Die natürliche Lüsternheit, mit der Ametos erhitzte Phantasie sich die verdeckten körperlichen Reize der Nymphen ausmalt, ist für den Beginn der Renaissance ebenso symptomatisch wie die ganz ähnliche Szene in Tassos *Gerusalemme liberata* für ihr Ende – nachdem auf ihrem Gipfel ARIOST den nackten Frauenkörper gleichsam in heidnischer Unschuld beschrieben hatte.

D.K.

AUSGABEN: Rom 1478 *(La comedia delle nymphe di Ametho)*. – Trevigi 1479. – Florenz 1827–1834 (in *Opere volgari di G. B.*, Bd. 15). – Mailand/Neapel 1952 (in *Decameron, Filocolo, Ameto, Fiammetta*, Hg. E. Bianchi, C. Salinari u. N. Sapegno; krit.). – Mailand 1964, Hg. A. E. Quaglio (in *Tutte le opere di G. B.*, Hg. V. Branca, Bd. 2). – Mailand 1971 (in *Opere minori in volgare*, Hg. M. Marti, Bd. 3).

ÜBERSETZUNG: *Aus dem Ameto* (in *GW*, K. Frh. v. Beaulieu-Marconnay, S. Brentano u. W. Neumann; Hg. M. Krell, Bd. 1, Mchn. 1924).

LITERATUR: G. de Robertis, »L'Ameto« (in G. de R., *Studi*, Florenz 1944, S. 55–61). – I. Weinrowsky, *Boethius' »De consolatione philosophiae« als Vorbild für B.s »L'Ameto«*, Diss. Hbg. 1947. – G. Velli, »L'Ameto« e la Pastorale, il significato della forma (in *B.: Secoli di vita*, Hg. M. Cottino-Jones u. E. F. Tuttle, Ravenna 1977, S. 67–80). – G. Poole, *B.s »Commedia delle ninfe fiorentine«* (in AION, 25, 1983, S. 499–518). – A. Massaglia, *Il giardino di Pomena nel »Ameto« del B.* (in Studi sul B., 15, 1985/86, S. 235–252).

L'AMOROSA VISIONE

(ital.; *Die Liebesvision*). Allegorisches Gedicht von Giovanni BOCCACCIO, entstanden 1342/43; erste gedruckte Ausgabe 1521. – Das Werk besteht aus fünfzig kurzen Gesängen in Terzinen, deren Anfangsbuchstaben eine Widmung an Fiammetta, die ideale Geliebte des Dichters, bilden. Der Autor bemüht sich, in Form und Inhalt DANTES *Divina Commedia (Göttliche Komödie)* nachzuahmen – um so deutlicher kommt zum Vorschein, wie sehr er sich nach Temperament und Lebensgefühl von seinem bewunderten Vorbild unterscheidet. Das in der Ichform erzählte Traumgesicht mit seiner moralisch-lehrhaften Tendenz wirkt kalt und konstruiert. – Zu Anfang irrt Boccaccio durch eine Wüste (statt durch einen dunklen Wald, wie Dante), bis ihm eine anmutige Frau begegnet (bei Dante ist es Vergil), die sich als eine Führerin zur wahren Tugend und zum Seelenheil zu erkennen gibt. Sie geleitet ihn zu einem großen Schloß, in das man durch ein breites oder durch ein schmales Tor gelangen kann. Er wählt, obwohl ihn die Begleiterin warnt, zunächst das breite Tor, das zum Genuß der irdischen Güter führt. In den Prachtsälen des Schlosses gewahren der Erzähler und seine Begleiterin nur herrliche Fresken, welche, einem gemalten Zitatenschatz gleich, Muster menschlichen Verhaltens darstellen. Mehr denn je ist Boccaccios Bildungsstolz der künstlerischen Gestaltung abträglich, wenn er hier Personen und Ereignisse aus Geschichte, Mythologie und Legende aneinanderreiht, um den Triumph der Weisheit, des Ruhms, des Reichtums, der Liebe und des launischen Glücks zu illustrieren. Nur wo persönliche Erfahrungen anklingen, liest man seinen Bericht mit Interesse; z. B. die Szene, die den Trimph des Reichtums zeigt und in der Boccaccio unter anderen Habgierigen seinen eigenen Vater erblickt, der »*mit scharfgespitzten Nägeln*« an einem Haufen von Gold, Silber und Edelsteinen kratzt.

Eine weit bedeutendere Rolle als solche autobiographischen Reminiszenzen spielen indessen jene der literarischen Konvention des *dolce stil nuovo* entstammenden Motive, die als Fragmente eines pseudo-autobiographischen Liebesromans auch in anderen Werken des Autors wiederkehren: nachdem der Erzähler aufgrund seines belehrenden Traums zu der Einsicht gelangt ist, daß er sich nicht zu den Günstlingen Fortunas rechnen darf, und sich deshalb schon anschickt, den mühsamen Weg zu den ewigen Gütern einzuschlagen, erblickt er einen in Blüten prangenden Garten, den er ansehen möchte. Wiederum läßt er sich durch die Mahnung seiner Begleiterin, daß auch dort die »*weltliche Eitelkeit*« herrsche, nicht zurückhalten. Umgeben von schönen Frauen findet er schließlich seine geliebte Fiammetta. Und obwohl diese als »*Tochter der Tugend*« bezeichnet wird, strebt er doch nur nach dem höchsten Liebesgenuß. Schon glaubt er sie in seine Arme schließen zu können – als er aus seinem Traum erwacht. Erst jetzt findet er sich bereit, seiner Führerin zu folgen, verheißt diese ihm doch jenseits der engen Pforte eben jenes Glück, das er in den Armen Fiammettas suchte. Zweifellos ist mit diesem Vorgang die Läuterung der irdischen zur himmlischen Liebe gemeint, wie sie von Dante gestaltet wurde. Allein, der irdisch-sinnliche und der spirituelle Aspekt der Liebe klaffen so weit auseinander, daß jeder Bezug unglaubwürdig, ja mißverständlich wirkt. Auf keiner Ebene seiner Erzählung vermag Boccaccio Zeit und Ewigkeit zusammenklingen zu lassen. Streng geschieden bestehen die beiden Bereiche der irdischen *vanitas* und der himmlischen Wahrheit nebeneinander; so, wie die geliebte Fiammetta und die Führerin zu Tugend und wahrer Seligkeit allenfalls Schwestern sind, aber sich nicht in einer Person vereinen. Ungleich ihrem literarischen Vorbild Beatrice geleitet Fiammetta den Geliebten nicht zu den ewigen Freuden des Paradieses; dennoch oder vielmehr gerade deswegen gibt Boccaccio ihr den Vorzug vor der legitimen Führerin. Denn seine Wünsche gehen im Grund über die Freuden des Diesseits nicht hinaus. Als träumender Protagonist wendet er sich den irdischen Gütern zu, als Erzähler berichtet er zwar noch von seiner endlichen Konversion, führt den Leser jedoch nur bis zur Schwelle der engen Pforte. Nicht ohne innere Konsequenze scheitert er daher künstlerisch bei dem Versuch, seiner Erzählung den im Mittelalter beliebten »geistlichen« Schriftsinn zu verleihen. Je strenger er sich an die transzendierende Struktur der *Göttlichen Komödie* hielt, desto enger waren seiner Kunst die Flügel gebunden.

D.K.

AUSGABEN: Mailand 1521. – Venedig 1549. – Florenz 1833 [krit.]. – Florenz 1827–1834 (in *Opere volgari*, 14). – Florenz 1945, Hg. V. Branca. – Mailand 1971 (in *Opere minori in volgare*, Hg. M. Marti, Bd. 3). – Mailand 1974, Hg. V. Branca (in *Tutte le opere di G. B.*, Hg. ders., Bd. 3).

LITERATUR: V. Branca, »*L'Amorosa visione*«, *tradizione, significato, fortuna* (in Annali della R. Scuola Normale Superiore di Pisa, 11, 1942, 1; auch in La Bibliografia, 11, 1938). – G. Billanovich, *Dalla »Commedia« e dall'»Amorosa visione« ai »Trionfi«* (in GLI, 123, 1945/46, S. 1–52). – G. Martelotti, *Un'edizione dell' »Amorosa visione« del B.* (in G. M., *Dante e B. e altri scritti dall' umanesimo al romanticismo*, Florenz 1983, S. 109–114).

IL CORBACCIO O LABERINTO D'AMORE

(ital.; *Corbaccio oder Das Liebeslabyrinth*). Satirisches Prosawerk von Giovanni BOCCACCIO, entstanden 1365. – Die frauenfeindliche Satire stammt aus der späten Schaffensperiode des Autors und ist in der kontemplativen Ruhe seines Heimatortes Certaldo entstanden. Auch andere satirische Kurztexte aus dieser Zeit tragen den gleichen misogynen Grundzug, der möglicherweise durch gewisse Lebensumstände – der Stiefbruder Jacopo wollte Boccaccio in Certaldo mit seiner zweiten Frau »heimsuchen« – ausgelöst worden sein mag. Boccaccios Anspielung im Werk selbst, die die Entstehungszeit auf das Jahr 1355 zurückdatiert, muß allerdings wohl als fiktiv angesehen werden. Der Titel des Werks ist rätselhaft und mehrdeutig. Vom französischen Wort *courbache* (span. *corbacho*), das *Peitsche, Geißel* bedeutet, kann man auf ein Züchtigungsinstrument für Frauen schließen. Der Wortstamm *cor(vo)* (*Rabe*) erlaubt es vielleicht, hinter dem Vogel, der krächzt und die Augen aushackt, ein Sinnbild für den Liebeswahn zu sehen. Der Autor stellt sich in diesem Werk als verschmähter Liebhaber dar, der von einer schönen Witwe seines Alters und seiner bürgerlichen Abstammung wegen abgewiesen worden ist. Von der Frau dem Gespött der Öffentlichkeit preisgegeben, will er sich mit dem satirischen Werk an ihr rächen. So schildert er eine Vision, die ihm im Traum erschienen ist: als Wanderer durchstreift er eine liebliche und heitere Landschaft, die sich jedoch bald in eine wilde und steinige Wüste verwandelt. Dort erscheint ihm der Geist des Ehemanns der Witwe, der sich als Gottesbote ausgibt und ihm zu seiner Rettung die Landschaft allegorisch deutet. Als Gegenleistung fordert er allerdings die Veröffentlichung seiner Erklärungen. Die Wüste ist, so sagt der Ehemann, das »*Labyrinth der Liebe*«, hinter dem sich der »*Schweinestall der Venus*« verbirgt. Dies ist der allegorische Schlüssel, mit dem alle Reize und Schönheiten der Frau als bloßer Schein entlarvt werden, den den Mann unterjochen soll. Boccaccios Schilderungen bergen für den modernen Leser interessante Einzelheiten über die Gewohnheiten des täglichen Lebens, die zeitgenössische Kosmetik und ähnliches. Kritisiert wird besonders die weibliche Wollust und Geschwätzigkeit, und Boccaccio gibt Beispiele davon in direkter Rede, an denen er gleichzeitig neue Stilregister und vulgäre Ausdrucksweisen in der Volkssprache erprobt. In die Erzählung der Traumvision eingelassen sind scholastisch gefärbte Erörterungen, die, wie der Autor zu Anfang bekennt, vom Gegenbild der satirisch verzerrten Frau, der Jungfrau Maria, inspiriert sind.

Boccaccio steht mit diesem boshaft schillernden Alterswerk in einer reichen Tradition frauenfeindlicher Literatur. Zu nennen sind vor allem JUVENAL, der Kirchenvater HIERONYMUS und seine Nachfolger, ANDREAS CAPELLANUS' Werk *De amore*, 1184/85 *(Über die Liebe)* sowie die *Fabliaux* und die Scholarenlieder. Auch im *Decamerone* finden sich schon Beispiele der Frauensatire (VIII, 7). Mit dem *Corbaccio* gelingt es Boccaccio jedoch, die sprachlichen Ausdrucksmöglichkeiten für dieses Genre nochmals zu steigern. Erst in ARETINOS Kurtisanengesprächen, *Ragionamenti* (1533 bis 1536), findet dieser Stil eine gleichwertige Fortsetzung. U.P.

AUSGABEN: Florenz 1487 *(Invectiva di messer G. B. contra una malvagia donna, decto »Labirinto d'amore« et altrimenti »Il corbaccio«)*. – Paris 1569 *(Il corbaccio)*. – Straßburg 1912. – Bari 1940 (in *Opere*, Bd. 5, Hg. N. Bruscoli). – Mailand 1965 (in *Opere in versi*, Hg. P. G. Ricci). – Rom 1967, Hg. R. Scrivano. – Helsinki 1968, Hg. T. Nurmela. – Mailand 1972 (in *Opere minori in volgare*, Hg. M. Marti, Bd. 4).

ÜBERSETZUNGEN: *Das Liebeslabyrinth (oder Die Mistkrähe)*, A. Putz zu Adlersthurm, Grünwald 1923. – *Corbaccio*, E. v. Hollander-Lossow (in *Die Elegie der Dame Fiammetta*, Hg. Ch. Wentzlaff-Eggebert, Mchn. 1963).

LITERATUR: M. Jefferey, *B.'s Titles and Meanings of »Corbaccio«* (in MLR, 4, 1933). – T. Nurmela, *Manuscrits et éditions du »Corbaccio« de B.* (in NphM, 54, 1953, S. 102–134). – J. Bourciez, *Sur l'énigme du »Corbaccio«* (in RLaR, 72, 1958, S. 330–337). – A. K. Cassell, *The Craw of the Fable and the »Corbaccio«: A Suggestion for the Title* (in MLN, 85, 1970, S. 83–91). – M. Cottino-Jones, *The »Corbaccio«: Notes for a Mythical Perspective of Moral Alternatives* (in Forum Italicum, 4, 1970, S. 490–509). – A. K. Cassell, *»Il Corbaccio« and the Secundus Tradition* (in CL, 25, 1973, S. 352–360). – M. Marti, *Per una metalettura del »Corbaccio«: il ripudio di Fiammetta* (in GLI 153, 1976, Nr. 481, S. 60–86).

IL DECAMERONE

(ital.; *Das Dekameron*). Novellensammlung von Giovanni BOCCACCIO, entstanden zwischen 1349 und 1353. – Dieser Novellenzyklus enthält *»hundert Geschichten, Fabeln, Parabeln oder wirkliche Begebenheiten, wie wir sie nennen wollen, ... die zur verderblichen Zeit der letzten Pest von sieben Damen und drei jungen Männern erzählt wurden«*. Hinzugefügt sind *»einige Liedlein, ... die eben jene Damen zu ihrer Lust gesungen haben«*. Das Werk ist *»den holden Damen«* zugedacht, die *»voll Furcht und Scham die Liebesflammen im zarten Busen verborgen«* tragen, sind sie doch, *»abhängig von Willen, Gefallen und Befehl ihrer Väter, Mütter, Brüder und Gatten, die meiste Zeit auf den kleinen Bezirk ihrer Gemächer beschränkt«*. Zu ihrer Ergötzung schrieb Boccaccio das Werk, das bis heute das Ur- und Vorbild fast aller abendländischen Novellensammlungen geblieben ist. Der Titel, aus dem griechischen *deka* (zehn) und *hēmera* (Tag) gebildet, bezieht sich auf die zyklische Form der Sammlung, die als »Zehntagewerk« jeweils zehn Geschichten umfaßt, die sich zehn junge Leute an zehn Tagen erzählen. Die alte heilige Zahl »Zehn«, die BONAVENTURA als *»numerus perfectissimus«* bezeichnet hatte, kannte Boccaccio aus dem ptolemäischen Himmelssystem, in ihrer symbolischen Bedeutung aber vor allem aus DANTES *Divina Commedia*, über die er später, vom 23. 10. 1373 bis zum folgenden Januar, in der Kirche S. Stefano di Badia zu Florenz auf Einladung der Stadt etwa sechzig öffentliche Vorlesungen hielt. Den hundert Gesängen der *Göttlichen Komödie* entsprechen die hundert Novellen des *Decamerone*.

Die Rahmenhandlung und den bedeutungsvoll kontrastierenden Hintergrund der Geschichten lieferte die realistisch beschriebene, furchtbare Pestepidemie von 1348, die, wie alle großen Katastrophen, bestehende Normen außer Kraft setzte, die Schranken des Gesetzes, der Religion und Moral aufhob. Die erwähnten sieben Damen und drei Herren flüchten für zwei Wochen aus der von Tod und Entsetzen regierten Stadt Florenz aufs Land. Dem beklemmend eindringlich gezeichneten, berühmt gewordenen Schreckensbild, das Boccaccio als mahnendes *memento mori* an den Eingang seiner *»menschlichen Komödie«* (Carducci) stellt, folgt die unbeschwerte, daseins- und sinnenfrohe Szenerie der Erzählungen. Dieser kleine Kreis hochkultivierter junger Aristokraten schafft sich inmitten einer heimgesuchten Welt ein Arkadien schönen Müßiggangs, aber auch gesellschaftlicher Zucht und Sitte. Sie verbringen ihre Tage in Freiheit und Ungezwungenheit, in einer Atmosphäre schwebender Erotik; aber es fällt kein einziges anzügliches Wort, keine intimere Gebärde wird gewagt, obwohl angedeutet ist, daß schon vorher Herzensbindungen bestanden. Für jeden Tag wird eine »Königin« oder ein »König« gewählt, die jeweils den Tageslauf und das Thema der zum Zeitvertreib zu erzählenden Geschichten bestimmen. Da diese Themen jedoch variabel und allgemein gehalten sind, erlauben sie die verschiedenartigste Behandlung, fein oder derb, tragisch oder komisch. Es ist eine von den beiden unberechenbaren Göttern Amor und Fortuna regierte Welt, die hier in bunten Exempeln vorgestellt wird – *»Von Menschen, ... die nach dem Kampf mit mancherlei Ungemach wider alles Hoffen zu fröhlichem Ende gediehen sind«* (2. Tag); *»Von den Schicksalen derjenigen, deren Liebe ein unglückliches Ende nahm«* (4. Tag); *»Von den Glücksfällen, die nach widrigen und betrübenden Ereignissen Liebende betroffen haben«* (5. Tag) – oder in Beispielen weltgewandten Handelns, die zwar durchaus nicht immer nachahmenswert, stets aber in ihrem Einfallsreichtum und ihrer Pfiffigkeit unterhaltend sind: *»Von denen, die durch ein geschicktes Wort fremde Neckereien zurückgegeben oder durch kühnes Erwidern und schnellen Entschluß einem Verlust, einer Gefahr oder Kränkung entgangen sind«* (6. Tag); *»Von den Streichen, welche tagtäglich eine Frau dem Manne oder der Mann der Frau oder auch ein Mann dem andern spielt«* (8. Tag).

Zur wohlabgewogenen Ungezwungenheit des Ganzen gehört, daß zwei Tage ohne Leitthema bleiben (1. und 9. Tag) und daß ferner Dioneo (man glaubt in ihm ein Selbstporträt Boccaccios erkennen zu dürfen), der als kecker Kobold am deutlichsten aus den sonst nur durch leicht typisierende Züge unterschiedenen Figuren hervorgehoben wird, sich ausbedingt, jeweils als letzter erzählen zu dürfen und auch nicht dem Erzählplan folgen zu müssen. Mit sicherem Instinkt sorgt er so dafür, daß jeder Tag heiter ausklingt.

Zu der stilisierten Rahmenhandlung steht die pralle Realität der Geschichten in reizvollem Gegensatz. Scheinbar wahllos zusammengewürfelt, bildet ihr bunter Reigen ein großes Welttheater, auf dem der aus der Weltverneinung des Mittelalters endlich wieder zu Lebenslust und Daseinsfreude erwachte Mensch agiert, aus eigener, freier Entscheidung das ihm geschenkte Leben mit all seinen Licht- und Schattenseiten, seinen sublimen und vulgären Freuden lebt und erlebt. Nichts mehr ist stilisiert, verklärt oder mythisiert, der *dolce stil nuovo* gehört, obgleich an sich noch hochaktuell, der Vergangenheit an: Boccaccio eröffnet als gewissenhafter Beobachter, als kritischer Realist die Zukunft. Freimütig wird das Leben der Ritter, Bürger, Geistlichen, Edelfrauen, Handwerker, Bauern, Schelme und Spitzbuben des späten Mittelalters dargestellt. In den amourösen Szenen ist nichts ausgespart, es sei denn das indezente Wort, an dessen Stelle Boccaccios Sprache, reich an witzigen, volksnahen Bildern, viele Umschreibungen zur Verfügung hat. Daß alle diese Geschichten vor gesitteten Damen, ja auch von diesen selbst erzählt werden, daß diese zwar gelegentlich erröten, dann aber auch in das Gelächter ihrer Begleiter einstimmen, wird nur den erstaunen, dem die erotische Kultur dieser Zeit unbekannt ist. Das »Unziemliche« wird nicht aus mangelnder Gesittung vorgetragen, sondern aus einer heidnisch-unschuldigen Freude an der Wiederentdeckung des im Mittelalter zu kurz gekommenen irdischen Lebens. In all ihrer schwankhaften, drastischen Derbheit ist diese Sprache doch fern jeder Laszivität, ist sie Zeugnis vitaler Lebensfreude und in ihrer sinnlichen Direktheit manchmal komisch. Eros wird in vielerlei Gestalt vorgestellt: von den groben Spielen, die Mönche und Bäuerinnen hinter dem Rücken des Ehemannes spielen, über die unbezähmbare sinnliche Neugier unbedachter junger Leute und die Leidenschaft tragisch-kompromißloser Liebender bis zu den sublimierten Formen reiner Verehrung und weiser Entsagung. Eben diese Stufenfolge will der Zyklus ausdrücklich betonen, dessen letze Novellengruppe (10. Tag) jenen gewidmet ist, *»die in Liebesangelegenheiten oder anderen Dingen Großmut oder Edelsinn bewiesen haben«*. Wie zur bewußten Relativierung aller vorher gewagten überschäumenden Keckheiten ist gerade dem leichtfertigen Dioneo die alte Geschichte von Griselda in den Mund gelegt, das rührende Hohelied einer alles aufopfernden Liebe, deren Selbstlosigkeit sich auch durch die schlimmste Grausamkeit des Geliebten nicht beirren ließ.

Über Boccaccios Quellen wurden viele Forschungen angestellt. Neun Zehntel des Stoffes hat man schließlich auf verschiedene Überlieferungen zurückführen können, sei es aus der Antike, aus der mittelalterlichen (insbesondere der französischen) Legenden- und Schwankliteratur oder aus älterer italienischer Erzähltradition und Lokalgeschichte. Gleichzeitig haben die Quellenforscher aber auch entdeckt, daß der Florentiner nicht nacherzählte, sondern umgestaltete. Zu dieser Eigenmächtigkeit wie auch zu seinen erotischen Freiheiten nimmt Boccaccio selber in der Einleitung zum vierten Tag und im Nachwort Stellung. Um eventuellen Angriffen auf seine Erzählungen zuvorzukommen, verteidigt er sich mit dem kühn behaupteten Recht des Schriftstellers, die Geschichten so erzählen zu dürfen, wie diese selbst es beanspruchten. Daß sein Werk kein Exempelbuch moralischer Läuterung sei, läßt er unbestritten; er habe ja nicht von der Kanzel herunter reden, sondern zur Unterhaltung und vielleicht doch auch zur Belehrung beitragen wollen: über das Diesseits nämlich, wie es nun einmal sei, und für etwas anderes fühle er sich nicht zuständig. Gerade die von ihm so gehörig gezauste Geistlichkeit hat ihm denn auch die Respektlosigkeit lächelnd nachgesehen. Erst vierhundert Jahre später verbannten Intoleranz und heuchlerischer

Puritanismus Boccaccios Gebeine aus der Kirche S. Iacopo zu Certaldo, wo sie nach seinem letzten Willen ruhten.

Schon die Grammatiker und Rhetoriker der Renaissance bezeichneten Boccaccios *Decamerone* als ein Meisterwerk, der Autor selbst war für sie, neben Dante und PETRARCA, der anerkannte Wegbereiter ihrer Zeit. Heute wird das *Decamerone* als Ursprung der italienischen Prosa überhaupt gewertet, als Werk, das die Weltliteratur entscheidend beeinflußt hat: von CHAUCER, MARGUERITE D'ANGOULÊME *(L'heptaméron)*, CERVANTES, RABELAIS bis zu den zahllosen, heute höchstens noch dem Namen nach bekannten Nachahmungen (der Literarhistoriker DE SANCTIS spricht in diesem Zusammenhang von einer »Verwesung« des *Decamerone*). Die Romantiker würdigten neben den sprachlichen Vorzügen der Novellensammlung Boccacios, dessen eingedeutschter Name »Boccaz« (wie er z. B. von GOETHE genannt wird) seine damalige Popularität beweist, vor allem das kunstvoll bunte Arrangement, das vielen späteren Novellenzyklen als Vorbild gedient hat. – Aus dem stofflichen Reichtum schöpfte u. a. SHAKESPEARE (z. B. *Cymbeline* und *Ende gut, alles gut*); Hans SACHS entnahm für seine Fastnachtsspiele dem *Decamerone* einzelne Motive, LESSINGS »Ringparabel« *(Nathan der Weise)* geht auf die dritte Novelle des ersten Tages zurück.

Wer immer sich aber in der Nachfolge Boccaccios versuchte oder seine Erzählweise nachahmen wollte: das *Decamerone* bleibt das einsame Meisterwerk, das als »Commedia umana« neben der *Divina Commedia* steht, das erste große Prosawerk der italienischen Sprache, das treffend gezeichnete, noch heute gültige Bild der vielfältigen Lebensäußerungen und Verhaltensweisen des Menschen, ein historisch-literarischer Markstein seiner geistigen Entwicklungsgeschichte. KLL

AUSGABEN: Venedig 1470. – Florenz 1470. – Venedig 1471 [verb. Ausg.]. – Mantua 1472. – Venedig 1492 [enth. G. Squarciafico, *Vita di Giouan Bocchaccio da Certaldo*; m. Ill.]. – Turin 1950 *(Il Decameron*, Hg. G. Petronio, 2 Bde.). – Florenz 1951/52 *(Decameron*, Hg. V. Branca, 2 Bde). – Bari 1955, Hg. C. S. Singleton, 2 Bde. (Scrittori d'Italia). – Turin 1956, Hg. N. Sapegno. – Mailand 1966; ern. [1]1970, Hg. C. Segre. – Mailand 1967 (in *Opere*, Hg. B. Maier). – Mailand 1976 (in *Tutte le opere di G. B.*, Hg. V. Branca, Bd. 4). – Turin 1980, Hg. V. Branca [m. Bibliogr. u. Komm.].

ÜBERSETZUNGEN: *Hie hebt sich an das puch von seinen meister in Greckisch genant decameron*, ..., Arigo, o. O. u. J. [Ulm ca. 1471]; Neudr.: Hg. A. v. Keller, Stg. 1860 (BLV). – *Das Dekameron*, K. Witte, Lpzg. [2]1843. – Dass., A. Wesselski, 2 Bde. [Jubiläumsausg.; m. 104 Holzschn. der Ausg. Venedig 1492]. – *Decamerone*, G. Diezel, Zürich 1957; [5]1987 *(Der Dekamerone*, bearb. P. Calvino, 2 Bde.). – *Das Dekameron*, R. Macchi, 2 Bde., Hbg. 1958. – Dass., K. Witte, Hg. H. Bode, Mchn. 1964; [19]1979 [Nachw. A. Bauer]. – Dass., A. Wesselski u. Th. Däubler, 2 Bde., Ffm 1972 (Insel Tb); ern. 1981. – Dass., R. Macchi, Bln./Weimar 1980; [5]1986. – *Der Dekameron. Hundert Novellen*, H. Conrad, Zürich 1984 (detebe).

VERFILMUNGEN: (Auswahl): Italien/Frankreich/BRD 1970 (Regie: P. P. Pasolini). – Polen 1971 (Regie: J. Dutkiewicz, A. Wajda). – Italien 1973 (Regie: P. Maxwell).

LITERATUR: L. Cappelletti, *Studi sul »Decamerone«*, Parma 1880. – M. Landau, *Die Quellen des »Dekameron«*, Stg. [2]1884; ern. Wiesbaden 1971. – A. C. Lee, *The »Decamerone«, Its Sources and Analogues*, Ldn. 1909. – F. N. Jones, *B. and His Imitators in German, English, French, Spanish Literatures*, Chicago 1910. – G. Groeber, *Über die Quellen von B.'s »Dekameron«*, Straßburg 1913. – A. F. Massera, *Il »Decamerone« di B.*, Florenz 1928 – U. Bosco, *Il »Decamerone«*, Rieti 1929. – G. Petronio, *Il »Decamerone«. Saggio critico*, Bari 1935. – O. Löhmann, *Die Rahmenerzählung des »Dekameron«, ihre Quellen und Nachwirkungen*, Halle 1935. – V. Branca, *Per il testo del »Decamerone«. La prima diffusione del »Decamerone«* (in Studi di Filologia Italiana, 8, 1950, S. 29–143). – Ders., *Per il testo del »Decameron«, Testimonianze della tradizione volgata* (ebd., 11, 1953, S. 163–243). – L. Russo, *Letture critiche del »Decameron«*, Bari 1956. – G. Getto, *Vita di forme e forme di vita nel »Decameron«*, Turin 1958. – W. Pabst, *Novellentheorie und Novellendichtung*, Hbg. 1953, S. 27 ff. – E. Auerbach, *Frate Alberto* (in E. A., *Mimesis. Dargestellte Wirklichkeit in der abendländischen Literatur*, Bern/Mchn. [2]1959, S. 195–221). – L. Malagoli, *»Decameron« e primo B.*, Pisa 1961. – V. Branca u. P. G. Ricci, *Un autografo del »Decameron«, cod. Hamiltoniano 90*, Padua 1962. – A. D. Scaglione, *Nature and Love in the Late Middle Ages*, Berkeley 1963. – *Scritti su G. B.*, Hg. S. Gensini, Florenz 1964. – M. P. Giardini, *Tradizioni popolari nel »Decameron«*, Florenz 1965. – H. J. Neuschäfer, *B. und der Beginn der Novelle*, Mchn. 1969; Nachdr. 1983. – V. Šklovskij, *Lettura del »Decameron«*, Bologna 1969. – J. Timm, *Erzähltechnik bei La Fontaine und B.*, Hbg. 1969. – T. Todorov, *Grammaire du »Décaméron«*, Den Haag 1969. – *Concordanze del »Decameron«*, Hg. A. Barbina, 2 Bde., Florenz 1969. – M. Baratto, *Realtà e stile nel »Decameron«*, Vicenza 1970. – C. Segre, *Funzioni, opposizioni e simmetrie nella giornata VII del »Decameron«* (in Studie sul B., 6, 1971). – S.-D. Monostory, *Der »Decamerone« und die dt. Prosa des XVI. Jh.s.*, Den Haag 1971. – *B.'s »Decameron«*, Hg. P. Brockmeier, Darmstadt 1974 (WdF). – *Die romanische Novelle*, Hg. W. Eitel, Darmstadt 1977. – S. Deligiorgis, *Narrative Intellection in the »Decameron«*, Iowa City 1977. – L. Sanguinetti White, *Apuleio e B.*, Bolgona 1977. – M. Bevilacqua, *L'ideologia letteraria del »Decameron«*, Rom 1978. – M. J. Marcus, *An Allegory of Form. Literary Self-Consciousness in the »Decameron«*, Saragota 1979. – L. Marino, *The »Decame-*

ron« ›Cornice‹: *Allusion, Allegory and Iconology*, Ravenna 1979. – V. Branca, *B. medievale e nuovi studi sul »Decameron«*, Florenz 1981. – H. H. Wetzel, *Zur narrativen und ideologischen Funktion des Novellenrahmens bei B. und seinen Nachfolgern* (in RZL, 5, 1981, S. 393–414). – G. Bàrberi Squarotti, *Il potere della parola. Studi sul »Decameron«*, Neapel 1982. – A. Rossi, *Il »Decameron« – Pratiche testuali e interpretative*, Bologna 1982. – M. Cottino-Jones, *Order from Chaos. Social and Aesthetic Harmonies in B.'s »Decameron«*, Washington D. C. 1982. – R. J. Chlodovskij, *»Dekameron«* [sic], Moskau 1982. – J. H. Potter, *Five Frames for the »Decameron«: Communciation and Social Systems in the ›Cornice‹*, Princeton 1982. – V. Kapp, *Der Wandel einer literarischen Form: B.'s »Decameron« und Marguerite de Navarres »Heptameron«* (in Poetica, 14, 1982, S. 24–44). – C. De Michelis, *Contraddizioni nel »Decameron«*, Mailand 1983. – C. Cazalé-Bérard, *Stratégie du jeu narratif. Le »Décaméron«, une poétique du récit*, Nanterre 1985.

DE CASIBUS VIRORUM ILLUSTRIUM

(nlat.; *Über den Sturz berühmter Männer*). Sammlung von Lebensbeschreibungen in neun Büchern von Giovanni BOCCACCIO, entstanden zwischen 1356 und 1360, erweitert 1373 und Mainardo Cavalcanti, einem hohen Beamten des Königreichs Neapel, gewidmet. – Boccaccios unmittelbar von PETRARCAS *De viris illustribus*, 1338/39 *(Von berühmten Männern)* angeregtes Werk steht in einer reichen Tradition biographischer Literatur, die sich von der Antike (CORNELIUS NEPOS, SUETON) bis ins Mittelalter (HIERONYMUS und seine Nachfolger, GREGORIUS aus Tours) erstreckt, und aus der Boccaccio sein Material entnehmen konnte. Wie der Autor im Vorwort andeutet, stellt das Werk den Versuch dar, in der Rolle des humanistischen Schriftstellers ein für die Allgemeinheit nützliches Werk zu schaffen und an berühmten Beispielen der Überlieferung und der zeitgenössischen Geschichte ein Bild des menschlichen Unglücks zu entwerfen. Überformt ist die Sammlung von dem mittelalterlichen Topos des Glücksrades der Fortuna, das den Menschen aus dem Elend erhebt und ihn auf der Höhe seiner Macht wieder ins Unglück hinabstürzt.

Der Autor entwirft in der ersten Geschichte *(Über Adam und Eva)* die Fiktion, er säße in seiner Studierstube und könne die verschiedenen historischen Gestalten bei sich empfangen und ihnen zuhören. Immer wieder sind zwischen die Biographien moralisierende Betrachtungen geschaltet, die dem Autor Gelegenheit zur Kommentierung der Geschichten geben. Zu Beginn des sechsten Buches wird ein Zwiegespräch zwischen Fortuna und dem Autor eingeschoben; das achte Buch wird eröffnet mit einer Zurechtweisung aus dem Munde Francesco Petrarcas, der Boccaccio den Vorwurf der Trägheit macht. Die Anordnung der Lebensbeschreibungen folgt in groben Zügen der historischen Chronologie, wobei das erste und zweite Buch biblische Herrscher, mythische griechische Helden und Könige des Vorderen Orients behandelt, und im dritten und vierten Buch Gestalten des klassischen Griechenlands vorgestellt werden. Das fünfte und sechste Buch erzählen von großen Römern der vorchristlichen Ära, während die folgenden beiden Bücher Herrschergestalten präsentieren, die schon der christlichen Antike angehören. Im neunten Buch schließlich befaßt sich Boccaccio mit Persönlichkeiten, die mehr oder weniger seinem eigenen Zeitalter zuzurechnen sind. So kommt auch Dante Alighieri mit einer Klage über seine Verbannung aus der Vaterstadt Florenz zu Wort. Die letzte Lebensgeschichte berichtet von Philippa Catanensis, einer einfachen Frau aus dem Volk, die als abschließender Kontrast den vielen zuvor geschilderten Herrscherpersönlichkeiten gegenübergestellt wird. Ihr Aufstieg von der Dienstmagd zur Hofmeisterin und die Ernennung ihres Sohnes zum Großmarschall von Sizilien sind ebenso atemberaubend wie ihr jäher Sturz und die schandvolle Hinrichtung nach einer Verschwörung in Neapel. Boccaccio gibt hier zu erkennen, daß er selbst während seines Aufenthaltes am Hof von Neapel die Geschichte noch aus erster Hand erzählt bekommen hat.

Verglichen mit Petrarcas *De viribus illustribus* ist Boccaccio weit weniger an der genauen historiographischen Rekonstruktion der Fakten interessiert. Er schmückt, besonders bei grausamen Herrschern, die Erzählung gerne mit Details. Trotzdem bleibt sein lateinischer Stilgestus recht literarisch und gemessen. Das Buch wurde in die wichtigsten europäischen Sprachen übersetzt und war bis zum 16. Jh. bekannter als Boccaccios Meisterwerk, das *Decamerone*. U.P.

AUSGABEN: Straßburg o. J. – Paris o. J. *(De casibus virorum libri novem, quum historiis adfatim cognoscendis, tum praeclare instituendis hominum moribus longe utilissimi).* – Ldn. 1494. – Paris 1494. – Paris 1520 [Faks. Gainesville 1962; Einl. L. Brewer]. – Florenz 1598 *(I casi degli uomini illustri*, ital. Übers. M. G. Betussi). – Bari 1928 (in *Opere latine minori*, Hg. A. F. Massèra). – Mailand 1983, Hg. P. G. Ricci u. V. Zaccaria (in *Tutte le opere di G. B.*, Hg. V. Branca, Bd. 9).

ÜBERSETZUNGEN: *Fornemmste Historien und Exempel von wider wertigem Glück, mercklichem und erschröcklichem Unfahl, erbärmlichen Verderben und Sterben grossmächtiger Kayser, Künig, Fürsten unnd anderer nahmhaftiger Herrn*, H. Ziegler, Augsburg 1545. – *Die neun Bücher vom Glück und Unglück berühmter Männer und Frauen*, W. Pleister, Mchn. 1965 [*Münchner Boccaccio*]; ern. 1968 (dtv).

LITERATUR: H. Hauvette, *Recherches sur le »De casibus virorum illustrium« de Boccace*, Paris 1901. – Ders., *Boccace. Étude biographique et littéraire*, Paris 1914. – V. Zaccaria, *Le due redazioni del »De casibus virorum illustrium«* (in Studi sul B., 10, 1977/78, S. 1–26). – A. Carraro, *Tradizioni culturali e storiche nel »De casibus virorum illustrium«* (ebd., 12, 1980, S. 197–262).

DE CLARIS MULIERIBUS

(nlat.; *Über berühmte Frauen*). Sammlung von Lebensbeschreibungen von Giovanni BOCCACCIO, erste Fassung 1361, erweiterte Fassung 1362. – Das Werk ist der Gräfin Andreola Acciaiuoli, der Schwester eines neapolitanischen Höflings und Gönners Boccaccios, gewidmet und enthält in 106 Kapiteln 104 chronologisch geordnete Biographien berühmter Frauengestalten. Mit Eva angefangen spannt sich der Bilderbogen über Frauen der Antike bis hin zu Zeitgenossinnen Boccaccios, deren Reigen Königin Johanna von Sizilien, die große Förderin des Dichters, beschließt. Der Eindruck einer geordneten Sammlung wird noch dadurch verstärkt, daß die Kapitel 3 bis 40 ausschließlich literarische Frauengestalten vorstellen, während anschließend über historisch dokumentierte Frauen der Antike (41–100) und des Mittelalters (101–106) berichtet wird. Das Werk hat im Gegensatz zu *De casibus virorum illustrium* keine Rahmen und keine Einschübe, doch läßt die einleitende Widmung erkennen, daß der Autor mit seiner Kollektion von Frauenporträts eine Lücke in der biographischen Literatur zu schließen glaubte. Als herausragendes Vorbild können auch lediglich OVIDS *Heroides*, eine Sammlung fiktiver Briefe, genannt werden, auf die Boccaccio bereits in seinem Jugendwerk *Fiammetta* (1343/44) zurückgegriffen hat. Ausdrücklich verwahrt sich der Autor dagegen, unter »*clarus*« nur Tugendhaftigkeit zu verstehen. Vielmehr will er Frauen porträtieren, die in diesem Sinne berühmten Männergestalten vergleichbar, im Guten wie im Schlechten für Aufsehen gesorgt haben. Daher werden neben Frauen, die sich gegen Tyrannis und Unfreiheit auflehnen, auch Charaktere wie Medea (16) oder die Dirne Leena (50) verteidigt. Andererseits machen sich auch misogyne Züge, die in der mittelalterlichen Frauensatire beliebt waren, bemerkbar (Sabina Poppea, 95; vgl. auch *Il Corbaccio*). In der Geschichte von Pyramus und Tisbe (13) ergreift der Autor für die Liebenden Partei und beklagt die Launenhaftigkeit Fortunas. Mit besonderem Genuß erzählt Boccaccio die kuriose Geschichte der Päpstin Giovanna (101), die – einmalig in der Geschichte der Päpste – als »Heiliger Vater« ein Kind gebar *(»actum est ut papa conciperet«)*, wobei gerade an diesem Beispiel deutlich wird, daß Boccaccio hier wesentlich stärker als in *De casibus virorum illustrium* seinem novellistischen Talent freien Lauf läßt und auch die lateinische Sprache flexibel und abwechslungsreich gestaltet. Neben seinem moralisch-didaktischen Anspruch zielt das Werk vor allem darauf ab, ein gebildetes Publikum zu unterhalten – mit Erfolg, wie die große Verbreitung im Europa der Renaissance beweist. U.P.

AUSGABEN: Bern 1439. – Ulm 1473. – Venedig 1506. – Venedig 1545 (*Delle donne illustre*, ital. Übers. M. G. Betussi). – Bologna 1881 (*Delle donne famose*, Hg. G. Manzoni, ital. Übers. M. D. Albanzani di Casentino). – Bari 1928 (in *Opere latine minori*, Hg. A. F. Massèra). – Mailand 1967, Hg. V. Zaccaria (in *Tutte le opere di G. B.*, Hg. V. Branca, Bd. 10; nlat.-ital.).

ÜBERSETZUNGEN: *Von etlichen Frowen*, H. Stainhöwel, Ulm [ca. 1473; Nachdr. Tübingen 1895, Hg. Drescher; BLV]. – *Ein schöne Cronica oder Historibuch von den fürnämlichsten Weybern, so von Adams Zeyten angewesst, was guttes oder böses je durch sy geübt, auch was nachmaln guttes oder böses darauss entstanden*, ders., Augsburg 1543. – *Von den berühmten Frawen*, ders., Hg. S. Hoepfl, Mchn. 1924.

LITERATUR: L. Torretta, *Il »Liber de claris mulieribus«* (in GLI, 39, 1902, S. 252 ff.; 40, 1903, S. 35 ff.). – G. Traversari, *Appunti sulle redazioni del »De claris mulieribus« di G. B.* (in *Miscellanea di studie critici in onore di G. Mazzoni*, Bd. 1, Florenz 1907). – P. G. Ricci, *Studi sulle opere latine e volgari del B.* (in Rinascimento, 1959, S. 3–32). – R. Tuve, *Spenser's Reading: The »De claris mulieribus«* (in *Essays by R. Tuve*, Hg. T. P. Roche jr., Princeton 1970, S. 83–101). – G. Zappacosta u. V. Zaccaria, *Per il testo del »De claris mulieribus«* (in Studi sul B., 7, 1973, S. 239–270). – A. Cerbo, *Il »De claris mulieribus« di G. B.* (in Arcadia. Atti e memorie, Ser. 3a, 4, 1974, S. 51–75).

FIAMMETTA

(ital; *Fiammetta*). Roman von Giovanni BOCCACCIO, entstanden 1343/44; die überlieferte Fassung entspricht einer späteren Umarbeitung durch den Autor. – Das sechs Jahre vor Beginn der Arbeit am *Decamerone* entstandene umfangreiche Prosawerk spiegelt Boccaccios Bemühen wider, die humanistische Forderung nach Imitation bedeutender literarischer Vorbilder und eine bereits modern wirkende realistische Figurenpsychologie miteinander zu verbinden. Der vollständige Titel des Werkes (*Il libro chiamato Elegia di Madonna Fiammetta da lei alle innamorate donne mandato* – *Das Buch, Elegie der Dame Fiammetta genannt, von ihr den verliebten Frauen geschickt*) läßt erkennen, daß es sich um eine Art Brief handelt, den die an der Liebe leidende Fiammetta anderen verliebten Frauen zu deren Belehrung zukommen lassen will. Das von der Hauptfigur in der ersten Person erzählte Werk umfaßt neun Kapitel. Im Prolog wendet sich die reumütige Fiammetta an die »*vornehmen Frauen*« (»*nobili donne*«) und verweist auf ihren dem Gegenstand angemessenen elegischen Stil. Das abschließende neunte Kapitel ist an das Buch selbst gerichtet und bildet somit zusammen mit dem Prolog den Rahmen für die Erzählung.

Fiammettas ehebrecherische Liebe zu dem jungen

Panfilo wird von ihr in der Rückschau als unter dem Diktat der launischen Fortuna stehend interpretiert. Bereits vor der entscheidenden ersten Begegnung im Tempel hat Fiammetta Vorahnungen vom Glück der Liebe und ihrer tragischen Wendung. Das *innamoramento* (der Moment des sich Verliebens), ausgehend vom Blickkontakt mit Panfilo, wird mit großer psychologischer Differenziertheit geschildert. Unter dem Diktat der Liebe entwickelt sich Fiammettas Persönlichkeit, und sie gelangt in Selbstgesprächen und Dialogen mit dem Geliebten zu ungeahnter sprachlicher Ausdruckskraft. Die mäßigenden Worte von Fiammettas Amme sind gegen diese Entwicklung machtlos. Durch die Liebe sensibilisiert, ahnt Fiammetta die Abreise Panfilos voraus, der vorgibt, seinen alten Vater besuchen zu müssen. In der ersten Phase von Panfilos Abwesenheit (Kap. III) versucht Fiammetta – OVIDS Anweisungen aus den *Remedia amoris* (*Heilmittel gegen die Liebe*) gehorchend – den Geliebten in der Phantasie zu vergegenwärtigen, was sie ins phantasierende Erzählen geraten läßt. Als Panfilo die für die Rückkehr gesetzte Frist überschritten hat, verfällt Fiammetta in Schwermut, verschweigt jedoch ihrer Umwelt deren wahren Grund. Schließlich erfährt sie von einem Händler, daß Panfilo geheiratet habe (Kap. V). Ihr ahnungsloser Ehemann will ihre Melancholie zerstreuen und führt sie genau an jene Lustorte, die für sie mit Erinnerungen an Panfilo verbunden sind. Sie flüchtet daher in die Einsamkeit, sucht Tempel auf, wo ihr die Verzweiflung als Demut ausgelegt und sie, die unerkannte Sünderin, ehrfürchtig behandelt wird. Als sie schließlich erfährt, daß Panfilo noch nicht verheiratet, aber in eine andere Frau verliebt ist (Kap. VI), treibt sie der Schmerz fast zum Selbstmord, an dem glückliche Umstände sie jedoch hindern. Vorher will die Amme erneut vergeblich versuchen, sie durch Beispiele aus der antiken Mythologie von der Undurchschaubarkeit Fortunas zu überzeugen. Die Aussicht auf eine vom Ehemann angeregte Pilgerreise läßt die junge Frau abermals an ein Wiedersehen mit Panfilo glauben. Sie ist jedoch tief enttäuscht, als ein gewisser Panfilo, dessen Rückkehr gemeldet wird, nicht mit ihrem Geliebten identisch ist. Die Erzählung mündet ohne wirklich tragischen Ausgang in das achte Kapitel, wo Fiammetta ausführlich die Geschichten unglücklicher antiker Frauengestalten nacherzählt und sich so indirekt mit diesen auf eine Stufe stellt. Die neuere Forschung hat biographistische Deutungen abgeschwächt, die das Werk als direkte Umsetzung einer Liebschaft des Autors mit Maria d'Aquino, der Tochter des Königs Robert von Anjou, aufgefaßt haben. Biographisch und textgenetisch bedeutsam ist allerdings die Tatsache, daß Boccaccio neben Rückgriffen auf antike Texte (z. B. Ovids *Heroides*) eine Fülle von stilistischen und stofflichen Anregungen den Werken DANTES und PETRARCAS entnommen hat. Außer der thematischen Verwandtschaft mit Dantes *Vita Nuova* fällt besonders der Einfluß des Konzepts der *voluptas dolendi*, der Lust am Leiden, auf, den Petrarca in seinem *Canzoniere*, dessen Entstehung Boccaccio verfolgen konnte, als zentrales Motiv entfaltet hat. Boccaccios Originalität liegt in der Vereinigung dieser Einflüsse in der Figur einer einfachen jungen Frau, die als Erzählerin über sich selbst hinauswächst und sich im Medium ihrer Erzählung verewigen kann. – Nicht zuletzt deshalb hat der italienische Romantiker Niccolò TOMMASEO (1802 bis 1874) das Werk unter Vernachlässigung seiner humanistischen Ansprüche als ersten psychologischen Roman der italienischen Literatur aufgefaßt.

U.P.

AUSGABEN: Padua 1472. – Florenz 1829 (in *Opere volgari*, 17 Bde., 1827–1834, 6). – Straßburg 1910 (Bibliotheca romanica). – Bari 1939 (*Elegia di Madonna Fiammetta*, Hg. V. Pernicone; krit.; Scrittori d'Italia). – Mailand/Neapel 1952, Hg. E. Bianchi, C. Salinari u. N. Sapegno [zus. m. *Il Decamerone, Ameto* u. *Il filocolo*; krit.]. – Mailand 1962 (*Elegia di Madonna Fiammetta*, Hg. P. Piccoli Addoli). – Rom 1966, Hg. N. Vianello [m. Ill.]. – Mailand 1971 (in *Opere minori in volgare*, Hg. M. Marti).

ÜBERSETZUNGEN: *Fiammetta*, S. Brentano, Bln. 1806. – *Fiammetta*, E. v. Hollander (in *GW*, Hg. B. Wolffram, Bd. 3, Lpzg. 1924). – *Fiammetta*, S. Brentano (in *GW*, Hg. M. Krell, Bd. 1, Mchn./Lpzg. 1924). – *Die Elegie der Dame Fiammetta*, E. v. Hollander-Lossow, Hg. Ch. Wentzlaff-Eggebert, Mchn. 1963. – *Fiammetta*, S. Brentano, Ffm. 1964 [Nachwort S. Battaglia]; ern. Mchn. 1968. – Dass., dies., Zürich 1984 – Dass., dies., bearb. K. Kippenberg, Lpzg. 1982.

LITERATUR: R. Renier, *La »Vita nuova« e la »Fiammetta«*, Turin 1879. – S. Battaglia, *Elementi autobiografici nell'arte di G. B.* (in Cultura, 9, 1930, S. 241 ff.). – V. Pernicone, *Sulle chiose all'»Elegia di Madonna Fiammetta« del B.* (in Leonardo, 12, März/April 1941). – G. de Robertis, *»La Fiammetta«* (in G. de R., *Studi*, Florenz 1944, S. 48–54). – D. Rastelli, *La modernità della »Fiammetta«* (in Convivium, 1947, Fasc. 5/6). – Ders., *Le fonti autobiografiche dell'»Elegia di Madonna Fiammetta«* (in Humanitas, 3, 1948). – Ders., *Le fonti letterarie del B. nell'»Elegia di Madonna Fiammetta«* (in Saggi di Umanismo Cristiano, 4, fasc. 3, 1949). – M. Serafini, *Le tragedie di Seneca nella »Fiammetta« die G. B.* (in GLI, 126, 1949, S. 95–105). – A. E. Quaglio, *Le chiose all'»Elegia di Madonna Fiammetta«*, Padua 1957. – Ders., *Per il testo della »Fiammetta«* (in Studi di Filologia Italiana, 15, 1957, S. 5–205). – W. Pabst, *Venus als Heilige und Furie in B.s Fiammettadichtung*, Krefeld 1958. – B. König, *Die Begegnung im Tempel*, Hbg. 1960 [m. Bibliogr.]. – C. Segre, *Strutture e registri della »Fiammetta«* (in Stc, 6, 1972, S. 133–162; auch in ders., *Le strutture e il tempo*, Turin 1974, S. 87–115). – R. Griffin, *B.'s »Fiammetta«: Pictures at an Exhibition* (in Italian Quarterly, 18, 1975, Nr. 52, S. 75–94). – W. Bahner, *B.s »Fiammetta«* (in W. B., *Formen, Ideen, Pro-*

zesse in den Literaturen der romanischen Völker, Bd. 1: Von Dante bis Cervantes, Bln./DDR 1977, S. 133–153).

IL FILOCOLO

(ital.; *Der Filocolo*). Abenteuerlicher Prosaroman, das Erstlingswerk von Giovanni BOCCACCIO, auf Anregung »Fiammettas« vor 1340 in Neapel begonnen, abgeschlossen vielleicht erst um 1345 in Florenz. – »*Die erbarmenswerten Abenteuer des verliebten Florio und seiner Biancofiore*« greifen zurück auf die zweite Fassung (um 1300) des damals in ganz Europa verbreiteten, byzantinische Stoffelemente enthaltenden Romans von *Floire et Blancheflor*, der in der Mitte des 12. Jh.s in Frankreich entstanden war. Boccaccios Titel ist eine aus dem von ihm unzulänglich beherrschten Griechischen abgeleitete Wortbildung; die abgeänderte Form *Il filopono* (von griech. *philoponos*) in einer venezianischen Ausgabe von 1527 läßt erkennen, was er wohl damit bezeichnen wollte: den sich abmühenden Liebenden.

Gemeinsam mit Florio, des Königs Sohn, wird Biancofiore an dem von Sevilla nach Marmorina (d. i. Verona) verlegten Hof des heidnischen Spanierkönigs Felice aufgezogen. Schon bald beginnen die beiden Kinder, von Amor selbst zusammengeführt, einander in aller Unschuld zu lieben. Der König will jedoch von dieser Neigung nichts wissen, schickt seinen Sohn in eine andere Stadt und läßt das Mädchen zum Feuertod verurteilen. Florio, von Venus gewarnt und von Mars mit dessen eigenen Waffen ausgerüstet, befreit unerkannt die Geliebte. Der König verkauft sie jedoch an zwei Schiffsherren, die sie ihrerseits, in Alexandrien, an den Admiral des Sultans von Babylon verschachern. Als Florio, dem man gesagt hat, Biancofiore sei gestorben, sich in seiner Verzweiflung das Leben nehmen will, gesteht ihm seine Mutter die Wahrheit. Unter dem Namen »Filocolo« macht er sich auf die Suche nach der Geliebten. Nach einem Schiffbruch gelangt er an den Königshof von Neapel, wo er freundlich aufgenommen wird. Dort lernt er Fiammetta und deren Geliebten Caleone (Boccaccio) kennen. Bald reist er weiter nach Ägypten. Es gelingt ihm tatsächlich, Biancofiore ausfindig zu machen, die, gemeinsam mit anderen Mädchen in einem Turm eingekerkert, in den Harem des Sultans abtransportiert werden soll. In einem Korb unter Blumen verborgen, gelangt Florio zu der Geliebten, wird jedoch entdeckt und mit ihr gemeinsam zum Tod auf dem Scheiterhaufen verurteilt. Wieder greifen die Götter rettend ein: Venus bewahrt Biancofiore in den Flammen, und bevor Filocolo dem Feuer überantwortet wird, besiegen seine herbeigeeilten Freunde, von Mars angeführt, die Heiden. Deren Anführer, der Admiral, erkennt in Florio seinen Neffen und richtet ihm eine prächtige Hochzeit aus. In Rom söhnt sich Florio, zum Christentum bekehrt und getauft, mit Biancofiores Verwandten aus. Nach der Heimkehr verkündet er das Evangelium seinen Eltern und dem Volk, über das er nach seines Vaters Tod an der Seite Biancofiores glücklich und weise regiert.

Boccaccio nimmt die Gelegenheit wahr, in diesem phantastischen, abenteuerreichen Liebesroman seine beachtlichen Kenntnisse der griechischen und römischen Mythologie vorzuführen. Er entreißt die alten Götter der Vergessenheit, der sie anheimgefallen waren. Doch kann trotz dieses frühesten Anzeichens dafür, daß in der italienischen Literatur die Renaissance begonnen hat, von einer »Wiedergeburt« noch nicht die Rede sein, eher von antiker Kostümierung christlicher Vorstellungen; so wird z. B. Gott zu Jupiter, Luzifer zu Pluto usw. Dabei würfelt Boccaccio die verschiedensten Elemente – christliche, antike und höfische – wahllos durcheinander. Die Sprache wirkt häufig überladen und gekünstelt, die Freude an der eigenen Erfindungsgabe reißt den jungen Dichter zu üppiger Metaphorik hin: »*Die nimmermüden Pferde der Sonne tauchen, von den Anstrengungen des Tages erhitzt, in den Meeresgewässern des Okzidents unter.*« – »*Aurora hatte die nächtlichen Feuer entfernt, und Phöbus die betauten Gräser getrocknet.*« Die Darstellung der beiden Protagonisten hält sich noch zu eng an die mittelalterlichen Schablonen, als daß Florios und Biancofiores wechselhaftes Schicksal zu fesseln, die Beständigkeit und Unanfechtbarkeit ihrer Liebe zu ergreifen vermöchten. Sie lassen noch nicht erkennen, daß Boccaccio etwa zur gleichen Zeit die literarhistorisch außerordentlich bedeutsame Lösung vom mittelalterlichen Menschenbild vollzog und noch während der Arbeit am *Filocolo* in seinem *Filostrato* (1337–1339) das nicht mehr der Gewalt von Göttern, sondern seinen eigenen Empfindungen und Entscheidungen unterworfene Individuum zu Wort kommen ließ. M.S.

AUSGABEN: Florenz 1472. – Venedig 1472. – Florenz 1829 (in *Opere volgari*, 17 Bde., 1827–1834, 7). – Turin 1921, Hg. V. Crescini, 2 Bde. [m. Komm.; ern. 1927]. – Bari 1938, Hg. S. Battaglia (krit.; Scrittori d'Italia). – Mailand/Neapel 1952, Hg. E. Bianchi, C. Salinari u. N. Sapegno [zus. m. *Il Decamerone*, *Ameto* u. *Fiammetta*]. – Mailand 1967, Hg. A. E. Quaglio (in *Tutte le opere di G. B.*, Hg. V. Branca, Bd. 1.). – Mailand 1969 (in *Opere minori in volgare*, Hg. M. Marti, Bd. 1).

LITERATUR: B. Zumbini, *Il »Filocolo« del B.*, Florenz 1879. – F. Novati, *Sulla composizione del »Filocolo«* (in Giornale di Filologia Romanza, 3, 1880). – V. Crescini, *Due studi riguardanti opere minori del B.*, Padua 1882. – P. Rajna, *L'episodio delle questioni d'amore nel »Filocolo«* (in Romania, 31, 1902, S. 28–81). – D. Bongini, *Noterelle critiche sul »Filocolo« di G. B., precedute da una introduzione storico-bibliografica sulla leggenda di Florio e Biancofiore*, Aosta 1907. – O. H. Moore, *B.'s »Filocolo« and the Annunciation* (in MLN, 33, 1918, S. 438–440). – B. Croce, *Il B. e Franco Sacchetti* (in La Critica, 29, 1931, S. 81–99). – S. Battaglia, *Schemi lirici nell'arte del B.* (in Archivum Romanicum, 19, 1935,

S. 61–78). – A. E. Quaglio, *Valerio Massimo e il »Filocolo« di G. B.* (in Cultura Neolatina, 20, 1960, S. 45–76). – Ders., *Tra fonti e testo del »Filocolo«* (in GLI, 139, 1962). – C. Cazalé-Bérard, *Les structures narratives dans le premier livre du »Filocolo« de G. B.* (in Revue des Études Italiennes, 17, 1971, S. 111–137). – J. L. Smarr, *B.'s »Filocolo«: Romance, Epic, and Religious Allegory* (in Forum Italicum, 12, 1978, S. 26–43).

IL FILOSTRATO

(ital.; *Der Filostrato*). Versepos von Giovanni Boccaccio, entstanden 1337–1339. – Boccaccio widmete das Werk seiner »Fiammetta«, Maria d'Aquino, der Tochter des Köngis Roberto von Neapel, die, obgleich verheiratet, 1336 für kurze Zeit die Geliebte des Dichters war. Der Titel soll nach der höchst eigenwilligen Etymologie des Autors als eine Zusammensetzung von *philos* (griech.) und *stratus* (lat.) verstanden werden und soviel heißen wie »Der von der Liebe zu Boden Geschmetterte«. In seiner Widmungsepistel bittet er die Geliebte, die sich zur Erholung von Neapel nach Samnium zurückgezogen hat, sich von seinen »*Worten, Tränen, Seufzern und Nöten*« ergreifen zu lassen, sooft sie in der ihr erzählten Geschichte »*Troilos weinen und um Griseidas Abreise willen sich grämen*« sieht. – Boccaccios wichtigste Quelle für seinen Stoff war der französische *Roman de Troie* von Bénoît de Sainte-More (12. Jh.), den er wahrscheinlich in der Übersetzung von Binduccio dello Scelto kennenlernte. Sein literarisches Material bearbeitete er jedoch mit großer Freiheit. Troilos und Griseida leben zwar in einer den Ritterromanen des späten Mittelalters entsprechenden Umwelt, sind jedoch ein für das *trecento* ausgesprochen »modernes« Liebespaar.

Während der griechischen Belagerung flieht der Priester Calchas, der den Untergang der Stadt voraussieht, aus Troja in das feindliche Lager, muß jedoch seine junge, verwitwete Tochter Griseida zurücklassen. Bei einem Fest verliebt sich Prinz Troilos, der jüngste Sohn des Priamos, in sie. Durch die Vermittlung seines Freundes, des Erzkupplers Pandaro, der später in den Bearbeitungen von Chaucer und vor allem Shakespeare zum Intriganten und Bösewicht umgeschaffen wird, gesteht Troilos der nicht ganz aufrichtigen, koketten Griseida seine Liebe. Das außergewöhnlich freimütig beschriebene Liebesglück der beiden ist jedoch nur von kurzer Dauer. Bei einem Gefangenenaustausch wird Griseida, von dem schönen Griechen Diomedes bewacht, in das griechische Lager zu ihrem Vater gebracht. Diomedes verliebt sich in sie, und in seinen Armen vergißt sie Troilos. Als der Trojanerprinz von Griseidas Untreue erfährt, stürzt er sich verzweifelt in das Schlachtgetümmel und fällt im Kampf mit Achilles.

Im *Filostrato*, Boccaccios erstem – und auf Anhieb geradezu mit Brillanz durchgeführtem – Versuch auf dem Gebiet des Versepik, gewinnt die Lyrik die Oberhand über die Erzählkunst. Das Aufkeimen der Leidenschaft in Troilos, sein Liebesglück und der Schmerz nach der Trennung von der Geliebten sind mit großer Wortkunst in klangvoll dahinfließende Verse gefaßt. Die der Vorlage entnommene kurze Episode ist nur der Anlaß zur freien, dichterischen Umschreibung einer selbsterlebten und -erlittenen Wirklichkeit. Auf das Rhetorische, das in Boccaccios Jugendwerk *Filocolo* störend in Erscheinung trat, wird fast völlig verzichtet; es macht »*dem ungekünstelten Ausdruck wahren Empfindens Platz*« (B. Wiese). An die Stelle der Götter, die im *Filocolo* aktiv in die Handlung eingriffen, ist die freie, gleichermaßen subjektive wie auch autonome menschliche Entscheidungsgewalt getreten, wieder ein durchaus moderner Zug, der auf den Humanismus vorausweist. In des Dichters zwar noch leicht stilisierter, aber doch schon scharf beobachtender, kritischer Schilderung der ihn umgebenden daseinsfrohen und galanten neapolitanischen Hofgesellschaft kündigt sich bereits die Realistik seiner großen Novellensammlung, des *Decamerone*, an.

Boccaccios *Filostrato*, literarhistorisch bedeutsam als »*der erste in Stanzen geschriebene Versroman der Kunstpoesie*« (K. Fassmann), diente als unmittelbare Vorlage für Chaucers 1383–1385 entstandenes Versepos *Troylus and Cryseyde* (stellenweise übersetzt dieser Boccacios Text wörtlich), auf das wiederum Shakespeare in seinem Drama *Troilus and Cresseid* zurückgriff, sowie für das französische *Livre de Troilus* von Loys de Beauvau (um 1410–1462). KLL

Ausgaben: O. O. u. J. [Venedig ca. 1480]. – Florenz 1831 (in *Opere volgari*, 17 Bde., 1827–1834, 13). – Straßburg 1912 (Bibliotheca romanica). – Bari 1937, Hg. V. Pernicone (krit.; Scrittori d'Italia, 165). – Mailand 1964 (in *Tutte le opere*, Hg. V. Branca, 12 Bde., 1964 ff., 2). – Mailand/Neapel 1965 (in *Opere in versi*, Hg. P. G. Ricci). – Mailand 1970 (in *Opere minori in volgare*, Hg. M. Marti, Bd. 2).

Übersetzung: *Troilus und Kressida*, K. Frhr. v. Beaulieu Marconnay, Bln. 1884. – Dass., ders. (in GW, Hg. M. Krell, Bd. 5, Mchn./Lpzg. 1924).

Literatur: P. Savj-Lopez, Il *»Filostrato« del B.* (in Romania, 27, 1898, S. 442–479). – S. Battaglia, *Elementi autobiografici nell'arte di G. B.* (in Cultura, 9, 1930, S. 241 ff.). – V. Branca, *Il cantare trecentesco e il B. del »Filostrato« e del »Teseida«*, Florenz 1936. – V. Pernicone, *I manoscritti di »Filostrato« di G. B.* (in Studi di Filologia Italiana, 5, 1938, S. 41–84). – B. Croce, *La poesia del B.* (B. C., *Filosofia, Poesia, Storia. Pagine tratte da tutte le opere dell'autore*, Neapel 1951, S. 748–756). – M. W. Bloomfield, *The Source of B.'s »Filostrato«, III, 74–79, and Its Bearing on the MS Tradition of Lucretius' »De rerum natura«* (in Classical Philology, 47, 1952, S. 162–165). – R. M. Lumiansky, *Aspects of the Relationship of B.'s »Filostrato« with Benoît's »Roman de Troie« and Chaucer's »Wife of Bath's Tale«*

(in Italica, 31, 1954, S. 1–7). – H. M. Cummings, *The Indebtedness of Chaucer's Works to the Italian Works of B.: A Review an Summary*, NY 1967 [Neuaufl. d. Ausg. Princeton 1916]. – J. Dean, *Chaucer's »Troilus«, B.'s »Filostrato« and the Poetics of Closure* (in PQ, 64, 1985, S. 175–184).

GENEALOGIE DEORUM GENTILIUM

(nlat.; *Genealogien der heidnischen Götter*). Mythologische Enzyklopädie in 15 Büchern von Giovanni BOCCACCIO, entstanden ca. 1350–1375, erschienen 1472. – Das Werk entstand auf Anregung von Ugo IV. da Lusignano, dem es auch gewidmet ist, war zunächst auf 13 Bände hin angelegt und wurde nach 1366 um die letzten beiden Bücher ergänzt. Der Autor unterzog das Werk bis zu seinem Tode immer neuen Überarbeitungen.

Das mit wissenschaftlichem Anspruch und großer philologischer Akribie geschriebene Kompendium der mythologischen Überlieferungen markiert den Höhepunkt von Boccaccios humanistischer Gelehrsamkeit, die nach der Abfassung des *Decamerone* das Hauptfeld seiner schriftstellerischen Betätigung wird. Der entscheidende Anstoß zu dieser Arbeit entspringt Boccaccios enger Freundschaft mit PETRARCA, dem hervorragendsten und engagiertesten Kenner und Förderer antiker Bildung im 14. Jh. Aus unzähligen Quellen der Antike, die heute teilweise verschollen sind, rekonstruiert Boccaccio die Stammbäume der griechischen und römischen Götterwelt einschließlich ihrer Halbgötter und Helden, wobei er als Quellenmaterial auch Texte seines eigenen Jahrhunderts heranzieht (DANTE, Petrarca u. a.). Zur Erklärung und Auslegung der Mythen stützt sich der Autor im wesentlichen auf drei Kriterien: die rationalistische Deutung der Götter als herausragende und deshalb von der Nachwelt verklärte historische Gestalten, die physisch-naturhafte Auffassung von den Göttern als Verkörperungen der Naturkräfte und schließlich ihre moralische Auslegung als Spiegelbilder der menschlichen Seele. Im einzelnen ist Boccaccios Darstellung vielfach konventionell und von der modernen mythologischen Forschung widerlegt. Es gibt jedoch auch zukunftsweisende Deutungen wie die des Prometheus, in dem der Autor, über die mittelalterliche Allegorese hinausgehend, nicht nur ein Sinnbild für die göttliche Schöpferkraft, sondern auch für die kulturschaffende Leistung des Menschen erkennt (vgl. Buch IV, Kap. 42–44). Boccaccios Arbeitsweise erhält Vorbildcharakter für kommende Humanistengenerationen, weil er sich als erster westlicher Dichter in den Jahren 1360–62 dem Studium des Griechischen (das Petrarca nicht beherrschte) widmete und so griechische Quellen hier teilweise im Original zitieren konnte.

Von noch größerer Bedeutung als Boccaccios philologisch-wissenschaftliche Leistung ist seine Auseinandersetzung mit der mittelalterlichen Beurteilung der Dichtkunst, die in den letzten beiden Büchern (XIV u. XV) stattfindet. Ausgangspunkt ist die von PLATON herrührende und im Mittelalter unter anderem von THOMAS VON AQUIN übernommene Abwertung der Dichtung im System der freien Künste. In scharfer Polemik gegen Theologen und Juristen erklärt Boccaccio das Dichten zu einer Wissenschaft, die, wie die Philosophie und Theologie, keine materiellen Werte, sondern reine Erkenntnis sucht. Der christlich-theologische Vorwurf, die Dichter seien Lügner und erfreuten sich an heidnischen Stoffen, entkräftet der Autor unter anderem damit, daß der Dichter gar nicht an der Darstellung des bereits Vorhandenen interessiert ist, sondern daß er *»Neues, nie Gehörtes«* (A. Buck) erfindet: *»Peregrinas et inauditas inventiones excogitare«* (XIV, 7). Die Nachahmung der Natur und die Einbildungskraft des Dichters schaffen eine neue Welt. Die dichterische Inspiration deutet Boccaccio, gestützt auf den *fervor*-Begriff CICEROS (von Petrarca hatte er das Manuskript von Ciceros *Pro Archia* erhalten), als göttliche Eingebung und führt sie damit über das rhetorische Prinzip der *inventio*, der Stoffsuche, weit hinaus. Unverzichtbar für das dichterische Schaffen bleibt jedoch die universale Gelehrsamkeit. So muß der Dichter ein *poeta eruditus* sein, der sich vor allem der Regeln von Grammatik und Rhetorik bedienen kann. Trotz der Annäherung an die Rhetorik verweist Boccaccio auf die Eigenständigkeit der fiktionalen Form, die poetischen Werken eine eigene Wahrheit verleiht. Die *fabula* bedarf nicht unbedingt der allegorischen Auslegung, sondern erhält einen Eigenwert, wenn sie, und der Autor zitiert hier beispielhaft die Visionen und Gleichnisse der Bibel, vermittelnder Träger und Schleier der Wahrheit ist. Damit kommt dem Dichter letztlich eine Ausnahmestellung in Wissenschaft und Gesellschaft zu. Diese Sonderrolle schließt ein, daß er sich in der Kontemplation einer *vita solitaria* auf seine Werke konzentrieren muß, die die Leser zum Guten führen sollen (*»in bonum deducant se legentes«*, XIV, 16). Diese Apologie der Dichtung vor dem zeitgenössischen Hintergrund legt den inneren Antrieb von Boccaccios Schaffen offen und weist mit seinem humanistischen Anspruch einerseits und der persönlichen Begeisterung für das Dichten andererseits weit in die Zukunft. – Die reiche Wirkungsgeschichte des Werkes wird dokumentiert durch mehr als 100 überlieferte Handschriften, 10 Drukke aus dem 15. und 16. Jh. und die bis zum 17. Jh. zwölfmal neu aufgelegte italienische Übersetzung von G. Betussi aus dem Jahr 1547. U.P.

AUSGABEN: Venedig 1472. – Bari 1951/52, Hg. V. Romano, 2 Bde. (Scrittori d'Italia). – Mailand/Neapel 1965 (in *Opere in versi*, Hg. P. G. Ricci: Ausw.).

LITERATUR: A. Hortis, *Studi sulle opere latine di G. B.*, Triest 1879. – E. H. Wilkins, *The Trees of the »Genealogia deorum« of B.*, Chicago 1923. – Ders., *The University of Chicago Manuscript of the »Genealogia deorum gentilium« of B.*, Chicago 1927. – P. G.

Ricci, *Contributi per un'edizione critica della »Genealogia deorum gentilium«* (in Rinascimento, 2, 1951, S. 99–144; 195–208). – G. Martelotti, *Le due redazioni delle »Genealogie« del B.*, Rom 1951. – P. G. Ricci, *Studi sulla »Genealogia deorum gentilium«* (in Rinascimento, 4, 1953, S. 164–166). – E. Garin, *Medioevo e rinascimento*, Bari 1954. – E. H. Wilkins, *The Invention of the Sonnet*, Rom 1959, S. 147–167. – E. Gilson, *Poésie et vérité dans la »Genealogia« de B.* (in Studi sul B., 2, 1964, S. 253–282). – G. Martelotti, *La difesa della poesia nel B. e un giudizio su Lucano* (ebd., 4, 1967, S. 265–279). – S. Cigada, *Le »Genealogie deorum gentilium« del B. e il »Temple de Bonne Rénommée« di Jean Bouchet* (in *Il B. nella cultura francese*, Hg. C. Pellegrini, Florenz 1971, S. 521–556). – A. Buck, *B.s Verteidigung der Dichtung in den »Genealogie deorum gentilium«* (in *B. in Europe*. Kongreßbericht Löwen 1975, Hg. H. Tournoy, Löwen 1977, S. 53–66). – R. Stefanelli, *B. e la poesia*, Neapel 1978.

NINFALE FIESOLANO

(ital.; *Die Nymphe von Fiesole*). Bukolische Dichtung in Oktaven von Giovanni BOCCACCIO, entstanden zwischen 1344 und 1346, erschienen 1477. – Erst in unserem Jahrhundert konnte durch textkritische Untersuchungen diese die Jugendwerke des Autors beschließende Dichtung, deren Autograph verloren ist, gesichert ediert werden. Boccaccio siedelt den bukolischen Stoff des Werks in einer mythischen Vorzeit an, in der Venus und Diana miteinander rivalisieren. Am Ende gewinnt die Geschichte jedoch eine historische Dimension, indem sie in eine Überlieferung der Stadtgründungen von Fiesole und Florenz mündet. Den Rahmen der 473 Oktaven umfassenden *»amorosa storia«* bildet die Auseinandersetzung des Dichters mit dem Gott Amor. Gleich zu Beginn stellt sich der Dichter unter das Diktat dieses Gottes, am Ende macht er ihm das Werk untertänig sogar zum Geschenk, allerdings mit der Bitte, es in den *»animi gentili«* geneigte Leser finden zu lassen. Amor selbst ergreift abschließend das Wort.

Der Konflikt der Geschichte wird zwischen dem jungen Hirten Africo und der Nymphe Mensola ausgetragen, die in der Gegend des späteren Fiesole zusammen mit vielen anderen Mädchen im Dienst der Diana steht und deshalb der Liebe entsagen muß. Als Diana im Monat Mai die Nymphen einmal um sich versammelt, beobachtet Africo die Szene und verliebt sich in die fünfzehnjährige Mensola, die seinen Annäherungsversuchen jedoch voller Schrecken entflieht. Der Hirt berichtet seinen Eltern in verschlüsselter Form von seinem Liebesleid, worauf ihn sein Vater mit der Geschichte des Großvaters Mugone vor weiteren Nachstellungen warnt. Dieser war von Diana in das toskanische Flüßchen gleichen Namens verwandelt worden, weil er eine der Nymphen zur Liebe verführt hatte. Africo schlägt jedoch die väterliche Lehre in den Wind, und so wird die Geschichte des Großvaters zum Abbild seines eigenen Schicksals. Er opfert der Venus so lange, bis diese ihm im Traum rät, sich den Nymphen in weiblicher Verkleidung zu nähern. In Gewändern seiner Mutter gelingt es ihm daraufhin, Mensola in seine Gewalt zu bringen. Mit raffinierter Metaphorik umschreibt Boccaccio die Einzelheiten des Liebesaktes. Mensola ist zunächst noch widerspenstig, gibt sich Africo dann aber sogar ein zweites Mal hin, nachdem der Hirte durch schöne Worte die Liebe in ihr entfacht hat. Von Reue geplagt kehrt die Nymphe jedoch nicht mehr zu Africo zurück, worauf dieser sich vor Kummer in dem Wasserlauf, der später seinen Namen trägt, ertränkt. Auch Mensola wird nach der Geburt des Sohnes Pruneo von Diana in einen kleinen Fluß verwandelt, dem sie den Namen gibt. Als Pruneo Africos verzweifelten Eltern zur Pflege übergeben wird, nimmt die Geschichte eine glückliche Wendung. Zur Freude der Großeltern gleicht der Enkel ganz dem Sohn und wird von Atalante, dem sagenhaften Gründer Fiesoles, zum Statthalter berufen. Er erhält ein vornehmes Mädchen zur Frau und das Gebiet zwischen den Flüssen Mensola und Mugone als Mitgift. Atalante bricht auch die Herrschaft Dianas über die Nymphen und gliedert diese durch Verheiratung in die Bürgerschaft ein. Die Geschichte endet in einem historischen Abriß, der von der Gründung von Florenz über die Rivalitäten zwischen Florenz und Fiesole bis in die Zeit Karls des Großen reicht.

Sowohl die mythische als auch die historische Dimension der Dichtung erscheinen in ihrer Einfachheit nur als Beiwerk für die unverblümte Darstellung der Gefühlswelt der beiden Liebenden, deren Leidenschaften in den verschiedensten Phasen ihres Erlebens – von den ersten Begierden bis zur Mutterliebe – zum Ausdruck kommen. Auch stilistisch hat Boccaccio durch den Verzicht auf gelehrte Wendungen und durch die einfache und eingängige Versgestaltung dem Werk Originalität verliehen und es zum Vorbild für die bukolische Dichtung der italienischen Renaissance gemacht. U.P.

AUSGABEN: Venedig 1477. – Heidelberg 1913 (*Das Ninfale fiesolano*, Hg. B. Wiese; krit.). – Turin 1926, Hg. A. F. Massèra. – Bari 1937 (*Il Filostrato e Il ninfale fiesolano*, Hg. V. Pernicone; Scrittori d'Italia). – Florenz 1946. – Mailand 1963 (in *Opere*, Hg. C. Segre). – Mailand/Neapel 1965 (in *Opere in versi*, Hg. P. G. Ricci). – Mailand 1971 (in *Opere minori in volgare*, Hg. M. Marti, Bd. 3). – Mailand 1974, Hg. A. Balduino (in *Tutte le opere di G. B.*, Hg. V. Branca, Bd. 3).

ÜBERSETZUNG: *Die Nymphe von Fiesole*, R. Hagelstange, Wiesbaden 1957. – Dass., ders., Ffm. 1958. – Dass., ders., Hbg. 1968.

LITERATUR: S. Debenedetti, *Per la fortuna della »Teseide« e del »Ninfalo fiesolano« nel secolo XIV* (in GLI, 60, 1912, S. 259 ff.). – B. Wiese, *Textkritisches u. Erläuterndes zum »Ninfale fiesolano«* (in

ZfrPh, 50, 1930, S. 142–186). – E. Pocar, *Il »Ninfale fiesolano« in una recente traduzione tedesca* (In Letterature Moderne, 9, 1959, S. 350–352). – A. Balduino, *Tradizione canterina e tonalità popolareggianti nel »Ninfale fiesolano«* (in Studi sul B., 2, 1964, S. 25–80). – Ders., *Per il testo del »Ninfale fiesolano«* (ebd., 3, 1965, S. 103–184, 4, 1967).

TESEIDA

(ital.; *Theseide*). Epische Dichtung in zwölf Büchern von Giovanni BOCCACCIO, entstanden 1339/40. – »*In der Volkssprache, auf daß es mehr ergötze*«, schrieb der Dichter, wie aus der vorangestellten Widmungsepistel ersichtlich, dieses kurz nach dem *Filostrato* entstandene, in Oktaven gehaltene Werk für Maria d'Aquino (vgl. *Fiammetta*). Er hoffte, dadurch die Geliebte, die sich von ihm zurückgezogen hatte, wiedergewinnen zu können. Trotz der Beteuerung, Freude und Leid seiner eigenen Liebe sei hier der eigentliche Gegenstand der Dichtung, wollte Boccaccio aber keinen Liebesroman, sondern ein Epos nach klassischen Mustern schreiben. Freilich erschöpft sich der Bezug zur Vergangenheit – Vorbilder waren die im Mittelalter hochgeschätzte *Thebais* des STATIUS, die *Estoire de Thebes* sowie der *Roman de la rose* – in formalen Aspekten und dem mythologischen Beiwerk, während die Behandlung des Stoffes der romantisch-ritterlichen Mode verhaftet bleibt. So ist die Hauptfigur nicht Theseus, Kreons Bezwinger, sondern Arcita, der, gemeinsam mit Palemone, einem anderen thebanischen Jüngling, aus der Gefangenschaft des Tyrannen befreit und von Theseus nach Athen gebracht wird. Dort verlieben sich beide in die schöne Emilia, die Schwester der Königin, deren Sklaven sie bleiben. Endlich wird Arcita die Freiheit geschenkt, jedoch mit der Auflage, nicht nach Athen zurückzukehren. Nach langen Irrfahrten kreuz und quer durch Griechenland kehrt aber der liebeskranke Jüngling unter dem Namen Panteo an den Hof zurück. Hier kommt es zu einem erbitterten Zweikampf zwischen den einstigen Freunden, die der herbeigeeilte Theseus trennt. Seiner eigenen Jugendschwächen gedenkend, verzeiht er Arcita und fordert, die Rivalen mögen nach Ablauf eines Jahres öffentlich um die Geliebte kämpfen, die dem Sieger zugesprochen werde. Am Tag der Entscheidung, zu der alle Helden der Griechen herbeigeeilt sind, bleibt Arcita, der Mars um Beistand angefleht hat, Sieger, stürzt aber dann, durch das Dazwischentreten von Venus, Palemones Schutzpatronin, vom Pferd und wird schwer verletzt. In Emilias und des Freundes Armen stirbt er, nachdem er Theseus gebeten hat, die Geliebte, die er als Siegespreis erhielt, Palemone zur Gemahlin zu geben.

Nach der Beschreibung des Turniers, am Ende des ungemein lebhaft konzipierten neunten Buches, verliert der Dichter den ohnehin nicht durchweg straff gespannten Faden und ergeht sich in sentimentalen Schilderungen: wie Arcitas Seele zum Himmel steigt, wie sein irdischer Leib beigesetzt wird, wie sich Palemone und Emilia bei einem prächtigen Fest vermählen. Boccaccio, der sich in der *Teseida* in eine »*epische Welt ziehen läßt, für die er nicht geboren war*« (De Sanctis), kann sich von der eigenen Gefühlswelt nicht distanzieren; es gelingt ihm nicht, eigenes Sehnen, persönliches Liebesleid im Kunstwerk zu verwandeln. Die Personen bleiben Schemen: Theseus vor allem, und seltsamerweise noch mehr Emilia, die doch für des Dichters Geliebte stehen soll. Allzusehr, scheint es, hat sich Boccaccio auf die eigene Person konzentriert, um die umworbene Frau zu rühren und zu überzeugen. So eignet denn auch nicht wenigen der Oktaven, die durch Boccaccio in die Kunstdichtung eingeführt wurden, bereits jene gefeilte Vollkommenheit und Klangschönheit, die ihr später die großen Epiker des 16. Jh.s zu geben verstanden.

M.S.

AUSGABEN: Ferrara 1475. – O. O. u. J. [Neapel, um 1490]. – Florenz 1938, Hg. S. Battaglia. – Bari 1941, Hg. A. Roncaglia (in *Opere*, 14 Bde., 3). – Mailand 1964, Hg. A. Limentani (in *Tutte le opere di G. B.*, Hg. V. Branca, Bd. 2; Einl. A. Limentani). – Mailand/Neapel 1965 (in *Opere in versi*, Hg. P. G. Ricci; Ausw.).

LITERATUR: P. Savi-Lopez, *Sulle fonti della »Teseide«* (in GLI, 36, 1900, S. 57 ff.). – V. Crescini, *Sulla »Theseida« boccaccesca* (in Atti del R. Istituto Veneto di Scienze, Lettere ed Arti, 60, 1901). – G. Vandelli, *Un autografo della »Theseida«* (in Studi in Filologia Italiana, 2, 1929, S. 5–76). – G. Contini, Rez. der Ausg. von S. Battaglia, Florenz 1938 (in GLI, 112, 1938, S. 86 ff.). – A. Limentani, *Tendenze della prosa del B. ai margini del »Teseida«* (ebd., 135, 1958, S. 524–551). – Ders., *Alcuni ritocchi al testo del »Teseida«* (in Cultura Neolatina, 19, 1959, S. 91–100). – G. Velli, *L'apoteosi di Arcita: ideologia e coscienza storica nel »Teseida«* (in Studi e problemi di critica testuale, 5, 1972, S. 33–66). – E. Agostinelli, *A Catalogue of the Manuscripts of »Il Teseida«* (in Studi sul B., 15, 1985/86, S. 1–83).

TRATTATELLO IN LAUDE DI DANTE

(ital.; *Kleine Abhandlung zum Lobe Dantes*, auch: *Dantes Leben*). Schrift von Giovanni BOCCACCIO, entstanden um 1360, erschienen 1477 in der kostbaren venezianischen, von Wendelin von Speyer gedruckten Ausgabe der *Comedia* des Dante ALIGHIERI. – Seit frühester Jugend hatte sich Boccaccio für den berühmten Sohn seiner eigenen Vaterstadt begeistert – im Gegensatz zu PETRARCA, dem er, wohl im Zusammenhang mit der Arbeit am *Trattatello*, 1359 eine eigenhändige Abschrift der *Divina Commedia* übersandte – mit der Aufforderung, sich doch »*mit diesem Werk zu befassen*«. Boccaccio, der in den letzten Lebensjahren in Florenz öffentliche Vorlesungen über Dantes große epische Dichtung hielt, stand freilich zu sehr im Bann des faszinierenden Werks, als daß er Distanz zu wahren vermocht hätte. So umgibt er den Dichter der *Comedia* mit dem Glanz einer Aureole, die ihm stellenweise geradezu legendäre Züge verleiht. Da er dem erst vierzig Jahre zuvor verstorbenen Alighieri zeitlich noch sehr nahe steht, fixiert er allerdings auch wertvolle Einzelheiten aus dessen Leben, die sich auf Berichte aus erster Hand sowie die noch sehr junge mündliche Tradition stützen (und die lediglich dort, wo von Dantes Liebe zu Beatrice die Rede ist, romanhaft idealisiert werden). Die Veröffentlichung des *Trattatello* als programmatische »Vita« entsprach nicht der Absicht Boccaccios, der in erster Linie sein Idol würdigen und den Florentinern das Unrecht, das sie ihrem großen Sohn zugefügt hatten, vor Augen halten wollte. Deshalb erörtert Boccaccio hier den Begriff des Undanks an sich, deshalb mahnt er, daß jede Stadt den aus ihr hervorgegangenen Namen Dank schulde. Andererseits wirft er jedoch Dante vor, er habe sich als Philosoph zu sehr mit Politik und Alltagsfragen befaßt; denn seine Bedeutung – und hier denkt Boccaccio absolut mittelalterlich – lasse sich doch vor allem auf die enge Verbundenheit mit der Philosophie zurückführen, die seinem Hauptwerk Schönheit und zeitlose Gültigkeit verliehen hätte. Die Forderung nach dem Studium der klassischen Autoren, das Dantes Gelehrsamkeit geprägt hat, kennzeichnet für den Literaturwissenschaftler DE SANCTIS allerdings Boccaccio als »*nuovo uomo*«, als einen »modernen Menschen«, durch den sich eine neue Epoche ankündigt. Bezeichnenderweise befaßt sich der Dichter eingehend mit der immer wieder aufgegriffenen Frage, warum denn Dante die *Divina Commedia* nicht in lateinischer Sprache verfaßt habe. Boccaccios Erklärung entspricht dem Selbstzeugnis Dantes im *Convivio*: Das Lateinische sei eine tote Gelehrtensprache, ein nicht nur für Akademiker gedachtes Werk sei daher im *volgare* niederzuschreiben – jener Sprache, deren »*Stil dem neuen Empfinden gerecht*« werde. M.S.

AUSGABEN: Venedig 1477 (in Dante Alighieri, *Divina Commedia*). – Bari 1918 (in *Il commento alla Divina Commedia e gli altri scritti intorno a Dante*, Hg. D. Guerri). – Mailand 1965 (in *Opere in versi*, Hg. P. G. Ricci). – Rom 1965, Hg. B. Cagli. – Rom 1965, Hg. A. Rossi [krit.]. – Mailand 1965, Hg. B. Maier. – Lissabon 1965, Hg. J. V. de Pina Martins [Faks. d. Ausg. Sermatelli, Florenz 1576]. – Alpignano 1969, Hg. P. G. Ricci. – Mailand 1972 (in *Opere minori in volgare*, Hg. M. Marti, Bd. 4). – Mailand 1974 (in *Tutte le opere di G. B.*, Hg. V. Branca, Bd. 3).

ÜBERSETZUNGEN: *Das Leben Dantes*, O. v. Taube, Lpzg. 1909. – Dass., M. Overbeck (in *GW*, Bd. 1, Mchn. 1924). – Dass., E. v. Hollander-Lossow, Mchn. 1963. – Dass., O. v. Taube, Ffm. 1987 (IB).

LITERATUR: G. Vandelli, *Su l'autenticità del commento di B.* (in Studi Danteschi, 11/12, 1927,

S. 5–120). – D. Guerri, *Il commento del B. a Dante*, Bari 1926. – G. Ferretti, *Saggi danteschi*, Florenz 1950, S. 117–147. – C. Grabher, *Il culto del B. per Dante e alcuni aspetti delle sue opere dantesche* (in Studi Danteschi, 30, 1951, S. 129–156). – G. I. Lopriore, *Le due redazioni del »Trattatello in laude di Dante« del B.* (in Studi Mediolatini e Volgari, 3, 1955, S. 35–60). – E. G. Parodi, *Lingua e letteratura*, Venedig 1957, S. 493–500. – G. Padoan, *Per una edizione del »Trattatello in laude di Dante« del B.* (in Studi Danteschi, 35, 1958, S. 129–149). – Ders., *L'ultima opera di G. B. Le esposizioni sopra il Dante*, Padua 1959. – A. Rossi, *Dante nella prospettiva del B.* (in Studi Danteschi, 37, 1960, S. 63–139). – P. Mazzamuto, *Il B. biografo e interprete di Dante* (in P. M., *Tra filologi e critici*, Palermo 1968, S. 7–46). – P. G. Ricci, *Le tre redazioni del »Trattatello in laude di Dante«* (in Studi sul B., 8, 1974, S. 197–214).

JACEK BOCHEŃSKI

* 29.7.1926 Lemberg

LITERATUR ZUM AUTOR:
Z. Żabicki, *Kłopoty Don Kichota i gest Katona albo O buncie przeciw autodeifikacji* (in Z. Ż., *Proza... Proza...*, Warschau 1966). – W. Maciąg, *Nasz chleb powszedni*, Krakau 1966. – J. Ługowska, *Z zagadnień prozy J. B.* (in Annales UMCS, Bd. 26, 1971). – J. Trznadel, *Hańba domowa. Rozmowy z pisarzami*, Paris 1986.

BOSKI JULIUSZ. Zapiski antykwariusza
(poln.; *Ü: Göttlicher Julius*). Roman von Jacek BOCHEŃSKI, erschienen 1961. – »*Hat etwa jemand von Ihnen Lust, ein Gott zu werden? Das läßt sich machen*«, erklärt der Autor zu Beginn seiner historischen Satire, die im Untertitel als *Aufzeichnungen eines Antiquars* getarnt ist. Er hält sein Versprechen auf geistreiche Art, indem er das Leben des römischen Imperators Julius Caesar mit deutlichen Hinweisen auf die Gegenwart schildert. Wie ein Berichterstatter oder Rundfunksprecher unserer Zeit geht er schwungvoll ans Werk, doch zeigt sich bald, daß ihn nicht so sehr die Person des göttlichen Kaisers als die Anatomie der Macht interessiert. Die Macht als Besessenheit und als Metier, als Technik, die Massen zu gewinnen und zu beherrschen, wurde zum Schicksal Julius Caesars, und nicht nur dieses Mannes. Seine »Göttlichkeit« äußerte sich in einem großartigen Wechselspiel von Grausamkeit und Gnade, Liebe und Haß. Bocheński vermittelt in diesem Buch Einblicke in die politischen, philosophischen und gesellschaftlichen Verhältnisse im Rom Caesars, verleiht seiner

Darstellung aber durch bewußt verwendete Anachronismen und zeitkritische Anspielungen den Charakter einer temperamentvollen Fiktion. Ähnlich wie Marguerite YOURCENAR in ihren bedeutenden *Mémoires d'Hadrien* (1951) erzielt er die volle Wirkung seiner ironischen Reportage dadurch, daß der antike Stoff sozusagen transparent gemacht wird für heutige Erfahrungen und Empfindungen. Jede hineingeschmuggelte Anspielung auf Ereignisse der Gegenwart und der ironische kulturpessimistische Unterton nehmen sich im Mund eines Julius Caesar so plausibel aus, daß jeder Leser den Autor versteht, die Zensur ihm jedoch nichts nachweisen kann. Bocheński rekonstruiert das Leben des göttlichen Kaisers zum größten Teil aus dessen *Commentarii de bello Gallico* und aus den Zeugnissen der damaligen Geschichtsschreiber, gewinnt aber den jedem Gymnasiasten bekannten Fakten höchst vergnügliche Reize ab. Tadeusz Nowakowski nannte den Roman einen originellen »Essay«. *»Die meisten Werke der jungen ›polnischen Welle‹ nehmen zwar ihre Sujets aus dem Alltag, aus der Wirklichkeit des polnischen Bürgers, seiner Nöte, Ängste, seiner Hoffnungen und kleinen Freuden. Es gibt aber auch Versuche anderer Art«*, schreibt Nowakowski, *»und die Proposition der anderen Welle lautet: Gegen die Plakate kämpft man nicht mit Plakaten! Zimmerlautstärke! Du sollst denken, selbständig denken! ›Göttlicher Julius‹ darf wohl als Visitenkarte dieser Entwicklung angesehen werden.«* E.He.

AUSGABEN: Krakau 1961. – Warschau 1975.

ÜBERSETZUNG: *Göttlicher Julius*, W. Tiel, Mchn. 1962.

LITERATUR: Z. Kwiecińska, *Łysy pan w todze* (in Nowa kultura, 1961, Nr. 47). – A. Międzyrzecki, *Rzecz o triumfie Katona* (in Świat, 1961, Nr. 47, S. 18). – S. Grochowiak, *Boskie narodzenie* (in Współczesność, 1961, Nr. 24). – J. Iwaszkiewicz, *Co papuga wyciągnęła* (in Życie Warszawy, 1961, Nr. 304–306, S. 3). – A. Kamieńska, *Poetyka ironii* (in Tyg. Kult., 1961, Nr. 50, S. 5). – M. Kurecka, *Starożytność współczesna* (in Wiatraki, 1961, Nr. 23, S. 2). – E. Wipszycka, Rez. (in Nowe książki, 1961, Nr. 24, S. 1486/87).

ANDERS BODELSEN

* 11.2.1937 Frederiksberg

BEVISETS STILLING

(dän.; *Beweislage*). Roman von Anders BODELSEN, erschienen 1973. – Anders Bodelsen gehört zu den Verfechtern des dänischen *Neurealismus*, der als Gegenbewegung zum Modernismus entstand. Die Essaysammlung *On the Contrary* (1961) der amerikanischen Schriftstellerin Mary McCARTHY, 1966 ins Dänische übersetzt, war für die dänischen Neurealisten (Bodelsen, Henrik STANGERUP, Chr. KAMPMANN) geradezu eine Programmerklärung. Es handelt sich um künstlerische Prosa, bei der das empirische Element eine entscheidende Rolle spielt. Der neurealistische Verfasser soll erkennbare Situationen und Tatsachen erkennbar beschreiben (vgl. H. Hertel, *Den ny prosa*). Dadurch kann der Leser sich selbst und seine Umwelt im Roman wiedererkennen. Dieser sozialpsychologische Realismus versucht, Zusammenhänge zwischen sozialen Konventionen und psychischem Befinden aufzudecken. Der Psychologie gilt das Hauptinteresse der Neurealisten: Warum reagiert ein Mensch in einer bestimmten Situation auf eine bestimmte Weise? Die Romane dieser Zeit, die im bürgerlichen Umfeld spielen, wollen die bürgerliche Gesellschaft, zu deren System sie sich grundsätzlich bekennen, kritisch analysieren. Diese Gegenwartsschilderungen beruhen oft auf akribischer Quellenarbeit, daneben haben die meisten Verfasser auch journalistische Erfahrungen gesammelt – viele Romane stehen deshalb dem Dokumentarismus recht nahe.

Bevisets stilling knüpft direkt an diese Tradition an, erinnert aber in einzelnen Zügen auch an Bodelsens Kriminalromane, wie etwa *Tænk på et tal*, 1968 (wörtl. *»Denk an eine Zahl«*, Ü: Geld zum zweiten Frühstück). Im Mittelpunkt des Interesses steht bei Bodelsen allerdings nicht – wie im typischen Kriminalroman – das Verbrechen selbst und seine Aufklärung, es geht auch nicht um die Klärung von Motiv und Ursache der Tat, wie bei den sozialistischen Kriminalromanen Schwedens (SJÖWALL/WAHLÖÖ), er beschreibt vielmehr Reaktion und Verhalten eines Täters, der ein Verbrechen begangen hat.

Zum Tatsachenhintergrund des Romans *Bevisets stilling* wurde ein Fall, der 1969 in Dänemark für Schlagzeilen sorgte (»Der Fall Birthe«). Hauptfigur ist der Taxifahrer Martin Bendix, der verdächtigt wird, einen Lustmord begangen zu haben. Er ist unschuldig, verwickelt sich aber im Laufe der polizeilichen Vernehmungen in Widersprüche, weil er sich weigert, ein paar Unstimmigkeiten in seinem Fahrtenbuch aufzuklären. Dieser naive Versuch, sich selbst in ein günstiges Licht zu setzen, führt – zusammen mit Bendix' schlechtem Gedächtnis – dazu, daß er verhaftet und des Verbrechens angeklagt wird. Während Bendix 19 Tage in Untersuchungshaft verbringt, ist sein Verteidiger Roth bestrebt, die polizeilichen Beweise, die nur auf Indizien beruhen, zu entkräften. Als ihm dies gelingt, wird Bendix nach einer erneuten richterlichen Vernehmung wieder auf freien Fuß gesetzt. Kurz darauf wird die Anklage zurückgenommen, Bendix erhält Schadenersatz. Trotzdem fühlt er sich nicht rehabilitiert, die starke psychische Belastung und das Gerede der Leute in der Kleinstadt führen schließlich dazu, daß seine Nerven nicht mehr mitspielen. Er greift zu Alkohol und Beruhigungstabletten, sein Gesundheitszustand ver-

schlechtert sich zusehends. Der Roman endet mit dem Tod von Bendix durch Herzversagen.
Bevisets stilling zeigt, wie der kleine Mann in Schwierigkeiten gerät, weil er nicht weiß, wie er sich im System zu verhalten hat. Durch seine arglosen Verteidigungsmanöver verstrickt sich Bendix immer weiter in die Sache. J. HEESE weist in seiner Analyse des Romans nach, wie das Schachspiel im Roman auf symbolischer Ebene zeigt, warum Bendix im polizeilichen Verhör unterliegt. Beim Schach verliert Bendix, weil er nicht aggressiv genug ist und weil er die Regeln des Spiels nicht durchschaut. Im Leben ist es genauso. Während ihm beim Schach seine Tochter weiterhilft, ist es im Leben der Anwalt Roth, der ihm das nötige Wissen vermittelt. Die Kritik, die im Roman an Polizei, Gefängniswesen und Rechtssystem geäußert wird, wird in erster Linie von Roth vorgebracht: »*Natürlich sagt das Gesetz, daß die Polizei Ihre Schuld beweisen muß. Aber in der Praxis sind Sie es, der Sie Ihre Un-Schuld beweisen müssen.*« Der Roman beschreibt die Mängel und die unmenschlichen Seiten eines Rechtssystems und porträtiert gleichzeitig den kleinen Mann und das kleinbürgerliche Dänemark im Jahr 1973 – ähnlich wie es in den realistischen Werken der dreißiger Jahre geschehen ist. Die Probleme werden hier jedoch auf konkrete Zustände in der Gesellschaft zurückgeführt – im vorliegenden Fall auf die Behandlung eines in Verdacht geratenen Individuums durch Polizei und Rechtsstaat und auf die Unfähigkeit des ungewandten und letztlich hilflosen Kleinbürgers, das Vorgehen dieser Instanzen zu durchschauen.
C.S.L.

AUSGABE: Kopenhagen 1973.

LITERATUR: J. Chr. Jørgensen, *Realisme. Litteratursociologiske essays*, Kopenhagen 1972, S. 11–35. – H. Hørlych Karlsen, *Realisme og realitet* (in Meddelelser fra Dansklærerforeningen, 3, 1974). – *Krimien og realismen – belyst gennem analyser af nyrealistiske og samfundskritiske kriminalromaner*, Hg. J. Aabenhus u. a. (in Litteratur og Samfund, 17–18, 1976, Sondernr., S. 31–52). – S. Schou, *Dansk realisme 1960–1975*, Kopenhagen 1976, S. 89–104. – *Romanen som offentlighedsform*, Hg. J. Bonde Jensen u. K. Nicolaisen, Kopenhagen 1977, S. 86–112. – *Linjer i nordisk prosa 1965–1975*, Hg. P. Madsen, Lund 1977, S. 53–92. – G. A. Nielsen, *A. B.s realisme*, Kopenhagen 1978. – B. Elbrønd-Bek, *A. B. i litteraturhistorien* (in Kursiv, 2, 1981, S. 26–47; dt. *Die nordischen Literaturen als Gegenstand der Literaturgeschichtsschreibung*, Hg. H. Bien, Rostock 1982, S. 477–483). – E. Halvorsen, *A. B.* (in *Danske digtere i det 20. århundrede*, Bd. 5, Hg. T. Brostrøm u. M. Winge, Kopenhagen 1982, S. 29–43). – P. Kristensen u. E. Nielsen, *Videnskab og moral* (in Kursiv, 1, 1982, S. 88–92). – J. Heese, *Der Neurealismus in der dänischen Gegenwartsliteratur*, Ffm. 1983. – *Dansk litteraturhistorie*, Bd. 8, Hg. M. Bruun Andersen u. a., Kopenhagen 1985, S. 421 ff.

FRIEDRICH MARTIN VON BODENSTEDT

* 22.4.1819 Peine / Hannover
† 18.4.1892 Wiesbaden

DIE LIEDER DES MIRZA SCHAFFY, mit einem Prolog

Gedichtzyklus von Friedrich von BODENSTEDT, erschienen 1851. – Bereits 1850 veröffentlichte Bodenstedt in seinem kulturgeschichtlichen Reisebericht *Tausend und Ein Tag im Orient* die Mehrzahl der *Lieder des Mirza Schaffy*. Er gab sie dort als eigene Übersetzungen orientalischer Gedichte aus, deren Verfasserschaft er seinem Sprachlehrer in Tiflis, Mirza Schaffy, zuschrieb. Doch erst der geschlossene Zyklus, der Bodenstedt als Autor erkennen ließ, brachte den Liedern jenen enormen Publikumserfolg (nicht weniger als 100 Auflagen in knapp 30 Jahren), der heutzutage kaum mehr zu begreifen ist.
Der Zyklus, in Aufbau und Thematik deutlich an GOETHES *West-oestlichem Divan* (1819) orientiert, umfaßt neun Bücher mit nahezu 180 Liedern, Sprüchen und Epigrammen. Der vorangestellte Prolog enthält den wenig überzeugenden Versuch, die Edition der »*kleinen Liedergabe*« in einer Zeit zu rechtfertigen, in der »*Gewaltiges sich vorbereitet*«. Die Lieder selbst kreisen um wenige, sich ständig wiederholende Themen: Sie schwärmen von der Seligkeit der Liebe, besingen die Schönheit Suleikhas und Hafisas, sie erzählen vom ewigen Streit zwischen Rose und Nachtigall um den ersten Rang unter den Schönheiten der Natur und preisen die Geselligkeit, den Genuß des Weins und immer wieder die heitere Gelassenheit orientalischer Lebensweisheit. Alles Unerfreuliche wird schon im Prolog ausdrücklich beiseite geschoben: »*Hinweg mit diesen grausen Bildern / Des Todes, der Zerstörung Schrecken!*« Gerade die bewußte Ausklammerung aller Probleme der reaktionären politischen und gesellschaftlichen Entwicklung in Deutschland nach der gescheiterten Revolution von 1848 dürfte den großen Erfolg der Lieder wesentlich erklären. In ihrem scheinbar zeitlosen Feiern irdischer Glückseligkeit boten sie vor allem dem politisch enttäuschten und resigniert ins Private flüchtenden Bürgertum eine willkommene ideologische Stütze in verführerisch eingängigen Sentenzen: »*Ein frohes Lied, ein Becher Wein: / Und alle Sorgen zieht von dannen!*« Heutzutage würden nur noch wenige der Bodenstedtschen Lieder einer kritischen Wertung standhalten. Schönfärbend und thematisch allzu begrenzt auf Wein, Weib und Gesang, können die meisten der Gedichte ihren epigonal orientalisierenden Charakter in Aufbau und Sprache nicht verbergen. »*Der begrenzte Einfluß [von Goethes Divan auf die deutsche Dichtung] erstreckt sein Gefälle deutlich sichtbar von Rückerts ›Östlichen Ro-*

sen‹ und Platens ›Ghaselen‹ bis zu den Bodenstedtischen ›Liedern des Mirza Schaffy‹ « (W. Höllerer).
K.U.

AUSGABEN: Bln 1850 (in *Tausend und Ein Tag im Orient*, 2 Bde.; 1. Fassg.). – Bln. 1851 [2. Fassg.]. – Bln. 1865 (in *GW*, 12 Bde., 1865–1869, 1; 1. Fassg.). – Bln. 1874 *(Aus dem Nachlasse Mirza Schaffys. Neues Liederbuch)*. – Lpzg. 1924 (RUB; 2. Fassg.). – Lpzg. 1924.

LITERATUR: K. Sundermeyer, *B. u. »Die Lieder des Mirza Schaffy«*, Diss. Kiel 1930. – R. Leppla, *F. B.* (in Nassauische Lebensbilder, 6, 1961, S. 215 bis 237). – J. Mundhenk, *F. B. u. Mirza Schaffy in der aserbeidschanischen Lit. wiss.*, Hbg. 1971. – J. M. Hoch, *Selected Travelogues of F. v. B. and F. W. Hackländer*, Diss. Vanderbilt Univ. 1979. – L. E. Kurth-Voigt u. W. H. McClain, *F. B.s »Lieder des Mirza Schaffy«. Zu Entstehung u. Rezeption eines Bestsellers* (in Buchhandelsgeschichte, 2, 1980).

JEAN BODIN

* um 1530 Angers
† Juni 1596 Laon

LITERATUR ZUM AUTOR:
R. Chauviré, *J. B.*, Paris 1914. – J. Levron, *J. B. et sa famille*, Angers 1950. – *J. B. Verhandlungen der internationalen Bodin-Tagung in München 1973*, Hg. H. Denzer, Mchn. 1973. – G. Treffer, *J. B.*, Mchn. 1977. – P. L. Rose, *B. and the Great God of Nature*, Genf 1980. – *J. B., Actes du colloque interdisciplinaire d'Angers*, 2 Bde., Angers 1985.

COLLOQUIUM HEPTAPLOMERES de rerum sublimium arcanis abditis

(nlat.; *Siebenergespräche über die verborgenen Geheimnisse der Religion*). Dialog in sechs Büchern von Jean BODIN, entstanden vor 1593, erschienen 1841. – Das *Colloquium heptaplomeres* ist nach herrschender Meinung in den letzten Lebensjahren Bodins entstanden. Es gibt sich als Niederschrift eines Gesprächs, das im Hause des Venezianers Paulus Coronaeus, eines hochherzigen Mäzens der Künste und Wissenschaften, stattfand. Der Titel deutet auf ein Formelement: Es sind Dialoge zwischen sieben gelehrten Freunden, die verschiedenen Nationen, Konfessionen und Religionsgemeinschaften angehören: Fridericus ist Lutheraner aus der Bodenseegegend; Curtius ein französischer Kalvinist, von Beruf offenbar Jurist; der hochbetagte Salomo Barcassius, eine ehrwürdige Erscheinung, ist ein jüdischer Gelehrter; Octavius Fagnola ein zum Islam übergetretener Italiener. Hieronymus Senamus bekennt sich zu einem religiösen Universalismus mit rationalistischem Einschlag, der Spanier Diego Toralba zu einer Art Naturreligion; Paulus Coronaeus, der Hausherr, ist gläubiger Katholik. Die Gesprächsrunden, die bei den gemeinsamen Mahlzeiten stattfinden, knüpfen durchweg an einen Passus der Tischlektüre oder ähnlich Belangloses an, bevor sie ungezwungen und scheinbar zufällig zum eigentlichen Thema überleiten.

Die Bücher 1–3 behandeln die Geisterwelt der Engel und Dämonen, ein Thema, zu dem Bodin selbst die *Demonomanie des sorciers* (1580) beigetragen hatte. Von Buch 4 an wendet sich der Dialog religiösen Kernproblemen zu. Ausgehend von der musikalischen Harmonielehre und der vermeintlichen *concordia discors* im zwischenmenschlichen Bereich erörtern die Gesprächspartner zunächst die Frage, ob Gespräche über die Religion überhaupt angebracht seien. Bei der anschließenden Konfrontation der Religionen vertritt ein jeder die seine und verteidigt sie gegen die Einwände der übrigen Gesprächspartner. Salomo besteht auf dem Primat des mosaischen Glaubens; er sei die älteste und zugleich beste der Weltreligionen. Das Buch 5 beginnt mit einer Debatte darüber, ob man seine religiösen Überzeugungen in jedem Fall öffentlich bekennen müsse. Die Freunde vertreten die Überzeugung, das Entscheidende sei die Gesinnung; auch dürfe man den im Lande üblichen Kult nicht verachten, um nicht als Gottesleugner zu erscheinen. Über die Frage der Gleichsetzung der religiösen Bekenntnisse kommt es zu heftigen Kontroversen; dabei wird das Christusbild der Evangelien, zumal die Zweinaturenlehre, von den Nichtchristen mit Vehemenz attackiert. Auch das letzte Gespräch (6. Buch) beginnt harmlos. Nach unverfänglichen Plaudereien über verschiedenartige Rituale schwenkt es aber dann unversehens auf die Kontroverse des Vortags zurück. Wiederum stehen Christusbild und Trinitätslehre im Mittelpunkt der Diskussion. Die Inkarnation des Logos wird geleugnet und eine Kritik an der christlichen Sakramentenlehre vorgetragen, die sich zumal gegen das Dogma der Transsubstantiation richtet. Im Verlauf des Dialogs wechseln mehrfach die Fronten und Mehrheitsverhältnisse: Den Lutheranern gegenüber wird die Willensfreiheit energisch verteidigt; die kalvinistische Prädestinationslehre entschieden verworfen. Alles in allem haben die Christen einen schweren Stand; es gelingt ihnen kaum, aus der Defensive herauszukommen. Eine Annäherung der Auffassungen wird in den entscheidenden Fragen nicht erreicht; doch hindert das die Dialogpartner nicht, an echter Sympathie und Freundschaft festzuhalten.

Bodin schreibt das elegante Humanistenlatein seiner Zeit, freilich in einer recht eigenwilligen Ausprägung, durchsetzt mit Fachausdrücken oder *ad hoc* erfundenen Neubildungen; auch eine direkte, oft derbe Ausdrucksweise bleibt ihm nicht fremd. Die Satzstruktur ist im allgemeinen einfach, übersichtlich und von großer Präzision; nur bei besonderen Anlässen erhebt sich die Diktion zu pathetischem Schwung. Gegenüber dem Vorwurf, Bodin schreibe einen spröden und ledernen Stil, muß der realistische Charakter des Dialogs bedacht werden: Weite Strecken hindurch geht es um dogmatische Distinktionen, Fragen der Textkritik oder das Beibringen von Belegstellen. Einseitiger Lehrvortrag, das Hauptproblem der Gattung des literarischen Dialogs, wird streng vermieden: die Sprecher wechseln permanent; stets ist die Mehrzahl der Freunde am Gespräch beteiligt. Hervorzuheben ist dabei die Kunst des Übergangs. Zum raschen Wechsel der Sprecher kommen Ausrufe, kurze Einwürfe, abgebrochene Sätze oder provokante Zwischenfragen: das Bild einer angeregten Diskussion, bei der die Meinungen hart aufeinanderprallen, aber doch nie rüde Formen annehmen. Der Verschiedenartigkeit der Standpunkte entspricht die Verschiedenartigkeit der Temperamente: Die vornehme Gelassenheit des Curtius, die zum Poltern neigende Erregbarkeit des Fridericus oder die wendige Intelligenz des Octavius bringen Leben in die Debatte und bieten zugleich eine treffende Charakterisierung des jeweiligen Sprechers. Bei aller Ungezwungenheit und vorgeblicher Lässigkeit ist das *Colloquium heptaplomeres* ein sorgfältig durchkomponierte Text, vor allem im Hinblick auf die Möglichkeiten des Dialogs. Der einmal geäußerte Gedanke wird bald von dieser, bald von jener Seite aufgegriffen, eingeschränkt oder durch Beispiele erläutert und veranschaulicht. Diese Gesprächstechnik erlaubt letztlich auch die Artikulation gewagter Thesen, die dann durch abgestuften Kon- bzw. Dissensus der beteiligten Gesprächspartner wieder relativiert werden.

Angesichts des Scheiterns der Bemühungen, in religiösen Fragen eine Art Konkordanz herzustellen, hat man in der Forschung von dem verhüllten Ausdruck eines »*désatre profond*« (P. Mesnard) gesprochen und das *Colloquium heptaplomeres* als »*ein Buch der Resignation*« (G. Roellenbleck) bezeichnet. Es muß zwar eingeräumt werden, daß das Gespräch unter den sieben Freunden zu keiner Einigung führt und nicht einmal eine Annäherung der verschiedenen Positionen zum Ergebnis hat. Dieser pessimistischen Deutung läßt sich jedoch mit demselben Recht eine positive entgegenstellen. Die religiöse Kontroverse, die ansonsten zu grausamer Verfolgung, bedenkenlosem Blutvergießen und Orgien des Hasses führte, hat es nicht vermocht, die Freundschaft der Sieben auseinanderzubringen. Erblickt man aber im *Colloquium heptaplomeres* ein Bekenntnis zur Toleranz, dann endet es nicht in Resignation, sondern in stillem Triumph. In diesem Sinne wurde es offenbar zunächst von der Nachwelt verstanden. Die nach Bodins Tod kursierenden Abschriften, darunter einige in französischer Übersetzung, waren vorerst eine sorgsam vor den Augen der Zensur verborgene Rarität. Seit der Wende zum 18. Jahrhundert aber war das *Colloquium heptaplomeres* dann allgemein bekannt; es diente u. a. Hugo Grotius, Christine von Schweden, Leibniz, Bayle und Thomasius als Lektüre.

K.Rei.

Ausgaben: Bln. 1841, Hg. G. E. Gurauer. – Schwerin 1857, Hg. L. Noack; Neudr. Stg./Bad Cannstatt 1966. – Paris 1914 (*Colloque de J. B. des secrets cachez des choses sublimes*, Hg. R. Chauviré; Ausz. einer frz. Übers.). – Genf 1984 (*Colloque entre septsçavants qui sont de differens sentimens*, Hg. F. Berriot; Ausg. einer frz. Übers.).

Übersetzung: *Das Heptaplomeron. Zur Geschichte der Cultur und Literatur im Jahrhundert der Reformation*, G. E. Gurauer, Bln. 1841 [Teilübers.].

Literatur: F. v. Bezold, *J. B.s »Colloquium Heptaplomeres« u. der Atheismus des 16. Jh.s* (in HZ, 113, 1914, S. 260–315; 114, 1915, S. 237–301). – P. Mesnard, *La pensée religieuse de B.* (in Revue du 16e Siècle, 16, 1929). – G. Sabine, *The »Colloquium Heptaplomeres« of J. B.* (in *Persecution and Liberty*, Fs. G. L. Burr, NY 1931). – E. Benz, *Der Toleranzgedanke in der Religionswissenschaft* (in DVLG, 19, 1934). – H. J. Schoeps, *Jüdisch-christliches Religionsgespräch im 16. Jh.*, Bln. 1937. – G. Radetti, *Il problema della religione nel pensiero di J. B.* (in Giornale Critico della Filosofia Italiana, 16, 1938). – L. Febvre, *Le problème de l'incroyance au 16e siècle. La religion de Rabelais*, Paris 1942. – J. Blau, *The Christian Interpretation of the Cabala in the Renaissance*, NY 1944. – R. Drou, *Le carme J. B., hérétique* (in Bibliothèque d'Humanisme et Renaissance, 10, 1948). – J. Lecler, *Histoire de la tolérance au siècle de la réforme*, Paris 1955. – H. Busson, *Le rationalisme dans la littérature française au 16e siècle*, Paris 1957. – H. A. E. van Gelder, *The Two Reformations in the 16th Century. A Study of the Religious Aspects of Renaissance and Humanism*, Den Haag 1961, S. 367–398. – G. Roellenbleck, *Zum Schrifttum über J. B. seit 1936* (in Der Staat, 2, 1963; 3, 1964). – Ders., *Offenbarung, Natur u. jüdische Überlieferung bei J. B. Eine Interpretation des »Heptaplomeres«*, Gütersloh 1964. – *Religion, érudition et critique à la fin du 17e siècle et au début du 18e siècle*, Paris 1968. – U. Lange, *Untersuchungen zu B.s Demonomanie*, Ffm. 1970.

LES SIX LIVRES DE LA RÉPUBLIQUE

(frz.; *Sechs Bücher über den Staat*). Staatstheoretisches Werk von Jean Bodin, erschienen 1576. – Bodins Hauptwerk erschien vier Jahre nach der Bartholomäusnacht, in der der Kampf zwischen Protestanten und Katholiken seinen mörderischen Höhepunkt erreicht hatte. Längst war der konfessionelle Konflikt ein politischer geworden, der – mit schwindender Macht der Krone – das staatliche Leben nahezu paralysierte. Bodin hatte sich in der von ihren Gegnern abschätzig »*Les politiques*« genannten »dritten Partei« engagiert, einer Gruppe einflußreicher Männer, die die Lösung aus konfessioneller Engstirnigkeit vertrat und in religiöser Toleranz das Fundament eines für alle Stände gedeihlichen Zusammenlebens sah. Auch zu seiner Schrift *Über den Staat* fühlte er sich von den krisenhaften Zeitläuften herausgefordert; daß er eine Breitenwirkung erhoffte, zeigt die Wahl der französischen Sprache (erst 1586 folgte die lateinische Übersetzung). Der Bezug auf die klassische antike Literatur (PLATON, *Politeia*; ARISTOTELES, *Politika*; CICERO, *De re publica*) war für den gebildeten Humanisten selbstverständlich, doch bereits in seiner Definition des Staates »*durch die dem Recht gemäß geführte, mit souveräner Gewalt ausgestattete Regierung einer Vielzahl von Familien und dessen, was ihnen gemeinsam ist*« (Buch I, 1) setzt er sich kritisch von seinen Vorläufern ab und verweist auf das Fehlen gerade jener für ihn wesentlichen Kategorien in den antiken Staatsdefinitionen, da sind: die Familie in ihrer patriarchalischen Struktur als Urbild des Staates, das Gemeingut und – als wichtigstes Merkmal – die Souveränität. Durchaus in der aristotelischen Tradition aber befindet sich Bodin, wenn er den Sinn staatlichen Handelns vor allem in der Befriedigung der menschlichen Grundbedürfnisse sieht, nämlich »*Pflege des Rechts, Schutz und Verteidigung der Untertanen, die Beschaffung der erforderlichen Lebensmittel*« (Buch I, 1). Das so geordnete Gemeinwesen läßt er aus dem vorstaatlichen Zustand der Anarchie hervorgehen, des Kampfes aller gegen alle, dem Besiegten die Freiheit nahm, den Sieger aber mit souveräner Macht ausstattete: »*Überlegung und Einsicht lassen uns zu dem Schluß kommen, daß Staaten ursprünglich mit Gewalt gebildet worden sind*« (Buch I, 6). Bezeichnenderweise geht Bodin nicht auf die damals aktuelle Theorie des beschränkten Herrschaftsvertrags ein, mit der die Vertreter ständischer Interessen die Einschränkung der königlichen Macht untermauern wollten.

Im berühmten achten Kapitel des ersten Buchs *Über die Souveränität* stattet er deren Träger mit »*absoluter und dauernder Gewalt*« aus. Bodin unterscheidet drei mögliche Inhaber der ungeteilten Staatsgewalt: Volk, Aristokratie oder Fürst. Seine eindeutige Präferenz gilt der Monarchie, da er blutige Machtkämpfe, wie sie das damalige Frankreich erschütterten, unter demokratischer bzw. aristokratischer Herrschaft für unvermeidbar ansah, den inneren Frieden nur durch ein starkes Königtum gesichert glaubte. Daß ihm, der in humanistischem Geist dachte und wirken wollte, dennoch keine schrankenlose Herrschaft vorschwebte, bezeugen die sittlichen Normen, auf die er den Souverän verpflichtete. Dieser ist zwar den Gesetzen nicht unterworfen, wohl aber gebunden an das Natur- und Völkerrecht und nicht zuletzt an die Gebote Gottes (die lateinische Version verdeutlicht diese Spannung an den Begriffen *lex* und *ius*). Der Fürst war zudem an einmal geschlossene Verträge gebunden und mußte seinen Untertanen die Unantastbarkeit des Privateigentums garantieren. In der Auseinandersetzung mit den antiken Staatsformen (2. Buch) lehnt Bodin aus prinzipiellen Erwägungen (Unteilbarkeit souveräner Staatsgewalt) gemischte Staatsformen ab, erkennt aber die Möglichkeit verschiedener Regierungsformen an, die im Idealfall die Teilhabe aller Gruppen der ständischen Gesellschaft am staatlichen Leben zuließ: »*Ein Staat kann eine Monarchie sein und dennoch demokratisch regiert werden, wenn der Fürst an öffentlichen Ämtern und Ehrungen gleichermaßen alle ohne Ansehen des Adels, des Reichtums oder der Tüchtigkeit teilhaben läßt*« (Buch II, 2). »*Monarchie légitime*« nennt er diese Herrschaftsform, in der alle positiven Elemente – kraftvolle Staatlichkeit, bürgerliches Selbstbewußtsein und die Idee der Toleranz — eine glückliche Verbindung eingehen.

Bodin hat als erster den für die moderne Staatstheorie fundamentalen Begriff der Souveränität scharf umrissen. Indem er die politische Bedeutung des staatlichen Gewaltmonopols ins Licht rückte, hat er eine Diskussion entfacht, die bis in unsere Zeit andauert, und die heute zunehmend unter der Fragestellung geführt wird, ob souveräne Einzelstaatlichkeit noch in der Lage ist, die anstehenden Weltprobleme zu lösen. Gleichermaßen zukunftweisend war Bodins Bewertung der Politik als eine praxisbezogene Wissenschaft, die mit ihrem Einfluß auf das Zusammenleben der Menschen der Theologie den Rang ablief. I.S.

AUSGABEN: Paris 1576. – Paris 1951 (in *Œuvres philosophiques*, Hg. P. Mesnard; unvollst.).

ÜBERSETZUNGEN: *Über den Staat*, G. Niedhart, Stg. 1976 (Ausw.; RUB). – *Sechs Bücher über den Staat*, B. Wimmer, Mchn. 1981.

LITERATUR: E. Feist, *Weltbild und Staatsidee bei J. B.*, Halle 1930. – J. Moreau-Reibel, *B. et le droit public comparé*, Paris 1933. – P. Mesnard, *L'essor de la philosophie politique au XVIe siècle*, Paris 1951, S. 473–546. – J. H. Franklin, *J. B. and the 16th Century Revolution of Law and History*, NY/Ldn. 1963. – M. Imboden, *B. und die Souveränitätslehre*, Basel 1963. – G. Cotoneo, *J. B. teorico della storia*, Neapel 1966. – J. H. Franklin, *J. B. and the Rise of Absolutist Theory*, Ldn. 1973. – P. King, *The Ideology of Order*, Ldn. 1974. – »*La République*« *de B. Atti del convegno di Perugia, 14.–15. nov. 1980* (in Il pensiero politico, 1981, Fasz. 1). – M. T. Lenger, *Les éditions anciennes de la* »*République*« *de B. conservées dans les bibliothèques belges*, Brüssel 1983. – M. Reulos, *Le chapitre 7 du livre III de la* »*République*« *de B.* (in *La littérature et la Renaissance*, Hg. M. Soulié, Genf 1984, S. 357–365).

JOHANN JAKOB BODMER

* 19.7.1698 Greifensee bei Zürich
† 2.1.1783 Gut Schöneberg bei Zürich

LITERATUR ZUM AUTOR:
E. Flueler, *Die Beurteilung J. J. B.s in der dt. Literaturgeschichte u. Lit.*, Salzburg 1951 [zugl.

Diss. Fribourg]. – A. Nivelle, *Kunst- und Dichtungstheorien zwischen Aufklärung u. Klassik*, Bln. 1960. – W. Bender, *J. J. B. u. J. J. Breitinger*, Stg. 1973. – E. R. Szilágyi, *Un Parcival au XVIIIe siècle. Hommage à J. J. B.* (in Neohelicon, 11, 1984, Nr. 2, S. 65–80).

CRITISCHE ABHANDLUNG VON DEM WUNDERBAREN IN DER POESIE UND DESSEN VERBINDUNG MIT DEM WAHRSCHEINLICHEN. In einer Vertheidigung des Gedichtes Joh. Miltons von dem verlohrnen Paradiese; Der beygefüget ist Joseph Addisons Abhandlung von den Schönheiten in demselben Gedichte

Dichtungstheoretische Schrift von Johann Jakob BODMER, erschienen 1740. – Die Kunstauffassung Bodmers, zunächst der französischen Vorstellung von Naturnachahmung nahestehend, veränderte sich grundlegend durch seine Begegnung mit dem großen biblischen Epos *Paradise Lost* (1667) von John MILTON und durch sein Studium der italienischen Ästhetik. Miltons »Natürlichkeit« liegt nach der Auffassung Bodmers nicht eine Nachahmung des Wirklichen, sondern des Möglichen zugrunde. Der Künstler müsse hinter dem Bild des Sichtbaren das nur seiner Phantasie zugängliche und ihm allein bekannte Unsichtbare anschaulich machen. Jedes künstlerische Erzeugnis entstehe aus der vollkommenen Verbindung von äußerem Zeichen und innerer Erscheinung. Die Fähigkeit des Künstlers, eine solche Verbindung zu schaffen, nannte Bodmer »malen«. Auch der Dichter soll malen, nicht erzählen, und wie groß der Anteil der Wirklichkeit an seinem Werk auch sein möge, so solle er sie doch mittels der Phantasie umgestalten, freilich ohne die Grenzen des Wahrscheinlichen zu überschreiten. Da die Alltagssprache für diese Verwandlung der Wirklichkeit nicht genügt, sie auch das Phantastische nicht ausdrücken kann, wird die Ausbildung einer poetischen Sprache zur wichtigsten Forderung. Hierbei kommt Bodmer zu einem mystischen Begriff der Sprache, die zwischen der Form des Gegenstands und seiner Bestimmung eine magische Beziehung herstellt. Da der Dichter die Wirklichkeit in das Reich der Phantasie erheben und den Traum im Reich der Wirklichkeit ansiedeln kann, sind ihm beide Reiche untertan.
Die Schrift brachte Bodmer, dessen Arbeit im Zusammenhang mit der des Zürcher Literaturtheoretikers J. J. BREITINGER zu sehen ist, in Widerspruch zu den Verfechtern der rationalistischen, auf Formalismus und feste Regeln gegründeten Ästhetik, besonders zu GOTTSCHED. Obwohl er wie dieser, wenn auch aus anderen Gründen, SHAKESPEARE ablehnte, so trug seine Auffassung von der Dichtung doch dazu bei, die für die deutsche Literatur so entscheidende Entdeckung des englischen Dichters durch LESSING und HERDER vorzubereiten. Gemeinhin hat man in den Poetiken Bodmers wie Breitingers erste Ansätze zu einem modernen, individualistischen Kunstbegriff gesehen, die neuere Forschung hat jedoch hier kritische Anmerkungen zur politischen wie religiösen Gebundenheit des Natur- und Phantasiebegriffs der beiden Schweizer gemacht, deren Schriften anscheinend nicht ohne weiteres – losgelöst von den konkreten Verhältnissen der Stadt Zürich – auf jene zumeist norddeutsche Territorien übertragen werden dürfen, in denen die Säkularisierung bereits weiter fortgeschritten war. Aus diesem Grund wird mittlerweile auch die Einflußnahme Bodmers wie Breitingers auf aufgeklärte Autoren wie Lessing oder WIELAND relativiert: »*In ihnen finden die säkularen Tendenzen der ersten Jahrhunderthälfte zwar unterschiedliche, aber machtvolle Vertreter, während die Zürcher Poetik und Poesie grundsätzlich an der religiösen Bindung der Dichtung festhielt und sich deshalb der weiteren literarischen Entwicklung in Norddeutschland entfremdete*« (R. Meyer). G.N.-KLL

AUSGABEN: Zürich 1740. – Stg. 1980 (in J. J. B., J. J. Breitinger, *Schriften zur Literatur*, Hg. V. Meid; RUB).

LITERATUR: F. Servaes, *Die Poetik Gottscheds u. d. Schweizer*, Straßburg 1887. – F. Braitmaier, *Geschichte der poetischen Theorie u. Kritik von den Diskursen der Maler bis auf Lessing*, 2 Bde., Frauenfeld 1888/89. – A. Pellegrini, *Gottsched, B., Breitinger e la poetica dell'Aufklärung*, Catania 1952. – M. Wehrli, *J. J. B. entdeckt Dante* (in Dt. Dante-Jb., 48, 1973, S. 24–41). – R. Meyer, *Restaurative Innovation. Theologische Tradition und poetische Freiheit in der Poetik B.s und Breitingers* (in *Aufklärung u. lit. Öffentlichkeit*, Hg. C. Bürger u. a., Ffm. 1980, S. 39–82; es).

CECIL BØDKER

* 27.3.1927 Fredericia

ØJET

(dän.; *Ü: Der Widder*). Novellen von Cecil BØDKER, erschienen 1961. – In ihrer ersten Sammlung von Prosatexten konfrontiert die Autorin einzelne Menschen mit Ausnahmesituationen und analysiert ihre jeweiligen Reaktionen vor allem angesichts von Katastrophen.
Det Uskabte (Das Ungeschaffene) schildert gleichnishaft die Tätigkeit des Künstlers, der an der Grenze zwischen der vertrauten Welt und dem noch nicht Erschaffenen um neue Erkenntnisse ringt. Auch *Ismael* ist eine Künstlernovelle; in ihr rächt sich ein Ausgestoßener mit seiner Kunst an der Gesellschaft und behauptet auf diese Weise seine Existenz. Die Titelnovelle *Øjet (Das Auge)* schildert den Weltuntergang aus der Perspektive ei-

nes innerlich unbeteiligten Beobachters, und die allegorische Erzählung *Trapperne (Die Stufen)* zeigt, wie die chaotische Wirklichkeit in ein unkompliziertes Ordnungsgefüge umgedeutet wird. Die Hauptfigur von *Vædderen (Der Widder)* ist ein Junge, der den Tod eines anderen verursacht, aber jede Verantwortung für sein Handeln ablehnt. Auch *Døvens Dør (Die Tür der Tauben)* beschreibt die Psychologie eines Kindes: Von zwei unentrinnbaren Gefahren bedroht, überwindet ein verkrüppelter Junge seine Angst und setzt sich tapfer zur Wehr. Die Überwindung der Angst ist gleichfalls das Thema von *Tyren (Der Stier)* und *Bogfinken (Der Buchfink)*. *Sneen (Der Schnee)* zeigt dagegen, wie eine Frau, deren Mann im Schnee umgekommen ist, ihrer eigenen Angst unterliegt. *Den yderste Dag (Der jüngste Tag)* entwirft das Bild eines Jungen, der nach der Sintflut zusammen mit einem Fuchs durch die zerstörte Welt treibt und das volle Ausmaß der Katastrophe erst begreift, als es ihm mißlingt, sich den Fuchs gefügig zu machen.

Es handelt sich bei diesen Texten von Cecil Bødker um Gleichnisse und Parabeln, die im Detail ganz konkret und realistisch erzählt sind. Den Vorrang hat nicht das Geschehen als solches, sondern das Bewußtsein der handelnden und leidenden Personen, die mit großem psychologischem Einfühlungsvermögen dargestellt werden. Die plastische Erzählkunst der Autorin verbindet sich hier mit einer starken Neigung zur Abstraktion und zur Mythisierung psychologischer Verhaltensmuster.

A.Bs.

AUSGABEN: Fredensborg 1961. – Kopenhagen ²1967. – Kopenhagen 1980. – Kopenhagen ⁶1981.

ÜBERSETZUNG: *Der Widder*, H. Grössel, Einsiedeln 1966.

LITERATUR: N. Barfoed, *Ajourføringer*, Kopenhagen 1966, S. 208–212. – T. Bredsdorff, *Sære fortællere*, Kopenhagen 1967, S. 189–194. – C. Dollerup (in *Meddelelser fra Dansklærerforeningen*, Nr. 2, 1974, S. 114–125; S. 227–243). – S. Vinterberg, *C. B.* (in *Danske digtere i det 20. århundrede*, Hg. T. Brostrøm u. M. Winge, Bd. 4, Kopenhagen 1982, S. 219–228).

JACOB BÖHME

* 1575 Altseidenberg / Lausitz
† 17.11.1624 Görlitz

LITERATUR ZUM AUTOR:
J. Hamberger, *D. Lehre d. dt. Philosophen J. B.*, Mchn. 1844. – Bastian, *D. Gottesbegriff bei J. B.*, Diss. Kiel 1904. – H. Tesch, *Vom dreifachen Leben. Ein geistiges Porträt des Mystikers J. B.*, Remagen 1971. – G. Wehr, *J. B. in Selbstzeugnissen und Bilddokumenten*, Reinbek 1971; zul. 1985 (rm). – W. Buddecke, *Die J.-B.-Autographen* (in Wolfenbütteler Beiträge, I, 1972, S. 61–87). – K. E. Kocher, *Glauben, Erkennen, Wissen. J. B., sein Werk u. seine Aussage*, Darmstadt / Schauernheim 1975. – *Colloque pour le quatrième centenaire de la naissance de J. B. Ou: Présence de J. B. 1575–1975*, Chantilly 1975. – G. Wehr, *J. B., der Geisteslehrer u. Seelenführer*, Freiburg i. Br. 1979. – D. Walsh, *The Mysticism of Innerwordly Fulfillment. A Study of J. B.*, Gainesville 1983.

AURORA, DAS IST: MORGENRÖTHE IM AUFGANG UND MUTTER DER PHILOSOPHIAE

Schrift von Jakob BÖHME, verfaßt 1612, erschienen 1634. – Böhme gibt in diesem Werk einen unabgeschlossenen und nach seinem eigenen Urteil unvollkommenen Entwurf seines »Systems«. Das Urteil der Nachwelt war im allgemeinen positiver: Es ist dieses Buch vor allem, das die Romantiker so tief beeindruckte, und HEGEL hielt es für Böhmes bestes. Seine Vorzüge sind in der Tat beträchtlich: Die Unmittelbarkeit eines ersten, der Bewußtseinskontrolle fast entrückten Niederschreibens von Visionen und Einsichten gibt dem Text, der noch nicht von verschrobenen alchemistischen Begriffen und anderem pseudogelehrtem Beiwerk überwuchert wird, große Kraft und poetische Intensität. Der Untertitel des Buches lautet in der zweiten, vollständigen Ausgabe: *Die Wurzel der Philosophie, Astrologie und Theologie*. Diese drei Kategorien werden derart verstanden, daß Philosophie »von der göttlichen Kraft« handelt, darin, »was Gott sei, und wie im Wesen Gottes die Natur, Sterne und Elemente beschaffen sind«, die Astrologie »von den Kräften in der Natur, der Sterne und Elemente... wie Böses und Gutes durch sie gewirkt wird in Menschen und Tieren« und die Theologie »von dem Reiche Gottes ... wie es in der Natur kämpft und streitet ...«. Hier wird nichts weniger unternommen, als die Geschichte Gottes und des Kosmos zu beschreiben, wobei sich Böhme, in seinem Vertrauen darauf, vom Heiligen Geist inspiriert zu sein, ganz seinen Eingebungen überläßt und auf jegliche rationale Abfolge und Ordnung der Gedanken verzichtet. Was man von anderen mystischen Denkern (selbst von PLOTIN) gesagt hat, gilt für ihn in besonderem Maße: Jede Seite, jede Gruppe von Sätzen enthält in immer wechselnden Worten die ganze Konzeption. Durch das mehr verwirrende als erklärende Gewand von Bildern – wie dem der (hier sieben) »Quellgeister« oder »Qualitäten«, in deren Auseinandersetzung sich das theo- und kosmogonische Drama vollzieht – schimmert schon die so wichtige und zukünftig wirksame Idee durch, daß der (drei-)einige Gott einerseits als ein Prinzip des grimmigen »herben« Feuers, andererseits als das des Lichtes und der Liebe auftritt und so bis in seinen tiefsten Seins-»Urgrund« hinein Urgegensätze dialektisch vereinigt. Der Urkampf zwischen dem »*grimmigen*« und dem »*liebenden*« Prinzip spiegelt sich in der geschaffenen Welt als Widerstreit von Gut und Böse. Die Schlüsselrolle Christi in diesem Kampf ist bei einem christlichen Theosophen oder Mystiker selbstverständlich. H.L.

AUSGABEN: o. O. [Dresden?] 1634 [unvollst.]. – Amsterdam 1656 *(Morgenröte im Aufgang, das ist Die Wurzel oder Mutter der Philosophiae, Astrologiae u. Theologiae, aus rechtem Grunde)*. – Amsterdam 1682 (in *Alle theosophischen Wercken*, Hg. J. G. Gichtel, Bd. 2). – Stg. 1955 (in *SS:Theosophia revelata oder Alle Göttliche Schriften*; Hg. A. Faust u. W. E. Peuckert, 11 Bde., Stg. 1942–1961, 1; Faks. d. Ausg. v. 1730). – Lpzg. 1974, Hg. G. Bartsch (RUB). – Freiburg i. Br. 1977, Hg. u. Komm. G. Wehr.

BESCHREIBUNG DER DREY PRINCIPIEN GÖTTLICHES WESENS. Das ist Von der ohn Ursprung ewigen Geburt der Heiligen Dreyfaltigkeit Gottes

Schrift von Jakob BÖHME, verfaßt 1619, postum erschienen 1660. – Es handelt sich um das zweite Werk, das Böhme nach sechsjähriger Befolgung des vom Rat der Stadt Görlitz auferlegten Schweigegebots schrieb. Gegenüber dem ersten, *Aurora*, stellt dieses Buch einen Schritt zur weiteren Entwicklung seines »Systems« dar. Einige der Grundhaltungen und Grundbegriffe kommen, soweit dieses Wort auf Böhme anwendbar ist, klarer heraus; so die Idee der dreifachen Selbstgebärung Gottes (wie man sagen kann, da in seiner wuchernd-lebendigen Denk- oder Vorstellungsweise »principium« gleich »Geburt« gesetzt ist): als dunkles Zorn- und Grimm-Feuer; als sanfte, lichte Liebesnacht; und als äußere Welt-Natur, die – allgemein und in jedem ihrer Einzeldinge – der Schauplatz des Kampfes zwischen dem Grimmund dem Liebe-Prinzip ist. Die Denkfigur, die viel später, bei den Romantikern und bei HEGEL, als »Dialektik« Epoche macht, ist hier deutlich vorgebildet – nicht aber einfach darin, daß sich Gegensätze treffen und einen »Prozeß« bilden, sondern in dem Gedanken, daß die Gegensätze *innerhalb* der zugleich als Einheit konzipierten Gottheit selbst liegen oder sich abspielen. Im gleichen dialektischen Sinn sieht aber Böhme auch jedes geschaffene Ding der Welt. Aufschlußreich ist das Verhältnis der »Freiheit« des Menschen (sich für das gute oder böse Prinzip »*wie ein eigener Gott*« entscheiden zu können) zur Freiheit der trinitarischen Gott-Person. Ansätze, die eine in der anderen wiederzufinden, liegen vor, aber die Konsequenz, daß Gott-Vater dann mit dem zornigen »bösen« Prinzip oder Aspekt in Gott zusammenfallen würde, kann Böhme natürlich nicht ziehen; insofern nimmt er auch eine schwankende Stellung in der Frage ein, ob Gott den Abfall Luzifers voraussehen oder gewollt haben kann. Dies ist eines der vielen Beispiele für den Konflikt, in den jede freie metaphysische Einsicht, Vision oder Intuition mit ihrer eigenen inneren Wahrhaftigkeit geraten muß, wenn sie versucht, sich mit einer vorgegebenen, herrschenden Doktrin zu akkomodieren – im Grunde der unlösbare Konflikt in allem, was »christliche Mystik« genannt wird. H.L.

AUSGABEN: Amsterdam 1660. – Amsterdam 1682. – Stg. 1942 (in *SS: Theosophia revelata oder Alle Göttliche Schriften*; Faks.-Neudr. d. Ausg. v. 1730, Hg. A. Faust u. W. E. Peuckert, 11 Bde., 1942 bis 1961; 2).

MYSTERIUM MAGNUM, oder Erklärung über das Erste Buch Mosis von der Offenbarung Göttlichen Worts durch die drey Principia Göttliches Wesens und vom Ursprunge der Welt und der Creation: Darinnen das Reich der Natur und Das Reich der Gnaden erkläret wird. Zu mehrem Verstande Des Alten und Newen Testaments was Adam und Christus sey: und wie sich der Mensch im Liecht der Natur selber erkennen unnd betrachten soll was er sey und worinnen sein Zeitliches und Ewiges Leben stehe auch worinnen seine Seeligkeit und Verdamnüß stehe. Eine Erklärung des Wesens aller Wesen: dem Liebhaber in Göttlicher Gabe weiter nachzusinnen

Theosophisches Werk von Jakob BÖHME, verfaßt zwischen September 1622 und 11. September 1623, erschienen 1640. – Diese umfangreichste und reifste Schrift, die mit der gleichzeitig entstandenen Abhandlung *Von der Gnadenwahl* (verfaßt von Januar bis 8. Februar 1623) in die Spätphase des Autors gehört, enthält eine allegorisch-typologische Auslegung der *Genesis*.
Böhmes geistliche Schriftdeutung, die – motivgeschichtlich gesehen – gnostischen Traditionen nahesteht, ist Kennzeichen der *spiritualis intelligentia*: Die Zeit der wahren Theosophie eröffnet die Geheimnisse des Anfangs. Daher wird die *Genesis* zu einer Art Handbuch der Integrationssymbolik und dient zugleich zur Enthüllung des gegenwärtigen Abfalls vom Sein. Die Deutung geschieht durch Typologie, durch eine (formal zum Teil barockmanieristische) kombinatorische Entschlüsselung des Dunkeln mit dem Sich-Erhellenden. Die prophetische Auslegung gilt dabei selbst als ein eschatologisches Zeichen; sie kündet von der Wiederbringung des ersten vollkommenen Menschseins. Nicht pansophische Spekulation, sondern existentielle Integration ist das Ziel der *Genesis*-Interpretation Böhmes: In der Vision des urständlich-vollkommenen Adam, der durch den neuen Adam, Christus, restituiert wird, schaut Böhme das eschatologische Vollendungsbild des Menschseins. Zum Verständnis ist der paradigmatische Charakter der prophetisch-pneumatischen »Subjektivität« der Aussagen zu beachten; es geht um die zur Erneuerung berufene menschliche Existenz über-

haupt, um den »Prozeß« der Reintegration Adams in Christus, ein Thema, das Böhme u. a. in seinen Schriften *Von dem Dreyfachen Leben des Menschen* (1619/1620), *Von der Menschwerdung Jesu Christi* (1620) und in seinen kleineren *Traktaten* und *Sendbriefen* behandelt hat. Der *»Magus«* und Prophet ist Prototyp des der Gottes- und Selbstentfremdung entrissenen Menschen: Wer in der *»Bildnis«* (Gottebenbildlichkeit) steht, kann verstehen; ihm reden die Chiffren.

Böhmes im Vollzug der Auslegung entworfene Anthropologie, Geschichtsdeutung, Sozialethik und Sprachphilosophie wurzeln in dieser Schau. Er durchleuchtet die Zeiten von einem Standort jenseits der zeitlich-linearen Geschichte her und durchbricht mit der Entdeckung des »Wortes« (Natursprachenlehre) die Desintegration des Sprechens *(»Babel«)*, der die sozialen Institutionen wie Kirche und Obrigkeit anheimgefallen sind. – Da Menschsein und Sprache in einem Korrelatverhältnis stehen, entspricht dem Abfall von Gott und der Perversion der Geschöpflichkeit ein Verfall der Sprache. Der jeweilige Anteil am Verstehen hängt davon ab, ob der Mensch aus der *»Selbheit«* oder aus der im *» Wort«* beschlossenen Ganzheit lebt. Durch das Eingehen in das ewigsprechende Wort wird der sprachliche Ausdruck wieder Abdruck des Seins. (Böhmes Verständnis der »Signaturenlehre« ist in *De signatura rerum oder Von der Geburt und Bezeichnung aller Wesen* 1621/1622, dargelegt.) Die Aufhebung *»Babels«* bedeutet nicht Aufhebung der Sprachenvielfalt. Wohl ist in den Völkersprachen die absolute, für die *»Natursprache«* bezeichnende Einheit von Ding und Wort nur gebrochen vorhanden; die Sprache spricht nicht mehr die Totalität des Seins, sondern die *»Eigenschaft«* aus. Doch zerschlägt Böhme nicht die Muttersprache wie die apokalyptischen Sprachalchimisten, die die Aufhebung der sprachlichen Individuation durch die ekstatische Glossolalie lehren. Die Aufhebung *»Babels«* bedeutet auch nicht Aufhebung der Sprache in einer Mystik des Schweigens. Die Sprachen können vielmehr durch die Aufschließung ihres eigentlichen Seins (*»Tingierung«* mit den »5 *Vocales«* des Gottesnamens) wieder Ausdruck der Ganzheit der Schöpfung werden. Böhmes Ziel ist nicht der Eingang in die (mystische) Bildlosigkeit, sondern die der Erneuerung der Ebenbildlichkeit entsprechende Integration in das Wort, durch die der Mensch »Ort« des göttlichen Sprechens wird.

Böhmes *Mysterium magnum* hat auf Quirin KUHLMANN (1651–1689) eingewirkt, der Böhme als den eschatologischen Propheten des »ewigen Evangeliums« verstand. Später kam es in den Kreisen der Romantiker, die von der in Böhme verkörperten Berührung des Christentums mit *»Physik und Poesie«* (F. SCHLEGEL) beeindruckt waren, zu einer Wiederentdeckung Böhmes: F. von BAADER (1765–1841) hielt *Vorlesungen über J. Boehmes Lehre mit besonderer Beziehung auf dessen Schrift: Von der Gnadenwahl* (1829) und *Vorlesungen über die Lehre J. Boehmes mit besonderer Beziehung auf dessen Schrift: Mysterium Magnum* (1833), beide 1855 erschienen; eine spekulative Gesamtdeutung Böhmes enthalten die zusammenfassenden *Vorlesungen über J. Boehmes Theologoumena und Philosopheme* (1833), erschienen 1847.

Im übrigen entspricht die Wirkungsgeschichte dieser Schrift der Geschichte der Böhme-Deutung: HEGEL, der Böhme als trinitarischen Denker versteht, sieht in ihm *»den ersten deutschen Philosophen«*. Für SCHELLING bedeutet der *»Theosophismus«* eine Vorstufe zur positiven Philosophie; er erkennt in Böhme, der ihm als *»eine Wundererscheinung in der Geschichte der Menschheit«* gilt, den Gipfel der mystischen Theologie der neueren Zeit. FEUERBACH hingegen, der besonders die Dialektik Böhmes hervorhebt, spricht von *»Psychosophie«* und wertet ihn als religiösen Naturphilosophen. BERDJAEV nennt Böhme den *»größten unter den christlichen Gnostikern«*, indem er »Gnosis« als ein auf Offenbarung beruhendes schauendes Wissen versteht, das sich nicht der Begriffe, sondern der Symbole und Mythen bedient. E.H.P.

AUSGABEN: Amsterdam 1640, 2 Tle; ²1678 [verbesserte Ausg.]. – Ldn. 1654 (*Great Mystery*; engl.). – Amsterdam 1682 (in *Alle Theosophische Wercken*, Hg. J. G. Gichtel, 15 Bde., 13). – Amsterdam 1700 [holländ.] – Altona 1715 (in *Theosophia Revelata, Das ist: Alle Göttliche Schriften*, Hg. J. O. Glüsing, 2 Bde., 2). – Leiden oder Amsterdam 1730 (in *Theosophia Revelata. Das ist: Alle Göttliche Schriften*, Hg. J.W. Ueberfeld, 14 Bde., 12). – Lpzg. 1843 (in *SW*, Hg. K. W. Schiebler, 7 Bde., 1831–1847, 5, ern. 1922). – Stg. 1958 (in *SS*, Hg. A. Faust u. W. E. Peuckert, 11 Bde., 1942–1961, 7 u. 8; Faks. der Ausg. 1730). – Freiburg i. Br. 1984, Hg. G. Wehr.

LITERATUR: F. v. Baader, *SW*, Bd. 13: *Vorlesungen u. Erläuterungen zu J. B.s Lehre*, Hg. J. Hamberger, Lpzg. 1855. – H. Bornkamm, *Luther u. B.*, Bonn 1925. – K. Leese, *Von J. B. zu Schelling*, Erfurt 1927. – A. Koyré, *La philosophie de J. B.*, Paris 1929; ²1971. – E. Benz, *Der vollkommene Mensch nach J. B.*, Stg. 1937. – W. Buddecke, *Die J. B.-Ausgaben*, 2 Bde., Göttingen 1937–1957. – H. Grunsky, *J. B.*, Stg. 1956 [m. Bibliogr.]. – J. J. Stoudt, *Sunrise to Eternity. A Study in J. B.'s Life and Thought*, Philadelphia 1957, S. 243 ff. – E. H. Pältz, *J. B.s Hermeneutik, Geschichtsverständnis u. Sozialethik*, Jena 1961 [m. Bibliogr.].

HEINRICH BÖLL

* 21.12.1917 Köln
† 16.7.1985 Bornheim-Merten

LITERATUR ZUM AUTOR:
W. J. Schwarz, *Der Erzähler H. B. Seine Werke und*

Gestalten, Bern/Mchn. ²1968; ³1973. – H. J. Bernhard, *Die Romane H. B.s. Gesellschaftskritik u. Gemeinschaftsutopie*, Bln. 1970. – *In Sachen B. - Ansichten u. Einsichten*, Hg. M. Reich-Ranicki, Mchn. 1972 (dtv).– *B. Untersuchungen zum Werk*. Hg. M. Jurgensen, Bern/Mchn. 1975. – W. Martin, *H. B. eine Bibliographie seiner Werke*, Hildesheim 1975. – R. Nägele, *H. B. Einführung in das Werk und in die Forschung*, Ffm. 1976. – *H. B. Eine Einführung in das Gesamtwerk*, Hg. H. Beth, Königstein ²1980. – H. Herlyn, *H. B. und H. Marcuse. Literatur als Utopie*, Lampertheim 1979. – J. C. Conard, *H. B.*, Boston 1981 (TWAS). – *H. B.*, Hg. H. L. Arnold, Mchn. ³1982 (Text & Kritik). – K. Schröter, *H. B. in Selbstzeugnissen und Bilddokumenten*, Reinbek 1982 (rm). – *Zu H. B. Interpretationen*, Hg. A. M. Dell'Agli, Stg. 1984. – Ch. Linder, *H. B. Lesen & Schreiben 1917 bis 1985*, Köln 1986. – M. Reich-Ranicki, *Mehr als ein Dichter. Über H. B.*, Köln 1986. – J. Vogt, *H. B.*, Mchn. ²1987. – H. Falkenstein, *H. B.*, Bln. 1987. – J. Vogt, *H. B.* (in KLG, 26. Nlg., 1987).

ANSICHTEN EINES CLOWNS

Roman von Heinrich BÖLL, erschienen 1963. – Der Roman, bei seinem Erscheinen wegen seiner antiklerikalen Tendenz heftig diskutiert, drängt die Masse des zu bewältigenden Stoffs in den Zeitraum eines erzählten Tages zusammen. Das direkte Nebeneinander von Einst und Jetzt soll augenfällig, ohne umständliche epische Vermittlung, das Weiterleben autoritärer Machttendenzen im Schutze demokratischer und christlicher Schlagworte demonstrieren, das in bitteren Satiren attackiert wird. Der (negative) Held des Romans ist – wie der Titel ahnen läßt – der als Typus schon in der Romantik beliebte Außenseiter der Gesellschaft, der Unbehauste, der reine Tor, die *anima naturaliter christiana*. »*Heiter, fromm, keusch*«, obwohl »*nicht religiös, nicht einmal kritisch*«, leicht zu Tränen gerührt, zum Selbstmitleid neigend, ist er in einer Welt der Heuchelei, des Ehrgeizes und steriler Intellektualität der »*natürliche*«, nicht verformte Mensch rousseauischer Prägung. Allergisch gegen alle Erscheinungsformen von Macht, sieht er in jeder, auch legitimen Art von Organisation die Zeichen der Repression des Individuums. Ihren abstrakten »*Ordnungsprinzipien*« setzt er die konkrete Wirklichkeit des mit den Augen des Kindes gesehenen Details entgegen, denen auch und gerade das Banale noch wunderbar, »*ohne Ordnung*« erscheint. Dieser Clown Hans Schnier ist der aus der Art geschlagene Sohn eines rheinischen Braunkohlenmillionärs und einer dumm-naiven Mutter – noch 1945 schickte sie ihre einzige Tochter, Henriette, als Flakhelferin gegen die »*jüdischen Yankees*« in den sicheren Tod: nach dem Zusammenbruch wurde sie Präsidentin des Zentralkomitees der Gesellschaften zur Versöhnung rassischer Gegensätze. Schnier hat seit seinem 21. Lebensjahr mit Marie, der katholischen Tochter eines Kommunisten, in nicht legalisierter Ehe gelebt. Nach sechs Jahren hat sie ihn nun, von Glaubensgenossen beeinflußt, verlassen, um den einflußreichen Katholiken Züpfner zu heiraten. Anlaß dieses Treuebruchs war Schniers Weigerung, sich schriftlich zur katholischen Erziehung künftig zu erwartender Kinder aus dieser freien Ehe zu verpflichten; im Grunde aber steht hier der Anspruch einer überindividuellen Ordnung dem Recht des Individuums auf Selbstbestimmung gegenüber. Seiner Natur entsprechend unterliegt Schnier in diesem Konflikt. Unfähig, noch zu arbeiten, krank, ohne Geld, gibt er sich selbst auf. Am Ende sitzt er, mitten im Karnevalstreiben, Gitarre spielend und singend, auf den Stufen des Bahnhofs, aus dem Marie, von der Hochzeitsreise zurückkehrend, am Arm Züpfners heraustreten wird. Die erste Münze, die ein Mitleidiger ihm in den Hut wirft, degradiert ihn zum Bettler und besiegelt sein Schicksal.

Die Aufnahme dieses Erfolgsromans war zwiespältig, man kritisierte Bölls verfremdende Darstellung des katholischen Milieus und identifizierte allzuleicht den Autor mit seinem Helden, der aggressiv auf politische oder religiöse Standpunkte jeglicher Couleur reagiert: Rechte und Linke, Katholiken, Protestanten und Atheisten, Kapitalisten und Proletarier erscheinen gleichermaßen fragwürdig. Der Clown Schnier verteidigt seine individuelle Freiheit gegen jede Art von gesellschaftlicher Macht, die über ihn verfügen will oder ihm seiner letzten Fluchtmöglichkeit, der Liebe zu Marie, beraubt. Zweifellos wird die Diabolik der Herrschaft abstrakter Ordnungsprinzipien nicht erkennbar, da ihre Exponenten zu »*Idioten*«, »*miesen Spießern*«, »*eitlen Phrasendreschern*« verkleinert werden und der Held in seinem Selbstmitleid und seiner Sentimentalität eher traurig denn tragisch wirkt, und, wie E. BECK nachweisen kann, auch in seinem Verhältnis zu Marie von einer Egozentrik beherrscht wird, die dem Aufklärungspotential seiner Person wie des Romans insgesamt enge Grenzen setzt. »*Ich bin ein Clown ... und sammle Augenblicke*«, dieses Bekenntnis des Helden umreißt die Verfahrensweise des Buches, das mehr auf Momentaufnahmen der bundesdeutschen Realität konzentriert ist als auf eine breit angelegte Bestandsaufnahme. Die Wirkung des Werks beruht auf den oft bis zur Groteske gesteigerten, treffsicheren und witzigen Satiren, und dennoch enthält es eine Absage an die Satire und die Hofnarrenrolle, die Satiriker zu spielen haben. »*Ich war es leid zu karikieren*«, erinnert sich Schnier selbst an seine Clownerien, und Böll konstatierte ein Jahr später in seinen *Frankfurter Vorlesungen*: die, die er jeweils angreifen wolle, »*ob es sich nun um selbstsichere Industrielle handelt oder um Kleriker – sie erwarten Prügel, und seitdem mir das bewußt geworden ist, bin ich nicht mehr bereit, Prügel, wenn auch nur scheinbare, auszuteilen.*« G.He.-KLL

AUSGABEN: Köln 1963. – Mchn. 1967 (dtv). – Köln 1977 (in *Werke. Romane und Erzählungen*, 5 Bde., 4).

VERFILMUNG: BRD 1975 (Regie: V. Jasny).

LITERATUR: R. Baumgart, *H. B., »Ansichten eines Clowns«* (in NRs, 74, 1963, S. 477–481). – A. Bekkel, *Mensch, Gesellschaft, Kirche bei H. B.*, Osnabrück 1966. – E. Lehnhardt, *Das Romanwerk H. B.s von »Haus ohne Hüter« bis »Gruppenbild mit Dame«. Urchristentum u. Wohlstandsgesellschaft*, Bern/Ffm. 1983. – K. H. Götze, *H. B., »Ansichten eines Clowns«. Text u. Geschichte*, Mchn. 1985.

BILLARD UM HALBZEHN

Roman von Heinrich BÖLL, erschienen 1959. – Der Roman erzählt die Geschichte dreier Generationen einer rheinischen Architektenfamilie und ihres Lebenswerks, der Abtei St. Anton. 1907 wird der Architekt Heinrich Fähmel mit dem Neubau dieser Abtei beauftragt, sein Sohn Robert Fähmel läßt sie während des Zweiten Weltkriegs zerstören, um, so der Befehl, »freies Schußfeld« zu erlangen, letztlich aber deshalb, weil die Mönche des Klosters ihre Sympathie für die politischen Gewalttäter des Jahrhunderts nicht verhehlt hatten. Robert Fähmel, dessen Sohn Joseph nach dem Krieg die Abtei wieder aufbaut, erzählt die Chronik seiner Familie dem Liftboy Hugo im Hotel *»Prinz Heinrich«*, wo er jeden Vormittag um halb zehn Billard zu spielen pflegt. Es ist Bölls einziger Versuch, im selben Jahr erschienen wie *Die Blechtrommel* von Günter GRASS und *Mutmaßungen über Jakob* von Uwe JOHNSON, eine Epochenbilanz verdrängter und unbewältigter deutscher Geschichte zu gestalten, auch wenn sich die äußere Handlung auf einen Tag des Jahres 1958 reduziert und die Vergangenheit durch Rückblenden, Erinnerungen, Reflexionen vergegenwärtigt wird.

Nicht die Rekonstruktion historischer Geschehnisse allerdings ist Gegenstand des Romans, vielmehr die daraus resultierende, psychisch-seelische Verstümmelung der Überlebenden. Mit dem Wiederaufbau der zerstörten Abtei scheint das Vergangene stillschweigend abgetan zu sein, nur die Ehefrau des alten Heinrich Fähmel, seit Jahren in einer Nervenheilanstalt lebend, kann sich damit nicht abfinden. Bei der Familienfeier aus Anlaß des 80. Geburtstages ihres Mannes schießt sie auf einen Minister, der, einst Mitläufer der Nazis, nach dem Krieg rasch wieder zu Amt und Würden gekommen, ihr als Repräsentant für Herrschaft und Unterdrückung erscheint: *»Ich habe Angst, viel mehr als damals; ihr habt euch offenbar an die Gesichter schon gewöhnt, aber ich fange an, mich nach meinen harmlosen Irren zurückzusehnen; seid ihr denn blind? So leicht zu täuschen? Die werden euch für weniger als eine Handbewegung, für weniger als ein Butterbrot umbringen (...) Seid ihr denn blind? Da weißt du ja einfach nicht mehr, wo du bist; ich sag, Liebster, die haben doch alle vom Sakrament des Büffels gegessen...«.*

Mit Hilfe der leitmotivischen Formeln *»Sakrament des Büffels«* und *»Sakrament des Lammes«* kontrastiert Böll das Ensemble seiner Figuren und das Panorama der deutschen Geschichte, die Spaltung des deutschen Volkes seit dem Ersten Weltkrieg: *»Es ist die Spaltung zwischen jenen, die sich dem Krieg, der Gewalt, der Diktatur verschworen haben und jenen, die im stillen Widerstand wehrlos wurden.«* (Martini). Böll selbst distanzierte sich später von dieser schematischen Symbolik, die, zumindest im *»Büffel«*-Symbol, in mehreren seiner frühen Erzählungen schon angelegt ist und worüber er selbst schreibt: *»Diese Zweiteilung in ›Billard um halbzehn‹ basiert hauptsächlich auf meiner Vorstellung von Hindenburg und all den deutschnationalen Kriminellen, die ich für die eigentlich Verantwortlichen halte. Deutsch-Nationale zusammen mit den Industriellen und Bankiers... das waren für mich die Büffel.«* Gerade jene Kräfte, die er für das Aufkommen der NS-Diktatur verantwortlich machte, sieht Böll in der bundesdeutschen Nachkriegszeit wieder an der Macht, die *»Lämmer Gottes«* wieder in der Rolle der Opfer. Sie, die mit ihrem christlichen, außerhalb der institutionalisierten Kirche stehenden Humanismus als die einzige oppositionelle, freilich auch introvertierte Kraft erscheinen, nutzen allerdings, woran der Autor keinen Zweifel läßt, ihre Möglichkeiten zum Widerstand nicht. Lediglich in der Figur des Liftboys Hugo, den Robert Fähmel schließlich adoptiert, deutet sich die Verwirklichung der Utopie einer gewaltlosen Zeit an.

Es ist nicht nur dieser Schematismus der *»Büffel«* und der *»Schafe«*, den die Kritik bis heute an diesem Roman bemängelt und der den Personen Bölls keine Entwicklung erlaubt, sondern auch die bemüht wirkende Erzählweise; übereinstimmend wird das Werk als Bölls *»ambitioniertester epischer Versuch«* (Durzak) betrachtet, bei Erscheinen des Romans zog man sogar Parallelen zum französischen *nouveau roman*. Letztlich aber gelingt es Böll auch mit dem Stilmittel des inneren Monologs oder mit einer assoziationsreichen, eingängigen Symbolik kaum, den eng gefaßten erzählerischen Rahmen so zu weiten, daß aus dem Blickwinkel einer Familie, vor allem aber eines Mannes, des Architekten Robert Fähmel, ein überzeugendes Bild der deutschen Geschichte im 20. Jh. entstehen kann: der Roman *»... bleibt auf dem Hintergrund der Werkgeschichte Bölls ein Experiment, dessen formale Kühnheiten die thematischen Widersprüche nicht überwinden«* (Durzak). M.Pr.

AUSGABEN: Köln/Bln. 1959. – Lpzg. 1961. – Mchn. 1974 (dtv). – Köln 1977 (in *Werke. Romane u. Erzählungen*, 5 Bde., 3).

LITERATUR: R. Becker, *Modell eines christl. Nonkonformismus. Zu H. B.s »Billard um halbzehn«* (in Der Monat, 12, 1959/60, S. 69–74). – H. Plard, *Böll le constructeur. Remarques sur »Billard um halbzehn«* (in EG, 15, 1960, S. 120–143). – H. B. Schmid, *H. B. als Zeitkritiker* (in Stimmen der Zeit, 169, 1961). – F. Martini, *H. B. »Billard um halbzehn«* (in Moderna Språk, 55, 1961, S. 27–38). – H. Haase, *Charakter u. Funktion der zentralen Symbolik in*

H. B.s Roman »Billard um halbzehn« (in WB, 1964, H. 10, S. 219–226). – G. Jaeckel, *Die alte u. die neue Welt. Das Verhältnis von Mensch u. Technik in H. B.s Roman »Billard um halbzehn«* (ebd., 1968, H. 6, S. 1285 ff.). – K. Jeziorkowski, *Rhythmus u. Figur. Zur Technik der epischen Konstruktion in H. B.s »Der Wegwerfer« u. »Billard um halbzehn«*, Bad Homburg 1968. – M. Durzak, *Die problematische Wiedereinsetzung des Erzählers. H. B.s Romane* (in *B. Untersuchungen zum Werk*, Hg. M. Jurgensen, Bern/Mchn. 1975). – E. Lehnhardt, *Das Romanwerk H. B.s von »Haus ohne Hüter« bis »Gruppenbild mit Dame«. Urchristentum u. Wohlstandsgesellschaft*, Bern/Ffm. 1983.

DAS BROT DER FRÜHEN JAHRE

Erzählung von Heinrich BÖLL, erschienen 1955. – Wie für alle Werke Bölls ist auch für diese Erzählung die Mühelosigkeit charakteristisch, mit der ein »soziales Ambiente« – vor allem das der Waschsalons, der Cafés, der kleinbürgerlichen Haushalte – mit allen seinen Gerüchen, Geräuschen, profanen Ritualen intensiv vergegenwärtigt wird.

Walter Fendrich, ein junger Elektriker, erzählt den bedeutsamsten Tag seines Lebens und, in assoziativen Rückblenden, seine ganze Vergangenheit bis hin zu diesem Tag. Er hat seine Jugend in den Jahren chronischen Hungers nach dem Zweiten Weltkrieg verlebt, als Brot und Zigaretten die Währungseinheit darstellten: er hat Gier, Egoismus, brutale Härte in unverhüllter Form kennengelernt und entdeckt sie noch jetzt, in der Zeit der Wirtschaftsblüte, überall hinter der Fassade satter Rechtschaffenheit. Brot ist ihm zum Symbol geworden, zum Symbol für Selbstlosigkeit und Liebe, aber auch für Hartherzigkeit und Gleichgültigkeit; die Fähigkeit, Brot verschenken zu können, entscheidet über den sittlichen und metaphysischen Wert eines Menschen. Mit diesem Gewicht gewogen, werden – mit wenigen Ausnahmen, darunter Fendrichs Eltern – alle als zu leicht befunden. Fendrichs Reaktion auf diese Erkenntnis ist eine von tatenlosem Haß genährte Resignation. Nach mehreren planlosen und mißglückten Versuchen, einen Beruf zu erlernen, wird er schließlich Elektriker. »*Ich arbeitete zwölf Stunden am Tag, schlief acht, und es blieben mir noch vier zu dem, was man Muße nennt.*« Aus diesem Leben reißt ihn völlig unvorbereitet die Begegnung mit einem jungen Mädchen, das er auf den ersten Blick mit letzter Unbedingtheit liebt und das sich ihm mit gleicher Intensität zuwendet. In der gemeinsamen Nacht, die von beiden noch am Tag ihrer ersten Begegnung entschlossen herbeigeführt wird, befreit er sich aus der resignativ-bewußtlosen Anpassung an die bestehenden Verhältnisse: »*... und immer noch war Montag, und ich wußte, daß ich nicht vorwärtskommen wollte, zurückkommen wollte ich, wohin wußte ich nicht, aber zurück.*«

Das wenige, das der Leser über die beiden Hauptgestalten erfährt, läßt, so hatte die Kritik immer bemängelt, eine solche radikale Wendung nicht recht glaubhaft erscheinen. M. REICH-RANICKI erschien der Text wie »*die ersten Kapitel eines plötzlich abgebrochenen Romans*«, und er sieht Bölls Werk der fünfziger Jahre insgesamt geprägt durch das Bemühen, nach den Novellen und Kurzgeschichten der unmittelbaren Nachkriegszeit »*die Form des Romans zu meistern*«. Auch die unbestimmte Perspektive des neuen Lebens, die der Elektriker Walter Fendrich erstrebte, erstarrt in einer unreflektiert subjektivistischen Haltung, die charakteristisch ist für die Ausbruchsversuche fast aller Helden Bölls, aber auch, worauf immer hingewiesen wurde, für die Grenzen, die Bölls Gesellschaftskritik kennzeichnen. Dabei hatte sich Böll selbst kaum als Analytiker, eher als Chronist seiner Zeit verstanden, und die Perspektivelosigkeit seiner Helden, ihr Immobilismus ist, wie aus der historischen Distanz kenntlich wird, durchaus ein getreues Abbild der Situation der »*kleinen Leute*«, die auf das Wirtschaftswunder so wenig vorbereitet sind wie sie es auf die politischen Katastrophen der Vergangenheit gewesen waren. »*Man hat mich*«, so konstatierte Böll in seinen *Frankfurter Vorlesungen* (1964), »*mit einiger Herablassung oft einen Autor der kleinen Leute genannt: peinlicherweise empfinde ich eine solche Einschränkung immer als Schmeichelei.*«

J.Dr.-KLL

AUSGABEN: Köln/Bln. 1955. – Köln 1962. – Köln 1977 (in *Werke. Romane u. Erzählungen*, 5 Bde., 3). – Mchn. 1978 (dtv).

LITERATUR: H. E. Käufer, *Das Werk H. B.s 1949–1963*, Dortmund/Bochum 1963.

EINMISCHUNG ERWÜNSCHT. Schriften zur Zeit

Sammlung publizistischer Arbeiten von Heinrich BÖLL, erschienen 1977. – Ganz im Sinne seiner Konzeption eines eingreifenden, der Beförderung von Humanität und Moral gewidmeten Schreibens nimmt die literarische, gesellschaftskritische und auch tagespolitische Publizistik im Werk Bölls spätestens seit den sechziger Jahren einen immer wichtigeren Platz ein. »*Ging es dem Autor in den früheren Arbeiten vor allem um Selbstverständigung, Klärung der eigenen ›Gebundenheit‹ (...), so tritt nun unmittelbarer das Motiv der Parteinahme, der ›Einmischung‹ in politische Kontroversen hervor, die für Böll grundsätzliche Fragen von Demokratie, gesellschaftlichem Selbstverständnis und Moral berühren*« (J. Vogt). Die Bände *Aufsätze, Kritiken, Reden* (1967) und *Neue politische und literarische Schriften* (1973) gehen dem publizistische Beiträge aus den Jahren 1971 bis 1976 versammelnden Buch *Einmischung erwünscht* voraus, die Sammlungen *Vermintes Gelände* (1982) und *Ein- und Zusprüche* (1984) werden folgen. All diese im Zeichen kritisch-engagierter Zeitgenossenschaft stehenden und den literarischen Werken seiner letzten 20 Lebensjahre

gleichgewichtig zur Seite zu stellenden Essaybände »*dokumentieren sehr genau Bölls Stellung im politisch-literarischen Leben Deutschlands, Europas und der Welt (...) Zugleich sind diese Essaybände ein weiterer Beleg dafür, daß Böll auch in seinen späteren Arbeiten aus seinen allerersten Antrieben heraus geschrieben hat*« (Ch. Linder).
Der Titelaufsatz des Bandes, *Einmischung erwünscht* (1973), dem der einzige 1971 entstandene Text vorangestellt ist *(Günter Wallraffs unerwünschte Reportagen)*, beschäftigt sich mit Rolle und Stellung der Intellektuellen und Schriftsteller in einer vorgeblich von politischer »Entspannung« geprägten Welt. »*Wir Autoren sind die geborenen Einmischer (...) Das klingt idealistisch, ist es aber nicht. Einmischung ist die einzige Möglichkeit, realistisch zu bleiben.*« Deshalb appelliert Böll an das Gewissen der Verantwortlichen in Ost und West, sich für verfolgte und diskriminierte Schriftsteller und Intellektuelle einzusetzen: »*Es besteht die Gefahr, daß dieses Gewissen zu einer abgestorbenen Blüte im Knopfloch verschiedener Ideologien wird, wenn die Politiker nicht begreifen wollen, daß nur sie es sind, die den moralischen Druck in einen politischen verwandeln können, und wenn sie nicht endlich das heuchlerische Konzept der Nichteinmischung in die inneren Angelegenheiten anderer Staaten aufgeben.*« Die Sammlung enthält ferner Bölls Nobelpreis-Rede von 1973 *(Versuch über die Vernunft der Poesie)*, ein längeres Gespräch des Autors mit Karin STRUCK über *Schreiben und Lesen* (1973), die 1974 vor der sozialdemokratischen Bundestagsfraktion gehaltene Rede *Die Raubtiere laufen frei herum*, die Rede vor dem Internationalen PEN-Kongreß 1974 zu Jerusalem *(Ich bin ein Deutscher)* und den zeitkritischen Aufsatz *Die Angst der Deutschen und die Angst vor ihnen* (1976), der mit dem Satz endet: »*Würde ich gefragt, von wo die Bundesrepublik bedroht ist: ob von rechts oder von links, ich würde sagen: Von rechts.*«
Schwerpunkt dieses noch weitere unmittelbar zeitkritische Beiträge enthaltenden Bandes jedoch ist die literarische Publizistik. Neben Rezensionen oder Vor- und Nachworten zu literarischen Werken (u. a. von Max FÜRST, Herbert ACHTERNBUSCH, Alexander SOLSCHENIZYN, Hilde DOMIN, Carl AMERY, Ignazio SILONE, Uwe JOHNSON, Andrej SINJAWSKI, Karin STRUCK, Jurij TRIFONOW, Erik NEUTSCH, Horst BIENEK, Miklós HARASZTI, Lew KOPELEW, Wolfgang BÄCHLER und Reiner KUNZE) und zu historisch-politischen Sachbüchern und wissenschaftlichen Werken (u. a. von Rudolf AUGSTEIN, H. G. ADLER, Peter BRÜCKNER, Walter JENS, Ludwig MARCUSE, Erich KUBY und Horst-Eberhard RICHTER) stehen Nachrufe und Geburtstagsartikel (u. a. über Ingeborg BACHMANN, Gustav KORLÉN, Ernst JÜNGER, Karl RAHNER und Paul SCHALLÜCK), Gutachten, Laudationes und andere Texte (u. a. über Erich FRIED, Manès SPERBER und Heinrich ALBERTZ). Das auch in diesen eher der Literatur und den Literaten gewidmeten, zu ganz unterschiedlichen Anlässen entstandenen Texten stets präsente Hauptthema der »*Einmischung*« wird insbesondere in Bölls Beiträgen zum Zeitgeschehen in der Bundesrepublik *(Gefahren von falschen Brüdern; Herrliche Zeiten; Radikaler im öffentlichen Dienst; Ab nach rechts; Verschiedene Ebenen der Bewunderung; Deutscher Schneid in Europa; Statt oder statt oder statt statt oder?; Anwälte der Freiheit; Unfreiheit – kein Sozialismus)* und in seinen Erinnerungen an Verfolgte in aller Welt *(zum Fall Kocbek; Nachruf auf einen unbedeutenden Menschen; Angst um Kim Cha Ha)* politisch konkretisiert. K.Hü.

AUSGABEN: Köln 1977. – Köln 1978 (in *Werke. Essayistische Schriften und Reden*, Bd. 3).

LITERATUR: P. Demetz, Rez. (in FAZ, 18. 6. 1977). – N. Schachtsiek-Freitag, Rez. (in FRs, 6. 8. 1977). – K. H. Bohrer, Rez. (in FAZ, 10. 3. 1978). – M. Schneider, Rez. (in FAZ, 12. 6. 1982). – W. Ziltener, *Die Literaturtheorie H. B.s*, Ffm./Bern 1980.

FRAUEN VOR FLUSSLANDSCHAFT

Roman »*in Dialogen und Selbstgesprächen*« von Heinrich BÖLL, erschienen 1985. – Der letzte, kurz vor seinem Tod veröffentlichte und »*Den Meinen an allen Orten, wo immer sie sein mögen*« gewidmete Roman Bölls entwirft in einer Folge von zwölf szenisch angelegten Kapiteln ein pessimistisch-resignativ gestimmtes Porträt der heutigen Bundesrepublik und ihrer Hauptstadt. Die beiden dem Text vorangestellten Anfangsstrophen des GOETHE-Gedichts *Wanderers Gemütsruhe* spielen auf Grundthemen und -tendenzen des Romans an. Geschildert und »*übermalt*« werden, unterbrochen durch diverse Rückblenden und Erinnerungen (vor allem an die Kriegs- und unmittelbare Nachkriegszeit), zwei Tage im Leben der längst nicht mehr als Provisorium verstandenen und doch die historischen Umstände ihres Hauptstadt-Werdens nicht loswerdenden Stadt Bonn *(»Der Ort ist unschuldig, kann sich nicht betroffen fühlen«)*. Viele bereits früh entwickelte Erzählmotive und einige unschwer erkennbare Varianten von Figuren aus Bölls epischem Kosmos (z. B. aus *Billard um halbzehn, Ansichten eines Clowns, Ende einer Dienstfahrt, Gruppenbild mit Dame, Die verlorene Ehre der Katharina Blum*) finden sich auch in diesem strukturell recht heterogenen und äußerst handlungsarmen Buch, das als »*ein letzter Bilanzversuch des Böllschen Denkens, Bonn und die Führungsspitze der Republik betreffend*« (W. Ignée) und vom Ergebnis dieser Bilanz her als »*Totalverriß der Bundesrepublik Deutschland*« (Ch. Linder) verstanden werden kann.
Die handelnden Personen werden dem Leser in einer nüchtern-knappen *Vorbemerkung* vorgestellt. Während zweier Tage und Nächte, in denen ein Minister gestürzt und ein anderer »gemacht« wird *(»Chundt nennt das: die Grenzen der Zumutbarkeit erweitern«)*, finden zahlreiche Gespräche und

Selbstgespräche statt, an denen Frauen wie Erika Wubler, Eva Plint und Elisabeth Blaukrämer, Politiker wie Paul Chundt, Hermann Wubler und Graf Heinrich von Kreyl, dessen Sohn, der »ausgestiegene« Ex-Diplomat Karl, die Hausangestellte Katharina Richter und einige Personen mehr beteiligt sind. Schauplätze dieser Gespräche sind exklusive Parties in der Nähe von Bonn, Terrassen prunkvoller Villen, Schlafzimmer, ein Wohnwagen am Fluß, das Kurhotel Kuhlbollen oder die Uferpromenade. Zum Gegenstand des Erzählens macht Böll das Reden selbst: Das unaufhörliche Gerede tritt an die Stelle konkreten, womöglich gar auf die Verwirklichung irgendeiner Art von Utopie ausgerichteten Handelns. Entworfen wird, oft aus der Perspektive der Lebensgefährtinnen und Freundinnen einflußreicher Männer, ein von Verachtung, Skepsis, Melancholie und Humor bestimmtes Bild vom Leben der politischen Prominenz der Bundeshauptstadt. Die Politik wird dabei nicht unmittelbar zum Thema, sondern erscheint als *»gleichsam anonymer Gesprächsstoff, Gesprächs-Anlaß«* (J. Kaiser). Vor dem Hintergrund der alten Stadt Bonn am nicht mehr wie einst Heimat und Gemüt verbürgenden Rhein, wo das *»große Geld«* sich heute inmitten von Sumpf und Sünde immer weiterwurstelnde Regierung unterhält, agieren in einer *»synthetischen Welt ohne Erinnerung«* (Ch. Linder) meist ränkeschmiedende und oft tragikomisch wirkende Politiker (Heinrich von Kreyl: *»Das Schlimme ist, daß ich mir wirklich nichts vorzuwerfen habe, und das macht mir Angst«*), deren Bewußtsein von schmutzigen Seiten ihres Berufs inmitten eines von Intrigen, Profitdenken und Egoismus bestimmten Alltags nicht oder kaum entwickelt ist. *»Da werden Dossiers vernichtet und Ehefrauen, die lästig werden und Geschichten in die Welt setzen, in Sanatorien abgeschoben, wo man ihnen ›die Erinnerung korrigiert‹.«* (Ch. Linder).
Im gesellschaftlichen Leben dieses *»Raumschiffs Bonn«* – zu dem als Hintergrund auch die Bedrohung durch den Terrorismus und die Angst vor der zwar abstrakt bleibenden, aber dennoch präsenten Alternative des Sozialismus gehören – sind es in erster Linie die Frauen, die auf die sozialen Konsequenzen des großen Spiels um Geld und Macht aufmerksam machen, die als *»Hüterinnen der Erinnerung«* (W. Schütte) erscheinen und sich den Sinn für die humane Dimension des Lebens bewahrt haben. Verstrickt in die Intrigenspiele der Männer bleiben sie dennoch auf Distanz (Wubler: *»Du hast gelernt, daß Politik ein schmutziges Geschäft ist.«* Erika: *»Was nicht bedeutet, daß Schmutz schon Politik ist.«*) und irritieren die Mächtigen und zugleich auch Schutzbedürftigen dadurch, daß sie nicht jedes ihrer Spiele unkritisch mitspielen. Die Kirchen dagegen haben in puncto kritische Distanz vollkommen versagt: Böll sieht Jesus Christus auf eine so lächerliche wie obszöne Weise an die seelenlos gewordene christlich-marktwirtschaftliche Politik verraten (Heinrich von Kreyl: *»Manchmal hatte ich schon den Eindruck, als wären die Gottesdienste parteikonformer als die Partei selbst«*). Auch wenn die Frauen als heimliches soziales Korrektiv inmitten einer durch und durch korrupten Welt gezeichnet werden, erscheint die Bundesrepublik doch insgesamt als ein *»von Moral, Anstand, Ehre, Treue und Glauben völlig entleertes Land«* (Ch. Linder).

Der auch als Filmdrehbuch und als Theaterstück aufgefaßte »Roman« – eine Gattungsbezeichnung, die für dieses Buch nicht allgemein akzeptiert wurde – hat bei der Kritik ein durchaus zwiespältiges Echo ausgelöst. Böll habe *»in scheinrealistischem, pseudo-theaterhaftem Gewand ein kühnes Glanzstück absurder Literatur vorgelegt«* (J. Kaiser), doch sei der Text *»im Grunde ein in verschiedene Richtungen auseinanderlaufendes, ein zerfließendes episches Gebilde«* (M. Reich-Ranicki). Der Text reproduziert die bereits in Bölls Essays aus den achtziger Jahren zunehmend spürbare Zeitstimmung politisch-gesellschaftlichen Stillstands und resignativer Ratlosigkeit auch in seiner ästhetischen Struktur. Daß das Buch *»eine horizontlose Hoffnungslosigkeit«* (F. J. Raddatz) verrät und *»von tiefer Resignation über die politischen Verhältnisse«* (Ch. Linder) zeugt, muß als alarmierendes und überdenkenswertes Vermächtnis eines stets zeitkritisch-engagierten Schriftstellers gesehen werden. K.Hü.

AUSGABEN: Köln 1985. – Lpzg./Weimar 1986.

HÖRSPIELFASSUNG: BRD 1986 (Regie: H.-G. Krogmann).

DRAMATISIERUNG: V. Schlöndorff (Urauff.: Mchn., 24. 1. 1988, Kammerspiele).

LITERATUR: F. J. Raddatz, Rez. (in Die Zeit, 11. 10. 1985). – J. Kaiser, Rez. (in SZ, 21. 9. 1985). – A. Krättli, Rez. (in NZZ, 12. 9. 1985). – M. Reich-Ranicki, Rez. (in FAZ, 8. 10. 1985). – J. P. Wallmann, Rez. (in Dt. Allg. Sonntagsblatt, 8. 9. 1985). – W. Schütte, Rez. (in FRs, 28. 9. 1985). – W. Ignée, Rez. (in Stuttgarter Ztg., 31. 8. 1985). – R. Baumgart, Rez. (in Der Spiegel, 2. 9. 1985). – F. Schonauer, Rez. (in NDH, 1985, H. 4, S. 822–825).

FÜRSORGLICHE BELAGERUNG

Roman von Heinrich BÖLL, erschienen 1979. – Der vorletzte Roman des 1972 mit dem Nobelpreis ausgezeichneten Kölner Schriftstellers steht in deutlichem inneren Zusammenhang mit seiner Erzählung *Die verlorene Ehre der Katharina Blum* (1974) und mit seinen politischen Reden und Essays aus den siebziger Jahren. »Ich wollte«, so der Autor, *»die Übergänge zwischen überwacht und bewacht darstellen, weil ich das wirklich für eines der wichtigsten, aktuellsten Phänomene und Probleme unserer Gegenwart halte«*. Über dieses im Titel ironisch angedeutete Thema hinaus ist auch der Anspruch erkennbar, *»ein bundesdeutsches Gesellschaftspanorama zu geben wie schon einmal mit dem ›Gruppenbild‹, vor allem aber auch: die Veränderun-

gen eines Jahrzehnts im System und der politischen Atmosphäre festzuhalten« (J. Vogt).

Der in 21 Kapitel gegliederte Roman erzählt von drei Tagen aus dem Leben des alten Zeitungsverlegers Fritz Tolm, der es gelernt hat, sich zu beherrschen und seinen subversiven Neigungen nicht nachzugeben. Der *»Sponti unter den Vorstandsmitgliedern«* erscheint als *»ein schwacher Mensch, der wirtschaftlich sehr stark ist«.* Tolm ist soeben zum Präsidenten des Unternehmerverbandes gewählt worden – und damit in höchster Gefahr *(»Natürlich würden sie ihn erwischen, wahrscheinlich sogar umlegen«).* Seine Kinder, Enkel und weitere Verwandte sind entweder Mitglieder des wirtschaftlichen und politischen Establishments, oder sie sind in die Protest- und Terrorszene der siebziger Jahre verflochten. Tolm und seine Familie werden, was ihnen im Laufe der Zeit immer spürbarer und bewußter wird, von einer polizeilichen Sicherungsgruppe »fürsorglich belagert«, d. h. in Sicherheit gehalten und zugleich in Gefangenschaft *(»er hätte nicht sagen können, was ihn mehr hinderte: die Beine oder die unvermeidliche Bewachung«).* Das beengende Netz von Kontroll- und Überwachungsmaßnahmen *(»Ja, Sicherheit gibt es nicht – und doch muß das Sicherheitssystem sein«)* unterwirft alle Beteiligten einem »unnatürlichen« Zwang und führt zu gravierenden Problemen im Privatleben nicht nur der Tolm-Sippe, sondern auch ihrer Bekannten, Freunde und Nachbarn. Die fortschreitende Zerstörung privaten Lebens wird zum zentralen Erzählmotiv. Die durch das Streben nach allerhöchster Sicherheit ausgelösten Konflikte, exemplifiziert an der *»Sabine-Hubert-Helga-Handlung«* (B. Balzer), stehen deutlicher im Mittelpunkt des Romans als die Person Fritz Tolms.

Der Autor zeichnet Menschen aus den unterschiedlichsten sozialen Gruppen – vom Großindustriellen über den Pfarrer und Ökobauern bis zu den *»Satellitenkindern des Terrorismus«* – und führt ein umfassendes und radikal gegenwartskritisches Bild denkbarer Liebes- und Sexualbeziehungen zwischen ihnen vor (Ehe und Ehebruch, Promiskuität, Zölibat, Homoerotik und Pornographisches). Die auffällig oft auftauchenden Dreiecksbeziehungen haben Vergleiche mit der Figurenkonstellation von GOETHES *Stella* angeregt. Die Akteure werden durchaus als Privatmenschen mit Schwächen und Fehlern gezeichnet. Für Einsicht und Dazulernen ist es niemals zu spät: So liefert die zur Terrorszene gehörige Schwiegertochter ihr hochexplosives Fahrrad beim Bundesgrenzschutz ab, so findet der gewissenlose Karrierist Bleibl am Ende zurück zu seiner ersten Ehefrau. Nach mehreren individuellen Lösungs- und Ausbruchsversuchen aus dem »Belagerungszustand« wird schließlich das Tolmsche Schloß Opfer einer offenbar terroristischen Brandstiftung. Tolm zieht sich aus seinen öffentlichen Ämtern zurück und findet mit seiner Familie in einem verlassenen Pfarrhaus Zuflucht. *»Du weißt, daß ich dich immer geliebt habe«*, sagt Tolm am Ende zu seiner Frau Käthe, und – *»daß ein Sozialismus kommen muß, siegen muß (...)«*.

Jedes Romankapitel wird aus der Sicht einer anderen Figur erzählt, und wie in vielen anderen Werken Bölls ist die Gegenwartshandlung durch Erinnerungen und Reflexionen gebrochen und historisiert, werden rheinische Menschen und Landschaften in ihren Wandlungen von der Kriegs- und Nachkriegszeit bis in die siebziger Jahre hinein geschildert. Erzählt wird *»in Variation, Wiederverwendung und Fortschreibung einer Unzahl von bekannten Böllschen Einzelthemen, Figuren und Handlungselementen«* (J. Vogt). Den Stoff gewinnt Böll unmittelbar aus der Zeitgeschichte: *»Selbstverständlich gäbe es ohne den Mord an Schleyer keinen Verbandspräsidenten Tolm, ohne den ›Fall Traube‹ keine ›Lauschangriffe‹, ohne die Beerdigung Ulrike Meinhofs in Stuttgart kein Begräbnis in Hetzigrath«* (B. Balzer). Die Kritik reagierte auf den Roman – in dem die aus früheren Büchern bekannten Widersprüche Bölls, *»diese Mischung aus Utopischem und bloß Sentimentalem, aus Politisch-Öffentlichem und Privatem (...) in beinahe reiner Form zu studieren«* sind (Ch. Linder) – zumeist zurückhaltend bis ablehnend. Man warf dem Autor vor, ein politisch brisantes und Parteinahme erforderndes Sujet mit *»lauter netten Menschen«* (W. Schütte) bevölkert und seinen *»erzählerischen Tendenzen der Idyllisierung und Privatisierung«* (J. Vogt) auf eine dem Thema unangemessene Weise nachgegeben zu haben. In Antwort auf den ebenfalls erhobenen Vorwurf mangelnder stilistischer Komplexität hat der Autor die unübersehbaren *»Kolportage-«* und *»Kitsch-Elemente«* des Textes als bewußt gesetzte *»Provokation«* gedeutet. K.Hü.

AUSGABEN: Köln 1979. – Mchn. 1982 (dtv). – Köln 1985.

LITERATUR: M. Reich-Ranicki, Rez. (in FAZ, 4. 8. 1979). – W. Schütte, Rez. (in FRs, 4. 8. 1979). – H. Maier, Rez. (in Rheinischer Merkur, 24. 8. 1979). – H. Vormweg, *Entlarvende Belagerung* (in Merkur, 1980, H. 1, S. 84–87). – H. Heißenbüttel, *Erzählung von einem sentimentalen Wirrkopf und Trottel?* (in Freibeuter, 1980, H. 4, S. 157–161). – *Materialien zur Interpretation von H. B.s »Fürsorgliche Belagerung«*, Köln 1981 [Eine Rede von, zwei Interviews mit H. B.; Essay von B. Balzer]. – J. H. Reid, *Back to the Billiards Table?* (in Forum for Modern Language Studies, 1983, S. 126–144).

GRUPPENBILD MIT DAME

Roman von Heinrich BÖLL, erschienen 1971. – Der eine Vielzahl von Motiven aus früheren Werken des Kölner Autors variierende, äußerst erfolgreiche Roman gilt vielen als Bölls *»bedeutendstes Buch«* (K. Korn). Der weit in die Zeitgeschichte zurückgreifende und diese *»aus der Alltagsperspektive«* (J. Vogt) seiner Protagonistin wie auch aus der Sicht zahlreicher Nebenfiguren schildernde Kriegs- und Nachkriegsroman kann als radikale Kritik deutscher Wirklichkeit verstanden werden, der die als »*subversive Madonna*« (R. Matthaei) erscheinende »*Dame*« das utopische Bild einer im urchristlichen Sinne humanen Existenz entgegenstellt. »*Gerade die prinzipielle Infragestellung der Institutionen von Familie, Staat und Kirche deutet in Bölls Roman (...) auf eine grundsätzlich skeptische Vorstellung von der denkbaren Wirksamkeit jeder Institution. Er leitet ihre radikal fragwürdig gewordene Gültigkeit vom Verfall der persönlichen Integrität in einer unmenschlich gewordenen Gesellschaftsordnung ab und postuliert, konsequent genug, das authentische, gegeninstitutionelle, ja, wenn nötig, anarchistische Verhalten als eine unter den historischen Umständen geforderte Alternative des gesellschaftlichen Handelns*« (V. Lange).

Titelfigur des Buches ist die etwa 48jährige Helene Maria Pfeiffer, geborene Gruyten, die »*seit ihrem vierzehnten Lebensjahr unkirchlich dahinlebt*« und noch immer in ihrem Geburtshaus wohnt. Leni erscheint als »*legendenhaft-symbolisch*« (J. Vogt) gezeichnete Frauengestalt (»*Ja, es gibt sie, und es gibt sie nicht*«), die sich den Anpassungszwängen der Gesellschaft konsequent verweigert und sich in intuitiver Arglosigkeit ihre subjektiven Bedürfnisse zu erfüllen sucht. »*Der Lebensweg eben dieser Leni Pfeiffer ist das episch konstituierende Element des Romans*« (H. J. Bernhard). Lenis fast lückenloser Lebenslauf wird auf pseudo-dokumentarische Weise erzählt, nämlich in Form von aneinandermontierten Berichten, Protokollen, Gesprächen, Erinnerungen und Befragungen von Personen, die zu ihr in Beziehung standen oder noch stehen – gebrochen also »*im Medium verschiedener subjektiver Wahrnehmungen, Erinnerungen, Bewertungen*« (J. Vogt). Leni selbst »*läßt sich nicht fragen, und wenn man sie fragt, antwortet sie nicht*«. Ein sich selbst – wenigstens anfangs – nur »*ausnahmsweise*« ins erzählte Geschehen einmischender, »*Verf.*« genannter Erzähler protokolliert seine Recherchen über diese hilfsbereite und herzliche Frau, die aus unabweisbarer Gefühlssicherheit heraus stets das ihr Selbstverständliche tut und deren inneren Kern der Autor als »*eigentlich unzerstörbar*« bezeichnet. Lenis »*materialistisch sinnlicher Konkretismus*«, einer ihrer hervorgehobensten Wesenszüge, ist im Sinne einer weitgehenden »*Kongruenz von Sinnlichkeit und Leben*« (B. Balzer) zu verstehen. Ihre Umwelt jedoch, der sie stolz, unnahbar, in ihrer niemals taktisch-kalkulierenden Ehrlichkeit unbequem und in ihrer erotisch aufgeladenen Güte und Herzlichkeit oft auch unheimlich vorkommt, »*möchte Leni am liebsten ab- oder wegschaffen*«. Der Erzähler weist darauf hin, »*daß man Lenis religiöse Begabung so verkannt hat wie ihre Sinnlichkeit, daß in ihr, an ihr vielleicht eine große Mystikerin zu entdecken und zu entwickeln gewesen wäre*«.

In den einzelnen Kapiteln wird aus jeweils unterschiedlicher Sicht stets eine wichtige Lebensetappe der Protagonistin geschildert, so etwa Lenis Kindheit und der parallel dazu stattfindende Aufstieg ihres Vaters, der als Baufachmann in den dreißiger und vierziger Jahren zu Reichtum und Ansehen gelangt. Die junge Leni, die einmal »*einen ganz groß-artigen Aufsatz*« über Kleists *Marquise von O.* geschrieben hat, steht der für ihre geistig-moralische Entwicklung überaus wichtigen jüdischen Nonne Rahel bei, einer »*Mittelexistenz zwischen Toiletten- und Putzfrau*«, die während der Nazi-Zeit von ihren Mitschwestern versteckt, aber auch degradiert und vernachlässigt wird. Nach einer nur drei Tage währenden Ehe mit dem ungeliebten »*mißglückten Germanen*« Alois Pfeiffer, der im Krieg fällt, arbeitet Leni in der Kranzbinderei des opportunistischen Walter Pelzer. Dort lernt sie den russischen Kriegsgefangenen Boris Lvovic Koltowski kennen, der zu ihrer großen und einzigen Liebe wird, nachdem eine lebensgefährliche und nicht von ungefähr im Zentrum des Buches stehende »*Entscheidungsschlacht*« geschlagen ist: Leni reicht dem verachteten und angefeindeten »*russischen Untermenschen*« ganz selbstverständlich eine Tasse Kaffee und läßt sich in ihrer naiv-reinen Menschlichkeit durch nichts beirren. »*Der Boris wurde einfach durch Lenis mutige Tat zum Menschen gemacht, zum Menschen erklärt*«. Die immer dichter aufeinanderfolgenden Bombardements sorgen dafür, daß sich für das – unter zahlreichen Hinweisen auf die biblischen Figuren Joseph und Maria geschilderte – Liebespaar Zeit zum Alleinsein in ihrem »*Sowjetparadies in den Grüften*« ergibt. Boris, der wenige Tage nach Kriegsende in einem lothringischen Bergwerk stirbt, ist der Vater von Lenis Sohn Lev Borrisovic Gruyten, der ihr in seiner vielfach auf Jesus Christus verweisenden Leidenschaft für Menschen in Not ähnelt. Lev, der mit Lenis Zustimmung Müllkutscher werden möchte, bezahlt für sein geradliniges soziales Engagement mit drei Monaten Gefängnis: Er hat Urkunden gefälscht, um sich an der Familie Hoyser zu rächen, die nach dem Motto »*wer fortschreitet, muß über so manchen hinwegschreiten*« die Altbauwohnung von »*Tante Leni*« zum Spekulationsobjekt machen möchte. In der etwa um 1970 spielenden Erzählgegenwart kämpft Leni, die den vor ihr knienden türkischen Arbeiter Mehmet Sahin »*erhört*« hat, von ihm ein Kind erwartet und vielleicht Mohammedanerin wird (»*da auch der Koran der Madonna einen Platz eingeräumt hat*«), zusammen mit ihren zahlreichen, »*sozial fast zum Abfall*« gehörenden Untermietern (Arme, Ausländer, Müllkutscher) um ihre Wohnung. Ein »*Helft-Leni-Komitee*« wird gegründet, dem sich auch »*Verf.*« anschließt, und die Müllkutscher inszenieren am Schluß eine große Verkehrsstauung, die die angeordnete Wohnungsräumung zumindest für einige Zeit verhindert.

Der episodenhaft und fragmentarisch erzählte, das komplizierte Verhältnis von Wirklichkeit und Fiktion bewußt zum Thema machende Roman, der Kritik an gesellschaftlichen Zuständen mittelbar, oft durch ironische Brechungen hindurch evoziert, entwirft das Porträt einer »*deutschen Frau von etwa Ende Vierzig (...), die die ganze Last dieser Geschichte zwischen 1922 und 1970 mit und auf sich genommen hat*«. Zugleich erzählt das Buch die Geschichte einer großen Liebe, die der Autor ganz bewußt »*in eine möglichst schwierige, heikle, politisch, sozial und *äußerlich (...) schwierige Situation«* stellen wollte. Die intuitiv gefühlssichere, moralisch durch und durch integre, ausdrücklich mit der Mutter Jesu verglichene und auch mit märchenhaften Zügen ausgestattete Leni Pfeiffer erscheint inmitten einer von Leistung und Kalkül gekennzeichneten und Gewissen ebenso wie Nächstenliebe dem Profit und dem Egoismus unterordnenden Gesellschaft als *»Figur gewordene Projektion von Hoffnung«* (K. Batt). Sie verweist von daher sowohl zurück auf Hans Schnier (*Ansichten eines Clowns*, 1963) und weitere Gestalten des Böllschen Erzählkosmos wie auch voraus auf die ähnlich konzipierte Figur der Katharina Blum (vgl. *Die verlorene Ehre der Katharina Blum*, 1974). K.Hü.

AUSGABEN: Vorabdruck ab 29. 7. 1971 in FAZ. – Köln 1971. – Mchn. 1974 (dtv). – Köln 1977 (in *Werke. Romane u. Erzählungen*, 5 Bde., 5).

VERFILMUNG: BRD/Frankreich 1976 (TV; Regie: A. Petrovic).

LITERATUR: K. Korn, Rez. (in FAZ, 28. 7. 1971). – R. Baumgart, Rez. (in Der Spiegel, 2. 8. 1971). – W. Schütte, Rez. (in FRs, 7. 8. 1971). – H. Heißenbüttel/H. Schwab-Felisch, *Wie man dokumentarisch erzählen kann* (in Merkur, 1971, H. 9, S. 911–916). – H. J. Bernhard, *Der Clown als »Verf.«* (in NDL, 1972, H. 4, S. 157–164; auch in *Geschichte der deutschen Literatur aus Methoden*, Hg. H. L. Arnold, Ffm. 1972, Bd. 1, S. 272–281). – M. Durzak, *H. B.s epische Summe?* (in *Basis 3*, Hg. R. Grimm u. J. Hermand, Ffm. 1972, S. 174 bis 197). – H. L. Arnold, *H. B.s Roman »Gruppenbild mit Dame«* (in Text & Kritik, 33, Mchn. ²1974, S. 58–65). – R. Matthaei (Hg.), *Die subversive Madonna*, Köln 1975 (mit einem Böll-Interview von D. Wellershoff und Beiträgen von B. Balzer, A. Bernath, H. J. Bernhard, M. Durzak, V. Lange und Th. Ziolkowski). – K. Batt, *Die Exekution des Erzählers* (in K. B., *Revolte intern*, Mchn. 1975). – H. Kaiser, *Die Botschaft der Sprachlosigkeit in H. B.s Roman »Gruppenbild mit Dame«* (in WW, 1978, H. 4, S. 221–232). – I. Prodaniuk, *The Imagery in H. B.s Novels*, Bonn 1979. – H. E. Beyersdorf, *The Great Refusal in H. B.s »Gruppenbild mit Dame«* (in GR, 1983, H. 1, S. 153–179). – E. Lehnhardt, *Das Romanwerk H. B.s von »Haus ohne Hüter« bis »Gruppenbild mit Dame«. Urchristentum u. Wohlstandsgesellschaft*, Bern/Ffm. 1983.

HAUS OHNE HÜTER

Roman von Heinrich BÖLL, erschienen 1954. – Die Handlung, die zu Anfang der fünfziger Jahre in einer rheinischen Stadt spielt, wird aus der von Abschnitt zu Abschnitt wechselnden Sicht und dem Bewußtsein von fünf Personen erzählt, für deren Handeln und Denken die Tatsache bestimmend ist, daß die Männer der Familien im Krieg gefallen sind und nun die Ehefrauen ohne Ehemann weiterleben und die Söhne ohne Vater aufwachsen müssen. Die aus dieser für die Nachkriegszeit typischen Situation sich ergebenden Konflikte zeigt der Autor an zwei Familien aus verschiedenen sozialen Schichten und an Menschen verschiedener Altersstufen, den beiden zwölfjährigen Schulfreunden Heinrich und Martin und deren Müttern.

Heinrich Brielachs Lage ist deprimierend: seine Mutter führt nach dem Kriege eine Reihe von »Onkel-Ehen«, d. h., sie lebt mit immer wieder anderen Männern zusammen, läßt eine Abtreibung vornehmen und bekommt später ein uneheliches Kind. Heinrich, dem die Verwaltung des schmalen Haushaltsgeldes übertragen ist und der auch noch seine kleine Stiefschwester Wilma beaufsichtigen muß, kommt viel zu früh mit den Problemen der Erwachsenen in Berührung und leidet zudem sehr unter dem Urteil, das die Umwelt über den Lebenswandel seiner Mutter fällt. Was ihn von seinem Freund Martin trennt, ist »das Geld«: Heinrich muß nachrechnen, ob sein »Onkel« Leo auch genug in die Haushaltskasse legt und ob seine Mutter sich eine teure Zahnprothese leisten kann. Martin hingegen ist in dieser Hinsicht verwöhnt: er ist der Sohn Nella Bachs, der aus reichem Haus stammenden Witwe eines berühmten Dichters. Doch auch er wird durch seine Mutter beunruhigt, deren Dasein zwischen hysterischer Nervosität, Tagträumen, religiösen Stimmungen und resignierter Langeweile verläuft. Die durch die Vaterlosigkeit hervorgerufene Orientierungslosigkeit Heinrichs und Martins in der moralisch wie materiell zerrütteten Nachkriegszeit wird noch verstärkt durch die Turbulenzen der beginnenden Pubertät. Im Mittelpunkt der Gedanken von Heinrich und Martin stehen der Charakter und die Lebensführung ihrer Mütter; im Zusammenhang damit fallen den Jungen immer wieder die Katechismus-Formulierungen »UNSCHAMHAFT« und »UNMORALISCH« ein (diese beiden Wörter erscheinen im Text groß geschrieben, um anzudeuten, wie sehr sie das Denken der Jungen beherrschen). Am Ende des Buches wird der durch den Tod der Ehemänner verursachte moralische und menschliche Verfall der beiden Frauen, unter dem die Söhne leiden, noch einmal besonders deutlich: Frau Brielach zieht in das Haus eines neuen Liebhabers, wo Heinrichs Leben fortan weniger belastet und vielleicht materiell gesicherter verlaufen wird; Martins Mutter ist inzwischen so gleichgültig geworden, daß sie kaum Haß empfinden kann, als sie den ehemaligen Offizier Gäseler kennenlernt, der im Krieg ihren Mann aus Dummheit und Sadismus auf ein aussichtsloses Spähtruppunternehmen schickte und so an seinem Tod schuldig wurde. Albert Muchow, dem einstigen Freund ihres Mannes, bleibt es überlassen, dem inzwischen zum Literaten, zum *»flinkhändigen Schwindler«* gewordenen Gäseler wenigstens durch einige Faustschläge klarzumachen, daß sein niederträchtiges Verhalten im Krieg nicht vergeben und vergessen ist.

Auf die psychischen Regungen der beiden Jungen, ihr dauerndes Verfolgtsein von Gedanken an *»die*

Vereinigung« ihrer Mütter mit fremden Männern und an das (unanständige) »*Wort, das die zum Bäcker gesagt hatte*«, konzentriert sich das eigentliche Interesse des Romans. Die gelegentlich etwas schematisch wirkende Zeichnung der Erwachsenen dürfte mit Bölls Absicht, diese zu typisieren, zusammenhängen; insbesondere die Frauen sollen als Repräsentanten der durch den Krieg aus der Bahn geworfenen Generationen erscheinen. Schärfere Charakterzeichnungen und präzisere Formulierungen gelingen dem Autor bei der Schilderung des Kulturbetriebs und des Tagungsrummels, in den Nella sich als »*Witwe des Dichters*« hineinziehen läßt. Hier findet Böll Gelegenheit zu satirischen Ausfällen gegen die Kulturindustrie und gegen jene bemühte Aufgeschlossenheit für die moderne Literatur, die zum Beispiel Pater Willibrord, den väterlichen Freund Nellas, zum Anhören von Vorträgen über das Thema »Was haben wir von der Lyrik der Gegenwart zu erwarten?« veranlaßt.

Böll führte mit diesem Roman seine Bestandsaufnahme der bundesdeutschen Restauration fort, wie sie bereits in *Und sagte kein einziges Wort* (1953) angelegt war. Die Affinität zur kleinbürgerlichen Lebenswirklichkeit prägt sein weiteres Werk ebenso wie die hier erstmals konsequent durchgeführte, mehrschichtige Erzähltechnik, die das Ensemble der Figuren gruppiert in jene, die zugunsten wirtschaftlichen Erfolgs und der eigenen Karriere die NS-Vergangenheit umstandslos verdrängen, und jene, die, von der Erinnerung gebannt, sich mit der Restauration, der neuen »alten« Ordnung nicht abfinden können – zugleich ohne Chance, eine vertrauensfähige Alternative zum Bestehen zu entwickeln. J.Dr.–KLL

Ausgaben: Köln/Bln. 1954. – Köln 1977 (in *Werke. Romane u. Erzählungen*, 5 Bde., 3). – Mchn. 1981 (dtv). – Köln 1982.

Literatur: H. E. Käufer, *Das Werk H. B.s 1949–1963*, Dortmund/Bochum 1963. – *Die subversive Madonna. Ein Schlüssel zum Werk H. B.s*, Hg. R. Matthaei, Köln 1975. – E. Lehnhardt, *Das Romanwerk H. B.s von »Haus ohne Hüter« bis »Gruppenbild mit Dame«. Urchristentum u. Wohlstandsgesellschaft*, Bern/Ffm. 1983.

UND SAGTE KEIN EINZIGES WORT

Roman von Heinrich Böll, erschienen 1953. – Bölls erster großer literarischer Erfolg stellt programmatisch die beiden Antihelden in Analogie zum christlichen Bild des Gekreuzigten: Die Eheleute Fred und Käte Bogner rekapitulieren in dreizehn Abschnitten alternierend die Erlebnisse ihres letzten Wochenendes wie die Erfahrungen ihrer Ehe und werden in den Monologen als duldende »Lämmer« (vgl. *Billard um halbzehn*) mit schlichtem Gottvertrauen erkennbar, die den lebenstüchtig-raffinierten und mächtigen »Büffel«-Anbetern der Gesellschaft aussichtslos unterlegen sind. Fred, gegenwärtig Telefonist bei einer kirchlichen Behörde, als Trinker geltend und trotz frustrierender Nebenbeschäftigungen ständig in Geldnot, lebt seit zwei Monaten von seiner Frau und den drei minderjährigen Kindern getrennt. Er treibt sich in einer nach dem Modell des zerbombten Köln gezeichneten Stadt umher und versucht, seine Ehe notdürftig aufrechtzuerhalten. Die zermürbende, zu Aggressionen führende Enge der Unterkunft in einem gemeinsamen Zimmer hat ihn zu diesem Ausbruch veranlaßt, nachdem die Zuweisung einer Wohnung nach sechsjährigem Bemühen an der Einflußnahme des nachtragenden Pfarrers und der bigotten Vermieterin gescheitert ist. Derselben Dame, die »*jeden Monat den Ring des Bischofs küßt*«, dient – Indiz für die satirisch-antiklerikale Tendenz des Romans – ein Raum ihrer unzerstörten, großbürgerlichen Wohnung als Sprechzimmer bei ihrer organisiert-demonstrativen Wohltätigkeit.

Innerhalb der durchsichtigen Symbolik des Romans, die seinen detailfreudigen, aber zum Klischee neigenden Realismus zu transzendieren sucht, verweist das Leitmotiv des Schmutzes und Staubes auf diese allgegenwärtige, verkrustet-pharisäerhafte Haltung. Es findet seine Entsprechung in den Begleiterscheinungen der Drogisten-Tagung in der Stadt, auf der die Accessoires des hygienisch-sterilen Lebensstils der bundesdeutschen Nachkriegszeit propagiert werden und deren immer zitierte Werbeslogans »*in grotesker Dissonanz*« (K. L. Schneider) zu den Problemen der Böllschen Hauptfiguren stehen. Der im Roman parodistisch akzentuierte Appell: »*Vertrau dich deinem Drogisten an!*« schlägt angesichts der neuerlichen Schwangerschaft Kätes in schieren Zynismus um. Während Fred vor den Schwierigkeiten der gemeinsamen Existenz sich in eine Depression flüchtet, die ihre Wurzeln in Todeserlebnissen der Kindheit und Soldatenzeit hat, ist seine vermeintlich fatalistische Frau weiterhin zum Kampf entschlossen. Wie die leitmotivisch immer wiederkehrende Vergeblichkeit des Glücksspiels am Kneipenautomaten für ihn, so ist ihr »*Kampf gegen den Schmutz*«, der die »*großartige Banalität*« ihres Alltags kennzeichnet, Sinnbild für ihren Heroismus. Höhepunkte dieses Kampfes und novellistische Klimax zugleich ist ihr Entschluß, den sie im entscheidenden Gespräch mit Fred in einem Hotel äußert: den geliebten Mann um der Kinder willen aufzugeben: »*. . . niemals denkst du daran, daß ein Zustand, der dir so unerträglich ist, daß du ihm fliehst – uns langsam mordet, weil du nicht bei uns bist. Und niemals denkst du daran, daß Beten das einzige ist, was helfen könnte.*« Da auch er seine Kinder liebt und die Liebe zu seiner Frau frei von Routine, aber auch illusionslos neu begriffen, verspricht er, »*nach Hause*« zurückzukehren: »*. . . eines Tages werde ich sprechen.*«

Der Titel des Werks bezieht sich demnach präziser auf die männliche Hauptgestalt, die Böll im vierten Kapitel entsprechend kennzeichnet: »*. . . und er sagte kein einziges Wort.*« Käte kann den am Tod ihrer Zwillinge schuldigen hochgestellten Persönlichkeiten nicht verzeihen, haßt die Priester und lehnt sich gegen die »*verzweifelt sinnlose Demut*« besonders ihrer von der Nachbarin eingeschüchterten Kinder auf. Sie gelangt somit über den Status des reinen, aus Protest verstummten Märtyrers hinaus, womit sich ein Ausweg für die beiden Protagonisten des von einem »*christlich-personalen Existentialismus*« (E. Ribbat) geprägten Romans vage abzeichnet. Anders als in dem vorangegangenen Roman *Wo warst du, Adam?* vermag sich die Liebe zweier Menschen gegen die Widerstände von außen durchzusetzen, Böll »*klagt nicht ins Allgemeine, wie es in der Literatur zwischen 1945 und 1950 Stil war. Er traut der Verbindlichkeit des Privaten, statuiert keinen Fall, sondern erzählt eine Geschichte.*« (P. Härtling). Allerdings ist rückblickend die schematische Zeichnung der historischen Situation, die kleinbürgerliche Enge des Lebens von Käte und Fred sowie die Stilisierung beider zu rechtschaffen-christlichen Außenseitern unübersehbar.

K.Hab.-KLL

AUSGABEN: Köln/Bln. 1963; [10]1968. – Köln 1977 (in *Werke, Romane und Erzählungen*, 5 Bde., 2). – Mchn. 1980 (dtv).

LITERATUR: K. Korn, Rez. (in Allemagne d'Aujourd'hui, 1, 1953, S. 410–412). – R. H. Wiegenstein, Rez. (in FH, 8, 1953, S. 474–476). – H. E. Käufer, *Das Werk H. B.s 1949–1963*, Dortmund/Bochum 1963. – W. A. Coupe, *H. B.s »Und sagte kein einziges Wort«. An Analysis* (in GLL, 17, 1963/64, S. 238–249). – J. Kuczynski, *Arbeitslosigkeit u. Not bei Anna Seghers (»Die Rettung«) und H. B. (»Und sagte kein einziges Wort«)* (in J. K., *Zur westdeutschen Historiographie*, Bln. 1966, S. 151–160). – G. Wirth, *H. B. Essayistische Studie über religiöse u. gesellschaftliche Motive im Prosawerk des Dichters*, Bln. 1967. – P. Härtling, *Notizen zu dem Buch »Und sagte kein einziges Wort«* (in *In Sachen B. Ansichten und Einsichten*, Hg. M. Reich-Ranicki, Köln/Bln. [2]1968; ern. Mchn. 1971; dtv, 730). – K. L. Schneider, *Die Werbeslogans in dem Roman »Und sagte kein einziges Wort«* (ebd.). – E. Ribbat, *H. B.: »Und sagte kein einziges Wort«. Ein Rettungsversuch mit Vorbehalten* (in DU, 33, 1981/82, H. 3, S. 51–61).

DIE VERLORENE EHRE DER KATHARINA BLUM oder: Wie Gewalt entsteht und wohin sie führen kann

Erzählung von Heinrich BÖLL, erschienen 1974. – In dieser im Kontext von Bölls Auseinandersetzung mit dem Terrorismus (*Will Ulrike Meinhof Gnade oder freies Geleit?*, 1972) und der gegen vermutete Sympathisanten terroristischer Gewalt gerichteten politischen Hetzkampagne in den Zeitungen des Springer-Konzerns stehenden Erzählung setzte der Autor die Form der Novelle im Sinne operativer Literatur ein und leistete damit einen höchst umstrittenen literarischen Beitrag zur zeitgenössischen politisch-gesellschaftlichen Debatte in der Bundesrepublik Deutschland. Der ein »*im Grunde (...) mythisches Thema*« (Böll) gestaltende Text verknüpft »*das Problem individueller Gewalttätigkeit mit dem der Identitätszerstörung durch mißbrauchte publizistische Gewalt*« (J. Vogt). Die literarische Anklage der persönlichkeitszerstörenden strukturellen Gewalt moderner Manipulations-Industrien ist die Quintessenz der eine grundlegende Böllsche Erzählkonstellation variierenden Geschichte: »*Ein Individuum, das seinen Frei- und Freiheitsraum, seinen Anspruch auf Unversehrtheit und ein bißchen Glück gegen die übermächtigen Zwänge und Repressionen der Umwelt zu verteidigen sucht*« (J. Vogt). Den Gegenwartsbezug der Novelle verdeutlicht der ihr vorangestellte Vorspruch: »*Personen und Handlungen dieser Erzählung sind frei erfunden. Sollten sich bei der Schilderung gewisser journalistischer Praktiken Ähnlichkeiten mit den Praktiken der ›Bild‹-Zeitung ergeben haben, so sind diese Ähnlichkeiten weder beabsichtigt noch zufällig, sondern unvermeidlich*«.

Die grundanständige Hausangestellte Katharina (»Die Reine«) Blum, die eine kleine Eigentumswohnung und einen Volkswagen besitzt, arbeitet seit langem im Kölner Haushalt des Anwalts Blorna und seiner Frau Trude. Die in katholischem Milieu aufgewachsene, mit 19 Jahren aus der Kirche ausgetretene und früher einmal unglücklich verheiratete junge Frau wird von ihrer Umgebung gelegentlich »*Nonne*« genannt, weil sie sich männliche »*Zudringlichkeiten*« grundsätzlich verbittet (»(...) einer der Gründe, warum sie sich von ihrem Mann getrennt habe, hänge damit zusammen: der sei eben nie zärtlich, sondern immer zudringlich gewesen«). Katharina, »*die zwei lebensgefährliche Eigenschaften hat: Treue und Stolz*«, verliebt sich »*am Mittwoch, dem 20. 2. 1974, am Vorabend von Weiberfastnacht*«, in den polizeilich gesuchten Ludwig Götten. Nachdem sie »*ausschließlich und innig*« miteinander getanzt und eine gemeinsame Nacht verbracht haben, gibt Katharina »*ihrem Ludwig*« den Schlüssel zum »*Zweithaus*« des ihr seit langem vergeblich nachstellenden Unternehmers Alois Sträubleder und läßt Götten aus dem Haus entkommen. In nicht ganz durchsichtigem Zusammenspiel mit dem die Götten-Fahndung leitenden Kriminalkommissar Erwin Beizmenne wird »*die Blum*« in den nächsten Tagen von der »*ZEITUNG*«, deren Hauptvertreter der zynisch-skrupellose Reporter Tötges ist, als »*Mörderbraut*« und »*Räuberliebchen*« denunziert. Der Schmutz-Kampagne der »*ZEITUNG*« – die vor »*Recherchen*« am Bett von Katharinas schwerkranker Mutter nicht zurückschreckt und diese damit wahrscheinlich in den Tod treibt – und den daraufhin einsetzenden Beschimpfungen durch anonyme Anrufe und Briefe ist die Protagonistin nicht gewachsen. Mit einer verzweifelten Gewalttat – sie erschießt den wegen eines Exklusiv-Interviews zu ihr gekommenen Tötges (»*Ich sah sofort, welch ein Schwein er war, ein richtiges Schwein*«) – setzt sie sich schließlich zur Wehr und erlangt so ihre Selbstachtung und ein Stück ihrer »*verlorenen Ehre*« zurück.

Ludwig Götten wird verhaftet, Katharina Blum stellt sich der Polizei. »*Reue*« über ihre Tat kann Katharina nicht empfinden – ihr einziger Wunsch nach der Verhaftung ist, dort sein zu dürfen, wo auch ihr »*lieber Ludwig*« gefangen gehalten wird. Die Geschichte der vier Tage aus dem Leben der Katharina Blum wird in einem filmisch strukturierten Erzählerbericht in ironisiert-kriminalistischer Manier retrospektiv rekonstruiert. In einer Montage hart aneinandergeschnittener Prosablöcke entwirft der 1972 mit dem Nobelpreis ausgezeichnete Autor ein minutiöses, mit anteilnehmender Sympathie geschildertes Panorama menschlicher Beziehungen und ihrer Ver- und Zerstörung durch die gnadenlose Indoktrinierungs- und Manipulations-Gewalt der »*ZEITUNG*«. Sowohl als Novelle wie später auch als Film war *Die verlorene Ehre der Katharina Blum* nicht nur in der Bundesrepublik außergewöhnlich erfolgreich. K.Hü.

AUSGABEN: Vorabdruck ab 28. 7. 1974 in Der Spiegel. – Köln 1974. – Leipzig 1975. – Mchn. 1976 (dtv 1150). – Köln 1977 (in *Werke. Romane und Erzählungen*, 5 Bde., 5).

VERFILMUNG: BRD 1975 (Regie: V. Schlöndorff u. M. v. Trotta).

DRAMATISIERUNG: Uraufführung: Bonn, 8. 5. 1976, Stadttheater.

LITERATUR: W. Schütte, Rez. (in FRs, 10. 8. 1974). – M. Reich-Ranicki, Rez. (in FAZ, 24. 8. 1974). – D. Sölle, *H. B. und die Eskalation der Gewalt* (in Merkur, 1974, H. 9, S. 885–887). – W. Donner, Rez. (in Die Zeit, 10. 10. 1975). – J. Zipes, *The Political Dimension of »The Lost Honor of Katharina Blum«* (in New German Critique, 1977, H. 12, S. 75–84). – E. Scheiffele, *Kritische Sprachanalyse in H. B.s »Die verlorene Ehre der Katharina Blum«* (in *Basis 9*, Hg. R. Grimm u. J. Hermand, Ffm. 1979, S. 169–187). – D. Head, *Der Autor Muß Respektiert werden* (in GLL, 1979, Nr. 3, S. 248–264). – A. Petersen, *Die Rezeption von B.s »Katharina Blum« in den Massenmedien der Bundesrepublik Deutschland*, Kopenhagen/Mchn. 1980 – H. Fischer-Kesselmann, *H. B.s Erzählung »Die verlorene Ehre der Katharina Blum« und die gleichnamige Verfilmung* (in Diskussion Deutsch, 1984, H. 76, S. 186–200).

WO WARST DU, ADAM?

Roman von Heinrich BÖLL, erschienen 1951. – Die erste größere Arbeit des Autors, die er selbst als Roman bezeichnet, ist der Anlage nach eher eine Folge, eine Ringkomposition von neun Kurzgeschichten, die durch eine Art Leitgestalt, den Soldaten und Architekten Feinhals, die in den einzelnen Kapiteln abwechselnd als Haupt- oder Nebenfigur erscheint, und durch die Einheit des Ortes und der Handlung zusammengehalten werden. Für die relativ große Selbständigkeit der einzelnen Kurzgeschichten-Kapitel spricht die Tatsache, daß Böll die achte Episode bald nach Erscheinen des Romans zu dem Hörspiel *Die Brücke von Berczaba* (1952) umgestaltete und auch andere Kapitel isoliert in Zeitschriften veröffentlichte.

Schauplatz ist der nördliche Balkan während des letzten Jahres des Zweiten Weltkriegs. Von einem leerlaufenden Automatismus gesteuert, fordert das Kriegsgeschehen an der südlichen Ostfront unzählige sinnlose Menschenopfer. Dort, wo die Vernichtungsmaschinerie für kurze Zeit stockt, erscheint – aus dem Blickwinkel einer resoluten Frau – das ganze Unternehmen wie ein gigantisches Etappentreiben: »*Wahrscheinlich bestand der Krieg daraus, daß die Männer nichts taten und zu diesem Zweck in andere Länder fuhren, damit niemand es sah.*« Für diejenigen, die mit hohem Selbstbewußtsein und falschem Pathos Helden spielen, hat der Krieg Alibifunktion – entsprechend einem der beiden dem Roman vorangestellten Motti, das Böll den *Tag- und Nachtbüchern* (1947) Theodor HAECKERS entnahm: »*Eine Weltkatastrophe kann zu manchem dienen. Auch dazu, ein Alibi zu finden vor Gott. Wo warst du, Adam? ›Ich war im Weltkrieg.‹* « Die Absicht des Romans, den Krieg zu entmythologisieren und als Seuche zu enthüllen, deutet das andere Motto an, das Antoine de SAINT-EXUPÉRYS *Pilote de guerre*, 1942 *(Flug nach Arras)* entstammt: »*. . . der Krieg ist kein richtiges Abenteuer, er ist nur Abenteuer-Ersatz. Der Krieg ist eine Krankheit. Wie der Typhus.*«

Im Wechsel der Schauplätze, die von Kapitel zu Kapitel weiter nach Westen verlagert werden, spiegelt sich das unaufhaltsame Näherrücken des Zusammenbruchs. Dieses topographische Verfahren ist ein besonderes Kennzeichen des Romans: Der zeitliche Ablauf des Geschehens wird überwiegend räumlich und damit optisch vergegenwärtigt. Beim Gang durch ein ungarisches Mädchengymnasium, das als Lazarett dient, wird dies an Klassenfotos demonstriert, die in den Korridoren hängen: »*Ganz oben links am Ende des dritten Aufgangs hing noch der Jahrgang 1944, Mädchen in steifen, weißen Blusen.*« Wie aus der Kameraperspektive werden die Vorgänge registriert; oft wird mit der »fotografierten« Totalen begonnen, die zu immer näher rückenden Detailausschnitten verengt wird, entsprechend der geographischen Verengung des Geschehensraums bis hin zu Feinhals' rheinischem Heimatdorf und schließlich zur Schwelle seines Elternhauses. Die Darstellung dieser Vorgänge erweckt häufig den Eindruck einer Pantomime, eines grotesken Balletts oder grausig-lächerlicher Stummfilmszenen, doch wird auch auf akustische Effekte nicht verzichtet. – Das optische Moment in dieser »Choreographie«, die durch mehrfache Repetition das Geschehen als stumpfsinnige Litanei und sinnloses Tötungsritual erscheinen läßt, wirkt auch in die Gesamtstruktur des Werkes hinein. Aus der wechselnden Dominanz der Figuren ergibt sich eine kunstvolle Polyperspektivik: Gleichsam von Spiegeln umgeben, wird der jeweilige (Kriegs-)

Schauplatz vielfach reflektiert. Die rondoähnliche Anordnung der wechselnden Personenkonstellationen hat Ähnlichkeit mit SCHNITZLERS *Reigen* (1900), erinnert aber vor allem an einen Totentanzzyklus, zumal am Ende fast jedes Kapitels der Krieg neue Opfer verschlingt – am Schluß des Romans, in einem choreographisch und symbolisch forcierten Finale, den heimgekehrten Soldaten Feinhals ebenso wie das Mädchen Ilona, seine Liebe, die im KZ ermordet wird.

Bei der Interpretation dieses Werkes hat man, ebenso wie bei der anderer, vornehmlich früher Romane Bölls, bisher vor allem die gehaltliche, weltanschauliche »Aussage«, die Antikriegstendenz herausgestellt und dabei weitgehend ignoriert, daß der in den späteren Werken unübersehbare enge Zusammenhang zwischen Mitgeteiltem und künstlerischer Form bereits hier vorhanden ist. Erst die Strukturanalyse läßt das in *Wo warst du, Adam?* wiedergegebene Geschehen als einen Totentanz identifizieren, dessen Regisseure, metaphysische Zwänge vortäuschend, im Dunkeln bleiben und andere für sich bluten lassen, eines Tages aber selbst dem erbarmungslosen Mechanismus, dessen Kontrolle ihnen mehr und mehr entgleitet, zum Opfer fallen werden. K.Je.

AUSGABEN: Opladen 1951. – Köln 1967. – Mchn. 1974 (dtv). – Köln 1977 (in *Werke. Romane und Erzählungen*, 5 Bde., 2).

LITERATUR: H. Schwab-Felisch, *Die Literatur der Obergefreiten. Neue deutsche Kriegsromane und Kriegstagebücher* (in Der Monat, 3, 1951/52, S. 644–651). – H. E. Käufer, *Das Werk H. B.s 1949–1963*, Dortmund/Bochum 1963. – W. J. Schwarz, *Der Erzähler H. B.*, Bern 1967. – H. J. Bernhard, *Die Romane H. B.s Gesellschaftskritik und Gemeinschaftsutopie*, Bln. 1970. – K. Jeziorkowski, *H. B.: »Wo warst du, Adam?«* (in *Deutsche Romane des 20. Jh.s*, Hg. P. M. Lützeler, Ffm. 1983, S. 273–283).

wolle durchaus nicht »*das Alte zerstören*«, sondern strebe nach einer Versöhnung zwischen Poesie und Naturwissenschaft. Diese Versöhnung erscheint Bölsche als Hauptanliegen seiner Ästhetik; er überträgt sie auf den »*Experimental-Roman*« ZOLAS, der jedoch den Fehler begangen habe, »*die Definition eines Kunstwerks*« (als eines Experiments) »*nicht einzuschränken durch die Worte ›vom wissenschaftlichen Standpunkt aus‹, womit alles klarer und einfacher wird*«. Den alten Bund der Poesie mit der Metaphysik will Bölsche endgültig durch die Verbindung der Dichtung mit der Naturwissenschaft ersetzt sehen; Physiologie und Psychologie (vor allem Wundtscher Prägung) schaffen das Leitbild vom Menschen, nach dem sich der Dichter zu richten habe. Der Autor warnt jedoch sogleich vor einem allzu großen Interesse für das »*Pathologische*«; der Realismus soll »gesund« sein, da ja der »gesunde« Mensch der häufigere und wichtigere ist und der – wenn man ihn in darwinistischer Art als sich beständig fortentwickelnd denkt und darstellt –, auch eine versöhnende Funktion zwischen »*Ideal und Wirklichkeit*« ausübt.

Besondere Kapitel sind der *Willensfreiheit* (deren axiomatische Leugnung im Sinne einer radikalen Milieutheorie als unentbehrlich für die realistische Dichtung erklärt wird), der *Unsterblichkeit*, der *Liebe* und *Darwin in der Poesie* gewidmet. Die gesamte Betrachtungsweise des Autors ist dabei so stark am Stoff orientiert, daß die Probleme der Ästhetik im Grunde gar nicht berührt werden. Das Werk war eine Art Programmschrift der neuen Bewegung, der auch der mit Bölsche befreundete Gerhart HAUPTMANN angehörte. H.L.

AUSGABEN: Lpzg. 1887. – Mchn. 1976, Hg. J. v. Braakenburg [m. Anm. u. Rez.].

LITERATUR: R. Magnus, *W. B. Ein biographisch-kritischer Beitrag zur modernen Weltanschauung*, Bln. 1909. – F. Bolle (in NDB, 2, 1955, S. 400). – N. Honsza u. K. Koczy, *Gerhart Hauptmann an W. B.* (in WB, 11, 1965).

WILHELM BÖLSCHE

* 2.1.1861 Köln
† 31.8.1939 Schreiberhau

DIE NATURWISSENSCHAFTLICHEN GRUNDLAGEN DER POESIE. Prolegomena einer realistischen Aesthetik

Dichtungstheoretische Schrift von Wilhelm BÖLSCHE, erschienen 1887. – Der Autor plädiert in diesem Werk nachdrücklich für den literarischen »*Realismus*«, d. h. für den später als »*Naturalismus*« bekanntgewordene Bewegung. Beschwichtigend hebt er zunächst hervor, der moderne Realismus

JAN VAN BOENDALE

genannt Jan de Clerc

* 1279 Boendale bei Tervuren
† zwischen 1347 und 1350 Antwerpen

DER LEKEN SPIEGHEL

(mndl.; *Der Laienspiegel*). Lehrgedicht in vier Büchern von Jan van BOENDALE, verfaßt zwischen 1325 und 1333. – Dieses fast 22 000 Verse umfassende Volksbuch machte den mittelalterlichen Laien Flanderns, Seelands und Hollands in enzyklopädischer Form nahezu mit dem gesamten Geistesgut der Epoche vertraut. Beginnend mit einer Darlegung der metaphysischen Überlieferung führt das erste Buch über die Geschichte des Alten Bundes bis zu Christi Geburt. Im zweiten Buch wird das Leben Christi geschildert – mit seiner »Jesusminne« ist Boendale stark der Mystik verhaftet –; es folgen Abrisse der römischen und Kirchengeschichte. Eine Sittenlehre für das Laienleben schließt sich an, und endlich werden im vierten Buch die chiliastischen Vorstellungen der damaligen Zeit entwickelt. Am interessantesten ist zweifellos das dritte Buch mit seinen praktischen Lehren und Kritiken: Der Dichter gemahnt die Fürsten an die allgemeine Wohlfahrt, fordert die Eltern zu gründlicher Unterweisung der Kinder auf, die Prasser zur Mäßigung – kurzum, er versucht, den Bürger seiner Zeit vom Materiellen zum Ideellen hinzuführen. Besonders wendet sich Boendale dabei an die Poeten, denn »Dichten ist kein Spiel«. In einer moralisierenden Poetik *(Was Dichter dichten sollen und was sie hantieren sollen)* – übrigens der ersten europäischen, die in einer lebendigen Volkssprache verfaßt ist – kritisiert er die »Lügendichter«, die materiellem Gewinn zuliebe die Wahrheit verdrehen. MAERLANT, den *»Vater aller Volksdichter«*, stellt er als das leuchtende Vorbild hin, das Epos *Van den Vos Reynaerde* läßt er noch gelten, *»weil Gott ja auch in Parabeln sprach«*, warnt hingegen vor den Poeten, die historische oder biblische Stoffe verfälschen.

Die Absicht dieser Dichterschule sollte nicht einfach als philiströse Didaktik mißverstanden werden. Um jene Zeit begann der geistliche Stand seltener Poesie zu schreiben; Boendale wußte sehr wohl, daß diese Entwicklung nicht aufzuhalten sein würde, versuchte jedoch, durch seine Laienpoetik eine ästhetische Richtschnur zu geben. Aus Gründen der Disziplin formulierte er sie wohl engherziger, als er sie gemeint haben mag. Immerhin läßt das von ihm geforderte Kernprinzip, der Dichter solle so singen, *»als sänge er für sich allein«*, sehr viel Spielraum. – Da der *Laienspiegel* im 14. Jh. weite Verbreitung fand, dürfte die Poetik einen recht günstigen Einfluß auf die spätmittelniederländische Dichtung genommen haben. W. Sch.

AUSGABE: Leiden 1844–1848, Hg. M. de Vries, 4 Bde.

LITERATUR: M. Boas, *J. van B.* (in Tijdschrift voor Nederlandse taal- en letterkunde, 32, 1913, S. 101–138). – J. A. Goris, *Nieuwe elementen voor de biografie van J. van B.* (in Verslagen en mededelingen van de Koninklijke Vlaamse Academie, Gent 1924, S. 153–161). – *J. van B. en de Antwerpsche school* (in Geschiedenis van de letterkunde der Nederlanden, Hg. F. Baur u. a., Bd. 2, Herzogenbusch, 1940, S. 26–29). – J. J. Mak, *B. en de »Legenda aurea«*, Amsterdam 1958. – Ders., *B.-Studies* (in Tijdschrift voor Nederlandse taal- en letterkunde, 75, 1957/58, S. 241–290; 77, 1959/60, S. 65–111). – Ders., *B. en de bijbel* (in Archief voor kerkgeschiedenis, 43, 1960, S. 221–229). – J. F. Vanderheyen, *Literaire theorieen en poetiek in Middelnederlandsche geschriften* (in Verslagen en mededelingen van de Koninklijke Vlaamse Academie, Gent 1961). – L. Mellaerts, *Dichter J. van B. Zeden- en geschiedkundige* (in Meer schoonheid, 20, 1973, Nr. 2, S. 37–45). – J. van Gerven, *Sociale werkelijkheid en mentale konstruktie in het werk van J. van B.* (in Tijdschrift voor sociale geschiedenis, 5, 1979, Nr. 13, S. 47–70). – P. C. van Eerden, *Het maatschappijbeeld van J. van B.* (ebd., Nr. 15, S. 219–239). – H. A. C. Lambermont, *Enige proeven van de tekstkritiek van een Middelnederlandse tekst* (in De letter doet de geest leven, Hg. G. Kettenies u. a., Leiden 1980).

LODEWIJK DE BOER

* 11.2.1937 Amsterdam

DARTS

(ndl.; *Wurfpfeile*). Einakter von Lodewijk de BOER, Uraufführung: Amsterdam 1967. – *Darts* gehört zur Gruppe der Frühwerke de Boers, in denen er mit dramaturgischen Stilmitteln experimentiert. Es erregte vor allem durch die Darstellung sadistischer Akte Aufsehen. De Boer bezeichnet *Darts* als *»Partitur für Schauspieler, Stimmen und Bilder«*: Die von zwei Schauspielern getragene Vordergrundhandlung wird von zwei Stimmen teils aufgenommen, teils desillusionierend aus Zuschauerperspektive kommentiert. Parallel erscheinende Bilder in der Tradition der »tableaux vivants« verdoppeln zusätzlich das Geschehen.

Erzählt wird die unendliche Geschichte des Pharao Samgavad, seiner sadistischen Liebe zur eigenen Schwester, die er foltern und töten ließ. Mit seiner Geschichte ist er *»in der Zeit hängengeblieben«* und spielt diese nun heute – in einer Folge sadistisch-erotischer Szenen – als Ekkard mit seinem Hofnarren Roda immer wieder neu. Die Rolle der Schwester übernehmen dabei sowohl Roda als auch eine Schneiderpuppe, die mit *Darts* beworfen wird. Hintergrundbilder und -musik illustrieren währenddessen das innere Erleben der Figuren. – Grundmotiv dieses an den musikalischen Strukturen der Fuge orientierten Einakters ist die Isolation des Einzelnen gegenüber der Umwelt und deren wechselseitiges Bedingungsgefüge mit der Fixierung auf bestimmte Emotionen und Binnenstrukturen. Eine mögliche Kausalkette: Bedrohung von Außen – Isolation – Verschiebung der Aggression auf Personen des engeren Umfelds, der Familie, – ausweglose Fixierung, wird angedeutet, ist aber nicht primäres Interesse des Autors. Die vom Autor als »Salon-Sadismus« bezeichneten Exzesse, dienen primär der absurden Übertreibung, die

»trockene« Wirklichkeit erst theatralisch wirksam machen soll. W.F.

AUSGABE: Amsterdam 1969 [m. *De Kaalkop luistert, De verhuizing* und *Borak valt*].

THE FAMILY

(engl.; Ü: *The Family. Ein Familienglück für jedermann in vier Folgen*). Stück in vier Folgen zu je zwei Akten (in niederländischer Sprache) von Lodewijk de BOER, Uraufführung: Amsterdam, 17. 11. 1972, 22. 12. 1972, 2. 2. 1973, 16. 3. 1973; deutsche Erstaufführung: Düsseldorf, 22. 9. 1974. – De Boers elftes und bis heute erfolgreichstes Stück entlehnt seine Form der Fernsehserie. Eine Familiengeschichte mit allen äußeren Attributen wie Liebe und Haß, Sex and Crime wird als »Theaterserie für die ganze Familie« an vier Abenden als jeweils zwei Akte umfassendes Kammerspiel entwikkelt – und 1974 unter dem Titel *The Family In Heaven* fortgesetzt. De Boer, der die Uraufführung und die deutsche Erstaufführung selbst inszenierte, verdichtet in *The Family* Motive und Formen früherer Stücke – wie Inzest und soziale Isolation, emotionsbetonte Spielweise und Geräuschsymbolik – zu einem psychologischen Drama, das seine Wirkung aus der Identifikation des Zuschauers mit den Figuren bezieht.
Die am Rande der Gesellschaft lebende »Family« besteht aus den drei Geschwistern Doc, Kil und Gina. Doc, Ende Zwanzig, ist das »Oberhaupt« der Familie, auf dessen Führung Kil, sein aggressiver jüngerer Bruder völlig angewiesen ist. Gina, die Jüngste, wurde von dem inzwischen verschwundenen Vater vergewaltigt und bleibt seither stumm. In jeder Folge dringen Außenstehende in die Binnenstruktur ein und treiben damit den Handlungsstrang weiter – Musik und Hintergrundgeräusche bilden eine zusätzliche symbolische Ebene.
Die erste Folge steht ganz im Zeichen eines Integrationsversuchs der Außenseiter in die Gesellschaft. Die drei besetzen ein leerstehendes Haus und planen die Errichtung eines Blumenladens, wozu ihnen jedoch sowohl angemessene Verhaltensweisen wie Grundkapital fehlen. Der Kreditvermittler Cabotin soll schließlich von Gina verführt und anschließend erpreßt werden, um doch noch Geld zu beschaffen, was Doc aber im letzten Moment wieder verwirft. Er ist der einzige, für den es noch eine weitere Perspektive gibt: Die Familie zu verlassen und bei seiner wohlhabenden Geliebten Branka unterzukommen. – Die zweite Folge gerät zur Idylle: Branka wird in die Familie aufgenommen und sorgt für das finanzielle Auskommen. Der plötzlich auftauchende totgeglaubte Vater, der nun bei seinen Kindern unterkriechen möchte, wird wieder vor die Tür gesetzt – er paßt nicht in die »Family«, die dadurch auch – körperlich – näher zusammenrückt.
Verteidigung des Status quo gegen Brankas geschiedenen Mann Guus, der diese aus der Familie lösen will, prägt die dritte Folge. Der mit allen Wassern gewaschene Nachtclubbesitzer wird als Symbol für Erfolg und Macht mit vereinten Kräften Stück für Stück demontiert und gedemütigt. Die Eskalation der dabei eingesetzten Gewalt folgt am vierten Abend: Guus wird bei einem letzten verzweifelten Racheakt von Gina mit Säure geblendet. Blammer, die allwissende und allmächtige Personifizierung aller Behördenvertreter wird von Kil ermordet, das Haus von Unbekannten zunehmend unbewohnbar gemacht. Näherrückende Abrißgeräusche kündigen das Ende an: Branka verläßt die »Family«, alle anderen werden beim Sturm des Hauses durch die Polizei während eines Schußwechsels getötet.
The Family ist zunächst und vor allem ein Theaterereignis. De Boer versucht, mit einem Minimum an Personal und Ausstattung das Publikum an seine Figuren zu binden. Unter Verwendung eigener Erlebnisse – in den Figuren lassen sich der Autor und seine Geschwister identifizieren – bedient er sich dazu der absurden Übersteigerung als wichtigstem Stilmittel. Schwankungen zwischen emotionalen Extremen innerhalb kürzester Zeit und »sensationelle« Ereignisse sollen im Zuschauer Emotionen auslösen, die aber gleichzeitig durch die Wiederholung vertraut werden. Mögliche sozialkritische Aspekte werden auf die Gefangenschaft des einzelnen in seiner Biographie reduziert. W.F.

AUSGABE: Amsterdam 1974 [Einl. I. Meijer].

ÜBERSETZUNG: *The Family. Ein Familienglück für jedermann in vier Folgen*, R. Holy, Ffm. 1975 (es).

LITERATUR: N. Brink, *L. de B.: Het gaat erom, de mensen onzeker de maken* (in Toneel/teatraal, 94, 1973, S. 11). – I. Meijer, *De familie van »The Family«* (in Haagse Post, 1973, Nr. 14). – Ch. Boost u. A. Haakman, *»The Family«. Gesprek met L. de B.* (in Skoop, 9, 1973/74, Nr. 4, S. 2–9). – R. Michaelis, *Saisonbeginn in Düsseldorf: Wird die »Family«-Serie rennen?* (in Theater heute, 1974, H. 11, S. 8). – H. Ritter, *»The Family«* (ebd., 1976, H. 8, S. 6/7). – D. de Vin, *L. de B.: »The Family«. ›Charlatan van het Nederlandse toneel‹ in Duitse teaters* (in Ons erfdeel, 19, 1976, S. 772–774).

LUDWIG BÖRNE

d.i. Löb Baruch
* 6.5.1786 Frankfurt / Main
† 12.2.1837 Paris

LITERATUR ZUM AUTOR:
W. Humm, *B. als Journalist*, Diss. Zürich 1937. – H. Bock, *L. B. Vom Gettojuden zum*

Nationalschriftsteller, Bln. 1962. – L. Marcuse, *B. Aus der Frühzeit der dt. Demokratie*, Rothenburg o. d. T. 1968; ern. Zürich 1977 (detebe). – W. Labuhn, *Literatur und Öffentlichkeit im Vormärz: das Beispiel L. B.*, Königstein/Ts. 1980. – I. Rippmann, *B.-Index. Historisch-biographische Materialien zu L. B.s Schriften und Briefen*, 2 Bde., Bln. u. a. 1985. – *L. B. 1786–1837*, bearb. A. Estermann, Ffm. 1986 [Ausst. Kat.]. – *L. B. und H. Heine, Ein dt. Zerwürfnis*, Hg. H. M. Enzensberger, Nördlingen 1986. – *Die Kunst – eine Tochter der Zeit. Neue Studien zu L. B.*, Hg. I. Rippmann u. W. Labuhn, Bielefeld 1988.

BRIEFE AUS PARIS

Kritische Berichte und Kommentare von Ludwig BÖRNE, erschienen 1832–1834 (der dritte Teil in Paris, da die Veröffentlichung in Deutschland verboten worden war). – Die 115 zwischen 1830 und 1833 geschriebenen Briefe sind an Börnes Freundin Jeanette Wohl in Frankfurt gerichtet. Sie wurden mit der Absicht der Veröffentlichung verfaßt und enthalten politische, gesellschaftliche und kulturelle Betrachtungen über Ereignisse in Frankreich und Deutschland nach der Julirevolution 1830.

Kurz nach der Revolution war Börne in der – schnell enttäuschten – Hoffnung nach Paris gereist, die republikanische Staatsform werde sich nun in Europa endgültig durchsetzen. Deshalb blieb er in seinen Äußerungen über die Monarchie zunächst noch maßvoll: »*Nicht schonen soll man verbrecherische Könige, aber weinen soll man, daß man sie nicht schonen dürfe*« (12. 9. 1830). Die Korrumpierung der konstitutionellen Julimonarchie in Frankreich und die erfolgreiche Unterdrückung jeder liberalen Regung in Deutschland waren schließlich die Ursachen für seine leidenschaftliche Wendung zum liberalen Republikanismus: »*Die Mäßigung ist jetzt noch in meiner Gesinnung, wie sie es früher war; aber sie soll nicht mehr in meinen Worten erscheinen*« (19. 11. 1831). Unermüdlich geißelt er in einer zustoßenden, metaphernreichen Sprache die Manipulationen der französischen Finanzaristokratie, denen alle politischen Errungenschaften der Revolution in Frankreich zum Opfer zu fallen drohten, aber auch deutsche Unterwürfigkeit, Willkür der Fürsten, Beschränkung der bürgerlichen Freiheiten, E. M. ARNDTS mythischen Nationalismus, den Antisemitismus des deutschen Bürgertums. Sein politischer Scharfblick ließ ihn prophezeien: »*Das deutsche Volk wird einst gerächt werden; seine Freiheit wird gewonnen werden; aber seine Ehre nie. Denn nicht von ihnen selbst, von anderen Völkern wird die Hilfe kommen*« (14. 12. 1832).

Börnes staatspolitische Konzeption ist vom radikalen Liberalismus der englischen Staatsphilosophie (John LOCKE, Adam SMITH) sowie von den jakobinischen Ideen der Französischen Revolution von 1789 geprägt. Er fordert die unumschränkte Autonomie des Volkswillens und verläßt sich auf die natürliche moralische Qualität des Volkes: »*Ich finde wahre menschliche Bildung nur im Pöbel und den wahren Pöbel nur in den Gebildeten*« (16. 2. 1831). Der Egoismus ist – und damit steht Börne ganz in der liberalen Tradition – der Antrieb des individuellen und daher auch des gesellschaftlichen Lebens. Aber, so meint er, innerhalb des Republikanismus werde dem Egoismus eine natürliche Grenze gezogen; denn »*die Person hat die Verantwortlichkeit aller ihrer Handlungen auf sich allein zu nehmen und dieses Gefühl wird auch der lasterhaften Natur Schranken setzen*« (15. 2. 1833). – Börne half auf seine Weise mit, die neuen Prinzipien auf geistiger und politischer Ebene zu realisieren: »*Wir sind keine Geschichtsschreiber, sondern Geschichtstreiber*« (30. 1. 1831) und: »*Ich will nicht schreiben mehr, ich will kämpfen*« (19. 11. 1931). Die Aufgabe, die Börne in diesem Zusammenhang der Literatur zuwies: mit kämpferischem Elan zum Zeitgeschehen Stellung zu nehmen, mußte ihn in einen extremen Gegensatz zur deutschen Klassik bringen. Von hier aus ist seine fanatische Feindschaft gegen GOETHE zu begreifen. So schreibt er in einem Brief (20. 11. 1830): »*Seit ich fühle, habe ich Goethe gehaßt, seit ich denke, weiß ich warum.*« Auch HEINE fiel schließlich solchem Urteil zum Opfer: »*. . . man weiß, daß er an der Wahrheit nur das Schöne liebt . . . Wer schwache Nerven hat und Gefahren scheut, der diene der Kunst, der absoluten, die jeden rauhen Gedanken ausstreicht, ehe er zur Tat wird, und an jeder Tat feilt, bis sie zu schmächtig wird zur Missetat*« (25. 2. 1833). Die *Briefe* bleiben wichtig: als historische Quelle für die Jahre um 1830, als Zeugnis eines leidenschaftlichen Demokraten und als klassisches Dokument des frühen deutschen Journalismus. R.Rr.

AUSGABEN: Hbg. 1832 (*Briefe aus Paris, 1830–1831*, in *GS*, Bd. 9/10). – Hbg. 1833 (*Briefe aus Paris, 1831–1832*, in *GS*, Bd. 11/12). – Paris 1834 (*Briefe aus Paris, 1833–1834*, in *GS*, Bd. 13/14). – NY 1858, 2 Bde. – Bln. 1912 (in *GS*, Hg. L. Geiger u. a., Bd. 6/7). – Düsseldorf 1964 (in *SS*, Hg. I. u. P. Rippmann, 5 Bde., 1964–1968, 3; ern. Dreieich 1977). – Stg. 1977 (Ausw., Anm., Nachw. M. Schneider; RUB). – Ffm. 1986, Hg. A. Estermann.

BOERNEEF

d.i. Izak Willem van der Merwe

* 11.5.1897 Ceres
† 2.7.1967 Kapstadt

BOPLAAS

(afrs.; *Die höherliegende Farm*). Dreizehn ländliche Skizzen von BOERNEEF, erschienen 1938. – Wie den meisten späteren Werken des Autors, dessen Pseudonym etwa »Bauerngevatter« bedeutet, gaben Jugenderinnerungen an Nordwest-Kapland und das Leben auf der im Bokkeveld-Distrikt gelegenen einsamen Farm auch diesen Skizzen Inhalt und Kolorit. Mit liebevollem Interesse und leicht romantisierend werden der Alltag von Weißen und Farbigen, die Landschaft und die Tiere geschildert. Von besonderem kulturhistorischem Wert sind die Skizzen, in denen Boerneef die aussterbenden patriarchalischen Sitten, das archaische Verhältnis zwischen Eltern und Kindern, Herr und Knecht beschreibt; auch die von den Maschinen immer mehr verdrängten alten landwirtschaftlichen Arbeitsweisen hält er in diesen Geschichten fest. – Daß der Autor auch ein Meister der Charakterzeichnung ist, zeigt die dem Farbigen Dirk Ligter gewidmete Skizze. Dirk, eine schon fast legendäre Figur, ist ein Lebenskünstler von ganz besonderer Art: immer sauber gekleidet, im weißen Hemd, die Straußenfeder am Hut, ist er sowohl im Wettlauf, Gitarrespiel und Singen wie auch im Schafestehlen ein unübertroffener Meister, und ihn ins Gefängnis zu bringen ist selbst für einen berittenen Polizisten nicht einfach.

Dirks musikalische Begabung gibt dem Autor Gelegenheit, von ihm gesungene Volkslieder in den Text aufzunehmen. Auch Spottreden, Scherze und Trinksprüche der schwarzen Landarbeiter werden aufgezeichnet. Das für die Afrikaans-Literatur der fünfziger und sechziger Jahre typische Interesse an der Folklore der Farbigen ist bei Boerneef besonders ausgeprägt. Er erzählt in der Ich-Form und tritt oft auch selbst als handelnde Person in den Skizzen auf. Sein Stil ist geschmeidig, die Sprache reich an Dialektformen, die ihr einen unverbraucht frischen Klang verleihen. Noch heute sind diese ländlichen Miniaturen beliebt; sie zählen zu den klassischen Werken jenes Genres in der kapholländischen Literatur. G.S.N.

AUSGABEN: Kapstadt 1938. – Kapstadt 1979 (in *Versamelde prosa*; Einl. M. Scholtz).

LITERATUR: F. J. J. van Rendsburg, *B.* (in *Perspektief en profiel*, Hg. P. J. Nienaber, Johannesburg [5]1982).

ANICIUS MANLIUS SEVERINUS BOETHIUS

* zwischen 475 und 480 Rom
† 524 Pavia

LITERATUR ZUM AUTOR:
H. R. Patch, *The Tradition of B.*, NY 1935. – P. Courcelle, *Les lettres grecques en Occident, de Macrobe à Cassiodore*, Paris [2]1948 [rev. u. erw.]. – G. Schrimpf, *Die Axiomenschrift des B. (De Hebdomadibus) als philosophisches Lehrbuch des MA*, Leiden 1966. – L. Obertello, *Severino Boezio*, 2 Bde., Genua 1974. – *B. and the Liberal Arts*, Hg. M. Masi, Bern u. a. 1981. – *B.*, Hg. M. Fuhrmann u. J. Gruber, Darmstadt 1984 (WdF).

DE CONSOLATIONE PHILOSOPHIAE

(lat. Patr.; *Vom Trost der Philosphie*). Philosophische Schrift in Prosa und Versen (5 Bücher) von Anicius Manlius Severinus BOETHIUS, entstanden um 523. – Boethius schrieb dieses Werk im Gefängnisturm zu Pavia, wo er, der in Ungnade gefallene Kanzler Theoderichs, sein Todesurteil erwartete. Dem zwischen Hoffnung und Verzweiflung Schwankenden, der eingangs in einem elegischen Gedicht sein Leid klagt, erscheint eine majestätische Frau, die Philosophie, um ihm in seinem Unglück Mut zuzusprechen und ihm die Augen für das eigentliche Ziel des Menschen, die Erkenntnis der Wahrheit, zu öffnen. Der Mangel an Erkenntnis seiner selbst und seines Zieles sei sein eigentliches Gebrechen. Es bestehe aber Hoffnung auf Heilung, da er ganz richtig annehme, die Welt werde von der göttlichen Vorsehung regiert.

»*Darum fürchte dich nicht zu sehr, aus diesem winzigen Fünkchen wird sich Dir die Lebenswärme entfachen.*« (Buch 1; Ü: E. Gothein).

Die Seelenärztin Philosophie beginnt mit ihrer Therapie im zweiten Buch. Zunächst wird Fortuna vorgestellt, deren Charakteristikum die Unbeständigkeit ist. Das wahre Glück des Menschen kann nicht im Besitz ihrer Zufallsgüter liegen, es muß vielmehr in seinem eigenen Innern, im geistigen und sittlichen Wert der unsterblichen Seele beschlossen sein. Reichtum, Würde und Macht sind veränderlich und zufällig, die Ruhmsucht ist töricht. Das Verdienst dieser falschen Fortuna liegt einzig darin, daß sie sich auch vom Menschen abkehrt; in dieser Situation nämlich findet sich der Mensch auf die eigentlichen Güter verwiesen.

Beruhigt und gekräftigt verlangt der Kranke – im dritten Buch – nach stärkerer Medizin, die ihm die Philosophie willig reicht. Sie zeigt ihm den Weg zum wahren Glück, das nur in Gott, dem Endziel aller Dinge, liegen könne. Denn Gott ist gleichzeitig das vollkommene Sein und das höchste Gut. Das wahre Glück des Menschen besteht nicht darin, nur in sich selbst nach Wahrheit und Tugend zu suchen, sondern bezieht Gott als deren Ursprung und Ziel mit ein. Von ihm ist alles ausgegangen, auf ihn ist alles hingeordnet. Er lenkt die Welt nach seinem weisen Plan mit seinem »*Steuerruder der Güte*«; denn er hat alles zum Guten angelegt.

Im vierten Buch antwortet die Philosophie auf die schwierige Frage nach der Vereinbarkeit der Existenz eines guten Gottes mit dem Übel in der Welt. Es scheint nur so, als ob das Böse über das Gute triumphiere und nicht Gott, sondern der Zufall unsere Geschicke bestimme. Zwar ist die göttliche Vorsehung nicht leicht zu durchschauen und das einzelne Menschenschicksal in den Gesamtplan der Weltregierung eingebettet, das Glück des Bösen jedoch ist auf alle Fälle nur Schein: Er wird der gerechten Strafe nicht entgehen! Dem Guten aber schickt Gott das Unglück in therapeutischer Absicht: zur Übung und Läuterung seiner Seele. Weise ist der, der diese Prüfung ohne Klagen annimmt. Das fünfte Buch handelt von der göttlichen Vorsehung und dem Problem ihres Verhältnisses zur menschlichen Freiheit. Boethius relativiert die Freiheit, indem er ihren Vollbesitz auf Gott und die höheren intellektuellen Substanzen beschränkt und die anderen Wesen ihrer Vernunft entsprechend an ihr teilhaben läßt. Am freiesten ist die menschliche Seele, wenn sie auf Gott gerichtet ist, am unfreiesten, wenn sie sich im Laster verliert. Durch das Vorauswissen Gottes wird die Freiheit des Menschen keineswegs beeinträchtigt: die Freiheit eines Aktes wird nicht dadurch eingeschränkt, daß er vorausgesehen wird, da dies nicht bedeutet, daß er auch vorausbestimmt ist. Der Autor verweist auf die spezifische Erkenntnisweise Gottes, die aus seiner Seinsweise folgt. Gott als vollkommen verwirklichtes Wesen ist ewig und stets gegenwärtig, anders als die Welt, die, wenn auch gleich-ewig mit Gott aufgefaßt, nur ewig dauert. Gott existiert außerhalb der Zeit, vor seinen Augen läuft das Notwendige notwendig ab, das Freie frei. Die unbeweglich verharrende göttliche Schau vermag unseren freien Akten die Freiheit nicht zu rauben. Mit dem Aufruf »*Verabscheut die Laster, pflegt die Tugenden, erhebt die Seele zu den rechten Hoffnungen, sendet demütige Gebete zu den Höhen*« verabschiedet sich die Philosophie von Boethius und dem Leser seiner Aufzeichnungen.

Die Trostschrift gehört zum Schönsten, was am Ausgang des Altertums zu Pergament gebracht worden ist. Sie stammt von einem Mann, der, aus einer vornehmen Familie des römischen Adels stammend, gleichermaßen sicher auf dem Boden der klassisch-griechischen wie der klassisch-lateinischen Bildung stand und der wegen seiner reinen, durch Eleganz und Korrektheit bestechenden Sprache als der letzte Klassiker gilt. Seiner umfangreichen Übersetzer- und Kommentatorentätigkeit sowie seiner eigenen philosophischen Schriften, vor allem aber seiner trefflichen Begriffsbestimmungen wegen wird er zugleich auch der erste Scholastiker genannt. Man hat oft bezweifelt, daß der Verfasser der *Consolatio* Christ war; erst der Nachweis der Echtheit seiner *Opuscula sacra* hat es bestätigt. In der Tat ist es erstaunlich, daß nicht die Offenbarung, sondern die als schöne Frau personifizierte Philosophie dem verzweifelten Gefangenen vor seinem gewaltsamen Ende Trost bringt. Vielleicht, daß der unglückliche Verfasser in der Philosophie eine Schicksalsgefährtin sah? Nur wenige Jahre später (529) schloß Kaiser Iustinian die Hochburg der alten Philosophie, die Platonische Akademie zu Athen.

De consolatione philosophiae wurde eines der meistgelesenen und beliebtesten Bücher des Mittelalters, wie die weite Verbreitung der Handschriften bezeugt. König ALFRED (†901) übersetzte sie ins Angelsächsische, der Mönch NOTKER LABEO (†1022) ins Deutsche, MAXIMOS PLANUDES (†um 1310) ins Griechische. A.Ku.

AUSGABEN: Savigliano [?] 1470 [1470]. – Nürnberg 1473 [m. dt. Übers.]. – Venedig 1492. – Basel 1546. – Jena 1843, Hg. T. Obbarius. – Lpzg. 1871, Hg. R. Peiper. – Ldn. 1925, Hg. A. Fontescue. – Heidelberg 1947, Hg. K. Büchner; ³1977. – Turnholt 1957, Hg. L. Bieler (CCL; m. Bibliogr.). – Arundel 1963, Hg. W. Anderson [m. Einl. u. engl. Übers.]. – Münster ²1981, Bearb. F. X. Herrmann (*Consolatio philosophiae*; Ausw.; m. Komm.).

ÜBERSETZUNGEN: *De consolatione philosophiae* [althochdt.], Notker Labeo, Hg. E. G. Graff, Bln. 1837. – *Das puech von dem trost der weisshait des maiesters Boecy*, anon., Nürnberg 1473. – *Von dem Trost der Weißheit*, anon., Straßburg 1500. – *Trost der Philosophie*, K. Büchner, Lpzg. 1939 [Einl. F. Klingner]. – Dass., E. Gothein, Zürich 1949 [lat.-dt.; Einl. M. L. Gothein]. – *Die Gedichte aus der Tröstung der Philosophie*, K. Weiss, Ffm. 1956 [Nachw. J. Pieper]. – *Trost der Philosophie*, E. Neitzke, Stg. 1959 (RUB). – Dass., E. Gegenschatz u. O. Gigon, Mchn./Zürich 1969 [lat.-dt.].

LITERATUR: R. Murari, *Dante e Boezio. Contributo allo studio delle fonti dantesche*, Bologna 1905. – G. A. Müller, *Die Trostschrift des B. Beitrag zu einer literarhist. Quellenuntersuchung*, Diss. Gießen 1912. – B. Jefferson, *Chaucer and the »Consolation of Philosophy« of B.*, Princeton 1917. – F. Klingner, *De Boethii »Consolatione philosophiae«*, Bln. 1921. – A. Auer, *Johannes von Dambach und die Trostbücher vom 11. bis zum 16. Jh.*, Münster 1928. – P. Courcelle, *Étude critique sur les commentaires de Boèce, 9e–15e siècles* (in Archives d'Histoire Doctrinale et Littéraire du Moyen Age, 12, 1939, S. 5–140). – K. Dienelt, *Sprachliche Untersuchungen zur »Consolatio philosophiae«* (in Glotta, 28, 1941, S. 98–128; 29, 1942, S. 129–138). – I. Schröbler, *Notker III. von St. Gallen als Übersetzer und Kommentator von B.' »De consolatione philosophiae«*, Tübingen 1953. – K. Reichenberger, *Untersuchungen zur literarischen Stellung der »Consolatio philosophiae«*, Köln 1954 [Diss. Bonn 1953]. – K. Büchner, *Römische Literaturgeschichte*, Stg. ³1962, S. 546–553. – K. Otten, *König Alfreds B.*, Tübingen 1964. – V. Schmidt-Kohl, *Die neuplatonische Seelenlehre in d. »Consolatio philosophiae« des B.*, Meisenheim/Glan 1965. – P. Courcelle, *La consolation de philosophie dans la tradition littéraire*, Paris 1967. – F. A. Payne, *King Alfred and B.*, Madison 1968. – H. Scheible, *Die Gedichte in der »Consolatio Philosophiae« des B.*, Heidelberg 1972. – D. K. Bolton, *The Study of the »Consolation of Philosophy in Anglo-Saxon England* (in Archives d'Histoire Doctrinale et Littéraire du Moyen Age, 44, 1978, S. 53–78). – J. Gruber, *Kommentar zu B. »De consolatione philosophiae«*, Bln. 1978.

MATTHIAS BOETIUS

fries. Mats Boysen
* um 1585
† 1625

DE CATACLYSMO NORSTRANDICO COMMENTARIORUM LIBRI TRES

(nlat.: *Kommentar in drei Büchern über die Überschwemmung von Nordstrand*). Kommentierende Chronik des nordfriesischen Pastors Matthias BOETIUS, erschienen 1623. – Das Buch ist eine Geschichte der damals großen Marschinsel Altnordstrand. Zunächst gibt der Verfasser eine zusammenfassende Darstellung der Ereignisse in der Geschichte der Insel und nordfriesischen Landschaften (»*soweit es zu erfahren möglich war*«), ein Bericht, der sich durch seine sprachliche Disziplin, Originalität und nüchterne Kritik auszeichnet. Dem folgt eine mit ungewöhnlicher Ausdruckskraft verfaßte Schilderung der Geschehnisse zwischen 1612 und 1619, deren Höhepunkt die im Titel erwähnte Überflutung 1615 ist. Einige Jahre nach dem Erscheinen des Buchs, 1634, wurde dann die Insel endgültig zerrissen, und große Teile von ihr gingen unter.

Boetius will mit diesem Werk seine Landsleute und den Herzog dazu bewegen, der um 1620 auf der Insel herrschenden, von ihm eindringlich geschilderten Not entgegenzutreten, und durch die kritische Betrachtung seine Landsleute für kommende Gefahren besser rüsten. Bei der Überflutung mehrerer Köge 1615 ertranken etwa dreihundert Menschen; durch Boetius wissen wir, daß diese wie auch die noch viel größere Flutkatastrophe vom Oktober 1634, bei der mehr als sechstausend Menschen umkamen, nicht allein auf blind wütende Naturgewalten zurückgeführt werden kann. Wahrhaft beklemmend ist bei seiner ganz undogmatischen und modern anmutenden Schilderung der Unglücksjahre der Eindruck von der inneren Zerrüttung des gemeindlichen Zusammenlebens der Bewohner Altnordstrands, die sich nicht zu einer gemeinsamen, entschlossen und großzügig durchgeführten Instandsetzung des Deichschutzes aufraffen konnten. Der schicksalsgläubige Pastor beruft sich ganz im Gegensatz zum damals Üblichen nicht auf die »Sündhaftigkeit der Menschen« als den Grund ihres Unglücks (der Konvention genügt er nur in zwei vereinzelt stehenden Floskeln). Diese Katastrophe ist in weitem Maße wohl unverschuldet; unerbittlich weist er aber darauf hin, wie man der schicksalhaft drohenden Lebensgefahr durch Mangel an tatkräftigem Gemeinsinn, Charakterschwäche und Verletzung der von den Vorfahren überlieferten Gesetze und durch Mißachtung ihres Beispiels noch Vorschub geleistet habe.

Neben diesem patriotischen und moralischen Appell, dem einen Grundthema des Werks, hat der Verfasser auch eine von jeder unmittelbaren literarischen Wirkung abgelöste wissenschaftliche Zielsetzung, denn es wäre »*doch der Mühe wert, Zeit und Ursachen zu erforschen und den geschichtlichen Verlauf kennenzulernen, den der Nachwelt zu übermitteln unsere Vorfahren weder Mühe noch Lust gezeigt haben*«.

H.C.N.

AUSGABEN: Schleswig 1623. – Neumünster 1940, Hg. O. Hartz (Quellen u. Forschungen zur Gesch. Schleswig-Holsteins, 25; m. dt. Übers.).

LITERATUR: H. C. Nieckelsen, *Wissenschaft und friesischer Patriotismus* (in Nordfriesisches Jb., N.F., 1, 1965, S. 36–43; m. Bibliogr.).

PJETER BOGDANI

* 1630 Guri i Hasit
† 6.12.1689 Prishtina

CUNEUS PROPHETARUM DE CHRISTO SALVATORE MUNDI ET EIUS EVANGELICA VERITATE

(alb.; *Die Sturmschar der Propheten von Christus, dem Retter der Welt, und seiner evangelischen Wahrheit*). Religiöses Erbauungs- und Unterweisungsbuch von Pjeter BOGDANI, erschienen 1685. – Trotz des lateinischen Titels, der auf albanisch *Çeta e profentenve* lautet, ist es das erste in albanischer Sprache verfaßte Prosawerk von literarischem Wert. Als Bogdani, damals Erzbischof von Skopje, das Werk in Padua veröffentlichen ließ, wurde dem albanischen Text eine Übersetzung ins Italienische gegenübergestellt. Am Anfang des zweiteiligen Werks stehen, dem Geist der Zeit folgend, die von Freunden des Autors verfaßten Widmungen in lateinischer, italienischer, serbokroatischer und albanischer Sprache. – Seinem religiösen Inhalt entsprechend ist der *Cuneus prophetarum* im Predigerstil gehalten. Als Themen werden u. a. behandelt: »Wie ist Gott an sich?« – »Wie hat Gott die Welt erschaffen?« Im ersten Teil bringt der Verfasser sein reiches geographisches und astronomisches Wissen in der Darstellung von Begebenheiten des *Alten Testaments* zur Geltung. Um seine Gelehrsamkeit zu beweisen, zitiert er die *Bibel* außer im Latein der *Vulgata* zuweilen auch griechisch, armenisch, syrisch, hebräisch und sogar arabisch. Der zweite Teil des *Cuneus prophetarum* beruht auf dem Stoff des *Neuen Testaments*, und hier erweist sich Bogdanis Absicht in aller Deutlichkeit: es geht ihm um die Propagierung des christlichen Glaubens und um die Beweisführung für dessen Wahrheit. Daneben ist ein besonderes Anliegen, den Albanern ein literarisches Werk zu schenken. Unverkennbar ist damit allerdings die Absicht verbun-

den, auf die sozial höhergestellten Schichten mohammedanischen Glaubens unter den Albanern einzuwirken.
Der Stil ist durchweg rhetorisch und feierlich; in der Darstellung macht sich öfters eine leichte Polemik gegen die einheimische Art zu predigen bemerkbar. Zweifellos ist Bogdanis Werk ein bedeutendes Denkmal der albanischen Sprachgeschichte. Der in den Bergen des westlichen Teils von Kosovo (Guri i Hasit) geborene Verfasser schreibt in der gegischen Mundart, die durch den traditionellen Gebrauch seitens des katholischen albanischen Klerus nahezu die Stufe einer allgemeinen Umgangssprache (ähnlich der griechischen »Koine« im Zeitalter des Hellenismus) erreicht hatte. Von besonderem Wert sind die folkloristischen Elemente des Werks: die frühesten schriftlichen Belege albanischer Lebensweise und albanischen Brauchtums.

M.Cam.

AUSGABEN: Padua 1685 *(Cuneus Prophetarum de Christo Salvatore mundi et eius evangelica veritate, italice et epirotice contexta, et in duas partes divisa a Petro Bogdani Macedone Sacr. Congr. de Prop. Fide alumno, Philosophiae et Sacrae Theologiae Doctore, olim Episcopus Scodrensi et Administratore Antibarensi; nunc vero Archiepiscopo Scuporum, ac totius Regni Serviae Administratore).* – Lpzg. 1927 (in Balkan-Archiv, 3, Hg. G. Weigand). – München 1977 (Hg. M. Camaj u. G. Valentini; vgl. Beiträge zur Kenntnis Südosteuropas und des Nahen Orients).

ÜBERSETZUNG: knapper Ausz. in M. Lambertz, *Lehrgang des Albanischen*, Tl. 2, *Albanische Chrestomathie*, Bln. 1955, S. 5.

LITERATUR: Sh. Gjeçov, *Gjurmime për rreth vendlindje së Bogdanit* (Hylli Dritës, 1930, S. 668). – I. Zamputi, *Shënime mbi kohën dhe jetën e Pjetër Bogdanit* (Buletin i Shkenc. Shoq., 1954, 3). – G. Schirò jun., *Storia della letteratura albanese*, Mailand 1959, S. 83–88. – M. Sciambra, *Bogdanica*, Bologna 1965. – I. Rugova, *Vepra e Bogdanit 1975–1982*, Prishtina 1982.

ALEKSANDR ALEKSANDROVIČ
BOGDANOV

d.i. Aleksandr A. Malinovskij
* 22.8.1873 Tula
† 7.4.1928 Moskau

LITERATUR ZUM AUTOR:
S. V. Utechin, *Philosophy and Society: A. B.* (in S. V. U., *Revisionism. Essays on the History of Marxist Ideas*, Ldn. 1962). – D. Grille, *Lenins Rivale – B. u. seine Philosophie*, Köln 1966. – Z. Sochor, *Modernization and Socialist Transformation. Leninist and Bogdanovite Alternatives of the Cultural Revolution*, Diss. Columbia Univ. 1977. – K. M. Jensen, *Beyond Marx and Mach. A. B.'s Philosophy of Living Experience*, Dordrecht 1978 [enth. Bibliogr.]. – G. Gorzka, *Theorie und Praxis einer sozialistischen Kulturrevolution (Die konterrevolutionäre Konzeption A. B.'s in ihrer Bedeutung für die russische Proletkultbewegung)*, Phil. Diss. Marburg 1979.

TEKTOLOGIJA

(russ.; Ü: *Allgemeine Organisationslehre*). Entwurf einer generellen Organisationswissenschaft von A. A. BOGDANOV, erschienen 1922. – Einen Vorentwurf seiner Organisationslehre hatte Bogdanov bereits in seiner *Vseobščaja organizacionnaja nauka* (*Allgemeine Organisationswissenschaft*, 1913 u. 1917) geliefert. Das dort vorgetragene Konzept wird in der *Tektologija* gestrafft und ergänzt. – Unter dem Einfluß von AVENARIUS und MACH und unter der Einwirkung des monistischen Weltbilds, wie es in der populären Naturphilosophie der Jahrhundertwende impliziert war, schließt Bogdanov auf die Gleichartigkeit der Struktur in allen Seinssphären, auf die Identität der grundlegenden Organisationsmechanismen in der Natur und in allen menschlichen Aktionsbereichen. In der Tektologie sollen diese allgemeinsten Organisationsprinzipien sowie die verschiedenen Kombinationsmöglichkeiten aufgezeigt werden. Bogdanov, der wie MARX den Zweck der Philosophie nicht in der Interpretation, sondern in der Veränderung der Welt sieht, will damit die Richtung zur Lösung der gewaltigen organisatorischen und technologischen Probleme der modernen Gesellschaft weisen. Jede von den allgemeinen Strukturen abgelöste Teilbehandlung industrieller oder sozialer Organisationsfragen muß in den Augen Bogdanovs unzureichend bleiben.

Die zentrale Kategorie der Tektologie ist der Formbegriff. Gemeint sind damit Organisationsprinzipien, wie sie etwa in der anatomischen Übereinstimmung des menschlichen Auges mit dem des Tintenfisches oder in der Ähnlichkeit der sozialen Organisation des alten Sparta und eines Ameisenstaates zutage treten. Die Formen bestehen aus Elementen, die als Aktivitäten oder Widerstände manifest werden. Den Formen steht die Umwelt, das Milieu, gegenüber. Handeln und Denken des Menschen sind nichts anderes, als diese Elemente miteinander in Verbindung zu setzen oder sie voneinander zu trennen. Diese verbindende Tätigkeit nennt Bogdanov »*Konjugation*«. Ist die Form mehr als die Summe ihrer Elemente, so spricht man von Organisation. Die numerische wie strukturelle Beharrlichkeit dieser Organisationsformen hängt von den relativen Mindestwiderständen der Formelemente ab. Ausdruck für die Erhaltung der Organi-

sation ist das Gleichgewichtsgesetz LE CHATE-
LIERS. Ihre Zerstörung vollzieht sich als Abgabe
von Formelementen an die Umwelt, meist unter
Bildung neuer Formen. Höherentwicklung in Natur und Gesellschaft vollzieht sich durch Konterdifferentiation verschiedener Organisationsformen, d. h. durch Konjugation bisher nicht konjugierter ungleichartiger Systeme.
Da Bogdanov die Umweltstrukturen nicht klassifiziert, liefert die Tektologie auch kein Instrument, die durch Konterdifferentiation entstehenden Neubildungen vorherzusagen. So ist auch verständlich, daß sich die Terminologie der Tektologie nur zum geringen Teil durchgesetzt hat, obwohl das Werk rasch zu einem der wichtigsten Bücher der bolschewistischen Proletkultbewegung geworden ist. Später hat Bogdanov im Sinne seiner Tektologie, jedoch im Gegensatz zu Marx, eine entsprechende Gesellschaftstheorie umrissen: Der Klassenstaat entwickelt sich nach seiner Lehre nicht in erster Linie aus der ungleichen Verteilung der Produktionsmittel, sondern daraus, daß sich die herrschenden Klassen auf bessere Organisatoren stützen können. Deshalb nütze die bloße Überführung der Produktionsgüter in Gemeineigentum nur wenig, wenn die Arbeiterklasse nicht auch über die erforderlichen Talente verfüge. D.G.

AUSGABEN: Petersburg 1913 u. 1917 (*Vseobščaja organizacionnaja nauka*, 2 Bde.). – Samara 1921 (*Očerki vseobščej organizacionnoj nauki*). – Bln./Petrograd/Moskau 1922 (*Tektologija*). – Moskau 1925–1929, 3 Bde.

ÜBERSETZUNG: *Allgemeine Organisationslehre (Tektologie)*, S. Alexander u. R. Lang, 2 Bde., Bln. 1926–1928.

IPPOLIT FËDOROVIČ BOGDANOVIČ

* 3.1.1744 Perevoločnaja am Dnepr
† 18.1.1803 Kursk

LITERATUR ZUM AUTOR:
S. A. Vengerov, *Kritiko-biografičeskij slovar' russkich pisatelej*, Petersburg 1895, Bd. 4, S. 241–262. – N. S. Trubeckoj, *Die russischen Dichter des 18. und 19. Jh.s*, Graz 1956, S. 43. – A. Stender-Petersen, *Geschichte der russischen Literatur*, Mchn. 1957, Bd. 1, S. 373–375. – R. Lauer, *Die frühen Madrigale von I. F. B.* (in ZslPh, 1971, 35, S. 321–336).

DUŠEN'KA

(russ.; *Die kleine Psyche*). Verserzählung von Ippolit F. BOGDANOVIČ, erschienen 1783. – Eine Bearbeitung des griechischen Märchens von Amor und Psyche, der einzigen Märchenerzählung der Antike, die durch die Zeugnisse der Literatur und der bildenden Kunst hinreichend überliefert ist. Aus der griechischen Tradition übernahm im 2. Jh. n. Chr. der Platoniker APULEIUS den Stoff in seinen Sittenroman *Metamorphoseon libri (Der goldene Esel)*, von wo er durch die Vermittlung der Renaissance Einfluß auf die europäische Literatur und Kunst gewinnen sollte. 1669 gestaltete LA FONTAINE den Vorwurf des Apuleius zu seinem Roman *Amours de Psyché et de Cupidon*, und ein Jahrhundert später setzte Bogdanovič, der auch mit der antiken Überlieferung des Stoffes vertraut war, das Prosawerk La Fontaines in russische Verse um (1778–1783).

Den Forderungen der klassizistischen Poetik getreu – Bogdanovič war Schüler und Nachahmer SUMAROKOVS und CHERASKOVS – stellt der Dichter in seiner Einleitung kurz die Quellen, die Form und die Absicht seines Werkes vor. Er schreibt zur Unterhaltung und Erheiterung der schönen und tugendhaften »Chloe« (gemeint ist wohl die russische Zarin Katharina II.). Dazu bedarf er nicht erhabener epischer Themen, wie sie wohl dem Dichterfürsten HOMER angestanden hätten, und er bedarf auch nicht der strengen, gleichmäßigen Verse der alten Epik und der Anrufung der Musen: Bogdanovič bittet Psyche selbst, die Verkörperung der menschlichen Seele und der Heldin seines eigenen Romans, ihm seine Dichtung einzugeben. Als Vers wählt er einen ungezwungenen, gereimten Jambus unregelmäßiger Zeilenlänge, den er mit seiner Liebe zur (dichterischen) »Freiheit« – ein vielsagender Hinweis auf die *poésie légère* der zeitgenössischen französischen Literatur – motiviert. Bogdanovič übernimmt den Stoff von La Fontaine nicht unverändert. Er unterdrückt einzelne Motive, um andere mit eigenen Einfällen auszugestalten: Der allergerechteste König von Griechenland hat drei Töchter, deren jüngste alle Mädchen der Erde, ja selbst die Göttin der Liebe an Schönheit übertrifft. Die Zephyrn, die kleinen Amoretten, die dienstbaren Geister der Venus sind schon der schönen Dušen'ka gefolgt und haben den Neid und die Eifersucht ihrer verlassenen Herrin aufs äußerste getrieben. Auf Bitten der Venus vertreibt Amor alle Bewerber und Verehrer Dušen'kas vom Hofe ihres Vaters, jedoch nur, um das verstörte Mädchen auf geheimnisvolle Weise in seinen himmlischen Palast zu holen und sich des Nachts, ohne sich zu erkennen zu geben, mit ihr zu vereinen. Über den unvorstellbaren Herrlichkeiten, die sie umgeben, vermag Dušen'ka sogar die Frage nach ihrem unheimlichen Gatten zu vergessen, bis ein unglücklicher Zephyr in übertriebenem Diensteifer die beiden neidischen Schwestern Dušen'kas in den Palast Amors holt. Mit ihren höhnischen Fragen und hämischen Sticheleien überzeugen sie Dušen'ka, daß sie mit einem widerlichen Ungeheuer verheiratet sei, und überreden sie, ihren Gatten zu ermorden. Mit einem Schwert und einer Laterne schleicht sich Dušen'ka in das Schlafgemach, erkennt aber in ihrem

Gatten den Liebesgott selbst. Amor erwacht und ist gezwungen, Dušen'ka zur Strafe für ihr Mißtrauen dem Haß seiner Mutter Venus auszuliefern. Um die Schönheit des Mädchens zu vernichten, stellt Venus ihr fast unlösbare Aufgaben, die Dušen'ka nur mit Hilfe ihrer ergebenen Zephyrn ausführen kann. Wie es die Göttin beabsichtigt hat, verliert sie dabei jedoch ihre Schönheit. Amor, der während aller Prüfungen über seine Geliebte gewacht hat, trägt Dušen'kas Schicksal schließlich den Göttern vor. Jupiter selbst bestimmt sie ihm fortan zur Gattin, und Venus schenkt ihr großmütig die frühere Schönheit wieder.

Abgesehen von dem feinen Humor und der ständig spürbaren Ironie der Darstellung ist der Gehalt von Bogdanovičs *Dušen'ka* gering: dem modernen Leser sagt sie weniger als dem Literaturwissenschaftler, der in ihrer anspruchslosen, häufig der Umgangssprache angenäherten Diktion, in ihrem ungezwungenen Vers und in der distanzierten Souveränität, mit der der Dichter formal wie inhaltlich sein Thema behandelt, typische Zeichen der russischen Rokokoliteratur erblickt, die sich bereits von den erhaben-pathetischen Vorbildern der Tradition LOMONOSOVs losgesagt hat. C.K.

AUSGABEN: Petersburg 1783. – Moskau 1809/1810 (in *Sobr. soč.*). – Leningrad 1957 (in *Stichotvorenija i poemy*; Einl. I. Serman).

LITERATUR: A. T. Griffin, *Linguistic Elements of Humor: The Poetry of Grammar and the Grammar of Poetry in I. B.'s »Dušen'ka«* (in Proceedings of the Kentucky Foreign Language Conference, 1985, 3, S. 66–74).

WOJCIECH BOGUSŁAWSKI

* 9.4.1757 Glinna bei Posen
† 23.7.1829 Warschau

LITERATUR ZUM AUTOR:
L. Bernacki, *Teatr, dramat i muzyka za Stanisława Augusta*, Lemberg 1925, Bd. 2, S. 137–146. – E. Świerczewski, *W. B. i jego scena. Zarys biograficzny*, Warschau 1929. – *W. B.*, Warschau 1954. – E. Szwankowski, *Teatr W. B. w latach 1799–1814*, Breslau 1954. – Pamiętnik Teatralny, 1954, H. 3/4, (Sondernr.). – Z. Hübner, *B. – człowiek teatru*, Warschau 1958. – J. Got, *Na wyspie Guaxary. W. B. i teatr lwowski 1789–1799*. Krakau 1971. – Z. Raszewski, *B.*, 2 Bde., Warschau 1972.

CUD MNIEMANY czyli Krakowiacy i górale
(poln.; *Das vermeintliche Wunder oder Die Krakauer und die Bergbauern*). Musikalische Komödie von Wojciech BOGUSŁAWSKI, Uraufführung: Warschau, 1. 3. 1794; erschienen 1841. – Kein Drama der Aufklärung hat in breiten Volksschichten Polens eine solche Woge der Begeisterung entfacht wie die unter ihrem Untertitel bekanntgewordene, als »Nationaloper« in die Geschichte der polnischen Literatur eingegangene Komödie, die während der revolutionären Erhebung Kościuszkos gegen die zweite polnische Teilung entstand. Die Uraufführung durch den Autor selbst steigerte das patriotische Bewußtsein der Polen zu einem Zeitpunkt, da das Volk in bürgerkriegsähnlicher Stimmung sich zum Kampf um seine Rechte erhob. Am Beispiel eines scheinbar harmlosen Konflikts zwischen Krakauer Bauern und Bergbauern, deren Dialekt sich die Sprache des Stückes annähert, demonstriert der Autor, wie tief gesunder Menschenverstand, Gerechtigkeitssinn und Freiheitsdrang im polnischen Volk verwurzelt sind.

Die Handlung der Komödie, die vordergründig als Liebesintrige erscheint, spielt in dem Dorf Mogiła unweit von Krakau. Der Bauernsohn Stach liebt die Müllerstochter Basia, stößt bei seiner Werbung jedoch auf den Widerstand ihrer jungen Stiefmutter Dorota, die selbst in Stach verliebt ist. Dorota unterstützt den Bergbauern Bryndas, der um Basias Hand anhält und dem der Vater des Mädchens bereits die Hochzeit in Aussicht gestellt hat. Seiner Sache gewiß, zieht Bryndas mit seinem Gefolge aus den Karpaten zur Brautwerbung nach Mogiła. Dem Liebespaar, das sich in einer ausweglosen Lage sieht, bietet der kluge Bettelstudent Bardos seine Hilfe an. Er rät Stach, Dorota auf seine Seite zu ziehen, indem er ihr für später Hoffnungen macht unter der Bedingung, daß sie ihm einstweilen Basia überläßt. Als das entscheidende Hindernis für die Liebenden beseitigt ist, kommt es zu einem heftigen Zusammenstoß zwischen den beiden Dorfgemeinden. Der abgewiesene Bryndas treibt aus Rache mit seinen Leuten das Vieh der Bauern von Mogiła von den Weiden. Ein Blutvergießen wird im letzten Augenblick durch das Eingreifen Bardos' verhindert. Er führt den Streitenden eine Strommaschine vor, an der sich die Bergbauern elektrisieren, bis sie über dem »Wunder« ihren Zwist mit den Krakauern vergessen.

Die Komödie, deren Arien, Lieder und Couplets Jan Stefani vertont hat, war ursprünglich in zwei Akte gegliedert und schloß mit einem Brautwerber-Ballett, das nicht in Zusammenhang mit dem Inhalt des Schauspiels stand. Aus bühnentechnischen Gründen und aus Personalmangel gliederte der Autor das Stück für die Aufführung in Lemberg, wohin er nach der Niederwerfung des Warschauer Aufstands von 1794 geflohen war, in drei Akte. In dieser Form ist es bis heute erhalten. Seine patriotische Bedeutung beruht vor allem auf den zahlreichen politischen Anspielungen auf die Zeitereignisse und den Freiheitskampf des Jahres 1794, die der Autor als aktiver Anhänger der Revolution in Text und Liedern des Werks versteckte. (Die Tanz- und Liedeinlagen wurden in der Folgezeit mehrfach den aktuellen politischen Erfordernissen entsprechend abgewandelt.) Mittelbar berührt die Komödie auch die soziale Problematik. Ihre Helden sind die Bewohner des polnischen Dorfes. Der Hof wird nirgends erwähnt, die Haltung des Adels wird mit dem Ethos des Volkes konfrontiert. Das Gedankengut der Aufklärung vertritt der Student Bardos, der die Handlung – nicht zuletzt durch die Erfindung der Strommaschine – entscheidend mitbestimmt.

Von Bänkelsängern gesungen, in zahlreichen Bändchen abgedruckt, gelangten die Lieder und Arien aus Bogusławskis Komödie bis in die entlegenste polnische Provinz und sogar ins Ausland. Wegen seiner außergewöhnlichen Popularität fand das Stück zahlreiche Nachahmungen, deren bedeutendste, wenngleich weniger progressive, Jan Nepomucen KAMIŃSKIS *Zabobon czyli Krakowiacy i górale*, 1821 *(Der Aberglaube oder die Krakauer und die Bergbauern)*, ist. M.D.

AUSGABEN: Bln. 1841. – Krakau 1865. – Warschau 1952. – Breslau 1954; ³1960; 1981.

LITERATUR: E. Kucharski, *B. »Cud, czyli Krakowiaki i górale«* (in Pamiętnik literacki, 13, 1914/15). – L. Schiller, *»Krakowiacy i górale«* (in Czas, 1915, Nr. 209). – W. Brumer, *Z dziejów »Cuda mniemanego« W. B.* (in Życie Teatru, 1925, Nr. 19, S. 20 bis 22; auch Warschau 1925). – W. Taszycki, *Język ludowy w »Krakowiakach i góralach« W. B.* (in Pamiętnik literacki, 42, 1951). – T. Witczak, *Do losu piosenek z »Krakowiaków i górali« W. B.* (in Pamiętnik Teatralny, 1958, H. 1). – Z. Raszewski, *»Krakowiaki i górale«* (in Z. R., *Staroświecczyzna i postep czasu*, Warschau 1963). – C. Hernas, *Narodowa poetyka »Krakowiaków i górali«. Głosy do tekstu* (in Pamiętnik Teatralny, 1966). – Z. Jędrychowski, *Z dziejów scenicznych »Krakowiaków i górali« B.*, Breslau 1981.

GEO BOGZA

* 6.2.1908 Ploieşti

LITERATUR ZUM AUTOR:
B. Elvin, *G. B. Studiu critic*, Bukarest 1955. – I. Pop, *G. B., poet al revoltei* (in I. P., *Avangardismul poetic românesc*, Bukarest 1969, S. 219–36). – E. Simion, *Proză poetică: G. B.* (in E. S., *Scriitori români de azi*, Bd. 1, Bukarest 1974, S. 253–60). – A. Tănăsescu, *G. B. interpretat de ...*, Bukarest 1976 [m. Bibliogr.]. – A. Ştefanescu, *G. B. dincolo de reportaj* (in A. Ş., *Preludiu*, Bukarest 1977, S. 125–32). – N. Steinhardt, *G. B., un poet al efectelor, exaltării, grandiosului, solemnității, exuberanței și patetismului*, Bukarest 1982. – D. Scărlătescu, *G. B.*, Bukarest 1983.

CARTEA OLTULUI

(rum.; *Ü: Das Buch vom Alt*). Reportage von Geo BOGZA, erschienen 1945. – Die Entwicklung Bogzas vom surrealistischen Lyriker zum Meister der literarischen Reportage in Rumänien hatte sich bereits vor dem Zweiten Weltkrieg vollzogen (vgl. *Țări de piatră*). In *Cartea Oltului*, einer »Biographie« des Flusses Alt, verbindet der Autor realistische Schilderung und lyrisch getönte Mythisierung: Einerseits beschreibt er eine spezifisch rumänische Flußlandschaft (wobei er auch auf ihre Bewohner und deren Sitten und Gebräuche eingeht), andrerseits sieht er den Alt als mythisches Wesen, das aus der Verbindung von Sonne und Ozean hervorgegangen ist. Die Geburt des Flusses aus Feuer und Wasser, sein mühsamer Durchbruch durch den Gürtel der Karpaten, sein Weg durch die Ebene, sein Aufgehen in den Fluten der Donau werden bildkräftig dargestellt und dramatisch akzentuiert. Zur Genesis des Flusses steuert Bogza auch eine volkstümliche Legende bei, derzufolge der Alt und der im selben Karpatenmassiv entspringende Mieresch Brüder sind, die einst auszogen, um ihren in der Schlacht verschollenen Vater zu suchen. Während der Mieresch den geraden Weg nach Westen einschlug, wählte der Alt den gefährlichen durch die Berge, nach Süden. Als er dann, von Reue gepackt, zu seinem Bruder zurückkehren wollte, konnte er ihn nicht mehr finden. – Der personifizierte Fluß und seine »Biographie« stehen in Bogzas Werk auch symbolisch für die Geburt und die geschichtliche Entwicklung des rumänischen Volkes. A.Ga.

AUSGABEN: Bukarest 1945. – Bukarest 1958. – Bukarest 1976. – Bukarest 1979.

ÜBERSETZUNG: *Das Buch vom Alt*, G. Richter, Bukarest 1964.

LITERATUR: Ş. Cioculescu, *Un poet al tumultului geologic: G. B.* – *Cartea Oltului* (in Ş. C., *Aspecte literare contemporane 1932–1947*, Bukarest 1972, S. 459–64). – M. Dumitrescu, *G. B.: Cartea Oltului* (in Limbă și literatură, 1973, S. 333–38).

ȚĂRI DE PIATRĂ, DE FOC ȘI DE PĂMÎNT

(rum.; *Länder aus Stein, Feuer und Erde*). Reportage von Geo BOGZA, erschienen 1939, wieder veröffentlicht 1951 unter dem Titel *Țara de piatră (Ü: Das steinerne Land)*. – Die Hinwendung des Lyrikers Bogza zur Gattung der Reportage geschah unter dem Einfluß eines Kreises surrealistischer Schriftsteller, der sich um die Zeitschrift ›Unu‹ gebildet hatte. Für diese rumänischen Avantgardisten bedeutete die Reportage nicht nur objektive Berichterstattung, sondern eine kunstvolle, von der Sensibilität des Autors geprägte Spiegelung der Wirklichkeit. Durch seine betont subjektive Sehweise hebt sich Bogza von der Tradition der rumänischen Reisebeschreibungen und -memoiren ab, so wie sie von Nicolae MILESCU (um 1625 – um 1714), Dinicu GOLESCU (1777–1830), Nicolae FILIMON (1819–1865) und Alexandru VLAHUȚĂ (1858–1919) repräsentiert wird. Der Autor versteht es, das verborgene lyrische Potential der alltäglichsten Begebenheiten deutlich zu machen und das Banale sensationell und monumental erscheinen zu lassen. Bogzas »Steinernes Land« ist das im Inneren Siebenbürgens gelegene, von dem Volk der Motzen bewohnte Gebiet der rumänischen Westkarpaten. Der Autor betont den Gegensatz zwischen dem Reichtum der uralten, bereits den Römern bekannten Goldgruben der Westkarpaten und der erdrückenden Armut der Gebirgsbewohner. Die scheinbar objektive, äußerst detaillierte Beschreibung der Bedingungen, unter denen die Motzen das goldhaltige Gestein aus den privaten Gruben zutage fördern müssen, wird zu einer virulenten gesellschaftspolitischen Anklage. Mit großer stilistischer Meisterschaft suggeriert Bogza die Einfachheit der auf ihre elementarsten Bestandteile reduzierten Existenz dieser Menschen: *»Ein Mann und ein Beil, ein Mann und ein Pferd, ein Mann und eine Tanne – das sind die Aspekte, unter welchen das Leben hier gesehen wird. Ein Mann und eine Frau, eine Frau und ein Kind, eine Frau und eine Wollspindel – und Schluß; damit hat das Leben all seine Kombinationsmöglichkeiten erschöpft.«* Dadurch, daß Bogza den gewissermaßen kosmischen Bezug dieses Volkslebens konstatiert, steigert er dessen Bedeutung ins Mythische und Grandiose. – Von den späteren Reportagen des Autors ist allein die 1945 erschienene »Biographie eines Flusses«, *Cartea Oltului (Das Buch vom Alt)* literarisch bedeutsam. G.Sc.

AUSGABEN: Bukarest 1939. – Bukarest 1951 *(Țara de piatră)*. – Bukarest 1956. – Bukarest 1962. – Bukarest 1964. – Bukarest 1971.

ÜBERSETZUNGEN: *Das steinerne Land (Das Land der Motzen)*, anon. Bukarest 1954. – *Das steinerne Land*, E. Horowitz, Bln./DDR 1959.

LITERATUR: T. Vianu, *Observații asupra limbii și stilului lui G. B.* (in *Probleme de stil și artă literară*, Bukarest 1955). – P. Georgescu, *Senzaționalele aventuri ale banalului* (in *Incercări critice*, Bd. 2, Bukarest 1958). – C. Regman, *G. B. al laudei și blestemului* (in *Confluențe literare*, Bukarest 1966). – O. S. Crohmălniceanu, *Literatura română între cele două războaie mondiale*, Bd. 1, Bukarest 1967, S. 333–337. – D. Micu u. N. Manolescu, *Literatura română de azi 1944–1964*, Bukarest 1965 (dt.: *Rumänische Literatur der Gegenwart*, Mchn. 1968). – I. Șerbu, *G. B.*, »*Țări de piatră...*« (in I. Ș., *Itinerari critice*, Bukarest 1971, S. 32–35). – N. Balotă, *Peregrinul transilvan prin »Țara de piatră«* (in Tribuna, 17, Cluj 1971). – M. Iorgulescu, »*Țara de piatră*« (in România literară, 1971, Nr. 22). – E. Manu, *Adagio critic la »Țara de piatră«* (ebd., 1971, Nr. 26). – Ders., *G. B.* (in *Literatur Rumäniens 1944–1980. Einzeldarstellungen*, Bln./DDR 1983, S. 203–210).

NIELS BOHR

* 7.10.1885 Kopenhagen
† 18.11.1962 Valby

LITERATUR ZUM AUTOR:
N. B. His Life and Work as Seen by his Friends and Colleagues, Hg. S. Rozental, Amsterdam 1967; ²1985. – R. Moore, *Ein Mann und sein Werk veränderte die Welt*, Mchn. 1970. – P. Robertson, *The Early Years. The Niels Bohr Institute 1921-1930*, Kopenhagen 1979. – *Dansk Biografisk Leksikon*, 16. Bde., Kopenhagen 1979–1984; 2, S. 309–315. – N. Blædel, *Harmoni og enhed*, Kopenhagen 1985. – H. J. Folse, *The Philosophy of N. B.*, Amsterdam 1985. – *N. B. 1885–1962: Der Kopenhagener Geist in der Physik*, Hg. K. v. Meyen u. a., Braunschweig 1985. – U. Röseberg, *N. B. 1885-1962. Leben und Werk eines Atomphysikers*, Bln./Stg. 1985. – Ders., *N. B. Bibliographie der Sekundärliteratur*, Bln. 1985. – E./P. Fischer, *N. B. Die Lektion der Atome*, Mchn. 1987.

ON THE CONSTITUTION OF ATOMS AND MOLECULES

(engl.; Ü: *Über die Konstitution von Atomen und Molekülen*). Theoretisch-physikalische Abhandlung in drei Teilen von Niels BOHR (Dänemark), erschienen 1913 im ›Philosophical Magazine‹. – Insbesondere durch die Arbeiten von M. PLANCK, A. EINSTEIN, J. J. THOMSON, E. RUTHERFORD und A. E. HAAS waren Ende 1911 die Voraussetzungen geschaffen, ein Atommodell auf der Grundlage der Quantentheorie zu errichten. Die von J. J. Thomson (1904) und E. Rutherford (1911) entwickelten Theorien über den Aufbau der Atome konnten jedoch einige wichtige Eigenschaften der Materie nicht erklären, etwa die Tatsache, daß Atome Licht ganz bestimmter Frequenzen (d. h. diskreter Spektrallinien) aussenden. Nach der Theorie von Thomson besteht das Atom aus einer Kugel gleichmäßig verteilter positiver elektrischer Ladung, in der die Elektronen sich kreisförmig bewegen. In Anlehnung an die klassische Elektrodynamik nimmt er auf die Elektronen einwirkende Zentrifugal- und Coulombsche Anziehungskräfte an, die das Atomsystem in stabilem Gleichgewicht halten. Im Rutherfordschen Atommodell dagegen existieren solche stabilen Gleichgewichtszustände nicht. Rutherford nahm an, daß die positiven Ladungen und die Hauptmasse des Atoms in einem räumlich sehr begrenzten Zentrum (dem Atomkern) angehäuft sind, während die negativen Elektronen in einer sehr lockeren »Atomhülle« den Kern umkreisen. Allgemein zeigte sich die Unzulänglichkeit der klassischen Elektrodynamik bei der Erörterung des Verhaltens von Systemen atomistischer Größe. Diesen Gesetzen zufolge sollten scharfe Spektrallinien überhaupt nicht möglich sein, da jedes beschleunigte Elektron strahlt und damit Energie abgibt. Das den Kern umkreisende Elektron müßte sich dann aber dem Kern immer mehr nähern, um aus der dadurch freiwerdenden Energie den Verlust an ausgestrahlter Energie zu beheben (nach dem Satz von der Erhaltung der Energie). Wegen der Ausstrahlung kann die Bahn des Elektrons nicht stationär sein, so daß ohne einschneidende Änderung das Rutherfordsche Atommodell eine mit der Erfahrung übereinstimmende Beschreibung von Atombau und Lichtemission nicht zuläßt.

Im Zeitraum von März 1912 bis März 1913 entwickelte Bohr die Theorie für das nach ihm benannte Atommodell, die sich gegenüber denen seiner Vorläufer deutlich abgrenzen läßt und für deren Erstellung er im Jahre 1922 mit dem Nobelpreis ausgezeichnet wurde. An den Anfang seiner Überlegungen stellte er die bisher bekannten Ergebnisse spektroskopischer Beobachtungen. Die entscheidende Leistung Bohrs war, das Plancksche Wirkungsquantum (M. Planck, *Vorlesungen über die Theorie der Wärmestrahlung*, 1906) in die Beschreibung der Bewegungsgesetze für Elektronen einzuführen, eine Größe, die der klassischen Elektrodynamik fremd ist. Erst so konnte die Frage nach der stabilen Konfiguration der Elektronen in den Atomen hinreichend geklärt werden.

Aufbauend auf den Ideen Rutherfords erörtert Bohr den Mechanismus der Elektronenbindung durch einen positiven Kern in Beziehung zu Plancks Theorie. Dadurch kann das Gesetz des Linienspektrums von Wasserstoff auf einfache Weise erklärt werden, womit der Ausgangspunkt für eine umfassendere Hypothese gegeben ist: Aus Plancks Theorie folgt die Annahme quasi elastischer Kräfte, die unvereinbar sind mit Rutherfords Theorie und die Bohr veranlaßten, zur Deutung der Lichtemission neue Postulate einzuführen: Für jedes Atom gibt es eine Anzahl stationärer Zustände, in denen das Atom nicht strahlt; das bedeutet, daß Elektronenumläufe auf bestimmten, ausgezeichneten Bahnen die Eigenschaft haben sollen, ohne Energieabgabe abzulaufen. Die Energiestrahlung wird nicht kontinuierlich emittiert oder absorbiert, sondern nur während des Übergangs von einem stationären Zustand in einen anderen. Das dynamische Gleichgewicht in den stationären Zuständen wird durch die Gesetze der Mechanik bestimmt, für die Übergänge zwischen den verschiedenen stationären Zuständen gelten diese Gesetze jedoch nicht. – Die bei einem Übergang zwischen zwei stationären Zuständen emittierte Strahlung ist homogen. Die Gesamtmenge der ausgestrahlten oder absorbierten Energie ist gleich dem Produkt aus der Frequenz und der Planckschen Konstante. Die verschiedenen stationären Zustände eines einfachen atomistischen Systems, das aus einem um einen positiven Kern rotierenden Elektron besteht (Wasserstoff), sind durch die Bedingung bestimmt, daß das Verhältnis zwischen der gesamten während der Bildung der betreffenden Konfiguration emittierten (oder absorbierten) Energie und der Umlaufzahl des Elektrons ein ganzes Vielfaches der Hälfte der Planckschen Konstante ist. – Aus der Bohrschen Theorie folgen in guter Übereinstimmung mit dem Experiment die Wellenlängen der schon lange bekannten Balmer-Linien (Spektrallinien des Wasserstoffs) sowie der Wert der Ionisierungsenergie des Wasserstoffs. Auch wird nun die Existenz einer Anzahl weiterer Spektralserien und ihr Verhalten beim Auftreten in Absorption und Emission theoretisch verständlich.

Bohr schuf mit seiner Theorie die Grundlage unseres Verständnisses der Atomstruktur und der Atomspektren. Er erschütterte das Denkgebäude der klassischen Mechanik, deren absolute Gültigkeit für die Erklärung inneratomarer Erscheinungen damit in Frage gestellt war. Die umfangreichen Arbeiten A. SOMMERFELDs und seiner Schüler führten bereits fünf Jahre nach der Veröffentlichung Bohrs die verallgemeinerte mathematische Entwicklung des quantentheoretischen Atommodells zu einem gewissen Abschluß. Ihre physikalische Begründung fanden die von Bohr mit ebensoviel Kühnheit wie physikalischer Intuition *ad hoc* aufgestellten Postulate erst zwölf Jahre später durch die Quantenmechanik von W. HEISENBERG (Matrizenmechanik) und E. SCHRÖDINGER (Wellenmechanik): Der Dualismus Welle–Korpuskel in der Auffassung der Materie wurde offenbar. Mit der »Kopenhagener Deutung der Quantentheorie« (von Bohr und Heisenberg) wurde 1927 eine widerspruchsfreie und abschließende Interpretation des ursprünglichen Bohrschen Atommodells gegeben; die Herkunft der vorher so rätselhaften Quantenvorschriften war geklärt. Das physikalische Denken – und bald auch manche geisteswissenschaftlichen Ansätze – wurde in völlig neue, ungewohnte Bahnen gewiesen. A.M.Bo.

AUSGABEN: Ldn. 1913 (in Philosophical Magazine, 26). – Kopenhagen/NY 1963 [Einl. L. Rosenfeld]. – Amsterdam 1981 (in *Collected Works*, Hg. ders., 1972 ff.; Bd. 2, Hg. U. Hoyer; m. Einl.).

ÜBERSETZUNG: *Über die Konstitution von Atomen und Molekülen*, H. Stintzing (in *Abhandlungen über Atombau aus den Jahren 1913–1916*, Braunschweig 1921). – Dass., ders. (in *Drei Aufsätze über Spektren und Atombau*, Braunschweig 1922; ²1924). – Dass., ders. (in *Das Bohrsche Atommodell*, Hg. A. Hermann, Stg. 1964).

LITERATUR: A. Sommerfeld, *Atombau und Spektrallinien*, Braunschweig 1919. – F. Hund, *Linienspektren und Periodisches System der Elemente*, Bln. 1927. – G. v. Hevesy, *Die seltenen Erden vom Standpunkt des Atombaus*, Bln. 1927. – N. Bohr, *Das Quantenpostulat und die neuere Entwicklung der Atomistik* (in Naturwissenschaften, 16, 1928, S. 245). – Ders., *Atomic Theory and the Description of Nature*, Cambridge 1934; ern. 1961. – Ders., *Atomic Physics and Human Knowledge*, Ldn/NY 1958 (dt.: *Atomphysik und menschliche Erkenntnis*,

Braunschweig 1958). – G. Joos, *Lehrbuch der theoretischen Physik*, Ffm. [10]1959. – J. L. Heilbraon u. T. S. Kuhn, *The Genesis of the B.-Atom* (in *Historical Studies in Physical Science*, Bd. 1, Philadelphia 1969). – U. Hoyer, *Über die Rolle der Stabilitätsbetrachtungen in der Entwicklung der B. Atomtheorie* (in Archive for History of Exact Science, 10, 1973, S. 177–206).

MATTEO MARIA BOIARDO

* 1441 (?) Scandiano
† 19.12.1494 Reggio nell'Emilia

LITERATUR ZUM AUTOR:
G. Reichenbach, *M. M. B.*, Bologna 1929. – *Letteratura italiana. I minori*, Bd. 1, Mailand 1961, S. 663–688. – *Il B. e la critica contemporanea*, Hg. G. Anceschi, Florenz 1970. – G. Ponte, *La personalità e l'opera del B.*, Genua 1972. – R. Ceserani, Art. *M. M. B.* (in Branca, 1, S. 364–369).

L'ORLANDO INNAMORATO

(ital.; *Der verliebte Roland*). Epische Dichtung in Stanzen von Matteo Maria BOIARDO, erschienen 1486. – Nach PULCIS *Morgante* (1466–1470 entstanden) ist dies die erste große Fassung der französischen Rolandsage in der italienischen Renaissancedichtung. Von den etwa 90 vorgesehenen, auf drei Bücher verteilten Gesängen des Werks, das, der Tradition entsprechend, wohl mit Rolands Tod in Ronceval und der anschließenden Strafexpedition Karls des Großen nach Saragossa enden sollte, wurden lediglich 68 Gesänge und 26 Oktaven ausgeführt. Wie Boiardo in seiner letzten Stanze mitteilt, mußte er die 1476 begonnene Erzählung wegen des Einfalls der französischen Truppen unter Karl VIII. (1494) unterbrechen. Seine Hoffnung, sie später fortsetzen zu können, machte noch im selben Jahr der Tod zunichte.

Im *Orlando innamorato* verschmilzt der Stoff der Karolingerepik erstmals bruchlos mit der »bretonischen Materie« des höfischen Romans. Gleich den Helden von König Artus' Tafelrunde ziehen Karls des Großen Glaubensstreiter wie auch ihre heidnischen Widersacher als fahrende und liebende Ritter von Abenteuer zu Abenteuer. Sie treten ein in die Märchen- und Zauberwelt der Magier und Feen, Riesen und Ungeheuer, der verwünschten Lanzen, Schlösser und Quellen. Die alten feudalistischen Ritterideale freilich weckt Boiardo nicht zu neuem Leben. Es verblaßt vor allem die Idee des Glaubenskampfes: Wohl sieht sich die christliche Streitmacht am Ende einer Welt von Feinden gegenüber, aber ihr Glaube ist das letzte, was diese ihr entreißen wollen. Ob Christ oder Heide, verfolgen die Könige und Fürsten, Ritter und Damen allein ihre privaten Ziele; sie tun es oft genug auf eigene Faust – in Einzelaktionen, deren Schilderung die Handlungslinie in eine fast unüberschaubare Vielfalt einander mannigfach überschneidender Episoden auflöst. Selbst der »höfische Wert« der Abenteuer wird durch die zuweilen die Parodie streifende Banalität der Motive in Frage gestellt. Der einsam schweifende Ritter droht sich ins Beziehungslose zu verirren; seine von ungeschriebenen Standesnormen begrenzte Freiheit läuft Gefahr, in schrankenlose Willkür auszuarten. Deutlicher noch zeigt sich diese dem stadtbürgerlichen Geist der Renaissance entspringende Tendenz zur Individualisierung der Ritter in der zentralen Liebesthematik, wie sie sich aus den plastischen und dramatisch-bewegten Massenszenen des Gedichteingangs entwickelt.

Mit der heimlichen Absicht, Kaiser Karl seiner besten Paladine zu berauben, fordert die bildschöne und zauberkundige Angelica, Tochter des Kaisers von Cataio (China), die zu Pfingsten bei einem Fest des Hofes in Paris versammelte Blüte der christlichen und maurischen Ritterschaft zum Zweikampf mit ihrem Bruder Argalia heraus. Der Sieger soll sie selber als Preis erhalten, der Unterlegene ihr Gefangener sein. Allein, als Argalias unfehlbare Zauberlanze vertauscht und er selbst von dem Sarazenen Ferraguto getötet wird, sucht sie ihr Heil in der Flucht. Unter den zahlreichen liebestollen Verfolgern, die sich bald in alle Winde zerstreuen, bleiben ihr die Vettern Rainaldo und Orlando am dichtesten auf den Fersen. (Das christliche Heer gerät durch die Abwesenheit dieser beiden stärksten Stützen des Reichs inzwischen wiederholt in äußerste Bedrängnis.) Als beide schließlich Angelicas wegen erbittert aufeinander eindringen, werden sie durch die anderen Paladine gewaltsam getrennt; das verführerisch-gefährliche Streitobjekt nimmt der greise Bayernherzog Namo in Verwahrung, mit dem Versprechen, es demjenigen zu übergeben, der sich in der bevorstehenden Schlacht am besten bewährt. In den eingestreuten Episoden aber wird die hohe Minne zum verwirrenden Vexierspiel, dessen Fäden die kapriziöse Angelica in ihren Händen hält. Wenn Rainaldo und Angelica im Ardennerwald abwechselnd aus den Quellen der Liebe und des Hasses trinken und deswegen nie zueinanderfinden, so tritt hier der Zufall die absolute Herrschaft an, kommt nicht mehr das Glück dem Tüchtigen zu Hilfe. Rittertugend und Liebeserfolg, die der höfische Roman gleichgestellt hatte, treten auseinander. Die magische Quelle, einst dem Standesideal dienstbar gemacht, symbolisiert wieder den anarchischen Naturtrieb. Vollends aber bewahrheitet der Dichter am Titelhelden sein von VERGIL entlehntes Motto »*amor omnia vincit*«: Der allmächtige Amor besiegt den für die Welt unbesiegbaren Orlando.

Boiardo wahrt – ein Meistergriff – die psychologische Kontinuität der Rolandsgestalt, indem er den in den literarischen Vorbildern vom Pfad strenger Pflichttreue niemals abgewichenen Glaubensstreiter zum ebenso unbedingten wie schüchternen, zum nicht minder hartnäckigen denn letztlich erfolglosen Liebhaber werden läßt. Dem alten Motiv gemäß, wonach der Liebesgott seine Verächter grausam straft, fällt der nicht Immunisierte der Liebe hilf- und rettungslos anheim. Er wird zum Spielzeug in den Händen Angelicas. Getreulich eskortiert er sie auf gefahrvollen Wegen nach Europa, wohin ihre Sehnsucht nach Rainaldo sie treibt. Dem überragenden Paladin bleibt mit der Gewogenheit seiner Dame die höfische Bestätigung seines Werts versagt. Was Orlando befallen hat, ist demnach nicht die sittigende Minne, die den Tüchtigen adelt, ist nicht mehr Ordnungsprinzip einer ständisch-höfischen Welt, sondern allein elementare chaotische Leidenschaft, vor der – der Dichter spricht es aus – alle Unterschiede des Standes und des Alters hinfällig werden. Wen sie trifft, heißt das, den löst sie aus der feudalistisch-hierarchischen Ordnung. Ihr Opfer ist das vereinzelte menschliche Individuum, das später zum Helden des bürgerlichen Prosaromans werden wird.

Dem individualistischen Menschenbild und Lebensgefühl, das der Dichter mit dieser Wandlung seines Titelhelden zum Ausdruck bringt, entspricht in der Darstellung ein subjektivistisches Formprinzip. Durch zahlreiche persönliche Einwürfe – direkte Anrede des Lesers, scherzhafte Quellenverweise usw. – tritt der Autor gleichsam hinter der Kulisse hervor und wird als willkürlicher Lenker der Handlung sichtbar. (Mit einem gewissen Recht hat man diese reflektierte Distanz zur Handlung als Ironie – im Sinn der deutschen Romantik – bezeichnet.) Obwohl also der Verfasser sich mit seinen Gestalten nicht identifiziert, da ihre Wertordnung nicht mehr die seine ist, und obwohl die Gestalten selbst vorwiegend in einem komischen Licht erscheinen, betrachtet er seine bunte Ritterwelt doch nicht selten mit gleichsam sehnsüchtigen Augen. Die wehmütige Liebe, mit der er auf sie herabzulächeln scheint, hat ihm den Ruf eines »Romantikers« unter den Epikern der Renaissance eingetragen. Die Stilschwankungen zwischen burlesker Komik und teilnehmendem Ernst, noch mehr aber die von Lombardismen und Latinismen durchsetzte Sprache, an der bereits die folgende Generation Anstoß nahm, bewogen Francesco BERNI (um 1497–1535) zu einer sprachlich gereinigten und auf einen einheitlich heiteren Grundton abgestimmten Bearbeitung. Lange Zeit war allein seine Neufassung des *Orlando innamorato* im Umlauf, bis im 19. Jh. PANIZZI das Gedicht wieder in seiner ursprünglichen Gestalt vorlegte. D.K.

AUSGABEN: Venedig 1486 [Erstes u. zweites Buch]. – Venedig 1495 [Drittes Buch]. – Venedig 1506 [vollst.]. – Ldn. 1830/1831 (in *Orlando innamorati di B., Orlando Furioso di Ariosto*, Hg. A. Panizzi, 9 Bde., 1830–1834, 2–5). – Bologna 1906/1907, Hg. F. Foffano, 3 Bde.; ern. Turin 1926. – Mailand 1936/1937 (in *Tutte le opere*, Hg. A. Zottoli, 2 Bde.). – Turin 1963, Hg. A. Scaglione; ³1974. – Mailand 1970, Hg. L. Garbato. – Mailand 1978, Hg. G. Anceschi, 2 Bde.

ÜBERSETZUNGEN: *Rolands Abentheuer*, C. B. E. Naubert, Bln./Lpzg. 1819. – *Verliebter Roland*, J. D. Gries, Stg. 1835; ern. Stg. o.J. [1925], Hg. W. Lange (RUB). – Dass., G. Regis, Bln. 1840 [m. Glossar u. Anm.].

LITERATUR: G. Razzoli, *Per le fonti dell' »Orlando innamorato« di M. M. B.*, Mailand 1901. – M. Belsani, *I rifacimenti dell' »Orlando innamorato«* (in Studi di Letteratura Italiana, 4, 1902, S. 311–403; 5, 1903, S. 1–56). – L. Azzolina, *Il mondo cavalleresco in B., Ariosto, Berni*, Palermo 1912. – I. Wyss, *›Virtù‹ und ›Fortuna‹ bei B. und Ariost*, Lpzg. 1931; Neudr. Hildesheim 1973. – A. Chimenz Siro, *La rappresentazione dell'amore nel poema del B.*, Rom 1931. – G. Reichenbach, *L'»Orlando innamorato« di M. M. B.*, Florenz 1936. – F. T. A. Voigt, *Rolando-Orlando dans l'épopée française et italienne*, Leiden 1938. – L. Russo, *L'»Orlando innamorato« di M. M. B.*, Pisa 1952. – U. Bosco, *La lirica del B.*, Rom 1964. – G. Di Pino, *L'»Orlando innamorato« di M. M. B.*, Messina 1964. – G. Ponte, *B. et Ariosto* (in RLI, 79, 1975). – A. Franceschetti, *L'»Orlando innamorato« e le sue componenti tematiche e strutturali*, Florenz 1975. – K. W. Hempfer, *Textkonstitution und Rezeption zum dominant komisch-parodistischen Charakter von Pulcis »Morgante«, B.s L'»Orlando innamorato« und Ariosts »Orlando furioso«* (in RJb, 27, 1976). – A. Limentani, *Avvento di Angelica: Appunti sul I canto dell'»Orlando innamorato«* (in *Symposium in honorem Prof. M. de Riquer*, Hg. A. M. Badia i Margarit, Barcelona 1986, S. 137–160).

HEINRICH CHRISTIAN BOIE

* 19.7.1744 Meldorf
† 3.3.1806 Meldorf

DAS LYRISCHE WERK von Heinrich Christian BOIE.

Die Gedichte Boies erschienen zu dessen Lebzeiten nur verstreut, vorwiegend im Göttinger und im Voßischen ›Musenalmanach‹, und sind auch später nie geschlossen ediert worden. Der Umfang des Gesamtwerks ist daher schwer abzuschätzen. Eine von Boie für den Druck vorgesehene, nicht vollständige Sammlung seiner Gedichte soll 350 Stücke umfaßt haben (Brief an Luise von Pestel, 12. 9. 1796). Die einzig nennenswerte Zusammenstellung der Dichtungen Boies ist nach wie vor die seines Biographen Weinhold, der 111 Texte vorlegt. Ein großer Teil des Werks besteht aus Übersetzungen und Bearbeitungen französischer und englischer Vorlagen. Zumindest anfänglich befindet sich Boie in deren Wahl und Behandlung ebenso wie in seinen eigenständigen Gedichten ganz im Einklang mit den literarischen Strömungen der

Zeit. Galant Rokokohaftes und Anakreontisches stehen neben Gelegenheitsdichtung, Aufgeklärt-Satirischem und Elegisch-Empfindsamem – bei deutlichem Übergewicht des Heiteren und Leichten. Dem entspricht die relative Vielfalt der Formen, deren handwerklich akkurate, wenn nicht elegante Beherrschung Boie erstrebte und durch sorgfältiges »Feilen« zu erreichen suchte. Besonders häufig finden sich epigrammatische Gedichte, Madrigale und Liedformen, wobei Boie Schäferlied- und Romanzenstrophen bevorzugt, seltener längere Erzählgedichte, vereinzelt nur Sonett und Triolett; antikisierende Formen und Versmaße sind kaum vertreten. – Boies Themenbestand ist schmal. Vorsichtige Kritik übt er – meist in epigrammatisch-pointierter Form nach dem Vorbild LESSINGS und Abraham Gotthelf KÄSTNERS – an kirchlicher Orthodoxie und religiöser Selbstgerechtigkeit, am Adelsstolz und an politischen Mißständen wie Soldatenhandel und Zwangswerbung sowie an Erscheinungen des Literaturbetriebs. Eine Reihe von Trinkliedern, angesiedelt zwischen Anakreontik und neuer Volkstümlichkeit, plädiert für Geselligkeit, Freude, Lebensgenuß und, trotz mancher Seitenhiebe auf die »*alles meisternde Vernunft*«, für die Vermittlung von Vernunft und Vergnügen. Boies Naturdichtung, die von geringem Umfang und durchaus konventionell ist, scheint erwähnenswert lediglich wegen des frühen, 28 Strophen umfassenden Schäferlieds *An den Abend* (1764), das mit seinem Ineinander von Naturbeobachtung und mythologisch-allegorischer Überhöhung, von bukolischer Heiterkeit und feierlichem Aufschwung charakteristisch ist für Boies eklektizistisches Schreiben.

Der weitaus größte Teil der Gedichte beschäftigt sich unter Verwendung der verschiedensten Formen und Sprechhaltungen mit dem Thema Liebe, das in vielfältigen Facetten erfaßt wird. Mal schäferlich-tändelnd, galant-witzig oder frivol, mal mythologisch verbrämt oder ›volkstümlich‹-naiv, mal reflektierend oder – seltener – moralisierend werden erfüllte und unerfüllte Liebe, Treue, Gefühlswandel und Promiskuität behandelt und divergierende Frauenbilder gestaltet. Auch einige der größeren erzählenden Gedichte Boies, die komische Romanze *Die Wittwe* (1771, nach DE LA PLACE) und das umfängliche Feenmärchen *Die Elfenburg* (1796), umkreisen das Liebesthema. Diese Vielfalt der Behandlungsweisen zeugt von der durchgängigen Distanzhaltung des Autors, der sich auf keine Position, es sei denn die des Spiels mit Formen und Blickpunkten, festlegen läßt. Selbst wo er in eigener Sache spricht, etwa in der *Liebe* betitelten Werbung um seine spätere Frau Sara von Hugo (1787), bleibt Boies Dichtung fern aller Behauptung von Ausdruck und Erlebnis, wie sie in der Lyrik dieser Zeit längst dominant geworden war.

Deutlichere Konturen erhält Boies Werk im Zusammenhang mit seiner Herausgeberschaft des ersten deutschen ›Musenalmanachs‹ in Göttingen (1770–1774), in dem auch in beträchtlicher Teil seiner Gedichte publiziert wurde. Das Almanachprojekt war zunächst ganz an dem seit 1765 in Paris erscheinenden ›Almanach des Muses‹ orientiert, der genau jene Art von »*poésies fugitives*« sammelte, die für Boies lyrische Bemühungen vorbildlich war. »*Der Plan bleibt der des französischen [...] und wir werden vornehmlich auf leichte gesellschaftliche Stücke sehen, die Geschmack und Liebe zu den Musen auch in Gegenden und unter Leuten bringen können, die einen Almanach noch am ehesten in die Hand nehmen.*« (An GLEIM, 16. 6. 1769) Viele von Boies Gedichten sind direkt auf die Bedürfnisse des Almanachs und seiner Leser hin geschrieben. Stand der ›Göttinger Musenalmanach‹ anfangs mit Beiträgern wie RAMLER, Gleim, GÖTZ, KARSCH, LÖWEN, Lessing, NICOLAI, Kästner und KLOPSTOCK noch gänzlich im Zeichen etablierter literarischer Strömungen, so wurde er schon bald, kulminierend in den Jahrgängen 1774 und 1775, zum Organ einer neuen Generation. Neben HERDER, GOETHE und BÜRGER rückte der Göttinger Hainbund ins Zentrum, der sich seit 1772 um Boie als seinen Mentor und Organisator formierte. Zwar förderte und unterstützte Boie die an Klopstock orientierten Hainbündler in jeder Hinsicht, doch fanden deren literarische Bestrebungen auffällig geringen Widerhall in seinen eigenen Dichtungen. Weder die Odenformen noch die Hymne erlangen bei Boie nennenswerte Bedeutung, und auch die für den Hain charakteristischen thematischen Elemente wie das unpolitische Freiheitspathos, die vaterländische Kraftmeierei und der Franzosenhaß, der forcierte Tugendeifer und der emphatische Freundschaftskult spielen bei ihm keine Rolle. Diese Differenz läßt es konsequent erscheinen, daß Boie mit der ideologischen Verfestigung des Hains und dessen Ausfällen gegen Wieland, dem Boie sich verpflichtet wußte, die Herausgeberschaft des Göttinger Musenalmanachs niederlegte und J. H. Voss übertrug (endgültig ab Jahrgang 1776).

Der enge Kontakt mit der Sturm und Drang-»Avantgarde« der siebziger Jahre dürfte Boie die Diskrepanz zwischen dem literarisch Aktuellen und seinen eigenen, tendenziell antiquierten poetischen Anstrengungen, die er selbst nie hoch eingeschätzt hat, zu Bewußtsein gebracht haben. In der Folge jedenfalls verstummte er literarisch, wendete sich mit der Herausgabe des ›Deutschen Museums‹ (1776–1788) und des ›Neuen Deutschen Museums‹ (1789–1791) in erster Linie außerliterarischen Fragen zu und begann erst um 1786 wieder zu dichten, nach wie vor allerdings auf dem Stand der Literatur um 1770.

Die Zeitgenossen wußten Boies leichte Muse zu schätzen; Bürger und Voß haben den Autor ermutigt, und auch Goethe scheint nicht ungünstig von ihm gedacht zu haben. Trotzdem gibt es keinen Grund, Boies eigene, bescheidene Einschätzung seiner poetischen Werke, der die überaus schmale Forschung sich angeschlossen hat, in Frage zu stellen. Zweifellos liegt Boies literarische Bedeutung weniger auf dem Gebiet seiner poetischen Produktion als in seiner Rolle als kritischer Förderer, Vermittler und Organisator von Literatur: Boie selbst sah sich als »*Wegweiser des Genies*«, die Göttinger Freunde tauften ihn Werdomar nach dem Führer des Bardenchors in Klopstocks *Hermanns Schlacht*, Herder nannte ihn den »*Musenaccoucheur*« und Gleim den »*Intendanten auf dem Parnaß*«.   C.B.

AUSGABEN: Halle 1868 (in K. Weinhold, *H. C. B. Beitrag zur Geschichte der deutschen Literatur im achtzehnten Jh.*, S. 282–382). – Stg. o. J. (in *Lyriker und Epiker der klassischen Periode*, Hg. M. Mendheim, 1. Tl.; *DNL*, 135, S. 30–41).

LITERATUR: H. Grantzow, *Geschichte des Göttinger und des Vossischen Musenalmanachs*, Diss. Bln. 1908. – W. Hofstaetter, *Das ›Deutsche Museum‹ (1776-1788) und das ›Neue Deutsche Museum‹ (1789-1791). Ein Beitrag zur Geschichte der deutschen Zeitschriften im 18. Jh.*, Lpzg. 1908 (*Probefahrten*, Hg. A. Köster, Bd. 12). – E. Metelmann, *Zur Geschichte des Göttinger Dichterbundes 1772-1774*, Stg. 1965. – A. Kelletat, »*Der Bund ist ewig*«. *Gedanken zur poetischen Topographie des Göttinger Hains* (in *Der Göttinger Hain*, Hg. ders., Stg. 1967, S. 401–446). – G. Hay, *Nachwort* (in H. C. B., *Briefe aus Berlin 1769/70*, Hg. ders., Hildesheim 1970, S. 57–65). – Y.-G. Mix, *Die deutschen Musenalmanache des 18. Jh.s*, Mchn. 1987.

NICOLAS BOILEAU-DESPRÉAUX

* 1.11.1636 Paris
† 13.3.1711 Paris

LITERATUR ZUM AUTOR:
G. Lanson, *B.*, Paris 1892. – E. Magne, *Bibliographie générale des œuvres de N. B.*, 2 Bde., Paris 1929. – D. Mornet, *N. B.*, Paris 1942. – R. Bray, *B., l'homme et l'œuvre*, Paris 1942. – R. Dumesnil, *B.*, Paris 1943. – J. Brody, *B. und Longinus*, Genf 1958. – P. Clarac, *B.*, Paris 1964. – M. Bonfantini, *B. e le sue idee*, Mailand 1965. – H. Kortum, *Charles Perrault u. B.*, Bln. 1966. – J. E. White, *N. B.*, Ny 1969. – B. Beugnot u. R. Zuber, *B., visages anciens, visages nouveaus, 1665–1970*, Montreal 1973. – B. Rathmann, *Der Einfluß B.s auf die Rezeption der Lyrik des frühen 17. Jh.s in Frankreich*, Tübingen/Paris 1979. – G. Pocock, *B. and the Nature of Neo-Classicism*, Cambridge 1980. – M. Descotes, *Le cas B.*, Paris 1986.

L'ART POÉTIQUE

(frz.; *Die Dichtkunst*). Lehrgedicht in vier Gesängen von Nicolas BOILEAU-DESPRÉAUX, erschienen 1674. – Sämtliche Thesen Boileaus lassen sich schon in früheren theoretischen Werken anderer Autoren finden. Sein Verdienst besteht darin, den literarischen Doktrinen seines Jh.s eine definitive Form gegeben zu haben. Gesang 1 entwirft allgemeine Prinzipien, den Poeten betreffend, der sich seines Talents zu versichern, weise Freunde zu Rat zu ziehen und die Regeln der Dichtkunst zu beherrschen hat. Ein Abriß der französischen Literaturgeschichte vom Mittelalter bis MALHERBE bezeugt die für das Jahrhundert symptomatische Unkenntnis dieser Regeln. Gesang 2 behandelt die kleineren Formen: Idylle, Elegie, Ode, Sonett, Epigramm, Rondeau, Madrigal, Ballade, Satire, Vaudeville und Chanson. Gesang 3 befaßt sich mit den großen Gattungen: Tragödie, Komödie, Epos. Gesang 4 rät zu »gesundem Menschenverstand« und untadeliger Moral, schwingt sich auf zu einem Loblied auf den König und schließt mit bescheidenem Hinweis auf des Autors eigene Rolle: »*Censeur un peu fâcheux, mais souvent nécessaire, / Plus enclin à blâmer que savant à bien faire.*« Was den eigenen Stil dieses *censeur* betrifft, so sind seine häufig überanstrengten Reime ausgiebig kritisiert worden. Hervorzuheben ist Boileaus Talent, seine Thesen in einprägsamen Merksprüchen zu formulieren: »*Qui ne sait se borner ne sut jamais écrire... Un sot trouve toujours un plus sot qui l'admire... Aux plus savants auteurs, comme aux plus grands guerriers, / Apollon ne promet qu'un nom et des lauriers.*«

Ausgangspunkt von Boileaus Poetik ist die auf DESCARTES zurückgehende Lehre von der *raison* als der höchsten menschlichen Fähigkeit zur Erkenntnis der Wahrheit. Dichtung ist Kult der Wahrheit; denn Wahrheit ist das erste und wesentliche Prinzip der Schönheit. Da die Wahrheit vor allem in der Natur offenbar wird, hat Poesie gewissenhafte Nachahmung der Natur zur Aufgabe, wobei unter Ausschluß des Phantastischen, Burlesken, Preziösen und Emphatischen höchstmögliche Gleichwertigkeit dem Vorbild und Abbild anzustreben ist. Vom Naturalismus unterscheidet sich solche Naturimitation durch eindeutig festgelegte Grenzen: was die »Moral« (*moralité*) oder den »gesunden Menschenverstand« (*bon sens*) schockiert, ist zu vermeiden; individuelle, historische, außergewöhnliche Realität soll als zufällig und vergänglich beiseite gelassen werden. Poesie rechtfertigt sich damit, daß ihr Gegenstand eine gewisse Erhabenheit besitzt und einer wohlerzogenen Gesellschaft zu gefallen vermag. Die Verwirklichung seiner Ideale sieht Boileau in der Antike, deren erwiesene Unsterblichkeit sie als vorbildliches Modell und unerschöpfliche Quelle qualifiziert. Betrachtungen über die Kunst der Römer und Griechen führen zu einer wenn auch etwas mühsamen, so doch das Wesen des Gegenstandes treffenden Transposition des rationalistischen in ein ästhetisches Wahrheitsprinzip.

Was diesem Werk bei seinem Erscheinen sogleich den nötigen Erfolg verlieh, ist seine aggressive Polemik gegen die Literatur von 1630, den preziösen COTIN, den grotesken SCARRON, den emphatischen Guez de BALZAC usw. – einer ganzen Dichtergeneration wird hier der Prozeß gemacht. Auf Grund dieser Herabsetzung der Zeitgenossen zugunsten der Antike wurde Boileaus *Art poétique* Anlaß einer niemals gänzlich beigelegten literarischen Fehde: der »Querelle des anciens et des modernes«, in der mit PERRAULT und FONTENELLE der fortschrittsgläubige, mondäne Rationalismus der Salons gegen den der Renaissance und dem Humanismus verpflichteten Kult der Antike zu Felde zog. Boileaus bis ins 18. Jh. unangetastetes Prestige wurde erst durch die Revolution der Romantik in Frage gestellt: Seine hervorragende Bedeutung für die französische Klassik und damit für die glanzvollste Epoche der französischen Literatur ist unumstritten. I.P.-KLL

AUSGABEN: Paris 1674 (in *Œuvres diverses*). – Paris 1939 (in *Œuvres complètes*, Hg. C. H. Boudhors, 7 Bde., 1934–1943, 2). – Paris 1946, Hg. Ph. van Tieghem [m. Einl.]. – Paris 1955. – Paris 1966 (in *Œuvres complètes*, Hg. F. Escal; Pléiade). – Paris 1969 (in *Œuvres 2*, S. Menant; GF). – Mchn. 1970, Hg. A. Buck [m. Komm.]. – Paris 1985.

ÜBERSETZUNGEN: *Gedanken von der Dichtkunst*, J. A. P. Gries, Hbg. 1745. – *Die Dichtkunst*, P. Lang, Ffm. 1899. – Dass., U. u. H. L. Arnold, Stg. 1967 (RUB).

LITERATUR: A. Albalat, *»L'art poétique« de B.*, Paris 1929. – M. P. Haley, *Racine and the »Art poétique« of B.*, Baltimore 1938. – M. Hervier, *»L'art poétique« de B., étude et analyse*, Paris 1938. – J. Richardson Miller, *B. en France au 18e siècle*, Baltimore 1942. – M. Bonfantini, *»L'art poétique« di B. e i suoi problemi*, Mailand 1957. – J. Brody, *B. et la critique poétique* (in *Critique et création littéraire en France au XVIIe siècle*, Hg. M. Fumaroli, Paris 1977, S. 231–250). – F. Nies, *»Le Français, né malin, forma le vaudeville« und Gattungen zuhauf, die uns B. verschwieg* (in *Frz. Klassik*, Hg. ders. u. K.-H. Stierle, Mchn. 1985, S. 325–342). – A. G. Wood, *Authority and B.* (in *Actes de Baton Rouge*, Hg. S. A. Zebouni, Paris 1986, S. 217–226).

LE LUTRIN

(frz.; *Das Chorpult*). Heroisch-komisches Epos in sechs Gesängen von Nicolas BOILEAU-DESPRÉAUX, erschienen 1674 (Gesang 1–4) und 1683 (Gesang 5 und 6). – Ein literarisches Streitgespräch, bei dem Boileau die Ansicht vertrat, daß auch eine wenig bedeutende Begebenheit Stoff eines Epos sein könne, war der Anlaß zur Niederschrift des amüsanten kleinen Werks, sein Thema eine wahre Geschichte – der Streit zweier geistlicher Würdenträger aus der Provinz –, das Ergebnis eine geistvolle Parodie, die den Eingangsvers der *Aeneis* variierend, mit den Worten anhebt: »*Je chante les combats et ce prélat terrible...*« (»Ich besinge die Kämpfe und jenen furchtbaren Prälaten...«).
In Stil und Aufbau den Regeln des klassischen Epos folgend, besingt Boileau den unseligen Zwist, den Discordia, ihres göttlichen Auftrags waltend, in den Herzen des Kantors und des Schatzmeisters der Sainte-Chapelle entfachte. Letzterem erscheint sie im Traum und offenbart ihm, der Kantor habe sich, während er selbst beim Hochamt friedlich eingeschlummert sei, nach und nach seine Ämter und Würden angemaßt. Außer sich vor Zorn sinnt der Schatzmeister auf Rache. Gilotin, sein treuer Hilfsgeistlicher erinnert ihn daran, daß ehedem ein gewaltiges Chorpult vor dem Platz des Kantors stand und jenen den Blicken der Gläubigen entzog. In der Nacht brechen drei mutige Männer auf, um den schweren Gegenstand wieder an seinen Platz zu rücken. Als bei diesem Unternehmen ihre Lichter verlöschen, werden die Helden in der Dunkelheit von großer Furcht gepackt, während der Kantor angstschlotternd im Traum das Pult wie ein Ungeheuer vor sich aufragen sieht. Er läßt daraufhin das Kapitel einberufen und das Objekt des Streites umwerfen. Nun begibt sich der Schatzmeister empört zum Justizpalast, um den Rat der Sibylle Chicane einzuholen. Die prophezeit ihm den Sieg, freilich erst nach erbitterten Kämpfen. In der bald danach anhebenden Schlacht benutzen die Gegner Bücher als Wurfgeschosse – eine treffliche Gelegenheit für Boileau sich über so manchen Roman, so manche Gedichtsammlung lustig zu machen, die ihm, dem Sachwalter der klassischen Ästhetik tadelnswert erschienen. Nach einer anfänglichen Niederlage des Kantors und seiner Anhänger wendet sich das Blatt. Ariste, ein zweiter Salomon, spricht auf Anraten der Göttin der Gerechtigkeit ein weises Urteil: Der Kantor soll eigenhändig des Pult wieder an die alte Stelle rücken, der Schatzmeister es aber von eben jener Stelle wieder entfernen.

Le lutrin, an die Tradition der literarischen Parodie anknüpfend, (früheres Beispiel: die antike *Batrachomyomachia – Froschmäusekampf*), hat vor allem in England weiter gewirkt (POPE: *The Rape of the Lock – Der Raub der Locke*; SWIFT: *The Battle of the Books – Die Bücherschlacht*). Die satirischen Angriffe Boileaus richten sich auch in diesem Gelegenheitswerk, das durch seinen Witz und die Geschmeidigkeit seiner Verse besticht, in erster Linie gegen den Geschmack des literarischen Barock, seinen überladenen Stil und die Häufung von mythologischen Stoffen. KLL

AUSGABEN: Paris 1674 (Gesang 1–4, in *Œvres diverses*). – Paris 1683 (Gesang 5 u. 6, in *Œuvres diverses*). – Paris 1939 (in *Œuvres complètes*, Hg. Ch. H. Boudhors, 7 Bde., 1934–1943, 2). – Paris 1954, Hg. u. Einl. R. d'Hermies. – Paris 1966 (in *Œuvres complètes*, Hg. u. Anm. F. Escal, Einl. A. Adam; Pléiade). – Paris 1969 (in *Œuvres, 1*, Hg. S. Menant; GF).

LITERATUR: K. Schmidt, *Vorstudien zu einer Geschichte des komischen Epos*, Halle 1953, S. 79–81. – P. Emard u. S. Fournier, *La Sainte-Chapelle du »Lutrin«*, Genf 1963. – H. G. Hall, *Guarini in B.'s »Lutrin«* (in MLR, 60, 1965, S. 17–20). – J. Mellot, *En relisant »Le lutrin«* (in Vie et langage, 21,

1972, S. 649–652). – J. D. Canfielt, *The Unity of B.s »Le lutrin«* (in PQ, 53, 1974, S. 42–58). – W. Calin, ›Querelles de clocher‹ (in *Études de philologie romane et d'histoire littéraire offertes à J. Horrent*, Hg. J.-M. D'Heur u. N. Cherubini, Lüttich 1980, S. 559–564). – M. Edwards *A Meaning of Mock-Heroic* (in Yearbook of English Studies, 15, 1985, s. 48–63).

SATIRES

(frz.; *Satiren*). Verssatiren von Nicolas BOILEAU-DESPRÉAUX, entstanden seit 1657, erschienen seit 1666. – Ein väterliches Erbe ermöglichte Boileau nach dem Studium der Theologie und der Jurisprudenz die Laufbahn eines Literaten. Von Anfang an suchte er Anregung bei den lateinischen Satirikern und bei Mathurin RÉGNIER, auch ist seine ganze erste Schaffensperiode der Satire und der literarischen Parodie gewidmet. – Nach heftigen Angriffen auf CHAPELAIN (seit 1663) und die durch ihn repräsentierte Kultur und Subventionspolitik gewann er Ansehen in liberalen und oppositionellen Kreisen; vor den »Libertins«, die das Lokal »A la Croix-blanche« frequentierten, las er seine Satiren. Er befreundete sich mit dem Skeptiker LA MOTHE LE VAYER, lernte LA FONTAINE und MOLIÈRE kennen und schloß Freundschaft mit dem jungen RACINE.

Anläßlich eines anonymen Druckes, sah er sich 1666 gezwungen, seine bisher nur privat zirkulierenden Satiren (1–7 sowie den 1664 entstandenen *Discours au roi*) zu veröffentlichen, nachdem er ihnen die schärfsten persönlichen Spitzen genommen hatte. Dennoch trugen ihm seine Angriffe die erbitterte Feindschaft der Chapelain, COTIN, QUINAULT, PERRIN u. a. ein; Kritik am Erzbischof von Paris, an den Institutionen des Parlaments, der Justiz und der Universität konnten 1666 noch ein beträchtliches Risiko für die persönliche Sicherheit eines Autors bedeuten. Noch im gleichen Jahr erwiderte ihm Perrin mit dem Pamphlet der *Bastonnade*, es erschienen anonym der *Discours au cynique Despréaux* (vermutl. von Cotin) und die *Satire des satires* (vermutl. von BOURSAULT). 1668 publizierte er die Satiren 8 und 9, um erst zwanzig Jahre später, in der Zeit seiner Parteinahme in der »Querelle des anciens et des modernes« und seiner Auseinandersetzung mit der jesuitischen Kasuistik, diese Dichtungsart wiederaufzunehmen. 1694 erschien Sat. 10, 1701 Sat. 11. Zwischen 1703 und 1706 entstand die 12. Satire, die als eine Art Testament Boileaus religiöse Überzeugung in Anlehnung an AUGUSTINUS und PASCAL zum Ausdruck bringen sollte. Doch der Beichtvater des Königs, Le TELLIER, wußte ihre vom Autor immer wieder erhoffte Publikation zu verhindern. Sie konnte erst in der postumen Ausgabe von 1716 erscheinen.

Schon in den ersten Stücken zeichnen sich die wichtigsten literarischen Qualitäten Boileaus ab: eine realistische, pittoreske Darstellungskraft, sarkastische Beobachtung der zeitgenössischen Verschrobenheiten und Schwächen, Wahrheitsliebe und Humor. In Sat. 1, *Contre les mœurs de la ville de Paris (Gegen die Sitten der Stadt Paris)*, deren Thema bei JUVENAL und Régnier vorgeprägt ist, richtet der Dichter Damon eine bittere Abschiedsrede an die Stadt, in deren korrupter Atmosphäre er nicht länger zu leben gewillt ist. Sat. 6 dagegen, *L'embarras de Paris (Durcheinander in Paris)*, läßt ganz ohne politische Hintergründigkeit aus grotesken Übertreibungen das Bild einer Stadt entstehen, die von früh bis spät von Höllenlärm erfüllt ist, in der Kutschen zusammenstoßen, Straßen verstopft sind und Feuer und Raubüberfälle das Leben der Bewohner bedrohen. In Sat. 3, *Les repas ridicule (Die lächerliche Mahlzeit)*, beschreibt er, wie vor ihm HORAZ und Régnier, mit drastischem Realismus eine geschmacklose, verunglückte Einladung, er spottet aber auch über den Snobismus jenes Gastes, den die Stilwidrigkeiten während des Mahles in tiefster Seele gekränkt haben.

Neben der Kritik an der bürgerlichen Lebensweise wendet sich Boileau früh der Typensatire zu, wobei man auf eine Übereinstimmung mit Molière schließen darf. Im Gegensatz zum vorherrschenden Rationalismus entfaltet er in der 1664 entstandenen Sat. 4 das Thema der menschlichen Dummheit, die sich im Geizigen, im Verschwender, im Spieler, im Pedanten und im Frömmler manifestiert. Boileau entwickelt diese Gedanken weiter in Sat. 8, einer strengen Anklage beinahe ohne ironische Tönung. Er verurteilt die Habgier des Menschen und seinen Ehrgeiz, der die Rasereien und kriegerischen Zerstörungen eines Alexander hervorgerufen hat; er verhöhnt sein nur oberflächlich zuvilisiertes Wesen, denn, »*der Mensch ist nur ein Tier*«. Sat. 5, wiederum stark von Juvenal beeinflußt, erkennt in Tüchtigkeit und Anstand des Herzens den wahren Adel, während die verstaubten Pergamente, Siegel und Wappen einer degenerierten Klasse nur den Spott des Autors finden.

Größte Originalität und sprachlichen Witz entfaltet Boileau in der literarischen Satire, deren Gattung er in Frankreich mit seinen Angriffen auf zeitgenössische Autoren im wesentlichen erst geschaffen hat. In Sat. 2, die Molière gewidmet ist, verspottet er bequeme Verseschmiede und Schnellschreiber wie PELLETIER und SCUDÉRY. Auch in Sat. 3 findet er Gelegenheit zu literarischen Attacken. Denn hier verteidigen ausgesprochene Dummköpfe zweitrangige Autoren wie Quinault und Chapelain gegen den Dichter des *Alexandre*, gegen Racine. In Sat. 7, die mit »*Muse, changeons de sytle...*« einsetzt (sie ist als 4. Satire entstanden), verteidigt Boileau die satirische Gattung; er verhöhnt die Lobredner des Königs, die auf diese Weise auf Chapelains Gratifikationsliste gelangen wollen. Mit den Argumenten seiner Gegner setzt er sich in Sat. 9 auseinander. Der Geist des Satirikers erscheint hier als Angeklagter, doch dieser weiß die literarische Kritik von der üblen Nachrede zu trennen und verteidigt die Genialität seines wahren Kunstwerks gegen kleinliche Zensoren; »*En vain contre le Cid un ministre se ligue / Tout Paris pour*

Chimène a les yeux de Rodrigue« (*»Vergebens beginnt ein Minister eine Verschwörung gegen den Cid, ganz Paris hat für Chimène die Augen Rodrigos«*). Abschließend erfolgt eine Apologie der satirischen Gattung, die, an Neuheiten reich, das Scherzhafte mit dem Nützlichen vereint.
In den späten Satiren kommt noch einmal der Moralist und schließlich der Anhänger der Jansenisten zu Wort. Sat. 10 (nach Juvenal) kritisiert die Laster der Frauen. Einem jungen, heiratswilligen Mann hält der Dichter die abscheulichen Porträts der Ehrlosen, der Koketten, der Geizigen, der Streitsüchtigen, der »gelehrten Frau«, der Bigotten und der Gottlosen entgegen. In Sat. 11 wird die falsche, von der Welt gesuchte Ehre der wahren Ehre, die sich nur aus einem gerechten Verhalten ergibt, gegenübergestellt. Boileaus letztes Werk, Sat. 12, ist eine kraftvolle Diatribe gegen die *Zweideutigkeit* (*L'équivoque*), die nicht nur den Dichter zu preziösem, unnatürlichem Sprechen verlockt, sondern auch vom Sündenfall an über Sintflut, Götzenverehrung und Tötung Christi bis hin zu den Häresien und Religionskriegen der neueren Zeit alles Übel in der Welt verschuldet hat. Boileaus christliche Geschichtsbetrachtung endet, in starker Anlehnung an Pascals *Provinciales*, mit einem Angriff auf die Kasuisten, die seiner Meinung nach die christliche Moral und die wahre Gottesliebe unterhöhlen.
Boileaus besondere Begabung war es, seine kritischen Beobachtungen immer wieder in einprägsame, treffende Formeln zu kleiden. Es muß seine Bedeutung nicht herabsetzen, wenn festgestellt wird, daß seine Alexandriner, die er an klassischen Vorbildern schulte, trotz exakter Durchformung und unermüdlicher Verbesserung nicht die Qualität der Verse eines Molière oder Racine erreichen.

J. Ze.

AUSGABEN: Paris 1666 *(Satires I–VII)*. – Paris 1668 *(Satires I–IX)*. – Paris 1694 *(Dialogue ou Satire X)*. – Paris 1701 *(Satire XI in Œuvres diverses)*. – Paris 1716 *(Satire XII, in Œuvres complètes*, 2 Bde.). – Paris 1906, Hg. F. Lachèvre. – Paris 1932, Hg. A. Cahen [krit]. – Paris 1950 *(Satires et épîtres)*. – Paris 1966 (in *Œuvres complètes*, Hg. u. Anm. F. Escal, Einl. A. Adam; Pléiade). – Paris 1969 (in *Œuvres, 1*, Hg. S. Menant; GF). – Paris 1985.

LITERATUR: E. Talbert, *B. et la satire contre les femmes* (in Lettres Chrétiennes, 4, 1881, S. 353–370). – G. Russo-Hugony, *Sulla poesia satirica di B., saggio critico*, Palermo 1884. –K. Draeger, *»Le triomphe de Pradon«. Eine Kritik des »Discours au roi« und der drei ersten Satiren B.-D.'*, Diss. Greifswald 1886. – A. Millet, *Choses en passant. Variation sur les douze satires de B.-D.*, Lyon 1886. – E. Delaplace, *Les satires de B., avec un commentaire manuscrit de Le Verrier et des notes autographes de D.*, Paris 1894. – J.-B. Béchet, *Examen de la VIIIe satire de B. sous le rapport du style*, Paris 1901. – D. Englander, *La Xe satire de B. comparée à la VIe de Juvénal*, Bln. 1904. – É. Faguet, *Discours sur l'honneur (XII)* (in É. F., *En lisant les beaux vieux livres*, Paris 1912). – M. Des Ombiaux, *L'esthétique de la table ou La IIIe satire de B.* (in Vie Intellectuelle, 1. 1. u. 1. 2. 1924). – F. Vandérem, *Une énigme concernant l'édition des satires de B.* (in Bulletin Bibliophile, 1928, S. 451–453). – Ch. Bruneau, *Explication de B. Satire I*, Paris 1941. – E. B. O. Borgerhoff, *B. Satirist animi gratia* (in RomR, 43, 1952, S. 241–255). – S. W. Tiefenbrun, *B. and His Friendly Enemy* (in MLN, 91, 1976, S. 672–697). – U. Schulz-Buschhaus, *B.s ›Reaps ridicule‹* (in RJb, 32, 1981, S. 69–91). – B. Bray, *Le classicisme de B.* (in DSS, 36, 1984, S. 197–218).

TRAITÉ DU SUBLIME

(frz.; *Über das Erhabene*). Literaturästhetischer Traktat von Nicolaus BOILEAU-DESPRÉAUX, entstanden um 1667, erschienen 1674. – Boileaus Traktat, ist eine Übersetzung der lange Zeit dem Cassius LONGINUS zugewiesenen Schrift *Peri hypsus*, die nach neueren Forschungen von einem unbekannten griechischen Autor des 1. Jh.s n. Chr. stammt. Unter Berufung auf die klassischen Vorbilder fordert dieser die Verbindung von gedanklicher Größe und echtem Pathos, sichtet die Kunstmittel des erhabenen Stils und erörtert den richtigen Gebrauch der Redefiguren. Der Text war im Zeitalter des Humanismus wiederentdeckt (Erstdruck Basel 1554) und zu Beginn des 17. Jh.s wiederholt ins Lateinische übersetzt worden (Gabrielle dalla PIETRA, 1612, G. LANGBAINE, 1636, PIZZIMENTI, 1644); 1663 hatte der französische Gräzist Tanneguy LEFEBVRE eine Neuausgabe veranstaltet.
Boileaus Longinusübersetzung und sein ebenfalls 1574 erschiener *Art poétique* sind als polemische Stellungnahmen zu verstehen. Mit ihrer Veröffentlichung erreicht die Kontroverse um die Vorbildgeltung der antiken Literatur, in der Literaturgeschichte als »Querelle des anciens et des modernes« bekannt, einen ersten Höhepunkt. Literarische Ausgangsposition war die Diskussion um den Vorrang des Französischen und die Wertgeltung einer christlich-nationalen Epik, deren Ansprüche Boileau mit Entschiedenheit zurückgewiesen hatte. Unter dem Einfluß der Académie de Lamoignon vertrat er die Idealvorstellungen einer humanistisch gebildeten Elite. Sein Verdikt über die Salons und die dort kultivierte preziös-galante Literatur wendete sich vor allem gegen die romanesken Modeströmungen in den Werken eines Théophile de VIAU, d'ASSOUCY, SAINT-AMANT, BRÉBEUF. Eine Auswahl der antiken Autoren könnte einen Kanon geben für die Qualitäten, die man bei der Mehrzahl der Zeitgenossen vermisse: Stilreinheit, Größe und Erhabenheit der Darstellung. Boileaus mit apodiktischer Selbstsicherheit vorgetragene Literaturtheorie, seine Ungeduld und Entrüstung forderten den Widerspruch der betroffenen Kreise heraus. Mit Charles PERRAULTs Akademievortrag *Le siècle de Louis XIV* (1687) und seinen *Parallèles des an-*

ciens et des modernes (1688–1697), in denen er die These von der Überlegenheit der Moderne über die antike Literatur aufstellte, trat die Kontroverse in ein neues Stadium. Sein respektloser Umgang mit einer alten Bildungstradition und die Ablehnung des humanistischen Führungsanspruchs riefen heftigen Widerspruch hervor. Boileau antwortete mit den *Réflexions critiques sur quelques passages du rhéteur Longin* (1693). Bald danach kam es jedoch zu einer Einigung; der Streit wurde beigelegt.

Zu jeder Phase der langjährigen Auseinandersetzung hat der Traktat des Longinus Wesentliches beigetragen. Durch ihn war Boileau der Zugang zu HOMER und den griechischen Tragikern eröffnet worden. Seine Forderung nach Kraft des Wortes, Größe und Erhabenheit der Darstellung sowie das von ihm entwickelte Prinzip der Stilreinheit implizieren eine Verwerfung der von den Italienern entwickelten Stilmischung. Alles konvergiert in dem Bemühen, die zeitgenössische Dichtung aus dem Geist einer in der Antike ausgebildeten literarischen Tradition zu erneuern. Die schlichte Größe, die Boileau im Anschluß an den antiken Rhetor für jede große Dichtung fordert, entspricht den Idealvorstellungen, um deren Verwirklichung die französische Klassik bemüht war. Der anschließende Streit um die normative Geltung der antiken Literatur wurde durch die ungeduldige Entrüstung, um nicht zu sagen schulmeisterliche Pedanterie ausgelöst, mit der Boileau seinen extremen sprachlichen Purismus durchzusetzen versuchte. Die an sich berechtigte Infragestellung bisher für unerschütterlich angesehener Leistungen wurde von ihm als provokatorische Entwertung feststehender Geschmacksnormen und als ein Zeichen mangelnder Kompetenz abgetan. Demgegenüber darf aber nicht übersehen werden, daß mit dem Angriff auf die Vorbildgeltung der antiken Literatur und dem daraus abgeleiteten Prinzip der Imitatio eine der grundlegenden Voraussetzungen der französischen Klassik erschüttert wurde und ein neues Jahrhundert sich ankündigte. K.Rei.

AUSGABEN: Paris 1674 (in *Œuvres diverses*). – Paris 1788 (in *Œuvres*). – Turin 1965 (in *B. Les réflexions sur Longin et pages choisies de toute son œuvre*, Hg. M. Bonfantini u. S. Zoppi). – Paris 1966 (in *Œuvres complètes*, Hg. F. Escal; Pléiade). – Paris 1969 (in *Œuvres*, 2, Hg. S. Menant; GF).

LITERATUR: H. Gillot, *La querelle des anciens et des modernes en France de la »Défence et illustration de la langue française« aux »Parallèles des anciens et des modernes«*, Nancy 1914. – A. Adam, *La querelle des anciens et des modernes* (in A. A., *Histoire de la littérature française au 17e siècle*, Bd. 5, Paris 1956, S. 80 ff). – J. Brody, *The Date of B.'s »Traité du sublime«* (in RomR, 48, 1957, S. 265–274). – Ders., *B. and Longinus*, Genf 1958. – H. M. Davidson, *The Literary Arts of Longinus and B.* (in Studies in Seventeenth-Century French Literature, Ithaca 1962, S. 247–264). – H. Kortum, *Ch. Perrault u. N. B. Der Antike-Streit im Zeitalter der klassischen frz. Literatur*, Bln. 1966. – K. Spang, *Grundlagen der Literatur- und Werberhetorik*, Kassel 1987.

ARRIGO BOITO

* 24.2.1842 Padua
† 10.6.1918 Mailand

OTELLO

(ital.; *Othello*). Opernlibretto von Arrigo BOITO, für die Musik von Giuseppe VERDI (1813–1901), Uraufführung: Mailand, 5. 2. 1887, Teatro alla Scala; deutsche Erstaufführung: Hamburg 1888. – Unter dem Anagramm Tobia Gorrio gehörte Boito zu den Führern der romantischen Mailänder Dichtergruppe, die sich »Scapigliati« (die Entfesselten, Zügellosen) nannte, eine Bezeichnung, die auf den verspäteten Sturm und Drang dieser Generation durchaus zutraf. (Beispielsweise hat sich Boito mit VERGA wegen musikalischer Meinungsverschiedenheiten duelliert.) Arrigo Boito, ein ebenso hervorragender Kenner DANTES wie SHAKESPEARES, setzte sich erfolgreich für eine Renaissance des italienischen Theaters ein, wobei ihm nicht nur sein persönlicher Einfluß, sondern auch sein Liebesverhältnis mit Eleonora Duse zugute kam. Schließlich wurde er ein begeisterter Parteigänger WAGNERS (u. a. übersetzte er dessen *Rienzi* und *Tristan und Isolde* ins Italienische), der ihm in dem *Brief an einen italienischen Freund* anläßlich der Aufführung des *Lohengrin* in Bologna (7. 11. 1871) hohes Lob spendete. Auch als Komponist machte sich der begabte Dramatiker einen Namen: Seine Oper *Mefistofele* (nach GOETHES *Faust*) fiel zwar bei der Premiere in Mailand (1868) durch, wurde aber später ein Welterfolg.

Verdi hatte Boito bereits 1863 in Paris kennengelernt, konnte ihn jedoch erst nach dem Erfolg der *Aida* (1871) zu seinen Anhängern zählen. Zu einem engeren Kontakt kam es 1879, als Verdis Verleger Ricordi den Dichter für eine Bearbeitung des revisionsbedürftigen *Simone Boccanegra* vorschlug. In der Freundschaft zwischen Verdi und Boito gab es später manche Krisen, die jedoch dank der Uneigennützigkeit des Dichters jedesmal rasch überwunden wurden. Später bekannte Boito: »*Die größte Genugtuung meines Lebens als Künstler wie als Mensch war es, Verdi zu dienen.*« Und er hatte ihm gedient, indem er die Libretti für *Otello* und *Falstaff* schrieb, die beiden überragenden Alterswerke Verdis, dessen scheinbar unerschöpfliche Inspiration nach der *Aida* fünfzehn Jahre lang versiegt war. (Diese sehr unterschiedlich gedeutete Schaffenspause griff Franz WERFEL als Motiv für seinen Roman *Verdi*, 1924, auf.)

In seinem *Otello* hat Boito die Handlungsverwicklung des Shakespeare-Dramas auf wenige entscheidende Szenen reduziert, den ersten Akt der Tragödie – und damit die Exposition – gestrichen, wodurch die Ereignisse weniger als Folge plausibler Motive und menschlicher Anfechtbarkeit, sondern vielmehr als Walten eines unabänderlichen Schicksals erscheinen. Der auf die verschiedenste Weise interpretierte Jago Shakespeares ist in der Oper endgültig zum »*Herrn der Finsternis*« geworden. »*Wenn alles mit rechten Dingen zugegangen wäre, so hätte Jago die Hahnenfeder, das rote Wams und den Pferdefuß als die ihm zukommenden Attribute jedes ordentlichen Theaterteufels erhalten*« (M. Kalbeck). Durch solche konzeptionellen Verschiebungen entstand eine Tragödie (als Titel war ursprünglich *Jago* vorgesehen), die weit mehr ist als nur ein Aufguß der Vorlage. Wie stets, hat Verdi auch an diesem Libretto mitgearbeitet: Die Sturmszene, Othellos ersten Auftritt und das große Liebesduett am Ende des ersten Akts schrieb Boito auf Verdis Anregung, auf die auch andere Höhepunkte – das *Credo* Jagos, Desdemonas Auftritt im zweiten Akt und die gesamte Dramaturgie des letzten Akts – zurückgehen. Andererseits sah sich Verdi dank Boitos sicherem Dialogentwurf bei der Komposition von allen Textproblemen befreit – eine ideale Zusammenarbeit also, die sich im *Falstaff* (1893) erneut glänzend bewährte.

Besonders bemerkenswert ist, daß Boito bei seinen Shakespeare-Bearbeitungen nicht in den Fehler vieler Librettisten verfiel, die Eigengesetzlichkeit des Schauspiels auf die Opernbühne übertragen zu wollen. So war der Weg zu einem eigenständigen Kunstwerk frei, das Verdi nicht zuletzt dadurch schuf, daß er einen großen Teil dessen, was Boito mit Rücksicht auf die Dramaturgie der Oper streichen mußte, in die Musik eingehen ließ. Es ist ein Kuriosum, daß ausgerechnet Richard STRAUSS dies nicht wahrhaben wollte und in seinem »künstlerischen Testament« (Brief an Karl Böhm) *Otello* und *Falstaff* als nicht aufführungswürdige Werke bezeichnete. R.Kn.

AUSGABEN: Mailand 1887. – Mailand 1940. – Mailand 1979 (in *Opere*, Hg. M. Lavagetto; Ausw.).

ÜBERSETZUNGEN: *Othello*, M. Kalbeck, Bln. 1887. – Dass., ders., Mailand/Bln. o. J. [1890]. – Dass., K. Pahlen, Mchn./Mainz 1980 [ital.-dt.].

LITERATUR: M. Kalbeck, *Opernabende*, Bd. 2, Bln. 1898. – J. Huneker, *Verdi and B.*, NY 1928. – A. Luzio, *Carteggi verdiani*, 4 Bde., Rom 1935–1947. – W. Pöschl, *A. B., ein Vertreter der ital. Spätromantik*, Bln. 1939. – P. Nardi, *Tutti gli scritti di A. B.*, Verona 1942. – Ders., *Vita di A. B.*, Verona 1942; ern. 1944. – K. Holl, *G. Verdi*, Bln. 1943. – M. Vajro, *A. B.*, Brescia 1955. – F. Abbiati, *G. Verdi*, Mailand 1959. – F. Walker, *The Man Verdi*, Ldn. 1962. – *Il carteggio Verdi – B.*, Hg. M. Medici u. a., Parma/Busseto 1982 (vgl. dt. *G. Verdi u. A. B. : Briefwechsel*, Hg. H. Busch, Ffm. 1987). – G. Da Pozzo, »Otello« *fra Verdi e B.* (in *Belfagor*, 38, 1983, S. 129–154).

JOHAN BOJER

* 6.3.1872 Orkdal (Trondheim)
† 3.7.1959 Oslo

LITERATUR ZUM AUTOR:
C. Gad, *J. B. En studie*, Kopenhagen 1917. – P.-G. la Chesnais, *J. B., sa vie et ses œuvres*, Paris 1930 (norw. *J. B. Hans liv og verker*, Oslo 1932). – T. Urban, *J. B. Ein norwegischer Romandichter der Gegenwart*, Diss. Wien 1937. – T. Raeder, *J. B. og heimbygda Rissa. Liv og diktning*, Oslo 1972. – C. Glad, *J. B. The Man and His Work*, NY 1974. – E. Beyer, *Norges litteraturhistorie*, 6. Bde., 4, Oslo 1975, S. 345–354. – H. S. Næss, *Norwegian Literary Bibliography 1956–1970*, Oslo 1975. – A. K. Elstad, *J. B. – gjensyn* (in *Forfatternes litteraturhistorie*, Hg. K. Heggelund u. a., 4 Bde., 3, Oslo 1981, S. 175–183).

FOLK VED SJØEN

(norw.; *Ü: Volk am Meer*). Roman von Johan BOJER, erschienen 1929. – Das Werk erzählt von dem harten Leben der an der zerklüfteten, rauhen Westküste Norwegens lebenden Bevölkerung. Als landschaftliches Vorbild dient Bojers Heimat in Trøndelagen. Auch die Handlung enthält – obwohl die Hauptgestalten frei erfunden sind – unverkennbar autobiographische Züge. Dabei vermochte der zur Entstehungszeit des Romans bereits über die Grenzen seines Landes hinaus bekannte Autor die bitteren Jahre seiner Jugend, die er bei fremden, minderbemittelten Leuten verbrachte, durchaus mit Abstand zu betrachten.

Paal und Lisbet Flata, die in ihrer Fischerhütte in großer Armut leben, müssen außer ihren eigenen drei Kindern auch noch den kleinen hustenden Martin, den verwaisten Sohn von Lisbets Bruder, großziehen. Da scheint sich wie durch ein Wunder das armselige Dasein der braven Leute zu ändern: Peter Norset, Erbe eines Großbauernhofes, wirbt um die älteste Flata-Tochter und heiratet sie. Doch schon bei der Hochzeit kündet sich das kommende Unheil an. Die Verwandten des Mannes machen der jungen Frau das Leben zur Hölle, so daß sich Peter sein Erbteil auszahlen läßt, um einen anderen Besitz zu erwerben. Aber er hat den Kopf voller phantastischer, unrealisierbarer Ideen. Der Versuch, im Süden des Landes Fuß zu fassen, scheitert an verschiedenen Fehlspekulationen, und eine Bürgschaft bringt sogar die alten Flatas um ihre einzige Kuh. Dennoch nehmen sie das junge Paar in ihrer engen Behausung auf, bis Peter schließlich Häusler auf dem Grund seiner jüngeren Brüder wird. Niemals wird es ihm gelingen, seine kümmerliche wirtschaftliche Lage zu verbessern; ebensowenig wird er aber die anmaßende Haltung ablegen, die soviel Unglück über seine Familie gebracht hat.

Auch dieser Roman Bojers ist vom Dialekt Trøndelagens gekennzeichnet, der vor allem in den Dialogen durchdringt und dem Werk seine Wirklichkeitsnähe und seine besondere Atmosphäre verleiht. Trotz der ausgeprägten Realistik der Handlung fehlt es jedoch nicht an symbolischen Überhöhungen. – Die eindringliche Gestaltungskraft Bojers verhalf dem Roman in Skandinavien zu einem beachtlichen Erfolg. Er wurde auch in mehrere Sprachen übersetzt. F.W.V.

AUSGABEN: Oslo 1929. – Oslo 1974.

ÜBERSETZUNG: *Volk am Meer*, J. Sandmeier u. S. Angermann, Mchn. 1930.

DEN SISTE VIKING

(norw.; *Ü: Der letzte Wiking*, auch: *Die Lofotfischer*). Roman von Johan BOJER, erschienen 1921. – Jeden Winter fahren die Männer eines kleinen Dorfes an der kargen norwegischen Westküste mit ihren Booten nordwärts zu den Lofoten, um dort beim Fischfang ihr Glück zu versuchen. Den unbändigen Kräften der Natur ausgeliefert, müssen die Fischer ihr Leben aufs Spiel setzen, um wenigstens den notdürftigsten Lebensunterhalt für sich und ihre Familien zu verdienen. Voller Bangen sehen inzwischen die zuhause gebliebenen Frauen und Kinder der Rückkehr der Lofotboote entgegen: Werden alle Männer zurückkommen, oder wen hat diesmal das Meer verschlungen? Jedes Jahr hoffen diese Menschen erneut auf einen großen Fang, der sie endlich der bittersten finanziellen Sorgen enthöbe. In manchen Jahren werden die Fischer auch nicht enttäuscht, aber von dem Erlös bleibt kaum etwas übrig, wenn die Schulden bezahlt sind, und ist in den folgenden Jahren der Fang wieder weniger ergiebig, müssen sich die armen Fischer aufs neue in Schulden stürzen. Es besteht kaum eine Chance, aus diesem Teufelskreis auszubrechen.

Kristaver Myran fährt dieses Jahr erstmals mit eigenem Boot aus, und zum erstenmal darf sein ältester Sohn Lars mit zu den Lofoten. Marja, Kristavers Frau, war im Binnenland aufgewachsen »*und an der See fühlte sie sich heute noch ebenso unglücklich wie am ersten Tage*«. Siebzehn Jahre ist sie mit Kristaver verheiratet, der »*noch immer der stattlichste Kerl im ganzen Kirchspiel*« ist, »*aber den größten Teil des Jahres schlug er sich mit Meer und Sturm herum, und seinetwillen lebte sie da draußen im Sturm am kahlen Strande, er erfüllte ihr Gemüt mit Angst und Unwetter in langen Winternächten, so daß sie manches Mal drauf und dran war, die Flucht zu ergreifen*«. – Die Fischer haben diesmal viel Glück: Sie finden einen reichen Kabeljauschwarm. Doch Kristavers Boot kentert im Sturm, aber die Besatzung kann bis auf Kaneles, der so gern Mädchen »konfirmierte«, von dem tollkühnen Jakob »Schwerenot« gerettet werden. Im Augenblick des Kenterns hat Kristaver auch den Fehler an seinem Boot erkannt. Es kann geborgen werden, und jetzt hat er es gezähmt und ist endgültig mit ihm vertraut. Nachdem Kristaver Jahre später – inzwischen ist Lars, der Älteste, von seinem Bruder Oluf abgelöst worden und geht aufs Lehrerseminar, Lars, der nach Amerika auswandert, wiederum von Torsten – auf den Lofoten gestorben ist, verkauft die Mutter das Boot und zieht mit den übrigen Kindern ins Landesinnere zurück. Doch ihre Heimat ist für die Kinder Fremde: Eines nach dem anderen zieht fort; die einen gehen nach Amerika, die anderen zur See. Doch dort hat sich jetzt die moderne Technik durchgesetzt. Die mit Segeln augerüsteten Fischkutter werden immer mehr von Motorbooten verdrängt.

Eindringlich schildert der Autor das harte und entbehrungsreiche Leben der Lofotfischer, wie er es teils aus eigener Erfahrung kannte. Die einzelnen Personen, zum Teil amüsante Originale, sind äußerst individuell gezeichnet. Die bisweilen an den Ton der altnorwegischen Saga gemahnende Diktion mag wesentlich dazu beigetragen haben, daß Bojer mit diesem Buch – neben *Vor egen stamme*, 1924 *(Die Auswanderer)* – im Ausland den größten Erfolg hatte. R.D.P.

AUSGABEN: Kristiania 1921. – Oslo 1926. – Oslo 1927 (in *Samlede verker*, 8 Bde., 4). – Oslo 1942 (in *Samlede romaner*, 5 Bde.). – Oslo 1972. – Stockholm 1979.

ÜBERSETZUNGEN: *Die Lofotfischer*, E. v. Hollander, bearb. J. Sandmeier u. S. Angermann, Mchn. 1923. – Dass., dies., Ffm. 1955 (FiBü). – Dass., dies., Mchn. 1958. – *Der letzte Wiking*, dies., Bln./DDR 1965.

LITERATUR: P. Levin, *J. B.s »Den siste viking«* (in Tilskueren, 1927, Nr. 1, S. 215 ff.). – T. Thorsten, *På B.s litterære Lofothav. Litt om strukturen i »Den siste viking«* (in *Norsk litterær arbok*, Hg. L. Mæhle, Oslo 1974, S. 11–24).

DEN STORE HUNGER

(norw.; *Ü: Der große Hunger*, auch: *Das große Sehnen*). Roman von Johan BOJER, erschienen 1916. – Per Holm, der Held des Romans, wächst bei einer armen Fischerfamilie auf. Er ist der uneheliche Sohn eines Offiziers, der großzügig auch die finanziellen Mittel zu einer angemessenen Ausbildung des illegitimen Sohnen bereitzustellen gewillt ist, indes kurz nach der ersten Begegnung mit ihm, der gerade im Konfirmationsalter ist, tödlich verunglückt. Jetzt muß Per erfahren, daß er seinen verstorbenen Vater nur seinen »Wohltäter« nennen und dessen Familiennamen nicht gebrauchen dürfe und außerdem der zur Verfügung gestellte Geldbetrag nicht für ein Studium reiche und auch erst nach beendeter Lehrzeit ausbezahlt würde.

Nach einem strengen Winter als Lofotfischer wird Per auf den Rat seines Freundes Klaus Broch hin Schmied in der Maschinenfabrik von dessen Onkel.

Aber er möchte es weiter bringen, er will Ingenieur werden. »*Und wenn es auch viele, viele Jahre dauern würde – eines schönen Tages wollte er auf gleicher Stufe mit den feinen leuten stehen und sich rächen.*« Unter großen Entbehrungen studiert er in seiner Freizeit. Eines Tages erinnert er sich daran, daß er eine Halbschwester, Lovise Hagen, hat, der es mindestens genauso schlecht erging wie ihm selbst, und er lädt sie ein, bei ihm zu wohnen. In geschwisterlicher Eintracht und gegenseitiger Fürsorge leben die beiden in ihrer kärglichen Kammer zusammen, Per schafft die Aufnahmeprüfung für die Technische Hochschule, doch da stirbt Lovise an Diphtherie. Für Per bricht die Welt zusammen, und er sagt sich endgültig von seinem Kinderglauben los. – Auf der Hochschule lernt er seinen legitimen Halbbruder Ferdinand Holm kennen, der sich wegen seiner unkonventionellen Ansichten mit seiner Familie überworfen hat und seine Bekanntschaft sucht, und die beiden finden in ihrer emphatischen Fortschrittsgläubigkeit zueinander und werden Freunde. Nach Abschluß seines Studiums folgt Per Klaus und Ferdinand nach Ägypten, arbeitet dort an einem großen Staudamm, später an einem Eisenbahnprojekt in Abessinien und kehrt schließlich als reicher Mann zurück, voll Sehnsucht nach einem stillen Glück in der Geborgenheit eines Zuhause. Er lernt die Kaufmannstochter Merle Uthoug kennen. Sie heiraten, und Per kauft von seinem Schwiegervater das große Gut Loreng.

Doch bald packt ihn wieder, nach dem Besuch seiner Freunde Ferdinand und Klaus, das »Stahlfieber«, und er vernachlässigt darüber seine Familie. Bei einem Stromregulierungsprojekt in Norwegen investiert er sein Vermögen und das seiner Schwiegereltern, und nun trifft ihn ein Mißgeschick nach dem anderen: Die große Summe, die er in ein Kanalisationsprojekt Ferdinands gesteckt hat, geht verloren, sein eigenes Unternehmen wird ein Mißerfolg. Durch die Erfindung einer neuartigen Mähmaschine versucht er den endgültigen Bankrott abzuwenden, doch die entwickelte Maschine hat noch einen kleinen Mangel. Ihn zu beheben, überanstrengt er sich derart, daß er schwer erkrankt, und als ihm schließlich doch die rettende Idee kommt, ist es zu spät: Ein Amerikaner ist ihm zuvorgekommen. Loreng ist längst versteigert worden, und die Familie fristet weiter oben im Norden ein kärgliches Kätnerdasein. Schließlich müssen sie, um wenigstens den Kindern eine bessere Zukunft zu sichern, die beiden Ältesten einer reichen kinderlosen Tante von Merle überlassen, während das Kleinste vom Hund eines mißgünstigen Nachbarn getötet wird. Als dieser jedoch in Not ist, sät Per auf dessen Acker heimlich Gerste an, die er selbst kaum entbehren kann. Er »*tat es nicht um Christi willen*«, sondern in der Erkenntnis, »*daß der Mensch das Göttliche im Himmel und auf Erden selbst schaffen muß, das ist es, womit er über die tote Allmacht im Universum triumphiert... Der Mensch muß sich erheben und besser sein als die blinden Mächte, die seine Wege lenken, mitten im Unglück muß er dafür sorgen, daß das Göttliche nicht stirbt.*«

Hatten Bojers frühere Werke oft eine betont sozialkritische Tendenz, so tritt dieses Moment in der Zeit des Ersten Weltkriegs in den Hintergrund gegenüber der Verkündigung humaner Ideen und einer konfessionslosen Religion, die literarisch zu realisieren dem Autor in *Den store hunger* zweifellos am gültigsten gelungen ist. Vor allem in England und Amerika, aber auch in Deutschland, wurde dieser Roman zu einem Bestseller. R.D.P.

AUSGABEN: Kristiania/Kopenhagen 1916. – Kristiania/Kopenhagen 1917 (in *Romaner og fortællinger*, Bd. 3). – Oslo 1927. – Oslo 1927 (in *Samlede verker*, 8 Bde., 3). – Oslo 1942 (in *Samlede romaner*, 5 Bde.).

ÜBERSETZUNGEN: *Das große Sehnen*, J. Koppel, Bln./Wien 1918. – *Der große Hunger*, dies., bearb. J. Sandmeier u. S. Angermann, Mchn. 1926.

LITERATUR: C. Wandrey, *Das epische Werk J. B.s* (in Die Zeitwende, 1, 1925, S. 536–543).

BO JUYI

auch Bo Xiangshan
* 772
† 846

BO XIANGSHAN SHIJI

(chin.; *Gesammelte Gedichte des Bo Juyi*). Sammlung aller erhaltenen Gedichte von BO JUYI. – Der Autor ist einer der produktivsten und meistgelesenen Poeten aus der Epoche der Tang-Dynastie (618–907), der Blütezeit der chinesischen Dichtung. Die von WANG LIMING kompilierte und 1702 veröffentlichte Sammlung enthält 2900 Gedichte, die zum größten Teil den *Boshi Changqing ji (Gesammelte Schriften des Bo Juyi)* – herausgegeben 824 von YUAN ZHEN, dem Gesinnungsfreund des Dichters – entnommen sind.

Nach der Biographie in den beiden offiziellen Dynastiegeschichten der Tang-Zeit (*Jiu Tangshu*, Kap. 166 bzw. *Xin Tangshu*, Kap. 119) entstammte Bo einer armen Familie in Rongyang, Provinz Henan. Früh begabt, dichtete er bereits im Alter von fünf Jahren. Nach dem erfolgreich abgelegten Staatsexamen (*jinshi*) wurde er 807 Mitglied der Literatenakademie und 808 Zensor, später aber wegen kritischer Äußerungen vor dem Kaiser nach Xunyang am Yangzi strafversetzt; bald rehabilitiert, setzte er seine Beamtenkarriere als Bearbeiter kaiserlicher Staatsschreiben (820), Präfekt von Hangzhou (822) und Suzhou (825) fort, bis er schließlich als Justizminister 842 in den Ruhestand trat. – Zusammen mit HAN YU (768–824), dessen

Ruhm als Prosaschriftsteller seine dichterische Leistung allerdings überschattete, brachte Bo Juyi die nach LI TAIBO (LI BO, 701–763) und DU FU (712–770) zeitweilig in erstarrte Formen geratene Tang-Dichtung erneut zu höchstem Glanz. Doch im Gegensatz zu Han Yu, der das Klischeehaft-Verflachte der zeitgenössischen Dichtung durch Vertiefung des gedanklichen Inhalts und Neuprägung von verfeinerten sprachlichen Wendungen vermied, zeichnete sich Bo Juyi gerade durch einen leichtverständlichen, schlichten Stil aus. Diesen charakterisiert eine immer wieder zitierte Anekdote, derzufolge Bo jedesmal, wenn er ein Gedicht konzipiert hatte, es einer Greisin vortrug und fragte, ob sie es verstanden habe; sagte sie darauf ja, so schrieb er es nieder, sagte sie nein, dann brachte er Änderungen an. Zweifellos hat seine volksnahe Sprache entscheidend zu seiner außerordentlichen Popularität beigetragen, die sich in zahlreichen Anekdoten widerspiegelte und schon während der Tang-Zeit bis nach Japan und Korea drang. Seine Gedichte teilte er selbst nach inhaltlichen Kriterien in vier Kategorien ein, die auch als Kapitelüberschriften seiner Sammlung dienen: Parabeln, Mußestunden, Gemütsbewegungen, Verschiedenes. Als pflichtbewußter, politisch engagierter Dichter hielt er die Parabeln, mit denen er Kritik an der Gesellschaft seiner Zeit übte, für die wichtigsten seiner Werke. So motivierte er im Vorwort zu der 809 herausgekommenen Parabelsammlung *Xin yuefu* (Neue Lyrik) sein Schaffen: »Ich habe um des Herrschers, der Staatsdiener, des Volks, des Gegenstands und der Sache willen, nicht um der Dichtung willen gedichtet.« Auch forderte er, daß »die Prosastücke zeitrelevant verfaßt, die Lieder und Gedichte sachbezogen geschrieben werden müssen«. Doch machen seine bisweilen sehr aggressiven Parabeln nur etwa ein Zwanzigstel seines Werks aus und sind keineswegs die beliebtesten seiner Gedichte; und er selbst beklagt sich darüber, daß seine Umwelt bei aller Begeisterung für ihn ausgerechnet diese wichtigste Kategorie ignoriere. Auch auf die Nachwelt übt der gemütsbetonte Teil seiner Dichtung immer noch die größere Anziehungskraft aus. S.C.H.

AUSGABEN: Shanghai 1936 (*Sibu beiyao*-Ausg.). – *Bo Juyi ji*, 4 Bde., Peking 1979.

ÜBERSETZUNGEN (nur Teilausgaben): L. Woitsch, *Lieder eines chinesischen Dichters und Trinkers (Po Chü-i)*, Lpzg. 1925. – E. v. Zach, *Aus den Gedichten Po Chü-i's*, Batavia 1935. – *Lyrik des Ostens*, Hg. W. Gundert u.a., Mchn. 1952, S. 326–338. – A. Giles, *Gems of Chinese Literature*, NY 1965, S. 359–365 [engl.]. – R. Payne, *The White Pony*, Ldn. 1949, S. 213–227 [engl.]. – A. Waley, *Chinese Poems*, Ldn. 1948, S. 120–190 [engl.]. – *Anthologie de la poésie chinoise classique*, P. Demiéville, Paris 1962, S. 290–308, 329 [franz.]. – *Translations from Po Chü-i's Collected Works*, H. Levy, 4 Bde., NY 1971–1975 [engl.]. – siehe auch S. S. K. Fung, Shu-tim Lai, *25 T'ang Poets. Index to English Translations.* Hongkong 1984.

LITERATUR: A. Waley, *The Life and Times of Po Chü-i*, Ldn. 1949. – E. Feifel, *Po Chü-i as a Censor; His Memorials Presented to Hsien-tsung during the Years 808–810*, Den Haag 1961. – Chen Yin'ge, *Yuan boshi jianzheng gao*, Shanghai 1958. – Wang Shiyi, *Bo Juyi yanjiu*, Shanghai 1954. – Qiu Xieyou, *Bo Juyi*, Taipei 1978. – Zhu Jincheng, *Bo Juyi nianpu*, Shanghai 1982.

GEORGE HENRY BOKER

* 6.10.1823 Philadelphia
† 2.1.1890 Philadelphia

FRANCESCA DA RIMINI

(amer.; *Francesca da Rimini*). Tragödie in Blankversen von George Henry BOKER, Uraufführung 1955; vollständig erschienen 1856. – Boker gebührt in der Geschichte der amerikanischen Dramatik deshalb ein Ehrenplatz, weil er als erster Bühnenautor seines Landes die traditionelle romantische und heroische Tragödie nicht mehr zur ausschließlichen Darstellung des Themas vom patriotischen Freiheitskampf Unterdrückter verwandte, sondern sie zum Drama des Individuums werden ließ, das an sich selbst oder der Umwelt scheitert. Sein bedeutendstes und, wohl zu Unrecht, sein einziges Stück, dem Erfolg beschieden war, ist *Francesca da Rimini*, das bei seiner Wiederaufführung 1882 vom Publikum mit Begeisterung aufgenommen wurde und 1901 nochmals ein Jahr lang auf dem Spielplan stand.
Unter den zahlreichen Bearbeitungen des Danteschen Paolo-und-Francesca-Stoffes zeichnet sich die des amerikanischen Dramatikers dadurch aus, daß nicht die unglücklich Liebenden im Mittelpunkt stehen, sondern Francescas mißgestalteter, von seiner Umwelt in seelische Vereinsamung gestoßener Ehemann Lanciotto. Er ist die tragische Gestalt des Stückes, ein vom Schicksal und der Gesellschaft zum Unglück Verdammter, der selbst noch als Mörder seines Bruders Paolo gegen sein Gefühl (»*I loved him more than honour, more than life*«) zum Vollstrecker eines von der Konvention diktierten Urteils werden muß. KLL

AUSGABEN: NY 1855 (*Dramatic Fragment from the Unpublished Tragedy of Francesca da Rimini*, in The Knickerbocker Gallery). – Boston 1856; NY 1967 (in *Plays and Poems*). – NY 1935 (in *American Plays*, Hg. A. G. Halline). – Hildesheim 1969 (in *Plays and Poems*, 2 Bde.).

LITERATUR: A. H. Quinn, *Dramas of G. H. B.* (in PMLA, 32, Juni 1917, S. 233–266). J. S. Metcalf, *An Old Romantic Triangle: Francesca da Rimini in Three Dramas* (In SR, 29, 1921, S. 45–58). – E. S.

Bradley, *G. H. B.: Poet and Patriot*, Philadelphia 1927. – A. H. Quinn, *G. H. B. and the Later Romantic Tragedy* (in A. H. Q., *A History of the American Drama. From the Beginning to the Civil War*, NY ²1943, S. 337–367). – A. N. Kincaid, *Italian and English Sources of B.'s »Francesca da Rimini«* (1853) (in American Transcendental Quarterly, 1, 1969, S. 91–100). – P. D. Voelker, *G. H. B.'s »Francesca da Rimini«: An Interpretation and Evaluation* (in ETJ, 24, 1972, S. 383–395). – J. Zanger, *B.'s »Francesca da Rimini«: The Brothers' Tragedy* (ebd., 25, 1973, S. 410–419). – O. H. Evans, *Shakespearean Prototypes and the Failure of B.'s »Francesca da Rimini«* (ebd., 30, 1978, S. 211–219). – Ders., *G. H. B.*, Boston 1984 (TUSAS).

NIKOLAJ KONSTANTINOVIČ BOKOV

* 7.7.1945 Moskau

DER FREMDLING

Roman von Nikolaj K. BOKOV (Sowjetunion), erschienen in deutscher Sprache 1983; der Originaltitel des in russischer Sprache nur als Manuskript existierenden Buches lautet *Čužezemec*. – 1983 lagen gleich zwei Bücher des bis dahin dem deutschen Publikum so gut wie unbekannten Nikolaj Bokov auf deutsch vor: *Der Fremdling*, deren russische Vorlage lediglich in Manuskriptform existiert, und *Smuta novejšego vremeni ili Udivitel'nye pochožděnija Vani Čmotanova* (Wirren aus neuester Zeit oder Die erstaunlichen Abenteuer des Wanja Tschmotanov), eine Satire auf den Lenin-Kult, deren erste Fassung bereits 1972 ohne Namen des damals noch in der Sowjetunion lebenden Autors und unter anderem Titel erschien und über die A. ZINOV'EV schrieb, man könne sie *»mit gutem Recht zu den besten Werken der in den letzten Jahren entstandenen russischen Literatur zählen«*. 1975 emigrierte Bokov nach Frankreich, wo er sich als Autor mehrerer, unter verschiedenen Pseudonymen bekannter Werke (u. a. von *Palata Nr. 8.* – Krankenzimmer Nr. 8) entpuppte. Der bereits im Westen geschriebene *Fremdling*, der das von schwierigsten Problemen der seelischen wie materiellen Existenz überschattete Emigrantendasein zum Thema hat, weist deutliche autobiographische Züge auf.

Aus der heimatlichen Landschaft vertrieben, von den Freunden getrennt, lebt ein junger russischer Emigrant in Paris und der Bundesrepublik, ohne sich irgendwo heimisch zu fühlen. Wegen seines Akzents hält man ihn fallweise für einen Franzosen, Schweden oder Engländer, was er unwidersprochen hinnimmt, weil ihm die Fähigkeit, sich mit etwas oder jemandem – sich selbst eingeschlossen – zu identifizieren, abhanden gekommen ist. Nur scheinbar nimmt er am Leben in den beiden westlichen Ländern teil, denn im Grunde steht er den oberflächlichen Umgangsformen, der ausgeruhten Selbstzufriedenheit der Menschen fremd gegenüber. Nicht nur wegen seiner inneren Schwierigkeiten mit dem Status »Ausländer« vermeidet er, sich als Russe zu erkennen zu geben, sondern auch weil er den obligaten Klischees ausweichen will, mit denen er dann unvermeidlich konfrontiert würde. Denn das unreflektierte Mitleid der einen wechselt meistens mit den klischeehaften Bemerkungen der anderen über die billigen Mieten und das preiswerte Benzin in der Sowjetunion. – Im Rahmen seiner Integrationsbemühungen schließt er sich alternativen Künstlern an, die auf mit Luft gefüllten Präservativen über den Rhein fliegen wollen. Doch die im Grunde von vornherein nur flüchtige Beziehung geht genauso schnell in die Brüche wie das ganze Projekt. Auch der Versuch, ein Verhältnis mit dem Mädchen Christine einzugehen, scheitert daran, daß ihr seine Unbehaustheit und seine russische Vergangenheit fremd bleiben. Denn wiewohl er nach Paris gekommen ist und in verschiedenen Städten der Bundesrepublik gelebt hat, ist er innerlich noch in Moskau geblieben und löst sich erst ganz langsam davon. Die Beziehung zu seiner russischen Frau Irina wird durch die Notwendigkeit, sich in der westlichen Welt zurechtzufinden, ebenfalls auf eine harte Probe gestellt. Oberflächlich läßt sich ihre Ehekrise auf die Mühseligkeiten des Alltags und die Krankheit des Kindes zurückführen, im Kern aber scheitern sie an der für beide völlig neuen Aufgabe, in Freiheit zu leben. – In Erinnerungen, Träumen und Assoziationen setzt sich der Fremdling unaufhörlich mit seinem Verhältnis zur Sowjetunion auseinander. Ein Außenseiter war er schon dort, im eigenen Land, weil er nie zu einem »Wir«-Gefühl fähig war. Nun verfolgt ihn immer wieder die Erinnerung an seine Zusammenarbeit mit den illegalen Druckereien in der Heimat; in surrealistischen, Traum und Wirklichkeit verknüpfenden Szenen quält ihn nach wie vor die damalige Angst, überwacht und verfolgt zu werden. »Erwachsen zu werden« sei *«dem russischen Volk nicht gelungen«*; er muß es jetzt als Einzelner außerhalb der Grenzen seines Landes mühsam lernen. Solange er noch in der Sowjetunion lebte, dachte er in den Kategorien »Ich – und die Russen. Die Russen – und die Welt«, jetzt endlich muß er über die Wechselbeziehung »Ich – und die Welt« nachdenken.

In seinem Roman läßt Bokov, der in einer lyrischen, bildkräftigen Sprache schreibt, Realität, Erinnerungen, Träume und Assoziationen ineinanderfließen. Damit kann er den Bogen schlagen von der Welt, die sein Fremdling hinter sich gelassen hat und in der er nie ganz heimisch war, zu jener, in der er (noch) nicht heimisch ist. Die Szene einer imaginären Begegnung mit dem Wahlverwandten Jules Verne veranschaulicht jedoch, wie gern er sein Fremdsein aufgäbe, wie gern er in der Freiheit wieder oder vielmehr: endlich festen Boden unter den Füßen hätte. So ist denn auch sein Plan, nach Ame-

rika zu gehen, als Versuch zu verstehen, in einer Gesellschaft von Immigranten seinen Platz zu finden.
G.Wi.

ÜBERSETZUNG: *Der Fremdling*, G. v. Halle, Zürich 1983.

LITERATUR: G. Huonker, Rez. (in Tages Anzeiger Buchzeichen, 12. 11. 1983). – R. Lauer, Rez. (in FAZ, 29. 12. 1983). – I. Rakusa, Rez. (in NZZ, 7./8. 1. 1984). – G. Wolf, Rez. (in Berner Zeitung, 12. 5. 1984). – G. Leech-Anspach, Rez. (in Der Tagesspiegel, 29. 7. 1984).

ROLF BOLDREWOOD

d.i. Thomas Alexander Browne
* 6.8.1826 London
† 11.3.1915 Melbourne

LITERATUR ZUM AUTOR:
K. Burke, *Th. A. Browne – R. B. : An Annotated Bibliography*, Cremorne 1956. – J. Schulz, *Geschichte der australischen Literatur*, Mchn. 1960, S. 25–33. – H. M. Green, *A History of Australian Literature*, Bd. 1, Sydney 1961, S. 225–235. – C. H. Hadgraft, *Australian Literature: A Critical Account to 1955*, Ldn. 1962, S. 49 ff. – *The Literature of Australia*, Hg. G. Dutton, Harmondsworth/Melbourne 1964; Ringwood ²1976. – C. Hamer, *B. Reassessed* (in Southerly, 26, 1966, S. 263–278). – R. Dixon, *R. B.'s »War to the Knife« : Narrative Form and Ideology in the Historical Novel* (in Australian Literary Studies, 12, 1968, S. 324–334). – T. I. Moore, *R. B.*, Ldn./Melbourne 1968. – A. Brissenden, *R. B.*, Melbourne 1972 [m. Bibliogr.]. – M. Gilbert, *Literary Buccaneering: B. Becke and »The Bulletin«* (in Adelaide Australian Literary Studies Working Papers, 2, 1977, Nr. 2, S. 24–35). – J. McLaren, *R. B. and the Mythologisation of Australia* (in Meanjin, 37, 1978, S. 251–256). – M. Nedeljkovic, *L'Aube d'une nation : les écrivains d'Australie de 1788 à 1910*, Paris 1982.

ROBBERY UNDER ARMS. A Story of Life and Adventure in the Bush and in the Goldfields of Australia

(engl.; Ü: *Die Reiter vom Teufelsgrund*). Roman von Rolf BOLDREWOOD (England/Australien), in Fortsetzungen erschienen 1882/83. – Das Buch spielt um die Mitte des 19. Jh.s (vor allem in Neusüdwales) und verdankt seine erstaunliche Wirkung wohl bis heute der Faszination des legendenumwobenen Buschräuberwesens, mit dem Boldrewood als Postkutschenpassagier und Polizeirichter selber in Berührung kam (der berüchtigte Ned Kelly und A. G. Scott wurden nur wenige Jahre vor Erscheinen des Romans hingerichtet) und das er mit großer Sachkenntnis darstellt. Die *bushrangers*, die durch ihre tollkühnen Überfälle jahrzehntelang eine Art Schreckensherrschaft ausübten, waren meist junge, in Banden operierende Desperados, in denen der Wunsch, rasch reich zu werden (nicht erst die Goldfunde lösten ein »moralisches Chaos« aus), sich offenbar mit noch in der Sträflingszeit wurzelnden antiautoritären Ressentiments und einem Protest »*of the . . . landless against the squatters*« (T. I. Moore) gegen soziales Unrecht verbunden hatte. – Aus jugendlichem Übermut schlittern Dick und Jim Marston, die ihrem Vater Ben bei seinen geriebenen Viehdiebstählen assistieren, in schwerere Delikte hinein. Nach einem kühnen Coup werden Dick und der Anführer Starlight verhaftet, entkommen aber mit Hilfe des Starlight abgöttisch verehrenden, undurchsichtigen Warrigal, eines *aborigine* (Nachkomme der Ureinwohner), aus dem gefürchteten Berrima-Gefängnis und ziehen sich in ein schier uneinnehmbares Versteck in den Bergen zurück. Zusammen mit einigen die Spielregeln des Metiers mißachtenden Kumpanen verlegen sie sich aufs *bushranging*. Da ihre Raubüberfälle auch Menschenleben kosten, geraten die Buschreiter in unversöhnlichen Konflikt mit den Hütern des Gesetzes, denen sie, vor allem durch die Verwandlungsgabe des kaltblütigen Starlight, manches Schnippchen schlagen. Das Strafgericht, das sie erst ereilt, nachdem einige von ihnen als Goldgräber am Turon River gearbeitet haben, entbehrt nicht der ironischen Note: Nur triviale Zufälle und Verrat vereiteln die geplante Flucht von Queensland nach Amerika. Im dramatischen Endkampf in der Nähe der Grenze werden Jim und Starlight, aber auch dessen hartnäckiger Widersacher, Inspektor Goring, erschossen. Im »Terrible Hollow«, dem Schlupfwinkel der Bande, entdeckt man später die Leichen des (wegen eines Streits mit Dick) zum Verräter gewordenen Warrigal und des alten Marston, der nach vollstreckter Rache Selbstmord begangen hat.

Im Licht moderner Quellenstudien erscheint diese Abenteuergeschichte als ein aus historisch belegbaren Personen, Episoden und Lokalitäten zusammengesetztes Mosaik, und die chronikalische Faktizität des Buches hat dem Autor den Vorwurf eines nur oberflächlich romanhaft verhüllten Dokumentarismus eingetragen. Die Wirklichkeitsnähe und Farbigkeit von Boldrewoods Australienbild überzeugten aber selbst die zeitgenössischen Leser, für die die geschilderten Ereignisse noch nicht weit zurücklagen (auch wenn Boldrewood sich später, provoziert durch kleinliche Beanstandungen, zu bewußten Anachronismen und erfundenen Zutaten bekannte). Freilich besitzt er im Gegensatz zu Marcus CLARKE (vgl. *His Natural Life*) nicht die Gabe, vom Tatsächlichen ins Visionär-Allgemeingültige vorzustoßen; man hat jedoch seine Fähigkeit, Realität und Fiktion glaubhaft zu verschmelzen, erheblich unterschätzt. Boldrewood selbst warnt [1884]: »*Imagination ... will not do everything. There should be some experience of that most ancient conflict between the powers of Good and Evil*«. – Boldrewoods Ruf wurde zwar in London begründet – unter seinen Büchern wurde nur *Old Melbourne Memories* (1884) zuerst in Australien veröffentlicht –, aber man kann ihn keineswegs als einen mit dem englischen Publikum liebäugelnden kolonialen Baedeker-Romancier, »*the most succesful of the guide-book novelists*« (J. Barnes) abstempeln. An seiner Loyalität gegenüber Australien (wohin er mit vier Jahren kam) ist nicht zu zweifeln: »*the most Australian of the colonial novelists*« (T. Turner) – »*there is no one to rival him*« (A. G. Stephens); seine Einwanderer bleiben nicht Besucher wie Henry KINGLEYS Helden (vgl. *The Recollections of Geoffry Hamlyn*), sondern werden zu Siedlern, und Boldrewoods Romane sollen für ihn »*un lieu de connivence ... entre vieux colon et nouvel arrivé*« schaffen (Nedeljkovic). – Unter den Hauptgestalten des Romans ragen der ritterlich-byroneske Buschräuber Starlight und vor allem der zähe Ben Marston hervor, ein wegen geringfügigen Wildfrevels aus Lincolnshire deportierter Gesetzesverächter, der im australischen *bush* die seinem Individualismus entsprechende Atmosphäre wilder Freiheitlichkeit findet. Boldrewoods fast knabenhafte Begeisterung für die überlebensgroße, geheimnisumwitterte Robin-Hood-Gestalt Starlight mit ihrem aristokratischen Ehrenkodex ist als undemokratischer Tribut an das englische Gentleman-Ideal belächelt worden. Weitaus entscheidender für die intensive Romantisierung des Stoffes dürfte jedoch das Vorbild Walter SCOTTS gewesen sein, dem der Autor neben seinem aus *Marmion* übernommenen Pseudonym »Boldrewood« auch in Stil und deskriptiver Technik vieles verdankt.

Im Spannungsfeld zwischen dem Reiz des draufgängerischen Räuberlebens und seiner eigenen gesetzestreuen Einstellung behilft sich Boldrewood mit viktorianischen Kompromißlösungen: Das Idol Starlight »büßt« durch seinen – allerdings heroischen – Tod von der Hand eines gleichsam sein Spiegelbild darstellenden Gegners, des weltmännischen Polizeichefs Sir Ferdinand Morringer; Dick Marston, schwerverwundet, gefangen, zum Strang verurteilt und begnadigt, findet als Geläuterter an der Seite der Jugendgeliebten mit dem sinnbildlichen Namen Grace, die standhaft auf seine Freilassung gewartet hat, ein Glück im Winkel. Boldrewood wählt gerade diese schlichte Gestalt zum Erzähler, der in der Gefängniszelle die Ereignisse zu Papier bringt und seinen Bericht mit moralischen Reflexionen spickt, die dem Leser die Maxime »Verbrechen lohnt nicht« einprägen und das Lob der (im erfolgreichen Biedermann George Storefield, Graces Bruder, verkörperten) arbeitsamen Rechtschaffenheit verkünden. Bei aller kolloquialen Frische des Stils (einer gewissen Neigung zu papierner Rhetorik erliegt der Autor nur selten) wirkt die Diktion der Ich-Erzählung eher literarisch-monologisch als spontan, zumindest im Vergleich mit Joseph FURPHYS *Such Is Life* (1903). Trotzdem ist das Buch, das auch dramatisiert, verfilmt und in Radiobearbeitungen verbreitet wurde, zum volkstümlichen Klassiker kanonisiert worden, zu einer weitgehend unproblematischen, vor allem aber spannenden australischen Version des Wildwestromans. J.H.T.

AUSGABEN: o. O. 1882/83 (in Sydney Mail). – Ldn. 1888, 3 Bde. – Ldn./Melbourne 1947 [Einl. C. Barrett]. – Melbourne 1967 [Einl. R. B. Walker]. – Penrith 1968 [Einl. A. T. Brissenden]. – Ldn. 1969. – St. Lucia 1979 [Einl. A. T. Brissenden].

ÜBERSETZUNG: *Die Reiter vom Teufelsgrund*, A. Bohn, 2 Bde., Mchn. 1954 (Tl. 1: *Die Buschreiter*; Tl. 2: *Die Buschpiraten*).

VERFILMUNGEN: England 1957 (Regie: J. Lee). – Australien 1985 (Regie: R. K. Hannam u. D. Crombie).

LITERATUR: R. B., *How I Wrote »Robbery under Arms«* (in Life, 15. 1. 1904, S. 58–61). – F. Clune, *Captain Starlight, Reckless Rascal of »Robbery under Arms«*, o. O. 1945. – R. B. Walker, *Bushranging in Fact and Legend* (in *Historical Studies of Australia and New Zealand*, Hg. J. J. Eastwood u. F. B. Smith, Bd. 11, Ldn. 1964, S. 206–221). – Ders., *The Historical Basis of »Robbery under Arms«* (in Australian Literary Studies, 2, 1965, S. 3–14). – G. Dowsley, *»Robbery under Arms«: A Re-assessment* (in Tasmanian Journal of Education, 2, 1968, S. 73–77). – P. H. McCarthy, *Starlight: The Man and the Myth*, Melbourne 1972. – A. Brissenden, *»Robbery under Arms«: A Continuing Success* (in *The Australian Experience: Critical Essays on Australian Novels*, Hg. W. S. Ramson, Canberra 1974, S. 38–60). – M. Nedeljkovic, *Rêve et réalités. Les débuts de la littérature d'immigrés en Australie; R. B. et les problèmes d'adaption (»Robbery under Arms«, 1888, et »The Squatter's Dream«, 1890)* (in Commonwealth, 1, 1974/75, S. 79–93). – V. Brady, *The Impulse to Order: »Robbery under Arms«* (in A. U. L. L. A. 19th Congress: Papers and Proceedings, Brisbane 1978, S. 43–51). – J. H. Rosenberg, *Cultural Symbolism in »Robbery under Arms«* (in WLWE, 17, 1978, S. 488–504).

DIMITRIE BOLINTINEANU

* 1819 Bolintin-Vale
† 20.8.1872 Bukarest

LITERATUR ZUM AUTOR:
N. Petrascu, *D. B.*, Bukarest 1932. – I. Roman, *D. B.*, Bukarest 1962. – T. Eugenua, *D. B.*

1819–1872. Bibliografie, Iaşi 1972. – T. Vârgolici, *D. B. şi epoca sa*, Bukarest 1971. – Ders., *Introducere în opera lui D. B.*, Bukarest 1972. – D. Păcurariu, *D. B.*, Bukarest 1974. – D. Păcurariu u. C. Pichois, *O carte şi şapte personaje. Noi comentarii cu unele documente inedeite despre »Brises d'Orient« de D. B.*, Bukarest 1976.

LEGENDE ISTORICE

(rum.; *Historische Legenden*). Gedichtzyklus von Dimitrie BOLINTINEANU, erschienen 1847–1852. – Die fünfundvierzig Verslegenden des Zyklus entstanden in der Zeit des revolutionären Aufschwungs um 1848, als sich das rumänische Bürgertum aktiv für die Verwirklichung der dringendsten Forderungen des Tages einsetzte: die wirtschaftliche und politische Unabhängigkeit der rumänischen Fürstentümer vom osmanischen Reich und die Gründung eines Nationalstaats. Unter dem Einfluß von Victor HUGOS romantischer Geschichtsevokation in *La légende des siècles* stellt Bolintineanu heldenhafte Persönlichkeiten und ruhmreiche Episoden der rumänischen Geschichte dar, um damit die Vaterlandsliebe und den Freiheitswillen seiner Zeitgenossen anzuspornen. Als Quellen dienten dem Dichter die Geschichtswerke von I. NECULCE, N. BĂLCESCU und M. KOGĂLNICEANU. In seinen Helden, die die Vaterlandsliebe über alle menschlichen Bindungen stellen, verherrlicht Bolintineanu die heroischen Tugenden des Kampfesmutes, der Todesverachtung und des Opferwillens. So weigert sich der greise Fürst Mircea der Alte in der Legende *Mircea cel Mare şi solii (Mircea der Große und die Gesandten)*, sich unter das türkische Joch zu beugen, stellt sich vielmehr noch einmal dem überlegenen Feind entgegen. Fürst Michael wünscht seinen Hauptleuten in einem Trinkspruch den Tod, der einem Leben in der Sklaverei vorzuziehen sei *(Cea din urmă noapte al lui Mihai cel Mare – Die letzte Nacht Michaels des Großen)*. Auch die Heldinnen der Legenden sind von den gleichen kämpferischen Idealen erfüllt. Die Mutter des Fürsten Michael empfängt die Nachricht vom Tod ihres Sohnes und stirbt – jedoch nicht aus Schmerz über diesen Verlust, sondern aus Verzweiflung darüber, daß nun die für kurze Zeit erreichte Vereinigung der drei rumänischen Fürstentümer zunichte gemacht wurde. Die Mutter Ştefans des Großen weigert sich, ihrem Sohn, der nach verlorener Schlacht nach Hause zurückkehrt, das Schloßtor öffnen zu lassen. Statt dessen fordert sie ihn auf, zu seinen Truppen zurückzukehren und sein Leben für das Vaterland zu opfern. Auch *Daniil Sihastrul (Daniel der Einsiedler)*, von Stefan um Rat befragt, rät dem Fürsten, entweder den Kampf wiederaufzunehmen oder seinen Thron einem würdigeren Herrscher zu räumen. Selbst der Feind zeigt sich von der kämpferischen Größe und dem Ruhm der Rumänen beeindruckt. In einer anderen Legende, *Mihai şi călăul (Michael und der Henker)*, entgeht Fürst Michael auf wunderbare Weise dem Tod; der Henker ist von seiner stolzen Haltung so beeindruckt, daß er sich weigert, die Hinrichtung zu vollziehen. Die idealisierte Darstellung der Geschichte ebenso wie der romantische Gefühlsüberschwang verhalfen den Legenden Bolintineanus zeitweilig zu großer Beliebtheit. Als Mittel der heroisierenden Charakterzeichnung und der effektvollen Dramatisierung des Geschehens benutzt der Dichter häufig den Dialog, die pathetische Evokation oder die lyrische Klage. Viele seiner epigrammatisch zugespitzten Verse sind als Sinnsprüche in den allgemeinen Sprachgebrauch eingegangen. G.C.

AUSGABEN: Bukarest 1847 (in *Colecţie din poeziile Dlui Bolintineanu*). – Jassy 1852 (in *Cântece si plânger*, Hg. G. Sion). – Bukarest 1865 (in *Poezii*, 2 Bde., 1). – Bukarest 1951 (in *Opere*; Einl. A. I. Stefănescu). – Bukarest 1957. – Bukarest 1961 (in *Opere alese*, Hg. D. Păcurariu, Bd. 1). – Bukarest 1967. – Bukarest 1972. – Bukarest 1973. – Bukarest 1981 (in *Opere*, Bd. 1).

LITERATUR: L. Cartojan, *Legenda »Mama lui Stefan cel Mare«*, Bukarest 1943.

MANOIL. Roman naţional

(rum.; *Manoil. Ein nationaler Roman*). Roman von Dimitrie BOLINTINEANU, erschienen 1855. – Hier, wie auch in *Elena* (1862) – den ersten Beispielen der Gattung in der rumänischen Literatur – verbinden sich Elemente einer realistischen, zuweilen auch moralisierenden Darstellung der rumänischen Gesellschaftsstruktur mit einer romantisch-empfindsamen Gefühlsanalyse. Der Held des Briefromans *Manoil* verkörpert eine von aufgeklärten Aristokraten getragene Strömung, welche sich um die Mitte des 19. Jh.s für die nationale und politisch-soziale Erneuerung des Landes einsetzte. Sein Gegenspieler Alexandru dagegen führt ein Leben der Ausschweifung. Skrupellos nützt er die finanziellen Schwierigkeiten der Bauern aus, um ihre Frauen zu verführen; seine Schwestern schickt er ins Kloster, um sich ihres Besitzes zu bemächtigen. Als er merkt, daß seine Geliebte Marioara ihn mit Alexandru betrügt, unternimmt Manoil eine Reise nach Italien und wird zum Spieler und Frauenhelden. Durch seine Heirat mit dem Mädchen Zoe kann er sich indes wieder fangen. Marioara, die Manoil des Mordes an einem ihrer Liebhaber angeklagt hatte, gesteht, die Tat selbst begangen zu haben, und stirbt im Gefängnis. Alexandru wird von dem Vater eines Mädchens, das er verführt hat, erschossen. – Der Roman errang einen großen Publikumserfolg, heute ist er nur noch von literaturgeschichtlichem Interesse. Seine formalen Qualitäten sind gering: Die melodramatische Handlung stützt sich auf allzu scharf kontrastierende Charaktere, während sein übertrieben rhetorischer Stil heute als unnatürlich und altmodisch empfunden wird. Der von BALZACS *Le lys dans la vallée* beeinflußte

Roman *Elena* stellt den ersten Versuch einer Analyse der weiblichen Psyche in der rumänischen Literatur dar. Es werden die Leiden einer jungen und klugen Frau an der Seite eines erheblich älteren, ihr aber in moralischer und geistiger Hinsicht unterlegenen Mannes geschildert. In Alexandru Elescu, einem demokratisch und national eingestellten jungen Aristokraten, findet Elena einen Gleichgesinnten. Wie Elescu verachtet auch sie den Hochmut und das leichtsinnige Leben der französierenden Adligen und setzt sich für die Rechte der Bauernschaft und für nationale Ausrichtung der rumänischen Politik und Literatur ein. Das romantische Liebesverhältnis nimmt jedoch ein unglückliches Ende. Gerade als George, Elenas Gatte, bereit ist, sie freizugeben, stirbt Elena an der Schwindsucht. Alexandru vermacht seinen Besitz einer wohltätigen Stiftung und wandert nach Amerika aus. – Trotz der formalen Ungeschicklichkeiten und Schwächen, die diesen beiden Romanen anhaften, bleibt es Bolintineanus unbestreitbares Verdienst, diese wichtige epische Gattung in die rumänische Literatur eingeführt zu haben. G.K.

AUSGABEN: Jassy 1855 *(Manoil)*. – Bukarest 1862 *(Elena)*. – Bukarest 1951 (in *Opere*). – Bukarest 1961 (in *Opere alese*, Hg. D. Păcurariu, Bd. 2). – Bukarest 1977 (in *Poezii*). – Bukarest 1984 (in *Opere*, Bd. 5).

LITERATUR: E. Simion, *Dimineaţa poeţilor*, Bukarest 1980, S. 144–194.

SIMÓN BOLÍVAR

* 24.7.1783 Caracas
† 17.12.1830 Santa Marta

LITERATUR ZUM AUTOR:
G. Carrera Damas, *B.*, Montevideo 1974. – J. C. Salcedo-Bastardo, *S. B.*, Percha 1978. – *S. B. und die Deutschen*, Hg. G. Kahle, Bln. 1980. – *S. B. in zeitgenössischen dt. Berichten 1811-1831*, Hg. ders., Bln. 1983. – H. J. König, *S. B. Reden und Schriften zu Politik, Wirtschaft und Gesellschaft*, Hbg. 1984. – *S. B. Persönlichkeit und Wirkung*, Hg. W. Stegmann, Bln. 1984. – S. de Madariaga, *S. B. Der Befreier Spanisch-Amerikas*, Zürich 1986 [Vorw. G. Mann; zuerst 1951].

CARTA DE JAMAICA

(span.; *Brief aus Jamaika*) von Simón BOLÍVAR, (Venezuela), verfaßt 1815. – Bolívar schrieb diesen »*prophetischen Brief*« – nach Caudillo Bobes' Sieg in Venezuela zum mittellosen Privatmann geworden – in Jamaika. Wie in keiner anderen seiner Schriften offenbart sich hier die Größe des Mannes, der zu den hervorragendsten Geistern seiner Epoche gehört. Sein Wissen als Staatstheoretiker und seine Erfahrung als Politiker befähigen ihn zu einem umfassenden kritischen Urteil über Vergangenheit, Gegenwart und Zukunft des Kontinents, als dessen großer Befreier er in die Geschichte eingehen sollte. Sein unerschütterlicher Glaube an den Sieg – »*die Provinzen Amerikas, die um ihre Selbständigkeit kämpfen, werden eines Tages Erfolg haben*« – ist freilich getrübt von der Sorge um die Zukunft, die er mit prophetischem Blick kühl analysiert. Er schwankt zwischen Begeisterung und Zweifel, Hoffnung und Unsicherheit: spät genug und doch zu früh habe die Schicksalsstunde der Freiheit für Südamerika geschlagen; noch sei keine Führungsschicht herangewachsen, noch seien die verschiedenen Volksgruppen – Kreolen, Mestizen, Indianer, Neger – nicht zu einem Volk, zu der »*kosmischen Rasse*« (Vasconcelos), verschmolzen. (Die »Paniberische Bewegung«, die ihren sichtbaren Ausdruck in der Einsetzung des »Día de la raza« – Tag der Rasse – fand, entstand erst Anfang des 20. Jh.s.) – Andererseits zweifelt Bolívar nicht an dem Recht und der Notwendigkeit der Revolution, die er nach den Postulaten der Epoche – Freiheit, Gerechtigkeit, Gleichheit, Volksherrschaft und Selbstbestimmungsrecht der Völker – durchzuführen gedenkt; diese Ideale bilden die Grundlage des »vollkommenen Staatswesens« und haben ihren Ursprung »*in dem Streben des Menschen nach höchstmöglichem Glück*«. Als Regierungsform schwebt ihm eine Demokratie nach dem Muster Nordamerikas vor; er glaubt jedoch, daß zunächst als Übergang eine autoritäre, »*die Freiheit verwaltende*« Regierungsform nötig sei; denn die vom spanischen Mutterland in geistiger, politischer und wirtschaftlicher Unmündigkeit gehaltenen Völker Südamerikas – »*Kleinkinder*«, wie er sie nennt – seien »*von den Lastern beherrscht, die unter der Leitung Spaniens, das nur Gewalttätigkeit, Ehrgeiz, Rachsucht und Habgier gekannt hat, entstehen*«. Der rasche Übergang aus dem Zustand der Unterdrückung zur Freiheit in einer Demokratie könne das Chaos bedeuten. Die Entwicklung des Subkontinents bis in unsere Gegenwart hinein hat die Befürchtungen Bolívars bestätigt: »*Werden wir fähig sein, die schwere Last einer wohlgeordneten Republik zu tragen? Kann man erwarten, daß ein kürzlich befreites Volk in das Reich der Freiheit fliegt, ohne wie ein zweiter Ikarus mit zerschmolzenen Flügeln in den Abgrund zu fallen?*«
Die «grandiose Idee» der politischen Einheit aller spanischsprechenden Länder, für deren Verwirklichung die Gemeinsamkeit des Ursprungs, der Sprache, der Sitten und der Religion spricht, der jedoch die Großräumigkeit, die Verschiedenheit der Völkergruppen und die Gegensätzlichkeit der Interessen entgegenwirkten, betrachtet er mit gewisser Skepsis: »*Eine Vereinigung mag in irgendeiner glücklichen Epoche unserer Wiedergeburt Wirklichkeit werden; irgendeine andere Hoffnung ist vorerst unbegründet.*« So mußte auch der erste »Panameri-

kanische Kongreß«, den Bolívar 1826 in Panama einberief, scheitern. (Die »Organisation der Amerikanischen Staaten« konnte erst 1948 in Bogotá ins Leben gerufen werden.) A.F.R.

AUSGABEN: Caracas 1929 (in *Cartas*, Bd. 1, Hg. J. V. Gómez). – Havanna 1950 (in *Obras completas*, Hg. V. Lecuna). – Paris 1961 (*Cuatro cartas y una memoria de S. B.*, Hg. Ch.-V. Aubrun; Einl. J. Sarrailh). – Caracas 1976 (in *S. B.: siete documentos esenciales*, Hg. J. C. Salcedo-Bastardo). – Mexiko 1978.

LITERATUR: E. Flores Cano, *El ideal bolivariano en la »Carta de Jamaica«* (in CA, 22, 1963, Nr. 130, S. 209–233). – F. M. Cuevas Cancino, *La carta de Jamaica redescubierta*, Mexiko 1975.

JEAN BOLLAND

* 13.8.1596 Julémont bei Lüttich
† 12.9.1665 Antwerpen

ACTA SANCTORUM QUOTQUOT TOTO ORBE COLUNTUR VEL A CATHOLICIS SCRIPTORIBUS CELEBRANTUR

(nlat.; *Taten aller Heiligen, die auf dem Erdkreis verehrt beziehungsweise von den katholischen Schriftstellern gefeiert werden*). 1643 erschien in Antwerpen der erste Band dieser von dem Jesuiten Jean BOLLAND (Belgien) angeregten Sammlung von Quellen zur Hagiographie. Der eigentliche Urheber des Gedankens, daß eine kritische Ausgabe von Quellen zu Heiligenleben, in der legendäre Ausschmükkung und historische Fakten auseinandergehalten werden, wünschenswert sei, war der Jesuit Heribert ROSWEYDE (1569–1629). Seine 1615 erschienenen *Vitae Patrum (Leben der Väter)*, in denen er die ältesten Quellen über die Lebensgeschichten der Wüstenväter behandelte, legte gewissermaßen den Grundstock für die *Acta sanctorum*.
Obwohl der Jesuitenorden sich bemühte, die Kontinuität der Arbeit an diesem ehrgeizigen Projekt durch Einrichtung eines eigenen Forschungsinstituts, zunächst in Antwerpen und dann in Brüssel, sicherzustellen, erfuhr sie zwei gravierende Unterbrechungen: zuerst zwischen 1773 und 1837 wegen der Aufhebung des Ordens durch Papst Klemens XIV. und 1915 im Zuge der Besetzung Belgiens durch Truppen des Deutschen Reiches; beide Anlässe führten zu Plünderungen der Bibliothek, der eigentlichen Basis der Arbeit am Institut.
Das Gesamtwerk ist nach dem kirchlichen Festkalender geordnet und behandelt Monat für Monat die Tagesheiligen. Zu Jean Bollands Lebzeiten erschienen noch die zwölf Bände umfassenden Monate Januar bis April, heute reicht das Werk bis zum zehnten November und sieht dem Abschluß entgegen. Die mehr als drei Jahrhunderte überspannende Arbeitszeit hatte natürlich zur Folge, daß die historisch-wissenschaftliche Gestalt der Texte von unterschiedlicher Qualität ist. War sie ursprünglich von den historiographischen Vorstellungen von Daniel van PAPENBROECK (auch: Papebroch), einem der Mitarbeiter von Jean Bolland, geprägt, so wurde sie im späteren 19. Jh. tiefgreifend revidiert, vor allem durch C. de SMEDT und H. DELEHAYE. Die 1882 begründete Zeitschrift ›Analecta Bollandiana‹ sollte eine Möglichkeit bieten, den nun sichtbar werdenden Mängeln der früheren Bände durch neuere Studien entgegenzuwirken. Seit der redaktionellen Betreuung durch Delehaye wird der kritische Apparat noch durch die vollständige Veröffentlichung der orientalischen Quellen im Originaltext (Syrisch usw.) ergänzt. Solche streng wissenschaftlichen Kriterien der Darstellung und Auswertung machen heute das ursprünglich eher religiös-kirchlich motivierte Unterfangen insbesondere auch für die allgemeine Geschichts- und Sprachwissenschaft bedeutsam. H.Sta.

AUSGABEN: Antwerpen/Brüssel 1643–1925 [unvollendet]. – Venedig 1734–1770 [unvollendet]. – Paris 1863–1975 [unvollendet]. – 1882 ff. (Zs. *Analecta Bollandiana* als Begleitpublikation der Textausgaben). – Brüssel 1940 (*Propylaeum ad A. S. Decembris*, Hg. H. Delehaye).

LITERATUR: J. B. Pitra, *Études sur la collection des Actes des Saints*, Paris 1850. – H. Delehaye, *A travers trois siècles, l'œuvre des Bollandistes 1615 à 1915*, Brüssel 1920. – *Dictionnaire d'histoire et de géographie ecclésiastique*, Paris 1937, 7, S. 618–635. – *Enciclopedia cattolica*, 2, Vatikan 1949, S. 1781–1790. – R. Aigrain, *L'hagiographie, ses sources, ses méthodes, son histoire*, Paris 1953, S. 329–350. – LThK, 2, 1958, S. 571/572.

BERNHARD BOLZANO

* 5.10.1781 Prag
† 18.12.1848 Prag

LITERATUR ZUM AUTOR:
Bibliographie:
B.-*Bibliographie*, Stg./Bad Cannstadt 1972 u. 1982.
Gesamtdarstellungen und Studien:
E. Kolman, *B. B.*, Prag 1958. – E. Winter u. a., *B. B. Ein Denker und Erzieher im österreichischen Vormärz*, Wien 1967. – Ders., *B. B. Ein Lebensbild*, Stg./Bad Cannstadt 1969. – *B. B. 1781–1848. Studien und Quellen*, Bln. 1981. – *B. B. Leben und Wirkung*, Hg. C. Christian, Wien 1981.

WISSENSCHAFTSLEHRE

Lehrbuch der Logik und Wissenschaftsmethode in vier Bänden von Bernhard BOLZANO, entstanden zwischen 1820 und 1830; erschienen 1837. – Während der Mathematiker und Religionsphilosoph Bolzano schon früh Aufsehen erregte, blieb sein logisches und wissenschaftstheoretisches Werk lange Zeit so gut wie unbeachtet. Die *Wissenschaftslehre*, die nach heutigem Verständnis den philosophiegeschichtlichen Übergang von der neuzeitlichen zur modernen Erkenntnis- und Wissenschaftstheorie markiert, stand nach ihrem Erscheinen völlig im Schatten der beiden anderen Hauptwerke Bolzanos, der unvollendeten mathematischen *Größenlehre*, und des *Lehrbuchs der Religionswissenschaft* (1834). Ausschlaggebend dafür war einerseits die gewaltige Materialfülle, die Bolzano dem Leser zumutete, andererseits aber auch seine scharfe Ablehnung des deutschen Idealismus, die eine Rezeption des Logikers Bolzano in Deutschland außerordentlich erschweren mußte. Weder der Erstausgabe noch den Neudrucken (1914 und 1929-1931) war ein buchhändlerischer Erfolg beschieden, trotz einer sich seit der Jahrhundertwende abzeichnenden Bolzano-Renaissance (E. HUSSERL, H. SCHOLZ). Obwohl die Bedeutung der *Wissenschaftslehre* heute unumstritten ist, sind Untersuchungen zu ihrer Gesamtkonzeption nach wie vor selten. Das Forschungsinteresse gilt vornehmlich logischen Teilaspekten, weniger dem philosophischen System als Ganzem. Dabei zeigt es sich, daß viele Themen der heutigen Philosophie bereits von Bolzano äußerst präzise dargestellt worden sind: Sie reichen von den Grundbegriffen der Mengenlehre, über semantische Fragestellungen, über die mit dem Begriff *»veränderliche Vorstellungen«* antizipierten freien Variablen der heutigen mathematischen Logik bis hin zu K. POPPERS These einer dritten Welt, die in der *Wissenschaftslehre* als das Reich der *»Sätze an sich«* den Mittelpunkt des Philosophierens darstellen.

Die *»Sätze an sich«* bilden eine Welt reiner Inhalte, einen vom erkennenden Bewußtsein und der wiedergebenden Sprache ontologisch unabhängigen Bereich. An dieser seinsbedingten Differenz orientiert sich der fünfgliedrige Aufbau der *Wissenschaftslehre*: Die *»Eigentliche Wissenschaftslehre«*, in der die *»allgemeinen Regeln«* erläutert werden, *»nach denen man bei der Bestimmung des Gebiets der einzelnen Wissenschaften sowohl, als auch bei der Bearbeitung dieser Wissenschaften in Lehrbüchern vorgehen muß«*, findet sich allerdings erst an fünfter und damit letzter Stelle des Gesamtwerkes (§§ 392-718). Anhand dieser Regel wird der Leser angeleitet, die Wahrheiten einzuteilen und systematisch darzustellen. Da Wahrheiten aber erst einmal aufgefunden werden müssen, ist diesem Kapitel eine *Erfindungskunst oder Heuristik* vorgeschaltet, eine Lehre von der Wahrheitsfindung (§§ 322-391). Die dabei angewendeten Regeln hängen nun wiederum vom menschlichen Erkenntnisvermögen ab, was die Ausarbeitung einer gesonderten *Erkenntnislehre* notwendig macht (§§ 269-321). Die Bedingungen allerdings, die das Erkennen von Wahrheit ermöglichen, resultieren nach Bolzano aus den objektiven Beziehungen zwischen den Sätzen und Wahrheiten an sich. Ihrer Darstellung dient die *Elementarlehre* (§§ 46-268), der mit der *Fundamentallehre* noch die Widerlegung eines grundsätzlichen Skeptizismus vorangestellt ist (§§ 17-45).

Für Bolzano ist die *Wissenschaftslehre* eine praktische Anweisung, *»wie man das ganze Gebiet der Wahrheit auf eine zweckmäßige Art in einzelne Theile oder Wissenschaften zerlegen, und eine jede derselben gehörig bearbeiten und schriftlich darstellen«* könne. In Wirklichkeit allerdings gerät sein Lehrbuch zu einem Kompendium fast der gesamten Philosophie. Neben arbeitstechnischen, methodologischen und heuristischen Problemen, erkenntnistheoretischen und formallogischen Fragestellungen diskutiert es traditionelle metaphysische Aspekte genauso wie die daraus resultierenden praktisch-ethischen Konsequenzen. Denn eine zweckfreie Wissenschaft kann es für Bolzano nicht geben: Bei jeder Wissenschaftsdarstellung müsse nämlich so verfahren werden, *»wie es die Gesetze der Sittlichkeit fordern, und folglich so, daß die größtmögliche Summe des Guten (die möglichstgrößte Beförderung des allgemeinen Wohles) daraus hervorgehe«*. Am ausführlichsten allerdings wird die *»Elementarlehre«* erörtert, die *»Lehre von den Vorstellungen, Sätzen, wahren Sätzen und Schlüssen«*, die den inhaltsreichsten und subtilsten Abschnitt des gesamten Werkes darstellt. Bolzano nimmt an, daß es Sätze und Vorstellungen an sich gibt, daß ihnen aber eine Existenz im eigentlichen Sinne nicht zukommt. Sie bilden eine Art Zwischenwelt, die nicht raum-zeitlichen Kategorien unterliegt und deren Gültigkeit am ehesten nach Art von Zahlen oder geometrischen Gebilden vorzustellen ist. Trotzdem sollen sie objektiv und unabhängig vom menschlichen Bewußtsein gegeben sein. Bolzano selbst ist der Ansicht, diese Annahme streng logisch beweisen zu können. Heute neigt man dazu, sie lediglich als ein epistomologisches Postulat aufzufassen.

Von Zeitgenossen ist Bolzano *»Halbkantianer«* genannt worden. Er selbst hat sich dagegen heftig gewehrt. Ohne Zweifel sind entscheidende Anregungen für sein Denken von dem Königsberger Philosophen ausgegangen, doch hat er dessen Lehren nicht einfach übernommen, sondern ihnen eine völlig eigenständige Fassung verliehen. Die *Wissenschaftslehre* ist von den immer wieder eingeflochtenen Auseinandersetzungen mit I. KANT so stark geprägt, daß man sie auch als eine Kritik der Kritik der reinen Vernunft lesen könnte. Noch heftiger artikuliert sich Bolzanos Abneigung gegen die idealistische Philosophie in seiner Auseinandersetzung mit G. W. F. HEGEL, dessen dialektischer Methode er einen eigenen Paragraphen der *Wissenschaftslehre* widmet. Bolzano, der sich zeitlebens als Lehrer und Erzieher versteht und sich darum einer umgangsprachlichen Ausdrucksweise befleißigt, bleibt die Terminologie der Identitätsphilosophie verschlossen: »*Über Hegel. Sokrates soll von des Herakleitos Schrift gesagt haben:* ›*Was ich davon verstehe ist vortrefflich, und so vermuthe ich, es möge auch das vortrefflich sein, was ich nicht verstehe.*‹ *Von Hegel muß ich bekennen: was ich davon verstehe, ist unrichtig: und so vermuthe ich etc.*« Bolzano, der an dem Satz vom verbotenen Widerspruch als einem unumstößlichen Denkgesetz festhält, versteht den hegelschen Terminus »*Widerspruch*« als »*Gegensatz*« im traditionellen Sinne. Den für die dialektische Methode charakteristischen Umschlag des negativen Begriffs »*Widerspruch*« in etwas Positives kann er nicht nachvollziehen, die schöpferische Wirkung der doppelten Negation erkennt er nicht.

Wenn sich Bolzano an philosophischen Vorbildern orientiert, dann ist in erster Linie G. W. LEIBNIZ zu nennen, mit dem er vor allem das Interesse an Logik und Mathematik teilt. Beiden ist das Bemühen um äußerste methodische Strenge eigen, doch zeigen sich auch in den philosophischen Lehrinhalten weitgehende Gemeinsamkeiten. Das gilt vor allem für die leibnizsche Monadenlehre, aus der Bolzano seine Auffassung von den »*einfachen Substanzen*« herleitet. Diese geistige Nähe hat ihm sogar den Ehrennamen »der böhmische Leibniz« eingetragen. Von Leibniz aus läßt sich eine philosophische Entwicklungslinie ziehen, die über Bolzano und G. FREGE in die moderne Logik mündet. In Böhmen und im akademischen Milieu der alten Donaumonarchie blieb der Einfluß Bolzanos so stark, daß sich der von Deutschland einströmende Idealismus und Neukantianismus bis in die neunziger Jahre des 19. Jh.s kaum durchsetzen konnte. Auch in der polnischen Logikerschule (K. TWARDOWSKI, A. TARSKI) sind Fortwirkungen der Bolzano-Tradition spürbar geblieben.

Die radikale Kritik an Kant und Hegel hat mehrere methodologische Entdeckungen Bolzanos so lange überschattet, daß erst die Entwicklung der modernen formalisierten Sprachen ein neues, adäquates Verständnisbemühen initiieren konnte. Während in den zwanziger und dreißiger Jahren dieses Jahrhunderts bereits der Theologe und Sozialethiker Bolzano in den Mittelpunkt eines kirchenhistorischen Interesses gerückt war, suchte die sozialistische Wissenschaft nach 1945 mehr die revolutionären Züge seines Reformprogrammes herauszuarbeiten. Mit dem unter der Ägide der UNESCO weltweit begangenen 200. Geburtstages »des Weisen von Prag« ist dann endlich auch der gesamte Bolzano in allen Facetten seines wissenschaftlichen Lebens sichtbar geworden. Als Vertreter eines frühliberalen Reformkatholizismus, dessen erzieherischem und reformatorischem Auftrag er glaubte im Priesteramt am besten dienen zu können, hatte er zeitlebens mit der katholischen Reaktion zu kämpfen. Seine ungemein populären religionswissenschaftlichen Vorlesungen machten ihm zum Hauptvertreter der böhmisch-katholischen Aufklärung, erlaubten ihm aber gleichzeitig noch, seinen logischen und mathematischen Forschungen (*Satz von Bolzano-Weierstraß*, 1817) nachzugehen.

Ende 1819 aus dem Lehramt an der Prager Universität entlassen und mit Schreibverbot belegt, begann er mit der sich über zehn Jahre hinstreckenden Arbeit an der *Wissenschaftslehre*. In diese Zeit fällt auch die Abfassung eines Trostbüchleins, *Anasthasia oder Gründe für die Unsterblichkeit der Seele* (1827), der einzigen Schrift, die zu Bolzanos Lebzeiten eine zweite Auflage (1838) erlebte. Postum erschienen das mengentheoretische Werk *Paradoxien der Unendlichkeit* (1851) und die sozialethische Utopie *Vom besten Staat* (1932). W.Jak.

AUSGABEN: Sulzbach 1837. – Lpzg. 1914 (Teildr.). – Lpzg. 1929–1931. – Hbg. 1963 (Teildr.). – Stg./Bad Cannstadt 1985 ff (GA, Schriften 11–14).

LITERATUR: G. Buhl, *Ableitbarkeit und Abfolge in der Wissenschaftstheorie B.s*, Köln 1961. – H. Scholz, *Mathesis Universalis*, Basel 1961. – J. Danek, *Weiterentwicklung der Leibnizschen Logik bei B.*, Meisenheim 1970. – E. Morscher, *Das logische an-sich bei B. B.*, Salzburg/Mchn. 1973. – E. Herrmann, *Der religionsphilosophische Standpunkt B. B.s unter Berücksichtigung seiner Semantik, Wissenschaftstheorie und Moralphilosophie*, Uppsala 1977. – A.-H. Mourany, *Logik und Wahrheit an sich bei B.*, Ffm. u. a. 1978. – E. Morscher, *B.s Wissenschaftslehre* (in *B. B. Leben und Wirkung*, Hg. C. Christian, Wien 1981).

MARIA LUISA BOMBAL

* Juni 1910 Viña del Mar
† 6.5.1980 Santiago de Chile

LITERATUR ZUR AUTORIN:
M. I. Adams, *Three Authors of Alienation. Bombal, Onetti, Carpentier*, Austin/Ldn. 1975. – H. Vidal, *M. L. B.: La feminidad enajenada*, Gerona 1976. – L. Guerra-Cunningham, *La narrativa de M. L. B.: una visión de la existencia femenina*, Madrid 1980. – P. Rodríguez-Peralta, *M. L. B.'s Poetic Novels of Female Estrangement* (in REH 14, 1980, S. 139–155). – M. Agosín, *Las desterradas del paraíso. Protagonistas en la narrativa de M. L. B.*, NY 1983.

LA AMORTAJADA

(span.; *Die ins Leichentuch Eingehüllte*). Lyrischer Roman von Maria Luisa BOMBAL (Chile), erschienen 1938. – Eine Frau liegt im Sarg, in ein Leichentuch gehüllt, öffnet ihre Augen und betrachtet das, was in ihrer Umgebung geschieht. Erinnerungen an ihr früheres Leben steigen auf, die dann aus der Perspektive der Toten erzählt werden.

Wie in dem früheren Roman der Verfasserin *La última niebla (Der letzte Nebel)* tritt die Handlung fast gänzlich zurück, hinter die dichterische Gestaltung jener Wirklichkeit, die das ausgeprägte visuelle Erinnerungsvermögen der Toten heraufbeschwört. So finden sich in der klaren und einfachen Sprache dieses Romans eher Stilmerkmale der Lyrik als der Prosa, ja manchmal könnte man fast von Versen in Prosa sprechen, die in ihrer Musikalität die Einflüsse des Modernismus nicht verleugnen können. »*Hémos de pronto sumidos en la penumbra y el silencio, el silencio y la penumbra eternos de la selva.*« (»*Wir sind plötzlich in Halbschatten und Schweigen getaucht, das ewige Schweigen und das Halbdunkel des Waldes.*«) Die sinnliche Anschaulichkeit der Sprache erreicht die Erzählerin durch kühne Bilder, die sich bald ins Kosmische ausweiten, bald Worte in Bewegung, Farbe, Linie, Klänge, Temperatur und Geschmack umsetzen: »*Tu carne quemaba...*« (»*Dein Fleisch brannte. Ich entsinne mich eines Augenblicks, da ich das Summen einer Biene an der Zimmerdecke wahrnahm!*«) Es sind Bilder, die, wie sie es selbst ausdrückt, »*den ruhig sinnlichen Genuß der Landschaft*« ausstrahlen. In dieser langsam fortschreitenden Bewegung, die zeitweise fast zum Stehen kommt, wird die Natur selbst zu einem Handelnden in einer geradezu unheimlich wirkenden Dramatik. »*La masa oscura y ondulante de la selva inmovilizada en el horizonte, como una ola monstruosa, lista para precipitarse...*« (»*Die dunkle und wogende Masse des Waldes unbewegt am Horizont wie eine gewaltige Welle, bereit, sich zu überschlagen...*«) Die Bereiche vermischen sich, weiten sich aus, eröffnen vielfältige Vorstellungswelten.

Wie in dem lyrischen Roman *Alsino* des Chilenen Pedro PRADO gehen auch hier in der Erinnerung Wirklichkeit und Phantasie ineinander über. Die Geste eines Menschen erreicht eine Wirkungskraft, die sich anderen Welten mitteilen kann. »*Wenn ich die Hände hebe, verursache ich vielleicht in anderen Welten das Zerbrechen* [trizadura] *eines Sterns.*« – Der Körper der »Amortajada« entgrenzt sich schließlich, in einem unendlichen Wirbelsturz gräbt er sich in die Eingeweide der Erde ein, in der die Tote eine Unzahl von Wurzeln fühlt, die sich in die Erde bohren und sich dann ausbreiten. Dieser Abstieg in das Unterirdische, in das Weltinnere zeigt einen ähnlichen Versuch der völligen Preisgabe jeder Individualität, wie ihn Pablo NERUDA in seinen Gedichten von Machu Pichu unternimmt (»*Hundir la mano en lo más genital de la tierra*«). So hat die »Amortajada« nur diesen Wunsch, »*an die Erde gekreuzigt zu bleiben, in ihrem Fleisch leiden und genießen das Kommen und Gehen weiter, unendlich weiter Gezeiten*«. Zuvor ist sie den »Tod der Lebenden« gestorben, und nun stirbt sie den »Tod der Toten«; endgültig der Natur, die sie in ihren Erinnerungen immer wieder beschworen hatte, einverleibt und verwandelt in die neue Form eines vollkommenen Lebens. F.P.R.

AUSGABEN: Buenos Aires 1938. – Santiago de Chile 1962. – Buenos Aires 1971. – Buenos Aires 1978. – Santiago de Chile 1981. – Barcelona 1984 (in *La amortajada. La última niebla*).

LITERATUR: A. Torres-Ríoseco, *El nuevo estilo en la novela* (in RI, 3, 1941, S. 75–83). – R. Silva Castro, *Panorama de la novela chilena, 1843–1953*, Mexiko 1955. – *Diccionario de la literatura latinoamericana. Chile*, Washington 1958, S. 34/35 [m. Bibliogr.]. – L. Guerra-Cunningham, *Función y sentido de la muerte en »La amortajada« de M. L. B.* (in Explicación de textos literarios, 7, 1978/1979, S. 123–128). – M. Agosín, *Elucubraciones y antielucubraciones: Crítica feminista desde perspectivas poéticas* (in Third Woman, 1, 1982, Nr. 2, S. 65–69). – L. V. Williams, *»The Shrouded Woman« : Marrriage and Its Constraints in the Fiction of M. L. B.* (in LALR, 10, 1982, Nr. 20, S. 21–30). – D. Cece, *El aislamiento femenino en »La amortajada« de M. L. B.* (in Chiricú, 4, 1985, Nr. 1, S. 41–53).

LA ÚLTIMA NIEBLA

(span.; *Der letzte Nebel*). Novelle von Maria Luisa BOMBAL (Chile), erschienen 1934. – Dieser »Kurzroman« (Dámaso Alonso) einer in Chile geborenen, in Frankreich aufgewachsenen, in Argentinien, dann in den USA lebenden Schriftstellerin stellt in der chilenischen Literatur der dreißiger Jahre eine Neuerung dar. Er folgt nicht mehr den Tendenzen des *mundonovismo* (Literatur der Neuen Welt), der sich als eine späte Sonderform des Naturalismus vor allem mit der Determination des Menschen durch die Naturgewalt der Landschaft auseinandersetzte und seine bedeutendsten Vertreter in Venezuela (vgl. *Doña Bárbara* von Rómulo GALLEGOS), in Kolumbien (vgl. *La vorágine* von J. Eustavio RIVERA) und Argentinien (vgl. *Don Segundo Sombra* von Ricardo GÜIRALDES) besaß. Mit dieser Novelle Maria Luisa Bombals wendet sich die chilenische Literatur dem »*Dunklen, Irrationalen, Unterbewußten*« zu, »*wo das Menschliche und das Übermenschliche durch die Kraft der Vision, nicht dank stilistischer Tricks, einander in einer magisch-poetischen Zone begegnen*« (Anderson-Imbert). Als einen Vorläufer der Novelle Bombals ließe sich der lyrische Roman des Chilenen Pedro PRADO (vgl. *Alsino*, 1920) bezeichnen, dessen jugendlicher Held, verzehrt vom Feuer wie ein erlöschender Stern, zu Asche wird »*wie Nebel in der unsichtbaren Luft schwebend*«. Doch sind die Berührungspunkte mehr äußerlicher Natur. Prados Roman beschreibt allegorisch das Scheitern des Menschen in seinem Höhenflug. *La última niebla* dagegen ist frei von aller Allegorie, die Symbolik Bombals bleibt ohne klares *tertium comparationis*. Alles, was geschieht und beschrieben wird, steht rätselhaft da, wie es die Psyche der weiblichen Hauptfigur empfindet und aussagt, und läßt sich rational vom Leser nicht entschlüsseln.

Die Handlung, die fast völlig hinter jene »magisch-poetische« Wirklichkeit zurücktritt, die das Erinnerungsvermögen der Heldin heraufbeschwört, ist folgende: Eine Frau heiratet, um nicht allein zu bleiben, ihren Vetter, der in ihr nur das Abbild seiner ersten verstorbenen Gemahlin sucht. In der wachsenden Einsamkeit des Landgutes, wohin sie ziehen, erblickt sie betroffen Reina, eine verheiratete Frau mit ihrem Geliebten. Während eines Aufenthaltes in der Stadt wandert sie in einer schlaflosen Nacht durch die nebelerfüllten Straßen und begegnet im Nebel einem unbekannten jungen Mann, dem sie sich widerstandslos hingibt. In den nachfolgenden Jahren der Einsamkeit veschwört sie immer wieder aufs neue diese Erinnerung, sucht, als sie nach langer Zeit wieder in die Stadt kommt, das Haus auf, in dem sie mit dem Geliebten geweilt hat, findet es aber von Leuten bewohnt, die felsenfest behaupten, daß seit Jahrzehnten niemand außer ihnen darin gewohnt habe. Als sie, völlig verstört, von einem Selbstmordversuch Reinas erfährt, versucht sie ebenfalls, sich im Straßenverkehr das Leben zu nehmen. Ein Fremder reißt sie zurück: Sie erkennt in ihm ihren Mann. Ihm folgt sie, um, wie sie sagt, »*eine Unendlichkeit kleiner Notwendigkeiten zu verrichten...*, *um korrekt zu leben und, eines Tages, korrekt zu sterben. Um uns verleiht der Nebel den Dingen den Charakter endgültiger Unbewegtheit.*«

Weder psychologisch noch tendenziös als ein Manifest des Anspruchs der Frau auf Selbstverwirklichung noch als eine mystische Neuauflage des Calderón-Motivs »Das Leben ein Traum« (vgl. *La vida es sueño*) läßt sich diese Erzählung deuten. In ihr bleibt alles unbestimmt und rätselhaft. Erzählerin ist die Heldin selbst, und sie motiviert, analysiert nicht, sie sagt aus, was sie sieht, erinnert und fühlt. Szene folgt auf Szene ohne den geringsten Versuch, zu verstehen und sich verständlich zu machen. Ratlosigkeit und Verlorenheit gegenüber sich selbst und der Welt scheinen die Grundbefindlichkeiten dieses Daseins zu sein, in dem Wirklichkeit und Traum in unentwirrbarem subjektivem Erleben verschmelzen, dessen Symbol der Nebel ist. Diese Rätselhaftigkeit und Verschlossenheit, dieser »Realitätsverlust«, den die Heldin und mit ihr die Leser erleiden, machen die Modernität der Novelle aus. T.Br.

AUSGABEN: Santiago de Chile 1934. – Santiago de Chile ²1941 [Vorw. A. Amado]. – Buenos Aires 1970. – Santiago de Chile 1975. – Buenos Aires 1981. – Santiago de Chile 1982. – Barcelona 1984 (in *La amortajada. La última niebla*).

LITERATUR: F. Santana, *La nueva generación de prosistas chilenos*, Santiago de Chile 1949, S. 45 ff. – A. Torres-Ríoseco, *Ensayos sobre la literatura latinoamericana*, Mexiko 1958, S. 170 ff. – C. W. Orlandi, *Mist, Light and the Libido :* »*La última niebla*« (in KRQ, 26, 1979, Nr. 2, S. 231–242). – L. Agoni Molina, *El motivo de la frustración en* »*La última niebla*« *de M. L. B.* (in CHA, 121/122, 1980, Nr. 363, S. 623–626). – A. Rábgo, *Elementos surrealistas en* »*La última niebla*« (in Hispania, 64, 1981, Nr. 1, S. 31–40).

LOUIS-GABRIEL-AMBROISE VICOMTE DE BONALD

* 2.10.1754 Millau
† 23.11.1840 Millau

LITERATUR ZUM AUTOR:
P. Bourget u. M. Salomon, *B.*, Paris 1905. – H. Moulinié, *De B., la vie, la carrière politique, la doctrine politique*, Paris 1915. – R. Spaemann, *Der Ursprung der Soziologie aus dem Geist der Restauration*, Mchn. 1959. – J. Gritti, *La Révolution française et le réveil religieux*, Paris 1962. – G. Merli, *De B.*, Turin 1972.

THÉORIE DU POUVOIR POLITIQUE ET RELIGIEUX DANS LA SOCIÉTÉ CIVILE, démontré par le raisonnement et par l'histoire

(frz.; *Theorie der politischen und religiösen Gewalt in der bürgerlichen Gesellschaft, dargelegt durch Vernunft und Geschichte*). Staatstheoretisches Werk von Louis-Gabriel-Ambroise Vicomte de BONALD, erschienen 1796 unter dem Signum »M. de B***, gentilhomme français«. – Der französische Emigrant stellt in drei Teilen (*Politische Gewalt, Religiöse Gewalt, Soziale Erziehung und Öffentliche Verwaltung*) die absolute Monarchie und den Katholizismus als natürliche Verfassungen dar. Er will kein neues System entwickeln, sondern das natürliche System der Organisation politischer Gesellschaften erläutern. Ebenso wie die durch Überlieferung sich fortpflanzende menschliche Erkenntnis, beruhen auch Gesellschaft und Staat unmittelbar auf der Offenbarung. Da das Menschengeschlecht immer das Bewußtsein der Existenz des Göttlichen gehabt hat, existiert das Göttliche auch tatsächlich, denn das allgemeine Bewußtsein der Menschheit ist unfehlbar. Die natürliche Religion ist Ausdruck der Gemeinschaft zwischen Gott und Menschen. Gott schafft und erhält den Menschen aus Liebe, ebenso erhält der Mensch seinesgleichen aus Liebe. Das hat zu Gesetzen zwischen den Menschen und zu einer Gemeinschaft geführt, die göttlichen Ursprungs ist.

Wo die Menschen mit gleichem Willen (Erhaltung der Gemeinschaft) und mit ungleichen Kräften herrschen wollen, ist es nach Bonald unumgänglich, daß entweder ein einziger Mensch herrscht oder daß sich alle Menschen zugrunde richten. Nur die absolute Monarchie gilt dem Autor als verfaßte Gesellschaft. Der allgemeine *Wille* der Gesellschaft, der sich in den grundlegenden Gesetzen manifestiert, die allgemeine *Gewalt*, die vom Monarchen ausgeübt wird und die allgemeine *Kraft*, die durch die allgemeine Gewalt gelenkt wird, bilden die Verfassung und die monarchische Regierung. In der verfaßten Gesellschaft ist der Monarch das lebende Gesetz. Der Monarch kann das Gesetz, das den allgemeinen Willen der Gesellschaft repräsentiert, nicht beugen, nicht zerstören wollen. Er ist den Grundrechten und den politischen Gesetzen unterworfen, da er ohne sie nicht wäre, den religiösen Gesetzen, da er von Gott abhängig ist. Dem Strafrecht allerdings kann er nicht unterworfen sein, da er nur schuldig werden könnte, wenn er der Gesellschaft Schaden zufügen würde, was er aber nicht wollen kann, da die allgemeine Gewalt, die die Gesellschaft erhält, in ihm personifiziert ist.

Nach diesen grundlegenden Erörterungen schildert Bonald die antiken und modernen Gesellschaftsformen, untersucht die Nationalcharaktere der Völker, Fragen der Gesetzgebung und der Gewaltenteilung und sucht zu beweisen, wie alle Gesellschaftsformen außer der absoluten Monarchie notwendigerweise despotisch, kriegerisch und dekadent sind. – Wie im Staatsleben die absolute Monarchie die einzige verfaßte Gesellschaft ist, so ist das Christentum die verfaßte Religion schlechthin. In LUTHER und der Reformation manifestiert sich der Aufruhr gegen das wahre Christentum; der Protestantismus bedeutet – ebenso wie die nicht verfaßten Gesellschaften (Demokratie, Aristokratie u. a.) – Unfrieden und Gewalt. Protestantismus und Demokratie entsprechen einander wie Katholizismus und absolute Monarchie.

Mit häufigen Verweisen auf BOSSUET, MONTESQUIEU, aber auch ROUSSEAU, deren Gedanken er fortführt oder widerlegt, entwickelt Bonald als eigentlicher Begründer des Traditionalismus und klerikaler Legitimist seine Theorie, die von den in der Offenbarung begründeten Begriffen »Ursache«, »Mittel« und »Wirkung« beherrscht wird. Die »Ursache« verhält sich zum »Mittel« wie das »Mittel« zur »Wirkung«. Im Staatsleben entsprechen dieser Dreiheit Regierung, Beamte und Untertanen, in der Familie, Vater, Mutter und Kind. – Bonalds irrationalistische Autoritätslehre hat ihr »ganzes Pathos... aus ihrem aktuellen Kampf gegen die französische Revolution« (H. Marcuse). Zusammen mit BURKES *Reflections on the Revolution in France* (1790) und de MAISTRES *Considérations sur la France* (1797) konstituiert sie die Theorie der Gegenrevolution, die in Deutschland von Friedrich GENTZ, Adam MÜLLER und F. J. STAHL aufgenommen und fortgeführt wird.   C.v.M.

AUSGABEN: O. O. 1796, 3 Bde. – Paris 1859 (in *Œuvres complètes*, Hg. Abbé Migne, 3 Bde.; zus. m. *Théorie de l'éducation sociale et de l'administration publique*). – Paris 1965 (Ausw.; 10/18).

LITERATUR: V. Delbos, *B. et les traditionalistes dans la philosophie française*, Paris 1919. – C. Schmitt, *Politische Theologie*, Mchn./Lpzg. 1922. – A. Adams, *Die Philosophie B.s mit besonderer Berücksichtigung seiner Sozialphilosophie*, Diss. Münster 1923. – W. Gurian, *Die politischen und sozialen Ideen des französischen Katholizismus 1789–1914*, Mönchen-Gladbach 1929. – H. Friedrich, *Das antiromantische Denken im modernen Frankreich. Sein System und seine Herkunft*, Mchn. 1935. – W. Krauss, *Gesammelte Aufsätze zur Literatur und Sprachwissenschaft*, Ffm.

1949. – D. Bagge, *Les idées politiques en France sous la Restauration*, Paris 1952. – R. Calvo Serer, *Teoría de la Restauración*, Madrid 1952. – Barclay, *L. de B., Prophet of the Past* (in StV, 55, 1967, S. 167–204). – H. Marcus, *Gegenrevolution und Restauration* (in *Ideen zu einer kritischen Theorie der Gesellschaft*, Ffm. ²1969, S. 113–129). – G. Gengembre, *B. et la France révolutionnée* (in Romantisme, 12, 1976, S. 77–84). – P. Pastori, *L'illuminismo cristiano di B.* (in Rivista internazionale di filosofia del diritto, Juli-Sept. 1982, S. 381–433).

PROSPERO BONARELLI DELLA ROVERE

* 5.2.1588 Novellara
† 1659 Ancona

IL SOLIMANO

(ital.; *Soliman*). Verstragödie in fünf Akten von Prospero BONARELLI DELLA ROVERE, erschienen 1619. – Zu einer Zeit, da in Italien infolge der spanischen Oberhoheit und der inquisitorischen Zensur der Jesuiten außer klassischen und mythologischen Stoffen in erster Linie religiöse Themen behandelt wurden, griff Bonarelli als erster italienischer Dichter eine historische Begebenheit auf, die rund 70 Jahre zuvor ganz Europa bewegt und bereits einigen unbedeutenderen Autoren als dramatischer Vorwurf gedient hatte: die Tötung des jungen Mustafâ durch seinen leiblichen Vater, den türkischen Sultan Soliman II. (1596–1566), den Eroberer Ungarns und Bedroher Wiens (1529). Als Quelle diente dem Autor vor allem eine lateinische Chronik von CONTI, die er 1589 in der italienischen Übersetzung *Historie de' suoi tempi* gelesen hatte.

Die Handlung des Dramas spielt in Aleppo, wo Soliman auf die Rückkehr seines Sohnes Mustafâ vom Perserfeldzug wartet. Sein ehrgeiziger Schwiegersohn Rusteno, der Mustafâ aus dem Wege räumen will, da er selbst die Thronfolge anstrebt, intrigiert gemeinsam mit der Sultanin gegen Mustafâ und bezichtigt ihn anhand eines gefälschten Briefes des Verrats an Soliman. Die überraschende Ankunft der als Mann verkleideten Tochter des Perserkönigs, Despina, begünstigt seine heimtückischen Pläne. Despina liebt Mustafâ und will ihm eine Botschaft ihres Vaters überbringen, in dieser sein Reich zur Mitgift Despinas erklärt. Durch eine List ihres Begleiters Alvante fällt dieser Brief jedoch in die Hände Solimans, der den zurückgekehrten Mustafâ gefangensetzen läßt. Ohne Nachricht von Mustafâ, schenkt Despina schließlich den Einflüsterungen Alvantes Glauben, daß Mustafâ ihrer überdrüssig sei. Sie wird von Solimans Wachen überrascht und gefangengenommen. Im Gefängnis trifft sie mit Mustafà zusammen, und zwischen beiden kommt es zur großen Liebesaussprache. Alvante mißbraucht von neuem ihr Vertrauen und liefert die Arglosen dem Sultan aus, der sie töten läßt. Dabei stellt sich heraus, daß die Sultanin nicht, wie angenommen, die Stiefmutter, sondern die Mutter von Mustafà ist, der als Kind vertauscht wurde. Voll Entsetzen über ihre Mitschuld am Tod des eigenen Sohnes, vergiftet sie sich und reicht dem erstarrenden Sultan das blutige Haupt Mustafàs hin. Mustafàs Soldaten stürmen daraufhin Aleppo, töten Soliman und setzen die Stadt in Brand.

Das Cosimo II., Großherzog von Toscana, gewidmete Stück war ein großer Bucherfolg; bis 1636 wurde es sechsmal verlegt, obgleich die klassizistische Kritik an der unwahrscheinlichen Kindsvertauschung wie an Despinas Erscheinen im feindlichen Lager Anstoß nahm. Doch Bonarelli wies in der Ausgabe von 1632 auf verschiedene Widersprüche in den historischen Quellen selbst hin und sprach, legitimiert durch Tassos *Discorsi dell'arte poetica*, den vom Dichter gestalteten wunderbaren Begebenheiten dieselbe ritterlich-ethische Vorbildhaftigkeit wie der geschichtlichen Wahrheit zu. Das höfische Publikum, das sich in jener Zeit an Tasso begeisterte, fand freilich Gefallen an der rührenden Geschichte der zu heroischen Opfern bereiten Liebenden, deren Vorbild die Olindo-Sofronia-Handlung aus *La Gerusalemme liberata (Das befreite Jerusalem)* ist, übrigens eine Episode Tassos, für die sich später Rousseau so begeisterte, daß er sie ins Französische übertrug, und die auch Lessing in seiner *Hamburgischen Dramaturgie* lobend erwähnte. Der zeitgenössischen literarischen Strömung wiederum entsprach der Autor durch die geschickt hergestellte Verbindung zwischen dem Ritter- und Liebesideal der epischen Dichtungen und der Tradition des Märtyrerdramas, entspricht doch Mustafàs demutsvolle Haltung gegenüber dem Vater wie auch seine im Bewußtsein der Unschuld zur Schau gestellte Gottergebenheit der christlich-stoischen, stark fatalistisch gefärbten Anschauung vom tragischen Helden. Gegen die klassizistische Gepflogenheit bleibt der Chor, einem schüchternen Versuch von Valerio Mattiazzo in *Irene* (1615) folgend, erstmals ausgespart; der klassischen Vorschrift, Grausamkeiten auf der Bühne zu vermeiden und sie nur im Botenbericht zu schildern, wird hingegen entsprochen. Die künstlerische Bedeutung des Werks liegt vor allem in seiner zügigen Dramatik, der differenzierten Charakterisierung, dem kunstvollen Versmaß und nicht zuletzt in den lyrischen Partien, deren Schönheit schon Pier Iacopo Martello und Apostolo Zeno hervorhoben. W.Dr.

Ausgaben: Venedig 1619. – Florenz 1620 [Ill. J. Callot]. – Verona 1725. – Venedig 1746.

Literatur: A. La Torre, *Notizia sulla vita e sulle opere di P. B.*, Matera 1910, S. 14–44. – L. Fassò, *Teatro del seicento*, Mailand/Neapel 1956.

BONAVENTURA

d.i. Johannes Fidanza
* 1217 (1221?) Bagnoreggio bei Viterbo
† 15.7.1274 Lyon

Literatur zum Autor:
S. Gilson, *Der hl. B.*, Hellerau 1929. – Ders. u. Ph. Böhner, *Die Geschichte der christlichen Philosophie*, Paderborn 1937. – Ueberweg, Bd. 2, Tübingen ²1951. – E. Gilson, *La philosophie de saint Bonaventure*, Paris ³1953 (dt.: *Die Philosophie des hl. B.*, Köln/Olten 1960; m. Bibliogr.). – J. G. Bougerol, *Introduction à l'étude de saint Bonaventure*, Paris 1961. – Ders., *Saint Bonaventure et la saggesse chrétienne*, Paris 1963. – *Santa Bonaventura 1274–1974*, Hg. ders., 5 Bde., Grottaferrata 1973/74. – E. H. Weber, *Dialogue et discussions entre saint Bonaventure et saint Thomas d'Aquin à Paris*, Paris 1974. – G. Seebass, *Die Himmelsleiter des hl. B. von Lucas Cranach d. Ä. Zur Reformation eines Holzschnitts*, Heidelberg 1985.

BREVILOQUIUM

(mlat.; *Kurzes Gespräch*). Eine Auslegung der *Heiligen Schrift* des Kirchenlehrers und Heiligen Bonaventura, geschrieben vor 1257. – Diese Auslegung der *Heiligen Schrift* nach der Zahl ihrer Teile, unter Beschreibung ihrer Zeiten und Zeitalter, ihrer Erhabenheit und Tiefe, ist in franziskanischem Geist abgefaßt. Damit grenzt sich Bonaventura, wie Franz von Assisi ihn benannt hat, gegen die Dominikaner ab, deren Mentor bis heute Thomas von Aquin ist: Auf der einen Seite sind Platon, Augustinus und Bonaventura zu sehen, auf der anderen Aristoteles und Thomas; hie Weisheit, dort Wissenschaft; hie Spekulation der Gottesliebe, dort Philosophie der Gotteskenntnis. Wenn irgendeiner, so hat Bonaventura die ältere Franziskanerschule ausgebildet und sie ins Mystische fortentwickelt, weshalb er, »Fürst unter den Mystikern«, auch Eckart und Seume beeinflussen konnte. Mit Bonaventura wirkt die platonisch-augustinische Richtung der Hochscholastik übers spätere Mittelalter in unsere Gegenwart hinein.

Die *Heilige Schrift* auszulegen, müsse, weil sie »*ihre besondere Art der Darstellung hat ... auch auf besondere Art*« des Verständnisses und der Erklärung geschehen: »*Da sie unter* einem *Wortlaut einen vielfältigen Sinn birgt, muß ihr Ausleger Verborgenes ans Licht fördern und das derart Enthüllte durch andere Schriftstellen einleuchtender machen.*« Mit dieser Maxime begründet Bonaventura eine hermeneutische Textinterpretation *avant la lettre*, die das Ganze aus Einzelnem zu erschließen sucht. Das Prinzip dieser Methode besteht darin, vergleichbare Textstellen, deren genauer Wortlaut streng zu beachten ist, aufzuspüren und zur Interpretation heranzuziehen. Bloß vordergründige allegorische oder metaphorische Parallelen bleiben unberücksichtigt. Das *Breviloquium* bildet – zusammen mit *Commentarii in quatuor libros sententiarum Petri Lombardi*, 1248–1255 *(Kommentare zu den vier Sentenzenbüchern des P. L.)*, mit *Itinerarium mentis in Deum*, Oktober 1259 *(Pilgerbuch der Seele zu Gott)*, und *De reductione artium ad theologiam*, zwischen 1248/1256 *(Die Zurückführung der Künste auf die Theologie)* – ein zwar unsystematisches, aber dennoch zusammenhängendes Ganzes, gewissermaßen Systemfragmente einer scholastischen, von Theologie durchdrungenen Philosophie. Der Stufengang vollzieht sich in genauer Umkehrung zu dem des *Itinerariums*: Zuoberst steht Gott (1). Er bewirkt aus sich die Erschaffung der Welt, der Geister und Leiber, des Menschen (2), die Erbsünde und Sündigkeit der menschlichen Kreatur (3), die Fleischwerdung des Wortes und die Passion Christi (4), die Gnade des Heiligen Geistes (5), die Sakramente (6), die Auferstehung des Fleisches und den Ruhmesglanz des Paradieses (7). In einfachem Stil verfaßt, bietet das Werk ein Resüme katholischer Dogmatik, das weder polemischen noch apologetischen, sondern ausschließlich deskriptiven Charakter hat. J.Sch.

AUSGABEN: Nürnberg 1472. – Tübingen ³1861, Hg. C. J. Hefele. – Freiburg i. B. 1881. – Quaracchi 1891 (in *Opera omnia*, 10 Bde., 1882–1902, 5). – Paris 1967/68, Hg. J. G. Bougerol, 7 Tle. [m. frz. Übers.].

ÜBERSETZUNG: *Breviloquium des hl. B. Ein Abriß der Theologie*, F. Imle u. J. Kaup, Werl i. W. 1931.

LITERATUR: R. Guardini, *Die Lehre des hl. B. von der Erlösung*, Düsseldorf 1921. – J. Ratzinger, *Die Geschichtstheologie des hl. B.*, Mchn. 1959. – W. Rauch, *Das Buch Gottes*, Mchn. 1961. – H. Mercker, *Schriftauslegung als Weltauslegung*, Paderborn 1971. – E. H. Cousins, *Coincidence of Opposites. The Theology of Saint B.*, Chicago 1978.

COLLATIONES IN HEXAËMERON

(mlat.; *Zusammenstellungen zum Sechstagewerk*). Vorlesungsnachschrift *(reportatum)* von Zuhörern des BONAVENTURA, aufgezeichnet im Winter 1273. – Das Werk behandelt die Erleuchtungen Gottes in einer symbolischen Auslegung der sechs Schöpfungstage. Der Autor, ein Schüler des ALEXANDER VON HALES, des Begründers der älteren Franziskanerschule, unternahm am Ende seines Lebens den Versuch, eine Summe des platonisch-augustinisch inspirierten, franziskanisch fortentwickelten Lehrguts zu ziehen; er starb darüber, so daß seine Vorlesungen unvollendet geblieben sind. Im Titel drückt sich bereits die notorische Bescheidenheit Bonaventuras aus, der von »Zusammenstellungen«, von »Vergleichen« spricht, während er doch durchaus Eigenes bietet.

Die *Collationes in Hexaëmeron* bestehen, soweit sie vorliegen, aus den beiden Hauptteilen *Principium*, worin Gottvater und Gottsohn samt der Kirchenlehre abgehandelt werden, und *Visio*, worin der Schöpfergott als ein Sehender, wenn nicht Visionär – im Sinne der *Genesis*: »*Vidit Deus lucem quod esset bona et divisit a tenebris*« (»Gott sah, daß das Licht gut war, und schied das Licht von der Finsternis«; I, 4) – dargestellt wird. Bonaventuras einleitende Sätze zum zweiten Teil, *Genesis* (I, 31), AUGUSTINUS, *De civitate Dei* (XVI, c. 5) und Psalm 4,7 aufnehmend, lauten: »*Iuxta opera sex dierum distinctae sunt etiam sex visiones. Dei ›videre‹ videre nos facit; in sexto opere dicit: ›Vidit Deus cuncta quae fecerat, et erant valde bona‹, quia scilicet facit nos videre. Prima ergo visio intellectualis est visio intelligentiae per naturam inditae; Psalm.: ›Signatum est super nos lumen‹.*« / (»Ebenso wie die Werke der sechs Tage unterschieden sind auch die sechs Visionen. Gottes ›Sehen‹ macht uns sehen; beim sechsten Werk heißt es: ›Gott sah alles, was er gemacht hatte, und es war sehr gut‹, weshalb er freilich uns sehen macht. Also ist die erste geistige Einsicht eine Vision des durch die Natur eingegebenen Erkenntnisvermögens; Psalm: ›Zum Zeichen aufgepflanzt ist über uns das Licht‹.«)

Eben dieses Licht, ein Widerschein vom Angesicht Gottes, bildet in vielen Schriften Bonaventuras – außer in den *Collationes* vor allem auch in *Commentarii in quatuor libros sententiarum Petri Lombardi*, 1248–1255 (*Kommentare zu den vier Sentenzbüchern des P. L.*, auch als *Sentenzenkommentar* bekannt) – das metaphysische Hauptthema. Erkenntnistheoretisch wird es als *intellectus agens* gefaßt, der die abstrahierende Erkenntnis des Allgemeinen, der Universalien, sowie der ersten theoretischen und moralischen Prinzipien ermöglicht. Daher kann in den *Collationes* die Welt ein Spiegel der Gottheit heißen, kann ihre Anschauung zugleich als eine Veranschaulichung der erleuchteten eingeborenen Gottesidee begriffen werden. In seiner Lichtmetaphysik und -gnoseologie verbindet Bonaventura in origineller Weise mystische, auf PSEUDO-DIONYSIOS und Augustinus fußende Spekulationen mit rationalen, von ARISTOTELES und THOMAS VON AQUIN ausgearbeiteten Argumentationen. J.Sch.

AUSGABEN: Quaracchi 1891 (in *Opera omnia*, 10 Bde., 1882–1902, 5). – Florenz 1934, Hg. F. Delorme.

ÜBERSETZUNGEN: in K. Ruh, *B. deutsch*, Bern 1956. – *Das Sechstagewerk*, W. Nyssen, Mchn. 1964; ²1979 [m. Einl.].

LITERATUR: B. A. Luyckx, *Die Erkenntnislehre B.s*, Münster 1923 (Beiträge zur Geschichte d. Philosophie des MA.s, 23, H. 3/4). – J. Beumer, *Die Aufgabe der Vernunft in der Theologie des hl. B.*, (in Franziskanische Studien, 38, 1956, S. 129–149). – K. Brümann, *B.s Hexaëmeron als Schriftauslegung* (ebd., 48, 1966, S. 1–74).

ITINERARIUM MENTIS IN DEUM

(mlat.; *Pilgerbuch der Seele zu Gott*). Eine der persönlichsten mystisch-theologischen Schriften des BONAVENTURA, verfaßt im Oktober 1259. – Hatte Bonaventura im *Breviloquium*, vor 1257 *(Kurzes Gespräch)*, die Schöpfung von Gott her durchmessen – vom Himmel durch die Welt zum Himmel –, so kehrt er diesmal die Stufenfolge um: Aufsteigen der Seele, die sehnsüchtig ihres Herrn harrt und bedarf, über den Menschen- wie Gottessohn Christus zum Vater.

Bonaventura ist 1243 in den Orden eingetreten, er ist 1257 von seinen Ordensbrüdern zum General gewählt worden; aufgrund seiner Arbeit an Verfassung und Organisation der franziskanischen Klostergemeinschaft wird er seitdem als ihr zweiter Gründer gerühmt. Während eines Aufenthalts in Italien – im allgemeinen lebte und lehrte Bonaventura in Paris – nahm er sich Zeit, um einsam auf dem Alvernaberg zu beten, zu meditieren und zu schreiben. Dieser – im Sinne des ARISTOTELES – philosophischen Muße verdankt man außer dem *Itinerarium* auch die kurze Abhandlung *De reductione artium ad theologiam (Die Zurückführung der Künste auf die Theologie)*. Darin sind die *artes* gemäß mittelalterlichem Sprachgebrauch als Wissenschaften wie Logik, Rhetorik, Geometrie etc. samt deren Ableitungen zu verstehen, so daß man berechtigt ist, diese Abhandlung als eine Art theologischer Wissenschaftslehre zu bezeichnen.

Das *Itinerarium* hingegen hat – im Sinne des Unterschieds zwischen THOMAS VON AQUIN und AUGUSTINUS, ergo zwischen Aristotelikern und Platonikern (auch Neuplatonikern), zwischen Dominikanern und Franziskanern – weniger mit Wissenschaft als Welterkenntnis denn mit Weisheit als Gottesliebe zu tun. Auf drei Hauptstufen soll die Seele zu Gott pilgern: Welt außer uns, in uns und um uns; dementsprechend wird sie die »Spuren« Gottes rational-gedanklich, das »Bild« Gottes spekulativ-reflektierend (spiegelbildlich), die »Ähnlichkeit« mit Gott irrational-mystisch aufsuchen und realisieren. Bonaventura unterteilt aber jede Hauptstufe noch einmal, so daß sich insgesamt sechs Stufen ergeben – in Anlehnung ans sechstägige Schöpfungswerk, dem er seine spezielle Vorlesung *Collationes in Hexaëmeron*, Winter 1273 *(Zusammenstellungen zum Sechstagewerk)*, gemidmet hat; diese sechs Stufen werden auch in sechs Kapiteln behandelt.

Eine siebte Stufe indes, bzw. das siebte Kapitel, bringt erst das Entscheidende, nämlich das Mystische. Gehandelt wird *De excessu mentali et mystico, in quo requies datur intellectui, affectu totaliter in Deum per excessum transeunte*, d. h. *Über die mystische Entzückung der Seele, in der die Verstandestätigkeit zur Ruhe kommt, während das Gemüt ganz in Gott aufgeht*. Nunmehr hat die Seele ihr Ziel – »*das erste, ganz und gar vergeistigte Prinzip*« – erreicht, ist sie vom Exemplarischen, welches Welt und Mensch sind, ins Vorbild, welches Gott ist, gelangt. Dieser Weg, wahrlich eine Pilgerfahrt, kann aber nicht nachvollzogen werden, es sei denn, er werde selber gegangen und erlebt. J.Sch.

AUSGABEN: Florenz 1864 (in A. Rossi, *Opusculi filosofici scelti*). – Quaracchi 1891 (in *Opera omnia*, 10 Bde., 1882–1902, 5). – Mchn. 1961, Hg. J. Kaup [m. dt. Übers.]. – Mchn. 1970, Hg. W. Höver, 2 Hefte.

ÜBERSETZUNGEN: *Weg des Geistes zu Gott*, anon., Münster 1836. – *Pilgerbuch des Geistes zu Gott*, J. Kaup u. P. Bößner, Werl i. W. 1932. – *Pilgerweg zu Gott*, Mchn. 1978 [Ausw. u. Einl. W. Herbstrith].

LITERATUR: E. Sauer, *Die religiöse Wertung der Welt in B.s »Itinerarium mentis in Deum«* (in Franziskanische Forschungen, 1937, H. 4). – S. Grünewald, *Franziskanische Mystik. Versuch einer Darstellung mit besonderer Berücksichtigung des hl. B.*, Mchn. 1931. – A. Elsässer, *Christus, der Lehrer des Sittlichen. Die christologischen Grundlagen für die Erkenntnis des Sittlichen nach der Lehre B.s*, Mchn. u. a. 1968 [zugl. Diss. Mchn. 1967].

LEGENDA SANCTI FRANCISCI

(mlat.; *Lebensbeschreibung des heiligen Franziskus*). Die Hagiographie des Ordensgründers der Franziskaner, verfaßt von BONAVENTURA, dem Ordensgeneral seit 1257; abgeschlossen um 1262; verbreitet in einer »größeren« verbindlichen Fassung *(Legenda maior)* und einer »kleineren« volkstümlichen *(Legenda minor)*. – Die literarische Gattungsbezeichnung *legenda* ist im mittelalterlichen Sprachgebrauch zu verstehen, der auch dem heutigen »legendär« noch anhaftet: als Beschreibung eines exemplarischen, daher des Nachdenkens und der Nachfolge würdigen Lebens. »... *weit über die franziskanische Bewegung hinaus, nicht zuletzt bei Dominikanern und Zisterziensern, hat die ›Legenda‹ des Doctor seraphicus eine fast ebenso große Beliebtheit genossen*« (D. Brett-Evans).

Bonaventura, dessen spirituelles wie intellektuelles Franziskanertum ihm den Ehrentitel eines zweiten Ordensgründers eingetragen hat, fiel die Aufgabe zu, die *spirituales* und die *conventuales* – die Parteigänger strengster Armut und die Anhänger einer milderen, auch bequemeren Lebensauffassung – unter seinen Brüdern miteinander zu versöhnen. Eben dies sollte seine Franziskus-Biographie leisten, indem sie bereits im Leben des Heiligen die Extreme auszugleichen suchte. 1266 beschloß das Generalkapitel denn auch, alle früheren Franziskus-Legenden für obsolet zu erklären, wenn nicht zu vernichten, so daß Bonaventuras *Legenda* zumindest die nächsten Jahrhunderte als offizielle Vita galt und zusammen mit der Ordensregel von 1223 den franziskanischen Kanon bildete.

Die Lebensbeschreibung des heiligen Franziskus ist über ihren hagiographischen Gehalt hinaus wichtig geworden, und zwar in doppelter Hinsicht.

Bonaventura hat sie, »*ein Stilist ersten Ranges*« (D. brett-Evans), in einem nahezu klassischen Latein geschrieben, dessen elegante Perioden sogar den nachfolgenden Humanisten gefallen konnten und sicherlich nicht ohne Einfluß auf sie gewesen sind. Dennoch wäre aber die *Legenda* wegen ihrer Latinität auf die Dauer wirkungslos geblieben – einfachere Ordensleute vermochten sie kaum zu lesen –, wäre sie nicht in die Volkssprachen übersetzt worden. In Deutschland hat SIBILLA VON BONDORF, eine Schwester des Zweiten Ordens des heiligen Franziskus, zwischen 1460 und 1478 (ihrem Todesjahr) eine Übersetzung angefertigt, der selbst im Vergleich zur *Deutschen Bibel* Martin LUTHERS (1522 bzw. 1534) ein eigener Rang als Sprachdenkmal zukommt: »*Dir heilige Franciscus, luchte als ein morgenstern jnmitle des nebels mit clorem schine sins lebens vnd siner ler.*«   J.Sch.

AUSGABEN: Florenz 1509. – Rom 1710. – Quaracchi 1898 (in *Opera omnia*, 10 Bde., 1882–1902, 8).

ÜBERSETZUNGEN: *Die Legend des Heyligen Vatters Francisci. Nach der Beschreybung des engelischen Lerers Bonaventure*, Nürnberg 1512. – *Franziskus von Assisi*, G. Menge, Paderborn 1918. – K. Ruh, in *B. deutsch*, Bern 1956. – *Bonaventuras Legenda Sancti Francisci in der Übersetzung der Sibilla von Bondorf*, Hg. D. Brett-Evans, Bln. 1960 (dt.-mhd.; Texte des späten Mittelalters, H. 12).

LITERATUR: H. Boehmer, *Analekten zur Geschichte des Franciscus von Assisi*, Tübingen ²1930. – S. Clasen, *Der hl. B. u. das Mendikantentum*, Werl 1940.

SOLILOQUIUM DE QUATUOR MENTALIBUS EXERCITIIS

(mlat.; *Alleingespräch [auch: Selbstgespräch] über die vier geistlichen Übungen*). Mystisch-asketische Schrift des BONAVENTURA. – Das Zwiegespräch zwischen dem Menschen und seiner Seele wurde in Anlehnung an HUGO VON ST. VIKTOR verfaßt, dessen Traktat vom Unterpfand der Seele auch zitiert wird.
Bonaventuras Œuvre läßt sich mit S. GILSON in fünf Gruppen teilen, deren Mitte die mystischen Schriften bilden. Um diese gruppieren sich die philosophischen und theologischen Abhandlungen (z. B. *Breviloquium, Itinerarium mentis in Deum* und *Collationes in Hexaëmeron*), die Kommentare (z. B. zum *Johannes-Evangelium*), die eigentlich franziskanischen Texte (z. B. *Legenda sancti Francisci*) sowie die Predigten (z. B. *Sermones de sanctis*). Gilson hat die Mystik nicht zufällig ins Zentrum der Lehre des Franziskaners, auch des Franziskanertums gerückt, scheint ohne sie doch eine Synthese zwischen der theoretisch-spekulativen Lehre und dem praktisch-spirituellen Leben weder des Heiligen noch seiner Ordensbrüder möglich zu sein. Vier geistliche – will man nicht »geistige« übersetzen – Übungen werden angestellt, damit der Christ nachdenkend und nachlebend »*die Länge und die Breite, die Höhe und die Tiefe*« der Gottesliebe, nämlich der Liebe Gottes und der Liebe zu Gott, erfasse: Die Seele, fürchtet sie Gott, soll das Licht der Kontemplation in sich selber leuchten lassen, und sie gewinnt Einsicht in Naturhaftigkeit, Versündigung und Begnadigung (1). Die Seele, fürchtet sie Gott, soll das Licht der Kontemplation nach außen lenken, und sie gewinnt Einsicht in die Fragwürdigkeit von Reichtum, Erhabenheit und Großtun auf Erden (2). Die Seele, fürchtet sie Gott, soll das Licht der Kontemplation aufs Niedere richten, und sie gewinnt Einsicht in Todesnot, Jüngstes Gericht und Höllenstrafe (3). Die Seele, fürchtet sie Gott, soll das Licht der Kontemplation ans Höhere wenden, und sie gewinnt Einsicht in die Freuden des Himmels (4). Der Stufengang von *Breviloquium* und *Itinerarium* wiederholt sich – diesmal auf undogmatisch mystische Weise.   J.Sch.

AUSGABEN: Straßburg o. J. [1474]. – Gouda o. J. [1483]. – Burgos 1517. – Quaracchi 1898 (in *Opera omnia*, 10 Bde., 1882–1902, 8).

ÜBERSETZUNGEN: *Selbstgespräch der Seele*, J. Hosse, Lpzg. 1939. – *Alleingespräch über die vier geistlichen Übungen*, ders., Mchn. 1958.

LITERATUR: E. Longpré, *La théologie mystique de Saint Bonaventure* (in Archivum Franciscanum Historicum, 14, 1921, S. 36–108). – B. Rosenmöller, *Religiöse Erkenntnis nach B.*, Münster 1925 (zur Geschichte d. Philosophie des MA.s, 25, H. 3/4). – S. Grünewald, *Franziskanische Mystik. Versuch zu einer Darstellung mit besonderer Berücksichtigung des hl. B.*, Mchn. 1931. – H. Stoevesandt, *Die letzten Dinge in der Theologie B.s*, Zürich 1969. – H. F. Schalück, *Armut und Heil*, Paderborn u. a. 1971.

EDWARD BOND

* 18.7.1934 London

LITERATUR ZUM AUTOR:
J. R. Taylor, *Anger and After. A Guide to the New British Drama*, Ldn. 1969, S. 108–111. – L. Truchlar, *E. B.* (in *Englische Literatur der Gegenwart*, Hg. H. W. Drescher, Stg. 1970, S. 476–492). – J. R. Taylor, *The Second Wave*, Ldn. 1971, S. 77–93. – K. Gross, *Darstellungsprinzipien im Drama E. B.s* (in NSp, 22, 1973, S. 313–324). – P. Iden, *E. B.*, Mchn. 1973 (dtv). – R. Scharine, *The Plays of E. B.*, Lewisburg 1975. – P. Wolfensperger, *E. B.: Dialektik des Weltbildes und dramatischer Gestaltung*, Bern 1976. – S. Trussler, *E. B.*, Harlow 1976. – T. Coult, *The Plays of E. B.*, Ldn. 1977. – J. Franke, *Elemente des Theaters der Grausamkeit und des Absurden im Werk*

des engl. Dramatikers E. B., Diss. Mainz 1978. – D. Donahne, *E. B. A Study of His Plays*, Rom 1979. – R. Cohn, *The Fabulous Theatre of E. B.* (in *Essays on Contemporary British Drama*, Hg. H. Bock u. A. Wertheim, Mchn. 1981, S. 185–204). – K. J. Worth, *E. B.* (ebd., S. 205–222). – M. Hay u. Ph. Roberts, *E. B. A Companion to the Plays*, Ldn. 1985. – D. L. Hirst, *E. B.*, Ldn. 1985.

BINGO

(engl.; *Ü: Bingo*). Stück in sechs Szenen von Edward BOND, Uraufführung: Exeter, 14. 11. 1973, Northcott Theatre; deutsche Erstaufführung: Bonn, 5. 5. 1976, Theater der Stadt. – Das 1973 entstandene Stück *Bingo* gehört mit *Lear* (1971) und *The Fool* (1975) zu der Gruppe von Dramen, in denen sich der sozialkritische Engländer Edward Bond mit historischen Themen zu dem Zweck auseinandersetzt, gegenwärtige Entwicklungen besser verstehend umreißen zu können und soziale Protesthaltungen aus einer Einsicht in geschichtliche Zusammenhänge zu kanalisieren und zu konkreten Handlungen werden zu lassen. Der Umgang mit historischem Material ist mithin weniger auf die Korrektheit der Authentizität von Fakten gerichtet, wenngleich auch Bond um die globale Richtigkeit seiner Darstellung bemüht ist, als vielmehr im Hinblick auf mögliche Aktualisierbarkeit und die unmittelbare Bedeutung der dargestellten Problematik für die Gegenwart konstruiert. Bond, der die Auseinandersetzung mit Geschichte für ein zentrales Konstituens schriftstellerischer Tätigkeit hält, gestaltet in dem außergewöhnlich erfolgreichen Stück am Beispiel SHAKESPEARES das Verhältnis von Künstler und Gesellschaft und das damit verbundene Problem der sozialen Verantwortung des Künstlers. *Bingo* zeigt »*das Scheitern eines Individuums, in seinem eigenen Leben gegen Korruption vorzugehen*« (Coult).

Die Handlung setzt im Herbst 1615 ein. Shakespeare wird gezeigt als ein einsamer, der Familie entfremdeter, von der Londoner Theaterwelt in Stratford zurückgezogen lebender alter Mann, der hofft, in Ruhe und mit persönlicher Sicherheit seinen Lebensabend zu verbringen, und der sich gleichwohl den Problemen der ihn umgebenden frühneuzeitlichen Gesellschaft nicht entziehen kann. In die Idylle des Gartens, in dem er sich zu Beginn vorzugsweise aufhält, brechen in Gestalt der jungen Frau, des Grundbesitzers William Combe und des Sohnes seiner Hausbediensteten die zeittypischen Konfliktpotentiale der Landstreicherei und Armut, der Einhegungspolitik (der Kampf um die *enclosures* entspricht dem nach numerierten Feldern gegliederten Spiel Bingo) und der fanatischen Religiosität im Sinne eines enthusiastischen Puritanismus ein und fordern ihn dazu auf, Stellung zu beziehen. Dabei wird Shakespeares Passivität und Lethargie immer wieder in Regieanweisungen *(»SHAKESPEARE reagiert nicht.«)* und in Dialogen mit anderen Figuren *(»Was werden Sie tun?«)* betont. Sein Rückzugsversuch aus der geldorientierten öffentlichen Sphäre der Gesellschaft, aber auch aus dem geldorientierten privaten Raum der Familie in die eigene Welt der Gedanken wird demontiert; er muß handeln, und jedes Handeln wird öffentlich. Dadurch gerät Shakespeare in einen Zwiespalt; obwohl seine Sympathie intellektuell bei den Vertretern des Volkes liegt, schlägt er sich aus Sorge um seine persönliche Sicherheit auf die Seite der Mächtigen.

Die durch sein Handeln (Unterzeichnung des Kontrakts mit Combe) besiegelte Parteinahme, die sich gegen seine tieferen Einsichten richtet, ihn aber momentan gegen den Verlust von Pachtgeldern absichert, wird kommentierend unterstützt durch die Episode um die Landstreicherin, der er zwar helfen will *(»Man muß sich um sie kümmern.«)*, die aber dennoch ausgepeitscht wird und am Galgen endet. Die gedankliche Solidarität mit dem Volk wird mit der Unterzeichnung durch das Motiv seines Handelns, die Suche nach materieller Sicherheit, zunichte gemacht; Shakespeare wird Teil einer korrumpierenden Welt, die seinen Idealen entfremdet ist; er verliert den Glauben an sich selbst. Seine Reflexionen über den Zufall der Macht, das Leid und die Aggression münden in immer stärker werdende Selbstzweifel: *»Ich dachte, ich wüßte die Fragen. Habe ich sie vergessen?«* Auch in Reminiszenzen an London, den Ort seiner Triumphe, findet er seine Selbstsicherheit nicht wieder; der Konflikt um die Einhegungen zwischen Combe und der Gruppe um den Sohn spitzt sich weiter zu, während Shakespeare und der sich auf dem Weg nach Schottland befindende Ben Jonson als Vertreter einer handlungsohnmächtig gewordenen alten Generation im Alkohol das Vergessen suchen. Auf dem Heimweg vom Gasthaus wird der betrunkene Shakespeare Zeuge des eskalierenden Kampfes um die ausgehobenen und immer wieder zugeschütteten Grenzziehungsgräben, in dessen Verlauf der alte Mann und Vater des religiös-fanatischen Sohnes erschossen wird. Nachdem er seine Passivität als falsches Verhalten erkannt hat *(»Ich hätte so viel tun können.... Ich schrie auf, wenn ich sie leiden sah, doch sie wurden ausgepeitscht und gehenkt, damit ich frei sein konnte.«)* und zu seiner Wahrheit und damit der der anderen (der Sohn hat den eigenen Vater getötet) vorgestoßen ist, begeht er mit dem von Jonson erworbenen Gift in seinem Zimmer Selbstmord.

Die sechs *»Szenen von Geld und Tod«* beschreiben mithin eine Welt, deren von Geld und Gewalt korrumpierte Gesellschaftsform das Individuum in den Wahnsinn treibt. Der Infantilismus des alten Mannes, der religiöse Wahn seines Sohnes, der schließlich in der Neuen Welt einen neuen Raum der Freiheit zu finden hofft, die Verzweiflung Shakespeares, aber auch der Materialismus seiner Tochter Judith, die am Schluß des Stücks ganz aufgeregt nach dem Testament sucht, sind gleichermaßen Reaktionen auf die Erfahrung der Welt als eines Ortes der Korruption und die Leichtigkeit der Verstrickung für den, dem es nicht gelingt, *»so nah* *wie möglich nach der Maßgabe der Wahrheit seiner eigenen Erfahrung zu leben«* (Coult). In der Einführung zur Buchausgabe seines Stücks deutet Bond die Korrumpierung Shakespeares durch die Macht des Geldes insofern als strukturell analog zur zeitgenössischen westlichen Gesellschaft, als auch hier der Mensch durch materielle Einflüsse fremdbestimmt und im Gegensatz zu seinen Idealen und Werten handle. Dabei verwahrt er sich stark gegen die Interpretation des Wahnsinns als einer unvermeidlichen Konsequenz aus dem Leben in einer vermeintlich absurden Gesellschaft; der Absurdität als fatalistischem Irrationalismus stellt er den Rationalismus selbständigen, eigenverantwortlichen Handelns gegenüber: Es sei nun an der *»Zeit, Verantwortung zu übernehmen«*. Dadurch wird *Bingo* über ein historisches Drama hinaus zum politischen Lehrstück, dessen Lehre Bond zugleich auch praktisch einlösen will. Mit der aktualisierenden Funktionalisierung historischer Faktizität, der Einbeziehung intertextueller Verweistexte *(King Lear; The Winter's Tale)* und der Überblendung faktischer und fiktiver Ebenen (Shakespeares wiederholt geäußerter Satz: *»Ist etwas getan worden?«* stammt aus den Tagebuchaufzeichnungen Leonardo da Vincis) betrachtet und gestaltet Bond die letzten Monate von Shakespeares Leben mit dem Blick des Fremden, der aus dem Vergangenen Anweisungen für das eigene Handeln in der Gegenwart erschließen will. Daraus erklärt sich auch die lockere Szenenfolge und die Reduktion der Handlung zugunsten der Konzentration auf den inneren Prozeß, den Shakespeare durchzumachen hat. Für Bond ist jede Kunst politisch, und jede Kunst, die sich nicht dem Problem politischen Handelns im Hinblick auf die Werte einer rationalen Gesellschaft stellt, *»hat nicht mehr Relevanz als eine Partie ›Bingo‹ und ist dabei weniger aufrichtig«*.

A.Mah.

Ausgaben: Ldn. 1974. – NY 1975. – Chicago 1977.

Übersetzung: *Bingo*, Chr. Enzensberger, Ffm. 1976.

Literatur: H. Hobson, Rez. (in Sunday Times, 18. 11. 1973). – M. Billington, Rez. (in Guardian, 15. 8. 1974). – I. Wardle, Rez. (in Times, 15. 8. 1974). – R. Schostack, Rez. (in FAZ, 20. 8. 1974). – F. Thorn, Rez. (in SZ, 4. 9. 1974).

LEAR

(engl.; *Ü: Lear*). Schauspiel in drei Akten von Edward Bond, Uraufführung: London, 29. 9. 1971, Royal Court Theatre; deutsche Erstaufführung: Frankfurt a. M., 29. 9. 1972, Städtische Bühnen. – *Lear* gilt weitgehend als das bislang anspruchsvollste Drama Bonds, das innerhalb des von seinem Autor vorgegebenen theoretischen Konzepts eines ›rationalen Theaters‹ wichtige Tendenzen und Einflüsse des modernen Theaters (v. a. Brecht und Artaud) zusammenfaßt und daher Modellcharakter hat. Bond sah sein Stück als eine Auseinandersetzung mit Shakespeares *King Lear*, dessen Dialektik der Gewalt er als idealistisch und falsch beurteilt und sie deshalb umkehrt: Geht bei Shakespeare die Gewalt nicht von den sozialen Normen aus, sondern von den animalischen und in sich destruktiven menschlichen Trieben, die sich gegen eine humane menschliche Gesellschaft auflehnen und bei deren Versagen Zerstörung verbreiten, so ist für Bond die biologische Natur des Menschen gut, und das Böse erwächst aus ihrer Vergewaltigung durch eine widernatürliche Gesellschaft, die die natürlichen Bedürfnisse des Menschen nicht berücksichtigt.

Die drei Akte des in seiner Handlungsführung stark schematisierten Dramas entsprechen drei einander ablösenden Regimes (Lear; seine Töchter Bodice und Fontanelle; die Guerillaführerin Cordelia) und drei Stufen des Learschen Erkenntnisprozesses. Das Stück führt bereits in seiner ersten Szene die Mauer vor, das Symbol der sich verselbständigenden Gewalt, die vom Menschen hervorgerufen wird und ihn dann zum hilflosen Opfer des Kreislaufs von Gewalt und Gegengewalt macht. Lear inspiziert mit seinen Töchtern den Bau der Mauer, die sein Reich gegen Feinde von außen schützen soll, aber ihn aus Sorge um die Disziplin der Arbeiter zwingt, gegen sein eigenes Volk mit brutaler Gewalt vorzugehen: Als ein Arbeiter bei einem Unfall an der Mauer getötet wird, läßt Lear einen willkürlich herausgegriffenen Mann wegen angeblicher Sabotage erschießen. Seine Töchter wenden sich daraufhin gegen ihren Vater: Sie heiraten die Herzöge North und Cornwall und bekriegen Lear, um selbst die Macht zu übernehmen. Schon bald will jede von ihnen den eigenen Gatten und die Schwester töten lassen, um Lears General Warrington zu heiraten. Als ihre Pläne scheitern, foltern sie Warrington, während Lear durch die Wälder irrt und schließlich vom Totengräbersohn und dessen Frau Cordelia aufgenommen wird. Die pastorale Idylle findet ein jähes Ende, als ein Trupp Soldaten auf der Suche nach Lear den Totengräbersohn erschießt und Cordelia vergewaltigt.

Der zweite Akt wird durch einen Schauprozeß der Töchter gegen Lear eröffnet. Lear erblickt in einem Spiegel ein verstümmeltes Tier in einem Glaskäfig – die Schlüsselmetapher im Stück für das Verstümmelung der wahren Natur des Menschen durch die von Bond immer wieder angeprangerte gesellschaftliche Moral. Bodice und Fontanelle werden in ihrer Macht von Cordelia bedroht, die sich an die Spitze einer Rebellenarmee gestellt hat und einen Guerillakrieg gegen die Regierungstruppen führt. Fontanelle wird gefangengenommen und vor den Augen Lears erschossen und obduziert. Lear selbst, der in ihren Leib blickt und von ihrer »inneren Schönheit« – ihrer eigentlichen, der menschlichen Natur – fasziniert ist, wird geblendet und gelangt, analog zu Gloucester in Shakespeares Drama, anschließend auf den Weg zur inneren Erkenntnis, zur Einsicht in die eigene Schuld und in den Mechanismus der Gewalt. – Im dritten Akt wendet er sich aktiv gegen das neue Regime, das unter Cordelia die »neue Gesellschaft« mit brutaler Gewalt schaffen will und dazu den Mauerbau fortführt und politische Gefangene liquidiert. Lear wird schließlich bei dem Versuch erschossen, die Mauer abzutragen.

Bond wollte mit *Lear* die Tragödie einer Gesellschaft darstellen, die sich über ihren ungezügelten Machthunger immer mehr in Gewalt verstrickt, das Recht zum Verbrechen, und die Moral zur Gewalt umfunktioniert. Mit Hilfe von Modellsituationen zeigt Bond Beispiele pervertierten Verhaltens auf; das auf der Reihung von Parallel- und Kontrastszenen beruhende Strukturprinzip des Dramas hebt das zerstörerische Wechselspiel von Gewalt und Gegengewalt deutlich hervor. Mittels Repetition und Variation wird der Eindruck einer von maßloser Brutalität bestimmten Welt und der Unentrinnbarkeit aus diesem unmenschlichen Kosmos hervorgerufen. Die geistige Verstümmelung der Figuren findet ihre sprachliche Entsprechung in einer von Wortzusammenziehungen und -verballhornungen geprägten Alltagsdiktion, ihre sichtbare Korrespondenz im Bild des gefangenen Tieres. Der Ausbruch aus dem Teufelskreis der Gewalt kann, wie der Archetypus Lear mit seinem erlöserhaften Ende anzudeuten scheint, nur durch gewaltlose Aktion gegen die herrschende Gewalt erfolgen. Bond sieht daher die Aufgabe des Schriftstellers im Aufzeigen der gesellschaftlichen Gewalt in ihren kollektivpsychologischen Auswirkungen: Das Drama muß, wie Bond in seinem einführenden Essay über das »*Rationale Theater*« betont, mittels rationaler Analyse aufklären und so über die Einsicht der Menschen in das Wesen der Gewalt zur Veränderung der Gesellschaft beitragen. J.Ass.

Ausgaben: Ldn. 1978. – Ldn. 1983.

Übersetzung: *Lear*, Chr. Enzensberger, Ffm. 1972 (BS).

Literatur: G. Klotz, *Erbezitat und zeitlose Gewalt. Zu E. B.s »Lear«* (in Shakespeare-Jb, 110, 1974, S. 44–53). – G. Stratmann, *E. B.: »Lear«* (in *Das zeitgenössische englische Drama*, Hg. K.-D. Fehse, Ffm. 1975, S. 274–298). – H. Oppel, *E. B.: »Lear«* (in *Das englische Drama der Gegenwart*, Hg. ders., Bln. 1976, S. 222–238). – W. Habicht, *E. B.: »Lear«* (in *Englische Literatur der Gegenwart 1971–1975*, Hg. R. Lengeler, Düsseldorf 1977, S. 22–31). – L. Smith, *E. B.'s »Lear«* (in Comparative Drama, 13, 1979, S. 65–85).

NARROW ROAD TO THE DEEP NORTH

(engl.; Ü: *Schmaler Weg in den tiefen Norden*). Stück in zwei Teilen von Edward Bond, Uraufführung: Coventry, Belgrade Theatre, 24. 6. 1968; deutsche Erstaufführung: München, 2. 9. 1969, Kammerspiele. – Bond schrieb dieses Stück, als die Auseinandersetzungen um *Early Morning*, 1968 *(Trauer zu früh)*, ihren Höhepunkt erreicht hatten und er über dessen – in seinen Augen auf Ignoranz zurückzuführendes – negatives Echo verärgert war. So verfaßte er *Schmaler Weg* auch, »weil [die Kritiker] ... *nicht das Geringste bei der ersten Aufführung von ›Trauer zu früh‹ verstanden hatten.*« Die politische Botschaft Bonds tritt daher in diesem Drama deutlicher als in seinen anderen hervor.

Bond wurde zu dem Stück durch eine Episode angeregt, die den Reisebericht *Aufzeichnungen eines Wind und Wetter ausgesetzten Skeletts* des japanischen Dichters Bashō eröffnet. Dort trifft Bashō am Ufer des Flusses Fuji ein von verzweifelten Bauern ausgesetztes Kind, interpretiert dessen Leiden als Ausdruck göttlichen Willens und setzt seinen Weg fort, um sein persönliches Heil zu finden. Diesen Vorfall gestaltete Bond zur Einführungsszene und zum thematischen Drehpunkt seines Stücks. Dreißig Jahre nach dem Ereignis kehrt Bashō in den Süden zurück, der nun von dem Tyrannen Shogo – er ist das ausgesetzte Kind, wie sich gegen Ende des Stückes herausstellt – grausam-diktatorisch regiert wird. Shogo versucht eine gerechte Gesellschaftsordnung aufzubauen, läßt jedoch gnadenlos alle ertränken, die sich gegen ihn zu stellen scheinen. Die Ambivalenz seines Charakters zeigt sich darin, daß er trotz seiner Grausamkeit dem jungen Priester Kiro, der sich ein heiliges Gefäß über den Kopf gestülpt hat und nun zu ersticken droht, durch Zerschlagen des Topfes das Leben rettet und Bashō den Sohn des getöteten Kaisers anvertraut, denn »*ich habe Mitleid mit ihm. Er hat ja nichts Böses getan*«. In der Gestalt Shogos wirft Bond die für ihn zentrale Frage auf nach den Beziehungen zwischen dem gesellschaftlichen System und seinem Volk, aber auch nach der paradoxen Lage desjenigen, der sowohl Opfer als auch Tyrann, mitfühlender Mensch als auch machthungriger Politiker ist. Bashō hingegen ist der Vertreter einer sterilen, sich selbst genügenden und daher dem Menschen gegenüber indifferenten Religion, die sich der Solidarität mit den Leidenden – dem ausgesetzten Kind – verschließt und so das Übel in der Welt vermehrt.

Bashō zieht mit dem Kind nach Norden und trifft dort auf Shogos Gegner, den britischen Commodore und dessen Schwester Georgina, die Vertreter des Westens und christlicher Moral. Sie setzen im zweiten Teil des Stücks nach der Niederlage Shogos ihre Diktatur des psychisch-moralischen Drucks an die Stelle von Shogos offener Gewalt. Shogo sammelt erneut eine Armee um sich, nimmt die Hauptstadt ein und läßt, da er nicht weiß, welches Kind der Sohn des Kaisers ist, alle Kinder in Georginas Obhut töten, die daraufhin wahnsinnig wird. Kurz darauf wird er jedoch endgültig geschlagen und grausam hingerichtet. Kiro, der hinter der falschen Rhetorik von Bashōs *Haiku*-Gedichten das Fehlen jeglicher wahrer Menschlichkeit erkennt, begeht aus Verzweiflung über den allgemeinen Sinnlosigkeit Harakiri; zur gleichen Zeit entsteigt ein nackter Mann dem Wasser und macht Kiro heftige Vorwürfe, weil er ihm nicht geholfen habe.

Anfangs- und Schlußszene des Stücks unterstreichen seinen parabelhaften Charakter: Der Mensch ist für Bond stets auf die Solidarität des Mitmenschen angewiesen. Bashō, nach Bonds eigenen Worten die eigentlich negative Gestalt des Stücks, wird schuldig an Shogo und durch ihn an Shogos Opfern. Das Stück zeigt in der Figur Kiros auch den »unschuldigen« jungen Mann auf der Suche nach dem Guten und der Einsicht in das Wesen der Welt, der erkennen muß, daß Gewalt sowohl die Opfer als auch ihre Urheber zerstört, daß sie daher ein untaugliches Mittel ist, Unterdrückung zu beseitigen und eine neue Gesellschaft aufzubauen. Formal weist das Stück Anklänge an das epische Theater BRECHTs und an die japanische Tradition des Nō-Dramas auf. Der Naturalismus von *Gerettet* und der Surrealismus von *Trauer zu früh* ist hier durch eine unmittelbarere politische und analytische Distanziertheit abgelöst worden.

Zehn Jahre später versuchte Bond in *The Bundle or The New Narrow Road to the Deep North* (*Das Bündel oder Der neue schmale Weg in den tiefen Norden*; Drama in zwei Akten; Uraufführung: London, Warehouse Theatre, 13. 1. 1978; deutsche Erstaufführung: Zürich, 16. 11. 1978, Schauspielhaus) eine andere Antwort auf die Grundsituation des früheren Stücks zu geben. Erneut beginnt das Drama mit Bashō, der auf der Suche nach Erleuchtung nach Norden zieht und das ausgesetzte Kind seinem Schicksal überläßt. Dieses Mal jedoch wird es von einem Fährmann gerettet, und als Bashō vierzehn Jahre später, ohne zur Erleuchtung gelangt zu sein, zurückkehrt und zum Richter ernannt wird, muß der Findling Wang in seine Dienste treten, um seine Pflegeeltern zu retten. Wang selbst findet ein Kind am Flußufer, jedoch um es zu retten, müßte er die korrupte Gesellschaft in Gestalt Bashōs akzeptieren und so eine Gesellschaft stützen, die am Tod von unzähligen Kindern schuldig ist. Wang wirft deshalb das Kind in den Fluß, verläßt die Gesellschaft und schließt sich einer Räuberbande an. Als ihr Führer versucht er, in den Banditen politisches Bewußtsein wachzurufen und sie zur Einsicht in ihr eigenes Dilemma von Ausbeuten und Ausgebeutetwerden zu bringen. Wang will nicht dem einzelnen helfen, sondern die Opfer der Gesellschaft zur rationalen Erkenntnis ihrer Grundsituation führen. Jedoch verleitet die naiv-kompromißlose Hingabe an die Revolution Wang immer mehr dazu, andere Menschen seinem Ziel zu opfern, selbst seinen Pflegevater. Das Stück schließt mit dem Zusammenbruch von Bashōs Herrschaft und dem Heraufdämmern einer neuen Gesellschaft in Gestalt von Wang und den Arbeitern, die in harmonischer Solidarität arbeiten und sich vergnügen.

Das Bündel ist eine mit Brechtschen Mitteln dramatisierte Analyse über das Bedürfnis des Menschen nach Gerechtigkeit und über die Notwendigkeit, eine auf Korruption und Grausamkeit basierende Gesellschaft durch solidarisches Handeln zu ändern. Wang entwickelt sich im Laufe des Stücks immer mehr zum intellektuellen Revolutionsführer, der als Repräsentant rational-moralischen Handelns Bashō gegenübergestellt wird, der sich aus der bloß formalen und daher inhumanen Vollkommenheit seiner Dichtung und Rechtsprechung nicht löst und so am Ende des Stücks nicht erleuchtet, sondern verwirrt zurückbleibt. J.Ass.

AUSGABEN: Ldn. 1978 u. NY 1969; Ldn. 1978 u. Chicago 1981.

ÜBERSETZUNG: *Schmaler Weg in den tiefen Norden*, Chr. Enzensberger, Ffm. 1969 (es 500); *Das Bündel oder Der neue schmale Weg in den tiefen Norden*, Chr. Enzensberger, Ffm. 1978 (es 500).

LITERATUR: A. K. H. Barth, *The aggressive ›theatrum mundi‹ of Edward Bond: »Narrow Road to The Deep North«* (in *Modern Drama*, 18, 1975, S. 189–200).

SAVED

(engl.; *Ü: Gerettet*). Schauspiel in 13 Szenen von Edward BOND, Uraufführung: London, 3. 11. 1965, Royal Court Theatre; deutsche Erstaufführung: München, 15. 4. 1967, Kammerspiele. – Das nach *The Pope's Wedding* (Uraufführung 1962) zweite Stück Edward Bonds wurde bei der Premiere von der englischen Kritik fast einhellig abgelehnt, dann jedoch wurde ihm – als Folge des Einschreitens der Zensur – ein enormer Skandalerfolg zuteil. Mit dem Protest gegen die Eingriffe des Lord Chamberlain wuchs zugleich die Bereitschaft, sich mit Bond als einem ernstzunehmenden Autor des jungen englischen Theaters auseinanderzusetzen.

In einem programmatischen Vorwort nennt Bond das Stück »*fast unverantwortlich optimistisch*« und »*formal eine Komödie*«. Dieser »Optimismus« manifestiert sich darin, daß der Protagonist des Stückes den »*denkbar hoffnungslosen Zustand*« (Vorwort), in dem sich die Menschen seiner Umgebung befinden, erkennt, sich aber dennoch nicht von ihnen abwendet. – Mit naturalistischen Bühnen- und Sprachmitteln (die Akteure sprechen Südlondoner Slang) führt Bond in eine Welt, aus der jede Hoffnung verbannt scheint: Ein junger Mann namens Len zieht zu seiner neuen Freundin Pam, die bei ihren Eltern wohnt. Die Eingangsszene, die Lens sexuelle Unsicherheit in einer unvertrauten Umgebung zeigt, ist ein Meisterstück an Komik und Charakterisierungskunst. Harry und Mary, die Eltern Pams, haben schon vor Jahren aufgehört, miteinander zu reden, und bei Pam selbst schlägt die anfängliche Zuneigung für Len schon bald ins Gegenteil um. Aber obwohl sie ihn grausam und zynisch ihre Verachtung spüren läßt und ihm gesteht, daß sie ein Kind von Fred, einem seiner Schlägerkumpel, erwartet, hält Len weiterhin zu ihr und später auch zu dem Baby, das Pam als lästige Bürde empfindet. In der sechsten Szene (die die Zensur als anstößig empfand) sind Lens jugendliche Kumpane mit dem Kinderwagen allein. Nun enladen sich ihre Aggressionen »*nicht in notwendiger, zielgerichteter, sondern geradezu in beiläufiger, spielerischer Weise, wofür gewiß auch das Gefühl der Langeweile, Schalheit, Indifferenz verantwortlich gemacht werden muß*« (L. Truchlar): Während Fred unbeteiligt zusieht, peinigen die anderen das Baby, schmieren ihm Exkremente ins Gesicht und steinigen es schließlich zu Tode. (»*Es ist klar*«, schreibt Bond im Vorwort des Stückes, »*daß die Steinigung eines Babys in einem Londoner Park ein typisch englisches Understatement ist. Verglichen mit der ›strategischen Bombardierung‹ deutscher Städte ist dies eine geringfügige Greueltat, verglichen mit der geistigen und emotionellen Aushungerung der meisten unserer Kinder sind die Konsequenzen belanglos.*«) Noch als Fred im Gefängnis sitzt, versucht Pam, ihn an sich zu ziehen, doch er stößt sie mit der gleichen grausamen Gleichgültigkeit von sich, die sie Len gegenüber an den Tag legt. Einzig in der Beziehung Lens zu ihren Eltern deutet sich zuweilen die Möglichkeit einer, wenn auch zaghaften, Verständigung an. Nachdem Harry Zeuge einer – vom Autor mit drastischer Komik entwickelten – Verführungsszene zwischen Len und Mary geworden ist, redet er zum ersten Mal seit Jahren mit seiner Frau. Sie bedroht ihn daraufhin mit einer Teekanne, aber auch darin wird deutlich, daß die beiden begonnen haben, aus ihrer unmenschlichen Kommunikationslosigkeit zu menschlichen Reaktionen zurückzufinden. Die Abschlußszene zeigt, wie Len, Pam, Mary und Harry im Wohnzimmer schweigend ihrer Beschäftigung nachgehen – ein dramatisch einprägsames Bild dafür, daß sie sich »*in einer stummen gesellschaftlichen Sackgasse*« (Bond im Vorwort) befinden. Aber: »*Sich an Strohhalme zu klammern, ist das einzig Realistische, was man tun kann*«, kommentiert der Autor. Len tut es; er macht weiter und hält trotz dieser emotionalen Grenzerfahrung zu den Menschen, die auf die Hoffnungslosigkeit ihrer Existenz nur noch mit atavistischer Wut und Grausamkeit reagieren. Len ist »gerettet«.

In den folgenden Stücken *Early Morning* (1968), *Narrow Road to the Deep North* (1968) und vor allem *Lear* (1971) hat Bond zwar den Naturalismus von *Saved* immer deutlicher zugunsten einer stilisierten Darstellungsform aufgegeben, seiner Thematik aber ist er treu geblieben: Er stellt Gefühlsleere, Brutalität und selbst Kannibalismus als Folgen eines inhumanen Gesellschaftssystems dar und zeigt einen »Märtyrerhelden«, der sich entweder dagegen auflehnt oder damit zu leben versucht. Die Kritik hat Bond einerseits die Verherrlichung von Gewalt und eine sensationslüsterne Behandlung »schockierender Themen« vorgeworfen, ihn andererseits aber auch als bedeutendsten englischen Vertreter des Artaudschen »Theaters der Grausamkeit« gewürdigt. J.N.S.

AUSGABEN: Ldn. 1966. – NY 1966. – Ldn. 1969. – Ldn. 1977 (in *Plays*). – Ldn. 1983 (*Plays One: Saved, Early Morning, The Pope's Wedding*). – Ldn. 1984 (Methuen).

ÜBERSETZUNG: *Gerettet*, K. Reichert, Ffm. 1967. – Dass., ders., Ffm. 1971 [zus. m. *Die Hochzeit des Papstes*; es 461].

LITERATUR: *Unsere Aufführung des Jahres: E. B. »Gerettet«* (in *Theater 1967. Chronik u. Bilanz eines Bühnenjahres*, S. 57–76; Sonderheft der Zs. Theater heute). – U. Mehlin, *Die Behandlung von Liebe u. Aggression in Shakespeares »Romeo und Julia« u. in E. B.s »Gerettet«* (in Jb. der Deutschen Shakespeare-Gesellschaft. West, 1970, S. 132–159). – W. Babula, *Scene Thirteen of B.'s »Saved«* (in Modern Drama, 15, 1972, S. 147–149).

THE SEA

(engl.; *Ü:Die See*). Komödie in acht Szenen von Edward BOND, Uraufführung: London, 22. 5. 1973, Royal Court Theatre; deutsche Erstaufführung: Hamburg, 17. 11. 1973, Deutsches Schauspielhaus. – *The Sea* zeigt, als eine hoffnungsvolle Antwort auf den unbarmherzigen Bühnenkosmos von *Lear* (1971), die Fähigkeit der Menschen, selbst die schlimmsten Erfahrungen zu überleben, sich ihren Optimismus zu bewahren und sich nicht vom Wahnsinn und der Ungerechtigkeit der Welt zerstören zu lassen. Bond wurde nach eigenen Aussagen zu diesem Stück durch ein Kindheitserlebnis angeregt: Das Schicksal eines ertrunkenen Schiffbrüchigen, der im verzweifelten Kampf um sein Leben vergeblich versucht hatte, sich den beim Schwimmen hinderlichen Pullover über den Kopf zu ziehen, wird in der sechsten Szene aufgegriffen und weitet sich in dem Stück aus zum Bild des Menschen, der sich »freikämpfen« muß, der seine Maske und mit ihr sein soziales Kostüm ablegen muß, um überleben zu können.

Das Drama beginnt mit einer Sturmnacht in einem kleinen Ort an der englischen Ostküste im Jahre 1907 – zu der Zeit also, als sich die politischen Spannungen zwischen Großbritannien und dem aufrüstenden Deutschland verstärkten – und mit den Hilferufen von Willy Carson, der sich inmitten der tobenden Elemente nach dem Kentern seines Bootes an Land rettet. Seine Bemühungen, seinen Freund Colin Bentham zu retten, sind erfolglos, vor allem auch deswegen, weil die beiden Mitglieder der Küstenwache, Evens und Hatch, sich weigern, ihm zu helfen: der eine, weil er betrunken ist, der andere, weil er in seiner Wahnvorstellung in den beiden Gekenterten außerirdische feindliche Wesen sieht, die England mit einer Invasion bedrohen. Die zweite Szene zeigt den Tuchhändler Hatch in einer Auseinandersetzung mit Mrs. Rafi – Dorfherrscherin und Symbolfigur einer Gesellschaftsordnung, die auf Gewalt und Unterdrückung beruht und daher den Menschen zerstört. Sie terrorisiert den wirtschaftlich von ihr abhängigen Hatch, indem sie immer wieder große Warenmengen bestellt und durch den Widerruf der Bestellungen Hatch mit dem Ruin bedroht, so daß dieser schließlich in einem Wahnanfall seiner Aggressivität freien Lauf läßt, das von Mrs. Rafi zurückgewiesene Tuch zerschneidet, diese selbst angreift und schließlich den angeschwemmten Leichnam Colins, den er für Willy hält, mit einem Messer zerfleischt. In ihm, der seine Lage nicht begreift und unter der Ungerechtigkeit leidet, ohne ihr Wesen und ihre wirklichen Ursachen zu verstehen, deckt Bond erneut den Kreislauf der Gewalt auf, die immer wieder neue Gewalt hervorbringt. Neben der paranoiden Welt von Hatch existiert jedoch auch die Welt von Mrs. Rafi, die mit Zügen der grotesken Komödie ausgestaltet wird und anhand der Proben zu einem Drama über Orpheus und Eurydike sowie während der farcenhaften Totenfeier für Colin das subtile Netz der Repression spürbar werden läßt, das Mrs. Rafi um das Dorf gesponnen hat. Ein drittes Strukturelement erscheint in der Entwicklung Willys, der, teilweise unter dem Einfluß von Evens und der sich vertiefenden Beziehung zu Rose, der Verlobten seines ertrunkenen Freundes, immer mehr zur Reife und zur Einsicht in das Wesen der Welt gelangt.

The Sea ist von allen Stücken Bonds am wenigsten deutlich politisch. Es äußert sich jedoch umso klarer über die Notwendigkeit, mit der Tragödie »Welt« zurechtzukommen, die Dinge so zu sehen, wie sie sind, und dennoch weiterzuleben. Der trunksüchtige aber weise Evens, der für Willy immer mehr zur ratgebenden Instanz wird, formuliert dies am deutlichsten: »*Gib die Hoffnung nicht auf. Das ist immer töricht. Die Wahrheit wartet auf dich, sie ist sehr geduldig und du wirst sie finden ... du mußt die Welt ändern.*« Der Außenseiter Willy gelangt über das Leiden und über die Konfrontation mit den drei Hauptfiguren Mrs. Rafi, Hatch und Evens zum Verständnis seiner Stellung in der Welt. Er verkörpert Bonds stets von pessimistischen Untertönen begleiteten hartnäckigen Glauben an eine evolutionäre Zukunft. Seine Gegenfigur, Mrs. Rafi, vertritt eine moribunde viktorianisch-repressive Moral, die in ihrer Überlebtheit sogar ihr selbst bewußt wird. Sie muß sich eingestehen: »*Ich habe mein Leben weggeworfen*«, denn ihr Menschenbild war nicht auf Liebe, sondern auf Unterdrückung gegründet. In ihrer Gestalt zeigen sich Züge von G. B. SHAWS Mrs. Warren, wie auch der Aufbau des Dramas – Exposition, Entwicklung der Situation, Diskussion und Analyse – sich an Shaws Technik des *drama of ideas* anlehnt.   J.Ass.

AUSGABEN: Ldn. 1973. – NY 1975.

ÜBERSETZUNG: *Die See. Eine Komödie*, H. Müller, Ffm. 1974 (st).

SUMMER

(engl.; *Ü: Sommer*). Drama in sieben Szenen von Edward BOND, Uraufführung: London, 27.1.1982, Cottesloe Theatre; deutsche Erstaufführung: München, 20.2.1983, Kammerspiele. – *Summer* unterscheidet sich in Form und Stil völlig von Bonds vorherigen Stücken. Die erste Szene führt über die von IBSEN übernommene Technik der narrativen Exposition durch die scheinbar belanglose Konversation der Personen in deren persönliche Welt ein, die, von den Ereignissen des Zweiten Weltkriegs geprägt, sich von Szene zu Szene mehr erschließt. Scheint das Stück an der Oberfläche Vergangenheitsbewältigung und historische Schuldzuweisung zu thematisieren, so liegt die eigentliche Problematik in der Beurteilung von Freundlichkeit und Ehrlichkeit als Mittel zur Verbesserung der gesellschaftlichen Realität.

Die Engländerin Xenia besucht zusammen mit ihrer Tochter Anne die krebskranke Marthe und deren Sohn David, einen jungen Arzt, die jetzt in dem Haus – in einem nicht näher bezeichneten Ostblockstaat – wohnen, das bis Kriegsende Xenias Familie gehört hatte. Als Großgrundbesitzer und mit der deutschen Besatzungsmacht kollaborierende Oberschicht wurde Xenias Familie nach dem Krieg enteignet, ihr Vater zur Zwangsarbeit verurteilt, die zu seinem baldigen Tod führte. In den retrospektiven Dialogen Marthes und Xenias werden die Ereignisse heraufbeschworen, die ihr Leben geformt haben. Die Deutschen hatten eine Insel in Blickweite von Xenias Haus als Konzentrationslager eingerichtet und dort Geiselerschießungen vorgenommen, denen auch Marthe, damals Dienstmädchen in Xenias Familie, zum Opfer fallen sollte. Sie wird durch Xenias Intervention gerettet, die anderen Geiseln werden erschossen. Die Heraufbeschwörung der grausamen Vergangenheit intensiviert sich nach einem Szenenwechsel, als Xenia auf der Insel einen Deutschen trifft, der als Soldat damals an den Geiselerschießungen beteiligt war und jetzt jegliche Verantwortung ablehnt. Seine Unschuldsbeteuerungen verbinden sich mit seiner Rechtfertigung des Nationalsozialismus zu jener Theorie, die Bond in seinen Werken vehement bekämpft, nämlich daß die Menschen von Natur aus schlecht und destruktiv seien und daher die Verteidigung des kulturellen Erbes mit allen Mitteln lebensnotwendig ist: »*Die Menschen sind Tiere ... Was rettet uns vor uns selbst? Die Kultur. Die Werte unserer Väter ... Deshalb zogen wir in den Krieg.*« Seine Erinnerungen werden für Xenia implizit zur Anklage ihrer eigenen Person, als er unwissentlich sie selbst erwähnt, die als das »*weißgekleidete Mädchen*« auf der Terrasse des Hauses den Soldaten zum Symbol ihres Glaubens an ihre Aufgabe wurde. In der darauffolgenden Auseinandersetzung zwischen Marthe und Xenia tritt die verschiedene Vergangenheitsauslegung offen zutage. Xenia kann nicht verstehen, daß ihr Vater ausgerechnet von jenem Partisanen verhaftet wurde, an den er die Informationen über die Deutschen weitergegeben hatte, während Marthe ihr entgegenhält, daß diese nur oberflächlich helfenden Taten – wie die Rettung ihres eigenen Lebens – letztlich sinnlos gewesen seien, da sie an der tatsächlichen

Situation und an der gesellschaftlichen Machtverteilung nichts geändert hätten. Marthe stirbt wenige Stunden später, an einem Sommermorgen, und Anne findet, kurz vor ihrer Abreise nach England, zu ihrem Freund und Geliebten David zurück.
Bond kontrastiert in diesem parabelhaften Stück, das mit den Konventionen des bürgerlich-naturalistischen Dramas eine politische Botschaft gestaltet, Freundlichkeit und Ehrlichkeit. Marthe bringt Bonds Auffassung zum Ausdruck, daß Freundlichkeit und guter Wille die Welt nicht ändern und daher sinnlos bleiben, solange die Grundstrukturen der Gesellschaft nicht auf einer gerechten Ordnung basieren – ja, daß sie den Menschen letztlich nur vom Kampf um eine gerechtere Ordnung abhalten. Der historische Hintergrund ist dabei für Bond nur der äußere Rahmen des Stücks. Er sieht das System des Nationalsozialismus und dessen Fortentwicklung zum staatlich sanktionierten Völkermord als unvermeidbare Folge von Kapitalismus und Imperialismus. Die Grausamkeiten des Zweiten Weltkriegs haben ihre Ursachen nicht in nationalen, sondern in internationalen Gesellschaftsordnungen und Denkweisen, wie Bond in einem Begleitgedicht betont: »*Wäre Auschwitz in Hampshire gewesen / dann hätten es Engländer bewacht / die Listen geführt / die Gasöfen in Betrieb gehalten*«. Die scheinbar brutale Offenheit Davids gegenüber seiner todkranken Mutter dagegen bewertet Bond als eine Vorbedingung für eine gerechte und rationale Lebensordnung, da sie Marthe zwingt, der Realität ins Gesicht zu sehen, und sie so mit Gelassenheit in den Tod geht. J.Ass.

Ausgabe: Ldn. 1982.

Übersetzung: *Sommer*, Chr. Enzensberger (in *Spectaculum 37*, Ffm. 1983).

Literatur: Ph. Roberts, »*Summer*«: ›*A Voice from the Working Class*‹ (in MD, 26, 1983, S. 127–138).

---

jurij vasil'evič Bondarev

* 15.3.1924 Orsk / Gebiet Orenburg

Literatur zum Autor:
A. Elkin, *Na ognennoj čerte: Literaturnyj portret* (in Moskva, 1973, 2, S. 214–220). – A. Karlin, *Otvetstvennost' pamjati* (in Oktjabr', 1974, 3, S. 199–210). – E. N. Gorbunova, »*Nespokojnaja tišina...*« (in Naš Sovremennik, 1978, 15, S. 148–162). – Dies., *J. B. Očerk tvorčestva*, Moskau 1981. – Vl. Korobov, *Utverždenie i otricanie: J. B. – 60 let* (Oktjabr', 1984, 3, S. 190–195). – L. Bykov, *Postiženie složnoj jasnosti: Po stranicam novych rabot o tvorčestve I. B.* (in Literaturnoe Obozrenie, 1985, 6, S. 24–29).

BEREG

(russ.; Ü: *Das Ufer*). Roman von Jurij V. Bondarev, erschienen 1975. – Auf Einladung eines Literaturclubs reist der sowjetische Schriftsteller Nikitin im Herbst 1971 für zehn Tage nach Hamburg. Dort soll eine Diskussion zum Thema »*Der Schriftsteller und die zeitgenössische Zivilisation*« stattfinden. Auf seinen Wunsch begleitet ihn sein Kollege Samsonov. Offiziell fungiert er als Dolmetscher, eigentlich ist er aber der von Nikitin liebevoll-spöttisch behandelte Dialogpartner und Gefährte in den Fährnissen der westlichen Welt. Denn Nikitin beherrscht Deutsch ausreichend, um sich der Diskussion über östliche und westliche Lebenswerte sowie über die Gefahren einer Konsumgesellschaft zu stellen und sehr verbindliche Ansichten vorzutragen, denen der dogmatische Samsonov recht harsch widerspricht.
Die Leiterin des Literaturclubs, Emma Herbert, zeigt Nikitin ein Foto ihres Elternhauses in Königsdorf bei Berlin und weckt damit in ihm vielfach überlagerte Erinnerungen an fünf Tage kurz vor dem Kriegsende. In einer langen Rückblende, die mehr als die Hälfte des Romans beansprucht, beschwört Nikitin die Ereignisse der ersten Maitage 1945 herauf, in denen sein von den Kämpfen um Berlin erschöpftes Artillerieregiment in das 50 km entfernte Königsdorf abkommandiert wurde. In einem leerstehenden Haus nahm der damals zwanzigjährige Zugführer Nikitin mit seinen Soldaten Quartier. Bei strahlendem Wetter, inmitten der blühenden Obstgärten und des unerwarteten Komforts eines völlig intakten deutschen Haushalts vergessen die Soldaten das lebensnotwendige »messerscharfe« Gefühl für Gefahr, das sie bis jetzt bis in den Schlaf begleitete. Da sie wissen, daß der Krieg bald zu Ende gehen würde, läßt ihre Wachsamkeit nach.
Am Abend des ersten Tages nehmen sie ein deutsches Geschwisterpaar fest, das heimlich ins Haus eingedrungen ist. Die achtzehnjährige Emma Herbert wird der Spionage verdächtigt, ihr jüngerer Bruder Kurt gehört offensichtlich zu den im Wald versteckten »Werwolf«-Anhängern. In seiner viel zu großen Uniform und mit dem vom Hunger gezeichneten Gesicht wirkt der Junge so erbärmlich, daß die Vernehmenden, Leutnant Knažko und Nikitin, den beiden Waisen vertrauen. Kurt darf am nächsten Morgen zu Verwandten weiterziehen, seine Schwester hingegen bleibt im Haus. Als Nikitin sie vor der Vergewaltigung durch einen Soldaten bewahrt, erscheint er ihr als Held, dem sie mit der ganzen romantischen Leidenschaft der ersten Liebe zugetan ist. Nikitin erwidert ihre Liebe, selbst erstaunt darüber, daß er imstande ist, in diesem Krieg eine Deutsche zu lieben.
Denn der Krieg geht in dieser Phase des Beinahefriedens weiter. In einem Gefecht mit versprengten deutschen Soldaten und den »Werwolf«-Jungen, die von einem Durchhaltefanatiker angeführt werden, wird noch einmal *in nuce* der Krieg aus der Sicht der kämpfenden Truppen gezeigt. Bei dem

Versuch, weiteres Blutvergießen unter den deutschen Halbwüchsigen zu verhindern, wird Leutnant Knažko von dem »Werwolf«-Führer erschossen. Ausgelöst aber wird dieser letzte Schußwechsel durch die Feigheit eines erfahrenen sowjetischen Sergeanten, der angesichts des nahen Friedens, den er um jeden Preis erleben will, aber auch aus persönlichen Ressentiments gegen Knažko, im entscheidenden Moment die Nerven verliert. Der sinnlose Tod des idealisiert gezeichneten Leutnants bleibt für Nikitin eine belastende Erinnerung.
Als das Regiment kurz darauf weiterzieht, ist die Trennung zwischen Nikitin und Emma endgültig. Sie aber bewahrt sich ihre Liebe über Jahrzehnte, bis sie ihn als Leiterin des Literaturclubs nach Hamburg einladen kann. Bewegt von dem Abschied am Flughafen, reflektiert Nikitin auf dem Heimflug über die hohen ethischen Ansprüche, die er an sich stellt. Noch während des Flugs stirbt er an Herzversagen.
Für Bondarev, der gleich Nikitin von der Schulbank weg eingezogen wurde, ist der Krieg das prägende Erlebnis gewesen, das seine gesamte schriftstellerische Arbeit bestimmt. *Bereg*, nach dem Erscheinen in der Sowjetunion heftig diskutiert, bringt in die sowjetische Kriegsprosa neue Qualitäten ein. Weit entfernt von einer Heroisierung, richtet Bondarev seine differenzierte Darstellung auf den einzelnen Soldaten aus. Er zeigt die Anspannung, die Angst, kurz vor Kriegsende bei einem Geplänkel noch den Tod zu finden, nachdem schwierigste militärische Situationen überstanden waren. Er betont das Verantwortungsgefühl des Einzelnen und läßt daneben auch die Rangeleien um Macht und Führungspositionen, die Auseinandersetzungen politischer und moralischer Art in den Bataillonen aufscheinen. Vor allem aber setzt der sehr komplexe Roman Kriegsereignisse und Gegenwart zueinander in Beziehung, wobei die literarische Gestaltung beider Zeitschichten ein unterschiedliches Niveau aufweist. Während in der Rückblende die Konzeption der Charaktere und die Beschreibung militärischer Aktionen sehr wahrhaftig erscheinen, streift Bondarev bei der Schilderung Hamburgs und der Diskussion über die Lebenswerte in Ost und West nicht selten das Klischee und läßt besonders bei den Frauengestalten die sonst so überzeugende Ausformung der Figuren vermissen. G.Wi.

AUSGABEN: Moskau 1975 (in *Naš sovremennik*). – Moskau 1975. – Moskau 1985 (in *Sobr. soč.*, 6 Bde., 4).

ÜBERSETZUNG: *Das Ufer*, J. Eperin, Bln./DDR 1977. – Dass., ders., Düsseldorf 1978.

VERFILMUNG: UdSSR 1984 (Regie: A. Alov).

LITERATUR: H. v. Ssachno, Rez. (in SZ, 13. 5. 1973). – Ju. Lukin, *Desjat' dnej iz žizni Nikitina: Razdum'e o romane »Bereg«* (in Znamija, 1975, S. 196–201). – O. Michajlov, *Sud'ba: O romane J. B. »Bereg«* (in Moskva, 1975, S. 196–206). – V. Oskockij, *Četvert' veka posle vojny* (in Literaturnoe Obozrenie, 1975, S. 21–25). – F. Kuznecov, *Y. B.s Latest Novel* (in Soviet Literature, 1976, 4, S. 145–148). – H. Stehli, Rez. (in NZZ, 19. 5. 1978). – G. Leech-Anspach, Rez. (in Der Tagesspiegel, 16. 7. 1978). – G. Ziegler, Rez. (in FAZ, 22. 8. 1978). – V. V. Buznik, *Sled na zemle: o nravstvennoj filosofii romana J. B. »Bereg«* (in Russkaja Literatura, 1979, 22, S. 1–16). – N. N. Shneidman, *Soviet Literature in the 1970s*, Toronto 1979, S. 57–59. – B. Mai, *Auf der Suche nach einer neuen Synthese: J. B.s Roman »Bereg«* (in ZfSl, 1980, 25, S. 479–493). – G. Warm, *Zur Stellung von J. B.s Roman »Bereg« in der gegenwärtigen Literaturentwicklung* (in ZfSl, 1984, 29, S. 585–598).

GORJAČI SNEG

(russ.; *Ü: Heißer Schnee*). Roman von Jurij V. BONDAREV, erschienen 1969. – Mehr als zwanzig Jahre nach dem Erfolg von Viktor NEKRASOVS *V okopach Stalingrad*, 1946 *(In den Schützengräben von Stalingrad)* wagte sich Bondarev an den großen historischen Stoff: Im Dezember 1942 versuchte die deutsche Panzerarmee des Generals E. von Manstein den von den Sowjets um Stalingrad gezogenen Ring zu durchbrechen und die eingeschlossenen deutschen Truppen zu entsetzen. Dem von einer schweren Verwundung gezeichneten General Besonov wird von Stalin die Aufgabe übertragen, 35 km südwestlich von Stalingrad am Fluß Myškova, dem letzten natürlichen Hindernis vor der ebenen Steppe, den Durchbruch der Deutschen zu vereiteln. Beim Befehlsempfang in Moskau weist Stalin darauf hin, daß dem Erfolg dieses Unternehmens nicht nur militärische, sondern auch psychologische Bedeutung zukommt: Der Nimbus der Deutschen als unentwegte Sieger wäre damit gebrochen.
Nur eine sowjetische Division hat in einem über die Kräfte gehenden Marsch rechtzeitig den Fluß erreicht, als der deutsche Panzerangriff beginnt. Besonov verbirgt seine Verzweiflung über die Aussichtslosigkeit der Operation und sein Mitgefühl für die Soldaten hinter Härte und Unzugänglichkeit. Er weiß, daß er diese Division opfern muß, um jene Zeit zu gewinnen, in der er seine Armee sammeln und strategisch einsetzen kann. Wiewohl die sowjetischen Artilleristen die ganze Nacht versucht haben, in dem steinhart gefrorenen Boden Schützengräben zu errichten, sind sie in der flachen Landschaft fast ohne Deckung. Zwei Tage und zwei Nächte währt der Kampf, in dem die Deutschen weitaus überlegen sind.
Bondarevs Roman spielt auf zwei Ebenen: im Gefechtstand der Division, wo die großen Zusammenhänge dieser Schlacht sichtbar werden, und in den Laufgräben der Soldaten, wo man nur den Befehl kennt, diese Stellungen unbedingt zu halten. Einer der Bataillonsführer ist Drosdovskij, eine negative Variante des äußerlich ähnlich gezeichneten

Leutnants Knažko in Bondarevs Kriegsroman *Bereg*, 1975 *(Das Ufer)*. Seine juvenile Schönheit, Kälte und Unnahbarkeit heben ihn aus der Masse heraus und scheinen, zusammen mit seiner Herkunft (sein Vater war ein bekannter Militär), eine Gewähr zu bieten für die von ihm immer wieder beanspruchte und geforderte Tapferkeit und Heldenhaftigkeit. Doch diesen Ansprüchen hält er im Augenblick der persönlichen Gefahr selbst nicht stand, reagiert egoistisch und feige, schickt seine Leute bewußt in den Tod. Der gleichaltrige, kampfunerfahrene Kusnecov, der soeben die Artillerieschule absolviert hat, bewährt sich hingegen in seiner Funktion als Zugführer. Angesichts der mit zersplitterten Karabinern, Uniformfetzen und Toten übersäten eigenen Stellungsgräben wird er von Skrupeln geplagt, daß er den Tod der ihm anvertrauten Soldaten nicht verhindern konnte. Der noch nicht einmal Dreißigjährige fühlt sich nach dieser Schlacht, in der er den Tod abwechselnd erwartete und verachtete, um zwanzig Jahre gealtert. Nur drei Soldaten aus seinem Zug sind am Leben geblieben; Besonovs Strategie entschied über das Schicksal der übrigen Männer auf den Gefechtsvorposten. Am dritten Tag hat der General die verbliebenen Teile seiner Armee so formiert, daß er zum Gegenangriff übergehen kann, der die Wende des gesamten Krieges einleitet.

Die Handlung des Romans wird nicht von einem einzelnen, sondern von einer Gruppe aufeinander angewiesener Menschen getragen. Jeder der kämpfenden Soldaten hat an der historischen Verantwortung teil, die gleichsam nur institutionell dem General übertragen ist. Immer wieder konfrontiert Bondarev seine Figuren mit Ausnahmesituationen wie Krieg, Verhaftungen, Verhören oder komplizierten Liebesbeziehungen – sie legen das Individuelle viel offener bloß, als Alltagsszenen es vermögen. In der psychologischen Analyse des Verhältnisses »Mensch – Krieg« gelingt dem Autor eine sehr genaue Interpretation der Befindlichkeit der jungen Soldaten, die mit der Belastung fertig werden müssen, daß sie um einer gerechten Sache willen getötet werden und selbst töten und zerstören müssen. G.Wi.

AUSGABEN: Moskau 1969 (in Znamja, 9, 10 u. 11). – Moskau 1973 (in *Sobr. soč.*, 4 Bde., 3). – Moskau 1984 (in *Sobr. soč.*, 6 Bde., 2).

ÜBERSETZUNG: *Heißer Schnee*, J. Elperin, Bln./DDR 1971. – Dass., ders., Ffm. 1975.

VERFILMUNG: UdSSR 1973 (Regie: J. Jegiasarov).

LITERATUR: K. Kantorczyk, *J. B. »Heisser Schnee«* (in Weimarer Beiträge, 1972, 18, S. 151–154). – A. M. Mansurova, *Roman J. B. »Gorjačij Sneg« i ego mesto v sovremennoj sovetskoj literature* (in Filologičeskie Nauki, 1975, 17, S. 41–47). – D. Brown, *Soviet Russian Literature since Stalin*, Cambridge 1978. – N. N. Shneidman, *Soviet Literature in the 1970s*, Toronto 1979, S. 56–57. – A. N. Kožin, *Slovo o velikoj pobede: po romanu J. B. »Gorjačij Sneg«* (in Russkaja Reč', 1980, S. 3–6). – K. Kantorczyk, *Naturbild und Natursicht in J. B.s Roman »Gorjačij Sneg«* (in WZ Rostock, 1983, 32, S. 41–43).

TIŠINA

(russ.; *Ü: Vergiß, wer du bist*). Roman von Jurij V. BONDAREV, erschienen 1962. – Als Hauptmann der Reserve aus der Roten Armee entlassen, kehrt der Kommunist Sergej Nikolaevič Vochmincev im Jahre 1945 nach Moskau zurück. Seinem Eintritt ins Zivilleben scheint äußerlich nichts im Wege zu stehen. Seine Familie hat bis auf die Mutter den Krieg überlebt, er hat ein Zuhause, der Staat unterstützt den ehemaligen Soldaten bei der Aufnahme eines Studiums, und ein findiger Freund führt ihn in das turbulente Nachkriegsleben der sowjetischen Hauptstadt ein. In Moskau begegnet Vochmincev jedoch seinem Kriegskameraden Uvarov, der an der Front den Leutnant Vasilenko, einen Bekannten Vochmincevs, denunziert und seine Versetzung in ein Strafbataillon veranlaßt hat. Die erregte Auseinandersetzung Vochmincevs und Uvarovs in einem Moskauer Tanzlokal, die eine Strafe wegen Störung der öffentlichen Ordnung nach sich zieht, ist der Beginn des erbitterten Kampfes des Helden um die Gerechtigkeit. Vochmincev gibt sich mit der Schlichtung des Streits nicht zufrieden: Er verlangt einen Richter. Lange Zeit später, als Vochmincev vor dem Abschluß seines Studiums steht und die Geschichte längst vergessen scheint, kommt es tatsächlich zu einem Gerichtsverfahren, doch ist der Angeklagte nicht Uvarov, sondern Vochmincev. Er hat der Parteiorganisation die Verhaftung seines Vaters verschwiegen, der, ein verdienter Altbolschewik und während des Kriegs Politruk an der Front, von mißgünstigen Nachbarn denunziert wurde. Inzwischen zum Parteifunktionär avanciert, nutzt Uvarov seine Chance, den unliebsamen Mitwisser seines Versagens zu vernichten. Auf sein Betreiben wird Vochmincev aus der Partei ausgeschlossen und verliert seinen Studienplatz. Obwohl er gezwungen ist, eine Anstellung als Bergarbeiter in Kasachstan anzunehmen, *»fühlt er sich unbesiegt«*.

Bondarevs Roman entlarvt die Ruhe der Nachkriegszeit in der Sowjetunion als die unheimliche »Stille« (so der Originaltitel des Werks) gesetzeswidrig anonymer Machtausübung in den letzten Jahren der stalinistischen Herrschaft. Ihre Organe, die Beamten des Staatssicherheitsdienstes, scheinen eine Infektion zu verbreiten: *»Sergej schien es, daß ihre gelben Finger Spuren von Grippe hinterließen.«* Zu den Höhepunkten des Romans gehört die Schilderung der Verhaftung von Vochmincevs Vater. Das Verhältnis des Helden zu seinem Vater ist kritisch: Er hält ihm vor, seinen Lebensmut verloren und die Mutter betrogen zu haben. Im Begriff, *»eine weite Reise anzutreten«*, schreibt der Vater aus dem Gefängnis: »*Ich habe versäumt, Dir ein Vorbild zu sein ... bleib stark und jammere nicht. Der Tod ist nicht das Schlimmste.*« Dem Vermächtnis des Vaters getreu folgt Vochmincev der Stimme seines Gewissens. Er unterliegt dem gesellschaftlichen Apparat, dem sich sein Gegenspieler Uvarov verschrieben, sein Freund Konstantin angepaßt hat. Von der Gesellschaft verstoßen, bleibt er im Inneren ungebrochen. Die übrigen Personen des Romans – Vochmincevs sensible, prinzipienfeste Schwester Asja, seine verheiratete Geliebte Nina u. a. – spielen eine nur untergeordnete Rolle.

Formal steht das Werk in der Tradition des russischen realistischen Romans. Die Entwicklung der Handlung verläuft, von einigen Rückblenden abgesehen, chronologisch. Die Erzählebene variiert zwischen Er-Erzählung, innerem Monolog und Dialogen in milieubedingter Diktion. F.H.

AUSGABEN: Moskau 1962 (in Novyj mir, H. 3–6). – Moskau 1962. – Moskau 1977 (in *Izbr. proizv., 2 Bde.*, 1). – Moskau 1985 (in *Sobr. soč., 6 Bde.*, 3).

ÜBERSETZUNG: *Vergiß, wer du bist*, J. Hahn, Mchn. 1962.

und allzu breit. Geordnet sind die hundert Fabeln durchaus kunstvoll nach dem Prinzip, in ihrer Tendenz ähnliche oder einander ergänzende Stücke nebeneinanderzustellen. Sie sind ohne Ausnahme leicht verständlich, die Nutzanwendungen werden am Schluß von Boner jeweils ausdrücklich hinzugefügt. Sie wenden sich u. a. gegen Müßiggang, Untreue und Verrat, gegen Neid, Undankbarkeit, Habsucht und Geiz. Es ist eine im wesentlichen bürgerlich-praktische, weniger eine religiös bestimmte Moral, die gelehrt wird. Auf gewisse Mißstände seiner Zeit bezieht Boner sich zumindest nicht direkt. – Im 18. Jh. wurden seine Fabeln neu entdeckt. J. J. BREITINGER veröffentlichte sie 1757 (*Fabeln aus den Zeiten der Minnesinger*), und LESSING beschäftigte sich mit ihnen. KLL

AUSGABEN: Bamberg 1461 [Pfister-Druck]. – Zürich 1757 (*Fabeln aus den Zeiten der Minnesinger*, Hg. J. J. Breitinger). – Bln. 1810, Hg. J. J. Eschenburg. – Bln. 1816, Hg. G. F. Benecke. – Lpzg. 1844 (in *Dichtungen des dt. Mittelalters*, Bd. 4, Hg. F. Pfeiffer). – Bln. 1908, Hg. P. Kristeller [Faks. der Ausg. 1461]. – Bln. 1881, Hg. M. Oberbreyer [nhdt.; Auswahl]. – Lpzg. 1895, Hg. K. Pannier (Ausw.; RUB). – Stg. 1972, Hg. u. Einl. D. Fouquet [Faks. d. Ausg. v. 1461].

LITERATUR: G. E. Lessing, *Über die sogenannten Fabeln aus den Zeiten der Minnesinger. Erste Entdeckung* (in *Zur Geschichte und Litteratur. 1. Beytrag*, Braunschweig 1773; ders., dass. *Zweyte Entdeckung*, in *Zur Geschichte u. Litteratur. 5. Beytrag*, Braunschweig 1781). – E. Schröder, *Quellen u. Parallelen zu B.s Beispielen* (in ZfdA, 44, 1900, S. 420 ff.). – C. Waas, *Die Quellen des Bonerius* (ebd., 46, 1902, S. 341 ff.). – F. Babsiger, *B.s Sprache u. die Bernische Mundart*, Diss. Bonn 1904. – A. Leitzmann, *Zur Abfassungszeit von B.s »Edelstein«* (in Beitr. 35, 1910, S. 574 ff.). – R. Gottschick, *Der Anfang u. der Schluß von B.s »Edelstein«* (in ZfdA, 52, 1911, S. 107 ff.). – ders., *Vorlagen zu Fabeln B.s* (ebd., 53, 1912, S. 274 ff.). – O. Behaghel, *Eine Vorlage B.s* (in Beitr., 45, 1921, S. 137). – R.-H. Blaser, *U. B., un fabuliste suisse du 14e siécle*, Diss. Paris 1949. – M. Vollrath, *Die Moral der Fabeln im 13. und 14. Jh. in ihrer Beziehung zu den gesellschaftl. Verhältnissen unter besonderer Berücksichtigung von B.s »Edelstein«*, Diss. Jena 1966. – K. Grubmüller, Art. *B.* (in VL², Sp. 947–953).

ULRICH BONER

zwischen 1324 und 1349 nachweisbar

DER EDELSTEIN

(mhd.). Fabelsammlung von Ulrich BONER, vermutlich entstanden zwischen 1340 und 1350; zum erstenmal gedruckt 1461. – Das Werk ist in vielen Handschriften überliefert und war eines der ersten deutschen Bücher und das erste datierte illustrierte Buch überhaupt, das gedruckt wurde – ein Beweis für die Beliebtheit und weite Verbreitung der Sammlung. Sie enthält hundert gereimte Fabeln, vorwiegend Tierfabeln, sowie einen Prolog und einen Epilog. Boner, ein Dominikaner und Predigermönch zu Bern, war kein origineller Dichter, sondern hat lateinische Vorlagen ins Deutsche übertragen »*als ich ez vant geschrieben*«, wie er im Prolog betont. Seine Quellen waren vor allem der sog. *Anonymus Neveleti* (die Fabelsammlung eines unbekannten Autors) und die Fabeln des AVIANUS, doch hat er daneben noch verschiedene andere Werke benutzt und auch volkstümliche Sprichwörter eingearbeitet. *Edelstein* nannte er das Buch, weil es viel »*klugheit*« enthält, und darauf, das heißt auf die moralische Lehre, kam es ihm hauptsächlich an. Boner erzählt klar und einfach, gelegentlich mit leichtem Humor. Auf stilistischen Schmuck und dichterische Ausgestaltung verzichtet er; die Sprache ist mundartlich gefärbt. Manchmal wirkt die im übrigen recht geschickte Darstellung etwas trocken

BLAI BONET

* 10.12.1926 Santanyí / Mallorca

LITERATUR ZUM AUTOR:
J. M. Llompart, *La literatura moderna a les Balears*, Palma de Mallorca 1964. – B. Porcel, *B. B. en*

espectáculo (in *Los encuentros*, Barcelona 1969). – L. Busquets i Grabulosa, *Plomes catalanes d'avui*, Barcelona 1982. – *Història de la literatura catalana*, Hg. J. Molas, Bd. 10, Barcelona 1987.

DAS LYRISCHE WERK (kat.) von Blai BONET. Die Gedichte des mallorquinischen Lyrikers und Romanciers Blai Bonet sind aus der Biographie des Autors zu verstehen, der ein Priesterstudium abbrach und sich später in verschiedenen Sanatorien aufhielt. Obwohl er selbst es bestreitet, gehört Bonet der Dichtergruppe Mallorcas an, die in der Nachkriegszeit zwar an die lyrische Tradition der Insel mit den Vertretern M. COSTA I LLOBERA (*1922) und J. ALCOVER (*1926) anknüpfte, gleichzeitig aber die für die ältere Generation bezeichnende Mäßigung und Zurückhaltung ausdrücklich ablehnte und eine dichterische Erneuerung anstrebte.

Schon in seinem ersten Gedichtband *Quatre poemes de Setmana Santa*, 1950 *(Vier Gedichte der Karwoche)* deuten sich diese innovativen Tendenzen an, z. B. in den emphatischen Bildern des Gedichts *Pasqua Nova (Neues Ostern)*: »*Blai, desperta! Blai, desperta! / Penja un ram de cascavells / i un crit immens de clavells / a la teva llaga oberta*« (»*Blai, wach auf! Blai, wach auf! / Hänge einen Strauß von Schellen / und ein großes Nelkengeschrei / an deine offene Wunde*«). Diese ersten Gedichte machen bereits die durch originäre und eigenwillige, oft mit der mallorquinischen Landschaft verknüpfte Metaphern und Bildern geäußerte Thematik deutlich, um die Bonets gesamtes Werk kreisen wird: die ständige, beinahe frevlerische Auseinandersetzung und Verflechtung seines dichterischen Ichs mit der Religion, die er zu säkularisieren sucht. Der erste Band erreichte schnell Aufmerksamkeit, ebenso wie die folgende Sammlung *Entre el coral i l'espiga*, 1952 *(Zwischen Koralle und Ähre)*. Unter dem Einfluß der kastilischen Dichtergruppe der »Generation von 27«, besonders aber F. GARCÍA LORCA (1898–1936), spielen hier wie auch in seinem späteren Werk die Farben eine große Rolle, so besonders in den Gedichten *Docilitat verda (Grüne Folgsamkeit), Parla Verde (Grüne Sprache), La verdor (Die Grünheit)* und *Crist d'olivera (Ölbaumchristus)*; in letzterem Gedicht spielt die Farbe der Oliven auf die Grün-Obsession des Dichters an: »*En el fons de la soca / tal volta qualque fibra s'aferrava, / ardenta i verda, al seu instint d'oliva*« (»*In der Tiefe des Baumstumpfes klammert sich vielleicht eine Faser, / glühend und grün, an ihren Oliveninstinkt*«). In *Cant espiritual*, 1953 *(Geistlicher Gesang)*, stellt Bonet eine revoltierende Religiosität in der Krise vor; der Dichter wendet sich verzweifelt, fast unehrerbietig an einen »*Déu company*« (»*Genosse Gott*«): »*Jo som el vostre ca que bava, / el meu clamor és una saliva amarga*« (»*Ich bin Euer Hund, der geifert; / mein Geschrei ist bitterer Speichel*«). Der Gedichtband *Comèdia*, 1960 *(Komödie)*, ist in der Zeit entstanden, während Bonet sich im Sanatorium Caubet auf dem Montseny bei Barcelona aufhielt, was eine Entfernung von Mallorca und eine Annäherung an die katalanischen Dichterkreise bedeutete. Die Gedichte aus dieser Zeit verraten den Einfluß von C. RIBA (1893–1959) sowie der spanischen Mystiker. In *Autoretrat (Selbstporträt)* offenbart der Dichter sein Innerstes: »*El suny dels meus trenta anys fou un noi de finestra / a Santanyí, carrer de Palma, 74*« (»*Das Stirnrunzeln meiner dreißiger Jahre war ein Junge am Fenster / in Santanyí, Palmastraße 74*«). In seinem nächsten Gedichtband *Evangeli segons un de tants*, 1967 *(Evangelium nach einem von vielen)*, tritt wieder das Säkularisierungsbestreben Bonets in Verbindung mit seinem Interesse am Einzelmenschen in den Vordergrund. Im Vorwort grenzt er seine Position des Schriftstellers zu der eines Literaten ab: »*Der Literat ist ein Tourist des Wortes. Ich will ein Mann des Wortes sein. Mann des Wortes.*« Er plädiert für eine »nützliche Lyrik«, die er eher bei Filmregisseuren, Schauspielern, Malern und Sängern findet als in einem Gedichtband. In dem Poem *Inventari del món (Weltinventar)* stellt Bonet seine persönliche Weltanschauung vor: das Heranreifen seiner Empfindsamkeit beschreibt *Company d'habitació (Zimmergenosse)*; und das Thema seines moralischen Selbstporträts greifen *La declaració (Die Erklärung), Retrat (Porträt), Primavera pública (Öffentlicher Frühling), El diumenge (Sonntag)* auf. In *Els fets*, 1974 *(Die Taten)*, herrscht ein mahnender Ton vor: Bonet entfernt sich hier noch weiter als bisher von der überkommenen Metrik. In dem langen Gedicht *Has vist, Jordi Bonet, ca N'Amat a l'ombra*, 1976 *(Hast Du, Jordi Bonet, ca N'Amat im Schatten gesehen)*, geht es, angeregt durch die Verstümmelung eines Wandgemäldes von Jordi Bonet in Kanada, um die Ausdrucksfreiheit des Künstlers. In seinen letzten Gedichten *Cant de l'arc*, 1979 *(Das Bogenlied), El poder i la verdor*, 1981 *(Die Macht und die Grünheit)* und *Teatre del gran verd*, 1983 *(Theater des großen Grün)*, befaßt er sich ein weiteres Mal mit dem Thema »weltliche Religiosität und dichterisches Ich«; die Metaphorik ist voller Überraschungen, die Worte formen sich zu einem gewaltigen Protestschrei. Gott ist eine Obsession geworden: der Dichter sieht ihn teils mystisch erhöht, teils in frevelhafter Weise »säkularisiert« und sich selbst durch sündhafte Anwandlungen verwirrt. – Blai Bonets dichterisches Werk ist eher diskursiv als lyrisch; wegen der gewagten Bildlichkeit gilt er als einer der Hauptvertreter der Avantgarde und übt einen großen Einfluß auf die junge Dichtergeneration L.M.S.

AUSGABEN: *Quatre poemes de Setmana Santa*, o. O. 1950. – *Entre el coral i l'espiga*, Palma de Mallorca 1952. – *Cant espiritual*, Barcelona 1953 [Vorw. S. Espriu]. – *Comèdia*, Barcelona 1960. – *Evangeli segons un de tants*, Barcelona 1967. – *Els fets*, Barcelona 1974. – *Cant de l'arc*, Barcelona 1979. – *El poder i la verdor*, Campos 1981. – *Teatre del gran verd*, Campos 1982.

LITERATUR: *Els poetes insulars de postguerra*, Hg. M. Sanchis Guarner, Palma de Mallorca 1951. –

J. M. Castellet u. J. Molas, *Poesia catalana del segle XX*, Barcelona 1963. – J. Albertí, *B. B., un poeta digerit* (in Reduccions, 14, 1981, S. 43–64). – J. Vidal i Alcover, *La poesia a Mallorca (1936–1960)* (in Randa, 13, 1982, S. 7–42). – J. Triadú, *La poesia catalana de postguerra*, Barcelona 1985.

JUDAS I LA PRIMAVERA

(kat.; *Judas und der Frühling*). Roman von Blai BONET, erschienen 1963. – Bonets Prosa verrät den starken Einfluß seiner Lyrik und weist daneben Elemente der Tragödie auf. *Judas i la primavera* ist in zwanzig Kapitel unterteilt, die jeweils als selbständige Kurzerzählungen gelesen werden können; in den mehrfach verwandten Titeln erscheinen die Namen der Hauptfiguren: *Don Macià, el sastre (Don Macià, der Schneider), Salvador, Mossèn Manuel (Pfarrer Manuel), Maria, En Julià, l'idiota (Julià, der Idiot)*. Wie in vielen Werken Bonets wird hier auf biblische Themen angespielt: Don Macià, der sehr religiös ist – er hatte sogar ein Priesterstudium angefangen – und während des Bürgerkriegs als Verräter aufgetreten war, verkörpert Judas; Salvador bedeutet eigentlich »der Erlöser« und Maria ist seine Mutter; der Frühling steht als Metapher für die Karwoche. Der Autor beschreibt in lyrischer Prosa die Sitten und religiösen Rituale sowie die Atmosphäre zu Beginn des Frühlings und während der Karwoche in einem kleinen mallorquinischen Dorf der Nachkriegszeit. Dabei wird vor allem die Macht der Kirche gegenüber den einfachen Dorfbewohnern vorgeführt. Wenn der Roman auch vom Leben der ersten Nachkriegsgeneration auf dem Land erzählt, konzentriert sich die Handlung doch immer mehr auf Salvador.
Erzählt werden die Ereignisse nach dessen Rückkehr aus dem Sanatorium im Jahre 1960, darin eingeblendet sind Szenen aus dem Bürgerkrieg und Erinnerungen Salvadors an seine Kindheit und Jugend. Auch Salvador besuchte das Priesterseminar. Nach anfänglicher Begeisterung kommen bald die ersten Enttäuschungen, die ihn – ebenso wie einen Kommilitonen aus seinem Dorf, Llorenç – schließlich zum Austritt bewegen. Während seines geisteswissenschaftlichen Studiums in Barcelona kostet Salvador die Vergnügungen der Großstadt aus und wird bald mit Tbc in ein Sanatorium eingeliefert. Dort sieht er sich zum passiven Leben gezwungen; durch die dabei gewonnene kontemplative Haltung eines Leidenden akzeptiert er seine Krankheit und erreicht auf diese Weise den inneren Frieden. Neben dieser (eingeblendeten) Haupterzählung schildert der Autor immer wieder dramatische Episoden, die die während des Kriegs und der Nachkriegszeit auf der Insel herrschende Unterdrückung durch Staat und Kirche deutlich machen. Trotz der Anspielung auf das Evangelium ist es nicht Don Macià (Judas), der sich erhängt, sondern Pau, ein fünfzehnjähriger Junge, der irrtümlicherweise seinen Onkel erschossen hat.
Der Roman erinnert ebenso an ein Oratorium wie an ein gerichtliches Strafverfahren vor dem Hintergrund der heiligen Passion. Bonet greift direkt, als Ankläger, in die Erzählung ein. Wie in seinem lyrischen Werk spielt die Farbe Grün eine wichtige Rolle (in bezug auf die Augenfarbe, Innendekoration, Landschaft; bezüglich letzterer z. B.: »*La cala tenia la verdor freda de la posta de sol*« – »*Die Bucht hatte die kühle Grünheit des Sonnenuntergangs*«). In die Wiedergabe des Geschehens sind individuelle, aber auch soziale Auseinandersetzungen mit der Religion eingeflochten: »*Das Christentum befindet sich in der Krise. Die Tragödie ist, daß Jesus von Nazareth lebendig ist.*« – In der Schilderung der Lebensschicksale der einzelnen Personen vermischen sich die komplexen Erlebnisse der Menschen auf Mallorca in der Nachkriegszeit mit der Autobiographie des Autors. Was die Erzähltechnik betrifft, kann man Einflüsse von William FAULKNER (1897–1962) sowie Camilo José CELA (*1916) und Juan GOYTISOLO (*1931) erkennen. L.M.S.

AUSGABE: Barcelona 1963.

LITERATUR: J. Triadú, *La novel·la catalana de postguerra*, Barcelona 1982.

DIETRICH BONHOEFFER

* 4.2.1906 Breslau
† 9.4.1945 KZ Flossenbürg

LITERATUR ZUM AUTOR:
Bibliographien:
M. Kwiran, *Index to Literature on Barth, B. and Bultmann* (Section II: *D. B.*), Basel 1977 (Theolog. Zs., Sonderband 7). – R. Bodenstein, *Veröffentlichungen über D. B. in der DDR* (in *B.-Studien*, Hg. A. Schönherr u. W. Krötke, Bln./Mchn. 1985, S. 208–211). – Amerikanische Bibl. zu D. B. in *B. in a World Come of Age*, Hg. P. Vorkink, Philadelphia 1968. – Holländische Bibl. zu D. B. in *Werken met B.*, Hg. B.-Werkgezelschap Nederland, Ten Have-Baarn 1979.
Forschungsberichte:
Dokumente zur B.-Forschung 1928–1945, Hg. J. Glenthoj, Mchn. 1968 (*Mündige Welt*, Bd. 5). – E. Feil, *Standpunkte der B.-Interpretation. Versuch einer kritischen Zusammenfassung* (in Theol. Revue, 64, 1968, S. 1–14). – *Ethical Responsibility. B.s Legacy to the Churches*, Hg. J. D. Godsey u. G. B. Kelly, NY 1981 [Beiträge zur Internationalen B.-Konferenz Oxford 1980].
Biographien:
E. Bethge, *D. B. Theologe-Christ-Zeitgenosse*, Mchn. 1967; 6 1986. – *Begegnungen mit D. B. Ein Almanach*, Hg. W. D. Zimmermann, Mchn. 4 1969. – Chr. Gremmels u. H. Pfeifer, *Theologie*

und Biographie. Zum Beispiel D. B., Mchn. 1983. – E. Bethge, *D. B. in Selbstzeugnissen u. Bilddokumenten*, Reinbek 1976 (rm). – *D. B. Sein Leben in Bildern und Texten*, Hg. R. u. E. Bethge u. Chr. Gremmels, Mchn. 1986.
Gesamtdarstellungen und Studien:
Die Mündige Welt, Bd. 1: *Dem Andenken D. B.s*, Hg. E. Bethge, Mchn. 1956; ³1959, Bd. 2: *Weißensee – Verschiedenes*, Hg. E. Bethge, Mchn. 1956, Bd. 3: *Weißensee 1959*, Hg. E. Bethge, Mchn. 1960, Bd. 4: *Weißensee 1961 – Verschiedenes*, Hg. R. Grunow, Mchn. 1963, Bd. 5: *Dok. zur B.-Forschung 1928–1945*, Hg. J. Glenthoj, Mchn. 1968. – H. Thielicke, *Das Ende der Religion. Überlegungen zur Theologie D. B.s* (in ThLz, 81, 1956, S. 307–326). – K. Wilkens, *Die Frage D. B.s und unsere Antwort, Verkündigung u. Forschung* (in *Theol. Jahresbericht 1958/59*, Mchn. 1960–1962, S. 157–162). – G. Ebeling, *Die »nicht-religiöse Interpretation biblischer Begriffe«* (in Ders., *Wort und Glaube*, Tübingen ²1962). – H. Pfeifer, *Das Kirchenverständnis D. B.s. Ein Beitrag zur theol. Prinzipienlehre*, Heidelberg 1964. – J. Weißbach, *Christologie und Ethik bei D. B.*, Mchn. 1966. – H. Ott, *Wirklichkeit und Glaube*, Bd. 1: *Zum theol. Erbe D. B.s*, Zürich 1966. – *World Come of Age. A Symposium on D. B.*, Hg. R. Gregor-Smith, Ldn. 1967. – *B. in a World Come of Age*, Hg. P. Vorking, Philadelphia 1968 (dt.: *Glaube und Weltlichkeit bei D. B.*, Hg. P. Neumann, Stg. 1969). – G. Thils, *Christentum ohne Religion?*, Salzburg 1969. – E. Bethge, *Ohnmacht und Mündigkeit. Beiträge zur Zeitgeschichte und Theologie nach D. B.*, Mchn. 1969. – A. Dumas, *D. B.* (in *Bilanz der Theologie im 20. Jh. III*, Hg. H. Vorgrimler u. R. van der Gucht, Freiburg 1970). – E. Feil, *Die Theologie D. B.s. Hermeneutik – Christologie – Weltverständnis*, München ²1971 [m. Bibliogr. d. Sekundärlit.]. – *Kirche für andere. Vorträge und Ansprachen im B.-Gedenkjahr 1970 in der DDR*, Hg. W. Papst, Berlin/DDR ²1974. – Reihe *Internationales B.-Forum. Forschung und Praxis*, Nr. 1: *Genf 1976. Ein B.-Symposion*, Hg. H. Pfeifer, Mchn. 1976, Nr. 2: *Verspieltes Erbe? D. B. und der deutsche Nachkriegsprotestantismus*, Hg. E. Feil, Mchn. 1979, Nr. 3: *Konsequenzen. D. B.s Kirchenverständnis heute*, Hg. E. Feil u. I. Tödt, Mchn. 1980, Nr. 4: *Ethik im Ernstfall. D. B.s Stellung zu den Juden u. ihre Aktualität*, Hg. W. Huber u. I. Tödt, Mchn. 1982, Nr. 5: *Frieden – das unumgängliche Wagnis. Die Gegenwartsbedeutung der Friedensethik D. B.s*, Hg. H. Pfeifer, Mchn. 1982, Nr. 6: *B. und Luther. Zur Sozialgestalt des Luthertums in der Moderne*, Hg. Chr. Gremmels, Mchn. 1983. – J. W. Mödlhammer, *Anbetung und Freiheit. Theol.-anthropologische Reflexionen zur Theologie D. B.s*, Salzburg 1976. – *A B. Legacy. Essays in Understanding*, Hg. A. J. Klassen, Grand Rapids 1981. – H.-J. Kraus, *Theologische Religionskritik*, Neukirchen 1982. – G. Kretschmar, *D. B.* (in *Klassiker der Theologie*, Hg. H. Fries u. G. Kretschmar, Bd. 2, Mchn. 1983, S. 376–403). – *B.-Studien. Beitr. z. Theologie u. Wirkungsgeschichte D. B.s*, Hg. A. Schönherr u. W. Krötke, Bln./Mchn. 1985. – *Die Aktualität der Theologie D. B.s*, Hg. N. Müller, Halle/Saale 1985. – *Die Präsenz des verdrängten Gottes. Glaube, Religionslosigkeit und Weltverantwortung nach D. B.*, Hg. Chr. Gremmels u. a., Mchn. 1987.

WIDERSTAND UND ERGEBUNG

Briefe und Aufzeichnungen aus der Haft von Dietrich BONHOEFFER, 1951 herausgegeben von Eberhard BETHGE. – Der evangelische Theologe, Widerstandskämpfer und Märtyrer Dietrich Bonhoeffer gibt sich während seiner Berliner Haftzeit im Wehrmachtsgefängnis Tegel (5. 4. 43 – 8. 10. 44) und im Gestapokeller Prinz-Albrecht-Straße (8. 10. 44 – 7. 2. 45) Rechenschaft über den Weg der Widerstandsbewegung, seine persönliche Situation sowie über Denken und Handeln seiner Zeitgenossen und die Möglichkeit rechter Evangeliumsverkündigung für den Menschen der Gegenwart. Vorangestellt ist eine Besinnung *Nach zehn Jahren*, geschrieben an der Wende zum Jahr 1943. Diesen mannigfachen Themen entspricht die Vielfalt der literarischen Gattungen: Briefe, Gedichte, Gebete, biblische Auslegungen und Besinnungen stehen neben dem *Entwurf einer Arbeit*, einem Haftbericht und einigen Aphorismen. Dennoch bildet das Werk eine Einheit, getragen von einem tief christlichen und zugleich wachen, weltoffenen Geist, der seine Gegenwart denkend durchdringt und sie auf ihre innersten Motive hin befragt.

Die Fragen über die ethische Möglichkeit und Berechtigung des Tyrannenmordes haben Bonhoeffer beschäftigt, seit er 1940 in engeren Kontakt mit dem politischen Widerstand trat. Rückblickend erkennt er seinen Weg als geradlinig und konsequent. Er hat gehandelt »*aus der freien Haltung des Glaubens heraus..., die die Bergpredigt meint*«, wohl wissend, daß es unendlich viel leichter ist, »*im Gehorsam gegen einen menschlichen Befehl zu leiden als in der Freiheit eigenster verantwortlicher Tat*« und mit der Überzeugung, in der Freiheit der Tat auf Gottes Vergebung angewiesen zu sein. – Seine persönliche Situation sieht Bonhoeffer mit Gelassenheit, ohne zu resignieren. Die Doppelheit von »Widerstand und Ergebung« kennzeichnet seine Haltung. Es gilt, Widerstand zu leisten und um Besserung der Lage zu kämpfen: Die Mitverschwörer müssen gedeckt, die Taten verschleiert werden; die Prozeßverhöre erfordern höchste Wachsamkeit und geistige Aktivität. Andererseits ist es nötig, sich in die Lage zu schicken. Letztlich geht es darum, in dem zunächst blinden, unpersönlichen Schicksal das gnädige Gegenüber des persönlichen Gottes zu finden. Die Ergebung führt bis zur Todesbereitschaft – wiederum nicht aus Resignation, sondern in der Erkenntnis des Todes als letzte der »*Stationen auf dem Wege zur Freiheit*«.

Das größte Echo hat Bonhoeffers Forderung einer »*nicht-religiösen Interpretation biblischer Begriffe*« (die er auch »*religionslose*« oder »*weltliche Interpre-*

tation« nennt) gefunden. Ebenso ist um das Verständnis von Formeln wie *»religionsloses Christentum«, »mündige Welt«, »unbewußtes Christentum«, »das Für-andere-da-sein (Jesu) als Transzendenzerfahrung«* und *»Kirche für andere«* eine heftige Debatte entbrannt. Da *Widerstand und Ergebung* ein Fragment geblieben ist, scheint eine eindeutige Antwort nicht möglich. Die Begriffe wurden von den verschiedensten theologischen Schulen aufgenommen und in der je eigenen Richtung interpretiert. So schillert Bonhoeffer im Licht seiner Interpreten in allen Farben vom Marxisten (H. MÜLLER) bis zum Barthianer (J. D. GODSEY). In Wahrheit kann man den Gedanken Bonhoeffers jedoch nicht gerecht werden, ohne die Intentionen seiner theologisch-philosophischen Frühschriften *Sanctorum Communio* (1927) und *Akt und Sein* (1931) angemessen zu berücksichtigen. R.May.

AUSGABEN: Mchn. 1951; [12]1964. – Mchn. 1970. – Mchn. [3]1985. – Stg./Mchn. 1986.

LITERATUR: H. Müller, *Von der Kirche zur Welt. Ein Beitrag zu der Beziehung des Wortes Gottes auf die ›societas‹ in D. B.s theologischer Entwicklung*, Lpzg. [2]1966. – R. Mayer, *Christuswirklichkeit. Grundlagen, Entwicklung u. Konsequenzen der Theologie D. B.s*, Stg. 1969 [zugl. Diss. Erlangen]. – R. Marlé, *D. B. Zeuge Jesu Christi unter seinen Brüdern*, Düsseldorf 1969. – Chr. Reents, *Zwischen Gehorsam und Widerstand – am Beispiel D. B.s*, Loccum 1969. – E. Feil, *Der Einfluß Wilhelm Diltheys auf D. B.s »Widerstand und Ergebung«* (in Evangelische Theologie, 29, 1969, S. 662–674). – T. R. Peters, *Die Präsenz des Politischen in der Theologie D. B.s*, Mainz-München 1976. – G. L. Müller, *Für andere da. Christus-Kirche-Gott in B.s Sicht der mündig gewordenen Welt*, Paderborn 1980. – M. Kuske, *Weltliches Christsein. D. B.s Vision nimmt Gestalt an*, Mchn. 1984. – E. Bethge, *Bekennen und Widerstehen, Aufsätze, Reden, Gespräche*, Mchn. 1984. – F. Schlingensiepen, *Im Augenblick der Wahrheit. Glaube und Tat im Leben D. B.s*, Mchn. 1985. – J. Henkys, *D. B.s Gefängnisgedichte. Beiträge zu ihrer Interpretation*, Mchn. 1986. – H. E. Tödt, *Der Bonhoeffer-Dohmanyi-Kreis im Widerstand gegen das Hitlerregime, Zwischenbilanz eines Forschungsprojekts*, Mchn. 1987.

NAZI BONI

* 1912 Bouan / Burkina Faso
† Mai 1969

CRÉPUSCULE DES TEMPS ANCIENS, CHRONIQUE DU BWAMU

(frz.; *Dämmerung der alten Zeiten, Chronik des Bwamu*). Roman von Nazi BONI (Burkina Faso), erschienen 1962. – Der Autor, Angehöriger des Stammes der Bwawa (Bobo) im großen Nigerbogen, stellt die Gestalt des jungen Helden Terhé in den Mittelpunkt der Handlung, in der er die traditionelle Gesellschaftsordnung seines Volkes, das erst 1916 von der französischen Kolonialmacht unterworfen wurde, wiederaufleben läßt. Die Arbeiten und die Feste, die Ausbildung der Jugend, die Brautwerbung, die Machtübergabe der älteren Generation an die jüngere, Jagd und Krieg werden mit großer innerer Anteilnahme geschildert. Besonders interessant sind die von Boni vermittelten Einblicke in die alte Religion und ihre Riten. Sein knapper, motorischer Stil bringt dem Leser die Rhythmen des afrikanischen Lebens eindringlich nahe. Nazi Boni ist einer der wenigen Autoren seines Landes. In seinem Bestreben, die einst verachteten Traditionen der afrikanischen Kultur wieder zu Ehren zu bringen, folgt er den Bestrebungen der *»Négritude«*. J.H.J.

AUSGABE: Paris 1962.

LITERATUR: C. Wauthier, *L'Afrique des Africains*, Paris 1964.

YVES BONNEFOY

* 24.6.1923 Tours

DAS LYRISCHE WERK (frz.) von Yves BONNEFOY

Yves Bonnefoy hat Gedichte, Prosastücke, Essays zur Dichtung und bildenden Kunst, eine Monographie über Arthur RIMBAUD und mehrere Prosabücher mit Texten einer sehr eigenen Mischung von Erinnerung, *récit* und *poème en prose* veröffentlicht. Das eigentlich dichterische Werk umfaßt zwischen 1953 und 1987 fünf Titel. Voraus liegt, sehr früh, einige Themen bereits entschieden präludierend, ein kleiner Zyklus von surrealistischen Prosagedichten, *Anti-Platon* (1947). Kennzeichnend für Bonnefoys Gedichtbücher ist von Anfang an eine Tendenz zu zyklen- oder suitenhaften Gliederung, die das einzelne Gedicht in einen größeren Zusammenhang einbezieht. Jedes dieser fünf Bücher besitzt ein eigenes Klima, eine unverwechselbare Atmosphäre; jedes ist komponiert in thematischer Entfaltung und Verspannung. Vermutlich ist die Komposition jeweils das Ergebnis eines halb unbewußten, halb gesteuerten Wachstumsprozesses; am Ende jedenfalls erscheint so etwas wie eine Konfiguration, keine Auskristallisierung zu unverrückbarer Gestalt, sondern ein in Verwandlung sich Verdeutlichendes, in Verdeutlichungen sich Verwandelndes.

Der Titel des ersten Gedichtbandes, *Du mouvement et de l'immobilité de Douve*, 1953 *(Von der Bewegung und der Unbeweglichkeit Douves)*, evoziert einen

Zwiespalt, den wir als Wesensbestimmung einer mit dem rätselhaften Namen Douve bedachten Gestalt begreifen sollen. In die gleiche Richtung zielt ein (leicht verändertes) Zitat aus der *Phänomenologie des Geistes* von HEGEL, das dem Band als Motto vorausteht: »*Aber das Leben des Geistes erschrickt nicht vor dem Tode und sucht sich nicht rein zu bewahren vor ihm. Sondern es erträgt ihn und erhält sich in ihm.*«. Dem Wortsinn nach bedeutet Douve soviel wie ein Wassergraben um ein Schloß; mitzuhören sind jedoch Anklänge an *douce*, die Sanfte, ebenso an *louve*, Wölfin, gelegentlich wird dieses Wesen auch als Mänade charakterisiert oder als Kassandra angeredet. Douve ist ein weibliches Inbild, leibhaft und wie geträumt, menschlich und unmenschlich; sie ist eine Frau, und sie ist zugleich eine Landschaft; wie Gérard de NERVALs Aurélia eine einweihende Macht, durch die der Dichter die zerrissene Einheit des Todes-im-Leben, des Leben-aus-dem-Tode erfährt. Die Gedichte sind meist kurz, meist strophisch gegliedert, die Verse in freiem Wechsel reimlos, gereimt oder assonierend; die Fügung ist reihend, der Ton beschwörend, drängend; das Ganze hat auch etwas von einem Exorzismus an sich. Einige der Gedichte bestehen aus kurzen Prosaabschnitten; hier glaubt man noch zu spüren, wie der Gedichtband sich von der Vorstufe einer Erzählung abgelöst hat. Von dieser damals aufgegebenen Erzählung hat sich durch Zufall das Fragment des Schlusses erhalten, das Bonnefoy 1975 unter dem Titel *L'Ordalie (Das Gottesurteil)* veröffentlicht hat.

Dem zweiten Gedichtband *Hier regnant désert*, 1958 *(Herrschaft des Gestern: Wüste)* hat der Dichter ein (frei resümierendes) Zitat aus HÖLDERLINS *Hyperion* vorangestellt: »*Du willst eine Welt, sagte Diotima. Darum hast du alles, und du hast nichts.*« Dieses Buch trägt alle Zeichen einer Lebenskrise an sich, die doch als private Widerfahrnis nirgends beredet wird. Der dialektische Zwiespalt hat sich verschärft, die Düsternis, die Verlorenheit haben zugenommen, die Wüste wächst. Jedes von Bonnefoys Gedichtbüchern bietet in mehr als einem Gedicht eine *ars poetica*. Diejenige dieses Bandes lautet: *L'imperfection est la cime* (»*Das Unvollkommene ist der Gipfel*«); womit gesagt sein soll, daß jede vermeintlich endgültige Vollkommenheit vom Tode gezeichnet ist: sie ist das unfruchtbar Verschlossene, das es, um der Hoffnung willen, zu zerstören gilt. Der Schlußteil des Buches trägt die Überschrift: *A une terre d'aube*; gemeint ist Delphi als eine Frühlicht-Erde. In *Le pays découvert (Das Land, das wir entdeckten)*, wird das Zeitliche, das Irdische (das »Hiesige«, wie RILKE sagen würde) als Gegenwart, als Genüge im Hinfälligen erfahren: »*L'étoile sur le seuil. Le vent, tenu / Dans les mains immobiles de la mort. / La parole et le vent furent de longue lutte, / Puis le silence vint dans le calme du vent. // Le pays découvert était de pierre grise. / Très bas, très loin gisait l'éclair d'un fleuve nul. / Mais les pluies de la nuit qui ont réveillé l'ardeur que tu nommes le temps*« (»*Der Stern auf der Schwelle. Der Wind gehalten / von reglosen Händen des Todes. / Wort und Wind waren lange ein Streit, / dann kam das Schweigen mit der Stille des Windes. // Das Land, das wir entdeckten, war aus grauem Stein. / Sehr niedrig lag, sehr fern der Blitz eines nichtigen Flusses. / Die Regen aber, die zur Nacht die Erde überraschten, / haben die Inbrunst geweckt, die du die Zeit nennst*«). Wozu Dichtung? Es geht nicht um das »Werk«, es geht nicht um das »Machen«. Gottfried BENN, Paul VALÉRY und die Poetik, die sie vertreten, sind Bonnefoy ein Ärgernis. Sie leugnen und vereiteln in seinen Augen das, wodurch Dichtung Wegzehrung sein könnte. Der Dichter ist ausgesetzt, aber er ist unterwegs. Auf etwas hin, das mancherlei Namen führt: *Présence* (Gegenwart, Anwesenheit, Da-Sein), *vrai lieu* (wahrer Ort), *une terre* (eine Erde), *l'ouvert* (das Offene), *le simple* (das Einfache).

In jedem der ersten drei Gedichtbücher Bonnefoys, die im Rückblick eine Art Triptychon bilden, ordnen die Texte sich um eine beherrschende Mitte. In dem ersten Buch ist dies Douve, ein dämonisches Phantom. In dem zweiten ist die Mitte ausgeräumt, bedrohlich wachsende Öde, die sich zuletzt in eine Lichtung verwandelt – auf der im dritten Buch eine neue Gestalt erscheint, um als Gefährtin fortan gegenwärtig zu bleiben. *Pierre écrite*, 1965 *(Beschriebener Stein)* ist der Titel dieses Buches, in der Reihe von Liebesgedichten enthält, in denen eine Genesung erzählt wird. Der Ort ist ein Garten, fast jener, »*dessen Pforten der Engel ohne Wiederkehr verschloß*«. Zugleich sind dort allenthalben Steine aufgerichtet, auf deren jedem ein Epitaph zu lesen steht. Diese Grabinschriften sind Botschaften der Toten; sie »sprechen«, nicht anders als die *Une voix (Eine Stimme)* überschriebenen Gedichte, denen wir bei Bonnefoy immer wieder begegnen. Wer da spricht, wissen wir nicht. Meist eine sich erinnernde Tote. Was sie spricht, bleibt Anspielung, schattenhaft angeisternd; dennoch Botschaft, deren uns vielleicht betreffenden Sinn wir mit Sicherheit verfehlen, wenn wir sie rasch entschlüsseln wollen. Ganz ohne jede Obstination eignet diesen Gedichten etwas rein »Enteignetes«, das sie unbesitzbar macht. Wie schwer aber bleibt es, verständig und verständlich von etwas zu reden, dessen anders habhaft werden zu wollen als durch hinhorchende Geduld nur Selbstbetrug wäre!

Zehn Jahre nach diesem dritten Gedichtbuch erscheint 1975 das Gedichtwerk *Dans le leurre du seuil (Im Trug der Schwelle)*. Das Formprinzip der früheren zyklischen Anordnung noch überbietend, gliedert dieses Werk sich in sieben große Sätze oder Gesänge; symphonisch, doch in Stücken, Blöcken, in Schüben prozedierend. Entscheidend, wie immer schon bei Bonnefoy, war ein Vorgegebenes, eine Epiphanie. Hier hat, wie in keiner anderen Dichtung ringsum und seit langem, das Kind eine Stelle, eine Tochter; als im Verfall die neue Gestalt, ein Zeichen der Hoffnung; ein Zeichen, das, bewegt, nun Ort, Stätte, Richtung ist. Diese Dichtung Bonnefoys markiert ein Datum, wie T. S. ELIOTS *The Waste Land*, 1922 *(Das wüste Land)*, RILKES *Duineser Elegien* (1923) oder *Amers*, 1957 *(See-Marken)* von SAINT-JOHN PERSE. Als müßte immer wieder einer sich ganz zusammennehmen, um die Epoche gültig zu resümieren. Bonnefoy ist ein Liebender; Liebe ist Gespräch, ein gemeinsames Tun; dadurch gelingt ein weiterer Schritt ins Offene, Formgewinnung aus unentwegter Infragestellung von Form, Rettung durch das Ungerettete. Wie bringen wir lebend, sprechend das Unendliche und das Flüchtige zusammen? Wie erfahren wir, eins im andern, eines als das andere, das Zerstreute und das Untrennbare? Und wie widerstehen wir auch der Versuchung, den ekstatischen Vorgriff des dichterischen Augenblicks als endgültige Versöhnung zu interpretieren? Das Sagbare – eine Schwelle? Nur unter der Bedingung, daß wir es zugleich als Trug, als die wieder zugeschlagene, die wieder verriegelte Tür begreifen. Nur die Widerständigkeit ist Durchlaß, nur die Vereitelung Ermöglichung. Alles andere ist Traum, ist Flucht, das schlechte Leben und der schlechte Tod.

Und wiederum zwölf Jahre später ein fünfter Gedichtband: *Ce qui fut sans lumière*, 1987 *(Was ohne Licht war)*; auch er in Suiten gegliedert, als Ganzes einen Lebensabschnitt umgreifend. Der Ton ist zurückgenommen, gedämpfter, der Prosa näher; freie, reimlose Verse, strophenhaft unterteilt oder rezitativartig fortlaufend; der Formenschatz des vorhergehenden Bandes. Einige Gedichtüberschriften *(Une pierre, La voix encore)* verweisen auf Vorausgegangenes, das die Verse dann aufgreifen und abwandeln. Bonnefoy spricht zu Freunden, zu Lesern, denen seine Themen vertraut sind. Dem nachdenklich-eindringlichen, doch nie bedrängenden Ton entspricht durch den ganzen Band hin die traumhafte Art, wie die Bilder auftauchen, entgleiten, sich überlagern, eines im andern fortscheinend. Das leitende Bild ist die Barke; alles ist Fahrt; flußaufwärts, von Ufer zu Ufer. Gleich eingangs der Mann, die Frau; das Boot dann der beiden Schläfer, an dessen Bug das Kind ein Reisigfeuer entzündet.

Gleichzeitig mit diesem Gedichtband erschien ein Prosasammelband: *Récits en rêve (Berichte im Traum)*. Er enthält diejenigen Prosaarbeiten Bonnefoys, die man je nachdem als Erinnerungen, Betrachtungen, Parabeln, *poèmes en prose, divagations* bezeichnen möchte. Die hier erzählten Träume sind keine romantischen Träumereien. Sie sind Versuche, das Anderswo im Hier wahrzunehmen, aufmerksam, geduldig, hoffend, liebend; unsere so prekäre Wirklichkeit nicht zu verfehlen, sei es durch die Ausschließlichkeit eines Glaubens, sei es durch zynischen Pragmatismus. Es geht nicht um die Poesie, an sich und ihretwegen, es geht um Vergegenwärtigung, jetzt, hier, miteinander; um einen »Zuwachs an Wahrnehmung« in den Worten. Als wäre uns dort ein Ort bereitet. F.Ke.

Ausgaben: *Du mouvement et de l'immobilité de Douve*, Paris 1953. – *Hier régnant désert*, Paris 1958. – *Pierre écrite*, Paris 1965. – *Dans le leurre du seuil*, Paris 1975. – *Poèmes (1947–1975)*, Paris 1976. – *Rue Traversière*, Paris 1977. – *Entretiens sur la poésie*, Neuchâtel 1981. – *Ce qui fut sans lumière*, Paris 1987. – *Récits en rêve (L'Arrière-pays, Rue Traversière, Remarques sur la couleur, L'origine de la parole)*, Paris 1987.

Übersetzungen: *Herrschaft des Gestern: Wüste*, F. Kemp, Mchn. 1969. – *Rue Traversière*, ders., Ffm. 1980. – *Im Trug der Schwelle*, ders., Stg. 1984.

Literatur: J.-P. Richard, *Y. B.* (in J.-P. R., *Onze études sur la poésie moderne*, Paris 1964, S. 207–232). – B. Arndt, *La quête poétique d'Y. B.*, Zürich 1970. – M. A. Caws, »*Not the Peacock but the Stone*« (in M. A. C., *The Inner Theater of Recent French Poetry*, Princeton 1972, S. 141–170). – J. E. Jackson, *Y. B.*, Paris 1976. – Ders., *La question du moi. Un aspect de la modernité poétique européenne. T. S. Eliot – Paul Celan – Y. B.*, Neuchâtel 1978. – C. Esteban, *L'immédiat et l'inaccessible*, Paris 1978, S. 165–211. – *Y. B., Colloque Poésie – Cérisy* (Sud, 15, 1985; Sondernr.).

CHARLES BONNET

* 13.3.1720 Genf
† 20.6.1793 Genthod

LA PALINGÉNÉSIE PHILOSOPHIQUE, ou idées sur l'état passé et sur l'état futur des êtres vivants

(frz.; *Philosophische Palingenese oder Ideen über den vergangenen und den künftigen Zustand der Lebewesen*). Naturphilosophisches Werk von Charles Bonnet (Schweiz), erschienen 1769. – Der Autor entwickelt in diesem Buch die Idee eines zukünftigen Zustandes der Lebewesen, die bereits in früheren Schriften angeklungen war. Die Lebewesen, die vor der in der *Genesis* beschriebenen Revolution existierten, waren nach Bonnet von den heutigen verschieden, enthielten aber bereits die Keime für ihre gegenwärtige Existenz. Entsprechend bestehen in den organisierten Lebewesen des derzeitigen Zustandes die Keime für eine neue Daseinsweise, die nicht das Ergebnis einer Generation, sondern jener Revolution sein wird, welche die *Bibel* ankündigt. Die Lebewesen, die in dieser neuen Entwicklungsstufe ins Dasein treten, werden mit einer besonderen körperlichen Materie ausgestattet sein, deren Organisation sie vor weiteren Veränderungen schützt. In diesem zukünftigen Leben wird der Mensch neue Organe entwickeln und seine Seele wird mit einem Körper zusammengesetzt sein, der keimhaft schon in seinem gegenwärtigen Körper angelegt ist.

In diesem Werk suchte Bonnet u. a. auch die gegen ihn erhobenen Vorwürfe des Materialismus und Fatalismus zurückzuweisen. Als 1770 die zweite Auflage erschien, löste der Autor die ursprünglich darin enthaltenen *Recherches sur les preuves du christianisme* ab und veröffentlichte sie als gesondertes Werk, das 1771 in zweiter Auflage mit einem neu hinzugefügten Kapitel über *Les preuves de l'existence de Dieu* erschien. In einer weiteren Ausgabe der *Palingénésie* innerhalb des siebten Bandes der gesammelten Werke von 1783 fügte Bonnet die *Recherches* wieder hinzu und gab dem Werk eine detailliertere Einteilung, um den Gedankengang und die Entwicklung seiner Ideen deutlicher in Erscheinung treten zu lassen. Diese Ausgabe enthält ferner zahlreiche Anmerkungen zu den Hauptthesen.

Vom Gesamtwerk Bonnets aus betrachtet gehört die *Palingénésie* der Spätzeit an, in der philosophische und metaphysische Betrachtungen im Vordergrund stehen. Die wissenschaftlichen Arbeiten dieses Denkers gliedern sich deutlich in zwei Gruppen: in die Abhandlungen zur Naturgeschichte von 1740 bis ca. 1762, unter denen vor allem der *Traité d'insectologie* (1745) und die *Considérations sur les corps organisés* (1762) hervorzuheben sind; und in philosophisch-metaphysische Untersuchungen seit 1764, in denen der Autor aber, wie CUVIER bemerkte, als »philosophe entré dans la métaphysique par le chemin de l'observation« erscheint. Die *Palingénésie*, wie auch die *Contemplation de la nature* (1764/65) sind Ausdruck seines an MALEBRANCHE, LEIBNIZ, LOCKE und HARTLEY geschulten philosophischen Denkens, das auf der Vorstellung der Graduation von Seinsformen besteht, die sich innerhalb der irdischen Welt auf vier Klassen reduzieren: nicht organisierte Wesen; organisierte, aber nicht animierte Wesen; organisierte und animierte Wesen; organisierte, animierte und vernünftige Wesen. Bonnet stellt die Frage, ob nicht Welten existieren könnten, in denen es nur unorganisierte und nicht animierte Wesen gibt, oder wo Felsen organisiert sind, Pflanzen fühlen, Tiere denken und Menschen Engel sind. – Im siebten Band der gesammelten Werke hat Bonnet der *Palingénésie* noch Auszüge aus seinem *Essai analytique sur les facultés de l'âme* und seinen *Considérations sur les corps organisés* vorangestellt, um bestimmte Aspekte der *Palingénésie* zu verdeutlichen. Der *Essai analytique* zeigt die sensualistische Grundlage seiner Bewußtseinslehre und weist auf, wie der Mensch durch Gebrauch seiner Sinne und durch Reflexion allmählich fortschreitend die höchsten Ideen entwickelt. Ähnlich wie in CONDILLACS *Traité des sensations* wird das menschliche Bewußtsein im Bilde einer sich gradmäßig belebenden Statue gesehen, womit das Thema der »Geschichte des Bewußtseins« anklingt. – Bonnets Ideen waren von Einfluß auf die sensualistischen Theorien der sogenannten französischen Ideologie, aber auch auf den Spiritualismus von MAINE DE BIRAN. E.Be.

AUSGABEN: Genf 1769; ²1770. – Neuchâtel 1779–1783 (in *Œuvres d'histoire naturelle et de philosophie*, 17 Bde., 7).

ÜBERSETZUNG: *Philosophische Palingenesie*, J. C. Lavater, Zürich 1769.

LITERATUR: M. Offner, *Die Psychologie C. B.s*, Lpzg. 1893. – J. Speck, *B.s Einwirkung auf die deutsche Psychologie des vorigen Jahrhunderts*, Diss. Bln. 1897. – O. W. Fritzsche, *Die pädagogisch-didaktischen Theorien C. B.s*, Langensalza 1905. – E. Claparède, *La psychologie animale de C. B.*, Genf 1909. – H. Schweig, *Die Psychologie des Erkennens bei B. und Tetens*, Diss. Bonn 1922. – J. Krüger, *Der Organismusbegriff bei B.*, Diss. Halle 1929. – R. Savioz, *La philosophie de C. B.*, Paris 1948. – G. Rocci, *C. B., filosofia e scienza*, Florenz 1975. – J. Marx, *C. B. contre les lumières, 1738–1850*, Oxford 1976.

WALDEMAR BONSELS

* 21.2.1880 Ahrensburg bei Hamburg
† 31.7.1952 Ambach bei Starnberg

LITERATUR ZUM AUTOR:
F. Adler, *W. B. Sein Weltbild und seine Gestaltung*, Ffm. 1925. – J. Reisdorf, *Mythos und Märchen im Werk W. B.'*, Diss. Bonn 1953. – *W. B. im Spiegel der Kritik*, Hg. R. M. Bonsels, Wiesbaden 1986 (Ambacher Schriften, Bd. 1).

DIE BIENE MAJA UND IHRE ABENTEUER

Erzählung von Waldemar BONSELS, erschienen 1912. – Dieses Werk schlug selbst unter den fast ausnahmslos erfolgreichen Werken des Autors alle Rekorde mit einer deutschen Auflage von mehr als einer Million und Übersetzungen in alle literarisch bedeutenderen Sprachen. Die Handlung besteht aus einer Reihe von Abenteuern, die eine höchst individuell geratene Biene nach ihrer etwas leichtsinnigen Flucht aus der Gemeinschaft des Bienenstocks durchmacht: Begegnungen mit allerhand freundlichen und feindlichen Insekten und Spinnen, gipfelnd in dem erschreckenden Erlebnis der Gefangenschaft bei blutdürstigen (aber ritterlichen) Hornissen. Ihre glückliche Flucht ermöglicht ihr, das eigene Volk vor einem geplanten Überfall der Hornissen zu warnen, und nach einer verlust-, aber siegreichen Abwehrschlacht wird sie mit hohen Ehren wieder in die Gemeinschaft aufgenommen. Bonsels schrieb nicht etwa eine »tierpsychologische Studie«. Die durchaus individualisierten Insekten (Persönlichkeiten mit Namen wie Fritz, Kurt oder gar Hannibal) sind beileibe nicht als Insekten denkbar, sondern nur als Figuranten in einer märchenartigen Erzählung; dabei wird übrigens keinem von ihnen etwas zoologisch-biologisch strikt Unmögliches oder Inkorrektes zugemutet (außer, natürlich, den Märchenattributen des menschlichen Sprechens und Denkens). Bei einem derartigen Werk ist die Gefahr, ins Preziös-Alberne abzugleiten, groß. Bonsels' Buch hat jedoch beträchtlichen Charme und ist nicht nur durchgehend unterhaltend und oft intelligent, sondern geradezu spannend und von Sentimentalität wie Brutalität auffallend frei: eines jener wirklich guten Kinderbücher, die auch ein nicht allzu unkindlicher Erwachsener mit einigem Vergnügen lesen kann.

H.L.

AUSGABEN: Bln. 1912. – Stg. 1960 [1092. Tsd.]. – Mchn./Wien 1980 (in *Wanderschaft zwischen Staub und Sternen. Gesamtwerk*, Hg. R. M. Bonsels, 10 Bde., 2). – Ffm./Bln. 1982 (Ullst.Tb).

INDIENFAHRT

Autobiographischer Reisebericht von Waldemar BONSELS, erschienen 1916. – Diese Aufzeichnungen einer vor dem Ersten Weltkrieg unternommenen Reise durch Indien sind zugleich weniger und beträchtlich mehr als ein »Bericht«. Weniger, da der Autor weder seine Reise mit allzu großer topographischer und chronologischer Übersichtlichkeit darstellt noch sich damit begnügt, oft beschriebene »Sehenswürdigkeiten« erneut aufzuzählen. Mehr aber insofern, als hier nicht – wie üblich – der Reisende als unpersönliche, schattenhafte Gestalt seine »objektiven« Beobachtungen mitteilt; denn Bonsels gibt einen im guten Sinn subjektiven, bekenntnishaften Erlebnisbericht, angeregt von den tiefen Eindrücken, die das geheimnisvolle Land in ihm hinterlassen hat. Impressionistisch wirkende Landschaftsschilderungen, die eine überaus differenzierte Empfänglichkeit für die Herrlichkeit besonders des Lichts und der Farben in den Tropen verraten, wechseln ab mit humorvollen Charakteristiken indischer Menschen, vor allem der Diener, die Bonsels feinfühlig in ihrem andersgearteten Wesen erfaßt und liebt. Überwältigt von der tropisch wuchernden Fülle alles Kreatürlichen, erweitert der Autor seine Beobachtungen zu Reflexionen über das Wesen der Elemente und deren Wirkung auf den Menschen und gelangt so zu einem eigenwilligen Verständnis der sonst gewöhnlich aus der Religion hergeleiteten Passivität der Inder: »*Ich begriff die Menschen dieses Landes und dieser Sonne, die kein anderes Begehren zu bewegen schien, als das Dasein ... als seligen Bestand auszukosten und sich dem selbsttätigen Walten der Erdenzeit gegenüber wahllos und zufrieden, ohne Bedenken anheimzustellen.*« Derartige Gedanken führen den Europäer Bonsels zwangsläufig zu einer gewissen Skepsis der Zivilisation gegenüber, da diese den Menschen zu sehr der – vom Autor fast vergöttlichten – Natur entfremde. Eine weitere Eigenart hebt Bonsels *Indienfahrt* erfreulich von den meisten der zu jener Zeit erschienenen Reiseberichte ab und verschaffte dem Buch wohl seinen internationalen Erfolg: das Fehlen jeglichen Überlegenheitsanspruchs des Weißen gegenüber dem andersrassigen Kolonialvolk, eine Haltung, die der Autor besonders dokumentiert, wenn er beinahe ehrfürchtig seine Begegnung und Freundschaft mit dem Brahmanen Mangesche Rao schildert, dessen Ermordung das tragische Bild eines unterdrückten und von Argwohn selbst gegen seine wahren Freunde erfüllten Volkes ahnen läßt. Und frei ist Bonsels auch von jener »Weltkenntnis«, die viele Verfasser von Reiseberichten glauben belegen zu müssen: »*Mich ergriff ... jene sonderbare Traurigkeit, die mich in Indien nie verlassen hat und die dem menschlichen Herzen allem Unerforschbaren gegenüber eigentümlich ist*«.

KLL

AUSGABEN: Ffm. 1916. – Bern 1948. – Stg. 1950; ern. 1966. – Mchn/Wien 1980 (in *Wanderschaft zwischen Staub und Sternen. Gesamtwerk*, Hg. R. M. Bonsels, 10 Bde., 2).

LITERATUR: A. Oepke, *Moderne Indienfahrer u. Weltreligionen. Eine Antwort an W. B.*, Lpzg. 1921. – V. Ganeshan, *Das Indienbild dt. Dichter um 1900. Dauthendey, B. u. a.*, Bonn 1975.

MASSIMO BONTEMPELLI

* 12.5.1878 Como
† 21.7.1960 Rom

LITERATUR ZUM AUTOR:
C. Bo, *B.*, Padua 1943. – G. Amoroso, *Il realismo magico di B.*, Messina 1964. – L. Baldacci, *M. B.*, Turin 1967. – F. Tempesti, *B.*, Florenz 1974. – F. Airoldi Naimer, *M. B.*, Mailand 1979. – A. Saccone, *M. B. Il mito del '900*, Mailand 1979. – L. Fontanella, ›*Realismo magico*‹ *e surrealismo razionalizzato di B.* (in Critica letteraria, 10, 1982, Nr. 34–37). – L. Baldacci, Art. *M. B.* (in Branca, 1, S. 379–382).

IL FIGLIO DI DUE MADRI

(ital.; Ü: *Der Sohn zweier Mütter*). Roman von Massimo BONTEMPELLI, erschienen 1929. – In Rom und im Bannkreis des zwischen Anzio und Terracina gelegenen mythenumwobenen Kaps der Zauberin Circe spielt sich das geheimnisvolle Geschehen ab, einem Märchen gleichend, das Fischer beim Flicken der Netze oder Frauen am glimmenden Kohlenbecken ersonnen haben mögen. Mario erlebt an seinem siebenten Geburtstag staunend eine Art »Wiedergeburt«: ganz plötzlich glaubt er zu wissen, daß er nicht das Kind seines Vaters Mariano und seiner Mutter Arianna, sondern das jener Luciana ist, die ihr Söhnchen Ramiro in der gleichen Stunde verlor, in der er selbst das Licht der Welt erblickte. Damals zog sich Luciana in eines der kleinen Dörfer am Fuß des Monte Circeo zurück. Ihr inhaltloses Witwendasein widmete sie fortan dem Anblick jenes Felsens, von dem Ramiros Vater Giorgio sich in das Meer stürzte, aus dem er einst – von woher sonst? – gekommen war, um für eine kurze Zeit fast unirdischen Glücks ihr Geliebter zu sein. Und jetzt behauptet Mario, er sei ihr Sohn Ramiro! In den Kampf der beiden Mütter um Mario-Ramiro greift der »Zigeuner der Meere«, ein vagabundierender Seemann, ein, dem Luciana von ihrem Schicksal erzählt hat. Er entführt den Knaben auf sein Schiff. Marios Mutter Arianna, eine einfache, arbeitsame Frau, erwartet sehnsuchtsvoll die Rückkehr ihres Sohnes und das Ende des Alptraums, von dem sie sich umfangen glaubt. Oder ist dieser Traum die Enthüllung einer ihr unbegreiflichen Wahrheit? Sterbend nennt sie der Nebenbuhlerin den Namen des Fischerortes San Felice Circeo, den sie in ihrem Wachtraum erkannte. Dorthin eilt Luciana in der Hoffnung, ihr Kind wiederzufinden. Sie begegnet dem Zigeuner, der die Entführung eingesteht und ihr verspricht, sie auf sein Schiff zu bringen. Zuvor jedoch muß er auf Lucianas Geheiß den Felsen in die Luft sprengen, von dem Giorgio damals herabgestürzt war und den der Zigeuner, als er ihn betrat, »entweiht« hat. Da er bei dem Sprengversuch ums Leben kommt, wird Luciana ihr Kind, dessen Versteck er als einziger kannte, niemals wiedersehen. Keiner Bewegung fähig, wartet sie am Ufer des Meeres regungslos auf die Rückkehr ihres Sohnes.

Wie in den anderen Werken Bontempellis durchdringen realistische und surrealistische Komponenten einander auch in diesem Roman. In seinem »*magischen Realismus*« (eine Formulierung Bontempellis) erfährt PIRANDELLOS These von der »Unmöglichkeit einer objektiven Wahrheit« eine neue, ergreifende Interpretation. Zwar bedient sich der Autor einer ausgefeilten Sprache, die den starken Einfluß des Klassizisten CARDUCCI nicht verleugnet, aber die Überfrachtung mit Archaismen, die das Chronikhafte unterstreichen sollen, nimmt der wie ein echtes Volksmärchen aus der regionalen Tradition der tyrrhenischen Küstenlandschaft wirkenden Erzählung etwas von ihrer Unmittelbarkeit. KLL

AUSGABEN: Rom 1929. – Mailand 1940 (in *Due storie di madri e figli*). – Mailand 1956 (in *Due storie di madri e figli*).

ÜBERSETZUNG: *Der Sohn zweier Mütter*, H. Hohenemser-Steglich, Lpzg. 1930.

GENTE NEL TEMPO

(ital.; *Menschen in der Zeit*). Roman von Massimo BONTEMPELLI, erschienen 1937. – Am 26. 8. 1900 stirbt die »große Alte« der Familie Medici, nachdem sie zuvor ihrem Sohn und dessen Familie prophezeit hat, daß keiner von ihnen lange leben würde. Fünf Jahre nach seiner Mutter stirbt Silvano, und 1910, seltsamerweise auf den Tag genau, folgt ihm seine Frau Vittoria. Der Abt Clementi, der den geheimnisvollen Zusammenhang dieser Schicksale erforscht (»*Alles hat seine Ordnung, im Leben wie im Tod*«), kommt zu dem Ergebnis, daß ein höheres Gesetz alle fünf Jahre einen Todesfall in dieser Familie fordere. Aber im Jahre 1915 ereignet sich nichts, und Dirce und Nora, die beiden Enkelinnen der »großen Alten«, die als einzige von den Medicis übriggeblieben sind, atmen befreit auf. Sie ziehen nach Mailand und vergessen in den Wirren des Ersten Weltkriegs die schreckliche Prophezeihung, die ihnen eine Nichte des Abts ohne dessen Wissen hinterbracht hat. Da erhält Dirce gegen Ende des Jahres 1919 plötzlich die Nachricht, daß ein längst totgeglaubter Bruder ihres Vaters 1915 gefallen ist. Das fatale Gesetz hat sich also doch erfüllt. Wen wird es im kommenden Jahr treffen? Nora oder Dirce? Nora, die mit einem Offizier durchgebrannt war, der sie dann jedoch sitzenließ, kehrt im nächsten Sommer zurück und bringt ein Kind zur Welt, das nach wenigen Wochen stirbt: noch ein letztes Mal wird die Frist der beiden Schwestern verlängert. In den folgenden fünf Jahren versuchen sie krampfhaft, sich über das gnadenlose und unaufhaltsame Verrinnen der Zeit hinwegzutäuschen. Dirce klammert sich verzweifelt ans Leben, und um sie zu retten, ertränkt sich Nora in der Silvesternacht 1924/25. Nun weiß Dirce, daß in fünf Jahren endgültig die Reihe an ihr sein wird; die Einsame verfällt dem Wahnsinn. Bevor sie sich auf die Kirchenstufen setzt und um Almosen bettelt, ruft ihr der greise Abt zu: »*Nicht das Sterben ist schlimm, sondern das Wissen: wann. Leben heißt im Ungewissen sein, Dirce; leben heißt: nicht wissen; nicht wissen: wann, noch: wohin einer geht.*«

Bontempelli wollte das etablierte 19. Jh., das »*Jahrhundert des bürgerlichen Geschmacks*« mit seinem Sentimentalismus, seiner Pseudopsychologie und seinem vordergründigen Naturalismus, »*liquidieren*«. Seine Bemühungen um eine thematisch wie technisch »neue« Literatur brachten den von ihm so benannten *realismo magico* hervor: einen »magischen Realismus«, der übernatürlich-geheimnisvolle Vorgänge, die an sich dem Bereich des Märchens und der Mythologie zugehören, wie selbstverständlich – zuweilen allerdings dennoch auf konstruiert wirkende Weise – in eine realistisch geschilderte Alltagswelt einbezieht. In der von ihm 1926 gegründeten, französisch geschriebenen und gemeinsam mit Curzio MALAPARTE herausgegebenen Monatsschrift ›'900‹ (Novecento) schreibt Bontempelli: »*Wenn es uns gelungen sein wird, wieder an eine objektive und absolute Zeit und an einen objektiven und absoluten Raum zu glauben, wird es leicht sein, die Materie vom Geist zu scheiden und die zahllosen Möglichkeiten ihrer Harmonien neu zu kombinieren.*« Dieses Programm für den *realismo magico* hat der Autor selten so überzeugend verwirklicht wie in seiner beklemmenden Fabel vom Wissen um den Tod. R.M.G.

AUSGABEN: Mailand 1937. – Mailand 1949. – Mailand 1961 (in *Racconti e romanzi*, Hg. P. Masino, 2 Bde., 2). – Mailand 1978 (in *Opere scelte*, Hg. L. Baldacci).

VITA E MORTE DI ADRIA E DEI SUOI FIGLI

(ital.; *Leben und Tod der Adria und ihrer Kinder*). Erzählung von Massimo BONTEMPELLI, erschienen 1930. – Nachdem die zwanzigjährige Adria eines Abends, kurz nach der Geburt ihres zweiten Kinden, festgestellt hatte, daß sie sich nun auf dem Höhepunkt ihrer Schönheit befand, beschloß sie, ihr weiteres Leben ausschließlich der Erhaltung eben dieser Schönheit zu widmen: »*Sie verschloß die Tür vor Liebe, Zuneigung und jeder Art weiblichen Interesses. Nur der Schönheit galt ihre Sorge, und sie wurde zum Zweck aller Handlungen; diese Schönheit empfand sie als etwas außer ihr Liegendes, das Gott ihr in Verwahrung gegeben hatte...*« Der Gatte und die beiden Kinder, Tullia und Remo, nehmen an diesem Kult aus angemessener Entfernung teil, und wenn Adria sich bei festlichen Anlässen der römischen Gesellschaft zeigt, gilt ihrer perfekten, statuenhaften Schönheit die Bewunderung aller.
Mit dreißig Jahren aber beschließt Adria plötzlich, sich ganz »*von der Bühne zurückzuziehen*«. Ausschlaggebend für diese Entscheidung war eine bisher unbekannte seelische Unruhe, die sie während der Unterhaltung mit einem jungen Mann plötzlich befallen hatte. Zwar war sie durch diese Empfindung noch schöner geworden, aber würde nicht jede seelische Schwankung Veränderung und folglich einen langsamen Verfall bedeuten? Adria kauft ein Haus in Paris und verschließt sich darin mit dem Gelübde, kein menschliches Auge, auch nicht das eigene, werde sie jemals wieder zu Gesicht bekommen. Weder der Tod ihres Gatten noch die Zuneigung ihrer Kinder können sie bewegen, ihr Gelübde zu brechen. Als sie schließlich von der Behörde, da man das Gebäude abbrechen will, dazu gezwungen werden soll, auszuziehen, steckt sie das Haus in Brand und kommt in den Flammen um. Tullia ist inzwischen im Ersten Weltkrieg einen heroischen Tod gestorben. Remo dagegen ist zum Verbrecher geworden und spurlos verschwunden. Bontempelli selbst schreibt in seiner Erzählung: »*Es ist mir nie gelungen, mir ein Urteil über Adria zu bilden, und ihr Leben zu überdenken, macht mir große Angst. Ich weiß nichts von Adria, und ich beende diese Geschichte, ohne sie und ihr Tun verstanden zu haben.*« Aber es geht dem Autor auch gar nicht um ein logisches Verstehen. Nicht umsonst kämpfte er in seiner Zeitschrift ›Novecento‹ gegen den Realismus und Naturalismus (wie andererseits auch gegen den reinen Futurismus) seiner Zeit und versuchte, die Literatur vom Thema und von der Technik her zu erneuern. Seiner Meinung nach besteht die Aufgabe des Schriftstellers darin, Mythen und Märchen zu erfinden, die jedoch den Anschein des Wirklichen und Wahrscheinlichen haben müssen. »*Realismo magico*« (magischer Realismus) heißt seine Devise und das bedeutet für ihn, »*das Magische und Surreale im täglichen Leben der Menschen und Dinge zu entdecken, den Sinn des Geheimnisvollen und das Gleichgewicht zwischen Himmel und Erde wieder neu zu finden*«.

Aber Bontempellis Kunst ist ein Spiel des Intellekts und wirkt daher oft künstlich und konstruiert. Seine Personen bleiben Marionetten, weil ihnen jegliche innere Entwicklung fehlt. Adria fasziniert noch durch den Hauch des Geheimnisvollen und Irrealen, der sie umgibt, aber schon ihr Mann und ihre Kinder wirken in ihrer realistischen Konkretheit nicht mehr überzeugend, und die vom Autor beabsichtigten kausalen Zusammenhänge zwischen Adrias mysteriöser Schönheit und dem ungewöhnlichen Schicksal ihrer Kinder bleibt völlig im dunkeln. R.M.G.

AUSGABEN: Mailand 1930; ⁶1941. – Mailand 1956 (in *Due storie di madri e figli*). – Mailand 1961 (in *Racconti e romanzi*, Hg. P. Masino, 2 Bde., 2).

LOUIS PAUL BOON

* 15.3.1912 Aalst
† 10.5.1979 Erembodegem bei Aalst

LITERATUR ZUM AUTOR:
H. Claus, *L. P. B.*, Brüssel 1964. – Komma, 1, 1965/66, Nr. 5/6 [Sondernr. *L. P. B.*]. – J. Weverberg u. H. Leus, *Boonboek*, Amsterdam 1972. – J. Florquin, *L. P. B.* (in J. F., *Ten huize van ... 8*, Löwen 1972). – De Vlaamse gids, 56, 1972, Nr. 3 [Sondernr. *L. P. B.*]. – L. Verhuyck u. T. Jochims, *L. P. B.*, Brügge 1972. – Kijk, *L. P. B. De schrijver in beeld*, Amsterdam 1974. – P. de Wispelaere, *L. P. B., tedere anarchist*, Den Haag 1976. – G. J. van Bork u. G. ten Houten-Biezeveld, *Over B.*, Amsterdam 1977 [Bibliogr.]. – Maatstaf, 28, 1980, Nr. 5/6 [Sondernr. *L. P. B.*]. – G. J. van Bork, Art. *L. P. B.* (in Kritisch lexikon van de Nederlandstalige literatuur na 1945, Hg. A. Zuiderent u. a., Alphen aan den Rijn u. a., Nlg. Mai 1981). – J. Verbrugghen u. a., Jaarboek L. P. B. – Genootschap, 1, 1983.

DE KAPELLEKENSBAAN

(fläm.; *Ü: Eine Straße in Ter-Muren*). Roman von Louis Paul BOON, erschienen 1953. – Boon begann mit der Arbeit an seinem erfolgreichsten Roman bereits 1942 und veröffentlichte vorab zahlreiche Fragmente in mehreren belgischen und niederländischen Zeitschriften. Entsprechend besteht *De Kapellekensbaan* aus einer Folge mitunter nur locker verbundener und gelegentlich deutliche stilistische Brüche aufweisender Episoden in drei Erzählsträngen: Im Vordergrund steht die Geschichte von Ondine, die im 19. Jh. vergeblich nach einem individuellen Weg aus dem vorbestimmten Elend der Fabrikarbeiter der »Kapellenstraße« sucht und bei ihren Bemühungen um Aufstieg in das Bürgertum zur Gegnerin der kollektiven, sozialistischen Tendenzen werden muß. Auf der zweiten – autobiographischen – Ebene des Romans tritt der Autor selbst gleich zweifach – als Autor Boontje und dichtender Journalist Johan Janssens – auf. Betrachtungen über Kunst, Politik und die Beschwerlichkeiten des (Nachkriegs-)Alltags sollen die Motive der Ondine-Geschichte in die Jetztzeit übertragen. Die den dritten Erzählstrang bildenden *Reineke Fuchs*-Geschichten zielen entsprechend auf eine universelle Gültigkeit.

De Kapellekensbaan läßt sich als Versuch einer eigenen Form des politischen Romans verstehen. Boon, der während der Entstehungszeit für verschiedene kommunistische Zeitungen arbeitete, präsentiert in der Ondine-Geschichte durchaus noch den »richtigen« Weg: die Gewerkschaften, nicht Ondine, haben Erfolg; es geht um den *»Aufstieg des Sozialismus«*. Ungewöhnlich ist jedoch schon hier die von Offenheit und Selbstverständlichkeit getragene Darstellung der Sexualität. Der Jetztzeit-Ebene dagegen fehlt jede politische Perspektive – sie steht für den *»Niedergang des Sozialismus«* und die Suche nach *»wirklichen Werten«*; trotz stilistischer Experimente formal an die Tradition des bürgerlich-autobiographischen Romans anknüpfend, kommt sie über die *»Grundidee: der Krebs frißt an unserer Gesellschaft«* nicht hinaus. Der Universalitätsanspruch dieser Idee und das zusätzlich immer wieder – sogar in der Romanstruktur selbst – auftretende Motiv der Wiederholung verweisen darauf, daß sich Boon nicht in ein parteipolitisches Raster fügt; er schreibt als *»sensibler«* – vielleicht auch larmoyanter – *»Anarchist«* (De Wispelaere). W.F.

AUSGABEN: Amsterdam 1953. – Amsterdam 1964 [überarb. Fassg.]. – Amsterdam ⁷1969 [nochmals überarb. Fassg.]. – Amsterdam 1979 [Nachdr. d. 1. Aufl.; zus. m. *Zomer te Ter-Muren*].

ÜBERSETZUNGEN: *Eine Straße in Ter-Muren*, J. Hillner, Mchn. 1970. – Dass., ders., Mchn. 1979 (Heyne Tb). – *Ein Mädchen aus Ter-Muren*, H. Herrfurth, Bln./DDR 1986.

LITERATUR: G. J. van Bork, *»De Kapellekensbaan« en »Zomer te Ter-Muren«* (in Mep, 1968, Nr. 21, S. 1–62). – M. Schouten, *L. P. B. en de spoken van de Kapellekensbaan* (in Schrijversportretten uit de Haagse Post, Amsterdam 1975, S. 7–32). – G. J. van Bork, *Over »De Kapellekensbaan« en »Zomer te Ter-Muren«* van L. P. B., Amsterdam 1977. – Th. D'Haen, *Texts to Reader : A Communicative Approach to Fowles, Barth, Cortezar and B.*, Amsterdam 1983.

MENUET

(fläm.; Ü: *Menuett*). Roman von Louis Paul BOON, erschienen 1955. – Auffallendstes Merkmal dieses Romans sind die parallel zum Text laufenden Zeitungsauschnitte über Verbrechen und Unglücksfälle. Zwischen diesen Schreckensnachrichten wird dasselbe Geschehen in dreifacher Erzählperspektive dargestellt: Ein Brauereiarbeiter lebt antriebsarm und zurückgezogen; er interessiert sich fast ausschließlich für seine Sammlung von Zeitungsausschnitten, lediglich zur minderjährigen Haushaltshilfe fühlt er sich hingezogen. Seine Frau verdient durch das Nähen von Kinderkleidung dazu und bekommt nach einem Verhältnis mit ihrem Schwager von diesem ein Kind. In *De vrieskelders (Die Gefrierkeller)*, dem ersten Teil des Romans, erzählt der Mann – geprägt von Kälte und Einsamkeit seiner Arbeit als Wächter der Kühlgewölbe, vom Unverständnis gegenüber seiner aktiven Frau, aber auch vom Unverständnis des Depressiven gegenüber sich selbst. *Mijn Planeet (Mein Planet)* zeigt die Perspektive des Mädchens – mit kühlem Blick beobachtet sie die Eheleute und experimentiert mit deren Reaktionen auf ihr provokantes Verhalten. Mit dem Mann verbindet sie das gemeinsame Unverständnis gegenüber der Welt – auch sie erlebt dadurch ein ähnliches Ausgeschlossensein. Ihre Haltung beruht jedoch auf ihrer »Unschuld«, der jugendlichen Unwissenheit. Die Frau kommt in *Het eiland (Die Insel)* zu Wort: Sie sehnt sich nach einer Ordnung, in der sie sich geborgen fühlen kann wie in der elterlichen Familie, einer Ordnung der Dinge, in der Selbstverständlichkeit und nicht vergebliche Reflexion den Lebenslauf bestimmt. Sie ist die einzige, die wirklich Verständnis für die anderen aufbringen kann, wird aber durch das beginnende Verhältnis zwischen ihrem Mann und dem Mädchen selbst zur *wasserumschlossenen Insel*.

Boon lehnt sich mit *Menuet* stark an den vorangegangenen Roman *De Kepellekensbaan* an: Die dort angewandte dreiteilige Struktur wird in *Menuet* zu abgeschlossenen Kapiteln verdichtet, was dem Roman auch sprachlich zu größerer Prägnanz verhilft. Auch das – nun allerdings individualisierte – Grundthema nimmt Boon wieder auf; aus der Verlorenheit des einzelnen im gesellschaftlichen Chaos wird in *Menuet* die Frage nach dem Sinn der – individuellen – menschlichen Existenz. Das ebenfalls verwendete autobiographische Material gewinnt – im Gegensatz zum leicht verfremdet referierenden vorangegangenen Roman – eine eigene, von der Person des Autors unabhängige fiktionale Qualität. W.F.

AUSGABEN: Antwerpen 1955. – Amsterdam 1955. – Amsterdam 1974 (in *Menuet en andere verhalen*).

ÜBERSETZUNG: *Menuett*, B. u. A. Antkowiak, Bln./Weimar 1975. – Dass., dies., Mchn. 1977 [Nachw. A. Antkowiak].

LITERATUR: H. Postma-Nelemans, *Het perspektief in »Menuet«*, Groningen 1974. – F. de Rover, *De boodschap van de vent achter de vorm (2). Een retorische interpretatie van L. P. B. »Menuet«* (in Spectator, 1976, Nr. 8, S. 497–528).

DE PARADIJSVOGEL. Relaas van een amorele tijd

(fläm.; *Der Paradiesvogel. Bericht einer morallosen Zeit*). Roman von Louis Paul Boon, erschienen 1958. – Mit diesem durch seine vordergründig rein erotischen Thematik stark zu den vorangegangenen sozialkritischen Romanen kontrastierenden Werk setzt Boon seine Suche nach »wahren Werten« fort, indem er versucht, die sexuelle Bedingtheit jeglicher Kultur aufzuzeigen: »... *und der Mensch hat nichts voraus dem Vieh«*. Wie schon in *Menuet* bedient er sich dazu – hier allerdings fragmentierter – Monologe der vier Romanfiguren, die nur durch kurze Überleitungen eines Erzählers verbunden sind.
Ein impotenter Boxer, ein unfruchtbarer Busenstar, ein erotomaner Pfarrer und ein Triebmörder im Gewand des freundlichen, hilfsbereiten Herrn von nebenan haben jeweils einen Wendepunkt in ihrem Leben erreicht und berichten ihre Geschichte. Der Boxer Vulcan Fiber dient dabei als Medium für den Mythos von Tubal-Kain: die Entstehung eines Paradiesvogel-Kultus aus der Ritualisierung ökonomischer Notwendigkeit und dessen Verfestigung durch die Anfänge sexueller Unterdrükkung. Bei der gemeinsamen Flucht vor einer aufgebrachten Menschenmenge durch die Kellergewölbe des Hauses von Beauty Kitt, erweist sich dieses als der – längst baufällige – Phönixtempel des Mythos, der Tempel des Phalluskults, der schließlich Verfolger und Verfolgte unter sich begräbt und dennoch als leeres Gerippe, unter dessen Dach noch stets der eiserne Paradiesvogel schwebt, stehen bleibt.
Boons Suche hat somit kein Ende gefunden; die vor einer zugemauerten Tür am Ende der Kellerwölbe endende Treppe verweist auf den nächsten notwendigen Schritt: Den Ausbruch aus leer gewordenen Schemata, auf dem Weg zu dem, was den Menschen vom Vieh unterscheidet – der Seele.
W.F.

AUSGABE: Amsterdam 1958.

VERTONUNG: P. Schat u. H. Claus, *Labyrint* (Oper; Uraufführung: Amsterdam 23. 6. 1966).

DE VOORSTAD GROEIT

(fläm.; *Die Vorstadt wächst*). Roman von Louis Paul Boon, erschienen 1942. – In diesem vielgerühmten Debütwerk schildert der Autor das Leben zweier Generationen von Arbeitern in einer Vorstadt. Streiflichter fallen auf die verschiedenen Familien, die hier auf engem Raum zusammenleben und aus ihren Häusern vertrieben werden, weil neue Straßen gebaut werden. Die Vorstadt wächst – aber das Elend ihrer Bewohner bleibt das gleiche. Weder der revolutionäre Dichter Jean, der zum Säufer wird, noch der gelähmte Maler Bernard, der am wirklichen Leben nicht teilhat, vermögen etwas für die Menschen, die sie so sehr lieben, zu tun. Alle diese Vorstadtbewohner haben ihre Träume, die sich indes nicht verwirklichen lassen. Am Ende stehen Desillusion und Verzweiflung. Sogar die scheinbar Glücklichen, wie der reiche Fabrikbesitzer Mark und sein Sohn Guido, sind im Grunde unglücklich, und ihr Leben ist ebenso leer und sinnlos wie das der anderen. Auch die Schrecknisse zweier Kriege ändern nichts: »*Neben ihnen, hinter, vor, mitten in ihnen gibt es etwas Sinnloses und Zweckloses, etwas gräßlich Leeres und Hohles: das Leben.*«
Ein auswegloser Pessimismus spricht aus diesem Roman, der jedoch kaum eine soziale Anklageschrift genannt werden kann, obwohl er häufig so bezeichnet wurde: Vielmehr klagt der Verfasser die *condition humaine* überhaupt an. Zwar bewegt sich Boon immer auf dem Boden des Realismus, doch nimmt der Roman gegen Schluß hin immer mehr symbolische Züge an: Die Vorstadt wird im Lauf der Erzählung allmählich zum Sinnbild der Welt schlechthin, einer Welt, die in jeder Hinsicht eine Hölle ist. Boons zentrales Motiv, hier wie auch in späteren Romanen, ist die Jagd des Menschen nach einem Traum vom Glück, einem Traum, der an den grausamen Realitäten der Welt zerbrechen muß. Wenn am Anfang und am Ende des Romans ein Wagen mit Gefangenen durch die Vorstadt fährt, ist dies ein Symbol für die Gefangenschaft des Menschen in seinen Träumen; eine Befreiung bringt erst der Tod.
Das hastige Tempo der atemlosen Sprache betont das Grundmotiv des Jagens und Gejagtwerdens; Jäger und Wild sind einander gleich. In seiner Struktur hat der Roman filmischen Charakter. Es gibt keine Helden, ständig wechseln die Personen, verschwinden, tauchen auf im Strom und gehen wieder unter, um in einer nächsten Generation weiterzuleben; die Ereignisse wiederholen sich, das Ganze wird zu einem Alptraum, steigert sich ins Surreale. Andererseits sind gewisse Züge, die an die deterministische Haltung des Naturalismus erinnern, unverkennbar; der Autor verleugnet nicht die flämische Tradition eines BAEKELMANS (*Tille*, 1912) oder BUYSSE (*Tantes*, 1924), sondern vertieft sie. In seinen folgenden Werken (z. B. *Kapellekensbaan*, 1953; *De paradijsvogel*, 1958) macht sich allerdings der symbolistisch-surreale Charakter seiner Prosa noch deutlicher bemerkbar. R.A.Z.

AUSGABEN: Amsterdam 1942. – Amsterdam [4]1967.

LITERATUR: P. Vissers, »*De wandelnde jood« in »De voorstad« gesignaleerd of: Het verhaal van een oude liefde die niet helemaal wegroestte* (in Nieuwe Vlaams tijdschrift, 34, 1981, S. 230–238).

ZOMER TE TER-MUREN. Het 2e boek over de Kapellekensbaan

(fläm.; *Ü: Sommer in Ter-Muren*). Roman von Louis Paul Boon, erschienen 1953-1956. – Elf

Jahre lang (1942–1953) schrieb der Autor an diesem umfangreichen Roman über die Kapellekensbaan und ihre Bewohner im flandrischen Städchen Ter-Muren. Der erste Teil, *De Kapellekensbaan*, erschien 1953, der zweite, *Zomer te Ter-Muren*, wohl aus technischen und verlegerischen Gründen, erst drei Jahre später. Die Straße als bindende Einheit menschlichen Zusammenlebens und als Mikrokosmos ist das Thema mehrerer Romane des ehemaligen Anstreichers und späteren Malers, Journalisten und Schriftstellers Boon. Diese beiden Werke überragen die früheren Versuche jedoch nicht nur bei weitem an Umfang, sondern auch an poetischer Qualität: Mit Recht darf das Werk zu den Höhepunkten der niederländischen Nachkriegsliteratur gerechnet werden.

Seiner Herkunft gemäß ist Boon leidenschaftlich an den unteren sozialen Schichten, den Kleinbürgern und Arbeitern in ihren kleinen Vorstadtwohnungen, an den abhängigen Menschen interessiert. Mühsam fristen sie ihr Leben, immer wieder von unerwarteten Ereignissen auf ein Dasein in Not und Dürftigkeit zurückgeworfen; dennoch hegen sie eigene Träume, machen sie sich Gedanken über Gesellschaft und Zusammenleben, wenn auch nur bruchstückhaft, verworren. Die Form spiegelt diese Verstörtheit des Leben in Hunderten von sehr kurzen Kapiteln, die sich kaleidoskopisch aneinanderreihen. Bericht, Erzählung, Zeitungsartikel, Anekdote, Fabel, Parabel, Brief, Gespräch und Kommentar lösen dabei einander ab. Die Kapitelüberschriften und der einheitliche Stil zeigen aber ganz deutlich, daß es dem Autor darum geht, *»in großen Zügen den mühevollen Aufstieg des Sozialismus und den Untergang des Bürgertums«* zu schildern und *»nach Werten, die wahrhaftig zählen, nach etwas, das den Niedergang des Sozialismus aufhalten kann«* zu suchen.

Die beiden Haupthandlungen sind schon durch unterschiedlichen Druck voneinander abgehoben. Einerseits wird die Ende des 19. Jh.s beginnende Geschichte der Zimmermannstochter Ondine und ihrer Familie erzählt, andererseits berichtet eine in der Zeit der Entstehung des Buches spielende Handlung über Kunstprobleme und den Fortgang des Ondine-Romans und gleichzeitig über das tägliche Leben des Romanautors und seiner Freunde. Im Hin und Her zwischen beiden Handlungen, die sich häufig kreuzen und durchdringen, ergibt sich ein Bild des Strömens und des Unveränderlichen, des Sichwiederholenden, während die Aufsplitterung in kurze Kapitel das Chaotische des menschlichen Daseins spiegelt.

Der autobiographische Gehalt des Romans ist unverkennbar, ohne daß man von einem Schlüsselroman sprechen könnte. Vielmehr deuten die häufigen Bezüge zwischen Gegenwarts- und Vergangenheitshandlung und die ironischen Verschiebungen der Personenfunktionen vom Romanhelden zu einer Art »zweitem Ich« des Autors auf das eigentliche Thema des Buches: *»ein bis an den Rand des Nihilismus führender Zweifel, ein bis aufs äußerste zugespitzter Relativismus, der aber seinerseits immer durch Humor relativiert wird und dessen wichtigstes Symbol Hamlet ist«* (de Wispelaere). Boon ist vor allem aber auch von seinem Drang zum Schreiben und von seinem sozialen Engagement besessen. Nur Provinzialismus und Konservativismus konnten das außergewöhnliche Buch, das sich mit aller Kraft gerade gegen Entstirnigkeit und Fortschrittsfeindlichkeit in Kirche, Staat und Industrie wendet, verleumden oder totschweigen. Erst 1966 wurde dem Autor ein Zeichen der Anerkennung zuteil, als ihm der höchste niederländische Staatspreis, der »Constantijn Huygenprijs«, für sein Gesamtwerk verliehen wurde. A.v.H,

AUSGABEN: Amsterdam 1956; ³1966. – Amsterdam 1979 [zus. m. *De Kapellekensbaan*].

ÜBERSETZUNG: *Sommer in Ter-Muren*, H. Herrfurth, Bln./DDR 1986.

LITERATUR: G. J. van Bork, »*De Kapellekensbaan*« en »*Zomer te Ter-Muren*« (in Mep, 2, 1968, Nr. 21, S. 1–62). – Ders., *Over De Kapellekensbaan en »Zomer te Ter-Muren« van L. P. B.*, Amsterdam 1977. – W. de Poorter, »*De Kapellekensbaan : Zomer te Ter-Muren« : In originele versie!* (in Nieuw Vlaams tijdschrift, 33, 1980, S. 123–135).

RAUL BOPP

* 4.8.1898 Tupaceretã / Rio Grande do Sul
† 1984 Rio de Janeiro

DAS LYRISCHE WERK (portug.) von Raul Bopp (Brasilien).

Den sicherlich bedeutendsten Platz in dem nicht sehr umfangreichen lyrischen Werk des brasilianischen Dichters nimmt seine epische Dichtung *Cobra norato* (1931) ein, die in enger Beziehung zu den Veranstaltungen der »Semana de arte moderna« (Woche der modernen Kunst) zu sehen ist, an der Bopp selbst aktiv teilnahm. Der Lyriker war mit Oswald de ANDRADE (1890–1954) und Mário de ANDRADE (1893–1945) befreundet, den führenden Persönlichkeiten der modernistischen Bewegung, die in Literatur und bildender Kunst sowie ganz allgemein im kulturellen Bewußtsein Brasiliens neue nationale Akzente setzen wollte. So ist Bopps Werk formal und inhaltlich von der durch die Modernisten vorgegebenen Programmatik beeinflußt, einer neuen Form der *Brasilidade*, die maßgeblich von einer Rückkehr zu den Quellen der brasilianischen Kultur, Verherrlichung des Tellurischen, Primitiven, Loslösung von europäischen Vorbildern und Ausrichtung an Bildern und Symbolen aus der vorkolonialen Mythologie bestimmt ist. Bedeutende Beispiele der modernistischen »anthropophagischen« Prosa sind *Macunaíma* von Mário de Andrade und *Martim Cereré* von Cassiano RICARDO, beide 1928 veröffentlicht, zu denen *Cobra norato* die lyrische Ergänzung darstellt. Die *Antropofagia* (Menschenfresserei) versteht den Brasilianer als den »*natürlichen*« Menschen *(antropófago)*, antichristlich, antikapitalistisch unter Bezug auf den brasilianischen Autochthonen. Das Motto der ersten Ausgabe der Zeitschrift ›Antropofagia‹ drückt diese Haltung in Abwandlung eines Shakespeare-Zitats aus: »*Tupi or not Tupi, that is the question*« (O. de Andrade).

Die Idee der *Antropofagia*, der Rückkehr zum Urzustand, wird in *Cobra norato* besonders deutlich. Ursprünglich als Kinderbuch konzipiert und später mehrfach überarbeitet, wird dieses Werk zu einem Manifest des brasilianischen Modernismus. Die Region des Amazonas als Handlungsort ist zugleich das geeignete Symbol des von Fremdeinflüssen noch unberührten, ursprünglichen Brasiliens: »*Mit der Vision jener vorsintflutlichen Welt, die sich immer noch in Gärung befindet, vermischt sich der Eindruck der Seele des Wilden wie sie in den lokalen Mythen beschworen wird; alles in einer Sprache, die kraftvoll und weise zugleich ist, eine harmonische Synthese aus kultivierter Aussage und volkstümlicher Sprache*« (Manuel Bandeira). Der Mythos der Schlange, in der Gestalt der Cobra Norato, ist eng verbunden mit dem wasserreichen Urwaldgebiet des Amazonas. Die Schlange als Symbol der Fruchtbarkeit, der Schöpfung *(criação)*, des Gebärens *(Gestação)*. Der Held der Geschichte, der als Erzähler auftritt, erwürgt die Cobra Norato und schlüpft in ihre Haut. In dieser Verkleidung macht er sich auf den Weg, die Tochter der Rainha Luzia (Königin Luzia) zu suchen, um sich mit ihr zu verheiraten. Auf dem Weg dorthin muß der Held, wie in Legenden üblich, viele Prüfungen bestehen und dringt schließlich in das Reich der mächtigen, bösen Cobra Grande ein, in deren Gewalt sich die Tochter der Rainha Luzia befindet, mit der sich die Cobra Grande verheiraten will. Der Held befreit die Tochter, flieht mit ihr und feiert Hochzeit mit vielen namhaft gemachten Gästen aus der literarischen Szene Brasiliens.

Cobra norato ist eine Vision, die Verarbeitung der eindrucksvollen Erlebnisse aus mehreren Reisen, die der Autor in das Amazonasgebiet unternommen hat. Neben der Erde, die Bopp als unbegrenzten Raum begreift, dienen Wasser und Bäume als Symbole der Schöpfungsgeschichte. Der Amazonas manifestiert sich als »*Morgenröte*« der Schöpfung, symbolisiert die jungfräuliche Unberührtheit, den Mutterleib, in dem sich das pflanzliche Leben entwickeln kann. Der von Bopp verwandte Satzbau in *Cobra norato* reiht konkrete Bilder aneinander und verzichtet auf die Konstruktion komplexer Phrasen, unterstreicht das Bild des primitiven, unmündigen Brasiliens *(»o Brasil menino«)*, das – ausgehend von seinen ameroindianischen Ursprüngen – zu neuem Leben erwachen soll. In *Cobra norato* ist entsprechend den Zielsetzungen des Modernismus ein eigenständig brasilianisches, volkstümlich-mythologisches Epos entstanden, ohne den kunstvollen Aufbau früherer literarischer Vorbilder anzustreben wie z. B. *O Caramuru* (1871) von Frei José de Santa Rita DURÃO (1720/22–1784) im 18. Jh. oder *I Juca Pirama* von Antônio Gonçalves DIAS (1823–1864) im 19. Jh. Die Verwandlung des Helden in eine Schlange wird in der Analyse des Epos auch als Symbol der Rassenvermischung und der damit verbundenen Durchdringung autochthoner mit europäischer Kultur gewertet.

Neben *Cobra norato* umfaßt das lyrische Werk Raul Bopps zwei Gedichtsammlungen, die unter dem Titel *Poesias brasileiras* und *Poemas negros* zusammengefaßt wurden. Die *Poemas negros* erschienen 1933 erstmals in einer Einzelausgabe unter dem Titel *Urucungo*. Themen der Gedichte sind die Versklavung und Entfremdung des Afrikaners, der seiner angestammten Umgebung entrissen wird, die Probleme der Akkulturation des Afrobrasilianers. *Caboclo, João sem Terra* (Johann ohne Land), *Negro, Mãe Preta* (Schwarze Mutter) drücken die Sehnsucht nach der verlorenen Heimat aus, den Verlust der Identität, das elende Los des schwarzen Sklaven. »*Péza em teu sangue a vóz de ignoradas origens. / As florestas guardaram na sombra o segredo da tua historia*« (»*Schwer lastet in Deinem Blut die Stimme aus unbekanntem Ursprung. Der Urwald bewahrt in seinem Schatten das Geheimnis Deiner Geschichte*«; *Negro*). Bopp schreibt anklagend und aus einem sozialkritischen Impuls. In dem Gedicht *Historia* ist es die Eroberung Brasiliens, die schlagwortartig aufgerufen wird: »*Nossa História é assim: / Vamos pra Indias! / Terra, como é teu nome? / Cortaram pau. Saiu sangue / – Isso é Brasil...*« (»*Das ist unsere Geschichte: fahren wir nach Indien. Land, wie ist dein Name? Sie fällten Bäume. Blut floß, ... das ist Brasilien!*«). Die Kritik am weißen Eroberer wird noch deutlicher in *Herança*: »*Mas sou eu quem manda / Quero morar numa casa grande... Negro féz papel de sombra*« (»*Aber ich will befehlen, in einem Herrenhaus wohnen ... Der Neger mag ein Schattendasein führen*«). – 1964 schrieb Bopp seine Prosadichtung »*Padre nosso*« *brasileiro* (*Brasilianisches Vaterunser*), gerichtet an einen Gott, der Brasilianer sein soll – *Deus de casa*, ein Hausgott und nicht der aus Rom; ein Gott, der sich um Brasilien kümmert, das zugrunde geht; Brasilien, das *Macumba* (afrikanische Riten) und *feitiçaria* (indianischen Fetischismus) will; ein Brasilien ohne Korruption, in dem jeder Brasilianer täglich sein Gericht schwarze Bohnen erhält.

Das lyrische Werk Bopps, Sohn deutscher Einwanderer, Abenteurer, Anstreicher, Kassierer und Diplomat, ist in jeder Verszeile engagierte Literatur. Das gilt für den Bereich mythologisch-indianistischer Themen wie im Hinblick auf das ethnosoziologische Problem, das mit der Geschichte und der Rassenzusammensetzung des brasilianischen Volkes verflochten ist. Die Lyrik Bopps ist ohne formalen und stilistischen Zierat. Hinter jeder Verszeile ist das Leben des Autors, seine Verbundenheit zu Brasilien, vordergründig und hautnah zu spüren. »*Bopp wird immer einer von denen sein, deren Leben viel größer als ihr literarisches Werk ist...*, unser *erster Schriftsteller, der gleichzeitig ein Abenteurer ist«* (J. Lins do Rêgo). M.Gr.

AUSGABEN: *Cobra norato (Nheéngatu da margem esquerda do Amazonas)*, São Paulo 1931; ³1956. – *Urucungo*, Rio 1933. – *Poesias*, Zürich 1947. – *Cobra Norato e outros poemas*, Barcelona 1954; ern. Rio 1984.

LITERATUR: A. Vidal, *A propósito de »Cobra norato«* (in Boletim de Ariel, Rio, Jan. 1932). – M. Bandeira, *Apresentação da poesia brasileira*, Rio 1946; ²1954. – O. M. Garcia, *»Cobra norato« – o poema e o mito*, Rio 1962. – F. Cristovão, *Todo o mistério da Amazónia num poema: »Cobra Norato«* (in Brotéria, 90, 1970, Nr. 5, S. 588–612).

RUDOLF BORCHARDT

* 9.6.1877 Königsberg
† 10.1.1945 Trins / Tirol

LITERATUR ZUM AUTOR:
A. W. Beerbaum, *R. B., a Biographical and Bibliographical Study*, NY 1952. – *R. B. Eine Einführung in sein Werk*, Hg. H. Hennecke, Wiesbaden 1954. – H. Uhde-Bernays, *Über R. B.*, St. Gallen 1954. – M. Liede, *Kulturkritik u. schöpferische Restauration im Werke R. B.s*, Diss. Freiburg i. Br. 1957. – S. Rizzi, *R. B. als Theoretiker im Dichterischen*, Diss. Zürich 1958. – W. Kraft, *R. B. Welt aus Poesie u. Geschichte*, Hbg. 1961. – *Über R. B.*, Hg. H. Arbogast, Stg. 1977. – W. Kraft, *Idas u. Marpessa. Zu R. B.s 100. Geburtstag am 9. 6. 1977* (in NDH, 24, 1977, S. 297–314). – J. Grange, *R. B. 1877–1945*, 2 Bde., Bern u. a. 1983.

DAS LYRISCHE WERK von Rudolf BORCHARDT.
Das literarische Schaffen Borchardts steht bis heute im Schatten seines bedeutenden essayistischen und übersetzerischen Werks. Sein lyrisches Œuvre ist nur mit Einschränkungen literarischen Strömungen wie dem Fin de siècle oder der Neuromantik zuzuordnen: Seit 1902 lebte der Dichter bevorzugt in Italien, entfremdete sich zunehmend – sieht man von seiner Hochschätzung für Hugo von HOFMANNSTHAL ab – von der zeitgenössischen deutschen Literatur und entwickelte in teils bewußt gepflegter Isolation sein ästhetisches Programm einer *»Schöpferischen Restauration«* (so der Titel einer 1927 an der Universität München gehaltenen Rede). Gegen den Traditionsbruch der modernen Gesellschaft und ihrer Wissenschaften, gegen die Anarchie der Moden und der künstlerischen Stile setzte er das romantisch inspirierte Konzept der Restauration eines deutschen Kulturbegriffs, der die Tradition des Abendlandes, die Formenwelt der Antike bis hin zu Klassizismus und Romantik, vereinigen und identitätsstiftend für eine christliche deutsche Nation wirken sollte. Borchardt stand damit konservativen kulturpolitischen Strömungen der zwanziger Jahre nahe, die im *»Hunger nach Mythos«* (Th. Ziolkowski) ihr verbindendes Moment besaßen und zu deren Vertretern auch HOFMANNSTHAL (*Das Schrifttum als geistiger Raum der Nation*, 1927) zählte, akzentuierte aber unverhüllter den antidemokratisch-elitären Gehalt dieser lebensphilosophisch geprägten, mit Versatzstücken der klassisch-romantischen Ästhetik angereicherten Vorstellungswelt.
Borchardt, der *»für Volkheit optierte, war sein Leben lang der Mann des Privatdrucks.«* (Th. W. Adorno). Seine frühen Lyriksammlungen erschienen ausschließlich als Privatdrucke, die er an ausgewählte Freunde versandte, oder verstreut in Zeitschriften; erst 1920 wurde eine öffentliche Ausgabe der *Jugendgedichte* publiziert. 1896 legte er seine erste Sammlung vor, *Zehn Gedichte*, in der er sich vom zeitgenössischen Jugendstil, vor allem aber von der Lyrik Stefan GEORGES beeinflußt zeigt. Prätentiöse Bilder, in denen er die Magie von Traum und Nacht beschwört, verbinden sich mit der idealistischen Vorstellung von einem Künstlertum, das des Göttlichen teilhaftig ist und autonom, aus sich selbst heraus nach Vollkommenheit strebt: *»lerne dich zum tätigen erdreisten/und dir selber schweigend angehören«. (Chöre aus dem lyrischen Drama Tantalus)*. Borchardt selbst distanzierte sich im *Eranos-Brief* von 1924 von diesen frühen Arbeiten; die Begegnung mit Hofmannsthals Lyrik führte zu einer *»elementaren Wendung«* in seinem Schaffen (Gedicht *An Hofmannsthal*, 1903/04), der österreichische Dichter erschien ihm geradezu als ein *»halbgöttlich ... Wesen«*, in dem er einen einzigartigen Bewahrer des literarischen Formenkanons fand, während George bestrebt war, sich über die Tradition hinwegzusetzen. In der Folge blieb Hofmannsthal ein Orientierungspunkt in Borchardts Leben und Schaffen. 1900 sandte er seine wiederum privat verlegte *Heroische Elegie* an ihn, der 1901 in der Zeitschrift ›Die Insel‹ die *Pathetische Elegie* sowie die *Saturnische Elegie an Vivian* folgten. Hier sind die für Borchardts späteres lyrisches Schaffen bestimmenden Motive bereits versammelt. Der Vers *»Laß Blick Musik sein, und den Mund verschweigen« (Heroische Elegie)* faßt prägnant seine Sprachkonzeption: Dem Duktus HÖLDERLINS verwandt, nähert er sich durch die sinnliche Kraft seiner Bilder und Metaphern einer wirkungsmächtig erlebten, mythischen Vergangenheit an. In seiner 1901 entstandenen, 1905 und 1912 überarbeiteten großen *Bacchischen Epiphanie* entwirft Borchardt seine von NIETZSCHE beeinflußte Vision eines archaisch-mythischen Weltbildes, in dessen Zentrum die Hoffnung auf eine umfassende kulturelle Erneuerung der Gegenwart steht. Allein die Poesie vermag einen adäquaten Ausdruck der vitalen Kräfte des Lebens zu geben und sie in symbolische Ordnungen zu zwingen; im Rückgriff auf HERDER

entwickelt Borchardt einen »organischen« Dichtungsbegriff, der in der Lage ist, zwischen dem Zwang zur Form und dem Insistieren auf künstlerischer Spontaneität zu vermitteln, und der sich jedem verwertbaren Sinnzwang entzieht. Leitmotivisch klingt dies in den Versen des Gedichts *Pause* aus der 1913 in 100 Exemplaren gedruckten Sammlung *Jugendgedichte* an: »*Ich habe nichts als Rauschen, / kein Deutliches erwarte dir; / Sei dir am Schmerz genug, in dich zu lauschen*«. Formal wird diese Sammlung vom Sonett bestimmt (*September-Sonette, Sonett auf die Tanzende, Autumnus-*Sonette), thematisch dominieren neoromantische Topoi wie die Nacht und die dazugehörigen Bereiche Schlaf, Traum und Dunkelheit *(Gesang im Dunkeln; Der traurige Besuch; Tagelied)*.

Bereits um 1912, zunehmend aber nach dem Ersten Weltkrieg propagierte Borchardt sein kulturpolitisches Programm in der Öffentlichkeit. Als Essayist und wirkungsvoller Redner, dessen freier Vortragsstil in den Kritiken der zwanziger Jahre gefeiert wurde (*Rede über Hofmannsthal*, 1905; *Die Aufgaben der Zeit gegenüber der Literatur*, 1929; *Über den Dichter und das Dichterische*, 1929; *Revolution und Tradition*, 1931) wendet er sich gegen die Beliebigkeit und die »*verwischte*« und »*zerrissene*« Form, die »*Zwittergattungen*« in der modernen Literatur, um sich schließlich 1931 in den Lobpreis der Diktatur *(Führung)* zu verirren.

In den Lyrikbänden *Die Schöpfung aus Liebe* (1923), einer Reihe von Liebesgedichten, sowie der Sammlung *Vermischte Gedichte* (1924) fehlen die in den frühen Werken immer wieder aufscheinenden, mitunter zweifelnden Reflexionen über das eigene künstlerische Selbstverständnis. Borchardt nähert sich einem persönlichen Gestus, wobei ihm oft auch Alltägliches zum Ausgangspunkt lyrischer Gestaltung in strenger Form wird *(Mit einer Stutzuhr; Mit den Schuhen; Mit einer griechischen Kette)*. Autobiographisches, so in *Wannsee*, Borchardts Bilanz seiner Jugend, und in seinen pathetischen Kriegserinnerungen *(In das Stammbuch meines Kommandanten im Felde)*, wechselt mit antikisierend-mythologischen Themen *(Klage der Daphne; Helenalied; Pallas-Lied)*, durchdrungen mit fast barock anmutender Metaphorik, die sich mitunter hermetisch verschließt. Eingestreut in die Sammlung *Vermischte Gedichte* findet sich der aus acht Gedichten bestehende Zyklus *Der Mann und die Liebe*. Bereits 1901/02 war diese Thematik in den zehn *Liedern aus den drei Tagen* angeklungen, auch das Versepos *Der Durant* kreist, wenn auch in mittelalterlicher Verkleidung, um das Problem der Liebe, von Borchardt als Bedrohung des Mannes durch weibliche Sinnlichkeit gefaßt; der entsagenden Haltung, zum Eros stilisiert, schreibt Borchardt kulturbildende Kraft zu, während er die Auflösung der traditionellen Geschlechterrollen, so in den vier lyrischen Texten aus dem dramatischen Entwurf *Petra und das Tier* (entst. 1916), für den Kulturzerfall mitverantwortlich macht.

Borchardts Idee einer Erneuerung der deutschen Kultur, politisch vom Ideal des autoritär-partriarchalischen Ständestaates geprägt, ist nicht von seinem lyrischen Werk zu trennen, zu dem auch seine kongenialen Übertragungen zu zählen sind: aus dem Griechischen (*Altionische Götterlieder unter dem Namen Homers*, 1924; *Pindarische Gedichte*, 1925), aus dem Lateinischen (neben der *Germania* des TACITUS Werke von HORAZ und CATULL), aus der mittelalterlichen Literatur (*Die großen Trobadors*, 1924; *Hartmanns Armer Heinrich*, 1925) sowie der Werke SWINBURNES (*Swinburne deutsch*, 1919) und *W. S. Landors Imaginäre Unterhaltungen* (1923). Auch hier betont Borchardt den elitären Charakter seines Schaffens: »*Ich bin so hochmütig, Äschylos eben nicht klarer zu wollen, als er selber sich gewollt hat, auch Pindar nicht, auch Swinburne und George nicht.*« Zu Borchardts ehrgeizigsten Unternehmungen gehörte jedoch die 1902 begonnene Übertragung der Werke DANTES (*Dante deutsch*, 1922–1930), deren Gestus er in einem teils erfundenen, teils getreuen Mittelhochdeutsch zu fassen suchte, wie er in seinen Bearbeitungen stets die Sprache aufrauhte und gerade durch die hervorgehobene Fremdheit des Materials dessen Eigenständigkeit bewußt machen wollte. Eine unüberschreitbare historische Distanz zu diesen vergangenen Werk- und Sprachformen erkannte Borchardt nicht an; für ihn war Dichtung gekennzeichnet durch das »*Bewußtsein des unaufhörlich eigenen Daseins durch alle Geschichte fort*«, der Dichter durch eine auch »*durch Schranken von Tod und Abbruch nie gehinderten Fähigkeit der Selbstidentifikation mit dem Vergangensten*« (*Erbrecht der Dichtung*).

Einen Schwerpunkt in Borchardts Schaffen bilden seine Verserzählungen, die als eigenwillige Erweiterungen lyrischer Ausdrucksmöglichkeit anzusehen sind. Neben dem *Buch Joram* (1905) und *Der Durant. Ein Gedicht aus dem männlichen Zeitalter* (1904) zählt dazu vor allem *Die Beichte Bocchino Belfortis* (1923), die bereits um 1905 im Zusammenhang mit seiner Arbeit an der Übertragung der Werke Dantes entstand. Mit den Dichtungen *Die halbgerettete Seele* (1920) und *Der ruhende Herakles* (1924) nimmt Borchardt die Thematik des *Joram* wieder auf, allegorisch erweitert und konzentriert auf den Topos des Halbgöttlichen als Metapher für den besonderen Status des künstlerisch tätigen, schöpferischen Menschen.

Borchardts späte Lyrik, nach 1931 vereinzelt in verschiedenen Zeitungen und Privatdrucken veröffentlicht, wirkt im Ganzen wieder konventioneller, inhaltlich und sprachlich klassischen Mustern folgend. Ein resignativ-melancholischer Grundzug setzt sich durch, der auch als Reflex auf die äußere Situation des Dichters gewertet werden kann, dem seine Wahlheimat Italien aufgrund seiner jüdischen Abstammung von 1933 an zum Exil wird: »*Empor und ich soll nicht, hinab und ich kann nicht / so brandet mirs vor dem Gesicht.*« *(Absage)*. Zu Borchardts Lebzeiten unveröffentlicht blieb die 1935 entstandene Sammlung *Jamben*, eine Reihe von Zeitgedichten, deren kritische Aussage durch Bilder und Motive der klassischen Antike gefiltert erscheint.

Borchardts elitärer Anspruch, die Befrachtung seines Werks mit dem Bildungsgut des universell geschulten Philologen und den vielfältigsten Motiven der europäischen Geistesgeschichte – W. VORDTRIEDE kennzeichnete seine Dichtung als »*dichterische Enzyklopädie*« – stand der Verbreitung des Werks von Anfang an entgegen. Rudolf Alexander SCHRÖDER, der zusammen mit Borchardt und Hofmannsthal 1909 die Zeitschrift ›Hesperus‹ herausgab – die Zusammenarbeit wiederholte sich im Umkreis der Zeitschrift ›Neue deutsche Beiträge‹ (1922–1927) – sah in ihm den Dichter, »*dem die Alten den Ehrentitel des poeta doctus zuerkannt hätten*«. Theodor W. ADORNO glaubte die Modernität von Borchardts Lyrik in seinem »*musikhaft formenden Verfahren*«, das sich »*auf die absolute Dichtung*« zubewegt, zu erkennen. Demgegenüber wurde von literaturwissenschaftlicher Seite festgestellt, daß Borchardts Lyrik zwar zur Hermetik tendiere, »*aber nicht aus dem Streben nach absoluter Poesie, sondern aus dem Wunsch nach Erlösung der Sprache aus ihrer Erstarrung und Verarmung.*« (H. Hummel). Sein Werk ist im Kontext des europäischen Ästhetizismus zu sehen, der mit Mystifizierung der Kunst und Sakralisierung des Künstlers auf jenen zur Jahrhundertwende sich manifestierenden Funktionswandel von Literatur und Kunst reagierte, deren Anspruch auf umfassende Sinndeutung von Gesellschaft und Geschichte zunehmend von der Wissenschaft übernommen wurde. K.H.G.–KLL

AUSGABEN: *Zehn Gedichte*, Bonn 1896. – *Heroische Elegie*, Göttingen 1900 [Privatdr.]. – *Pathetische Elegie*, o. Ort 1900. – *Saturnische Elegie an Vivian*, Göttingen 1901 [Privatdr.]. – *Jugendgedichte*, Lpzg. 1913 [Privatdr.]. – *Der Durant*, Bln. 1920. – *Die halbgerettete Seele*, Bln. 1920. – *Das Buch Joram*, Lpzg. 1920. – *Die Beichte Bocchino Belfortis*, Bln. 1923. – *Die Schöpfung aus Liebe*, Bln. 1923. – *Vermischte Gedichte*, Bln. 1924 (darin: *Bacchische Epiphanie*). – *Der ruhende Herakles*, Mchn. 1924. – *Ausgewählte Werke*, Bln. 1925. – *Gedichte* (Ausw. H. U. v. Balthasar), Basel 1948. – *Jamben*, Hg. M. L. Borchardt, Stg. 1967. – *Ausgewählte Gedichte*, Hg. T. W. Adorno [mit Einl.], Ffm. 1968. – *GW in Einzelbänden*, Stg. 1955–1985 (darin *Gedichte*, Hg. M. L. Borchardt u. H. Steiner, Gedenkwort v. R. A. Schröder, 1957; *Gedichte II/Übertragungen II*, Hg. M. L. Borchardt u. U. Ott, 1985).

LITERATUR: M. Brod, *R. B.*, »*Jugendgedichte*« (in Das literarische Echo 22, 1920). – H. S. Schultze, *R. B.*, »*Schöpfung aus Liebe*« (in Die literarische Welt, 4, 1928). – W. Kraft, *Über die Lyrik R. B.s* (in Merkur, 5, 1951, S. 794–797). – W. Vordtriede, *Über R. B.* (in Akzente, 1, 1954, S. 475–483). – W. Rasch, *R. B.s Gedicht »Mit den Schuhen«* (in Ders., *Zur deutschen Literatur seit der Jahrhundertwende*, Stg. 1967). – W. Kraft, *R. B.s Jamben* (in Hochland, 61, 1969, S. 414–433). – T. W. Adorno, *Die beschworene Sprache* (in T. W. A., Noten zur Literatur IV, Ffm. 1974). – H. Hummel, *R. B.: Interpretationen zu seiner Lyrik*, Ffm./Bern 1983.

DAS BUCH JORAM

Verserzählung von Rudolf BORCHARDT. 1905 unter dem Titel *Die Geschichte des Heimkehrenden* als Privatdruck erschienen und 1907 veröffentlicht. – In diesem seinem ersten Werk unternimmt Borchardt den Versuch, die dichterische Sprache durch den Rückgriff auf archaische Stilelemente, wie den versmäßig gegliederten Reihen-Stil der biblischen Psalmen, zu erneuern. Er bedient sich dazu eines jüdischen Vorwurfs von Rabbi MORDECHAI BEN GABIROL, dem aber schließlich eine christliche Tendenz unterlegt wird. – Der Text schildert, in durchgezählten Versen den Ton der LUTHER-Bibel aufnehmend, Heirat und Ehe des Joram mit Jezebel. Als die Ehe unfruchtbar bleibt, verläßt Joram sein Weib und kehrt erst nach vielerlei Irrfahrten, verfeindet mit Gott, in die Heimat zurück. Dort trifft er Jezebel als Hure – ihre Unfruchtbarkeit hat sie dazu getrieben – und klagt Gott an: »*Es war aber so gewaltig, was Joram sprach, daß Gott es vernahm.*« Jorams Worte erscheinen im Unterschied zur Klage Hiobs im *Alten Testament* als Forderung. Er verteidigt den Fall seines Weibes als Folge seiner eigenen Schwäche. Gott erhört Joram, und Jezebel gebiert, nachdem beide in die Fremde gezogen sind, ein Kind mit weißen Haaren. Dieses Kind ist »*der Meister gewesen, dessen Namen man nicht kennt, sondern es ist genannt* ein Heiland«.

Borchardt sagt vom *Buch Joram*, er habe darin das »*Antefaktum des Messianischen*« (Brief an HOFMANNSTHAL vom 30. 11. 1913) fixiert. Aber soweit heute zu erkennen ist, widerspricht der Gedanke einer messianischen Erlösung dem Geschichtsbild Borchardts völlig, wenn es auch Andeutungen dieser Art bei ihm gibt. Die jüdische Thematik des Gedichts mündet in ein apokryphes Christentum, das schon deshalb problematisch ist, weil Borchardt ungeachtet der biblischen Berichte eine eigene Entstehungsgeschichte des Christentums dichtet. Die eigentliche Intention des Autors liegt jedoch darin, religiöse Ausdrucksformen, in denen die Heillosigkeit als das Erdenlos des Menschen allein darstellbar erscheint, in solche der Dichtung zu verwandeln.

Ähnlich wie *Der Durant* zur mittelalterlichen Tradition der Dante-Welt verhält sich das *Buch Joram* zur biblischen, indem es, nach Borchardts eigener Äußerung, die Polarität von Zeitlichkeit und Ewigkeit dort zu Ende dichtet, woe sie im *Buch Hiob* fragmentarisch vorliegt. Daraus ergibt sich die sprachliche Problematik dieses Werks, von dem Martin BUBER sagt, es habe den »*Herzschlag des Gewaltigen*«. Im Nachwort zum *Buch Joram* sucht Borchardt die archaische Sprache der Verserzählung zu rechtfertigen, indem er jeder zur Klassik gediehenen Kultur ein nie unterbrochenes Blutsverhältnis zu ihren archaischen Literaturen zuschreibt. Deutsches Gegenbild etwa des homerischen Epos ist für ihn die Bibel Luthers – als »*eine ungeheure Epopöe unseres eigenen, keines orientalischen, geschichtlichen Daseins*«. Da die Heiligkeit der Bibel »*Dunst*« sei, habe auch er das Recht, mit dem

»uns gegebenen Pfunde« zu wuchern und aus ihr zu schöpfen. Daraus entfaltet Borchardt seine These vom »*genuinen Archaismus*« (Brief an HOFMILLER vom 9. 2. 1911): dieser »*greift in die Geschichte nachträglich ein, zwingt sie für die ganze Dauer des Kunstwerks nach seinem Willen um*«. Im Gegensatz zum »*hybriden Archaismus*«, der die Illusion will, sieht Borchardt als Ziel des genuinen Archaismus die Travestie im Sinn GOETHES. Das Neue wird zugunsten eines Alten verworfen, das sich als Möglichkeit der Geschichte darstellt und zeigen soll, »*was unter idealen Umständen hätte werden können und nicht geworden ist*«. J.Ko.

AUSGABEN: Basel 1905 (*Die Geschichte des Heimkehrenden*; Privatdruck). – Lpzg. 1907 *(Das Buch Joram)*. – Stg. 1957 (in *GW in Einzelbänden*, Hg. M. L. Borchardt, H. Steiner, 1955–1968, 10 Bde., 3: *Gedichte*).

LITERATUR: K. Kraus, *Dichters Klage* (in K. K., *Die Sprache*, Mchn. 1954).

DER DURANT. Ein Gedicht aus dem männlichen Zeitalter

Verserzählung von Rudolf BORCHARDT. Der Erstdruck von 1920 in einer numerierten Ausgabe enthält die erste Fassung (Volterra 1904); die zweite Fassung (Venedig 1905, überarbeitet Berlin 1913) erschien nicht, wie Borchardt bemerkte, 1923 in *Poetische Erzählungen*, sondern mit einem zusätzlichen Schluß erst 1957 in *Gedichte*. – Das Werk ist in den vierhebigen Reimpaarversen der mittelalterlichen höfischen Epos abgefaßt. Mit dem »*männlichen Zeitalter*« ist das Zeitalter DANTES gemeint, dessen Werk Borchardt durch seine Übersetzungen innig vertraut war (*Dantes Vita Nova Deutsch*, 1922; *Dante Deutsch*, 1923–30). Wie in Dantes *Vita nuova* geht es im *Durant* um die erste Begegnung eines jungen Menschen mit der Liebe. Das Gedicht ist autobiographisch zu verstehen: Es behandelt ein Problem, das den jungen Dichter besonders während seines Aufenthaltes in der italienischen Bergstadt Volterra beschäftigt hat. In der Einleitung entfaltet Borchardt eine Theorie der Minne, wobei er zu der Erkenntnis gelangt, daß erst die gescheiterte Minne zum Gegenstand der Dichtung werden könne.

Durant wächst als Waise bei einem Vetter und dessen fünf Söhnen in einem Grafenschloß auf. Es heißt von ihm: »*Daß er das Maß nicht hatte – / Nicht das höfische und glatte, / Sondern in sich das Maß / Das noch keiner besaß*«. Auf Kampfzügen gegen die Heiden gewinnt er im Gespräch ein erstes Bild von der Minne; sie ergreift endgültig von ihm Besitz, als er die junge Frau des Grafen Feitun erblickt, die seine Wunden pflegt. Der Eindruck ist so tief, daß Durant den Versuch eines »*Neuen Lebens*« im Dienst der hohen Minne unternimmt. In der Pfingstmesse begegnet er der verehrten Frau wieder, die – wie Dantes Beatrice – ihn allein durch ihren Gruß beglückt. An dieser entscheidenden Stelle tritt der Dichter aus dem Rahmen seiner Erzählung und bekennt mit ungewöhnlichem Wahrheitsmut die Situation der eigenen Liebe, die das Gedicht, das nun im Schlußteil in eine Katastrophe mündet, nur widerspiegele: Graf Feitun stirbt, und Durant wird gezwungen, dessen junge Witwe zu heiraten. Der reine Eros der hohen Minne weicht dem Sexus, der sich schonungslos seiner bemächtigt. Durant hat nicht die Kraft zu höherer Reinheit, die Geliebte wird zur Ungeliebten, die Durant den Tod wünscht. Das Gedicht schließt mit dem an eine typische Schlußformel mittelalterlicher Gedichte erinnernden Bekenntnis des Autors: »*Dies schrieb Rudolf Borchardt / Daß er sein Blut erlöste / Daß er die Seele tröste*.«

Durants Scheitern ist die Folge seiner Zwiespältigkeit (»*Aus unten und aus oben / Ist er in Eins gewoben*«), wie denn überhaupt Bilder des Ambivalenten, des Doppelgesichtigen das ganze Gedicht durchziehen. Darin sind Züge des jungen Dante aufgegriffen, die Borchardt auf die Situation eines modernen Menschen überträgt. Trotz der mittelalterlichen Sprache wirkt deshalb das Gedicht auch nicht archaisch; Sprache und Bild eines imaginären Mittelalters bilden nur den Hintergrund für die Probleme eines jugendlichen Dichters am Anfang des 20. Jh.s. J.Ko.

AUSGABEN: Lpzg. 1920 (1. Fassung, Volterra 1904). – Bln. 1923 (in *Schriften*, 7 Bde. 1920–1924, 6; 1. Fassung). – Stg. 1957 (in *GW in Einzelbänden*, Hg. M. L. Borchardt u. H. Steiner, 1955–1968, 10 Bde., 3: *Gedichte*; 2. erw. Fassung).

LITERATUR: G. Sturm, *R. B.s antinomisch gespannter Traditionalismus*, Diss. Erlangen 1956. – F. Wagner, *R. B. and the Middle Ages: Translation, Anthology and Nationalism*, Ffm./Bern 1981.

DER UNWÜRDIGE LIEBHABER

Erzählung von Rudolf BORCHARDT, erschienen 1929 mit drei weiteren Erzählungen in dem Band *Das hoffnungslose Geschlecht*. – Zwei Ehebrüche markieren Anfang und Ende der Erzählung, die sich vor einem allerdings nur schwach angedeuteten Hintergrund sozialer und politischer Umschichtungen in der Zeit nach dem Ersten Weltkrieg abspielt, deren Auswirkungen im persönlichen Bereich Borchardt modellhaft im Auseinanderbrechen überkommener Lebensordnungen, hier einer Gesellschaft von Landadeligen, schildert. Die Ereignisse werden ausgelöst durch die Scheidung der Baronin Stefanie von Klingen, die sich in Hauptmann Konstantin von Schenius verliebt hat. Bezeichnend für die gewandelten Verhältnisse ist die Tatsache, daß ihr Bruder Moritz von Luttring, seine Frau Tina und die alte Eugenie, die sich nun als Familienrat über das weitere Schicksal Stefanies zu entscheiden berufen fühlen, das Problem nicht in der verletzten Standesehre (wie FONTANE in *Effi Briest*), sondern vielmehr in der prekären wirtschaftlichen Situation des Liebespaares sehen: Schenius ist mittellos, und das Vermögen der Luttrings ist durch die Geldentwertung stark zusammengeschmolzen. Schenius wird auf das Landgut der Luttrings eingeladen, wo ihn weniger die Atmosphäre gepflegter Gastfreundschaft als ein unerbittliches Tribunal erwartet. Seine leichtfertige Eleganz und gesellschaftliche Arroganz sind bei aller Anziehungskraft die Fassade, hinter der die Luttrings, auch ohne einen inzwischen eingetroffenen warnenden Brief von Schenius' ehemaliger Gattin, rasch den »deklassierten Parvenu«, den Typ der »klassischen Drohne, Schulbeispiel des Mannequin, innen wie außen bagatelladelig« erkennen. Trotzdem verfehlt er seine Wirkung auf die sich innerhalb ihrer aristokratischen Lebensordnung vor Anfechtungen sicher fühlende Tina von Luttring nicht. Eugenies an GOETHES *Wahlverwandtschaften* erinnernde schicksalhafte Vorahnung »Ich glaube an Naturgesetze auch im Leben« erfüllt sich. Während Stefanie ahnungslos noch bei ihrer Familie um Unterstützung ihrer Liebesheirat kämpft und Moritz durch dringende Gutsgeschäfte abgelenkt ist, macht sich Schenius die aufflammende Leidenschaft Tinas zunutze – sie sieht in ihm eine Ähnlichkeit mit einem Jugendgeliebten – und bringt sie dazu, mit ihm zu fliehen. Sie stirbt später, von Schenius verlassen, in Amerika.

Durch kunstvolle Kontrastierung mit einer Nebenhandlung – die mißratene Ehe des Gutsverwalters – und durch die stufenweise Enthüllung der unter dem Schleier elegant schwereloser Konversation und menschlicher Rücksichtnahme verborgenen persönlichen Spannungsfelder, induziert und in ihrem Gleichgewicht gestört durch den Eindringling Schenius, erzeugt Borchardt einen Spannungsbogen, der sich vom Beginn der Erzählung kontinuierlich steigert und am katastrophalen Ende durch den Tod des Gutsverwalters – auch er wird von seiner Frau verlassen – einen doppelten Akzent erhält. Mit dem Eindringen irrationaler Kräfte in die persönliche und gesellschaftliche Sphäre wird ein Problem angeschlagen, das in Hermann BROCHS zwei Jahre später erscheinender Trilogie *Die Schlafwandler* (1931/32) philosophisch-dichterisch gestaltet wird.

Borchardts Erzählstil ist orientiert an FONTANES meisterhafter Beherrschung des weltläufigen Konversationstons, dem hier allerdings das Versöhnliche weitgehend fehlt, an der dramatisch verdichteten Satzperiode Kleistscher Novellen und an der transparenten Architektonik des Handlungsgerüsts in GOETHES *Wahlverwandtschaften*. Somit bildet dieser traditionsbestimmte Stil ein adäquates Mittel, eine an überalteten, von der Zeit überholten kulturellen Traditionen festhaltende Gesellschaft zu beschreiben, ein »hoffnungloses Geschlecht«, das trotz aller Anpassungsversuche an die neuen Verhältnisse in der neuen Zeit nicht mehr Fuß fassen kann. C.P.S.

AUSGABEN: Bln. 1929 (in *Das hoffnungslose Geschlecht. Vier zeitgenössische Erzählungen*). – Stg. 1956 (in *GW in Einzelbänden*, Hg. M. L. Borchardt u. H. Steiner, 1955–1968, 10 Bde., 2). – Hbg. 1957 (RKl, 13; Essay W. v. Einsiedel).

VERFILMUNG: BRD 1980 (Regie: L. Cremer).

LITERATUR: H. Pongs, *B.s Novelle »Der unwürdige Liebhaber«* (in Jb. der Kleist-Gesellsch., 13, 1932, S. 96–100). – G. Sturm, *R. B.s antinomisch gespannter Traditionalismus*, Diss. Erlangen 1956. – G. Neumann, *R. B. Der unwürdige Liebhaber* (in *Zeit der Moderne*, Hg. H.-H. Krummacher u. a., Stg. 1984, S. 89–118).

VEREINIGUNG DURCH DEN FEIND HINDURCH

Roman von Rudolf BORCHARDT, erschienen 1937. – Der Roman, der Borchardt zufolge vom 20. März bis 14. April 1931 und vom 22. Oktober bis 2. November 1936 entstand, ist der erste und einzige vollendete einer Reihe von neun Romanen, *Die magern Jahre*, in denen der Autor anhand von Gestalten aus verschiedenen Lebensbereichen die Zeit von 1919 bis 1933 darstellen wollte. Aus den »*Erlebnissen, Erfahrungen und Erkenntnissen*« seiner »*Kriegszeit als Soldat*« erwachsen, sollte das Werk »*den mäßigen Beitrag zu den literarischen Niederschlägen der europäischen Katastrophe, den zu leisten [ihm] als Dichter zustand*« bilden. Unter der »*europäischen Katastrophe*« verstand Borchardt nicht nur den Ersten Weltkrieg und dessen Auswirkungen bis in die private Existenz jedes einzelnen hinein, sondern – wie er 1924 im *Eranos*-Brief anläßlich des 50. Geburtstags von Hugo von HOFMANNSTHAL ausführte – vor allem das Ende der Tradition klassischer deutscher Humanität durch das Vordringen eines mechanistischen Denkens, des »Entwicklungswahns« der Naturwissenschaften, deren »*Umsetzbarkeit in Maschine, Sensation, Spekulation, Gewinnsteigerung, roheste Vermehrung der Bedürfnisse und Ansprüche*« »*die allgemeine knechtige Erfolgsanbetung*« zu sich »*hinübergerissen*« habe und worin Sozialismus und westliche Demokratie einander gleich werden. Diesen »*Trugphänomenen des Fortschritts*« setzte Borchardt seine Vorstellung einer »*restaurierenden Revolution*« entgegen. Seine eigenwillige konservative Kritik des Kapitalismus bestimmt auch die politische Tendenz der *Vereinigung durch den Feind hindurch*.

Der Titel des Romans bringt die zentrale Handlung bündig zum Ausdruck: Die Vereinigung eines Liebespaares wird erst durch die Überwindung widriger und feindlicher Umstände möglich. Georg von Harbricht, der im Ersten Weltkrieg als Bataillonskommandeur, Adjutant und Ordonnanzoffizier, Eskadronchef in Reiterheeren sowie als Verbindungs- und Nachrichtenoffizier eingesetzt war, muß sich nach dem Krieg in München bei einer Bayerischen Straßenbaugesellschaft seinen Lebensunterhalt verdienen. Er trifft hier nach vierjähriger Trennung Ysi Gräfin Meyenwörth wieder, die durch den Krieg mittellos geworden ist und nun als Sekretärin bei einer Bank arbeitet. Georg fühlt sich an sie nach zwei gemeinsam verlebten Tagen auf dem Wasserschloß ihrer Eltern kurz vor Ausbruch des Kriegs gebunden, doch ist an eine standesgemäße Hochzeit nicht zu denken. *»Ich werfe als Letzte unseres Namens unseren Namen nicht weg, um eine Liaison auf dem Papier zu legitimieren«*. Mit diesen Worten bekräftigt Ysi ihrer Freundin Julie Mombelli gegenüber ihre Auffassung von der Ehe als *»Teil des öffentlichen Lebens«*. Julie Mombelli, eine weitere Hauptgestalt des Romans, vertritt als Italienerin das, wie Borchardt es sah, konservativste aller Länder, das *»Land ungebrochener Überlieferungen«*, und ebenso werden auch Ysi und Georg als Vertreter der alten Gesellschaftsordnung dargestellt, *»die sich auf ihre gute Art verlassen können«*. Beide müssen, *»zwischen die Stände geschleudert«*, ein *»gestaltloses Interim«* durchleben.

In seiner Freizeit arbeitet Georg weiter an einem strategischen Generalstabsplan, *»Vereinigung durch den Feind hindurch«*, auf den er *»Leben und Zukunft setzte«* und dessen ungewöhnliches Konzept dazu geführt hatte, daß er zwei Monate vor Kriegsausbruch als Rittmeister zum großen Generalstab kommandiert worden war. Der Titel dieser Arbeit weist über den engen strategischen Bezug hinaus gleichnishaft auf die Romanhandlung selbst: Als »Feind« tritt hier die *»bekannte und eben damals viel umstrittene Figur des überall aufkaufenden und machtsammelnden Wirtschaftsherrschers«* C. W. Nienhus in Erscheinung, der von Borchardt konsequent als Gegenspieler und Gegenbild zu Georg Harbricht konzipiert ist. Er gehört zum *»Typus des Proletarischen«* und erscheint als von kleinen Leuten herkommender, *»dumpfer Bastard«* mit dem *»Blick unterdrückter Völker«*; ohne Sinn für Überlieferung trägt er nur den tatsächlichen Machtverhältnissen Rechnung. Sein rastloser Aktivismus läßt ihn zum Repräsentanten des auf das *»roheste Strukturprinzip«* des mechanischen Kombinierens, der Reihung und Häufung beschränkten Zeitalters der Wirtschaft und der Technik werden, der Welt jenes *»hoffnungslosen Geschlechtes«* der Emporkömmlinge, in der *»zu leben wir verurteilt waren und sind«* (Benedetto Croce, 1925). Georg erkennt in seinen skrupellosen Führungsansprüchen jene feindliche Macht, gegen die er seine Vereinigung mit Ysi erkämpfen muß, und in der Tat sieht der machtbesessene Nienhus die Erfüllung seines seit Jahren gehegten Wunsches nach einer Verbindung mit Ysi bereits in greifbarer Nähe: *». . . der Instinkt des aus Untergründen auftreibenden, mit den Waffen der Epoche gerüsteten Parias als Eroberers würde mit den Zähnen und Klauen Napoleons und Lassalles und Attilas an der Legitimierung der Thronbesteigung durch Bettbesteigung festhalten . . .«* Um Georg von Ysi zu trennen, trägt Nienhus zum Ruin der Straßenbaugesellschaft bei und bringt die Bank, in der Ysi angestellt ist, unter seine Kontrolle. Dann läßt er dem stellungslosen Rivalen das Angebot unterbreiten, für ihn im Ausland propagandistisch tätig zu werden, und bietet gleichzeitig Ysi die Vertrauensstellung einer Privatsekretärin an, die sie schließlich, des *»Aristokratengeschwätzes Julies«* und der *»Theorien und Dogmen Georgs«* überdrüssig und zudem beeindruckt von Nienhus' *»stoischem Realismus«*, für eine Probezeit von vierzehn Tagen annimmt. Georg hingegen schlägt das Angebot von Nienhus aus und geht auf den Vorschlag seines Onkels, des Ökonomierats Ernst Harbricht ein, Landwirt zu werden, um später dessen Pachtdomänen übernehmen zu können. Während er nach Albrechtsroda fährt, tritt Ysi in der Villa Spinola bei Monza ihre Probezeit an. Unterdessen erfährt Julie Mombelli, daß Nienhus' Machtimperium durch betrügerische Praktiken unmittelbar vor dem Zusammenbruch steht. Auf ihr Telegramm hin fährt Georg sofort nach Italien. Es gelingt ihm, Nienhus zum Verzicht auf Ysi zu bewegen. Der Roman endet mit der Vereinigung der Liebenden, die nur »durch den Feind hindurch« erreichbar war.

Zentrale Bedeutung kommt in Borchardts Roman den unterschiedlichen Auffassungen von Wirtschaft und Politik zu, wie sie von Harbricht und Nienhus vertreten werden. Harbricht steht auf dem Standpunkt, daß der »kapitalistische Kriegszustand«, wie er die deutschen Verhältnisse nach dem Ersten Weltkrieg charakterisiert, nicht auf einem Gegensatz zwischen der Oberschicht und dem Proletariat oder auf dem Kampfzustand zwischen Herr und Knecht beruhe, sondern eine interne Angelegenheit des Proletariats und ein Krieg zwischen armen und reichen »Proletariern« sei: *»Bolschewistische Unholde und kapitalistische Wirtschaftsführer sehen oft nur wie Milieuvarietäten der gleichen Gattung aus. Stinnes ist so unzugänglich und unbegreiflich wie Lenin . . . Ich glaube weder an Links noch an Rechts . . . Geld ist international . . . Wenn er [Nienhus] in Europa liquidieren muß, sitzt er in New York. Die Wirtschaftsmacht bei uns . . . zieht sich, unmerkt vom Feinde, aus unserer Katastrophe heraus, und ist nicht geschlagen. Diejenigen, die gestern Rohstoffgebiete annektieren wollten, sitzen morgen an internationalen Konferenztischen, verkaufen uns für ihren modus vivendi, und es ist ihnen nichts passiert.«* Nach Harbrichts Ansicht soll es nur *eine* nationale Wirtschaft geben, eine staatlich regierte und kontrollierte Wirtschaft.

Für Nienhus, dem es als Vertreter der überlieferungslosen »Hoffnungslosigkeit« nur auf den Augenblick und auf berechnendes unbedingtes Handeln ankommt, ist nicht mehr der Grundbesitz, sondern die Wirtschaft konservativ, da die Landwirtschaft nicht mehr lebensfähig und der deutsche Boden vom Standpunkt der weltwirtschaftlichen Klassierung zu 80 Prozent nicht »kulturwürdig« sei: *»Wir sind konservativ, wenn wir den Massen Lebensmittel verschaffen, die zu haben sind dadurch, daß wir soviel qualifizierte Industriearbeit und so gut be-*

zahlte wie irgend möglich bestmöglichst ausführen.« Auch wenn Harbricht und Nienhus als persönliche Konkurrenten dargestellt werden, so können doch die politischen Auffassungen und Haltungen beider Figuren als charakteristische Beispiele antidemokratischen Denkens während der Weimarer Republik gelten. H.Ze.

AUSGABEN: Wien 1937. – Stg. 1956 (in *GW in Einzelbänden*, Hg. M. L. Borchardt u. S. Rizzi, 10 Bde., 1955–1968, 2: *Erzählungen*). – Stg. 1977 (in *Ges. Erzählungen.*, Hg. M. L. Borchardt, Mitarb. S. Rizzi, 2 Bde., 2).

VILLA

Landschaftshistorische Monographie von Rudolf BORCHARDT, erschienen 1908. – Der ersten Buchausgabe des Werks, die im Auftrag von Alfred Walter von HEYMEL in 100 Exemplaren erschien, war im Februar 1907 die Veröffentlichung einer gekürzten Fassung in der ›Frankfurter Zeitung‹ vorausgegangen. Borchardt lebte seit 1907, mit wenigen Unterbrechungen vor allem während des Ersten Weltkriegs, aus Neigung und Überzeugung in Italien, wo er als Mieter verschiedener Villen zusammen mit seiner Familie ein ganz dem literarischen und kulturpolitischen Werk und der Gartenkunst (vgl. sein nachgelassenes Werk *Der leidenschaftliche Gärtner*, 1952) gewidmetes Leben führte. Die zentralen Zeugnisse dieser Liebe zu Italien und der intimen Kenntnis seiner Literatur, seiner Städte und Landschaften sind seine Übertragungen der *Divina Commedia* und der *Vita nova* von DANTE sowie die landschaftshistorischen Monographien *Villa*, *Pisa und seine Landschaft*, *Volterra* und *Pisa. Ein Versuch*.

Der Essay *Villa* steht in unmittelbarem Zusammenhang mit Borchardts poetischen und politischen Anschauungen, denen zufolge es nur durch einen gewaltsamen Akt der »schöpferischen Restauration« der »Tradition des Ganzen« gelingen kann, den durch »Mechanisierung« und den »Entwicklungsglauben des Verfalls« eingetretenen »Bruch« oder »Riß« des 19. Jh.s – »eines der größten schismatischen Jahrhunderte der Weltgeschichte« – zu »überwölben«. Die Formel für diese geschichtsphilosophischen Spekulationen findet sich am Schluß des fast programmatischen *Eranos*-Briefes von 1924: »Verwerfung der Zeit und Heimkehr in die Ewigkeit«.

Italien ist für Borchardt als Land ungebrochener Überlieferungen das konservativste aller Länder, und so hebt er auch an der Geschichte des Landkomplexes, zu dem die Villa als Zentrum gehört, die »Kontinuität von Jahrtausenden« hervor. Die italienische Villa wird im Gegensatz zum Landhaus nördlich der Alpen, einem »Zufallshaus auf einer Handbreit Land«, als historische Notwendigkeit gesehen, als Zeugnis der Überlieferung »altlateinischer« Lebensform »durch und durch real und praktisch, etwas mit Geld und Macht Zusammenhängendes, aus Geld und Macht Entstandenes, zäh festgehalten, um Geld und Macht zu steigern, zu bezeugen, zu verzinsen, zu vererben«. Die Villa bilde nur deshalb eine ästhetische Einheit mit der Landschaft, weil sie geschichtlich mit ihr verwachsen sei. Borchardt betont immer wieder, daß sie im Gegensatz zur deutschen Villa, die nur der Bauausdruck des Rentiers sei, in erster Linie den »Herrn« voraussetzte. An einigen Namen verschollener Magnaten, deren *praedium* oder *ager* mit der *villa* in Dorfnamen fortleben, demonstriert Borchardt, daß es der zu einer Villa gehörende Landkomplex, das *praedium*, oder – wie sein Kronzeuge HORAZ es nannte – ihr *modus agri* sei, der durch jene Namen lebendig gehalten werde. Im Altitalienischen hieß dieser Landkomplex, wie auch heute noch, *poderi* (Vermögen). Borchardt legt nun ausführlich dar, wie das Verhältnis zwischen den *contadini*, den festen Pachtbauern auf den festen *poderi*, und dem »Herrn« durch die Institution der *mezzeria*, der Halbpacht, geregelt ist, wodurch bei allem Anschein eines aristokratischen Regimes in Wahrheit ein so demokratisches Gemeinwesen geschaffen werde, wie nur je ein *commune* des Trecento gewesen sei. Nach Borchardt folgt für die innere Politik des Staates daraus, »daß der Sozialismus, für den der kleine Mann in Italien sonst mühelos gewonnen wird, nirgends der toskanischen Campagna den geringsten Boden hat, noch je haben wird«. Bei der Durchsetzung des demokratischen Prinzips der Gutsverfassung gegen allen monarchischen Anschein spielt eine wichtige Rolle der *fattore* oder Verwalter, der als Mittler zwischen allen Rechten eine mit »nichts Nordischem zu vergleichende Person« darstellt und nicht selten seit Generationen sein Amt auf der Villa geerbt hat.

In einem anderen Abschnitt geht Borchardt genau auf die Eigenheiten des Bautypus der Villa ein. Er weist auch auf die Rolle der altitalienischen Gartenkunst hin – »die französisch heißt, seit sie Versailles schuf« –, der es durch Einbeziehung der Landschaft in die Architektur des künstlichen Gartens um das Haus gelungen sei, jene herrschaftliche und ungreifbare Atmosphäre zu schaffen, »die den Eintretenden an dem kühlen Selbstgenuß eines verschollenen fürstlichen Willens teilzunehmen lautlos beredet«, und führt dann den Leser an eine typische Villa im Lucchesischen heran, an die »Villa dei tre Cancelli« (»Villa der drei Schranken«), und beschreibt anschließend das Innere des Hauses.

In dem zentralen Teil und am Schluß seiner Ausführungen wendet sich Borchardt dem Wesen der Idylle und ihrer Bedeutung für das Verständnis der Villa zu. Er hebt den uralten italienischen Traum vom Lande, von den Gezeiten und guten Göttern und den ihm zugrunde liegenden Gegensatz von Fluch und Eden, Stadt und Land hervor, wie er vor allem das Werk von Horaz, aber auch das anderer bedeutender italienischer Dichter prägt, und betont den Unterschied zwischen deutscher und italienischer Naturempfindung: »Es ist und bleibt südliche Religion, sich die bezwungene und nützende Natur zu heiligen, wie es nordische ist, sich an die selbst-

herrlich wilde, spurenlose, selbst genüge aufzugeben.« Sei die deutsche Empfindung die eines Individuums für sich, ganz auf Freiheit und Sehnsucht gestellt, Gemeingut der Hohen wie der Niederen und gehe des Deutschen Heimweh nach Rückkehr in die reinen Instinkte aus aller Qual der Person, so sei die italienische, wie alle archaische Empfindung, im Volk latent und gebunden, unbewußt, nie geäußert und nicht zu äußern, als Bewußtsein mit dem Weltgefühl des »Herrn« aufs tiefste verwachsen. Mit Nachdruck vertritt Borchardt die These, daß das Gegenbild zur Campagna und der Villa nicht die Seele des »Herrn« sei, sondern ihr in der Stadt und im Palazzo ausgedrückter Widerspruch, und daß der »dunkle Grund«, der alle antike und von ihr stammende Idylle notwendig töne, aus einer Welt der Geschäfte, Siege und Niederlagen weltlicher Ambitionen in die Welt der ewigen, ruhigen und heiligen Arbeiten hinüberspiele. Die Idylle könne nur entstehen, wenn sich der Herr der Villa die Unentrinnbarkeit seines Schicksals vor Augen halte. Lateinisches Schicksal sei es, sich nicht entfliehen zu können, lateinische Größe, sich nicht weiter entfliehen zu wollen als bis zu dem Punkte, wo die Villa steht. H. Ze.

AUSGABEN: Lpzg. 1908. – Ffm. 1952 (in *Villa und andere Prosa*; BS). – Stg. 1960 (in *GW in Einzelbänden*, Hg. M. L. Borchardt u. S. Rizzi, 1955–1968, 10 Bde., 7: *Prosa III*).

LITERATUR: K. E. Gass, *Pisaner Tagebuch*, Heidelberg/Darmstadt 1961. – R. Bentmann u. M. Müller, *Die Villa als Herrschaftsarchitektur. Versuch einer kunst- u. sozialgeschichtlichen Analyse*, Ffm. 1970 (es).

WOLFGANG BORCHERT

* 20.5.1921 Hamburg
† 20.11.1947 Basel

LITERATUR ZUM AUTOR:
P. Rühmkorf, *W. B. in Selbstzeugnissen und Bilddokumenten*, Reinbek 1961; zul. 1982 (rm). – M. Schmidt, *W. B. Analysen und Reflexionen*, Halle 1970. – A. Schmidt, *W. B. Sprachgestaltung in seinem Werk*, Bonn 1975. – *W. B. Werk und Wirkung*, Hg. R. Wolff, Bonn 1984. – G. J. A. Burgess u. a., *W. B.*, Hbg. 1985.

DRAUSSEN VOR DER TÜR. Ein Stück, das kein Theater spielen und kein Publikum sehen will

Schauspiel von Wolfgang BORCHERT, als Hörspiel gesendet am 13. 2. 1947, Hamburg, Nordwestdeutscher Rundfunk; Uraufführung als Bühnenstück: Hamburg, 21. 11. 1947, Kammerspiele. – Das Stück, im Thema Ernst TOLLERS *Deutschem Hinkemann* und Leonhard FRANKS *Karl und Anna* verwandt, erzählt die Geschichte des Rußlandheimkehrers Beckmann, der nach drei Jahren sibirischer Gefangenschaft seine Frau in den Armen eines anderen findet. Er ist, wie es in einer Vorbemerkung heißt, »*einer von denen, die nach Hause kommen und die dann doch nicht nach Hause kommen, weil für sie kein Zuhause mehr da ist. Und ihr Zuhause ist dann draußen vor der Tür. Ihr Deutschland ist draußen, nachts im Regen, auf der Straße. Das ist ihr Deutschland.«*

Beckmann, der Heimkehrer mit dem steifen Knie und der grotesken Gasmaskenbrille, beschließt, seinem Leben ein Ende zu machen. Doch die Elbe will ihn nicht; bei Blankenese wirft sie ihn wieder ans Ufer. Noch einmal muß er versuchen, im Leben wieder Fuß zu fassen. Aber seine Versuche schlagen fehl. Eine Frau nimmt ihn mit und schenkt ihm die Kleider ihres verschollenen Mannes – da kehrt dieser, einbeinig und auf Krücken, zurück. Beckmann sucht seinen ehemaligen Oberst auf, um ihm »*die Verantwortung zurückzugeben«*, die ihm jener im Krieg für einen Spähtrupp aufgeladen hat und deren Folgen ihn heute nicht mehr schlafen lassen – aber der Oberst lacht ihn aus. Ein Kabarettdirektor, bei dem er mit tristen Bänkelliedern vom Leiden des Krieges Arbeit sucht, speist ihn mit Phrasen ab (»*Positiv! Positiv, mein Lieber! Denken Sie an Goethe! Denken Sie an Mozart! Die Jungfrau von Orleans, Richard Wagner, Schmeling, Shirley Temple!«*) und schickt ihn weg – denn »*wer will heute etwas von der Wahrheit wissen?«* An der Wohnungstür seiner Eltern öffnet eine Frau Kramer und erzählt ihm, daß die beiden Alten sich inzwischen das Leben genommen haben. Beckmann will endgültig aufgeben: Seine Straße führt hinunter, wieder der Elbe zu. »Der Andere« – eine Art lebensbejahendes, optimistisches *Alter ego*, das ihn auch auf seinen bisherigen Lebensstationen begleitet hat – versucht vergebens, ihn zur Umkehr zu bewegen. In einem Traum begegnet er einem weinerlichen alten Mann, dem »lieben Gott«, den er mit sarkastischem Mitleid seiner Wege schickt, und, in Gestalt eines Straßenkehrers, dem Tod, den er bittet, eine Tür für ihn offenzuhalten; auch seine »Mörder« erscheinen ihm noch einmal, der Oberst, der Direktor, Frau Kramer, seine Frau mit ihrem neuen Freund; am Ende kommt der Einbeinige, um seinerseits von Beckmann Rechenschaft zu fordern – er ist in die Elbe gegangen, und so ist Beckmann ebenfalls zum Mörder geworden. Als er aus dem Traum erwacht, muß er erkennen, daß er kein Recht auf seinen Selbstmord hat, daß er allein weiterleben muß, verraten, wie er ist: Keiner hört ihn, keiner gibt ihm mehr Antwort.

Draußen vor der Tür, einen Tag nach dem Tod des Dichters uraufgeführt, fand eine ungeheuren Widerhall. Es gilt als das bedeutendste Stück jener »Trümmer-« und »Kahlschlagliteratur« nach 1945, deren Programm Borchert selbst in seinem

Pamphlet *Das ist unser Manifest* entworfen hat: »*Wir brauchen keine Dichter mit guter Grammatik. Zu guter Grammatik fehlt uns Geduld. Wir brauchen die, ... die zu Baum Baum und zu Weib Weib sagen und ja und nein sagen: laut und deutlich und dreifach und ohne Konjunktion ... Über den Schornsteinen, über den Dächern: die Welt: lila! Über unseren hingeworfenen Leibern die schattigen Mulden: die blaubeschneiten Augenhöhlen der Toten im Eissturm, die violettwütigen Schlunde der kalten Kanonen.*« Dem entsprechend ist die Sprache eruptiv, bisweilen geradezu schreiend, von einer nicht selten an den Expressionismus gemahnenden, apokalyptisch-bizarren Bildhaftigkeit (Traum vom blutbeschmierten General mit dem Knochenxylophon!). Doch erschöpft sich das Stück nicht in realistischer oder krasser Schilderung und Anklage; darüber hinaus ist es ein moralitätenartiges, symbolisches Spiel von der geschundenen Kreatur, die nicht einmal mehr bei der Natur (Elbe) und bei den außer- und übermenschlichen Mächten (Gott, der Tod, der Andere) Erbarmen und Hilfe findet. E.Sch.

AUSGABEN: Hbg. 1947. – Hbg. 1949 (in *Das Gesamtwerk*, Nachw. B. Meyer-Marwitz; zul. 1985). – Reinbek 1956 (rororo).

VERFILMUNG: *Liebe 47*, BRD 1949 (Regie: W. Liebeneiner).

LITERATUR: K. Migner, *Das Drama »Draußen vor der Tür«* (in *Interpretationen zu W. B.*, Mchn. 1962; Nachdr. 1982). – B. Balzer, *W. B.: Draussen vor der Tür«*, Ffm. u. a. 1983.

FERDINAND BORDEWIJK

* 10.10.1884 Amsterdam
† 28.4.1965 Den Haag

LITERATUR ZUM AUTOR:
S. Vestdijk, *Muiterij tegen het etmaal*, Den Haag 1947. – V. E. van Vriesland, *F. B. Een inleiding tot een keuze uit zijn werk*, Den Haag 1949. – P. H. Dubois, *F. B. Een karakteristiek van zijn schrijversarbeid*, Den Haag 1960. – M. Dupuis, *F. B.*, Nijmegen/Brügge 1980. – T. Govaart, *Meesterschap over het monster. Over het werk van F. B.*, Den Haag 1981. – J. Bordewijk-Roepman u. a., *Over F. B., uitgave ter gelegenheid van het verschijnen van F. B.-Verzameld Werk, deel 1*, Den Haag 1982. – N. Gregoor, *Gesprekken met F. B.*, Den Haag 1983. – H. Anten, Art. *F. B.* (in *Kritisch lexikon van de Nederlandstalige literatuur na 1945*, Hg. A. Zuiderent u. a., Alphen aan den Rijn u. a., Nlg. Febr. 1984). – F. Kellendonk, *Het werk van de achtste dag. Over de verhalen van F. B.*, Den Haag 1985.

APOLLYON

(ndl.; *Apollyon*). Ideenroman von Ferdinand BORDEWIJK, erschienen 1941. – Auch in diesem Werk versucht der Autor aus einer scheinbar realistischen Handlung Seinskategorien zu entwickeln.
Die Symbolgestalten Starnmeer, Star, Bella und Ewijk treten in der Londoner Pension Mulholland House in mannigfache Beziehungen zueinander: Starnmeer, der »*Bandit auf dem Terrain von Geist und Seele*«, und die ebenso schöne wie redegefechtslustige Amerikanerin Bella (»*Sie vereinigte in sich das äußerst seltene, nahezu Unvereinbare von Sinnlichkeit und Keuschheit*«) sind »*Naturen mit Charakter, mit soviel Charakter, daß sie sich nicht einander anpassen können, aber auch nicht vor einander weichen*« wollen. Sie trennen sich voneinander, und Starnmeer heiratet die Revuetänzerin Star, »*einen durch und durch infantilen Typ und vorbestimmt, das immer zu bleiben*«. Ihr wird Starnmeer-Apollyon ebenso zum Verhängnis werden, wie er es für den Schriftsteller Ewijk schon geworden ist. Die These des kritischen Intellekts, »*Kunst ist Verbrennungsprodukt*«, hat das feine Gewebe künstlerischer Sensibilität zerstört. Von seinem Londoner Ferienaufenthalt kehrt Ewijk ohne seinen Genius, doch mit einer Zwangsvorstellung beladen zurück (»*Er sah Starnmeer im Krankensaal liegen, gestorben, wütender Donner draußen, und die Leiche wurde schnell schwarz*«), während der »*König des Abgrunds*« (Motiv nach *Offbg.* 9.11) von alledem nichts weiß: »*Denn die Weisheit ist in Gott allein, sie ist nicht in dem Teufel und nicht in dem Kind, und darum wird das Teuflische immer etwas Kindliches bezeigen.*« – Im Verhältnis Starnmeer – Ewijk setzte sich der Autor recht eigenwillig mit dem Bergsonismus (wie ihn KLAGES verstand) auseinander, wobei er das Prinzip des *élan vital* nicht der »Seele«, sondern dem »Geist« (Starnmeer »*tut nichts als leben*«) zuordnete. Demgegenüber ist Ewijk – wie Bordewijk selber ist er Schriftsteller und Notar zugleich – gleich Édouard in GIDES *Les faux-monnayeurs* ein Autor, der ständig über sich selbst reflektiert. Wenn die Betrachtung auch in eine ganz andere Richtung weist, so hat Bordewijks *Apollyon* mit dem Roman Gides doch vor allem den Hang zur ästhetisierenden Ichbezogenheit gemein. Die inneren Monologe und die Diktion der Charakteristiken sind außerordentlich preziös. W.Sch.

AUSGABEN: Rotterdam 1941. – Den Haag 1982 (in *Verzameld werk*, Bd. 2).

LITERATUR: A. M. Musschoot, *F. B.: grimmig aanschouwer van de menselijke fauna* (in *Ons erfdeel*, 26, 1983, Nr. 3).

BINT

(ndl.; *Bint*). Novelle von Ferdinand BORDEWIJK, erschienen 1934. – Die in einer Oberschule spielende Handlung dieses von Bordewijk »*seinem Rektor und dessen Stab*« gewidmeten Werks dient dem Autor zur Illustration seiner Pädagogik, die vom Erzieher äußerste Strenge fordert (»*Ich verlange vom Lehrer, daß er sich nicht in das Kind einlebt, daß er nicht absinkt. Ich verlange vom Kind, daß es sich in den Lehrer einlebt, daß es hochklettert... Ich verlange, daß es zehnmal Gehorsam kennen soll, zehnmal Zucht, daß es durch zehn Erwachsene gezüchtigt werden soll«*) und verhindern soll, daß »*die Familie als Zement der Gesellschaft*« von der Nivellierung zerstört werde. Diese Pädagogik vertritt daher – als quasi neoherbartianische Reaktion auf die in den Niederlanden von Casimir und Ligthart befürwortete »Child-Center-School« John Deweys – ein unbedingtes Autoritätsprinzip: »*Der Mangel an Zucht ist die Schwäche des Jahrhunderts. Des Jahrhunderts, welches das Kind erfand, es als neue Erfindung hegte, sich in seine Wesensart vergaffte. Die Welt hat sich früher nicht um die Kinderseele gekümmert und ist vorangekommen. Der Erwachsene hat keine gute Haltung, wenn er niederhockt, um die Größe des Kindes einzunehmen.*«

Exponent dieses pädagogischen Konzepts ist der Schuldirektor Bint, der sein Lehrerkollegium ebenso autoritär führt, wie er die Klassen von den Lehrern geführt haben will. So kann der Vertragslehrer de Bree aus seinen Empfindungen für Bint auf die Empfindungen der »*Hölle*«, wie er die Klasse 4D bei sich nennt, ihm gegenüber schließen. Bei einem von Bint zum Zweck der »*Reinigung*« der Schule von autoritätsfeindlichen Schülern provozierten Schüleraufstand stellt sich die Klasse 4D rückhaltlos hinter den Direktor. Diese Reaktion ist nur als spontaner Protest gegen die Person de Brees zu verstehen, der diese Klasse besonders hart behandelt hatte. Auf einer Fahrradtour mit der Klasse aber lernt de Bree schließlich tatsächlich den sittlichen Bildungswert von Bints System kennen: engstes Gemeinschaftsgefühl der Schüler und selbstbewußte Achtung für den Lehrer sind der Erfolg. Bint allerdings, der in der Verwirklichung seiner Pädagogik »über Leichen« gegangen ist – Anlaß des Schüleraufstandes war der wegen schlechter Zensuren angekündigte und auch verübte Selbstmord eines Schülers –, wird pensioniert: ein Opfer seines bedingungslosen Pflichtbewußtseins.

Bint stellt einmal fest: »*Ich lese keine Zeitungen mehr weil von zehn Wörtern nicht eines zu verantworten ist. Wir mißbrauchen unsere Sprache immer ruchloser. Wir prostituieren sie. Prostitution ist Sittenverderb. An Sittenverderb geht ein Volk zugrunde. Wir sind im Rutschen. Wenn wir nicht wieder festen Boden unter die Füße kriegen, gehen wir an unserer Sprache, mit unserer Sprache unter.*« Bordewijks Stil läßt erkennen, was er unter Sprache, die festen Boden gibt, versteht: Bints und Brees Gedanken, aber auch Stimmungsbilder und Unterrichtsszenen werden in einem Stakkato lakonischer Hauptsätze, unter nahezu vollständigem Verzicht auf Kommasetzung, wiedergegeben, wobei dieser Stil einer »neuen Sachlichkeit« unversehens ins Surreale gerät. In der niederländischen Literaturkritik wird bis heute darüber gestritten, ob der Roman bestimmte faschistische Auffassungen verteidigt oder angreift. Bordewijks eigene Aussagen sind in dieser Hinsicht eher doppeldeutig. W.Sch.

AUSGABEN: Utrecht 1934. – Den Haag 1949 (in *Blokken. Knorrende beesten. Bint. Drie romans*; [19]1982). – Den Haag 1982 (in *Verzameld werk*, Bd. 1).

ÜBERSETZUNG: *Bint*, G. Schönle (in *Niederländ. Dichtung*, Amsterdam 1934, S. 12–21; Ausz.).

LITERATUR: H. Scholten, *Over de strekking van de roman »Bint« van F. B.* (in Bulletin, 10, 1982, Nr. 96).

BLOESEMTAK

(ndl.; *Blütenzweig*). Roman von Ferdinand BORDEWIJK, erschienen 1955. – Drei Jahre nach dem umfangreichen Roman *De Doopvont*, in dem Bordewijk die in *Noorderlicht* begonnene Rückkehr zu traditionellen Formen weiterführte, sich dabei aber zu einer nicht immer überzeugenden Weitschweifigkeit verführen ließ, bedeutet *Bloesemtak* einen zweiten Höhepunkt im Spätwerk des Autors. Der knappe Roman wirkt außerordentlich konzentriert, wobei auch die Syntax eine Gedrängtheit aufweist, in der Experiment und Tradition eine Synthese eingehen. Diese neue stilistische Virtuosität entspricht einem souveränen Umgang mit teilweise der Unterhaltungsliteratur entlehnten Erzählmustern. Bordewijks Vorliebe für das Melodramatische, die von seinen phantastischen Debuterzählungen um 1920 bis zu seinem letzten Roman *De Golbertons* (1965) seine Prosa beherrscht, dürfte sowohl aus der geradezu abstrakten Grundstruktur des Genres wie aus seinem absoluten Emotionsanspruch zu erklären sein.

Der Roman ist in 3 Teile gegliedert: *Blütenzweig vor Himmelblau, ... vor Gewitterhimmel, ... vor Abendrot*. Zentralfigur ist der Architekt van Marle, der am Beginn der Handlung den Auftrag zum Bau einer Kirche erhält. Während er, ein wahrer Architekturbesessener, der auf seinen langen Spaziergängen durch Amsterdam vor allem von unheimlich wirkenden Straßen und Häusern angezogen wird, als Baumeister Erfolg hat, ist er im praktischen Leben völlig auf seine Frau Aurora – ein Name mit dem bei Bordewijk üblichen Symbolgehalt – angewiesen. Sie ist die wohl positivste Frauengestalt im Œuvre des Autors, die Verkörperung von Reinheit und Unschuld; auf sie bezieht sich der Blütenzweig, mit dem ihr Mann alle seine Zeichnungen schmückt. Gerade aber aufgrund ihres noblen Charakters übersieht sie Niedertracht, Neid und Mißgunst in ihrer direkten Umgebung. Eine Freundin aus ihrer Studentenzeit, Leo Monterey, die einer undurchsichtigen Spionagetätigkeit nachgeht, entfesselt eine Verleumdungskampagne gegen Aurora, als sie glaubt, daß diese ihr ihren Geliebten,

Conrad Termunten, abspenstig machen will. Außerdem glaubt das jüdische Ehepaar Max und Esther Nathans, das mit den van Marles das Haus teilt, von Aurora eine antisemitische Äußerung vernommen zu haben und ist auch, nachdem das geradezu absurde Mißverständnis aufgeklärt wurde, nicht bereit, die früheren guten Beziehungen wieder herzustellen. Juristische Verwicklungen komplizieren das Geschehen, aus dem Aurora schließlich scheinbar unbeschadet hervorgeht. Ein Schlag auf den Kopf, den sie in einem Handgemenge mit Leo davongetragen hat, ist schließlich die Ursache ihres Todes, der ihren Mann in tiefe Apathie stürzt. Erst ein Gespräch mit Freunden über die vierte, unser Vorstellungsvermögen übersteigende Dimension versöhnt ihn mit seinem Schicksal.

Der milde Grundton des Romans und der trotz Auroras Tod positive Schluß verleihen *Bloesemtak* eine Ausnahmestellung im Werk des Haager Juristen. Wie in den anderen späten Romanen verstärkt Bordewijk die leicht surreale Atmosphäre einer eher trivalen Handlung durch die Hervorhebung der geheimnisvollen »Korrespondenzen« zwischen den einzelnen Menschen oder zwischen Menschen, Tieren und Dingen. Aurora wird außerdem mit einer Art zweitem Gesicht ausgestattet, das es ihr erlaubt, ihren Tod vorherzusehen. Sowohl sie als auch ihre etwas zu schematisch gezeichnete Gegenspielerin Leo Monterey haben prophetische Träume. Die atmosphärisch dichte Schilderung eines sich allmählich erfüllenden, unheilvollen Geschicks verbindet *Bloesemtak* insbesondere mit *Noorderlicht*. Das gilt auch für das Motiv des Antisemitismus, das hier freilich eher ins Burleske gewendet wird. Die van Marle am Ende des Romans tröstende Vorstellung eines nach wie vor existierenden Vereintseins mit seiner verstorbenen Frau hat einen unübersehbar religiösen, wenn auch keineswegs christlichen Charakter, auch wenn der Bau der Kirche, der den symbolischen Hintergrund für die fatalen Ereignisse bildet, diese Interpretation nahelegen könnte. Es ist Bordewijk in *Bloesemtak* weniger als in *Noorderlicht* oder *Tijding van ver* gelungen, die Nebenfiguren sinnvoll im Hauptgeschehen zu integrieren, während er in einigen Passagen in eine direkte Nähe zum Kitsch gerät.

R.A.Z.

AUSGABEN: Den Haag 1955. – Den Haag 1984 (in *Verzameld werk*, Bd. 5).

LITERATUR: R. Blijstra, *B. in Amsterdam* (in Critisch bulletin, 22, Nov. 1955, Nr. 11). – R. Bulthuis, *Het bloesemt in B.'s panopticum* (in Haagse Post, 5. 11. 1955). – B. Stroman, *Een teder boek over de laster* (in Algemeen Handelsblad, 24. 11. 1955). – A. Romein-Verschoor, *»Bloesemtak«* (in De nieuwe stem, 12, 1957, Nr. 7).

BLOKKEN

(ndl.; *Ü: Blöcke*). Visionäre Erzählung von Ferdinand BORDEWIJK, erschienen 1931. – Gewidmet »S. M. Eisenstein und A. Einstein, dem Künstler und dem Philosophen, Meistern des Gruselns«, entwirft diese Erzählung das Bild eines Staatsgefüges, das »*die Idee des Blockes in all ihren Exzessen durchdrückt*«, d. h. auf der Ideologie eines »praktischen Kubismus« beruht. Unter der Regierung eines monolithischen Sechserrates hat sich der Staat von der kapitalistischen Außenwelt völlig isoliert. Dadurch charakterisiert ihn Bordewijk indirekt als sozialistisches Zukunftsgebilde. Die Bewohner sind uniformiert und in quadratischen »Mammutstädten« aus genormten Wohnblöcken zusammengefaßt. »*Das Individuum hatte nur einen Belang für den Staat, seine Staatsgefährlichkeit. Dann sah der Staat in ihm einen Menschen. Mensch war für den Staat identisch mit Feind.*« Noch ringt jedoch dieser unmenschliche Staatskubismus um seine Perfektion. Zwar wird ein vom historischen Museum der Hauptstadt ausgehender Aufstand blutig unterdrückt, die Anführer werden »*zur Kugel*« verurteilt und hingerichtet, aber unter der wiederhergestellten, oberflächlichen Ordnung setzt sich das Irrationale, »*Runde*« im Menschen zur Wehr. Bei der großen Militärparade beobachtet der Rat von einem Helikopter aus, wie Truppenteile innerhalb der rechtwinkligen Marschformationen Schlangenlinien bilden. Und: »*Es gab kein Geld, es gab keine Läden, es gab keine Luxusgegnstände, außer im historischen Museum. Die Bevölkerung bezog ihre Rationen. Und doch gab es die Laster, Geld, Juwelen, Leckereien, Trunk, Spiel, Unzucht.*«

Innerhalb der Sozialutopien, wie sie H. G. WELLS und ZAMJATIN in die neuere Literatur einführten, nimmt diese Erzählung ihrem Aufbau und Stil nach einen besonderen Platz ein. Es gibt hier weder Helden noch Handlung. Das Werk hat die Form eines Sachberichtes, wobei das Objekt – der Staat in bestimmten Phasen betrachtet wird. Ein lakonisch deduzierender Telegrammstil – der Bordewijk als einen Exponenten der »neuen Sachlichkeit« in den Niederlanden ausweist – verleiht der Vision einen hohen Grad von existentiellem Schrecken.

W.Sch.

AUSGABEN: Utrecht 1931. – Den Haag 1949 (in *Blokken. Knorrende beesten. Bint*, [19]1982). – Den Haag 1982 (in *Verzameld werk*, Bd. 1).

ÜBERSETZUNG: *Blöcke*, H. Jansen u. W. Biesterfeld (in *Der Einzug ins Paradies*, Hg. F. Rottensteiner, Ffm. 1988).

LITERATUR: M. Dupuis, *F. B.s anti-utopie »Blokken« (1931) in het licht van modernisme en formeel experiment* (in Spiegel der letteren, 18, 1976, Nr. 3/4).

NOORDERLICHT

(ndl.; *Nordlicht*). Roman von Ferdinand BORDEWIJK, erschienen 1948. Der Roman *Noorderlicht* steht am Anfang einer neuen Phase im Werk Bordewijks. Schon in *Apollyon* 1941 und *Eiken van Do-*

dona (1946) hatte er sich von den neusachlichen Formexperimenten seiner Prosa der dreißiger Jahre weitgehend verabschiedet, aber die Rückkehr zur traditionellen Form des realistischen Großromans war noch nicht überzeugend gelungen. *Noorderlicht* schildert in fünf, wiederum in mehrere Einzelkapitel aufgeteilten Abschnitten eine entscheidende Periode aus der Geschichte des Leidener Eisenwarengeschäfts »Valcoog« (Falkenauge).
Die Handlung spielt am Vorabend des Zweiten Weltkriegs; die wachsende Kriegsangst und ein schleichend um sich greifender Antisemitismus bilden den dunklen Fond eines jener von Bordewijk so geliebten Machtkämpfe zwischen zwei einander in Haß und Liebe unlösbar verbundenen starken Charakteren (so auch in *Karakter*, 1938). Aga, das jüngste der fünf Valcoog-Kinder und Direktorin des von den Eltern geerbten »Leidsche Ijzerhandel« bildet das Zentrum der Familie. Sie bestimmt Leben und Schicksal ihrer vier, zusammen mit ihr eine Villa in Katwijk aan Zee bewohnenden Geschwister, von denen ihr Bruder Johannes, Buchhalter im Geschäft, als distanzierter Beobachter des Geschehens die wichtigste Stellung einnimmt. Dessen Jugendfreund Hugo van Delden, der sich trotz seiner bescheidenen proletarischen Anfänge zu einem erfolgreichen und gerissenen Geschäftsmann entwickelt, ist Agas Gegenspieler. Zwischen beiden besteht eine jener *»Korrespondenzen«*, geheimnisvollen Übereinstimmungen, die nach Bordewijks Auffassung das menschliche Leben weitgehend bestimmen. Obwohl beide im Roman in einen erbitterten Kampf um den Besitz des Eisenwarengeschäfts verwickelt werden und offiziell als Feinde gelten, beschreibt *Noorderlicht* vielmehr die Geschichte ihrer freilich nicht realisierbaren Liebe, deren geradezu mythischer, den Beteiligten selbst nicht einmal bewußter Charakter die bizarren Ereignisse des Romans hervorruft.
Kern und Höhepunkt der Handlung bilden die auf einer Versammlung der Aktionäre vollzogene Entmachtung Agas durch Hugo und ihr anschließender Kampf mit Hugos Braut Adeline, bei dem diese eine sie für immer entstellende Augenverletzung davonträgt. Wie in einem Epilog berichtet Bordewijk in den beiden letzten Abschnitten von Hugos wenig glücklicher Ehe mit Adeline und der Wiedereroberung des Geschäfts durch Aga, wobei im Dunkeln bleibt, ob nicht auch dieser scheinbare Sieg Agas über Hugo von diesem geplant wurde. Die verschiedenen Nebenstränge der Handlung werden alle dem Hauptgeschehen, dem Kampf zwischen Hugo und Aga, untergeordnet.
Seinem Hang zu grotesken, schon durch ihre absonderliche Namensgebung gekennzeichneten Personen gibt Bordewijk auch in diesem nach dem Muster der Romane des Viktorianischen Zeitalters konzipierten Werk nach. Ungewöhnliche Ereignisse, wie der Tod des Valcoog-Vaters durch einen Meteoriten oder melodramatische Zuspitzungen und Beschleunigungen einer scheinbar traditionellen Handlung tauchen das Geschehen des Romans, der anfänglich bei der Kritik keine allzu große Begeisterung hervorrief, in ein unwirkliches Licht. Der Verzicht des Autors auf psychologische Erklärungen trägt zur Verunsicherung des Lesers bei. Später hat man auf *Noorderlicht* wie auf die nachfolgenden Romane häufig den Begriff des »*magisch realisme*« angewandt und auf die, auch vom Autor selbst erwähnte Nähe zur Bilderwelt des wichtigsten Vertreters dieser Richtung in der niederländischen Malerei, A. C. Willink, hingewiesen. Ins Kosmische wendet Bordewijk das Geschehen durch die konsequente Benutzung meteorologischer und astronomischer Metaphern. Eine Erklärung des Titels geben die Worte des Beobachters Johannes am Ende des Romans; sie beziehen sich sowohl auf Aga als auf den ganzen »Block« der Valcoog-Kinder. Über das Nordlicht heißt es dort: *»Die Erscheinung erfüllt eine immense Himmelsfläche, der Anblick ist eindrucksvoll, aber das lichtgebende Vermögen bleibt gering und das Licht selbst ist kalt; auch wirkt es nicht befruchtend und für das Leben ist es unnütz.«* Eine gewollte »Korrespondenz« scheint auch zwischen dem Kampf Hugos und Agas und dem bevorstehenden Krieg zu existieren, dessen Herannahen besonders vom Antisemiten Hugo gespürt wird. Bordewijk selbst hielt *Noorderlicht* für seinen gelungsten Roman der Nachkriegszeit. Diesem Urteil hat sich die Kritik inzwischen weitgehend angeschlossen. R.A.Z.

AUSGABEN: Rotterdam/Den Haag 1948. – Den Haag 1983 (in *Verzameld werk*, Bd. 3).

LITERATUR: W. Bronzwaer, *B.'s »Noorderlicht«* (in Tirade, 26, 1983, Nr. 3).

TIJDING VAN VER

(ndl.; *Nachricht aus der Ferne*). Roman von Ferdinand BORDEWIJK, erschienen 1961. – Sechs Jahre nach *Bloesemtak* erschien Bordewijks vorletzter Roman, den die Kritik, nicht zuletzt aufgrund seiner Thematik, die Auseinandersetzung mit dem Altern und dem Tod, als planvollen und würdigen Abschluß von Bordewijks Œuvre betrachtete. Überraschenderweise folgte im Todesjahr des Autors noch der bizarre, keineswegs von Altersweisheit geprägte Familienroman *De Golbertons* 1965.
Die Zentralfigur aus *Tijding van ver* ist der pensionierte Richter Braam Bouwens, der sein hohes Alter nicht nur seiner wohlgeordneten, nach juristischen Gesetzmäßigkeiten verlaufenden Lebensweise, sondern vor allen seiner intensiven, von Jugend an existierenden Beziehung zum Tode zuschreibt. Der Tod ist für Bouwens der Garant des Lebens, der immer anwesende Freund oder Geliebte. Er pflegt sein Verhältnis mit dem Tod, das sich in regelmäßigen Friedhofsbesuchen und einer »Todeskartei« äußert, wie eine erotische Beziehung. Es ist der Hauptgrund für sein Junggesellentum. Nur zwei Frauen spielen in seinem Leben eine Rolle, seine Haushälterin, die geschiedene Frau Colonia, und eine Jugendfreundin, mit der ihn einmal eine

kurze Liaison verband und die ihn nach wie vor liebt, Thea Storm van Staalduinen. Diese versucht, ihre Muttersehnsüchte durch eine Art Patenschaft zu befriedigen. Ihre wohlgemeinten Bemühungen um das Mädchen Hester, die Tochter der Arbeiterwitwe Cercleres, schlagen jedoch fehl. Erst nachdem Frau Cercleres verschwunden ist, findet Thea ihren früheren Gleichmut wieder. Die im Titel angesprochene »Nachricht aus der Ferne« bezieht sich auf die Todessignale, die Braam Bouwens während seines ganzen Lebens erreicht haben; jetzt, während der letzten Monate, verdichten sie sich. Die braunen Augen einer Verkehrspolizistin, in die er während einer Autofahrt im ersten Kapitel blickt, streifen ihn noch einmal, als er, von einem Schlaganfall getroffen, sterbend ins Krankenhaus gebracht wird.

Während Bordewijk in den vorangegangenen Romanen seiner letzten Periode und auch in *De Golbertons* seine Aufmerksamkeit auf eine Reihe von Hauptfiguren verteilt, stellt er in *Tijding van ver*, der stärkere autobiographische Elemente zu enthalten scheint, nur einer Person, den achtzigjährigen Ex-Richter, unverkennbar ins Zentrum der Handlung, die freilich auch mehrere Nebenhandlungen umfaßt. Auch hier gibt Bordewijk wieder seiner Vorliebe für Grelles, Melodramatisches nach. Insbesondere die Verwicklungen um Andrhé, den homosexuellen, früheren Ehemann Frau Colonias, der durch Selbstverbrennung stirbt, und die Liebesgeschichte zwischen Bob, dem halbstarken Sohn der ihre Untermieterinnen mit makabren Horrorgeschichten bei Laune haltenden Witwe Cercleres und der Negerin Cassa, sind hervorzuheben. Auch diese Liebe endet tragisch mit dem Unfalltod Cassas. Das den Roman beherrschende Todesmotiv bestimmt also auch immer wieder die mit dem Hauptgeschehen nur lose verbundenen Seitenstränge der Handlung. Symbolik und Metaphorik des Romans lassen sich leichter entschlüsseln als in den meisten anderen Werken Bordewijks. Die Sprache ist von hoher Konzentration und Originalität.

Stärker noch als in *Bloesemtak* tritt ein geradezu absurdistischer Humor in den Vordergrund, der auf die frühen *Fantastische vertellingen* (1919–1924) zurückzuweisen scheint. Der 1906 erschienene Roman *Van oude menschen, de dingen, die voorbijgaan* des von Bordewijk immer als Vorbild betrachteten Louis COUPERUS (1863–1923) dürfte auf Thematik und Gestaltung Einfluß ausgeübt haben. Auch wenn die Kritik eher verhalten reagierte, entwickelte sich *Tijding van ver* zu einem der erfolgreichsten Romane des als schwierig geltenden Autors.

R.A.Z.

AUSGABEN: Den Haag/Rotterdam 1961. – Den Haag 1984 (in *Verzameld werk*, Bd. 5).

LITERATUR: W. L. M. E. van Leeuwen, *Leven om de dood te verdienen* (in *Nederlandse auteurs van vijf generaties*, Hilversum 1967).

PAUL-ÉMILE BORDUAS

* 1905 Saint-Hilaire / Québec
† 22.2.1960 Paris

REFUS GLOBAL

(frz.: *Totale Weigerung*). Essay von Paul-Émile BORDUAS (Kanada), erschienen 1948. – Als Manifest einer Künstlergruppe veröffentlicht, stellt dieser Text einen Markstein in der Kulturgeschichte Québecs dar. Sein Einfluß auf die moderne Literatur der frankokanadischen Minderheit Kanadas ist beträchtlich. Der Maler Borduas gestaltete zu Beginn seines Schaffens religiöse Themen in traditioneller Manier, fand schließlich zur abstrakten Kunst und profilierte sich seit den frühen vierziger Jahren als führende Persönlichkeit der sog. Automatisten, die sich vom Pariser Surrealismus anregen ließen und zugleich nach einem spezifisch quebecischen Weg suchten. Das von 16 Malern und Dichtern unterzeichnete Manifest umfaßt Texte verschiedener Autoren, von denen keiner in seiner sprachlichen Intensität an den einleitenden Essai von Borduas heranreicht. In *Refus global* verbindet sich das wuchtige Pathos des Predigtstils mit volkssprachlicher Direktheit zum Frontalangriff gegen die Leitideologien der klerikal-bürgerlichen Führungsschicht innerhalb der quebecischen Gesellschaft.

Nach Ansicht von Borduas ist das kleine, seit 1760 besiegte und vom katholischen Klerus gegängelte Volk Québecs tiefsitzenden Ängsten und Minderwertigkeitsgefühlen ausgeliefert. In der Gegenwart aber zeichnen sich Entwicklungen ab, welche auf künftige Veränderungen hoffen lassen: »Unkontrollierbar quellen Perlen aus der Mauer«, seitdem frankokanadische Künstler häufiger nach Frankreich reisen und kritische Bücher lesen können. Während sich eine Ära fatalistischer Demut ihrem Ende zuneigt, weitet sich der Horizont, um allen Träumen Platz zu bieten. In dieser Situation ist Rebellion eine Notwendigkeit: Entschlossenes Aufbegehren soll und muß die erstarrten Ordnungsschemata von Kultur und Gesellschaft aufbrechen. Sprengwedel und Wollmütze, die Symbole der Kirche und der bäuerlichen Tradition werden von Borduas gleichermaßen zum Teufel gewünscht. Allerdings ist der Autor nicht bereit, das Wertsystem der frankokanadischen Tradition gegen eine Modernität einzutauschen, die in seinen Augen beunruhigende Schattenseiten aufweist. Diese Welt von heute, die Québecs alte Ideale zu Anachronismen stempelt, erscheint geprägt von Konzentrationslagern, von gescheiterten oder pervertierten Revolutionen sowie der Ausbeutung von Mensch und Natur. Alte und neue Übel verweisen gemeinsam auf den planetarischen Zusammenhang einer Fehlentwicklung, die im Europa des 13. Jh.s begonnen hat, als das Christentum seinen Grundwerten untreu wurde und berechnende Rationalität über die Kräfte der Intuition und des Gefühls triumphieren ließ (dieses geschichtsphilosophische Konzept fand Borduas im Ansatz bei dem französischen Surrealisten Pierre MABILLE). Direkt oder indirekt hat sich der Verfall des Christentums auf alle Völker und Gesellschaftsschichten ausgewirkt. Das von diesem Niedergang begünstigte Zweckdenken, von Borduas als »*intention*« bezeichnet, hat auch die Wissenschaft vergiftet: Gegenwärtig schmieden Forscher die tödlichen Waffen eines dritten Weltkriegs. Daher bietet eine Revolution, die sich damit begnügt, das Personal an den Schalthebeln der Macht auszutauschen, keinen Ausweg. Die Erneuerung der Menschheit kann vom Marxismus ebensowenig geleistet werden wie vom Kapitalismus. Sie ist nur möglich, wenn es den Zeitgenossen gelingt, sich rückhaltlos den Notwendigkeiten und Anreizen des Hier und Jetzt zu stellen, die Impulse ihrer Sinnlichkeit anzunehmen und schöpferisch umzusetzen. Die Kunst hat entscheidenden Anteil an der Hervorbringung eines künftigen neuen Menschen, der *»in der unvorsehbaren und notwendigen Ordnung seiner Spontaneität, in strahlender Anarchie, die ganze Fülle seiner individuellen Begabung verwirklicht«*. Dieser Anarchismus sollte nicht vorschnell mit europäischen Vorbildern in Verbindung gebracht werden, läßt er sich doch unmittelbar aus der »unhaltbaren« Situation des quebecischen Intellektuellen zwischen den Zwängen der Tradition und den Bedrohungen einer als negativ empfundenen Modernität ableiten.

In gewisser Weise aktualisiert *Refus global* eine Grundhaltung der minoritären Volksgruppe, die das Bewußtsein der eigenen Marginalität kompensiert, indem sie sich selbst die Rolle einer Avantgarde höheren Menschentums zuschreibt. Das zeitgenössische Québec hat diesen konstruktiven Aspekt der Malerrevolte allerdings nicht gesehen. Das Manifest war Gegenstand zahlreicher Proteste in der frankokanadischen Presse. Borduas verlor seinen Professorenposten in Montreal, da man ihn wegen seiner Attacken gegen Religion und Vernunft für untragbar hielt. Der Wunsch nach Veränderung in Kultur und Gesellschaft, dem er seine Stimme verliehen hatte, blieb jedoch lebendig. Ein gutes Jahrzehnt nach *Refus global* erfolgte der Ausbruch der *Révolution tranquille*, deren Exponenten nicht versäumten, Borduas als ihren Wegbereiter zu feiern.

F.Ki.

AUSGABEN: Montreal 1948. – Montreal 1968. – Montreal 1971. – Montreal 1977 (Vorw. F. M. Gagnon).

LITERATUR: P. Vadeboncœur, *La ligne du risque* (in Situations, Januar 1962, S. 2–58). – R. Elie, *B. à la recherche du présent* (in Écrits du Canada français, 1968, S. 90–103). – C. Bertrand u. J. Stafford, *Lire le »Refus global«* (in La Barre du jour, Jan.–Aug. 1969, S. 127–184). – C. Delloye, *B. et l'automatisme* (in Les Temps modernes, November 1971, S. 697–717). – G. Robert, *B. ou le dilemme culturel québécois*, Montreal 1977. – F.-M. Gagnon, *P.-É. B. (1905–1960). Biographie critique et analyse de l'œuvre*, Montreal 1978. – J. Fisette, *»Refus global«* (in Dictionnaire des œuvres littéraires du Québec, Montreal 1982, Bd. 3, S. 853–860).

KARL FRIEDRICH BORÉE

* 29.1.1886 Görlitz
† 28.7.1964 Darmstadt

DOR UND DER SEPTEMBER

Roman von Karl Friedrich BORÉE, erschienen 1931. – Der etwa vierzigjährige Erzähler des Romans besucht die höhere Schule, wird Offizier der kaiserlichen Kriegsmarine und geht am Ende des Ersten Weltkriegs als Kapitänleutnant in Pension. Da seine Neigung der Botanik und Zoologie gehört, beginnt er beide Fächer zu studieren. Aber die Inflation zerstört seine Pläne. Nach verschiedenen Zwischenstationen erhält er schließlich eine »technische Hilfsstelle« im Botanischen Institut der Universität Königsberg. Hier (so weit reicht die später nachgetragene Vorgeschichte) lernt er die zwanzigjährige Medizinstudentin Dorothea Malzach, Dor genannt, kennen. Er verliebt sich in sie, doch Dor begegnet ihm zunächst spröde, ja abweisend. Als sich die beiden ein halbes Jahr kennen, unternehmen sie einen Frühlingsausflug, bei dem Dor dem Freund entdeckt, daß sie sich an einen in Berlin lebenden Schriftsteller gebunden fühlt. Trotzdem kommen sich die beiden im Verlauf des Sommers immer näher, und bald taucht die Frage nach einem gemeinsamen Leben auf. Als Dor am Ende des Sommersemesters in ihre holsteinische Heimat fährt, um dort ihre Ferien zu verbringen, beschließen sie für den Herbst eine gemeinsame Reise. Im September treffen sie sich in Süddeutschland. Im Hotel liegen ihre Zimmer Tür an Tür; aber es kommt zu keiner Liebesbeziehung, sie erkennen immer deutlicher, daß sie nicht zueinander passen. Schließlich trennen sie sich. Zwischen den beiden steht vor allem der große Altersunterschied von zwei Jahrzehnten und damit die Ungleichheit der Erlebniswelten. Während Dor den Krieg als Kind erlebt hat, war ihr Freund Soldat. Sie will mit dem Elan der selbstbewußten, emanzipierten Frau ihr Studium bewältigen; er, der im Grunde keinen Beruf hat, reflektiert über das Dasein: »*Real ist ja schließlich doch nur das Private...*« Die Mächte der Zeit – »*wirtschaftliche Übermacht, Organisation, Tradition, Technik, Rationalisierung bis in die Bildung hinein*« – versetzen ihn in Angst. Er findet, daß sich die Freundin auf einem zu »schmalen Pfad« bewegt: auf der engen Bahn aktiver Lebensbewältigung. Aber so groß die Unter-

schiede auch sein mögen: Ehe Dor ihr letztes, endgültiges »... *je ne peux pas*« spricht, entfaltet sich zwischen dem reifen Mann und dem frischen jungen Mädchen ein zartes Spiel.
Dieses Spiel um Dors Begegnung mit dem September, mit der herbstlichen Philosophie eines kultivierten Vagabunden, versteht der Autor mit großer Einfühlung darzustellen. Sein Skeptizismus, sein Sinn für impressionistische Farben und Valeurs, sein journalistisch-legerer Realismus machen diese melancholische Studie über die Verschiedenheit zweier Generationen zu einem gelungenen Unterhaltungsroman. A.Ge.

AUSGABEN: Ffm. 1931. – Ffm. 1932. – Ffm. 1934. – Mchn. 1949.

LITERATUR: A. Gramer, *K. F. B., ein schlesischer Dichter* (in Der Schlesier, 4, 1952, Nr. 24, S. 6). – A. Anders, *Das Leben ist ewig und ewig neu ... Zum 70. Geburtstag von K. F. B.* (in Schlesische Rundschau, 8, 1956, Nr. 3, S. 5; Nr. 4, S. 6). – A. Scholtis, *K. F. B. Eine Charakteristik* (in Schlesien, 3, 1958, S. 13). – K. Schodrok, *K. F. B.* (ebd., 6, 1961, S. 53/54). – A. Scholtis, *Gedenkwort für K. F. B.* (in Jb. d. Dt. Akad. für Sprache u. Dichtg., 1964, S. 191–193).

PÉTRUS BOREL

eig. Joseph-Pierre Borel d'Hauterive
* 26.6.1809 Lyon
† 14.7.1859 Mostaganem / Algerien

LITERATUR ZUM AUTOR:
A. Marie, *P. B., le lycanthrope*, Paris 1922; Faks. Genf 1967. – E. Starkie, *P. B. The Lycanthrope. His Life and Times*, Ldn. 1953. – A. Breton, P. B. (in A. B., *Anthologie de l'humour noir*, Paris 1969, S. 101–109). – R. Sabatier, *B. le lycanthrope* (in R. S., *La poésie du 19e siècle*, 1, Paris 1977). – J.-L. Steinmetz, *B., un auteur provisoire*, Lille 1986.

CHAMPAVERT. Contes Immoraux

(frz.; *Champavert. Unmoralische Geschichten*). Erzählungen von Pétrus BOREL, erschienen 1833. – Der Band vereint sechs Erzählungen, die von einer *Notice* eingeleitet werden und mit einem Bericht über die näheren Umstände von Champaverts Selbstmord enden. Borel, der sich selbst den Beinamen »Lykanthrop« (Wolfsmensch) gab, spielt in dieser Sammlung mit den gängigen Elementen der Schauerromantik, die bereits auf dem Titelblatt der Erstausgabe vereint waren: eine Guillotine steht für den makabren Geschmack an Leid und Tod, ebenso ein Totenschädel; die Verbindung von Liebe und Tod signalisiert das Bild eines Fährmanns (Charon), der eine nackte Frau ertränkt. Das Vorwort gibt sich als Einleitung des Herausgebers der Werke Champaverts aus, der sich unter mysteriösen Umständen auf einem Pferdeschlachthof das Leben genommen habe. Die nachgezeichnete Biographie des fiktiven Autors entspricht dabei in groben Zügen derjenigen Borels.
Die erste Geschichte, *Monsieur de L'Argentière, l'accusateur*, variiert einen der Lieblingstopoi der »Schwarzen Romantik« – die »verfolgte Unschuld« (M. Praz): eine junge, unschuldige Frau wird nach einer Vergewaltigung schwanger und tötet das Kind. Sie wird festgenommen, unter grausig-genau geschilderten Umständen gefangen gehalten und endet schließlich auf dem Schafott. Höhepunkt der Perversion: der Vergewaltiger, der königliche Ankläger selbst, wohnt sadistisch-genießerisch der Hinrichtung bei. Vorbild dieser Geschichte ist Victor HUGOS *Le Dernier jour d'un condamné* (1828), ein leidenschaftliches Plädoyer gegen die Todesstrafe. – *Jacquez Barraou, le charpentier* spielt in Havanna und berichtet von einer grausam endenden Dreiecksgeschichte. Die nächste Erzählung, *Don Andréa Vésalius, l'anatomiste* entführt den Leser in die Welt des spätmittelalterlichen Madrid. Der Anatom Don Andréa tötet die Liebhaber seiner jungen Frau, um an ihren Körpern die grausigsten anatomischen Experimente durchzuführen. Die junge Frau entdeckt die Leichen ihrer Geliebten, stirbt vor Entsetzen und wird schließlich selbst von ihrem Mann zerstückelt. – Die Atmosphäre der unheimlichen und blutigen Voodoo-Kulte Jamaikas thematisiert die Erzählung *Three fingered Jack, l'obi*, die sich wiederum an einem Text Victor Hugos, *Bug-Jargal* (1832), orientiert. – *Dina, la belle juive* spielt erneut im späten Mittelalter, in Lyon. Die schöne Jüdin Dina, eine Vorläuferin der dekadenten Damen mit den überfeinerten Nerven, wird von einem Fährmann vergewaltigt, der vorgibt, sie aus dem Wasser gezogen zu haben, um so die ausgesetzte Belohnung zu kassieren. – Die Erzählung von *Passereau, l'écolier* kreist um die Phantastereien eines jungen Studenten: er bringt seine angeblich untreue Geliebte um, duelliert sich mit dem Liebhaber und bittet schließlich den Henker in maniriert-höflicher Sprache um den Tod. – In der letzten Novelle, *Champavert, le lycanthrope*, werden die im Vorwort bereits angedeuteten Umstände von Champaverts Selbstmord in extenso ausgebreitet und mit Versatzstücken des romantischen Horrorkabinetts (Leichenschändung, Mord, Selbstmord in ekelhaftem Szenarium) ausgeschmückt.
Wie bereits die knappen Inhaltsangaben erkennen lassen, vereint Borel, wie in einem Brennglas konzentriert, viele der romantischen Themen und Motive: Exotismus und Lokalkolorit, Mittelalter und Ruinenpoesie, romantisches Freiheitsstreben und tiefe »*maladie du siècle*«, outrierte Liebe und vor allem romantische Ironie. Borel ist als Autor stets auch distanzierter (vgl. die fingierte Herausgebertätigkeit) und kommentierender Beobachter seines

eigenen literarischen Diskurses. Mit seinen Themen steht er in der Nachfolge de SADES; mit seinen Stilmitteln (Neologismen, Fachvokabular, Vermischung mehrerer Sprachen, abgelegene Semantik, verschachtelte Syntax) und mit seinem dezidierten Bemühen um Schock, um »*stupore*«, ganz in der Tradition des literarischen Manierismus.   U.Pr.

AUSGABEN: Paris 1833. – Paris 1922 (in *Œuvres complètes*, Bd. 2, Hg. A. Marie; m. Vorw. u. Anm.; Faks. Genf 1967). – Paris 1979. – Paris 1985, Hg. u. Anm. J.-L. Steinmetz.

LITERATUR: C. A. Sainte-Beuve, *Premiers lundis*, Paris 1875. – M. Praz, *Liebe, Tod und Teufel*, Mchn. 1981, S. 134–139 (dtv).

JOHAN BORGEN

* 28.4.1902 Kristiania (heute Oslo)
† 16.10.1979 Hvaler / Østfold

LITERATUR ZUM AUTOR:
A. Hvenekilde, *Om J. B.s noveller*, Oslo 1968. – E. Beyer, *Norges litteraturhistorie*, 6 Bde., 6, Oslo 1975, S. 30–49. – R. Birn, *J. B.*, Oslo 1977. – I. Csiky u. M. Ginsbak, *J. B. En bibliografi*, Kopenhagen 1977. – K. C. Johanssen, *J. B. Gyldendals små biografier*, Oslo 1980. – A. Borgen, *Deg*, Oslo 1981.

LILLELORD

(norw.; *Ü: Lillelord*). Roman von Johan BORGEN, erschienen 1955 als erster Teil einer Trilogie, die den Zeitraum von 1912 bis 1945 umfaßt. – Die zentrale Gestalt ist Wilfred Sagen, genannt Lillelord, und die wichtigsten Schauplätze der Handlung sind das alte Kristiania und spätere Oslo mit seiner Umgebung und Kopenhagen. Mit sublimem psychologischem Verständnis zeichnet Borgen in dieser Trilogie die Entwicklung der Hauptfigur nach; realistische Milieuschilderungen bilden dabei zu der idealisierten spätbürgerlichen Ideenwelt einen wirkungsvollen Kontrast. Im Gegensatz zu Cedric Errol, der Titelfigur von Francis Hodgson BURNETTS *Little Lord Fauntleroy*, 1886 (*Der kleine Lord*), dem thematischen Vorläufer von Borgens Trilogie, gelingt es Lillelord nicht, diese Kluft zu schließen.
Wilfred Sagen, der wohlbehütete Sproß einer angesehenen und begüterten Familie, wächst ohne Vater auf und kann sich zeitlebens nicht von dem Einfluß seiner Mutter lösen, die den sensiblen und hochbegabten Knaben verwöhnt. In *Lillelord* werden Wilfreds Kindheit und frühe Jugend geschildert. Der zweite Teil der Trilogie, *De mørke kilder*, 1956 (*Die dunklen Quellen*), spielt hauptsächlich im Schieber-, Alkoholschmuggler- und Glücksrittermilieu, in das Wilfred während der Inflationszeit gerät. Trotz seiner vielseitigen Begabungen gelingt es dem dekadenten jungen Mann, der sich zunächst mit der Malerei beschäftigt, nicht, in der Kunst mehr als Halbheiten zu schaffen. Von Adele, einem zwielichtigen Mädchen, wird er in die Kopenhagener Unterwelt eingeführt. Sein Doppelleben endet, als er bei einer Razzia verhaftet zu werden droht, im letzten Moment aber doch unbemerkt entkommen kann.
Der dritte Band, *Vi har ham nå*, 1957 *(Wir haben ihn jetzt)*, beginnt mit der Okkupationszeit in Norwegen. Unter großem persönlichem Risiko geleitet Wilfred Sagen eine Gruppe von Flüchtlingen nach Schweden. Doch hält er – mehr aus privaten als aus politischen Gründen – auch Verbindung zu dem deutschen Offizier Moritz von Wakenitz, wie er selbst eine schillernde und unausgeglichene Persönlichkeit. Ihn sucht Wilfred auf, als am Ausgang des Krieges kein Zweifel mehr besteht. Wakenitz, für den eine Welt zusammenbricht, erschießt sich, Wilfred verbirgt sich in Oslo in einem Versteck norwegischer Widerstandskämpfer. Als nach der Befreiung siegestrunkene Patrioten mit den Worten »*Wir haben ihn jetzt*« in sein Zimmer eindringen, begeht auch Wilfred Sagen Selbstmord. – Das zentrale Thema der Trilogie ist die vergebliche Suche des »Helden« nach seiner Identität und nach der Möglichkeit, sich als Mensch und Künstler selbst zu verwirklichen. Die kunstvolle Verflechtung des psychologischen Geschehens mit der allgemeinen Kulturkrise einer ganzen Epoche und der prägnante, in seiner Klarheit und Durchsichtigkeit an Borgens Erzählungen und Essays erinnernde Stil machen diese Trilogie zu einem der bedeutendsten Romanwerke der modernen norwegischen Literatur.   M.Dr.

AUSGABEN: Oslo 1955 *(Lillelord)*. – Oslo 1956 *(De mørke kilder)*. – Oslo 1957 *(Vi har ham nå)*. – Oslo 1975 *(Lillelord)*. – Oslo 1981 *(Lillelord)*.

ÜBERSETZUNG: *Lillelord-Trilogie*, A. Bruns, Ffm. 1979–1981. – Dass., ders., Ffm. 1983 (FiTb).

LITERATUR: W. Dahl, *Første møte med en romanfigur. Åpningssidene i J. B.s »Lillelord«* (in *Norsk litterær årbok*, Hg. L. Mæhle, Oslo 1966, S. 136–142). – L. Longum, *En flyktning på leting etter et »jeg«* (in L. L., *Et speil for oss selv. Menneskesyn og virkelighetsoppfatning i norsk etterkrigsprosa*, Oslo 1968, S. 206–220). – O. C. Lagesen, *Tid, miljø og historisk bakgrunn i J. B.s »Lillelord«* (in *Edda*, 70, 1970, S. 17–27). – P. Bubik, *Om kommunikasjons-temaet i J. B.s »Lillelord«* (in *Norsk litterær årbok*, Hg. L. Mæhle, Oslo 1976, S. 70–87). – K. Brynhildsvoll, *Die Wechselbeziehungen von Leben und Kunst in J. B.s »Lillelord«-Trilogie* (in *Edda*, 84, 1984, S. 343–357). – B. Christensen, *Glassegets funksjon i »Lillelord« av J. B.* (in *Edda*, 85, 1985, S. 73–80).

JORGE LUIS BORGES

* 24.8.1899 Buenos Aires
† 14.6.1986 Genf

LITERATUR ZUM AUTOR:
Bibliographien:
H. J. Beco, *J. L. B.: bibliografía total 1923–1973*, Buenos Aires 1973. – W. D. Forster, *J. L. B. An Annotated Primary and Secondary Bibliography*, NY 1984.
Biographien:
E. Rodríguez Monegal, *B. par lui-méme*, Paris 1970 (span.: *B. per il mismo*, Barcelona 1984). – Ders., *J. L. B. A Literary Biography*, NY 1978.
Gesamtdarstellungen und Studien:
A. M. Barrenchea, *La espresión de la irrealidad en la obra de B.*, Buenos Aires 1967; ern. 1984 [erw.]. – J. Alazraki, *La prosa narrativa de J. L. B. Temas, estilo*, Madrid 1968; ³1983 [erw.]. – C. Wheelock, *The Mythmaker. A Study of Motif and Symbol in the Short Stories of J. L. B.*, Austin/Ldn. 1969. – M. S. Stabb, *J. L. B.*, NY 1970 (TWAS). – P. Bürger, *Techniken der Verfremdung in den Erzählungen von J. L. B.* (in IR, 3, 1971, S. 152–162). – S. Cro, *J. L. B. Poeta, saggista e narratore*, Mailand 1971. – A. C. Pérez, *Realidad y superealidad en los cuentos fantásticos de J. L. B.*, Miami 1971. – E. E. Behle, *J. L. B. Eine Einführung in sein Leben und Werk*, Ffm./Bern 1972 [m. Bibliogr.]. – M. Berviller, *Le cosmopolitisme de J. L. B.*, Paris 1973. – J. M. Cohen, *J. L. B.*, Edinburgh 1973. – A. Schaefer, *Phantastische Elemente und ästhetische Konzepte im Erzählwerk von J. L. B.*, Wiesbaden/Ffm. 1973. – IR, 1975, Nr. 3 [Sondernr. *J. L. B.*]. – *J. L. B*, Hg. J. Alazraki, Madrid 1976; ern. 1984 [m. Bibliogr.]. – K. J. Niggestich, *Metaphorik und Polarität im Weltbild von J. L. B.*, Göppingen 1976. – S. Sornowski, *B. y la Cábala. La búsqueda del verbo*, Buenos Aires 1976. – G. Steiner, *Tiger im Spiegel (Über J. L. B.)* (in *Materialien zur lateinamerikanischen Literatur*, Hg. M. Strausfeld, Ffm. 1976, S. 27–41; st). – I. Camartin, *J. L. B.* (in Eitel, S. 1–35). – RI, 43, 1977, Nr. 100/101 [Sondernr. *40 inquisiciones sobre B.*]. – J. Sturrock, *Paper Tigers, The Ideal Fictions of J. L. B.*, Oxford 1977. – P. Orgambide, *B. y su pensamiento político*, Mexiko 1978. – G. Massuh, *B.: Eine Ästhetik des Schweigens*, Erlangen 1979. – G. R. Murray, *J. L. B.*, NY 1980 [m. Bibliogr.]. – G. H. Bell-Villada, *B. and His Fiction. A Guide to His Mind and Art*, Chapel Hill 1981. – J. T. Agheana, *The Prose of J. L. B.: Existentialism and the Dynamics of Surprise*, NY 1984. – A. Echevarría, *Lengua y literatura de B.*, Barcelona 1984. – *B en dialogo*, Barcelona 1985 [Interviews]. – D. Balderston, *The Literary Universe of J. L. B.: An Index of References and Illusions to Persons, Titles, and Places in His Writings*, NY u.a. 1986 [Konkordanz]. – A. J. Pérez, *Poética de la prosa de J. L. B.: hacia una crítica bakhtiniana de la literatura*, Madrid 1986. – *J. L. B. Der mythische Bibliothekar*, Mchn. 1987 [m. Essay v. O. Paz u. Biogr. v. G. Haefs].

DAS LYRISCHE WERK (span.) von Jorge Luis BORGES (Argentinien).
Wenn das dichterische Werk des argentinischen Schriftstellers auch eine große thematische Einheitlichkeit aufweist, können doch zwei Schaffensperioden unterschieden werden. Dabei bilden die ersten drei Lyriksammlungen, *Fervor de Buenos Aires*, 1923 *(Buenos Aires mit Inbrunst)*, *Luna de enfrente*, 1925 *(Mond gegenüber)* und *Cuaderno San Martín*, 1929 *(Notizheft San Martín)*, eine Trilogie, deren Hauptthema die Verherrlichung der Geburtsstadt Buenos Aires ist, die Borges nach seiner Rückkehr aus Europa im Jahre 1921 wiederentdeckt. »Ein Buenos Aires zu besingen, das aus niedrigen Häusern bestand« (»cantar un Buenos Aires de casas bajas«) war seine Absicht in *Fervor de Buenos Aires*, das bereits alle Anlagen seines späteren Werks enthält. Die von Borges gefeierte Stadt ist eine sehr vertraute, deren Realität eng an die Vororte und eine persönliche Mythologie gebunden ist, wie das Gedicht *La fundación mítica de Buenos Aires (Mythische Gründung von Buenos Aires)* zeigt, in dem der Autor im Widerspruch zur realen Historie die Gründung der Stadt in sein eigenes Geburtsviertel Palermo verlegt. Mit der Beschreibung der Stadt verbindet Borges aber auch Meditationen über Vergänglichkeit und Tod. Dazu tritt ein Kult um die Vorfahren (»culto de los mayores«), in denen Borges tatkräftige Entschlossenheit (Pioniere und Militärs) und einen Mut entdeckt, den er, der Intellektuelle, bewundert und dichterisch steigert. Geschichtliche Themen behandelt Borges beispielsweise im Gedicht *Rosas*, in dem der gleichnamige argentinische Diktator unter dem Einfluß der Zeit auf eine »*Tatsache unter Tatsachen*« (»hecho entre los hechos«) reduziert wird, oder in dem bereits zum Klassiker der argentinischen Literatur gewordenen Gedicht *El General Quiroga va en coche a la muerte (General Quiroga fährt im Wagen zum Sterben)*, in dem Borges den letzten Tag im Leben dieses argentinischen Caudillo heraufbeschwört, der von Rosas ermordet wurde. Philosophische Fragestellungen kommen dagegen in dem Gedicht *Amanecer (Tagesanbruch)* zur Sprache, in welchem die Ideen von SCHOPENHAUER und BERKELEY als Traum der Seelen wiederkehren. Das Poem *Mi vida entera (Mein ganzes Leben)* schließlich kündigt die heitere Fatalität an, der die Zeit und das Leben den Menschen unterwerfen. Hier deutet sich bereits der spätere Borges an. – In der ausufernden Metaphorik zeigt diese frühe Periode noch deutlich Einflüsse des Ultraismus, eine Bewegung, die Borges jedoch sehr bald als »ultraistischen Irrtum« erkannte und deren Auswirkungen er bei späteren Überarbeitungen schrittweise eliminierte. Essays wie *Apuntaciones críticas: La metáfora (Kritische Anmerkungen zur Metapher)* 1921 oder *El tamano de la esperanza (Die Größe der Hoffnung)* von 1926, in denen Borges eine Definition der Natur des Wortes versuchte, sind

beredte Zeugen der Reflexion über seine poetische Arbeit. Formal zeichnet sich diese Epoche durch ein Überwiegen der ungebundenen Versform aus: Nur in Ausnahmefällen greift der Dichter auf das alexandrinische Versmaß zurück.

Erst nach einer Pause von 31 Jahren, in denen Borges seine Arbeit als Prosaist intensivierte und seine besten Erzählungen veröffentlichte, wandte er sich wieder der Lyrik zu. Der Sammlung *El Hacedor (Borges und Ich)* von 1960 folgen in den nächsten Jahren *El otro, el mismo*, 1964 *(Der andere, der selbe)*, *Para las seis cuerdas*, 1965 *(Für die sechs Saiten)*, *Elogio de la sombra*, 1969 *(Lob des Schattens)*, *El oro de los tigres*, 1972 *(Das Gold der Tiger)*, *La rosa profunda*, 1975 *(Die tiefe Rose)*, *La moneda de hierro*, 1976 *(Die eiserne Münze)*, *La historia de la noche*, 1977 *(Geschichte der Nacht)* und schließlich *La cifra*, 1981 *(Die Ziffer)*. Buenos Aires, in den zwanziger Jahren eine ihm vertraute Stadt, wird nun zum Ort seiner Demütigungen und Mißerfolge *(Buenos Aires)* oder definiert sich in einem anderen, ebenfalls *Buenos Aires* überschriebenen Gedicht durch das Erlebte, das Imaginäre und das Unbekannte. Daneben halten nun aber auch andere Städte Einzug in seine Gedichte und zeugen von seiner kosmopolitischen Geistigkeit. In der Sammlung *Para las seis cuerdas*, die elf Texte für *Milongas*, eine typisch argentinische Liedart, vereinigt, besingt Borges die Welt des *Compadrito*, des typischen Mannes aus den Vororten von Buenos Aires. Auch historische Themen aus seiner früheren Schaffenszeit werden wieder aufgegriffen, so z. B. in dem bereits 1943 verfaßten und laut Borges vom Einfluß der Monologe R. BROWNINGS (1812 bis 1889) zeugenden Gedicht *Poema conjetural*, in dem der Dichter die Gedanken Lapridas »mutmaßt«, eines argentinischen Nationalhelden, der die Unabhängigkeit verkündet hatte und von Gauchos getötet worden war. Die Zeit als Mikrokosmos und Metapher des Universums ist das zentrale Thema in Gedichten wie *El reloj de la arena (Die Sanduhr)*. In anderen Gedichten wird die Zeit in zyklischen Strukturen gesehen, als Medium zur Rückgewinnung der Vergangenheit *(La lluvia – Regen)*, oder als Kontrast zwischen menschlicher Vergänglichkeit und der Zeitlosigkeit des Spiels *(El ajedrez – Schach)* oder der Dinge *(Cosas – Dinge* und *Las cosas – Die Dinge)*, aber auch als die ewige Gegenwart der Natur *(A un gato – An eine Katze)*, schließlich als kreisförmige Bewegung in dem Poem *La noche cíclica – Die zyklische Nacht*, in welchem sich die Kongruenz von Inhalt und Form in der Wiederholung des ersten Verses durch den letzten manifestiert. Borges sieht im Verlauf der Zeit eine Auflösung der Chronologie. So ist sein Zusammentreffen mit Leopoldo LUGONES im Vorwort zu *El hacedor* durchaus eine poetische Realität, obwohl dieser bereits 1937 gestorben war. Wiederholungen und Symmetrien heben in *El poema de los dones (Gedicht von den Gaben)* die Wirkung der Zeit auf: Borges und Groussac, beide blind und Direktoren der Nationalbibliothek, verschmelzen zu einer Person.

Zu diesen bereits in den zwanziger Jahren präsenten Themen tritt nun verstärkt eine literarische Thematik hinzu, welche die Poesie Borges' als die eines Lesenden zeigt, bekennt er doch selbst: »*Pocas cosas me han occurido y muchas he leido*« (»wenige Dinge habe ich erlebt, viele habe ich gelesen«) und erklärt, daß er mehr noch als durch die verschiedenen literarischen Schulen durch die Bibliothek seines Vaters erzogen wurde. Hier nun häufen sich Gedichte, die Schriftsteller wie E. A. POE, QUEVEDO, HEINE und J. JOYCE ins Zentrum stellen, und andere, in deren Porträts sich Gelesenes mit Erfundenem mischt. In einigen greift Borges auch literaturkritische Themen auf, die seine eigenen Positionen und Überlegungen erkennen lassen, so in *A un poeta sajón – An einen angelsächsischen Dichter*, ein Gedicht, in dem der Dichter seine Hoffnung ausspricht, daß einer seiner Verse im Gedächtnis der Menschen fortleben möge, er selber aber dem Vergessen anheim gegeben werde. Andere Gedichte thematisieren die Natur des Worts oder der Dichtkunst wie *El otro tigre – Der andere Tiger*; eine Parabel, die von der Unfähigkeit der Kunst handelt, die Realität einzufangen. Die Fülle der literarischen Thematik steht in engem Zusammenhang mit der Integration von Borges' eigener umfassender Bildung in seine Lyrik. Nicht nur die *Bibel* gilt ihm als Quelle, sondern auch esoterische Themen aus der Kabbala; so spiegelt das Gedicht *El Golem (Der Golem)*, das in einer Variante die Thematik der Erzählung *Las ruinas circulares (Die kreisförmigen Ruinen)* wieder aufgreift, das Verhältnis der Gottheit zum Menschen in dem des Dichters zu seinem Werk wider. Borges' enzyklopädisches Wissen fordert die volle Aufmerksamkeit eines Lesers, der nicht nur durch die Verschlüsselung der Gedichte, sondern auch durch ihre Zuschreibung an fiktive Autoren (wie im Falle von *Museo – Museum*, das den Anhang zu *El hacedor* bildet) auf falsche Spuren gelenkt wird. Borges' persönliches Lebensschicksal schlägt sich in dem nun auftauchenden Thema der Blindheit nieder *(Poema de los dones – Gedicht von den Gaben)*, das in der Sammlung *Elogio de la sombra* mit dem des Alters vereinigt wird. In der Nähe des Todes hofft der Schriftsteller zur Erkenntnis seiner selbst zu gelangen.

Hauptcharakteristikum in Borges' zweiter Schaffensperiode ist die Herausbildung einer aus klassischen Vorbildern schöpfenden Symbolsprache. So ist der Fluß ein Bild für die Zeit, der Schatten ein Sinnbild für Alter und Blindheit. Schwert und Messer verkörpern Mut und heroisches Leben, die Rose steht für Dauer, der Tiger symbolisiert Kraft und Zerstörung, das Böse schlechthin; der Spiegel dient Borges zur Darstellung der Natur als Spiegelung und Verdoppelung ihrer selbst und des Menschen. Das Labyrinth, reale oder imaginäre Konstruktion in der Zeit und im Raum, ist Abbild der Welt. Es taucht in der Lyrik zum ersten Mal in dem bereits 1942 erschienenen Gedicht *Del infierno y del cielo (Von Hölle und Himmel)* auf. Zwei Gedichte aus der Sammlung *Elogio de la sombra* deuten die Möglichkeit einer Endlichkeit des Labyrints im

Zusammentreffen mit dem »anderen« an *(La casa de Asterión – Das Haus des Asterion)* oder aber auch die Hoffnungslosigkeit seiner Unendlichkeit. Im Zusammenhang mit dem Labyrinth sieht die Kritik bei Borges die agnostische Vorstellung von der Welt als Chaos. Wo der Mensch auch sein mag, ist er stets Spiegelung von für ihn unentwirrbaren Entsprechungen. Sollten göttliche Gesetze existieren, so sind auch diese nicht auf menschliche Kategorien reduzierbar. Auch wenn Borges kein Philosoph im eigentlichen Sinne ist, macht die Aufnahme philosophischer Fragestellungen in seine Lyrik gerade seine Originalität aus.

Im Gegensatz zu seinen frühen Gedichten löst Borges sich im Spätwerk von der ungebundenen Form zugunsten klassischer Reimschemata, vor allem des Sirventes, des Quartetts und des Sonetts, das er in verschiedenen Ausformungen und Kombinationen vom shakespeareschen bis hin zum modernistischen Sonett in Alexandrinern verwendet. In der ungebundenen Form orientiert er sich an den biblischen *Psalmen* und an Walt WHITMAN (1819 bis 1892); von hier übernimmt er auch die anaphorische oder parallelistische Aufzählung zur Strukturierung seiner Gedichte. An eine literarische Schule glaubt Borges nicht, wie er auch ablehnt, eine eigene Ästhetik zu besitzen. In seiner Wortwahl sucht er nach 1960 den gebrauchssprachlichen Ausdruck und zeichnet sich dabei vor allem durch idiomatische Präzision und linguistisches Bewußtsein aus (vom Gebrauch der Regionalismen bis hin zur etymologischen Wortbedeutung). Borges' Lyrik liefert nicht nur wertvolle Aufschlüsse für ein vollständiges Verständnis seiner Werke, sondern ist sowohl für die argentinische als auch die allgemein spanisch-sprachige Literatur, zu deren Erneuerung sie beigetragen hat, von unschätzbarer Bedeutung.

C.Ch.

AUSGABEN: *Fervor de Buenos Aires, Poemas*, Buenos Aires 1923. – *Luna de enfrente*, Buenos Aires 1925. – *Cuaderno San Martín*, Buenos Aires 1929. – *Poemas (1922–1943)*, Buenos Aires 1943. – *Poemas (1923–1953)*, Buenos Aires 1954. – *Poemas (1923–1958)*, Buenos Aires 1958. – *Obra poética (1923–1964)*, Buenos Aires 1964. – *Para las seis cuerdas*, Buenos Aires 1969. – *Elegio de la sombra*, Buenos Aires 1969. – *El oro de los tigres*, Buenos Aires 1972. – *La rosa profunda*, Buenos Aires 1975. – *La moneda de hierro*, Buenos Aires 1976. – *Historia de la noche*, Buenos Aires 1977. – *Obra poética (1923–1976)*, Buenos Aires 1976. – *Obra poética (1923–1977)*, Buenos Aires 1977. – *La cifra*, Madrid 1981.

ÜBERSETZUNGEN: *Gedichte 1923–1965*, G. Haefs (in *GW*, 9 Bde., 1, Mchn. 1981). – *Gedichte 1969–1976*, C. Meyer-Clason (ebd., 2, Mchn. 1981). – *Borges und ich*, K. A. Horst, bearb. G. Haefs (ebd., 6, Mchn. 1981). – *Geschichte der Nacht*, C. Meyer-Clason, Mchn. 1984 [span.-dt.; enth. u. a. *Historia de la noche* u. *La cifra*].

LITERATUR: Z. Gertel, *B. y su retorno a la poesia*, NY 1967. – G. Sucre, *B. el poeta*, Mexiko 1967. – C. Meneses, *Poesia juvenil de J. L. B.*, Barcelona 1978. – *B., the Poet*, Hg. C. Cortínez, Fayetteville 1986. – P. Cheselka, *The Poetry and Poetics of J. L. B.*, NY 1987.

EL ALEPH

(span.; *Ü: Das Aleph*) Erzählungsband von Jorge Luis BORGES (Argentinien), erschienen 1949. – Der Autor entfaltet in den siebzehn Erzählungen seiner bekanntesten Sammlung die Hauptthemen seines Schaffens in beispielhafter Weise. Die Unendlichkeitsproblematik, die letztlich irrationale Basis der Vernunft, das Problem der menschlichen Individualität und die Unmöglichkeit objektiver Wahrnehmung sind ebenso wie der Mythos der ewigen Wiederkehr Hauptmotive eines der bekanntesten Werke der lateinamerikanischen Literatur.

In der einleitenden Erzählung *El Inmortal (Der Unsterbliche)* bietet der Antiquar Joseph Cartaphilus – der Name bedeutet im Griechischen »Bücherfreund« und spielt zugleich auf das für die Erzählung zentrale Motiv des »ewigen Juden« an – im Jahre 1929 ein Exemplar von Popes *Ilias*-Übersetzung zum Kauf an, in deren letztem Band die Käuferin ein Manuskript findet, das offenbar Cartaphilus' Autobiographie zu sein scheint. Dieser *»mit zahlreichen Latinismen durchsetzte, englische«* Text, den der Erzähler der Fiktion zufolge übersetzt und herausgibt, weist Cartaphilus als den antiken römischen Tribun Marcus Flaminius Rufus aus. Dieser hat, indem er vom Wasser eines Flusses am Rand der Welt trank, die Unsterblichkeit erlangt. So lernt er den Dichter Homer, der ebenso unsterblich wurde, kennen, und haust, wie alle Unsterblichen, die dieses Privileg bald als Fluch empfinden, zunächst als Höhlenmensch, macht sich aber nach Jahrhunderten schließlich auf, den Fluß zu suchen, durch dessen Wasser er wieder sterblich werden könnte. So durchwandert der Unsterbliche die Kulturgeschichte: Im Jahr 1066 kämpft er in England. Im »*7. Jahrhundert der Hedschra*« fertigt er eine Kalligraphie von Partien aus *Tausendundeine Nacht* an. Nach einer Reihe weiterer geographisch und zeitlich entfernter Stationen gelingt es ihm schließlich, die ersehnte Sterblichkeit zurückzugewinnen, als er 1921 in Eritrea vom Wasser eines Flusses trinkt. In einer ersten Nachschrift äußert der autobiographische Erzähler die Vermutung, in dem Bericht vermischten sich die sprachlichen Züge mindestens zweier Erzähler, Homers und Marcus Flaminius', was nicht verwunderlich sei, da im Lauf der Zeit »*von der Erinnerung keine Bilder, sondern nur noch Worte blieben*«. Eine weitere Nachschrift des Herausgebers berichtet über den Gelehrtenstreit, der nach der Publikation des Textes entbrannt sei: Ein Philologe habe in einem – natürlich fiktiven – umfangreichen Werk nachzuweisen versucht, daß das ganze Werk aus Textfragmenten der Weltliteratur bestehe, wogegen der Herausgeber protestiert, da von der menschlichen Existenz keine andere Erinnerung bleibe als »*entstellte und verstümmelte Worte, Worte der Anderen*«.

Die Erzählung *El Muerto (Der Tote)* schildert das Leben von Benjamín Otálora, der dem Bandenführer Azevedo Bandeira in einer Vorortskneipe von Montevideo das Leben rettet. Fasziniert von Bandeiras Macht und ihren Symbolen – einer »*Frau mit leuchtendem Haar*«, einem Pferd und kostbarem Zaumzeug – versucht er, Bandeiras Stelle einzunehmen, was zunächst gelingt, letzten Endes jedoch den Tod von Otálora und der Frau heraufbeschwört: »*Otálora begreift, vor dem Sterben, daß sie von Anfang an das Los über ihm geworfen hatten, daß er zum Tode verurteilt war und sie ihm die Liebe, den Befehl und den Triumph gegönnt hatten, weil er für sie bereits tot war.*«

Los Teólogos (Die Theologen) schildert die intellektuelle Rivalität mittelalterlicher Ketzerverfolger: Aurelianus von Aquileja sucht mit Hilfe der Kirchenvätertexte Argumente gegen die Lehre einer häretischen Sekte. Doch ein anderer Theologe, Johannes von Pannonien, kommt ihm zuvor und entscheidet den Theologenstreit durch einen brillanten Traktat, den nicht eine bestimmte Person, »*sondern jeder Mensch, oder vielleicht alle Menschen*« abgefaßt zu haben scheinen. Auch wenn das eigentliche Ziel, die Zurückweisung der ketzerischen Thesen, damit erreicht ist, geht der »unsichtbare« Kampf der beiden Theologen weiter. Jahre später ist Aurelian gezwungen, mehr aus stilistischen als argumentatorischen Erwägungen jene einst gefeierte Streitschrift seines Rivalen Johannes zu plagiieren, um eine andere Häresie zu bekämpfen. Doch in der veränderten historischen Situation kommen die zitierten Worte einer Ketzerei gleich: So wird Johannes der Verbreitung von Häresien angeklagt, verurteilt und verbrannt. In einem Epilog vermutet der Erzähler, Gott selbst habe dem Glaubenseifer Aurelians weniger Bedeutung beigemessen, daß »*in den Augen der unerforschlichen Gottheit er und Johannes ... ein und dieselbe Person darstellten.*«

In der Erzählung *Historia des Guerrero y de la Cautiva (Geschichte vom Krieger und der Gefangenen)* stellt Borges eine Analogie zwischen zwei Biographien her: Droctulft, ein langobardischer Soldat, verläßt bei der Belagerung Ravennas seine Truppen, um den Belagerten in der Stadt beizustehen, wo er den Tod findet. Der Erzähler setzt das Schicksal dieses vermeintlichen Verräters mit der Entscheidung einer Frau englischer Abkunft in Beziehung, die von Indianern entführt wird, aber deren Sitten annimmt und sich für ein Dasein in der Wildnis entscheidet. – Die *Biografía de Tadeo Isidoro Cruz (Biographie von Tadeo Isidoro Cruz)* ist die »dunkle und tapfere Geschichte« eines Soldaten, die der Erzähler in einen »Augenblick« verdichtet, »*in dem der Mensch für immer erfährt, wer er ist*«. In Isidoros Leben geschieht dies, als er auf der Jagd nach dem Gaucho und Banditen Martín Fierro seine ei- »*innere Bestimmung als Wolf..., nicht als Herdentier*« erkennt und sich gegen seine Kameraden auf die Seite des Verfolgten stellt. – Die Titelheldin der Erzählung *Emma Zunz* beschließt, den Fabrikbesitzer Loewenthal zu töten, da sie ihn für den Tod ihres Vaters verantwortlich glaubt. Um später vor der Polizei eine Vergewaltigung durch Loewenthal und dann Tötung in Notwehr vorzutäuschen, prostituiert sie sich mit einem Ausländer, und verschafft sich unter einem Vorwand Zugang zu Loewenthal. Im Moment der Ermordung Loewenthals muß sie aber erkennen, daß sich durch die Vorbereitung des Verbrechens die Motivation geändert hat. Nicht mehr um ihres Vaters, also um der Gerechtigkeit willen, sondern um ihren eigenen Haß zu befriedigen, begeht sie das Verbrechen. – *La casa de Asterión (Das Haus von Asterion)* ist wegen der verfremdenden Perspektive interessant: Bei dem Haus von Asterion handelt es um das berühmte Labyrinth, das aus der Sicht des Minotaurus beschrieben wird, der auf seinen Erlöser, Theseus, wartet. – *La otra muerte (Der andere Tod)* spielt mit der Möglichkeit abweichender Versionen derselben Geschichte: Der Erzähler befragt mehrere Gewährsleute über den Tod des Pedro Damián. Es ergibt sich jedoch kein eindeutiges Bild, so daß im dunkeln bleibt, ob Damián 1904 in der Schlacht von Masoller den Heldentod gestorben ist, oder ob er, völlig im Gegensatz dazu, 1946 als Landarbeiter nach einem ruhigen Leben verschieden ist.

Der Originaltitel der Erzählung *Deutsches Requiem* spielt auf die musikalische Liebhaberei des Ich-Erzählers Otto Dietrich zur Linde an. Dieser berichtet, wie er, 1908 geboren, mit besonderem Interesse an Musik und Metaphysik, nach ersten philosophischen Versuchen in die NSDAP eintritt und zum Leiter eines Konzentrationslagers aufsteigt. Dort läßt er insbesondere jüdische Intellektuelle und Künstler foltern, deren Züge in der exemplarischen Gestalt des Poeten David Jerusalem konzentriert werden. Eine geschichtsphilosophische Betrachtung, in der Linde den Untergang des Dritten Reichs als Voraussetzung für eine neue »*unbarmherzige Epoche*« deutet, beschließt die Erzählung. – *La busca de Averroes (Averroes auf der Suche)* schildert den Versuch des arabischen Philosophen Averroes, die *Poetik* des Aristoteles in seine Sprache zu übersetzen. Dabei wird der zentrale Aspekt, die Unterscheidung von Komödie und Tragödie, für den Araber zum Kulturproblem schlechthin, da es ihm nicht gelingt, das Wesen des abendländischen Theaters aus dem Verständnis des Korans herzuleiten. – *El Zahir (Der Zahir)* ist in Buenos Aires die Bezeichnung für eine Münze von geringem Wert. Ein solches Geldstück erhält der Erzähler als Wechselgeld, als er nach der Totenwache im Haus einer verstorbenen Freundin in einer Kneipe einen Kognak trinkt. Diese Münze ergreift von der Psyche des Protagonisten so weit Besitz, daß er allen Rationalisierungsversuchen und dem Einsatz der gesamten Schriftkultur zum Trotz allmählich Zeichen von Irrsinn artikuliert. Der Zahir und die in zahlreichen Anspielungen und Zitaten präsente literarische Bildung des Protagonisten schieben sich wie ein Filter zwischen die Wirklichkeit und den Ich-Erzähler, dem nur die resignative Hoffnung auf die Auslöschung des eigenen Bewußtseins bleibt, das von der fixen Idee des Zahir beherrscht wird.

La escritura del dios (Die Inschrift des Gottes) kombiniert die Situation des platonischen Höhlengleichnisses und Motive E. A. Poes, die vor allem aus dessen Erzählung *The Pit and the Pendulum*, 1843 *(Die Grube und das Pendel)* stammen. In einem fast völlig dunklen Verlies berichtet ein von den Konquistadoren gefolterter und für den Rest seines Lebens eingesperrter Hohepriester von seiner Hoffnung, an der Kuppel seines Kerkers die Inschrift seiner Gottheit zu entdecken. Als er im Wahn diese magische Formel zu erkennen glaubt, durch die er alles für sich, sein Volk und seine Religion zum Besseren wenden könnte, verzichtet er darauf, denn: »*Wer das Universum geschaut, ... kann nicht eines Menschen gedenken, seines nichtigen Glücks oder Unglücks, sei dieser Mensch auch er selbst.*« – *Abenjacán el Bojarí, muerto en su laberinto (Abenjacan der Bojari, gestorben in seinem Labyrinth)* ist eine Detektivgeschichte. Zwei Engländer dringen in ein Labyrinth ein, das ein Wesir aus dem Sudan erbaute, zunächst um sich des Schatzes seines Herrn bemächtigen zu können, dann jedoch, um sich auf raffinierte Weise jenes Abenjacan zu entledigen. In *Los dos reyes y los dos laberintos (Die beiden Könige und die beiden Labyrinthe)* wird erzählt, wie ein arabischer Herrscher, den der babylonische König einen Tag in einem Labyrinth herumirren läßt, aus Rache dessen Reich zerstört und den gefangenen babylonischen König in der Wüste, einem »*Labyrinth ohne Türen, Treppen und Mauern*«, aussetzt. –Villari, die Hauptfigur von *La espera (Die Wartezeit)* verbirgt sich in einem Hotelzimmer in Buenos Aires. Verfolgungsträume lassen ihn so sehr abstumpfen, daß er seine tatsächlichen Verfolger, die ihn töten, nicht wahrnimmt. – Die Erzählung *El Aleph (Das Aleph)* – der Titel spielt hier auf ein mathematisches Unendlichkeitssymbol an – handelt von dem Dichter Carlos Argentino Daneri, der in den Bannkreis eines »Aleph« geraten ist. Dieses befindet sich in einem alten Haus, in dem Daneri als Kind spielte. Erst als dieses Haus abgebrochen wird, wodurch die hypnotische Macht jenes kryptischen Symbols für die Bündelung des »*unfaßbaren Universums*« gebrochen ist, kann sich Daneris dichterische Kraft voll entfalten.

Die vorliegende Erzählsammlung sollte keineswegs lediglich als »phantastische Literatur« im landläufigen Sinne mißdeutet werden, wenngleich ihre Breitenwirkung wohl auf diesem Verständnis beruht. Borges, Bibliothekar und Bücherkenner, greift in diesen Erzählungen deutlich und unverhohlen auf bewunderte Meisterwerke zurück: *Tausendundeine Nacht* findet sich neben Poe, die Gaucholiteratur wird durch gnostische und kabbalistische Traditionen ebenso aus dem geläufigen Rahmen gelöst wie die zahlreichen direkten, gelegentlich verfremdeten Zitate aus der Weltliteratur. Nicht selten wurde dies auch als Eklektizismus abgetan. Die Borgesforschung hatte sich zunächst vor allem auf die Dechiffrierung von Vorbildern und Quellen konzentriert, und die zahllosen gelehrten Anspielungen und philosophischen Konzeptionen nachzuweisen versucht, durch die Borges' Werk weit über die phantastische Literatur hinausgeht. Mittlerweile rückt, vor allem im Zuge der Diskussion um Phänomene wie Metaliteratur und Intertextualität, die Stellung von Borges als früher Wegbereiter der zeitgenössischen Postmoderne immer mehr in den Vordergrund des Interesses: So weist etwa der Erfolgsroman *Il Nome della Rosa*, 1980 *(Der Name der Rose)* von Umberto Eco deutliche thematische, erkenntnistheoretische und erzähltechnische Parallelen zu den Texten des *Aleph* auf.

G.Wil.

AUSGABEN: Buenos Aires 1949. – Buenos Aires 1957 (in *Obras completas*, 1953 ff., Bd. 7). – Madrid 1972; 13 1983. – Buenos Aires 1974 (in *Obras completas 1923–1972*). – Santiago de Chile 1984.

ÜBERSETZUNGEN: in *Labyrinthe*, K. A. Horst u.a., Mchn. 1959. – *Das Aleph*, ders. u.a. (in *Sämtliche Erzählungen*, Mchn. 1970). – Dass., ders. u. C. Meyer-Clason, bearb. G. Haefs (in *GW*, 9 Bde., 3/2, Mchn. 1981; Nachw. S. Lem).

VERFILMUNGEN: Argentinien 1954 (Regie: L. Torre Nilsson; nach der Erz. *Emma Zunz*). – Frankreich 1969 (Regie: A. Magron; nach ders. Erz.). – Argentinien 1975 (Regie: H. Oliveca; nach der Erz. *El muerto*).

LITERATUR: F. Dauster, *Notes on B.'* »*Labyrinths*« (in HR, 3, 1962, S. 142–148). – D. W. Forster, *B.' »El Aleph«, Some Thematic Considerations* (in Hispania, 57, 1964, S. 56–60). – S. Neumeister, *B. und der dt. Geist. Die Erzählung »Deutsches Requiem«* (in IR, 1975, Nr. 3, S. 125–140). – S. Levy, *El »Aleph«, símbolo cabalístico y sus implicaciones en la obra de J. L. B.* (in HR, 44, 1976, S. 143–161). – B. López Morales, *El modelo de la literatura fantástica aplicado en »El Aleph«* (in Estudios Filológicos, 15, 1980, S. 73–80). – J. Ortega, *La primera letra* (in RI, 48,1982, S. 415–423). – J. Concha, »*El Aleph«.: B. y la historia* (ebd., 49, 1983, S. 471–485). – I. Nolting-Hauff, *Die Irrfahrten Homers. Abenteuer der Intertextualität in »El immortal« von J. L. B.* (in *Das fremde Wort*, Hg. dies. u. J. Schulze, Amsterdam 1988).

CRÓNICAS DE BUSTOS DOMECQ

(span.; *Ü: Chroniken von Bustos Domecq*). Satirische Erzählungen von Jorge Luis BORGES (Argentinien) und Adolfo BIOY CASARES (Argentinien, *1914), erschienen 1963. – Die zwanzig etwa zwei bis vier Seiten langen Satiren des Bandes beschreiben die Nachforschungen von H. Bustos Domecq, einem von den beiden Autoren in den vierziger Jahren erfundenen Detektiv. Dieser stand schon im Mittelpunkt der beiden gemeinsamen Werke, *Seis problemas para don Isidro Parodi*, 1942 *(Sechs Proble-*

me für Don Isidro Parodi) und *Dos fantasías memorables*, 1946 *(Zwei denkwürdige Phantasien)*; 1976 schlossen sich die *Nuevas historias de Bustos Domecq (Neue Geschichten von Bustos Domecq)* an.

Der vorliegende Band ist den »drei großen Vergessenen: Picasso, Joyce, Le Corbusier« gewidmet, womit auf den Umstand verwiesen werden soll, daß die Gegenwart sich zwar auf ihre großen Vorbilder beruft, diese jedoch dabei pervertiert: H. Bustos Domecq spürt hier nämlich verschiedenen denkbaren Auswüchsen der Moderne auf dem Gebiet der Literatur, der Kunst, der Philosophie, der Mode und der Technik nach, die er durch satirische Überzeichnung und Ironisierung ad absurdum führt. Darauf weisen bereits die vorangestellten Motti »*Every absurdity has now its champion*« und »*Every dream is a prophecy: every jest is an earnest in the womb of time*« hin, die besagen sollen, daß in der Moderne jede Abstrusität ihre Verteidigung findet und aus dem in den folgenden Satiren Verspotteten vielleicht doch einmal Ernst werden könnte. Die von Borges gewohnte Konfrontation mit der existentiellen Hilflosigkeit des Menschen oder gar mit dem Grauen vor dem Unbegreiflichen wird jedoch bewußt durch den humorvollen Ton verhindert, der sich der aufgeblähten Rhetorik der Texte verdankt. Es überschlagen sich Höflichkeitsfloskeln, geschraubte Metaphern, unnatürliche, sich gelehrt gebende Wortschöpfungen und nicht zuletzt der den Stil von Festreden oder Kritiken parodierende Satzbau. Die von der Satire immer beabsichtigte Nachdenklichkeit ist damit aber auch hier keineswegs ausgeschlossen. Grundthemen von Borges' Schaffen finden sich wieder, bisweilen werden einige seiner Erzählungen sogar direkt anzitiert: So bezieht sich die erste Satire des Bandes, *Homenaje a César Paladión (Hommage für César Paladión)*, in der das Plagiat als höchste literarische Kunst gefeiert wird, auf die Erzählung *Pierre Menard*, die vierte dagegen, *Naturalismo al día (Naturalismus à la mode)*, in der behauptet wird, die einzig wahre Form der Kritik sei die völlig identische Wiedergabe des kritisierten Kunstwerks, das einzig wahre Abbild etwa einer Rose, eine echte Rose, auf die Erzählung *Del rigor en la ciencia (Über die Strenge in der Wissenschaft)*. – Andere Stücke, die sich nicht mit Kunst oder Literatur, sondern mit der Lebenswirklichkeit der modernen Gesellschaft auseinandersetzen, entwerfen durchaus Zukunftsutopien, die von unserer Gegenwart gar nicht so weit entfernt liegen: *Esse est percipi (Sein ist Wahrnehmen)* z.B. schildert das Grauen des Ich-Erzählers, als er entdecken muß, daß alle Berichte der Massenmedien über Fußballspiele, Theaterereignisse, die Mondladung usw. frei erfunden sind und in der Realität nichts Vergleichbares mehr stattfindet, die Konsumenten damit aber durchaus zufriedenzustellen sind. In *Los Inmortales (Die Unsterblichen)* wird H. Bustos Domecq von einem Arzt das Angebot gemacht, unsterblich zu werden, indem er sich den Körper nach und amputieren und durch unvergängliche Kunststoffteile ersetzen läßt, in denen seine Seele weiterleben würde.

Die u.a. von den »Nonsens-Dichtungen« von Lewis CARROLL (1832–1898) beeinflußten Satiren um H. Bustos Domecq sind in ihrer literarhistorischen Wirkung sicher nicht mit den phantastischen, »ernsten« Erzählungen der beiden Autoren zu vergleichen; mit ihrem ausgeprägten Spielcharakter dürfen sie jedoch in ihrer Bedeutung als Vorläufer gegenwärtiger Strömungen nicht unterschätzt werden. M.Ho.

AUSGABEN: Buenos Aires 1967. – Buenos Aires 1980. – Barcelona 1981 (in *Obras completas en colaboración*. 1. Con A. Bioy Casares, Bd. 1).

ÜBERSETZUNG: *Chroniken von Bustos Domecq*, G. Haefs (in J. L. B. u. A. Bioy Casares, *Gemeinsame Werke*, Bd. 2: *Chroniken von Bustos Domecq. Neue Geschichten von Bustos Domecq*, Mchn./Wien 1985).

LITERATUR: J. Alazraki, *Las »Crónicas de Don Bustos Domecq«* (in RI, 36, 1970, S. 87–93). – M. Camurati, *Las »Crónicas de Bustos Domecq« y la subversión de la realidad* (in MLS, 15, 1985, S. 30–38).

FICCIONES

(span.; *Ü: Fiktionen*). Sammelband mit siebzehn Erzählungen von Jorge Luis BORGES (Argentinien), erschienen 1944. – Sieben dieser Texte hatte Borges bereits 1941 in der Sammlung *El Jardín de senderos que se bifurcan (Der Garten der Pfade, die sich verzweigen)* veröffentlicht. Neben *El Aleph* (1949) handelt es sich hierbei um Borges' bekanntestes Werk, das in zahlreiche Sprachen übersetzt wurde. Der Titel *Ficciones* stellt den Band in die lange Tradition der von Borges geschätzten und auch zitierten Autoren wie E. A. POE (*Tales of Mystery and Imagination*) und E. T. A. HOFFMANN (*Phantasiestücke*) und weist damit auch auf die Gattung des Capriccios. Die vorliegenden Erzählungen sind dadurch charakterisiert, daß sie einen oft verblüffenden oder paradoxen Gedanken auf geistreiche und zugleich auf eine durch seine überzeugende erzählerische Gestaltung frappierende Weise formulieren. Der Vorwurf, Borges vermische alle literarischen Gattungen, trifft dabei insofern nicht zu, als er in den *Ficciones* seine eigenen Genres schafft, die durch die Verarbeitung verschiedenster kultureller Traditionen bestimmt sind. Die Spannweite des von Borges dabei eingebrachten Bildungswissens reicht von den vorsokratischen Philosophen über PLATON, ARISTOTELES und ihre Nachfolger zu KANT, SCHOPENHAUER und NIETZSCHE; PLINIUS steht neben CERVANTES, fernöstliche Weisheit vereint sich mit scholastischen Traditionen; so verschiedene Textsorten wie Kriminalgeschichte, psychologische Erzählung, Kurzgeschichte, Lexikonartikel oder literaturwissenschaftlicher Essay werden vom Autor miteinander verwoben. So schafft Borges beispielsweise ein Genre, das man als »*Fußnoten zu imaginären Büchern*« (U. Schulz-Buschhaus) bezeichnet hat. Ein wesentliches Merkmal von Borges' phantastischem Realismus ist die gegenseitige Durchdringung von Wirklichkeit und Fiktion: Erfundenes wird mit Bestandteilen der Realität, z. B. Personen- und Ortsangaben, Jahreszahlen und Buchtiteln, zu glaubhafter Faktenwahrheit erhoben; umgekehrt werden die realen Ereignisse, die einigen der Erzählungen zugrunde liegen, durch psychologische, literarische und geschichtsphilosophische Überhöhung in den Bereich des Imaginären überführt. Deshalb ist eines der wichtigsten Themen dieses Bandes das Eigenleben, das Borges imaginären und realen literarischen Werken zuerkennt.

Bereits die einleitende Erzählung *Tlön, Uqbar, Orbis Tertius* ist von dem Prinzip der fabulistischen Quellenangabe wesentlich bestimmt: In einer abendlichen Diskussion zwischen Borges und seinem Freund Adolfo Bioy Casares fällt der Name Uqbar. Auf der Suche nach Hinweisen über dieses mysteriöse Land finden beide schließlich eine Reihe von Informationen in einer Enzyklopädie, die ebenso wie die weiteren Quellen vom Autor geschickt und überzeugend erfunden ist. Dieser erste von einer Reihe noch folgender Lexikoneinträge informiert über das (imaginäre) Land Uqbar. Die Weltsicht der Bewohner Tlöns ist von einem rigiden Idealismus bestimmt: So duldet ihre Sprache keine Substantive, an Stelle der Metaphysik haben die Tlönisten die phantastische Literatur gesetzt. Ein später entdeckter Lexikonbeitrag erklärt die Entstehung des Reichs als Erfindung einer Geheimgesellschaft des 17. Jh.s, deren Pläne von einem reichen Amerikaner schließlich realisiert worden seien. In einer »*Nachschrift*«, die ebenso wie die verschiedenen Fußnoten der Texte ein Bestandteil von Borges' literarischer Beglaubigungsstrategie ist, wird das allmähliche Eindringen des Tlönismus in die reale Welt verkündet. – Auch die beiden folgenden Erzählungen, *El acercamiento a Almotásim (Der Weg zu Almotasim)* und *Pierre Menard, autor del Quijote (Pierre Menard, Autor des Quijote)* fallen in die Kategorie der imaginären Wissenschaftsprosa, die Borges in dem Vorwort von 1941 nachdrücklich propagiert: »*Es ist ein mühsamer und armseliger Unsinn, dicke Bücher zu verfassen; auf fünfhunderten von Seiten eine Idee auszubreiten, für deren vollkommene mündliche Darlegung fünf Minuten reichen. Ein besseres Verfahren ist es da schon, so zu tun, als gäbe es die Werke bereits, und einen Kommentar oder ein Résumé dazu vorzulegen.*« So besteht die »Annäherung« an Almotasim aus vier Teilen: Eine bibliographische Einleitung, eine Inhaltsangabe des erfundenen Werks und die Interpretation mit Verweisen auf mutmaßliche Quellen – z.B. den persischen Mystiker Farid o'd-Din ʿAṬṬĀR – werden durch eine Apologie beschlossen, die den paradoxen Charakter des Texts betont: Das Werk, das sich aus fremden Texten speist, obgleich freilich nicht existierend, wird gegen den Vorwurf mangelnder Originalität verteidigt. – Im *Pierre Menard* schließlich steigert Borges dieses Verfahren, indem er – wieder mit einer Reihe bibliographischer und pseudowissenschaftlicher Angaben – ein Kapitel des vielleicht bedeutendsten spanischen Werks, des *Don Quijote*, von Menard im 20. Jh. »*nochmals schreiben läßt*«. Indem Borges den traditionellen Autor- und Textbegriff problematisiert, nimmt er schon zu Beginn der vierziger Jahre die Position der poststrukturalen Erzähltheorie und der literarischen Postmoderne vorweg. – *Las ruinas circulares (Die kreisförmigen Ruinen)* ist in einer mythisch geprägten Tempellandschaft angesiedelt, in der ein Zauberer versucht, »*einen Menschen bis in die kleinste Einzelheit zu erträumen*«. Zwar gelingt die rein geistige *Creatio ex nihilo*, doch macht der Schöpfer des erträumten Wesens am Ende der Erzählung die beschämende Erfahrung, daß er selbst »*nur ein Scheinbild war, daß ein anderer ihn erträumte*«. – *La lotería en Babilonia (Die Lotterie in Babylon)* beschreibt die Versuche des Menschen, Zufall und Glücksstreben in einen gesellschaftlichen Zusammenhang zu integrieren: Unzufrieden mit der konventionellen Form der Lotterie, experimentieren die Babylonier mit unterschiedlichen Reformen dieses Glücksspiels, das so allmählich den ursprünglichen Charakter verliert. – *Examen de la obra de Herbert Quain (Untersuchung des Werkes von Herbert Quain)* ist das Pastiche einer feuilletonistischen Textsorte, des literarischen Nachrufs: Der Tod des imaginären Literaten Herbert Quain gibt dem Erzähler Anlaß, dessen vermeintliche Hauptwerke mit verschiedenen wissenschaftlichen Methoden zu analysieren. – Auch *La Biblioteca de Babel (Die Bibliothek von Babel)* kreist um das Faszinosum literarischer Werke. Die nach Aufbau und Organisation genau geschilderte Bibliothek ist der Ausdruck »*für die babylonische Vielfalt des Textuniversums*« (I. Nolting-Hauff). – Die Erzählung *El Jardín de senderos que se bifurcan*, die den gleichnamigen ersten Zyklus abschließt, ist im Spionagemilieu des Ersten Weltkriegs situiert; Titel, Thematik und Struktur des Werks sind aufs Engste mit der Denkform des Labyrinths verknüpft, das auf die Sammlung *El Aleph* vorausweist: Yu Tsun, einem Spion in preußischen Diensten, der, im fernen Osten von feindlichen Agenten verfolgt, eine verschlüsselte Nachricht weiterleiten muß, wird der Fluchtweg zum Labyrinth. In der Bibliothek des Sinologen Stephen Albert diskutiert er über einen Roman, dessen Titel identisch mit dem der vorliegenden Erzählung ist und dessen Struktur wiederum auf die Labyrinththematik verweist. Die Pointe, daß Yu Tsun keine andere Möglichkeit findet, die Nachricht – das Wort »Albert« – weiterzuleiten, als durch die Ermordung jenes Albert, entwirrt – erst im vorletzten Satz – das sprachliche Labyrinth, in dem die Person des Ermordeten als Zeichen fungierte.

Der zweite Teil des Bandes mit dem Titel *Artificios (Kunststücke)* wird von der Erzählung *Funes el Memorioso (Das unerbittliche Gedächtnis)* eingeleitet, deren Titelheld versucht, seines außerordentlichen Gedächtnisses die Welt sprachlich neu zu organisieren versucht, indem er alle Allgemeinbegriffe tilgt, da er die Individualität der Dingwelt nicht preisgeben will. – Die beiden folgenden Erzählungen kreisen um Verrätergestalten: Während Vincent Moon in *La forma de la espada (Die Narbe)*, für seinen Verrat zwar durch eine Narbe gebrandmarkt, nach Argentinien entkommen kann, wird der irische Freiheitsheld Kilpatrick in *Tema del traidor y del héroe (Das Thema vom Verräter und dem Helden)*, als Verräter enttarnt, von seinen Gesinnungsgenossen im Dienste der Rebellion in einer nach Shakespeare-Tragödien dramaturgisch vorbereiteten Aktion liquidiert. – In *La muerte y la brújula (Der Tod und der Kompaß)* konstruiert der Verbrecher Red Scharlach ein Labyrinth aus falschen Spuren, in dem er den verhaßten Detektiv Lönnrot zur Strecke bringt. – In *El milagro secreto (Das geheime Wunder)* füllt der jüdische Schriftsteller Jaromir Hladik die kurze Zeitspanne, die ihm noch bis zu seiner Erschießung durch die Gestapo bleibt, damit, im Geist ein Drama zu schreiben, das vor Gott Bestand haben soll. – *Tres versiones de Judas (Drei Fassungen des Judas)* deutet biblische Ereignisse um und greift dabei das Thema der Heterodoxie auf, das in verschiedenster Weise bestimmend für Borges' weiteres Werk sein sollte. – *El fin (Das Ende)*, eine Erzählung um den Gauchohelden Martín Fierro, *El Sur (Der Süden)*, die Geschichte einer romantischen Ichsuche, und *La secta del Fénix (Die Phönix-Sekte)*, worin der Autor einen mysteriösen Geheimbund entwirft, wurden erst 1956 in die Sammlung aufgenommen.

Im Vorwort zur Teilausgabe von 1941 verweist Borges bereits auf die zahlreichen Quellen, die ihm bei der Abfassung als Anregungen und Modelle dienten. Wie in der knapp ein Jahrzehnt später veröffentlichten Sammlung *El Aleph* bedient sich der Verfasser auch hier zugleich realistischer und verfremdender Elemente. Diese lassen in Verbindung mit Borges' präziser, oft fast spröder Sprache jeden dieser Texte als eine einzige ins Narrative ausgeweitete Metapher des jeweiligen Themas erscheinen.

G.Wil.

AUSGABEN: Buenos Aires 1941 (*El jardín de senderos que se bifurcan*). – Buenos Aires 1944. – Buenos Aires 1951 (*La muerte y la brújula*). – Buenos Aires 1956 (in *Obras completas*, 1953 ff., Bd. 5). – Madrid 1971; ¹¹1984. – Barcelona 1971 (in *Ficciones. Relatos*). – Buenos Aires 1974 (in *Obras completas 1923–1972*).

ÜBERSETZUNGEN: in *Labyrinthe*, K. A. Horst u.a., Mchn. 1959. – *Fiktionen*, ders. u.a. (in *Sämtliche Erzählungen*, Mchn. 1970). – Dass., ders., bearb. G. Haefs (in *GW*, 9 Bde., 3/1, Mchn. 1981; Nachw. L. Gustafsson).

VERFILMUNGEN: Italien 1970 (Regie: B. Bertolucci; nach der Erz. *Das Thema vom Verräter und dem Helden*). – Argentinien/Frankreich 1988 (Regie: F. E. Solanas; nach der Erz. *El Sur*).

LITERATUR: E. Anderson Imbert, *Un cuento de B.* (in RI, 25, 1960, S. 33–43). – E. Carrilla, *Un cuento de B.* (in *Studia philologica. Homenaje ofrecido a D. Alonso*, Bd. 1, Madrid 1960, S. 295–306). – L. Vax, *L'art et la littérature fantastique*, Paris 1960, S. 115–118. – G. M. Goloboff, *Sueño, memoria, producción del significante en »Ficciones« de J. L. B.* (in CMHLB, 21, 1973, S. 7–29). – D. L. Shaw, *B.: »Ficciones«*, Ldn. 1976. – R. M. Frank u. N. Vosburg, *Textos y contra-textos en »El jardín de senderos que se bifurcan«* (in RI, 43, 1977, S. 683–690). – I. Incledon, *La obra invisible de P. Menard* (ebd., S. 665–669). – C. M. Del Río, *B.'»Pierre Menard« or Where is the Text* (in KRQ, 25, 1978, S. 459–469). – J. Sanchis Banús, *Decurso narrativo y planos de realidad en dos cuentos de J. L. B.: »Tlön, Uqbar, Orbis tertius« y »La muerte y la brújula«* (in *Virginia Woolf: Revaluation and Continuity*, Hg. R. Freedman, Berkeley 1980, S. 1081–1097). – J. Alazraki, *Tlön y Asterion: metáforas epistomológicas* (in J. A., *La prosa narrativa de J. L. B.*, Madrid ³1983, S. 275–301).

HISTORIA DE LA ETERNIDAD

(span.; *Ü: Geschichte der Ewigkeit*). Philosophische Essays von Jorge Luis BORGES (Argentinien), erschienen 1936. – Der Titelessay dieser zumeist zwischen 1933 und 1935 entstandenen eigenwilligen Untersuchungen gibt – dem paradoxen Anspruch seiner Überschrift entsprechend – eine »*Biographie der Ewigkeit*«. Ausgehend von der Platonischen Ideenlehre, verdichtet Borges das riesige geistesgeschichtliche, von christlichen Glaubensaussagen geprägte Panorama (ähnlich wie in *Historia universal de la infamia*) durch *deformaciones*, d.h. durch Verkürzung auf einige wenige Namen (u.a. PLOTIN, BERKELEY, BRADLEY und SCHOPENHAUER). Er spielt mit Lehrmeinungen, um die literarischen Möglichkeiten bestimmter philosophischer Systeme zu erkunden. Seine Aphoristik, Lesefrüchten und einem geistvollen Feuerwerk eklektischer Gedanken entspringend, beansprucht keineswegs, ein fachwissenschaftlicher Abriß metaphysischer Lehrsysteme zu sein, vielmehr sucht Borges auch in entlegenen Schriften, in Kabbala, Gnosis, orientalischer Mystik und angelsächsischer Philosophie Bestätigungen für seine eigenen skeptischen Denkerfahrungen und spekulativen Vorstellungen. Im Zusammenhang damit kreisen zwei weitere Aufsätze um NIETZSCHES Gedanken der »Ewigen Wiederkehr« und das Problem der zyklischen Zeitenfolge. Weitere Aufsätze untersuchen die Möglichkeiten bildlichen Sprechens, dessen Leistung Borges in einer Geschichte der Metapher zu enthüllen sich vornimmt. Auch hier verbindet sich die erstaunliche philologische Gelehrsamkeit (etwa über die *kenningar* der altnordischen Skaldendichtung) des späteren Literaturprofessors mit den poetologischen Spekulationen des Dichters. Mit ihren erkenntnistheoretischen Fragen nach dem Verhältnis von Wirklichkeit und Fiktion bzw. Täuschung, von Zeit, Bewußtsein und Erfahrung, von Spekulation und dichterisch-schöpferischer Phantasie sind die

Essays ein Schlüsselwerk, das die Ansätze für das ästhetische und gedankliche Verständnis anderer Werke von Borges (*Ficciones, Otras Inquisiciones*) enthält. D.B.

AUSGABEN: Buenos Aires 1936. – Buenos Aires 1953 (in *Obras completas*, 1953ff., Bd. 1; ⁴1966). – Buenos Aires 1974 (in *Obras completas 1923-1972*). – Buenos Aires 1975. – Madrid ⁵1981.

ÜBERSETZUNGEN: *Geschichte der Ewigkeit*; K. A. Horst, Mchn. 1965. – Dass., ders. (in *Das Eine und die Vielen. Essays zur Literatur*, Mchn. 1966). – Dass., ders. (in *GW*, 9 Bde., 5/1, Mchn. 1981; Nachw. I. Camartin).

LITERATUR. M. Blanco González, *J. L. B., anotaciones sobre el tiempo en su obra*, Mexiko 1963. – Th. Running, *The Problem of Time in the Work of J. L. B.* (in Abside, 33, 1969, S.169–184). – A. W. Philipps, *B. y su concepto de la metáfora* (in *Estudios y notas sobre literatura hispanoamericana*, Mexiko 1965). – J. Navarro, *J. L. B., taumaturgo de la metáfora* (in RHM, 31, 1965, S. 337–344). – R. R. Andersen, *J. L. B. and the Circle of Time* (in REH, 3, 1969, S. 313–318). – Z. Gertel, *La metáfora en la estética de B.* (in Hispania, 52, 1969, S. 33–38). – J. R. Ayora, *A Study of Time in the Essays and Short Stories of J. L. B.*, Diss. Vanderbilt Univ. 1970 (vgl. Diss. Abstracts, 30, 1970, S. 4441A).

HISTORIA UNIVERSAL DE LA INFAMIA

(span.; *Ü: Universalgeschichte der Niedertracht*). Erzählungen von Jorge Luis BORGES (Argentinien), erschienen 1935. – Borges nennt die in den Jahren 1933 und 1934 geschriebenen Stücke, die den Übergang von der Lyrik seiner avantgardistisch-expressionistischen Zeit zur Erzählkunst und Essayistik der späteren Jahre bezeichnen, »*ejercicios de prosa narrativa*« (»*Übungsstücke in erzählender Prosa*«). In ungewöhnlichen Experimenten verkehrt und verfremdet er literarische Vorwürfe und Reminiszenen seiner außerordentlichen Belesenheit zu einer kuriosen Anekdotenreihe aus dem schändlichen Leben von sieben Taugenichtsen: von Lazarus Morell, der auf den Baumwollplantagen am Mississippi mit Negersklaven handelt, dem Hochstapler Tom Castro, dem Piratenweib Ching, dem Gangster Monk Eastman, einem Vorläufer Al Capones, dem Revolverhelden Billy the Kid, dem feigen Zeremonienmeister des Kaisers von Japan und dem aussätzigen Färber Hákim de Merv, der schließlich als verhüllter Prophet zum Haupt einer mystischen Sekte wird. Die in diesen phantastischen Verbrecher- und Mordgeschichten verwendeten Stilfiguren bezeichnet der Autor selbst als »barock«: falsche Antithesen, Sprünge in der Handlung, ungleichartige Aufzählungen, fingierte Authentizität und vor allem die unproportionierte Verkürzung von Lebensläufen auf einige Szenenausschnitte. Borges geht es weder um sozialen Protest noch um psychologische Innenschau, vielmehr spielt sein scharfer und bewußter Intellektualismus an der »*mit Bildern behauchten Oberfläche*« humorig-karikierend mit concettiartig komprimierten Wechselfällen aus der »*Universalgeschichte der Niedertracht*« Versteck. So sucht Borges nicht nur nach neuen Gestaltungsmöglichkeiten, sondern reichert zugleich auch seine reine Bildungswelt mit Phantastereien grober Gewalttätigkeit an.

Das Mittelstück *Hombre de la Esquina Rosada* (*Mann von Esquina Rosada*) spiegelt als früheste der in dem Band versammelten Erzählungen sprachlich und thematisch noch Borges' Interesse am argentinischen Volksmilieu; es ist der Bericht eines großsprecherischen Messerhelden über die blutige Rache, die er in einem armen Vorstadtviertel von Buenos Aires nimmt. – Der dritte Teil enthält Nachgestaltungen von Fabeln und Beispielerzählungen u.a. aus *Tausendundeine Nacht* und JUAN MANUELS *El conde Lucanor* (z.B. über den Tod des sudanesischen Despoten Yakub, über Melanchthons Wohnung im Jenseits). D.B.

AUSGABEN: Buenos Aires 1935. – Buenos Aires 1954 (in *Obras completas*, 1953 ff., Bd. 3; ¹⁰1971). – Buenos Aires 1974 (in *Obras completas 1923-1972*). – Madrid 1978; ⁶1983.

ÜBERSETZUNGEN: *Der schwarze Spiegel*, K. A. Horst, Mchn. 1961. – Dass., ders., Reinbek 1966 (rororo). – *Universalgeschichte der Niedertracht*, ders. (in *Sämtliche Erzählungen*, Mchn. 1970). – Dass., ders., bearb. G. Haefs (in *GW*, 9 Bde., 3/1, Mchn. 1981; Nachw. L. Gustafsson).

LITERATUR: J. E. Irby, *Sobre la estructura de* »*Hombre de la Esquina Rosada*« (in Anuario de Filología [Zulía], 1962, Nr. 1, S. 157–172). – J. E. Bencheikh, *A propos des sources arabes d'un texte de J. L. B., Le teinturier masqué: Hakim de Merv* (in Cahiers Algériens de Littérature Comparée, 1, 1966, S. 3–10). – E. Serra, *La estrategia del lenguaje en* »*Historia universal de la infamia*« (in RI, 43, 1977, S. 657–663). – L. Pollmann, *El espantoso redentor: la poética immanente de* »*Historia universal de la infamia*« (ebd., 45, 1979, S. 459–473). – J. Alazraki, *Génesis de un estilo:* »*Historia universal de la infamia*« (ebd., 49, 1983, S. 247–261).

EL INFORME DE BRODIE

(span.; *Ü: David Brodies Bericht*). Erzählband von Jorge Luis BORGES (Argentinien), erschienen 1970. Die Sammlung umfaßt elf Erzählungen, die vorwiegend Ende des 19. Jh.s entweder in Buenos Aires oder im gauchesken Milieu spielen. Der Einfluß gewisser romantischer Elemente mit einer Nähe zum Volkstümlichen ist deutlich zu erkennen, allerdings geläutert durch Borges' knappen und nüchternen Erzählstil. Das Erschrecken, das die Geschichten beim Leser hervorrufen, beruht in diesem Falle nicht auf dem bei Borges so häufig anzutreffenden phantastischen Element, sondern vielmehr auf der Selbstverständlichkeit, mit der vor einem realistischen Lokalkolorit von menschlicher Grausamkeit und einfacher, unreflektierter Erbarmungslosigkeit berichtet wird.

Die Handlung orientiert sich häufig an melodramatischen Erzählungen mit dem Hauch des Heldenmythos, wie man sie sich fürs 19. Jh. vor allem wohl auch mündlich tradiert vorstellen muß. Borges gibt diese »erzählerische« Qualität wieder, indem er den Geschichten fast immer eine kurze Rahmenhandlung beifügt: In dieser erzählt ein Freund, Bekannter, zufälliger Gesprächspartner dem eigentlichen Erzähler die folgende Geschichte, die dieser nun an den Leser, gleichsam unverändert und wahrheitsgemäß, weitergibt. Die von Borges *»direkte Geschichten«* genannten Erzählungen werden ohne Umschweife und ohne kommentierende oder ironische Brechung vorgetragen. Im letzten Abschnitt jeder Erzählung wird oft in aller Nüchternheit ein Fazit gezogen, das in einem ganz naiven Verständnis den »Sinn« des gerade Gesagten in einem Satz zu fassen versucht. – Im Mittelpunkt der meisten Geschichten steht eine Auseinandersetzung zwischen zwei Personen oder Gruppen auf Leben und Tod. So schildert etwa die erste, *La intrusa (Der Eindringling)* den Fall zweier Brüder, die sich in dieselbe Frau verlieben; der Ältere heiratet sie, es kommt zu unterschwelligen Spannungen aus Eifersucht, bis sich beide die Frau teilen, sie dann an ein Bordell verkaufen, wo sie sie abwechselnd besuchen, sie jedoch, da so der Konflikt auch nicht zu bereinigen ist, nach wenigen Wochen wieder zu sich nehmen. Eine Lösung wird erst dadurch erreicht, daß der Ältere die Mißhandelte gleichsam als die Schuldige erschießt. Der Erzähler schließt mit den Worten: *»Sie umarmten sich und weinten dabei fast. Jetzt verknüpfte sie ein anderes Band: die traurig geopferte Frau und die Verpflichtung, sie zu vergessen.«* Erst durch das erschütternde Opfer, das für die beiden Brüder jedoch von unabdingbarer Notwendigkeit ist, und den Schmerz über den gemeinsamen Verlust konnte ihr Einvernehmen wiederhergestellt werden.

Die vorletzte Erzählung, *El Evangelio según Marcos (Das Evangelium nach Markus)* berichtet von einem unauffälligen, eher trägen Städter, der bei einem Aufenthalt auf dem Gut eines Vetters, als dieser geschäftlich unterwegs ist, durch heftige Regenfälle von der Außenwelt abgeschnitten wird und sich plötzlich von den Untergebenen, Vater, Sohn und ein Mädchen unbekannter Herkunft, als der Herr im Hause behandelt sieht. Um sich das Zusammenleben mit diesen ihm fremden und unverständlichen Menschen kurzweiliger zu gestalten, führt er die Sitte ein, ihnen (die Analphabeten sind) aus einer Bibel (die ursprünglich ihren eigenen, englischsprachigen Vorfahren gehörte, derer Sprache sie nicht mehr mächtig sind) das Markusevangelium vorzulesen, das diese immer wieder zu hören begierig sind und allmählich zu begreifen scheinen. Als die Überschwemmungen fast völlig zurückgegangen sind, kommt eines Nachts das Mädchen zu ihm. Am nächsten Morgen, gewärtig, die Vorwürfe der beiden Männer zu hören, fragen diese ihn nur nach dem Markusevangelium und wollen wissen, ob durch Christi Kreuzestod auch seinen Henkern vergeben sei. Später lassen sich die drei von ihm segnen, beschimpfen und mißhandeln ihn daraufhin und führen ihn schließlich zu einem Kreuz, das sie errichtet haben.

Die letzte Erzählung und zugleich Titelgeschichte ist eher untypisch für den Band, da sie als einzige ein phantastisches Element enthält. Sie lehnt sich an das vierte Buch von J. SWIFTS *Gulliver's Travels*, 1726 (*Gullivers Reisen*) an und gibt das Manuskript des Reiseberichts eines im brasilianischen Urwald auf einen Stamm primitiver Eingeborener treffenden Missionars wieder. Diese leben nach Europäern völlig zuwiderlaufenden religiös-moralischen Werten, die den Missionar dermaßen abstoßen, daß er Jahre nach seiner Flucht noch Alpträume von ihnen hat. Dennoch schließt er seinen Bericht mit der Aufforderung, man möge alles tun, um diese Menschen zu retten, denn *»alles in allem vertreten sie die Kultur, wie wir sie vertreten, trotz unserer vielen Sünden.«* Das Erschreckendste an diesen Eingeborenen ist, daß sie Menschen sind und als solche dem Verfasser des Berichts, den Menschen seiner Zivilisation, uns, alles andere als unähnlich. Es dürfte kein Zweifel bestehen, daß ihm mit diesen realistischen Erzählungen durchaus die *»lakonischen Meisterwerke«*, die er sich im Vorwort dieses Bandes geschrieben zu haben wünscht, gelungen sind. M.Ho.

AUSGABEN: Buenos Aires 1970. – Buenos Aires 1979. – Madrid 1980 (in *Prosa completa*, Bd. 2). – Madrid 1982.

ÜBERSETZUNGEN: *David Brodies Bericht*, C. Meyer-Clason, Mchn. 1972. – Dass., ders., bearb. G. Haefs (in *GW*, 9 Bde., 3/2, Mchn. 1981; Nachw. S. Lem).

VERFILMUNG: Dänemark 1975 (Regie: J. Rex; nach der Erz. *La intrusa*).

LITERATUR: O. L. Kellermann, *B. y »El informe de Brodie«. Juego de voces* (in RI, 38, 1972, S. 663–670). – J. C. Segovia, *Le thème de la violence dans »Le rapport de Brodie« de J. L. B.* (in Cultures et développement, 5, 1973, S. 811–817). – L. A. Gyurko, *Rivalry and the Double in B.'s »Guayaquil«* (in RoNo, 15, 1973/74, S. 37–46). – C. Wheelock, *B. and the ›Death‹ of the Text* (in HR, 53, 1985, S. 151–161).

EL LIBRO DE ARENA

(span.; *Ü: Das Sandbuch*). Erzählband von Jorge Luis BORGES (Argentinien), erschienen 1975. – Die dreizehn Erzählungen dieses Bandes greifen größtenteils Themen auf, die Borges bereits in seinen früheren Prosastücken beschäftigen, sind aber erkennbar von der Warte des Alterswerks aus geschrieben. Auffällig ist die noch distanziertere Erzählhaltung mit der häufigen Selbstthematisierung des Erzählvorgangs.

Die Sammlung hat kein übergeordnetes Thema, sieht man einmal davon ab, daß sich die Erzählungen mit Problemen der menschlichen Existenz im weitesten Sinne auseinandersetzen, deckt aber dafür die ganze Bandbreite der Sujets Borges ab – von der zwar traditionellen, jedoch brillant geschriebenen Horrorgeschichte *There are more things* über die im gauchesken Milieu spielende Initiationsgeschichte *La noche de los dones (Die Nacht der Gaben)* bis zur Thematisierung des Unendlichen in der die Sammlung beschließenden Titelgeschichte. So behandelt etwa *El otro (Der andere)* das Motiv des Doppelgängers: Der Ich-Erzähler, der sich als Borges identifiziert, hat als alter Mann die Vision, eine Art Orts- und Zeitsprung zu machen, und begegnet einem früheren Ich; als sich beide dieser Tatsache bewußt werden, überfällt sie ein unheimliches Grauen und der Erzähler muß sein Erlebnis niederschreiben, um es verarbeiten zu können. – Eine Art Zeitsprung findet auch in der *Utopia de un hombre que está cansado (Utopie eines müden Mannes)* statt, wenn der Erzähler dort in ein zukünftiges Jahrhundert verschlagen wird, in dem die internationale Welt unserer Zeit abgeschafft ist und jeder Mensch sich seine eigene Welt begründet. – Einige Erzählungen spielen im bzw. verweisen auf das Mittelalter, wie etwa *Ulrica*, Borges' einzige Liebesgeschichte, oder *Undr* und *El espejo y la máscara (Spiegel und Maske)*, die vom Begreifen des Absoluten in einem dichterischen Wort oder Vers handeln. – Auch in *El Congreso (Der Kongreß)* geht es um das Streben nach einem unerreichbar hochgesteckten Ziel: Die Protagonisten versuchen nämlich, eine die ganze Menschheit umfassende Organisation aufzubauen. Trotz ihres unweigerlichen Scheiterns endet die Geschichte optimistisch mit der Gewißheit des Erzählers, daß eine solche Organisation im geheimen schon existieren müsse, der einzelne sie nur nicht zu erfassen vermöge. – In *Das Sandbuch* schließlich gelangt der Erzähler – der sich wiederum zum bekannten Schriftsteller Borges stilisiert – in den Besitz eines Buchs mit unendlich vielen Seiten: Es läßt sich beliebig oft aufschlagen, man findet ständig neue Seiten, die alten aber nicht wieder. Der Erzähler wird von dieser existentiell bedrohlichen Entdeckung so erschüttert, daß er das Buch in einem abgelegenen Winkel der Nationalbibliothek von Buenos Aires versteckt – ironischer Verweis des Autors auf seine eigene Tätigkeit als Direktor dieser Bibliothek.

Die Geschichten sind in einer betont einfachen und sachlichen Sprache erzählt. Mit ihrem Verzicht auf Schnörkel und Details, ihrer Beschränkung auf das unbedingt Notwendige und ihrem klaren, meisterhaften Aufbau wirken sie wie eine letzte Konzentration von Borges' erzählerischem Gesamtwerk; zugleich sind sie eine Hommage an einige der von ihm besonders verehrten Schriftsteller wie E. A. Poe, H. Ph. Lovecarft, J. Swift u.a., auf deren auch hier deutlich zu erkennenden Einfluß Borges selbst im Vorwort verweist. M.Ho.

Ausgaben: Buenos Aires 1975. – Madrid 1977; ⁵1983. – Buenos Aires 1979. – Madrid 1980 (in *Prosa Completa*, Bd. 2).

Übersetzungen: *Das Sandbuch*, D. E. Zimmer, Mchn./Wien 1977. – Dass., ders. (in *GW*, 9 Bde., 4, Mchn. 1981; Nachw. H. Bienek).

Literatur: D. A. Wilson, *Latest Fiction by B.* (in Denver Quarterly, 13, 1978/79, S. 138–142). – J. Tyler, *B. y las literaturas germánicas medievales en »El libro de arena«* (in Hispanic Journal, 2, 1980, S. 79–85).

LIBRO DE SUEÑOS

(span.; *Ü: Buch der Träume*). Textsammlung von Jorge Luis Borges (Argentinien), erschienen 1976. – Gewissermaßen in Zuspitzung des von ihm mitangeregten Intertextualitätsbegriffs veröffentlichte Borges mit diesem Band keine originellen, von ihm selbst verfaßten Erzählungen, sondern stellte ein »neues« Buch aus schon vorhandenen, teilweise Gemeingut gewordenen Texten aus den verschiedensten Literaturen und Kulturkreisen zusammen, die alle mit Träumen zu tun haben. Die Texte reichen dabei von Bibelzitaten (Der Traum Josephs, Jakobs Traum von der Himmelsleiter), altorientalischen, chinesischen, klassisch griechischen (Platon, Timaios) und römischen (Plutarch über die Omina vor Cäsars Ermordung) Stellen über bedeutende und unbekannte Autoren der neuzeitlichen Literaturen bis hin zu Borges selbst (*Ulrika, Der Traum des Pedro Enríquez Ureña*), wobei die älteren Literaturen ein gewisses Übergewicht haben. Die Anordnung folgt keinem erkennbaren Prinzip, obschon etwa die Bibelstellen alle aufeinander folgen. Die Texte sind oft nur wenige Zeilen, in seltenen Fällen auch zwei oder drei Seiten lang und werden meist in der gängigen spanischen Fassung (in der Übersetzung in der bekanntesten deutschen) zitiert, manchmal gekürzt, leicht bearbeitet oder mit kleinen Kommentaren versehen. Borges entnimmt sie den verschiedensten Gattungen: Es finden sich Erzählungen, Parabeln, Gedichte, Lexikonartikel, Traumanalysen und philosophische Betrachtungen zur Bedeutung des Träumens. Borges will mit diesem breitgefächerten Kulturschatz wohl nicht die wissenschaftliche »Weltgeschichte der Träume« vorlegen, von der er im Vorwort spricht, doch kann man das Buch als einen Versuch verstehen, erstens Material für ein solches Unterfangen zu sammeln und zweitens diese Geschichte doch zu präsentieren, indem er sie sich selbst durch die auf uns gekommenen Zeugnisse erzählen läßt.

Eine gewisse Wertung erlaubt Borges sich allerdings im Vorwort, wo er seine besondere Sympathie für bestimmte der im Buch zitierten Autoren bekundet. Im Sinne seines eigenen Schaffens behauptet er etwa, daß »*die Träume, welche die Zukunft vorwegnehmen, weniger wertvoll sind als die trügerischen, die eine unmittelbare Erfindung des schlafenden Menschen sind*«. Auch gilt seine Vorliebe offensichtlich dem Alptraum, den er für furchtbarer hält als alle wirklichen Schrecknisse, da er alles, was für gewöhnlich harmlos ist, mit »*Entsetzen verseuchen*« könne. Hierin und in seiner Deutung der Geschichte der aufgezeichneten Träume als eines Vordringens des Irrationalen mit einem Höhepunkt im 19. Jh. wird der Bezug zu seinem eigenen, von phantastischen Elementen durchzogenen Werk ganz deutlich, das sich aus einer mehr als umfassenden, auch in dieser Sammlung klar zum Ausdruck kommenden Kenntnis der Weltliteratur der Metaphorisierung und Versprachlichung des Unfaßbaren verschrieben hat. M.Ho.

AUSGABE: Buenos Aires 1976.

ÜBERSETZUNG: *Buch der Träume*, C. Meyer-Clason (in *GW*, 9 Bde., 7, Mchn. 1981; Nachw. C. Neubaur).

OTRAS INQUISICIONES

(span.; *Ü: Befragungen*). Essays von Jorge Luis BORGES (Argentinien), erschienen 1952. – Den 1925 veröffentlichten ersten Essayband *Inquisiciones* hat Borges nicht mehr auflegen lassen, weil er »*mit der Arbeit jener Jahre nur noch die entfernteste Verwandtschaft spüre*«. Die *Otras Inquisiciones* stellen ein Seitenstück zu Borges' erzählerischem Werk dar, zu dessen Verstehen die meist nur ein bis zwei Druckseiten umfassenden Aufsätze über philosophische, kulturgeschichtliche und vor allem literarische Themen wertvolle Hinweise liefern können, da sie größtenteils gleichzeitig mit den berühmten Erzählungsbänden *El Aleph* und *Ficciones* entstanden.

In diesen Essays stellt Borges die für sein Erzählwerk so zentralen Ideen der Zirkularität der Geschichte und seine Interpretation des Mythos von der Ewigen Wiederkehr dar, die er an einer Reihe von geschätzten, neben B. PASCAL und F. KAFKA vor allem angelsächsischen Autoren, wie H. G. WELLS, J. KEATS und W. BECKFORD, erläutert. An erster Stelle steht dabei der von Borges hochverehrte S. T. COLERIDGE (1772–1834). Dessen lyrisches Fragment *Kubla Khan* (1797/98) deutet er durch das für nahezu alle Essays typische Verfahren des Analogismus: Coleridge wird in eine typologische Reihe exemplarischer, wenn auch geographisch und historisch unabhängiger kultureller Erscheinungen eingebunden, deren Vergleichspunkt in der künstlerischen Schöpfung aus der Situation des Traumes heraus zu sehen ist. Daneben finden sich Beiträge über N. HAWTHORNE (1804–1864), der für Borges den Anfang der nordamerikanischen Literatur markiert. Die Kriminalromane G. K. CHESTERTONS (1874–1936) dienen ihm als Beispiele für die irrationale Grundlegung logischer Deduktionen, da die »*Vernunft, der Chesterton seine Phantasie unterwarf, nicht eigentlich Vernunft, sondern der katholische Glaube ist*«. Verschiedentlich greift Borges die poetologischen Aspekte eines besprochenen Werks als Ausgangspunkt für die Darlegung metaphysischer und ontologischer Probleme heraus, wobei ihm nicht nur die bisher genannten philosophisch orientierten Autoren entgegenkommen. In *Magias parciales del Quijote (Partielle Zaubereien im Quijote)* weist er auf eine Reihe von offenkundig bewußten Brüchen und Inkonsistenzen in der Werkstruktur von CERVANTES' Hauptwerk hin. Diese Struktureigenheiten des *Quijote* findet Borges in einigen anderen Werken der Weltliteratur – vor allem in den von ihm geschätzten und in seinem eigenen Werk verschiedentlich verwendeten Erzählungen aus *Tausendundeine Nacht*. Die Problematik des »*Buches im Buch*« und der Romanfiguren als Dichter, Leser und Zuschauer im Werk, die er dabei anreißt, wurde in der Forschungsliteratur zum *Quijote* erst wesentlich später aufgegriffen. Borges indes dient die Entdeckung des »*Buches als Spiegelung seiner selbst*« als Ausgangspunkt zur Formulierung seiner Idee der Weltgeschichte als »*unendliches Buch, das alle Menschen insgesamt lesen und schreiben und zu verstehen trachten und in dem sie ihrerseits aufgeschrieben werden.*« Auch die Verteidigung der Allegorie *(De las alegorías a las novelas – Von der Allegorie zum Roman)* mündet in eine Darlegung grundsätzlicher ideengeschichtlicher Natur, in dem Widerstreit von platonischer und aristotelischer Philosophie, die im Nominalismus und Realismus des Mittelalters ihre Gestalt gewannen. Allegorie und Roman sind hier nicht einfach als rhetorische Technik bzw. als literarische Gattung konzipiert, sondern als Denkformen, deren jeweilige historische Dominanz ebenso wie ihre gegenseitige Verbindung über die Jahrhunderte hinweg entweder stärker nominalistische oder realistische Tendenzen aufweisen. Gerade dieser Wechsel zweier konträrer philosophischer und ästhetischer Grundprinzipien entspricht dabei zugleich der fundamentalen Neigung Borges' einerseits zu einer dualistischen Weltsicht, andererseits zu einer Auffassung der Weltgeschichte als einer Abfolge von Phänomenen, die unter dem Blickwinkel des Analogismus deutbar werden. Oft beruht der einleitende Abschnitt eines Essays schon auf dem analogischen Grundmuster: In der *Nota sobre (hacia) Bernard Shaw (Bemerkungen über [in Richtung von] Bernard Shaw)* verknüpft Borges z.B. Fakten über Ramon LLULL, John Stewart MILL und Kurd LASSWITZ, die als Belege für eine überzeitliche Tendenz dienen, »*aus der Metaphysik und den Künsten eine Art Spiel zu machen*«. In diesem Hang zur poetischen Abstraktion stellt er George Bernard SHAW als »*Dichter der Philosophie und der Ethik*« dar, um ihn in der letzten Zeile dieses Essays in exemplarische Beziehung mit »*den Lehren der Stoa und dem Geschmack der Sagas*« zu bringen. So sind die Essays also keineswegs formlos zu nennen, sondern beruhen selbst bereits auf den Gesetzen der Symmetrie und der Zirkularität.

Borges stützt seine zunächst überraschenden Thesen durch eine klare und nachvollziehbare Argumentation, die, wie in den Erzählungen, aus verschiedensten Quellen schöpft. Diese Fragmente fremder Texte sind jedoch nicht einfach Zitate oder lediglich Illustrationen, die nur für die Belesenheit des Verfassers sprechen sollen – diese reicht von der klassischen chinesischen Literatur über isländische Sagas des Mittelalters bis zu exotischen Autoren verschiedenster Epochen und Länder; vielmehr verweisen sie entweder auf die für Borges so wichtige Idee der geistigen Analogie, oder sie betonen dadurch die Fremdartigkeit der zur Diskussion stehenden Thesen. Nicht selten werden die Zitate verfremdet und so in die unübliche Umgebung eingepaßt. Verstärkt wird diese Neigung zur Heterodoxie durch den Einsatz einer Rhetorik, die sich zur Hervorhebung eines Gedankens gerne der Paradoxie und des Oxymorons bedient und für den Essay des 20. Jh.s als vorbildlich gelten kann. G.Wil.

AUSGABEN: Buenos Aires 1952. – Buenos Aires 1960 (in *Obras completas*, 1953 ff., Bd. 8). – Buenos Aires 1966. – Madrid 1976; ³1981.

ÜBERSETZUNG: *Befragungen*, K. A. Horst (in *GW*, 9 Bde., 5/2, Mchn. 1981; Nachw. M. Krüger).

LITERATUR: P. Benichon, *Le monde et l'esprit chez J. L. B.* (in Les Lettres Nouvelles, 2, 1954, Nr. 21, S. 680–699). – M. Paley de Francescato, *B y su concepción del universo en »Otras inquisiciones«* (in KRQ, 20, 1973, S. 451–469). – A. MacAdam, *Lenguaje y estética en »Inquisiciones«* (in RI, 43, 1977, S. 637–644). – G. Ament, *»Inquisiciones« by B.: The Aesthetics of Thematic Innovation* (in Proceeding of the Pacific Northwest Conference on Foreign Language, 30, 1979, S. 135 ff.) – P. T. Fulton, *B., Hawthorne and Poe: A Study of Significant Parallels in Their Theories and Methods of Short Story Writing*, Diss. Auburne Univ. 1979 (vgl. Diss. Abstracts, 40, 1980, S. 5461A).

GIUSEPPE ANTONIO BORGESE

* 12.11.1882 Polizzi Generosa
† 4.12.1952 Fiesole

LITERATUR ZUM AUTOR:
G. Peritore, *G. A. B.* (in *Letteratura italiana. I contemporanei*, Bd. 1, Mailand 1963). – A. S. Giordano, *Rassegna di studi critici su B. romanziere* (in Critica letteraria, 10, 1982, Nr. 34–37). – M. Kuitunen, *La narrativa di G. A. B.*, Neapel 1982. – S. Zarcone, *La coscienza malata (G. A. B.)*, Palermo 1985. – S. Briosi, Art. *G. A. B.* (in Branca, 1, S. 386–389).

RUBÈ

(ital.; Ü: *Rubè*). Roman von Giuseppe Antonio BORGESE, erschienen 1921. – Der dreißigjährige neapolitanische Advokat Filippo Rubè plädiert für den Eintritt Italiens in den Ersten Weltkrieg. Er, der Neurastheniker, sucht als Freiwilliger an der Dolomitenfront Heilung für seine kranke Seele, doch ist sein Heldentum nichts anderes als überkompensierte Feigheit. Da der Krieg den Willensschwachen der persönlichen Verantwortung enthebt, kommt es erst nach Kriegsende zu neuen privaten Konflikten. In Mailand kann Rubè weder Zugang zu der besitzstolzen und geldgierigen Gesellschaft finden noch, trotz seines leidenschaftlichen Mitgefühls, an dem kollektiven Willen der Arbeiterschaft teilhaben: »*Nichts in der Brust ... Kein Herz ... Unfähig, das Gute zu tun und das Böse zu wollen ... Eine einzige aus Instinkt begangene Tat, und wäre es ein Verbrechen, ein Gemetzel! Ich wäre gerettet.*« Da er selbst die Initiative nicht ergreift, spielt der Zufall für ihn Schicksal: Rubè gewinnt beim Spiel ein Vermögen, verreist Hals über Kopf, ohne sich von seiner jungen Frau zu verabschieden, und trifft Célestine Lambert, die Frau eines französischen Generals, die er während des Kriegs in der Etappe in Paris kennengelernt hatte. Sie wird seine Geliebte. Bei einer gemeinsam unternommenen Bootsfahrt auf dem Lago Maggiore findet Célestine den Tod. Hat sich damit endlich das Entscheidende ereignet? Ist Rubè »gerettet«? Der Prozeß, zu dem es kommt, bringt ihm den gefürchteten Freispruch – gefürchtet, weil sich der tatsächlich Unschuldige als Mörder der Ertrunkenen fühlt. Nun unternimmt Rubè vergeblich »*ein verzweifeltes Experiment, einen letzten Einsatz während einer entsetzlichen Spielnacht*«; auch Pater Mariani kann ihm, nach dem Versagen der irdischen Gerechtigkeit, nicht zur Erfahrung eines göttlichen Zuspruchs verhelfen. Rubès weiteres Leben wird zur steten Flucht vor allem, bis ein banaler Zwischenfall seine »verpfuschte« Existenz beschließt: In Bologna gerät er in eine kommunistische Demonstration hinein und wird von den Hufen der Polizeipferde zu Tode getrampelt.

Die Tragödie des introvertierten Intellektuellen wird sichtbar in der Selbstanalyse eines Gewissens, das vielbödig ist »*wie der Koffer eines Schmugglers*«. Rubès Wille ist »*schwach, vor Gewissensbissen und Furcht eiternd*«, doch wollte der Sizilianer Borgese in dieser Geschichte eines »*Gescheiterten und Verworfenen*« – die Parallele zu DOSTOJEVSKIJS *Raskolnikoff* liegt auf der Hand – keinen pathologischen Fall aufrollen. Er sieht in seinem Rubè »*einen kraftvollen Strom, dem ein Flußbett fehlt: ein Mann, der an seinem Zeitalter zugrunde geht, das ihm keine Ideale bieten kann*«. Damit wird Rubè zum »*Märtyrer einer verdorbenen Gesellschaft ohne Gott*«. Das Leitmotiv seines Suchens sind die viermal wiederkehrenden Worte eines Menschen, der sein Gedächtnis verloren hat: »*Ich muß die Wurzeln wiederfinden, meinen Namen begreifen, wissen, wer ich bin, um zu wissen, was ich tun soll.*« In diesem Roman, der in vielen Zügen dem *Decadentismo* zuzurechnen ist, gestaltet Borgese die Tragödie des modernen Intellektualismus und die Auseinandersetzung des heimatlosen Geistes mit der absurd erscheinenden Welt des 20. Jh.s. W.Dr.

AUSGABEN: Mailand 1921. – Mailand ⁵1949. – Mailand 1983.

ÜBERSETZUNG: *Rubè*, C. Gutkind, Heidelberg/Baden-Baden 1928.

LITERATUR: E. Palmieri, *Interpretazioni del mio tempo: B.*, Neapel 1927. – R. Montano, *B. uno e due* (in Delta, 5, 1950, S. 13–22). – G. Gerini, *»Rubè« di G. A. B.* (in Lucerna, 17, 1962, H. 5, S. 10–12). – G. Giupponi, *Filippo Rubè visto da un medico* (ebd., S. 13–16). – L. Ratti, *I romanzi di G. A. B.: »Rubè« e »I vivi e i morti«* (ebd., S. 5–10). – A. Viviani, *Dall'incontro con B. all'incontro con »Rubè«* (ebd., S. 32–35). – M. Olivieri, *Schema oppositivo nel »Rubè« di G. A. B.* (in Prospetti, 41/42, 1976). – P. Laroche, *Situation et signification de »Rubè« dans la crise du premier après-guerre en Italie* (in Idéologies et politique. Contributions à l'histoire recente des intellectuels italiens, Abbéville 1978). – G.-P. Biasin, *Il rosso e il nero: testo e ideologia in »Rubè«* (in Italica, 50, 1979, Nr. 2, S. 172–197). – F. Pappalardo, *»Rubè« fra tradizione e crisi* (in Lavoro critico, 20, 1980). – R. Freda Melis, *Alcuni appunti sul »Rubè« di B.* (in Cultura neolatina, 41, 1981).

FRANZ BORKENAU

* 15.12.1900 Wien
† 22.5.1957 Zürich

THE SPANISH COCKPIT. An Eye-Witness Account of the Social and Political Conflicts of the Spanish Civil War

(engl.; Ü: *Kampfplatz Spanien. Die sozialen und politischen Konflikte des spanischen Bürgerkriegs. Ein Augenzeugenbericht*). Historisch-politisches Werk von Franz BORKENAU, erschienen 1937. – Als eine der wenigen verläßlichen Darstellungen des Spanischen Bürgerkriegs ist *The Spanish Cockpit* zum »Klassiker« geworden und ergänzt andere ebenfalls kompetente Schilderungen. Abgesehen von der regionalen Begrenztheit sind die schriftstellerischen Zeugnisse etwa von A. KANTOROWICZ, G. ORWELL und A. KOESTLER in erster Linie menschliche Dokumente aus der Sicht des einzelnen, freiwillig oder unfreiwillig in den Bürgerkrieg verwickelten Kombattanten. Neben authentischen Eindrücken von den chaotischen Vorgängen der ersten Bürgerkriegsmonate bietet Borkenaus Tagebuch eine brillante historisch-politologische Analyse der Bedingungen für Ausbruch und Verlauf des Bürgerkrieges; als historische Quelle ist das Buch unentbehrlich. Denn trotz seiner offenen Sympathien für die spanische Republik und insbesondere für die nichtkommunistische revolutionäre Linke blieb der Blick des Autors für die politischen und sozialen Vorgänge ungetrübt, seine Objektivität ist mehr als nur wissenschaftlicher Gestus.

Anfang August 1936 unternahm Borkenau, der Soziologe und zeitweilige Mitarbeiter am Frankfurter Institut für Sozialforschung, seine erste Reise nach Spanien, um eine wissenschaftliche Feldstudie über ein in Revolution befindliches Land zu erstellen. Der Putsch der Oligarchie aus Armee, Kirche und Großgrundbesitzern am 17. Juli 1936 mit Franco als deren militärischem Initiator war von den Volksmilizen zurückgeschlagen worden. Die politische Macht lag zu diesem Zeitpunkt nicht in den Händen der untätigen Madrider Zentralregierung, sondern bei den von den Gewerkschaften organisierten revolutionären Komitees.

Inmitten einer Atmosphäre revolutionärer Begeisterung und millenarischen Glaubens an das Ende jahrhundertelanger Knechtschaft beschreibt Borkenau mit kritisch-nüchternem Blick und ohne Scheu, die Dinge beim Namen zu nennen, die Versuche zur utopischen Umgestaltung der Gesellschaft: Hinrichtungen von Menschen unter dem Verdacht, »Faschisten« zu sein, Kirchenverbrennungen, kollektivierte Fabriken und Landgüter, die von den Arbeitern bzw. Tagelöhnern mehr oder weniger gut betrieben werden, die Organisation des militärischen Widerstands gegen Francos Armee und eine Fremdenlegion auf der Basis von politisch zusammengestellten Milizkolonnen mit Soldatenversammlung und politischen Kommissaren statt befehlshabenden Offizieren; Dörfer, die gegen die Guardia Civil rebellieren und anschließend den »*Comunismo libertario*« proklamieren, die anarchistische Vorstellung einer Gesellschaft selbständiger kleiner Kommunen, die zum Teil religiös-asketische Züge annahm.

Borkenaus zweite Reise von Januar bis März 1937 fällt mit der zweiten Phase der spanischen Revolution zusammen. Als im November 1936 Franco dank der Unterstützung durch deutsche und italienische Waffen und Flugzeuge vor den Toren Madrids stand, war die Republik gezwungen, bei Stalin um Militärhilfe anzusuchen. Mit den russischen Waffen kam auch politischer Druck ins republikanische Spanien. Auf die Frage nach dem Komitee erntet Borkenau nur noch ein verständnisloses Achselzucken. Mit der Entscheidungsgewalt über die Verteilung der sowjetischen Militärhilfe ging der politische Einfluß auf die Kommunistische Partei über, eine nicht-revolutionäre Kraft, die gemäß Stalins Parole, in Spanien finde keine Revolution statt, sondern nur die Verteidigung einer legalen Regierung, den sozialrevolutionären Impuls zu unterdrücken begann. Diese mit den Mitteln der Zensur und des Terrorismus geführte Restauration, die zu einem zeitweiligen Bürgerkrieg innerhalb des republikanischen Lagers führte, endete mit dem Niedergang der Herrschaft des Komitees. Die Ursachen hierfür sieht Borkenau auch in gewissen Eigenheiten des spanischen Volkscharakters: »*Zentralisierung und Disziplin sind Elemente des modernen Lebens, die in Augenblicken akuter Krisen am dringendsten gefordert sind. Dies nicht zu verstehen, ist die grundsätzliche Schwäche der Anarchisten; und diese Schwäche hätten sie überwinden müssen, wenn sie die Führung hätten übernehmen wollen. Aber wären sie dazu in der Lage gewesen, wären sie keine spanischen Anarchisten gewesen...*«. Der später vom Kommunismus sich lossagende Kominternfunktionär Borkenau kritisiert nicht nur besonders scharf die Rolle der spanischen Kommunisten, sondern gelangt zu noch grundsätzlicheren Einwänden gegen das utopische Element dieser Auseinandersetzung: »*Marx' Ideal der Kommune, Lenins Sowjet-Ideal und der »Comunismo libertario« der Anarchisten sind Illusionen... Und wenn Gewalt der Vater jeden großen Aufruhrs ist, dann ist die Illusion ihre Mutter.*«

Das »Tagebuch der Revolution« ist eingerahmt von einer Einführung zur Vorgeschichte des Bürgerkriegs und einigen abschließenden Essays über Revolution und Staat. Borkenaus Analyse ist heute noch zutreffend und stellt eine gelungene Synthese aus journalistischer Gewandtheit und wissenschaftlicher Genauigkeit dar. W.Ste.

AUSGABEN: Ldn. 1937. – Ann Arbor 1963.

ÜBERSETZUNG: *Kampfplatz Spanien*, W. Steinbeiß, Stg. 1986.

LITERATUR: R. Löwenthal, Einl. zu F. Borkenau, *Ende und Anfang*, Hg. R. Löwenthal, Stg. 1984. – H. Pross, *Hoffnung im paranoischen Zeitalter* (in Merkur, 39, 1985, S. 696–700). – H. Münckler, *Die »Internationalisierung« der Revolution* (in FAZ, 20.5.1986). – S. Papcke, *Wie der Republik der Atem ausging* (in Die Zeit, 11.7.1986).

MAX BORN

* 11.12.1882 Breslau
† 5.1.1970 Göttingen

QUANTENMECHANIK DER STOSSVORGÄNGE

Theoretisch-physikalische Abhandlung von Max BORN, erschienen 1926 in der ›Zeitschrift für Physik‹. – Durch M. PLANCKS Entdeckung des Wirkungsquantums (vgl. *Vorlesungen über die Theorie der Wärmestrahlung*, 1906) im Jahr 1900 wurde eine geistige Krise der Physik ausgelöst, deren Überwindung insbesondere den Arbeiten der Göttinger Schule, der Max Born in den Jahren 1926/27 vorstand, zu verdanken war. Nachdem Anfang der zwanziger Jahre die Dualität von Welle und Korpuskel weitgehend akzeptiert war, bedeutete die statistische Interpretation der Quantenmechanik durch Born, für die er 1954 mit dem Nobelpreis ausgezeichnet wurde, einen geradezu dramatischen Schritt bei der Erforschung von Naturerscheinungen, eine neue Denkweise, die stark auf das Grenzgebiet von Physik und Philosophie ausstrahlte. Diesem Schritt gingen die grundlegenden Arbeiten von W. HEISENBERG (vgl. *Die physikalischen Prinzipien der Quantentheorie*, 1929) sowie von L. de BROGLIE und E. SCHRÖDINGER (vgl. *Quantisierung als Eigenwertproblem*, 1926) voraus. Heisenberg postulierte in der von ihm begründeten Matrizenform der Quantenmechanik, daß eine exakte Darstellung der physikalischen Vorgänge in Raum und Zeit überhaupt unmöglich ist und damit alle Begriffe und Vorstellungen, die keinem beobachtbaren Tatbestand entsprechen, in der theoretischen Beschreibung zu eliminieren sind. Schrödinger dagegen ordnete den Wellen, die nach de Broglie als Träger der atomaren Prozesse anzusehen sind, Realität zu und betrachtete sie – analog zu den Lichtwellen – als direkte Darstellung bewegter Korpuskeln. Diese Auffassung der Materie stand jedoch im Gegensatz zur experimentellen Beobachtung, derzufolge das Teilchen immer als Ganzes wirkt, d.h. nicht weiter teilbar ist.

Da keine dieser Theorien voll befriedigend war, versuchte Born in der vorliegenden Arbeit diese Unstimmigkeiten durch eine neue Art der Interpretation zu beseitigen, die es gestattet, den Atomismus der Korpuskeln mit den Wellenerscheinungen zu verbinden. Born deutete die Schrödingersche Differentialgleichung, d.h. die Wellenfunktion, als Wahrscheinlichkeitswelle. Nach dieser statistischen Deutung ist die Intensität der de Broglieschen Wellen in einem beliebig wählbaren Raumpunkt proportional der Wahrscheinlichkeit, an dieser Stelle ein Korpuskel (z.B. ein Elektron) vorzufinden. Diese Wahrscheinlichkeit bedingt für ein einzelnes Elektron keineswegs ein bestimmtes Verhalten. Die Brauchbarkeit dieser Vorstellung wird von Born anhand der Untersuchungen von Stoßvorgängen zwischen einzelnen Korpuskeln nachgewiesen, die über die physikalische Bedeutung der formalen Gesetze Aufschluß geben sollen. Gestützt auf eine theoretische Aussage EINSTEINS über das Verhältnis von Lichtquanten und Wellenfeld, wendet er diese Erkenntnis auf die Materie an: Born betrachtet die de Broglie-Schrödingerschen Wellen nicht als Materiewellen, sondern als »Führungsfeld«, das sich nach der Schrödingerschen Wellenfunktion ausbreitet und das Wahrscheinlichkeit bestimmt, mit der ein Korpuskel einen bestimmten Weg einschlägt. Impuls und Energie werden so übertragen, als wenn tatsächlich Teilchen sich bewegten, deren Bahnen nur soweit bestimmt sind, als Impuls- und Energiesatz sie einschränken. Für das Einschlagen einer bestimmten Bahn ist nur eine Wahrscheinlichkeit durch die Werteverteilung der Wellenfunktion gegeben. Anders ausgedrückt: Die Bewegung der Partikel ist indeterministisch, da sie Wahrscheinlichkeitsgesetzen unterliegt, die Wahrscheinlichkeit hingegen steht im Einklang mit dem Kausalgesetz und ist damit deterministisch, d.h., die Kenntnis des Zustands in allen Raumpunkten zu einem bestimmten Zeitpunkt legt die Verteilung des Zustands zu allen späteren Zeiten fest. Daher ist auch nur das Verhältnis der Intensitäten der Wellen in den verschiedenen Teilen des Raumes wichtig, nicht ihre absolute Größe. Der physikalische Zustand eines einzelnen Teilchens bleibt immer derselbe, da z.B. bei einer Vergrößerung der Wellenamplituden das Verhältnis der Intensitäten in den verschiedenen Raumabschnitten unverändert bleibt.

Die statistische Interpretation der Quantenmechanik löst damit die Probleme der stationären Zustände ebenso wie die der Übergangserscheinungen; sie erlaubt die Beibehaltung der »gewöhnlichen« Vorstellungen von Raum und Zeit, widerspricht jedoch der kausalen Bestimmtheit des Einzelereignisses, das dadurch aus der deterministischen Beschreibung, wie sie in der klassischen Mechanik NEWTONS vorausgesetzt wird, herausgenommen wird. Die raum-zeitliche Beschreibung von atomaren Vorgängen ist komplementär zu ihrer kausalen oder deterministischen Beschreibung. Die Wahrscheinlichkeitsfunktion genügt zwar einer Bewegungsgleichung, ihre zeitabhängige Änderung ist durch die quantenmechanischen Gleichungen vollständig bestimmt, aber sie liefert keine raum-zeitliche Beschreibung des Systems, d.h., man erhält nicht die Beschreibung eines bestimmten Vorgangs, sondern der Gesamtheit von möglichen Vorgängen. Die Anwendbarkeit des Kausalitätsprinzips ist damit im Bereich der Atomphysik, d.h. dem der kleinsten Wirkungen und Massen, nicht uneingeschränkt möglich. Das bedeutet, daß die Beschreibung des Mikrokosmos in Wahrscheinlichkeitsfunktionen gefaßt werden muß, deren Veränderliche selbst eine Wahrscheinlichkeitsfunktion ist, bei denen es sich also nicht um statistisch gewonnene Durchschnittswerte empirischer Größen handelt. Dem mikrokosmischen Geschehen kommt damit eine Art Spontaneität zu. – Die starken Ausstrahlungen dieser Erkenntnisse auf das Denken der gegenwärtigen Philosophie haben ihren Niederschlag u.a. in den Werken der Vertreter des Neorealismus (B. RUSSELL, A.N. WHITEHEAD) und des Neopositivismus (M. SCHLICK, R. CARNAP, L. WITTGENSTEIN, H. REICHENBACH) gefunden und damit der Philosophie neue Impulse gegeben. A.M.Bo.

AUSGABEN: Bln. 1926 (in ZS. für Physik, 37/38). – Stg. 1962 (in M. B., *Zur statistischen Deutung der Quantentheorie*, Hg. A. Hermann; Dokumente der Naturwissenschaft, Abt. Physik, 1). – Braunschweig/Wiesbaden 1984; ³1987 (in K. Baumann u. R. U. Sexl, *Die Deutungen der Quantentheorie*).

LITERATUR: M. Born u. P. Jordan, *Zur Quantenmechanik* (in Zs. für Physik, 34, 1925, S. 858–888). – M. Born, P. Jordan u. W. Heisenberg, *Zur Quantenmechanik II* (ebd., 35, 1926, S. 557–615). – M. Born u. P. Jordan, *Elementare Quantenmechanik* (in M. B., *Vorlesungen über Atommechanik*, Bd. 2, Bln. 1930). – M. Born, *Atomic Physics*, Ldn./Glasgow 1935, ern. 1951. – Ders., *Natural Philosophy of Cause and Chance*, Oxford 1949; ern. NY 1964. – Ders., *Physik im Wandel meiner Zeit*, Braunschweig 1957; ⁴1966 [erw.; Nachdr. 1983]. – G. Joos, *Lehrbuch der theoretischen Physik*, Ffm. ¹⁰1959. – H. Vogel, *Physik und Philosophie bei M. B.*, Bln. 1968. – W. Döring, *Atomphysik u. Quantenmechanik*, Bd. 1, Bln./NY 1973; ²1981 [verb.]. – *Der Luxus des Gewissens, (M. B., James Franck, Physiker in ihrer Zeit)*, Bln. 1982 [Ausst. Kat.].

NICOLAS BORN

eig. Klaus Jürgen Born
* 31.12.1937 Duisburg
† 7.12.1979 Dannenberg

LITERATUR ZUM AUTOR:
M. Grzimek, *N. B.* (in KLG, 4. Nlg., 1980) – *N. B. zum Gedenken* (Rowohlt LiteraturMagazin, Nr. 21, 1988; Beitr. von H. C. Buch, F. C. Delius, G. Grass, P. Handke, R. Haufs, B. Jentzsch, G. Kunert, H. M. Ledig-Rowohlt, R. Lettau, H.-J. Schädlich, D. Wellershoff).

DAS LYRISCHE WERK von Nicolas BORN. Nach seinem ersten, erfolglosen Roman *Der zweite Tag* (1965), und bevor er mit seinem zweiten Roman *Die erdabgewandte Seite der Geschichte* (1976) seinen ersten großen literarischen Erfolg erzielen konnte, trat Born vor allem als Lyriker hervor. Die ersten Gedichtbände, *Marktlage* (1967) und *Wo mir der Kopf steht* (1970) betreute noch der damalige Lektor des Verlages Kiepenheuer & Witsch, Dieter WELLERSHOFF, der in den frühen sechziger Jahren einen Kreis von Autoren um den Verlag versammelte, darunter Rolf Dieter BRINKMANN, Ludwig HARIG und Günter HERBURGER, der unter der Kennzeichnung »Kölner Schule« oder »Neuer Realismus« bekannt wurde. Auch Born stieß zu dieser Gruppe, breitere Anerkennung fand aber erst der Band *Das Auge des Entdeckers* (1972), womit der Autor für die Kritik unter dem Etikett der »Neuen Subjektivität« firmierte, zusammen mit Literaten wie F. C. DELIUS oder Jürgen THEOBALdy. Nach dem Zerfall der Studentenbewegung, so die gängige Charakterisierung dieser literarischen Strömung, folgte die Rückbesinnung auf die eigene Individualität, die Abkehr von der unmittelbaren politischen Arbeit; allerdings war Born bis zu seinem frühen Tod in der Antiatomkraft-Bewegung aktiv, noch seine letzten Gedichte, unter dem Titel *Keiner für sich, alle für niemand* in die Sammlung *Gedichte 1967–1978* (1978) aufgenommen, bezeugen dieses Engagement.

Born verstand, und die postum erschienene Aufsatzsammlung *Die Welt der Maschine* (1980) ist darauf konzentriert, schriftstellerische Arbeit von jeher als politische Tätigkeit, allerdings nicht im Sinne parteilicher Agitation; aber eine ihre Grundlagen reflektierende künstlerische Tätigkeit bedingt immer auch eine kritische, von Verweigerung bestimmte Haltung gegenüber der Welt der Fakten und Sachzwänge. Bereits 1967, bevor der Slogan vom »Konsumverhalten« aufkam, zeichnete Born in seinem Band *Marktlage* das Bild der neuen, satten Selbstzufriedenheit: »*Was uns geblieben ist / nach Kriegen und privaten Katastrophen*«, heißt es im einleitenden Gedicht *Reste*, »*halten wir zusammen wie Pech und Schwefel / Fahren samstags fröhlich übern See / mit verbilligtem Werksprit / (wozu verbringt man die Woche mit Maschinen) / 90 PS unterm Arsch, los Kumpels refft / die Freizeitjacken . . .*«. Das Thema wird in den vier Abschnitten *Marktlage, Wohnungen, Damals* und *Nachrufe* weiter variiert, in einer schmucklosen, der Umgangssprache angepaßten Diktion. Gedichte sollten, so bemerkte Born, frei von »*Symbol, Metapher, von allen Bedeutungsträgern*« sein und nicht »*geschmäcklerisch oder romantisierend*« die Welt beschreiben, sondern die Dinge direkt benennen. Auffallend ist der häufige Gebrauch des lyrischen »*Wir*«, wodurch Born den Leser in seine Kritik des bundesdeutschen Wohlstands einbezieht.

Zwar knüpft der Anfang der Gedichtsammlung *Wo mir der Kopf steht* (1970) noch an diese Auseinandersetzung mit der Konsumgesellschaft an, so in dem Gedicht *Anzeige*, in dem Born das Vokabular der Shampoo-Werbung ironisiert, aber verstärkt kommen die politischen Themen zur Geltung, die in der Entstehungszeit des Bandes, in den Jahren 1967–1970, virulent waren: Vietnam, Willkür der Polizei, Abrechnung mit der Vätergeneration. Neue stilistische Verfahren stellen sich ein: »*Soldaten in Stellungen / zählende Offiziere: tote Feinde / reihenweise . . .*«, beginnt etwa das Gedicht *Fünfzehnte Reihe*, um nach vier Strophen, die von den Kriegsgreueln in Vietnam handeln, lapidar zu enden: »*dann fing der Hauptfilm an / wir saßen Fünfzehnte Reihe*«. Deutlich ist in diesen pointierten Zuspitzungen, in denen der Schluß des Gedichtes das Vorangegangene in neuem Licht erscheinen läßt, ein Einfluß der zeitgenössischen amerikanischen Lyrik (Charles BUKOWSKI, Ron PADGETT) zu erkennen, deren kompetenter Kenner und Interpret Born immer gewesen ist. Auch die immer wieder erscheinende Thematisierung der bundesdeutschen Konsumgesellschaft legt den Vergleich mit amerikanischen Vorbildern nahe, wie sie Borns Freund Rolf Dieter BRINKMANN mit *Acid. Neue amerikanische Szene* (1969) dem deutschen Publikum zugänglich gemacht hatte. Wiederholt zitiert und paraphrasiert Born Gedichte anderer Autoren, ohne daraus ein Rätselspiel für literarische Kenner zu entwickeln; in einer Fußnote etwa zu dem Gedicht *Der Kampf mit den Bullen* erläutert er: »*Titel und Anfang variieren ein Gedicht von Jacques Prévert.*«. Und im Nachwort zu diesem Band charakterisiert sich Born als subjektiver Chronist seiner Zeit, als »*Nachdenker von Vorgedachtem*«: »*Aber ich verändere Anordnungen, Reihenfolgen, schreibe deutlich Zitate in ungewohnte Zusammenhänge.*«

Einen entscheidenden Schritt vollzieht Born mit der 1970–1972 entstandenen Sammlung *Das Auge des Entdeckers* (1972); die Gedichte dieses Bandes halten alltägliche Wahrnehmungen fest, an denen sich jenseits der herrschenden Normierungen und Verfügungen Freiräume öffnen für »*Gegenbilder*«, für Wünsche, Phantasien, für Utopie, deren Bezugspunkt im empfindenden Ich selbst liegt: »*Heute wie gestern / die erstaunlichen Bäume in meiner Straße / rote Backsteinkamine / eine Schwalbe / schnippelt das Blau / eine Tasse Kaffee eine Zigarette / der kleine aztekische Maisgott / auf der Fensterbank . . . ich bin / erstaunlich und ich bin es der sich / von Wünschen weit hinaustragen läßt.*« Im Gegensatz zu den vorhergehenden Bänden dokumentieren die Gedichte dieser Sammlung einen strikten Stilwillen, verbunden mit einer zunehmend agrammatischen Sprache, in der assoziativ Bilder verbunden werden. Dem entspricht die Typographie des Bandes: Die Zeilen beginnen nicht durchgehend am linken Rand, manche sind in die Mitte oder nach rechts versetzt und dynamisieren die Texte somit auch optisch, verbunden mit den Bildern von Dieter Masuhr, die allerdings in die spätere Sammelausgabe *Gedichte 1967–1978* nicht mehr aufgenommen wurden.

In den *Nachbemerkungen* zu *Das Auge des Entdeckers* hat Born seine grundsätzliche programmatische Vorgabe umrissen: »*Literatur hat die Realität mit Hilfe von Gegenbildern, von Utopien erst einmal als die gräßliche Bescherung sichtbar zu machen, die sie tatsächlich ist.*«. In seinen nach 1972 entstandenen Gedichten, die unter der Übertitelung *Keiner für sich, alle für niemand* in dem Sammelband *Gedichte 1967–1978* enthalten sind, verdunkeln sich diese »*Gegenbilder*« jedoch zunehmend. Born war in dieser Zeit von Berlin nach Gorleben umgezogen, wo er sich, auch nach Diagnose seiner Krebserkrankung, aktiv am Widerstand gegen die Errichtung eines Zwischenlagers beteiligte. Die Gedichte sind von einer bedrohlichen Düsternis gekennzeichnet. Natur, einst Ausgangspunkt für utopische Bilder, scheint wie im Sterben begriffen: »*Baukräne, zementhelle Öde / Blick in die aufsteigende Welt / die nun doch nicht überlebt hat.*« (*Horror, Dienstag*). Nicht nur weil er, etwa in dem Gedicht *Entsorgt*, den von den Behörden ausgegebenen Euphemismen auf der Spur ist, kreist die letzte Gedichtsammlung Borns auch deutlich um ihr eigenes

Material, um Sprache, die in den offiziellen Verlautbarungen zu Worthülsen zerrinnt, die nur durch Verfremdung, in der Literatur, ihren Mitteilungscharakter wieder gewinnen kann. Literatur hat, so konstatierte Born noch 1975 in seinen Vorbemerkungen zum ›Rowohlt Literaturmagazin 3‹, *»den sowohl zerstörerischen wie auch aufbauenden, auf jeden Fall aber erschütternden Zusammenprall der Imagination mit dem Faktischen darzustellen bzw. dieser Zusammenprall selber zu sein.«* In seinen letzten Gedichten scheint die Poesie vor diesem Anspruch zu vergehen, die Gegenbilder zum Faktischen reduzieren sich auf Fragmente: *»Gekippte Wiesenböschung, Engel, ungewisse / warmer Menschenkörper und Verstehn / Gärten hingebreitet, unter Zweigen Bänke ... / ... Schatten ... Laub ... im Wind gesprochen / .... Samen«.* R.Rh.–KLL

AUSGABEN: *Marktlage. Gedichte*, Köln 1967. – *Wo mir der Kopf steht*, Köln 1970. – *Das Auge des Entdeckers. Gedichte*, Reinbek 1972. – *Gedichte. 1967–1978*, Reinbek 1978. – *Gedichte*, Reinbek 1980.

DIE ERDABGEWANDTE SEITE DER GESCHICHTE

Roman von Nicolas BORN, erschienen 1976. – Auf den ersten Seiten des Romans erinnert sich der Ich-Erzähler an den Beginn seiner Liebschaft zu Maria im Berlin der späten sechziger und frühen siebziger Jahre. Ohne zu wissen, was er von ihr wollte, und ohne zu wissen, was sie von ihm wollte, kam diese Beziehung zustande. *»Es war nichts dagegen zu machen ...«* Auf den letzten Seiten des Romans sieht dann der Erzähler stumpf und zufrieden zu, wie Maria, die Schallplattenagentin, mit einem Fotografen die Funk- und Fernsehmesse verläßt. Dazwischen liegen die Stationen einer unspektakulär beginnenden und unspektakulär endenden Liebschaft. Während sich Maria im Beruf engagiert, verbringt der Ich-Erzähler, der sich mit literarischen Arbeiten durchschlägt, seine Tage in ihrem Bett. Abwechslung bringen Treffs mit dem Schriftsteller-Kollegen Lasski, den mit dem Erzähler ein extremer Individualismus eint. Ansätze von emotionaler Zuneigung, zumindest Fürsorglichkeit, empfindet der Erzähler allein für Ursel, seine im Lauf des Romans ins jugendliche Alter kommende Tochter aus einer gescheiterten Ehe.
Andere Episoden, die nicht unmittelbar auf die totgeborene Liebe zu Maria eingehen, sind in den Roman eingestreut, der keiner Kapitelfolge und keiner klar entwickelten Geschichte folgt: die Berliner Anti-Schah-Demonstration des Jahres 1968, Wohngemeinschaftsfeste, flankiert von Haschisch und Alkohol; Reisen ins Ruhrgebiet und nach Frankfurt. Trotz der durch den Erzähler eingebrachten misanthropen Grundstimmung weist der Roman aber schließlich doch noch ein optimistisches, letztlich aber wohl ironisch gemeintes Moment auf. Nachdem der Erzähler während eines Ferienaufenthalts im Fichtelgebirge vom Tod Lasskis erfährt, besinnt er sich auf die Natur und auf das, was als Hier und Jetzt zu gelten hat: *»Nachher ißt du mit einem Kind, nimmst eine Valium, liest noch ein paar Seiten und schläfst ein. Die Erde atmet aus und ein, du atmest, Maria ist weit weg, Lasski ist tot, du sitzt hier in der Sonne und denkst darüber nach, wie du für Ursel etwas Besonderes tun kannst. Das alles ist genau das, was wirklich ist. Nimm es hin und hör endlich auf, daran herumzudrehen.«*
Der Roman ist mit Bernward VESPERS *Die Reise* (1977) verglichen und auch als Schlüsselroman zum Verständnis der Tendenzwende im intellektuellen Klima der Bundesrepublik in den siebziger Jahren, hin zu einer »Neuen Subjektivität«, verstanden worden. Die autobiographischen Elemente in Borns Buch geben einer solchen Deutung in Grenzen Recht. Der Autor war aktiv an der Anti-Schah-Demonstration beteiligt und auch ein Wortführer jener linken Schriftsteller, die sich um ›Rowohlts Literaturmagazin‹ versammelten. Nicht zuletzt weist die Biographie des Ich-Erzählers zahlreiche Parallelen zum Lebensweg des Autors auf, der im Rheinland und im Ruhrgebiet aufgewachsen war und sich nach seiner Scheidung in Berlin eine Schriftstellerexistenz aufbaute; hinter der Figur des »Lasski« ist Rolf Dieter BRINKMANN zu erkennen, mit dem Born befreundet war.
Offensichtlich ist aber auch, daß der Roman mehr als ein historischer Beleg und mehr als eine Autobiographie ist. Die Endzeit-Atmosphäre des Romans, mitunter mit SARTRES *La nausée (Der Ekel)* oder CAMUS' *L'Etranger (Der Fremde)* verglichen, ist so wenig als realistische Abbildung des Bestehenden zu deuten wie die Erinnerung an Zeitgeschichte als Analyse des Vergangenen. Gegenstand des Werks ist letztlich die Befindlichkeit des Ich-Erzählers, der in immer neuen Anläufen und Variationen sich in Selbstbetrachtung verliert; *»Innerlichkeit«*, so konstatierte Born in einem Interview, *»gibt es bei mir nicht, nur Narzißmus, der sich in der Selbstbetrachtung erschöpft.«* Die Ausweglosigkeit dieser Haltung birgt aber gerade jenes Moment an Utopie, das dem Roman zu eigen ist und worin Born die politische Begründung von literarischer Tätigkeit insgesamt sieht, wie er es am prägnantesten in seiner Aufsatzsammlung *Die Welt der Maschine* (1980) zum Ausdruck gebracht hat: *»Das Wahnsystem Wirklichkeit muß um seinen Alleinvertretungsanspruch gebracht werden.«* Jenseits der eingefahrenen Sinnbezüge und Ordnungsmuster liegt die *»erdabgewandte Seite der Geschichte«*: in den Zwängen und Wünschen, Hoffnungen und Verstrickungen des einzelnen, der sich damit immer schon unangepaßt zur Realität verhält, obgleich ihm das Eingeständnis dazu ebenso schwer fällt wie die Orientierung in seinem inneren Labyrinth. Gerade eine linear ablaufende Geschichte ist hier nicht möglich, wie auch Borns Roman keine Fabel im herkömmlichen Sinne erzählt, und auch die Ansätze des Erzählers dazu immer wieder im Vorläufigen, im Unabgeschlossenen stecken bleiben: *»Ohne meine Absicht wurde die Geschichte eine ganz ande-*

re, und es beruhigte mich sehr, daß es niemals zu genauen Übereinstimmungen kam, zu einem Wiedererkennen und zwanghaften Vergleichen. Die Geschichte würde wahrscheinlich eine ganz andere werden, eine unvergleichlich andere. Vielleicht würde sie sich selbst ihr Ende finden oder sich aufspalten und verzweigen zu anderen, wieder anderen Geschichten, oder sie würde eine bloße Zusammenfassung werden einer Geschichte...«.
Das offene, jeder vorschnellen Lösung sich entziehende Kompositionsprinzip des Romans erstreckt sich auch auf das sprachliche Material. Fast manisch ist der Erzähler zusammen mit Lasski den neuen Verlogenheiten der neuen Solidaritäten der siebziger Jahre auf der Spur, nur mit der vagen Hoffnung, jenseits der Kritik eröffne sich ein allerdings nicht benennbarer Freiraum, kämpft er gegen die vorgeformten Worthülsen und Klischees, gegen eine Mechanik des Schreibens an, das auf Ergebnisse, auf Festschreibungen aus ist: *»Ich schrieb nur noch, was mal gewesen ist, vielleicht so gewesen war, denn es veränderte sich ja immerfort, kein Moment war freizuhalten von Wörtern, kein Moment war unausgesprochen geblieben; es waren lauter wörtlich, in Wörtern zusammengekratzte Erlebnisse, abgezogene Bilder... Aber hinter allen Gefühlen und auch hinter allen Wörtern fing das Schreiben erst an.«*

R.Rh.-KLL

AUSGABEN: Reinbek 1976. – Reinbek 1980.

LITERATUR: M. Reich-Ranicki, Rez. (in FAZ, 14. 9. 1976). – R. Baumgart, Rez. (in SZ, 18. 9. 1976). – P. Handke, Rez. (in Die Zeit, 8. 10. 1976). – R. Stephan, *Verfall und Angst* (in FH, 1977, H. 3, S. 65–67). – C. Merkes, *Wahrnehmungsstrukturen in Werken des Neuen Realismus*, Ffm. 1982. – R. Stegers, *»Aber eines Tages werden alle Bilder wahr«* (in Rowohlt LiteraturMagazin, Nr. 21, 1988).

DIE FÄLSCHUNG

Roman von Nicolas BORN, erschienen 1979. – Als der Reporter Georg Laschen zusammen mit dem Fotografen Hoffmann aus dem winterlichen Hamburg in die vom Bürgerkrieg geschüttelte Stadt Beirut entsandt wird, findet er sich in einer fremden Welt wieder. Gegen seinen Kollegen Hoffmann, den er als Sensationsjournalisten einschätzt, überkommt ihn schon in den ersten Tagen eine zunehmende Abneigung, die sich zu grundsätzlichen Zweifeln an seinem Beruf steigert. Vom Hotel Commodore aus durchstreift er die Stadt, spricht mit den Vertretern der Bürgerkriegsparteien, erlebt Massaker der Christen und der Palästinenser und registriert den Alltag der Überlebenden: *»Es was das notorisch bedingte, menschheitsgeschichtliche Weitermachen, der ›Normalbetrieb‹ unter krassen Bedingungen.«* Laschen bleibt Außenseiter in dieser Welt der Stellvertreterkriege, ein berufsmäßiger Voyeur, der bei aller Erregung über das Gesehene immer nur seine eigene Nichtzugehörigkeit, seine eigene Leere registriert. Eine persönliche Befindlichkeit in dieser Absurdität erscheint ihm als nicht mitteilbar, wird von seinen Auftraggebern auch nicht gewünscht *(»er schrieb nie was er dachte, das heißt, er schrieb nur, was er außer sich dachte, was er auch für schreibbar hielt«)*, während er das, was seine Hamburger Redaktion erwartet, vor sich nicht mehr vertreten kann: *»Laschen erschien das alles für ein wichtigtuerisches Kriegsspiel, über das er schreiben sollte, damit es sich in der Reportage als Wirklichkeit entpuppte.«* Seine berufliche Krise wird zu einer persönlichen durch sein Verhältnis mit Ariane, einer Angehörigen der Deutschen Botschaft. Seine Hoffnung, mit ihr ein neues Leben aufbauen und somit auch der Misere seiner Hamburger Ehe entgehen zu können, zerschlägt sich. Er kehrt nach Hamburg zurück, gibt seinen Beruf auf und geht mit seiner Familie in eine ungewisse Zukunft.
Anders als in *Die erdabgewandte Seite der Geschichte* handelt es sich bei der *Fälschung* um einen stringent und linear erzählten Roman, der auf Erfahrungsberichten des »Stern«-Reporters Kai HERMANN basiert. Die Kritik hatte den Roman zumeist als Abrechnung mit dem gängigen Journalismus gelesen, aber Born weitet dies zur Bestandsaufnahme der Hoffnungen und Illusionen jener Generation aus, die in den späten sechziger Jahren für Emanzipation und Aufklärung gestritten hatte. Aufklärerischer, kritischer Journalismus, wie der Reporter Laschen ihn betreiben will, unterscheidet sich nur graduell vom Sensationsjournalismus, in beiden Fällen wird das tatsächliche Grauen konsumierbar gemacht für die Leser, wird ihnen darüber hinaus das Zufällige der journalistischen Wahrnehmung, der Scheinhaftigkeit der Bilder als Wirklichkeit suggeriert. Öffentlichkeit und Aufklärung verrinnen in der Flut von Bildern und Wörtern, in einer riesigen Zitatsammlung, unter der auch für den Reporter Laschen das Reale kaum mehr wahrnehmbar ist: *»Seine Bewußtseinsverharschung, sein spukhaftes Leben wie sein spukhaftes Berufsleben schienen in der Bedeutung plötzlich über ihn, Laschen, hinauszugreifen und allgemeingültig zu werden. So konnte er durchaus sagen: die spukhafte Öffentlichkeit, die Scheinbarkeit des öffentlichen Lebens. Denn das gab es ja wirklich alles nicht mehr: alles mußte herbeizitiert werden, für alles gab es sozusagen Chips... Ein raffiniertes System von Assoziationen, von Erinnerungen an ›Das Leben‹ war das Leben selbst geworden.«* Laschen ist zum professionellen Zuschauer geworden, im Beruf wie im Privatleben. Wahrnehmung und Gefühlsreaktion geraten bei ihm auseinander, werden geradezu asynchron *(»Er war fassungslos, dabei ganz ruhig.«)*, auch die schockhaften Erlebnisse in Beirut versanden in *»ein paar zu Hause einstudierte(n) Entrüstungsposen«*. Die Sicherheit über sein eigenes Empfindungen und Gefühle ist ihm abhanden gekommen, er führt ein Leben aus zweiter Hand, ein gefälschtes Leben auch in seiner Ehe: *»Unser Zusammenleben ist doch falsch, eine Fälschung, so empfinde ich es.«* Was bleibt, ist die Entschlossenheit, aus dieser Fälschung auszubrechen.

»*Adornos monumentaler, oft irritiert belächelter Satz, es gäbe kein richtiges Leben im falschen, wäre auch die knappste Formel für die Untröstlichkeit des Bornschen Romans.*« (R. Baumgart). Nur vage deutet sich ein Ausweg für Laschen an, der über die Suche nach der Wirklichkeit sich selbst aus den Augen verloren hat. Einmal ist ihm in Beirut, im Fieber, eine authentische Niederschrift des Geschehens gelungen, »*so als sei er auf einmal und zum erstenmal an ein Ereignis wie von einem Engel herangeführt worden*«. Die Utopie, im Schreiben zur Selbstverwirklichung zu gelangen, bleibt ihm als Perspektive nach seiner Rückkehr aus Beirut: »*Schreiben sollte er und hatte den Schreibberuf aufgegeben.*« Ein Schreiben, das sich aus jenen Ansprüchen von Aufklärung und Emanzipation löst, die für den Reporter Laschen fester Bestandteil gesellschaftlichen Zwangs geworden sind. – Der Text entstand im Bewußtsein jener Krebserkrankung, der Nicolas Born wenige Wochen nach Beendigung des Romans erlag.

R.Rh.-KLL

AUSGABEN: Reinbek 1979. – Reinbek 1984.

VERFILMUNG: BRD 1981 (Regie: Volker Schlöndorff).

LITERATUR: H. Vormweg, Rez. (in SZ, 10. 10. 1979). – M. Krüger, Rez. (in Die Zeit, 12. 10. 1979). – R. Baumgart, Rez. (in Der Spiegel, 12. 11. 1979). – V. Schlöndorff/N. Born/B. Lepel, *Die Fälschung als Film und der Krieg im Libanon*, Ffm. 1982. – R. Stegers, »*Aber eines Tages werden alle Bilder wahr*« (in Rowohlt LiteraturMagazin, Nr. 21, 1988).

PÉTER BORNEMISZA

* 22.2.1535 Pest
† vor dem 24.6.1584 Rárbok

LITERATUR ZUM AUTOR:
T. Schulek, *B. P. 1535–1584. A. XVI. századi magyar művelődés és lelkiség történetéből*, Sopron, Budapest, Győr 1939. – J. Koltay-Kastner, *B. P. humanizmusa* (in Irodalomtörténet, 41, 1953, S. 91–124). – I. Nemeskürty, *B. P. Az ember és az író*, Budapest 1959. – I. Borzsák, *Az antikvitás XVI. századi, képe. B.-tanulmányok*, Budapest 1960. – E. Illés, *A prédikátor B. P.*, (in E. I., *Mestereim, barátaim, szerelmeim*, Budapest 1983, S. 32–36).

ÖRDÖGI KISÉRTETEK

(ung.; *Teufliche Versuchungen, Predigten und Predigtmärlein*). Exempelsammlung von Péter BORNEMISZA, erschienen 1578. – Im ersten Teil des zunächst als Band 4 eines fünfbändigen Predigtenbuches *Ötkőtetes predikacióskönyv* (1573–1579), dann in Einzelausgabe erschienenen Werks werden das Wesen des Teufels, seine Versuchungskünste sowie die Möglichkeiten eines wirksamen Schutzes gegen teuflische Anfechtungen dargelegt. Die reiche Exempelsammlung des zweiten Teils, die den literarischen Rang des Werks ausmacht, erläutert die vorangehenden moraltheologischen Ausführungen. Der Verfasser verarbeitete eigene Erfahrungen und seine Beobachtungen als Seelsorger und benutzte als literarische Quellen vor allem die Sammlung *Locorum communium collectanea* (1562) von Johannes MANLIUS und die von MELANCHTON und PEUCER überarbeitete *Weltchronik* CARIONS. – Die Mehrzahl der Märlein exemplifiziert die Machenschaften des Teufels, der stets danach trachtet, den anfälligen Menschen vom Weg des Heils abzubringen. Eine weitere Gruppe prangert Fehler und Laster des zeitgenössischen Adels und anderer Gesellschaftsschichten an. In diesen gedrängten, jedes überflüssige Detail vermeidenden, teilweise aus genauer Selbstanalyse entstandenen Geschichten behandelt Bornemisza mit erstaunlichem Realismus die Problematik des Gewissens. Sein Werk wird deshalb der frühen, noch an die Predigt gebundenen Gattung der Kunstprosaerzählung zugerechnet.

K.Si.

AUSGABEN: Sempte 1578. – Budapest 1955 (in *Válogatott írások*, Hg. I. Nemeskürty; Fragm.). – Budapest, 1955, Hg. S. Eckhardt [krit.]. – Budapest 1977, Hg. I. Nemeskürty. – Budapest 1980 (in *Heltai Gáspár és B. P. művei*).

LITERATUR: E. Thury, *B. P. könyve az* »*Ördögi kisértetekről*« (in Ethnographia, 1913). – Z. Alszeghy, *Az* »*Ördögi kisértetekről* (in Irodalomtörténet, 1926).

TADEUSZ BOROWSKI

* 12.11.1922 Żitomir / Wolhynien
† 3.7.1951 Warschau

LITERATUR ZUM AUTOR:
Cz. Miłosz, *Beta, czyli nieszczęśliwy kochanek* (in Cz. M., *Zniewolony umysł*, Paris 1953). – W. Woroszylski, *O T. B., jego życiu i twórczości*, Warschau 1955. – A. Kijowski, *T. B.* (in A. K., *Różowe i czarne*, Krakau 1957, S. 171–185). – A. Mencwel, *B. albo dramat absolutyzmu moralnego* (in A. M., *Sprawa sensu*, Warschau 1971). – A. Werner, *T. B. Fenomenologia systemu* (in A. W., *O prozie polskiej 20. wieku*, Breslau 1971). – T. Łubieński, *Anty-B.* (in Kultura, Warschau, 6. 8. 1972; auch in T. Ł., *Bohaterowie naszych czasów*, Ldn. 1986, S. 15–22). – W. Wójcik, *Opowiadania*

T. B., Warschau 1972. – L. M. Bartelski, *Genealogia ocalonych*, Krakau ³1974. – W. Maciąg, T. B. (in W. M., *Literatura Polski Ludowej 1944–1964*, Warschau 1973). – T. Drewnowski, *Ucieczka z kamiennego świata*, Warschau ²1978. – A. Sandauer, *Sprawa B. i innych* (in A. S., *Zebrane pisma krytyczne*, Bd. 3, Warschau 1981). – A. Werner, *Zwyczajna apokalipsa*, Warschau ²1981. – St. Stabro, *T. B.* (in *Autorzy naszych lektur*, Hg. W. Maciąg, Breslau u. a. ⁴1987, S. 252–266).

DAS LYRISCHE WERK (poln.) von Tadeusz Borowski.

Der polnische Lyriker und Prosaist debütierte im Jahre 1942 mit dem Band *Gdziekolwiek ziemia (Wo auch immer die Erde)*; 1944 folgte *Arkusz poetycki nr. 2 (Lyrikbogen Nr. 2)*. Die nächste Gedichtsammlung – *Imiona nurtu (Die Namen der Strömung)* – erschien 1945 in München. Borowskis Werk ist stark durch sein Schicksal in der Zeit des Nazismus geprägt: 1943 wurde er in Warschau verhaftet und ins Konzentrationslager Auschwitz gebracht; 1944 kam er ins Lager Dachau. Nach der Befreiung durch die Amerikaner war er eine Zeitlang in München tätig, bis er im Juni 1946 nach Polen zurückkehrte. Als Dichter und Journalist arbeitete er danach mit vielen Zeitschriften zusammen. Im Juli 1951 starb er durch Freitod.

In seiner Prosa wendet Borowski eine ähnliche Schreibweise an wie Tadeusz Różewicz in seinen Gedichten. Es ist ein »direktes Erzählen« mit einem Minimum an stilistischen Mitteln; über das Grauen des Krieges wird scheinbar unbeteiligt und emotionslos berichtet. Die KZ-Erlebnisse werden so erzählt, als handle es sich um »normale« Ereignisse. Der Erzähler erscheint als eine Person, die sich über nichts mehr wundert, für die alles nur noch ein Normalzustand ist. Die unter solchen Umständen entstehenden und irreversiblen Deformationen der menschlichen Psyche kommen auf diese Weise umso deutlicher zum Vorschein.

Auch in seiner Lyrik greift Borowski immer wieder diese und ähnliche Themen auf; formal lassen sich Bezüge zu K. K. Baczyński (1921–1944) und T. Gajcy (1922–1944) feststellen, unverkennbar sind ihre traditionalistischen, zum Teil an die Romantik anknüpfenden Züge. Es dominiert (allerdings bei weitem nicht so deutlich wie bei anderen Angehörigen dieser Generation) der traditionelle Versbau. Sehr oft tritt die vierzeilige Strophe auf, auch der Reim ist – besonders in den frühen Bänden – noch erkennbar. Immer häufiger aber kommen Texte zustande, die eine amorphe Struktur aufweisen. Das Gedicht ist nicht mehr strophisch gegliedert, der Reim verschwindet ebenso wie der tonische Aufbau. Der formal eher amorphe Charakter dieser Lyrik bewirkt, daß der Text als Block mit Langzeilen (bis zu 17 Silben) erscheint.

Innerhalb der Gruppe der »Kriegsdichter« ist Borowski wohl der einzige, bei dem sich Parallelen zu der unmittelbar vorhergegangenen Dichtergeneration feststellen lassen. Durch seine poetischen Mittel erreicht er eine komplexe, stellenweise fast undurchdringliche Dichte der Darstellung. Die Häufung von Metaphern und anderen Elementen lyrischen Sprechens, die in sehr lange Sätze integriert sind, erzeugt eine lastende Atmosphäre der Verdichtung, ohne daß die Texte einen visionären Charakter annehmen (wie es bei Baczyński und Gajcy der Fall ist). Sie bewirkt vielmehr, daß ein Gedicht, ein einzelner Satz oder eine Metapher zu Objekten werden, mit denen sich der Leser intensiv auseinandersetzt, die er nicht selten mehrmals lesen muß: »*In den durchsichtigen Augen der Luft muß man stehen und ins Gesicht schauen / den aus der Ferne gebundenen Wolken und Landschaften des Himmels, / die unveränderlich wie der Schimmer der Wellen, der von steinernen Ufer umfaßt*« (*Obrazy snu*, in *Gdziekolwiek ziemia*, 1942). Die semantische Dichte erreicht Borowski durch die Häufung sprachlicher Mittel, nicht aber, wie einige Vertreter der folgenden Generation (z. B. M. Białoszewski und T. Karpowicz) durch eine rein grammatische Kompliziertheit.

Thematisch unterscheidet sich Borowski auch hier ziemlich deutlich von den anderen Vertretern seiner Generation. Während Baczyński sich auf die Darstellung des Krieges in eher traditioneller Perspektive beschränkt, fragt Borowski nach den Konsequenzen des Krieges und nach seinen Ursachen. Es interessieren ihn nicht die historischen oder politischen Dimensionen, vielmehr die moralischen und psychischen Konsequenzen des Krieges, der Konzentrationslager, der Menschenvernichtung. Am Anfang steht die bittere Überzeugung von der Nutzlosigkeit der eigenen Erfahrung, der eigenen Erlebnisse. Was Borowski erlebt hat, war so grausam, daß es nicht mehr mitteilbar ist. Kann man es aber nicht mehr mitteilen, dann ist es sinnlos, umsonst, nicht nachvollziehbar. Borowski geht noch weiter: Das Verbrechen derer, die die Konzentrationslager errichtet haben und die Entmenschlichung derer, die darin eingesperrt waren, beweisen dasselbe: Daß man aufhören kann, ein Mensch zu sein. Dies gilt für beide Seiten: die Gefangenen und die »Sieger«. Die Literaturkritik hat Borowski Zynismus und Nihilismus vorgeworfen und ihn heftig angegriffen. Indessen vollzieht er mit diesem Befund lediglich die Konsequenz aus seiner eigenen lebensgeschichtlichen Erfahrung – umso mehr, als er nicht nur aus der Sicht der Leidenden urteilt, sondern die unvorstellbaren Verbrechen und Grausamkeiten der Epoche aus einer das Wesen des Menschen in den Blick nehmenden Perspektive zu Ende denkt.

Hinzu kommt die oft thematisierte Überzeugung von der Tragik der Schuld und der Verantwortung jenen gegenüber, die nicht überlebt haben: Wie kann man die Verantwortung für Millionen übernehmen, fragt Borowski, die nicht nur Opfer, sondern gleichzeitig auch »Schuldige« waren. Diese Auffassung wurde ebenfalls angegriffen. Borowski formuliert jedoch auch in diesem Fall seine Gedanken mit der ihm eigenen Konsequenz: Er betrachtet das, was während des Zweiten Weltkriegs geschah, als eine logische Folge der Geschichte der europäischen Kultur. In der Tatsache, daß es Konzentrationslager gab, und in der weitverbreiteten, stummen Akzeptanz von deren Existenz sieht er einen Beweis dafür, daß dies der Endpunkt einer längeren Entwicklung sein mußte. Diese Frage nach den Mechanismen, die dazu führten, wurde aber kaum gestellt; daher seine bittere Überzeugung: »Es bleibt zurück nach uns der Schrott / und dumpfes Hohngelächter der Geschlechter«.

In Borowskis Lyrik erscheint auch das Motiv des Traums, allerdings in einer anderen Bedeutung und Funktion als bei anderen Autoren seiner Generation. Charakteristisch für seine Auffassung vom Traum ist das Gedicht *Obrazy snu (Traumbilder)* aus dem ersten Band: Es existiert nur ein geschlossene Wirklichkeit, aus der es kein Entrinnen gibt; diese Wirklichkeit ist unmenschlich und grausam. Aber möglicherweise ist sie nur ein Traum, aus dem die Menschen noch nicht erwacht sind, »und wenn die Erde ein Traum ist, dann muß man ihn zu Ende träumen / und den Traum für das Leben halten«.

M.F.–KLL

AUSGABEN: *Gdziekolwiek ziemia*, Warschau 1942. – *Arkusz poetycki nr. 2*, Warschau 1944. – *Poszukiwania. Tracing*, Mchn. 1945 [zusammen m. K. Olszewski]. – *Imiona nurtu*, Mchn. 1945. – *Utwory zebrane*, 5 Bde., Warschau 1964. – *Poezje wybrane*, Warschau 1974.

ÜBERSETZUNGEN (einzelner Gedichte): *Polnische Lyrik aus fünf Jahrzehnten*, Hg. H. Bereska u. H. Olschowsky, Bln./DDR 1975. – *Die Dichter Polens. Hundert Autoren vom Mittelalter bis heute. Ein Brevier*, K. Dedecius, Ffm. 1982 (Polnische Bibliothek).

LITERATUR: A. Kijowski, *Proces przeciw kulturze* (in A. K., *Arcydzieło nieznane*, Krakau 1964, S. 75–80).

POŻEGNANIE Z MARIĄ

(poln.; *Abschied von Maria*). Erzählungen von Tadeusz BOROWSKI, erschienen 1948. – In seiner ursprünglichen Fassung vereinigt der Sammelband, der den Titel einer seiner Erzählungen trägt, die fünf Kurzgeschichten *Pożegnanie z Marią*, zuerst veröffentlicht 1947, *Dzień na Harmenzach*, 1946 *(Ein Tag in Harmence)*, *Proszę państwa do gazu*, 1946 *(Bitte, die Herrschaften zum Gas!)*, *Śmierć powstańca*, 1946 *(Der Tod des Aufständischen)* und *Bitwa pod Grunwaldem*, 1946 *(Die Schlacht bei Grunwald)*. In späteren Ausgaben ist die Sammlung um eine Anzahl thematisch verwandter Stücke erweitert. Das erzählerische Gesamtwerk Borowskis entstand nach dem Krieg in rascher Folge aus dem unmittelbaren Eindruck der persönlichen Erfahrungen des Autors, der 1943 von den Deutschen verhaftet, nach Auschwitz, später nach Dachau deportiert und erst durch die amerikanischen Truppen befreit wurde. Wie in dem ebenfalls 1948 erschienenen, ursprünglich 21 Kurzgeschichten umfassenden Band *Kamienny świat (Die steinere Welt)* stellt Borowski auch hier die faschistische Okkupation Polens dar und vor allem die Wirklichkeit der deutschen Konzentrationslager. Die einleitende Geschichte beschreibt den Abtransport der halbjüdischen Freundin des Erzählers aus dem besetzten Warschau, die letzte die Befreiung durch die vorrückenden Amerikaner. Dazwischen stehen als Kernstücke der Sammlung die Lagererzählungen, die von Ereignissen berichten, die alles in den Schatten stellen, was menschliche Erfindungsgabe je an Grausamkeit hervorgebracht hat: die präzis funktionierende, in ihrer Unmenschlichkeit alle Vorstellungskraft übersteigende nationalsozialistische Vernichtungsmaschinerie.

Borowskis Kurzgeschichten unterscheiden sich von der zeitgenössischen antifaschistischen Literatur Polens vor allem durch die Erzählperspektive: Sie berichten weder aus der Sicht der Henker noch aus der Sicht der eigentlichen Opfer, sondern vom Standpunkt des privilegierten Häftlings, der sein Leben gegen einen Teil der Schuld an der Liquidation seiner Mitgefangenen einzuhandeln versucht. Ein einziger Gedanke bestimmt sein Handeln: Überleben um jeden Preis, auf keinen Fall zurücksinken auf eine Stufe derjenigen, die dem Geschehen wehrlos ausgeliefert sind. Die Zwischenstellung des Erzählers zwischen den Lagerinsassen und ihren Mördern verhindert die unreflektierte Identifikation des Lesers mit den Opfern der Vernichtung. Ihr Schicksal tritt ihm von außen, aus der Distanz entgegen, präzis analysiert durch den Erzähler, der in jeder Hinsicht bemüht ist, sich von ihnen abzugrenzen. Auf der anderen Seite verwehrt ihm die Zwiespältigkeit seiner Position, die beide Rollen – Henker und Opfer – exemplarisch vereint, sich Haltung und Anschauung des Henkers zu eigen zu machen. Auf zweierlei Weise also sucht Borowski den Abstand des Lesers zum Gegenstand herzustellen, weil er darin die Voraussetzung für eine rationale Bewältigung der geschilderten Thematik sieht.

Charakteristisch für diese Technik ist die Erzählung *Proszę państwa do gazu*, in der sich der Erzähler, um ein Paar Schuhe zu erhalten, dem Kommando zuteilen läßt, das die Entladung der zur Vergasung bestimmten Judentransporte besorgt. Von den Vorbereitungen für den Empfang der Züge über das Öffnen der vollgestopften Viehwaggons, die Aussortierung der Lebenden und Toten, die Trennung, Entkleidung und Selektion der Häftlinge, den Abtransport ins Gas, bis zum Reinigen der Waggons verringert sich seine innere Anteilnahme an den erlebten Vorgängen, bis die Wahrnehmungsfähigkeit völlig erloschen ist und ihm sogar die erhofften Schuhe völlig gleichgültig werden. Mechanisch verrichtet er seine Arbeit, bestrebt, so rasch wie möglich ins Lager zurückzukehren, das ihm Sicherheit und Geborgenheit zu bieten scheint.

Zu Recht hat man Borowskis Erzählweise behavioristisch genannt und sie mit Erzähltechniken des Westens verglichen. »*Ein paar Erzählungen, die eine Chance haben zu leben, so lange es eine polnische Literatur geben wird*«, urteilt J. ANDRZEJEWSKI. KLL

AUSGABEN: Lemberg 1947 (in Kuźnica, Nr. 19/20). – Warschau 1948. – Warschau 1954 (in *Utwory zebrane*, Hg. J. Andrzejewski, 5 Bde., 2). – Warschau 1959. – Warschau 1974; ⁴1981 (in *Wspomnienia, wiersze, opowiadania*, Hg. T. Drewnowski)

ÜBERSETZUNGEN: *Abschied von Maria; Ein Tag in Harmence; Bitte, die Herrschaften zum Gas*!, V. Cerny (in *Die steinerne Welt*, Mchn. 1963; ern. Mchn. 1970 [dtv]; ern. Mchn. 1983 u. d. T. *Bei uns in Auschwitz*; Nachw. A. Wirth).

LITERATUR: Z. Lichniak, Rez. (in Przegląd Powsz., 1949, Nr. 2, S. 129–132). – E. Frąckowiak, *W kręgu »Kamiennego świata«* (in Pamiętnik literacki, 53, 1961, S. 451–476). – A. Wirth, *Odkrycie tragizmu* (in Nowa Kultura, 1962, Nr. 15). – Ders., *Die unvollständige Rechnung des T. B.* (in T. B., *Bei uns in Auschwitz*, Mchn./Zürich ²1982, S. 269–278). – J. Kott, *Świadectwo B.* (in J. K., *Kamienny potok. Eseje*, Ldn. 1986, S. 143–151).

GEORGE HENRY BORROW

* 5.7.1803 East Dereham / Norfolk
† 26.7.1881 Oulton Broad (heute Lowestoft)/
Suffolk

LITERATUR ZUM AUTOR:
R. R. Meyers, *G. B.*, NY 1966 (TEAS). –
M. Collie, *G. B.: Eccentric*, Cambridge 1982. –
D. Williams, *A World of His Own: The Double Life of G. B.*, Oxford 1982 (OUP).

THE BIBLE IN SPAIN or The Journeys, Adventures and Imprisonments of an Englishman, in an Attempt to Circulate the Scriptures in the Peninsula

(engl.; *Die Bibel in Spanien oder Die Reisen, Abenteuer und Inhaftierungen eines Engländers bei dem Versuch, die Bibel auf der Iberischen Halbinsel zu verbreiten*). Aufzeichnungen von George Henry BORROW, erschienen 1843. – Das erste Werk des britischen Roman- und Reiseschriftstellers, das ihm literarischen Ruhm einbrachte. Er berichtet darin über die Reisen, die er Ende der dreißiger Jahre des vorigen Jh.s durch Spanien und Portugal unternahm, um im Auftrag der Britischen und der Internationalen Bibelgesellschaft Bibeln zu verkaufen.

Borrow war ein außergewöhnlich abenteuer- und reiselustiger Mann, der einige Jahre vorher in gleicher Mission auch in Rußland tätig gewesen war. Er reiste kreuz und quer durch die Iberische Halbinsel und traf dort Menschen aller sozialen Schichten und aller Religionen. Seine Beschreibungen von Baudenkmälern, aber auch seine Bemerkungen über ländlichen Aberglauben, gesellschaftliches Leben, politische Intrigen und wirtschaftliche Verhältnisse beweisen, daß er mit wacher Intelligenz die Ausstrahlung und die Vielschichtigkeit der Kultur wahrnahm, mit der er in diesen Ländern in Berührung kam.

The Bible in Spain läßt deutlich erkennen, wie sehr Borrow die Werke von SMOLLETT und DEFOE bewunderte. Es handelt sich hier keineswegs nur um ein Reisebuch, sondern um eine Verknüpfung von Beschreibung und Autobiographie, unter Einfügung romanhafter Elemente. In seiner seltsamen Mischung aus Robustheit und Sensibilität, Intelligenz und engstirnigem Vorurteil gibt das Buch ebensoviel Aufschluß über seinen Autor wie über die beschriebenen Länder, Szenen wie jene, in denen Borrow seine Inhaftierung oder seine Teilnahme an einer Hinrichtung schildert, haben ihre unmittelbare Wirkung bis heute nicht eingebüßt.

J.v.Ge.

AUSGABEN: Ldn. 1843, 3 Bde. – Ldn. 1923 (in *The Works*, Hg. C. Shorter, 16 Bde., 1923/1924, 1/2). – Ldn. 1959. – North Pomfret/Vt. 1986.

ÜBERSETZUNG: *Fünf Jahre in Spanien, 1835–1839*, anon., 3 Bde., Breslau 1844.

LITERATUR: S. M. Northam, *An Analysis of the Methods of Fiction Used by G. B., with Special Emphasis on »The Bible in Spain«*, Diss. Denver 1955.

LAVENGRO, THE SCHOLAR – THE GIPSY – THE PRIEST

(engl.; *Lavengro, der Student – der Zigeuner – der Priester*). Roman von George Henry BORROW, erschienen 1851, fortgesetzt 1857 mit *The Romany Rye (Der Zigeuner-Gentleman)*. – Die beiden Bücher, die als untrennbares Ganzes zu betrachten sind, stellen eine schwer zu klassifizierende Mischung aus Roman, Autobiographie und Reisebeschreibung dar. Die aneinandergereihten Episoden tragen deutlich Züge des Schelmenromans; vor allem der Einfluß SMOLLETTS ist unverkennbar, doch im Gegensatz zu diesem fehlt Borrow jegliche Distanz zu seinem Helden. Tatsachen aus seinem eigenen Leben – dem eines Außenseiters und Originals – und Erfundenes fließen in den Abenteuern des nur sehr vage charakterisierten Ich-Erzählers George Lavengro zusammen. (Die Beinamen »Lavengro« – »Meister der Sprache« – und »Romany Rye« – »Zigeuner-Gentleman« – erhielt der Autor in jungen Jahren von seinem Freund Ambrose Smith, einem Zigeuner aus Norfolk, den er in seinem Werk unter dem Namen »Jasper Petulengro« auftreten läßt.)

Zu Beginn schildert Lavengro-Borrow seine Familie und ihr unstetes Wanderleben (sein Vater war Werbeoffizier), das sie quer durch die Britischen Inseln führte. Dann erzählt er von seinen Studien, mit denen er von Anfang an den Zweck verfolgte, sich so viele Sprachen wie irgend möglich anzueignen (es heißt, Borrow habe 35 Sprachen und Dialekte beherrscht), von seinem Aufenthalt in London, wo er vergeblich versuchte, sich in der Welt der Literatur einen Namen zu machen, und von seiner Flucht vor der kommerzialisierten Zivilisation in ein Leben auf der Landstraße. Die Menschen, denen er im Verlauf seiner Abenteuer begegnet, deren Leben er zeitweilig als Hufschmied, Kesselflicker, Pferdehändler usw. teilt und mit denen er sich »hauptsächlich aus Gründen der wissenschaftlichen Neugier« und stets in einer Mischung aus Bonhomie und leicht süffisanter Reserviertheit unterhält, sind jene pittoresken, oft zweifelhaften Typen, die vor dem Siegeszug der Eisenbahn die englischen Landstraßen bevölkerten. Unter ihnen sind Zigeuner (Borrows Interesse hatte sich während seines Spanienaufenthalts als Agent der Bibelgesellschaft – vgl. *The Bible in Spain* – vertieft), Taschendiebe, Falschspieler, Jockeys, Kutscher und ein Kesselflicker, dem die Faust locker sitzt. Zusammen mit diesem zieht Isopel (Belle) Berners umher, eine hochgewachsene, blonde Landstreicherin und Hausiererin, die eine unglückliche Kindheit aus der Bahn geworfen hat. Nach der Begegnung mit Lavengro rückt sie als dessen Weggefährtin eine Zeitlang in den Mittelpunkt der Erzählung, bis sie, die seine unstete Natur, seine Scheu vor menschlichen Bindungen erkannt hat und unter der unüberbrückbaren Kluft leidet, die sie von ihm trennt, nach Amerika auswandert, um ihm die Enttäuschung einer Ehe zu ersparen. – Seinen zahlreichen eingefleischten persönlichen Aversionen (dazu gehören die gegen die römisch-katholische Kirche, gegen die Stuarts und gegen die Romane SCOTTS) läßt der Autor in Schilderungen wie der von Lavengros Begegnung mit dem »Mann in Schwarz«, einem schottischen Priester, freien Lauf. Daß diese stilistisch sehr unebenen, wild wuchernden und abrupt endenden Romane eines Autors, den einige zeitgenössische Kritiker als »späten Defoe« apostrophierten, bis heute immer wieder interessierte Leser gefunden haben, dürfte einerseits den zahlreichen originellen, extravaganten Einfällen und den Theatercoups zu verdanken sein, die Borrow mit fast naiver Unbekümmertheit in die ansonsten magere Handlung eingebaut hat, andererseits mit dem bunten Kaleidoskop plastisch geschilderter Landschaften und realistischer, oft überwältigend komischer Einzelszenen in Verbindung zu bringen sein. L.K.–KLL

AUSGABEN: *Lavengro*: Ldn. 1851, 3 Bde. – Ldn. 1900 [Hg., Lesarten, Wörterbuch u. Anm. W. I. Knapp]; ern. 1911. – Ldn./NY 1923 (in *Works*, Hg. C. L. Shorter, 16 Bde., 1923/1924, 3; *Norwich Ed.*). – Ldn./NY 1961, Hg. u. Einl. W. Starkie (Everyman's Library).
The Romany Rye: Ldn. 1857, 2 Bde. – Ldn. 1900 [Hg., Lesarten, Wörterbuch u. Anm. W. I. Knapp]. – Ldn./NY 1923 (in *Norwich Ed.*, Bd. 5). – Ldn./NY 1960, Hg. u. Einl. W. Starkie (Everyman's Library). – Ldn. 1969 [m. Ill.]. – Oxford 1982 (OUP).

ÜBERSETZUNG: *Lavengro*, F. Güttinger, Zürich 1959 [Ausw. aus *Lavengro* u. *The Romany Rye*].

LITERATUR: J. E. Tilford, *Contemporary Criticism of »Lavengro«. A Reexamination* (in StPh, 41, 1944, S. 442–456). – Ders., *The Critical Approach to »Lavengro«, »The Romany Rye«* (ebd., 46, 1949, S. 79–96). – Ders., *The Formal Artistry of »Lavengro«, »The Romany Rye«* (in PMLA, 64, 1949, S. 369–384). – R. A. R. Wade, *A Gypsy's Views on »Lavengro«* (in Journal of the Gypsy Lore Society, 45, 1966, S. 147). – F. J. McLynn, *Catholics and Celts in G. B.'s »Lavengro«-»Romany Rye«* (in Éire, 19, 1984, Nr. 1, S. 115–123).

KAZYS BORUTA

* 6.1.1905 Kūlokai / Bez. Kapsukas
† 9.3.1965 Wilna

BALTARAGIO MALUNAS

(lit.; Ü: *Die Mühle des Baltaragis*). Erzählung von Kazys BORUTA, erschienen 1945. – Volkstümliche litauische Schauersagen über den Teufel und die Menschen, die sich ihm verschrieben haben, gaben Boruta den Stoff zu dieser Erzählung über den Müller Baltaragis, der mit Hilfe des Moorteufels Pinčiukas die Gunst der schönen Marcelė gewinnt. Doch währt das Glück des jungen Paars nicht lange, denn nach der Geburt des Töchterleins Jurga stirbt Marcelė. Zwölf Jahre später meldet sich der Teufel wieder und verlangt von Baltaragis das, was er vor der Heirat nicht gehabt hat und nach der Heirat bekam – das Mädchen Jurga. Der schlaue Müller betrügt den Teufel und gibt ihm statt der Tochter eine alte, frömmlerische Magd, die dem Teufel so böse mitspielt, daß er sie freiläßt. Seine Rache trifft alle Freier, die sich um Jurga bewerben; nur einen kann er nicht im Moor verderben: den wegen seiner außerordentlichen Rösser berühmten Girdvainis. Diese Rösser bringen das Paar zur Hochzeit – und werden mit Hilfe des Teufels gestohlen. Girdvainis vergißt die Braut und jagt seinen Pferden nach, verirrt sich und hängt sich schließlich auf, als er erfährt, seine unvergleichlichen Rösser seien vor einem allzu schwer beladenen Wagen tot umgestürzt. Die Rache des Teufels reicht noch weiter: Die alte Magd wird als Hexe in den Fluß geworfen, der Roßdieb von den Bauern erschlagen, Jurga ertränkt im See gefunden. Zuletzt trifft den Teufel, der triumphierend auf der Mühle sitzt, der Blitz, und als Verbannter fährt er zurück in die Hölle. Die abgebrannte Mühle warnt jeden vor dem Bund mit dem Bösen.

Die Erzählung beeindruckt durch die scharfumrissenen Charaktere, die phantastisch-romantische Atmosphäre und symbolhafte Deutung. Borutas Teufel ist nicht der ursächliche Verführer zum Bösen, sondern bedient sich der dem Menschen von Natur aus innewohnenden Leidenschaften, die, einmal geweckt, sich nicht mehr von der Vernunft steuern lassen und ihn zur Selbstvernichtung treiben. J.Gr.

AUSGABEN: Wilna 1945; ern. 1962. – Wilna 1970–1973 (in *Raštai*, 7 Bde., 3).

ÜBERSETZUNG: *Die Mühle des Baltaragis*, Bln. 1970.

DRAMATISIERUNG: Kaunas 1966 (Kauno dramos teatre).

VERFILMUNG: *Velnio nuotaka*, 1974.

LITERATUR: L. Miškinas, *K. B. arba revoliucinis romantizmas* (in Aidai, NY 1953, Nr. 1). – A. Senn, *Storia della letteratura lituana* (in G. Devoto, *Storia delle letterature baltiche*, Mailand 1957). – *Tarybų Lietuvos rašytojai*, Wilna 1957, S. 63–76. – *Lietuvių literatūros istorija*, Hg. K. Korsakas, 4 Bde., Wilna 1957–1964. – A. Venclova, *Laikas ir rašytojai*, Wilna 1958, S. 28. – *MA. Lietuvių literatūros istorija*, Bd. 3/2, Wilna 1965, S. 403–430. – J. Kaminskas, *Tikrovė, virtusi pasaka* (in *Literatūros kryžkelėse*, Wilna 1968). – V. Kubilius, *Romantizmo likimas* (in *Šiuolaikinės lietuvių literatūros bruožai*, Wilna 1972). – D. Striogaitė, *Poetiškas knygos pasaulis* (in Pergalė, 1972, Nr. 3). – *Istorija litovskoj literatury (Akad. Nauk)*, Wilna 1977, S. 300–302; 663–677. – V. Kubilius, *Romanas – žmogaus širdies pasaka* (in *K. B.s kūryba*, Wilna 1980). – J. Zekaite, *Jonas Biliūnas* (in *MA. Lietuvių tarybinė literatūra*, Bd. 2, Wilna 1982).

ANNA LOUISA GEERTRUIDA
BOSBOOM-TOUSSAINT

* 16.9.1812 Alkmaar
† 13.4.1886 Den Haag

DE DELFTSCHE WONDERDOKTER

(ndl.; *Der Wunderdokter von Delft*). Historischer Roman von Anna Louisa Geertruida BOSBOOM-TOUSSAINT, erschienen 1870/71. – Die Autorin schrieb den Roman, der in den ersten Jahren des Bestehens der Vereinigten Generalstaaten (nach 1595) spielt, wohl unter dem Einfluß von GEORGE SAND, deren Werke (neben denen von SHAKESPEARE und VONDEL) gelegentlich auch als Quelle herangezogen sind. Die an DUMAS erinnernde Handlung ist reich an geheimnisvollen Entführungen, Familien- und politischen Intrigen, Ehrenhändeln und glanzvollen Festen. Es wird dargestellt, wie der Sonderling Jacob Graswinckel, ein Idealbild protestantischer Frömmigkeit und christlicher Nächstenliebe, zunächst den jungen Adeligen Juliaan de Ghiselles (einen typischen »Verlorenen Sohn«) bekehrt und schließlich alle Machenschaften aufdeckt, in die dieser verstrickt ist. Da er von seinem Vater verstoßen wurde, steht Juliaan mittellos da. Er soll dafür geködert werden, den Fürsten Moritz von Solm zu ermorden. Als er dieses Ansinnen zurückweist, wird er bei dem Fürsten verleumdet. Weiteres Unglück bricht über ihn herein: Seine Geliebte Mabelia, Graswinckels Nichte, hat er allem Anschein nach an einen Unwürdigen verloren. Auch muß er im Glauben sein, einen alten Freund im Streit getötet zu haben. Nicht genug damit – sein Stiefbruder enthält ihm die Versöhnungsbotschaft des Vaters vor und trachtet danach, ihn im Delfter Kerker verschmachten zu lassen. Doch mit Hilfe des Delfter Bürgermeisters Meerman befreit Graswinckel – eingedenk seiner Christenpflicht und seiner Jugendfreundschaft mit Juliaans Mutter, Mechteldt van Egmond – den Unglücklichen aus allen Gefahren und bringt letzten Endes sogar den tückischen Stiefbruder zu Besinnung und Umkehr.

De Delftsche Wonderdokter ist das erfolgreichste Werk der Autorin geworden. Freilich kann die Beliebtheit keineswegs über die Schwächen des Romans hinwegtäuschen. So dient etwa das ganze romantische, effektheischende Historiengemälde offensichtlich nur dem Zweck, dem Leser die christlich-kalvinistische Sozialethik der praktischen Nächstenliebe schmackhaft zu machen. Allerdings kann selbst eine Idealgestalt wie Graswinckel im Falle Juliaans nicht umhin, neben »*Selbstverleugnung freiwilliger Entbehrung*« auch seine Beziehungen in die Waagschale zu werfen, um dem Schützling zu seinem Glück zu verhelfen – ein Beispiel dafür, daß die moralischen Traktate schließlich doch hinter die Schilderung abenteuerlicher Ereignisse zurücktreten müssen. W.Sch.

AUSGABEN: Amsterdam 1870/71, 3 Bde. – Amsterdam 1952.

ÜBERSETZUNG: *Der Delfter Wunderdoktor*, M. Karstens, Hbg. 1881.

LITERATUR: J. ten Brink, *Mevrouw B.-T.*, Amsterdam 1886. – J. Dyserinck, *A. L. G. B.-T. Levens – en karakterschets*, Den Haag 1911. – J. Prinsen, *De oude en de nieuwe historische roman in Nederland*, Leiden 1919. – J. Koopmans, *Van Adriaan Loosjes tot*

Mevrouw B.-T., Amsterdam 1931. – J. M. C. Bouvy, *Idee en werkwijze van Mefrouw B.-T.*, Rotterdam 1935. – J. Kloos-Reyneke van Stuwe, *B.-T.* (in De nieuwe gids, 1936, Nr. 1, S. 459 ff.). – H. Reeser, *De jeugdjaren van A. L. B. T.*, Haarlem 1962. – W. Drop, *Verbeelding en historie. Verschijningsvormen van de Nederlandse historische roman in de negentiende eeuw*, Utrecht ²1975. – H. G. M. Prick, *Truitje T. en een »verschrikkelijk mens«* (in Juffrouw Idastraat, 4, 1975, Nr. 1/2). – M. Goote, *Mevrouw A. L. G. B.-T. en haar romans* (in Nederlandse historiën, 11, 1977, Nr. 5/6, S. 168–175).

JUAN BOSCÁN

auch Juan Boscán Almogáver
* zwischen 1487 und 1492 Barcelona
† 1542

DAS LYRISCHE WERK (span.) von Juan BOSCÁN.

Zusammen mit GARCILASO DE LA VEGA (1503–1536), mit dem er befreundet war, ist Boscán der Begründer der italienisierenden Schule in der spanischen Lyrik der Renaissance. Sein Verdienst liegt dabei insbesondere in der Transponierung italienischer Versmaße und italienischer Strophenformen ins Spanische, und mit seinem Namen verbindet sich die endgültige Rezeption des italienischen Elfsilbers als Versmaß in der spanischen Literatur. Dieser Vers – so Boscán in seinem Brief an die Herzogin von Soma – sei von seiner Tradition her der vornehmste und solle allen bisherigen Versformen *(»a todos los versos vulgares«)* vorgezogen werden. Von den italienischen Strophenformen führte Boscán die *ottava rima* (span. *octava rima*), eine Strophenform aus acht elfsilbigen Versen, in Spanien ein, und er etablierte zusammen mit Antonio HURTADO DE MENDOZA die Terzine (span. *terceto*), eine Strophenform bzw. eine Verseinheit aus jeweils drei fortlaufend elfsilbigen Versen mit ebenfalls kontinuierlicher Reimverkettung. Auch die vielzeilige Kanzone im Stil PETRARCAS fand in Boscán ihren spanischen Nachschöpfer. Und nicht zuletzt gebührt ihm auch der Ruhm, neben Garcilaso (vgl. dessen Versepistel an Boscán) als erster spanischer Lyriker den freien Vers *(verso suelto)* verwendet zu haben. – Auch vor Boscán hatte es nicht an Versuchen der Transponierung italienischer Lyrik nach Spanien gefehlt. In diesem Zusammenhang sind vor allem zu nennen: der in katalanischer Sprache schreibende Valencianer Ausias MARCH (1397?–1459?) und der Marqués de SANTILLANA (1398–1458) mit seinen allerdings vergeblichen Versuchen, über die gängige Rezeption petrarkistischer Themen und Motive hinaus auch das Sonett und das Versmaß des Elfsilbers im Spanischen adäquat wiederzugeben. Mit Boscán und vor allem mit dem um ein Vielfaches begabteren Garcilaso wurde der Italianismus der Themen und Motive auch zu einem Italianismus der lyrischen Gattungen und der Versformen.

Das lyrische Werk Boscáns im italienisierenden Stil umfaßt 92 Sonette und 10 Kanzonen, darunter das berühmte Gedicht *Gentil señora mía (Edle Herrin mein)*, das gleich in den ersten Versen auf Petrarcas Augenkanzone zurückverweist (vgl. *Rime LXXII*). Zu nennen sind des weiteren: die Versepistel *Respuesta de Boscán a don Diego Hurtado de Mendoza (Antwort Boscáns an Don Diego Hurtado de Mendoza)*, in der sich das Horazsche Thema des *»Beatus ille procul negotiis«* (Glücklich, wer fern den Geschäften) mit neuplatonischen und christlichen und nicht zuletzt auch mit autobiographischen Elementen verbindet; das allegorische Poem *Octava rima*, das sich an den Stanzen Pietro BEMBOS (1470–1547), die dieser anläßlich des Karnevals am Hofe von Urbino verfaßte, orientiert; und nicht zuletzt ist auf die mythologische Verserzählung *Historia de Leandro y Hero (Geschichte von Leander und Hero)*, das erste Beispiel dieser Gattungsform in Spanien und zugleich auch das erste Beispiel einer Verwendung des freien Verses, zu verweisen.

Neben diesen »modernen« Texten steht das Frühwerk, das mit seinen Gedichten in traditioneller Gattungsform und konventioneller metrischer Form der Tradition der heimischen *cancioneros* verpflichtet ist. Doch kann Boscán auch im traditionellen Rahmen Originalität erreichen. In dem Villancico *Si no os hubiera mirado (Hätt ich dich nicht gesehen)* variiert er durch unterschiedliche Kehrreime die volkstümliche Liedform, und im exzessiven Spiel mit dem Augenmotiv gewinnt ein scheinbar einfacher Text eine geradezu manieristische Komponente. – Auch in der Vermittlung der italienischen Hofkultur nach Spanien kommt Boscán entscheidende Bedeutung zu. Im Jahre 1534 veröffentlichte er *El Cortesano*, die Übersetzung von CASTIGLIONES *Il libro del cortegiano*, 1528 *(Das Buch vom Hofmann)*, ein Werk, das die maßgebliche Rolle des Fürstenhofs, in dessen Mittelpunkt vor allem Frauen stehen, als Stätte der Selbsterziehung und sittlichen Läuterung des Menschen betont und das in Spanien besonders B. GRACIÁN beeinflußte, der 1646 das Traktat *El discreto (Der Weltmann)* publizierte. H. Fel.

AUSGABEN: *Las obras de B. y algunas de Garcilasso de la Vega repartidas en quatro libros*, Barcelona 1543 [Faks. San Sebastián 1936; Madrid 1943]. – *Obras poéticas*, Hg. M. de Riquer u. a., Barcelona 1957 [krit.]. – *Poesias*, Barcelona 1983.

LITERATUR: M. Morreale, *Castiglione y B. El ideal cortesano en el Renacimiento español*, 2 Bde., Madrid 1959. – D. H. Darst, *J. B.*, Boston 1978 (TWAS). – A. Armisén, *Estudios sobre la lengua poética de B.*, Saragossa 1982. – A. Prieto, *La poesía española del siglo XVI*, 2 Bde., Madrid 1984–1987.

HENRI BOSCO

* 16.11.1888 Avignon
† 5.5.1976 Nizza

LITERATUR ZUM AUTOR:
J. Lambert, *Un voyageur des deux mondes. Essai sur l'œuvre d'H. B.*, Paris 1952. – J. Susini, *B. explorateur de l'invisible, suivi d'extraits de son œuvre*, Alès 1959. – M. Barbier, *Symbolisme de la maison dans l'œuvre d'H. B.*, Aix-en-Provence 1966. – J.-C. Godin, *H. B. Une poétique du mystère*, Montreal 1968. – L. Poitras, *H. B. et la participation au monde*, Fribourg 1971. – B. Rambeck, *H. B. Dichter, Erzähler, Philosoph und Christ*, Mchn. 1973. – J.-P. Cauvin, *H. B. et la poétique du sacré*, Paris 1974. – *Le réel et l'imaginaire dans l'œuvre d'H. B.*, Hg. J. Onimus, Paris 1976. – *L'art de H. B.*, Paris 1981. – J. Michel, *Liturgie de la lumière nocturne dans les récits d'H. B.*, Paris 1982. – C. Girault, *H. B., sa vie et son œuvre*, Nizza 1983.

L'ÂNE CULOTTE

(frz.; Ü: *Der Esel mit der Samthose*). Roman von Henri Bosco, erschienen 1937. – Wie alle Romane Boscos spielt auch dieser im Süden Frankreichs, in einem kleinen Dorf der Provence, und ist erfüllt vom duftenden Atem dieser Erde, der die Gestalten des Romans entsteigen, als seien sie ein Teil von ihr. Es sind Menschen, wie Bosco sie liebt, mit einer ungebrochenen Weisheit und Güte, Menschen, die dem geheimen Sinn des Lebens und der Natur nahe sind. Wieder, wie meistens, beginnt Bosco mit der Schilderung des Hauses. Hier ist es das alte, vertraute Haus einer Kindheit, das zusammen mit seinen Bewohnern, den Großeltern Saturnin, den Schaffnersleuten und dem scheuen Waisenkind Hyacinthe das warme, mütterliche Refugium bildet, in dem der Knabe Constantin Gloriot aufwächst, von dessen seltsamen Erlebnissen in dem Roman berichtet wird. Zu dem Haus gehört der Garten, der den beiden Kindern die Verstecke und magischen Zonen für ihre geheimen Spiele bietet, und gehören schließlich auch noch die Kirche mit dem weisen Pfarrer Chichambre und das Dorf, in dessen Straßen Constantin eines Tages den Boten einer unbekannten Region auftauchen sieht, den Esel mit den Samthosen und den sanften Augen, aus denen Menschenverstand spricht. Weit draußen vor dem Dorf, von den Bewohnern gemieden, liegt der duftende, blühende Zaubergarten Fleuriade, in dem die Tiere in Freundschaft und Frieden leben. Eine schwarze Riesenschlange bewacht ihn. Sein Schöpfer und Meister ist der Greis Cyprien, der die Riten und Beschwörungsformeln kennt, denen Erde und Tiere gehorchen. Der Knabe Constantin verläßt, dem dunklen Drang seiner Natur folgend, den schützenden Umkreis seines Hauses und tritt auf den Spuren des Esels den verbotenen Weg an, der ihn in den magischen Bannkreis des Greises führt. Er entdeckt das irdische Paradies, in dem Cyprien ihn lange erwartet hat; aber er begeht später auch, unwissend, das Sakrileg – er bricht den blühenden Mandelzweig –, durch das die gebändigte Mordlust wieder entfesselt und der Ruin des Gartens herbeigeführt wird. Im mitternächtlichen Waldtal beschwört Cyprien die Tiere und tötet den feindlichen Fuchs; dann läßt er Fleuriade in Flammen aufgehen und verschwindet aus dem Land mit dem Mädchen Hyacinthe, das er sich mit der beschwörenden Flöte unterworfen hat.

Drei Seiten der Natur erschließt Bosco in diesem Buch und verleiht einer jeden von ihnen den geheimnisvollen Zauber und die Poesie, die alle Natur für ihn hat: die friedliche und vertraute, die humanisierte Natur – Haus, Garten, Feld, das Dorf; die animalisch wilde Natur mit ihrer dunklen Lokkung und Bedrohung; und die Natur, in der diese letzte Wildheit besänftigt und beseelt ist – das irdische Paradies. Daß Bosco ein Kind durch diese drei Regionen wandern läßt, dessen Augen das Wunderbare zu sehen und dessen Ohren dem Geheimnisvollen zu lauschen vermögen, gibt dem Buch seinen besonderen Reiz. A.B.

AUSGABEN: Paris 1936/37 (in Aguédal). – Paris 1937. – Paris 1949. – Paris 1973. – Paris 1973 (Folio).

ÜBERSETZUNGEN: *Der Esel mit der Samthose*, G. Vulpius, Darmstadt/Genf 1954. – Dass., ders., Stg. 1981. – Dass., ders., Ffm./Bln. 1983 (Ullst. Tb).

LITERATUR: P. Crant, »*L'âne culotte*« (in FR, 48, 1974/75, S. 657–658).

LE MAS THÉOTIME

(frz.; Ü: *Der Hof Théotime*). Roman von Henri Bosco, erschienen 1945. – *Le mas Théotime* wurde mit dem Prix Théophraste Renaudot ausgezeichnet und ist bis heute das bekannteste Buch des provenzalischen Autors geblieben, der – häufig in die Nähe der deutschen Romantiker gerückt – in Frankreich wohl nur mit den Esoterikern Gérard de NERVAL und Maurice de GUÉRIN sowie in mancher Hinsicht mit den Symbolisten und den Surrealisten verglichen werden kann. Der Roman kann als eine ausnehmend spannende Erzählung gelesen werden, so daß mit Recht von einem »*roman policier rustique*« gesprochen wurde (J. Orieux). – Im Mittelpunkt steht die schicksalhafte Liebe zwischen Pascal Dérivat und seiner Kusine Geneviève Métidieu, die schließlich an der tiefen Wesensverschiedenheit der beiden Liebenden scheitert. Die endgültige Trennung der beiden wird ausgelöst durch den Mord, den Genevièves eifersüchtiger Ehemann irrtümlich an Pascals Nachbarn und Vetter Clodius verübt.

Hier wie in seinen anderen Romanen wollte Bosco jedoch nicht in erster Linie einen interessanten Einzelfall aufzeichnen, sondern vielmehr Möglichkeiten menschlicher Lebensentscheidung an der Geschichte einer Liebe zur »Kristallisation« bringen. Pascal und Geneviève entscheiden sich beide bewußt für die »porte étroite«, jenseits derer sich ihre Wege trennen. Dieser Entschluß aber führt sie nicht in jene fiebrige Verzweiflung, die aus André GIDES Alissa eine »héroïne gratuite« macht; er gibt ihnen vielmehr die Kraft, den einzigen Weg zu wählen, der ihnen, wenn nicht zum Glück, so doch zum Seelenfrieden verhilft. Pascal ist – um mit Bosco in einem »kosmischen Symbol« zu sprechen – ein Kind der Erde. Wie sein Vetter Clodius liebt er das ererbte Land, doch nicht mit der wahnwitzigen Leidenschaft, die diese als einen »démon de la terre inculte« erscheinen läßt. Mit Hilfe des schlichten Bauernmädchens Françoise findet er seine Erfüllung in der friedlichen Bezwingung des Bodens. Im Hof Théotime (der Name bedeutet »*Tu m'honoreras comme Dieu*«) findet Pascal seinen Frieden. Geneviève aber – als eine »créature du vent« – kann ihr Glück nicht auf dieser Erde finden, ihr ekstatisches Wesen kommt erst in der *unio mystica* mit Gott zur Ruhe.

Der große Erfolg des Romans, dessen Thematik wohl einige Schuld an der unzulänglichen, pauschalen Einordnung des Autors in die »regionalistische« Literatur trägt, ist nicht zuletzt der historischen Situation um 1945 zuzuschreiben. Die »Botschaft« des Protagonisten Pascal drückte die einzige Hoffnung aus, die dem Frankreich jener Jahre noch geblieben war: das Vertrauen in die Kräfte des heimatlichen Bodens und in die Verbundenheit mit den Vorfahren, deren Erbe es zu erhalten galt. – Das Werk bezeichnet eine Stufe innerhalb der lebenslangen dichterischen »quête«, die Boscos gesamtes erzählerisches Schaffen darstellt. Hier wie in all seinen Romanen versucht der Dichter, anhand eines erfundenen Seinsmodells den Sinn des Lebens und die Regungen der Seele auszuloten. Während es ihm aber in seinen früheren Romanen um die Darstellung des Animalischen im Menschen, der Magie und selbstzerstörerischen Imagination ging, stellt er in *Le mas Théotime* gerade die Bewältigung des Chaotischen in Natur und Menschennatur in den Vordergrund. Hauptmotiv der Erzählung ist – nach Aussage des Autors – »le thème du salut«, das heißt die Suche des Menschen nach Lebenserfüllung. In seinen späteren Erzählungen hat sich Bosco, nach intensiver Beschäftigung mit der antiken, christlichen und orientalischen Mystik, in immer stärkerem Maße einer über das irdische Leben hinausgehenden »quête« zugewandt. Seine letzten Werke verlieren dabei mehr und mehr an Sachlichkeit und Allgemeinverständlichkeit.

In *Le mas Théotime* zeigt sich der »Mystiker« Bosco konkret wie sonst in keinem seiner Werke. Auch in formaler Hinsicht wird der Wille zur Klarheit, zur Straffheit deutlich. Das Werk ist der am strengsten konstruierte, der »klassischste« Roman des Autors. Dennoch findet sich auch hier – wie in jedem seiner anderen Bücher – hinter der leicht verständlichen Oberflächenschicht einer fesselnden Handlung »une forêt de symboles«, deren Entschlüsselung erst den tieferen Sinn der Erzählung freigibt. Bosco spielt mit bedeutsamen Namen; er verwendet leicht erkennbare Embleme wie Herz, Rose, Kreuz, Taube; doch auch Häuser, Orte, Naturerscheinungen wie die Gestirne, die Jahreszeiten, die Elemente etc. setzt er als Symbolträger ein. Schließlich stellt die gesamte Fabel des Romans eine Parabel dar: einen Ausschnitt der *condition humaine*. B.R.

AUSGABEN: Paris 1945. – Paris 1957. – Paris 1963. – Paris 1972 (Folio).

ÜBERSETZUNGEN: *Der Hof Théotime*, G. Vulpius, Darmstadt/Genf 1953. – Dass., ders., Ffm. 1955. – Dass., ders., Stg. 1982.

LITERATUR: J. Orieux, »*Le mas Théotime*« (in La Nef, Nov. 1945). – A. Wertheimer, *En quête du paradis terrestre* (in Cahiers du Sud, 294, 1949). – P. Emmanuel, *L'art de H. B.* (in La Nef, 73/74, Febr. 1951, S. 182–186). – K. M. Michel, *Dialektische Bukolik* (in FH, Juli 1956). – H. v. Ranke, *H. B. in der Provence* (in Gehört-Gelesen, April 1966). – R. Etiemble, »*Le mas Théotime*« (in R. E., *C'est le bouquet*, Paris 1967, S. 323–328). – D. Moutote, *La rêverie sur les plantes dans le »Mas Théotime«* (in *Le réel et l'imaginaire dans l'œuvre d'H. B.*, Hg. J. Onimus, Paris 1976, S. 11–23; Diskussion S. 25–27). – J. Chocheyras, *L'idéologie sousjacente du »Mas Théotime« de B. (1952)* (in J. C., *Le désir et ses masques*, Grenoble 1981, S. 93–101). – *Genèse du »Mas Théotime«* (in Cahiers H. B., 22, 1982, S. 15–20). – J. Dauphiné, *La poétique du cycle dans »Le mas Théotime« de B.* (ebd., S. 89–101).

PETAR BOŠKOVSKI

* 14.1.1936 Ostrilci bei Kruševo / Makedonien

DAS LYRISCHE WERK (maked.) von Petar BOŠKOVSKI.

Das Œuvre des makedonischen Poeten besteht im Grunde aus drei schmalen Gedichtbänden, die zudem in ungewöhnlich langen Zeitabständen erschienen. Zuerst kam *Suvodolica (Canyon)* heraus – 1962 in serbischer Sprache in Belgrad, 1969 auch im makedonischen Original in Skopje –, 1970 folgte *Postela od trnje (Dornenbett)* und 1985 *Nebesen kamen (Himmelsstein)*. Mit der bescheidenen Quantität des lyrischen Werks gingen allerdings hohe Qualität und Formenvielfalt einher, die dem Autor einen besonderen Rang in der neueren makedonischen Poesie sichern.

Boškovski hat in seiner Jugend Jura studiert, entdeckte bereits in der Universitätszeit seine literarische Neigung und Begabung. Als Student war er

Redakteur an der Wochenzeitung ›Studentski zbor‹ (Studenten-Wort), danach Literaturredakteur der Zeitung ›Mlad borec‹ (Junger Kämpfer) und Chefredakteur der Zeitschrift ›Razgledi‹ (Ansichten). In den sechziger Jahren machte sich Boškovski auch als Kritiker einen Namen, wovon u. a. der 1968 erschienene Band *Ogledi i kritiki (Betrachtungen und Kritiken)* zeugte. Später war er Mitherausgeber von Anthologien wie *Der makedonische Roman* (1972), *Makedonische Erzählungen* (1973) u. a. Seit vielen Jahren ist er bei »Radio Skopje« Redakteur der Sendung *Literarisches Mosaik*, die ihm reiche Möglichkeiten für literarische und dokumentarische Produktionen bietet.

Als Poet gehört Boškovski der sog. »dritten Dichtergeneration« an, die seit etwa 1958 tonangebend wurde. Was ihre Vorgänger noch begeistert hatte – die gewonnene Freiheit, der Wiederaufbau, das Privileg, in makedonischer Muttersprache zu schreiben –, berührte die Jüngeren nicht mehr oder war für sie Selbstverständlichkeit. Zudem hatten sie es in doppelter Hinsicht leichter: Die makedonische Sprache, erst 1944 zur Amtssprache erhoben, war ihnen ein von Kindheit an vertrautes Medium, und in der makedonischen Kultur ging in den späten fünfziger Jahren die Phase einer bemüht-künstlichen »Volkstümlichkeit« zu Ende. Unter solchen neuen Auspizien trat die »dritte Generation« an, und zwar in so großer Talentfülle, daß die makedonische Literatur eine »*explosionsartige Verjüngung*« (V. Urošević) erfuhr.

Zunächst ragte Petar Boškovski kaum aus dieser Phalanx heraus. Seine ersten Verse – um 1960 in Blättern wie ›Sovremenost‹ (Gegenwart) veröffentlicht – litten noch unter sprachlichen und stilistischen Unsicherheiten, einer gewissen Unbeholfenheit in Rhythmus, Melodik und Metaphorik. Ähnliche Mängel zeigten damals die Gedichte vieler junger makedonischer Poeten, bei denen die Ambition das Können noch überwog. Immerhin fanden sich bei Boškovski einige Texte, die aufhorchen ließen – Vorzeichen einer zweiten und intimeren Hinwendung zur makedonischen Realität, wobei Nationales, Universelles und Individuelles eine poetische Verbindung eingingen.

Der erste Gedichtband, *Suvodolica*, ließ bereits eine originäre lyrische Begabung erkennen: Der Dichter besang ein »*rustikales und folkloristisches Makedonien auf neue Weise, wobei nationale Spezifika und regionale Denkwürdigkeiten ganz nach vorn rückten*« (Urošević). Beifällig wurde konstatiert, daß sich hier ein Poet äußerte, der mit einer bestimmten Region tiefinnerlich verbunden war und diese zum Gegenstand seiner Gedichte machte. (»Gedicht« und »Lied« werden im Makedonischen beide mit *pesna* wiedergegeben, eine Begriffsidentität, die auf die poetischen Texte Boškovskis oft zutrifft). Natur und Folklore, Mythen und Legenden, die ganze Fülle makedonischer Traditionen trat in diesen »Liedern« zu Tage – verbunden durch die »Obsession« des Autors, die eigene Heimat neu zu »entdecken«. Auch für andere Dichter der »dritten Generation« war Makedonien das Hauptthema, doch nahezu jeder sah sein Land anders – farbig-fröhlich (R. Pavlovski), mythisch-dunkel (B. Gjuzel), rätselhaft-rituell (P. Andreevski), traurig und arm (J. Koteski). Keiner aber zeichnete das Land so, wie Boškovski es tat – in einfacher Sprache, überschaubarer Form und eben in dieser Geheimnislosigkeit reizvoll. *Suvodolica* enthält zahlreiche »Lieder«, die wie poetisch bearbeitete Fabeln, Sagen oder Alltagsbegebenheiten wirken (nicht von ungefähr sprach man vom »*narrativen Realismus*« des Autors).

Andererseits zeigen die Gedichte des Bandes *Suvodolica* aber auch, daß der Dichter sich nicht mit diesem »einfachen« Makedonien begnügte. Alltägliche Erscheinungen wie Wind, Nebel und Regen wurden zu metaphysischen Gleichnissen, zum Ausdruck einer »*bäuerlichen Lebensphilosophie von der Unveränderlichkeit der Dinge*.« Die anscheinend schlichten Poeme bekamen plötzlich eine Tiefe wie holzgeschnitzte Ikonostasen aus dem Makedonien des 19. Jh.s, in denen der Betrachter neben dem realen Bild des Landes auch Zauberwälder, Drachen und biblische Ereignisse entdeckt. Und dieser Betrachter ist im Grunde der Dichter, der seinen Entdeckungen hilflos wie ein halbbewußtes Kind gegenübersteht: »*Jemand schüttelte ab, was ein Jahrhundert schon ihm narrte/ doch von den Schultern lief's davon, damit es auf ihm warte*«.

Mit *Dornenbett* hatte Boškovski endgültig die sprachlich-stilistischen Probleme früherer Jahre gemeistert, aber auch die »*Hinwendung zur Sonnenseite des Lebens*« (M. Gjurčinov) verlassen. Was in *Suvodolica* partiell angelegt war, kam nun zum vollen Ausbruch: »*Von allen Seiten drohen gespenstige Symbole und erschreckende Visionen schwarzer Vögel (...) ein phantastisches Spiel von Sinn und Unsinn, Aberglaube und Rationalität, Lebendem und Überirdischem*«. Von den Kräften des Bösen ist der Poet förmlich eingekreist; seine gesamte Vorstellungskraft ist von ihnen okkupiert, er fühlt sich von ihnen zu Zauberspielen verleitet und weiß dabei immer, daß er nicht fliehen und auch keinen rettenden Ausweg finden kann. Bereits die Titel einzelner Gedichte verraten »*Vieldeutigkeit, irreale Symbolik und dämonische Phantastik*«: Hund des Bösen; Unersättlichkeit; Schwere; Ereignisse usw. Dabei war das keineswegs Ausdruck einer Verliebtheit des Autors in das Spiel mit dem Schrecken – vielmehr spiegelt sich darin seine besondere Sichtweise der Schwierigkeiten des Lebens, der Existenz überhaupt: »*Ereignisse, die mir solche Strafen schaffen und bringen/ ich zittere vor Schrecken, von denen Märchen nicht singen/ vor allem Bösen bei Schatten und lebenden Menschen*«.

Diese Thematik hat Boškovski auch in seiner jüngsten Gedichtsammlung *Himmelsstein* nicht verlassen. Jedes Gedicht von ihm ist »*ein fest gefügtes und gut durchdachtes gedankliches, rhythmisches und sprachliches Konzentrat*« (Gjurčinov). Dieser Dichter ist seinen eigenen Weg gegangen: Über die totale Hingabe an alle Charakteristika der eigenen Heimat fand er zu jenen Atavismen und folkloristischen Archetypen, die seine pessimistische, ja mitunter diabolische Phantasie beflügelten und ihn zu zeitlos relevanten Aussagen über den Menschen und seine Existenz befähigten. W.Osch.

AUSGABEN: *Suvodolica*, Belgrad 1962 (serb.); Skopje 1969 (mak.). – *Postela od trnje*, Skopje 1970. – *Nebesen kamen*, Skopje 1985.

LITERATUR: Vlada Urošević, *P. B. ili Meǵju zemjata i nezemnoto* (in: P. B., *Suvodolica*, Skopje 1969, S. 5–15). – Milan Gjurčinov, *Diabolični vizii na zloto* (in: M. G., *Kritički svedoštva*, Skopje 1976, S. 147–149).

HERMANN BOSSDORF

* 29.10.1877 Wiesenburg bei Belzig
† 24.9.1921 Hamburg

LITERATUR ZUM AUTOR:
A. Janssen, *H. B., der Mensch – das Werk – der Dichter*, Hbg. 1927. – H. Detjen, *H. B. als Dramatiker*, Hbg. 1936.

BAHNMEESTER DOOD. En nedderdütsch Drama in fief Akten

(nd.; *Bahnwärter Tod*). Drama in fünf Akten von Hermann BOSSDORF, erschienen 1919. – Im Mittelpunkt dieses in seiner Thematik an HAUPTMANNS *Bahnwärter Thiel* erinnernden Stückes steht die Gestalt des Bahnwärters Jörs. Dieser verkörpert den einfachen, strebsamen Menschen, der durch bitteres Unrecht, das man ihm antut, in eine Schuld getrieben wird und an dieser zerbricht.
Als Jörs erkennen muß, wie sehr er von seiner jungen, aufreizend hübschen Frau betrogen wurde, packt ihn die Eifersucht und läßt ihn zum Mörder seines Vorgesetzten werden, der der Liebhaber seiner Frau ist. Mag er zunächst auch glauben, mit dieser Tat vor sich selber bestehen zu können, so treibt die Erinnerung an den Gemordeten ihn doch in immer größere Verzweiflung und schließlich in den Tod. Deutlich spürt seine Frau Angst und Seelennot des ungeliebten Mannes, doch tut sie nichts, um ihn zu retten. Kaltherzig, nur auf ihren eigenen Vorteil und die Erfüllung ihrer von unbändiger Lebensgier geprägten Wunschvorstellungen bedacht, zwingt sie ihn unter ihren Willen und stößt ihn bewußt ins Verderben. Sie wird tatkräftig unterstützt vom »Botterwiw«, der Verkörperung aller »*niederreißenden Triebe*«, teuflisch in seinen Plänen, hinterlistig und eiskalt berechnend, voller Spott und Bosheit in all seinem Tun. Als »*Mahnung des sittlichen Prinzips*« steht ihm im »Holtvagt« ein gütiger, das Unglück vorausahnender Freund des Bahnwärters gegenüber. Dieser trägt in seinem Hang zur »Spökenkiekerei« durchaus volkstümliche Züge, steht aber mit seinen übersinnlichen Gaben und seinem Wissen um letzte, geheime Dinge zugleich auch außerhalb des realen Geschehens, das der Dichter durch ihn zu kommentieren versucht. Doch auch dem Holtvagt gelingt es nicht, das Unheil aufzuhalten. Immerhin zwingt er die Frau des Bahnwärters nach dessen freiwilligem Tod zur Erkenntnis der eigenen Schuld.
Das Stück überzeugt durch die Geschlossenheit des dramatischen Aufbaus. Die schrittweise Enthüllung der Vorgeschichte schafft eine bis zum Ende anhaltende Spannung. Dank der folgerichtigen Schilderung des physischen und psychischen Zusammenbruchs des Bahnwärters wandelt sich allerdings die rein auf das Stoffliche gerichetete Neugier des Lesers zu gesteigerter Anteilnahme an der inneren Entwicklung der Charaktere. H.J.B.

AUSGABEN: Hbg. 1919. – Hbg. 1921. – Hbg. 1922 [dt. Fassung]. – Hbg. 1953 (in *GW*, Hg. W. Krogmann, 11 Bde., 3).

DE FÄHRKROG. En dramatisch Gliknis

(nd.; *Der Fährkrug. Ein dramatisches Gleichnis*). Schauspiel in drei Akten von Hermann BOSSDORF, Uraufführung: Hamburg, 5. 4. 1918, Thalia-Theater. – Am Ufer eines Flusses, irgendwo in Norddeutschland, liegt ein einsamer, verrufener Fährkrug. Hier hausen die tiefverschuldeten Krögersleute mit einer jungen, zu niederen Diensten gezwungenen Nichte und einem düsteren, unheimlichen Knecht. Spät nachts kommt ein junger Mann, der seinen Hof verkauft hat und die Heimat verlassen will, und möchte übergesetzt werden. Wegen eines schweren Unwetters muß die Überfahrt jedoch auf den nächsten Tag verschoben werden. Die Wirtsleute beschließen, den Gast in ihre Netze zu ziehen; der Kröger soll es zunächst mit Alkohol versuchen, die Frau will ihn mit ihrer verführerischen Schönheit umgarnen, und sollte beides nicht verfangen, wird der Knecht dafür zu sorgen haben, daß sein Fahrgast das andere Ufer nicht erreicht. Die Nichte aber warnt den jungen Mann; dieser widersteht allen Versuchungen und hält auch den Knecht mit der Pistole in Schach. Zusammen mit dem Mädchen verläßt er den unheimlichen Ort. – Boßdorf hat dieses Stück ein »*dramatisches Gleichnis*« genannt. Im erläuternden Prolog bezeichnet er den Fährkrug als symbolisch für das menschliche Leben: die Wirtsleute sollen Habgier und Wollust darstellen, der Knecht den Tod. Das junge Mädchen aber verkörpert das Gute im Menschen, seine Seele. Nur wer der Stimme seiner Seele folgt, wird Teufel und Tod überwinden und ins bessere Leben eingehen.
Schon dieses erste dramatische Werk Boßdorfs überzeugt durch die Sicherheit der Charakter- und Milieuschilderung sowie durch den packenden, realistisch gestalteten Handlungsablauf. Nur der Schluß, der die optimistische Grundhaltung des

Autors offenbart, wirkt etwas konstruiert und vermag nicht ganz zu befriedigen. Der *Fährkrog* gilt noch heute als eine bemerkenswerte Leistung; auch wenn man dem symbolischen Gehalt des Stückes nicht mehr die Bedeutung beimessen wird, wie die zeitgenössische Kritik es tat. H.J.B.

AUSGABEN: Hbg. 1919. – Hbg. 1954 (in *GW*, Hg. W. Krogmann, 11 Bde., 1952–1955, 2).

KRAMER KRAY

(nd.; *Krämer Kray*). Komödie in fünf Akten von Hermann BOSSDORF, Uraufführung: Hamburg, 17. 1. 1920, Thalia-Theater. – Kaufmann Kray hat sich am Venusberg in Hamburg mit Fleiß und Tatkraft ein ordentliches Geschäft aufgebaut. Nach dem Tode seiner offenbar recht energischen Frau ist er unter dem Einfluß seines leichtlebigen Freundes Broihan allerdings ein wenig auf die schiefe Bahn geraten, hat sich auch in allerlei Weiberhändel eingelassen. Mit viel Schwung und ohne Scheu vor zuweilen recht derber Situationskomik schildert Boßdorf den *»Kraienfang«*, die teils plumpen, teils raffiniert geplanten Versuche von Frauen unterschiedlicher Herkunft und durchaus nicht immer einwandfreier moralischer Qualifikation, den widerspenstigen Witwer einzufangen, und andererseits das verzweifelte Bemühen Broihans, den Gefährten seiner ausgedehnten nächtlichen Bummeltouren nicht zu verlieren. Am Ende siegt die nachsichtig-berechnende Klugheit der Haushälterin Mile Haak. Mit List und Geschick vermag sie den innerlich schwankenden Kray davon zu überzeugen, daß er nicht ihre Herrschaft im Haus befürchten müsse, sondern Ordnung und Sauberkeit, treue Liebe und eine behütete Häuslichkeit erwarten könne. Das eigentliche komische Motiv des *Kramer Kray* hat Boßdorf selbst darin gesehen, *»daß ein Mensch immer nach dem seiner Natur nicht Gemäßen strebt, schließlich aber doch, oder gerade dadurch, in die Verhältnisse gedrängt wird, die seiner Natur entsprechen«*.

Das Stück wurde auf Drängen des Leiters der Niederdeutschen Bühne in Hamburg, Richard OHNSORG, von vornherein auf breite Publikumswirkung hin konzipiert. Boßdorf betonte, *»daß diese Komödie von mir der plattdeutschen Sache als Opfer gebracht worden ist, da ein Propagandastück nötig ist, die breiten Massen zu gewinnen ... Meine eigentliche Sphäre ist das Gebiet nicht, auf dem Kramer Kray lebt und liebt.«* Dennoch ist er seiner eigenen Forderung an die niederdeutsche Komödie, den niederdeutschen Menschen mit all seinen Fehlern und Schwächen, *»Dameligkeit und Narrenkram«*, in seiner Umwelt darzustellen, treu geblieben. Bei aller treffenden Charakterisierung und geschickt nuancierenden Unterscheidung vor allem auch der weiblichen Figuren steht jede zugleich als unverwechselbarer Typus des Hamburger Kleinbürgertums in einer ihr allein zugehörigen und von ihr erfüllten Welt. Eine Vielzahl volkstümlicher Redensarten und Wortspiele verstärkt den Eindruck eines in sich abgerundeten Genrebildes, das *»ganz auf Laune und Gegenwärtigkeit, auf Sprachlinie und Dialogarabeske gesetzt ist«* (H. Claudius). H.J.B.

AUSGABEN: Hbg. 1920. – Hbg. 1955 (in *GW*, Hg. W. Krogmann, 11 Bde., 1952–1955, 4).

JACQUES-BÉNIGNE BOSSUET

* 27.9.1627 Dijon
† 12.4.1704 Meaux

LITERATUR ZUM AUTOR:
C. Lanson, *B.*, Paris 1891. – F. Brunetière, *B.*, Paris 1913. – G. Grente, *B.*, Paris 1924. – V. Giraud, *B.*, Paris 1930. – G. Truc, *B. et le classicisme religieux*, Paris 1934. – J. Calvet, *B.*, Paris 1941; ern. 1968. – A.-G. Martimort, *Le gallicanisme de B.*, Paris 1953. – J. Truchet, *La prédication de B.*, Paris 1960. – Ders., *B. panégyriste*, Paris 1962. – E. E. Reynolds, *B.*, Garden City/NY 1963. – T. Goyet, *L'humanisme de B.*, 2 Bde., Paris 1965. – J. Truchet, *Politique de B.*, Paris 1966. – J. le Brun, *B.*, Paris 1970. – Ders., *Les opuscules spirituels de B.*, Nancy 1970. – Ders., *La spiritualité de B.*, Paris 1972. – A. Grazini, *B.*, Urbino 1978. – R.-J. Hesbert, *Saint-Augustin, maître de B.*, Paris 1980. – *Journées B. La prédication au 17e siècle*, Hg. T. Goyet u. J.-P. Collinet, Paris 1980.

DISCOURS SUR L'HISTOIRE UNIVERSELLE À MONSEIGNEUR LE DAUPHIN POUR EXPLIQUER LA SUITE DE LA RELIGION ET LES CHANGEMENTS DES EMPIRES

(frz.; *Abhandlung über die Weltgeschichte für den Dauphin, um die Entwicklung der Religion und die Wandlungen der Reiche zu erklären*). Historisch-philosophische Lehrschrift von Jacques-Bénigne BOSSUET, verfaßt während seiner Amtszeit (1670 bis 1681) als Prinzenerzieher am Hofe Ludwigs XIV., erschienen 1681. – Bossuet, der sich der verantwortungsvollen Aufgabe der Erziehung eines zukünftigen Königs (des Prinzen Louis) mit großem Ernst und einer ausgeklügelten pädagogischen Methode (wenn auch mit wenig Humor und nicht immer glücklicher Hand) widmete, hatte für die Stoffsammlung zu diesem historischen Werk viele namhafte europäische Gelehrte herangezogen. Der Auswahl, die er aus diesem umfangreichen Material zusammenstellte, gab sein charakteristischer Stil ein einheitliches Gesicht. – Die Schrift ist in drei Teile gegliedert: *Les époques, Suite de la religion, Les empires*. Der erste Teil bringt einen Abriß der Weltgeschichte, die in sieben nach Adam,

Noah, Abraham, Moses, Troja, Salomo und Christus benannte Zeitalter eingeteilt wird – eine Periodisierung, die für die christliche Perspektive des Autors bezeichnend ist; chronologisch endet die Darstellung mit dem frühen Mittelalter. Die dreißig Kapitel des zweiten Teiles enthalten den Versuch, die Geschichte des Christentums als die Geschichte der Offenbarung des einen Gottes zu beschreiben, als ein fortlaufendes Geschehen, das mit dem auserwählten Volk beginnt und dann auf alle anderen Völker übergreift. Bossuets Kommentar zur weltweiten Bedeutung des Evangelismus endet – hier bricht die theologische Grundhaltung des Autors immer deutlicher durch – mit allgemeiner historisch-philosophischer Polemik. Die acht Kapitel des dritten Teils untersuchen Aufstieg und Fall großer Reiche am Beispiel der Ägypter, Perser, Meder, Griechen und Römer.

Bei einer Bewertung des *Discours* muß Bossuets Ziel im Auge behalten werden: Die Menschheitsgeschichte sollte einem mit nur bescheidenen Geistesgaben und Herrschertugenden ausgestatteten Dauphin moralische, politische und religiöse Lehren erteilen. Großartige Beispiele werden herangezogen, um zu zeigen, daß nur männliche Tugenden wie Treue, Mut, Mäßigung, Ausdauer und Bescheidenheit großen Herrschern zum Aufstieg verhelfen. Unter diesen Tugenden spielt die Frömmigkeit eine hervorragende Rolle: sie liefert unübertreffliche Argumente, wenn es darum geht, sittliche Forderungen den Untertanen gegenüber zu begründen, sie zu gerechten Kriegen aufzurufen und Gerechtigkeit und Liebe zu den Grundpfeilern der staatlichen Ordnung zu erklären. Schließlich bemüht sich der Autor, im oft planlos scheinenden Weltgeschehen die ewige Herrschaft der göttlichen Vorsehung sichtbar zu machen und Ehrfurcht zu fordern für das im Gegensatz zur Vergänglichkeit irdischer Reiche unantastbare und ewige geistige Reich, das die christliche Kirche vertritt.

Die – aus Bossuets Herkunft, Aufgabe und Zeit zu verstehende – teleologische Geschichtsbetrachtung läßt einer historischen und chronologischen Genauigkeit von vornherein nur untergeordnete Bedeutung zukommen. Doch sind die nachweislichen Irrtümer des Autors wohl ausnahmslos dem unvollständigen Wissen seiner Zeit zuzuschreiben, an dem gemessen seine Kenntnisse erstaunlich waren. Der Rückgriff auf Originalquellen und deren kritische Prüfung ist für das 17. Jh. durchaus nicht selbstverständlich, und die Erkenntnis der Bedeutung wirtschaftlicher und soziologischer Faktoren für die Entwicklung der Völker läßt ihn geradezu prophetische Schlüsse ziehen. Dennoch ist es vor allem der Geist der *Heiligen Schrift*, der das Werk durchdringt.

Von Interesse für die Literaturgeschichte ist der *Discours* als das Werk eines Autors, der als einer der Meister klassischer französischer Rhetorik gilt. Es zeigt Bossuet als Stilisten, der sich logisch und klar auszudrücken weiß, ohne die Schwerfälligkeit sich häufender Konjunktionen zu scheuen. Charakteristisch für seine Sprache sind die vorbildliche Präzision des Vokabulars, die konkret-lapidaren Formulierungen und die zahlreichen Latinismen. Der fast poetische Tenor des Werks beruht freilich weniger auf dem Klangfülle oder Bildhaftigkeit der Sprache als vielmehr auf der Leidenschaftlichkeit, mit der Bossuet die Rolle der *providence*, der Vorsehung, die das Schicksal der Menschheit lenkt, darstellt.

Die beiden ersten Editionen folgten 1681 rasch aufeinander, eine dritte, im Jahre 1700, brachte wesentliche Erweiterungen. Die endgültige Ausgabe von 1704 versah der Autor kurz vor seinem Tode mit ausführlichen Anmerkungen. Der große Erfolg, der dem *Discours* vorübergehend in ganz Europa beschieden war, ließ in dem selben Maße nach, wie die Tendenz des Jahrhunderts den Nachfahren fremd wurde. Zwar regte das Werk MONTESQUIEUS *Considérations sur les causes de la grandeur des Romains et de leur décadence* (1734) und VOLTAIRES *Essai sur les mœurs* (1756) an, und wegen der zweifellos soliden Kenntnisse seines Autors war es nie Gegenstand eines offenen Angriffs: dennoch wirkt das mannigfache Lob, das ihm spätere Jahrhunderte zollten – etwa Voltaire (*Le siècle de Louis XIV*, 1751), D'ALEMBERT (*Éloge de Bossuet*, 1779), SAINTE-BEUVE (*Causeries du lundi*, 10. Teil, 1854) und RENAN (*Histoire des origines du christianisme*, 1879) –, recht zurückhaltend. Nur vom Ruhm des Kanzelredners Bossuet fällt hin und wieder ein wenig Glanz auf den vergessenen Historiker.   I.P.

AUSGABEN: Paris 1681. – Luxemburg 1704 (*Continuation de l'histoire universelle de messire J.-B. B. depuis l'an 800 jusqu'à l'an 1700*, Hg. J. de La Barre). – Paris 1707/08 [beide Teile]. – Paris 1772–1778 (in *Œuvres*, Hg. A. C. Lequeux, Dom Deforis u. Dom Coniac, 19 Bde.). – Paris 1877 (in *Œuvres complètes*, Hg. E. N. Guillaume, Bar-le-Duc u. C. Laguerre, 11 Bde.). – Paris 1961 (in *Œuvres*, Hg. A. Vilat u. Y. Champailler; Pléiade). – Paris 1966 (GF). – Paris 1967, Hg. J. Truchet (Class. Garn.).

ÜBERSETZUNGEN: *Einleitung in die allgemeine Geschichte der Welt bis auf Kaiser Carl den Großen*, J. A. Cramer, Lpzg. 1784–1786 [unvollst.]. – *Die Universal-Geschichte vom Anfang der Welt bis auf das Kaiserreich Karls des Großen*, L. A. Mayer, Würzburg 1826 [unvollst.]. – *Weltgeschichte für den Dauphin*, A. Brücher (in Der Querschnitt, 8, 1928, 6, S. 386–388; unvollst.).

LITERATUR: H. V. M. Druon, *B. et l'éducation du Grand Dauphin* (in H. V. M. D., *Histoire de l'éducation des princes dans la maison des Bourbons de France*, Paris 1897, S. 235–354). – G. Hardy, *Le »De civitate Dei«, source principale du »Discours sur l'histoire universelle«*, Paris 1913. – C. de Courten, *B. e il suo »Discours sur l'histoire universelle«*, Mailand 1927. – P.-J. Barry, *B.'s »Discourse on Universal History«* (in Catholic Historical Review, 20, 1934, S. 260–280). – P. Mesnard, *L'esprit cartésien est-il compatible avec le sens de l'histoire?* (in Congrès des

Sociétés de Philosophie de Langue Française. Actes, Paris 1952, S. 273–280). – T. Goyet, *Autour du »Discours sur l'histoire universelle«. Études critiques*, Paris 1956. – Ders., *Du nouveau dans l'histoire du »Discours sur l'histoire universelle«* (in TLL, 13, 1975, S. 371–384).

RECUEIL D'ORAISONS FUNÈBRES

(frz.; *Sammlung von Trauerreden*). Grabreden von Jacques-Bénigne BOSSUET. Von den elf öffentlich gehaltenen Kanzelreden sind die ersten fünf nur fragmentarisch überliefert. Die sechs übrigen, die Bossuets Ruhm ausmachen, wurden noch zu seinen Lebzeiten zunächst einzeln, dann 1689 gesammelt veröffentlicht. – Es waren ausnahmslos hochgestellte Persönlichkeiten – Henriette-Marie de France, Gemahlin Karls I. von England, ihre Tochter, die schöne und geistvolle Henriette-Anne, Duchesse d'Orléans, vermählt mit Monsieur, dem Bruder des Königs, Marie-Thérèse d'Autriche, Königin von Frankreich, Anne de Gonzague de Clèves, die lebenslustige pfälzische Prinzessin, die nach einem Traum dem weltlichen Leben abschwor, Michel Le Tellier, Kanzler von Frankreich, und schließlich der berühmte Feldherr Louis de Bourbon, Prinz von Condé –, denen der Bischof von Meaux, der wortmächtigste Prediger Frankreichs, die Abschiedsrede hielt. Geprägt von der lauteren Geisteshaltung seines Lehrers, des 1737 kanonisierten Saint VINCENT DE PAUL, trachtete er danach, jeden artifiziellen rhetorischen Prunk zu vermeiden und so einfach und überzeugend wie die *Bibel* zu sprechen. Das geschah jedoch stets ohne Anflug von Volkstümlichkeit. Der von seinen Zuhörern, dem Hofstaat Ludwigs XIV., diktierte Kunstgeschmack forderte eine dem Gegenstand angemessene Überhöhung der Sprache, verbot jeden Anklang an die Sphäre banaler Alltäglichkeit. Doch das Gemessen-Feierliche, das dem Anlaß wie der Selbsteinschätzung einer gesellschaftlichen Elite entsprach und weltliches und geistliches Zeremoniell gleichermaßen prägte, wurde, sobald Bossuet die Kanzel betrat, zum düsteren Hintergrund der wohltönenden Klage über die Hinfälligkeit und Gebrechlichkeit alles Irdischen.

Die mit sechsundzwanzig Jahren – vermutlich an Gift – gestorbene Henriette-Anne d'Angleterre, die zuvor erfolgreich eine Allianz zwischen Ludwig XIV. und ihrem Bruder Karl II. von England abgeschlossen hatte, die Gönnerin MOLIÈRES und RACINES, wird im Zugriff des Todes ein *je ne sais quoi*, ein unbestimmtes Etwas, »*das in keiner Sprache mehr einen Namen hat*«. Die Vanitas des Predigers Salomo, die Mahnung, daß das Leben ein Traum, irdischer Glanz nur Schein sei, enthüllt im Angesicht des Todes, der so das Verhältnis zwischen Jetztzeit und Endzeit, zwischen Menschenwille und unbegreiflich erscheinendem Zufall ins rechte Maß rückt, die Wahrheit, an der Bossuet nie gezweifelt hat, »*daß wenn wir Abstand nehmen und aus größerer Entfernung auf die Geschichte sehen...,*

d. h. mit den Augen des Glaubens, sich eine verborgene Gerechtigkeit offenbart« (K. Löwith). Wie tief durchdrungen Bossuet auch von der Inkongruenz von *civitas Dei* und *civitas terrena* war, die Weltflucht im Sinne des Jansenismus, den er bekämpfte, war für ihn keine theologische Lösung. Die verborgene Gerechtigkeit legitimierte auch die unvollkommene irdische Ordnung, sprich den absolutistischen Herrschaftsapparat. Mochte Bossuet den Repräsentanten des französischen Staates in den Trauerreden eindringlich und in voller Überzeugung die *instabilitas* ihrer Rangordnung vor Augen führen – unübertroffen in der »Peroraison« auf Louis de Bourbon, die die Großen der Welt zum Katafalk des Verstorbenen ruft –, er blieb doch einer der kämpferischsten Verfechter der kirchlichen und staatlichen Autorität. So sehr fühlte er sich im Einklang mit dem Bestehenden, daß er wie sein Lehrer AUGUSTIN allen häretischen Strömungen den Kampf ansagte, wobei ihm die kritische Infragestellung oder gewaltsame Veränderung der »gottgewollten« staatlichen Ordnung kein geringeres Übel schien. In der Trauerrede auf Henriette-Marie, Königin von England, die nach der Enthauptung ihres Gemahls nach Frankreich zurückkehrte, geißelt er den Geist der Revolte, der – in seiner Sicht – Hand in Hand geht mit intellektueller Neugier. Das bereits sich ankündigende Menschenbild der Aufklärer, die den Fortschritt an die Stelle der Vorsehung setzen sollten, die persönliche Meinung an die Stelle gläubigen Gehorsams, war ihm zutiefst suspekt. Dafür haben es ihm die Aufklärer verübelt, daß er in der Rede auf Michel Le Tellier dessen maßgebliche Rolle bei der Aufhebung des Edikts von Nantes – ganz im Sinne seiner theologischen Überzeugung – positiv bewertet. So entschieden Bossuet den Eigenwert der menschlichen Individualität verneinte, so groß war doch andererseits die gefühlsmäßige mitmenschliche Anteilnahme, die er den Verstorbenen entgegenbrachte. Von Fehlern und Vergehen spricht er nur mit größtem Takt; daß er es überhaupt tut, unterscheidet ihn von den zeitgenössischen Kanzelrednern, die sich zumeist mit phrasenhaftem Lob begnügten. Bossuet hat nicht nur der Trauerrede neue Maßstäbe gesetzt – indem er das Einzelschicksal als beispielhaftes sehen lehrte –, er hat, und darüber besteht Einigkeit bei allen – bis hin zu VALÉRY –, denen der klassische Stil als exemplarisch gilt, mit den *Oraisons funèbres* Werke von Modellcharakter geschaffen. Sie folgen einem wohldurchdachten Kompositionsprinzip: An den Text der Schrift schließt sich der »Exorde« an; die »Peroraison« beendet den Hauptteil der Predigt, die sich entweder als Häufung überzeugenden Materials oder in der Form der Antithese in zwei oder drei Unterabteilungen gliedert. Indem sie barocken Überschwang und preziöse Eleganz gleichermaßen vermeiden, erfüllen die *Oraisons* das Gesetz logischer Klarheit, das für das 17. Jh. zugleich ein »*intellektueller, ein ethischer und ein ästhetischer Wert war*« (Wandruszka). Dem normativen Gesetz des Maßes, das die poetische Ausdruckskraft erst entbindet, entspricht der weltmännische Lebensstil. So mögen wir uns Bossuet vorstellen als einen Mann, der »*Sinn hat für die Natur, für die Bequemlichkeit der Gärten von Germiny ... für die Annehmlichkeit einer Allee, in der man sein Brevier lesen und darüber nachsinnen kann*«, kurz als einen Mann »*der vorzüglich im Gleichgewicht*« war (P. Hazard). KLL

AUSGABEN: Paris 1680 *(Oraison funèbre d'Henriette de France et d'Henriette d'Angleterre)*. – Paris 1687 *(Oraison funèbre de Louis de Bourbon, prince de Condé)*. – Paris 1689 *(Recueil d'oraisons funèbres)*. – Paris 1961, Hg. u. Anm. J. Truchet (Class. Garn.). – Paris 196 . (in *Œuvres*, Hg. u. Anm. B. Velat u. Y. Champailler; Pléiade). – Paris 1966, Hg. R. Laurent. – Paris 1967, Hg. Ph. Sellier.

ÜBERSETZUNGEN: *Trauerreden*, anon., Wien 1763. – Dass., H. E. v. Teubern, Züllich 1764. – *Ausgewählte Predigten und Trauerreden*, H. Seyfarth, Lpzg. 1893.

LITERATUR: F. Strowski, *Comment B. composait une oraison funèbre* (in Revue Bossuet, 3, 1902, S. 40–48). – J. Vianey, *L'éloquence de B. dans sa prédication à la cour* (in Revue des Cours et Conférences, 30. 4. 1929, S. 166–182). – Ch. Bruneau, »*Oraison funèbre d'Anne de Gonzague*«, Paris 1952/53. – K. Löwith, *Weltgeschichte u. Heilsgeschehen. Die theologischen Voraussetzungen der Geschichtsphilosophie*, Stg. ²1953, S. 129–135. – J. Truchet, *B., panégyriste*, Paris 1962. – Ch. Schlötke-Schröer, *Zur Entwicklung des Pathos in der Kanzelberedsamkeit B.s* (in ZfrzSp, 69, 1959, S. 22–45). – M. Wandruszka, *Der Geist der französischen Sprache*, Hbg. 1959 (rde). – P. Hazard, *La crise de la conscience européenne, 1680–1715*, Paris 1961 [zuerst 1935]. – K. G. Carsen, *L'art du portrait dans les »Oraisons funèbres«* (in RomR, 7, 1972, S. 17–25). – R. Jasinski, *L'»Oraison funèbre« d'Henriette de France* (in R. J., *À travers le 17e siècle*, Bd. 1, Paris 1981, S. 285–304). – M. J. Gragg, *Les »Oraisons funèbres« de B. et la rhétorique*, Diss. Chicago 1981 (vgl. Diss. Abstracts, 42, 1981/82, 1173/1174A). – J. Dubu, *La culture féminine selon les »Oraisons funèbres« de B.* (in QFLR, 3, 1981, S. 173–188).

SERMONS

(frz.; *Predigten*). Kanzelreden von Jacques-Bénigne BOSSUET, in der Mehrzahl entstanden zwischen 1649 und 1690, erschienen 1772–1790. – Bossuet, dessen sprachgewaltige *Sermons* einen Höhepunkt der Kanzelrede in Frankreich darstellen, hat über 450 Predigten gehalten. Von ihnen sind rund 250 erhalten, ein Drittel allerdings nur in Form stichwortartiger Exposés. Bossuets Predigten sind für die Praxis verfaßt. Mit Ausnahme des *Sur l'unité de l'Église*, 1681 *(Über die Einheit der Kirche)*, hat er sie nicht publiziert; sie mußten erst aus den Entwürfen rekonstruiert werden, die er mit größter Sorgfalt und bis in die Feinheiten der Diktion hinein ausgearbeitet hatte, obzwar er sie dann in freier Rede vortrug. Erst in den Jahren seines Episkopats in Meaux läßt er es bei mehr summarischen Gedächtnisstützen bewenden.

Die überwiegende Zahl der *Sermons* behandelt dogmatische oder paränetische Fragen; Themen wie *Sur la parole de Dieu*, 1661 *(Über das Wort Gottes)*, *Sur la divinité de la religion*, 1665 *(Über die Göttlichkeit der Religion)*, oder die beiden *Sermons Sur la providence*, 1656 und 1662 *(Über die Vorsehung)*, machen das deutlich. Daneben steht die Gruppe der *Panégyriques*, Festpredigten zu Ehren der Apostel Paulus und Jakobus, des hl. Bernhard oder der hl. Katharina, sowie seit 1656 die Gruppe der elf großen *Trauerreden* (vgl. *Recueil d'oraisons funèbres*). Aber auch hier überwiegt ein sachbezogenes Konzept. Das Leben eines exponierten Menschen konkretisiert die Unterweisung. Das Thema selbst wird nach einem präludierenden *exorde* unter verschiedenen (meist zwei oder drei) Aspekten abgehandelt. Der Übersichtlichkeit der Gesamtstruktur entspricht im einzelnen die logische Folgerichtigkeit der Gedankenführung.

Die Entstehungszeit der *Sermons* fällt vorwiegend in drei Perioden: in die Zeit des Erzdiakonats in Metz (1653–1659), in die frühen Pariser Jahre (1659–1669) und schließlich in die achtziger Jahre, als Bossuet Bischof in Meaux war. Die Anpassung an das jeweilige Publikum bzw. an die besondere Situation bewirkt die Verschiedenheit der *Sermons* in den zeitlichen Phasen: Metz mit seinen starken protestantischen und jüdischen Gemeinden war ein Brennpunkt der Kontroverstheologie. Die gedankliche Abgrenzung der Glaubensinhalte, Vorwegnahme von Einwänden und dogmatische Absicherung standen hier eindeutig im Vordergrund. Es mag hinzukommen, daß bei dem jungen Kleriker, der eben erst seine Seminarausbildung abgeschlossen hatte, das Interesse an diffizilen theologischen Problemen und rein theoretischen Distinktionen noch vorherrschend war. In dieselbe Richtung weist die ostentative Verwendung zahlreicher Klassikerzitate, die erst ganz allmählich zurücktreten bzw. von solchen der Kirchenväter verdrängt werden. Auf das Konto des vorklassischen Zeitgeschmacks geht ein kruder Realismus, der auch vor sprachlichen Gewaltsamkeiten nicht zurückscheut. Unter dem Einfluß des Saint-VINCENT DE PAUL (1580–1660) findet Bossuet dann zu jener großartigen Einfachheit, Klarheit und Überzeugungskraft, die seine besten *Sermons* auszeichnen.

In Paris erwartet ihn eine grundlegend andere Atmosphäre: vorwiegend aristokratische Pfarrgemeinden, die Hofgesellschaft, ein kritisches, in Stilfragen kompetentes Publikum. Bossuet hält hier, zumal in Saint-Germain und im Louvre, seine großen Advents- und Fastenpredigten, gelegentlich vor dem König; seine *Sermons* haben beispiellosen Erfolg. Dabei ist Bossuet nur im Bereich des Formalen zu Konzessionen bereit, in der Sache hingegen unerschrocken und unbequem, stets seiner Devise folgend: »*C'est une entreprise hardie que d'aller dire aux hommes qu'ils sont peu de chose*« (»*Ein kühnes*

Unterfangen, den Menschen zu sagen, daß sie gering sind«). Den Hochadel belehrt er – bei aller Diskretion unmißverständlich – Sur l'honneur du monde, 1660 (Über die Ehre der Welt), oder Sur l'ambition, 1662 (Über den Ehrgeiz), die Reichen und Mächtigen Sur l'éminente dignité des pauvres dans l'église, 1659 (Über die hervorragende Würde der Armen in der Kirche), oder Sur l'impénitence finale, 1662 (Über die bis in den Tod dauernde Unbußfertigkeit), Ludwig XIV. schließlich Sur les devoirs des rois, 1662 (Über die Pflichten der Könige). Was die Predigten dieser Phase, zumal auch die großen Trauerreden, auszeichnet, ist die klare und lichtvolle Argumentation, eine sprachgewaltige Leidenschaftlichkeit und nicht zuletzt eine lyrische Imagination, die biblische Visionen von suggestiver Eindringlichkeit zu evozieren vermag. In den folgenden Jahren in Meaux predigt er vor den einfachen Leuten seiner Diözese in schlichter Güte und Einfachheit. – Bossuets Kanzelreden stellen einen Höhepunkt der geistlichen Eloquenz in Frankreich dar. Daß seine Predigten an der Ausbildung der klassischen Diktion einen bedeutenden Anteil hatten, ist unbestritten. K.Rei.

AUSGABEN: Paris 1772–1790 (in Œuvres complètes; Ed. des Bénédictins). – Paris 1862–1866 (in - Œuvres complètes, Hg. F. Lachat, 31 Bde.). – Lille/Paris 1890–1896 (Œuvres oratoires, Hg. J. Lebarq, 7 Bde.; ern. Paris 1914–1926, Hg. C. Urbain u. E. Levesque). – Paris 1961 (in Œuvres, Hg. B. Velat u. Y. Champailler; Pléiade). – Nancy 1965 (Trois sermons du Carême des Minimes. Sur les démons, sur la soumission due à la parole de Jésus-Christ, pour le Vendredi saint). – Paris 1970 (GF).

ÜBERSETZUNGEN: Ausgewählte Predigten u. Trauerreden, H. Seyfarth, Lpzg. 1893. – Fastenpredigten, J. Drammer, 3 Bde., Salzburg 1905–1908.

LITERATUR: J. Lebarq, Histoire critique de la prédication de B., Paris 1888. – A. Vianey, L'éloquence de B. dans la prédication à la cour, Paris 1929. – J. Prieur, Un aspect de B. La traduction des textes latins de l'Écriture ou des Pères (in Le Français Moderne, 25, 1957, S. 25–41). – J. Doucet, B. à Metz ou Les années d'apprentissage (1652–1658) (in Études Classiques, 26, 1958, S. 342–360). – Ch. Schlötke-Schröer, Zur Entwicklung des Pathos in der Kanzelberedsamkeit B.s (in ZfrzSp, 69, 1959, S. 22–45). – J. Truchet, B., panégyriste, Paris 1962. – Ders., B. et l'éloquence religieuse au temps du Carême de Minimes (in DSS, 50, 1961, S. 64–76). – Ders., Tradition et invention dans l'éloquence de B. (in J. T., Six conférences, Paris 1964, S. 35–42). – M. de Diéguez, Apprentissage et mythologie de l'éloquence chez B. (in M. de D., Essai sur l'avenir poétique de Dieu, Paris 1965, S. 19–63). – Th. Goyet, B., Platon et Aristote. Notes de lecture transcrites et publiées, Paris 1964. – J. Doucet, Notes pour un cours sur B. (in Études Classiques, 35, 1967, S. 363–374). – R. Jasinski, Le »Sermon sur la mort« (in R. J., À travers le 17e siècle, Bd. 1, Paris 1981, S. 247–284).

JAMES BOSWELL

* 29.10.1740 Edinburgh
† 19.5.1795 London

LITERATUR ZUM AUTOR:
F. A. Pottle, The Literary Career of J. B., Oxford 1929. – A. R. Brooks, J. B., NY 1971. – W. R. Siebenschuh, Form and Purpose in B.'s Biographical Works, Berkeley 1972. – D. Daiches, J. B. and His World, NY 1976. – W. C. Dowling, The Boswellian Hero, Athen 1979.

THE JOURNAL OF A TOUR TO THE HEBRIDES, WITH SAMUEL JOHNSON, LL. D., Containing Some Poetical Pieces by Dr. Johnson, Relative to the Tour and Never Before Published; a Series of His Conversations, Literary Anecdotes, and Opinions of Men and Books

(engl.; Das Tagebuch einer Reise zu den Hebriden, mit Dr. Samuel Johnson. Enthaltend einige bisher unveröffentlichte Dichtungen von Dr. Johnson, die Reise betreffend; eine Folge seiner Gespräche, literarischen Anekdoten und Ansichten über Menschen und Bücher). Reisetagebuch von James BOSWELL, erschienen 1785. – Boswells langgehegter Wunsch, zusammen mit JOHNSON seine schottische Heimat zu besuchen, wurde 1773 Wirklichkeit: Von August bis November bereisen sie das schottische Hochland und die Hebridischen Inseln. Angeregt durch M. MARTINS A Description of the Western Islands of Scotland (1703), deren Mängel zur Verbesserung herausforderten, führen beide sorgfältig Tagebuch. Nach London zurückgekehrt, sammelt Johnson zusätzliches Material und veröffentlicht im Januar 1775 A Journey to the Western Islands of Scotland. Boswell hatte ursprünglich keine Publikationsabsichten. Am 4. 4. 1775 kündigt er in einem Brief an seinen Freund Temple eine Ergänzung zu Johnsons Buch an, läßt den Plan dann aber fallen, da sich Johnson wenig begeistert zeigt. Erst nach dessen Tod (1784), bringt er The Journal of a Tour to the Hebrides heraus, eine um etwa ein Drittel kürzere Überarbeitung seines (1927 wiederentdeckten) Originaltagebuchs. Diskret vermeidet er jeden Anschein eines Konkurrenzunternehmens zu Johnsons Journey. Während diese topographisch orientiert ist, geht Boswell streng chronologisch vor. Sein Tagebuch beginnt am 14. 8. 1773: Er wartet in Edinburgh auf Johnson. Am 18. 8. trifft dieser ein, und noch am selben Tag brechen die beiden nach Norden auf. Über St. Andrews und Aberdeen führt die Reise entlang der Küste zum Murray Firth nach Inverness, dann vorbei an Loch Ness landeinwärts zur Westküste. Am 2. 9. landen sie auf Skye, der größten Hebrideninsel. Am 8. 9. wird Rasay besichtigt, in den folgenden Wochen besuchen die Reisenden die südlichen Inseln: Col, Mull,

Inchkenneth und Icolmhill. Bei Oban betreten sie am 22. 10. wieder Festland und erreichen über Inverary und Dunbarton sechs Tage später Glasgow. Nach einem Abstecher zu Boswells Familiensitz Auchinleck in Ayrshire treffen sie, über Hamilton kommend, am 9. 11. wieder in Edinburgh ein. Hier endet das Tagebuch. Aus dem Gedächtnis ergänzt Boswell später die Aufzeichnungen durch einen Bericht über die Zeit bis zu Johnsons Rückreise nach London (21. 11. 1773).

Neben der eigentlichen Reisebeschreibung bringt das Tagebuch eine Fülle geographischer und ethnographischer Beobachtungen. In kritischer Auseinandersetzung mit früheren Darstellungen erörtert es historische, soziologische und politische Fragen, berichtet über Begegnungen mit interessanten Menschen oder Schauplätze berühmter Dichtungen *(Fingal, Macbeth)*. Hauptthema bleibt dabei aber immer die Persönlichkeit Johnsons, sein Verhalten und seine Reaktionen auf die Umwelt. Nicht zu Unrecht erscheint sein Name schon im Titel, und der Untertitel verrät noch genauer, worum es in dem Buch hauptsächlich geht. Boswell schätzte sich glücklich, den Helden seiner großen Biographie (vgl. *The Life of Samuel Johnson LL. D.*) einmal ganz für sich zu haben. Er vergleicht sich mit *»einem Hund, der ein großes Fleischstück erhascht hat und sich in eine Ecke zurückzieht, wo er es ungestört verzehren kann, ohne Furcht, daß andere es ihm wegschnappen«*. Nie wird er müde, seinen Begleiter in komischen und ernsten Situationen liebevoll zu schildern, immer unmittelbar lebendig durch Johnsons mitreißende Konversation. Für beide war es eine glückliche Zeit, die später in Briefen und Unterhaltungen wiederholt wehmutsvoll beschworen wird. Boswell hielt die Abschnitte über Johnson stets für den wertvollsten Teil seines Tagebuchs, und Johnson selbst mußte zugeben, daß der Freund *»ein sehr genaues Bild«* von ihm zu jener Zeit gezeichnet hatte. Damit erweist sich das *Journal* als wichtige Ergänzung zu Boswells Johnson-Biographie, die es an Lebendigkeit sogar übertrifft, da der Autor zu keiner anderen Zeit so genaue Aufzeichnungen machte wie während dieser längsten Periode ungestörten Zusammenseins (101 Tage); *The Life of Samuel Johnson* behandelt den gleichen Zeitraum summarisch auf einer Seite und verweist ausdrücklich auf das *Journal*.

Gattungsgeschichtlich gehört das Werk in die lange Reihe von Tagebüchern, die ursprünglich ein Instrument puritanischer Selbstkontrolle waren und im 18. Jh. als Zeitstil eine literarische Form prägten, deren sich Boswell noch mehrfach bedient hat.

W.Fü.

AUSGABEN: Ldn. 1785. – Ldn. ²1785 [erw. u. verbessert]. – Ldn. 1831 (in *The Life of Samuel Johnson LL. D.*, Hg. J. W. Croker). – Ldn./NY 1924, Hg. R. W. Chapman. – NY/Ldn. 1936, Hg. F. A. Pottle u. Ch. H. Bennett [nach dem 1927 entdeckten Original-Ms.]. – Oxford 1950 (in *Life of Johnson*, Hg. G. B. Hill u. L. F. Powell, 6 Bde., 5). – Ldn. 1955, Hg. L. F. Powell. – Melbourne/Ldn./Toronto 1963, Hg. F. A. Pottle u. Ch. H. Bennett (*The Yale Editions of the Private Papers of J. B.*, 1951 ff.). – Harmondsworth 1984 (Penguin).

ÜBERSETZUNGEN: *Tagebuch einer Reise nach den Hebridischen Inseln mit Dr. S. Johnson*, A. Wittenberg, Lübeck 1786. – *Dr. S. Johnson: Leben u. Meinungen; mit dem Tagebuch einer Reise nach den Hebriden*, F. Güttinger, Zürich 1951. – Dass., ders., Zürich 1981 (detebe). – *Das Leben Samuel Johnsons und das Tagebuch einer Reise nach den Hebriden*, J. Schlösser, Lpzg. 1984 (Insel). – Dass., dies., Mchn. 1985.

LITERATUR: F. W. Robinson, *A Commentary and Questionnaire on a »Journal of a Tour to the Hebrides« B.*, Ldn. 1927. – L. F. Powell, *B.'s Original »Journal of His Tour to the Hebrides« and the Printed Version* (in Essays and Studies, 23, 1938, S. 58–69). – Ders., *The Anonymous Designations in B.'s »Tour to the Hebrides« and Their Identification* (in Transactions of Edinburgh Bibliographical Society, 2, 1946, S. 355–371). – J. Hetherington, *The »Tour to the Hebrides«. Its Value to the Social Historian*, Lichfield 1948. – M. McLaren, *The Highland Jaunt: A Study of J. B. and S. Johnson upon Their Highland and Hebridean Tour of 1773*, Ldn. 1954. – E. Stucley, *A Hebridean Journey with Johnson and B.*, Ldn. 1956. – E. M. Goyette, *»B.'s Changing Conceptions of His »Journal of a Tour to the Hebrides«* (in Papers of the Bibliographical Society of America, 73, 1979, S. 305–314). – B. Finney, *B.'s Hebridean Journal and the Ordeal of Dr. Johnson* (in Biography, 5[4], Herbst 1982, S. 319–334).

THE LIFE OF SAMUEL JOHNSON, LL. D. Comprehending an Account of His Studies and Numerous Works, in Chronological Order; a Series of His Epistolary Correspondence and Conversations With Many Eminent Persons; and Various Original Pieces of His Composition, Never Before Published

(engl.; *Das Leben des Dr. Samuel Johnson. Einschließlich eines chronologischen Berichts über seine Studien und zahlreichen Werke, einer Auswahl aus seinem Briefwechsel und seinen Gesprächen mit vielen bedeutenden Persönlichkeiten sowie verschiedener seiner bisher unveröffentlichten Schriften*). Biographie von James BOSWELL, erschienen 1791. – Die faszinierende Persönlichkeit Samuel Johnsons (1709–1784), der sich nach harten Anfängen als Journalist, Lexikograph und gelehrter Literat einen Namen gemacht und schließlich als eine Art Literaturpapst allgemeine Anerkennung gefunden hatte, forderte zu biographischer Nachzeichnung geradezu heraus. Bald nach seinem Tod erschienen die ersten Darstellungen seines Lebens, darunter als bekannteste die von persönlichen Ressentiments gefärbte Anekdotensammlung der Mrs. PIOZZI und die etwas trockene Gesamtbiographie von Sir John HAWKINS. Das Unternehmen Boswells, das alle übrigen übertrumpfte und zur bekanntesten Biographie der Literaturgeschichte überhaupt wurde, war das sechste seiner Art nach Johnsons Ableben. Boswell, den sein literarischer Ehrgeiz stets den Umgang mit führenden Geistern seiner Zeit suchen ließ, lernte Johnson 1763 kennen. Von dessen geistiger Ausstrahlung hingerissen, suchte er seine Gesellschaft so oft wie möglich, führte über alle Begegnungen sorgfältig Tagebuch und sammelte von Anfang an alles erreichbare Material, um es später einmal zur ausführlichsten aller Lebensbeschreibungen zu verarbeiten. Angefeuert von dem Literaturkritiker und Shakespeare-Forscher Edmond MALONE, machte er sich nach Johnsons Tod an die Arbeit des Sichtens und Ordnens. Am 28. Jahrestag seiner ersten Begegnung mit Johnson erschien die lang erwartete Biographie, die schon vor ihrer Publikation öffentliche Kontroversen ausgelöst hatte und die seinen wie Johnsons Ruhm wesentlich begründen sollte.

In der Einleitung schildert Boswell seine Freundschaft mit Johnson, erläutert die gewählte Darstellungsmethode und verteidigt sich gegen Angriffe und Verdächtigungen seitens seiner Vorläufer. Die eigentliche Lebensbeschreibung setzt mit der Geburt Johnsons ein. Der anschließende Bericht über die ersten 54 Jahre von Johnsons Leben, in denen Boswell seinen Helden nicht persönlich kannte, nimmt ein knappes Viertel des Gesamtwerks ein. Gestützt auf nachträglich gesammelte Unterlagen, gibt Boswell einen summarischen Überblick über Johnsons Kindheit und Jugend, dann faßt er die wichtigsten Ereignisse seines späteren Lebens im Chronikstil jahrweise zusammen. Der Bericht wird aufgelockert durch Proben von Johnsons frühen Klassikerübersetzungen bzw. eigenen Dichtungsversuchen in Latein und Englisch, durch überlieferte Dokumente, Zitate und Beobachtungen von Zeitgenossen, vor allem aber durch zahlreiche Briefe, die sich Boswell von den Adressaten verschafft hatte. Zum entscheidenden Wendepunkt wird der 16. Mai 1763, der Tag, an dem Boswell Johnson erstmals persönlich begegnete. Von nun an führt er genaue Aufzeichnungen über alle wichtigen Vorgänge in dessen Leben, vor allem auch über seine unerschöpfliche und mitreißende Konversation. Das große Ziel der Biographie ständig vor Augen, suchte Boswell möglichst häufig Kontakt mit seinem Helden, über den er zusätzlich alle erreichbaren Belege zusammenträgt. 1773 gelingt es ihm, Johnson zu einer viermonatigen gemeinsamen Reise zu den Hebriden zu überreden (vgl. *The Journal of a Tour to the Hebrides*). Einschließlich dieser Reise war Boswell insgesamt an 281 Tagen mit Johnson zusammen, und während dieser Zeit wurde er nie müde, neben der fortgesetzten Dokumentensammlung alle relevanten Details sorgfältig aufzuzeichnen. Er hatte dafür eine ganz persönliche Methode entwickelt. Als Jurist im schnellen Notieren wesentlicher Tatbestände geübt, schrieb er alles Wichtige, während es sich ereignete oder kurz danach, in einem selbsterfundenen System von Abkürzungen und Siglen nieder – eine Art stenographischer Augenzeugenbericht, den er später in Reinschrift ausfertigte. In einem letzten Arbeitsgang machte er diese Aufzeichnungen druckfertig, indem er den jeweiligen Vorfall oder Ausspruch vor den passenden Hintergrund bzw. in einen allgemeinen geistesgeschichtlichen Rahmen stellte und ihm hie und da leicht nuancierend jene typisch Johnsonsche Färbung gab, die sein Werk berühmt machte. Bei solch ausmalend-glättender Überarbeitung wurde der originale Sachverhalt aber nie verändert oder nachträglich aufgeschönt, so daß das Buch den Charakter eines zuverlässigen historischen Protokolls durchgehend gewahrt hat. Auf jeder Seite läßt es den lebendigen Hauch persönlicher Begegnung spüren. Die zahlreichen, oft aphoristisch zugespitzten Aussprüche, Zitate und Anekdoten offenbaren in eindringlicher Direktheit Johnsons politische, moralische und ästhetische Ansichten, seine Vorzüge, Schwächen und Idiosynkrasien, seine spontanen und pointierten Reaktionen auf Ereignisse in seiner Umwelt, auf allerlei ernste und komische Situationen, die Boswell zum Teil bewußt herbeiführte, um eine neue Seite seines Helden zu beleuchten, vor allem aber Johnsons geistvoll-witzige Repliken auf Herausforderungen jeder Art, Muster seiner sprichwörtlich gewordenen, nie versagenden Schlagfertigkeit. Auf diese Weise entstand für die letzten 21 Lebensjahre Johnsons ein Charakter- und Geistesporträt von größter Lebendigkeit und nie zuvor erreichter Präzision. Mit Recht konnte Boswell sich rühmen, er zeige in seinem Buch Johnson, wie er leibte und lebte, »*vollständiger als irgendein Mensch des Altertums oder der Neuzeit je für die Nachwelt erhalten wurde*«.

Das geschickt propagierte und von neugierigen Zeitgenossen mit Spannung erwartete Werk löste bei seinem Erscheinen widersprüchlichste Reaktionen aus. Begeisterte Zustimmung wie hämischer Spott äußerten sich in zahlreichen Presseartikeln, Kritiken, Episteln und Karikaturen, nicht zuletzt auch der Vorwurf, Boswell habe den Freund schamlos verraten, indem er seine privaten Gewohnheiten und Meinungen ohne die im 18. Jh. übliche dämpfend-höfliche Distanz vor einem sensationslüsternen Publikum ausbreitete. Heute erscheint uns gerade diese herzhaft-frische Unverblümtheit als der große Vorzug seines Buches. Boswell vermeidet bewußt jedes Abstrahieren und zusammenfassende Interpretieren; lieber schafft er durch tausend winzige Details ein mosaikartiges Lebensporträt seines Helden, über den der Leser dann selbst urteilen mag. Seine Stärke ist seine peinliche Genauigkeit. Er interviewt Dutzende von Johnsons Freunden und Bekannten, läuft durch halb London, um ein genaues Datum sicherzustellen, bemüht sich um höchstmögliche Vollständigkeit auch in scheinbar nebensächlichen Einzelheiten. Erstaunlich wenige seiner Angaben haben sich bis heute als korrekturbedürftig erwiesen. Wenig gravierend sind auch die Einwände, die man gegen Stil und Gesamtkomposition des Werkes erhoben hat: Die unterschiedliche Proportionierung und

Erzählperspektive der ersten 54 und letzten 21 Jahre von Johnsons Leben störe ebenso wie das unausgewogene Nebeneinander von Konversation und schriftlichen Belegen. Solche von klassizistischen Formidealen geprägte Kritik muß vor der Tatsache zurücktreten, daß Boswell mit dem vorhandenen Material ein Optimum an Wirkung erzielte. Aus einer Unmenge trockener Dokumentation, deren chaotische Vielfalt erst nach der Entdeckung der sog. *Malahide Papers* im Jahr 1927 voll erkannt wurde, hat er ein abgerundetes Kunstwerk geschaffen, eine nie langweilige Erzählung voll Farbe und Leben, deren Faszination sich kaum ein Leser entziehen kann. Damit hat er seinem Freund, der freilich auch ohne Boswell kein Unbekannter wäre, ein literarisches Denkmal gesetzt, das ihn zu der populären Gestalt gemacht hat, die er in England bis heute geblieben ist. Aus der glücklichen Begegnung dieser beiden sich in idealer Weise ergänzenden Geister erwuchs eines der großen Lieblingsbücher der Engländer, ein klassisches Werk der Weltliteratur, eine der berühmtesten Biographien aller Zeiten. W.Fü.

AUSGABEN: Ldn. 1791, 2 Bde. – Ldn. ²1793, Hg. E. Malone, 3 Bde. [rev. u. erw.]. – Ldn. ³1799, Hg. ders., 4 Bde.; ⁶1811. – Ldn. 1831, Hg. J. W. Croker, 5 Bde. [m. *Journal of a Tour to the Hebrides*]; rev. ²1835, Hg. J. Wright, 8 Bde. – Ldn. 1884, Hg. A. Napier, 4 Bde. – Oxford 1887, Hg. G. Birkbeck Hill, 6 Bde.; rev. Oxford 1934–1950, Hg. G. F. Powell, 6 Bde. (Bd. 1–4, 1934: *The Life of Samuel Johnson*; Bd. 5, 1950: *Journal of a Tour to the Hebrides* u. *Journey into North Wales*; Bd. 6, 1950: Index; Standard Ed.). – Ldn. 1949, 2 Bde., Vorw. S. C. Roberts (Everyman's Library; ern. 1962/1963). – Harmondsworth 1979 (Penguin). – Ldn. 1984 (Bell & Hyman).

ÜBERSETZUNGEN: *Denkwürdigkeiten aus Johnson's Leben*, D. M. Liebeskind, Königsberg 1797, Bd. 1 [unvollst.]. – *Dr. Samuel Johnson, Leben u. Meinungen; mit dem Tagebuch einer Reise nach den Hebriden*, F. Güttinger, Zürich 1951 [m. Einl.; Ausw.]. – Dass., ders., Zürich 1981 (detebe). – *Das Leben Samuel Johnsons und das Tagebuch einer Reise nach den Hebriden*, J. Schlösser, Lpzg. 1984 (Insel). – Dass., dies., Mchn. 1985.

LITERATUR: *The Making of »The Life of Johnson« as Shown in B.'s First Notes*, Hg. G. Scott, NY 1929. – J. M. Longaker, *B.'s »Life of Johnson«* (in J. M. L., *English Biography in the 18th Century*, Philadelphia 1931, S. 407–476). – L. Baldwin, *The Conversation in B.'s »Life of Johnson«* (in JEGPh, 51, 1952, S. 492–506). – E. Hart, *The Contributions of John Nichols to B.'s »Life of Johnson«* (in PMLA, 67, 1952, S. 391 bis 410). – H. Pearson, *Johnson and B. The Story of Their Lives*, Ldn./Melbourne/Toronto 1958. – J. L. Clifford (Hg.), *Twentieth Century Interpretations of B.'s »Life of Johnson«*, Englewood Cliffs 1970. – D. E. Schwalm, *»The Life of Johnson«: B.'s Rhetoric and Reputation* (in Texas Studies in Literature and Language, 18, 1976, S. 240 bis 289). – R. B. Schwartz, *B.'s Johnson: A Preface to the Life*, Madison 1978.

LONDON JOURNAL 1762-1763

(engl.; *Londoner Tagebuch 1762–1763*). Aufzeichnungen von James BOSWELL, erstmals veröffentlicht 1950. – Den *»größten und bedeutendsten Fund«* (Pottle), der jemals auf dem Gebiet der englischen Literatur gemacht wurde, hat man die seit 1925 auf schottischen und irischen Landsitzen entdeckten privaten Aufzeichnungen aus Boswells frühen Wanderjahren genannt, zu denen das knapp neun Monate (15. 11. 1762 – 4. 8. 1763) umfassende *Londoner Tagebuch* gehört. *»Einer maßlosen Liebe zu sich selbst, die manchmal in eine ebenso maßlose Selbstunterschätzung umschlug«*, verdanken wir, nach Meinung der unermüdlichen Herausgeber in Yale, die getreulichen, detailfreudigen Eintragungen, die der damals Zweiundzwanzigjährige in wöchentlichen Sendungen seinem Freund John Johnston zustellte.

Der unruhige junge Schotte, der schon einmal (1760) nach London durchgebrannt und dort heimlich zum Katholizismus konvertiert war, hatte nach der juristischen Abschlußprüfung seinem Vater in Edinburgh die Erlaubnis abgerungen, wieder in die Metropole reisen zu dürfen, wo er sich zunächst um ein Offizierspatent in der Garde bemühen wollte. Nach seiner Ankunft in London *(»mir wackelt das Herz wie ein Lämmerschwänzchen«)* macht er sich mit Hilfe von Merkzetteln – der Grundlage seiner autobiographischen Niederschrift – an die Ordnung seiner Verhältnisse. Er pflastert seinen Weg mit guten, wenn auch – vor allem was seine geplante sexuelle Abstinenz angeht – selten eingehaltenen Vorsätzen und versucht, einen Haushaltsplan aufzustellen, der es ihm trotz des schmalen Wechsels erlauben würde, als Gentleman aufzutreten. Obwohl der Herzog von Queensberry und die Gräfin von Northumberland (deren Umgang und Gesellschaften er schildert) ihn protegieren, gelingt es Boswell nicht, während der Demobilisierung nach dem Siebenjährigen Krieg ein Offizierspatent zu erwerben.

Bald lernt er u. a. die berühmten Schauspieler David Garrick und Thomas Sheridan kennen, den jungen Iren Oliver GOLDSMITH, der gerade beginnt, sich als Schriftsteller einen Namen zu machen, den einflußreichen radikalen Politiker John Wilkes und schließlich (am 16. 5. 1763) den vierundfünfzigjährigen Dr. Samuel JOHNSON, der von nun an in seinen Aufzeichnungen eine so große Rolle spielt, daß beider Namen als unzertrennlich in die Literaturgeschichte eingegangen sind. Von Anfang an lassen die Tagebucheintragungen die Zuneigung des Älteren zum Jüngeren und dessen Bewunderung für den Meister erkennen. Die gegenseitige Sympathie dokumentiert sich in immer häufigeren Begegnungen, ja, bei Boswells Aufbruch nach dem Kontinent begleitet Johnson ihn bis zur Hafen-

stadt Harwich. – Ein großer Teil des Tagebuchs ist jedoch weit handfesteren Zerstreuungen gewidmet, nämlich Boswells erotischen Abenteuern, u. a. mit der Schauspielerin Mrs. Lewis (Luise), das er abbricht, als er sich ihretwegen von einer hartnäckigen Krankheit kurieren lassen muß.
In Boswells Tagebuch finden sich Parallelen zu den Memoiren CASANOVAS und ROUSSEAUS ebenso wie zum Tagebuch Samuel PEPYS', dessen kühlen, selbstsicheren, männlichen Takt und dessen historische Genauigkeit Boswell allerdings nirgends erreicht – ein Mangel, der wiederum durch seine furcht- und schonungslose Selbstzergliederung ausgeglichen wird. Der Verfasser gibt mit diesem Tagebuch seinen eigenen Steckbrief: den eines noch unsicheren, romantischen, lebensgierigen jungen Mannes von derbem Geschmack, scharfer Beobachtungsgabe und vielversprechendem schriftstellerischem Talent.   R.G.

AUSGABEN: NY 1950, Hg. u. Einl. F. A. Pottle; ern. 1963 (*The Yale Ed. of the Private Papers of J. B.*, Hg. F. A. P. u. a., 1950 ff.). – Ldn. 1982.

ÜBERSETZUNG: *B.s Londoner Tagebuch*, F. Güttinger, Zürich/Stg. 1953.

LITERATUR: C. C. Abbott, *B.'s »London Journal«* (in The Listener, 28. 12. 1950, S. 843/844). – A. Hoover, *B.'s First London Visit* (in Virginia Quarterly Review, 29, 1953, S. 242–256). – V. E. Pritchett, *B.'s London*, Ldn. 1953. – P. Fussell Jr., *The Force of Literary Memory in B.'s »London Journal«* (in SEL, 2, 1962, S. 351–357). – F. Kiley, *B.'s Literary Art in the »London Journal«* (in CE, 23, 1962, S. 629–632). – D. Kay, *B. in the Green-Room: Dramatic Method in the »London Journal, 1762–1763«* (in PQ, 57, 1978, S. 195–212). – F. A. Nussbaum, *Father and Son in B.'s »London Journal«* (in PQ, 57, 1978, S. 383–397). – D. Kay u. C. Kay McGinnis, *The Face in the Mirror of B.'s »London Journal«* (in NPhM, 83(2), 1982, S. 192–202).

HERMANN BOTE

* um 1465
† um 1520 Braunschweig

LITERATUR ZUM AUTOR:
VL, 1, Sp. 262–268. – *H. B. – Bilanz u. Perspektiven der Forschung*, Hg. H. Blume u. W. Wunderlich, Göppingen 1982 [m. Bibliogr.].

BOEK VAN VELEME RADE

(nd.; *Radbuch*). Versdichtung von Hermann BOTE, erschienen im letzten Jahrzehnt des 15. Jh.s. – Dieses Buch eines Braunschweiger Zollschreibers, der auch durch andere eigenwillige Werke (insbesondere den *Ulenspiegel*, das *Schichtbok* und den *Köker*) hervorgetreten ist, stellt eine Ständedichtung dar. Ihr Grundgedanke baut auf dem gleichen oder fast gleichen Klang der Worte »Rad« und »Rat« auf: Die Stände werden mit Rädern verglichen, und es werden Ratschläge gegeben, wie diese Räder zweckentsprechend zu bauen sind. Die Kenntnisse von Funktion und Bau wirklicher Räder werden zu Forderungen im Hinblick auf Funktion und Aufbau der Stände verwertet. Die Geistlichkeit mit dem Papst an der Spitze wird als Mühlrad bezeichnet, das vom Wort Gottes getrieben werden soll, die Kurfürsten erscheinen als Kammrad (Zahnrad), und besonders für das oberste Kammrad, den Kaiser, wird eine strenge Prüfung der Eignung gefordert, da dieses Rad den Mühlstein bewege. Der Adel wird mit dem Windenrad verglichen, das schwere Arbeit leisten soll. Er soll vor allem die Städte beschützen, nicht aber sie bedrücken. Im umfangreichsten Abschnitt werden die durch ihren Rat repräsentierten Städte, besonders die der Hanse, als Wagenräder gedeutet und die Forderung nach sorgfältigster Auswahl der Werkstoffe, nach genau gleicher Länge der Speichen eines Rades und nach genau gleicher Größe der Räder auf den Aufbau des Rates in einer Stadt und auf das Verhältnis der Städte zueinander angewandt. Vom Pflugrad, dem Bauern, heißt es, daß es nur an den Pflug, nicht aber etwa an den Wagen der Städte passe. Wenn diese Räder recht gefügt sind und jedes an seiner Stelle wirkt, ist Ordnung gewährleistet. Aber fünf andere Räder drohen sie zu zerstören: das Treibrad, d. h. die Frau, deren Rat ihrer Launenhaftigkeit wegen nur im kleinsten Bereich ungefährlich ist, das Spulrad, d. h. das Kind, weil es nicht reif zum Rat ist, das Glücksrad, d. h. Zauberei und Verbrechen, weil Teufelswerk im Spiele ist, das Sporenrad, d. h. der Narr, weil Narren nur Narrenrat geben, und schließlich das gebrochene Rad, d. h. die Schlechtigkeit in allen Ständen, die deren Funktionen zerstört.
Leidenschaftlich drückt sich hier ein Mann aus, der nicht Umsturz, sondern Reformen will und dem besonders das Schicksal der Hansestädte am Herzen liegt. Er schreibt einfache, paarweise reimende Verse. Aber eine besondere Kunst entwickelt der Dichter im Spiel mit Bildern und mit Worten. Sein Werk steht zwar als Ständedichtung in einem großen spätmittelalterlichen Zusammenhang, aber es ist einzigartig in seiner Form, in seinen Grundgedanken und auch in seiner Haltung, da es nicht nur satirisch ist, sondern auch positive Forderungen erhebt.   U.B.

AUSGABEN: Lübeck ca. 1492/93. – O. O. 1509. – 1890, Hg. H. Brandes (in JbNd, 16). – Göppingen 1985, Hg. W. Wunderlich.

LITERATUR: G. Cordes, *H. B. u. sein »Köker«* (in *Fs. f. L. Wolff*, Hg. W. Schröder, Neumünster 1962).

DE KOKER

(mnd.; *Der Köcher*). Spruchdichtung von Hermann BOTE, entstanden gegen 1520; als zweiter Teil des von F. A. HACKMANN 1711 in Wolfenbüttel herausgebrachten Drucks *Reinke de Vos mit dem Koker* ohne Verfassernamen überliefert. – Die Autorschaft des Braunschweiger Zollschreibers Hermann Bote ist schon 1893 von Ch. WALTHER vermutet und 1938 von Jürgen SCHNEIDER aufgrund mundartlicher, stilistischer, vor allem aber inhaltlicher Kriterien als sicher nachgewiesen worden. Als schlagendes Argument wirkt vor allem, daß sich Gedanken aus Botes *Schichtbok* und Sprüche aus dem *Koker* gegenseitig erhellen.

Der *Koker* (zu lesen ist wahrscheinlich »Köker«) ist eine der eigenwilligsten mittelniederdeutschen Dichtungen. Die Sammlung besteht aus einer Vorrede und zweiundzwanzig Abschnitten, die durch die Buchstaben des Alphabets akrostichisch bezeichnet werden. Die Pfeile in diesem Köcher sind Sprichwörter und Sentenzen, meist zwei Verse umfassend, die aber durch den Reim nicht miteinander, sondern mit dem vorausgehenden und dem nachfolgenden Vers verknüpft sind. Dieses Formprinzip und der von Vers zu Vers wechselnde Themenbereich erlauben es dem Leser nicht, für einen bestimmten Zweck gleich ein ganzes Bündel Pfeile aus dem Köcher zu heben; sondern er muß sich von dem Dichter durch alle Themenbereiche leiten lassen, auch durch jene, denen er vielleicht ausweichen möchte. Reine, nur selten wiederholte Reime zeugen von Botes formaler Meisterschaft; sein ungewöhnlich großer Wortschatz, der weit über die Kanzleisprache der Hansezeit hinausgreift, stützt sich vielfach auf mundartlichen Sprachgebrauch. Bei einem Teil der Sprüche handelt es sich um volkstümliches Sprichwortgut; ein anderer – vielleicht der größere – Teil ist Eigenprägung Botes. Inhaltlich zeigt das Werk *»eine stark ironische Haltung und scharfe Beobachtung der umgebenden Welt«* und einen *»derben, mit Humor gewürzten Realismus, wie ihn Huizinga für das Spätmittelalter anerkennt«* (Cordes). U.B.

AUSGABEN: Wolfenbüttel 1711 (in *Reinke de Vos mit dem Koker*, Hg. F. A. Hackmann). – Norden/Lpzg. 1916, Hg. C. Borchling u. W. Seelmann (in JbNd, 42). – Tübingen 1963, Hg. G. Cordes (m. Anm. u. Glossar; ATB).

LITERATUR: Ch. Walter, *Zur Geschichte des Volksbuches vom Eulenspiegel* (in JbNd, 19, 1893, S. 1–79). – Ders., *Das Adverb ›vele‹ und das Verb ›buchten‹ im »Koker«* (in Korrespondenzblatt des Vereins für niederdeutsche Sprachforschung, 22, 1901, S. 90–95). – E. Damköhler, *Entstehung des »Kokers«* (in NdJb, 54, 1928, S. 24 ff). – J. Schneider, *Die Verfasserfrage der mittelniederdeutschen Spruchdichtung »De Koker«*, Diss. Göttingen 1938. – G. Cordes, *H. B. und sein »Köker«* (in Fs. f. L. Wolff, Hg. W. Schröder, Neumünster 1962, S. 287–319).

EIN KURTZWEILIG LESEN VON DYL VLENSPIEGEL GEBOREN USS DEM LAND ZU BUNSSWICK. Wie er sein leben volbracht hatt. XCVI. seiner geschichten

Volksbuch, vermutlich von Hermann BOTE. – Nach dem Vorwort des Straßburger Druckes von 1515 war es ein Ungenannter, der den Text des Volksbuches zusammenstellte. Die Untersuchungen von P. HONEGGER (1973) haben aber ergeben, daß Hermann Bote aus Braunschweig der Verfasser gewesen sein wird. Er hat umlaufende Schwänke, einzelne Texte aus Schwanksammlungen der Zeit und eigene Dichtungen zusammengefaßt und nach bestimmten Konzeptionen zu dem so erfolgreichen und bis heute bekannten Volksbuch verarbeitet. Niederdeutsche Sprachreste weisen darauf hin, daß die Frühdrucke vermutlich schon Übersetzungen waren. Für eine niederdeutsche Urfassung gibt es bisher keine konkreten Hinweise.

Über Dyl Ulenspiegel als historische Person sind viele Vermutungen, insbesondere im Zusammenhang mit dem in einer von Bote geschriebenen Chronik bezeugten Ableben Tills 1350 in Mölln und dem dort heute noch gezeigten Grabstein, angestellt worden. Tatsache ist, daß der Name Ulenspiegel als bürgerlicher Familienname in verschiedenen Quellen des 14. Jh.s genannt wird, nach 1500 aber nicht mehr nachweisbar ist. Man darf wohl davon ausgehen, daß Bote »Ulenspiegel« als sprechenden Titel wählte, nicht zuletzt, weil er das Buch als »Spiegel der menschlichen Dummheit« verstanden wissen wollte.

Durch die Straßburger Drucke 1510/15 ist Ulenspiegel (hd. Eulenspiegel) zu einer literarischen Figur geworden, um die sich später weit mehr als die von Bote zusammengestellten Schwänke sammelten. Von seinem Dyl (hd. Till) behauptet der Verfasser, daß er in der Nähe Braunschweigs geboren wurde und nach dem frühen Tod seines Vaters zum Leidwesen der Mutter ein unstetes Wanderleben begann. Durch gewisse Eigenheiten machte er sich schnell einen Namen, wurde von manchem als Spaßmacher, von anderen gar als Freund begrüßt. Die einen fürchteten seine scharfe Zunge und seinen Spott, andere gar ließen ihn verfolgen und wiesen ihn aus Stadt und Land. Sein Weg führte ihn an Herrscherhöfe und in Handwerkerquartiere, zu den Gebildeten und zu den Bauern in Nord- und Süddeutschland und in die benachbarten Länder wie Polen, Dänemark und Italien.

Schon die frühen Ausgaben, obgleich offensichtlich durch Umstellungen in ihrer Anordnung gestört, lassen deutlich die Absicht des Autors erkennen, den Stoff literarisch zu formen. Dank seines Witzes und seiner Wendigkeit ist Dyl die Hauptperson einer in einen bestimmten Sinnzusammenhang gestellten Folge von Erlebnissen und Streichen, die eine fortlaufende Handlung von der Geburt, der Taufe, seiner Jugendzeit, seinen Mannesjahren bis zu seinem Tod ergeben. In die Schwänke sind immer wieder Hinweise eingefügt, die Rückschlüsse auf den Autor und seine Zeit zulassen.

Zunächst lag es wohl in der Absicht des Bearbeiters, die vielfältigen Historien geographisch zu ordnen und so den Wanderweg Dyls nachzuzeichnen. Dies Prinzip konkurriert mit der Anordnung nach gleichartigen, in gleichen sozialen Schichten angesiedelten Schwänken (Gauklerschwänke, Handwerkerschwänke u. a.). Eine weitere, erst durch Honeggers Forschungen (1973) deutlich gewordene Ordnung der Geschichten ist die achrostichonische nach den Anfangsbuchstaben der einzelnen Historien, die dem ABC zu folgen scheinen. Vermutlich haben Umstellungen in der Druckerei das Durcheinander bewirkt.

Charakteristisch für die Eulenspiegeleien ist das Spielen mit der Mehrdeutigkeit von Wörtern und Redensarten. In dem Dyl die Bilder und Formeln der alltäglichen Sprache anders verwendet als es gewöhnlich geschieht, stiftet er Aufsehen und Verwirrung. Der aus dem geringgeschätzten Bauernstand kommende Tölpel bedient sich sprachlicher Möglichkeiten mit einer derartigen Wendigkeit, daß Menschen aller sozialen Stände und Schichten durch ihn gefoppt werden.

Zu der mehr grobianischen Heiterkeit tritt eine deutliche erzieherische Absicht und das Gelächter macht vielfach eine hinter dem Alltäglichen verborgene Lebensweisheit sichtbar. Möglicherweise aus Freude am spöttischen Erzählen entstanden, entwickeln sich die Eulenspiegeleien durch die Aufnahme zeitbezogener Fakten und Hinweise zu einem Spiegelbild der den Ausgang des 15. Jh.s bestimmenden revolutionären und reformatorischen Kräfte. Die in der Doppelseitigkeit des Charakters Dyls angelegte Verhaltensnorm findet sich auch in seinen Streichen: das Moment der naiven Schadenfreude einerseits und das Lehrhafte und Satirische andererseits. Trotz der deutlichen Zeitkritik ist die Schwanksammlung aber keine Streitschrift wider die Mißstände jener Epoche. Als solches hätte das Buch wohl kaum die Jahrhunderte überdauert und nicht manchen Bote-Nachfolger zu einer Bearbeitung des Stoffes angeregt (FISCHART, SACHS, KOTZEBUE, DE COSTER, GRABBE, NESTROY, LIENHARD, WEDEKIND, KLABUND, WEISENBORN, HAUPTMANN, NIEBELSCHÜTZ u. a.). Immer vielschichtiger und problematischer wurde bei ihnen die Figur des Dyl, der andererseits reduziert auf seine heitere, fröhliche Narrenrolle als Schelm im mündlichen Überlieferungsgut und vor allem im Jugendbuch weiterlebte.

Die Zuweisung des Textes an Bote durch das Auffinden der Fragmente eines Druckes von 1510 durch P. Honegger (1973) hat die Eulenspiegelforschung vielseitig belebt. Das Eulenspiegel-Museum in Schöppenstedt ist bemüht, alle Materialien, die sich um diese Gestalt gesammelt haben, aufzunehmen. Der Freundeskreis Till Eulenspiegel e. V., der diese Sammlungen unterhält, ist heute zugleich Sammelpunkt aller wissenschaftlichen und volkstümlichen Bemühungen um Dyl. Das von diesem Kreis herausgegebene Jahrbuch hat sich inzwischen zu einer literarischen Fachzeitschrift entwickelt. W.L.

AUSGABEN: Straßburg 1510 [Fragm.]. – Straßburg 1515; Faks.Nachdr. Göppingen 1982, Hg. W. Wunderlich. – Straßburg 1519; Faks.Nachdr. Lpzg. 1979, Hg. A. Schmitt. – Stg. 1966, Hg. W. Lindow (nach d. Druck v. 1515 m. 87 Holzschnitten; RUB). – Ffm. 1978, Hg. S. Sichtermann (Insel Tb).

VERTONUNGEN: R. Strauss, *Till Eulenspiegels lustige Streiche* (Urauff.: Köln, 5. 11. 1895). – J. Blockx, *Thyl Uylenspiegel* (Text: H. Cain u. L. Solvay; Oper; Urauff.: Brüssel, 18. 1. 1900, Théâtre de la Monnaie). – E. N. v. Rezniček, *Till Eulenspiegel* (Text: E. N. v. R.; Oper; Urauff.: Karlsruhe, 12. 1. 1902).

LITERATUR: E. Schroeder, *Eulenspiegels Grabstein* (in NdJb, 16, 1890, S. 110/111). – Ch. Walter, *Zur Geschichte des Volksbuches von Eulenspiegel* (ebd., 19, 1893, S. 1–79). – H. Lemcke, *Der hochdeutsche Eulenspiegel*, Bonn 1908. – E. Kadlee, *Untersuchungen zum Volksbuch von Eulenspiegel*, Prag 1916. – W. Meridies, *Die Eulenspiegelgestalt in der deutschen Dichtung bis auf die Gegenwart*, Diss. Breslau 1924. – W. Krogmann, *Ulenspiegel* (in NdJb, 58/59, 1932/33). – W. Hilsberg, *Der Aufbau des Eulenspiegel-Volksbuches von 1515*, Hbg. 1933. – L. Mackensen, *Die Entstehung des Volksbuches vom Eulenspiegel* (in GRM, 24, 1936). – E. A. Roloff, *Ewiger Eulenspiegel. Wie der Schalk war und was die Welt aus ihm gemacht hat*, Braunschweig 1940. – W. Krogmann, *Zur Überlieferung des Ulenspiegel* (in NdJb, 67/68, 1941/42, S. 79–112). – Ders., Art. *»Ulenspegel«* (in VL, 4, Sp. 555–570). – O. Debus, *Till Eulenspiegel in der deutschen Volksüberlieferung*, Diss. Marburg 1951. – Eulenspiegel-Jb., Schöppenstedt 1961 ff [ab 1983 Ffm.]. – G. H. Jaacks, *Der sogenannte Grabstein des Till Eulenspiegel in Mölln u. seine Tradition*, Heide 1966 (Nordelbingen, 35). – P. Honegger, *Ulenspiegel. Ein Beitrag zur Druckgeschichte u. zur Verfasserfrage*, Neumünster 1973 [m. Abdr. d. Fragmente v. 1510]. – *Till Eulenspiegel*, bearb. v. W. Hinz, Schöppenstedt ²1984 [Ausst. Kat.; umgearb. u. erg.]. – W. Wunderlich, *Till Eulenspiegel. Text u. Geschichte*, Stg. 1984.

CHRISTO BOTEV

eig. Christo Botev Petkov
* 6. 1. 1849 Kalofer
† 2. 6. 1876 gef. am Berg Kamarata

LITERATUR ZUM AUTOR:
P. Zarev, *Ch. B.* (in *Istorija na bălg. literatura*, Sofia 1966, Bd. 2, S. 533–604). – *P. R. Slavejkov,*

L. Karavelov, Ch. B. i Z. Stojanov v spomenite na sǎvremennicite si, Sofia 1967. –
V. Smochovska-Petrova, B. i narodnata pesen (in Septemvri, 25, 1972, 8, S. 190–198). – I. Undžiev u. C. Undžieva, Ch. B. – život i delo, Sofia 1975. – D. Bošnakov, B. v nacionalnata i svetovnata literatura (in Ezik i Literatura, 31, 1976, 3, S. 70–76). – S. Conev, Ch. B. Poezija i pravda, Sofia 1976. – P. Dinekov, V sveta na B. Statii, Sofia 1976. – Ders. u. S. Tarinska, B. (in Rečnik na bǎlgarskata literatura, Bd. 1, Sofia 1976, S. 128–137). – Z. Stojanov, Ch. B. Opit za biografija, Sofia 1976. – S. Stefanova, Statističeski analiz na abstraktnite sǎštestvitelni imena v publicistikata na L. Karavelov i Ch. B. (in Bǎlg. Ezik, 27, 1977, S. 310–317). – V. Topenčarow, Ch. B., Paris 1977 [franz.]. – B. v spomenite na sǎvremennicite si, Hg. V. Velčev, 2 Bde., Sofia 1977. – N. Čakir, Ch. B. v Rumǎnija, Sofia 1980. – C. Undžieva u. a., Ezik i stil na Ch. B., Sofia 1980. – V. Delčev, Ch. B.: Opit za stichografija, Plovdiv 1981. – P. Dančev, Certite na genija, Sofia 1981. – G. Džagarov, Ot B. do B., Varna 1982. – Ch. B., Hg. N. Boneva, Sofia 1982. – Bǎlgarskata kritika za Ch. B., Hg. I. Paunovski, Sofia 1983. – I. Undžiev u. C. Undžieva, Ch. B. život i tvorčestvo, Sofia 1983.

DAS LYRISCHE WERK (bulg.) von Christo BOTEV.
Journalist, Publizist, Dichter und Freiheitskämpfer in einem, hat Botev, der mit 27 Jahren sein Leben für die von ihm verfochtenen Ideen und für sein Vaterland opferte, zwar kein umfangreiches Œuvre hinterlassen, doch kennt die Weltliteratur nur wenige Schriftsteller, deren Leben und Persönlichkeit mit Werk und Dichtung eine solche Einheit bilden. Auf dem Höhepunkt seiner nationalen Befreiungsbewegung bringt Bulgarien einen Dichter hervor, der zu den größten des Landes zählt und als nationaler Held und nationaler Dichter noch heute verehrt wird.
Nicht mehr als zwanzig Gedichte sind überliefert, deren Großteil bereits zu Lebzeiten des Autors in der Sammlung Pesni i stichotvorenija (Lieder und Gedichte) in Bukarest 1875 erschien. Die Erstveröffentlichungen erfolgten in Zeitschriften, die zum Teil von Botev selbst herausgegeben waren. In Rumänien mit seinen bedeutenden Zentren der bulgarischen Emigration und Befreiungsbewegung bildeten diese Zeitschriften das wichtigste Sprachrohr für Bildung und Aufklärung, aber auch für Widerstand und Revolution. Nach Botevs Tod veröffentlichte Zachari STOJANOV, der den bulgarischen Aufständen in seinen Zapiski (Aufzeichnungen) ein literarisches Denkmal gesetzt hat, als erster Botevs gesammelte Werke (Russe 1888) und wurde zu seinem ersten Biographen (Russe 1888). Nach zahlreichen, auch kritischen Ausgaben ist Botevs Lyrik noch heute fester Bestandteil von Anthologien und Schulbüchern.
Frühe literarische Einflüsse empfing Botev als Gymnasiast in Odessa durch die Bekanntschaft mit den sozialrevolutionären Ideen der russischen revolutionären Demokraten. Ferner war ihm die reich überlieferte und noch lebendige bulgarische Volksdichtung eine unerschöpfliche Quelle für seine dichterische Inspiration. Und schließlich waren es vor allem die Dichterkollegen G. S. RAKOVSKI, D. ČINTULOV, P. R. SLAVEJKOV und L. KARAVELOV, die Botev in seiner Entwicklung nachhaltig beeinflußten. Botevs Lyrik spiegelt die Prüfungen und Leiden des bulgarischen Volkes unter der türkischen Fremdherrschaft in einer dramatischen Epoche, die im Ausbruch eines bewaffneten Volksaufstandes im Jahr 1876 gipfelt. Vor diesem politischen Hintergrund schmiedet Botev seine in leidenschaftlichem Ton gehaltenen Gedichte, deren Themen die gesellschaftliche Wirklichkeit und der nationale Befreiungskampf sind. Der lyrische Held verkörpert den Kämpfer für die Freiheit des Volkes und für soziale Gerechtigkeit; das Heroische wird in den Gedichten über historische Persönlichkeiten wie Chadži Dimitǎr oder Vasil Levski, Kampfgefährten Botevs, deutlich.
Aus der bulgarischen Volksdichtung entlehnt Botev die beliebte Haidukenthematik für seine bedeutendsten Gedichte. Die Haiduken als Vorkämpfer der politischen Unabhängigkeit Bulgariens standen bei der Bevölkerung und vor allem bei der Jugend in hohem Ansehen. Sie führten einen Partisanenkampf gegen Türken und bulgarische Renegaten und schützten die Bevölkerung vor Übergriffen. Das Fragment gebliebene Poem Chajduti, 1871 (Haiduken), ist gleichsam ein Aufruf der patriotischen Jugend zum Widerstand und zum revolutionären Kampf. In der lyrischen Einführung des Werks läßt der Erzähler aufspielen, um Helden und Haiduken zu verherrlichen: »Mir ist's über, / Liebeslieder nur zu hören, / ich sing jetzt vom Leid der Armen.« Der erste Gesang erzählt die Geschichte des Haidukensohnes Čavdar, der sich bei seinem reichen Onkel, einem »Aussauger der Armen«, als Hirt verdingen soll, in bewegtem Dialog mit der Mutter jedoch seinen Entschluß begründet, in die Berge zu gehen und sich der Haidukenschar seines Vaters anzuschließen. Botevs Freund und revolutionärer Mitkämpfer Stambolov überliefert den Inhalt der geplanten folgenden Teile des Werks. Nach seiner Ausbildung in Rußland kehrt Čavdar in die Heimat zurück, um angesichts der Leiden des bulgarischen Volkes unter der türkischen Fremdherrschaft eine eigene Haidukenschar gegen die Unterdrücker zu sammeln. Als ideale Heldengestalt verkörpert Čavdar die revolutionären Hoffnungen seiner Zeit. Realismus und Romantik gehen in seinem Porträt eine enge Verbindung ein. Der Dichter, der selbst an der revolutionären Bewegung teilnahm, gibt seine Identifikation mit Held und Sujet so deutlich zu erkennen, daß zeitgenössische Leser das Fragment als autobiographisch betrachteten. Die lyrische Einleitung und der Dialog zwischen Mutter und Sohn gestatten Botev das sozialrevolutionäre Pathos, das sich durch sein ganzes Werk zieht. Aufbau und Diktion des Poems wie der Gedichte Na proštavane, 1871 (Zum Abschied), Pristanala, 1871

(Die Flüchtige) oder *Chadži Dimităr*, 1873 *(Hadži Dimităr)*, sind der bulgarischen Volksliedtradition, insbesondere den Haidukenliedern verpflichtet. Von ihnen entlehnt der Autor die Naturbilder, die Ausrufe, Fragen, Monologe und Wendungen an den Leser, die Aufzählungen und umgestellten Wiederholungen. Er bedient sich des Volksliedverses, eines syllabischen Achtsilbers mit Zäsur nach der fünften Silbe.

Zum berühmtesten Werk Botevs ist die Ballade *Chadži Dimităr*, 1873 *(Hadži Dimităr)*, geworden. Wie in Volksliedern der heroische Tod verherrlicht wird, so besingt der Dichter das Ende des tödlich verwundeten Freiheitskämpfers: »*Der Balkan singt ein Haidukenlied!*« Unsterblichkeit ist dem Helden sicher: »*Wer im Kampf um die Freiheit gefallen, / der stirbt nicht.*« So beginnt die Ballade auch mit dem Ausruf: »*Er lebt! Er lebt!*« – Empörung und Trauer ergreifen den Dichter beim Gedanken an die Heimat und beim Anblick der bedrückenden Lage des Volkes. Zorn und Protest sprechen aus den Gedichten *Majce si*, 1867 *(An meine Mutter)*, *Kăm brata si*, 1868 *(An meinen Bruder) Elegija*, 1870 *(Elegie)* oder *Borba*, 1871 *(Kampf)*. Nicht Niedergeschlagenheit oder Verzweiflung, sondern der Aufruf zum offenen Kampf »*Laß uns in den Tode gehen, Bruder, in den Tod*« *(Delba*, 1870 – *Geteiltes Los)* zieht sich als Leitmotiv durch die Gedichte. Alle Gegner des Befreiungskampfes werden vom Dichter in bissigen, leidenschaftlichen Satiren zur Zielscheibe der Kritik: *Strannik*, 1872 *(Der Wanderer)*, *V mechanata*, 1873 *(In der Schenke)*, *Gerg'ovden*, 1873 *(Georgstag)*. Botevs Gedichte werden in den zahlreichen Ausgaben meist chronologisch aneinandergereiht, während ihre Interpreten das Werk nach Themen und Motiven zusammenfassen. Im Vordergrund der Gedichte steht ihr programmatisch-politischer Impuls. Der persönliche Einsatz und die Leidenschaft des Freiheitskämpfers Botev sprechen aus seinen Gedichten. Der Kampf um die Freiheit und Gerechtigkeit bleibt nicht das Programm des lyrischen Werks, sondern entspricht der Natur des jungen, revolutionären und radikalen Dichters Botev, der den Tod fand, den er in seinen Liedern so oft besungen hatte.   D.Ku.

AUSGABEN: *Pesni i stichotvorenija*, Bukarest 1875. – *Săčinenija*, Hg. Z. Stojanov, Russe 1888. – *Săčinenija. Uvod, uredba i bel. ot G. Konstantinov*, 3 Bde., Sofia 1940. – *Pălno săbranie na săčinenijata*, Hg. M. Dimitrov, 2 Bde., Sofia 1940; ²1945; ³1950. – *Săčinenija. Avtentično izdanie*, Hg. A. Burmov u. St. Božkov, 2 Bde., Sofia 1950–1960. – *Săbrani săčinenija*, Hg. M. Dimitrov, 2 Bde., Sofia 1958; ²1971. – *Săbrani săčinenija*, Hg. P. Dinekov u. a., 3 Bde., Sofia 1979.

ÜBERSETZUNGEN: *Der Balkan singt sein wildes Lied. Gedichte und Publizistik*, W. Köppe u. I. Kuschel, Bln. 1964. – *Schwarz wie eine Wolke. Gedichte, Publizistik, Briefe*, W. Köppe u. I. Kuschel, Lpzg. 1976.

JÁN BOTTO

* 27.1.1829 Vyšný Skálnik
† 28.4.1881 Banská Bystrica

LITERATUR ZUM AUTOR:
A. Mráz, *Die Literatur der Slowaken*, Bln. 1943, S. 102–103. – V. Kochol, *Poézia Štúrovcov*, Preßburg 1955. – Š. Krčméry, *J. B. – Výbor z diela 4.*, Preßburg 1955, S. 92–101. – J. Marták, *J. B.* (in J. B., *Súborné dielo*, Preßburg 1955, S. 289–343). – M. Pišút, *Literárne štúdie a portréty*, Preßburg 1955, S. 134–155. – Ders. u. a., *Dejiny slovenskej literatúry*, Preßburg 1962, S. 275–282. – R. Brtáň, *Postavy slovenskej literatúry*, Preßburg 1971, S. 194–207. – V. Mináč, *Portréty a osudy*, Preßburg 1979, S. 216–220. – M. Pišút u. a., *Dejiny slovenskej literatúry*, Preßburg 1984, S. 271–277.

SMRŤ JÁNOŠÍKOVA

(slovak.; *Jánošíks Tod*). Romantische Verserzählung von Ján BOTTO, erschienen 1862. – Unter den vielen Bearbeitungen des Jánošík-Motivs in der slovakischen und tschechischen Literatur ragt Bottos Werk, das in der Tradition der Štúrschen Romantik entstand, durch seine unpathetische lyrisch-reflexive Konzeption und seine sprachliche Dichte hervor. Ohne den historischen Wahrheitsgehalt des Stoffs zu beachten, übernahm der Autor das Volksliedmotiv vom Räuber Jánošík, dem Beschützer der Armen und Feind der Reichen: »*Ich wollte keine Biographie jenes in Svätý Mikuláš verurteilten und hingerichteten Verbrechers schreiben, sondern jenen Jüngling der Freiheit malen, der auf den Lippen des slovakischen Volks lebt, der in seinem Herzen seit der ganzen fünfhundertjährigen Epoche der Knechtschaft gewachsen ist und dem es vielleicht nur eben diesen Namen geben konnte.*«

Der erste Gesang stellt Jánošík und seine verwegene Schar vor; im zweiten Gesang wird über den verlorenen Anführer geklagt. Der dritte Gesang ist ein Klagelied der Liebsten Jánošíks, im vierten und fünften reflektiert der Eingekerkerte über die Freiheit und sein verlorenes Leben. Der zentrale sechste Gesang zeigt Jánošík vor der Hinrichtung; er enthält den ideellen Kern des Sujets: Ungerührt fordert der Räuber den Priester auf, statt für ihn, den Verurteilten, »*fürs unselige Volk, das arme Kind*« zu beten. Die letzten drei Gesänge enthalten Freiheitsmythen, die Jánošík angedichtet werden. Sie schließen mit der märchenhaften Hochzeit des Helden mit der Feenkönigin.

Die Komposition des Werks, der metrisch-rhythmische Wechsel von Gesang zu Gesang und der Einbau eines szenischen Handlungsausschnitts – der Feenhochzeit – zusammen mit lyrischen Chören zeigen eine deutliche Anlehnung an MÁCHAS *Máj*, 1836 *(Mai)*, dessen esoterische Tiefe jedoch bei Botto durch soziales Engagement ersetzt ist.

Vor dem Hintergrund der gescheiterten Revolution von 1848 wird begreiflich, daß Botto seinen Helden elegischer und düsterer anlegte als KRÁĽOV und SLÁDKOVIČ und daß zusammen mit den Erzählungen und Mythen des Volks auch die unerfüllten Hoffnungen des Dichters Eingang in sein Werk fanden. So entsteht mit dem lyrischen Porträt des historischen Jánošík zugleich das Bild einer bestimmten zeitgenössischen Generation. W.Sch.

AUSGABEN: 1862 (in Lipa II.). – Preßburg 1955 (in *Súborné dielo*, Hg. u. Komm J. Marták). – Preßburg 1984.

LITERATUR: W. Giusti, »*La morte di Janosik« di J. B.* (in Rivista delle Letterature Slave, 1, 1926, S. 329–340). – R. Brtáň, *O. B. »Smrti Jánošíkovej«*, Preßburg 1942. – S. H. Vajanský, *Spevy J. B.* – *State o slovenskej literatúre*, Preßburg 1956. – S. Šmatlák, *Romantická epika alegorická* (in Litteraria, 2, 1959, S. 5–47). – C. Kraus, *Slovenská romantická balada*, Preßburg 1966, S. 216–241. – E. Gombala, *B. »Smrť Jánošíkova« a Máchov »Máj«* (in Slovenská literatúra, 19, 1972, S. 464–476). – C. Kraus, *Ku genéze b. poézie* (ebd. 26, 1979, S. 253–269). – Ders., *Poézia J. B.*, Preßburg 1981.

GORDON BOTTOMLEY

* 20.2.1874 Keighley / York
† 25.8.1948 Carnforth

KING LEAR'S WIFE

(engl.; *König Lears Weib*). Einaktiges Blankversdrama von Gordon BOTTOMLEY, Uraufführung: Birmingham, 25. 9. 1915, Repertory Theatre. – Unter dem Eindruck der neuen Impulse, die YEATS dem irischen Theater gab, setzte sich Bottomley für die Erneuerung des englischen Versdramas ein. In seinen Bühnenwerken griff er mit Vorliebe auf altnordische und schottische Sagenstoffe, auf die klassische Mythologie und auf Tragödien SHAKESPEARES zurück, wobei er tragische Frauengestalten in den Mittelpunkt stellte, deren Seelenporträts er unter Berücksichtigung der Freudschen Theorien zeichnete. Seine beiden interessantesten und erfolgreichsten Versdramen sind »Vorgeschichten« zu Werken Shakespeares: *Gruach* (1921) zu *Macbeth*, das vorliegende zu *King Lear*.
Wie Lears älteste Tochter Goneril zu der hartherzigen Frau werden konnte, die – bei Shakespeare – zusammen mit ihrer Schwester Regan den alten Vater verstößt, ist Hauptthema des Stücks. Hygd, Lears Gattin, die seit der Geburt ihrer jüngsten Tochter kränkelt und diese, Cordeil (Cordelia), da-

für haßt, ist dem Tod nahe. Der im besten Mannesalter stehende König hat sich inzwischen mit der Magd Gormflaith getröstet, die seiner Eitelkeit schmeichelt und der er so bedingungslos verfallen ist, daß er ihr erlaubt, sich zum Vergnügen mit der Krone der Königin zu schmücken. Er plant, Gormflaith später zu heiraten, und erhofft sich von ihr den ersehnten männlichen Erben. Goneril muß die Seelenqual der Mutter miterleben, und ihre Liebe zu der Todkranken wächst in dem Maß, wie sich ihr Haß auf den Vater vertieft. (Die frühe Konfrontation mit männlicher Eitelkeit, Untreue und Triebhaftigkeit beeinflußt die Entwicklung Gonerils entscheidend: Aus der zu Zärtlichkeit fähigen Königstochter wird die kaltblütige Königin, deren Verachtung für den Vater auch in Shakespeares Drama von Jugenderlebnissen vorgeprägt erscheint.) Nachdem die Mutter in ihren Armen gestorben ist, schwört Goneril: »*Das soll mir Gormflaith büßen!*« Mit ihrem Jagdmesser tötet sie die Konkubine Lears und besprengt mit deren Blut den Leichnam Hygds. Als der König sich wütend auf die Tochter stürzen will, gibt sie ihm einen Brief zu lesen, der beweist, daß Gormflaith auch andere Liebhaber hatte. In seiner Eitelkeit tief getroffen (eine Charakterschwäche, die von Shakespeare unterstrichen wurde), erklärt Lear sich mit der Bluttat einverstanden: »*Die Dirne hat's verdient. Du bist mein echtes Kind.*« Im nun folgenden Monolog Gonerils über die Unfähigkeit der Männer im allgemeinen und ihres Vaters im besonderen, im Herzen einer Frau zu lesen, wird deutlich auf die naiv-törichte Leichtgläubigkeit angespielt, die Shakespeares Lear daran hindert, die Heuchelei Gonerils und Regans zu durchschauen und die spröde, aber echte Liebe Cordelias zu erkennen. Bottomleys Drama endet mit dem Gekicher der Totenfrauen, die, während sie Hygds Leichnam waschen, ihrer toten Königin Geld und Schmuck stehlen – eine symbolträchtige Szene, deren Beziehung zu dem um Macht und Reichtum gebrachten Lear Shakespeares auf der Hand liegt.
Die eigenartige Spannung dieses Dramas beruht zum einen auf dem Kontrast zwischen hochtragischen und realistischen Szenen, zum anderen auf der Wiedergabe grausamer Vorgänge in einer formbewußten (wiederum von Shakespeare beeinflußten) poetischen Sprache. Ähnlich wie später für Christopher FRY war für Bottomley eine Wiedergeburt des englischen Versdramas ohne die Besinnung auf das sprachliche Erbe der großen Elisabethaner undenkbar, im Gegensatz zu T. S. ELIOT, der die Meinung vertrat, der moderne poetische Dramatiker müsse »*jeden Anklang an Shakespeare vermeiden*« (*Poetry and Drama*, 1951). R.B.

AUSGABEN: Ldn. 1915 (in *Georgian Poetry, 1913 to 1915*). – Ldn. 1920 (in *King Lear's Wife and Other Plays*; ern. 1925). – Ldn. 1953 (in *Poems and Plays*; Einl. C. C. Abbott).

LITERATUR: A. E. Morgan, *Tendencies of Modern English Drama*, NY 1923, S. 291–306. – F. Wild,

G. B.s Dramen (in NSp, 32, 1924, H. 1, S. 19–28).
– C. Carmer, *G. B. and Poetic Drama* (in Theatre Arts Monthly, 14, 1930, H. 2, S. 157–163). – P. Thouless, *G. B.* (in P. T., *Modern Poetic Drama*, Oxford 1934, S. 163–186). – C. Bax, *G. B., Poet and Dramatist* (in C. B., *Some I Knew Well*, Ldn. 1951, S. 36–50). – E. Reynolds, *G. B.* (in E. R., *Modern English Drama*, Norman ³1951).

INA BOUDIER-BAKKER

* 15.4.1875 Amsterdam
† 26.12.1966 Utrecht

ARMOEDE

(ndl.; *Armut*). Familienroman von Ina BOUDIER-BAKKER, erschienen 1909. – In gut naturalistischer Manier macht die Autorin »*die Schuld unserer Naturen, die niemand völlig in sich unterdrücken kann*« zu ihrem Thema. Sie behandelt die inneren Spannungen der Amsterdamer Großbürgerfamilie Terlaet im letzten Lebensjahr des Familienoberhauptes: Lots Anhänglichkeit an den Vater vergiftet das Verhältnis zu ihrem Mann; Hein hat Kummer mit dem Lernwillen seines dreizehnjährigen Jungen Berry; Ammys Gatte nimmt es mit der ehelichen Treue nicht sehr genau; und Bernhard heiratet nach einigem Grübeln seine langjährige Geliebte, ein Ereignis, das die Familie zunächst schockiert, bald jedoch sogar von der zwielichtigen »Das-tut-man-nicht-Moral« des Vaters verwunden wird. Der Tod des Vaters zerreißt schließlich das Band familiärer Zusammengehörigkeit und verweist die Geschwister endgültig auf die Bewältigung ihres eigenen Lebens – eine Erkenntnis, die auch das gemütskranke Nesthäkchen Paul einen eigenen Hausstand gründen läßt. Alle Armut liegt – wie einer der Schwiegersöhne erkennt – »*nicht in der Kleingeistigkeit, sondern in dem armseligen, schäbigen Zierrat, womit man diese zu bedecken trachtet*«, und die Lösung aller Probleme lautet lapidar: »*Wenn wir nur zum Begreifen kommen können.*« Nicht allein diese Sentenz verrät die enge Anlehnung der Verfasserin an die Familienromane ihres Landsmannes COUPERUS, dessen Charakterisierungs- und Stiltechnik weitgehend imitiert wurde. Jan Terlaets Gedanke »*Wann, wann komme endlich ich an die Reihe –, die Dinge, die schon länger und länger werden – ein Leben, das sich so dehnt – dehnt – nutzlos und unnötig – wie lang noch . . .*« kopiert die inneren Monologe von Harold Dercksz in *Van oude menschen, de dingen die voorbijgaan*. Und auch Paul, der feststellt, daß immer »*Winkel heimlichen Leidens und heimlichen Genießens in ihm bleiben würden, die sie, Kitty, nie erfassen werde*«, ist dem Arsenal sensibler Charaktere von Couperus entnommen. Die epigonale Erzählweise läßt den Leser vergeblich nach dem bei dem Vorbild gewohnten tieferen Gehalt fahnden und verweist den Roman in die Kategorie einer oberflächlichen Kritik am Bürgertum.

W. Sch.

AUSGABEN: Amsterdam 1909. – Utrecht 1956.

LITERATUR: P. Geyl, *I. B.-B.* (in Leiding, März 1931). – P. H. Ritter, *Der vertelster weerspiegeld. Leven en werken van I. B.-B.*, Amsterdam 1931. – A. Romein-Verschoor, *De Nederlandse romanschrijfster na 1880*, Utrecht 1935, S. 87–97. – A. Bruning, *I. B.-B. tachtig jaar; een Album amicorum*, Amsterdam 1955 [m. Bibliogr.]. – G. Stuiveling, *Een eeuw Nederlandse letteren*, Amsterdam 1957, S. 175 ff. – H. Edinga, *De vrouw achter De klop op de deur. Het leven van I. B.-B.*, Apeldoorn ²1970. – R. Ghesquiere, *Het oorlosdagboek van I. B.-B.* (in Dietsche warande en belfort, 121, 1974, Nr. 1). – G. Vaartjes, *Vianen als domicilie en inspiratiebron van I. B.-B.* (in In Land van Brederode, 6, 1981, Nr. 3–4). – H. v. d. Harst, *I. B.-B. en de verheerlijking van het moederschap: moralistisch toneel tussen 1900 en 1940* (in Serpentine, 1, 1981, Nr. 10).

RACHID BOUDJEDRA

* 5.9.1941 Aïn El-Beïda

LITERATUR ZUM AUTOR:
J. –C. Vatin, *Littérature et société en Algérie. R. B. ou le jeu des confrontations* (in Annuaire de l'Afrique du Nord, 12, 1973, S. 211–231). – J. Arnaud, *Le roman maghrébin en question chez Khair-Eddine, R. B., Ben Jelloun* (in Revue de l'Occident musulman et de la Méditerrannée, 22, 1976, S. 59–68). – H. A. Bouraoui, *Politique et poétique dans l'univers romanesque de B.* (in Présence Francophone, 14, 1977, S. 11–29). – K. Harrow, *Metaphors for Revolution : Blood and Schizophrenia in B.'s Early Novels* (ebd., 20, 1980, S. 5–19). – J. Déjeux, *Situation de la littérature maghrébine de langue française – Approche historique – Approche critique – Bibliographie méthodique des œuvres maghrébines de fiction 1920–1978,*, Algier 1982. – M. Aldouri-Lauber, *Zwischen Defaitismus und Revolte. Die postkoloniale »conscience collective« Algeriens im Lichte des Romanwerks von R. B.*, Wien 1986. – Dies., *Sozialkonflikt im Maghreb am Bsp. algerischer Literatur II : R. B.* (in Französisch heute, 1986, Nr. 1, S. 172–179). – H. Gafaiti, *B. ou la passion de la modernité*, Paris 1987.

L'ESCARGOT ENTÊTÉ

(frz.; *Die hartnäckige Schnecke*). Roman von Rachid BOUDJEDRA (Algerien), erschienen 1977. –

Der algerische Autor ist aufgrund seines avantgardistischen Konzepts und der kompromißlosen Verarbeitung der spezifischen Themata, die alle Literaturen der Dritten Welt kennzeichnen, ein markanter Repräsentant der frankophonen Literatur des Maghreb. Die Verarbeitung der Kolonialgeschichte seitens der Kolonisierten und damit der Ausdruck des kollektiven Leidens, der Entfremdung und Akkulturation sind als die Konstanten dieser Literaturen zu betrachten. Mit *L'escargot entêté* setzt Boudjedra sowohl thematisch als auch formal neue Akzente. Während er in seinen anderen Romanen die Bewußtwerdung über die Verflechtungen von Kollektiv- und Einzelschicksal aus der Perspektive des Opfers (der Kolonisierte, der Entrechtete, der Gastarbeiter, die Frau) reflektiert, verbalisiert er hier seine Polemik an den gesellschaftlichen Widersprüchen eines Landes in der Dritten Welt aus der Perspektive eines gefährlichen Vertreters der Macht in der Figur des schizophrenen Beamten. Dieser vielschichtigen Thematik paßt sich ein ebenso anspruchsvolles formales Konzept an (sprachliche Stimuli, extreme Dichte der Metaphorik, Leitmotive wie z. B. der Regen oder die Geheimtaschen, phantasmagorische Digressionen im Kontrast zur knappen und spröden »Beamtensprache«).

Als angesehener Leiter der städtischen Rattenvertilgungsabteilung einer arabischen Hafenstadt besteht der einzige Lebensinhalt des servilen und machtlüsternen Beamten darin, die galoppierende Vermehrung der Ratten unter Kontrolle zu bringen, wobei er zunehmend eine affektive Zuneigung zu ihnen entwickelt. Er lebt völlig isoliert; einzig zur längst verstorbenen und dennoch allgegenwärtigen Mutter unterhält er eine ambivalente, schuldbeladene Beziehung. Der Handlungsablauf wird in auf Notizzettel notierten Tagebuchaufzeichnungen und Selbstgesprächen skizziert. In seinen zahlreichen, für diesen Zweck vorgesehenen Westentaschen versteckt der namenlose Beamte, der die anonyme Kollektivität einer kafkaesken Bürokratie vertritt, seine intimen Notizen. Symbolisch bedeutet dies den pathologischen Hang zur Verdrängung auf der Ebene der Innenwelt, während es auf der Ebene der Außenwelt die Angst vor Bespitzelung und Zensur, vor der auch der Handlanger der Macht nicht gefeit ist, zum Ausdruck bringt. Des Rattenvertilgers streng organisierter Tagesrhythmus wird jäh durch das aggressive Auftreten der Schnecke unterbrochen. Zunehmend fühlt er sich von ihr verfolgt und verunsichert; ab dem vierten Tag der »Verfolgung« setzt eine geistige Zerrüttung des Helden ein und am sechsten Tag zertritt er die Schnecke; er selbst deklariert sich am Ende des Romans als Gefangener. – Auf der Interpretationsebene der »Außenwelt« symbolisiert die Schnecke Fruchtbarkeit, Erneuerung und Bewegung in der scheinbaren Stagnation und gleichermaßen die Hoffnung auf eine Stabilisierung im Chaos. Die Zerstörung der Schnecke bedeutet folglich die Zerstörung jeglicher Hoffnung auf Veränderung, den Triumph des perfekt funktionierenden Staatsapparats. Die metaphorische Deutung der Ratten liegt im grotesk überzeichneten Bild der amerikanischen Mickey Mouse. Die gefräßigen Ratten entwickeln kolonisatorische Ausbreitungstendenzen. Pessimistischer als in *La peste*, 1947 *(Die Pest)*, von A. Camus, sind sie unbesiegbar und im Grunde die einzigen Sieger, da sich auch die krankhafte Befriedigung an der Macht (»*L'extase due au pouvoir*«) des Beamten und der fortschrittsfeindlichen Kleinbürger als illusorisch erweist. Das Thema der Kolonisierbarkeit fremder Völker bleibt also trotz der vehementen Kritik an den eigenen politischen Mängeln das Zentralthema des Autors.

Weitaus beunruhigender gestaltet sich die Beziehung der Schnecke zum Beamten auf der Interpretationsebene der »Innenwelt«, denn die Schnecke erweist sich hier als das *alter ego* des Schizophrenen, sie ist dessen verdrängtes Unterbewußtsein. Die Zentralfunktion der Schnecke läßt sich nun als zwanghafter Anstoß zur Infragestellung des Ich, zur Aufbereitung der eigenen Geschichte interpretieren. Doch der in seinen Zwängen und Verdrängungen Gefangene weist den Anstoß radikal zurück, die »hartnäckige« Schnecke treibt den Beamten zum Wahnsinn, Beamter und Schnecke tragen einen leidvollen Kampf zwischen Bewußtsein und Unterbewußtsein aus. Indem er die Schnecke tötet, vergibt er sich die letzte Chance auf eine innere Veränderung. Es war ihm nicht gelungen, aus seiner banalen und inhaltslosen Mittelmäßigkeit auszubrechen. Der Beamte hat in der Konfrontation mit seinem *alter ego* versagt und verfängt sich endgültig im Labyrinth seines inneren Chaos – »*Je vais me constituer prisonnier.*« M.A.L.

Ausgaben: Paris 1977. – Paris 1983. – Paris 1985 (Folio).

Literatur: H. A. Bouraoui, *Névrose individuelle ou fable politique?* (in Revue de l'Occident musulman et de la Méditerranée, 26, 1978, S. 161–169). – A.-M. Nisbet, *R. B. ou le moi divisé* (in A.-M. N., *Le personnage féminin dans le roman maghrébin de langue française*, Sherbrooke 1982, S. 100–113).

LES MILLE ET UNE ANNÉES DE LA NOSTALGIE

(frz.; *Die 1001 Jahre der Sehnsucht*). Roman von Rachid Boudjedra (Algerien), erschienen 1979. – Das Dorf Manama, ein imaginärer, gottverlassener Ort am Rande der Wüste ist der Handlungsort der Rahmengeschichte. Der Name des Dorfs bedeutet auf arabisch »Traum«, »Hirngespinst«, »Phantasterei«, und diese Charakteristik bezieht sich sowohl auf die formale Gestaltung als auch auf den Inhalt und auf die Romanfiguren selbst, denn diese sind allesamt den magischen Praktiken ihrer Vorfahren und den verführerischen Verblendungen der für sie nicht erfaßbaren und deshalb ebenso magischen modernen Technik verfallen.

Manamas Geschicke werden von Mohammed

S. N. P. (= *Sans Nom Patronymique* – *Ohne Familienname*), dem ältesten Sohn der mächtigen Witwe Messaouda gelenkt. »S. N. P.« signalisiert den Verlust des Namens, der der Familie als äußeres Zeichen ihrer Entpersönlichung während der Kolonisierung aberkannt wurde. Mohammed S. N. P., auf der verzweifelten Suche nach seiner verlorenen Identität, verfolgt die Spuren des arabischen Geschichtsphilosophen ʿAbd ar-Raḥmān Ibn Ḥaldūn (1332–1406), in dem er einen Vorfahren seiner Familie sieht. Mohammed S. N. P. und Messaouda besitzen übersinnliche Kräfte, die sie auch im permanenten Konflikt mit dem Gouverneur von Manama namens Bender Chah wirkungsvoll einsetzen. Auf mysteriöse Weise hat dieser sich das Bürgermeisteramt erschwindelt. Von ausländischen Okkupanten verführt, entwickelt sich Bender Chah bald vom Diktator in Kleinformat zum wahren Bluthund. Die Besetzung von Manama vollzieht sich auf sanfte Weise; amerikanische Filmproduzenten besetzen das Dorf und transformieren es in ein gigantisches Filmatelier für die Dreharbeiten von den Märchen aus *Tausendundeine Nacht*, der Schritt zur Repression und Ausbeutung der Dorfbewohner erfolgt jedoch sehr rasch. Die allegorische Geschichtsdarstellung von der Entpersönlichung eines Volks endet den herrschenden Gesetzen entsprechend zugunsten der Invasoren und deren arabischen Verbündeten (der Gouverneur, der König von Khalijie); sie bleiben vorerst die Kontrolleure der Geschichte, und es besteht lediglich die utopische Hoffnung, daß eines Tages die positive Wende im historischen Zyklus von Unterwerfung und Revolte, von Dekadenz und Aufschwung eintreten wird: »*Il y avait de l'espoir, dans mille et une années et plus*« (»*Es gab Hoffnung, in 1001 Jahren und mehr...*«).

In diese vielverzweigte Rahmenhandlung ist ein gewaltiges Konglomerat von wahren und phantastischen Geschichten verwoben, welches die Vergangenheit der arabischen Welt reflektiert. Gegenwart und Vergangenheit verbinden sich zu einem üppigen orientalischen Bukett manieristisch ausschweifender Märchenblüten, reich geschmückter Geschichten, Anekdoten, Kuriositäten und Legenden aus der islamischen Mythologie. Diese Anthologie von Lügengeschichten straft jene von Scheherazade Lügen; sie versteht sich als eine Replik auf die klassische Märchensammlung von *Tausendundeine Nacht*, als ein Zerrspiegel, der die Kehrseite der Medaille widerspiegelt. Mit dem Stilmittel der Groteske werden verherrlichte Geschichtsgrößen entlarvt, Glanzzeiten der Geschichte entmystifiziert.

Eine deutliche Verwandtschaft des Romans mit *Cien años de soledad*, 1967 *(Hundert Jahre Einsamkeit)*, des Kolumbianers G. García-Márquez (*1928) ist sowohl im Hinblick auf die gemeinsame Anwendung von formalen Ausdrucksschemata als auch vor allem durch das beiden Romanen zugrundeliegende Konzept der eigenwilligen Darstellung historischer Realitäten und der Flucht in utopische Phantastereien gegeben. Beide Autoren bedienen sich des Erzählmodells der Märchen aus *Tausendundeine Nacht*, welches jedoch von beiden unterschiedlich verfremdet angewandt wird. Die aus der arabischen bzw. lateinamerikanischen Volksmythologie bezogenen Symbole erfüllen antithetische Funktionen: sie illustrieren gleichermaßen das Dilemma der historischen Entwicklung in der Dritten Welt wie auch die Absurdität des Verlaufs der Geschichte schlechthin. In der Absicht, falsche Weltverhältnisse zu denunzieren und den Erkenntniswert aus der Geschichte gleichzeitig zu relativieren, werden in beiden Romanen entsprechend grotesk überzeichnete Romanfiguren eingesetzt. In diesem Sinn trägt Boudjedras utopische Mutterfigur »Messaouda« stark die Züge der hundert Jahre alten, mächtigen Ursula aus *Cien años de soledad*. Schließlich beinhalten beide Werke dieselben Motive der Identitätssuche, des Vater-Sohn-Konflikts, der kulturellen Entwurzelung eines Volks und der gleichzeitigen Verwurzelung in der Heimaterde sowie die Auflehnung gegen Unterdrückung und Ausbeutung durch ein aufkeimendes kollektives Bewußtsein. M.A.L.

Ausgabe: Paris 1979.

Literatur: J. Déjeux, »*Les 1001 années de la nostalgie*« (in Écriture française dans le monde, 2, 1980, Nr. 3/4, S. 127–129). – J. M. Le Sidaner, Rez. (in Europe, 1980, Nr. 614/615, S. 185). – A. Rabia, *G. García-Márquez et sa fortune dans les pays arabes*, Paris 1981.

LA RÉPUDIATION

(frz.; *Die Verstoßung*). Roman von Rachid Boudjedra (Algerien), erschienen 1969. – Mit seinem Erstlingswerk erregte der Autor sofort großes Aufsehen beim Pariser Publikum. Der Roman wurde spontan für den »Prix Goncourt« vorgeschlagen (mit dem als erster maghrebinischer Autor allerdings erst der Marokkaner Tahar Ben Jelloun für *La nuit sacrée* im Jahre 1987 ausgezeichnet werden sollte) und erhielt schließlich 1970 den von J. Cocteau gestifteten »Prix des Enfants Terribles«. Innerhalb kurzer Zeit wurden über 100.000 Exemplare verkauft, und auch in Algerien erlangte der Roman schlagartig Berühmtheit, obwohl er bis 1980 offiziell verboten war. Mit *La répudiation* zeichnet sich endgültig eine Wende in der kurzen Tradition des frankophonen maghrebinischen Romans ab: thematisch vollzieht sich die von Driss Chraïbi und Mourad Bourboune erstmals formulierte Kritik an der eigenen Gesellschaft, wobei die Polemik gegen die ehemaligen Kolonialherren nach wie vor das Zentralthema bleibt. Formal hat Boudjedra durch seine von Kateb Yacine inspirierte »*écriture du délire*« (»*delirierendes Schreiben*«) Schule gemacht.

Die Romanfigur Rachid schildert seiner französischen Geliebten namens Céline Fragmente aus der Kindheit. Es sind Traumata, Angstvisionen und phantasmagorische Erlebnisse, verursacht durch die Verstoßung seiner Mutter durch den allmächtigen und repressiven Vater und dessen neuerliche Eheschließung mit einem gekauften fünfzehnjährigen Mädchen. Mit der »*répudiation*« fühlt sich der junge Rachid ebenfalls von seinem Vater verstoßen. Um sich an ihm zu rächen, macht Rachid die junge Stiefmutter zu seiner Geliebten. Die zerrüttete Kindheit führt den Bruder Zahir in den Alkoholismus, in die Homosexualität und schließlich in den Freitod. In Rachids Delirien äußert sich auch die Angst vor der Verfolgung durch den herrschenden Klan, den »*membres secrets du Clan*«, deren einflußreichstes Mitglied der eigene Vater ist. Rachid wird von den »*membres secrets*« zuerst in ein Asyl für Geisteskranke interniert und dann ins Gefängnis überstellt. Am Ende des Romans wartet Rachid in der Gefängniszelle, plötzlich ruhig und zuversichtlich geworden, auf eine positive Wende seines Schicksals.

Obwohl der Roman stark autobiographische Züge trägt, zielt Boudjedra auch hier eindeutig auf die Kollektivierung des Einzelschicksals. Demgemäß läßt sich der inhaltliche Querschnitt nur unter unmittelbarem Einbezug der künstlerischen Erzählstrategien erarbeiten. So zielt die vielschichtig angelegte Kreisstruktur des Romanaufbaus, welche, einem unentrinnbaren Teufelskreis gleich, Romananfang und Romanende miteinander verbindet, bereits auf die prinzipielle Austauschbarkeit bzw. Parallelität von personaler und kollektiver Leiderfahrung. Das reichlich fließende Blut ist durch seine Vieldeutigkeit als das alle Erzählebenen verbindende Strukturelement schlechthin zu betrachten. Es evoziert sowohl die in der Kindheit zugefügten Wunden als auch die blutige Unterdrückung des geschundenen algerischen Volks vor und während des Befreiungskriegs. Ebenso vieldeutig ist das den gesamten Roman durchziehende Netz an plastischen Metaphern (etwa die im Melonensaft langsam sterbende Fliege als »Frauenmetapher«; der Foetus, der abgetrieben wurde wie die gescheiterte Revolution, die von den neuen Machthabern, den »*membres secrets*«, im Keim erstickt worden ist; die Krater, die an die Bombentrichter aus dem Algerienkrieg erinnern).

Dem Konzept der extremen Darstellungsmöglichkeit von persönlicher und kollektiver Gewaltanwendung und Repression paßt sich der aggressive Lyrismus Boudjedras perfekt an, wobei sich die Technik der synästhetischen Verschmelzungen von sensorischen Reizen als ein Charakteristikum des boudjedrischen Formalismus herauskristallisiert. Durch den Austausch des Personalpronomens *Je* durch *nous*, welches der Autor an sämtlichen neuralgischen Punkten unvermittelt einsetzt, wird das Motiv der kollektiven Leiderfahrung intensiviert. Diese Alternierung bewirkt schließlich jene schwerwiegende inhaltliche Umwandlung aller Zentralszenen. Der wiederholt formulierte Satz »*Nous n'avions pas eu l'enfance*« (»Wir haben keine Kindheit gehabt!«) oder »*L'enfance fut un saccage!*« (»Die Kindheit war zerrüttet!«) signalisiert folglich sowohl die Trauer um die zerrüttete Kindheit als auch die Zerstörung und den Identitätsverlust eines ganzen Volks durch die Kolonisierung. – Auf der personalen Ebene reflektiert das *Al-Aïd*-Fest eine entsetzliche Kindheitserinnerung an ein blutiges Opferritual und somit eine vehemente soziale Anklage an die Tradition, die solche Feste braucht, um im Konservatismus der führenden Lokalbourgeoisie verharren zu können. Und ebenfalls auf dieser Ebene verbalisiert sich eine harte Kritik am Islam sowie der Haß des vom Vater geopferten Sohnes. Tatsächlich verfolgt Boudjedra mit der Schilderung des *Al-Aïd*-Fest noch tiefere Absichten, denn dieses Fest ist formaler Bestandteil des allegorischen Bildes der Opferung von Sohn und Volk. Ausschließlich durch diese Kunstgriffe der Vieldeutigkeit der Ausdrucksschemata wird die zutiefst pessimistische Aussage etwas relativiert, liegt dem Roman ein vages Hoffnungsprinzip zugrunde. Allerdings bietet Boudjedra nur den männlichen Opfern einen Ausweg an. Die Frau als das Aggressionsobjekt schlechthin wird in eine würdelose Passivität verbannt; ihre Alternativen bleiben die Selbstzerstörung oder die Flucht in den Wahnsinn. Hier steht der Autor im krassen Widerspruch zu seinem persönlichen Engagement für die Befreiung und die Identitätsfindung der unterdrückten Menschheit.   M.A.L.

AUSGABEN: Paris 1969. – Paris 1981 (Folio).

LITERATUR: M. Alaoui, *Deux portraits de la mère au Maghreb. B. et D. Chraïbi* (in Afrique littéraire et artistique, 1974, Nr. 34, S. 34–38). – Ch. Bonn, *»La répudiation« ou le roman familial et l'écriture-espace tragique* (in Revue de l'Occident musulman et de la Méditerranée, 22, 1976, S. 175–180). – H. A. Bouraoui, *»La répudiation« ou le nouveau tournant du roman nord-africain* (in Présence Francophone, 2. 1971, S. 204–207). – J. Déjeux, *R. B. ou les enfants terribles* (in J. D., *Littérature maghrébine de langue française*, Sherbrooke [3]1980, S. 381–404). – H. Gafaitia, *Discours sur les femmes dans l'œuvre de R. B.*, Oran 1982.

TOPOGRAPHIE IDÉALE POUR UNE AGRESSION CARACTÉRISÉE

(frz.; *Ideale Ortsbeschreibung für eine typische Aggression*). Roman von Rachid BOUDJEDRA (Algerien), erschienen 1975. – Boudjedra, der während seines langjährigen Exils in Paris die mißliche Lage der dort als Gastarbeiter lebenden Landsleute mit Empörung zur Kenntnis nehmen mußte, bezog den Stoff zu vorliegendem Roman aus einer knappen Zeitungsnotiz. Am 26. 9. 1973 morgens kommt ein algerischer Gastarbeiter an der Gare d'Austerlitz in Paris an. Um Mitternacht wird er von einer Bande jugendlicher Rassisten am Ausgang der Metrostation Porte de Clichy massakriert. Zwischen diesen Zeitangaben spielt sich das Drama einer schrecklichen Irrfahrt im Labyrinth der

Pariser Metro ab. Die Handlung ist auf ein Minimum an Aktionen reduziert. Einige Male wendet sich der in die Falle gegangene Fremde vergeblich um Hilfe an die abweisenden Fahrgäste und stolpert am vermeintlichen Ende seiner Odyssee, glücklich darüber, endlich das Ziel erreicht zu haben, seinen Mördern entgegen.

Topographie idéale ist die intellektuelle Ortsbeschreibung des idealen Schauplatzes einer höchst komplizierten, charakteristischen und vielschichtig kombinierten Aggression, wobei die Mörder nur mehr die Ausführer der logischen Endlösung dieser Aggression sind. Als »idealen Ort« seiner Beschreibung wählt Boudjedra das komplexe System der Pariser Metro mit den Verflechtungen der Metrolinien durch Gänge, Fließbänder, Rolltreppen, unterirdischer Schächte, und Überlagerungen einzelner Metrolinien. Ideal ist der Ort deshalb, weil die Vieldeutigkeit des Labyrinths extrem reiche Assoziationsketten und ein synästhetisches Muster an metaphorischen Bildern (des Gefängnisses, der Einsamkeit, des Heimwehs und selbstverständlich des Todes) anbietet. Der Roman reflektiert sowohl die äußeren erfaßbaren Dimensionen eines feindseligen Raumes als auch die innere, verschlüsselte Dimension der allgemeinen Verfremdung. Der erste Satzteil des Titels beinhaltet bereits das, was der zweite Satzteil nur mehr verstärkt zum Ausdruck bringt: die *»agression caractérisée«*. Dieser typischen Aggression ist hier in erster Linie der soeben angekommene Gastarbeiter – er ist Analphabet und spricht nur einen Berberdialekt – ausgesetzt. Da ihm zur Dekodierung der Schlüssel fehlt, verfängt er sich in ein Netz von konventionellen Zeichen und Verhaltensnormen der eingeweihten Metrobenutzer. Es handelt sich hier primär um einen Situationsbericht eines gänzlich alleingelassenen Menschen, der sich durch fremde Schuld in eine abgrundtiefe Einsamkeit verstrickt. Revolte, Angst, Todesahnung und Todessehnsucht sind die seelischen Stationen auf seinem Leidensweg. Der Gastarbeiter, der nach der Verwirklichung seiner Menschenwürde strebt, indem er in der feindseligen »neuen Welt« zu überleben sucht, zieht wie Don Quijote aus, um Ideale zu verteidigen, um seine höchstpersönliche Utopie zu verwirklichen. Er trägt auch Züge des antiken Helden Sisyphos, denn auch dieser setzt seinen Weg in Erkenntnis der existentiellen Grunderfahrung des Absurden entschlossen und in Würde fort.

Der ausgeprägte Formalismus und das verschlüsselte poetische Anpassungskonzept verführte selbst Kritiker dazu, sich von der inhaltlichen Substanz ablenken zu lassen. Tatsächlich hat der Roman eine eminent politische und sozialkritische Aussage, die sich zwar primär gegen das »Gastland« Frankreich richtet; bemerkenswert ist aber, daß Boudjedra sehr wohl auch Algerien eine Teilschuld an der Gastarbeitermisere gibt. In den inneren Monologen des Gastarbeiters sind die in der Heimat zurückgebliebenen gesellschaftlichen Außenseiter, die *»laskars«*, präsent; sie illustrieren den sozialen Status derer, die aus der Emigration als Gastarbeiter heimgekehrt, in der algerischen Gesellschaft nutzlos oder daher illusionslos geworden sind.

Der bereits aus *La répudiation* bekannte erzähltechnische Kunstgriff des künstlerisch arrangierten Doppelspiels, welches das gequälte Individuum in seiner Not beschreibt und gleichzeitig auf das kollektive Leid hinweist, findet auch hier Anwendung. Das Zentralmotiv der Gefangennahme kommt formal durch die vielfältigen Gestaltungsformen des Kreises zum Ausdruck; Romanaufbau und Syntax fügen sich mit den typischen Mäandersätzen, die sich wie Girlanden um den Hauptstrang schlingen, in die Kreisstruktur ebenso ein wie die sich monoton wiederholenden Beschreibungen der Pariser Metro als ein durch Kreise, Röhren und gewundene Gänge verbundenes Labyrinth, eine intellektuelle Metapher für den modernen Irrgarten des Westens schlechthin. Orient und Okzident verlegen ihre Opposition in die unterirdischen Gänge von Paris. Die Farben weiß, methylenblau und orange (= Tod, chemische Zersetzung, getrocknetes Blut) kennzeichnen die westliche Welt; ocker und rostbraun sind die warmen Farben des vom Sonnenlicht überfluteten Algerien. Ohne Verpflichtung an das inhaltliche oder ideologische Konzept des *Nouveau Roman* übernimmt der Autor dessen formale Elemente, etwa die eindeutige Vorrangstellung des Stils über die Handlungskomponenten, die *Camera-Eye*-Technik oder die Häufung des inneren Monologs. Es sind dies ideale Erzählstrategien, die sich dem Autor durch das Thema (der Gastarbeiter als indirektes Opfer der westlichen Welt) geradezu aufdrängen. M.A.L.

AUSGABEN: Paris 1975. – Paris 1986 (Folio).

LITERATUR: H. A. Bouraoui, *Le récit tentaculaire d'un nouveau roman engagé* (in Afrique littéraire et artistique, 1976, Nr. 39, S. 24–32). – J.-C. Vatin, *Un romancier d'accusation – R. B.* (in Revue de l'Occident musulman et de la Méditerranée, 22, 1976, S. 69–98). – C. Prévost, *Dans le labyrinthe* (in C. P., *Littératures du dépaysement*, Paris 1979, S. 277–283). – G. Toso Rodinis, *»Topographie idéale...« de B. L'exotisme dédoublé* (in Museum Patavinum, 2, 1984, S. 267–285).

JEAN BOUDOU

eig. Joan Bodon
* 1920 Crespin
† 1975 Algier

LITERATUR ZUM AUTOR:
F. P. Kirsch, *Studien zur languedokischen und gascognischen Literatur der Gegenwart*, Wien 1965,

S. 94–104. – C. Anatole u. R. Lafont, *Nouvelle histoire de la littérature occitane*, Paris 1970, Bd. 2, S. 794–798. – *J. B., Documents*, Toulouse 1975. – J. Delmas, *Bibliographie de J. B.* (in *Études rouergates*, 1, 2, Pont-les-Bains 1984). – *J. B. (1920–1975). Actes du colloque de Naucelle* 1985, Hg. C. Anatole, Béziers 1987.

LA GRAVA SUL CAMIN

(okzit.; *Die Steine auf dem Weg*), Roman von Jean BOUDOU, erschienen 1956. – Dieser Roman ist der erste einer Reihe, durch die der Autor einen Spitzenrang unter den okzitanischen Schriftstellern des 20. Jh.s einnimmt. Noch die ersten Veröffentlichungen Boudous, der ursprünglich dem Felibrebund nahestand, waren der Pflege mündlicher Überlieferung gewidmet (*Contes del meu ostal*, 1951) oder präsentieren sich als Chronik einer weitverzweigten Familie, die Verwandtschaftsbeziehungen zwischen dem Autor und Honoré de BALZAC sichtbar machte (*Contes dels Balssàs*, 1953). Schon in diesen Werken manifestierte sich ein außergewöhnliches Erzählertalent, aber erst als Boudou sich dem Themenkreis der soziokulturellen Konflikte und ihrer Auswirkungen auf das Schicksal zwiespältiger Helden zuwandte, konnte er sich ganz entfalten und den Rahmen der Heimatdichtung sprengen.

Der Ich-Erzähler, Enric Savinhac, ein Bauernsohn aus dem Rouergue gehört einer entwurzelten Generation an. Die Deutschen haben ihn zur Zwangsarbeit nach Schlesien verschickt, die Rote Armee befreit ihn. Auf der Heimfahrt, deren Schilderung das erste Drittel des Romans umfaßt, werden die Grenzen deutlich, die der Hoffnung auf ein neues, freieres Leben gesetzt sind. Nicht nur in der Landschaft, die der Zug durchfährt, hat der Krieg Ruinen hinterlassen, sondern auch in den Seelen, im Bereich der zwischenmenschlichen Beziehungen. Jede Begegnung vertieft die Einsamkeit des Protagonisten; auch als er schließlich das Elternhaus erreicht und zunächst meint, es habe sich seit seiner Abreise nicht allzu viel geändert. Aber bald erkennt er, daß er selbst ein anderer ist, und zwar nicht erst seit dem Aufenthalt in Deutschland. Eigentlich war Enric immer schon ein Zerrissener, im Zwiespalt zwischen den Sozialnormen der bäuerlichen Welt und den Anforderungen der zuerst von der Schule repräsentierten Außenwelt. Durch das Studium ist er für Familie und Dorf ein Fremder geworden, aber der Jahreszeitenrhythmus der Landarbeit hält ihn dennoch fest und bewirkt, daß er bei der Aufnahmeprüfung in die École Normale versagt. Dieser alte Konflikt wurde durch Krieg und Verschickung in einer Weise intensiviert, die jede Hoffnung auf inneres und äußeres Gleichgewicht illusorisch macht. Da ihm sein Außenseiterstatus im Dorf nur allzu bewußt ist, sehnt sich der Heimgekehrte nach Deutschland und seinen Fabriken. In dem Kriegsgefangenen, dem er bei Erntearbeiten begegnet, sieht er einen Leidensgenossen; aber wenn er Sympathie für den Deutschen zeigt, vertieft sich der Graben zwischen ihm und den Daheimgebliebenen, Verwurzelten: »*Wir sind nicht wie die anderen, wir Jungen, die wir von weit zurückkehren. Rollen und kollern muß der Stein, der sich gewaltsam vom Mutterfelsen löst. Bleibt er liegen, stößt ihn der Fuß; kopfüber ins Wasser, es nimmt ihn mit.*« Alle Versuche, sich gegen die bindende Kraft der Ortsmächte aufzulehnen, enden mit Mißerfolgen. Als ein reicher Bauer Enric kaufen will, um so einen Ehemann für seine hüftlahme Tochter zu gewinnen, will dieser der plumpen Manipulation durch Flucht entkommen. Nun aber hält ihn die Vergangenheit fest: Nachdem schon eine Prostituierte, an die er durch Zufall gerät, die in Deutschland gemachten Erfahrungen reaktualisiert hat, landet der per Fahrrad einer ungewissen Freiheit entgegenfahrende Enric verletzt im Straßengraben und wird von Lacòste, einem Kameraden aus der Kriegszeit, der zusammen mit einem deutschen Gefangenen vorbeikommt, aufgelesen und ins Dorf zurückgebracht. Lacòste wird mit den Eltern des lahmen Mädchens reden, sei es, um sich selbst die gute Partie zu sichern, sei es, um Enric ab- und auszuliefern. Der Schluß bleibt offen, ohne irgendeinen Hoffnungsschimmer.

Die Entfremdungsthematik beherrscht das gesamte weitere Schaffen Boudous. Allerdings wird in den späteren Werken die Problematik der autochthonen Sprache und Kultur weit expliziter einbezogen als dies in *La Grava sul camin* der Fall ist. Gleichzeitig gewinnt groteske Phantastik auf halbem Wege zwischen okzitanischer Märchentradition und moderner Science Fiction an Bedeutung. In *La Santa Estela del Centenari* (1960) sucht ein dichtender Landbriefträger bei den traditionsbewußten Heimatschützern vom Felibrebund ein kulturelles Milieu, in dem sich seine musischen Interessen entfalten können. Aber die provinziellen Dichterfeste bieten dem naiven Helden keinen Schutz vor den lauernden Dämonen sektiererischer Heilslehren und technokratischer Tollheiten. Der Held wird in eine Welt des Scheins hineingezogen, in der seine Verwandlung in einen roboterhaften Übermenschen, der zum Überleben des Atomkriegs und zur Rettung der okzitanischen Kultur befähigt wäre, kläglich mißlingt. Einsamkeit, Verzweiflung und Wahnsinn prägen das Ende einer Sinnsuche im Spannungsfeld zwischen dominierender und unterlegener Kultur. F.Ki.

AUSGABEN: Toulouse 1956 [mit frz. Übersetzung]. – Lavit-de-Lomagne 1968. – Toulouse 1978.

LITERATUR: E. Gasanhas, *Lo ton e l'estil dins »La Grava sul camin«* (in *Obradors* Okt. 1969, S. 20–26). – W. Calin, *Lecture de »La Grava sul camin de J. B.«: Technique narrative, phénoménologie et les structures du désir* (in *Actes du Ier Congrès Int. de l'A.I.E.O.*, Ed. P. Ricketts, London 1987, S. 149–156).

LO LIBRE DELS GRANDS JORNS

(okzit.; *Das Buch der Gerichtstage*), Roman von Jean BOUDOU, erschienen 1963 in der Zeitschrift ›Oc‹, ein Jahr später in Buchform. – Hauptthema der an symbolischen Bezügen reichen Romanfabel ist der drohende Untergang der okzitanischen Sprache und Kultur. Der Ich-Erzähler, dessen Name ungenannt bleibt, ist krebskrank und weiß, daß er nur noch kurze Zeit zu leben hat. Um seine letzten Tage nach eigenem Gutdünken zu gestalten, hat er seine Familie verlassen und ist von Montpellier aus mit dem Zug nach Norden gefahren. Wenn er bereits in Clermont-Ferrand aussteigt (sein ursprüngliches Reiseziel war Paris) und damit innerhalb des okzitanischen Sprachgebietes bleibt, so ist diese Laune nicht ohne tiefere Bedeutung. Seine inneren Monologe weisen ihn als gebildeten Mann aus, der solide Kenntnisse der okzitanischen Literatur von den Trobadors bis zu MISTRAL besitzt und sich stets um die Verteidigung seiner als »Patois« verachteten Muttersprache bemüht hat.

In der düsteren Atmosphäre der Provinzstadt kommt der Held mit gesellschaftlichen Randexistenzen in Berührung. Da sind die Prostituierten rund um die Plaça de Jauda, da ist auch der exzentrische »Curat de Foncotut« (das obszöne Wortspiel dieses Spitznamens wäre etwa mit »Pfarrer von Fösenmick« wiederzugeben). Dieser seltsame Gottesmann, der sich von der Kirche distanziert hat, weltlichen Genüssen zugetan ist, aber gegebenenfalls nicht zögert, einem sterbenden Straßenmädchen geistlichen Beistand zu leisten, wird zum wichtigsten Gesprächspartner des Helden, der in Bars und Absteigen seine Kenntnisse grausamer Wahrheiten jenseits bürgerlicher Geborgenheitsillusionen vervollständigt. In Gesprächen und beim Flanieren vermischen sich im Bewußtsein des Erzählers Erinnerungen an sein früheres Leben mit Tagesereignissen und Bildungsinhalten, die beim Nachsinnen über die Stadt und das Land aktuelle Bedeutungsfacetten offenbaren. Angesichts des sicheren Todes wird der touristische Aufenthalt zur Endzeit, vergleichbar jenen Tagen des Hochgerichtes, die der König von Frankreich im 17. Jh. abhielt, um den Übermut des auvergnischen Adels zu brechen und zugleich letzte Reste okzitanischer Eigenständigkeit zu beseitigen. Vor dem inneren Blick des Protagonisten bietet sich die Geschichte als ein Nacheinander versäumter Chancen und grotesker Zufälle dar. Alle Versuche, dem Menschenwerk Dauer zu verleihen, müssen ebenso scheitern wie die Suche nach dem ewigen Leben. Schon in der Episode der Sinterquelle, die tote Tiere durch Versteinerung verewigt, zeichnet sich ein Übergang von der realistischen Darstellungsweise zu alptraumhafter Phantastik ab, der gegen Ende des Romans definitiv vollzogen wird. Als der Held durch Diebstahl sein ganzes Geld verliert, verschafft ihm der »Pfarrer« eine ungewöhnliche Verdienstmöglichkeit: Im abgedunkelten Saal eines außerhalb der Stadt gelegenen Gutshofes muß er auf einem Bett zwischen Scheinwerfern mit einem der ihm bereits bekannten Strichmädchen eine Sexvorstellung geben. Von einem Schafhirten erfährt er später die Hintergründe. Marxilhat war früher Sitz einer Kommune, die sich die Errichtung einer utopisch-idealen Gesellschaft zum Ziel setzte. Im Jahre 1936 zogen die meisten Mitglieder nach Spanien, um die Republik zu verteidigen; einige der Zurückbleibenden aber wurden Opfer eines irren Wissenschaftlers, der das Problem des Todes mit technokratischen Mitteln zu lösen versuchte. Seither führt man abgeschnittenen Köpfen, die inmitten von Apparaturen am Leben gehalten werden, zu ihrer Unterhaltung allerlei Schauspiele vor. Angesichts dieser Zusammenhänge muß dem Erzähler definitiv klar werden, was er schon früher ahnte: Das Leben ist geprägt vom menschlichen Bedürfnis nach Zerstreuung, nach »*divertissement*« im Sinne PASCALS, des Auvergners. Die Kultur liefert im Grunde nichts als Illusionen für den Kopf; Trobadorminne und Emanzipationsträume gelten ihr gleichviel wie schäbige Pornographie und monströse Verirrungen einer technisierten Zivilisation. Allerdings sind die Illusionen zugleich des Menschen einziges Gut. In der letzten Szene des Romans wandert der Held durch die Nacht, während die vom Arzt prophezeiten Schmerzen aufbrechen. Sein Ziel ist die Kirche Nòstra-Dòna del Pòrt, seine Stütze ein Volkslied von der armen, aber unentwegt singenden Amsel.

Im späteren Verlauf seines literarischen Schaffens hat sich Boudou auch am historischen Roman versucht: *La Quimèra*, 1974 *(Die Schimäre)* behandelt den Camisardenaufstand im 17. Jh. Aber nicht zu Unrecht gelten jene Bücher als besonders geglückt, in denen er einsame Individuen an der Weltengrenze auf ihren leidvollen Wegen verfolgt (vgl. *Lo Libre de Catoià*, 1966; *Las Domaisèlas*, 1976). F.Ki.

AUSGABEN: Toulouse 1963 (in Oc, S. 227/228, 229/230). – Toulouse 1964.

ÜBERSETZUNG: *Le livre de Catoià. Le livre des grands jours*, A. Surre-Garcia, Paris 1982 (frz.).

LOUIS-ANTOINE DE BOUGAINVILLE

* 11.11.1729 Paris
† 31.8.1811 Paris

VOYAGE AUTOUR DU MONDE PAR LA FRÉGATE DU ROI LA BOUDEUSE ET LA FLÛTE L'ÉTOILE, EN 1766, 1767, 1768 ET 1769

(frz.; *Weltumsegelung der königlichen Fregatte La Boudeuse und des Begleitschiffs L'Étoile in den Jahren 1766 bis 1769*). Bericht einer Weltumsegelung vom

Leiter der Expedition, Louis-Antoine de BOUGAINVILLE, erschienen 1771 in zwei Bänden. – Bougainville, neben LA PÉROUSE der bedeutendste französische Entdeckungsreisende des 18. Jahrhunderts, würdigt zunächst (im *Discours préliminaire*) die Geschichte der Weltumsegelungen und pazifischen Entdeckungsreisen seit Magellan und gibt in der Widmung an den König seinem Stolz Ausdruck, die erste französische Weltumsegelung geleitet zu haben. Es folgt – im Stil des Logbuchs und des wissenschaftlichen Rapports – der ausführliche Reisebericht. Bougainvilles Expedition, in Nantes ausgerüstet, hat den offiziellen Auftrag, eine französische Kolonie auf den Falkland-Inseln an Spanien zurückzugeben. Nach zwei längeren Aufenthalten im spanischen Montevideo und der Übergabe der Inseln – die Beschreibung Montevideos und der südamerikanischen Verhältnisse, insbesondere des Jesuitenstaates am oberen Paraguay, dessen Liquidierung durch die spanischen Behörden Bougainville teilweise miterlebt, gehört zu den interessantesten Passagen des Berichts – nimmt die kleine Flotte Kurs auf Feuerland und erreicht durch die Magellan-Straße zu Beginn des Jahres 1768 den Pazifik. Die Ozeandurchquerung unterbricht ein Aufenthalt auf Tahiti, der neben wissenschaftlichen Studien der Erholung dient. Dennoch bringen Nahrungsmangel und Skorbut die Expedition auf der Weiterfahrt in Gefahr, bevor sie im Herbst 1768 die Molukken erreicht und in den holländischen Niederlassungen Buru und Batavia (dem heutigen Djakarta) Hilfe findet. Von nun an verläuft Bougainvilles Route ohne größere Schwierigkeiten in einem schon von Europäern erschlossenen Raum: Über Kapstadt und Sankt Helena kehrt er nach Europa zurück und erreicht am 16. März 1769, nach einer Reise von zwei Jahren und vier Monaten und dem Verlust von sieben Mann der Besatzung, den Hafen von Saint-Malo. Ein Vokabular der Sprache von Tahiti, erstellt nach den Angaben des Tahitianers Aotourou, der Bougainville auf eigenen Wunsch nach Europa begleitet hat, und kommentiert von einem Mitglied der Londoner Royal Society, beschließt den Bericht.
Die Abenteuerlichkeit des Unternehmens, der Exotismus der Stoffwelt hatten sicher einen nicht geringen Teil an der Wirkung des Werks: Bougainvilles Schilderung Tahitis etwa begründete bis in die Zeiten Gauguins den Mythos der Insel als eines paradiesischen »Garten Eden«. Dennoch verleiht erst die Art der Darstellung, in die alle Züge einer differenzierten Autorpersönlichkeit einfließen, dem Werk seinen Rang. Bougainville, Verfasser einer mathematischen Abhandlung und zukünftiges Mitglied der Académie des Sciences (1796), beschreibt und reflektiert, was immer in seinen Erfahrungsbereich tritt, mit der Haltung des Ethnologen und Naturforschers. Neben Talent und Akribie des Gelehrten tritt dann die Routine des Seemanns, der in der Registrierung nautischer Daten die eigenen Erfahrungen möglichen Nachfolgern überliefert; tritt – in der Beschreibung des Jesuitenstaates wie des Gewürzimperiums der holländischen Ost-Indien-Kompanie – das für politische Organisationsformen geschärfte Wahrnehmungsvermögen des Offiziers und Diplomaten; treten schließlich Selbstgefühl und Selbstverständnis des gebildeten Aristokraten, der den Angehörigen primitiver Kulturen unbefangener gegenüberzutreten, ihre Natürlichkeit und Würde besser zu respektieren weiß als spätere Kolonisatoren. So verstößt es gegen Bougainvilles Ehrgefühl, als einige seiner Leute sich in einem selbstverschuldeten Zwischenfall durch Einsatz der überlegenen europäischen Waffen wehren *(»Je pris des mesures pour que nous ne fussions plus déshonorés par un pareil abus de la superiorité de nos forces«)*; so rüstet Bougainville mit einem Drittel seines Vermögens ein Schiff aus, um Aotourou die Heimfahrt zu ermöglichen, als dieser nach einem längeren Aufenthalt in Paris nach Tahiti zurückzukehren wünscht.

Bougainville zeigt sich darin als Exponent jener großbürgerlich-aristokratischen Schicht, von der die französische Aufklärung bis zur Revolution getragen wurde. Sein Reisebericht, sein Unternehmen selbst sind Dokumente eben dieser Aufklärung. Reale und fiktive Reiseerzählungen, Berichte und Utopien hatten den Prozeß der europäischen Aufklärung von Anfang an begleitet: In ihnen fand sie ihr Bedürfnis nach Autopsie und Empirie, die grenzenlose Ausdehnung ihres Erkenntnisdranges, ihre Einsicht in die Relativität der eigenen Kultur gespiegelt. Bougainville, von D'ALEMBERT in der Mathematik unterrichtet, teilt seine naturwissenschaftlichen Entdeckungen BUFFON mit, Frankreichs führendem Naturforscher und Mitarbeiter an der *Encyclopédie*; DIDEROT nimmt Bougainvilles Werk, vor allem dessen Schilderung der Liebesfreiheit auf Tahiti, zum Anlaß seines noch heute berühmten, kulturkritischen *Supplément au voyage de Bougainville* (1796), in dem er die natürlichen Sitten der Eingeborenen gegen den zerstörerischen Einfluß der Zivilisation in Schutz nimmt und dabei Kritik an der Naturwidrigkeit der europäischen Gesetze, vor allem im Bereich der Ehe und Sexualität, übt. R.W.

AUSGABEN: Paris 1771, 2 Bde. – Paris 1772, 3 Bde. [erw.]. – Paris 1966, Hg. M. Hérubel (enthält Diderots *»Supplément au voyage de B.«*; 10/18). – Paris 1982 (Folio).

ÜBERSETZUNGEN: *Reise um die Welt mit der Fregatte la Boudeuse 1766, 1767, 1768, 1769*, anon., Lpzg. 1783. – *Reise um die Welt*, Hg. K. G. Popp, Stg. 1980.

LITERATUR: M. Duchet, *B., Raynal, Diderot et les sauvages du Canada: Une source ignorée de l'Histoire des deux Indes* (in RHLF, 63, 1963, S. 228–236). – D. Oliver, *B. A Personal History*, Melbourne 1973. – K.-H. Kohl, *Imagination und nüchterner Blick* (in K.-H. K., *Entzauberter Blick*, Bln. 1981, S. 202 bis 222). – J. Proust, *Diderot, B. et les mirages de la Mer du Sud* (in RZL, 8, 1984, S. 473–484).

EDMONT SAINT-GEORGES DE BOUHÉLIER

eig. Stéphane Georges Lepelletier de Bouhélier
* 19.5.1876 Rueil / Seine et Oise
† 20.12.1947 Montreux

LITERATUR ZUM AUTOR:
P. Blanchard, *St.-G. de B.*, Paris 1929. – G. Lansons, *L'œuvre dramatique de B.*, Paris 1934. – R. W. Allen, *St.-G. de B. Sa vie, son œuvre*, Paris 1952. – A. Marfée, *La vie mystique de B.* (in A Rebours, 17, 1981, S. 45–63). – Y. Favre, *B. ou la poésie de la ferveur* (in *Naturisme/Naturismo*, Hg. P. A. Jannini u. S. Zoppi, Rom/Paris 1982, S. 119–134). – V. Gianolio, *Gli archetipi pietrificati. La ›vie héroique‹ de B.* (in ebd., S. 87–118). – M. Décaudin, *B., Beck et le naturalisme* (in *Les relations littéraires franco-belges de 1890 à 1914*, Hg. R. Trousson, Brüssel 1984).

LE CARNAVAL DES ENFANTS

(frz.; *Der Karneval der Kinder*). Drama von Edmond Saint-Georges de BOUHÉLIER; Uraufführung: Paris, 25. 11. 1910, Théâtre des Arts. – Bouhélier gehörte dem 1895 in Paris gegründeten *groupe naturiste* an, der sich seinerzeit heftig gegen die Ästhetik des *l'art pour l'art* wandte. In dem von Bouhélier verfaßten und am 10. 1. 1897 in der Zeitung ›Le Figaro‹ veröffentlichten *manifeste naturiste* fand vor allem das im Fin de Siècle gewandelte Verhältnis von Dichter und Weltsicht seinen Ausdruck, wobei die Natur des Menschen *(l'homme et sa nature)* im Zentrum des dichterischen Interesses stand. Bouhéliers Hauptwerk *Le carnaval des enfants* entspricht zwar vom naturalistischen Sujet her durchaus noch seinem früheren theoretischen Entwurf, wird jedoch zusehends von einem zentralen symbolistischen Thema, der Maskenhaftigkeit des Seins, überlagert.

Die Handlung spielt an einem Faschingsdienstag in Paris Anfang des 20. Jh.s. Im Hinterzimmer ihres Ladens liegt im Morgengrauen die dreißigjährige todkranke Weißnäherin Céline schlafend in ihrem Bett. Voller Sorge halten ihre beiden Töchter Hélène und Petite Lie zusammen mit ihrem gutmütigen, allerdings zeitweilig dem Trunk ergebenen Onkel Anthime Nachtwache bei der Kranken. Die Armut und soziale Not der Figuren wird durch die minutiöse Schilderung der Raumverhältnisse in umfassenden Regieanweisungen vor Augen geführt: Laden wie Hinterzimmer sind karg möbliert, nur mit dem Lebensnotwendigsten ausgestattet. Von draußen dringt die Tanzmusik des Maskenballs herein und bunt verkleidete Gestalten ziehen an den Fenstern vorbei. Dieses ausgelassene Karnevalstreiben im Szenenhintergrund bildet zunächst eine Art phantastisch-grotesken Kontrapunkt zu Célines Agonie; später jedoch überschreiten die Masken die Grenze zum Krankenzimmer und beherrschen am Ende die Szene.

Onkel Anthime hat gegen den Widerstand Hélènes, der älteren Tochter, veranlaßt, daß die beiden Tanten, zwei boshafte und heuchlerische Frauen, von dem schweren Leiden Célines erfahren und eröffnet den Kindern, daß diese für heute morgen ihr Kommen zugesagt haben. Auch erklärt er den verängstigten Mädchen, daß ihnen wegen der völligen Verarmung ihrer Mutter und seiner eigenen Mittellosigkeit kein anderer Ausweg bliebe, als sich, wenn auch widerwillig, in die Obhut ihrer Tanten zu begeben. Dem steht entgegen, daß die sechzehnjährige Hélène ihrem jungen Liebhaber Marcel insgeheim schon versprochen hat, mit ihm zusammen von zu Hause wegzugehen, sobald sie von der Pflicht, ihrer Mutter beizustehen, entbunden sei. Die Ankunft der Tanten Bertha und Thérèse und deren Begegnung mit ihrer todkranken jüngeren Schwester Céline, die sie seit elf Jahren nicht mehr gesehen haben, verdüstert die ohnehin traurige Atmosphäre. Mitleid heuchelnd begegnen sie der Kranken und setzen alle Anwesenden unter psychischen Druck, indem sie jegliche Regung argwöhnisch beobachten. Zielscheibe ihrer Bosheit ist jedoch vor allem die Beziehung zwischen Hélène und Marcel, die sie zum Anlaß nehmen, um in Céline schmerzliche Erinnerungen ihrer eigenen Jugend wachzurufen, als sie schon mit fünfzehn Jahren das Elternhaus verlassen hatte und nach zwei Jahren mit einem Kind völlig mittellos zurückgekommen war, um wieder Unterkunft bei ihren älteren Schwestern zu finden.

Im Zustand seelischer Unruhe versucht dann Céline ihrer Tochter Hélène in einem langen Monolog, der zugleich den Höhe- und Wendepunkt des Geschehens darstellt, die Augen zu öffnen, indem sie ihr von ihrem eigenen Scheitern auf der Suche nach Liebe erzählt. Sie selbst habe immer wieder an die Liebe geglaubt und sei jedes Mal getäuscht worden. Als Hélène jedoch beharrlich erwidert, mit Marcel die Liebe ihres Lebens gefunden zu haben, entgegnet die Mutter, resigniert über die Entfremdung ihres eigenen Kindes: »*Welch sonderbarer Karneval das Leben doch ist! Jeder trägt eine Maske vorm Gesicht – wie man sich doch täuschen kann! Und sogar seine eigenen Kinder erkennt man nicht! Eines Tages, meine Tochter, wirst du erkennen, daß das Spiel schneller endet, als man glaubt.*« Unterdessen wird, als pantomimische Umsetzung ihrer Worte, Marcel von zwei maskierten Mädchen in den bunten Reigen nach draußen gezogen, ohne daß Hélène ihm folgen kann. Wenig später, es ist mittlerweile Abend, stirbt Céline. Immer mehr Masken dringen jetzt von draußen herein. Marcel kehrt plötzlich aus dem Karnevalstreiben zurück und reißt Hélène mit sich fort. Die Tanten reisen ab und Onkel Anthime bleibt mit Petite Lie allein zurück, während ein makabres Schauspiel das Drama beschließt: Eine Gruppe in Lumpen gekleideter Gestalten, »*Tote, die sich falsche Köpfe aufgesetzt ha-*

ben«, umringen die beiden und beginnen mit ihrem Totentanz.

Im Zusammenspiel von naturalistischen und symbolistischen Elementen liegt der besondere Reiz des Dramas, das überdies durch das Karnevalsthema und das Spiel der Masken besondere Bühnenwirksamkeit erreicht. Einerseits sind Bouhéliers Figuren durch soziale Herkunft und Milieu geprägt, andererseits werden in ihrem Verhältnis zueinander märchenhafte Konstellationen sichtbar, wie sie für die Stücke Maurice MAETERLINCKs (1862 bis 1949), vor allem dessen überaus erfolgreiches Drama *Pelléas et Mélisande*, kennzeichnend sind. Eine weitere allegorische Ebene des Stückes wird in der Stilisierung des Karnevals deutlich: der Kehraus wird zum Totentanz. Der Titel des Werks ist somit nicht nur als Hinweis auf das Rahmengeschehen zu verstehen, sondern wird in einem weiteren Sinne zugleich zur symbolistischen Daseinsmetapher.

S.L.

AUSGABEN: Paris 1910 (in Suppl. zu Monde Illustré, 31. 12.). – Paris 1911. – Paris 1926.

LITERATUR: J. Montargis, *Le théâtre de St.-G. de B.* (in Revue des Revues et Revue d'Europe et d'Amérique, 130, 1919, S. 330–337). – J. Bloch, *Carnaval est mort*, Paris 1920, S. 152–158. – St.-G. Lepelletier de B., *Pourquoi j'ai écrit mon théâtre* (in St.-G. L. de B., *Conférences*, T. 1, o. O. 1931, S. 169–187).

ALI BOUMAHDI

* 3.5.1934 Berrouaghia / Titteri

L'HOMME-CIGOGNE DU TITTERI

(frz.; *Der Storchenmensch vom Titteri*). Roman von Ali BOUMAHDI (Algerien), erschienen 1987. – Boumahdi beschreibt die algerische Gesellschaft am Scheideweg zwischen Tradition und moderner Zivilisation, die Zeit des Kolonialismus, des Befreiungskriegs und die Errichtung eines neuen Staatswesens. In seinen zwei bisher erschienenen Romanen erzählt er von den vielfältigen Hindernissen auf dem Weg zu einer idealen Welt der Freiheit, der Gleichheit und der gerechten Verteilung des Reichtums; denn Korruption und Technokratie haben bald nach der Unabhängigkeit die Hoffnungen des Volks zunichte gemacht: »*Die heroische Zeit gesitteten Anstands ist endgültig vorbei; es beginnt die Herrschaft der Technokraten, der Buchführer, der Teppichhändler.*« Mit diesen resignierenden Worten ging der erste, weitgehend autobiographische Roman *Le village des asphodèles*, 1970 *(Das Dorf der Asphodelen)* zu Ende. Dort schildert der Autor die Verhältnisse in Algerien in der Zeit zwischen 1930 und 1950, in der die patriarchalische Autorität des Vaters über die Familie noch ungebrochen herrscht, ebenso wie die Versklavung der Frau, die sich nur mit männlicher Nachkommenschaft Achtung erwerben kann, während sie als »Mädchen-Mutter« mißachtet, ja manchmal gar verstoßen wird, da man dies als einen Fluch Gottes erachtet. Boumahdi beschreibt die Entwicklung dieser verwahrlosten Mädchen und ebenso der Jungen, die auf der Straße die Härte des Lebens, aber auch ihre Kräfte und Hoffnungen auf eine bessere Zukunft entdecken, die Koranschule, den tyrannisch herrschenden Scheich, die gar nicht in diese Welt passende französische Schule. Doch klingt das Buch aus mit der Erwartung, daß neue Ideen die überkommene Gesellschaft verwandeln würden.

Der erst 17 Jahre später erschienene zweite Roman *L'homme-cigogne du Titteri* umfaßt die Zeit von der Mitte des Algerienkriegs bis nach Erlangung der nationalen Unabhängigkeit (1962) und führt die Geschichte der bereits in *Le village des asphodèles* beschriebenen Personen weiter: auf der einen Seite der Familienklan vom Stamm der Yacoubi, der arm, aber stolz im Dorf Berrouaghia der Provinz Titteri im Süden Algeriens lebt, und auf der anderen der Stammesverband der Kortebey, eine große, reiche und mächtige Familie in Médéa, der Hauptstadt des Titteri. Yahia vom Klan der Yacoubi hat sein Dorf verlassen, weil das Leben dort zu schwierig wurde: »*Nachts mußte man die Djounouds, die Soldaten der Befreiungsfront, mit Nahrung und Informationen versorgen, tagsüber hatte man den allgegenwärtigen französischen Truppen zu beweisen, wie treu man ihnen war. Eines Abends wurde es Yahia klar, daß er dieses Spiel nicht weiter durchstehen konnte.*« So beschließt er, mit seiner Frau Mériem vom Klan der Kortebey nach Médéa zu ziehen, wo ihn der Schwiegervater bald zu seinem Sklaven macht. In seinem Stolz verletzt, sucht Yahia eine Wohnung für seine Familie; es geht ihm dabei wie vielen algerischen Dorfbewohnern, die ihrem wegen des Kriegs gefährlichen und elenden Dorfleben entkommen wollen: »*Selbst die von der Sonne ausgeglühten Steine weinen angesichts gewisser Tragödien, erzählt die Legende.*«

Mit der Unabhängigkeitserklärung verlassen die Franzosen Hals über Kopf ihre möblierten Wohnungen und die Stadt. Yahia, die Güte in Person, hat Glück, denn Frau Jean schenkt ihm ihr Appartement. Er ist zwar froh darüber, nun das Haus seines Schwiegervaters verlassen zu können, sucht aber weiterhin nach einer Wohnung, die er mit eigenen Mitteln erwerben kann, um sich wegen Frau Jean keine Vorwürfe mehr machen zu müssen. Schließlich findet er in der Altstadt ein altes Haus im traditionellen Stil, dem er noch einen Turm hinzufügen will, um stets einen Blick auf die herrliche umliegende Landschaft werfen zu können. Bald helfen ihm die Bauern, die sich anfangs über ihn lustig machten. So kann Yahia in seinen Turm schön behauene Steine der zerstörten alten Kirche einbauen; Störche bauen auf dem Turm ihr Nest, und bald wird es den Bauern, Freunden und Reisenden aus der Wüste zur lieben Gewohnheit, bei Yahia zu plaudern oder hier ihre Geschäfte abzuwickeln. Der Hausherr ist ein großzügiger Gastgeber, den nur ständig der Gedanke quält, sein Werk nicht vollenden zu können. Außerdem beginnt seine Frau allmählich die Geduld zu verlieren, und eines Tages kommt der Schwiegervater mit seinem Geschäftsfreund, der gerade hier das schönste Hotel des Titteri bauen möchte. Yahia lehnt jedes Ansinnen dieser Art ab, denn die Moschee, die jener aus Beton gebaut hat, gefällt ihm überhaupt nicht. Um Yahia loszuwerden beschließt man, ihn auf eine Pilgerreise nach Mekka zu schicken, wo er stirbt, während seine Frau Mériem jeden Abend vom Turm nach Mekka schaut und auf die Rückkehr ihres Mannes wartet.

Yahia verkörpert einen Menschentyp, dessen Idealismus geschichtliche Veränderungen nichts anhaben können. Für ihn steht nicht Gewinnstreben an erster Stelle, sondern Freigiebigkeit und Hilfeleistung; Ehrenhaftigkeit und Anstand sind Maßstäbe für sein Handeln. Das Glück des Menschen ist nur Ausdruck für die Übereinstimmung mit seinen Ansprüchen; eine Weisheit, die Boumahdi mit leisen Tönen und einem einfachen, fast klassisch zu nennenden Stil zu erzählen versteht. L.H.G.

Ausgabe: Paris 1987

PIERRE BOURDIEU

* 1.8.1930 Denguin

ESQUISSE D'UNE THÉORIE DE LA PRATIQUE, PRÉCÉDÉ DE TROIS ÉTUDES D'ÉTHNOLOGIE KABYLE

(frz.; Ü: *Entwurf einer Theorie der Praxis auf der ethnologischen Grundlage der kabylischen Gesellschaft*). Ethnologisch-soziologisch-kulturtheoretisches Werk von Pierre Bourdieu, erschienen 1972. – Drei einleitende, bereits Anfang der sechziger Jahre entstandene und noch stark strukturalistisch geprägte Studien *(Ehre und Ehrgefühl; Das Haus oder die verkehrte Welt; Die Verwandtschaft als Vorstellung und Wille)* über Kommunikationstechniken und Klassifikationssysteme der Kabylen, eines nordalgerischen Berbervolks, liefern das Material, anhand dessen der Kultursoziologe Bourdieu im zweiten, methodologisch gehaltenen Teil seiner Abhandlung Grundzüge einer, an K. Marx' materialistische Konstitutionslehre anknüpfenden, »*praxeologischen Erkenntnisweise*« zu entwickeln sucht.

Als deren Gegenstand bestimmt Bourdieu, in einer doppelten Distanzierung von C. Lévi-Strauss' semiologischem Objektivismus der anonymen Codierungen (vgl. *Anthropologie structurale*) wie von J.-P. Sartres sozialphilosophisch aufgefülltem Subjektivismus des authentischen Entwurfs (vgl. *Critique de la raison dialectique*), zusammen mit den Systemen objektiver Relationen des Strukturalismus »*die dialektischen Beziehungen zwischen diesen objektiven Strukturen und den strukturierten Dispositionen, die diese zu aktualisieren und zu reproduzieren trachten*«. Diese einverleibten Handlungsdispositionen von Individuen, die sich den kollektiven Rhythmen präziser Raumordnungen und Zeitformen des Sprechens und Tuns unterordnen und einen Verhaltensstil ausbilden, den Bourdieu im Anschluß an den Kunsthistoriker E. Panofsky »*Habitus*« nennt, um das Dauernde, das Halten im Verhalten zu kennzeichnen, werden indes in Bourdieus Abhandlung unter herrschaftstheoretischem Aspekt thematisiert.

Gestützt auf Gedanken des Durkheim-Schülers M. Mauss (vgl. *Essai sur le don*) fragt Bourdieu nach den Bedingungen »*symbolischer Gewalt*«, die in segmentären, vorkapitalistischen Gesellschaften mit schwach entfalteten und kaum problematisierten ökonomischen und sozialen Unterschieden die Reproduktion einer auf der Herrschaft der einen über die anderen gegründeten Sozialordnung sichern und »*legitime Autorität*« stiften. »*Geschenke, Großzügigkeit, ostentative Verteilungen (deren Grenzfall der Potlatsch bildet) sind Verfahren der sozialen Alchimie, die sich überall dort beobachten lassen, wo die direkte Aktion offener physischer oder ökonomischer Gewalt gesellschaftlicher Unterdrückung anheimfällt, und es sind Verfahren, die die Umwandlung ökonomischen Kapitals in symbolisches zu gewährleisten suchen.*« Das erzwinge umgekehrt für die Kulturanalyse der funktional differenzierten, kapitalistischen Produktionsweise die Preisgabe »*der Dichotomie von Ökonomischem und Nicht-Ökonomischem, weil sie es verhindert, die Wissenschaft von den ökonomischen Praktiken als einen besonderen Fall einer allgemeinen Wissenschaft der Ökonomie praktischer Handlungen zu fassen*«. Daher gelte es, das Handlungskalkül der Maximierung eines Gewinns »*unterschiedslos auf alle, sowohl materielle wie symbolische Güter auszudehnen, die rar scheinen*«. Denn die geringsten sozialen Alltagsgesten und Distinktionen, die »*zweckfreiesten*« kommunikativen Praktiken, ja selbst das Zirkulieren wissenschaftlicher Informationen seien »*stets auch in mehr oder weniger offener Form auf politische und ökonomische Funktionen hin ausgerichtet*«; durch ihr Funktionieren erweiterten sie den »*Umfang des Feldes der Doxa, also dessen, was stillschweigend als selbstverständlich hingenommen wird*«.

Bourdieus Unternehmen, gegen den strukturalistischen Formalismus eine »*praktische Logik*« spezifischer Umgangsstile geltend zu machen, berührt sich mit der Plazierung des Konzepts diskursiver Praxis in einer allgemeinen Theorie der Produktionen bei M. Foucault (vgl. *L'Archéologie du savoir*) wie mit der Verallgemeinerung des Produktionsbegriffs bei G. Deleuze (vgl. *Capitalisme et schizophrénie I*). – In seinem späteren Werk *Le sens*

pratique, 1980 *(Sozialer Sinn)* hat Bourdieu Material und Thematik des *Esquisse* erneut aufgegriffen.
W.Mi.

AUSGABE: Genf 1972.

ÜBERSETZUNG: *Entwurf einer Theorie der Praxis auf der ethnologischen Grundlage der kabylischen Gesellschaft*, C. Pialoux u. B. Schwibs, Ffm. 1976. – Dass., dies., 1979 (stw).

LITERATUR: B. Waldenfels, *Phänomenologie in Frankreich*, Ffm. 1983, S. 499. – A. Caillié, *Esquisse d'une critique de l'économie générale de la pratique* (in *Lectures de P. B.*, Caen/Paris 1988, S. 103–213). – J. Altwegg u. A. Schmidt, *Frz. Denker der Gegenwart*, Mchn. 1988, S. 56–61.

ÉLÉMIR BOURGES

* 26.3.1852 Manosque
† 13.11.1925 Auteuil

LE CRÉPUSCULE DES DIEUX. Mœurs contemporaines

(frz.; *Die Götterdämmerung. Zeitgenössische Sitten und Gebräuche*). Roman von Élémir BOURGES, erschienen 1884. – Der Roman, ein frühes Dokument des WAGNER-Kults, der zwei Monate vor dem bis heute als »Bibel der Dekadenz« geltenden Roman *A rebours (Gegen den Strich)* von Joris-Karl HUYSMANS veröffentlicht wurde, erfuhr eine relativ breite und positive Rezeption; der Literaturkritiker Octave MIRBEAU lobte z. B. das Werk und seinen »*style brillant, spirituel et élevé*« als Meisterwerk. Diese weitgehend positive Aufnahme ist wohl vor allen Dingen dadurch zu erklären, daß Bourges hier nahezu alle Obsessionen und Phantasmagorien versammelt hat, die dem Erwartungshorizont eines an der *Décadence* interessierten Publikums voll und ganz entsprachen; noch der Surrealist J. COCTEAU sprach 1923 von einem »*œuvre magnifique*«.
Charles d'Este, Herzog von Blankenburg, gibt in Jahre 1866 in seiner Residenz Wandessen ein rauschendes Fest, zu dem auch Richard Wagner geladen ist, der einige seiner Werke zu Gehör bringt. (Tatsächlich arbeitete er in jenen Jahren an der Komposition der Nibelungen-Tetralogie.) Noch während seine Musik den Herzog und alle anderen Anwesenden in Verzückung versetzt, wird die Festivität jäh beendet: Der Herzog und seine Familie werden von den gegen Österreich und seine deutschen Verbündeten kämpfenden Preußen aus dem Schloß vertrieben. Die Flucht endet im Pariser Exil, wo die Flüchtlinge ein luxuriös-dekadentes Leben führen. Charles stattet seinen neuen Wohnsitz mit Hilfe des Faktotums Arcangeli pompös aus und beginnt eine Liaison mit der italienischen Diva und *femme fatale* Giulia Belcredi. Schon sehr bald allerdings beginnt nun der Niedergang der Familie: Zunächst stirbt Claribel, die zehnjährige Tochter des Herzogs, einen langsamen Tod in prunkvollem Dekor, nachdem ihr sadistischer Bruder Otto sie im wahrsten Sinne des Wortes »zu Tode« erschreckt hat. Wenig später geben sich die Geschwister Hans-Ulric und Christiane ihrem inzestuösen Verlangen hin; Hans-Ulric erschießt sich, Christiane geht ins Kloster. Franz, ein weiterer Sohn des Herzogs – alle Kinder stammen übrigens aus verschiedenen Ehen –, verfällt aufgrund einer Mésalliance mit der Schwester Arcangelis, Emilia Catana, dem Glücksspiel und endet schließlich im Gefängnis. Otto, der seine Vorlieben für sexuelle Extravaganzen (Homosexualität, Sadismus) inzwischen ausgelebt hat, betrügt den Vater mit der Belcredi, beide zusammen üben einen Mordanschlag auf Charles aus, um auf diese Art und Weise an das im Testament zu Ottos Gunsten ausgesetzte Geld zu kommen. Durch Intervention Arcangelis schlägt der geplante Giftmord fehl, der Herzog schießt auf Otto, der am Kopf getroffen zunächst leblos am Boden liegenbleibt. Die Belcredi begeht über dem vermeintlichen Leichnam Selbstmord. Otto erholt sich jedoch von der Verwundung und endet im Irrenhaus. Charles selbst stirbt bei der Verrichtung seiner Bedürfnisse, gleich nach der Eröffnungsvorstellung der Bayreuther Festspiele – gegeben wird *Götterdämmerung* – im Jahre 1876.
Die Fiktionalisierung der Hauptthemen der Dekadenz wie Luxus, Künstlichkeit und sexueller Perversion, die Anhäufung milieutypischer Figuren wie *femme fragile* und *femme fatale*, Dandy und Sadist und der durchgehend spürbare Geschichtspessimismus machen den Roman zu einem beispielhaften Text der Literatur des Fin de siècle. Bei seiner Wagner-Rezeption beschränkt sich Bourges nicht allein auf thematische Anleihen aus den Werken des Komponisten, er gestaltet sogar das erste Kapitel seines Romans nach dessen Anweisungen zur Ouvertüre und verwendet auch die wagnertypische Leitmotivtechnik. Bourges stilisiert den dekadenten Helden zum Dionysos-Christus und entwirft so eine wahre Mythologie der *Décadence*, die er von der Poetologie her in die Tradition des Manierismus stellt.
U.Pr.

AUSGABEN: Paris 1884. – Paris 1895 [überarb. Fassg.]. – Paris 1901 u. ö. – Paris 1954 [Einl. A. Lebois; krit.]. – Genf 1973.

LITERATUR: R. Schwab, *La vie d' É. B.*, Paris 1948. – A. Lebois, *Les tendances du symbolisme à travers l'œuvre d' É. B.*, Paris 1952. – E. Koppen, *Dekadenter Wagnerismus. Studien zur europäischen Literatur des Fin de siècle*, Bln./NY 1973. – M. di Maio, *Wagnerismo minore, B.* (in M. di M., *Oltre il viaggio*, Rom 1983, S. 55–62). – U. Prill, ». . . – sind das nicht Zeichen der décadence?« *Zur Textkonstitution des Fin de siècle am Beispiel É. B.: »Le Crépuscule des Dieux«*, Bonn 1988.

PAUL BOURGET

* 2.9.1852 Amiens
† 25.12.1935 Paris

LITERATUR ZUM AUTOR:
J. Saueracker, *B. und der Naturalismus*, Breslau 1936. – E. Seillière, *P. B., psychologue et sociologue*, Paris 1937. – A. Feuillerat, *P. B., histoire d'un esprit sous la IIIe République*, Paris 1937. – L. J. Austin, *P. B., sa vie et son œuvre jusqu'en 1889*, Paris 1940. – S. Pelletier, *La nature et la grâce chez P. B.*, Montreal/Ottawa 1940. – M. Mansuy, *Un moderne: B.*, Paris 1960. – V. Brombert, *The Intellectual Hero*, Philadelphia 1961. – A. Singer, *B.*, Boston 1976 (TWAS).

ANDRÉ CORNÉLIS

(frz.; *Ü: André Cornélis*). Psychologischer Roman von Paul BOURGET, erschienen 1887. – Wenn FREUD betonte, daß ein Künstler durch seine gesteigerte Sensibilität und Einfühlungsgabe zu denselben psychologischen Resultaten kommen könne wie ein Psychoanalytiker nach jahrelanger Schulung, mag er an Schriftsteller wie Bourget gedacht haben. André Cornélis' Schicksal ist demjenigen Hamlets verwandt, den Freud und seine Nachfolger als literarisches Musterbeispiel des vom »Ödipuskomplex« gezeichneten Menschen interpretieren. André war neun Jahre alt, als sein Vater, ein Rechtsanwalt und Geschäftsmann, in einem Hotel von unbekannter Hand ermordet wurde. Seine Mutter heiratete nach einer angemessenen Trauerzeit den Freund ihres verstorbenen Mannes, Monsieur Jacques Termonde. Der Junge erleidet alle Qualen der Eifersucht, als er von seinem Stiefvater in einem Internat untergebracht und damit von seiner Mutter getrennt wird. Madame Termonde liebt ihren neuen Gatten vorbehaltlos und kritisiert seine Entscheidungen nie. Materiell fehlt es André an nichts, doch bleibt die Fürsorge des Stiefvaters ohne Liebe und Herzlichkeit. Später, als erwachsener Mann, findet André im Haus seiner verstorbenen Tante Briefe seines Vaters, die seinen Argwohn gegen den Stiefvater wecken. Wie ein Amateurdetektiv, doch besessen von seinem Haß gegen Jacques Termonde und der übersteigerten Liebe zu der noch immer bildschönen Mutter, macht er sich heimlich daran, die Hintergründe des Mordes aufzudecken. Er findet heraus, daß Jacques Termonde von seinem Bruder Édouard seit Jahren mit Erfolg erpreßt wird; er überprüft erst Édouard und dann seinen Stiefvater. André weiß jetzt, daß Jacques seinen Bruder gedungen hatte, in der Maske eines Ausländers seinen Studienfreund Cornélis aus dem Weg zu räumen, damit er, Jacques, dessen Frau heiraten konnte. Unter der Last der Beweise leugnet Jacques nicht, weigert sich aber, sich selbst das Leben zu nehmen und wird darauf von seinem Stiefsohn niedergestochen. Auf einen Zettel schreibt der Sterbende die Worte: »*Pardon, Marie. Je souffrais trop. J'ai voulu en finir*«, womit er seinem Tod den Anschein des Selbstmords gibt. André, der kurz vorher durch Jacques' Geständnis dessen tiefe, aufrichtige Leidenschaft für seine Frau – die er, der Sohn, ja nur zu gut versteht – erst richtig erkannt hat, sieht bei dieser letzten, wahrhaft großherzigen Tat des Stiefvaters seinen ganzen Haß und den Sinn seiner Rache zunichte werden. Er bringt es nicht über sich, seiner untröstlichen Mutter, die den Selbstmord ihres Mannes in einem unheilbaren Leiden begründet glaubt, die Wahrheit zu gestehen, und muß einsam unter der Last seines Wissens und seiner Schuld weiterleben – schwerer bestraft als das Urbild des Stiefvater-Mörders, Hamlet, dessen Tod vergleichsweise als Gnade erscheint.

Der Roman ist in Form einer schriftlichen Beichte Andrés in einem klaren, rhetorisch geschliffenen Stil geschrieben. Als Vertreter des psychologischen Romans war Bourget unter den Literaten seiner Zeit eine Art Gegenpol zu Émile ZOLA. Seine Werke haben, nach Albert THIBAUDET, »*höchstens den einen Fehler, daß sie ihrer Zeit allzu bewußt und gewollt den Anti-Zola gaben, nach dem die vornehme Leserwelt verlangte*«. Diese »vornehme Leserwelt« fühlte sich vor allem durch die subtile psychologische Argumentation angesprochen, durch Bourgets Thematik, die im Rahmen einer traditionellen Romanform tatsächlich Neues brachte, deren Originalität jedoch inzwischen – durch den Einbruch der Psychoanalyse in die Literatur und die damit verbundenen formalen Neuerungen – überholt ist.

R.B.-KLL

AUSGABEN: Paris 1887. – Paris 1899–1911 (in *Œuvres complètes*, 9 Bde., 1: *Romans*). – Paris 1946.

ÜBERSETZUNG: *André Cornélis*, M. Bauer, Bln. 1895.

LITERATUR: R. Frary, »*André Cornélis*« (in Nouvelle Revue, 1. 4. 1887). – R. Jacobus, *P. B. »André Cornélis*« (in The Fortnightly Review, 64, 1895, S. 179–196). – I. D. McFarlane, *The Corrected Proofs of B.'s »André Cornélis*« (in *Mélanges G. Rees*, Hg. C. Pickford, Paris 1980, S. 209–232). – P. Pelckmans, *Œdipe, Hamlet et le mensonge romantique* (in Neohelicon, 7, 1980, S. 245–281). – U. Schulz-Buschhaus, *B. oder die Gefahren der Psychologie, des Historismus und der Literatur* (in Lendemains, 9, 1983, S. 36–45).

LE DISCIPLE

(frz.; *Ü: Der Schüler*). Roman von Paul BOURGET, erschienen 1889. – Das Werk ist eine mit wissenschaftlicher Genauigkeit verfaßte Studie über die unheilvollen Auswirkungen, die die Theorie eines berühmten Denkers haben kann, wenn einer seiner Schüler sie in der Praxis konsequent anwendet. – Charlotte de Jussand hat sich vergiftet. Der junge

Hauslehrer der Familie, Robert Greslou, wird unter Mordverdacht verhaftet. In seiner Zelle schreibt er eine Rechtfertigung, die er seinem verehrten Lehrer, Adrien Sixte, durch seine Mutter zustellen läßt. Der bestürzte Gelehrte erkennt bei der Lektüre mit tiefer Erschütterung, daß er durch seine Lehren die Katastrophe indirekt verschuldet hat. Robert hat die junge Charlotte systematisch verführt; der Wille, die aus seiner niedrigen Herkunft resultierenden Minderwertigkeitskomplexe zu kompensieren, ist dabei die treibende Kraft gewesen. Aber es ging ihm vor allem darum, seinem Lehrer zu beweisen, daß man auch im Leben nach der Methode der empirischen Psychologie vorgehen könne. Wie ein experimentierender Wissenschaftler notierte er täglich die Ergebnisse seiner Unternehmung. Daß er sich in sein Opfer verliebte, führte jedoch zu Komplikationen, die ihn überwältigten. Bevor Charlotte Roberts Drängen nachgab, hatte sie mit ihm verabredet, daß sie gemeinsam aus dem Leben scheiden würden. Als er dazu jedoch nach der Liebesnacht nicht mehr bereit war, die enttäuschte Charlotte zudem noch seine Aufzeichnungen fand, aus denen hervorging, daß sie nur das Versuchsobjekt eines anfänglich leidenschaftslos betriebenen Experiments war, beging sie Selbstmord. – Robert bereut zutiefst und unternimmt nichts zu seiner Verteidigung. André, Charlottes Bruder, der die wirklichen Zusammenhänge ahnt, enthüllt vor dem Gericht zwar Roberts Unschuld, schießt ihn aber nach seiner Freilassung nieder, weil er ihn für den Tod seiner Schwester verantwortlich macht. Während Roberts Mutter an der Leiche ihres Sohnes wacht, kommen seinem vom Gefühl der Mitschuld gepeinigten Lehrer, dem Atheisten Sixte, die ersten Worte des Vaterunsers wie von selbst über die Lippen.

Der Roman, dem vor allem Bourget den Ruf verdankt, nach STENDHAL einer der bedeutendsten Vertreter des psychologischen Realismus in der französischen Romanliteratur zu sein, ist eine leidenschaftliche Anklage gegen den wissenschaftlichen Positivismus, dem er in seiner Jugend selbst nahegestanden hatte. Das Modell des Adrien Sixte soll TAINE gewesen sein. Bourgets vor Beginn seiner literarischen Tätigkeit betriebene ausgedehnte medizinische und philosophische Studien waren nicht ohne Einfluß auf seine künstlerischen Methoden geblieben. »*Präzise Forschungen in der Psychologie sind für die Ethik, was die Anatomie für die Therapeutik ist*«, schrieb er einmal mit Bezug auf sein literarisches Werk. Da Literatur nach seiner Ansicht angewandte Psychologie sein soll, sucht er alle nur denkbaren und erwägenswerten Beweggründe seines Helden zusammen und analysiert besonders sein Milieu und seine Erbmasse. In seinem interessanten Vorwort warnt der Autor den jugendlichen Leser, sich mit einer der beiden Hauptfiguren, Sixte oder Greslou, zu identifizieren: »*Sei weder der brutale Positivist, der die Welt der Sinne mißbraucht, noch der hochmütige und früh verdorbene Sophist, der die Welt des Geistes und des Gefühls mißbraucht.*«

R.B.

AUSGABEN: Paris 1889. – Paris 1955.

ÜBERSETZUNG: *Der Schüler*, anon., Stg./Lpzg./Bln./Wien 1893.

LITERATUR: A. Autin, »*Le disciple*« *de P. B.*, Paris 1930. – A. Thibaudet, *Le problème du* »*Disciple*« (in A. T., *Réflexions sur le roman*, Paris 1938, S. 227–232). – P. Amiguet, *Le cinquantenaire du* »*Disciple*« *de P. B. Un jugement d'Anton Tchekhov sur ce grand roman du XIXe siècle* (in Le Mois Suisse, 3, 1939, S. 102–108). – M. Mansuy, *Un moderne: B. De l'enfance au* »*Disciple*«, Paris 1960. – V. Brombert, *The Intellectual Hero*, Philadelphia 1961, S. 52–67. – T. H. Goetz, *B.'s* »*Le disciple*« *and the Text-Reader Relationship* (in FR, 52, 1978/79, S. 56–61).

ESSAIS DE PSYCHOLOGIE CONTEMPORAINE

(frz.; Ü: *Psychologische Abhandlungen über zeitgenössische Schriftsteller*). Kulturkritische Essays von Paul BOURGET, zunächst 1881/82 in der Zeitschrift ›Nouvelle Revue‹ erschienen, 1883 in Buchform veröffentlicht. Bourget erweiterte diese Sammlung um die *Nouveaux essais de psychologie contemporaine* (1885) und faßte die insgesamt zehn Essays ab 1885/86 in einer zweibändigen Ausgabe zusammen. – Die fünf *Essais de psychologie contemporaine* beschäftigen sich mit bekannten zeitgenössischen Autoren, die jedoch nicht unter dem Blickwinkel ihrer eigentlichen literarischen Qualität und ihrer stilistischen Mittel betrachtet werden. Vielmehr widmet sich Bourget den prominenten Schriftstellern mit dem Ziel, »*Beobachtungen zu Papier zu bringen, welche dem Geschichtsschreiber des sittlichen Lebens während der zweiten Hälfte des neunzehnten Jahrhunderts zur Unterlage dienen können.*« Demgemäß greift der Autor lediglich einzelne Aspekte des jeweiligen Werks heraus, um von der Interpretation dieser für ihn zentralen Probleme ausgehend, die geistige Situation seiner Zeit zu beleuchten, für die die gewählten Autoren BAUDELAIRE, RENAN, FLAUBERT, TAINE und STENDHAL paradigmatisch sind.

An Baudelaire hebt er lediglich drei Gesichtspunkte heraus. Es ist charakteristisch für Bourgets essayistische Methode, daß diese Momente voneinander hergeleitet werden: Baudelaires Hang zu Erotomanie und Ausschweifung einerseits, seine Tendenz zur analytischen Durchdringung der eigenen Gefühlswelt andererseits, sind in einem ersten Abschnitt als Merkmale eines Menschentyps dargestellt, den diese doppelte Neigung zu jenem Lebensekel führt, »*der seit langer Zeit eine Menschenseele bis zum Überschäumen erfüllt.*« Zusammen mit einer Abhandlung über Baudelaires Pessimismus münden die Überlegungen Bourgets in den wichtigsten Teil des Werks, einer Interpretation des Zeitphänomens der sog. *Décadence*. Sie ist Zeichen einer Gesellschaft, die nicht mehr lebensfähig ist, da das einzelne Glied sich in ihr über die Gesamtheit erhebt. Diese vergleicht er – hierin durchaus an seinen theoretischen Vorgängern, GAUTIER und NISARD, orientiert – mit Stilphänomenen der *silbernen Latinität*, in der das einzelne Element einer syntaktischen Konstruktion sich gegenüber dem Satz, in dem sie steht, emanzipiert. Für die Ästhetisierung dieses Auflösungsvorganges ist aus Bourgets Sicht Baudelaire paradigmatisch als derjenige Autor, der in besonderem Maß die »*moralische Atmosphäre*« seiner Epoche widerspiegelt. – Zwar in der entgegengesetzten Richtung, jedoch von demselben stark aristokratisch antidemokratischen Standpunkt aus deutet er den Religionsphilosophen Renan, an dem er die glückliche, jedoch von den französischen Zeitgenossen nicht erkannte Verbindung romanisch-französischer Einbildungskraft und gründlicher deutscher philosophischer Schulung als hervorragende Voraussetzung seines Schaffens sieht. Renans Werk strebt nach einer Synthese der philosophischen Richtungen. Das Ziel dieses Eklektizismus ist die Erneuerung des in Frankreich bedeutungslos gewordenen Christentums. Bourget dienen diese Gedanken als Ausgangspunkt für die französische Erneuerung – insbesondere nach der nationalen Katastrophe von 1870: »*Wir haben schon heute in Renan das Beispiel einer religiösen Veranlagung, welche unter den schwankenden Gläubigen jener furchtbaren Zeit wieder eine Einigkeit herstellen könnte.*« Erneuerung ist für Bourget zugleich von einem politischen Wechsel abhängig, einer konservativen Revolution – hierin konvergiert das Denken des Décadence-Kritikers Bourget mit demjenigen des Décadence-Wegbereiters Baudelaire: »*Jede Zivilisation ist das Werk von Aristokraten ... Um zu erkennen, daß das allgemeine Stimmrecht dem hervorragenden Menschen gewohnlich feindlich ist, braucht man keine große analytische Fähigkeit.*« – Flaubert wird zum Romancier, der die Macht einer Denkungsart kritisiert, die die Entfaltung wirklichen Lebens verhindert und die Wissenschaft aus der eigentlichen Lebenspraxis löst. Auch hier konvergieren Bourgets Analysen freilich mit seiner Décadence-Theorie. – Des weiteren erscheint auch der Historiker Taine unter dem nämlichen Blickwinkel zunächst als ein exemplarischer Vertreter eines Wissenschaftsbegriffs, der die Dichotomie von Glauben und Wissen aufhebt, sodann als politischer Philosoph, der die Theorie des Staates als hierarchisch strukturiertem Organismus vertritt, mithin den Décadence-Gedanken von anderer Seite beleuchtet. – An Stendhals Werk, vor allem an der psychologischen Gestaltung seiner Romanfiguren, macht Bourget dieselben Zeiterscheinungen fest, vor allem ein tief pessimistisches Lebensgefühl. Stendhal wird als geistiger Aristokrat gedeutet, der seine Hauptfiguren mit dem Lebensüberdruß einer betrogenen Generation ausstattet und sie zu seiner eigenen pessimistischen Erkenntnis führt, daß ein Jahrhunderte andauernder Prozeß der Zivilisation weder die urwüchsigen Leidenschaften noch die Wildheit der menschlichen Art habe kultivieren können.

Bourget dienen die »*hervorragendsten Intelligenzen*« als Beleg für die psychologische Grundstimmung seiner Zeit, für eine tief empfundene, die unterschiedlichsten Schattierungen erfassende Analyse der zeitgenössischen Décadence. Gerade hierdurch übten die *Essais* einen wesentlichen Einfluß auf die Literatur des Fin de Siècle aus, zunächst vor allem auf J. K. HUYSMANS, in dessen Schlüsselroman *À Rebours* Bourgets Gedanken fast wörtlich wiederkehren. Doch auch auf Autoren wie O. WILDE und die Brüder MANN übt das in den *Essais* entwickelte Gedankengut, vor allem die Aspekte der sterbenden Kultur und der Verantwortung der geistigen Elite einer Nation, bedeutenden Einfluß aus, der u. a. auch im lateinamerikanischen Fin de Siècle, etwa in José Asunción SILVAS Roman *De Sobremesa* deutlich spürbar ist. Auch die kulturkritischen Schriften eines Max NORDAU, vor allem dessen Hauptwerk *Entartung* (1892/93), das bereits auf die Degenerationsideologien des 20. Jh.s vorausweist, sind hinsichtlich ihres Ideengehalts und ihrer Methode, der Übertragung der Pathologie auf die Kunst, nicht nur mit Bourgets *Essais* verwandt, sondern ohne dessen Analyse der Zeit kaum denkbar. G.Wil.

AUSGABEN: Paris 1881/82 (in Nouvelle Revue, Nov. 1881 – Dez. 1882). – Paris 1883; 91893. – Paris 1885 *(Nouveaux essais de psychologie contemporaine)*. – Paris 1899 (in *Œuvres complètes*, 9 Bde., 1899–1911, 1). – Paris 1901, 2 Bde. (*Essais*... u. *Nouveaux essais*...; def. Ausg. m. Anh.; zul. 1937).

ÜBERSETZUNG: *Psychologische Abhandlungen über zeitgenössische Schriftsteller*, A. Köhler, Minden 1903.

LITERATUR: H. M. Davidson, *Les »Essais de psychologie contemporaine« et les premiers romans*, Chicago 1946. – M. Matucci, *La critica di B. nel suo tempo*, Neapel 1960. – U. Schulz-Buschhaus, *B. oder die Gefahren der Psychologie, des Historismus u. der Literatur* (in Lendemains, 8, 1983, S. 36–45).

VANCE BOURJAILY

* 17.9.1922 Cleveland / Oh.

CONFESSIONS OF A SPENT YOUTH

(amer.; *Bekenntnisse einer vergeudeten Jugend*). Roman von Vance BOURJAILY, erschienen 1960. – »Quince« Quincey, der seine Geschichte in der Ich-form erzählt, ist in mancher Hinsicht typisch für die in den frühen zwanziger Jahren geborenen Amerikaner des Mittelstandes. Von gelegentlichen Rückblenden in seine Kindheit unterbrochen, umspannen seine »Bekenntnisse« die Zeit zwischen seinem 17. und 24. Geburtstag. Quincey erzählt vom ländlichen Leben in Virginia, von seiner Universitätszeit und vor allem vom Krieg, der ihn zuerst als freiwilligen Ambulanzfahrer in den Vorderen Orient und nach Italien, später als Infanteristen an die Pazifikfront und nach Japan verschlug. Quincey sammelt Erfahrungen vorwiegend sexueller Art: er hat, wie die Helden so vieler »autobiographischer« Romane dieser Generation, bei Frauen ob seiner Virilität außerordentlichen Erfolg. Außerdem zählen zu seinen Erfahrungen ein ganzer Katalog von Gewalttätigkeiten und die Kenntnis des Marihuanarauchens. Jedenfalls sind die Erlebnisse des jungen Mannes fast aussschließlich körperlich-sinnlicher Natur: Kunst, Literatur, Philosophie, Religion, ja sogar Politik liegen offensichtlich außerhalb seines Interessenbereiches.

Der Roman besteht aus in sich geschlossenen Episoden, die wie im Schelmenroman nur durch die Gestalt des Protagonisten locker zusammengehalten werden. Als Vorbilder dürften dem Autor die Werke von Thomas WOLFE und, in geringerem Ausmaß HEMINGWAYS frühe Erzählungen gedient haten; gelegentlich meint man auch den Einfluß des Frühwerks von Scott FITZGERALD zu spüren. Das Thema von den Erfahrungen gerade dieser Generation wurde in der amerikanischen Nachkriegsliteratur nach allen Richtungen hin ausgeschöpft, ja erschöpft. Bourjaily, der dieses Thema bereits früher in *The End of My Life (Das Ende meines Lebens)* behandelt hat, legt in den »Bekenntnissen« die Folgerung nahe, daß man ihn und seine Altersgenossen die »Generation ohne Illusionen« nennen könnte, eine Generation, die nie überrascht oder schockiert ist und die nie Idealismus verlieren kann, weil sie nie Idealismus besessen hat. Quincey selbst stellt von Anfang bis Ende einen forschen Zynismus und unverbindlichen Humor zur Schau, die übrigen Romangestalten wirken, da sie aus der Sicht eines so ausgeprägten Egozentrikers charakterisiert werden, wie Staffage. Dennoch sind dem Verfasser viele Einzelepisoden überzeugend gelungen, so etwa die Beschreibung einer Junggesellenparty, auf der unanständige Filme und Tänze vorgeführt werden, die Geschehnisse an der italienischen Front oder die Schilderung der grauenhaften Zustände in einem amerikanischen Lazarett, das mit Geschlechtskranken überfüllt ist, die wegen des Mangels an Medikamenten und Personal nur unzureichend behandelt werden können. Im großen und ganzen läßt freilich die allzu betonte Identifizierung Bourjailys mit seinem Quincey die größte Schwäche des Romans noch deutlicher hervortreten: sie liegt darin, daß der Held trotz vielfältiger Erfahrungen keine wie immer geartete Entwicklung durchmacht. Hinter seinem offensichtlichen Vorbild, den *Confessions of an English-Opium-Eater* von Thomas DE QUINCEY, bleibt das Buch jedenfalls weit zurück. J.v.Ge.

AUSGABEN: NY 1960. – Ldn. 1961. – NY 1986 [Einl. F. Busch].

LITERATUR: H. Dienstfrey, *The Novels of V. B.* (in Commentary, 31, 1961, S. 360–363). – J. M. Muste, *The Second Majos Subwar : Four Novels by V. B.* (in *the Shaken Realist*, Hg. J. M. Friedman u. J. B. Vickery, Baton Rouge 1970, S. 311–326). – Ders., *The Fractional Man as Hero : B.'s »Confessions of a Spent Youth«* (in Crit, 17, 1973, Nr. 3, S. 73–85). – Ders., u. W. McMillen, *A. V. B. Checklist [1947–1975]* (ebd., S. 96–104). – E. Shakir, *Pretending to Be Arab : Role-Playing in V. B.'s ›Fractional Man‹* (in MELUS, 9, 1982, S. 7–21).

EDME BOURSAULT

* Sept. 1638 Mussy-L'Éveque
† 15.9.1701 Montluçon

LES FABLES D'ÉSOPE

(frz.; *Die Fabeln des Aesop*). Verskomödie in fünf Akten von Edme BOURSAULT, Uraufführung: 1690. – Das Stück, das heute zumeist unter dem Titel *Ésope à la ville (Aesop in der Stadt)* zitiert wird, spielt auf drei Ebenen. Die Rahmenhandlung erzählt, wie der betagte und häßliche, aber weise Ésope die junge und schöne Euphrosine, Tochter des Gouverneurs von Sizique – welche selbst den ebenso jungen wie schönen Agénor liebt und von ihm wiedergeliebt wird – gegen ihren Willen heiraten will. Daneben wird gezeigt, wie Ésope, der bei König Crésus in hohen Gunsten steht, Menschen aus allen Ständen der Gesellschaft als Ratsuchenden, Bittstellern usw. begegnet, was der Autor zu einer satirischen Darstellung der zeitgenössischen Gesellschaft ausweitet; diese Begegnungen schließlich liefern den Anlaß zu einer Reihe von Fabeln Aesops, die Boursault selbst, zum Teil in Anlehnung an die zwischen 1668–1694 erschienenen Versfabeln von J. de LA FONTAINE, neu übertrug.

So kritisiert er beispielsweise gegenüber der verarmten Witwe eines Notabeln, die ihn um eine Mitgift für ihre Töchter aus der königlichen Schatulle bittet, ihren nicht standesgemäßen aufwendigen Lebensstil, und belehrt sie mit der Fabel vom Frosch, der groß wie ein Ochse werden wollte, und sich aufblies, bis er platzte. In ähnlicher Form wird der Mutter eines aus Liebe entführten Mädchens ihre eigene Eitelkeit und ihr früherer lasterhafter Lebenswandel vorgehalten, wodurch die Tochter zur Nachahmung der Mutter geführt wurde, all dies illustriert durch die *Fabel vom Flußkrebs und seinem Kind*. Dem Vater von 14 Söhnen, die alle im Staatsdienst sind, und der sich aufgrund eines königlichen Versprechens eine Zuwendung für sich erhofft, hält Ésope entgegen, 14 Beamte lägen der Allgemeinheit schon schwer genug auf der Tasche, und krönt seine Abweisung mit der *Fabel von den*

Tauben und dem Geier. In ähnlicher Weise gilt der *femme savante* die Fabel von der Nachtigall, den alten Männern, die einen unbestechlichen Gouverneur suchen, da der Alte außerordentliche Reichtümer angehäuft hat und dabei übermäßig dick geworden ist, die *Fabel von den Gliedern und dem Magen* (es wird ihnen geraten, den bereits »vollgefressenen« Gouverneur zu behalten, und keinen zu nehmen, der noch »hungrig« ist), oder dem Bauern, der in der Stadt sein Glück machen will, die *Fabel von der Stadt- und Landmaus*; dessen Neffen aber soll die *Fabel von Wolf und Lamm* belehren, dem betrügerischen Ahnenforscher gilt die *Fabel von Rabe und Fuchs* und den Schauspielern, die sich auf die Werbung für ihre Stücke verlassen, die *Fabel vom Berg, der eine Maus gebar*. Die übrigen Fabeln *(Das Wiesel und der Fuchs; Der Fuchs und der bemalte Kopf; Die Lerche und der Schmetterling; Der Koch und der Schwan; Der Mann mit den zwei Frauen)* sind auf die Haupthandlung bezogen. Sie dienen Ésope zunächst dazu, seine eigenen Stärken (Weisheit, Ansehen, Charakter) auf Kosten derjenigen seines jungen Rivalen hervorzuheben. Dann aber sieht er ein, daß er durch das Beharren auf seinen Heiratsabsichten bei aller Weisheit selbst zum Narren wird, resigniert und gibt den Weg für die Vereinigung der beiden Liebenden frei.

Boursault legt Ésope eine in witziger, harmonisch fließender Sprache vorgetragene Weisheit voll gesunden Menschenverstandes in den Mund, nicht ohne des öfteren in kühlen, spöttischen Zynismus zu verfallen, der mit der Infragestellung sozialer und moralischer Werte vom Geist der *libertinage* beeinflußt ist. So verwundert es nicht, daß zu den begeisterten Freunden dieser Komödie C. SAINT-ÉVREMOND (1614–1703) gehörte, der Boursault für die Kühnheit, als erster die Fabeln Aesops auf die Bühne gebracht zu haben, ein *»Genie, das weit über dem Niveau des Gewöhnlichen denkt«*, nannte (gedr. in der Einleitung zur Ausgabe von 1725). In der Tat überragt *Les fables d'Ésope* das zeitgenössische Theater durch einige Kühnheiten, zu denen Boursault sich in der *Préface nécessaire (Notwendige Einleitung)* teilweise bekennt und die er verteidigt: beispielsweise die mangelnde Einheit der Handlung, die offensichtlichen Anachronismen und Unwahrscheinlichkeiten, die Inszenierung einer Fabel mit Kinderdarstellern (III, 4) usw. Für Boursault soll Theater zunächst unterhalten: *»Die nackte Wahrheit ist nicht unterhaltsam genug. Eine Fabel deutet sie auf viel angenehmere Weise an.«* Die Regeln haben sich diesem Anspruch unterzuordnen: *»Dieses Stück ist so verschieden von allen übrigen, daß man es mit anderen Augen betrachten muß.«*

Der Erfolg dieses Theaterstücks (es wurde auch in Holland, Deutschland, Italien und England sowohl im Original als auch in Übersetzung aufgeführt) ermutigte Boursault, ein Drama ähnlichen Inhalts zu schaffen, die heroische Verskomödie in fünf Akten *Ésope à la cour (Aesop bei Hofe)*, welche postum in gekürzter Fassung 1701 uraufgeführt wurde, jedoch zu Spannungen mit der Zensur führte. Dieses Fortsetzungsstück ist bei weitem weniger witzig als das frühere; schon die Wahl des höfischen Rahmens sowie der Gattung der heroischen Komödie sorgt für einen erhabenen Stil, und trotz größerer Handlungseinheit ist das durchgehende Thema nur schwer auf einen Nenner zu bringen. *Ésope à la cour* unterwirft die menschlichen Beziehungen bei Hofe einem kritisch-satirischen Blick, wobei die Frage nach wahrer und falscher Treue und Anhänglichkeit im Vordergrund steht. Auch hier umspannt eine Rahmenhandlung (die von Ésope angebahnte anstehende Hochzeit zwischen Crésus und der Prinzessin Arsinoë) und eine Nebenhandlung (die verschiedenen Intrigen bei Hofe) die Darbietung von 15 weiteren Fabeln. In diesem Stück scheint Boursault eigene Lebenserfahrungen und Wünsche verarbeitet zu haben: Erfahrungen eines aus der Provinz stammenden, ursprünglich wenig gebildeten jungen Mannes, der trotz seiner Herkunft allein dank seines Witzes, seiner Ehrlichkeit und treuen Ergebenheit gegenüber seinen Förderern und Auftraggebern es vermocht hat, gegen mehrfache Anfeindungen und Intrigen sich einen Platz in der Gesellschaft zu verschaffen: sei es als königlicher Gesellschaftsberichterstatter, sei es als vertrauenswürdiger Ratgeber, sei es als ehrlicher Steuereinnehmer oder als anerkannter Literat, ja, beinahe als Erzieher des Thronfolgers (zu diesem Amt fehlte ihm nur die Kenntnis des Lateins).

Boursault ist von der Nachwelt zu Unrecht übersehen und fast vollständig vergessen worden: Seine stilistische Meisterschaft, seine sichere und leichte Handhabung der Sprache machen ihn zu einem würdigen Zeitgenossen der Großen seiner Zeit. Die Hochschätzung, die P. CORNEILLE (1606 bis 1684) und C. Saint-Évremond ihm entgegenbrachten, spricht für sich. Das schnelle Tempo seiner Sprache, ihr Witz und ihre Musikalität einerseits, verbunden mit gelegentlicher kompositorischer und thematischer Kühnheit und einem gewissen Mut zur unbequemen Satire andererseits lassen ihn wegweisend für das Theater des 18. Jh.s erscheinen. M.G.D.

AUSGABEN: Paris 1690. – Paris 1702 *(Ésope à la cour, comédie héroique)*. – Paris 1724 *(Ésope à la cour, comédie historique*; rev. u. erw.). – Paris 1725 (in *Théâtre*, 3 Bde., 3; Faks. Genf 1970). – Paris 1819 *(Les fables d'Ésope à la ville)*.

ÜBERSETZUNGEN: *Aesopus bey Hofe, und Aesopus in der Stadt*, J. H. Steffens, 2 Bde., Dresden/Lpzg. 1723. – *Aesop in der Stadt*, ders., Lpzg. 1770.

LITERATUR: Saint-René Taillandier, *Études littéraires: un poète comique du temps de Molière: B., sa vie et ses œuvres*, Paris 1881. – A. Hoffmann, *E. B. nach seinem Leben und in seinen Werken*, Metz 1902 [zugl. Diss. Straßburg]. – H. C. Lancaster, *Calderón, B. and Ravenscroft* (in MLN, 51, 1936, S. 523–528). – R.-M. Piette, *Les comédies de B.*, Diss. Univ. of California 1971 (vgl. Diss. Abstracts, 32, 1971/72, S. 3961/61A).

JOË BOUSQUET

* 19.3.1897 Narbonne
† 28.9.1950 Carcassonne

LITERATUR ZUM AUTOR:
S. André, H. Juin u. G. Massat, *J. B., trois études*, Paris 1958. – H. Juin, *J. B.*, Paris 1972. – R. Nelli, *J. B., sa vie, son œuvre*, Paris 1975. – Cahiers du 20e siècle, 1978, Nr. 10 [Sondernr. *J. B.*]. – G. Sarraute, *La contrition de J. B.*, Mortemart 1981.

TRADUIT DU SILENCE

(frz.; *Übersetzt aus dem Schweigen*). Tagebuchaufzeichnungen von Joë BOUSQUET, erschienen 1941. – Während eines nächtlichen Sturmangriffs der deutschen Truppen wurde der junge Leutnant Bousquet am 27. Mai 1918 von einer Kugel getroffen, die ihn als Querschnittgelähmten zu einem lebenslangen Krüppel machte. Um seine Schmerzen zu lindern, nimmt Bousquet seine Zuflucht zu Rauschgiften (Opium, Morphium, Kokain); sein trotz ingrimmiger Verzweiflung und wiederholter Selbstmordversuche unbezähmbarer Wille zur Selbstbehauptung führt ihn zur Literatur. In seinem Zimmer im väterlichen Haus zu Carcassonne versammeln sich um sein Krankenbett die Mitarbeiter der in Lyon erscheinenden Zeitschrift ›Cahiers du Sud‹; die Dichter und Maler des Surrealismus werden seine Freunde; er umgibt sich mit Bildern von Max Ernst, Hans Bellmer, Yves Tanguy, Paul Klee; ab 1935 tritt er in nähere Beziehung zu Jean PAULHAN, dessen Überlegungen zur Sprache und Literatur ihn nachhaltig beeinflussen. Immer wieder gelingt es ihm, junge schöne Frauen an sich zu fesseln, denen er leidenschaftliche Briefe schreibt (*Correspondance avec M.*, 1961; *Lettres à Poisson d'Or*, 1967).
Aus den Tagebüchern, in die er seine Gedanken, Beobachtungen, Entwürfe, Träume, Mythen einträgt, entstehen seit 1930 einzelne Werke, in denen die Niederschriften sich um eine Gestalt, ein Leitthema gruppieren und sich in einigen Fällen (*La tisane de sarments*, 1936; *Le médisant par bonté*, 1945) dem *récit* oder dem Roman nähern. Meist herrscht jedoch eine schwer beschreibbare Art poetischer Notizen und Reflexionen vor, die vornehmlich dem einen Ziel dienen, das Hindernis der Krankheit transparent zu machen, den Verwundeten, den Toten, den Leichnam, das Gespenst, als die Bousquet sich empfindet, zu akzeptieren, zu überwinden. Bousquet plädiert dabei zeitweilig für eine Weltansicht, wonach dem Menschen sein Schicksal (ihm selber demnach seine Verwundung von 1918) vorgegeben und ihm die Aufgabe gestellt ist, dieses sein Schicksal zu inkarnieren, es zu lieben, als ob er es frei gewählt hätte. Zu einer solchen Inkarnation bedarf es bei einem unvermindert heftigen Begehren in dem gleichsam von seinem Leibe Amputierten der Verdoppelung durch einen anderen Menschen. Die Frau, das junge Mädchen ist, nach der alten erotischen Mystik der provenzalischen Katharer, das Medium, der Spiegel, in dem der Geist des Mannes zu sich selber findet, und Bousquets ganzes Schreiben ist der ständig wiederholte Versuch, dieses *opus magnum* der Selbstgewinnung zu vollbringen. Genannt seien *Il ne fait pas assez noir* (1932), *Le rendez-vous d'un soir d'hiver* (1933), *Une passante bleue et blonde* (1934), *Le passeur s'est endormi* (1939), *Le meneur de lune* (1946).
Traduit du silence unterscheidet sich von diesen Büchern dadurch, daß die Texte nicht von Bousquet selber zusammengestellt, sondern, wie eine Vorbemerkung zu verstehen gibt, mit seiner Einwilligung, doch ohne seine Mitwirkung von Jean Paulhan ausgewählt wurden. Die Aufzeichnungen stammen aus den Jahren 1935/36 und markieren eine wesentliche Etappe auf Bousquets Weg zu seiner Selbstverwirklichung durch die Liebe in der Sprache. »*Der Mensch ist aus dem Paradies vertrieben worden. Er will dorthin zurück, ohne diese Welt zu verlassen. Ich habe keinen anderen Ehrgeiz.*« Ein Grundmotiv der deutschen Romantik empfängt bei Bousquet, aus der Einmaligkeit seines Falles, eine Wendung ins existentiell Radikale: Nicht um Rückkehr geht es im Grunde, sondern um Geburt und darum, die Welt durch den Blick, mit dem man sie sieht, in ihrem So-Sein als im Recht zu bestätigen. Nicht sich, dieses kontingente, hinfällige, schmerzgepeinigte Ich, gilt es um jeden Preis zu retten, sondern den Sinn der Welt, den dieses Ich und sein Unglück, das es als ein ihm angetanes Unrecht empfindet, fortwährend in Frage stellen. Das Buch endet mit einem Abschiedsbrief an die Frau, die achtzehn Monate lang der Katalysator und die Vertraute dieser Betrachtungen war. Sie hat versagt, sie hat ausgedient, sie wird vertrieben: »*Sie ist nicht ihre eigene Schönheit: sie ist nur deren Spiegel. Ich liebe in ihr die Transparenz eines Lichtes, dem ihr Herz den Zutritt verwehrt... Ich hätte, wenn sie gewollt hätte, diesem Grauen hienieden entrinnen, mich von meinem Körper lösen und für immer meinen Geist bewohnen können. Im Wind der Einbildungskraft die Türen jenes völligen Lebens sprengen können, das alles umgreift.*«   F.Ke.

AUSGABEN: Paris 1941; ern. 1968.

LITERATUR: G. Bertin, *J. B. ou La vie surmontée* (in Cahiers du Sud, Dez. 1942). – R. Kanters, *J. B. et l'expérience poétique* (ebd., 1942). – Journal des Poètes, Jan. 1948 [Sondernr.]. – Cahiers du Sud, 1950, Nr. 30 [Sondernr.]. – A. Béguin, *Mort de J. B.* (in Esprit, Nov. 1950). – Cahiers du Nord, 1950/51, Nr. 90/91 [Sondernr.]. – M. Lecomte, *J. B. et l'ésotérisme cathare* (in Synthèses, Febr. 1951). – M. Blanchot, »*Traduit du silence*« (in *Faux pas*, Paris 1953). – G. E. Clancier, *J. B. notre secrète richesse* (in Arts, 6. 3. 1953). – A. Robbe-Grillet, *J. B. le rêveur* (in Critique, Okt. 1953, S. 819–929). – *J. B. ou Le recours au langage* (in Cahiers du Sud, 1961, Nr. 362/63; Sondernr.). – L. Aragon, *Intro-*

duction à la vie héroique de J. B. (in Fontaine, Juli bis Sept. 1962). – H. Juin, B., »Traduit du silence« (in Mag. litt., 156, Jan. 1980, S. 64–67).

PIETER CORNELIS BOUTENS

* 20.2.1870 Middelburg
† 14.3.1943 Den Haag

STROFEN UIT DE NALATENSCHAP VAN ANDRIES DE HOGHE NAAR HET HANDSCHRIFT UITGEGEVEN DOOR P. C. BOUTENS

(ndl.; *Strophen aus dem Nachlaß Andries de Hoghes nach der Handschrift herausgegeben von P. C. Boutens*). Gedichtsammlung von Pieter Cornelis BOUTENS, erschienen 1919. – Bis zu seinem Tod hat Boutens, einer der wichtigsten Vertreter der niederländischen Autorengruppe der *Negentigers (Neunziger)*, welche die ausschließlich ästhetische Weltsicht ihrer Vorgänger, der *Tachtigers (Achtziger)*, um eine philosophische Dimension erweiterten, die Autorschaft der dreißig Strophen unterschiedlicher Länge abgestritten. Freilich wurden seit ihrem Erscheinen Stimmen laut, die Andries de Hoghe für eine fiktive Gestalt gehalten haben. Endgültig geklärt wurde die Frage durch die 1983 erschienene Untersuchung W. BLOKS über den »Nachlaß de Hoghes«, der Einsicht in bisher neues Material gewinnen konnte.
Nach seiner Darlegung gehen die Strophen auf zwei wesentliche Momente im Leben Boutens' zurück, seine langjährige Freundschaft mit Baron A. J. A. van Herzeele und den Selbstmord des jungen, bis dahin kaum veröffentlichten Dichters Jan Samuel van Drooge im Jahre 1908. Boutens fühlte sich verantwortlich für dessen Tod, da er einige ihm zugeschickte Gedichte des ihm bis dahin unbekannten Delfter Studenten ungelesen zurückgeschickt hatte. Die *Strofen* sollten eine Art literarische Wiedergutmachung, eine Tilgung der vom Dichter tief empfundenen Schuld bilden. Der Name Andries de Hoghe vermischt die Initialen des jugendlichen Freundes A. v. Herzeele mit dem Namen van Drooges.
Ob mit der Klärung der historischen Hintergründe, der Blok mit geradezu detektivischem Spürsinn nachgegangen ist, »*die größte Mystifikation*« der niederländischen Literatur des 20. Jh.s tatsächlich ihrer Rätselhaftigkeit beraubt worden ist, scheint fraglich. Viel eher dürfte der Grund für Boutens' hartnäckiges Leugnen der Autorschaft in der unverhüllten, wenn auch in komplexer, metaphernreicher Sprache zum Ausdruck gebrachten homoerotischen Thematik zu suchen sein, eine Tatsache, die auch den ersten Rezensenten nicht verborgen geblieben war. Es ist gerade diese, in Boutens' Werk einzigartige Offenheit in bezug auf eine existentielle Problematik seines Lebens, die heutige Kritiker dazu veranlaßt hat, die *Strofen*, die Boutens in einer Neuausgabe 1932 noch um einige »*Andere Verzen*« erweitert hatte, als sein lyrisches Hauptwerk anzusehen. Schon der Expressionist Hendrik MARSMAN hatte 1932 geschrieben: »*für mich hat Andries de Hoghe nicht nur Qualitäten, die Boutens fehlen, aber ihm fehlen glücklicherweise auch viele Qualitäten, die mir bei Boutens gegen den Strich gehen.*« Marsman meinte damit vor allem den schon um die Jahrhundertwende veralteten wirkenden Ästhetizismus des Dichters.
In den *Strofen* benutzt der Altphilologe Boutens auf sehr virtuose Weise unterschiedliche klassische Metren, er verzichtet auf den Endreim und verweist assoziativ immer wieder auf die Sprache der *Bibel* und PLATONS. In der 9. Strophe, »*Keinen gibt es, der so einsam geht wie ich*«, wird die zentrale Problematik, das Anderssein des homoerotisch Empfindenden in einer heterosexuell geprägten Welt, am treffendsten charakterisiert. Als Neoplatoniker schildert Boutens freilich auch die Knabenliebe als Ausgangspunkt einer stufenweisen Annäherung an das Absolute, die Schönheit des Geliebten ist die Spiegelung göttlicher Schönheit. Als Beispiel einer solchen Liebe erwähnt Boutens in der 26. Strophe die Zuneigung Michelangelos zum hübschen Sänger Luigi Pulci: Nachdem der Maler ihn hat tanzen sehen, gelingt es ihm, in der Sixtinischen Kapelle das bis dahin unvollendet gebliebene Antlitz Gottes mit »*einem zitternden Pinselstrich*« fertigzustellen.

R. A. Z.

AUSGABEN: Bussum 1919. – Maastricht 1932 (in *Strofen en andere verzen uit de nalatenschap van Andries de Hoghe*). – Amsterdam 1968 (in P. C. B., *Verzamelde lyriek*, Bd. 2). – Amsterdam 1983 (in W. Blok, *P. C. en de Nalatenschap van Andries de Hoghe*).

LITERATUR: H. T. Oberman, *De hooffdgedachten bij B.* (in Onze Eeuw, Nov. 1919). – A. Reichling, *Het platonisch denken bij P. C. B.*, Maastricht 1925. – D. A. M. Binnendijk, *Een protest tegen den tijd. Inleiding tot de poëzie van B.*, Amsterdam 1945. – H. Mulder, *B. en bijbel*, Den Haag 1948. – K. de Clerck, *Uit het leven van P. C. B.*, Amsterdam 1964. – A. L. Sötemann, *Wegen naar B.'s Het geheim* (in Revisor, 5, 1978, Nr. 6, S. 42–48). – A. A. M. Stols, *Over P. C. B.*, Haarlem 1978. – H. G. M. Prick, *Inslapen in Weimar* (in Maatstaf, 28, 1980, Nr. 10, S. 70–78). – W. Block, *B.'s historisch besef* (in *Wie veel leest heeft veel te verantwoorden*, Hg. M. M. H. Bax u. a., Groningen 1980). – A. L. Sötemann, *Twee meesters en hun métier: B. en Van de Woestijne over de poëzie* (in Verslagen en mededelingen van de Koninklijke Academie voor Nederlandse taal- en letterkunde, 1983, Nr. 1, S. 129–144). – W. Blok, *P. C. B. en de nalatenschap van Andries de Hoghe*, Amsterdam 1983.

FRIEDRICH BOUTERWEK

* 15.4.1766 Oker am Harz
† 9.8.1828 Göttingen

GESCHICHTE DER POESIE UND BEREDSAMKEIT SEIT DEM ENDE DES DREIZEHNTEN JAHRHUNDERTS

Literarhistorisches Werk von Friedrich BOUTERWEK, erschienen in zwölf Bänden 1801–1819. – Das Werk behandelt die Geschichte der italienischen, spanischen, portugiesischen, französischen, englischen und deutschen Literatur von etwa 1300 bis zu seiner Entstehungszeit. Den größten Raum nimmt mit einem Drittel (Bd. 9–12) die deutsche »Poesie und Beredsamkeit« ein. Der letzte Band enthält außerdem ein systematisches Register, das die untersuchten Nationalliteraturen, in Gattungen aufgeteilt, zeitlich ordnet, und ein alphabetisches Namenregister aller erwähnten Autoren.

Aufklärerischer Tradition gemäß setzt Bouterweks Literaturgeschichte nach dem »*dunkeln Mittelalter*« mit der »*Wiederherstellung der schönen Künste und Wissenschaften*« durch die beginnende Renaissance ein. Erst der neunte Band weist würdigend auch auf die Dichtung des Hochmittelalters hin, deren Erforschung inzwischen von der romantischen Germanistik in Gang gebracht worden war – das einzige Verdienst übrigens, das Bouterwek den Romantikern zugesteht; ansonsten macht er das ganze Werk hindurch kein Hehl aus seiner Abneigung gegen die, seiner Überzeugung nach, transzendentale Überspanntheit des Schlegel-Kreises und die mystische Schwärmerei SCHELLINGS und seiner Anhänger. Hierin besonders erweist sich Bouterweks Zugehörigkeit zur Göttinger Aufklärung, und so stellt er denn auch die Autoren der Aufklärungsepoche (HALLER, HAGEDORN, UZ, E. v. KLEIST, RAMLER u.a.) denen der Geniezeit und Klassik (z. B. KLOPSTOCK, GOETHE und SCHILLER) zur Seite, da ihm nicht allein ästhetische Qualitäten, sondern auch Wahrhaftigkeit und aufklärende Tendenz den Rang eines Schriftstellers zu bestimmen scheinen. Groß ist derjenige Autor, der dem Geist seines Zeitalters und der Denkart seines Publikums aufs engste verbunden bleibt und dennoch einen eigenen Charakter hat. Die von der Aufklärung immer wieder diskutierte Antithese von Zeit und Individuum, Geschmack und Genie und die Forderung einer Synthese bilden so den Ausgangspunkt für Bouterweks »*ästhetisch-kritische Geschichte der Fortschritte des poetischen und rhetorischen Geistes und Geschmacks der neuern Nationen*«, von dem aus er das Epigonentum ebenso verurteilt, wie er den lauten Geniekult des Sturm und Drang mit höhnischer Kritik trifft. Auch in einem weiteren Prinzip seiner Geschichtsschreibung ist Bouterwek Aufklärer, vor allem aber Schüler HERDERS:

Die literarischen Werke werden jeweils in ihren gesellschaftlichen Entstehungsbedingungen untersucht und gewertet, die Charakteristika einer bestimmten Literatur aus den Eigenheiten und Entwicklungen der zugehörigen Nationalsprache gedeutet. Dieser Sinn für historische Gegebenheiten ermöglicht es Bouterwek, die neuere Dichtung und Rhetorik der antiken als gleichwertig gegenüberzustellen; letztere gilt nicht mehr als das absolute Vorbild.

Jede Darstellung einer literarischen Epoche wird eingeleitet durch eine Beschreibung der zugehörigen politischen, religiösen und allgemein sittlichen Zustände. Ausgehend von diesen gesellschaftlichen Bedingungen untersucht Bouterwek, wie jeweils »*Genie und Zeitalter zusammenwirkten; was die Dichter und Schriftsteller sich selbst, und was sie Andern verdankten; wie besonders das Nationale der Denk- und Sinnesart bald in den stärksten Zügen hervortrat*«. Auf diese Weise entsteht eine »pragmatische« Literaturgeschichte. Die vertikal und horizontal begründende und verbindende (d. h. pragmatische) Methode steht einer Darstellung der literarischen Werke nach Gattungen entgegen. Der Fortschritt der Literatur geht, wie die *Vorrede* von 1801 ausführt, über die poetischen Gattungsgrenzen, ja sogar über die Barriere zwischen Poesie und Rhetorik hinweg; wichtiger erscheinen nun Macht und Kontinuität der Ideen und die geistige Verwandtschaft der Schriftsteller. Mit dieser Ansicht zollt Bouterwek, vielleicht ungewollt, dem Programm der herrschenden Theoretiker dieser Jahre Tribut, die eine Abschaffung der Gattungshierarchie und eine »republikanische« Mischung von Dichtung und Beredsamkeit fordern. Erst vom zehnten Band ab ist Bouterwek seinem traditionellen Buchtitel treu: Die Gattungen – es sind die vier poetischen Hauptgattungen (dramatische, epische, didaktische und lyrische Poesie) sowie fünf rhetorische des 18. Jh.s (Geschichtsdarstellung, Predigt, Roman, Brief und ästhetische Abhandlung) – werden wieder in ihre Rechte eingesetzt; sie finden nicht nur im Register des zwölften Bandes Berücksichtigung, sondern bestimmen, stärker als bei den vorhergehenden, den Aufbau der drei letzten Bände. – Mit dem Programm und der schriftstellerisch glanzvollen Ausführung seiner Literaturgeschichte erhebt sich Bouterwek hoch über die Repertorien seiner Vorgänger, etwa K. H. JÖRDENS' *Lexicon deutscher Dichter und Prosaisten* (6 Bde., 1806 bis 1811) oder E. J. KOCHS *Compendium der deutschen Literaturgeschichte* (1790). Seine Art der Geschichtsschreibung wirkt bis zu den großen Literaturgeschichten H. HETTNERS und H. KURZ' ins späte 19. Jh. hinein. H.W.J.

AUSGABE: Göttingen 1801–1819, 12 Bde.

LITERATUR: G. Struck, *F. B. Sein Leben, seine Schriften und seine philosophischen Lehren*, Diss. Rostock 1919. – P. Brockmeier, *Darstellungen der französischen Literaturgeschichte von C. Fauchet bis J. F. de Laharpe und F. B.*, Diss. Tübingen 1961.

ÉTIENNE-ÉMILE-MARIE
BOUTROUX

* 28.7.1845 Montrouge bei Paris
† 22.11.1921 Paris

DE LA CONTINGENCE DES LOIS DE LA NATURE

(frz.; Ü: *Die Kontingenz der Naturgesetze*). Philosophische Abhandlung von Étienne-Émile-Marie BOUTROUX, erschienen 1874. – Die seinem Lehrer RAVAISSON gewidmete Dissertation enthält bereits alle wesentlichen Grundgedanken der philosophischen Lehre von Boutroux. Eine Ergänzung in erkenntnistheoretisch-kritischer Hinsicht erfährt die Schrift in einem zweiten, aus einer Vorlesung an der Sorbonne hervorgegangenen Werk *De l'idée de loi naturelle dans la science et la philosophie contemporaines*, 1894 *(Über die Idee des Naturgesetzes in den Naturwissenschaften und der Philosophie der Gegenwart)*. Die populärwissenschaftliche Ausarbeitung der Thesen, »*das Verhältnis von Wissenschaften und Religion in der Gegenwart betreffend*«, findet sich schließlich in der 1908 erschienenen Schrift *Science et Religion dans la philosophie contemporaine*.

Das Werk von Boutroux ist zugleich theoretischer Ausdruck einer Kulturtendenz, die sich dem wissenschaftlichen Fortschrittsglauben an der Wende vom 19. zum 20. Jh. widersetzt. Seine Kritik an einer mechanisch-deterministischen Welt- und Lebensauffassung steht in der Tradition des von MAINE DE BIRAN begründeten idealistischen Spiritualismus, von dem sie sich jedoch in der Wahl ihres Ausgangspunktes wie ihrer Methode unterscheidet. Kennzeichnend für die Leistung von Boutroux ist, daß er seine Theorie nicht gegen die seitab von den Naturwissenschaften entwickelt, sondern sich auf den Boden des Gegners stellt und von dort versucht, die Lösung der philosophischen Fragen zu finden. Ausgehend von dem strengen Gesetzesbegriff der Naturwissenschaften und deren Anspruch auf vollständige Erklärung der Welt, zeigt, daß die in den Naturgesetzen postulierte Allgemeinheit und Notwendigkeit der Vorstellung von Individualität und Freiheit nicht widerspricht. Die Ereignisse in der Natur wie die menschlichen Lebensabläufe sind seiner Ansicht nach nicht als Folge notwendiger Gesetzmäßigkeiten zu erklären, man kann seine Philosophie daher als »Lehre der Kontingenz« bezeichnen; ferner beruht für Boutroux Leben in allen Formen auf den Prinzipien von Freiheit und Spontaneität, so daß seine Philosophie auch »Philosophie der Freiheit« genannt werden kann.

Einen wichtigen Bestandteil des Werks bildet die Kritik am impliziten Determinismus der Naturwissenschaften, wobei es sich nach Ansicht von Boutroux bei den Naturgesetzen um Analogieschlüsse handelt, also um nur annähernd notwendige und streng allgemeine Gesetze. Zudem vermag das Grundprinzip wissenschaftlicher Erkenntnis, das Kausalprinzip, die konkreten Ereignisse der Natur in ihrer Wirklichkeit nicht zu erfassen. Wissenschaftliche Erkenntnis beruht auf einer doppelten Abstraktion: einerseits sind ihre Gesetze nicht erfahrungsunabhängig und somit a priori gültig, andererseits sind die Ereignisse nicht in ihrer Realität Gegenstand der Naturwissenschaften. – Insgesamt betrachtet sucht Boutroux, ausgehend von der Kritik des Determinismus, die Grundlagen einer neuen Form der Freiheitsphilosophie zu schaffen. Innerhalb des durch die Begriffe »Organisation« und »Individualität« bestimmten Bereiches des Lebendigen ist es das schöpferische Element des Bewußtseins, das den Menschen als vernunftbegabtes Wesen auszeichnet. Paradigma der Freiheit des menschlichen Willens ist die Handlung. In ihr realisiert sich das Bewußtsein auf eine, vom Standpunkt der Naturwissenschaften aus gesehen, kontingente Weise. Wäre jedoch der Zufall Vater aller Dinge, wäre jedes Handeln bloße Willkür und man müßte von Chaos sprechen. Die Welt bliebe jedem Versuch ihrer Erklärung prinzipiell verschlossen. – Die Vermittlung von Kontingenz und Notwendigkeit wird nach Boutroux im Begriff der Vernunft geleistet, der über den Begriff des Zufalls hinausweist auf denjenigen der Freiheit, und über den Begriff einer Hierarchie der Entwicklungsstufen des Lebens auf die Existenz einer Finalität hinweist, einer sinnvollen Ordnung der Welt. Diese Ordnung erschließt sich dem vernunftbegabten Wesen, wenn es eingesehen hat, daß die Geschehnisse des Bewußtseins nicht auf physische Ereignisse reduziert werden können und jede Beschreibung der ersteren mit den Begriffen der letzteren unmöglich und absurd ist. – Wesentliches Grundmerkmal der Lehre der Kontingenz ist, daß sie, unter Ausschluß des bloßen Zufalls und der Willkür, die Kontingenz als Freiheit nicht nur auf eine intelligible Welt beschränkt, sondern sie in den Ereignissen der Natur selbst als Form der Spontaneität, als essentielles Streben nach Vervollkommnung im Hinblick auf ein sinnvolles Ganzes interpretiert. Wir können mit Boutroux die Welt daher als »*symbolische Nachahmung des schöpferischen Seins Gottes, soweit es das Wesen des Endlichen gestattet*« bezeichnen.

Die Bedeutung des Werks liegt vor allem in der Grundlegung einer Kritik der modernen Naturwissenschaften und des Positivismus eines A. COMTE, aber auch in dem Versuch einer Überwindung des Dualismus, wie ihn KANT in seiner Unterscheidung zwischen intelligibler und sinnlicher Welt konzipiert. Parallele Bestrebungen finden sich im neueren metaphysischen Denken der französischen Philosophie des 19. Jh.s (J. LACHELIER) wie auch bei den Repräsentanten der Bewegung der Lebensphilosophie (H. BERGSON). G.Cs.

AUSGABEN: Paris 1874 [Diss.]. – Paris 1898.

ÜBERSETZUNG: *Die Kontingenz der Naturgesetze*, I. Benrubi, Jena 1911.

LITERATUR: G. S., »*La contingence des lois de la nature*«, thèse d'É. B. (in Revue Bleue, 8, 1875, S. 638–640). – O. Boelitz, *Die Lehre vom Zufall bei É. B.*, Lpzg. 1907. – F. Pillon, *Les lois de la nature selon É. B.* (in L'Année Philosophique, 1907, S. 79–141). – A.-P. La Fontaine, *La philosophie de B.*, Paris 1920. – L. Brunschvig, *La philosophie d'É B.* (in Revue de Métaphysique et de Morale, 29, 1922, S. 216–284). – D. Parodi, *É. B.*, Paris 1923. – M. Schyns, *La philosophie d'É. B.*, Paris 1924. – E. Liquori-Barbieri, *La filosofia di É. B. e la reazione all'intellettualismo nella filosofia francese contemporanea*, Pisa 1926. – Enciclopedia filosofica, Bd. 1, Venedig/Rom 1957, S. 782–785; 1208–1213 [m. Bibliogr.]. – A. F. Baillot, *É. B. et la pensée religieuse*, Paris 1958. – A. J. Morgan, *B. and the Idea of Freedom*, Diss. Oxford 1978.

EMMANUEL BOVE

eig. Emmanuel Bobownikow
* 20.4.1898 Paris
† 13.7.1945 Paris

MES AMIS

(frz.; Ü: *Meine Freunde*). Roman von EMMANUEL BOVE, erschienen 1924. – Der unmittelbare Erfolg seines ersten Romans – er fand u. a. die Anerkennung COLETTES und RILKES und wurde mit dem »Prix Figuière« ausgezeichnet – bewahrte Bove nicht vor späterer Vergessenheit, aus welcher ihn erst 1977 die als literarische Sensation gefeierte Neuausgabe erlöste. BECKETT, der Bove 1950 als den lesenswertesten unter den verkannten Autoren empfahl, pries dessen einzigartiges Gespür für das »*treffende Detail*«. Dank dieser oftmals bestätigten Gabe gelingt es Bove, ein unpathetisches, bemerkenswert differenziertes Bild des materiellen, sozialen, vor allem aber seelischen Elends zu entwerfen. *Mes Amis* schildert das von Einsamkeit und Mittelmäßigkeit geprägte Dasein des Ich-Erzählers Victor Bâton. Im Ersten Weltkrieg durch einen Splitter leicht verletzt, bezieht er eine dürftige Rente, die ihm ein müßiges Leben in Armut ermöglicht. In der Hoffnung, einen Freund oder eine Geliebte zu finden, verläßt er tagtäglich sein schäbiges Mansardenzimmer in Montrouge, um durch die ärmlichen Straßen von Paris zu schlendern.
Sechs Kapitel (von einem Anfangs- und einem Schlußkapitel abgesehen), denen sechs Begegnungen entsprechen, gliedern den Roman. Mit Lucie Danois, Besitzerin eines übelriechenden Weinlokals, welches Bâton der Volksküche vorzieht, verbringt er eine einzige, für den weiteren Umgang der beiden folgenlose Nacht. Etwas später lernt er in einem Menschenauflauf den selbstgefälligen Schnorrer Henri Billard kennen. Der anfängliche Neid auf dessen Freundin weicht einer beglückenden Schadenfreude, als Victor merkt, daß sie hinkt. Um Henri zu verpflichten und »*Dankbarkeit zu erwecken*« leiht er ihm Geld, versucht aber kurz darauf ungeschickt, ihm die Freundin abspenstig zu machen. Der Versuch scheitert, und der Kontakt bricht ab. In dem Matrosen Neveu, den er vor dem Sprung in die Seine rettet, glaubt Victor endlich einen gefügigen Freund gefunden zu haben. Er führt ihn ins Café und ins Bordell aus; als Neveu dort aber einem Freudenmädchen folgt, wendet sich Victor, verbittert über dessen »Unbescheidenheit«, von ihm ab. Genau umgekehrt verläuft die Bekanntschaft mit Monsieur Lacaze. Der gönnerhafte Industrielle, der sich für die Armen interessiert, »*für die wirklichen Armen wohlverstanden*«, verschafft Victor eine Buchhalterstelle in seiner Fabrik. Als der Held aber, einer naiv-romantischen Vorstellung folgend, seiner Tochter nachstellt, wird er von seinem empörten Arbeitgeber kurzerhand entlassen. Mehr Glück hat er mit Blanche, einer Nachtclub-Sängerin, die an ihm Gefallen findet. Doch nach einer Liebesnacht bricht Victor diese Affäre ohne ersichtlichen Grund selbst ab: »*Nie habe ich versucht, Blanche wiederzusehen.*« Und auch die letzte Begegnung enttäuscht Victors Hoffnung auf echte Zuneigung: Das Interesse des väterlich-gefühlsseligen Monsieur Bourdier-Martel, den er in einem Park trifft, gilt nicht seiner Person, sondern den Armen (soweit sie »*eine schöne Seele*« haben) schlechthin. Dieses ›*Un autre ami*‹ betitelte Kapitel wurde erstmals 1928 in Boves Erzählungssammlung ›*Henri Duchemin et ses ombres*‹ (Henri Duchemin und seine Schatten) veröffentlicht und 1986 in die Taschenbuchausgabe von *Mes amis* aufgenommen. Am Ende findet sich der Erzähler in einem billigen Hotelzimmer wieder – der Hauseigentümer hat ihm gekündigt –, das er mit derselben Präzision beschreibt, wie das ihm verstärkt zu Bewußtsein kommende Einsamkeitsgefühl.
Die Handlung zeigt Victors Unfähigkeit, zwischenmenschliche Beziehungen einzugehen und sich den sehnlichsten Wunsch nach Zuneigung zu erfüllen. Doch die Wiedergabe der Geschehnisse spielt in *Mes amis* eine untergeordnete Rolle; wesentlich ist die Perspektive des Ich-Erzählers und die literarische Verfahrensweise, welche auf den in den fünfziger Jahren aufgekommenen *Nouveau Roman* vorauswest. Victor Bâton verkörpert die Mittelmäßigkeit: Nicht imstande, aus der erdrückenden Einsamkeit und der Armut auszubrechen, hofft er auf ein Ereignis, das sein »*Leben von Grund auf ändern*« würde. Seine hochfliegenden Träume von Liebe und bürgerlichem Behagen kontrastieren mit pedantischen Gepflogenheiten, kleinlichem Bangen und engherzigem, reizbarem Gemüt. Die spießig-leidenschaftslose Natur des Erzählers bedingt den stets vollkommenen Gleichmut und die minutiöse Genauigkeit, mit denen er sich selber sowie die ihn umgebenden Menschen und Gegenstände beschreibt. Seine Wahrnehmung ist ge-

kennzeichnet durch die grotesk anmutende Auswahl trostloser Einzelheiten – jene »treffenden Details«, über die Bove meisterhaft verfügt. Sie dienen einerseits zur Charakterisierung des Helden, indem sie von Victors Unvermögen zeugen, den Gesamtsinn seiner Umgebung zu erfassen, andererseits vermitteln sie wesentliche, durchdringend wahrhafte Züge der beschriebenen Alltagserscheinungen und verfremden diese zugleich durch das Zerlegen und die Reduktion auf Einzelaspekte. Neben der bloßen Schilderung der Vorgänge in Victors Innenleben wird stets nur das Sichtbare dargestellt. Dies jedoch in einer Weise, die dem Roman ein hohes Maß an Authentizität verleiht, wodurch die zeitgenössische Kritik bewogen wurde, Boves Scharfsinn *»mit der psychologischen Raffinesse der Romane Julien Greens«* zu vergleichen. Dem auf das Dramatische gänzlich verzichtenden Verfahren entspricht die einfache, sich höchstens durch ihre banale Korrektheit auszeichnende Sprache und die lapidaren Sätze, die Boves Prosa prägen. O.Sz.

AUSGABEN: Paris 1924. – Paris 1977 [Vorw. J. Cassou]. – Paris 1986.

ÜBERSETZUNG: *Meine Freunde*, P. Handke, Ffm. 1981 (BS).

LITERATUR: H. Wieser, Rez. (in Der Spiegel, 13. 12. 1981). – B. Henrichs, Rez. (in Die Zeit, 4. 12. 1981). – *Actualité d' E. B.*, Hg. R. Cousse, Paris 1983.

ELIZABETH BOWEN

* 7.6.1899 Dublin
† 22.2.1973 London

LITERATUR ZUR AUTORIN:
W. W. Heath, *E. B., An Introduction to Her Novels*, Wisconsin 1961. – R. H. Rupp, *The Achievement of E. B. A Study of Her Fiction and Criticism*, Diss. Univ. of Indiana (vgl. Diss. Abstracts, 25, 1964/65, S. 5286). – G. Greene, *E. B. Imagination as Therapy* (in Perspective, 14, 1965, S. 42–52). – R. H. Rupp, *The Post-War Fiction of E. B.* (in Xavier Univ. Studies, 4, 1965, S. 55–67). – H. Strickhausen, *E. B. and Reality* (in The Sewanee Review, 73, 1965, S. 158–165). – J. Sellery, *E. B.: A Check List* (in Bulletin of the NY Public Library, 74, 1970, S. 219–274). – A. E. Austin, *E. B.*, NY 1971 (TEAS). – E. J. Kenney, *E. B.*, Lewisburg/Pa. 1974. – V. Glendinning, *E. B.*, NY 1978.

THE DEATH OF THE HEART

(engl.; *Der Tod des Herzens*). Roman von Elizabeth Bowen, erschienen 1938. – Die Handlung beginnt mit der Ankunft der sechzehnjährigen verwaisten Portia Quayne in London, wo sie bei ihrem viel älteren Halbbruder Thomas und dessen Frau Anna leben soll. Die Ehe ihres Vaters und seiner zweiten Frau Irene, Portias Mutter, hatte von Anfang an unter einem schlechten Stern gestanden: Mit 57 Jahren, als sein Sohn aus erster Ehe schon mündig war, hatte sich Mr. Quayne in Irene verliebt, und obwohl dieses Gefühl sich als nicht sehr beständig erwies, war er von seiner ersten Frau gezwungen worden, sich scheiden zu lassen und Irene, die von ihm ein Kind erwartete, zu heiraten. Hauptthema des Romans sind die tragischen Auswirkungen dieser unglücklichen Familienverhältnisse auf Portias Entwicklung. Die Autorin schildert, wie das Mädchen sich erfolglos um guten Kontakt zur Familie Quayne bemüht, beleuchtet Portias Beziehungen zu ihren Schulfreundinnen und zu Miss Matchett, der alten Haushälterin der Quaynes, deren freundschaftliche Gefühle für die Waise ihrer eigenen inneren Unerfülltheit entspringen, und erzählt von Portias unseliger Liebesaffäre mit einem selbstsüchtigen, haltlosen jungen Mann. Am Ende ist, wie der Titel andeutet, Portias Herz tot, sie ist völlig isoliert, völlig vereinsamt. Die Erwachsenen ihrer Umgebung, so wohlmeinend sie sein mögen, sind zu egozentrisch oder zuwenig bereit, sich in die kindliche Psyche einzufühlen, als daß sie Portia die Nestwärme geben könnten, deren sie so dringend bedarf.

Wie in Elizabeth Bowens Roman *The House in Paris (Das Haus in Paris)* geht es auch hier um die Zerstörung kindlicher Unschuld und um die Verschüttung der guten Charakteranlagen eines Kindes, um eine auf die psychologische Ebene verlegte Exemplifizierung des Bibelwortes von den Sünden der Väter. Die äußeren Ereignisse sind lediglich notwendige Folie für die Verdichtung der Atmosphäre und der Charaktere. Diese sind durchweg profiliert, manchmal in eindeutig sozialkritischer Absicht mit schneidender Schärfe gezeichnet. Das gilt für den von der Gesellschaft nahezu geächteten Versager Brutt ebenso wie etwa für die Schar junger Leute aus dem Mittelstand, die in einem Seebad ihr Wesen treiben. Der naheliegenden Gefahr, ihre Hauptgestalt zu sentimentalisieren, entgeht die Autorin, indem sie Portias Entwicklung von Anfang an als echte menschliche Tragödie anlegt. – Das Werk fand bei seinem Erscheinen volle Anerkennung und darf zu den bedeutendsten Romanen der Autorin gezählt werden. J.v.Ge.

AUSGABEN: Ldn. 1938. – Ldn. 1954. – Harmondsworth 1979 (Penguin).

VERFILMUNG: England 1986 (Regie: P. Hammond).

LITERATUR: M. Van Duyn, *Pattern and Pilgrimage, a Reading of »The Death of the Heart«* (in Critique, 4, 1961, H. 2, S. 52–66). – A. McDowell, *»The Death of the Heart« and the Human Dilemma* (in Modern Language Studies, 8(2), 1978,

S. 5–16). – J. Coates, *in Praise of Civility: Conservative Values in E. B.'s »The Death of the Heart«* (in Renascence, 37(4), Sommer 1985, S. 248–265).

THE HEAT OF THE DAY

(engl.; *Die Glut des Tages*). Roman von Elizabeth Bowen, erschienen 1949. – Das Buch nimmt insofern eine Sonderstellung im Werk der Autorin ein, als diese hier sowohl über den Rahmen ihrer frühen Gesellschaftssatiren als auch über den ihrer späteren sensiblen, hochpoetischen Studien menschlicher Beziehungen hinausgeht und eine geradezu melodramatische Intrige – eine Spionageaffäre – in den Mittelpunkt stellt.

Im London des Zweiten Weltkriegs gerät Stella Rodney, eine attraktive vierzigjährige Witwe, in seltsame und gefährliche Beziehungen zu zwei Männern: zu Robert Kelway, der beim Rückzug aus Dünkirchen verwundet wurde und jetzt in geheimem, nicht näher definiertem Auftrag für die Regierung tätig ist, und zu dem geheimnisumwitterten, für die Spionageabwehr arbeitenden Harrison. Die Voraussetzungen für einen psychologischen Thriller sind dadurch gegeben, daß Harrison der landesverräterischen Tätigkeit Kelways auf die Spur kommt und Stella auf höchst diskrete Weise zu erpressen sucht: Er verspricht ihr, ihren Liebhaber Kelway nicht als Spion zu verhaften, falls sie ihm, Harrison, ihre Gunst schenke. Die Autorin nutzt jedoch diese Intrige nicht für eine spannende Handlung, sondern verwandelt die Spionagegeschichte in eine introvertierte, oft geradezu abstrakt wirkende Studie der seelischen Krise zweier Menschen, denen die Zeit, in der zu leben sie gezwungen sind, den Boden unter den Füßen weggezogen hat. Bei Stella äußert sich diese Entwurzelung, dieses absolute Losgelöstsein von Vergangenem, in der Verwirrung, mit der sie auf Harrisons Enthüllungen reagiert, und vor allem auch in ihrem Verhältnis zu ihrem jungen Sohn. Kelways Verhalten vor und nach der Entdeckung scheint diktiert von dem Gefühl, daß alles, was er tut, von vornherein vergeblich, ja absurd ist – ein Gefühl, das seiner Erkenntnis entspringt, daß die Schicht, der er entstammt (die englische Mittelschicht) in den Zeitereignissen keine Rolle mehr zu spielen hat. In einem Gespräch mit Stella nennt er Fotografien aus verschiedenen Abschnitten seines Lebens »*mein Strafregister*« und fährt fort: »*Kannst du dir eine bessere Methode vorstellen, einen Menschen in den Wahnsinn zu treiben, als das Bündel seiner eigenen Lügen ringsum an die Wände des Zimmers zu nageln, in dem er schlafen muß?*«

So unwirklich und »literarisch« die Charaktere dieses als Roman eines Verrats mißglückten Buches bleiben, so vollkommen nimmt die Darstellung von Ort und Zeit gefangen. Es ist, wie immer bei Elizabeth Bowen, eine sprachlich höchst transparente Darstellung von innen nach außen, das heißt, daß hier aus der seelischen Spannung zwischen den Personen oder aus der Spannung zwischen Person und nächster Umgebung die Atmosphäre der Bedrohung einer ganzen Stadt evoziert wird.   J.v.Ge.

AUSGABEN: Ldn. 1949. – Ldn. 1954. – Ldn. 1982. – Harmondsworth 1986 (Penguin).

LITERATUR: B. Brothers, *Pattern and Void: B.'s Irish Landscapes and »The Heat of the Day«* (in Mosaic 12(3), 1979, S. 129–138).

THE LAST SEPTEMBER

(engl.; *Der letzte September*). Roman von Elizabeth Bowen, erschienen 1929. – Über Danielstown, dem Wohnsitz einer vornehmen Familie Irlands, liegt Septemberstimmung. Sir Richard und Lady Naylor, ihre Tochter Lois und deren Vetter Laurence empfinden die Melancholie des beginnenden Herbstes um so stärker, als die politische Situation Anfang der zwanziger Jahre ihnen und ihresgleichen nichts Gutes verheißt. Während man auf Danielstown Gäste empfängt und bei festlichen Diners, bei Tanz und Tennis traditionelle Gesellligkeit pflegt, patrouillieren draußen englische Soldaten, um den Terror der nationalistischen Sinn-Féin-Bewegung einzudämmen. Der Gefährdung von außen entsprechen die inneren Verfallserscheinungen einer Gesellschaft, die sich nicht länger aus sich selbst regenerieren kann. Die Krise der Gesellschaft äußert sich im Stagnieren der zwischenmenschlichen Beziehungen (exemplifiziert an den Familien Naylor und Montmorency) oder auch im seelischen Zwiespalt einzelner – hier der sensiblen Lois, die sich aus ihrem wirklichkeitsfernen Milieu herausasehnt, ihm aber doch noch so verhaftet ist, daß sie in ihrer Liebe zu dem unbeschwerten Gerald Lesworth, einem jungen englischen Lehrer, der jetzt als Offizier in Irland Dienst tut, scheitert.

Die historischen Ereignisse berücksichtigt die Autorin nur, insoweit sie das Denken und Fühlen der Romancharaktere beeinflussen. Innere Vorgänge und einschneidende äußere Geschehnisse finden, wie so oft bei Elizabeth Bowen, in den Landschaftsschilderungen eine kunstvolle Entsprechung – am zwingendsten beim Tod Geralds (er wird auf einer Patrouille von den Rebellen ermordet) und beim Untergang von Danielstown (das bald darauf von den Rebellen überfallen und niedergebrannt wird). Das Verlöschen einer nicht mehr lebensfähigen Welt hat die Verfasserin mit einer an ČECHOV erinnernden elegischen Eindringlichkeit im Bild des zerstörten Danielstown beschworen: »*Hier gab es keinen Herbst mehr, außer für die Bäume. Ein Jahr später hatte sich das Licht, noch immer überrascht, der Leere bemächtigt. Ein Jahr später fielen Kastanien und Eicheln ungehört auf die Wege, die schon vergrast waren und den Klang der Schritte geschluckt hätten – aber es gab keine Schritte mehr. Vom zögernden Wind getragen, wehten Blätter den Abhang hinunter, häuften sich formlos und verschreckt aufeinander, vor den allzu klaren Umrissen des Verfalls.*«   J.v.Ge.

AUSGABEN: Ldn. 1929. – Ldn. 1948. – Ldn. 1960. – NY 1964. – Harmondsworth 1982 (Penguin). – Ldn. 1985 (Cape). – Harmondsworth 1987 (Penguin).

LITERATUR: M. Scanlan, *Rumors of War: E. B.'s »Last September« and J. G. Farrell's »Troubles«* (in Éire, 20(2), Sommer 1985, S. 70–89).

THE LITTLE GIRLS

(engl.: *Ü: Die kleinen Mädchen*). Roman von Elizabeth BOWEN, erschienen 1964. – Thema dieses Buchs, mit dem die Autorin ihr Werk nach einer Pause von neun Jahren fortsetzte und vielleicht krönte, ist die Magie des Gewesenen. Das Verhältnis der über sechzig Jahre alten Hauptfigur – Mrs. Dinah Delacroix – zum Phänomen der Zeit ist auf verwirrende Weise tief und oberflächlich zugleich. Für die feinsinnige, schöne, vom Prozeß des Alterns merkwürdig unberührte Besitzerin von Applegate ist die Gegenwart nur das Mittel aus Erinnerung und Zukunftsbewußtsein. Da sie glaubt, daß die Dinge das zeitlose Geheimnis des Lebens zu bewahren vermögen, hortet sie in einer Höhle ihres Gartens eine Fülle von Gegenständen, die ihr Vermächtnis an die Nachwelt darstellen. Die Antwort auf die Frage, ob diese Dinge wirklich wert sind, als Sinnträger einer vergangenen Zeit überliefert zu werden, versucht Dinah selbst zu finden, indem sie im Herbst des Lebens die Geister ihrer Kindheit heraufbeschwört.
Schon einmal, im Sommer 1914, hatte die damals elfjährige Dinah (Dicey) ein Vermächtnis hinterlassen. Sie und ihre Freundinnen Sheila (Skeikie) und Clare (Mumbo) vergruben im Garten der Internatsschule von St. Agatha eine mit den verschiedensten Dingen gefüllte Kiste, in die jede von ihnen zusätzlich einen vor den anderen geheimgehaltenen Gegenstand gelegt hatte. Um dieses Geheimnis zu lüften und damit gleichsam den Beweis für die Wirklichkeit ihrer Vergangenheit zu erhalten, arrangiert Dinah ein Wiedersehen mit den Schulfreundinnen. Bei ihrem von Vorbehalten und Mißverständnissen getrübten Treffen versuchen die drei alten Damen dort anzuknüpfen, wo sie als kleine Mädchen aufgehört haben. Doch der Brückenschlag über fünfzig Jahre gelebten Lebens hinweg gelingt nur Dinah. Nur sie erlebt die Vergangenheit als Gegenwart, durchlebt mit den verfeinerten Sinnen der die Zeit betrügenden, jugendlich gebliebenen Sechzigerin ihre Kindheit zum zweiten Mal: »... *es ist mehr als bloße Erinnerung. Man ist plötzlich mittendrin, genau im Mittelpunkt; alles geschieht um einen herum. Es ist – es ist verzehrend.*« Soviel Vorstellungskraft zu besitzen ist Geschenk und Gefährdung zugleich. Denn so intensiv das Erlebnis der wiedereroberten Vergangenheit ist – mit den tatsächlichen Kindheitserlebnissen hat es wenig zu tun. Es ist nachempfunden, ist nicht Wirklichkeit, sondern Traum, Fiktion. Ihrer Selbsttäuschung wird sich Dinah erst bewußt, als sie zusammen mit Sheila und Clare die Kiste ausgräbt, öffnet – und leer findet. Verstört versucht sie, sich damit abzufinden, aber aus dem zunächst als Spiel ersonnenen Ausflug in die Vergangenheit ist für sie längst Ernst geworden. An der Erkenntnis, daß ihre Rekonstruktion des Gewesenen auf einer falschen Einschätzung der Dinge beruht hat, zerbricht Dinah. Die leere Kiste wird zum Symbol ihres Lebens. »*Nichts ist mehr wirklich.*« Die leise Hoffnung, daß ihre kranke Seele sich aus der Verstrickung ins Zeitengefüge lösen und die alte Dame zu ihren Söhnen und Enkeln zurückfinden könnte, deutet sich am Ende des Buchs an.
Die Handlung charakterisiert diesen Roman am allerwenigsten. Wesentlicher ist, daß die Autorin das Bedeutungsvolle in Situationen erspürt, die sich als Bilder einprägen, in Vorgängen, Dingen, Begegnungen. Ein winkendes Mädchen am abendlichen Strand, eine schräg in der Rotbuche hängende Kinderschaukel, in der Abendsonne aufflammende, regenglitzernde Dahlien – solche Details fügt Elizabeth Bowen in einer subtil aussparenden Sprache dem größeren Sinnzusammenhang ein. Wie diese Sprache das Wesen des Geschehenden und des Geschehenen hinter den äußeren Ereignissen behutsam einkreist, wie sie das Unsagbare in den Beziehungen der Personen in Gesprächen transparent werden läßt – das ist der Erzählkunst Virginia WOOLFS verwandt. W.D.

AUSGABEN: Ldn. 1964. – Harmondsworth 1985.

ÜBERSETZUNG: *Die kleinen Mädchen*, H. Winter, Köln/Bln. 1965.

JANE AUER BOWLES

* 22.2.1917 New York
† 4.5.1973 Málaga

LITERATUR ZUR AUTORIN:
M. Dillon, *A Little Original Sin. The Life and Work of J. B.*, NY 1981; Ldn. 1988. – Dies., *The Three Exiles of J. B.* (in Confrontation, 27/28, 1984, S. 72–74). – B. Kronauer, *Dispens von der gebräuchlichen Welt* (in B. K., *Aufsätze zur Literatur*, Stg. 1987, S. 86–91). – E. Roditi, *Kleines Porträt J. B.s* (in J. B., *Eine richtige kleine Sünde*, Mchn./Wien 1988, S. 7–25).

IN THE SUMMERHOUSE

(amer.; *Ü: Im Sommerhaus*). Stück in zwei Akten von Jane BOWLES, Uraufführung: 1951; deutsche Erstaufführung: München, 17. 1. 1987, Residenztheater. – Das einzige Theaterstück der amerikanischen Autorin entstand in den Jahren seit 1947; es wird nur selten gespielt. Wie in allen ihren Werken geht es Jane Bowles auch hier um die Schicksale, Beziehungen und Gefühle vor allem von Frauen. Mit wenigen Worten und sparsamen Gesten gelingt ihr wirkungsvoll die Darstellung menschlicher Isoliertheit: Obgleich das Liebesbedürfnis der Figuren groß ist, scheitern ihre Versuche, sich einem Gegenüber zu öffnen, an Egozentrismus, mangelnder Verständigungsfähigkeit und den komplexbeladenen Persönlichkeitsstrukturen.

Die attraktive, verwitwete Mittvierzigerin Gertrude Eastman Cuevas lebt mit ihrer Tochter Molly in einem Haus an der südkalifornischen Küste; der Garten ist trotz aller Anstrengungen Gertrudes unfruchtbar geblieben, einzig das Geißblatt, das sich am Gartenhaus hochrankt, gedeiht. Dort ist Mollys Zufluchtsort, an dem sie sich versteckt, ihre Tagträume lebt und von dem aus sie sich die Vorwürfe ihrer Mutter anhört. Gertrude, eine verbitterte Frau, leidet unter einem schweren Vaterkomplex, der sie zu aufrichtiger Liebe unfähig macht: Obwohl ständig von ihrem Vater schwärmend, hat sie, wie sich am Ende herausstellt, nie verwinden können, daß dieser ihr die Schwester stets vorzog. So wehrt sie auch jegliche Zärtlichkeit Mollys brüsk ab.

Die beiden Frauen warten auf einen Sommengast, als der reiche Mexikaner Solares, der Gertrude den Hof macht, mit seiner Schwester, deren Tochter und drei Dienerinnen eintrifft und im Garten ein Picknick veranstaltet. Die unbekümmert sorglose Gruppe erscheint zusammen mit dem jugendlich-naiven Lionel als das krasse Gegenbild zu den zwanghaft beherrschten Gertrude. Erst Vivian Constable, der erwartete Sommergast, bringt Gertrude etwas außer Fassung. Die Fünfzehnjährige verkörpert in ihrer Exaltiertheit und ihrem Freiheitsdrang, der soweit geht, daß sie ihrer Mutter verbietet, sich in ihrer Nähe aufzuhalten, all das, was Gertrude nie sein durfte oder andere sein ließ. Vivian zeigt sich von allem hingerissen, besonders von Gertrude, deren Sympathie sie sich ebenso zu bemächtigen versucht, wie sie sofort Molly aus dem Gartenhaus vertreibt. Einen Monat später eskalieren im Anschluß an ein gemeinsames Strandpicknick aller die Spannungen zwischen den beiden Mädchen. Vivian hat Molly in der Gunst ihrer Mutter verdrängt und vereitelt auch Lionels Liebeserklärung an Molly. Es bleibt ungesagt, was geschieht, nachdem die beiden Mädchen in Richung der Klippen verschwunden sind. Gertrude und Mrs. Constable wissen zwar instiktiv, was passiert ist, allgemein nimmt man aber an, daß Vivian in ihrem Übermut infolge eines Fehltritts von den Klippen zu Tode gestürzt ist. Nach der Doppelhochzeit zwischen Gertrude und Mr. Solares und zwischen Molly und Lionel läßt Gertrude ihre Tochter, die in einem letzten verzweifelten Versuch sich der Liebe ihrer Mutter versichern will und nicht gehen lassen will, erbarmungslos bei Lionel zurück.

Der zweite Akte spielt in der Hummerbar, wo Lionel und Molly in den Tag hineinleben und Mrs. Constable ihre Verzweiflung über Vivians Tod im Alkohol ertränkt. Molly wehrt die Bestrebungen Lionels, andernorts ein ausgefüllteres Leben anzufangen, sowie die Ermahnungen der Barbesitzerin Inez gereizt ab. Auch die Ermunterungen von Vivians Mutter Mrs. Constable, die Mollys Tragik durchschaut und ihr durch ihr Schweigen gleichsam verzeiht, fruchten nichts. Molly wartet auf die noch immer angebetete Mutter, deren Rückkehr ihr allerdings zur großen Enttäuschng wird. In ihrem allgemeinen Verhalten ganz die alte, schlägt Gertrude ihrer Tochter gegenüber plötzlich einen liebevollen Ton an, an dem diese ihr Idol nicht wiedererkennt. In der daraus resultierenden Auseinandersetzung schlägt Gertrude Molly mit ihrer Drohung, den Mord an Vivian aufzudecken, endgültig in die Flucht und bleibt als psychisches Wrack zurück.

Die Spannung des Stücks beruht weniger auf einer dramatischen Handlung als vielmehr der Fähigkeit der Autorin, die Figuren aus dem, was sie nicht zu artikulieren vermögen, zu charakterisieren; der eigentliche, tragische Kampf um Liebe und Verständnis wird stumm hinter dem banalen Wortgeplänkel ausgetragen; die Wirkung der Dialoge liegt in ihrem Ton, nicht ihrem Inhalt. Bowles darf mit diesem Stück durchaus als (wenn auch leider ohne Einfluß gebliebene) Vorläuferin des spätestens in den fünfziger Jahren aufkommenden Theaters des Absurden und der »*absence*« gelten. M.Ho.

AUSGABEN: 1947 (in Harper's Bazaar, April; 1. Akt.). – Mead 1954 (in *Best Plays of 1953–1954*, Hg. L. Kronenberger). Santa Barbara 1976 (in *Feminine Wiles*). – NY 1978 (in *My Sister's Hand in Mine. An Expanded Edition of the Collected Works of Jane Bowles*).

ÜBERSETZUNG: *Im Sommerhaus*, F. Roth (in Theater heute, 3, 1987, S. 60–73). – Dass. (in J. B., *Eine richtige klei..e Sünde*, Mchn./Wien 1988).

LITERATUR: C. B. Sucher, Rez. (in SZ, 19. 1. 1987). – R. Schostack, Rez. (in FAZ, 21. 1. 1987).

TWO SERIOUS LADIES

(amer.; *Ü: Zwei ernsthafte Damen*). Roman von Jane BOWLES, erschienen 1943. – Das zwischen 1939 und 1942 entstandene Erstlingswerk der Autorin sollte ihr einziger vollendeter Roman bleiben. Die Rezensenten reagierten negativ und taten das Werk als zusammenhanglos und unverständlich ab. Auf Begeisterung hingegen stieß es in dem Intellektuellen- und Künstlermilieu, in dem Jane Bowles verkehrte und wo sie als großes Talent galt. Der Publikumserfolg blieb jedoch aus, und der Roman geriet weitgehend in Vergessenheit. Erst in den letzten Jahren wurde er wiederentdeckt und erfuhr – wie auch das Gesamtwerk der Autorin – viel Anerkennung bis hin zu seiner Einstufung als »*Meilenstein in der amerikanischen Literatur des 20. Jh.s*« (A. Sillitoe).

In der Tat läßt sich in *Two Serious Ladies* eine zielgerichtete Geschichte kaum ausmachen. Im Mittelpunkt des Geschehens stehen die beiden »*ernsthaften Damen*«, Christina Goering und Frieda Copperfield, die beiden auf den ersten Blick nicht viel gemein haben; ihre persönlichen Geschicke werden denn auch in zwei voneinander völlig unabhängigen Handlungssträngen erzählt. Schon als Kind unbeliebt, ist die einer reichen Familie entstammende Christina Goering eine unsympathische, entschlossene und ohne Rücksicht auf andere ihr Ziel verfolgende Frau. Worin dieses Ziel, »*ihre eigene kleine Idee der Erlösung*«, eigentlich besteht, bleibt jedoch im dunkeln. Es wird lediglich angedeutet, daß eine Art religiöser Fanatismus, das Bestreben, sich und andere von Schuld reinzuwaschen und sich einem Zustand der Heiligkeit anzunähern, ihr Antrieb sind. Eines Tages gibt sie ihr bequemes Leben auf, verkauft ihren Besitz und zieht sich mit einer finanziell von ihr abhängigen Gesellschafterin in ein abgelegenes, heruntergekommenes Haus zurück. Von dort unternimmt sie zwanghaft Ausflüge in die schmutzigen Bars der benachbarten Stadt, lernt dabei den haltlosen Andy kennen, den sie – die sich nie erkennbar für Männer interessierte – unerklärlicherweise sofort bei sich aufnimmt und nach einer Woche ebenso grundlos und gelangweilt wieder hinauswirft. Gleich darauf hängt sie sich an den offenbar in Unterweltgeschäften tätigen Ben, von dem sie denkbar schlecht behandelt und kaum beachtet wird.
Scheinbar das krasse Gegenteil Christinas ist Mrs. Copperfield, die als schwach und ängstlich beschrieben wird und sich immer von neuem vor sich selbst beweisen muß. Bei ihrem einzigen Bestreben, »*glücklich zu sein*«, unternimmt sie mit ihrem Gatten eine Reise nach Mittelamerika. Sie landen in einem Hotel des Bordellviertels einer Hafenstadt. Nach anfänglicher Unsicherheit beginnt Mrs. Copperfield, sich mit ihrer neuen Umgebung und deren Bewohnern anzufreunden. Sie wird schließlich völlig von der Prostituierten Pacifica abhängig und verläßt ihren Mann. – Als sich die beiden Protagonistinnen am Ende des Romans in New York wiederbegegnen, erklärt Mrs. Copperfield, alkoholsüchtig und ziemlich heruntergekommen, mit Pacifica endlich das lang ersehnte Glück gefunden zu haben, während Miss Goering, obwohl plötzlich auf unbestimmbare Weise desillusioniert, sich dem erstrebten Zustand der Heiligkeit näher glaubt.
Der autobiographisch gefärbte Roman (Bowles soll gewisse Ähnlichkeit mit Mrs. Copperfield gehabt haben, reiste z. B. auch in Mittelamerika) lebt von der Fähigkeit der Autorin, zwei an sich banale Schicksale völlig nüchtern und sachlich zu beschreiben, dabei mit ihrer scheinbar schnörkellosen, in Wirklichkeit aber hinterhältig verräterischen Sprache, die Figuren zu ironisieren und ihr Verhalten zu decouvrieren; der Leser kann sich der daraus resultierenden Komik nicht entziehen, obgleich er sich im Grunde mit gescheiterten, bedauernswerten Figuren konfrontiert sieht. M.Ho.

AUSGABEN: NY 1943. – Ldn. 1965. – NY 1966 (in *The Collected Works*). – Santa Barbara 1976 (in *Feminine Wiles*). – NY 1978 (in *My Sister's Hand in Mine. An Expanded Edition of the Collected Works of Jane Bowles*). Ldn. 1979.

ÜBERSETZUNG: *Zwei ernsthafte Damen*, A. Dormagen, Mchn./Wien 1984; ern. Mchn. 1986.

LITERATUR: J. Kraft, *J. B. as Serious Lady* (in Novel, 1, 1968, S. 273–277). – T. Williams, Einleitung zu J. Bowles, *Feminine Wiles*, Santa Barbara 1974. – F. de Plexis Gray, Einleitung zu J. Bowles, *Two Serious Ladies*, Ldn. 1979.

PAUL BOWLES

* 30.12.1910 Long Island

LITERATUR ZUM AUTOR:
John W. Aldridge, *After the Lost Generation: A Critical Study of the Writers of Two Wars*, NY 1951, S. 184–193. – L. D. Stewart, *P. B.: The Illumination of North Africa*, Carbondale/Ldn. 1974. – M. Bertens, *The Fiction of P. B.: The Soul Is the Weariest Part of the Body*, Amsterdam/Atlantic Highlands 1979. – *P. B. Coleman Dowell Number* (in Review of Contemporary Fiction, 2, 1982, Nr. 3; Sondernr.). – C. Rainwater, ›*Sinister Overtones*‹ ›*Terrible Phrases*‹: *Poe's Influence on the Writings of P. B.* (in Essays in Literature, 11, 1984, Nr. 2, S. 253–266). – W. Pounds, *P. B.: The Inner Geography*, NY 1985. – *P. B. Issue* (in TCL, 32, 1986, Nr. 3/4; Sondernr.). – R. F. Patteson, *A World Outside: The Fiction of P. B.*, Austin 1987.

THE SHELTERING SKY

(amer.; Ü: *Himmel über der Wüste*). Roman von Paul BOWLES, erschienen 1948. – Unter dem Einfluß des französischen Existentialismus schrieb Bowles mehrere vielbeachtete Romane über Amerikaner auf der Flucht vor der westlichen Zivilisation. Als Schauplatz für die Werke *The Sheltering Sky*, *Let It Come Down*, 1952 (*So mag er fallen*), und *The Spider's House*, 1955 (*Das Haus der Spinne*), wählte der zeitweilig in Marokko ansässige Autor Nordafrika.
Von Existenzangst getrieben, reist das Ehepaar Port und Kit Moresby durch die Welt und versucht schließlich, unter dem »schützenden Himmel« der Sahara zu den elementaren Kräften des Lebens zurückzufinden. Doch das Nordafrika, das die beiden kennenlernen, ist gewalttätig und erbarmungslos, in seiner »Primitivität« ebenso ausgehöhlt wie die Zivilisation, die sie hinter sich gelassen haben. Vom gemeinsamen Afrikaerlebnis erhoffen sich die

beiden eine Erneuerung ihrer inhaltslos gewordenen Ehe. Aber noch vor dem Aufbruch in die Sahara läßt sich Port mit einem einheimischen Mädchen ein. Als er dann auf Einladung zweier exzentrischer englischer Touristen per Auto nach Boussif fährt und seine Frau in Begleitung des naiv-törichten Amerikaners Tunner mit der Bahn nachkommen läßt, gibt sich Kit diesem hin. Die anschließende Fahrt in die Wüste wird für die Moresbys zur Reise ins Nichts. Ports körperlicher Verfall (er erkrankt an Typhus) entspricht seinem geistigen Niedergang: Ihm, dessen Seelenlandschaft bereits einer Wüste gleicht, weil er die Fähigkeit zu Mitgefühl und Liebe verloren hat, hat die wirkliche Wüste nichts anderes zu bieten als den Tod, einen Tod, der so sinnlos ist wie sein Leben. Kit hat sich jene Fähigkeit zwar bewahrt, aber nach Ports Tod wird die von Schuldgefühlen Gequälte zur Gefangenen ihrer immer hemmungsloseren Sinnlichkeit. Sie schließt sich der Karawane zweier arabischer Händler an, wird von beiden mißbraucht und gelangt schließlich in den Harem des Jüngeren, dem sie völlig hörig wird. Als Belquassim sie zu vernachlässigen beginnt, flieht sie und wird an die Küste zurückgebracht. Jetzt könnte sie das fremde Land verlassen, aber sie hat inzwischen jeden Kontakt zu ihrer einstigen Umwelt verloren. Der Wahnsinn ergreift Besitz von ihr, und zwischen Wüste und Meer verliert sich ihre Spur.

Vor dem symbolträchtigen exotischen Hintergrund transponiert Bowles in einer eindringlich bildhaften Sprache D. H. LAWRENCES Thema von der Suche des zivilisationsmüden Menschen nach einem neuen Mysterium des Lebens in die geistige Krise nach dem Zweiten Weltkrieg, wobei er freilich nur die Symptome dieser Krise darstellt und auf ihre Ursachen nicht eingeht. Den Mangel an Spannungseffekten im Schicksal der Protagonisten, die fast widerstandslos von metaphysischer Verzweiflung in physische Hilflosigkeit treiben, versucht der Autor durch den Rückgriff auf Motive des Schauerromans (unheilgeschwängerte Schauplatzatmosphäre, grauenerregende Symbolik) wettzumachen. J.v.Ge.

AUSGABEN: NY 1948. – NY 1968.

ÜBERSETZUNG: *Himmel über der Wüste*, M. Wolff, Hbg. 1952.

LITERATUR: L. M. Cecil, *P. B.' »Sheltering Sky« and Arabia* (in Research Studies, 42, 1974, S. 44–49). – J. Shir, *The Black Star: P. B.' »The Sheltering Sky«* (in Arbeiten aus Anglistik und Amerikanistik, 8, 1983, Nr. 1, S. 67–78). – A. Talmor, *Beyond ›Wedlock‹ and ›Hierogamy‹: Non-Marriage in Modern Fiction* (in Durham Univ. Journal, 77, 1984, Nr. 1, S. 79–85). – S. Pinsker, *Post-War Civilization and Its Existential Discontents: P. B.' »The Sheltering Sky«* (in Crit, 27, 1985, S. 3–14; vgl. ebd., S. 15–36). – M. G. Williams, *›Tea in the Sahara‹: The Function of Time in the Work of P. B.* (in TCL, 32, 1986, Nr. 3/4, S. 408–423).

TADEUSZ BOY-ŻELEŃSKI

d.i. Tadeusz Żeleński
* 21.12.1874 Warschau
† 3/4.7.1941 Lemberg

LITERATUR ZUM AUTOR:
W. Borowy, *B. jako tłumacz* (in *Studia i rozprawy*, Breslau 1952, Bd. 2). – A. Stawar, *T. Ż. (B.)*, Warschau 1958. – S. Sterkowicz, *B., lekarz, pisarz, społecznik*, Warschau 1960. – R. Zimand, *Trzy studia o B.*, Warschau 1961; ²1974 [verb. u. erg.]. – B. Winklowa, *T. Ż. (B.). Twórczość i życie*, Warschau 1967 [m. Bibliogr.]. – Teatr, 1973, Nr. 24 (Sondernr.). – Człowiek i światopogląd, 1974, Nr. 3 (Sondernr.). – A. Makowiecki, *T. Ż. (B.)*, Warschau 1974. – Przegląd humanistyczny, 1975, Nr. 5 (Sondernr.). – H. Markiewicz, *B. w kraju swej młodości: szkic do portretu B. – prozaika* (in H. M., *W kręgu Żeromskiego*, Warschau 1977). – W. Natanson, *B.-Ż., opowieść biograficzna*, Warschau ²1983.

OBRACHUNKI FREDROWSKIE

(poln.; *Abrechnungen über Fredro*). Literaturkritische Polemik von Tadeusz BOY-ŻELEŃSKI, erschienen 1934. – Das mit spitzer Feder geschriebene Werk des bedeutenden Publizisten und Theaterkritikers behandelt die »*verschiedenen Phasen des postmortalen Lebens*« Aleksander FREDROS (1793? bis 1876), des Schöpfers der originalen polnischen Komödie. Sein Gegenstand ist nicht so sehr das Schaffen des großen Dichters selbst, als vielmehr die engagierte Auseinandersetzung mit den »Fredrologen« der offiziellen – amtlichen oder professoralen – Literaturkritik. Neben dieser Polemik enthält der erste Hauptteil des Buches eine Erörterung der literarhistorischen Bedeutung Fredros, der zweite faßt Rezensionen von Aufführungen der Werke Fredros seit 1919 zusammen.

Der herrschenden Theaterkritik wirft der Autor vor allem mangelnden Kontakt zur Bühne (»*Zuerst ist das Theater und die Notwendigkeit, die eigenen Eindrücke immer wieder frisch aufzunehmen*«) und fehlenden Mut zur Eigenständigkeit vor. Ängstlich um Konsequenz und Kontinuität des eigenen Denkens bemüht, scheue sich der Kritiker, frühere Äußerungen zu revidieren: »*Eher gesteht ein Dieb, daß er gestohlen, als ein Professor, daß er Unsinn geredet hat.*« Dieser Schule, deren Hauptbeschäftigung die Kultivierung der eigenen Tradition darstellt, setzt der Autor die Forderung nach der bewußten Fruchtbarmachung der Subjektivität der Kritik entgegen, welche in der konstitutiven, schöpferischen Rolle des Betrachters bei der Erstehung des Bühnenkunstwerks begründet ist. Diese Subjektivität ist zunächst erkenntnistheoretischer Natur; sie gleicht einem Prisma, das die von dem Kunst-

werk ausgehenden Strahlen von Betrachter zu Betrachter verschieden bricht. Wesentlicher aber ist das subjektive Moment, welches in der Geschichtlichkeit des Kritikers beschlossen liegt, der sich und sein Urteil nach Maßgabe des individuellen und des allgemeinen Schicksals wandelt. *»Das Bühnenwerk tritt jedesmal neu ins Leben. Es ersteht aus dem Zusammenwirken vieler Elemente: des Autors, der Schauspieler, des Publikums, der Umstände, schließlich des überaus wichtigen Mitautors, der Zeit.«* Im notwendigen Zusammentreffen dieser Momente ist die Wandelbarkeit des Kunstwerks begründet, um so mehr, als auch die Intention des Autors keine objektive Gegebenheit, sondern der analytischen Fähigkeit des Kritikers unterworfen ist. *»Das Werk spricht in einem fort etwas anderes aus; was der Autor sagen wollte - wissen wir denn, ob er es weiß?«*
In der Auseinandersetzung mit einer scholastischen Literaturkritik verständlich, ist die Ausschließlichkeit, mit der der Autor die gestalterische Funktion des subjektiven Moments in der Rezeption des literarischen Kunstwerks hervorhebt, gleichwohl übertrieben. Die extreme Position seiner Polemik hat zusammen mit der Orientierung seiner Theaterrezensionen an häufig abgelegenen Problemen der Literaturwissenschaft bewirkt, daß sein Werk von nur noch bedingtem Wert für die moderne Literaturkritik geblieben ist. J.Mr.

AUSGABEN: Warschau 1934. - Warschau 1953 [Vorw. H. Markiewicz]. - Warschau 1956 (in *Pisma*, Hg. ders., Ser. I, Bd. 5).

LITERATUR: W. Kubacki, *Fredro na wokandzie* (in Gazeta Polska, 1935, Nr. 316). - I. Sikora, *O »Obrachunkach fredrowskich«* T. B.-Ż. (in Ruch Literacki, 17, 1976, H. 5).

ZNASZLI TEN KRAJ? Cyganeria krakowska (poln.; *Kennst du das Land? Krakauer Künstlerwelt*). Essaysammlung von Tadeusz BOY-ŻELEŃSKI, erschienen 1932. - Der Sammelband schreibt *»die Legende der Stadt der Maler, der Stadt der Kirchenfenster, der Stadt der Poesie, der Stadt der Gräber, der Stadt des Lebens, der Stadt der Kunst - Krakaus«.* Anlaß zur Niederschrift der 1930/31 in verschiedenen Zeitschriften publizierten Beiträge bot die 25Jahrfeier der Gründung des Krakauer Künstlerkabaretts »Zielony Balonik« (»Grüner Ballon«) in »Michaliks Höhle«. Den romantischen Titel des Bandes entnahm der Autor GOETHES von Stanisław Moniuszko vertontem *Mignon-Lied* (1783/84). Von der wehmütigen Intonation des Liedes sind die Erinnerungen an das Krakau seiner Jugendzeit getragen, das, vom feudalen Österreich beherrscht, eine in Europa einzigartige Aristokratenkolonie darstellte. Mit PAWLIKOWSKIS Theater und vor allem mit der Ankunft PRZYBYSZEWSKIS (1898) beginnt die künstlerische Verwandlung der Stadt, deren Höhepunkt der »Zielony Balonik« bedeutet. Hier treffen sich zum *»kollektiven Lachen«* die Künstler der Stadt, deren Porträts liebevoll, wenngleich nicht ohne Ironie gezeichnet sind. Vor dem Hintergrund der zeitgenössischen Gesellschaft erzählt, entbehrt die *»lediglich mit dem Auge des Künstlers«* betrachtete Welt doch jeder politischen Dimension. *»Man sieht und spürt den Okkupanten nicht«* (Polewka), ein Umstand, den insbesondere die marxistische Literaturkritik des Landes rügte. Gleichwohl gilt der Sammelband unbestritten als ein *»Gipfel in der literarischen Erzählkunst, ein Kunstwerk von unvergänglicher Anmut«* (Polewka). E.J.K.

AUSGABEN: Warschau 1932. - Warschau 1939. - Krakau 1945. - Hannover 1946. - Krakau 1955 [Nachw. A. Polewka]. - Warschau 1956 (in *Pisma*, Hg. H. Markiewicz, Bd. 2). - Krakau 1962.

LITERATUR: S. Estreicher (in Czas, 1931, Nr. 287). - S. Kawyn (in Słowo Polskie, 1931, Nr. 353). - A. E. Balicki (in Dwutygodnik Literacki, 1932, Nr. 4). - A. Grzymała-Siedlecki (in Ilustrowany Kurier Polski, 1946, Nr. 141). - K. Wyka, *B. świadkiem Berenta* (in Dziennik Polski, 1946, Nr. 110). - L. Banaszkiewicz (in Polonistyka, 1950, Nr. 3/4, S. 100/101).

MARTIN A'BECKETT BOYD

* 10.6.1893 Luzern
† 3.6.1972 Rom

LITERATUR ZUM AUTOR:
K. Fitzpatrick, *M. B. and the Complex Fate of the Australian Novelist*, Canberra 1953. - G. A. Wilkes, *The Achievement of M. B.* (in Australian Literary Criticism, Hg. G. Johnston, Melbourne 1962, S. 158-168). - K. Fitzpatrick, *M. B.*, Melbourne 1963. - A. L. French, *M. B.: An Appraisal* (in Southerly, 26, 1966, S. 219-234). - Th. Herring, *M. B. and the Critics: A Rejoinder to A. L. French* (ebd., 28, 1968, S. 127-140; Sondernr. *B.*). - L. Kramer, *The Seriousness of M. B.* (ebd., S. 91-109). - D. Green, *From Yarra Glen to Rome: M. B., 1893-1972* (in Meanjin, 31, 1972, S. 245-258). - B. Niall, *M. B.*, Melbourne 1974. - H. Heseltine, *Australian Fiction since 1920* (in The Literature of Australia, Hg. G. Dutton, Ringwood ²1976, S. 196-247). - W. Gould, *The Family Face: M. B.s Art of Memoir* (in Australian Literary Studies, 7, 1976, S. 269-278). - S. McKernan, *Much Else in Boyd: The Relationsship Between M. B.s Non-Fiction Work and His Later Novels* (in Southerly, 38, 1978, S. 309-330). - B. Niall, *M. B.*, Melbourne 1977 [Bibliogr.]. - B. McFarlane, *M. B.s Langton Novels*, Port Melbourne 1980. - A. Stewart, *The Search for the Perfect Human Type: Women in M. B.s Fiction* (in Who Is

She?, Hg. S. Walker, St. Lucia 1983, S. 118–135). – A. P. Riemer, *This World, the Next, and Australia – the Emergence of a Literary Commonplace* (in Southerly, 44, 1984, S. 251–270). – P. M. St.Pierre, *M. B.: The Last Years* (ebd., S. 441–453).

LUCINDA BRAYFORD

(engl.; *Lucinda Brayford*). Roman von Martin a'Beckett BOYD (Australien), erschienen 1946. – Mit diesem großangelegten, vor allem auch in seiner Humanität bewundernswerten Roman kehrt Boyd nach zwei Jahrzehnten zur Welt seiner *Montforts* (1928) zurück, zu der Chronik einer wohlhabenden Melbourner Familie, deren Mitglieder zwischen Australien und England hin- und herreisen; es ist eine Welt, die den nach Abstammung und Wesen selbst zwischen den beiden Kulturen stehenden Autor in Australien nie wirklich populär werden ließ. – Das stoff- und figurenreiche Buch – sein etwas altväterisch-gelassenes episches Tempo täuscht über die Zeitraffung hinweg – spannt einen Bogen über vier Generationen, von der zweiten Hälfte des 19. Jh.s bis zum Zweiten Weltkrieg. Ohne die herkömmliche Erzähltechnik zugunsten eines Ich-Romans oder einer experimentellen Form aufzugeben, arbeitet Boyd doch mit einem deutlich akzentuierten Wechsel der Perspektive, die dem Leser jeweils eine Hauptfigur näherrückt, während Reaktionen und Empfindungen der übrigen Figuren – da kein allwissender Erzähler im Spiel ist – weitgehend im dunkeln bleiben.

Die ungleichen Ahnherrn der Titelheldin sind William Vane und Aubrey Chapman, die beide letztlich wegen der Folgen eines törichten Cambridger Studentenstreichs der leichtlebigen Vane England verlassen und nach Australien auswandern. Ihre Kinder Fred und Julie heiraten, und nach anfänglichen Rückschlägen und entbehrungsreichem Pionierleben auf dem Lande nimmt mit dieser Generation, Lucindas Eltern, der Aufstieg der Familie Vane in die Melbourner Gesellschaft seinen dynamischen Fortgang und findet mit dem Kauf der prunkvollen Pseudorenaissance-Villa Tourella in Toorak und mit Lucindas Heirat mit dem englischen Aristokraten Captain Hugo Brayford, Aide-de-Camp des Gouverneurs, seine geradezu symbolhaften Höhepunkte. Dieser erste Teil des Romans wird vorwiegend aus dem Blickwinkel von Lucindas gesellschaftlich ehrgeiziger Mutter Julie erzählt. Wie die als Hätschelkind des Schicksals aufgewachsene Lucinda, die mit Hugo auf den malerischen Landsitz Crittenden nach England zieht, beinahe selbstverständlich in ihre neue Stellung hineinwächst, wie sie sich mit ihrer Umgebung und der bereits im Niedergang befindlichen, bis zur Skurrilität eigenwilligen, aber sympathischen Familie ihres sinnlichen, egoistischen Mannes auseinandersetzt, wie sie Hugos Untreue entdeckt und in ihrer romantischen Affäre mit Hugos Freund Pat Lanfranc erneut desillusioniert wird, wie Hugo, im Weltkrieg schwer verwundet und entstellt, noch eine Zeitlang dahinvegetiert – all das wird durch das Prisma von Lucindas ungewöhnlicher Sensibilität erlebt. Im letzten Teil des Romans steht Lucindas einziges Kind, der begeisterungsfähige, bis zur Lebensuntüchtigkeit sensitive Stephen im Mittelpunkt. Dem Wesen nach ein Aristokrat, ohne Beruf und Berufung, von seiner genußsüchtigen Kusine Heather nach kurzer Ehe betrogen, fühlt er sich, nachdem er mutig an der Hilfsaktion zur Evakuierung der englischen Truppen aus Dünkirchen teilgenommen hat, von der Bestialität des Krieges abgestoßen und bekennt sich (in seinem unheroischen Mut ein Ausdruck von Boyds tiefverwurzelter Überzeugung, daß sich staatliches und moralisches Recht nicht immer decken) aus Gewissensgründen als Dienstverweigerer. Stephen stirbt, versöhnt, an den Folgen der in der Haft erlittenen Mißhandlungen; seine Asche wird – ein etwas gezwungen wirkender Rückgriff auf den Anfang des Buchs – in Cambridge an der gleichen Stelle in den Fluß gestreut, wo fast ein Jahrhundert vorher sein Urgroßvater Vane seinen Kommilitonen Chapman in trunkenem Übermut ins Wasser geworfen hatte.

Lucinda Brayford gehört in den weiteren Zusammenhang der in anderen Werken Boyds voller entwickelten anglo-australischen Ambivalenz, der geteilten Loyalitäten. Aber das Schwergewicht des Romans liegt auf dem Innenleben der Hauptgestalten, deren Charaktere Boyd mit subtiler Psychologie herausmodelliert und über das Typenmäßige erhebt. Besonders brilliert der Autor als scharfsichtiger satirischer Chronist der High Society – der erste Teil evoziert mit außergewöhnlicher Treffsicherheit des Dialogs und der beschreibenden Vignette das Melbourner Gesellschaftsleben vor dem Ersten Weltkrieg. Doch in *Lucinda Brayford* – nicht zuletzt eine eindringliche Studie der Umschichtung sozialer Ordnungen, des Niedergangs Englands im Zeitraum der beiden Weltkriege, der Auflösung einer Boyd besonders kongenialen Klasse – mischt sich ein elegischer Ton in das Lachen der sozialen Komödie. – Schreibt Boyd in diesem Buch gewissermaßen die *Montforts* neu, so ist das Ergebnis, das die reifste Phase seines Schaffens einleitet, weniger episodisch, mehr phantasievoller Charakterroman als bloß farbiges Gemälde einer Periode. Die Eleganz des geistreich verhaltenen, bisweilen leicht manierierten Stils, die anspruchsvolle Differenziertheit dieser der *novel of manners* verwandten Kunst verhalfen dem Roman vor allem in England und Amerika zu einem starken Erfolg. Für Boyd selbst steht und fällt mit diesem Buch, das manche Kritiker zu den bedeutendsten englischsprachigen Romanen dieses Jahrhunderts gezählt, andere als langweilig, in Diktion wie Handlung konventionell und verstaubt abgelehnt haben, sein Anspruch auf internationale Beachtung. »*Wenn es nicht gut ist, tauge ich als Schriftsteller nichts*«, schrieb er 1964 in der Zeitschrift ›Meanjin‹. Mag der Wechsel der Hauptpersonen und Schauplätze die Einheit des Romans beeinträchtigen – hier werden vielleicht die Grenzen von Boyds imposanter tektonischer Begabung sichtbar –, so ist *Lucinda Brayford* doch unstreitig ein Werk von Rang, das individuelle Geschicke überzeugend mit Zeitereignissen verwebt und die Intellektualität, vor allem aber auch die idealistische Menschlichkeit des Autors spiegelt. J.H.T.

AUSGABEN: Ldn. 1946. – NY 1948. – Ringwood 1985 (Penguin; Einl. D. Green).

LITERATUR: K. Fitzpatrick, »*Lucinda Brayford*« by M. B. (in Meanjin, 8, 1949, Nr. 3, S. 186–188). – H. Heseltine, *Australian Fiction since 1920* (in *The Literature of Australia*, Hg. G. Dutton, Harmondsworth 1964, S. 181 ff.; bes. S. 214 f.). – D. Green, »*The Fragrance of Souls«: A Study of »Lucinda Brayford«* (in Southerly, 28, 1968, S. 110–126). – W. S. Ramson, »*Lucinda Brayford«: A Form of Music* (in *The Australian Experience: Critical Essays on Australian Novels*, Hg. ders., Canberra 1974, S. 209–228). – K. Moon, *Pulp Writing and Coincidence in M. B.s »Lucinda Brayford«* (in Southerly, 38, 1978, S. 183–193). – P. Dobrez, *Guzzling with Grace* (in Bulletin, Dez. 1980, S. 147–150).

THE MONTFORTS

(engl.; *Die Montforts*). Roman von Martin a'Beckett BOYD (Australien), erschienen 1928 unter dem Pseudonym »Martin Mills«. – Der nach *Love Gods* (1925) und *Brangane* (1926) letzte Roman, den Boyd unter einem Pseudonym veröffentlichte, machte die Öffentlichkeit auf einen Autor von Rang aufmerksam, dem im Erscheinungsjahr der *Montforts* die Goldmedaille der Australian Literary Society verliehen wurde. Man muß sich hüten, in dem bereits in diesem Roman auftauchenden »*Gefühl der doppelten Entfremdung*« (B. Niall), in der geographischen und kulturellen »Schizophrenie«, im rastlosen Orts- und Perspektivenwechsel zwischen England und Australien, im *complex fate* (ein Ausdruck von Henry JAMES, mit dem Boyd nach Meinung mancher Kritiker, z. B. H. Heseltine, eine gewisse Verwandtschaft aufweist) das monotone, mit einem fast aufdringlichen autobiographischen Element verquickte Hauptthema von Boyds Gesamtwerk erkennen zu wollen. Der Autor, ein feinnerviger, seit 1957 in Rom lebender Wanderer zwischen den Welten, ein Schriftsteller im Exil wie Christina Stead, hat zweifellos in den *Montforts* und in späteren Werken den ernsthaften Versuch unternommen, sein geteiltes Erbe, die gespaltenen Loyalitäten, die spannungsreiche englisch-australische Ambivalenz zu analysieren und ohne Tendenz und ohne Zerrissenheit (man vergleiche dazu sein autobiographisches Buch *Day of My Delight*, 1965) zu tieferem Verständnis dieser kosmopolitischen Mehrpoligkeit vorzudringen, die seinen anglo-australischen Romanen besonderes Gewicht verleiht. Die bleibende Bedeutung der *Montforts* – zeitlich das weitgespannteste seiner Werke – liegt aber weit mehr in der spezifisch australischen, den herablassenden Unterton des Exotisch-Kuriosen vermeidenden Orientierung. Zwar schafft Boyd durch seine Distanzierung von Konventionen und Stimmungsgehalt der die »australische Legende« verherrlichenden Pionier- und Familiensaga eher einen entheroisierten, unpathetischen »Anti-Heimatroman« von psychologischem Raffinement und sozialer Exklusivität. Aber gerade in den *Montforts* scheint Australien vor dem Hintergrund kulissenhaft verfremdeter europäischer Lokalitäten in einer vitalen Frische auf, die überzeugender als patriotische Manifeste das Heranreifen einer nationalen Identität spiegelt.

Avantgardistischen Experimenten abhold, aber konservativen Erzähltechniken neue Nuancen abgewinnend, entwirft Boyd in diesem Stadt-Roman, mit dem er die ihm kongeniale historische Periode und Gesellschaftsklasse entdeckt, das Porträt eines Jahrhunderts. Allerdings dürfte er die Tragfähigkeit der ihm zusagenden Chronikform durch eine erdrückende Stoff- und Gestaltenfülle überfordert haben (obwohl A. Mitchell konstatiert: »*at his best, no Australian novelist rivals B. in his narrative control*«), so daß die Stärke des Romans in der kleinen Einheit, der emotionsgeladenen Szene, der scharf konturierten menschlichen Beziehung liegt und nicht im Kaleidoskopisch-Panoramischen. Den erlebnismäßigen und geistigen Kern der etwas sprunghaften Familiensaga bilden Boyds jenseits von Klassen- und Kastenmerkmalen angesiedelte Konzeption des Aristokratischen und sein ausgeprägter Sinn für die eigene Familientradition, in deren wiederholter romanhafter Gestaltung (der Kritiker C. Hadgraft hat angesichts dieses Familienkults und der oft nur leicht variierten und verschlüsselten Ahnenbilder von »literarischem Kannibalismus« gesprochen) Schwerpunkt und Grenze seiner Begabung sichtbar werden, auch wenn seine Romane weit stärker von künstlerischen als von biographischen Faktoren geprägt sind. Der Vorwurf, Boyds offensichtliche Faszination durch das Phänomen der Vererbung behindere die Charakterzeichnung (die sich bei der chronikalischen Kondensierung der *Montforts* ohnedies nicht voll entfalten kann) und stelle das Geschehen unter die Zeichen von Dekadenz und Determinismus, ist verständlich, aber unberechtigt. In Boyds fundierter Darstellung der Assimilierung einer Zähigkeit mit Eleganz verbindenden Familie in einem sich wandelnden Australien verschmilzt die Modifizierung erblicher Anlagen unter ungewohnten Existenzbedingungen mit historischen Wachstumsvorgängen. So halten sich in den *Montforts* Aufstieg und Versanden, Verfeinerung zum Morbid-Verwundbaren und Etablierung in respektabler Normalität, individuelles Streben und überpersönliche Beiträge zur Gemeinschaft, ererbte Haltungen und Freiheit der Entscheidung das Gleichgewicht und gehen auf in den übergreifenden Bildern des nicht abreißenden Lebensstroms, des zyklischen Rhythmus, der (trotz struktureller Einschnitte) betonten Einheit des Lebens.

Die weitverästelte Handlung des Romans (von Boyd selbst *pseudo-Galsworthian* genannt), dessen barocker Personenreichtum die Beigabe einer genealogischen Tabelle nötig macht, läßt sich nicht resümieren; sie umspannt die Schicksale mehrerer Generationen und Zweige der vornehmen Familie der Montforts of Farleigh-Scudamore, von der Auswanderung Simons und Henrys nach Port Phillip in der ersten Hälfte des 19. Jh.s bis zur Zeit nach dem Ersten Weltkrieg und der Verbindung des intellektualistischen, vom Autor mit besonderer Anteilnahme gezeichneten Raoul mit seiner Kusine Madeleine. In Charakter und Temperament dieser Liebenden verrät sich, wie bereits in früheren kritisch veranlagten »Rebellen«-Gestalten der Sippe, das eigenwillige Erbe (vgl. den Titel der amerikanischen Ausgabe) der leidenschaftlichen Madeleine du Rémy des Baux, die, vom Geistlichen Simon, dem Großvater der Auswanderer, verführt, eine Zweckheirat mit ihm einging und dann mit einem Offizier durchbrannte.

Mit *The Montforts* etablierte sich Boyd als Schriftsteller von hoher Sensibilität, dessen Anliegen und künstlerische Eigenart in die Sphäre der überlegenen Gesellschaftssatire weisen und dadurch dem Familienroman neue, die Klassifizierung jedoch erschwerende Dimensionen erschließen. Boyds alles Fassadenhafte maliziös durchdringender »Röntgenblick«, sein ungewöhnliches Talent, soziale Schattierungen und Umwälzungen, untypisch-exzentrische Naturen und kollidierende Wertordnungen (vgl. D. Green: »*The sustaining myth of Boyd's work is the figure of ›the war in Heaven‹*«) zu beleuchten, sowie die bisweilen ans Tragikomische streifende Tonlage der witzigen Komödie legen den Vergleich mit Patrick WHITE nahe: »*like White he examines both the clash between and the merging of European and Australian consciousness*« (L. Kramer), mit dem Boyd auch den ausgeprägten Sinn für den an Zwischentönen reichen Dialog und die Neigung zur unüberhörbaren »Botschaft« gemein hat. Wie Whites Stil wurde auch der Boyds zur Zielscheibe seltsam widerspruchsvoller Angriffe, die allerdings seiner präzisen, kultivierten, oft verfänglich einfachen Diktion ihre nahezu perfekte Eignung als Ausdrucksmittel für seine satirische Ader kaum absprechen können. – Boyd selbst zählte den (ihn bei der Revision 1963 unangenehm berührenden) Roman *The Montfords*, »*an den ich mein bestes Rohmaterial verschwendete*«, zu seinen »Lehrlingsarbeiten«, und die Kritik bezeichnete die von ihr besonders intensiv analysierte Tetralogie *The Cardboard Crown* 1952, *A Difficult Young Man* 1955, *Outbreak of Love* 1957, *When Blackbirds Sing* 1962 (alle 1971 in Melbourne neuaufgelegt) als seine überragende Leistung. Wie der Autor selbst bestätigte, ist *The Montforts* als Wurzel, Vorstufe und »Steinbruch« – vgl. auch *Lucinda Brayford* – für die freiere dichterische Gestaltung der Familiengeschichte in diesen Alterswerken der sogenannten Langton-Gruppe zu betrachten (in der jedem Hauptcharakter ein ganzes Buch gewidmet ist). Dies und seine Bedeutung als enzyklopädische, durch symbolische Züge bereicherte Chronik einer Epoche sichern Boyds frühem Erfolgsroman nachhaltige Anerkennung. J.H.T.

AUSGABEN: Ldn. 1928. – NY 1928 (u. d. T. *The Madeleine Heritage*). – Adelaide 1963 [rev.].

LITERATUR: C. Hadgraft, *Australian Literature. A Critical Account to 1955*, Ldn. 1960, S. 251–254. – H. M. Green, *A History of Australian Literature*, Bd. 2, Sydney 1961, S. 1114–1118. – L. Kramer, *M. B.* (in Australian Quarterly, 35, 1963, S. 32–38). – B. Niall, *The Double Alienation of M. B.* (in Twentieth Century, 17, 1963, S. 197–206). – G. Dutton, *Gentlemen vs. Lairs* (in Quadrant, 9, 1965, S. 14–20). – M. Boyd, *Preoccupations and Intentions (Australian Writers in Profile: 1)* (ebd., 28, 1968, S. 83–90). – J. McLaren, *Gentlefolk Errant – the Family Writings of M. B.* (in Australian Literary Studies, 5, 1972, S. 339–351). – D. Green, *M. B.* (in *The Literature of Australia*, Hg. G. Dutton, Ringwood ²1976, bes. S. 518–522). – B. Niall, *Three Versions of »The Montforts«* (in Bibliographical Society of Australia and New Zealand Bulletin, 3, 1978, Nr. 4, S. 153–157).

KARIN BOYE

* 26.10.1900 Göteborg
† 24.4.1941 Alingsås

KALLOCAIN. Roman från 2000-talet

(schwed.; Ü: *Kallocain. Roman aus dem 21. Jahrhundert*). Roman von Karin BOYE, erschienen 1940. – Die Autorin, die 1941 ihrem Leben selbst ein Ende machte, schrieb ihren bekanntesten und letzten Roman unter dem Eindruck der menschenverwandelnden Macht totalitärer Systeme, wie sie sich in Deutschland und Rußland entwickelt hatten. Anfänglich hatte sie selbst mit den Ideen des Kommunismus sympathisiert und war in den zwanziger Jahren im Stockholmer Clarté-Kreis für einen undogmatischen Sozialismus eingetreten. Aber nach einem Rußlandbesuch wurde ihr der unausbleibliche Konflikt zwischen den Forderungen des Kollektivs und dem Lebenswillen des Individuums bewußt, und es stellte sich ihr die Frage, wieweit es dem einzelnen noch möglich sei, unter einem totalitären Regime die Spontaneität seiner geistigen und seelischen Entwicklung zu bewahren; denn ein Leben *»um des Staates willen«* und eines *»unter staatlicher Kontrolle«* seien im Grunde gleichbedeutend. Die Antwort des Romans »aus dem 21. Jahrhundert«, einer Vision des »Weltstaats«, ist der verzweifelte Glaube an die innere Substanz des Menschen, die zwar durch äußere

Einflüsse vollkommen verdeckt, aber niemals zerstört werden kann.

Diese Unzerstörbarkeit des menschlichen Kerns zu entdecken, ist gerade einem der treuesten Diener der Staatsmacht vorbehalten, dem Wissenschaftler Leo Kall, der die Droge Kallocain erfunden hat. Zusammen mit seiner Frau Linda lebt er in einer der sogenannten Chemiestädte, die aus Angst vor einem Angriff des einzigen Gegners, des Universalstaats, unterirdisch angelegt sind. Ihr streng reglementiertes Privatleben steht mittels eines elektrischen Auges und einer staatlich abgeordneten Hausangestellten unter der ständigen Kontrolle des Staats, dem – als dem Hüter des Gemeinwohls – Linda und Leo Kall sich selbstverständlich fügen. Dieser ist stolz auf die von ihm entwickelte Droge, mit der der Staat seine Bürger restlos beherrschen wird, da sie den Menschen zwingen soll, die geheimsten Regungen seines Unterbewußtseins preiszugeben. An treuen Untertanen erprobt, zeigt die Droge jedoch eine unbeabsichtigte Nebenwirkung: Fast alle Versuchspersonen bekennen sich unter dem Einfluß des Kallocains zu einer unerklärlichen Sehnsucht nach Sonne und freiem Wachstum, nach Hingabe und spontaner Bewegung, nach Liebe und Vertrauen. Sie tragen die Erinnerung an ein Leben in sich, das sie in der Wirklichkeit des durchorganisierten Massenstaats nicht erfahren konnten und das »staatszersetzend« wirken muß, sobald es an die Oberfläche dringt.

Der Ausgang des Romans zeugt von der bitteren Skepsis und der tiefen Depression der Verfasserin: Die schuldigen Träumer werden liquidiert, und der Abnehmerkreis der Droge wird streng begrenzt. Es bleibt aber die Hoffnung auf das verborgene Weiterleben der seelischen Kräfte des Menschen. – Anders als in ihren früheren Romanen und Novellen gelang es Karin Boye in Kallocain, die gedankliche Problematik in eine durchgestaltete Handlung umzusetzen. Mit seiner düsteren Zukunftsvision erinnert der Roman an ORWELLS *1984* (1949) und HUXLEYS *Brave New World* (1932). B.M.D.

AUSGABEN: Stockholm 1940. – Stockholm 1948 (in *Samlade skrifter*, Hg. M. Abenius, 11 Bde., 1947 bis 1)51, 5). – Stockholm 1963 [Einl. u. Anm. H. Gullberg]. – Stockholm 1983.

ÜBERSETZUNGEN: *Kallocain*, H. Clemens, Zürich 1947. – Dass., dies., Mchn. 1978 (Heyne Tb). – *Kallocain. Roman aus dem 21. Jahrhundert*, dies., Kiel 1984.

LITERATUR: K. Tivenius u. J. C. Bouman, »*Kallocain*«. *K. B.s mardröms-autobiografi. En litterär-psykologisk analys* (in Edda, 61, 1961, S. 177–205). – M. Abenius, *K. B.*, Stockholm 1965. – A. Fjelstad, *Allusjon og myte i K. B.s »Kallocain«* (in Tidskrift för litteraturvetenskap, 2, 1972/73, S. 240–248). – ders., *Stilen i K. B.s roman »Kallocain«* (in Edda, 72, 1972, S. 101–116). – B. Gustafsson, *Framtidens öde land: Oswald Spengler, T. S. Eliot och K. B.* (in Svensk litteraturtidskrift, 38, 1975, Nr. 3,

S. 30–35). – H. Wieser, *Eine Optimistin voller Angst* (in Der Spiegel, 1984, Nr. 29, S. 123–127). – K. B. Sällskapets Årsskrift, Huddinge 1984 ff. – P. Garde, *K. B. in Berlin oder: Versuch der Neubewertung einer zur Heiligen stilisierten lesbischen Schriftstellerin* (in *Eldorado: homosexuelle Frauen und Männer in Berlin, 1850–1950, Geschichte, Alltag und Kultur*, Bearb. M. Bollé, Bln. 1984).

RENÉ BOYLESVE

d.i. René Tardiveau
* 14.4.1867 La Haye-Descartes
† 14.1.1926 Paris

L'ENFANT À LA BALUSTRADE

(frz.; *Das Kind an der Balustrade*). Roman von René BOYLESVE, erschienen 1903. – Nach der Veröffentlichung seiner Lyriksammlung *Proses rhythmées* (1891) und den galanten Erzählungen *Les bains de Bade* (1896) wandte sich Boylesve mit *Leçon d'amour dans un parc* (1902) dem Roman zu und verfaßte ein Œuvre, das nahezu zwanzig Werke umfaßt. Als gesellschaftskritischer Beobachter ist der Autor in die Tradition BALZACS einzuordnen; wie sein großer Vorgänger entlarvt er die erdrückende Enge des französischen Provinzlebens, wobei Boylesve, der selbst in der Touraine aufwuchs, immer wieder autobiographische Elemente in seine Romane aufnimmt. Milieuschilderungen stehen bei ihm jedoch nicht allein im Vordergrund. Die präzise Entwicklung der Psychologie seiner Figuren – meist sind die Helden hochsensibel und von sehnsuchtsvollem Weltschmerz erfüllt – rückt den Autor auch in die Nähe PROUSTS.

L'enfant à la balustrade, in Ichform erzählt und Fortsetzung des Romans *La Becquée* (1901), vereinigt beispielhaft die psychologische Ausleuchtung der Hauptfigur, des Knaben Riquet, mit einer detailgetreuen Milieudarstellung. Riquets Vater Nadaud, Notar in der Provinzstadt Beaumont, gehört dem Bürgertum an und ist den Idealen des Second Empire treu geblieben, wohingegen ein Großteil der übrigen Einwohner die Hoffnung auf revolutionäre Umwälzungen setzt. Nadaud lebt jedoch nicht nur mit der ganzen Stadt in politischer Fehde, er hat auch mit seinen Eltern gebrochen. Unter diesem Familienzwist leidet besonders Nadauds Sohn Riquet, der einige Zeit bei seiner Großmutter gelebt hat und nun zu seinem Vater und dessen zweiter Frau zurückkehrt. Nadaud beschließt, ein neues Haus zu kaufen, das schönste in der Umgebung von Beaumont. Damit bringt er aber die Einwohner nur noch mehr gegen sich auf, für Riquet wird das Haus mit seiner Balustrade jedoch zum Symbol des Neubeginns, zumal er sich inzwischen in Marguerite Charmaison, die schöne Tochter eines Nadaud verachtenden Abgeordneten, verliebt hat. Tatsächlich erwirbt Nadaud das Haus, Marguerite verlobt sich jedoch mit einem anderen Mann. Riquets Blick von der Balustrade des Hauses ist so kein Blick in eine strahlende Zukunft mehr, sondern wird zur Flucht in die Welt der Träume, die in der Wirklichkeit keine Erfüllung finden können. – Besonders die Darstellung der Liebe Riquets zu Marguerite deutet schon auf Boylesves Liebesromane *Mon amour* (1908), *Le meilleur ami* (1908) und *Élise* (1909), denen jedoch nur kurzzeitiger Erfolg beschieden war, obwohl sie das Leben in der Touraine des 19. Jh.s mit aufschlußreicher Genauigkeit schildern. KLL

AUSGABEN: Paris 1903. – Lausanne 1961.

LITERATUR: J.-M. Rouge, *R. B.*, »*L'enfant à la balustrade*«. *Souvenirs de la Haye-Descartes*, Paris 1934. – C. Péry »*L'enfant à la balustrade*« (in Anneau d'Or, 30, 1949, S. 421–428). – E. Lefort, *La Touraine de R. B.*, Tours 1949. – J. Ménard, *L'œuvre de R. B., avec des documents inédits*, Paris 1956. – A. Bourgeois, *La vie de R. B.*, Paris 1958. – Ders., *B. le poète* (in Rice University Studies, 53, 1967).

MIRKO BOŽIĆ

* 21.9.1919 Sinj

KURLANI

(kroat; *Die Kurlaner*). Roman von Mirko Božić, erschienen 1952. – Dieser erste große Roman des Dramatikers und Erzählers Mirko Božić besteht aus zwei Teilen, die beide in symbolischer Parallelität und Mehrdeutigkeit auf ein dramatisch effektvoll arrangiertes und poetisch anschaulich gestaltetes Massenereignis zulaufen, den »Karneval« und die »Prozession« zu Ehren »*Unserer lieben Frau von Sinj*«. Im Anhang, in der »Legende«, erfahren wir schließlich noch, welche hilfreiche Rolle die Madonna so oft in der Geschichte von Stadt und Umgebung gespielt hat und welches die frommen Zutaten sind, die sich um ihr wundertätiges Bild ranken. Die Romanhandlung selbst wird äußerlich durch einen Streit ausgelöst, der zwischen den »oberen«, ärmeren, und »unteren«, reicheren, Kurlanern wegen eines an sich unbedeutenden Schadens in einem Weinberg entbrennt. Dieser Konflikt ist allerdings nur Symptom und Folge eines viel tiefergehenden Hasses, den der Erzähler als Motor aller zukünftigen Ereignisse zu erkennen gibt. Das Brüderpaar Silvestar und Mrkan, Oberhäupter der beiden Familien, liegt wegen eines Fußbreits kargen Karstgrundes in Fehde, dessen endgültiger Gewinn oder Verlust die soziale Kluft zwischen »oberen« und »unteren« Kurlanern unwiderruflich machen oder aufheben würde. Die Besitzenden, und das sind Silvestar und seine Söhne, sind, psychologisch gesehen, in ihrem Begreifen bzw. Nichtbegreifen von Recht und Unrecht bereits deformiert und provozieren den Konflikt auch dort, wo sie offensichtlich nicht im Recht sind. Ihre materielle Überlegenheit wächst sich zu überheblicher, prahlerischer Brutalität aus.

Der Autor erfüllt die Charaktere beider Arten von Kurlanern auf dramatische Art mit Leben. Er erzählt von dem vergeblichen Versuch des »unteren«, reichen Silvestars, seine schwangere Tochter Gara »an den Mann zu bringen«, und zwar an den Dorfhändler Bikan. Als Vermittler tritt der durchtriebene Dorfschenk Mrkoglava auf. Eine Reihe anderer plastisch geschilderter Figuren sind Mrkoglavas Schwester, die Witwe Perka, und ihr Liebhaber Surko, dann Filip und seine kränkliche Frau Anđelija, der Perka bei einer unglücklich verlaufenden Geburt hilft, ebenso Silvestars Söhne Andrija und Krđo, Gavran mit seinen zahlreichen Kindern oder auch der Oberkurlaner Debile Berleša. Im zentralen Teil des Romans wird auch das städtische Milieu gezeigt, Richter Marić und die Advokaten Kalkić und Zrnić, die die Rolle gutbezahlter Schiedsrichter in dem Streit der beiden »kriegführenden« Parteien besetzt halten. – Der wortgewaltig und pointenreich erzählte Roman endet in symbolischen Prozessions- und furiosen Verwüstungsszenen, als der erniedrigte und beleidigte Altknecht Ćukan in bewußt inszeniertem Protest seine Esel in den Weinberg treibt.

Angelegt als Einleitung eines Romanzyklus, finden die *Kurlani* ihre Fortsetzung in den *Neisplakani*, 1955 *(Die Unbeweinten)*, in denen die Schicksale der einzelnen Handlungsträger zwar teilweise entflochten werden, der Streit vor Gericht aber immer noch weitergeführt wird. Erst im dritten Teil dieses Zyklus *Tijela i duhovi*, 1980 *(Körper und Geister)* können die bisher so haßerfüllt geführten Konflikte ausgeräumt werden, als beide Familien im gemeinsamen Kampf gegen die faschistische Besatzung zusammenfinden. Auch dieser Roman ist reich an erschütternden Szenen und dramatischen Situationen, ohne schematische Lösungen und mit großer poetischer Suggestionskraft. K.D.O.

AUSGABEN: Zagreb 1952. – Zagreb 1954. – Zagreb 1970 [Hg. V. Pavletić]. – Zagreb 1980 (in *Izabrana djela*, Hg. S. Vučetić; Pet stoljeća hrvatske književnosti, Bd. 147).

LITERATUR: S. Novak, *Lirski roman M. B.* »*Kurlani*« (in Krugovi, 1952, Nr. 7). – V. Kalenić, *Nekoliko problema uz jezik dvaju romana (»Kurlani« i »Neisplakani«) M. B.* (in Književnik, 1960, Nr. 6). – S. Damjanović, *O jeziku Božićevih romana* (in Istra, 1977, Nr. 6–7). – *M. B.* (in Ljetopis JAZU za godinu 1975, Bd. 79, Zagreb 1979). – B. Brlenić-Vujić, *Poetika kompozicije romana »Kurlani« M. B.* (in Forum, 1981, Nr. 7–8).